고 경 희
서울대 경영학과 2020년 입학
안양 외국어고 졸

Xi story Honors

"고난도 문제는 풀이 패턴을 외우기보다는 이해와 반복 풀이가 중요해."

■ 오답을 정답보다 소중히 여기자

수학 공부에서 오답 문제는 자기가 어느 부분이 취약한지, 어떤 부분에서 실수를 반복하게 되는지 알게 해주는 가장 좋은 선생님이라고 할 수 있어. 틀린 문제가 있으면 그걸 왜 틀렸는지부터 분석해 봐.

나는 오답을 크게 '실수한 문제, 공식이나 개념을 잊었던 문제, 풀이과정의 아이디어를 얻지 못한 문제'로 구분했어. 실수하거나 공식을 잊었던 문제가 있을 경우 문제 옆에 표시해 놓고, 시험 기간 때 책을 펼 때마다 훑어보았지. 이를 꾸준히 하다 보니 내가 '로그에서 밑과 진수의 조건을 따져야 한다.'처럼 미지수의 조건을 고려하지 않는 실수를 많이 한다는 것을 알 수 있었어. 이렇게 내 취약점을 알고 나니 시험 때도 더 의식해서 문제를 풀게 되고, 실수도 점차 줄어드는 게 느껴졌어.

정말 중요한 시험에서 실수해서 너무 아쉽고 자꾸 미련이 남는 경험들을 모두 한 번씩은 느꼈을 거야. 실수로 문제를 틀리는 일을 줄이기 위해선 오답을 꼼꼼히 체크해야 한다는 것 명심해!

■ 다른 사람의 공부법에 연연하지 말자

학년이 올라갈수록 친구, 선생님 등으로부터 많은 공부법을 추천받게 될 거야. 주변의 말을 듣고 공부에 참고하는 건 물론 좋지만, 다른 사람의 공부 방법을 맹목적으로 따르지는 않았으면 좋겠어. 나도 오답노트가 좋다는 이야기를 들은 뒤 틀렸던 모든 문제와 그 해설을 노트에 옮겨 적었어. 그렇지만 문제와 해설을 무작정 따라 쓰다 보니 시간을 너무 낭비하게 되더라고. 또, 해설을 그냥 쓰기만 하니 문제의 핵심이 머리에 잘 들어오지 않았어. 그래서 나중엔 나만의 오답 정리법을 만들어 꼭 필요한 부분만 노트에 기록해 두었는데, 시간도 훨씬 절약되고 오답을 복습하는 데 효과적이었어.

자신을 가장 잘 아는 건 바로 자신이니까, 나에게 어떤 방법이 맞는지를 고민해보고, 효과적인 공부 전략을 세우길 바라!

■ 친구와의 소통도 큰 힘이 된다!

공식적으로 멘토, 멘티 활동을 하지 않더라도, 친구들의 질문을 받아주거나 친구에게 모르는 문제를 물어보는 과정도 정말 중요해.

여러 친구들과 어느 부분이 잘못된 건지 함께 생각하다 보면 배워갈 점이 참 많아. 혼자서 문제를 풀다보면 비슷한 유형의 문제를 계속 같은 방식으로만 풀게 되는데, 친구들의 질문을 받고 친구가 어떻게 문제에 접근했는지 들어 보면 같은 문제도 다양한 관점에서 풀 수 있기 때문이야. 나도 내가 계속 풀던 방식으로 설명해 주었는데, 친구들이 내 풀이과정의 한계를 지적해준 적도 있었어.

혼자 깊이 생각해보고 문제를 푸는 것도 좋지만, 친구들에게 적극적으로 물어보거나 가르쳐주는 소통을 통해 얻을 수 있는 부분도 정말 많다는 것 꼭 얘기해주고 싶어!

■ 고난도 문제라고 포기부터 하진 말자

고난도 문제는 패턴을 외워서 공부하기엔 그때그때 출제 경향이 달라질 수 있기 때문에 한계가 있어. 그래서 어려운 문제일수록 답지를 외우기보다는 이해와 반복 풀이가 중요해.

틀린 문제는 해설을 전부 읽지 말고, 풀이의 핵심 아이디어가 떠오르면 거기서부터 혼자 해결한 후 시간을 정해두고 반복해서 풀도록 해. 문제의 패턴이 바뀌어도 풀이에 사용되는 '아이디어'는 언제든지 응용될 수 있기 때문이야.

무엇보다도 해주고 싶은 말은 고난도 문제라 해서 읽지도 않고 바로 포기하는 일은 없어야 한다는 거야. 아무리 어려워도 아는 선에서 최대한 끄적여보며 도전한다면 어느새 고난도 문항을 멋지게 풀어내는 자신의 모습을 발견할 수 있을 거라 믿어!

자이스토리 28개년 역사

• 수능 난이도 ㊤ 빨간색
• 수능 난이도 ㊥ 검정색
• 수능 난이도 ㊦ 파란색

Xistory는 Extra Intensive Story의 약자로 [특별한 수능 단련 이야기]라는 의미입니다.

2020 12. 03 코로나 때문에 플라스틱 칸막이 장벽을 마주하고 치러진 수능. 이러한 수험생들의 고충을 고려해서인지 대체로 평이하게 나왔어! 그렇지만 수학 가형 30번 문제는 까다로웠지. 마스크를 끼고, 쉬는 시간마다 창문을 열어 환기를 해서 춥고, 방호복까지 등장한 수능이었지만, 처음 겪는 멘붕 상황에서도 무사히 수능을 치른 것에 엄지 척! 올려 주고 싶어:)

2019 11. 14 별밭에 누워 너무 맑고 초롱한 눈으로, 8년 만에 바뀐 샤프로 수능을 보면 점수가 잘 나올까? 다행히 BIS비율 관련 지문을 제외하고 국어 난이도는 평이했어. 그러나 역시 수능은 수능! 수학 나형의 30번 문제, 좀 당황스럽더라. 국어와 영어는 까다롭지 않았지만 수학으로 변별력을 키운 2020 수능. 작은 실수가 뼈 때릴 듯!

2018 11. 15 국어 너... 좀 낯설다? 중국 천문학은 뭐고, 〈출생기〉는 또 뭐야? 국어는 독서와 문학 모두 낯섦의 결정체였어. 역대급 난이도의 국어를 풀고 나니 수학은 그래도 평이했어. 근데 작년보다 훨씬 어려워진 영어 때문에 또 다시 긴장 백배였지. 일명 "국어 쇼크, 역대 최저 등급컷!" but, 내가 어려웠으면 남도 어려웠을 것이니 마음 편히 먹으면 좋은 결과가 있을 듯^^

2017 11. 23 어서 와~ 수능 연기는 처음이지? 일주일 동안 마음을 다잡고 힘겹게 수능 시험을 맞이했는데 날씨도 마음도 추운 시험 날이었어. 국어의 낯선 시와 긴 독서 지문, 수학은 그래프 유형 추론 문제, 어려워진 탐구 영역. 여진 올까 불안한데 문제까지 어려웠지. 올해 수능은 우리들의 정신력과 의지로 헤쳐 낸 〈강 건너간 노래〉였어.

2016 11. 17 지문을 다 읽었는데 기억이 안 난다ㅠ 생소한 주제의 제시문과 복합 유형까지! 1교시 국어 영역은 길고 낯설었다. 2교시, 세트 문제가 없어지고, 언어적 독해력을 묻는 문제도 출제된 수학(나형), 안 그래도 이미 쿠크다스처럼 깨진 내 정신은 이제 먼지가 되어 사라짐;; 덕분에 상위권 변별력은 커졌으나 우리는 그 누구랑 다르게 오직 실력으로 당당히 대학 가자!!

2015 11. 12 수능 날인데 날씨가 따뜻했다. 평가원에서는 포근한 난이도 출제를 발표하셨다. 하지만 EBS 체감 연계율이 하락한 영어와 국어에서 수험생들은 당황했다. 수학 A형에서는 귀납적 추론 문제 때문에 중하위권 수험생들의 심장이 요동쳤다. 모의평가보다 상승한 난이도로 '매운맛 수능'이 된 2016 수능!

2014 11. 13 입시 한파가 수험생들을 꽁꽁 얼리고ㅠ.ㅠ 낯선 지문으로 까다롭게 출제된 국어 A · B형 때문에 수능 체감 난이도 급상승! 무난한 난이도였던 수학에서는 실수와의 싸움이 등급을 결정하고~ '쉬운 영어' 방침에 따라 변별력이 떨어진 영어의 등급컷은 하늘을 찌를 듯... 들쭉날쭉한 난이도로 수험생들을 당황시킨 2015 수능!

2013 11. 07 출제 위원도 수험생도 떨렸던 첫 수준별 수능!! 국어 A형의 과학 지문이 최상위권을 나누다... 수학 A · B형은 모두 주관식이 최고난도 문항으로 출제되고ㅠ.ㅠ 영어 B형에 상위권 학생들이 몰려 대입 당락의 변수가 될 전망!! 고난도 문제들은 EBS 연계와 전혀 무관했던 2014 수능~ 상위권 수험생들의 입시 경쟁이 치열할 터!

2012 11. 08 수준별 A · B형 체제로 개편되기 전의 마지막 수능 – 변별력 있는 고난도 문제가 여러 개 나와 상위권의 수학 실력을 제대로 세분화시키고... 빈칸 추론 유형 때문에 난이도가 급상승한 외국어가 또 한 번 수험생들의 발목을 잡았다고 –_–

2011 11. 10 쉬운 수능이었지만 복병은 존재~ 비문학 지문이 까다로웠던 언어 때문에 1교시부터 쩔쩔 매다! 수리 가형은 조금 어려웠지만, 난이도 조절에 실패해서 너무 쉬웠던 외국어는 점수가 대폭 상승?? 변별력을 잃은 수능 때문에 논술이 더더욱 중요해지고~

2010 11. 18 EBS와 연계 출제되었다고 하지만 체감 난이도는 더욱 더 상승↑ 비문학 지문 때문에 시간이 부족했던 언어와 최상위권 변별력 확보를 위해 확 어려워진 수리 영역~!! 외국어마저 어려운 어휘와 고난도 독해가 출제되어, EBS만 믿고 공부한 수험생들 제대로 배신 당하다...

2009 11. 12 2009년을 휩쓴 신종 인플루엔자 때문에 공부하기도, 시험보기도 힘들었던 수험생들을 위해 언어와 수리는 몸풀기 난이도로 출제! 하지만 오후엔 강력 외국어 펀치를 날리고, 이어지는 들쑥날쑥 난이도의 사과탐 펀치... 이래저래 원서 접수로 머리가 뽀개질 2010 대학입시!!!

2008 11. 13 표준점수와 백분위가 다시 부활한 09수능! 언어와 외국어, 사 · 과탐은 대체로 평이하게 출제되었으나 ~ 수험생들 간의 변별력 확보를 위해서인지 유독 까다로운 문항이 많았던 수리 가형과 수리 나형 때문에 체감 난이도 급상승↑ 수리 영역이 주요 변수로 작용하다!

2007 11. 15 등급제가 처음으로 적용된 08수능! 언어와 수리 나형은 어렵게, 수리 가형, 사 · 과탐, 외국어는 평이한 수준으로 출제돼 등급 블랭크를 없애기 위한 등급 간 변별력 확보는 성공~ 하지만 등급 내 동점자의 대거 발생으로 단 1점 차이로 희비가 엇갈리다!

2006 11. 16 수리 나형과 외국어는 만만~, 언어와 사 · 과탐은 지난해보다 유독 까다롭고 어려웠던 07수능! 결국 언어와 사 · 과탐 점수가 당락의 변수로 작용하다. 선택과목 간 난이도 조절 실패로, 휴~ 앞으로는 재수도 힘들다는데...

2005 11. 23 2006 수능 기상도 '맑다가 차차 흐림'– "너무 쉬웠어. 하하~"(언어 영역 종료 후)→"머릴 얻어맞은 느낌이야."(수리 영역 종료 후)→"그냥 찍었어."(외국어 영역 종료 후)→"망했어!!"(탐구 영역 종료 후)

2004 11. 17 ♪♬외로워도 슬퍼도 나는 안 울어~. 언어 듣기에 느닷없이 등장한 캔디 주제곡은 일종의 복선이었을까…. 수험생들을 1교시는 웃게, 2 · 3교시는 내리 울게 만들었던 2005 수능. 그래도 모의평가 수준으로 평이하게 출제된 데자뷰 효과 덕이었는지 중 · 상위권 인플레 또 다시 야기.

2003 11. 05 대체로 교과서에 충실한 평이한 수준의 문제 출제가 이루어졌으나, 예상 지문 출제와 사상 첫 복수 정답 인정 논란으로 말도 많고 탈도 많던 2004 수능. 재수생의 연이은 강세로 고교 4학년 시대 가속화 되다!

2002 11. 06 너무 쉬웠던 2001 수능과 너무 어려웠던 2002 수능 사이의 적정선을 유지하며 널뛰기 논란을 일순간 잠재우는 듯 했으나, 고3의 학력 수준을 고려하지 않은 문제 출제로 난이도 조절 실패~

2001 11. 07 터무니없이 어려운 문제에 수험생들 쩔쩔~. 작년과는 반대로 언어와 수리가 오히려 점수 하락을 주도했으며, 쉬운 수능에 눈높이가 맞춰진 수험생들의 체감 난이도 상승으로 1, 2교시 이후 시험 중도 포기가 속출했다. 난이도 조절 大실패! 수능 평균 66점 하락↓

2000 11. 15 수능 만점자 66명, 풍년이로세! 수능 무용론이 나돌 정도로 변별력 상실 지속~ 변별력을 잃은 언어와 수리가 점수밭으로 작용하며 널뛰기식 난이도가 도마 위에 올랐다.

1999 11. 17 변별력을 아예 상실하다! 유독 깐깐했던 언어 영역을 제외하고 대체로 작년보다 쉽게 출제되면서 또다시 중 · 상위권 인플레 현상 야기. 1명의 수능 만점자 배출과 함께 300점 이상을 25만명까지 늘린 2000 수능!!

1998 11. 18 쉽게 낸다는 애초 발표와는 달리 수리가 어렵고 까다롭게 출제되는 바람에 수험생들 배신감에 부들부들~. 그러나 나머지 영역이 총점의 하락폭을 상쇄시켜 평균 27점 상승↑ 수능에서 첫 만점자가 탄생했으나, 쉽기로 소문난 99 수능 하마터면 만점자가 쏟아질 뻔! – –;

1997 11. 19 교과서 내에서 자주 접해온 평이한 수준의 문제와 기출과 유사한 유형의 다수 출제로 평균 42점 상승↑ 변별력 논란을 일으키며, 상 · 하위권이 좁았던 기존의 항아리형에서 중 · 하위권이 비대한 꽃병형 점수대 분포로 변화!

1996 11. 13 1교시 언어가 예상보다 쉬워 내쉬던 안도의 한숨을 여지없이 끊어버린 수리와 사 · 과탐의 연이은 高난이도 출제는 재수생들을 두 번 죽이는 일이었다! 수능 사적으로 볼 때, 바야흐로 이 시기는 수리 주관식 문제와 총점 400점이 처음 도입되고, 영어 듣기가 17문항으로 늘어난 수능 과도기 시점.

1995 11. 22 영역별 난이도 예상과 달라 당황~ 수리&외국어=easy, 언어&사 · 과탐=hard 특히 생소한 지문으로 어렵게 1교시 언어와 통합 교과 소재의 高난이도 사 · 과탐이 수능 총점 초토화~! 지난해보다 평균 7점 down↓ 96 수능 시험 0점 지난해 3배!

1994 11. 23 수능 연 1회 시행의 시발점이었으나, 수능 高난이도 연속 행진 계속! 10문항이 늘어난 수리와 외국어는 무난했으나, 의외의 복병이었던 사 · 과탐의 난이도가 특히 높아 점수를 마구 갉아먹다.

1993 11. 16 94 2차 수능, 1차보다 어려웠다! 언어 영역이 끝난 뒤 "문제가 너무 어렵다."며 시험을 포기하는 사태 속출. 1차보다 평균 9점 down↓ 첫 수능의 2차 시험 난이도 조절 KO패!

1993 08. 20 학력고사 아듀!! 전국 하늘을 나는 비행기까지 죄다 멈춘 대한민국 최초의 수능 시험 실시. 단순 암기에 절어 있던 수험생들, 사고력을 요하는 수능 문제의 생소함에 놀랐으나, 첫 수능 전반적으로 easy~

고난도 집중 훈련으로 수능 만점 1등급에 도전하세요!

고난도 문제에는 자주 사용되는 개념이나 공식이 있습니다.
〈자이스토리 고난도 1등급 수학〉이 제시한 개념, 공식을 정확하게 익히면
고난도 문제를 정복하기 위한 첫 단추를 잘 끼울 수 있습니다.

또한, 엄선된 고난도 문제를 풀고 난 이후에는
정확하고 자세한 해설과 보충 첨삭해설로 틀린 이유와
적용된 개념, 공식을 스스로 파악할 수 있습니다.

1등급 킬러 문항은 문제 분석, 풀이 단서 체크, 1등급 풀이 Tip과 함께
서울대 선배의 My Top Secret을 제공하여
고난도 문제를 심도있게 훈련 · 체크할 수 있습니다.

그래서 이 책의 마지막 페이지를 넘길 때쯤 여러분은 이미
수학 1등급에 도달해 있을 것입니다.

- 대한민국 No.1 수능 문제집 자이스토리 -

[고난도 1등급 수학(인문) 수록 문항 구성표]

*고난도 우수 기출 문제 선별

대비연도	경찰대	삼사	수능	평가원	교육청	합계
2021~2015	37	30	37	66	102	272
2014 이전	10	19	27	31	56	143
2022, 2014, 2005 대비 예비 평가						11
최신 고난도 기출 변형 문제						195
최신 유형 예상 적중 문제						115
총 문항 수						736

 고난도 문제 유형별 특별 풀이법 훈련으로  완성

1 고난도 문제 유형 분석과 특급 비책

- 고난도 문제로 자주 출제되는 유형을 분류하여 그 특징을 분석하였습니다.
- 고난도 문제를 풀 때 유의할 점과 그 유형을 빠르고 정확하게 해결할 수 있는 방법을 알려줍니다.

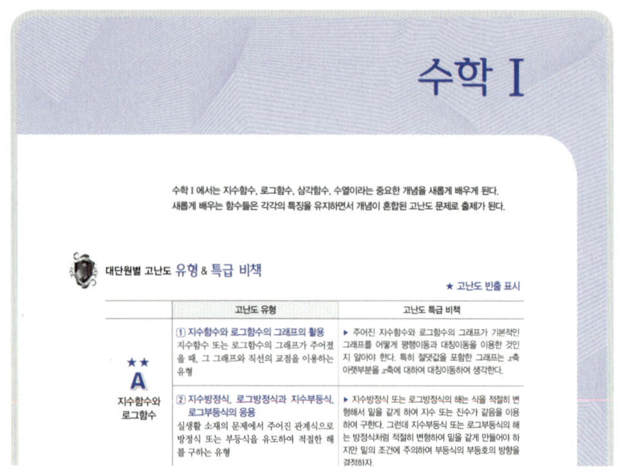

2 대단원별 고난도 필수 핵심 개념 정리

가장 중요하고 꼭 알아야 하는 개념과 공식을 빠짐없이 수록하였습니다. 또, 개념을 잘 이해할 수 있도록 보충설명을 제공하여 이해를 돕고, 고난도 문제에 자주 적용되는 변형된 개념이나 주의해야 할 것들을 정리하여 고난도 문제 해결에 도움이 되도록 하였습니다.

- 고난도 출제 : 2021 수능+6·9월 평가원의 고난도 기출 문제를 분석하여 출제된 개념과 경향을 제시
- **개념 보충, 한 걸음 더!, 왜 그럴까?** : 공식이 유도되는 과정 중 반드시 알아두어야 할 내용이나 확장 개념, 고난도 문제 해결에 꼭 필요한 실전 비법 수록

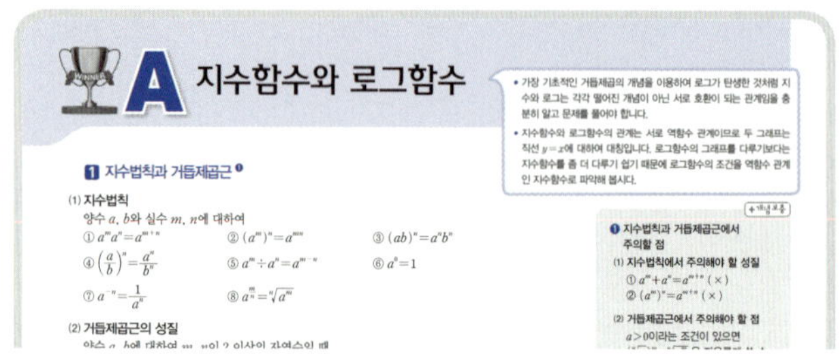

3 4점 같은 3점+4점 문제 – 고난도 유형 적용 연습

- 최신 수능 경향을 꼼꼼히 분석하여 유형별 고난도 문제를 쉽게 이해하고 훈련할 수 있도록 3점짜리 문제 중 난이도가 높은 문제와 4점짜리 문제를 엄선하였습니다.
- 경찰대, 삼사, 수능, 평가원, 교육청 기출 중 우수 문항을 선별하여 수록 또는 변형하였고, 다양한 상황의 유형 연습을 위해 고품격 예상 문제도 함께 구성하였습니다.

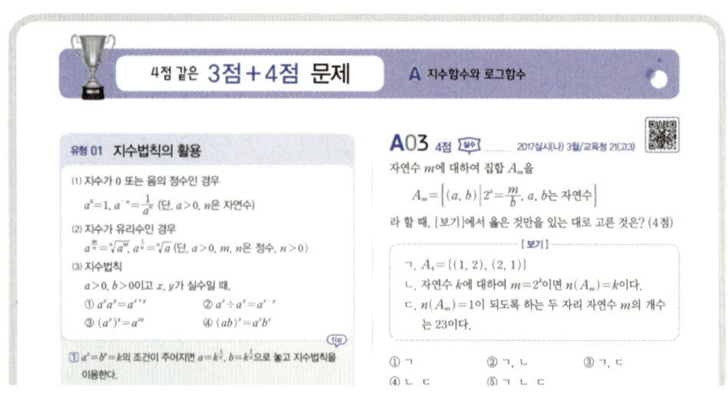

- 출처표시 : **경찰대/삼사/수능/평가원** – 대비연도, **학력평가** – 실시연도
  예) 2018(나)/수능(홀) 22 : 2017년 11월에 실시한 수능
  2016실시(나) 7월/교육청 16 : 2016년 7월에 실시한 학력평가
- **유형 분류** : 실수 – 실수가 많아 주의해야 하는 문제
  함정 – 보이지 않는 함정이 있어 헷갈릴 수 있는 문제
  고난도 – 3점짜리 문제지만 난이도가 높은 문제

4 고난도 실전 모의고사 (15문항형, 3회)

[수학 Ⅰ+수학 Ⅱ+확률과 통계]

- 인문계 수능 출제 기준에 맞춰 수학 Ⅰ+수학 Ⅱ+확률과 통계의 고난도 문제만을 수록한 실전 모의고사를 구성하였습니다.
- 실전처럼 시간을 체크하면서 풀면 수능의 고난도 유형을 완벽히 대비할 수 있습니다.

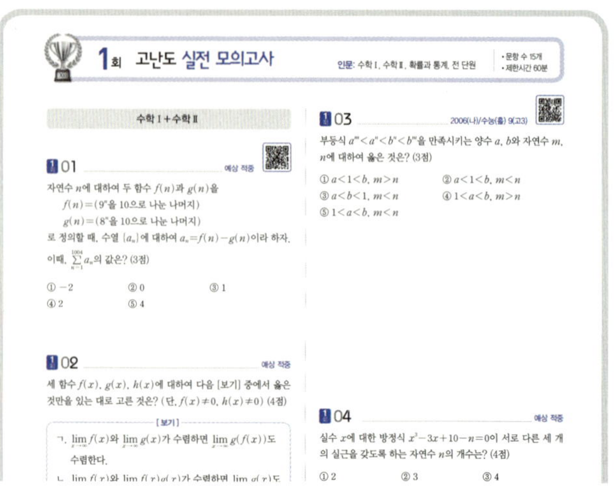

- QR코드 :  유형별 핵심 문제와 혼자 풀기 어려운 문제의 풀이 과정을 동영상 강의를 통해 한 번 더 학습할 수 있도록 하였습니다.

5 2등급 킬러+1등급 킬러 문제

시험에서는 변별력을 위해 최고난도 문제가 출제되므로 이에 대한 훈련과 연습이 필요합니다. 고난도 문제를 집중 심화 학습하여 고난도 킬러 문제의 유형을 익히고, 반드시 수학 1등급에 달성할 수 있도록 구성하였습니다.

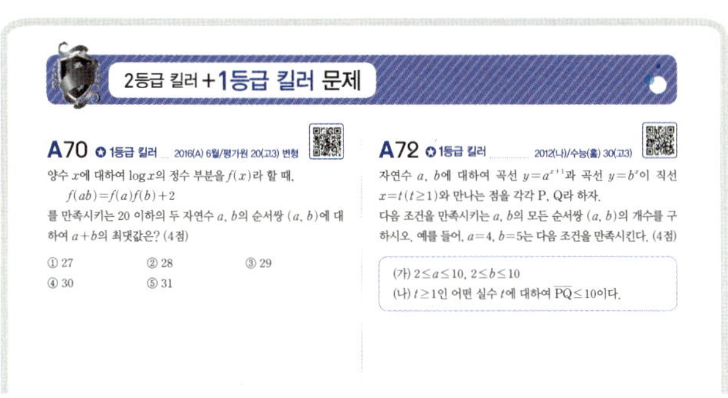

✪ 2등급 킬러 – 정답률이 21~30%인 문제로 1, 2등급으로 발돋움하는 데 도움이 되는 고난도 문제

✪ 1등급 킬러 – 정답률이 20% 미만인 문제로 1등급을 가르는 최고난도 문제

6 2등급 킬러+1등급 킬러 문제 특별 해설

문제 분석
킬러 문제의 핵심 내용과 문제에서 구하고자 하는 목표를 확실히 알도록 제시해줍니다.

풀이 단서 체크
킬러 문제 풀이의 단서의 내용을 좀 더 구체적으로 설명하였습니다.

1등급 심화 특강
1등급 킬러 문제에서 특별히 알고 있으면 유용한 개념이나 공식을 보여줍니다.

1등급 풀이 Tip
킬러 문제를 풀 때 시간 절약과 문제 접근을 쉽게 할 수 있는 내용을 제시합니다.

My Top Secret
킬러 문제를 다루는 서울대 선배의 특별 비법을 수록했습니다.

7 입체 첨삭 해설!

정답 공식
출제 의도를 짚어 주고, 문제 속의 숨은 조건을 해석하여 풀이 전략을 세우도록 도와줍니다.

단계별 명쾌 풀이
문제를 푸는 데 요구되는 사고의 순서를 구체적으로 단계를 나누어 제시하였습니다.

해설 적용 공식
해설에 직접적, 간접적으로 사용된 개념, 공식을 보여줍니다.

문제를 푸는 과정이나 잘못된 개념을 적용하는 실수를 지적해 주고 해결의 열쇠를 제공해 주는 코너입니다.

다른 풀이
문제를 풀 때는 다각적으로 사고하는 연습이 필요합니다. 이에 다른 방법으로 문제에 접근할 수 있는 방법을 알려줍니다.

수능 핵강
문제를 조금 더 쉽고 빠르게 풀 수 있는 스킬 등을 자세히 설명하였습니다.

개념 공식
문제를 풀기 위해 요구되는 주요 개념과 공식을 정리하였습니다.

평가원 해설
오답 이의제기된 문항에 대해 평가원 출제 위원들이 요구한 사고 과정을 확인할 수 있습니다.

출제 개념
문제에 적용된 핵심 개념을 정리했습니다.

정답률
교육청 자료, 기타 기관 공지 자료와 내부 분석 검토 과정을 거쳐서 제시됩니다.

핵심 단서
문제를 푸는 데 핵심이 되는 단서와 그 단서를 문제 풀이에 적용하는 방법을 설명하였습니다.

주의
풀이 과정에서 주어진 조건을 빠뜨리거나 잘못 이용할 가능성이 있을 때, 적절한 주의를 주어서 올바른 풀이로 나아갈 수 있도록 한 코너입니다.

함정
개념을 정확히 이해하지 못한다면 반드시 빠지게 되어 있는 함정을 체크해 주고 해결할 수 있는 방법을 제시하였습니다.

보충 설명
더욱 정확하고 완벽하게 해설을 이해할 수 있도록 해설에 내재된 내용을 설명하였습니다.

쉬운 풀이, 톡톡 풀이
직관적으로 풀거나, 교육과정 외의 개념 또는 특이한 풀이 방법을 알려줍니다.

차 례

[수학 Ⅰ]-219제

A 지수함수와 로그함수

B 삼각함수

C 수열

[수학 Ⅱ]-244제

D 함수의 극한과 연속

E 미분

F 적분

[확률과 통계]-228제

G 경우의 수

H 확률

I 통계

고난도 실전 모의고사 수학/인문 [15문항형]

수능 1등급 완성 학습 계획표 [28일]

Day	문항 번호	틀린 문제 / 헷갈리는 문제 번호 적기	날짜	복습 날짜
1	A01~28		월 일	월 일
2	29~60		월 일	월 일
3	61~80		월 일	월 일
4	B01~38		월 일	월 일
5	39~65		월 일	월 일
6	C01~33		월 일	월 일
7	34~56		월 일	월 일
8	57~74		월 일	월 일
9	D01~31		월 일	월 일
10	32~56		월 일	월 일
11	E01~29		월 일	월 일
12	30~60		월 일	월 일
13	61~79		월 일	월 일
14	80~101		월 일	월 일
15	F01~35		월 일	월 일
16	36~68		월 일	월 일
17	69~87		월 일	월 일
18	G01~50		월 일	월 일
19	51~70		월 일	월 일
20	H01~35		월 일	월 일
21	36~66		월 일	월 일
22	67~85		월 일	월 일
23	I 01~29		월 일	월 일
24	30~48		월 일	월 일
25	49~73		월 일	월 일
26	모의 1회		월 일	월 일
27	모의 2회		월 일	월 일
28	모의 3회		월 일	월 일

수학 I

수학 I 에서는 지수함수, 로그함수, 삼각함수, 수열이라는 중요한 개념을 새롭게 배우게 된다.
새롭게 배우는 함수들은 각각의 특징을 유지하면서 개념이 혼합된 고난도 문제로 출제가 된다.

대단원별 고난도 유형 & 특급 비책

★ 고난도 빈출 표시

	고난도 유형	고난도 특급 비책
★★ **A** 지수함수와 로그함수	**1 지수함수와 로그함수의 그래프의 활용** 지수함수 또는 로그함수의 그래프가 주어졌을 때, 그 그래프와 직선의 교점을 이용하는 유형	▶ 주어진 지수함수와 로그함수의 그래프가 기본적인 그래프를 어떻게 평행이동과 대칭이동을 이용한 것인지 알아야 한다. 특히 절댓값을 포함한 그래프는 x축 아랫부분을 x축에 대하여 대칭이동하여 생각한다.
	2 지수방정식, 로그방정식과 지수부등식, 로그부등식의 응용 실생활 소재의 문제에서 주어진 관계식으로 방정식 또는 부등식을 유도하여 적절한 해를 구하는 유형	▶ 지수방정식 또는 로그방정식의 해는 식을 적절히 변형해서 밑을 같게 하여 지수 또는 진수가 같음을 이용하여 구한다. 그런데 지수부등식 또는 로그부등식의 해는 방정식처럼 적절히 변형하여 밑을 같게 만들어야 하지만 밑의 조건에 주의하여 부등식의 부등호의 방향을 결정하자.
★★ **B** 삼각함수	**1 삼각함수의 그래프와 최대, 최소** 삼각함수의 최댓값 또는 최솟값 또는 주기가 주어지고, 미지수를 구하는 유형	▶ 함숫값의 최대, 최소와 주기가 주어진 삼각함수의 특징을 이용하여 미지수를 구할 때, 기본적인 삼각함수의 주기와 어떤 차이가 있는지 확인한다. 최대, 최소와 관련된 미지수를 기억하고 있자.
	2 코사인법칙의 변형의 활용 도형의 넓이를 구하는 방법을 이용하여 방정식을 세우고, 코사인법칙의 변형을 이용하여 모르는 변의 길이나 각의 크기를 구하는 유형	▶ 고난도 문제에서는 코사인법칙 하나만 이용하여 푸는 것보다 사인법칙을 같이 이용하여 푸는 경우가 많다. 대변과 대각이 주어지면 사인법칙을, 두 변과 사잇각이 주어지면 코사인법칙을 이용할 수 있음을 기억하자.
★★★ **C** 수열	**1 수열의 규칙 찾기** 복잡하게 정의된 수열의 뜻을 찾아 특정한 수열의 값을 구하는 유형	▶ 정의된 수열이 복잡할수록 규칙을 찾기가 쉽지 않기 때문에 규칙을 찾을 때까지 n 대신 1, 2, 3, …을 대입해 본다. 특히 반복되는 수열의 규칙을 찾도록 한다.
	2 수열의 귀납적 정의 첫째항과 이웃하는 항 사이의 관계식이 주어졌을 때, 수열의 합을 구하는 유형	▶ 수열의 규칙 찾기와 마찬가지로 이웃하는 항 사이의 관계에 n 대신 1, 2, 3, …을 대입해보고 일반항을 유추한다.

A 지수함수와 로그함수

- 가장 기초적인 거듭제곱의 개념을 이용하여 로그가 탄생한 것처럼 지수와 로그는 각각 떨어진 개념이 아닌 서로 호환이 되는 관계임을 충분히 알고 문제를 풀어야 합니다.
- 지수함수와 로그함수의 관계는 서로 역함수 관계이므로 두 그래프는 직선 $y=x$에 대하여 대칭입니다. 로그함수의 그래프를 다루기보다는 지수함수를 좀 더 다루기 쉽기 때문에 로그함수의 조건을 역함수 관계인 지수함수로 파악해 봅시다.

1 지수법칙과 거듭제곱근 ❶

(1) 지수법칙

양수 a, b와 실수 m, n에 대하여

① $a^m a^n = a^{m+n}$　② $(a^m)^n = a^{mn}$　③ $(ab)^n = a^n b^n$

④ $\left(\frac{a}{b}\right)^n = \frac{a^n}{b^n}$　⑤ $a^m \div a^n = a^{m-n}$　⑥ $a^0 = 1$

⑦ $a^{-n} = \frac{1}{a^n}$　⑧ $a^{\frac{m}{n}} = \sqrt[n]{a^m}$

(2) 거듭제곱근의 성질

양수 a, b에 대하여 m, n이 2 이상의 자연수일 때,

① $\sqrt[n]{a}\sqrt[n]{b} = \sqrt[n]{ab}$　② $\frac{\sqrt[n]{a}}{\sqrt[n]{b}} = \sqrt[n]{\frac{a}{b}}$　③ $(\sqrt[n]{a})^m = \sqrt[n]{a^m}$

④ $\sqrt[m]{\sqrt[n]{a}} = \sqrt[mn]{a}$　⑤ $\sqrt[np]{a^{mp}} = \sqrt[n]{a^m}$ (단, p는 자연수)

+개념보충

❶ 지수법칙과 거듭제곱근에서 주의할 점

(1) 지수법칙에서 주의해야 할 성질

① $a^m + a^n = a^{m+n}$ (×)

② $(a^m)^n = a^{m+n}$ (×)

(2) 거듭제곱근에서 주의해야 할 점

$a>0$이라는 조건이 있으면 $(\sqrt[n]{a})^m = \sqrt[n]{a^m}$ 을 자유롭게 쓸 수 있다. 조건을 먼저 체크하자.

2 대소 비교 ❷

양수 a, b와 자연수 m, n에 대하여

(1) a^m, b^n의 대소 비교

m, n의 최대공약수가 p이면 $a^{\frac{m}{p}}$, $b^{\frac{n}{p}}$의 대소와 같다.

(2) $\sqrt[m]{a}$, $\sqrt[n]{b}$의 대소 비교

m, n의 최소공배수가 q이면 $(\sqrt[m]{a})^q$, $(\sqrt[n]{b})^q$의 대소와 같다.

한걸음 더!

❷ 복잡한 지수, 거듭제곱근의 대소 비교

직접적인 대소를 비교하기 어려우면 지수법칙을 이용하여 간접적으로 대소를 비교하자.

또, $a>0$, $b>0$이라는 조건이 있는지 확인해야 한다.

3 로그의 성질 ❸

(1) 로그의 기본 성질

$a>0$, $a\neq1$, $x>0$, $y>0$이고, m이 임의의 실수일 때

① $\log_a 1 = 0$, $\log_a a = 1$　② $\log_a xy = \log_a x + \log_a y$

③ $\log_a \frac{y}{x} = \log_a y - \log_a x$　④ $\log_a x^m = m\log_a x$

(2) 로그의 여러 가지 성질

$a>0$, $a\neq1$, $b>0$일 때,

① $\log_a b = \frac{\log_c b}{\log_c a}$ $(c>0,\ c\neq1)$

② $\log_a b = \frac{1}{\log_b a}$ $(b\neq1)$

③ $\log_{a^m} b^n = \frac{n}{m}\log_a b$

④ $a^{\log_c b} = b^{\log_c a}$ $(c>0,\ c\neq1)$

2021 수능 나형 27번
2021 9월 가형 11번

★ 로그의 기본적인 성질을 이용한 문제는 가장 쉬운 난이도부터 고난이도까지 넓은 범위에서 출제가 되고 있다. 난이도가 높은 문제는 지수법칙과 연결되는 경우가 많기 때문에 개념 사이의 관계를 생각하면서 풀어야 한다.

+개념보충

❸ 로그의 성질에서 주의할 성질

① $\log_a (M+N) = \log_a M + \log_a N$ (×)

② $\log_a (M-N) = \log_a M - \log_a N$ (×)

③ $\log_a M \log_a N = \log_a M + \log_a N$ (×)

④ $\frac{\log M}{\log N} = \log_a M - \log_a N$ (×)

⑤ $(\log_a M)^k = k\log_a M$ (×)

4 상용로그의 정수 부분과 소수 부분 ❹

(1) 정수 부분의 성질

양수 N에 대하여 $N>1$일 때, $\log N$의 정수 부분이 n이면 N은 정수 부분이 $n+1$자리의 수이다.

(2) 소수 부분의 성질

숫자의 배열이 같고 소수점의 위치만 다른 두 양수의 상용로그의 소수 부분은 같다.

고난도 Tip

❹ 고난도 문제에서 상용로그의 활용

상용로그의 정수 부분과 소수 부분의 성질은 고난도 문제에서 출제 빈도가 높다.

정수 부분이 같거나 소수 부분이 같은 두 상용로그를 다룰 때 중요한 성질이므로 꼭 그 성질을 기억하자.

5 지수함수 $y=a^x\,(a>0, a\neq 1)$ ❺

지수함수 $y=a^x\ (a>0,\ a\neq 1)$에 대하여
(1) 정의역은 실수 전체의 집합이고,
치역은 양의 실수 전체의 집합이다.
(2) $a>1$일 때, x의 값이 증가하면 y의 값도 증가한다.
$0<a<1$일 때, x의 값이 증가하면 y의 값은 감소한다.
(3) 그래프는 두 점 $(0, 1)$, $(1, a)$를 지나고 x축을 점근선으로 한다.

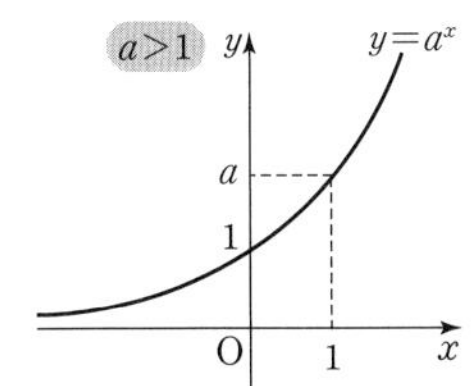

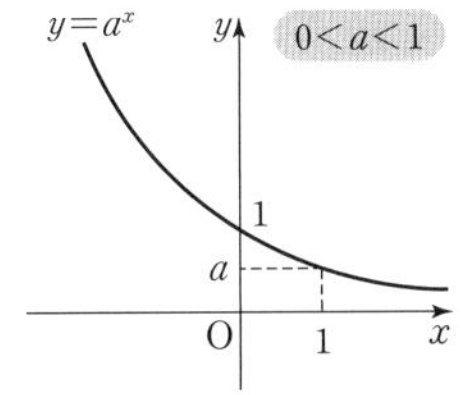

고난도 출제 2061 6월 나형 21번

★ 2021학년도 기출 문제 중 지수함수의 그래프 또는 로그함수의 그래프의 교점의 x좌표, y좌표에 대한 대소 비교를 하는 고난도 문제가 많이 출제되었다. 이런 유형의 문제는 교점을 지나는 직선의 기울기, 교점을 꼭짓점으로 하는 도형의 넓이 등으로 대소 비교를 하는 것이 편리하다.

+개념보충

❺ 지수함수 $y=a^{x-p}+q$
(1) 그래프의 개형
① 점근선 : $y=q$
② 치역 : $y>q$
③ 그래프의 개형 :
$a>1$이면 증가함수,
$0<a<1$이면 감소함수
(2) 지수함수 $y=a^x$와의 관계
$y=a^{x-p}+q$는 함수 $y=a^x$의 그래프를 x축의 방향으로 p만큼, y축의 방향으로 q만큼 평행이동한 그래프의 식이다.

6 지수함수의 최대 · 최소 ❻

함수 $y=a^{f(x)}$에 대하여
(1) $a>1$일 때, $f(x)$가 최대이면 y도 최대이고, $f(x)$가 최소이면 y도 최소이다.
(2) $0<a<1$일 때, $f(x)$가 최대이면 y는 최소이고, $f(x)$가 최소이면 y는 최대이다.

한걸음 더!

❻ a^x이 반복되는 지수함수의 최대·최소
$a^x=X$로 치환하여 최대·최소를 구한다.
이때, $X>0$임에 주의하자.

7 로그함수 $y=\log_a x\,(a>0, a\neq 1)$ ❼

로그함수 $y=\log_a x\ (a>0,\ a\neq 1)$에 대하여
(1) 정의역은 양의 실수 전체의 집합이고, 치역은 실수 전체의 집합이다.
(2) $a>1$일 때, x의 값이 증가하면 y의 값도 증가한다.
$0<a<1$일 때, x의 값이 증가하면 y의 값은 감소한다.
(3) 그래프는 두 점 $(1, 0)$, $(a, 1)$를 지나고 y축을 점근선으로 한다.

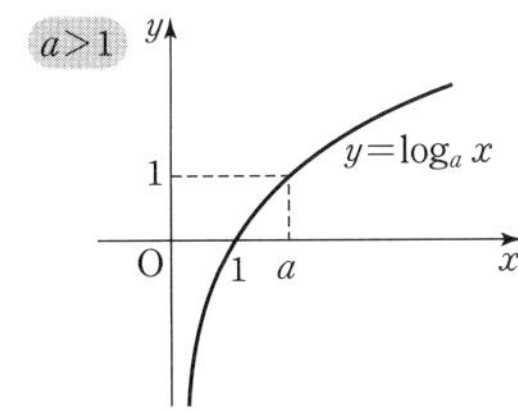

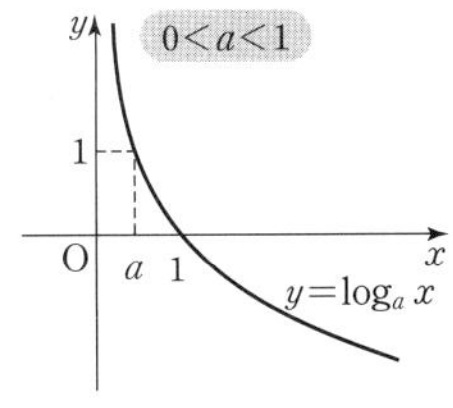

+개념보충

❼ 로그함수 $y=\log_a (x-p)+q$
(1) 그래프의 개형
① 점근선 : $x=p$
② 정의역 : $x>p$
③ 그래프의 개형 :
$a>1$이면 증가함수,
$0<a<1$이면 감소함수
(2) 로그함수 $y=\log_a x$와의 관계
$y=\log_a (x-p)+q$는 함수 $y=\log_a x$의 그래프를 x축의 방향으로 p만큼, y축의 방향으로 q만큼 평행이동한 그래프의 식이다.

고난도 필수 개념

* 지수함수와 로그함수의 그래프 사이의 관계
(1) $a>0$, $a\neq 1$인 실수 a에 대하여 두 함수 $y=a^x$, $y=\log_a x$는 서로 역함수 관계이므로 두 함수의 그래프는 직선 $y=x$에 대하여 대칭이다.
(2) 두 함수 $y=a^x$, $y=\log_a x$의 그래프의 교점을 구할 때는 두 함수 중 한 함수의 그래프와 직선 $y=x$의 교점을 구하는 것이 편리하다.

8 지수 또는 로그가 포함된 방정식과 부등식

(1) 지수방정식과 로그방정식 ❽
① $a^{f(x)}=a^{g(x)} \Longleftrightarrow f(x)=g(x)$ 또는 $a=1$
② $\log_a f(x)=\log_a g(x) \Longleftrightarrow 0<f(x)=g(x)$

(2) 지수부등식과 로그부등식 ❾
(i) $a>1$일 때,
① $a^{f(x)}<a^{g(x)} \Longleftrightarrow f(x)<g(x)$
② $\log_a f(x)<\log_a g(x) \Longleftrightarrow 0<f(x)<g(x)$
(ii) $0<a<1$일 때,
① $a^{f(x)}<a^{g(x)} \Longleftrightarrow g(x)<f(x)$
② $\log_a f(x)<\log_a g(x) \Longleftrightarrow 0<g(x)<f(x)$

한걸음 더!

❽ 지수방정식과 로그방정식
(1) $\log_a x$가 반복되는 경우
$\log_a x=X$로 치환하여 방정식을 푼다.
(2) $\{f(x)\}^{\log_a x}=g(x)$ 꼴인 경우
양변에 밑이 a인 로그를 취하여 방정식을 푼다.

+개념보충

❾ 지수를 포함한 방정식에서 밑에 미지수가 있는 경우는 밑이 1인 경우도 생각해줘야 한다. 즉,
$x^{f(x)}=x^{g(x)}$
$\Longleftrightarrow x=1$ 또는 $f(x)=g(x)$

유형 01 지수법칙의 활용

(1) 지수가 0 또는 음의 정수인 경우

$a^0=1,\ a^{-n}=\dfrac{1}{a^n}$ (단, $a>0$, n은 자연수)

(2) 지수가 유리수인 경우

$a^{\frac{m}{n}}=\sqrt[n]{a^m},\ a^{\frac{1}{n}}=\sqrt[n]{a}$ (단, $a>0$, m, n은 정수, $n>0$)

(3) 지수법칙

$a>0$, $b>0$이고 x, y가 실수일 때,

① $a^xa^y=a^{x+y}$　　② $a^x\div a^y=a^{x-y}$

③ $(a^x)^y=a^{xy}$　　④ $(ab)^x=a^xb^x$

tip

1 $a^x=b^y=k$의 조건이 주어지면 $a=k^{\frac{1}{x}}$, $b=k^{\frac{1}{y}}$으로 놓고 지수법칙을 이용한다.

2 a^x+a^{-x} 꼴은 주어진 조건을 곱셈 공식 $(a+b)^2=a^2+2ab+b^2$을 이용하여 식을 정리한다.

3 그래프를 활용하는 문제는 주어진 점의 좌표를 이용하자.

A01 3점 실수 　2018실시(나) 3월/교육청 25(고3) 변형

두 실수 a, b에 대하여

$$2^a+4^b=9,\ 2^{-a}+4^{-b}=\frac{6}{7}$$

일 때, 2^{a+2b}의 값은 $\dfrac{q}{p}$이다. $p+q$의 값을 구하시오.

(단, p와 q는 서로소인 자연수이다.) (3점)

A02 3점  　2012실시(나) 3월/교육청 10(고3) 변형

$60^x=2,\ \left(\dfrac{1}{6}\right)^y=8,\ a^z=4$를 만족시키는 세 실수 x, y, z에 대하여 $\dfrac{1}{x}+\dfrac{3}{y}-\dfrac{1}{z}=1$이 성립할 때, 양수 a의 값은? (3점)

① 10　　② 25　　③ 50
④ 100　　⑤ 150

A03 4점 실수  2017실시(나) 3월/교육청 21(고3)

자연수 m에 대하여 집합 A_m을

$$A_m=\left\{(a,\ b)\,\middle|\,2^a=\frac{m}{b},\ a,\ b\text{는 자연수}\right\}$$

라 할 때, [보기]에서 옳은 것만을 있는 대로 고른 것은? (4점)

[보기]

ㄱ. $A_4=\{(1,\ 2),\ (2,\ 1)\}$

ㄴ. 자연수 k에 대하여 $m=2^k$이면 $n(A_m)=k$이다.

ㄷ. $n(A_m)=1$이 되도록 하는 두 자리 자연수 m의 개수는 23이다.

① ㄱ　　② ㄱ, ㄴ　　③ ㄱ, ㄷ
④ ㄴ, ㄷ　　⑤ ㄱ, ㄴ, ㄷ

유형 02 지수법칙의 실생활 응용

(1) 실생활 소재 문제는 대부분 지수로 표현된 관계식이 주어지며, 문제의 길이가 긴 경우가 많다.

(2) 관련된 모든 내용을 완전히 이해할 필요는 없으며, 주어진 관계식의 각 변수가 무엇인지만 파악하면 된다.

(3) 문제를 읽어나가며 변수에 들어갈 값들을 체크하고, 주어진 관계식에 대입한 후, 지수법칙을 이용하자.

tip

지수법칙을 이용하는 실생활 문제는 지수로 주어진 관계식을 적당히 다룰 수 있으면 된다. 이 관계식을 이용할 수 있는 조건을 적절히 대입하여 해결한다.

A04 3점 실수 　예상 적중

뉴턴의 열법칙에 의하면 냉장고에서 꺼낸 찬 음료수를 온도가 30 ℃인 방에 놓은지 t분 후의 음료수의 온도를 $f(t)$라 할 때

$f(t)=30-A\times(2.7)^{-kt}$ (단, A, k는 상수)

가 된다고 한다. 이때, 냉장고에서 막 꺼낸 음료수의 온도가 10 ℃, 꺼낸지 20분이 지난 후의 음료수의 온도가 15 ℃라면 냉장고에서 꺼낸지 40분이 지난 후의 음료수의 온도는? (3점)

① 17.25 ℃　　② 17.75 ℃　　③ 18.25 ℃
④ 18.75 ℃　　⑤ 19.25 ℃

A05 3점 실수 2010(나)/수능(홀) 10(고3) 변형

조개류는 현탁물을 여과한다. 수온이 t(℃)이고 개체중량이 w(g)일 때, A 조개와 B 조개가 1시간 동안 여과하는 양(L)을 각각 Q_A, Q_B라고 하면 다음과 같은 관계식이 성립한다고 한다.

$$Q_A=0.01t^{1.25}w^{0.25}$$
$$Q_B=0.05t^{0.75}w^{0.30}$$

수온이 15 ℃이고 A 조개와 B 조개의 개체중량이 각각 9 g일 때, $\frac{Q_A}{Q_B}$의 값은 $3^a\times5^b$이다. $a-b$의 값은? (단, a, b는 유리수이다.) (3점)

① 0.8 ② 0.9 ③ 1.0
④ 1.1 ⑤ 1.2

A06 4점 실수 2016(A)/수능(홀) 16(고3) 변형

어느 금융상품에 초기자산 W_0을 투자하고 t년이 지난 시점에서의 기대자산 W가 다음과 같이 주어진다고 한다.

$$W=\frac{W_0}{2}10^{at}(1+10^{at})$$

(단, $W_0>0$, $t\geq0$이고, a는 상수이다.)

이 금융상품에 초기자산 w_0을 투자하고 30년이 지난 시점에서의 기대자산은 초기자산의 36배이다. 이 금융상품에 초기자산 w_0을 투자하고 20년이 지난 시점에서의 기대자산이 초기자산의 k배일 때, 실수 k의 값은? (단, $w_0>0$) (4점)

① 9 ② 10 ③ 11
④ 12 ⑤ 13

A07 4점 실수 2008실시(가) 10월/교육청 17(고3)

어떤 생물의 개체수를 측정하기 시작하여 시각 t에서의 개체수를 $N(t)$라 할 때, 다음 관계식이 성립한다고 한다.

$$N(t)=\frac{K}{1+c\cdot a^{-bt}}$$ (단, a, b, c는 양의 상수)

이때, K는 이 생물의 최대개체량이다.

이 생물의 개체수를 측정하기 시작하여 $t=5$일 때의 개체수는 최대개체량의 $\frac{1}{2}$이었고, $t=7$일 때의 개체수는 최대개체량의 $\frac{3}{4}$이었다. 이 생물의 개체수를 측정하기 시작하여 $t=9$일 때의 개체수를 나타내는 것은? (4점)

① $\frac{6}{7}K$ ② $\frac{7}{8}K$ ③ $\frac{8}{9}K$
④ $\frac{9}{10}K$ ⑤ $\frac{10}{11}K$

유형 03 로그의 성질의 활용

(1) 로그의 여러 가지 성질 Ⅰ (로그의 밑 변환)

$a>0$, $a\neq1$, $b>0$, $b\neq1$, $c>1$, $c\neq1$일 때

① $\log_a b=\frac{1}{\log_b a}$

② $\log_a b=\frac{\log_c b}{\log_c a}$

③ $\log_{a^m} b^n=\frac{n}{m}\log_a b$

(2) 로그의 여러 가지 성질 Ⅱ (지수의 밑 변환)

$a>0$, $b>0$일 때

① $a^{\log_a b}=b$ (단, $a\neq1$)

② $a^{\log_c b}=b^{\log_c a}$ (단, $c>0$, $c\neq1$)

tip

1 주어진 조건식의 밑이 다른 경우 밑의 변환 공식을 이용하여 정리한다.
2 다른 개념과 혼합된 문제는 각 단원의 기본적인 개념을 적용하는 경우가 많다.
3 식이 복잡한 경우, 치환하여 간단히 식을 정리한 후 풀자.
4 로그가 들어간 보기의 참, 거짓을 따지는 문제는 식에 구체적인 숫자를 대입하고 로그의 성질을 이용하여 참, 거짓을 구해본다. 빈칸 추론 문제는 주어진 과정의 흐름을 따라가며 앞뒤의 관계를 따져서 빈칸을 추론한다.

A08 3점 함정 2021(가) 9월/평가원 11(고3)

1보다 큰 세 실수 a, b, c가

$$\log_a b=\frac{\log_b c}{2}=\frac{\log_c a}{4}$$

를 만족시킬 때, $\log_a b+\log_b c+\log_c a$의 값은? (3점)

① $\frac{7}{2}$ ② 4 ③ $\frac{9}{2}$
④ 5 ⑤ $\frac{11}{2}$

A09 3점 함정 2013(문)/삼사 12(고3) 변형

$\log_{25}(a+b)=\log_4 a=\log_{10} b$를 만족시키는 두 양수 a, b에 대하여 $\frac{b}{a}$의 값은? (3점)

① $\frac{\sqrt{5}+1}{3}$ ② $\frac{\sqrt{5}+1}{2}$ ③ $\frac{\sqrt{2}+\sqrt{5}}{5}$
④ $\frac{\sqrt{2}+1}{4}$ ⑤ $\frac{\sqrt{2}+1}{3}$

❖ 정답 및 해설 2~5p

A10 3점 실수 2010/경찰대 2(고3)

세 실수 a, b, c가 $abc\neq0$, $ab+bc+ca=abc$를 만족시킨다. $\log_2 x=a$, $\log_3 x=b$, $\log_5 x=c$일 때, 양수 x의 값은? (3점)

① 10 ② 20 ③ 30
④ 40 ⑤ 50

A11 4점 실수 2020(나) 9월/평가원 28(고3)

네 양수 a, b, c, k가 다음 조건을 만족시킬 때, k^2의 값을 구하시오. (4점)

(가) $3^a=5^b=k^c$
(나) $\log c=\log(2ab)-\log(2a+b)$

A12 4점 2014실시(A) 4월/교육청 15(고3) 변형

세 자연수 a, b, $c\,(10<c<20)$에 대하여

$$\frac{\log_c b}{\log_a b}=\frac{1}{2},\ \frac{\log_b c}{\log_a c}=\frac{1}{3}$$

일 때, $a+b+c$의 값은? (4점)

① 76 ② 80 ③ 84
④ 88 ⑤ 92

A13 4점 실수 2006(문)/삼사 18(고3)

1보다 큰 세 실수 a, b, c에 대하여 두 등식

$$\begin{cases} a^2b^3=64 \\ 3(\log_a c)^2-2(\log_b c)^2=-(\log_a c)(\log_b c) \end{cases}$$

가 성립하도록 하는 두 수 a와 b에 대하여 $\log_2 ab$의 값은? (4점)

① 1 ② $\frac{3}{2}$ ③ 2
④ $\frac{5}{2}$ ⑤ 3

A14 4점 실수 2021(가)/수능(홀) 27(고3)

$\log_4 2n^2-\frac{1}{2}\log_2\sqrt{n}$의 값이 40 이하의 자연수가 되도록 하는 자연수 n의 개수를 구하시오. (4점)

A15 3점 고난도 2010실시(나) 3월/교육청 10(고3)

서로 다른 세 실수 x, y, z가 $2^x=3^y=6^z$을 만족시킬 때, 옳은 것만을 [보기]에서 있는 대로 고른 것은? (3점)

[보기]

ㄱ. $2^x\times3^y=36^z$
ㄴ. $2^z\times3^{z-y}=1$
ㄷ. $x+y=1$이면 $z=\log_6 2\times\log_6 3$이다.

① ㄱ ② ㄱ, ㄴ ③ ㄱ, ㄷ
④ ㄴ, ㄷ ⑤ ㄱ, ㄴ, ㄷ

유형 04 상용로그의 실생활 응용

(1) 실생활 소재 문제는 대부분 로그로 표현된 관계식이 주어지며, 문제의 길이가 긴 경우가 많다.
(2) 관련된 모든 내용을 완전히 이해할 필요는 없으며, 주어진 관계식의 각 변수가 무엇인지만 파악하면 된다.
(3) 조건에서 주어진 값들을 관계식의 변수에 적절히 대입한다.
(4) A가 B의 몇 배인지 조건으로 주어지거나, 그 값을 구해야 할 때에는 $\log A-\log B=\log\frac{A}{B}$를 이용한다.

tip
조건에 로그가 포함된 실생활 문제는 주어진 공식에 값을 대입하고 로그의 성질을 이용하여 값을 구한다.

A16 3점 실수 2015(A)/수능(홀) 10(고3) 변형

디지털 사진을 압축할 때 원본 사진과 압축한 사진의 다른 정도를 나타내는 지표인 최대 신호 대 잡음비를 P, 원본 사진과 압축한 사진의 평균제곱오차를 E라 하면 다음과 같은 관계식이 성립한다고 한다.

$$P=20\log 255-10\log E\,(E>0)$$

두 원본 사진 A, B를 압축했을 때 최대 신호 대 잡음비를 각각 P_{A}, P_{B}라 하고, 평균제곱오차를 각각 $E_{\text{A}}(E_{\text{A}}>0)$, $E_{\text{B}}(E_{\text{B}}>0)$이라 하자. $P_{\text{A}}-P_{\text{B}}=10$일 때, $\frac{E_{\text{B}}}{E_{\text{A}}}$의 값을 구하시오. (3점)

A17 4점 2015(A) 6월/평가원 15(고3) 변형

세대당 종자의 평균 분산거리가 D이고 세대당 종자의 증식률이 R인 나무의 10세대 동안 확산에 의한 이동거리를 L이라 하면 다음과 같은 관계식이 성립한다고 한다.

$$L^2=100D^2\times\log_3 R$$

세대당 종자의 평균 분산거리가 25이고 10세대 동안 확산에 의한 이동거리가 500인 나무의 세대당 종자의 증식률 R의 값을 구하시오. (단, 거리의 단위는 m이다.) (4점)

A18 4점 실수 2016(A) 9월/평가원 16(고3)

고속철도의 최고소음도 L(dB)을 예측하는 모형에 따르면 한 지점에서 가까운 선로 중앙 지점까지의 거리를 d(m), 열차가 가까운 선로 중앙 지점을 통과할 때의 속력을 v(km/h)라 할 때, 다음과 같은 관계식이 성립한다고 한다.

$$L=80+28\log\frac{v}{100}-14\log\frac{d}{25}$$

가까운 선로 중앙 지점 P까지의 거리가 75 m인 한 지점에서 속력이 서로 다른 두 열차 A, B의 최고소음도를 예측하고자 한다. 열차 A가 지점 P를 통과할 때의 속력이 열차 B가 지점 P를 통과할 때의 속력의 0.9배일 때, 두 열차 A, B의 예측 최고소음도를 각각 L_{A}, L_{B}라 하자. $L_{\text{B}}-L_{\text{A}}$의 값은? (4점)

① $14-28\log 3$　② $28-56\log 3$　③ $28-28\log 3$
④ $56-34\log 3$　⑤ $56-56\log 3$

유형 05 상용로그의 정수 부분과 소수 부분

(1) 양수 N에 대하여
$\log N=n+\alpha$ (단, n은 정수, $0\le\alpha<1$)로 나타낼 수 있다.
(2) n자리 자연수 A의 상용로그의 정수 부분은 $n-1$이다.
(3) $\log A$의 정수 부분이 n으로 주어지면, 소수 부분 α는 $\alpha=\log A-n$이다.

tip
1 음수의 정수 부분과 소수 부분에 주의한다. 소수 부분은 항상 0 이상이다. 예를 들어, $-3.2=-4+0.8$이기 때문에 정수 부분은 -3이 아닌 -4이고, 소수 부분은 0.2가 아닌 0.8이다.
2 $\log x$와 $\log y$의 소수 부분이 같으면 $\log x-\log y=$(정수)
3 $\log x$와 $\log y$의 소수 부분의 합이 정수이면 $\log x+\log y=$(정수)
4 $\log x$의 정수 부분이 n이면 소수 부분은 $\log x-n$이다.

A19 3점 실수 2013/경찰대 10(고3) 변형

$\log_3 98$의 소수 부분을 a, $\log_5 98$의 소수 부분을 b라 하자. 다음을 만족시키는 두 자연수 p와 q에 대하여 $p+q$의 최솟값을 구하시오. (3점)

$3^{p+a}5^{q+b}$은 135의 배수이다.

❖ 정답 및 해설 5~8p

A20 4점 예상 적중

$x>0$인 실수 x에 대하여 함수 $f(x)$를 $\log x$의 정수 부분이라 하자. 다음 두 조건을 만족시키는 자연수 n의 개수를 구하시오. (4점)

(가) $1<n<200$
(나) $f(2n)=1+f(n)$

A21 4점 실수 2007(나) 6월/평가원 23(고3) 변형

$\log a^4$의 소수 부분과 $\log b^7$의 소수 부분이 모두 0이 되도록 하는 양의 실수 a, $b(1<a<10,\ 1<b<10)$에 대하여 ab의 최댓값이 $10^{\frac{q}{p}}$일 때, $p+q$의 값을 구하시오. (단, p와 q는 서로소인 자연수이다.) (4점)

유형 06 지수함수의 그래프의 활용

지수함수 $y=a^x\,(a>0,\ a\neq1)$의 그래프

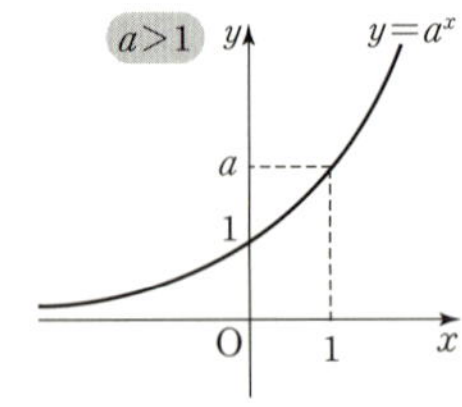

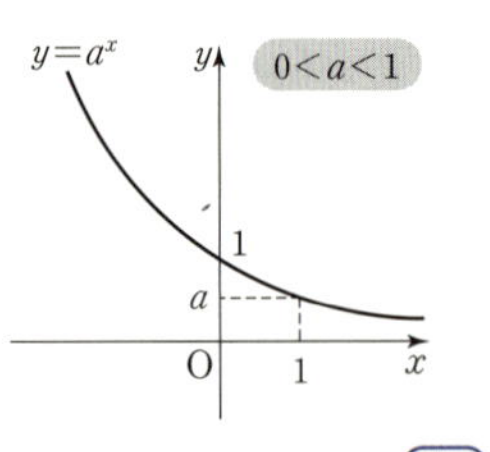

tip

1. 지수함수 $y=a^x(a>0,\ a\neq1)$의 그래프는 $a>1$일 때 x의 값이 커지면 y의 값도 커지고, $0<a<1$일 때 x의 값이 커지면 y의 값은 작아진다.
2. 지수함수 $y=ax(a>0,\ a\neq1)$의 그래프를 x축의 방향으로 m만큼, y축의 방향으로 n만큼 평행이동한 그래프의 식은 $y=a^{x-m}+n$이다.
3. **지수함수 $y=a^x(a>0,\ a\neq1)$의 그래프의 대칭이동**
   (1) x축에 대하여 대칭 : $y=-a^x$
   (2) y축에 대하여 대칭 : $y=a^{-x}$
   (3) 원점에 대하여 대칭 : $y=-a^{-x}$
4. 두 곡선의 교점을 직접적으로 구하기 어려운 경우, 한 곡선을 평행이동과 대칭이동한 식을 이용한다.

A22 3점 실수 2009(문)/삼사 18(고3)

함수 $f(x)=|2^x-2|$의 그래프 위의 세 점 $(a,\ f(a))$, $(b,\ f(b))$, $(c,\ f(c))$가 $0<a<b<c$와 $f(a)>f(b)>f(c)$를 만족할 때, [보기]에서 항상 옳은 것을 모두 고른 것은? (3점)

[보기]

ㄱ. $0<c<1$
ㄴ. $0<f(a)+f(b)+f(c)<3$
ㄷ. 방정식 $f(x)-a=0$은 서로 다른 두 실근을 갖는다.

① ㄱ ② ㄴ ③ ㄷ
④ ㄱ, ㄴ ⑤ ㄴ, ㄷ

A23 4점 함정 2017실시(가) 3월/교육청 27(고3) 변형

그림과 같이 곡선 $y=3^x$을 y축에 대하여 대칭이동한 후, x축의 방향으로 $\frac{1}{6}$만큼, y축의 방향으로 $\frac{1}{6}$만큼 평행이동한 곡선을 $y=f(x)$라 하자. 곡선 $y=f(x)$와 직선 $y=x+1$이 만나는 점 A와 점 B(0, 1) 사이의 거리를 k라 할 때, $\frac{1}{k^2}$의 값을 구하시오. (4점)

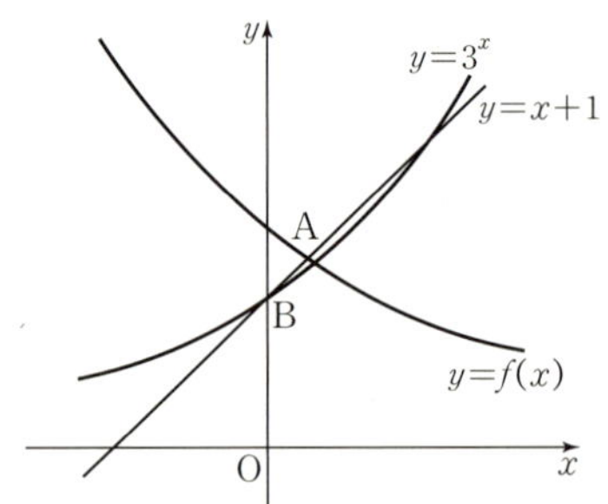

A24 3점 실수 2008(나) 6월/평가원 13(고3) 변형

그림과 같이 함수 $y=9^x$의 그래프가 두 직선 $y=a$, $y=b$와 만나는 점을 각각 A, B라 하고, 함수 $y=3^x$의 그래프가 두 직선 $y=a$, $y=b$와 만나는 점을 각각 C, D라 하자. 점 B에서 직선 $y=a$에 내린 수선의 발을 E, 점 C에서 직선 $y=b$에 내린 수선의 발을 F라 하자. 삼각형 AEB의 넓이가 14일 때, 삼각형 CDF의 넓이는? (단, $a>b>1$이다.) (3점)

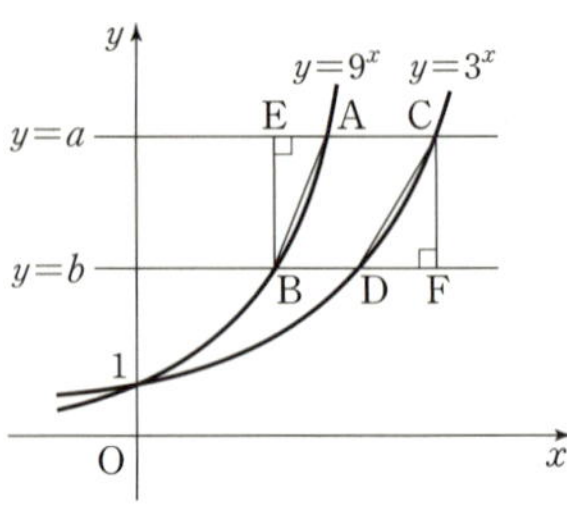

① 26 ② 28 ③ 30
④ 32 ⑤ 34

A25 3점  2014예비평가(A) 5월/평가원 9(고3)

좌표평면에서 함수 $f(x)=2^x$의 그래프와 함수 $g(x)=-x$의 그래프가 만나는 점을 $\mathrm{P}(a, -a)$라 할 때, 옳은 것만을 [보기]에서 있는 대로 고른 것은? (3점)

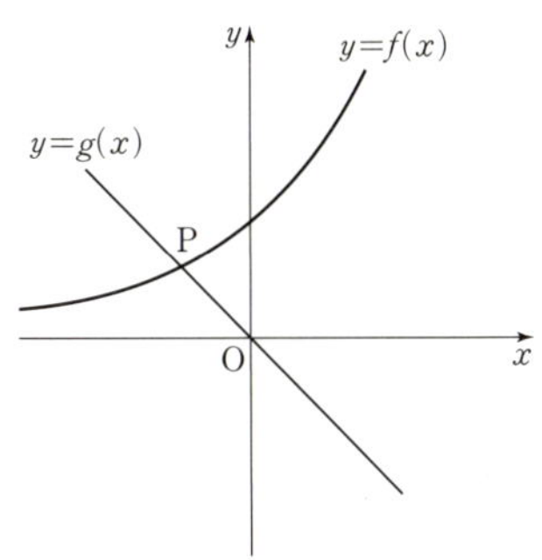

[보기]

ㄱ. $a<-1$
ㄴ. $t>0$이면 $|f(-t)-g(-t)|<|f(t)-g(t)|$이다.
ㄷ. 함수 $y=f^{-1}(x)$의 그래프와 함수 $y=g(x)$의 그래프가 만나는 점의 좌표는 $(-a, a)$이다.

① ㄱ ② ㄴ ③ ㄷ
④ ㄱ, ㄴ ⑤ ㄴ, ㄷ

A26 4점 2010(나) 6월/평가원 9(고3)

함수 $f(x)$는 모든 실수 x에 대하여 $f(x+2)=f(x)$를 만족시키고,

$$f(x)=\left|x-\frac{1}{2}\right|+1\left(-\frac{1}{2}\le x<\frac{3}{2}\right)$$

이다. 자연수 n에 대하여 지수함수 $y=2^{\frac{x}{n}}$의 그래프와 함수 $y=f(x)$의 그래프의 교점의 개수가 5가 되도록 하는 모든 n의 값의 합은? (4점)

① 7 ② 9 ③ 11
④ 13 ⑤ 15

유형 07 지수함수를 이용한 대소 관계

(1) 지수함수의 그래프를 그린 후, 대소를 비교할 값을 그래프 위에 나타내어 대소를 비교한다.
(2) 대소를 비교할 값은 주로 그래프 위의 점이거나, 두 점을 연결한 직선의 기울기이다.
(3) 지수함수의 밑의 범위, 기울기의 부호, 그래프가 그려지는 정의역의 범위 등에 주의한다.

tip

함수 $f(x)=a^x$에 대하여
1 $a>1$일 때 $x_1<x_2$이면 $a^{x_1}<a^{x_2}$이므로 $f(x_1)<f(x_2)$
2 $0<a<1$일 때 $x_1<x_2$이면 $a^{x_1}>a^{x_2}$이므로 $f(x_1)>f(x_2)$

A27 3점 실수 2010(문)/삼사 24(고3)

다음 등식을 만족시키는 세 실수 a, b, c가 있다.

$$\left(\frac{1}{3}\right)^a=2a,\ \left(\frac{1}{3}\right)^{2b}=b,\ \left(\frac{1}{2}\right)^{2c}=c$$

이때, 세 실수 a, b, c의 대소 관계를 옳게 나타낸 것은? (3점)

① $a<b<c$ ② $a<c<b$ ③ $b<a<c$
④ $b<c<a$ ⑤ $c<a<b$

A28 4점 실수 2021(나) 6월/평가원 21(고3)

두 곡선 $y=2^x$과 $y=-2x^2+2$가 만나는 두 점을 (x_1, y_1), (x_2, y_2)라 하자. $x_1<x_2$일 때, [보기]에서 옳은 것만을 있는 대로 고른 것은? (4점)

[보기]

ㄱ. $x_2>\frac{1}{2}$
ㄴ. $y_2-y_1<x_2-x_1$
ㄷ. $\frac{\sqrt{2}}{2}<y_1y_2<1$

① ㄱ ② ㄱ, ㄴ ③ ㄱ, ㄷ
④ ㄴ, ㄷ ⑤ ㄱ, ㄴ, ㄷ

❖ 정답 및 해설 8~13p

A29 3점 함정 2007실시(나) 7월/교육청 9(고3) 변형

그림에서 함수 $y=2^x-1$의 그래프 위의 서로 다른 두 점 P, Q의 x좌표를 각각 a, b라 할 때, $A=\frac{2^a-1}{a}$, $B=\frac{2^b-1}{b}$, $C=1$의 대소 관계를 옳게 나타낸 것은? (단, $0<a<b<1$) (3점)

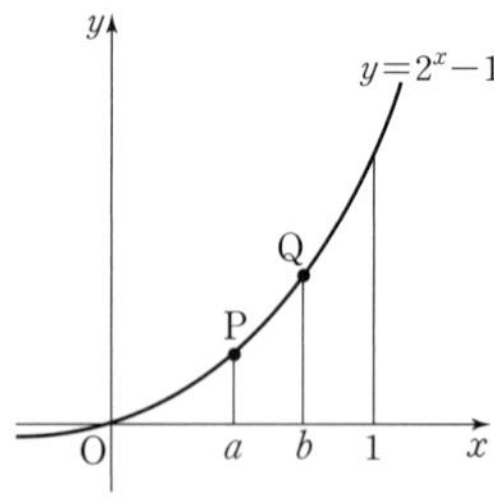

① $A<B<C$　② $A<C<B$　③ $B<A<C$
④ $B<C<A$　⑤ $C<A<B$

A30 4점 함정 2008실시(가) 7월/교육청 13(고3)

1이 아닌 양수 a, $b\,(a>b)$에 대하여 두 함수 $f(x)=a^x$, $g(x)=b^x$이라 하자. 양수 n에 대하여 [보기]에서 항상 옳은 것을 모두 고른 것은? (4점)

[보기]

ㄱ. $f(n)>g(n)$
ㄴ. $f(n)<g(-n)$이면 $a>1$이다.
ㄷ. $f(n)=g(-n)$이면 $f\left(\frac{1}{n}\right)=g\left(-\frac{1}{n}\right)$이다.

① ㄱ　② ㄴ　③ ㄱ, ㄷ
④ ㄴ, ㄷ　⑤ ㄱ, ㄴ, ㄷ

유형 08 지수함수의 최대 · 최소

(1) 주어진 정의역의 범위에 맞게 그래프를 그린 후 최대·최소를 찾는다.
(2) 어떤 항이나 식을 다른 문자로 치환할 경우, 치환된 문자의 범위를 구해야 한다.
(3) $a^x>0\,(a>0)$이기 때문에 산술평균과 기하평균의 관계를 적용할 수 있는 경우가 많다.

tip

지수함수 $f(x)=a^x\,(a>0,\ a\neq1)$에 대하여 $\alpha\le x\le\beta$일 때,
1 $a>1$이면 함수 $f(x)$는 $x=\alpha$에서 최솟값을 가지고, $x=\beta$에서 최댓값을 가진다.
2 $0<a<1$이면 함수 $f(x)$는 $x=\alpha$에서 최댓값을 가지고, $x=\beta$에서 최솟값을 가진다.

A31 3점 실수 2018실시(가) 3월/교육청 11(고3) 변형

닫힌구간 $[-2,\ 1]$에서 함수 $f(x)=\left(\frac{3}{a}\right)^x$의 최댓값이 9가 되도록 하는 모든 양수 a의 값의 곱은? (3점)

① 2　② 3　③ 4
④ 5　⑤ 6

A32 3점 실수 2011실시(나) 7월/교육청 8(고3) 변형

함수 $y=\frac{5^{2x}+3\times5^x+4}{5^x}$의 최솟값은? (3점)

① 3　② 4　③ 5
④ 6　⑤ 7

A33 4점 함정 2013실시(A) 3월/교육청 18(고3)

두 함수 $f(x)$, $g(x)$를

$$f(x)=x^2-6x+3,\ g(x)=a^x\ (a>0,\ a\neq1)$$

이라 하자. $1\le x\le4$에서 함수 $(g\circ f)(x)$의 최댓값은 27, 최솟값은 m이다. m의 값은? (4점)

① $\frac{1}{27}$　② $\frac{1}{3}$　③ $\frac{\sqrt{3}}{3}$
④ 3　⑤ $3\sqrt{3}$

유형 09 지수방정식의 해

(1) $a^{f(x)}=a^{g(x)}$ $(a>0)$인 경우 $a=1$ 또는 $f(x)=g(x)$이다.
(2) $\{f(x)\}^x=\{g(x)\}^x$ (단, $f(x)>0$, $g(x)>0$)인 경우 $x=0$ 또는 $f(x)=g(x)$이다.
(3) 해의 개수를 구하려는 경우 그래프를 그려 교점의 개수를 세는 것이 편리하다.

tip
1 a^x이 반복되는 지수방정식은 $a^x=t$ $(t>0)$로 치환한 후 t에 관한 방정식을 푼다.
2 이차방정식이 실근을 가지는 경우, 판별식 $D\ge 0$을 만족해야 한다.

A34 3점 실수 예상 적중

실수 x에 대한 방정식 $(4^x+4^{-x})-k(2^x+2^{-x})+11=0$이 실근을 갖지 않도록 하는 상수 k의 값의 범위는? (3점)

① $k\le -6$ ② $-6<k<6$ ③ $0<k<6$
④ $k<6$ ⑤ $k\ge 6$

A35 4점 2014/경찰대 24(고3)

지수방정식 $9^x-2(a+4)3^x-3a^2+24a=0$의 서로 다른 두 근이 모두 양수가 되도록 하는 모든 정수 a의 값의 합을 구하시오. (4점)

A36 4점 예상 적중

연립방정식 $\begin{cases}81^{2x}+81^{2y}=36\\81^{x+y}=9\sqrt{3}\end{cases}$을 만족시키는 두 실수 x, y에 대하여 xy의 값은? (4점)

① $\frac{1}{32}$ ② $\frac{1}{16}$ ③ $\frac{3}{32}$
④ $\frac{1}{8}$ ⑤ $\frac{5}{32}$

유형 10 지수부등식의 해

(1) 밑을 같게 할 수 있을 경우
① $a>1$일 때, $a^{f(x)}<a^{g(x)} \Longleftrightarrow f(x)<g(x)$
② $0<a<1$일 때, $a^{f(x)}<a^{g(x)} \Longleftrightarrow f(x)>g(x)$
(2) 지수가 포함된 복잡한 식에 관한 부등식은 그래프를 그려 부등식의 해를 찾는 것이 편리하다.

tip
1 a^x이 반복되는 지수부등식은 $a^x=t(t>0)$로 치환한 후 t에 관한 부등식을 푼다.
2 a^x+a^{-x} 꼴이 반복되는 경우, $a^x+a^{-x}=t(t\ge 2)$로 치환한 후 $t\ge 2$인 범위에서 지수부등식을 푼다.

A37 4점 2015실시(A) 4월/교육청 15(고3)

지수부등식 $(2^x-32)\left(\frac{1}{3^x}-27\right)>0$을 만족시키는 모든 정수 x의 개수는? (4점)

① 7 ② 8 ③ 9
④ 10 ⑤ 11

A38 3점 고난도 2009실시(나) 7월/교육청 26(고3)

모든 실수 x에 대하여 부등식 $k\cdot 2^x\le 4^x-2^x+4$가 성립하도록 하는 실수 k값의 범위는? (3점)

① $k\le -1$ ② $-4\le k\le 3$ ③ $-1\le k\le 3$
④ $k\le 3$ ⑤ $k\ge 0$

A39 4점 예상 적중

임의의 실수 x에 대하여 부등식 $9^{x+\frac{1}{2}}-9^{\frac{x+2}{2}}+a\ge 0$이 성립하도록 하는 정수 a의 최솟값을 구하시오. (4점)

❖ 정답 및 해설 13~17p

유형 11 지수방정식과 지수부등식의 응용

(1) 실생활 소재 문제는 대부분 지수로 표현된 관계식이 주어지며, 문제의 길이가 긴 경우가 많다.
(2) 관련된 모든 내용을 완전히 이해할 필요는 없으며, 주어진 관계식의 각 변수가 무엇인지만 파악하면 된다.
(3) 문제를 읽어나가며 변수에 들어갈 값들을 체크하고, 주어진 관계식에 대입한 후, 지수방정식 혹은 지수부등식을 푼다.

1 $a^x \neq 0$이므로 a^x로 양변을 나눠도 무방하다.
2 $a^x > 0$이므로 a^x로 양변을 나누어도 부등식의 방향이 변하지 않는다.
3 지수방정식의 응용 문제는 주어진 관계식을 정확히 파악하고, 주어진 조건을 대입하여 풀어 나간다.
4 지수부등식의 응용 문제는 문제에 주어진 의미를 파악한 후 부등식을 세우고, 지수부등식을 풀면 된다.

A40 3점 실수 — 2000(인)/수능(홀) 7(고3) 변형

시간 t에 따라 감소하는 함수 $f(t)$에 대하여

$$f(t+c)=\frac{1}{2}f(t)$$

를 만족하는 양의 실수 c를 $f(t)$의 반감기라 한다.
함수 $f(t)=3\times5^{-t+2}$의 반감기는? (3점)

① $\frac{1}{3}\log_5 2$　② $\frac{1}{2}\log_5 2$　③ $\log_5 2$
④ $2\log_5 2$　⑤ $3\log_5 2$

A41 3점 실수 — 2018실시(가) 3월/교육청 8(고3)

최대 충전 용량이 $Q_0(Q_0>0)$인 어떤 배터리를 완전히 방전시킨 후 t시간 동안 충전한 배터리의 충전 용량을 $Q(t)$라 할 때, 다음 식이 성립한다고 한다.

$$Q(t)=Q_0\left(1-2^{-\frac{t}{a}}\right)\text{ (단, } a\text{는 양의 상수이다.)}$$

$\frac{Q(4)}{Q(2)}=\frac{3}{2}$일 때, a의 값은?
(단, 배터리의 충전 용량의 단위는 mAh이다.) (3점)

① $\frac{3}{2}$　② 2　③ $\frac{5}{2}$
④ 3　⑤ $\frac{7}{2}$

A42 3점  — 2007(나)/수능(홀) 11(고3) 변형

주위가 순간적으로 어두워지더라도 사람의 눈은 그 변화를 서서히 지각하게 된다. 빛의 세기가 1000에서 10으로 순간적으로 바뀐 후 t초가 경과했을 때, 사람이 지각하는 빛의 세기 $I(t)$는

$$I(t)=10+990\times a^{-5t}\text{ (단, } a\text{는 } a>1\text{인 상수)}$$

이라 한다. 빛의 세기가 1000에서 10으로 순간적으로 바뀐 후, 사람이 빛의 세기를 32로 지각하는 순간까지 s초가 경과했다고 할 때, s의 값은? (단, 빛의 세기의 단위는 Td(트롤랜드)이다.) (3점)

① $\frac{\log 3+\log 5}{5\log a}$　② $\frac{2\log 3+\log 5}{5\log a}$　③ $\frac{\log 3+2\log 5}{5\log a}$
④ $\frac{\log 3+3\log 5}{5\log a}$　⑤ $\frac{3\log 3+\log 5}{5\log a}$

유형 12 로그함수의 그래프의 활용

로그함수 $y=\log_a x(a>0,\ a\neq1)$의 그래프

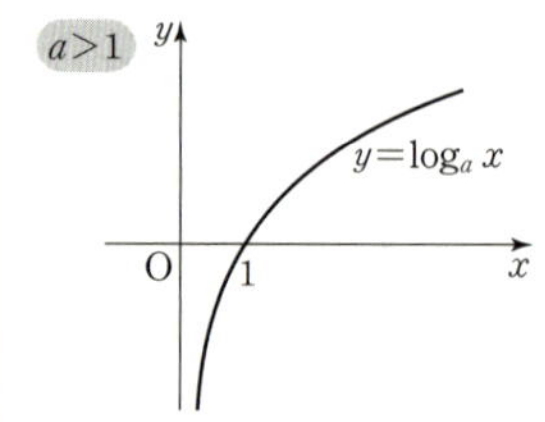

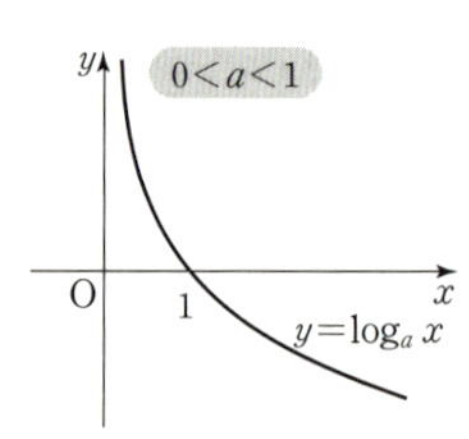

tip

1 지수함수 $y=a^x(a>0,\ a\neq1)$와 로그함수 $y=\log_a x$는 서로 역함수 관계이므로 두 함수의 그래프는 직선 $y=x$에 대하여 대칭이다.
2 로그함수 $y=\log_a x(a>0,\ a\neq1)$의 그래프를 x축의 방향으로 m만큼, y축의 방향으로 n만큼 평행이동한 그래프의 식은 $y=\log_a(x-m)+n$이다.
3 로그함수 $y=\log_a x(a>0,\ a\neq1)$의 그래프를 각각 x축, y축, 원점에 대하여 대칭이동한 그래프의 식은 $y=-\log_a x$, $y=\log_a(-x)$, $y=-\log_a(-x)$이다.
4 로그함수 $y=\log_a(x-m)+n$의 그래프가 점 $(\alpha,\ \beta)$를 지나면 $\beta=\log_a(\alpha-m)+n$이 성립한다.

A43 3점 실수 — 예상 적중

그림과 같이 곡선 $y=\log_2 x$와 직선 $y=x+k$가 서로 다른 두 점 P, Q에서 만날 때, 두 점 P, Q의 x좌표를 각각 α, $\beta(\alpha<\beta)$라 하자. 선분 PQ의 길이가 $2\sqrt{2}$일 때, $\frac{\beta}{\alpha}$의 값은? (3점)

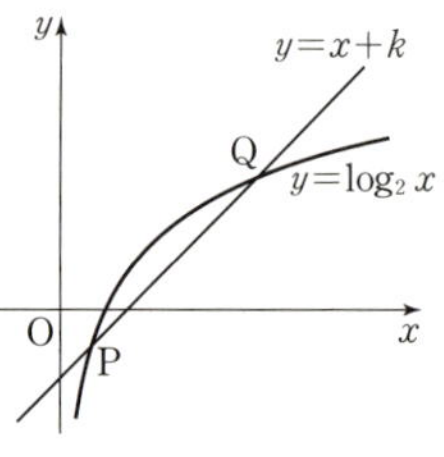

① 2　② 4　③ 8
④ 16　⑤ 32

A44 4점 2020실시(가) 10월/교육청 15(고3)

그림과 같이 좌표평면에서 곡선 $y=a^x$ $(0<a<1)$ 위의 점 P가 제2사분면에 있다. 점 P를 직선 $y=x$에 대하여 대칭이동시킨 점 Q와 곡선 $y=-\log_a x$ 위의 점 R에 대하여 $\angle PQR=45°$이다. $\overline{PR}=\frac{5\sqrt{2}}{2}$이고 직선 PR의 기울기가 $\frac{1}{7}$일 때, 상수 a의 값은? (4점)

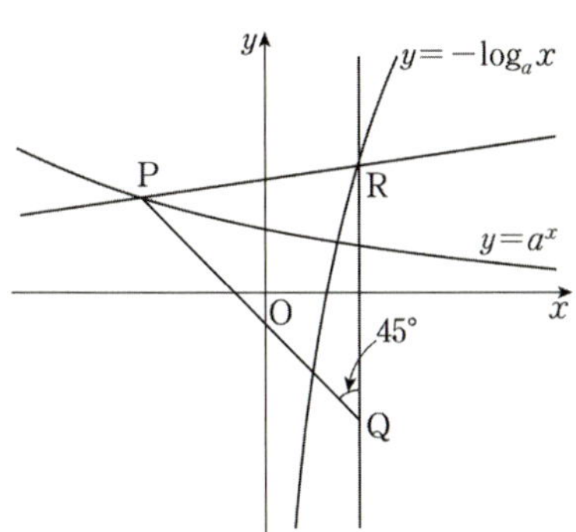

① $\frac{\sqrt{2}}{3}$ ② $\frac{\sqrt{3}}{3}$ ③ $\frac{2}{3}$
④ $\frac{\sqrt{5}}{3}$ ⑤ $\frac{\sqrt{6}}{3}$

A45 4점 실수 2017(가)/삼사 13(고3) 변형

그림과 같이 곡선 $y=|\log_a x|$가 직선 $y=1$과 만나는 점을 각각 A, B라 하고 x축과 만나는 점을 C라 하자. 두 직선 AC, BC가 서로 수직이 되도록 하는 모든 양수 a의 값의 곱은? (단, $a\neq1$) (4점)

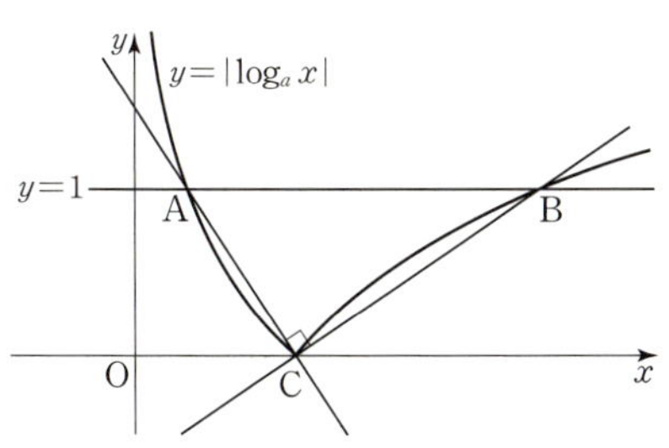

① $\frac{1}{2}$ ② 1 ③ $\frac{3}{2}$
④ 2 ⑤ $\frac{5}{2}$

A46 4점 2011(나) 9월/평가원 15(고3)

함수 $y=\log_2 4x$의 그래프 위의 두 점 A, B와 함수 $y=\log_2 x$의 그래프 위의 점 C에 대하여 선분 AC가 y축에 평행하고 삼각형 ABC가 정삼각형일 때, 점 B의 좌표는 $(p,\ q)$이다. $p^2\times2^q$의 값은? (4점)

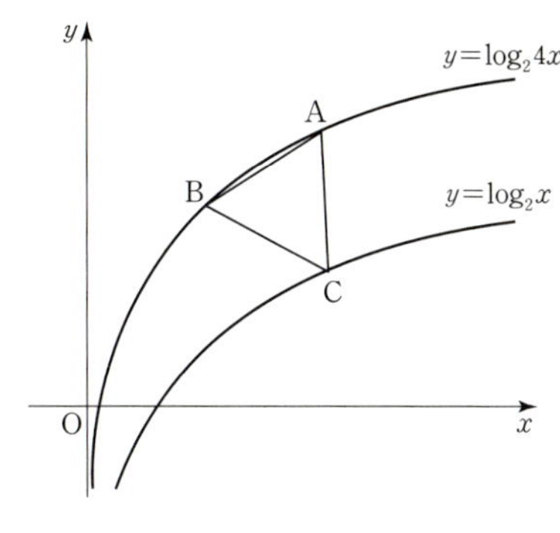

① $6\sqrt{3}$ ② $9\sqrt{3}$ ③ $12\sqrt{3}$
④ $15\sqrt{3}$ ⑤ $18\sqrt{3}$

A47 4점 2005실시(가) 4월/교육청 9(고3)

두 함수 $y=x$와 $y=\log_2 x$의 그래프를 이용하여 [보기]에서 옳은 것을 모두 고른 것은? (4점)

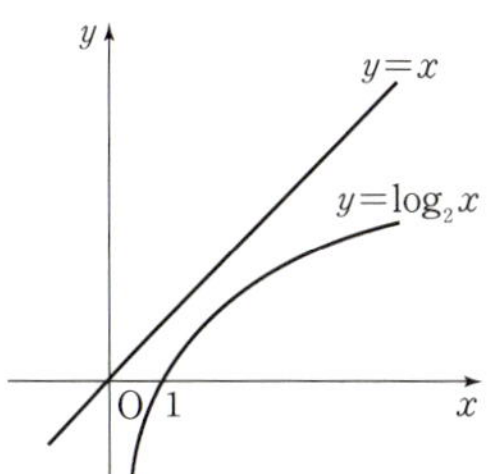

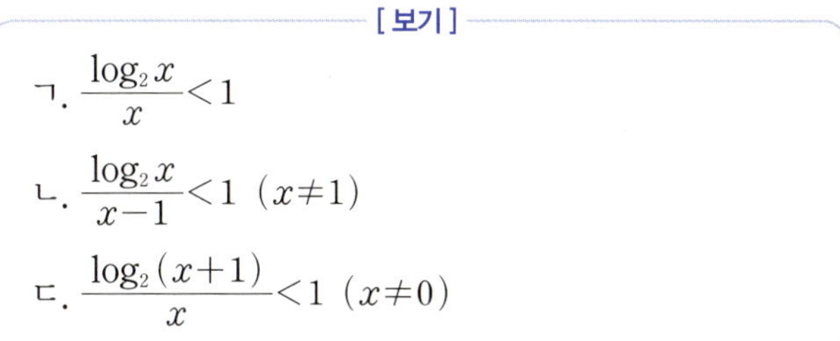

[보기]

ㄱ. $\frac{\log_2 x}{x}<1$

ㄴ. $\frac{\log_2 x}{x-1}<1$ $(x\neq1)$

ㄷ. $\frac{\log_2 (x+1)}{x}<1$ $(x\neq0)$

① ㄱ ② ㄴ ③ ㄱ, ㄷ
④ ㄴ, ㄷ ⑤ ㄱ, ㄴ, ㄷ

❖ 정답 및 해설 18~21p

A48 4점 2015실시(A) 3월/교육청 18(고3) 변형

그림과 같이 직선 $y=-x+a$가 두 곡선 $y=3^x$, $y=\log_3 x$와 만나는 점을 각각 A, B라 하고, x축과 만나는 점을 C라 할 때, 점 A, B, C가 다음 조건을 만족시킨다.

> (가) $\overline{AB}:\overline{BC}=7:2$
> (나) 삼각형 OBC의 넓이는 11이다.

점 A의 좌표를 A$(p,\ q)$라 할 때, $p+q$의 값은? (단, O는 원점이고, a는 상수이다.) (4점)

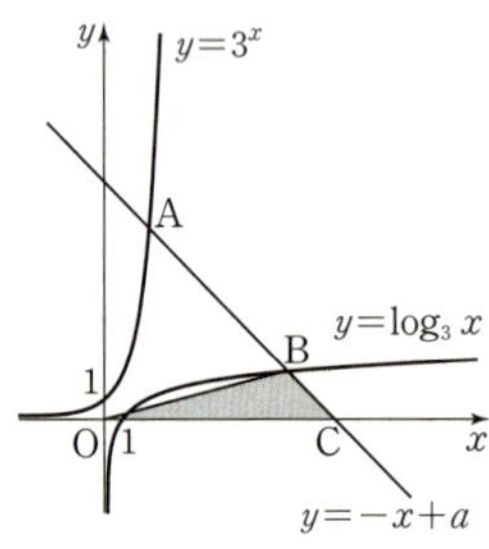

① 10 ② 11 ③ 12 ④ 13 ⑤ 14

유형 13 로그함수를 이용한 대소 관계

(1) 로그함수의 그래프를 그린 후, 대소를 비교할 값을 그래프 위에 나타내어 대소를 비교한다.
(2) 대소를 비교할 값은 주로 그래프 위의 점이거나, 두 점을 연결한 직선의 기울기이다.
(3) 로그함수의 밑의 범위, 기울기의 부호, 그래프가 그려지는 정의역의 범위 등에 주의한다.

tip

로그함수 $y=\log_a x\ (a>0,\ a\neq 1)$에 대하여
1 $a>1$일 때, $0<x_1<x_2$이면 $\log_a x_1<\log_a x_2$
2 $0<a<1$일 때, $0<x_1<x_2$이면 $\log_a x_1>\log_a x_2$

A49 3점 고난도 예상 적중

다음 [보기]에서 대소 관계가 옳은 것만을 있는 대로 고른 것은? (3점)

[보기]
ㄱ. $(\log 21)^3>4\{(\log 3)^3+(\log 7)^3\}$
ㄴ. $(\log 24)^3>4\{(\log 4)^3+(\log 6)^3\}$
ㄷ. $345^3<4(173^3+172^3)$

① ㄱ ② ㄴ ③ ㄷ ④ ㄱ, ㄴ ⑤ ㄴ, ㄷ

A50 4점 실수 2007실시(나) 7월/교육청 10(고3) 변형

함수 $f(x)=\log_a x$, $g(x)=\log_b x$가 $x>1$에서 $f(x)>g(x)$가 성립하기 위한 조건으로 [보기]에서 옳은 것을 모두 고른 것은? (4점)

[보기]
ㄱ. $1<b<a$
ㄴ. $0<a<b<1$
ㄷ. $0<a<1<b$

① ㄱ ② ㄴ ③ ㄱ, ㄷ ④ ㄴ, ㄷ ⑤ ㄱ, ㄴ, ㄷ

A51 4점 2012(이)/삼사 23(고3)

$0<a<b<1$일 때, 직선 $y=1$이 $y=\log_a x$의 그래프와 $y=\log_b x$의 그래프와 만나는 점을 각각 P, Q라 하고, 직선 $y=-1$이 $y=\log_a x$의 그래프와 $y=\log_b x$의 그래프와 만나는 점을 각각 R, S라 하자. 네 직선 PS, PR, QS, QR의 기울기를 각각 α, β, γ, δ라 할 때, 다음 중 옳은 것은? (4점)

① $\delta<\alpha<\beta<\gamma$ ② $\gamma<\alpha<\delta<\beta$
③ $\gamma<\alpha<\beta<\delta$ ④ $\gamma<\alpha=\delta<\beta$
⑤ $\alpha=\delta<\beta<\gamma$

A52 4점 2020실시(나) 10월/교육청 21(고3)

두 곡선 $y=2^{-x}$과 $y=|\log_2 x|$가 만나는 두 점을 (x_1, y_1), (x_2, y_2)라 하자. $x_1<x_2$일 때, [보기]에서 옳은 것만을 있는 대로 고른 것은? (4점)

[보기]

ㄱ. $\frac{1}{2}<x_1<\frac{\sqrt{2}}{2}$

ㄴ. $\sqrt[3]{2}<x_2<\sqrt{2}$

ㄷ. $y_1-y_2<\frac{3\sqrt{2}-2}{6}$

① ㄱ ② ㄱ, ㄴ ③ ㄱ, ㄷ
④ ㄴ, ㄷ ⑤ ㄱ, ㄴ, ㄷ

A53 4점 2021(나)/삼사 21(고3)

두 곡선 $y=|2^x-4|$, $y=\log_2 x$가 만나는 두 점의 x좌표를 x_1, $x_2(x_1<x_2)$라 할 때, [보기]에서 옳은 것만을 있는 대로 고른 것은? (4점)

[보기]

ㄱ. $\log_2 3<x_1<x_2<\log_2 6$

ㄴ. $(x_2-x_1)(2^{x_2}-2^{x_1})<3$

ㄷ. $2^{x_1}+2^{x_2}>8+\log_2(\log_3 6)$

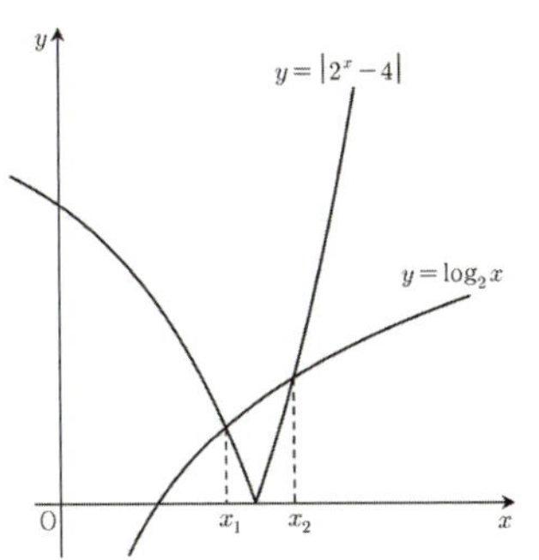

① ㄱ ② ㄱ, ㄴ ③ ㄱ, ㄷ
④ ㄴ, ㄷ ⑤ ㄱ, ㄴ, ㄷ

유형 14 로그함수의 최대 · 최소

(1) 주어진 정의역의 범위에 맞게 그래프를 그린 후 최대 · 최소를 찾는다.
(2) 어떤 항이나 식을 다른 문자로 치환할 경우, 치환된 문자의 범위를 구해야 한다.
(3) 로그의 진수는 0보다 큼에 유의한다.

tip

1 로그함수 $y=\log_a f(x)(a>0,\ a\neq1)$에 대하여 $\alpha\leq x\leq\beta$일 때,
(1) $a>1$인 경우, $f(x)$가 최대일 때 y도 최댓값을 가지고, $f(x)$가 최소일 때 y도 최솟값을 가진다.
(2) $0<a<1$인 경우, $f(x)$가 최대일 때 y는 최솟값을 가지고, $f(x)$가 최소일 때 y는 최댓값을 가진다.

2 $\log_a x$ 꼴이 반복되는 함수는 $\log_a x=t$로 치환한 후 최솟값, 최댓값을 각각 구한다.

A54 3점 실수 2009(나)/수능(홀) 4(고3) 변형

함수 $y=7+\log_5(x^2-6x+14)$의 최솟값은? (3점)

① 4 ② 5 ③ 6
④ 7 ⑤ 8

A55 4점 2010실시(가) 4월/교육청 23(고3)

$\frac{1}{3}\leq x\leq3$에서 정의된 함수 $f(x)=9x^{-2+\log_3 x}$의 최댓값을 M, 최솟값을 m이라 할 때, $M+m$의 값을 구하시오. (4점)

❖ 정답 및 해설 21~26p

A56 4점 2014실시(A) 10월/교육청 26(고3) 변형

두 함수 $f(x)=\log_3(x+11)$, $g(x)=\log_{\frac{1}{3}}(x-11)$ 의 그래프가 그림과 같다.

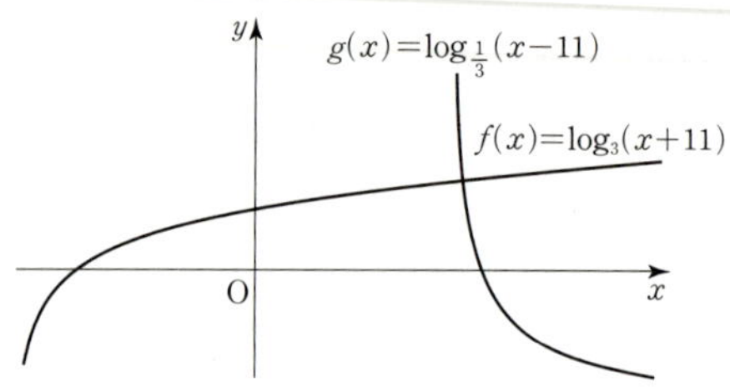

구간 $(11, \infty)$에서 정의된 함수 $y=|f(x)-g(x)|$는 $x=p$일 때, 최솟값을 갖는다. p^2의 값을 구하시오. (4점)

유형 15 로그방정식의 해

(1) 로그의 진수는 0보다 큼에 유의한다.

(2) 해의 개수를 구하려는 경우 그래프를 그려 교점의 개수를 세는 것이 편리하다.

1 $\log_a x$ 꼴이 반복되는 방정식은 $\log_a x=t$로 치환한 후 t에 관한 방정식을 푼다.

2 $\log_a f(x)=\log_b f(x)$의 해는 $a=b$ 또는 $f(x)=1$ (단, $f(x)>0$, $a>0$, $a\neq1$, $b>0$, $b\neq1$)

3 지수에 로그가 있는 경우 양변에 로그를 취한 후 로그방정식을 푼다.

4 이차방정식의 근의 개수에 대한 문제는 이차방정식의 판별식을 이용한다.

A57 4점 실수 2011실시(나) 4월/교육청 28(고3)

연립방정식 $\begin{cases}\log_2 x+\log_3 y=5 \\ \log_3 x\cdot\log_2 y=6\end{cases}$ 의 해를 $x=\alpha$, $y=\beta$라 할 때, $\beta-\alpha$의 최댓값을 구하시오. (4점)

A58 4점 함정 2020실시(가) 4월/교육청 28(고3)

그림과 같이 1보다 큰 실수 a에 대하여 곡선 $y=|\log_a x|$가 직선 $y=k\ (k>0)$과 만나는 두 점을 각각 A, B라 하고, 직선 $y=k$가 y축과 만나는 점을 C라 하자. $\overline{OC}=\overline{CA}=\overline{AB}$일 때, 곡선 $y=|\log_a x|$와 직선 $y=2\sqrt{2}$가 만나는 두 점 사이의 거리는 d이다. $20d$의 값을 구하시오. (단, O는 원점이고, 점 A의 x좌표는 점 B의 x좌표보다 작다.) (4점)

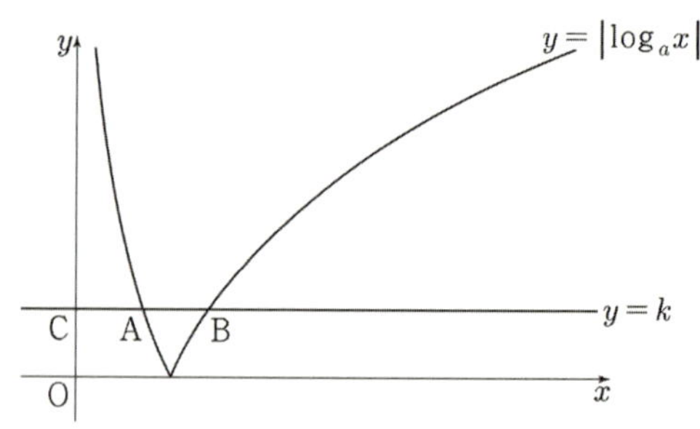

A59 4점 실수 2016/경찰대 6(고3) 변형

방정식 $\sqrt{2019}x^{\log_{2019}x}=x^3$의 해의 곱을 N이라 할 때, N의 일의 자리 숫자를 구하면? (4점)

① 5 ② 6 ③ 7 ④ 8 ⑤ 9

A60 3점 고난도 2016(A) 9월/평가원 12(고3)

그림과 같이 두 함수 $y=\log_2 x$, $y=\log_2(x-2)$의 그래프가 x축과 만나는 점을 각각 A, B라 하자. 직선 $x=k\ (k>3)$가 두 함수 $y=\log_2 x$, $y=\log_2(x-2)$의 그래프와 만나는 점을 각각 P, Q라 하고, x축과 만나는 점을 R라 하자. 점 Q가 선분 PR의 중점일 때, 사각형 ABQP의 넓이는? (3점)

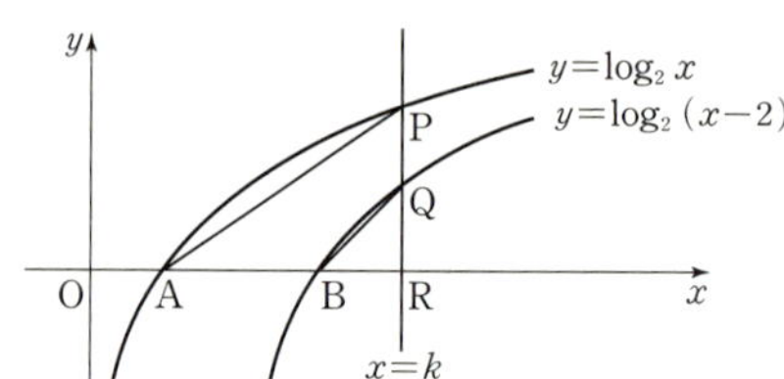

① $\frac{3}{2}$ ② 2 ③ $\frac{5}{2}$ ④ 3 ⑤ $\frac{7}{2}$

유형 16 로그부등식의 해

(1) 로그의 진수는 0보다 큼에 유의한다.
(2) 밑의 크기가 0과 1 사이인지, 1보다 큰지 정확히 파악한다.
(3) 로그가 포함된 복잡한 식에 관한 부등식은 그래프를 그려 부등식의 해를 찾는 것이 편리하다.

tip
1 로그함수 $y=\log_a x(a>0,\ a\neq1)$에 대하여
(i) $a>1$일 때, $0<x_1<x_2$이면 $\log_a x_1<\log_a x_2$
(ii) $0<a<1$일 때, $0<x_1<x_2$이면 $\log_a x_1>\log_a x_2$
2 $\log_a x$ 꼴이 반복되는 부등식은 $\log_a x=t$로 치환한 후 t에 관한 부등식을 푼다.

A61 4점 함정 2020실시(가) 4월/교육청 16(고3)

두 함수 $f(x)=x^2-6x+11$, $g(x)=\log_3 x$가 있다. 정수 k에 대하여

$k<(g\circ f)(n)<k+2$

를 만족시키는 자연수 n의 개수를 $h(k)$라 할 때, $h(0)+h(3)$의 값은? (4점)

① 11 ② 13 ③ 15
④ 17 ⑤ 19

A62 3점 실수 예상 적중

두 함수 $y=f(x)$, $y=g(x)$의 그래프가 그림과 같다.

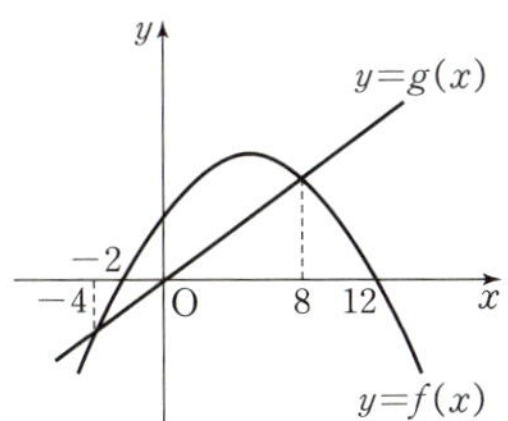

로그부등식 $\log_{0.5} f(x)>\log_{0.5} g(x)$의 해가 이차부등식 $x^2+ax+b<0$의 해와 같다고 할 때, 두 실수 a, b의 합 $a+b$의 값을 구하시오. (3점)

A63 3점 실수 2007(나) 6월/평가원 6(고3) 변형

연립부등식

$$\begin{cases}\left(\dfrac{1}{2}\right)^{x+2}>\dfrac{1}{4}\\ 2\log(x+8)>\log(2x+24)\end{cases}$$

를 만족시키는 정수 x의 개수는? (3점)

① 3 ② 4 ③ 5
④ 6 ⑤ 7

A64 4점 실수 예상 적중

로그부등식 $\log_a(x-2a)+\log_a x>2$를 만족하는 두 개의 해집합 중 한 개의 해집합을 $A=\{x\,|\,\alpha<x<\beta\}$라 할 때, $[\alpha\beta]$의 최댓값을 구하시오. (단, $[x]$는 x보다 크지 않은 최대의 정수이고 $\sqrt{2}=1.4$로 계산한다.) (4점)

A65 4점 2011/경찰대 19(고3)

1이 아닌 양수 x에 대하여 부등식 $|\log_x n|\leq2$를 만족시키는 가장 큰 자연수 n을 $f(x)$라 하자. [보기]에서 참인 명제만을 있는 대로 고른 것은? (4점)

[보기]
ㄱ. $f(2)=4$
ㄴ. $x<y$이면 $f(x)\leq f(y)$이다.
(단, x와 y는 1이 아닌 양수이다.)
ㄷ. $f\left(\dfrac{1}{x}\right)\leq30$을 만족시키는 자연수 x는 6개이다.

① ㄱ ② ㄱ, ㄴ ③ ㄱ, ㄷ
④ ㄴ, ㄷ ⑤ ㄱ, ㄴ, ㄷ

❖ 정답 및 해설 26~30p

유형 17 로그방정식과 로그부등식의 응용

(1) 실생활 소재 문제는 대부분 로그로 표현된 관계식이 주어지며, 문제의 길이가 긴 경우가 많다.

(2) 관련된 모든 내용을 완전히 이해할 필요는 없으며, 주어진 관계식의 각 변수가 무엇인지만 파악하면 된다.

(3) 문제를 읽어나가며 변수에 들어갈 값들을 체크하고, 주어진 관계식에 대입한 후, 로그방정식 혹은 로그부등식을 푼다.

tip

A가 B의 몇 배인지 조건으로 주어지거나, 그 값을 구해야 할 때는 $\log A-\log B=\log\frac{A}{B}$를 이용한다.

A66 3점 실수 2015실시(B) 7월/교육청 25(고3) 변형

총 공기흡인량이 $V(\mathrm{m}^3)$이고 공기 포집 전후 여과지의 질량 차가 $W(\mathrm{mg})$일 때의 공기 중 먼지 농도 $C(\mu\mathrm{g/m}^3)$는 다음 식을 만족시킨다고 한다.

$$\log C=3-\log V+\log W\,(W>0)$$

A 지역에서 총 공기흡인량이 V_0이고 공기 포집 전후 여과지의 질량 차가 W_0일 때의 공기 중 먼지 농도를 C_{A}, B 지역에서 총 공기흡인량이 $\frac{1}{7}V_0$이고 공기 포집 전후 여과지의 질량 차가 $\frac{1}{98}W_0$일 때의 공기 중 먼지 농도를 C_{B}라 하자. $C_{\mathrm{A}}=kC_{\mathrm{B}}$를 만족시키는 상수 k의 값을 구하시오. (단, $W_0>0$) (3점)

A67 3점 고난도 2014(A)/수능(홀) 10(고3)

단면의 반지름의 길이가 $R(R<1)$인 원기둥 모양의 어느 급수관에 물이 가득 차 흐르고 있다. 이 급수관의 단면의 중심에서의 물의 속력을 v_c, 급수관의 벽면으로부터 중심 방향으로 $x(0<x\le R)$만큼 떨어진 지점에서의 물의 속력을 v라 하면 다음과 같은 관계식이 성립한다고 한다.

$$\frac{v_c}{v}=1-k\log\frac{x}{R}$$

(단, k는 양의 상수이고, 길이의 단위는 m, 속력의 단위는 m/초이다.)

$R<1$인 이 급수관의 벽면으로부터 중심 방향으로 $R^{\frac{27}{23}}$만큼 떨어진 지점에서의 물의 속력이 중심에서의 물의 속력의 $\frac{1}{2}$일 때, 급수관의 벽면으로부터 중심 방향으로 R^a만큼 떨어진 지점에서의 물의 속력이 중심에서의 물의 속력의 $\frac{1}{3}$이다. a의 값은? (3점)

① $\frac{39}{23}$ ② $\frac{37}{23}$ ③ $\frac{35}{23}$ ④ $\frac{33}{23}$ ⑤ $\frac{31}{23}$

A68 3점 실수 2012(나) 9월/평가원 7(고3)

특정 환경의 어느 웹사이트에서 한 메뉴 안에 선택할 수 있는 항목이 n개 있는 경우, 항목을 1개 선택하는 데 걸리는 시간 T(초)가 다음 식을 만족시킨다.

$$T=2+\frac{1}{3}\log_2(n+1)$$

메뉴가 여러 개인 경우, 모든 메뉴에서 항목을 1개씩 선택하는 데 걸리는 전체 시간은 각 메뉴에서 항목을 1개씩 선택하는 데 걸리는 시간을 모두 더하여 구한다. 예를 들어, 메뉴가 3개이고 각 메뉴 안에 항목이 4개씩 있는 경우, 모든 메뉴에서 항목을 1개씩 선택하는 데 걸리는 전체 시간은 $3\left(2+\frac{1}{3}\log_2 5\right)$초이다.

메뉴가 10개이고 각 메뉴 안에서 항목이 n개씩 있을 때, 모든 메뉴에서 항목을 1개씩 선택하는 데 걸리는 전체 시간이 30초 이하가 되도록 하는 n의 최댓값은? (3점)

① 7 ② 8 ③ 9
④ 10 ⑤ 11

A69 3점 고난도 2009(나) 9월/평가원 14(고3) 변형

어느 제과점에서는 다음과 같은 방법으로 빵의 가격을 실질적으로 인상한다.

> 빵의 개당 가격은 그대로 유지하고, 무게를 그 당시 무게에서 4 % 줄인다.

이 방법을 n번 시행하면 빵의 단위 무게당 가격이 처음의 1.5배 이상이 된다. n의 최솟값은?

(단, $\log 2=0.3010$, $\log 3=0.4771$로 계산한다.) (3점)

① 7 ② 8 ③ 9
④ 10 ⑤ 11

2등급 킬러 + 1등급 킬러 문제

A70 ✪ 1등급 킬러 2016(A) 6월/평가원 20(고3) 변형

양수 x에 대하여 $\log x$의 정수 부분을 $f(x)$라 할 때,

$f(ab)=f(a)f(b)+2$

를 만족시키는 20 이하의 두 자연수 a, b의 순서쌍 (a, b)에 대하여 $a+b$의 최댓값은? (4점)

① 27 ② 28 ③ 29
④ 30 ⑤ 31

A71 4점  2012(이)/삼사 24(고3)

1보다 큰 실수 a에 대하여 두 함수 $f(x)=a^{2x}$, $g(x)=a^{x+1}-2$가 있다. 실수 전체의 집합에서 정의된 함수 $h(x)$를 $h(x)=|f(x)-g(x)|$라 하자. $y=h(x)$의 그래프에 대한 설명으로 [보기]에서 옳은 것만을 있는 대로 고른 것은? (4점)

[보기]

ㄱ. $a=2\sqrt{2}$일 때, $y=h(x)$의 그래프와 x축은 한 점에서 만난다.

ㄴ. $a=4$일 때, $x_1<x_2<\frac{1}{2}$이면 $h(x_1)>h(x_2)$이다.

ㄷ. $y=h(x)$의 그래프와 직선 $y=1$이 오직 한 점에서 만나는 a의 값이 존재한다.

① ㄱ ② ㄱ, ㄴ ③ ㄱ, ㄷ
④ ㄴ, ㄷ ⑤ ㄱ, ㄴ, ㄷ

A72 ✪ 1등급 킬러 2012(나)/수능(홀) 30(고3)

자연수 a, b에 대하여 곡선 $y=a^{x+1}$과 곡선 $y=b^x$이 직선 $x=t\,(t\geq 1)$와 만나는 점을 각각 P, Q라 하자.
다음 조건을 만족시키는 a, b의 모든 순서쌍 (a, b)의 개수를 구하시오. 예를 들어, $a=4$, $b=5$는 다음 조건을 만족시킨다. (4점)

(가) $2\leq a\leq 10$, $2\leq b\leq 10$
(나) $t\geq 1$인 어떤 실수 t에 대하여 $\overline{\text{PQ}}\leq 10$이다.

A73 4점  2015(A) 9월/평가원 30(고3)

다음 조건을 만족시키는 두 자연수 a, b의 모든 순서쌍 (a, b)의 개수를 구하시오. (4점)

(가) $1\leq a\leq 10$, $1\leq b\leq 100$
(나) 곡선 $y=2^x$이 원 $(x-a)^2+(y-b)^2=1$과 만나지 않는다.
(다) 곡선 $y=2^x$이 원 $(x-a)^2+(y-b)^2=4$와 적어도 한 점에서 만난다.

❖ 정답 및 해설 30~36p

A74 4점 고난도 예상 적중

$0<y<x<\frac{1}{2}$인 두 실수 x, y에 대하여 다음 세 식

$$A=x^{\frac{1}{x}},\ B=(x+y)^{\frac{1}{x+y}},\ C=(x^2-y^2)^{\frac{1}{x^2-y^2}}$$

사이의 대소 관계로 옳은 것은? (4점)

① $A<B<C$ ② $A<C<B$ ③ $B<A<C$ ④ $C<A<B$ ⑤ $C<B<A$

A75 1등급 킬러 2014(A)/수능(홀) 30(고3)

좌표평면에서 $a>1$인 자연수 a에 대하여 두 곡선 $y=4^x$, $y=a^{-x+4}$과 직선 $y=1$로 둘러싸인 영역의 내부 또는 그 경계에 포함되고 x좌표와 y좌표가 모두 정수인 점의 개수가 20 이상 40 이하가 되도록 하는 a의 개수를 구하시오. (4점)

A76 4점 고난도 예상 적중

x에 대한 방정식 $4^x-6\times2^x-6\times2^{-x}+4^{-x}=a$가 서로 다른 2개의 해를 갖도록 하는 상수 a의 값의 범위는 $a=p$, $a>q$이다. 이때, $p+q$의 값은? (4점)

① -21 ② -20 ③ -19 ④ -18 ⑤ -17

A77 4점 고난도 2020실시(가) 7월/교육청 27(고3)

$k>1$인 실수 k에 대하여 두 곡선 $y=\log_{3k}x$, $y=\log_k x$가 만나는 점을 A라 하자. 양수 m에 대하여 직선 $y=m(x-1)$이 두 곡선 $y=\log_{3k}x$, $y=\log_k x$와 제1사분면에서 만나는 점을 각각 B, C라 하자. 점 C를 지나고 y축에 평행한 직선이 곡선 $y=\log_{3k}x$, x축과 만나는 점을 각각 D, E라 할 때, 세 삼각형 ADB, AED, BDC가 다음 조건을 만족시킨다.

(가) 삼각형 BDC의 넓이는 삼각형 ADB의 넓이의 3배이다.
(나) 삼각형 BDC의 넓이는 삼각형 AED의 넓이의 $\frac{3}{4}$배이다.

$\frac{k}{m}$의 값을 구하시오. (4점)

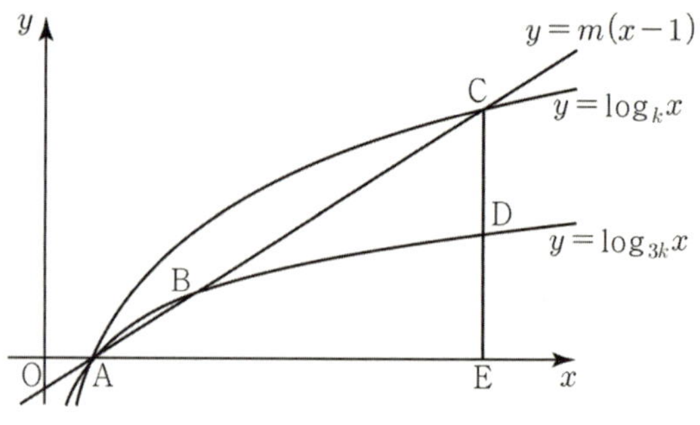

A78 ✪2등급 킬러 2016(A) 6월/평가원 30(고3)

2 이상의 자연수 n에 대하여 다음 조건을 만족시키는 자연수 a, b의 모든 순서쌍 (a, b)의 개수가 300 이상이 되도록 하는 가장 작은 자연수 k의 값을 $f(n)$이라 할 때, $f(2)\times f(3)\times f(4)$의 값을 구하시오. (4점)

(가) $a<n^k$이면 $b\le\log_n a$이다.
(나) $a\ge n^k$이면 $b\le-(a-n^k)^2+k^2$이다.

A79 ✪2등급 킬러 2013(나) 9월/평가원 30(고3) 변형

좌표평면에서 다음 조건을 만족시키는 정사각형 중 두 함수 $y=\log 3x$, $y=\log 7x$의 그래프와 모두 만나는 것의 개수를 구하시오. (4점)

(가) 꼭짓점의 x좌표, y좌표가 모두 자연수이고 한 변의 길이가 1이다.
(나) 꼭짓점의 x좌표는 모두 200 이하이다.

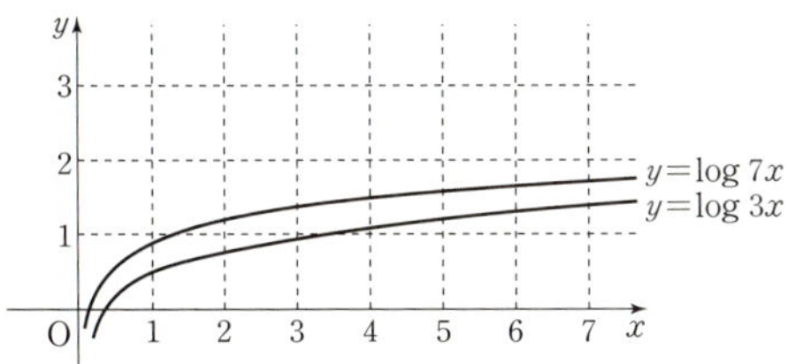

A80 ✪2등급 킬러 2015(A) 6월/평가원 30(고3)

양수 x에 대하여 $\log x$의 소수 부분을 $f(x)$라 하자. 다음 조건을 만족시키는 두 자연수 a, b의 모든 순서쌍 (a, b)의 개수를 구하시오. (4점)

(가) $a\le b\le 20$
(나) $\log b-\log a\le f(a)-f(b)$

❖ 정답 및 해설 36~42p

B 삼각함수

- 삼각비에 대한 개념을 삼각함수로 개념이 확장되는 과정을 기억하고 있으면 삼각함수를 이해하는 데 도움이 많이 됩니다. 각에 대한 개념도 육십분법에서 호도법으로 바뀌면서 삼각함수의 정의역이 실수로 바뀌는 과정도 알고 있어야 합니다.
- 사인법칙과 코사인법칙은 고난도 문제에서 매우 자주 쓰이는 개념입니다. 직접적으로 쓰이기보다는 다른 개념과 혼합하여 쓰이기 때문에 통합적으로 공부해야 합니다.

1 일반각과 호도법 ❶

(1) 일반각

동경 OP가 나타내는 일반각은
$360^\circ \times n + \alpha^\circ$ (n은 정수)와 같이 나타낸다.

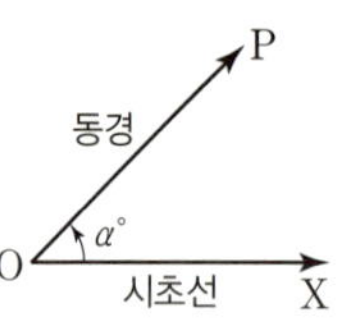

(2) 호도법

① 원 O에서 반지름의 길이와 호 AB의 길이가 같을 때, 그 호의 중심각의 크기를 1라디안이라 한다.

② 1(라디안)$=\dfrac{180^\circ}{\pi}$, $1^\circ=\dfrac{\pi}{180}$(라디안)

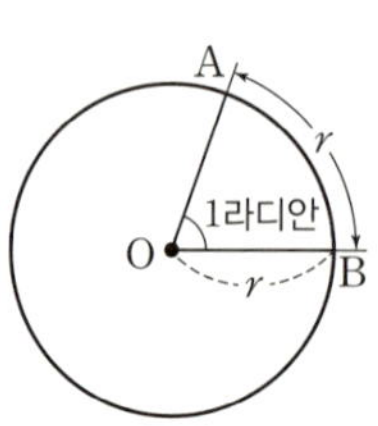

2 부채꼴의 호의 길이와 넓이 ❷

반지름의 길이가 r, 중심각의 크기가 θ(라디안)인 부채꼴의 호의 길이를 l, 넓이를 S라 하면

(1) **호의 길이** : $l=r\theta$

(2) **넓이** : $S=\dfrac{1}{2}r^2\theta=\dfrac{1}{2}rl$

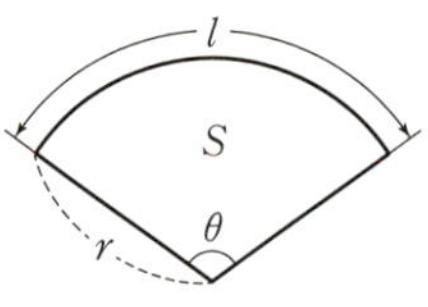

3 삼각함수의 정의와 삼각함수 사이의 관계 ❸

(1) 삼각함수의 정의

좌표평면 위의 임의의 점 P(x, y)에 대하여 동경 OP가 x축의 양의 방향과 이루는 각의 크기를 θ, 선분 OP의 길이를 r라 할 때,

① $\sin\theta=\dfrac{y}{r}$ ② $\cos\theta=\dfrac{x}{r}$ ③ $\tan\theta=\dfrac{y}{x}$

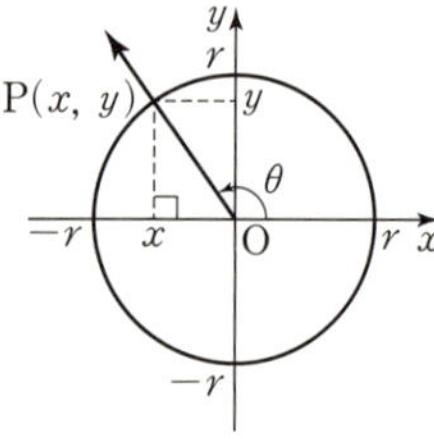
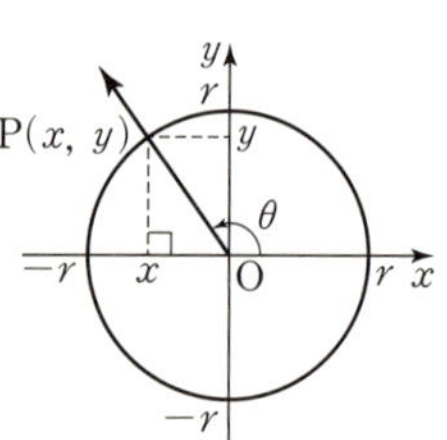

(2) 삼각함수 사이의 관계

① $\tan\theta=\dfrac{\sin\theta}{\cos\theta}$ ② $\sin^2\theta+\cos^2\theta=1$ ③ $1+\tan^2\theta=\dfrac{1}{\cos^2\theta}$

4 삼각함수의 그래프 ❹

(1) 함수 $y=\sin x$, $y=\cos x$의 그래프

① 정의역은 실수 전체의 집합이다.
② 치역은 $\{y \mid -1\le y\le 1\}$이다.
③ 함수 $y=\sin x$의 그래프는 원점에 대하여 대칭이고, 함수 $y=\cos x$의 그래프는 y축에 대하여 대칭이다.
④ 주기가 2π인 주기함수이다.

(2) 함수 $y=\tan x$의 그래프

① 정의역은 $x\ne n\pi+\dfrac{\pi}{2}$ (n은 정수)인 실수 전체의 집합이다.
② 치역은 실수 전체의 집합이다.
③ 그래프는 원점에 대하여 대칭이다.
④ 주기가 π인 주기함수이다.
⑤ 그래프의 점근선은 $x=n\pi+\dfrac{\pi}{2}$ (n은 정수)이다.

+개념보충

❶ 특수각의 육십분법 ⇄ 호도법

육십분법 (°)	0	30	45	60	90	180	360
호도법 (라디안)	0	$\dfrac{\pi}{6}$	$\dfrac{\pi}{4}$	$\dfrac{\pi}{3}$	$\dfrac{\pi}{2}$	π	2π

한걸음 더!

❷ 부채꼴의 호의 길이와 넓이

(1) 부채꼴의 중심각의 크기가 60분법으로 되어 있으면 호도법으로 바꿔서 공식을 적용해야 한다.
(2) 반지름의 길이가 r, 중심각의 크기가 θ (라디안)인 부채꼴의 호의 길이가 l일 때, 부채꼴의 둘레의 길이는 $2r+l$이다.

고난도 Tip

❸ 삼각함수 사이의 관계의 활용

사인값이나 코사인값 하나만 주어졌을 경우, $\sin^2\theta+\cos^2\theta=1$을 이용하여 코사인값이나 사인값을 구할 수 있다. 또, 사인값과 코사인값이 구해지면 $\tan\theta=\dfrac{\sin\theta}{\cos\theta}$를 이용하여 탄젠트값도 구할 수 있다.

+개념보충

❹ 삼각함수의 주기와 최대·최소

(1) 두 함수 $y=a\sin b(x-m)+n$, $y=a\cos b(x-m)+n$의 주기는 $\dfrac{2\pi}{|b|}$, 최댓값은 $|a|+n$, 최솟값은 $-|a|+n$
(2) 함수 $y=a\tan b(x-m)+b$의 주기는 $\dfrac{\pi}{|b|}$, 최댓값과 최솟값은 없다.

5 삼각함수의 성질 ❺

(1) $\sin(-\theta)=-\sin\theta$, $\cos(-\theta)=\cos\theta$, $\tan(-\theta)=-\tan\theta$

(2) $\sin(\pi\pm\theta)=\mp\sin\theta$, $\cos(\pi\pm\theta)=-\cos\theta$, $\tan(\pi\pm\theta)=\pm\tan\theta$ (복호동순)

(3) $\sin\left(\frac{\pi}{2}\pm\theta\right)=\cos\theta$, $\cos\left(\frac{\pi}{2}\pm\theta\right)=\mp\sin\theta$, $\tan\left(\frac{\pi}{2}\pm\theta\right)=\mp\frac{1}{\tan\theta}$ (복호동순)

> **한걸음 더!**
>
> **❺ 삼각함수$\left(\frac{n\pi}{2}\pm\theta\right)$를 간단히 하는 방법**
>
> (i) n이 짝수이면 삼각함수는 그대로, n이 홀수이면
>
> $\sin \leftrightarrows \cos$, $\tan \leftrightarrows \frac{1}{\tan}$
>
> (ii) 부호는 처음 삼각함수의 $\frac{n\pi}{2}\pm\theta$의 동경이 몇 사분면에 있는지에 따라 결정한다. 단, θ는 예각으로 생각한다.
>
> **❻ 삼각방정식과 삼각부등식의 활용**
>
> 삼각방정식 또는 삼각부등식의 활용 문제는 삼각함수의 그래프와 관련된 문제들이 출제되므로 삼각함수의 주기, 최댓값, 최솟값을 정확히 파악하여 그래프를 이용할 수 있도록 한다.

6 삼각방정식과 삼각부등식 ❻

(1) 삼각방정식 풀이 순서

(i) 주어진 방정식을 $\sin x=k$ 또는 $\cos x=k$ 또는 $\tan x=k$의 형태로 고친다.

(ii) 함수 $y=\sin x$ 또는 $y=\cos x$ 또는 $y=\tan x$의 그래프와 직선 $y=k$의 교점의 x좌표를 구한다.

> **고난도 출제** 2021 9월 가형 21번
>
> ★ 삼각함수 $f(x)$와 실수 k에 대하여 방정식 $f(x)=k$의 실근은 함수 $y=f(x)$의 그래프와 직선 $y=k$의 교점의 x좌표임을 이용하여 해를 구한다. 특히, 해를 구하는 구간에서 해가 여러 개가 존재한다면 삼각함수의 그래프의 대칭성을 이용하자.

(2) 삼각부등식 풀이 순서

(i) 주어진 방정식을 $\sin x<k$ 또는 $\cos x<k$ 또는 $\tan x<k$의 형태로 고친다.

(ii) 함수 $y=\sin x$ 또는 $y=\cos x$ 또는 $y=\tan x$의 그래프와 직선 $y=k$의 교점의 x좌표를 구한다.

(iii) 함수 $y=\sin x$ 또는 $y=\cos x$ 또는 $y=\tan x$의 그래프가 직선 $y=k$보다 아래쪽에 있는 x의 값의 범위를 구한다.

> **고난도 필수 개념**
>
> *삼각방정식과 삼각부등식의 활용
>
> (1) 방정식 $f(x)=g(x)$의 실근은 두 함수 $y=f(x)$, $y=g(x)$의 그래프의 교점의 x좌표이다. 따라서 방정식 $f(x)=g(x)$의 실근의 개수는 두 함수 $y=f(x)$, $y=g(x)$의 그래프의 교점의 개수와 같다.
>
> (2) 계수가 삼각함수인 이차방정식 또는 이차부등식의 근에 대한 조건이 주어진 경우 이차방정식의 판별식을 이용한다.

7 사인법칙과 코사인법칙 ❼

(1) 사인법칙

삼각형 ABC의 외접원의 반지름의 길이를 R라 할 때,

$$\frac{a}{\sin A}=\frac{b}{\sin B}=\frac{c}{\sin C}=2R$$

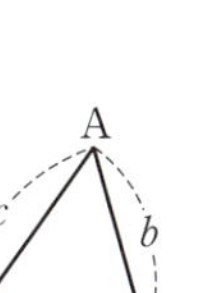

(2) 코사인법칙

① $a^2=b^2+c^2-2bc\cos A$

② $b^2=c^2+a^2-2ca\cos B$

③ $c^2=a^2+b^2-2ab\cos C$

> **고난도 출제** 2022 예시문항 21번
>
> ★ 삼각형의 변의 길이, 각의 크기가 주어지면 사인법칙과 코사인법칙을 생각하여 적용할 수 있어야 한다. 또한 각의 이등분선의 성질, 중선정리, 피타고라스 정리 등도 이용할 수 있어야 하며, 원에 내접하는 도형이 주어진 경우 원의 성질도 적용할 수 있어야 한다.

> **한걸음 더!**
>
> **❼ 사인법칙과 코사인법칙의 변형**
>
> (1) 사인법칙의 활용
>
> ① $\sin A=\frac{a}{2R}$, $\sin B=\frac{b}{2R}$, $\sin C=\frac{c}{2R}$
>
> ② $a:b:c=\sin A:\sin B:\sin C$
>
> (2) 코사인법칙의 변형
>
> $\cos A=\frac{b^2+c^2-a^2}{2bc}$
>
> $\cos B=\frac{c^2+a^2-b^2}{2ca}$
>
> $\cos C=\frac{a^2+b^2-c^2}{2ab}$

8 삼각형과 사각형의 넓이 ❽

(1) 삼각형의 넓이

그림과 같은 삼각형 ABC의 넓이를 S라 하면

$$S=\frac{1}{2}ab\sin C=\frac{1}{2}bc\sin A=\frac{1}{2}ca\sin B$$

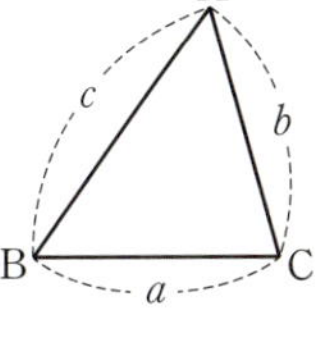

(2) 사각형의 넓이

그림과 같이 두 대각선의 길이가 a, b이고 두 대각선이 이루는 각의 크기가 θ인 사각형의 넓이를 S라 하면

$$S=\frac{1}{2}ab\sin\theta$$

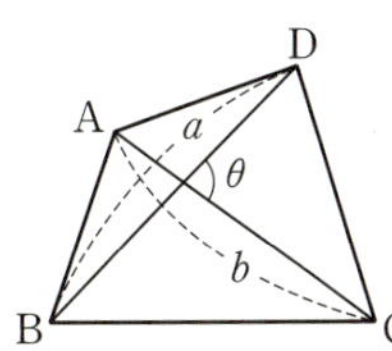

> **고난도 Tip**
>
> **❽ 삼각형과 사각형의 넓이의 활용**
>
> (1) 삼각형의 넓이의 활용
>
> $S=\frac{abc}{4R}=2R^2\sin A\sin B\sin C$
>
> (2) 평행사변형의 넓이
>
> 이웃하는 두 변의 길이가 a, b이고 그 끼인각의 크기가 θ인 평행사변형의 넓이 S는
>
> $S=ab\sin\theta$

유형 01 부채꼴의 호의 길이와 넓이

(1) 호도법과 육십분법

① 호도법 : 반지름의 길이와 호의 길이가 같은 부채꼴의 중심각의 크기를 1라디안이라 한다. 이것을 단위로 하여 각의 크기를 나타내는 방법을 호도법이라 한다.

② 육십분법과 호도법 사이의 관계 :

$1^\circ=\frac{\pi}{180}$라디안, 1라디안$=\frac{180^\circ}{\pi}$

(2) 부채꼴의 호의 길이와 넓이

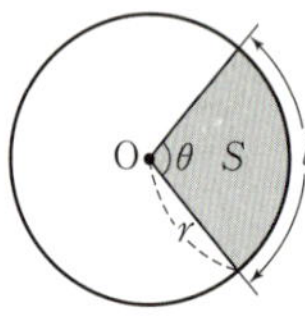

반지름의 길이가 r인 원에서 중심각의 크기가 θ(라디안)인 부채꼴의 호의 길이를 l, 넓이를 S라 하면

$l=r\theta,\ S=\frac{1}{2}r^2\theta=\frac{1}{2}rl$

tip

위의 공식에서 중심각의 크기 θ는 호도법의 크기로 나타낸 각임에 주의한다. 중심각의 크기가 육십분법으로 주어진 경우 호도법으로 고쳐서 공식을 적용한다.

B01 3점 실수 2009실시 3월/교육청 7(고1) 변형

그림과 같이 부채꼴 모양의 종이로 고깔모자를 만들었더니, 밑면의 반지름의 길이가 5 cm이고, 모선의 길이가 13 cm인 원뿔 모양이 되었다. 이 종이의 넓이는?

(단, 종이는 겹치지 않도록 한다.) (3점)

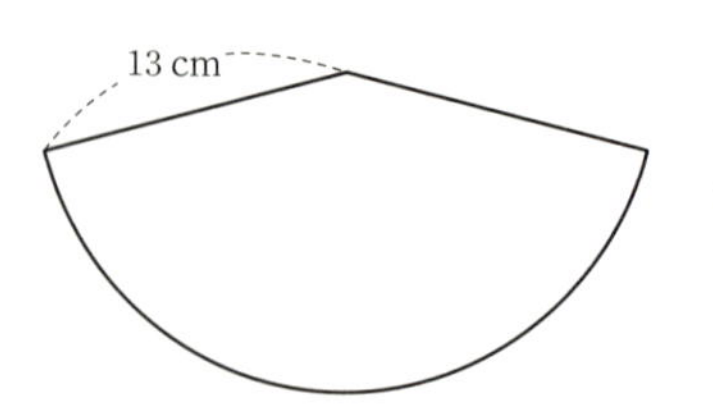

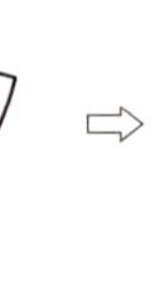

① $65\pi\ \text{cm}^2$ ② $75\pi\ \text{cm}^2$ ③ $85\pi\ \text{cm}^2$
④ $95\pi\ \text{cm}^2$ ⑤ $105\pi\ \text{cm}^2$

B02 4점 함정 2009실시(나) 6월/교육청 20(고2) 변형

중심각이 θ이고 반지름의 길이가 3인 부채꼴 PAB의 중심 P가 반지름의 길이가 1인 원 O 위에 있다. 그림과 같이 부채꼴 PAB가 원 O에 접하며 한 바퀴 돌아서 중심 P가 제자리에 왔다. 이때, 중심각 θ의 값은? (4점)

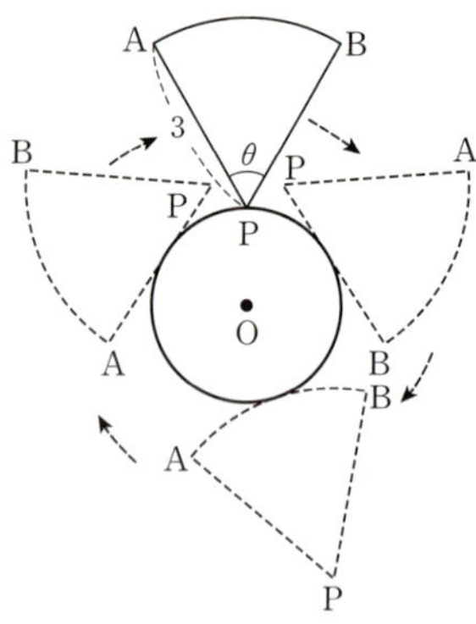

① $\frac{1}{3}\pi-2$ ② $\frac{1}{3}\pi-1$ ③ $\frac{2}{3}\pi-2$
④ $\frac{2}{3}\pi-1$ ⑤ $\pi-2$

유형 02 삼각함수의 정의와 삼각함수 사이의 관계

(1) 삼각함수의 정의

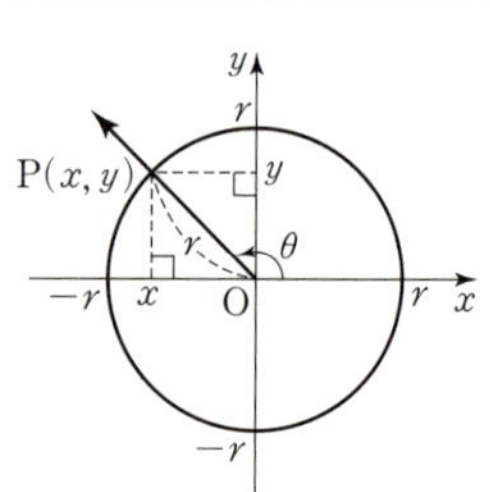

좌표평면에서 중심이 원점이고 반지름의 길이가 r인 원 위의 동점 P(x, y)에 대하여 동경 OP가 나타내는 일반각의 크기를 θ라 할 때,

$\sin\theta=\frac{y}{r},\ \cos\theta=\frac{x}{r},\ \tan\theta=\frac{y}{x}\,(x\neq0)$

로 정의한다.

(2) 삼각함수 사이의 관계

① $\tan\theta=\frac{\sin\theta}{\cos\theta}$

② $\sin^2\theta+\cos^2\theta=1,\ 1+\tan^2\theta=\frac{1}{\cos^2\theta}$

1 특수각 30°, 45°, 60°에 대한 삼각비는 꼭 기억하자.
2 삼각함수의 값의 부호는 각이 몇 사분면에 있는지에 따라 결정된다.
3 직선 $y=ax+b$가 x축의 양의 방향과 이루는 각의 크기가 θ일 때, $\tan\theta=a$가 성립한다.

B03 3점 함정 2020실시(가) 4월/교육청 12(고3)

$\pi<\theta<2\pi$인 θ에 대하여

$\dfrac{\sin\theta\cos\theta}{1-\cos\theta}+\dfrac{1-\cos\theta}{\tan\theta}=1$일 때, $\cos\theta$의 값은? (3점)

① $-\dfrac{2\sqrt{5}}{5}$ ② $-\dfrac{\sqrt{5}}{5}$ ③ $\dfrac{1}{5}$

④ $\dfrac{\sqrt{5}}{5}$ ⑤ $\dfrac{2\sqrt{5}}{5}$

B04 3점 실수 2018실시(나) 3월/교육청 25(고3)

원 $x^2+y^2=1$에 내접하는 정96각형의 각 꼭짓점의 좌표를 (a_1, b_1), (a_2, b_2), $\cdots$, (a_{96}, b_{96})이라 할 때, $\sum_{n=1}^{96} {a_n}^2$의 값을 구하시오. (3점)

B05 3점 고난도 2006실시 3월/교육청 25(고1)

그림과 같이 $\angle A=120^\circ$, $\overline{CD}=6\text{ cm}$인 사각형 ABCD가 있다. 이 사각형이 원에 내접하고 $\angle BDC=90^\circ$일 때, 외접원의 지름의 길이는 $x\text{ cm}$이다. x의 값을 구하시오. (3점)

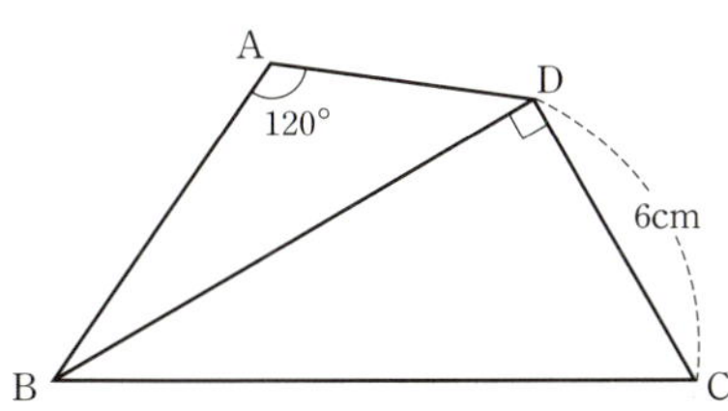

B06 3점 함정 2007실시 3월/교육청 8(고1)

그림과 같이 $\angle A=90^\circ$인 직각삼각형 ABC에서 변 BC의 중점을 M이라 하자. $\angle AMC=60^\circ$일 때, $\dfrac{\overline{AB}}{\overline{AC}}$의 값은? (3점)

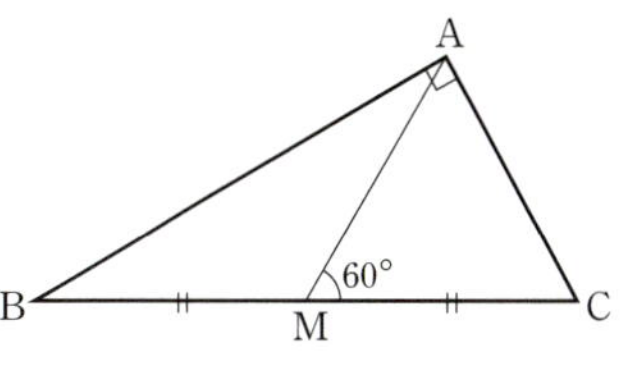

① $\dfrac{2\sqrt{3}}{3}$ ② $\sqrt{2}$ ③ $\sqrt{3}$

④ 2 ⑤ $\dfrac{3\sqrt{2}}{2}$

B07 3점 실수 2012실시 3월/교육청 24(고2) 변형

$\sin\theta+\cos\theta=2\sin\theta\cos\theta$일 때, $\sin\theta\cos\theta$의 값은 $a+b\sqrt{5}$이다. $9a-b$의 값을 구하시오. (단, a, b는 양의 유리수이다.) (3점)

B08 4점 2007실시(가) 6월/교육청 19(고2)

$\pi<\alpha<2\pi$, $\pi<\beta<2\pi$인 서로 다른 두 각 α, β에 대하여 $\sin\alpha=\cos\beta$를 만족할 때, [보기]에서 항상 옳은 것을 모두 고른 것은? (4점)

[보기]

ㄱ. $\sin(\alpha+\beta)=1$

ㄴ. $\cos^2\alpha+\cos^2\beta=1$

ㄷ. $\tan\alpha+\tan\beta=1$

① ㄱ ② ㄴ ③ ㄷ

④ ㄱ, ㄴ ⑤ ㄴ, ㄷ

❖ 정답 및 해설 42~45p

유형 03 삼각함수의 그래프와 최대 · 최소

(1) 두 함수 $y=a\sin b(x-m)+n$, $y=a\cos b(x-m)+n$에 대하여

① 두 함수의 주기는 $\frac{2\pi}{|b|}$

② 최댓값과 최솟값은 각각 $|a|+n$, $-|a|+n$

(2) 함수 $y=a\tan b(x-m)+n$에 대하여

① 이 함수의 주기는 $\frac{\pi}{|b|}$

② 최댓값과 최솟값은 없다.

tip

1 그래프를 그릴 수 있으면 그리는 것이 가장 편리하다.

2 $\sin x$, $\cos x$, $\tan x$ 등이 같이 나올 경우, 삼각함수 사이의 관계를 이용해 한 종류의 삼각함수에 대한 식으로 표현한다.

3 $\sin x$나 $\cos x$가 반복되어 나오는 경우 $\sin x=t$나 $\cos x=t$로 치환한다. 이때 주어진 x의 값의 범위에 따라 t의 값의 범위가 달라짐에 주의한다. 특별한 언급이 없으면 $-1\leq t\leq 1$이다.

B09 3점 실수 .... 2014실시(A) 3월/교육청 9(고2) 변형

그림은 함수 $y=\sin a(x+b)+1$의 그래프이다. 상수 a, b에 대하여 ab의 값은? (단, $a>0$, $0<b<\pi$이고, O는 원점이다.) (3점)

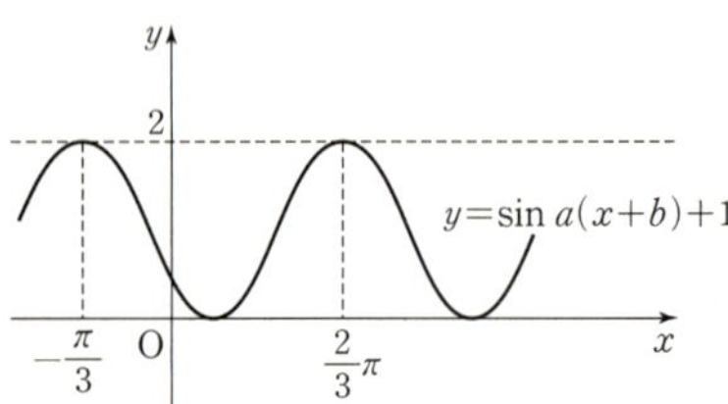

① $\frac{\pi}{2}$ ② $\frac{2}{3}\pi$ ③ $\frac{5}{6}\pi$

④ π ⑤ $\frac{7}{6}\pi$

B10 4점 실수 .... 2009실시 3월/교육청 13(고2)

그림과 같이 함수 $y=\sin 2x$ $(0\leq x\leq \pi)$의 그래프가 직선 $y=\frac{3}{5}$과 두 점 A, B에서 만나고, 직선 $y=-\frac{3}{5}$과 두 점 C, D에서 만난다. 네 점 A, B, C, D의 x좌표를 각각 α, β, γ, δ라 할 때, $\alpha+2\beta+2\gamma+\delta$의 값은? (4점)

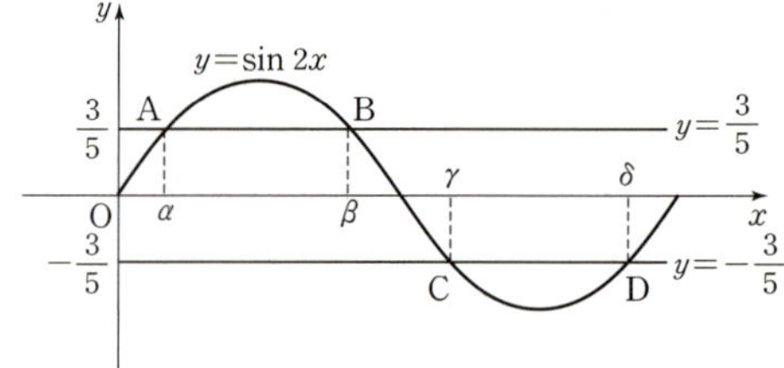

① $\frac{9}{4}\pi$ ② $\frac{5}{2}\pi$ ③ 3π

④ $\frac{7}{2}\pi$ ⑤ 4π

B11 4점 실수 .... 2020실시(나) 10월/교육청 26(고3)

함수 $y=\tan\left(nx-\frac{\pi}{2}\right)$의 그래프가 직선 $y=-x$와 만나는 점의 x좌표가 구간 $(-\pi, \pi)$에 속하는 점의 개수를 a_n이라 할 때, a_2+a_3의 값을 구하시오. (4점)

B12 3점  .... 2004실시(나) 6월/교육청 11(고2) 변형

삼각함수 $f(x)=-2\sin\left(5x-\frac{\pi}{2}\right)+1$에 대하여 [보기]의 설명 중 옳은 것을 모두 고르면? (3점)

[보기]

ㄱ. $-1\leq f(x)\leq 3$이다.

ㄴ. 임의의 실수 x에 대하여 $f\left(x+\frac{4}{5}\pi\right)=f(x)$이다.

ㄷ. $y=f(x)$의 그래프는 점 $\left(\frac{1}{10}\pi, 1\right)$에 대하여 대칭이다.

① ㄱ ② ㄴ ③ ㄱ, ㄴ

④ ㄱ, ㄷ ⑤ ㄱ, ㄴ, ㄷ

B13 3점 실수 2010실시(가) 6월/교육청 20(고2) 변형

두 함수 $y=4\sin 3x$, $y=3\cos 2x$의 그래프가 x축과 만나는 점을 각각 $\mathrm{A}(a, 0)$, $\mathrm{B}(b, 0)$ $\left(단, \frac{\pi}{2}<a<b<\pi\right)$라 하자.

함수 $y=4\sin 3x$의 그래프 위의 임의의 점 P에 대하여 $\triangle$ABP의 넓이의 최댓값은? (3점)

① $\frac{\pi}{6}$　② $\frac{\pi}{3}$　③ $\frac{\pi}{2}$

④ $\frac{2}{3}\pi$　⑤ $\frac{5}{6}\pi$

B14 3점 실수 2014/경찰대 7(고3)

함수 $y=a\cos^2 x+a\sin x+b$의 최댓값이 10이고 최솟값이 1일 때, 실수 a, b의 곱 ab의 값은 p 또는 q이다. $p+q$의 값은? (3점)

① -4　② -2　③ 2

④ 4　⑤ 6

B15 4점  2020실시(가) 3월/교육청 28(고3)

$0<a<\frac{4}{7}$인 실수 a와 유리수 b에 대하여 닫힌구간 $\left[-\frac{\pi}{a}, \frac{2\pi}{a}\right]$에서 정의된 함수 $f(x)=2\sin(ax)+b$가 있다. 함수 $y=f(x)$의 그래프가 두 점 $\mathrm{A}\left(-\frac{\pi}{2}, 0\right)$, $\mathrm{B}\left(\frac{7}{2}\pi, 0\right)$을 지날 때, $30(a+b)$의 값을 구하시오. (4점)

04 DAY

유형 04 삼각함수의 성질의 활용

(1) $\sin(-\theta)=-\sin\theta$, $\cos(-\theta)=\cos\theta$,
$\tan(-\theta)=-\tan\theta$

(2) $\sin(\pi\pm\theta)=\mp\sin\theta$, $\cos(\pi\pm\theta)=-\cos\theta$
$\tan(\pi\pm\theta)=\pm\tan\theta$ (복호동순)

(3) $\sin\left(\frac{\pi}{2}\pm\theta\right)=\cos\theta$, $\cos\left(\frac{\pi}{2}\pm\theta\right)=\mp\sin\theta$
$\tan\left(\frac{\pi}{2}\pm\theta\right)=\mp\frac{1}{\tan\theta}$ (복호동순)

삼각함수 $\left(\frac{n\pi}{2}\pm\theta\right)$를 간단히 하는 방법

(i) n이 짝수이면 $\sin\to\sin$, $\cos\to\cos$, $\tan\to\tan$
n이 홀수이면 $\sin\to\cos$, $\cos\to\sin$, $\tan\to\frac{1}{\tan}$

(ii) 부호는 $\frac{n\pi}{2}\pm\theta$의 동경의 위치에 따라 결정된다. 단, θ는 예각으로 취급한다.

B16 3점 실수 2001(인)/수능(홀) 5(고3)

그림과 같이 직사각형 ABCD가 중심이 원점이고 반지름의 길이가 1인 원에 내접해 있다. x축과 선분 OA가 이루는 각을 θ라 할 때, $\cos(\pi-\theta)$와 같은 것은? $\left(단, 0<\theta<\frac{\pi}{4}\right)$ (3점)

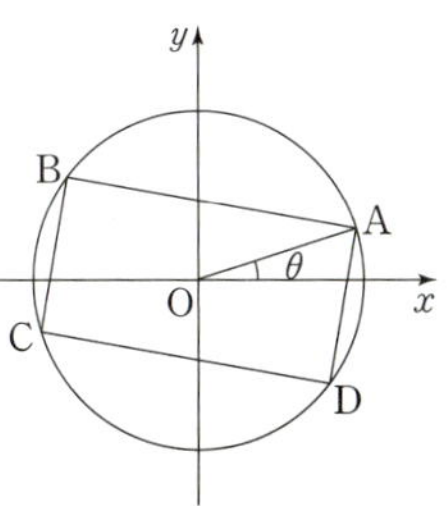

① A의 x좌표　② B의 y좌표　③ C의 x좌표

④ C의 y좌표　⑤ D의 x좌표

B17 3점 실수 2008실시(가) 6월/교육청 20(고2) 변형

$\theta=18^\circ$일 때,

$\log_3 \tan\theta+\log_3 \tan 2\theta+\log_3 \tan 3\theta+\log_3 \tan 4\theta$를 간단히 하면? (3점)

① -1　　② $-\frac{1}{2}$　　③ 0

④ $\frac{1}{2}$　　⑤ 1

B18 4점 함정 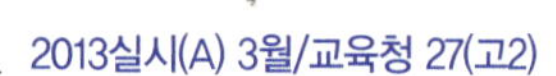

한 개의 주사위를 던져서 나오는 눈의 수를 원소로 가지는 집합 A에 대하여 집합 X를

$$X=\left\{x \,\middle|\, x=\sin\frac{a}{6}\pi,\ a\in A\right\}$$

라 하자. 집합 X의 원소의 개수를 구하시오. (4점)

B19 3점 실수 2017실시(가) 3월/교육청 25(고3) 변형

그림과 같이 길이가 24인 선분 AB를 지름으로 하는 반원이 있다. 반원 위에서 호 BC의 길이가 10π인 점 C를 잡고 점 C에서 선분 AB에 내린 수선의 발을 H라 하자. $\overline{\text{CH}}^2$의 값을 구하시오. (3점)

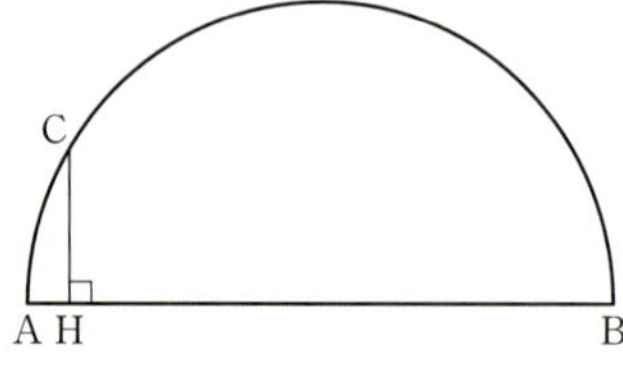

B20 3점 함정 2007실시 3월/교육청 7(고1) 변형

그림과 같이 평평한 지면 위에 설치된 가로등이 있다. 지면에 수직으로 세워진 기둥의 길이는 5 m이고, 그 위로 길이가 2 m인 기둥이 수직인 기둥과 135°의 각을 이루며 연결되어 있다. 이 가로등의 지면으로부터의 높이가 h m일 때, h의 값은? (3점)

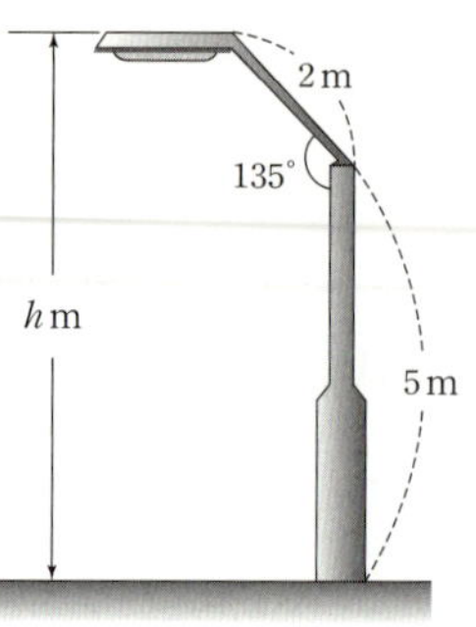

① 6　　② $\frac{13}{2}$　　③ $5+\sqrt{2}$

④ $5+\sqrt{3}$　　⑤ $5+2\sqrt{2}$

B21 4점  2010실시 3월/교육청 21(고2)

그림과 같이 원점 O를 중심으로 하고 반지름의 길이가 1인 원 위의 점 A가 제2사분면에 있을 때 동경 OA가 나타내는 각의 크기를 θ라 하자. 점 B$(-1, 0)$을 지나는 직선 $x=-1$과 동경 OA가 만나는 점을 C, 점 A에서의 접선이 x축과 만나는 점을 D라 하자. 다음 중 삼각형 OCD의 넓이에서 부채꼴 OAB의 넓이를 뺀 어두운 부분의 넓이와 항상 같은 것은?

$\left(\text{단, } \frac{\pi}{2}<\theta<\pi\right)$ (4점)

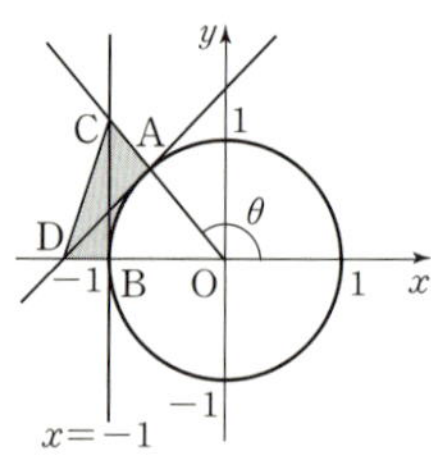

① $\frac{1}{2}\left(-\frac{\cos\theta}{\sin^2\theta}-\pi+\theta\right)$　　② $\frac{1}{2}\left(-\frac{\sin\theta}{\cos^2\theta}-\pi+\theta\right)$

③ $\frac{1}{2}\left(\frac{\cos^2\theta}{\sin\theta}-\theta\right)$　　④ $\frac{1}{2}\left(\frac{\sin\theta}{\cos^2\theta}-\pi+\theta\right)$

⑤ $\frac{1}{2}\left(\frac{\sin^2\theta}{\cos\theta}-\theta\right)$

유형 05 삼각방정식과 삼각부등식

(1) 방정식 $\sin(ax+b)=k$ 또는 $\cos(ax+b)=k$ 또는 $\tan(ax+b)=k$의 해는 함수 $y=\sin(ax+b)$ 또는 $y=\cos(ax+b)$ 또는 $y=\tan(ax+b)$의 그래프와 직선 $y=k$의 교점의 x좌표이다.

(2) 부등식 $\sin(ax+b)>k$ 또는 $\cos(ax+b)>k$ 또는 $\tan(ax+b)>k$의 해는 함수 $y=\sin(ax+b)$ 또는 $y=\cos(ax+b)$ 또는 $y=\tan(ax+b)$의 그래프가 직선 $y=k$의 위쪽에 있는 x의 값의 범위이다.

1 방정식을 간단히 정리한 후 그래프를 그리면 편리하다.

2 x의 범위가 주어지지 않으면 일반해를 구해야 하며, 일반적으로는 x의 범위가 주어지고, 그 범위 내에서 해를 구한다.

3 해의 개수가 하나가 아닌 경우가 많다.

4 $\sin(ax+b)=k$ 꼴의 방정식이나 $\sin(ax+b)>k$ 꼴의 부등식은 $ax+b=t$로 치환하여 해를 구한다. 이때, t의 범위에 주의한다.

5 두 종류 이상의 삼각함수를 포함한 방정식이나 부등식은 삼각함수 사이의 관계를 이용하여 한 종류의 삼각함수로 통일하여 해를 구한다.

B22 3점 실수 2017(가)/수능(홀) 25(고3)

$0<x<2\pi$일 때, 방정식 $\cos^2 x-\sin x=1$의 모든 실근의 합은 $\frac{q}{p}\pi$이다. $p+q$의 값을 구하시오.

(단, p, q는 서로소인 자연수이다.) (3점)

B23 3점  2020실시(가) 10월/교육청 11(고3)

$0 \le x < 2\pi$일 때, 방정식 $\sin x=\sqrt{3}(1+\cos x)$의 모든 해의 합은? (3점)

① $\frac{\pi}{3}$ ② $\frac{2}{3}\pi$ ③ π

④ $\frac{4}{3}\pi$ ⑤ $\frac{5}{3}\pi$

B24 3점  2001(인)/수능(홀) 19(고3) 변형

$0<\theta<\frac{\pi}{2}$일 때,

$$\log(\sin\theta)-\log(\cos\theta)=-\frac{1}{2}\log 3$$

을 만족시키는 θ의 값은? (단, log는 상용로그이다.) (3점)

① $\frac{\pi}{6}$ ② $\frac{\pi}{4}$ ③ $\frac{2}{7}\pi$

④ $\frac{\pi}{3}$ ⑤ $\frac{2}{5}\pi$

B25 3점 실수 2021/경찰대 21(고3)

자연수 n에 대하여 $0 \le x \le 2\pi$에서 방정식 $|\sin nx|=\frac{2}{3}$의 서로 다른 실근의 개수를 a_n, 서로 다른 모든 실근의 합을 b_n이라 할 때, $a_5 b_6=k\pi$이다. 자연수 k의 값을 구하시오. (3점)

B26 3점 실수 2010실시 3월/교육청 12(고2)

포물선 $y=x^2-2x\cos\theta-\sin^2\theta$의 꼭짓점이 직선 $y=2x$ 위에 있기 위한 모든 θ값들의 합은? (단, $0 \le \theta < 2\pi$) (3점)

① π ② $\frac{3}{2}\pi$ ③ 2π

④ $\frac{5}{2}\pi$ ⑤ 3π

❖ 정답 및 해설 49~52p

B27 4점 함정 2004실시(가) 4월/교육청 27(고3) 변형

삼각방정식 $\sin(2\pi\cos x)=1$의 해의 개수는?

(단, $0\le x<2\pi$) (4점)

① 0 ② 1 ③ 2
④ 3 ⑤ 4

B28 3점 실수 2018실시(가) 4월/교육청 9(고3)

$0\le x<2\pi$에서 부등식 $2\sin x+1<0$의 해가 $\alpha<x<\beta$일 때, $\cos(\beta-\alpha)$의 값은? (3점)

① $-\frac{\sqrt{3}}{2}$ ② $-\frac{1}{2}$ ③ 0
④ $\frac{1}{2}$ ⑤ $\frac{\sqrt{3}}{2}$

B29 4점 실수 예상 적중

x에 대한 이차함수 $y=x^2-2x\sin\theta+4-2\cos^2\theta$의 그래프의 꼭짓점이 직선 $y=-\frac{1}{2}x+2$의 위쪽에 있을 때, θ의 값의 범위는? (단, $\pi\le\theta<2\pi$) (4점)

① $\pi<\theta<\frac{4}{3}\pi$ ② $\frac{7}{6}\pi<\theta<\frac{11}{6}\pi$
③ $\frac{5}{4}\pi<\theta<\frac{7}{4}\pi$ ④ $\frac{4}{3}\pi<\theta<\frac{5}{3}\pi$
⑤ $\frac{5}{3}\pi<\theta<2\pi$

유형 06 삼각함수의 실생활 응용

(1) 실생활 소재 문제는 대부분 삼각함수로 표현된 관계식이 주어지며, 문제의 길이가 긴 경우가 많다.
(2) 관련된 모든 내용을 완전히 이해할 필요는 없으며, 주어진 관계식의 각 변수가 무엇인지만 파악하면 된다.
(3) 문제를 읽어나가며 변수에 들어갈 값들을 체크하고, 주어진 관계식에 대입한 후, 삼각함수의 성질을 이용한다.

tip
1 삼각함수의 주기성을 이용하는 경우가 많다.
2 부호에 주의해야 한다.

B30 3점 실수 2004(인)/수능(홀) 23(고3) 변형

다음 그래프는 어떤 사람이 정상적인 상태에 있을 때 시각에 따라 호흡기에 유입되는 공기의 흡입률(리터/초)을 나타낸 것이다. 숨을 들이쉬기 시작하여 t초일 때 호흡기에 유입되는 공기의 흡입률을 y라 하면, 함수 $y=a\sin bt$(a, b는 양수)로 나타낼 수 있다. 이때, y의 값은 숨을 들이쉴 때는 양수, 내쉴 때는 음수가 된다.

이 함수의 주기가 6초이고, 최대 흡입률이 0.8(리터/초)일 때, 숨을 들이쉬기 시작한 시각으로부터 처음으로 흡입률이 -0.4(리터/초)이 되는 데 걸리는 시간은? (3점)

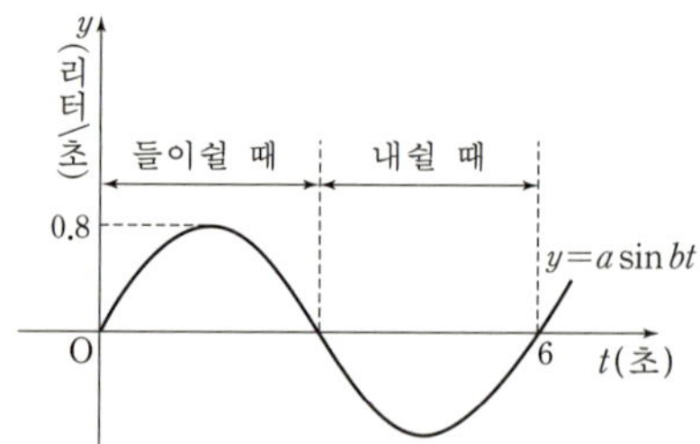

① $\frac{19}{6}$초 ② $\frac{16}{5}$초 ③ $\frac{13}{4}$초
④ $\frac{10}{3}$초 ⑤ $\frac{7}{2}$초

B31 3점 실수 예상 적중

태양계의 모든 행성은 타원을 그리면서 각각 다른 속도로 태양의 둘레를 공전하며 자전하고, 각 행성의 위성은 그것이 속한 행성을 공전하면서 자전한다. 이때, 위성은 행성 주위를 주기적으로 공전하므로 지구에서 관측할 때 행성과 위성이 이루는 각은 주기적으로 달라짐을 알 수 있다. 어느 해 3월 1일 오후 9시를 기준으로 x일 후의 목성과 위성이 이루는 각의 크기를 y''라고 할 때, x와 y 사이의 관계가 $y=10\sin\frac{\pi}{12}x$라고 한다면 같은 해 4월까지 중 목성과 위성이 이루는 각이 $5''$가 되는 날이 아닌 것은? (3점)

① 3월 11일　② 3월 27일　③ 4월 5일
④ 4월 20일　⑤ 4월 28일

B32 3점 실수 2013실시(A) 3월/교육청 7(고2) 변형

어떤 건물의 난방기에는 자동 온도 조절 장치가 있어서 실내 온도가 2시간 주기로 변한다. 이 난방기의 온도를 B(℃)로 설정하였을 때, 가동한 지 t분 후의 실내 온도는 T(℃)가 되어 다음 식이 성립한다고 한다.

$$T=B-\frac{k}{6}\cos\frac{\pi}{60}t \text{ (단, } B, k\text{는 양의 상수이다.)}$$

이 난방기를 가동한 지 20분 후의 실내 온도가 18℃이었고, 40분 후의 실내 온도가 20℃이었다. 이 난방기를 가동한 지 60분 후의 실내온도는? (3점)

① 20℃　② 21℃　③ 22℃
④ 23℃　⑤ 24℃

B33 3점 고난도 2014실시(A) 3월/교육청 25(고2)

그림과 같이 어떤 용수철에 질량이 m g인 추를 매달아 아래쪽으로 L cm만큼 잡아당겼다가 놓으면 추는 지면과 수직인 방향으로 진동한다. 추를 놓은 지 t초가 지난 후의 추의 높이를 h cm라 하면 다음 관계식이 성립한다.

$$h=20-L\cos\frac{2\pi t}{\sqrt{m}}$$

이 용수철에 질량이 144 g인 추를 매달아 아래쪽으로 10 cm만큼 잡아당겼다가 놓은 지 2초가 지난 후의 추의 높이와, 질량이 a g인 추를 매달아 아래쪽으로 $5\sqrt{2}$ cm만큼 잡아당겼다가 놓은 지 2초가 지난 후의 추의 높이가 같을 때, a의 값을 구하시오.

(단, $L<20$이고 $a\geq100$이다.) (3점)

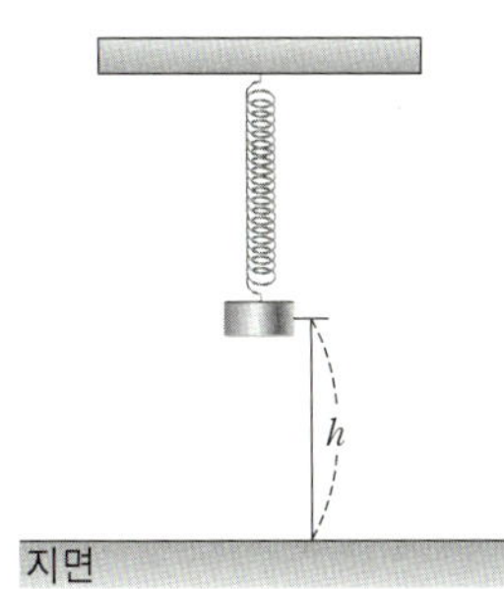

유형 07 사인법칙의 활용

(1) 사인법칙

삼각형 ABC의 외접원의 반지름의 길이를 R라 하면 삼각형의 세 변의 길이와 세 각의 크기 사이에는 다음과 같은 관계가 성립한다.

$$\frac{a}{\sin A}=\frac{b}{\sin B}=\frac{c}{\sin C}=2R$$

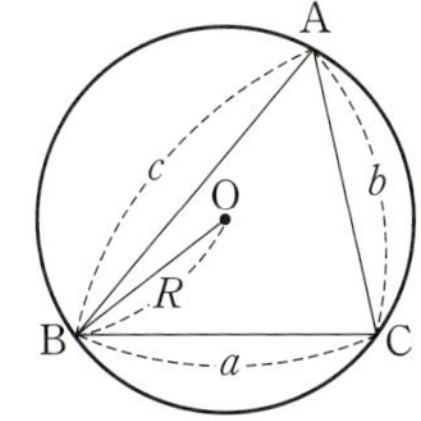

즉, 삼각형에서 변의 길이와 마주 보는 각에 대한 사인함수의 값의 비는 일정하다.

(2) 사인법칙의 변형

① $\sin A=\frac{a}{2R}$, $\sin B=\frac{b}{2R}$, $\sin C=\frac{c}{2R}$

② $a=2R\sin A$, $b=2R\sin B$, $c=2R\sin C$

③ $a:b:c=\sin A:\sin B:\sin C$

1 한 원에서 같은 호에 대한 원주각의 크기는 같고, 원주각의 크기는 중심각의 크기의 $\frac{1}{2}$이다.

2 삼각형의 세 각의 크기의 합이 180°임을 이용해서 $\sin(B+C)=\sin(\pi-A)=\sin A$ 등으로 변형하는 경우가 많다.

❖ 정답 및 해설 52~55p

B34 4점 2020실시(가) 10월/교육청 17(고3)

그림과 같이 $\angle ABC=\frac{\pi}{2}$인 삼각형 ABC에 내접하고 반지름의 길이가 3인 원의 중심을 O라 하자. 직선 AO가 선분 BC와 만나는 점을 D라 할 때, $\overline{DB}=4$이다. 삼각형 ADC의 외접원의 넓이는? (4점)

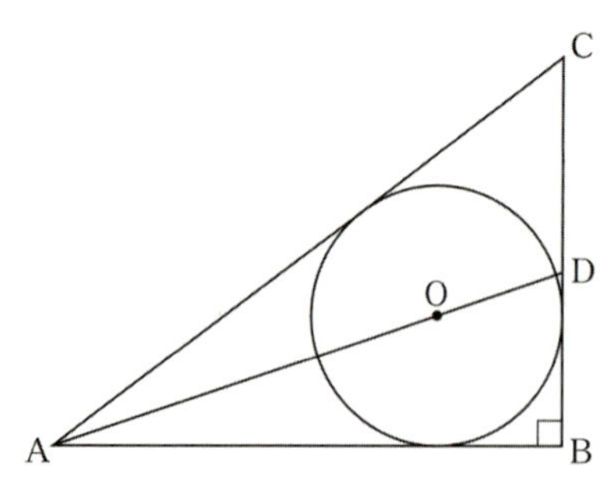

① $\frac{125}{2}\pi$ ② 63π ③ $\frac{127}{2}\pi$
④ 64π ⑤ $\frac{129}{2}\pi$

B35 4점 2013실시(A) 3월/교육청 14(고2)

그림과 같이 넓이가 100π이고 중심이 O인 원 위의 두 점 A, B에 대하여 호 AB의 길이는 반지름의 길이의 2배이다. 선분 AB의 길이는? (단, 호 AB에 대한 중심각 θ의 크기는 $0<\theta<\pi$이다.) (4점)

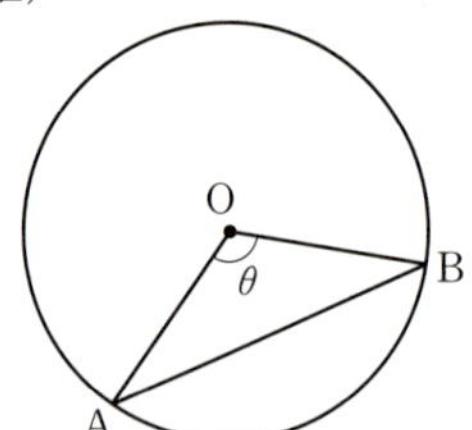

① 18sin 1 ② 20sin 1 ③ 22sin 1
④ 18sin 2 ⑤ 20sin 2

B36 4점 2004실시(가) 6월/교육청 28(고2) 변형

두 원 C_1, C_2가 그림과 같이 두 점 A, B에서 만난다. 선분 AB의 길이는 9이고, 그에 대한 원주각의 크기는 각각 60°, 30°이다. 두 원 C_1, C_2의 반지름의 길이를 각각 R_1, R_2라 고 할 때, $R_1^2+R_2^2$의 값을 구하시오. (4점)

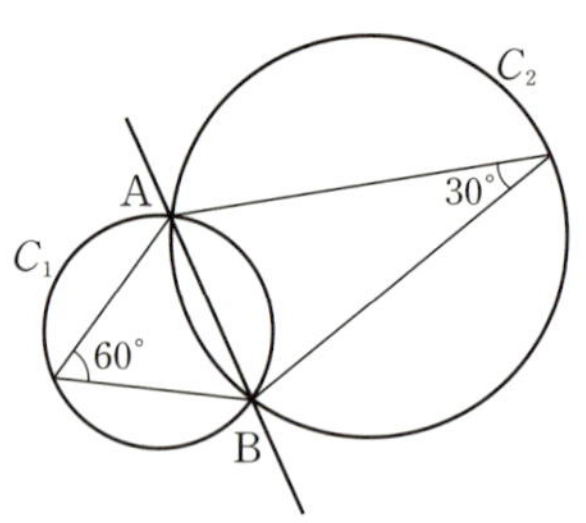

B37 3점 실수 2000(인)/수능(홀) 12(고3) 변형

$\triangle ABC$에서 $6\sin A=2\sqrt{3}\sin B=3\sin C$가 성립할 때, $\angle C$의 크기는? (3점)

① 120° ② 90° ③ 60°
④ 45° ⑤ 30°

B38 4점 함정 2009실시 3월/교육청 19(고2) 변형

그림과 같이 $\overline{AB}=10$, $\overline{BC}=6$, $\overline{CA}=8$인 삼각형 ABC와 그 삼각형의 내부에 $\overline{AP}=5$인 점 P가 있다. 점 P에서 변 AB와 변 AC에 내린 수선의 발을 각각 Q, R라 할 때, 선분 QR의 길이는? (4점)

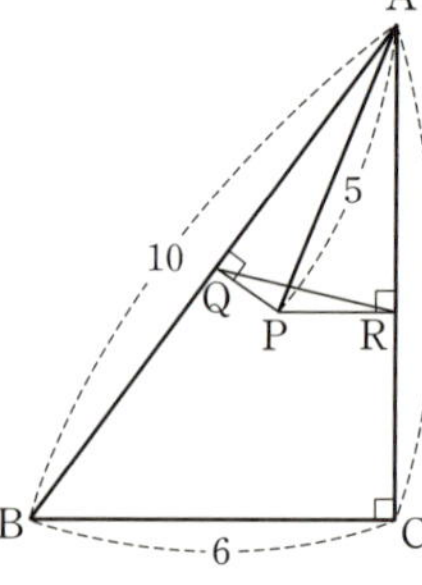

① $\frac{14}{5}$ ② 3
③ $\frac{16}{5}$ ④ $\frac{17}{5}$
⑤ $\frac{18}{5}$

유형 08 코사인법칙의 활용

(1) 코사인법칙

① $a^2=b^2+c^2-2bc\cos A$

② $b^2=c^2+a^2-2ca\cos B$

③ $c^2=a^2+b^2-2ab\cos C$

(2) 코사인법칙의 변형

① $\cos A=\dfrac{b^2+c^2-a^2}{2bc}$

② $\cos B=\dfrac{c^2+a^2-b^2}{2ca}$

③ $\cos C=\dfrac{a^2+b^2-c^2}{2ab}$

tip

1 두 변의 길이와 그 끼인각의 크기를 알 때, 코사인법칙을 이용하여 나머지 한 변의 길이를 구할 수 있다.

2 끼인각의 크기가 90°인 경우 코사인법칙은 피타고라스 법칙과 동일해진다.

B39 4점 실수 2007실시 3월/교육청 27(고2) 변형

그림과 같이 반지름의 길이가 R인 원 O에 내접하는 삼각형 ABC가 있다. $\overline{\mathrm{AB}}=10$, $\overline{\mathrm{AC}}=13$, $\cos A=\dfrac{5}{13}$일 때, $24R$의 값을 구하시오. (4점)

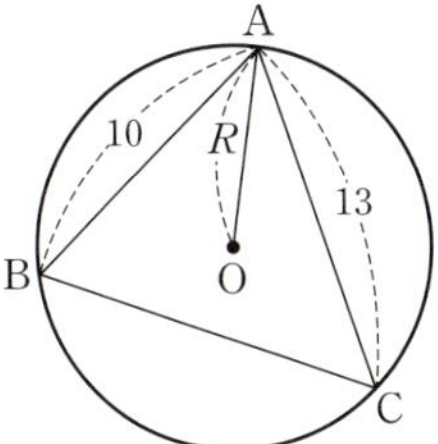

B40 3점 고난도 2005실시(나) 6월/교육청 18(고2)

그림과 같이 한 변의 길이가 3인 정육각형 F_1의 각 변을 $2:1$로 내분하는 점들을 이어 정육각형 F_2를 만들었다. F_1, F_2의 넓이를 각각 S_1, S_2라 할 때, $\dfrac{S_2}{S_1}$의 값은? (3점)

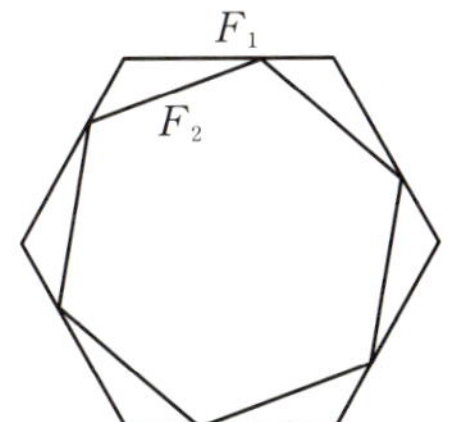

① $\dfrac{1}{3}$ ② $\dfrac{4}{9}$ ③ $\dfrac{5}{9}$

④ $\dfrac{2}{3}$ ⑤ $\dfrac{7}{9}$

B41 4점 실수 2010실시(나) 6월/교육청 9(고2) 변형

그림과 같이 $\overline{\mathrm{AB}}=8$, $\overline{\mathrm{AC}}=3\sqrt{3}$, $\angle\mathrm{A}=\dfrac{\pi}{6}$인 $\triangle\mathrm{ABC}$의 선분 AB 위에 중심이 있는 서로 외접하는 두 원을 각각 O_1, O_2라 하자. 점 A, C는 원 O_1 위에, 점 B는 원 O_2 위에 있다. $\triangle\mathrm{ABC}$의 외접원의 반지름의 길이를 R, 원 O_1의 반지름의 길이를 r_1, 원 O_2의 반지름의 길이를 r_2라 할 때, $R^2+{r_1}^2+{r_2}^2$의 값은? (4점)

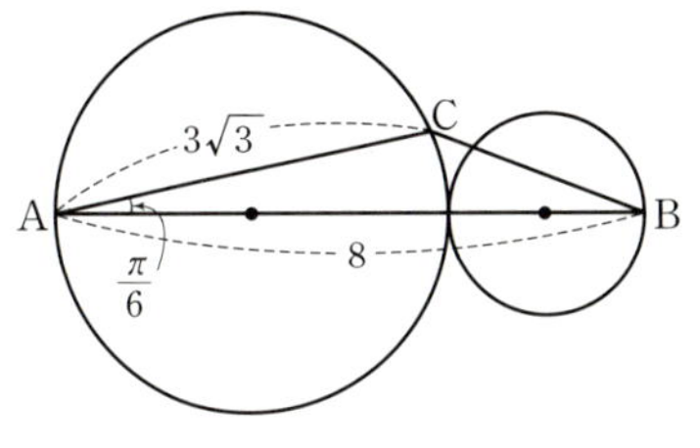

① 25 ② 26 ③ 27

④ 28 ⑤ 29

B42 4점  2010실시 3월/교육청 13(고2)

그림과 같이 한 변의 길이가 $2\sqrt{3}$이고 $\angle\mathrm{B}=120°$인 마름모 ABCD의 내부에 $\overline{\mathrm{EF}}=\overline{\mathrm{EG}}=2$이고 $\angle\mathrm{EFG}=30°$인 이등변삼각형 EFG가 있다. 점 F는 선분 AB 위에, 점 G는 선분 BC 위에 있도록 삼각형 EFG를 움직일 때, $\angle\mathrm{BGF}=\theta$라 하자. [보기]에서 항상 옳은 것만을 있는 대로 고른 것은?

(단, $0°<\theta<60°$) (4점)

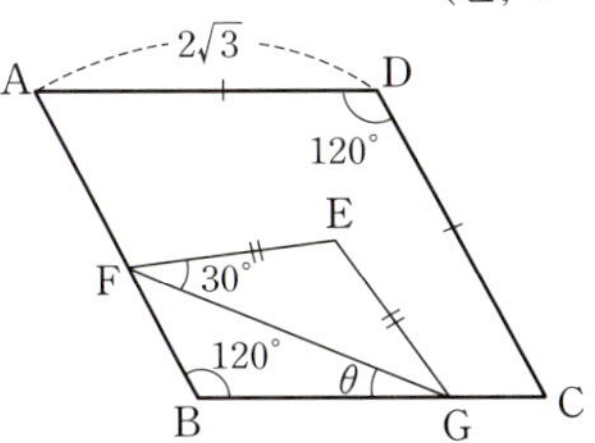

[보기]

ㄱ. $\angle\mathrm{BFE}=90°-\theta$

ㄴ. $\overline{\mathrm{BF}}=4\sin\theta$

ㄷ. 선분 BE의 길이는 항상 일정하다.

① ㄱ ② ㄱ, ㄴ ③ ㄱ, ㄷ

④ ㄴ, ㄷ ⑤ ㄱ, ㄴ, ㄷ

❖ 정답 및 해설 55~58p

B43 4점 실수 2010실시 9월/교육청 30(고1)

그림은 화가 라파엘로의 벽화 '아테네 학당'의 일부이다.

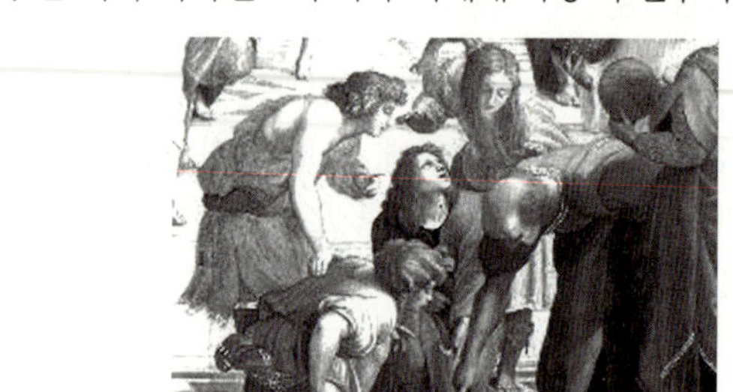

은호는 수학자 유클리드가 컴퍼스를 이용하여 도형을 작도하고 있는 칠판을 보고, 반지름의 길이가 5인 원 O에 내접하는 정삼각형 ABC와 정삼각형 PQR를 이용하여 다음과 같은 도형을 만들었다. 어두운 부분의 넓이의 최솟값을 구하기 위하여 정삼각형 PQR를 원 O에 내접하면서 움직였더니, 어두운 부분의 넓이의 최솟값이 $a\pi-b\sqrt{3}$이었다. 이때, $a+b$의 값을 구하시오. (단, a, b는 유리수) (4점)

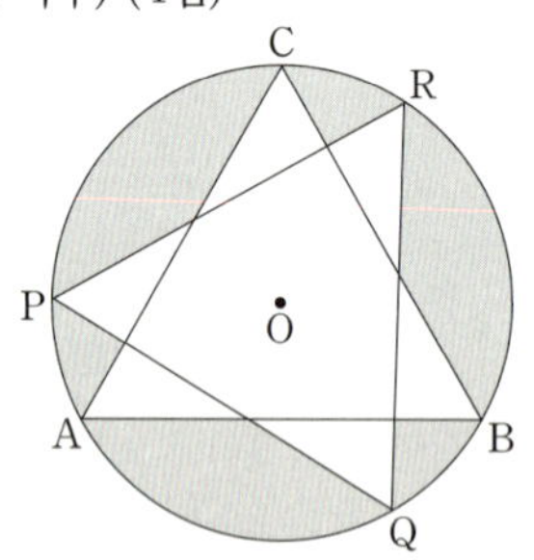

B44 4점 실수 2007실시(나) 6월/교육청 15(고2) 변형

그림과 같이 밑면의 반지름의 길이가 2, 모선의 길이가 4, 꼭짓점이 O인 직원뿔에 대하여, 밑면의 지름의 양끝을 A, B라 하고 $\overline{OA}$의 중점을 A′라 하자. 점 P가 점 B에서부터 직원뿔의 옆면을 따라 점 A′까지 움직인 최단거리는? (4점)

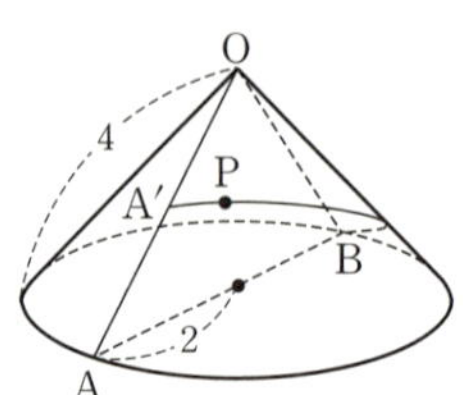

① $2\sqrt{3}$ ② 4 ③ $2\sqrt{5}$
④ $2\sqrt{6}$ ⑤ $2\sqrt{7}$

B45 4점  2021/경찰대 20(고3)

$\overline{AB}=5$, $\overline{BC}=7$, $\overline{AC}=6$인 삼각형 ABC가 있다. 두 선분 AB, AC 위에 삼각형 ADE의 외접원이 선분 BC에 접하도록 점 D, E를 각각 잡을 때, 선분 DE의 길이의 최솟값은? (5점)

① $\frac{64}{15}$ ② $\frac{81}{20}$ ③ 4
④ $\frac{121}{30}$ ⑤ $\frac{144}{35}$

B46 4점  2022예시문항 5월/평가원 21(고2)

그림과 같이 한 평면 위에 있는 두 삼각형 ABC, ACD의 외심을 각각 O, O′이라 하고 $\angle ABC=\alpha$, $\angle ADC=\beta$라 할 때,

$$\frac{\sin\beta}{\sin\alpha}=\frac{3}{2},\ \cos(\alpha+\beta)=\frac{1}{3},\ \overline{OO'}=1$$

이 성립한다. 삼각형 ABC의 외접원의 넓이가 $\frac{q}{p}\pi$일 때, $p+q$의 값을 구하시오. (단, p와 q는 서로소인 자연수이다.) (4점)

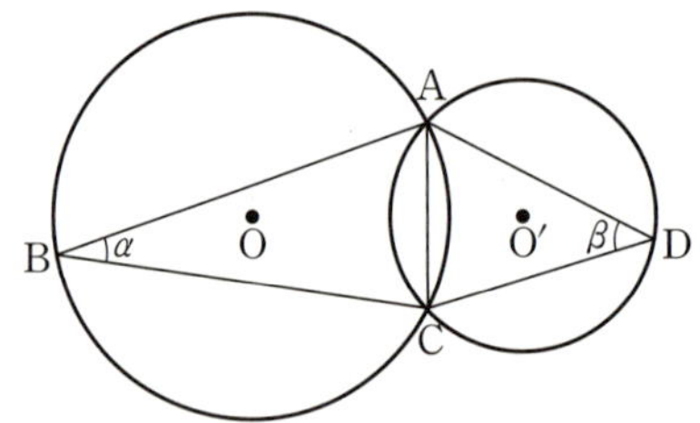

B47 4점 함정 2020실시(가) 4월/교육청 19(고3)

그림과 같이 원 C에 내접하고 $\overline{AB}=3$, $\angle BAC=\frac{\pi}{3}$인 삼각형 ABC가 있다. 원 C의 넓이가 $\frac{49}{3}\pi$일 때, 원 C 위의 점 P에 대하여 삼각형 PAC의 넓이의 최댓값은? (단, 점 P는 점 A도 아니고 점 C도 아니다.) (4점)

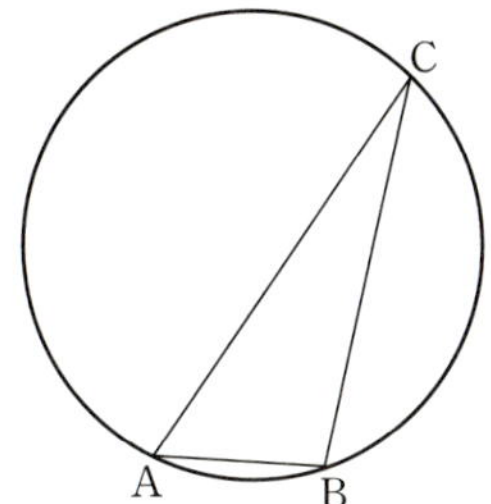

① $\frac{32\sqrt{3}}{3}$ ② $\frac{34\sqrt{3}}{3}$ ③ $12\sqrt{3}$
④ $\frac{38\sqrt{3}}{3}$ ⑤ $\frac{40\sqrt{3}}{3}$

유형 09 삼각형과 사각형의 넓이

(1) 두 변의 길이와 그 끼인각의 크기가 주어진 삼각형 ABC의 넓이를 S라 하면

$S=\frac{1}{2}ab\sin C=\frac{1}{2}bc\sin A=\frac{1}{2}ca\sin B$

(2) 삼각형 ABC의 외접원의 반지름의 길이를 R라 할 때, 이 삼각형의 넓이를 S라 하면

$S=\frac{abc}{4R}=2R^2\sin A\sin B\sin C$

(3) 이웃하는 두 변의 길이가 a, b이고 그 끼인각의 크기가 θ인 평행사변형의 넓이를 S라 하면

$S=ab\sin\theta$

(4) 두 대각선의 길이가 a, b이고 두 대각선이 이루는 각의 크기가 θ인 사각형의 넓이를 S라 하면

$S=\frac{1}{2}ab\sin\theta$

tip

1 도형의 넓이를 두 가지 방법으로 구한 후, 둘로 구한 결과가 같음을 이용해 방정식을 세워 모르는 변의 길이나 각의 크기를 구하는 문제가 많다.

2 사인법칙과 코사인법칙이 같이 나오는 경우가 많다.

B48 4점 실수 2009실시 3월/교육청 15(고2)

그림과 같이 직각삼각형 ABC의 세 변 AB, BC, CA를 각각 한 변으로 하는 정사각형 APQB, BRSC, CTUA를 그린다. 세 변 AB, BC, CA의 길이를 각각 c, a, b라 할 때, 다음 중 육각형 PQRSTU의 넓이를 나타낸 것은? (4점)

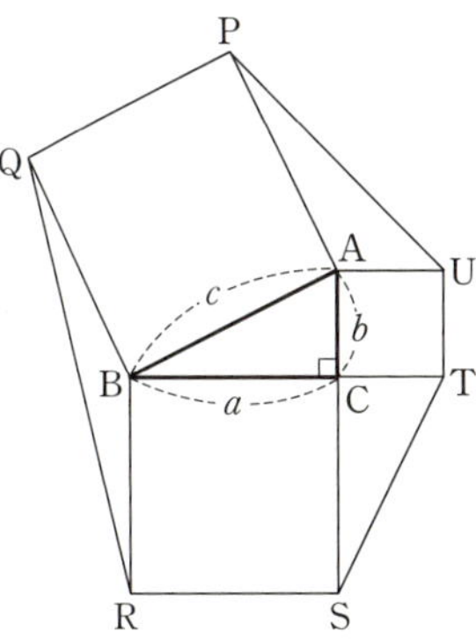

① $2(a^2+bc)$ ② $2(b^2+ca)$
③ $2(c^2+ab)$ ④ $ab+bc+ca+2a^2$
⑤ $ab+bc+ca+2c^2$

B49 4점 실수 2011실시 11월/교육청 16(고1) 변형

좌표평면 위에 중심의 좌표가 $(-1, 0)$이고 반지름의 길이가 2인 원 O_1이 있다. 원 O_1을 y축에 대하여 대칭이동한 원을 O_2라 하고 x축의 방향으로 4만큼 평행이동한 원을 O_3이라 하자. 원 O_1의 내부와 원 O_2의 내부의 공통부분의 넓이와 원 O_2의 내부와 원 O_3의 내부의 공통부분의 넓이의 합은? (4점)

① $\frac{16}{3}\pi-8\sqrt{3}$ ② $\frac{8}{3}\pi-2\sqrt{3}$ ③ $\frac{16}{3}\pi-4\sqrt{3}$
④ $\frac{8}{3}\pi+2\sqrt{3}$ ⑤ $\frac{8}{3}\pi+4\sqrt{3}$

❖ 정답 및 해설 59~62p

B50 4점 함정 2005실시 6월/교육청 30(고1)

그림과 같이 넓이가 18인 삼각형 ABC가 있다. 각 변 위의 점 L, M, N은 $\overline{AL}=2\overline{BL}$, $\overline{BM}=\overline{CM}$, $\overline{CN}=2\overline{AN}$을 만족할 때, 삼각형 LMN의 넓이를 구하시오. (4점)

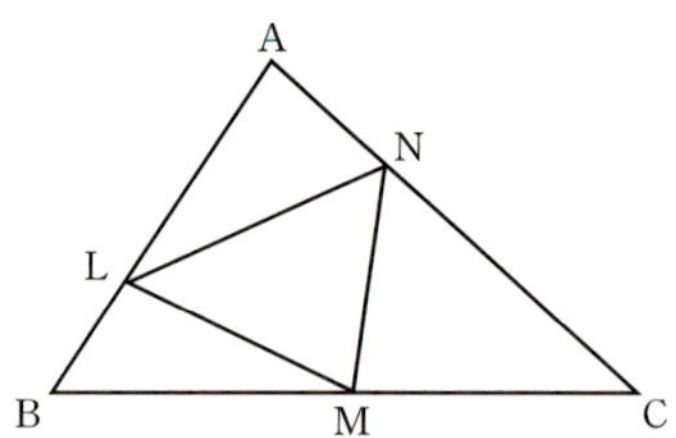

B51 4점 2008실시 3월/교육청 18(고1) 변형

그림은 선분 AB를 지름으로 하는 원 O에 내접하는 사각형 APBQ를 나타낸 것이다. $\overline{AP}=8$, $\overline{BP}=6$이고 $\overline{QA}=\overline{QB}$일 때, 선분 PQ의 길이는? (4점)

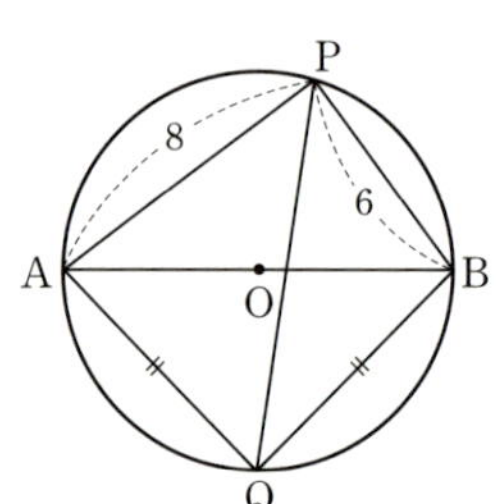

① $3\sqrt{2}$ ② $4\sqrt{2}$ ③ $5\sqrt{2}$
④ $6\sqrt{2}$ ⑤ $7\sqrt{2}$

B52 4점 2005실시 6월/교육청 28(고1) 변형

한 변의 길이가 $4\sqrt{3}$인 정사각형 모양의 시계에서 1과 5 사이의 어두운 오각형의 넓이가 $a-b\sqrt{3}$일 때, ab를 구하시오.

(단, a와 b는 유리수) (4점)

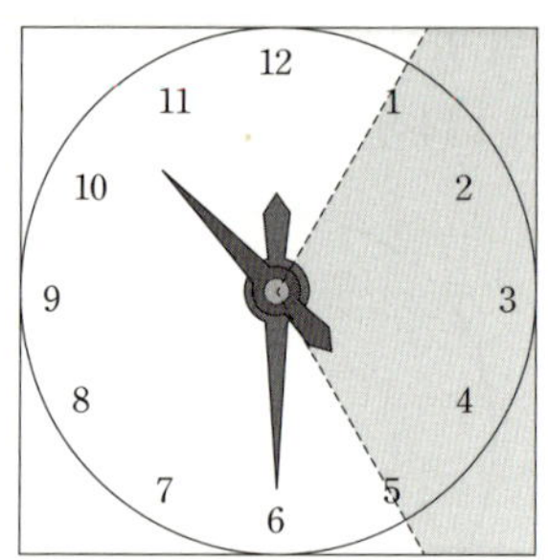

B53 4점 실수 2020실시(가) 3월/교육청 19(고3)

그림과 같이 중심이 O이고 반지름의 길이가 $\sqrt{10}$인 원에 내접하는 예각삼각형 ABC에 대하여 두 삼각형 OAB, OCA의 넓이를 각각 S_1, S_2라 하자. $3S_1=4S_2$이고 $\overline{BC}=2\sqrt{5}$일 때, 선분 AB의 길이는? (4점)

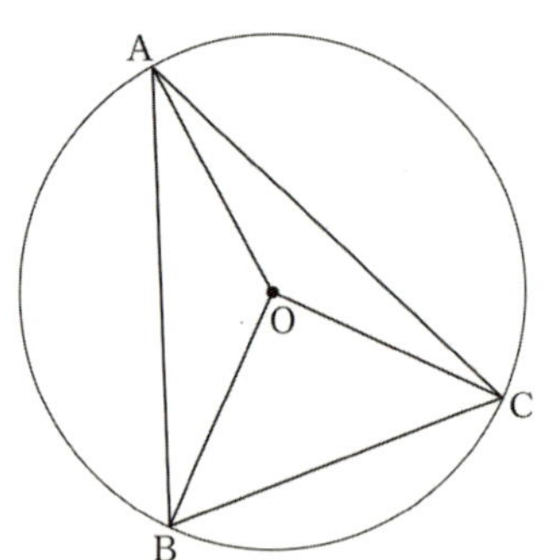

① $2\sqrt{7}$ ② $\sqrt{30}$ ③ $4\sqrt{2}$
④ $\sqrt{34}$ ⑤ 6

2등급 킬러 + 1등급 킬러 문제

B54 4점 고난도 2010실시 6월/교육청 30(고1)

두 점 A, B를 지름의 양 끝으로 하고 반지름의 길이가 10인 원 O 위를 움직이는 두 점 P, Q가 있다. 두 선분 OP, OQ는 각각 선분 OA, OB에서 동시에 출발하여 점 O를 중심으로 시계 방향으로 회전한다. 각각 일정한 속도로 한 바퀴 도는 데 선분 OP는 30초, OQ는 60초 걸린다. 원의 내부가 처음에는 흰색이나, 두 선분 OP, OQ가 회전하면서 지나간 부분은 흰색은 검은색으로, 검은색은 흰색으로 바뀐다. 두 선분 OP, OQ가 출발한 지 800초 후의 검은색 부분의 넓이가 $\frac{q}{p}\pi$ (p와 q는 서로소인 자연수)일 때, $p+q$의 값을 구하시오. (4점)

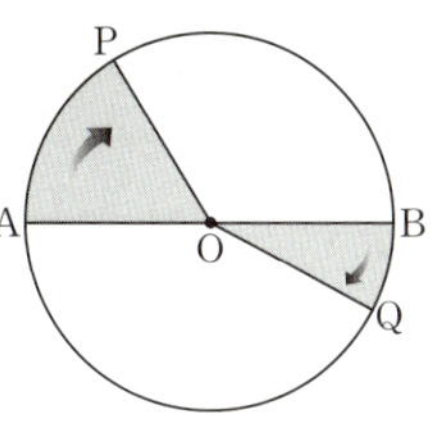

B55 4점 고난도 2008실시(가) 6월/교육청 18(고2) 변형

그림과 같이 △ABC와 △CDE는 한 변의 길이가 a인 정삼각형이고, $\angle ACE=\frac{2}{3}\pi$이다. 반지름의 길이가 $3\sqrt{3}$인 원 P가 △ABC와 △CDE의 둘레를 외접하면서 시계 방향으로 한 바퀴 돌아 처음 출발한 자리로 왔을 때, 원 P의 중심이 움직인 거리가 $54+8\sqrt{3}\pi$이다. a의 값은? (4점)

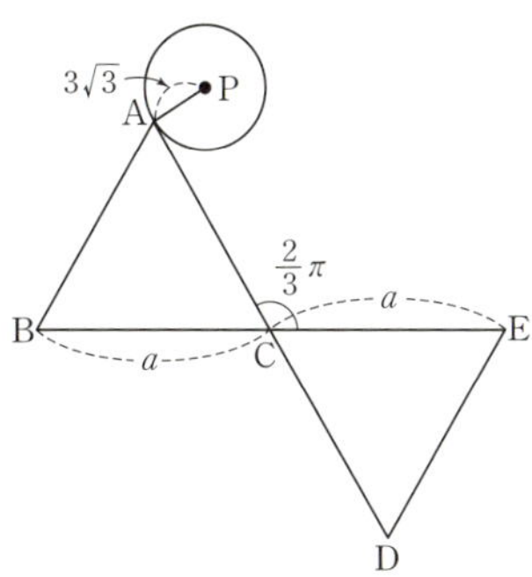

① 10　② 11　③ 12　④ 13　⑤ 14

B56 ✪ 2등급 킬러 2020실시(가) 4월/교육청 21(고3)

자연수 k에 대하여 집합 A_k를

$$A_k=\left\{\sin\frac{2(m-1)}{k}\pi \,\middle|\, m\text{은 자연수}\right\}$$

라 할 때, [보기]에서 옳은 것만을 있는 대로 고른 것은? (4점)

[보기]

ㄱ. $A_3=\left\{-\frac{\sqrt{3}}{2}, 0, \frac{\sqrt{3}}{2}\right\}$

ㄴ. 1이 집합 A_k의 원소가 되도록 하는 두 자리 자연수 k의 개수는 22이다.

ㄷ. $n(A_k)=11$을 만족시키는 모든 k의 값의 합은 33이다.

① ㄱ　② ㄱ, ㄴ　③ ㄱ, ㄷ　④ ㄴ, ㄷ　⑤ ㄱ, ㄴ, ㄷ

B57 4점 고난도 2006실시 6월/교육청 29(고1) 변형

반지름의 길이가 12인 두 원 O, O'이 그림과 같이 두 점 A, C에서 만날 때 생기는 마름모 ABCD가 있다. $\angle ABC=150°$일 때, 원 위의 임의의 점 P에 대하여 △APC의 넓이의 최댓값이 $a+b\sqrt{3}$이다. $a+b$의 값을 구하시오. (단, a, b는 유리수) (4점)

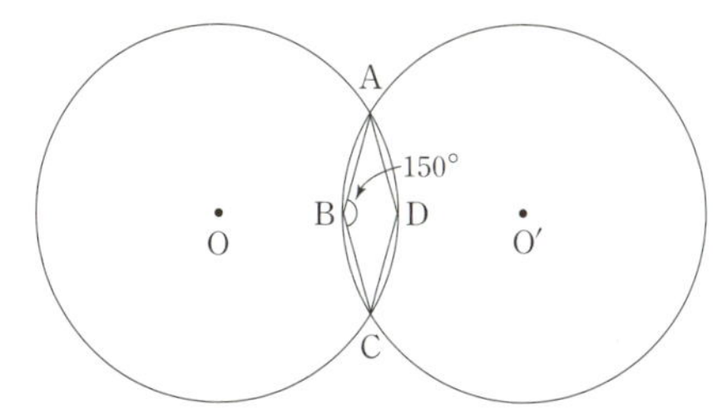

❖ 정답 및 해설 62~67p

B58 4점  2007실시 3월/교육청 11(고2) 변형

$0 \le x \le 2\pi$에서 두 함수 $y=2\sin x$와 $y=-\sin x+a$의 그래프가 만나는 점의 개수를 $N(a)$라 할 때, 옳은 것을 [보기]에서 모두 고른 것은? (단, a는 실수이다.) (4점)

[보기]

ㄱ. $N(0)=3$
ㄴ. $|a|>3$이면 $N(a)=0$
ㄷ. $N(a)=2$이면 $N(-a)=2$

① ㄱ ② ㄴ ③ ㄱ, ㄷ
④ ㄴ, ㄷ ⑤ ㄱ, ㄴ, ㄷ

B59 4점 2021(가) 9월/평가원 21(고3)

닫힌구간 $[-2\pi, 2\pi]$에서 정의된 두 함수

$f(x)=\sin kx+2,\ g(x)=3\cos 12x$

에 대하여 다음 조건을 만족시키는 자연수 k의 개수는? (4점)

실수 a가 두 곡선 $y=f(x)$, $y=g(x)$의 교점의 y좌표이면 $\{x|f(x)=a\} \subset \{x|g(x)=a\}$이다.

① 3 ② 4 ③ 5
④ 6 ⑤ 7

B60 4점  2008실시(가) 6월/교육청 14(고2)

다음은 $\angle A$가 둔각인 $\triangle ABC$에 대하여 $\overline{AB}=c$, $\overline{BC}=a$, $\overline{AC}=b$라 할 때, $\cos A=\dfrac{b^2+c^2-a^2}{2bc}$임을 증명하는 과정이다.

[증명]

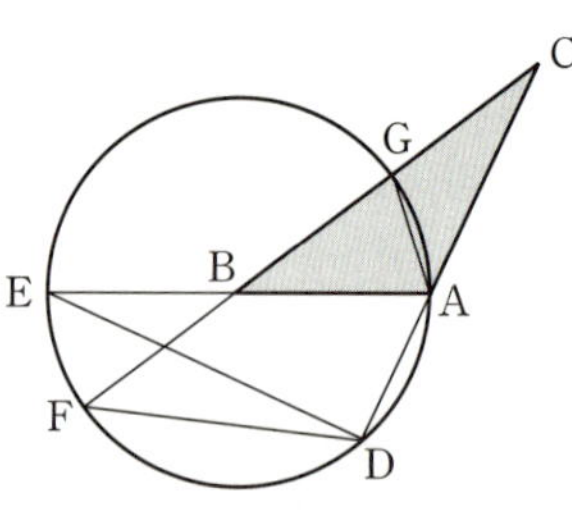

그림과 같이 점 B를 중심으로 하고 $\overline{AB}$를 반지름으로 하는 원을 그리고, 선분 $\overline{BC}$와 원이 만나는 점을 G라 하자. $\triangle ABC$의 세 변 $\overline{CA}$, $\overline{AB}$, $\overline{BC}$의 연장선과 원이 만나는 점을 각각 D, E, F라 할 때, $\dfrac{\overline{AD}}{\overline{AE}}=$ (가) 이다.

또 $\triangle ACG \backsim$ (나) 이므로 $(a-c):b=$ (다) $:(a+c)$

$\therefore \cos A=\dfrac{b^2+c^2-a^2}{2bc}$

위 증명에서 (가), (나), (다)에 알맞은 것은? (4점)

	(가)	(나)	(다)
①	$\cos A$	$\triangle ABC$	$b+2c\cos A$
②	$\cos A$	$\triangle ABC$	$b-2c\cos A$
③	$-\cos A$	$\triangle ABC$	$b+2c\cos A$
④	$-\cos A$	$\triangle FCD$	$b-2c\cos A$
⑤	$-\cos A$	$\triangle FCD$	$b+2c\cos A$

B61 4점 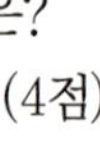 2000실시(가) 3월/교육청 19(고2) 변형

그림과 같이 $\overline{AB}=5$, $\overline{BC}=a$, $\overline{AC}=12$인 삼각형 ABC가 원에 내접하고 있다. 이 원의 반지름의 길이를 R라 할 때, 옳은 내용을 [보기]에서 모두 고른 것은? (4점)

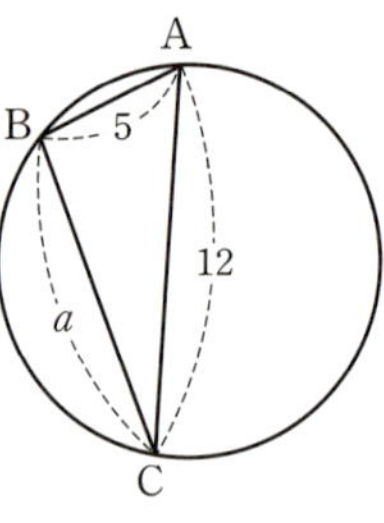

[보기]

ㄱ. $a=13$이면 $R=\dfrac{13}{2}$이다.
ㄴ. $R=6$이면 $a=12\sin A$이다.
ㄷ. $49<a^2\le 229$일 때, $\angle A$의 최댓값은 $120°$이다.

① ㄱ ② ㄷ ③ ㄱ, ㄴ
④ ㄴ, ㄷ ⑤ ㄱ, ㄴ, ㄷ

B62 4점  2013실시(B) 3월/교육청 29(고2) 변형

그림과 같이 바다에 인접해 있는 두 해안도로가 30°의 각을 이루며 만나고 있다. 두 해안도로가 만나는 지점에서 바다 쪽으로 x m 떨어져 있는 배에서 출발하여 두 해안 도로를 차례대로 한 번씩 거쳐 다시 배로 되돌아오는 수영코스의 최단길이가 300 m일 때, x의 값을 구하시오. (단, 배는 정지해 있고, 두 해안도로는 일직선 모양이며 그 폭은 무시한다.) (4점)

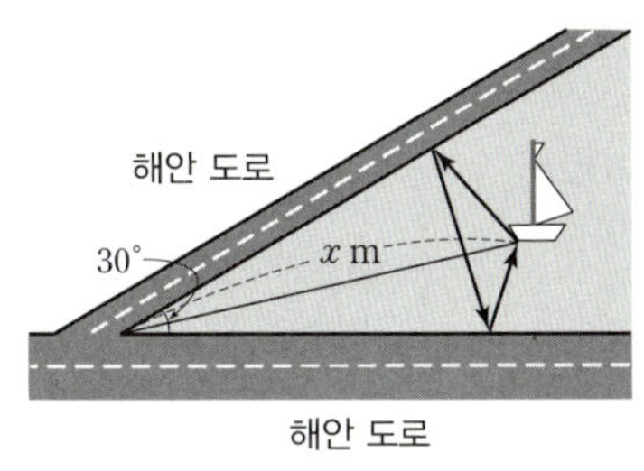

B63 4점  1994(1차)/수능(홀) 15(고3)

그림과 같이 모든 모서리의 길이가 1인 정사각뿔이 있다. 모서리 EC 위를 움직이는 점 P에 대하여 $\angle BPD=\theta$라 할 때, $\cos\theta$의 최댓값과 최솟값의 합은? (2점)

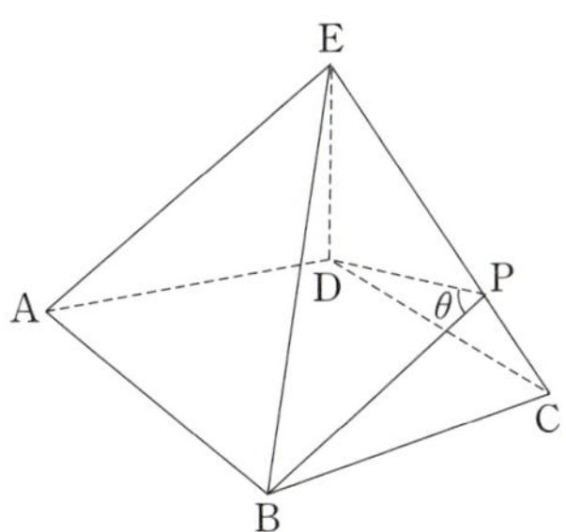

① $-\frac{1}{3}$　　② $-\frac{\sqrt{3}}{6}$　　③ 0　　④ $\frac{\sqrt{3}}{6}$　　⑤ $\frac{1}{3}$

B64 ✪ 2등급 킬러 1997(인)/수능(홀) 24(고3)

직사각형 모양의 어느 극장에서 무대를 잘 볼 수 있는 좌석을 구별하려고 한다. 옆 그림은 그 극장의 평면도이다. 중앙 무대의 폭이 6 m이고, 무대 좌우 양 끝점 A, B와 객석 내의 한 점 X가 이루는 각을 $\angle AXB=\theta$라고 하자. 이때, 이 각 θ가 30° 이상 되는 영역에는 특별석, 15° 이상 30° 이하가 되는 영역에는 일등석을 놓으려고 한다. 일등석을 놓으려고 하는 영역의 넓이는?

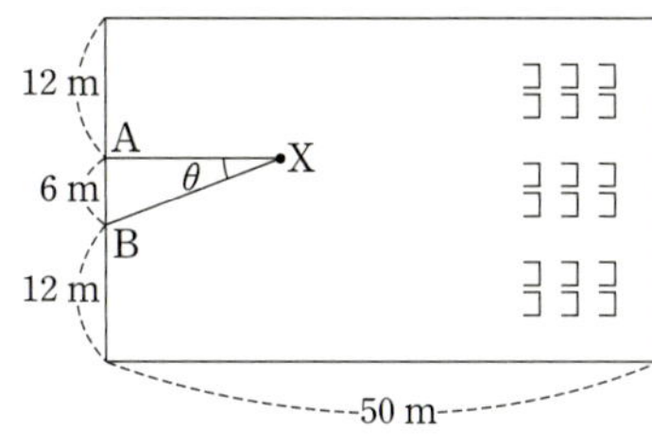

(단위는 m^2) (4점)

① $3\pi(12+11\sqrt{3})+18$　　② $3\pi(24-11\sqrt{3})+18$
③ $10(24-11\sqrt{3})+18$　　④ $9(14+11\sqrt{3})$
⑤ $9(26-11\sqrt{3})$

B65 ✪ 2등급 킬러 2014실시(A) 3월/교육청 30(고2)

그림과 같이 $\overline{AB}=2$, $\overline{AC}=3$, $A=30°$인 삼각형 ABC의 변 BC 위의 점 P에서 두 직선 AB, AC 위에 내린 수선의 발을 각각 M, N이라 하자. $\frac{\overline{AB}}{\overline{PM}}+\frac{\overline{AC}}{\overline{PN}}$의 최솟값이 $\frac{q}{p}$일 때, $p+q$의 값을 구하시오.

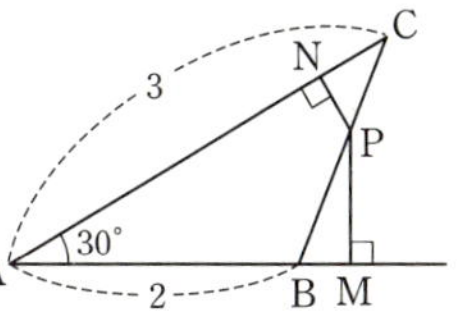

(단, p와 q는 서로소인 자연수이다.) (4점)

05 DAY

C 수열

- 등차수열과 등비수열에 대한 기본 개념들을 충실히 이해하고 있어야 합니다. 등차수열과 등비수열은 삼각함수나 로그함수의 개념과 혼합된 형태로 출제되면 난이도가 높은 문제로 출제됨을 잘 알고 대비해야 합니다.
- 수열의 귀납적 정의에 의해 수열이 정의될 때, 단번에 규칙을 찾기가 힘든 경우가 많습니다. 하나하나 수열의 항의 값을 구하는 방법을 이용하는 경우가 있는데, 반복되는 값이 나오는 형태로 출제가 됩니다. 문제에서 구하는 것이 무엇인지 확실히 알고 접근하는 전략이 필요합니다.

1 수열 ❶

(1) **수열** : 차례대로 나열된 수의 열

(2) **항** : 수열을 이루는 각각의 수를 그 수열의 항이라 하고, 각 항을 앞에서부터 차례대로 첫째항, 둘째항, 셋째항, 또는 제1항, 제2항, 제3항, …이라 한다.

(3) **수열의 일반항** : 수열을 나타낼 때에는 a_1, a_2, a_3, …, a_n, …과 같이 나타낸다. 또, n번째 항 a_n을 수열의 일반항이라 하고, 일반항이 a_n인 수열을 간단히 $\{a_n\}$과 같이 나타낸다.

2 등차수열 ❷

(1) **등차수열**
첫째항이 a, 공차가 d인 등차수열 $\{a_n\}$의 일반항 a_n은 $a_n=a+(n-1)d$

(2) **등차중항**
세 수 a, b, c가 이 순서대로 등차수열을 이룰 때, b를 a와 c의 등차중항이라 하고 $2b=a+c$가 성립한다.

(3) **등차수열의 합**
첫째항이 a, 공차가 d, 제n항이 l인 등차수열의 첫째항부터 제n항까지의 합을 S_n이라 하면 $S_n=\dfrac{n\{2a+(n-1)d\}}{2}=\dfrac{n(a+l)}{2}$

3 등비수열 ❸

(1) **등비수열**
첫째항이 a, 공비가 r인 등비수열 $\{a_n\}$의 일반항 a_n은 $a_n=ar^{n-1}$

(2) **등비중항**
0이 아닌 세 수 a, b, c가 이 순서대로 등비수열을 이룰 때, b를 a와 c의 등비중항이라 하고 $b^2=ac$가 성립한다.

(3) **등비수열의 합**
첫째항이 a, 공비가 r인 등비수열의 첫째항부터 제n항까지의 합을 S_n이라 하면
① $r\neq1$일 때, $S_n=\dfrac{a(1-r^n)}{1-r}=\dfrac{a(r^n-1)}{r-1}$
② $r=1$일 때, $S_n=na$

4 수열의 합과 일반항 사이의 관계 ❹

(1) 수열 $\{a_n\}$의 첫째항부터 제n항까지의 합 S_n이 주어지면 수열 $\{a_n\}$의 일반항은
$a_n=S_n-S_{n-1}\,(n\geq2)$, $a_1=S_1$

(2) 수열 $\{a_n\}$의 첫째항부터 제n항까지의 합 S_n이 n에 대한
① 이차식 an^2+bn 꼴이면 수열 $\{a_n\}$은 등차수열이다.
② $a(r^n-1)$ 꼴이면 수열 $\{a_n\}$은 등비수열이다.

고난도 필수 개념

*** 등차수열의 첫째항부터 제n항까지의 합**

첫째항이 a이고 공차가 d인 등차수열의 합을 S_n이라 하면 $S_n=\dfrac{n\{2a+(n-1)d\}}{2}=\dfrac{dn^2+(2a-d)n}{2}$ 이다. 즉, 어떤 수열의 첫째항부터 제n항까지의 합이 상수항이 없는 n에 대한 이차식이면 이 수열은 등차수열이고 공차는 (이차항의 계수)×2이다.

한걸음 더!

❶ 일정한 규칙 없이 수를 나열한 것도 수열이지만 여기서는 규칙성이 있는 수열을 주로 다룬다.

❷ **등차수열의 합 S_n의 최댓값과 최솟값**
(1) **S_n의 최댓값**
양수인 항만 최대로 더할 때 최댓값이 나오므로 음수인 항이 나오는 n의 값을 구한다.
(2) **S_n의 최솟값**
음수인 항만 최대로 더할 때 최솟값이 나오므로 양수인 항이 나오는 n의 값을 구한다.

한걸음 더!

❸ **등비수열의 합의 응용**
(1) **일정한 비율에 대한 문제**
도형의 길이, 넓이, 부피 등이 일정한 비율로 축소되거나 확대되는 문제는 첫째항과 두 번째 항을 구하여 공비를 구한다.
(2) **특정한 항이 주어진 문제**
조건을 첫째항 a와 공비 r의 식으로 나타내자.

한걸음 더!

❹ **수열의 합 S_n를 이용하여 일반항을 구할 때, 주의할 점**
수열의 합과 일반항 사이의 관계는 등차수열 또는 등비수열이 아니라도 성립한다.
여기서 주의할 점은 $a_n=S_n-S_{n-1}$은 $n\geq2$일 때 성립하는 것이므로 $a_1=S_1$인지 반드시 체크해 주어야 한다.

5 ∑의 성질 ❺

2021 6월 가형 21번

수열 $\{a_n\}$, $\{b_n\}$에 대하여

(1) $\sum_{k=1}^{n}(a_k+b_k)=\sum_{k=1}^{n}a_k+\sum_{k=1}^{n}b_k$

(2) $\sum_{k=1}^{n}(a_k-b_k)=\sum_{k=1}^{n}a_k-\sum_{k=1}^{n}b_k$

(3) $\sum_{k=1}^{n}ca_k=c\sum_{k=1}^{n}a_k$ (c는 상수)

(4) $\sum_{k=1}^{n}c=cn$ (c는 상수)

★ 수열 $\{a_n\}$이 등차수열이나 등비수열이면 등차수열의 합의 공식 또는 등비수열의 합의 공식으로 $\sum_{k=1}^{n}a_k$의 값을 쉽게 구할 수 있지만 수열 $\{a_n\}$의 일반항이 복잡하게 주어지면 $\sum_{k=1}^{n}a_k=a_1+a_2+a_3+\cdots+a_n$으로 나타내어 식을 정리해 본다.

+개념보충

❺ **시그마의 표현에서 주의할 점**

시그마의 합에서 첫째항과 끝항이 반드시 a_1, a_n이 아닐 수 있다. 첫째항과 끝항을 반드시 확인하자.

$\sum_{k=m}^{n}a_k=\sum_{k=1}^{n}a_k-\sum_{k=1}^{m-1}a_k$

6 수열의 합 ❻

(1) **자연수의 거듭제곱의 합**

① $\sum_{k=1}^{n}k=1+2+3+\cdots+n=\frac{n(n+1)}{2}$

② $\sum_{k=1}^{n}k^2=1^2+2^2+3^2+\cdots+n^2=\frac{n(n+1)(2n+1)}{6}$

③ $\sum_{k=1}^{n}k^3=1^3+2^3+3^3+\cdots+n^3=\left\{\frac{n(n+1)}{2}\right\}^2$

(2) **여러 가지 수열의 합**

① $\sum_{k=1}^{n}\frac{1}{k(k+1)}=\sum_{k=1}^{n}\left(\frac{1}{k}-\frac{1}{k+1}\right)$

② $\sum_{k=1}^{n}\frac{1}{(k+a)(k+b)}=\frac{1}{b-a}\sum_{k=1}^{n}\left(\frac{1}{k+a}-\frac{1}{k+b}\right)$ $(a\neq b)$

③ $\sum_{k=1}^{n}\frac{1}{\sqrt{k+1}+\sqrt{k}}=\sum_{k=1}^{n}(\sqrt{k+1}-\sqrt{k})$

+개념보충

❻ **수열의 합을 구하는 유용한 도구**

(1) **특수한 자연수의 거듭제곱의 합**

① $\sum_{k=1}^{n}k(k+1)=\frac{n(n+1)(n+2)}{3}$

② $\sum_{k=1}^{n}k(k+1)(k+2)$
$=\frac{(n+1)(n+2)(n+3)}{4}$

(2) **부분분수**

$\frac{1}{AB}=\frac{1}{B-A}\left(\frac{1}{A}-\frac{1}{B}\right)$
$(AB\neq0,\ A\neq B)$

(3) **유리화**

$\frac{1}{\sqrt{A}-\sqrt{B}}=\frac{\sqrt{A}+\sqrt{B}}{A-B}$ $(A\neq B)$

7 수열의 귀납적 정의 ❼

(1) **등차수열과 등비수열의 귀납적 정의**

수열 $\{a_n\}$에서 $n=1, 2, 3, \cdots$일 때,

① $a_{n+1}-a_n=d$ 또는 $2a_{n+1}=a_n+a_{n+2}$이면 수열 $\{a_n\}$은 등차수열이다.

② $\frac{a_{n+1}}{a_n}=r$ 또는 $a_{n+1}{}^2=a_na_{n+2}$이면 수열 $\{a_n\}$은 등비수열이다.

(2) $a_{n+1}=a_n+f(n)$이면 수열 $\{a_n\}$의 일반항은 $a_n=a_1+\sum_{k=1}^{n-1}f(k)$

(3) $a_{n+1}=a_nf(n)$이면 수열 $\{a_n\}$의 일반항은
$a_n=a_1f(1)f(2)f(3)\cdots f(n-1)$

(4) $a_{n+1}=pa_n+q$ $(p\neq1,\ pq\neq0)$이면 $a_{n+1}-\alpha=p(a_n-\alpha)$로 변형하여 일반항을 구한다.

2022 예시문항 15번
2021 수능 나형 21번
2021 9월 나형 21번

★ 최근 출제 경향을 보면 경우를 나눠서 수열의 식이 달라지는 수열의 귀납적 정의가 대부분 출제되고 있다. 이런 유형의 문제는 경우에 맞도록 식을 하나씩 대입하여 항의 값을 구하는 방법밖에 없다. 즉, 수열의 귀납적 정의를 이용하는 문제는 대입해서 구해야 한다는 것이다. 최근 출제된 수열의 귀납적 정의를 살펴봐도 계속 같은 유형으로 나오고 있음을 알 수 있다.

한걸음 더!

❼ $a_{n+1}=pa_n+q(p\neq1,\ pq\neq0)$ **꼴의 수열**

$a_1=a$, $a_{n+1}=pa_n+q\ (n\geq1)$에서

(i) n 대신 $1, 2, 3, \cdots$을 차례로 대입한다.

(ii) 각 항이 계산되는 과정을 적고, 특정항을 추론한다.

8 수학적 귀납법 ❽

자연수 n에 대하여 명제 $p(n)$이 모든 자연수 n에 대하여 성립한다는 것을 증명하려면
(i) $n=1$일 때, 명제 $p(n)$이 성립한다.
(ii) $n=k$일 때, 명제 $p(n)$이 성립한다고 가정하면 $n=k+1$일 때도 명제 $p(n)$이 성립한다.
이 두 가지를 보이면 된다. 이와 같이 자연수에 대하여 어떤 명제가 참임을 증명하는 방법을 수학적 귀납법이라 한다.

+개념보충

❽ **귀류법**

명제 $p \rightarrow q$를 증명할 때, 결론 q를 부정하여 가정하고 모순을 찾는 증명법이다.

예) $\sqrt{2}$는 무리수이다.
결론을 부정하여 $\sqrt{2}$는 무리수가 아니다, 즉 유리수라고 가정하고 모순을 찾아내어 $\sqrt{2}$가 무리수임을 증명한다.

유형 01 등차수열의 활용

(1) 등차수열 : 첫째항부터 차례로 일정한 수를 더하여 만든 수열
(2) 첫째항이 a이고 공차가 d인 등차수열 $\{a_n\}$의 일반항은
$a_n=a+(n-1)d$
(3) 세 수 a, b, c가 이 순서대로 등차수열을 이룰 때 $b=\frac{a+c}{2}$가 성립한다. 이때, b를 a와 c의 등차중항이라 한다.

tip

1 세 수 a, b, c가 이 순서대로 등차수열을 이루면 $a+b+c=3b$가 성립한다.
2 등차수열 $\{a_n\}$의 공차를 d라 하면 $a_m-a_n=(m-n)d$이다.
3 수열 $\{a_n\}$이 공차가 d인 등차수열이면 상수 k에 대하여 $\{a_{kn}\}$, $\{ka_n\}$은 공차가 kd인 등차수열이다.

C01 4점 실수 2014실시(A) 4월/교육청 20(고3)

그림과 같이 함수 $y=|x^2-9|$의 그래프가 직선 $y=k$와 서로 다른 네 점에서 만날 때, 네 점의 x좌표를 각각 a_1, a_2, a_3, a_4라 하자. 네 수 a_1, a_2, a_3, a_4가 이 순서대로 등차수열을 이룰 때, 상수 k의 값은? (단, $a_1<a_2<a_3<a_4$) (4점)

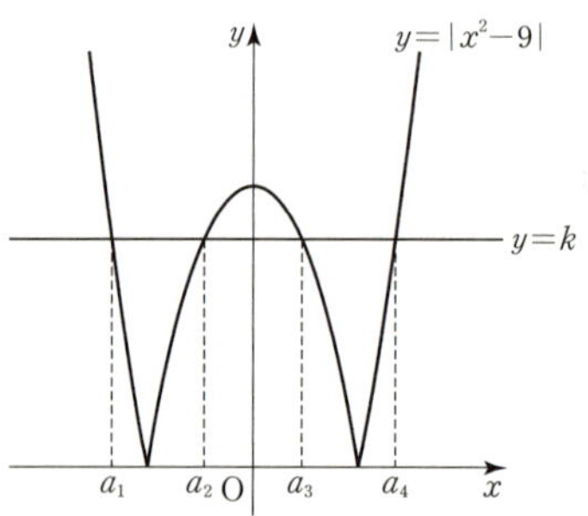

① $\frac{34}{5}$ ② 7 ③ $\frac{36}{5}$
④ $\frac{37}{5}$ ⑤ $\frac{38}{5}$

C02 4점 실수 2008(나)/수능(홀) 14(고3)

다음과 같이 정사각형을 가로 방향으로 3등분하여 [도형 1]을 만들고, 세로 방향으로 3등분하여 [도형 2]를 만든다.

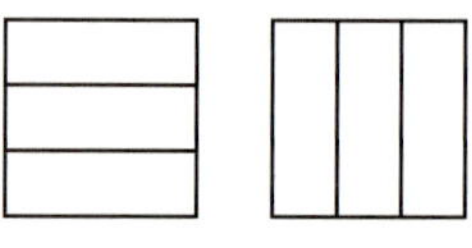

[도형 1] [도형 2]

[도형 1]과 [도형 2]를 번갈아 가며 계속 붙여 아래와 같은 도형을 만든다. 그림과 같이 첫 번째 붙여진 [도형 1]의 왼쪽 맨 위 꼭짓점을 A라 하고, [도형 1]의 개수와 [도형 2]의 개수를 합하여 n개 붙여 만든 도형의 오른쪽 맨 아래 꼭짓점을 B_n이라 하자.

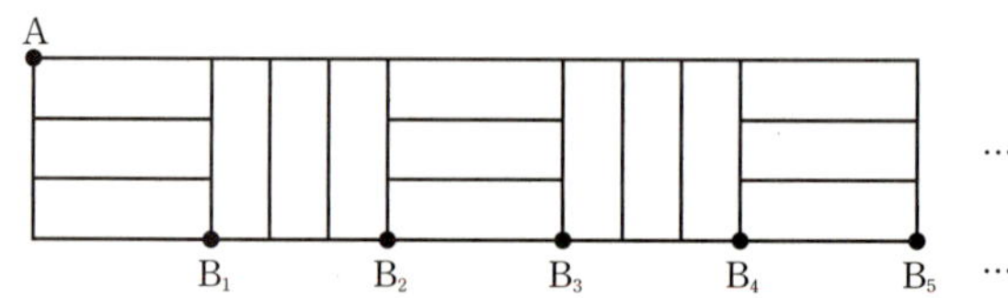

꼭짓점 A에서 꼭짓점 B_n까지 선을 따라 최단거리로 가는 경로의 수를 a_n이라 할 때, a_3+a_7의 값은? (4점)

① 26 ② 28 ③ 30
④ 32 ⑤ 34

C03 4점 예상 적중

첫째항 a와 공차 d가 모두 정수인 등차수열 $\{a_n\}$이 다음 두 조건을 만족한다.

(가) $a_3+a_5+a_7=114$
(나) $a_n>100$을 만족시키는 자연수 n의 최솟값은 14이다.

이때, a_{20}의 값을 구하시오. (4점)

C04 3점 실수 ······ 2007실시(나) 3월/교육청 7(고3) 변형

공차가 $d(d\neq0)$인 등차수열 $\{a_n\}$에 대하여 수열 $\{T_n\}$을

$$T_n=a_1-a_2+a_3-a_4+\cdots+(-1)^{n-1}a_n\ (n=1,\ 2,\ 3,\ \cdots)$$

으로 정의할 때, [보기]에서 옳은 것을 모두 고른 것은? (3점)

[보기]

ㄱ. $T_6=3d$

ㄴ. $T_3=a_2$

ㄷ. 수열 $\{T_{6n}\}$은 등차수열이다.

① ㄱ ② ㄴ ③ ㄱ, ㄴ
④ ㄱ, ㄷ ⑤ ㄴ, ㄷ

C05 4점 ······ 2006실시(가) 4월/교육청 13(고3)

원 O 위에 두 점 A, B가 있다. 점 A에서 원 O에 접하는 접선 l과 선분 AB가 이루는 예각의 크기가 18°이다. 선분 OB 위의 한 점 C에 대하여 삼각형 OAC의 세 내각의 크기가 등차수열을 이룰 때, 가장 큰 내각의 크기는? (4점)

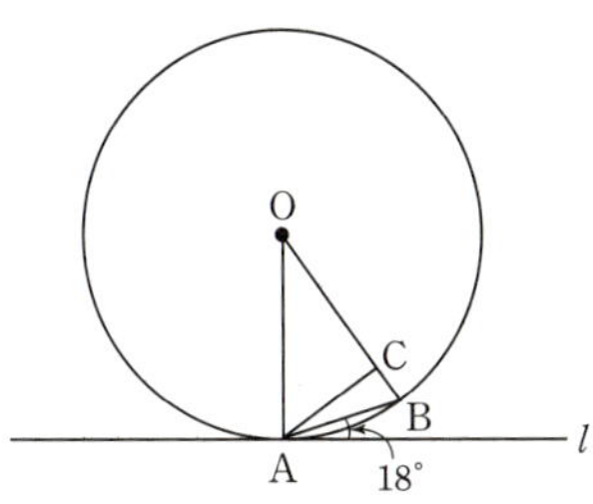

① 68° ② 72° ③ 76°
④ 80° ⑤ 84°

유형 02 등차수열의 합의 활용

등차수열의 첫째항부터 제n항까지의 합을 S_n이라 하면

(1) 첫째항 a와 공차 d가 주어졌을 때

$$S_n=\frac{n\{2a+(n-1)d\}}{2}$$

(2) 첫째항 a와 제n항(끝항) l이 주어졌을 때

$$S_n=\frac{n(a+l)}{2}$$

tip

1 등차수열은 다음의 성질이 있다.

$a_1+a_n=a_2+a_{n-1}=a_3+a_{n-2}=\cdots$

2 등차수열의 합 S_n의 최댓값은 양수인 항만 더한 것이고, 최솟값은 음수인 항만 더한 것이다.

3 등차수열의 합 S_n은 $\square n^2+\triangle n$ 꼴이다.

C06 4점  ······ 2021(나)/삼사 16(고3)

두 실수 a, b와 수열 $\{c_n\}$이 다음 조건을 만족시킨다.

(가) $(m+2)$개의 수

$$a,\ \log_2 c_1,\ \log_2 c_2,\ \log_2 c_3,\ \cdots,\ \log_2 c_m,\ b$$

가 이 순서대로 등차수열을 이룬다.

(나) 수열 $\{c_n\}$의 첫째항부터 제m항까지의 항을 모두 곱한 값은 32이다.

$a+b=1$일 때, 자연수 m의 값은? (4점)

① 6 ② 8 ③ 10
④ 12 ⑤ 14

C07 3점 실수 ······ 예상 적중

두 등차수열 $\{a_n\}$, $\{b_n\}$이

$\{a_n\}$: 1, 5, 9, 13, ⋯, 149

$\{b_n\}$: 6, 11, 16, 21, ⋯, 151

을 만족한다. 이때, 두 수열에 공통으로 포함된 수로 만든 새로운 수열의 항들의 총합은? (3점)

① 561 ② 563 ③ 565
④ 567 ⑤ 569

06 DAY

❖ 정답 및 해설 72~75p

C08 4점 ······ 2008실시(나) 3월/교육청 25(고3) 변형

그림과 같이 반지름의 길이가 8인 원을 8개의 부채꼴로 나누었더니 부채꼴의 넓이가 작은 것부터 차례로 등차수열을 이루었다. 가장 큰 부채꼴의 넓이가 가장 작은 부채꼴의 넓이의 7배일 때, 가장 큰 부채꼴의 넓이는 $k\pi$이다. 이때, k의 값을 구하시오. (4점)

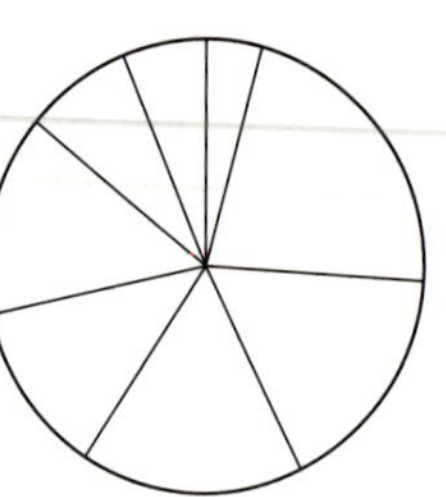

C09 3점 실수 ······ 예상 적중

등차수열 $\{a_n\}$의 첫째항부터 제n항까지의 합을 S_n이라 할 때, $a_1<0$이고 $S_{10}=S_{22}$이라고 한다. 다음 [보기] 중에서 옳은 것만을 있는 대로 고른 것은? (3점)

[보기]

ㄱ. $a_{11}+a_{12}+a_{13}+\cdots+a_{22}=0$

ㄴ. $|a_{13}|=|a_{20}|$

ㄷ. $n=10$일 때, S_n은 최솟값을 갖는다.

① ㄱ　② ㄱ, ㄴ　③ ㄱ, ㄷ
④ ㄴ, ㄷ　⑤ ㄱ, ㄴ, ㄷ

C10 4점  ······ 2017/경찰대 25(고3)

정수 d는 다음 조건을 만족시키는 등차수열 $\{a_n\}$의 공차이다.

(가) $a_1=-2016$

(나) $\sum_{k=n}^{2n} a_k=0$인 자연수 n이 존재한다.

모든 d의 합을 k라 할 때, k를 1000으로 나눈 나머지를 구하시오. (4점)

C11 4점  ······ 2007실시(나) 3월/교육청 22(고3) 변형

n개의 항으로 이루어진 등차수열 $a_1, a_2, a_3, \cdots, a_n$이 다음 조건을 만족한다.

(가) 처음 3개 항의 합은 21이다.

(나) 마지막 3개 항의 합은 111이다.

(다) $a_1+a_2+a_3+\cdots+a_n=286$

이때, n의 값을 구하시오. (4점)

유형 03 등비수열의 활용

(1) 등비수열 : 첫째항부터 차례로 일정한 수를 곱하여 만든 수열

(2) 첫째항이 a이고 공비가 r인 등비수열 $\{a_n\}$의 일반항은
$a_n=ar^{n-1}$

(3) 0이 아닌 세 수 a, b, c가 이 순서대로 등비수열을 이룰 때 $b^2=ac$가 성립한다. 이때, b를 a와 c의 등비중항이라 한다.

1. 0이 아닌 세 수 a, b, c가 이 순서대로 등비수열을 이루면 $abc=b^3$이 성립한다.
2. 등비수열 $\{a_n\}$의 공비를 r라 하면 $a_m \div a_n=r^{m-n}$이다.

C12 4점 함정 ······ 2021/경찰대 7(고3)

모든 항이 양수이고 공비가 서로 같은 두 등비수열 $\{a_n\}$, $\{b_n\}$이 모든 자연수 n에 대하여

$$a_nb_n=\frac{(a_{n+1})^2+4(b_{n+1})^2}{5}$$

를 만족시킬 때, 공비의 최댓값은? (4점)

① $\frac{5\sqrt{5}}{2}$　② $\frac{5}{2}$　③ $\frac{\sqrt{5}}{2}$
④ $\sqrt{5}$　⑤ 1

C13 3점 실수 2014(A)/삼사 10(고3) 변형

0이 아닌 세 정수 a, b, c가 다음 조건을 만족시킬 때, $a+b+c$의 값은? (3점)

> (가) a, b, c는 이 순서대로 등비수열을 이룬다.
> (나) $ab=c$
> (다) $5a+b-c=6$

① 14 ② 15 ③ 16
④ 17 ⑤ 18

C14 4점 실수 2016(A) 6월/평가원 16(고3)

공차가 6인 등차수열 $\{a_n\}$에 대하여 세 항 a_2, a_k, a_8은 이 순서대로 등차수열을 이루고, 세 항 a_1, a_2, a_k는 이 순서대로 등비수열을 이룬다. $k+a_1$의 값은? (4점)

① 7 ② 8 ③ 9
④ 10 ⑤ 11

C15 4점 실수 2007실시(나) 3월/교육청 14(고3)

a, b, c가 서로 다른 세 실수일 때, 이차함수 $f(x)=ax^2+2bx+c$에 대한 [보기]의 설명 중 옳은 것을 모두 고른 것은? (4점)

> [보기]
> ㄱ. a, b, c가 이 순서로 등차수열을 이루면 $f(1)=4b$이다.
> ㄴ. a, b, c가 이 순서로 등차수열을 이루면 $y=f(x)$의 그래프는 x축과 서로 다른 두 점에서 만난다.
> ㄷ. a, b, c가 이 순서로 등비수열을 이루면 $y=f(x)$의 그래프는 x축과 만나지 않는다.

① ㄱ ② ㄷ ③ ㄱ, ㄴ
④ ㄴ, ㄷ ⑤ ㄱ, ㄴ, ㄷ

C16 3점  2014실시(A) 4월/교육청 13(고3)

그림과 같이 좌표평면 위의 두 원

C_1 : $x^2+y^2=1$

C_2 : $(x-1)^2+y^2=r^2$ $(0<r<\sqrt{2})$

이 제1사분면에서 만나는 점을 P라 하고, 원 C_1이 x축과 만나는 점 중에서 x좌표가 0보다 작은 점을 Q, 원 C_2가 x축과 만나는 점 중에서 x좌표가 1보다 큰 점을 R라 하자. $\overline{OP}$, $\overline{OR}$, $\overline{QR}$가 이 순서대로 등비수열을 이룰 때, 원 C_2의 반지름의 길이는? (단, O는 원점이다.) (3점)

① $\dfrac{-2+\sqrt{5}}{2}$ ② $\dfrac{2-\sqrt{3}}{2}$ ③ $\dfrac{-1+\sqrt{3}}{2}$
④ $\dfrac{-1+\sqrt{5}}{2}$ ⑤ $\dfrac{3-\sqrt{3}}{2}$

06 DAY

❖ 정답 및 해설 75~79p

C17 4점 실수 …… 2014실시(A) 10월/교육청 15(고3) 변형

자연수 n에 대하여 곡선 $y=ax^2(a>0)$ 위의 점 P_n을 다음 규칙에 따라 정한다.

> (가) 점 P_1의 좌표는 $(x_1,\ ax_1^{\ 2})$이다.
> (나) 점 P_{n+1}은 점 $\mathrm{P}_n(x_n,\ ax_n^{\ 2})$을 지나는 직선 $y=-2ax_nx+3ax_n^{\ 2}$과 곡선 $y=ax^2$이 만나는 점 중에서 점 P_n이 아닌 점이다.

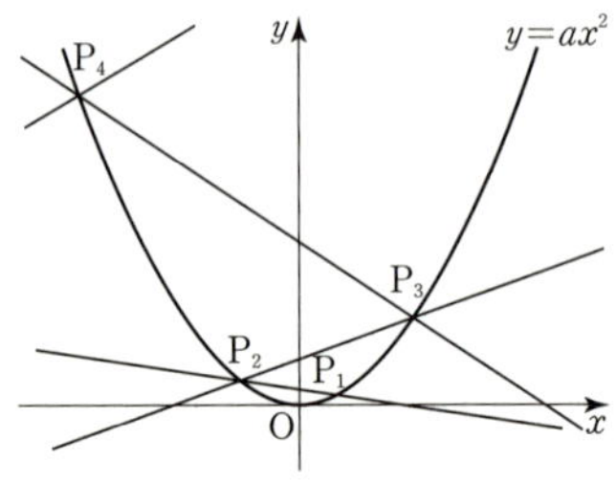

점 P_n의 x좌표로 이루어진 수열 $\{x_n\}$에서 $x_1=2$일 때, x_{100}의 값은? (4점)

① -2×3^{99}　② -2×3^{98}　③ -2×3^{97}
④ 2×3^{98}　⑤ 2×3^{99}

유형 04 등비수열의 합의 활용

첫째항 a이고 공비 $r(r\neq1)$인 등비수열의 첫째항부터 제n항까지의 합을 S_n이라 하면

$$S_n=\frac{a(r^n-1)}{r-1}=\frac{a(1-r^n)}{1-r}$$

1 등비수열은 다음의 성질이 있다.
$a_1a_n=a_2a_{n-1}=a_3a_{n-2}=\cdots$
2 일정한 비율로 변하는 도형의 길이, 넓이, 부피 등은 처음 몇 개의 항을 구하여 첫째항과 공비를 구한다.
3 문제에 주어진 규칙들을 하나씩 구해보고, 첫째항과 몇 개의 항으로 수열의 일반항을 유도한다.

C18 3점  …… 2010실시(나) 4월/교육청 21(고3) 변형

그림과 같이 자연수를 다음 규칙에 따라 나열하였다.

> [규칙1] 1행에는 1, 4, 5의 3개의 수를 차례대로 나열한다.
> [규칙2] $n+1$행에 나열된 수는 1열에 1, 2열부터는 n행에 나열된 각 수에 3을 곱하여 차례대로 나열한다.

	[1열]	[2열]	[3열]	[4열]	[5열]	…
[1행]	1	4	5			
[2행]	1	3	12	15		
[3행]	1	3	9	36	45	
⋮			⋮			

15행에 나열된 모든 자연수의 합을 S라 할 때, $S=p\times3^{15}-\frac{1}{2}$이다. 이때, $4p$의 값을 구하시오. (3점)

C19 4점 실수 2015실시(A) 4월/교육청 21(고3)

그림과 같이 한 변의 길이가 2인 정사각형 모양의 종이 ABCD에서 각 변의 중점을 각각 A_1, B_1, C_1, D_1이라 하고 $\overline{A_1B_1}$, $\overline{B_1C_1}$, $\overline{C_1D_1}$, $\overline{D_1A_1}$을 접는 선으로 하여 네 점 A, B, C, D가 한 점에서 만나도록 접은 모양을 S_1이라 하자. S_1에서 정사각형 $A_1B_1C_1D_1$의 각 변의 중점을 각각 A_2, B_2, C_2, D_2라 하고 $\overline{A_2B_2}$, $\overline{B_2C_2}$, $\overline{C_2D_2}$, $\overline{D_2A_2}$를 접는 선으로 하여 네 점 A_1, B_1, C_1, D_1이 한 점에서 만나도록 접은 모양을 S_2라 하자. 이와 같은 과정을 계속하여 n번째 얻은 모양을 S_n이라 하고, S_n을 정사각형 모양의 종이 ABCD와 같도록 펼쳤을 때 접힌 모든 선들의 길이의 합을 l_n이라 하자. 예를 들어, $l_1=4\sqrt{2}$이다. l_5의 값은? (단, 종이의 두께는 고려하지 않는다.) (4점)

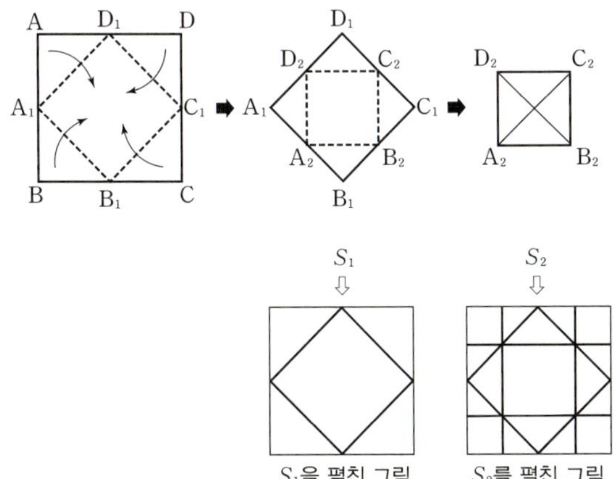

S_1을 펼친 그림 S_2를 펼친 그림

① $24+28\sqrt{2}$ ② $28+28\sqrt{2}$ ③ $28+32\sqrt{2}$
④ $32+32\sqrt{2}$ ⑤ $36+32\sqrt{2}$

유형 05 등차수열과 등비수열의 합의 응용

(1) 원리합계 : 연이율 $r(\%)$, 1년마다 복리로 매년 a원씩 n년 동안 적립할 때

① 매년 초에 적립하는 경우
첫째항이 $a(1+r)$이고 공비가 $(1+r)$인 등비수열의 합이므로 원리합계 S_n은

$$S_n=\frac{a(1+r)\{(1+r)^n-1\}}{r}\text{(원)}$$

② 매년 말에 적립하는 경우
첫째항이 a이고 공비가 $(1+r)$인 등비수열의 합이므로 원리합계 S_n은

$$S_n=\frac{a\{(1+r)^n-1\}}{r}\text{(원)}$$

(2) 처음의 양을 a, 매시간 일정한 증가율을 r, 일정한 감소율을 s라 하면 n시간 후의 양은 $a(1+r)^n$ 또는 $a(1-s)^n$이다.

tip
문장으로 길게 주어진 조건을 문자나 수열의 항으로 치환하여 등식으로 나타낸 후 등차수열과 등비수열의 성질이나, 수열의 합을 이용한다.

C20 4점 2006실시(나) 3월/교육청 25(고3) 변형

선미는 문제 수가 x인 수학책을 첫째 날에는 15문제를 풀고 둘째 날부터 매일 문제 수를 d만큼씩 증가시키면서 풀어 아홉째 날까지 문제를 풀고 나면 13문제가 남게 된다. 또, 첫째 날에는 30문제를 풀고 둘째 날부터 매일 문제 수를 d만큼씩 증가시키면서 풀어 일곱째 날까지 문제를 풀고 나면 43문제가 남게 된다. 선미가 풀고자 하는 이 수학책의 문제 수 x의 값을 구하시오. (4점)

C21 4점  2008실시(나) 4월/교육청 27(고3) 

수학자 드 므와브르에 대하여 다음과 같은 일화가 전해지고 있다.

> 드 므와브르는 자신의 수면 시간이 매일 15분씩 길어진다는 것을 깨닫고, 수면 시간이 24시간이 되는 날을 계산하여 그날에 자신이 죽을 것이라고 예측하였다. 그런데 놀랍게도 그날에 수면하는 상태에서 생을 마쳤다.

드 므와브르가 매일 밤 12시에 잠든다고 가정할 때, 처음 이 사실을 알게 된 날의 수면 시간이 14시간이었다면 그날부터 생을 마칠 때까지 깨어있는 시간의 합은? (3점)

① 197 ② 205 ③ 214
④ 224 ⑤ 235

C22 4점 함정 2005예비평가(나) 12월/평가원 16(고3) 변형

한 은행은 고객으로부터 500만 원을 연이율 r %의 3년 만기 정기예금으로 받으면, 그 중에서 450만 원을 연이율 10 %로 3년 동안 대출하고 나머지 50만 원은 예비비로 보관한다. 3년 후 은행은 대출금을 이자와 함께 회수하고 고객에게 정기예금을 이자와 함께 지불하여 100만 원의 수익을 얻었다. 이때, 예금의 연이율 r를 구하는 식은? (단, 모든 이자는 1년 마다의 복리로 계산한다.) (4점)

① $5\times10^6\left(1+\frac{r}{100}\right)^3-45\times10^5\left(1+\frac{10}{100}\right)^3=10^6$

② $5\times10^6\left(1+\frac{r}{100}\right)^3-45\times10^5\left(1+\frac{10}{100}\right)^3=5\times10^5$

③ $5\times10^6\left(1+\frac{r}{100}\right)^3-45\times10^5\left(1+\frac{10}{100}\right)^3=15\times10^5$

④ $45\times10^5\left(1+\frac{10}{100}\right)^3-5\times10^6\left(1+\frac{r}{100}\right)^3=5\times10^5$

⑤ $45\times10^5\left(1+\frac{10}{100}\right)^3-5\times10^6\left(1+\frac{r}{100}\right)^3=15\times10^5$

C23 4점  2008(나) 6월/평가원 28(고3)

다음 표는 어느 학교에서 한 달 전에 구입한 휴대용 저장 장치의 용량에 따른 1개당 가격과 개수의 현황을 나타낸 것이다.

용량	128MB	256MB	512MB	1GB	2GB
1개당 가격	a	$\frac{3}{2}a$	$\left(\frac{3}{2}\right)^2a$	$\left(\frac{3}{2}\right)^3a$	$\left(\frac{3}{2}\right)^4a$
개수	$16b$	$8b$	$4b$	$2b$	b

현재 모든 휴대용 저장 장치의 가격이 한 달 전보다 모두 40 % 씩 하락하였다. 이 학교에서 휴대용 저장 장치의 용량과 개수를 위 표와 동일하게 현재의 가격으로 구입한다면 지불해야 하는 금액은? (단, $a>0$이고, $b>0$이다.) (4점)

① $\frac{128}{5}ab\left\{1-\left(\frac{1}{4}\right)^5\right\}$

② $32ab\left\{1-\left(\frac{3}{4}\right)^5\right\}$

③ $32ab\left\{1-\left(\frac{1}{4}\right)^5\right\}$

④ $\frac{192}{5}ab\left\{1-\left(\frac{3}{4}\right)^5\right\}$

⑤ $\frac{192}{5}ab\left\{1-\left(\frac{1}{4}\right)^5\right\}$

유형 06 수열의 규칙 찾기

수열의 규칙을 찾는 방법은 다음과 같다.

(1) $n=1, 2, 3, \cdots$를 차례로 대입해본다.

(2) 조건에 $(-1)^n$과 같은 식을 포함하는 경우, n의 값이 홀수, 짝수일 때를 나누어 각각의 일반항을 구한다.

(3) 모든 자연수 n에 대하여 $a_n=a_{n+k}\,(k>1)$를 만족하면 주기성을 이용한다.

(4) 변하는 양에 일정한 차이가 있을 때 등차수열을, 일정한 비율이 있을 때 등비수열을 이용한다.

tip

복잡하게 정의된 수열의 경우, 수열의 의미를 정확히 이해해야만 풀 수 있다. $n=1, 2, 3, \cdots$을 대입하는 방법 등을 통해 수열의 의미를 이해해야 한다.

C24 4점 2015(A) 6월/평가원 28(고3) 변형

자연수 n에 대하여 순서쌍 (x_n, y_n)을 다음 규칙에 따라 정한다.

(가) $(x_1, y_1)=(4, 9)$

(나) n이 홀수이면 $(x_{n+1}, y_{n+1})=(x_n, (y_n-7)^2)$이고, n이 짝수이면 $(x_{n+1}, y_{n+1})=((x_n-7)^2, y_n)$이다.

순서쌍 (x_{2020}, y_{2020})에서 $x_{2020}+y_{2020}$의 값을 구하시오. (4점)

C25 4점 실수 2015실시(A) 10월/교육청 18(고3) 변형

수열 $\{a_n\}$에 대하여

$n=3^p\times q$ (p는 음이 아닌 정수, q는 3의 배수가 아닌 정수)

일 때, $a_n=p$이다. 예를 들어, $21=3\times7$이므로 $a_{21}=1$이다. $a_m=2$일 때,

$$a_m+a_{2m}+a_{3m}+a_{4m}+a_{5m}+a_{6m}+a_{7m}+a_{8m}+a_{9m}+a_{10m}$$

의 값은? (4점)

① 21 ② 22 ③ 23 ④ 24 ⑤ 25

C26 4점  2009(나) 6월/평가원 28(고3)

자연수 n의 모든 양의 약수를 a_1, a_2, $\cdots$, a_k라 할 때,

$$x_n=(-1)^{a_1}+(-1)^{a_2}+\cdots+(-1)^{a_k}$$

이라 하자. [보기]에서 옳은 것을 모두 고른 것은? (4점)

[보기]

ㄱ. $x_8=2$

ㄴ. $n=3^m$이면 $x_n=-m+1$이다.

ㄷ. $n=10^m$이면 $x_n=m^2-1$이다.

① ㄱ ② ㄴ ③ ㄱ, ㄴ
④ ㄱ, ㄷ ⑤ ㄱ, ㄴ, ㄷ

C27 4점 실수 예상 적중

수열

$$\frac{1}{1}, \frac{2}{2}, \frac{3}{2}, \frac{4}{3}, \frac{5}{3}, \frac{6}{3}, \frac{7}{4}, \frac{8}{4}, \frac{9}{4}, \frac{10}{4}, \frac{11}{5}, \cdots$$

의 제n항을 a_n이라 할 때, $a_n \geq 10$을 만족시키는 자연수 n의 최솟값은? (4점)

① 189 ② 190 ③ 191
④ 192 ⑤ 193

C28 4점  2006(나) 6월/평가원 14(고3) 

한 변의 길이가 1인 정사각형 모양의 검은 타일과 흰 타일이 있다.

(가) [그림 1]과 같이 검은 타일 3개와 흰 타일 1개를 붙여 한 변의 길이가 2인 정사각형이 되도록 한다.
(나) [그림 2]와 같이 [그림 1]의 정사각형의 바깥쪽에 타일을 붙여 한 변의 길이가 4인 정사각형이 되도록 한다. 이때, [그림 1]에 있는 흰 타일의 둘레에는 검은 타일을, 검은 타일의 둘레에는 흰 타일을 붙인다.
(다) [그림 3]과 같이 [그림 2]의 정사각형의 바깥쪽에 타일을 붙여 한 변의 길이가 6인 정사각형이 되도록 한다. 이때, [그림 2]에 있는 흰 타일의 둘레에는 검은 타일을, 검은 타일의 둘레에는 흰 타일을 붙인다.

이와 같은 과정을 계속하여 전체 타일의 개수가 400개가 되었을 때, 검은 타일의 개수와 흰 타일의 개수 사이의 관계를 옳게 나타낸 것은? (4점)

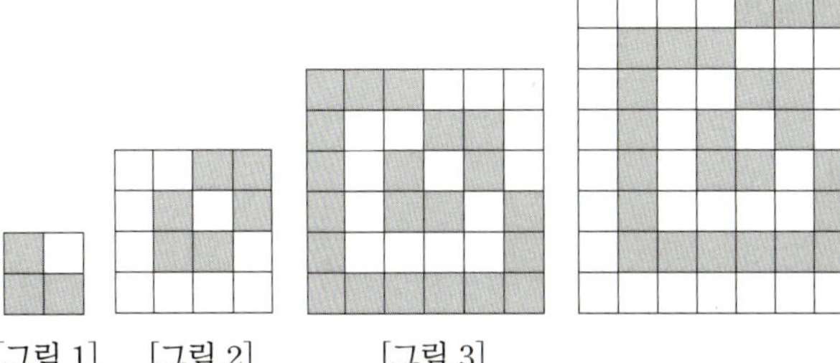
[그림 1] [그림 2] [그림 3]

① 검은 타일과 흰 타일의 개수가 같다.
② 검은 타일의 개수가 흰 타일의 개수보다 18개 많다.
③ 검은 타일의 개수가 흰 타일의 개수보다 20개 많다.
④ 흰 타일의 개수가 검은 타일의 개수보다 18개 많다.
⑤ 흰 타일의 개수가 검은 타일의 개수보다 20개 많다.

유형 07 시그마의 활용

(1) $\sum_{k=1}^{n}k=\frac{n(n+1)}{2}$, $\sum_{k=1}^{n}k^2=\frac{n(n+1)(2n+1)}{6}$,

$\sum_{k=1}^{n}k^3=\left\{\frac{n(n+1)}{2}\right\}^2$

(2) 수열의 합과 일반항 사이의 관계 : $a_n=\sum_{k=1}^{n}a_k-\sum_{k=1}^{n-1}a_k (n\geq 2)$

(3) 분수 꼴로 나타내어진 수열의 합을 구할 때는 부분분수로 고친다.

$\frac{1}{AB}=\frac{1}{B-A}\left(\frac{1}{A}-\frac{1}{B}\right)$(단, $A\neq B$, $AB\neq 0$)

(4) 새롭게 정의된 수열은 $n=1, 2, 3, \cdots$을 차례로 대입하여 규칙을 찾는다.

tip

$\sum$로 나타내진 식이 이해가 잘 가지 않으면 덧셈의 형태로 전개해본다.

C29 3점 실수 예상 적중

양의 실수로 이루어진 수열 $\{a_n\}$이

$$a_1{}^2+a_2{}^2+\cdots+a_n{}^2=n^2$$

을 만족시킬 때, $\sum_{k=1}^{40}\frac{1}{a_k+a_{k+1}}$의 값은? (3점)

① 2 ② 4 ③ 6
④ 8 ⑤ 10

C30 4점 2005실시(나) 4월/교육청 27(고3) 변형

x에 대한 이차방정식 $x^2+6x-(3n-2)(3n+1)=0$의 두 근 α_n, β_n에 대하여 $\sum_{n=1}^{10}\left(\frac{1}{\alpha_n}+\frac{1}{\beta_n}\right)$의 값은? (4점)

① $\frac{30}{31}$ ② $\frac{40}{31}$ ③ $\frac{50}{31}$
④ $\frac{60}{31}$ ⑤ $\frac{70}{31}$

C31 4점 실수 2018실시(나) 4월/교육청 28(고3) 변형

등차수열 $\{a_n\}$이 다음 조건을 만족시킨다.

(가) $a_1+a_2+a_3+a_4=180$
(나) $a_{m-3}+a_{m-2}+a_{m-1}+a_m=84$인 자연수 m에 대하여 $\sum_{k=1}^{m}a_k=330$ (단, $m>4$)

a_{11}의 값을 구하시오. (4점)

C32 4점  2020실시(나) 7월/교육청 17(고3)

등차수열 $\{a_n\}$에 대하여

$$S_n=\sum_{k=1}^{n}a_k,\ T_n=\sum_{k=1}^{n}|a_k|$$

라 할 때, 수열 $\{a_n\}$이 다음 조건을 만족시킨다.

(가) $a_7=a_6+a_8$
(나) 6 이상의 모든 자연수 n에 대하여 $S_n+T_n=84$이다.

T_{15}의 값은? (4점)

① 96 ② 102 ③ 108
④ 114 ⑤ 120

C33 4점  2020실시(나) 7월/교육청 27(고3)

자연수 n에 대하여 $0\leq x<2^{n+1}$일 때, 부등식

$$\cos\left(\frac{\pi}{2^n}x\right)\leq -\frac{1}{2}$$

을 만족시키는 서로 다른 모든 자연수 x의 개수를 a_n이라 하자. $\sum_{n=1}^{7}a_n$의 값을 구하시오. (4점)

C34 4점  2006(나)/수능(홀) 29(고3)

$p \geq 2$인 자연수 p에 대하여 수열 $\{a_n\}$이 다음 세 조건을 만족시킨다.

> (가) $a_1=0$
> (나) $a_{k+1}=a_k+1$ $(1 \leq k \leq p-1)$
> (다) $a_{k+p}=a_k$ $(k=1, 2, 3, \cdots)$

[보기]에서 옳은 것을 모두 고른 것은? (4점)

[보기]

ㄱ. $a_{2k}=2a_k$

ㄴ. $a_1+a_2+\cdots+a_p=\dfrac{p(p-1)}{2}$

ㄷ. $a_p+a_{2p}+\cdots+a_{kp}=k(p-1)$

① ㄱ ② ㄴ ③ ㄷ
④ ㄴ, ㄷ ⑤ ㄱ, ㄴ, ㄷ

C35 4점  2015실시(A) 3월/교육청 30(고3) 변형

집합 $U=\{x \mid x$는 11 이상 50 이하의 자연수$\}$의 부분집합 $A=\{a_1, a_2, a_3, \cdots, a_{20}\}$이 다음 조건을 만족시킨다.

> (가) 집합 A의 임의의 두 원소 a_i, a_j $(i \neq j)$에 대하여 $a_i+a_j \neq 61$
> (나) $\sum_{i=1}^{20} a_i=643$

$\dfrac{1}{117}\sum_{i=1}^{20} a_i^2$의 값을 구하시오. (4점)

C36 4점 예상 적중

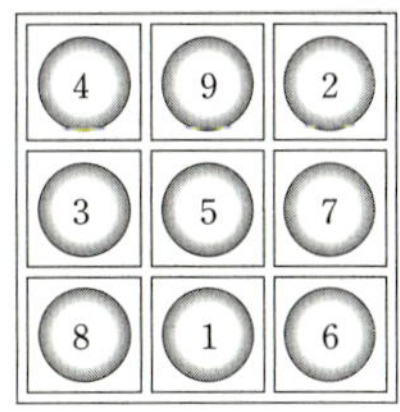

1부터 9까지 번호가 적힌 9개의 공이 있다. 그림과 같이 가로, 세로, 대각선 방향에 놓여 있는 공에 적힌 수들의 합이 각각 15가 되도록 3×3 격자판 위에 빈칸 없이 공을 배열하였다. 이와 같은 방법으로 12부터 60까지 번호가 적힌 공을 가로, 세로, 대각선 방향에 놓여 있는 공에 적힌 수들의 합이 각각 m이 되도록 $n \times n$ 격자판 위에 빈칸 없이 모두 배열할 때, $m+n$의 값은? (4점)

① 251 ② 253 ③ 255
④ 257 ⑤ 259

C37 4점  예상 적중

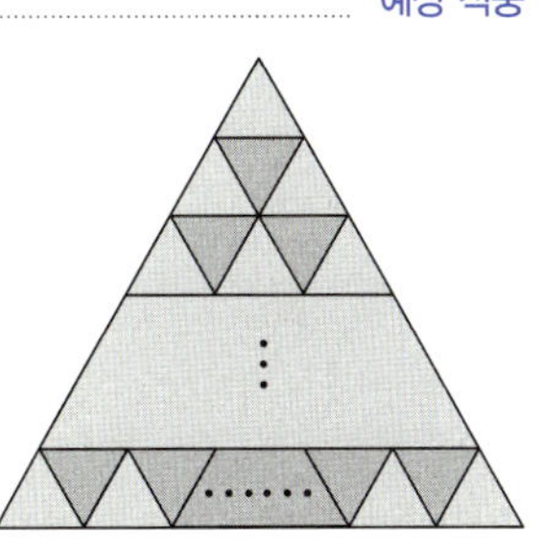

그림과 같이 한 변의 길이가 1인 정삼각형을 맨 위에 1개, 두 번째 줄에 3개, $\cdots$, n번째 줄에 $(2n-1)$개를 쌓으면 가장 큰 정삼각형의 한 변의 길이는 n이다. 한 변의 길이가 n 이하인 모든 정삼각형의 개수를 a_n이라 할 때, a_{30}의 값은? (단, 삼각형의 개수에서 역삼각형은 제외한다.) (4점)

① 4900 ② 4930 ③ 4960
④ 4990 ⑤ 5020

❖ 정답 및 해설 85~89p

C38 4점 실수 2020(나)/수능(홀) 17(고3)

자연수 n의 양의 약수의 개수를 $f(n)$이라 하고, 36의 모든 양의 약수를 a_1, a_2, a_3, $\cdots$, a_9라 하자.

$\sum_{k=1}^{9}\{(-1)^{f(a_k)}\times\log a_k\}$의 값은? (4점)

① $\log 2+\log 3$ ② $2\log 2+\log 3$
③ $\log 2+2\log 3$ ④ $2\log 2+2\log 3$
⑤ $3\log 2+2\log 3$

C39 4점 실수 2021(가) 6월/평가원 21(고3)

수열 $\{a_n\}$의 일반항은

$$a_n=\log_2\sqrt{\frac{2(n+1)}{n+2}}$$

이다. $\sum_{k=1}^{m}a_k$의 값이 100 이하의 자연수가 되도록 하는 모든 자연수 m의 값의 합은? (4점)

① 150 ② 154 ③ 158
④ 162 ⑤ 166

C40 4점 함정 2021(나)/삼사 29(고3)

수열 $\{a_n\}$이 모든 자연수 n에 대하여

$$\sum_{k=1}^{n}a_k=n^2+cn \ (c\text{는 자연수})$$

를 만족시킨다. 수열 $\{a_n\}$의 각 항 중에서 3의 배수가 아닌 수를 작은 것부터 크기순으로 모두 나열하여 얻은 수열을 $\{b_n\}$이라 하자. $b_{20}=199$가 되도록 하는 모든 c의 값의 합을 구하시오. (4점)

유형 08 시그마와 도형, 그래프

(1) 도형 및 그래프로 정의된 수열은 도형 및 그래프에서 길이, 넓이, 부피 등의 공식을 이용한다.
(2) 정수 순서쌍의 좌표로 주어지는 경우는 $n=1, 2, 3, \cdots$을 차례로 대입하여 규칙을 찾는다.
(3) 그래프의 교점에 $n=1, 2, 3, \cdots$을 차례로 대입하여 규칙을 찾는다.

tip
규칙을 찾아서 유추한 수열의 일반항이 조건에 맞는지 확인하기 위하여 주어진 조건으로 하나씩 구한 값과 일반항에 숫자를 넣은 값을 비교해보자.

C41 4점 2018실시(나) 4월/교육청 20(고3)

그림과 같이 자연수 n에 대하여 한 변의 길이가 $2n$인 정사각형 ABCD가 있고, 네 점 E, F, G, H가 각각 네 변 AB, BC, CD, DA 위에 있다. 선분 HF의 길이는 $\sqrt{4n^2+1}$이고 선분 HF와 선분 EG가 서로 수직일 때, 사각형 EFGH의 넓이를 S_n이라 하자. $\sum_{n=1}^{10}S_n$의 값은? (4점)

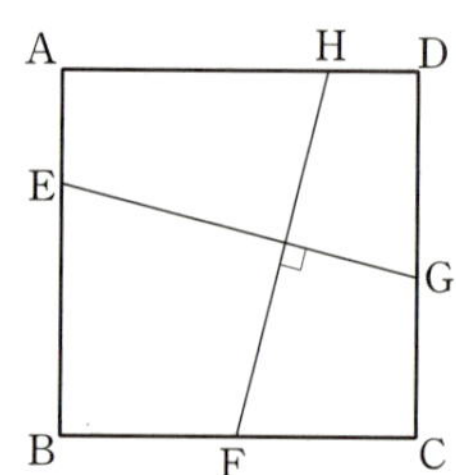

① 765 ② 770 ③ 775
④ 780 ⑤ 785

C42 4점 실수 2019(나) 9월/평가원 29(고3)

좌표평면에서 그림과 같이 길이가 1인 선분이 수직으로 만나도록 연결된 경로가 있다. 이 경로를 따라 원점에서 멀어지도록 움직이는 점 P의 위치를 나타내는 점 A_n을 다음과 같은 규칙으로 정한다.

> (i) A_0은 원점이다.
> (ii) n이 자연수일 때, A_n은 점 A_{n-1}에서 점 P가 경로를 따라 $\frac{2n-1}{25}$만큼 이동한 위치에 있는 점이다.

예를 들어, 점 A_2와 A_6의 좌표는 각각 $\left(\frac{4}{25}, 0\right)$, $\left(1, \frac{11}{25}\right)$이다.
자연수 n에 대하여 점 A_n 중 직선 $y=x$ 위에 있는 점을 원점에서 가까운 순서대로 나열할 때, 두 번째 점의 x좌표를 a라 하자. a의 값을 구하시오. (4점)

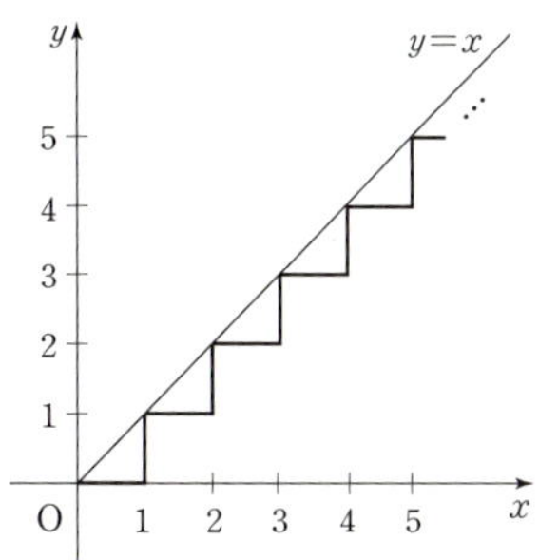

C43 4점 실수 2017실시(나) 3월/교육청 18(고3) 변형

다음은 자연수 n에 대하여 함수 $y=\sqrt{x}$의 그래프와 x축 및 직선 $x=n^2$으로 둘러싸인 도형의 내부와 경계에 있는 점 중에서 x좌표와 y좌표가 모두 정수인 점의 개수 a_n을 구하는 과정이다.

> $n=1$일 때, 곡선 $y=\sqrt{x}$, x축 및 직선 $x=1$로 둘러싸인 도형의 내부와 경계에 있는 점 중에서 x좌표와 y좌표가 모두 정수인 점은 $(0, 0)$, $(1, 0)$, $(1, 1)$이므로
>
> $a_1=$ (가)
>
> 이다.
>
> 2 이상의 자연수 n에 대하여 a_n을 구하여 보자.
>
> 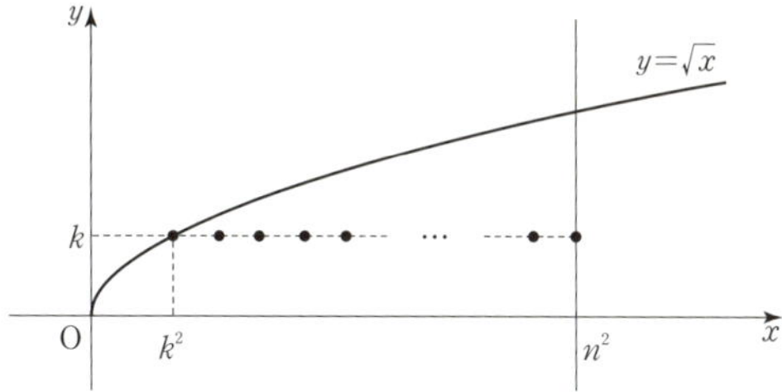
>
>
> 위의 그림과 같이 $0\le k\le n$인 정수 k에 대하여 주어진 도형의 내부와 경계에 있는 점 중에서 x좌표가 정수이고, y좌표가 k인 점은
>
> (k^2, k), (k^2+1, k), $\cdots$, ((나) , k)
>
> 이므로 이 점의 개수를 b_k라 하면
>
> $b_k=$ (나) $-k^2+1$
>
> 이다. 따라서
>
> $a_n=\sum_{k=0}^{n} b_k=$ (다)
>
> 이다.

위의 (가)에 알맞은 수를 p라 하고, (나), (다)에 알맞은 식을 각각 $f(n)$, $g(n)$이라 할 때, $f(p)+g(2p)$의 값은? (4점)

① 174 ② 175 ③ 176
④ 177 ⑤ 178

❖ 정답 및 해설 89~92p

C44 3점 실수 2009(나) 6월/평가원 12(고3)

자연수 n과 $0\leq p<r\leq n+1$, $0\leq q<s\leq n$을 만족시키는 네 정수 p, q, r, s에 대하여 좌표평면에서 네 점 $\mathrm{A}(p, q)$, $\mathrm{B}(r, q)$, $\mathrm{C}(r, s)$, $\mathrm{D}(p, s)$를 꼭짓점으로 하고 넓이가 k^2인 정사각형의 개수를 a_k라고 하자. 다음은 $\sum_{k=1}^{n} a_k$의 값을 구하는 과정이다. (단, k는 n 이하의 자연수이다.)

> 그림과 같이 넓이가 k^2인 정사각형 ABCD를 만들 때, 두 점 A, B의 y좌표가 주어지면 x좌표의 차가 $r-p=k$인 변 AB를 택하는 경우의 수는 (가) 이다.
>
> 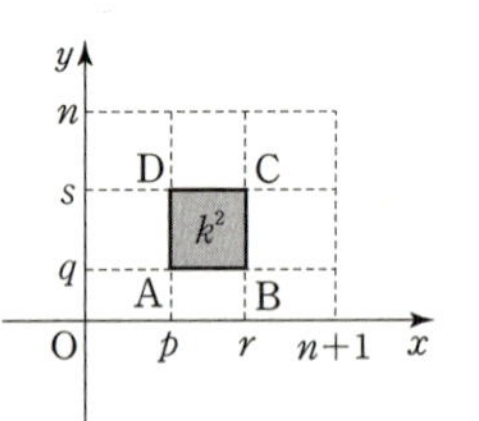
>
>
> 또 두 점 A, D의 x좌표가 주어지면 y좌표의 차가 $s-q=k$인 변 AD를 택하는 경우의 수는 (나) 이다.
> 따라서 $a_k=(n+1)(n+2)-(2n+3)k+k^2$이다.
> 그러므로
> $$\sum_{k=1}^{n} a_k=\sum_{k=1}^{n}\{(n+1)(n+2)-(2n+3)k+k^2\}$$
> $$=\text{(다)}$$

(가), (나), (다)에 들어갈 식으로 알맞은 것은? (3점)

	(가)	(나)	(다)
①	$n-k+1$	$n-k+2$	$\dfrac{n(n+1)(n+2)}{6}$
②	$n-k+2$	$n-k+1$	$\dfrac{n(n+1)(n+2)}{6}$
③	$n-k+1$	$n-k+2$	$\dfrac{n(n+1)(n+2)}{3}$
④	$n-k+2$	$n-k+1$	$\dfrac{n(n+1)(n+2)}{3}$
⑤	$n-k+1$	$n-k+2$	$\dfrac{n(n+1)(n+2)}{2}$

C45 4점  2018(나)/삼사 29(고3) 변형

자연수 n에 대하여 좌표평면 위에 두 점 $\mathrm{P}_n(n, 2n)$, $\mathrm{Q}_n(2n, 2n)$이 있다. 선분 $\mathrm{P}_n\mathrm{Q}_n$과 곡선 $y=\frac{1}{k}x^2$이 만나도록 하는 자연수 k의 개수를 a_n이라 할 때, $\sum_{n=1}^{20} a_n$의 값을 구하시오. (4점)

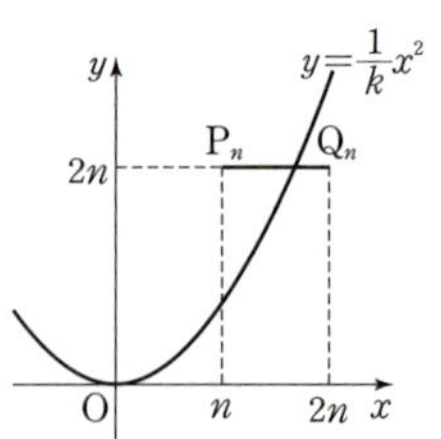

C46 4점 실수 2017(나)/삼사 29(고3)

자연수 n에 대하여 원 $x^2+y^2=n^2$과 곡선 $y=\frac{k}{x}$ $(k>0)$이 서로 다른 네 점에서 만날 때, 이 네 점을 꼭짓점으로 하는 직사각형을 만든다. 이 직사각형에서 긴 변의 길이가 짧은 변의 길이의 2배가 되도록 하는 k의 값을 $f(n)$이라 하자. $\sum_{n=1}^{12} f(n)$의 값을 구하시오. (4점)

유형 09 수열의 귀납적 정의

(1) 등차수열의 귀납적 정의

첫째항이 a이고 공차가 d인 등차수열 $\{a_n\}$의 귀납적 정의는

$a_1=a,\ a_{n+1}=a_n+d\ (n=1,\ 2,\ 3,\ \cdots)$

(2) 등비수열의 귀납적 정의

첫째항이 a이고 공비가 $r\ (r\neq 0)$인 등비수열 $\{a_n\}$의 귀납적 정의는 $a_1=a,\ a_{n+1}=ra_n\ (n=1,\ 2,\ 3,\ \cdots)$

(3) $a_{n+1}=a_n+f(n)$ 꼴

(i) $a_{n+1}=a_n+f(n)$에 n 대신 $1,\ 2,\ 3,\ \cdots\ n-1$을 차례로 대입한다.

(ii) 변끼리 더한다.

⇨ $a_n=a_1+f(1)+f(2)+\cdots+f(n-1)$

(4) $a_{n+1}=f(n)a_n$ 꼴

(i) $a_{n+1}=f(n)a_n$에 n 대신 $1,\ 2,\ 3,\ \cdots,\ n-1$을 차례로 대입한다.

(ii) 변끼리 곱한다.

⇨ $a_n=a_1\times f(1)\times f(2)\times\cdots\times f(n-1)$

tip

일반항을 구하기 쉽지 않다면 $n=1,\ 2,\ 3,\ \cdots$을 대입해서 a_n의 규칙을 찾는다.

C47 4점 실수 ··· 예상 적중

수열 $\{a_n\}$을

$$a_1=7,\ a_2=8,\ a_{n+2}-a_{n+1}=\frac{1}{a_{n+1}-a_n}$$

과 같이 정의할 때, $\sum_{k=1}^{100}(a_{2k}-a_{2k-1})$의 값은? (4점)

① 100 ② 150 ③ 200
④ 250 ⑤ 300

C48 4점 ··· 예상 적중

$a_1=2,\ a_2=4$인 수열 $\{a_n\}$에 대하여 x에 대한 이차방정식

$$a_nx^2-2a_{n+1}x+a_{n+2}=0\ (\text{단, } a_n\neq 0)$$

이 중근을 갖고, 그 중근을 $x=\alpha_n$이라 할 때, $\sum_{k=1}^{100}\alpha_k$의 값은? (4점)

① 100 ② 200 ③ 400
④ 2^{100} ⑤ $2^{101}-2$

C49 4점 실수 ··· 2018/경찰대 22(고3)

수열 $\{a_n\}$이

$$a_1=1,\ a_{n+1}=\frac{a_n}{a_n+1}\ (n\geq 1)$$

을 만족시킬 때, $A=\sum_{k=1}^{9}a_ka_{k+1},\ B=\sum_{k=1}^{9}\frac{1}{a_ka_{k+1}}$이라 하자. AB의 값을 구하시오. (4점)

C50 4점  ··· 2021/경찰대 11(고3)

함수 $g(x)$와 수열 $\{a_n\}$이 음이 아닌 모든 정수 k와 모든 자연수 m에 대하여

$$a_1=1,\ a_2=3,\ a_{2k+1}+2a_m=g(m+k)$$

를 만족시킬 때, $\sum_{k=1}^{10}g(k)$의 값은? (4점)

① 170 ② 180 ③ 190
④ 200 ⑤ 210

❖ 정답 및 해설 92~95p

C51 4점 실수 2010실시(나) 3월/교육청 30(고3) 변형

수직선 위에 점 $P_n(n=1,\ 2,\ 3,\ \cdots)$을 다음 규칙에 따라 정한다.

> (가) 점 P_1의 좌표는 $P_1(0)$이다.
> (나) $\overline{P_1P_2}=1$이다.
> (다) $\overline{P_nP_{n+1}}=\dfrac{n-1}{n+1}\times\overline{P_{n-1}P_n}$ $(n=2,\ 3,\ 4,\ \cdots)$

선분 P_nP_{n+1}을 밑변으로 하고 높이가 2인 직각삼각형의 넓이를 S_n이라 하자. $S_1+S_2+S_3+\cdots+S_{100}=\dfrac{q}{p}$일 때, $p+q$의 값을 구하시오. (단, p, q는 서로소인 자연수이다.) (4점)

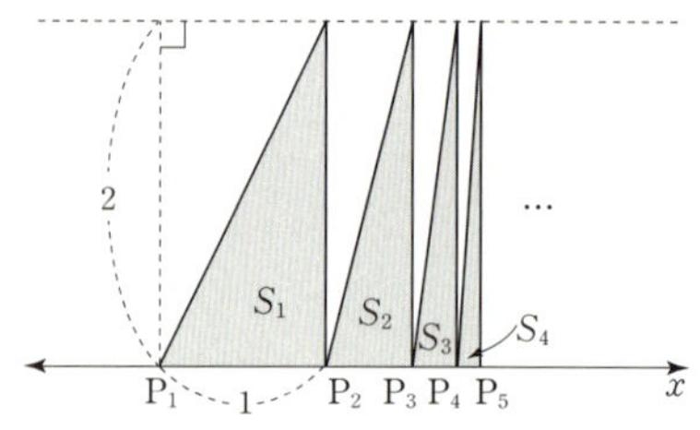

C52 4점 2008(나) 6월/평가원 16(고3)

다음은 19세기 초 조선의 유학자 홍길주가 소개한 제곱근을 구하는 계산법의 일부를 재구성한 것이다.

> 1보다 큰 자연수 p에서 1을 뺀 수를 p_1이라 한다.
> p_1이 2보다 크면 p_1에서 2를 뺀 수를 p_2라 한다.
> p_2가 3보다 크면 p_2에서 3을 뺀 수를 p_3이라 한다.
> ⋮
> p_{k-1}이 k보다 크면 p_{k-1}에서 k를 뺀 수를 p_k라 한다.
> 이와 같은 과정을 계속하여 n번째 얻은 수 p_n이 $(n+1)$보다 작으면 이 과정을 멈춘다.
> 이때, $2p_n$이 $(n+1)$과 같으면 p는 (가) 이다.

(가)에 들어갈 식으로 알맞은 것은? (4점)

① $n+1$　② $\dfrac{(n+1)^2}{2}$　③ $\left\{\dfrac{(n+1)}{2}\right\}^2$
④ 2^{n+1}　⑤ $(n+1)!$

C53 4점 실수 2016(A)/수능(홀) 19(고3)

모든 항이 양수인 수열 $\{a_n\}$은 $a_1=a_2=1$이고, $S_n=\sum_{k=1}^{n}a_k$라 할 때,

$$a_{n+1}=\frac{S_n^{\ 2}}{S_{n-1}}+(2n-1)S_n\ (n\geq2)$$

를 만족시킨다. 다음은 일반항 a_n을 구하는 과정이다.

> $a_{n+1}=S_{n+1}-S_n$이므로 주어진 식으로부터
> $S_{n+1}=\dfrac{S_n^{\ 2}}{S_{n-1}}+2nS_n\ (n\geq2)$
> 이다. 양변을 S_n으로 나누면
> $\dfrac{S_{n+1}}{S_n}=\dfrac{S_n}{S_{n-1}}+2n$
> 이다. $b_n=\dfrac{S_{n+1}}{S_n}$이라 하면 $b_1=2$이고
> $b_n=b_{n-1}+2n\ (n\geq2)$
> 이다. 수열 $\{b_n\}$의 일반항을 구하면
> $b_n=$ (가) $\times(n+1)\ (n\geq1)$
> 이므로
> $S_n=$ (가) $\times\{(n-1)!\}^2\ (n\geq1)$
> 이다. 따라서 $a_1=1$이고, $n\geq2$일 때
> $a_n=S_n-S_{n-1}=$ (나) $\times\{(n-2)!\}^2$
> 이다.

위의 (가)와 (나)에 알맞은 식을 각각 $f(n)$, $g(n)$이라 할 때, $f(10)+g(6)$의 값은? (4점)

① 110　② 125　③ 140
④ 155　⑤ 170

C54 4점 함정 2015실시(B) 3월/교육청 19(고3) 변형

수열 $\{a_n\}$은 $a_1=1$, $a_2=7$이고, 모든 자연수 n에 대하여

$$a_{n+2}=\begin{cases} a_{n+1}-3a_n & (n\text{이 홀수}) \\ 8a_{n+1}-a_n & (n\text{이 짝수}) \end{cases}$$

를 만족시킨다. 다음은 일반항 a_n을 구하는 과정이다.

> 주어진 식에서 모든 자연수 n에 대하여
> $a_{2n+1}=a_{2n}-3a_{2n-1}$ ⋯ ㉠
> $a_{2n+2}=8a_{2n+1}-a_{2n}$ ⋯ ㉡
> $a_{2n+3}=a_{2n+2}-3a_{2n+1}$ ⋯ ㉢
> 이므로 ㉠, ㉡, ㉢을 연립하여 정리하면
> $a_{2n+3}-a_{2n+1}=3(a_{2n+1}-a_{2n-1})$
> 이고, ㉠에서 $n=1$일 때 $a_3=4$이므로
> $a_{2n+1}-a_{2n-1}=$ (가) $(n\geq1)$
> 이다. 따라서
> $a_{2n-1}=$ (나) $(n\geq1)$
> 이고, ㉠으로부터
> $a_{2n}=a_{2n+1}+3a_{2n-1}$
> 이므로
> $a_{2n}=$ (다) $(n\geq1)$
> 이다. 그러므로 모든 자연수 n에 대하여
> $a_{2n-1}=$ (나), $a_{2n}=$ (다)
> 이다.

위의 (가)에 알맞은 식을 $f(n)$, (나)에 알맞은 식을 $g(n)$, (다)에 알맞은 식을 $h(n)$이라 할 때, $\dfrac{2f(4)g(10)}{h(10)-1}$의 값은? (4점)

① 9 ② 18 ③ 27 ④ 36 ⑤ 45

C55 4점 실수 2016(A)/삼사 19(고3)

수열 $\{a_n\}$은 $a_1=-\dfrac{5}{3}$이고

$$a_{n+1}=-\frac{3a_n+2}{a_n}\ (n\geq1)\ \cdots\cdots(*)$$

다음은 일반항 a_n을 구하는 과정이다.

> $(*)$에서 $a_{n+1}+2=-\dfrac{a_n+\text{(가)}}{a_n}\ (n\geq1)$이다.
> 여기서 $b_n=\dfrac{1}{a_n+2}\ (n\geq1)$이라 하면 $b_1=3$이고
> $b_{n+1}=2b_n-$ (나) $(n\geq1)$이다.
> 수열 $\{b_n\}$의 일반항을 구하면 $b_n=$ (다) $(n\geq1)$이므로
> $a_n=\dfrac{1}{\text{(다)}}-2\ (n\geq1)$이다.

위의 (가)와 (나)에 알맞은 수를 각각 p, q라 하고, (다)에 알맞은 식을 $f(n)$이라 할 때, $p\times q\times f(5)$의 값은? (4점)

① 54 ② 58 ③ 62 ④ 66 ⑤ 70

C56 3점 실수 2012(나) 6월/평가원 10(고3)

수열 $\{a_n\}$은 $a_1=1$이고

$$a_{n+1}=\sum_{k=1}^{n}2^{n-k}a_k\ (n\geq1)$$

를 만족시킨다. 다음은 일반항 a_n을 구하는 과정이다.

> 주어진 식으로부터 $a_2=$ (가)이다.
> 자연수 n에 대하여
> $a_{n+2}=\sum_{k=1}^{n+1}2^{n+1-k}a_k=\sum_{k=1}^{n}2^{n+1-k}a_k+a_{n+1}$
> $=\text{(나)}\sum_{k=1}^{n}2^{n-k}a_k+a_{n+1}=\text{(다)}\,a_{n+1}$
> 이다.
> 따라서 $a_1=1$이고, $n\geq2$일 때, $a_n=(\text{(다)})^{n-2}$이다.

위의 (가), (나), (다)에 알맞은 수를 각각 p, q, r라 할 때, $p+q+r$의 값은? (3점)

① 3 ② 4 ③ 5 ④ 6 ⑤ 7

07 DAY

C57 4점 실수 2021(나)/수능(홀) 21(고3)

수열 $\{a_n\}$은 $0<a_1<1$이고, 모든 자연수 n에 대하여 다음 조건을 만족시킨다.

> (가) $a_{2n}=a_2\times a_n+1$
> (나) $a_{2n+1}=a_2\times a_n-2$

$a_7=2$일 때, a_{25}의 값은? (4점)

① 78 ② 80 ③ 82 ④ 84 ⑤ 86

C58 4점  2022예시문항 5월/평가원 15(고2)

다음 조건을 만족시키는 모든 수열 $\{a_n\}$에 대하여 $\sum_{k=1}^{100} a_k$의 최댓값과 최솟값을 각각 M, m이라 할 때, $M-m$의 값은? (4점)

> (가) $a_5=5$
> (나) 모든 자연수 n에 대하여
> $$a_{n+1}=\begin{cases} a_n-6 & (a_n\geq 0) \\ -2a_n+3 & (a_n<0) \end{cases}$$
> 이다.

① 64 ② 68 ③ 72 ④ 76 ⑤ 80

유형 10 수학적 귀납법

명제 $P(n)$에 대하여
(ⅰ) $n=1$일 때, 명제 $P(n)$이 성립한다.
(ⅱ) $n=k$일 때, 명제 $P(k)$가 성립한다고 가정하면, $n=k+1$일 때 명제 $P(k+1)$도 성립한다.
위의 (ⅰ), (ⅱ)가 성립함을 보이면 모든 자연수 n에 대하여 명제 $P(n)$이 성립한다.

tip
빈칸 채우기 문제는 풀이 과정의 앞뒤 관계를 파악하여 빈칸에 들어갈 것을 추론한다.

C59 4점 실수 

2013실시(A) 7월/교육청 15(고3)

다음은 모든 자연수 n에 대하여

$$\frac{1}{2}\times\frac{3}{4}\times\frac{5}{6}\times\cdots\times\frac{2n-1}{2n}\leq\frac{1}{\sqrt{3n+1}}\quad\cdots(*)$$

이 성립함을 증명하는 과정이다.

[증명]

(ⅰ) $n=1$일 때,

$\frac{1}{2}\leq\frac{1}{\sqrt{4}}$이므로 $(*)$이 성립한다.

(ⅱ) $n=k$일 때, $(*)$이 성립한다고 가정하면

$$\frac{1}{2}\times\frac{3}{4}\times\frac{5}{6}\times\cdots\times\frac{2k-1}{2k}\times\frac{2k+1}{2k+2}$$
$$\leq\frac{1}{\sqrt{3k+1}}\times\frac{2k+1}{2k+2}=\frac{1}{\sqrt{3k+1}}\times\frac{1}{1+\boxed{(가)}}$$
$$=\frac{1}{\sqrt{3k+1}}\times\frac{1}{\sqrt{\left(1+\boxed{(가)}\right)^2}}$$
$$=\frac{1}{\sqrt{3k+1+2(3k+1)\times\left(\boxed{(가)}\right)+(3k+1)\times\left(\boxed{(가)}\right)^2}}$$
$$<\frac{1}{\sqrt{3k+1+2(3k+1)\times\left(\boxed{(가)}\right)+\left(\boxed{(나)}\right)\times\left(\boxed{(가)}\right)^2}}$$
$$=\frac{1}{\sqrt{3(k+1)+1}}$$

따라서 $n=k+1$일 때도 $(*)$이 성립한다.
그러므로 (ⅰ), (ⅱ)에 의하여 모든 자연수 n에 대하여 $(*)$이 성립한다.

위의 증명에서 (가), (나)에 알맞은 식을 각각 $f(k)$, $g(k)$라 할 때, $f(4)\times g(13)$의 값은? (4점)

① 1 ② 2 ③ 3 ④ 4 ⑤ 5

C60 3점 실수 2009(나)/수능(홀) 10(고3)

수열 $\{a_n\}$이

$$a_1=\frac{1}{2},\ (n+1)(n+2)a_{n+1}=n^2a_n\ (n=1,\ 2,\ 3,\ \cdots)$$

일 때, 다음은 모든 자연수 n에 대하여

$$\sum_{k=1}^{n}a_k=\sum_{k=1}^{n}\frac{1}{k^2}-\frac{n}{n+1}\ \cdots\ (*)$$

이 성립함을 수학적 귀납법으로 증명한 것이다.

[증명]

(1) $n=1$일 때, (좌변)$=\frac{1}{2}$, (우변)$=1-\frac{1}{2}=\frac{1}{2}$이므로

$(*)$이 성립한다.

(2) $n=m$일 때, $(*)$이 성립한다고 가정하면

$$\sum_{k=1}^{m}a_k=\sum_{k=1}^{m}\frac{1}{k^2}-\frac{m}{m+1}$$

이다. $n=m+1$일 때, $(*)$이 성립함을 보이자.

$$\begin{aligned}\sum_{k=1}^{m+1}a_k&=\sum_{k=1}^{m}\frac{1}{k^2}-\frac{m}{m+1}+a_{m+1}\\&=\sum_{k=1}^{m}\frac{1}{k^2}-\frac{m}{m+1}+\boxed{(가)}\,a_m\\&=\sum_{k=1}^{m}\frac{1}{k^2}-\frac{m}{m+1}\\&\quad+\frac{m^2}{(m+1)(m+2)}\cdot\frac{(m-1)^2}{m(m+1)}\cdot\cdots\cdot\frac{1^2}{2\times3}a_1\\&=\sum_{k=1}^{m}\frac{1}{k^2}-\frac{m}{m+1}+\boxed{(나)}\\&=\sum_{k=1}^{m}\frac{1}{k^2}-\frac{m}{m+1}+\frac{1}{(m+1)^2}-\boxed{(다)}\\&=\sum_{k=1}^{m+1}\frac{1}{k^2}-\frac{m+1}{m+2}\end{aligned}$$

그러므로 $n=m+1$일 때도 $(*)$이 성립한다.

따라서 모든 자연수 n에 대하여 $(*)$이 성립한다.

위 증명에서 (가), (나), (다)에 들어갈 식으로 알맞은 것은? (3점)

	(가)	(나)	(다)
①	$\frac{m}{(m+1)(m+2)}$	$\frac{1}{(m+1)^2(m+2)}$	$\frac{1}{(m+1)(m+2)^2}$
②	$\frac{m}{(m+1)(m+2)}$	$\frac{m}{(m+1)^2(m+2)}$	$\frac{1}{(m+1)(m+2)}$
③	$\frac{m^2}{(m+1)(m+2)}$	$\frac{1}{(m+1)^2(m+2)}$	$\frac{1}{(m+1)(m+2)^2}$
④	$\frac{m^2}{(m+1)(m+2)}$	$\frac{1}{(m+1)^2(m+2)}$	$\frac{1}{(m+1)(m+2)}$
⑤	$\frac{m^2}{(m+1)(m+2)}$	$\frac{m}{(m+1)^2(m+2)}$	$\frac{1}{(m+1)(m+2)^2}$

C61 4점 2011실시(나) 7월/교육청 19(고3)

수열 $\{a_n\}$이

$$T_n=2a_1+3a_2+\cdots+(n+1)a_n=\frac{n}{2n+4}\ (\text{단, } n=1,\ 2,\ 3,\ \cdots)$$

을 만족할 때, 다음은 모든 자연수 n에 대하여

$$\sum_{k=1}^{n}a_k=\sum_{k=1}^{n}\frac{1}{(k+1)^2}-T_n\ \cdots (*)$$

이 성립함을 수학적 귀납법으로 증명한 것이다.

[증명]

(i) $n=1$일 때,

(좌변)$=a_1=\boxed{(가)}$

(우변)$=\frac{1}{(1+1)^2}-T_1=\boxed{(가)}$

이므로 $(*)$이 성립한다.

(ii) $n=m$일 때, $(*)$이 성립한다고 가정하면

$$\sum_{k=1}^{m}a_k=\sum_{k=1}^{m}\frac{1}{(k+1)^2}-T_m$$

이다. $n=m+1$일 때, $(*)$이 성립함을 보이자.

$$\begin{aligned}\sum_{k=1}^{m+1}a_k&=\sum_{k=1}^{m}\frac{1}{(k+1)^2}-T_m+a_{m+1}\\&=\sum_{k=1}^{m}\frac{1}{(k+1)^2}-T_m+\boxed{(나)}(T_{m+1}-T_m)\\&=\sum_{k=1}^{m}\frac{1}{(k+1)^2}-T_{m+1}+\frac{m+3}{m+2}(T_{m+1}-T_m)\\&=\sum_{k=1}^{m}\frac{1}{(k+1)^2}-T_{m+1}+\frac{1}{(m+1)^2}\\&=\sum_{k=1}^{m+1}\frac{1}{(k+1)^2}-T_{m+1}\end{aligned}$$

그러므로 $n=m+1$일 때도 $(*)$이 성립한다.

따라서 모든 자연수 n에 대하여 $(*)$이 성립한다.

위의 (가)에 알맞은 수를 a, (나)에 알맞은 식을 $f(m)$이라 할 때, $\frac{a}{f(2)}$의 값은? (3점)

① $\frac{1}{12}$ ② $\frac{1}{6}$ ③ $\frac{1}{4}$

④ $\frac{1}{3}$ ⑤ $\frac{1}{2}$

08 DAY

❖ 정답 및 해설 99~103p

2등급 킬러 + 1등급 킬러 문제

C62 4점 고난도 2011/경찰대 18(고3)

공차가 양수인 등차수열 $\{a_n\}$과 공차가 음수인 등차수열 $\{b_n\}$의 첫째항부터 제n항까지의 합을 각각 S_n과 T_n이라 하자. 다음이 성립할 때, a_{20}과 b_{20}의 곱 $a_{20}b_{20}$의 값은? (4점)

$$\begin{cases} a_1=b_1+1 \\ S_n{}^2-T_n{}^2=n^2(n+1)\ (n=1,\ 2,\ 3,\ \cdots) \end{cases}$$

① -108 ② -105 ③ -102
④ -99 ⑤ -96

C63 ✪ 2등급 킬러 2013실시(A) 10월/교육청 30(고3) 변형

두 수열 $\{a_n\}$, $\{b_n\}$이 다음 조건을 만족시킨다.

> (가) $a_1=b_1=10$
> (나) 수열 $\{a_n\}$은 공차가 p인 등차수열이고, 수열 $\{b_n\}$은 공비가 p인 등비수열이다.

수열 $\{b_n\}$의 모든 항이 수열 $\{a_n\}$의 항이 되도록 하는 1보다 큰 모든 자연수 p의 합을 구하시오. (4점)

C64 4점  예상 적중

그림과 같이 좌표평면 위에

$a_1=(1,\ 1)$, $a_2=(2,\ 1)$, $a_3=(1,\ 2)$,
$a_4=(1,\ 3)$, $a_5=(2,\ 2)$, $a_6=(3,\ 1)$,
$a_7=(4,\ 1)$, $\cdots$, a_k, $\cdots$

의 순서로 화살표 방향으로 점을 잡아 나갈 때, $a_n=(20,\ 20)$를 만족하는 자연수 n의 값은? (4점)

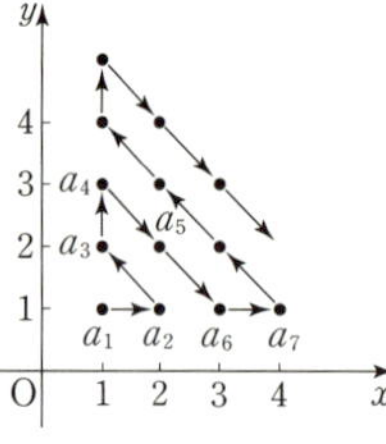

① 759 ② 760 ③ 761
④ 762 ⑤ 763

C65 ✪ 2등급 킬러 2011(문)/삼사 29(고3)

그림과 같이 정삼각형을 붙여서 만든 도형 위에 흰색과 검은색의 바둑돌을 정삼각형의 각 꼭짓점 위에 나열하는데, 제 n행에는 $(n+1)$개의 돌을 다음과 같은 규칙으로 나열한다.

$(n=1,\ 2,\ 3,\ \cdots)$

> (가) 제 1행에는 모두 흰색의 바둑돌을 나열한다.
> (나) 제 $(3n-1)$행에는 맨 왼쪽부터 흰색, 검은색, 흰색의 바둑돌 3개를 n회 반복하여 나열한다.
> (다) 제 $3n$행에는 맨 왼쪽에 검은색의 바둑돌을 1개 놓은 다음 그 오른쪽으로 흰색, 흰색, 검은색의 바둑돌 3개를 n회 반복하여 나열한다.
> (라) 제 $(3n+1)$행에는 맨 왼쪽에 흰색의 바둑돌을 2개 나열한 다음 그 오른쪽으로 검은색, 흰색, 흰색의 바둑돌 3개를 n회 반복하여 나열한다.

위의 규칙대로 바둑돌을 나열한 다음 제 n행에 놓인 흰색의 바둑돌에는 n을 적고, 각 행에 놓인 검은색의 바둑돌에는 그 돌과 가장 가까운 4개 또는 6개의 흰색의 바둑돌에 적힌 숫자의 합을 적는다. 이때, 198이 적힌 바둑돌의 개수를 구하시오. (4점)

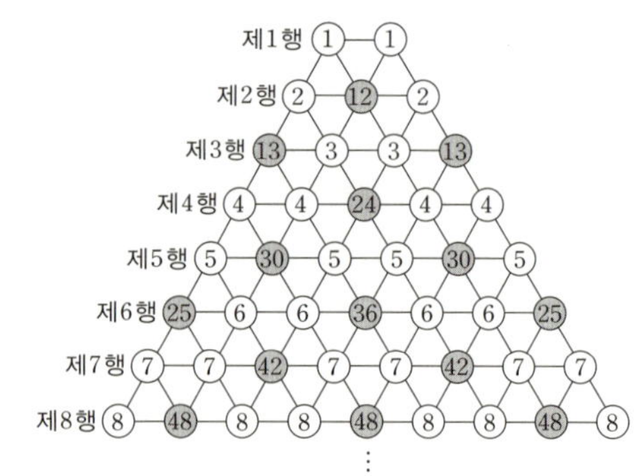

C66 4점 고난도 2018/경찰대 19(고3)

첫째항이 1이고 공비가 $r(r>0)$인 등비수열 $\{a_n\}$에 대하여 함수 $f(x)=\sum_{n=1}^{17}|x-a_n|$은 $x=16$에서 최솟값을 갖는다. 그 최솟값을 m이라 할 때, rm의 값은? (5점)

① $15(30+31\sqrt{2})$　② $15(31+30\sqrt{2})$　③ $15(31-15\sqrt{2})$　④ $30(31-15\sqrt{2})$　⑤ $30(31+15\sqrt{2})$

C67 ✪ 2등급 킬러 2019(나)/수능(홀) 29(고3)

첫째항이 자연수이고 공차가 음의 정수인 등차수열 $\{a_n\}$과 첫째항이 자연수이고 공비가 음의 정수인 등비수열 $\{b_n\}$이 다음 조건을 만족시킬 때, a_7+b_7의 값을 구하시오. (4점)

(가) $\sum_{n=1}^{5}(a_n+b_n)=27$

(나) $\sum_{n=1}^{5}(a_n+|b_n|)=67$

(다) $\sum_{n=1}^{5}(|a_n|+|b_n|)=81$

C68 4점 고난도 2017(나)/수능(홀) 21(고3)

좌표평면에서 함수

$$f(x)=\begin{cases}-x+10 & (x<10)\\ (x-10)^2 & (x\geq 10)\end{cases}$$

과 자연수 n에 대하여 점 $(n, f(n))$을 중심으로 하고 반지름의 길이가 3인 원 O_n이 있다. x좌표와 y좌표가 모두 정수인 점 중에서 원 O_n의 내부에 있고 함수 $y=f(x)$의 그래프의 아랫부분에 있는 모든 점의 개수를 A_n, 원 O_n의 내부에 있고 함수 $y=f(x)$의 그래프의 윗부분에 있는 모든 점의 개수를 B_n이라 하자. $\sum_{n=1}^{20}(A_n-B_n)$의 값은? (4점)

① 19　② 21　③ 23　④ 25　⑤ 27

C69 4점 고난도 2007(나)/수능(홀) 16(고3)

좌표평면에서 자연수 n에 대하여 A_n을 4개의 점

(n^2, n^2), $(4n^2, n^2)$, $(4n^2, 4n^2)$, $(n^2, 4n^2)$

을 꼭짓점으로 하는 정사각형이라 하자.
정사각형 A_n과 함수 $y=k\sqrt{x}$의 그래프가 만나도록 하는 자연수 k의 개수를 a_n이라 할 때, [보기]에서 옳은 것을 모두 고른 것은? (4점)

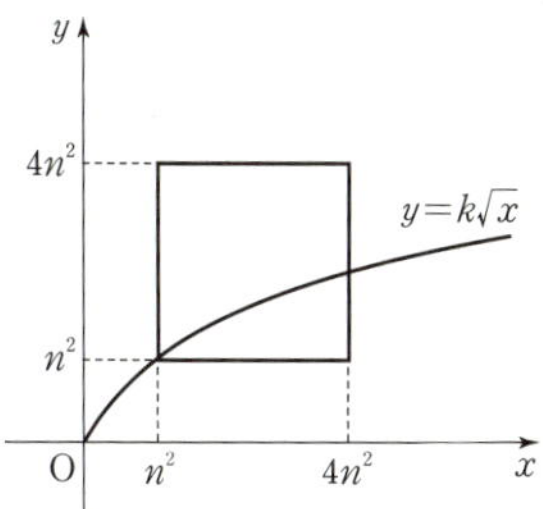

[보기]

ㄱ. $a_5=15$
ㄴ. $a_{n+2}-a_n=7$
ㄷ. $\sum_{k=1}^{10}a_k=200$

① ㄴ　② ㄷ　③ ㄱ, ㄴ　④ ㄴ, ㄷ　⑤ ㄱ, ㄴ, ㄷ

08 DAY

C70 4점  2020실시(가) 3월/교육청 29(고3)

자연수 n에 대하여 두 점 $A(0,\ n+5)$, $B(n+4,\ 0)$과 원점 O를 꼭짓점으로 하는 삼각형 AOB가 있다. 삼각형 AOB의 내부에 포함된 정사각형 중 한 변의 길이가 1이고 꼭짓점의 x좌표와 y좌표가 모두 자연수인 정사각형의 개수를 a_n이라 하자. $\sum_{n=1}^{8} a_n$의 값을 구하시오. (4점)

C71 4점  2020(나)/수능(홀) 21(고3)

수열 $\{a_n\}$이 모든 자연수 n에 대하여 다음 조건을 만족시킨다.

(가) $a_{2n}=a_n-1$
(나) $a_{2n+1}=2a_n+1$

$a_{20}=1$일 때, $\sum_{n=1}^{63} a_n$의 값은? (4점)

① 704 ② 712 ③ 720
④ 728 ⑤ 736

C72 4점 고난도 2016실시(나) 4월/교육청 29(고3)

그림과 같이 자연수 n에 대하여 기울기가 1이고 y절편이 양수인 직선이 원 $x^2+y^2=\frac{n^2}{2}$에 접할 때, 이 직선이 x축, y축과 만나는 점을 각각 A_n, B_n이라 하자. 점 A_n을 지나고 기울기가 -2인 직선이 y축과 만나는 점을 C_n이라 할 때, 삼각형 $A_nC_nB_n$과 그 내부의 점들 중 x좌표와 y좌표가 모두 정수인 점의 개수를 a_n이라 하자. $\sum_{n=1}^{10} a_n$의 값을 구하시오. (4점)

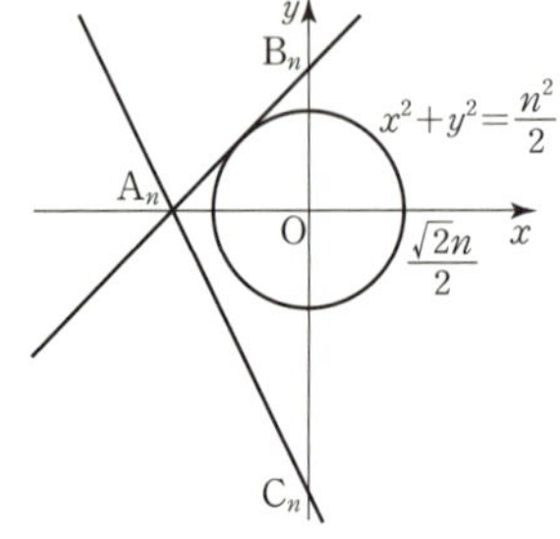

C73 ✪ 2등급 킬러 2021(나) 9월/평가원 21(고3)

수열 $\{a_n\}$은 모든 자연수 n에 대하여

$$a_{n+2}=\begin{cases}2a_n+a_{n+1} & (a_n\le a_{n+1})\\ a_n+a_{n+1} & (a_n>a_{n+1})\end{cases}$$

을 만족시킨다. $a_3=2$, $a_6=19$가 되도록 하는 모든 a_1의 값의 합은? (4점)

① $-\frac{1}{2}$ ② $-\frac{1}{4}$ ③ 0
④ $\frac{1}{4}$ ⑤ $\frac{1}{2}$

C74 ✪ 1등급 킬러 2013실시(A) 7월/교육청 27(고3)

그림과 같이 한 변의 길이가 1인 정육면체 모양의 블록 5개를 사용하여 입체도형 T_1을 만들고, T_1의 겉넓이를 a_1이라 하자. 입체도형 T_1에 9개의 블록을 더 쌓아서 입체도형 T_2를 만들고, T_2의 겉넓이를 a_2라 하자. 입체도형 T_2에 16개의 블록을 더 쌓아서 입체도형 T_3을 만들고, T_3의 겉넓이를 a_3이라 하자. 이와 같은 방법으로 n번째 얻은 입체도형 T_n에 $(n+2)^2$개의 블록을 더 쌓아서 도형 T_{n+1}을 만들고, T_{n+1}의 겉넓이를 a_{n+1}이라 하자 예를 들어, $a_1=22$, $a_2=48$이다. 이때, a_{10}의 값을 구하시오. (4점)

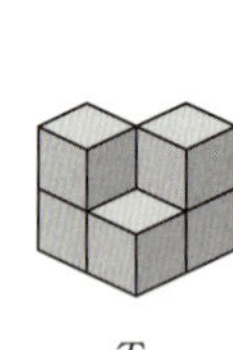
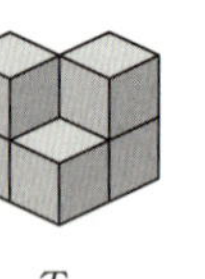
T_1

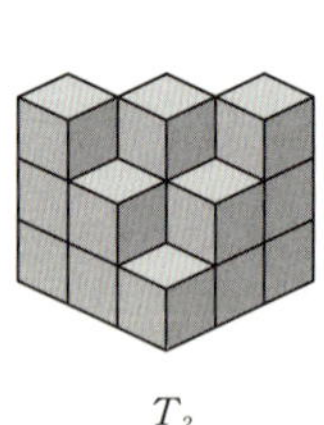
T_2

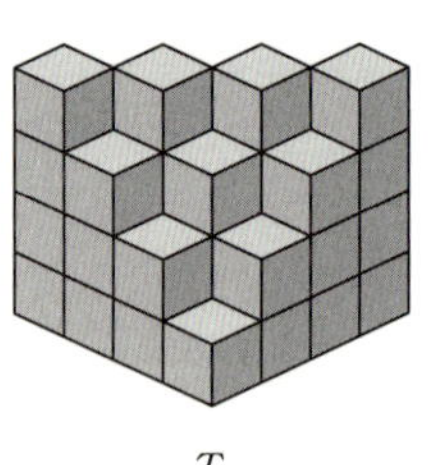
T_3

…

❖ 정답 및 해설 110~113p

수학 Ⅱ

수학Ⅱ에서의 고난도 문제 해결은 극한, 연속, 미분, 적분의 정확한 개념과 이들 사이의 관계에 대한 이해에서 출발한다. 그동안 배운 고등 수학 과정의 여러 가지 개념이 복합된 문제를 해석하는 능력을 길러야 하고, 주어진 조건에 맞는 그래프의 개형을 파악하는 연습을 많이 해야 한다.

대단원별 고난도 유형 & 특급 비책

★ 고난도 빈출 표시

	고난도 유형	고난도 특급 비책
★★ D 함수의 극한과 연속	① 극한을 이용한 다항함수의 결정 다항함수에 대하여 $x \longrightarrow \infty$, $x \longrightarrow 0$일 때의 극한값이 주어졌을 때, 다항함수의 차수와 계수를 추론하는 유형	▶ 대부분 분수식의 꼴로 주어지므로 극한값이 존재할 조건과 극한값을 이용해 다항식의 차수와 최고차항의 계수, 최저차항의 계수 등 얻을 수 있는 조건을 최대한 구해낸 후 다항식을 효율적으로 세워 계산 과정을 줄여야 한다.
	② 새롭게 정의된 함수 또는 합성함수의 연속 구간에 따라 다르게 정의된 함수식 또는 그래프를 이용하여 두 함수의 합, 차, 곱, 합성인 함수의 연속성을 판단하는 유형	▶ 두 함수식 또는 그래프가 주어지고 이를 이용한 새로운 함수를 정의했을 때, 새로운 함수의 연속성은 처음의 두 함수의 불연속인 점을 먼저 파악하여 그 점에서 새로운 함수가 연속인지 판단한다.
★★★ E 미분	① 미분계수와 미분가능성 구간별로 식이 다르게 주어진 함수가 미분가능할 조건 및 성질을 이용하여 미정계수를 결정하고 보기의 진위를 판단하는 유형	▶ 구간별로 식이 다르게 주어진 함수가 실수 전체의 집합에서 미분가능하면 구간의 경계에서 미분가능해야 함을 이용한다. 이때, 미분가능하면 연속이고, 미분가능하다는 것은 그 점에서의 미분계수가 존재함을 의미한다는 것도 기억하자.
	② 함수의 그래프의 추론 주어진 조건으로부터 극값, 최댓값, 최솟값 및 미분가능성 등을 파악한 후 함수의 그래프와 식을 추론하여 답을 구하는 유형	▶ 함수의 그래프는 함수와 그 도함수의 관계를 정확하게 파악하고 함수의 여러 성질을 상황에 맞게 적용할 수 있느냐가 중요하다. 이때, 기본적인 삼차, 사차함수의 그래프의 여러 가지 개형을 익혀 자유자재로 그릴 수 있어야 한다.
★★★ F 적분	① 정적분으로 정의된 함수의 유추 정적분으로 정의된 함수에 대하여 미분과 적분의 관계를 통해 조건을 만족시키는 함수식을 찾아 그래프를 유추하여 복합적인 상황을 해결해야 하는 유형	▶ 정적분으로 정의된 함수에 대하여 조건을 만족시키는 함수를 추론하는 문제는 미분과 적분의 통합 개념과 성질 및 그 관계에 대한 정확한 이해를 바탕으로, 주어진 함수의 특징을 파악하고 그래프와 연계하여 해결할 수 있어야 한다.
	② 넓이를 활용한 정적분의 계산 문제에서 제시된 정적분을 곡선과 x축 사이의 넓이, 두 곡선 사이의 넓이 등 정적분의 기하학적 의미로 해석하여 정적분의 값 또는 대소 관계를 파악하거나 진위를 판정하는 유형	▶ 적분은 부호를 가진 넓이에 대해 다루는 것임을 이해하자. 즉, 정적분의 값을 넓이와 연계하여 생각하고, 이를 이용해 함수의 그래프를 추론하는 유형의 문제를 풀어보며 개념의 이해와 적용 능력을 키워야 한다.

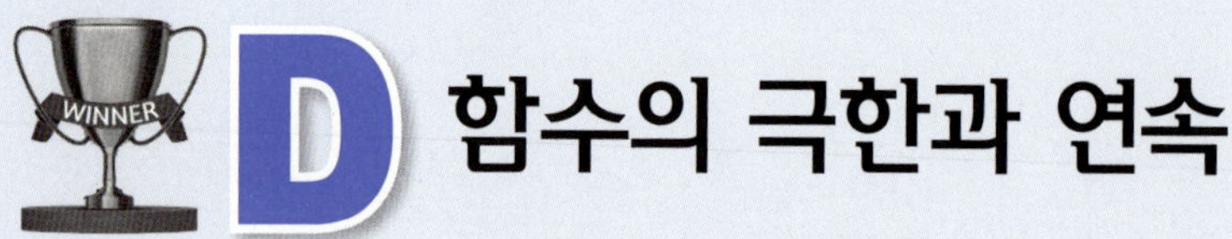

D 함수의 극한과 연속

- 함수에서 '극한'이라는 추상적인 개념을 배우므로 그 의미와 성질을 제대로 이해할 수 있도록 가능하다면 항상 예를 들어가며 공부하는 습관을 들이도록 하세요.
- 함수의 연속의 정의와 연속함수의 성질을 정확하게 이해하여 주어진 함수가 연속인지 아닌지를 빠르게 판단할 수 있도록 다양한 상황의 문제를 풀어보는 것이 중요합니다.

1 좌극한과 우극한

(1) **좌극한과 우극한**

① $x \to a-$일 때, 함수 $f(x)$의 값이 일정한 값 α에 가까워지면 α를 $x=a$에서의 **좌극한**이라 하며 $\lim_{x \to a-} f(x)=\alpha$와 같이 나타낸다.

② $x \to a+$일 때, 함수 $f(x)$의 값이 일정한 값 α에 가까워지면 α를 $x=a$에서의 **우극한**이라 하며 $\lim_{x \to a+} f(x)=\alpha$와 같이 나타낸다.

(2) **극한값의 존재**

함수 $f(x)$에 대하여 $x=a$에서의 좌극한과 우극한이 모두 존재하고 그 값이 같을 때, 함수 $f(x)$의 극한값이 존재한다.

2 함수의 극한에 대한 성질

함수의 극한에 대한 성질은 극한값이 존재할 때만 성립하고 $x \to a+$, $x \to a-$, $x \to \infty$, $x \to -\infty$일 때도 성립한다.

$\lim_{x \to a} f(x)=\alpha$, $\lim_{x \to a} g(x)=\beta$ (α, β는 실수)일 때,

(1) $\lim_{x \to a} kf(x)=k\lim_{x \to a} f(x)=k\alpha$ (단, k는 상수)

(2) $\lim_{x \to a} \{f(x) \pm g(x)\}=\lim_{x \to a} f(x) \pm \lim_{x \to a} g(x)=\alpha \pm \beta$ (복호동순)

(3) $\lim_{x \to a} f(x)g(x)=\lim_{x \to a} f(x) \times \lim_{x \to a} g(x)=\alpha\beta$

(4) $\lim_{x \to a} \dfrac{f(x)}{g(x)}=\dfrac{\lim_{x \to a} f(x)}{\lim_{x \to a} g(x)}=\dfrac{\alpha}{\beta}$ (단, $g(x) \neq 0$, $\beta \neq 0$)

3 함수의 극한값의 계산

(1) $\dfrac{0}{0}$ 꼴 : 분자, 분모가 모두 다항식이면 분자, 분모를 각각 인수분해한 다음 약분한다.
분모, 분자 중 무리식이 있으면 근호가 있는 쪽을 유리화한다.

(2) $\dfrac{\infty}{\infty}$ 꼴❶ : 분모의 최고차항으로 분모, 분자를 각각 나눈다.

4 미정계수의 결정

(1) 두 함수 $f(x)$, $g(x)$에 대하여 $\lim_{x \to a} \dfrac{f(x)}{g(x)}=\alpha$ (α는 실수)일 때,

① $\lim_{x \to a} g(x)=0$이면 $\lim_{x \to a} f(x)=0$이다.❷

② $\lim_{x \to a} f(x)=0$이면 $\lim_{x \to a} g(x)=0$이다. (단, $\alpha \neq 0$)❸

(2) 두 다항함수 $f(x)$, $g(x)$에 대하여 $\lim_{x \to \infty} \dfrac{f(x)}{g(x)}=\alpha$ (α는 실수)일 때

① $\alpha \neq 0$이면 $\alpha=\dfrac{(f(x)\text{의 최고차항의 계수})}{(g(x)\text{의 최고차항의 계수})}$이고 $f(x)$와 $g(x)$의 차수가 같다.

② $\alpha=0$이면 $g(x)$의 차수가 $f(x)$의 차수보다 크다.

5 함수의 극한과 대소 관계❹

실수 a와 세 함수 $f(x)$, $g(x)$, $h(x)$에 대하여

$\lim_{x \to a} f(x)=\alpha$, $\lim_{x \to a} g(x)=\beta$일 때, ($\alpha$, β는 실수)

(1) $f(x) \leq g(x)$이면 $\alpha \leq \beta$

(2) $f(x) \leq h(x) \leq g(x)$이고 $\alpha=\beta$이면 $\lim_{x \to a} h(x)=\alpha$❺

+개념보충

❶ 두 다항함수 $f(x)$, $g(x)$에 대하여 $\lim_{x \to \infty} \dfrac{f(x)}{g(x)}$의 값은

(1) (분모의 차수)<(분자의 차수)이면 ∞ 또는 $-\infty$로 발산한다.

(2) (분모의 차수)=(분자의 차수)이면 분모와 분자의 최고차항의 계수의 비로 수렴한다.

(3) (분모의 차수)>(분자의 차수)이면 0으로 수렴한다.

한걸음 더!

❷ $\dfrac{0}{0}$ 꼴이 수렴하는 경우

다항함수 $f(x)$에 대하여

$\lim_{x \to a} \dfrac{f(x)}{x-a}=k$ (k는 실수)이면

(1) $f(x)$는 $x-a$를 인수로 갖는다.
즉, 다항식 $g(x)$에 대하여
$f(x)=(x-a)g(x)$

(2) $g(a)=k$

왜 그럴까?

❸ $\alpha \neq 0$이라는 조건이 필요하다.

$f(x)=x-1$, $g(x)=x+1$이라 하면

$\lim_{x \to 1} f(x)=\lim_{x \to 1} (x-1)=0$,

$\lim_{x \to 1} \dfrac{f(x)}{g(x)}=\lim_{x \to 1} \dfrac{x-1}{x+1}=\dfrac{0}{2}=0$

이지만

$\lim_{x \to 1} g(x)=\lim_{x \to 1} (x+1)=2 \neq 0$

한걸음 더!

❹ a에 가까운 모든 실수 x에 대하여 $f(x)<g(x)$이지만

$\lim_{x \to a} f(x)=\lim_{x \to a} g(x)$인 경우가 있기 때문에 $f(x)<g(x)$의 양변에 $\lim_{x \to a}$를 취하면 $\lim_{x \to a} f(x) \leq \lim_{x \to a} g(x)$이다.

❺ **가우스 기호가 포함된 함수의 극한**

실수 x에 대하여 $\dfrac{x}{4}-1<\left[\dfrac{x}{4}\right] \leq \dfrac{x}{4}$이고

$x \to \infty$일 때, $\dfrac{2}{x}>0$이므로

$\dfrac{2}{x}\left(\dfrac{x}{4}-1\right)<\dfrac{2}{x}\left[\dfrac{x}{4}\right] \leq \dfrac{2}{x} \times \dfrac{x}{4}$

이때, $\lim_{x \to \infty} \dfrac{2}{x}\left(\dfrac{x}{4}-1\right)=\lim_{x \to \infty}\left(\dfrac{1}{2}-\dfrac{2}{x}\right)=\dfrac{1}{2}$,

$\lim_{x \to \infty} \dfrac{2}{x} \times \dfrac{x}{4}=\dfrac{1}{2}$이므로 $\lim_{x \to \infty} \dfrac{2}{x}\left[\dfrac{x}{4}\right]=\dfrac{1}{2}$

6 함수의 연속[6]

함수 $f(x)$가 실수 a에 대하여

(i) $x=a$에서 $f(x)$가 정의되어 있고

(ii) $\lim_{x\to a} f(x)$가 존재하며

(iii) $\lim_{x\to a} f(x)=f(a)$

일 때, 함수 $f(x)$는 $x=a$에서 **연속**이라 한다.

함수 $f(x)$가 세 조건 중 어느 하나라도 만족시키지 않으면 함수 $f(x)$는 $x=a$에서 불연속이다.

2021 수능 나형 26번

★두 함수 이상의 사칙연산으로 정의되는 함수나 그래프의 교점의 개수 등으로 새롭게 정의된 함수 등 여러 함수의 연속성을 묻는 문제가 고난도로 출제될 수 있으므로 함수의 연속의 정의를 정확히 파악하고 있자.

7 연속함수의 성질

(1) **연속함수** → 다항함수는 실수 전체의 집합에서 연속함수이다.

함수 $f(x)$가 어떤 구간에 속하는 모든 실수에서 연속일 때, $f(x)$는 그 구간에서 연속 또는 그 구간에서 **연속함수**라 한다.

> 고난도 필수 개념
>
> **＊함수 $f(x)g(x)$가 $x=a$에서 연속일 조건**
>
> 함수 $f(x)$가 $x=a$에서 불연속이고 함수 $g(x)$는 연속함수일 때, 함수 $f(x)g(x)$가 $x=a$에서 연속이려면 $g(a)=0$이어야 한다.

(2) **연속함수의 성질**[7]

두 함수 $f(x)$, $g(x)$가 각각 $x=a$에서 연속이면 다음 함수도 $x=a$에서 연속이다.

① $kf(x)$(단, k는 상수) ② $f(x)\pm g(x)$

③ $f(x)g(x)$ ④ $\dfrac{f(x)}{g(x)}$ (단, $g(a)\neq 0$)[8]

→ 두 다항함수 $f(x)$, $g(x)$에 대하여 유리함수 $\dfrac{f(x)}{g(x)}$는 $g(x)\neq 0$인 모든 실수에서 연속이다.

예 **함수의 그래프의 불연속성**

함수 $f(x)$는 $x=-1$, $x=1$에서 불연속이다.

함수 $g(x)$가 모든 실수에서 연속일 때, 함수 $f(x)g(x)$는 $x=-1$, $x=1$에서만 불연속인 것을 알아보면 된다.

즉, 주어진 함수가 두 함수의 사칙연산으로 나타내어진 함수일 때, 이 함수의 불연속인 점은 두 함수 각각의 불연속인 점 중에서 생길 수 있다. 따라서 각 함수의 불연속인 점에서의 연속성을 판단해 주자.

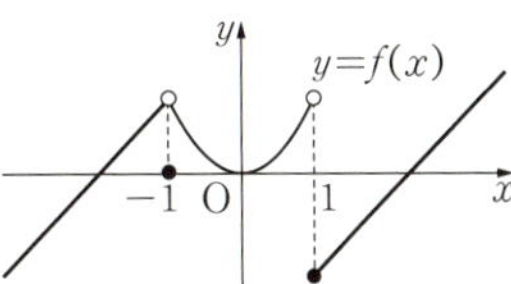

8 최대 · 최소 정리[9]

(1) **최대 · 최소 정리**

함수 $f(x)$가 닫힌구간 $[a, b]$에서 연속이면 함수 $f(x)$는 이 구간에서 반드시 최댓값과 최솟값을 가진다.

(2) 함수 $f(x)$가 닫힌구간 $[a, b]$에서 불연속이면 함수 $y=f(x)$의 그래프를 그려서 최댓값, 최솟값을 구한다.

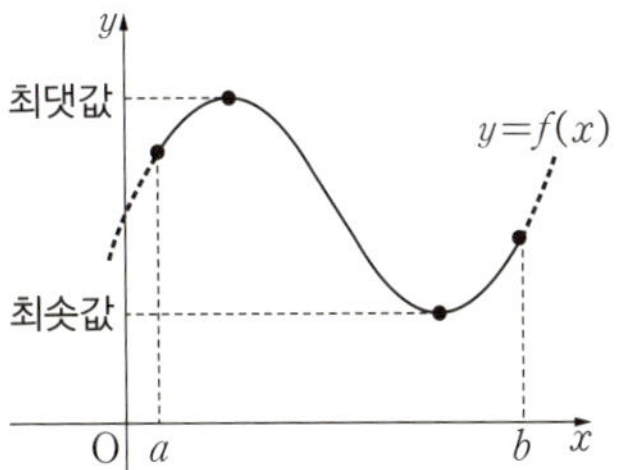

9 사잇값의 정리

(1) **사잇값의 정리**

함수 $f(x)$가 닫힌구간 $[a, b]$에서 연속이고 $f(a)\neq f(b)$일 때, $f(a)$와 $f(b)$ 사이의 임의의 값 k에 대하여 $f(c)=k$인 실수 c가 열린구간 (a, b)에 적어도 하나 존재한다.

(2) **사잇값의 정리의 방정식에의 활용**[10]

함수 $f(x)$가 닫힌구간 $[a, b]$에서 연속이고 $f(a)$와 $f(b)$의 부호가 서로 다르면, 즉 $f(a)f(b)<0$이면 $f(c)=0$인 c가 열린구간 (a, b)에 적어도 하나 존재한다.

따라서 방정식 $f(x)=0$은 열린구간 (a, b)에서 적어도 하나의 실근을 갖는다.

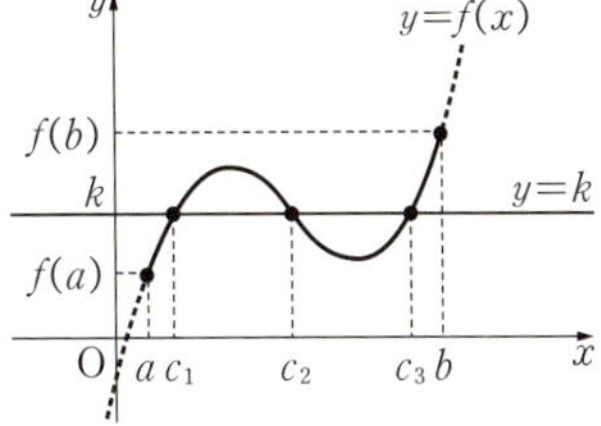

+개념보충

6 불연속인 경우

(i)을 만족하지 않는 경우

$x=0$에서 $f(x)$의 함숫값은 정의되지 않았지만

$\lim_{x\to 0} f(x)=\lim_{x\to 0+} f(x)$
$=\lim_{x\to 0-} f(x)=0$

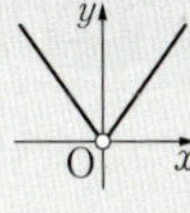

(ii)를 만족하지 않는 경우

$f(0)=1$로 정의되었지만

$\lim_{x\to 0+} f(x)=1$,

$\lim_{x\to 0-} f(x)=0$이므로

$\lim_{x\to 0} f(x)$가 존재하지 않는다.

(iii)을 만족하지 않는 경우

$f(0)=1$로 정의되었고

$\lim_{x\to 0+} f(x)=\lim_{x\to 0-} f(x)=0$

에서 $\lim_{x\to 0} f(x)=0$이지만

$\lim_{x\to 0} f(x)\neq f(0)$

한걸음 더!

7 평행이동과 함수의 연속

$x=a$에서만 불연속인 함수 $f(x)$에 대하여 함수 $f(x-a)$는 $x=2a$에서만 불연속이다. 이때, 함수 $f(x)f(x-a)$가 실수 전체에서 연속이려면

(1) $x=a$에서 함수 $f(x)f(x-a)$가 연속이어야 하므로 $f(0)=0$이어야 한다.

(2) $x=2a$에서 함수 $f(x)f(x-a)$가 연속이어야 하므로 $f(2a)=0$이어야 한다.

+개념보충

8 분수 꼴로 나타낸 함수의 불연속

실수 전체의 집합에서 연속인 두 함수 $f(x)$, $g(x)$에 대하여 함수 $\dfrac{f(x)}{g(x)}$가 $x=a$에서 불연속이면 $g(a)=0$이다.

9 최대 · 최소 정리

(1) 함수 $f(x)$가 연속이 아니면 닫힌구간에서도 최댓값과 최솟값을 갖지 않을 수 있다.

(2) 함수 $f(x)$가 연속이어도 닫힌구간이 아닌 구간에서는 최댓값과 최솟값을 갖지 않을 수 있다.

한걸음 더!

10 $f(a)f(b)>0$이면 방정식 $f(x)=0$은 열린구간 (a, b)에서 실근을 가질 수도 있고, 갖지 않을 수도 있다.

유형 01 절댓값, 가우스 기호를 포함한 함수의 극한

(1) 함수 $f(x)$에 대하여 $x=a$에서의 좌극한과 우극한이 각각 존재하고 그 값이 서로 같을 때, 함수의 극한값이 존재한다고 한다.

$\lim_{x\to a} f(x)=L \iff \lim_{x\to a-} f(x)=\lim_{x\to a+} f(x)=L$

(2) $|f(x)|$가 포함된 극한 : $f(x)=0$인 $x=a$의 값을 기준으로 $x<a$, $x\ge a$로 범위를 나누어 절댓값 기호를 없앤 후 식을 정리한다.

(3) $[f(x)]$가 포함된 극한 : $[f(x)]=n$(n은 정수)가 됨을 기억한다. 즉, $x\to a+$일 때와 $x\to a-$일 때의 $f(x)$의 값의 변화를 확인하여 주어진 식을 가우스 기호를 없애고 n에 대한 식으로 만든다.

tip

1 x가 음수일 때 $[x]$의 값에 주의한다.
예를 들어 $x=-3.5$일 경우, $[x]$는 -3이 아닌 -4이다.

2 $x-1<[x]\le x$ (또는 $[x]\le x<[x]+1$)

D01 3점 실수 예상 적중

극한값이 존재하는 것만을 [보기]에서 있는 대로 고른 것은?
(단, $[x]$는 x보다 크지 않은 최대의 정수이다.) (3점)

[보기]

ㄱ. $\lim_{x\to 1} |x+1|$

ㄴ. $\lim_{x\to 2} (|x-2|+|x+2|)$

ㄷ. $\lim_{x\to 3} ([x]+[-x])$

① ㄱ ② ㄴ ③ ㄷ
④ ㄱ, ㄴ ⑤ ㄱ, ㄴ, ㄷ

D02 3점  예상 적중 

$\lim_{x\to 0}\dfrac{f(x^2)}{\{f(x)\}^2}=2$를 만족시키는 함수 $f(x)$를 [보기]에서 있는 대로 고른 것은? (3점)

[보기]

ㄱ. $f(x)=x^2-2x$

ㄴ. $f(x)=\dfrac{|x|}{2}$

ㄷ. $f(x)=x+\dfrac{2}{x}$

① ㄱ ② ㄴ ③ ㄷ
④ ㄴ, ㄷ ⑤ ㄱ, ㄴ, ㄷ

D03 3점 실수 예상 적중

다음 중 극한값 a, b, c 사이의 대소 관계를 바르게 나타낸 것은? (단, $[x]$는 x를 넘지 않는 최대의 정수이다.) (3점)

$$\lim_{x\to 0-}\frac{x}{[x]}=a,\quad \lim_{x\to 0-}\frac{[x+2]}{x+2}=b,\quad \lim_{x\to 0+}\frac{[x-1]}{x-1}=c$$

① $a<b<c$ ② $a<c<b$ ③ $b<a<c$
④ $b<c<a$ ⑤ $c<a<b$

유형 02 합성함수의 극한

합성함수 $(f \circ g)(x)$의 극한값, 즉

$\lim_{x \to a}(f \circ g)(x) = \lim_{x \to a} f(g(x))$의 값은 $g(x) = t$라 하고 다음을 이용하여 구한다.

(1) $x \to a$일 때, $t \to b+$이면

$\lim_{x \to a}(f \circ g)(x) = \lim_{x \to a} f(g(x)) = \lim_{t \to b+} f(t)$

(2) $x \to a$일 때, $t \to b-$이면

$\lim_{x \to a}(f \circ g)(x) = \lim_{x \to a} f(g(x)) = \lim_{t \to b-} f(t)$

(3) $x \to a$일 때, $t = b$이면

$\lim_{x \to a}(f \circ g)(x) = \lim_{x \to a} f(g(x)) = f(b)$

tip

$\lim_{x \to a+} f(g(x))$의 값은 함수 $f(g(x))$에서 $g(x)$의 극한값을 먼저 따져 준 후에 그것에 대한 함수 $f(g(x))$의 극한값을 따져준다.

D04 3점 실수 2014(B) 6월/평가원 6(고3)

다항함수 $f(x)$가

$$\lim_{x \to 0} \frac{x}{f(x)} = 1, \ \lim_{x \to 1} \frac{x-1}{f(x)} = 2$$

를 만족시킬 때, $\lim_{x \to 1} \frac{f(f(x))}{2x^2 - x - 1}$의 값은? (3점)

① $\frac{1}{6}$ ② $\frac{1}{3}$ ③ $\frac{1}{2}$

④ $\frac{2}{3}$ ⑤ $\frac{5}{6}$

D05 3점 실수 2014(A)/삼사 5(고3)

$-2 \le x \le 2$에서 정의된 함수 $f(x)$의 그래프가 그림과 같다.

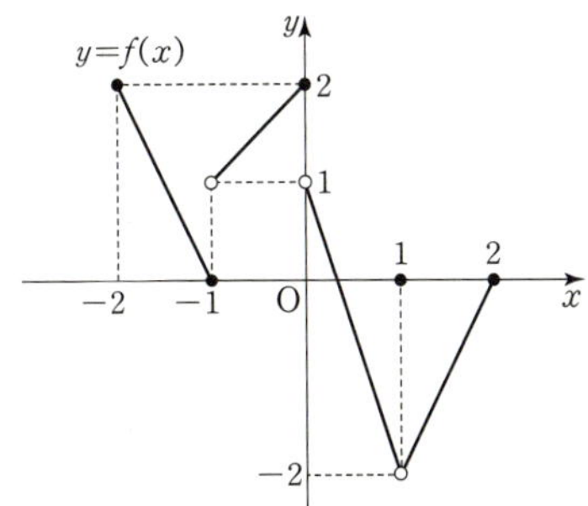

$\lim_{x \to -1-} f(f(x)) + \lim_{x \to 0+} f(f(x))$의 값은? (3점)

① -2 ② -1 ③ 0

④ 1 ⑤ 2

D06 4점 함정 예상 적중

두 함수 $f(x) = \begin{cases} \frac{|x|}{x} & (x \ne 0) \\ 0 & (x = 0) \end{cases}$, $g(x) = [x^2]$에 대하여 다음 [보기] 중에서 극한값이 존재하는 것만을 있는 대로 고른 것은?

(단, $[x]$는 x를 넘지 않는 최대의 정수이다.) (4점)

[보기]

ㄱ. $\lim_{x \to 0} f(g(x))$

ㄴ. $\lim_{x \to 0} g(f(x))$

ㄷ. $f\left(\lim_{x \to 0} g(x)\right)$

ㄹ. $g\left(\lim_{x \to 0} f(x)\right)$

① ㄱ, ㄴ ② ㄴ, ㄷ ③ ㄱ, ㄴ, ㄷ

④ ㄱ, ㄷ, ㄹ ⑤ ㄱ, ㄴ, ㄷ, ㄹ

유형 03 함수의 극한을 이용한 다항함수의 결정

(1) 다항함수 $f(x)$에 대하여 $\lim_{x \to \infty} \frac{f(x)}{x^n} = a$ (a는 상수)이면

① $a \ne 0$일 때, $f(x)$는 최고차항의 계수가 a인 n차함수

② $a = 0$일 때, $f(x)$는 $(n-1)$차 이하의 함수

(2) 다항함수 $f(x)$에 대하여 $\lim_{x \to 0} \frac{f(x)}{x} = b$ (b는 상수)이면

함수 $f(x)$의 일차항의 계수는 b이고 상수항은 없다.

1 문제에서 '일차함수', '이차함수', '다항함수' 등의 표현에 유의한다.

2 $f(x)$의 차수가 주어지지 않은 경우 최고차항을 $a_n x^n$ (a_n은 0이 아닌 상수, n은 음이 아닌 정수)으로 두고 관계식에 대입하여 $f(x)$의 차수를 구한다.

D07 4점 2015(A) 6월/평가원 29(고3)

다항함수 $f(x)$가

$$\lim_{x \to \infty} \frac{f(x) - x^3}{x^2} = -11, \ \lim_{x \to 1} \frac{f(x)}{x-1} = -9$$

를 만족시킬 때, $\lim_{x \to \infty} xf\left(\frac{1}{x}\right)$의 값을 구하시오. (4점)

❖ 정답 및 해설 114~117p

D08 4점 .... 2017실시(나) 10월/교육청 17(고3)

최고차항의 계수가 1인 이차함수 $f(x)$가

$$\lim_{x\to0}|x|\left\{f\left(\frac{1}{x}\right)-f\left(-\frac{1}{x}\right)\right\}=a,\ \lim_{x\to\infty}f\left(\frac{1}{x}\right)=3$$

을 만족시킬 때, $f(2)$의 값은? (단, a는 상수이다.) (4점)

① 1　② 3　③ 5　④ 7　⑤ 9

D09 3점 고난도 .... 2010(가) 6월/평가원 19(고3) 변형

다항함수 $f(x)$가

$$\lim_{x\to0+}\frac{x^3f\left(\frac{1}{x}\right)-2}{3x^3-x}=3,\ \lim_{x\to2}\frac{f(x)}{x^2-3x+2}=13$$

을 만족시킬 때, $f(3)$의 값을 구하시오. (3점)

D10 4점 함정 .... 2020(나) 6월/평가원 20(고3)

다음 조건을 만족시키는 모든 다항함수 $f(x)$에 대하여 $f(1)$의 최댓값은? (4점)

$\lim_{x\to\infty}\frac{f(x)-4x^3+3x^2}{x^{n+1}+1}=6,\ \lim_{x\to0}\frac{f(x)}{x^n}=4$인 자연수 n이 존재한다.

① 12　② 13　③ 14　④ 15　⑤ 16

유형 04 함수의 극한의 활용

도형 또는 그래프에서의 극한값을 구할 때에는

(i) 주어진 조건에 따라 구하는 선분의 길이, 도형의 넓이, 점의 좌표, 교점의 개수, 절편 등을 식으로 나타낸다.

(ii) 함수의 극한에 대한 성질을 이용하여 극한값을 구한다.

tip

주어진 조건과 도형의 성질을 종합하여 식을 세운 후 구하는 극한식이 $\frac{\infty}{\infty}$ 꼴인지 $\frac{0}{0}$ 꼴인지 파악하여 극한값을 정확히 계산해야 한다.

D11 4점 .... 2017실시(나) 4월/교육청 21(고3)

그림과 같이 곡선 $y=x^2$ 위의 점 $\mathrm{P}(t, t^2)(t>0)$에 대하여 x축 위의 점 Q, y축 위의 점 R가 다음 조건을 만족시킨다.

(가) 삼각형 POQ는 $\overline{\mathrm{PO}}=\overline{\mathrm{PQ}}$인 이등변삼각형이다.
(나) 삼각형 PRO는 $\overline{\mathrm{RO}}=\overline{\mathrm{RP}}$인 이등변삼각형이다.

삼각형 POQ와 삼각형 PRO의 넓이를 각각 $S(t)$, $T(t)$라 할 때, $\lim_{t\to0+}\frac{T(t)-S(t)}{t}$의 값은? (단, O는 원점이다.) (4점)

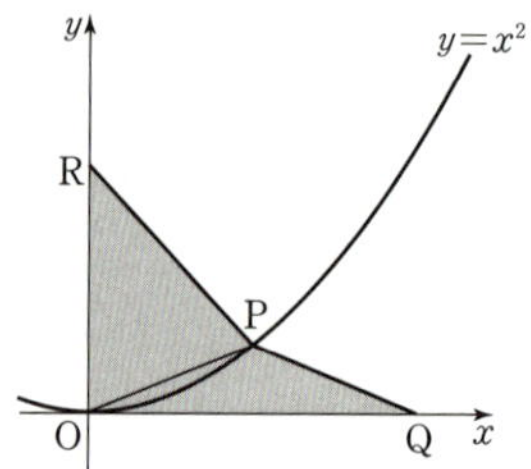

① $\frac{1}{8}$　② $\frac{1}{4}$　③ $\frac{3}{8}$　④ $\frac{1}{2}$　⑤ $\frac{5}{8}$

D12 4점 2020실시(가) 3월/교육청 20(고3)

그림과 같이 좌표평면 위의 네 점 O$(0,\ 0)$, A$(0,\ 2)$, B$(-2,\ 2)$, C$(-2,\ 0)$과 점 P$(t,\ 0)(t>0)$에 대하여 직선 l이 정사각형 OABC의 넓이와 직각삼각형 AOP의 넓이를 각각 이등분한다. 양의 실수 t에 대하여 직선 l의 y절편을 $f(t)$라 할 때, $\lim_{t\to 0+} f(t)$의 값은? (4점)

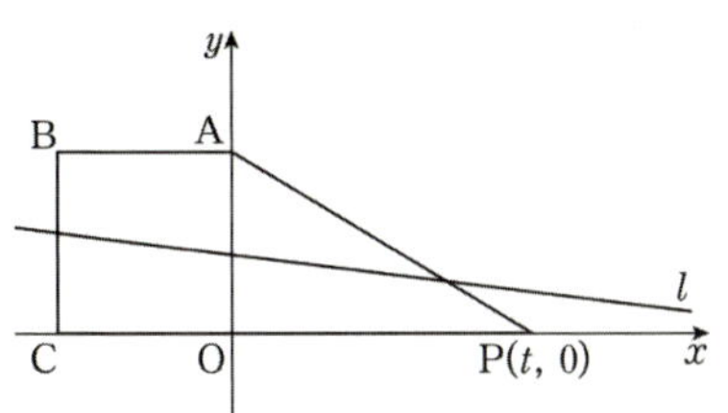

① $\frac{2-\sqrt{2}}{2}$ ② $2-\sqrt{2}$ ③ $\frac{2+\sqrt{2}}{4}$
④ 1 ⑤ $\frac{2+\sqrt{2}}{3}$

D13 4점 2004실시(가) 4월/교육청 24(고3) 변형

그림과 같이 곡선 $y=\sqrt{2(x-1)}$ 위의 점 P$(t,\ \sqrt{2(t-1)})$을 지나고 선분 OP에 수직인 직선 l의 x절편과 y절편을 각각 $f(t)$, $g(t)$라 할 때, $\lim_{t\to\infty} \frac{g(t)}{\sqrt{tf(t)}}=p$라고 한다. $2p^2$의 값을 구하시오. (단, O는 원점, $t>1$) (4점)

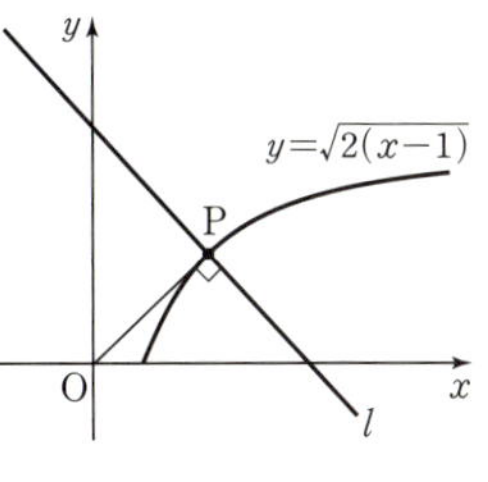

D14 4점 2012실시(나) 10월/교육청 20(고3)

그림과 같이 중심이 C$(2,\ 0)$이고 반지름의 길이가 $r(r<\sqrt{5})$인 원 C가 있다. 기울기가 -2이고 원 C에 접하는 직선을 l이라 하자. 직선 l에 접하고 중심이 C$'(3,\ 3)$인 원 C'의 반지름을 $f(r)$라 할 때, $\lim_{r\to 0+} f(r)$의 값은? (4점)

① 1 ② $\sqrt{2}$
③ $\sqrt{3}$ ④ 2
⑤ $\sqrt{5}$

D15 4점 2011실시(나) 10월/교육청 16(고3) 변형

그림과 같이 중심이 A$(0,\ 4)$이고 반지름의 길이가 2인 원이 x축에 접하고 원의 중심이 P$(x,\ y)$인 원에 내접한다. 점 P에서 y축에 내린 수선의 발을 H라 할 때, $\lim_{x\to\infty} \frac{\overline{\mathrm{PH}}^2}{\overline{\mathrm{PA}}}$의 값을 구하시오. (4점)

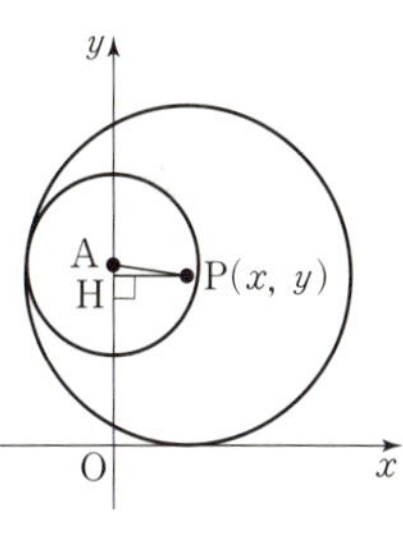

D16 4점 실수 2013(나)/삼사 22(고3)

그림과 같이 반지름의 길이가 1이고 중심이 O인 반원의 호를 이등분하는 점을 M이라 하고, 선분 OM 위의 점 P를 지나고 선분 OM에 수직인 직선과 반원이 만나는 점을 각각 A, B라 하자. 또, 선분 PM의 중점 Q를 지나고 선분 OM에 수직인 직선과 반원이 만나는 점을 각각 C, D라 하고, 점 C, D에서 선분 AB에 내린 수선의 발을 각각 E, F라 하자. $\overline{\mathrm{PM}}=2x$일 때, 사다리꼴 ABDC와 직사각형 EFDC의 넓이를 각각 $S(x)$, $T(x)$라 하자. $\lim_{x\to 0+} \frac{T(x)}{S(x)}$의 값은? (4점)

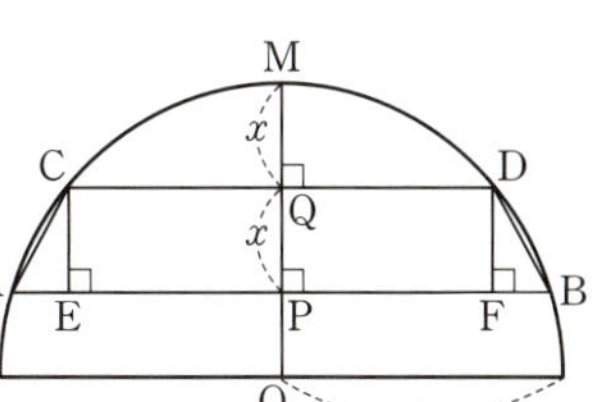

① $\sqrt{2}-1$ ② $2-\sqrt{2}$ ③ $\sqrt{3}-1$
④ $2(\sqrt{2}-1)$ ⑤ $2(2-\sqrt{3})$

❖ 정답 및 해설 117~122p

유형 05 절댓값, 가우스 기호를 포함한 함수의 연속

(1) 함수 $f(x)$가 실수 a에 대하여 다음 세 조건을 모두 만족할 때, 함수 $f(x)$는 $x=a$에서 연속이라 한다.
(i) 함수 $f(x)$는 $x=a$에서 정의되어 있다.
(ii) 극한값 $\lim_{x \to a} f(x)$가 존재한다.
(iii) $\lim_{x \to a} f(x)=f(a)$

(2) $|f(x)|$가 포함된 함수의 연속 : $f(x)$가 0이 되는 x의 값에서의 연속성을 확인한다.

(3) $[f(x)]$가 포함된 함수의 연속 : $f(x)=n$ (n은 정수)인 x의 값에서의 연속성을 확인한다.

tip

1 $x-1<[x]\le x$ (또는 $[x]\le x<[x]+1$)
2 함수 $y=f(x)$의 그래프로부터 $y=f(|x|)$, $y=|f(x)|$ 등의 그래프를 그릴 수 있어야 한다.

D17 3점 고난도

2008(가) 6월/평가원 15(고3) 변형

두 함수 $f(x)$, $g(x)$에 대하여 [보기]에서 옳지 <u>않은</u> 것을 모두 고른 것은? (3점)

[보기]

ㄱ. $\lim_{x \to 0} \{f(x)+g(x)\}$가 존재하면 $\lim_{x \to 0} f(x)$와 $\lim_{x \to 0} g(x)$가 모두 존재한다.
ㄴ. $y=f(|x|)$가 $x=0$에서 연속이면 $y=f(x)$도 $x=0$에서 연속이다.
ㄷ. $y=f(x)$가 $x=0$에서 불연속이면 $y=\{f(x)\}^2$도 $x=0$에서 불연속이다.

① ㄱ ② ㄷ ③ ㄱ, ㄴ
④ ㄱ, ㄷ ⑤ ㄱ, ㄴ, ㄷ

D18 4점 함정

2019/경찰대 18(고3)

함수 $f(x)=[4x]-[6x]+\left[\frac{x}{2}\right]-\left[\frac{x}{4}\right]$가 $x=a$에서 불연속이 되는 실수 a $(0<a<5)$의 개수는? (단, $[x]$는 x보다 크지 않은 최대의 정수이다.) (5점)

① 30 ② 31 ③ 32
④ 33 ⑤ 34

D19 4점

2012(나)/삼사 19(고3)

양의 실수 x에 대하여 $f(x)=\frac{|x-1|}{[x]+1}$일 때, [보기]에서 옳은 것만을 있는 대로 고른 것은?
(단, $[x]$는 x보다 크지 않은 최대 정수이다.) (4점)

[보기]

ㄱ. $f(x)$는 $x=1$에서 연속이다.
ㄴ. $\lim_{x \to 2} f(x)=\frac{1}{2}$
ㄷ. $\lim_{x \to \infty} f(x)=1$

① ㄴ ② ㄷ ③ ㄱ, ㄴ
④ ㄱ, ㄷ ⑤ ㄱ, ㄴ, ㄷ

유형 06 함수의 연속과 미정계수의 결정

(1) $x=a$에서 연속인 함수 $g(x)$에 대하여
$f(x)=\begin{cases} g(x) & (x\ne a) \\ k & (x=a) \end{cases}$일 때,
함수 $f(x)$가 모든 실수 x에서 연속이려면 $\lim_{x \to a} g(x)=k$가 성립해야 한다.

(2) $x<a$에서 연속인 함수 $g(x)$, $x\ge a$에서 연속인 함수 $h(x)$에 대하여 $f(x)=\begin{cases} g(x) & (x<a) \\ h(x) & (x\ge a) \end{cases}$일 때, 함수 $f(x)$가 모든 실수 x에서 연속이려면 $\lim_{x \to a} g(x)=h(a)$가 성립해야 한다.

tip

두 함수 $f(x)$, $g(x)$에 대하여 $\lim_{x \to a} \frac{g(x)}{f(x)}=b$ (a, b는 상수)일 때
1 $f(a)=0$이면 $g(a)=0$이다.
2 $g(a)=0$이고 $b\ne 0$이면 $f(a)=0$이다.

D20 3점 실수

2008실시(가) 7월/교육청 5(고3) 변형

모든 실수 x에 대하여 연속인 함수 $f(x)$는 $f(x+5)=f(x)$를 만족시키고, 닫힌구간 $[0, 5]$에서 다음과 같이 정의된다.

$$f(x)=\begin{cases} ax^2+b & (0\le x<2) \\ -x+6 & (2\le x\le 5) \end{cases}$$

이때, $f(11)$의 값은? (3점)

① $\frac{3}{2}$ ② $\frac{7}{4}$ ③ 2
④ $\frac{9}{4}$ ⑤ $\frac{5}{2}$

D28 3점 실수 예상 적중

실수 전체의 집합에서 정의된 두 함수

$$f(x)=\begin{cases}0 & (x<2)\\ 1 & (x=2)\\ 2 & (x>2)\end{cases},\quad g(x)=\begin{cases}-1 & (x<2)\\ 0 & (x=2)\\ 1 & (x>2)\end{cases}$$

에 대하여 옳은 것만을 [보기]에서 있는 대로 고른 것은? (3점)

[보기]

ㄱ. $\lim_{x\to 2}(f\circ f)(x)$의 값이 존재한다.

ㄴ. 합성함수 $(f\circ g)(x)$는 $x=2$에서 연속이다.

ㄷ. 합성함수 $(g\circ f)(x)$는 $x=2$에서 연속이다.

① ㄱ ② ㄴ ③ ㄷ
④ ㄱ, ㄴ ⑤ ㄴ, ㄷ

D29 4점 예상 적중

두 함수 $y=f(x)$와 $y=g(x)$의 그래프가 그림과 같다.

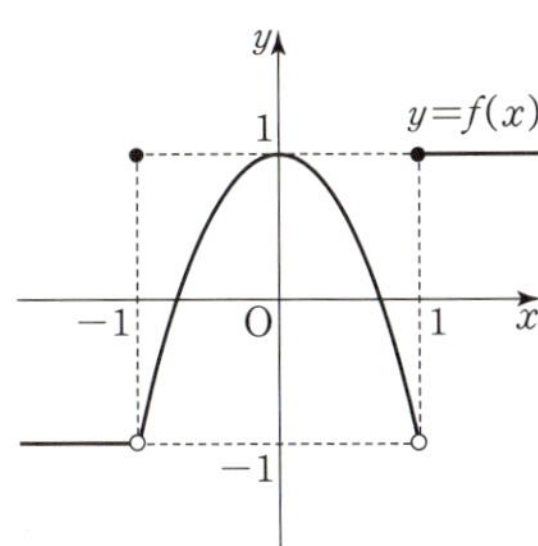

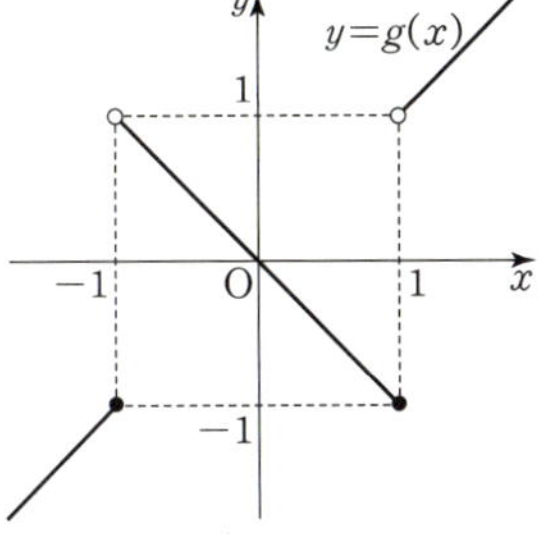

옳은 것만을 [보기]에서 있는 대로 고른 것은? (4점)

[보기]

ㄱ. $\lim_{x\to -1}f(f(x))=1$

ㄴ. $\lim_{x\to 1}f(g(x))=-1$

ㄷ. 함수 $y=g(g(x))$의 불연속점의 개수는 1이다.

① ㄱ ② ㄴ ③ ㄷ
④ ㄱ, ㄷ ⑤ ㄴ, ㄷ

D30 4점 2014실시(B) 3월/교육청 16(고3)

두 함수

$$f(x)=\begin{cases}x^2-x+2a & (x\ge 1)\\ 3x+a & (x<1)\end{cases},\quad g(x)=x^2+ax+3$$

에 대하여 합성함수 $(g\circ f)(x)$가 실수 전체의 집합에서 연속이 되도록 하는 모든 상수 a의 값의 합은? (4점)

① $\frac{7}{4}$ ② $\frac{15}{8}$ ③ 2
④ $\frac{17}{8}$ ⑤ $\frac{9}{4}$

D31 4점 함정 2013(가)/수능(홀) 15(고3)

실수 전체의 집합에서 정의된 함수 $y=f(x)$의 그래프는 그림과 같고, 삼차함수 $g(x)$는 최고차항의 계수가 1이고, $g(0)=3$이다. 합성함수 $(g\circ f)(x)$가 실수 전체의 집합에서 연속일 때, $g(3)$의 값은? (4점)

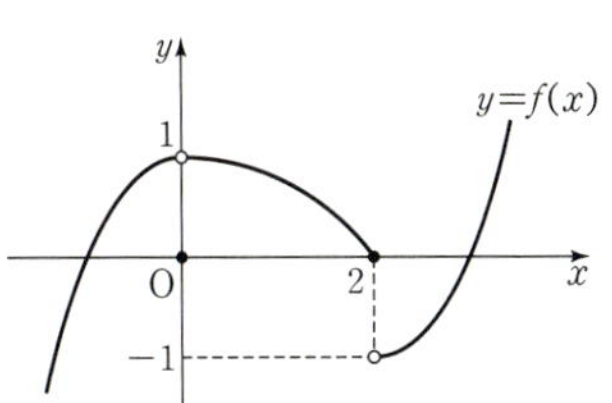

① 31 ② 30 ③ 29
④ 28 ⑤ 27

09 DAY

❖ 정답 및 해설 127~131p

유형 09 사잇값의 정리

함수 $f(x)$가 닫힌구간 $[a, b]$에서 연속이고, $f(a) \neq f(b)$이면 $f(a)$와 $f(b)$ 사이의 임의의 값 k에 대하여 $f(c)=k$를 만족시키는 c가 열린구간 (a, b)에 적어도 하나 존재한다.

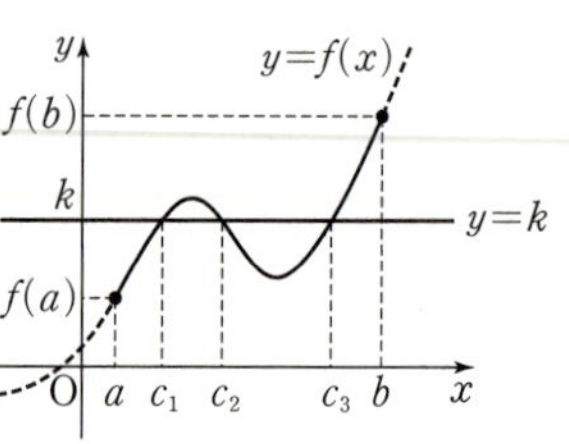

tip

① 사잇값의 정리의 활용 (방정식의 실근)
함수 $f(x)$가 닫힌구간 $[a, b]$에서 연속이고 $f(a)f(b)<0$이면 방정식 $f(x)=0$은 열린구간 (a, b)에서 적어도 하나의 실근을 갖는다.

② 방정식의 어떤 구간에서의 실근의 존재를 묻거나 '실근이 적어도 하나 존재한다'와 같은 표현이 있으면 사잇값의 정리를 사용한다.

D32 3점  예상 적중

어떤 실수 a의 네제곱에서 1을 뺀 값이 $2a$와 같을 때, 다음 중 a가 존재하는 구간은? (3점)

① $(0, 1)$　② $(1, 2)$　③ $(2, 3)$
④ $(3, 4)$　⑤ $(4, 5)$

D33 3점  2021/경찰대 4(고3)

$\lim_{x\to2}\frac{f(x)}{x-2}=4$, $\lim_{x\to4}\frac{f(x)}{x-4}=2$를 만족시키는 다항함수 $f(x)$에 대하여 방정식 $f(x)=0$이 구간 $[2, 4]$에서 적어도 m개의 서로 다른 실근을 갖는다. m의 값은? (3점)

① 1　② 2　③ 3
④ 4　⑤ 5

D34 4점 예상 적중

다항함수 $g(x)$에 대하여 다음과 같이 함수 $f(x)$를 정의하였다.

$$f(x)=\begin{cases}\dfrac{g(x)-1}{x} & (-2\le x<0,\ 0<x\le2)\\ 1 & (x=0)\end{cases}$$

닫힌구간 $[-2, 2]$에서 함수 $f(x)$가 연속일 때, 다음 [보기] 중에서 옳은 것만을 있는 대로 고른 것은? (4점)

[보기]

ㄱ. $g(0)=1$
ㄴ. $\lim_{x\to1}g(x)$의 값은 존재하지 않는다.
ㄷ. $f(-2)<0$, $f(2)<0$이면 방정식 $f(x)=0$은 서로 다른 두 개 이상의 실근을 갖는다.

① ㄱ　② ㄴ　③ ㄱ, ㄷ
④ ㄴ, ㄷ　⑤ ㄱ, ㄴ, ㄷ

D35 4점  2017실시(나) 9월/교육청 20(고2)

2가 아닌 양수 a에 대하여 함수

$$f(x)=\begin{cases}(x-a)^2 & (x\le a)\\ (x-2)(x-a) & (x>a)\end{cases}$$

가 다음 조건을 만족시킬 때, $f(3a)$의 값은? (4점)

(가) $f(c)=0$인 c가 0과 $1+\frac{a}{2}$ 사이에 적어도 하나 존재한다.

(나) 세 점 $(2, f(2))$, $(a, f(a))$, $\left(1+\frac{a}{2}, f\left(1+\frac{a}{2}\right)\right)$를 꼭짓점으로 하는 삼각형의 넓이는 $\frac{1}{8}$이다.

① 2　② 4　③ 8
④ 16　⑤ 32

유형 10 새롭게 정의된 함수의 연속

(1) 주어진 함수의 변형

주어진 함수의 식 또는 그래프를 정확히 파악하여 새롭게 정의되는 함수의 식이나 그래프를 조건에 맞게 나타낸다.

(2) 문장으로 정의된 함수

'~를 함수 $f(\square)$라 하자.'로 제시되면 먼저 $f(\square)$를 정의하여야 한다. 이때, 함수 f의 정의역은 □의 범위가 되므로 □의 범위에 따라 함수 f의 그래프의 개형을 생각하자.

tip

1 함수 $f(x)$가 $x=a$에서 불연속일 때, 함수 $f(x)g(x)$가 $x=a$에서 연속이려면 $\lim_{x \to a} g(x)=g(a)=0$이어야 한다.

2 $f(x+a)$, $f(|x|)$, $|f(x)|$ 등의 의미를 알아야 한다.

D36 4점 실수 2020(나) 6월/평가원 15(고3)

두 함수

$$f(x)=\begin{cases} -2x+3 & (x<0) \\ -2x+2 & (x \ge 0) \end{cases},\ g(x)=\begin{cases} 2x & (x<a) \\ 2x-1 & (x \ge a) \end{cases}$$

가 있다. 함수 $f(x)g(x)$가 실수 전체의 집합에서 연속이 되도록 하는 상수 a의 값은? (4점)

① -2 ② -1 ③ 0
④ 1 ⑤ 2

D37 4점 2015실시(A) 4월/교육청 29(고3)

함수

$$f(x)=\begin{cases} x^2+1 & (|x| \le 2) \\ -2x+3 & (|x|>2) \end{cases}$$

에 대하여 함수 $f(-x)\{f(x)+k\}$가 $x=2$에서 연속이 되도록 하는 상수 k의 값을 구하시오. (4점)

D38 4점 2012(나) 9월/평가원 20(고3) 변형

함수 $f(x)=ax^2+3x-8$에 대하여 함수 $g(x)$를

$$g(x)=\begin{cases} f(x+2) & (x \le 0) \\ f(x-2) & (x>0) \end{cases}$$

이라 하자. 함수 $\{g(x)\}^2$이 $x=0$에서 연속일 때, 상수 a의 값은? (4점)

① 1 ② 2 ③ 3
④ 4 ⑤ 5

D39 4점 2016실시(나) 4월/교육청 30(고3)

함수 $f(x)=x^2-8x+a$에 대하여 함수 $g(x)$를

$$g(x)=\begin{cases} 2x+5a & (x \ge a) \\ f(x+4) & (x<a) \end{cases}$$

라 할 때, 다음 조건을 만족시키는 모든 실수 a의 값의 곱을 구하시오. (4점)

(가) 방정식 $f(x)=0$은 열린구간 $(0,\ 2)$에서 적어도 하나의 실근을 갖는다.
(나) 함수 $f(x)g(x)$는 $x=a$에서 연속이다.

D40 4점 2014(A)/수능(홀) 28(고3)

함수

$$f(x)=\begin{cases} x+1 & (x \le 0) \\ -\frac{1}{2}x+7 & (x>0) \end{cases}$$

에 대하여 함수 $f(x)f(x-a)$가 $x=a$에서 연속이 되도록 하는 모든 실수 a의 값의 합을 구하시오. (4점)

10 DAY

❖ 정답 및 해설 131~136p

D41 4점 함정 예상 적중

모든 실수에서 정의된 함수 $y=f(x)$에 대하여 함수

$$F(x)=\begin{cases} \dfrac{f(x)}{x^k} & (x\neq 0) \\ 0 & (x=0) \end{cases}$$

이 $x=0$에서 연속이 되도록 하는 가장 큰 자연수 k를 $N(f)$로 나타내자. 예를 들어, $f(x)=x^2$이면 $N(f)=1$이다.
다음 함수 g_i에 대하여 $N(g_i)=a_i$라 할 때, a_i의 대소 관계를 옳게 나타낸 것은? (단, $i=1, 2, 3$) (4점)

(가) $g_1(x)=x^4+x^3$
(나) $g_2(x)=|x^3|$
(다) $g_3(x)=\sqrt{x^8+x^4}$

① $a_1=a_2<a_3$ ② $a_1<a_2=a_3$
③ $a_1=a_2=a_3$ ④ $a_2=a_3<a_1$
⑤ $a_3<a_1=a_2$

유형 11 함수의 연속의 활용

두 함수의 그래프의 교점의 개수로 정의된 함수는 다음과 같이 연속성을 조사한다.
(i) 조건을 만족시키는 고정된 그래프를 그린 후 나머지 한 그래프를 움직이면서 범위에 따른 교점의 개수를 파악하여 식으로 나타낸다. 이때, 두 그래프가 만나지 않을 때, 접할 때 등을 기준으로 식을 찾는다.
(ii) 연속의 정의와 기하학적 접근으로 요구하는 결과를 얻는다.

tip
주어진 식을 그래프를 쉽게 그릴 수 있는 형태로 변형한다.

D42 4점 2016(A) 6월/평가원 29(고3)

실수 t에 대하여 직선 $y=t$가 곡선 $y=|x^2-2x|$와 만나는 점의 개수를 $f(t)$라 하자. 최고차항의 계수가 1인 이차함수 $g(t)$에 대하여 함수 $f(t)g(t)$가 모든 실수 t에서 연속일 때, $f(3)+g(3)$의 값을 구하시오. (4점)

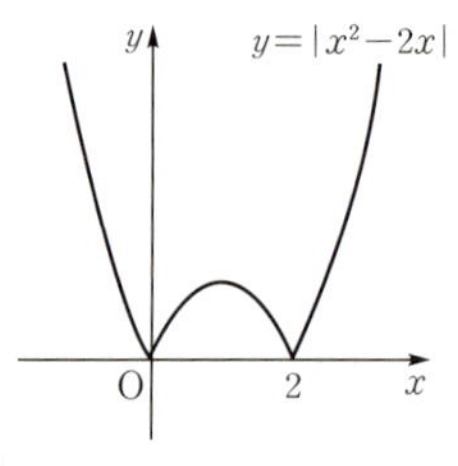

D43 4점 실수 2016실시(나) 11월/교육청 21(고2)

실수 t에 대하여 두 함수

$$f(x)=(x-t)^2-1,\ g(x)=\begin{cases} -x & (x\leq 1) \\ x+2 & (x>1) \end{cases}$$

의 그래프가 만나는 서로 다른 점의 개수를 $h(t)$라 할 때, [보기]에서 옳은 것만을 있는 대로 고른 것은? (4점)

[보기]
ㄱ. $\lim_{t\to -1+} h(t)=3$
ㄴ. 함수 $h(t)$는 $t=1$에서 연속이다.
ㄷ. 함수 $h(t)$가 $t=a$에서 불연속이 되는 모든 a의 값의 합은 $\dfrac{15}{4}$이다.

① ㄱ ② ㄷ ③ ㄱ, ㄴ
④ ㄴ, ㄷ ⑤ ㄱ, ㄴ, ㄷ

D44 4점  2017실시(나) 4월/교육청 29(고3)

그림과 같이 $\overline{AB}=4$, $\overline{BC}=3$, $\angle B=90°$인 삼각형 ABC의 변 AB 위를 움직이는 점 P를 중심으로 하고 반지름의 길이가 2인 원 O가 있다. $\overline{AP}=x\,(0<x<4)$라 할 때, 원 O가 삼각형 ABC와 만나는 서로 다른 점의 개수를 $f(x)$라 하자.
함수 $f(x)$가 $x=a$에서 불연속이 되는 모든 실수 a의 값의 합은 $\dfrac{q}{p}$이다. $p+q$의 값을 구하시오. (단, p와 q는 서로소인 자연수이다.) (4점)

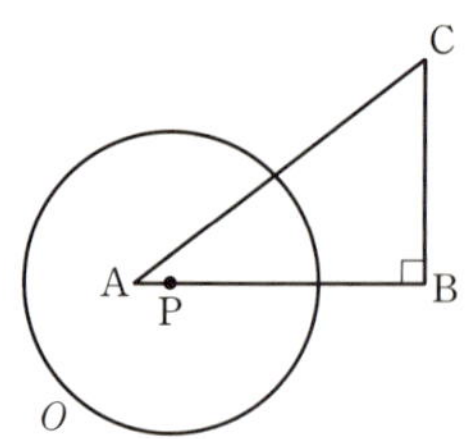

2등급 킬러 + 1등급 킬러 문제

D45 4점 고난도 예상 적중

최고차항의 계수가 1인 삼차함수 $f(x)$가 $f(x)>0$인 x에 대하여 $\lim_{x\to 0}\frac{10^{f(x)-1}-1}{x}$과 $\lim_{x\to 1}\frac{\log f(x)}{\log x}$의 극한값이 모두 존재하고, $\lim_{x\to 1}\frac{f(x)-1}{x-1}=0$이다. 방정식 $f(x)=\frac{9}{8}$의 서로 다른 실근들의 총합을 구하시오. (4점)

D46 ✪ 1등급 킬러 2015(A) 6월/평가원 21(고3)

최고차항의 계수가 1인 두 삼차함수 $f(x)$, $g(x)$가 다음 조건을 만족시킨다.

> (가) $g(1)=0$
>
> (나) $\lim_{x\to n}\frac{f(x)}{g(x)}=(n-1)(n-2)$ ($n=1, 2, 3, 4$)

$g(5)$의 값은? (4점)

① 4 ② 6 ③ 8 ④ 10 ⑤ 12

D47 ✪ 2등급 킬러 2020실시 9월/교육청 30(고2)

이차함수 $f(x)=x^2+2x+2$와 실수 t에 대하여 함수 $g(x)$는

$$g(x)=\begin{cases} f(x) & (x<0) \\ |f(-x)-t| & (x\geq 0)\end{cases}$$

이다. 함수 $y=g(x)$의 그래프와 직선 $y=\frac{t}{3}$가 만나는 서로 다른 모든 점의 개수를 $h(t)$라 하자.

$$\lim_{t\to a-}h(t)\neq\lim_{t\to a+}h(t)$$

인 모든 실수 a를 작은 수부터 크기순으로 나열한 것을 a_1, a_2, …, a_m (m은 자연수)라 할 때, $\sum_{k=1}^{m}\{4a_k\times h(a_k)\}$의 값을 구하시오. (4점)

D48 ✪ 1등급 킬러 2019실시(가) 9월/교육청 30(고2)

실수 k와 함수

$$f(x)=\begin{cases} 2^{x-2} & (x<2) \\ 2^{-x+2} & (x\geq 2)\end{cases}$$

에 대하여 함수 $g(x)$를 $g(x)=|f(x)-k|+k$라 하자.
직선 $y=2k$와 함수 $y=g(x)$의 그래프가 만나는 점의 개수를 $h(k)$라 할 때, $\lim_{k\to\frac{1}{4}-}\left\{h(k)h\left(k+\frac{1}{4}\right)\right\}$의 값을 구하시오. (4점)

10 DAY

D49 ✪ 2등급 킬러 2017/경찰대 16(고3)

좌표평면에서 원 $x^2+y^2=1$과 직선 $y=-\frac{1}{2}$이 만나는 점을 A, B라 하자. 점 $P(0, t)\left(t\neq-\frac{1}{2}\right)$에 대하여 다음 조건을 만족시키는 점 C의 개수를 $f(t)$라 하자.

> (가) C는 A나 B가 아닌 원 위의 점이다.
> (나) A, B, C를 꼭짓점으로 하는 삼각형의 넓이는 A, B, P를 꼭짓점으로 하는 삼각형의 넓이와 같다.

$f(a)+\lim_{t\to a-}f(t)=5$이고 $\lim_{t\to 0-}f(t)=b$일 때, $a+b$의 값은? (4점)

① 1 ② 2 ③ 3
④ 4 ⑤ 5

D50 4점  2019(나)/수능(홀) 21(고3)

최고차항의 계수가 1인 삼차함수 $f(x)$에 대하여 실수 전체의 집합에서 연속인 함수 $g(x)$가 다음 조건을 만족시킨다.

> (가) 모든 실수 x에 대하여 $f(x)g(x)=x(x+3)$이다.
> (나) $g(0)=1$

$f(1)$이 자연수일 때, $g(2)$의 최솟값은? (4점)

① $\frac{5}{13}$ ② $\frac{5}{14}$ ③ $\frac{1}{3}$
④ $\frac{5}{16}$ ⑤ $\frac{5}{17}$

D51 ✪ 2등급 킬러 예상 적중

다음 세 조건을 모두 만족시키는 실수 전체의 집합에서 정의된 함수 $f(x)$가 있다.

> (가) $-2\leq x\leq 2$일 때, $f(x)=-x^2+5$
> (나) 모든 실수 x에 대하여 $f(4-x)=f(x)$
> (다) 모든 실수 x에 대하여 $f(-x)=f(x)$

이때, $0\leq x<20$에서 함수 $y=[f(x)]$의 불연속점의 개수를 구하시오. (단, $[x]$는 x보다 크지 않은 최대의 정수이다.) (4점)

D52 4점  2011(가)/수능(홀) 8(고3) 변형

함수

$$f(x)=\begin{cases} -x+2 & (x<-1) \\ 0 & (x=-1) \\ x^2 & (-1<x\leq 1) \\ 0 & (x>1) \end{cases}$$

에 대하여 옳은 것만을 [보기]에서 있는 대로 고른 것은? (4점)

> [보기]
> ㄱ. $\lim_{x\to 1}\{f(x)+f(-x)\}$가 존재하지 않는다.
> ㄴ. 함수 $(f\circ f)(x)$는 $x=1$에서 연속이다.
> ㄷ. 함수 $f(x)f(x-a)$가 실수 전체의 집합에서 연속이 되는 상수 a가 존재한다.

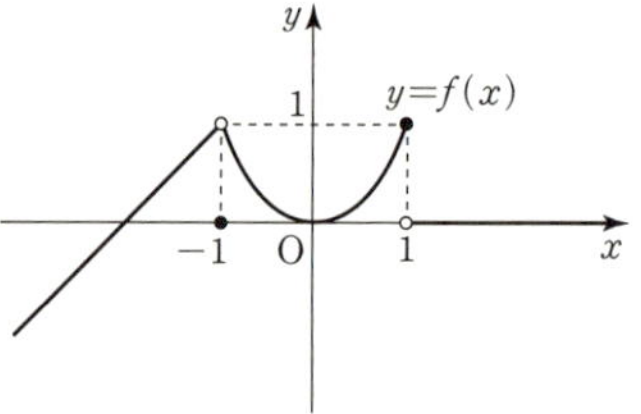

① ㄱ ② ㄱ, ㄴ ③ ㄱ, ㄷ
④ ㄴ, ㄷ ⑤ ㄱ, ㄴ, ㄷ

D53 4점 고난도 2020실시(나) 4월/교육청 21(고3)

좌표평면에 세 점 O(0, 0), A($\sqrt{2}$, 0), B(0, $\sqrt{2}$)가 있다. 점 O를 중심으로 하는 원 C의 반지름의 길이가 t일 때, 삼각형 ABP의 넓이가 자연수인 원 C 위의 점 P의 개수를 함수 $f(t)$라 하자. [보기]에서 옳은 것만을 있는 대로 고른 것은? (단, 점 P는 직선 AB 위에 있지 않다.) (4점)

[보기]

ㄱ. $f\left(\frac{1}{2}\right)=2$

ㄴ. $\lim_{t\to 1+} f(t) \neq f(1)$

ㄷ. $0<a<4$인 실수 a에 대하여 함수 $f(t)$가 $t=a$에서 불연속인 a의 개수는 3이다.

① ㄱ ② ㄴ ③ ㄱ, ㄴ
④ ㄴ, ㄷ ⑤ ㄱ, ㄴ, ㄷ

D54 ✪ 2등급 킬러 2019실시(가) 11월/교육청 21(고2)

세 실수 a, b, c에 대하여 함수 $f(x)$는

$$f(x)=\begin{cases} -|2x+a| & (x<0) \\ x^2+bx+c & (x\geq 0) \end{cases}$$

이고, 함수 $|f(x)|$는 실수 전체의 집합에서 연속이다.
실수 t에 대하여 직선 $y=t$가 두 함수 $y=f(x)$, $y=|f(x)|$의 그래프와 만나는 점의 개수를 각각 $g(t)$, $h(t)$라 할 때, 두 함수 $g(t)$, $h(t)$가 다음 조건을 만족시킨다.

(가) 함수 $g(t)$의 치역은 $\{1, 2, 3, 4\}$이다.
(나) $\lim_{t\to -2-} h(t) \times \lim_{t\to 2+} h(t)=12$

$f(-2)+f(6)$의 값은? (4점)

① 12 ② 14 ③ 16
④ 18 ⑤ 20

D55 ✪ 1등급 킬러 2019실시(나) 11월/교육청 30(고2)

좌표평면에서 실수 m에 대하여 함수

$$f(x)=\begin{cases} x^2+ax+b & (x<m) \\ \frac{1}{4}(x-3)^2 & (x\geq m) \end{cases}$$

의 그래프가 직선 $y=mx$와 만나는 점의 개수를 $g(m)$이라 하자. $m\leq 0$에서 함수 $g(m)$이 연속이 되도록 하는 상수 a, b에 대하여 $a+b$의 값을 구하시오. (4점)

D56 ✪ 1등급 킬러 2018실시(나) 4월/교육청 30(고3)

두 실수 a, b에 대하여 정의역이 $\{x\,|\,x\geq 0\}$인 함수

$$f(x)=\frac{-ax-b+1}{ax+b} \quad (ab>0)$$

이 있다. 실수 k에 대하여 정의역이 $\{x\,|\,x\geq 0\}$인 함수

$$g(x)=\begin{cases} 2k-f(x) & (f(x)<k) \\ f(x) & (f(x)\geq k) \end{cases}$$

가 다음 조건을 만족시킨다.

(가) $\lim_{x\to\infty}|g(x)|=\frac{1}{2}$
(나) $|g(0)|=1$
(다) 함수 $y=|g(x)|$의 그래프와 직선 $y=-k$는 두 점 $\left(\frac{1}{28}, -k\right)$, $(\alpha, -k)$에서만 만난다. $\left(\text{단, } \alpha>\frac{1}{28}\right)$

직선 $y=m(x-4\alpha)+\frac{3}{4}$이 함수 $y=|g(x)|$의 그래프와 만나는 서로 다른 점의 개수를 $h(m)$이라 할 때, 함수 $h(m)$이 불연속이 되는 모든 실수 m의 값의 합은 M이다. $252M$의 값을 구하시오. (4점)

10 DAY

❖ 정답 및 해설 145~156p

E 미분

- 미분계수의 정의 및 미분가능에 대한 정확한 이해를 바탕으로, 이를 이용할 수 있게 주어진 식을 변형하는 연습을 충분히 해야 합니다.
- 함수의 극대, 극소, 미분불가능한 점의 유무, 접선 사이의 관계 등을 이용하여 함수의 식과 그래프를 추론할 수 있어야 합니다. 도함수를 이용해 다양한 함수의 그래프의 개형을 그리는 방법을 반드시 익히도록 하세요.

1 평균변화율과 미분계수

(1) 함수 $y=f(x)$에서 x의 값이 a에서 b까지 변할 때의 **평균변화율**은

$$\frac{\Delta y}{\Delta x}=\frac{f(b)-f(a)}{b-a}=\frac{f(a+\Delta x)-f(a)}{\Delta x}$$

이 평균변화율은 함수 $y=f(x)$의 그래프 위의 두 점 $\mathrm{P}(a, f(a))$, $\mathrm{Q}(b, f(b))$를 지나는 직선 PQ의 기울기와 같다.

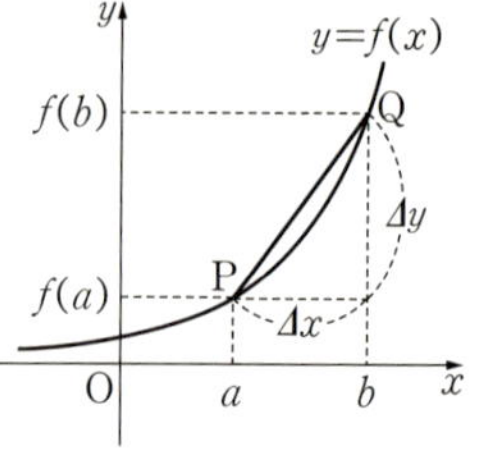

(2) 함수 $y=f(x)$의 $x=a$에서의 **순간변화율** 또는 **미분계수**❶는

$$f'(a)=\lim_{\Delta x\to 0}\frac{f(a+\Delta x)-f(a)}{\Delta x}=\lim_{x\to a}\frac{f(x)-f(a)}{x-a}$$

이 순간변화율은 함수 $y=f(x)$의 그래프 위의 점 $(a, f(a))$에서의 접선의 기울기와 같다.

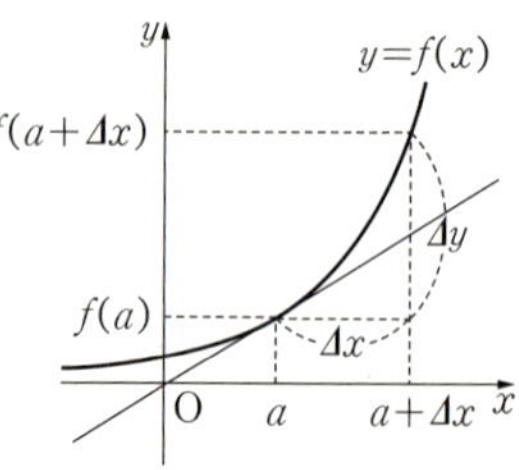

+개념보충

❶ $f'(a)=\lim_{h\to 0}\frac{f(a+h)-f(a)}{h}$의 변형

(1) $\lim_{h\to 0}\frac{f(a+kh)-f(a)}{h}=kf'(a)$

(2) $\lim_{h\to 0}\frac{f(a+kh)-f(a+mh)}{h}$
$=(k-m)f'(a)$

한걸음 더!

❷ 함수 $f(x)$가 $x=a$에서 미분가능하지 않은 경우

(1) 함수 $f(x)$가 $x=a$에서 불연속인 경우

(2) 함수 $f(x)$가 $x=a$에서 연속이지만 이 점에서의 좌미분계수와 우미분계수가 다른 경우, 즉 함수 $y=f(x)$의 그래프가 꺾인 경우

2 미분법의 공식

(1) **함수 $y=x^n$(n은 자연수)과 상수함수의 도함수**

① $y=x^n$이면 $y'=nx^{n-1}$　　② 상수 c에 대하여 $y=c$이면 $y'=0$

(2) **실수배, 합, 차의 미분법**

미분가능한 두 함수 $f(x)$, $g(x)$에 대하여

① $y=cf(x)$ (c는 상수)이면 $y'=cf'(x)$

② $y=f(x)\pm g(x)$이면 $y'=f'(x)\pm g'(x)$ (복호동순)

(3) **곱의 미분법**

→ 미분가능한 함수 $f(x)$에 대하여 $y=\{f(x)\}^n$(n은 자연수)이면 $y'=n\{f(x)\}^{n-1}f'(x)$

미분가능한 두 함수 $f(x)$, $g(x)$에 대하여

$y=f(x)g(x)$이면 $y'=f'(x)g(x)+f(x)g'(x)$

왜 그럴까?

❸ 다음은 함수 $f(x)=|x|$의 그래프이다.

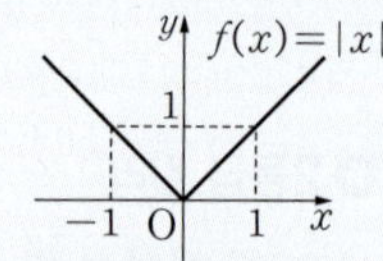

(i) $x=0$에서 연속이다.

$\lim_{x\to 0}f(x)=f(0)=0$

(ii) $x=0$에서 미분가능하지 않다.

$\lim_{h\to 0+}\frac{f(0+h)-f(0)}{h}$

$=\lim_{h\to 0+}\frac{|h|}{h}=\lim_{h\to 0+}\frac{h}{h}=1$

$\lim_{h\to 0-}\frac{f(0+h)-f(0)}{h}$

$=\lim_{h\to 0-}\frac{|h|}{h}=\lim_{h\to 0-}\frac{-h}{h}=-1$

3 미분가능과 연속❷

(1) 함수 $f(x)$의 $x=a$에서의 미분계수 $f'(a)$가 존재한다면 $f(x)$는 $x=a$에서 미분가능하다.

(2) 함수 $f(x)$가 $x=a$에서 미분가능하면 $f(x)$는 $x=a$에서 연속이다.

(3) 함수 $f(x)$가 $x=a$에서 연속이라고 해서 $f(x)$가 $x=a$에서 반드시 미분가능한 것은 아니다.❸

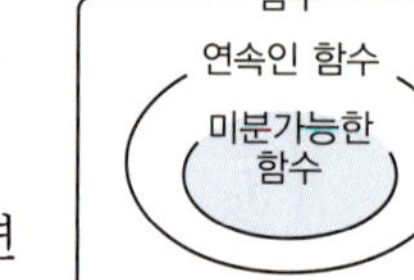
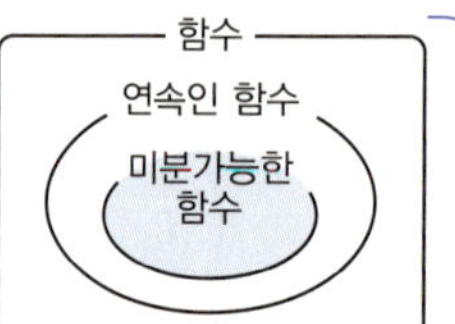

고난도 출제 2021 수능 나형 30번 / 2021 9월 나형 30번

★구간별로 다르게 정의된 함수 또는 그러한 함수들의 합, 차, 곱, 몫으로 만들어진 새로운 함수의 연속성과 미분가능성을 이용하여 미정계수를 구하거나 [보기]의 진위를 판정하는 문제가 출제될 수 있다. 연속과 미분가능의 본질적 개념 이해가 무엇보다 중요하며, 연속성과 미분가능성 사이의 관계를 정확히 파악하고 있어야 한다.

고난도 필수 개념

＊절댓값을 포함한 함수의 미분가능

실수 전체의 집합에서 미분가능한 함수 $f(x)$에 대하여 함수 $g(x)=|f(x)|$라 할 때, 함수 $g(x)$가 $x=a$에서 미분가능한 조건은

(1) $f(a)\neq 0$ ($f(a)>0$ 또는 $f(a)<0$)인 경우

(2) $f(a)=0$이면 ⇒ $f'(a)=0$인 경우 → 꺾어 올린 그래프가 뾰족점이 없이 부드럽게 이어져야 한다.

4 접선의 방정식

함수 $f(x)$가 $x=a$에서 미분가능할 때, 곡선 $y=f(x)$ 위의 점 $(a, f(a))$에서의 접선의 방정식은

$$y-f(a)=f'(a)(x-a)$$❹

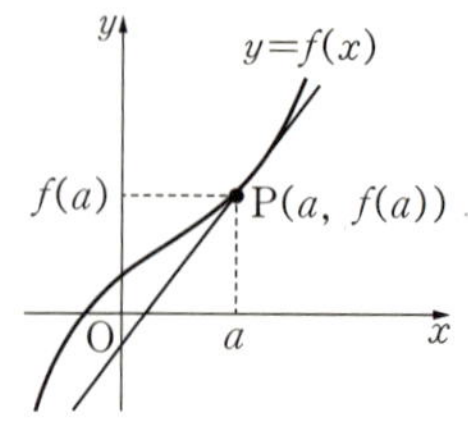

한걸음 더!

❹ **공통 접선**

두 곡선 $y=f(x)$, $y=g(x)$가 점 (a, b)에서 접할 때, 두 곡선은 점 (a, b)에서 공통 접선을 갖는다. 따라서

① $x=a$에서 두 함수의 함숫값이 같다. 즉, $f(a)=g(a)=b$

② $x=a$에서 두 함수의 접선의 기울기가 같다. 즉, $f'(a)=g'(a)$

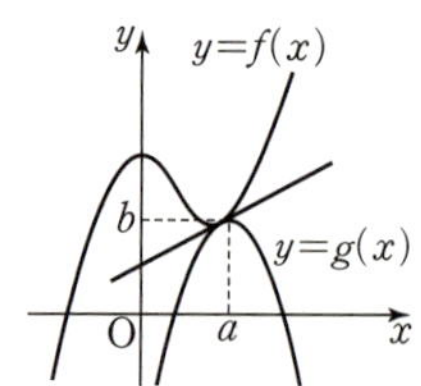

5 평균값 정리[5]

(1) 함수 $f(x)$가 닫힌구간 $[a, b]$에서 연속이고 열린구간 (a, b)에서 미분가능할 때,

$$f'(c)=\frac{f(b)-f(a)}{b-a}$$

인 c가 열린구간 (a, b)에 적어도 하나 존재한다.

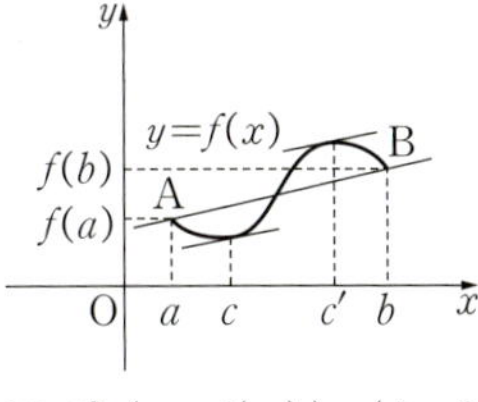

(2) **평균값 정리의 기하학적 의미** : 곡선 $y=f(x)$ 위의 두 점 $(a, f(a))$, $(b, f(b))$를 지나는 직선과 평행한 접선이 열린구간 (a, b)에 적어도 하나 존재함을 의미한다.

6 함수의 증가와 감소[6]

함수 $f(x)$가 어떤 구간에서 미분가능하고, 그 구간의 모든 x에 대하여

(1) $f'(x)>0$이면 함수 $f(x)$는 그 구간에서 **증가**한다.

(2) $f'(x)<0$이면 함수 $f(x)$는 그 구간에서 **감소**한다.

7 함수의 극대와 극소[7, 8]

$x=a$를 포함하는 어떤 열린구간에 속하는 모든 x에 대하여

(1) $f(x)\le f(a)$이면 함수 $f(x)$는 $x=a$에서 **극대**라 하고, $f(a)$를 **극댓값**이라 한다.

(2) $f(x)\ge f(a)$이면 함수 $f(x)$는 $x=a$에서 **극소**라 하고, $f(a)$를 **극솟값**이라 한다.

고난도 필수 개념

*** x축에 접하는 다항함수의 그래프**

(1) 다항함수 $y=f(x)$의 그래프가 x축에 접하면
$\Rightarrow$ 함수 $f(x)$의 극댓값 또는 극솟값이 0이다.

(2) 삼차함수 $y=f(x)$의 그래프가 $x=a$에서 x축에 접하면
$\Rightarrow f(a)=f'(a)=0$
$\Rightarrow f(x)$는 $(x-a)^2$을 인수로 갖는다.

8 함수의 최댓값과 최솟값[9]

함수 $f(x)$가 닫힌구간 $[a, b]$에서 연속이면 이 구간에서 함수 $f(x)$는 최댓값과 최솟값을 가진다. 즉, $f(x)$의 극댓값과 극솟값, $f(a)$, $f(b)$ 중에서 가장 큰 값이 최댓값, 가장 작은 값이 최솟값이다.

고난도 출제 2021 6월 나형 30번

★ 도함수를 이용하여 최댓값, 최솟값을 구하는 문제뿐 아니라 함수의 증가·감소, 극값 등 여러 개념을 복합한 함수의 그래프의 개형을 묻는 문제가 출제될 수 있다.

9 방정식과 부등식에의 활용

(1) **방정식의 실근의 개수** : 방정식 $f(x)=0$의 서로 다른 실근의 개수는 함수 $y=f(x)$의 그래프와 x축과의 교점의 개수와 같다.

(2) **부등식의 증명** : 함수 $f(x)$에 대하여 어떤 구간에서 부등식 $f(x)\ge 0$임을 보이려면 주어진 구간에서
$\{f(x)$의 최솟값$\}\ge 0$임을 보인다.

2021 9월 나형 18번
2021 6월 나형 19번

★ 함수의 그래프를 이용하여 방정식의 실근의 개수 또는 부등식이 성립하는 조건을 찾을 수 있어야 한다. 또한, 방정식, 부등식으로 주어진 조건을 해석하는 고난도 문제가 출제될 수 있으므로 여러 상황의 그래프를 그려보는 연습을 해야 한다.

10 속도와 가속도[10]

수직선 위를 움직이는 점 P의 위치 x가 시각 t의 함수 $x=f(t)$로 나타내어질 때,

(1) **속도** : $v(t)=\dfrac{dx}{dt}=f'(t)$ (2) **가속도** : $a(t)=\dfrac{dv(t)}{dt}=v'(t)$

+개념보충

5 롤의 정리
함수 $f(x)$가 닫힌구간 $[a, b]$에서 연속이고 열린구간 (a, b)에서 미분가능할 때, $f(a)=f(b)$이면 $f'(c)=0$인 c가 열린구간 (a, b)에 적어도 하나 존재한다.

6 함수 $f(x)$가 어떤 구간에서 증가한다고 해서 항상 $f'(x)>0$인 것은 아니다.
예를 들면, 함수 $f(x)=x^3$은 모든 실수에서 증가하지만 $f'(0)=0$이므로 $f'(x)>0$이 아니다.
즉, 함수 $f(x)$가 어떤 구간에서 미분가능하고 이 구간에서
(1) $f(x)$가 증가하면 $f'(x)\ge 0$
(2) $f(x)$가 감소하면 $f'(x)\le 0$

7 미분가능한 함수 $f(x)$에 대하여 $f'(a)=0$이고 $x=a$의 좌우에서 $f'(x)$의 부호가
(1) 양(+)에서 음(−)으로 바뀌면 함수 $f(x)$는 $x=a$에서 극대이다.
(2) 음(−)에서 양(+)으로 바뀌면 함수 $f(x)$는 $x=a$에서 극소이다.

한걸음 더!

8 다항함수의 극대와 극소
① 삼차함수 $f(x)$가 극값을 가질 조건
$\Rightarrow$ 이차방정식 $f'(x)=0$이 서로 다른 두 실근을 갖는다. 즉, 삼차함수가 극값을 가지면 항상 극댓값과 극솟값을 동시에 갖는다.
② 사차함수 $g(x)$가 극댓값과 극솟값을 모두 가질 조건
$\Rightarrow$ 삼차방정식 $g'(x)=0$이 서로 다른 세 실근을 갖는다. 이때, 사차함수의 최고차항의 계수가 양수이면 항상 극솟값을, 음수이면 항상 극댓값을 갖는다.

9 구간 $[a, b]$에서 연속인 함수가 이 구간에서 극값이 오직 하나 존재할 때
(1) 극값이 극댓값이면
(최댓값)=(극댓값)
(2) 극값이 극솟값이면
(최솟값)=(극솟값)

+개념보충

10 시각에 대한 함수의 변화율
① 길이 $l(t)$에 대하여 시각 $t=a$일 때, 순간변화율은 $l'(a)$
② 넓이 $S(t)$에 대하여 시각 $t=a$일 때, 순간변화율은 $S'(a)$

유형 01 미분계수의 정의

(1) x의 값이 a에서 b까지 변할 때의 함수 $y=f(x)$의 평균변화율은

$$\frac{\Delta y}{\Delta x}=\frac{f(b)-f(a)}{b-a}=\frac{f(a+\Delta x)-f(a)}{\Delta x}\ (\text{단, } \Delta x=b-a)$$

(2) 함수 $y=f(x)$의 $x=a$에서의 미분계수는

$$f'(a)=\lim_{x\to a}\frac{f(x)-f(a)}{x-a}=\lim_{h\to 0}\frac{f(a+h)-f(a)}{h}$$

tip

평균변화율은 곡선 $y=f(x)$ 위의 두 점 $(a, f(a))$, $(b, f(b))$를 지나는 직선의 기울기와 같고, 미분계수는 곡선 $y=f(x)$ 위의 점 $(a, f(a))$에서의 접선의 기울기와 같다.

E01 4점 — 2016/경찰대 11(고3)

모든 실수 x에 대하여 $f(-x)=-f(x)$인 다항함수 $f(x)$가

$f(-1)=2$, $\displaystyle\lim_{x\to -1}\frac{f(1)-f(-x)}{x^2-1}=3$을 만족시킬 때,

$\displaystyle\lim_{x\to -1}\frac{\{f(x)\}^2-4}{x+1}$의 값은? (4점)

① -24 ② -12 ③ 0
④ 12 ⑤ 24

E02 4점 — 2013(가) 6월/평가원 16(고3)

양의 실수 전체의 집합에서 증가하는 함수 $f(x)$가 $x=1$에서 미분가능하다. 1보다 큰 모든 실수 a에 대하여 점 $(1, f(1))$과 점 $(a, f(a))$ 사이의 거리가 a^2-1일 때, $f'(1)$의 값은? (4점)

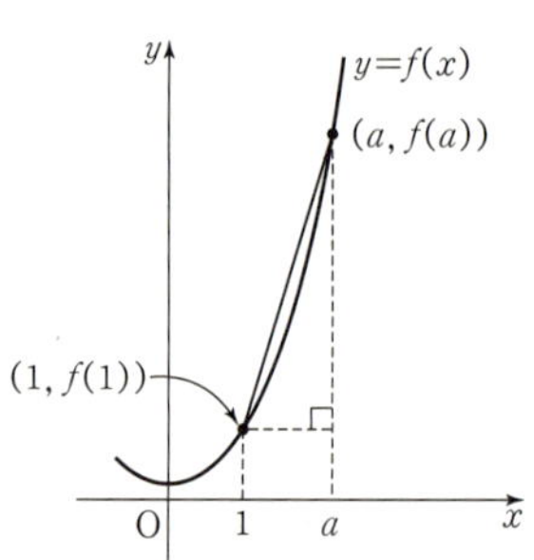

① 1 ② $\frac{\sqrt{5}}{2}$ ③ $\frac{\sqrt{6}}{2}$
④ $\sqrt{2}$ ⑤ $\sqrt{3}$

E03 4점  — 예상 적중

모든 실수 x, y에 대하여 다항함수 $f(x)$가

$$f(x+y)=f(x)+f(y)+(x+y)xy$$

를 만족시킬 때, $\displaystyle\sum_{k=1}^{10}\{f'(k)-f'(0)\}$의 값을 구하시오. (4점)

유형 02 다항함수의 도함수

미분가능한 함수 $f(x)$, $g(x)$에 대하여

(1) $f(x)=x^n$ (n은 자연수)이면 $f'(x)=nx^{n-1}$

(2) $y=f(x)\pm g(x)$이면 $y'=f'(x)\pm g'(x)$ (복호동순)

(3) $y=f(x)g(x)$이면 $y'=f'(x)g(x)+f(x)g'(x)$

(4) $y=\{f(x)\}^n$ ($n\ge 2$인 정수)이면 $y'=n\{f(x)\}^{n-1}f'(x)$

tip

절댓값 기호가 포함된 함수는 구간을 나눠 함수식을 구한 후 도함수를 구한다.

E04 4점 — 2012실시(가) 3월/교육청 19(고3) 변형

함수 $f(x)=x|x-1|+|x^3-8|$에 대하여 $f'(-2)+f'(3)$의 값은? (4점)

① 19 ② 22 ③ 25
④ 28 ⑤ 31

E05 3점 실수 — 2010실시(가) 7월/교육청 8(고3) 변형

함수 $f(x)=\displaystyle\sum_{n=1}^{2020}\frac{x^n}{n(n+1)(n+2)}$에 대하여 $f'(1)=\frac{q}{p}$일 때, $p-q$의 값은? (단, p와 q는 서로소인 자연수이다.) (3점)

① 503 ② 504 ③ 505
④ 506 ⑤ 507

E06 4점 …… 2012(나)/삼사 11(고3)

이차함수 $f(x)$와 연속함수 $g(x)$가 모든 실수 x에 대하여

$$(x-2)g(x)=f(x)-f(2)$$

를 만족시킬 때, [보기]에서 옳은 것만을 있는 대로 고른 것은? (4점)

[보기]

ㄱ. $\lim_{x \to 2} g(x)=f'(2)$

ㄴ. $(x-2)g'(x)=f'(x)-g(x)$

ㄷ. $x>2$일 때, $g(x)<f'(x)$

① ㄱ ② ㄷ ③ ㄱ, ㄴ
④ ㄴ, ㄷ ⑤ ㄱ, ㄴ, ㄷ

E07 3점  

2011실시(나) 7월/교육청 25(고3)

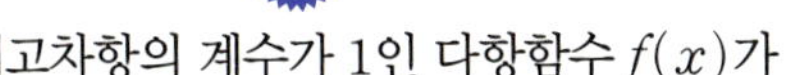

최고차항의 계수가 1인 다항함수 $f(x)$가

$$f(x)f'(x)=2x^3-9x^2+5x+6$$

을 만족할 때, $f(-3)$의 값을 구하시오. (3점)

유형 03 미분계수와 도함수

(1) 함수 $f(x)$의 $x=a$에서의 미분계수는

$$f'(a)=\lim_{x \to a}\frac{f(x)-f(a)}{x-a}=\lim_{h \to 0}\frac{f(a+h)-f(a)}{h}$$

(2) 미분계수의 정의가 드러나지 않을 때에는 주어진 식을 미분계수의 정의를 포함하는 꼴로 변형한다. 즉, $\lim_{■ \to ▲}\frac{f(■)-f(▲)}{■-▲}$ 또는 $\lim_{★ \to 0}\frac{f(◆+★)-f(◆)}{★}$ 꼴로 변형한다.

1 $x \to a$일 때, 미분계수의 정의를 이용한 극한값의 계산

① $\lim_{x \to a}\frac{af(x)-xf(a)}{x-a}=af'(a)-f(a)$

② $\lim_{x \to 0}\frac{f(mx)-f(nx)}{x}=(m-n)f'(0)$

2 $h \to 0$일 때, 미분계수의 정의를 이용한 극한값의 계산

① $\lim_{h \to 0}\frac{f(a+mh)-f(a)}{h}=mf'(a)$

② $\lim_{h \to 0}\frac{f(a+mh)-f(a+nh)}{h}=(m-n)f'(a)$

E08 4점 …… 2021(나)/수능(홀) 17(고3)

두 다항함수 $f(x)$, $g(x)$가

$$\lim_{x \to 0}\frac{f(x)+g(x)}{x}=3,\ \lim_{x \to 0}\frac{f(x)+3}{xg(x)}=2$$

를 만족시킨다. 함수 $h(x)=f(x)g(x)$에 대하여 $h'(0)$의 값은? (4점)

① 27 ② 30 ③ 33
④ 36 ⑤ 39

E09 4점 …… 예상 적중

함수 $f(x)=\frac{1}{3}x^3+\frac{1}{2}x^2+x$에 대하여

$$g(n)=\lim_{h \to 0}\frac{\sum_{k=1}^{n} f(1+kh)-nf(1)}{h}$$

로 정의할 때, $g(15)$의 값을 구하시오. (4점)

E10 3점 실수 …… 2007실시(가) 10월/교육청 6(고3) 변형

다항함수 $f(x)$에 대하여 함수 $g(x)$를 다음과 같이 정의하자.

$$g(x)=\begin{cases}\frac{2f(x)-xf(2)}{x-2} & (x\neq 2)\\ f(2) & (x=2)\end{cases}$$

이때, 함수 $g(x)$가 $x=2$에서 연속이 되도록 하는 함수 $f(x)$를 [보기]에서 모두 고른 것은? (3점)

[보기]

ㄱ. $f(x)=2x-1$

ㄴ. $f(x)=x^3-3x^2+4$

ㄷ. $f(x)=(x-3)^{20}-21x$

① ㄱ ② ㄴ ③ ㄷ
④ ㄱ, ㄴ ⑤ ㄴ, ㄷ

❖ 정답 및 해설 156~160p

E11 3점  2007(가) 6월/평가원 9(고3) 변형

세 다항함수 $f(x)$, $g(x)$, $h(x)$에 대하여 [보기]에서 항상 옳은 것을 모두 고른 것은? (3점)

[보기]

ㄱ. $f'(0)=0$이면 $f(0)=0$이다.

ㄴ. 모든 실수 x에 대하여 $g(x)+g(-x)=0$이면 $g'(x)=g'(-x)$이다.

ㄷ. 모든 실수 x에 대하여 $|h(2+x)-h(2-x)|\leq 2x^2$이면 $h'(2)=1$이다.

① ㄱ　② ㄴ　③ ㄷ
④ ㄱ, ㄴ　⑤ ㄴ, ㄷ

유형 04 미분가능과 연속

(1) 함수 $f(x)$에 대하여 $x=a$에서의 미분가능성을 확인하려면

(i) $x=a$에서 $f(x)$가 연속임을 확인하고

(ii) $\lim_{h\to 0+}\frac{f(a+h)-f(a)}{h}=\lim_{h\to 0-}\frac{f(a+h)-f(a)}{h}$가 성립함을 확인한다.

(2) 함수 $f(x)$의 그래프가 주어졌을 때, $x=a$에서 미분가능하지 않은 경우는 다음과 같다.

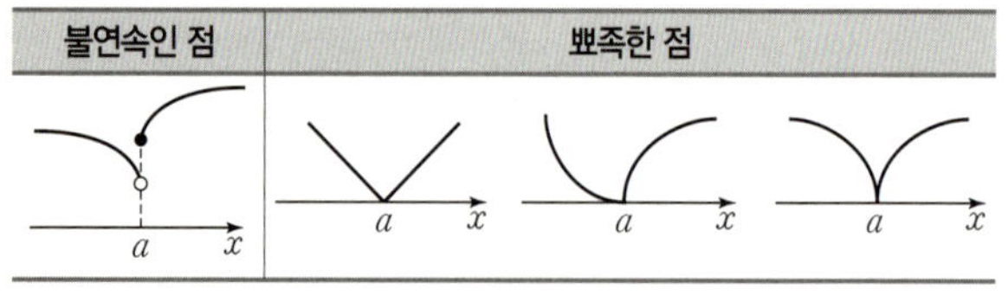

tip

1 구간에 따라 다르게 정의된 함수의 경우 대부분은 각 구간 안의 모든 x에 대해서는 연속이고 미분가능하므로, 구간의 경계에서의 연속성과 미분가능성을 따지면 된다.

2 미분가능하면 연속이지만, 그 역은 성립하지 않는다.

E12 4점 2017(나) 6월/평가원 29(고3)

함수 $f(x)$는

$$f(x)=\begin{cases} x+1 & (x<1) \\ -2x+4 & (x\geq 1) \end{cases}$$

이고, 좌표평면 위에 두 점 A$(-1, -1)$, B$(1, 2)$가 있다. 실수 x에 대하여 점 $(x, f(x))$에서 점 A까지의 거리의 제곱과 점 B까지의 거리의 제곱 중 크지 않은 값을 $g(x)$라 하자. 함수 $g(x)$가 $x=a$에서 미분가능하지 않은 모든 a의 값의 합이 p일 때, $80p$의 값을 구하시오. (4점)

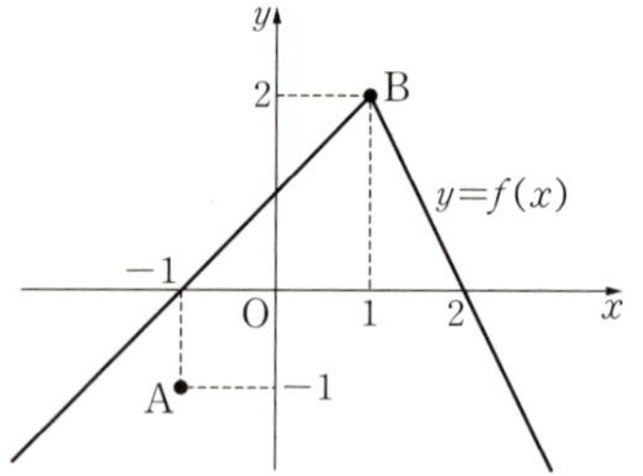

E13 3점 실수 2007(가)/수능(홀) 7(고3) 변형

함수 $f(x)$가

$$f(x)=\begin{cases} x+1 & (x<0) \\ x^3-1 & (0\leq x<1) \\ -\frac{3}{2}(x-2)^2+\frac{3}{2} & (x\geq 1) \end{cases}$$

일 때, [보기]에서 옳은 것을 모두 고른 것은? (3점)

[보기]

ㄱ. $f(x)$는 $x=1$에서 미분가능하다.

ㄴ. $\{f(x)\}^2$은 $x=0$에서 미분가능하다.

ㄷ. $x^kf(x)$가 $x=0$에서 미분가능하도록 하는 최소의 자연수 k는 2이다.

① ㄱ　② ㄴ　③ ㄱ, ㄷ
④ ㄴ, ㄷ　⑤ ㄱ, ㄴ, ㄷ

E14 4점 2013(나)/삼사 18(고3)

모든 실수 x에서 정의된 함수 $f(x)$가 $x=a$에서 미분가능하기 위한 필요충분조건인 것만을 [보기]에서 있는 대로 고른 것은? (4점)

[보기]

ㄱ. $\lim\limits_{h \to 0} \dfrac{f(a+h^2)-f(a)}{h^2}$의 값이 존재한다.

ㄴ. $\lim\limits_{h \to 0} \dfrac{f(a+h^3)-f(a)}{h^3}$의 값이 존재한다.

ㄷ. $\lim\limits_{h \to 0} \dfrac{f(a+h)-f(a-h)}{2h}$의 값이 존재한다.

① ㄱ ② ㄴ ③ ㄷ
④ ㄱ, ㄷ ⑤ ㄴ, ㄷ

E15 4점  2019실시(가) 11월/교육청 20(고2) 

함수 $f(x)$는 $f(x)=\begin{cases} x^2 & (x<0) \\ x & (x \geq 0) \end{cases}$이고, 좌표평면 위에 세 점 A$(-1, 3)$, B$(1, 3)$, C$(1, 5)$가 있다. 실수 x에 대하여 점 P$(x, f(x))$와 삼각형 ABC의 세 변 위의 임의의 점 Q에 대하여 $\overline{\text{PQ}}^2$의 최댓값을 $g(x)$라 하자. 함수 $g(x)$에 대하여 [보기]에서 옳은 것만을 있는 대로 고른 것은? (4점)

[보기]

ㄱ. $g(0)=26$

ㄴ. 닫힌구간 $[0, 3]$에서 함수 $g(x)$의 최솟값은 10이다.

ㄷ. 함수 $g(x)$가 $x=a$에서 미분가능하지 않은 모든 a의 값의 합은 2이다.

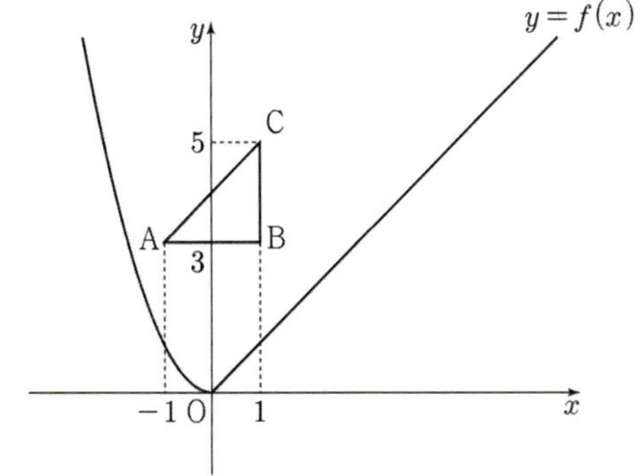

① ㄱ ② ㄷ ③ ㄱ, ㄴ
④ ㄴ, ㄷ ⑤ ㄱ, ㄴ, ㄷ

유형 05 미분을 이용한 함수의 결정

(1) $f(a)=0$, $f'(a)=0$인 다항함수 $f(x)$에 대하여 $f(x)$는 $(x-a)^2$을 인수로 갖는다.

(2) 삼차함수 $f(x)$에 대하여 $f(a)=f(b)=f(c)$일 때, $f(a)=f(b)=f(c)=k$ (k는 상수)라 하면 a, b, c는 방정식 $f(x)-k=0$의 세 근이다.

(3) 미분가능한 함수 $f(x)$에 대하여 $\lim\limits_{x \to a} \dfrac{f(x)-b}{x-a}=c$ (c는 상수)이면 $f(a)=b$, $f'(a)=c$이다.

tip

1 다항함수라는 조건이 주어진 경우 차수를 먼저 결정한다.

2 함수식이 주어지지 않은 경우 함숫값이나 미분계수 등을 이용해 함수의 차수와 식을 유추하여야 한다.
① $f(x)$가 n차 다항함수이면 $f'(x)$는 $(n-1)$차 다항함수이다.
② n차 다항식과 m차 다항식의 곱은 $(n+m)$차 다항식이다.

3 $f(x)$와 $f'(x)$ 사이의 관계식이 주어지면 $f(x)$에서 $f'(x)$의 식을 세우고, 두 식을 주어진 관계식에 대입하여 항등식의 성질을 이용한다.

E16 4점  2022예시문항 5월/평가원 11(고2) 

최고차항의 계수가 1인 삼차함수 $f(x)$가 다음 조건을 만족시킨다.

방정식 $f(x)=9$는 서로 다른 세 실근을 갖고, 이 세 실근은 크기 순서대로 등비수열을 이룬다.

$f(0)=1$, $f'(2)=-2$일 때, $f(3)$의 값은? (4점)

① 6 ② 7 ③ 8
④ 9 ⑤ 10

E17 4점 2018(나)/수능(홀) 18(고3) 

최고차항의 계수가 1이고 $f(1)=0$인 삼차함수 $f(x)$가

$$\lim_{x \to 2} \frac{f(x)}{(x-2)\{f'(x)\}^2}=\frac{1}{4}$$

을 만족시킬 때, $f(3)$의 값은? (4점)

① 4 ② 6 ③ 8
④ 10 ⑤ 12

❖ 정답 및 해설 160~166p

E18 4점 실수 2011(가) 6월/평가원 23(고3) 변형

최고차항의 계수가 2보다 큰 다항함수 $f(x)$가 다음 조건을 만족시킬 때, $f'(2)$의 값을 구하시오. (4점)

(가) $\lim_{x \to \infty} \dfrac{\{f(x)\}^3 - 4f(x^3)}{x^3\{f(x)\}^2} = 3$

(나) $\lim_{x \to 1} \dfrac{f'(x) - 3}{x - 1} = 12$

E19 4점 함정 2019/경찰대 24(고3)

다항함수 $g(x)$와 자연수 k에 대하여 함수 $f(x)$가 다음과 같다.

$$f(x) = \begin{cases} x+1 & (x \le 0) \\ g(x) & (0 < x < 2) \\ k(x-2)+1 & (x \ge 2) \end{cases}$$

함수 $f(x)$가 모든 실수 x에 대하여 미분가능하도록 하는 가장 낮은 차수의 다항함수 $g(x)$에 대하여 $\frac{1}{4} < g(1) < \frac{3}{4}$일 때, k의 값을 구하시오. (4점)

E20 4점 2017(나) 9월/평가원 21(고3)

다음 조건을 만족시키며 최고차항의 계수가 음수인 모든 사차함수 $f(x)$에 대하여 $f(1)$의 최댓값은? (4점)

(가) 방정식 $f(x) = 0$의 실근은 $0, 2, 3$뿐이다.

(나) 실수 x에 대하여 $f(x)$와 $|x(x-2)(x-3)|$ 중 크지 않은 값을 $g(x)$라 할 때, 함수 $g(x)$는 실수 전체의 집합에서 미분가능하다.

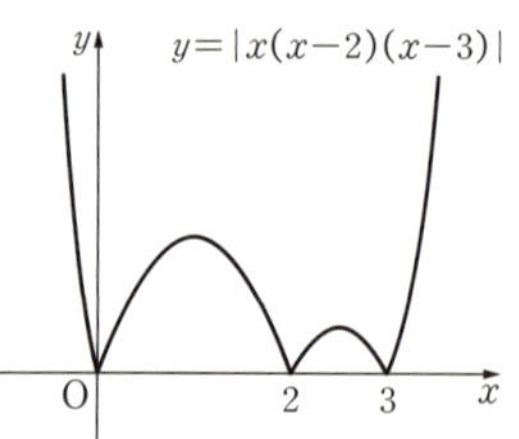

① $\frac{7}{6}$　② $\frac{4}{3}$　③ $\frac{3}{2}$

④ $\frac{5}{3}$　⑤ $\frac{11}{6}$

E21 4점 2015실시(B) 3월/교육청 28(고3)

삼차함수 $f(x) = x^3 - x^2 - 9x + 1$에 대하여 함수 $g(x)$를

$$g(x) = \begin{cases} f(x) & (x \ge k) \\ f(2k - x) & (x < k) \end{cases}$$

라 하자. 함수 $g(x)$가 실수 전체의 집합에서 미분가능하도록 하는 모든 실수 k의 값의 합을 $\frac{q}{p}$라 할 때, $p^2 + q^2$의 값을 구하시오. (단, p와 q는 서로소인 자연수이다.) (4점)

유형 06 접점이 주어진 접선의 방정식

(1) 곡선 $y=f(x)$ 위의 점 $(a, f(a))$에서의 접선의 방정식은

$y - f(a) = f'(a)(x - a)$

(2) 곡선 $y=f(x)$ 위의 점 $(a, f(a))$를 지나고, 이 점에서의 접선과 수직인 직선의 방정식은

$y - f(a) = -\dfrac{1}{f'(a)}(x - a)$ (단, $f'(a) \ne 0$)

tip

곡선 $y=f(x)$ 위의 점 $(a, f(a))$에서의 접선 $y=g(x)$가 이 곡선과 다시 만나면

⇒ 다시 만나는 점의 x좌표는 방정식 $f(x)=g(x)$의 실근이다.

⇒ 방정식 $f(x)=g(x)$는 중근 $x=a$를 갖는다.

E22 4점 예상 적중

그림과 같이 곡선 $y = x^3 - nx^2$ 위의 한 점 $(1, 1-n)$에서 접선을 그어 다시 이 곡선과 만나는 다른 점의 x좌표를 a_n이라 할 때, $\sum_{n=4}^{10} a_n$의 값을 구하시오. (4점)

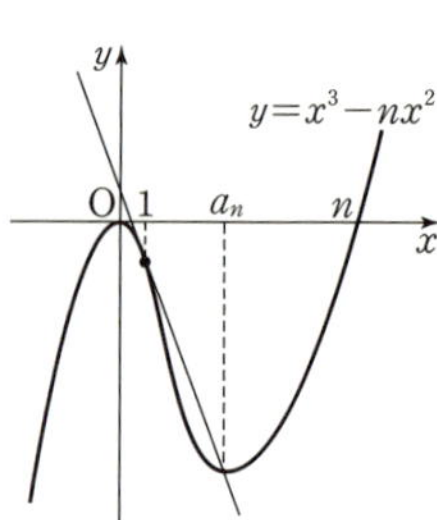

E23 4점 2018(나) 6월/평가원 20(고3)

함수

$$f(x)=\frac{1}{3}x^3-kx^2+1\ (k>0\text{인 상수})$$

의 그래프 위의 서로 다른 두 점 A, B에서의 접선 l, m의 기울기가 모두 $3k^2$이다. 곡선 $y=f(x)$에 접하고 x축에 평행한 두 직선과 접선 l, m으로 둘러싸인 도형의 넓이가 24일 때, k의 값은? (4점)

① $\frac{1}{2}$ ② 1 ③ $\frac{3}{2}$

④ 2 ⑤ $\frac{5}{2}$

E24 4점  2016(A)/수능(홀) 28(고3) 

두 다항함수 $f(x)$, $g(x)$가 다음 조건을 만족시킨다.

> (가) $g(x)=x^3f(x)-7$
>
> (나) $\lim_{x\to 2}\frac{f(x)-g(x)}{x-2}=2$

곡선 $y=g(x)$ 위의 점 $(2,\ g(2))$에서의 접선의 방정식이 $y=ax+b$일 때, a^2+b^2의 값을 구하시오. (단, a, b는 상수이다.) (4점)

E25 4점 2015(A)/삼사 18(고3) 변형

곡선 $y=x^3-x$ 위의 점 중에서 제4사분면에 있는 한 점을 P$(a,\ b)$라 하자. 점 P에서의 접선이 y축과 만나는 점을 Q라 하고, 점 P를 지나고 x축에 평행한 직선이 y축과 만나는 점을 R라 하자. $\overline{\text{OQ}}:\overline{\text{OR}}=2:3$일 때, $|32ab|$의 값을 구하시오.

(단, O는 원점이다.) (4점)

  2014(A)/수능(홀) 21(고3) 

좌표평면에서 삼차함수 $f(x)=x^3+ax^2+bx$와 실수 t에 대하여 곡선 $y=f(x)$ 위의 점 $(t,\ f(t))$에서의 접선이 y축과 만나는 점을 P라 할 때, 원점에서 점 P까지의 거리를 $g(t)$라 하자. 함수 $f(x)$와 함수 $g(t)$는 다음 조건을 만족시킨다.

> (가) $f(1)=2$
>
> (나) 함수 $g(t)$는 실수 전체의 집합에서 미분가능하다.

$f(3)$의 값은? (단, a, b는 상수이다.) (4점)

① 21 ② 24 ③ 27

④ 30 ⑤ 33

유형 07 기울기가 주어진 접선의 방정식

곡선 $y=f(x)$ 밖의 한 점 (m, n)에서 곡선에 그은 접선의 방정식

(i) 접점의 좌표를 $(a, f(a))$로 놓는다.

(ii) 접선의 기울기가 $f'(a)$이므로 접선의 방정식

$y-f(a)=f'(a)(x-a)$ … ㉠

에 곡선 밖의 한 점 (m, n)의 좌표를 대입하여 a의 값을 구한다.

(iii) (ii)에서 구한 a의 값을 ㉠에 대입하여 접선의 방정식을 완성한다.

tip

1 서로 다른 두 점 (x_1, y_1), (x_2, y_2)를 지나는 직선의 기울기는 $\frac{y_2-y_1}{x_2-x_1}$이다.

2 직선이 x축의 양의 방향과 이루는 각의 크기가 θ일 때, 직선의 기울기는 $\tan\theta$이다.

E27 4점 2014실시(A) 10월/교육청 21(고3) 변형

곡선 $y=\frac{1}{4}x^2+1$ 위의 점 $\mathrm{P}\left(a, \frac{1}{4}a^2+1\right)$에서 접하는 직선을 l이라 하자. 직선 l과 수직인 직선 중 곡선 $y=\frac{1}{4}x^2+1$에 접하는 직선을 m이라 하고, 직선 m과 곡선 $y=\frac{1}{4}x^2+1$의 접점을 Q라 하자. y축과 직선 PQ가 점 R에서 만날 때, 점 R의 y좌표는?

(단, $a\neq0$) (4점)

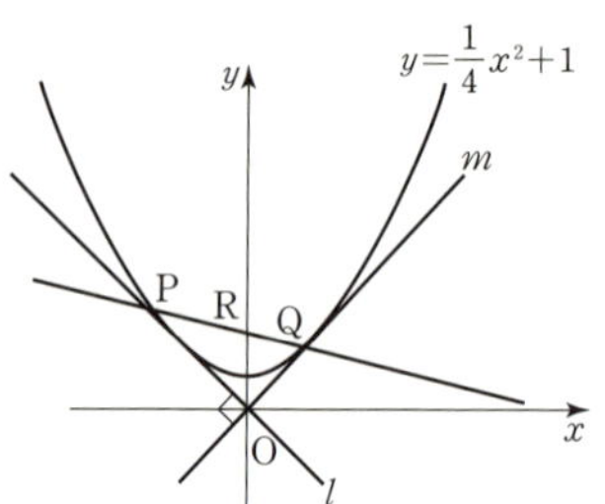

① $\frac{3}{2}$　② 2　③ $\frac{5}{2}$
④ 3　⑤ $\frac{7}{2}$

E28 4점 2015(A)/수능(홀) 14(고3)

함수 $f(x)=x(x+1)(x-4)$에 대하여 직선 $y=5x+k$와 함수 $y=f(x)$의 그래프가 서로 다른 두 점에서 만날 때, 양수 k의 값은? (4점)

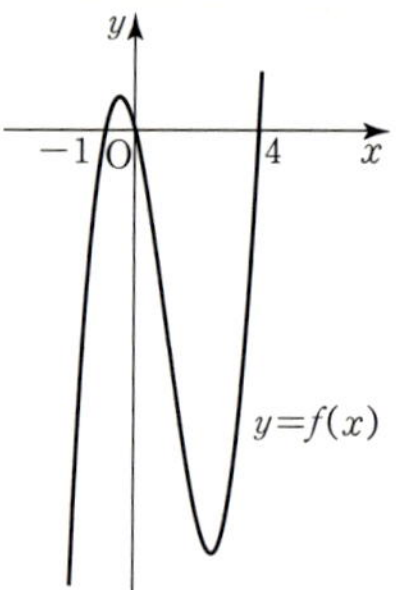

① 5　② $\frac{11}{2}$　③ 6
④ $\frac{13}{2}$　⑤ 7

E29 4점 2014예비(A) 5월/평가원 30(고3) 변형

그림과 같이 정사각형 ABCD의 두 꼭짓점 A, C는 y축 위에 있고, 두 꼭짓점 B, D는 x축 위에 있다. 변 AB와 변 CD가 각각 삼차함수 $y=\frac{1}{8}x^3-2x$의 그래프에 접할 때, 정사각형 ABCD의 둘레의 길이를 구하시오. (4점)

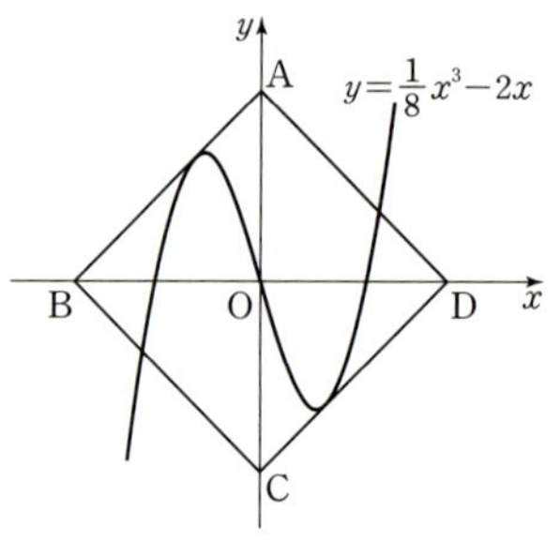

유형 08 접선의 방정식의 활용

(1) 두 곡선 $y=f(x)$, $y=g(x)$가 $x=a$인 점에서 접하면

$\Rightarrow$ 두 곡선 $y=f(x)$, $y=g(x)$가 $x=a$인 점에서 공통인 접선을 갖는다.

$\Rightarrow$ $x=a$에서 두 곡선이 만나므로 $f(a)=g(a)$

$x=a$에서의 두 곡선의 접선의 기울기가 같으므로

$f'(a)=g'(a)$

(2) 곡선 위의 점과 직선 사이의 거리의 최솟값

(i) 주어진 직선과 평행하면서 곡선에 접하는 접선의 접점의 좌표를 구한다.

(ii) 이 접점과 직선 사이의 거리가 구하는 거리의 최솟값이다.

1 곡선과 직선의 위치 관계, 곡선과 직선 사이의 거리 등은 접선을 활용하는 경우가 많다. 곡선 위의 접선 또는 곡선 밖의 접선을 구하는 과정을 잘 정리해두자.

2 곡선 $y=f(x)$와 원 C가 접할 때,

① 원 C의 중심과 접점을 지나는 직선은 그 접점에서의 접선과 서로 수직이다.

② 원 C의 반지름의 길이는 원 C의 중심과 접점 사이의 거리와 같다.

E30 4점 실수 2021(나) 9월/평가원 18(고3)

최고차항의 계수가 a인 이차함수 $f(x)$가 모든 실수 x에 대하여

$$|f'(x)| \le 4x^2+5$$

를 만족시킨다. 함수 $y=f(x)$의 그래프의 대칭축이 직선 $x=1$일 때, 실수 a의 최댓값은? (4점)

① $\frac{3}{2}$　② 2　③ $\frac{5}{2}$

④ 3　⑤ $\frac{7}{2}$

E31 4점 2013(나) 9월/평가원 19(고3)

닫힌구간 $[0, 2]$에서 정의된 함수

$f(x)=ax(x-2)^2\left(a>\frac{1}{2}\right)$에 대하여 곡선 $y=f(x)$와 직선 $y=x$의 교점 중 원점 O가 아닌 점을 A라 하자. 점 P가 원점으로부터 점 A까지 곡선 $y=f(x)$ 위를 움직일 때, 삼각형 OAP의 넓이가 최대가 되는 점 P의 x좌표가 $\frac{1}{2}$이다. 상수 a의 값은? (4점)

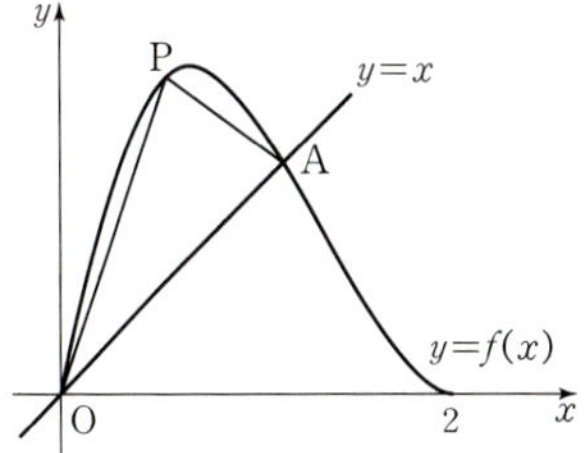

① $\frac{5}{4}$　② $\frac{4}{3}$　③ $\frac{17}{12}$

④ $\frac{3}{2}$　⑤ $\frac{19}{12}$

E32 4점 2011실시(가) 3월/교육청 18(고3) 변형

곡선 $y=x^3+6x^2+14x-3$에 기울기가 m인 접선을 두 개 그었을 때, 두 접점을 P, Q라 하자. 옳은 것만을 [보기]에서 있는 대로 고른 것은? (단, P, Q는 서로 다른 점이다.) (4점)

[보기]

ㄱ. 두 점 P, Q의 x좌표의 합은 -4이다.

ㄴ. $m>2$

ㄷ. 두 접선 사이의 거리와 $\overline{PQ}$가 같아지는 실수 m이 존재한다.

① ㄱ　② ㄷ　③ ㄱ, ㄴ

④ ㄴ, ㄷ　⑤ ㄱ, ㄴ, ㄷ

❖ 정답 및 해설 172~175p

E33 4점 함정 2012실시(가) 3월/교육청 30(고3) 변형

함수 $f(x)=-(x-2)^2(x-4)^2$이 있다. $2\le x\le 4$인 모든 실수 x에 대하여 $f(x)\ge f'(t)(x-t)+f(t)$를 만족시키는 실수 t의 집합은 $\{t\,|\,p\le t\le q\}$이다. $9pq$의 값을 구하시오. (4점)

E34 4점 2018(나)/수능(홀) 29(고3)

두 실수 a와 k에 대하여 두 함수 $f(x)$와 $g(x)$는

$$f(x)=\begin{cases} 0 & (x\le a) \\ (x-1)^2(2x+1) & (x>a) \end{cases},$$

$$g(x)=\begin{cases} 0 & (x\le k) \\ 12(x-k) & (x>k) \end{cases}$$

이고, 다음 조건을 만족시킨다.

(가) 함수 $f(x)$는 실수 전체의 집합에서 미분가능하다.
(나) 모든 실수 x에 대하여 $f(x)\ge g(x)$이다.

k의 최솟값이 $\frac{q}{p}$일 때, $a+p+q$의 값을 구하시오.

(단, p와 q는 서로소인 자연수이다.) (4점)

E35 4점 2017/경찰대 15(고3)

방정식 $|x^2-2x-6|=|x-k|+2$가 서로 다른 세 실근을 갖도록 하는 모든 실수 k의 값의 합은? (4점)

① 1 ② 2 ③ 3
④ 4 ⑤ 5

유형 09 함수의 증가와 감소

(1) 함수의 증가와 감소의 판정
함수 $f(x)$가 어떤 열린구간에서 미분가능하고 이 구간에 속하는 모든 x에서
① $f'(x)>0$이면 $f(x)$는 그 구간에서 증가한다.
② $f'(x)<0$이면 $f(x)$는 그 구간에서 감소한다.

(2) 함수가 증가 또는 감소할 조건
함수 $f(x)$가 어떤 열린구간에서 미분가능하고 이 구간에 속하는 모든 x에서
① $f(x)$가 증가하면 $f'(x)\ge 0$
② $f(x)$가 감소하면 $f'(x)\le 0$

tip

1 삼차함수 $f(x)$의 도함수 $f'(x)$는 이차함수이므로 함수 $f(x)$의 증가, 감소를 확인할 때, 이차부등식 $f'(x)>0$ 또는 $f'(x)<0$이 성립하는 조건을 이용할 수 있다.

2 함수 $f(x)$의 역함수가 존재하려면 $f(x)$는 일대일대응이어야 한다. 즉, 실수 전체의 집합에서 증가하거나 감소해야 한다.

E36 4점 2014(A) 9월/평가원 21(고3)

사차함수 $f(x)$의 도함수 $f'(x)$가 $f'(x)=(x+1)(x^2+ax+b)$이다. 함수 $y=f(x)$가 구간 $(-\infty,\ 0)$에서 감소하고 구간 $(2,\ \infty)$에서 증가하도록 하는 실수 $a,\ b$의 순서쌍 $(a,\ b)$에 대하여 a^2+b^2의 최댓값을 M, 최솟값을 m이라 하자. $M+m$의 값은? (4점)

① $\frac{21}{4}$ ② $\frac{43}{8}$ ③ $\frac{11}{2}$
④ $\frac{45}{8}$ ⑤ $\frac{23}{4}$

E37 3점 함정 2010실시(가) 10월/교육청 6(고3) 변형

함수 $f(x)=x^3-9x^2+48|x-a|+5$가 실수 전체의 집합에서 증가하도록 하는 실수 a의 최댓값은? (3점)

① $-\frac{5}{2}$ ② -2 ③ $-\frac{3}{2}$
④ -1 ⑤ $-\frac{1}{2}$

E38 4점 …… 2015실시(A) 10월/교육청 27(고3)

함수 $f(x)=x^4-16x^2$에 대하여 다음 조건을 만족시키는 모든 정수 k값의 제곱의 합을 구하시오. (4점)

> (가) 구간 $(k,\ k+1)$에서 $f'(x)<0$이다.
> (나) $f'(k)f'(k+2)<0$

유형 10 함수의 극대와 극소

(1) 함수 $f(x)$가 $x=a$를 포함하는 어떤 열린구간에 속하는 모든 x에서
  ① $f(x)\le f(a)$이면 함수 $f(x)$는 $x=a$에서 극대이다.
  ② $f(x)\ge f(a)$이면 함수 $f(x)$는 $x=a$에서 극소이다.

(2) 미분가능한 함수 $f(x)$에서 $f'(a)=0$이고 $x=a$의 좌우에서
  ① $f'(x)$의 부호가 양$(+)$에서 음$(-)$으로 바뀌면 $f(x)$는 $x=a$에서 극대이다.
  ② $f'(x)$의 부호가 음$(-)$에서 양$(+)$으로 바뀌면 $f(x)$는 $x=a$에서 극소이다.

tip
1 미분가능한 함수 $f(x)$에 대하여 $x=a$에서 극값 b를 가지면 $f(a)=b,\ f'(a)=0$이다.
2 미분불가능한 점이더라도 극점일 수 있다.

E39 4점 …… 2014(A) 6월/평가원 21(고3) 변형

함수 $f(x)=\begin{cases} x^3-3ax & (x<0) \\ a(12x-x^3) & (x\ge 0)\end{cases}$의 극댓값이 16일 때, 가능한 상수 a의 값의 합을 구하시오. (4점)

E40 4점  …… 2011실시(나) 7월/교육청 20(고3) 변형

그림과 같이 일차함수 $y=f(x)$의 그래프와 최고차항의 계수가 -1인 사차함수 $y=g(x)$의 그래프는 x좌표가 -1, 3인 두 점에서 접한다. 함수 $h(x)=f(x)-g(x)$라 할 때, 함수 $h(x)$의 극댓값은? (4점)

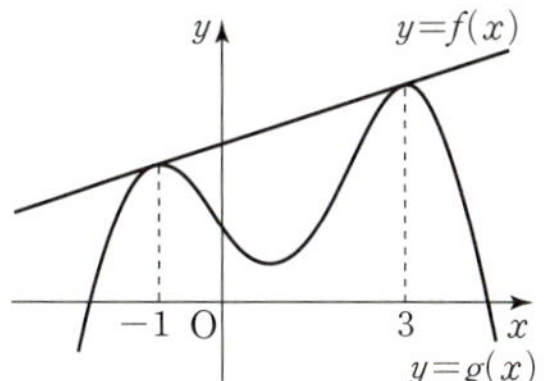

① $\frac{31}{2}$ ② $\frac{63}{4}$ ③ 16
④ $\frac{65}{4}$ ⑤ $\frac{33}{2}$

12 DAY

E41 4점 …… 2017(나) 6월/평가원 18(고3)

삼차함수 $y=f(x)$와 일차함수 $y=g(x)$의 그래프가 그림과 같고, $f'(b)=f'(d)=0$이다.

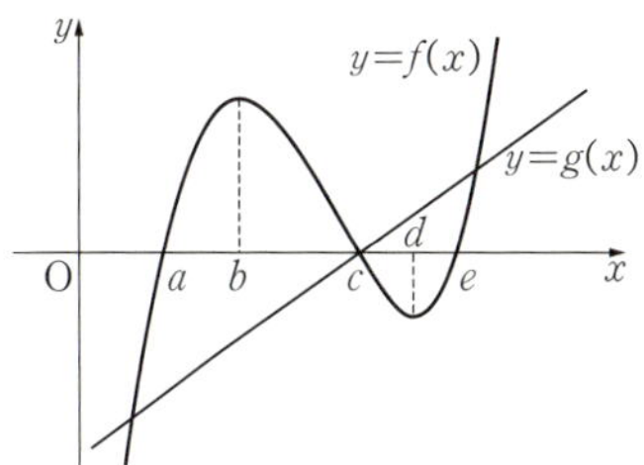

함수 $y=f(x)g(x)$는 $x=p$와 $x=q$에서 극소이다. 다음 중 옳은 것은? (단, $p<q$) (4점)

① $a<p<b$이고 $c<q<d$
② $a<p<b$이고 $d<q<e$
③ $b<p<c$이고 $c<q<d$
④ $b<p<c$이고 $d<q<e$
⑤ $c<p<d$이고 $d<q<e$

❖ 정답 및 해설 175~181p

E42 4점 2017/경찰대 12(고3)

함수 $f(x)=x+(x-1)(x-2)(x-3)(x-4)$에 대하여 $\{f(x)\}^2-x^2f(x)$를 $f(x)-x$로 나눈 나머지를 $r(x)$라 하자. 함수 $r(x)$의 극댓값과 극솟값의 합은? (4점)

① $\frac{3}{8}$ ② $\frac{4}{9}$ ③ $\frac{5}{12}$

④ $\frac{3}{16}$ ⑤ $\frac{4}{27}$

E43 4점 함정 2020실시(나) 4월/교육청 28(고3)

함수 $f(x)=x^3-6x^2+ax+10$에 대하여 함수

$$g(x)=\begin{cases} b-f(x) & (x<3) \\ f(x) & (x\geq 3) \end{cases}$$

이 실수 전체의 집합에서 미분가능할 때, 함수 $g(x)$의 극솟값을 구하시오. (단, a, b는 상수이다.) (4점)

E44 4점 실수 2015/경찰대 19(고3)

한 변의 길이가 1인 정사각형 ABCD가 있다.

점 P는 B를 출발하여 매초 1의 속력으로 정사각형 ABCD의 변을 따라 B → C → D → A의 방향으로 움직이고, 점 Q는 C를 출발하여 매초 $\frac{2}{3}$의 속력으로 정사각형 ABCD의 변을 따라 C → D → A → B의 방향으로 움직인다. 두 점 P, Q가 각각 B, C에서 동시에 출발한 후 시각 t초일 때 삼각형 APQ의 넓이를 $f(t)$라 하자. [보기]에서 옳은 것만을 있는 대로 고른 것은? $\left(단, 0\leq t\leq \frac{3}{2}\right)$ (5점)

[보기]

ㄱ. $f(t)$는 구간 $\left(0, \frac{3}{2}\right)$에서 미분가능하다.

ㄴ. $f(t)$는 $t=\frac{3}{4}$에서 극솟값을 갖는다.

ㄷ. $f(t)$는 $t=1$에서 극댓값을 갖는다.

① ㄱ ② ㄴ ③ ㄱ, ㄷ

④ ㄴ, ㄷ ⑤ ㄱ, ㄴ, ㄷ

유형 11 함수의 극대와 극소의 활용

(1) 함수 $f(x)$가 $x=a$를 포함하는 어떤 열린구간에 속하는 모든 x에서

① $f(x)\le f(a)$이면 함수 $f(x)$는 $x=a$에서 극대이다.

② $f(x)\ge f(a)$이면 함수 $f(x)$는 $x=a$에서 극소이다.

(2) 다항함수 $y=f(x)$의 그래프가 x축에 접하면 함수 $f(x)$의 극댓값 또는 극솟값이 0이다.

tip

함수 $y=f(x)$의 그래프의 극점과 직선 사이의 거리, 극점을 꼭짓점으로 하는 도형의 넓이 등의 문제가 출제될 수 있으므로 함수의 극대점, 극소점을 찾는 연습을 충분히 해야 한다.

E45 3점 

2009실시(가) 7월/교육청 19(고3) 변형

직선 $x=a$가 곡선 $f(x)=x^3-ax^2-(a+56)x+5$의 극대가 되는 점과 극소가 되는 점 사이를 지날 때, 정수 a의 개수를 구하시오. (3점)

E46 4점 

2016(A) 6월/평가원 21(고3) 

자연수 n에 대하여 최고차항의 계수가 1이고 다음 조건을 만족시키는 삼차함수 $f(x)$의 극댓값을 a_n이라 하자.

(가) $f(n)=0$
(나) 모든 실수 x에 대하여 $(x+n)f(x)\ge 0$이다.

a_n이 자연수가 되도록 하는 n의 최솟값은? (4점)

① 1　② 2　③ 3　④ 4　⑤ 5

E47 4점 

2018(나)/삼사 21(고3) 

자연수 n에 대하여 함수 $f(x)$를 $f(x)=x^2+\dfrac{1}{n}$이라 하고 함수 $g(x)$를

$$g(x)=\begin{cases}(x-1)f(x) & (x\ge 1)\\(x-1)^2f(x) & (x<1)\end{cases}$$

이라 할 때, [보기]에서 옳은 것만을 있는 대로 고른 것은? (4점)

[보기]

ㄱ. $\displaystyle\lim_{x\to 1-}\frac{g(x)}{x-1}=0$

ㄴ. $n=1$일 때, 함수 $g(x)$는 $x=1$에서 극솟값을 갖는다.

ㄷ. 함수 $g(x)$가 극대 또는 극소가 되는 x의 개수가 1인 n의 개수는 5이다.

① ㄱ　② ㄱ, ㄴ　③ ㄱ, ㄷ　④ ㄴ, ㄷ　⑤ ㄱ, ㄴ, ㄷ

12 DAY

유형 12 함수의 최대와 최소

연속함수 $f(x)$가 닫힌구간 $[a, b]$에서 극값을 가질 때,

(1) $f(x)$의 최댓값 : 극댓값, $f(a)$, $f(b)$ 중 가장 큰 값

(2) $f(x)$의 최솟값 : 극솟값, $f(a)$, $f(b)$ 중 가장 작은 값

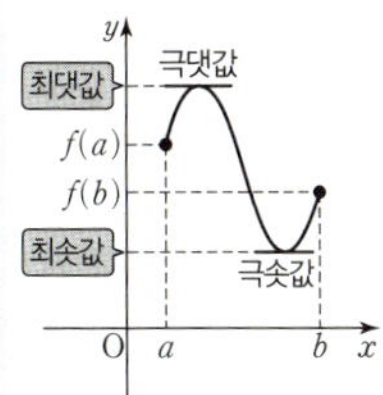

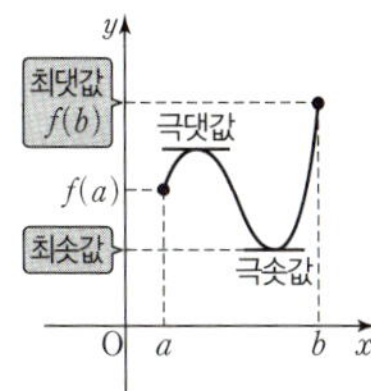

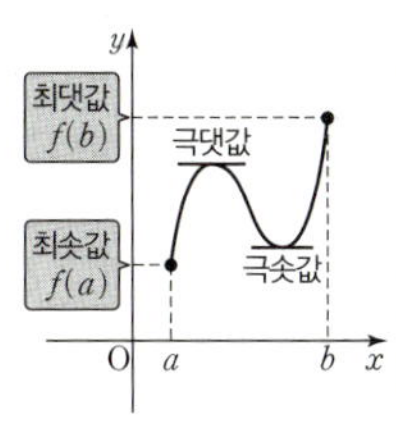

tip

최대 · 최소를 활용한 문제에서는 평면도형의 길이, 넓이 공식과 입체도형의 부피 공식, 피타고라스 정리 등을 이용하여 구하는 값을 함수로 나타낸다. 특히 변수의 범위에 유의한다.

E48 4점 

2017(나) 6월/평가원 28(고3) 

양수 a에 대하여 함수 $f(x)=x^3+ax^2-a^2x+2$가 닫힌구간 $[-a, a]$에서 최댓값 M, 최솟값 $\dfrac{14}{27}$를 갖는다. $a+M$의 값을 구하시오. (4점)

E49 4점 2020(나) 6월/평가원 18(고3)

최고차항의 계수가 1인 삼차함수 $f(x)$에 대하여 함수 $g(x)$는

$$g(x)=\begin{cases} \frac{1}{2} & (x<0) \\ f(x) & (x\geq 0) \end{cases}$$

이다. $g(x)$가 실수 전체의 집합에서 미분가능하고 $g(x)$의 최솟값이 $\frac{1}{2}$보다 작을 때, [보기]에서 옳은 것만을 있는 대로 고른 것은? (4점)

[보기]

ㄱ. $g(0)+g'(0)=\frac{1}{2}$

ㄴ. $g(1)<\frac{3}{2}$

ㄷ. 함수 $g(x)$의 최솟값이 0일 때, $g(2)=\frac{5}{2}$이다.

① ㄱ ② ㄱ, ㄴ ③ ㄱ, ㄷ
④ ㄴ, ㄷ ⑤ ㄱ, ㄴ, ㄷ

E50 4점 실수 2008(가) 6월/평가원 22(고3) 변형

그림과 같이 좌표평면 위에 네 점 O(0, 0), A(6, 0), B(6, 6), C(0, 6)을 꼭짓점으로 하는 정사각형 OABC와 한 변의 길이가 6이고 네 변이 좌표축과 평행한 정사각형 PQRS가 있다. 점 P가 점 $(-1, -2)$에서 출발하여 포물선 $y=\frac{1}{2}(x+1)^2-2$를 따라 움직이도록 정사각형 PQRS를 평행이동시킨다. 평행이동시킨 정사각형과 정사각형 OABC가 겹치는 부분의 넓이의 최댓값을 $\frac{q}{p}$라 할 때, $p+q$의 값을 구하시오.

(단, p와 q는 서로소인 자연수이다.) (4점)

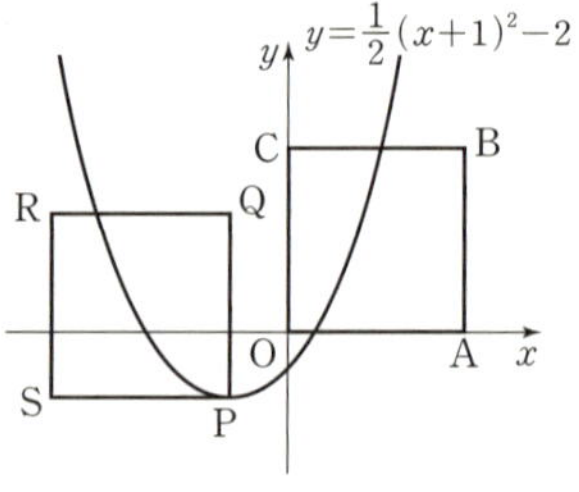

E51 4점 예상 적중

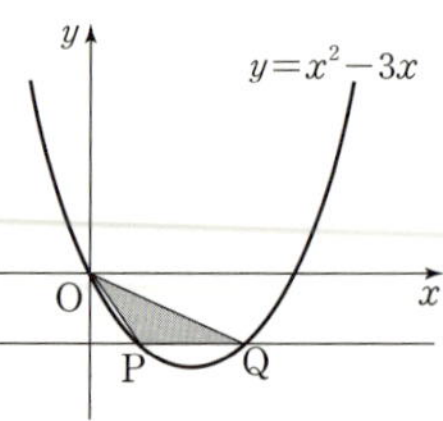

그림과 같이 x축보다 아래쪽에 있으면서 x축과 평행인 직선이 곡선 $y=x^2-3x$와 만나는 점을 각각 P, Q라 하자. 점 Q의 x좌표가 점 P의 x좌표보다 클 때, △OPQ의 넓이가 최대가 되는 점 Q의 좌표는? (단, O는 원점이다.) (4점)

① $Q\left(\frac{3+\sqrt{3}}{2}, -\frac{3}{2}\right)$ ② $Q\left(\frac{3+\sqrt{5}}{2}, -\frac{3}{2}\right)$
③ $Q\left(\frac{3+\sqrt{3}}{2}, -1\right)$ ④ $Q\left(\frac{3+\sqrt{5}}{2}, -1\right)$
⑤ $Q\left(\frac{5}{2}, -\frac{5}{4}\right)$

유형 13 방정식의 실근의 개수

(1) (방정식 $f(x)=0$의 실근의 개수)
=(함수 $y=f(x)$의 그래프와 x축의 교점의 개수)

(2) (방정식 $f(x)=g(x)$의 실근의 개수)
=(두 함수 $y=f(x)$와 $y=g(x)$의 그래프의 교점의 개수)

1 절댓값을 포함한 함수, 즉 $y=|f(x)|$, $y=f(|x|)$, $|y|=f(x)$, $|y|=f(|x|)$의 그래프뿐만 아니라 주기함수, 대칭함수 등 여러 가지 함수의 그래프를 그리는 방법을 연습하여 복잡한 방정식의 실근의 개수에 관한 문제가 나오면 그래프의 교점의 개수로 접근하자.

2 방정식을 (미지수에 대한 식)=(상수) 꼴로 변형하면 편리하다.

E52 4점  2018(나) 9월/평가원 20(고3)

삼차함수 $f(x)$와 실수 t에 대하여 곡선 $y=f(x)$와 직선 $y=-x+t$의 교점의 개수를 $g(t)$라 하자. [보기]에서 옳은 것만을 있는 대로 고른 것은? (4점)

[보기]

ㄱ. $f(x)=x^3$이면 함수 $g(t)$는 상수함수이다.

ㄴ. 삼차함수 $f(x)$에 대하여, $g(1)=2$이면 $g(t)=3$인 t가 존재한다.

ㄷ. 함수 $g(t)$가 상수함수이면, 삼차함수 $f(x)$의 극값은 존재하지 않는다.

① ㄱ ② ㄷ ③ ㄱ, ㄴ
④ ㄴ, ㄷ ⑤ ㄱ, ㄴ, ㄷ

E53 4점 실수 2020실시(나) 10월/교육청 28(고3)

함수 $f(x)=2x^3-3(a+1)x^2+6ax$에 대하여 방정식 $f(x)=0$이 서로 다른 세 실근을 갖도록 하는 자연수 a의 값을 가장 작은 수부터 차례대로 나열할 때 n번째 수를 a_n이라 하자. $a=a_n$일 때, $f(x)$의 극댓값을 b_n이라 하자. $\sum_{n=1}^{10}(b_n-a_n)$의 값을 구하시오. (4점)

E54 4점 2017(나) 6월/평가원 21(고3)

삼차함수 $f(x)$의 도함수 $y=f'(x)$의 그래프가 그림과 같을 때, [보기]에서 옳은 것만을 있는 대로 고른 것은? (4점)

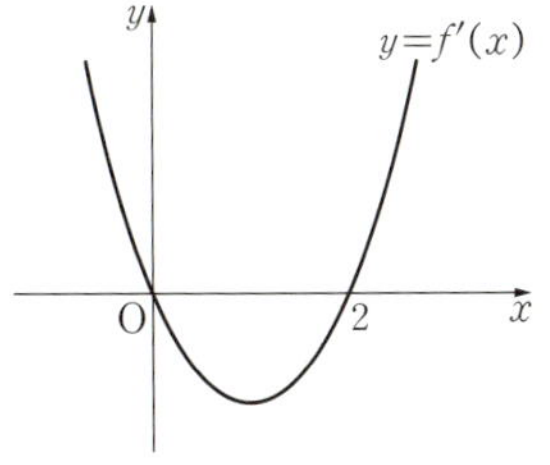

[보기]

ㄱ. $f(0)<0$이면 $|f(0)|<|f(2)|$이다.

ㄴ. $f(0)f(2)\geq 0$이면 함수 $|f(x)|$가 $x=a$에서 극소인 a의 값의 개수는 2이다.

ㄷ. $f(0)+f(2)=0$이면 방정식 $|f(x)|=f(0)$의 서로 다른 실근의 개수는 4이다.

① ㄱ　② ㄱ, ㄴ　③ ㄱ, ㄷ　④ ㄴ, ㄷ　⑤ ㄱ, ㄴ, ㄷ

E55 4점 2012(나) 6월/평가원 19(고3) 변형

삼차함수 $f(x)$의 도함수의 그래프와 이차함수 $g(x)$의 도함수의 그래프가 그림과 같다.

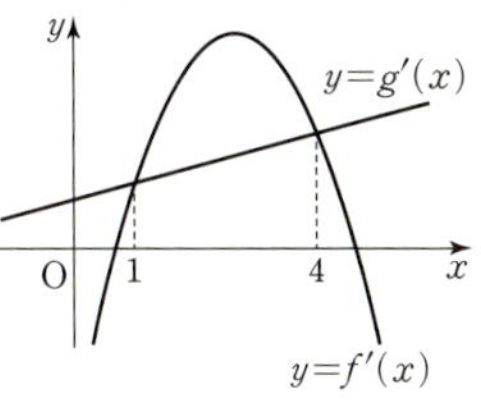

함수 $h(x)$를 $h(x)=f(x)-g(x)$라 하자. $f(0)=g(0)$일 때, 옳은 것만을 [보기]에서 있는 대로 고른 것은? (4점)

[보기]

ㄱ. $1<x<4$에서 $h(x)$는 증가한다.

ㄴ. $h(x)$는 $x=4$에서 극솟값을 갖는다.

ㄷ. $h(4)>0$이면 방정식 $h(x)=0$은 서로 다른 세 실근을 갖는다.

① ㄱ　② ㄴ　③ ㄱ, ㄴ　④ ㄱ, ㄷ　⑤ ㄱ, ㄴ, ㄷ

E56 4점 예상 적중

최고차항의 계수가 양수인 사차함수 $y=f(x)$의 도함수 $y=f'(x)$의 그래프가 x축과 서로 다른 세 점 $A(\alpha, 0)$, $B(\beta, 0)$, $C(\gamma, 0)$ $(\alpha<\beta<\gamma)$에서 만난다. 옳은 것만을 [보기]에서 있는 대로 고른 것은? (4점)

[보기]

ㄱ. 방정식 $f(x)=k$ (k는 실수)가 서로 다른 세 실근을 가지면 함수 $f(x)$의 극댓값은 k이다.

ㄴ. $f(\alpha)f(\beta)f(\gamma)<0$이면 방정식 $f(x)=0$은 서로 다른 두 실근을 가진다.

ㄷ. 방정식 $f(x)=0$이 서로 다른 네 실근을 갖기 위한 필요충분조건은 $f(\alpha)<0$, $f(\gamma)<0$이다.

① ㄴ　② ㄷ　③ ㄱ, ㄴ　④ ㄱ, ㄷ　⑤ ㄴ, ㄷ

12 DAY

❖ 정답 및 해설 185~191p

E57 4점 함정 2019(나) 6월/평가원 21(고3)

상수 a, b에 대하여 삼차함수 $f(x)=x^3+ax^2+bx$가 다음 조건을 만족시킨다.

> (가) $f(-1)>-1$
> (나) $f(1)-f(-1)>8$

[보기]에서 옳은 것만을 있는 대로 고른 것은? (4점)

[보기]

ㄱ. 방정식 $f'(x)=0$은 서로 다른 두 실근을 갖는다.
ㄴ. $-1<x<1$일 때, $f'(x)\ge 0$이다.
ㄷ. 방정식 $f(x)-f'(k)x=0$의 서로 다른 실근의 개수가 2가 되도록 하는 모든 실수 k의 개수는 4이다.

① ㄱ ② ㄱ, ㄴ ③ ㄱ, ㄷ
④ ㄴ, ㄷ ⑤ ㄱ, ㄴ, ㄷ

E58 4점 2016실시(나) 7월/교육청 18(고3) 변형

그림과 같이 두 삼차함수 $f(x)$, $g(x)$의 도함수 $y=f'(x)$, $y=g'(x)$의 그래프가 만나는 서로 다른 두 점의 x좌표는 a, b $(0<a<b)$이다. 함수 $h(x)$를

$h(x)=f(x)-g(x)$

라 할 때, [보기]에서 옳은 것만을 있는 대로 고른 것은?

(단, $f'(0)=8$, $g'(0)=4$) (4점)

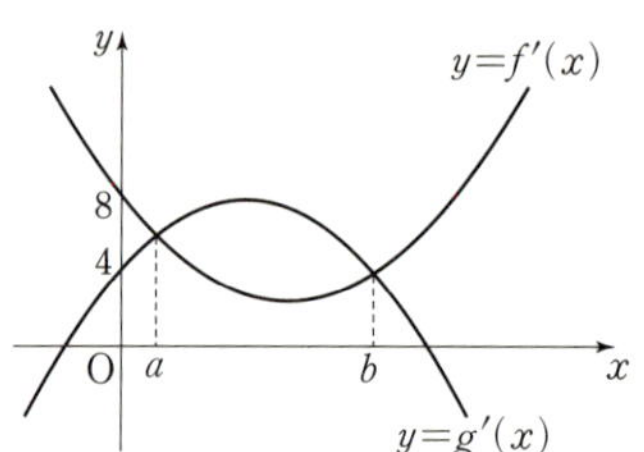

[보기]

ㄱ. 함수 $h(x)$는 $x=b$에서 극솟값을 갖는다.
ㄴ. $h(a)<0$이면 방정식 $h(x)=0$의 실근의 개수는 1이다.
ㄷ. $0<\alpha<\beta<b$인 두 실수 α, β에 대하여 $h(\beta)-h(\alpha)<5(\beta-\alpha)$이다.

① ㄱ ② ㄷ ③ ㄱ, ㄴ
④ ㄴ, ㄷ ⑤ ㄱ, ㄴ, ㄷ

E59 4점 함정 2017실시(나) 7월/교육청 21(고3)

실수 t에 대하여 x에 대한 사차방정식

$(x-1)\{x^2(x-3)-t\}=0$

의 서로 다른 실근의 개수를 $f(t)$라 하자. 다항함수 $g(x)$가 다음 조건을 만족시킨다.

> (가) $\lim_{x\to\infty}\frac{g(x)}{x^4}=0$
> (나) $g(-3)=6$

함수 $f(t)g(t)$가 실수 전체의 집합에서 연속일 때, $g(1)$의 값은? (4점)

① 22 ② 24 ③ 26
④ 28 ⑤ 30

E60 4점 2014실시(A) 7월/교육청 21(고3) 변형

최고차항의 계수가 1이고 $f(0)<f(3)$인 사차함수 $f(x)$가 모든 실수 x에 대하여 $f(3+x)=f(3-x)$를 만족시킨다. 방정식 $f(|x|)=2$의 서로 다른 실근의 개수가 3일 때, 함수 $f(x)$의 극댓값을 구하시오. (4점)

유형 14 도함수의 부등식에의 활용

(1) $x>a$에서 부등식 $f(x)>0$의 증명
① $x>a$일 때의 ($f(x)$의 최솟값)>0임을 보인다.
② $x>a$에서 $f(x)$가 증가함수이고, $f(a)\ge 0$임을 보인다.

(2) 부등식 $f(x)>g(x)$의 증명
어떤 구간에서 $f(x)>g(x)$이면 $h(x)=f(x)-g(x)$로 놓고 주어진 구간에서 ($h(x)$의 최솟값)>0임을 보인다.

1 구간 (a, b)에서 $f(x)>0$의 증명
⇒ $f(x)$가 구간 (a, b)에서 감소하면 $f(b)\ge 0$
⇒ $f(x)$가 구간 (a, b)에서 증가하면 $f(a)\ge 0$
⇒ 구간 (a, b)에서 $f(x)$의 최솟값이 존재하면 ($f(x)$의 최솟값)>0

2 모든 실수 x에 대하여 $f(x)>0$이 성립하려면
⇒ 함수 $y=f(x)$의 그래프가 항상 x축의 위쪽에 존재해야 한다.
⇒ ($f(x)$의 최솟값)>0이어야 한다.

E61 3점 실수 2017(나)/삼사 13(고3)

모든 실수 x에 대하여 부등식 $x^4-4x^3+12x \geq 2x^2+a$가 성립할 때, 실수 a의 최댓값은? (3점)

① -11 ② -10 ③ -9
④ -8 ⑤ -7

E62 4점 예상 적중

함수 $f(x)=x^3-5x+1$에 대하여 닫힌구간 $[-2, 3]$에서 부등식

$$x+a \leq f(x) \leq x+b$$

가 성립하도록 하는 a의 최댓값과 b의 최솟값의 합은?
(단, a, b는 상수이다.) (4점)

① $8-5\sqrt{2}$ ② $9-4\sqrt{2}$ ③ $10-3\sqrt{2}$
④ $11-4\sqrt{2}$ ⑤ $12-\sqrt{2}$

E63 4점 실수 예상 적중

함수 $f(x)$를 다음과 같이 정의한다.

$$f(x)=\begin{cases} -x+2 & (x \leq 1) \\ x^3 & (x>1) \end{cases}$$

이때, 모든 실수 x에 대하여 부등식 $f(x) \geq k(x-1)+1$이 성립하도록 하는 실수 k의 최댓값과 최솟값의 합은? (4점)

① -2 ② -1 ③ 0
④ 1 ⑤ 2

E64 4점 실수 2020실시(나) 3월/교육청 28(고3)

자연수 a에 대하여 두 함수

$$f(x)=-x^4-2x^3-x^2,\ g(x)=3x^2+a$$

가 있다. 다음을 만족시키는 a의 값을 구하시오. (4점)

> 모든 실수 x에 대하여 부등식
> $$f(x) \leq 12x+k \leq g(x)$$
> 를 만족시키는 자연수 k의 개수는 3이다.

E65 4점 예상 적중

다음은 자연수 n에 대하여 $x>0$인 범위에서 두 다항식

$$x^{2n+1}+(2n+1)x^n,\ (2n+1)x^{n+1}$$

의 대소 관계를 구하는 과정이다.

> $f(x)=x^{2n+1}+(2n+1)x^n-(2n+1)x^{n+1}$으로 놓으면
> $f'(x)=(2n+1)x^{2n}+(2n+1)nx^{n-1}-(2n+1)(n+1)x^n$
> $\quad =(2n+1)x^{n-1}($ (가) $)$ ⋯ ㉠
> $g(x)=$ (가) 으로 놓으면 $x>1$일 때, 함수 $g(x)$는 (나) 함수이다.
> 즉, ㉠에서 $x>0$인 실수 x에 대하여
> $f'(x)=(2n+1)x^{n-1}\cdot g(x)$이고
> $g(x) \geq 0$이므로 함수 $f(x)$는 (다) 함수이다.
> 따라서 $f(0)=0$이므로 $x>0$인 범위에서
> $x^{2n+1}+(2n+1)x^n$ (라) $(2n+1)x^{n+1}$

위의 과정에서 (가)~(라)에 알맞은 것은? (4점)

	(가)	(나)	(다)	(라)
①	$x^{n+1}-(n+1)x+n$	증가	증가	$>$
②	$x^{n+1}-(n+1)x+n$	증가	감소	$<$
③	$x^{n+1}-(n+1)x+n$	감소	감소	$<$
④	$x^{n+1}-nx+n$	증가	증가	$>$
⑤	$x^{n+1}-nx+n$	감소	감소	$<$

13 DAY

유형 15 삼차함수, 사차함수의 유추

(1) 삼차함수 $f(x)=ax^3+bx^2+cx+d\,(a>0)$의 그래프의 개형

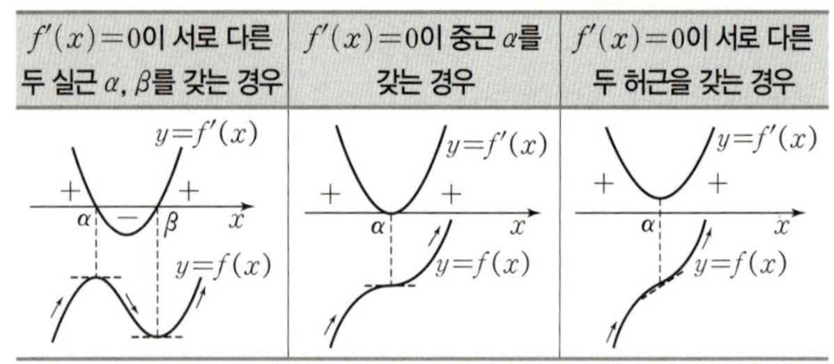

$f'(x)=0$이 서로 다른 두 실근 α, β를 갖는 경우
$f'(x)=0$이 중근 α를 갖는 경우
$f'(x)=0$이 서로 다른 두 허근을 갖는 경우
$y=f'(x)$
$y=f(x)$

(2) 사차함수 $f(x)=ax^4+bx^3+cx^2+dx+e\,(a>0)$의 그래프의 개형

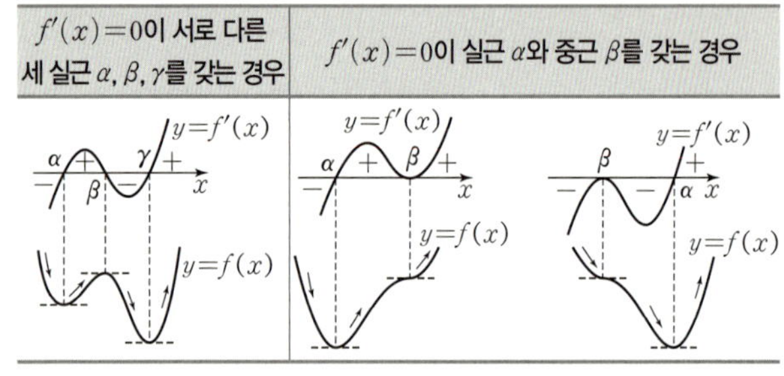

$f'(x)=0$이 삼중근 α를 갖는 경우	$f'(x)=0$이 한 실근 α와 서로 다른 두 허근을 갖는 경우

tip

함수의 극한값의 유무, 연속과 미분가능, 증가와 감소, 극대와 극소 등을 조사하고 대칭성, 주기성을 이용하여 함수의 식 또는 그래프를 추론하거나 새롭게 정의된 또 다른 함수를 파악하여 해결하는 미분 단원의 최고난도 유형이다. 이 유형의 문제를 해결하기 위해서는 삼차함수, 사차함수의 기본적인 그래프의 개형을 외워두고, 그 개형에 따른 특징을 통해 새로운 조건을 찾아낼 수 있어야 한다.

E66 4점 2018(나) 9월/평가원 29(고3)

두 삼차함수 $f(x)$와 $g(x)$가 모든 실수 x에 대하여

$$f(x)g(x)=(x-1)^2(x-2)^2(x-3)^2$$

을 만족시킨다. $g(x)$의 최고차항의 계수가 3이고, $g(x)$가 $x=2$에서 극댓값을 가질 때, $f'(0)=\frac{q}{p}$이다. $p+q$의 값을 구하시오. (단, p와 q는 서로소인 자연수이다.) (4점)

E67 4점 2019실시(나) 10월/교육청 21(고3)

최고차항의 계수가 1인 삼차함수 $f(x)$가 다음 조건을 만족시킨다.

(가) 방정식 $f(x)=0$의 실근은 $\alpha, \beta\,(\alpha<\beta)$뿐이다.
(나) 함수 $f(x)$의 극솟값은 -4이다.

[보기]에서 옳은 것만을 있는 대로 고른 것은? (4점)

[보기]

ㄱ. $f'(\alpha)=0$
ㄴ. $\beta=\alpha+3$
ㄷ. $f(0)=16$이면 $\alpha^2+\beta^2=18$이다.

① ㄱ ② ㄱ, ㄴ ③ ㄱ, ㄷ
④ ㄴ, ㄷ ⑤ ㄱ, ㄴ, ㄷ

E68 4점 2022예시문항 5월/평가원 22(고2)

함수 $f(x)=x^3-3px^2+q$가 다음 조건을 만족시키도록 하는 25 이하의 두 자연수 p, q의 모든 순서쌍 (p, q)의 개수를 구하시오. (4점)

(가) 함수 $|f(x)|$가 $x=a$에서 극대 또는 극소가 되도록 하는 모든 실수 a의 개수는 5이다.
(나) 닫힌구간 $[-1, 1]$에서 함수 $|f(x)|$의 최댓값과 닫힌구간 $[-2, 2]$에서 함수 $|f(x)|$의 최댓값은 같다.

E69 4점 2015(A)/수능(홀) 21(고3)

다음 조건을 만족시키는 모든 삼차함수 $f(x)$에 대하여 $f(2)$의 최솟값은? (4점)

(가) $f(x)$의 최고차항의 계수는 1이다.
(나) $f(0)=f'(0)$
(다) $x\geq-1$인 모든 실수 x에 대하여 $f(x)\geq f'(x)$이다.

① 28 ② 33 ③ 38
④ 43 ⑤ 48

E70 4점 실수 예상 적중

최고차항의 계수가 양수인 사차함수 $f(x)$의 도함수 $f'(x)$가 $f'(-1)f'(0)<0$, $f'(0)f'(1)>0$, $f'(-1)f'(3)<0$, $f'(2)=0$을 만족시킨다. $f(0)<0$일 때, 방정식 $f(x)=0$은 적어도 서로 다른 α개의 실근을 가지고, $-10\leq n\leq 10$에서 $f'(-2)f'(n)<0$을 만족시키는 정수 n의 개수는 β개이다. $\alpha+\beta$의 값을 구하시오. (4점)

E71 4점 2015실시(A) 7월/교육청 21(고3)

최고차항의 계수가 1인 사차함수 $f(x)$에 대하여 함수 $g(x)=|f(x)|$가 다음 조건을 만족시킨다.

(가) $g(x)$는 $x=1$에서 미분가능하고 $g(1)=g'(1)$이다.
(나) $g(x)$는 $x=-1$, $x=0$, $x=1$에서 극솟값을 갖는다.

$g(2)$의 값은? (4점)

① 2 ② 4 ③ 6
④ 8 ⑤ 10

E72 4점 함정 2016(A) 9월/평가원 21(고3)

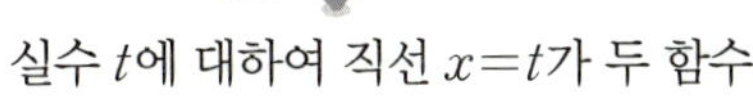

실수 t에 대하여 직선 $x=t$가 두 함수

$$y=x^4-4x^3+10x-30,\ y=2x+2$$

의 그래프와 만나는 점을 각각 A, B라 할 때, 점 A와 점 B 사이의 거리를 $f(t)$라 하자.

$$\lim_{h\to0+}\frac{f(t+h)-f(t)}{h}\times\lim_{h\to0-}\frac{f(t+h)-f(t)}{h}\leq0$$

을 만족시키는 모든 실수 t의 값의 합은? (4점)

① -7 ② -3 ③ 1
④ 5 ⑤ 9

E73 4점 2018(나) 6월/평가원 30(고3)

최고차항의 계수가 1인 삼차함수 $f(x)$와 최고차항의 계수가 2인 이차함수 $g(x)$가 다음 조건을 만족시킨다.

(가) $f(\alpha)=g(\alpha)$이고 $f'(\alpha)=g'(\alpha)=-16$인 실수 α가 존재한다.
(나) $f'(\beta)=g'(\beta)=16$인 실수 β가 존재한다.

$g(\beta+1)-f(\beta+1)$의 값을 구하시오. (4점)

13 DAY

E74 4점 함정 2018(나)/수능(홀) 20(고3)

최고차항의 계수가 1인 사차함수 $f(x)$가 다음 조건을 만족시킨다.

> (가) $f'(0)=0$, $f'(2)=16$
> (나) 어떤 양수 k에 대하여 두 열린구간 $(-\infty, 0)$, $(0, k)$에서 $f'(x)<0$이다.

[보기]에서 옳은 것만을 있는 대로 고른 것은? (4점)

[보기]

ㄱ. 방정식 $f'(x)=0$은 열린구간 $(0, 2)$에서 한 개의 실근을 갖는다.
ㄴ. 함수 $f(x)$는 극댓값을 갖는다.
ㄷ. $f(0)=0$이면, 모든 실수 x에 대하여 $f(x)\ge -\frac{1}{3}$이다.

① ㄱ ② ㄴ ③ ㄱ, ㄷ
④ ㄴ, ㄷ ⑤ ㄱ, ㄴ, ㄷ

E75 4점 2020(나)/삼사 20(고3)

최고차항의 계수가 1인 사차함수 $f(x)$에 대하여 함수 $g(x)$를

$$g(x)=\begin{cases} f(x) & (f(x)\ge a) \\ 2a-f(x) & (f(x)<a) \end{cases}$$ (a는 상수)라 하자.

두 함수 $f(x)$, $g(x)$가 다음 조건을 만족시킨다.

> (가) 함수 $g(x)$는 $x=4$에서만 미분가능하지 않다.
> (나) 함수 $g(x)-f(x)$는 $x=\frac{7}{2}$에서 최댓값 $2a$를 가진다.

$f\left(\frac{5}{2}\right)$의 값은? (4점)

① $\frac{5}{4}$ ② $\frac{3}{2}$ ③ $\frac{7}{4}$
④ 2 ⑤ $\frac{9}{4}$

E76 4점 실수 2019(나) 9월/평가원 30(고3)

최고차항의 계수가 양수인 삼차함수 $f(x)$에 대하여 방정식 $(f\circ f)(x)=x$의 모든 실근이 $0, 1, a, 2, b$이다.

$$f'(1)<0,\ f'(2)<0,\ f'(0)-f'(1)=6$$

일 때, $f(5)$의 값을 구하시오. (단, $1<a<2<b$) (4점)

유형 16 속도와 가속도

수직선 위를 움직이는 점 P의 시각 t에서의 위치가 $x=f(t)$일 때, 시각 t에서의 점 P의 속도와 가속도를 각각 $v(t)$, $a(t)$라 하면

(1) $v(t)=\frac{dx}{dt}=f'(t)$ (2) $a(t)=\frac{dv(t)}{dt}=v'(t)$

tip

수직선 위를 움직이는 점 P의 속도가 v일 때,
1 $v>0$이면 점 P는 양의 방향으로,
$v<0$이면 점 P는 음의 방향으로 움직인다.
2 $v=0$이면 점 P는 운동방향을 바꾸거나 정지한다.

E77 4점 2008(가) 6월/평가원 12(고3)

그림과 같이 편평한 바닥에 60°로 기울어진 경사면과 반지름의 길이가 0.5 m인 공이 있다. 이 공의 중심은 경사면과 바닥이 만나는 점에서 바닥에 수직으로 높이가 21 m인 위치에 있다. 이 공을 자유 낙하시킬 때, t초 후 공의 중심의 높이 $h(t)$는

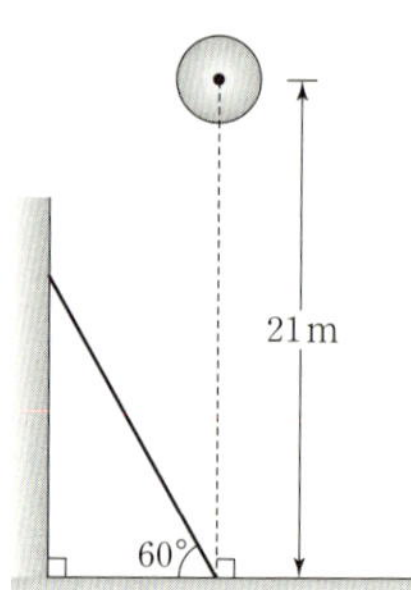

$$h(t)=21-5t^2(\text{m})$$

라고 한다. 공이 경사면과 처음으로 충돌하는 순간, 공의 속도는? (단, 경사면의 두께와 공기의 저항은 무시한다.) (4점)

① -20 m/초 ② -17 m/초 ③ -15 m/초
④ -12 m/초 ⑤ -10 m/초

E78 3점  2006(가) 6월/평가원 6(고3)

오른쪽 그림은 수직선 위를 움직이는 점 P의 시각 t에서의 속도 $v(t)$를 나타내는 그래프이다. $v(t)$는 $t=2$를 제외한 열린구간 $(0,\ 3)$에서 미분가능한 함수이고, $v(t)$의 그래프는 열린구간 $(0,\ 1)$에서 원점과 점 $(1,\ k)$를 잇는 직선과 한 점에서 만난다. 점 P의 시각 t에서의 가속도 $a(t)$를 나타내는 그래프의 개형으로 가장 알맞은 것은? (3점)

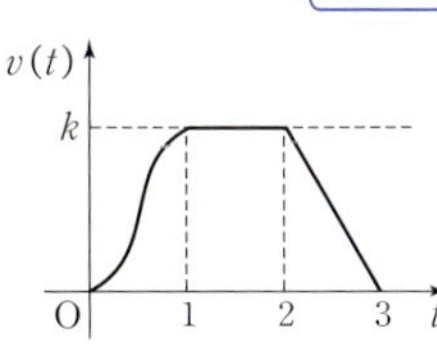

①
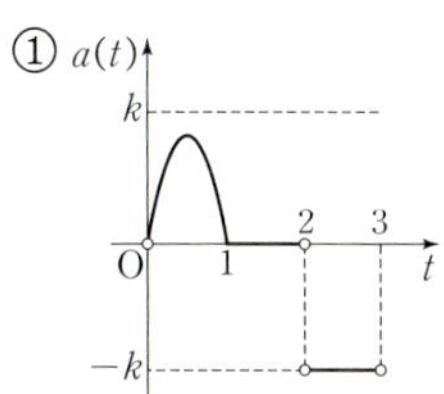

②
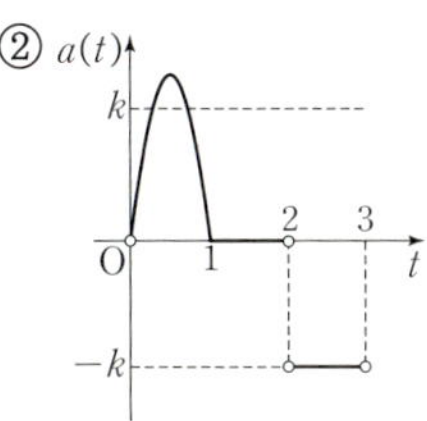

③
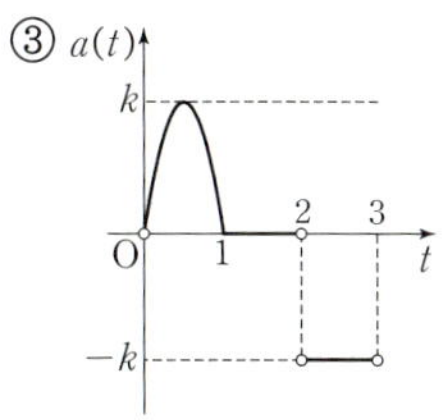

④
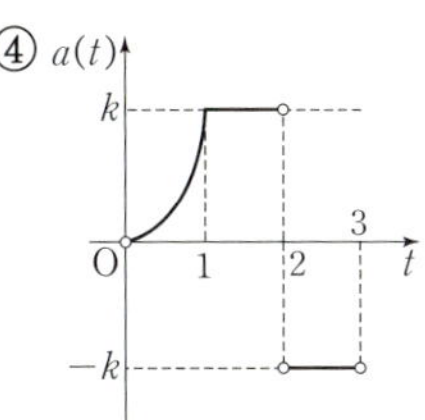

⑤
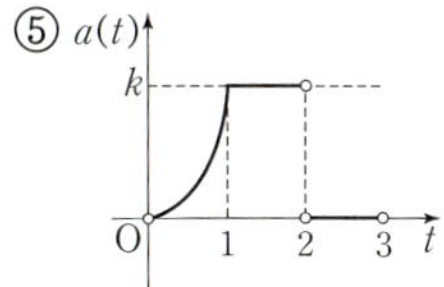

E79 4점  2010실시(가) 7월/교육청 13(고3) 변형

그림과 같이 케이블 l, m, n은 모두 벽면과 수직이고, 케이블 사이의 거리가 각각 2, 3이다. l 위의 광원 A에서 m 위의 물체 B에 빛을 비추면 n 위에 그림자 C가 나타난다.

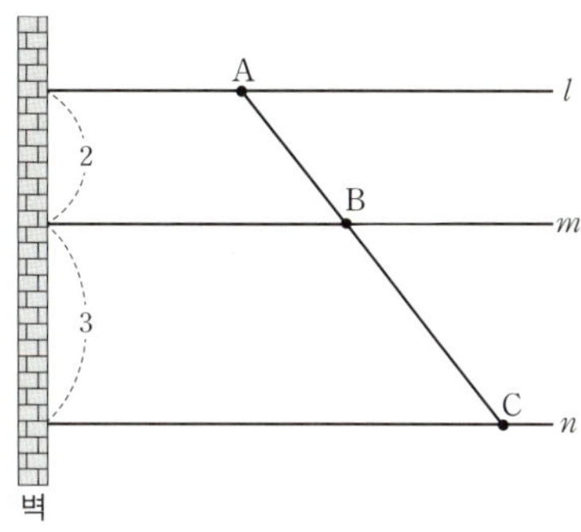

광원 A와 물체 B의 시각 $t(0\le t\le 8)$에서 벽으로부터의 거리를 각각 $x=8-t$, $y=t^2-2t+2$라 할 때, 옳은 것만을 [보기]에서 있는 대로 고른 것은?

(단, 광원, 물체, 그림자의 크기는 무시한다.) (4점)

[보기]

ㄱ. $t=\frac{1}{2}$에서 광원과 물체의 속도가 같아진다.

ㄴ. A와 C 사이의 거리가 5인 순간은 두 번이다.

ㄷ. $4<t<6$에서 그림자 C의 가속도는 5이다.

① ㄱ ② ㄱ, ㄴ ③ ㄱ, ㄷ
④ ㄴ, ㄷ ⑤ ㄱ, ㄴ, ㄷ

❖ 정답 및 해설 202~207p

2등급 킬러 + 1등급 킬러 문제

E80 ✪ 1등급 킬러 2019(나) 6월/평가원 30(고3)

사차함수 $f(x)$가 다음 조건을 만족시킨다.

(가) 5 이하의 모든 자연수 n에 대하여 $\sum_{k=1}^{n} f(k)=f(n)f(n+1)$이다.

(나) $n=3$, 4일 때, 함수 $f(x)$에서 x의 값이 n에서 $n+2$까지 변할 때의 평균변화율은 양수가 아니다.

$128\times f\left(\frac{5}{2}\right)$의 값을 구하시오. (4점)

E81 4점 고난도 2019실시(가) 11월/교육청 29(고2)

상수 a와 최고차항의 계수가 1인 이차함수 $f(x)$에 대하여 함수 $g(x)$를 $g(x)=(x^2-x+a)f(x)$라 할 때, 두 함수 $f(x)$, $g(x)$는 다음 조건을 만족시킨다.

(가) $\lim_{x\to 1}\frac{g(x)-f(x)}{x-1}=0$

(나) $g'(1)\neq 0$

(다) $f(\alpha)=f'(\alpha)$이고 $g'(\alpha)=2f'(\alpha)$인 실수 α가 존재한다.

$g(\alpha+4)=\frac{q}{p}$일 때, $p+q$의 값을 구하시오. (단, p와 q는 서로소인 자연수이다.) (4점)

E82 ✪ 2등급 킬러 2020(나)/수능(홀) 20(고3)

함수

$$f(x)=\begin{cases} -x & (x\le 0) \\ x-1 & (0<x\le 2) \\ 2x-3 & (x>2) \end{cases}$$

와 상수가 아닌 다항식 $p(x)$에 대하여 [보기]에서 옳은 것만을 있는 대로 고른 것은? (4점)

[보기]

ㄱ. 함수 $p(x)f(x)$가 실수 전체의 집합에서 연속이면 $p(0)=0$이다.

ㄴ. 함수 $p(x)f(x)$가 실수 전체의 집합에서 미분가능하면 $p(2)=0$이다.

ㄷ. 함수 $p(x)\{f(x)\}^2$이 실수 전체의 집합에서 미분가능하면 $p(x)$는 $x^2(x-2)^2$으로 나누어떨어진다.

① ㄱ ② ㄱ, ㄴ ③ ㄱ, ㄷ
④ ㄴ, ㄷ ⑤ ㄱ, ㄴ, ㄷ

E83 4점 고난도 2012(나)/삼사 20(고3) 변형

두 다항함수 $f(x)$, $g(x)$가 임의의 두 실수 x, y에 대하여 $x\{f(x+y)-f(x-y)\}=2y\{f(x)+g(y)\}$를 만족시킨다. $f(1)=5$, $g(0)=-3$일 때, $f(5)$의 값은? (4점)

① 11 ② 12 ③ 13
④ 14 ⑤ 15

E84 ✪ 2등급 킬러 .... 2021(나) 9월/평가원 30(고3)

삼차함수 $f(x)$가 다음 조건을 만족시킨다.

(가) $f(1)=f(3)=0$
(나) 집합 $\{x \mid x \geq 1$이고 $f'(x)=0\}$의 원소의 개수는 1이다.

상수 a에 대하여 함수 $g(x)=|f(x)f(a-x)|$가 실수 전체의 집합에서 미분가능할 때, $\dfrac{g(4a)}{f(0)\times f(4a)}$의 값을 구하시오. (4점)

E85 ✪ 2등급 킬러 .... 2021(나)/수능(홀) 30(고3)

함수 $f(x)$는 최고차항의 계수가 1인 삼차함수이고, 함수 $g(x)$는 일차함수이다. 함수 $h(x)$를

$$h(x)=\begin{cases} |f(x)-g(x)| & (x<1) \\ f(x)+g(x) & (x\geq 1) \end{cases}$$

이라 하자. 함수 $h(x)$가 실수 전체의 집합에서 미분가능하고, $h(0)=0$, $h(2)=5$일 때, $h(4)$의 값을 구하시오. (4점)

E86 ✪ 1등급 킬러 ..... 2017실시(나) 10월/교육청 30(고3)

함수 $f(x)=|3x-9|$에 대하여 함수 $g(x)$는

$$g(x)=\begin{cases} \dfrac{3}{2}f(x+k) & (x<0) \\ f(x) & (x\geq 0) \end{cases}$$

이다. 최고차항의 계수가 1인 삼차함수 $h(x)$가 다음 조건을 만족시킬 때, 모든 $h(k)$의 값의 합을 구하시오. (단, $k>0$) (4점)

(가) 함수 $g(x)h(x)$는 실수 전체의 집합에서 미분가능하다.
(나) $h'(3)=15$

E87 ✪ 2등급 킬러 .... 2010(가)/수능(홀) 17(고3) 변형

최고차항의 계수가 1인 사차함수 $f(x)$에 대하여 함수 $g(x)$가 다음 조건을 만족시킨다.

(가) $-2\leq x<2$일 때, $g(x)=f(x)$이다.
(나) 모든 실수 x에 대하여 $g(x+4)=g(x)$이다.

옳은 것만을 [보기]에서 있는 대로 고른 것은? (4점)

[보기]

ㄱ. $f(-2)=f(2)$이고 $f'(-2)=f'(2)$이면, $g(x)$는 실수 전체의 집합에서 미분가능하다.
ㄴ. $g(x)$가 실수 전체의 집합에서 미분가능하면, $f'(0)f'(2)\neq 0$이다.
ㄷ. $g(x)$가 실수 전체의 집합에서 미분가능하고 $f'(2)=-3$이면, 구간 $(-2, 2)$에 $f'(c)=-2$인 c가 적어도 2개 존재한다.

① ㄱ ② ㄴ ③ ㄱ, ㄷ
④ ㄴ, ㄷ ⑤ ㄱ, ㄴ, ㄷ

14 DAY

E88 ✪ 1등급 킬러 ..... 2018실시(나) 7월/교육청 30(고3)

함수 $f(x)=x^3-12x$와 실수 t에 대하여 점 $(a, f(a))$를 지나고 기울기가 t인 직선이 함수 $y=|f(x)|$의 그래프와 만나는 점의 개수를 $g(t)$라 하자. 함수 $g(t)$가 다음 조건을 만족시킨다.

함수 $g(t)$가 $t=k$에서 불연속이 되는 k의 값 중에서 가장 작은 값은 0이다.

$\displaystyle\sum_{n=1}^{36} g(n)$의 값을 구하시오. (4점)

❖ 정답 및 해설 207~220p

E89 4점 

2020실시(가) 3월/교육청 21(고3)

0이 아닌 실수 m에 대하여 두 함수

$$f(x)=2x^3-8x,$$

$$g(x)=\begin{cases} -\dfrac{47}{m}x+\dfrac{4}{m^3} & (x<0) \\ 2mx+\dfrac{4}{m^3} & (x\geq 0) \end{cases}$$

이 있다. 실수 x에 대하여 $f(x)$와 $g(x)$ 중 크지 않은 값을 $h(x)$라 할 때, [보기]에서 옳은 것만을 있는 대로 고른 것은? (4점)

[보기]

ㄱ. $m=-1$일 때, $h\left(\dfrac{1}{2}\right)=-5$이다.

ㄴ. $m=-1$일 때, 함수 $h(x)$가 미분가능하지 않은 x의 개수는 2이다.

ㄷ. 함수 $h(x)$가 미분가능하지 않은 x의 개수가 1인 양수 m의 최댓값은 6이다.

① ㄱ ② ㄱ, ㄴ ③ ㄱ, ㄷ
④ ㄴ, ㄷ ⑤ ㄱ, ㄴ, ㄷ

E90 4점 

2020(나) 9월/평가원 30(고3)

최고차항의 계수가 1인 사차함수 $f(x)$에 대하여 네 개의 수 $f(-1)$, $f(0)$, $f(1)$, $f(2)$가 이 순서대로 등차수열을 이루고, 곡선 $y=f(x)$ 위의 점 $(-1, f(-1))$에서의 접선과 점 $(2, f(2))$에서의 접선이 점 $(k, 0)$에서 만난다. $f(2k)=20$일 때, $f(4k)$의 값을 구하시오. (단, k는 상수이다.) (4점)

E91 ✪ 1등급 킬러

2020실시(나) 4월/교육청 30(고3)

양의 실수 t와 최고차항의 계수가 1인 삼차함수 $f(x)$에 대하여 함수

$$g(t)=\frac{f(t)-f(0)}{t}$$

이라 하자. 두 함수 $f(x)$와 $g(t)$가 다음 조건을 만족시킨다.

(가) 함수 $g(t)$의 최솟값은 0이다.
(나) x에 대한 방정식 $f'(x)=g(a)$를 만족시키는 x의 값은 a와 $\dfrac{5}{3}$이다. $\left(\text{단, } a>\dfrac{5}{3}\text{인 상수이다.}\right)$

자연수 m에 대하여 집합 A_m을

$$A_m=\{x \mid f'(x)=g(m),\ 0<x\leq m\}$$

이라 할 때, $n(A_m)=2$를 만족시키는 모든 자연수 m의 값의 합을 구하시오. (4점)

E92 ✪ 2등급 킬러

2021(나)/삼사 30(고3)

양수 a에 대하여 함수 $f(x)$는

$$f(x)=\begin{cases} x(x+a)^2 & (x<0) \\ x(x-a)^2 & (x\geq 0) \end{cases}$$

이다. 실수 t에 대하여 곡선 $y=f(x)$와 직선 $y=4x+t$의 서로 다른 교점의 개수를 $g(t)$라 할 때, 함수 $g(t)$가 다음 조건을 만족시킨다.

(가) 함수 $g(t)$의 최댓값은 5이다.
(나) 함수 $g(t)$가 $t=\alpha$에서 불연속인 α의 개수는 2이다.

$f'(0)$의 값을 구하시오. (4점)

E93 4점  2011(가) 9월/평가원 16(고3) 변형

함수 $f(x)=3x^4-4(a+2)x^3+12ax^2+1\ (a<0)$과 실수 t에 대하여, $x\le t$에서 $f(x)$의 최솟값을 $g(t)$라 하자. 함수 $g(t)$가 실수 전체의 집합에서 미분가능하도록 하는 a의 최댓값은? (4점)

① -1　② -2　③ -3　④ -4　⑤ -5

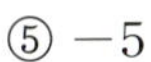

E94 4점   2020실시(나) 3월/교육청 21(고3)

이차함수 $g(x)=x^2-6x+10$에 대하여 삼차함수 $f(x)$가 다음 조건을 만족시킨다.

(가) 방정식 $f(x)=0$은 서로 다른 세 실근을 갖는다.
(나) 함수 $(g\circ f)(x)$의 최솟값을 m이라 할 때, 방정식 $g(f(x))=m$의 서로 다른 실근의 개수는 2이다.
(다) 방정식 $g(f(x))=17$은 서로 다른 세 실근을 갖는다.

함수 $f(x)$의 극댓값과 극솟값의 합은? (4점)

① 2　② 4　③ 6　④ 8　⑤ 10

E95 ✪ 1등급 킬러 2019(나)/수능(홀) 30(고3)

최고차항의 계수가 1인 삼차함수 $f(x)$와 최고차항의 계수가 -1인 이차함수 $g(x)$가 다음 조건을 만족시킨다.

(가) 곡선 $y=f(x)$ 위의 점 $(0, 0)$에서의 접선과 곡선 $y=g(x)$ 위의 점 $(2, 0)$에서의 접선은 모두 x축이다.
(나) 점 $(2, 0)$에서 곡선 $y=f(x)$에 그은 접선의 개수는 2이다.
(다) 방정식 $f(x)=g(x)$는 오직 하나의 실근을 가진다.

$x>0$인 모든 실수 x에 대하여

$$g(x)\le kx-2\le f(x)$$

를 만족시키는 실수 k의 최댓값과 최솟값을 각각 α, β라 할 때, $\alpha-\beta=a+b\sqrt{2}$이다. a^2+b^2의 값을 구하시오. (단, a, b는 유리수이다.) (4점)

14 DAY

E96  1등급 킬러 2017(나)/수능(홀) 30(고3)

실수 k에 대하여 함수 $f(x)=x^3-3x^2+6x+k$의 역함수를 $g(x)$라 하자. 방정식 $4f'(x)+12x-18=(f'\circ g)(x)$가 닫힌구간 $[0, 1]$에서 실근을 갖기 위한 k의 최솟값을 m, 최댓값을 M이라 할 때, m^2+M^2의 값을 구하시오. (4점)

E97 ✪ 2등급 킬러 2021(나) 6월/평가원 30(고3)

이차함수 $f(x)$는 $x=-1$에서 극대이고, 삼차함수 $g(x)$는 이차항의 계수가 0이다. 함수

$$h(x)=\begin{cases} f(x) & (x\le 0) \\ g(x) & (x>0) \end{cases}$$

이 실수 전체의 집합에서 미분가능하고 다음 조건을 만족시킬 때, $h'(-3)+h'(4)$의 값을 구하시오. (4점)

> (가) 방정식 $h(x)=h(0)$의 모든 실근의 합은 1이다.
> (나) 닫힌구간 $[-2, 3]$에서 함수 $h(x)$의 최댓값과 최솟값의 차는 $3+4\sqrt{3}$이다.

E98 ✪ 2등급 킬러 2011(가)/수능(홀) 24(고3)

최고차항의 계수가 1이고, $f(0)=3$, $f'(3)<0$인 사차함수 $f(x)$가 있다. 실수 t에 대하여 집합 S를

$S=\{a \mid$ 함수 $|f(x)-t|$가 $x=a$에서 미분가능하지 않다.$\}$

라 하고, 집합 S의 원소의 개수를 $g(t)$라 하자. 함수 $g(t)$가 $t=3$과 $t=19$에서만 불연속일 때, $f(-2)$의 값을 구하시오. (4점)

E99 ✪ 1등급 킬러 2020(나)/수능(홀) 30(고3)

최고차항의 계수가 양수인 삼차함수 $f(x)$가 다음 조건을 만족시킨다.

> (가) 방정식 $f(x)-x=0$의 서로 다른 실근의 개수는 2이다.
> (나) 방정식 $f(x)+x=0$의 서로 다른 실근의 개수는 2이다.

$f(0)=0$, $f'(1)=1$일 때, $f(3)$의 값을 구하시오. (4점)

E100 ✪ 1등급 킬러 2018(나)/삼사 30(고3)

$a\le 35$인 자연수 a와 함수 $f(x)=-3x^4+4x^3+12x^2+4$에 대하여 함수 $g(x)$를

$g(x)=|f(x)-a|$

라 할 때, $g(x)$가 다음 조건을 만족시킨다.

> (가) 함수 $y=g(x)$의 그래프와 직선 $y=b\,(b>0)$가 서로 다른 4개의 점에서 만난다.
> (나) 함수 $|g(x)-b|$가 미분가능하지 않은 실수 x의 개수는 4이다.

두 상수 a, b에 대하여 $a+b$의 값을 구하시오. (4점)

E101 ✪ 1등급 킬러 2020(나) 6월/평가원 30(고3)

최고차항의 계수가 1이고 $f(2)=3$인 삼차함수 $f(x)$에 대하여 함수

$$g(x)=\begin{cases} \dfrac{ax-9}{x-1} & (x<1) \\ f(x) & (x\ge 1) \end{cases}$$

이 다음 조건을 만족시킨다.

> 함수 $y=g(x)$의 그래프와 직선 $y=t$가 서로 다른 두 점에서만 만나도록 하는 모든 실수 t의 값의 집합은 $\{t \mid t=-1$ 또는 $t\ge 3\}$이다.

$(g\circ g)(-1)$의 값을 구하시오. (단, a는 상수이다.) (4점)

❖ 정답 및 해설 230~238p

SNUPO

서울대학교 오케스트라 동아리

모두가 함께 즐기는 클래식!

서울대학교 유일의 아마추어 오케스트라 동아리 SNUPO(Seoul National University Philharmonic Orchestra)는 전공을 불문하고 음악을 사랑하는 학생들이 모여 진지한 연주 활동을 하고 있는 중앙동아리입니다. 여러 단과대에 걸쳐 각양각색의 학생들이 모여 있고, 규모로 보나 활동으로 보나 국내에서 둘째가라면 서러워할 동아리입니다.

SNUPO는 음악을 진지하게 생각하고 원칙적으로 연주하기 위해 노력하고 있습니다. 더불어 최대한 많은 사람들이 음악의 감동을 함께 누렸으면 하고 생각하고 있습니다. 그래서 악기를 처음 배우는 사람과 실력이 뛰어난 사람이 함께 연주하면서 서로를 배워가며 하나의 음악을 만듭니다.

클래식, 특히 클래식 연주라는 것이 "가까이하기 어렵고, 소수의 전문가들을 위한 문화"라는 고정관념이 있는데, "관심이 있는 사람이라면 누구나 해볼 수 있는 문화"라는 생각을 심는 데에 공헌하고 싶어 합니다.

따라서 SNUPO의 모토는 바로 '우리는 서로 다른 소리를 내지만 어울려 하나 된 음악을 만든다!' 입니다. 수십여 가지 악기들이 엮어내는 조화로움, 그리고 그 진지함을 서로 공유하는 즐거움을 경험하고 싶은 분들은 SNUPO로 오세요!

F 적분

- 부정적분은 정적분을 계산하기 위한 도구이므로 부정적분의 정의와 공식 및 성질은 바로바로 쓸 수 있도록 암기해야 합니다.
- 정적분은 부호가 존재하는 수학적 넓이를 구하는 것으로, 단순한 계산 문제에서부터 극한, 연속, 미분, 적분의 개념을 통합한 고난도 문항으로도 출제 가능하므로 기본 개념부터 차근차근 학습하여 수학Ⅱ의 내용을 종합적으로 마무리 하세요.

1 부정적분❶

(1) 다항함수 $y=x^n$의 부정적분❷

n이 음이 아닌 정수일 때, $\int x^n dx=\frac{1}{n+1}x^{n+1}+C$($C$는 적분상수)

(2) 부정적분과 미분의 관계

① $\int\left\{\frac{d}{dx}f(x)\right\}dx=f(x)+C$($C$는 적분상수) ② $\frac{d}{dx}\left\{\int f(x)dx\right\}=f(x)$

2 정적분의 정의

함수 $f(x)$가 닫힌구간 $[a, b]$에서 연속이고 $f(x)$의 한 부정적분을 $F(x)$라 할 때, $\int_a^b f(x)dx=\Big[F(x)\Big]_a^b=F(b)-F(a)$

고난도 출제 2021 9월 나형 20번

★구간 $[a, b]$에서 연속인 함수 $f(x)$의 부정적분 $F(x)$의 $x=a$, $x=b$에서의 함숫값이 주어지면 정적분의 정의에 의하여 정적분의 값을 구할 수 있다.

3 정적분의 성질

세 실수 a, b, c를 포함하는 닫힌구간에서 두 함수 $f(x)$, $g(x)$가 연속일 때,

(1) $\int_a^b kf(x)dx=k\int_a^b f(x)dx$ (단, k는 상수)

(2) $\int_a^b \{f(x)\pm g(x)\}dx=\int_a^b f(x)dx\pm\int_a^b g(x)dx$ (복호동순)

(3) $\int_a^b f(x)dx=\int_a^c f(x)dx+\int_c^b f(x)dx$

그래프의 대칭을 이용한 정적분❸

(1) 함수 $f(x)$가 y축에 대하여 대칭이면 $\int_{-a}^a f(x)dx=2\int_0^a f(x)dx$

(2) 함수 $f(x)$가 원점에 대하여 대칭이면 $\int_{-a}^a f(x)dx=0$

☆ 고난도 필수 개념

＊주기함수의 정적분

(1) 함수 $f(x)$는 주기가 p인 주기함수이다. ⇨ $f(x+p)=f(x)$

(2) 주기가 p인 주기함수 $f(x)$의 특징

① 한 주기의 정적분의 값은 항상 같다. ⇨ $\int_a^{a+p}f(x)dx=\int_b^{b+p}f(x)dx=\int_{a+p}^{a+2p}f(x)dx=\cdots$

② 구간 $[a, b]$의 정적분의 값은 그 구간에 주기 p만큼 더한 구간 $[a+p, b+p]$의 정적분의 값과 항상 같다.
⇨ $\int_a^b f(x)dx=\int_{a+p}^{b+p}f(x)dx=\int_{a+2p}^{b+2p}f(x)dx=\cdots$

4 정적분으로 나타내어진 함수의 미분

(1) $\frac{d}{dx}\int_a^x f(t)dt=f(x)$❹ (2) $\frac{d}{dx}\int_x^{x+a}f(t)dt=f(x+a)-f(x)$

(3) 정적분을 포함한 등식의 풀이법 (a, b는 상수)

① $f(x)=g(x)+\int_a^b f(t)dt$일 때, 함수 $f(x)$ 구하기

$\int_a^b f(t)dt=k\cdots$ ㉠라 하고 $f(x)=g(x)+k$를 ㉠에 대입한다.

② $\int_a^x f(t)dt=g(x)$일 때, 함수 $f(x)$ 구하기

$\int_a^x f(t)dt=g(x)$의 양변을 x에 대하여 미분하고 $\int_a^a f(t)dt=0$임을 이용한다.

고난도 출제 2021 수능 나형 20번 / 2021 9월 나형 28번 / 2021 6월 나형 17번

★적분구간이 변수인 정적분을 포함할 때, 함숫값 또는 미분계수를 구하는 문제뿐 아니라 정적분으로 정의된 함수를 유추하여 복합적인 상황을 해결해야 하는 고난도 문제로도 출제될 수 있다. 기출문제를 통해, 미분과 적분에 대한 통합적인 개념 이해를 바탕으로 다양한 상황에서 함수와 그 그래프를 추론해 내는 훈련을 많이 해야 한다.

+개념보충

❶ 부정적분
$F'(x)=f(x)$일 때,
$\int f(x)dx=F(x)+C$(C는 적분상수)

❷ 여러 가지 함수의 부정적분
(1) $\int dx=\int 1dx=x+C$(C는 적분상수)
(2) $\int(ax+b)^n dx$
$=\frac{1}{a(n+1)}(ax+b)^{n+1}+C$
(C는 적분상수)

한걸음 더!

❸ 그래프의 대칭
(1) $f(x)=f(-x)$를 만족시키는 함수는 y축에 대하여 대칭인 함수이다. 다항함수 중 y축에 대하여 대칭인 함수는 $y=x^4+x^2+1$과 같이 짝수차수의 항과 상수항으로만 이루어져 있다.
(2) $f(x)=-f(-x)$를 만족시키는 함수는 원점에 대하여 대칭인 함수이다. 다항함수 중 원점에 대하여 대칭인 함수는 $y=x^5+x^3+x$와 같이 홀수차수의 항으로만 이루어져 있다.
(3) $f(a+x)=f(a-x)$ 또는 $f(x)=f(2a-x)$를 만족시키는 함수 $y=f(x)$의 그래프는 직선 $x=a$에 대하여 대칭이다.

왜 그럴까?

❹ 함수 $f(t)$가 닫힌구간 $[a, b]$에서 연속일 때, $f(t)$의 한 부정적분을 $F(t)$라 하면 a에서 $x(a<x<b)$까지의 정적분은
$\int_a^x f(t)dt=\Big[F(t)\Big]_a^x=F(x)-F(a)$
이므로
$\frac{d}{dx}\int_a^x f(t)dt=\frac{d}{dx}\{F(x)-F(a)\}$
$=F'(x)=f(x)$

5 정적분으로 나타내어진 함수의 극한

(1) $\lim_{x\to 0}\frac{1}{x}\int_a^{x+a}f(t)dt=f(a)$ ❺ (2) $\lim_{x\to a}\frac{1}{x-a}\int_a^x f(t)dt=f(a)$

6 곡선과 x축 사이의 넓이 ❻

함수 $f(x)$가 닫힌구간 $[a, b]$에서 연속일 때, 곡선 $y=f(x)$와 x축 및 두 직선 $x=a$, $x=b$로 둘러싸인 부분의 넓이 S는

$$S=\int_a^b|f(x)|dx$$

구간 $[a, b]$에서 연속인 함수 $f(x)$와 $a<c<b$인 상수 c에 대하여 구간 $[a, c]$에서 $f(x)\geq 0$이고 구간 $[c, b]$에서 $f(x)\leq 0$이면 $S=\int_a^b|f(x)|dx=\int_a^c f(x)dx+\int_c^b\{-f(x)\}dx$

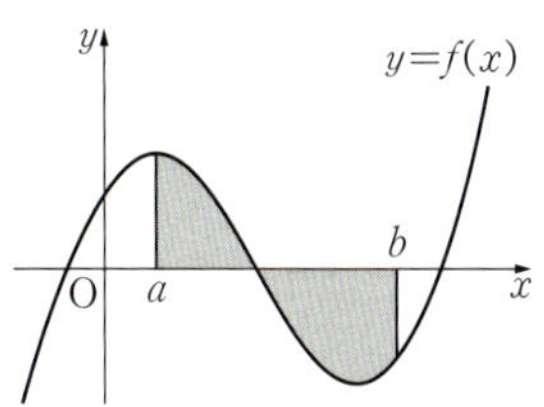

7 두 곡선 사이의 넓이

(1) 두 곡선 사이의 넓이 ❼

두 함수 $f(x)$, $g(x)$가 닫힌구간 $[a, b]$에서 연속일 때, 두 곡선 $y=f(x)$, $y=g(x)$와 두 직선 $x=a$, $x=b$로 둘러싸인 부분의 넓이 S는

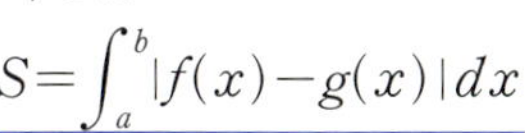

$$S=\int_a^b|f(x)-g(x)|dx$$

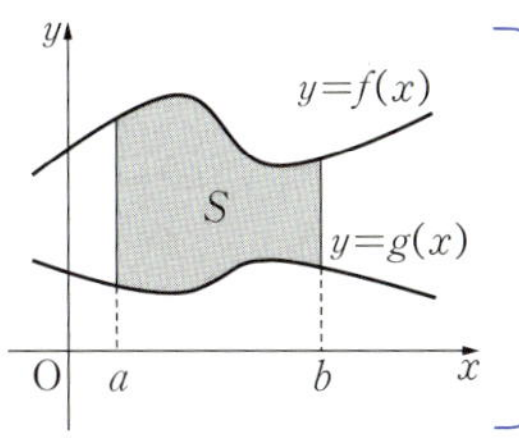

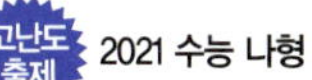

★ 곡선과 직선, 두 곡선 등으로 둘러싸인 부분의 넓이를 구할 때, 그래프의 위치 관계를 파악해야 하므로 여러 가지 다항함수의 그래프의 개형을 그릴 수 있어야 한다.

구간 $[a, b]$에서 연속인 두 함수 $f(x)$, $g(x)$와 $a<c<b$인 상수 c에 대하여 구간 $[a, c]$에서 $f(x)\geq g(x)$이고 구간 $[c, b]$에서 $f(x)\leq g(x)$이면
$S=\int_a^b|f(x)-g(x)|dx=\int_a^c\{f(x)-g(x)\}dx+\int_c^b\{g(x)-f(x)\}dx$

예 곡선 $y=-x^2+1$과 직선 $y=2x+1$로 둘러싸인 부분의 넓이 S를 구해보자.

주어진 곡선과 직선의 교점의 x좌표를 구하면
$-x^2+1=2x+1$에서 $x=-2$ 또는 $x=0$이므로

$$S=\int_{-2}^0|(-x^2+1)-(2x+1)|dx$$
$$=\int_{-2}^0(-x^2-2x)dx=\left[-\frac{1}{3}x^3-x^2\right]_{-2}^0=\frac{4}{3}$$

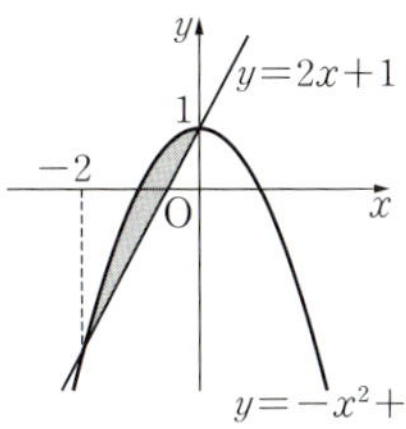

(2) 함수 $y=f(x)$의 그래프와 그 역함수 $y=f^{-1}(x)$의 그래프로 둘러싸인 부분의 넓이

두 함수 $y=f(x)$, $y=f^{-1}(x)$의 그래프는 직선 $y=x$에 대하여 대칭이므로
함수 $y=f(x)$의 그래프와 직선 $y=x$의 교점의 x좌표를 α, β라 하면 두 함수 $y=f(x)$, $y=f^{-1}(x)$의 그래프로 둘러싸인 부분의 넓이 S는

$$S=\int_\alpha^\beta|f(x)-f^{-1}(x)|dx=2\int_\alpha^\beta|f(x)-x|dx$$

8 위치와 거리

수직선 위를 움직이는 점 P의 시각 t에서의 속도가 $v(t)$, 위치가 $x=f(t)$이고 $t=t_0$에서의 점 P의 위치가 x_0일 때,

(1) 시각 t에서의 점 P의 위치 x는 $x=f(t)=x_0+\int_{t_0}^t v(t)dt$

(2) 시각 $t=a$부터 $t=b$까지의 점 P의 위치의 변화량은 $f(b)-f(a)=\int_a^b v(t)dt$

(3) 시각 $t=a$부터 $t=b$까지의 점 P가 실제로 움직인 거리를 s라 하면 $s=\int_a^b|v(t)|dt$ ❽

왜 그럴까?

❺ 함수 $f(t)$가 닫힌구간 $[a, b]$에서 연속일 때, $f(t)$의 한 부정적분을 $F(t)$라 하면 a에서 $x(a<x<b)$까지의 정적분은

$$\int_a^x f(t)dt=\Big[F(t)\Big]_a^x=F(x)-F(a)$$

이므로

$$\lim_{x\to 0}\frac{1}{x}\int_a^{x+a}f(t)dt$$
$$=\lim_{x\to 0}\frac{F(x+a)-F(a)}{x}$$
$$=F'(a)=f(a)$$

한걸음 더!

❻ 이차함수
$f(x)=a(x-\alpha)(x-\beta)(a\neq 0,\ \alpha<\beta)$
에 대하여 곡선 $y=f(x)$와 x축으로 둘러싸인 부분의 넓이 S는

$$S=\frac{|a|(\beta-\alpha)^3}{6}$$

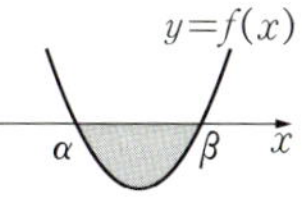

❼ 그래프로 둘러싸인 두 부분의 넓이가 같은 경우

(1) 그림과 같이 곡선 $y=f(x)$와 x축으로 둘러싸인 두 부분 S_1, S_2의 넓이가 서로 같으면 $\int_\alpha^\gamma f(x)dx=0$

$y=f(x)$, S_1, S_2, α, β, γ, x

(2) 그림과 같이 두 곡선 $y=f(x)$, $y=g(x)$로 둘러싸인 두 부분 S_1, S_2의 넓이가 서로 같으면

$$\int_\alpha^\gamma\{f(x)-g(x)\}dx=0$$

$y=g(x)$, S_1, S_2, $y=f(x)$, α, β, γ, x

왜 그럴까?

❽ 점 P의 시각 t에서의 위치를 $x=f(t)$라 하자. 진행 경로가 그림과 같을 때, 즉
$a\leq t\leq c$에서 $v(t)\geq 0$,
$c<t\leq b$에서 $v(t)<0$일 때,
(단, $a<c<b$)

$t=a$ $t=b$ $t=c$
P
$f(a)$ $f(b)$ $f(c)$ x

점 P가 실제 움직인 거리를 s라 하면

$$s=\{f(c)-f(a)\}+\{f(c)-f(b)\}$$
$$=\int_a^c v(t)dt+\int_c^b\{-v(t)\}dt$$
$$=\int_a^c|v(t)|dt+\int_c^b|v(t)|dt$$
$$=\int_a^b|v(t)|dt$$

유형 01 함수의 부정적분

(1) 부정적분 : 함수 $F(x)$의 도함수가 $f(x)$일 때

$$\int f(x)dx=F(x)+C \text{ (단, } C\text{는 적분상수)}$$

(2) 다항함수의 부정적분 : n이 음이 아닌 정수일 때

$$\int x^n dx=\frac{1}{n+1}x^{n+1}+C \text{ (단, } C\text{는 적분상수)}$$

(3) 적분과 미분의 관계

① $\frac{d}{dx}\int f(x)dx=f(x)$

② $\int\left\{\frac{d}{dx}f(x)\right\}dx=f(x)+C$ (단, C는 적분상수)

'다항함수', '다항식'이라는 조건이 주어질 경우, 다항식의 차수와 최고차항의 계수를 먼저 구해본다.

F01 4점 2016실시(나) 10월/교육청 21(고3)

사차함수 $f(x)$의 도함수 $y=f'(x)$의 그래프가 그림과 같고, $f'(-\sqrt{2})=f'(0)=f'(\sqrt{2})=0$이다.

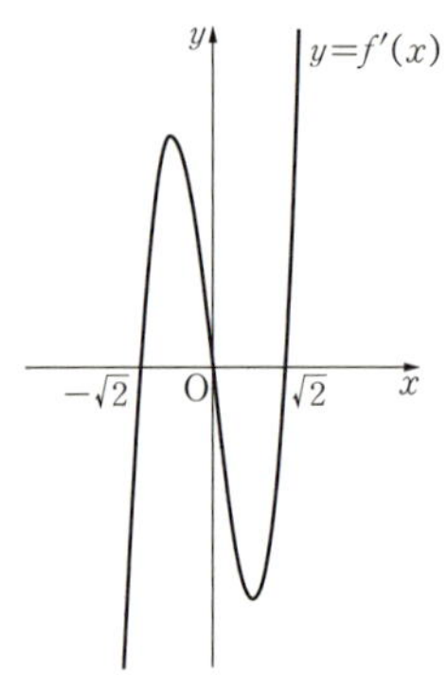

$f(0)=1$, $f(\sqrt{2})=-3$일 때, $f(m)f(m+1)<0$을 만족시키는 모든 정수 m의 값의 합은? (4점)

① -2　② -1　③ 0　④ 1　⑤ 2

F02 4점 실수 2013(나) 9월/평가원 18(고3)

이차함수 $f(x)$에 대하여 함수 $g(x)$가

$$g(x)=\int\{x^2+f(x)\}dx,\ f(x)g(x)=-2x^4+8x^3$$

을 만족시킬 때, $g(1)$의 값은? (4점)

① 1　② 2　③ 3　④ 4　⑤ 5

F03 3점 고난도 2006(가)/수능(홀) 9(고3) 변형

함수 $y=f(x)$가 모든 실수에서 연속이고, $|x|\neq2$인 모든 x의 값에 대하여 미분계수 $f'(x)$가

$$f'(x)=\begin{cases}9x^2-16 & (|x|<2)\\ -1 & (|x|>2)\end{cases}$$

일 때, [보기]에서 옳은 것을 모두 고른 것은? (3점)

[보기]

ㄱ. 함수 $y=f(x)$는 $x=2$에서 극값을 갖는다.
ㄴ. 모든 실수 x에 대하여 $f(x)+f(-x)=0$이다.
ㄷ. $f(0)=0$이면 $f(-2)<0$이다.

① ㄱ　② ㄴ　③ ㄷ　④ ㄱ, ㄷ　⑤ ㄱ, ㄴ, ㄷ

F04 4점 함정 2021(나)/삼사 20(고3)

0이 아닌 실수 k에 대하여 다항함수 $f(x)$의 도함수 $f'(x)$가

$$f'(x)=3(x-k)(x-2k)$$

이다. 함수

$$g(x)=\begin{cases}f(x) & (x\leq1 \text{ 또는 } x\geq4)\\ \frac{f(4)-f(1)}{3}(x-1)+f(1) & (1<x<4)\end{cases}$$

의 역함수가 존재하도록 하는 모든 실수 k의 값의 범위가 $\alpha\leq k<\beta$일 때, $\beta-\alpha$의 값은? (4점)

① $\frac{3}{8}$　② $\frac{1}{2}$　③ $\frac{5}{8}$　④ $\frac{3}{4}$　⑤ $\frac{7}{8}$

F05 4점 2016실시(나) 7월/교육청 20(고3)

두 다항함수 $f(x)$, $g(x)$가

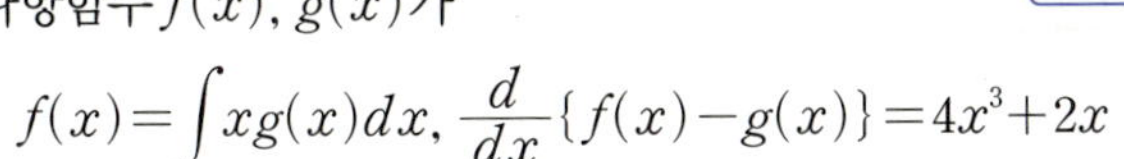

$$f(x)=\int xg(x)dx,\ \frac{d}{dx}\{f(x)-g(x)\}=4x^3+2x$$

를 만족시킬 때, $g(1)$의 값은? (4점)

① 10　② 11　③ 12
④ 13　⑤ 14

F06 4점 2013실시(A) 7월/교육청 21(고3) 변형

최고차항의 계수가 1인 삼차함수 $f(x)$가 $f(0)=0$, $f'(0)=0$, $f(a)=0$이고 함수 $g(x)$가 다음 두 조건을 만족시킬 때, $g'(a)$의 값은? (단, a는 양수이다.) (4점)

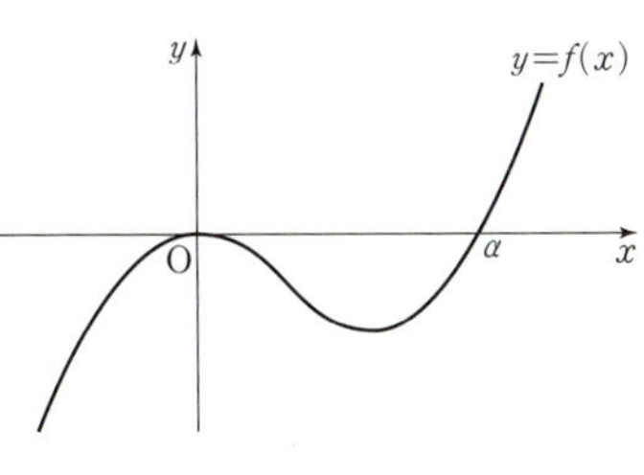

(가) $g'(x)=f(x)+xf'(x)$
(나) $g(x)$의 극솟값은 -27이고, $g(0)=0$이다.

① 56　② 58　③ 60
④ 62　⑤ 64

F07 4점 함정 2020/경찰대 12(고3)

두 실수 a, b와 최고차항의 계수가 1인 삼차함수 $f(x)$에 대하여 함수 $g(x)$를

$$g(x)=\begin{cases} a & (x<-1) \\ |f(x)| & (-1\le x\le 5) \\ b & (x>5)\end{cases}$$

라 하자. $g(x)$가 $x=-1$, $x=5$에서 미분가능할 때, [보기]에서 옳은 것만을 있는 대로 고른 것은? (4점)

[보기]

ㄱ. $f(x)$는 $x=-1$에서 극댓값을 갖는다.
ㄴ. $f(9)=0$이면 $a>b$이다.
ㄷ. $a=b$이면 $f(0)=46$이다.

① ㄱ　② ㄴ　③ ㄱ, ㄷ
④ ㄴ, ㄷ　⑤ ㄱ, ㄴ, ㄷ

F08 4점 2010(나)/삼사 30(고3) 변형

두 다항함수 $f(x)$와 $g(x)$에 대하여 $f'(x)=6x^2+2x$이고, $g'(x)=x+2$이다. $y=f(x)$와 $y=g(x)$의 그래프가 두 점에서 만날 때, $g(0)-f(0)$의 값들의 합은 $\frac{q}{p}$이다. $p+q$의 값을 구하시오. (단, p, q는 서로소인 자연수이다.) (4점)

유형 02 구간에 따라 다르게 정의된 함수의 정적분

(1) 정적분의 정의 : 닫힌구간 $[a, b]$에서 연속인 함수 $f(x)$의 부정적분을 $F(x)$라 할 때,

$$\int_a^b f(x)dx=\Big[F(x)\Big]_a^b=F(b)-F(a)$$

(2) 임의의 실수 a, b, c를 포함하는 구간에서 두 함수 $f(x)$, $g(x)$가 연속일 때

① $\int_a^b kf(x)dx=k\int_a^b f(x)dx$ (단, k는 상수)

② $\int_a^b \{f(x)\pm g(x)\}dx=\int_a^b f(x)dx\pm\int_a^b g(x)dx$

③ $\int_a^c f(x)dx+\int_c^b f(x)dx=\int_a^b f(x)dx$

(3) $a<k<b$인 세 상수 a, k, b에 대하여 함수

$f(x)=\begin{cases} g(x)\ (x\le k) \\ h(x)\ (x>k)\end{cases}$이면

$$\int_a^b f(x)dx=\int_a^k g(x)dx+\int_k^b h(x)dx$$

tip
적분구간 안에서 함수가 다르게 정의되어 있으면 적분구간을 나누어 정적분의 값을 구한다.

F09 3점 실수 예상 적중

함수 $f(x)=\begin{cases} -x^2+1 & (x\le 1) \\ 2x-2 & (x>1)\end{cases}$에 대하여 $\int_k^2 f(x)dx=1$을 만족시키는 상수 k의 값은? (단, $k<1$) (3점)

① -2　② $-\frac{3}{2}$　③ -1
④ $-\frac{1}{2}$　⑤ 0

❖ 정답 및 해설 238~243p

F10 4점 …… 예상 적중

닫힌구간 $[0,\ 3]$에서 정의된 함수 $y=f(x)$의 그래프가 그림과 같을 때, $\int_{0}^{3} f(f(x))dx$의 값을 구하시오. (4점)

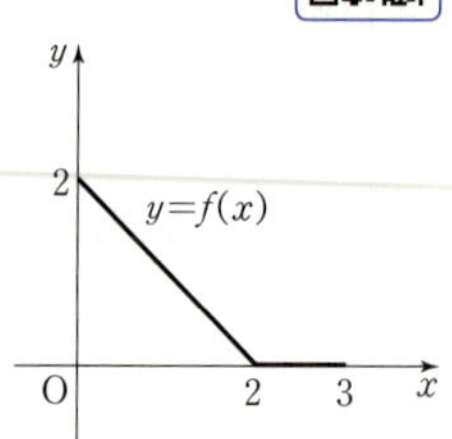

F11 4점 …… 2017(나) 9월/평가원 29(고3)

구간 $[0,\ 8]$에서 정의된 함수 $f(x)$는

$$f(x)=\begin{cases} -x(x-4) & (0\le x<4) \\ x-4 & (4\le x\le 8) \end{cases}$$

이다. 실수 $a(0\le a\le 4)$에 대하여 $\int_{a}^{a+4} f(x)dx$의 최솟값은 $\frac{q}{p}$이다. $p+q$의 값을 구하시오. (단, p와 q는 서로소인 자연수이다.) (4점)

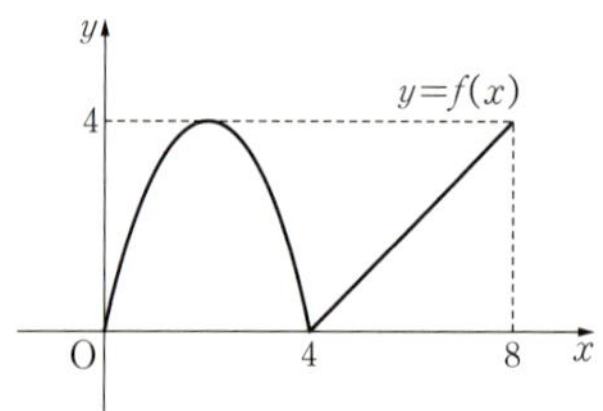

유형 03 절댓값 기호를 포함한 함수의 정적분

$a\le x\le c$에서 $f(x)\ge 0$, $c\le x\le b$에서 $f(x)\le 0$일 때,

$$\int_{a}^{b} |f(x)|dx=\int_{a}^{c} f(x)dx+\int_{c}^{b} \{-f(x)\}dx \text{ (단, } a<c<b)$$

tip

1 구간에 따라 다르게 정의된 함수의 특수한 경우이다.

2 절댓값 기호 안의 식의 값이 0이 되게 하는 x의 값을 경계로 구간을 나눠 정적분의 값을 구한다.

F12 4점 …… 2011실시(가) 4월/교육청 30(고3) 변형

x에 대한 방정식 $\int_{0}^{x} \left|\frac{1}{2}t-1\right| dt=x$의 양수인 실근이 $m+n\sqrt{2}$일 때, m^3+n^3의 값을 구하시오.

(단, m, n은 유리수이다.) (4점)

F13 4점 …… 2018/경찰대 10(고3)

실수 p에 대하여 이차방정식 $x^2-2px+p-1=0$의 두 실근을 $\alpha,\ \beta\ (\alpha<\beta)$라 할 때, $\int_{\alpha}^{\beta} |x-p|dx$의 최솟값은?

(4점)

① $\frac{1}{4}$ ② $\frac{1}{3}$ ③ $\frac{1}{2}$

④ $\frac{2}{3}$ ⑤ $\frac{3}{4}$

F14 4점 함정 …… 2018실시(나) 7월/교육청 21(고3)

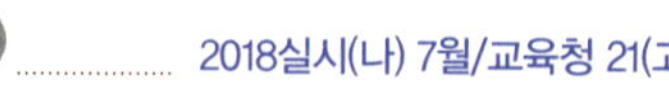

함수

$$f(x)=(x-1)|x-a|$$

의 극댓값이 1일 때, $\int_{0}^{4} f(x)dx$의 값은? (단, a는 상수이다.)

(4점)

① $\frac{4}{3}$ ② $\frac{3}{2}$ ③ $\frac{5}{3}$

④ $\frac{11}{6}$ ⑤ 2

유형 04 대칭성을 이용한 함수의 정적분

함수 $y=f(x)$의 그래프가

(1) y축에 대하여 대칭이면

$$\Rightarrow f(-x)=f(x) \Rightarrow \int_{-a}^{a} f(x)dx=2\int_{0}^{a} f(x)dx$$

(2) 원점에 대하여 대칭이면

$$\Rightarrow f(-x)=-f(x) \Rightarrow \int_{-a}^{a} f(x)dx=0$$

(3) 직선 $x=a$에 대하여 대칭이면

$$\Rightarrow f(a+x)=f(a-x) \Rightarrow \int_{a-k}^{a} f(x)dx=\int_{a}^{a+k} f(x)dx$$

1 적분하고자 하는 함수에 대칭성이 있는지부터 확인해본다.

2 평행이동한 함수의 경우,

$$\int_{a}^{b} f(x)dx=\int_{a+m}^{b+m} f(x-m)dx=\int_{a-n}^{b-n} f(x+n)dx$$

F15 4점 함정 2012(나)/수능(홀) 19(고3) 변형

이차함수 $f(x)$는 $f(0)=-4$이고,

$$\int_{-6}^{6} f(x)dx=\int_{0}^{6} f(x)dx=\int_{-6}^{0} f(x)dx$$

를 만족시킨다. $f(9)$의 값은? (4점)

① 21 ② 22 ③ 23
④ 24 ⑤ 25

F16 4점 2016(A)/수능(홀) 20(고3)

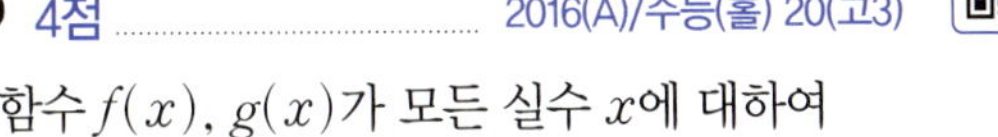

두 다항함수 $f(x)$, $g(x)$가 모든 실수 x에 대하여

$f(-x)=-f(x)$, $g(-x)=g(x)$

를 만족시킨다. 함수 $h(x)=f(x)g(x)$에 대하여

$$\int_{-3}^{3} (x+5)h'(x)dx=10$$

일 때, $h(3)$의 값은? (4점)

① 1 ② 2 ③ 3
④ 4 ⑤ 5

F17 4점 예상 적중

함수 $f(x)=2x(1-|x|)$에 대하여 정적분 $\int_{-1}^{1} \{f(x)-ax\}^2 dx$의 값이 최소가 될 때, 상수 a의 값은? (4점)

① $\frac{1}{2}$ ② $\frac{1}{3}$ ③ $\frac{1}{4}$
④ $\frac{1}{5}$ ⑤ $\frac{1}{6}$

유형 05 주기함수의 정적분

연속함수 $f(x)$의 정의역에 속하는 모든 실수 x에 대하여 $f(x+p)=f(x)$를 만족시키는 0이 아닌 상수 p가 존재할 때

(1) $\int_{a}^{a+p} f(x)dx=\int_{b}^{b+p} f(x)dx=\int_{a+p}^{a+2p} f(x)dx=\cdots$

(2) $\int_{a}^{b} f(x)dx=\int_{a+p}^{b+p} f(x)dx=\int_{a+2p}^{b+2p} f(x)dx=\cdots$

tip

주기가 p인 함수 $f(x)$에 대하여 적분구간의 길이가 p인 정적분의 값은 적분구간에 상관없이 항상 같다.

F18 4점 2014실시(A) 10월/교육청 19(고3)

모든 실수 x에 대하여 함수 $f(x)$는 다음 조건을 만족시킨다.

(가) $f(x+2)=f(x)$
(나) $f(x)=|x|\ (-1\le x<1)$

함수 $g(x)=\int_{-2}^{x} f(t)dt$라 할 때, 실수 a에 대하여 $g(a+4)-g(a)$의 값은? (4점)

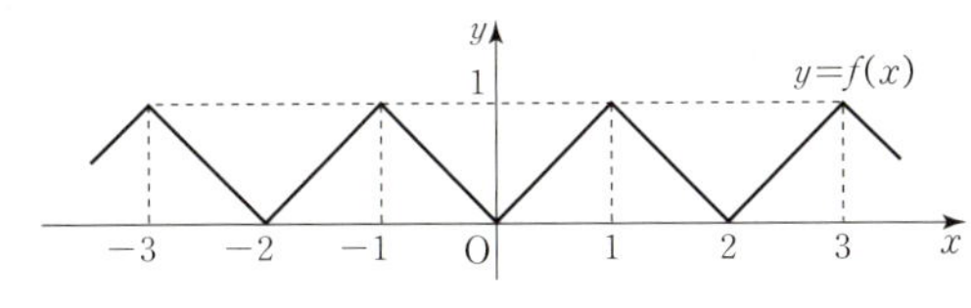

① 1 ② 2 ③ 3
④ 4 ⑤ 5

F19 4점 함정 2020실시(나) 7월/교육청 28(고3)

모든 실수 x에 대하여 $f(x)\ge 0$, $f(x+3)=f(x)$이고

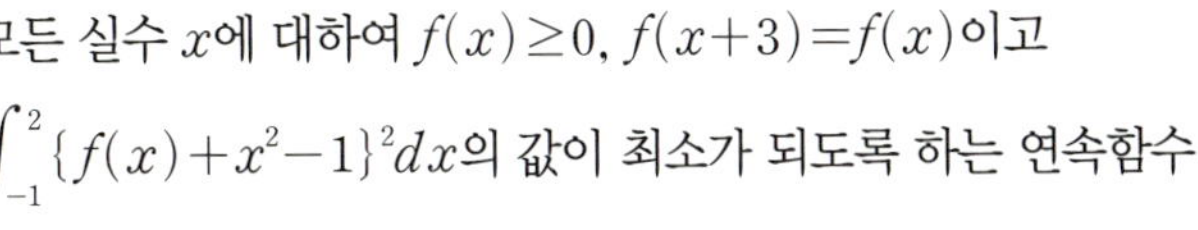

$\int_{-1}^{2} \{f(x)+x^2-1\}^2 dx$의 값이 최소가 되도록 하는 연속함수 $f(x)$에 대하여 $\int_{-1}^{26} f(x)dx$의 값을 구하시오. (4점)

15 DAY

❖ 정답 및 해설 243~249p

F20 4점 2014실시(A) 7월/교육청 29(고3)

연속함수 $f(x)$가 모든 실수 x에 대하여 다음 조건을 만족시킨다.

> (가) $f(-x)=f(x)$
> (나) $f(x+2)=f(x)$
> (다) $\int_{-1}^{1}(2x+3)f(x)dx=15$

$\int_{-6}^{10}f(x)dx$의 값을 구하시오. (4점)

F21 4점 2014(A)/삼사 28(고3) 변형

함수 $f(x)$가 다음 조건을 만족시킨다.

> (가) $0\le x\le 1$에서 $f(x)=x^4-x^2+2$이다.
> (나) 모든 실수 x에 대하여 $f(-x)=f(x)$이다.
> (다) 모든 실수 x에 대하여 $f(1-x)=f(1+x)$이다.

수열 $\{a_n\}$에 대하여

$\sum_{k=1}^{n}k^2a_k^{\ 2}=\left\{\int_{-n}^{n}f(x)dx\right\}^2 \ (n=1,\ 2,\ 3,\ \cdots)$일 때, $a_{13}=\frac{q}{p}$이다.

$p+q$의 값을 구하시오.

(단, $a_n>0$이고 p, q는 서로소인 자연수이다.) (4점)

유형 06 정적분의 계산의 활용

함수 $y=f(x)$의 그래프가 두 점 $(a,\ b)$, $(c,\ d)$를 지나면 함수 $f(x)$의 도함수 $f'(x)$에 대하여

$$\int_a^c f'(x)dx=\Big[\,f(x)\,\Big]_a^c=f(c)-f(a)=d-b$$

tip

주어진 조건을 만족시키는 새로운 함수를 구하여 이 함수의 정적분의 값을 구하는 문제가 고난도로 출제될 수 있다. 이때, x의 값의 범위에 따라 함수의 식이 다르게 정의되는 경우가 많으므로 조건에 맞는 함수의 식 또는 그래프를 정확히 찾을 수 있도록 연습해야 한다.

F22 4점 실수 2016/경찰대 18(고3)

실수 t에 대하여 함수

$f(x)=x^2-2|x-t|\ (-1\le x\le 1)$의 최댓값을 $g(t)$라 하자.

$\int_0^{\frac{3}{2}}g(t)dt=\frac{q}{p}$일 때, $p+q$의 값을 구하시오. (단, p, q는 서로소인 자연수이다.) (4점)

F23 4점 2015실시(A) 7월/교육청 29(고3)

최고차항의 계수가 1이고 다음 조건을 만족시키는 모든 삼차함수 $f(x)$에 대하여 $\int_0^3 f(x)dx$의 최솟값을 m이라 할 때, $4m$의 값을 구하시오. (4점)

> (가) $f(0)=0$
> (나) 모든 실수 x에 대하여 $f'(2-x)=f'(2+x)$이다.
> (다) 모든 실수 x에 대하여 $f'(x)\ge -3$이다.

F24 4점 2010(가)/수능(홀) 24(고3) 변형

사차함수 $f(x)=x^4-9x^2-4x+17$이 있다. 실수 $t\,(t\ge -2)$에 대하여 $-2\le x\le t$에서 $f(x)$의 최솟값을 $g(t)$라고 하자.

$\int_{-2}^{2}g(t)dt=\frac{q}{p}$일 때, $p+q$의 값을 구하시오.

(단, p, q는 서로소인 자연수이다.) (4점)

F25 4점 2020실시(나) 7월/교육청 19(고3)

첫째항이 1이고 공차가 2인 등차수열 $\{a_n\}$이 있다. 자연수 n에 대하여 좌표평면 위의 점 P_n을 다음 규칙에 따라 정한다.

> (가) 점 P_1의 좌표는 $(1, 1)$이다.
> (나) 점 P_n의 x좌표는 a_n이다.
> (다) 직선 $\mathrm{P}_n\mathrm{P}_{n+1}$의 기울기는 $\frac{1}{2}a_{n+1}$이다.

$x\geq1$에서 정의된 함수 $y=f(x)$의 그래프가 모든 자연수 n에 대하여 닫힌구간 $[a_n, a_{n+1}]$에서 선분 $\mathrm{P}_n\mathrm{P}_{n+1}$과 일치할 때, $\int_1^{11}f(x)dx$의 값은? (4점)

① 140 ② 145 ③ 150
④ 155 ⑤ 160

유형 07 정적분과 미분의 관계

(1) $\frac{d}{dx}\int_a^x f(t)dt=f(x)$

(2) $\frac{d}{dx}\int_x^{x+a} f(t)dt=f(x+a)-f(x)$

(3) $\frac{d}{dx}\left\{\int_a^x (x\pm t)f(t)dt\right\}=\frac{d}{dx}\left\{x\int_a^x f(t)dt\pm\int_a^x tf(t)dt\right\}$

$$=\int_a^x f(t)dt+xf(x)\pm xf(x)$$

(복호동순)

tip
적분하려는 변수가 무엇인지 확인하고, 그 외의 문자들은 상수로 취급하여 계산한다.

F26 4점 2017/경찰대 11(고3)

최고차항의 계수가 양수인 이차함수 $f(x)$에 대하여 함수 $g(x)$를 $g(x)=\int_0^x |f(t)-2t|dt$로 정의하자. 다음 조건을 만족시키는 이차함수 $f(x)$ 중에서 $f(1)$의 최솟값은? (4점)

> $g'(x)$는 실수 전체의 집합에서 미분가능하다.

① 1 ② 2 ③ 3
④ 4 ⑤ 5

F27 4점 2014실시(A) 7월/교육청 19(고3)

양수 a, b에 대하여 함수 $f(x)=\int_0^x (t-a)(t-b)dt$가 다음 조건을 만족시킬 때, $a+b$의 값은? (4점)

> (가) 함수 $f(x)$는 $x=\frac{1}{2}$에서 극값을 갖는다.
> (나) $f(a)-f(b)=\frac{1}{6}$

① 1 ② 2 ③ 3
④ 4 ⑤ 5

15 DAY

F28 4점  2020(나) 9월/평가원 21(고3)

함수 $f(x)=x^3+x^2+ax+b$에 대하여 함수 $g(x)$를

$$g(x)=f(x)+(x-1)f'(x)$$

라 하자. [보기]에서 옳은 것만을 있는 대로 고른 것은? (단, a, b는 상수이다.) (4점)

[보기]

ㄱ. 함수 $h(x)$가 $h(x)=(x-1)f(x)$이면 $h'(x)=g(x)$이다.
ㄴ. 함수 $f(x)$가 $x=-1$에서 극값 0을 가지면 $\int_0^1 g(x)dx=-1$이다.
ㄷ. $f(0)=0$이면 방정식 $g(x)=0$은 열린구간 $(0, 1)$에서 적어도 하나의 실근을 갖는다.

① ㄱ ② ㄴ ③ ㄱ, ㄴ
④ ㄱ, ㄷ ⑤ ㄱ, ㄴ, ㄷ

❖ 정답 및 해설 249~255p

F29 4점 2007실시(가) 7월/교육청 16(고3) 변형

함수 $f_n(x)=\left(\frac{n}{2}x+\sum_{k=1}^{n}a_k\right)^2$이 $\int_0^2 f_n'(x)dx=3n^3$을 만족할 때, [보기] 중 옳은 것을 모두 고른 것은?

(단, a_1, a_2, a_3, $\cdots$, a_n은 상수) (4점)

[보기]

ㄱ. $\sum_{k=1}^{n}a_k=\frac{n(3n-1)}{2}$

ㄴ. $f_2(2)=49$

ㄷ. $\int_0^{6n-2}f_n(x)dx=2\int_0^{3n-1}f_n(x)dx$

① ㄱ ② ㄴ ③ ㄱ, ㄴ
④ ㄱ, ㄷ ⑤ ㄱ, ㄴ, ㄷ

유형 08 정적분으로 정의된 함수

(1) 함수 $f(x)$가 $f(x)=g(x)+\int_a^b f(t)dt$($a$, b는 상수) 꼴로 주어지면

(i) $\int_a^b f(t)dt=k$(k는 상수)라 둔다.

(ii) $f(x)=g(x)+k$를 $\int_a^b f(t)dt=k$에 대입하여 k의 값을 구한다.

(2) 함수 $f(x)$가 $\int_a^x f(t)dt=g(x)$ (a는 상수)를 만족시킬 때,

(i) 양변에 $x=a$를 대입하면 $\int_a^a f(t)dt=0$이므로 $g(a)=0$

(ii) 양변을 x에 대하여 미분하면 $f(x)=g'(x)$

(3) 함수 $f(x)$의 한 부정적분을 $F(x)$라 하면

① $\lim_{x\to0}\frac{1}{x}\int_0^x f(t)dt=\lim_{x\to0}\frac{F(x)-F(0)}{x-0}=F'(0)=f(0)$

② $\lim_{x\to a}\frac{1}{x-a}\int_a^x f(t)dt=\lim_{x\to a}\frac{F(x)-F(a)}{x-a}$
$=F'(a)=f(a)$

tip

정적분으로 정의된 함수에서 어떤 변수에 대한 함수인지, 어떤 변수에 대한 적분인지 구별할 수 있어야 한다.

F30 3점 실수 예상 적중

다항식 $g(x)$에 대하여 함수 $f(x)$를 다음과 같이 정의한다.

$$f(x)=x^2-ax+\int_1^x g(t)dt$$

$f(x)$가 $(x-1)^2$으로 나누어떨어질 때, $g(x)$를 $x-1$로 나눈 나머지는? (단, a는 상수) (3점)

① 3 ② 2 ③ 1
④ 0 ⑤ -1

F31 4점 2012실시(나) 7월/교육청 13(고3) 변형

다항함수 $f(x)$가 $\lim_{x\to1}\frac{\int_1^x tf(t)dt-f(x)}{x^3-1}=1$을 만족할 때, $f'(1)$의 값은? (4점)

① -4 ② -3 ③ -2
④ -1 ⑤ 0

F32 3점 실수 예상 적중

함수 $f(x)=\int_1^x(3t^2-2t+1)dt$에 대하여

$\lim_{h\to0+}\frac{1}{h}\int_{1-h}^{1+h}f'(t)dt$의 값을 구하시오. (3점)

F33 4점 함정 2018/경찰대 25(고3)

함수 $f(x)=(x-1)^4(x+1)$에 대하여 이차함수 $g(x)$, $h(x)$가

$$f(x)=g(x)+\int_0^x(x-t)^2h(t)dt$$

를 만족시킬 때, $g(2)+h(2)$의 값을 구하시오. (5점)

F61 3점 고난도 2010(가) 9월/평가원 7(고3) 변형

두 곡선 $y=x^4-4x^2$, $y=-x^4+8x$로 둘러싸인 도형의 넓이가 곡선 $y=ax(2-x)$에 의하여 이등분될 때, 상수 a의 값은? (3점)

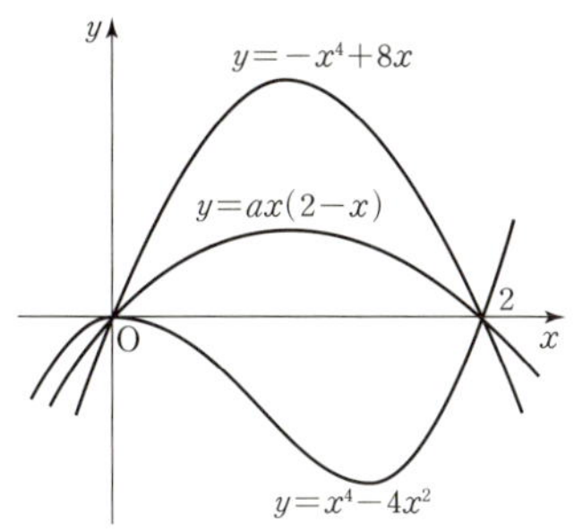

① $\frac{5}{4}$　② $\frac{3}{2}$　③ $\frac{7}{4}$

④ 2　⑤ $\frac{9}{4}$

F62 4점  2011실시(가) 10월/교육청 29(고3)

그림과 같이 삼차함수 $f(x)=-(x+1)^3+8$의 그래프가 x축과 만나는 점을 A라 하고, 점 A를 지나고 x축에 수직인 직선을 l이라 하자. 또, 곡선 $y=f(x)$와 y축 및 직선 $y=k(0<k<7)$로 둘러싸인 부분의 넓이를 S_1이라 하고, 곡선 $y=f(x)$와 직선 l 및 직선 $y=k$로 둘러싸인 부분의 넓이를 S_2라 하자.

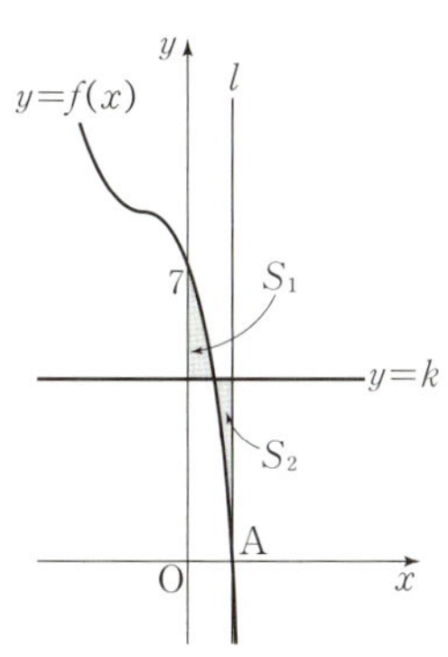

이때, $S_1=S_2$가 되도록 하는 상수 k에 대하여 $4k$의 값을 구하시오. (4점)

F63 4점 

곡선 $y=x^2$ 위의 제1사분면의 점 $\mathrm{P}(a,\ a^2)$에 대하여 점 P를 지나고 점 P에서의 접선에 수직인 직선과 곡선 $y=x^2$으로 둘러싸인 부분의 넓이를 $S(a)$라 할 때, $S(a)$의 최솟값은? (4점)

① $\frac{2\sqrt{2}}{3}$　② $\frac{\sqrt{5}}{2}$　③ $\frac{5}{4}$

④ $\frac{3\sqrt{3}}{4}$　⑤ $\frac{4}{3}$

F64 4점 실수 2021/경찰대 18(고3)

두 함수 $f(x)=x^4(x-a)$, $g(x)=k(x-1)(x-b)$의 그래프가 직선 $y=x-1$에 접한다. 함수 $f(x)$의 그래프와 x축으로 둘러싸인 부분의 넓이가 함수 $g(x)$의 그래프와 x축으로 둘러싸인 부분의 넓이와 같을 때, 세 상수 a, b, k에 대하여 abk의 값은? (단, $b>1$) (5점)

① $-2-\sqrt{5}$　② $-1-\sqrt{5}$　③ $-\sqrt{5}$

④ $1-\sqrt{5}$　⑤ $2-\sqrt{5}$

유형 13 속도와 거리

(1) 수직선 위를 움직이는 점 P의 시각 t에서의 속도를 $v(t)$, 시각 t_0에서의 점 P의 위치를 x_0이라 할 때,

① 시각 t에서의 점 P의 위치 $f(t)$는 $f(t)=x_0+\int_{t_0}^{t} v(t)dt$

② 시각 $t=a$에서 $t=b$까지 점 P의 위치의 변화량은 $\int_{a}^{b} v(t)dt$

③ 시각 $t=a$에서 $t=b$까지 점 P가 움직인 거리는 $\int_{a}^{b} |v(t)|dt$

(2) 수직선 위를 움직이는 점 P의 시각 t에서의 속도 $v(t)$의 그래프가 주어졌을 때 $t=a$에서 $t=b$까지 점 P가 움직인 거리는 속도 $v(t)$의 그래프와 t축 및 두 직선 $t=a$, $t=b$로 둘러싸인 도형의 넓이와 같다.

tip

속도를 적분해서 위치를 구할 때, 적분상수는 움직이는 물체의 처음 위치가 된다.

F65 4점  2013실시(A) 10월/교육청 28(고3) 변형

원점을 동시에 출발하여 수직선 위를 움직이는 두 점 P, Q의 시각 $t(0\le t\le 4)$에서의 속도가 각각 t^3-2t^2, $7t^2-14t$이다. 두 점 P, Q 사이의 거리의 최댓값을 구하시오. (4점)

❖ 정답 및 해설 273~277p

F66 4점 합정 2012(나) 9월/평가원 21(고3)

같은 높이의 지면에서 동시에 출발하여 지면과 수직인 방향으로 올라가는 두 물체 A, B가 있다. 그림은 시각 $t(0\le t\le c)$에서 물체 A의 속도 $f(t)$와 물체 B의 속도 $g(t)$를 나타낸 것이다.

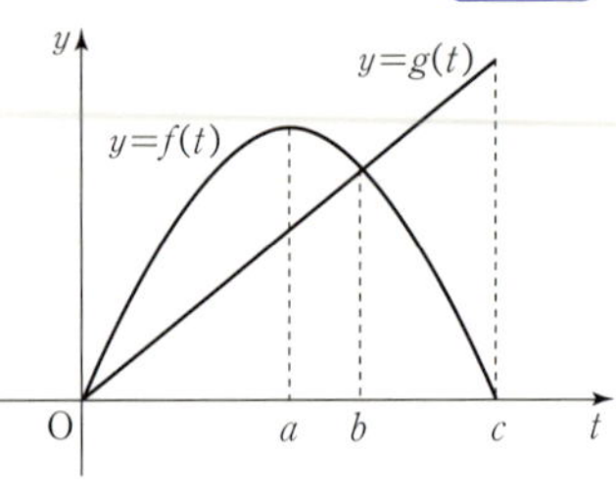

$\int_0^c f(t)dt=\int_0^c g(t)dt$이고 $0\le t\le c$일 때, 옳은 것만을 [보기]에서 있는 대로 고른 것은? (4점)

[보기]

ㄱ. $t=a$일 때, 물체 A는 물체 B보다 높은 위치에 있다.
ㄴ. $t=b$일 때, 물체 A와 물체 B의 높이의 차가 최대이다.
ㄷ. $t=c$일 때, 물체 A와 물체 B는 같은 높이에 있다.

① ㄴ ② ㄷ ③ ㄱ, ㄴ
④ ㄱ, ㄷ ⑤ ㄱ, ㄴ, ㄷ

F67 4점 실수 예상 적중

일직선 운동을 하는 두 물체 P, Q의 t초 후의 속도를 각각 v_{P}, v_{Q}라 하자. 물체 P는 물체 Q보다 72 m 앞에서 출발하여 $v_{\mathrm{P}}=4t$ (m/초)의 속도로 움직이고, 물체 Q는 일정한 속도 v_{Q}(m/초) $(v_{\mathrm{Q}}>0)$로 움직인다. 두 물체가 만나게 되는 v_{Q}의 값 중에서 최소인 것을 a라 하자. $v_{\mathrm{Q}}=a$일 때, 두 물체는 Q가 처음에 있었던 위치보다 α m만큼 떨어진 위치에서 만나게 된다. α의 값을 구하시오. (4점)

F68 4점 2011(가)/수능(홀) 17(고3)

원점을 출발하여 수직선 위를 움직이는 점 P의 시각 $t(0\le t\le 5)$에서의 속도 $v(t)$가 다음과 같다.

$$v(t)=\begin{cases} 4t & (0\le t<1) \\ -2t+6 & (1\le t<3) \\ t-3 & (3\le t\le 5) \end{cases}$$

$0<x<3$인 실수 x에 대하여 점 P가

시각 $t=0$에서 $t=x$까지 움직인 거리,
시각 $t=x$에서 $t=x+2$까지 움직인 거리,
시각 $t=x+2$에서 $t=5$까지 움직인 거리

중에서 최소인 값을 $f(x)$라 할 때, 옳은 것만을 [보기]에서 있는 대로 고른 것은? (4점)

[보기]

ㄱ. $f(1)=2$
ㄴ. $f(2)-f(1)=\int_1^2 v(t)dt$
ㄷ. 함수 $f(x)$는 $x=1$에서 미분가능하다.

① ㄱ ② ㄴ ③ ㄱ, ㄴ
④ ㄱ, ㄷ ⑤ ㄴ, ㄷ

F69 ✪ 1등급 킬러 2021/경찰대 19(고3)

최고차항의 계수가 1인 삼차함수 $f(x)$의 도함수 $f'(x)$는 $x=-1$에서 최솟값을 갖는다. 방정식

$$|f(x)-f(-3)|=k$$

가 서로 다른 네 실근을 갖도록 하는 실수 k의 값의 범위는 $0<k<m$이다. 실수 m의 최댓값은? (5점)

① 8 ② 16 ③ 24 ④ 32 ⑤ 40

F70 ✪ 1등급 킬러 2016실시(나) 7월/교육청 30(고3)

다항함수 $f(x)$가 다음 조건을 만족시킨다.

(가) $\lim_{x\to\infty}\frac{f(x)}{x^4}=1$
(나) $f(1)=f'(1)=1$

$-1\le n\le 4$인 정수 n에 대하여 함수 $g(x)$를

$$g(x)=f(x-n)+n\ (n\le x<n+1)$$

이라 하자. 함수 $g(x)$가 열린구간 $(-1, 5)$에서 미분가능할 때, $\int_0^4 g(x)dx=\frac{q}{p}$이다. $p+q$의 값을 구하시오. (단, p, q는 서로소인 자연수이다.) (4점)

F71 4점  2021(나) 9월/평가원 20(고3)

실수 전체의 집합에서 연속인 두 함수 $f(x)$와 $g(x)$가 모든 실수 x에 대하여 다음 조건을 만족시킨다.

(가) $f(x)\ge g(x)$
(나) $f(x)+g(x)=x^2+3x$
(다) $f(x)g(x)=(x^2+1)(3x-1)$

$\int_0^2 f(x)dx$의 값은? (4점)

① $\frac{23}{6}$ ② $\frac{13}{3}$ ③ $\frac{29}{6}$ ④ $\frac{16}{3}$ ⑤ $\frac{35}{6}$

F72 ✪ 1등급 킬러 2020실시(나) 7월/교육청 30(고3)

$t\ge 6-3\sqrt{2}$인 실수 t에 대하여 실수 전체의 집합에서 정의된 함수 $f(x)$가

$$f(x)=\begin{cases} 3x^2+tx & (x<0) \\ -3x^2+tx & (x\ge 0)\end{cases}$$

일 때, 다음 조건을 만족시키는 실수 k의 최솟값을 $g(t)$라 하자.

(가) 닫힌구간 $[k-1, k]$에서 함수 $f(x)$는 $x=k$에서 최댓값을 갖는다.
(나) 닫힌구간 $[k, k+1]$에서 함수 $f(x)$는 $x=k+1$에서 최솟값을 갖는다.

$3\int_2^4\{6g(t)-3\}^2 dt$의 값을 구하시오. (4점)

17 DAY

❖ 정답 및 해설 278~287p

F73 ✪ 1등급 킬러 2015(B) 6월/평가원 30(고3)

실수 전체의 집합에서 미분가능한 함수 $f(x)$가 다음 조건을 만족시킨다.

> (가) 모든 실수 x에 대하여 $1 \le f'(x) \le 3$이다.
> (나) 모든 정수 n에 대하여 함수 $y=f(x)$의 그래프는 점 $(4n, 8n)$, 점 $(4n+1, 8n+2)$, 점 $(4n+2, 8n+5)$, 점 $(4n+3, 8n+7)$을 모두 지난다.
> (다) 모든 정수 k에 대하여 닫힌구간 $[2k, 2k+1]$에서 함수 $y=f(x)$의 그래프는 각각 이차함수의 그래프의 일부이다.

$\int_{3}^{6} f(x)dx=a$라 할 때, $6a$의 값을 구하시오. (4점)

F74 ✪ 1등급 킬러 2018(나) 9월/평가원 30(고3)

두 함수 $f(x)$와 $g(x)$가

$$f(x)=\begin{cases} 0 & (x\le 0) \\ x & (x>0) \end{cases},\ g(x)=\begin{cases} x(2-x) & (|x-1|\le 1) \\ 0 & (|x-1|>1) \end{cases}$$

이다. 양의 실수 k, a, b $(a<b<2)$에 대하여, 함수 $h(x)$를

$$h(x)=k\{f(x)-f(x-a)-f(x-b)+f(x-2)\}$$

라 정의하자. 모든 실수 x에 대하여 $0\le h(x)\le g(x)$일 때, $\int_{0}^{2}\{g(x)-h(x)\}dx$의 값이 최소가 되게 하는 k, a, b에 대하여 $60(k+a+b)$의 값을 구하시오. (4점)

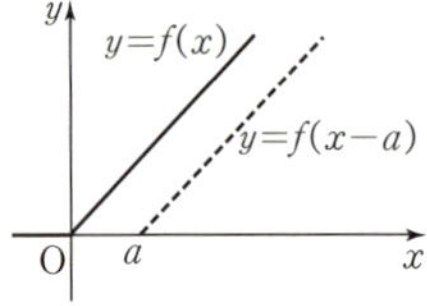

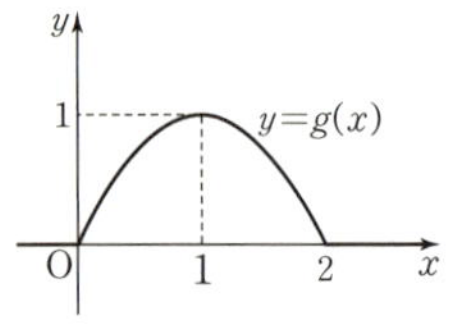

F75 ✪ 1등급 킬러 2020(나)/삼사 30(고3)

두 이차함수 $f(x)$, $g(x)$에 대하여 실수 전체의 집합에서 정의된 함수 $h(x)$가 $0\le x<4$에서

$$h(x)=\begin{cases} x & (0\le x<2) \\ f(x) & (2\le x<3) \\ g(x) & (3\le x<4) \end{cases}$$

이고, 다음 조건을 만족시킨다.

> (가) 모든 실수 x에 대하여 $h(x)=h(x-4)+k$ (k는 상수)이다.
> (나) 함수 $h(x)$는 실수 전체의 집합에서 미분가능하다.
> (다) $\int_{0}^{4} h(x)dx=6$

$h\left(\frac{13}{2}\right)=\frac{q}{p}$일 때, $p+q$의 값을 구하시오. (단, p와 q는 서로소인 자연수이다.) (4점)

F76 ✪ 2등급 킬러 2006(가) 9월/평가원 20(고3) 변형

최고차항의 계수가 2인 삼차함수 $f(x)$는 다음 조건을 만족시킨다.

> (가) $f(0)=f(8)=0$
> (나) 함수 $y=f(x)$의 그래프와 함수 $y=-f(x-k)$의 그래프가 서로 다른 세 점 $(\alpha, f(\alpha))$, $(\beta, f(\beta))$, $(\gamma, f(\gamma))$ (단, $\alpha<\beta<\gamma$)에서 만나면 k의 값에 관계없이 $\int_{\alpha}^{\gamma}\{f(x)+f(x-k)\}dx=0$이다.

함수 $y=f(x)$의 그래프와 함수 $y=-f(x-k)$의 그래프가 그림과 같이 서로 다른 세 점에서 만나고 가운데 교점의 x좌표의 값이 5일 때, $\int_{0}^{k} f(x)dx$의 값을 구하시오. (4점)

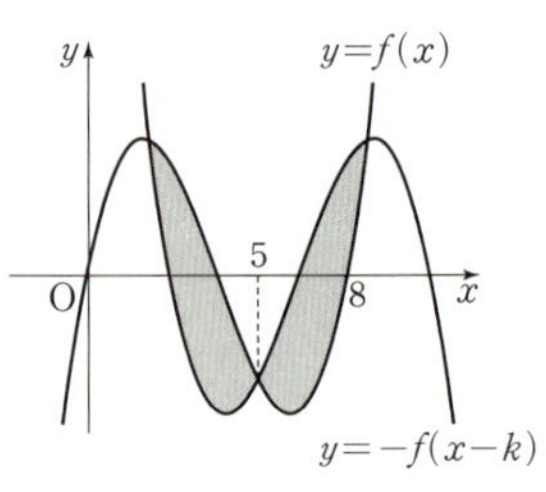

F77 4점 고난도 2021(나)/수능(홀) 20(고3)

실수 $a(a>1)$에 대하여 함수 $f(x)$를

$$f(x)=(x+1)(x-1)(x-a)$$

라 하자. 함수

$$g(x)=x^2\int_0^x f(t)dt-\int_0^x t^2 f(t)dt$$

가 오직 하나의 극값을 갖도록 하는 a의 최댓값은? (4점)

① $\frac{9\sqrt{2}}{8}$ ② $\frac{3\sqrt{6}}{4}$ ③ $\frac{3\sqrt{2}}{2}$

④ $\sqrt{6}$ ⑤ $2\sqrt{2}$

F78 ✪ 2등급 킬러 2020실시(나) 10월/교육청 30(고3)

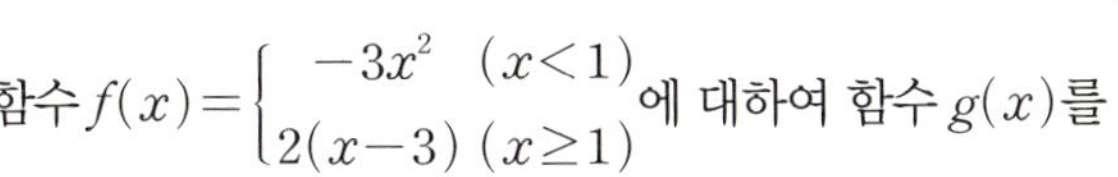

함수 $f(x)=\begin{cases} -3x^2 & (x<1) \\ 2(x-3) & (x\ge 1) \end{cases}$에 대하여 함수 $g(x)$를

$$g(x)=\int_0^x (t-1)f(t)dt$$

라 할 때, 실수 t에 대하여 직선 $y=t$와 곡선 $y=g(x)$가 만나는 서로 다른 점의 개수를 $h(t)$라 하자.

$\left|\lim_{t\to a+}h(t)-\lim_{t\to a-}h(t)\right|=2$를 만족시키는 모든 실수 a에 대하여 $|a|$의 값의 합을 S라 할 때, $30S$의 값을 구하시오. (4점)

F79 ✪ 1등급 킬러 2020실시(가) 3월/교육청 30(고3)

최고차항의 계수가 4인 삼차함수 $f(x)$와 실수 t에 대하여 함수 $g(x)$를

$$g(x)=\int_t^x f(s)ds$$

라 하자. 상수 a에 대하여 두 함수 $f(x)$와 $g(x)$가 다음 조건을 만족시킨다.

(가) $f'(a)=0$

(나) 함수 $|g(x)-g(a)|$가 미분가능하지 않은 x의 개수는 1이다.

실수 t에 대하여 $g(a)$의 값을 $h(t)$라 할 때, $h(3)=0$이고 함수 $h(t)$는 $t=2$에서 최댓값 27을 가진다. $f(5)$의 값을 구하시오. (4점)

F80 ✪ 2등급 킬러 2013(가)/수능(홀) 19(고3)

삼차함수 $f(x)$는 $f(0)>0$을 만족시킨다. 함수 $g(x)$를

$$g(x)=\left|\int_0^x f(t)dt\right|$$

라 할 때, 함수 $y=g(x)$의 그래프가 그림과 같다.

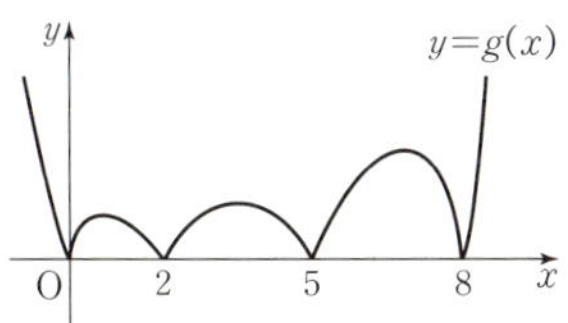

[보기]에서 옳은 것만을 있는 대로 고른 것은? (4점)

[보기]

ㄱ. 방정식 $f(x)=0$은 서로 다른 3개의 실근을 갖는다.

ㄴ. $f'(0)<0$

ㄷ. $\int_m^{m+2} f(x)dx>0$을 만족시키는 자연수 m의 개수는 3이다.

① ㄴ ② ㄷ ③ ㄱ, ㄴ

④ ㄱ, ㄷ ⑤ ㄱ, ㄴ, ㄷ

❖ 정답 및 해설 287~299p

F81 ✪ 2등급 킬러 2018실시(가) 9월/교육청 21(고2)

양수 t에 대하여 함수 $f(x)$를

$$f(x)=\int_{3t}^{x}(s^2-4ts+3t^2)ds$$

라 할 때, 닫힌구간 $[0, 2]$에서 함수 $f(x)$의 최댓값을 $g(t)$라 하자. [보기]에서 옳은 것만을 있는 대로 고른 것은? (4점)

[보기]

ㄱ. $f'(x)=(x-t)(x-3t)$

ㄴ. $t>2$일 때, $g(t)=\frac{2}{3}(3t-2)^2$이다.

ㄷ. $t>0$에서 정의된 함수 $g(t)$는 $t=\frac{1}{2}$에서만 미분가능하지 않다.

① ㄱ ② ㄷ ③ ㄱ, ㄴ
④ ㄴ, ㄷ ⑤ ㄱ, ㄴ, ㄷ

F82 ✪ 1등급 킬러 2018실시(가) 11월/교육청 21(고2)

삼차함수 $f(x)=4x^3-24x^2+36x-8k$(k는 정수)에 대하여 실수 전체의 집합에서 연속인 함수 $g(x)$를

$$g(x)=\begin{cases}\int_{0}^{x}f(t)dt & (x\le a \text{ 또는 } x\ge b)\\ c & (a<x<b)\end{cases}$$

라 하자. 어떤 정수 k에 대하여 함수 $g(x)$가 오직 한 점에서만 미분가능하지 않도록 세 실수 a, b, c를 정할 때, $k+a+b+c$의 최솟값은? (4점)

① 1 ② 3 ③ 5
④ 7 ⑤ 9

F83 ✪ 1등급 킬러 2019실시(나) 7월/교육청 30(고3)

$x=-3$과 $x=a\,(a>-3)$에서 극값을 갖는 삼차함수 $f(x)$에 대하여 실수 전체의 집합에서 정의된 함수

$$g(x)=\begin{cases}f(x) & (x<-3)\\ \int_{0}^{x}|f'(t)|dt & (x\ge-3)\end{cases}$$

이 다음 조건을 만족시킨다.

(가) $g(-3)=-16$, $g(a)=-8$
(나) 함수 $g(x)$는 실수 전체의 집합에서 연속이다.
(다) 함수 $g(x)$는 극솟값을 갖는다.

$\left|\int_{a}^{4}\{f(x)+g(x)\}dx\right|$의 값을 구하시오. (4점)

F84 4점 고난도 2020실시(나) 3월/교육청 30(고3)

닫힌구간 $[-1, 1]$에서 정의된 연속함수 $f(x)$는 정의역에서 증가하고 모든 실수 x에 대하여 $f(-x)=-f(x)$가 성립할 때, 함수 $g(x)$가 다음 조건을 만족시킨다.

(가) 닫힌구간 $[-1, 1]$에서 $g(x)=f(x)$이다.
(나) 닫힌구간 $[2n-1, 2n+1]$에서 함수 $y=g(x)$의 그래프는 함수 $y=f(x)$의 그래프를 x축의 방향으로 $2n$만큼, y축의 방향으로 $6n$만큼 평행이동한 그래프이다. (단, n은 자연수이다.)

$f(1)=3$이고 $\int_{0}^{1}f(x)dx=1$일 때, $\int_{3}^{6}g(x)dx$의 값을 구하시오. (4점)

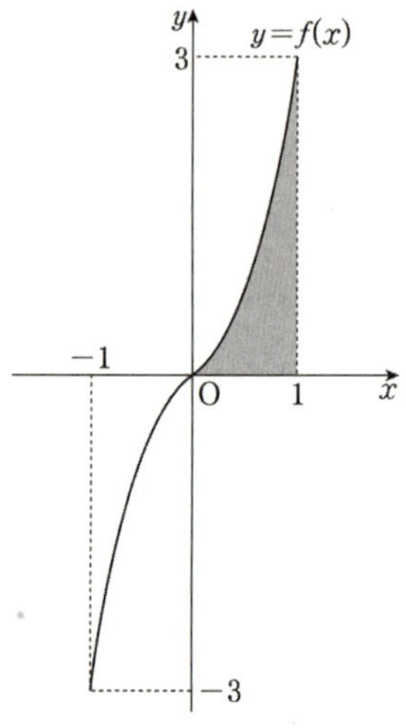

F85 ✪ 1등급 킬러 2017(나)/삼사 30(고3)

실수 전체의 집합에서 정의된 함수 $f(x)$가 다음 조건을 만족시킨다.

> (가) $x \geq 0$일 때, $f(x)=x^2-2x$이다.
> (나) 모든 실수 x에 대하여 $f(-x)+f(x)=0$이다.

실수 t에 대하여 닫힌구간 $[t, t+1]$에서 함수 $f(x)$의 최솟값을 $g(t)$라 하자. 좌표평면에서 두 곡선 $y=f(x)$와 $y=g(x)$로 둘러싸인 부분의 넓이는 $\frac{q}{p}$이다. $p+q$의 값을 구하시오.

(단, p와 q는 서로소인 자연수이다.) (4점)

F86 ✪ 1등급 킬러 2017/경찰대 19(고3)

함수 $f(x)=x^4-6x^3+12x^2-8x+1$과 이차함수 $g(x)$는 어떤 실수 α에 대하여 다음 조건을 만족시킨다.

> (가) $f(\alpha)=g(\alpha)$, $f'(\alpha)=g'(\alpha)$
> (나) $f(\alpha+1)=g(\alpha+1)$, $f'(\alpha+1)=g'(\alpha+1)$

두 곡선 $y=f(x)$와 $y=g(x)$로 둘러싸인 영역의 넓이를 S_1, 곡선 $y=g(x)$와 x축으로 둘러싸인 영역의 넓이를 S_2라 할 때, $\frac{S_2}{S_1}$의 값은? (5점)

① 20 ② 25 ③ 30
④ 35 ⑤ 40

F87 ✪ 1등급 킬러 2011실시(나) 7월/교육청 30(고3)

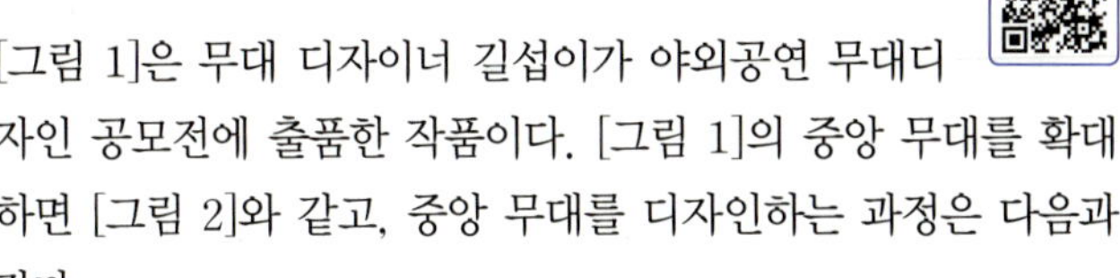

[그림 1]은 무대 디자이너 길섭이가 야외공연 무대디자인 공모전에 출품한 작품이다. [그림 1]의 중앙 무대를 확대하면 [그림 2]와 같고, 중앙 무대를 디자인하는 과정은 다음과 같다.

> (1) 한 변의 길이가 2인 정사각형 ABCD를 그리고 각 변의 중점을 각각 E, F, G, H라 한다.
> (2) 변 BC를 좌표평면 위의 x축과 평행하게 놓고 두 점 B, C를 지나며 점 H를 꼭짓점으로 하는 이차함수의 그래프와 두 점 A, D를 지나며 점 F를 꼭짓점으로 하는 이차함수의 그래프를 그린다.
> (3) 변 AB를 좌표평면 위의 x축과 평행하게 놓고 (2)와 같은 방법으로 세 점 A, B, G를 지나는 이차함수와 세 점 C, D, E를 지나는 이차함수의 그래프를 추가로 그린다.

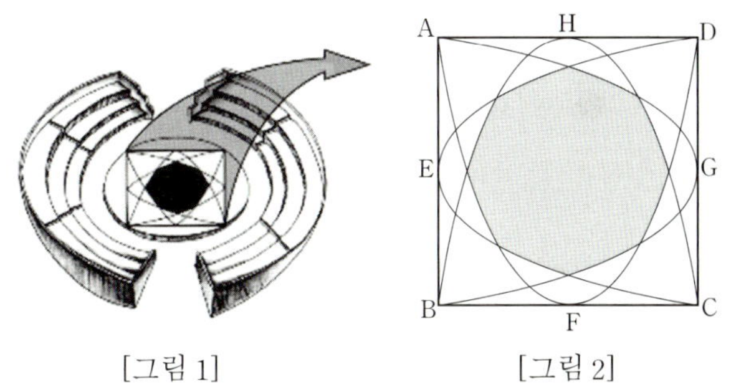

[그림 1] [그림 2]

[그림 2]의 어두운 부분의 넓이를 $\frac{p\sqrt{2}+q}{3}$라 할 때, $p-q$의 값을 구하시오. (단, p, q는 정수이다.) (4점)

❖ 정답 및 해설 299~310p

K.U.A.A.A

고려대학교 천문 동아리

반짝이는 별을 보며 느끼는 낭만과 즐거움

사진 정말 예쁘죠? 모두 저희가 직접 찍은 사진들입니다.
이런 사진을 찍으려면 비싼 장비가 필요한 것 아니냐구요?
절대 그렇지 않습니다.
동아리 내에 무려 3대가 넘는 망원경을 보유하고 있고,
사진을 찍는 데 필요한 카메라도 여러 대 보유하고 있습니다.
아는 게 별로 없어서 걱정되신다구요?
걱정하지 마세요! 든든한 선배들이 각종 세미나와 관측회에서,
그뿐 아니라 개인적으로도 여러분을 가르쳐 드립니다.
쿠아는 별에 관심없으면 갈 수 없나요?
절대 아닙니다! 저희는 모든 분들을 따뜻하게 맞이할 준비를 하고 있습니다.
일생 한 번뿐인 20대와 대학생활을 조금이라도 더 화려하게 꾸며보세요.

[homepage : http://www.facebook.com/KUAAA1982]

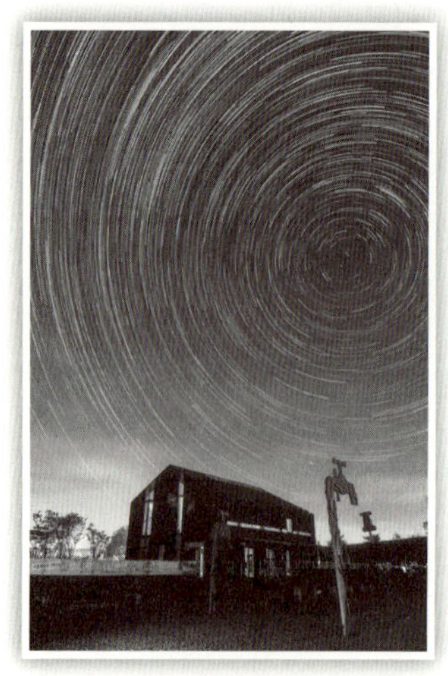

확률과 통계

확률과 통계에서는 중복순열, 중복조합, 이항정리, 확률, 통계 등의 중요한 개념을 새롭게 배우게 된다.
특히, 확률에서는 실생활과 관련된 문제가 고난도 문제로 출제된다.

대단원별 고난도 유형 & 특급 비책

★ 고난도 빈출 표시

	고난도 유형	고난도 특급 비책
★★★ G 경우의 수	1 같은 것이 있는 순열 같은 문자나 숫자가 주어졌을 때, 특정한 조건을 만족시키는 경우의 수를 구하는 유형	▶ 같은 것이 있는 것을 중복 없게 빠짐없이 세기 위해서는 문제를 단순화할 필요가 있다. 경우를 적절히 나누는 게 중요하고 각 경우의 수를 구하여 모두 더하도록 하자.
	2 중복조합의 활용 서로 다른 종류의 물건을 특정한 조건을 만족시키도록 배열하는 중복조합을 구하는 유형	▶ 중복조합은 특정한 조건을 만족시키면서 중복을 허락하여 선택하는 경우의 수를 구하는 것이다. 순서를 고려하지 않고 중복이 허용된 배열로 문제를 해석할 수 있으면 중복조합을 이용한다.
★★★ H 확률	1 조건부확률의 활용 어떤 조건을 만족시킬 때, 특정 조건을 만족시킬 조건부확률을 구하는 유형	▶ 조건이 복잡한 경우, 문제에서 주어진 조건의 개수를 파악하여 표로 정리한 후 조건부확률의 개념을 적절히 적용하여 해결하자.
	2 독립시행의 확률의 응용 어떤 사건을 반복하여 여러 번 독립시행을 할 때, 특정한 조건을 만족시킬 확률을 구하는 유형	▶ 주사위 또는 동전 던지기, 승리와 패배, 성공과 실패, 치유율 등에 대한 시행은 독립시행이므로, 문제에서 주어진 반복하는 횟수에 주의하여 독립시행의 확률을 구한다.
★★ I 통계	1 이산확률변수의 활용 그래프 또는 도형이 주어진 조건에서 이산확률변수의 활용 유형	▶ 확률분포표가 없는 것은 문제의 조건에 맞도록 확률분포표를 만들어서 해결하자. 또, 독립시행의 확률 및 자연수의 거듭제곱의 합 등 여러 수학적 도구를 이용하여 문제를 풀자.
	2 정규분포의 표준화의 응용 문장으로 주어진 문제에서 확률변수를 잡고 구하려는 확률을 표준화하고 표준정규분포표를 이용하는 유형	▶ 문장에서 묻고 있는 것을 확률변수 X로 놓고, 확률변수 X에 대하여 $\mathrm{N}(m, \sigma^2)$을 구한다. 확률변수 $Z=\dfrac{X-m}{\sigma}$을 이용하여 표준화하여 확률을 구한다.

G 경우의 수

- 단순한 문제보다는 좀 더 생각을 깊이 해야 풀리는 고난도 문제가 자주 출제되고 있습니다. 같은 것을 포함하는 순열을 이용하는 문제가 풀기에 까다로운 면이 있기 때문에 이에 대비를 해야 합니다.
- 중복을 허락하는 순열이나 조합은 대체로 난이도가 높게 출제되고 있습니다. 공식만 알아서 풀리는 문제가 아니라 문제의 의미를 정확히 알아서 공식을 적절히 쓸 수 있어야 합니다.

1 원순열 ❶

(1) 원순열

서로 다른 n개를 원형으로 배열하는 것

(원순열의 수)$=\dfrac{n!}{n}=(n-1)!$

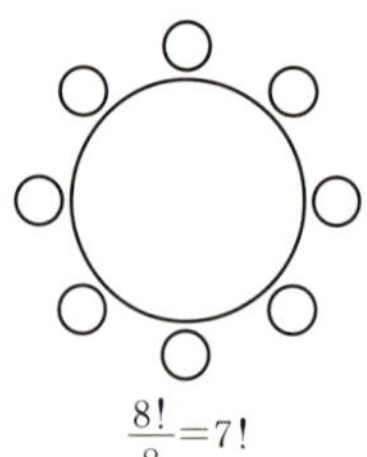

$\dfrac{8!}{8}=7!$

(2) 정다각형의 둘레에 나열하는 순열의 수

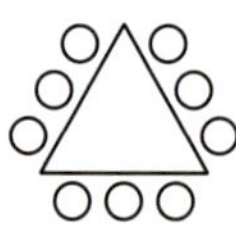

$3\times(9-1)!$

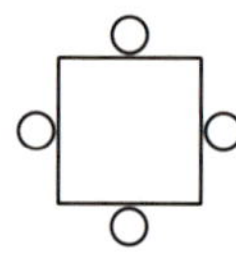

$1\times(4-1)!$

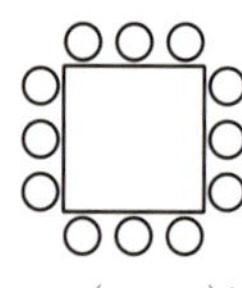

$3\times(12-1)!$

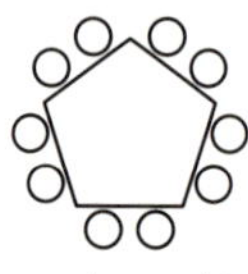

$2\times(10-1)!$

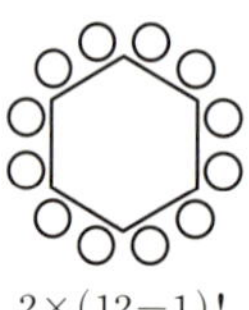

$2\times(12-1)!$

(회전시켰을 때 겹치지 않는 서로 다른 경우의 수)$\times$(원순열의 수)

> 한걸음 더!
>
> ❶ **다각형 모양의 탁자에 앉는 방법**
>
> • 직사각형인 경우
>
> (i) (원순열의 수)$\times 3$
>
> (ii) (원순열의 수)$\times 5$

2 중복순열 ❷

(1) 중복순열

서로 다른 n개에서 중복을 허락하여 r개를 택하여 일렬로 배열하는 것을 중복순열이라 하고, 기호로 ${}_n\Pi_r$로 나타내며 ${}_n\Pi_r=n^r$으로 계산한다.

(2) 함수의 개수

두 집합 $X=\{a_1, a_2, \cdots, a_r\}$, $Y=\{b_1, b_2, \cdots, b_n\}$일 때

X에서 Y로의 함수의 개수는 ${}_n\Pi_r$이다.

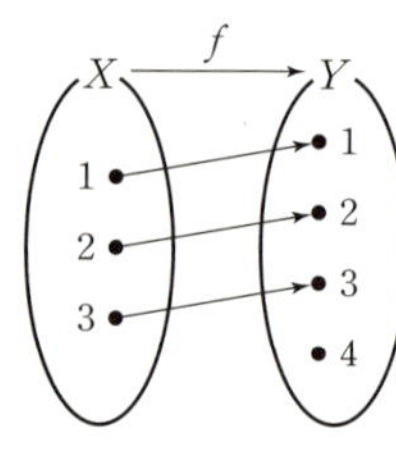

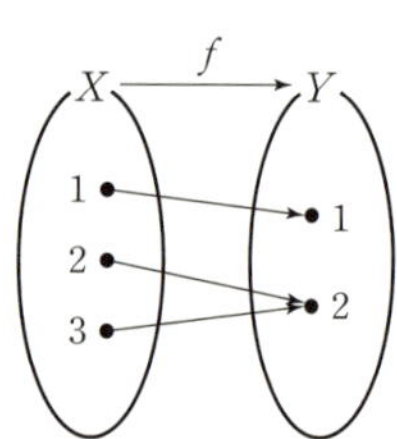

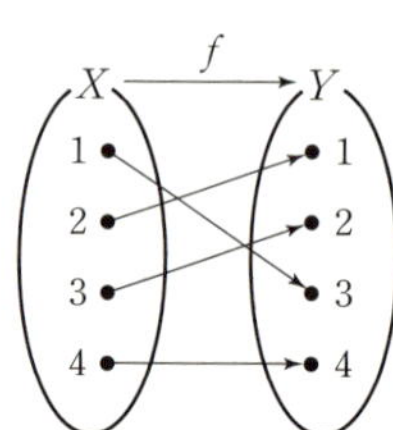

> +개념보충
>
> ❷ **중복순열의 활용**
>
> • **일대일함수의 개수**
>
> 두 집합 $X=\{a_1, a_2, \cdots, a_r\}$, $Y=\{b_1, b_2, \cdots, b_n\}$일 때, X에서 Y로의 일대일함수의 개수
>
> $n\times(n-1)\times(n-2)\times\cdots\times(n-r+1)\ (r\le n)$
>
> • **일대일대응의 개수**
>
> 두 집합 $X=\{a_1, a_2, \cdots, a_r\}$, $Y=\{b_1, b_2, \cdots, b_n\}$일 때, X에서 Y로의 일대일대응의 개수
>
> $n!\ (r=n)$

3 같은 것을 포함하는 순열 ❸

(1) n개 중 p개, q개, $\cdots$, r개가 각각 같은 것일 때, 이 n개를 모두 일렬로 배열하는 순열의 수는

$\dfrac{n!}{p!q!\cdots r!}$ (단, $p+q+\cdots+r=n$)

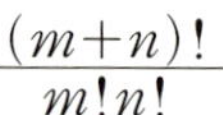

(2) 최단거리 문제

바둑판 모양의 도로를 오른쪽으로 한 칸 가는 것을 a, 위로 한 칸 가는 것을 b라 하면 A지점에서 B지점까지 최단거리로 가는 경우의 수는 m개의 a, n개의 b를 일렬로 배열하는 경우의 수와 같으므로

$\dfrac{(m+n)!}{m!n!}$

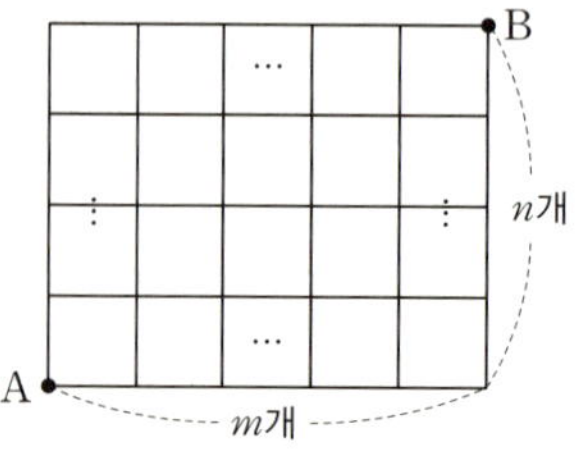

> 한걸음 더!
>
> ❸ **장애물이 있는 경우 최단거리**
>
> 도로 중간에 장애물이 있는 경우는 그 장애물에 걸쳐서 지나갈 수 없는 도로는 제거하고 찾아가는 방향의 대각선 방향에 대하여 반드시 지나가는 지점을 연결하여 최단거리를 구한다.
>
> 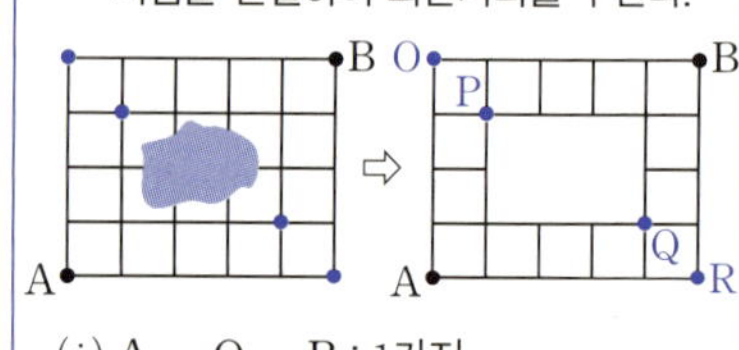
>
>
> (i) A → O → B : 1가지
> (ii) A → P → B : 20가지
> (iii) A → Q → B : 20가지
> (iv) A → R → B : 1가지
>
> 총 42가지

4 중복조합[4]

(1) 중복조합

서로 다른 n개에서 중복을 허락하여 r개를 택하는 조합을 n개에서 r개를 택하는 중복조합이라 하고, 서로 다른 n개에서 r개를 택하는 중복조합의 수는

${}_{n}\mathrm{H}_{r}={}_{n+r-1}\mathrm{C}_{r}$

2021 6월 가형 29번
2022 예시문항 29번

★ 방정식 또는 부등식을 만족시키는 정수해의 순서쌍의 개수를 구하는 문제는 반드시 출제되고 있고, 음이 아닌 정수해인지 양의 정수해인지 꼭 구분해야 한다.

(2) 방정식 $x+y+z=n$의 음이 아닌 정수해의 개수

자연수 n에 대하여 방정식 $x+y+z=n$을 만족시키는 음이 아닌 정수 x, y, z의 모든 순서쌍 (x, y, z)의 개수는

${}_{3}\mathrm{H}_{n}={}_{3+n-1}\mathrm{C}_{n}={}_{n+2}\mathrm{C}_{n}$

(3) 조건을 만족시키는 함수의 개수

집합 $X=\{1, 2, 3\}$에 대하여 $f(1)\le f(2)\le f(3)$을 만족시키는 함수 $f : X \longrightarrow X$의 개수는 공역 X의 서로 다른 3개의 원소 1, 2, 3 중에서 3개를 택하는 중복조합의 수와 같으므로

${}_{3}\mathrm{H}_{3}={}_{3+3-1}\mathrm{C}_{3}={}_{5}\mathrm{C}_{3}={}_{5}\mathrm{C}_{2}=10$

(4) n명에게 같은 종류의 사탕 m개를 나누어 주는 경우 (단, $m>n$)

① m개의 사탕을 n명에게 나누어 주는 경우 : ${}_{n}\mathrm{H}_{m}$

② 1개 이상씩은 나누어 주는 경우(적어도 하나씩은 받는 경우)
$(m-n)$개의 사탕을 n명에게 나누어 주는 경우의 수 ${}_{n}\mathrm{H}_{m-n}$을 구한다.

③ 한 개도 받지 못하는 사람이 생기는 경우
(i) m개의 사탕을 n명에게 나누어 주는 경우의 수를 구한다.
(ii) n명에게 사탕 1개씩을 먼저 나누어 준 뒤, 남은 $(m-n)$개의 사탕을 n명에게 나누어 주는 경우의 수를 구한다.
(iii) ((i)의 경우의 수)−((ii)의 경우의 수)

고난도 출제 2021 9월 나형 29번 / 2021 수능 가형 29번

★ 최근에는 순열보다는 조합의 비중이 더 커지는 추세이며, 특히, n명의 학생에게 적어도 m개 이상을 나누어 주는 경우처럼 기존 공식을 적용하기만 해서는 풀기 어려운 문항들이 출제되고 있으므로 조건을 정확히 파악하는 연습이 필요하다.

+개념보충

4 방정식을 만족시키는 해의 개수

- **방정식 $x_1+x_2+x_3+\cdots+x_n=r$를 만족시키는 음이 아닌 정수해의 개수**
  서로 다른 n개에서 r개를 택하는 중복조합의 수와 같으므로
  ${}_{n}\mathrm{H}_{r}$
- **방정식 $x_1+x_2+x_3+\cdots+x_n=r$를 만족시키는 양의 정수해의 개수**
  $x_1=y_1+1$, $x_2=y_2+1$, $x_3=y_3+1$, $\cdots$, $x_n=y_n+1$로 놓으면
  $x_1+x_2+x_3+\cdots+x_n=r$를 만족시키는 양의 정수해의 개수와
  $y_1+y_2+y_3+\cdots+y_n=r-n$을 만족시키는 음의 정수해의 개수는 같으므로
  ${}_{n}\mathrm{H}_{r-n}$ (단, $r\ge n$)

5 이항정리

(1) 이항정리[5]

자연수 n에 대하여

$$(a+b)^n={}_{n}\mathrm{C}_{0}a^n+{}_{n}\mathrm{C}_{1}a^{n-1}b+{}_{n}\mathrm{C}_{2}a^{n-2}b^2+\cdots+{}_{n}\mathrm{C}_{r}a^{n-r}b^r+\cdots+{}_{n}\mathrm{C}_{n}b^n=\sum_{r=0}^{n}{}_{n}\mathrm{C}_{r}a^{n-r}b^r$$

① 이항계수 : ${}_{n}\mathrm{C}_{0}$, ${}_{n}\mathrm{C}_{1}$, ${}_{n}\mathrm{C}_{2}$, $\cdots$, ${}_{n}\mathrm{C}_{r}$, $\cdots$, ${}_{n}\mathrm{C}_{n}$　② 일반항 : ${}_{n}\mathrm{C}_{r}a^{n-r}b^r$

(2) 이항계수의 성질

① ${}_{n}\mathrm{C}_{r}={}_{n}\mathrm{C}_{n-r}$　② ${}_{n}\mathrm{C}_{r-1}+{}_{n}\mathrm{C}_{r}={}_{n+1}\mathrm{C}_{r}$

③ ${}_{n}\mathrm{C}_{0}+{}_{n}\mathrm{C}_{1}+{}_{n}\mathrm{C}_{2}+\cdots+{}_{n}\mathrm{C}_{r}+\cdots+{}_{n}\mathrm{C}_{n}=2^n$

④ ${}_{n}\mathrm{C}_{0}-{}_{n}\mathrm{C}_{1}+{}_{n}\mathrm{C}_{2}-\cdots+(-1)^n{}_{n}\mathrm{C}_{n}=0$

⑤ ${}_{n}\mathrm{C}_{0}+{}_{n}\mathrm{C}_{2}+{}_{n}\mathrm{C}_{4}+\cdots={}_{n}\mathrm{C}_{1}+{}_{n}\mathrm{C}_{3}+{}_{n}\mathrm{C}_{5}+\cdots=2^{n-1}$

☆ 고난도 필수 개념

*이항정리를 이용한 이항계수의 성질 유도 과정

$(1+x)^n={}_{n}\mathrm{C}_{0}+{}_{n}\mathrm{C}_{1}x+{}_{n}\mathrm{C}_{2}x^2+\cdots+{}_{n}\mathrm{C}_{n-1}x^{n-1}+{}_{n}\mathrm{C}_{n}x^n$에 대하여

① 양변에 $x=1$을 대입하면 $2^n={}_{n}\mathrm{C}_{0}+{}_{n}\mathrm{C}_{1}+{}_{n}\mathrm{C}_{2}+\cdots+{}_{n}\mathrm{C}_{n-1}+{}_{n}\mathrm{C}_{n}$ ⋯ ㉠

② 양변에 $x=-1$을 대입하면 $0={}_{n}\mathrm{C}_{0}-{}_{n}\mathrm{C}_{1}+{}_{n}\mathrm{C}_{2}-\cdots+(-1)^{n-1}{}_{n}\mathrm{C}_{n-1}+(-1)^{n-1}{}_{n}\mathrm{C}_{n}$ ⋯ ㉡

③ 짝수 번째 항들의 합 : $\frac{㉠+㉡}{2}$을 하면 2^{n-1}　④ 홀수 번째 항들의 합 : $\frac{㉠-㉡}{2}$을 하면 2^{n-1}

(3) 파스칼의 삼각형

① 이항계수의 이웃하는 두 수를 더하면 다음 단계의 이항계수가 된다.

② 이항계수의 배열은 좌우 대칭이다.[6]

③ 바깥쪽 1에서 시작하여 대각선 방향으로 수를 더하면 아래행의 안쪽 하키 스틱 모양에 있는 수가 된다.

$(a+b)^1$　1 1 ③
$(a+b)^2$　① 1 2 1
$(a+b)^3$　1 3 3 1
$(a+b)^4$　1 4 6 4 1
$(a+b)^5$　1 5 10 10 5 1
⋮　②　⋮

한걸음 더!

5 이항정리의 활용

- **$(a+b)^n(c+d)^m$의 일반항**
  $(a+b)^n$의 일반항 ${}_{n}\mathrm{C}_{r}a^{n-r}b^r$과
  $(c+d)^m$의 일반항 ${}_{m}\mathrm{C}_{k}a^{m-k}b^k$의 곱
  ${}_{n}\mathrm{C}_{r}a^{n-r}b^r\times{}_{m}\mathrm{C}_{k}a^{m-k}b^k$이
  $(a+b)^n(c+d)^m$의 일반항이다.
- **$(a+b+c)^n$의 일반항**
  n이 자연수일 때, $(a+b+c)^n$의 일반항은 $\frac{n!}{s!t!u!}a^sb^tc^u$
  (단, $s+t+u=n$, $s\ge0$, $t\ge0$, $u\ge0$)

고난도 Tip

6 이항계수의 좌우 대칭 활용

① n이 홀수일 때,
(앞 절반의 합)=(뒤 절반의 합)
$=2^{n-1}$
${}_{n}\mathrm{C}_{0}+{}_{n}\mathrm{C}_{1}+\cdots+{}_{n}\mathrm{C}_{k-1}$
$={}_{n}\mathrm{C}_{k}+{}_{n}\mathrm{C}_{k+1}+\cdots+{}_{n}\mathrm{C}_{n}=2^{n-1}$
(단, $n=2k-1$, $k\ge1$)

② n이 짝수일 때,
가운데 항 ${}_{n}\mathrm{C}_{k}$를 제외한
(앞 절반의 합)=(뒤 절반의 합)
${}_{n}\mathrm{C}_{0}+{}_{n}\mathrm{C}_{1}+\cdots+{}_{n}\mathrm{C}_{k-1}$
$={}_{n}\mathrm{C}_{k+1}+{}_{n}\mathrm{C}_{k+2}+\cdots+{}_{n}\mathrm{C}_{n}$
$=\frac{1}{2}(2^n-{}_{n}\mathrm{C}_{k})$
(단, $n=2k$, $k\ge1$)

유형 01 원순열의 활용

(1) 원순열 : 서로 다른 것을 원형으로 배열하는 순열

(2) 원순열의 수 : $\frac{n!}{n}=(n-1)!$

(3) 다각형 모양의 탁자에 둘러 앉는 경우의 수는 원순열을 이용하여 다음과 같은 방법으로 구한다.

① 정다각형 모양의 탁자
: n명이 한 변에 k명씩 정다각형 모양의 탁자에 앉는 경우의 수는 $k\times(n-1)!$

② 직사각형 모양의 탁자
: (회전시켰을 때 겹치지 않는 경우의 수)×(원순열의 수)

tip

1 이웃하는 사람이 있으면 이웃하는 사람을 한 사람으로 생각하고 배열한 뒤, 나중에 이웃하는 사람이 자리 바꾸는 경우를 고려한다.

2 이웃하지 않는 사람이 있으면 이웃해도 되는 사람을 먼저 원형으로 배열한 뒤, 그 사이사이에 이웃하지 않는 사람을 배열한다.

G01 4점 실수 2017실시(가) 3월/교육청 15(고3)

여학생 3명과 남학생 6명이 원탁에 같은 간격으로 둘러앉으려고 한다. 각각의 여학생 사이에는 1명 이상의 남학생이 앉고 각각의 여학생 사이에 앉은 남학생의 수는 모두 다르다. 9명의 학생이 모두 앉는 경우의 수가 $n\times 6!$일 때, 자연수 n의 값은?

(단, 회전하여 일치하는 것들은 같은 것으로 본다.) (4점)

① 10 ② 12 ③ 14
④ 16 ⑤ 18

G02 3점 실수 2018(나) 9월/평가원 6(고3) 변형

서로 다른 6개의 접시를 원 모양의 식탁에 일정한 간격을 두고 원형으로 놓는 경우의 수는? (단, 회전하여 일치하는 것은 같은 것으로 본다.) (3점)

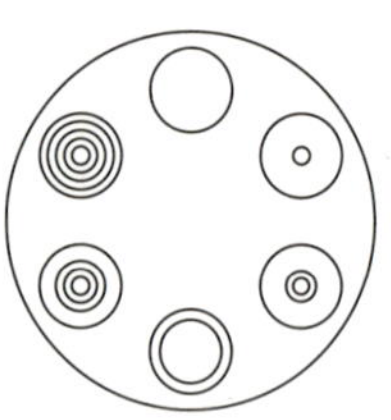

① 2 ② 6 ③ 24
④ 120 ⑤ 720

G03 4점 실수 2012(가) 6월/평가원 15(고3) 변형

그림과 같이 서로 접하고 크기가 같은 원 4개와 이 네 원의 중심을 꼭짓점으로 하는 정사각형이 있다. 원의 내부 또는 정사각형의 내부에 만들어지는 9개의 영역에 서로 다른 9가지 색을 모두 사용하여 칠하려고 한다. 한 영역에 한 가지 색만을 칠할 때, 색칠한 결과로 나올 수 있는 경우의 수는? (단, 회전하여 일치하는 것은 같은 것으로 본다.) (4점)

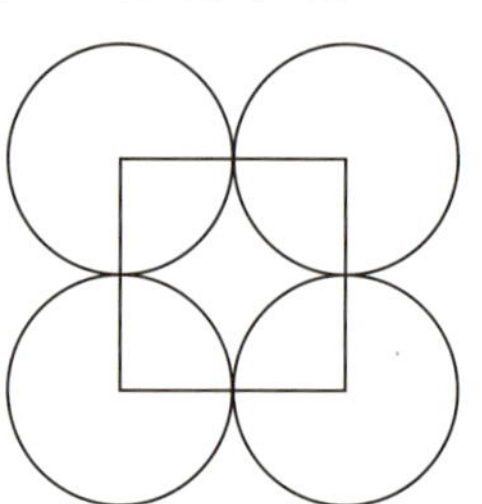

① 90720 ② 90730 ③ 90740
④ 90750 ⑤ 90760

G04 4점 함정 예상 적중

그림과 같이 가로, 세로, 높이가 각각 1, 1, 1인 정육면체 A와 가로, 세로, 높이가 각각 2, 1, 1인 직육면체 B가 있다.

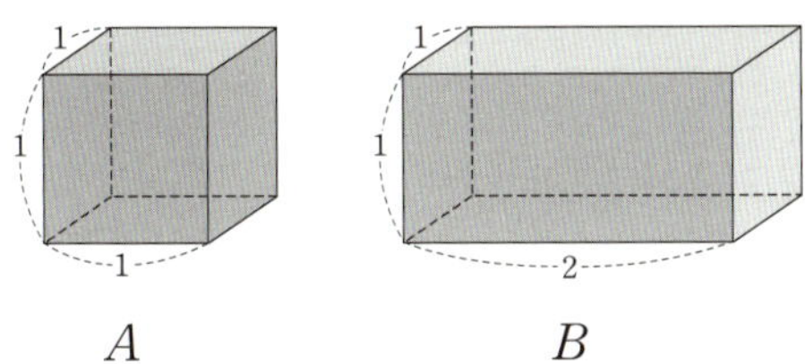

서로 다른 여섯 가지 색을 모두 사용하여 각각의 정육면체와 직육면체의 겉면을 색칠하는 방법의 수를 각각 $n(A)$, $n(B)$라 할 때, $n(A)+n(B)$의 값은? (4점)

① 60 ② 90 ③ 120
④ 150 ⑤ 180

유형 02 중복순열의 활용

(1) 중복순열 : 중복을 허용하여 만든 순열
(2) 중복순열의 수 : 서로 다른 n개에서 r개를 택하여 배열하는 중복순열의 수 $({}_n\Pi_r=n^r)$
(3) 함수의 개수 : 함수 $f: X \to Y$에 대하여 $n(X)=a$, $n(Y)=b$일 때,
① 일대일함수의 개수 : ${}_b\mathrm{P}_a$ (단, $b \geq a$)
② 함수의 개수 : ${}_b\Pi_a=b^a$

tip
숫자를 중복 사용하여 몇 자리 수를 만드는 문제는 순서가 중요하므로 배열에 신경 써야 한다. 그리고 맨 앞자리에 0이 나오는 것에 주의하자.

G05 4점 실수 2018/경찰대 13(고3)

1, 2, 3, 4, 5의 숫자가 각각 적힌 5개의 공을 모두 3개의 상자 A, B, C에 넣으려고 한다. 각 상자에 넣어진 공에 적힌 수의 합이 11 이하가 되도록 공을 상자에 넣는 방법의 수는? (단, 빈 상자의 경우에는 넣어진 공에 적힌 수의 합을 0으로 생각한다.) (4점)

① 190 ② 195 ③ 200
④ 205 ⑤ 210

G06 3점  2001(자)/수능(홀) 28(고3) 변형

문자 a, b, c에서 중복을 허용하여 네 개를 택하여 만든 단어를 전송하려고 한다. 단, 전송되는 단어에 a가 연속되면 수신이 불가능하다고 하자. 예를 들면 $aabb$, $aaab$ 등은 수신이 불가능하고, $abba$, $baba$ 등은 수신이 가능하다. 수신 가능한 단어의 개수를 구하시오. (3점)

G07 4점 실수 2016실시(나) 7월/교육청 21(고3)

세 수 0, 1, 2 중에서 중복을 허락하여 다섯 개의 수를 택해 다음 조건을 만족시키도록 일렬로 배열하여 자연수를 만든다.

(가) 다섯 자리의 자연수가 되도록 배열한다.
(나) 1끼리는 서로 이웃하지 않도록 배열한다.

예를 들어, 20200, 12201은 조건을 만족시키는 자연수이고 11020은 조건을 만족시키지 않는 자연수이다. 만들 수 있는 모든 자연수의 개수는? (4점)

① 88 ② 92 ③ 96
④ 100 ⑤ 104

18 DAY

❖ 정답 및 해설 310~313p

G08 3점 고난도 1994-2차/수능(A) 11(고3) 변형

오른쪽 그림에 나타나는 수를 크기 순으로 나열하여 다음과 같은 수열을 만들었다. 1, 2, 3, 4, 11, 12, 13, 14, 21, 22, 23, 24, 31, 32, 33, 34, 41, 42, 43, 44, 111, ⋯ 이 수열의 제 200항은? (2점)

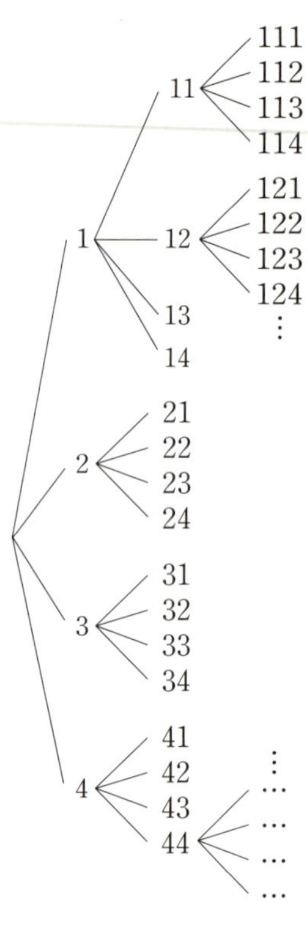

① 2413
② 2414
③ 2421
④ 2422
⑤ 2423

G09 4점 2005실시(가) 7월/교육청 30(고3)

시각장애인을 위한 문자 체계의 하나인 브라유 점자는 오른쪽 그림과 같은 6개의 점으로 구성되어 있으며, 이 점들 중 볼록하게 튀어나온 점들의 개수와 위치로 한 문자를 결정한다. 이때, 적어도 하나의 점은 튀어나와야 한다. 브라유 점자 체계에서 표현가능한 문자의 개수를 구하시오. (4점)

유형 03 같은 것이 있는 순열

(1) n개 중에서 서로 같은 것이 각각 p개, q개, ⋯, r개씩 있을 때, n개를 일렬로 나열하는 순열의 수는

$$\frac{n!}{p!q!\cdots r!} \text{ (단, } p+q+\cdots+r=n)$$

(2) 조건이 추가된 경우

① 반드시 ~ 한다. → 먼저 선택한다.

② n개 이상 ~ 한다. → 이 숫자가 크면 여사건을 이용하는 것이 수월한지 반드시 확인한다.

1 '몇 자리 자연수'의 개수를 구하는 경우 0은 맨 앞자리에 올 수 없음에 유의한다.

2 경우를 나눠서 계산할 경우, 중복되거나 빠뜨리는 경우가 없는지 반드시 확인한다.

G10 4점 실수 2015실시(B) 10월/교육청 18(고3)

다음 조건을 만족시키는 네 자리 자연수의 개수는? (4점)

(가) 각 자리의 수의 합은 14이다.
(나) 각 자리의 수는 모두 홀수이다.

① 51 ② 52 ③ 53 ④ 54 ⑤ 55

G11 4점 2009(가)/수능(홀) 15(고3) 변형

어떤 사회봉사센터에서는 다음과 같은 4가지 봉사활동 프로그램을 매일 운영하고 있다.

프로그램	A	B	C	D
봉사활동 시간	1시간	2시간	3시간	4시간

철수는 이 사회봉사센터에서 5일간 매일 하나씩의 프로그램에 참여하여 다섯 번의 봉사활동 시간 합계가 9시간이 되도록 아래와 같은 봉사활동 계획서를 작성하려고 한다. 작성할 수 있는 봉사활동 계획서의 가짓수는? (4점)

봉사활동 계획서

성명:

참여일	참여 프로그램	봉사 활동 시간
2020. 1. 5		
2020. 1. 6		
2020. 1. 7		
2020. 1. 8		
2020. 1. 9		
봉사활동 시간 합계		9시간

① 55 ② 60 ③ 65
④ 70 ⑤ 75

G12 4점 2010(가) 6월/평가원 25(고3)

좌표평면 위의 점들의 집합 $S=\{(x,\ y)\,|\,x$와 y는 정수$\}$가 있다. 집합 S에 속하는 한 점에서 S에 속하는 다른 점으로 이동하는 '점프'는 다음 규칙을 만족시킨다.

> 점 P에서 한 번의 '점프'로 점 Q로 이동할 때, 선분 PQ의 길이는 1 또는 $\sqrt{2}$이다.

점 A$(-2,\ 0)$에서 점 B$(2,\ 0)$까지 4번만 '점프'하여 이동하는 경우의 수를 구하시오. (단, 이동하는 과정에서 지나는 점이 다르면 다른 경우이다.) (4점)

G13 4점 실수 예상 적중

중복을 허용하여 다섯 개의 숫자 1, 2, 3, 4, 5로 만든 다섯 자리의 정수에서 만의 자리의 수를 a, 천의 자리의 수를 b, 백의 자리의 수를 c, 십의 자리의 수를 d, 일의 자리 수를 e라 하자.

a b c d e

이때, $abcd=e^2$을 만족시키는 다섯 자리의 정수의 개수를 구하시오. (4점)

G14 4점 실수 예상 적중

오른쪽 그림과 같이 정사각형의 둘레에 12개의 점을 찍고 차례로 P_1, P_2, $\cdots$, P_{12}라 하자. 점 P_1에서 출발하여 다음과 같은 규칙에 따라 움직인다.

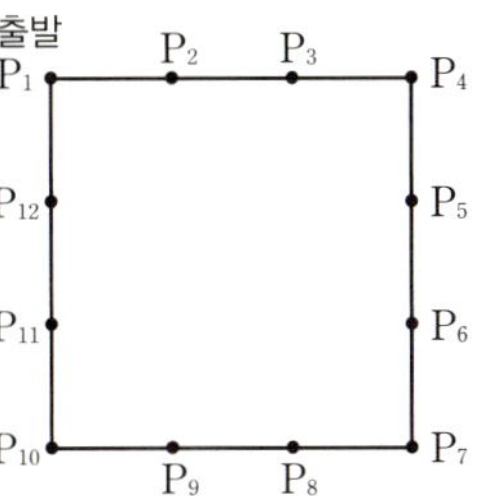

> 한 개의 주사위를 던져 나오는 눈의 수만큼 시계 방향으로 움직인다.

이 시행을 4회 반복했을 때, 점 P_{10}에 도착하는 경우의 수는? (4점)

① 72 ② 76 ③ 80
④ 84 ⑤ 88

18 DAY

G15 4점 함정 2020실시(나) 4월/교육청 19(고3)

매주 월요일부터 수요일까지 총 4주에 걸쳐 서로 다른 세 종류의 봉사활동 A, B, C를 반드시 하루에 한 종류씩 다음 규칙에 따라 신청하려고 한다.

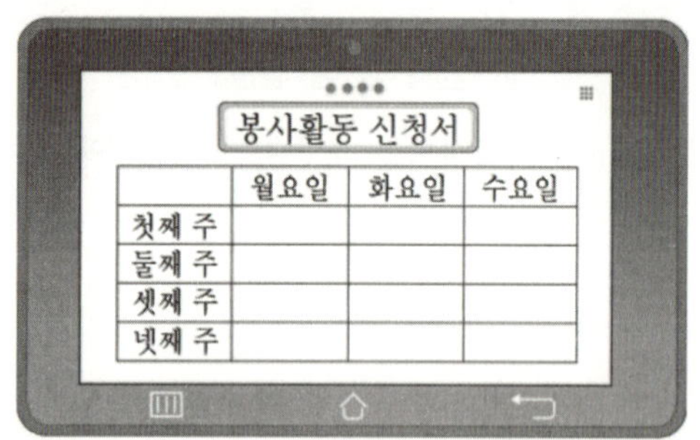

봉사활동 신청서

	월요일	화요일	수요일
첫째 주			
둘째 주			
셋째 주			
넷째 주			

- 봉사활동 A, B, C를 각각 3회, 3회, 6회 신청한다.
- 첫째 주에는 봉사활동 A, B, C를 모두 신청한다.
- 같은 요일에는 두 종류 이상의 봉사활동을 신청한다.

다음은 봉사활동을 신청하는 경우의 수를 구하는 과정이다.

규칙에 따라 봉사활동을 신청하는 경우는 첫째 주에 봉사활동 A, B, C를 모두 신청한 후
'(i) 첫째 주를 제외한 3주간의 봉사활동을 신청하는 경우'에서 '(ii) 첫째 주에 봉사활동 C를 신청한 요일과 같은 요일에 모두 봉사활동 C를 신청하는 경우'를 제외하면 된다.
첫째 주에 봉사활동 A, B, C를 모두 신청하는 경우의 수는 $3!$이다.
(i)의 경우 :
봉사활동 A, B, C를 각각 2회, 2회, 5회 신청하는 경우의 수는 (가)이다.
(ii)의 경우 :
첫째 주에 봉사활동 C를 신청한 요일과 같은 요일에 모두 봉사활동 C를 신청하는 경우의 수는 (나)이다.
(i), (ii)에 의해
구하는 경우의 수는 $3! \times$ ((가)−(나))이다.

위의 (가), (나)에 알맞은 수를 각각 p, q라 할 때, $p+q$의 값은? (4점)

① 825 ② 832 ③ 839
④ 846 ⑤ 853

유형 04 도로망에서 최단 경로

A에서 B까지 가로 방향의 길의 수가 m개, 세로 방향의 길의 수가 n개일 때, 같은 것이 m개, n개 있는 순열의 수로 생각할 수 있다.

즉, $\frac{(m+n)!}{m!n!}$

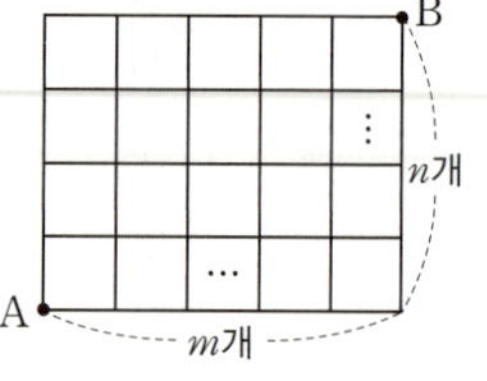

tip
1 경로에 장애물이 있는 경우는 출발점에서 도착점까지 갈 때 장애물을 피해 반드시 지나야 하는 지점을 정하여 이 지점에서 갈 수 있는 최단 경로를 각각 따져줘야 한다.
2 여사건을 이용하면 편리할 때가 많다.
3 경로의 수를 각 교차점마다 합의 법칙을 이용해 직접 구할 수도 있다.

G16 3점 실수 2015(B)/삼사 5(고3)

오른쪽 그림과 같이 정사각형 모양으로 연결된 도로망이 있다. 이 도로망을 따라 A지점에서 출발하여 B지점까지 최단거리로 가는 경우의 수는? (3점)

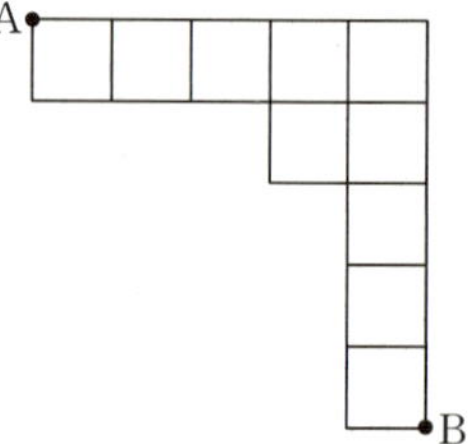

① 40 ② 42
③ 44 ④ 46
⑤ 48

G17 4점 실수 2017/경찰대 9(고3) 변형

아래 그림은 어느 도시의 도로를 선으로 나타낸 것이다. 교차로 P에서는 우회전을 할 수 없고, 교차로 Q는 공사 중이어서 지나갈 수 없다고 한다. A를 출발하여 B에 도달하는 최단 경로의 개수는? (4점)

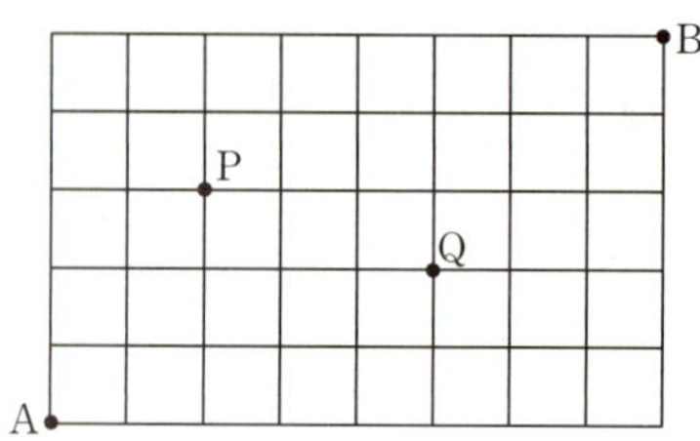

① 735 ② 737 ③ 739
④ 741 ⑤ 743

G18 3점 실수 2017(가)/삼사 23(고3) 변형

어느 부대가 그림과 같은 바둑판 모양의 도로망에서 장애물(어두운 부분)을 피해 A 지점에서 B 지점으로 도로를 따라 이동하려고 한다. A 지점에서 출발하여 B 지점까지 최단거리로 가는 경우의 수를 구하시오. (3점)

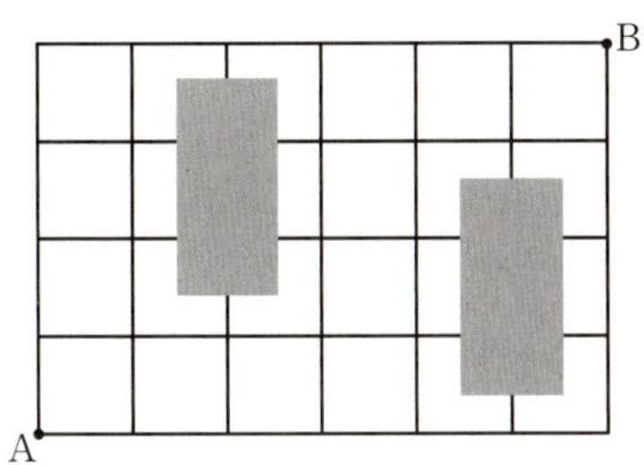

G19 4점  2019/경찰대 25(고3)

그림과 같이 인접한 교차로 사이의 거리가 모두 1인 바둑판 모양의 도로가 있다. A지점에서 B지점까지의 최단 경로 중에서 가로 또는 세로의 길이가 3 이상인 직선 구간을 포함하는 경로의 개수를 구하시오. (5점)

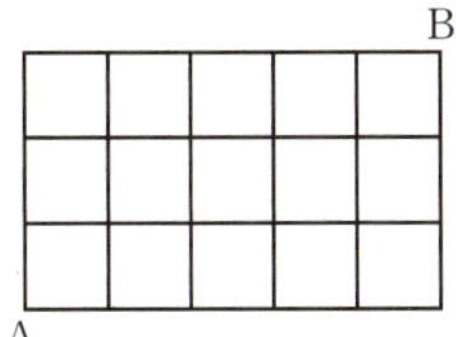

G20 4점 2004실시(가) 3월/교육청 29(고3)

좌표평면 위에서 상하 또는 좌우방향으로 한 번에 1만큼씩 움직이는 점 P가 있다. 이때, 원점을 출발한 점 P가 6번 움직여서 최종 위치가 점 A(1, 3)이 되는 경우의 수를 구하시오. (4점)

G21 4점 실수 2006실시(가) 3월/교육청 25(고3)

그림과 같은 직선 도로망이 있다. 5개의 지점 P, Q, R, S, T 중 어느 한 지점도 지나지 않고 A 지점에서 B 지점까지 최단거리로 갈 수 있는 모든 경로의 수를 구하시오. (4점)

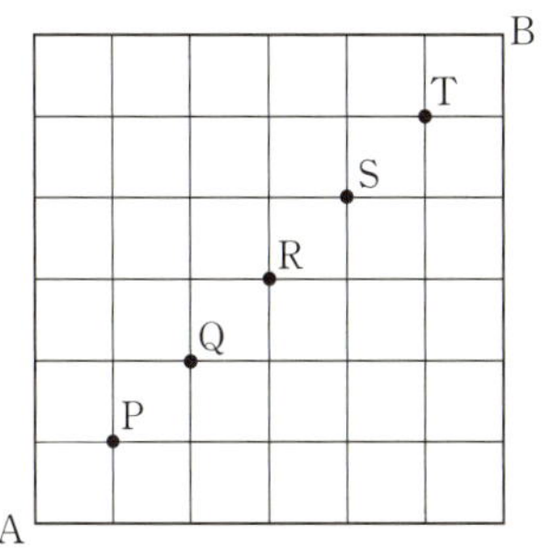

G22 4점  2009(나)/수능(홀) 25(고3) 변형

직사각형 모양의 잔디밭에 산책로가 만들어져 있다. 이 산책로는 그림과 같이 반지름의 길이가 같은 원 15개가 서로 외접하고 있는 형태이다.

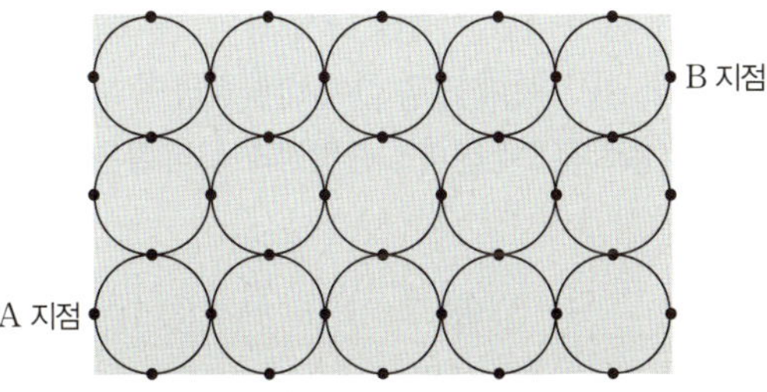

A지점에서 출발하여 산책로를 따라 최단거리로 B지점에 도착하는 경우의 수를 구하시오. (단, 원 위에 표시된 점은 원과 직사각형 또는 원과 원의 접점을 나타낸다.) (4점)

❖ 정답 및 해설 317~320p

G23 4점 함정 2009(문)/삼사 24(고3) 변형

철수가 자동차로 그림과 같은 바둑판 모양의 도로를 따라 A지점에서 약속 장소인 B지점까지 최단거리로 가는 도중에, 도로 PQ 위에서 약속 장소가 C지점으로 변경되었다는 연락을 받고 곧바로 C지점을 향하여 도로를 따라 최단거리로 이동하였다. 이때, 철수가 A지점에서 출발하여 C지점까지 최단거리로 이동하는 경로의 수는? (단, 연락 받은 위치가 달라도 이동 경로가 같으면 동일한 경우로 간주한다.) (4점)

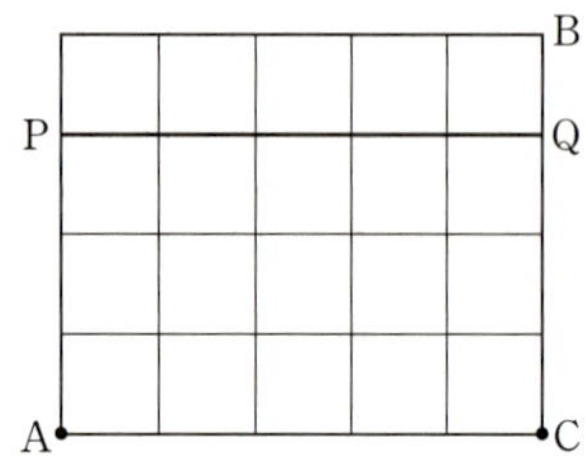

① 456 ② 458 ③ 460
④ 462 ⑤ 464

G24 4점 실수 2009(나) 9월/평가원 11(고3)

오른쪽 그림과 같이 이웃한 두 교차로 사이의 거리가 모두 1인 바둑판 모양의 도로망이 있다. 로봇이 한 번 움직일 때마다 길을 따라 거리 1만큼씩 이동한다. 로봇은 길을 따라 어느 방향으로도 움직일 수 있지만, 한 번 통과한 지점을 다시 지나지는 않는다. 이 로봇이 지점 O에서 출발하여 4번 움직일 때, 가능한 모든 경로의 수는? (단, 출발점과 도착점은 일치하지 않는다.) (4점)

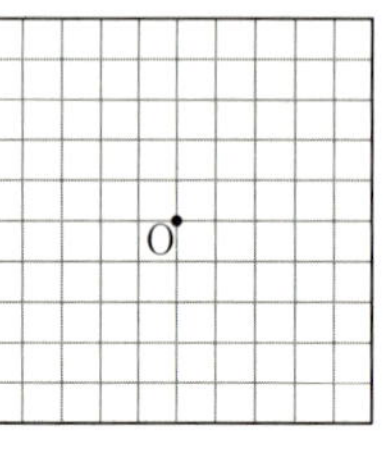

① 88 ② 96 ③ 100
④ 104 ⑤ 112

유형 05 중복조합의 활용

(1) 중복조합
① 중복을 허용하여 만든 조합
② 서로 다른 n개에서 중복을 허용하여 r개를 택하는 중복조합의 수 : ${}_{n}\mathrm{H}_{r}$
(2) 중복조합의 수 : ${}_{n}\mathrm{H}_{r}={}_{n+r-1}\mathrm{C}_{r}$
(3) 방정식 $x_1+x_2+\cdots+x_n=r$에 대하여
① 음이 아닌 정수해의 개수 : ${}_{n}\mathrm{H}_{r}$
② 양의 정수해의 개수 : ${}_{n}\mathrm{H}_{r-n}$ (단, $r\geq n$)
(4) 함수 $f : X \to Y$이고 $n(X)=r$, $n(Y)=n$일 때, $x_1\in X$, $x_2\in X$에 대하여
① $x_1<x_2$이면 $f(x_1)<f(x_2)$인 함수의 개수 : ${}_{n}\mathrm{C}_{r}$
② $x_1<x_2$이면 $f(x_1)\leq f(x_2)$인 함수의 개수 : ${}_{n}\mathrm{H}_{r}$

tip
여사건과 연관되어 나올 때가 많다.

G25 3점 실수 2017(가)/삼사 14(고3) 변형

같은 종류의 볼펜 7개, 같은 종류의 연필 7개, 같은 종류의 지우개 7개가 필통에 들어있다. 이 필통에서 9개를 동시에 꺼내는 경우의 수는? (단, 같은 종류끼리는 서로 구별하지 않는다.) (3점)

① 34 ② 38 ③ 42
④ 46 ⑤ 50

G26 4점 2012실시(나) 10월/교육청 27(고3) 변형

반지름의 길이가 서로 다른 일곱 종류의 원판이 각각 3개씩 21개가 있다. 원판을 다음과 같은 규칙으로 쌓으려고 한다.

(가) 원판 3개를 택하여 원판의 중심이 일치하도록 쌓는다.
(나) 반지름의 길이가 작은 원판은 반지름의 길이가 큰 원판 위에 쌓는다.
(다) 반지름의 길이가 같은 원판은 구별하지 않으면서 쌓는다.

그림은 반지름의 길이가 같은 두 개의 원판과 반지름의 길이가 작은 한 개의 원판을 규칙에 따라 쌓은 예이다.

이와 같이 쌓는 방법의 수를 구하시오. (4점)

G27 4점 실수 2019(나)/삼사 18(고3)

흰색 탁구공 3개와 주황색 탁구공 4개를 서로 다른 3개의 비어 있는 상자 A, B, C에 남김없이 넣으려고 할 때, 다음 조건을 만족시키도록 넣는 경우의 수는? (단, 탁구공을 하나도 넣지 않은 상자가 있을 수 있다.) (4점)

> (가) 상자 A에는 흰색 탁구공을 1개 이상 넣는다.
> (나) 흰색 탁구공만 들어 있는 상자는 없도록 넣는다.

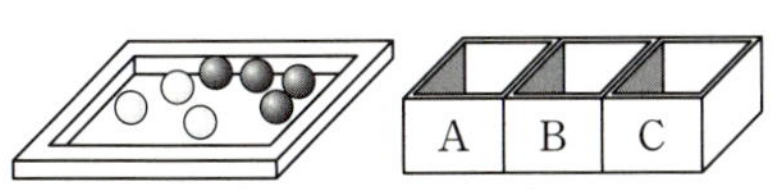

① 35 ② 37 ③ 39
④ 41 ⑤ 43

G28 4점 2021(나) 9월/평가원 29(고3)

흰 공 4개와 검은 공 6개를 세 상자 A, B, C에 남김없이 나누어 넣을 때, 각 상자에 공이 2개 이상씩 들어가도록 나누어 넣는 경우의 수를 구하시오. (단, 같은 색 공끼리는 서로 구별하지 않는다.) (4점)

G29 4점 실수 2020(가) 6월/평가원 19(고3)

다음 조건을 만족시키는 음이 아닌 정수 x_1, x_2, x_3, x_4의 모든 순서쌍 (x_1, x_2, x_3, x_4)의 개수는? (4점)

> (가) $n=1, 2, 3$일 때, $x_{n+1}-x_n \geq 2$이다.
> (나) $x_4 \leq 12$

① 210 ② 220 ③ 230
④ 240 ⑤ 250

G30 4점 실수 2020(나)/수능(홀) 29(고3)

세 명의 학생 A, B, C에게 같은 종류의 사탕 6개와 같은 종류의 초콜릿 5개를 다음 규칙에 따라 남김없이 나누어 주는 경우의 수를 구하시오. (4점)

> (가) 학생 A가 받는 사탕의 개수는 1 이상이다.
> (나) 학생 B가 받는 초콜릿의 개수는 1 이상이다.
> (다) 학생 C가 받는 사탕의 개수와 초콜릿의 개수의 합은 1 이상이다.

G31 4점 실수 2018실시(나) 4월/교육청 21(고3) 변형

다음 조건을 만족시키는 자연수 a, b, c, d의 모든 순서쌍 (a, b, c, d)의 개수는? (4점)

> (가) $a+b+c+d=20$
> (나) 좌표평면에서 두 점 (a, b), (c, d)는 서로 다른 점이며 두 점 중 어떠한 점도 $y=x^3$ 위에 있지 않다.

① 908 ② 909 ③ 910
④ 911 ⑤ 912

G32 4점 실수 2020(나) 6월/평가원 29(고3)

다음 조건을 만족시키는 음이 아닌 정수 x_1, x_2, x_3의 모든 순서쌍 (x_1, x_2, x_3)의 개수를 구하시오. (4점)

> (가) $n=1, 2$일 때, $x_{n+1}-x_n \geq 2$이다.
> (나) $x_3 \leq 10$

18 DAY

❖ 정답 및 해설 321~325p

G33 4점 실수 2022예시문항 5월/평가원 29(고2)

다음 조건을 만족시키는 음이 아닌 정수 a, b, c, d의 모든 순서쌍 (a, b, c, d)의 개수를 구하시오. (4점)

> (가) $a+b+c+d=12$
> (나) $a \neq 2$이고 $a+b+c \neq 10$이다.

G34 4점 함정 2016(A)/삼사 28(고3) 변형

어느 공연장에 16개의 좌석이 일렬로 배치되어 있다. 이 좌석 중에서 서로 이웃하지 않도록 4개의 좌석을 선택하려고 한다. 예를 들면, 아래 그림의 색칠한 부분과 같이 좌석을 선택한다.

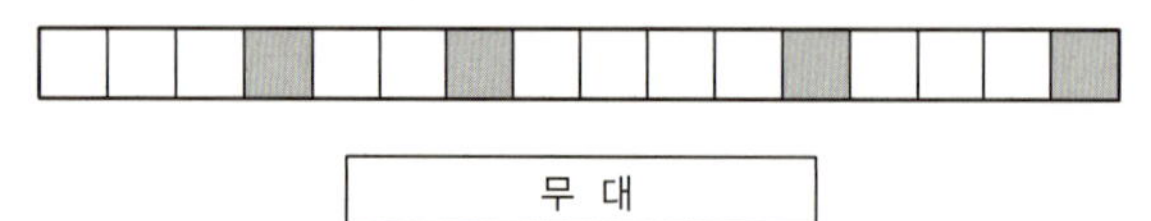

이와 같이 좌석을 선택하는 경우의 수를 구하시오. (단, 좌석을 선택하는 순서는 고려하지 않는다.) (4점)

G35 4점 실수 2016/경찰대 14(고3)

10명의 순경이 세 구역을 순찰하려고 한다. 각 구역에는 적어도 한 명이 순찰하고 각 구역의 순찰 인원은 5명 이하가 되도록 인원수를 정하는 경우의 수는? (단, 한 명의 순경은 하나의 구역만 순찰하고, 순경은 서로 구분하지 않는다.) (4점)

① 16 ② 18 ③ 20
④ 22 ⑤ 24

G36 4점 2005실시(가) 10월/교육청 30(고3) 변형

평면 위에 평행한 두 직선 l, m과 직선 l 위의 서로 다른 세 점 P, Q, R가 있다. 직선 l 위의 세 점 P, Q, R에서 각각 하나의 선분으로 직선 m 위의 점을 연결할 때, 세 선분이 교차하지 않는 경우의 수를 구하려고 한다.
예를 들어, 그림과 같이 직선 m 위에 두 점이 있을 때, 구하는 모든 경우의 수는 4가지이다.

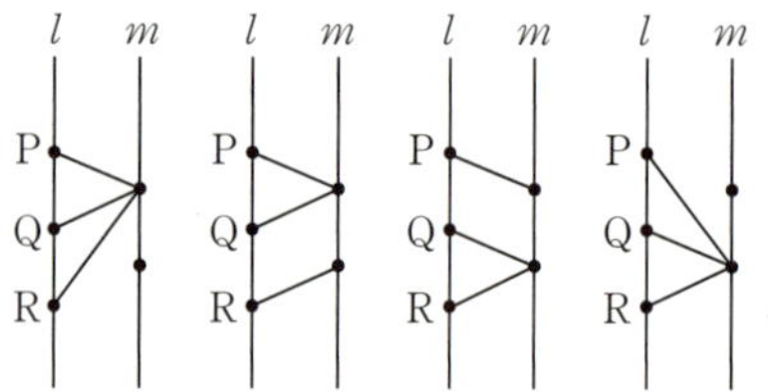

직선 m 위에 12개의 점이 있을 때, 위와 같이 세 선분이 교차하지 않는 모든 경우의 수를 구하시오. (4점)

G37 4점  2018실시(나) 10월/교육청 26(고3)

집합 $X=\{1, 2, 3, 4, 5, 6, 7\}$에 대하여 다음 조건을 만족시키는 함수 $f: X \rightarrow X$의 개수를 구하시오. (4점)

> (가) 함수 f의 치역의 원소의 개수는 3이다.
> (나) 집합 X의 임의의 두 원소 x_1, x_2에 대하여 $x_1 < x_2$이면 $f(x_1) \leq f(x_2)$이다.

G38 4점 예상 적중

A : 다음은 명제

$P(r)$: ${}_{n}H_{1}+{}_{n}H_{2}+{}_{n}H_{3}+\cdots+{}_{n}H_{r}={}_{n+1}H_{r}-1$임을 수학적 귀납법으로 증명한 것이다. (단, n과 r는 자연수이고 ${}_{n}H_{r}={}_{n+r-1}C_{r}$이다.)

[증명]

(i) $r=1$일 때

명제 $P(r)$의 좌변은 ${}_{n}H_{1}={}_{n}C_{1}=n$이고 우변은 ${}_{n+1}H_{1}-1={}_{n+1}C_{1}-1=n$이므로 명제 $P(r)$는 성립한다.

(ii) $r=k(k\geq1)$일 때

명제 $P(r)$가 성립한다면

$P(k)$: ${}_{n}H_{1}+{}_{n}H_{2}+{}_{n}H_{3}+\cdots+{}_{n}H_{k}={}_{n+1}H_{k}-1$이고, 양변에 ${}_{n}H_{k+1}$을 더하여 정리하면

${}_{n}H_{1}+{}_{n}H_{2}+{}_{n}H_{3}+\cdots+{}_{n}H_{k}+{}_{n}H_{k+1}$

$={}_{n+1}H_{k}-1+{}_{n}H_{k+1}=$ (가)

$=$ (나)

따라서 주어진 명제는 $r=k+1$일 때도 성립한다.

(i), (ii)에 의해 모든 자연수 r에 대하여 명제 $P(r)$는 성립한다.

B : 2명의 후보가 출마한 선거에서 k명의 유권자가 무기명으로 1명의 후보에게 투표할 때, 두 명의 후보가 얻을 수 있는 서로 다른 득표의 수를 $S(k)$라 하자. $\sum_{k=1}^{20}S(k)$의 값은 (다) 이다.

위의 (가), (나), (다)에 알맞은 것은? (4점)

	(가)	(나)	(다)
①	${}_{n+k}C_{k}+{}_{n+k}C_{k+1}-1$	$\frac{(n+k+1)!}{(k+1)!n!}-1$	230
②	${}_{n+k}C_{k-1}+{}_{n+k}C_{k+1}-1$	$\frac{(n+k+1)!}{(k+1)!n!}-1$	200
③	${}_{n+k}C_{k}+{}_{n+k}C_{k+1}-1$	$\frac{(n+k)!}{(k+1)!n!}-1$	230
④	${}_{n+k}C_{k-1}+{}_{n+k}C_{k+1}-1$	$\frac{(n+k)!}{(k+1)!n!}-1$	210
⑤	${}_{n+k}C_{k}+{}_{n+k}C_{k+1}-1$	$\frac{(n+k+1)!}{(k+1)!n!}-1$	210

유형 06 이항정리의 활용

(1) 이항정리

$(a+b)^{n}={}_{n}C_{0}a^{n}+{}_{n}C_{1}a^{n-1}b+\cdots+{}_{n}C_{r}a^{n-r}b^{r}+\cdots+{}_{n}C_{n}b^{n}$

(단, n은 자연수)

① 이항계수 : ${}_{n}C_{0}$, ${}_{n}C_{1}$, $\cdots$, ${}_{n}C_{r}$, $\cdots$, ${}_{n}C_{n}$

② 일반항 : ${}_{n}C_{r}a^{r}b^{n-r}$ (단, $0\leq r\leq n$)

(2) $(ax+b)^{n}$의 전개식 또는 $\left(ax+\frac{b}{x}\right)^{n}$의 전개식에서 일반항과 주어진 조건(계수, 상수항 등)을 이용한다.

참고 |

(1) $(ax+b)^{n}$의 x^{n-r}의 계수 : ${}_{n}C_{r}a^{n-r}b^{r}$ (단, $0\leq r\leq n$)

(2) $\left(ax+\frac{b}{x}\right)^{n}$의 x^{n-2r}의 계수 : ${}_{n}C_{r}a^{n-r}b^{r}$ (단, $0\leq r\leq n$)

tip

1 x에 대한 다항식에서 상수항의 차수는 0이다.

2 $(ax+b)^{n}$에서 a, b 중 음수가 있을 경우 부호에 유의한다.

G39 4점 2009(나)/수능(홀) 9(고3) 변형

$\left(x+\frac{1}{x^{3}}\right)^{4}$의 전개식에서 상수항은? (4점)

① 4 ② 6 ③ 8 ④ 10 ⑤ 12

G40 4점 2006실시(나) 10월/교육청 12(고3) 변형

$\left(2x+\frac{1}{x}\right)^{2}+\left(2x+\frac{1}{x}\right)^{3}+\left(2x+\frac{1}{x}\right)^{4}+\left(2x+\frac{1}{x}\right)^{5}+\left(2x+\frac{1}{x}\right)^{6}$

을 전개한 식에서 상수항은? (4점)

① 182 ② 184 ③ 186 ④ 188 ⑤ 190

18 DAY

❖ 정답 및 해설 326~328p

G41 3점 실수 예상 적중

$\left(x+\frac{1}{x}\right)^{2n}$의 전개식에서 x^2, x^4, x^6의 계수가 이 순서로 등차수열을 이룰 때, 자연수 n의 값은? (3점)

① 5　② 6　③ 7　④ 8　⑤ 9

G42 3점 고난도 예상 적중

한 변의 길이가 1인 정사각형을 밑면으로 하고 높이가 1, 2, 3, 4, 5, 6, 7인 나무토막이 충분히 있다. 이 나무토막을 쌓아 전체 높이가 3이 되도록 하는 방법은 다음과 같이 4가지이다.

이와 같이 쌓을 때, 전체 길이가 7이 되도록 나무토막을 쌓는 방법의 수를 구하시오. (3점)

G43 3점 실수 2013/경찰대 15(고3) 변형

다음 다항식에서 x^{23}의 계수는? (3점)

$$(x+1)^{24}+x(x+1)^{23}+x^2(x+1)^{22}+\cdots+x^{22}(x+1)^2$$

① 298　② 299　③ 300　④ 301　⑤ 302

G44 3점 실수 예상 적중

$a_n={}_nC_0-\frac{{}_nC_1}{3}+\frac{{}_nC_2}{3^2}-\frac{{}_nC_3}{3^3}+\cdots+(-1)^n\cdot\frac{{}_nC_n}{3^n}$에 대하여

$\left|\frac{1}{2}\sum_{n=1}^{m}a_n-1\right|\le 0.0001$을 만족하는 자연수 m의 최솟값은?

(단, $\log 2=0.3$, $\log 3=0.47$로 계산한다.) (3점)

① 20　② 21　③ 22　④ 23　⑤ 24

G45 4점  2018실시(나) 4월/교육청 29(고3)

전체집합 $U=\{x\,|\,x$는 10 이하의 자연수$\}$의 세 부분집합 S_1, S_2, S_3이

$n(S_1)\ge 3$, $S_1\subset S_2\subset S_3$

을 만족시킨다. 다음은 집합 S_1, S_2, S_3의 모든 순서쌍 (S_1, S_2, S_3)의 개수를 구하는 과정이다.

> $n(S_1)=k(3\le k\le 10$, k는 자연수$)$인 집합 S_1의 개수는 전체집합 U의 원소 10개 중 서로 다른 k개를 선택하는 조합의 수와 같으므로 ${}_{10}C_k$이다.
> 또한, $S_1\subset S_2\subset S_3$이므로 집합 S_1에 속하지 않는 원소는 세 집합 S_2-S_1, S_3-S_2, $U-S_3$ 중 어느 한 집합에 속해야 한다.
> 그러므로 $n(S_1)=k$일 때 집합 S_1, S_2, S_3의 순서쌍 (S_1, S_2, S_3)의 개수는 ${}_{10}C_k\times$ (가) 이다.
> 따라서 $n(S_1)\ge 3$, $S_1\subset S_2\subset S_3$을 만족시키는 순서쌍 (S_1, S_2, S_3)의 개수는 이항정리에 의하여
> $\sum_{k=3}^{10}({}_{10}C_k\times$ (가) $)=4^{10}-$ (나) $\times 3^8$

위의 (가)에 알맞은 식을 $f(k)$, (나)에 알맞은 수를 a라 할 때, $a+f(8)$의 값을 구하시오. (4점)

G46 3점 실수 예상 적중

다음은 세 자연수 l, m, n에 대하여 $n\le l$, $n\le m$일 때,

$$\sum_{k=0}^{n} {}_{l}\mathrm{C}_{k}\cdot {}_{m}\mathrm{C}_{n-k}=\boxed{(나)}$$

가 성립함을 증명한 것이다.

[증명]

> 두 다항식 $(1+x)^{l}$과 $(1+x)^{m}$의 전개식의 일반항이 각각
> ${}_{l}\mathrm{C}_{k}x^{k}$ $(0\le k\le l)$, ${}_{m}\mathrm{C}_{r}x^{r}$ $(0\le r\le m)$이므로
> $(1+x)^{l}(1+x)^{m}$의 일반항은
> ${}_{l}\mathrm{C}_{k}x^{k}\cdot {}_{m}\mathrm{C}_{r}x^{r}={}_{l}\mathrm{C}_{k}\cdot {}_{m}\mathrm{C}_{r}x^{k+r}$
> 이때, $k+r=n$이라 놓으면
> $0\le n-k\le m$
> $\therefore$ $\boxed{(가)}$
> 즉, $(1+x)^{l}(1+x)^{m}$의 전개식에서 x^{n}의 계수는
> $\sum_{k=0}^{n} {}_{l}\mathrm{C}_{k}\cdot {}_{m}\mathrm{C}_{n-k}$
> 따라서 $(1+x)^{l}(1+x)^{m}=(1+x)^{l+m}$이므로
> $\sum_{k=0}^{n} {}_{l}\mathrm{C}_{k}\cdot {}_{m}\mathrm{C}_{n-k}=\boxed{(나)}$

위의 증명에서 (가), (나)에 알맞은 것은? (3점)

	(가)	(나)
①	$0\le k\le n$	${}_{l+m}\mathrm{C}_{n}$
②	$0\le k\le n$	${}_{lm}\mathrm{C}_{n}$
③	$n\le k\le l$	${}_{l+m}\mathrm{C}_{n}$
④	$n\le k\le l$	${}_{lm}\mathrm{C}_{n}$
⑤	$0\le k\le l$	${}_{l}\mathrm{C}_{n}\cdot {}_{m}\mathrm{C}_{n}$

G47 3점 실수 2019(가) 9월/평가원 8(고3)

다항식 $(x+2)^{19}$의 전개식에서 x^{k}의 계수가 x^{k+1}의 계수보다 크게 되는 자연수 k의 최솟값은? (3점)

① 4 ② 5 ③ 6 ④ 7 ⑤ 8

유형 07 이항계수의 성질

(1) ${}_{n}\mathrm{C}_{0}+{}_{n}\mathrm{C}_{1}+{}_{n}\mathrm{C}_{2}+\cdots+{}_{n}\mathrm{C}_{n}=2^{n}$

(2) ${}_{n}\mathrm{C}_{0}-{}_{n}\mathrm{C}_{1}+{}_{n}\mathrm{C}_{2}-\cdots+(-1)^{n}{}_{n}\mathrm{C}_{n}=0$

(3) ${}_{n}\mathrm{C}_{0}+{}_{n}\mathrm{C}_{2}+{}_{n}\mathrm{C}_{4}+\cdots=2^{n-1}$
${}_{n}\mathrm{C}_{1}+{}_{n}\mathrm{C}_{3}+{}_{n}\mathrm{C}_{5}+\cdots=2^{n-1}$

(4) ${}_{n}\mathrm{C}_{r-1}+{}_{n}\mathrm{C}_{r}={}_{n+1}\mathrm{C}_{r}$ (단, $1\le r<n$)

tip

1 ${}_{n}\mathrm{C}_{r}={}_{n}\mathrm{C}_{n-r}$과 같이 사용될 때가 많다.

2 $(a+b)^{n}={}_{n}\mathrm{C}_{0}a^{n}+{}_{n}\mathrm{C}_{1}a^{n-1}b+\cdots+{}_{n}\mathrm{C}_{r}a^{n-r}b^{r}+\cdots+{}_{n}\mathrm{C}_{n}b^{n}$에서 a와 b에 적절한 수를 대입한다.

G48 4점 함정 2006(나) 9월/평가원 25(고3) 변형

자연수 n에 대하여

$$f(n)=\sum_{k=1}^{n}\sum_{m=1}^{2k} {}_{4k}\mathrm{C}_{2m}$$

일 때, $\frac{f(3)}{3}$의 값을 구하시오. (4점)

G49 4점 실수 2010(나) 6월/평가원 23(고3) 변형

50 이하의 자연수 n 중에서 $\sum_{k=1}^{n} {}_{n}\mathrm{C}_{k}$의 값이 5의 배수가 되도록 하는 n의 개수를 구하시오. (4점)

G50 4점 2010(가) 6월/평가원 30(고3)

빨간색, 파란색, 노란색 색연필이 있다. 각 색의 색연필을 적어도 하나씩 포함하여 15개 이하의 색연필을 선택하는 방법의 수를 구하시오. (단, 각 색의 색연필은 15개 이상씩 있고, 같은 색의 색연필은 서로 구별이 되지 않는다.) (4점)

❖ 정답 및 해설 329~333p

2등급 킬러 + 1등급 킬러 문제

G51 ✪ 2등급 킬러 2019(나)/삼사 20(고3)

[그림 1]과 같이 5개의 스티커 A, B, C, D, E는 각각 흰색 또는 회색으로 칠해진 9개의 정사각형으로 이루어져 있다. 이 5개의 스티커를 모두 사용하여 [그림 2]의 45개의 정사각형으로 이루어진 ✚ 모양의 판에 빈틈없이 붙여 문양을 만들려고 한다. [그림 3]은 스티커 B를 ✚ 모양의 판의 중앙에 붙여 만든 문양의 한 예이다.

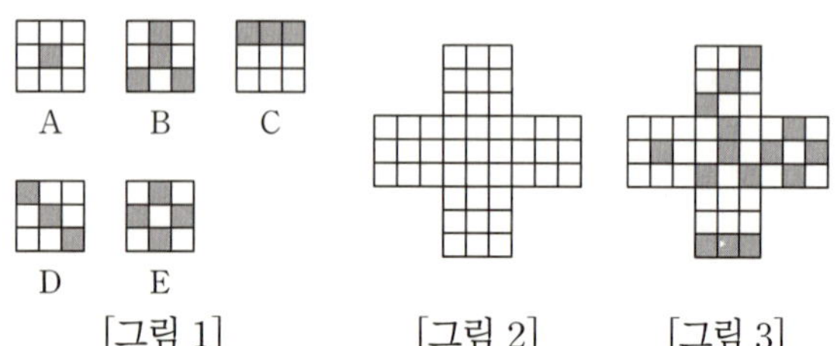

[그림 1] [그림 2] [그림 3]

다음은 5개의 스티커를 모두 사용하여 만들 수 있는 서로 다른 문양의 개수를 구하는 과정의 일부이다. (단, ✚ 모양의 판을 회전하여 일치하는 것은 같은 것으로 본다.)

> ✚ 모양의 판의 중앙에 붙이는 스티커에 따라 다음과 같이 3가지 경우로 나눌 수 있다.
>
> (i) A 또는 E를 붙이는 경우
> 나머지 4개의 스티커를 붙일 위치를 정하는 경우의 수는 $3!$
> 이 각각에 대하여 4개의 스티커를 붙이는 경우의 수는 $1\times2\times4\times4$
> 그러므로 이 경우의 수는 $2\times3!\times32$
>
> (ii) B 또는 C를 붙이는 경우
> 나머지 4개의 스티커를 붙일 위치를 정하는 경우의 수는 (가)
> 이 각각에 대하여 4개의 스티커를 붙이는 경우의 수는 $1\times1\times2\times4$
> 그러므로 이 경우의 수는 $2\times$ (가) $\times8$
>
> (iii) D를 붙이는 경우
> 나머지 4개의 스티커를 붙일 위치를 정하는 경우의 수는 (나)
> 이 각각에 대하여 4개의 스티커를 붙이는 경우의 수는 (다)
> 그러므로 이 경우의 수는 (나) $\times$ (다)

위의 (가), (나), (다)에 알맞은 수를 각각 a, b, c라 할 때, $a+b+c$의 값은? (4점)

① 52 ② 54 ③ 56 ④ 58 ⑤ 60

G52 ✪ 2등급 킬러 2006실시(나) 10월/교육청 16(고3) 변형

그림과 같이 정팔각형을 8등분하고 있는 합동인 이등변삼각형에 흰색 또는 검은색을 칠하여 정팔각형을 네 부분으로 구분하려고 한다. 이때, 서로 다른 모양으로 색칠하는 방법은 모두 몇 가지인가? (단, 회전에 의하여 겹쳐지는 모양은 같은 것으로 본다.) (4점)

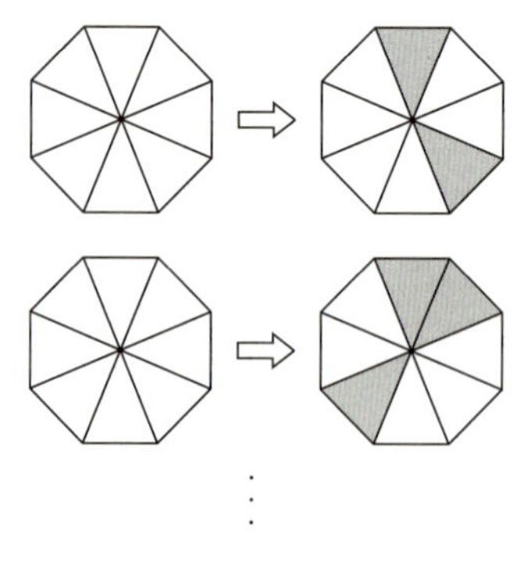

① 16 ② 17 ③ 18
④ 19 ⑤ 20

G53 ✪ 1등급 킬러 2016실시(가) 10월/교육청 30(고3)

1부터 9까지의 자연수가 하나씩 적혀 있는 9개의 공이 주머니에 들어 있다. 이 주머니에서 공을 한 개씩 모두 꺼낼 때, i번째($i=1, 2, \cdots, 9$) 꺼낸 공에 적혀 있는 수를 a_i라 하자.
$1<p<q<9$인 두 자연수 p, q에 대하여 a_i가 다음 조건을 만족시킨다.

> (가) $1\le i<p$이면 $a_i<a_{i+1}$이다.
> (나) $p\le i<q$이면 $a_i>a_{i+1}$이다.
> (다) $q\le i<9$이면 $a_i<a_{i+1}$이다.

$a_1=2$, $a_p=8$인 모든 경우의 수를 구하시오. (단, 꺼낸 공은 다시 넣지 않는다.) (4점)

G54 ✪ 1등급 킬러 ... 2012실시(가) 7월/교육청 30(고3)

그림과 같이 이웃한 두 교차로 사이의 거리가 모두 같은 도로망이 있다.

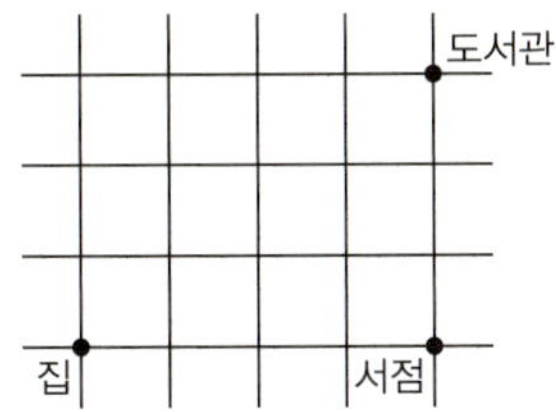

철수가 집에서 도로를 따라 최단거리로 약속장소인 도서관으로 가다가 어떤 교차로에서 약속장소가 서점으로 바뀌었다는 연락을 받고 곧바로 도로를 따라 최단거리로 서점으로 갔다. 집에서 서점까지 지나 온 길이 같은 경우 하나의 경로로 간주한다. 예를 들어, [그림 1]과 [그림 2]는 연락받은 위치는 다르나, 같은 경로이다.

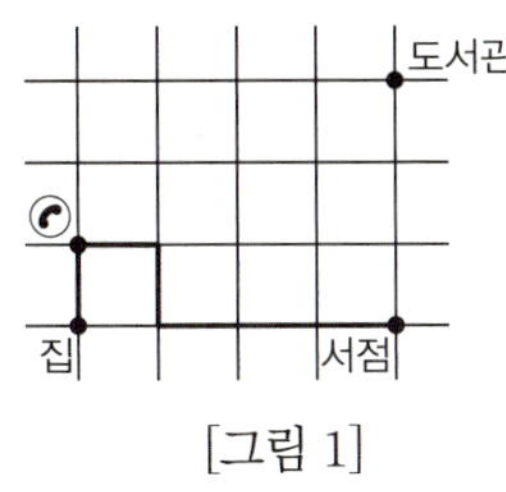

[그림 1]

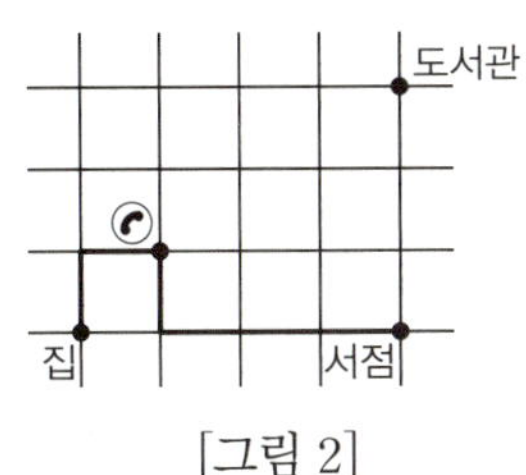

[그림 2]

철수가 집에서 서점까지 갈 수 있는 모든 경로의 수를 구하시오. (단, 철수가 도서관에 도착한 후에 서점으로 가는 경우도 포함한다.) (4점)

G55 ✪ 2등급 킬러 ... 2020실시(나) 4월/교육청 29(고3)

오른쪽 그림과 같이 바둑판 모양의 도로망이 있다. 이 도로망은 정사각형 R와 같이 한 변의 길이가 1인 정사각형 9개로 이루어진 모양이다. 이 도로망을 따라 최단거리로 A 지점에서 출발하여 B 지점을 지나 다시 A 지점까지 돌아올 때, 다음 조건을 만족시키는 경우의 수를 구하시오. (4점)

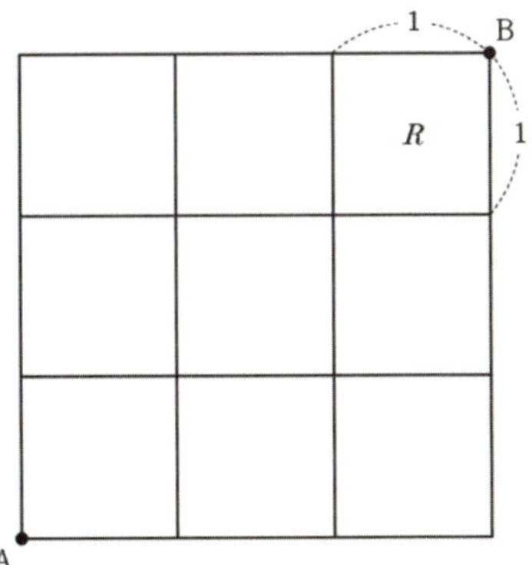

(가) 정사각형 R의 네 변을 모두 지나야 한다.
(나) 한 변의 길이가 1인 정사각형 중 네 변을 모두 지나게 되는 정사각형은 오직 정사각형 R뿐이다.

G56 ✪ 1등급 킬러 ... 2020실시(나) 7월/교육청 29(고3)

흰 공 2개, 빨간 공 3개, 검은 공 3개를 3명의 학생에게 남김없이 나누어 주려고 한다. 흰 공을 받은 학생은 빨간 공과 검은 공도 반드시 각각 1개 이상 받도록 나누어 주는 경우의 수를 구하시오. (단, 같은 색의 공은 서로 구별하지 않고, 공을 하나도 받지 못하는 학생은 없다.) (4점)

G57 ✪ 1등급 킬러 ... 2021/경찰대 24(고3)

다음 조건을 만족시키는 자연수 a, b, c, d, e의 모든 순서쌍 (a, b, c, d, e)의 개수를 구하시오. (4점)

(가) $ab(c+d+e)=12$
(나) a, b, c, d, e 중에서 적어도 2개는 짝수이다.

G58 ✪ 2등급 킬러 2017실시(나) 10월/교육청 28(고3) 변형

다음 조건을 만족시키는 세 자연수 a, b, c의 모든 순서쌍 (a, b, c)의 개수를 구하시오. (4점)

(가) $abc=300$
(나) $(a-b)(b-c)(c-a)\neq0$

G59 ✪ 1등급 킬러 2012실시(가) 10월/교육청 29(고3) 변형

크기가 같은 정육면체 모양의 블록 16개를 모두 사용하여 쌓은 입체도형을 만들려고 한다. 이 도형을 위에서 내려다 본 모양이 [그림 1], 정면을 기준으로 오른쪽 옆에서 본 모양이 [그림 2]와 같이 되도록 만들 수 있는 방법의 수를 구하시오.

(단, 블록은 서로 구별하지 않는다.) (4점)

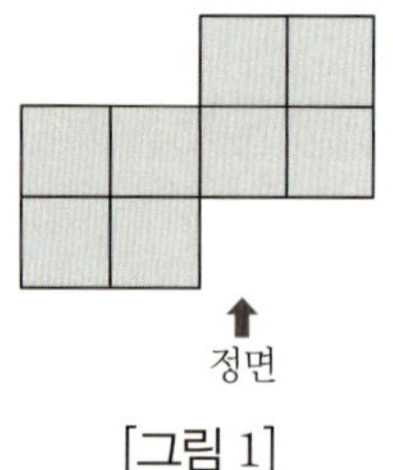

[그림 1]

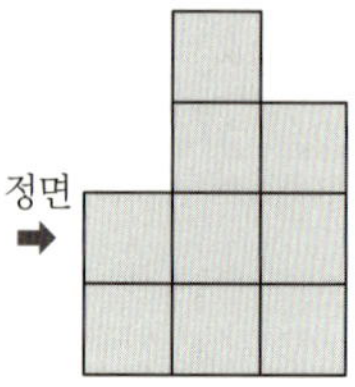

[그림 2]

G60 ✪ 1등급 킬러 2020(나) 9월/평가원 29(고3)

연필 7자루와 볼펜 4자루를 다음 조건을 만족시키도록 여학생 3명과 남학생 2명에게 남김없이 나누어 주는 경우의 수를 구하시오. (단, 연필끼리는 서로 구별하지 않고, 볼펜끼리도 서로 구별하지 않는다.) (4점)

(가) 여학생이 각각 받는 연필의 개수는 서로 같고, 남학생이 각각 받는 볼펜의 개수도 서로 같다.
(나) 여학생은 연필을 1자루 이상 받고, 볼펜을 받지 못하는 여학생이 있을 수 있다.
(다) 남학생은 볼펜을 1자루 이상 받고, 연필을 받지 못하는 남학생이 있을 수 있다.

G61 ✪ 2등급 킬러 2021(가)/수능(홀) 29(고3)

네 명의 학생 A, B, C, D에게 검은색 모자 6개와 흰색 모자 6개를 다음 규칙에 따라 남김없이 나누어 주는 경우의 수를 구하시오. (단, 같은 색 모자끼리는 서로 구별하지 않는다.) (4점)

(가) 각 학생은 1개 이상의 모자를 받는다.
(나) 학생 A가 받는 검은색 모자의 개수는 4 이상이다.
(다) 흰색 모자보다 검은색 모자를 더 많이 받는 학생은 A를 포함하여 2명뿐이다.

G62 ✪ 1등급 킬러 2021(가) 6월/평가원 29(고3)

검은색 볼펜 1자루, 파란색 볼펜 4자루, 빨간색 볼펜 4자루가 있다. 이 9자루의 볼펜 중에서 5자루를 선택하여 2명의 학생에게 남김없이 나누어 주는 경우의 수를 구하시오. (단, 같은 색 볼펜끼리는 서로 구별하지 않고, 볼펜을 1자루도 받지 못하는 학생이 있을 수 있다.) (4점)

G63 ✪ 2등급 킬러 예상 적중

두 집합

$X=\{1, 2, 3, 4\}$, $Y=\{n, n+1, n+2, \cdots, n+k, \cdots, 2n\}$ 에 대하여 다음 두 조건을 만족하는 함수 $f: X \longrightarrow Y$가 있다.

(가) $f(3)=n+k$
(나) 집합 X의 임의의 두 원소 x_1, x_2에 대하여 $x_1 < x_2$이면 $f(x_1) \le f(x_2)$

주어진 조건을 만족하는 함수 $f(x)$의 개수를 $M(n, k)$라 할 때, [보기]에서 옳은 것만을 있는 대로 고른 것은?
(단, n과 k는 자연수이고 $1 \le k \le n$이다.) (4점)

[보기]

ㄱ. $M(4, 3)=20$
ㄴ. $M(10, k)={}_{k+2}C_2 \times {}_{11-k}C_1$
ㄷ. $\sum_{k=1}^{7} M(7, k)=658$

① ㄱ ② ㄱ, ㄴ ③ ㄱ, ㄷ
④ ㄴ, ㄷ ⑤ ㄱ, ㄴ, ㄷ

G64 ✪ 2등급 킬러 2020실시(가) 7월/교육청 28(고3)

집합 $X=\{1, 2, 3, 4, 5, 6\}$에 대하여 함수 $f: X \longrightarrow X$ 중에서 다음 조건을 만족시키는 함수 f의 개수를 구하시오. (4점)

(가) $f(3) \times f(6)$은 3의 배수이다.
(나) 집합 X의 임의의 두 원소 x_1, x_2에 대하여 $x_1 < x_2$이면 $f(x_1) \le f(x_2)$이다.

G65 ✪ 1등급 킬러 2020실시(가) 4월/교육청 20(고3)

집합 $X=\{1, 2, 3, 4, 5\}$에 대하여 함수 $f: X \longrightarrow X$의 치역을 A, 합성함수 $f \circ f$의 치역을 B라 할 때, 두 집합 A, B가 다음 조건을 만족시킨다.

- $n(A) \ge 3$
- 집합 A의 모든 원소의 합이 3의 배수이다.
- $n(A) > n(B)$

다음은 함수 f의 개수를 구하는 과정이다.

(i) $n(A)=3$이고 모든 원소의 합이 3의 배수인 집합 A는
$\{1, 2, 3\}$, $\{1, 3, 5\}$, $\{2, 3, 4\}$, $\{3, 4, 5\}$
이다.
$A=\{1, 2, 3\}$인 경우 $n(B) < 3$이므로
집합 B는
$\{1\}$, $\{2\}$, $\{3\}$, $\{1, 2\}$, $\{1, 3\}$, $\{2, 3\}$
이다.
$A=\{1, 2, 3\}$, $B=\{1\}$인 경우
함수 f의 개수는 (가) 이고,
$A=\{1, 2, 3\}$, $B=\{1, 2\}$인 경우
함수 f의 개수는 (나) 이므로
$n(A)=3$, $n(B)<3$이고 집합 A의 모든 원소의 합이 3의 배수가 되도록 하는 함수 f의 개수는
$4 \times (3 \times$ (가) $+ 3 \times$ (나) $)$이다.

(ii) $n(A)=4$이고 모든 원소의 합이 3의 배수인 집합 A는 $\{1, 2, 4, 5\}$뿐이므로 이 경우 $n(B)<4$를 만족시키는 함수 f의 개수는 (다) 이다.

(iii) $n(A)=5$인 경우 함수 f는 일대일대응이고 $n(B)=5$이므로 $n(A)>n(B)$를 만족시키는 함수 f는 존재하지 않는다.

(i), (ii), (iii)에 의하여 구하는 함수 f의 개수는
$4 \times (3 \times$ (가) $+ 3 \times$ (나) $) +$ (다) 이다.

위의 (가), (나), (다)에 알맞은 수를 각각 p, q, r라 할 때, $p+q+r$의 값은? (4점)

① 164 ② 168 ③ 172
④ 176 ⑤ 180

19 DAY

❖ 정답 및 해설 341~352p

G66 ✪ 1등급 킬러 ... 2020실시(가) 4월/교육청 29(고3)

어느 학교 도서관에서 독서프로그램 운영을 위해 철학, 사회과학, 자연과학, 문학, 역사 분야에 해당하는 책을 각 분야별로 10권씩 총 50권을 준비하였다. 한 학급에서 이 50권의 책 중 24권의 책을 선택하려고 할 때, 다음 조건을 만족시키도록 선택하는 경우의 수를 구하시오. (단, 같은 분야에 해당하는 책은 서로 구별하지 않는다.) (4점)

> (가) 철학, 사회과학, 자연과학 각각의 분야에 해당하는 책은 4권 이상씩 선택한다.
> (나) 문학 분야에 해당하는 책은 선택하지 않거나 4권 이상 선택한다.
> (다) 역사 분야에 해당하는 책은 선택하지 않거나 4권 이상 선택한다.

G67 ✪ 1등급 킬러 ..... 2015실시(A) 7월/교육청 30(고3)

검은 바둑돌 ●과 흰 바둑돌 ○을 일렬로 나열하였을 때 이웃한 두 개의 바둑돌의 색이 나타날 수 있는 유형은

●●	●○	○●	○○
〈A형〉	〈B형〉	〈C형〉	〈D형〉

으로 4가지이다. 예를 들어, 6개의 바둑돌을 〈A형〉 2번, 〈B형〉 1번, 〈C형〉 1번, 〈D형〉 1번 나타나도록 일렬로 나열하는 모든 경우의 수는 아래와 같이 5이다.

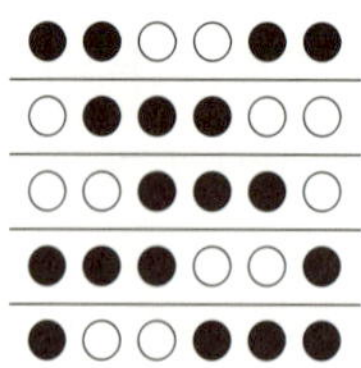

10개의 바둑돌을 〈A형〉 4번, 〈B형〉 2번, 〈C형〉 2번, 〈D형〉 1번 나타나도록 일렬로 나열하는 모든 경우의 수를 구하시오. (단, 검은 바둑돌과 흰 바둑돌은 각각 10개 이상씩 있다.) (4점)

G68 ✪ 1등급 킬러 2011실시(나) 7월/교육청 28(고3) 변형

순서대로 읽은 수와 거꾸로 읽은 수가 일치하는 자연수를 대칭수라 한다. 예를 들어, 345543은 대칭수이고, 345567은 대칭수가 아니다. 0과 1만을 이용하여 n자리 대칭수를 만들 때, 사용된 1의 개수가 0의 개수보다 많거나 같은 n자리 대칭수의 개수를 a_n이라 하자. $\sum_{k=1}^{4} m(a_{4k+2}-a_{4k})=34000$일 때, 상수 m의 값을 구하시오. (4점)

G69 4점  ..... 2017실시(나) 4월/교육청 30(고3) 변형

다항식 $3(x+a)^n$의 전개식에서 x^{n-1}의 계수와 다항식 $(x-1)(x+a)^n$의 전개식에서 x^{n-1}의 계수가 같게 되는 모든 순서쌍 (a, n)에 대하여 an의 최댓값을 구하시오. (단, a는 자연수이고, n은 $n \geq 2$인 자연수이다.) (4점)

G70 ✪ 2등급 킬러 .... 2006(나)/수능(홀) 30(고3) 변형

자연수 n에 대하여 0부터 n까지 정수가 하나씩 적힌 $(n+1)$개의 공이 들어 있는 상자가 있다. 이 상자에서 한 개의 공을 꺼내어 공에 적힌 수를 확인하고 다시 넣는 과정을 5번 반복할 때, 확인한 5개의 수가 다음 조건을 만족시키는 경우의 수를 a_n이라 하자.

> (가) 꺼낸 공에 적힌 수는 먼저 꺼낸 공에 적힌 수보다 작지 않다.
> (나) 세 번째 꺼낸 공에 적힌 수는 첫 번째 꺼낸 공에 적힌 수보다 1이 더 크다.

$\sum_{n=1}^{20} \frac{3a_n}{7(n+1)}$의 값을 구하시오. (4점)

❖ 정답 및 해설 352~357p

Glee Club

연세대 남성합창단

노래의 날개 위에 하나가 되어

연세대학교 남성합창단 글리클럽은 1984년 창단한
대한민국 최초이자 최고의 아마추어 남성 합창단입니다.

글리클럽의 자부심은 그저 노래를 잘하는 것에 있지 않습니다.
각기 다른 전공의 단원들이 노래를 통해 하나 되어 음악의 아름다움을 추구하는 것에 있습니다.

그렇기에 음악으로 하나 되고 싶은 지원자는 누구나 글리클럽에 참가할 수 있습니다.
글리클럽이 중요하게 여기는 것은 합창으로 하나 되고자 하는 열정이기 때문입니다.

지금 이 글을 읽고 있는 그대와 함께한다면,
글리클럽은 지금보다도 더욱 멋진 음악을 만들어낼 수 있습니다.
"노래의 날개 위에" 함께 하고 싶은 학생 여러분을 글리클럽은 언제나 환영합니다.

H 확률

- 실생활에서 경험하는 확률을 이용하는 문제를 수학적인 지식으로 풀 수 있느냐가 중요합니다. 통계적 확률, 기하학적 확률 등 실생활 관련된 확률 문제에 대해 확률의 개념을 적절히 적용하는 훈련이 필요합니다.
- 조건부확률, 독립시행의 확률은 고난도 문제로 출제될 수 있는 요소가 많습니다. 특히 조건이 세 가지 이상일 경우 조건부확률의 개념을 어떻게 적용해야 하는지 풀기 어려운 문제가 출제될 수 있습니다.

1 여러 가지 사건 ❶

(1) **합사건** : 사건 A 또는 사건 B가 일어나는 사건을 A와 B의 합사건이라 하고 기호로 $A\cup B$로 나타낸다.

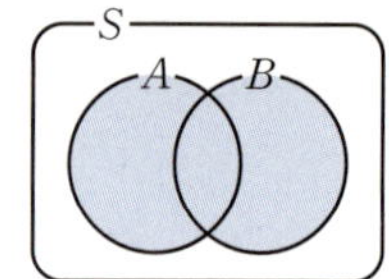

(2) **곱사건** : 사건 A와 사건 B가 동시에 일어나는 사건을 A와 B의 곱사건이라 하고 기호로 $A\cap B$로 나타낸다.

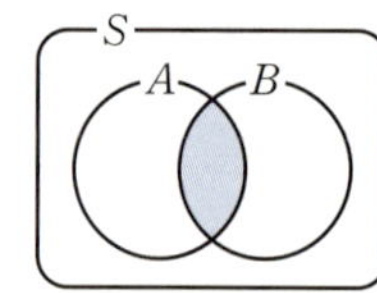

(3) **배반사건** : 두 사건 A와 B가 동시에 일어나지 않을 때, 즉 $A\cap B=\varnothing$일 때, A와 B는 서로 배반사건이라 한다.

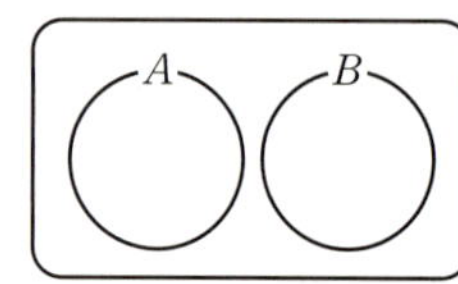

(4) **여사건** : 사건 A에 대하여 A가 일어나지 않는 사건을 A의 여사건이라 하고 기호로 A^C으로 나타낸다.

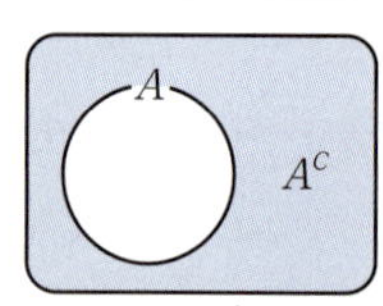

> 한걸음 더!
>
> **❶ 집합의 개념과 사건의 개념의 관계**
>
> 확률에서 다루는 것들은 집합과 직접적으로 관련이 있다.
> 표본공간 ⇆ 전체집합, 사건 ⇆ 부분집합, 합사건 ⇆ 합집합, 곱사건 ⇆ 교집합, 배반사건 ⇆ 서로소, 여사건 ⇆ 여집합
> 따라서 확률과 관련된 문제는 집합의 개념을 이용하여 풀 수 있다.

2 여러 가지 사건 ❷

(1) **수학적 확률**

어떤 시행에서 일어날 수 있는 모든 근원사건의 경우의 수가 n가지이고, 이들 n가지는 어느 둘도 동시에 일어나지 않으며, 각각의 경우는 같은 정도로 일어날 것이 확실할 때, 사건 A가 일어날 경우의 수가 r가지이면 사건 A가 일어날 확률 $\mathrm{P}(A)$를 $\mathrm{P}(A)=\dfrac{r}{n}$이라 쓸 수 있고, 이를 수학적 확률이라 한다.

2021 6월 나형 19, 29번
2021 9월 가형 19번
2021 9월 나형 19번

★수학적 확률은 전체 경우를 파악하는 것부터 시작해서 각각의 경우에 해당하는 순열의 수, 조합의 수를 정확하게 셀 수 있어야 하므로 순열과 조합의 수를 응용할 수 있도록 많은 문제를 접해보는 것이 중요하다.

(2) **통계적 확률**

상대도수 $\dfrac{a}{N}$에서 N이 한없이 커지면 $\dfrac{a}{N}$의 값이 p에 한없이 가까워지는데 이 p의 값을 사건 A가 일어날 통계적 확률 또는 경험적 확률이라 한다.

(3) **확률의 기본 성질**

① 임의의 사건 A에 대하여 $0\le \mathrm{P}(A)\le 1$
② 전사건 S에 대하여 $\mathrm{P}(S)=1$
③ 공사건 $\varnothing$에 대하여 $\mathrm{P}(\varnothing)=0$

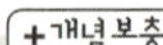

> **❷ 기하학적 확률과 큰 수의 법칙**
>
> • **기하학적 확률**
> 영역 S 안에서 각각의 점을 잡을 가능성이 같은 정도로 기대될 때, 영역 S에 포함되어 있는 영역 A에 대하여 영역 S에서 임의로 잡은 점이 영역 A에 속할 확률 $\mathrm{P}(A)$는
> $\mathrm{P}(A)=\dfrac{(\text{영역 } A\text{의 넓이})}{(\text{영역 } S\text{의 넓이})}$
>
> • **큰 수의 법칙**
> 시행횟수가 커지면 통계적 확률은 수학적 확률에 가까워진다.

3 확률의 덧셈정리

(1) **확률의 덧셈정리**

임의의 세 사건 A, B, C에 대하여
① $\mathrm{P}(A\cup B)=\mathrm{P}(A)+\mathrm{P}(B)-\mathrm{P}(A\cap B)$
② $A\cap B=\varnothing$이면 $\mathrm{P}(A\cup B)=\mathrm{P}(A)+\mathrm{P}(B)$
③ $\mathrm{P}(A\cup B\cup C)=\mathrm{P}(A)+\mathrm{P}(B)+\mathrm{P}(C)-\mathrm{P}(A\cap B)$
$\qquad -\mathrm{P}(B\cap C)-\mathrm{P}(C\cap A)+\mathrm{P}(A\cap B\cap C)$

(2) **여사건의 확률 ❸**

사건 A가 일어나지 않을 확률 $\mathrm{P}(A^C)=1-\mathrm{P}(A)$

> 한걸음 더!
>
> **❸ 여사건의 확률의 적용**
>
> 문제에 '적어도 ~일 확률', '~ 이상일 확률', '~가 아닐 확률' 등의 표현이 있으면 여사건의 확률을 이용하자.

4 확률의 곱셈정리[4]

2021 6월 나형 20번

★실생활 문제로 대부분 출제되기 때문에 전사건과 해당 사건에 대하여 파악해야 하고, 전사건과 해당 사건에 대한 확률을 각각 구하는 것이 중요하다. 이때, 사건에 대한 비율이 주어지는 경우에는 확률과 동일한 정보임을 판단하고 문제 풀이에 활용할 수 있어야 한다.

(1) **조건부확률**

확률이 0이 아닌 두 사건 A, B에 대하여 사건 A가 일어났다는 조건하에서 사건 B가 일어날 확률을 사건 A가 일어났을 때의 사건 B의 조건부확률이라 하고, 기호로는 $\mathrm{P}(B|A)$로 나타낸다.

이때, $\mathrm{P}(B|A)=\dfrac{\mathrm{P}(A\cap B)}{\mathrm{P}(A)}$ (단, $\mathrm{P}(A)>0$)

(2) **확률의 곱셈정리**

두 사건 A, B에 대하여 $\mathrm{P}(A)>0$, $\mathrm{P}(B)>0$일 때,
두 사건 A, B가 동시에 일어날 확률은
$\mathrm{P}(A\cap B)=\mathrm{P}(A)\mathrm{P}(B|A)=\mathrm{P}(B)\mathrm{P}(A|B)$

+개념보충

4 조건부확률과 확률의 곱셈정리

- **조건부확률 문제 구별**
  ① 사건 A가 일어났을 때, 사건 B가 일어날 확률~
  ② 어떤 사건이 일어났다는 가정하에서~
  라는 표현이 있으면 조건부확률 문제라고 생각하고 접근한다.
- **두 사건이 동시에 일어날 확률**
  ① 두 사건이 배반사건이면 $\mathrm{P}(A\cap B)=0$
  ② 두 사건이 배반사건이 아니면 $\mathrm{P}(A\cap B)=\mathrm{P}(A)\mathrm{P}(B|A)=\mathrm{P}(B)\mathrm{P}(A|B)$

5 조건부확률의 활용

(1) **$A^C\cap B$ 또는 $A\cap B^C$의 확률의 계산**

① 여사건의 조건부확률을 구하기 : $\mathrm{P}(A^C\cap B)=\mathrm{P}(B)-\mathrm{P}(A\cap B)$를 이용하여 $\dfrac{\mathrm{P}(A^C\cap B)}{\mathrm{P}(B)}$의 값을 구한다.

② 차집합과 여집합으로 확률 구하기 : $\mathrm{P}(A)=\mathrm{P}(A\cap B)+\mathrm{P}(A\cap B^C)$을 이용하여 $\mathrm{P}(B|A)=\dfrac{\mathrm{P}(A\cap B)}{\mathrm{P}(A)}$의 값을 구한다.

(2) **표를 이용한 조건부확률**

표로 각 경우의 수가 주어질 때, 좀 더 명확하게 사건을 정리할 수 있다.

특히, $\mathrm{P}(B|A)=\dfrac{\mathrm{P}(A\cap B)}{\mathrm{P}(A)}=\dfrac{n(A\cap B)}{n(A)}$ [5]

를 이용하여 전체 경우의 수가 같을 때, 해당 경우의 수를 가지고, 조건부확률을 구할 수 있다.

한걸음 더!

5 표본공간 S의 부분집합인 두 사건 A, B에 대하여 $\mathrm{P}(A\cap B)$는 표본공간 S에서 사건 $A\cap B$가 일어날 확률이고, $\mathrm{P}(B|A)$는 A를 새로운 표본공간으로 생각할 때 사건 $A\cap B$가 일어날 확률이다.

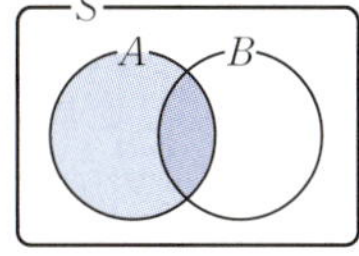

6 독립사건과 종속사건[6]

(1) **독립사건**

두 사건 A, B에 대하여 $\mathrm{P}(A)>0$, $\mathrm{P}(B)>0$이고 어느 한 사건이 일어나거나 일어나지 않는 것이 다른 사건이 일어날 확률에 영향을 주지 않을 때, 즉 $\mathrm{P}(B|A)=\mathrm{P}(B|A^C)=\mathrm{P}(B)$ 또는 $\mathrm{P}(A|B)=\mathrm{P}(A|B^C)=\mathrm{P}(A)$일 때, 두 사건 A, B는 서로 독립이라 하고 서로 독립인 두 사건을 독립사건이라 한다. 이때, 두 사건 A, B가 서로 독립이기 위한 필요충분조건은 $\mathrm{P}(A\cap B)=\mathrm{P}(A)\mathrm{P}(B)$

2021 수능 나형 29번

★공을 꺼내는 사건과 공에 적힌 수에 따라서 주사위를 n번 던져서 나온 눈의 수의 합이 10인 사건은 서로 독립사건임을 파악하고, 주사위를 세 번 던져서 나온 눈의 수의 합이 10인 경우의 확률을 구한다.

(2) **종속사건**

두 사건 A, B가 독립이 아닐 때, 즉 $\mathrm{P}(B|A)\neq\mathrm{P}(B)$ 또는 $\mathrm{P}(A|B)\neq\mathrm{P}(A)$일 때, 두 사건 A, B는 서로 종속이라 하고 서로 종속인 두 사건을 종속사건이라 한다.

6 독립사건과 종속사건

- **두 사건 A, B는 서로 독립**
  ① 두 사건 A, B^C은 서로 독립
  ② 두 사건 A^C, B는 서로 독립
  ③ 두 사건 A^C, B^C은 서로 독립
- **배반사건이면 종속사건이다**
  $\mathrm{P}(A)>0$, $\mathrm{P}(B)>0$인 두 사건 A, B가 배반사건이면 $\mathrm{P}(A\cap B)=0$
  그런데 $\mathrm{P}(A)\mathrm{P}(B)>0$이므로 $\mathrm{P}(A\cap B)\neq\mathrm{P}(A)\mathrm{P}(B)$
  즉, 두 사건 A, B는 종속사건이다.

7 독립시행의 확률[7]

동전이나 주사위를 여러 번 반복하여 던지는 경우와 같이 한 번의 시행에서 사건 A가 일어날 확률이 p, 사건 A가 일어나지 않을 확률이 $q(=1-p)$인 독립시행을 n번 반복할 때, 사건 A가 r번 일어날 확률은

${}_n\mathrm{C}_r p^r q^{n-r}$ (단, $r=0, 1, 2, \cdots, n$)

+개념보충

7 독립시행인 경우

① 주사위를 반복해서 던지는 시행
② 주머니에서 공꺼내기(복원추출)
③ 동전던지기
④ 정답 고르기
⑤ 성공률, 치유율, 명중률

유형 01 확률의 활용(1)

주사위, 동전 등을 뽑는 사건에 대한 확률을 구할 때,
(1) 주사위는 면의 개수 n에 따라 1부터 n까지의 경우
(2) 동전은 앞면, 뒷면의 경우
로 구별될 수 있다.
따라서 다음과 같은 시행에서 각각에 맞추어 접근하자.
① 두 개 이상의 주사위 던지기
② 숫자가 적힌 정다면체 던지기
③ 두 개 이상의 동전 던지기
④ 주사위와 동전을 동시에 던지기

tip
1 경우를 효율적으로 나누어 각 경우마다 확률을 계산한다.
2 합의 법칙, 곱의 법칙을 적절하게 적용해야 한다.
3 각 시행이 몇 번씩 일어나야 하는지 구해야하는 경우가 많다.

H01 3점 실수 2013/경찰대 11(고3) 변형

세 개의 주사위를 동시에 던질 때, 세 주사위에 나타난 눈의 수가 1, 2, 2 또는 2, 3, 6 또는 2, 2, 4와 같이 두 주사위에 나타난 눈의 수의 곱이 나머지 주사위의 눈의 수와 같을 확률은? (3점)

① $\frac{11}{108}$ ② $\frac{1}{9}$ ③ $\frac{25}{216}$ ④ $\frac{13}{108}$ ⑤ $\frac{1}{8}$

H02 4점 실수 2016(B)/삼사 20(고3)

바닥에 놓여 있는 5개의 동전 중 임의로 2개의 동전을 선택하여 뒤집는 시행을 하기로 한다. 2개의 동전은 앞면이, 3개의 동전은 뒷면이 보이도록 바닥에 놓여 있는 상태에서 이 시행을 3번 반복한 결과 2개의 동전은 앞면이, 3개의 동전은 뒷면이 보이도록 바닥에 놓여 있을 확률을 p라 할 때, $125p$의 값을 구하시오. (단, 동전의 크기와 모양은 모두 같다.) (4점)

H03 4점 2010(나)/수능(홀) 29(고3) 변형

각 면에 1, 1, 1, 2, 2, 3의 숫자가 하나씩 적혀있는 정육면체 모양의 상자를 던져 윗면에 적힌 수를 읽기로 한다. 이 상자를 3번 던질 때, 첫 번째와 두 번째 나온 수의 합이 3이고 세 번째 나온 수가 짝수일 확률은? (4점)

① $\frac{1}{9}$ ② $\frac{2}{9}$ ③ $\frac{1}{3}$ ④ $\frac{4}{9}$ ⑤ $\frac{5}{9}$

H04 4점  2020(가)/수능(홀) 20(고3)

한 개의 동전을 7번 던질 때, 다음 조건을 만족시킬 확률은? (4점)

(가) 앞면이 3번 이상 나온다.
(나) 앞면이 연속해서 나오는 경우가 있다.

① $\frac{11}{16}$ ② $\frac{23}{32}$ ③ $\frac{3}{4}$ ④ $\frac{25}{32}$ ⑤ $\frac{13}{16}$

H12 4점 실수 2020(가) 6월/평가원 27(고3)

숫자 1, 1, 2, 2, 3, 3이 하나씩 적혀 있는 6개의 공이 들어 있는 주머니가 있다. 이 주머니에서 한 개의 공을 임의로 꺼내어 공에 적힌 수를 확인한 후 다시 넣지 않는다. 이와 같은 시행을 6번 반복할 때, $k(1 \le k \le 6)$번째 꺼낸 공에 적힌 수를 a_k라 하자.

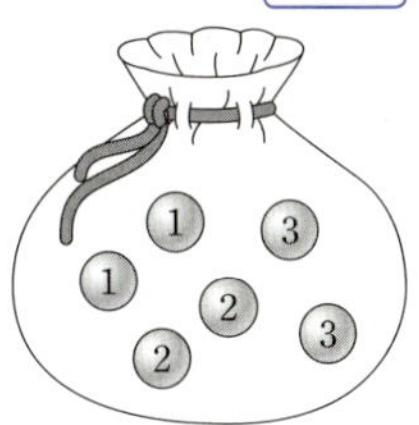

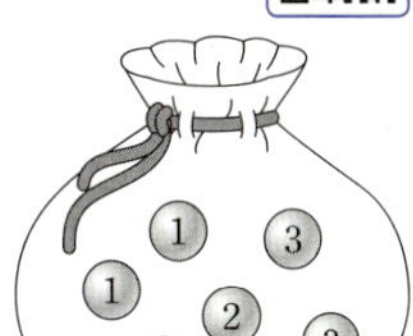

두 자연수 m, n을

$m = a_1 \times 100 + a_2 \times 10 + a_3$,

$n = a_4 \times 100 + a_5 \times 10 + a_6$

이라 할 때, $m > n$일 확률은 $\frac{q}{p}$이다. $p+q$의 값을 구하시오.

(단, p와 q는 서로소인 자연수이다.) (4점)

H13 4점 2021(나) 9월/평가원 19(고3)

1부터 6까지의 자연수가 하나씩 적혀 있는 6장의 카드가 들어 있는 주머니가 있다. 이 주머니에서 임의로 두 장의 카드를 동시에 꺼내어 적혀 있는 수를 확인한 후 다시 넣는 시행을 두 번 반복한다. 첫 번째 시행에서 확인한 두 수 중 작은 수를 a_1, 큰 수를 a_2라 하고, 두 번째 시행에서 확인한 두 수 중 작은 수를 b_1, 큰 수를 b_2라 하자. 두 집합 A, B를

$A = \{x \mid a_1 \le x \le a_2\}$, $B = \{x \mid b_1 \le x \le b_2\}$

라 할 때, $A \cap B \ne \varnothing$일 확률은? (4점)

① $\frac{3}{5}$ ② $\frac{2}{3}$ ③ $\frac{11}{15}$

④ $\frac{4}{5}$ ⑤ $\frac{13}{15}$

H14 4점 2017(가)/수능(홀) 26(고3) 변형

두 주머니 A와 B에는 숫자 1, 2, 3, 4, 5, 6이 하나씩 적혀 있는 6장의 카드가 각각 들어 있다. 갑은 주머니 A에서, 을은 주머니 B에서 각자 임의로 두 장의 카드를 꺼내어 가진다. 갑이 가진 두 장의 카드에 적힌 수의 곱과 을이 가진 두 장의 카드에 적힌 수의 곱이 같을 확률은 $\frac{q}{p}$이다. $p+q$의 값을 구하시오.

(단, p, q는 서로소인 자연수이다.) (4점)

A B

H15 4점 실수 2016(B) 9월/평가원 15(고3)

주머니에 1, 1, 2, 3, 4의 숫자가 하나씩 적혀 있는 5개의 공이 들어 있다. 이 주머니에서 임의로 4개의 공을 동시에 꺼내어 임의로 일렬로 나열하고, 나열된 순서대로 공에 적혀 있는 수를 a, b, c, d라 할 때, $a \le b \le c \le d$일 확률은? (4점)

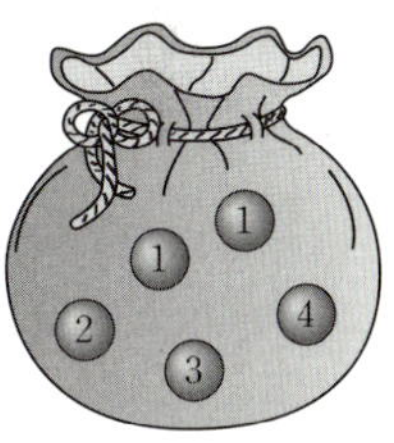

① $\frac{1}{15}$ ② $\frac{1}{12}$ ③ $\frac{1}{9}$

④ $\frac{1}{6}$ ⑤ $\frac{1}{3}$

20 DAY

H16 4점 실수 2020(나) 9월/평가원 20(고3)

빨간색 공 6개, 파란색 공 3개, 노란색 공 3개가 들어 있는 주머니가 있다. 이 주머니에서 임의로 한 개의 공을 꺼내는 시행을 하여, 다음 규칙에 따라 세 사람 A, B, C가 점수를 얻는다. (단, 한 번 꺼낸 공은 다시 주머니에 넣지 않는다.)

- 빨간색 공이 나오면 A는 3점, B는 1점, C는 1점을 얻는다.
- 파란색 공이 나오면 A는 2점, B는 6점, C는 2점을 얻는다.
- 노란색 공이 나오면 A는 2점, B는 2점, C는 6점을 얻는다.

이 시행을 계속하여 얻은 점수의 합이 처음으로 24점 이상인 사람이 나오면 시행을 멈춘다. 다음은 얻은 점수의 합이 24점 이상인 사람이 A뿐일 확률을 구하는 과정이다.

> 꺼낸 빨간색 공의 개수를 x, 파란색 공의 개수를 y, 노란색 공의 개수를 z라 할 때, 얻은 점수의 합이 24점 이상인 사람이 A뿐이기 위해서는 x, y, z가 다음 조건을 만족시켜야 한다.
>
> $x=6$, $0<y<3$, $0<z<3$, $y+z\geq 3$
>
> 이 조건을 만족시키는 순서쌍 (x, y, z)는
>
> $(6, 1, 2)$, $(6, 2, 1)$, $(6, 2, 2)$이다.
>
> (i) $(x, y, z)=(6, 1, 2)$인 경우의 확률은 (가) 이다.
>
> (ii) $(x, y, z)=(6, 2, 1)$인 경우의 확률은 (가) 이다.
>
> (iii) $(x, y, z)=(6, 2, 2)$인 경우는 10번째 시행에서 빨간색 공이 나와야 하므로 그 확률은 (나) 이다.
>
> (i), (ii), (iii)에 의하여 구하는 확률은
>
> $2\times$ (가) $+$ (나) 이다.

위의 (가), (나)에 알맞은 수를 각각 p, q라 할 때, $p+q$의 값은? (4점)

① $\frac{13}{110}$ ② $\frac{27}{220}$ ③ $\frac{7}{55}$ ④ $\frac{29}{220}$ ⑤ $\frac{3}{22}$

유형 03 확률의 활용(3)

순서가 중요한 배열 중에서 특히 숫자 카드를 이용할 때,
① n자리 숫자 만들기 : 순열의 수를 이용해야 한다.
② 조건에 해당하는 사람 혹은 숫자 선택하기 : 순서를 고려하지 않아도 될 때에는 조합을 이용하면 된다.

tip

1 숫자를 만들 때 가장 높은 자리에는 0이 올 수 없음에 유의한다.
2 순열, 조합, 중복순열, 중복조합 중 해당하는 것을 사용해야 한다.
3 직접 확률을 구하기 힘들다면 여사건의 확률을 이용한다.

H17 3점 함정 2014/경찰대 6(고3) 변형

7개의 문자 a, b, c, d, e, f, g 중에서 중복을 허락하여 3개를 선택하여 문자열을 만들 때, 문자열이 e 또는 f를 반드시 포함할 확률은? (3점)

① $\frac{215}{343}$ ② $\frac{216}{343}$ ③ $\frac{31}{49}$ ④ $\frac{218}{343}$ ⑤ $\frac{219}{343}$

H18 4점 실수 2018(가)/삼사 14(고3)

집합 $S=\{a, b, c, d\}$의 공집합이 아닌 모든 부분집합 중에서 임의로 한 개씩 두 개의 부분집합을 차례로 택한다. 첫 번째로 택한 집합을 A, 두 번째로 택한 집합을 B라 할 때, $n(A)\times n(B)=2\times n(A\cap B)$가 성립할 확률은?
(단, 한 번 택한 집합은 다시 택하지 않는다.) (4점)

① $\frac{2}{35}$ ② $\frac{3}{35}$ ③ $\frac{4}{35}$ ④ $\frac{1}{7}$ ⑤ $\frac{6}{35}$

H19 4점 2021(가) 9월/평가원 19(고3)

집합 $X=\{1, 2, 3, 4\}$의 공집합이 아닌 모든 부분집합 15개 중에서 임의로 서로 다른 세 부분집합을 뽑아 임의로 일렬로 나열하고, 나열된 순서대로 A, B, C라 할 때, $A \subset B \subset C$일 확률은? (4점)

① $\frac{1}{91}$　② $\frac{2}{91}$　③ $\frac{3}{91}$　④ $\frac{4}{91}$　⑤ $\frac{5}{91}$

H20 4점 실수 2010실시(나) 7월/교육청 23(고3)

다섯 개의 숫자 0, 1, 2, 3, 4를 중복 사용하여 만들 수 있는 네 자리의 자연수를 $a_1a_2a_3a_4$라 한다. 예를 들면, 1230인 경우 $a_1=1$, $a_2=2$, $a_3=3$, $a_4=0$이다. 이와 같이 네 자리 자연수 $a_1a_2a_3a_4$가 $a_1<a_2<a_3$, $a_3>a_4$를 만족할 확률은 $\frac{q}{p}$이다. $p+q$의 값을 구하시오. (단, p와 q는 서로소인 자연수이다.) (4점)

H21 4점 함정 2007실시(가) 10월/교육청 16(고3)

그림은 왼쪽의 입력 신호 a, b를 오른쪽으로 전달하여 신호를 출력하는 장치를 나타낸 것이다. 이 장치가 [그림 1]과 같이 출력할 확률은 $\frac{1}{3}$이고, [그림 2]와 같이 출력할 확률은 $\frac{2}{3}$이다.

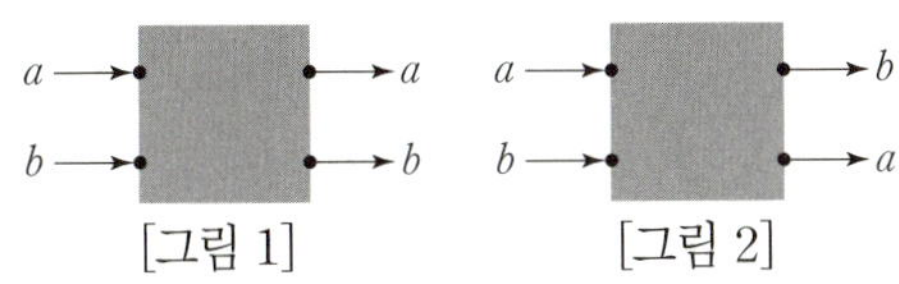

[그림 1]　[그림 2]

이 장치 4개를 아래 그림과 같이 연결하고, 입력신호를 1, 2, 3, 4로 하였을 때의 출력신호를 x, y, z, w라 하자.
이때, $y=3$ 또는 $z=1$일 확률은?
(단, 각 장치들은 독립적으로 작동한다.) (4점)

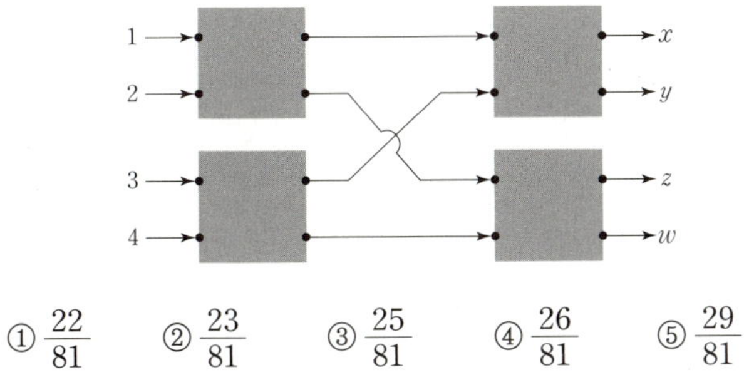

① $\frac{22}{81}$　② $\frac{23}{81}$　③ $\frac{25}{81}$　④ $\frac{26}{81}$　⑤ $\frac{29}{81}$

H22 4점 함정 2021(나) 6월/평가원 29(고3)

집합 $A=\{1, 2, 3, 4\}$에 대하여 A에서 A로의 모든 함수 f 중에서 임의로 하나를 선택할 때, 이 함수가 다음 조건을 만족시킬 확률은 p이다. $120p$의 값을 구하시오. (4점)

> (가) $f(1) \times f(2) \geq 9$
> (나) 함수 f의 치역의 원소의 개수는 3이다.

유형 04 도형과 확률

(1) 도형의 개수
① 어느 세 점도 한 직선 위에 있지 않은 n개의 점이 주어진 평면에서 서로 다른 두 점을 연결하면 선분이 된다.
⇨ 선분의 개수는 ${}_nC_2$
② 어느 세 점도 한 직선 위에 있지 않은 n개의 점이 주어진 평면에서 서로 다른 세 점을 연결하면 삼각형이 된다.
⇨ 삼각형의 개수는 ${}_nC_3$
③ 세 점이 일직선 위에 있으면 삼각형을 이루지 못하므로 전체에서 중복되는 개수만큼 빼주어야 한다.

(2) 기하학적 확률
연속적인 변량을 크기로 갖는 표본공간의 영역 S 안에서 각각의 점을 잡을 가능성이 같은 정도로 기대될 때, 영역 S에 포함되어 있는 영역 A에 대하여 영역 S에서 임의로 잡은 점이 영역 A에 포함될 확률 $\mathrm{P}(A)$는 $\mathrm{P}(A)=\frac{(\text{영역 } A\text{의 크기})}{(\text{영역 } S\text{의 크기})}$이다.

1 도형과 관련된 확률 문제는 도형의 길이, 넓이, 부피 등을 구하여 해결한다.
2 직각삼각형, 이등변삼각형, 정삼각형, 정사각형과 같은 특수한 도형에 대한 기본 지식을 알고 있어야 한다.

H23 4점 실수 2019/경찰대 14(고3) 변형

원 위에 일정한 간격으로 12개의 점이 놓여있다. 이 중 세 개의 점을 연결하여 삼각형을 만들 때, 이 삼각형이 원의 중심을 삼각형 내부에 가지고 있지 않을 확률은? (단, 삼각형의 변 위에 원의 중심이 있는 것도 삼각형 내부에 있는 것으로 생각한다. (4점)

① $\frac{4}{11}$　② $\frac{5}{11}$　③ $\frac{6}{11}$　④ $\frac{7}{11}$　⑤ $\frac{8}{11}$

❖ 정답 및 해설 365~369p

H24 4점
2018(나)/삼사 27(고3)

한 변의 길이가 1인 정육각형의 6개의 꼭짓점 중에서 임의로 서로 다른 3개의 점을 택하여 이 3개의 점을 꼭짓점으로 하는 삼각형을 만들 때, 이 삼각형의 넓이가 $\frac{\sqrt{3}}{2}$ 이상일 확률은 $\frac{q}{p}$이다. $p+q$의 값을 구하시오. (단, p와 q는 서로소인 자연수이다.) (4점)

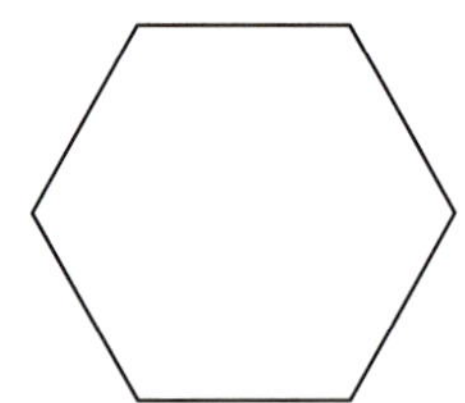

H25 4점
2016실시(가) 10월/교육청 17(고3) 변형

밑면이 정육각형인 육각기둥 ABCDEF$-$GHIJKL의 12개의 꼭짓점 중 임의로 3개를 택하여 삼각형을 만들 때, 이 삼각형의 어떤 변도 육각기둥 ABCDEF$-$GHIJKL의 모서리가 아닐 확률은? (4점)

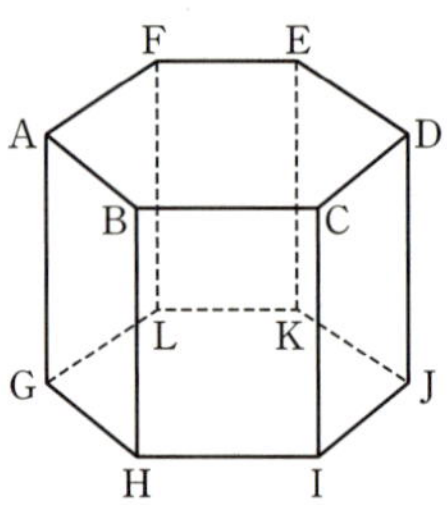

① $\frac{17}{55}$ ② $\frac{7}{22}$ ③ $\frac{18}{55}$
④ $\frac{37}{110}$ ⑤ $\frac{19}{55}$

H26 3점 실수
예상 적중

한 변의 길이가 2인 정삼각형 ABC의 내부에 점 P를 잡을 때, 삼각형 PBC가 둔각삼각형일 확률은 $p+q\sqrt{3}\pi$이다. $\frac{p^2}{q^2}$의 값을 구하시오. (단, p, q는 유리수이다.) (3점)

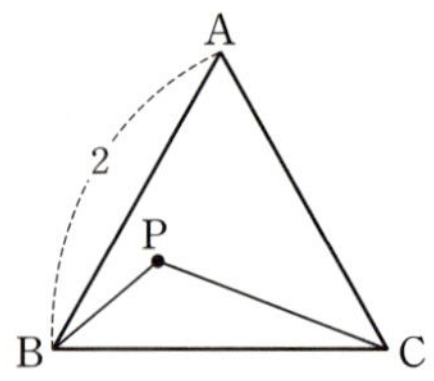

유형 05 확률의 실생활 응용

정해진 자리에 배치하는 경우나 조 배정의 순서를 고려해야 한다.

(1) 정해진 자리 배치 ⇒ 순서 고려

(2) 차량 안에서 좌석 배치

① 특별한 조건 ○ ⇒ 먼저 앉히거나 좌석의 순서 고려한다.

② 특별한 조건 × ⇒ 좌석의 순서는 생각하지 않는다.

(3) 조 배정 ⇒ 인원 수가 같게 배정되는 조의 개수를 확인한다.

(4) n명을 p명, q명, r명의 3개의 조로 나누는 방법의 수
(단, $p+q+r=n$)

① $p\neq q\neq r$일 때, ${}_{n}C_{p}\times{}_{n-p}C_{r}\times{}_{r}C_{r}$

② $p=q\neq r$일 때, ${}_{n}C_{p}\times{}_{n-p}C_{r}\times{}_{r}C_{r}\times\frac{1}{2!}$

③ $p=q=r$일 때, ${}_{n}C_{p}\times{}_{n-p}C_{r}\times{}_{r}C_{r}\times\frac{1}{3!}$

tip

1 문장의 주어진 상황에 맞게 문자를 도입하여 식을 세운다.

2 표본공간 S의 두 사건 A, B에 대하여
$\mathrm{P}(A\cup B)=\mathrm{P}(A)+\mathrm{P}(B)-\mathrm{P}(A\cap B)$

3 사건 A의 여사건 A^C에 대하여 $\mathrm{P}(A^C)=1-\mathrm{P}(A)$

H27 4점 실수
2015(B)/수능(홀) 15(고3)

어느 학교의 전체 학생 320명을 대상으로 수학동아리 가입 여부를 조사한 결과 남학생의 60 %와 여학생의 50 %가 수학동아리에 가입하였다고 한다. 이 학교의 수학동아리에 가입한 학생 중 임의로 1명을 선택할 때 이 학생이 남학생일 확률을 p_1, 이 학교의 수학동아리에 가입한 학생 중 임의로 1명을 선택할 때 이 학생이 여학생일 확률을 p_2라 하자. $p_1=2p_2$일 때, 이 학교의 남학생의 수는? (4점)

① 170 ② 180 ③ 190
④ 200 ⑤ 210

H28 3점 실수 예상 적중

학생이 모두 25명인 반의 대표 2명을 뽑을 때, 2명의 성별이 다를 확률이 $\frac{1}{2}$이라 한다. 이때, 이 반 학생 중 남학생의 수는?

(단, 남학생의 수가 여학생의 수보다 많다.) (3점)

① 13 ② 14 ③ 15
④ 16 ⑤ 17

H29 3점 실수 2008(가)/수능(홀) 28(고3) 변형

여학생 6명과 남학생 4명이 어느 요양 시설에서 10명 모두가 하루에 두 명씩 5일 동안 봉사 활동을 하려고 한다.
이 10명의 학생이 봉사 활동 순번을 임의로 정할 때, 첫째 날 또는 다섯째 날에 남학생이 봉사 활동을 하게 될 확률은? (3점)

① $\frac{23}{28}$ ② $\frac{6}{7}$ ③ $\frac{25}{28}$
④ $\frac{13}{14}$ ⑤ $\frac{55}{56}$

H30 4점 합정 2021/경찰대 6(고3)

어느 대학은 방문자가 있을 때, 코로나19 발열 검사를 실시하고 그 결과가 정상이면 그날 지정된 색의 종이 밴드를 손목에 채워 들여보낸다. 종이 밴드는 빨간색 밴드, 주황색 밴드, 노란색 밴드, 초록색 밴드, 파란색 밴드가 있고, 그날 사용할 밴드는 전날 사용한 밴드의 색과 다른 한 색을 임의로 선택하여 그 색의 밴드를 사용한다. 첫날 파란색 밴드를 사용하였을 때 다섯째 날 파란색 밴드를 사용할 확률은? (단, 각각의 밴드의 개수는 충분히 많다.) (4점)

① $\frac{13}{64}$ ② $\frac{17}{64}$ ③ $\frac{21}{64}$
④ $\frac{25}{64}$ ⑤ $\frac{29}{64}$

H31 4점 실수 2019(나)/삼사 29(고3)

그림과 같이 1열, 2열, 3열에 각각 2개씩 모두 6개의 좌석이 있는 놀이기구가 있다. 이 놀이기구의 6개의 좌석에 6명의 학생 A, B, C, D, E, F가 각각 한 명씩 임의로 앉을 때, 다음 조건을 만족시키도록 앉을 확률은 $\frac{q}{p}$이다. $p+q$의 값을 구하시오.

(단, p와 q는 서로소인 자연수이다.) (4점)

(가) 두 학생 A, B는 같은 열에 앉는다.
(나) 두 학생 C, D는 서로 다른 열에 앉는다.
(다) 학생 E는 1열에 앉지 않는다.

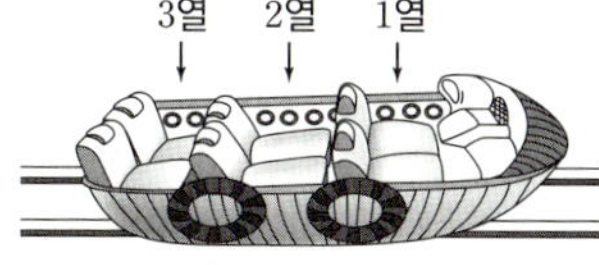

❖ 정답 및 해설 370~373p

H32 4점 함정 2010(가) 6월/평가원 30(고3) 변형

어느 동호회 회원 22명이 5인승, 7인승, 10인승의 차 3대에 나누어 타고 여행을 떠나려고 한다. 현재 5인승, 7인승, 10인승의 차에 각각 4명, 4명, 7명이 타고 있고, A, B를 포함한 7명이 아직 도착하지 않았다. 이 7명을 차 3대에 임의로 배정할 때, A와 B가 다른 차에 배정될 확률은 $\frac{q}{p}$이다. $10p+q$의 값을 구하시오. (단, p, q는 서로소인 자연수이다.) (4점)

H33 4점 실수 2006실시(가) 10월/교육청 25(고3)

오른쪽 그림은 어떤 오락기를 단순화하여 그린 것이다. 이 오락기는 입구에 공을 넣으면 A, B, C, D 중 어느 한 곳을 지나면서 그 위치의 꺼져 있는 전등은 켜지고, 켜져 있는 전등은 꺼지도록 되어 있다. 예를 들어 전구가 모두 꺼진 상태에서 공을 두 번 넣어 두 번 모두 A를 지나면 A위치의 전등은 켜졌다 꺼지고, 각각 A, B를 지나면 A, B 두 위치에 있는 전등은 모두 켜지게 된다. 이와 같이 공이 지날 때마다 전등이 켜지거나 꺼지기를 반복하다가 A, B, C, D 네 곳 모두 전등이 켜지면 게임은 끝난다. 여섯 번째 공을 넣었을 때 이 게임이 끝나게 될 확률을 $\frac{a}{b}$(a, b는 서로소인 자연수)라고 하자. 이때, $a+b$의 값을 구하시오. (단, 처음 상태는 전등이 모두 꺼져 있으며, 갈림길에서 양쪽 방향으로 공이 지나갈 확률은 서로 같다.) (4점)

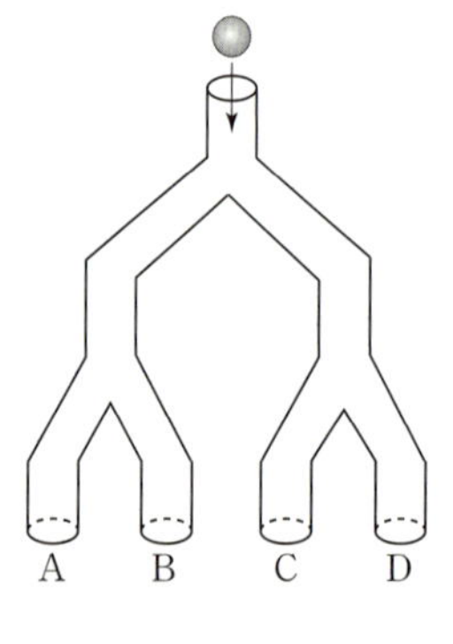

H34 4점 함정 예상 적중

어떤 과자를 구입해 먹으면 과자 봉지에는 ♥, ♣, ♠ 세 가지 모양 중 1장의 카드가 있다고 한다. 세 가지 모양을 모두 최소한 하나씩 모으면 장난감을 선물로 준다고 한다. 5개의 과자를 구입하고 나서야 비로소 장난감을 받을 확률을 구하면 $\frac{q}{p}$이다. 이때, $p+q$의 값을 구하시오. $\left(\text{단, } p\text{와 } q\text{는 서로소인 자연수이고, 세 가지 모양의 카드가 나올 확률은 각각 } \frac{1}{3}\text{이다.}\right)$ (4점)

H35 3점 고난도 2007(가) 6월/평가원 11(고3)

3학년에 7개의 반이 있는 어느 고등학교에서 토너먼트 방식으로 축구 시합을 하려고 하는데 이미 1반은 부전승으로 결정되어 있다. 다음과 같은 형태의 대진표를 만들어 시합을 할 때, 1반과 2반이 축구 시합을 할 확률은? $\left(\text{단, 각 반이 시합에서 이길 확률은 모두 } \frac{1}{2}\text{이고, 기권하는 반은 없다고 한다.}\right)$ (3점)

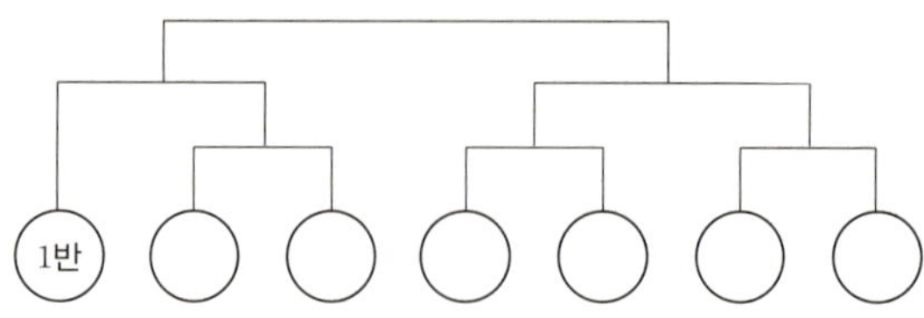

① $\frac{3}{4}$ ② $\frac{5}{8}$ ③ $\frac{1}{2}$
④ $\frac{3}{8}$ ⑤ $\frac{1}{4}$

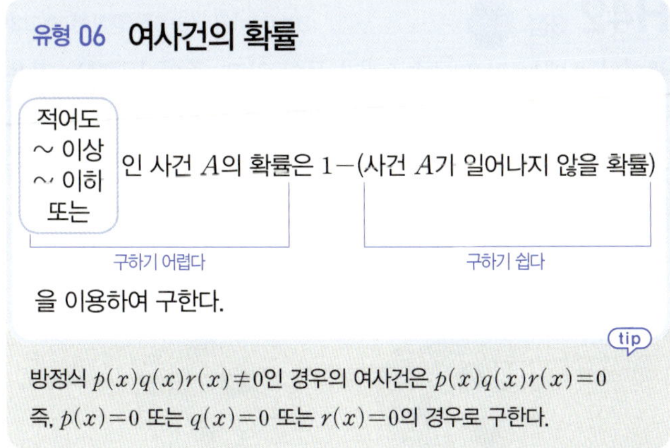

유형 06 여사건의 확률
적어도
~ 이상
~ 이하
또는
인 사건 A의 확률은 $1-$(사건 A가 일어나지 않을 확률)
구하기 어렵다
구하기 쉽다
을 이용하여 구한다.
tip
방정식 $p(x)q(x)r(x)\neq 0$인 경우의 여사건은 $p(x)q(x)r(x)=0$
즉, $p(x)=0$ 또는 $q(x)=0$ 또는 $r(x)=0$의 경우로 구한다.

H36 4점 실수 2013(나)/수능(홀) 29(고3) 변형

다음 좌석표에서 2행 2열 좌석을 제외한 8개의 좌석에 여학생 5명과 남학생 3명을 1명씩 임의로 배정할 때, 적어도 2명의 남학생이 서로 이웃하게 배정될 확률은 p이다. $70p$의 값을 구하시오. (단, 2명이 같은 행의 바로 옆이나 같은 열의 바로 앞뒤에 있을 때 이웃한 것으로 본다.) (4점)

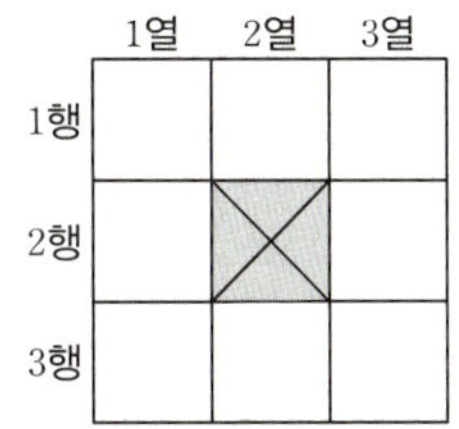

H37 4점 2019(나)/수능(홀) 28(고3)

숫자 1, 2, 3, 4가 하나씩 적혀 있는 흰 공 4개와 숫자 4, 5, 6이 하나씩 적혀 있는 검은 공 3개가 있다. 이 7개의 공을 임의로 일렬로 나열할 때, 같은 숫자가 적혀 있는 공이 서로 이웃하지 않게 나열될 확률은 $\frac{q}{p}$이다. $p+q$의 값을 구하시오.

(단, p와 q는 서로소인 자연수이다.) (4점)

H38 3점 실수 1994-2차/수능(A) 18(고3)

어떤 의사가 암에 걸린 사람을 암에 걸렸다고 진단할 확률은 98 %이고, 암에 걸리지 않은 사람을 암에 걸리지 않았다고 진단할 확률은 92 %라고 한다. 이 의사가 실제로 암에 걸린 사람 400명과 실제로 암에 걸리지 않은 사람 600명을 진찰하여 암에 걸렸는지 아닌지를 진단하였다. 이들 1000명 중 임의로 한 사람을 택했을 때, 그 사람이 암에 걸렸다고 진단받은 사람일 확률은? (2점)

① 39.2 % ② 40.0 % ③ 40.8 %
④ 44.0 % ⑤ 44.8 %

H39 4점 실수 2018(가)/수능(홀) 28(고3) 변형

방정식 $x+y+z=10$을 만족시키는 음이 아닌 정수 x, y, z의 모든 순서쌍 (x, y, z) 중에서 임의로 한 개를 선택한다. 선택한 순서쌍 (x, y, z)가 $(x-2y)(y-2z)z\neq 0$을 만족시킬 확률은 $\frac{q}{p}$이다. $p+q$의 값을 구하시오.

(단, p와 q는 서로소인 자연수이다.) (4점)

❖ 정답 및 해설 373~377p

유형 07 조건부확률의 활용

사건 A가 일어날 때, 사건 B가 일어날 확률, 즉 A의 조건에서 B가 일어날 확률을 조건부확률이라 한다.

$$\mathrm{P}(B|A)=\frac{n(A\cap B)}{n(A)} \leftarrow A\text{의 경우의 수에서 } B\text{의 경우의 수 비율}$$

$$=\frac{\mathrm{P}(A\cap B)}{\mathrm{P}(A)} \leftarrow A \text{ 조건에서 } B\text{의 확률}$$

tip

1 '~일 조건에서 ~일 확률'은 조건부확률을 구하는 문제이다.

2 두 사건 A, B에 대하여 사건 E가 일어날 때, 사건 B가 일어날 조건 $\frac{\mathrm{P}(B)\mathrm{P}(E|B)}{\mathrm{P}(A)\mathrm{P}(E|A)+\mathrm{P}(B)\mathrm{P}(E|B)}$

3 $\mathrm{P}(A\cap B)=\mathrm{P}(A)\mathrm{P}(B|A)=\mathrm{P}(B)\mathrm{P}(A|B)$

H40 3점 실수 2017(가)/삼사 5(고3)

한 개의 주사위를 던질 때 짝수의 눈이 나오는 사건을 A, 소수의 눈이 나오는 사건을 B라 하자. $\mathrm{P}(B|A)-\mathrm{P}(B|A^C)$의 값은? (단, A^C은 A의 여사건이다.) (3점)

① $-\frac{1}{3}$ ② $-\frac{1}{6}$ ③ 0 ④ $\frac{1}{6}$ ⑤ $\frac{1}{3}$

H41 3점 실수 2015(B)/삼사 11(고3) 변형

주머니 A에는 흰 공 2개, 검은 공 4개가 들어 있고, 주머니 B에는 흰 공 4개, 검은 공 2개가 들어 있다. 주머니 A에서 임의로 3개의 공을 꺼내어 주머니 B에 넣고 섞은 다음 주머니 B에서 임의로 3개의 공을 꺼내어 주머니 A에 넣었더니 두 주머니에 있는 검은 공의 개수가 서로 같아졌다. 이때, 주머니 A에서 꺼낸 공이 모두 검은 공이었을 확률은? (3점)

① $\frac{1}{9}$ ② $\frac{2}{9}$ ③ $\frac{1}{3}$ ④ $\frac{4}{9}$ ⑤ $\frac{5}{9}$

H42 3점 고난도 2014예비평가(B) 5월/평가원 10(고2)

주머니 A에는 검은 구슬 3개가 들어 있고, 주머니 B에는 검은 구슬 2개와 흰 구슬 2개가 들어 있다. 두 주머니 A, B 중 임의로 선택한 하나의 주머니에서 동시에 꺼낸 2개의 구슬이 모두 검은색일 때, 선택된 주머니가 B이었을 확률은? (3점)

A

B

① $\frac{5}{14}$ ② $\frac{2}{7}$ ③ $\frac{3}{14}$ ④ $\frac{1}{7}$ ⑤ $\frac{1}{14}$

H43 4점 함정 2021(나) 6월/평가원 20(고3)

주머니에 숫자 1, 2, 3, 4가 하나씩 적혀 있는 흰 공 4개와 숫자 3, 4, 5, 6이 하나씩 적혀 있는 검은 공 4개가 들어 있다. 이 주머니에서 임의로 4개의 공을 동시에 꺼내는 시행을 한다. 이 시행에서 꺼낸 공에 적혀 있는 수가 같은 것이 있을 때, 꺼낸 공 중 검은 공이 2개일 확률은? (4점)

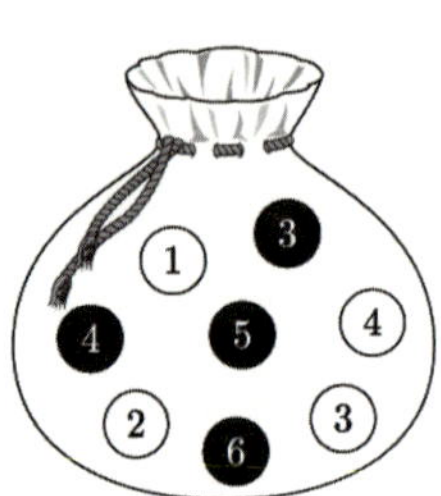

① $\frac{13}{29}$ ② $\frac{15}{29}$ ③ $\frac{17}{29}$ ④ $\frac{19}{29}$ ⑤ $\frac{21}{29}$

H44 4점 실수 2019(나)/수능(홀) 18(고3)

좌표평면의 원점에 점 A가 있다. 한 개의 동전을 사용하여 다음 시행을 한다.

> 동전을 한 번 던져
> 앞면이 나오면 점 A를 x축의 양의 방향으로 1만큼,
> 뒷면이 나오면 점 A를 y축의 양의 방향으로 1만큼
> 이동시킨다.

위의 시행을 반복하여 점 A의 x좌표 또는 y좌표가 처음으로 3이 되면 이 시행을 멈춘다. 점 A의 y좌표가 처음으로 3이 되었을 때, 점 A의 x좌표가 1일 확률은? (4점)

① $\frac{1}{4}$ ② $\frac{5}{16}$ ③ $\frac{3}{8}$
④ $\frac{7}{16}$ ⑤ $\frac{1}{2}$

H45 4점 함정 2015(B) 9월/평가원 17(고3) 변형

다음 조건을 만족시키는 좌표평면 위의 점 (a, b) 중에서 임의로 서로 다른 두 점을 선택한다. 선택된 두 점의 x좌표가 같을 때, 이 두 점의 x좌표가 1일 확률은? (4점)

> (가) a, b는 정수이다.
> (나) $a^2+(b-4)^2<11$

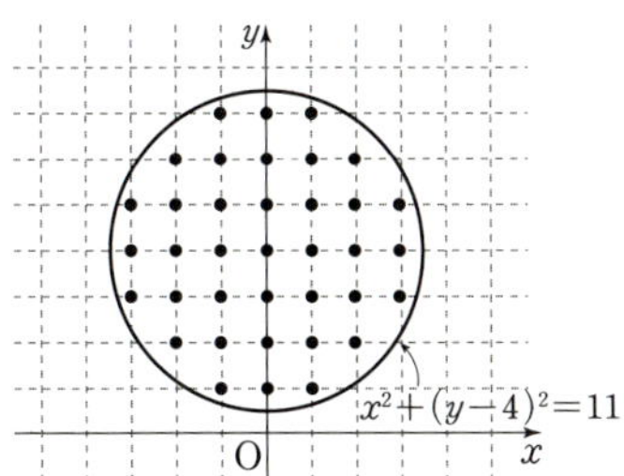

① $\frac{20}{89}$ ② $\frac{21}{89}$ ③ $\frac{22}{89}$
④ $\frac{23}{89}$ ⑤ $\frac{24}{89}$

H46 4점 실수 2014실시(B) 7월/교육청 14(고3) 변형

한 변의 길이가 3인 정육면체 ABCD−EFGH가 있다. 정육면체의 꼭짓점 중에서 임의의 서로 다른 두 점을 연결한 선분의 길이가 5 미만일 때, 그 선분의 길이가 $3\sqrt{2}$일 확률은? (4점)

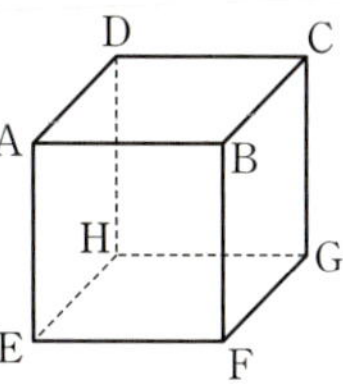

① $\frac{1}{16}$ ② $\frac{1}{8}$ ③ $\frac{3}{16}$
④ $\frac{1}{2}$ ⑤ $\frac{9}{16}$

유형 08 조건부확률의 응용

(1) 표로 조건이 주어진 경우, $n(A\cap B)$, $n(A)$를 구하여
$P(B|A)=\frac{n(A\cap B)}{n(A)}$를 이용한다.
(2) 비율로 주어진 경우, 조건부확률을 구할 때 그 비율에 대한 식으로 바꾸어 구할 수 있다.
(3) 문장으로 주어진 경우, 사건을 적절히 A, B로 지정하고 조건부확률을 구한다.

tip
$\mathrm{P}(A\cap B)$인지 $\mathrm{P}(A|B)$인지 구별해야 한다.

H47 3점 실수 예상 적중

어느 공장에서 기계 A, B를 사용하여 제품 P, Q를 만드는데 기계 A, B에서 생산되는 제품들에 대한 생산률과 불량률은 다음 표와 같다.

	생산률	불량률
기계 A	60%	2%
기계 B	40%	3%

〈제품 P〉

	생산률	불량률
기계 A	50%	3%
기계 B	50%	4%

〈제품 Q〉

두 제품을 같이 포장하여 한 상자로 판매하는데 두 제품 P, Q가 모두 불량품일 때, 그 상자를 불량품으로 판정한다. 임의로 꺼낸 한 상자가 불량품일 때, 그 상자 속의 두 제품 P, Q가 모두 기계 A에서 만들어졌을 확률은? (3점)

① $\frac{3}{14}$ ② $\frac{11}{14}$ ③ $\frac{13}{14}$
④ $\frac{9}{49}$ ⑤ $\frac{13}{49}$

21 DAY

❖ 정답 및 해설 377~380p

H48 3점 함정 2017실시(나) 10월/교육청 10(고3)

어느 고등학교에서 3학년 학생 90명의 대학 탐방 활동을 계획했다. 아래 표는 해당 대학 A, B에 대한 학생들의 희망을 조사한 결과이다.

(단위 : 명)

반	성별	대학 A	대학 B	합계	
1반	남	9	6	15	30
	여	7	8	15	
2반	남	12	8	20	30
	여	6	4	10	
3반	남	5	5	10	30
	여	11	9	20	
합계		50	40	90	

이 90명의 학생 중에서 임의로 선택한 한 학생이 A 대학의 탐방을 희망한 학생일 때, 이 학생이 3반 여학생일 확률은? (3점)

① $\frac{3}{25}$ ② $\frac{7}{50}$ ③ $\frac{9}{50}$
④ $\frac{11}{50}$ ⑤ $\frac{6}{25}$

H49 4점 실수 2016(A) 9월/평가원 26(고3) 변형

어느 도서관 이용자 500명을 대상으로 각 연령대별, 성별 이용 현황을 조사한 결과는 다음과 같다.

(단위 : 명)

구분	19세 이하	20대	30대	40세 이상	계
남성	$120-a$	40	a	140	300
여성	$140-b$	20	b	40	200

이 도서관 이용자 500명 중에서 30대가 차지하는 비율은 32 %이다. 이 도서관 이용자 500명 중에서 임의로 선택한 1명이 남성일 때 이 이용자가 30대일 확률과, 이 도서관 이용자 500명 중에서 임의로 선택한 1명이 여성일 때 이 이용자가 19세 이하일 확률이 서로 같다. $b-a$의 값을 구하시오. (4점)

H50 3점 실수 2014(B) 9월/평가원 25(고3) 변형

휴대 전화의 메인 보드 또는 액정 화면 고장으로 서비스센터에 접수된 300건에 대하여 접수 시기를 품질보증 기간 이내, 이후로 구분한 결과는 다음과 같다.

(단위 : 건)

구분	메인 보드 고장	액정 화면 고장	합계
품질보증 기간 이내	90	70	160
품질보증 기간 이후	a	b	140

접수된 300건 중에서 임의로 선택한 1건이 메인 보드 고장 건일 때, 이 건의 접수 시기가 품질보증 기간 이내일 확률이 $\frac{9}{10}$이다. $|a-b|$의 값을 구하시오. (단, 메인 보드와 액정 화면 둘 다 고장인 경우는 고려하지 않는다.) (3점)

H51 4점 실수 2016/경찰대 7(고3)

어떤 프로파일러가 사람을 면담한 후 범인 여부를 판단할 확률이 다음과 같다.

- 범행을 저지른 사람을 범인으로 판단한 확률은 0.99이다.
- 범행을 저지르지 않은 사람을 범인으로 판단할 확률은 0.04이다.

이 프로파일러가 범행을 저지른 사람 20명과 범행을 저지르지 않은 사람 80명으로 이루어진 집단에서 임의로 한 명을 선택하여 면담하였을 때, 이 사람을 범인으로 판단할 확률은? (4점)

① 0.2 ② 0.21 ③ 0.22
④ 0.23 ⑤ 0.24

H52 4점 실수 예상 적중

S병원의 어떤 병에 대한 검사의 정확도는 99 %라고 한다. 예를 들어, 그 병에 걸린 사람이 이 검사를 받을 경우 양성으로 나오는 확률이 99 %이고 그 병에 걸리지 않은 사람이 이 검사를 받을 경우 음성으로 나오는 확률이 99 %이다. 또, 실제로 그 병에 걸려 있는 사람의 비율은 0.1 % 정도라고 한다. 어떤 사람이 이 검사를 받았더니 결과가 양성으로 나왔을 때, 이 사람이 실제로 그 병에 걸려 있을 확률(%)을 구하시오.

(단, %는 소수점 아래 첫째 자리에서 반올림한다.) (4점)

H53 3점 실수 2012(가) 9월/평가원 10(고3) 변형

남학생 수와 여학생 수의 비가 1 : 1인 어느 고등학교에서 전체 학생의 80 %가 K자격증을 가지고 있고, 나머지 20 %는 가지고 있지 않다. 이 학교의 학생 중에서 임의로 한 명을 선택할 때, 이 학생이 K자격증을 가지고 있는 남학생일 확률이 0.35이다. 이 학교의 학생 중에서 임의로 선택한 학생이 K자격증을 가지고 있지 않을 때, 이 학생이 여학생일 확률은? (3점)

① $\frac{1}{4}$ ② $\frac{1}{3}$ ③ $\frac{5}{12}$ ④ $\frac{1}{2}$ ⑤ $\frac{7}{12}$

H54 4점 2007실시(나) 10월/교육청 8(고3)

승용차를 타던 사람 중에서 2007년에 새 승용차로 바꾸어 구입한 사람을 대상으로 승용차를 소형차와 중대형차로 나누어 구매 실태를 조사하였다. 조사 결과에 따르면 대상자의 60 %가 소형차를 타던 사람이었다. 그리고 소형차를 타던 사람의 60 %는 2007년에도 소형차를 구입하였고, 중대형차를 타던 사람의 80 %는 2007년에도 중대형차를 구입하였다. 대상자 중에서 임의로 한 사람을 택하였더니 2007년에 중대형차를 구입한 사람이었다. 이 사람이 소형차를 타던 사람이었을 확률은? (4점)

① $\frac{3}{7}$ ② $\frac{5}{14}$ ③ $\frac{2}{7}$ ④ $\frac{3}{14}$ ⑤ $\frac{1}{7}$

H55 4점  2018(가) 9월/평가원 28(고3)

그림과 같이 주머니 A에는 1부터 6까지의 자연수가 하나씩 적힌 6장의 카드가 들어 있고 주머니 B와 C에는 1부터 3까지의 자연수가 하나씩 적힌 3장의 카드가 각각 들어 있다. 갑은 주머니 A에서, 을은 주머니 B에서, 병은 주머니 C에서 각자 임의로 1장의 카드를 꺼낸다. 이 시행에서 갑이 꺼낸 카드에 적힌 수가 을이 꺼낸 카드에 적힌 수보다 클 때, 갑이 꺼낸 카드에 적힌 수가 을과 병이 꺼낸 카드에 적힌 수의 합보다 클 확률이 k이다. $100k$의 값을 구하시오. (4점)

1 2 3

A B C

유형 09 독립사건과 배반사건의 활용

(1) 독립사건

$P(A\cap B)=P(A)P(B)$ ← 두 사건이 서로 영향을 주지 않음.

(2) 배반사건

$P(A\cap B)=0$ ← 두 사건이 동시에 일어나지 않음. 즉, $A\cap B=\varnothing$

tip

두 사건 A, B가 서로 독립이면

① $P(B|A)=P(B|A^C)=P(B)$

② A와 B^C, A^C과 B, A^C과 B^C도 각각 서로 독립

H56 3점 실수 예상 적중

주머니 안에 1부터 6까지 적힌 6개의 공이 있다. $1\le k\le 5$인 정수 k에 대하여 1부터 k까지는 흰 공, $k+1$부터 6까지는 검은 공이다. 한 개의 공을 꺼냈을 때, 흰 공이 나오는 사건을 A, 짝수의 눈이 나오는 사건을 B라 한다. 이때, 두 사건 A, B가 독립이 되도록 하는 k의 값들의 합은? (3점)

① 2 ② 4 ③ 6 ④ 8 ⑤ 10

H57 4점 함정 2006(가) 6월/평가원 25(고3) 변형

어느 회사의 전체 직원은 기혼남성 20명, 미혼남성 12명, 기혼여성 15명, 미혼여성 x명이다. 이 회사에서 직원 중 한 사람을 선택하여 선물을 주기로 하였다. 선택된 직원이 남성인 경우를 사건 A라 하고, 미혼인 경우를 사건 B라 하자.

$P(B|A)=P(B)$일 때, x의 값을 구하시오.

(단, 각 직원이 선택될 확률은 같다고 가정한다.) (4점)

H58 3점 실수 2006(가) 6월/평가원 28(고3)

서로 독립인 두 사건 A와 B에 대하여 갑은 두 사건이 서로 독립이라고 생각하여 $P(A\cup B)=0.7$의 값을 얻었고, 을은 두 사건이 서로 배반이라고 잘못 생각하여 $P(A\cup B)=0.9$의 값을 얻었다. $|P(A)-P(B)|$의 값은? (3점)

① 0.1 ② 0.2 ③ 0.3 ④ 0.4 ⑤ 0.5

유형 10 독립시행의 확률의 활용

• □가 n회 일어날 때, △가 r회 일어날 확률

• □를 n번 반복 시행하여 △가 r번 일어날 확률

동일한 사건이 독립적으로 반복하여 일어 나는 것을 독립시행이라 하고 △가 1회 일어날 확률이 p일 때, 구하는 확률은

$${}_nC_r p^r(1-p)^{n-r}$$

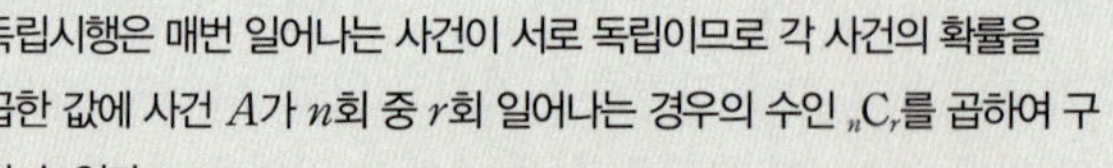

tip

1 독립시행은 매번 일어나는 사건이 서로 독립이므로 각 사건의 확률을 곱한 값에 사건 A가 n회 중 r회 일어나는 경우의 수인 ${}_nC_r$를 곱하여 구할 수 있다.

2 동전, 주사위 던지기는 독립시행의 대표적인 예이다.

H59 3점 실수 2013(가) 9월/평가원 11(고3) 변형

A가 동전을 3개 던져서 나온 앞면의 개수만큼 B가 동전을 던진다. B가 던져서 나온 뒷면의 개수가 2일 때, A가 던져서 나온 앞면의 개수가 2일 확률은? (3점)

① $\frac{2}{3}$ ② $\frac{1}{2}$ ③ $\frac{2}{5}$ ④ $\frac{1}{3}$ ⑤ $\frac{2}{7}$

H60 4점 합정 2018(가) 6월/평가원 17(고3)

서로 다른 2개의 주사위를 동시에 던져 나온 눈의 수가 같으면 한 개의 동전을 4번 던지고, 나온 눈의 수가 다르면 한 개의 동전을 2번 던진다. 이 시행에서 동전의 앞면이 나온 횟수와 뒷면이 나온 횟수가 같을 때, 동전을 4번 던졌을 확률은? (4점)

① $\frac{3}{23}$ ② $\frac{5}{23}$ ③ $\frac{7}{23}$
④ $\frac{9}{23}$ ⑤ $\frac{11}{23}$

H61 3점 실수 1998(인)/수능(홀) 14(고3)

다음 [보기] 중 옳은 것을 모두 고르면? (단, 동전의 앞면과 뒷면이 나올 확률은 같다.) (2점)

[보기]

ㄱ. 동전을 10회 던질 때 앞면이 4회 나타날 확률과 앞면이 6회 나타날 확률은 같다.
ㄴ. 동전을 10회 던질 때 앞면이 5회 나타날 확률과 20회 던질 때 앞면이 10회 나타날 확률은 같다.
ㄷ. 동전을 10회 던질 때 앞면이 나타날 횟수가 5회 이하일 확률은 0.5보다 크다.

① ㄱ ② ㄷ ③ ㄱ, ㄴ
④ ㄱ, ㄷ ⑤ ㄱ, ㄴ, ㄷ

H62 4점 실수 2020(나) 6월/평가원 19(고3)

1부터 8까지의 자연수가 하나씩 적혀 있는 8장의 카드가 있다. 이 카드를 모두 한 번씩 사용하여 그림과 같은 8개의 자리에 각각 한 장씩 임의로 놓을 때, 8 이하의 자연수 k에 대하여 k번째 자리에 놓인 카드에 적힌 수가 k 이하인 사건을 A_k라 하자.

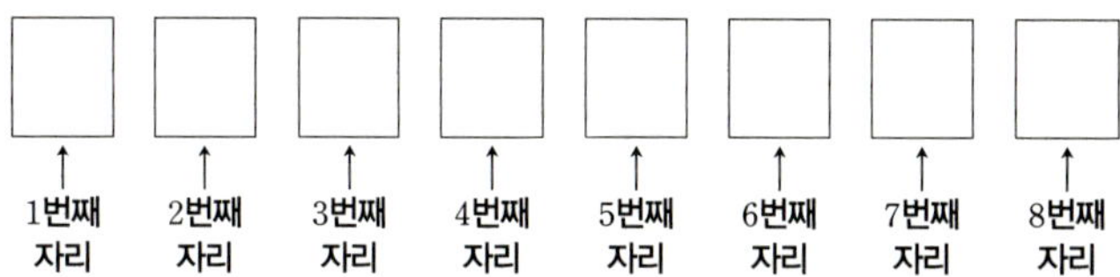

다음은 두 자연수 m, $n(1\le m<n\le 8)$에 대하여 두 사건 A_m과 A_n이 서로 독립이 되도록 하는 m, n의 모든 순서쌍 (m, n)의 개수를 구하는 과정이다.

> A_k는 k번째 자리에 k 이하의 자연수 중 하나가 적힌 카드가 놓여 있고, k번째 자리를 제외한 7개의 자리에 나머지 7장의 카드가 놓여 있는 사건이므로
> $\mathrm{P}(A_k)=$ (가)
> 이다.
> $A_m\cap A_n$ $(m<n)$은 m번째 자리에 m 이하의 자연수 중 하나가 적힌 카드가 놓여 있고, n번째 자리에 n 이하의 자연수 중 m번째 자리에 놓인 카드에 적힌 수가 아닌 자연수가 적힌 카드가 놓여 있고, m번째와 n번째 자리를 제외한 6개의 자리에 나머지 6장의 카드가 놓여 있는 사건이므로
> $\mathrm{P}(A_m\cap A_n)=$ (나)
> 이다.
> 한편, 두 사건 A_m과 A_n이 서로 독립이기 위해서는
> $\mathrm{P}(A_m\cap A_n)=\mathrm{P}(A_m)\mathrm{P}(A_n)$
> 을 만족시켜야 한다.
> 따라서 두 사건 A_m과 A_n이 서로 독립이 되도록 하는 m, n의 모든 순서쌍 (m, n)의 개수는 (다)이다.

위의 (가)에 알맞은 식에 $k=4$를 대입한 값을 p, (나)에 알맞은 식에 $m=3$, $n=5$를 대입한 값을 q, (다)에 알맞은 수를 r라 할 때, $p\times q\times r$의 값은? (4점)

① $\frac{3}{8}$ ② $\frac{1}{2}$ ③ $\frac{5}{8}$
④ $\frac{3}{4}$ ⑤ $\frac{7}{8}$

21 DAY

❖ 정답 및 해설 385~388p

H63 4점 함정 2021/경찰대 10(고3)

n쌍의 부부로 구성된 어느 모임의 모든 사람에게 1, 2, 3 중의 한 숫자가 적힌 카드를 한 장씩 임의로 나누어준 후, 카드를 받은 사람들이 1, 2, 3 중의 한 숫자를 임의로 적도록 한다. 남편이 적은 수가 아내가 받은 카드에 적힌 수와 일치하고, 아내가 적은 수가 남편이 받은 카드에 적힌 수와 일치하는 부부에게만 상품을 주기로 한다. 상품을 받는 부부가 2쌍 이하일 확률이 $\frac{57}{32}\left(\frac{8}{9}\right)^n$일 때, 자연수 n의 값은? (4점)

① 4　② 5　③ 6
④ 7　⑤ 8

H64 4점 함정 2015(A)/삼사 27(고3) 변형

주머니 A에는 흰 구슬 3개, 검은 구슬 1개가 들어 있고, 주머니 B에는 흰 구슬 1개, 검은 구슬 3개가 들어 있다. 한 개의 주사위를 던져서 3의 배수의 눈이 나오면 주머니 A에서 임의로 한 개의 구슬을 꺼내고, 3의 배수가 아닌 눈이 나오면 주머니 B에서 임의로 한 개의 구슬을 꺼낸다. 주사위를 6번 던지고 난 후에 주머니 A와 주머니 B에 흰 구슬이 각각 한 개씩 남아 있을 확률은 $\frac{q}{p}$이다. $p+q$의 값을 구하시오. (단, p와 q는 서로소인 자연수이고, 꺼낸 구슬을 다시 넣지 않는다.) (4점)

H65 4점 2017(나)/삼사 17(고3)

주머니에 1, 2, 3, 4, 5의 숫자가 하나씩 적혀 있는 다섯 개의 구슬이 들어 있다. 주머니에서 임의로 한 개의 구슬을 꺼내어 구슬에 적혀 있는 숫자를 확인한 후 다시 넣는다.
이와 같은 시행을 4회 반복하여 얻은 4개의 수 중에서 3개의 수의 합의 최댓값을 N이라 하자. 다음은 $N\geq14$일 확률을 구하는 과정이다.

(i) $N=15$인 경우
5가 적힌 구슬이 4회 나올 확률은 $\frac{1}{625}$이고, 5가 적힌 구슬이 3회, 4 이하의 수가 적힌 구슬 중 한 개가 1회 나올 확률은 $\frac{\boxed{(가)}}{625}$이다.
(ii) $N=14$인 경우
5가 적힌 구슬이 2회, 4가 적힌 구슬이 2회 나올 확률은 $\frac{6}{625}$이고, 5가 적힌 구슬이 2회, 4가 적힌 구슬이 1회, 3 이하의 수가 적힌 구슬 중 한 개가 1회 나올 확률은 $\frac{\boxed{(나)}}{625}$이다.
(i), (ii)에서 구하는 확률은 $\frac{\boxed{(다)}}{625}$이다.

위의 (가), (나), (다)에 알맞은 수를 각각 p, q, r라 할 때, $p+q+r$의 값은? (4점)

① 96　② 101　③ 106
④ 111　⑤ 116

H66 4점 실수 2021(나)/수능(홀) 29(고3)

숫자 3, 3, 4, 4, 4가 하나씩 적힌 5개의 공이 들어 있는 주머니가 있다. 이 주머니와 한 개의 주사위를 사용하여 다음 규칙에 따라 점수를 얻는 시행을 한다.

주머니에서 임의로 한 개의 공을 꺼내어 꺼낸 공에 적힌 수가 3이면 주사위를 3번 던져서 나오는 세 눈의 수의 합을 점수로 하고, 꺼낸 공에 적힌 수가 4이면 주사위를 4번 던져서 나오는 네 눈의 수의 합을 점수로 한다.

이 시행을 한 번 하여 얻은 점수가 10점일 확률은 $\frac{q}{p}$이다. $p+q$의 값을 구하시오. (단, p와 q는 서로소인 자연수이다.) (4점)

유형 11 독립시행의 확률의 응용

사건 A에 대한 횟수가 x회, 사건 A^C 혹은 새로운 사건 B에 대한 횟수가 y회일 때, x와 y에 대한 관계식이 주어지거나 더 많거나 적다는 정보가 주어지면 다음과 같이 확률을 구한다.
(i) 직접 일일이 각 경우를 구한다.
(ii) (i)의 각 경우에 대하여 독립시행의 확률을 이용하여 확률을 계산한다.
(iii) (ii)의 모든 확률을 더한다.

tip
1 사건 A에 대하여 1회 시행할 때 확률이 p, n회 시행에서 사건 A가 일어날 횟수가 r일 때, 될 독립시행의 확률은
${}_nC_r p^r(1-p)^{n-r}$ $(r=0, 1, 2, \cdots, n)$
2 승리와 패배, 성공과 실패 등과 관련된 문제는 독립시행의 확률로 풀자.

H67 3점 실수 2011(가) 9월/평가원 27(고3) 변형

어느 인터넷 사이트에서 회원을 대상으로 행운권 추첨 행사를 하고 있다. 행운권이 당첨될 확률은 $\frac{1}{5}$이고, 당첨되는 경우에는 회원 점수가 4점 올라가고, 당첨되지 않는 경우에는 1점 내려간다. 행운권 추첨에 5회 참여하여 회원 점수가 10점 올라갈 확률은? (단, 행운권을 추첨하는 시행은 서로 독립이다.) (3점)

① $\frac{4}{625}$ ② $\frac{8}{625}$ ③ $\frac{16}{625}$
④ $\frac{32}{625}$ ⑤ $\frac{64}{625}$

H68 3점 실수 2015/경찰대 17(고3)

좌석의 수가 50인 어느 식당에서 예약한 사람이 예약을 취소하는 경우가 10명 중 1명 꼴이라고 한다. 52명이 예약했을 때, 좌석이 부족하게 될 확률은 $p\times0.9^{52}$이다. p의 값은? (3점)

① $\frac{61}{9}$ ② 7 ③ $\frac{65}{9}$
④ $\frac{67}{9}$ ⑤ $\frac{23}{3}$

H69 4점 실수 2010(가) 6월/평가원 28(고3) 변형

어느 질병에 대한 치료법으로 1단계 치료를 하고, 1단계 치료에 성공한 환자만 2단계 치료를 하여 2단계 치료까지 성공한 환자는 완치된 것으로 판단한다. 1단계 치료 결과와 2단계 치료 결과는 서로 독립이며, 1단계 치료와 2단계 치료에 성공할 확률은 각각 $\frac{2}{9}$와 $\frac{9}{10}$이다. 5명의 환자를 대상으로 이 치료법을 적용하였을 때, 완치된 것으로 판단될 환자가 4명일 확률은? (4점)

① $\frac{1}{625}$ ② $\frac{2}{625}$ ③ $\frac{4}{625}$
④ $\frac{8}{625}$ ⑤ $\frac{16}{625}$

H70 4점 실수 2014(B)/삼사 26(고3)

지호와 영수는 가위바위보를 한 번 할 때마다 다음과 같은 규칙으로 사탕을 받는 게임을 한다.

(가) 이긴 사람은 2개의 사탕을 받고, 진 사람은 1개의 사탕을 받는다.
(나) 비긴 경우에는 두 사람 모두 1개의 사탕을 받는다.

게임을 시작하고 나서 지호가 받은 사탕의 총 개수가 5가 되는 확률은 $\frac{k}{243}$이다. 자연수 k의 값을 구하시오.
(단, 두 사람이 각각 가위, 바위, 보를 낼 확률은 같다.) (4점)

❖ 정답 및 해설 388~391p

H71 4점 함정 2008(나) 9월/평가원 24(고3) 변형

어느 스포츠 용품 가게에서는 별(★) 모양이 그려져 있는 야구공 두 개를 포함하여 모두 30개의 야구공을 한 상자에 넣어 상자 단위로 판매한다. 한 상자에서 5개의 야구공을 임의추출하여 별(★) 모양이 그려져 있는 야구공이 있으면 축구공 한 개를 경품으로 준다. 어느 고객이 이 가게에서 야구공 2상자를 구입하여 경품 당첨 여부를 모두 확인할 때, 축구공 1개를 경품으로 받을 확률은 $\frac{q}{p}$이다. $p-q$의 값을 구하시오.

(단, p, q는 서로소인 자연수이다.) (4점)

H72 4점 실수  2016(A)/상사 26(고3)

수직선 위의 원점에 있는 두 점 A, B를 다음의 규칙에 따라 이동시킨다.

> (가) 주사위를 던져 5 이상의 눈이 나오면 A를 양의 방향으로 2만큼, B를 음의 방향으로 1만큼 이동시킨다.
> (나) 주사위를 던져 4 이하의 눈이 나오면 A를 음의 방향으로 2만큼, B를 양의 방향으로 1만큼 이동시킨다.

주사위를 5번 던지고 난 후 두 점 A, B 사이의 거리가 3 이하가 될 확률이 $\frac{q}{p}$일 때, $p+q$의 값을 구하시오.

(단, p와 q는 서로소인 자연수이다.) (4점)

H73 4점 실수 2004실시(가) 3월/교육청 20(고3)

오른쪽 그림과 같이 강을 사이에 두고 있는 두 지역 A, B가 0~6까지의 번호가 붙여져 있는 7개의 다리로 연결되어 있다. 지수는 동전 6개를 던져 나오는 앞면의 개수가 n이면 번호가 ⓝ인 다리를 건너고, 상우는 1부터 6까지 쓰여진 주사위 한 개를 던져 나오는 수가 m이면 번호가 ⓜ인 다리를 건너기로 하였다. 지수는 A에서 B로, 상우는 B에서 A로 가기로 할 때, 지수와 상우가 같은 다리를 건너게 될 확률은? (4점)

① $\frac{1}{7}$
② $\frac{21}{128}$
③ $\frac{1}{6}$
④ $\frac{23}{128}$
⑤ $\frac{25}{128}$

2등급 킬러 + 1등급 킬러 문제

H74 ✪ 1등급 킬러 2021(가)/삼사 29(고3)

그림은 여섯 개의 숫자 1, 2, 3, 4, 5, 6이 하나씩 적혀 있는 여섯 장의 카드를 모두 한 번씩 사용하여 일렬로 나열할 때, 이웃한 두 장의 카드 중 왼쪽 카드에 적힌 수가 오른쪽 카드에 적힌 수보다 큰 경우가 한 번만 나타난 예이다.

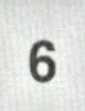

이 여섯 장의 카드를 모두 한 번씩 사용하여 임의로 일렬로 나열할 때, 이웃한 두 장의 카드 중 왼쪽 카드에 적힌 수가 오른쪽 카드에 적힌 수보다 큰 경우가 한 번만 나타날 확률은 $\frac{q}{p}$이다. $p+q$의 값을 구하시오. (단, p와 q는 서로소인 자연수이다.) (4점)

H75 ✪ 2등급 킬러 2012(가)/수능(홀) 13(고3) 변형

상자 A에는 빨간 공 3개와 검은 공 5개가 들어 있고, 상자 B는 비어 있다. 상자 A에서 임의로 2개의 공을 꺼내어 빨간 공이 나오면 [실행 1]을, 빨간 공이 나오지 않으면 [실행 2]를 할 때, 상자 B에 있는 빨간 공의 개수가 1일 확률은? (4점)

> [실행 1] 꺼낸 공을 상자 B에 넣은 후 상자 B에서 임의로 1개를 꺼내 상자 A에 넣는다.
> [실행 2] 꺼낸 공을 상자 B에 넣고, 상자 A에서 임의로 3개의 공을 더 꺼내어 상자 B에 넣는다.

① $\frac{3}{7}$ ② $\frac{13}{28}$ ③ $\frac{1}{2}$
④ $\frac{15}{28}$ ⑤ $\frac{4}{7}$

H76 ✪ 1등급 킬러 예상 적중

A, B, C 세 사람이 가위바위보를 하는데, 지는 사람은 빠지고 남은 사람들은 가위바위보를 계속하여 마지막 한 사람의 승자를 가려내기로 하였다. n번째에 승자가 가려질 확률을 P_n이라고 할 때, [보기] 중에서 옳은 것만을 있는 대로 고른 것은? (4점)

[보기]

ㄱ. 1회 시행에서 세 사람이 모두 비길 확률은 $\frac{1}{3}$이다.
ㄴ. $(n-1)$번째까지 세 사람이 모두 비기고 n번째에 승자 한 사람만 남을 확률은 $\frac{1}{3^n}$이다.
ㄷ. $P_n=\frac{2(n-1)}{3^n}$

① ㄱ ② ㄴ ③ ㄷ
④ ㄱ, ㄴ ⑤ ㄱ, ㄴ, ㄷ

H77 ✪ 1등급 킬러 2021(가) 6월/평가원 19(고3)

두 집합 $A=\{1, 2, 3, 4\}$, $B=\{1, 2, 3\}$에 대하여 A에서 B로의 모든 함수 f 중에서 임의로 하나를 선택할 때, 이 함수가 다음 조건을 만족시킬 확률은? (4점)

> $f(1)\geq 2$이거나 함수 f의 치역은 B이다.

① $\frac{16}{27}$ ② $\frac{2}{3}$ ③ $\frac{20}{27}$
④ $\frac{22}{27}$ ⑤ $\frac{8}{9}$

❖ 정답 및 해설 391~396p

H78 ✪ 2등급 킬러 2010(가) 9월/평가원 29(고3) 변형

각각 5명의 선수로 구성된 A팀과 B팀이 있다. 각 팀 5명의 순번을 1, 2, 3, 4, 5번으로 정하고 다음 규칙에 따라 경기를 한다.

> (가) A팀 1번 선수와 B팀 1번 선수가 먼저 대결한다.
> (나) 대결에서 승리한 선수는 상대 팀의 다음 순번 선수와 대결한다.
> (다) 3번 이긴 선수는 다음 순번 선수로 교체된다.
> (라) 어느 팀이든 5명이 모두 패하면 경기가 종료된다.

A팀의 2번 선수가 승리한 횟수가 2일 확률은?

$\left(\text{단, 각 선수가 승리할 확률은 } \frac{1}{2}\text{이고, 무승부는 없다.}\right)$ (4점)

① $\frac{7}{64}$ ② $\frac{1}{8}$ ③ $\frac{9}{64}$
④ $\frac{5}{32}$ ⑤ $\frac{11}{64}$

H79 4점 고난도 2014/경찰대 19(고3)

일어날 확률이 $p(p\neq 0)$인 사건이 일어날 때 놀람의 정도를 $S(p)$라 하면 관계식

$$S(p)=\log_2 \frac{1}{p^C} \ (C\text{는 양의 상수})$$

이 성립한다고 한다. 일어날 확률이 $\frac{1}{2}$인 사건이 일어날 때 놀람의 정도는 1이고, 두 사건 A, B는 다음 조건을 만족시킨다.

> (가) A는 5개의 동전을 던질 때 앞면이 4개 나오는 사건이다.
> (나) B와 A는 서로 독립이다.

두 사건 A, B가 동시에 일어날 때 놀람의 정도가 7일 때, 사건 B가 일어날 때 놀람의 정도는?

(단, $\log 2=0.3$으로 계산한다.) (4점)

① $\frac{11}{3}$ ② $\frac{13}{3}$ ③ 5
④ $\frac{17}{3}$ ⑤ $\frac{19}{3}$

H80 ✪ 2등급 킬러 2009실시(가) 10월/교육청 23(고3)

4개의 야구팀 A, B, C, D가 다음과 같은 방법으로 우승팀을 결정하기로 하였다.

> (가) A팀과 B팀이 경기를 하고, C팀과 D팀이 경기를 한다.
> (나) (가)에서 이긴 팀끼리 경기를 한다.
> (다) (가)에서 진 팀끼리 경기를 한다.
> (라) (나)에서 진 팀과 (다)에서 이긴 팀이 경기를 한다.
> (마) (나)에서 이긴 팀과 (라)에서 이긴 팀이 경기를 한다.
> (바) (마)에서 이긴 팀이 우승팀이 된다.

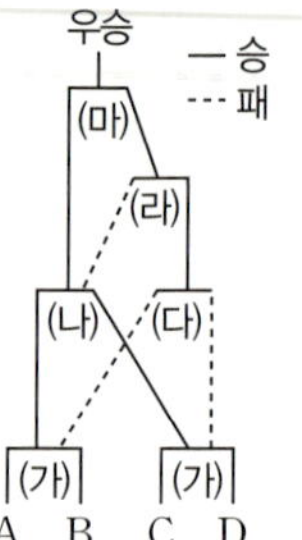

매 경기에서 각 팀이 이길 확률은 모두 $\frac{1}{2}$로 같다고 하자. A팀이 우승했을 때, A팀이 (가)에서 이겼을 확률은 $\frac{q}{p}$이다. 이때, $p+q$의 값을 구하시오. (단, p와 q는 서로소인 두 자연수이다.)

(4점)

H81 ✪ 2등급 킬러 2020실시(나) 10월/교육청 29(고3)

A, B 두 사람이 각각 4개씩 공을 가지고 다음 시행을 한다.

> A, B 두 사람이 주사위를 한 번씩 던져 나온 눈의 수가 짝수인 사람은 상대방으로부터 공을 한 개 받는다.

각 시행 후 A가 가진 공의 개수를 세었을 때, 4번째 시행 후 센 공의 개수가 처음으로 6이 될 확률은 $\frac{q}{p}$이다. $p+q$의 값을 구하시오. (단, p와 q는 서로소인 자연수이다.) (4점)

H82 4점 고난도 2013(문)/삼사 21(고3) 변형

그림은 어떤 정보 x를 0과 1, 2의 세 가지 중 한 가지의 송신 신호로 바꾼 다음 이를 전송하여 수신 신호를 얻는 경로를 나타낸 것이다.

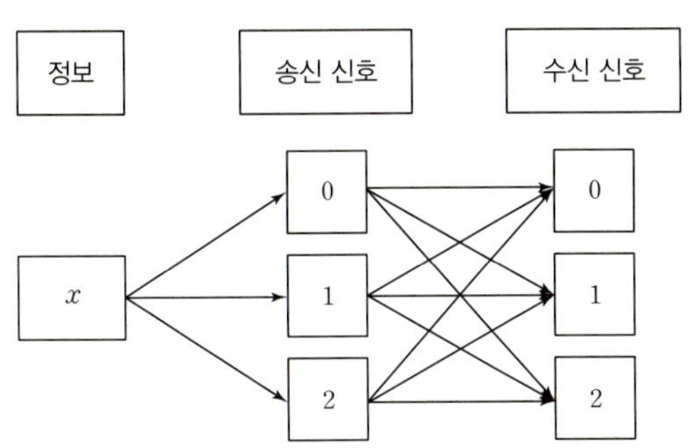

이때, 송신 신호가 전송되는 과정에서 수신 신호가 바뀌는 경우가 생기는데, 각각의 경우에 따른 확률은 다음과 같다.

> (가) 정보 x가 0, 1, 2의 송신 신호로 바뀔 확률은 각각 0.2, 0.5, 0.3이다.
>
> (나) 송신 신호 0이 수신 신호 0, 1, 2로 전송될 확률은 각각 0.90, 0.05, 0.05이다.
>
> (다) 송신 신호 1이 수신 신호 0, 1, 2로 전송될 확률은 각각 0.05, 0.90, 0.05이다.
>
> (라) 송신 신호 2가 수신 신호 0, 1, 2로 전송될 확률은 각각 0.05, 0.05, 0.90이다.

정보 x를 전송한 결과 수신 신호가 1이었을 때, 송신 신호가 1이었을 확률은? (4점)

① $\frac{14}{19}$　② $\frac{15}{19}$　③ $\frac{16}{19}$　④ $\frac{17}{19}$　⑤ $\frac{18}{19}$

H83 ✪ 2등급 킬러 2010실시(가) 3월/교육청 28(고3) 변형

여덟 면에 1부터 8까지의 자연수가 각각 하나씩 적혀 있는 정팔면체 모양의 주사위가 있다. 이 주사위를 100번 반복하여 던질 때, 6 이상의 수가 k번 나올 확률을 $\mathrm{P}(k)$라 하자.

$\sum_{k=1}^{50}\{\mathrm{P}(2k-1)-\mathrm{P}(2k)\}$의 값은? (4점)

① $\left(\frac{5}{8}\right)^{100}$　② $\left(\frac{5}{8}\right)^{100}-\left(\frac{3}{8}\right)^{100}$　③ $\left(\frac{5}{8}\right)^{100}-\left(\frac{1}{4}\right)^{100}$

④ $\left(\frac{5}{8}\right)^{50}-\left(\frac{3}{8}\right)^{50}$　⑤ $\left(\frac{3}{8}\right)^{50}-\left(\frac{5}{8}\right)^{50}$

H84 ✪ 2등급 킬러 예상 적중

좌표평면 위의 두 동점 A, B가 다음과 같은 규칙으로 움직인다.

> (가) A의 위치는 $(0,\ 0)$, B의 위치는 $(6,\ 6)$이다.
>
> (나) 동전을 던져서 앞면이 나오면 A는 $(x,\ y)$에서 $(x+1,\ y)$로 이동하고 B는 $(x,\ y)$에서 $(x-1,\ y)$로 이동한다.
>
> (다) 동전을 던져서 뒷면이 나오면 A는 $(x,\ y)$에서 $(x,\ y+1)$로 이동하고 B는 $(x,\ y)$에서 $(x,\ y-1)$로 이동한다.

두 동점 A, B가 만날 확률을 $\frac{q}{p}$라 할 때, $p+q$의 값을 구하시오. (단, p와 q는 서로소인 자연수이다.) (4점)

H85 ✪ 1등급 킬러 2006(가)/수능(홀) 29(고3)

상자 A에는 빨간 공 1개, 흰 공 2개가 들어 있고, 상자 B에는 빨간 공 2개, 흰 공 1개가 들어 있다. 갑은 을이 모르게 두 상자 A, B 중에서 하나를 선택한 후, 그 상자에서 공을 한 번에 한 개씩 복원추출로 5번 꺼내었다. 을은 갑이 꺼낸 공에서 빨간 공이 나온 횟수를 세어 갑이 어느 상자를 선택하였는지 다음과 같은 방법으로 판단하기로 하였다.

> (가) 빨간 공이 3 회 이하 나온 경우
> '갑이 상자 A를 선택하였다.'라고 판단한다.
>
> (나) 빨간 공이 4 회 이상 나온 경우
> '갑이 상자 B를 선택하였다.'라고 판단한다.

갑이 상자 B를 선택하였을 때, 을의 판단이 틀릴 확률은? (4점)

① $\frac{232}{3^5}$　② $\frac{64}{3^4}$　③ $\frac{131}{3^5}$　④ $\frac{20}{3^4}$　⑤ $\frac{17}{3^4}$

22 DAY

I 통계

- 이항분포의 평균, 분산, 표준편차를 이용하는 문제는 비교적 난이도가 높지 않게 출제되었지만 고난도 문제로 출제될 수 있는 단원이므로 개념을 정확히 알고 있어야 합니다.
- 정규분포의 표준화 문제는 보통 문제의 지문의 길이가 긴 실생활 문제로 출제되는 경우가 많습니다. 긴 지문에 현혹되지 말고 핵심적인 요소만 정확히 알고 있다면 난이도가 높더라도 해결할 수 있을 것입니다.

1 이산확률변수 ❶

(1) 확률질량함수

이산확률변수 X가 가지는 모든 값 $x_1, x_2, \cdots, x_n$에 이 값을 가질 확률 $p_1, p_2, \cdots, p_n$이 대응되는 함수

$\mathrm{P}(X=x_i)=p_i\,(i=1, 2, \cdots, n)$

을 이산확률변수 X의 확률질량함수라 한다.

(2) 확률의 기본 성질

이산확률변수의 확률질량함수

$\mathrm{P}(X=x_i)=p_i\,(i=1, 2, \cdots, n)$

에 대하여 다음이 성립한다.

① $0\le p_i\le 1\,(i=1, 2, \cdots, n)$

② $p_1+p_2+\cdots+p_n=1$

③ $\mathrm{P}(x_i\le X\le x_j)=p_i+p_{i+1}+\cdots+p_j\,(i=1, 2, \cdots, n,\ j=1, 2, \cdots, n$이고 $i\le j)$

> 한걸음 더!
>
> **❶ 이산확률변수의 성질**
>
> X가 취할 수 있는 값을 빠짐없이 조사하여 유한개 또는 셀 수 있는 경우 X는 이산확률변수이고, X가 취하는 각 값에 대응하는 확률을 구한다.

2 이산확률변수의 평균 · 분산 · 표준편차 ❷

(1) 이산확률변수의 평균 · 분산 · 표준편차

X	x_1	x_2	x_3	$\cdots$	x_n	합계
$\mathrm{P}(X=x_i)$	p_1	p_2	p_3	$\cdots$	p_n	1

① $\mathrm{E}(X)=\sum_{i=1}^{n}x_ip_i=m$

② $\mathrm{V}(X)=\mathrm{E}((X-m)^2)=\mathrm{E}(X^2)-\mathrm{E}\{(X)\}^2$

③ $\sigma(X)=\sqrt{\mathrm{V}(X)}$

(2) 확률변수 $aX+b$의 평균 · 분산 · 표준편차

① $\mathrm{E}(aX+b)=a\mathrm{E}(X)+b$

② $\mathrm{V}(aX+b)=a^2\,\mathrm{V}(X)$

③ $\sigma(aX+b)=|a|\sigma(X)$

> 한걸음 더!
>
> **❷ 이산확률변수의 기댓값 구하기**
>
> (i) 모든 확률의 합이 1이라는 사실을 이용하여 각각의 확률변수에 대한 확률을 구한다.
>
> (ii) $\mathrm{E}(X)=\sum_{k=1}^{n}x_ip_i=m$을 이용하여 구한다.

3 이항분포 ❸

(1) 이항분포의 확률질량함수

한 번 시행에서 사건 A가 일어날 확률을 p라 할 때, n번 독립시행에서 사건 A가 일어나는 횟수를 X라 하면

① 확률질량함수 : $\mathrm{P}(X=x_i)={}_n\mathrm{C}_xp^xq^{n-x}$ (단, $q=1-p,\ x=0, 1, 2, \cdots, n$)

② 확률변수 X의 확률분포

X	0	1	2	$\cdots$	n	합계
$\mathrm{P}(X=x)$	${}_n\mathrm{C}_0q^n$	${}_n\mathrm{C}_1pq^{n-1}$	${}_n\mathrm{C}_2p^2q^{n-2}$	$\cdots$	${}_n\mathrm{C}_np^n$	1

이와 같은 확률변수 X의 확률분포를 이항분포라 하고, 기호로 $\mathrm{B}(n, p)$와 같이 나타낸다.

(2) 이항분포의 평균 · 분산 · 표준편차

확률변수 X가 이항분포 $\mathrm{B}(n, p)$를 따를 때, $(q=1-p)$

① $\mathrm{E}(X)=np$

② $\mathrm{V}(X)=npq$

③ $\sigma(X)=\sqrt{npq}$

> +개념보충
>
> **❸ 큰 수의 법칙**
>
> 이항분포 $\mathrm{B}(n, p)$를 따르는 확률변수 X에 대하여 상대도수 $\frac{X}{n}$와 수학적 확률 p의 차가 양수 h보다 작을 확률은 시행 횟수 n의 값이 커질수록 1에 가까워짐을 알 수 있다. 즉, $\mathrm{P}\left(\left|\frac{X}{n}-p\right|<h\right)$의 값이 1에 가까워진다.

4 연속확률변수 ❹

(1) 연속확률변수

어떤 범위에 속하는 모든 실수의 값을 가지는 확률변수

(2) 확률밀도함수

구간 $[\alpha, \beta]$의 모든 실수의 값을 갖는 연속확률변수 X의 확률밀도함수 $f(x)$는

① $f(x) \geq 0$ (단, $\alpha \leq x \leq \beta$)

② 곡선 $f(x)$와 x축 및 두 직선 $x=\alpha$, $x=\beta$로 둘러싸인 부분의 넓이는 1이다.

③ $P(a \leq X \leq b)$는 곡선 $f(x)$와 x축 및 두 직선 $x=a$, $x=b$로 둘러싸인 부분의 넓이와 같다. (단, $\alpha \leq a \leq b \leq \beta$)

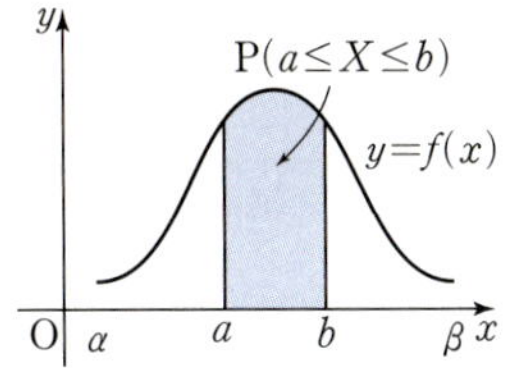

> **한걸음 더!**
>
> **❹ 적분을 이용한 확률밀도함수**
>
> 구간 $[\alpha, \beta]$의 모든 실수의 값을 갖는 연속확률변수 X의 확률밀도함수 $f(x)$는
>
> ① $f(x) \geq 0$ (단, $\alpha \leq x \leq \beta$)
>
> ② $\int_{\alpha}^{\beta} f(x)dx = 1$
>
> ③ $P(a \leq X \leq b) = \int_{a}^{b} f(x)dx$
>
> (단, $\alpha \leq a \leq b \leq \beta$)

5 정규분포 ❺

(1) 정규분포

연속확률변수 X의 확률밀도함수 $f(x)$가

$f(x) = \frac{1}{\sqrt{2\pi}\sigma} e^{-\frac{(x-m)^2}{2\sigma^2}}$ (x는 모든 실수, $e=2.71828\cdots$)

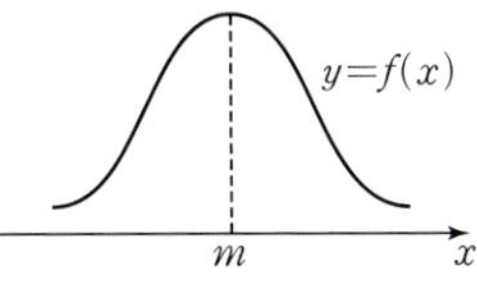

로 주어질 때, X의 확률분포를 정규분포라 한다.

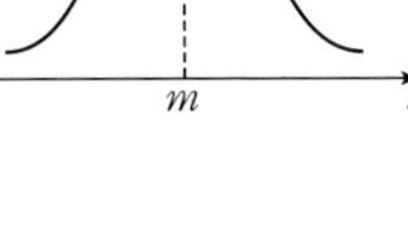

이때, 곡선 $y=f(x)$를 정규분포곡선이라 한다.

(2) 확률변수 X의 평균이 m, 표준편차가 σ인 정규분포를 기호로 $N(m, \sigma^2)$과 같이 나타낸다.

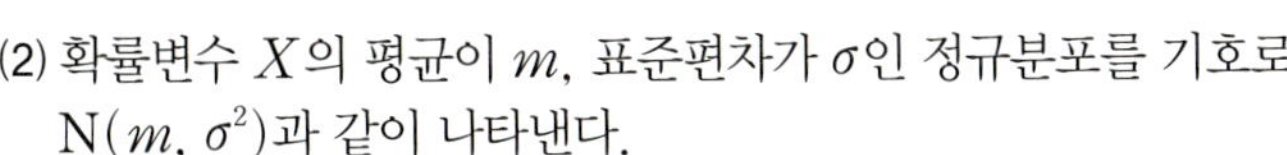

(3) 확률변수 X의 표준화

확률변수 $Z = \frac{X-m}{\sigma}$은 표준정규분포 $N(0, 1)$을 따르고, 확률변수 X를 Z로 변환하는 것을 확률변수 X를 표준화한다고 한다.

$P(a \leq X \leq b) = P\left(\frac{a-m}{\sigma} \leq X \leq \frac{b-m}{\sigma}\right)$

> **고난도 출제** 2021 수능 나형 19번
>
> ★ 확률변수가 정규분포를 따르고, 표준정규분포표가 주어지는 경우에는 확률변수를 표준화하여 확률을 계산할 수 있어야 한다.

(4) 확률변수 X가 이항분포 $B(n, p)$를 따를 때, n이 충분히 크면 X는 근사적으로 정규분포 $N(np, npq)$를 따른다.

> **한걸음 더!**
>
> **❺ 정규분포곡선의 해석**
>
> 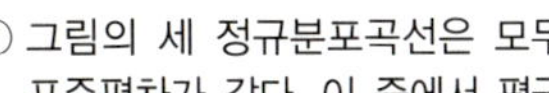
>
> ① 그림의 세 정규분포곡선은 모두 표준편차가 같다. 이 중에서 평균이 가장 큰 곡선은 ㉢이다.
>
> 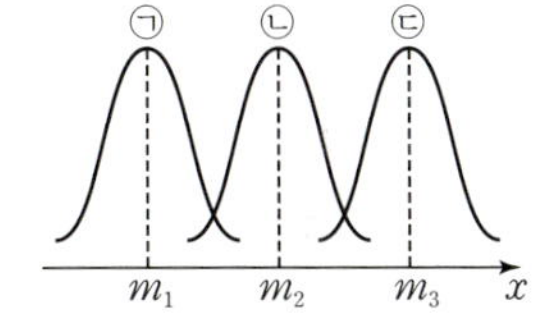
>
>
> ② 그림의 세 정규분포곡선은 모두 평균이 m으로 같다. 이 중에서 표준편차가 가장 큰 곡선은 ㉥이다.
>
> 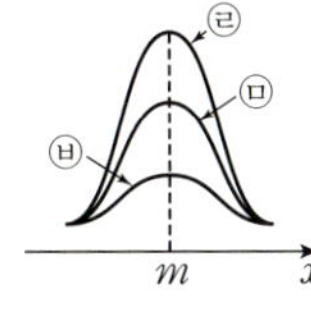
>

6 통계적 추정 ❻

(1) 표본평균의 평균, 분산, 표준편차

모평균이 m, 모표준편차가 σ인 모집단에서 임의추출한 크기가 n인 표본의 표본평균 $\overline{X}$에 대하여 모집단이 정규분포 $N(m, \sigma^2)$을 따르면 표본평균 $\overline{X}$는 정규분포 $N\left(m, \frac{\sigma^2}{n}\right)$을 따른다.

① $E(\overline{X}) = m$ ② $V(\overline{X}) = \frac{\sigma^2}{n}$ ③ $\sigma(\overline{X}) = \frac{\sigma}{\sqrt{n}}$

(2) 모평균의 신뢰구간

① 신뢰도 95 % : $\overline{x} - 1.96 \times \frac{\sigma}{\sqrt{n}} \leq m \leq \overline{x} + 1.96 \times \frac{\sigma}{\sqrt{n}}$

② 신뢰도 99 % : $\overline{x} - 2.58 \times \frac{\sigma}{\sqrt{n}} \leq m \leq \overline{x} + 2.58 \times \frac{\sigma}{\sqrt{n}}$

> **고난도 필수 개념**
>
> ***모평균의 추정과 신뢰구간**
>
> ① 표본의 크기가 일정할 때, 신뢰도가 높아지면 신뢰구간의 길이는 길어진다.
>
> ② 신뢰도가 일정할 때, 표본의 크기가 커지면 신뢰구간의 길이는 짧아진다.
>
> ③ 모평균 m과 표본평균 $\overline{X}$의 차 $|\overline{X}-m|$ 또는 오차
>
> ㉠ 오차의 범위는 $|\overline{X}-m| \leq k \times \frac{\sigma}{\sqrt{n}}$이므로 오차의 최댓값은 $k \times \frac{\sigma}{\sqrt{n}}$
>
> ㉡ 오차가 a 이하일 확률은 $P(|\overline{X}-m| \leq a)$

> **+개념보충**
>
> **❻ 통계적 추정**
>
> • **표본평균의 표준화**
>
> 모표준편차가 σ, 표본의 크기가 n, 모평균의 값이 m일 때, 표본평균 $\overline{X}$에 대한 확률변수 $Z = \frac{\overline{X}-m}{\frac{\sigma}{\sqrt{n}}}$은 표준정규분포 $N(0, 1)$을 따른다.
>
> • **모평균의 신뢰구간의 길이**
>
> 모집단이 정규분포 $N(m, \sigma^2)$을 따를 때,
>
> ① 신뢰도 95 %의 신뢰구간의 길이
>
> $2 \times 1.96 \times \frac{\sigma}{\sqrt{n}}$
>
> ② 신뢰도 99 %의 신뢰구간의 길이
>
> $2 \times 2.58 \times \frac{\sigma}{\sqrt{n}}$

유형 01 이산확률변수의 기댓값(평균)

(1) **이산확률변수** : 확률변수 X가 유한개 또는 셀 수 있는 경우 X를 이산확률변수라 한다.
이산확률변수 X가 어떤 값 x를 가질 확률을 기호로 나타내면 $\mathrm{P}(X=x)$

(2) **확률의 기본성질**
① $0 \le p_i \le 1$ $(i=1, 2, \cdots, n)$
② $p_1+p_2+\cdots+p_n=1$
③ $\mathrm{P}(x_i \le X \le x_j)=p_i+p_{i+1}+\cdots+p_j$ (단, $i<j$)
예 $\mathrm{P}(x_3 \le X \le x_7)=p_3+p_4+\cdots+p_7$

(3) **기댓값(평균)**
$\mathrm{E}(X)=x_1p_1+x_2p_2+\cdots+x_np_n$

tip
확률분포표가 없는 문제는 조건에 맞도록 확률분포표를 만들어서 푼다.

I01 3점 실수 2011(나)/수능(홀) 8(고3)

확률변수 X의 확률분포표는 다음과 같다.

X	-1	0	1	2	합계
$\mathrm{P}(X=x)$	$\frac{3-a}{8}$	$\frac{1}{8}$	$\frac{3+a}{8}$	$\frac{1}{8}$	1

$\mathrm{P}(0 \le X \le 2)=\frac{7}{8}$일 때, 확률변수 X의 평균 $\mathrm{E}(X)$의 값은? (3점)

① $\frac{1}{4}$ ② $\frac{3}{8}$ ③ $\frac{1}{2}$ ④ $\frac{5}{8}$ ⑤ $\frac{3}{4}$

I02 3점 실수 예상 적중

다음은 확률변수 X의 확률분포표이다.

X	k	$2k$	$3k$	합계
$\mathrm{P}(X=x)$	$\frac{9}{13}$	a	b	1

$\frac{9}{13}$, a, b가 이 순서대로 등비수열을 이루고 X의 평균이 36일 때, 상수 k의 값을 구하시오. (3점)

I03 3점 실수 예상 적중

주사위를 2번 던져 나온 눈의 수를 차례로 a, b라 할 때, 확률변수 X를 $X=|a-2b|$로 정의한다. 이때, 확률변수 X의 평균은? (3점)

① $\frac{37}{9}$ ② $\frac{38}{9}$ ③ $\frac{13}{3}$ ④ $\frac{40}{9}$ ⑤ $\frac{41}{9}$

I04 3점 실수 2017(나)/삼사 9(고3) 변형

주머니 속에 흰 공이 5개, 검은 공 3개, 회색공 1개가 들어 있다. 이 주머니에서 임의로 3개의 공을 동시에 꺼낼 때, 나오는 검은 공의 개수를 확률변수 X라 하자. $\mathrm{E}(X)$의 값은? (3점)

① $\frac{1}{4}$ ② $\frac{1}{2}$ ③ $\frac{3}{4}$ ④ 1 ⑤ $\frac{5}{4}$

I05 4점 함정 예상 적중

1에서 10까지의 번호가 하나씩 쓰여진 10개의 공이 상자 A, 1에서 15까지의 번호가 하나씩 쓰여진 15개의 공이 상자 B 안에 각각 들어 있다. 두 상자에서 임의로 공을 하나씩 꺼내어 나오는 수 중 작지 않은 수를 확률변수 X라 할 때, X의 기댓값은 $\frac{q}{p}$이다. 이때, $p+q$의 값을 구하시오. (단, p, q는 서로소인 자연수이다.) (4점)

I06 4점 실수 2007(나) 9월/평가원 13(고3)

이산확률변수 X의 확률분포표는 다음과 같다.

(단, $p_i>0$이고 $i=0,\ 1,\ 2,\ \cdots,\ 10$이다.)

X	0	1	2	$\cdots$	10	합계
$\mathrm{P}(X=x)$	p_0	p_1	p_2	$\cdots$	p_{10}	1

집합 $\{x\,|\,0\le x\le 10\}$에서 정의된 두 함수 $F(x)$, $G(x)$가

$$F(x)=\mathrm{P}(0\le X\le x),\ G(x)=\mathrm{P}(X>x)$$

일 때, [보기]에서 옳은 것을 모두 고른 것은? (4점)

[보기]

ㄱ. $G(3)=1-F(3)$

ㄴ. $\mathrm{P}(3\le X\le 8)=F(8)-F(3)$

ㄷ. $\mathrm{P}(3\le X\le 8)=G(2)-G(8)$

① ㄱ ② ㄷ ③ ㄱ, ㄴ
④ ㄱ, ㄷ ⑤ ㄴ, ㄷ

유형 02 이산확률변수의 활용

이산확률변수와 관련된 문제는 무엇보다도 "확률변수 X"가 무엇인지 파악하는 것이 중요하다. 따라서 사건에 대한 경우를 일일이 나열하여 파악한다.

tip

1. 확률분포표가 없는 것은 문제의 조건에 맞도록 확률분포표를 만들어서 풀자.
2. 독립시행의 확률, 자연수의 거듭제곱의 합 등 다양한 개념과 공식들을 이용한다.

I07 4점 실수 2014실시(A) 10월/교육청 28(고3)

함수 $y=f(x)$의 그래프가 오른쪽 그림과 같다. 한 개의 주사위를 한 번 던져서 나온 눈의 수를 a라 할 때, 곡선 $y=f(x)$와 직선 $y=a$의 교점의 개수를 확률변수 X라 하자. $\mathrm{E}(X)=\dfrac{q}{p}$라 할 때, $p+q$의 값을 구하시오. (단, p, q는 서로소인 자연수이다.) (4점)

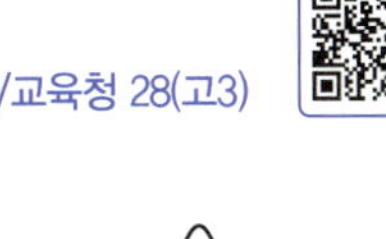

I08 4점 실수 2015(B) 9월/평가원 14(고3) 변형

그림과 같이 중심이 O, 반지름의 길이가 1이고 중심각의 크기가 90°인 부채꼴 OAB가 있다. 자연수 n에 대하여 호 AB를 $2n$등분한 각 분점(양 끝점도 포함)을 차례로 $\mathrm{P}_0(=\mathrm{A})$, P_1, P_2, $\cdots$, P_{2n-1}, $\mathrm{P}_{2n}(=\mathrm{B})$라 하자.

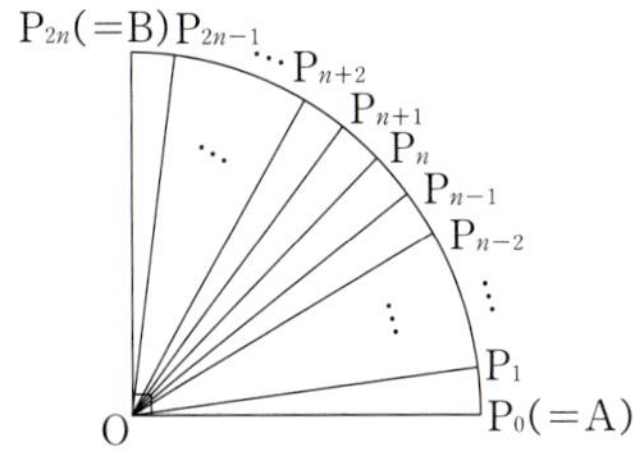

점 P_1, P_2, $\cdots$, P_{2n-1} 중에서 임의로 선택한 한 개의 점을 P라 하자. 부채꼴 OPA의 넓이와 부채꼴 OPB의 넓이의 차를 확률변수 X라 할 때, $\mathrm{E}(X)$는 $f(n)\pi$로 쓸 수 있다. $f(n)$은? (4점)

① $\dfrac{n-1}{2(2n-1)}$ ② $\dfrac{n-1}{4(2n-1)}$ ③ $\dfrac{3(n-1)}{4(2n-1)}$
④ $\dfrac{n-1}{2n-1}$ ⑤ $\dfrac{2(n-1)}{2n-1}$

I09 4점 실수 2012/경찰대 12(고3) 변형

이산확률변수 X는 $1,\ 9,\ 9^2,\ \cdots,\ 9^{10}$의 값을 가질 때, 확률변수 X의 확률질량함수는

$$\mathrm{P}(X=x)=\log_3 x^a \text{ (단, } a\text{는 상수)}$$

이다. 이때, 확률 $\mathrm{P}(9^3\le X\le 9^6)$의 값은? (4점)

① $\dfrac{17}{55}$ ② $\dfrac{18}{55}$ ③ $\dfrac{19}{55}$
④ $\dfrac{4}{11}$ ⑤ $\dfrac{21}{55}$

I10 4점 예상 적중

상자에 1이 적힌 카드가 3장, 2가 적힌 카드가 2장이 들어 있다. 동전을 던져 앞면이 나오면 3장을 뽑고 뒷면이 나오면 2장을 뽑을 때, 나온 카드에 적혀있는 숫자의 합을 X라 하자. 또한, 네 면에 각각 1, 2, 3, 4가 적혀있는 정사면체를 던져 밑면에 적혀있는 숫자만큼의 카드를 뽑아 카드에 적혀있는 숫자의 합을 Y라 하자. $\mathrm{P}(X=3)+\mathrm{P}(Y=4)=\dfrac{n}{m}$이라 할 때, $m-n$의 값을 구하시오. (단, m과 n은 서로소인 자연수이다.) (4점)

23 DAY

❖ 정답 및 해설 403~407p

I11 4점 실수 2012(이)/삼사 6(고3)

이산확률변수 X가 값 x를 가질 확률이

$P(X=x)=\frac{{}_6C_x}{k}$ (단, $x=1, 2, 3, 4, 5, 6$이고 k는 상수이다.)

일 때, 확률변수 X의 기댓값을 m이라 하면 $mk^2=2^a\times3^b\times7^c$이다. 세 자연수 a, b, c의 합 $a+b+c$의 값은? (4점)

① 8 ② 9 ③ 10 ④ 11 ⑤ 12

I12 4점 함정 2022예시문항 5월/평가원 30(고2)

주머니 A에는 숫자 1, 2가 하나씩 적혀 있는 2개의 공이 들어 있고, 주머니 B에는 숫자 3, 4, 5가 하나씩 적혀 있는 3개의 공이 들어 있다. 다음의 시행을 3번 반복하여 확인한 세 개의 수의 평균을 $\overline{X}$라 하자. (4점)

> 두 주머니 A, B 중 임의로 선택한 하나의 주머니에서 임의로 한 개의 공을 꺼내어 공에 적혀 있는 수를 확인한 후 꺼낸 주머니에 다시 넣는다.

$P(\overline{X}=2)=\frac{q}{p}$일 때, $p+q$의 값을 구하시오.

(단, p와 q는 서로소인 자연수이다.) (4점)

A

B

유형 03 이산확률변수의 분산과 표준편차

확률변수 X에 대하여

(1) 분산 : $V(X)=E(X^2)-\{E(X)\}^2$

(2) 표준편차 : $\sigma(X)=\sqrt{V(X)}$

이때,

$E(X)=\sum_{i=1}^{n}x_iP(X=x_i)$이고, $E(X^2)=\sum_{i=1}^{n}x_i^2P(X=x_i)$이다.

tip

$E(X^2)\neq\{E(X)\}^2$임에 주의한다.

I13 3점 실수 2008실시(가) 7월/교육청 27(고3)

다음은 이산확률변수 X에 대한 확률분포표이다.

X	2	4	a	합계
$P(X=x)$	b	$\frac{1}{4}$	$\frac{1}{4}$	1

$E(X)=4$일 때, $V(X)$의 값은? (3점)

① 6 ② 7 ③ 8 ④ 9 ⑤ 10

I14 3점 실수 예상 적중

확률변수 X가 $-n, -n+1, \cdots, -1, 0, 1, 2, \cdots, n-1, n$ (n은 자연수)을 취하고 확률

$P(X=-n)=P(X=-n+1)=\cdots=P(X=n)$이다.

[보기] 중에서 옳은 것만을 있는 대로 고른 것은? (3점)

[보기]

ㄱ. $P(X=0)=\frac{1}{2n}$

ㄴ. n이 커질수록 X의 평균도 커진다.

ㄷ. n이 커질수록 X^2의 평균도 커진다.

ㄹ. n이 커질수록 X의 표준편차도 커진다.

① ㄱ, ㄴ ② ㄴ, ㄷ ③ ㄷ, ㄹ ④ ㄱ, ㄴ, ㄹ ⑤ ㄱ, ㄴ, ㄷ, ㄹ

I15 4점 함정 예상 적중

두 확률변수 X, Y를 다음과 같이 정의한다.

> X : 연속하는 100개의 홀수에서 임의로 뽑은 두 수의 차
> Y : 연속하는 100개의 짝수에서 임의로 뽑은 두 수의 차

[보기] 중에서 옳은 것만을 있는 대로 고른 것은? (4점)

[보기]

ㄱ. $\mathrm{P}(X=100)=\dfrac{1}{100}$

ㄴ. $\mathrm{E}(X)=\mathrm{E}(Y)$

ㄷ. $\mathrm{V}(X)=\mathrm{V}(Y)$

① ㄱ ② ㄴ ③ ㄷ
④ ㄱ, ㄷ ⑤ ㄴ, ㄷ

유형 04 확률변수 $aX+b$의 평균, 분산, 표준편차

확률변수 $aX+b$의 평균, 분산, 표준편차(a, b는 상수, $a\neq0$)
$\mathrm{E}(X)=m$, $\mathrm{V}(X)=\sigma^2$일 때,
(1) $\mathrm{E}(aX+b)=a\mathrm{E}(X)+b=am+b$
(2) $\mathrm{V}(aX+b)=a^2\mathrm{V}(X)=a^2\sigma^2$
(3) $\sigma(aX+b)=|a|\sigma(X)=|a|\sigma$

tip
먼저 확률변수 X에 대한 평균과 분산을 구한다.

I16 4점 실수 2015/경찰대 24(고3)

두 개의 주사위를 던져 나오는 눈의 수 중 크거나 같은 수를 확률변수 X라 할 때, $\mathrm{E}(6X)=\dfrac{p}{q}$이다. $p+q$의 값을 구하시오.
(단, p, q는 서로소인 자연수) (4점)

I17 3점 실수 2011(가)/수능(홀) 26(고3) 변형

이산확률변수 X의 확률질량함수가

$$\mathrm{P}(X=x)=\frac{ax^2+3}{24}\ (x=-2,\ -1,\ 0,\ 1)$$

일 때, 확률변수 $-12X+2$의 평균 $\mathrm{E}(-12X+2)$의 값은?
(단, a는 상수이다.) (3점)

① 11 ② 12 ③ 13
④ 14 ⑤ 15

I18 3점 함정 2014예비평가(A) 5월/평가원 13(고3)

그림과 같이 8개의 지점 A, B, C, D, E, F, G, H를 잇는 도로망이 있다. 8개의 지점 중에서 한 지점을 임의로 선택할 때, 선택된 지점에 연결된 도로의 개수를 확률변수 X라 하자. 확률변수 $3X+1$의 평균 $\mathrm{E}(3X+1)$의 값은? (3점)

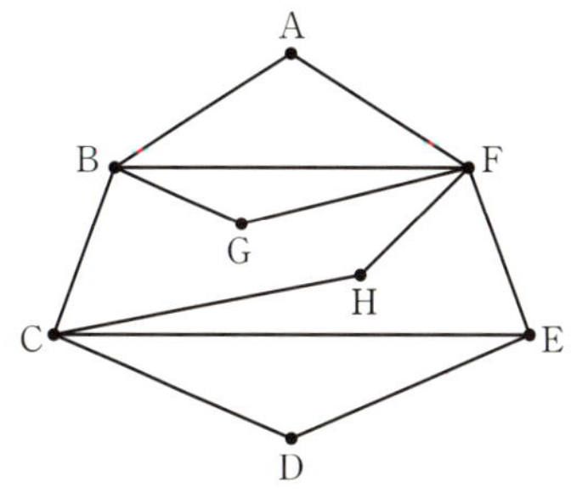

① 8 ② 9 ③ 10
④ 11 ⑤ 12

23 DAY

❖ 정답 및 해설 408~411p

I19 3점 고난도 2007(가) 6월/평가원 20(고3)

오른쪽 그림과 같이 한 변의 길이가 3인 정사각형을 한 변의 길이가 1인 정사각형 9개로 나누고, 이 중에서 3개를 색칠할 때 나타나는 모양은 다음과 같이 세 가지 유형으로 분류할 수 있다.

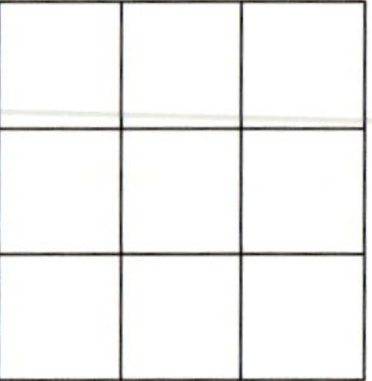

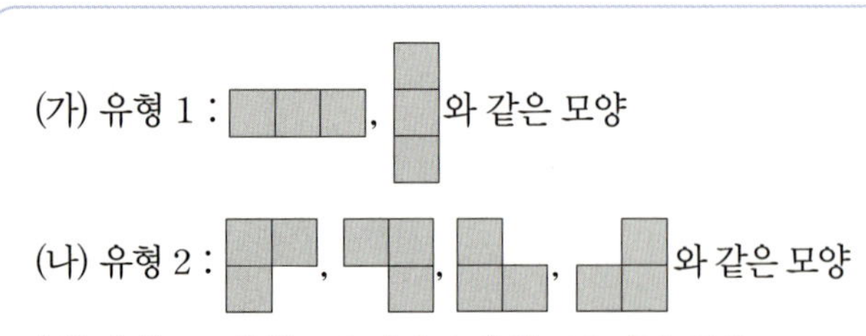

(가) 유형 1 : , 와 같은 모양
(나) 유형 2 : , , , 와 같은 모양
(다) 유형 3 : 유형 1도 아니고 유형 2도 아닌 모양

한 변의 길이가 1인 위의 정사각형 9개 중에서 임의로 3개를 색칠하여 얻은 모양의 유형에 따라 확률변수 X는 다음과 같다고 하자.

$$X=\begin{cases} 1 \text{ (유형 1인 경우)} \\ 2 \text{ (유형 2인 경우)} \\ 3 \text{ (유형 3인 경우)} \end{cases}$$

$\mathrm{E}(42X)$의 값을 구하시오. (3점)

I20 4점 함정 예상 적중

철수는 자신의 집 대문에 0부터 9까지의 숫자 중 네 개의 숫자를 누른 후 *를 누르면 자동으로 열리는 잠금 장치를 설치하였는데 비밀번호를 잊어버렸다. 네 숫자를 누른 후 *를 눌러 비밀번호가 맞는지 확인하는 데 2초의 시간이 걸린다고 할 때, 비밀번호를 알아내는 데 걸리는 시간(초)의 기댓값은? (단, 각 숫자는 한 번씩만 사용할 수 있고, 확인할 때 한 번 입력했던 번호는 다시 입력하지 않는다.) (4점)

① 5040 ② 5041 ③ 5042
④ 5043 ⑤ 5044

유형 05 이항분포의 활용

(1) 이항분포의 확률

독립시행의 확률분포를 이항분포라 한다. 독립시행의 정리에 의하여 n회 반복하여 r회 일어날 확률은 ${}_n\mathrm{C}_r p^r(1-p)^{n-r}$이다.
이때, 이항분포를 기호로 $\mathrm{B}(n, p)$라 나타낸다.

(2) 이항분포의 평균, 분산, 표준편차

확률변수 X가 이항분포 $\mathrm{B}(n, p)$를 따르면
$\mathrm{E}(X)=np$, $\mathrm{V}(X)=npq$, $\sigma(X)=\sqrt{npq}$ (단, $q=1-p$)

tip
동전 던지기, 주사위 던지기, 복원추출 등 독립시행인 사건에 대한 것은 이항분포를 이용한다.

I21 4점 실수 2016/경찰대 8(고3) 변형

확률변수 X가 이항분포 $\mathrm{B}(n, p)$를 따르고 $\mathrm{E}(5X^2)=96$, $\mathrm{E}(3X+1)=13$일 때, $\dfrac{\mathrm{P}(X=2)}{\mathrm{P}(X=3)}$의 값은? (4점)

① $\frac{1}{2}$ ② $\frac{7}{12}$ ③ $\frac{2}{3}$
④ $\frac{3}{4}$ ⑤ $\frac{5}{6}$

I22 3점 실수 2014(B)/삼사 5(고3)

주머니 속에 1, 2, 3, 4, 5의 수가 각각 하나씩 적힌 5개의 공이 들어 있다. 이 주머니에서 임의로 3개의 공을 동시에 꺼내어 적힌 수를 확인하고 다시 집어넣는 시행을 한다. 이와 같은 시행을 25회 반복할 때, 꺼낸 3개의 공에 적힌 수들 중 두 수의 합이 나머지 한 수와 같은 경우가 나오는 횟수를 확률변수 X라 하자. 확률변수 X^2의 평균 $\mathrm{E}(X^2)$의 값은? (3점)

① 102 ② 104 ③ 106
④ 108 ⑤ 110

123 4점 ········ 2007(나) 9월/평가원 29(고3)

이산확률변수 X가 값 x를 가질 확률이

$$P(X=x)={}_{n}C_{x}p^{x}(1-p)^{n-x}$$

(단, $x=0, 1, 2, \cdots, n$이고 $0<p<1$)

이다. $E(X)=1$, $V(X)=\frac{9}{10}$일 때, $P(X<2)$의 값은? (4점)

① $\frac{19}{10}\left(\frac{9}{10}\right)^{9}$ ② $\frac{17}{9}\left(\frac{8}{9}\right)^{8}$ ③ $\frac{15}{8}\left(\frac{7}{8}\right)^{7}$

④ $\frac{13}{7}\left(\frac{6}{7}\right)^{6}$ ⑤ $\frac{11}{6}\left(\frac{5}{6}\right)^{5}$

124 4점 ········ 2007(가)/수능(홀) 30(고3)

어느 공장에서 생산되는 제품은 한 상자에 50개씩 넣어 판매되는데, 상자에 포함된 불량품의 개수는 이항분포를 따르고 평균이 m, 분산이 $\frac{48}{25}$이라 한다. 한 상자를 판매하기 전에 불량품을 찾아내기 위하여 50개의 제품을 모두 검사하는 데 총 60000원의 비용이 발생한다. 검사하지 않고 한 상자를 판매할 경우에는 한 개의 불량품에 a원의 애프터서비스 비용이 필요하다. 한 상자의 제품을 모두 검사하는 비용과 애프터서비스로 인해 필요한 비용의 기댓값이 같다고 할 때, $\frac{a}{1000}$의 값을 구하시오. (단, a는 상수이고, m은 5 이하인 자연수이다.) (4점)

유형 06 연속확률분포의 확률

(1) 연속확률변수에 대한 확률함수를 확률밀도함수라 한다.

(2) $a\le X\le b$인 연속확률변수 X에 대하여 함수 $f(x)$가 다음을 만족시킬 때, 확률밀도함수라 한다.

(i) $a\le X\le b$에서 $f(x)\ge 0$

(ii) 전 구간에서 확률은 1이다.

(iii) 구간 $x_1\le X\le x_2$에서의 확률은 확률밀도함수 $f(x)$와 x축 및 직선 $x=x_1$, $x=x_2$로 둘러싸인 부분의 넓이이다.

tip

확률밀도함수가 미지수를 포함한 경우, 전 구간에서의 확률이 1임을 이용해서 미지수를 구한다.

125 4점 실수 ········ 2009/경찰대 13(고3)

$-2\le X\le 4$의 모든 값을 취하는 확률변수 X의 확률밀도함수 $f(x)$는 다음을 만족시킨다.

$$f(1-x)=f(1+x)$$

$P(1\le X\le 3)=2P(3\le X\le 4)$이고 $P(0\le X\le 1)=\frac{1}{4}$일 때, $P(0\le X\le 3)$의 값은? (4점)

① $\frac{5}{12}$ ② $\frac{1}{2}$ ③ $\frac{7}{12}$

④ $\frac{2}{3}$ ⑤ $\frac{3}{4}$

126 4점 실수 ········ 2009(나) 9월/평가원 30(고3) 변형

연속확률변수 X의 확률밀도함수 $f(x)$가 다음과 같다.

$$f(x)=\frac{2}{9}x\ (0\le x\le 3)$$

매회의 시행에서 사건 A가 일어날 확률이 $P(1\le X\le 2)$로 일정할 때, 4회의 독립시행에서 사건 A가 1회 이하 일어날 확률을 $\frac{q}{p}$라 하자. $p+q$의 값을 구하시오.

(단, p와 q는 서로소인 자연수이다.) (4점)

127 3점 실수 ········ 2007실시(가) 7월/교육청 27(고3) 변형

확률변수 X의 확률밀도함수 $f(x)$가 다음과 같을 때, $P(a\le X\le 3a)$의 값은? (3점)

$$f(x)=\begin{cases}\frac{1}{2}x & (0\le x<a)\\ x-\frac{1}{2}a & (a\le x<2a)\\ \frac{3}{2}x-\frac{3}{2}a & (2a\le x<3a)\\ -3x+12a & (3a\le x<4a)\\ 0 & (x<0,\ x\ge 4a)\end{cases}$$

① $\frac{11}{20}$ ② $\frac{3}{5}$ ③ $\frac{13}{20}$

④ $\frac{7}{10}$ ⑤ $\frac{3}{4}$

❖ 정답 및 해설 411~414p

I28 4점 실수 2008(나) 9월/평가원 28(고3)

연속확률변수 X가 갖는 값의 범위는 $0 \le X \le 2$이고 확률밀도함수의 그래프는 다음과 같다.

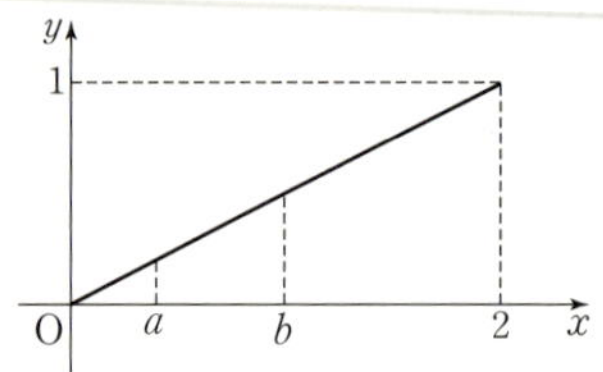

두 양수 a, b에 대하여

$p_1 = \mathrm{P}(0 \le X \le a)$, $p_2 = \mathrm{P}(a < X \le b)$,

$p_3 = \mathrm{P}(b < X \le 2)$

이다. 세 확률 p_1, p_2, p_3이 이 순서로 등차수열을 이루고 $a+b=\frac{4}{3}$일 때, b의 값은? (단, $a<b$이다.) (4점)

① $\frac{11}{12}$　② 1　③ $\frac{13}{12}$
④ $\frac{7}{6}$　⑤ $\frac{5}{4}$

I29 3점 실수 2008실시(가) 10월/교육청 27(고3) 변형

연속확률변수 X가 갖는 값은 구간 $[0, 1]$의 모든 실수이다. 구간 $[0, 1]$에서 두 함수 $F(x)$, $G(x)$를

$F(x)=\mathrm{P}(X \ge x)$, $G(x)=\mathrm{P}(X \le x)$

로 정의할 때, [보기]에서 항상 옳은 것만을 있는 대로 고른 것은? (3점)

[보기]

ㄱ. $G(0.3) \ge G(0.2)$
ㄴ. $F(x)G(x)<0$인 x가 존재한다.
ㄷ. $F(x)+G(x)=1$

① ㄱ　② ㄴ　③ ㄱ, ㄴ
④ ㄱ, ㄷ　⑤ ㄱ, ㄴ, ㄷ

유형 07 정규분포곡선의 성질

(1) 직선 $x=m$에 대하여 대칭이다.
(2) x축을 점근선으로 한다.
(3) 곡선과 x축 사이의 전체 넓이는 1이다.
(4) m의 값이 클수록 대칭축이 오른쪽에 위치한다.
(5) σ의 값이 작을수록 곡선의 높이가 높아지고 폭이 좁아진다.
　σ의 값이 클수록 곡선의 높이가 낮아지고 폭이 넓어진다.

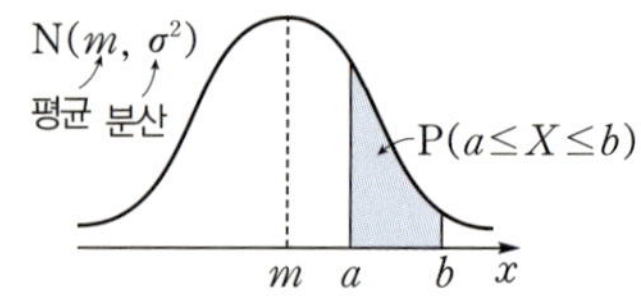

tip
정규분포곡선을 직접 그려서 문제를 푸는 것이 실수를 줄이는 데 도움이 된다.

I30 3점 함정 2005예비평가(나) 12월/평가원 8(고2)

어느 고등학교 3학년 학생의 키는 평균이 170 cm이고 표준편차가 5 cm인 정규분포를 따른다고 한다. 길이가 모두 10 cm인 다음의 세 구간 A, B, C에 속하는 학생 수를 차례로 a, b, c라고 할 때, a, b, c 사이의 대소 관계를 옳게 나타낸 것은? (3점)

A$=[165, 175]$
B$=[163, 173]$
C$=[169, 179]$

① $a \ge b \ge c$　② $a \ge c \ge b$　③ $b \ge c \ge a$
④ $c \ge a \ge b$　⑤ $c \ge b \ge a$

I31 3점 실수 2015(B)/삼사 10(고3) 변형

정규분포를 따르는 두 연속확률변수 X, Y가 다음 조건을 만족시킨다.

(가) $\mathrm{E}(X)=12$
(나) $\mathrm{E}(Y)=2\mathrm{E}(X)+6$

$\mathrm{P}(X \le k)=\mathrm{P}(Y \ge k)$를 만족시키는 상수 k의 값은? (3점)

① 14　② 15　③ 16
④ 17　⑤ 18

132 4점 2005(가) 6월/평가원 11(고3) 변형

연속확률변수 X의 확률밀도함수 $f(x)$가 모든 실수 x에 대하여

$f(2+x)=f(2-x)$

를 만족시킨다. 두 양수 a와 $b(a<b)$에 대하여

$P(2-a\le X\le 2+a)=p_1$,

$P(2+a\le X\le 2+b)=p_2$

일 때, 확률 $P(X\le 2+b)$를 p_1과 p_2로 나타낸 것은?

(단, $p_1>0$, $p_2>0$이다.) (4점)

① $0.5+\frac{1}{2}p_1+p_2$ ② $\frac{1}{2}p_1+p_2$ ③ $0.5+p_1+p_2$

④ $0.5-p_1+p_2$ ⑤ $0.5+p_1+\frac{1}{2}p_2$

133 4점 실수 2016(A) 9월/평가원 29(고3)

확률변수 X가 정규분포 $N(4,\ 3^2)$을 따를 때,

$\sum_{n=1}^{7}P(X\le n)=a$이다. $10a$의 값을 구하시오. (4점)

134 4점 실수 2013(가)/수능(홀) 13(고3)

확률변수 X가 정규분포 $N(m,\ \sigma^2)$을 따르고 다음 조건을 만족시킨다.

> (가) $P(X\ge 64)=P(X\le 56)$
> (나) $E(X^2)=3616$

$P(X\le 68)$의 값을 오른쪽 표를 이용하여 구한 것은? (3점)

x	$P(m\le X\le x)$
$m+1.5\sigma$	0.4332
$m+2\sigma$	0.4772
$m+2.5\sigma$	0.4938

① 0.9104 ② 0.9332

③ 0.9544 ④ 0.9772

⑤ 0.9938

유형 08 정규분포의 표준화

확률변수 X가 정규분포 $N(m,\ \sigma^2)$을 따를 때,

① 확률변수 $Z=\frac{X-m}{\sigma}$은 표준정규분포 $N(0,\ 1)$을 따른다.

② $P(a\le X\le b)=P\left(\frac{a-m}{\sigma}\le Z\le\frac{b-m}{\sigma}\right)$

tip

1 평균과 표준편차가 다른 확률변수 X, Y는 표준화해서 비교한다.

2 함수 $f(x)$가 모든 실수 x에 대하여 $f(m-x)=f(m+x)$가 성립하면 함수 $f(x)$는 직선 $x=m$에 대하여 대칭이다.

135 4점 실수 2008실시(가) 4월/교육청 13(고3) 변형

정규분포 $N(m,\ \sigma^2)$을 따르는 확률변수 X에 대하여 확률밀도함수 $f(x)$가 모든 실수 x에 대하여

$f(x)=f(200-x)$

를 만족한다.

$P(m\le X\le m+5)=0.4938$일 때,

표준정규분포표를 이용하여 $P(97\le X\le 104)$를 구하면? (4점)

z	$P(0\le Z\le z)$
1.5	0.4332
2.0	0.4772
2.5	0.4938
3.0	0.4987

① 0.9104 ② 0.9270 ③ 0.9710

④ 0.9725 ⑤ 0.9759

136 3점 함정 2009실시(가) 3월/교육청 27(고3)

그림은 정규분포 $N(40,\ 10^2)$, $N(50,\ 5^2)$을 따르는 두 확률변수 X, Y의 정규분포곡선을 나타낸 것이다. 그림과 같이 $40\le x\le 50$인 범위에서 두 곡선과 직선 $x=40$으로 둘러싸인 부분의 넓이를 S_1, 두 곡선과 직선 $x=50$으로 둘러싸인 부분의 넓이를 S_2라 할 때, S_2-S_1의 값을 오른쪽 표준정규분포표를 이용하여 구한 것은? (3점)

z	$P(0\le Z\le z)$
1	0.3413
2	0.4772
3	0.4987

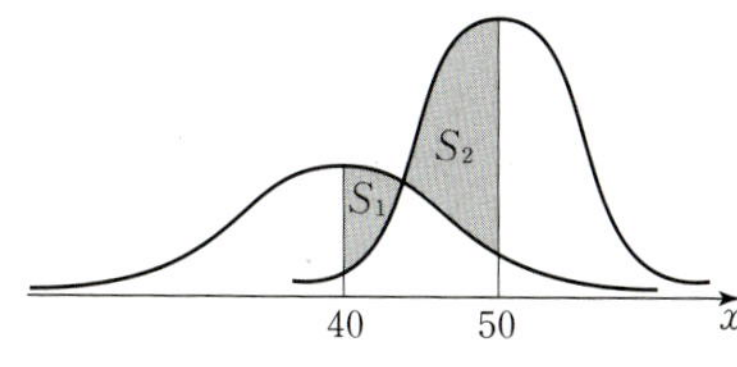

① 0.1248 ② 0.1359 ③ 0.1575

④ 0.1684 ⑤ 0.1839

I37 4점 실수 2017(나)/수능(홀) 29(고3)

확률변수 X는 평균이 m, 표준편차가 5인 정규분포를 따르고, 확률변수 X의 확률밀도함수 $f(x)$가 다음 조건을 만족시킨다.

(가) $f(10)>f(20)$
(나) $f(4)<f(22)$

z	$\mathrm{P}(0\le Z\le z)$
0.6	0.226
0.8	0.288
1.0	0.341
1.2	0.385
1.4	0.419

m이 자연수일 때, $\mathrm{P}(17\le X\le 18)=a$이다. $1000a$의 값을 오른쪽 표준정규분포표를 이용하여 구하시오. (4점)

I38 4점 실수 2010(나) 9월/평가원 29(고3) 변형

15 이상의 실수 전체의 집합을 정의역으로 하는 함수 $H(m)$은 평균 m, 표준편차 2인 정규분포를 따르는 확률변수 X에 대하여

$$H(m)=\mathrm{P}(X\le 15)$$

이다. 옳은 것만을 [보기]에서 있는 대로 고른 것은?
(단, 표준정규분포를 따르는 확률변수 Z에 대하여 $\mathrm{P}(0\le Z\le 1)=0.3413$, $\mathrm{P}(0\le Z\le 2)=0.4772$이다.) (4점)

[보기]

ㄱ. $H(17)=\mathrm{P}(Z\ge 1)$
ㄴ. $H(16)<H(18)$
ㄷ. $H(17)<5H(19)$

① ㄱ ② ㄷ ③ ㄱ, ㄴ
④ ㄴ, ㄷ ⑤ ㄱ, ㄴ, ㄷ

I39 4점 2009실시(가) 4월/교육청 16(고3)

연속확률변수 X는 평균이 20, 표준편차가 4인 정규분포를 따른다. 함수 $f(k)$를 $f(k)=\mathrm{P}(k-8\le X\le k)$로 정의할 때, $f(k)$에 대한 설명으로 옳은 것만을 [보기]에서 있는 대로 고른 것은? (4점)

[보기]

ㄱ. $f(12)=f(36)$
ㄴ. 함수 $f(k)$는 $k=24$일 때 최댓값을 갖는다.
ㄷ. 임의의 실수 k에 대하여 $f(k)=f(24-k)$이다.

① ㄱ ② ㄷ ③ ㄱ, ㄴ
④ ㄴ, ㄷ ⑤ ㄱ, ㄴ, ㄷ

유형 09 정규분포의 표준화의 응용

문장으로 주어진 문제에서 확률변수 X와 X가 따르는 정규분포를 다음의 순서에 따라 파악하여 확률의 값을 구하자.
(i) 묻고 있는 대상인 확률변수 X를 찾는다.
(ii) 확률변수 X에 대한 평균과 표준편차를 구한다.
(iii) 구해야 할 확률에 대한 확률변수 X의 범위를 체크한다.
(iv) 표준화를 하여 표준정규분포표를 이용하여 확률의 값을 구한다.

구해야 할 확률에 대한 확률변수 X의 범위는 구체적인 수로 주어질 때도 있지만, 등수나 비율 등으로 주어질 때도 있다.

I40 3점 실수 예상 적중

훈이와 준이는 한 개의 주사위를 던져서 1의 눈이 나오면 상대방에게서 1000원을 받고, 1의 눈이 나오지 않으면 상대방에게 100원을 주는 게임을 하기로 하였다. 훈이가 먼저 주사위를 180번 연속해서 던질 때, 훈이가 게임으로 받은 돈이 4000원 이상일 확률을 오른쪽 표준정규분포표를 이용하여 구한 것은? (3점)

z	$\mathrm{P}(0\le Z\le z)$
1.0	0.3413
1.5	0.4332
2.0	0.4772
2.5	0.4938

① 0.8413 ② 0.9332 ③ 0.9772
④ 0.9872 ⑤ 0.9938

I41 3점 실수 2011(나) 9월/평가원 8(고3)

어느 동물의 특정 자극에 대한 반응 시간은 평균이 m, 표준편차가 1인 정규분포를 따른다고 한다. 반응 시간이 2.93 미만일 확률이 0.1003일 때, m의 값을 오른쪽 표준정규분포표를 이용하여 구한 것은? (3점)

z	$\mathrm{P}(0\le Z\le z)$
0.91	0.3186
1.28	0.3997
1.65	0.4505
2.02	0.4783

① 3.47 ② 3.84 ③ 4.21
④ 4.58 ⑤ 4.95

I42 3점 함정 2007(나) 9월/평가원 10(고3) 변형

어느 농장의 생후 7개월된 돼지 200마리의 무게는 평균 110 kg, 표준편차 20 kg인 정규분포를 따른다고 한다. 이 200마리의 돼지 중 무거운 것부터 차례로 순위를 매겼을 때 150번째 돼지의 최소 무게를 오른쪽 표준정규분포표를 이용하여 구한 것은? (3점)

z	$P(0\le Z\le z)$
0.64	0.24
0.68	0.25
0.71	0.26

① 95.8 kg ② 96.0 kg ③ 96.2 kg ④ 96.4 kg ⑤ 96.6 kg

I43 4점 2006(나) 9월/평가원 30(고3) 변형

어느 회사에서는 신입사원에게 연수를 실시하고 연수 점수에 따라 상위 10%를 뽑아 해외 연수의 기회를 제공하고자 한다. 신입사원 전체의 연수 점수가 평균 74점, 표준편차 10점인 정규분포를 따른다고 할 때, 해외 연수의 기회를 얻기 위한 최소 점수를 오른쪽 표준정규분포표를 이용하여 구하시오. (단, 연수점수는 최소 0점에서 최대 100점 사이이다.) (4점)

z	$P(0\le Z\le z)$
1.0	0.34
1.1	0.36
1.2	0.38
1.3	0.40

I44 4점 실수 2015(B) 9월/평가원 19(고3)

어느 학교 3학년 학생의 A 과목 시험 점수는 평균이 m, 표준편차가 σ인 정규분포를 따르고, B 과목 시험 점수는 평균이 $m+3$, 표준편차가 σ인 정규분포를 따른다고 한다. 이 학교 3학년 학생 중에서 A 과목 시험 점수가 80점 이상인 학생의 비율이 9 %이고, B 과목시험 점수가 80점 이상인 학생의 비율이 15 %일 때, $m+\sigma$의 값은? (단, Z가 표준정규분포를 따르는 확률변수일 때, $P(0\le Z\le 1.04)=0.35$, $P(0\le Z\le 1.34)=0.41$로 계산한다.) (4점)

① 68.6 ② 70.6 ③ 72.6 ④ 74.6 ⑤ 76.6

I45 4점 실수 2010(나)/수능(홀) 9(고3) 변형

어느 공장에서 생산되는 병의 내압강도는 정규분포 $N(m,\ \sigma^2)$을 따르고, 내압강도가 40보다 작은 병은 불량품으로 분류한다. 이 공장의 공정능력을 평가하는 공정능력지수 G는

$$G=\frac{m-40}{3\sigma}$$

으로 계산한다. $G=0.7$일 때, 임의로 복원추출한 두 개의 병 중 하나만 불량품일 확률을 오른쪽 표준정규분포표를 이용하여 구한 것은? (소수점 아래 다섯째 자리에서 반올림한다.) (4점)

z	$P(0\le Z\le z)$
2.1	0.4821
2.2	0.4861
2.3	0.4893
2.4	0.4918
2.5	0.4938

① 0.0350 ② 0.0351 ③ 0.0352 ④ 0.0353 ⑤ 0.0354

I46 4점 2021(나)/수능(홀) 19(고3)

확률변수 X는 평균이 8, 표준편차가 3인 정규분포를 따르고, 확률변수 Y는 평균이 m, 표준편차가 σ인 정규분포를 따른다. 두 확률변수 X, Y가

$$P(4\le X\le 8)+P(Y\ge 8)=\frac{1}{2}$$

을 만족시킬 때, $P\left(Y\le 8+\frac{2\sigma}{3}\right)$의 값을 오른쪽 표준정규분포표를 이용하여 구한 것은? (4점)

z	$P(0\le Z\le z)$
1.0	0.3413
1.5	0.4332
2.0	0.4772
2.5	0.4938

① 0.8351 ② 0.8413 ③ 0.9332 ④ 0.9772 ⑤ 0.9938

I47 4점 함정 2020실시(나) 7월/교육청 18(고3)

확률변수 X는 정규분포 $N(m_1,\ \sigma_1^2)$, 확률변수 Y는 정규분포 $N(m_2,\ \sigma_2^2)$을 따르고, 확률변수 X, Y의 확률밀도함수는 각각 $f(x)$, $g(x)$이다. $\sigma_1=\sigma_2$이고 $f(24)=g(28)$일 때, 확률변수 X, Y는 다음 조건을 만족시킨다.

(가) $P(m_1\le X\le 24)+P(28\le Y\le m_2)=0.9544$
(나) $P(Y\ge 36)=1-P(X\le 24)$

$P(18\le X\le 21)$의 값을 오른쪽 표준정규분포표를 이용하여 구한 것은? (4점)

z	$P(0\le Z\le z)$
0.5	0.1915
1.0	0.3413
1.5	0.4332
2.0	0.4772

① 0.3830 ② 0.5328 ③ 0.6247 ④ 0.6826 ⑤ 0.7745

❖ 정답 및 해설 419~425p

I48 4점 2021(가)/삼사 16(고3)

확률변수 X는 정규분포 $\mathrm{N}(m,\ 4^2)$을 따르고, 확률변수 Y는 정규분포 $\mathrm{N}(20,\ \sigma^2)$을 따른다. 확률변수 X의 확률밀도함수가 $f(x)$일 때, $f(x)$와 두 확률변수 X, Y가 다음 조건을 만족시킨다.

> (가) 모든 실수 x에 대하여 $f(x+10)=f(20-x)$이다.
> (나) $\mathrm{P}(X \geq 17)=\mathrm{P}(Y \leq 17)$

$\mathrm{P}(X \leq m+\sigma)$의 값을 오른쪽 표준정규분포표를 이용하여 구한 것은? (단, $\sigma>0$) (4점)

z	$\mathrm{P}(0 \leq Z \leq z)$
0.5	0.1915
1.0	0.3413
1.5	0.4332
2.0	0.4772

① 0.6915　② 0.7745　③ 0.9104　④ 0.9332　⑤ 0.9772

유형 10 이항분포와 정규분포

확률변수 X가 이항분포 $\mathrm{B}(n,\ p)$를 따를 때,
① 평균은 $m=np$, 표준편차는 $\sigma=\sqrt{npq}$ (단, $q=1-p$)
② 시행횟수를 k라 하면 $\mathrm{P}(X=k)={}_n\mathrm{C}_k p^k q^{n-k}$
③ n이 충분히 클 때, X는 근사적으로 정규분포 $\mathrm{N}(np,\ npq)$를 따른다. (단, $q=1-p$)

tip
정규분포 $\mathrm{N}(m,\ \sigma^2)$을 따르는 확률변수 X의 확률 $\mathrm{P}(a \leq X \leq b)$의 값은 표준정규분포 $\mathrm{N}(0,\ 1)$을 이용하여 구한다.

I49 4점 2007실시(가) 3월/교육청 13(고3)

$\displaystyle\sum_{k=351}^{369} {}_{400}\mathrm{C}_k \left(\frac{9}{10}\right)^k \left(\frac{1}{10}\right)^{400-k}$의 값을 오른쪽 표준정규분포표를 이용하여 구한 것은? (4점)

z	$\mathrm{P}(0 \leq Z \leq z)$
0.5	0.1915
1.0	0.3413
1.5	0.4332
2.0	0.4772

① 0.1587　② 0.3085　③ 0.6826　④ 0.8664　⑤ 0.9544

I50 3점 실수 2009실시(나) 10월/교육청 22(고3)

각 면에 1, 2, 3, 4의 숫자가 하나씩 적혀 있는 정사면체 모양의 상자 2개를 동시에 던졌을 때 바닥에 닿은 면에 적혀 있는 두 눈의 수의 곱이 홀수인 사건을 A라 하자. 이 시행을 1200번 하였을 때 사건 A가 일어나는 횟수가 270 이하일 확률을 오른쪽 표준정규분포표를 이용하여 구한 값을 p라 하자. $1000p$의 값을 구하시오. (3점)

z	$\mathrm{P}(0 \leq Z \leq z)$
1.0	0.341
1.5	0.433
2.0	0.477
2.5	0.494

I51 3점 함정 2005(나)/수능(홀) 16(고3) 변형

다음은 어느 백화점에서 판매하고 있는 등산화에 대한 제조회사 별 고객의 선호도를 조사한 표이다.

제조회사	A	B	C	D	합계
선호도 (%)	20	28	25	27	100

225명의 고객이 각각 한 켤레씩 등산화를 산다고 할 때, A회사 제품을 선택할 고객이 39명 이상일 확률을 오른쪽 표준정규분포표를 이용하여 구한 것은? (3점)

z	$\mathrm{P}(0 \leq Z \leq z)$
0.5	0.1915
1.0	0.3413
1.5	0.4332
2.0	0.4772

① 0.6915　② 0.7745　③ 0.8256　④ 0.8332　⑤ 0.8413

I52 3점 실수 2012실시(가) 10월/교육청 11(고3) 변형

어느 과수원에서 수확한 사과의 무게는 평균 400 g, 표준편차 50 g인 정규분포를 따른다고 한다. 이 사과 중 무게가 413 g 이상 442 g 미만인 것을 2등급 상품으로 정한다. 이 과수원에서 수확한 사과 중 100개를 임의로 선택할 때, 2등급 상품이 23개 이상일 확률을 오른쪽 표준정규분포표를 이용하여 구한 것은? (3점)

z	$\mathrm{P}(0 \leq Z \leq z)$
0.26	0.10
0.52	0.20
0.75	0.27
0.84	0.30
1.28	0.40

① 0.20　② 0.23　③ 0.27　④ 0.30　⑤ 0.40

I53 4점 실수 2010(문)/삼사 21(고3)

어느 자영업자의 하루 매출액은 평균이 30만 원이고 표준편차가 4만 원인 정규분포를 따른다고 한다. 이 자영업자는 하루 매출액이 31만 원 이상일 때마다 1000원씩을 자선단체에 기부하고 31만 원 미만일 때는 기부를 하지 않는다고 한다. 이와 같은 추세가 계속된다고 할 때, 600일 동안 영업하여 기부할 총 금액이 222000원 이상이 될 확률을 오른쪽 표준정규분포표를 이용하여 구한 것은? (4점)

z	$\mathrm{P}(0\le Z\le z)$
0.25	0.10
0.50	0.19
1.00	0.34
1.50	0.43

① 0.69 ② 0.84 ③ 0.90
④ 0.93 ⑤ 0.98

I55 3점 실수 예상 적중

오른쪽 그림과 같이 주머니 속에 숫자 1, 3, 5, 7, 9가 적힌 공이 각각 2개씩 들어 있다. 이 주머니에서 크기가 2인 표본을 임의추출하였을 때, 공에 적힌 숫자의 평균을 $\overline{X}$라 하자. [보기] 중에서 옳은 것만을 있는 대로 고른 것은? (단, 꺼낸 공은 확인 후 다시 넣는다.) (3점)

[보기]

ㄱ. 표본평균 $\overline{X}$가 가질 수 있는 값은 5개이다.

ㄴ. $\mathrm{P}(\overline{X}=5)=\frac{1}{5}$

ㄷ. $\mathrm{E}(\overline{X}^2)-\{\mathrm{E}(\overline{X})\}^2=4$

① ㄱ ② ㄴ ③ ㄷ
④ ㄱ, ㄴ ⑤ ㄴ, ㄷ

유형 11 표본평균의 분포

확률변수 X에 대하여 표본의 크기가 n인 표본평균이 $\overline{X}$이면

① $\mathrm{E}(X)=m$일 때, $\mathrm{E}(\overline{X})=m$

② $\mathrm{V}(X)=\sigma^2$일 때, $\mathrm{V}(\overline{X})=\frac{\sigma^2}{n}$

③ $\sigma(X)=\sigma$일 때, $\sigma(\overline{X})=\frac{\sigma}{\sqrt{n}}$

이므로 확률변수 X가 정규분포 $\mathrm{N}(m, \sigma^2)$을 따를 때, 표본평균 $\overline{X}$는 정규분포 $\mathrm{N}\left(m, \frac{\sigma^2}{n}\right)$을 따른다.

tip
표본의 크기를 헷갈리지 않도록 한다.

I54 4점 실수 2009(나)/수능(홀) 29(고3)

다음은 어떤 모집단의 확률분포표이다.

X	10	20	30	합계
$\mathrm{P}(X=x)$	$\frac{1}{2}$	a	$\frac{1}{2}-a$	1

이 모집단에서 크기가 2인 표본을 복원추출하여 구한 표본평균을 $\overline{X}$라 하자. $\overline{X}$의 평균이 18일 때, $\mathrm{P}(\overline{X}=20)$의 값은? (4점)

① $\frac{2}{5}$ ② $\frac{19}{50}$ ③ $\frac{9}{25}$
④ $\frac{17}{50}$ ⑤ $\frac{8}{25}$

I56 4점 함정 예상 적중

다음 표는 어느 모집단의 확률분포를 나타낸 것이다.

X	0	1	2	…	150	합계
$\mathrm{P}(X)$	${}_{150}\mathrm{C}_0\left(\frac{3}{5}\right)^{150}$	${}_{150}\mathrm{C}_1\left(\frac{2}{5}\right)^1\left(\frac{3}{5}\right)^{149}$	${}_{150}\mathrm{C}_2\left(\frac{2}{5}\right)^2\left(\frac{3}{5}\right)^{148}$	…	${}_{150}\mathrm{C}_{150}\left(\frac{2}{5}\right)^{150}$	1

이 모집단에서 크기가 4인 표본을 임의추출하여 구한 표본평균을 $\overline{X}$라 할 때, $\mathrm{E}(2\overline{X}-5)+\mathrm{V}(2\overline{X}-5)$의 값은? (4점)

① 124 ② 133 ③ 142
④ 151 ⑤ 160

I57 4점 실수 2015실시(B) 10월/교육청 28(고3)

주머니 속에 1의 숫자가 적혀 있는 공 1개, 3의 숫자가 적혀 있는 공 n개가 들어 있다. 이 주머니에서 임의로 1개의 공을 꺼내어 공에 적혀 있는 수를 확인한 후 다시 넣는다. 이와 같은 시행을 2번 반복하여 얻은 두 수의 평균을 $\overline{X}$라 하자. $\mathrm{P}(\overline{X}=1)=\frac{1}{49}$일 때, $\mathrm{E}(\overline{X})=\frac{q}{p}$이다. $p+q$의 값을 구하시오. (단, p와 q는 서로소인 자연수이다.) (4점)

25 DAY

유형 12 표본평균의 표준화의 응용

(i) 문장에서 확률변수 X에 대한 정규분포를 찾자.

$\Rightarrow \mathrm{N}(m, \sigma^2)$

(ii) 표본의 크기가 n인 표본평균 $\overline{X}$에 대한 정규분포를 구하자.

$\Rightarrow \mathrm{N}\left(m, \dfrac{\sigma^2}{n}\right)$

(iii) 표준화하여 표준정규분포표를 이용하자.

$\Rightarrow \mathrm{P}(\overline{X} \ge a) = \mathrm{P}\left(\dfrac{\overline{X}-m}{\frac{\sigma}{\sqrt{n}}} \ge \dfrac{a-m}{\frac{\sigma}{\sqrt{n}}}\right) = \mathrm{P}\left(Z \ge \dfrac{a-m}{\frac{\sigma}{\sqrt{n}}}\right)$

tip

표본평균은 추출한 표본에 따라 다른 값을 가질 수 있는 확률변수임을 이해하는 것이 중요하다.

I58 3점 실수 예상 적중

어느 농장에서 생산되는 버섯 하나의 무게는 평균이 100 g, 표준편차가 10 g인 정규분포를 따른다고 한다. 버섯 25개를 한 상자로 만들어 판매하려고 할 때, 포장지를 제외한 버섯 한 상자의 무게가 상위 7%에 해당하는 것을 1등급으로 판매한다. 이때, 1등급으로 판매되는 버섯 한 상자의 무게의 최솟값은? (단, $\mathrm{P}(0 \le Z \le 1.5) = 0.43$이고, 상자만의 무게는 무시한다.) (3점)

① 2500 g ② 2525 g ③ 2550 g ④ 2575 g ⑤ 2600 g

I59 3점 실수 2014(A)/수능(홀) 12(고3) 변형

어느 약품 회사가 생산하는 약품 1병의 용량은 평균이 m, 표준편차가 12인 정규분포를 따른다고 한다. 이 회사가 생산한 약품 중에서 임의로 추출한 16병의 용량의 표본평균이 2000.5 이하일 확률이 0.0668일 때, m의 값을 오른쪽 표준정규분포표를 이용하여 구한 것은? (단, 용량의 단위는 mL이다.) (3점)

z	$\mathrm{P}(0 \le Z \le z)$
1.5	0.4332
2.0	0.4772
2.5	0.4938
3.0	0.4987

① 2003 ② 2004 ③ 2005 ④ 2006 ⑤ 2007

I60 4점 실수 2010(나) 9월/평가원 27(고3)

어느 회사에서는 생산되는 제품을 1000개씩 상자에 넣어 판매한다. 이때, 상자에서 임의로 추출한 16개 제품의 무게의 표본평균이 12.7 이상이면 그 상자를 정상 판매하고, 12.7 미만이면 할인 판매한다. A 상자에 들어 있는 제품의 무게는 평균 16, 표준편차 6인 정규분포를 따르고, B 상자에 들어 있는 제품의 무게는 평균 10, 표준편차 6인 정규분포를 따른다고 할 때, A 상자가 할인 판매될 확률이 p, B 상자가 정상 판매될 확률이 q이다. $p+q$의 값을 오른쪽 표준정규분포표를 이용하여 구한 것은? (단, 무게의 단위는 g이다.) (4점)

z	$\mathrm{P}(0 \le Z \le z)$
1.6	0.4452
1.8	0.4641
2.0	0.4772
2.2	0.4861

① 0.0367 ② 0.0498 ③ 0.0587 ④ 0.0687 ⑤ 0.0776

유형 13 모평균의 추정

정규분포 $\mathrm{N}(m, \sigma^2)$을 따르는 모집단에서 크기가 n인 표본평균 $\overline{X}$의 값을 $\overline{x}$라 하고, 표본평균 $\overline{X}$에 대하여 신뢰도 α %일 때의 신뢰계수를 k라 하면

① 모평균 m의 신뢰구간 : $\overline{x} - k \times \dfrac{\sigma}{\sqrt{n}} \le m \le \overline{x} + k \times \dfrac{\sigma}{\sqrt{n}}$

② 신뢰구간의 길이 : $2k \times \dfrac{\sigma}{\sqrt{n}}$

tip

신뢰도 95 %의 신뢰계수는 1.96(문제에 따라 2로 나타내기도 한다.)

신뢰도 99 %의 신뢰계수는 2.58(문제에 따라 3으로 나타내기도 한다.)

I61 4점 실수 2009(가) 9월/평가원 29(고3)

모집단 A는 정규분포 $\mathrm{N}(m_1, \sigma^2)$을 따르고, 모집단 B는 정규분포 $\mathrm{N}\left(m_2, \left(\dfrac{\sigma}{2}\right)^2\right)$을 따른다. 모집단 A에서 크기 n_1, 모집단 B에서 크기 n_2인 표본을 각각 임의추출할 때의 표본평균을 각각 $\overline{X_{\mathrm{A}}}$, $\overline{X_{\mathrm{B}}}$라 하자. [보기]에서 옳은 것만을 있는 대로 고른 것은? (단, n_1, n_2는 1보다 큰 자연수이다.) (4점)

[보기]

ㄱ. $m_1 = m_2$이면 $\mathrm{E}(\overline{X_{\mathrm{A}}}) = \mathrm{E}(\overline{X_{\mathrm{B}}})$이다.

ㄴ. 표본평균 $\overline{X_{\mathrm{B}}}$는 정규분포 $\mathrm{N}\left(m_2, \left(\dfrac{\sigma}{2}\right)^2\right)$을 따른다.

ㄷ. $n_1 = 4n_2$일 때, m_1에 대한 신뢰도 95 %의 신뢰구간이 $[a, b]$이고, m_2에 대한 신뢰도 95 %의 신뢰구간이 $[c, d]$이면, $b-a = d-c$이다.

① ㄱ ② ㄷ ③ ㄱ, ㄷ ④ ㄴ, ㄷ ⑤ ㄱ, ㄴ, ㄷ

I62 4점 함정 2007(가)/수능(홀) 29(고3)

정규분포 $N(m,\ 2^2)$을 따르는 모집단에서 임의추출한 크기 7인 표본과 크기 10인 표본의 표본평균을 각각 $\overline{X_A}$, $\overline{X_B}$라 하고, $\overline{X_A}$와 $\overline{X_B}$의 분포를 이용하여 추정한 모평균 m에 대한 신뢰도 95 %의 신뢰구간을 각각 $[a,\ b]$, $[c,\ d]$라고 하자. [보기]에서 옳은 것을 모두 고른 것은? (4점)

[보기]

ㄱ. $\overline{X_A}$의 분산은 $\overline{X_B}$의 분산보다 크다.

ㄴ. $P\left(\overline{X_A} \le m+2\right) < P\left(\overline{X_B} \le m+2\right)$

ㄷ. $d-c<b-a$

① ㄱ ② ㄷ ③ ㄱ, ㄴ
④ ㄴ, ㄷ ⑤ ㄱ, ㄴ, ㄷ

I63 4점 2013(나) 9월/평가원 20(고3) 변형

어느 공장에서 생산하는 제품의 무게는 모평균이 m, 모표준편차가 σ인 정규분포를 따른다고 한다. 이 공장에서 생산한 제품 중에 서 n개를 임의추출하여 신뢰도 99 %로 추정한 모평균 m에 대한 신뢰구간이 $[a,\ b]$일 때, $P(|Z| \le c)=0.99$를 만족시키는 c를 $a,\ b,\ n,\ \sigma$로 나타낸 것은?

(단, 확률변수 Z는 표준정규분포를 따른다.) (4점)

① $\frac{\sqrt{n}}{\sigma}(b+a)$ ② $\frac{\sqrt{n}}{2\sigma}(b+a)$ ③ $\frac{2\sqrt{n}}{\sigma}(b-a)$
④ $\frac{\sqrt{n}}{\sigma}(b-a)$ ⑤ $\frac{\sqrt{n}}{2\sigma}(b-a)$

I64 4점 2009(문)/삼사 29(고3) 변형

어느 임업연구소의 A, B 두 연구원이 소나무 군락지의 소나무들의 생장 상태를 알아보기 위하여 100그루의 소나무들을 각각 36, 64그루로 나누어 키를 조사하였더니 오른쪽 표와 같은 결과를 얻었다. A, B 두 연구원이 각자 95 %의 신뢰도로 군락지의 소나무들의 키의 평균을 추정하였더니 신뢰구간의 길이가 같았다. 소나무들의 키의 분포는 정규분포를 따르고, a와 b는 5 미만의 자연수일 때, $|a-b|$의 값을 구하시오. (단, 표준정규분포에서 $P(0 \le Z \le 1.96)=0.475$로 계산한다.) (4점)

	표본의 크기	표준편차
A연구원	36그루	a cm
B연구원	64그루	b cm

I65 4점 실수 2018(가) 9월/평가원 26(고3)

어느 회사에서 생산하는 초콜릿 한 개의 무게는 평균이 m, 표준편차가 σ인 정규분포를 따른다고 한다. 이 회사에서 생산하는 초콜릿 중에서 임의추출한 크기가 49인 표본을 조사하였더니 초콜릿 무게의 표본평균의 값이 $\overline{x}$이었다. 이 결과를 이용하여, 이 회사에서 생산하는 초콜릿 한 개의 무게의 평균 m에 대한 신뢰도 95 %의 신뢰구간을 구하면 $1.73 \le m \le 1.87$이다. $\frac{\sigma}{\overline{x}}=k$일 때, $180k$의 값을 구하시오. (단, 무게의 단위는 g이고, Z가 표준정규분포를 따르는 확률변수일 때, $P(0 \le Z \le 1.96)=0.475$로 계산한다.) (4점)

2등급 킬러 + 1등급 킬러 문제

166 ✪ 2등급 킬러 예상 적중

동전을 100번 던져 앞면이 나올 때마다 원점에 있는 점 P가 다음과 같은 규칙에 따라 움직인다.

> (가) x축의 양의 방향으로는 2만큼 움직인다.
> (나) y축의 양의 방향으로는 순서대로 2, 4, 6, 8, …만큼 움직인다.

예를 들면, 앞면이 2번 나오는 경우에 점 P는 점 (4, 6)으로 움직인다. 점 P의 x좌표, y좌표를 각각 확률변수 X, Y로 나타낼 때, $\mathrm{E}(X)+\mathrm{E}(Y)$의 값은? (4점)

① 2650 ② 2675 ③ 2700
④ 2725 ⑤ 2750

167 ✪ 2등급 킬러 2005(나) 9월/평가원 29(고3) 변형

어느 회사에서 만든 휴대전화 배터리의 지속 시간은 평균 50시간인 정규분포를 따른다고 한다. 이 회사에서 만든 6개의 배터리 중에서 지속 시간이 50시간 미만인 배터리가 5개 이상일 확률은? (4점)

① $\frac{3}{64}$ ② $\frac{1}{16}$ ③ $\frac{5}{64}$
④ $\frac{3}{32}$ ⑤ $\frac{7}{64}$

168 ✪ 2등급 킬러 2010(나) 9월/평가원 16(고3)

한 개의 동전을 한 번 던지는 시행을 5번 반복한다. 각 시행에서 나온 결과에 대하여 다음 규칙에 따라 표를 작성한다.

> (가) 첫 번째 시행에서 앞면이 나오면 △, 뒷면이 나오면 ○를 표시한다.
> (나) 두 번째 시행부터
> (1) 뒷면이 나오면 ○를 표시하고,
> (2) 앞면이 나왔을 때, 바로 이전 시행의 결과가 앞면이면 ○, 뒷면이면 △를 표시한다.

예를 들어, 동전을 5번 던져 '앞면, 뒷면, 앞면, 앞면, 뒷면'이 나오면 다음과 같은 표가 작성된다.

시행	1	2	3	4	5
표시	△	○	△	○	○

한 개의 동전을 5번 던질 때 작성되는 표에 표시된 △의 개수를 확률변수 X라 하자. $\mathrm{P}(X=2)$의 값은? (4점)

① $\frac{13}{32}$ ② $\frac{15}{32}$ ③ $\frac{17}{32}$
④ $\frac{19}{32}$ ⑤ $\frac{21}{32}$

169 4점  예상 적중

이항분포 $\mathrm{B}(n, p)$를 따르는 확률변수 X가 다음 두 조건을 만족시킬 때, 확률변수 X의 평균은 $\frac{b}{a}$이다. 이때, $a+b$의 값을 구하시오. (단, a와 b는 서로소인 자연수이다.) (4점)

> (가) X의 분산은 $\frac{27}{16}$이다.
> (나) X가 $n-1$일 때의 확률은 X가 n일 때의 확률의 3배이다.

I70 4점 고난도 예상 적중

연속확률변수 X가 취하는 값의 범위가 $-1 \le X \le 2$이고 X의 확률밀도함수 $f(x)$가

$$f(x)=\begin{cases} 2ax+2a & (-1\le x\le 0) \\ -ax+2a & (0<x\le 2) \end{cases}$$

이다. 이때, 두 사건 $A=\{X \mid X^2 \le 1\}$, $B=\{X \mid X \ge 0\}$에 대하여 확률 $P(B \mid A)$는? (단, $a>0$) (4점)

① $\frac{1}{5}$ ② $\frac{3}{10}$ ③ $\frac{2}{5}$
④ $\frac{1}{2}$ ⑤ $\frac{3}{5}$

I71 4점 고난도 2016(B) 9월/평가원 18(고3) 변형

확률변수 X는 정규분포 $N(20, 6^2)$, 확률변수 Y는 정규분포 $N(m, 6^2)$을 따르고 확률변수 X와 Y의 확률밀도함수는 각각 $f(x)$와 $g(x)$이다. $f(26)=g(36)$, $P(Y\ge 36)\le 0.5$일 때, $P(Y\le 45)$의 값을 오른쪽 표준정규분포표를 이용하여 구한 것은? (4점)

z	$P(0\le Z\le z)$
1.0	0.3413
1.5	0.4332
2.0	0.4772
2.5	0.4938

① 0.8413 ② 0.9332 ③ 0.9772
④ 0.9938 ⑤ 0.9972

I72 ✪ 2등급 킬러 2010(문)/삼사 16(고3) 변형

r가 양의 상수일 때, $0\le x\le (1+\sqrt{3})r$에서 정의된 연속확률변수 X의 확률밀도함수 $y=f(x)$의 그래프가 그림과 같이 중심의 좌표가 $(0, 0)$이고 반지름의 길이가 $2r$인 원의 일부, 중심의 좌표가 $(r, 0)$이고 반지름의 길이가 $\sqrt{3}r$인 원의 일부일 때, 확률 $P(0\le X\le r)$의 값은? (4점)

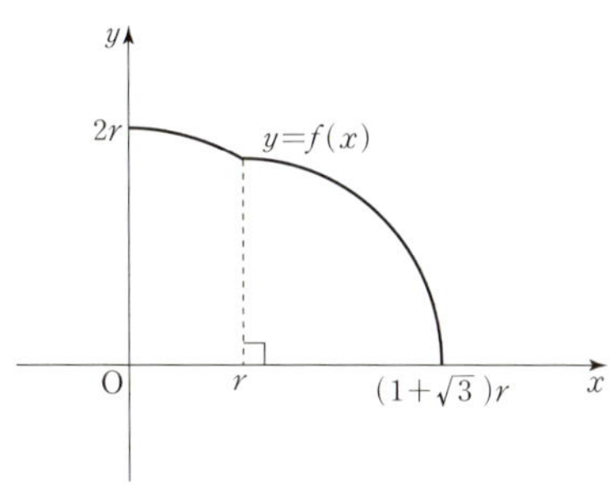

① $\frac{\pi+6\sqrt{3}}{13\pi+6\sqrt{3}}$ ② $\frac{2\pi+6\sqrt{3}}{13\pi+6\sqrt{3}}$ ③ $\frac{3\pi+6\sqrt{3}}{13\pi+6\sqrt{3}}$
④ $\frac{4\pi+6\sqrt{3}}{13\pi+6\sqrt{3}}$ ⑤ $\frac{5\pi+6\sqrt{3}}{13\pi+6\sqrt{3}}$

I73 4점 고난도 2008(문)/삼사 16(고3)

확률변수 X는 정규분포 $N(0, \sigma^2)$을 따르고, 확률변수 Z는 표준정규분포 $N(0, 1^2)$을 따른다. 두 확률변수 X, Z의 확률밀도함수를 각각 $f(x)$, $g(x)$라 할 때, 다음 조건이 모두 성립한다.

> (가) $\sigma>1$
> (나) 두 곡선 $y=f(x)$, $y=g(x)$는 $x=-1.5$, $x=1.5$일 때 만난다.

두 곡선 $y=f(x)$, $y=g(x)$로 둘러싸인 부분의 넓이가 0.096일 때, X의 표준편차 σ의 값을 아래 표준정규분포표를 이용하여 구한 것은? (4점)

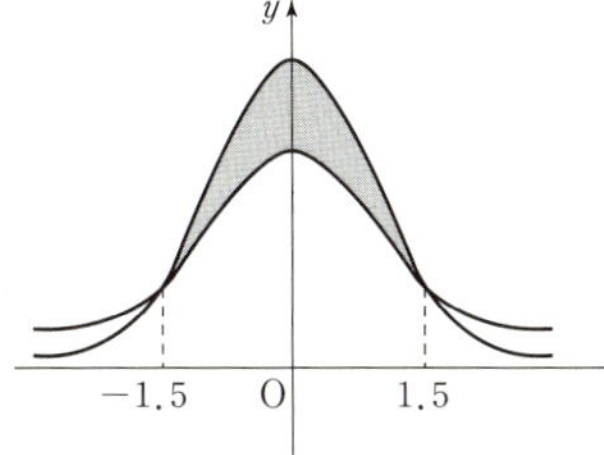

z	$P(0\le Z\le z)$
1.2	0.385
1.5	0.433
2.0	0.477

① 1.20 ② 1.25 ③ 1.50
④ 1.75 ⑤ 2.00

25 DAY

❖ 정답 및 해설 434~439p

씨알

서울대 환경 활동 동아리

환경을 위한 실천을 고민한다면, 씨알!

씨알은 삶의 터전에 관심 있는 사람들이 모여 환경을 공부하고
관련된 활동을 하는 동아리입니다.
기후 변화, 동물권, 탈핵 등 환경 문제를 서로 의논하고,
세미나를 열어 학우들의 의견을 넓게 모으기도 합니다.

축제에서 채식 장터를 운영하며 채식을 접해 볼 기회를 마련하기도 하고,
학내 채식 문화 보급을 위하여 생협과 '감골식당 활성화 방안'을 논의하는 등
다채로운 사업을 구상하고 있습니다.
학내 태양광 보조배터리 대여 서비스 사업을 기획하여 사회 공헌 대회에 참가하기도 했습니다.
환경을 위한 사업을 구상하는 사람은 누구나 추진해 볼 수 있습니다.

작은 변화를 씨앗으로 좋은 세상을 향해 나아가기를 바라는 사람이라면,
씨알의 문을 두드려보길 바라요!

고난도 실전 모의고사

수학/인문

실전에서 시간 안배를 잘할 수 있도록 **고난도 문항만으로 실전 모의고사**를 구성하였습니다.
문제를 푸는 연습을 꾸준히 해 나가면 실제 수능 시험에서도 반드시 1등급을 받을 수 있을 것입니다.

1회 고난도 실전 모의고사 [15문항형]
[출제 범위 : 수학Ⅰ, 수학Ⅱ, 확률과 통계 / 60분]

2회 고난도 실전 모의고사 [15문항형]
[출제 범위 : 수학Ⅰ, 수학Ⅱ, 확률과 통계 / 60분]

3회 고난도 실전 모의고사 [15문항형]
[출제 범위 : 수학Ⅰ, 수학Ⅱ, 확률과 통계 / 60분]

1회 고난도 실전 모의고사

인문: 수학 I, 수학 II, 확률과 통계(전 단원)

- 문항 수 15개
- 제한시간 60분

수학 I + 수학 II

1회 01 ··· 예상 적중

자연수 n에 대하여 두 함수 $f(n)$과 $g(n)$을

$f(n)=(9^n$을 10으로 나눈 나머지$)$

$g(n)=(8^n$을 10으로 나눈 나머지$)$

로 정의할 때, 수열 $\{a_n\}$에 대하여 $a_n=f(n)-g(n)$이라 하자. 이때, $\sum_{n=1}^{1004} a_n$의 값은? (3점)

① -2 ② 0 ③ 1
④ 2 ⑤ 4

1회 02 ··· 예상 적중

세 함수 $f(x)$, $g(x)$, $h(x)$에 대하여 다음 [보기] 중에서 옳은 것만을 있는 대로 고른 것은? (단, $f(x)\neq0$, $h(x)\neq0$) (4점)

[보기]

ㄱ. $\lim_{x\to\infty} f(x)$와 $\lim_{x\to\infty} g(x)$가 수렴하면 $\lim_{x\to\infty} g(f(x))$도 수렴한다.

ㄴ. $\lim_{x\to\infty} f(x)$와 $\lim_{x\to\infty} f(x)g(x)$가 수렴하면 $\lim_{x\to\infty} g(x)$도 수렴한다.

ㄷ. $\lim_{x\to\infty} f(x)$와 $\lim_{x\to\infty} \frac{g(x)}{f(x)}$가 수렴하면 $\lim_{x\to\infty} g(x)$도 수렴한다.

ㄹ. 모든 실수 x에 대하여 $f(x)<g(x)<h(x)$이고 $\lim_{x\to\infty} \frac{f(x)}{h(x)}=1$이면 $\lim_{x\to\infty} g(x)$는 수렴한다.

① ㄱ ② ㄷ ③ ㄴ, ㄹ
④ ㄷ, ㄹ ⑤ ㄱ, ㄷ, ㄹ

1회 03 ··· 2006(나)/수능(홀) 9(고3)

부등식 $a^m<a^n<b^n<b^m$을 만족시키는 양수 a, b와 자연수 m, n에 대하여 옳은 것은? (3점)

① $a<1<b$, $m>n$ ② $a<1<b$, $m<n$
③ $a<b<1$, $m<n$ ④ $1<a<b$, $m>n$
⑤ $1<a<b$, $m<n$

1회 04 ··· 예상 적중

실수 x에 대한 방정식 $x^3-3x+10-n=0$이 서로 다른 세 개의 실근을 갖도록 하는 자연수 n의 개수는? (4점)

① 2 ② 3 ③ 4
④ 5 ⑤ 6

1회 05

예상 적중

어느 음료회사에서는 봄맞이 판촉 활동의 일환으로

「음료수 3병+1병 더!!!」

라는 행사를 벌이고 있다. 예를 들어, 오른쪽 그림과 같이 음료수를 5병 샀다고 하면, 3병으로 1병을 더 받을 수 있고, 이 음료수 1병과 남아 있던 2병으로 1병을 더 받을 수 있다. 즉, 음료수를 5병 사면 모두 7병을 받을 수 있게 된다. 음료수 200병이 필요할 때, 사야하는 병의 최소 개수는? (4점)

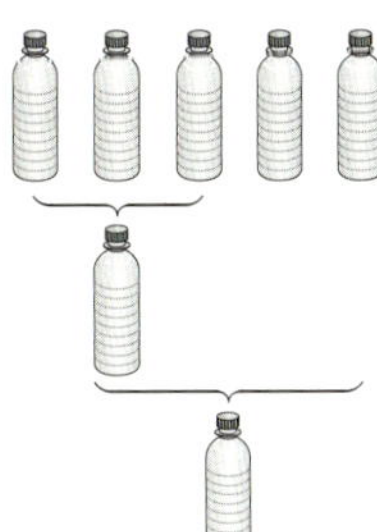

① 132병　② 133병　③ 134병
④ 135병　⑤ 136병

1회 06

2013(나)/삼사 30(고3)

세 다항함수 $f(x)$, $g(x)$, $h(x)$가 다음 조건을 만족시킨다.

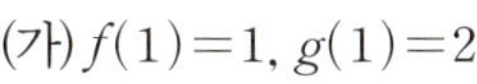

(가) $f(1)=1$, $g(1)=2$
(나) 모든 실수 x, y에 대하여
$f(xy+1)=xg(y)+h(x+y)$이다.

이때, $\int_0^3 \{f(x)+g(x)+h(x)\}dx$의 값을 구하시오. (4점)

1회 07

예상 적중

다음은 0 이상의 정수 m과 자연수 n에 대하여 등식

$$\sum_{k=1}^{n} k(k+1)(k+2)\cdots\cdots(k+m)$$
$$=\frac{1}{m+2}\cdot n(n+1)\cdots\cdots(n+m+1)$$

이 성립함을 증명하는 과정이다.

[증명]

(i) $n=1$일 때,

좌변은 $1\cdot 2\cdot 3\cdots\cdots(1+m)=$ (가) 이고

우변은 $\frac{1}{m+2}\cdot 1\cdot 2\cdots\cdots(m+2)=$ (가) 이므로

주어진 등식은 성립한다.

(ii) $n=p\,(p\geq 1)$일 때, 주어진 등식이 성립한다면

$$\sum_{k=1}^{p+1} k(k+1)\cdots\cdots(k+m)$$
$$=\sum_{k=1}^{p} k(k+1)\cdots\cdots(k+m)+\text{(나)}$$
$$=\frac{1}{m+2}(p+1)(p+2)\cdots\cdots(p+m+1)(p+\text{(다)})$$

따라서 주어진 등식은 모든 자연수 n에 대하여 성립한다.

위의 증명에서 (가), (나), (다)에 알맞은 것은? (3점)

	(가)	(나)	(다)
①	$(m+1)!$	$(p+1+m)!-p!$	$m+2$
②	${}_{m+1}C_{m+1}$	$(p+1+m)!-p!$	$m+1$
③	$(m+1)!$	$\frac{(p+1+m)!}{p!}$	$m+1$
④	${}_{m+1}C_{m+1}$	$\frac{(p+1+m)!}{p!}$	$m+1$
⑤	$(m+1)!$	$\frac{(p+1+m)!}{p!}$	$m+2$

26 DAY

❖ 정답 및 해설 439~442p

1회 08 2008실시(가) 4월/교육청 8(고3)

함수 $y=f(x)$와 $y=g(x)$의 그래프가 다음과 같을 때, [보기]에서 옳은 것을 모두 고른 것은? (4점)

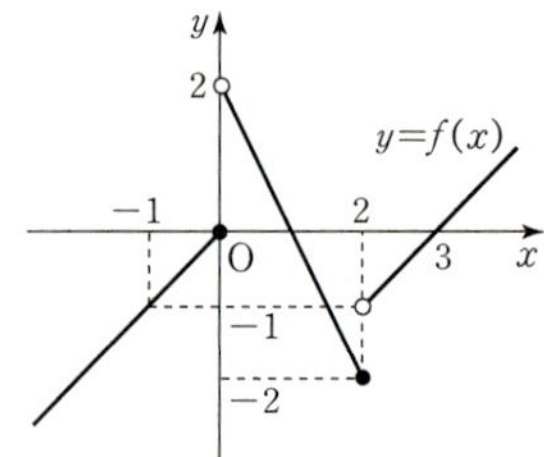

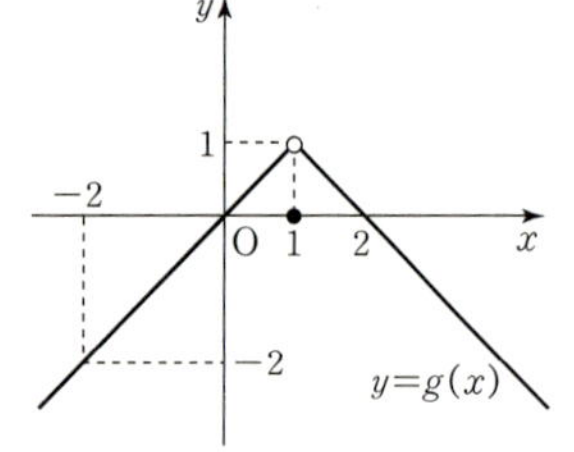

[보기]

ㄱ. $g(f(0))=0$
ㄴ. $y=g(f(x))$는 $x=0$에서 연속이다.
ㄷ. $-1\le x\le 3$에서 $y=g(f(x))$가 불연속인 x의 값은 2개이다.

① ㄱ ② ㄷ ③ ㄱ, ㄴ
④ ㄴ, ㄷ ⑤ ㄱ, ㄴ, ㄷ

1회 09 예상 적중

함수 $f(x)=px^2+qx+r$가 항상 $f(1+x)=f(1-x)$를 만족할 때, 0이 아닌 실수 a에 대하여 다음 중 $f(2^a)$과 $f(3^a)$의 대소 관계로 항상 옳은 것은? (단, p, q, r는 상수이고 $p>0$이다.) (3점)

① $f(2^a)<f(3^a)$ ② $f(2^a)>f(3^a)$
③ $f(2^a)\le f(3^a)$ ④ $f(2^a)\ge f(3^a)$
⑤ $f(2^a)=f(3^a)$

1회 10 2010(가) 6월/평가원 24(고3)

사차함수 $f(x)$가 다음 조건을 만족시킬 때, $\dfrac{f'(5)}{f'(3)}$의 값을 구하시오. (4점)

(가) 함수 $f(x)$는 $x=2$에서 극값을 갖는다.
(나) 함수 $|f(x)-f(1)|$은 오직 $x=a(a>2)$에서만 미분가능하지 않다.

확률과 통계

1회 11 예상 적중

한 개의 정사면체 모양의 주사위를 던질 때 짝수의 눈이 나오는 사건을 A, 소수의 눈이 나오는 사건을 B라 하자. $\mathrm{P}(B|A)+\mathrm{P}(B|A^C)$의 값은?
(단, A^C은 A의 여사건이다.) (3점)

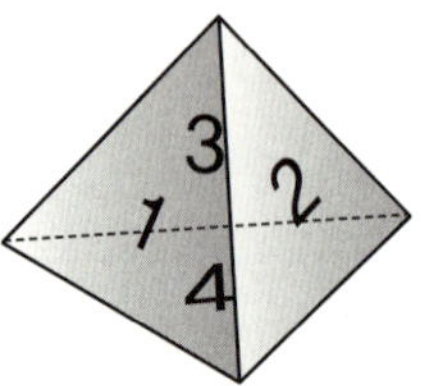

① $\frac{1}{3}$ ② $\frac{1}{2}$ ③ 1
④ $\frac{4}{3}$ ⑤ $\frac{3}{2}$

1회 12

2016/경찰대 3(고3)

어느 도시에서 운전면허증을 소지한 사람이 지난 10년간 교통법규를 위반한 건수는 평균 5건, 표준편차 1건인 정규분포를 따른다고 한다. 이 도시에서 운전면허증을 소지한 사람 중에서 임의추출한 100명이 지난 10년간 교통법규를 위반한 건수의 평균이 4.85건 이상이고 5.2건 이하일 확률을 표준정규분포표를 이용하여 구하면? (4점)

z	$\mathrm{P}(0\le Z\le z)$
1.5	0.4332
2.0	0.4772
2.5	0.4938

① 0.8664　② 0.9104　③ 0.9544　④ 0.9710　⑤ 0.9876

1회 13

예상 적중

어느 회사에서 생산되는 건전지의 수명은 평균이 2000시간, 표준편차가 100시간인 정규분포를 따른다. 이 회사 제품에서 임의로 추출된 n개의 표본에 대한 표본평균 $\overline{X}$가

$$\mathrm{P}(|\overline{X}-2000|\le 10)\ge 0.94$$

를 만족할 때, n의 최솟값을 구하시오.

(단, $\mathrm{P}(0\le Z\le 2)=0.47$) (4점)

1회 14

예상 적중

다항식 $\sum_{k=1}^{11}(1+ax)^k$의 전개식에서 x^5의 계수가 x^4의 계수의 7배가 될 때, 실수 a의 값을 구하시오. (3점)

1회 15

2016(B)/수능(홀) 14(고3)

세 정수 a, b, c에 대하여 $1\le|a|\le|b|\le|c|\le 5$를 만족시키는 모든 순서쌍 (a, b, c)의 개수는? (4점)

① 360　② 320　③ 280　④ 240　⑤ 200

26 DAY

❖ 정답 및 해설 442~445p

2회 고난도 실전 모의고사

인문: 수학 I, 수학 II, 확률과 통계(전 단원)

• 문항 수 15개
• 제한시간 60분

수학 I + 수학 II

2회 01 예상 적중

자연수 1, 2, 3, …에서 2의 배수, 3의 배수, 5의 배수를 제외하고 남은 수들을 작은 수부터 차례로 나열하여 얻어진 수열을 수열 $\{a_n\}$이라 하자. 이때, a_{100}의 값을 구하시오. (3점)

2회 02 예상 적중

오른쪽 그림과 같은 사차함수 $f(x)$에 대하여 함수 $F(x)$를

$$F(x)=\int_0^x \frac{|f(t)|+f(t)}{2}dt$$

로 정의할 때, 다음 [보기] 중에서 옳은 것만을 있는 대로 고른 것은? (4점)

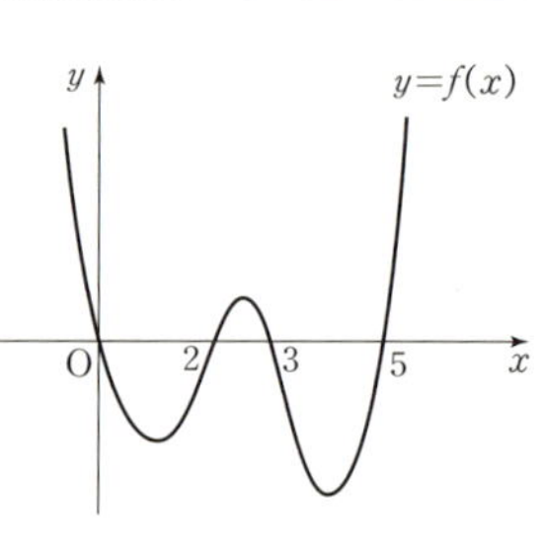

[보기]

ㄱ. $F(1)=F(2)$

ㄴ. $2\le x\le 3$인 실수 x에 대하여 $F(x)=\int_2^x f(t)dt$이다.

ㄷ. 양의 실수 x에 대하여 $F'(x)\ge 0$이다.

① ㄱ ② ㄴ ③ ㄱ, ㄴ
④ ㄴ, ㄷ ⑤ ㄱ, ㄴ, ㄷ

2회 03 예상 적중

양의 실수 x에 대하여 x^{12}의 정수 부분이 20자리의 수일 때, x^5의 정수 부분의 자리의 수는 m 또는 n이다. 이때, $m+n$의 값은? (3점)

① 15 ② 17 ③ 19
④ 21 ⑤ 23

2회 04 예상 적중

함수 $f(x)=x^3+3ax^2-9x+2$의 극대점과 극소점을 이은 선분을 1 : 2로 내분하는 점을 P, 2 : 1로 내분하는 점을 Q라 하자. 이때, 선분 PQ가 y축과 만나도록 하는 실수 a의 값의 범위는? (4점)

① $|a|\le\frac{\sqrt{6}}{4}$ ② $|a|\le\frac{\sqrt{2}}{2}$ ③ $|a|\le\sqrt{3}$
④ $a\le 0$ ⑤ $a\ge 0$

2회 05 예상 적중

그래프가 두 점 $(0, 0)$, $(6, -2)$를 지나는 함수 $y=\log_{\frac{1}{2}}(x-a)+b$와 함수 $y=\log_2(-x+p)$가 서로 다른 두 점에서 만나도록 p의 값의 범위를 구하였더니 $p>c+\sqrt{d}$가 되었다고 한다. 이때, 두 정수 c, d에 대하여 $c+d$의 값은? (4점)

① 4 ② 5 ③ 6
④ 7 ⑤ 8

2회 06 2015실시(나) 6월/교육청 19(고2)

양수 r에 대하여 함수 $y=|x|$의 그래프와 원 $(x-1)^2+(y-2)^2=r^2$이 만나는 점의 개수를 $f(r)$라 하자. 함수 $f(r)$가 불연속인 점의 개수는? (4점)

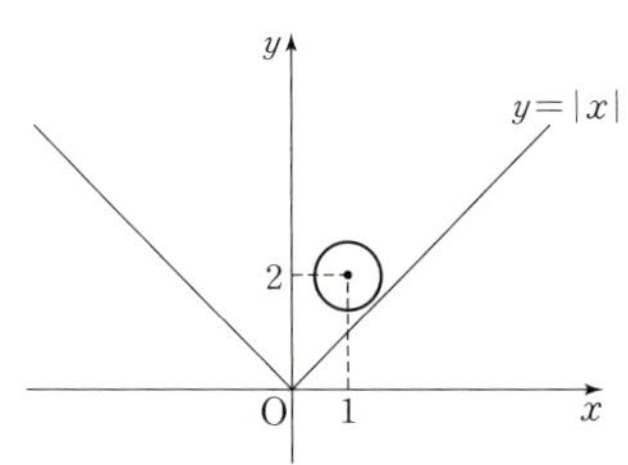

① 1 ② 2 ③ 3
④ 4 ⑤ 5

2회 07 2007실시(나) 6월/교육청 15(고2)

그림과 같이 밑면의 반지름의 길이가 2, 모선의 길이가 6, 꼭짓점이 O인 직원뿔에 대하여, 밑면의 지름의 양끝을 A, B라 하고 $\overline{OA}$의 중점을 A′라 하자. 점 P가 점 B에서부터 직원뿔의 옆면을 따라 점 A′까지 움직인 최단거리는? (4점)

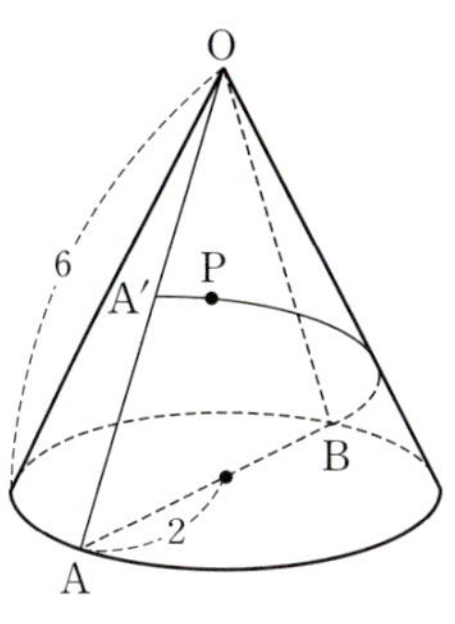

① $\sqrt{3}$ ② $2\sqrt{3}$ ③ $3\sqrt{3}$
④ $4\sqrt{3}$ ⑤ $5\sqrt{3}$

2회 08 2009실시(가) 7월/교육청 23(고3)

그림과 같이 임의로 그은 직선 l이 y축과 만나는 점을 A, 점 C$(6, 0)$을 지나고 y축과 평행하게 그은 직선과의 교점을 B라 하자. 사다리꼴 OABC의 넓이가 곡선 $f(x)=x^3-6x^2$과 x축으로 둘러싸인 부분의 넓이와 같을 때, 임의의 직선 l은 항상 일정한 점 D를 지난다. 이때, $\triangle$ODC의 넓이를 구하시오.

(단, $\overline{AB}$는 $\overline{OC}$ 아래에 있다.) (4점)

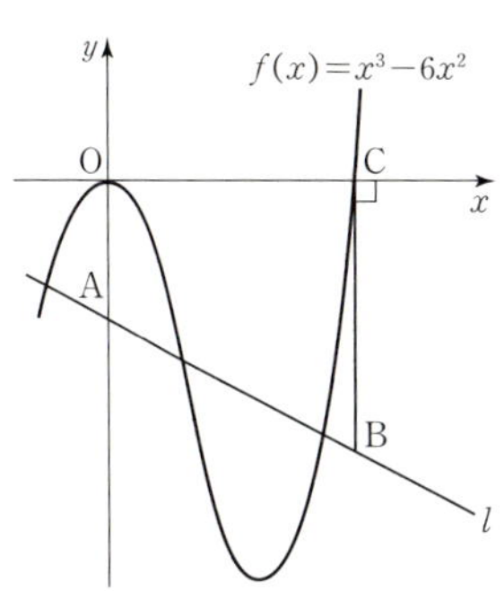

❖ 정답 및 해설 445~449p

2회 09 예상 적중

$n\geq 2$인 자연수 n에 대하여 x^n을 x^2-2x+1로 나눈 나머지를 a_nx+b_n이라 할 때, $\displaystyle\sum_{k=2}^{20}\frac{1}{a_kb_k}=-\frac{n}{m}$이다. 이때, mn의 값은? (단, m과 n은 서로소인 자연수이다.) (3점)

① 300 ② 320 ③ 340
④ 360 ⑤ 380

2회 10 예상 적중

그림과 같이 두 평행선 위의 점 A, B, C와 D, E, F는 서로 합동인 두 정삼각형 ABC와 DEF를 이루는데 삼각형 ABC는 오른쪽으로, 삼각형 DEF는 왼쪽으로 평행선을 따라 서서히 움직이면서 서로 겹치게 된다. 선분 AB의 길이가 3, 선분 AQ의 길이가 t일 때, 겹쳐진 부분인 □APDQ의 넓이를 $f(t)$라 하자. $\displaystyle\lim_{t\to 3}\frac{f(t)}{9-t^2}$의 값은? (4점)

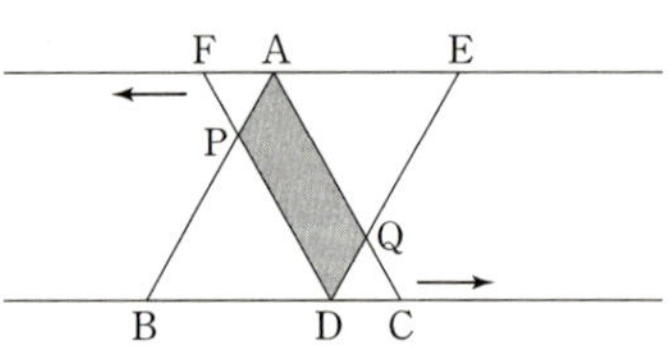

① $\frac{\sqrt{2}}{4}$ ② $\frac{\sqrt{2}}{3}$ ③ $\frac{1}{2}$
④ $\frac{\sqrt{3}}{4}$ ⑤ $\frac{\sqrt{3}}{2}$

확률과 통계

2회 11 

각각 둘레의 길이가 20인 n개의 직사각형

$A_1B_1C_1D_1$, $A_2B_2C_2D_2$, $\cdots$, $A_nB_nC_nD_n$

이 있다. 변 A_1B_1, A_2B_2, $\cdots$, A_nB_n의 길이의 평균이 7, 표준편차가 2일 때, 이 직사각형의 넓이의 평균을 구하시오. (3점)

2회 12 예상 적중

한 개의 주사위를 던질 때 홀수의 눈이 나오는 사건을 A, 소수의 눈이 나오는 사건을 B라 하자. $P(B|A)+P(B|A^C)$의 값은? (단, A^C은 A의 여사건이다.) (3점)

① 1 ② $\frac{1}{2}$ ③ $\frac{1}{3}$
④ $\frac{1}{4}$ ⑤ $\frac{1}{6}$

2회 13

2010실시(가) 7월/교육청 11(고3)

어느 공장에서 생산되는 제품의 무게 X는 평균이 60 g, 표준편차가 5 g인 정규분포를 따른다고 한다. 제품의 무게가 50 g 이하인 제품은 불량품으로 판정한다. 이 공장에서 생산된 제품 중에서 2500개를 임의로 추출할 때, 2500개 무게의 평균을 $\overline{X}$, 불량품의 개수를 Y라고 하자. 위의 표준정규분포표를 이용하여 옳은 것만을 [보기]에서 있는 대로 고른 것은? (4점)

z	$\mathrm{P}(0\le Z\le z)$
0.5	0.19
1.0	0.34
1.5	0.43
2.0	0.48
2.5	0.49

[보기]

ㄱ. $\mathrm{P}(\overline{X}\ge 60)=\frac{1}{2}$

ㄴ. $\mathrm{P}(Y\ge 57)=\mathrm{P}(\overline{X}\le 59.9)$

ㄷ. 임의의 양수 k에 대하여
$\mathrm{P}(60-k\le X\le 60+k)>\mathrm{P}(60-k\le \overline{X}\le 60+k)$

① ㄱ ② ㄷ ③ ㄱ, ㄴ
④ ㄴ, ㄷ ⑤ ㄱ, ㄴ, ㄷ

2회 14

2015실시(B) 7월/교육청 18(고3)

그림과 같이 1, 2, 3, 4, 5, 6의 숫자가 한 면에만 각각 적혀 있는 6장의 카드가 일렬로 놓여 있다. 주사위 한 개를 던져서 나온 눈의 수가 2 이하이면 가장 작은 숫자가 적혀 있는 카드 1장을 뒤집고, 3 이상이면 가장 작은 숫자가 적혀 있는 카드부터 차례로 2장의 카드를 뒤집는 시행을 한다. 3번째 시행에서 4가 적혀 있는 카드가 뒤집어질 확률은? (단, 모든 카드는 한 번만 뒤집는다.) (4점)

① $\frac{4}{9}$ ② $\frac{13}{27}$ ③ $\frac{14}{27}$
④ $\frac{5}{9}$ ⑤ $\frac{16}{27}$

2회 15

예상 적중

A, B, C, D 네 팀이 다음 (가), (나), (다) 중 하나를 추첨하여 토너먼트 전을 한다.

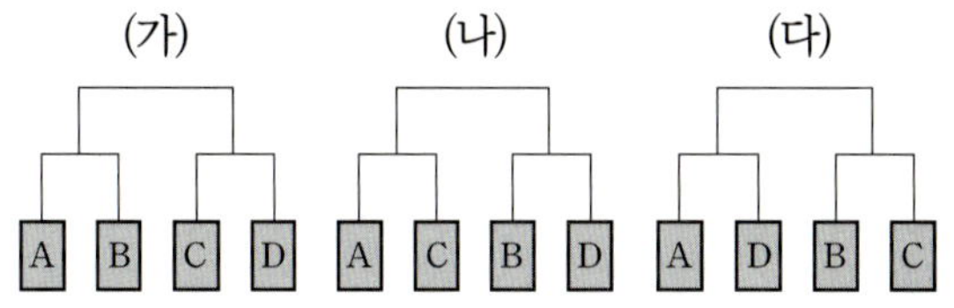

A가 다른 세 팀을 이길 확률은 어느 팀이든 $\frac{2}{3}$, B가 다른 세 팀을 이길 확률은 어느 팀이든 $\frac{1}{3}$, C가 D에 이길 확률은 $\frac{1}{2}$이다. [보기]에서 옳은 것만을 있는 대로 고른 것은? (단, 비기는 경우는 없는 것으로 한다.) (4점)

[보기]

ㄱ. A가 우승할 확률은 어떤 시합에서든 $\frac{4}{9}$이다.

ㄴ. C가 우승할 확률은 (가)일 때 가장 크다.

ㄷ. A와 D가 시합할 확률은 $\frac{16}{27}$이다.

① ㄱ ② ㄱ, ㄴ ③ ㄱ, ㄷ
④ ㄴ, ㄷ ⑤ ㄱ, ㄴ, ㄷ

❖ 정답 및 해설 449~453p

3회 고난도 실전 모의고사

인문: 수학Ⅰ, 수학Ⅱ, 확률과 통계(전 단원)

- 문항 수 15개
- 제한시간 60분

수학Ⅰ+수학Ⅱ

3회 01

2006/경찰대 10(고3)

n이 정수일 때, $\left(\frac{1}{81}\right)^{\frac{1}{n}}$이 나타낼 수 있는 모든 자연수의 합은? (3점)

① 63 ② 73 ③ 83 ④ 93 ⑤ 103

3회 02

예상 적중

임의의 세 실수 a, b, c가 $a<b<c$를 만족시킬 때, 방정식

$$(x-a)(x-b)(x-c)+(x-a)(x-b)+(x-b)(x-c)+(x-c)(x-a)=0$$

의 근에 대한 다음 [보기]의 설명 중에서 옳은 것만을 있는 대로 고른 것은? (4점)

[보기]

ㄱ. 주어진 방정식은 구간 (a, b)에서 적어도 한 개의 실근을 가진다.

ㄴ. 주어진 방정식은 정확히 3개의 실근을 가진다.

ㄷ. 임의의 실수 a, b, c가 $c<a<b$일 때, 주어진 방정식의 실근은 2개이다.

① ㄱ ② ㄴ ③ ㄱ, ㄴ ④ ㄴ, ㄷ ⑤ ㄱ, ㄴ, ㄷ

3회 03

예상 적중

두 지수함수 $y=2^x$, $y=3^x$의 그래프와 직선 $x=6$으로 둘러싸인 부분의 x, y좌표가 모두 정수인 점의 개수는? (단, 경계선은 포함된다.) (4점)

① 971 ② 972 ③ 973 ④ 974 ⑤ 975

3회 04

예상 적중

두 함수 $f(x)$, $g(x)$의 그래프가 그림과 같을 때, 다음 [보기] 중에서 옳은 것만을 있는 대로 고른 것은? (4점)

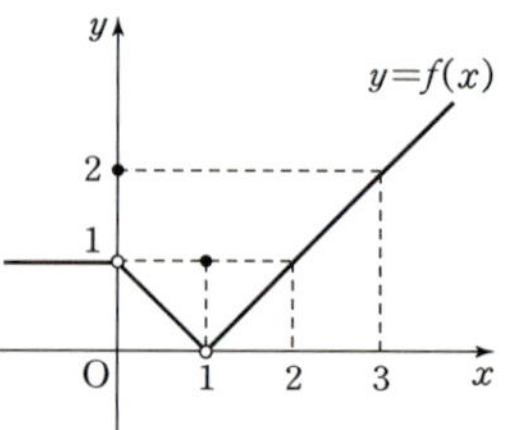

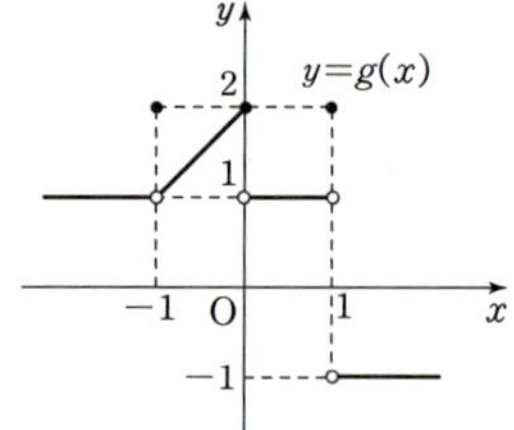

[보기]

ㄱ. $\lim_{x \to -1} f(g(x))=0$

ㄴ. $\lim_{x \to 1-} g(f(x))=g(\lim_{x \to 1-} f(x))$

ㄷ. 함수 $y=f(g(x))$는 $x=0$에서 연속이다.

① ㄱ ② ㄷ ③ ㄱ, ㄴ ④ ㄱ, ㄷ ⑤ ㄴ, ㄷ

3회 05

예상 적중

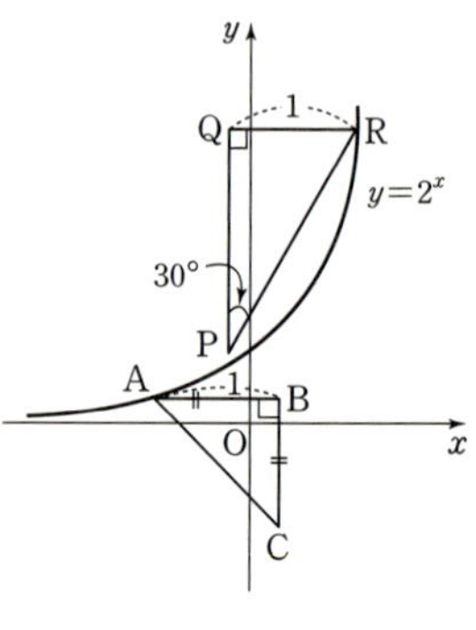

오른쪽 그림과 같이 지수함수 $y=2^x$의 그래프 위에 직각이등변삼각형 ABC의 한 점 A를 놓는다. 또한 이 지수함수의 그래프 위에 직각삼각형 PQR의 한 점 R를 놓는다. 두 점 R와 A가 이 지수함수의 그래프 위를 움직일 때, 두 삼각형의 꼭짓점 C와 P가 각각 이루는 곡선이 만나는 점의 x좌표를 α라 하면 2^α의 값은?

(단, $\overline{AB}=\overline{QR}=1$이고 $\angle QPR=30°$) (4점)

① $\frac{1}{3}(\sqrt{3}-1)$ ② $\frac{2}{3}(\sqrt{3}-1)$ ③ $\sqrt{3}-1$ ④ $\frac{4}{3}(\sqrt{3}-1)$ ⑤ $\frac{5}{3}(\sqrt{3}-1)$

3회 06 ······ 2016(A)/삼사 17(고3)

실수 전체의 집합에서 연속인 함수 $f(x)$가 다음 조건을 만족시킨다.

> (가) $f(x)=ax^2$ $(0\le x<2)$
> (나) 모든 실수 x에 대하여 $f(x+2)=f(x)+2$이다.

$\int_1^7 f(x)dx$의 값은? (단, a는 상수이다.) (4점)

① 20　　② 21　　③ 22
④ 23　　⑤ 24

3회 07 ······ 2016(A)/삼사 8(고3)

어느 액체의 끓는 온도 $T(°C)$와 증기압 $P(\mathrm{mmHg})$ 사이에는 다음 관계식이 성립한다.

$$\log P=k-\frac{1000}{T+250}\ \text{(단, } k\text{는 상수)}$$

이 액체의 끓는 온도가 $0°C$일 때와 $50°C$일 때의 증기압을 각각 $P_1(\mathrm{mmHg})$, $P_2(\mathrm{mmHg})$라 할 때, $\frac{P_2}{P_1}$의 값은? (3점)

① $10^{\frac{1}{4}}$　　② $10^{\frac{1}{3}}$　　③ $10^{\frac{1}{2}}$
④ $10^{\frac{2}{3}}$　　⑤ $10^{\frac{3}{4}}$

3회 08 ······ 예상 적중

어느 완구회사에서는 다음과 같은 제품을 만들고자 한다.

> 제품 설명 :
> (1) 어린이들의 공간지각력 발달을 위한 모형이 되어야 한다.
> (2) 속이 비어 있는 구 모양의 본체와 그 속에 내접할 수 있는 직원뿔을 하나의 세트로 한다.
> (3) 직원뿔은 무게를 고려하여 속이 비어 있는 형태로 한다.
> (4) 구의 반지름의 길이는 30 cm이며 내접하는 직원뿔은 그 부피가 최대가 되게 한다.

이때, 내접하는 직원뿔의 높이는? (4점)

① 10 cm　　② 20 cm　　③ 30 cm
④ 40 cm　　⑤ 50 cm

3회 09 ······ 2007(가)/수능(홀) 8(고3)

다음은 원점을 출발하여 수직선 위를 움직이는 점 P의 시각 $t(0\le t\le d)$에서의 속도 $v(t)$를 나타내는 그래프이다.

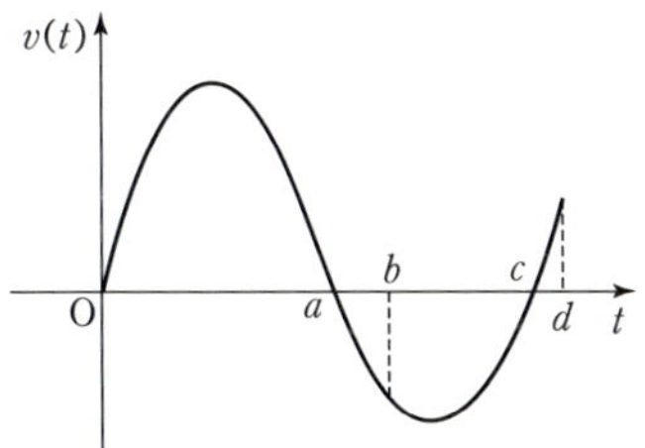

$\int_0^a |v(t)|dt=\int_a^d |v(t)|dt$일 때, [보기]에서 옳은 것을 모두 고른 것은? (단, $0<a<b<c<d$이다.) (4점)

[보기]
> ㄱ. 점 P는 출발하고 나서 원점을 다시 지난다.
> ㄴ. $\int_0^c v(t)dt=\int_c^d v(t)dt$
> ㄷ. $\int_0^b v(t)dt=\int_b^d |v(t)|dt$

① ㄴ　　② ㄷ　　③ ㄱ, ㄴ
④ ㄴ, ㄷ　　⑤ ㄱ, ㄴ, ㄷ

❖ 정답 및 해설 453~457p

3회 10

2008(나)/수능(홀) 28(고3)

좌표평면 위에 다음 [단계]와 같은 순서로 점을 찍는다.

> [단계 1] $(0, 1)$에 점을 찍는다.
> [단계 2] $(0, 3)$, $(1, 3)$, $(2, 3)$에 이 순서대로 3개의 점을 찍는다.
> ⋮
> [단계 k] $(0, 2k-1)$, $(1, 2k-1)$, $(2, 2k-1)$, $\cdots$, $(2k-2, 2k-1)$에 이 순서대로 $(2k-1)$개의 점을 찍는다. (단, k는 자연수이다.)
> ⋮

이와 같은 과정으로 [단계 1]부터 시작하여 점을 찍어 나갈 때, 100번째 찍히는 점의 좌표는 (p, q)이다. $p+q$의 값은? (4점)

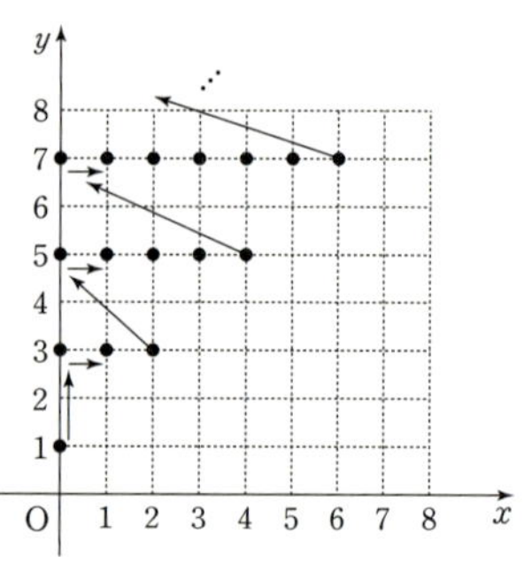

① 46 ② 43 ③ 40 ④ 37 ⑤ 34

확률과 통계

3회 11

예상 적중

확률변수 X에 대한 확률분포표가 다음과 같다.

X	1	2	3	4	5	합계
$P(X=x)$	a	b	0.2	0.3	0.1	1

이때, 확률 $P(2X^2-11X+12\le 0)$의 최댓값은? (3점)

① 0.5 ② 0.6 ③ 0.7 ④ 0.8 ⑤ 0.9

3회 12

예상 적중

부부 동반 모임에 나온 4쌍의 부부가 원탁에 둘러앉아 식사를 하려 한다. 남녀가 교대로 앉을 확률을 p, 참석한 모든 부부의 남편과 아내가 서로 이웃하여 앉을 확률을 q라 할 때, $p+q$의 값은? (단, 회전하여 일치하는 것은 같은 것으로 본다.) (4점)

① $\frac{1}{21}$ ② $\frac{1}{7}$ ③ $\frac{5}{21}$ ④ $\frac{1}{3}$ ⑤ $\frac{3}{7}$

3회 13 2018실시(가) 3월/교육청 18(고3)

다음은 부등식

$$\sum_{k=1}^{n}\{2k\times({}_{n}\mathrm{C}_{k})^{2}\}\ge 10\times{}_{2n}\mathrm{C}_{n+1}$$

을 만족시키는 자연수 n의 최솟값을 구하는 과정이다.

> $(1+x)^{2n}$의 전개식에서 x^{n}의 계수는 (가) 이다.
> $(1+x)^{n}(1+x)^{n}$의 전개식에서 x^{n}의 계수는
> $\sum_{k=0}^{n}({}_{n}\mathrm{C}_{k}\times{}_{n}\mathrm{C}_{n-k})=\sum_{k=0}^{n}({}_{n}\mathrm{C}_{k})^{2}$이다.
> 그러므로
> $\sum_{k=1}^{n}\{2k\times({}_{n}\mathrm{C}_{k})^{2}\}$
> $=\sum_{k=1}^{n}\{k\times({}_{n}\mathrm{C}_{k})^{2}\}+\sum_{k=1}^{n}\{k\times({}_{n}\mathrm{C}_{n-k})^{2}\}$
> $=\{({}_{n}\mathrm{C}_{1})^{2}+2\times({}_{n}\mathrm{C}_{2})^{2}+\cdots+n\times({}_{n}\mathrm{C}_{n})^{2}\}$
> $\quad+\{({}_{n}\mathrm{C}_{n-1})^{2}+2\times({}_{n}\mathrm{C}_{n-2})^{2}+\cdots+n\times({}_{n}\mathrm{C}_{0})^{2}\}$
> $=$ (나) $\times\{({}_{n}\mathrm{C}_{0})^{2}+({}_{n}\mathrm{C}_{1})^{2}+\cdots+({}_{n}\mathrm{C}_{n})^{2}\}$
> $=$ (나) $\times$ (가)
> 이다.
> 따라서 부등식 $\sum_{k=1}^{n}\{2k\times({}_{n}\mathrm{C}_{k})^{2}\}\ge 10\times{}_{2n}\mathrm{C}_{n+1}$을 만족시키는 자연수 n의 최솟값은 (다) 이다.

위의 (가), (나)에 알맞은 식을 각각 $f(n)$, $g(n)$이라 하고, (다)에 알맞은 수를 p라 할 때, $f(3)+g(3)+p$의 값은? (4점)

① 32 ② 34 ③ 36 ④ 38 ⑤ 40

3회 14 2010(가) 6월/평가원 13(고3)

어느 창고에 부품 S가 3개, 부품 T가 2개 있는 상태에서 부품 2개를 추가로 들여왔다. 추가된 부품은 S 또는 T이고, 추가된 부품 중 S의 개수는 이항분포 $\mathrm{B}\left(2, \frac{1}{2}\right)$을 따른다. 이 7개의 부품 중 임의로 1개를 선택한 것이 T일 때, 추가된 부품이 모두 S였을 확률은? (4점)

① $\frac{1}{6}$ ② $\frac{1}{4}$ ③ $\frac{1}{3}$ ④ $\frac{1}{2}$ ⑤ $\frac{3}{4}$

3회 15 예상 적중

그림과 같이 삼등분된 원판에 각각 숫자가 쓰여 있다.

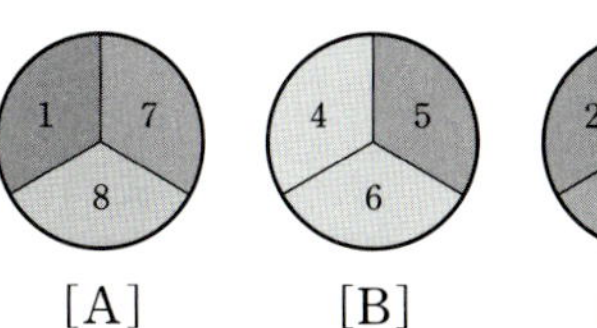

A, B, C 세 사람이 각각 자기 이름의 원판에 화살을 한 번 쏘아 맞힌 원판의 숫자가 큰 사람이 이기는 것으로 할 때, [보기] 중에서 옳은 것만을 있는 대로 고른 것은? (단, 세 사람의 실력은 동등한 것으로 보고, 경계선에 맞는 경우는 없는 것으로 한다.) (4점)

[보기]

ㄱ. A, B 두 사람만의 시합에서 A가 이길 확률이 크다.
ㄴ. B, C 두 사람만의 시합에서 B가 이길 확률이 크다.
ㄷ. A, C 두 사람만의 시합에서 C가 이길 확률이 크다.
ㄹ. A, B, C 세 사람이 함께 시합을 할 때에는 C가 이길 확률이 가장 크다.

① ㄱ, ㄷ ② ㄴ, ㄷ ③ ㄷ, ㄹ ④ ㄱ, ㄴ, ㄷ ⑤ ㄱ, ㄴ, ㄷ, ㄹ

❖ 정답 및 해설 458~460p

DREAMS COME TRUE

물이 강줄기를 따라 흐르는 것은
그것이 물의 흐름을 가장 쉽게 하는 자연의 순리이기 때문입니다.
최소 저항의 길이라는 이 길을
우리는 세상을 살아가면서 끊임없이 부딪히고, 또 이쪽저쪽 재며 갈등합니다.
순리대로 힘들이지 않고 가면 되는 길인 것 같지만 꼭 그렇지만은 않은가 봅니다.
모두가 으레 밟고 지나가는 이 길이 때로는 버거운 짐이라 느껴져
어떻게든 거슬러 보려고 하지만 바로 이 길만이 최소 저항의 길인 것입니다.

가장 자유로워야 할, 그리고 무한한 가능성을 알맞게 빚어나가야 할 나이에
여러 가지 족쇄에 얽매여 날개를 움츠러뜨린
이 땅의 수많은 수험생들 여러분,
내 앞에 놓인 이 길을 어차피 지나가야 하는 거라면
저 멀고 높은 곳을 목표로 삼아 한 번 멋지게 이뤄보는 것은 어떤가요?
현재가 불안한 사람일수록 앞날을 알고 싶어합니다.
그러나 미래를 아는 사람은 이 세상에 단 한 사람도 없습니다.
그런데 100%는 아니지만 조금이나마
미래를 알 수 있는 방법이 하나 있습니다.

그것은 자신의 현재를 살펴보는 것입니다.
현재에 충실한 것이 곧 내가 꿈꾸는 미래를 만들어 가는 것입니다.
내일을 염려하지 말고 오늘에 충실하면 됩니다.
스스로를 신뢰하고 긍정적인 사고로 전환하면 꿈꾸던 미래가 현실이 됩니다.
더 나은 내일을 위해 고전 분투하는 수험생들을 위해
오늘날의 교육 환경 모두를 개선하는 것은 역부족이지만,
뜻을 모으고, 머리를 맞대고, 마음의 정성을 쏟아
오로지 공부만을 위한 공부가 아닌 편안한 마음으로 볼 수 있는 교재,
노력한 만큼 뿌듯한 결과를 안겨줄 수 있는 교재를
만들어 드리기 위해 꾸준히 노력하겠습니다.

이 땅의 수험생 여러분께 진심으로 경의를 표합니다!!

수경출판사 올림

차 례

[수학 Ⅰ]

[수학 Ⅱ]

[확률과 통계]

고난도 실전 모의고사 수학/인문 [15문항형]

A 지수함수와 로그함수

4점 같은 3점+4점 문제

A 01 정답 23 *지수법칙의 활용 [정답률 52%]

(정답 공식: $a^{-n}=\frac{1}{a^n}$)

두 실수 a, b에 대하여

단서 $2^{-a}+4^{-b}$을 $2^a+4^b=9$를 이용하도록 변형해볼까?

$$2^a+4^b=9,\ 2^{-a}+4^{-b}=\frac{6}{7}$$

일 때, 2^{a+2b}의 값은 $\frac{q}{p}$이다. $p+q$의 값을 구하시오.

(단, p와 q는 서로소인 자연수이다.) (3점)

1st 주어진 식을 간단히 고치고 두 식을 연립해.

$2^{-a}+4^{-b}=\frac{1}{2^a}+\frac{1}{4^b}=\frac{2^a+4^b}{2^a\times 4^b}=\frac{6}{7}\cdots ㉠$

$a^{-n}=\frac{1}{a^n}$

$2^{a+b}=2^a\times 2^b$이야. 2^a+2^b과 혼동하지 않도록 주의해야 해.

그런데 $2^a+4^b=9$이므로 이 값을 ㉠에 대입하면

$\frac{9}{2^a\times 4^b}=\frac{6}{7}\cdots ㉡$

이때, $2^a\times 4^b=2^a\times 2^{2b}=2^{a+2b}$이므로 ㉡에서 $\frac{9}{2^{a+2b}}=\frac{6}{7}$

$\therefore 2^{a+2b}=9\times\frac{7}{6}=\frac{21}{2}$

따라서 $p=2$, $q=21$이므로 $p+q=23$

지수법칙 개념·공식

$a>0$, $b>0$이고, x, y가 실수일 때

① $a^xa^y=a^{x+y}$ ② $a^x\div a^y=a^{x-y}$

③ $(a^x)^y=a^{xy}$ ④ $(ab)^x=a^xb^x$

A 02 정답 ② *지수법칙의 활용 [정답률 49%]

(정답 공식: $60=2^{\frac{1}{x}}$, $\frac{1}{6}=2^{\frac{3}{y}}$, $a=2^{\frac{2}{z}}$이므로 지수법칙을 이용하여 식을 변형해 보자.)

$60^x=2$, $\left(\frac{1}{6}\right)^y=8$, $a^z=4$를 만족시키는 세 실수 x, y, z에 대하여 $\frac{1}{x}+\frac{3}{y}-\frac{1}{z}=1$이 성립할 때, 양수 a의 값은? (3점)

① 10 ② 25 ③ 50 ④ 100 ⑤ 150

단서 세 등식의 좌변이 2의 거듭제곱으로 표현되지? 즉, 60, $\frac{1}{6}$, a를 밑이 2인 수로 표현하여 정리해 보자.

1st 주어진 세 등식을 정리해.

$60^x=2$에서 $2^{\frac{1}{x}}=60\cdots ㉠$

→ 2의 x거듭제곱근이 60이니까.

$\left(\frac{1}{6}\right)^y=8=2^3$에서 $2^{\frac{3}{y}}=\frac{1}{6}\cdots ㉡$

→ 8의 y거듭제곱근이 $\frac{1}{6}$이니까.

$a^z=4=2^2$에서 $2^{\frac{2}{z}}=a$ $\therefore 2^{\frac{1}{z}}=a^{\frac{1}{2}}=\sqrt{a}\cdots ㉢$

4의 z거듭제곱근이 a이니까.

2nd 지수의 합을 조건과 같게 변형하여 양수 a의 값을 구해.

㉠×㉡÷㉢을 하면

→ 밑이 같을 때 곱하기와 나누기는 지수의 더하기와 빼기야.

$$2^{\frac{1}{x}+\frac{3}{y}-\frac{1}{z}}=\frac{60\times\frac{1}{6}}{\sqrt{a}}$$

이때, 조건에서 $\frac{1}{x}+\frac{3}{y}-\frac{1}{z}=1$이므로

$$2=\frac{60\times\frac{1}{6}}{\sqrt{a}},\ \frac{10}{\sqrt{a}}=2,\ \sqrt{a}=5$$

$\therefore 5^2=25$

[다른 풀이]

지수의 미지수를 이용하기 위하여 등식의 양변에 알맞은 로그를 취하자.

$\frac{1}{x}=\log_2 60$, $\frac{1}{y}=\log_8\frac{1}{6}$ ⇨ $\frac{3}{y}=\log_2\frac{1}{6}$,

→ $\log_{2^3}■=\frac{1}{3}\log_2■$

$\frac{1}{z}=\log_4 a=\log_2\sqrt{a}$

$\log_{2^2}■=\frac{1}{2}\log_2■=\log_2■^{\frac{1}{2}}$

따라서 $\frac{1}{x}+\frac{3}{y}-\frac{1}{z}=\log_2\frac{60\times\frac{1}{6}}{\sqrt{a}}=1$이므로

$\log_2■=▲ \Rightarrow ■=2^▲$

$$\frac{60\times\frac{1}{6}}{\sqrt{a}}=2$$

(이하 동일)

A 03 정답 ⑤ *지수법칙의 활용 [정답률 48%]

(정답 공식: $2^a\times b=m$, $m=2^k$이면 a는 1부터 k까지 가능하다.)

자연수 m에 대하여 집합 A_m을

$$A_m=\left\{(a,\ b)\,\middle|\,2^a=\frac{m}{b},\ a,\ b\text{는 자연수}\right\}$$

라 할 때, [보기]에서 옳은 것만을 있는 대로 고른 것은? (4점)

[보기]

ㄱ. $A_4=\{(1,\ 2),\ (2,\ 1)\}$ 단서1 $m=4$를 직접 대입해서 A_4의 원소를 나타내봐.

ㄴ. 자연수 k에 대하여 $m=2^k$이면 $n(A_m)=k$이다.

ㄷ. $n(A_m)=1$이 되도록 하는 두 자리 자연수 m의 개수는 23이다. 단서2 $n(A_m)=1$이 되도록 하는 집합 A_m의 원소 $(a,\ b)$에 대하여 a, b의 조건을 따져보자.

① ㄱ ② ㄱ, ㄴ ③ ㄱ, ㄷ

④ ㄴ, ㄷ ⑤ ㄱ, ㄴ, ㄷ

1st $m=4$를 대입하여 ㄱ의 진위를 판단하자.

ㄱ. 집합 A_4는 $2^a=\frac{4}{b}$에서 $4=2^a\times b$인 자연수의 순서쌍을 원소로 갖는 집합이므로 $4=2^1\times 2$, $4=2^2\times 1$

$\therefore A_4=\{(1,\ 2),\ (2,\ 1)\}$ (참)

2nd $m=2^k$을 대입하여 집합 A_m을 직접 구해보자.

ㄴ. $m=2^k$일 때, $A_m=A_{2^k}$

A_{2^k}은 $2^a=\frac{2^k}{b}$에서

→ 지수법칙에 의해 $2^{k-a}=b$

$2^k=2^a\times b$인 자연수 a, b의 순서쌍 $(a,\ b)$를 원소로 갖는 집합이므로 $A_m=\{(1,\ 2^{k-1}),\ (2,\ 2^{k-2}),\ (3,\ 2^{k-3}),\ \cdots,\ (k,\ 2^0)\}$

$\therefore n(A_m)=k$ (참)

실수 a의 값이 1부터 k까지니까 $n(A_m)=k$인거야.

3rd $n(A_m)=1$이 되기 위한 조건을 따져보고 두 자리 자연수 m의 개수를 구하자.

ㄷ. $2^a=\frac{m}{b}$에서 $m=2^a\times b$인 자연수 a, b의 순서쌍 (a, b)가 존재한다고 하자. 이때, b가 짝수, 즉 $b=2b'$ (b'은 자연수)이면 $m=2^a\times 2b'=2^{a+1}\times b'$이므로 순서쌍 $(a+1, b')$도 집합 A_m의 원소이다. 즉, b가 짝수이면 $n(A_m)\geq 2$가 되므로 $n(A_m)=1$이 되기 위해서는 b는 홀수이어야 한다. 또, $n(A_m)=1$이 되기 위해서는 $b=\frac{m}{2^k}$이 자연수가 되도록 하는 자연수 k가 오직 하나만 존재하므로 $k=1$이어야 한다.

$k\geq 2$인 경우, $b=\frac{m}{2^k} \Longleftrightarrow 2b=\frac{m}{2^{k-1}}$이므로 $(k-1, 2b)$도 주어진 방정식을 만족하므로 $n(A_m)\neq 1$

즉, $m=2\times$(홀수)이어야 한다.

두 자리의 자연수 중에서 $2\times$(홀수)인 자연수는

$2\times 5, 2\times 7, 2\times 9, \cdots, 2\times 49$

$n(A_m)=1$이 되도록 하는 두 자리 자연수 m은 5, 7, 9, ⋯, 49의 개수와 같으므로 조건을 만족시키는 두 자리의 자연수 m의 개수는 23이다. (참)

실수 5부터 49까지 홀수의 개수지?

따라서 옳은 것은 ㄱ, ㄴ, ㄷ이다.

A 04 정답 ④ *지수법칙의 실생활 응용 [정답률 53%]

(정답 공식: $a>0$이고, x, y가 실수일 때, $(a^x)^y=a^{xy}$을 이용하자.)

뉴턴의 열법칙에 의하면 냉장고에서 꺼낸 찬 음료수를 온도가 30 ℃인 방에 놓은지 t분 후의 음료수의 온도를 $f(t)$라 할 때

$f(t)=30-A\times(2.7)^{-kt}$ (단, A, k는 상수)

가 된다고 한다. 이때, 냉장고에서 막 꺼낸 음료수의 온도가 10 ℃, 꺼낸지 20분이 지난 후의 음료수의 온도가 15 ℃라면 냉장고에서 꺼낸지 40분이 지난 후의 음료수의 온도는? (3점)

단서1 $t=0$일 때, $f(0)=10$이라는 거야. 단서2 $t=20$일 때, $f(20)=15$라는 뜻이지.

① 17.25 ℃ ② 17.75 ℃ ③ 18.25 ℃ ④ 18.75 ℃ ⑤ 19.25 ℃

1st $f(0)=10$임을 이용해 A의 값을 구하자.

$t=0$일 때, 음료수의 온도가 10 ℃라 하므로

$f(0)=10$에서 $30-A\times(2.7)^0=10$ $\quad\therefore A=20$ ($a^0=1$)

$\therefore f(t)=30-20\times(2.7)^{-kt}$

2nd $t=20$, $f(20)=15$를 주어진 등식에 대입하자.

$t=20$일 때, 음료수의 온도가 15 ℃라 하므로

$f(20)=15$에서 $30-20\times(2.7)^{-20k}=15$, $20\times(2.7)^{-20k}=15$

$\therefore (2.7)^{-20k}=\frac{3}{4}$ ⋯ ㉠

3rd $f(40)$의 값을 구하자.

따라서 40분이 지난 후 음료수의 온도는 $f(40)$이므로

$f(40)=30-20\times(2.7)^{-40k}=30-20\times\{(2.7)^{-20k}\}^2$ $\quad (a^m)^n=a^{mn}=(a^n)^m$

$=30-20\times\left(\frac{3}{4}\right)^2$ ($\because$ ㉠) $=18.75$(℃)

$30-20\times\frac{9}{16}=30-\frac{45}{4}=\frac{75}{4}$

지수법칙 개념·공식

$a>0$, $b>0$이고 x, y가 실수일 때

① $a^xa^y=a^{x+y}$ ② $a^x\div a^y=a^{x-y}$

③ $(a^x)^y=a^{xy}$ ④ $(ab)^x=a^xb^x$

⑤ $\left(\frac{a}{b}\right)^x=\frac{a^x}{b^x}$

A 05 정답 ② *지수법칙의 실생활 응용 [정답률 57%]

(정답 공식: 관계식의 각 문자에 해당하는 값을 대입하고 비의 값을 찾는다.)

조개류는 현탁물을 여과한다. 수온이 t(℃)이고 개체중량이 w(g)일 때, A 조개와 B 조개가 1시간 동안 여과하는 양(L)을 각각 Q_A, Q_B라고 하면 다음과 같은 관계식이 성립한다고 한다.

$Q_A=0.01t^{1.25}w^{0.25}$ ⋯ ⓐ

$Q_B=0.05t^{0.75}w^{0.30}$ ⋯ ⓑ

단서 ⓐ, ⓑ에서 미지수 t, w가 문제에서 무엇으로 주어졌는지 확인하는 게 우선이지?

수온이 15 ℃이고 A 조개와 B 조개의 개체중량이 각각 9 g일 때, $\frac{Q_A}{Q_B}$의 값은 $3^a\times 5^b$이다. $a-b$의 값은? (단, a, b는 유리수이다.) (3점)

$\Rightarrow t=15$ $\quad \Rightarrow w_A=w_B=9$

① 0.8 ② 0.9 ③ 1.0 ④ 1.1 ⑤ 1.2

1st Q_A와 Q_B의 식에 각각 $t=15$, $w=9$를 대입하여 $\frac{Q_A}{Q_B}$의 값을 구해.

수온이 15 ℃이므로 $t=15$, A, B 두 조개의 개체중량이 9 g이므로 $w=9$를 Q_A, Q_B에 각각 대입하면

밑이 같은 것끼리 정리하자. 이때, $\frac{a^n}{a^m}=a^{n-m}$임을 이용해.

$\frac{Q_A}{Q_B}=\frac{0.01\times 15^{1.25}\times 9^{0.25}}{0.05\times 15^{0.75}\times 9^{0.30}}=\frac{15^{0.5}}{5\times 9^{0.05}}$ → 15, 9를 소인수분해해. 즉, $15=3\times 5$, $9=3^2$

$=\frac{(3\times 5)^{0.5}}{5\times(3^2)^{0.05}}=\frac{3^{0.5}\times 5^{0.5}}{5\times 3^{0.1}}$

$=3^{0.4}\times 5^{-0.5}=3^a\times 5^b$ $\quad \frac{a^n}{a^m}=a^{n-m}$

따라서 $a=0.4$, $b=-0.5$이므로 $a-b=0.4-(-0.5)=0.9$

A 06 정답 ② *지수법칙의 실생활 응용 [정답률 44%]

(정답 공식: 30년이 지난 후 기대자산을 통해 10^{30a}의 값을 구하고 이를 이용하여 20년이 지난 후의 기대자산을 구한다.)

어느 금융상품에 초기자산 W_0을 투자하고 t년이 지난 시점에서의 기대자산 W가 다음과 같이 주어진다고 한다.

$W=\frac{W_0}{2}10^{at}(1+10^{at})$ (단, $W_0>0$, $t\geq 0$이고, a는 상수이다.) ⋯ ⓐ

이 금융상품에 ❶초기자산 w_0을 투자하고 30년이 지난 시점에서의 기대자산은 초기자산의 36배이다. 이 금융상품에 ❷초기자산 w_0을 투자하고 20년이 지난 시점에서의 기대자산이 초기자산의 k배일 때, 실수 k의 값은? (단, $w_0>0$) (4점)

단서 ⓐ에 의하여 자료 ❶로 a의 값을 찾아 $t=20$(자료 ❷)일 때, $\frac{W}{W_0}=k$의 값을 구해.

① 9 ② 10 ③ 11 ④ 12 ⑤ 13

1st 30년이 지난 시점의 주어진 자료를 관계식에 대입하자.

어느 금융상품에 초기자산 w_0을 투자하고 30년이 지난 시점에서의 기대자산이 $36w_0$이므로 $W_0=w_0$, $t=30$, $W=36w_0$ (❶에 의하여 초기자산의 36배이니까.)

이것을 주어진 관계식에 대입하면

$36w_0=\frac{w_0}{2}\times 10^{30a}(1+10^{30a})$ $\quad\therefore 72=10^{30a}(1+10^{30a})$

2nd 공통인 부분을 치환하여 10^{30a}의 값을 구해.

이때, $10^{30a}=X$ $(X>0)$라 하면 $72=X(1+X)$에서

$X^2+X-72=0$, $(X+9)(X-8)=0$ → 치환을 할 때 범위는 필수야. $10>0$이니까 $10^x>0$

$\therefore X=8$ ($\because X>0$) $\Rightarrow 10^{30a}=8$ ⋯ ㉠

3rd 20년이 지난 시점의 주어진 자료를 대입하여 k의 값을 구해.

한편, 이 금융상품에 초기자산 w_0을 투자하고 20년이 지난 시점에서의 기대자산이 kw_0이므로 $W_0=w_0,\ t=20,\ W=kw_0$ ❷에 의하여 초기자산의 k배이니까.

이것을 주어진 관계식에 대입하면 $kw_0=\frac{w_0}{2}\times10^{20a}(1+10^{20a})$

$\therefore k=\frac{1}{2}\times(10^{30a})^{\frac{2}{3}}\{1+(10^{30a})^{\frac{2}{3}}\}=\frac{1}{2}\times8^{\frac{2}{3}}\times(1+8^{\frac{2}{3}})$ ($\because$ ㉠)

$=\frac{1}{2}\times4\times(1+4)=10$

A 07 정답 ④ *지수법칙의 실생활 응용 [정답률 65%]

(정답 공식: $t=5$, 7일 때의 $N(t)$의 값을 이용하여 c, a^{-b}의 값을 구한다.)

어떤 생물의 개체수를 측정하기 시작하여 시각 t에서의 개체수를 $N(t)$라 할 때, 다음 관계식이 성립한다고 한다.

$N(t)=\frac{K}{1+c\cdot a^{-bt}}$ (단, a, b, c는 양의 상수) … ⓐ

이때, K는 이 생물의 최대개체량이다.

이 생물의 개체수를 측정하기 시작하여 ❶ $t=5$일 때의 개체수는 최대개체량의 $\frac{1}{2}$이었고, ❷ $t=7$일 때의 개체수는 최대개체량의 $\frac{3}{4}$이었다. 이 생물의 개체수를 측정하기 시작하여 $t=9$일 때의 개체수를 나타내는 것은? (4점)

$\Rightarrow N(5)=\frac{1}{2}K$ $\Rightarrow N(7)=\frac{3}{4}K$

단서 ⓐ를 가지고 ❶과 ❷의 자료를 대입한 후 정리하여 $N(9)=\frac{K}{(1+c\cdot a^{-9b})}$를 구하기 위한 $c\cdot a^{-9b}$의 값을 찾자.

① $\frac{6}{7}K$ ② $\frac{7}{8}K$ ③ $\frac{8}{9}K$ ④ $\frac{9}{10}K$ ⑤ $\frac{10}{11}K$

1st $t=5$일 때와 $t=7$일 때 나오는 식을 각각 정리하자.

(i) $t=5$일 때의 개체수는 최대개체량의 $\frac{1}{2}$이므로 $\rightarrow=\frac{1}{2}K$

$N(5)=\frac{K}{1+c\cdot a^{-5b}}=\frac{1}{2}K \Rightarrow \frac{1}{1+c\cdot a^{-5b}}=\frac{1}{2}$이니까 분모가 같으면 돼.

즉, $1+c\cdot a^{-5b}=2$에서 $c\cdot a^{-5b}=1$ … ㉠

(ii) $t=7$일 때의 개체수는 최대개체량의 $\frac{3}{4}$이므로 $\rightarrow=\frac{3}{4}K$

$N(7)=\frac{K}{1+c\cdot a^{-7b}}=\frac{3}{4}K$

즉, $3+3c\cdot a^{-7b}=4$에서 $c\cdot a^{-7b}=\frac{1}{3}$ … ㉡

2nd ㉠과 ㉡의 식을 이용하여 상수를 정하자.

㉡÷㉠에서
c를 소거하기 위해서야.

$a^{-7b+5b}=\frac{1}{3}\Rightarrow a^{-2b}=\frac{1}{3}\Rightarrow a^{2b}=3\Rightarrow a^b=\sqrt{3}$

$a^{-1}=b\Rightarrow a=\frac{1}{b}$

주의 a가 양의 실수라는 조건이 있기 때문에 $a^b=-\sqrt{3}$이 아니라 $a^b=\sqrt{3}$이라고 할 수 있는거야.

한편, ㉠에서 $c\cdot(\sqrt{3})^{-5}=1$이므로 $c=(\sqrt{3})^5$

3rd 이제 $t=9$일 때의 개체수를 구해 보자.

$t=9$일 때의 개체수는

$N(9)=\frac{K}{1+c\cdot a^{-9b}}=\frac{K}{1+(\sqrt{3})^5\cdot(\sqrt{3})^{-9}}$ $=(\sqrt{3})^{5-9}=(\sqrt{3})^{-4}$

$=\frac{K}{1+\frac{1}{9}}=\frac{9}{10}K$

A 08 정답 ① *로그의 성질의 활용 [정답률 63%]

(정답 공식: $c>0$, $c\neq1$일 때, $\log_a b=\frac{\log_c b}{\log_c a}$이다.)

1보다 큰 세 실수 a, b, c가

$\log_a b=\frac{\log_b c}{2}=\frac{\log_c a}{4}$ 단서 밑을 통일하여 생각해.

를 만족시킬 때, $\log_a b+\log_b c+\log_c a$의 값은? (3점)

① $\frac{7}{2}$ ② 4 ③ $\frac{9}{2}$ ④ 5 ⑤ $\frac{11}{2}$

1st 밑을 a로 통일하여 생각해.

$\log_a b=\frac{\log_b c}{2}$에서 → 밑이 a인 로그로 변환하면 $\log_b c=\frac{\log_a c}{\log_a b}$

$\log_a b=\frac{1}{2}\times\frac{\log_a c}{\log_a b}$

$\therefore \log_a c=2(\log_a b)^2$ … ㉠

또, $\log_a b=\frac{\log_c a}{4}$에서 → 밑이 a인 로그로 변환하면 $\log_c a=\frac{\log_a a}{\log_a c}=\frac{1}{\log_a c}$

$\log_a b=\frac{1}{4}\times\frac{1}{\log_a c}$ … ㉡

㉠을 ㉡에 대입하면 $\log_a b=\frac{1}{4}\times\frac{1}{2(\log_a b)^2}$

$(\log_a b)^3=\frac{1}{8}$ $\therefore \log_a b=\frac{1}{2}$

따라서 $\log_b c=2\log_a b=2\times\frac{1}{2}=1$,

$\log_c a=4\log_a b=4\times\frac{1}{2}=2$이므로

$\log_a b+\log_b c+\log_c a=\frac{1}{2}+1+2=\frac{7}{2}$

[다른 풀이]

$a>1$, $b>1$, $c>1$이므로 $\log_a b>0$, $\log_b c>0$, $\log_c a>0$

즉, 양수 t에 대하여 $\log_a b=\frac{\log_b c}{2}=\frac{\log_c a}{4}=t$라 하면

$\log_a b=t$, $\log_b c=2t$, $\log_c a=4t$

이때, $\log_a b\times\log_b c\times\log_c a=1$이므로 $t\times2t\times4t=1$에서

밑이 10인 로그로 변환하면 $\log_a b\times\log_b c\times\log_c a=1$에서 $\frac{\log b}{\log a}\times\frac{\log c}{\log b}\times\frac{\log a}{\log c}=1$

$8t^3=1$, $t^3=\frac{1}{8}$ $\therefore t=\frac{1}{2}$

$\therefore \log_a b+\log_b c+\log_c a=t+2t+4t=7t=7\times\frac{1}{2}=\frac{7}{2}$

A 09 정답 ② *로그의 성질의 활용 [정답률 58%]

(정답 공식: $x>0$, $x\neq1$, $y>0$일 때, $\log_x y=m \Longleftrightarrow y=x^m$을 이용하여 로그를 지수로 바꾸자.)

$\log_{25}(a+b)=\log_4 a=\log_{10} b$를 만족시키는 두 양수 a, b에 대하여 $\frac{b}{a}$의 값은? (3점)

단서1 밑이 다른 로그로 표현된 세 식의 값이 같다고 했네? 이럴 땐 같은 값을 하나의 문자 k로 놓고 a, b를 k에 대한 식으로 나타내 봐.

단서2 a, b의 값을 각각 구하지 않아도 $\frac{b}{a}$에 대한 식을 세워 $\frac{b}{a}$의 값을 구할 수도 있음을 생각해.

① $\frac{\sqrt{5}+1}{3}$ ② $\frac{\sqrt{5}+1}{2}$ ③ $\frac{\sqrt{2}+\sqrt{5}}{5}$ ④ $\frac{\sqrt{2}+1}{4}$ ⑤ $\frac{\sqrt{2}+1}{3}$

1st $\log_{25}(a+b)=\log_4 a=\log_{10} b=k$라 놓고 로그와 지수 사이의 관계를 이용해.

$\log_{25}(a+b)=\log_4 a=\log_{10} b=k$ (k는 실수)라 하면 $\log_x y=n \Longleftrightarrow x^n=y$

$a+b=25^k=5^{2k}$ → $\log_{25}(a+b)=k$이므로 $a+b=25^k$

$a=4^k=2^{2k}$ → $\log_4 a=k$이므로 $a=4^k$

$b=10^k=2^k\cdot 5^k$ ⋯ ㉠ → $\log_{10} b=k$이므로 $b=10^k$

이때, ㉠의 양변을 제곱하면

$b^2=2^{2k}\cdot 5^{2k}=a(a+b)$이므로

$b^2=a^2+ab$ ⋯ ㉡

2nd ㉡을 $\frac{b}{a}$에 대한 이차방정식으로 고친 후 풀자.

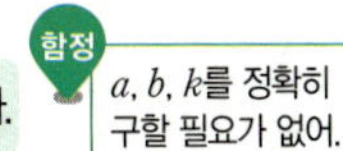

a, b, k를 정확히 구할 필요가 없어.

㉡의 양변을 a^2으로 나누면 → 양수 a에 대하여 $a^2>0$이므로 양변을 a^2으로 나눌 수 있어.

$\left(\frac{b}{a}\right)^2=1+\frac{b}{a}$, $\left(\frac{b}{a}\right)^2-\frac{b}{a}-1=0$

따라서 $\frac{b}{a}$에 대한 이차방정식의 해를 근의 공식을 이용하여 풀면

$\frac{b}{a}=\frac{\sqrt{5}+1}{2}$ ($\because a>0$, $b>0$)

A 10 정답 ③ *로그의 성질의 활용 [정답률 52%]

(정답 공식: $a>0$, $a\neq 1$, $M>0$, $N>0$일 때, $\log_a M+\log_a N=\log_a MN$)

단서2 $ab+bc+ca=abc$의 양변을 abc로 나누면 a, b, c에 대한 간단한 조건식이 나오게 돼.

세 실수 a, b, c가 $abc\neq 0$, $ab+bc+ca=abc$를 만족시킨다.

$\log_2 x=a$, $\log_3 x=b$, $\log_5 x=c$일 때, 양수 x의 값은? (3점)

① 10 ② 20 ③ 30

④ 40 ⑤ 50

단서1 로그의 밑이 같으면 계산하기 편해지지? $\log_2 x=a$, $\log_3 x=b$, $\log_5 x=c$에서 공통으로 x가 있으니까 세 식의 로그를 밑의 변환공식을 이용해 밑이 x인 로그로 바꿔 봐.

1st 로그의 밑의 변환 공식을 이용해 $\log_2 x=a$, $\log_3 x=b$, $\log_5 x=c$를 밑이 x인 로그의 식으로 만들자.

→ x는 양수라 했고, $x=1$이면 $\log_2 1=a$, $\log_3 1=b$, $\log_5 1=c$에서 $a=0$, $b=0$, $c=0$이 되어 $abc\neq 0$이라는 조건에 모순이므로 $x\neq 1$이야.

$\log_2 x=a$에서 $\log_x 2=\frac{1}{a}$ ⋯ ㉠

즉, 로그의 밑의 변환 공식에 의해 $\log_2 x=\frac{1}{\log_x 2}=a$이므로 $\log_x 2=\frac{1}{a}$이지. ㉡, ㉢도 마찬가지야.

$\log_3 x=b$에서 $\log_x 3=\frac{1}{b}$ ⋯ ㉡

$\log_5 x=c$에서 $\log_x 5=\frac{1}{c}$ ⋯ ㉢

2nd $ab+bc+ca=abc$의 양변을 abc로 나누어 식을 정리해.

한편, $abc\neq 0$이므로 $ab+bc+ca=abc$의 양변을 abc로 나누면

$\frac{1}{a}+\frac{1}{b}+\frac{1}{c}=1$ ⋯ ㉣

식을 약간만 변형하면 계산이 훨씬 간단해져. 이 등식을 이런식으로 변형하는 것은 자주 나오니까 꼭 익혀두자.

이때, ㉠, ㉡, ㉢을 변끼리 더하면

$\log_x 2+\log_x 3+\log_x 5=\frac{1}{a}+\frac{1}{b}+\frac{1}{c}=1$ ($\because$ ㉣)

따라서 $\log_x 2+\log_x 3+\log_x 5=\log_x(2\times 3\times 5)=\log_x 30$이므로 $\log_m X+\log_m Y+\log_m Z=\log_m XYZ$

$\log_x 30=1$

$\therefore x=30$

로그의 성질 개념·공식

$a>0$, $a\neq 1$, $M>0$, $N>0$일 때

① $\log_a 1=0$, $\log_a a=1$

② $\log_a MN=\log_a M+\log_a N$

③ $\log_a \frac{M}{N}=\log_a M-\log_a N$

④ $\log_a M^k=k\log_a M$ (단, k는 실수)

A 11 정답 75 *로그의 성질의 활용 [정답률 45%]

(정답 공식: $a^x=N \Longleftrightarrow x=\log_a N$ (단, $a>0$, $a\neq 1$, $N>0$))

네 양수 a, b, c, k가 다음 조건을 만족시킬 때, k^2의 값을 구하시오. (4점)

단서 조건 (가)에서는 로그의 정의를 이용하여 a, b, c를 적절한 문자로 나타낼 수 있고, 조건 (나)의 식을 적절히 정리하면 a, b, c 사이의 관계식을 구할 수 있어.

(가) $3^a=5^b=k^c$

(나) $\log c=\log(2ab)-\log(2a+b)$

1st 조건 (가)에서 a, b, c를 로그로 나타내자.

조건 (가)에서

$3^a=5^b=k^c=d$ ($d>1$)라 놓자.

$3^a=d$에서 $a=\log_3 d=\frac{1}{\log_d 3}$ ⋯ ㉠

→ 로그의 정의와 $\log_a b=\frac{1}{\log_b a}$ (단, $a>0$, $a\neq 1$, $b>0$, $b\neq 1$)임을 이용한 거야.

$5^b=d$에서 $b=\log_5 d=\frac{1}{\log_d 5}$ ⋯ ㉡

$k^c=d$에서 $c=\log_k d=\frac{1}{\log_d k}$ ⋯ ㉢

2nd 조건 (나)를 간단히 하자.

조건 (나)에서

$\log c=\log(2ab)-\log(2a+b)$

$\log c=\log\frac{2ab}{2a+b}$ $\log_a M-\log_a N=\log_a \frac{M}{N}$

즉, $c=\frac{2ab}{2a+b}$이므로

$c(2a+b)=2ab$ ⋯ ㉣

3rd k^2의 값을 계산하자.

㉠, ㉡, ㉢을 ㉣에 대입하면

$\frac{1}{\log_d k}\left(\frac{2}{\log_d 3}+\frac{1}{\log_d 5}\right)=2\times\frac{1}{\log_d 3}\times\frac{1}{\log_d 5}$

양변에 $\log_d k\times\log_d 3\times\log_d 5$를 곱하면

$2\log_d 5+\log_d 3=2\log_d k$

$\log_d(5^2\times 3)=\log_d k^2$ $\log_a M+\log_a N=\log_a MN$, $k\log_a M=\log_a M^k$

$\therefore k^2=5^2\times 3=75$

[다른 풀이]

조건 (가)에서

$3=k^{\frac{c}{a}}$, $5=k^{\frac{c}{b}}$ ⋯ ㉤

→ 지수법칙 $(a^x)^y=a^{xy}$을 이용한 거야.
$3^a=k^c$에서 $(3^a)^{\frac{1}{a}}=(k^c)^{\frac{1}{a}}$ ⇨ $3=k^{\frac{c}{a}}$
$5^b=k^c$에서 $(5^b)^{\frac{1}{b}}=(k^c)^{\frac{1}{b}}$ ⇨ $5=k^{\frac{c}{b}}$

조건 (나)에서

$\log c=\log(2ab)-\log(2a+b)$

$\log c=\log\frac{2ab}{2a+b}$

$c=\frac{2ab}{2a+b}$

$\frac{1}{c}=\frac{2a+b}{2ab}=\frac{1}{b}+\frac{1}{2a}$

양변에 c를 곱하면

$\therefore \frac{c}{b}+\frac{c}{2a}=1$ ⋯ ㉥

$k^1=k^{\frac{c}{b}+\frac{c}{2a}}$ ($\because$ ㉥) $=k^{\frac{c}{b}}\times k^{\frac{c}{2a}}$

$=k^{\frac{c}{b}}\times\left(k^{\frac{c}{a}}\right)^{\frac{1}{2}}=k^{\frac{c}{b}}\times\sqrt{k^{\frac{c}{a}}}$

$=5\times\sqrt{3}$ ($\because$ ㉤)

$\therefore k^2=5^2\times(\sqrt{3})^2=75$

A 12 정답 ③ *로그의 성질의 활용 [정답률 75%]

(정답 공식: $\dfrac{\log_c b}{\log_a b}=\dfrac{\log a}{\log c}$)

세 자연수 a, b, $c(10<c<20)$에 대하여

$$\frac{\log_c b}{\log_a b}=\frac{1}{2},\ \frac{\log_b c}{\log_a c}=\frac{1}{3}$$

단서 ❶, ❷가 모두 밑이 다르므로 각각 밑이 같게 만들어 볼까?

일 때, $a+b+c$의 값은? (4점)

① 76 ② 80 ③ 84 ④ 88 ⑤ 92

1st 로그의 밑의 변환 공식을 이용하여 a, b, c의 관계를 지수 꼴로 나타내.

$\dfrac{\log_c b}{\log_a b}=\dfrac{1}{2}$에서 $\dfrac{\frac{\log b}{\log c}}{\frac{\log b}{\log a}}=\dfrac{\log a}{\log c}=\dfrac{1}{2}$이므로

밑이 다르니까 밑을 통일시켜야 해. ① $\log_a b=\dfrac{1}{\log_b a}$ ② $\log_a b=\dfrac{\log b}{\log a}$

$2\log a=\log c$ ($\log a^2=\log c$) $\quad\therefore c=a^2$

마찬가지로 $\dfrac{\log_b c}{\log_a c}=\dfrac{1}{3}$에서

$\dfrac{\frac{\log c}{\log b}}{\frac{\log c}{\log a}}=\dfrac{\log a}{\log b}=\dfrac{1}{3}$이므로

$3\log a=\log b$ $\log a^3=\log b$

$\therefore b=a^3$

2nd 세 자연수 a, b, c의 조건을 이용하여 값을 구해.

c는 10보다 크고 20보다 작은 자연수이므로 $10<c=a^2<20$에서

$a=4$

따라서 $b=a^3=4^3=64$, $c=a^2=4^2=16$이므로

$a+b+c=4+64+16=84$

[다른 풀이]

$\log_c b=\dfrac{1}{2}\log_a b$이므로 $\log_b c=2\log_b a$ $\quad\therefore c=a^2$

$\dfrac{1}{\log_b c}=\dfrac{1}{2}\times\dfrac{1}{\log_b a}$

밑이 같으니까 $\log_b$ ■$=\log_b$ ▲이면 ■$=$▲

마찬가지로 $\log_b c=\dfrac{1}{3}\log_a c$이므로

$\log_c b=3\log_c a$

$\therefore b=a^3$

(이하 동일)

A 13 정답 ④ *로그의 성질의 활용 [정답률 56%]

(정답 공식: $x>0$, $x\neq1$, $y>0$, $z>0$, $z\neq1$일 때, $\log_x y=\dfrac{\log_z y}{\log_z x}$)

1보다 큰 세 실수 a, b, c에 대하여 두 등식

$$\begin{cases}a^2b^3=64\\ 3(\log_a c)^2-2(\log_b c)^2=-(\log_a c)(\log_b c)\end{cases}$$

가 성립하도록 하는 두 수 a와 b에 대하여 $\log_2 ab$의 값은? (4점)

① 1 ② $\dfrac{3}{2}$ ③ 2 ④ $\dfrac{5}{2}$ ⑤ 3

단서 $\log_a c$와 $\log_b c$가 반복되어 나타나므로 두 식을 간단한 문자로 치환한 후 식을 정리해 봐.

1st $\log_a c=x$, $\log_b c=y$로 치환하여 식을 정리한 후 방정식을 풀자.

$3(\log_a c)^2-2(\log_b c)^2=-(\log_a c)(\log_b c)$에서

$\log_a c=x$, $\log_b c=y$라 치환하면

실수 이렇게 치환하게 되면 보기도 편하고 시간도 단축되서 실수를 줄일 수 있어.

$3x^2-2y^2=-xy$, $3x^2+xy-2y^2=0$

$(3x-2y)(x+y)=0 \quad\therefore y=\dfrac{3}{2}x$ 또는 $y=-x$

$3x-2y=0$ 또는 $x+y=0$이야.

그런데 $a>1$, $b>1$, $c>1$에서 $x>0$, $y>0$이어야 하므로 $y=\dfrac{3}{2}x$만 가능하다.

$x=\log_a c$에서 $c>1$이면 $x>0$, $0<c<1$이면 $x<0$이야.

$\therefore \log_b c=\dfrac{3}{2}\log_a c$ ⋯ ㉠

2nd ㉠의 식에서 로그의 밑을 같게 한 후 진수끼리 비교하면 돼.

㉠에서 $\dfrac{\log c}{\log b}=\dfrac{3}{2}\cdot\dfrac{\log c}{\log a}$이므로 $2\log a=3\log b$

$\log a^2=\log b^3$ [로그의 밑의 변환] $x>0$, $x\neq1$, $y>0$이고 $k>0$, $k\neq1$이면 $\log_x y=\dfrac{\log_k y}{\log_k x}$

$\therefore a^2=b^3$

이때, $a^2b^3=64$이므로 $a^2\cdot a^2=64$, $a^4=2^6=(2^{\frac{3}{2}})^4$

$\therefore a=2^{\frac{3}{2}}$, $b=2$ $\quad b^3=a^2$에서 $b=a^{\frac{2}{3}}$이므로 $b=(2^{\frac{3}{2}})^{\frac{2}{3}}=2$

따라서 $ab=2^{\frac{3}{2}}\cdot2=2^{\frac{5}{2}}$이므로 $\log_2 ab=\log_2 2^{\frac{5}{2}}=\dfrac{5}{2}$

로그의 밑의 변환 공식 개념·공식

$a\neq1$, $a>0$, $b\neq1$, $b>0$, $c\neq1$, $c>0$일 때,

① $\log_a b=\dfrac{\log_c b}{\log_c a}$

② $\log_a b=\dfrac{1}{\log_b a}$

A 14 정답 13 *로그의 성질의 활용 [정답률 55%]

(정답 공식: $\log_a m-\log_a n=\log_a\dfrac{m}{n}$, $\log_{a^n} b^m=\dfrac{m}{n}\log_a b$)

$\log_4 2n^2-\dfrac{1}{2}\log_2\sqrt{n}$의 값이 40 이하의 자연수가 되도록 하는 자연수 n의 개수를 구하시오. (4점)

단서 로그의 성질을 활용하여 간단하게 나타내 봐.

1st $\log_4 2n^2-\dfrac{1}{2}\log_2\sqrt{n}$을 간단히 하자.

$\log_4 2n^2-\dfrac{1}{2}\log_2\sqrt{n}=\log_4 2n^2-\log_4 n^{\frac{1}{2}}=\log_4\dfrac{2n^2}{n^{\frac{1}{2}}}$

$\log_a m-\log_a n=\log_a\dfrac{m}{n}$, $\log_{a^n} b=\dfrac{1}{n}\log_a b$

$=\log_4 2n^{2-\frac{1}{2}}=\log_4 2n^{\frac{3}{2}}$

2nd 주어진 식이 40 이하의 자연수가 되도록 하는 자연수 n의 개수를 구해.

이때, 40 이하의 자연수 k에 대하여 $\log_4 2n^{\frac{3}{2}}=k$라 하면

$2n^{\frac{3}{2}}=4^k$에서 $4n^3=4^{2k}$, $n^3=4^{2k-1}$

$\therefore n=4^{\frac{2k-1}{3}}$

한편, n이 자연수이므로 $\dfrac{2k-1}{3}$은 자연수가 되어야 한다.

사실 n이 자연수이려면 $\dfrac{2k-1}{3}$은 음이 아닌 정수이어야 해. 그런데 $\dfrac{2k-1}{3}=0$일 때, $k=\dfrac{1}{2}$이지? 따라서 k가 40 이하의 자연수를 만족시키지 않으므로 $\dfrac{2k-1}{3}$을 자연수라고 생각해도 무방해.

즉, $2k-1$은 3의 배수이어야 하므로 가능한 k의 값은 2, 5, 8, ⋯, 38의 13개이다.

자연수 k는 3으로 나누었을 때 나머지가 2인 수이어야 해.

따라서 조건을 만족시키는 자연수 n의 개수는 자연수 k의 개수와 같으므로 13개이다. $k=2$일 때 $n=4$, $k=5$일 때 $n=4^3$, ⋯, $k=38$일 때 $n=4^{25}$이야.

A 15 정답 ⑤ *로그의 성질의 활용 [정답률 53%]

(정답 공식: $2^z \times 3^{z-y} = \frac{2^z \times 3^z}{3^y} = \frac{6^z}{3^y}$이고, 주어진 등식에 로그를 취해본다.)

서로 다른 세 실수 x, y, z가 ❶ $2^x=3^y=6^z$을 만족시킬 때, 옳은 것만을 [보기]에서 있는 대로 고른 것은? (3점)

[보기]

ㄱ. $2^x \times 3^y = 36^z$ 단서1 ❶을 ㄱ, ㄴ의 좌변에 대입하여 정리하자.

ㄴ. $2^z \times 3^{z-y} = 1$ 단서2 ❷를 변형하여 ❶에 대입하여 z에 대한 식으로 표현하자.

ㄷ. ❷ $x+y=1$이면 $z=\log_6 2 \times \log_6 3$이다.

① ㄱ ② ㄱ, ㄴ ③ ㄱ, ㄷ ④ ㄴ, ㄷ ⑤ ㄱ, ㄴ, ㄷ

1st $2^x=3^y=6^z$을 ㄱ, ㄴ의 좌변에 대입하여 그 진위를 판단하자.

$2^x=3^y=6^z$에서

ㄱ. $2^x \times 3^y = 6^z \times 6^z = 6^{2z} = 36^z$ (참) ($=(6^2)^z$, $a^m \times a^n = a^{m+n}$)

ㄴ. $2^z \times 3^{z-y} = \frac{2^z \times 3^z}{3^y} = \frac{(2\times 3)^z}{3^y} = \frac{6^z}{6^z} = 1$ (참)

($=2^z \times 3^z \times 3^{-y}$, $a^n b^n = (ab)^n$, 조건에서 $3^y=6^z$이니까.)

2nd $\log_k u = v \Longleftrightarrow u=k^v$임을 이용하자.

ㄷ. $x+y=1$에서 $y=1-x$이므로

$2^x=3^y$에서 $2^x=3^{1-x}$, $2^x=3\times 3^{-x}$, $6^x=3$

$\therefore x=\log_6 3$

즉, $6^z=2^x=2^{\log_6 3}$에서 → 양변에 밑이 6인 로그를 취하면 z에 대한 식을 만들 수 있지.

$z=\log_6 2^{\log_6 3} = \log_6 2 \times \log_6 3$ (참)

따라서 옳은 것은 ㄱ, ㄴ, ㄷ이다. ($\log x^m = m\log x$)

지수법칙 개념·공식

$a>0$, $b>0$이고, x, y가 실수일 때

① $a^x a^y = a^{x+y}$ ② $a^x \div a^y = a^{x-y}$

③ $(a^x)^y = a^{xy}$ ④ $(ab)^x = a^x b^x$

A 16 정답 10 *상용로그의 실생활 응용 [정답률 51%]

(정답 공식: P_A, P_B에 대한 식을 정리한 뒤, 두 식의 양변을 각각 뺀다.)

디지털 사진을 압축할 때 원본 사진과 압축한 사진의 다른 정도를 나타내는 지표인 최대 신호 대 잡음비를 P, 원본 사진과 압축한 사진의 평균제곱오차를 E라 하면 다음과 같은 관계식이 성립한다고 한다.

$$P=20\log 255-10\log E\,(E>0) \cdots ⓐ$$

두 원본 사진 A, B를 압축했을 때 최대 신호 대 잡음비를 각각 P_A, P_B라 하고, 평균제곱오차를 각각 $E_A(E_A>0)$, $E_B(E_B>0)$이라 하자. $P_A-P_B=10$일 때, $\frac{E_B}{E_A}$의 값을 구하시오. (3점)

단서 식 ⓐ에 대입하여 P_A-P_B를 정리해.

1st 주어진 관계식에 두 원본 사진 A, B에 대한 각각의 조건을 대입해.

두 원본 사진 A, B를 압축했을 때 최대 신호 대 잡음비가 각각 P_A, P_B이고, 평균제곱오차가 각각 E_A, E_B이므로 주어진 관계식에 대입하면

$P_A=20\log 255-10\log E_A \cdots ㉠$

$P_B=20\log 255-10\log E_B \cdots ㉡$

2nd $P_A-P_B=10$을 이용하여 $\frac{E_B}{E_A}$의 값을 구하자.

㉠−㉡을 하면

$P_A-P_B=20\log 255-10\log E_A-(20\log 255-10\log E_B)$

$=10\log E_B-10\log E_A$ → $n\log a-n\log b=n(\log a-\log b)=n\log\frac{a}{b}$

$=10\log\frac{E_B}{E_A}=10$

$\log\frac{E_B}{E_A}=1$

$\therefore \frac{E_B}{E_A}=10^1=10$

상용로그는 밑이 10이니까!

A 17 정답 81 *상용로그의 실생활 응용 [정답률 58%]

(정답 공식: $D=25$, $L=500$을 대입한다.)

세대당 종자의 평균 분산거리가 D이고 세대당 종자의 증식률이 R인 나무의 10세대 동안 확산에 의한 이동거리를 L이라 하면 다음과 같은 관계식이 성립한다고 한다. 단서 식 ⓐ에서 미지수 D, L이 문제에서 무엇으로 주어졌는지 확인하는 게 우선이지?

$$L^2=100D^2\times\log_3 R \cdots ⓐ$$

세대당 종자의 평균 분산거리가 25이고 10세대 동안 확산에 의한 이동거리가 500인 나무의 세대당 종자의 증식률 R의 값을 구하시오. (단, 거리의 단위는 m이다.) (4점)

($\Rightarrow D$, $\Rightarrow L$)

1st 주어진 조건을 관계식에 대입하여 R의 값을 구해.

주어진 조건에서 평균 분산거리가 25이고, 10세대 동안 확산에 의한 이동거리가 500이므로 ($D=25$, $L=500$)

관계식에 대입하면

$500^2=100\times 25^2\times\log_3 R$

$\log_3 R=4$

$\therefore R=3^4=81$

log의 밑이 3이니까!

A 18 정답 ② *상용로그의 실생활 응용 [정답률 67%]

(정답 공식: 열차 A, B에 대한 식을 각각 만들고, 두 식을 뺀다.)

고속철도의 최고소음도 L(dB)을 예측하는 모형에 따르면 한 지점에서 가까운 선로 중앙 지점까지의 거리를 d(m), 열차가 가까운 선로 중앙 지점을 통과할 때의 속력을 v(km/h)라 할 때, 다음과 같은 관계식이 성립한다고 한다.

$$L=80+28\log\frac{v}{100}-14\log\frac{d}{25} \cdots ⓐ$$

가까운 선로 ❶ 중앙 지점 P까지의 거리가 75 m인 한 지점에서 속력이 서로 다른 두 열차 A, B의 최고소음도를 예측하고자 한다. ❷ 열차 A가 지점 P를 통과할 때의 속력이 열차 B가 지점 P를 통과할 때의 속력의 0.9배일 때, 두 열차 A, B의 예측 최고소음도를 각각 L_A, L_B라 하자. L_B-L_A의 값은? (4점)

단서 ⓐ를 가지고 ❶과 ❷의 자료를 대입하여 L_A, L_B를 정리하자. 이때, ❷에서 $v_A=0.9v_B$지?

① $14-28\log 3$ ② $28-56\log 3$ ③ $28-28\log 3$
④ $56-34\log 3$ ⑤ $56-56\log 3$

1st 주어진 L, d, v의 관계식을 이용하여 L_A와 L_B를 각각 구해.

열차 A가 지점 P를 통과할 때의 속력을 v_A, 열차 B가 지점 P를 통과할 때의 속력을 v_B라 하면 v_A가 v_B의 0.9배이므로 $v_A=0.9v_B$

주의 은근히 반대로 써서 틀리는 경우가 많아.

또한, 두 열차 모두 가까운 선로 중앙 지점 P까지의 거리 d가 75 m로 같으므로 두 열차 A, B의 최고소음도인 L_A와 L_B를 각각 구하면

$$L_A=80+28\log\frac{v_A}{100}-14\log\frac{75}{25}$$

$$=80+28\log\frac{0.9v_B}{100}-14\log\frac{75}{25} \cdots ㉠$$ (v_B로 나타내기)

$$L_B=80+28\log\frac{v_B}{100}-14\log\frac{75}{25} \cdots ㉡$$

2nd L_B-L_A의 값을 구하자.

㉡－㉠을 하면 ($n\log a-n\log b=n(\log a-\log b)=n\log\frac{a}{b}$)

$$L_B-L_A=28\log\frac{v_B}{100}-28\log\frac{0.9v_B}{100}=28\log\frac{\frac{v_B}{100}}{\frac{0.9v_B}{100}}$$

(선택지의 값이 log 3으로 표현되었으니까 변형하자.)

$$=28\log\frac{1}{0.9}=28\log\frac{10}{9}=28(\log 10-\log 9)$$

($\log_a a=1$, $=\log 3^2=2\log 3$)

$$=28(1-2\log 3)=28-56\log 3$$

A 19 정답 10 *상용로그의 정수 부분과 소수 부분 [정답률 41%]

(정답 공식: ($\log_3 98$의 소수 부분)$=\log_3 98-$($\log_3 98$의 정수 부분))

$\log_3 98$의 소수 부분을 a, $\log_5 98$의 소수 부분을 b라 하자. 다음을 만족시키는 두 자연수 p와 q에 대하여 $p+q$의 최솟값을 구하시오. (3점)

단서1 $3^4=81<98<243=3^5$이고, $5^2=25<98<125=5^3$이므로 $\log_3 98$의 소수 부분 a와 $\log_5 98$의 소수 부분 b를 구할 수 있어.

> $3^{p+a}5^{q+b}$은 135 의 배수이다.

단서2 $135=3^3\times 5$이므로 $3^{p+a}5^{q+b}$이 135의 배수이면 $3^{p+a}5^{q+b}=m\times(3^3\times 5)$ (m은 자연수) 꼴이 되어야 해.

1st a, b의 값부터 구하자.

$\log_3 3^4<\log_3 98<\log_3 3^5$에서 $4<\log_3 98<5$이므로

$\log_3 98$의 정수 부분은 4이다.

$\therefore a=\log_3 98-4$ ($\log_3 98$의 정수 부분이 4이므로 $\log_3 98=4+$(소수 부분) $\therefore a=$(소수 부분)$=\log_3 98-4$)

또한, $\log_5 5^2<\log_5 98<\log_5 5^3$에서 $2<\log_5 98<3$이므로

$\log_5 98$의 정수 부분은 2이다.

$\therefore b=\log_5 98-2$

2nd a, b의 값을 $3^{p+a}5^{q+b}$에 대입한 후 이 값이 135의 배수가 될 조건을 찾자.

$$3^{p+a}5^{q+b}=3^{p+\log_3 98-4}5^{q+\log_5 98-2}$$

$$=98^2\times 3^{p-4}5^{q-2}$$

$3^{p+\log_3 98-4}5^{q+\log_5 98-2}=3^{\log_3 98+(p-4)}5^{\log_5 98+(q-2)}$
$=3^{\log_3 98}\times 3^{p-4}\times 5^{\log_5 98}\times 5^{q-2}$
$=98\times 3^{p-4}\times 98\times 5^{q-2}$
$=98^2\times 3^{p-4}5^{q-2}$

이때, $135=3^3\times 5$이고 $3^{p+a}5^{q+b}$이 135의 배수이므로

$98^2\times 3^{p-4}5^{q-2}=m\times 3^3\times 5$ (m은 자연수) 꼴이 되어야 한다.

즉, 두 자연수 p, q에 대하여 $p-4\geq 3$, $q-2\geq 1$이어야 하므로

$p\geq 7$, $q\geq 3$이다.

따라서 $p+q\geq 10$이므로 $p+q$의 최솟값은 10이다.

($98^2\times 3^{p-4}5^{q-2}$에서 $98=2\times 7^2$은 3, 5와 서로소이므로 $98^2\times 3^{p-4}5^{q-2}=m\times 3^3\times 5$ (m은 자연수) 꼴이 되기 위해서는 3의 지수인 $p-4$가 3 이상인 자연수이어야 하고, 5의 지수인 $q-2$가 1 이상인 자연수여야 해.)

A 20 정답 55 *상용로그의 정수 부분과 소수 부분 [정답률 39%]

(정답 공식: $f(2n)-f(n)=1$을 만족시키는 자연수 n을 구한다.)

$x>0$인 실수 x에 대하여 함수 $f(x)$를 $\log x$의 정수 부분이라 하자. 다음 두 조건을 만족시키는 자연수 n의 개수를 구하시오. (4점)

> (가) $1<n<200$
> (나) $f(2n)=1+f(n)$

단서 상용로그의 정수 부분이 $f(n)$이니까 n이 10의 거듭제곱일 때를 기준으로 n의 값의 범위를 나누어 $f(n)$을 유추하자.

1st n의 값의 범위를 나누어 $f(n)$을 구하자.

조건 (가)에서 $1<n<200$이므로 부등식의 각 변에 상용로그를 취하면

$0<\log n<\log 200=2+\log 2$ ($\log 200=\log(100\times 2)=\log 100+\log 2=2+\log 2$)

그런데 $0<\log 2<1$이므로 $0<\log n<3$

즉, $\log n$의 정수 부분은 0, 1, 2 중 하나이다.

이때, 함수 $f(n)$은 $\log n$의 정수 부분이므로

$$f(n)=\begin{cases}0 & (1<n<10)\\ 1 & (10\leq n<100)\\ 2 & (100\leq n<200)\end{cases} \cdots ㉠$$

㉠에서 n 대신에 $2n$을 대입하면 (실수 범위의 n에도 $2n$을 대입해야 해.)

$$f(2n)=\begin{cases}0 & (1<2n<10)\\ 1 & (10\leq 2n<100)\\ 2 & (100\leq 2n<200)\end{cases}=\begin{cases}0 & \left(\frac{1}{2}<n<5\right) \cdots ㉡\\ 1 & (5\leq n<50)\\ 2 & (50\leq n<100) \cdots ㉢\end{cases}$$

$n>1$이므로 ㉡에서 $1<n<5$이고 $100\leq n<200$일 때, $200\leq 2n<400$에서 $\log 200$, $\log 400$의 정수 부분이 모두 2이므로 $\log 2n$의 정수 부분, 즉 $f(2n)=2$야. 따라서 ㉢에서 $50\leq n<200$일 때 $f(2n)=2$야.

2nd 조건 (나)를 만족시키는 n의 값을 찾자.

이제, 조건 (나)에서 $f(2n)=1+f(n)$을 만족시키는 자연수 n의 공통 범위를 구하여 자연수 n의 개수를 세자. ($f(2n)-f(n)=1$이어야 해.)

(i) $f(2n)=1$, $f(n)=0$일 때, 이를 모두 만족시키는 자연수 n의 범위는 $5\leq n<10 \Rightarrow n=5, 6, 7, 8, 9$ → 5개 ($5\leq n<50$, $1<n<10$의 공통 범위)

(ii) $f(2n)=2$, $f(n)=1$일 때, 이를 모두 만족시키는 자연수 n의 범위는 $50\leq n<100 \Rightarrow n=50, 51, 52, \cdots, 99$ → $99-50+1=50$(개) ($50\leq n<100$, $10\leq n<100$의 공통 범위)

(i), (ii)에 의하여 자연수 n의 개수는 $5+50=55$이다.

수능 핵강

$f(x)$가 $\log x$의 정수 부분을 의미한다면 (나)의 $f(2n)=1+f(n)$ 식이 의미하는 것은 무엇일까? $\log 2n$의 정수 부분이 $\log n$의 정수 부분보다 1만큼 더 크다는 거니까 n을 두 배하면 원래 n과 비교했을 때 자리의 수가 하나 늘어난다는 거야. 이런 수는 주어진 범위에서 쉽게 예측가능한데, $5\leq n<10$ 또는 $50\leq n<100$을 만족하는 자연수일 거야.
따라서 55개가 정답이지.

상용로그의 정수 부분과 소수 부분 (개념·공식)

(1) 임의의 양수 N에 대하여
$\log N=n+\alpha$ (단, n은 정수, $0\leq\alpha<1$)
로 나타날 때, n을 $\log N$의 정수 부분, α를 $\log N$의 소수 부분이라 한다.

(2) 상용로그의 정수 부분이 n인 자연수를 A라 하면
$n\leq\log A<n+1$, 즉 $10^n\leq A<10^{n+1}$이다.

A 21 정답 73 *상용로그의 정수 부분과 소수 부분 [정답률 35%]

(정답 공식: a, b의 값의 범위를 알고 있으므로 $\log a^4$, $\log b^7$의 값의 범위를 알고, 가능한 정수의 최댓값을 구할 수 있다.)

$\log a^4$의 소수 부분과 $\log b^7$의 소수 부분이 모두 0이 되도록 하는 양의 실수 a, $b(1<a<10,\ 1<b<10)$에 대하여 ab의 최댓값이 $10^{\frac{q}{p}}$일 때, $p+q$의 값을 구하시오. (단, p와 q는 서로소인 자연수이다.) (4점)

로그값이 정수 부분만 있다는 말이니까 a^4, b^7이 10의 거듭제곱이라고 이해하면 쉬워.

단서 $\log a^4=n$, $\log b^7=m$ (n, m은 정수)이라 두고 지수의 거듭제곱으로 나타내면 주어진 $10^{\frac{q}{p}}$의 꼴과 비교할 수 있지?

1st $\log a^4$, $\log b^7$을 각각 m, n으로 놓고 간단히 계산해.

$\log a^4=m$, $\log b^7=n$(m, n은 정수)으로 놓으면

log의 소수 부분이 0이니까 정수 부분만 있다는 뜻이야.

$\log a=\frac{m}{4}$, $\log b=\frac{n}{7}$

2nd 주어진 조건을 이용하여 m과 n의 범위를 구해.

$1<a<10$, $1<b<10$이므로 $0<\log a<1$, $0<\log b<1$

$0<\frac{m}{4}<1$, $0<\frac{n}{7}<1$ $\quad\therefore 0<m<4$, $0<n<7$

m, n은 정수이므로 $m=1, 2, 3$이고, $n=1, 2, 3, 4, 5, 6$

$$\therefore \begin{cases} a=10^{\frac{1}{4}},\ 10^{\frac{2}{4}},\ 10^{\frac{3}{4}} \\ b=10^{\frac{1}{7}},\ 10^{\frac{2}{7}},\ 10^{\frac{3}{7}},\ 10^{\frac{4}{7}},\ 10^{\frac{5}{7}},\ 10^{\frac{6}{7}} \end{cases}$$

3rd ab의 최댓값을 이용하여 $p+q$의 값을 구해.

따라서 ab의 최댓값은 $10^{\frac{3}{4}}\times10^{\frac{6}{7}}=10^{\frac{45}{28}}$이므로 $\frac{q}{p}=\frac{45}{28}$

[지수법칙] $a^n\times a^m=a^{n+m}$

$\therefore p+q=28+45=73$

A 22 정답 ⑤ *지수함수의 그래프의 활용 [정답률 50%]

(정답 공식: 절댓값이 포함된 함수 $f(x)$의 그래프는 $f(x)\geq0$인 부분은 그대로 두고, $f(x)<0$인 그래프를 x축에 대하여 대칭이동하여 그린다.)

단서1 $y=2^x-2$의 그래프를 그려서 x축 아랫 부분을 꺾어서 올리면 $y=f(x)$의 그래프를 그릴 수 있어. 그래프부터 그려놓고 판단해.

함수 $f(x)=|2^x-2|$의 그래프 위의 세 점 $(a, f(a))$, $(b, f(b))$, $(c, f(c))$가 $0<a<b<c$와 $f(a)>f(b)>f(c)$를 만족할 때, [보기]에서 항상 옳은 것을 모두 고른 것은? (3점)

단서2 임의의 세 실수 a, b, c라는 표현이 없으므로 $f(x)$가 감소함수일 때라고 생각할 수는 없어.

[보기]

ㄱ. $0<c<1$

ㄴ. $0<f(a)+f(b)+f(c)<3$

ㄷ. 방정식 $f(x)-a=0$은 서로 다른 두 실근을 갖는다.

① ㄱ ② ㄴ ③ ㄷ ④ ㄱ, ㄴ ⑤ ㄴ, ㄷ

1st 우선 $f(x)=|2^x-2|$의 그래프를 그리자.

주의 그래프를 이용해서 푸는 문제기 때문에 처음에 그래프를 잘못 그리게 되면 문제를 제대로 풀 수가 없어.

곡선 $y=2^x$을 y축의 방향으로 -2만큼 평행이동하고 $y<0$인 부분을 x축에 대하여 대칭이동하면 $f(x)=|2^x-2|$의 그래프를 오른쪽과 같이 그릴 수 있다.

x축의 아랫부분과 같아.

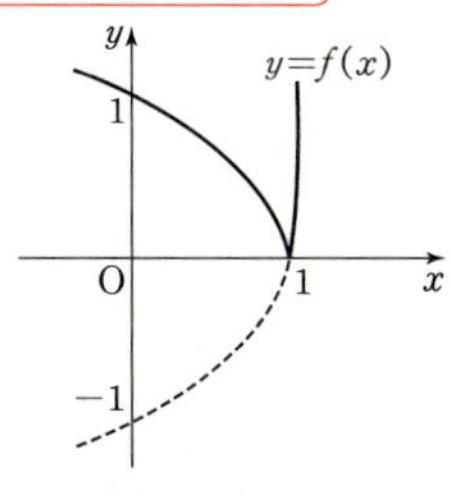

2nd $0<a<b<c<1$일 때 $f(x)$가 감소하므로 $f(a)>f(b)>f(c)$가 항상 성립하지만 $c>1$이면서 $f(b)>f(c)$인 값이 있는지 그래프에서 확인해 보자.

ㄱ. 【반례】 다음 그림과 같이 $c>1$이 되도록 c를 잡으면 $0<a<b<c$와 $f(a)>f(b)>f(c)$를 만족하지만 $c>1$이다. (거짓)

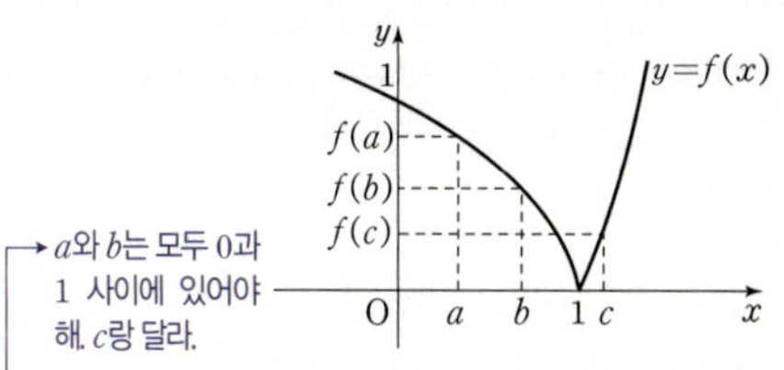

3rd c의 값은 1보다 클 수도 있지만 a, b의 값은 어떨까?

ㄴ. $0<a<b<1$이어야 $f(a)>f(b)>f(c)$가 성립한다.

즉, 다음과 같이 a, b가 위치할 때는 $f(a)>f(b)>f(c)$가 성립하지 않기 때문이다.

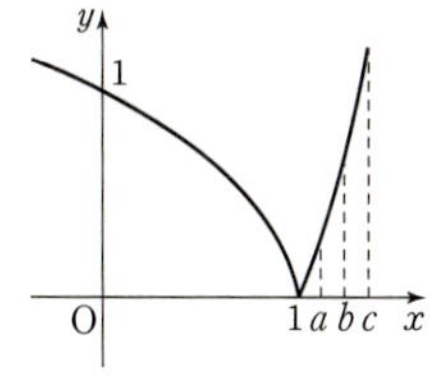

$f(a)<f(b)<f(c)$

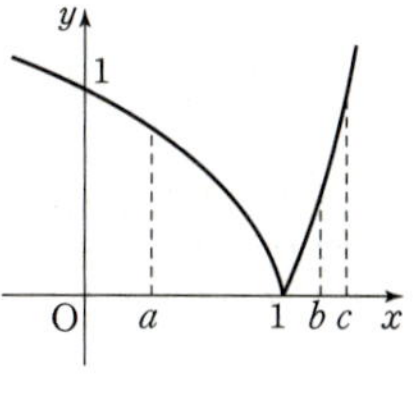

$f(b)<f(c)$

$0<f(a)+f(b)+f(c)<f(a)+f(a)+f(a)$

$=3f(a)<3$ ($\because 0<f(a)<1$)

$\therefore 0<f(a)+f(b)+f(c)<3$ (참)

4th a는 임의의 실수가 아니라 두 조건 $0<a<b<c$와 $f(a)>f(b)>f(c)$를 만족하는 실수 a야. 즉, 항상 $0<a<1$이 성립해.

ㄷ. $f(x)-a=0$에서 방정식 $f(x)=a(0<a<1)$의 실근은 $y=f(x)$와 $y=a$의 그래프가 만나는 점의 x좌표이므로 다음 그림과 같이 반드시 두 점에서 만나므로 서로 다른 두 실근을 가진다. (참)

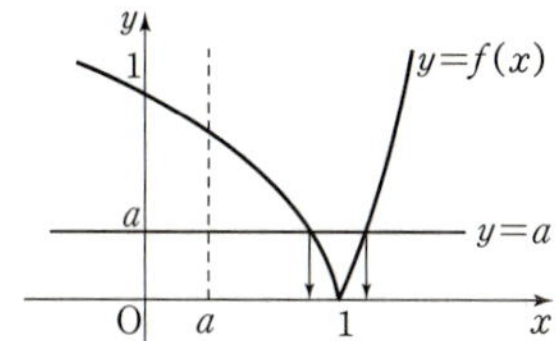

따라서 옳은 것은 ㄴ, ㄷ이다.

A 23 정답 18 *지수함수의 그래프의 활용 [정답률 47%]

(정답 공식: 곡선과 직선이 만나는 점의 좌표를 구한다.)

그림과 같이 곡선 $y=3^x$을 y축에 대하여 대칭이동한 후, x축의 방향으로 $\frac{1}{6}$만큼, y축의 방향으로 $\frac{1}{6}$만큼 평행이동한 곡선을 $y=f(x)$라 하자. 곡선 $y=f(x)$와 직선 $y=x+1$이 만나는 점 A와 점 B$(0, 1)$ 사이의 거리를 k라 할 때, $\frac{1}{k^2}$의 값을 구하시오. (4점)

단서 방정식 $f(x)=x+1$을 풀면 점 A의 좌표를 구할 수 있지?

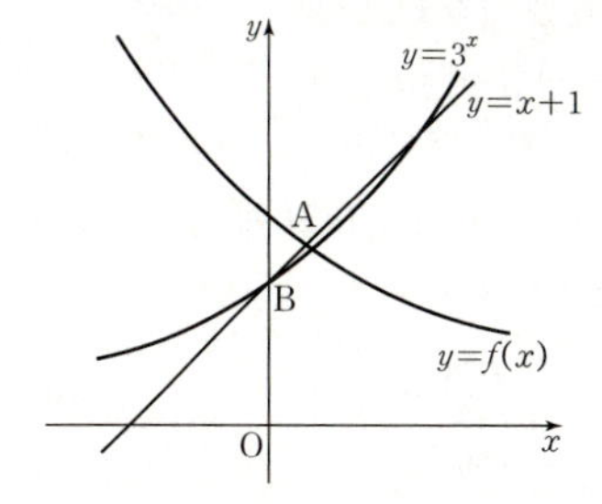

1st 곡선 $y=f(x)$의 방정식을 구해.

곡선 $y=3^x$을 y축에 대하여 대칭이동한 곡선은 $y=3^{-x}$이고, 곡선 $y=3^{-x}$을 x축의 방향으로 $\frac{1}{6}$만큼, y축의 방향으로 $\frac{1}{6}$만큼 평행이동한 곡선은 $y=3^{-x+\frac{1}{6}}+\frac{1}{6}$이다.

함수 $y=f(x)$의 그래프를 y축에 대하여 대칭이동한 그래프의 식은 x 대신 $-x$를 대입하면 돼.

함수 $y=f(x)$의 그래프를 x축의 방향으로 m만큼, y축의 방향으로 n만큼 평행이동한 그래프의 식은 x 대신 $x-m$을, y 대신 $y-n$을 대입하면 돼.

$\therefore f(x)=3^{-x+\frac{1}{6}}+\frac{1}{6}$

2nd 점 A의 좌표를 구한 후, 두 점 A, B 사이의 거리를 구해.

곡선 $y=f(x)$와 직선 $y=x+1$이 만나는 점 A의 x좌표는

$3^{-x+\frac{1}{6}}+\frac{1}{6}=x+1$에서 $3^{-x+\frac{1}{6}}=x+\frac{5}{6}$ $\quad\therefore x=\frac{1}{6}$

$x=\frac{1}{6}$일 때, (좌변)$=3^0=1$이고, (우변)$=\frac{1}{6}+\frac{5}{6}=1$이므로 주어진 방정식의 해는 $x=\frac{1}{6}$이야.

$x=\frac{1}{6}$을 $y=x+1$에 대입하면 $y=\frac{1}{6}+1=\frac{7}{6}$

즉, 점 A의 좌표는 $\left(\frac{1}{6}, \frac{7}{6}\right)$이다.

따라서 두 점 $A\left(\frac{1}{6}, \frac{7}{6}\right)$, $B(0, 1)$ 사이의 거리 k는

$k=\sqrt{\left(\frac{1}{6}-0\right)^2+\left(\frac{7}{6}-1\right)^2}=\frac{\sqrt{2}}{6}$이므로 $\frac{1}{k^2}=18$

좌표평면 위의 두 점 $A(x_1, y_1)$, $B(x_2, y_2)$에 대하여 두 점 A, B 사이의 거리는 $\overline{AB}=\sqrt{(x_1-x_2)^2+(y_1-y_2)^2}$

톡톡 풀이

곡선 $y=3^x$을 y축에 대하여 대칭이동한 곡선은 $y=3^{-x}$이고 곡선 $y=3^{-x}$은 직선 $y=x+1$과 점 $B(0, 1)$에서 만나.

한편, 곡선 $y=3^{-x}$을 x축의 방향으로 $\frac{1}{6}$만큼, y축의 방향으로 $\frac{1}{6}$만큼 평행이동한 곡선은 $y=f(x)$이고, 직선 $y=x+1$은 x축의 방향으로 $\frac{1}{6}$만큼, y축의 방향으로 $\frac{1}{6}$만큼 평행이동하여도 직선 $y=x+1$이 되므로 점 $B(0, 1)$을 x축의 방향으로 $\frac{1}{6}$만큼, y축의 방향으로 $\frac{1}{6}$만큼 평행이동하면 곡선 $y=f(x)$와 직선 $y=x+1$이 만나는 점 A와 일치해.

즉, 점 A의 좌표는 $\left(0+\frac{1}{6}, 1+\frac{1}{6}\right)$에서 $\left(\frac{1}{6}, \frac{7}{6}\right)$이야.

(이하 동일) 점 $P(x_1, y_1)$을 x축의 방향으로 a만큼, y축의 방향으로 b만큼 평행이동한 점 P'의 좌표는 $P'(x_1+a, y_1+b)$

A 24 정답 ② *지수함수의 그래프의 활용 [정답률 46%]

정답 공식: 6개의 점 A, B, C, D, E, F의 좌표를 각각 구한 뒤 두 삼각형 AEB와 CDF의 넓이를 구하는 식을 세운다.

그림과 같이 함수 $y=9^x$의 그래프가 두 직선 $y=a$, $y=b$와 만나는 점을 각각 A, B라 하고, 함수 $y=3^x$의 그래프가 두 직선 $y=a$, $y=b$와 만나는 점을 각각 C, D라 하자. 점 B에서 직선 $y=a$에 내린 수선의 발을 E, 점 C에서 직선 $y=b$에 내린 수선의 발을 F라 하자. 삼각형 AEB의 넓이가 14일 때, 삼각형 CDF의 넓이는? (단, $a>b>1$이다.) (3점)

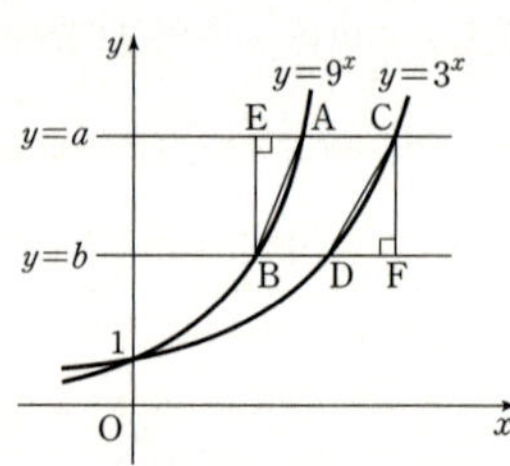

단서 네 점 A, B, C, D의 y좌표가 주어졌으니까 각 점의 x좌표를 구할 수 있겠지?

① 26 ② 28 ③ 30
④ 32 ⑤ 34

1st 점 A~F의 좌표를 구하자.

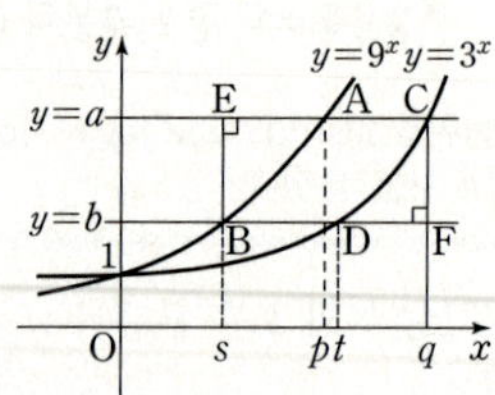

세 점 A, C, E의 y좌표는 모두 a이고, 세 점 B, D, F의 y좌표는 모두 b이므로 점 A, C의 x좌표를 각각 p, q라 하면

$9^p=a$에서 $p=\log_9 a$이고 $3^q=a$에서 $q=\log_3 a$이므로

$A(\log_9 a, a)$, $C(\log_3 a, a)$

또, 두 점 B, D의 x좌표를 각각 s, t라 하면

$9^s=b$에서 $s=\log_9 b$이고 $3^t=b$에서 $t=\log_3 b$이므로

$B(\log_9 b, b)$, $D(\log_3 b, b)$

두 점 E와 F의 x좌표는 각각 점 B와 C의 x좌표와 같으므로

$E(\log_9 b, a)$, $F(\log_3 a, b)$

2nd 삼각형 AEB의 넓이에 대한 식을 구하자.

$$\triangle AEB=\frac{1}{2}\times\overline{AE}\times\overline{EB}$$
$$=\frac{1}{2}(\log_9 a-\log_9 b)\times(a-b)$$
$$=\frac{1}{2}(a-b)\log_9\frac{a}{b}$$
$$=\frac{1}{4}(a-b)\log_3\frac{a}{b}$$
$$=14$$

$\log_9\frac{a}{b}=\log_{3^2}\frac{a}{b}=\frac{1}{2}\log_3\frac{a}{b}$

실수 $\log_9\frac{a}{b}=\log_{3^2}\frac{a}{b}=2\log_3\frac{a}{b}$로 실수하는 경우가 많아.

$\therefore (a-b)\log_3\frac{a}{b}=56$ ⋯ ㉠

3rd 삼각형 CDF의 넓이를 구하자.

$$\therefore \triangle CDF=\frac{1}{2}\times\overline{DF}\times\overline{CF}$$
$$=\frac{1}{2}\times(\log_3 a-\log_3 b)\times(a-b)$$
$$=\frac{1}{2}(a-b)\log_3\frac{a}{b}$$
$$=\frac{1}{2}\times 56\ (\because ㉠)=28$$

로그의 성질 개념·공식

$a>0$, $a\neq1$, $x>0$, $y>0$일 때,

① $\log_a a=1$
② $\log_a 1=0$
③ $\log_a x+\log_a y=\log_a xy$
④ $\log_a x-\log_a y=\log_a\frac{x}{y}$

A 25 정답 ⑤ *지수함수의 그래프의 활용 [정답률 62%]

정답 공식: 각각의 조건을 주어진 함수 $y=f(x)$, $y=g(x)$의 그래프를 통해 확인한다.

좌표평면에서 함수 $f(x)=2^x$의 그래프와 함수 $g(x)=-x$의 그래프가 만나는 점을 $\mathrm{P}(a,\ -a)$라 할 때, 옳은 것만을 [보기]에서 있는 대로 고른 것은? (3점)

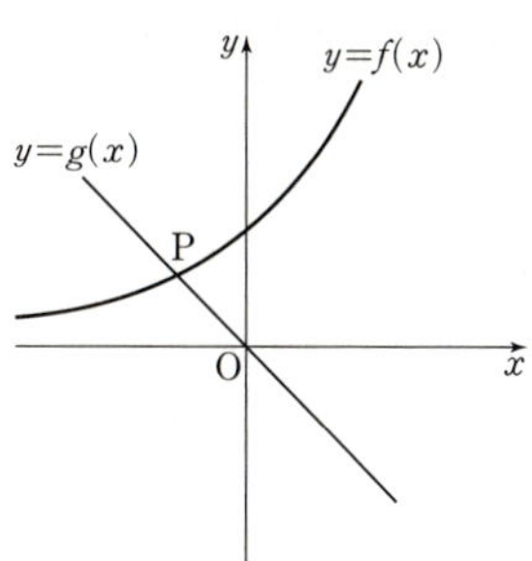

[보기]

단서1 $|f(t)-g(t)|$는 $x=t$일 때의 두 함숫값 $f(t)$와 $g(t)$의 차를 의미하므로

ㄱ. $a<-1$ 그래프에서 x좌표가 음수일 때와 양수일 때의 두 함숫값의 차를 비교해 봐.

ㄴ. $t>0$이면 $|f(-t)-g(-t)|<|f(t)-g(t)|$이다.

ㄷ. 함수 $y=f^{-1}(x)$의 그래프와 함수 $y=g(x)$의 그래프가 만나는 점의 좌표는 $(-a,\ a)$이다.

단서2 함수 $y=f(x)$와 그 역함수 $y=f^{-1}(x)$의 그래프는 직선 $y=x$에 대하여 서로 대칭임을 이용해.

① ㄱ ② ㄴ ③ ㄷ
④ ㄱ, ㄴ ⑤ ㄴ, ㄷ

1st $y=f(x)$와 $y=g(x)$의 그래프 위에 [보기]의 조건을 각각 그려서 비교해 봐.

ㄱ.

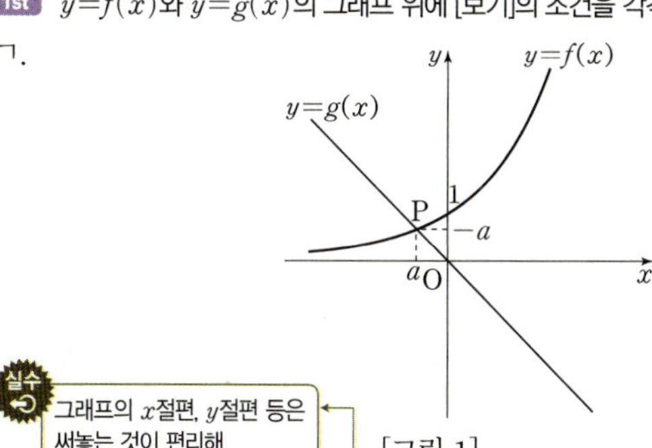

[그림 1]

[그림 1]에서 $f(x)$의 y절편이 1이므로 두 함수 $f(x)$와 $g(x)$의 교점 $\mathrm{P}(a,\ -a)$의 y좌표는 그래프에서 $0<-a<1$임을 알 수 있다.

$\therefore\ -1<a<0$ (거짓)

ㄴ. $t>0$이면 $|f(-t)-g(-t)|$는 $x=-t$에서의 $f(x)$와 $g(x)$의 두 함숫값의 차를 뜻하고, $|f(t)-g(t)|$는 $x=t$에서의 $f(x)$와 $g(x)$의 두 함숫값의 차를 뜻한다.

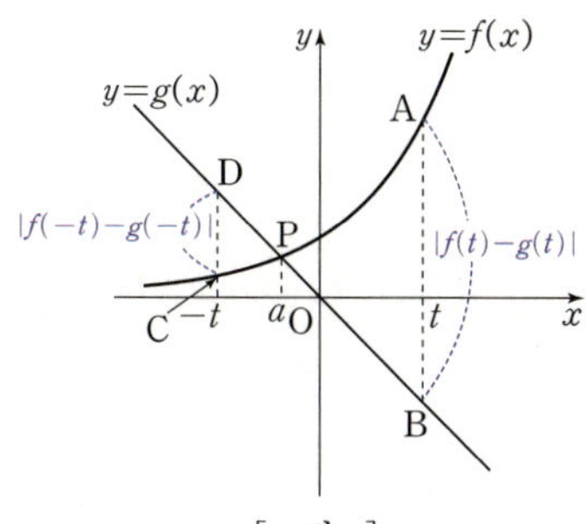

[그림 2]

즉, [그림 2]에서

$\overline{\mathrm{CD}}=|f(-t)-g(-t)|$,

$\overline{\mathrm{AB}}=|f(t)-g(t)|$이고

$\overline{\mathrm{CD}}<\overline{\mathrm{AB}}$이므로

$|f(-t)-g(-t)|<|f(t)-g(t)|$ (참)

그래프에서 절댓값이 같고 부호가 다른 임의의 x에서의 함숫값의 차를 비교하면 $t>0$일 때, $|f(-t)-g(-t)|$보다 $|f(t)-g(t)|$가 항상 크다는 것을 알 수 있어.

ㄷ. 두 함수 $y=f(x)$와 $y=f^{-1}(x)$의 그래프는 직선 $y=x$에 대하여 대칭이고 함수 $y=g(x)$의 그래프도 직선 $y=x$에 대하여 대칭이므로 구하는 교점은 $y=f(x)$와 $y=g(x)$의 그래프의 교점인 점 $\mathrm{P}(a,\ -a)$와 직선 $y=x$에 대하여 대칭인 점이다.

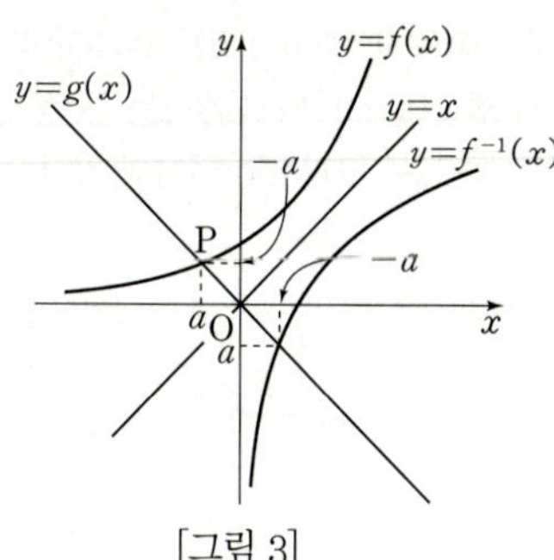

[그림 3]

점 $(p,\ q)$를 직선 $y=x$에 대하여 대칭이동한 점의 좌표는 $(q,\ p)$

따라서 함수 $y=f^{-1}(x)$의 그래프와 함수 $y=g(x)$의 그래프가 만나는 점의 좌표는 [그림 3]과 같이 $(-a,\ a)$이다. (참)

따라서 옳은 것은 ㄴ, ㄷ이다.

지수함수 $y=a^x$ $(a>0,\ a\neq 0)$의 그래프 개념·공식

① 정의역은 실수 전체의 집합이고, 치역은 양의 실수 전체의 집합이다.

② $a>0$일 때 증가함수이고, $0<a<1$일 때 감소함수이다.

③ 점 $(0,\ 1)$을 지나고 점근선이 x축이다.

④ $y=a^x$과 $y=\left(\frac{1}{a}\right)^x=a^{-x}$의 그래프는 y축에 대하여 대칭이다.

A 26 정답 ② *지수함수의 그래프의 활용 [정답률 45%]

정답 공식: 함수 $y=f(x)$의 그래프를 그린 후 n에 숫자를 넣어가며 교점의 개수를 비교한다.

단서1 $-\frac{1}{2}\le x<\frac{3}{2}$인 범위에서 함수 $y=\left|x-\frac{1}{2}\right|+1$의 그래프를 나타낸 후 $f(x)$가 주기가 2인 주기함수임을 이용하여 함수 $f(x)$의 그래프를 그리자.

함수 $f(x)$는 모든 실수 x에 대하여 $f(x+2)=f(x)$를 만족시키고,

$$f(x)=\left|x-\frac{1}{2}\right|+1\ \left(-\frac{1}{2}\le x<\frac{3}{2}\right)$$

이다. 자연수 n에 대하여 지수함수 $y=2^{\frac{x}{n}}$의 그래프와 함수 $y=f(x)$의 그래프의 교점의 개수가 5가 되도록 하는 모든 n의 값의 합은? (4점) 단서2 $n=1,\ 2,\ 3,\ \cdots$을 대입하여 지수함수 $y=2^{\frac{x}{n}}$의 그래프를 그려가면서 조건을 만족시키는 자연수 n의 값을 찾아.

① 7 ② 9 ③ 11 ④ 13 ⑤ 15

1st 먼저 함수 $f(x)$의 그래프를 그려보자.

$f(x)=\left|x-\frac{1}{2}\right|+1\ \left(-\frac{1}{2}\le x<\frac{3}{2}\right)$에서

$f(x)-1=\left|x-\frac{1}{2}\right|$이므로 $\rightarrow f(x)=\begin{cases}-x+\frac{3}{2} & \left(-\frac{1}{2}\le x<\frac{1}{2}\right)\\ x+\frac{1}{2} & \left(\frac{1}{2}\le x<\frac{3}{2}\right)\end{cases}$

$f(x)$는 $y=|x|$를 x축의 방향으로 $\frac{1}{2}$만큼, y축의 방향으로 1만큼 평행이동한 것이다.

또한, 주어진 조건에서 $f(x)=f(x+2)$이므로 $f(x)$는 주기가 2인 주기함수이므로 $f(x)$의 그래프는 그림과 같다.

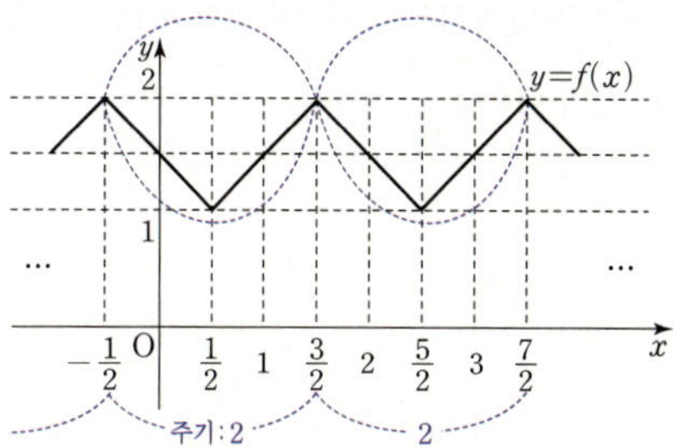

2nd 이제 자연수 n에 따른 지수함수의 그래프를 그려보자.

지수함수 $y=2^{\frac{x}{n}}$의 그래프는 두 점 $(0,\ 1)$과 $(n,\ 2)$를 지나는 함수이므로 그래프를 그려보면 다음과 같다.

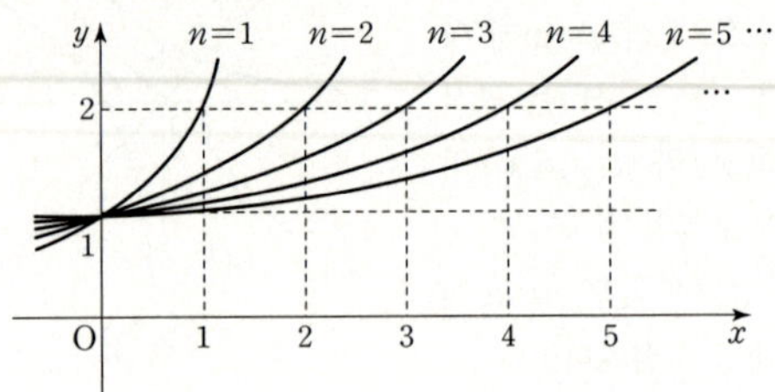

3rd 두 그래프의 교점의 개수가 5가 되는 자연수 n을 구해 보자.

이때, $y=f(x)$의 그래프와 $y=2^{\frac{x}{n}}$의 그래프의 교점의 개수가 5가 되려면 다음 그림과 같이 $n=4$ 또는 $n=5$일 때뿐이다.

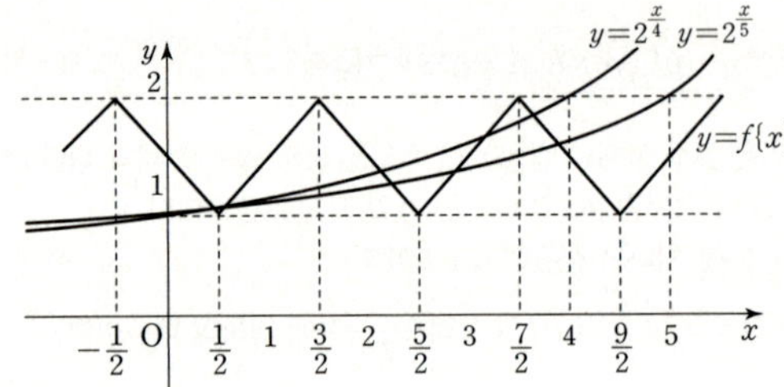

따라서 모든 n의 값의 합은 $4+5=9$

[다른 풀이]

함수 $y=f(x)$의 그래프와 지수함수 $y=2^{\frac{x}{n}}$의 그래프의 교점의 개수가 5가 되려면 다음 그림과 같아야 해.

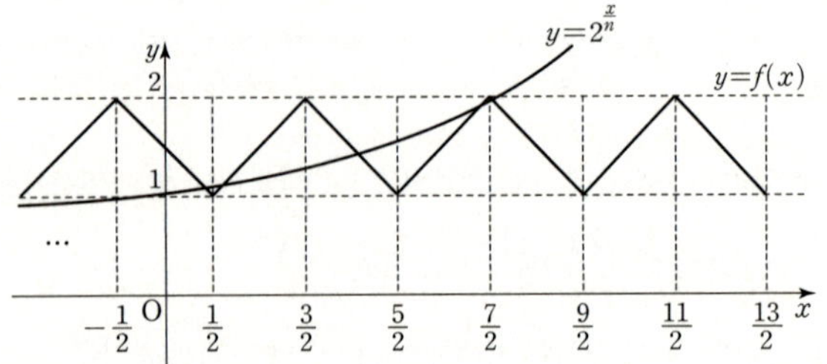

즉, $x=\frac{7}{2}$일 때 함수 $y=f(x)$의 그래프가 지수함수 $y=2^{\frac{x}{n}}$의 그래프보다 위쪽에 있어야 하고, $x=\frac{11}{2}$일 때 함수 $y=f(x)$의 그래프가 지수함수 $y=2^{\frac{x}{n}}$의 그래프보다 아래쪽에 있어야 하므로

$2^{\frac{7}{2n}}<f\left(\frac{7}{2}\right),\ f\left(\frac{11}{2}\right)<2^{\frac{11}{2n}}$

그런데 $f\left(\frac{7}{2}\right)=f\left(\frac{11}{2}\right)=2$이므로 → $f\left(\frac{11}{2}\right)=f\left(\frac{7}{2}\right)=f\left(\frac{3}{2}\right)=f\left(-\frac{1}{2}\right)=2$

$2^{\frac{7}{2n}}<2,\ 2<2^{\frac{11}{2n}}$에서 $2^{\frac{7}{2n}}<2^1<2^{\frac{11}{2n}}$이야.

$\frac{7}{2n}<1<\frac{11}{2n},\ 7<2n<11$ → 밑이 $2>1$이므로 지수는 부등호 방향이 같아.

$\therefore \frac{7}{2}<n<\frac{11}{2}$

따라서 $\frac{7}{2}<n<\frac{11}{2}$을 만족시키는 자연수 n은 4 또는 5이므로 구하는 모든 자연수 n의 값의 합은 $4+5=9$가 돼.

A 27 정답 ① *지수함수를 이용한 대소 관계 [정답률 65%]

정답 공식: 세 지수함수 $y=\left(\frac{1}{3}\right)^x$, $y=\left(\frac{1}{9}\right)^x$, $y=\left(\frac{1}{4}\right)^x$의 그래프와 세 직선 $y=2x$, $y=x$, $y=x$와 각각 만나는 점의 x좌표가 a, b, c이다.

다음 등식을 만족시키는 세 실수 a, b, c가 있다.

$$\left(\frac{1}{3}\right)^a=2a,\ \left(\frac{1}{3}\right)^{2b}=b,\ \left(\frac{1}{2}\right)^{2c}=c$$

이때, 세 실수 a, b, c의 대소 관계를 옳게 나타낸 것은? (3점)

① $a<b<c$ ② $a<c<b$ ③ $b<a<c$
④ $b<c<a$ ⑤ $c<a<b$

단서 a, b, c를 x로 바꾸어 보면 $\left(\frac{1}{3}\right)^x=2x$, $\left(\frac{1}{3}\right)^{2x}=x$, $\left(\frac{1}{2}\right)^{2x}=x$가 돼. 이 방정식들의 해가 a, b, c야.

1st 주어진 세 등식은 변형하기가 힘들어. 이럴땐 그래프를 이용해 보자.

$\left(\frac{1}{3}\right)^a=2a$이므로 a는 두 그래프 $y=\left(\frac{1}{3}\right)^x$, $y=2x$의 교점의 x좌표이고,

$\left(\frac{1}{3}\right)^{2b}=b$이므로 b는 두 그래프 $y=\left(\frac{1}{9}\right)^x$, $y=x$의 교점의 x좌표이고,

$\left(\frac{1}{2}\right)^{2c}=c$이므로 c는 두 그래프 $y=\left(\frac{1}{4}\right)^x$, $y=x$의 교점의 x좌표이다.

→ $\left\{\left(\frac{1}{2}\right)^2\right\}^c=c$이므로 $\left(\frac{1}{4}\right)^c=c$와 같아.

각각의 그래프를 그려 두 그래프의 교점의 위치를 확인하면 $a<b<c$임을 알 수 있다.

→ $\left\{\left(\frac{1}{3}\right)^2\right\}^b=b$이므로 $\left(\frac{1}{9}\right)^b=b$와 같아.

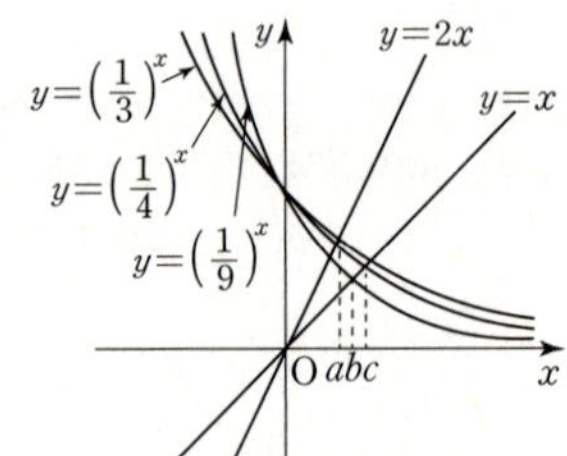

A 28 정답 ⑤ *지수함수를 이용한 대소 관계 [정답률 61%]

정답 공식: 두 함수 $y=2^x$, $y=-2x^2+2$의 그래프를 그려 x_1, x_2, y_1, y_2 사이의 관계를 파악한다.

두 곡선 $y=2^x$과 $y=-2x^2+2$가 만나는 두 점을 $(x_1,\ y_1)$, $(x_2,\ y_2)$라 하자. $x_1<x_2$일 때, [보기]에서 옳은 것만을 있는 대로 고른 것은? (4점)

단서1 두 곡선을 좌표평면에 되도록 정확하게 나타내 봐.

[보기]

ㄱ. $x_2>\frac{1}{2}$

ㄴ. $y_2-y_1<x_2-x_1$ 단서2 $x_2\neq x_1$이므로 양변을 x_2-x_1로 나누어 생각해.

ㄷ. $\frac{\sqrt{2}}{2}<y_1y_2<1$

① ㄱ ② ㄱ, ㄴ ③ ㄱ, ㄷ
④ ㄴ, ㄷ ⑤ ㄱ, ㄴ, ㄷ

1st 두 곡선의 그래프를 그려 x_2의 값의 범위를 찾아.

$f(x)=2^x$, $g(x)=-2x^2+2$라 하면 두 곡선 $y=f(x)$, $y=g(x)$는 그림과 같다. 위로 볼록하고 y축을 축으로 하며, 점 $(0, 2)$를 꼭짓점으로 하는 포물선이야.

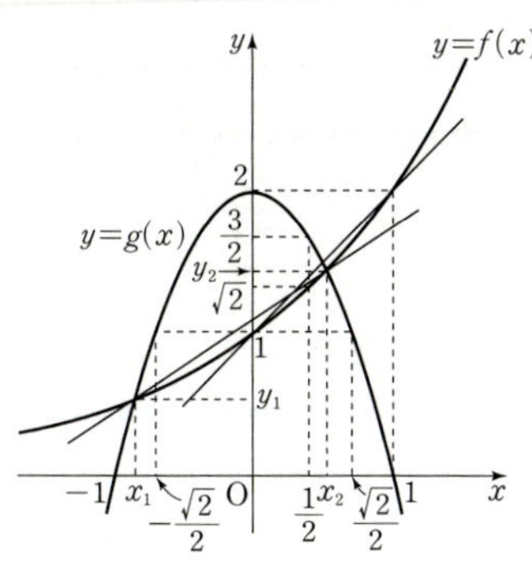

ㄱ. $f\left(\frac{1}{2}\right)=2^{\frac{1}{2}}=\sqrt{2}$, $g\left(\frac{1}{2}\right)=-2\times\left(\frac{1}{2}\right)^2+2=\frac{3}{2}$이고

$\sqrt{2}<\frac{3}{2}$이므로 $f\left(\frac{1}{2}\right)<g\left(\frac{1}{2}\right)$이다.

$\sqrt{2}=\sqrt{\frac{8}{4}}$, $\frac{3}{2}=\sqrt{\frac{9}{4}}$이므로 $\sqrt{2}<\frac{3}{2}$이야.

즉, 그래프에서 $x_2>\frac{1}{2}$이다. (참)

그래프에서 $f(x)<g(x)$인 x의 값의 범위는 $x_1<x<x_2$이고 $x=\frac{1}{2}$일 때, $f(x)<g(x)$이므로 $x_1<\frac{1}{2}<x_2$야.

2nd 직선의 기울기를 이용하여 ㄴ의 참, 거짓을 따져.

ㄴ. 두 곡선 $y=f(x)$, $y=g(x)$의 두 교점 (x_1, y_1), (x_2, y_2)를 지나는 직선의 기울기는 $\frac{y_2-y_1}{x_2-x_1}$이고 두 점 $(0, 1)$, $(1, 2)$를 지나는 직선의 기울기는 1이다. 그런데 그래프에서 두 점 (x_1, y_1), (x_2, y_2)를 지나는 직선의 기울기는 두 점 $(0, 1)$, $(1, 2)$를 지나는 직선의 기울기보다 작으므로

$\frac{y_2-y_1}{x_2-x_1}<1$ $x_1<x_2$이므로 $x_2-x_1>0$이야. 따라서 양변에 x_2-x_1을 곱해도 부등호의 방향은 바뀌지 않아.

$\therefore y_2-y_1<x_2-x_1$ (참)

3rd y_1y_2의 값의 범위를 찾자.

ㄷ. $y_1=f(x_1)=2^{x_1}$, $y_2=f(x_2)=2^{x_2}$이므로

$y_1y_2=2^{x_1}\times2^{x_2}=2^{x_1+x_2}$ ⋯ ㉠ ($a^m\times a^n=a^{m+n}$)

한편, 직선 $y=1$이 곡선 $y=g(x)$와 만나는 점의 x좌표는 $g(x)=1$에서

$-2x^2+2=1$, $2x^2=1$, $x^2=\frac{1}{2}$

$\therefore x=\pm\frac{\sqrt{2}}{2}$

즉, 그래프에서 $-1<x_1<-\frac{\sqrt{2}}{2}$, $\frac{1}{2}<x_2<\frac{\sqrt{2}}{2}$이므로

$-\frac{1}{2}<x_1+x_2<0$에서 $2^{-\frac{1}{2}}<2^{x_1+x_2}<2^0$

$\therefore \frac{\sqrt{2}}{2}<y_1y_2<1$ ($\because$ ㉠) (참)

$a>1$일 때, $a^{f(x)}>a^{g(x)}$이면 $f(x)>g(x)$
$0<a<1$일 때, $a^{f(x)}>a^{g(x)}$이면 $f(x)<g(x)$

따라서 옳은 것은 ㄱ, ㄴ, ㄷ이다.

[다른 풀이]

ㄷ. $f(-1)=2^{-1}=\frac{1}{2}$이므로 $y_1=f(x_1)>\frac{1}{2}$

$x_1>-1$이고 함수 $y=f(x)$는 증가함수이므로 $f(x_1)>f(-1)$

또, $f\left(\frac{1}{2}\right)=2^{\frac{1}{2}}=\sqrt{2}$이므로 $y_2=f(x_2)>\sqrt{2}$ 마찬가지로 $x_2>\frac{1}{2}$이므로 $f(x_2)>f\left(\frac{1}{2}\right)$

$\therefore y_1y_2=f(x_1)f(x_2)>\frac{1}{2}\times\sqrt{2}=\frac{\sqrt{2}}{2}$ ⋯ ㉡

한편, 곡선 $y=g(x)$는 y축에 대하여 대칭이므로

$-x_1>x_2$ $\therefore x_1+x_2<0$

곡선 $y=g(x)$는 y축에 대하여 대칭이므로 $-x_1=x_2$이면 $g(x_1)=g(x_2)$이고 $-x_1<x_2$이면 $g(x_1)>g(x_2)$야. 그런데 $g(x_1)<g(x_2)$이므로 $-x_1>x_2$이어야 해.

이때, $y_1=f(x_1)=2^{x_1}$, $y_2=f(x_2)=2^{x_2}$이므로

$y_1y_2=2^{x_1}\times2^{x_2}=2^{x_1+x_2}<2^0=1$ ⋯ ㉢

따라서 ㉡, ㉢에 의하여

$\frac{\sqrt{2}}{2}<y_1y_2<1$ (참)

A 29 정답 ① *지수함수를 이용한 대소 관계 ········ [정답률 53%]

정답 공식: A는 원점과 점 P를 잇는 직선의 기울기, B는 원점과 점 Q를 잇는 직선의 기울기, C는 두 점 $(0, 0)$, $(1, 1)$을 잇는 직선의 기울기를 나타낸다.

단서1 함수 $y=2^x-1$의 그래프 위의 두 점 P, Q의 좌표는 각각 $(a, 2^a-1)$, $(b, 2^b-1)$이야.

그림에서 함수 $y=2^x-1$의 그래프 위의 서로 다른 두 점 P, Q의 x좌표를 각각 a, b라 할 때, $A=\frac{2^a-1}{a}$, $B=\frac{2^b-1}{b}$, $C=1$의 대소 관계를 옳게 나타낸 것은? (단, $0<a<b<1$) (3점)

단서2 원점과 두 점 P, Q에 대하여 A, B, C가 뜻하는 것이 무엇인지 알아야 해.

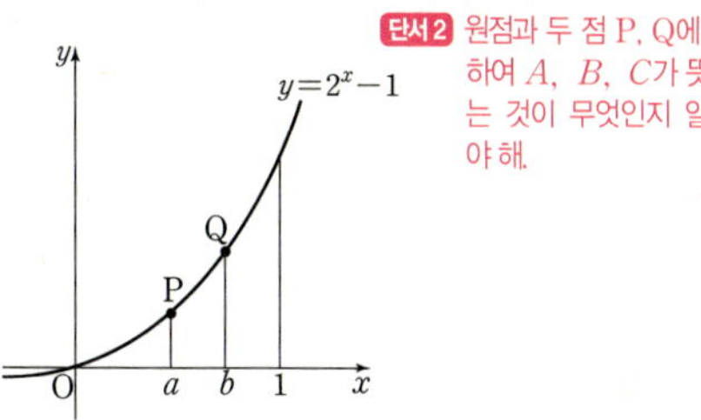

① $A<B<C$ ② $A<C<B$ ③ $B<A<C$
④ $B<C<A$ ⑤ $C<A<B$

1st 주어진 A, B, C가 무엇을 의미하는지 알아보자.

점 $P(a, 2^a-1)$에 대하여 $A=\frac{2^a-1}{a}=\frac{(2^a-1)-0}{a-0}$은 원점과 점 P를 잇는 직선의 기울기를 의미한다. (y좌표끼리의 차, x좌표끼리의 차)

두 점 (x_1, y_1), (x_2, y_2)를 잇는 직선의 기울기는 $\frac{y_2-y_1}{x_2-x_1}$

마찬가지로 점 $Q(b, 2^b-1)$에 대하여 $B=\frac{2^b-1}{b}=\frac{(2^b-1)-0}{b-0}$은 원점과 점 Q를 잇는 직선의 기울기를 의미하고,

$C=1=\frac{(2^1-1)-(2^0-1)}{1-0}$은 두 점 $(0, 0)$와 $(1, 1)$을 잇는 직선의 기울기를 의미한다.

함정 $C=1$을 그래프에서 나타낼 수 있어야 해.

2nd 각각의 기울기를 그림에서 직관적으로 파악해 보자.

따라서 그림과 같이 세 직선의 기울기를 비교하면 $A<B<C$이다.

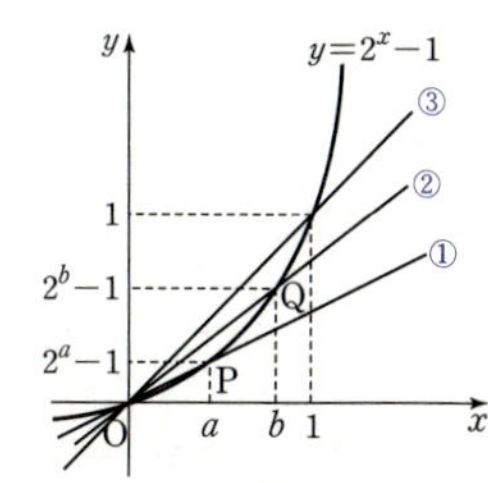

지수함수 $y=a^x$의 그래프 개념·공식

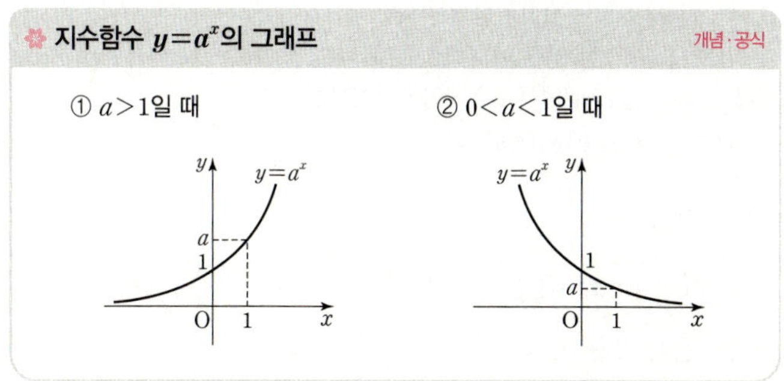

A 30 정답 ③ *지수함수를 이용한 대소 관계 [정답률 61%]

(정답 공식: $1<b<a$, $0<b<1<a$, $0<b<a<1$ 세 경우로 나누어 생각한다.)

1이 아닌 양수 a, $b(a>b)$에 대하여 두 함수 $f(x)=a^x$, $g(x)=b^x$이라 하자. 양수 n에 대하여 [보기]에서 항상 옳은 것을 모두 고른 것은? (4점)

[보기]

ㄱ. $f(n)>g(n)$

단서1 a, b의 값의 범위에 따라 두 함수 $f(x)$와 $g(x)$의 그래프의 개형을 그려봐.

ㄴ. $f(n)<g(-n)$이면 $a>1$이다.

ㄷ. $f(n)=g(-n)$이면 $f\left(\frac{1}{n}\right)=g\left(-\frac{1}{n}\right)$이다.

단서2 $f(n)=g(-n)$에서 얻은 a, b 사이의 관계식을 이용하여 $f\left(\frac{1}{n}\right)=g\left(-\frac{1}{n}\right)$의 식이 만들어지는지 확인해.

① ㄱ ② ㄴ ③ ㄱ, ㄷ ④ ㄴ, ㄷ ⑤ ㄱ, ㄴ, ㄷ

1st a, b의 값에 따라 $f(x)$, $g(x)$의 그래프의 개형이 달라지지? 각 경우를 그려서 [보기]가 참인지 거짓인지 알아보자.

$a>b$인 것만 주어졌으므로 $a>b>1$인 경우와 $a>1>b$인 경우, $0<b<a<1$인 경우로 나눌 수 있어.

ㄱ. (i) $1<b<a$

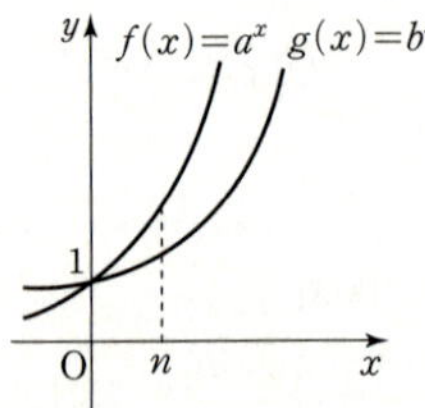

(ii) $0<b<1<a$

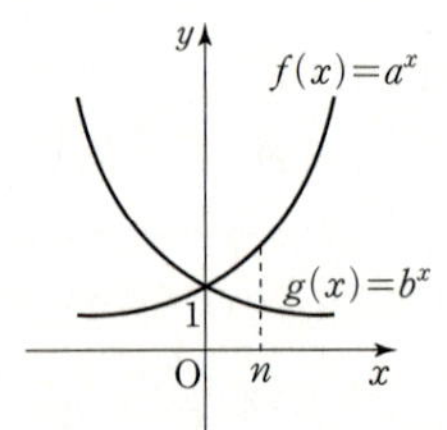

(iii) $0<b<a<1$

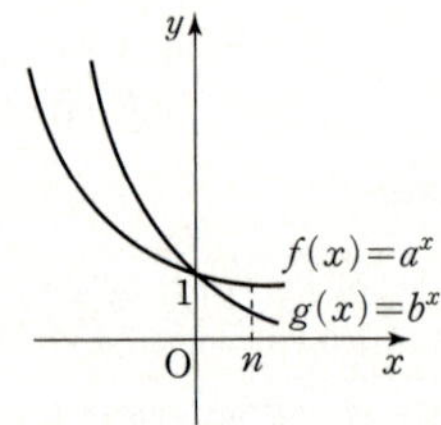

(i), (ii), (iii)의 경우의 그래프에서 양수 n에 대하여 항상 $a^n>b^n$이므로 $f(n)>g(n)$ (참)

2nd 반례를 하나 잡아서 거짓임을 밝히자.

ㄴ. 【반례】 $a=\frac{1}{2}$, $b=\frac{1}{3}$, $n=1$이라 하면

$f(1)=\frac{1}{2}$, $g(-1)=\left(\frac{1}{3}\right)^{-1}=3$이므로

$f(1)<g(-1)$

즉, $f(n)<g(-n)$이 성립할 때

반드시 $a>1$인 것은 아니다. (거짓)

위의 그래프에서 양수 n에 대하여 $f(n)<g(-n)$이지만 $a<1$이야.

3rd $f(n)=g(-n)$에서 a, b 사이의 관계식을 찾아.

ㄷ. $f(n)=g(-n)$이면 $a^n=b^{-n}$이므로

$$a^n=\left(\frac{1}{b}\right)^n$$

$$\therefore f\left(\frac{1}{n}\right)=a^{\frac{1}{n}}=\left(\frac{1}{b}\right)^{\frac{1}{n}}=(b^{-1})^{\frac{1}{n}}=b^{-\frac{1}{n}}=g\left(-\frac{1}{n}\right) \text{ (참)}$$

따라서 옳은 것은 ㄱ, ㄷ이다.

A 31 정답 ② *지수함수의 최대·최소 [정답률 63%]

(정답 공식: 함수 $y=a^x$에서 $a>1$이면 증가함수이고, $0<a<1$이면 감소함수이다.)

닫힌구간 $[-2, 1]$에서 함수 $f(x)=\left(\frac{3}{a}\right)^x$의 최댓값이 9가 되도록 하는 모든 양수 a의 값의 곱은? (3점)

단서 양수 a의 값에 따라서 함수 $f(x)$는 지수함수일 수도, 상수함수일 수도 있어. a의 값의 범위를 나누어 $f(x)$의 최댓값을 구해.

① 2 ② 3 ③ 4 ④ 5 ⑤ 6

1st $\frac{3}{a}>1$, $\frac{3}{a}=1$, $0<\frac{3}{a}<1$일 때로 나누어 함수 $f(x)$의 최댓값이 9일 때의 양수 a의 값을 구해.

함수 $f(x)$가 상수함수인지, 증가함수인지, 감소함수인지를 나누어 생각해야 해.

$f(x)=\left(\frac{3}{a}\right)^x$에서

(i) $\frac{3}{a}>1$, 즉 $0<a<3$일 때,

$\frac{3}{a}>1$이면 함수 $y=f(x)$의 그래프는 그림과 같아.

함수 $f(x)$는 증가함수이므로 $x=1$에서 최댓값을 가진다.

즉, $f(1)=9$에서 $\left(\frac{3}{a}\right)^1=9$ $\quad\therefore a=\frac{1}{3}$ ($\because 0<a<3$)

(ii) $\frac{3}{a}=1$, 즉 $a=3$일 때,

$f(x)=1$이므로 함수 $f(x)$의 최댓값은 9가 될 수 없다.

$\frac{3}{a}=1$이면 $f(x)=1$이므로 x의 값에 관계없이 함숫값은 항상 1이야. 즉, 이때의 최댓값은 1이야.

(iii) $0<\frac{3}{a}<1$, 즉 $a>3$일 때,

함수 $f(x)$는 감소함수이므로 $x=-2$에서 최댓값을 가진다.

즉, $f(-2)=9$에서

$0<\frac{3}{a}<1$이면 함수 $y=f(x)$의 그래프는 그림과 같아.

$\left(\frac{3}{a}\right)^{-2}=9$, $\frac{a^2}{3^2}=9$ $\quad\therefore a=9$

2nd 주어진 조건을 만족시키는 모든 양수 a의 값을 곱해.

(i)~(iii)에 의하여 모든 양수 a의 값의 곱은 $\frac{1}{3}\times 9=3$이다.

A 32 정답 ⑤ *지수함수의 최대·최소 [정답률 63%]

(정답 공식: 산술평균과 기하평균의 관계를 이용한다.)

함수 $y=\frac{5^{2x}+3\times 5^x+4}{5^x}$의 최솟값은? (3점)

단서 $y=\frac{5^{2x}+3\times 5^x+4}{5^x}=5^x+\frac{4}{5^x}+3$에서 $5^x>0$, $\frac{1}{5^x}>0$이지? 즉, 두 양수 조건이 주어진 합의 최솟값은 우선 산술평균과 기하평균의 관계를 떠올려 봐.

① 3 ② 4 ③ 5 ④ 6 ⑤ 7

1st 식을 적절히 변형하자.

$y=\frac{5^{2x}+3\times 5^x+4}{5^x}$를 적절히 변형하면

$y=5^x+3+\frac{4}{5^x}=5^x+\frac{4}{5^x}+3$

(i) $5^x>0$, $\frac{4}{5^x}>0$ → 양수 조건 만족

(ii) $5^x\times\frac{4}{5^x}=4$ → 곱이 일정

⇒ 산술평균과 기하평균의 관계를 이용!

2nd 산술평균과 기하평균의 관계를 이용하자.

이때, $5^x>0$, $\frac{1}{5^x}>0$이므로

$a>0$, $b>0$일 때, $\frac{a+b}{2}\geq\sqrt{ab}$ (단, 등호는 $a=b$일 때 성립)

$$5^x+\frac{4}{5^x}+3\geq 2\sqrt{5^x\times\frac{4}{5^x}}+3$$

$$=4+3=7 \left(\text{단, 등호는 } 5^x=\frac{4}{5^x}\text{일 때 성립}\right)$$

주의 답이 등호가 성립할 때의 x의 값이기 때문에 등호 성립 조건을 만족하는 x가 존재하는지 확인해야 해. 여기서는 $x=\log_{25}4=\log_5 2$로 존재하지.

따라서 주어진 함수의 최솟값은 7이다.

A 33 정답 ④ ＊지수함수의 최대 · 최소 ……… [정답률 61%]

정답 공식: 함수 $g(x)$는 a의 값의 범위에 따라 증가함수, 감소함수가 달라지므로 a의 값의 범위를 나눠서 생각한다.

두 함수 $f(x)$, $g(x)$를

$$f(x)=x^2-6x+3,\ g(x)=a^x\ (a>0,\ a\neq1)$$

이라 하자. $1\le x\le4$에서 함수 $(g\circ f)(x)$의 최댓값은 27, 최솟값은 m이다. m의 값은? (4점)

단서 $(g\circ f)(x)=g(f(x))=a^{f(x)}$이야. 이때, $a>1$이면 $f(x)$가 최대일 때 $a^{f(x)}$도 최대이고 $0<a<1$이면 $f(x)$가 최대일 때 $a^{f(x)}$은 최소임을 이용해.

① $\frac{1}{27}$ ② $\frac{1}{3}$ ③ $\frac{\sqrt{3}}{3}$ ④ 3 ⑤ $3\sqrt{3}$

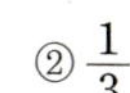

1st 함수 $f(x)$의 값의 범위를 구하자.

$f(x)=x^2-6x+3=(x-3)^2-6$이므로 $1\le x\le4$에서 함수 $f(x)$는 $x=3$에서 최솟값 $f(3)=-6$을 갖고 $x=1$에서 최댓값 $f(1)=-2$를 갖는다.

$\therefore -6\le f(x)\le -2$

2nd 지수함수의 밑의 범위에 따라 증가함수인지 감소함수인지를 구별할 수 있어.

(i) $0<a<1$일 때, 함수 $g(x)=a^x$은 감소함수이므로 함수 $(g\circ f)(x)=g(f(x))=a^{f(x)}$은 $f(3)=-6$일 때 최댓값을, $f(1)=-2$일 때 최솟값을 갖는다.

즉, $a^{-6}=27$이므로 $a=\frac{\sqrt{3}}{3}$ → $a^{-6}=27$에서 $a^{-6}=3^3$이므로 $a=(3^3)^{-\frac{1}{6}}=3^{-\frac{1}{2}}=\frac{1}{\sqrt{3}}=\frac{\sqrt{3}}{3}$ ($\because a>0$)

$\therefore m=a^{-2}=\left(\frac{\sqrt{3}}{3}\right)^{-2}=\left(\frac{3}{\sqrt{3}}\right)^2=3$

(ii) $a>1$일 때, 함수 $g(x)=a^x$은 증가함수이므로 함수 $(g\circ f)(x)=a^{f(x)}$은 $f(1)=-2$일 때 최댓값을, $f(3)=-6$일 때 최솟값을 갖는다.

즉, $a^{-2}=27$에서 $a=\frac{\sqrt{3}}{9}$인데 이것은 $a>1$에 모순이다. → $a^{-2}=27$에서 $a^{-2}=3^3$이므로 $a=(3^3)^{-\frac{1}{2}}=3^{-\frac{3}{2}}=\frac{1}{3\sqrt{3}}=\frac{\sqrt{3}}{9}$ ($\because a>0$)

따라서 (i), (ii)에 의하여 $m=3$이다.

✿ x의 값의 범위가 제한된 이차함수의 최대, 최소 (개념·공식)

$a\le x\le b$에서 이차함수 $f(x)=a(x-p)^2+q$의 최대, 최소는 다음과 같다.

① 꼭짓점의 x좌표가 $a\le x\le b$에 포함되는 경우

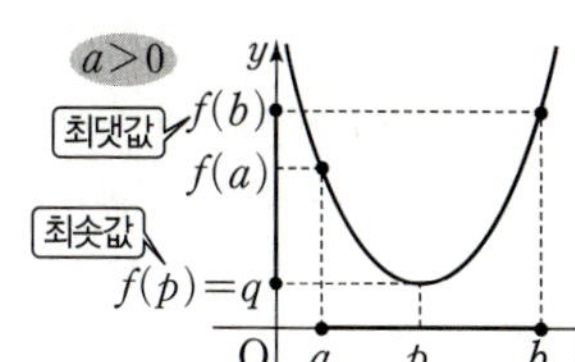

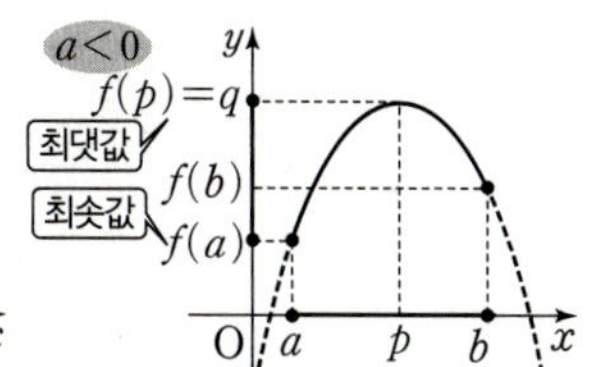

⇨ $f(a)$, $f(b)$, $f(p)$의 값 중 가장 큰 것이 최댓값, 가장 작은 것이 최솟값이다.

② 꼭짓점의 x좌표가 $a\le x\le b$에 포함되지 않는 경우

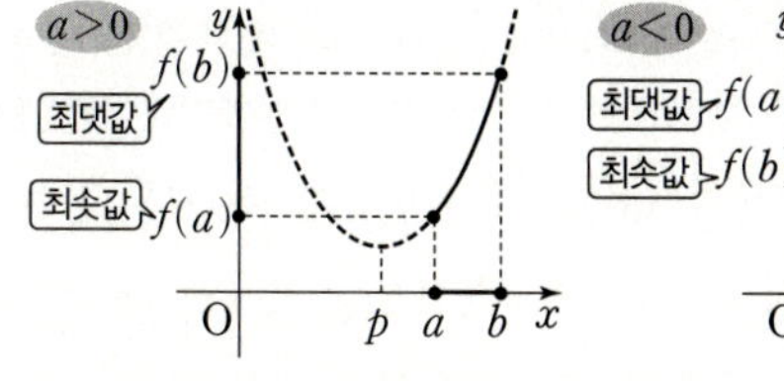

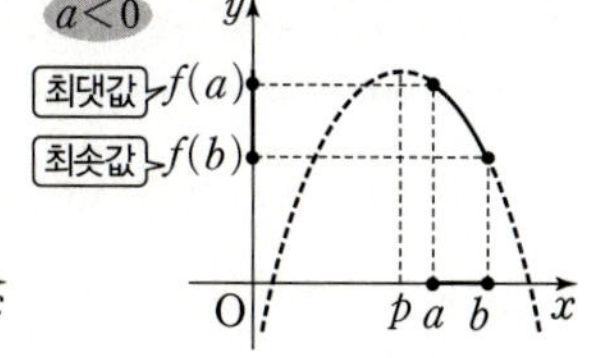

⇨ $f(a)$, $f(b)$의 값 중 큰 것이 최댓값, 작은 것이 최솟값이다.

A 34 정답 ④ ＊지수방정식의 해 ……… [정답률 60%]

정답 공식: $2^x>0$, $2^{-x}>0$이므로 2^x+2^{-x}의 값의 범위를 산술평균과 기하평균의 관계로 구한다.

실수 x에 대한 방정식 $(4^x+4^{-x})-k(2^x+2^{-x})+11=0$이 실근을 갖지 않도록 하는 상수 k의 값의 범위는? (3점)

① $k\le-6$ ② $-6<k<6$ ③ $0<k<6$
④ $k<6$ ⑤ $k\ge6$

단서 2^x+2^{-x}가 반복되므로 $2^x+2^{-x}=t$로 치환해 보면 방정식이 간단해져.

1st 4^x+4^{-x}은 2^x+2^{-x}에 관한 식으로 표현될 수 있으므로 2^x+2^{-x}을 한 문자로 치환해 보자.

$2^x+2^{-x}=t$라 하면 $2^x>0$, $2^{-x}>0$이므로 산술평균과 기하평균의 관계에 의해

$t=2^x+2^{-x}\ge2\sqrt{2^x\cdot2^{-x}}=2$

(단, 등호는 $2^x=2^{-x}$일 때 성립)

이고 주어진 x에 관한 방정식은

$(t^2-2)-kt+11=0$ → $4^x+4^{-x}=(2^2)^x+(2^2)^{-x}=(2^x)^2+(2^{-x})^2=(2^x+2^{-x})^2-2\cdot2^x\cdot2^{-x}=t^2-2$

$t^2-kt+9=0\ (t\ge2)$ … ㉠

2nd x에 대한 방정식이 실근을 갖지 않는 조건을 t에 대한 방정식의 조건으로 바꾸어 보자.

이때, 구하는 조건은 방정식 ㉠이 실근을 갖지 않거나 2보다 작은 실근을 갖는 경우이다.

(i) 실근을 갖지 않는 경우

이차방정식 ㉠의 판별식을 D라 할 때,

$D=k^2-36<0$

$\therefore -6<k<6$

(ii) 2보다 작은 실근을 갖는 경우 → 두 실근이 모두 2보다 작을 조건을 구해야지.

$f(t)=t^2-kt+9$라고 하면

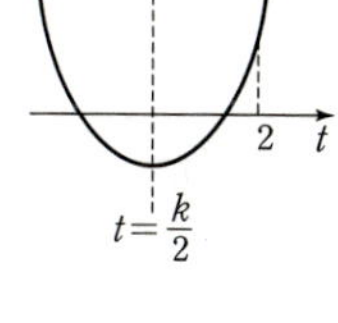

i) 판별식 : $D=k^2-36\ge0$

$\therefore k\le-6$ 또는 $k\ge6$

ii) $f(2)=13-2k>0$

$\therefore k<\frac{13}{2}$

iii) 대칭축 : $\frac{k}{2}<2$

$\therefore k<4$

i), ii), iii)에서 $k\le-6$

따라서 (i), (ii)에 의하여 $k<6$이다.

수능 핵강

$2^x+2^{-x}=t$로 치환하면, t에 관한 이차방정식이 나오지? 그런데 문제를 보면 실근을 가지지 않는다고 했으니까 이 이차식은 $t\ge2$에서는 근이 존재하지 않아야겠지. 그렇다면 아예 근을 가지지 않거나 근을 가지되 그 근들이 모두 2보다 작으면 문제가 요구하는 답이 나올 거야.

✿ 산술 · 기하평균의 관계 (개념·공식)

① 두 양수 a, b의 산술평균, 기하평균 사이에는 $\frac{a+b}{2}\ge\sqrt{ab}$가 성립한다. 단, 등호는 $a=b$일 때 성립한다.

② $a>0$일 때, $a+\frac{1}{a}\ge2$ (단, 등호는 $a=1$일 때 성립)

$a>0$, $b>0$일 때, $\frac{b}{a}+\frac{a}{b}\ge2$ (단, 등호는 $a=b$일 때 성립)

A 35 정답 19 *지수방정식의 해 [정답률 58%]

(정답 공식: 이차방정식 $ax^2+bx+c=0$이 서로 다른 두 실근을 가질 조건은 $b^2-4ac>0$이다.)

지수방정식 $9^x-2(a+4)3^x-3a^2+24a=0$의 서로 다른 두 근이 모두 양수가 되도록 하는 모든 정수 a의 값의 합을 구하시오. (4점)

단서 9^x, 3^x이 포함되어 있는 방정식이지만 $9^x=(3^x)^2$이므로 결국 3^x에 대한 방정식으로 변형할 수 있어.

1st 3^x가 반복되므로 $3^x=t$라 치환하여 보자.

지수방정식 $9^x-2(a+4)3^x-3a^2+24a=0$의 두 근을 α, β라 하면 $\alpha>0$, $\beta>0$, $\alpha\neq\beta$가 되어야 한다.

이때, $3^x=t(t>0)$라 하면 ($9^x=(3^x)^2=t^2$이 돼.)

$t^2-2(a+4)t-3a^2+24a=0$의 두 근 3^α, 3^β는 서로 다른 두 실근이어야 하며 $3^\alpha>1$, $3^\beta>1$을 만족해야 한다. ($\alpha>0$, $\beta>0$이므로 $3^\alpha>3^0=1$, $3^\beta>3^0=1$이 돼.)

2nd t에 대한 이차방정식의 두 근의 조건을 구해 보자.

따라서 $f(t)=t^2-2(a+4)t-3a^2+24a$라 놓으면

(이차방정식 $f(t)=0$이 1보다 큰 서로 다른 두 근을 가져야 해. 즉, $D>0$, $f(1)>0$, (대칭축)>1이 되도록 해.)

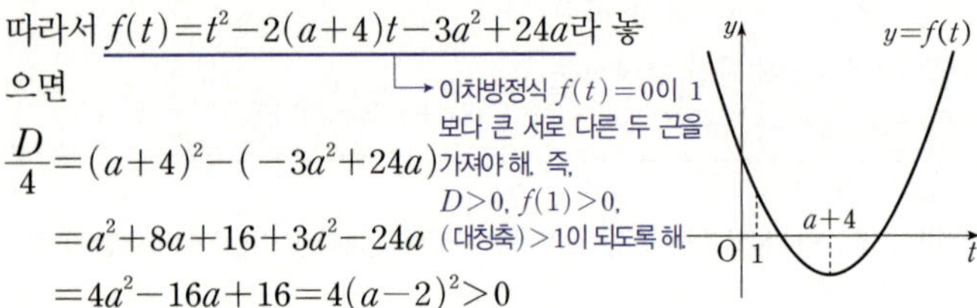

$\frac{D}{4}=(a+4)^2-(-3a^2+24a)$

$=a^2+8a+16+3a^2-24a$

$=4a^2-16a+16=4(a-2)^2>0$

$\therefore a\neq2$ ⋯ ㉠

$f(1)=1-2(a+4)-3a^2+24a$

$=-3a^2+22a-7>0$

주의 (제곱수)≥0이기 때문에 $a-2\neq0$이어야 하지? 빼먹는 경우가 많아.

$3a^2-22a+7<0$, $(3a-1)(a-7)<0$

$\therefore \frac{1}{3}<a<7$ ⋯ ㉡

또, 함수 $f(t)$의 그래프의 대칭축 $t=a+4$가 직선 $x=1$보다 오른쪽에 있어야 하므로

$a+4>1$ $\therefore a>-3$ ⋯ ㉢

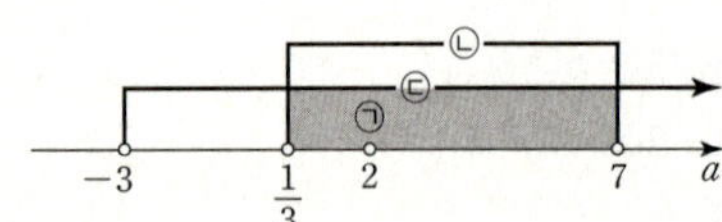

㉠, ㉡, ㉢의 범위를 모두 만족하는 정수 a는 1, 3, 4, 5, 6이므로 그 합은 19이다.

이차방정식의 근의 분리 (개념·공식)

이차방정식 $f(x)=ax^2+bx+c=0$ (단, $a>0$)의 두 근을 실수 k를 기준으로 다음과 같이 분류할 수 있다. $D=b^2-4ac$일 때

① 두 근이 모두 k보다 크다.

⇨ $D\geq0$, $f(k)>0$, $-\frac{b}{2a}>k$

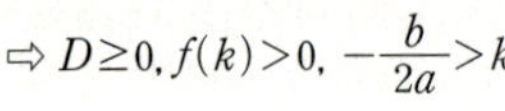

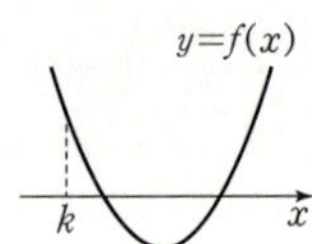

② 두 근이 모두 k보다 작다.

⇨ $D\geq0$, $f(k)>0$, $-\frac{b}{2a}<k$

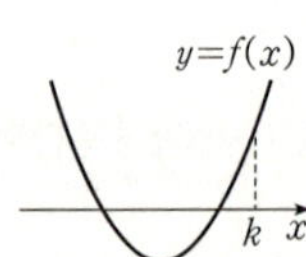

③ 두 근 사이에 k가 있다.

⇨ $f(k)<0$

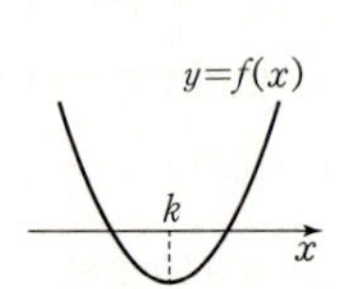

A 36 정답 ③ *지수방정식의 해 [정답률 43%]

(정답 공식: $81^{2x}=X$, $81^{2y}=Y$로 치환하여 X, Y에 대한 연립방정식을 푼다.)

연립방정식 $\begin{cases}81^{2x}+81^{2y}=36\\81^{x+y}=9\sqrt{3}\end{cases}$을 만족시키는 두 실수 x, y에 대하여 xy의 값은? (4점)

① $\frac{1}{32}$ ② $\frac{1}{16}$ ③ $\frac{3}{32}$ ④ $\frac{1}{8}$ ⑤ $\frac{5}{32}$

단서 반복되는 것을 치환해야 하는데 $81^{x+y}=81^x\cdot81^y$이므로 $81^x=X$, $81^y=Y$로 치환하면 $\begin{cases}X^2+Y^2=36\\XY=9\sqrt{3}\end{cases}$이 돼. 하지만 $81^{2x}=X$, $81^{2y}=Y$로 치환하면 $X+Y=36$이 되어 조금 더 간단해져.

1st 제곱항이 나오지 않도록 $81^{2x}=X$, $81^{2y}=Y$로 치환하여 보자.

$\begin{cases}81^{2x}+81^{2y}=36\\81^{x+y}=9\sqrt{3}\end{cases}$에서 $81^{2x}=X$, $81^{2y}=Y$로 치환하면

$X>0$, $Y>0$이고 $(9\sqrt{3})^2=243$이므로

실수 항상 치환할 때는 범위를 생각해야 해.

$\begin{cases}X+Y=36 ⇨ Y=36-X & \cdots㉠\\XY=243 & \cdots㉡\end{cases}$

($81^{x+y}=9\sqrt{3}$의 양변을 제곱하면 $81^{2x+2y}=243$, $81^{2x+2y}=81^{2x}\cdot81^{2y}$이므로 $XY=243$이 돼.)

㉠을 ㉡에 대입하면

$X^2-36X+243=0$

$(X-9)(X-27)=0$

$\therefore X=27$, $Y=9$ 또는 $X=9$, $Y=27$ ($\because$ ㉠)

2nd X, Y의 값을 가지고 다시 치환하여 x, y의 값을 구하자.

(i) $X=27$, $Y=9$일 때

$81^{2x}=27$, $81^{2y}=9$에서

$3^{8x}=3^3$, $3^{8y}=3^2$ ($(3^4)^{2x}=3^3$, $(3^4)^{2y}=3^2$이므로 $3^{8x}=3^3$, $3^{8y}=3^2$이 돼.)

$8x=3$, $8y=2$

$\therefore x=\frac{3}{8}$, $y=\frac{1}{4}$

(ii) $X=9$, $Y=27$일 때

$81^{2x}=9$, $81^{2y}=27$에서

$3^{8x}=3^2$, $3^{8y}=3^3$ ($(3^4)^{2x}=3^2$, $(3^4)^{2y}=3^3$이므로 $3^{8x}=3^2$, $3^{8y}=3^3$이 돼.)

$8x=2$, $8y=3$

$\therefore x=\frac{1}{4}$, $y=\frac{3}{8}$

따라서 (i), (ii)에 의하여 $xy=\frac{3}{32}$

수능 핵강

밑이 같고 지수가 서로 다른 미지수로 이루어진 연립방정식이야. 이럴 때는 81^{2x}과 81^{2y}을 각각 X, Y라 치환하면 훨씬 간단한 연립방정식으로 변형될 거야.

A 37 정답 ① *지수부등식의 해 [정답률 53%]

(정답 공식: 두 식의 곱셈이 0보다 크기 위해서는 두 식의 부호가 같아야 한다.)

지수부등식 $(2^x-32)\left(\frac{1}{3^x}-27\right)>0$을 만족시키는 모든 정수 x의 개수는? (4점) 단서 $AB>0$이려면 $A>0$, $B>0$ 또는 $A<0$, $B<0$이어야 해.

① 7 ② 8 ③ 9 ④ 10 ⑤ 11

1st $2^x-32>0$이고 $\frac{1}{3^x}-27>0$일 때, 지수부등식의 해를 구해.

(ⅰ) $2^x-32>0$이고 $\frac{1}{3^x}-27>0$일 때,

$2^x>32=2^5$이므로

$x>5$ … ㉠

$\left(\frac{1}{3}\right)^x>27=3^3=\left(\frac{1}{3}\right)^{-3}$이므로

$x<-3$ … ㉡

$\left(\frac{1}{3}\right)^x>\left(\frac{1}{3}\right)^{-3}$에서 밑인 $\frac{1}{3}$이 0과 1 사이이므로 부등호의 방향이 바뀌지.

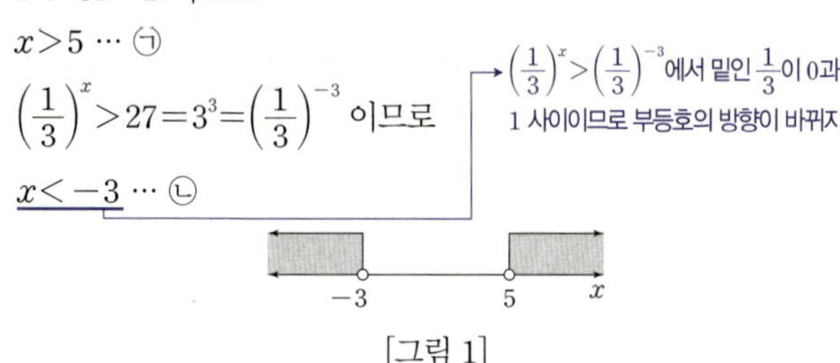

[그림 1]

㉠, ㉡을 수직선 위에 나타내면 [그림 1]과 같으므로 이 경우에는 해가 없다.

2nd $2^x-32<0$이고 $\frac{1}{3^x}-27<0$일 때, 지수부등식의 해를 구해.

(ⅱ) $2^x-32<0$이고 $\frac{1}{3^x}-27<0$일 때,

$2^x<32=2^5$이므로 $x<5$ … ㉢

$\left(\frac{1}{3}\right)^x<27=3^3=\left(\frac{1}{3}\right)^{-3}$이므로

$x>-3$ … ㉣ $\left(\frac{1}{3}\right)^x<3^3$, 즉 $3^{-x}<3^3$에서 $-x<3$이므로 $x>-3$과 같이 풀어도 돼.

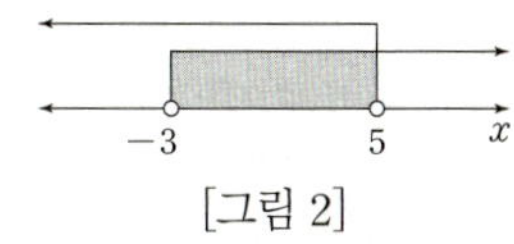

[그림 2]

㉢, ㉣을 수직선 위에 나타내면 [그림 2]와 같으므로 해는

$-3<x<5$

(ⅰ), (ⅱ)에서 주어진 지수부등식의 해는 $-3<x<5$이므로

정수 x는 $-2, -1, 0, 1, 2, 3, 4$로 7개이다.

> **지수부등식 $a^{f(x)}<a^{g(x)}$의 해** 개념·공식
>
> ① $a>1$일 때, $f(x)<g(x)$의 해와 같다.
> ② $0<a<1$일 때, $f(x)>g(x)$의 해와 같다.

A 38 정답 ④ *지수부등식의 해 [정답률 44%]

(정답 공식: 반복되는 지수를 치환하고 경우를 나눠 식이 항상 성립하는 조건을 알아본다.)

모든 실수 x에 대하여 부등식 $k\cdot2^x\le4^x-2^x+4$가 성립하도록 하는 실수 k값의 범위는? (3점)

단서 주어진 부등식에서 $2^x=t$로 치환하고 t에 대한 이차부등식이 항상 성립할 조건을 따져봐야 해. 이때, $t>0$임을 꼭 기억하자.

① $k\le-1$ ② $-4\le k\le3$ ③ $-1\le k\le3$
④ $k\le3$ ⑤ $k\ge0$

1st $2^x=t$라 하고 주어진 부등식을 정리해 보자.

$k\times2^x\le4^x-2^x+4$에서

$(2^x)^2-(k+1)\times2^x+4\ge0$

$k\times2^x\le(2^2)^x-2^x+4$, $(2^x)^2-k\times2^x-2^x+4\ge0$ $\therefore (2^x)^2-(k+1)\times2^x+4\ge0$

이때, $2^x=t(t>0)$로 치환하고, 부등식의 좌변을 $f(t)$라 하면

$f(t)=t^2-(k+1)t+4$

$=\left(t-\frac{k+1}{2}\right)^2+\frac{16-(k+1)^2}{4}$

주의 항상 치환할 때는 범위를 생각해야 해.

2nd 이차함수의 그래프를 그려서 $t>0$에서 $y=f(t)$의 함숫값이 양수 또는 0이 되는 조건을 구하자.

$t>0$에 대하여 $f(t)\ge0$이 되는 k의 값의 범위를 구해 보자.

(ⅰ) 함수 $y=f(t)$의 그래프의 축이 y축의 오른쪽에 있는 경우

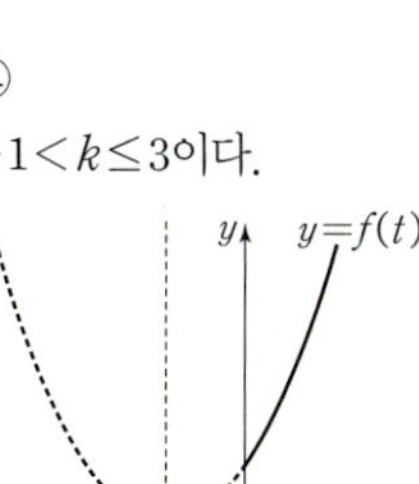

$\frac{k+1}{2}>0$ $\therefore k>-1$ … ㉠

$f(t)\ge0$이려면 그림과 같이

$f\left(\frac{k+1}{2}\right)=\frac{16-(k+1)^2}{4}\ge0$이어야 하므로

$16-(k^2+2k+1)\ge0$, $k^2+2k-15\le0$

$(k-3)(k+5)\le0$ $\therefore -5\le k\le3$ … ㉡

㉠과 ㉡을 모두 만족시키는 범위를 구하면 $-1<k\le3$이다.

(ⅱ) 함수 $y=f(t)$의 그래프의 축이 y축의 왼쪽에 있는 경우

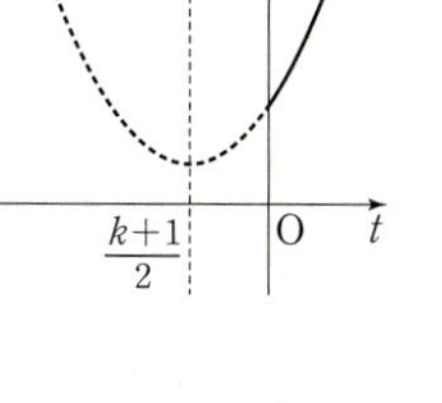

$\frac{k+1}{2}<0$ $\therefore k<-1$ … ㉢

그림과 같이 $t>0$에서 $f(0)\ge0$이어야 하는데 $f(0)=4>0$이므로 ㉢의 범위에서는 항상 $f(t)\ge0$이 성립한다.

$\therefore k<-1$

(ⅲ) $k=-1$일 때, $f(t)=t^2+4$이므로

$f(t)\ge4>0$

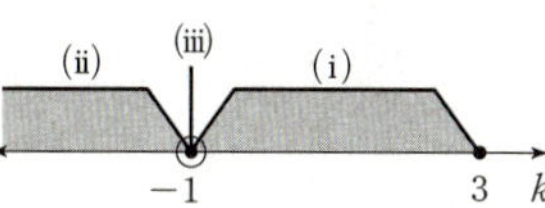

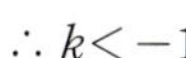

따라서 (ⅰ)~(ⅲ)에 의하여 $k\le3$

A 39 정답 7 *지수부등식의 해 [정답률 50%]

(정답 공식: $9^{\frac{x}{2}}$을 치환하여 이차부등식의 꼴로 만들어준다.)

단서 $9^{\frac{x}{2}}=t$로 치환하면 주어진 부등식은 t에 대한 이차부등식이 되므로 이 문제는 이차부등식이 항상 성립할 조건을 찾으면 되는 거야.

임의의 실수 x에 대하여 부등식 $9^{x+\frac{1}{2}}-9^{\frac{x+2}{2}}+a\ge0$이 성립하도록 하는 정수 a의 최솟값을 구하시오. (4점)

1st 공통 부분을 t로 치환해.

$9^{x+\frac{1}{2}}-9^{\frac{x+2}{2}}+a\ge0$에서 $9^{\frac{x}{2}}=t$로 치환하면 $t>0$이고

$9^{x+\frac{1}{2}}=9^x\times9^{\frac{1}{2}}=\left(9^{\frac{x}{2}}\right)^2\times3=3t^2$

$9^{\frac{x+2}{2}}=9^{\frac{x}{2}}\times9=9t$

2nd 주어진 지수부등식을 t에 대한 이차부등식으로 만들어 봐.

즉, 주어진 부등식 $3t^2-9t+a\ge0$에서

$3\left(t-\frac{3}{2}\right)^2+a-\frac{27}{4}\ge0$ … ㉠

3rd 이차부등식이 항상 성립할 조건을 이용하여 a의 값의 범위를 구하면 돼.

그런데 $t>0$일 때 $3\left(t-\frac{3}{2}\right)^2\ge0$이므로 이차부등식 ㉠이 항상 성립하기 위해서는 $a-\frac{27}{4}\ge0$이어야 한다.

$f(t)=3\left(t-\frac{3}{2}\right)^2+a-\frac{27}{4}$이라 할 때, $t>0$에서 $f(t)\ge0$이려면 $f(0)\ge0$에서 $a\ge0$, $f\left(\frac{3}{2}\right)\ge0$에서 $a-\frac{27}{4}\ge0$이어야 해.

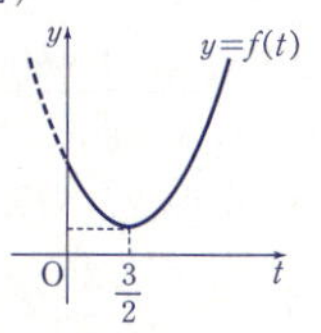

$\therefore a\ge\frac{27}{4}=6.75$

따라서 구하는 정수 a의 최솟값은 7이다.

A 40 정답 ③ *지수방정식과 지수부등식의 응용 …… [정답률 66%]

(정답 공식: $t+c$를 $f(t)=3\times5^{-t+2}$에 대입해 c의 값을 구한다.)

시간 t에 따라 감소하는 함수 $f(t)$에 대하여

$$f(t+c)=\frac{1}{2}f(t)$$

단서 $f(t)=3^{-t}$의 t에 $t+c$를 대입하여 $f(t+c)$가 $\frac{1}{2}f(t)=\frac{1}{2}\times3^{-t}$이 되도록 하는 c의 값을 구해.

를 만족하는 양의 실수 c를 $f(t)$의 반감기라 한다.
함수 $f(t)=3\times5^{-t+2}$의 반감기는? (3점)

① $\frac{1}{3}\log_5 2$ ② $\frac{1}{2}\log_5 2$ ③ $\log_5 2$
④ $2\log_5 2$ ⑤ $3\log_5 2$

1st 함수 $f(t)=3\times5^{-t+2}$에 대하여 $f(t+c)=\frac{1}{2}f(t)$를 만족시키는 c의 값을 구하자.

$f(t)=3\times5^{-t+2}$이므로 $f(t+c)=\frac{1}{2}f(t)$에서

$3\times5^{-(t+c)+2}=\frac{1}{2}\times3\times5^{-t+2}$, $3\times5^{-t+2}\times5^{-c}=\frac{1}{2}\times3\times5^{-t+2}$

실수 t에 대하여 $5^{-t+2}>0$이므로 양변을 $3\times5^{-t+2}$로 나누자.

$5^{-c}=2^{-1}$, $5^{c}=2$

$\therefore c=\log_5 2$

$a^x=b \Longleftrightarrow x=\log_a b$

A 41 정답 ② *지수방정식과 지수부등식의 응용 …… [정답률 64%]

(정답 공식: 주어진 관계식에 $t=2$, 4를 대입한 후 식을 정리하여 지수방정식을 푼다.)

최대 충전 용량이 $Q_0(Q_0>0)$인 어떤 배터리를 완전히 방전시킨 후 t시간 동안 충전한 배터리의 충전 용량을 $Q(t)$라 할 때, 다음 식이 성립한다고 한다.

$$Q(t)=Q_0\left(1-2^{-\frac{t}{a}}\right) \text{ (단, } a\text{는 양의 상수이다.)}$$

$\frac{Q(4)}{Q(2)}=\frac{3}{2}$일 때, a의 값은? (단, 배터리의 충전 용량의 단위는 mAh이다.) (3점)

단서 주어진 관계식에 $t=2$, $t=4$를 각각 대입한 후, 식을 정리해 봐.

① $\frac{3}{2}$ ② 2 ③ $\frac{5}{2}$ ④ 3 ⑤ $\frac{7}{2}$

1st $\frac{Q(4)}{Q(2)}=\frac{3}{2}$을 만족시키는 a의 값을 구하자.

$Q(4)=Q_0\left(1-2^{-\frac{4}{a}}\right)$, $Q(2)=Q_0\left(1-2^{-\frac{2}{a}}\right)$이므로

$\frac{Q(4)}{Q(2)}=\frac{3}{2}$에서 $\frac{Q_0\left(1-2^{-\frac{4}{a}}\right)}{Q_0\left(1-2^{-\frac{2}{a}}\right)}=\frac{3}{2}$, $2\left(1-2^{-\frac{4}{a}}\right)=3\left(1-2^{-\frac{2}{a}}\right)$

$1-2^{-\frac{4}{a}}=1^2-\left(2^{-\frac{2}{a}}\right)^2=\left(1-2^{-\frac{2}{a}}\right)\left(1+2^{-\frac{2}{a}}\right)$

$2\left(1-2^{-\frac{2}{a}}\right)\left(1+2^{-\frac{2}{a}}\right)=3\left(1-2^{-\frac{2}{a}}\right)$ … ㉠

이때, $a>0$에서 $0<2^{-\frac{2}{a}}<1$이므로 $1-2^{-\frac{2}{a}}>0$이다.

함수 $y=2^x$에서 $x<0$이면 $0<y<1$이지?

따라서 ㉠의 양변을 $2\left(1-2^{-\frac{2}{a}}\right)$으로 나누면

$1+2^{-\frac{2}{a}}=\frac{3}{2}$, $2^{-\frac{2}{a}}=\frac{1}{2}=2^{-1}$, $-\frac{2}{a}=-1$ $\therefore a=2$

[다른 풀이] $2^{-\frac{4}{a}}=\left(2^{-\frac{2}{a}}\right)^2$

$2\left(1-2^{-\frac{4}{a}}\right)=3\left(1-2^{-\frac{2}{a}}\right)$에서 $2^{-\frac{2}{a}}=x\ (0<x<1)$라 하면

$2(1-x^2)=3(1-x)$, $2x^2-3x+1=0$

실수 항상 치환할 때는 범위를 생각해야 해.

$(x-1)(2x-1)=0$ $\therefore x=\frac{1}{2}$ ($\because 0<x<1$)

즉, $2^{-\frac{2}{a}}=\frac{1}{2}=2^{-1}$에서 $-\frac{2}{a}=-1$ $\therefore a=2$

A 42 정답 ② *지수방정식과 지수부등식의 응용 …… [정답률 61%]

(정답 공식: $I(t)$와 t에 문제에 주어진 숫자를 대입한다. 로그의 밑의 변환공식을 안다.)

주위가 순간적으로 어두워지더라도 사람의 눈은 그 변화를 서서히 지각하게 된다. 빛의 세기가 1000에서 10으로 순간적으로 바뀐 후 t초가 경과했을 때, 사람이 지각하는 빛의 세기 $I(t)$는

$$I(t)=10+990\times a^{-5t} \text{ (단, } a\text{는 } a>1\text{인 상수)}$$

이라 한다. 빛의 세기가 1000에서 10으로 순간적으로 바뀐 후, 사람이 빛의 세기를 32로 지각하는 순간까지 s초가 경과했다고 할 때, s의 값은? (단, 빛의 세기의 단위는 Td(트롤랜드)이다.) (3점)

단서 지수방정식 $32=10+990\times a^{-5s}$을 풀면 돼.

① $\frac{\log3+\log5}{5\log a}$ ② $\frac{2\log3+\log5}{5\log a}$ ③ $\frac{\log3+2\log5}{5\log a}$
④ $\frac{\log3+3\log5}{5\log a}$ ⑤ $\frac{3\log3+\log5}{5\log a}$

1st $I(t)$에는 32를, t에는 s를 대입해서 식을 정리해.

$32=10+990\times a^{-5s}$에서 $22=990\times a^{-5s}$

$22=990\times\frac{1}{a^{5s}}$ $\therefore a^{5s}=\frac{990}{22}=45$

따라서 지수와 로그의 관계에 의하여

$5s=\log_a 45=\frac{\log 45}{\log a}$

[밑의 변환 공식] $\log_a b=\frac{\log_c b}{\log_c a}$

$5s=\frac{\log5+\log9}{\log a}$이므로 $s=\frac{2\log3+\log5}{5\log a}$

A 43 정답 ② *로그함수의 그래프의 활용 …… [정답률 68%]

(정답 공식: 두 점 (x_1, y_1), (x_2, y_2) 사이의 거리는 $\sqrt{(x_2-x_1)^2+(y_2-y_1)^2}$이다.)

그림과 같이 곡선 $y=\log_2 x$와 직선 $y=x+k$가 서로 다른 두 점 P, Q에서 만날 때, 두 점 P, Q의 x좌표를 각각 α, $\beta(\alpha<\beta)$라 하자. 선분 PQ의 길이가 $2\sqrt{2}$일 때, $\frac{\beta}{\alpha}$의 값은? (3점)

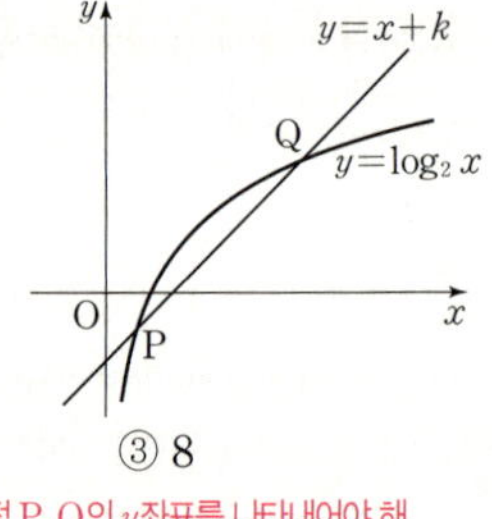

① 2 ② 4 ③ 8
④ 16 ⑤ 32

단서 두 점 P, Q의 y좌표를 나타내어야 해.

1st 곡선 $y=\log_2 x$와 직선 $y=x+k$의 교점의 좌표를 $y=x+k$를 이용하여 나타내어 보자.

두 점 P, Q가 직선 $y=x+k$ 위의 점이고 $\alpha<\beta$이므로
P$(\alpha, \alpha+k)$, Q$(\beta, \beta+k)$라 하자.

이때, $\overline{PQ}=\sqrt{(\beta-\alpha)^2+(\beta-\alpha)^2}=2\sqrt{2}$에서 → [두 점 사이의 거리] 좌표평면 위의 두 점 $P(x_1, y_1)$, $Q(x_2, y_2)$ 사이의 거리는 $\overline{PQ}=\sqrt{(x_2-x_1)^2+(y_2-y_1)^2}$

$(\beta-\alpha)^2=4$

$\therefore \beta-\alpha=2\ (\because \alpha<\beta)$ ⋯㉠

2nd 두 점 P, Q의 좌표를 곡선 $y=\log_2 x$를 이용하여 나타내어 보자.

또, 두 점 P, Q는 곡선 $y=\log_2 x$ 위의 점이므로

$P(\alpha, \log_2 \alpha)$, $Q(\beta, \log_2 \beta)$

3rd α, β에 관한 연립방정식을 풀어 α, β의 관계식을 구하자.

따라서 $\alpha+k=\log_2 \alpha$, $\beta+k=\log_2 \beta$이므로 두 식을 빼면

$\beta-\alpha=\log_2 \beta-\log_2 \alpha=\log_2 \frac{\beta}{\alpha}$ ⋯㉡

㉠, ㉡에서 $\log_2 \frac{\beta}{\alpha}=2$이므로 $\frac{\beta}{\alpha}=2^2=4$

톡톡 풀이

직선 $y=x+k$가 x축의 양의 방향과 이루는 각의 크기는 $45°$이므로 오른쪽 그림과 같아.

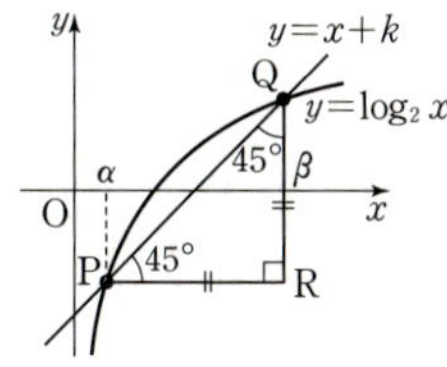

삼각형 PRQ는 직각이등변삼각형이므로

$\overline{PR}=\overline{RQ}$에서 $\beta-\alpha=\log_2 \beta-\log_2 \alpha$이고

$\overline{PR}=\overline{RQ}=2$에서 $\beta-\alpha=\log_2 \frac{\beta}{\alpha}=2$ → $\overline{PQ}:\overline{PR}:\overline{RQ}=\sqrt{2}:1:1$이고 $\overline{PQ}=2\sqrt{2}$이므로 $\overline{PR}=\overline{PQ}=2$

$\therefore \frac{\beta}{\alpha}=2^2=4$

수능 핵강

어떠한 함수의 그래프와 직선과의 교점이 나와 있고 그 두 교점 사이의 거리가 주어져 있으면 이것은 직각삼각형을 그려서 생각하는 게 간편해. 이 문제에서는 직선의 기울기가 1이니까 한 내각의 크기가 $45°$이고 빗변의 길이가 $2\sqrt{2}$인 직각삼각형을 그려 보면 두 교점의 x좌표의 차이와 y좌표의 차이를 알 수 있겠지?

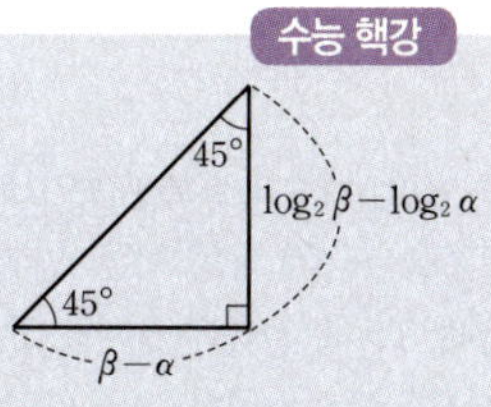

A 44 정답 ⑤ ＊로그함수의 그래프의 활용 [정답률 69%]

(**정답 공식**: 좌표평면 위의 점 (a, b)를 직선 $y=x$에 대하여 대칭이동한 점의 좌표는 (b, a)이다.)

그림과 같이 좌표평면에서 곡선 $y=a^x\ (0<a<1)$ 위의 점 P가 제2사분면에 있다. 점 P를 직선 $y=x$에 대하여 대칭이동시킨 점 Q와 곡선 $y=-\log_a x$ 위의 점 R에 대하여 $\angle PQR=45°$이다. $\overline{PR}=\frac{5\sqrt{2}}{2}$이고 직선 PR의 기울기가 $\frac{1}{7}$일 때, 상수 a의 값은? (4점)

단서2 직선 RQ는 x축과 수직이야.

단서1 직선 PQ는 기울기가 -1인 직선이야.

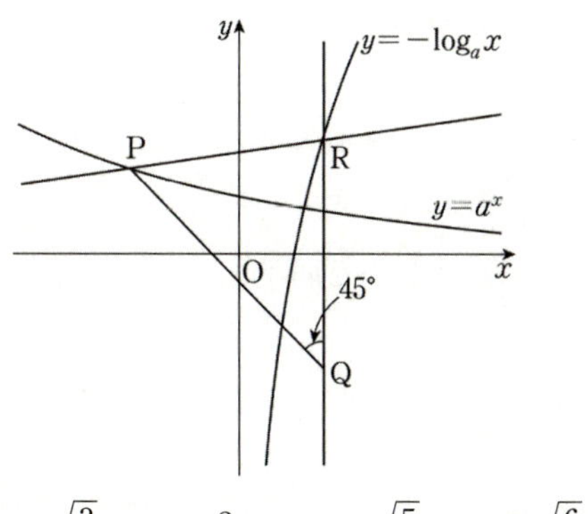

① $\frac{\sqrt{2}}{3}$ ② $\frac{\sqrt{3}}{3}$ ③ $\frac{2}{3}$ ④ $\frac{\sqrt{5}}{3}$ ⑤ $\frac{\sqrt{6}}{3}$

1st 점 P의 x좌표를 t라 하고 점 R의 좌표를 구하자.

점 P의 좌표를 $(t, a^t)(t<0)$라 하면 점 P를 직선 $y=x$에 대하여 대칭이동한 점 Q의 좌표는 (a^t, t)이다. → 점 P가 제2사분면 위의 점이므로 x좌표가 음수이어야 해.

이때, 직선 PQ와 직선 QR가 이루는 예각의 크기가 $45°$이므로 직선 QR는 x축과 수직인 직선이다. 따라서 점 R의 x좌표는 점 Q의 x좌표와 같으므로 점 R의 좌표는 $(a^t, -t)$이다.

두 점 P, Q가 서로 직선 $y=x$에 대하여 대칭이므로 직선 PQ는 기울기가 -1이야. 이때, 기울기가 -1인 직선이 x축과 이루는 예각의 크기는 $45°$이므로 직선 QR는 x축에 수직인 직선이야.

점 R의 x좌표가 a^t이고 곡선 $y=-\log_a x$ 위의 점이므로 $y=-\log_a a^t=-t$에서 점 R의 y좌표는 $-t$야.

2nd 직선 PR의 기울기를 이용하여 a, t 사이의 관계식을 하나 구하자.

직선 PR의 기울기가 $\frac{1}{7}$이므로 $\frac{a^t-(-t)}{t-a^t}=\frac{1}{7}$에서

$t-a^t=7a^t+7t$, $8a^t=-6t$ → 두 점 (a, b), (c, d)를 지나는 직선의 기울기는 $\frac{d-b}{c-a}$야.

$\therefore a^t=-\frac{3}{4}t$ ⋯㉠

3rd 선분 PR의 길이를 이용하여 a, t 사이의 관계식을 하나 더 구하자.

$\overline{PR}=\frac{5\sqrt{2}}{2}$에서 $\overline{PR}^2=\frac{25}{2}$이므로 $(t-a^t)^2+\{a^t-(-t)\}^2=\frac{25}{2}$ → 두 점 (a, b), (c, d)를 지나는 선분의 길이를 d라 하면 $d=\sqrt{(c-a)^2+(d-b)^2}$

$t^2-2ta^t+a^{2t}+a^{2t}+2ta^t+t^2=\frac{25}{2}$

$2t^2+2a^{2t}=\frac{25}{2}$ $\therefore 4t^2+4a^{2t}=25$ ⋯㉡

4th 상수 a의 값을 구하자.

㉠을 ㉡에 대입하면 $4t^2+4\times\left(-\frac{3}{4}t\right)^2=25$, $\frac{25}{4}t^2=25$

$t^2=4$ $\therefore t=-2\ (\because t<0)$

이것을 ㉠에 대입하면 $a^{-2}=-\frac{3}{4}\times(-2)=\frac{3}{2}$, $a^2=\frac{2}{3}$

$\therefore a=\sqrt{\frac{2}{3}}=\frac{\sqrt{6}}{3}\ (\because 0<a<1)$

A 45 정답 ② ＊로그함수의 그래프의 활용 [정답률 54%]

(**정답 공식**: 수직으로 만나는 두 직선의 기울기의 곱은 -1이다.)

그림과 같이 곡선 $y=|\log_a x|$가 직선 $y=1$과 만나는 점을 각각 A, B라 하고 x축과 만나는 점을 C라 하자. ❶두 직선 AC, BC가 서로 수직이 되도록 하는 모든 ❷양수 a의 값의 곱은? (단, $a\neq1$) (4점)

단서2 양수, 짝수 등의 조건은 반드시 체크해야지?

단서1 도형 관련 단원은 꾸준히 복습하는 것이 중요해. 그리고 이 문제의 경우 두 점 A와 B의 좌표를 나누어 정하는 것이 중요하지 않지?

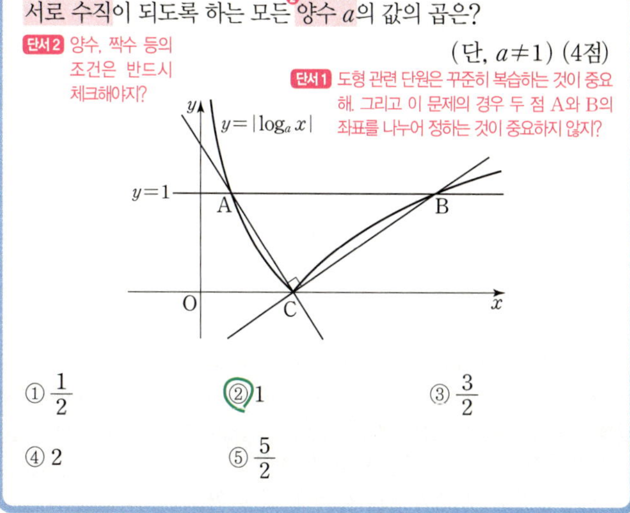

① $\frac{1}{2}$ ② 1 ③ $\frac{3}{2}$ ④ 2 ⑤ $\frac{5}{2}$

1st 곡선 $y=|\log_a x|$가 직선 $y=1$과 만나는 두 점의 좌표를 구하자.

$1=|\log_a x|$에서

$\log_a x=1$, $\log_a x=-1$이므로

$x=a$, $x=a^{-1}$

따라서 점 A, B의 좌표는 각각 $(a, 1)$, $(a^{-1}, 1)$이다. → A, B의 좌표를 서로 바꾸어도 답은 같아.

2nd 점 C의 좌표를 구해 $\overline{AC}$와 $\overline{BC}$가 수직이 되는 양수 a의 값을 구하자.

$0=|\log_a x|$에서 $\log_a x=0$이므로 $x=1$이다.

따라서 점 C의 좌표는 $(1, 0)$이다.

두 직선이 수직이려면 두 직선의 기울기의 곱이 -1이어야 하므로

$\overline{AC}$의 기울기 : $(a, 1)$와 $(1, 0)$을 지나는 직선의 기울기는 $\dfrac{1}{a-1}$

$\overline{BC}$의 기울기 : $(a^{-1}, 1)$와 $(1, 0)$을 지나는 직선의 기울기는 $\dfrac{1}{a^{-1}-1}$

에서

두 직선 $y=m_1x+n_1$과 $y=m_2x+n_2$가 있을 때
① 평행 ⇨ $m_1=m_2$, $n_1\neq n_2$
② 수직 ⇨ $m_1\cdot m_2=-1$
③ 일치 ⇨ $m_1=m_2$, $n_1=n_2$

$\dfrac{1}{a-1}\times\dfrac{1}{a^{-1}-1}=-1$

$-(a-1)(a^{-1}-1)=1$

$(a-1)\left(\dfrac{1}{a}-1\right)=-1$, $(a-1)\cdot\dfrac{1-a}{a}=-1$

$(a-1)(1-a)=-a$, $a^2-3a+1=0$

$\therefore a=\dfrac{3\pm\sqrt{5}}{2}$

서로 다른 두 양의 실근을 가지므로 (두 근의 곱)$=1$로 구해도 돼.

주의 '양수 a'라고 했기 때문에 꼭 양수인지 확인해야 해.

두 수 모두 양수이므로 모든 양수 a의 값의 곱은 1이다.

좌표평면에서 두 직선의 위치관계 개념·공식

① 평행하면 $m_1=m_2$, $n_1\neq n_2$
② 수직이면 $m_1\cdot m_2=-1$
③ 일치하면 $m_1=m_2$, $n_1=n_2$

A 46 정답 ③ *로그함수의 그래프의 활용 [정답률 65%]

정답 공식: 점 A의 좌표를 $(a, \log_2 4a)$라 하고 로그의 성질과 정삼각형의 높이를 이용하여 점 B의 좌표를 나타낸다.

단서1 두 점 A, C의 x좌표가 같음을 이용하면 $\overline{AC}$의 길이를 구할 수 있어.

함수 $y=\log_2 4x$의 그래프 위의 두 점 A, B와 함수 $y=\log_2 x$의 그래프 위의 점 C에 대하여 선분 AC가 y축에 평행하고 삼각형 ABC가 정삼각형일 때, 점 B의 좌표는 (p, q)이다. $p^2\times 2^q$의 값은? (4점)

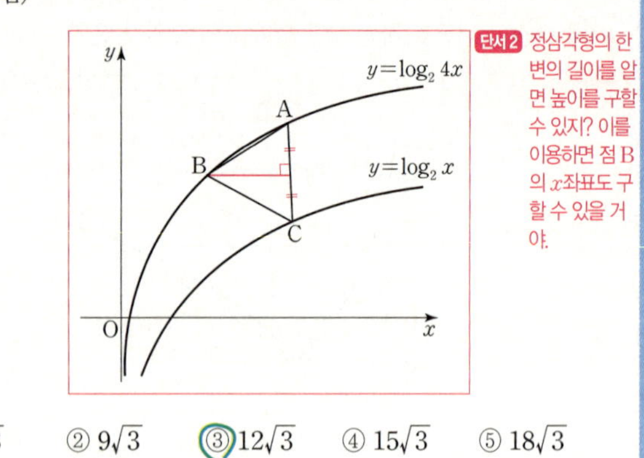

단서2 정삼각형의 한 변의 길이를 알면 높이를 구할 수 있지? 이를 이용하면 점 B의 x좌표도 구할 수 있을 거야.

① $6\sqrt{3}$ ② $9\sqrt{3}$ ③ $12\sqrt{3}$ ④ $15\sqrt{3}$ ⑤ $18\sqrt{3}$

1st 삼각형 ABC가 정삼각형이라는 것을 이용하여 정삼각형의 한 변의 길이를 구하자.

두 점 A, C의 x좌표가 같아.

$y=\log_2 4x$ 위의 점 A와 $y=\log_2 x$ 위의 점 C에 대하여 선분 AC가 y축에 평행하므로 두 점 A, C의 좌표를 각각 $A(a, \log_2 4a)$, $C(a, \log_2 a)$라 하자.

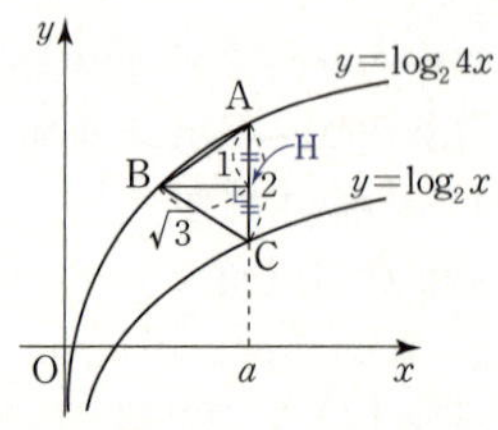

선분 AC의 길이를 구하면

$\overline{AC}=\log_2 4a-\log_2 a=\log_2 4=2$ ($=\log_2\dfrac{4a}{a}$)

2nd 점 B의 좌표를 구하자.

그런데 삼각형 ABC가 한 변의 길이가 2인 정삼각형이므로 점 B의 x좌표는 점 A보다 $\sqrt{3}$만큼 작고 y좌표는 1만큼 작다.

점 B에서 $\overline{AC}$에 내린 수선의 발을 H라 하면 $\overline{BH}$의 길이는 정삼각형 ABC의 높이와 같으므로 $\overline{BH}=\dfrac{\sqrt{3}}{2}\times 2=\sqrt{3}$
또, $\overline{AH}=\dfrac{1}{2}\overline{AC}$이므로
$\overline{AH}=\dfrac{1}{2}\times 2=1$

즉, 점 $A(a, \log_2 4a)$이므로 점 B의 좌표는

$B(a-\sqrt{3}, \log_2 4a-1)$

이때, 점 B는 함수 $y=\log_2 4x$의 그래프 위의 점이므로

$\log_2 4a-1=\log_2\{4(a-\sqrt{3})\}$

$\log_2 4+\log_2 a-1=\log_2 4+\log_2(a-\sqrt{3})$

$\log_2 a-\log_2(a-\sqrt{3})=1$

$\log_2\dfrac{a}{a-\sqrt{3}}=1$

$a=2(a-\sqrt{3})$ ($\dfrac{a}{a-\sqrt{3}}=2$이므로 $a=2(a-\sqrt{3})$)

$\therefore a=2\sqrt{3}$

따라서 점 B의 좌표를 구하면 $a-\sqrt{3}=2\sqrt{3}-\sqrt{3}=\sqrt{3}$

$\log_2 4a-1=\log_2 8\sqrt{3}-1=\log_2\dfrac{8\sqrt{3}}{2}=\log_2 4\sqrt{3}$ ($\log_2 8\sqrt{3}-\log_2 2=\log_2\dfrac{8\sqrt{3}}{2}$)

에서 $B(\sqrt{3}, \log_2 4\sqrt{3})$이므로

$p=\sqrt{3}$, $q=\log_2 4\sqrt{3}$ ① $a^{\log_a b}=b$ ② $a^{\log_c b}=b^{\log_c a}$

$\therefore p^2\times 2^q=(\sqrt{3})^2\times 2^{\log_2 4\sqrt{3}}=3\times 4\sqrt{3}=12\sqrt{3}$

실수 $2^{\log_2 4\sqrt{3}}$에서 당황하는 경우가 많아. 하지만 로그의 성질에 의해 $4\sqrt{3}^{\log_2 2}$와 같지. 로그의 성질은 꼭 정확히 알고 있어야 해.

톡톡 풀이

$y=\log_2 4x=2+\log_2 x$이므로 $y=\log_2 4x$의 그래프는 $y=\log_2 x$의 그래프를 y축의 방향으로 2만큼 평행이동한 것이다.

이때, $\overline{AC}$는 y축과 평행하므로 $\overline{AC}=2$

$B(p, q)$는 $y=\log_2 4x$ 위의 점이므로

$q=\log_2 4p$ ⋯ ㉠

$\triangle ABC$는 정삼각형이므로 $C(p+\sqrt{3}, q-1)$이고, 점 C는 $y=\log_2 x$ 위의 점이므로

$q-1=\log_2(p+\sqrt{3})$ ⋯ ㉡

㉠을 ㉡에 대입하면

$\log_2 4p-1=\log_2(p+\sqrt{3})$

$4p\times\dfrac{1}{2}=p+\sqrt{3}$

$\therefore p=\sqrt{3}$, $q=\log_2 4\sqrt{3}$ ($\because$ ㉠)

$\therefore p^2\times 2^q=(\sqrt{3})^2\times(4\sqrt{3})=12\sqrt{3}$

로그의 성질 개념·공식

$a>0$, $a\neq 1$, $c>0$, $c\neq 1$, $m>0$, $n>0$일 때,
① $\log_a 1=0$, $\log_a a=1$
② $\log_a mn=\log_a m+\log_a n$
③ $\log_a\dfrac{m}{n}=\log_a m-\log_a n$
④ $\log_a m^r=r\log_a m$ (r는 실수)
⑤ $\log_a b=\dfrac{\log_c b}{\log_c a}$ (단, $b>0$)
⑥ $\log_a b=\dfrac{1}{\log_b a}$ (단, $b>0$, $b\neq 1$)

A 47 정답 ① *로그함수의 그래프의 활용 ········· [정답률 62%]

정답 공식: $\frac{\log_2 x}{x}$는 원점과 함수 $y=\log_2 x$ 위의 한 점을 지나는 직선의 기울기를 의미한다.

두 함수 $y=x$와 $y=\log_2 x$의 그래프를 이용하여 [보기]에서 옳은 것을 모두 고른 것은? (4점)

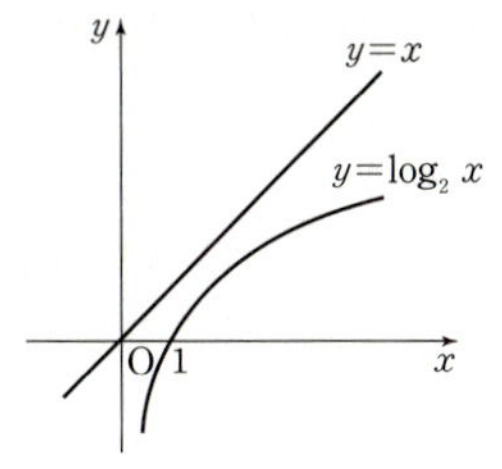

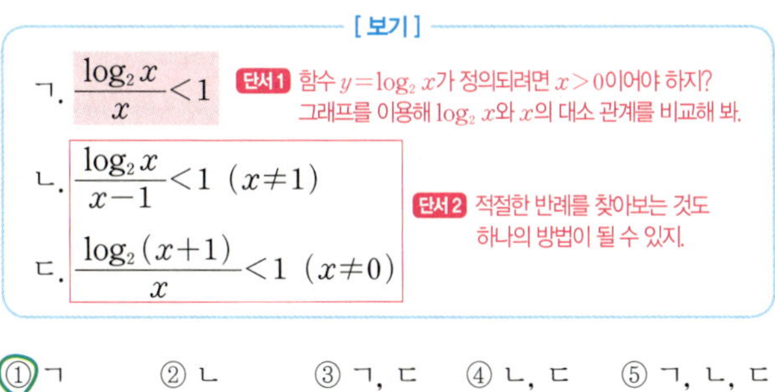

[보기]

ㄱ. $\frac{\log_2 x}{x}<1$ 단서1 함수 $y=\log_2 x$가 정의되려면 $x>0$이어야 하지? 그래프를 이용해 $\log_2 x$와 x의 대소 관계를 비교해 봐.

ㄴ. $\frac{\log_2 x}{x-1}<1$ $(x\neq1)$

ㄷ. $\frac{\log_2 (x+1)}{x}<1$ $(x\neq0)$

단서2 적절한 반례를 찾아보는 것도 하나의 방법이 될 수 있지.

① ㄱ ② ㄴ ③ ㄱ, ㄷ ④ ㄴ, ㄷ ⑤ ㄱ, ㄴ, ㄷ

1st 두 함수 $y=x$와 $y=\log_2 x$의 그래프를 이용하자.

ㄱ. 함수 $\log_2 x$가 정의되어 있으므로 $x>0$이다.
이때, $x>0$인 부분에서 함수 $y=\log_2 x$의 그래프보다 직선 $y=x$가 항상 위에 있으므로 $\log_2 x<x$가 성립한다.
$\log_2 x<x$의 양변을 x로 나누면
부등식의 양변을 양수로 나누어도 부등호의 방향은 바뀌지 않아.
$\frac{\log_2 x}{x}<1$ (참)

2nd 틀린 것은 반례를 하나 찾자.

ㄴ. 【반례】 $x=\frac{1}{2}$일 때, $\frac{\log_2 \frac{1}{2}}{\frac{1}{2}-1}=\frac{-1}{-\frac{1}{2}}=2>1$ (거짓)

ㄷ. 【반례】 $x=1$일 때, $\frac{\log_2(1+1)}{1}=\log_2 2=1$ (거짓)

따라서 옳은 것은 ㄱ이다.

[다른 풀이]

[보기]의 세 부등식의 좌변을 직선의 기울기라 생각하고 참, 거짓을 판별해보자.
두 점 (x_1, y_1), (x_2, y_2)를 지나는 직선의 기울기는 $\frac{y_2-y_1}{x_2-x_1}$

ㄱ. $\frac{\log_2 x}{x}=\frac{\log_2 x-0}{x-0}$은 원점 $(0, 0)$과 함수 $y=\log_2 x$의 그래프 위의 임의의 점 $(x, \log_2 x)$를 지나는 직선의 기울기를 의미해.
즉, [그림 1]과 같이 함수 $y=\log_2 x$의 그래프 위의 임의의 점과 원점을 지나는 직선의 기울기는 직선 $y=x$의 기울기보다 작으므로
$\frac{\log_2 x}{x}<$①이 성립해. (참)
→ 직선 $y=x$의 기울기

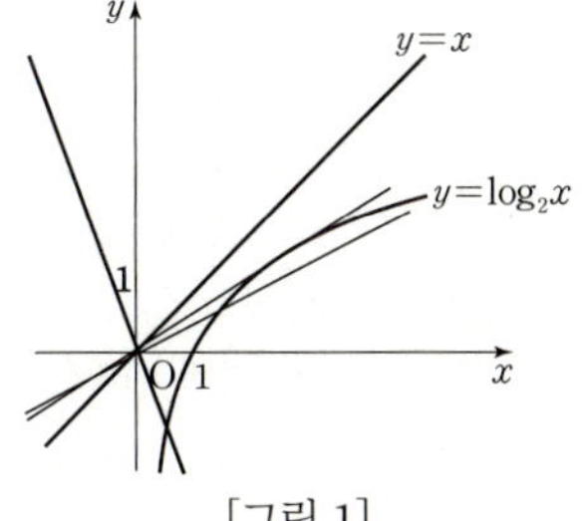

[그림 1]

ㄴ. $\frac{\log_2 x}{x-1}=\frac{\log_2 x-0}{x-1}$은 점 $(1, 0)$과 함수 $y=\log_2 x$의 그래프 위의 임의의 점 $(x, \log_2 x)$를 지나는 직선의 기울기를 의미해.
그런데 [그림 2]와 같이 함수 $y=\log_2 x$의 그래프 위의 임의의 점과 점 $(1, 0)$을 이은 직선의 기울기가 직선 $y=x$의 기울기보다 클 때도 존재하므로 $\frac{\log_2 x}{x-1}<1$이 항상 성립하지는 않아. (거짓)

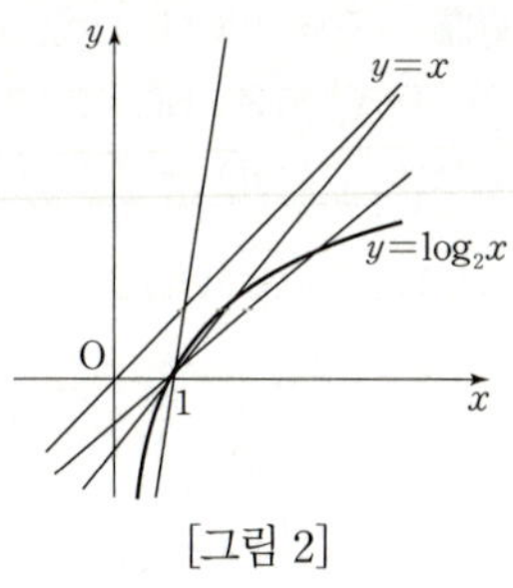

[그림 2]

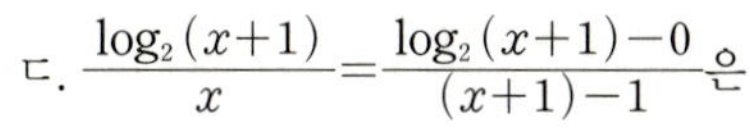

ㄷ. $\frac{\log_2 (x+1)}{x}=\frac{\log_2 (x+1)-0}{(x+1)-1}$은 점 $(1, 0)$과 함수 $y=\log_2 x$의 그래프 위의 임의의 점 $(x+1, \log_2 (x+1))$을 지나는 직선의 기울기를 의미하지? 그런데 이 경우도 ㄴ의 [그림 2]와 같이 함수 $y=\log_2 x$의 그래프 위의 x좌표가 1보다 큰 임의의 점과 점 $(1, 0)$을 이은 직선의 기울기가 직선 $y=x$의 기울기보다 클 때도 존재하므로 $\frac{\log_2 (x+1)}{x}<1$이 항상 성립하지는 않아. (거짓)

따라서 옳은 것은 ㄱ이야.

A 48 정답 ② *로그함수의 그래프의 활용 ········· [정답률 65%]

정답 공식: 두 함수가 서로 역함수 관계일시 두 함수는 직선 $y=x$에 대해 대칭이다. 삼각형 높이가 같을 때 밑변의 비율은 삼각형 넓이의 비율과 같다.

그림과 같이 직선 $y=-x+a$가 두 곡선 $y=3^x$, $y=\log_3 x$와 만나는 점을 각각 A, B라 하고, x축과 만나는 점을 C라 할 때, 점 A, B, C가 다음 조건을 만족시킨다.

(가) $\overline{AB}:\overline{BC}=7:2$
(나) 삼각형 OBC의 넓이는 11이다.

단서2 $\overline{DA}:\overline{AB}:\overline{BC}=2:7:2$에서 $\triangle OBC=\frac{2}{11}\triangle ODC$임을 이용하자.

점 A의 좌표를 $A(p, q)$라 할 때, $p+q$의 값은? (단, O는 원점이고, a는 상수이다.) (4점)

단서1 서로 역함수 관계인 두 곡선 $y=3^x$, $y=\log_3 x$와 직선 $y=-x+a$는 모두 직선 $y=x$에 대하여 대칭이므로 두 점 A와 B, 두 점 C와 D는 각각 직선 $y=x$에 대하여 대칭이야.

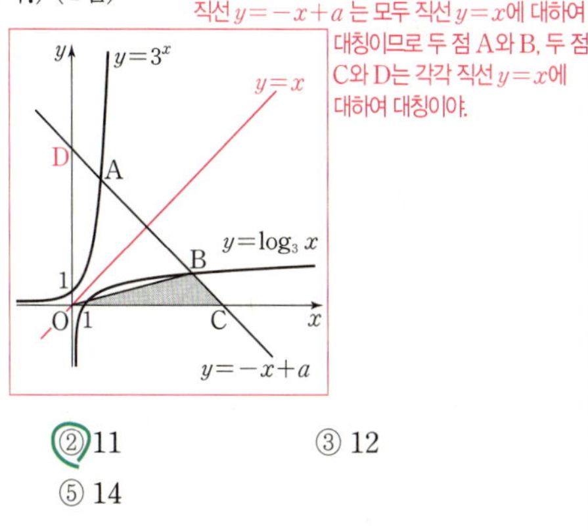

① 10 ② 11 ③ 12 ④ 13 ⑤ 14

1st 두 곡선 $y=3^x$과 $y=\log_3 x$는 직선 $y=x$에 대하여 대칭이야.

점 $C(a, 0)$이고, 직선 $y=-x+a$가 y축과 만나는 점을 D라 하면 점 $D(0, a)$이다.
→ 두 함수 $y=3^x$, $y=\log_3 x$는 서로 역함수 관계지?
한편, 두 곡선 $y=3^x$과 $y=\log_3 x$는 직선 $y=x$에 대하여 대칭이므로 $\overline{BC}=\overline{DA}$이고, 조건 (가)에서 $\overline{AB}:\overline{BC}=7:2$이므로 $\overline{DA}:\overline{AB}:\overline{BC}=2:7:2$임을 알 수 있다.
→ 직선 $y=-x+a$가 직선 $y=x$에 대하여 대칭이고 네 점 A, B, C, D가 직선 $y=-x+a$ 위의 점이므로 두 점 A와 B, 두 점 C와 D가 각각 직선 $y=x$에 대하여 대칭이 돼.

2nd 삼각형 OBC와 삼각형 ODC의 넓이의 비를 이용하여 a의 값을 구하자.

즉, $\overline{DA}:\overline{AB}:\overline{BC}=2:7:2$에서

$\triangle OBC:\triangle ODC=2:11$이므로

→ $\triangle OBC=\frac{1}{2}\times 2k\times h=kh$

$\triangle ODC=\frac{1}{2}\times 11k\times h=\frac{11}{2}kh$

$\therefore \triangle OBC:\triangle ODC=kh:\frac{11}{2}kh=2:11$

즉, 높이가 같은 두 삼각형의 넓이의 비는 밑변의 길이의 비와 같아.

$\triangle OBC=\frac{2}{11}\triangle ODC$

$=\frac{2}{11}\times\left(\frac{1}{2}\times\overline{OC}\times\overline{OD}\right)$

$=\frac{1}{11}\times a\times a$

$=\frac{1}{11}a^2$

이때, 조건 (나)에 의하여 $\triangle OBC=\frac{1}{11}a^2=11$이므로

$a^2=121$

$\therefore a=11$ ($\because a>0$)

함정: p, q를 직접 구할 필요가 없어.

3rd 점 A가 직선 $y=-x+a$ 위의 점임을 이용하여 $p+q$의 값을 구하자.

따라서 점 $A(p, q)$는 직선 $y=-x+a$, 즉 $y=-x+11$ 위의 점이므로

$q=-p+11$

$\therefore p+q=11$

[다른 풀이]

두 곡선 $y=3^x$과 $y=\log_3 x$는 직선 $y=x$에 대하여 대칭이므로

점 A와 점 B는 직선 $y=x$에 대하여 대칭이야. … (*)

즉, 점 $A(p, q)$이므로 점 $B(q, p)$가 돼.

조건 (가)에서 $\overline{AB}:\overline{BC}=7:2$이므로 점 $C(a, 0)$에 대하여 점 B는 선분 AC를 $7:2$로 내분하는 점이지?

$\left(\frac{7\times a+2\times p}{7+2}, \frac{7\times 0+2\times q}{7+2}\right)$에서 $\left(\frac{7a+2p}{9}, \frac{2q}{9}\right)$이므로

→ 두 점 $P(x_1, y_1)$, $Q(x_2, y_2)$에 대하여 선분 PQ를 $m:n$으로 내분하는 점의 좌표는 $\left(\frac{mx_2+nx_1}{m+n}, \frac{my_2+ny_1}{m+n}\right)$

$q=\frac{7a+2p}{9}$, $p=\frac{2q}{9}$

즉, $q=\frac{9}{2}p$ … ㉠이고,

$7a=9q-2p=9\times\frac{9}{2}p-2p=\frac{77}{2}p$이므로 $a=\frac{11}{2}p$ … ㉡

또한, 조건 (나)에 의하여

$\triangle OBC=\frac{1}{2}\times\overline{OC}\times$(점 B의 y좌표)$=\frac{1}{2}ap$ ← $B(q, p)$

$=\frac{1}{2}\times\frac{11}{2}p\times p$ ($\because$ ㉡)

$=\frac{11}{4}p^2=11$

$p^2=4$ $\quad\therefore p=2$ ($\because p>0$)

따라서 ㉠에서 $q=\frac{9}{2}p=\frac{9}{2}\times 2=9$이므로 $p+q=2+9=11$

수능 핵강

두 곡선 $y=3^x$과 $y=\log_3 x$가 서로 역함수 관계이므로 직선 $y=x$에 대하여 대칭이지? 근데, (*)와 같이 두 점 A, B가 왜 직선 $y=x$에 대하여 대칭이냐고?

두 직선 $y=x$와 $y=-x+a$는 서로 수직이므로 직선 $y=-x+a$도 직선 $y=x$에 대하여 대칭이야.

이때, 직선 $y=-x+a$와 두 곡선 $y=3^x$, $y=\log_3 x$의 교점이 각각 A, B이므로 직선 $y=-x+a$ 위의 두 점 A, B도 직선 $y=x$에 대하여 대칭이지.

앞으로 문제를 풀 때 밑이 같은 지수함수와 로그함수가 동시에 나오게 되면 역함수의 성질을 먼저 떠올려 보도록 해.

A 49 정답 ③ *로그함수를 이용한 대소 관계 ········ [정답률 53%]

정답 공식: 곡선 $f(x)$가 아래로 볼록이면 $a<x<b$일 때, $f\left(\frac{a+b}{2}\right)<\frac{f(a)+f(b)}{2}$가 성립한다.

다음 [보기]에서 대소 관계가 옳은 것만을 있는 대로 고른 것은? (3점)

[보기]

ㄱ. $(\log 21)^3>4\{(\log 3)^3+(\log 7)^3\}$

ㄴ. $(\log 24)^3>4\{(\log 4)^3+(\log 6)^3\}$

ㄷ. $345^3<4(173^3+172^3)$

단서: 부등식에 사용된 각 항이 모두 세제곱의 꼴임에 착안하여 삼차함수 $y=x^3$을 생각해 보자.

① ㄱ ② ㄴ ③ ㄷ ④ ㄱ, ㄴ ⑤ ㄴ, ㄷ

1st $x>0$일 때, 함수 $y=x^3$을 생각하여 이로부터 얻을 수 있는 부등식을 생각하자.

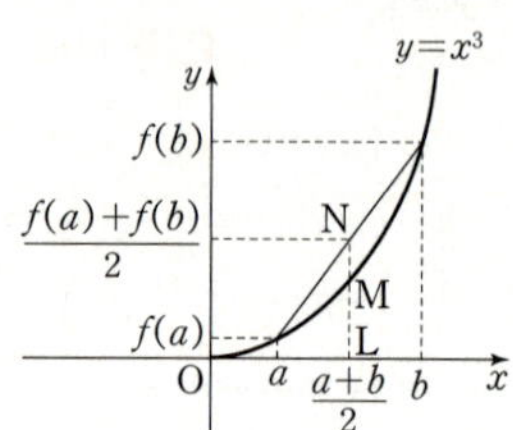

$f(x)=x^3$의 그래프는 $x>0$에서 아래로 볼록이므로 그림에서 $\overline{LM}<\overline{LN}$이다.

$\overline{LM}=f\left(\frac{a+b}{2}\right)=\left(\frac{a+b}{2}\right)^3$

$\overline{LN}=\frac{f(a)+f(b)}{2}=\frac{a^3+b^3}{2}$이므로

$\left(\frac{a+b}{2}\right)^3<\frac{a^3+b^3}{2}$ → $\frac{(a+b)^3}{8}<\frac{a^3+b^3}{2}$이므로 $(a+b)^3<4(a^3+b^3)$

따라서 두 양수 a, b에 대하여 항상 $(a+b)^3<4(a^3+b^3)$이 성립한다.

2nd a와 b에 해당하는 값을 추측해서 위의 부등식에 대입해 보자.

ㄱ. $a=\log 3$, $b=\log 7$이면

$(\log 3+\log 7)^3<4\{(\log 3)^3+(\log 7)^3\}$

$(\log 21)^3<4\{(\log 3)^3+(\log 7)^3\}$ (거짓)

ㄴ. $a=\log 4$, $b=\log 6$이면

$(\log 24)^3<4\{(\log 4)^3+(\log 6)^3\}$ (거짓)

ㄷ. $a=173$, $b=172$이면

$(173+172)^3<4(173^3+172^3)$ (참)

따라서 옳은 것은 ㄷ뿐이다.

[다른 풀이]

ㄱ. $\log 3=x$, $\log 7=y$라 하면 $y\ge x>0$이고

실수: 항상 치환할 때는 범위를 생각해야 해.

(좌변)$=(\log 3\times 7)^3$

$=(\log 3+\log 7)^3$

$=(x+y)^3$

$=x^3+3x^2y+3xy^2+y^3$

(우변)$=4(x^3+y^3)$

(우변)에서 (좌변)을 빼면

$3x^3-3x^2y+3y^3-3xy^2=3x^2(x-y)+3y^2(y-x)$

$=3(y-x)(y^2-x^2)$

$=3(y-x)^2(y+x)>0$

$\therefore (\log 21)^3<4\{(\log 3)^3+(\log 7)^3\}$ (거짓)

같은 방법으로 ㄴ, ㄷ도 증명 가능해.

수능 핵강

ㄱ을 보이기 위해서
$(\log 3)^3+(\log 7)^3=(\log 3+\log 7)^3-3\log 3\log 7(\log 3+\log 7)$을 우변에 대입한 후 부등식을 정리하면
$(\log 3+\log 7)^3-4\{(\log 3+\log 7)^3-3\log 3\log 7(\log 3+\log 7)\}$
$=-3(\log 3+\log 7)^3+12\log 3\log 7(\log 3+\log 7)$
$=3(\log 3+\log 7)\{4\log 3\log 7-(\log 3+\log 7)^2\}>0$
$\therefore\ -3(\log 3+\log 7)(\log 3-\log 7)^2<0$
따라서 ㄱ은 거짓이더라구. ㄴ도 거짓임을 바로 알 수 있고, ㄷ은 참임을 바로 알 수 있을 거야.

곡선의 오목 · 볼록의 성질 개념·공식

(1) 곡선 $f(x)$가 아래로 볼록일 때 (2) 곡선 $f(x)$가 위로 볼록일 때

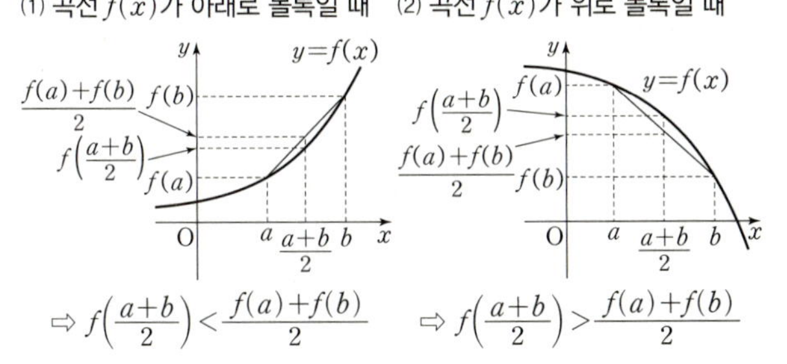

⇨ $f\left(\frac{a+b}{2}\right)<\frac{f(a)+f(b)}{2}$ ⇨ $f\left(\frac{a+b}{2}\right)>\frac{f(a)+f(b)}{2}$

A 50 정답 ② *로그함수를 이용한 대소 관계 [정답률 52%]

정답 공식: 밑의 범위에 따라 로그함수 그래프의 개형이 달라진다. 조건을 만족시키는 임의의 숫자를 넣어서 그래프를 그려봐도 된다.

함수 $f(x)=\log_a x$, $g(x)=\log_b x$가 $x>1$에서 $f(x)>g(x)$가 성립하기 위한 조건으로 [보기]에서 옳은 것을 모두 고른 것은? (4점)

[보기]
ㄱ. $1<b<a$
ㄴ. $0<a<b<1$
ㄷ. $0<a<1<b$

단서 각 경우에 대하여 두 함수 $f(x)$와 $g(x)$의 그래프를 그려 $x>1$에서 두 그래프의 위치를 파악해 봐.

① ㄱ ② ㄴ ③ ㄱ, ㄷ
④ ㄴ, ㄷ ⑤ ㄱ, ㄴ, ㄷ

1st 밑이 1보다 큰 경우 $x>1$에서 밑이 작을수록 함숫값도 크지?

ㄱ. $1<b<a$일 때, $f(x)$와 $g(x)$의 그래프를 그리면 그림과 같이 → 밑이 모두 1보다 크므로 $f(x)$, $g(x)$는 모두 증가함수야.
$x>1$에서
$f(x)<g(x)$ (거짓)

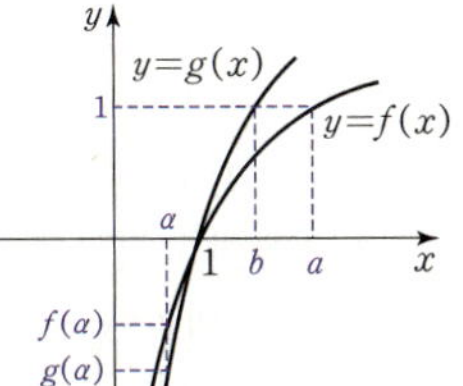

2nd 밑의 범위에 따라 $f(x)$와 $g(x)$의 그래프를 그려 보자.

ㄴ. $0<a<b<1$일 때, $f(x)$와 $g(x)$의 그래프를 그리면 그림과 같이 → 밑이 모두 0과 1 사이이므로 $f(x)$, $g(x)$는 모두 감소함수야.
$x>1$에서
$f(x)>g(x)$ (참)

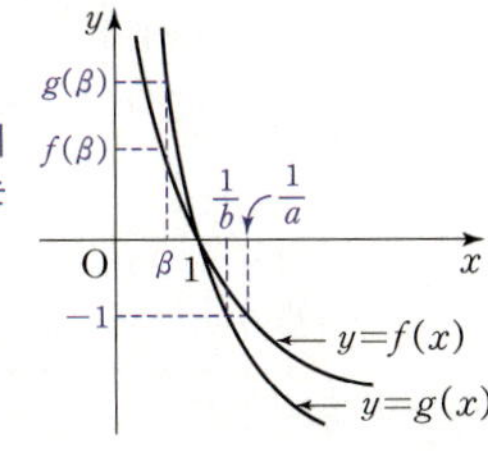

ㄷ. $0<a<1<b$일 때, $f(x)$와 $g(x)$의 그래프를 그리면 그림과 같이 → $0<a<1$이므로 $f(x)$는 감소함수, $b>1$이므로 $g(x)$는 증가함수지.
$x>1$에서
$f(x)<g(x)$ (거짓)

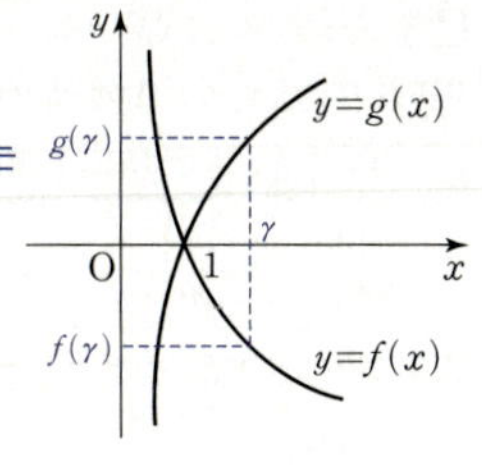

따라서 옳은 것은 ㄴ이다.

톡톡 풀이

$f(x)=\log_a x=\frac{1}{\log_x a}$, $g(x)=\log_b x=\frac{1}{\log_x b}$

ㄱ. $x>1$이므로 $1<b<a$이면 $0<\log_x b<\log_x a$
즉, $\frac{1}{\log_x b}>\frac{1}{\log_x a}$이므로 $g(x)>f(x)$ (거짓)

ㄴ. $x>1$이므로 $0<a<b<1$이면 $\log_x a<\log_x b<0$
즉, $\frac{1}{\log_x a}>\frac{1}{\log_x b}$이므로 $f(x)>g(x)$ (참)

ㄷ. $x>1$이므로 $0<a<1<b$이면 $\log_x a<0<\log_x b$
그런데 $\log_x a$, $\log_x b$의 부호가 서로 다르므로 역수를 취해도 부등호의 방향은 변하지 않아.
즉, $\frac{1}{\log_x a}<\frac{1}{\log_x b}$이므로 $f(x)<g(x)$ (거짓)

따라서 옳은 것은 ㄴ이야.

A 51 정답 ② *로그함수를 이용한 대소 관계 [정답률 51%]

정답 공식: $0<a<b<1$이면 $0<a^2<ab<b^2<1$

단서1 $0<a<b<1$이면 $y=\log_a x$와 $y=\log_b x$는 모두 감소함수야.

❶ $0<a<b<1$일 때, 직선 $y=1$이 $y=\log_a x$의 그래프와 $y=\log_b x$의 그래프와 만나는 점을 각각 ❷ P, Q라 하고, 직선 $y=-1$이 $y=\log_a x$의 그래프와 $y=\log_b x$의 그래프와 만나는 점을 각각 ❸ R, S라 하자. 네 직선 PS, PR, QS, QR의 기울기를 각각 α, β, γ, δ라 할 때, 다음 중 옳은 것은? (4점)

단서2 P, Q의 y좌표는 모두 1이므로 두 함수 식에 $y=1$을 대입하여 x좌표를 알아내.

① $\delta<\alpha<\beta<\gamma$ ② $\gamma<\alpha<\delta<\beta$
③ $\gamma<\alpha<\beta<\delta$ ④ $\gamma<\alpha=\delta<\beta$
⑤ $\alpha=\delta<\beta<\gamma$

단서3 R, S의 y좌표는 모두 -1이므로 두 함수 식에 $y=-1$을 대입하여 x좌표를 알아내.

1st 네 점 P, Q, R, S의 좌표를 나타내어 네 직선 PS, PR, QS, QR의 기울기를 구해보자.

$\mathrm{P}(a, 1)$, $\mathrm{Q}(b, 1)$, $\mathrm{R}\left(\frac{1}{a}, -1\right)$, $\mathrm{S}\left(\frac{1}{b}, -1\right)$이므로

$\alpha=$(직선 PS의 기울기)$=\frac{2}{a-\frac{1}{b}}=\frac{2b}{ab-1}$

→ 두 점 (x_1, y_1), (x_2, y_2)를 지나는 직선의 기울기: $\frac{y_2-y_1}{x_2-x_1}$

$\beta=$(직선 PR의 기울기)$=\frac{2}{a-\frac{1}{a}}=\frac{2a}{a^2-1}$

$\gamma=$(직선 QS의 기울기)$=\frac{2}{b-\frac{1}{b}}=\frac{2b}{b^2-1}$

$\delta=$(직선 QR의 기울기)$=\frac{2}{b-\frac{1}{a}}=\frac{2a}{ab-1}$

2nd 부등식의 성질을 이용하여 $\alpha, \beta, \gamma, \delta$의 대소 관계를 알아내자.

이때, $0<a<b<1$에서 $0<a^2<ab<b^2<1$이므로

$a^2-1<ab-1<b^2-1<0$ → $0<a^2<ab<b^2<1$의 각 변에서 1을 뺐으므로 부등식의 부등호의 방향이 유지돼.

즉, $\dfrac{1}{a^2-1}>\dfrac{1}{ab-1}>\dfrac{1}{b^2-1}$

$\therefore \alpha>\gamma,\ \beta>\delta,\ \delta>\alpha$ → $A>0, B>0$ 또는 $A<0, B<0$일 때, $A>B \Rightarrow \dfrac{1}{A}<\dfrac{1}{B}$

$\therefore \gamma<\alpha<\delta<\beta$

톡톡 풀이

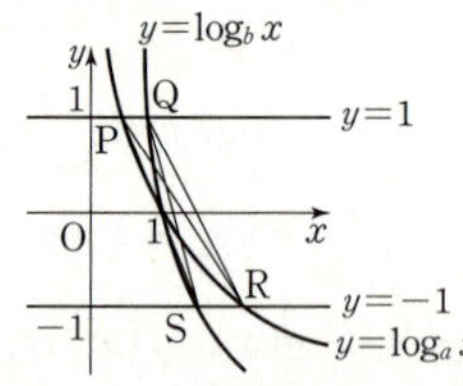

두 함수 $y=\log_a x$, $y=\log_b x$의 그래프를 이용하여 풀어도 돼.

네 선분 PS, PR, QS, QR의 기울기는 모두 음수이므로 더 가파른 선분의 기울기일수록 더 작아.

더 가파른 선분부터 차례로 구하면

실수 주의: 기울기가 더 곱할수록 절댓값은 커지고, 그냥 값은 더 작아지지.

$\overline{QS}, \overline{PS}, \overline{QR}, \overline{PR}$이므로 그 기울기를 비교하면 $\gamma<\alpha<\delta<\beta$야.

> **직선의 기울기** 개념·공식
>
> 일차함수 $f(x)=mx+n$에 대하여
>
> ① 직선 $y=f(x)$가 두 점 (a, b), (c, d)를 지나면 $m=\dfrac{b-d}{a-c}$
>
> ② 직선 $y=f(x)$와 x축의 양의 방향이 이루는 각의 크기가 θ이면 $m=\tan\theta$

A 52 정답 ⑤ *로그함수를 이용한 대소 관계 [정답률 45%]

정답 공식: 두 곡선을 좌표평면에 나타내어 교점의 x좌표, y좌표에 대한 부등식의 참, 거짓을 따진다.

두 곡선 $y=2^{-x}$과 $y=|\log_2 x|$가 만나는 두 점을 (x_1, y_1), (x_2, y_2)라 하자. $x_1<x_2$일 때, [보기]에서 옳은 것만을 있는 대로 고른 것은? (4점)

단서 $|\log_2 x|=\begin{cases}\log_2 x & (x\geq 1)\\ -\log_2 x & (0<x<1)\end{cases}$

[보기]

ㄱ. $\dfrac{1}{2}<x_1<\dfrac{\sqrt{2}}{2}$

ㄴ. $\sqrt[3]{2}<x_2<\sqrt{2}$

ㄷ. $y_1-y_2<\dfrac{3\sqrt{2}-2}{6}$

① ㄱ ② ㄱ, ㄴ ③ ㄱ, ㄷ
④ ㄴ, ㄷ ⑤ ㄱ, ㄴ, ㄷ

1st 두 곡선을 좌표평면에 나타내어 x_1의 값의 범위를 확인해.

ㄱ. $0<x<1$일 때, $y=|\log_2 x|=-\log_2 x$이고 이 곡선은 곡선 $y=2^{-x}$과 직선 $y=x$에 대하여 대칭이다. 즉, $0<x<1$에서 두 곡선 $y=2^{-x}$, $y=|\log_2 x|$의 교점은 직선 $y=x$ 위에 있고 이 교점의 x좌표가 x_1이다.

→ $y=2^{-x}$에서 x, y를 서로 바꾸면 $x=2^{-y}$에서 $-y=\log_2 x$ $\therefore y=-\log_2 x$
즉, 두 함수 $y=2^{-x}$, $y=-\log_2 x$는 서로 역함수 관계이므로 그래프는 직선 $y=x$에 대하여 대칭이야.

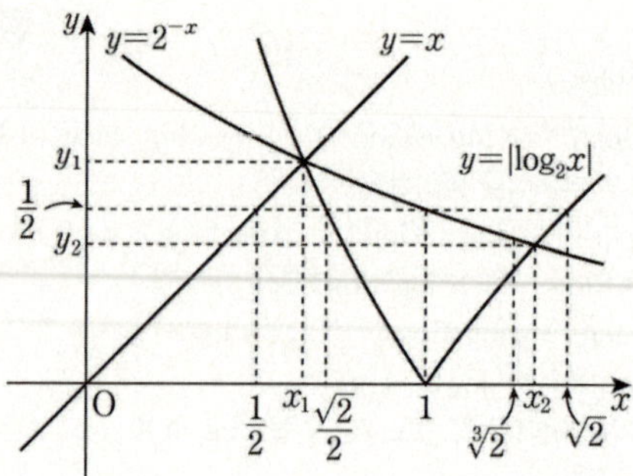

한편, 직선 $y=\dfrac{1}{2}$이 직선 $y=x$와 만나는 점의 x좌표는 $\dfrac{1}{2}$이고 직선 $y=\dfrac{1}{2}$이 곡선 $y=-\log_2 x\ (0<x<1)$와 만나는 점의 x좌표는

$\dfrac{1}{2}=-\log_2 x$에서 $\log_{\frac{1}{2}}\left(\dfrac{1}{2}\right)^{\frac{1}{2}}=\log_{\frac{1}{2}} x$

$\therefore x=\left(\dfrac{1}{2}\right)^{\frac{1}{2}}=\sqrt{\dfrac{1}{2}}=\dfrac{\sqrt{2}}{2}$

그런데 직선 $y=x$, 곡선 $y=-\log_2 x\ (0<x<1)$가 직선 $y=\dfrac{1}{2}$과 만나는 점의 x좌표의 위치는 그림과 같으므로

$\dfrac{1}{2}<x_1<\dfrac{\sqrt{2}}{2}$ (참)

2nd $x=\sqrt[3]{2}$, $x=\sqrt{2}$일 때 두 곡선의 위치를 비교하자.

ㄴ. $f(x)=2^{-x}$, $g(x)=\log_2 x\,(x>1)$라 하면

→ 두 곡선 $y=2^{-x}$, $y=|\log_2 x|$는 $x>1$일 때 $x=x_2$에서 만나고 $x<x_2$일 때 $2^{-x}>\log_2 x$, $x>x_2$일 때 $2^{-x}<\log_2 x$지? 이를 이용하여 x_2의 값의 범위를 결정해야 해.

(i) $x=\sqrt[3]{2}$일 때, $f(\sqrt[3]{2})=2^{-\sqrt[3]{2}}=\dfrac{1}{2^{\sqrt[3]{2}}}$,

$g(\sqrt[3]{2})=\log_2 \sqrt[3]{2}=\log_2 2^{\frac{1}{3}}=\dfrac{1}{3}$이다.

이때, $8<9$이므로 $2^{\frac{3}{2}}<3$ ⋯ ㉠

또, $(\sqrt[3]{2})^3=2$, $\left(\dfrac{3}{2}\right)^3=\dfrac{27}{8}$이므로

$(\sqrt[3]{2})^3<\left(\dfrac{3}{2}\right)^3$에서 $\sqrt[3]{2}<\dfrac{3}{2}$

$\therefore 2^{\sqrt[3]{2}}<2^{\frac{3}{2}}$ ⋯ ㉡

㉠, ㉡에 의하여 $2^{\sqrt[3]{2}}<2^{\frac{3}{2}}<3$이므로 $\dfrac{1}{2^{\sqrt[3]{2}}}>\dfrac{1}{3}$

따라서 $f(\sqrt[3]{2})>g(\sqrt[3]{2})$이므로 $x_2>\sqrt[3]{2}$

(ii) $x=\sqrt{2}$일 때, $f(\sqrt{2})=2^{-\sqrt{2}}=\dfrac{1}{2^{\sqrt{2}}}$,

$g(\sqrt{2})=\log_2\sqrt{2}=\log_2 2^{\frac{1}{2}}=\dfrac{1}{2}$이다.

이때, $2^{\sqrt{2}}>2$이므로 $\dfrac{1}{2^{\sqrt{2}}}<\dfrac{1}{2}$

따라서 $f(\sqrt{2})<g(\sqrt{2})$이므로 $x_2<\sqrt{2}$

(i), (ii)에 의하여 $\sqrt[3]{2}<x_2<\sqrt{2}$ (참)

3rd ㄱ, ㄴ을 이용하여 ㄷ의 참, 거짓을 따져.

ㄷ. $0<x<1$일 때 두 곡선 $y=2^{-x}$과 $y=|\log_2 x|$의 교점의 x좌표가 x_1이고 이 교점은 직선 $y=x$ 위의 점이므로 $y_1=x_1$

즉, ㄱ에 의하여

$\dfrac{1}{2}<y_1<\dfrac{\sqrt{2}}{2}$ ⋯ ㉢

또, $y_2=\log_2 x_2$이고 ㄴ에 의하여 $\sqrt[3]{2}<x_2<\sqrt{2}$에서

$\log_2\sqrt[3]{2}<\log_2 x_2<\log_2\sqrt{2}$

$\therefore \dfrac{1}{3}<y_2<\dfrac{1}{2}$ ⋯ ㉣

㉢, ㉣에서 $y_1-y_2<\dfrac{\sqrt{2}}{2}-\dfrac{1}{3}=\dfrac{3\sqrt{2}-2}{6}$ (참)

따라서 옳은 것은 ㄱ, ㄴ, ㄷ이다. → $a<x<b$, $c<y<d$이면 $a-d<x-y<b-c$야.

> **로그함수 $y=\log_a x\ (a>0,\ a\neq 1)$의 성질** 개념·공식
>
> ① 함수 $y=a^x$의 역함수이다.
> ② $a>1$일 때, x가 증가하면 y도 증가한다.
> ③ $0<a<1$일 때, x가 증가하면 y는 감소한다.
> ④ 그래프는 점 $(1,\ 0)$을 지나고, 점근선은 y축이다.

A 53 정답 ② *로그함수를 이용한 대소 관계 [정답률 45%]

정답 공식: 두 함수의 그래프에 관련된 ㄱ, ㄴ, ㄷ 문제에서 부등식은 두 점 사이의 거리 또는 두 점을 지나는 직선의 기울기, 교점으로 만들어지는 도형의 넓이 등의 대소 관계를 이용하여 판단한다.

두 곡선 $y=|2^x-4|$, $y=\log_2 x$가 만나는 두 점의 x좌표를 $x_1,\ x_2(x_1<x_2)$라 할 때, [보기]에서 옳은 것만을 있는 대로 고른 것은? (4점)

[보기]

ㄱ. $\log_2 3<x_1<x_2<\log_2 6$
단서1 $x_1,\ x_2$가 두 곡선의 교점의 x좌표이므로 네 수 $\log_2 3,\ x_1,\ x_2,\ \log_2 6$을 x축에서 크기를 비교해.

ㄴ. $(x_2-x_1)(2^{x_2}-2^{x_1})<3$
단서2 주어진 그래프에서 $(x_2-x_1)(2^{x_2}-2^{x_1})$이 의미하는 것이 무엇일까 생각해 봐.

ㄷ. $2^{x_1}+2^{x_2}>8+\log_2(\log_3 6)$
단서3 함수 $y=\log_2 x$는 증가함수임을 이용하여 대소를 비교해.

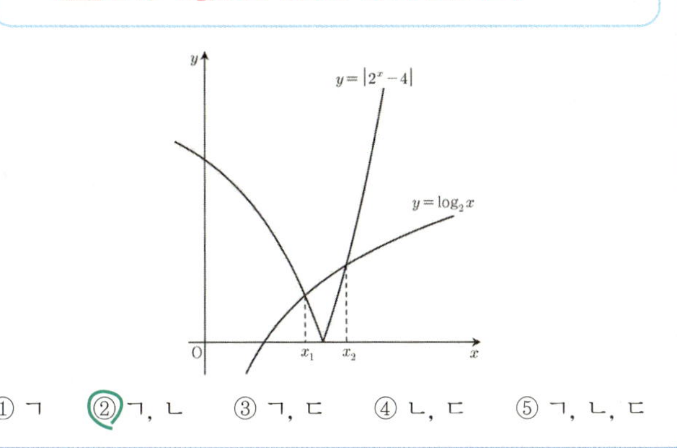

① ㄱ ② ㄱ, ㄴ ③ ㄱ, ㄷ ④ ㄴ, ㄷ ⑤ ㄱ, ㄴ, ㄷ

1st 곡선 $y=|2^x-4|$가 두 직선 $y=1$, $y=2$와 만나는 점의 x좌표를 이용하여 ㄱ의 대소를 비교해.

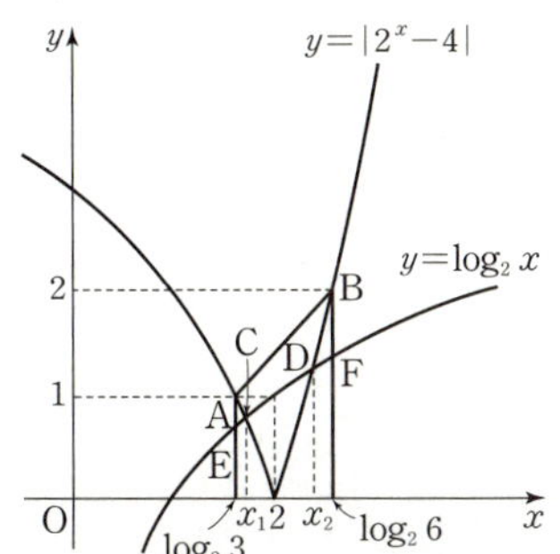

ㄱ. 곡선 $y=|2^x-4|$는 점 $(2,\ 0)$을 지나고 곡선 $y=\log_2 x$는 점 $(2,\ 1)$을 지난다.
($y=|2^x-4|$에 $x=2$를 대입하면 $y=|2^2-4|=0$이고 $y=\log_2 x$에 $x=2$를 대입하면 $y=\log_2 2=1$)

한편, 곡선 $y=|2^x-4|$가 직선 $y=1$과 $x<2$에서 만나는 점을 A라 하면 점 A의 x좌표는 $-2^x+4=1$에서 $2^x=3$
($x<2$일 때 $2^x-4<0$이므로 $x<2$에서 곡선 $y=|2^x-4|$와 직선 $y=1$의 교점의 x좌표를 구할 때는 두 식 $y=-2^x+4$와 $y=1$을 연립해서 구해야 해.)
($a^x=b \Longleftrightarrow x=\log_a b$)

$\therefore x=\log_2 3$

따라서 점 A의 좌표는 $A(\log_2 3,\ 1)$이다.
따라서 그래프에서 점 A의 x좌표가 x_1보다 작으므로
$\log_2 3<x_1 \cdots$ ㉠
또, 곡선 $y=|2^x-4|$가 직선 $y=2$와 $x\geq 2$에서 만나는 점을 B라 하면 점 B의 x좌표는 $2^x-4=2$에서 $2^x=6$
($x\geq 2$일 때 $2^x-4>0$이므로 $x\geq 2$에서 곡선 $y=|2^x-4|$와 직선 $y=2$의 교점의 x좌표를 구할 때는 두 식 $y=2^x-4$와 $y=2$를 연립해서 구해야 해.)
$\therefore x=\log_2 6$
따라서 점 B의 좌표는 $B(\log_2 6,\ 2)$이다.
즉, $f(x)=|2^x-4|$라 하면 $f(\log_2 6)=2$이고 $g(x)=\log_2 x$라 하면 $g(\log_2 6)=\log_2(\log_2 6)$이다.
이때, $2=\log_2 4<\log_2 6<\log_2 8=3$이고 각 변에 밑이 2인 로그를 취하면 $1<\log_2(\log_2 6)<\log_2 3<\log_2 4=2$이므로
$f(\log_2 6)>g(\log_2 6)$이다.
따라서 $x=\log_2 6$일 때, 곡선 $y=|2^x-4|$가 곡선 $y=\log_2 x$보다 위쪽에 있으므로 $x_2<\log_2 6 \cdots$ ㉡
그런데 $x_1<x_2$이므로 ㉠, ㉡에 의하여
$\log_2 3<x_1<x_2<\log_2 6$ (참)

2nd 도형의 넓이를 이용하여 ㄴ의 대소를 비교해.

ㄴ. 두 곡선 $y=|2^x-4|$, $y=\log_2 x$가 만나는 두 점을 각각 C, D라 하고 네 점 A, B, C, D에서 x축에 내린 수선의 발을 각각 A′, B′, C′, D′이라 하자. 이때, 사다리꼴 AA′B′B의 넓이를 S_1이라 하면

$$S_1=\frac{1}{2}\times(\overline{AA'}+\overline{BB'})\times\overline{A'B'}$$
$$=\frac{1}{2}\times(1+2)\times(\log_2 6-\log_2 3)=\frac{3}{2}$$
($\log_a m-\log_a n=\log_a\frac{m}{n}$이므로 $\log_2 6-\log_2 3=\log_2\frac{6}{3}=\log_2 2=1$)

또, 사다리꼴 CC′D′D의 넓이를 S_2라 하면

$$S_2=\frac{1}{2}\times(\overline{CC'}+\overline{DD'})\times\overline{C'D'}$$
$$=\frac{1}{2}\times\{(-2^{x_1}+4)+(2^{x_2}-4)\}\times(x_2-x_1)$$
$$=\frac{1}{2}\times(2^{x_2}-2^{x_1})\times(x_2-x_1)$$
(점 C는 곡선 $y=-2^x+4$ 위의 점이고 점 D는 곡선 $y=2^x-4$ 위의 점이야.)

그런데 그래프에서 $S_1>S_2$이므로
$\frac{3}{2}>\frac{1}{2}\times(2^{x_2}-2^{x_1})\times(x_2-x_1)$에서
$(x_2-x_1)(2^{x_2}-2^{x_1})<3$ (참)

3rd 선분의 길이를 이용하여 ㄷ의 대소를 비교해.

ㄷ. 곡선 $y=\log_2 x$가 두 선분 AA′, BB′과 만나는 점을 각각 E, F라 하면 네 점 E, C, D, F의 x좌표는 각각 $\log_2 3,\ x_1,\ x_2,\ \log_2 6$이고 ㄱ에 의하여 $\log_2 3<x_1<x_2<\log_2 6$이다. 이때, 네 점 E, C, D, F는 곡선 $y=\log_2 x$ 위의 점이므로 두 점 C, D의 y좌표의 차보다 두 점 E, F의 y좌표의 차가 더 크다.
(함수 $y=\log_2 x$에서 밑 2가 1보다 크므로 이 함수는 증가함수야.)

(두 점 C, D의 y좌표의 차) $=(2^{x_2}-4)-(-2^{x_1}+4)$
$=2^{x_1}+2^{x_2}-8$

주의 두 점 C, D는 곡선 $y=\log_2 x$ 위의 점이기도 하지만 여기서는 곡선 $y=|2^x-4|$ 위의 점임을 이용한 거야.

(두 점 E, F의 y좌표의 차) $=\log_2(\log_2 6)-\log_2(\log_2 3)$
$=\log_2\frac{\log_2 6}{\log_2 3}=\log_2(\log_3 6)$
($\log_a b=\frac{\log_c b}{\log_c a}$)

즉, $2^{x_1}+2^{x_2}-8<\log_2(\log_3 6)$에서
$2^{x_1}+2^{x_2}<8+\log_2(\log_3 6)$ (거짓)

따라서 옳은 것은 ㄱ, ㄴ이다.

A 54 정답 ⑤ *로그함수의 최대 · 최소 [정답률 63%]

정답 공식: 함수 $y=\log_a x$에서 a가 1보다 클 경우 x의 값이 증가하면 y의 값이 증가한다.

함수 $y=7+\log_5(x^2-6x+14)$의 최솟값은? (3점)

단서 주어진 로그함수는 밑이 $5>1$이므로 진수가 최소일 때, 최솟값을 가져. 그럼, 진수인 $x^2-6x+14$의 최솟값을 구하면 주어진 로그함수의 최솟값도 구할 수 있겠지?

① 4 ② 5 ③ 6 ④ 7 ⑤ 8

1st 주어진 함수의 최솟값을 구하자.

$y=7+\log_5(x^2-6x+14)$에서 → $\log_a f(x)$에서 $a>1$이면 $f(x)$가 최소일 때 $\log_a f(x)$도 최소야.

$x^2-6x+14=(x-3)^2+5\geq5$이므로

$y=7+\log_5(x^2-6x+14)$

$\geq7+\log_5 5=7+1=8$

A 55 정답 246 *로그함수의 최대 · 최소 [정답률 54%]

정답 공식: 양변에 밑이 3인 로그를 취한 뒤 $\log_3 x$를 문자로 치환한다. 단, x의 값의 범위에 따라 문자의 범위를 구해주어야 한다.

$\frac{1}{3}\leq x\leq3$에서 정의된 함수 $f(x)=9x^{-2+\log_3 x}$의 최댓값을 M,

단서 함수 $f(x)$의 식을 보니 x의 지수에 log가 있네? 이럴 경우는 양변에 로그를 취해 함수식을 간단히 한 후 공통부분을 치환하자. 이때, 치환한 문자의 값의 범위에 주의하자구~.

최솟값을 m이라 할 때, $M+m$의 값을 구하시오. (4점)

1st 주어진 함수의 양변에 밑이 3인 로그를 취해서 간단히 정리해 보자.

$f(x)=9x^{-2+\log_3 x}$의 양변에 밑이 3인 로그를 취하면

x의 지수에 $\log_3 x$가 있지? 양변에 밑이 3인 로그를 취하면 로그로 나타낸 지수부분을 없앨 수 있어.

주의 이렇게 하지 않고 단순히 $-2+\log_3 x$의 최대·최소를 구하면 안 돼.

$\log_3 f(x)=\log_3 9x^{-2+\log_3 x}$

$=\log_3 9+(-2+\log_3 x)\log_3 x$

$=(\log_3 x)^2-2\log_3 x+2$

2nd $\log_3 x=t$로 치환하여 t에 관한 이차함수의 최대 · 최소를 이용하자.

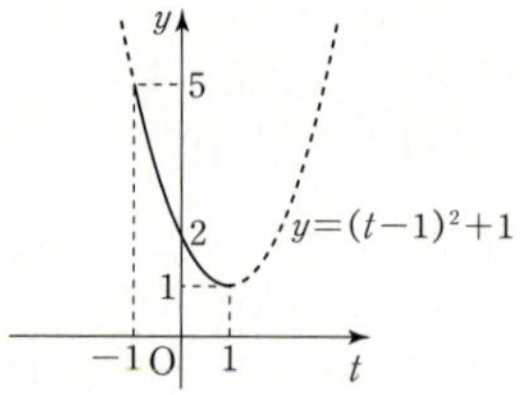

$\log_3 x=t$로 치환하면 $\frac{1}{3}\leq x\leq3$에서 $-1\leq t\leq1$이고 → $\log_3\frac{1}{3}\leq\log_3 x\leq\log_3 3$

$\log_3 f(x)=t^2-2t+2=(t-1)^2+1$

$t=-1$일 때, $\log_3 f(x)$는 최댓값 5를 가지므로 함수 $f(x)$의 최댓값 M에 대하여

$\log_3 M=5$에서 $M=3^5=243$

$t=1$일 때, $\log_3 f(x)$는 최솟값 1을 가지므로

함수 $f(x)$의 최솟값 m에 대하여 $\log_3 m=1$에서

$m=3^1=3$

$\therefore M+m=243+3=246$

A 56 정답 122 *로그함수의 최대 · 최소 [정답률 47%]

정답 공식: 함수 $y=|f(x)-g(x)|$를 로그의 계산을 통해 구한다. 구간이 $(10, \infty)$로 정의 되어 있으므로 진수가 0과 1 사이일 때와 진수가 1보다 클 때를 구분해서 구한다.

두 함수 $f(x)=\log_3(x+11)$, $g(x)=\log_{\frac{1}{3}}(x-11)$의 그래프가 그림과 같다.

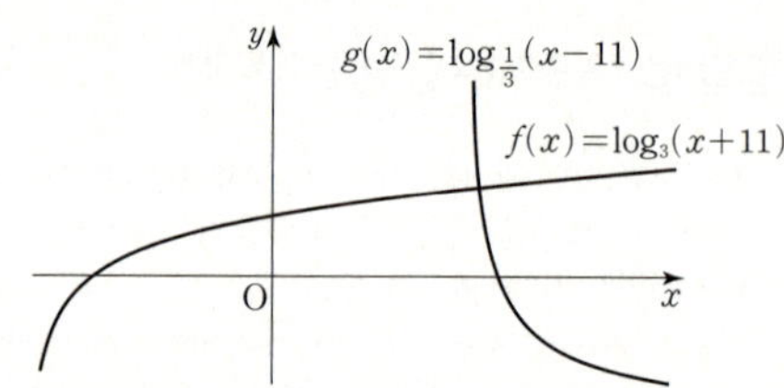

구간 $(11, \infty)$에서 정의된 함수 $y=|f(x)-g(x)|$는 $x=p$일 때, 최솟값을 갖는다. p^2의 값을 구하시오. (4점)

단서 $f(x)-g(x)=h(x)$라 하고 $h(x)$의 식을 정리하자. 이때, 구간 $(11, \infty)$에서 함수 $h(x)$의 함숫값의 범위를 이용하여 $y=|h(x)|$의 최솟값을 구해.

1st 함수 $g(x)$를 밑이 3인 로그함수로 만들어 함수 $y=|f(x)-g(x)|$를 구하자.

두 함수 $f(x)=\log_3(x+11)$, $g(x)=\log_{\frac{1}{3}}(x-11)$에 대하여

$f(x)-g(x)=\log_3(x+11)-\log_{\frac{1}{3}}(x-11)$

$=\log_3(x+11)+\log_3(x-11)$

$=\log_3(x^2-121)$

$\therefore y=|f(x)-g(x)|=|\log_3(x^2-121)|$

2nd 함수 $y=|f(x)-g(x)|$의 최솟값과 그때의 x의 값을 구해.

한편, 구간 $(11, \infty)$에서 $x^2-121>0$이므로 → $x>11$에서 $x^2>121$ $\therefore x^2-121>0$

$h(x)=f(x)-g(x)=\log_3(x^2-121)$이라 하면

$0<x^2-121<1$일 때, $h(x)<0$, $x^2-121\geq1$일 때, $h(x)\geq0$이다.

따라서 $|h(x)|\geq0$이므로 함수 $y=|h(x)|$의 최솟값은 0이다.

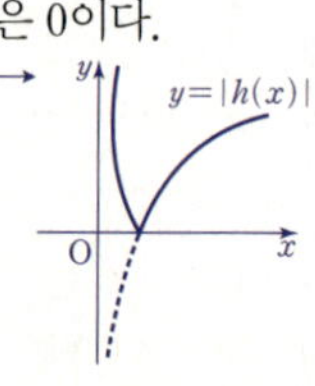

즉, $x=p$에서 함수 $y=|h(x)|=|f(x)-g(x)|$는 최솟값 0을 가지므로 $|f(p)-g(p)|=0$에서

$f(p)-g(p)=\log_3(p^2-121)=0$

$\log_3(p^2-121)=\log_3 1$, $p^2-121=1$

$\therefore p^2=122$

톡톡 풀이

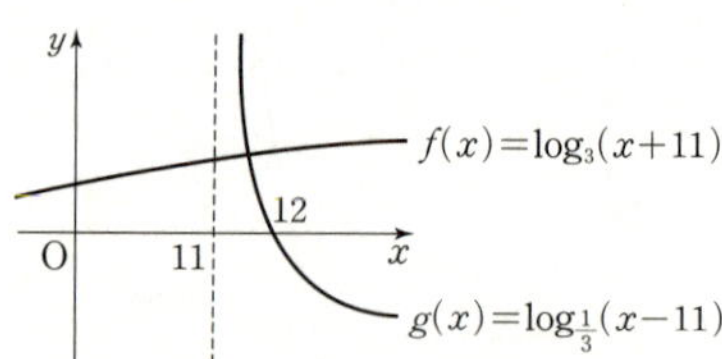

$0=\log_{\frac{1}{3}}(x-11)$에서 $x-11=1$ $\therefore x=12$

즉, $g(x)=\log_{\frac{1}{3}}(x-11)$의 그래프의 x절편은 12이고 점근선의 방정식은 $x=11$이야.

한편, $|f(x)-g(x)|$는 두 함수 $y=f(x)$와 $y=g(x)$의 같은 x좌표에 대한 함숫값의 차를 뜻하므로 항상 0 이상이야. 그런데 그림과 같이 $x>11$일 때, 두 함수의 그래프가 만나고 이때 두 함숫값의 차는 0이므로 $|f(x)-g(x)|$의 최솟값은 0이 돼.

(이하 동일)

수능 핵강

단순하게 절댓값은 0 이상이라는 사실을 가지고 구해 보자.
$|f(x)-g(x)|\geq 0$이므로 함수 $y=|f(x)-g(x)|$는 $f(x)-g(x)=0$인 x에서 최솟값을 가지지?

$f(x)-g(x)=\log_3(x+11)-\log_{\frac{1}{3}}(x-11)$
$=\log_3(x+11)+\log_3(x-11)=\log_3(x^2-121)=0$

따라서 $p^2-121=1$에서 $p^2=122$
풀이처럼 문제의 조건을 하나하나씩 따져서 문제를 이해하는 것은 연습할 때 꼭 필요해. 하지만 실전에서 위와 같이 핵심조건만 쏙쏙 뽑아서 바로 답을 구하는 것도 중요해!!

A 57 정답 23 *로그방정식의 해 [정답률 71%]

(정답 공식: 로그의 연립방정식에서 공통된 부분이 없을 경우 밑의 변환공식을 이용해 공통된 부분을 만든다.)

연립방정식 $\begin{cases}\log_2 x+\log_3 y=5\\ \log_3 x\cdot\log_2 y=6\end{cases}$의 해를 $x=\alpha$, $y=\beta$라 할 때, $\beta-\alpha$의 최댓값을 구하시오. (4점)

단서 두 번째 식에서 $\log_2 x$, $\log_3 y$가 나오도록 밑의 변환 공식을 이용해 식을 정리해보자.

1st $\log_a b\times\log_b a=1$을 이용하여 식을 정리하자.

$\log_3 x\times\log_2 y=\dfrac{\log_2 x}{\log_2 3}\times\dfrac{\log_3 y}{\log_3 2}=\log_2 x\times\log_3 y=6$

연립방정식의 첫 번째 방정식에 $\log_2 x$, $\log_3 y$가 있으므로 공통부분을 만들어 치환하기 위해 식을 변환한 거야.

2nd $\log_2 x=X$, $\log_3 y=Y$로 놓고, X, Y에 관한 연립방정식을 풀자.

$\log_2 x=X$, $\log_3 y=Y$라 하면 $\begin{cases}X+Y=5\\ XY=6\end{cases}$

주의: $\log_2 x$, $\log_3 y$는 모든 실수가 될 수 있기 때문에 치환했을 때 범위를 구하지 않은거야.

$X+Y=5$에서 $Y=5-X$를 $XY=6$에 대입하면

$X(5-X)=6$

$X^2-5X+6=0$, $(X-2)(X-3)=0$

$\therefore X=2$ 또는 $X=3$

$Y=5-X$이므로 $X=2$이면 $Y=3$, $X=3$이면 $Y=2$

$\therefore \begin{cases}X=2\\ Y=3\end{cases}$ 또는 $\begin{cases}X=3\\ Y=2\end{cases}$

3rd 치환한 것을 다시 원래대로 바꿔서 $x=\alpha$, $y=\beta$의 값을 각각 구하자.

$\log_2 x=X$, $\log_3 y=Y$이므로

$\begin{cases}\log_2 x=2\\ \log_3 y=3\end{cases}$에서 $\begin{cases}x=4\\ y=27\end{cases}$ 또는 $\begin{cases}\log_2 x=3\\ \log_3 y=2\end{cases}$에서 $\begin{cases}x=8\\ y=9\end{cases}$

따라서 $\beta-\alpha$의 값은 $27-4=23$ 또는 $9-8=1$이므로

$\beta-\alpha$의 최댓값은 23이다.

[다른 풀이]

$\begin{cases}X+Y=5\\ XY=6\end{cases}$에서 X, Y를 두 근으로 하는 t에 대한 연립방정식을 세우면

$t^2-(X+Y)t+XY=0$에서

$t^2-5t+6=0$

$(t-2)(t-3)=0$

$\therefore t=2$ 또는 $t=3$

즉, $X=2$, $Y=3$ 또는 $X=3$, $Y=2$가 돼.

(이하 동일)

A 58 정답 75 *로그방정식의 해 [정답률 63%]

(정답 공식: x에 대한 방정식 $\log_a x=k$의 해는 $x=a^k$이다.)

단서1 $|\log_a x|=\begin{cases}-\log_a x\ (0<x<1)\\ \log_a x\ (x\geq 1)\end{cases}$이므로 곡선 $y=|\log_a x|$와 직선 $y=k\ (k>0)$은 $0<x<1$일 때 한 점에서 만나고 $x>1$일 때 한 점에서 만나.

그림과 같이 1보다 큰 실수 a에 대하여 곡선 $y=|\log_a x|$가 직선 $y=k\ (k>0)$과 만나는 두 점을 각각 A, B라 하고, 직선 $y=k$가 y축과 만나는 점을 C라 하자. $\overline{OC}=\overline{CA}=\overline{AB}$일 때, 곡선 $y=|\log_a x|$와 직선 $y=2\sqrt{2}$가 만나는 두 점 사이의 거리는 d이다. $20d$의 값을 구하시오. (단, O는 원점이고, 점 A의 x좌표는 점 B의 x좌표보다 작다.) (4점)

단서2 세 점 A, B, C의 좌표를 k에 대하여 나타낼 수 있는 조건이야.

단서3 곡선 $y=|\log_a x|$와 직선 $y=2\sqrt{2}$가 만나는 두 점의 y좌표는 서로 같으므로 이 두 점 사이의 거리는 두 점의 x좌표의 차와 같아.

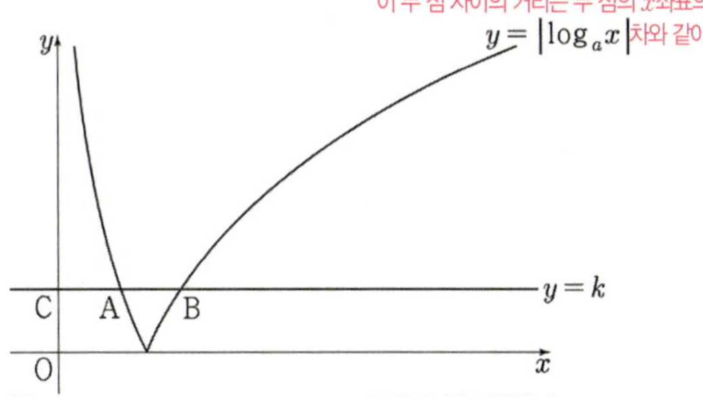

1st 세 점 A, B, C의 좌표를 k로 나타내자.

직선 $y=k$가 y축과 만나는 점이 C이므로 점 C의 좌표는 $(0, k)$이다.
이때, $\overline{OC}=\overline{CA}=\overline{AB}=k$이므로 $\overline{CB}=2k$이고, 두 점 A, B는 곡선 $y=|\log_a x|$가 직선 $y=k$와 만나는 점이므로 두 점 A, B의 좌표는 각각 (k, k), $(2k, k)$이다.

2nd 실수 a의 값을 구하자.

$y=|\log_a x|=\begin{cases}-\log_a x\ (0<x<1)\\ \log_a x\ (x\geq 1)\end{cases}$이므로

점 A는 곡선 $y=-\log_a x$와 직선 $y=k$가 만나는 점이고 점 B는 곡선 $y=\log_a x$와 직선 $y=k$가 만나는 점이다.

문제의 조건에서 점 A의 x좌표는 점 B의 x좌표보다 작다고 했지?

즉, $-\log_a k=k$, $\log_a 2k=k$이고 두 식을 연립하면

$-\log_a k=\log_a 2k$에서

$\log_a 2k+\log_a k=0$, $\log_a 2k^2=0=\log_a 1$

$\log_a x+\log_a y=\log_a xy$

$2k^2=1$, $k^2=\dfrac{1}{2}\qquad\therefore k=\dfrac{\sqrt{2}}{2}\ (\because k>0)$

이것을 $\log_a 2k=k$에 대입하면

$\log_a\sqrt{2}=\log_a 2^{\frac{1}{2}}=\dfrac{1}{2}\log_a 2$

$\log_a\sqrt{2}=\dfrac{\sqrt{2}}{2}$, $\dfrac{1}{2}\log_a 2=\dfrac{\sqrt{2}}{2}$

$\log_a b^k=k\log_a b$

$\log_a 2=\sqrt{2}=\log_a a^{\sqrt{2}}$, $a^{\sqrt{2}}=2\qquad\therefore a=2^{\frac{1}{\sqrt{2}}}=2^{\frac{\sqrt{2}}{2}}$

3rd 곡선 $y=|\log_a x|$와 직선 $y=2\sqrt{2}$가 만나는 두 점 사이의 거리를 구하자.

곡선 $y=|\log_a x|=\begin{cases}-\log_a x\ (0<x<1)\\ \log_a x\ (x\geq 1)\end{cases}$과 직선 $y=2\sqrt{2}$가 만나는 두 점의 x좌표를 각각 α, $\beta\ (\alpha<\beta)$라 하면

$-\log_a\alpha=2\sqrt{2}=\log_a a^{2\sqrt{2}}$

$\therefore \alpha=a^{-2\sqrt{2}}=\left(2^{\frac{\sqrt{2}}{2}}\right)^{-2\sqrt{2}}=2^{-2}=\dfrac{1}{4}$

$(a^m)^n=a^{mn}$

또, $\log_a\beta=2\sqrt{2}=\log_a a^{2\sqrt{2}}\qquad\therefore \beta=a^{2\sqrt{2}}=\left(2^{\frac{\sqrt{2}}{2}}\right)^{2\sqrt{2}}=2^2=4$

따라서 곡선 $y=|\log_a x|$와 직선 $y=2\sqrt{2}$가 만나는 두 점 사이의 거리 d는 $d=\beta-\alpha=4-\dfrac{1}{4}=\dfrac{15}{4}$

$\therefore 20d=20\times\dfrac{15}{4}=75$

A 59 정답 ⑤ *로그방정식의 해 [정답률 53%]

(정답 공식: $a>0$, $a\neq1$, $M>0$, $k>0$일 때, $\log_a M^k+\log_a N=k\log_a M$)

방정식 $\sqrt{2019}x^{\log_{2019}x}=x^3$의 해의 곱을 N이라 할 때, N의 일의 자리 숫자를 구하면? 단서 지수에 로그가 들어있는 방정식은 양변에 로그를 잡아서 지수에 들어있는 로그를 계수로 만들면 간단해져.

① 5 ② 6 ③ 7 ④ 8 ⑤ 9

1st 주어진 방정식은 지수에 $\log_{2019}x$가 들어있어서 꽤 복잡해.

주어진 방정식에 밑이 2019인 로그를 양변에 취하면

$\log_{2019}(\sqrt{2019}x^{\log_{2019}x})=\log_{2019}x^3$

$\log_{2019}\sqrt{2019}+\log_{2019}x^{\log_{2019}x}=3\log_{2019}x$

[로그의 성질] $a>0$, $a\neq1$, $M>0$, $N>0$일 때 $\log_a MN=\log_a M+\log_a N$, $\log_a M^k=k\log_a M$ (단, k는 실수)

$\frac{1}{2}+(\log_{2019}x)^2=3\log_{2019}x$

$2(\log_{2019}x)^2-6\log_{2019}x+1=0$

2nd $\log_{2019}x$에 관한 이차방정식의 해를 구해 보자.

위의 방정식의 두 근을 α, β라 하면

→ 방정식 $2(\log_{2019}x)^2-6\log_{2019}x+1=0$을 만족하는 x의 값이 α, β이므로 $\log_{2019}x=t$로 치환한 이차방정식 $2t^2-6t+1=0$의 두 해는 $\log_{2019}\alpha$, $\log_{2019}\beta$가 돼.

이차방정식의 근과 계수의 관계에 의해

$\log_{2019}\alpha+\log_{2019}\beta=3$

$\log_{2019}\alpha\beta=3$, $\alpha\beta=2019^3$

따라서 $N=2019^3$이므로 N의 일의 자리 숫자는 9이다.

→ 2019의 거듭제곱의 일의 자리 숫자는 지수가 짝수일 때는 1, 홀수일 때는 9야.

수능 핵강

$\log_{2019}x=t$로 치환한 것처럼 로그함수, 즉 $\log_a x=t$로 치환하면 t의 범위는 모든 실수야. 그런데 지수함수, 즉 $a^x=t$로 치환하면 t의 범위는 양수야. 위의 문제에서 $2(\log_{2019}x)^2-6\log_{2019}x+1=0$을 치환한 이차방정식 $2t^2-6t+1=0$의 판별식 $D>0$이므로 해는 서로 다른 두 실수야. 그러니까 모든 해의 곱을 구할 때 이차방정식의 근과 계수의 관계를 그대로 쓸 수가 있었어. 만약 지수함수를 치환한 이차방정식이라면 양수인 해만 따로 구해야 해.

A 60 정답 ③ *로그방정식의 해 [정답률 72%]

(정답 공식: 두 점 P, Q의 좌표를 k에 대한 식으로 나타낸 뒤 중점의 성질을 이용하여 k의 값을 구한다.)

그림과 같이 두 함수 $y=\log_2 x$, $y=\log_2(x-2)$의 그래프가 x축과 만나는 점을 각각 A, B라 하자. 직선 $x=k$ $(k>3)$가 두 함수 $y=\log_2 x$, $y=\log_2(x-2)$의 그래프와 만나는 점을 각각 P, Q라 하고, x축과 만나는 점을 R라 하자. 점 Q가 선분 PR의 중점일 때, 사각형 ABQP의 넓이는? (3점)

단서1 점 Q가 선분 PR의 중점이면 $\overline{PR}=2\overline{QR}$야.
단서2 사각형 ABQP의 넓이는 삼각형 ARP의 넓이에서 삼각형 BRQ의 넓이를 빼면 돼.

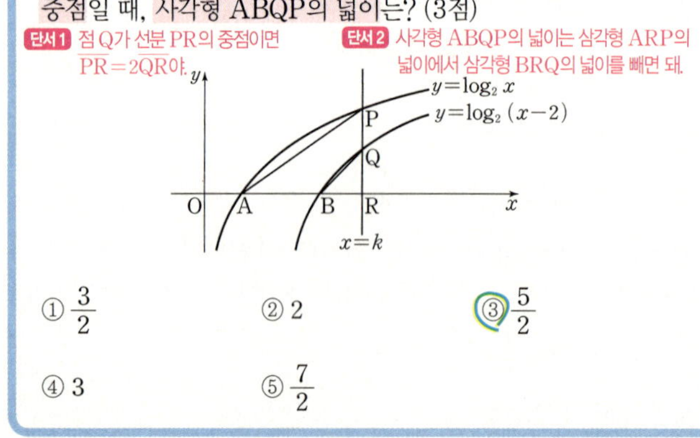

① $\frac{3}{2}$ ② 2 ③ $\frac{5}{2}$ ④ 3 ⑤ $\frac{7}{2}$

1st 두 점 P, Q의 좌표를 k에 대한 식으로 나타낸 후 $\overline{PR}=2\overline{QR}$임을 이용하여 k의 값을 구하자.

두 점 P, Q의 좌표는 각각 $P(k, \log_2 k)$, $Q(k, \log_2(k-2))$이다.

이때, 점 Q가 선분 PR의 중점이므로 $\overline{PR}=2\overline{QR}$이다.

즉, $\log_2 k=2\log_2(k-2)$에서 $k=(k-2)^2$이므로

$k=k^2-4k+4$, $k^2-5k+4=0$

$(k-1)(k-4)=0$

$\therefore k=4$ ($\because k>3$)

2nd 사각형 ABQP의 넓이는 삼각형 ARP의 넓이에서 삼각형 BRQ의 넓이를 빼면 돼.

점 A는 함수 $y=\log_2 x$의 그래프가 x축과 만나는 점이므로 $A(1, 0)$이고, 점 B는 함수 $y=\log_2(x-2)$의 그래프가 x축과 만나는 점이므로 점 B의 x좌표는 $x-2=1$, 즉 $x=3$에서 $B(3, 0)$이다.

따라서 두 점 P(4, ②), Q(4, ①)에 대하여

→ $\log_2(4-2)=\log_2 2=1$

→ $\log_2 4=\log_2 2^2=2$

(사각형 ABQP의 넓이)

$=\triangle ARP-\triangle BRQ$

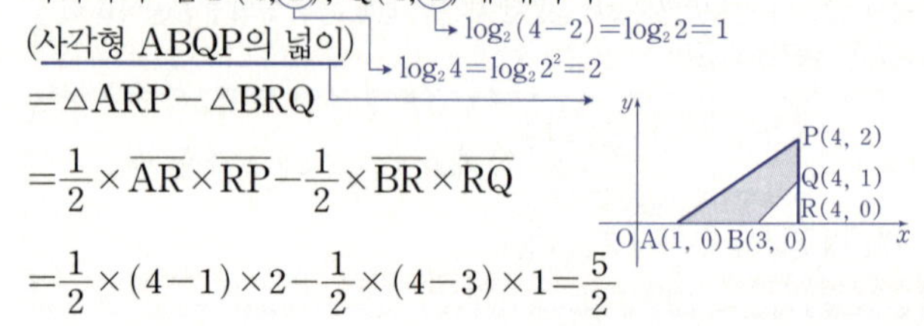

$=\frac{1}{2}\times\overline{AR}\times\overline{RP}-\frac{1}{2}\times\overline{BR}\times\overline{RQ}$

$=\frac{1}{2}\times(4-1)\times2-\frac{1}{2}\times(4-3)\times1=\frac{5}{2}$

수능 핵강

함수 $y=\log_2 x$의 그래프는 점 (1, 0)을 지나는 것을 알고 있지?

이때, 함수 $y=\log_2(x-2)$의 그래프는 함수 $y=\log_2 x$의 그래프를 x축의 방향으로 2만큼 평행이동한 것이니까 함수 $y=\log_2(x-2)$의 그래프는 점 $(1+2, 0)$, 즉 점 (3, 0)을 지나는 것을 알 수 있어.

따라서 함수 $y=\log_2(x-2)$의 그래프가 x축과 만나는 점의 좌표를 구할 때, $y=0$을 식에 대입하여 생각해도 되지만 두 함수의 그래프의 관계를 이용해서도 찾을 수 있다는 거지.

그렇다면 문제에서 왜 $k>3$인지도 알 수 있겠지?

함수 $y=\log_2(x-2)$의 그래프가 x축과 만나는 점의 x좌표는 3이므로 $k>3$이어야 사각형 ABQP가 그려질 수 있기 때문이야.

A 61 정답 ③ *로그부등식의 활용 [정답률 62%]

(정답 공식: $a>1$일 때, $\log_a f(x)>\log_a g(x)$이면 $f(x)>g(x)>0$이다.)

두 함수 $f(x)=x^2-6x+11$, $g(x)=\log_3 x$가 있다. 정수 k에 대하여

단서1 $g(x)$가 로그함수이므로 $(g\circ f)(x)$는 진수가 $x^2-6x+11$이고 밑이 3인 로그함수야.

$k<(g\circ f)(n)<k+2$

를 만족시키는 자연수 n의 개수를 $h(k)$라 할 때, $h(0)+h(3)$의 값은? (4점)

단서2 주어진 부등식에 $k=0$, $k=3$을 각각 대입하여 부등식을 만족시키는 자연수 n의 개수를 구하라는 거야.

① 11 ② 13 ③ 15 ④ 17 ⑤ 19

1st 주어진 부등식을 간단히 하자.

$f(x)=x^2-6x+11=(x-3)^2+2$, $g(x)=\log_3 x$이므로

$x^2-6x+11=(x^2-6x+9)+2=(x-3)^2+2$

$(g\circ f)(n)=g(f(n))=\log_3 f(n)=\log_3\{(n-3)^2+2\}$

즉, $k<(g\circ f)(n)<k+2$에서

$k<\log_3\{(n-3)^2+2\}<k+2$

$\log_3 3^k<\log_3\{(n-3)^2+2\}<\log_3 3^{k+2}$

$\therefore 3^k<(n-3)^2+2<3^{k+2}$ … ㉠ 밑이 $3>1$이므로 로그를 없애도 부등호의 방향은 바뀌지 않아.

2nd 정리한 부등식에 $k=0$, $k=3$을 대입하여 $h(0)$, $h(3)$의 값을 각각 구하고 $h(0)+h(3)$을 계산하자.

(i) ㉠에 $k=0$을 대입하면 $1<(n-3)^2+2<9$에서

$-1<(n-3)^2<7$

이때, 이 부등식을 만족시키는 자연수 n의 값은 1, 2, 3, 4, 5이므로 $h(0)=5$

자연수 n에 대하여 $(n-3)^2$으로 가능한 값은 $0, 1^2, 2^2$이야. 즉, $n-3=0$, $n-3=\pm1$, $n-3=\pm2$에서 자연수 n의 값은 1, 2, 3, 4, 5가 돼.

(ii) ㉠에 $k=3$을 대입하면 $27<(n-3)^2+2<243$에서

$25<(n-3)^2<241$

이때, 이 부등식을 만족시키는 자연수 n의 값은 9, 10, 11, ⋯, 18이므로 $h(3)=10$

자연수 n에 대하여 $(n-3)^2$으로 가능한 값은 $6^2, 7^2, 8^2, \cdots, 15^2$이야. 즉, $n-3=\pm6$, $n-3=\pm7$, $n-3=\pm8$, ⋯, $n-3=\pm15$에서 자연수 n의 값은 9, 10, 11, ⋯, 18이 돼.

$\therefore h(0)+h(3)=5+10=15$

A 62 정답 76 *로그부등식의 해 [정답률 55%]

(정답 공식: $0<a<1$일 때, $\log_a f(x)>\log_a g(x) \iff 0<f(x)<g(x)$)

두 함수 $y=f(x)$, $y=g(x)$의 그래프가 그림과 같다.

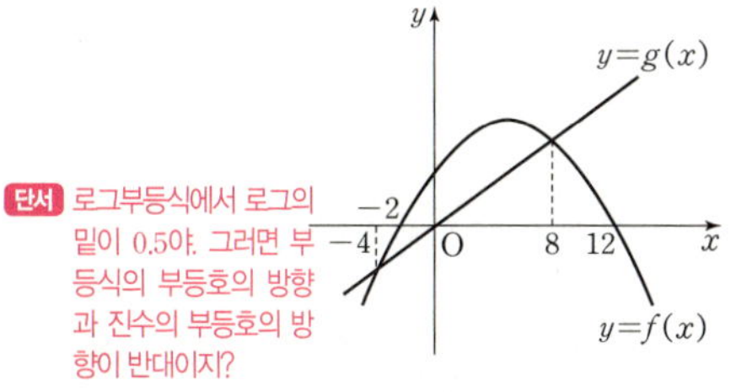

단서 로그부등식에서 로그의 밑이 0.5야. 그러면 부등식의 부등호의 방향과 진수의 부등호의 방향이 반대이지?

로그부등식 $\log_{0.5} f(x)>\log_{0.5} g(x)$의 해가 이차부등식 $x^2+ax+b<0$의 해와 같다고 할 때, 두 실수 a, b의 합 $a+b$의 값을 구하시오. (3점)

1st 로그부등식을 풀어야 하는데 밑이 1보다 작을 때의 진수의 대소 관계를 정해 보자.

부등식 $\log_{0.5} f(x)>\log_{0.5} g(x)$에서 밑이 1보다 작으므로

$f(x)<g(x)$ → $y=g(x)$의 그래프가 $y=f(x)$의 그래프보다 위에 있는 부분이야.

주어진 그림에서 이를 만족하는 부분을 찾으면

$x<-4$ 또는 $x>8$ ⋯ ㉠

2nd 로그의 진수 조건을 확인하자.

주의 로그 문제에서는 항상 진수가 0보다 커야 한다는 조건을 빠먹으면 안 돼.

그런데 $f(x)$, $g(x)$는 진수이므로

$f(x)>0$에서 $-2<x<12$ ⋯ ㉡ → $y=f(x)$의 그래프가 x축보다 위에 있는 부분이야.

$g(x)>0$에서 $x>0$ ⋯ ㉢

3rd 해를 가지고 이차부등식을 만들어 보자.

이때, ㉠, ㉡, ㉢의 공통 범위 $8<x<12$가 주어진 로그부등식의 해이므로

$(x-8)(x-12)<0$ → 해가 $\alpha<x<\beta$이고 이차항의 계수가 1인 이차부등식은 $(x-\alpha)(x-\beta)<0$

$\therefore x^2-20x+96<0$

따라서 이차부등식 $x^2+ax+b<0$에서 $a=-20$, $b=96$이므로

$a+b=-20+96=76$

수능 핵강

로그가 나와 있는 문제에서 주의해야 할 것은 숨겨져 있는 조건을 놓치지 않는 거야. 즉, 로그의 진수가 양수여야 한다는 조건을 빠놓지 말아야 한다는 것 꼭 기억해.

이차부등식의 작성 개념·공식

(1) 해가 $\alpha<x<\beta$이고 x^2의 계수가 1인 이차부등식
⇨ $(x-\alpha)(x-\beta)<0$

(2) 해가 $x<\alpha$ 또는 $x>\beta$이고 x^2의 계수가 1인 이차부등식
⇨ $(x-\alpha)(x-\beta)>0$

A 63 정답 ① *로그부등식의 해 [정답률 58%]

(정답 공식: 지수부등식은 밑을 같게 하고 로그부등식은 로그의 성질을 이용하여 범위를 구한다.)

연립부등식

$$\begin{cases} \left(\frac{1}{2}\right)^{x+2}>\frac{1}{4} \\ 2\log(x+8)>\log(2x+24) \end{cases}$$

를 만족시키는 정수 x의 개수는? (3점)

단서 지수부등식과 로그부등식을 각각 풀어 공통 범위를 구하자.

① 3 ② 4 ③ 5 ④ 6 ⑤ 7

1st 주어진 식을 밑이 $\frac{1}{2}$이 되도록 한 다음 x의 값의 범위를 구해.

(i) $\left(\frac{1}{2}\right)^{x+2}>\frac{1}{4}$에서 $\left(\frac{1}{2}\right)^{x+2}>\left(\frac{1}{2}\right)^2$이고, 밑이 1보다 작으므로 ($0<\frac{1}{2}<2$)

$x+2<2$

$\therefore x<0$

2nd 밑이 동일한 진수의 대소를 비교해.

(ii) $2\log(x+8)>\log(2x+24)$에서 밑이 1보다 크므로 (10이 생략되었지?)

$\log(x+8)^2>\log(2x+24)$

즉, $(x+8)^2>2x+24$에서

$x^2+16x+64>2x+24$

$x^2+14x+40>0$

$(x+4)(x+10)>0$

$\therefore x<-10$ 또는 $x>-4$ ⋯ ㉠

또한, 진수의 조건에서 $x+8>0$, $2x+24>0$이므로

$x>-8$ ⋯ ㉡

실수 항상 (진수)>0을 고려해야 해.

㉠, ㉡에서 $x>-4$

(i), (ii)에서 $-4<x<0$이므로 구하는 정수 x는 -3, -2, -1로 3개이다.

(수직선: (i), (ii), -4, 0, x)

A 64 정답 4 *로그부등식의 해 [정답률 50%]

(정답 공식: 밑의 크기가 1보다 작은 양수일 때, 로그부등식의 로그를 없애면서 부등호 방향이 바뀐다.)

로그부등식 $\log_a(x-2a)+\log_a x>2$를 만족하는 두 개의 해집합 중 한 개의 해집합을 $A=\{x|\alpha<x<\beta\}$라 할 때, $[\alpha\beta]$의 최댓값을 구하시오. (단, $[x]$는 x보다 크지 않은 최대의 정수이고 $\sqrt{2}=1.4$로 계산한다.) (4점)

단서 밑이 a로 같으므로 로그의 성질 $\log_a M+\log_a N=\log_a MN$을 써서 간단히 변형해.

1st $0<a<1$일 때와 $a>1$일 때로 나누어서 부등식을 풀어 보자.

$\log_a(x-2a)+\log_a x>2$에서 밑과 진수 조건에 의해

$a\neq1,\ a>0,\ x>2a$ ⋯ ㉠

[로그의 밑과 진수 조건] $\log_a N$이 정의되기 위한 조건은 ① 밑 조건 : $a>0,\ a\neq1$ ② 진수 조건 : $N>0$

(i) $0<a<1$일 때

$\log_a(x-2a)x>2$에서 $x(x-2a)<a^2$이므로

$x^2-2ax-a^2<0$

이 부등식을 풀면 $(1-\sqrt{2})a<x<(1+\sqrt{2})a$

㉠에 의해 $x>2a$이므로 해집합은

$\{x\,|\,2a<x<(1+\sqrt{2})a\}$

이차방정식 $x^2-2ax-a^2=0$의 해를 근의 공식으로 구하면 $x=\frac{a\pm\sqrt{2a^2}}{1}=(1\pm\sqrt{2})a$이므로 $x^2-2ax-a^2<0$의 해는 $(1-\sqrt{2})a<x<(1+\sqrt{2})a$야.

(ii) $a>1$일 때

$\log_a(x-2a)x>2$에서 $x(x-2a)>a^2$이므로

$x^2-2ax-a^2>0$

이 부등식을 풀면 $x<(1-\sqrt{2})a$ 또는 $x>(1+\sqrt{2})a$

㉠에 의해 해집합은 $\{x\,|\,x>(1+\sqrt{2})a\}$

2nd 집합 A가 되는 경우를 찾고 α와 β의 값을 구해 보자.

그런데 (ii)는 집합 A가 될 수 없으므로 (i)에서

A의 해의 꼴은 $\alpha<x<\beta$이므로 $x>(1+\sqrt{2})a$는 맞지 않아.

$A=\{x\,|\,2a<x<(1+\sqrt{2})a,\ 0<a<1\}$

$\therefore\ \alpha=2a,\ \beta=(1+\sqrt{2})a$

$\alpha\beta=2(1+\sqrt{2})a^2=k$($k$는 상수)라 하면

$a^2=\frac{k}{2(1+\sqrt{2})}$

그런데 $0<a<1$이므로 $0<a^2<1$이다. 즉,

$0<k<2(1+\sqrt{2})=4.8\ (\because\ \sqrt{2}=1.4)$

따라서 $[k]$, 즉 $[\alpha\beta]$의 최댓값은 4이다.

$[\alpha\beta]=0,\ 1,\ 2,\ 3,\ 4$가 돼.

수능 핵강

로그부등식을 풀 때에는 항상 밑의 조건과 진수 조건에 조심해야 해!!
이 문제에서 밑의 조건은 $0<a<1$ 또는 $a>1$, 진수 조건은 $x>2a,\ x>0$이야.
이 점을 주의해서 문제를 풀도록 하고, 특히 이 문제에서 해집합 중에 집합 $A=\{x\,|\,\alpha<x<\beta\}$를 찾아야 하는데,
$\log_a x(x-2a)>2$에서 주어진 조건과 같은 범위를 만족하기 위해서는 $(x-\alpha)(x-\beta)<0$ 형태가 되어야 하므로 부등호 방향이 바뀌기 위해서 $0<a<1$일 때임을 판단할 수 있어.

A 65 정답 ① *로그부등식의 해 [정답률 58%]

(**정답 공식**: 밑의 크기가 1보다 작은 양수일 때, 로그부등식의 로그를 없애면서 부등호 방향이 바뀌고, 밑이 1보다 큰 수일 때, 부등호의 방향은 그대로이다.)

1이 아닌 양수 x에 대하여 부등식 $|\log_x n|\leq2$를 만족시키는 가장 큰 자연수 n을 $f(x)$라 하자. [보기]에서 참인 명제만을 있는 대로 고른 것은? (4점)

단서 절댓값을 풀어서 부등식의 해를 구하는데 n의 값의 범위가 나와야 해.

[보기]

ㄱ. $f(2)=4$

ㄴ. $x<y$이면 $f(x)\leq f(y)$이다.

(단, x와 y는 1이 아닌 양수이다.)

ㄷ. $f\left(\frac{1}{x}\right)\leq30$을 만족시키는 자연수 x는 6개이다.

① ㄱ ② ㄱ, ㄴ ③ ㄱ, ㄷ
④ ㄴ, ㄷ ⑤ ㄱ, ㄴ, ㄷ

1st $|\log_x n|\leq2$에서 절댓값을 풀어 보자.

$|\log_x n|\leq2$에서 $-2\leq\log_x n\leq2$

$\therefore\ \log_x x^{-2}\leq\log_x n\leq\log_x x^2$

2nd 밑의 범위가 1보다 큰지 작은지에 따라 경우를 나누어서 부등식을 풀자.

(i) $x>1$일 때

$|\log_x n|\leq2$를 만족하는 자연수 n의 범위는 $x^{-2}\leq n\leq x^2$

(ii) $0<x<1$일 때

$|\log_x n|\leq2$를 만족하는 자연수 n의 범위는 $x^2\leq n\leq x^{-2}$

ㄱ. $x=2>1$이므로 (i)에서 자연수 n의 범위는 $\frac{1}{4}\leq n\leq4$

$\therefore\ f(2)=4$ (참) 가장 큰 자연수 n이 4야.

ㄴ. 【반례】 $x=\frac{1}{3}$이면 자연수 n의 범위는 $\frac{1}{9}\leq n\leq9$이므로

$f\left(\frac{1}{3}\right)=9$

$y=\frac{1}{2}$이면 자연수 n의 범위는 $\frac{1}{4}\leq n\leq4$이므로

$f\left(\frac{1}{2}\right)=4$

따라서 $\frac{1}{3}<\frac{1}{2}$이지만 $f\left(\frac{1}{2}\right)<f\left(\frac{1}{3}\right)$이다. (거짓)

ㄷ. 자연수 x에 대하여 $f\left(\frac{1}{x}\right)$은 $\left(\frac{1}{x}\right)^2\leq n\leq x^2$을 만족하는 가장 큰 자연수 n이고 x와 x^2은 모두 자연수이므로

$f\left(\frac{1}{x}\right)=x^2\leq30$ $\therefore\ 0<x\leq\sqrt{30}$ ($\because$ x는 자연수)

가장 큰 자연수 n이 x^2이야.

따라서 $f\left(\frac{1}{x}\right)\leq30$을 만족시키는 자연수 x의 값은 2, 3, 4, 5로 4개이다. (거짓)

$\sqrt{30}=5.\times\times$이므로 $0<x\leq5.\times\times$이고 1이 아닌 자연수 x를 구해.

따라서 옳은 것은 ㄱ뿐이다.

수능 핵강

$|\log_x n|$은 절댓값 덕분에 부호가 모두 양수잖아. x가 $\frac{1}{x}$이 되어도 식의 값은 같다는 거지. 이해하겠어? 그러니까 ㄴ에서 조심해야겠지? $x=2,\ y=3$이면 $f(2)\leq f(3)$이지. 그런데 x가 $\frac{1}{x}$이어도 값이 같기 때문에 $f\left(\frac{1}{2}\right)\leq f\left(\frac{1}{3}\right)$이잖아? 그러나 $\frac{1}{2}>\frac{1}{3}$이므로 ㄴ은 거짓인 거야.

A 66 정답 14 *로그방정식과 로그부등식의 응용 [정답률 60%]

(**정답 공식**: $\log m+\log n=\log mn$)

총 공기흡입량이 $V(\mathrm{m^3})$이고 공기 포집 전후 여과지의 질량 차가 $W(\mathrm{mg})$일 때의 공기 중 먼지 농도 $C(\mu\mathrm{g/m^3})$는 다음 식을 만족시킨다고 한다.

$$\log C=3-\log V+\log W\ (W>0)$$

단서 $C=C_A,\ V=V_0,\ W=W_0$이고 $C=C_B,\ V=\frac{1}{7}V_0,\ W=\frac{1}{98}W_0$이라는 거야.

A 지역에서 총 공기흡입량이 V_0이고 공기 포집 전후 여과지의 질량 차가 W_0일 때의 공기 중 먼지 농도를 C_A, B 지역에서 총 공기흡입량이 $\frac{1}{7}V_0$이고 공기 포집 전후 여과지의 질량 차가 $\frac{1}{98}W_0$일 때의 공기 중 먼지 농도를 C_B라 하자. $C_A=kC_B$를 만족시키는 상수 k의 값을 구하시오. (단, $W_0>0$) (3점)

1st 주어진 식에 주어진 조건을 대입해.

조건에서 $C=C_A$, $V=V_0$, $W=W_0$이므로

$\log C_A=3-\log V_0+\log W_0$ ⋯ ㉠

또, $C=C_B$, $V=\frac{1}{7}V_0$, $W=\frac{1}{98}W_0$이므로

$\log C_B=3-\log \frac{1}{7}V_0+\log \frac{1}{98}W_0$ ⋯ ㉡

㉠−㉡을 하면

$\log C_A-\log C_B=-\log V_0+\log \frac{1}{7}V_0+\log W_0-\log \frac{1}{98}W_0$에서

$\log_a m-\log_a n=\log_a \frac{m}{n}$

$\log \frac{C_A}{C_B}=\log \frac{\frac{1}{7}V_0}{V_0}+\log \frac{W_0}{\frac{1}{98}W_0}$

$=\log \frac{1}{7}+\log 98=\log\left(\frac{1}{7}\times 98\right)=\log 14$

$\log_a m+\log_a n=\log_a mn$

따라서 $\frac{C_A}{C_B}=14$에서 $C_A=14C_B$이므로 $k=14$

A 67 정답 ⑤ *로그방정식과 로그부등식의 응용 ···· [정답률 80%]

(**정답 공식:** 문제에 주어진 조건들을 직접 식에 대입하여 두 개의 식을 찾는다.)

단면의 반지름의 길이가 $R(R<1)$인 원기둥 모양의 어느 급수관에 물이 가득 차 흐르고 있다. 이 급수관의 단면의 중심에서의 물의 속력을 v_c, 급수관의 벽면으로부터 중심 방향으로 $x(0<x\le R)$만큼 떨어진 지점에서의 물의 속력을 v라 하면 다음과 같은 관계식이 성립한다고 한다.

$$\frac{v_c}{v}=1-k\log \frac{x}{R}$$

(단, k는 양의 상수이고, 길이의 단위는 m, 속력의 단위는 m/초이다.)

$R<1$인 이 급수관의 벽면으로부터 중심 방향으로 $R^{\frac{27}{23}}$만큼 떨어진 지점에서의 물의 속력이 중심에서의 물의 속력의 $\frac{1}{2}$일 때, 급수관의 벽면으로부터 중심 방향으로 R^a만큼 떨어진 지점에서의 물의 속력이 중심에서의 물의 속력의 $\frac{1}{3}$이다. a의 값은? (3점)

단서 $x=R^{\frac{27}{23}}$, $v=\frac{1}{2}v_c$를 대입한 식과 $x=R^a$, $v=\frac{1}{3}v_c$를 대입한 식을 비교해봐.

① $\frac{39}{23}$ ② $\frac{37}{23}$ ③ $\frac{35}{23}$
④ $\frac{33}{23}$ ⑤ $\frac{31}{23}$

1st 먼저 $R^{\frac{27}{23}}$과 관련된 식을 유도해 보자.

$R<1$인 급수관의 벽면으로부터 중심 방향으로 $R^{\frac{27}{23}}$만큼 떨어진 지점에서의 물의 속력이 중심에서의 물의 속력의 $\frac{1}{2}$이므로 $x=R^{\frac{27}{23}}$, $v=\frac{1}{2}v_c$

이것을 주어진 식에 대입하면 $\frac{v_c}{\frac{1}{2}v_c}=1-k\log \frac{R^{\frac{27}{23}}}{R}$

$2=1-k\log R^{\frac{27}{23}-1}$ $\therefore 1=-k\log R^{\frac{4}{23}}$ ⋯ ㉠

2nd 이번에 R^a과 관련된 식을 유도해 보자.

마찬가지로 급수관의 벽면으로부터 중심 방향으로 R^a만큼 떨어진 지점에서의 물의 속력이 중심에서의 물의 속력의 $\frac{1}{3}$이므로

$x=R^a$, $v=\frac{1}{3}v_c$

이것을 주어진 식에 대입하면 $\frac{v_c}{\frac{1}{3}v_c}=1-k\log \frac{R^a}{R}$

$3=1-k\log R^{a-1}$ $\therefore 2=-k\log R^{a-1}$ ⋯ ㉡

실수 구해야 하는 것은 a니까 굳이 k까지 구할 필요는 없지?

3rd 이제 구한 식을 적절히 나누어 a의 값을 구해 보자.

㉠÷㉡을 하면 → 상수 k의 값을 모르니까 약분을 해서 없앨 수 있어.

$\frac{1}{2}=\frac{\log R^{\frac{4}{23}}}{\log R^{a-1}}$, $\log R^{a-1}=2\log R^{\frac{4}{23}}$, $(a-1)\log R=\frac{8}{23}\log R$

$R<1$이므로 $\log R\neq 0$이야.

$a-1=\frac{8}{23}$ $\therefore a=\frac{31}{23}$

A 68 정답 ① *로그방정식과 로그부등식의 응용 ···· [정답률 65%]

(**정답 공식:** 문제에 주어진 조건들을 이용해 $10\left\{2+\frac{1}{3}\log_2(n+1)\right\}$만큼의 시간이 걸림을 도출해낸다.)

특정 환경의 어느 웹사이트에서 한 메뉴 안에 선택할 수 있는 항목이 n개 있는 경우, 항목을 1개 선택하는 데 걸리는 시간 T(초)가 다음 식을 만족시킨다.

$$T=2+\frac{1}{3}\log_2(n+1)$$

메뉴가 여러 개인 경우, 모든 메뉴에서 항목을 1개씩 선택하는 데 걸리는 전체 시간은 각 메뉴에서 항목을 1개씩 선택하는 데 걸리는 시간을 모두 더하여 구한다. 예를 들어, 메뉴가 3개이고 각 메뉴 안에 항목이 4개씩 있는 경우, 모든 메뉴에서 항목을 1개씩 선택하는 데 걸리는 전체 시간은 $3\left(2+\frac{1}{3}\log_2 5\right)$초이다.

메뉴가 10개이고 각 메뉴 안에서 항목이 n개씩 있을 때, 모든 메뉴에서 항목을 1개씩 선택하는 데 걸리는 전체 시간이 30초 이하가 되도록 하는 n의 최댓값은? (3점)

단서 전체 시간은 $10T$, 즉 $10\left\{2+\frac{1}{3}\log_2(n+1)\right\}$(초)이야.

① 7 ② 8 ③ 9
④ 10 ⑤ 11

1st 10개의 메뉴 안에 항목이 n개씩 있을 때, 항목을 1개씩 선택하는 데 걸리는 시간을 구해.

1개의 메뉴 안에 선택할 수 있는 n개의 항목 중에 1개를 선택하는 시간은 $T=2+\frac{1}{3}\log_2(n+1)$이므로 10개의 각 메뉴 안에 선택할 수 있는 n개의 항목 중에 1개씩 선택하는 데 걸리는 전체 시간은

$10\left\{2+\frac{1}{3}\log_2(n+1)\right\}$(초)이다.

2nd 전체 시간이 30초 이하가 되는 n의 최댓값을 구하자.

$10\left\{2+\frac{1}{3}\log_2(n+1)\right\}\le 30$에서

$2+\frac{1}{3}\log_2(n+1)\le 3$

$\frac{1}{3}\log_2(n+1)\le 1$

$\log_2(n+1)\le 3$

$\log_2(n+1)\le \log_2 2^3$

[로그의 성질] ① $\log_a a=1$ ② $\log_a x^n=n\log_a x$

$n+1\le 8$ → 밑인 2가 1보다 크니까 부등호의 방향이 바뀌지 않아.

$\therefore n\le 7$

따라서 n의 최댓값은 7이다.

A 69 정답 ④ *로그방정식과 로그부등식의 응용 …… [정답률 54%]

정답 공식: 문제에 맞는 식을 세운 뒤 지수에 n이 있으므로 양변에 로그를 취해 밑으로 내려준다.

어느 제과점에서는 다음과 같은 방법으로 빵의 가격을 실질적으로 인상한다. 단서 처음 빵 1개의 무게를 A g이라 하면 주어진 방법을 n회 실시한 후의 빵의 무게는 $\left(1-\frac{4}{100}\right)^n A$ g이야.

> 빵의 개당 가격은 그대로 유지하고, 무게를 그 당시 무게에서 4 % 줄인다.

이 방법을 n번 시행하면 빵의 단위 무게당 가격이 처음의 1.5배 이상이 된다. n의 최솟값은? (단, $\log 2=0.3010$, $\log 3=0.4771$로 계산한다.) (3점)

① 7 ② 8 ③ 9 ④ 10 ⑤ 11

1st 처음 빵의 개당 무게와 가격을 각각 미지수로 두고 시작해.

처음 빵 1개의 무게와 가격을 각각 A g, B원이라 하자.

먼저 1번 시행 후 1개당 무게는 $0.96A$(g)이므로 ($A-\frac{4}{100}A=(1-0.04)A=0.96A$)

n번 시행 후의 1개당 무게는 $0.96^n A$(g)

(2번 시행 후의 무게는 $0.96A-0.04\times\frac{96}{100}A=(1-0.04)\times 0.96A=0.96^2A$ ⋮ 즉, n번 시행 후의 무게는 $0.96^n A$)

또한, 처음 빵의 1 g당 가격은 $\frac{B}{A}$원이므로

n번 시행 후 1 g당 가격은 $\frac{B}{0.96^n A}$원이다.

2nd 처음의 1.5배 이상임을 이용해 식을 세우자.

$\frac{B}{0.96^n A}\ge\frac{3}{2}\times\frac{B}{A}$에서 $0.96^{-n}\ge\frac{3}{2}$

양변에 상용로그를 취하면

$\log 0.96^{-n}\ge\log\frac{3}{2}$

$\log\left(\frac{24}{25}\right)^{-n}\ge\log\frac{3}{2}$

$\log\left(\frac{25}{24}\right)^{n}\ge\log\frac{3}{2}$

$n\log\frac{25}{24}\ge\log 3-\log 2$

$n(\log 25-\log 24)\ge\log 3-\log 2$

$n\ge\frac{\log 3-\log 2}{2\log 5-3\log 2-\log 3}=\frac{\log 3-\log 2}{2-5\log 2-\log 3}$

$=\frac{0.4771-0.3010}{2-5\times 0.3010-0.4771}=9.8\times\times\times$

따라서 구하는 자연수 n의 최솟값은 10이다.

함정 $\log 5$의 값이 주어지지 않았지만 $\log 2+\log 5=1$임을 이용하면 구할 수 있지.

로그부등식의 풀이 방법 (개념·공식)

① $a>1$일 때,
$\log_a f(x)<\log_a g(x)$이면 $0<f(x)<g(x)$
$0<a<1$일 때,
$\log_a f(x)<\log_a g(x)$이면 $f(x)>g(x)>0$

② $\log_a f(x)<\log_b g(x)$와 같이 밑이 다를 때에는 밑을 통일한다.

③ $\log_a x$, $(\log_a x)^2$이 포함된 식은 $\log_a x=t$로 치환한다.

④ 밑이 문자일 때에는 (밑)>1, 0<(밑)<1의 두 가지 경우로 나누어 구한다.

2등급 킬러+1등급 킬러 문제

A 70 정답 ③ ✪ 1등급 킬러 [정답률 15%]

양수 x에 대하여 $\log x$의 정수 부분을 $f(x)$라 할 때, $f(ab)=f(a)f(b)+2$를 만족시키는 20 이하의 두 자연수 a, b의 순서쌍 (a, b)에 대하여 $a+b$의 최댓값은? (4점)

① 27 ② 28 ③ 29 ④ 30 ⑤ 31

단서 a, b의 범위에 따라 $1\le ab\le 400$이니까 $f(ab)=0$ 또는 1 또는 2가 되지?

✪ 이 문제는 상용로그의 정수 부분으로 정의된 함수 $f(x)$에 대하여 주어진 조건을 만족시키는 자연수 a, b의 순서쌍 (a, b)를 구하는 문제이다.
이를 위해서는 진수의 범위에 따라 상용로그의 정수 부분이 어떻게 변화하는지를 먼저 파악해야 한다.

[풀이 단서 체크]

❶ $\log x$의 정수 부분인 $f(x)$는 $1\le x<10$일 때 $f(x)=0$, $10\le x<100$일 때 $f(x)=1$, $100\le x<1000$일 때 $f(x)=2$이다. a와 b는 20 이하의 자연수이므로 $f(a)$와 $f(b)$는 0 또는 1의 값을 갖고, ab는 $1\le ab\le 400$이므로 $f(ab)$는 0, 1, 2의 값을 갖는다. ⇒ 단서

❷ $f(ab)\le 2$이고 $f(a)f(b)\ge 0$인 것을 활용하여 $f(ab)=f(a)f(b)+2$에서 $f(ab)=2$이고 $f(a)f(b)=0$임을 알 수 있다. 따라서 $100\le ab\le 400$이고, $1\le a<10$ 또는 $1\le b<10$이다.

주의 a와 b의 값의 범위에 주의하여 $a+b$의 값이 최대가 되는 경우를 찾아야 한다.

핵심 정답 공식: a, b가 20 이하의 두 자연수이므로 $f(a)$, $f(b)$의 값은 0 또는 1이다. 각각에 대해 경우의 수를 나눈다.

[문제 풀이 순서]

*상용로그의 정수 부분으로 정의된 함수의 조건을 만족시키는 자연수의 순서쌍 구하기

1st 20 이하의 자연수 k에 대하여 $f(k)=0$ 또는 $f(k)=1$임을 이용해.

다음과 같이 두 자연수 a, b의 범위를 나누어 $f(ab)=f(a)f(b)+2$를 만족시키는 자연수 (a, b)의 순서쌍을 구하자.

(i) $1\le a\le 9$, $1\le b\le 9$인 경우

a, b는 한 자리의 수이므로 $\log a$의 정수 부분은 0이다. (a가 n자리의 수일 때, $\log a$의 정수 부분은 $n-1$이야.)
마찬가지로 $\log b$의 정수 부분도 0이다.
즉, $f(a)=f(b)=0$이므로
$f(ab)=f(a)f(b)+2=0\times 0+2=2$ … ㉠
그런데 $1\le ab\le 81$이므로 $\log 1=0\le\log ab\le\log 81<\log 10^2=2$
이때, ㉠에서 $f(ab)=2$이어야 하는데 $\log ab$의 정수 부분 $f(ab)$의 값은 2가 될 수 없으므로 주어진 조건을 만족시키는 자연수 (a, b)의 순서쌍은 존재하지 않는다.

(ii) $1\le a\le 9$, $10\le b\le 20$인 경우

a는 한 자리의 수이고, b는 두 자리의 수이므로 $\log a$의 정수 부분은 0이고, $\log b$의 정수 부분은 1이다. (a가 n자리의 수일때 $\log a$의 정수 부분은 $n-1$이야.)
즉, $f(a)=0$, $f(b)=1$이므로
$f(a)f(b)+2=0\times 1+2=2$ … ㉡
이때, $10\le ab\le 180$인데, $10\le ab<100$일 때는 $f(ab)=1$이므로 (ab가 두 자리 수이면 $\log ab$의 정수 부분은 1이야.)
㉡에 의하여 $f(ab)=2$이면 두 자연수 a, b는 $100\le ab\le 180$을 만족해야만 한다.

따라서 주어진 조건을 만족시키는 순서쌍 (a, b)는

$(5, 20)$

$(6, 17), (6, 18), (6, 19), (6, 20)$ ⇐ $6\times16=96<100$

$(7, 15), (7, 16), \cdots, (7, 20)$ ⇐ $7\times14=98<100$

$(8, 13), (8, 14), \cdots, (8, 20)$ ⇐ $8\times12=96<100$

$(9, 12), (9, 13), \cdots, \boxed{(9, 20)}$ ⇐ $9\times11=99<100$

이므로 $a+b$의 최댓값은 $9+20=29$

(iii) $10\le a\le 20$, $1\le b\le 9$인 경우

(ii)와 마찬가지로 $a+b$의 최댓값은 29이다.

(iv) $10\le a\le 20$, $10\le b\le 20$인 경우

$\log a$, $\log b$의 정수 부분이 모두 1로 $f(a)=f(b)=1$이므로

$f(a)f(b)+2=1\times1+2=3$ … ㉢

$\log 100=2\le \log ab\le \log 400<\log 10^3=3$ → ab는 세 자리 수이니까 $\log ab$의 정수 부분이 2야.

이때, ㉢에서 $f(ab)=3$이어야 하는데 $100\le ab\le 400$이므로 $\log ab$의 정수 부분 $f(ab)$의 값은 3이 될 수 없으므로 주어진 조건을 만족시키는 자연수 (a, b)의 순서쌍은 존재하지 않는다.

(i)~(iv)에 의하여 $a+b$의 최댓값은 29이다.

1등급 풀이 Tip

정수 n에 대하여 $\log_a a^n=n$이므로 $\log_a a^n$의 정수 부분은 n이다. 즉, $\log_a b$의 정수 부분은 b의 값에 따라 결정되고 n의 값이 변함에 따라 정수 부분이 어떻게 변화하는지를 파악할 때는 b의 값의 범위를 a의 거듭제곱을 기준으로 나눠서 생각해본다.

A 71 정답 ③

✪ 2등급 킬러 [정답률 25%]

1보다 큰 실수 a에 대하여 두 함수 $f(x)=a^{2x}$, $g(x)=a^{x+1}-2$가 있다. 실수 전체의 집합에서 정의된 함수 $h(x)$를 $h(x)=|f(x)-g(x)|$라 하자. $y=h(x)$의 그래프에 대한 설명으로 [보기]에서 옳은 것만을 있는 대로 고른 것은? (4점)

단서 함수 $y=h(x)$의 그래프는 함수 $y=f(x)-g(x)$의 그래프를 그린 후 x축 아래의 부분을 x축에 대하여 대칭이동시켜서 꺾어올려야 해.

[보기]

ㄱ. $a=2\sqrt{2}$일 때, $y=h(x)$의 그래프와 x축은 한 점에서 만난다.

ㄴ. $a=4$일 때, $x_1<x_2<\frac{1}{2}$이면 $h(x_1)>h(x_2)$이다.

ㄷ. $y=h(x)$의 그래프와 직선 $y=1$이 오직 한 점에서 만나는 a의 값이 존재한다.

① ㄱ ② ㄱ, ㄴ ③ ㄱ, ㄷ ④ ㄴ, ㄷ ⑤ ㄱ, ㄴ, ㄷ

✪ 이 문제는 절댓값이 포함된 지수함수의 그래프에 대한 문제이다. 이를 위해서는 절댓값이 포함된 함수에 대한 이해가 필요하고 그래프를 쉽게 파악하기 위해 복잡한 문자를 치환할 수 있어야 한다.

[풀이 단서 체크]

❶ 함수 $h(x)=|f(x)-g(x)|$의 그래프는 절댓값 안, 즉 $f(x)-g(x)$의 부호에 따라 그래프를 그려야 한다.

$f(x)-g(x)\ge0$이면 $h(x)=f(x)-g(x)$이고,

$f(x)-g(x)<0$이면 $h(x)=-\{f(x)-g(x)\}$이므로 함수 $y=h(x)$의 그래프는 함수 $y=f(x)-g(x)$의 그래프에서 x축 아래에 있는 부분을 x축에 대하여 대칭이동하여 그려야 한다. ⇒ 단서

주의 항상 치환한 후에는 치환한 문자의 범위가 모든 실수의 집합이 아닌 제한된 범위라면 그 범위를 표시해주어야 한다.

핵심 정답 공식: 절댓값이 포함된 함수 $y=f(x)$의 그래프는 $f(x)\ge0$인 부분은 그대로 두고, $f(x)<0$인 부분을 x축에 대하여 대칭이동하여 그린다.

[문제 풀이 순서]

＊지수함수의 그래프를 치환을 이용해서 파악하기

1st $y=f(x)-g(x)$의 식을 a^x에 관한 이차함수로 변형해 보자.

$h(x)=|f(x)-g(x)|=|a^{2x}-a^{x+1}+2|$ → $a^{2x}=(a^x)^2=t^2$, $a^{x+1}=a^x\times a=at$가 돼.

에서 $a^x=t\,(t>0)$라 하면 (실수 문자로 치환했으니까 범위를 꼭 생각해야 해.)

$k(t)=|t^2-at+2|$

2nd 이차함수 $y=t^2-at+2$의 그래프의 t축 아랫 부분을 꺾어올려서 $y=k(t)$의 그래프를 그려 보자.

이차방정식 $t^2-at+2=0$의 판별식을 D라 하면 $D=a^2-8$이므로 함수 $y=k(t)$의 그래프는 다음과 같다.

(i) $D>0$, 즉 $a>2\sqrt{2}$일 때 → 이차방정식 $t^2-at+2=0$이 서로 다른 두 실근을 가지므로 그래프가 t축과 서로 다른 두 점에서 만나.

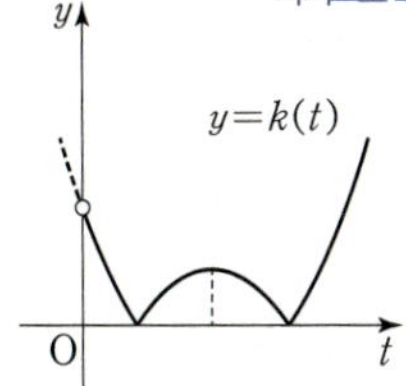

(ii) $D=0$, 즉 $a=2\sqrt{2}$일 때 → 이차방정식 $t^2-at+2=0$이 중근을 가지므로 그래프가 t축과 접해.

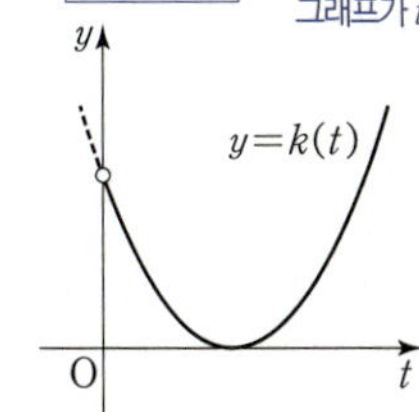

(iii) $D<0$, 즉 $a<2\sqrt{2}$일 때 → 이차방정식 $t^2-at+2=0$이 실근을 갖지 않으므로 그래프가 t축과 만나지 않아.

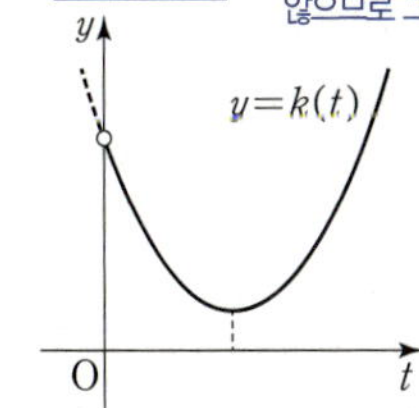

ㄱ. $a=2\sqrt{2}$일 때, $y=k(t)$의 그래프와 t축은 한 점에서 만나므로 $y=h(x)$의 그래프와 x축은 한 점에서 만난다. (참)

ㄴ. $a=4$일 때, $k(t)=|t^2-4t+2|$이고, $t^2-4t+2=0$에서 $t=2\pm\sqrt{2}$이므로 $y=k(t)$의 그래프는 $0<t<2-\sqrt{2}$에서 감소하고, $2-\sqrt{2}<t<2$에서 증가한다. → $y=k(t)$의 그래프가 t축과 서로 다른 두 점에서 만나는 경우야.

따라서 $x<\frac{1}{2}$일 때, $0<t<4^{\frac{1}{2}}=2$이므로 $h(x_1)$, $h(x_2)$의 대소를 비교할 수 없다. (거짓)

3rd $y=k(t)$의 그래프가 직선 $y=1$과 접할 때, $y=k(t)$의 그래프와 직선 $y=1$이 오직 한 점에서 만나지.

ㄷ. 방정식 $t^2-at+2=1$, 즉 $t^2-at+1=0$이 $a=2$일 때, 중근을 가지므로 $y=h(x)$의 그래프와 직선 $y=1$이 오직 한 점에서 만나는 a의 값이 존재한다. (참)

따라서 옳은 것은 ㄱ, ㄷ이다.

[1등급 심화 특강]

〈함수 $h(x)$와 함수 $k(t)$ 사이의 관계〉

해설에서 함수 $y=k(t)$의 그래프의 개형을 이용하여 함수 $y=h(x)$의 그래프의 개형을 유추할 수 있는 이유는 $a^x=t(t>0,\ a>1)$에서 x와 t 사이의 관계를 찾을 수 있고 함수 $t=a^x$의 그래프가 x의 값이 증가함에 따라 t의 값도 증가하는 정비례관계를 가지는 일대일 대응 함수이기 때문이야.

A 72 정답 39

✪ 2등급 킬러 [정답률 26%]

단서1 두 점 P, Q의 y좌표가 각각 a^{t+1}, b^t이므로 $\overline{PQ}=|a^{t+1}-b^t|$이지?

자연수 a, b에 대하여 곡선 $y=a^{x+1}$과 곡선 $y=b^x$이 직선 $x=t\,(t\geq1)$와 만나는 점을 각각 P, Q라 하자.
다음 조건을 만족시키는 a, b의 모든 순서쌍 $(a,\ b)$의 개수를 구하시오. 예를 들어, $a=4$, $b=5$는 다음 조건을 만족시킨다. (4점)

> (가) $2\leq a\leq10$, $2\leq b\leq10$
> (나) $t\geq1$인 어떤 실수 t에 대하여 $\overline{PQ}\leq10$이다.
>
> 단서2 $a\geq b$인 경우와 $a<b$인 경우로 나누어 $\overline{PQ}\leq10$인 순서쌍 $(a,\ b)$의 개수를 구해.

✪ 이 문제는 2 이상 10 이하의 두 자연수 a, b에 대하여 선분 PQ의 길이가 10 이하인 경우가 존재하도록 하는 순서쌍 $(a,\ b)$의 개수를 구하는 문제이다.
그러므로 $a\geq b$인 경우와 $a<b$인 경우로 나누어 $x\geq1$에서 두 곡선이 만나는지 따져가며 해결하는 것이 이 문제의 키포인트이다.

[풀이 단서 체크]

❶ 먼저, $x\geq1$에서 두 곡선이 만난다면 어떤 실수 t에 대하여 $\overline{PQ}=10$이므로 조건을 만족시킨다. 이 경우 $a<b$이고 $a^2\geq b$이다. ⇒ 단서2

❷ 이제, $x\geq1$에서 두 곡선이 만나지 않는 경우는 $0<x<1$에서 만나거나 $x<0$에서 만나는 경우, 어디에서도 만나지 않는 경우로 나눌 수 있다. $x<0$에서 만나는 경우는 $a>b$인 경우이고, 어디에서도 만나지 않는 경우는 $a=b$로 $y=a^{x+1}$이 $y=b^x$를 x축의 방향으로 -1만큼 평행이동한 것이다. $0<x<1$에서 만나는 경우는 $x=1$에서 $y=b^x$이 $y=a^{x+1}$보다 위에 있으므로 $a^2<b$이다.
$\overline{PQ}\leq10$이 되도록 각 경우별로 가능한 경우를 생각하면 된다. $x\geq1$에서 두 곡선이 만나지 않는 경우에는 $\overline{PQ}$가 $t=1$일 때 최소이므로 $|a^2-b|\leq10$이다.
⇒ 단서1, 단서2

주의 두 곡선 $y=a^{x+1}$, $y=b^x$가 만나는 경우도 포함되므로 놓치지 않고 생각해야 한다.

핵심 정답 공식: a와 b의 값에 따라 그래프의 개형이 달라진다. 따라서 가능한 경우를 나눠 생각하도록 한다. $\overline{PQ}$를 a와 b에 대한 식으로 나타낸 뒤 숫자를 대입해가며 순서쌍을 찾는다.

[문제 풀이 순서]

*지수함수 그래프의 성질을 활용하여 조건을 만족시키는 자연수의 순서쌍 구하기

1st 지수함수는 밑의 크기에 따라 다르게 그려짐에 착안하여 $a\geq b$, $a<b$인 경우로 나누어서 해결해.

> 함정 문제를 통해 a, b 중에 누가 더 큰지 알 수 없으므로 $a\geq b$, $a<b$일 때로 경우를 나누어서 판단하도록 하자. 이때 등호에 유의하여 순서쌍을 구해주자.

(i) $a\geq b$인 경우
$y=a^{x+1}$, $y=b^x$의 그래프는 그림과 같다.

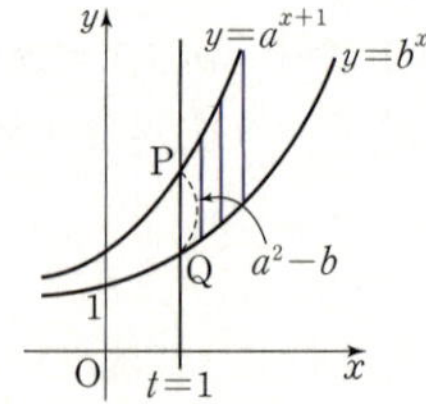

그럼, $t=1$일 때 $\overline{PQ}$의 길이는 최소가 된다.
이때, $t>1$일 때는 $t=1$일 때보다 항상 $\overline{PQ}$의 길이가 길기 때문에 $\overline{PQ}=a^2-b\leq10$인 어떤 실수 t가 존재할 수 있도록 a, b를 잡으면 된다.
$\therefore\ a^2-b\leq10 \Rightarrow a^2-10\leq b\leq a$ ⋯ ㉠

→ $a=2$일 때, $-6\leq b\leq2 \Rightarrow b=2$
$a=3$일 때, $-1\leq b\leq3 \Rightarrow b=2,\ 3$
$a\geq4$일 때, $a^2-10\leq b\leq a$인 자연수 b는 존재하지 않아.

따라서 자연수 a, b에 대하여 $2\leq a\leq10$, $2\leq b\leq10$이므로
㉠을 만족시키는 순서쌍 $(a,\ b)$는 $(2,\ 2)$, $(3,\ 3)$, $(3,\ 2)$로 3개이다.

2nd 마찬가지 방법으로 $a<b$일 때를 구해 보자.

(ii) $a<b$인 경우
$y=a^{x+1}$, $y=b^x$의 그래프는 그림과 같다.
[그림 1]과 같이 두 지수함수의 그래프의 교점의 x좌표가 1이상일 때 $t\geq1$인 어떤 실수 t에 대하여 $\overline{PQ}=0$인 t가 존재하므로 $a<b$인 모든 a, b에 대하여 항상 조건 (나)가 성립한다.

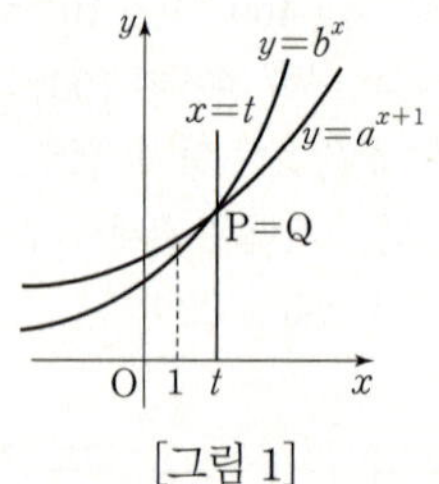

[그림 1]

[그림 2]와 같이 두 지수함수의 그래프의 교점의 x좌표가 1보다 작을 때 (i)에서와 같이 $t=1$일 때 $\overline{PQ}$의 길이는 최소가 되므로
$\overline{PQ}=b-a^2\leq10$인 어떤 실수 t가 존재하도록 a, b를 잡으면 된다.
$\therefore\ a<b\leq a^2+10$ ⋯ ㉡

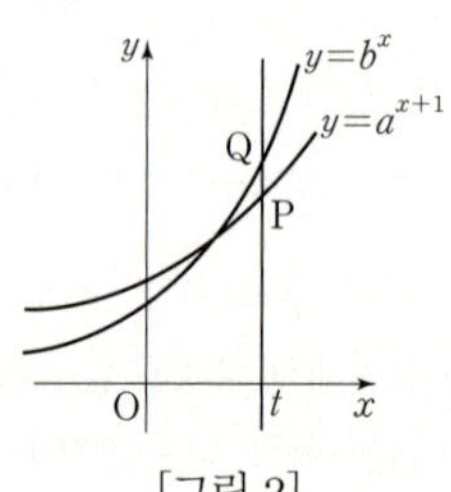

[그림 2]

따라서 자연수 a, b에 대하여 $2\leq a\leq10$, $2\leq b\leq10$이고, ㉡을 만족시키는 순서쌍 $(a,\ b)$는
$(2,\ 3)$, $(2,\ 4)$, ⋯, $(2,\ 10)$, → $a=2$일 때, $2<b\leq14$에서 $2<b\leq10$
$(3,\ 4)$, $(3,\ 5)$, ⋯, $(3,\ 10)$, → $a=3$일 때, $3<b\leq19$에서 $3<b\leq10$
$(4,\ 5)$, $(4,\ 6)$, ⋯, $(4,\ 10)$, → $a=4$일 때, $4<b\leq26$에서 $4<b\leq10$
$(5,\ 6)$, $(5,\ 7)$, ⋯, $(5,\ 10)$, → $a=5$일 때, $5<b\leq35$에서 $5<b\leq10$
$(6,\ 7)$, $(6,\ 8)$, $(6,\ 9)$, $(6,\ 10)$, → $a=6$일 때, $6<b\leq46$에서 $6<b\leq10$
$(7,\ 8)$, $(7,\ 9)$, $(7,\ 10)$, → $a=7$일 때, $7<b\leq59$에서 $7<b\leq10$
$(8,\ 9)$, $(8,\ 10)$, → $a=8$일 때, $8<b\leq74$에서 $8<b\leq10$
$(9,\ 10)$ → $a=9$일 때, $9<b\leq91$에서 $9<b\leq10$
으로 36개이다.

(i), (ii)로부터 조건을 만족시키는 순서쌍 $(a,\ b)$의 개수는
$3+36=39$

1등급 풀이 Tip

a, b 중 어느 것이 더 큰지 알 수 없기 때문에 $a>b$, $a=b$, $a<b$으로 나누어보아야 한다. 이 문제처럼 a, b의 순서쌍의 개수를 구하는 경우 등호를 놓치면 틀릴 가능성이 높아지기 때문에 등호에 유의해서 개수를 세야 한다.

A 73 정답 196

★ 1등급 킬러 [정답률 15%]

다음 조건을 만족시키는 두 자연수 a, b의 모든 순서쌍 (a, b)의 개수를 구하시오. (4점)

단서2 $1\le a\le 10$, $1\le b\le 100$인 조건을 이용해 단서1에서 구한 조건을 만족시키는 순서쌍 (a, b)의 개수를 구해봐.

(가) $1\le a\le 10$, $1\le b\le 100$

(나) 곡선 $y=2^x$이 원 $(x-a)^2+(y-b)^2=1$과 만나지 않는다.

(다) 곡선 $y=2^x$이 원 $(x-a)^2+(y-b)^2=4$와 적어도 한 점에서 만난다.

단서1 함수 $y=2^x$의 그래프와 반지름의 길이가 1, 2인 원이 만나도록 하는 원의 중심의 x좌표 a에 대한 b의 값의 범위를 구해야 해.

★ 이 문제는 중심이 (a, b)이고 반지름의 길이가 각각 1, 2인 원과 곡선 $y=2^x$이 만나는 경우를 구하는 문제이다.
a, b의 값의 범위를 바탕으로 a의 값을 기준으로 하여 b의 값의 범위를 따져보는 것이 이 문제의 키포인트이다.

[풀이 단서 체크]

❶ 먼저, 원 $(x-a)^2+(y-b)^2=1$과 원 $(x-a)^2+(y-b)^2=4$는 중심이 각각 (a, b)이고, 반지름의 길이가 각각 1, 2이다. 곡선 $y=2^x$이 원 $(x-a)^2+(y-b)^2=4$와 만나면서 원 $(x-a)^2+(y-b)^2=1$과 만나지 않는 경우는 원 $(x-a)^2+(y-b)^2=4$와 만나는 경우에서 원 $(x-a)^2+(y-b)^2=1$과 만나는 경우를 제외하면 되므로 원 $(x-a)^2+(y-b)^2=1$과 만나는 경우와 원 $(x-a)^2+(y-b)^2=4$와 만나는 경우를 구해야 한다. ⇒ 단서1

❷ 이제, a, b는 자연수임으로 $1\le a\le 10$, $1\le b\le 100$인 조건을 이용하여 순서쌍의 개수를 구할 수 있다. a의 값의 범위가 더 좁으므로 a의 값을 기준으로 b의 값을 따져보면 쉽게 구할 수 있다. ⇒ 단서2

주의 문제에서 주어진 자연수 a, b의 값의 범위에 주의하여 경우의 수를 구하여야 한다.

핵심 정답 공식: a의 값의 범위에 따라 달라지는 b의 값의 범위를 따져가며 푼다. 두 원 $(x-a)^2+(y-b)^2=1$과 $(x-a)^2+(y-b)^2=4$가 곡선 $y=2^x$과 처음 만날 때의 a와 b, 마지막으로 만날 때의 a와 b를 각각 구해준다.

[문제 풀이 순서]

*지수함수와 원이 만나도록 하는 원의 중심의 좌표 구하기

1st 두 원이 곡선과 만나는 경우를 생각해.

곡선 $y=2^x$이 두 원 $(x-a)^2+(y-b)^2=1$ ⋯ ㉠, $(x-a)^2+(y-b)^2=4$ ⋯ ㉡와 만나는 경우를 각각 구하자.

$a=n$(n은 자연수)일 때, 곡선 $y=2^x$이 반지름의 길이가 1인 원 ㉠과 만날 때의 가능한 b의 범위를 구하면

함정 이러한 유형은 규칙성이 존재하기 때문에 원의 중심의 좌표를 n처럼 미지수로 놓고 만나는 범위를 일반화하여 나타낼 수 있어야 해.

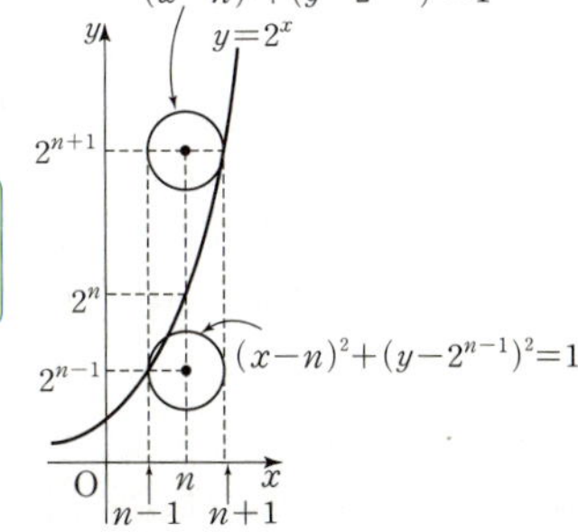

$(x-n)^2+(y-b)^2=1$에서 $b=2^{n-1}$일 때 곡선 위의 점 $(n-1, 2^{n-1})$에서 곡선과 원이 처음으로 만나고 $b=2^{n+1}$일 때 곡선 위의 점 $(n+1, 2^{n+1})$에서 곡선과 원이 마지막으로 만나므로 원 ㉠이 곡선과 만나게 되는 b의 범위는 $2^{n-1}\le b\le 2^{n+1}$ ⋯ ㉢ (단, b는 자연수)이다.

마찬가지로 곡선 $y=2^x$이 반지름의 길이가 2인 원 ㉡과 만날 때의 가능한 b의 범위를 구하면 $(x-n)^2+(y-b)^2=4$에서 $b=2^{n-2}$일 때 곡선 위의 점 $(n-2, 2^{n-2})$에서 곡선과 원이 처음으로 만나고 $b=2^{n+2}$일 때 곡선 위의 점 $(n+2, 2^{n+2})$에서 곡선과 원이 마지막으로 만나므로 원 ㉡이 곡선과 만나게 되는 b의 범위는 $2^{n-2}\le b\le 2^{n+2}$ ⋯ ㉣ (단, b는 자연수)이다.

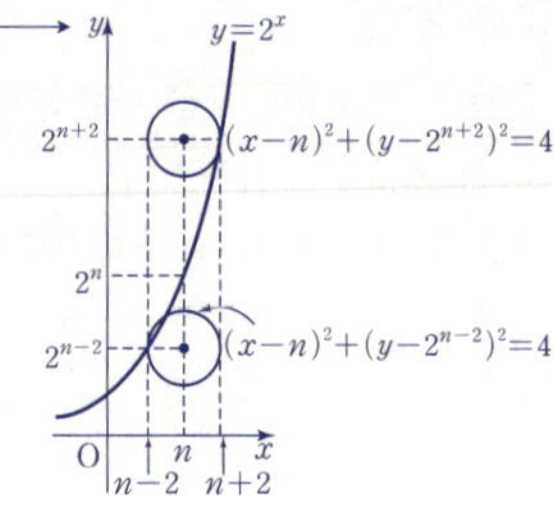

2nd $a=1, 2, 3, \cdots$일 때 가능한 b의 값을 구하자.

(i) 조건 (가)를 만족시키는 두 자연수 a, b에 대하여 곡선 $y=2^x$이 원 ㉠과 만나는 경우는 ㉢에 의해
→ $1\le a\le 10$, $1\le b\le 100$
→ $a=n$일 때, $2^{n-1}\le b\le 2^{n+1}$

$a=1$일 때, $1\le b\le 2^2$
$a=2$일 때, $2\le b\le 2^3$
$a=3$일 때, $2^2\le b\le 2^4$
$a=4$일 때, $2^3\le b\le 2^5$
$a=5$일 때, $2^4\le b\le 2^6$
$a=6$일 때, $2^5\le b\le 100$
$a=7$일 때, $2^6\le b\le 100$

주의 문제에서 주어진 b의 범위에 주의하자.
→ $2^7=128$, $2^8=256$이지만 조건 (가)에서 $b\le 100$이라 했으므로 $a=6$, 7일 때의 b의 최댓값은 100이야.

$8\le a\le 10$일 때, 조건을 만족시키는 자연수 b는 100보다 크므로 존재하지 않는다.
$a=8$이면 $2^7\le b\le 2^9$에서 $128\le b\le 512$가 되어 $1\le b\le 100$이라는 조건에 맞지 않아.

따라서 이때의 순서쌍의 개수는
→ 자연수 a, $b(a<b)$에 대하여 $a\le x\le b$를 만족시키는 자연수 x의 개수는 $b-a+1$(개)

$$2^2+(2^3-2+1)+(2^4-2^2+1)+(2^5-2^3+1)+(2^6-2^4+1)+(100-2^5+1)+(100-2^6+1)$$
$$=(2^2-2^2)+(2^3-2^3)+(2^4-2^4)+(2^5-2^5)+(2^6-2^6)+(-2)+(1+1+1+1+1+1)+100+100$$
$$=-2+1\times 6+100\times 2=204$$

(ii) 조건 (가)를 만족시키는 두 자연수 a, b에 대하여 곡선 $y=2^x$이 원 ㉡과 만나는 경우는 ㉣에 의해
→ $a=n$일 때, $2^{n-2}\le b\le 2^{n+2}$

$a=1$일 때, $1\le b\le 2^3$
→ $n=1$이면 $2^{1-2}\le b\le 2^{1+2}$, 즉 $\frac{1}{2}\le b\le 2^3$인데 $1\le b\le 100$이라 했으니까 $1\le b\le 2^3$이야.
$a=2$일 때, $1\le b\le 2^4$
$a=3$일 때, $2\le b\le 2^5$
$a=4$일 때, $2^2\le b\le 2^6$
$a=5$일 때, $2^3\le b\le 100$
$a=6$일 때, $2^4\le b\le 100$
$a=7$일 때, $2^5\le b\le 100$
$a=8$일 때, $2^6\le b\le 100$
→ b의 최댓값은 100이지?

$9\le a\le 10$일 때, 조건을 만족시키는 자연수 b는 100보다 크므로 존재하지 않는다.

따라서 이때의 순서쌍의 개수는
$$2^3+2^4+(2^5-2+1)+(2^6-2^2+1)+(100-2^3+1)+(100-2^4+1)+(100-2^5+1)+(100-2^6+1)$$
$$=(2^3-2^3)+(2^4-2^4)+(2^5-2^5)+(2^6-2^6)+(-2)+(-2^2)+(1+1+1+1+1+1)+(100+100+100+100)$$
$$=-2-2^2+1\times 6+100\times 4=400$$

이때, (i)의 경우는 (ii)의 경우에 포함되므로 구하는 순서쌍 (a, b)의 개수는 (ii)의 순서쌍의 개수에서 (i)의 순서쌍의 개수를 빼주면 된다.
곡선 $y=2^x$이 원 ㉠과는 만나지 않고 원 ㉡과는 만나야 하고 (ii)의 경우가 (i)의 경우를 포함하므로 구하는 순서쌍의 개수는 (ii)의 경우의 순서쌍의 개수에서 (i)의 경우의 순서쌍의 개수를 빼면 돼.

따라서 구하는 순서쌍 (a, b)의 개수는 $400-204=196$이다.

[다른 풀이]

주어진 조건에서 곡선 $y=2^x$이 원 ㉡과 만나야 하므로 $a=n$일 때, $2^{n-2}\le b\le 2^{n+2}$이지?

그런데 원 ㉠과는 만나지 않아야 하므로 부등식 $2^{n-1}\le b\le 2^{n+1}$을 만족시키지 않아야 해. 즉, $a=n$일 때, $b<2^{n-1}$ 또는 $b>2^{n+1}$이야.

따라서 구하는 순서쌍 (a, b)는 $a=n$일 때, 두 부등식의 공통부분인 $2^{n-2}\le b<2^{n-1}$ 또는 $2^{n+1}<b\le 2^{n+2}$을 만족시켜야 하지.

(i) $2^{n-2}\le b<2^{n-1}$을 만족시키는 경우는

$a=1$일 때, $\frac{1}{2}\le b<1$이므로 자연수 b의 값은 없어.

$a=2$일 때, $1\le b<2$이므로 $b=1$

$a=3$일 때, $2\le b<4$이므로 $b=2, 3$

$a=4$일 때, $4\le b<8$이므로 $b=4, 5, 6, 7$

$a=5$일 때, $8\le b<16$이므로 $b=8, 9, \cdots, 15$

$a=6$일 때, $16\le b<32$이므로 $b=16, 17, \cdots, 31$

$a=7$일 때, $32\le b<64$이므로 $b=32, 33, \cdots, 63$

$a=8$일 때, $64\le b\le 100$이므로 $b=64, 65, \cdots, 100$

$a=9$, $a=10$일 때는 $b>100$이므로 조건을 만족시키는 자연수 b의 값은 존재하지 않아.

따라서 순서쌍 (a, b)의 개수는 $1+2+4+8+16+32+37=100$

(ii) $2^{n+1}<b\le 2^{n+2}$을 만족시키는 경우는

$a=1$일 때, $4<b\le 8$이므로 $b=5, 6, 7, 8$

$a=2$일 때, $8<b\le 16$이므로 $b=9, 10, \cdots, 16$

$a=3$일 때, $16<b\le 32$이므로 $b=17, 18, \cdots, 32$

$a=4$일 때, $32<b\le 64$이므로 $b=33, 34, \cdots, 64$

$a=5$일 때, $64<b\le 100$이므로 $b=65, 66, \cdots, 100$

$a\ge 6$인 경우에는 $b>100$이므로 조건을 만족시키는 자연수 b의 값은 존재하지 않아.

따라서 순서쌍 (a, b)의 개수는 $4+8+16+32+36=96$

(i), (ii)에서 조건을 만족시키는 순서쌍 (a, b)의 개수는 $100+96=196$

1등급 풀이 Tip

함수 $y=2^x$의 그래프는 제1사분면에서 급격하게 증가하므로 $a=n$일 때, $x=n-1$이면 b가 2^{n-1}일 때까지 만나고 $2^{n-1}-1$ 이하부터는 만나지 않는다. 같은 방법으로 $x=n-2$일 때도 구할 수 있고, $x=n+1$일 때와 $x=n+2$일 때를 통해 b의 최댓값을 정할 수 있다. 따라서 b에 대한 부등식을 간단하게 세워 그 개수를 구할 수 있다.

A 74 정답 ④ *지수함수를 이용한 대소 관계 [정답률 38%]

(정답 공식: $0<a<b<1$이면 $0<\frac{1}{b}<\frac{1}{a}$)

$0<y<x<\frac{1}{2}$인 두 실수 x, y에 대하여 다음 세 식

$A=x^{\frac{1}{x}}$, $B=(x+y)^{\frac{1}{x+y}}$, $C=(x^2-y^2)^{\frac{1}{x^2-y^2}}$

사이의 대소 관계로 옳은 것은? (4점)

단서 A, B, C의 공통점을 찾아보면 모두 $X^{\frac{1}{X}}$의 꼴이라는 거야. 이럴땐 X의 대소 관계가 $X^{\frac{1}{X}}$의 대소 관계와 연관이 있을 거야.

① $A<B<C$ ② $A<C<B$ ③ $B<A<C$
④ $C<A<B$ ⑤ $C<B<A$

1st $X<Y$일 때, $X^{\frac{1}{X}}$과 $Y^{\frac{1}{Y}}$의 대소 관계를 판단해 보자.

$0<X<Y<1$일 때, $1<\frac{1}{Y}<\frac{1}{X}$이므로

$X^{\frac{1}{Y}}<Y^{\frac{1}{Y}}$, $X^{\frac{1}{X}}<X^{\frac{1}{Y}}$ → $X=\frac{1}{3}, Y=\frac{1}{2}$이라 생각해 봐. $\left(\frac{1}{3}\right)^2<\left(\frac{1}{2}\right)^2, \left(\frac{1}{3}\right)^3<\left(\frac{1}{3}\right)^2$

$\therefore X^{\frac{1}{X}}<Y^{\frac{1}{Y}}$ ⋯ ㉠

2nd x, $x+y$의 대소 관계를 파악하여 $x^{\frac{1}{x}}$과 $(x+y)^{\frac{1}{x+y}}$의 대소 관계를 판단해 보자.

그런데 $0<y<x<\frac{1}{2}$일 때, $x<x+y<1$이므로 ㉠에서

$x^{\frac{1}{x}}<(x+y)^{\frac{1}{x+y}}$

$\therefore A<B$ ⋯ ㉡

3rd x와 x^2-y^2의 대소 관계를 파악하여 $x^{\frac{1}{x}}$과 $(x^2-y^2)^{\frac{1}{x^2-y^2}}$의 대소 관계를 판단해 보자.

한편, $x^2-y^2=(x+y)(x-y)<x-y<x<\frac{1}{2}$이므로 ㉠에서

$(x^2-y^2)^{\frac{1}{x^2-y^2}}<x^{\frac{1}{x}}$

$\therefore C<A$ ⋯ ㉢

따라서 ㉡과 ㉢에서 A, B, C의 대소 관계는 $C<A<B$이다.

A 75 정답 15 ✪ 1등급 킬러 [정답률 11%]

단서1 곡선 $y=4^x$과 곡선 $y=a^{-x+4}$의 개형을 그려 주어진 영역 안에 포함되는 점 중 x좌표가 정수가 될 수 있는 값을 찾자.

좌표평면에서 $a>1$인 자연수 a에 대하여 두 곡선 $y=4^x$, $y=a^{-x+4}$과 직선 $y=1$로 둘러싸인 영역의 내부 또는 그 경계에 포함되고 x좌표와 y좌표가 모두 정수인 점의 개수가 20 이상 40 이하가 되도록 하는 a의 개수를 구하시오. (4점)

단서2 a가 1보다 큰 자연수이므로 $a=2, 3, 4, \cdots$를 대입하면서 조건을 만족시키는 점의 개수를 구해봐.

✪ 이 문제는 주어진 그래프로 둘러싸인 영역의 내부와 경계에 포함되는 점 중 x좌표와 y좌표가 모두 자연수인 점의 개수를 구하는 문제이다.

이를 위해서는 x의 값으로 가능한 정수의 범위를 구하고, 이를 바탕으로 $a=2, 3, 4, \cdots$를 대입하여 점의 개수를 따져보는 것이 이 문제의 키포인트이다.

[풀이 단서 체크]

❶ 먼저, 모든 양의 실수 a에 대하여 $a^0=1$이므로 곡선 $y=a^{-x+4}$은 a의 값에 상관없이 $(4, 1)$을 지난다. 또, $a>1$에서 $0<\frac{1}{a}<1$이므로 $y=a^{-x+4}=\left(\frac{1}{a}\right)^{x-4}$는 실수 전체의 집합에서 감소하는 함수이고 $y=4^x$는 실수 전체의 집합에서 증가하는 함수이다. 직선 $y=1$과 두 곡선 $y=a^{-x+4}$, $y=4^x$가 각각 $(4, 1)$, $(0, 1)$에서 만나므로 두 그래프의 개형을 통해 둘러싸인 영역에서 x좌표가 정수인 점은 그 값이 0, 1, 2, 3, 4중 하나임을 알 수 있다. ⇒ 단서1

❷ 이제, a가 1보다 큰 자연수이므로 $a=2$, $a=3$, $a=4$, ⋯를 대입하면서 $x=0$, $x=1$, $x=2$, $x=3$, $x=4$일 때의 조건을 만족시키는 점의 개수를 구한다. ⇒ 단서2

주의 a가 자연수이므로 모든 실수 a에 대하여 점의 개수를 파악할 필요는 없다. a의 값에 1, 2, 3, ⋯을 차례로 대입하여 점의 개수를 구할 수 있다.

(핵심 정답 공식: 1보다 큰 자연수 a에 값을 대입하면서 각 경우마다 그래프를 그리고 조건을 만족시키는 점의 개수를 센다.)

[문제 풀이 순서]

*두 지수함수의 그래프와 직선으로 둘러싸인 영역의 내부와 경계에 포함되는 점의 x좌표와 y좌표가 모두 자연수인 점의 개수 구하기

1st 두 곡선 $y=4^x$, $y=a^{-x+4}$에서 가능한 x의 값을 구해 보자.

곡선 $y=4^x$은 점 $(0, 1)$을 지나면서 증가하는 함수이고, 곡선 $y=a^{-x+4}$은 점 $(4, 1)$을 지나면서 감소하는 함수이다. ($y=a^{-x+4}=(a^{-1})^{x-4}=\left(\frac{1}{a}\right)^{x-4}$ 이때, $a>1$에서 $0<\frac{1}{a}<1$이므로 $y=\left(\frac{1}{a}\right)^{x-4}$은 감소함수야.)

즉, 구하고자 하는 영역에서 가능한 x좌표는 0, 1, 2, 3, 4뿐이다.

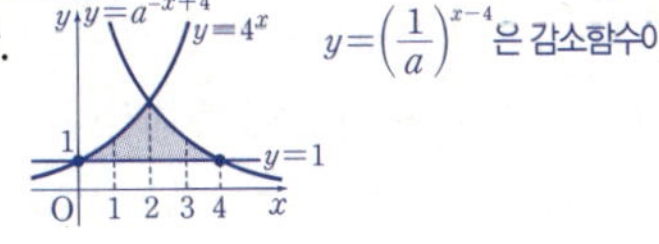

2nd 자연수 a에 대하여 $a>1$이므로 a 대신에 2, 3, 4, …를 대입하여 x좌표와 y좌표가 모두 정수인 점의 개수를 찾아봐.

이제, $a=2, 3, 4, \cdots$일 때의 두 곡선 $y=4^x$, $y=a^{-x+4}$의 그래프를 그려 보자.

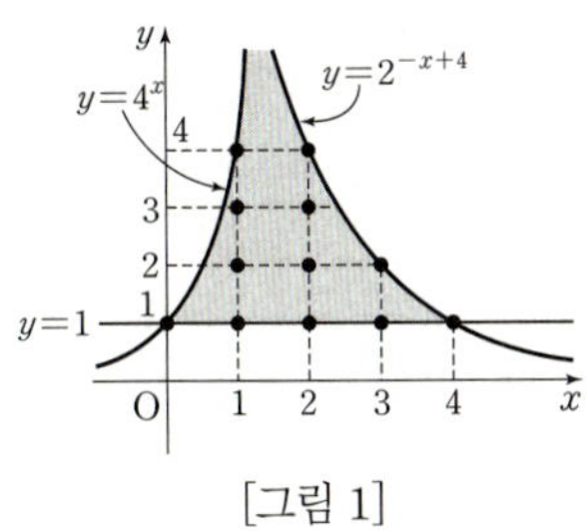

[그림 1]

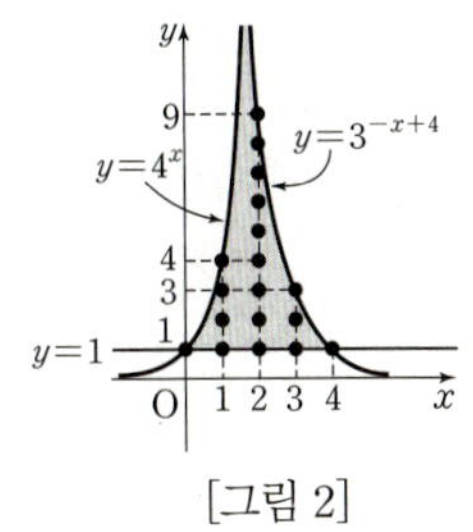

[그림 2]

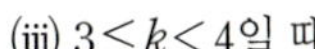

(i) $a=2$일 때,
x좌표와 y좌표가 모두 정수인 점은 [그림 1]과 같이 12개이다.

(ii) $a=3$일 때,
x좌표와 y좌표가 모두 정수인 점은 [그림 2]와 같이 18개이다.

(iii) $a\geq4$일 때,
x좌표와 y좌표가 모두 정수인 점은 [그림 3]과 같이
$x=0$일 때 1개, $x=1$일 때 4개(1부터 4까지 4개), $x=2$일 때 16개(1부터 16까지 16개)
$x=3$일 때 a개(1부터 a까지 a개), $x=4$일 때 1개
이므로 $1+4+16+a+1=a+22$(개)이다.

[그림 3]

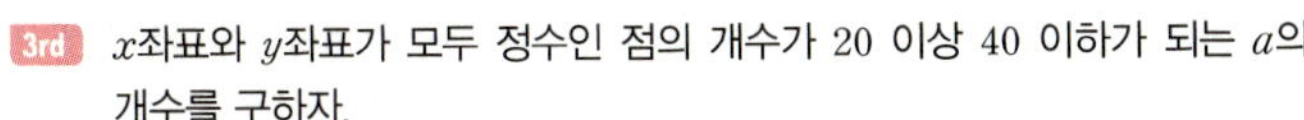

3rd x좌표와 y좌표가 모두 정수인 점의 개수가 20 이상 40 이하가 되는 a의 개수를 구하자.

이때, x좌표와 y좌표가 모두 정수인 점의 개수가 20 이상 40 이하가 되어야 하므로

$20\leq a+22\leq40$ (단, $a\geq4$)　　$\therefore 4\leq a\leq18$

따라서 조건을 만족시키는 자연수 a의 개수는 4, 5, 6, …, 18의 15이다. ($18-4+1$(개))

[다른 풀이]

두 곡선 $y=4^x$, $y=a^{-x+4}$의 교점의 x좌표를 k라 하자.

$a>1$이므로 $0<k<1$인 경우는 없어. 따라서 교점의 위치에 따라 경우를 나누면 다음과 같아.

(i) $1\leq k<2$일 때

오른쪽 그림에서 $a^2<4^2=16$이므로 이를 만족하는 자연수는 $a=2$ 또는 $a=3$이야. … ㉠

즉, 주어진 영역에서 x좌표가 0, 1, 2, 3, 4인 점의 개수의 합은 (1개, 4개, a^2개, a개, 1개)

$1+4+a^2+a+1$이므로

$20\leq a^2+a+6\leq40$이어야 하지. … ㉡

그런데 ㉠, ㉡을 모두 만족시키는 자연수 a는 없어.

(ii) $2\leq k<3$일 때

오른쪽 그림에서

$a^2\geq4^2=16$, $a<4^3=64$이므로

$4\leq a<64$야. … ㉢

즉, 주어진 영역에서 x좌표가 0, 1, 2, 3, 4인 점의 개수의 합은

$1+4+16+a+1$이므로

$20\leq a+22\leq40$이어야 해. … ㉣

이때, ㉢, ㉣을 모두 만족시키는 a의 값의 범위는 $4\leq a\leq18$이므로 자연수 a의 개수는 $18-4+1=15$야.

(iii) $3\leq k<4$일 때

주어진 영역에서 x좌표가 0, 1, 2, 3, 4인 점의 개수의 합이

$1+4+16+64+1=86$이므로

조건을 만족시키지 않아.

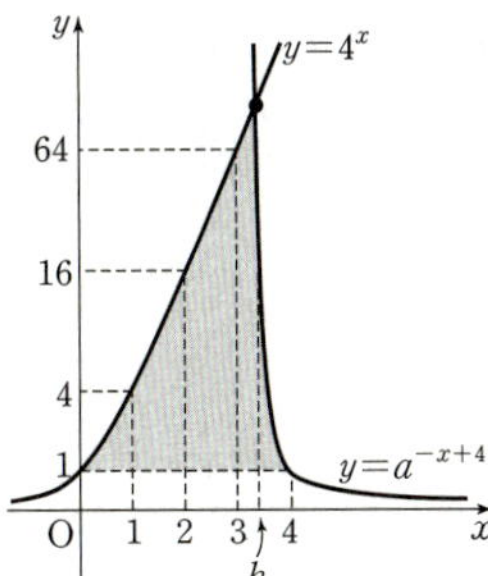

(i), (ii), (iii)에 의하여 a의 개수는 15야.

1등급 풀이 Tip

주어진 영역의 내부와 경계에서 구하고자 하는 점의 개수는 $x=1, 2, 3, \cdots$일 때 y의 값이 1이상이고, 4^x과 a^{-x+4}보다 작은 자연수의 개수와 같다. a가 $a>1$인 자연수이므로 $a=2$부터 차례대로 대입해보며 규칙을 찾을 수 있다.
$a=2$, $a=3$일 때는 $x=2$에서 $4^x>a^{-x+4}$이므로 조건을 만족시키는 점의 개수가 a^2+a+6이고, $4\leq a\leq64$일 때는 $x=2$에서 $4^x\leq a^{-x+4}$이고 $x=3$에서 $4^x\geq a^{-x+4}$이므로 조건을 만족시키는 점의 개수가 $a+22$임을 알 수 있다.

My Top Secret

조건을 만족시키는 x좌표와 y좌표가 모두 정수인 점의 개수를 구할 때는 가능한 값의 범위가 작은 것을 기준으로 세면 편리해. 지수함수의 경우 x의 값에 따라 y의 값이 아주 빠르게 변하므로 x를 기준으로 세면 좋고, 로그함수의 경우 반대로 y를 기준으로 세면 좋아.

지수함수 $y=a^x$ $(a>0, a\neq1)$의 그래프의 성질 개념·공식

① 정의역은 실수 전체의 집합이고, 치역은 양의 실수 전체의 집합이다.
② $a>1$일 때, x의 값이 증가하면 y의 값도 증가한다.
$0<a<1$일 때, x의 값이 증가하면 y의 값은 감소한다.
③ 그래프는 두 점 $(0, 1)$, $(1, a)$를 지나고, x축을 점근선으로 갖는다.

A 76 정답 ① *지수방정식의 해 ········· [정답률 38%]

(정답 공식: 반복되는 것을 t로 치환한다.)

x에 관한 방정식 $4^x-6\times2^x-6\times2^{-x}+4^{-x}=a$가 서로 다른 2개의 해를 갖도록 하는 상수 a의 값의 범위는 $a=p$, $a>q$이다. 이때, $p+q$의 값은? (4점) 단서 $4^x=2^{2x}$, $4^{-x}=2^{-2x}$이므로 2^x+2^{-x}를 한 문자로 치환하여 새로운 방정식을 만들어야 간단해져.

① -21　② -20　③ -19　④ -18　⑤ -17

1st 2^x+2^{-x}가 반복되므로 $2^x+2^{-x}=t$로 치환하여 보자.

$t=2^x+2^{-x}$라 하면 → $4^x+4^{-x}=(2^x+2^{-x})^2-2$이므로 $4^x+4^{-x}=t^2-2$야.

$t=2^x+2^{-x}\geq2\sqrt{2^x\times2^{-x}}=2$ (단, 등호는 $x=0$일 때 성립)

$y=4^x-6\times2^x-6\times2^{-x}+4^{-x}$

라 하면

실수 항상 치환할 때는 범위를 생각해야 해.

$y=(2^x+2^{-x})^2-6(2^x+2^{-x})-2$

$=t^2-6t-2$

$=(t-3)^2-11(t\geq2)$ ⋯ ㉠

[그림 1]에서 $t=2$일 때, $y=-10$

$t=3$일 때, $y=-11$이고 이때 y는 최소가 된다.

[그림 1]

2nd 곡선 ㉠과 직선 $y=a$의 교점의 개수를 따져 보자.

(ⅰ) $a<-11$일 때, t의 값이 없다.

(ⅱ) $a=-11$일 때, t의 값이 $t=3$의 1개이다.

(ⅲ) $-11<a<-10$일 때, $2<t<3$에서 1개, $3<t<4$에서 1개이므로 만족하는 t의 값이 2개이다.

(ⅳ) $a=-10$일 때, $t=2$ 또는 $t=4$로 2개이다.

(ⅴ) $a>-10$일 때, t의 값이 $t\geq4$에서 1개이다.

[그림 2]

[그림 2]에서 $t=2$일 때는 만족하는 x의 값이 1개이고, $t>2$일 때는 만족하는 x의 값이 2개이다.

3rd x의 값이 2개가 되는 a의 값의 범위를 구해 보자.

따라서 $a=-11$, $a>-10$일 때 만족하는 x의 값이 2개이다.

$a=-11$, $a>-10$일 때 t는 2 초과의 값으로 1개이므로 x의 값은 2개가 돼.

$\therefore p=-11$, $q=-10$

따라서 $p+q=-21$이다.

수능 핵강

4^x과 4^{-x}, 2^x과 2^{-x}이 서로 떨어져 있으면 이것을 치환해야겠다는 생각을 못하여 헤매는 경우도 많이 있어. 하지만 그렇다고 해도 같이 볼 줄 알아야 돼. 그리고 $t=2^x+2^{-x}$로 치환한 이후를 보자. 2가 아닌 t의 값 하나에 대하여 x가 두 개가 존재하는 것을 확인할 수 있을 거야. 즉, 2개의 근을 가지기 위해서는 t가 2가 아닌 한 개의 근을 가져야 하는 거야.

a^x 꼴이 반복되는 지수방정식의 해 개념·공식

a^x 꼴이 반복되는 지수방정식은 다음과 같이 푼다.

(ⅰ) $a^x=t$ $(t>0)$로 치환한다.

(ⅱ) $t>0$임에 주의하여 t에 대한 방정식을 푼다.

(ⅲ) x의 값을 구한다.

A 77 정답 12 *로그함수의 그래프의 활용 ········· [정답률 37%]

(정답 공식: 높이가 같은 두 삼각형의 넓이의 비는 밑변의 길이의 비와 같다.)

$k>1$인 실수 k에 대하여 두 곡선 $y=\log_{3k}x$, $y=\log_k x$가 만나는 점을 A라 하자. 양수 m에 대하여 직선 $y=m(x-1)$이 두 곡선 $y=\log_{3k}x$, $y=\log_k x$와 제1사분면에서 만나는 점을 각각 B, C라 하자. 점 C를 지나고 y축에 평행한 직선이 곡선 $y=\log_{3k}x$, x축과 만나는 점을 각각 D, E라 할 때, 세 삼각형 ADB, AED, BDC가 다음 조건을 만족시킨다.

(가) 삼각형 BDC의 넓이는 삼각형 ADB의 넓이의 3배이다. 단서1 삼각형 BDC의 넓이를 삼각형 ADB의 넓이를 이용하여 나타내.

(나) 삼각형 BDC의 넓이는 삼각형 AED의 넓이의 $\frac{3}{4}$배이다. 단서2 두 조건 (가), (나)에 의해 삼각형 AED의 넓이를 삼각형 ADB의 넓이를 이용하여 나타낼 수 있어.

$\frac{k}{m}$의 값을 구하시오. (4점)

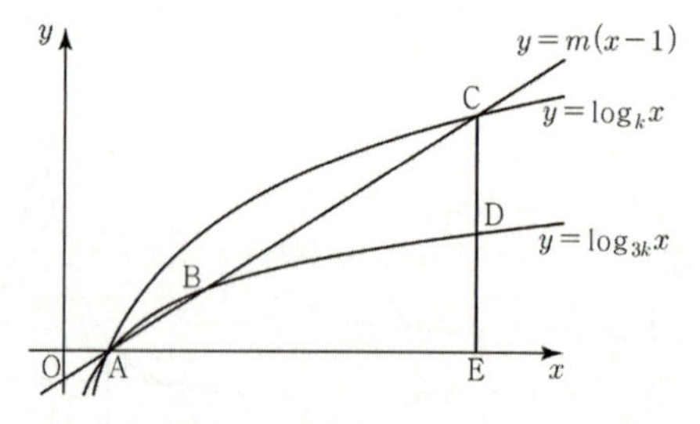

1st 두 선분 AB, BC의 길이의 비를 구하자.

삼각형 ADB의 넓이를 S라 하면 조건 (가)에 의하여 삼각형 BDC의 넓이는 $3S$이다.

$\therefore \overline{AB}:\overline{BC}=1:3$

→ 점 D에서 직선 $y=m(x-1)$, 즉 직선 AC에 내린 수선의 발을 H라 하면 두 삼각형 ADB, BDC의 밑변을 각각 선분 AB, 선분 BC라 할 때, 높이는 모두 선분 DH의 길이야. 즉, 두 삼각형은 높이가 같기 때문에 밑변의 길이의 비는 넓이의 비와 같아.

2nd 세 점 B, C, D의 좌표를 미지수를 이용하여 나타내.

점 B에서 x축에 내린 수선의 발을 B′이라 하면 $\overline{B'B}\,/\!/\,\overline{CE}$이므로 평행선의 성질에 의해 $\overline{AB'}:\overline{B'E}=\overline{AB}:\overline{BC}=1:3$이다.

이때, $\overline{AB'}=a$라 하면 $\overline{B'E}=3a$이고 두 곡선 $y=\log_{3k}x$, $y=\log_k x$가 만나는 점 A의 좌표는 $(1, 0)$이므로 세 점 B, C, D의 좌표는 각각

$\overline{AE}=\overline{AB'}+\overline{B'E}=a+3a=4a$

로그함수 $y=\log_a x$의 그래프는 항상 점 $(1, 0)$을 지나.

$B(a+1, \log_{3k}(a+1))$, $C(4a+1, \log_k(4a+1))$,

$D(4a+1, \log_{3k}(4a+1))$이다.

3rd k, m의 값을 각각 구하자.

→ $\triangle BDC=\frac{3}{4}\triangle AED$에서 $3S=\frac{3}{4}\triangle AED$ $\therefore \triangle AED=4S$

조건 (나)에 의하여 삼각형 AED의 넓이는 $4S$이고 삼각형 ADC의 넓이는 $4S$이므로 점 D는 선분 CE의 중점이다.

$\triangle ADC=\triangle ADB+\triangle BDC=S+3S=4S$

즉, $\log_k(4a+1)=2\log_{3k}(4a+1)$에서

→ 두 삼각형 AED, ADC의 넓이가 같고 높이도 $\overline{AE}$로 같으므로 점 D는 선분 CE의 중점이야.

$\log_a b=\frac{\log_c b}{\log_c a}$

$\log_k(4a+1)=\frac{2\log_k(4a+1)}{\log_k 3k}$, $\log_k 3k=2$ ($\because \log_k(4a+1)\neq0$)

$3k=k^2$, $k^2-3k=0$, $k(k-3)=0$　$\therefore k=3$ ($\because k>1$)

이때, 세 점 $A(1, 0)$, $B(a+1, \log_9(a+1))$, $C(4a+1, \log_3(4a+1))$이 직선 $y=m(x-1)$ 위에 있으므로

$$m=\frac{\log_9(a+1)-0}{(a+1)-1}=\frac{\log_3(4a+1)-0}{(4a+1)-1}$$에서

세 점 A, B, C가 한 직선 위에 있으면 두 점 A, B를 지나는 직선의 기울기와 두 점 A, C를 지나는 직선의 기울기는 서로 같아.

$$m=\frac{\log_9(a+1)}{a}=\frac{\log_3(4a+1)}{4a} \cdots ㉠$$

$4\log_9(a+1)=\log_3(4a+1)$ ($\because a\neq0$)

$\log_{a^k}b=\frac{1}{k}\log_a b$

$2\log_3(a+1)=\log_3(4a+1)$

$\log_3(a+1)^2=\log_3(4a+1)$, $(a+1)^2=4a+1$

$a^2+2a+1=4a+1$, $a^2-2a=0$, $a(a-2)=0$ $\log_a f(x)=\log_a g(x)$이면 $f(x)=g(x)$

$\therefore a=2$ ($\because a>0$)

이것을 ㉠에 대입하면

$$m=\frac{\log_9(2+1)}{2}=\frac{\frac{1}{2}\log_3 3}{2}=\frac{1}{4}$$

$$\therefore \frac{k}{m}=\frac{3}{\frac{1}{4}}=12$$

A 78 정답 120 — ✪ 1등급 킬러 [정답률 5%]

2 이상의 자연수 n에 대하여 다음 조건을 만족시키는 자연수 a, b의 모든 순서쌍 (a, b)의 개수가 300 이상이 되도록 하는 가장 작은 자연수 k의 값을 $f(n)$이라 할 때, $f(2)\times f(3)\times f(4)$의 값을 구하시오. (4점)

단서1 $x<n^k$인 범위에서 로그함수 $y=\log_n x$의 그래프를 그린 후 $y\le\log_n x$인 영역에서의 x좌표, y좌표가 모두 자연수의 점의 개수를 n, k에 대한 식으로 나타내.

(가) $a<n^k$이면 $b\le\log_n a$이다.

(나) $a\ge n^k$이면 $b\le-(a-n^k)^2+k^2$이다.

단서2 $x\ge n^k$인 범위에서는 이차함수 $y=-(x-n^k)^2+k^2$의 그래프를 그려야겠지? 그런 다음 마찬가지로 $y\le-(x-n^k)^2+k^2$인 영역에서의 x좌표, y좌표가 모두 자연수의 점의 개수를 n, k에 대한 식으로 나타내야 해.

✪ 이 문제는 로그함수의 그래프와 이차함수의 그래프 및 x축으로 둘러싸인 부분에서 x좌표와 y좌표가 모두 자연수인 점의 개수를 구하는 것이다.
이를 위해서는 로그함수의 그래프와 이차함수의 그래프를 그린 후 $a<n^k$일 때는 로그함수와 b의 값을 기준으로, $a\ge n^k$일 때는 이차함수와 b의 값을 기준으로 주어진 영역에 속하는 점의 개수를 따져보는 것이 이 문제의 키포인트이다.

[풀이 단서 체크]

❶ 먼저, 로그함수 $y=\log_n x\,(x<n^k)$의 그래프와 이차함수 $y=-(x-n^k)^2+k^2\,(x\ge n^k)$의 그래프를 그린다.

❷ 이제, $a<n^k$이고 $b\le\log_n a$인 자연수 a, b의 순서쌍 (a, b)는 부등식 $x<n^k$, $y\le\log_n x$를 만족시키는 두 자연수 x, y의 순서쌍 (x, y)의 개수와 같다.
따라서 $x<n^k$인 범위에서 함수 $y=\log_n x$의 함숫값 y가 자연수이려면 x의 값의 범위를 $n^k\le x<n^{k+1}$로 나누고 각각의 범위에 대한 y의 값을 n과 k에 대한 식으로 나타낸 후 x좌표와 y좌표가 모두 자연수인 점의 개수를 n과 k에 대한 식으로 나타낼 수 있다. ⇒ 단서1

❸ 마지막으로, 위와 같은 방법으로 $x\ge n^k$인 범위에서 함수 $y=-(x-n^k)^2+k^2$의 함숫값 y가 자연수이려면 $x=n^k$, n^k+1, n^k+2, n^k+3, …에 대한 y의 값을 n과 k에 대한 식으로 나타낸 후 x좌표와 y좌표가 모두 자연수인 점의 개수를 n과 k에 대한 식으로 나타낼 수 있다. ⇒ 단서2

주의 $f(n)$은 n과 k를 변수로 하는 함수이므로 n에 2, 3, 4를 대입하고, 각각에 대하여 k의 값을 적당히 대입하여 비교해서 k의 최솟값을 구하여 $f(2)$, $f(3)$, $f(4)$의 값을 구해야 한다.

핵심 정답 공식: $x=n^k$에서 연속이 아님에 유의하여 그래프를 그린다. k에 임의의 자연수를 대입하고 x의 범위를 나눠 순서쌍의 개수가 이루는 규칙을 찾는다.

[문제 풀이 순서]

＊로그함수의 그래프와 이차함수의 그래프가 만드는 영역에서 x좌표와 y좌표가 모두 자연수인 점의 개수 구하기

1st $g_n(x)=\log_n x$, $h_n(x)=-(x-n^k)^2+k^2$이라 하고 그래프를 그려보자.

2 이상의 자연수 n에 대하여

$g_n(x)=\log_n x$, $h_n(x)=-(x-n^k)^2+k^2$이라 하면 (그래프의 꼭짓점의 좌표가 (n^k, k^2)인 이차함수)

$g_n(n^k)=k$, $h_n(n^k)=k^2$

이고, $h_n(x)=0$일 때, $x=n^k+k$ ($\because x\ge n^k$)이므로

($0=-(x-n^k)^2+k^2$에서 $(x-n^k)^2=k^2$, $x-n^k=\pm k$ $\therefore x=n^k\pm k$ 이때, $x\ge n^k$이므로 $x=n^k+k$)

$x<n^k$에서 로그함수 $y=g_n(x)$의 그래프와 $x\ge n^k$에서 이차함수 $y=h_n(x)$의 그래프는 그림과 같다.

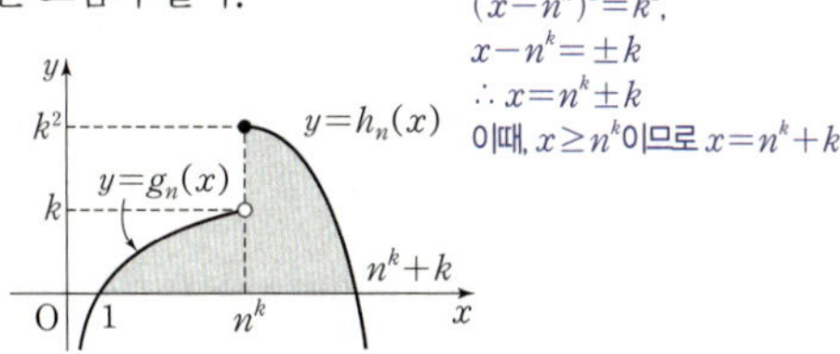

2nd 두 조건 (가)와 (나)를 만족시키는 순서쌍의 개수를 각각 구해 보자.

(i) 조건 (가)를 만족시키는 두 자연수 a, b의 순서쌍 (a, b)의 개수는 부등식 $1\le x<n^k$, $y\le g_n(x)$를 만족시키는 두 자연수 x, y의 순서쌍 (x, y)의 개수와 같으므로 다음과 같이 x의 값에 따라 구간을 나누어서 순서쌍 (a, b)의 개수를 구하자.

i) $1\le x<n$일 때, $0\le g_n(x)<1$이므로 가능한 자연수 y의 값은 없다.

ii) $n\le x<n^2$일 때, $1\le g_n(x)<2$이므로 가능한 자연수 y의 값은 1뿐이다. 따라서 이때의 순서쌍 (a, b)의 개수는 n^2-n이다.

iii) $n^2\le x<n^3$일 때, $2\le g_n(x)<3$이므로 가능한 자연수 y의 값은 1, 2이다. 따라서 이때의 순서쌍 (a, b)의 개수는 $2(n^3-n^2)$이다. (2: y의 개수, n^3-n^2: x의 개수)

($(n, 1)$, $(n+1, 1)$, $(n+2, 1)$, ⋮, $(n^2-1, 1)$ — 순서쌍의 개수는 $(n^2-1)-n+1=n^2-n$(개))

⋮

iv) $n^{k-1}\le x<n^k$일 때, $k-1\le g_n(x)<k$이므로 가능한 자연수 y의 값은 1, 2, 3, …, $k-1$이다. 따라서 이때의 순서쌍 (a, b)의 개수는 $(k-1)(n^k-n^{k-1})$이다.

i) ~ iv)에 의하여 구하는 순서쌍 (a, b)의 개수는

$$\begin{aligned}&(n^2-n)+2(n^3-n^2)+\cdots+(k-1)(n^k-n^{k-1})\\&=n^2-n+2n^3-2n^2+\cdots+(k-1)n^k-(k-1)n^{k-1}\\&=-n+(n^2-2n^2)+(2n^3-3n^3)+\cdots+(-n^k)+kn^k\\&=kn^k-(n+n^2+\cdots+n^k)\\&=kn^k-\frac{n(n^k-1)}{n-1}\ (\because n\ge2)\\&=n^k\left(k-\frac{n}{n-1}\right)+\frac{n}{n-1}\end{aligned}$$

($n+n^2+\cdots+n^k$: 첫째항이 n, 공비가 n인 등비수열의 첫째항부터 제 k항까지의 합)

(ii) 조건 (나)를 만족시키는 두 자연수 a, b의 순서쌍 (a, b)의 개수는 부등식 $n^k\le x<n^k+k$, $y\le h_n(x)$를 만족시키는 두 자연수 x, y의 순서쌍 (x, y)의 개수와 같으므로 다음과 같이 자연수 x의 값에 따라 순서쌍 (a, b)의 개수를 구하자.

($x=n^k+k$이면 $y=0$이 되어 이 점은 x좌표, y좌표가 모두 자연수라는 조건에 맞지 않아.)

i) $x=n^k$일 때, $h_n(x)=k^2$이므로 가능한 자연수 y의 값은 1, 2, 3, …, k^2이다. 따라서 이때의 순서쌍 (a, b)의 개수는 k^2이다.

ii) $x=n^k+1$일 때, $h_n(x)=k^2-1^2$이므로 가능한 자연수 y의 값은 1, 2, 3, …, k^2-1^2이다.
따라서 이때의 순서쌍 (a, b)의 개수는 k^2-1^2이다.

iii) $x=n^k+2$일 때, $h_n(x)=k^2-2^2$이므로 가능한 자연수 y의 값은 1, 2, 3, …, k^2-2^2이다.

따라서 이때의 순서쌍 (a, b)의 개수는 k^2-2^2이다.

⋮

ⅳ) $x=n^k+k-1$일 때, $h_n(x)=k^2-(k-1)^2$이므로 가능한 자연수 y의 값은 $1, 2, 3, \cdots, k^2-(k-1)^2$이다.

따라서 이때의 순서쌍 (a, b)의 개수는 $k^2-(k-1)^2$이다.

ⅰ) ~ ⅳ)에 의하여 구하는 순서쌍 (a, b)의 개수는

$$k^2+(k^2-1^2)+(k^2-2^2)+\cdots+\{k^2-(k-1)^2\}$$
$$=k\times k^2-\{1^2+2^2+\cdots+(k-1)^2\} \quad \rightarrow \sum_{i=1}^{m} i^2=\frac{m(m+1)(2m+1)}{6}$$
$$=k^3-\frac{k(k-1)(2k-1)}{6}=\frac{k(k+1)(4k-1)}{6}$$

(ⅰ), (ⅱ)에 의하여 주어진 조건을 만족시키는 두 자연수 a, b의 모든 순서쌍 (a, b)의 개수를 $A(n)$이라 하면

$$A(n)=n^k\left(k-\frac{n}{n-1}\right)+\frac{n}{n-1}+\frac{k(k+1)(4k-1)}{6}$$

3rd 자연수 n의 값에 따라 순서쌍 (a, b)의 개수가 300 이상이 되도록 하는 자연수 k의 최솟값을 구하자.

한편, $f(n)$은 $A(n)\geq 300$을 만족시키는 자연수 k의 최솟값이므로 $n=2, 3, 4$를 대입하여 $f(2), f(3), f(4)$의 값을 각각 구하자.

(Ⅰ) $n=2$일 때,

$A(2)=2^k(k-2)+2+\frac{k(k+1)(4k-1)}{6}$에서

$k=5$이면 $2^5(5-2)+2+\frac{5\times 6\times 19}{6}=193$이고,

$k=6$이면 $2^6(6-2)+2+\frac{6\times 7\times 23}{6}=419$이므로

$A(2)\geq 300$을 만족시키는 자연수 k의 최솟값은 $f(2)=6$

(Ⅱ) $n=3$일 때,

$A(3)=3^k\left(k-\frac{3}{2}\right)+\frac{3}{2}+\frac{k(k+1)(4k-1)}{6}$에서

$k=4$이면 $3^4\left(4-\frac{3}{2}\right)+\frac{3}{2}+\frac{4\times 5\times 15}{6}=254$이고,

$k=5$이면 $3^5\left(5-\frac{3}{2}\right)+\frac{3}{2}+\frac{5\times 6\times 19}{6}=947$이므로

$A(3)\geq 300$을 만족시키는 자연수 k의 최솟값은 $f(3)=5$

(Ⅲ) $n=4$일 때,

$A(4)=4^k\left(k-\frac{4}{3}\right)+\frac{4}{3}+\frac{k(k+1)(4k-1)}{6}$에서

$k=3$이면 $4^3\left(3-\frac{4}{3}\right)+\frac{4}{3}+\frac{3\times 4\times 11}{6}=130$이고,

$k=4$이면 $4^4\left(4-\frac{4}{3}\right)+\frac{4}{3}+\frac{4\times 5\times 15}{6}=734$이므로

$A(4)\geq 300$을 만족시키는 자연수 k의 최솟값은 $f(4)=4$

따라서 (Ⅰ)~(Ⅲ)에 의하여 $f(2)\times f(3)\times f(4)=6\times 5\times 4=120$

1등급 풀이 Tip

주어진 영역에서 x좌표와 y좌표가 모두 자연수인 점의 개수를 구할 때, $a<n^k$일 때는 로그함수 $y=\log_n x$에 대하여 $n^k\leq x<n^{k+1}$의 범위에 따라 y의 값을, $a\geq n^k$일 때는 이차함수 $y=-(x-n^k)^2+k^2$에 대하여 $x=n^k, n^k+1, n^k+2, n^k+3, \cdots$에 따라 y의 값을 구하는 것이 간편하다.

A 79 정답 122

✪ 2등급 킬러 [정답률 21%]

좌표평면에서 다음 조건을 만족시키는 정사각형 중 두 함수 $y=\log 3x$, $y=\log 7x$의 그래프와 모두 만나는 것의 개수를 구하시오. (4점)

(가) 꼭짓점의 x좌표, y좌표가 모두 자연수이고 한 변의 길이가 1이다.

(나) 꼭짓점의 x좌표는 모두 200 이하이다.

단서 주어진 두 함수의 그래프와 모두 만나도록 한 변의 길이가 1인 정사각형을 그려봐. 이때, 조건을 만족시키는 정사각형의 꼭짓점의 y좌표의 값의 범위를 찾아봐야 해.

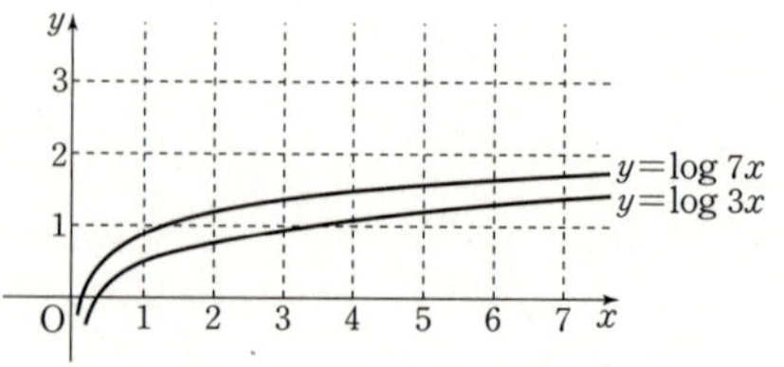

✪ 이 문제는 두 함수 $y=\log 3x$, $y=\log 7x$의 그래프와 모두 만나는 정사각형의 개수를 구하는 문제이다.

이를 위해서는 정사각형의 한 변의 길이가 1이므로 $y=\log 3x$와 $y=\log 7x$의 범위를 나누어 따져보는 것이 이 문제의 키포인트이다.

[풀이 단서 체크]

❶ 먼저, 정사각형의 꼭짓점의 x좌표는 모두 200 이하이므로 $y=\log 3x$의 함숫값은 3을 넘을 수가 없다. 따라서 정사각형이 두 함수의 그래프와 동시에 만날 수 있는 경우는 함숫값이 1과 2 사이인 경우와 2와 3 사이인 경우가 있다. ⇒ 단서

❷ 이제, 정사각형의 왼쪽 변의 x좌표 또는 오른쪽 변의 x좌표를 기준으로 해서 $y=\log 3x$와 $y=\log 7x$의 함숫값이 같은 범위에 있도록 하는 x의 개수를 차근차근 구해야 한다.

주의 x의 개수를 구할 때 정사각형의 왼쪽 변의 x좌표와 오른쪽 변의 x좌표 중 하나를 기준으로 삼아서 실수하지 않고 개수를 구해야 한다.

핵심 정답 공식: x좌표가 모두 200 이하이므로 $y=\log 3x$의 y좌표는 3 이하임을 알 수 있다. y좌표가 1과 2 사이일 때, y좌표가 2와 3 사이일 때를 나눠서 구한다.

[문제 풀이 순서]

*문제 상황을 로그부등식으로 나타내어 해결하기

1st 그림을 그려 두 함수의 그래프가 모두 정사각형 격자와 만나는 경우를 생각하자.

꼭짓점의 x좌표, y좌표가 모두 자연수이고 한 변의 길이가 1인 정사각형이 두 함수 $y=\log 3x$, $y=\log 7x$의 그래프와 동시에 만나는 경우는 그림과 같다.

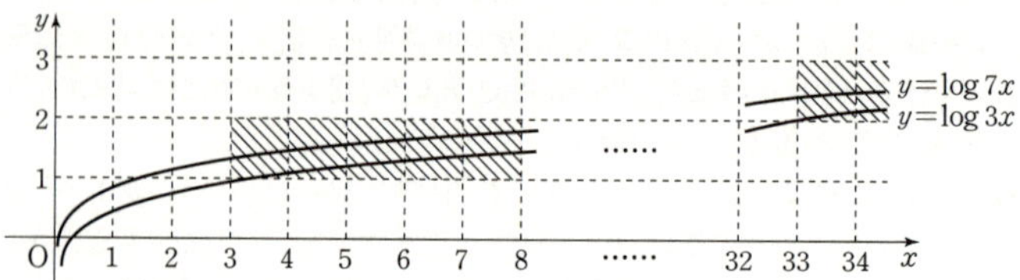

2nd 문제에 주어진 자연수 x의 값의 범위에 주의하자.

y좌표의 범위를 나누어서 조건을 만족시키는 x좌표의 범위를 구하자.

(ⅰ) 두 함수의 함숫값이 1과 2 사이인 경우

$1\leq \log 3x<2$에서 $10\leq 3x<100$, $\frac{10}{3}\leq x<\frac{100}{3}$이므로 자연수 x의 값은 $x=4, 5, \cdots, 33$

$1\le\log 7x<2$에서 $10\le 7x<100$, $\frac{10}{7}\le x<\frac{100}{7}$이므로 자연수 x의 값은 $x=2, 3, \cdots, 14$

그런데 정사각형의 왼쪽 변의 x좌표가 3일 때도 정사각형의 오른쪽 변에서 $y=\log 3x$는 1과 2 사이의 함숫값을 가지므로 두 함수 $y=\log 3x$, $y=\log 7x$는 같은 정사각형에서 만난다.

즉, 조건을 만족시키는 자연수 x는 $3, 4, \cdots, 14$로 12개이다. ($14-3+1=12$(개))

(ii) 두 함수의 함숫값이 2와 3 사이인 경우

조건에서 x좌표가 200 이하이므로 한 변의 길이가 1인 정사각형의 왼쪽 변의 x좌표의 최댓값은 199이다.

$2\le\log 3x<3$에서 $100\le 3x<1000$, $\frac{100}{3}\le x<\frac{1000}{3}$이므로 자연수 x의 값은 $x=34, 35, \cdots, 199$

($\frac{100}{3}\le x<\frac{1000}{3}$에서 $x=34, 35, \cdots, 333$인데 x의 최댓값은 199라 했으니까 $x=34, 35, \cdots, 199$가 돼.)

$2\le\log 7x<3$에서 $100\le 7x<1000$, $\frac{100}{7}\le x<\frac{1000}{7}$이므로 자연수 x의 값은 $x=15, 16, \cdots, 142$

그런데 정사각형의 왼쪽 변의 x좌표가 33일 때도 정사각형의 오른쪽 변에서 $y=\log 3x$는 2와 3 사이의 함숫값을 가지므로 두 함수 $y=\log 3x$, $y=\log 7x$는 같은 정사각형에서 만난다.

즉, 조건을 만족시키는 자연수 x는 $33, 34, \cdots, 142$로 110개이다. ($142-33+1=110$(개))

따라서 구하는 정사각형의 개수는 $12+110=122$

1등급 풀이 Tip

로그함수는 x의 값이 변함에 따라 상대적으로 y의 값이 변하는 폭이 크지 않다. 따라서 변하는 폭이 크지 않은 y의 값을 기준으로 케이스를 분류하고 개수를 생각해야 쉽게 구할 수 있다. 만약에 문제에서 등장하는 함수가 로그함수가 아니라 지수함수라면 지수함수는 y의 값이 변함에 따라 상대적으로 x의 값이 변하는 폭이 크지 않기 때문에 x의 값을 기준으로 케이스를 분류하고 개수를 생각해야 문제를 쉽게 풀 수 있다.

My Top Secret

x, y좌표가 모두 정수인 점, 즉 격자점에 대한 문제는 단골 고난도 문제야. 격자점에 대한 문제는 다음과 같은 순서로 풀면 더 효과적으로 답에 접근할 수 있어.

(i) 경계선에서 만나는 격자점을 찾는다.

(ii) a, b가 정수일 때, a와 b 사이에 있는 정수의 개수는

① $a<x<b$이면 $(b-a-1)$개

② $a\le x<b$이면 $(b-a)$개

③ $a<x\le b$이면 $(b-a)$개

④ $a\le x\le b$이면 $(b-a+1)$개

임을 이용하여 격자점의 개수를 구하자.

로그부등식의 풀이 방법 개념·공식

① $a>1$일 때,
$\log_a f(x)<\log_a g(x)$이면 $0<f(x)<g(x)$
$0<a<1$일 때,
$\log_a f(x)<\log_a g(x)$이면 $f(x)>g(x)>0$

② $\log_a f(x)<\log_b g(x)$와 같이 밑이 다를 때에는 밑을 통일한다.

③ $\log_a x$, $(\log_a x)^2$이 포함된 식은 $\log_a x=t$로 치환한다.

④ 밑이 문자일 때에는 (밑)>1, $0<$(밑)<1의 두 가지 경우로 나누어 구한다.

A 80 정답 71

✪ 2등급 킬러 [정답률 24%]

양수 x에 대하여 $\log x$의 소수 부분을 $f(x)$라 하자. 다음 조건을 만족시키는 두 자연수 a, b의 모든 순서쌍 (a, b)의 개수를 구하시오. (4점)

단서1 $\log x$의 정수 부분을 n이라 하면 $\log x=n+f(x)$야.

(가) $a\le b\le 20$
(나) $\log b-\log a\le f(a)-f(b)$

단서2 $1\le x<10$일 때 $0\le\log x<1$에서 $\log x$의 정수 부분은 0이고, $10\le x\le 20$일 때 $1\le\log x\le\log 20<\log 100=2$에서 $\log x$의 정수 부분은 1이므로 자연수 a, b의 값의 범위를 나누어 조건 (나)를 만족시키는 순서쌍 (a, b)를 찾자.

✪ 이 문제는 로그부등식으로 주어진 조건을 만족시키는 순서쌍의 개수를 구하는 문제이다.
이를 위해서는 a, b가 20 이하의 자연수이므로 $\log a$와 $\log b$의 정수 부분이 0일 때와 1일 때로 나누어서 따져보는 것이 이 문제의 키포인트이다.

[풀이 단서 체크]

❶ 먼저, $1\le a\le b\le 20$이므로 $0\le\log a\le\log b\le 1+\log 2<2$이다.
따라서 $\log a$와 $\log b$의 정수 부분은 0 또는 1임을 알 수 있다. ⇒ 단서1

❷ 이제, $a\le b$이므로 $\log a$와 $\log b$의 정수 부분이 0일 때, $\log a$와 $\log b$의 정수 부분이 각각 0, 1일 때, $\log a$와 $\log b$의 정수 부분이 1일 때로 나누어 풀 수 있다.
$\log x$의 정수 부분이 1이면 $f(x)=\log x-1$임을 이용하여 로그부등식을 해결할 수 있다. ⇒ 단서2

주의 $a\le b$이므로 $\log a$와 $\log b$의 정수 부분이 각각 1, 0인 경우는 생각하지 않아도 된다.

핵심 정답 공식: $\log a$, $\log b$의 정수 부분은 0 또는 1이다. 정수 부분이 정해지지 않았으므로 세 경우로 나누어 구한다.

[문제 풀이 순서]

*소수 부분을 식으로 나타내어 로그부등식 풀이하기

1st a, b의 자릿수에 따라 경우를 나누어 보자.

a, b는 모두 자연수이고 조건 (가)에서 $a\le b\le 20$이므로 $\log a$, $\log b$의 정수 부분은 0 또는 1이다.

주의 $\log a\le\log b\le\log 20$에서 $\log 20=\log(2\times 10)=\log 2+\log 10=1+\log 2$이므로 가능한 정수는 0 또는 1이야. 주어진 조건 $a\le b\le 20$을 동시에 만족시키는 순서쌍을 찾아보자.

즉, $\log a=f(a)$ 또는 $\log a=1+f(a)$이고 $\log b=f(b)$ 또는 $\log b=1+f(b)$이다. ($\log x$의 정수 부분이 n일 때, $\log x=n+f(x)$야.)

2nd a, b의 값의 범위에 따라 조건 (나)를 만족시키는 순서쌍 (a, b)의 개수를 구하자.

(i) $1\le a\le b\le 9$ ⋯ ㉠일 때,

$\log a=f(a)$, $\log b=f(b)$를 조건 (나)에 대입하면

$\log b-\log a\le\log a-\log b$

$2\log b\le 2\log a$

$\log b\le\log a$

$\therefore b\le a$

위 부등식과 ㉠에 의해 $1\le a=b\le 9$이므로 주어진 조건을 만족시키는 순서쌍 (a, b)의 개수는 $(1, 1), (2, 2), \cdots, (9, 9)$의 9이다. ($a\le b$이고 $b\le a$이면 $a=b$이지?)

(ii) $1\le a\le 9$, $10\le b\le 20$ ⋯ ㉡일 때,

$\log a=f(a)$이고 $\log b=1+f(b)$에서

$f(b)=\log b-1$을 조건 (나)에 대입하면

$\log b-\log a\le\log a-(\log b-1)$

$2\log b\le 2\log a+1$

$\log b^2 \le \log a^2 + \log 10$

$\log b^2 \le \log 10a^2$

$\therefore b^2 \le 10a^2$

㉡에 의해 $a=1, 2, 3$일 때, 위 부등식을 만족시키는 자연수 b는 없다.

($a=1$일 때, $b^2 \le 10$ / $a=2$일 때, $b^2 \le 40$ / $a=3$일 때, $b^2 \le 90$ / 그런데 $10 \le b \le 20$에서 $100 \le b^2 \le 400$이므로 만족시키는 b의 값은 없어.)

$a=4$일 때, $b^2 \le 160$이므로

$b=10, 11, 12$ ($12^2=144$)

$a=5$일 때, $b^2 \le 250$이므로

$b=10, 11, \cdots, 15$ ($15^2=225$)

$a=6$일 때, $b^2 \le 360$이므로

$b=10, 11, \cdots, 18$ ($18^2=324$)

$a=7$일 때, $b^2 \le 490$이므로

$b=10, 11, \cdots, 20$

$a=8, 9$일 때도 각각 마찬가지로

$b=10, 11, \cdots, 20$

즉, 이때 주어진 조건을 만족시키는 순서쌍 (a, b)의 개수는

$3+6+9+11+11+11=51$이다.

(iii) $10 \le a \le b \le 20$ … ㉢일 때,

$\log a = 1 + f(a)$, $\log b = 1 + f(b)$에서

$f(a) = \log a - 1$, $f(b) = \log b - 1$을 각각 조건 (나)에 대입하면

$\log b - \log a \le (\log a - 1) - (\log b - 1)$

$\log b - \log a \le \log a - \log b$

$\log b \le \log a$

$\therefore b \le a$

위 부등식과 ㉢에 의해 $10 \le a = b \le 20$이므로 주어진 조건을 만족시키는 순서쌍 (a, b)의 개수는 $(10, 10), (11, 11), \cdots, (20, 20)$의 11이다.

3rd (a, b)의 순서쌍의 개수를 구하자.

(i)~(iii)에 의하여 구하는 순서쌍 (a, b)의 개수는

$9+51+11=71$이다.

1등급 풀이 Tip

조건 (나)는 언뜻 보기에 복잡해 보인다. 그러나 $\log x$의 정수 부분이 n이면 소수 부분은 $\log x - n$임을 이용하여 식을 간단하게 정리할 수 있다. 이 문제에서는 정수 부분이 0 또는 1임을 활용하여 경우를 나누고 로그부등식에 대입하여 간단하게 풀 수 있다.

[1등급 심화 특강]

〈정수 부분에 따라 경우 나누기〉

자연수의 순서쌍을 구하는 문제에서는 정수 부분을 주는 경우가 대부분이야. 이 문제와 같이 조건에 따라 정수 부분의 값을 0, 1, 2, … 등으로 차례로 두고, 소수 부분의 조건으로 식을 세우면 쉽게 풀 수 있어.

로그부등식의 풀이 방법 (개념·공식)

① $a>1$일 때,
$\log_a f(x) < \log_a g(x)$이면 $0 < f(x) < g(x)$
$0<a<1$일 때,
$\log_a f(x) < \log_a g(x)$이면 $f(x) > g(x) > 0$

② $\log_a f(x) < \log_b g(x)$와 같이 밑이 다를 때에는 밑을 통일한다.

③ $\log_a x$, $(\log_a x)^2$이 포함된 식은 $\log_a x = t$로 치환한다.

④ 밑이 문자일 때에는 (밑)>1, $0<$(밑)<1의 두 가지 경우로 나누어 구한다.

B 삼각함수

4점 같은 3점+4점 문제

B 01 정답 ① *부채꼴의 호의 길이와 넓이 ············ [정답률 85%]

정답 공식: 반지름의 길이가 r인 원에서 중심각의 크기가 θ(라디안)인 부채꼴의 호의 길이를 l, 넓이를 S라 하면 $l=r\theta$, $S=\frac{1}{2}r^2\theta=\frac{1}{2}rl$이다.

그림과 같이 부채꼴 모양의 종이로 고깔모자를 만들었더니, 밑면의 반지름의 길이가 5 cm이고, 모선의 길이가 13 cm인 원뿔 모양이 되었다. 이 종이의 넓이는? (단, 종이는 겹치지 않도록 한다.) (3점)

단서 부채꼴의 넓이는 반지름의 길이가 r, 호의 길이가 l 일 때 $S=\frac{1}{2}rl$이니까 부채꼴의 호의 길이를 구하면 되겠지?

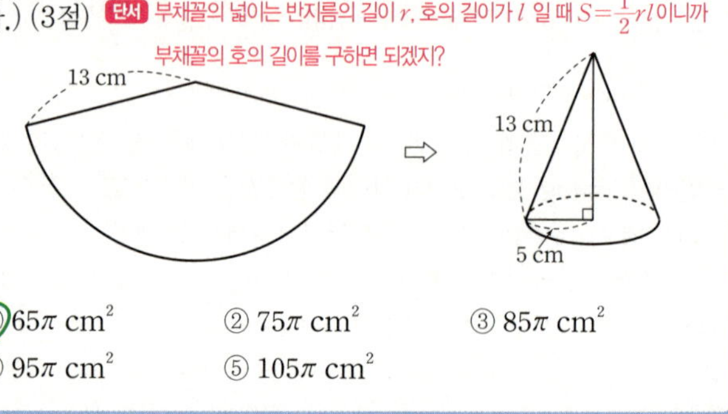

① 65π cm^2　② 75π cm^2　③ 85π cm^2
④ 95π cm^2　⑤ 105π cm^2

1st 부채꼴의 호의 길이와 고깔모자의 밑면의 둘레의 길이가 같음을 이용하자.

부채꼴 모양의 종이의 호의 길이와 고깔모자의 밑면의 둘레의 길이가 같으므로 부채꼴의 호의 길이는

$2\pi \times 5 = 10\pi$

이때, 부채꼴 모양의 종이는 반지름의 길이 $r=13$ cm이고, 호의 길이 $l=10\pi$ cm이므로 부채꼴의 넓이를 S라 하면

$S=\frac{1}{2}rl=\frac{1}{2}\times 13 \times 10\pi = 65\pi(\text{cm}^2)$

반지름의 길이가 r이고 중심각의 크기가 θ인 부채꼴의 호의 길이 l과 넓이 S는 $l=r\theta$, $S=\frac{1}{2}r^2\theta=\frac{1}{2}rl$

실수: 여기서 r은 부채꼴의 반지름이야. 밑면의 반지름을 대입하면 안돼.

쉬운 풀이

반지름의 길이가 13 cm인 원주는 26π cm이고, 넓이는 169π cm^{2}야.

부채꼴의 호의 길이가 10π이므로 부채꼴의 넓이를 S라 하면

$26\pi : 10\pi = 169\pi : S$ (부채꼴의 호의 길이와 넓이는 중심각의 크기에 정비례해. 즉, 한 부채꼴에 대하여 호의 길이와 넓이의 비는 일정해.)

$\therefore S = 65\pi(\text{cm}^2)$

수능 핵강

부채꼴의 호의 길이와 넓이를 구하는 공식 유도 과정을 기억해 두면 공식을 잊었을 때, 다시 유도할 수 있어. 부채꼴의 반지름의 길이가 r이고, 중심각의 크기가 θ(라디안)이라 하면 호의 길이 l은 중심각의 크기 θ에 비례하므로

$2\pi r : l = 2\pi : \theta$에서 $2\pi l = 2\pi r\theta$

$\therefore l = \frac{2\pi r\theta}{2\pi} = r\theta$

또, 부채꼴의 넓이 S도 중심각의 크기 θ에 비례하므로

$\pi r^2 : S = 2\pi : \theta$에서 $2\pi S = \pi r^2\theta$

$\therefore S = \frac{\pi r^2\theta}{2\pi} = \frac{1}{2}r^2\theta$

그런데 $l=r\theta$이므로 $S=\frac{1}{2}r^2\theta=\frac{1}{2}r\times r\theta=\frac{1}{2}rl$

B 02 정답 ③ *부채꼴의 호의 길이와 넓이 [정답률 53%]

(정답 공식: 부채꼴 둘레의 길이는 $3+3+3\theta$이다.)

중심각이 θ이고 반지름의 길이가 3인 부채꼴 PAB의 중심 P가 반지름의 길이가 1인 원 O 위에 있다. 그림과 같이 부채꼴 PAB가 원 O에 접하며 한 바퀴 돌아서 중심 P가 제자리에 왔다. 이때, 중심각 θ의 값은? (4점)

단서 '한 바퀴 돌아서 제자리에 온다'는 것은 부채꼴 PAB의 둘레의 길이와 원 O의 둘레의 길이가 같음을 나타내므로 이를 이용하여 식을 세워보자.

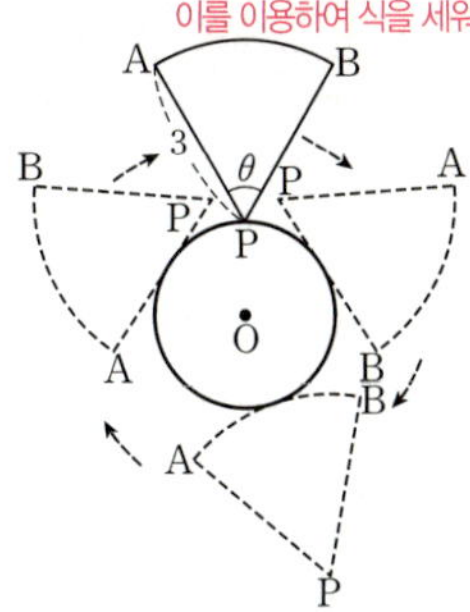

① $\frac{1}{3}\pi-2$ ② $\frac{1}{3}\pi-1$ ③ $\frac{2}{3}\pi-2$ ④ $\frac{2}{3}\pi-1$ ⑤ $\pi-2$

1st 부채꼴과 원의 둘레의 길이를 각각 구해보자.

반지름의 길이가 3이고 중심각의 크기가 θ인 호 AB의 길이는 3θ이므로 부채꼴 PAB의 둘레의 길이는 $3+3+3\theta=6+3\theta$

또, 반지름의 길이가 1인 원 O의 둘레의 길이는 $2\pi\times1=2\pi$

이때, 부채꼴 PAB가 원 O에 접하면서 한 바퀴 돌아서 중심 P가 제자리에 왔으므로 부채꼴 PAB의 둘레의 길이와 원 O의 둘레의 길이는 같다. 즉,

그냥 보기에는 부채꼴의 두 반지름과 호가 원에 접한다는 게 이해가 안 될 수도 있어. 그치만 곰곰이 생각해 보면 연속해서 닿아서 지나가니까 원의 둘레를 접하면서 도는 게 가능한 거야.

$6+3\theta=2\pi$

$\therefore \theta=\frac{2}{3}\pi-2$

B 03 정답 ② *삼각함수의 정의와 삼각함수 사이의 관계 [정답률 64%]

(정답 공식: $\tan\theta=\frac{\sin\theta}{\cos\theta}$, $\sin^2\theta+\cos^2\theta=1$임을 이용하여 주어진 식을 간단히 한다.)

$\pi<\theta<2\pi$인 θ에 대하여 $\frac{\sin\theta\cos\theta}{1-\cos\theta}+\frac{1-\cos\theta}{\tan\theta}=1$일 때, $\cos\theta$의 값은? (3점)

단서 삼각함수 사이의 관계를 이용하여 주어진 식을 최대한 간단히 정리해.

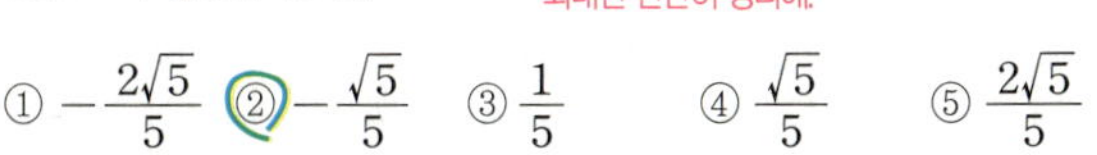

① $-\frac{2\sqrt{5}}{5}$ ② $-\frac{\sqrt{5}}{5}$ ③ $\frac{1}{5}$ ④ $\frac{\sqrt{5}}{5}$ ⑤ $\frac{2\sqrt{5}}{5}$

1st 주어진 식을 간단히 하자.

$\frac{\sin\theta\cos\theta}{1-\cos\theta}+\frac{1-\cos\theta}{\tan\theta}=1$에서

$\tan\theta=\frac{\sin\theta}{\cos\theta}$이므로 $\frac{1}{\tan\theta}=\frac{\cos\theta}{\sin\theta}$ $\therefore \frac{1-\cos\theta}{\tan\theta}=\frac{(1-\cos\theta)\cos\theta}{\sin\theta}$

$\frac{\sin\theta\cos\theta}{1-\cos\theta}+\frac{(1-\cos\theta)\cos\theta}{\sin\theta}=1$

$\frac{\sin^2\theta\cos\theta+(1-\cos\theta)^2\cos\theta}{(1-\cos\theta)\sin\theta}=1$

$\frac{(\sin^2\theta+\cos^2\theta-2\cos\theta+1)\cos\theta}{(1-\cos\theta)\sin\theta}=1$, $\frac{(1-2\cos\theta+1)\cos\theta}{(1-\cos\theta)\sin\theta}=1$ ($\sin^2\theta+\cos^2\theta=1$)

$\frac{2(1-\cos\theta)\cos\theta}{(1-\cos\theta)\sin\theta}=1$, $\frac{2\cos\theta}{\sin\theta}=1$ ($\because 1-\cos\theta\neq0$)

$\pi<\theta<2\pi$이므로 $\cos\theta\neq1$이야.

$\therefore \sin\theta=2\cos\theta$ ⋯ ㉠

2nd $\cos\theta$의 값을 구하자.

㉠을 $\sin^2\theta+\cos^2\theta=1$에 대입하면

$(2\cos\theta)^2+\cos^2\theta=1$, $5\cos^2\theta=1$, $\cos^2\theta=\frac{1}{5}$

$\therefore \cos\theta=\sqrt{\frac{1}{5}}=\frac{\sqrt{5}}{5}$ 또는 $\cos\theta=-\sqrt{\frac{1}{5}}=-\frac{\sqrt{5}}{5}$

그런데 ㉠에 의하여 $\cos\theta<0$

$\pi<\theta<2\pi$에서 $\sin\theta<0$이므로 ㉠에 의하여 $\cos\theta<0$이 되어야 해. 즉, 정확한 θ의 값의 범위는 $\pi<\theta<\frac{3}{2}\pi$가 돼.

$\therefore \cos\theta=-\frac{\sqrt{5}}{5}$

[다른 풀이]

$\frac{\sin\theta\cos\theta}{1-\cos\theta}=\frac{\sin\theta\cos\theta(1+\cos\theta)}{(1-\cos\theta)(1+\cos\theta)}=\frac{\sin\theta\cos\theta(1+\cos\theta)}{1-\cos^2\theta}$

분모, 분자에 0이 아닌 같은 값을 곱해도 그 값은 변함이 없지? / $\sin^2\theta+\cos^2\theta=1$에서 $1-\cos^2\theta=\sin^2\theta$야.

$=\frac{\sin\theta\cos\theta(1+\cos\theta)}{\sin^2\theta}$

$=\frac{\cos\theta(1+\cos\theta)}{\sin\theta}$ ($\because \sin\theta\neq0$)

$\pi<\theta<2\pi$에서 $\sin\theta\neq0$이야.

$=\frac{1+\cos\theta}{\tan\theta}$ → $\frac{\cos\theta}{\sin\theta}=\frac{1}{\tan\theta}$

이므로 $\frac{\sin\theta\cos\theta}{1-\cos\theta}+\frac{1-\cos\theta}{\tan\theta}=1$에서

$\frac{1+\cos\theta}{\tan\theta}+\frac{1-\cos\theta}{\tan\theta}=1$

$\frac{(1+\cos\theta)+(1-\cos\theta)}{\tan\theta}=1$

$\frac{2}{\tan\theta}=1$ $\therefore \tan\theta=2$ ⋯ ㉡

이때, ㉡을 만족시키는 직각삼각형의 밑변과 높이를 각각 1, 2라 하면 빗변의 길이는 피타고라스 정리에 의하여 $\sqrt{1^2+2^2}=\sqrt{5}$

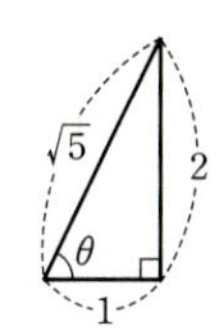

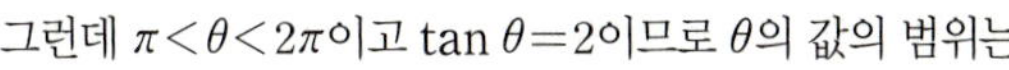

그런데 $\pi<\theta<2\pi$이고 $\tan\theta=2$이므로 θ의 값의 범위는 $\pi<\theta<\frac{3}{2}\pi$가 되어야 해. 즉, $\cos\theta<0$이야.

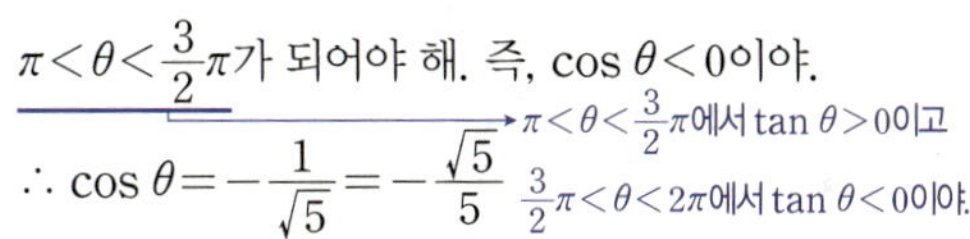

$\pi<\theta<\frac{3}{2}\pi$에서 $\tan\theta>0$이고 $\frac{3}{2}\pi<\theta<2\pi$에서 $\tan\theta<0$이야.

$\therefore \cos\theta=-\frac{1}{\sqrt{5}}=-\frac{\sqrt{5}}{5}$

B 04 정답 48 *삼각함수의 정의와 삼각함수 사이의 관계 [정답률 58%]

(정답 공식: 정96각형의 이웃하는 꼭짓점과 원의 중심 사이의 각의 크기는 $\frac{2\pi}{96}=\frac{\pi}{48}$이다.)

원 $x^2+y^2=1$에 내접하는 정96각형의 각 꼭짓점의 좌표를 (a_1, b_1), (a_2, b_2), ⋯, (a_{96}, b_{96})이라 할 때, $\sum_{n=1}^{96} a_n^2$의 값을 구하시오. (3점)

단서 정96각형을 이루는 96개의 이등변삼각형의 꼭짓각의 크기는 $\frac{2\pi}{96}=\frac{\pi}{48}$인 것을 이용해 봐.

1st 정96각형의 중심을 원점으로 하여 좌표평면 위에 놓아 보자.

$P_n(a_n, b_n)(n=1, 2, \cdots, 96)$이라 하면

$\angle P_nOP_{n+1}=\frac{\pi}{48}$ $(n=1, 2, \cdots, 95)$

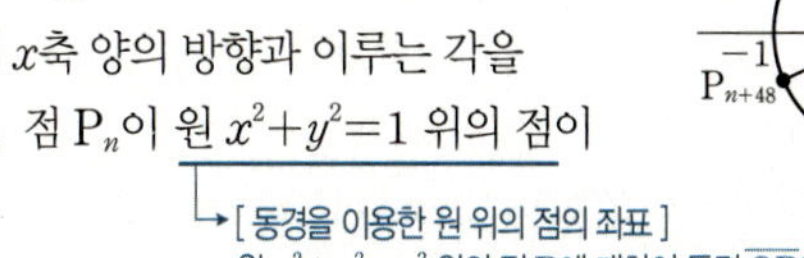

동경 OP_n이 x축 양의 방향과 이루는 각을 θ_n이라 하면 점 P_n이 원 $x^2+y^2=1$ 위의 점이므로

[동경을 이용한 원 위의 점의 좌표] 원 $x^2+y^2=r^2$ 위의 점 P에 대하여 동경 $\overline{OP}$가 x축과 이루는 각의 크기가 θ일 때, 점 P의 좌표는 $P(r\cos\theta, r\sin\theta)$

$a_n=\cos\theta_n$

2nd 삼각함수의 성질을 이용하여 $\sum_{n=1}^{96} a_n^{\ 2}$의 값을 구하자.

그런데 $\angle P_nOP_{n+48}=\frac{\pi}{48}\times 48=\pi$이므로

$(a_{n+48})^2=\cos^2(\theta_n+\pi)=\cos^2\theta_n=(a_n)^2$ → $\cos(\theta_n+\pi)=-\cos\theta_n$ 인데 제곱하니까 $\cos^2\theta_n$이야.

따라서 $\sum_{n=1}^{96} a_n^{\ 2}=2\sum_{n=1}^{48} a_n^{\ 2}$이다.

→ $\sum_{n=1}^{96} a_n^{\ 2}=\sum_{n=1}^{48} a_n^{\ 2}+\sum_{n=49}^{96} a_n^{\ 2}$
$=\sum_{n=1}^{48} a_n^{\ 2}+\sum_{n=1}^{48} (a_{n+48})^2$
$=\sum_{n=1}^{48} a_n^{\ 2}+\sum_{n=1}^{48} a_n^{\ 2}=2\sum_{n=1}^{48} a_n^{\ 2}$

또한, $\angle P_nOP_{n+24}=\frac{\pi}{48}\times 24=\frac{\pi}{2}$이므로

$(a_n)^2+(a_{n+24})^2=\cos^2\theta_n+\cos^2\left(\theta_n+\frac{\pi}{2}\right)$
$=\cos^2\theta_n+\sin^2\theta_n$
$=1$

→ $\left[\frac{\pi}{2}\pm\theta\right.$의 삼각함수$\left.\right]$
① $\sin\left(\frac{\pi}{2}+\theta\right)=\cos\theta$, $\sin\left(\frac{\pi}{2}-\theta\right)=\cos\theta$
② $\cos\left(\frac{\pi}{2}+\theta\right)=-\sin\theta$, $\cos\left(\frac{\pi}{2}-\theta\right)=\sin\theta$
③ $\tan\left(\frac{\pi}{2}+\theta\right)=-\cot\theta$, $\tan\left(\frac{\pi}{2}-\theta\right)=\cot\theta$

따라서 $\sum_{n=1}^{48} a_n^{\ 2}=\sum_{n=1}^{24}\{(a_n)^2+(a_{n+24})^2\}=\sum_{n=1}^{24}1=24$이다.

$\therefore \sum_{n=1}^{96} a_n^{\ 2}=2\sum_{n=1}^{48} a_n^{\ 2}=2\times 24=48$

B 05 정답 12 *삼각함수의 정의와 삼각함수 사이의 관계 ··· [정답률 78%]

(정답 공식: $\angle BDC=90°$이므로 $\overline{BC}$가 원의 지름임을 알 수 있다.)

그림과 같이 $\angle A=120°$, $\overline{CD}=6$ cm인 사각형 ABCD가 있다. 이 사각형이 원에 내접하고 $\angle BDC=90°$일 때, 외접원의 지름의 길이는 x cm이다. x의 값을 구하시오. (3점)

단서1 원에 내접하는 사각형의 대각의 크기의 합은 180°임을 적용하자.

단서2 지름에 대한 원주각의 크기가 90°임을 파악해내는 문제야. 그 다음 특수각의 삼각비를 이용하면 돼.

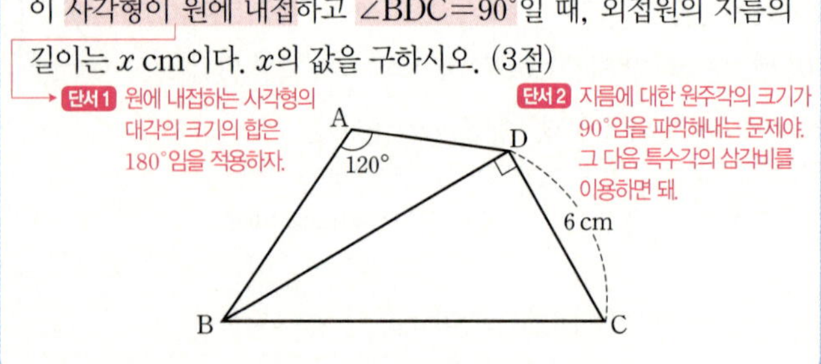

1st 원에 내접하는 사각형이므로 지름에 대한 원주각의 크기는 90°임을 적극 활용해.

실수 '사각형에서 마주보는 각의 크기의 합이 180°이면 그 사각형은 원에 내접한다.'는 성질은 자주 쓰이는 성질이니까 꼭 기억하자. 그 역도 성립해!

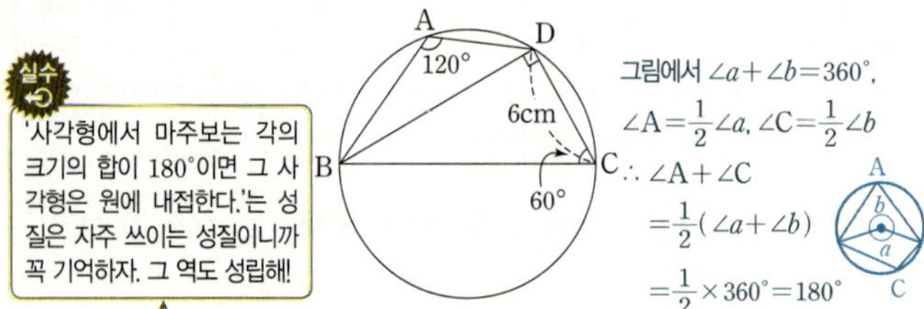

그림에서 $\angle a+\angle b=360°$,
$\angle A=\frac{1}{2}\angle a$, $\angle C=\frac{1}{2}\angle b$
$\therefore \angle A+\angle C$
$=\frac{1}{2}(\angle a+\angle b)$
$=\frac{1}{2}\times 360°=180°$

사각형 ABCD가 원에 내접하고, 원에 내접하는 사각형의 마주보는 각의 크기의 합이 180°이므로 $\angle C=60°$이다.

한편, 지름에 대한 원주각의 크기는 90°이고, $\angle BDC=90°$이므로 $\overline{BC}$는 외접원의 지름이다.

즉, $\overline{BC}\cos 60°=\overline{CD}$에서

$\overline{BC}\times\frac{1}{2}=6$

$\therefore \overline{BC}=12$(cm)

따라서 외접원의 지름의 길이는 12 cm이므로 $x=12$이다.

B 06 정답 ③ *삼각함수의 정의와 삼각함수 사이의 관계 ··· [정답률 81%]

(정답 공식: 점 M은 외접원의 중심이다.)

그림과 같이 $\angle A=90°$인 직각삼각형 ABC에서 변 BC의 중점을 M이라 하자. $\angle AMC=60°$일 때, $\frac{\overline{AB}}{\overline{AC}}$의 값은? (3점)

단서 지름에 대한 원주각의 크기가 90°임을 적용하면 $\overline{BC}$는 외접원에서 어느 부분일지를 잘 생각해 보자.

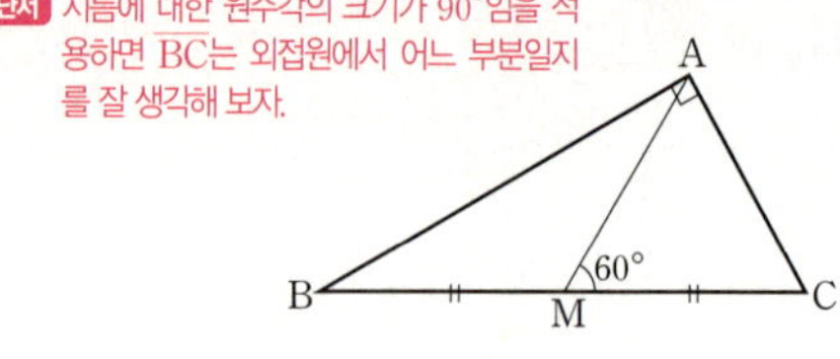

① $\frac{2\sqrt{3}}{3}$ ② $\sqrt{2}$ ③ $\sqrt{3}$
④ 2 ⑤ $\frac{3\sqrt{2}}{2}$

1st 삼각형 AMC는 어떤 삼각형일지 생각해.

실수 '직각삼각형에서 빗변의 중점은 외심이다.'는 성질은 꼭 알고 있어야 해.

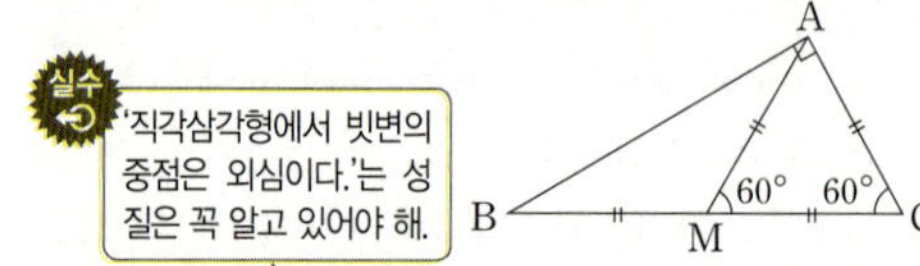

점 M이 빗변의 중점이므로 점 M은 삼각형 ABC의 외접원의 중심이다.

따라서 $\overline{AM}=\overline{CM}$이고 $\angle AMC=60°$이므로 삼각형 AMC는 정삼각형이다.

$\angle A=90°$이고, 지름에 대한 원주각은 90°이니까 삼각형 ABC의 외접원을 그리면 $\overline{BC}$는 외접원의 지름이 돼. 이때, $\overline{AM}$, $\overline{BM}$, $\overline{CM}$은 반지름의 길이로 같게 되니까 삼각형 AMC는 정삼각형!

$\angle C=60°$이므로 $\frac{\overline{AB}}{\overline{AC}}=\tan 60°=\sqrt{3}$

[다른 풀이]

점 M은 삼각형 ABC의 외접원의 중심이므로 $\overline{AM}=\overline{CM}$이고

$\angle AMC=60°$이므로 삼각형 AMC는 정삼각형이야.

삼각형 ABC에서 $\overline{AC}=a$라 하면

$\overline{BC}=2a$이므로 피타고라스 정리에 의하여

$\overline{AB}=\sqrt{4a^2-a^2}=\sqrt{3a^2}=\sqrt{3}a$

$\therefore \frac{\overline{AB}}{\overline{AC}}=\frac{\sqrt{3}a}{a}=\sqrt{3}$

B 07 정답 2 *삼각함수의 정의와 삼각함수 사이의 관계 [정답률 65%]

(정답 공식: 삼각함수 사이의 관계를 응용하여 $\sin\theta\cos\theta$에 관한 식으로 만든다.)

$\sin\theta+\cos\theta=2\sin\theta\cos\theta$일 때, $\sin\theta\cos\theta$의 값은 $a+b\sqrt{5}$이다. $9a-b$의 값을 구하시오. (단, a, b는 양의 유리수이다.) (3점)

단서 $\sin\theta+\cos\theta$를 보면 떠오르는 식이 있어야 해. $\sin^2\theta+\cos^2\theta=1$이야. 그렇다면 주어진 식의 양변을 제곱해서 해결해야 한다는 아이디어로 출발!

1st $\sin\theta+\cos\theta=2\sin\theta\cos\theta$의 양변을 제곱하여 $\sin\theta\cos\theta$에 대한 이차방정식을 유도하자.

$\sin\theta+\cos\theta=2\sin\theta\cos\theta$의 양변을 제곱하면

$(\sin\theta+\cos\theta)^2=(2\sin\theta\cos\theta)^2$

$\sin^2\theta+2\sin\theta\cos\theta+\cos^2\theta=4(\sin\theta\cos\theta)^2$

$1+2\sin\theta\cos\theta=4(\sin\theta\cos\theta)^2$ ($\because \sin^2\theta+\cos^2\theta=1$)

$\therefore 4(\sin\theta\cos\theta)^2-2\sin\theta\cos\theta-1=0$ ··· ㉠

2nd 근의 공식을 이용하여 이차방정식의 근을 구하자.

이차방정식 $ax^2+bx+c=0$의 근은 $x=\frac{-b\pm\sqrt{b^2-4ac}}{2a}$

㉠은 $\sin\theta\cos\theta$에 대한 이차방정식이므로 이차방정식의 근의 공식에 대입하면

$\sin\theta\cos\theta=\frac{1+\sqrt{(-1)^2-4\times(-1)}}{4}=\frac{1}{4}\pm\frac{1}{4}\sqrt{5}$

그런데 a, b는 양의 유리수이므로

$a+b\sqrt{5}=\frac{1}{4}+\frac{1}{4}\sqrt{5}$

따라서 $a=\frac{1}{4}$, $b=\frac{1}{4}$이므로 $9a-b=9\times\frac{1}{4}-\frac{1}{4}=2$

B 08 정답 ② *삼각함수의 정의와 삼각함수 사이의 관계 [정답률 55%]

정답 공식: $\sin\alpha$는 무조건 음의 값을 가지므로 $\pi<\beta<\frac{3}{2}\pi$임을 알 수 있다. 이를 이용해 가능한 α, β의 값을 일반식으로 나타낸다.

$\pi<\alpha<2\pi$, $\pi<\beta<2\pi$인 서로 다른 두 각 α, β에 대하여 $\sin\alpha=\cos\beta$를 만족할 때, [보기]에서 항상 옳은 것을 모두 고른 것은? (4점)

단서 $\cos\left(\frac{\pi}{2}-\theta\right)=\sin\theta$, $\cos\left(\frac{\pi}{2}+\theta\right)=-\sin\theta$, $\cos\left(\frac{3}{2}\pi-\theta\right)=-\sin\theta$, $\cos\left(\frac{3}{2}\pi+\theta\right)=\sin\theta$ 등의 원리를 생각하여 α, β 사이의 관계식을 구하자.

[보기]

ㄱ. $\sin(\alpha+\beta)=1$

ㄴ. $\cos^2\alpha+\cos^2\beta=1$

ㄷ. $\tan\alpha+\tan\beta=1$

① ㄱ ② ㄴ ③ ㄷ ④ ㄱ, ㄴ ⑤ ㄴ, ㄷ

1st $\sin\alpha=\cos\beta$의 관계가 성립하도록 하는 α, β의 관계식을 구하자.

$\pi<\alpha<2\pi$, $\pi<\beta<2\pi$에 대하여

$\sin\alpha=\cos\beta$가 성립하므로 $0<\theta\le\frac{\pi}{2}$의 범위에서

$\alpha=\pi+\theta$, $\beta=\frac{3}{2}\pi-\theta$ 또는 $\alpha=2\pi-\theta$, $\beta=\frac{3}{2}\pi-\theta$

α가 제3사분면 또는 제4사분면의 각이므로 $\sin\alpha<0$이지? 그런데 $\sin\alpha=\cos\beta$가 되어야 하므로 $\cos\beta<0$이어야 해. 즉, β는 제3사분면의 각이야.

2nd 보기의 참, 거짓을 하나씩 따져보자. 이때, 틀린 것은 반례를 하나 찾자.

ㄱ. [반례] $\alpha=2\pi-\frac{\pi}{6}$, $\beta=\frac{3}{2}\pi-\frac{\pi}{6}$이면 $\sin\alpha=\cos\beta$이지만

$\sin(\alpha+\beta)=\sin\left(\frac{7}{2}\pi-\frac{\pi}{3}\right)=\sin\frac{19}{6}\pi$

$=\sin\left(3\pi+\frac{\pi}{6}\right)=-\sin\frac{\pi}{6}=-\frac{1}{2}$ (거짓)

ㄴ. $\sin\alpha=\cos\beta$이므로

$\cos^2\alpha+\cos^2\beta=\cos^2\alpha+\sin^2\alpha=1$ (참)

ㄷ. [반례] $\alpha=2\pi-\frac{\pi}{6}$, $\beta=\frac{3}{2}\pi-\frac{\pi}{6}$이면 $\sin\alpha=\cos\beta$이지만

$\tan\alpha=\tan\left(2\pi-\frac{\pi}{6}\right)=-\tan\frac{\pi}{6}=-\frac{1}{\sqrt{3}}$

$\tan\beta=\tan\left(\frac{3}{2}\pi-\frac{\pi}{6}\right)=\frac{1}{\tan\frac{\pi}{6}}=\sqrt{3}$

$\therefore \tan\alpha+\tan\beta=\frac{2\sqrt{3}}{3}$ (거짓)

따라서 옳은 것은 ㄴ이다.

수능 핵강

$0<\theta\le\frac{\pi}{2}$인 θ에 대하여

$\alpha=\pi+\theta$, $\beta=\frac{3}{2}\pi-\theta$ 또는 $\alpha=2\pi-\theta$, $\beta=\frac{3}{2}\pi-\theta$가 확실하냐고?

$\alpha=\pi+\theta$, $\beta=\frac{3}{2}\pi-\theta$일 때,

$\sin\alpha=\sin(\pi+\theta)=-\sin\theta$, $\cos\beta=\cos\left(\frac{3}{2}\pi-\theta\right)=-\sin\theta$

이므로 $\sin\alpha=\cos\beta$임을 알 수 있어.

또, $\alpha=2\pi-\theta$, $\beta=\frac{3}{2}\pi-\theta$일 때,

$\sin\alpha=\sin(2\pi-\theta)=-\sin\theta$, $\cos\beta=\cos\left(\frac{3}{2}\pi-\theta\right)=-\sin\theta$

이므로 $\sin\alpha=\cos\beta$임을 알 수 있지?

B 09 정답 ⑤ *삼각함수의 그래프와 최대·최소 [정답률 63%]

정답 공식: 주기를 이용하여 a의 값을 구하고 평행이동을 이용해 b의 값을 구한다.

그림은 함수 $y=\sin a(x+b)+1$의 그래프이다. 상수 a, b에 대하여 ab의 값은? (단, $a>0$, $0<b<\pi$이고, O는 원점이다.) (3점)

단서 $y=\sin ax$의 그래프와 $y=\sin a(x+b)+1$의 그래프는 주기가 $\frac{2\pi}{|a|}$로 같음을 이용하여 a부터 찾자.

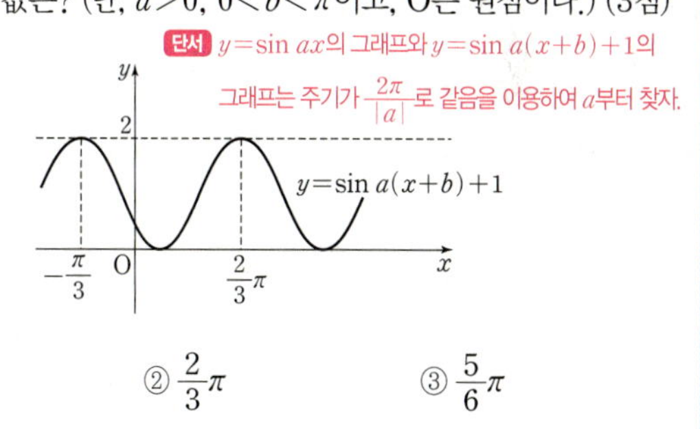

① $\frac{\pi}{2}$ ② $\frac{2}{3}\pi$ ③ $\frac{5}{6}\pi$ ④ π ⑤ $\frac{7}{6}\pi$

1st $y=\sin a(x+b)+1$의 주기는 a의 값에 따라 결정돼.

양수 a에 대하여 $y=\sin ax$의 주기는 $\frac{2\pi}{a}$이다.

이때, $y=\sin a(x+b)+1$의 그래프는 $y=\sin ax$의 그래프를 x축의 방향으로 $-b$만큼, y축의 방향으로 1만큼 평행이동한 그래프이므로 주기는 변하지 않는다.

즉, $y=\sin a(x+b)+1$의 주기는 $\frac{2\pi}{a}$가 되는데 그래프에서 주기가

$\frac{2}{3}\pi-\left(-\frac{\pi}{3}\right)=\pi$이므로 $\frac{2\pi}{a}=\pi$에서 $a=2$이다.

주의 $y=\sin ax$의 주기는 $\frac{2\pi}{|a|}$인데, 이 문제에서는 $a>0$이라는 조건이 있기 때문에 $\frac{2\pi}{a}$라고 한 거야. 그런 조건이 없었다면 $a>0$, $a<0$인 두 경우로 나눠서 풀어야 해.

또한, $x=-b+\frac{\pi}{4}$일 때 함숫값은 2이므로 $-b+\frac{\pi}{4}$는 $\frac{2}{3}\pi$ 또는 $-\frac{\pi}{3}$

이지만, $0<b<\pi$에서 $-\frac{3}{4}\pi<-b+\frac{\pi}{4}<\frac{\pi}{4}$이므로 $-b+\frac{\pi}{4}=-\frac{\pi}{3}$

이고 $b=\frac{7}{12}\pi$이다.

$x=-b+\frac{\pi}{4}$일 때, $y=\sin a\left(-b+\frac{\pi}{4}+b\right)+1=\sin\frac{\pi}{2}+1=2$

$\therefore ab=2\times\frac{7}{12}\pi=\frac{7}{6}\pi$

B 10 정답 ③ *삼각함수의 그래프와 최대·최소 ····· [정답률 72%]

(정답 공식: 주기를 찾은 뒤 대칭을 이용해 $\alpha+\delta$, $2\beta+2\gamma$로 나누어 구한다.)

그림과 같이 함수 $y=\sin 2x$ $(0\le x\le\pi)$의 그래프가 직선 $y=\frac{3}{5}$과 두 점 A, B에서 만나고, 직선 $y=-\frac{3}{5}$과 두 점 C, D에서 만난다. 네 점 A, B, C, D의 x좌표를 각각 α, β, γ, δ라 할 때, $\alpha+2\beta+2\gamma+\delta$의 값은? (4점)

단서 $y=\sin 2x$의 주기를 먼저 구한 후, α, β, γ, δ들이 서로 어디를 기준으로 대칭이 되는지를 파악해 보자.

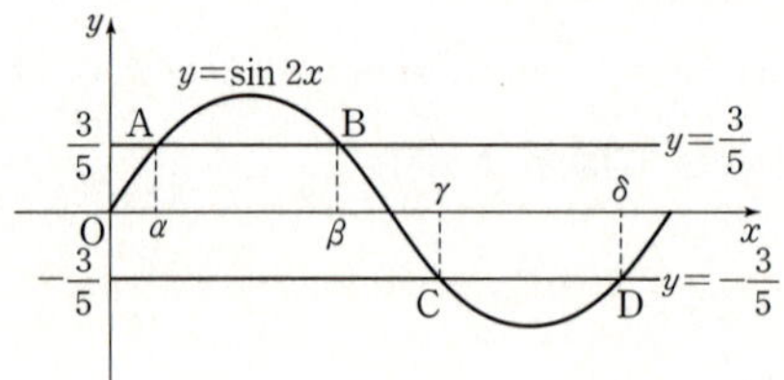

① $\frac{9}{4}\pi$ ② $\frac{5}{2}\pi$ ③ 3π ④ $\frac{7}{2}\pi$ ⑤ 4π

1st 함수 $y=\sin ax$의 주기는 $\frac{2\pi}{|a|}$지?

함수 $y=\sin 2x$ $(0\le x\le\pi)$의 주기는 $\frac{2\pi}{2}=\pi$이다.

2nd 주기를 알면 삼각함수의 그래프가 대칭이 되는 점의 좌표를 구할 수 있어.

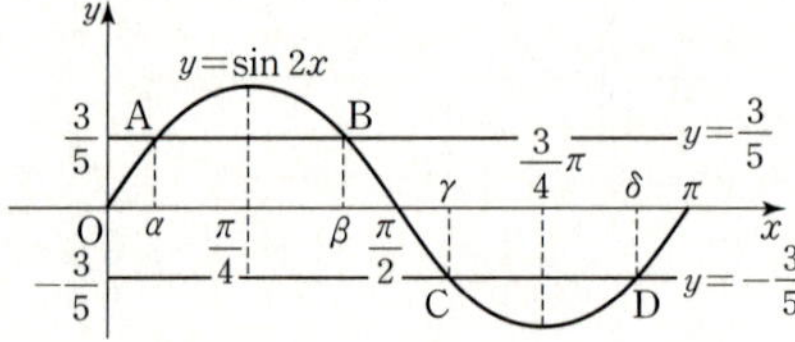

두 점 A, D는 점 $\left(\frac{\pi}{2}, 0\right)$에 대하여 대칭이므로

$\frac{\alpha+\delta}{2}=\frac{\pi}{2}$

$\therefore \alpha+\delta=\pi$ ··· ㉠

점 $\left(\frac{\pi}{2}, 0\right)$에 대하여 대칭이란 것은 점 $\left(\frac{\pi}{2}, 0\right)$을 중심으로 구간 $\left[\frac{\pi}{2}, \pi\right]$에 존재하는 그래프를 회전하면 구간 $\left[0, \frac{\pi}{2}\right]$에 존재하는 그래프와 일치한다는 거야.

한편, 두 점 B, C도 점 $\left(\frac{\pi}{2}, 0\right)$에 대하여 대칭이므로

$\frac{\beta+\gamma}{2}=\frac{\pi}{2}$

$\therefore \beta+\gamma=\pi$ ··· ㉡

㉠, ㉡에서

$\alpha+2\beta+2\gamma+\delta=(\alpha+\delta)+2(\beta+\gamma)$

$=\pi+2\pi=3\pi$

쉬운 풀이

주기가 π인 사인함수의 성질에 의해

$\beta=\frac{\pi}{2}-\alpha$, $\gamma=\frac{\pi}{2}+\alpha$, $\delta=\pi-\alpha$이므로

$\alpha+2\beta+2\gamma+\delta=\alpha+2\left(\frac{\pi}{2}-\alpha\right)+2\left(\frac{\pi}{2}+\alpha\right)+\pi-\alpha$

$=3\pi$

B 11 정답 10 *삼각함수의 그래프와 최대·최소 ····· [정답률 56%]

(정답 공식: 함수 $y=f(x)$의 그래프를 x축의 방향으로 n만큼 평행이동시킨 그래프의 식은 $y=f(x-n)$이다.)

함수 $y=\tan\left(nx-\frac{\pi}{2}\right)$의 그래프가 직선 $y=-x$와 만나는 점의 x좌표가 구간 $(-\pi, \pi)$에 속하는 점의 개수를 a_n이라 할 때, a_2+a_3의 값을 구하시오. (4점)

단서 함수 $y=\tan\left(nx-\frac{\pi}{2}\right)=\tan n\left(x-\frac{\pi}{2n}\right)$의 주기는 $\frac{\pi}{n}$이고 함수 $y=\tan nx$의 그래프를 x축의 방향으로 $\frac{\pi}{2n}$만큼 평행이동시킨 그래프야.

1st 함수 $y=\tan\left(2x-\frac{\pi}{2}\right)$의 그래프를 그려서 a_2의 값을 구해.

$n=2$일 때 함수 $y=\tan\left(2x-\frac{\pi}{2}\right)=\tan 2\left(x-\frac{\pi}{4}\right)$의 그래프와 직선 $y=-x$는 다음과 같다. 주기가 $\frac{\pi}{2}$인 함수 $y=\tan 2x$의 그래프를 x축의 방향으로 $\frac{\pi}{4}$만큼 평행이동한 그래프야.

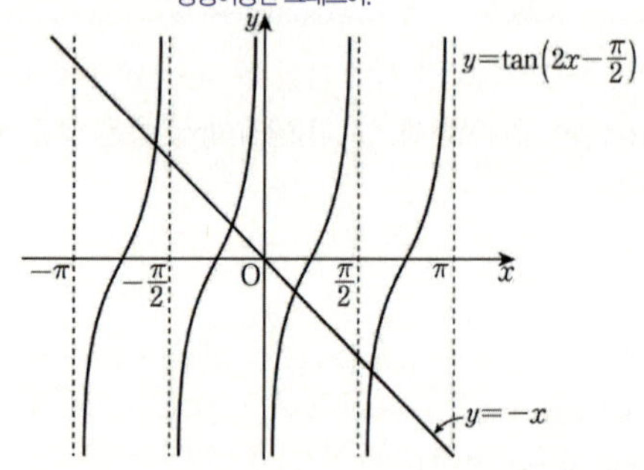

따라서 직선 $y=-x$와 함수 $y=\tan\left(2x-\frac{\pi}{2}\right)$의 그래프의 교점의 개수는 2이므로 $a_2=4$

2nd 함수 $y=\tan\left(3x-\frac{\pi}{2}\right)$의 그래프를 그려서 a_3의 값을 구해.

$n=3$일 때 함수 $y=\tan\left(3x-\frac{\pi}{2}\right)=\tan 3\left(x-\frac{\pi}{6}\right)$의 그래프와 직선 $y=-x$는 다음과 같다. 주기가 $\frac{\pi}{3}$인 함수 $y=\tan 3x$의 그래프를 x축의 방향으로 $\frac{\pi}{6}$만큼 평행이동한 그래프야.

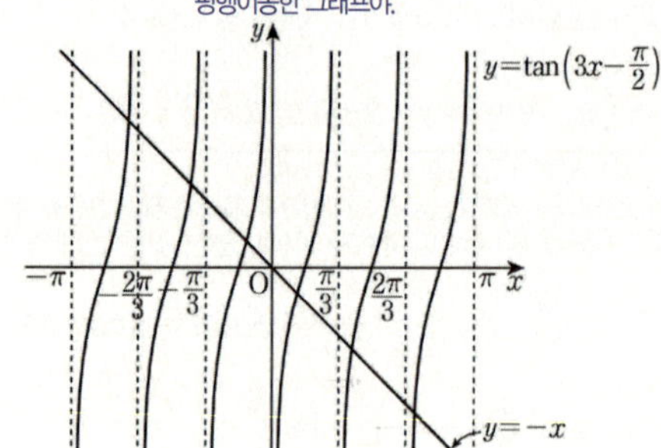

따라서 직선 $y=-x$와 함수 $y=\tan\left(3x-\frac{\pi}{2}\right)$의 그래프의 교점의 개수는 6이므로 $a_3=6$

$\therefore a_2+a_3=4+6=10$

함수 $y=a\tan(bx+c+d)$의 치역과 주기 개념·공식

① 치역 : 실수 전체의 집합

② 주기 : $\frac{\pi}{|b|}$

B 12 정답 ⑤ *삼각함수의 그래프와 최대·최소 …… [정답률 53%]

(정답 공식: 주기와 최댓값, 최솟값을 구하는 방법을 안다. 그래프가 평행이동하면 대칭점도 평행이동한다.)

삼각함수 $f(x)=-2\sin\left(5x-\frac{\pi}{2}\right)+1$에 대하여 [보기]의 설명 중 옳은 것을 모두 고르면? (3점)

단서1 $y=a\sin b(x-m)+n$의 주기는 $\frac{2\pi}{|b|}$, 최댓값은 $|a|+n$, 최솟값은 $-|a|+n$이야.

[보기]

ㄱ. $-1\le f(x)\le 3$이다.

ㄴ. 임의의 실수 x에 대하여 $f\left(x+\frac{4}{5}\pi\right)=f(x)$이다.

ㄷ. $y=f(x)$의 그래프는 점 $\left(\frac{1}{10}\pi,\ 1\right)$에 대하여 대칭이다.

단서2 $y=a\sin bx$의 그래프는 $(0,\ 0)$에 대하여 대칭이니까 평행이동한다면 대칭점이 어디로 바뀔지 잘 생각해보자.

① ㄱ ② ㄴ ③ ㄱ, ㄴ ④ ㄱ, ㄷ ⑤ ㄱ, ㄴ, ㄷ

1st 삼각함수 $f(x)=-2\sin\left(5x-\frac{\pi}{2}\right)+1$의 범위를 구해보자.

ㄱ. $-1\le\sin\left(5x-\frac{\pi}{2}\right)\le 1$이므로

$-2\le -2\sin\left(5x-\frac{\pi}{2}\right)\le 2$

$-2+1\le -2\sin\left(5x-\frac{\pi}{2}\right)+1\le 2+1$

$\therefore -1\le f(x)\le 3$ (참)

2nd 함수 $f(x)$가 임의의 실수 x에 대하여 $f(x+a)=f(x)$가 성립하면 함수 $f(x)$는 주기가 a인 함수를 의미해.

ㄴ. 함수 $f(x)=-2\sin\left(5x-\frac{\pi}{2}\right)+1=-2\sin 5\left(x-\frac{\pi}{10}\right)+1$의 주기는 $\frac{2}{5}\pi$이므로 임의의 실수 x에 대하여 $f\left(x+\frac{2}{5}\pi\right)=f(x)$이다.

이때, $\frac{4}{5}\pi$는 $\frac{2}{5}\pi$의 정수배이므로 $f\left(x+\frac{4}{5}\pi\right)$도 성립한다. (참)

함정 주기가 $\frac{2}{5}\pi$라고 해서 $f(x+c)=f(x)$를 만족하는 실수 c가 $\frac{2}{5}\pi$로 유일한 건 아니야. $c=\frac{2}{5}n\pi$ (n은 정수)가 가능하고 이 중 절댓값이 가장 작은 양수를 주기라고 하는거야.

3rd 함수 $f(x)$의 그래프가 대칭이 되는 직선을 구하기 위해 $y=f(x)$의 그래프를 유추해 보자.

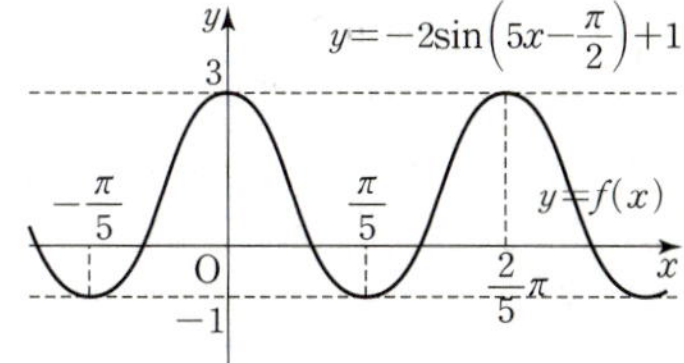

ㄷ. $y=f(x)$의 그래프는 $y=-2\sin 5x$의 그래프를 x축의 방향으로 $\frac{\pi}{10}$ 만큼, y축의 방향으로 1만큼 평행이동한 그래프이다.

이때, 함수 $y=-2\sin 5x$의 그래프는 점 $(0,\ 0)$에 대해 대칭이므로 $y=f(x)$의 그래프는 점 $\left(\frac{\pi}{10},\ 1\right)$에 대하여 대칭이다. (참)

$y=-2\sin 5x$의 그래프는 점 $(0, 0)$, $\left(\frac{\pi}{5}, 0\right)$, $\left(\frac{2}{5}\pi, 0\right)$, …에 대하여 대칭이므로 $y=f(x)$의 그래프는 점 $\left(\frac{\pi}{10}, 1\right)$, $\left(\frac{3}{10}\pi, 1\right)$, $\left(\frac{1}{2}\pi, 1\right)$, …에 대하여 대칭이야.

따라서 옳은 것은 ㄱ, ㄴ, ㄷ이다.

B 13 정답 ① *삼각함수의 그래프와 최대·최소 …… [정답률 43%]

(정답 공식: 두 그래프의 주기를 통하여 두 점 A, B의 좌표를 알아낸다.)

두 함수 $y=4\sin 3x$, $y=3\cos 2x$의 그래프가 x축과 만나는 점을 각각 $\mathrm{A}(a,\ 0)$, $\mathrm{B}(b,\ 0)$$\left(단,\ \frac{\pi}{2}<a<b<\pi\right)$라 하자.

함수 $y=4\sin 3x$의 그래프 위의 임의의 점 P에 대하여 △ABP의 넓이의 최댓값은? (3점)

단서 △ABP의 넓이에서 밑변의 길이를 $\overline{\mathrm{AB}}$로 보면 $\overline{\mathrm{AB}}$의 길이는 항상 일정해. 그렇다면 언제 높이가 최대일지 잘 생각해 보자.

① $\frac{\pi}{6}$ ② $\frac{\pi}{3}$ ③ $\frac{\pi}{2}$

④ $\frac{2}{3}\pi$ ⑤ $\frac{5}{6}\pi$

1st 두 점 A, B의 좌표를 구하기 위해 두 함수 $y=4\sin 3x$, $y=3\cos 2x$의 주기를 구하자.

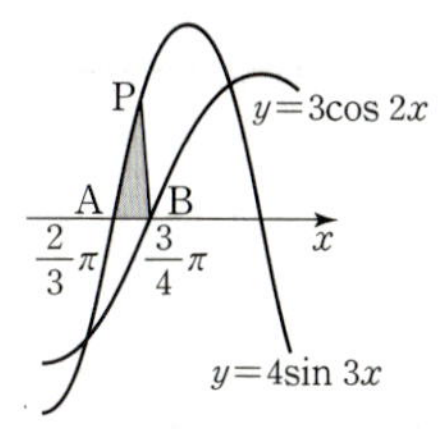

함수 $y=4\sin 3x$의 그래프의 주기는 $\frac{2\pi}{3}$이고,

함수 $y=3\cos 2x$의 그래프의 주기는 $\frac{2\pi}{2}=\pi$이다.

이때, $\frac{\pi}{2}<a<b<\pi$이므로 $a=\frac{2}{3}\pi$, $b=\frac{3}{4}\pi$

$\therefore \mathrm{A}\left(\frac{2}{3}\pi,\ 0\right)$, $\mathrm{B}\left(\frac{3}{4}\pi,\ 0\right)$

2nd 두 점 A, B는 고정이지? 즉, 밑변의 길이는 정해졌으므로 함수 $y=4\sin 3x$의 함숫값 y, 즉 삼각형 ABP의 높이가 삼각형 ABP의 넓이를 결정해!

$\overline{\mathrm{AB}}=\frac{3}{4}\pi-\frac{2\pi}{3}=\frac{1}{12}\pi$이고 함수 $y=4\sin 3x$의 최댓값은 4이므로

$-1\le\sin 3x\le 1$이므로 $-4\le 4\sin 3x\le 4$지? 즉, $y=4\sin 3x$의 최댓값은 4야.

$\triangle\mathrm{ABP}=\frac{1}{2}\times\overline{\mathrm{AB}}\times|점\ \mathrm{P}의\ y좌표|$

$\le\frac{1}{2}\times\frac{1}{12}\pi\times 4=\frac{\pi}{6}$

따라서 삼각형 ABP의 넓이의 최댓값은 $\frac{\pi}{6}$이다.

삼각함수의 그래프의 성질 개념·공식

(1) $y=a\sin(bx+c)+d$, $y=a\cos(bx+c)+d$의 그래프

① 치역 : $\{y\,|\,-|a|+d\le y\le|a|+d\}$

② 주기 : $\frac{2\pi}{|b|}$

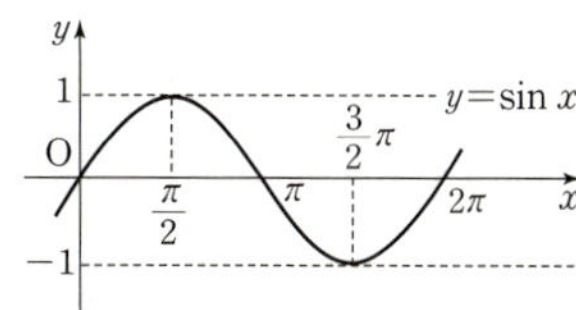

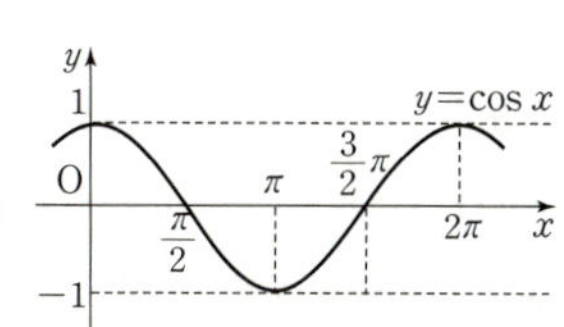

(2) $y=a\tan(bx+c)+d$의 그래프

① 치역 : 실수 전체의 집합

② 주기 : $\frac{\pi}{|b|}$

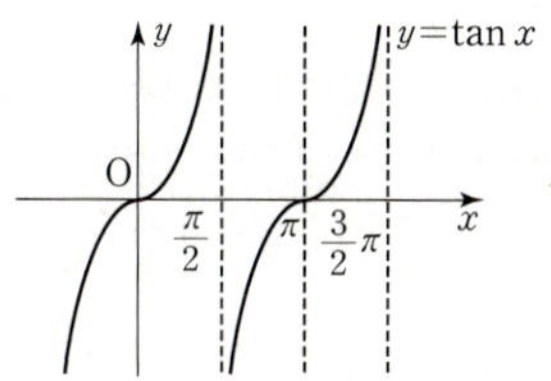

B 14 정답 ① *삼각함수의 그래프와 최대·최소 ····· [정답률 65%]

(정답 공식: $\sin^2 x+\cos^2 x=1$을 이용하여 주어진 함수를 $\sin x$에 대한 함수로 통일한다.)

함수 $y=a\cos^2 x+a\sin x+b$의 최댓값이 10이고 최솟값이 1일 때, 실수 a, b의 곱 ab의 값은 p 또는 q이다. $p+q$의 값은? (3점)

① -4 ② -2 ③ 2
④ 4 ⑤ 6

단서 주어진 함수는 $\cos^2 x=1-\sin^2 x$인 것을 이용하면 $\sin x$에 관한 이차함수로 변형될 수 있어.

1st 주어진 함수를 $\sin x$에 관한 이차함수로 변형하여 보자.

$y=a\cos^2 x+a\sin x+b=a(1-\sin^2 x)+a\sin x+b$

$=-a\sin^2 x+a\sin x+a+b$

에서 $\sin x=t$라 하면

$y=-at^2+at+a+b(-1\le t\le 1)$ → 모든 실수 x에 대하여 $-1\le \sin x\le 1$이므로 $-1\le t\le 1$의 범위가 생기는 것에 주의해.

2nd 이차항의 계수가 미지수이므로 그 부호에 따라 포물선의 오목, 볼록이 달라지므로 a의 부호를 나누어서 풀자.

(i) $a>0$일 때

$y=-a(t^2-t)+a+b$

$=-a\left(t-\frac{1}{2}\right)^2+\frac{5}{4}a+b$ → $-a<0$이므로 위로 볼록이야.

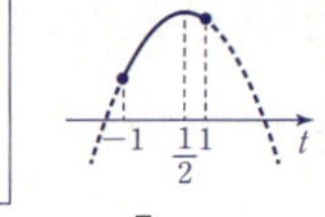

$t=\frac{1}{2}$일 때, 최댓값 10을 가지므로 $\frac{5}{4}a+b=10$ ··· ㉠

$t=-1$일 때, 최솟값 1을 가지므로 $-a+b=1$ ··· ㉡

㉠, ㉡을 연립하여 풀면 $a=4$, $b=5$

$\therefore ab=20$

(ii) $a<0$일 때

$y=-a\left(t-\frac{1}{2}\right)^2+\frac{5}{4}a+b$ → $-a>0$이므로 아래로 볼록이야.

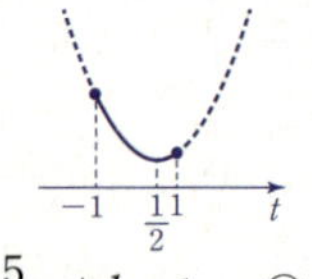

$t=\frac{1}{2}$일 때, 최솟값 1을 가지므로 $\frac{5}{4}a+b=1$ ··· ㉢

$t=-1$일 때, 최댓값 10을 가지므로 $-a+b=10$ ··· ㉣

㉢, ㉣을 연립하면 $a=-4$, $b=6$

$\therefore ab=-24$

(iii) $a=0$일 때

$y=b(-1\le t\le 1)$

$-1\le t\le 1$에서 상수함수이므로 최댓값과 최솟값이 b로 같다. 이는 조건과 모순이다.

$\therefore a\ne 0$

(i)~(iii)에서 $p=20$, $q=-24$ 또는 $p=-24$, $q=20$

$\therefore p+q=-4$

B 15 정답 40 *삼각함수의 그래프와 최대·최소 ····· [정답률 42%]

(정답 공식: 삼각함수의 그래프는 대칭성을 가짐을 이용한다.)

$0<a<\frac{4}{7}$인 실수 a와 유리수 b에 대하여 닫힌구간 $\left[-\frac{\pi}{a}, \frac{2\pi}{a}\right]$에서 정의된 함수 $f(x)=2\sin(ax)+b$가 있다. 함수 $y=f(x)$의 그래프가 두 점 $A\left(-\frac{\pi}{2}, 0\right)$, $B\left(\frac{7}{2}\pi, 0\right)$을 지날 때, $30(a+b)$의 값을 구하시오. (4점)

단서 함수 $y=f(x)$가 지나는 두 점 A, B의 좌표가 주어졌으니까 대입부터 해 봐.

1st 두 점 A, B의 좌표를 대입해 봐.

함수 $f(x)=2\sin(ax)+b$의 그래프가 점 $A\left(-\frac{\pi}{2}, 0\right)$을 지나므로

$f\left(-\frac{\pi}{2}\right)=2\sin\left(-\frac{a}{2}\pi\right)+b=-2\sin\left(\frac{a}{2}\pi\right)+b=0$ ··· ㉠ ($\sin(-\theta)=-\sin\theta$)

또, 점 $B\left(\frac{7}{2}\pi, 0\right)$을 지나므로 $f\left(\frac{7}{2}\pi\right)=2\sin\left(\frac{7a}{2}\pi\right)+b=0$ ··· ㉡

㉠, ㉡에 의하여 $-2\sin\left(\frac{a}{2}\pi\right)+b=2\sin\left(\frac{7a}{2}\pi\right)+b$

$\therefore -\sin\left(\frac{a}{2}\pi\right)=\sin\left(\frac{7a}{2}\pi\right)$ ··· ㉢

2nd 실수 a의 값을 구해.

한편, $0<a<\frac{4}{7}$에서 $0<\frac{7a}{2}\pi<2\pi$이므로 ㉢과 삼각함수의 그래프의 대칭성에 의하여

$\frac{7a}{2}\pi=2\pi-\frac{a}{2}\pi$ 또는 $\frac{7a}{2}\pi=\pi+\frac{a}{2}\pi$ ··· (★)

$\therefore a=\frac{1}{2}$ 또는 $a=\frac{1}{3}$

3rd 유리수 b의 값을 구해.

(i) $a=\frac{1}{2}$일 때, $f(x)=2\sin\left(\frac{1}{2}x\right)+b$이고 함수 $y=f(x)$의 그래프가 점 A를 지나므로

$f\left(-\frac{\pi}{2}\right)=2\sin\left(-\frac{\pi}{4}\right)+b=2\times\left(-\frac{\sqrt{2}}{2}\right)+b=-\sqrt{2}+b=0$

$\therefore b=\sqrt{2}$

그런데 b는 유리수이므로 조건을 만족시키지 않는다.

(ii) $a=\frac{1}{3}$일 때, $f(x)=2\sin\left(\frac{1}{3}x\right)+b$이고 함수 $y=f(x)$의 그래프가 점 A를 지나므로

$f\left(-\frac{\pi}{2}\right)=2\sin\left(-\frac{\pi}{6}\right)+b=2\times\left(-\frac{1}{2}\right)+b=-1+b=0$

$\therefore b=1$ $a=\frac{1}{3}$, $b=1$이면 $f(x)=2\sin\left(\frac{1}{3}x\right)+1$이고 $f\left(\frac{7}{2}\pi\right)=2\sin\left(\frac{7}{6}\pi\right)+1=2\times\left(-\frac{1}{2}\right)+1=0$이므로 함수 $y=f(x)$의 그래프는 점 B도 지나. 따라서 $a=\frac{1}{3}$, $b=1$일 때, 문제의 조건을 만족해.

이것은 b가 유리수라는 조건을 만족시킨다.

4th $30(a+b)$의 값을 구해.

따라서 $a=\frac{1}{3}$, $b=1$이므로 $30(a+b)=30\times\left(\frac{1}{3}+1\right)=40$

수능 핵강

(★)이 성립하는 이유를 알아 보자.

$\frac{a}{2}\pi=\theta$라 하면 $0<\theta<\frac{2}{7}\pi$로 θ는 예각이고 $0<7\theta<2\pi$이므로 ㉢에서 $-\sin\theta=\sin 7\theta$를 만족시키는 θ의 값을 구하기 위해서는 사인함수의 그래프의 대칭성을 이용해야 해. 즉, 그림의 함수 $y=\sin x$의 그래프에서 $7\theta=2\pi-\theta$ 또는 $7\theta=\pi+\theta$임을 알 수 있어.

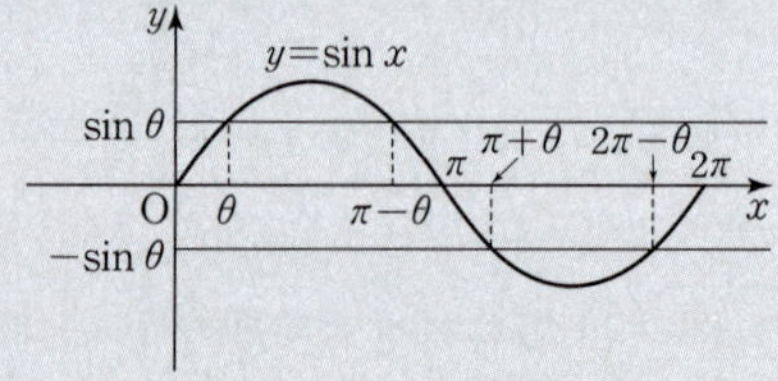

B 16 정답 ③ *삼각함수의 성질의 활용 ······ [정답률 86%]

(정답 공식: $\cos\theta$=(점 A의 x좌표), $\sin\theta$=(점 A의 y좌표))

그림과 같이 직사각형 ABCD가 중심이 원점이고 반지름의 길이가 1인 원에 내접해 있다. x축과 선분 OA가 이루는 각을 θ라 할 때, $\cos(\pi-\theta)$와 같은 것은? $\left(\text{단, } 0<\theta<\frac{\pi}{4}\right)$ (3점)

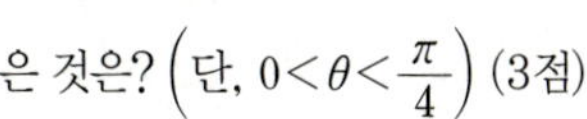

① A의 x좌표 ② B의 y좌표 ③ C의 x좌표 ④ C의 y좌표 ⑤ D의 x좌표

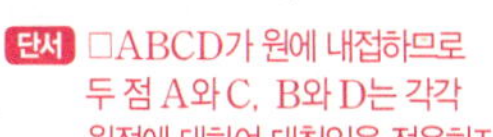

단서 □ABCD가 원에 내접하므로 두 점 A와 C, B와 D는 각각 원점에 대하여 대칭임을 적용하자.

1st 점 A(a, b)로 놓고 a, b를 θ로 표현해.

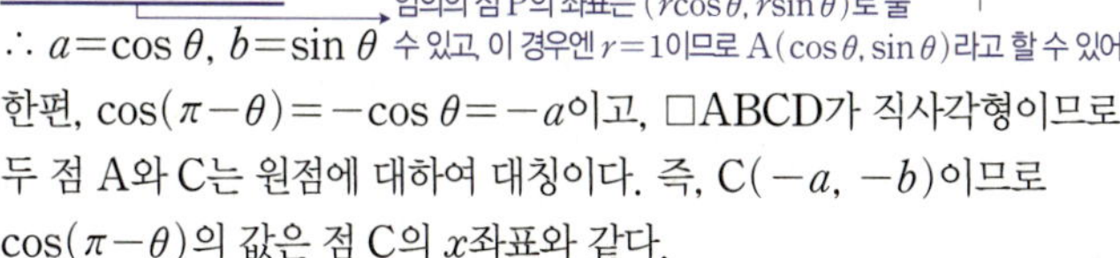

점 A의 좌표를 A(a, b)라 하면 $\overline{OA}=1$이므로

A$(\cos\theta, \sin\theta)$ — 중심이 원점이고 반지름의 길이가 r인 원 위의 임의의 점 P의 좌표는 $(r\cos\theta, r\sin\theta)$로 둘 수 있고, 이 경우엔 $r=1$이므로 A$(\cos\theta, \sin\theta)$라고 할 수 있어.

$\therefore a=\cos\theta,\ b=\sin\theta$

한편, $\cos(\pi-\theta)=-\cos\theta=-a$이고, □ABCD가 직사각형이므로 두 점 A와 C는 원점에 대하여 대칭이다. 즉, C$(-a, -b)$이므로 $\cos(\pi-\theta)$의 값은 점 C의 x좌표와 같다.

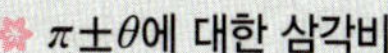

$\pi\pm\theta$에 대한 삼각비 개념·공식

① $\sin(\pi+\theta)=-\sin\theta$, $\sin(\pi-\theta)=\sin\theta$
② $\cos(\pi+\theta)=-\cos\theta$, $\cos(\pi-\theta)=-\cos\theta$
③ $\tan(\pi+\theta)=\tan\theta$, $\tan(\pi-\theta)=-\tan\theta$

B 17 정답 ③ *삼각함수의 성질의 활용 ······ [정답률 68%]

(정답 공식: 로그의 덧셈 성질과 삼각함수의 성질을 안다.)

$\theta=18^\circ$일 때,

$\log_3\tan\theta+\log_3\tan 2\theta+\log_3\tan 3\theta+\log_3\tan 4\theta$

를 간단히 하면? (3점)

단서 $\log_a x+\log_a y=\log_a xy$임을 적용하여 식을 정리해 보자.

① -1 ② $-\frac{1}{2}$ ③ 0 ④ $\frac{1}{2}$ ⑤ 1

1st 로그의 성질을 이용해.

$\log_3\tan\theta+\log_3\tan 2\theta+\log_3\tan 3\theta+\log_3\tan 4\theta$

$=\log_3\tan 18^\circ+\log_3\tan 36^\circ+\log_3\tan 54+\log_3\tan 72^\circ$ ← $\log_a M+\log_a N=\log_a MN$

$=\log_3(\tan 18^\circ\times\tan 36^\circ\times\tan 54^\circ\times\tan 72^\circ)$ ⋯ ㉠

2nd $\tan(90^\circ-\theta)=\frac{1}{\tan\theta}$임을 이용하여 주어진 식을 간단히 나타내 보자.

이때, $\tan 72^\circ=\tan(90^\circ-18^\circ)=\frac{1}{\tan 18^\circ}$, $\tan 54^\circ=\tan(90^\circ-36^\circ)=\frac{1}{\tan 36^\circ}$이므로

㉠에서

$\log_3\left(\tan 18^\circ\times\tan 36^\circ\times\frac{1}{\tan 36^\circ}\times\frac{1}{\tan 18^\circ}\right)=\log_3 1=0$

실수 주어진 각도가 특수각이 아닌 경우에는 삼각함수의 성질을 이용해서 푸는 경우가 많아. 특히 $\tan(90^\circ-\theta)=\frac{1}{\tan\theta}$은 꼭 알아야 해.

[다른 풀이]

$\theta=18^\circ$에서 $5\theta=\frac{\pi}{2}$이므로

$\tan 4\theta=\tan(5\theta-\theta)=\tan\left(\frac{\pi}{2}-\theta\right)=\cot\theta=\frac{1}{\tan\theta}$

$\tan 3\theta=\tan(5\theta-2\theta)=\tan\left(\frac{\pi}{2}-2\theta\right)=\cot 2\theta=\frac{1}{\tan 2\theta}$

$\therefore \log_3(\tan\theta\tan 2\theta\tan 3\theta\tan 4\theta)$

$=\log_3\left(\tan\theta\times\tan 2\theta\times\frac{1}{\tan 2\theta}\times\frac{1}{\tan\theta}\right)=\log_3 1=0$

삼각함수의 성질 개념·공식

① $\sin(\pi\pm\theta)=\mp\sin\theta$, $\cos(\pi\pm\theta)=-\cos\theta$
$\tan(\pi\pm\theta)=\pm\tan\theta$ (복호동순)

② $\sin\left(\frac{\pi}{2}\pm\theta\right)=\cos\theta$, $\cos\left(\frac{\pi}{2}\pm\theta\right)=\mp\sin\theta$

$\tan\left(\frac{\pi}{2}\pm\theta\right)=\mp\frac{1}{\tan\theta}$ (복호동순)

B 18 정답 4 *삼각함수의 성질의 활용 ······ [정답률 63%]

(정답 공식: 특수각의 삼각비를 알고 있으므로 직접 숫자를 대입하여 구한다.)

한 개의 주사위를 던져서 나오는 눈의 수를 원소로 가지는 집합 A에 대하여 집합 X를

$$X=\left\{x \,\middle|\, x=\sin\frac{a}{6}\pi,\ a\in A\right\}$$

라 하자. 집합 X의 원소의 개수를 구하시오. (4점)

단서 주사위의 눈의 수는 1에서 6까지이므로 a는 1에서 6의 값을 가지겠지? $\sin\frac{a}{6}\pi$에 $a=1, \cdots, 6$을 대입하여 값을 구하면 되는 문제야.

1st a는 주사위의 눈의 수이므로 집합 A를 구할 수 있지?

a는 주사위의 눈의 수이므로 집합 A는 $A=\{1, 2, 3, 4, 5, 6\}$

2nd 이제 $a=1, 2, 3, 4, 5, 6$을 대입하여 집합 X의 원소를 구하자.

$\sin\frac{1}{6}\pi=\sin\frac{\pi}{6}=\frac{1}{2}$

$\sin\frac{2}{6}\pi=\sin\frac{\pi}{3}=\frac{\sqrt{3}}{2}$

$\sin\frac{3}{6}\pi=\sin\frac{\pi}{2}=1$

$\sin\frac{4}{6}\pi=\sin\frac{2}{3}\pi=\sin\left(\pi-\frac{\pi}{3}\right)=\sin\frac{\pi}{3}=\frac{\sqrt{3}}{2}$

→ $\sin(\pi+\theta)=-\sin\theta$, $\sin(\pi-\theta)=\sin\theta$

$\sin\frac{5}{6}\pi=\sin\left(\pi-\frac{\pi}{6}\right)=\sin\frac{\pi}{6}=\frac{1}{2}$

$\sin\frac{6}{6}\pi=\sin\pi=0$

$\therefore X=\left\{0, \frac{1}{2}, \frac{\sqrt{3}}{2}, 1\right\}$

따라서 집합 X의 원소는 모두 4개이다.

수능 핵강

a 대신에 1, 2, 3, 4, 5, 6을 대입하여 $\pi\pm\theta$의 삼각함수의 변형 공식을 이용해서 삼각비를 구하는 문제네. 혹시 답을 6개라고 푼 사람이 있다면 집합의 개념을 다시 공부해야 할 거야. 집합에서는 중복되는 원소는 한 번만 써야 해.

즉, $X=\left\{0, \frac{1}{2}, \frac{1}{2}, \frac{\sqrt{3}}{2}, \frac{\sqrt{3}}{2}, 1\right\}=\left\{0, \frac{1}{2}, \frac{\sqrt{3}}{2}, 1\right\}$

따라서 집합 X의 원소는 모두 4개야!

B 19 정답 36 *삼각함수의 성질의 활용 [정답률 12%]

(정답 공식: 반지름의 길이가 r이고 중심각의 크기가 θ인 부채꼴의 호의 길이 l은 $l=r\theta$이고, $\sin(\pi-x)=\sin x$이다.)

단서 호 BC의 길이를 구하려면 반원의 반지름의 길이와 호 BC에 대한 중심각의 크기를 알아야 하지? 그럼 반원의 중심 O를 잡아야겠네.

그림과 같이 길이가 24인 선분 AB를 지름으로 하는 반원이 있다. 반원 위에서 호 BC의 길이가 10π인 점 C를 잡고 점 C에서 선분 AB에 내린 수선의 발을 H라 하자. $\overline{\mathrm{CH}}^2$의 값을 구하시오. (3점)

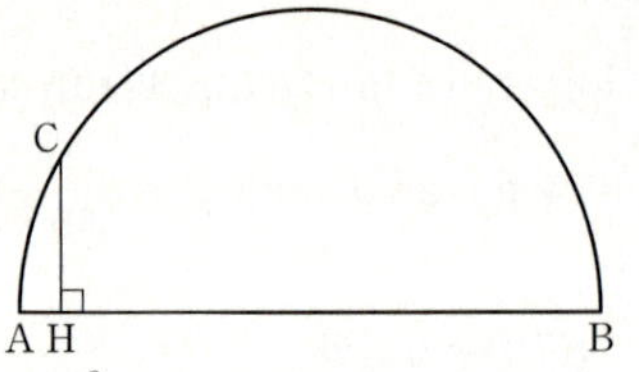

1st 반원의 중심과 점 C를 연결해.

반원의 중심을 O, $\angle\mathrm{BOC}=\theta$라 하면

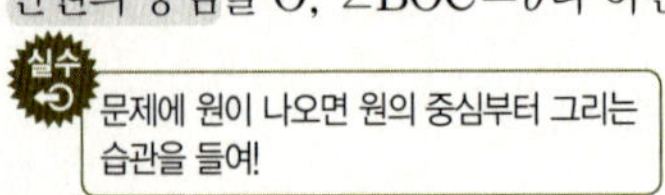

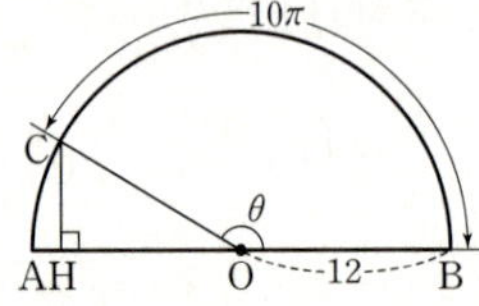

$\overline{\mathrm{OB}}=12$이므로 $12\theta=10\pi$에서 $\theta=\frac{5}{6}\pi$

$\overline{\mathrm{AB}}=24$이므로 $\overline{\mathrm{OB}}=\frac{1}{2}\overline{\mathrm{AB}}=12$

→ 호 BC의 길이가 10π이므로 $\overline{\mathrm{OB}}\times\angle\mathrm{BOC}=10\pi$ (반지름의 크기가 r, 중심각의 크기가 θ인 부채꼴의 호의 길이 $l=r\theta$)

2nd $\overline{\mathrm{CH}}^2$의 값을 구하자.

직각삼각형 OCH에서 $\overline{\mathrm{CH}}=\overline{\mathrm{OC}}\sin(\pi-\theta)$이므로

$\overline{\mathrm{CH}}=12\sin\frac{\pi}{6}=12\times\frac{1}{2}=6$

→ $\sin(\pi-\theta)=\sin\left(\pi-\frac{5}{6}\pi\right)=\sin\frac{\pi}{6}$

$\therefore \overline{\mathrm{CH}}^2=6^2=36$

B 20 정답 ③ *삼각함수의 성질의 활용 [정답률 67%]

(정답 공식: 특수각의 삼각비를 이용하기 위해 지면과 평행한 선을 하나 그어준다.)

그림과 같이 평평한 지면 위에 설치된 가로등이 있다. 지면에 수직으로 세워진 기둥의 길이는 5 m이고, 그 위로 길이가 2 m인 기둥이 수직인 기둥과 135°의 각을 이루며 연결되어 있다. 이 가로등의 지면으로부터의 높이가 h m일 때, h의 값은? (3점)

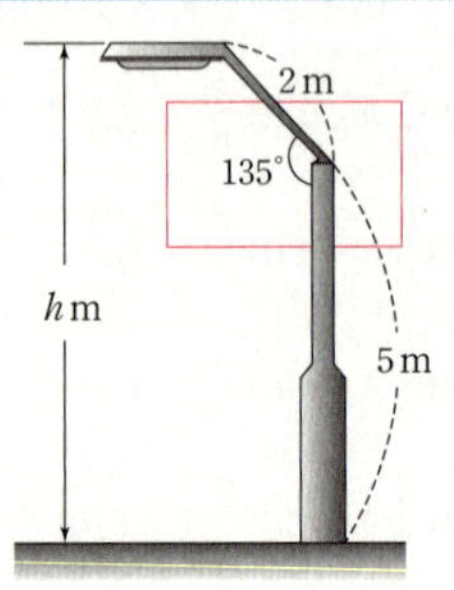

① 6　② $\frac{13}{2}$　③ $5+\sqrt{2}$　④ $5+\sqrt{3}$　⑤ $5+2\sqrt{2}$

단서 각의 크기가 135°인 점을 지나면서 지면에 평행한 직선을 그어서 직각삼각형을 만들어 봐.

1st $135°=90°+45°$임에 착안해.

그림과 같이 지면에 수직인 기둥의 끝을 지나면서 지면과 평행한 직선을 긋고 네 점 A, B, C, D를 잡으면 직각삼각형 ABC에서 $\angle\mathrm{ACB}=45°$이므로

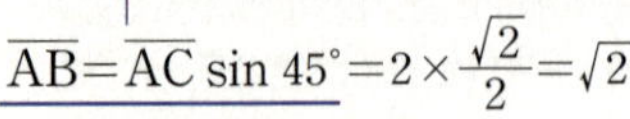

$\overline{\mathrm{AB}}=\overline{\mathrm{AC}}\sin 45°=2\times\frac{\sqrt{2}}{2}=\sqrt{2}$

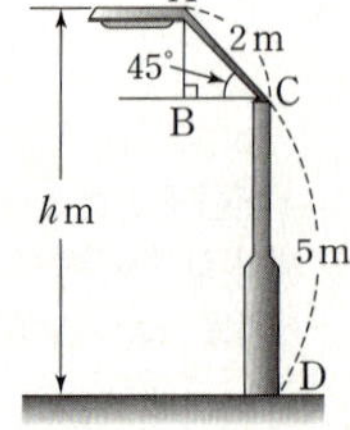

$\therefore h=\overline{\mathrm{CD}}+\overline{\mathrm{AB}}=5+\sqrt{2}$

B 21 정답 ④ *삼각함수의 성질의 활용 [정답률 41%]

(정답 공식: 원의 중심을 지나는 직선과 그 직선이 원과 만나는 점에 접하는 접선은 수직이다. 삼각함수의 성질을 이용한다.)

그림과 같이 원점 O를 중심으로 하고 반지름의 길이가 1인 원 위의 점 A가 제2사분면에 있을 때 동경 OA가 나타내는 각의 크기를 θ라 하자. 점 B$(-1, 0)$을 지나는 직선 $x=-1$과 동경 OA가 만나는 점을 C, 점 A에서의 접선이 x축과 만나는 점을 D라 하자. 다음 중 삼각형 OCD의 넓이에서 부채꼴 OAB의 넓이를 뺀 어두운 부분의 넓이와 항상 같은 것은? $\left(단,\ \frac{\pi}{2}<\theta<\pi\right)$ (4점)

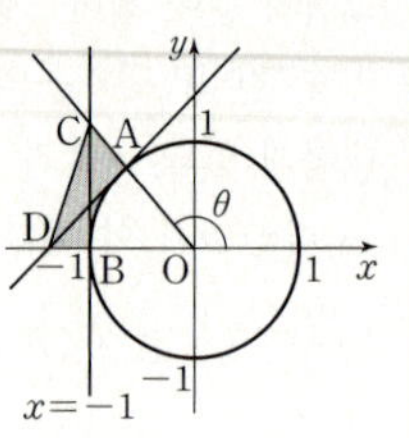

① $\frac{1}{2}\left(-\frac{\cos\theta}{\sin^2\theta}-\pi+\theta\right)$　② $\frac{1}{2}\left(-\frac{\sin\theta}{\cos^2\theta}-\pi+\theta\right)$

③ $\frac{1}{2}\left(\frac{\cos^2\theta}{\sin\theta}-\theta\right)$　④ $\frac{1}{2}\left(\frac{\sin\theta}{\cos^2\theta}-\pi+\theta\right)$

⑤ $\frac{1}{2}\left(\frac{\sin^2\theta}{\cos\theta}-\theta\right)$

단서 원의 접선과 접점에서의 반지름이 이루는 각의 크기는 90°임을 이용하면 $\overline{\mathrm{OD}}$의 길이를 θ로 나타낼 수 있어. 마찬가지로 BC의 길이도 θ로 나타낼 수 있어.

1st $\overline{\mathrm{BC}}$, $\overline{\mathrm{OD}}$의 길이를 각각 θ에 관한 식으로 표현해 보자.

직각삼각형 OBC에서 $\tan(\pi-\theta)=\frac{\overline{\mathrm{BC}}}{1}$이므로

$\overline{\mathrm{BC}}=\tan(\pi-\theta)=-\tan\theta$

원의 중심을 지나는 직선 OA와 접선 AD는 직교하므로 직각삼각형 OAD에서 $\cos(\pi-\theta)=\frac{\overline{\mathrm{OA}}}{\overline{\mathrm{OD}}}=\frac{1}{\overline{\mathrm{OD}}}$

그림에서 $\overline{\mathrm{PT}}$와 $\overline{\mathrm{PT'}}$이 원 O의 접선이면 ① $\overline{\mathrm{PT}}\perp\overline{\mathrm{OT}}$, $\overline{\mathrm{PT'}}\perp\overline{\mathrm{OT'}}$ ② $\overline{\mathrm{PT}}=\overline{\mathrm{PT'}}$

$\therefore \overline{\mathrm{OD}}=\frac{1}{\cos(\pi-\theta)}=-\frac{1}{\cos\theta}$

2nd 어두운 부분의 넓이는 삼각형 OCD의 넓이에서 부채꼴 OAB의 넓이를 빼면 구할 수 있지?

$\therefore$ (어두운 부분의 넓이)

$=$(삼각형 OCD의 넓이)$-$(부채꼴 OAB의 넓이)

$=\frac{1}{2}\times\overline{\mathrm{OD}}\times\overline{\mathrm{BC}}-\frac{1}{2}\times\overline{\mathrm{OA}}^2\times(\pi-\theta)$ → 반지름의 길이가 r이고 중심각의 크기가 θ인 부채꼴의 넓이는 $\frac{1}{2}r^2\theta$

$=\frac{1}{2}\times\left(-\frac{1}{\cos\theta}\right)\times(-\tan\theta)-\frac{1}{2}\times1^2\times(\pi-\theta)$

$=\frac{1}{2}\times\left(-\frac{1}{\cos\theta}\right)\times\left(-\frac{\sin\theta}{\cos\theta}\right)-\frac{1}{2}(\pi-\theta)=\frac{1}{2}\left(\frac{\sin\theta}{\cos^2\theta}-\pi+\theta\right)$

쉬운 풀이

원 $x^2+y^2=1$ 위의 점 A$(\cos\theta, \sin\theta)$에서의 접선의 방정식은

$x\cos\theta+y\sin\theta=1$이므로 점 D의 좌표는 $\left(\frac{1}{\cos\theta}, 0\right)$이라 할 수 있지?

→ 원 $x^2+y^2=r^2$ 위의 임의의 점의 좌표는 $(r\cos\theta, r\sin\theta)$로 둘 수 있으므로 원 $x^2+y^2=1$ 위의 점의 좌표는 $(\cos\theta, \sin\theta)$로 둘 수 있어.

$\therefore \overline{\mathrm{OD}}=-\frac{1}{\cos\theta}$ ($\because \cos\theta<0$)

(이하 동일)

부채꼴의 호의 길이와 넓이　개념·공식

중심각의 크기가 θ(라디안), 반지름의 길이가 r의 부채꼴의

① 호의 길이 : $l=r\theta$

② 넓이 : $S=\frac{1}{2}r^2\theta=\frac{1}{2}rl$

B 22 정답 7 *삼각방정식과 삼각부등식 ······ [정답률 84%]

(**정답 공식:** $\cos^2 x$를 $\sin x$에 관한 식으로 고친다.)

> $0<x<2\pi$일 때, 방정식 $\cos^2 x-\sin x=1$의 모든 실근의 합은 $\frac{q}{p}\pi$이다. $p+q$의 값을 구하시오. (단, p, q는 서로소인 자연수이다.) (3점)
>
> **단서** $\sin^2 x+\cos^2 x=1$임을 이용해서 주어진 식을 $\sin x$에 대한 식으로 정리할 수 있어.

1st $\cos^2 x=1-\sin^2 x$를 대입하여 식을 정리하자.

$\cos^2 x-\sin x=1$에 $\cos^2 x=1-\sin^2 x$를 대입하면

$1-\sin^2 x-\sin x=1$, $\sin^2 x+\sin x=0$

$\sin x(\sin x+1)=0$ $\quad\therefore \sin x=0$ 또는 $\sin x=-1$

2nd $\sin x=0$, $\sin x=-1$인 x의 값을 $0<x<2\pi$에서 구하자.

이때, $0<x<2\pi$이므로

$\sin x=0$에서 $x=\pi$

$\sin x=-1$에서 $x=\frac{3}{2}\pi$

→ $0<x<2\pi$에서 함수 $y=\sin x$의 그래프는 그림과 같아.

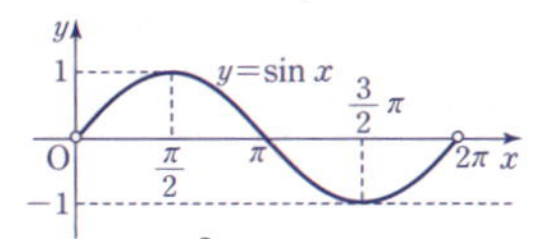

따라서 주어진 방정식의 모든 실근은 π, $\frac{3}{2}\pi$이므로 구하는 합은

$\pi+\frac{3}{2}\pi=\frac{5}{2}\pi=\frac{q}{p}\pi$

$\therefore p+q=2+5=7$

삼각방정식은 대부분 x의 범위가 주어지는 경우가 많아. 꼭 경계값이 범위에 포함되는지, 구한 해가 범위에 포함되는지 등에 주의해야 해.

B 23 정답 ⑤ *삼각방정식과 삼각부등식 ······ [정답률 63%]

(**정답 공식:** 2개 이상의 삼각함수가 포함된 방정식은 하나의 삼각함수로 나타내어 방정식을 푼다.)

> $0\le x<2\pi$일 때, 방정식 $\sin x=\sqrt{3}(1+\cos x)$의 모든 해의 합은? (3점)
>
> **단서** $\sin x$와 $\cos x$가 모두 있는 방정식이니까 하나의 삼각함수로 나타내야 해. 양변을 제곱하여 풀어 봐.
>
> ① $\frac{\pi}{3}$ ② $\frac{2}{3}\pi$ ③ π
> ④ $\frac{4}{3}\pi$ ⑤ $\frac{5}{3}\pi$

1st 주어진 방정식을 제곱하여 방정식을 풀자.

$\sin x=\sqrt{3}(1+\cos x)$의 양변을 제곱하면

$\sin^2 x=\{\sqrt{3}(1+\cos x)\}^2$에서

$1-\cos^2 x=3+6\cos x+3\cos^2 x$ ← $\sin^2 x+\cos^2 x=1$에서 $\sin^2 x=1-\cos^2 x$

$4\cos^2 x+6\cos x+2=0$

$2\cos^2 x+3\cos x+1=0$

$(\cos x+1)(2\cos x+1)=0$

$\therefore \cos x=-1$ 또는 $\cos x=-\frac{1}{2}$

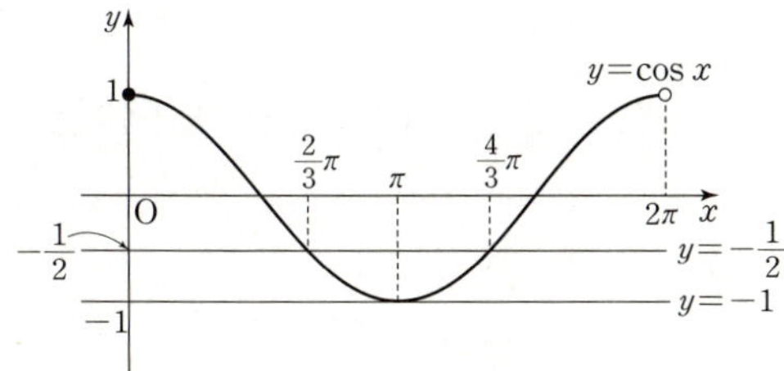

이때, $0\le x<2\pi$에서 함수 $y=\cos x$의 그래프와 두 직선 $y=-1$, $y=-\frac{1}{2}$은 그림과 같으므로

(i) $\cos x=-1$일 때, $x=\pi$

$x=\pi$를 주어진 방정식에 대입하면 $\sin\pi=\sqrt{3}(1+\cos\pi)$이므로 $x=\pi$는 주어진 방정식의 해이다.

← $\sin\pi=0$, $\sqrt{3}(1+\cos\pi)=\sqrt{3}\{1+(-1)\}=0$

(ii) $\cos x=-\frac{1}{2}$일 때, $x=\frac{2}{3}\pi$ 또는 $x=\frac{4}{3}\pi$

i) $x=\frac{2}{3}\pi$를 주어진 방정식에 대입하면

$\sin\frac{2}{3}\pi=\sqrt{3}\left(1+\cos\frac{2}{3}\pi\right)$이므로 $x=\frac{2}{3}\pi$는 주어진 방정식의 해이다.

← $\sin\frac{2}{3}\pi=\frac{\sqrt{3}}{2}$, $\sqrt{3}\left(1+\cos\frac{2}{3}\pi\right)=\sqrt{3}\left\{1+\left(-\frac{1}{2}\right)\right\}=\frac{\sqrt{3}}{2}$

ii) $x=\frac{4}{3}\pi$를 주어진 방정식에 대입하면

함정 주어진 방정식의 양변을 제곱하여 방정식을 풀었으니까 구한 해 $x=\pi$ 또는 $x=\frac{2}{3}\pi$ 또는 $x=\frac{4}{3}\pi$는 $\sin x=\sqrt{3}(1+\cos x)$ 또는 $\sin x=-\sqrt{3}(1+\cos x)$의 해가 되겠지? 따라서 양변을 제곱하여 구한 해는 원래의 방정식에 대입해보고 방정식을 만족시키는지 확인해야 해.

$\sin\frac{4}{3}\pi\neq\sqrt{3}\left(1+\cos\frac{4}{3}\pi\right)$이므로 $x=\frac{4}{3}\pi$는 주어진 방정식의 해가 아니다.

← $\sin\frac{4}{3}\pi=-\frac{\sqrt{3}}{2}$, $\sqrt{3}\left(1+\cos\frac{4}{3}\pi\right)=\sqrt{3}\left\{1+\left(-\frac{1}{2}\right)\right\}=\frac{\sqrt{3}}{2}$

(i), (ii)에 의하여 주어진 방정식의 해는 $x=\pi$ 또는 $x=\frac{2}{3}\pi$이므로

구하는 합은 $\pi+\frac{2}{3}\pi=\frac{5}{3}\pi$

B 24 정답 ① *삼각방정식과 삼각부등식 ······ [정답률 65%]

(**정답 공식:** 로그의 성질을 이용해 식을 정리한 뒤 진수끼리만 비교한다.)

> $0<\theta<\frac{\pi}{2}$일 때,
>
> $\log(\sin\theta)-\log(\cos\theta)=-\frac{1}{2}\log 3$
>
> 을 만족시키는 θ의 값은? (단, log는 상용로그이다.) (3점)
>
> **단서** $\log a-\log b=\log\frac{a}{b}$, $n\log x=\log x^n$임을 이용해 식을 정리하자.
>
> ① $\frac{\pi}{6}$ ② $\frac{\pi}{4}$ ③ $\frac{2}{7}\pi$ ④ $\frac{\pi}{3}$ ⑤ $\frac{2}{5}\pi$

1st 로그의 성질을 이용해서 식을 정리해.

$\log(\sin\theta)-\log(\cos\theta)=-\frac{1}{2}\log 3$에서

← $\log a-\log b=\log\frac{a}{b}$, $n\log a=\log a^n$

$\log\frac{\sin\theta}{\cos\theta}=\log 3^{-\frac{1}{2}}$

$\frac{\sin\theta}{\cos\theta}=3^{-\frac{1}{2}}$

주의 $3^{-\frac{1}{2}}=(3^{\frac{1}{2}})^{-1}=(\sqrt{3})^{-1}=\frac{1}{\sqrt{3}}$이지? 은근히 실수가 많이 나오는 부분이야.

$\tan\theta=\frac{1}{\sqrt{3}}$

$\therefore \theta=\frac{\pi}{6}\ \left(\because 0<\theta<\frac{\pi}{2}\right)$

로그의 성질 (개념·공식)

$a>0$, $a\neq1$, $x>0$, $y>0$일 때,

① $\log_a a=1$ ② $\log_a 1=0$

③ $\log_a x+\log_a y=\log_a xy$ ④ $\log_a x-\log_a y=\log_a\frac{x}{y}$

B 25 정답 480 *삼각방정식과 삼각부등식 [정답률 74%]

(**정답 공식**: 방정식 $f(x)=g(x)$의 실근은 두 함수 $y=f(x)$, $y=g(x)$의 그래프의 교점의 x좌표와 같다.)

단서 주어진 방정식의 실근은 함수 $y=|\sin nx|$의 그래프와 직선 $y=\frac{2}{3}$의 교점의 x좌표이고 실근의 개수는 함수 $y=|\sin nx|$의 그래프와 직선 $y=\frac{2}{3}$의 교점의 개수야.

자연수 n에 대하여 $0\le x\le 2\pi$에서 방정식 $|\sin nx|=\frac{2}{3}$의 서로 다른 실근의 개수를 a_n, 서로 다른 모든 실근의 합을 b_n이라 할 때, $a_5b_6=k\pi$이다. 자연수 k의 값을 구하시오. (3점)

1st 좌표평면에 그래프를 그려 보자.

방정식 $|\sin nx|=\frac{2}{3}$의 실근은 함수 $y=|\sin nx|$의 그래프와 직선 $y=\frac{2}{3}$의 교점의 x좌표이다. 이때, 함수 $y=|\sin nx|$의 그래프와 직선 $y=\frac{2}{3}$는 다음과 같다.

함수 $y=\sin nx$의 주기는 $\frac{2\pi}{n}$이므로 함수 $y=|\sin nx|$의 주기는 $\frac{\pi}{n}$이야.

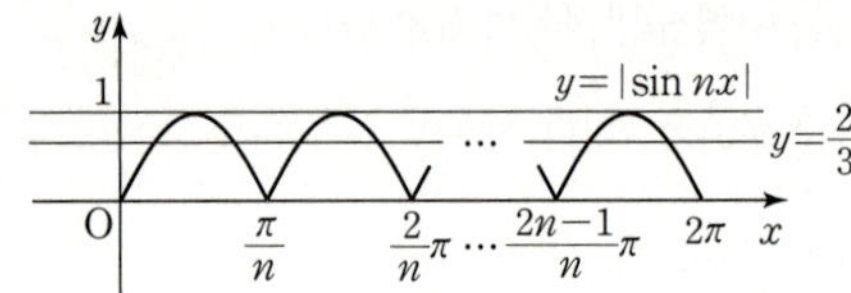

2nd a_n, b_n을 각각 n에 대하여 나타낸 후 a_5b_6의 값을 구하자.

$0\le x\le\frac{\pi}{n}$에서 함수 $y=|\sin nx|$의 그래프와 직선 $y=\frac{2}{3}$의 교점의 개수는 2이므로 $0\le x\le 2\pi$에서 함수 $y=|\sin nx|$의 그래프와 직선 $y=\frac{2}{3}$의 교점의 개수, 즉 방정식 $|\sin nx|=\frac{2}{3}$의 실근의 개수 a_n은

$a_n=2\times 2n=4n$

$0\le x\le\frac{\pi}{n}$는 함수 $y=|\sin nx|$의 한 주기야. 그런데 이 범위에서 실근의 개수가 2개이고 $0\le x\le 2\pi$에서 $0\le x\le\frac{\pi}{n}$와 같은 모양이 $2n$번 반복되므로 $a_n=2\times 2n$이야.

또한, $0\le x\le 2\pi$에서 함수 $y=|\sin nx|$의 그래프와 직선 $y=\frac{2}{3}$의 교점의 x좌표 중 가장 작은 값을 α라 하면 나머지 값은

$\frac{\pi}{n}-\alpha$, $\frac{\pi}{n}+\alpha$, $\frac{2}{n}\pi-\alpha$, $\frac{2}{n}\pi+\alpha$, $\cdots$, $\frac{2n-1}{n}\pi+\alpha$, $2\pi-\alpha$이므로

방정식 $|\sin nx|=\frac{2}{3}$의 서로 다른 모든 실근의 합 b_n은

$$b_n=\left\{\alpha+\left(\frac{\pi}{n}-\alpha\right)\right\}+\left\{\left(\frac{\pi}{n}+\alpha\right)+\left(\frac{2}{n}\pi-\alpha\right)\right\}+\left\{\left(\frac{2}{n}\pi+\alpha\right)+\left(\frac{3}{n}\pi-\alpha\right)\right\}+\cdots+\left\{\left(\frac{2n-1}{n}\pi+\alpha\right)+(2\pi-\alpha)\right\}$$

$$=\frac{\pi}{n}+\frac{3}{n}\pi+\frac{5}{n}\pi+\cdots+\frac{4n-1}{n}\pi$$

$$=4n\pi$$

$1+3+5+\cdots+(4n-1)=\sum_{k=1}^{2n}(2k-1)=2\times\frac{2n(2n+1)}{2}-1\times 2n=4n^2$이므로 $\frac{\pi}{n}+\frac{3}{n}\pi+\frac{5}{n}\pi+\cdots+\frac{4n-1}{n}\pi=\frac{4n^2}{n}\pi=4n\pi$

따라서 $a_5=4\times5=20$, $b_6=4\times6\pi=24\pi$이므로

$a_5b_6=20\times24\pi=480\pi$ $\quad\therefore k=480$

삼각방정식의 풀이 개념·공식

① $\sin x=k$ (또는 $\cos x=k$ 또는 $\tan x=k$)의 해는 $y=\sin x$ (또는 $y=\cos x$ 또는 $y=\tan x$)의 그래프와 직선 $y=k$의 교점의 x좌표의 값이다.

② $\sin^2 x+\cos^2 x=1$을 이용하여 삼각함수를 하나로 통일하고, 통일된 삼각함수를 $t(-1\le t\le 1)$로 치환한 후 방정식의 해를 구한다.

B 26 정답 ③ *삼각방정식과 삼각부등식 [정답률 72%]

(**정답 공식**: 꼭짓점의 좌표를 구하고 좌표를 직선 $y=2x$에 대입한다.)

포물선 $y=x^2-2x\cos\theta-\sin^2\theta$의 꼭짓점이 직선 $y=2x$ 위에 있기 위한 모든 θ값들의 합은? (단, $0\le\theta<2\pi$) (3점)

단서 포물선의 꼭짓점을 알 수 있도록 완전제곱 꼴로 변형하는 것부터 하자.

① π ② $\frac{3}{2}\pi$ ③ 2π ④ $\frac{5}{2}\pi$ ⑤ 3π

1st 먼저 완전제곱식을 이용하여 포물선의 꼭짓점의 좌표를 구해 보자.

$y=x^2-2x\cos\theta-\sin^2\theta=(x-\cos\theta)^2-\cos^2\theta-\sin^2\theta$

$=(x-\cos\theta)^2-(\cos^2\theta+\sin^2\theta)$

$=(x-\cos\theta)^2-1$ ($\because\sin^2\theta+\cos^2\theta=1$)

즉, 포물선의 꼭짓점의 좌표는 $(\cos\theta, -1)$이다.

이차함수 $y=a(x-b)^2+c$의 꼭짓점의 좌표는 (b, c)야.

2nd 꼭짓점이 직선 $y=2x$ 위에 있으므로 꼭짓점의 좌표를 대입하자.

꼭짓점 $(\cos\theta, -1)$의 좌표를 $y=2x$에 대입하면

$2\cos\theta=-1$에서 $\cos\theta=-\frac{1}{2}$

3rd 이제 방정식을 풀자.

$\cos\theta=-\frac{1}{2}$에서 부호가 $-$이므로 θ는 제2사분면 또는 제3사분면의 각이다.

$y=\cos\theta$의 그래프가 그림과 같고, 이는 $\theta=\pi$에 대하여 대칭이므로 $\theta=\frac{2}{3}\pi$이면 나머지 하나는 $\theta=\frac{4}{3}\pi$가 되는 거야.

(i) 제2사분면의 각 : $\theta=\pi-\frac{\pi}{3}=\frac{2}{3}\pi$

(ii) 제3사분면의 각 : $\theta=\pi+\frac{\pi}{3}=\frac{4}{3}\pi$

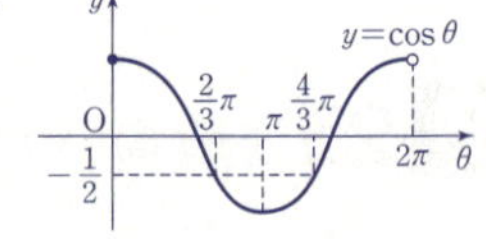

따라서 $\theta=\frac{2}{3}\pi$ 또는 $\theta=\frac{4}{3}\pi$이므로 모든 θ의 값의 합은 $\frac{2}{3}\pi+\frac{4}{3}\pi=2\pi$

B 27 정답 ⑤ *삼각방정식과 삼각부등식 [정답률 77%]

(**정답 공식**: $2\pi\cos x=\frac{1}{2}\pi+2n\pi$($n$은 정수)인 x를 찾는다.)

삼각방정식 $\sin(2\pi\cos x)=1$의 해의 개수는? (단, $0\le x<2\pi$) (4점)

단서 사인함수의 그래프를 이용하여 $\sin(2\pi\cos x)=1$에서 $2\pi\cos x=\frac{1}{2}\pi+2n\pi$($n$은 정수)임을 찾아.

① 0 ② 1 ③ 2 ④ 3 ⑤ 4

1st $2\pi\cos x=\alpha$라 하면, $\sin\alpha=1\Leftrightarrow\alpha=\frac{\pi}{2}+2n\pi$($n$은 정수)임을 이용해.

방정식 $\sin(2\pi\cos x)=1$에서 $2\pi\cos x=\frac{\pi}{2}+2n\pi$ (단, n은 정수)

$\therefore\cos x=\frac{1}{4}+n$ (단, n은 정수)

$y=\sin x$의 그래프는 $x=\frac{\pi}{2}+2n\pi$ (n은 정수)에서 $y=1$과 만나.

그런데 $-1\le\cos x\le1$이고, n은 정수이므로 $\cos x=-\frac{3}{4}$, $\frac{1}{4}$

$y=\cos x$, $y=-\frac{3}{4}$, $y=\frac{1}{4}$의 그래프를 그려보면 다음과 같다.

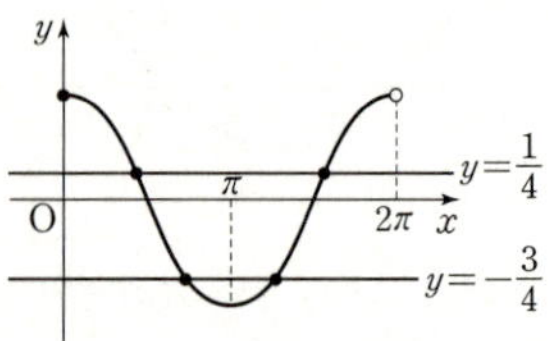

교점이 4개이므로 해의 개수는 4이다.

B 28 정답 ② *삼각방정식과 삼각부등식 [정답률 82%]

(정답 공식: $y=\sin x$의 그래프와 $y=-\frac{1}{2}$의 그래프의 교점을 찾는다.)

$0\le x<2\pi$에서 부등식 $2\sin x+1<0$의 해가 $\alpha<x<\beta$일 때, $\cos(\beta-\alpha)$의 값은? (3점)

단서 부등식을 (삼각함수)<(상수) 꼴로 정리하여 해를 구해.

① $-\frac{\sqrt{3}}{2}$ ② $-\frac{1}{2}$ ③ 0 ④ $\frac{1}{2}$ ⑤ $\frac{\sqrt{3}}{2}$

1st $y=\sin x$의 그래프를 이용하여 부등식 $2\sin x+1<0$의 해를 구해.

$2\sin x+1<0$에서 $2\sin x<-1$ $\therefore \sin x<-\frac{1}{2}$

이 부등식의 해는 $y=\sin x$의 그래프가 직선 $y=-\frac{1}{2}$보다 아래쪽에 있는 x의 값의 범위야.

이때, $0\le x<2\pi$에서 $\sin x=-\frac{1}{2}$의 해는

주의 항상 주어지는 x의 범위를 확인해야 해.

$x=\frac{7}{6}\pi$ 또는 $x=\frac{11}{6}\pi$이므로 함수 $y=\sin x$의 그래프와 직선 $y=-\frac{1}{2}$은 그림과 같다.

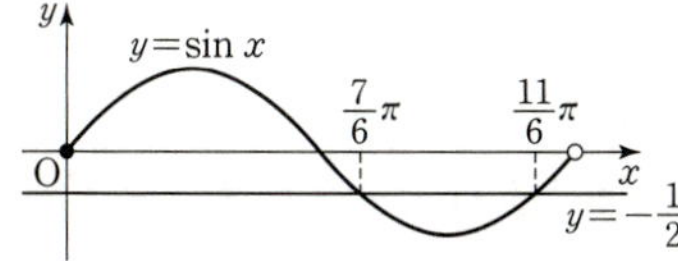

따라서 주어진 부등식의 해는 $\frac{7}{6}\pi<x<\frac{11}{6}\pi$이므로

$\alpha=\frac{7}{6}\pi,\ \beta=\frac{11}{6}\pi$

$\therefore \cos(\beta-\alpha)=\cos\left(\frac{11}{6}\pi-\frac{7}{6}\pi\right)=\cos\frac{2}{3}\pi=-\frac{1}{2}$

B 29 정답 ② *삼각방정식과 삼각부등식 [정답률 35%]

(정답 공식: 꼭짓점의 좌표를 $\sin\theta$에 대한 식으로 나타낸다.)

단서1 꼭짓점을 구할 수 있도록 완전제곱식으로 고쳐 보자.

x에 대한 이차함수 $y=x^2-2x\sin\theta+4-2\cos^2\theta$의 그래프의 꼭짓점이 직선 $y=-\frac{1}{2}x+2$의 위쪽에 있을 때, θ의 값의 범위는? (단, $\pi\le\theta<2\pi$) (4점)

단서2 $y=f(x)$를 기준으로 위쪽이면 $y>f(x)$, 아래쪽이면 $y<f(x)$로 나타냄을 적용하여 부등식을 풀자.

① $\pi<\theta<\frac{4}{3}\pi$ ② $\frac{7}{6}\pi<\theta<\frac{11}{6}\pi$ ③ $\frac{5}{4}\pi<\theta<\frac{7}{4}\pi$ ④ $\frac{4}{3}\pi<\theta<\frac{5}{3}\pi$ ⑤ $\frac{5}{3}\pi<\theta<2\pi$

1st 이차함수의 그래프의 꼭짓점의 좌표부터 구해.

$y=x^2-2x\sin\theta+4-2\cos^2\theta$

$=x^2-2x\sin\theta+4-2(1-\sin^2\theta)$ ($\because \sin^2\theta+\cos^2\theta=1$)

$=x^2-2x\sin\theta+\sin^2\theta+2+\sin^2\theta$

$=(x-\sin\theta)^2+2+\sin^2\theta$

따라서 꼭짓점의 좌표는 $(\sin\theta,\ 2+\sin^2\theta)$이다.

이차함수 $y=a(x-p)^2+q$의 그래프의 꼭짓점의 좌표는 (p, q)야.

2nd 점 (p, q)가 직선 $y=f(x)$의 위쪽에 있으면 $q>f(p)$가 성립함을 이용해.

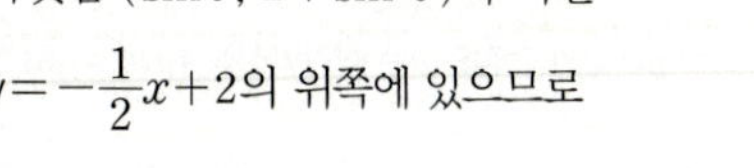

꼭짓점 $(\sin\theta,\ 2+\sin^2\theta)$가 직선 $y=-\frac{1}{2}x+2$의 위쪽에 있으므로

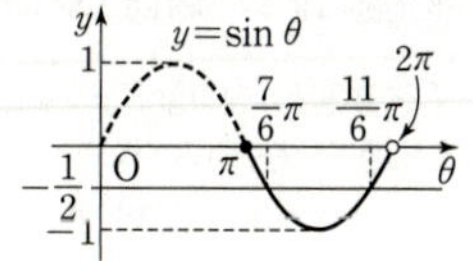

$y>-\frac{1}{2}x+2$에서

$2+\sin^2\theta>-\frac{1}{2}\sin\theta+2$

$\sin^2\theta+\frac{1}{2}\sin\theta>0$

$\sin\theta\left(\sin\theta+\frac{1}{2}\right)>0$

$\sin\theta<-\frac{1}{2}$ 또는 $\sin\theta>0$

$\pi\le\theta<2\pi$에서 $\sin\theta>0$을 만족시키는 θ는 존재하지 않아.

$\therefore \frac{7}{6}\pi<\theta<\frac{11}{6}\pi$ ($\because \pi\le\theta<2\pi$)

B 30 정답 ⑤ *삼각함수의 실생활 응용 [정답률 65%]

(정답 공식: 주기는 b의 값, 최대 흡입률은 a의 값에 따라 달라진다.)

오른쪽 그래프는 어떤 사람이 정상적인 상태에 있을 때 시각에 따라 호흡기에 유입되는 공기의 흡입률(리터/초)을 나타낸 것이다. 숨을 들이쉬기 시작하여 t초일 때 호흡기에 유입되는 공기의 흡입률을 y라 하면, 함수 $y=a\sin bt$(a, b는 양수)로 나타낼 수 있다. 이때, y의 값은 숨을 들이쉴 때는 양수, 내쉴 때는 음수가 된다. 이 함수의 주기가 6초이고, 최대 흡입률이 0.8(리터/초)일 때, 숨을 들이쉬기 시작한 시각으로부터 처음으로 흡입률이 -0.4(리터/초)이 되는 데 걸리는 시간은? (3점)

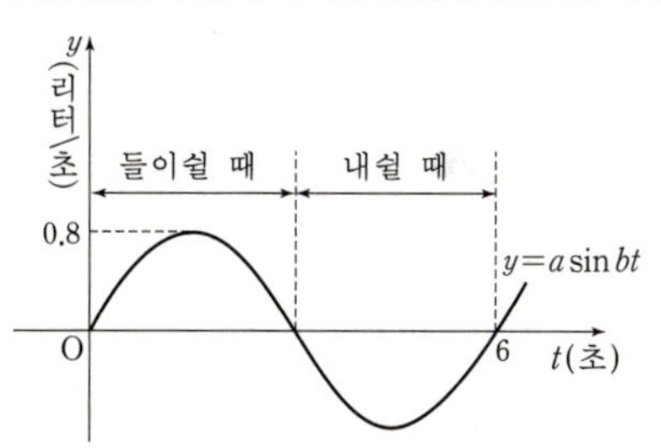

단서 최대흡입률이 0.8임을 이용하여 a의 값을 찾고, 주어진 그래프의 주기가 6초임을 이용하여 b의 값을 찾자.

① $\frac{19}{6}$초 ② $\frac{16}{5}$초 ③ $\frac{13}{4}$초 ④ $\frac{10}{3}$초 ⑤ $\frac{7}{2}$초

1st 최대 흡입률과 주기를 이용하여 a, b의 값을 각각 찾자.

$y=a\sin bt$에서 최대 흡입률이 0.8이고, 주기가 6초이므로

$a=0.8,\ 6=\frac{2\pi}{b}$에서 $a=0.8,\ b=\frac{1}{3}\pi$ → a, b의 값은 양수로 주어졌지?

$\therefore y=a\sin bt=0.8\sin\frac{1}{3}\pi t$

한편, 흡입률이 -0.4일 때의 t의 값을 구하면

$-0.4=0.8\sin\frac{1}{3}\pi t$에서

$\sin\frac{1}{3}\pi t=-\frac{1}{2}$

$\frac{1}{3}\pi t=\frac{7}{6}\pi$

$\therefore t=\frac{7}{2}$(초)

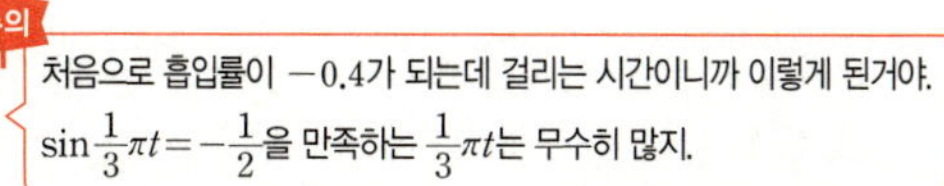

주의 처음으로 흡입률이 -0.4가 되는데 걸리는 시간이니까 이렇게 된거야. $\sin\frac{1}{3}\pi t=-\frac{1}{2}$을 만족하는 $\frac{1}{3}\pi t$는 무수히 많지.

B 31 정답 ③ *삼각함수의 실생활 응용 ············ [정답률 63%]

(정답 공식: 삼각함수 $y=\sin\theta$와 직선 $y=k$의 교점의 θ는 삼각방정식 $\sin\theta=k$의 해를 구하는 것과 같다.)

태양계의 모든 행성은 타원을 그리면서 각각 다른 속도로 태양의 둘레를 공전하며 자전하고, 각 행성의 위성은 그것이 속한 행성을 공전하면서 자전한다. 이때, 위성은 행성 주위를 주기적으로 공전하므로 지구에서 관측할 때 행성과 위성이 이루는 각은 주기적으로 달라짐을 알 수 있다. 어느 해 3월 1일 오후 9시를 기준으로 x일 후의 목성과 위성이 이루는 각의 크기를 y''라고 할 때, x와 y 사이의 관계가 $y=10\sin\frac{\pi}{12}x$라고 한다면 같은 해 4월까지 중 목성과 위성이 이루는 각이 $5''$가 되는 날이 아닌 것은? (3점)

① 3월 11일 ② 3월 27일 ③ 4월 5일
④ 4월 20일 ⑤ 4월 28일

단서 x는 날 수이고 y는 목성과 위성이 이루는 각의 크기이므로 $y=5$일 때, x를 구해야겠지?

1st x와 y 사이의 관계식에 $y=5$를 대입하여 x의 값을 구하자.

$y=10\sin\frac{\pi}{12}x$에서 $y=5$이므로

$10\sin\frac{\pi}{12}x=5$, $\sin\frac{\pi}{12}x=\frac{1}{2}$ → $\sin\frac{\pi}{6}=\frac{1}{2}$

$\frac{\pi}{12}x=\frac{\pi}{6}, \frac{5}{6}\pi, \frac{13}{6}\pi, \frac{17}{6}\pi, \frac{25}{6}\pi, \frac{29}{6}\pi, \cdots$

$\therefore x=2, 10, 26, 34, 50, 58, \cdots$

주의 월이 바뀌는 부분이 많이 헷갈리지. 3월은 31일까지 있으니까 30일 후가 3월 31일, 31일 후가 4월 1일이 되는거야.

2nd x의 값에 따라 날짜를 구해 보자. → 3월 1일부터 34일 후는 4월 4일이야.

x(일)	2	10	26	34	50	58	…
날짜	3월 3일	3월 11일	3월 27일	4월 4일	4월 20일	4월 28일	…

따라서 목성과 위성이 이루는 각이 $5''$가 되는 날이 아닌 것은 4월 5일이다.

수능 핵강

실생활 소재나 과학 소재의 응용 문제의 경우에 지문의 길이가 길어서 지레 겁먹고 문제 풀기를 포기해 버리는 학생들이 있어. 그런데 지문의 길이가 길수록 문제는 쉬운 경향이 있어. 이 문제의 경우는 관계식까지 문제의 지문에 친절히 주어져 있고 y에 5만 대입해서 x의 값들을 찾으면 풀 수 있는 간단한 문제야. 지문의 길이가 길다고 겁먹지 말고 찬찬히 접근해 봐.

B 32 정답 ② *삼각함수의 실생활 응용 ············ [정답률 62%]

(정답 공식: 문제에 주어진 조건들을 각각 대입하여 식을 두 개 얻어낸다.)

어떤 건물의 난방기에는 자동 온도 조절 장치가 있어서 실내 온도가 2시간 주기로 변한다. 이 난방기의 온도를 B(℃)로 설정하였을 때, 가동한 지 t분 후의 실내 온도는 T(℃)가 되어 다음 식이 성립한다고 한다.

$$T=B-\frac{k}{6}\cos\frac{\pi}{60}t \text{ (단, } B, k\text{는 양의 상수이다.)}$$

이 난방기를 가동한 지 20분 후의 실내 온도가 18℃이었고, 40분 후의 실내 온도가 20℃이었다. 이 난방기를 가동한 지 60분 후의 실내온도는? (3점)

단서 이런 유형의 문제는 각 문자가 뜻하는 것이 무엇인지를 정확히 파악하면 돼. $t=20$일 때 $T=18$, $t=40$일 때 $T=20$이란 뜻이야.

① 20℃ ② 21℃ ③ 22℃
④ 23℃ ⑤ 24℃

1st 주어진 조건을 식에 대입하면 식을 두 개 구할 수 있어.

(i) $t=20$일 때,

$$B-\frac{k}{6}\cos\left(\frac{\pi}{60}\times20\right)=B-\frac{k}{6}\cos\frac{\pi}{3}=B-\frac{k}{12}=18 \cdots ㉠$$

(ii) $t=40$일 때,

$\cos\frac{2}{3}\pi=\cos\left(\pi-\frac{\pi}{3}\right)=-\cos\frac{\pi}{3}$이므로

$$B-\frac{k}{6}\cos\left(\frac{\pi}{60}\times40\right)=B-\frac{k}{6}\cos\frac{2}{3}\pi=B+\frac{k}{12}=20 \cdots ㉡$$

2nd 이제 B와 k의 값을 구해 보자.

㉡$-$㉠을 하면 $\frac{k}{6}=2$ $\therefore k=12$

㉠$+$㉡을 하면 $2B=38$ $\therefore B=19$

따라서 $T=19-2\cos\frac{\pi}{60}t$

3rd 60분 후의 실내온도를 구하자.

$$T=19-2\cos\left(\frac{\pi}{60}\times60\right)=19-2\cos\pi=19+2=21$$

B 33 정답 256 *삼각함수의 실생활 응용 ············ [정답률 49%]

(정답 공식: 문제에 주어진 조건들을 각각 대입하여 식을 두 개 얻어낸다. 값의 범위를 구할 경우 일반식으로 나타낸다.)

그림과 같이 어떤 용수철에 질량이 m g인 추를 매달아 아래쪽으로 L cm만큼 잡아당겼다가 놓으면 추는 지면과 수직인 방향으로 진동한다. 추를 놓은 지 t초가 지난 후의 추의 높이를 h cm라 하면 다음 관계식이 성립한다.

$$h=20-L\cos\frac{2\pi t}{\sqrt{m}}$$

단서 이런 형태의 문제는 각 문자의 뜻을 정확히 파악한 후 문장으로 주어진 조건을 식으로 나타내야만 해결돼. 실수없이 식으로 나타내 보자.

이 용수철에 질량이 144 g인 추를 매달아 아래쪽으로 10 cm만큼 잡아당겼다가 놓은 지 2초가 지난 후의 추의 높이와, 질량이 a g인 추를 매달아 아래쪽으로 $5\sqrt{2}$ cm만큼 잡아당겼다가 놓은 지 2초가 지난 후의 추의 높이가 같을 때, a의 값을 구하시오.

(단, $L<20$이고 $a\geq100$이다.) (3점)

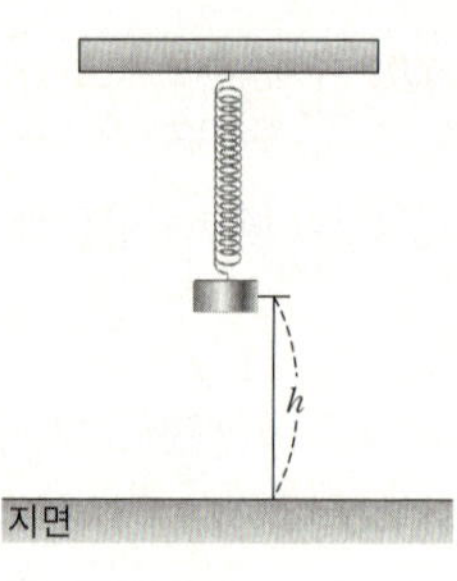

1st 먼저 질량이 144 g인 추를 매달아 아래쪽으로 10 cm만큼 잡아당겼다가 놓은 지 2초가 지난 후의 추의 높이를 구하자.

$m=144$, $L=10$, $t=2$일 때

$$h=20-10\cos\frac{2\pi\times2}{\sqrt{144}}=20-10\cos\frac{\pi}{3}$$

$$=20-10\times\frac{1}{2}=15 \cdots ㉠$$

2nd 질량이 a g인 추를 매달아 아래쪽으로 $5\sqrt{2}$ cm만큼 잡아당겼다가 놓은 지 2초가 지난 후의 추의 높이를 구하자.

$m=a$, $L=5\sqrt{2}$, $t=2$일 때, $h=20-5\sqrt{2}\cos\frac{4\pi}{\sqrt{a}} \cdots ㉡$

3rd 두 추의 높이가 같음을 이용하여 a의 값을 구하자.

㉠=㉡이므로 $20-5\sqrt{2}\cos\frac{4\pi}{\sqrt{a}}=15$에서 $5\sqrt{2}\cos\frac{4\pi}{\sqrt{a}}=5$

$\cos\frac{4\pi}{\sqrt{a}}=\frac{1}{\sqrt{2}}$ → $\cos\frac{\pi}{4}=\frac{1}{\sqrt{2}}$이고, $a\geq100$이니까 일반각으로 표현해야만 해. 이때, $\cos x$의 주기가 2π이니까 $2n\pi$ 꼴로 나타내는 거지.

$\therefore \frac{4\pi}{\sqrt{a}}=2n\pi\pm\frac{\pi}{4}$ (n은 정수) ⋯ ㉢

그런데 $a\geq100$이므로 $\sqrt{a}\geq10$이고 $0<\frac{1}{\sqrt{a}}\leq\frac{1}{10}$에서

$0<\frac{4\pi}{\sqrt{a}}\leq\frac{4\pi}{10}=\frac{2}{5}\pi$이다.

따라서 ㉢을 만족시키려면 $\frac{4\pi}{\sqrt{a}}=\frac{\pi}{4}$이어야 하므로 $\sqrt{a}=16$

$\therefore a=256$

B 34 정답 ① *사인법칙의 활용 [정답률 72%]

정답 공식: 삼각형 ABC의 외접원의 반지름의 길이를 R라 하면 $\frac{a}{\sin A}=\frac{b}{\sin B}=\frac{c}{\sin C}=2R$가 성립한다.

그림과 같이 $\angle ABC=\frac{\pi}{2}$인 삼각형 ABC에 내접하고 반지름의 길이가 3인 원의 중심을 O라 하자. 직선 AO가 선분 BC와 만나는 점을 D라 할 때, $\overline{DB}=4$이다. 삼각형 ADC의 외접원의 넓이는? (4점)

단서 원의 넓이를 구하려면 반지름의 길이만 알면 되지? 따라서 삼각형 ADC에서 사인법칙을 이용하여 외접원의 반지름의 길이를 구해.

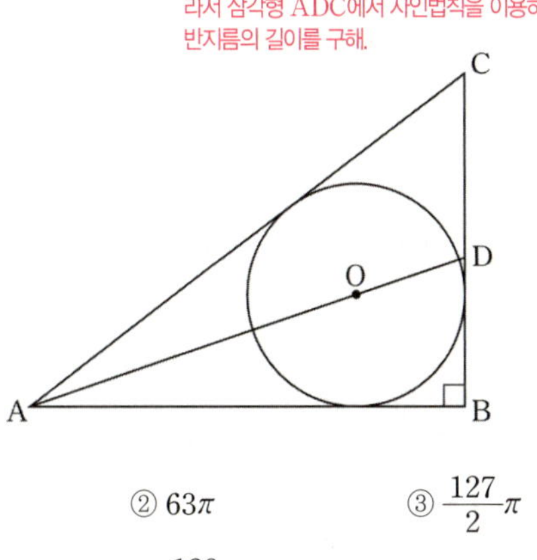

① $\frac{125}{2}\pi$ ② 63π ③ $\frac{127}{2}\pi$ ④ 64π ⑤ $\frac{129}{2}\pi$

1st $\angle CAD$에 대한 sin값을 구해.

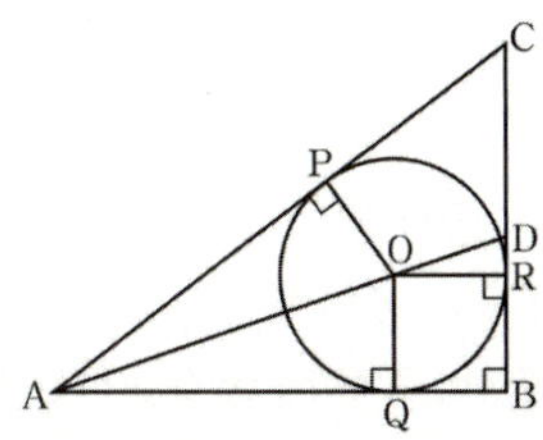

그림과 같이 삼각형 ABC와 내접원의 접점을 각각 P, Q, R라 하면 내접원의 반지름의 길이가 3이므로 $\overline{OR}=\overline{RB}=\overline{QB}=\overline{OQ}=3$이다.

$\therefore \overline{DR}=\overline{BD}-\overline{RB}=4-3=1$

따라서 직각삼각형 DOR에서 피타고라스 정리에 의하여

$\overline{OD}=\sqrt{\overline{OR}^2+\overline{DR}^2}=\sqrt{3^2+1^2}=\sqrt{10}$

이때, $\angle DOR=\theta$라 하면 직각삼각형 DOR에서

$\sin\theta=\frac{1}{\sqrt{10}}=\frac{\sqrt{10}}{10}$

한편, 두 선분 AB, OR는 서로 평행하고 두 삼각형 OAQ, OAP는 서로 합동이므로

두 삼각형 OAQ, OAP에서 $\overline{OQ}=\overline{OP}$ (반지름), $\overline{OA}$는 공통, $\overline{AQ}=\overline{AP}$이므로 두 삼각형 SSS합동이야.

$\angle OAP=\angle OAQ=\angle DOR=\theta$ → $\angle DOR$, $\angle OAQ$는 동위각이야.

$\therefore \sin(\angle OAP)=\sin(\angle CAD)=\sin\theta=\frac{\sqrt{10}}{10}$

2nd 선분 CD의 길이를 구해.

두 삼각형 ORD, ABD는 서로 닮음이므로 $\overline{OR}:\overline{DR}=\overline{AB}:\overline{DB}$에서 $3:1=\overline{AB}:4$ $\therefore \overline{AB}=12$

따라서 $\overline{AP}=\overline{AQ}=\overline{AB}-\overline{QB}=12-3=9$이므로 → 원 밖의 한 점에서 원에 그은 두 접선의 길이는 서로 같아.

$\overline{CR}=\overline{CP}=x$라 하면 직각삼각형 ABC에서 피타고라스 정리에 의하여

$\overline{AB}^2+\overline{BC}^2=\overline{AC}^2$에서

$\overline{AB}^2+(\overline{BR}+\overline{CR})^2=(\overline{AP}+\overline{CP})^2$, $12^2+(3+x)^2=(9+x)^2$

$144+9+6x+x^2=81+18x+x^2$, $12x=72$ $\therefore x=6$

따라서 $\overline{CR}=6$이므로 $\overline{CD}=\overline{CR}-\overline{DR}=6-1=5$

3rd 삼각형 ADC의 외접원의 넓이를 구해.

삼각형 ADC의 외접원의 반지름의 길이를 R라 하면 사인법칙에 의하여 $\frac{\overline{CD}}{\sin\theta}=2R$

$\therefore R=\frac{\overline{CD}}{2\sin\theta}=\frac{5}{2\times\frac{\sqrt{10}}{10}}=\frac{25}{\sqrt{10}}$

따라서 삼각형 ADC의 외접원의 넓이를 S라 하면

$S=\pi R^2=\pi\times\left(\frac{25}{\sqrt{10}}\right)^2=\frac{125}{2}\pi$

[다른 풀이]

선분 CD의 길이를 구하는 다른 방법!

$\overline{AB}=12$, $\overline{BD}=4$, $\overline{AP}=9$, $\overline{DR}=1$이고 선분 AD가 $\angle CAB$의 이등분선이므로 $\overline{CR}=\overline{CP}=x$라 하면 $\overline{AB}:\overline{AC}=\overline{BD}:\overline{CD}$에서

그림과 같이 선분 AD가 $\angle BAC$의 이등분선이면 $a:b=c:d$가 성립해.

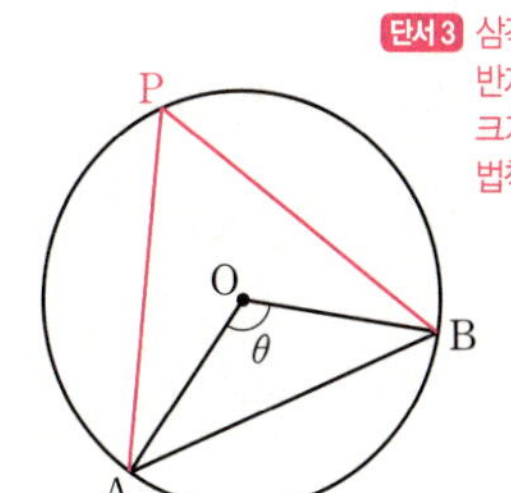

$12:(9+x)=4:(x-1)$

$4(9+x)=12(x-1)$, $8x=48$

$\therefore x=6$

따라서 $\overline{CR}=6$이므로 $\overline{CD}=\overline{CR}-\overline{DR}=6-1=5$

B 35 정답 ② *사인법칙의 활용 [정답률 69%]

정답 공식: 사인법칙 $\frac{a}{\sin A}=2R$를 이용하여 선분 AB의 길이를 구한다.

단서1 원의 넓이가 100π이므로 반지름의 길이는 10

그림과 같이 넓이가 100π이고 중심이 O인 원 위의 두 점 A, B에 대하여 호 AB의 길이는 반지름의 길이의 2배이다. 선분 AB의 길이는? (단, 호 AB에 대한 중심각 θ의 크기는 $0<\theta<\pi$이다.) (4점)

단서2 호의 길이가 20이므로 $\angle AOB=\theta=2$

단서3 삼각형 PAB에서 외접원의 반지름의 길이와 $\angle APB$의 크기를 알고 있으므로 사인법칙을 사용하면 돼.

P, O, θ, B, A

① 18sin 1 ② 20sin 1 ③ 22sin 1 ④ 18sin 2 ⑤ 20sin 2

1st 넓이 100π를 이용하여 원의 반지름의 길이를 구하자.

반지름의 길이를 r라 하면 $\pi r^2=100\pi$ $\quad\therefore r=10$

2nd 호의 길이를 l이라 하면 $l=r\theta$임을 이용해서 θ의 값을 구하자.

부채꼴 OAB에서 $\widehat{AB}=l=20$이므로 $l=r\theta$에 의하여

$20=10\theta \quad \therefore \theta=2$

3rd 원 위에 두 점 A, B가 아닌 점을 P라 하고 삼각형 PAB에서 사인법칙을 적용하자.

주의 사인법칙에서 R은 외접원의 반지름이니까 삼각형 OAB에서 사인법칙을 쓰면 삼각형 OAB의 외접원의 반지름으로 식을 세워야 해. 외접원의 반지름을 이용하기 위해 삼각형 APB에서 사인법칙을 쓰는 거야.

그림과 같이 원 위에 두 점 A, B가 아닌 점 P에 대하여 $\angle APB=1$이므로 사인법칙에 의하여

한 원에서 같은 호에 대한 원주각의 크기는 중심각의 크기의 $\frac{1}{2}$이야.

$\frac{\overline{AB}}{\sin 1}=2R=2\times10$ → $\frac{a}{\sin A}=\frac{b}{\sin B}=\frac{c}{\sin C}=2R$

$\therefore \overline{AB}=20\sin 1$

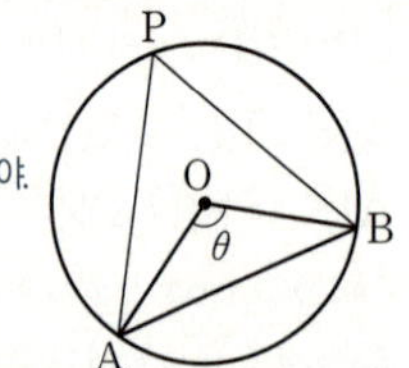

사인법칙과 삼각형의 외접원 (개념·공식)

삼각형 ABC의 외접원의 반지름의 길이를 R라 하면 삼각형의 세 변의 길이와 세 각의 크기 사이에는 다음과 같은 관계가 성립한다.

$$\frac{a}{\sin A}=\frac{b}{\sin B}=\frac{c}{\sin C}=2R$$

즉, 삼각형에서 변의 길이와 마주 보는 각에 대한 사인함수의 값의 비는 일정하다.

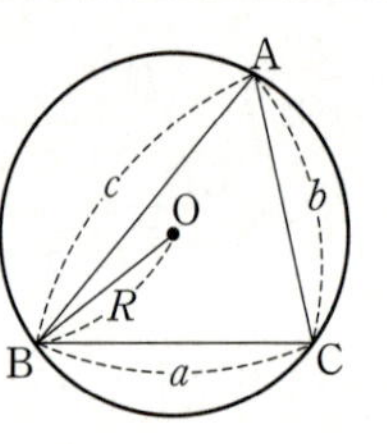

B 36 정답 108 *사인법칙의 활용 [정답률 68%]

(정답 공식: 사인법칙 $\frac{a}{\sin A}=2R$를 이용한다.)

단서 두 원의 공통현이 선분 AB이므로 사인법칙을 적용할 수 있어.

두 원 C_1, C_2가 그림과 같이 두 점 A, B에서 만난다. 선분 AB의 길이는 9이고, 그에 대한 원주각의 크기는 각각 60°, 30°이다. 두 원 C_1, C_2의 반지름의 길이를 각각 R_1, R_2라고 할 때, $R_1^2+R_2^2$의 값을 구하시오. (4점)

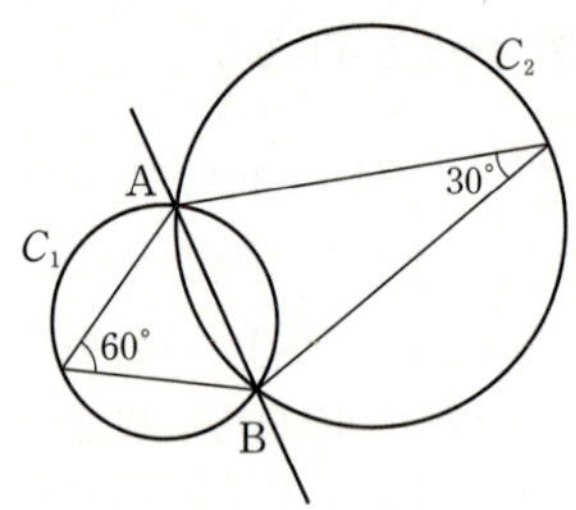

1st 두 원 C_1, C_2의 반지름의 길이가 각각 R_1, R_2이므로 사인법칙 $\frac{c}{\sin C}=2R$를 이용하자.

주어진 그림에서 공통현 AB를 한 변으로 하는 두 삼각형에 대하여 각각 사인법칙을 적용하면

원 C_1에서 $\frac{\overline{AB}}{\sin 60^\circ}=\frac{9}{\frac{\sqrt{3}}{2}}=2R_1$이므로 $R_1=3\sqrt{3}$

→ $\frac{9}{\frac{\sqrt{3}}{2}}=2R_1$에서 $\sqrt{3}R_1=9$ $\quad \therefore R_1=\frac{9}{\sqrt{3}}=3\sqrt{3}$

원 C_2에서 $\frac{\overline{AB}}{\sin 30^\circ}=\frac{9}{\frac{1}{2}}=2R_2$이므로 $R_2=9$

$\therefore R_1^2+R_2^2=(3\sqrt{3})^2+9^2=108$

[다른 풀이]

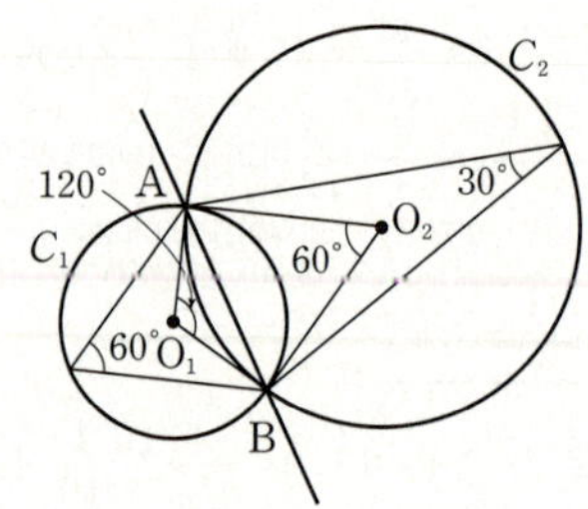

두 원 C_1, C_2의 중심을 각각 O_1, O_2라 하면 원주각의 성질에 의하여

$\angle AO_1B=120^\circ$, $\angle AO_2B=60^\circ$ ($\angle AO_1B=2\times60^\circ=120^\circ$, $\angle AO_2B=2\times30^\circ=60^\circ$)

이때, 두 원 C_1, C_2의 반지름의 길이가 각각 R_1, R_2이므로

$\overline{AO_1}=\overline{O_1B}=R_1$, $\overline{AO_2}=\overline{O_2B}=R_2$

삼각형 AO_1B에서 코사인법칙에 의하여

$9^2=R_1^2+R_1^2-2\times R_1\times R_1\times\cos 120^\circ$ ($a^2=b^2+c^2-2bc\cos A$)

$81=3R_1^2$

$\therefore R_1^2=27$

마찬가지로 삼각형 AO_2B에서 코사인법칙에 의하여

$9^2=R_2^2+R_2^2-2\times R_2\times R_2\times\cos 60^\circ$에서 $R_2^2=81$

$\therefore R_1^2+R_2^2=108$

사인법칙과 삼각형의 외접원 (개념·공식)

삼각형 ABC의 외접원의 반지름의 길이를 R라 하면 삼각형의 세 변의 길이와 세 각 사이에는 다음과 같은 관계가 성립한다.

$$\frac{a}{\sin A}=\frac{b}{\sin B}=\frac{c}{\sin C}=2R$$

B 37 정답 ② *사인법칙의 활용 [정답률 63%]

(정답 공식: 사인법칙에 의하여 $a:b:c=\sin A:\sin B:\sin C$가 성립한다.)

$\triangle ABC$에서 $6\sin A=2\sqrt{3}\sin B=3\sin C$가 성립할 때, $\angle C$의 크기는? (3점)

단서 이 조건에서 삼각형의 변의 길이의 비를 찾을 수 있어.

① 120° ② 90° ③ 60°
④ 45° ⑤ 30°

1st 각과 변 사이의 관계를 사인법칙으로 구하자.

실수 삼각형의 세 변의 길이의 비를 세 각의 사인값의 크기의 비로 표현할 줄 알아야 해!

사인법칙 $\frac{a}{\sin A}=\frac{b}{\sin B}=\frac{c}{\sin C}=2R$에서

$\sin A=\frac{a}{2R}$, $\sin B=\frac{b}{2R}$, $\sin C=\frac{c}{2R}$이므로

$\sin A:\sin B:\sin C=a:b:c$ ⋯ ㉠

이때, $6\sin A=2\sqrt{3}\sin B=3\sin C=k$(단, $k\neq0$인 실수)라 하면

$\sin A=\frac{k}{6}$, $\sin B=\frac{k}{2\sqrt{3}}$, $\sin C=\frac{k}{3}$이므로

㉠에 의하여

$a:b:c=\frac{k}{6}:\frac{k}{2\sqrt{3}}:\frac{k}{3}=1:\sqrt{3}:2$

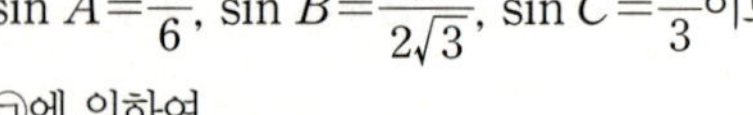

→ 세 변의 길이의 비가 $1:\sqrt{3}:2$인 삼각형의 세 내각의 크기는 각각 30°, 60°, 90°

A, 30°, 2, $\sqrt{3}$, B, 60°, C, 1

따라서 삼각형 ABC는 $\angle C=90^\circ$인 직각삼각형이다.

B 38 정답 ② *사인법칙의 활용 [정답률 46%]

정답 공식: 원에 내접하는 사각형의 대각의 크기의 합은 180°이고, 사인법칙은 $\frac{a}{\sin A}=\frac{b}{\sin B}=\frac{c}{\sin C}=2R$이다.

단서1 $\angle C=90°$인 직각삼각형이므로 $\sin A=\frac{6}{10}=\frac{3}{5}$

그림과 같이 $\overline{AB}=10$, $\overline{BC}=6$, $\overline{CA}=8$인 삼각형 ABC와 그 삼각형의 내부에 $\overline{AP}=5$인 점 P가 있다. 점 P에서 변 AB와 변 AC에 내린 수선의 발을 각각 Q, R라 할 때, 선분 QR의 길이는? (4점)

단서2 $\angle AQP=\angle ARP=90°$이므로 네 점 A, Q, P, R를 지나는 원을 생각할 수 있어.

단서3 삼각형 AQR에서 사인법칙을 적용할 수 있어.

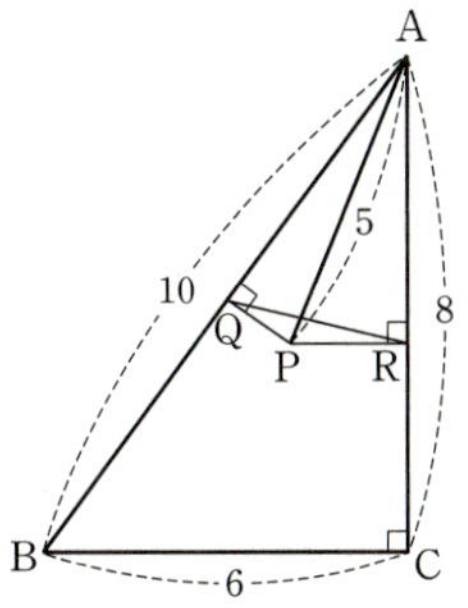

① $\frac{14}{5}$ ② 3 ③ $\frac{16}{5}$

④ $\frac{17}{5}$ ⑤ $\frac{18}{5}$

1st 네 점 A, Q, P, R을 지나는 원을 생각하자.

$\overline{AQ}\perp\overline{PQ}$, $\overline{AR}\perp\overline{PR}$이므로 그림과 같이 네 점 A, Q, P, R는 한 원 위의 점이다. 따라서 선분 AP는 삼각형 AQR의 외접원의 지름이 된다.

원에 내접하는 사각형의 대각의 크기의 합은 180°야.

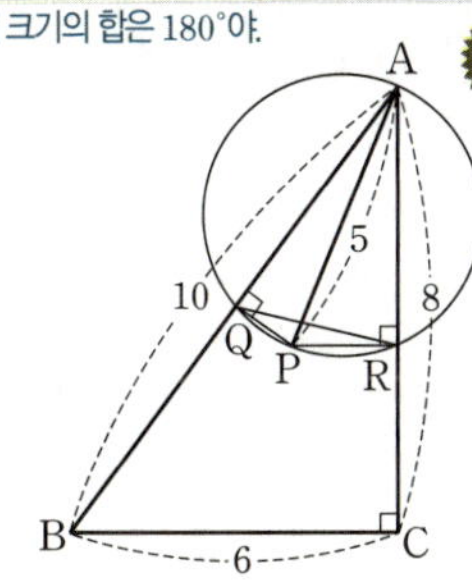

실수: 지름의 원주각은 90°니까 $\overline{AP}$가 △AQR의 외접원의 지름이 되는거야.

2nd 삼각형 AQR에서 사인법칙을 적용하자.

삼각형 AQR에서 사인법칙을 이용하면 $\left(\frac{a}{\sin A}=\frac{b}{\sin B}=\frac{c}{\sin C}=2R\right)$

$\frac{\overline{QR}}{\sin A}=2R=\overline{AP}=5$이므로 $\overline{QR}=5\sin A$

삼각형 ABC는 직각삼각형이므로 $\sin A=\frac{6}{10}=\frac{3}{5}$

$\therefore \overline{QR}=5\sin A=5\times\frac{3}{5}=3$

사인법칙의 적용 (개념·공식)

① 한 변의 길이와 그 양 끝각의 크기를 알 때, 다른 변의 길이를 구하는 경우

② 두 변의 길이와 그 끼인각이 아닌 한 각의 크기를 알 때, 다른 각의 크기를 구하는 경우

③ 외접원의 반지름의 길이를 구하는 경우

B 39 정답 169 *코사인법칙의 활용 [정답률 69%]

정답 공식: 사인법칙 $\frac{a}{\sin A}=2R$와 코사인법칙 $a^2=b^2+c^2-2bc\cos A$를 이용한다.

단서1 삼각형 ABC에서 두 변과 그 끼인각의 크기가 주어졌으므로 코사인법칙에 의하여 나머지 변의 길이도 구할 수 있어.

그림과 같이 반지름의 길이가 R인 원 O에 내접하는 삼각형 ABC가 있다. $\overline{AB}=10$, $\overline{AC}=13$, $\cos A=\frac{5}{13}$ 일 때, $24R$의 값을 구하시오. (4점)

단서2 삼각형의 외접원의 반지름의 길이는 사인법칙을 이용하여 구할 수 있어.

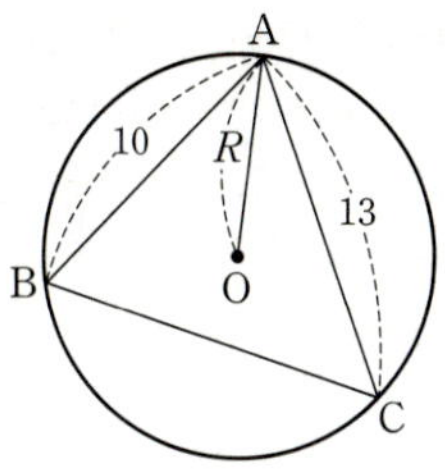

1st 코사인법칙을 이용하여 선분 BC의 길이를 구하자.

삼각형 ABC에서 코사인법칙에 의하여 $\left(\overline{BC}^2=\overline{AB}^2+\overline{CA}^2-2\times\overline{AB}\times\overline{CA}\times\cos A\right)$

$\overline{BC}^2=10^2+13^2-2\times10\times13\times\frac{5}{13}=169$ $\therefore \overline{BC}=13$

2nd 사인법칙을 이용하여 외접원의 반지름 R의 값을 구하자.

$\sin A=\sqrt{1-\cos^2 A}=\frac{12}{13}$

사인법칙에 의하여 $\left(\frac{a}{\sin A}=\frac{b}{\sin B}=\frac{c}{\sin C}=2R\right)$

$R=\frac{\overline{BC}}{2\sin A}=\frac{13}{\frac{24}{13}}=\frac{169}{24}$

$\therefore 24R=169$

B 40 정답 ⑤ *코사인법칙의 활용 [정답률 58%]

정답 공식: 두 변의 길이가 a, b이고 끼인각의 크기가 θ인 삼각형의 다른 한 변의 길이 c는 $c^2=a^2+b^2-2ab\cos C$이고, 두 닮은 도형의 길이의 비가 $a:b$이면 넓이의 비는 $a^2:b^2$이다.

그림과 같이 한 변의 길이가 3인 정육각형 F_1의 각 변을 $2:1$로 내분하는 점들을 이어 정육각형 F_2를 만들었다. F_1, F_2의 넓이를 각각 S_1, S_2라 할 때, $\frac{S_2}{S_1}$의 값은? (3점)

단서 두 정육각형 F_1, F_2로 만들어지는 삼각형의 두 변의 길이는 각각 1, 2임을 알 수 있어.

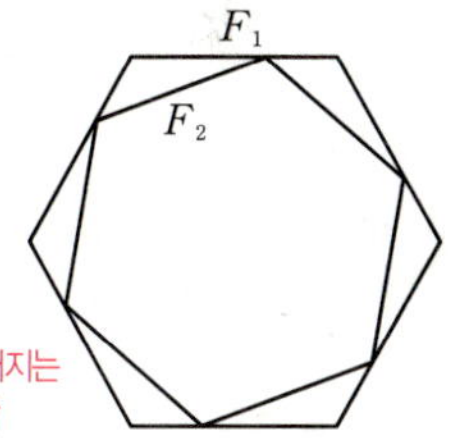

① $\frac{1}{3}$ ② $\frac{4}{9}$ ③ $\frac{5}{9}$

④ $\frac{2}{3}$ ⑤ $\frac{7}{9}$

1st 코사인법칙을 이용하여 정육각형 F_2의 한 변의 길이를 구하자.

그림과 같이 정육각형 F_2의 한 변의 길이를 a라 하면 나머지 두 변의 길이는 1, 2이고

한 변의 길이가 3인 정육각형의 각 변을 $2:1$로 내분하였으므로 두 변의 길이는 각각 $3\times\frac{2}{3}=2$, $3\times\frac{1}{3}=1$이 되지?

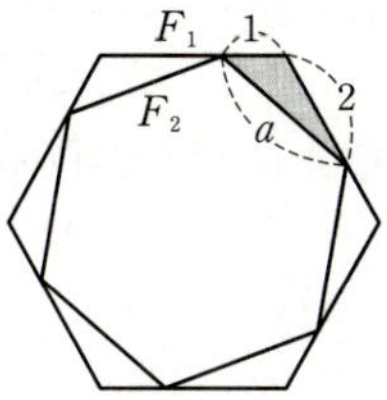

정육각형의 한 내각이 120°이므로

정n각형의 한 내각의 크기는 $\frac{180°\times(n-2)}{n}$야.

어두운 부분의 삼각형에서 코사인법칙을 이용하면

두 변의 길이와 끼인각의 크기를 이용하여 코사인법칙을 적용할 수 있어.

$a^2=2^2+1^2-2\times2\times1\times\cos120°=7$ $\left(\cos120°=-\frac{1}{2}\right)$

$\therefore a=\sqrt{7}$

2nd 닮은 도형에서 길이의 비가 $a:b$이면 넓이의 비는 $a^2:b^2$임을 이용해.

두 정육각형 F_1, F_2는 닮은 도형이고 한 변의 길이의 비가 $3:\sqrt{7}$이므로 넓이의 비는 $9:7$이다.
두 닮은 도형의 길이의 비가 $a:b$이면 넓이의 비는 $a^2:b^2$이야.

$\therefore \dfrac{S_2}{S_1}=\dfrac{7}{9}$

실수 직접 육각형의 넓이를 구해서 비율을 구한다면 복잡하겠지? 이렇게 닮음을 이용하면 훨씬 간단해.

[다른 풀이]

정육각형 F_2의 한 변의 길이를 a라 하면 코사인법칙에 의하여

$a^2=2^2+1^2-2\times2\times1\times\cos 120°=7$ $\quad\therefore a=\sqrt{7}$

$\therefore \dfrac{S_2}{S_1}=\dfrac{\dfrac{\sqrt{3}}{4}\times\sqrt{7}^2\times6}{\dfrac{\sqrt{3}}{4}\times3^2\times6}=\dfrac{7}{9}$

→ 정육각형은 정삼각형 6개로 만들 수 있지?

한 변의 길이가 a인 정삼각형의 넓이 S는 $S=\dfrac{\sqrt{3}}{4}a^2$

B 41 정답 ⑤ *코사인법칙의 활용 [정답률 52%]

정답 공식: 사인법칙 $\dfrac{a}{\sin A}=2R$와 코사인법칙 $a^2=b^2+c^2-2bc\cos A$를 이용한다.

단서1 코사인법칙으로 선분 BC의 길이를 구한 다음 사인법칙으로 R의 값을 구할 수 있어.

그림과 같이 $\overline{AB}=8$, $\overline{AC}=3\sqrt{3}$, $\angle A=\dfrac{\pi}{6}$인 $\triangle ABC$의 선분 AB 위에 중심이 있는 서로 외접하는 두 원을 각각 O_1, O_2라 하자. 점 A, C는 원 O_1 위에, 점 B는 원 O_2 위에 있다. $\triangle ABC$의 외접원의 반지름의 길이를 R, 원 O_1의 반지름의 길이를 r_1, 원 O_2의 반지름의 길이를 r_2라 할 때, $R^2+{r_1}^2+{r_2}^2$의 값은? (4점)

단서2 $\angle A=\dfrac{\pi}{6}$이므로 원 O_1의 중심을 P라 하면 r_1을 구할 수 있어.

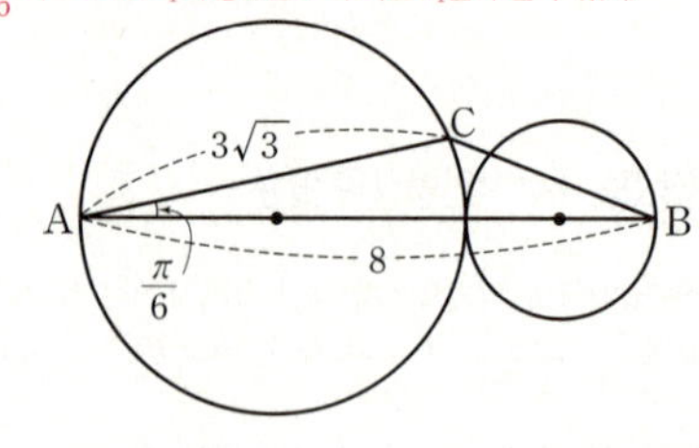

① 25 ② 26 ③ 27
④ 28 ⑤ 29

1st 삼각형 ABC에서 코사인법칙을 이용해.

삼각형 ABC에서 코사인법칙에 의하여

$\overline{BC}^2=8^2+(3\sqrt{3})^2-2\times8\times3\sqrt{3}\times\cos\dfrac{\pi}{6}=19$ $\quad\therefore \overline{BC}=\sqrt{19}$

또한, 삼각형 ABC에서 사인법칙에 의하여

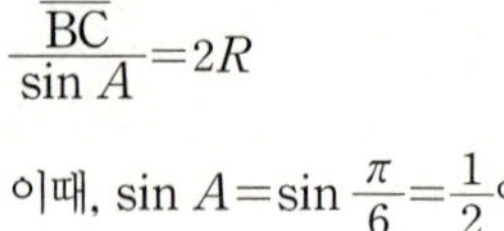

$\dfrac{\overline{BC}}{\sin A}=2R$

이때, $\sin A=\sin\dfrac{\pi}{6}=\dfrac{1}{2}$이므로

$R=\dfrac{\overline{BC}}{2\sin A}=\dfrac{\sqrt{19}}{2\times\dfrac{1}{2}}=\sqrt{19}$

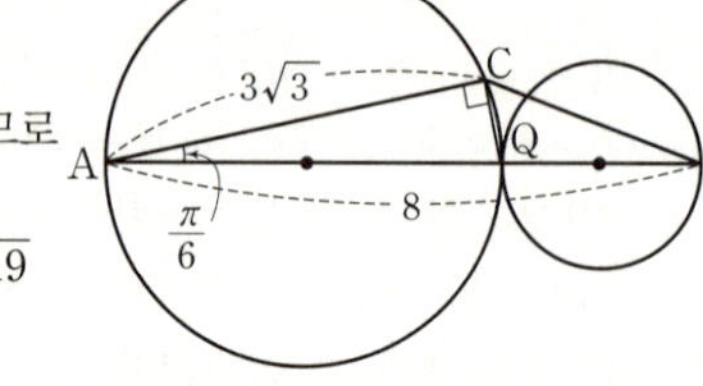

2nd 두 원의 교점을 Q라 하고, r_1, r_2를 구하자.

두 원의 교점을 Q라 하면 직각삼각형 AQC에서 사인법칙에 의하여

$\dfrac{\overline{AQ}}{\sin C}=\dfrac{\overline{AC}}{\sin Q}$에서 $\dfrac{2r_1}{\sin\dfrac{\pi}{2}}=\dfrac{3\sqrt{3}}{\sin\dfrac{\pi}{3}}$이므로

지름의 원주각은 90°지?

$r_1=3$, $r_2=\dfrac{1}{2}(8-2r_1)=\dfrac{1}{2}\times2=1$

$\therefore R^2+{r_1}^2+{r_2}^2=(\sqrt{19})^2+3^2+1^2=29$

B 42 정답 ⑤ *코사인법칙의 활용 [정답률 45%]

정답 공식: 사인법칙 $\dfrac{a}{\sin A}=\dfrac{b}{\sin B}$와 코사인법칙 $a^2=b^2+c^2-2bc\cos A$를 이용한다.

그림과 같이 한 변의 길이가 $2\sqrt{3}$이고 $\angle B=120°$인 마름모 ABCD의 내부에 $\overline{EF}=\overline{EG}=2$이고 $\angle EFG=30°$인 이등변삼각형 EFG가 있다. 점 F는 선분 AB 위에, 점 G는 선분 BC 위에 있도록 삼각형 EFG를 움직일 때, $\angle BGF=\theta$라 하자. [보기]에서 항상 옳은 것만을 있는 대로 고른 것은? (단, $0°<\theta<60°$)

(4점)

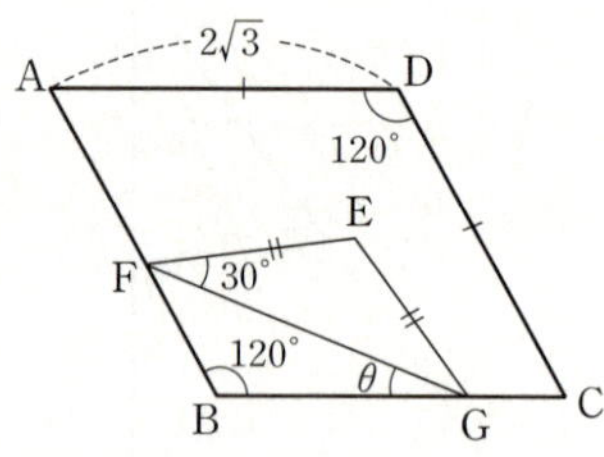

[보기]

ㄱ. $\angle BFE=90°-\theta$ 단서1 삼각형의 세 내각의 크기의 합은 180°임을 이용해.

ㄴ. $\overline{BF}=4\sin\theta$ 단서2 삼각형 BGF에서 사인법칙을 이용해.

ㄷ. 선분 BE의 길이는 항상 일정하다.

단서3 삼각형 EFB에서 코사인법칙을 이용해.

① ㄱ ② ㄱ, ㄴ ③ ㄱ, ㄷ
④ ㄴ, ㄷ ⑤ ㄱ, ㄴ, ㄷ

1st 삼각형의 세 내각의 크기의 합은 180°야.

ㄱ. $\angle BGF=\theta$이고, 삼각형 FBG의 세 내각 크기의 합은 180°이므로

$\angle BFG=60°-\theta$

$\therefore \angle BFE=\angle BFG+\angle GFE=(60°-\theta)+30°=90°-\theta$ (참)

2nd 사인법칙을 이용하여 ㄴ의 참, 거짓을 따지자.

ㄴ. 삼각형 EFG는 이등변삼각형이므로

$\overline{FG}=2\overline{EF}\cos 30°=2\sqrt{3}$

→ 점 E에서 선분 FG에 내린 수선의 발을 H라 하면 점 H는 선분 FG의 중점이므로 $\overline{FG}=2\overline{FH}$

따라서 삼각형 BGF에서 사인법칙에 의하여

$\dfrac{\overline{FG}}{\sin 120°}=\dfrac{\overline{BF}}{\sin\theta}$에서 $\dfrac{2\sqrt{3}}{\dfrac{\sqrt{3}}{2}}=\dfrac{\overline{BF}}{\sin\theta}$ $\quad\therefore \overline{BF}=4\sin\theta$ (참)

3rd 코사인법칙을 이용하여 ㄷ의 참, 거짓을 따지자.

ㄷ. 삼각형 EFB에서 코사인법칙에 의하여

실수 $\overline{BE}$를 포함한 삼각형은 $\triangle EFB$와 $\triangle EGB$가 있는데, ㄱ과 ㄴ을 풀면서 $\angle BFE$와 $\overline{BF}$를 구했으니까 $\triangle EFB$에서 $\overline{BE}$를 구하는게 편리하지.

$\overline{BE}^2=\overline{BF}^2+\overline{EF}^2-2\times\overline{BF}\times\overline{EF}\times\cos(90°-\theta)$ ($\because$ ㄱ)

$=(4\sin\theta)^2+2^2-2\times4\sin\theta\times2\times\sin\theta=4$

→ $\cos(90°-\theta)=\sin\theta$

따라서 $\overline{BE}=2$이므로 선분 BE의 길이는 항상 일정하다. (참)

따라서 옳은 것은 ㄱ, ㄴ, ㄷ이다.

선분 BE는 θ의 크기에 따라 길이가 달라지지 않고 상수 2로 고정되어 있으므로 선분 BE의 길이는 일정한 거야.

$\dfrac{\pi}{2}-\theta$의 삼각함수 개념·공식

① $\sin\left(\dfrac{\pi}{2}-\theta\right)=\cos\theta$

② $\cos\left(\dfrac{\pi}{2}-\theta\right)=\sin\theta$

③ $\tan\left(\dfrac{\pi}{2}-\theta\right)=\dfrac{1}{\tan\theta}$

B 43 정답 50 ＊코사인법칙의 활용 [정답률 68%]

정답 공식: 코사인법칙은 $a^2=b^2+c^2-2bc\cos A$이고, 한 변의 길이가 a인 정삼각형의 높이는 $\frac{\sqrt{3}}{2}a$, 넓이는 $\frac{\sqrt{3}}{4}a^2$이다.

그림은 화가 라파엘로의 벽화 '아테네 학당'의 일부이다.

은호는 수학자 유클리드가 컴퍼스를 이용하여 도형을 작도하고 있는 칠판을 보고, 반지름의 길이가 5인 원 O에 내접하는 정삼각형 ABC와 정삼각형 PQR를 이용하여 다음과 같은 도형을 만들었다. 어두운 부분의 넓이의 최솟값을 구하기 위하여 정삼각형 PQR를 원 O에 내접하면서 움직였더니, 어두운 부분의 넓이의 최솟값이 $a\pi-b\sqrt{3}$이었다. 이때, $a+b$의 값을 구하시오.

단서 어두운 부분의 넓이가 최소이려면 그림의 ①, ②, ③ 영역의 넓이의 합이 최대가 되어야 해.

(단, a, b는 유리수) (4점)

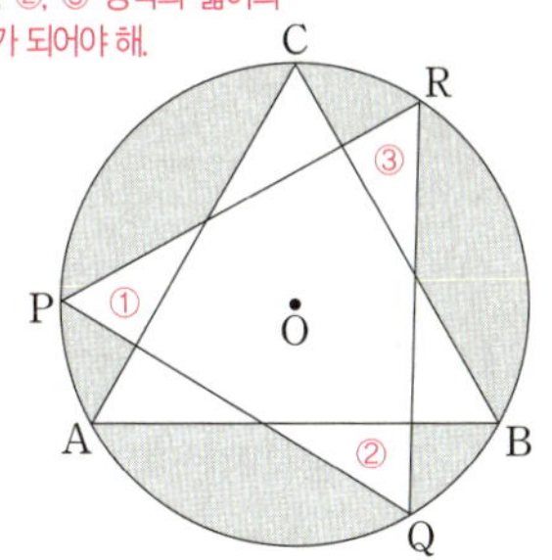

1st 어두운 부분의 넓이가 최소가 되도록 △PQR를 배치하자.

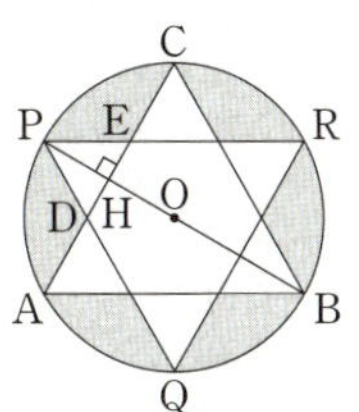

어두운 부분의 넓이가 최소가 되기 위해서 삼각형 PDE의 넓이가 최대가 되어야 한다. 즉, 그림과 같이 정삼각형 PQR를 배치해야 한다. … (*)

$\angle AOC=120°$이므로 정삼각형 ABC의 한 변의 길이는

→ 호 AC에 대한 원주각 $\angle ABC=60°$이므로 $\angle AOC=2\angle ABC=120°$

$\overline{AC}=\sqrt{\overline{OA}^2+\overline{OC}^2-2\overline{OA}\times\overline{OC}\times\cos 120°}$

→ 삼각형 AOC에 코사인법칙을 적용한 거야.

$=\sqrt{5^2+5^2+2\times5\times5\times\frac{1}{2}}=5\sqrt{3}$

이때, 점 P에서 선분 AC에 내린 수선의 발을 H라 하면 정삼각형 ABC의 높이는 $\overline{BH}=\frac{\sqrt{3}}{2}\times5\sqrt{3}=\frac{15}{2}$이므로

$\overline{PH}=10-\overline{BH}=10-\frac{15}{2}=\frac{5}{2}$

2nd 삼각형 PDE가 정삼각형임을 이용하여 넓이를 구하자.

선분 AC가 두 선분 PQ, PR와 만나는 점을 각각 D, E라 하면 삼각형 PDE는 정삼각형이다.

즉, $\overline{PD}=\frac{2}{\sqrt{3}}\times\overline{PH}=\frac{2}{\sqrt{3}}\times\frac{5}{2}=\frac{5}{\sqrt{3}}$이므로

→ $\overline{PH}$는 정삼각형 PDE의 높이이므로 $\overline{PH}=\frac{\sqrt{3}}{2}\times\overline{PD}$

$\triangle PDE=\frac{\sqrt{3}}{4}\times\left(\frac{5}{\sqrt{3}}\right)^2=\frac{25\sqrt{3}}{12}$

$\triangle ABC=\frac{\sqrt{3}}{4}\times(5\sqrt{3})^2=\frac{75\sqrt{3}}{4}$

한 변의 길이가 a인 정삼각형의 넓이는 $\frac{\sqrt{3}}{4}a^2$

즉, 구하는 넓이의 최솟값은

$25\pi-(\triangle ABC+3\triangle PDE)=25\pi-\left(\frac{75\sqrt{3}}{4}+\frac{25\sqrt{3}}{4}\right)=25\pi-25\sqrt{3}$

따라서 $a=25$, $b=25$이므로 $a+b=25+25=50$

수능 핵강

(*)처럼 배치되는 이유를 알아보자. 어두운 부분의 넓이가 최소가 되기 위해서는 밝은 부분의 넓이가 최대가 되어야 해. 즉, △ABC의 넓이는 일정하므로 합동인 △PD′E′, △RF′G′, △QH′I′의 넓이의 합이 최대가 되어야 하지.

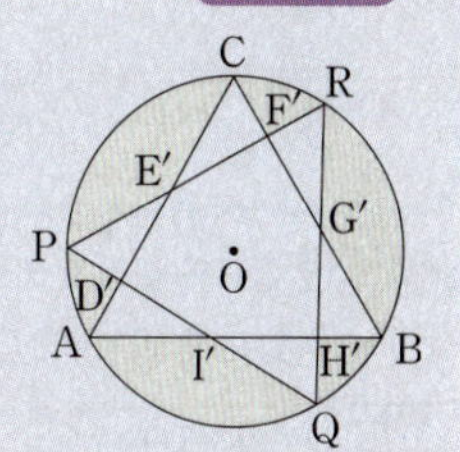

이때, $\triangle PD'E'=\frac{1}{2}\overline{PD'}\times\overline{PE'}\times\sin 60°$이므로 $\overline{PD'}$, $\overline{PE'}$의 길이의 곱이 최대가 되어야겠지?

따라서 산술평균과 기하평균의 관계에 의하여 $\frac{\overline{PD'}+\overline{PE'}}{2}\ge\sqrt{\overline{PD'}\times\overline{PE'}}$이고 등호는 $\overline{PD'}=\overline{PE'}$일 때 성립해. 즉, $\overline{PD'}=\overline{PE'}$일 때 $\overline{PD'}\times\overline{PE'}$은 최대가 돼.

따라서 두 변의 길이가 같고, 그 끼인각의 크기가 60°인 삼각형은 정삼각형이므로 △PD′E′이 정삼각형일 때, 밝은 부분의 넓이가 최대가 돼.

B 44 정답 ③ ＊코사인법칙의 활용 [정답률 43%]

정답 공식: 코사인법칙 $a^2=b^2+c^2-2bc\cos A$를 이용한다.

그림과 같이 밑면의 반지름의 길이가 2, 모선의 길이가 4, 꼭짓점이 O인 직원뿔에 대하여, 밑면의 지름의 양끝을 A, B라 하고 $\overline{OA}$의 중점을 A′라 하자. 점 P가 점 B에서부터 직원뿔의 옆면을 따라 점 A′까지 움직인 최단 거리는? (4점)

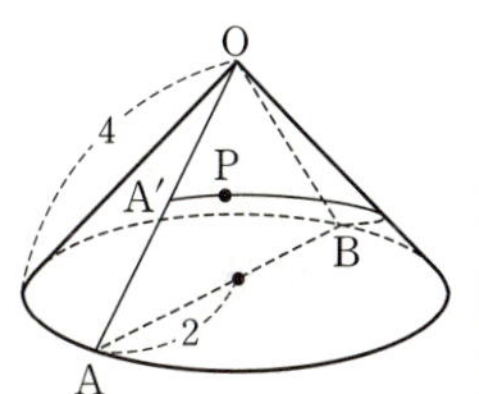

단서 최단거리는 직선을 생각할 수 있으므로 직원뿔의 전개도를 생각할 수 있어.

① $2\sqrt{3}$ ② 4 ③ $2\sqrt{5}$ ④ $2\sqrt{6}$ ⑤ $2\sqrt{7}$

1st 원뿔의 옆면의 전개도를 이용해서 ∠AOB의 크기를 구하자.

원뿔의 옆면의 전개도를 그려 두 점 A′와 B를 표시하면 다음 그림과 같다.

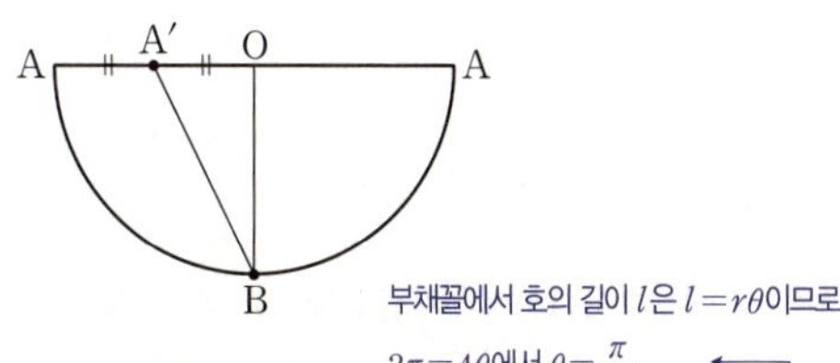

부채꼴에서 호의 길이 l은 $l=r\theta$이므로 $2\pi=4\theta$에서 $\theta=\frac{\pi}{2}$

$\widehat{AB}=2\pi$, $\overline{OA}=4$이므로 부채꼴 OAB에서 $\angle AOB=\frac{\pi}{2}$이다.

2nd 삼각형 OA′B에서 코사인법칙을 적용하자.

점 P가 움직인 최단거리는 $\overline{A'B}$이므로 삼각형 OA′B에서 코사인법칙을 이용하면

실수5 점과 점 사이의 최단거리는 두 점을 이은 선분의 길이야.

$\overline{A'B}^2=2^2+4^2-2\times2\times4\times\cos 90°=20$

$\therefore \overline{A'B}=2\sqrt{5}$

B 45 정답 ⑤ *코사인법칙의 활용 [정답률 55%]

(정답 공식: 삼각형 ABC의 외접원의 반지름의 길이를 R라 하면 $\frac{\overline{BC}}{\sin A}=\frac{\overline{CA}}{\sin B}=\frac{\overline{AB}}{\sin C}=2R$가 성립한다.)

단서1 세 변의 길이가 정해져 있으니까 세 내각의 크기도 결정되어 있는 거야.

$\overline{AB}=5$, $\overline{BC}=7$, $\overline{AC}=6$인 삼각형 ABC가 있다. 두 선분 AB, AC 위에 삼각형 ADE의 외접원이 선분 BC에 접하도록 점 D, E를 각각 잡을 때, 선분 DE의 길이의 최솟값은? (5점)

단서2 사인법칙을 생각해. 단서3 그림을 그려 선분 DE의 길이가 언제 최소가 되는지 따져줘야 해.

① $\frac{64}{15}$ ② $\frac{81}{20}$ ③ 4 ④ $\frac{121}{30}$ ⑤ $\frac{144}{35}$

1st 선분 DE의 길이가 최소가 되는 조건을 찾아.

삼각형 ADE의 외접원의 반지름의 길이를 R라 하면 사인법칙에 의하여

$\frac{\overline{DE}}{\sin A}=2R$에서

$\overline{DE}=2R\sin A$ ⋯ ㉠

따라서 선분 DE의 길이가 최소일 때는 삼각형 ADE의 외접원의 반지름의 길이가 최소가 될 때, 즉 그림과 같이 삼각형 ADE의 외접원과 선분 BC의 접점을 H라 할 때, 선분 AH가 삼각형 ADE의 외접원의 지름이 될 때이다.

→ 삼각형 ABC의 세 변의 길이가 결정되어 있으므로 삼각형 ABC의 세 내각의 크기도 결정되어 있지? 즉, $\sin A$의 값은 고정된 값이니까 선분 DE의 길이가 최소이려면 R의 값이 최소가 되어야 해.

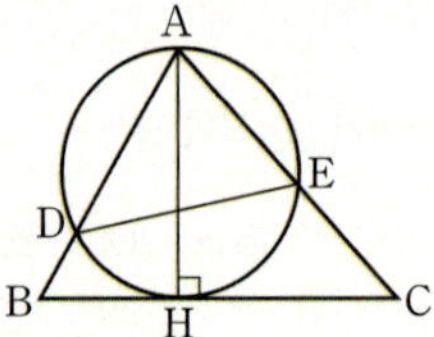

2nd 선분 DE의 길이의 최솟값을 구해.

삼각형 ABC에서 코사인법칙에 의하여

→ 삼각형 ABC에서 $\overline{BC}^2=\overline{AB}^2+\overline{AC}^2-2\times\overline{AB}\times\overline{AC}\times\cos A$가 성립하고 이를 코사인법칙이라 해.

$$\cos A=\frac{\overline{AB}^2+\overline{AC}^2-\overline{BC}^2}{2\times\overline{AB}\times\overline{AC}}=\frac{5^2+6^2-7^2}{2\times5\times6}=\frac{12}{60}=\frac{1}{5}$$

$\therefore \sin A=\sqrt{1-\cos^2 A}$ ($\because 0°<A<180°$) → $\sin^2 x+\cos^2 x=1$

$$=\sqrt{1-\left(\frac{1}{5}\right)^2}=\sqrt{\frac{24}{25}}=\frac{2\sqrt{6}}{5}$$

한편, 삼각형 ABC의 넓이에 의하여

$\frac{1}{2}\times\overline{AB}\times\overline{AC}\times\sin A=\frac{1}{2}\times\overline{BC}\times\overline{AH}$에서

→ 두 변의 길이가 a, b이고 그 끼인각의 크기가 θ인 삼각형의 넓이를 S라 하면 $S=\frac{1}{2}ab\sin\theta$야.

$\frac{1}{2}\times5\times6\times\frac{2\sqrt{6}}{5}=\frac{1}{2}\times7\times\overline{AH}$

$\therefore \overline{AH}=\frac{12\sqrt{6}}{7}$

따라서 삼각형 ADE의 외접원의 지름의 길이가 $\frac{12\sqrt{6}}{7}$일 때, 선분 DE의 길이가 최소이고 그 길이는 ㉠에 의하여

$\overline{DE}=\frac{12\sqrt{6}}{7}\times\frac{2\sqrt{6}}{5}=\frac{144}{35}$

B 46 정답 26 *코사인법칙의 활용 [정답률 49%]

(정답 공식: 삼각형에서 사인법칙, 코사인법칙을 이용한다.)

그림과 같이 한 평면 위에 있는 두 삼각형 ABC, ACD의 외심을 각각 O, O′이라 하고 $\angle ABC=\alpha$, $\angle ADC=\beta$라 할 때,

단서1 사인법칙을 이용하면 두 원의 반지름의 길이의 비를 구할 수 있어.

$\frac{\sin\beta}{\sin\alpha}=\frac{3}{2}$, $\cos(\alpha+\beta)=\frac{1}{3}$, $\overline{OO'}=1$

이 성립한다. 삼각형 ABC의 외접원의 넓이가 $\frac{q}{p}\pi$일 때, $p+q$의 값을 구하시오. (단, p와 q는 서로소인 자연수이다.) (4점)

단서2 원의 넓이를 구하기 위해서는 반지름의 길이만 구하면 되지?

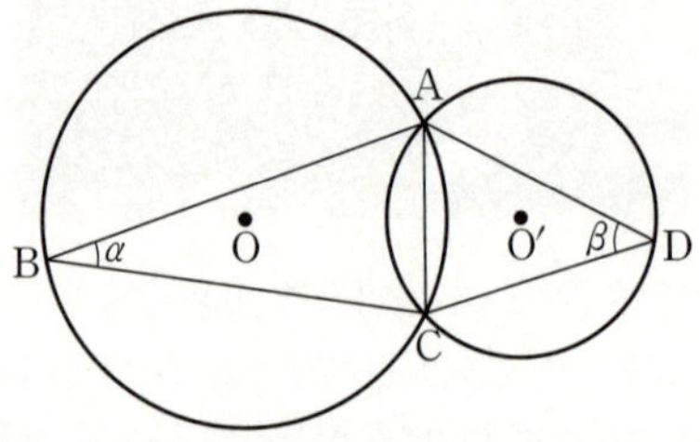

1st 두 원의 반지름의 길이의 비를 구하자.

두 삼각형 ABC, ACD의 외접원의 반지름의 길이를 각각 R, r라 하면

삼각형 ABC에서 사인법칙에 의하여

→ 삼각형에 외접하는 원의 반지름의 길이를 R라 하면 $\frac{a}{\sin A}=\frac{b}{\sin B}=\frac{c}{\sin C}=2R$가 성립해.

$\frac{\overline{AC}}{\sin\alpha}=2R$ $\therefore \overline{AC}=2R\sin\alpha$ ⋯ ㉠

삼각형 ACD에서 사인법칙에 의하여

$\frac{\overline{AC}}{\sin\beta}=2r$ $\therefore \overline{AC}=2r\sin\beta$ ⋯ ㉡

㉠, ㉡에서 $2R\sin\alpha=2r\sin\beta$

$\therefore r=\frac{\sin\alpha}{\sin\beta}R=\frac{2}{3}R\left(\because \frac{\sin\beta}{\sin\alpha}=\frac{3}{2}\right)$ ⋯ ㉢

2nd 삼각형 AOO′에서 코사인법칙을 이용하여 삼각형 ABC의 외접원의 반지름의 길이 R을 구하자.

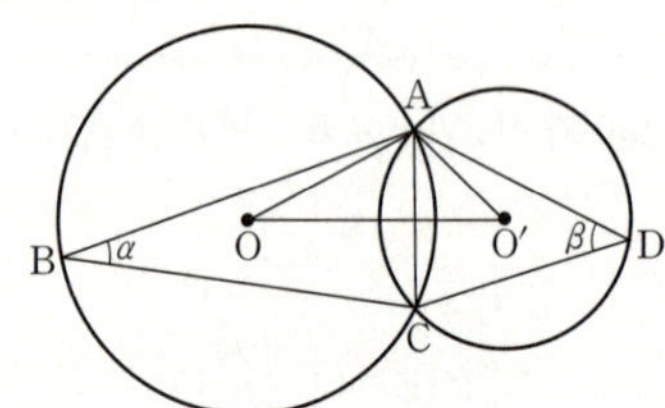

삼각형 ABC의 외접원에서 $\angle AOC=2\angle ABC=2\alpha$이고 삼각형 ACD의 외접원에서 $\angle AO'C=2\angle ADC=2\beta$이므로 삼각형 AOO′에서

→ $\angle ABC$, $\angle AOC$는 각각 호 AC에 대한 원주각, 중심각이야. 즉, $\angle AOC=2\angle ABC$가 성립해.

→ $\angle ADC$, $\angle AO'C$는 각각 호 AC에 대한 원주각, 중심각이야.

$\angle AOO'=\frac{1}{2}\angle AOC=\alpha$, $\angle AO'O=\frac{1}{2}\angle AO'C=\beta$이므로

→ 두 삼각형 AOO′, COO′에서 $\overline{AO}=\overline{CO}=R$, $\overline{AO'}=\overline{CO'}=r$, $\overline{OO'}$은 공통이므로 $\triangle AOO'\equiv\triangle COO'$ (SSS 합동) $\therefore \angle AOO'=\angle COO'$, $\angle AO'O=\angle CO'O$

코사인법칙에 의하여

→ 삼각형 ABC에서 $c^2=a^2+b^2-2ab\cos C$가 성립하고 이를 코사인법칙이라 해.

$\overline{OO'}^2=\overline{AO}^2+\overline{AO'}^2-2\times\overline{AO}\times\overline{AO'}\times\cos(\angle OAO')$에서

$1^2=R^2+r^2-2Rr\cos(\pi-(\alpha+\beta))$ → $\cos(\pi-\theta)=-\cos\theta$

$1=R^2+\left(\frac{2}{3}R\right)^2-2R\times\frac{2}{3}R\times\{-\cos(\alpha+\beta)\}$ ($\because$ ㉢)

$1=R^2+\frac{4}{9}R^2+\frac{4}{9}R^2$, $\frac{17}{9}R^2=1$ $\therefore R^2=\frac{9}{17}$

3rd 삼각형 ABC의 외접원의 넓이를 구하자.

따라서 삼각형 ABC의 외접원의 넓이를 S라 하면

$S=\pi R^2=\pi\times\frac{9}{17}=\frac{9}{17}\pi$이므로 $p=17$, $q=9$

$\therefore p+q=17+9=26$

B 47 정답 ① *코사인법칙의 활용 ········· [정답률 42%]

정답 공식: 삼각형 PAC의 넓이가 최대가 되려면 원 C 위의 점 P는 선분 AC로부터 가장 멀리 떨어져 있어야 한다.

그림과 같이 원 C에 내접하고 $\overline{AB}=3$, $\angle BAC=\frac{\pi}{3}$인 삼각형 ABC가 있다. 원 C의 넓이가 $\frac{49}{3}\pi$일 때, 원 C 위의 점 P에 대하여 삼각형 PAC의 넓이의 최댓값은? (단, 점 P는 점 A도 아니고 점 C도 아니다.) (4점)

단서1 원 C의 반지름의 길이만 알면 사인법칙을 적용할 수 있지?

단서2 원 C의 반지름의 길이를 구할 수 있어.

단서3 삼각형 PAC의 넓이가 최대가 되려면 점 P가 어디에 위치해야 하는지 생각해.

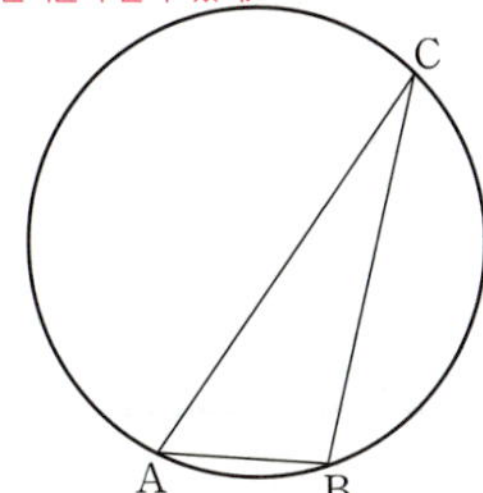

① $\frac{32\sqrt{3}}{3}$ ② $\frac{34\sqrt{3}}{3}$ ③ $12\sqrt{3}$

④ $\frac{38\sqrt{3}}{3}$ ⑤ $\frac{40\sqrt{3}}{3}$

1st 원 C의 반지름의 길이를 구해.

원 C의 반지름의 길이를 r라 하면 원 C의 넓이가 $\frac{49}{3}\pi$이므로

$\pi r^2=\frac{49}{3}\pi$에서 $r^2=\frac{49}{3}$ $\quad\therefore r=\frac{7}{\sqrt{3}}=\frac{7\sqrt{3}}{3}$

2nd 선분 AC의 길이를 구해.

삼각형 ABC의 외접원인 C의 반지름의 길이가 $\frac{7\sqrt{3}}{3}$이므로

삼각형 ABC에서 사인법칙에 의하여 $\frac{\overline{BC}}{\sin A}=2r$에서

$\overline{BC}=2r\times\sin A$

한 변의 길이가 a이고 그 대각의 크기가 θ인 삼각형에 외접하는 원의 반지름의 길이를 R라 하면 $\frac{a}{\sin\theta}=2R$가 성립하고 이를 사인법칙이라 해.

$=2\times\frac{7\sqrt{3}}{3}\times\sin\frac{\pi}{3}=7$ ← $\sin\frac{\pi}{3}=\frac{\sqrt{3}}{2}$

또, $\overline{AC}=x$라 하면 삼각형 ABC에서 코사인법칙에 의하여

두 변의 길이가 각각 a, b이고 그 끼인각의 크기가 θ인 삼각형의 나머지 한 변의 길이를 c라 하면 $c^2=a^2+b^2-2ab\cos\theta$가 성립하고 이를 코사인법칙이라 해.

$\overline{BC}^2=\overline{AB}^2+\overline{AC}^2-2\times\overline{AB}\times\overline{AC}\times\cos A$에서

$7^2=3^2+x^2-2\times3\times x\times\cos\frac{\pi}{3}$, $49=9+x^2-3x$ ← $\cos\frac{\pi}{3}=\frac{1}{2}$

$x^2-3x-40=0$, $(x-8)(x+5)=0$ $\quad\therefore x=8\ (\because x>0)$

$\therefore \overline{AC}=8$

세 변의 길이가 각각 a, b, c인 삼각형에 대하여 a가 가장 긴 변의 길이일 때
$a^2>b^2+c^2$이면 이 삼각형은 둔각삼각형,
$a^2=b^2+c^2$이면 이 삼각형은 직각삼각형,
$a^2<b^2+c^2$이면 이 삼각형은 예각삼각형이야.

3rd 삼각형 PAC의 넓이의 최댓값을 구해.

$\overline{AC}^2=64$, $\overline{AB}^2+\overline{BC}^2=9+49=58$이므로 $\overline{AC}^2>\overline{AB}^2+\overline{BC}^2$

따라서 삼각형 ABC는 $\angle B$가 둔각인 둔각삼각형이므로 원 C의 중심 O는 점 B를 지나지 않는 호 AC와 변 AC로 둘러싸인 도형인 활꼴의 내부에 위치한다.

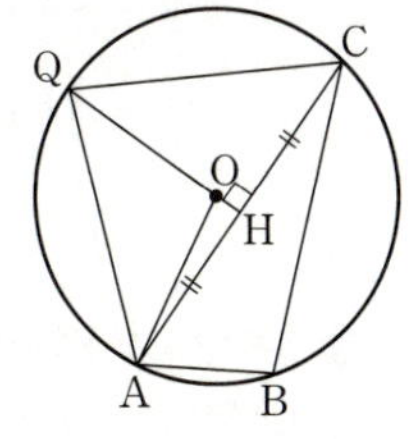

코사인법칙을 이용해서 알 수도 있어.

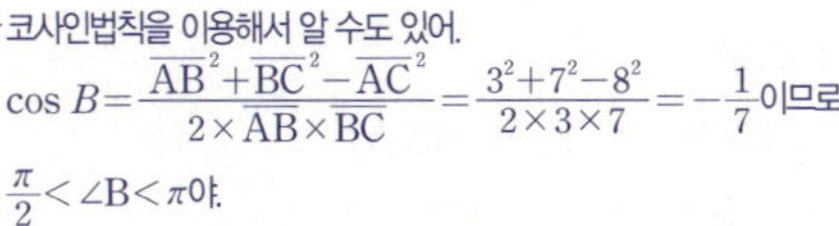

$\cos B=\frac{\overline{AB}^2+\overline{BC}^2-\overline{AC}^2}{2\times\overline{AB}\times\overline{BC}}=\frac{3^2+7^2-8^2}{2\times3\times7}=-\frac{1}{7}$이므로

$\frac{\pi}{2}<\angle B<\pi$야.

이때, 삼각형 PAC의 넓이가 최대가 되도록 하는 점을 Q라 하면 점 Q는 선분 AC의 수직이등분선과 원 C의 두 교점 중 선분 AC로부터 멀리 떨어져 있는 점이다.

점 Q는 선분 AC와 평행하고 원 C에 접하는 직선과의 접점이야.

한편, 선분 AC의 수직이등분선과 선분 AC의 교점을 H라 하면 원 C의 중심 O는 선분 QH 위에 있다.

현의 수직이등분선 위에 원의 중심이 존재해.

또한, $\overline{AH}=\frac{1}{2}\overline{AC}=\frac{1}{2}\times8=4$이고 $\overline{OA}=\frac{7\sqrt{3}}{3}$이므로 직각삼각형 OAH에서 피타고라스 정리에 의하여

$\overline{OH}=\sqrt{\overline{OA}^2-\overline{AH}^2}=\sqrt{\left(\frac{7\sqrt{3}}{3}\right)^2-4^2}=\frac{\sqrt{3}}{3}$

따라서 $\overline{QH}=\overline{OQ}+\overline{OH}=\frac{7\sqrt{3}}{3}+\frac{\sqrt{3}}{3}=\frac{8\sqrt{3}}{3}$이므로

$\triangle PAC\le\triangle QAC=\frac{1}{2}\times\overline{AC}\times\overline{QH}=\frac{1}{2}\times8\times\frac{8\sqrt{3}}{3}=\frac{32\sqrt{3}}{3}$

따라서 삼각형 PAC의 넓이의 최댓값은 $\frac{32\sqrt{3}}{3}$이다.

B 48 정답 ③ *삼각형과 사각형의 넓이 ········· [정답률 62%]

정답 공식: $\sin\alpha=\sin(\pi-\alpha)$이고, 두 변의 길이가 a, b이고 끼인각의 크기가 θ인 삼각형의 넓이는 $S=\frac{1}{2}ab\sin\theta$이다.

그림과 같이 직각삼각형 ABC의 세 변 AB, BC, CA를 각각 한 변으로 하는 정사각형 APQB, BRSC, CTUA를 그린다. 세 변 AB, BC, CA의 길이를 각각 c, a, b라 할 때, 다음 중 육각형 PQRSTU의 넓이를 나타낸 것은? (4점)

단서 육각형의 넓이는 3개의 정사각형과 4개의 삼각형 넓이의 합으로 구하면 돼.

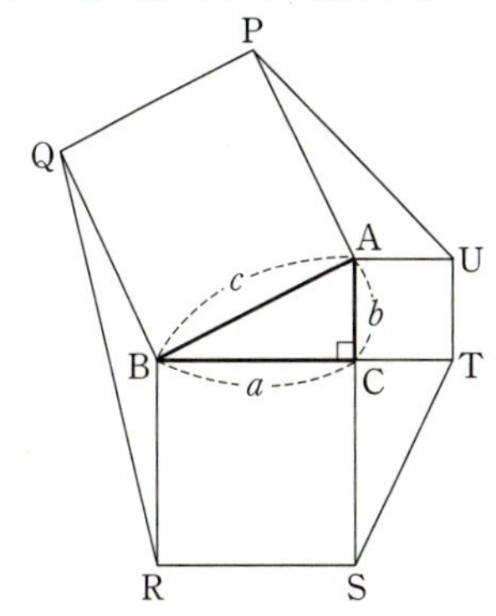

① $2(a^2+bc)$ ② $2(b^2+ca)$

③ $2(c^2+ab)$ ④ $ab+bc+ca+2a^2$

⑤ $ab+bc+ca+2c^2$

1st 삼각형의 넓이 공식 $\frac{1}{2}ab\sin\theta$를 이용해.

세 삼각형 AUP, BQR, CST에서

$\angle PAU=180^\circ-\angle A$

$360^\circ=\angle A+90^\circ+90^\circ+\angle PAU$이지?

$\angle QBR=180^\circ-\angle B$, $\angle SCT=180^\circ-\angle C$

이므로 육각형 PQRSTU의 넓이를 S라 하면

$S=\triangle ABC+\square APQB+\square BRSC+\square CTUA+\triangle PAU+\triangle BQR+\triangle CST$

삼각형 ABC에서 두 변의 길이가 a, b이고 그 끼인각의 크기가 θ일 때, 삼각형의 넓이 S는 $S=\frac{1}{2}ab\sin\theta$

$=\frac{1}{2}ab+c^2+a^2+b^2+\frac{1}{2}bc\sin(180^\circ-\angle A)+\frac{1}{2}ac\sin(180^\circ-\angle B)+\frac{1}{2}ab\sin(180^\circ-\angle C)$

$=\frac{1}{2}ab+a^2+b^2+c^2+\frac{1}{2}bc\sin A+\frac{1}{2}ac\sin B+\frac{1}{2}ab\sin C$

2nd 삼각형 ABC에서 $\sin A$, $\sin B$, $\sin C$를 구하여 육각형의 넓이를 간단히 나타내자.

삼각형 ABC에서 $\sin A=\frac{a}{c}$, $\sin B=\frac{b}{c}$, $\sin C=1$, $a^2+b^2=c^2$이므로

(삼각형 ABC에서 $\angle C=90^\circ$이므로 피타고라스 정리에 의하여 $a^2+b^2=c^2$)

$S=\frac{1}{2}ab+2c^2+\frac{1}{2}ab+\frac{1}{2}ab+\frac{1}{2}ab=2(c^2+ab)$

[다른 풀이]

사각형 APQB, BRSC, CTUA의 넓이는 각각 c^2, a^2, b^2이고,

삼각형 ABC의 넓이는 $\frac{1}{2}ab$야.

또한, $\angle BAC=\theta$라 하면 $\angle PAU=180^\circ-\theta$이므로

삼각형 PAU의 넓이는

$\triangle PAU=\frac{1}{2}\overline{AU}\times\overline{AP}\times\sin(180^\circ-\theta)=\frac{1}{2}bc\sin\theta=\triangle ABC=\frac{1}{2}ab$

($\sin(180^\circ-\theta)=\sin\theta$)

마찬가지 방법으로 두 삼각형 QRB, CST의 넓이도 각각 $\frac{1}{2}ab$이므로

육각형 PQRSTU의 넓이는

$c^2+a^2+b^2+\frac{1}{2}ab\times4=2(c^2+ab)$ ($\because a^2+b^2=c^2$)

B 49 정답 ③ *삼각형과 사각형의 넓이 ······ [정답률 61%]

정답 공식: 중심이 (a, b)이고 반지름의 길이가 r인 원의 방정식은 $(x-a)^2+(y-b)^2=r^2$이다.

좌표평면 위에 중심의 좌표가 $(-1, 0)$이고 반지름의 길이가 2인 원 O_1이 있다. 원 O_1을 y축에 대하여 대칭이동한 원을 O_2라 하고 x축의 방향으로 4만큼 평행이동한 원을 O_3이라 하자. 원 O_1의 내부와 원 O_2의 내부의 공통부분의 넓이와 원 O_2의 내부와 원 O_3의 내부의 공통부분의 넓이의 합은? (4점)

단서1 원 O_1의 방정식에 x 대신 $-x$를 대입하여 원 O_2의 방정식을 구해.

단서2 원 O_1의 방정식에 x 대신 $x-4$를 대입하여 원 O_3의 방정식을 구해.

① $\frac{16}{3}\pi-8\sqrt{3}$ ② $\frac{8}{3}\pi-2\sqrt{3}$ ③ $\frac{16}{3}\pi-4\sqrt{3}$
④ $\frac{8}{3}\pi+2\sqrt{3}$ ⑤ $\frac{8}{3}\pi+4\sqrt{3}$

1st 두 원 O_1, O_2의 방정식을 각각 구하자.

원 O_1의 방정식은 $(x+1)^2+y^2=2^2$ ⋯ ㉠

(중심이 (a, b)이고 반지름의 길이가 r인 원의 방정식은 $(x-a)^2+(y-b)^2=r^2$)

이므로 원 O_1을 y축에 대하여 대칭이동한 원 O_2의 방정식은

㉠에서 x 대신에 $-x$를 대입하면 $(x-1)^2+y^2=2^2$

또한, 원 O_1을 x축의 방향으로 4만큼 평행이동한 원 O_3의 방정식은

㉠에서 x 대신에 $x-4$를 대입하면 $(x-3)^2+y^2=2^2$

2nd 그림을 그려 공통인 부분의 넓이를 구하자.

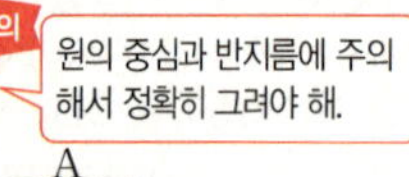

주의
원의 중심과 반지름에 주의해서 정확히 그려야 해.

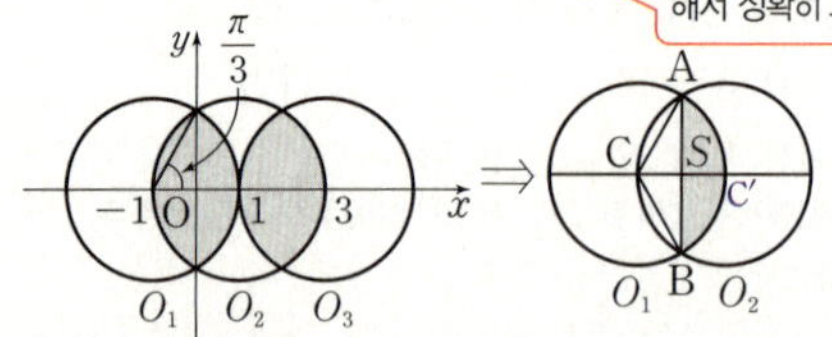

그림과 같이 원 O_1의 중심을 C, 두 원 O_1, O_2의 교점을 각각 A, B라 하고, 공통부분 중 선분 AB에 의하여 나누어지는 오른쪽 부분을 S라 하면 원 O_1의 내부와 원 O_2의 내부의 공통부분의 넓이와 원 O_2의 내부와 원 O_3의 내부의 공통부분의 넓이의 합은 S의 4배와 같다.

이때, S의 넓이는 부채꼴 CBA의 넓이에서 삼각형 CBA의 넓이를 빼주면 된다.

(원 O_2의 중심을 C'이라 하면 두 삼각형 ACC', CBC'은 정삼각형이므로 $\angle ACC'=\angle C'CB=60^\circ$ $\therefore \angle ACB=\angle ACC'+\angle C'CB=120^\circ$)

부채꼴 CBA는 중심각의 크기가 $\angle ACB=\frac{2}{3}\pi$이고 반지름의 길이가 2

이므로 넓이는 $\frac{1}{2}\times2^2\times\frac{2}{3}\pi=\frac{4\pi}{3}$

(중심각의 크기가 θ(라디안)이고 반지름의 길이가 r인 부채꼴의 넓이를 S라 하면 $S=\frac{1}{2}r^2\theta$)

또한, 삼각형 CBA의 넓이는 $\frac{1}{2}\times2^2\times\sin\frac{2}{3}\pi=\sqrt{3}$

(두 변의 길이가 각각 a, b이고 그 끼인각의 크기가 θ인 삼각형의 넓이를 S라 하면 $S=\frac{1}{2}ab\sin\theta$)

따라서 $S=\frac{4\pi}{3}-\sqrt{3}$이므로

구하는 넓이는 $4S=\frac{16}{3}\pi-4\sqrt{3}$이다.

B 50 정답 5 *삼각형과 사각형의 넓이 ······ [정답률 59%]

정답 공식: 두 변의 길이가 a, b이고 끼인각의 크기가 θ인 삼각형의 넓이는 $S=\frac{1}{2}ab\sin\theta$이다.

그림과 같이 넓이가 18인 삼각형 ABC가 있다. 각 변 위의 점 L, M, N은 $\overline{AL}=2\overline{BL}$, $\overline{BM}=\overline{CM}$, $\overline{CN}=2\overline{AN}$을 만족할 때, 삼각형 LMN의 넓이를 구하시오. (4점)

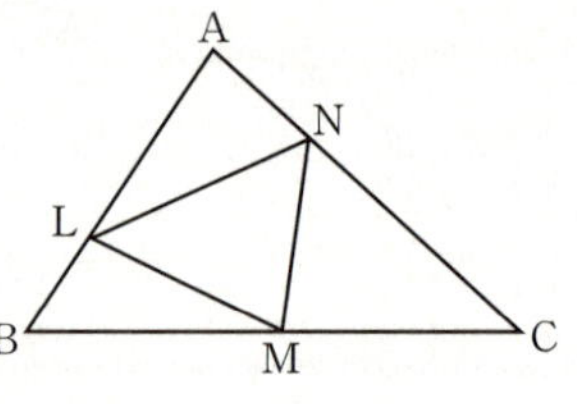

단서 삼각형 ABC의 넓이가 주어졌지만 각 변의 길이는 주어지지 않고 길이의 비로 주어졌지? 이는 삼각형의 넓이의 비를 이용하라는 거야.

1st 삼각형 ABC의 넓이를 세 삼각형 ALN, LBM, MCN의 넓이를 이용하여 각각 구하자.

$\triangle ABC=\frac{1}{2}\times\overline{AB}\times\overline{AC}\times\sin A=\frac{1}{2}\times\overline{BA}\times\overline{BC}\times\sin B$

$=\frac{1}{2}\times\overline{CA}\times\overline{CB}\times\sin C=18$

(두 변의 길이가 a, b이고 그 끼인각의 크기가 θ인 삼각형의 넓이를 S라 하면 $S=\frac{1}{2}ab\sin\theta$)

$\triangle ALN=\frac{1}{2}\times\overline{AL}\times\overline{AN}\times\sin A$

$=\frac{1}{2}\times\frac{2}{3}\overline{AB}\times\frac{1}{3}\overline{AC}\times\sin A$

($\overline{AL}=2\overline{BL}$에서 $\overline{AB}:\overline{AL}=3:2$이므로 $\overline{AL}=\frac{2}{3}\overline{AB}$이고 $\overline{CN}=2\overline{AN}$에서 $\overline{AC}:\overline{AN}=3:1$이므로 $\overline{AN}=\frac{1}{3}\overline{AC}$)

$=\frac{2}{9}\times\left(\frac{1}{2}\times\overline{AB}\times\overline{AC}\times\sin A\right)$

$=\frac{2}{9}\times18=4$

($\overline{AL}=2\overline{BL}$에서 $\overline{AB}:\overline{BL}=3:1$이므로 $\overline{BL}=\frac{1}{3}\overline{AB}$이고 $\overline{BM}=\overline{CM}$에서 $\overline{BC}:\overline{BM}=2:1$이므로 $\overline{BM}=\frac{1}{2}\overline{BC}$)

$\triangle LBM=\frac{1}{2}\times\overline{BL}\times\overline{BM}\times\sin B=\frac{1}{2}\times\frac{1}{3}\overline{BA}\times\frac{1}{2}\overline{BC}\times\sin B$

$=\frac{1}{6}\times\left(\frac{1}{2}\times\overline{BA}\times\overline{BC}\times\sin B\right)$

$=\frac{1}{6}\times18=3$

($\overline{BM}=\overline{CM}$에서 $\overline{BC}:\overline{CM}=2:1$이므로 $\overline{CM}=\frac{1}{2}\overline{BC}$이고 $\overline{CN}=2\overline{AN}$에서 $\overline{AC}:\overline{CN}=3:2$이므로 $\overline{CN}=\frac{2}{3}\overline{AC}$)

$\triangle MCN=\frac{1}{2}\times\overline{CM}\times\overline{CN}\times\sin C$

$=\frac{1}{2}\times\frac{1}{2}\overline{CB}\times\frac{2}{3}\overline{CA}\times\sin C$

$=\frac{1}{3}\times\left(\frac{1}{2}\times\overline{CB}\times\overline{CA}\times\sin C\right)=\frac{1}{3}\times18=6$

2nd 삼각형 LMN의 넓이를 구하자.

$\therefore \triangle LMN=\triangle ABC-\triangle LBM-\triangle MCN-\triangle ALN$

$=18-3-6-4=5$

B 51 정답 ⑤ *삼각형과 사각형의 넓이 [정답률 55%]

(정답 공식: □AQBP=△PAB+△QAB=△PAQ+△PBQ임을 이용한다.)

그림은 선분 AB를 지름으로 하는 원 O에 내접하는 사각형 APBQ를 나타낸 것이다. $\overline{AP}=8$, $\overline{BP}=6$이고 $\overline{QA}=\overline{QB}$일 때, 선분 PQ의 길이는? (4점)

단서 사각형 APBQ의 넓이는 두 삼각형 ABP, AQB의 넓이의 합 또는 두 삼각형 AQP, PQB의 넓이의 합으로 구할 수 있어.

① $3\sqrt{2}$ ② $4\sqrt{2}$ ③ $5\sqrt{2}$ ④ $6\sqrt{2}$ ⑤ $7\sqrt{2}$

1st 피타고라스 정리를 이용하여 선분의 길이를 구해.

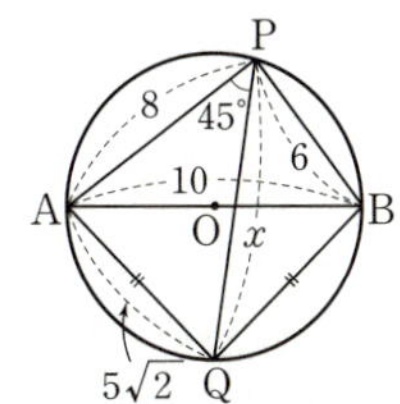

두 삼각형 ABP, AQB는 직각삼각형이므로

피타고라스 정리에 의하여 → 원에서 지름의 양 끝점과 원 위의 다른 한 점을 꼭짓점으로 하는 삼각형은 직각삼각형이야.

$\overline{AB}=\sqrt{\overline{AP}^2+\overline{PB}^2}$

$=\sqrt{8^2+6^2}=\sqrt{100}$

$=10$ ⋯ ㉠

또, $\overline{QA}^2+\overline{QB}^2=\overline{AB}^2$에서

$2\overline{QA}^2=10^2$ ($\because$ ㉠)$=50$

$\therefore \overline{QA}=\overline{QB}=5\sqrt{2}$

2nd 사각형 AQBP의 넓이를 구하자.

사각형 AQBP의 넓이는 두 삼각형 PAB, QBA의 넓이의 합과 같으므로

□AQBP=△PAB+△QBA

$=\frac{1}{2}\times8\times6+\frac{1}{2}\times5\sqrt{2}\times5\sqrt{2}=49$

3rd 호의 길이가 같으면 원주각의 크기가 같음을 이용하여 ∠BPQ의 크기를 구하자.

두 변 AQ, QB에 대한 호의 길이는 각각 $\overset{\frown}{AQ}$, $\overset{\frown}{QB}$이고 $\overline{AQ}=\overline{QB}$이므로 $\overset{\frown}{AQ}=\overset{\frown}{QB}$

이때, $\overset{\frown}{AQ}$와 $\overset{\frown}{QB}$의 중심각의 크기는 각각 ∠AOQ, ∠BOQ이고

∠AOQ=∠BOQ=90°이므로

→ 한 호에 대한 원주각의 크기는 중심각의 크기의 $\frac{1}{2}$이야.

$\angle APQ=\frac{1}{2}\angle AOQ=45°$, $\angle BPQ=\frac{1}{2}\angle BOQ=45°$

4th □AQBP=△PAQ+△PBQ임을 이용하여 $\overline{PQ}$의 길이를 구하자.

한편, 사각형 AQBP의 넓이는 두 삼각형 PAQ와 PBQ의 넓이의 합과 같으므로 $\overline{PQ}=x$라 하면

$49=\frac{1}{2}(8x\sin 45°+6x\sin 45°)$

$=\frac{1}{2}\left(8x\times\frac{\sqrt{2}}{2}+6x\times\frac{\sqrt{2}}{2}\right)=\frac{7\sqrt{2}}{2}x$

$\therefore x=7\sqrt{2}$

B 52 정답 96 *삼각형과 사각형의 넓이 [정답률 52%]

(정답 공식: 두 변의 길이가 a, b이고 끼인각의 크기가 θ인 삼각형의 넓이는 $S=\frac{1}{2}ab\sin\theta$이다.)

한 변의 길이가 $4\sqrt{3}$인 정사각형 모양의 시계에서 1과 5 사이의 어두운 오각형의 넓이가 $a-b\sqrt{3}$일 때, ab를 구하시오. (단, a와 b는 유리수) (4점)

단서 한 시간 사이의 중심각의 크기는 $\frac{360°}{12}=30°$로 일정해.

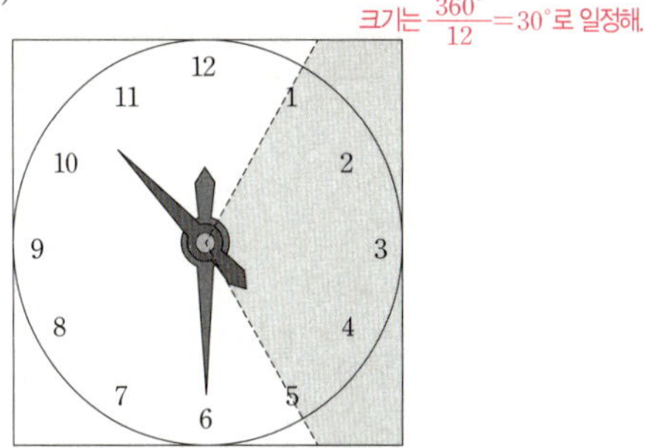

1st 그림에서 선분 RT의 길이를 구해.

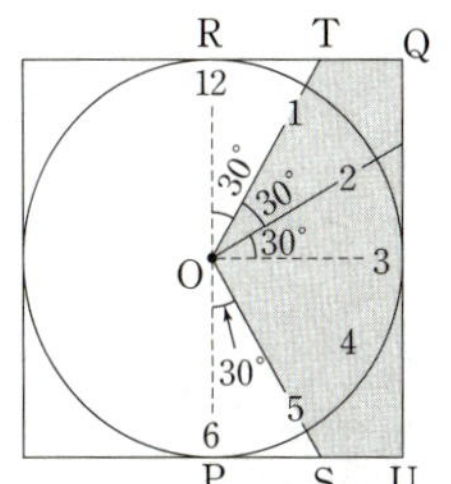

그림과 같이 점 O, P, Q, R, S, T, U를 잡으면

$\overline{OR}=2\sqrt{3}$, ∠TOR=30°이므로 → 정사각형 모양의 시계의 한 변의 길이의 $\frac{1}{2}$이야.

$\overline{OT}=\frac{\overline{OR}}{\cos 30°}=\frac{2\sqrt{3}}{\frac{\sqrt{3}}{2}}=4$

→ 직각삼각형 OTR에서 $\cos 30°=\frac{\overline{OR}}{\overline{OT}}$

2nd 1과 5 사이의 어두운 오각형의 넓이를 구해.

이때, (어두운 오각형)=□RPUQ−△OTR−△OPS이고,

실수 오각형을 몇 개의 부분으로 나눠서 더하는 것 보다는 직사각형에서 두 삼각형의 넓이를 빼는 것이 훨씬 간단해.

△OPS≡△ORT이므로 → ∠ORT=∠OPS=90°, ∠ROT=∠POS, $\overline{OR}=\overline{OP}$이므로 두 삼각형은 ASA 합동이야.

(어두운 오각형)=□RPUQ−2△OTR

$=2\sqrt{3}\times4\sqrt{3}-2\left(\frac{1}{2}\times4\times2\sqrt{3}\times\sin 30°\right)$

$=24-4\sqrt{3}$

따라서 $a=24$, $b=4$이므로

$ab=24\times4=96$

[다른 풀이]

$\overline{OR}=2\sqrt{3}$, ∠TOR=30°이므로

$\overline{RT}=\overline{OR}\tan 30°=2\sqrt{3}\times\frac{1}{\sqrt{3}}=2$

→ 직각삼각형 OTR에서 $\frac{\overline{RT}}{\overline{OR}}=\tan 30°$

이때, △OPS≡△ORT (ASA 합동)이고,

삼각형 OPS는 ∠OPS=90°인 직각삼각형이므로

(어두운 오각형)=□RPUQ−2△OPS

$=2\sqrt{3}\times4\sqrt{3}-2\left(\frac{1}{2}\times2\sqrt{3}\times2\right)$

$=24-4\sqrt{3}$

(이하 동일)

B 53 정답 ③ *삼각형의 넓이의 활용 ············ [정답률 48%]

(정답 공식: 삼각형 OAB에서 코사인법칙을 이용하여 선분 AB의 길이를 구한다.)

단서1 $\overline{OA}=\overline{OB}=\overline{OC}=\sqrt{10}$

그림과 같이 중심이 O이고 반지름의 길이가 $\sqrt{10}$인 원에 내접하는 예각삼각형 ABC에 대하여 두 삼각형 OAB, OCA의 넓이를 각각 S_1, S_2라 하자. $3S_1=4S_2$이고 $\overline{BC}=2\sqrt{5}$일 때, 선분 AB의 길이는? (4점)

단서2 두 삼각형 OAB, OCA의 넓이의 비를 이용하여 ∠AOB에 대한 코사인 값을 구해.

단서3 삼각형 OAB에서 코사인법칙을 이용하여 선분 AB의 길이를 구해.

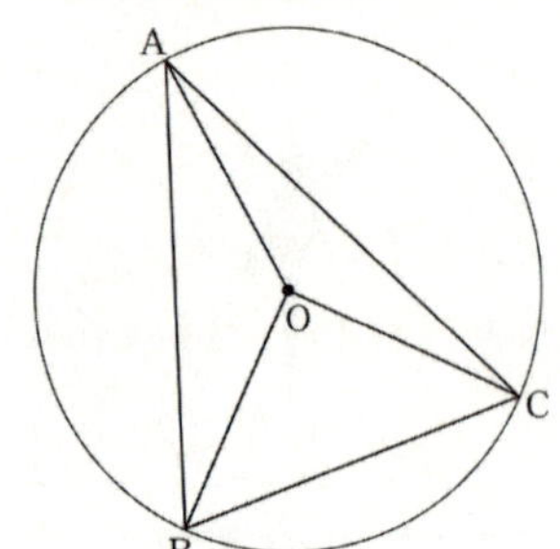

① $2\sqrt{7}$ ② $\sqrt{30}$ ③ $4\sqrt{2}$ ④ $\sqrt{34}$ ⑤ 6

1st ∠BOC의 크기를 구하자.

삼각형 ABC가 중심이 O이고 반지름의 길이가 $\sqrt{10}$인 원에 내접하므로 $\overline{OB}=\overline{OC}=\sqrt{10}$이다.

또, $\overline{BC}=2\sqrt{5}$이므로 $\overline{BC}^2=\overline{OB}^2+\overline{OC}^2$이 성립한다.

세 변의 길이가 a, b, c인 삼각형에 대하여 $a^2=b^2+c^2$이 성립하면 이 삼각형은 길이가 a인 변을 빗변으로 하는 직각삼각형이야.

따라서 삼각형 OBC는 $\angle BOC=\frac{\pi}{2}$인 직각삼각형이다.

2nd 두 삼각형 OAB, OCA의 넓이 S_1, S_2를 구하자.

$\angle AOB=\alpha$, $\angle AOC=\beta$라 하면 두 삼각형 OAB, OCA의 넓이 S_1, S_2는 각각

이웃하는 두 변의 길이가 a, b이고 그 끼인각의 크기가 α인 삼각형의 넓이를 S라 하면 $S=\frac{1}{2}ab\sin\alpha$야.

$S_1=\frac{1}{2}\times\overline{OA}\times\overline{OB}\times\sin\alpha=\frac{1}{2}\times\sqrt{10}\times\sqrt{10}\times\sin\alpha=5\sin\alpha$

$S_2=\frac{1}{2}\times\overline{OA}\times\overline{OC}\times\sin\beta=\frac{1}{2}\times\sqrt{10}\times\sqrt{10}\times\sin\beta=5\sin\beta$

3rd 주어진 조건을 이용하여 ∠AOB에 대한 코사인 값을 구하자.

$3S_1=4S_2$에서 $3\times5\sin\alpha=4\times5\sin\beta$

$\therefore \sin\alpha=\frac{4}{3}\sin\beta$ ⋯ ㉠

이때, $\angle BOC=\frac{\pi}{2}$이므로 $\alpha+\beta+\frac{\pi}{2}=2\pi$에서 $\beta=\frac{3}{2}\pi-\alpha$

이것을 ㉠에 대입하면 $\sin\alpha=\frac{4}{3}\sin\left(\frac{3}{2}\pi-\alpha\right)=-\frac{4}{3}\cos\alpha$ ⋯ ㉡

다시 이것을 $\sin^2\alpha+\cos^2\alpha=1$에 대입하면 $\sin\left(\frac{3}{2}\pi-\theta\right)=-\cos\theta$

$\left(-\frac{4}{3}\cos\alpha\right)^2+\cos^2\alpha=1$, $\frac{16}{9}\cos^2\alpha+\cos^2\alpha=1$, $\frac{25}{9}\cos^2\alpha=1$

$\therefore \cos^2\alpha=\frac{9}{25}$

그런데 $\sin\alpha>0$이므로 ㉡에 의하여 $\cos\alpha<0$이다.

α는 삼각형 OAB의 한 내각의 크기이므로 $0<\alpha<\pi$에서 $\sin\alpha>0$이야.

$\therefore \cos\alpha=-\frac{3}{5}$

4th 코사인법칙을 이용하여 선분 AB의 길이를 구하자.

따라서 삼각형 OAB에서 코사인법칙에 의하여

$\overline{AB}^2=\overline{OA}^2+\overline{OB}^2-2\times\overline{OA}\times\overline{OB}\times\cos\alpha$

$=(\sqrt{10})^2+(\sqrt{10})^2-2\times\sqrt{10}\times\sqrt{10}\times\left(-\frac{3}{5}\right)=32$

$\therefore \overline{AB}=\sqrt{32}=4\sqrt{2}$ ($\because \overline{AB}>0$)

2등급 킬러+1등급 킬러 문제

B 54 정답 103 *부채꼴의 호의 길이와 넓이 ············ [정답률 33%]

(정답 공식: 이런 문제의 경우 주기를 찾아야 한다. 초에 변화를 주며 원래의 모양이 나오는 시간을 찾는다.)

두 점 A, B를 지름의 양 끝으로 하고 반지름의 길이가 10인 원 O 위를 움직이는 두 점 P, Q가 있다. 두 선분 OP, OQ는 각각 선분 OA, OB에서 동시에 출발하여 점 O를 중심으로 시계 방향으로 회전한다. 각각 일정한 속도로 한 바퀴 도는 데 선분 OP는 30초, OQ는 60초 걸린다. 원의 내부가 처음에는 흰색이나, 두 선분 OP, OQ가 회전하면서 지나간 부분은 흰색은 검은색으로, 검은색은 흰색으로 바뀐다. 두 선분 OP, OQ가 출발한 지 800초 후의 검은색 부분의 넓이가 $\frac{q}{p}\pi$ (p와 q는 서로소인 자연수)일 때, $p+q$의 값을 구하시오. (4점)

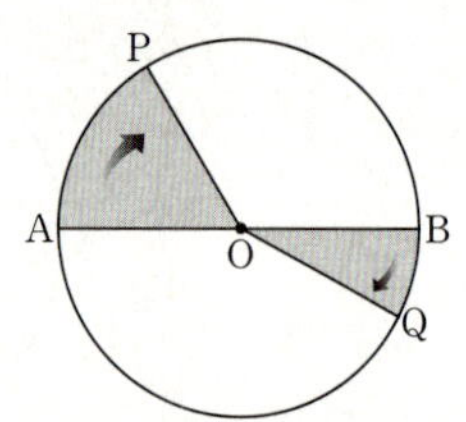

단서 P, Q가 원래 위치로 돌아오는 데 걸리는 최소시간을 구한 후 800초는 이 최소시간이 몇 번 진행되는지를 파악하자.

1st 60초, 120초, 180초, ⋯일 때 검은색과 흰색이 어떻게 배치되는지 알아보자.

한 바퀴를 도는 데 점 P는 30초, 점 Q는 60초 걸리므로 60초일 때, 두 점 P, Q는 처음과 동일한 위치에 존재한다. 이때, 검은색과 흰색의 배치는 다음과 같은 모양이 반복된다.

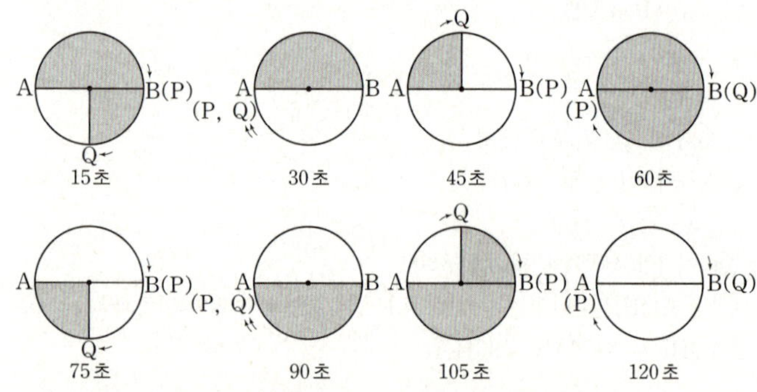

2nd 120초를 주기로 두 점 P, Q가 처음과 같이 위치하므로 800초 후의 검은색과 흰색이 어떻게 배치되는지 알아보자.

120초가 되었을 때, 두 점 P와 Q는 처음과 같이 배치되고

$800=120\times6+80$이므로 800초 후의 배치와 80초 후의 배치가 동일하다.

즉, 60초 후 두 점 P, Q의 위치는 위의 그림과 같으므로 20초 후에 선분 OP는

$\frac{2\pi}{30}\times20=\frac{4}{3}\pi$만큼, 선분 OQ는

$\frac{2\pi}{60}\times20=\frac{2}{3}\pi$만큼 시계 방향으로 이동한다.

$\therefore$ (검은색 부분의 넓이)$=\frac{1}{2}\times10^2\times\frac{\pi}{3}\times2$

반지름의 길이가 10이고 중심각의 크기가 $\frac{\pi}{3}$인 부채꼴 2개의 넓이의 합이야.

$=\frac{100}{3}\pi=\frac{q}{p}\pi$

반지름의 길이가 r이고 중심각의 크기가 θ인 부채꼴의 넓이 S는 $S=\frac{1}{2}r^2\theta$

따라서 $p=3$, $q=100$이므로 $p+q=3+100=103$

함정 P와 Q가 원래 위치로 돌아오는 것은 60초가 걸리지만, 색칠된 모양까지 처음처럼 되는 것은 120초가 걸리는 거야.

B 55 정답 ② *부채꼴의 호의 길이와 넓이 [정답률 38%]

(**정답 공식**: 원의 중심이 지나가는 부분을 표시한다. 삼각형의 각 변을 지나갈 때는 그 변과 평행한 직선 모양이고 꼭짓점을 지나갈 때는 부채꼴 모양으로 지나간다. 특수각의 삼각비를 이용해주면 움직인 거리를 구할 수 있다.)

그림과 같이 $\triangle$ABC와 $\triangle$CDE는 한 변의 길이가 a인 정삼각형이고, $\angle ACE=\frac{2}{3}\pi$이다. 반지름의 길이가 $3\sqrt{3}$인 원 P가 $\triangle$ABC와 $\triangle$CDE의 둘레를 외접하면서 시계 방향으로 한 바퀴 돌아 처음 출발한 자리로 왔을 때, 원 P의 중심이 움직인 거리가 $54+8\sqrt{3}\pi$이다. a의 값은? (4점)

단서 원 P가 $\triangle$ABC와 $\triangle$CDE를 외접하면서 돌 때, 원 P가 지나지 않는 사각지대가 존재함을 생각해 내야 해. 그리고 원 P가 꼭짓점 A, B, D, E를 지날 때, 원의 중심이 움직인 부분은 부채꼴이 됨을 착안하자.

① 10 ② 11 ③ 12
④ 13 ⑤ 14

1st 원의 중심 P가 움직인 부분을 그림으로 나타내 보고, 호의 길이와 선분의 길이를 각각 구해 보자.

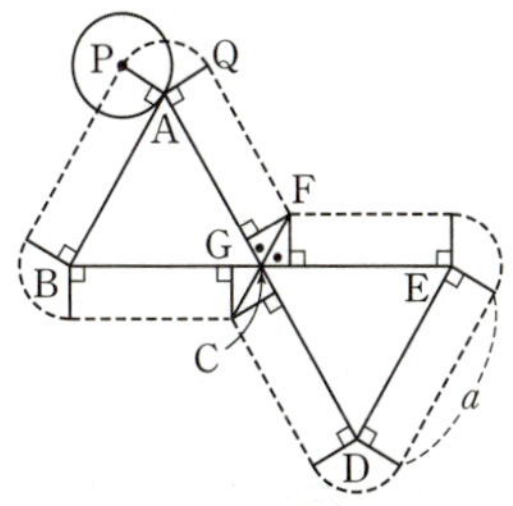

그림에서 점선으로 나타낸 부분이 원의 중심 P가 움직인 부분이다.
점 F에서 선분 AC에 내린 수선의 발을 G라 하면 직각삼각형 FCG에서

$\angle FCG=\frac{1}{2}\angle ACE=\frac{1}{2}\times\frac{2}{3}\pi=\frac{\pi}{3}$

이므로

$\tan\frac{\pi}{3}=\frac{3\sqrt{3}}{\overline{GC}}=\sqrt{3}$

따라서 $\overline{GC}=3$이므로
$\overline{QF}=\overline{AG}=\overline{AC}-\overline{GC}=a-3$

또한, $\angle PAQ=2\pi-\left(\frac{\pi}{2}+\frac{\pi}{3}+\frac{\pi}{2}\right)=\frac{2}{3}\pi$이므로

호 PQ의 길이는 $3\sqrt{3}\times\frac{2}{3}\pi=2\sqrt{3}\pi$이다.
→ 반지름의 길이가 r이고 중심각의 크기가 θ인 부채꼴의 호의 길이 l은 $l=r\theta$

2nd 원의 중심 P가 움직인 거리를 구하자.

(원의 중심 P가 움직인 거리) $=2\overline{ED}+4\overline{AG}+4\widehat{PQ}$
$=2\times a+4\times(a-3)+4\times2\sqrt{3}\pi$
$=6a-12+8\sqrt{3}\pi$

이것이 $54+8\sqrt{3}\pi$와 같으므로
$6a-12=54$, $6a=66$
$\therefore a=11$

B 56 정답 ② ✪2등급 킬러 [정답률 22%]

자연수 k에 대하여 집합 A_k를

단서 m은 자연수이므로 $A_k=\left\{\sin 0, \sin\frac{2\pi}{k}, \cdots, \sin\frac{2(k-1)}{k}\pi\right\}$이야.

$$A_k=\left\{\sin\frac{2(m-1)}{k}\pi \,\middle|\, m\text{은 자연수}\right\}$$

라 할 때, [보기]에서 옳은 것만을 있는 대로 고른 것은? (4점)

[보기]

ㄱ. $A_3=\left\{-\frac{\sqrt{3}}{2}, 0, \frac{\sqrt{3}}{2}\right\}$

ㄴ. 1이 집합 A_k의 원소가 되도록 하는 두 자리 자연수 k의 개수는 22이다.

ㄷ. $n(A_k)=11$을 만족시키는 모든 k의 값의 합은 33이다.

① ㄱ ② ㄱ, ㄴ ③ ㄱ, ㄷ
④ ㄴ, ㄷ ⑤ ㄱ, ㄴ, ㄷ

✪ 이 문제는 사인함수의 함숫값을 원소로 갖는 집합의 원소에 대한 명제의 참, 거짓을 따지는 문제이다.
이를 위해서는 사인함수의 대칭성과 주기성을 활용하여 k를 4로 나눈 나머지에 따라 분류하여 따져보는 것이 이 문제의 키포인트이다.

[풀이 단서 체크]

❶ 함수 $y=a\sin(bx+c)+d$의 주기는 $\frac{2\pi}{|b|}$이므로 함수 $y=\sin\frac{2(m-1)}{k}\pi$의 주기는 k임을 알 수 있다. 즉, 함수 $y=\sin\frac{2(m-1)}{k}\pi$에 대하여 $m=n$일 때와 $m=n+k$일 때의 함숫값은 동일하고 m은 자연수이므로 m의 값이 1부터 k까지일 때의 함숫값과 m의 값이 $k+1$부터 $2k$까지일 때의 함숫값은 각각 서로 동일하다. 따라서 집합 A_k의 원소는 m의 값이 1부터 k까지일 때만 고려하면 된다. ⇒ 단서

❷ ㄴ을 이용하여 1이 집합 A_k의 원소가 되기 위한 k의 조건을 파악하고 이 과정에서 k를 4로 나눈 나머지를 기준으로 집합 A_k를 분류할 수 있음을 알 수 있다. 이때, k의 값이 짝수이면 $y=\sin x$의 대칭성을 이용하여 m의 값이 1부터 k까지일 때 서로 겹치는 경우가 있음을 고려해야 한다.

주의 집합 A_k의 원소의 개수를 구하기 위해 함수 $y=\sin x$의 대칭성을 고려하여 k를 4로 나눈 나머지로 분류해 따져 주어야 한다.

(**핵심 정답 공식**: 사인함수의 그래프의 주기성과 대칭성을 이용한다.)

[문제 풀이 순서]

*삼각함수의 주기성과 대칭성을 활용하여 집합의 원소의 개수 구하기

1st 집합 A_3을 구하자.

$f(m)=\sin\frac{2(m-1)}{k}\pi$라 하면 함수 $f(m)$의 주기가 k이므로
→ 함수 $y=a\sin(bx+c)+d$의 주기는 $\frac{2\pi}{|b|}$야.
$A_k=\{f(1), f(2), \cdots, f(k)\}$이다.

ㄱ. $k=3$일 때, $f(1)=0$, $f(2)=\sin\frac{2}{3}\pi=\frac{\sqrt{3}}{2}$,

$f(3)=\sin\frac{4}{3}\pi=-\frac{\sqrt{3}}{2}$이므로

$A_3=\left\{-\frac{\sqrt{3}}{2}, 0, \frac{\sqrt{3}}{2}\right\}$ (참)

2nd $\sin\frac{2(m-1)}{k}\pi=1$인 경우를 찾아보자.

ㄴ. 1이 집합 A_k의 원소가 되려면 $f(m)=1$을 만족시키는 자연수 $m(m=1, 2, \cdots, k)$이 존재해야 한다.

즉, $\sin\frac{2(m-1)}{k}\pi=1$에서 $\frac{2(m-1)}{k}\pi=\frac{\pi}{2}$ $\quad\therefore m=1+\frac{k}{4}$

이때, m은 자연수이므로 k는 4의 배수이어야 하고 두 자리 자연수 중 4의 배수인 것은 12, 16, ⋯, 96의 22개이므로 1이 집합 A_k의 원소가 되도록 하는 두 자리 자연수 k의 개수는 22이다. (참)

두 자리 자연수 중 4의 배수인 것은 4×3, 4×4, ⋯, 4×24이므로 그 개수는 $24-3+1=22$야.

3rd k의 값에 따라 집합 A_k의 원소의 개수를 찾아보자.

ㄷ. 4 이상의 자연수 k에 대하여

(i) $k=4l$ (l은 자연수)인 경우

$f(m)=\sin\frac{2(m-1)}{4l}\pi=\sin\frac{m-1}{2l}\pi$이므로

$m=1$일 때, $f(1)=\sin\frac{1-1}{2l}\pi=\sin 0=0$

$m=l+1$일 때, $f(l+1)=\sin\frac{l+1-1}{2l}\pi=\sin\frac{\pi}{2}=1$

$m=2l+1$일 때, $f(2l+1)=\sin\frac{2l+1-1}{2l}\pi=\sin\pi=0$

$m=\alpha$ ($\alpha=2, 3, \cdots, l$)일 때,

$\pi-\frac{\alpha-1}{2l}\pi=\frac{(2l+2-\alpha)-1}{2l}\pi$이므로 $\beta=2l+2-\alpha$라 하면

$f(\alpha)=f(\beta)$ 사인함수의 대칭성에 의하여 $f(2)=f(2l)$, $f(3)=f(2l-1)$, ⋯, $f(l)=f(l+2)$라는 말이야.

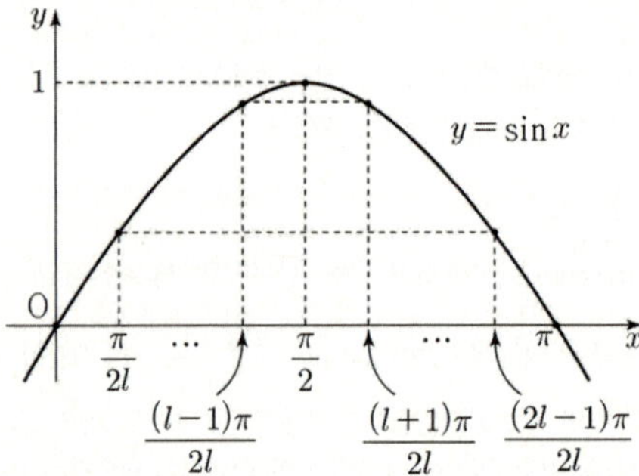

따라서 집합 A_k의 원소 중 양수는 $f(2)$, $f(3)$, ⋯, $f(l+1)$이고 그 개수는 l이다.

같은 방법으로 집합 A_k의 원소 중 음수의 개수도 l이므로 집합 A_k의 원소의 개수는 $l+l+1=2l+1$

이때, $n(A_k)=11$이면 $2l+1=11$에서 $l=5$ $\quad\therefore k=4l=20$

(ii) $k=4l+1$ (l은 자연수)인 경우

$f(m)=\sin\frac{2(m-1)}{4l+1}\pi$이므로

$m=1$일 때, $f(1)=\sin\frac{2\times(1-1)}{4l+1}\pi=\sin 0=0$

$4l+1$ 이하의 서로 다른 두 자연수 r, s에 대하여

$\frac{2(r-1)}{4l+1}\pi+\frac{2(s-1)}{4l+1}\pi=\frac{2(r+s-2)}{4l+1}\pi$에서 $4l+1$은 홀수이고 $2(r+s-2)$는 짝수이므로

$\frac{2(r+s-2)}{4l+1}\pi\neq\pi$, $\frac{2(r+s-2)}{4l+1}\pi\neq3\pi$이다.

함수 $y=\sin\theta\,(0\le\theta\le2\pi)$의 그래프는 직선 $\theta=\frac{\pi}{2}$ 또는 직선 $\theta=\frac{3}{2}\pi$에 대하여 대칭이므로 서로 다른 두 각에서의 함숫값이 서로 같으려면 그 두 각의 합이 $\frac{\pi}{2}\times2$ 또는 $\frac{3}{2}\pi\times2$이어야 해. 이 경우에는 두 각의 합이 $\frac{\pi}{2}\times2$ 또는 $\frac{3}{2}\pi\times2$인 경우가 없으므로 모든 경우의 함숫값이 서로 다르다고 할 수 있어.

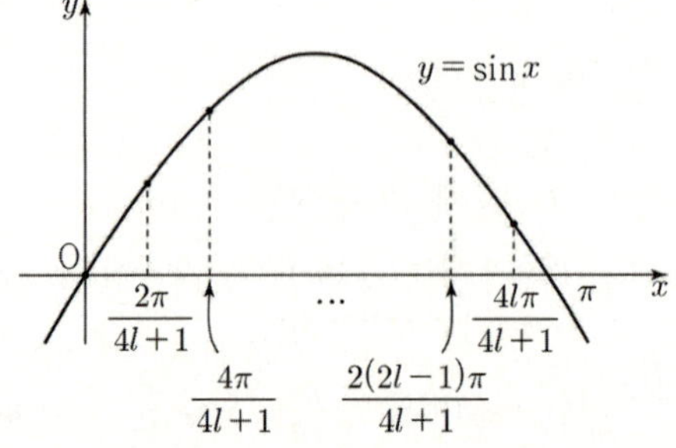

따라서 집합 A_k의 원소의 개수는 $4l+1$

이때, $n(A_k)=11$이면 $4l+1=11$에서 $l=\frac{5}{2}$

그런데 l은 자연수이므로 조건을 만족시키는 k의 값은 존재하지 않는다.

(iii) $k=4l+2$ (l은 자연수)인 경우

$f(m)=\sin\frac{2(m-1)}{4l+2}\pi=\sin\frac{m-1}{2l+1}\pi$

$m=1$일 때, $f(1)=\sin\frac{1-1}{2l+1}\pi=\sin 0=0$

$m=2l+2$일 때, $f(2l+2)=\sin\frac{2l+2-1}{2l+1}\pi=\sin\pi=0$

$m=\alpha$ ($\alpha=2, 3, \cdots, l+1$)일 때,

$\pi-\frac{\alpha-1}{2l+1}\pi=\frac{(2l+3-\alpha)-1}{2l+1}\pi$이므로 $\beta=2l+3-\alpha$라 하면

$f(\alpha)=f(\beta)$ 사인함수의 대칭성에 의하여 $f(2)=f(2l+1)$, $f(3)=f(2l)$, ⋯, $f(l+1)=f(l+2)$라는 말이야.

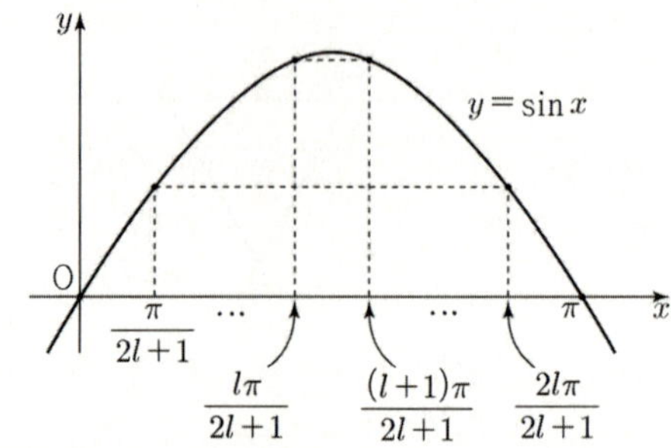

집합 A_k의 원소 중 양수는 $f(2)$, $f(3)$, ⋯, $f(l+1)$이고 그 개수는 l이다.

같은 방법으로 집합 A_k의 원소 중 음수의 개수도 l이므로 집합 A_k의 원소의 개수는 $l+l+1=2l+1$

이때, $n(A_k)=11$이면 $2l+1=11$에서 $l=5$

$\therefore k=4l+2=22$

(iv) $k=4l+3$ (l은 자연수)인 경우

(ii)와 같은 방법으로 구하면 집합 A_k의 원소의 개수는 $4l+3$이다.

이때, $n(A_k)=11$이면 $4l+3=11$에서 $l=2$

$\therefore k=4l+3=11$

함정 앞에서 4 이상의 자연수 k에 대하여 $n(A_k)=11$을 만족시키는 k의 값만을 구했기 때문에 $k=1, 2, 3$일 때도 놓치지 말고 확인해줘야 해.

(v) $A_1=A_2=\{0\}$이고 $A_3=\left\{-\frac{\sqrt{3}}{2}, 0, \frac{\sqrt{3}}{2}\right\}$

$k=1$이면 $f(m)=\sin 2(m-1)\pi$이고 $f(1)=f(2)=f(3)=\cdots=0$
$k=2$이면 $f(m)=\sin(m-1)\pi$이고 $f(1)=f(2)=f(3)=\cdots=0$

이므로 $n(A_k)=11$을 만족시키지 않는다.

(i)~(v)에 의하여 $n(A_k)=11$을 만족시키는 모든 k의 값의 합은 $20+22+11=53$ (거짓)

따라서 옳은 것은 ㄱ, ㄴ이다.

1등급 풀이 Tip

ㄴ을 판단하면서 $\frac{2(m-1)}{k}\pi=\frac{\pi}{2}$인 m의 값이 존재하도록 하는 k의 조건을 찾았다. 이때, k가 4의 배수이므로 k가 4의 배수가 아닐 때는 집합 A_k의 원소에 1이 없다. 같은 방식으로 $m=1$일 때를 제외하고 A_k의 원소에 0이 있는지를 따져보면, k가 짝수이어야 함을 알 수 있다. 따라서 k를 4로 나눈 나머지를 기준으로 $4l$, $4l+1$, $4l+2$, $4l+3$으로 나누어 각 경우에서 원소의 개수를 나타낼 수 있다.

B 57 정답 108 *삼각함수의 성질의 활용 ·············· [정답률 39%]

정답 공식: $\overline{AC}$와 수직이고 원의 중심을 지날 때 높이가 최대임을 알아낸다. 원에 내접하는 사각형의 성질, 특수각의 삼각비를 이용하여 높이를 구한다.

반지름의 길이가 12인 두 원 O, O'이 그림과 같이 두 점 A, C에서 만날 때 생기는 마름모 ABCD가 있다. $\angle ABC=150^\circ$일 때, 원 위의 임의의 점 P에 대하여 $\triangle APC$의 넓이의 최댓값이 $a+b\sqrt{3}$이다. $a+b$의 값을 구하시오. (단, a, b는 유리수) (4점)

단서 $\triangle APC$의 높이를 h라 하면 $\triangle APC=\frac{1}{2}\times\overline{AC}\times h$이고, $\overline{AC}$는 고정된 길이이므로 높이 h가 최대일 때, $\triangle APC$는 최대가 돼. 즉, 높이가 최대일 때는 중심을 지날 때임을 적용하자.

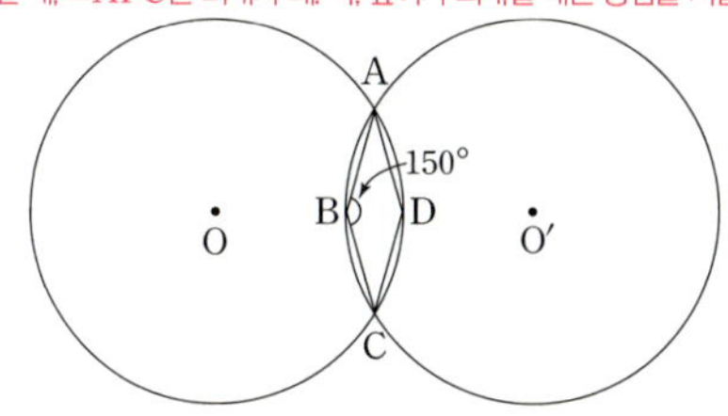

1st $\triangle AOC$에서 $\overline{AC}$의 길이부터 구해.

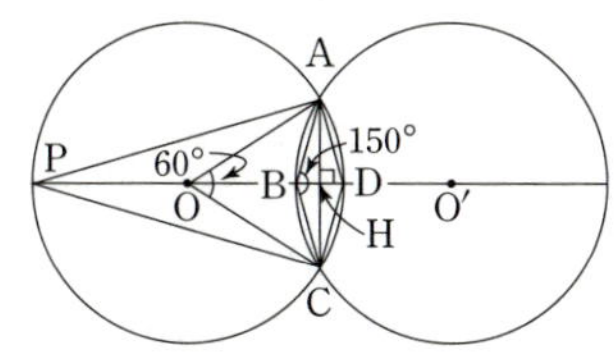

점 O에서 $\overline{AC}$에 내린 수선의 발을 H라 하자.

$\angle ABC=\angle ADC=150^\circ$이고,

□APCD는 원에 내접하는 사각형이므로 → 원의 내접하는 사각형의 마주 보는 각의 크기의 합은 180°야.

$\angle APC+\angle ADC=180^\circ$에서 $\angle APC=30^\circ$이다.

$\therefore \angle AOC=60^\circ$

이때, $\overline{OA}=\overline{OC}$이므로 $\triangle AOC$는 정삼각형이다.

$\therefore \overline{AC}=12$

→ $\angle APC$는 호 ADC의 원주각이고 $\angle AOC$는 호 ADC의 중심각이야. 이때, $\angle APC=30^\circ$이므로 $\angle AOC=2\angle APC=60^\circ$

2nd 점 P가 중심선 위에 존재할 때 높이가 최대임을 적용해.

한편, $\triangle APC$의 넓이가 최대가 되려면 밑변 $\overline{AC}$의 길이가 일정하므로 높이가 최대이어야 한다. 즉, 점 P가 $\overline{OH}$의 연장선 위에 있을 때, 높이 $\overline{PH}$가 최대가 되므로

$\overline{PH}=\overline{OP}+\overline{OH}=12+6\sqrt{3}$

→ 직각삼각형 AOH에서 $\frac{\overline{OH}}{\overline{OA}}=\cos 30^\circ$이므로 $\overline{OH}=\overline{OA}\cos 12^\circ=12\times\frac{\sqrt{3}}{2}=6\sqrt{3}$

$\therefore$ ($\triangle APC$의 최대 넓이)

$=\frac{1}{2}\times\overline{AC}\times\overline{PH}$

$=\frac{1}{2}\times 12\times(12+6\sqrt{3})$

$=72+36\sqrt{3}=a+b\sqrt{3}$

따라서 $a=72$, $b=36$이므로

$a+b=72+36=108$

공통현 (개념·공식)

① 두 원 O, O'이 두 점 A, B에서 만날 때, 선분 AB를 두 원의 **공통현**이라 한다.

② 두 원이 만날 때, 중심선은 두 원의 공통현을 수직이등분한다.

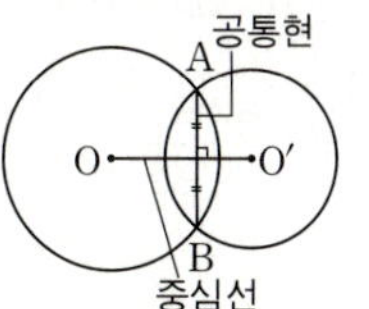

B 58 정답 ⑤ *삼각방정식과 삼각부등식 ·············· [정답률 38%]

정답 공식: $y=2\sin x$와 $y=-\sin x+a$로 방정식을 세우고 변형한 후 그래프를 그린다.

$0\le x\le 2\pi$에서 두 함수 $y=2\sin x$와 $y=-\sin x+a$의 그래프가 만나는 점의 개수를 $N(a)$라 할 때, 옳은 것을 [보기]에서 모두 고른 것은? (단, a는 실수이다.) (4점)

단서1 $y=f(x)$와 $y=g(x)$의 그래프가 만나는 점의 개수는 방정식 $f(x)=g(x)$의 해의 개수와 같음을 이용해.

[보기]

ㄱ. $N(0)=3$

ㄴ. $|a|>3$이면 $N(a)=0$

ㄷ. $N(a)=2$이면 $N(-a)=2$

단서2 $y=\sin x$의 그래프는 점 $(\pi, 0)$에 대하여 대칭임을 이용하자.

① ㄱ ② ㄴ ③ ㄱ, ㄷ
④ ㄴ, ㄷ ⑤ ㄱ, ㄴ, ㄷ

1st $N(a)$가 의미하는 것이 무엇인지 알아보자.

두 함수 $y=2\sin x$와 $y=-\sin x+a$의 그래프가 만나는 점의 개수는 방정식 $2\sin x=-\sin x+a$의 실근의 개수와 같다.

즉, $2\sin x=-\sin x+a$에서 $3\sin x=a$이므로 $N(a)$는 $0\le x\le 2\pi$에서 함수 $y=3\sin x$의 그래프와 직선 $y=a$가 만나는 점의 개수와 같다.

2nd a의 값의 범위에 따라 $N(a)$의 값을 판단하자.

실수 복잡한 방정식을 간단한 방정식으로 고친 후, 그래프로 나타내는 것이 이 문제의 핵심이야.

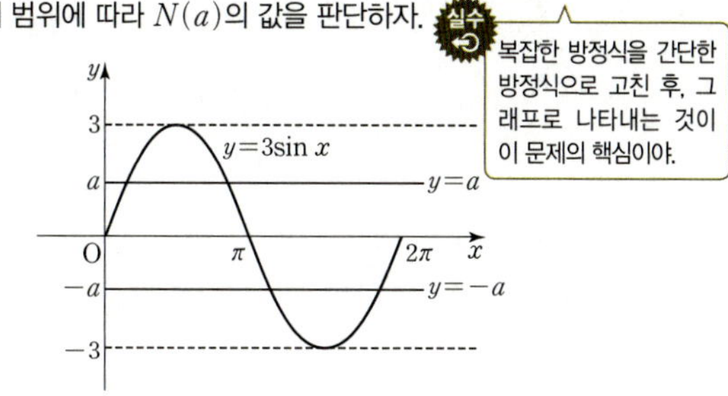

ㄱ. $a=0$이면 $3\sin x=0$이므로 $x=0$, π, 2π

$\therefore N(0)=3$ (참)

ㄴ. $-3\le 3\sin x\le 3$이므로 $|a|>3$이면

$y=3\sin x$와 $y=a$의 그래프는 만나지 않는다.

$\therefore N(a)=0$ (참)

ㄷ. 그림과 같이 $N(a)=2$이면

$-3<a<0$ 또는 $0<a<3$이므로

→ $y=3\sin x$의 그래프는 점 $(\pi, 0)$에 대하여 대칭이니까 $y=a\ (a>0)$와의 교점이 2개이면 $y=-a$와의 교점도 2개일 수 밖에 없어.

$0<-a<3$ 또는 $-3<-a<0$

$\therefore N(-a)=2$ (참)

따라서 옳은 것은 ㄱ, ㄴ, ㄷ이다.

삼각함수의 그래프의 성질 (개념·공식)

$y=a\sin(bx+c)+d$, $y=a\cos(bx+c)+d$의 그래프

(1) 치역 : $\{y\,|\,-|a|+d\le y\le |a|+d\}$

(2) 주기 : $\frac{2\pi}{|b|}$

$y=\sin x$ / $y=\cos x$

B 59 정답 ② *삼각방정식과 삼각부등식 [정답률 31%]

(정답 공식: 삼각함수의 그래프는 x축에 수직인 직선에 대하여 대칭임을 이용하여 조건을 만족시키는 자연수 k의 값을 찾는다.)

닫힌구간 $[-2\pi, 2\pi]$에서 정의된 두 함수

$f(x)=\sin kx+2$, $g(x)=3\cos 12x$

에 대하여 다음 조건을 만족시키는 자연수 k의 개수는? (4점)

> 실수 a가 두 곡선 $y=f(x)$, $y=g(x)$의 교점의 y좌표이면
> $\{x|f(x)=a\}\subset\{x|g(x)=a\}$이다.

단서 방정식 $f(x)=a$의 실근이 방정식 $g(x)=a$의 실근이어야 해.

① 3 ② 4 ③ 5 ④ 6 ⑤ 7

1st 두 함수 $y=f(x)$, $y=g(x)$의 그래프를 그려서 조건을 만족시키기 위한 조건을 생각해.

함수 $f(x)=\sin kx+2$는 주기가 $\frac{2\pi}{k}$이고 최댓값과 최솟값은 각각 3, 1

함수 $y=a\sin(bx+c)+d$의 주기는 $\frac{2\pi}{|b|}$

$-1\le\sin kx\le1$에서 $1\le\sin kx+2\le3$이므로 함수 $f(x)$의 최댓값과 최솟값은 각각 3, 1이야.

이다. 또, 함수 $g(x)=3\cos 12x$는 주기가 $\frac{2\pi}{12}=\frac{\pi}{6}$이고 최댓값과 최솟값은 각각 3, -3이다.

함수 $y=a\cos(bx+c)+d$의 주기는 $\frac{2\pi}{|b|}$

$-1\le\cos 12x\le1$에서 $-3\le3\cos 12x\le3$이므로 함수 $g(x)$의 최댓값과 최솟값은 각각 3, -3이야.

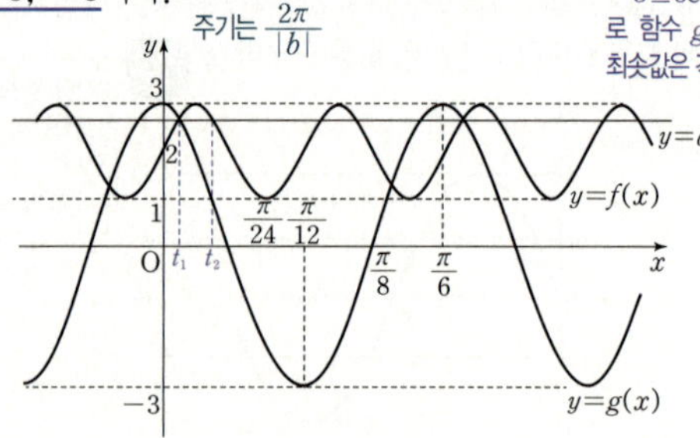

[그림 1]

이때, [그림 1]과 같이 함수 $y=f(x)$의 그래프가 그려지면 방정식 $f(x)=a$를 만족시키는 x의 값 중 방정식 $g(x)=a$를 만족시키지 않는 x의 값이 존재하므로 조건을 만족시키지 않는다.

[그림 1]에서 직선 $y=a$와 함수 $y=f(x)$의 그래프가 $x>0$에서 만나는 점의 x좌표를 작은 것부터 t_1, t_2, …라 하면 $f(t_1)=a$, $g(t_1)=a$이지만 $f(t_2)=a$, $g(t_2)\neq a$이므로 조건을 만족시키지 않아.

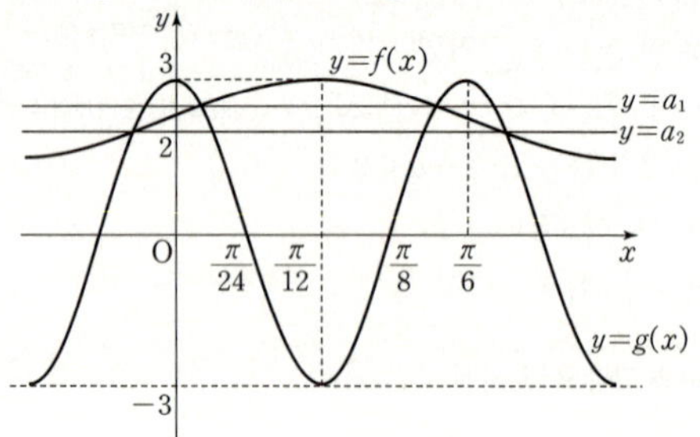

[그림 2]

따라서 조건을 만족시키기 위해서는 [그림 2]와 같이 함수 $y=f(x)$의 그래프는 함수 $y=g(x)$의 그래프와 같은 직선에 대하여 대칭이어야 한다.

함수 $g(x)$가 최대 또는 최소일 때의 x의 값을 α라 하면 함수 $y=g(x)$의 그래프는 직선 $x=\alpha$에 대하여 대칭이야. 즉, 조건을 만족시키려면 함수 $y=f(x)$의 그래프도 직선 $x=\alpha$에 대하여 대칭이어야 해.

2nd 함수 $y=f(x)$의 그래프가 함수 $y=g(x)$의 그래프와 같은 직선에 대칭일 때의 자연수 k를 모두 구해.

함수 $y=g(x)$의 그래프는 직선 $x=\frac{\pi}{12}n$(n은 정수)에 대하여 대칭이므로 조건을 만족시키기 위해서는 함수 $y=f(x)$의 그래프도 직선 $x=\frac{\pi}{12}n$에 대하여 대칭이어야 한다.

이때, 함수 $y=f(x)$의 그래프는 직선 $x=\frac{\pi}{2k}$에 대하여 대칭이므로 함수 $y=f(x)$의 그래프가 함수 $y=g(x)$의 그래프와 같은 직선에 대하여 대칭이려면 $\frac{\pi}{2k}=\frac{\pi}{12}n$에서 $k=\frac{6}{n}$

한편, k는 자연수이어야 하므로 n은 6의 약수이어야 한다.

따라서 가능한 n의 값은 1, 2, 3, 6이고 구하는 자연수 k의 값은 $n=1$일 때 $k=6$, $n=2$일 때 $k=3$, $n=3$일 때 $k=2$, $n=6$일 때 $k=1$이므로 구하는 자연수 k의 개수는 4이다.

B 60 정답 ④ *코사인법칙의 활용 [정답률 39%]

(정답 공식: $\cos\alpha=-\cos(\pi-\alpha)$와 닮은 삼각형에서 대응하는 선분의 길이의 비가 같음을 이용한다.)

다음은 ∠A가 둔각인 △ABC에 대하여 $\overline{AB}=c$, $\overline{BC}=a$, $\overline{AC}=b$라 할 때, $\cos A=\frac{b^2+c^2-a^2}{2bc}$임을 증명하는 과정이다.

[증명]

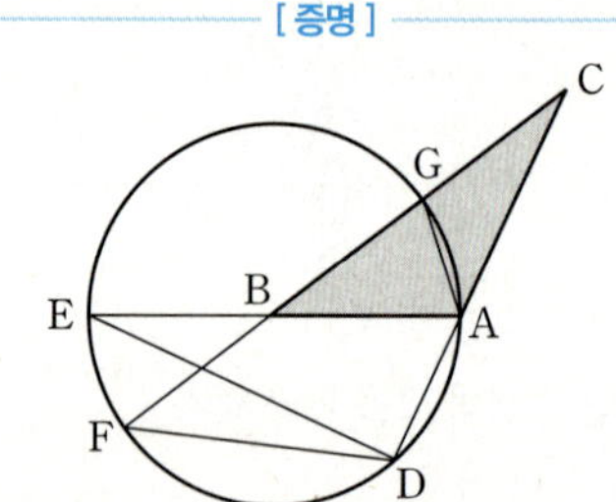

단서1 삼각형 AED는 $\overline{AE}$를 지름으로 하는 원에 내접하므로 ∠ADE=90°

그림과 같이 점 B를 중심으로 하고 $\overline{AB}$를 반지름으로 하는 원을 그리고, 선분 $\overline{BC}$와 원이 만나는 점을 G라 하자.

△ABC의 세 변 $\overline{CA}$, $\overline{AB}$, $\overline{BC}$의 연장선과 원이 만나는 점을 각각 D, E, F라 할 때, $\frac{\overline{AD}}{\overline{AE}}=$ (가) 이다.

또 △ACG∽ (나) 이므로 $(a-c):b=$ (다) $:(a+c)$

$\therefore \cos A=\frac{b^2+c^2-a^2}{2bc}$

단서2 사각형이 원에 내접하는 조건을 이용하여 크기가 같은 각을 찾으면 합동인 삼각형을 알 수 있어.

위 증명에서 (가), (나), (다)에 알맞은 것은? (4점)

	(가)	(나)	(다)
①	$\cos A$	△ABC	$b+2c\cos A$
②	$\cos A$	△ABC	$b-2c\cos A$
③	$-\cos A$	△ABC	$b+2c\cos A$
④	$-\cos A$	△FCD	$b-2c\cos A$
⑤	$-\cos A$	△FCD	$b+2c\cos A$

1st 삼각형 AED는 ∠ADE=90°인 직각삼각형임을 이용해.

$\overline{AE}$는 원의 지름이므로 ∠ADE=90°이다.

한 원에서 같은 호에 대한 원주각의 크기는 중심각의 크기의 $\frac{1}{2}$이므로 ∠ADE$=\frac{1}{2}$∠ABE, 즉 반원에 대한 원주각의 크기는 90°야.

즉, ∠EAD=180°−∠A이므로 직각삼각형 ADE에서

$\frac{\overline{AD}}{\overline{AE}}=\cos(\pi-A)=-\cos A$ ←(가)

$\cos(180°-\theta)=-\cos\theta$

2nd 사각형 AGFD가 원에 내접하므로 대각의 크기의 합은 180°임을 이용해.

또한, ∠C가 공통이고 $\pi-\angle ADF=\angle AGF=\pi-\angle AGC$이므로

△ACG∽△FCD(AA 닮음) (나)

즉, $\overline{CG}:\overline{AC}=\overline{CD}:\overline{FC}$에서 ($=\overline{CA}+\overline{AD}$)

$(a-c):b=(b-2c\cos A):(a+c)$이므로 (다)

$\cos A=\dfrac{b^2+c^2-a^2}{2bc}$

삼각형 AED에서 $\cos(180°-A)=\dfrac{\overline{AD}}{\overline{AE}}=\dfrac{\overline{AD}}{2c}$

$-\cos A=\dfrac{\overline{AD}}{2c}$ ∴ $\overline{AD}=-2c\cos A$

B 61 정답 ⑤ *코사인법칙의 활용 [정답률 35%]

정답 공식: 사인법칙 $\dfrac{a}{\sin A}=2R$와 코사인법칙의 변형 $\cos A=\dfrac{b^2+c^2-a^2}{2bc}$을 이용한다.

그림과 같이 $\overline{AB}=5$, $\overline{BC}=a$, $\overline{AC}=12$인 삼각형 ABC가 원에 내접하고 있다. 이 원의 반지름의 길이를 R라 할 때, 옳은 내용을 [보기]에서 모두 고른 것은? (4점)

단서1 삼각형의 외접원의 반지름의 길이가 R이므로 사인법칙을 사용할 수 있어.

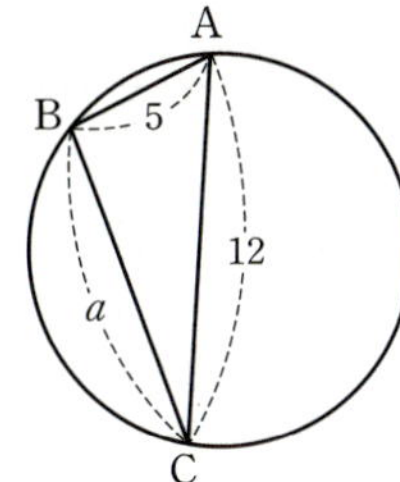

[보기]

ㄱ. $a=13$이면 $R=\dfrac{13}{2}$이다.

단서2 삼각형 ABC는 ∠A=90°인 직각삼각형이야.

ㄴ. $R=6$이면 $a=12\sin A$이다. 단서3 사인법칙 $\dfrac{a}{\sin A}=2R$를 이용해.

ㄷ. $49<a^2\le 229$일 때, ∠A의 최댓값은 120°이다.

① ㄱ ② ㄷ ③ ㄱ, ㄴ
④ ㄴ, ㄷ ⑤ ㄱ, ㄴ, ㄷ

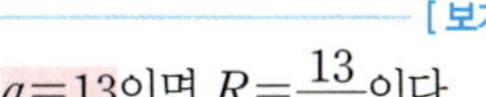

1st 삼각형 ABC가 직각삼각형임을 이용해.

ㄱ. $a=13$이면 삼각형 ABC는 직각삼각형이므로 변 BC는 원의 지름이다.

$5^2+12^2=13^2$이므로 $\overline{AB}^2+\overline{AC}^2=\overline{BC}^2$이 성립해. 따라서 삼각형 ABC는 $\overline{BC}$가 빗변인 직각삼각형이야.

∴ $R=\dfrac{13}{2}$ (참)

2nd 사인법칙 $\dfrac{a}{\sin A}=2R$가 성립함을 이용해.

ㄴ. 사인법칙 $\dfrac{a}{\sin A}=2R$에 의하여 ($\dfrac{a}{\sin A}=\dfrac{b}{\sin B}=\dfrac{c}{\sin C}=2R$)

$a=2R\sin A$

∴ $a=2\times6\times\sin A=12\sin A$ (참)

3rd $49<a^2\le 229$이므로 코사인법칙의 변형을 이용해서 $\cos A$의 값의 범위를 구하자.

ㄷ. $49<a^2\le 229$이므로 삼각형 ABC에서 코사인법칙의 변형에 의하여

$a^2=b^2+c^2-2bc\cos A$에서

$\cos A=\dfrac{5^2+12^2-a^2}{2\times5\times12}=\dfrac{169-a^2}{120}$

$49<a^2\le 229$에서 $-229\le -a^2<-49$
$-60\le 169-a^2<120$
∴ $-\dfrac{1}{2}\le\dfrac{169-a^2}{120}<1$

이때, $-\dfrac{1}{2}\le\cos A<1$이므로 $0°<\angle A\le 120°$

따라서 ∠A의 최댓값은 120°이다. (참)

따라서 옳은 것은 ㄱ, ㄴ, ㄷ이다.

실수 ∠A는 삼각형의 한 각이니까 $0°<\angle A<180°$이고 그 범위에서 $-\dfrac{1}{2}\le\cos A<1$의 해를 구하면 $0°<\angle A\le 120°$야.

B 62 정답 300 *코사인법칙의 활용 [정답률 36%]

정답 공식: 해안도로에 대한 대칭점과 코사인법칙 $a^2=b^2+c^2-2bc\cos A$를 이용한다.

그림과 같이 바다에 인접해 있는 두 해안도로가 30°의 각을 이루며 만나고 있다. 두 해안도로가 만나는 지점에서 바다쪽으로 x m 떨어져 있는 배에서 출발하여 두 해안 도로를 차례대로 한 번씩 거쳐 다시 배로 되돌아오는 수영코스의 최단길이가 300 m일 때, x의 값을 구하시오. (단, 배는 정지해 있고, 두 해안도로는 일직선 모양이며 그 폭은 무시한다.) (4점)

단서 두 해안도로를 직선으로 생각하고 배의 위치에서 두 해안도로에 대칭인 점을 구할 수 있어.

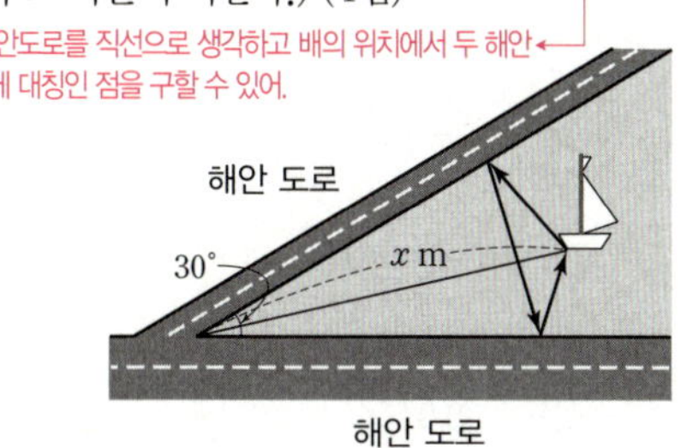

1st 대칭점을 이용하여 수영코스의 최단길이를 도형으로 나타내자.

그림과 같이 배의 위치를 점 P라 하고 두 해안도로를 직선 l, m이라 하고 두 직선의 교점을 O라 하자.

점 P에서 두 직선 l, m에 대칭점을 각각 A, B, $\overline{PA}$, $\overline{PB}$와 직선 l, m의 교점을 수영코스의 각각 C, D라 하고, 선분 AB와 두 직선 l, m이 각각 만나는 점을 E, F라 하면 수영코스의 최단길이는 $\overline{AB}$의 길이와 같다.

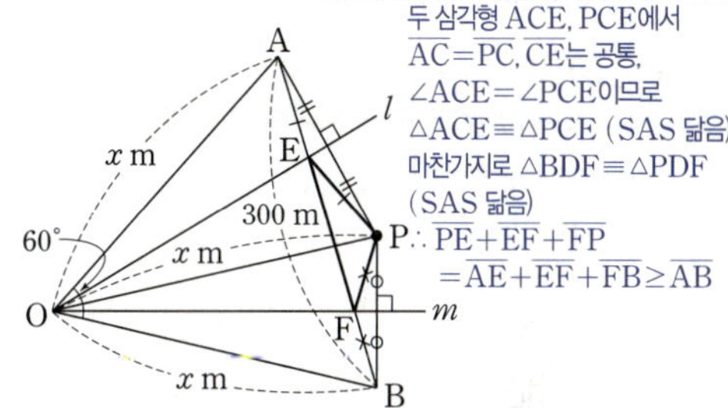

두 삼각형 ACE, PCE에서 $\overline{AC}=\overline{PC}$, $\overline{CE}$는 공통, ∠ACE=∠PCE이므로 △ACE≡△PCE (SAS 닮음) 마찬가지로 △BDF≡△PDF (SAS 닮음)
∴ $\overline{PE}+\overline{EF}+\overline{FP}=\overline{AE}+\overline{EF}+\overline{FB}\ge\overline{AB}$

2nd 삼각형 AOB에서 코사인법칙을 이용하자.

삼각형 AOB에서 ∠AOB=60°, $\overline{AB}=300$이므로

코사인법칙에 의하여 ($a^2=b^2+c^2-2bc\cos A$)

$300^2=x^2+x^2-2x^2\cos 60°$

$300^2=x^2$

∴ $x=300$

실수 △OAB가 한 각이 60°인 이등변삼각형이니까 정삼각형이지? 이러면 $x=300$임을 바로 알 수 있지. 코사인법칙으로 구한 값과 비교해서 검산할 수 있어.

코사인법칙 (개념·공식)

삼각형 ABC의 세 변의 길이와 세 각의 크기 사이에는 다음과 같은 관계가 성립한다.

① $a^2=b^2+c^2-2bc\cos A$
② $b^2=c^2+a^2-2ca\cos B$
③ $c^2=a^2+b^2-2ab\cos C$

B 63 정답 ① *코사인법칙의 활용 [정답률 35%]

정답 공식: 코사인법칙 $a^2=b^2+c^2-2bc\cos A$의 식을 변형하여 $\cos\theta$의 값의 범위를 구한다.

그림과 같이 모든 모서리의 길이가 1인 정사각뿔이 있다. 모서리 EC 위를 움직이는 점 P에 대하여 $\angle BPD=\theta$라 할 때, $\cos\theta$의 최댓값과 최솟값의 합은? (2점) 단서 선분 BD의 길이는 일정하므로 $\cos\theta$의 값은 두 선분 BP, DP의 길이에 의하여 결정돼.

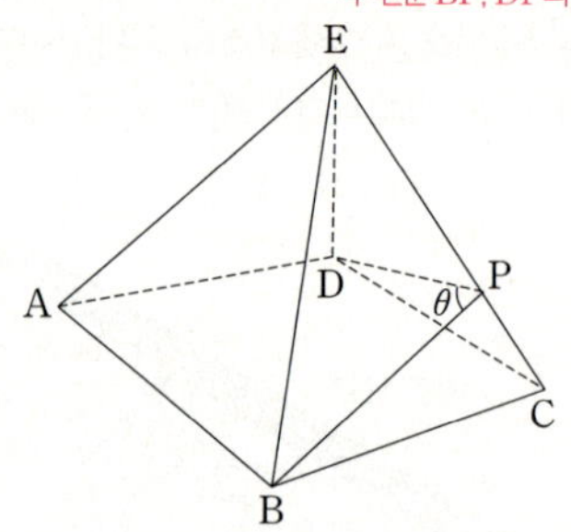

① $-\frac{1}{3}$ ② $-\frac{\sqrt{3}}{6}$ ③ 0 ④ $\frac{\sqrt{3}}{6}$ ⑤ $\frac{1}{3}$

1st $\overline{CP}=x$라 하고 $\overline{DP}$, $\overline{BP}$를 x로 각각 나타내.

정사각뿔의 모든 옆면은 이등변삼각형이고, 모든 모서리의 길이가 1이므로 $\overline{BP}=\overline{DP}$ → 두 삼각형 BCP, DCP에서 $\overline{BC}=\overline{DC}$, $\overline{CP}$는 공통, $\angle BCP=\angle DCP$이므로 이 두 삼각형은 SAS 합동이야.

이때, $\overline{CP}=x(0\le x\le 1)$라 하면

$$\overline{BP}^2=\overline{BC}^2+\overline{CP}^2-2\times\overline{BC}\times\overline{CP}\times\cos 60^\circ$$

$$=1+x^2-2\times1\times x\times\frac{1}{2}=x^2-x+1$$

$\therefore \overline{BP}=\overline{DP}=\sqrt{x^2-x+1}$

2nd $\cos\theta$의 최댓값과 최솟값을 구하고 최댓값과 최솟값의 합을 계산해.

한편, 삼각형 DBP에서 $\overline{DB}=\sqrt{2}$이므로 코사인법칙의 변형에 의하여

$$\cos\theta=\frac{\overline{BP}^2+\overline{DP}^2-\overline{DB}^2}{2\times\overline{BP}\times\overline{DP}}=\frac{x^2-x+1+x^2-x+1-2}{2\sqrt{x^2-x+1}\sqrt{x^2-x+1}}=\frac{x^2-x}{x^2-x+1}$$

$$=1-\frac{1}{x^2-x+1}\ (0\le x\le 1)$$

$1-\frac{1}{x^2-x+1}$은 $\frac{1}{x^2-x+1}$이 최소일 때 최대가 되지?
또, $\frac{1}{x^2-x+1}$은 x^2-x+1이 최소일 때 최대가 돼.
즉, x^2-x+1이 최대, 최소일 때 각각 $\cos\theta$의 값이 최대, 최소야.

즉, x^2-x+1이 최대이면 $\cos\theta$는 최대, x^2-x+1이 최소이면 $\cos\theta$는 최소이다.

이때, $x^2-x+1=\left(x-\frac{1}{2}\right)^2+\frac{3}{4}$이므로 $0\le x\le 1$에서 $\frac{3}{4}\le x^2-x+1\le 1$

따라서 $\cos\theta$의 최댓값은 0, 최솟값은 $-\frac{1}{3}$이므로 그 합은 $-\frac{1}{3}$이다.

[다른 풀이]

$\overline{DP}=\overline{BP}=x$라 하면 $\overline{BD}=\sqrt{2}$이므로

$$\cos\theta=\frac{\overline{DP}^2+\overline{BP}^2-\overline{BD}^2}{2\times\overline{DP}\times\overline{BP}}=\frac{2x^2-2}{2x^2}$$

$$=1-\frac{1}{x^2}$$

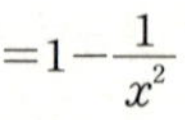

이때, 그림과 같이 $\overline{DP}=\frac{\sqrt{3}}{2}$일 때 $\overline{DP}$는 최소이므로 $\frac{\sqrt{3}}{2}\le x\le 1$ → 점 D에서 선분 CE에 내린 수선의 발이 P일 때 최소이고 점 P가 E 또는 C에 있을 때 최대야.

즉, $\cos\theta$의 최솟값은 $-\frac{1}{3}$ ($x=\frac{\sqrt{3}}{2}$일 때), 최댓값은 0 ($x=1$일 때)이므로 최댓값과 최솟값의 합은 $-\frac{1}{3}$이야.

코사인법칙 (개념·공식)

삼각형 ABC의 세 변의 길이와 세 각의 크기 사이에는 다음과 같은 관계가 성립한다.

① $a^2=b^2+c^2-2bc\cos A$
② $b^2=c^2+a^2-2ca\cos B$
③ $c^2=a^2+b^2-2ab\cos C$

B 64 정답 ① 2등급 킬러 [정답률 29%]

직사각형 모양의 어느 극장에서 무대를 잘 볼 수 있는 좌석을 구별하려고 한다. 옆 그림은 그 극장의 평면도이다. 중앙 무대의 폭이 6 m이고, 무대 좌우 양 끝 점 A, B와 객석 내의 한 점 X가 이루는 각 $\angle AXB=\theta$라고 하자. 이때, 이 각 θ가 30° 이상 되는 영역에는 특별석, 15° 이상 30° 이하가 되는 영역에는 일등석을 놓으려고 한다. 일등석을 놓으려고 하는 영역의 넓이는? (단위는 m^2) (4점)

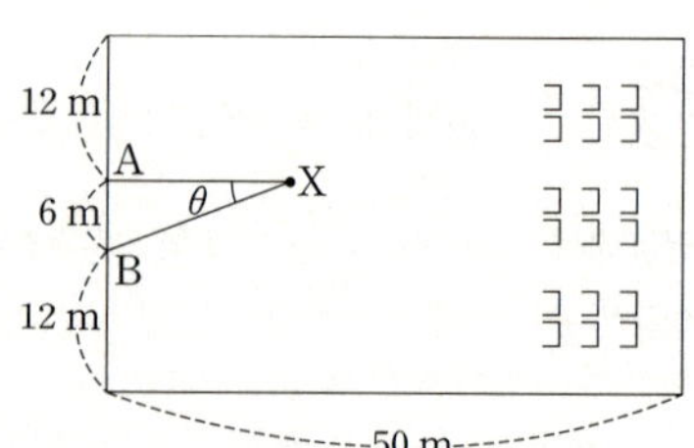

① $3\pi(12+11\sqrt{3})+18$ ② $3\pi(24-11\sqrt{3})+18$
③ $10(24-11\sqrt{3})+18$ ④ $9(14+11\sqrt{3})$
⑤ $9(26-11\sqrt{3})$

단서 두 점 A, B를 지나는 원 위의 한 점을 X라 할 때 $\angle AXB$의 크기, 즉 호 AB에 대한 원주각의 크기가 15° 이상 30° 이하이어야 해.

이 문제는 원주각의 크기가 15° 이상 30° 이하가 되도록 하는 영역의 넓이를 구하는 문제이다. 원주각의 성질과 코사인법칙을 이용하여 변의 길이를 따져보는 것이 이 문제의 키포인트이다.

[풀이 단서 체크]

❶ 먼저, θ가 30°인 점을 연결하면 세 점 A, B, X가 한 원 위에 있고, $\angle AXB$는 원주각이다. 점 X가 이 원 안쪽에 위치하면 θ가 30° 이상이 되고 이 원 바깥에 위치하면 θ가 30° 이하가 된다. 같은 방법으로 θ가 15° 이상인 영역을 구할 수 있다. ⇒ 단서

❷ 이제, 원주각의 크기가 15°이면 중심각의 크기는 30°가 되므로 θ가 15°가 되도록 하는 점 X를 X′이라 할 때, 세 점 A, B, X′를 지나는 원의 중심을 C_2라 하자. 세 점 A, B, C_2를 지나는 원의 바깥 부분과 A, B, X′를 지나는 원의 안쪽 부분의 공통 영역이 구하는 영역이다. ⇒ 단서

주의 점 X가 선분 AB의 오른쪽에 위치하므로 넓이를 계산할 때 선분 AB의 좌측 부분을 제외해야 한다.

핵심 정답 공식: 한 원에서 같은 호에 대한 원주각의 크기는 중심각의 크기의 $\frac{1}{2}$이고, 코사인법칙은 $a^2=b^2+c^2-2bc\cos A$이다.

[문제 풀이 순서]

*원주각을 활용하여 조건을 만족시키는 영역을 찾아 넓이 구하기

1st 일등석을 놓을 수 있는 영역을 찾아.

그림과 같이 $\overline{AB}=6$을 한 변으로 하는 정삼각형 ABC_1을 그리면

$\angle AC_1B=60^\circ$

또, 점 C_1을 중심으로 하고 $\overline{AB}=\overline{C_1A}=\overline{C_1B}$를 반지름으로 하는 원을 그리면

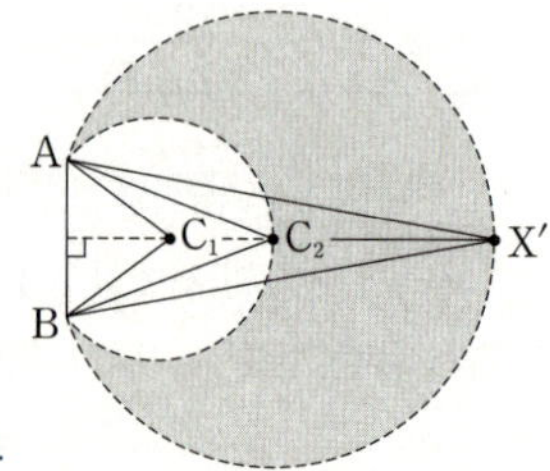

$\angle AC_2B=\frac{1}{2}\angle AC_1B=\frac{1}{2}\times 60^\circ=30^\circ$ → 원주각의 크기는 중심각의 크기의 $\frac{1}{2}$이야.

다시, 점 C_2를 중심으로 하고 $\overline{C_2A}=\overline{C_2B}$를 반지름으로 하는 원을 그리면

$\angle AX'B=\frac{1}{2}\angle AC_2B=\frac{1}{2}\times 30^\circ=15^\circ$

따라서 일등석을 놓을 수 있는 영역은 그림의 어두운 부분과 같다.

2nd 일등석을 놓을 수 있는 영역의 넓이를 구해.

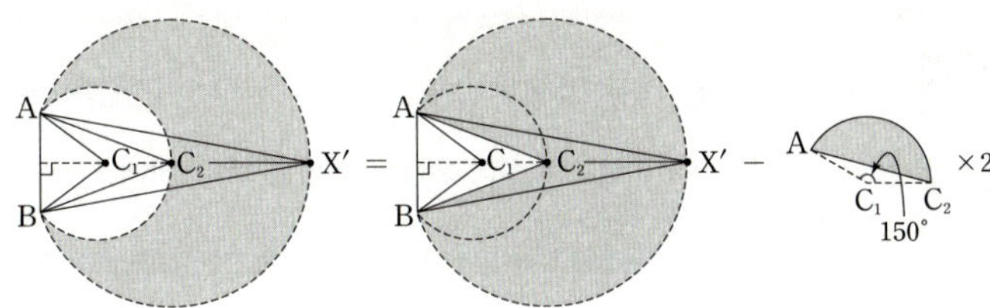

중심이 C_2인 원의 반지름 $\overline{AC_2}$의 길이를 구하면 삼각형 ABC_2에서 $\overline{AC_2}=\overline{BC_2}$, $\overline{AB}=6$, $\angle AC_2B=30^\circ$이므로 코사인법칙에 의하여

$\overline{AB}^2=\overline{AC_2}^2+\overline{BC_2}^2-2\overline{AC_2}\times\overline{BC_2}\times\cos 30^\circ$

$36=\overline{AC_2}^2+\overline{AC_2}^2-2\overline{AC_2}^2\times\frac{\sqrt{3}}{2}$

$36=(2-\sqrt{3})\overline{AC_2}^2$

$\therefore \overline{AC_2}^2=\frac{36}{2-\sqrt{3}}=36(2+\sqrt{3})$

$\therefore$ (구하는 넓이) → 반지름이 $\overline{AC_2}$이고 중심각의 크기가 330°인 부채꼴의 넓이

$=\pi\times\overline{AC_2}^2\times\frac{330^\circ}{360^\circ}-2\left(\pi\times\overline{AC_1}^2\times\frac{150^\circ}{360^\circ}-\frac{1}{2}\times\overline{AC_1}\times\overline{C_1C_2}\times\sin 150^\circ\right)$

반지름이 $\overline{AC_1}$이고 중심각의 크기가 150°인 부채꼴 / 삼각형 AC_1C_2의 넓이

실수: 호와 현으로 이루어진 부분의 넓이는 부채꼴에서 삼각형을 뺀 넓이와 같으므로 반드시 삼각형의 넓이를 빼주도록 하자.

$=\pi(72+36\sqrt{3})\times\frac{11}{12}-2\left(\pi\times 36\times\frac{5}{12}-\frac{1}{2}\times 36\times\frac{1}{2}\right)$

$=3\pi(12+11\sqrt{3})+18$

[1등급 심화 특강]

〈원주각의 크기와 중심각의 크기 사이의 관계〉

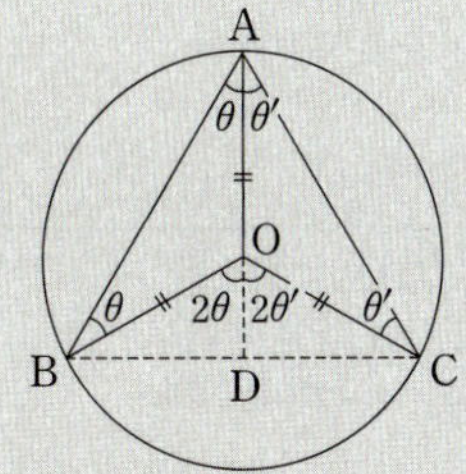

원주각의 크기는 중심각의 크기의 $\frac{1}{2}$임을 중학교 때 배웠지? 그런데 왜 그렇지?

그림과 같이 호 BC에 대한 원주각의 크기는 $\theta+\theta'$이지?

$\overline{AO}$의 연장선과 $\overline{BC}$가 만나는 점을 D라 하면

$\overline{AO}=\overline{BO}=\overline{CO}$이므로 $\triangle ABO$, $\triangle AOC$는 이등변삼각형!

$\therefore \angle OAB=\angle OBA$, $\angle OAC=\angle OCA$

외각의 성질에 의하여

$\angle BOD=2\angle BAO$, $\angle COD=2\angle CAO$

$\therefore \angle BOC=2(\angle BAO+\angle CAO)=2(\theta+\theta')$

B 65 정답 28

2등급 킬러 [정답률 27%]

그림과 같이 $\overline{AB}=2$, $\overline{AC}=3$, $A=30^\circ$인 삼각형 ABC의 변 BC 위의 점 P에서 두 직선 AB, AC 위에 내린 수선의 발을 각각 M, N이라 하자.

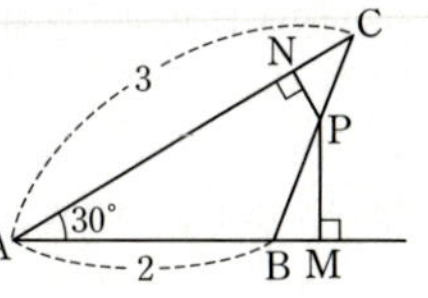

$\frac{\overline{AB}}{\overline{PM}}+\frac{\overline{AC}}{\overline{PN}}$의 최솟값이 $\frac{q}{p}$일 때, $p+q$의 값을 구하시오. (단, p와 q는 서로소인 자연수이다.) (4점)

단서 $\overline{AB}$, $\overline{AC}$가 고정된 값이고, $\overline{PM}$, $\overline{PN}$은 변의 길이로 양수야. 즉, 산술평균과 기하평균의 관계를 이용해야 해.

이 문제는 삼각형의 넓이를 이용하여 두 선분 PM, PN의 길이 사이의 관계식을 찾은 후 산술평균과 기하평균의 관계를 이용하여 최솟값을 구하는 문제이다. 이를 위해서는 보조선을 적절하게 그을 수 있어야 하고 산술평균과 기하평균의 관계를 알맞게 사용하는 것이 중요하다.

[풀이 단서 체크]

❶ 두 선분 AB, AC의 길이는 고정되어 있고 두 선분 PM, PN의 길이는 점 P의 위치에 따라 변한다. 이때, 구해야 하는 값의 각 항이 양수이므로 산술평균과 기하평균의 관계를 이용하여 접근한다. ⇒ 단서

❷ 산술평균과 기하평균의 관계에서는 구하는 값의 두 항을 곱했을 때 간단한 값이 나오도록 하는 것이 포인트이므로 구하는 값에 적절한 값을 곱해서 두 항을 곱했을 때 간단한 값이 나오게끔 변형할 수 있어야 한다.

주의 산술평균과 기하평균의 관계에서 최솟값을 가지는 경우는 두 항의 값이 동일해지는 경우에 발생한다는 것을 알고 조건과 맞는지 확인한다.

핵심 정답 공식: 양수의 덧셈의 최솟값을 묻는 문제는 산술평균과 기하평균의 관계를 이용한다. $\triangle ABC$의 넓이는 $\triangle APM+\triangle APC$임을 이용해 식을 세운다.

[문제 풀이 순서]

*산술평균과 기하평균의 관계를 이용하여 최솟값 구하기

1st 적절하게 문자를 도입하여 식을 세우자.

$\overline{PM}=x$, $\overline{PN}=y$라 하면

$\triangle ABC=\triangle ABP+\triangle APC$이므로

$\frac{1}{2}\times 2\times 3\times\sin 30^\circ=\frac{1}{2}\times 2\times x+\frac{1}{2}\times 3\times y$

$\frac{3}{2}=x+\frac{3}{2}y$

$\therefore 2x+3y=3$

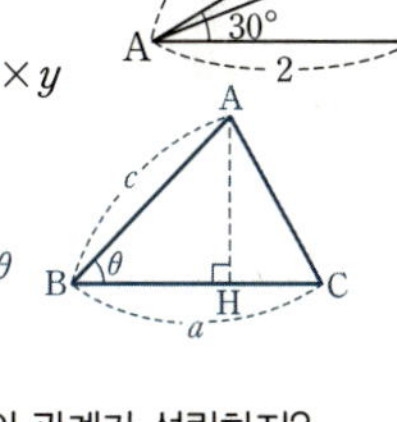

$\triangle ABC=\frac{1}{2}\times\overline{BC}\times\overline{AH}$
$=\frac{1}{2}\times\overline{BC}\times\overline{AB}\sin\theta$
$=\frac{1}{2}ac\sin\theta$

2nd 두 양수에 대하여 산술평균과 기하평균의 관계가 성립하지?

$\frac{\overline{AB}}{\overline{PM}}+\frac{\overline{AC}}{\overline{PN}}=\frac{2}{x}+\frac{3}{y}$에서 $2x+3y=3$이므로 (두 양수 a, b에 대하여 $a+b\geq 2\sqrt{ab}$가 성립해.)

$3\left(\frac{2}{x}+\frac{3}{y}\right)=(2x+3y)\left(\frac{2}{x}+\frac{3}{y}\right)=4+\frac{6x}{y}+\frac{6y}{x}+9$

$=13+\frac{6x}{y}+\frac{6y}{x}\geq 13+2\sqrt{\frac{6x}{y}\times\frac{6y}{x}}=13+12=25$

(단, 등호는 $x=y=\frac{3}{5}$일 때 성립)

주의 등호가 성립할 때 최솟값을 가지기 때문에 등호가 성립하게 하는 x, y가 진짜 존재하는지, 조건과 맞는지 꼭 확인해야해.

즉, $3\left(\frac{2}{x}+\frac{3}{y}\right)\geq 25$이므로 $\frac{2}{x}+\frac{3}{y}\geq\frac{25}{3}$

따라서 $\frac{\overline{AB}}{\overline{PM}}+\frac{\overline{AC}}{\overline{PN}}=\frac{2}{x}+\frac{3}{y}$의 최솟값은 $\frac{25}{3}=\frac{q}{p}$이므로

$p+q=3+25=28$

1등급 풀이 Tip

산술평균과 기하평균의 관계를 두 번 이상 사용한 경우에는 최솟값을 가지는 상황이 등호가 성립하는 상황임을 확인하고 모든 조건을 만족시키는 미지수가 존재하는지를 확인해야 한다. 따라서 적절한 식을 곱해주어서 두 항을 곱했을 때 상수가 나오게끔 변형해주는 것이 실수하지 않고 푸는 가장 안전한 방법이다.

[1등급 심화 특강]

〈산술평균과 기하평균의 관계 적용하기〉

두 수가 양수일 때, 두 수의 합 또는 곱의 최솟값이나 최댓값을 구하기 위해 산술평균과 기하평균의 관계를 이용하니까 꼭 기억해.

$x>0$, $y>0$이므로 $\frac{6x}{y}>0$, $\frac{6y}{x}>0$이지?

풀이과정 중에 $\frac{6x}{y}+\frac{6y}{x}\geq 2\sqrt{\frac{6x}{y}\times\frac{6y}{x}}=12$에서

등호는 $\frac{6x}{y}=\frac{6y}{x} \Longleftrightarrow x^2=y^2 \Longleftrightarrow x=y$일 때 성립해.

즉, $2x+3y=3$에서 $2x+3x=5x=3$ $\quad\therefore x=\frac{3}{5}$

따라서 등호는 $x=y=\frac{3}{5}$일 때 성립하는 거야.

또, 산술평균과 기하평균을 다음처럼 이용하면 안 돼!

$2x+3y\geq 2\sqrt{6xy}$ (등호는 $2x=3y$일 때 성립 ⋯ ㉠) $\quad\therefore xy\leq\frac{3}{8}$

$\frac{2}{x}+\frac{3}{y}\geq 2\sqrt{\frac{6}{xy}}$ (등호는 $\frac{2}{x}=\frac{3}{y}$, 즉 $3x=2y$일 때 성립 ⋯ ㉡)

$\geq 2\sqrt{6\times\frac{8}{3}}=8$

그냥 보기에는 맞는 것 같으나 ㉠, ㉡을 동시에 만족시키는 x, y는 존재하지 않아서 이처럼 풀면 안 돼.

C 수열

4점 같은 3점+4점 문제

C 01 정답 ③ *등차수열의 활용 [정답률 41%]

정답 공식: $y=|x^2-9|$의 그래프가 y축에 대하여 대칭인 것을 이용하면 a_1, a_2, a_3, a_4 사이의 관계를 알 수 있다.

그림과 같이 함수 $y=|x^2-9|$의 그래프가 직선 $y=k$와 서로 다른 네 점에서 만날 때, 네 점의 x좌표를 각각 a_1, a_2, a_3, a_4라 하자. (단서2 $y=f(x)$와 $y=k$의 교점의 x좌표는 방정식 $f(x)=k$의 해야.) 네 수 a_1, a_2, a_3, a_4가 이 순서대로 등차수열을 이룰 때, 상수 k의 값은? (단, $a_1<a_2<a_3<a_4$) (4점) (단서1 등차중항을 이용할 수 있겠지? 우선 곡선과 직선의 교점을 알아야 해.)

① $\frac{34}{5}$ ② 7 ③ $\frac{36}{5}$ ④ $\frac{37}{5}$ ⑤ $\frac{38}{5}$

1st 함수의 그래프와 직선의 교점의 x좌표를 구해.

$y=|x^2-9|$와 $y=k$에서

$|x^2-9|=k(0<k<9)$ → 교점이 4개 존재하기 위해서는 k의 범위가 제한되지?

$x^2-9=\pm k$에서 $x^2=9\pm k$ → $x^2=a(a\geq 0)$일 때, $x=\pm\sqrt{a}$이지?

$\therefore x=\pm\sqrt{9\pm k}$

2nd a_1, a_2, a_3, a_4를 k의 식으로 표현해.

$a_1<a_2<a_3<a_4$이므로 → $-\sqrt{9+k}<-\sqrt{9-k}<\sqrt{9-k}<\sqrt{9+k}$이니까.

$a_1=-\sqrt{9+k}$, $a_2=-\sqrt{9-k}$, $a_3=\sqrt{9-k}$, $a_4=\sqrt{9+k}$

3rd 세 수 a, b, c가 이 순서대로 등차수열이니까 등차중항으로 k의 값을 구해. → $2b=a+c$

a_1, a_2, a_3이 이 순서대로 등차수열을 이루므로

$2a_2=a_1+a_3$에서 (a_2가 a_1과 a_3의 등차중항이야.)

$-2\sqrt{9-k}=-\sqrt{9+k}+\sqrt{9-k}$, $3\sqrt{9-k}=\sqrt{9+k}$,

$\sqrt{9(9-k)}=\sqrt{9+k}$에서

$81-9k=9+k$ $\quad\therefore k=\frac{72}{10}=\frac{36}{5}$

[다른 풀이]

함수 $y=|x^2-9|$의 그래프는 y축에 대칭이므로 $a_2=-a_3$

또, 공차는 $a_3-a_2=2a_3$이므로 $a_4=a_3+2a_3=3a_3$ ⋯ ㉠ (→ 공차 d에 대하여 $a_{n+1}=a_n+d$로 표현할 수 있으니까)

이때, 점 (a_3, k)는 곡선 $y=-x^2+9$ 위의 점이므로

$k=-a_3^2+9(\because a_3<3) \Rightarrow a_3^2=9-k$ ⋯ ㉡

또, 점 (a_4, k)도 곡선 $y=x^2-9$ 위의 점이므로

$k=a_4^2-9=9a_3^2-9(\because ㉠) \Rightarrow a_3^2=\frac{k+9}{9}$ ⋯ ㉢

㉡=㉢이므로 $\frac{k+9}{9}=9-k$

$10k=72$ $\quad\therefore k=\frac{36}{5}$

 톡톡 풀이

함수 $y=|x^2-9|$의 그래프는 y축에 대칭이므로 $a_3=a(0<a<3)$라 하면 $a_2=-a$ ($x^2-9=0$이니까 $x=\pm3$)

실수 대칭성을 이용하면 많은 문제가 쉽게 풀려.

즉, 공차가 $a_3-a_2=a-(-a)=2a$이므로 $a_4=3a$ ($d=a_{n+1}-a_n$이니까)

이때, $x=a_3$, $x=a_4$를 $y=|x^2-9|$에 대입하면 y의 값은 k로 같으므로 ($|x^2-9|=k$의 x의 값이 a_1, a_2, a_3, a_4이니까.)

$9-a^2=9a^2-9(\because 0<a<3)$

$10a^2=18 \quad \therefore a^2=\frac{9}{5} \cdots$ ㉠

한편, 함수 $y=|x^2-9|$의 그래프와 직선 $y=k$의 교점의 x좌표 중 $a_3=a$이므로 점 (a, k)를 $y=|x^2-9|$에 대입하면

$k=9-a^2=9-\frac{9}{5}\ (\because ㉠)=\frac{36}{5}$

등차수열의 일반항 개념·공식

첫째항이 a_1, 공차가 d인 등차수열 $\{a_n\}$의 일반항 a_n은
$a_n=a_1+(n-1)d\ (n=1, 2, 3, \cdots)$

C 02 정답 ④ *등차수열의 활용 [정답률 43%]

(정답 공식: $n=1$일 때부터 a_n의 값을 구해보고 구하는 과정에서 규칙성을 찾는다. a_n, a_{n+1} 사이의 관계를 파악한다.)

다음과 같이 정사각형을 가로 방향으로 3등분하여 [도형 1]을 만들고, 세로 방향으로 3등분하여 [도형 2]를 만든다.

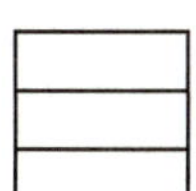
[도형 1]

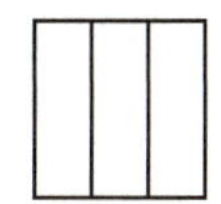
[도형 2]

[도형 1]과 [도형 2]를 번갈아 가며 계속 붙여 아래와 같은 도형을 만든다. 그림과 같이 첫 번째 붙여진 [도형 1]의 왼쪽 맨 위 꼭짓점을 A라 하고, [도형 1]의 개수와 [도형 2]의 개수를 합하여 n개 붙여 만든 도형의 오른쪽 맨 아래 꼭짓점을 B_n이라 하자.

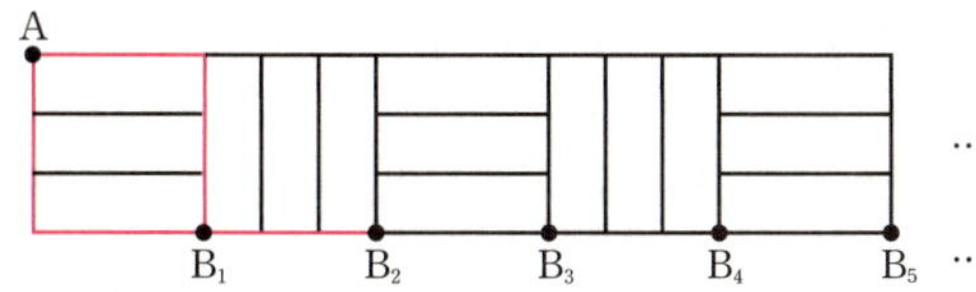

꼭짓점 A에서 꼭짓점 B_n까지 선을 따라 최단거리로 가는 경로의 수를 a_n이라 할 때, a_3+a_7의 값은? (4점)

① 26 ② 28 ③ 30
④ 32 ⑤ 34

단서 A → B_1까지는 쉽지? 근데 A → B_2부터는 B_1을 경유하는 경우와 경우하지 않는 경우로 나누어 규칙을 찾아봐야 해.

1st a_1, a_2부터 구하자.

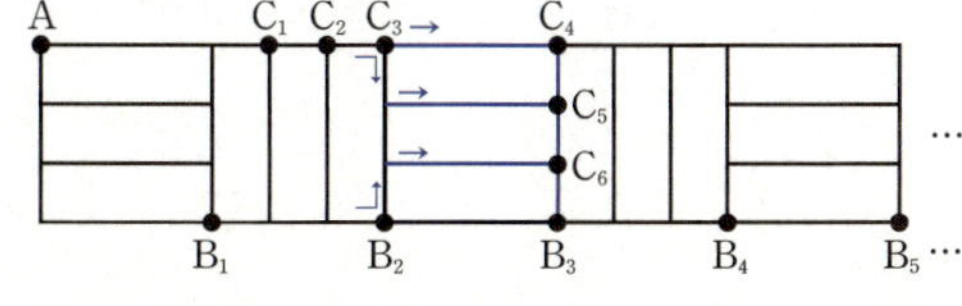

그림과 같이 C_1, C_2, …를 잡으면 꼭짓점 A에서 꼭짓점 B_1까지 최단거리로 가는 경로의 수 $a_1=4$이다.

또, 꼭짓점 A에서 꼭짓점 B_2까지 최단거리로 가는 경로는 B_1을 지나는 경로와 꼭짓점 C_1, C_2, C_3을 지나는 3가지 경로가 있다. ($\Rightarrow a_1$가지)

$\therefore a_2=a_1+3=4+3=7$ (점 B_1을 지나지 않는 경우야.)

2nd 같은 방법으로 a_3을 구하자.

마찬가지로 꼭짓점 A에서 꼭짓점 B_3까지 최단거리로 가는 경로는 B_2를 지나는 경우와 꼭짓점 C_4, C_5, C_6을 지나는 3가지 경로가 있다. ($\Rightarrow a_2$가지)

$\therefore a_3=a_2+3=7+3=10$ (점 B_2를 지나지 않고 C_3에서 C_4, C_5, C_6을 각각 지나는 경우야.)

3rd 이로부터 a_n을 추론하자.

$a_1=4$
$a_2=a_1+3$
$a_3=a_2+3$
⋮
$\therefore a_n=a_{n-1}+3$ [등차수열] 수열의 항이 일정한 수만큼 증가하거나 감소하는 수열이야.

따라서 수열 $\{a_n\}$은 첫째항이 4이고, 공차가 3인 등차수열이므로
$a_n=4+(n-1)\times3=3n+1$ [등차수열의 일반항] 첫째항이 a_1, 공차가 d인 등차수열일 때 $a_n=a_1+(n-1)d$
$\therefore a_3+a_7=10+22=32$

C 03 정답 143 *등차수열의 활용 [정답률 56%]

(정답 공식: 첫째항이 a, 공차가 d인 등차수열 $\{a_n\}$의 일반항 $a_n=a+(n-1)d$이다.)

첫째항 a와 공차 d가 모두 정수인 등차수열 $\{a_n\}$이 다음 두 조건을 만족한다.

단서1 a와 d 사이의 관계식을 구할 수 있어.
(가) $a_3+a_5+a_7=114$
(나) $a_n>100$을 만족시키는 자연수 n의 최솟값은 14이다.
단서2 제14항부터 100보다 크다는 뜻이지? 즉, $a_{13}\le100$이고 $a_{14}>100$이야.

이때, a_{20}의 값을 구하시오. (4점)

1st 등차수열의 일반항을 세워 (가)의 식에 대입하자.

등차수열 $\{a_n\}$의 일반항이 $a_n=a+(n-1)d$이므로 조건 (가)에서
$a_3+a_5+a_7=(a+2d)+(a+4d)+(a+6d)$ ($=3a+12d$)
$=3(a+4d)=114$
$\therefore a+4d=38 \cdots$ ㉠

2nd $a_{13}\le100$, $a_{14}>100$임을 이용하자.

조건 (나)에서 $a_{13}\le100$, $a_{14}>100$이므로
$a_{13}=a+12d\le100 \cdots$ ㉡
$a_{14}=a+13d>100 \cdots$ ㉢
이때, ㉠, ㉡에서
$a_{13}=a+12d=(a+4d)+8d=38+8d\le100$이므로
$8d<62 \quad \therefore d\le7.\times\times\times$
또, ㉠, ㉢에서
$a_{14}=a+13d=(a+4d)+9d=38+9d>100$이므로
$9d>62 \quad \therefore d>6.\times\times\times$
즉, d는 정수이고 $6.\times\times\times<d\le7.\times\times\times$이므로

주의 d가 정수라는 조건을 꼭 기억했어야 해.

$d=7$, $a=10\ (\because ㉠)$ ($a+4d=38$에서 $a+4\times7=38$ $\therefore a=38-28=10$)

따라서 $a_n=10+(n-1)\times7=7n+3$이므로
$a_{20}=7\times20+3=143$

C 04 정답 ⑤ *등차수열의 활용 [정답률 53%]

정답 공식: $T_n=(a_1-a_2)+(a_3-a_4)+\cdots+(-1)^{n-1}a_n$
$=a_1+(-a_2+a_3)+(-a_4+a_5)+\cdots+(-1)^{n-1}a_n$
으로 묶어서 생각해본다.

공차가 $d(d\neq0)$인 등차수열 $\{a_n\}$에 대하여 수열 $\{T_n\}$을
$$T_n=a_1-a_2+a_3-a_4+\cdots+(-1)^{n-1}a_n\ (n=1, 2, 3, \cdots)$$
으로 정의할 때, [보기]에서 옳은 것을 모두 고른 것은? (3점)
단서 $d=a_{n+1}-a_n$이니까 T_n을 공차 d로 표현할 수 있어.

[보기]
ㄱ. $T_6=3d$
ㄴ. $T_3=a_2$
ㄷ. 수열 $\{T_{6n}\}$은 등차수열이다.
⇒ T_{6n}이 일정하게 증가 또는 감소하는 것을 확인해.

① ㄱ ② ㄴ ③ ㄱ, ㄴ
④ ㄱ, ㄷ ⑤ ㄴ, ㄷ

1st 등차수열의 공차는 두 항의 차로 구할 수 있어.
공차가 $d(d\neq0)$인 등차수열 $\{a_n\}$에 대하여 수열 $\{T_n\}$은
$T_n=a_1-a_2+a_3-a_4+\cdots+(-1)^{n-1}a_n(n=1, 2, 3, \cdots)$
ㄱ. $a_1-a_2=a_3-a_4=a_5-a_6=-d$이므로 $d=a_{n+1}-a_n$
$T_4=(a_1-a_2)+(a_3-a_4)+(a_5-a_6)=-3d$ (거짓)

2nd T_3를 통하여 a_2을 유도해 보자. $a_n=a_1+(n-1)d$이고 $a_m=a_1+(m-1)d$이므로 두 항의 차를 구하면 공차 d에 대한 식만 남겠지?
ㄴ. $a_3-a_2=d$이므로
$T_3=a_1+(-a_2+a_3)$
$=a_1+d=a_2$ ($\because a_n=a_1+(n-1)d$) (참)

3rd $T_6, T_{12}, T_{18}, \cdots$을 구하여 수열 $\{T_{6n}\}$이 등차수열이 되는지 확인하자.
ㄷ. $T_6=a_1-a_2+a_3-a_4+a_5-a_6=-3d$
$T_{12}=T_6+a_7-a_8+a_9-a_{10}+a_{11}-a_{12}=-3d-3d=-6d$
$T_{18}=T_{12}+a_{13}-a_{14}+a_{15}-a_{16}+a_{17}-a_{18}=-6d-3d=-9d$
⋮
수열 $\{T_{6n}\}$은 공차가 $-3d$인 등차수열이다. (참)
따라서 옳은 것은 ㄴ, ㄷ이다.

C 05 정답 ⑤ *등차수열의 활용 [정답률 43%]

정답 공식: 원의 중심과 접점을 지나는 직선은 접선과 수직이라는 것을 이용해 각 AOC의 크기를 구할 수 있다. 나머지 두 각의 크기를 미지수로 표현해 본다.

원 O 위에 두 점 A, B가 있다. 점 A에서 원 O에 접하는 접선 l과 선분 AB가 이루는 예각의 크기가 18°이다. 선분 OB 위의 한 점 C에 대하여 삼각형 OAC의 세 내각의 크기가 등차수열을 이룰 때, 가장 큰 내각의 크기는? (4점)
단서1 원과 접선이 나오면 원의 중심을 지나는 직선 OA와 직선 l의 관계를 바로 확인!!
단서3 세 내각의 크기가 a, b, c이면 $2b=a+c$이네. (단, $a<b<c$ 또는 $a>b>c$)
단서2 원의 중심과 원 위의 두 점을 꼭짓점으로 하는 삼각형 OAB에서 $\overline{OA}=\overline{OB}$이지?

O C B A l 18°

① 68° ② 72° ③ 76° ④ 80° ⑤ 84°

1st 직선 l과 선분 AB가 이루는 예각의 크기가 18°인 것을 이용하여 ∠AOB의 크기를 구해 보자.
삼각형 AOB는 $\overline{OA}=\overline{OB}$인 이등변삼각형이므로 ∠OAB=∠OBA이고 직선 l과 선분 OA는 수직이므로 ∠OAB=90°−18°=72° (원의 반지름이니까.)
따라서 삼각형 AOB의 내각의 크기의 합은 180°이므로
[원의 성질] 원의 접선은 원의 중심과 접점을 지나는 직선과 서로 수직이야. $\overline{OA}\perp l$
∠AOB=180°−2∠OAB=180°−2×72°=36°

2nd 세 수가 등차수열을 이룰 땐 등차중항의 성질을 이용하면 돼.
∠CAB=θ라 하면
∠OAC=∠OAB−∠CAB=72°−θ, ∠OCA=72°+θ
(∠OCA=180°−(∠AOB+∠OAC)=180°−(36°+72°−θ))
즉, 삼각형 OAC의 세 내각의 크기는 각각 36°, 72°−θ, 72°+θ이고
이 중 72°+θ가 가장 크므로 등차중항이 36°인지, 72°−θ인지 알아보자.
주의 세 각이 어떤 순서인지 모르기 때문에 각 경우를 고려해야 해.
a, b, c가 이 순서대로 등차수열이면 $2b=a+c$이지만 $b<a<c$이면 $2a=b+c$이지? 등차중항을 이용할 때는 순서가 중요해!

(i) 36°가 등차중항이면
(72°−θ)+(72°+θ)=2×36°
그런데 144°≠72°이므로 모순이다.
(ii) 72°−θ가 등차중항이면 36°+(72°+θ)=2(72°−θ)에서 θ=12°
(i), (ii)에 의하여 θ=12°이므로 삼각형 AOC의 세 내각의 크기 중 가장 큰 내각의 크기는 84°이다. (36°, 60°, 84°)

[다른 풀이] ①
접선과 현이 이루는 각의 크기는 그 현에 대한 원주각의 크기와 같아.
이때, 중심각은 원주각의 크기의 2배이므로 ∠AOB는 18°×2=36°야.
(이하 동일)

[다른 풀이] ②
(i) 36°−θ, 36°, 36°+θ일 경우 (θ>0°)
세 각이 합이 108°이므로 삼각형이 그려지지 않아.
(ii) 36°, 36°−θ, 36°−2θ (θ>0°)
세 각의 합이 108°−3θ<180°이므로 삼각형이 그려지지 않아.
(iii) 36°, 36°+θ, 36°+2θ (θ>0°)
세 각의 합이 108°+3θ=180° ∴ θ=24°
따라서 가장 큰 내각의 크기는 36°+24°×2=84°

톡톡 풀이
삼각형의 세 각의 크기를 $a, b, c(a\le b\le c)$라고 하면 $a+b+c=180$이야.
이때, a, b, c가 등차수열을 이룬다면 $2b=a+c$ (∵ 등차중항)이고 $a+b+c=3b=180$이므로 $b=60$°이지.
즉, 36°, 72°−θ, 72°+θ 중에 60°가 있어야 하고 72°−θ=60°일 수밖에 없어.
(이하 동일)

등차수열 개념·공식
① **등차수열의 일반항**
첫째항이 a이고 공차가 d인 등차수열 $\{a_n\}$의 일반항은
$a_n=a+(n-1)d$ (단, $n=1, 2, 3, \cdots$)
② **등차중항**
세 실수 a, b, c가 이 순서대로 등차수열을 이룰 때,
$b=\frac{a+c}{2}$가 성립하고, b를 a와 c의 **등차중항**이라고 한다.

C 06 정답 ③ *등차수열의 합의 활용 [정답률 71%]

정답 공식: 첫째항이 a이고 제n항이 l인 등차수열의 첫째항부터 제n항까지의 합을 S_n이라 하면 $S_n=\frac{n(a+l)}{2}$이다.

두 실수 a, b와 수열 $\{c_n\}$이 다음 조건을 만족시킨다.

(가) $(m+2)$개의 수
$a, \log_2 c_1, \log_2 c_2, \log_2 c_3, \cdots, \log_2 c_m, b$
가 이 순서대로 등차수열을 이룬다.

(나) 수열 $\{c_n\}$의 첫째항부터 제m항까지의 항을 모두 곱한 값은 32이다. 단서1 조건 (가)의 $(m+2)$개의 수 중 두 실수 a, b를 제외한 로그의 진수의 곱이 32이므로 조건 (가)의 등차수열을 이루는 $(m+2)$개의 수의 합을 이용하여 m의 값을 구하면 돼.

$a+b=1$일 때, 자연수 m의 값은? (4점)

① 6 ② 8 ③ 10 ④ 12 ⑤ 14

단서2 조건 (나)에서 $\log_2 c_1$, $\log_2 c_2$, $\log_2 c_3$, $\cdots$, $\log_2 c_m$의 합을 구하고 $a+b$의 값을 이용하면 조건 (가)의 $(m+2)$개의 수의 합을 구할 수 있어.

1st 조건 (가)의 $(m+2)$개의 수의 합을 m에 대하여 나타내자.

조건 (가)의 $(m+2)$개의 수가 등차수열을 이루고 이 수열의 첫째항이 a, 제$(m+2)$항이 b이므로 $(m+2)$개의 수의 합을 S라 하면

$S=\frac{(m+2)(a+b)}{2}=\frac{m+2}{2}$ ($\because a+b=1$) $\cdots$ ㉠

2nd 조건 (나)를 이용하여 $(m+2)$개의 수의 합을 구해.

조건 (나)에 의하여 (첫째항이 a이고 제$(m+2)$항이 b인 등차수열의 첫째항부터 제$(m+2)$항까지의 합이야.)

$\log_2 c_1+\log_2 c_2+\log_2 c_3+\cdots+\log_2 c_m$
$=\log_2 (c_1\times c_2\times c_3\times\cdots\times c_m)$ ($\log_a m+\log_a n=\log_a mn$)
$=\log_2 32=\log_2 2^5=5\log_2 2=5\times1=5$ ($\log_a b^n=n\log_a b$, $\log_a a=1$)

이때, $a+b=1$이므로 조건 (가)의 $(m+2)$개의 수의 합은

$S=a+\log_2 c_1+\log_2 c_2+\log_2 c_3+\cdots+\log_2 c_m+b$
$=(a+b)+(\log_2 c_1+\log_2 c_2+\log_2 c_3+\cdots+\log_2 c_m)$
$=1+5=6$ $\cdots$ ㉡

㉠, ㉡에 의하여

$\frac{m+2}{2}=6$에서 $m+2=12$

$\therefore m=10$

로그의 여러 가지 성질 개념·공식

a, b, c, x, y가 양수이고, $a\neq1$, $b\neq1$, $c\neq1$일 때,
① $\log_a a=1$
② $\log_a 1=0$
③ $\log_a x+\log_a y=\log_a xy$
④ $\log_a x-\log_a y=\log_a \frac{x}{y}$
⑤ $\log_a b=\frac{\log_c b}{\log_c a}$
⑥ $\log_a b=\frac{1}{\log_b a}$
⑦ $\log_a b\times\log_b c\times\log_c a=1$
⑧ $\log_{a^m} b^n=\frac{n}{m}\log_a b$ $(m\neq0)$

C 07 정답 ④ *등차수열의 합의 활용 [정답률 52%]

정답 공식: 첫째항이 a, 공차가 d인 등차수열 $\{a_n\}$의 일반항 $a_n=a+(n-1)d$이다.

두 등차수열 $\{a_n\}$, $\{b_n\}$이
$\{a_n\}$: 1, 5, 9, 13, $\cdots$, 149
$\{b_n\}$: 6, 11, 16, 21, $\cdots$, 151
단서1 두 등차수열의 일반항을 구해야겠지?

을 만족한다. 이때, 두 수열에 공통으로 포함된 수로 만든 새로운 수열의 항들의 총합은? (3점) 단서2 두 수열의 항이 같아질 때의 일반항의 특징을 찾아야 해.

① 561 ② 563 ③ 565 ④ 567 ⑤ 569

1st 두 수열 $\{a_n\}$, $\{b_n\}$의 일반항을 구해 조건을 만족시키는 경우를 찾자.

두 수열의 일반항이 각각 $a_n=4n-3$, $b_n=5n+1$이므로, 두 수열에 공통으로 포함된 수는 적당한 자연수 m, n에 대하여 $4m-3=5n+1$ $\cdots$ ㉠이 성립하는 경우이다.

($a_n=1+(n-1)\times4=4n-3$, $b_n=6+(n-1)\times5=5n+1$)

즉, $4m-4=5n$에서 $4(m-1)=5n$이다.

이때, $m-1$이 5로 나누어떨어져야 하므로 $m-1=5k$ (k는 자연수)라 놓으면 (4와 5는 서로소이므로 $m-1$이 5의 배수여야 해.)

$4\times5k=5n$ $\therefore n=4k$

2nd 조건을 정리하여 두 수열에 공통으로 포함된 수들의 수열에 대한 일반항을 구하자.

자연수 k에 대하여 ㉠을 정리하면

(㉠의 좌변)$=4m-3=4(5k+1)-3=20k+1$
(㉠의 우변)$=5\times4k+1=20k+1$ ($m-1=5k$에서 $m=5k+1$)

즉, 두 수열에 공통으로 포함된 수들의 수열을 $\{c_n\}$이라 하면 이 수열의 일반항은 $c_n=20n+1=21+20(n-1)$

따라서 수열 $\{c_n\}$은 첫째항이 21, 공차가 20인 등차수열이다.

이때, $c_7=20\times7+1=141$, $c_8=20\times8+1=161$에서 수열 $\{c_n\}$의 마지막 항이 $c_7=141$이므로

(구하는 수열의 합)$=\frac{7\times(21+141)}{2}=567$

[등차수열의 합] 첫째항이 a, 제n항이 l인 등차수열의 첫째항부터 제n항까지의 합은 $S_n=\frac{n(a+l)}{2}$

C 08 정답 14 *등차수열의 합의 활용 [정답률 67%]

정답 공식: 한 부채꼴의 넓이를 미지수로 설정하고 나머지 부채꼴의 넓이를 주어진 조건을 이용해 나타내본다.

단서 가장 작고, 큰 부채꼴의 넓이를 각각 a, $7a$라 하고 7개의 부채꼴의 합을 이것으로 나타낼 수 있겠지?

그림과 같이 반지름의 길이가 8인 원을 8개의 부채꼴로 나누었더니 부채꼴의 넓이가 작은 것부터 차례로 등차수열을 이루었다. 가장 큰 부채꼴의 넓이가 가장 작은 부채꼴의 넓이의 7배일 때, 가장 큰 부채꼴의 넓이는 $k\pi$이다. 이때, k의 값을 구하시오. (4점)

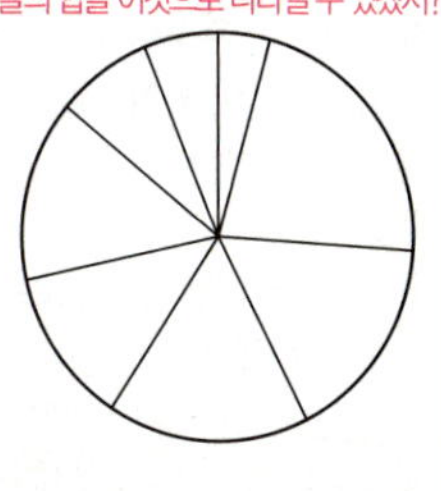

1st 부채꼴의 넓이가 등차수열을 이루므로 등차수열의 합이 원의 넓이와 같겠지?

가장 작은 부채꼴의 넓이를 a라 두면 가장 큰 부채꼴의 넓이는 $7a$이다. (가장 작은 부채꼴의 7배이니까.)

등차수열을 이루는 여덟 개 부채꼴의 넓이의 합은 $\frac{8(a+7a)}{2}$

(첫째항이 $a_1=a$이고 끝항 $a_8=7a$이니까 $S_n=\frac{n(a_1+a_n)}{2}$을 이용해.)

$\frac{8(a+7a)}{2}=8^2\pi \Rightarrow a=2\pi$ (8개의 부채꼴의 합은 반지름의 길이가 8인 원의 넓이지?)

이때, 가장 큰 부채꼴의 넓이는 $7a=14\pi=k\pi$이므로 $k=14$

C 09 정답 ② *등차수열의 합의 활용 [정답률 63%]

정답 공식: 등차수열 $\{a_n\}$의 첫째항부터 제n항까지의 합 $S_n=a_1+a_2+a_3+\cdots+a_n$이다.

등차수열 $\{a_n\}$의 첫째항부터 제n항까지의 합을 S_n이라 할 때, $a_1<0$이고 $S_{10}=S_{22}$이라고 한다. 다음 [보기] 중에서 옳은 것만을 있는 대로 고른 것은? (3점)

단서1 합의 정의를 떠올려 봐. $S_{22}=a_1+a_2+\cdots+a_{22}$이고 $S_{10}=a_1+a_2+\cdots+a_{10}$이야.

[보기]

ㄱ. $a_{11}+a_{12}+a_{13}+\cdots+a_{22}=0$

ㄴ. $|a_{13}|=|a_{20}|$ 단서2 첫째항이 양수인 등차수열의 합이 $n=15$일 때 최댓값을 갖는다면 공차는 음수라는 뜻이야.

ㄷ. $n=10$일 때, S_n은 최솟값을 갖는다.

① ㄱ ② ㄱ, ㄴ ③ ㄱ, ㄷ
④ ㄴ, ㄷ ⑤ ㄱ, ㄴ, ㄷ

1st 합의 정의를 이용해 S_{22}, S_{10}을 전개해.

ㄱ. $S_{22}=S_{10}$이므로

$a_1+a_2+\cdots+a_{10}+a_{11}+\cdots+a_{22}=a_1+a_2+\cdots+a_{10}$

$\therefore a_{11}+a_{12}+a_{13}+\cdots+a_{22}=0$ (참)

2nd 등차수열의 일반항을 이용해 ㄱ의 식을 정리해 봐.

ㄴ. 수열 $\{a_n\}$은 등차수열이므로

$a_{11}+a_{22}=a_{12}+a_{21}=\cdots=a_{16}+a_{17}$이고 ㄱ에서

$a_{11}+a_{12}+a_{13}+\cdots+a_{22}=6(a_{13}+a_{20})=0$

공차를 d라 하면 $a_{11}+a_{22}=(a_1+10d)+(a_1+21d)=2a_1+31d$, $a_{12}+a_{21}=(a_1+11d)+(a_1+20d)=2a_1+31d$, $\cdots$ $a_{16}+a_{17}=(a_1+15d)+(a_1+16d)=2a_1+31d$

$a_{13}+a_{20}=0$, $a_{13}=-a_{20}$

$\therefore |a_{13}|=|a_{20}|$ (참)

3rd 등차수열의 합이 최솟값을 가지는 조건을 먼저 생각해야 해.

ㄷ. $a_1<0$이고 ㄴ에 의하여 등차수열 $\{a_n\}$의 공차를 d라 하면 $d>0$이다.

공차가 음수이면 $a_{19}<a_{12}$여야 해. 즉, $|a_{12}|=|a_{19}|$라는 것은 공차가 양수임을 의미하지.

이때, $a_{16}+a_{17}=0$이므로

$a_1<a_2<\cdots<a_{16}<0<a_{17}<a_{18}<\cdots$

이 성립한다.

즉, $n=16$일 때 S_n은 최솟값을 갖는다. (거짓)

따라서 옳은 것은 ㄱ, ㄴ이다.

실수 음수인 항을 전부 더했을 때 S_n이 최소겠지. 양수인 항을 더하기 시작하면 S_n은 증가해.

수능 핵강

등차수열의 특성을 잘 이해하고 있다면 ㄱ, ㄴ, ㄷ을 직관적으로도 풀 수 있어. 문제를 보고 이 수열이 증가하는 수열이라는 것은 파악했을 거야.

일단 첫 번째 보기의 경우 $S_{22}-S_{10}=0$이라는 사실을 이용하면 금방 알 수 있어.

ㄴ과 ㄷ은 어떻게 생각하면 알 수 있을까? ㄱ에서 $a_{11}+a_{12}+\cdots+a_{22}=0$이라는 사실로부터 a_{11}부터 a_{16}까지 각 항은 모두 음수이고 a_{17}부터 a_{22}까지 각 항들은 모두 양수임을 추측할 수 있지. 그리고 등차수열의 합의 공식 유도 과정을 잘 살펴본 친구들은 분명 ㄱ의 식에서 $|a_{13}|=|a_{20}|$라는 것을 쉽게 알 수 있을 거야.

C 10 정답 120 *등차수열의 합의 활용 [정답률 31%]

정답 공식: 첫째항이 a, 끝항이 l이고, 항수가 n인 등차수열의 합은 $\frac{n(a+l)}{2}$이다.

정수 d는 다음 조건을 만족시키는 등차수열 $\{a_n\}$의 공차이다.

단서2 단서1에서 구한 식에 대하여 n은 자연수이고 d는 정수임을 이용하여 조건을 만족시키는 n, d의 값을 구해야 해.

(가) $a_1=-2016$

(나) $\sum_{k=n}^{2n} a_k=0$인 자연수 n이 존재한다.

단서1 $\sum_{k=n}^{2n} a_k=a_n+a_{n+1}+a_{n+2}+\cdots+a_{2n}=0$임을 이용하여 a_n과 a_{2n} 사이의 관계를 찾아.

모든 d의 합을 k라 할 때, k를 1000으로 나눈 나머지를 구하시오. (4점)

1st $\sum_{k=n}^{2n} a_k$는 등차수열의 항인 a_n부터 a_{2n}까지의 합이지?

$\sum_{k=n}^{2n} a_k=a_n+a_{n+1}+a_{n+2}+\cdots+a_{2n}$이므로 이는 첫째항이 a_n이고 공차가 d인 등차수열의 $(n+1)$개의 항의 합과 같다.

등차수열 $\{a_n\}$의 공차가 d이므로 $a_{n+1}=a_n+d$, $a_{n+2}=a_n+2d$, $a_{n+3}=a_n+3d$, $\cdots$, $a_{2n}=a_n+nd$ 즉, $a_n+a_{n+1}+a_{n+2}+\cdots+a_{2n}$은 첫째항이 a_n이고 공차가 d인 등차수열의 제$(n+1)$항까지의 합과 같아.

이때, $\sum_{k=n}^{2n} a_k=0$인 자연수 n에 대하여

$\sum_{k=n}^{2n} a_k=a_n+a_{n+1}+a_{n+2}+\cdots+a_{2n}=\frac{(n+1)(a_n+a_{2n})}{2}=0$이므로

$(n+1)(a_n+a_{2n})=0$

첫째항이 a이고 제n항이 l인 등차수열의 첫째항부터 제n항까지의 합을 S_n이라 하면 $S_n=\frac{n(a+l)}{2}$

$\therefore a_n+a_{2n}=0$ ($\because n+1\neq 0$) $\cdots$ ㉠

2nd $a_n=a_1+(n-1)d$를 이용하여 n, d에 대한 식을 세우자.

$a_n=a_1+(n-1)d$에서 $a_1=-2016$이므로

$a_n=-2016+(n-1)d$, $a_{2n}=-2016+(2n-1)d$를 ㉠에 대입하면

$-2016+(n-1)d+\{-2016+(2n-1)d\}=0$

$\therefore (3n-2)d=4032$ $\cdots$ ㉡

3rd $3n-2$와 d는 모두 정수이므로 두 정수의 곱이 4032가 되는 순서쌍 (n, d)를 찾자.

이때, $4032=2^6\times3^2\times7$이고 $3n-2$는 3의 배수가 아닌 자연수이므로 ㉡에서 d는 9의 배수여야 한다.

$(3n-2)d=4032=9\times2^6\times7$에서 $3n-2$는 9의 배수가 될 수 없지? 따라서 $(3n-2)d$가 9의 배수가 되려면 d가 9의 배수여야 해.

즉, ㉡을 만족시키는 d, $3n-2$의 값은 다음 표와 같다.

d	9	9×2	9×2^2	9×2^3	9×2^4	9×2^5	9×2^6
$3n-2$	$2^6\times7$	$2^5\times7$	$2^4\times7$	$2^3\times7$	$2^2\times7$	2×7	7
d	9×7	$9\times2\times7$	$9\times2^2\times7$	$9\times2^3\times7$	$9\times2^4\times7$	$9\times2^5\times7$	$9\times2^6\times7$
$3n-2$	2^6	2^5	2^4	2^3	2^2	2	1

n이 자연수이므로 조건을 만족시키는 경우는

$3n-2=2^6\times7=448$일 때, $n=150$

$3n-2=2^4\times7=112$일 때, $n=38$

$3n-2=2^2\times7=28$일 때, $n=10$

$3n-2=7$일 때, $n=3$

$3n-2=2^6=64$일 때, $n=22$

$3n-2=2^4=16$일 때, $n=6$

$3n-2=2^2=4$일 때, $n=2$

$3n-2=1$일 때, $n=1$

즉, 조건을 만족시키는 d의 값은 9, $9\times2^2=36$, $9\times2^4=144$, $9\times2^6=576$, $9\times7=63$, $9\times2^2\times7=252$, $9\times2^4\times7=1008$, $9\times2^6\times7=4032$이므로

$k=9+36+144+576+63+252+1008+4032=6120$

따라서 $k=6120$을 1000으로 나눈 나머지는 120이다.

[다른 풀이]

$(3n-2)d=4032=2^6\times3^2\times7$에서 $3n-2$는 9의 배수가 될 수 없으므로 9는 d의 약수여야 해. 이때,

(i) $3n-2$가 홀수이면, 2^6 역시 d의 약수여야 하고

7이 d의 약수일 때, $3n-2=1$을 만족시키는 $n=1$이 존재하므로 $d=2^6\times3^2\times7$이야.

7이 d의 약수가 아닐 때, $3n-2=7$을 만족시키는 $n=3$이 존재하므로 $d=2^6\times3^2$이야.

(ii) $3n-2$가 짝수일 때, 2^2, 2^4, 2^6, $2^2\times7$, $2^4\times7$, $2^6\times7$일 경우에 자연수 n이 존재하므로 각각의 경우의 d의 값은 $2^4\times3^2\times7$, $2^2\times3^2\times7$, $3^2\times7$, $2^4\times3^2$, $2^2\times3^2$, 3^2이지.

즉, 모든 d의 합의 값은

$k=3^2(2^6\times7+2^6+2^4\times7+2^2\times7+7+2^4+2^2+1)$

$=3^2\{7\times(1+2^2+2^4+2^6)+(1+2^2+2^4+2^6)\}$

$=3^2(7+1)(1+2^2+2^4+2^6)$

$=9\times8\times\dfrac{1\times(4^4-1)}{4-1}$ → 첫째항이 1, 공비가 $2^2=4$인 등비수열의 첫째항부터 제4항까지의 합이야.

$=3\times8\times255=6120$

(이하 동일)

C 11 정답 13 *등차수열의 합의 활용 [정답률 45%]

(정답 공식: 처음 3개 항과 마지막 3개 항을 모두 더한 식을 a_1, a_n으로 나타내본다.)

n개의 항으로 이루어진 등차수열 a_1, a_2, a_3, $\cdots$, a_n이 다음 조건을 만족한다. 단서1 일정한 수만큼 증가 또는 감소하지?

(가) 처음 3개 항의 합은 21이다. $\Rightarrow a_1+a_2+a_3=21$

(나) 마지막 3개 항의 합은 111이다. $\Rightarrow a_{n-2}+a_{n-1}+a_n=111$

(다) $a_1+a_2+a_3+\cdots+a_n=286$

단서2 등차수열이니까 $a_1+a_n=a_2+a_{n-1}=\cdots$이 성립하지?

이때, n의 값을 구하시오. (4점)

1st 두 조건 (가), (나)에서 두 식의 합을 구하여 첫째항과 마지막 항의 합을 구하자.

두 조건 (가)와 (나)에서

$a_1+a_2+a_3=21$, $a_{n-2}+a_{n-1}+a_n=111$이므로

$a_1+a_2+a_3+a_{n-2}+a_{n-1}+a_n=132$

이때, $a_1+a_n=a_2+a_{n-1}=a_3+a_{n-2}$이므로

공차를 d라 하면 $a_1+a_n=a_1+\{a_1+(n-1)d\}=2a_1+(n-1)d$, $a_2+a_{n-1}=a_1+d+\{a_1+(n-2)d\}=2a_1+(n-1)d$이니까

$3(a_1+a_n)=132$

$\therefore a_1+a_n=44$ ⋯ ㉠ $l+m=n+k$이면 $a_l+a_m=a_n+a_k$가 성립해.

2nd 조건 (다)를 이용하여 $S_n=\dfrac{n(a+l)}{2}$의 값을 구하자.

→ 첫째항 a에서 제n항 l까지의 합 S_n은 $S_n=\dfrac{n(a+l)}{2}$

한편, $S_n=\dfrac{n(a_1+a_n)}{2}=286$이므로

→ (다)와 $a_1+a_n=44$를 이용하기 위해 합을 a_1과 a_n으로 나타내.

㉠에 의하여 $\dfrac{44n}{2}=286$

$\therefore n=13$

C 12 정답 ③ *등비수열의 활용 [정답률 71%]

(정답 공식: 첫째항이 a이고 공비가 r인 등비수열 $\{a_n\}$의 일반항은 $a_n=ar^{n-1}$이다.)

모든 항이 양수이고 공비가 서로 같은 두 등비수열 $\{a_n\}$, $\{b_n\}$이 모든 자연수 n에 대하여

$$a_nb_n=\frac{(a_{n+1})^2+4(b_{n+1})^2}{5}$$

단서 구하는 것이 공비의 최댓값이므로 두 등비수열의 일반항을 주어진 등식에 대입하여 공비에 대하여 먼저 정리해 봐.

를 만족시킬 때, 공비의 최댓값은? (4점)

① $\dfrac{5\sqrt{5}}{2}$ ② $\dfrac{5}{2}$ ③ $\dfrac{\sqrt{5}}{2}$ ④ $\sqrt{5}$ ⑤ 1

1st 주어진 등식을 공비에 대한 식으로 변형하자.

두 등비수열 $\{a_n\}$, $\{b_n\}$의 첫째항을 각각 $a(a>0)$, $b(b>0)$라 하고 공비를 모두 $r(r>0)$라 하면 두 등비수열의 일반항은

두 등비수열 $\{a_n\}$, $\{b_n\}$의 모든 항이 양수이므로 첫째항도 양수이어야겠지?

등비수열의 공비가 음수이면 각 항은 양수와 음수가 번갈아가며 나타나게 돼. 따라서 모든 항이 양수인 등비수열의 첫째항과 공비는 모두 양수이어야 해.

$a_n=ar^{n-1}$, $b_n=br^{n-1}$이다.

이때, $a_{n+1}=ar^n$, $b_{n+1}=br^n$이므로

$a_nb_n=\dfrac{(a_{n+1})^2+4(b_{n+1})^2}{5}$에서

$(ar^{n-1})\times(br^{n-1})=\dfrac{(ar^n)^2+4(br^n)^2}{5}$

→ $(ar^{n-1})\times(br^{n-1})=abr^{2n-2}=abr^{2n}\times r^{-2}=\dfrac{abr^{2n}}{r^2}$

$\dfrac{abr^{2n}}{r^2}=\dfrac{a^2r^{2n}+4b^2r^{2n}}{5}$, $(a^2+4b^2)r^2=5ab$

$\therefore r^2=\dfrac{5ab}{a^2+4b^2}=\dfrac{5}{\dfrac{a}{b}+\dfrac{4b}{a}}$ ⋯ ㉠ 분모, 분자를 각각 ab로 나눈 거야.

2nd 공비 r의 최댓값을 구하자.

이때, $a>0$, $b>0$이므로 $\dfrac{a}{b}>0$, $\dfrac{4b}{a}>0$이고 산술평균과 기하평균의 관계에 의하여

양수 x, y에 대하여 $x+y\geq2\sqrt{xy}$가 성립해.

$\dfrac{a}{b}+\dfrac{4b}{a}\geq2\sqrt{\dfrac{a}{b}\times\dfrac{4b}{a}}=4$ $\left(\text{단, 등호는 }\dfrac{a}{b}=\dfrac{4b}{a}\text{일 때, 성립}\right)$

즉, $\dfrac{a}{b}+\dfrac{4b}{a}$의 최솟값이 4이므로 ㉠에 의하여 r^2의 최댓값은 $\dfrac{5}{4}$이다.

양수 r가 최대이면 r^2도 최대이고 ㉠에서 r^2이 최대가 되려면 분모가 최소가 되어야 해.

따라서 공비 r의 최댓값은 $\sqrt{\dfrac{5}{4}}=\dfrac{\sqrt{5}}{2}$이다.

C 13 정답 ① *등비수열의 활용 [정답률 65%]

(정답 공식: a, ar, ar^2이면 이 순서대로 등비수열을 이룬다.)

0이 아닌 세 정수 a, b, c가 다음 조건을 만족시킬 때, $a+b+c$의 값은? (3점)

(가) a, b, c는 이 순서대로 등비수열을 이룬다.

(나) $ab=c$ 단서 등비수열을 이루는 세 수를 구할 때는 세 수를 a, ar, ar^2으로 놓은 후 나머지 조건에 각각 대입하면 돼.

(다) $5a+b-c=6$

① 14 ② 15 ③ 16 ④ 17 ⑤ 18

1st 등비수열의 공비를 r라 놓고 b, c를 a, r에 대한 식으로 나타내자.

조건 (가)에서 0이 아닌 세 실수 a, b, c가 이 순서대로 등비수열을 이루므로 $b=ar$, $c=ar^2$ ($r\neq0$인 실수)으로 놓으면

첫째항이 a, 공비가 r인 등비수열 $\{a_n\}$의 일반항은 $a_n=ar^{n-1}$

조건 (나)에서 $ab=c$이므로 → $r=0$이면 $b=0$, $c=0$이 되어 세 수 a, b, c가 0이 아니라는 조건에 맞지 않아.

$a\times ar=ar^2$, $a^2r-ar^2=0$

$ar(a-r)=0$

이때, a와 r는 0이 아닌 실수이므로 $a=r$이다.

$\therefore$ $b=a^2$, $c=a^3$ ⋯ ㉠ → $b=ar$, $c=ar^2$에 r 대신 a를 대입한 거야.

2nd 조건 (다)의 식을 이용하여 a의 값을 구할 수 있어.

조건 (다)에서 $5a+b-c=6$이므로 ㉠을 대입하면

$5a+a^2-a^3=6$

$a^3-a^2-5a+6=0$

$(a-2)(a^2+a-3)=0$

$\therefore a=2$ ($\because$ a는 정수)

따라서 $b=a^2=2^2=4$, $c=a^3=2^3=8$이므로

$a+b+c=2+4+8=14$

> **등비수열을 이루는 세 수** 개념·공식
>
> 세 수 a, b, c가 이 순서로 등비수열을 이룰 때,
>
> ① 세 항 a_{n-1}, a_n, a_{n+1}가 이 순서대로 등비수열을 이루면 a_n을 a_{n-1}와 a_{n+1}의 등비중항이라고 하고 이웃하는 두 항의 비가 일정하므로 $\frac{a_n}{a_{n-1}}=\frac{a_{n+1}}{a_n}=$(공비)이다. 즉, $(a_n)^2=a_{n-1}\times a_{n+1}$
>
> ② 등비수열의 일반항을 이용 ⇒ 세 수를 a, ar, ar^2으로 놓는다.

C 14 정답 ② *등비수열의 활용 [정답률 81%]

(정답 공식: a_k는 등차중항이므로 k의 값을 바로 안다. 등비중항 공식을 이용해 첫째항의 값을 안다.)

공차가 6인 등차수열 $\{a_n\}$에 대하여 세 항 a_2, a_k, a_8은 이 순서대로 등차수열을 이루고, 세 항 a_1, a_2, a_k는 이 순서대로 등비수열을 이룬다. $k+a_1$의 값은? (4점)

단서1 $a_k-a_2=a_8-a_k$이지? 일반항 a_n으로 k의 값을 구해 볼까?

단서2 $a_2^2=a_1a_k$이니까 일반항 a_n을 이용하자.

① 7 ② 8 ③ 9 ④ 10 ⑤ 11

1st 세 수 a, b, c가 이 순서대로 등차수열을 이루면 등차중항을, 등비수열을 이루면 등비중항을 이용해. ⟺ $2b=a+c$ ⟺ $b^2=ac$

등차수열 $\{a_n\}$의 첫째항이 a_1, 공차가 6이고 세 항 a_2, a_k, a_8이 이 순서대로 등차수열을 이루므로 $2a_k=a_2+a_8$에서

$2\{a_1+(k-1)\times6\}=(a_1+6)+(a_1+42)$ ($a_2=a_1+1\times6$, $a_8=a_1+7\times6$)

$12k=60$

$\therefore k=5$

실수 k가 2와 8의 평균값이어야 하므로 $k=\frac{2+8}{2}=5$로 구할 수도 있어. 검산할 때 유용하겠지?

또, 세 항 a_1, a_2, $a_k=a_5$는 이 순서대로 등비수열을 이루므로

$a_2^2=a_1\times a_5$에서 (a_2가 a_1과 a_5의 등비중항이지? $a_5=a_1+4\times6$)

$(a_1+6)^2=a_1(a_1+24)$

$a_1^2+12a_1+36=a_1^2+24a_1$

$12a_1=36$ $\therefore a_1=3$

$\therefore k+a_1=5+3=8$

C 15 정답 ③ *등비수열의 활용 [정답률 47%]

(정답 공식: 등차수열을 이루면 $2b=a+c$, 등비수열을 이루면 $b^2=ac$이다.)

a, b, c가 서로 다른 세 실수일 때, 이차함수 $f(x)=ax^2+2bx+c$에 대한 [보기]의 설명 중 옳은 것을 모두 고른 것은? (4점)

[보기]

단서1 $2b=a+c$이지?

ㄱ. a, b, c가 이 순서로 등차수열을 이루면 $f(1)=4b$이다.

ㄴ. a, b, c가 이 순서로 등차수열을 이루면 $y=f(x)$의 그래프는 x축과 서로 다른 두 점에서 만난다.
⇒ 이차방정식 $f(x)=0$의 판별식 D가 $\frac{D}{4}>0$이어야 해.

ㄷ. a, b, c가 이 순서로 등비수열을 이루면 $y=f(x)$의 그래프는 x축과 만나지 않는다. 단서2 $b^2=ac$이지?
⇒ $\frac{D}{4}<0$이어야 해.

① ㄱ ② ㄷ ③ ㄱ, ㄴ ④ ㄴ, ㄷ ⑤ ㄱ, ㄴ, ㄷ

1st a, b, c가 이 순서로 등차수열을 이루므로 b는 a와 c의 등차중항이지?

ㄱ. a, b, c가 이 순서로 등차수열을 이루므로 $2b=a+c$ ⋯ ⓐ

$\therefore f(1)=a+2b+c=2b+2b=4b$ (참)

$f(x)=ax^2+2bx+c$에 $x=1$을 대입해.

2nd 이차함수가 x축과 서로 다른 두 점에서 만나면 이차방정식이 서로 다른 두 실근을 가짐을 이용하자. → $y=f(x)$ x축과의 교점이 2개일 때, $f(x)=0$을 만족시키는 x의 값이 2개야.

ㄴ. 이차방정식 $ax^2+2bx+c=0$의 판별식을 D라 하면

$D=(2b)^2-4ac=(a+c)^2-4ac$ ($a^2+2ac+c^2-4ac=a^2-2ac+c^2=(a-c)^2$)

$\frac{D}{4}$를 사용하지 않고 ⓐ를 이용하기 위하여 D를 사용!

$=(a-c)^2>0$ ($\because a\neq c$) → 모든 실수 A에 대하여 $A^2\geq0$이야. 이때, a, b, c가 이 순서로 등차수열을 이루니까 $a\neq c$야.

이므로 이 이차방정식은 서로 다른 두 실근을 가진다.

따라서 함수 $y=f(x)$의 그래프는 x축과 서로 다른 두 점에서 만난다. (참)

→ 판별식 $D>0$이면 서로 다른 두 실근을 가져. $D\geq0$이면 $D=0$에서 중근을 가질 수 있으니까 주의해.

ㄷ. a, b, c가 이 순서로 등비수열을 이루므로

$b^2=ac$ ⋯ ⓑ b는 a와 c의 등비중항이야.

이차방정식 $ax^2+2bx+c=0$의 판별식을 D라 하면

$\frac{D}{4}=b^2-ac=0$ ($\because$ ⓑ)

→ 판별식 $D=0$이므로 중근을 가져. 즉 x축과의 교점이 1개야.

이 이차방정식은 중근을 가진다.

따라서 함수 $y=f(x)$의 그래프는 x축에 접한다. (거짓)

따라서 옳은 것은 ㄱ, ㄴ이다.

[다른 풀이]

ㄱ. a, b, c가 등차수열을 이루므로 공차를 d라 하면 a, b, c는 a, $a+d$, $a+2d$가 돼.

따라서 $f(x)=ax^2+2bx+c=ax^2+2(a+d)x+a+2d$이므로

$f(1)=a+2a+2d+a+2d$

$=4a+4d=4b$ (참) ($=4(a+d)=4b$)

ㄴ. ㄱ에서 $f(x)=ax^2+2(a+d)x+a+2d$가 x축과 서로 다른 두 점에서 만나려면 이차방정식 $f(x)=0$의 판별식 $D>0$이어야 해.

$\therefore \frac{D}{4}=(a+d)^2-a(a+2d)=d^2>0$ ($\because d\neq0$) (참)

$d=0$이면 a, b, c가 서로 다른 수일 수 없어.

ㄷ. a, b, c가 등비수열을 이루므로 공비를 r라 하면 a, b, c는 a, ar, ar^2

즉, $f(x)=ax^2+2bx+c=ax^2+2arx+ar^2$이 x축과 만나지 않으려면 이차방정식 $f(x)=0$의 판별식 $D<0$이어야 해.

x축과의 교점이 0개일 때 $f(x)=0$을 만족시키는 x의 값은 0개야.

그런데 $\frac{D}{4}=a^2r^2-a^2r^2=0$이지?

따라서 $f(x)$는 x축과 한 점에서 만나. (거짓)

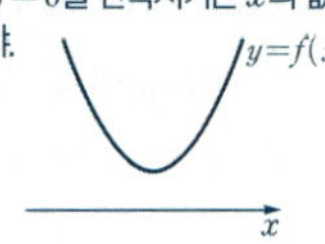

C 16 정답 ④ *등비수열의 활용 [정답률 79%]

정답 공식: 선분 OP는 반지름이고, R의 좌표도 r를 이용해 나타낼 수 있다. 선분 OR가 등비중항임을 이용해 등식을 만들어내고 r의 값을 구한다.

그림과 같이 좌표평면 위의 두 원

$C_1 : x^2+y^2=1$ ⇒ 중심은 $(0, 0)$이고, 반지름의 길이 1

$C_2 : (x-1)^2+y^2=r^2(0<r<\sqrt{2})$

⇒ 중심은 $(1, 0)$이고, 반지름의 길이 r

이 제1사분면에서 만나는 점을 P라 하고, 원 C_1이 x축과 만나는 점 중에서 x좌표가 0보다 작은 점을 Q, 원 C_2가 x축과 만나는 점 중에서 x좌표가 1보다 큰 점을 R라 하자.

P(a, b)라 하면 $a>0, b>0$

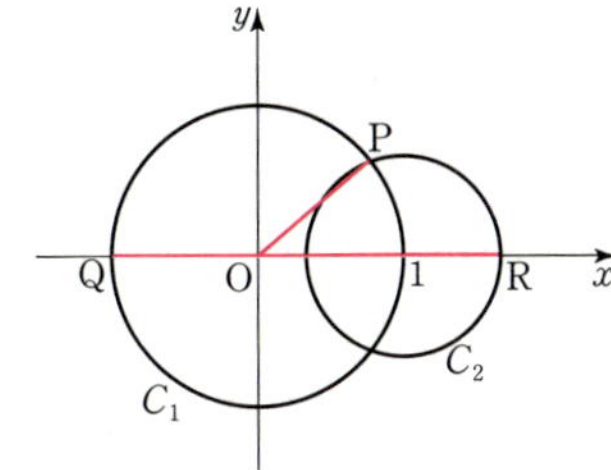

$\overline{\text{OP}}$, $\overline{\text{OR}}$, $\overline{\text{QR}}$가 이 순서대로 등비수열을 이룰 때, 원 C_2의 반지름의 길이는? (단, O는 원점이다.) (3점) 단서 등비중항을 이용해! $\overline{\text{OR}}^2=\overline{\text{OP}}\cdot\overline{\text{QR}}$

① $\frac{-2+\sqrt{5}}{2}$ ② $\frac{2-\sqrt{3}}{2}$ ③ $\frac{-1+\sqrt{3}}{2}$

④ $\frac{-1+\sqrt{5}}{2}$ ⑤ $\frac{3-\sqrt{3}}{2}$

1st 연속한 세 항이 등비수열을 이루는 경우 등비중항을 생각해.

a_1, a_2, a_3이 이 순서대로 등비수열이면 $a_2^2=a_1\cdot a_3$

두 원 C_1, C_2의 반지름의 길이가 각각 1, r이므로

$\overline{\text{OP}}=1$, $\overline{\text{OR}}=1+r$, $\overline{\text{QR}}=2+r$

이때, $\overline{\text{OP}}$, $\overline{\text{OR}}$, $\overline{\text{QR}}$의 길이, 즉 1, $1+r$, $2+r$가 이 순서대로 등비수열을 이루므로 등비중항의 성질에 의하여

$(1+r)^2=1\times(2+r)$

$r^2+r-1=0$

주의 1, $1+r$, $2+r$ 순서가 중요해! 문제에서 순서가 주어지지 않았더라도 대소를 비교해서 순서대로 나열할 수 있어야 해.

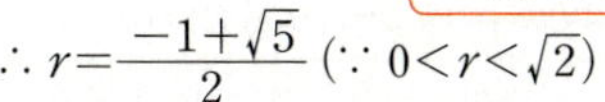

$\therefore r=\frac{-1+\sqrt{5}}{2}$ ($\because 0<r<\sqrt{2}$)

등비중항 개념·공식

0이 아닌 세 수 a, b, c가 이 순서대로 등비수열을 이룰 때, b를 a와 c의 **등비중항**이라 한다.

이때, $\frac{b}{a}=\frac{c}{b}$이므로 $b^2=ac$이다.

C 17 정답 ① *등비수열의 활용 [정답률 39%]

정답 공식: $y=-2ax_nx+3ax_n^2$, $y=ax^2$이 만나는 점의 x좌표는 $-2ax_nx+3ax_n^2=ax^2$을 만족시키는 x의 값이고, 이 값이 곧 x_{n+1}이다.

자연수 n에 대하여 곡선 $y=ax^2(a>0)$ 위의 점 P_n을 다음 규칙에 따라 정한다.

(가) 점 P_1의 좌표는 (x_1, ax_1^2)이다.

(나) 점 P_{n+1}은 점 $\text{P}_n(x_n, ax_n^2)$을 지나는 직선 $y=-2ax_nx+3ax_n^2$과 곡선 $y=ax^2$이 만나는 점 중에서 점 P_n이 아닌 점이다. 단서 2 직선과 곡선의 식을 연립하여 교점의 x좌표를 구해.

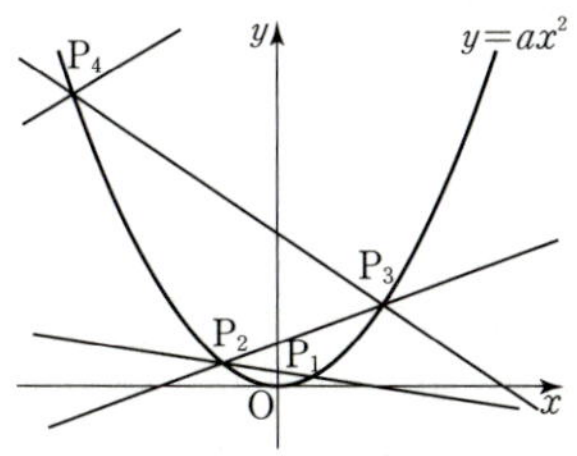

점 P_n의 x좌표로 이루어진 수열 $\{x_n\}$에서 $x_1=2$일 때, x_{100}의 값은? (4점) 단서 1 교점의 x좌표를 찾아 x_n이 어떤 수열인지 확인해야겠네.

① -2×3^{99} ② -2×3^{98} ③ -2×3^{97} ④ 2×3^{98} ⑤ 2×3^{99}

1st 조건 (나)를 이용하여 직선 $y=-2ax_nx+3ax_n^2$과 곡선 $y=ax^2$의 교점의 x좌표를 구하자.

직선과 곡선의 방정식을 연립하여 교점의 x좌표를 구하면

$-2ax_nx+3ax_n^2=ax^2$에서 $a(x^2+2x_nx-3x_n^2)=0$

$a(x+3x_n)(x-x_n)=0$

문자가 복잡할 때는 $x^2+2tx-3t^2=0$이라 나타내 볼까? $(x+3t)(x-t)=0$이야.

$\therefore x=x_n$ 또는 $x=-3x_n$

2nd 점 P_n의 x좌표의 일반항을 구하자.

이때, 직선과 곡선의 두 교점 중에서 점 $\text{P}_n(x_n, ax_n^2)$이 아닌 점이 점 $\text{P}_{n+1}(x_{n+1}, ax_{n+1}^2)$이다. 즉, 점 P_n의 x좌표가 x_n이므로 점 P_{n+1}의 x좌표는 $x_{n+1}=-3x_n$이다.

$a_{n+1}=■a_n$이면 $\frac{a_{n+1}}{a_n}=■$이고 ■는 공비야.

따라서 수열 $\{x_n\}$은 공비가 -3인 등비수열인데 $x_1=2$라 하므로

첫째항부터 차례대로 0이 아닌 일정한 수를 곱하여 만든 수열이야.

$x_n=2\times(-3)^{n-1}$ $\therefore x_{100}=2\times(-3)^{99}=-2\times3^{99}$

첫째항이 a_1, 공비가 r인 등비수열의 일반항 $a_n=a_1r^{n-1}$이야.

[다른 풀이]

수열 $\{x_n\}$을 나열하여 일반항을 구하자.

$x_1=2$이므로 점 $\text{P}_1(2, 4a)$를 지나는 직선 $y=-4ax+12a$와 곡선 $y=ax^2$을 연립하면 $ax^2=-4ax+12$에서

$y=ax^2$에 $x=2$를 대입해. $y=-2ax_1x+3ax_1^2$에서 $x_1=2$이니까.

$x^2+4x-12=0$, $(x+6)(x-2)=0$

$\therefore x=2$ 또는 $x=-6 \Rightarrow \text{P}_2(-6, 36a) \Rightarrow x_2=-6$

P_2의 x좌표 $x_2\neq x_1$이니까 $x_2\neq2$

마찬가지로 점 $\text{P}_2(-1, a)$를 지나는 직선 $y=12ax+108a$와 곡선 $y=ax^2$을 연립하면 $ax^2=12ax+108a$에서

$y=-2ax_2x+3ax_2^2$에서 $x_2=-6$이니까.

$x^2-12x-108=0$, $(x-18)(x+6)=0$

$\therefore x=-6$ 또는 $x=18 \Rightarrow \text{P}_3(18, 324a) \Rightarrow x_3=18$

⋮

따라서 $x_1=2$, $x_2=-6$, $x_3=18$, $\cdots$이므로 $x_n=2\times(-3)^{n-1}$

(이하 동일) $\times(-3)$ $\times(-3)$

C 18 정답 14 *등비수열의 합의 활용 [정답률 42%]

(**정답 공식**: 15행의 1열부터 15열까지는 3의 거듭제곱꼴이다.)

그림과 같이 자연수를 다음 규칙에 따라 나열하였다.

단서 규칙으로 각 행의 수를 추론해 볼까?

> [규칙1] 1행에는 1, 4, 5의 3개의 수를 차례대로 나열한다.
>
> [규칙2] $n+1$행에 나열된 수는 1열에 1, 2열부터는 n행에 나열된 각 수에 3을 곱하여 차례대로 나열한다.

	[1열]	[2열]	[3열]	[4열]	[5열]	…
[1행]	1	4	5	$\Rightarrow S_1=1+4+5$		
[2행]	1	3	12	15	$\Rightarrow S_2=1+3S_1$	
[3행]	1	3	9	36	45	$\Rightarrow S_3=1+3S_2$
⋮			⋮			

15행에 나열된 모든 자연수의 합을 S라 할 때, $S=p\times3^{15}-\dfrac{1}{2}$이다. 이때, $4p$의 값을 구하시오. (3점)

1st 각 행에 나열된 모든 자연수의 합을 유추하자.

	[1열]	[2열]	[3열]	[4열]	[5열]	…
[1행]	1	4	5			
[2행]	1	3	9	15		
[3행]	1	3	9	36	45	
⋮		⋮				

(각 수에 $\times3$)

n행에 나열된 모든 자연수의 합을 S_n이라 하면

$S_1=1+4+5$, $S_2=1+3S_1=1+3+3\times4+3\times5$

$S_3=1+3S_2=1+3+3^2+3^2\times4+3^2\times5$

⋮

$S_n=1+3+3^2+\cdots+3^{n-1}+3^{n-1}\times4+3^{n-1}\times5$

첫째항이 1, 공비가 3인 등비수열의 첫째항부터 제n항까지의 합이야.

2nd 15행에 나열된 자연수의 합을 구하기 위하여 등비수열의 합의 공식을 이용하자.

첫째항이 a_1, 공비가 r일 때, 등비수열의 합은 $S_n=\dfrac{a_1(r^n-1)}{r-1}$ (단, $r\neq1$)

$S_{15}=(1+3+\cdots+3^{14})+(3^{14}\times4+3^{14}\times5)$

$=\dfrac{1\times(3^{15}-1)}{3-1}+3^{14}\times9=\dfrac{1}{2}\times3^{15}-\dfrac{1}{2}+3^{15}\times3$

$=\left(\dfrac{1}{2}+3\right)\times3^{15}-\dfrac{1}{2}=\dfrac{7}{2}\times3^{15}-\dfrac{1}{2}$

그런데 $S=p\times3^{15}-\dfrac{1}{2}$이라고 하므로 $p=\dfrac{7}{2}$이고 $4p=14$

톡톡 풀이

n행에 나열된 모든 자연수의 합을 S_n이라 하면 $S_n=1+3S_{n-1}$ … ㉠

상수 α에 대하여 $S_n-\alpha=3(S_{n-1}-\alpha)$라 하면

$S_n-\alpha=3S_{n-1}-3\alpha$, $S_n=3S_{n-1}-2\alpha$ … ㉡ ㉠=㉡이므로 $-2\alpha=1$

㉠=㉡이므로 $\alpha=-\dfrac{1}{2}$ $\quad\therefore S_n+\dfrac{1}{2}=3\left(S_{n-1}+\dfrac{1}{2}\right)$

즉, 수열 $\left\{S_{n-1}+\dfrac{1}{2}\right\}$은 첫째항이 $S_1+\dfrac{1}{2}=10+\dfrac{1}{2}=\dfrac{21}{2}$이고, 공비가 3인 등비수열이야.

첫째항이 a_1, 공비가 r일 때, 등비수열의 일반항은 $a_n=a_1\times r^{n-1}$야.

따라서 $S_n+\dfrac{1}{2}=\dfrac{21}{2}\times3^{n-1}$에서 $S_n=\dfrac{7}{2}\times3^n-\dfrac{1}{2}$

여기에 $n=15$를 대입하면

$S_{15}=\dfrac{7}{2}\times3^{15}-\dfrac{1}{2}=p\times3^{15}-\dfrac{1}{2}$ $\quad\therefore 4p=4\times\dfrac{7}{2}=14$

C 19 정답 ① *등비수열의 합의 활용 [정답률 42%]

(**정답 공식**: 접는 종이가 몇 겹인지를 파악해서, 만들어진 정사각형의 길이에 그 만큼 곱해줘야 한다.)

그림과 같이 한 변의 길이가 2인 정사각형 모양의 종이 ABCD에서 각 변의 중점을 각각 A_1, B_1, C_1, D_1이라 하고 $\overline{A_1B_1}$, $\overline{B_1C_1}$, $\overline{C_1D_1}$, $\overline{D_1A_1}$을 접는 선으로 하여 네 점 A, B, C, D가 한 점에서 만나도록 접은 모양을 S_1이라 하자. S_1에서 정사각형 $A_1B_1C_1D_1$의 각 변의 중점을 각각 A_2, B_2, C_2, D_2라 하고 $\overline{A_2B_2}$, $\overline{B_2C_2}$, $\overline{C_2D_2}$, $\overline{D_2A_2}$를 접는 선으로 하여 네 점 A_1, B_1, C_1, D_1이 한 점에서 만나도록 접은 모양을 S_2라 하자. 이와 같은 과정을 계속하여 n번째 얻은 모양을 S_n이라 하고, S_n을 정사각형 모양의 종이 ABCD와 같도록 펼쳤을 때 접힌 모든 선들의 길이의 합을 l_n이라 하자. 예를 들어, $l_1=4\sqrt{2}$이다. l_5의 값은? (단, 종이의 두께는 고려하지 않는다.) (4점) 단서 S_n의 모양을 통해 l_n의 규칙을 찾아 봐.

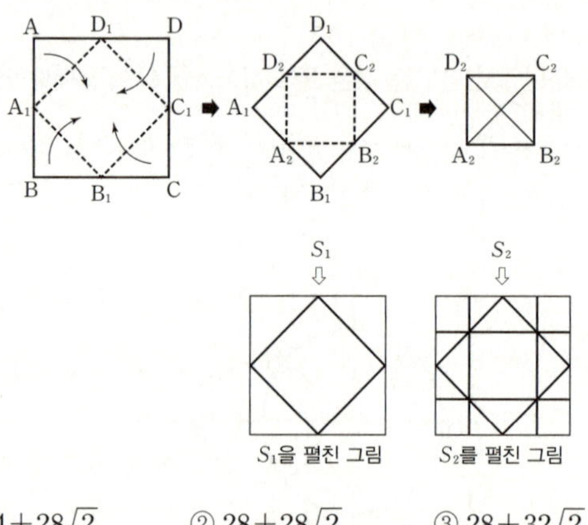

S_1을 펼친 그림 $\quad$ S_2를 펼친 그림

① $24+28\sqrt{2}$ ② $28+28\sqrt{2}$ ③ $28+32\sqrt{2}$
④ $32+32\sqrt{2}$ ⑤ $36+32\sqrt{2}$

1st S_1, S_2, S_3의 각각의 모양에서 생기는 선들의 길이의 합의 규칙을 찾아 보자.

종이 ABCD를 접는 선은 한 변의 길이가 $\sqrt{2}$인 정사각형이므로, S_1을 펼친 그림에서 접힌 모든 선들의 길이의 합은 $4\sqrt{2}$이다.

S_1을 접는 선은 한 변의 길이가 1인 정사각형이고 종이가 2겹이므로, S_2를 펼친 그림에서 새로 접힌 모든 선들의 길이의 합은 8이다.

한 변의 길이가 1인 정사각형은 네 변의 종이가 2겹이므로 $1\times4\times2=8$

S_2를 접는 선은 한 변의 길이가 $\dfrac{1}{\sqrt{2}}$인 정사각형이고 종이가 4겹이므로, S_3을 펼친 그림에서 새로 접힌 모든 선들의 길이의 합은 $8\sqrt{2}$이다.

한 변의 길이가 $\dfrac{1}{\sqrt{2}}=\dfrac{\sqrt{2}}{2}$인 정사각형은 네 변의 종이가 4겹이므로 $\dfrac{\sqrt{2}}{2}\times4\times4=8\sqrt{2}$

즉, S_1, S_2, S_3의 접히는 선들의 합은 각각 $4\sqrt{2}$, 8, $8\sqrt{2}$이고, 같은 규칙으로 시행하는 것이므로 등비수열이다.

그러므로 새로 접힌 모든 선들의 길이의 합은 첫째항이 $4\sqrt{2}$이고 공비가 $\sqrt{2}$인 등비수열이다.

실수 꼭 S_n을 엄밀하게 구할 필요는 없어. 처음 몇 개의 항을 구해서 규칙을 찾는게 더 빠르고 쉬워.

2nd l_n의 규칙을 찾아서 l_5를 구해.

따라서 S_n을 펼친 그림에서 접힌 모든 선들의 길이의 합 l_n은 첫째항이 $4\sqrt{2}$이고 공비가 $\sqrt{2}$인 등비수열의 첫째항부터 제 n항까지의 합이다.

첫째항이 a_1, 공비가 r인 등비수열의 첫째항부터 제 n항까지의 합은 $S_n=\dfrac{a_1(r^n-1)}{r-1}$ (단, $r\neq1$)

$\therefore l_5=\dfrac{4\sqrt{2}\times\{(\sqrt{2})^5-1\}}{\sqrt{2}-1}=24+28\sqrt{2}$

C 20 정답 400 *등차수열과 등비수열의 합의 응용 [정답률 65%]

정답 공식: 매일 푼 문제 수가 등차수열을 이루므로 등차수열의 합 $S_n=\frac{n\{2a_1+(n-1)d\}}{2}$를 이용한다.

선미는 문제 수가 x인 수학책을 첫째 날에는 15문제를 풀고 둘째 날부터 매일 문제 수를 d만큼씩 증가시키면서 풀어 아홉째 날까지 문제를 풀고 나면 13문제가 남게 된다. 또, 첫째 날에는 30문제를 풀고 둘째 날부터 매일 문제 수를 d만큼씩 증가시키면서 풀어 일곱째 날까지 문제를 풀고 나면 43문제가 남게 된다. 선미가 풀고자 하는 이 수학책의 문제 수 x의 값을 구하시오. (4점)

단서1 푼 문제 수가 등차수열을 이루네. 첫째항은 $a_1=15$이고 a_9일 때, 단서가 주어졌지?

단서2 이번에는 첫째항은 $b_1=30$이고 b_7일 때, 단서가 주어졌지?

1st 먼저 등차수열을 이용하여 첫째 날 15문제를 푼 것부터 계산해 보자.

첫째 날에는 15문제를 풀고 둘째 날부터 매일 문제 수를 d만큼씩 증가시키면서 풀었다. 즉, ($a_1=15$라 하자.)

주의 문제가 남았으니까 더해주는 거야.

$x=15+(15+d)+(15+2d)+\cdots+(15+8d)+13$ (a_9로 아홉째 날에 푼 문제 수, 13: 남은 문제 수)

$=\frac{9(15+15+8d)}{2}+13$ → 첫째항이 a_1과 끝항이 a_9인 등차수열의 합은 $S_9=\frac{9(a_1+a_9)}{2}$

$=9(15+4d)+13$ ⋯ ㉠

2nd 첫째 날 30문제를 푼 것도 등차수열을 이용하여 계산해 보자.

첫째 날에는 30문제를 풀고 둘째 날부터 매일 문제 수를 d만큼씩 증가시키면서 풀었으므로 ($b_1=30$이라 하자.)

$x=30+(30+d)+(30+2d)+\cdots+(30+6d)+43$ (b_7로 일곱째 날에 푼 문제 수, 43: 남은 문제 수)

$=\frac{7(30+30+6d)}{2}+43$

$=7(30+3d)+43$ ⋯ ㉡

3rd 이제 ㉠=㉡임을 이용하여 d의 값을 찾아 x의 값을 구하자.

$9(15+4d)+13=7(30+3d)+43$에서

$15d=105 \quad \therefore d=7$

따라서 수학책의 문제 수는

$x=9(15+4d)+13=9(15+4\times7)+13=400$ (∵ ㉠)

C 21 정답 ② *등차수열과 등비수열의 합의 응용 [정답률 57%]

정답 공식: 수면시간은 첫째항이 14시간이고, 공차가 15분, 마지막 항이 24시간인 등차수열이다.

수학자 드 므와브르에 대하여 다음과 같은 일화가 전해지고 있다.

단서1 수면 시간이 일정하게 길어지니까 등차수열이지?

> 드 므와브르는 자신의 수면 시간이 매일 15분씩 길어진다는 것을 깨닫고, 수면 시간이 24시간이 되는 날을 계산하여 그 날에 자신이 죽을 것이라고 예측하였다. 그런데 놀랍게도 그 날에 수면하는 상태에서 생을 마쳤다.

드 므와브르가 매일 밤 12시에 잠든다고 가정할 때, 처음 이 사실을 알게 된 날의 수면 시간이 14시간이었다면 그날부터 생을 마칠 때까지 깨어있는 시간의 합은? (3점)

단서2 $a_1=14$, $a_n=24$이니까 n의 값을 구하여 그 합을 구하면 되겠네.

① 197 ② 205 ③ 214
④ 224 ⑤ 235

1st 드 므와브르의 수면 시간이 일정하게 증가하니까 등차수열의 일반항을 이용하자.

처음 사실을 안 날부터 n일째 수면 시간을 a_n이라 하고, 수면 시간이 14시간인 날을 첫째 날이라 하면

수열 $\{a_n\}$은 첫째항 $a_1=14$, 공차가 $d=\frac{15}{60}=\frac{1}{4}$이므로

수면 시간이 일정하게 15분씩 증가하니까 등차수열!

$a_n=14+(n-1)\times\frac{1}{4}$ → [등차수열의 일반항] $a_n=a_1+(n-1)d$

2nd 수면 시간이 24시간일 때, 생을 마쳤으니까 이때가 몇 일째인지 계산하자.

$a_n=24$이면 $14+(n-1)\times\frac{1}{4}=24 \quad \therefore n=41$

3rd 생을 마칠 때 깨어있는 시간을 생각하여 그 합을 구하자.

a_n은 수면 시간이므로 깨어있는 시간은 $24-a_n$이다.

이때, 첫째 날 깨어있는 시간은

$24-a_1=24-14=10$ → a_n은 수면 시간이므로 깨어있는 시간은 $24-a_n$이야.

생을 마치는 날 깨어있는 시간은

$24-a_{41}=24-24=0$

따라서 그 합은 (첫째항이 a, 끝항 l, 항의 수가 n인 등차수열의 합은 $S_n=\frac{a(n+l)}{2}$)

$\frac{41(10+0)}{2}=205$

[다른 풀이]

이 사실을 알게 된 날을 첫째 날이라 놓고, 드 므와브르가 하루 동안 깨어 있는 시간을 수열 $\{b_n\}$이라고 하자. (깨어있는 시간의 합을 물어보니까)

그러면 첫째 날의 수면 시간이 14시간이므로 수열 $\{b_n\}$은

$b_1=24-14=10$이고 매일 수면 시간이 15분씩 길어지므로 공차가

$-\frac{15}{60}=-\frac{1}{4}$인 등차수열이야. (일정한 크기로 증가, 감소하는 등차수열이야. 특히, b_n은 깨어있는 시간이니까 공차는 음수야.)

$\therefore b_n=10+(n-1)\times\left(-\frac{1}{4}\right)$

이때, 24시간 계속 수면하게 되는 날은 깨어 있는 시간이 0시간이므로

$b_n=10-\frac{1}{4}(n-1)=0 \quad \therefore n=41$

수면 시간이 14시간인 날부터 생을 마치는 날, 즉 41일째 되는 날까지 깨어있는 시간의 합은 첫째항이 10시간, 제41항이 0시간, 날 수가 41일이므로

(깨어 있는 시간의 합)$=\frac{41(10+0)}{2}=205$(시간)

첫째항이 10, 끝항이 0, 항의 수 41인 등차수열의 합이니까.

등차수열의 합과 등비수열의 합 (개념·공식)

(1) 등차수열의 합

① 첫째항이 a이고 공차가 d인 등차수열의 첫째항부터 제n항까지의 합을 S_n이라 하면

$S_n=\frac{n\{2a+(n-1)d\}}{2}$

② 첫째항이 a이고 제n항이 l인 등차수열의 첫째항부터 제n항까지의 합을 S_n이라 하면

$S_n=\frac{n(a+l)}{2}$

(2) 등비수열의 합

① 첫째항이 a이고 공비가 1인 등비수열의 첫째항부터 제n항까지의 합을 S_n이라 하면

$S_n=an$

② 첫째항이 a이고 공비가 r인 등비수열의 첫째항부터 제n항까지의 합을 S_n이라 하면

$S_n=\frac{a(r^n-1)}{r-1}=\frac{a(1-r^n)}{1-r}$

C 22 정답 ④ *등차수열과 등비수열의 합의 응용 … [정답률 55%]

(**정답 공식**: 대출금을 이자와 함께 회수한 금액과 예비금을 합친 금액이 정기예금을 이자와 함께 지불할 금액보다 50만 원이 더 많아야 한다.)

한 은행은 고객으로부터 500만 원을 연이율 r %의 3년 만기 정기예금으로 받으면, 그 중에서 450만 원을 연이율 10 %로 3년 동안 대출하고 나머지 ❶50만 원은 예비비로 보관한다. 3년 후 은행은 대출금을 이자와 함께 회수하고 고객에게 정기예금을 이자와 함께 지불하여 ❷100만 원의 수익을 얻었다. 이때, 예금의 연이율 r를 구하는 식은? (단, 모든 이자는 1년 마다의 복리로 계산한다.) (4점)

단서 ❷만큼 은행에서 수익을 내기 위해서는 대출금의 원리합계가 정기예금의 원리합계보다 커야 하지? 그리고 ❶이 있으니까 ❷가 되기 위해서는 그 차는 50만 원이네.

① $5\times10^6\left(1+\frac{r}{100}\right)^3-45\times10^5\left(1+\frac{10}{100}\right)^3=10^6$

② $5\times10^6\left(1+\frac{r}{100}\right)^3-45\times10^5\left(1+\frac{10}{100}\right)^3=5\times10^5$

③ $5\times10^6\left(1+\frac{r}{100}\right)^3-45\times10^5\left(1+\frac{10}{100}\right)^3=15\times10^5$

④ $45\times10^5\left(1+\frac{10}{100}\right)^3-5\times10^6\left(1+\frac{r}{100}\right)^3=5\times10^5$

⑤ $45\times10^5\left(1+\frac{10}{100}\right)^3-5\times10^6\left(1+\frac{r}{100}\right)^3=15\times10^5$

1st 은행의 수익이 100만 원이 되기 위한 조건을 생각해.

정기예금의 원리합계와 대출금액의 원리합계의 차이지?

이 은행은 500만 원의 정기예금에서 450만 원을 대출해 주고 50만 원은 예비비로 보관하고 있으므로 3년 후 100만 원의 수익을 얻으려면 정기예금의 원리합계와 대출금의 원리합계의 차가 50만 원이어야 한다.

=(수익)−(예비금)

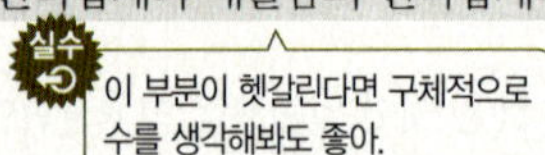

실수
이 부분이 헷갈린다면 구체적으로 수를 생각해봐도 좋아.

2nd 복리법을 이용한 원리합계로 3년 후 정기예금과 대출금의 원리합계를 구하자.

원리금 a, 이율 r %일 때, n기간 후의 원리합계는 $S_n=a\left(1+\frac{r}{100}\right)^n$이야.

연이율 r %의 3년 만기 정기예금 500만 원($=5\times10^6$)에 대한 3년 후의 원리합계는

$5\times10^6\left(1+\frac{r}{100}\right)^3$(원)

고객의 돈 450만 원($=45\times10^5$)을 연이율 10 %로 3년 동안 대출하므로 이 금액에 대한 3년 후의 원리합계는 $45\times10^5\left(1+\frac{10}{100}\right)^3$(원)

3rd 구해진 식을 이용하여 예금 이율 r를 식으로 표현해.

따라서 예금 이율 r를 구하는 식은

$$45\times10^5\left(1+\frac{10}{100}\right)^5-5\times10^6\left(1+\frac{r}{100}\right)^3=5\times10^5$$

원리합계 (개념·공식)

원금을 a, 이율을 r, 기간을 n, 원리합계를 S라 하면

(1) 원금 a를 처음에만 넣은 경우

① 단리법 : $S=a(1+rn)$

② 복리법 : $S=a(1+r)^n$

(2) 원금 a씩을 기간 n 동안 적립한 경우

① 기수불 : $S=\frac{a(1+r)\{(1+r)^n-1\}}{r}$

② 기말불 : $S=\frac{a\{(1+r)^n-1\}}{r}$

C 23 정답 ④ *등차수열과 등비수열의 합의 응용 … [정답률 45%]

(**정답 공식**: 각 용량별로 개수와 가격을 곱한 값을 모두 더한 뒤 40% 하락을 계산하면 된다.)

다음 표는 어느 학교에서 한 달 전에 구입한 휴대용 저장 장치의 용량에 따른 1개당 가격과 개수의 현황을 나타낸 것이다.

용량	128MB	256MB	512MB	1GB	2GB
1개당 가격	a	$\frac{3}{2}a$	$\left(\frac{3}{2}\right)^2a$	$\left(\frac{3}{2}\right)^3a$	$\left(\frac{3}{2}\right)^4a$
개수	$16b$	$8b$	$4b$	$2b$	b

단서2 감소니까 −0.4로 한달 전에 구입한 금액의 0.6배이지?

현재 모든 휴대용 저장 장치의 가격이 한 달 전보다 모두 40 %씩 하락하였다. 이 학교에서 휴대용 저장 장치의 용량과 개수를 위 표와 동일하게 현재의 가격으로 구입한다면 지불해야 하는 금액은? (단, $a>0$이고, $b>0$이다.) (4점)

단서1 (지불 금액)=(1개당 가격)×(개수)이고, 현재 가격이 감소하였으니까 주의하여 용량별로 금액을 구하여 합하면 되겠네.

① $\frac{128}{5}ab\left\{1-\left(\frac{1}{4}\right)^5\right\}$

② $32ab\left\{1-\left(\frac{3}{4}\right)^5\right\}$

③ $32ab\left\{1-\left(\frac{1}{4}\right)^5\right\}$

④ $\frac{192}{5}ab\left\{1-\left(\frac{3}{4}\right)^5\right\}$

⑤ $\frac{192}{5}ab\left\{1-\left(\frac{1}{4}\right)^5\right\}$

1st 한 달 전에 구입한 모든 휴대용 저장 장치의 가격부터 구하자.

주어진 표를 이용하면 한 달 전 모든 휴대용 저장 장치의 가격은

(모든 저장 장치의 가격)=(1개당 가격)×(개수)

$=a\times16b+\frac{3}{2}a\times8b+\left(\frac{3}{2}\right)^2a\times4b+\left(\frac{3}{2}\right)^3a\times2b+\left(\frac{3}{2}\right)^4a\times b$

$=ab\left\{16+3\times4+3^2+\frac{3^3}{4}+\frac{3^4}{16}\right\}$ … ㉠

2nd 현재 가격은 한 달 전보다 모두 40 %씩 하락하였으므로 한 달 전의 60 %가 되겠지?

a % 감소이면 $\left(1-\frac{a}{100}\right)$이니까 $(1-0.4)=0.6$이야.

따라서 ㉠에 의하여

(현재의 가격)

$=ab\left\{16+3\times4+3^2+\frac{3^3}{4}+\frac{3^4}{16}\right\}\times\frac{60}{100}$

$\times\frac{3}{4}$ $\times\frac{3}{4}$ $\times\frac{3}{4}$ $\times\frac{3}{4}$ 이니까 첫째항이 16이고 공비가 $\frac{3}{4}$인 등비수열의 첫째항부터 제5항까지의 합이야.

$=\frac{3}{5}ab\times\frac{16\times\left\{1-\left(\frac{3}{4}\right)^5\right\}}{1-\frac{3}{4}}$

$=\frac{192}{5}ab\left\{1-\left(\frac{3}{4}\right)^5\right\}$

첫째항이 a_1, 공비가 r (단, $|r|<1$)일 때, 등비수열의 합은 $S_n=\frac{a_1(1-r^n)}{1-r}$이야.

등비수열의 합 (개념·공식)

첫째항이 a, 공비가 r인 등비수열의 첫째항부터 제n항까지의 합 S_n은

① $r\neq1$일 때, $S_n=\frac{a(1-r^n)}{1-r}=\frac{a(r^n-1)}{r-1}$

② $r=1$일 때, $S_n=na$

C 24 정답 18 *수열의 규칙 찾기 [정답률 65%]

정답 공식: $n=1$일 때부터 값을 계산해보면 (x_n, y_n)의 값이 순환하면서 반복된다는 것을 알 수 있다.

자연수 n에 대하여 순서쌍 (x_n, y_n)을 다음 규칙에 따라 정한다.

(가) $(x_1, y_1)=(4, 9)$ 단서 ❶, ❷의 규칙을 가지고 좌표를 나열하여 규칙을 찾자.

(나) ❶n이 홀수이면 $(x_{n+1}, y_{n+1})=(x_n, (y_n-7)^2)$이고,

❷n이 짝수이면 $(x_{n+1}, y_{n+1})=((x_n-7)^2, y_n)$이다.

순서쌍 (x_{2020}, y_{2020})에서 $x_{2020}+y_{2020}$의 값을 구하시오. (4점)

1st $n=1, 2, 3, \cdots$을 차례로 대입하여 규칙을 찾아 보자.

조건에서 $(x_1, y_1)=(4, 9)$

$n=1$일 때, $(x_2, y_2)=(x_1, (y_1-7)^2)=(4, 4)$

$n=2$일 때, $(x_3, y_3)=((x_2-7)^2, y_2)=(9, 4)$

$n=3$일 때, $(x_4, y_4)=(x_3, (y_3-7)^2)=(9, 9)$

$n=4$일 때, $(x_5, y_5)=((x_4-7)^2, y_4)=(4, 9)$

⋮

함정: 복잡해 보이지만 $n=1, 2, 3, \cdots$을 대입해 보면 규칙이 있는 간단한 문제야.

$(x_1, y_1)=(x_5, y_5)$ 원래대로 돌아오면 이것은 일정한 주기를 가지는 수열이네.

2nd 주기를 찾아 (x_{2020}, y_{2020})의 값을 구해.

$(x_1, y_1)=(x_5, y_5)$이므로 (x_n, y_n)의 값은 4를 주기로 값이 반복됨을 알 수 있다. 즉, 음이 아닌 정수 k에 대하여

$(x_1, y_1)=(x_5, y_5)=\cdots=(x_{4k+1}, y_{4k+1})=(4, 9)$

$(x_2, y_2)=(x_6, y_6)=\cdots=(x_{4k+2}, y_{4k+2})=(4, 4)$

$(x_3, y_3)=(x_7, y_7)=\cdots=(x_{4k+3}, y_{4k+3})=(9, 4)$

$(x_4, y_4)=(x_8, y_8)=\cdots=(x_{4k+4}, y_{4k+4})=(9, 9)$

첫째항이 1이고 공차가 4라고 생각하면 $1+4(k-1)=4k-3(k\ge1)$ 이때, $k=0$부터 생각하면 $4k+1$로 표현 가능해.

이때, $2020=4\times504+4$이므로 → 4번째와 동일한 좌표를 가져.

$(x_{2020}, y_{2020})=(x_4, y_4)=(9, 9)$

$\therefore x_{2020}+y_{2020}=9+9=18$

C 25 정답 ④ *수열의 규칙 찾기 [정답률 37%]

정답 공식: $m=3\times$(3의 배수가 아닌 수)이다. $1m, 2m, \cdots, 10m$ 각각에 대해 3으로 몇 번 나누어떨어지는지를 생각한다.

수열 $\{a_n\}$에 대하여 단서 주어진 식을 예를 보고 잘 이해해야 해. $a_m=2$이면 $m=3^2\times q$이고, $2m=3^2\times 24$가 되는 거야.

$n=3^p\times q$(p는 음이 아닌 정수, q는 3의 배수가 아닌 정수)

일 때, $a_n=p$이다. 예를 들어, $21=3\times7$이므로 $a_{21}=1$이다.

$a_m=2$일 때,

$$a_m+a_{2m}+a_{3m}+a_{4m}+a_{5m}+a_{6m}+a_{7m}+a_{8m}+a_{9m}+a_{10m}$$

의 값은? (4점)

① 21 ② 22 ③ 23 ④ 24 ⑤ 25

1st 수열 $\{a_n\}$을 이해하여 $a_m=2$일 때, m을 q에 관한 식으로 나타내 봐.
$n=3^p\times q$(p는 음이 아닌 정수, q는 3의 배수가 아닌 정수)

$a_m=2$에서 $n=m$이고 $p=2$이므로

$m=3^2\times q=9q$ (q는 3의 배수가 아닌 정수)

2nd $2m, 3m, \cdots, 10m$을 q의 식으로 나타내어 $a_{2m}, a_{3m}, \cdots, a_{10m}$의 값을 차례로 구해.

3의 배수가 아닌 정수 q에 대하여

$2m=2\times9q=3^2\times2q$이므로 $a_{2m}=2$ ($p=2$)

$3m=3\times9q=3^3\times q$이고 $a_{3m}=3$

$4m=4\times9q=3^2\times4q$이고 $a_{4m}=2$

$5m=5\times9q=3^2\times5q$이고 $a_{5m}=2$

$6m=6\times9q=3^3\times2q$이고 $a_{6m}=3$

$7m=7\times9q=3^2\times7q$이고 $a_{7m}=2$

$8m=8\times9q=3^2\times8q$이고 $a_{8m}=2$

$9m=9\times9q=3^4\times q$이고 $a_{9m}=4$

$10m=10\times9q=3^2\times10q$이고 $a_{10m}=2$

$\therefore a_m+a_{2m}+\cdots+a_{10m}=2+2+3+2+2+3+2+2+4+2=24$

C 26 정답 ①, ④ *수열의 규칙 찾기 [정답률 47%]

정답 공식: n을 소인수분해해보고, 짝수인 소인수들이 얼마나 있는지를 확인한다. x_n은 짝수인 양의 약수의 개수에서 홀수인 양의 약수의 개수를 뺀 값이다.

자연수 n의 모든 양의 약수를 $a_1, a_2, \cdots, a_k$라 할 때,

$$x_n=(-1)^{a_1}+(-1)^{a_2}+\cdots+(-1)^{a_k}$$

이라 하자. [보기]에서 옳은 것을 모두 고른 것은? (4점)

[보기]

ㄱ. $x_8=2$ 단서1 8의 양의 약수를 찾자.

ㄴ. $n=3^m$이면 $x_n=-m+1$이다. 단서2 3^m의 양의 약수와 그 개수를 따져 보자.

ㄷ. $n=10^m$이면 $x_n=m^2-1$이다. 단서3 $10^m=2^m5^m$의 양의 약수와 그 개수를 따져 보자.

① ㄱ ② ㄴ ③ ㄱ, ㄴ ④ ㄱ, ㄷ ⑤ ㄱ, ㄴ, ㄷ

접근법 x_n는 a_k의 홀수, 짝수에 따라 음, 양이 되네. 그리고 n의 약수의 개수에 따라 x_n의 값이 결정되니까 보기의 단서에 각각 적용해.

1st 자연수 n의 양의 약수와 그 약수의 개수를 이용하여 ㄱ~ㄷ의 참, 거짓을 판별해 보자. 어떤 수를 나누어떨어지게 하는 수야.

ㄱ. 8의 양의 약수는 1, 2, 4, 8이므로

$x_8=(-1)^1+(-1)^2+(-1)^4+(-1)^8=2$(참) ($(-1)^1=-1$)

ㄴ. $n=3^m$의 양의 약수는 $1, 3, 3^2, \cdots, 3^m$이고 그 개수가 $m+1$이면서 모두 홀수이므로 (모두 홀수이지?)

$x_n=(-1)^1+(-1)^3+(-1)^{3^2}+\cdots+(-1)^{3^m}$

$=(-1)+(-1)+(-1)+\cdots+(-1)$

$=-(m+1)$(거짓)

양수 a에 대하여 $(-a)^n=\begin{cases}a^n & (n\text{은 짝수})\\ -a^n & (n\text{은 홀수})\end{cases}$

ㄷ. $n=10^m=2^m5^m$이므로 10^m의 양의 약수의 개수는 (소인수분해)

$(m+1)(m+1)=(m+1)^2$이고

이 중 홀수의 약수의 개수는 $1, 5^1, \cdots, 5^m$의 $m+1$

[n의 소인수분해] $n=p_1^{a_1}\times p_2^{a_2}\times\cdots\times p_n^{a_n}$($p_1, p_2, \cdots, p_n$은 소수)일 때 n의 양의 약수의 개수는 $(a_1+1)(a_2+1)\times\cdots\times(a_n+1)$이야.

따라서 짝수인 약수의 개수는

$(m+1)^2-(m+1)=m^2+m$이므로

$x_n=(-1)\times(m+1)+1\times(m^2+m)$

$=m^2-1$ ← 평가원 해설 참조

2^m에서 $1, 2, 2^2, \cdots, 2^m$이니까 $(m+1)$개라 하면 안 돼. (짝)×(홀)=(짝)이니까 5^m과 곱하여 짝수인 양수가 생길 수 있어.

평가원 해설

본 문항의 x_n은 n의 양의 약수 중 짝수인 약수의 개수에서 홀수인 약수의 개수를 뺀 값이다. 따라서 이 문항에서 문자 m에 대한 구체적 설명이 없더라도 m을 자연수로 간주하는 것이 자연스럽고, 그 경우 [보기] ㄷ은 참인 명제가 되어 이 문항의 정답은 ④가 된다. 그러나 문자 m에 제한을 두지 않았으므로 m의 값으로 모든 실수가 될 수 있다고 해석하여, 예컨대 $m=\log 2$가 [보기] ㄷ의 반례가 된다고 생각할 수도 있다.

따라서 본 문항에서는 ①도 정답으로 인정한다.

C 27 정답 ② *수열의 규칙 찾기 [정답률 53%]

(정답 공식: 주어진 수열의 분모가 같은 것들을 묶어서 수열의 특징을 구한다.)

수열 (단서 분모가 같은 분수끼리 묶어 각 군의 규칙을 파악해.)

$$\frac{1}{1}, \frac{2}{2}, \frac{3}{2}, \frac{4}{3}, \frac{5}{3}, \frac{6}{3}, \frac{7}{4}, \frac{8}{4}, \frac{9}{4}, \frac{10}{4}, \frac{11}{5}, \cdots$$

의 제n항을 a_n이라 할 때, $a_n \geq 10$을 만족시키는 자연수 n의 최솟값은? (4점)

① 189 ②190 ③ 191 ④ 192 ⑤ 193

1st 우선 분모가 같은 것끼리 묶어 규칙성을 찾자.

주어진 수열을 아래와 같이 군으로 나누자.

$$\underset{1군}{\left(\frac{1}{1}\right)}, \underset{2군}{\left(\frac{2}{2}, \frac{3}{2}\right)}, \underset{3군}{\left(\frac{4}{3}, \frac{5}{3}, \frac{6}{3}\right)}, \underset{4군}{\left(\frac{7}{4}, \frac{8}{4}, \frac{9}{4}, \frac{10}{4}\right)}, \underset{5군}{\left(\frac{11}{5}, \cdots, \frac{15}{5}\right)}, \cdots \cdots ㉠$$

제 k군의 수는 분모가 k인 분수이고, 이 중 가장 큰 수는

$\frac{1+2+\cdots+k}{k} = \frac{k(k+1)}{2} \cdot \frac{1}{k} = \frac{k+1}{2}$이다.

각 군에서 가장 큰 수의 분자는
제①군 : ①
제②군 : $3=1+②$
제③군 : $6=1+2+③$
제④군 : $10=1+2+3+④$
⋮
따라서 제k군의 가장 큰 수의 분자는 $1+2+\cdots+k$가 돼.

실수 각 군에서 분모는 일정하기 때문에 분자가 커질수록 커지지? 각 군의 마지막 수가 각 군에서 가장 커.

이 값은 점점 증가하므로

$a_n = \frac{n+1}{2} \geq 10$을 만족하는 n의 값을 구하면 된다.

즉, $n \geq 19$이다. (제19군의 마지막 수가 처음으로 10이 돼.)

제 n군까지의 항의 수는 $\sum_{k=1}^{n} k = \frac{n(n+1)}{2}$이므로 제 1군부터 제 19군까지의 항의 수를 구하면

(제1군에 1개, 제2군에 2개, …이므로 제n군까지의 항의 수는 $1+2+\cdots+n$(개))

$1+2+\cdots+19 = \frac{19 \times 20}{2} = 190$

즉, $a_n \geq 10$을 만족시키는 n의 최솟값은 190이다.

[다른 풀이]

㉠과 같이 군을 나누어보면 최초로 자연수 1, 2, 3, …이 나오는 군은 1은 제1군, 2는 제3군, 3은 제5군, …이므로 자연수 k는 제$(2k-1)$군에서 처음으로 나와.

즉, 자연수 10은 처음으로 $2 \cdot 10 - 1 = 19$(군)에서 나옴을 알 수 있어.

또한, 제$(2k-1)$군의 마지막 수가 처음으로 자연수 k가 되므로 제19군의 마지막 수는 10이야.

따라서 제19군까지의 항의 수는 $1+2+\cdots+19 = \frac{19 \times 20}{2} = 190$

수능 핵강

이것도 군수열 문제로 볼 수 있겠구나. 군수열 문제는 항상 각 군의 항의 수가 몇 개인지, 각 군의 첫째항들이 가지는 규칙성이 무엇인지 생각해 보아야지. 그런데 이 문제는 특이하게도 각 군의 마지막 숫자가 가장 크다는 특성을 이용하니까 각 군의 마지막 항이 어떤 일반항을 가지는지 파악할 필요가 있네.

자연수의 거듭제곱의 합 개념·공식

① $\sum_{k=1}^{n} k = \frac{n(n+1)}{2}$

② $\sum_{k=1}^{n} k^2 = \frac{n(n+1)(2n+1)}{6}$

③ $\sum_{k=1}^{n} k^3 = \left\{\frac{n(n+1)}{2}\right\}^2$

C 28 정답 ⑤ *수열의 규칙 찾기 [정답률 45%]

(정답 공식: [그림 1]부터 흰 타일의 개수와 검은 타일의 개수를 각각 구해보고, 규칙성을 찾는다.)

한 변의 길이가 1인 정사각형 모양의 검은 타일과 흰 타일이 있다.

(가) [그림 1]과 같이 검은 타일 3개와 흰 타일 1개를 붙여 한 변의 길이가 2인 정사각형이 되도록 한다.

(나) [그림 2]와 같이 [그림 1]의 정사각형의 바깥쪽에 타일을 붙여 한 변의 길이가 4인 정사각형이 되도록 한다.
이때, [그림 1]에 있는 흰 타일의 둘레에는 검은 타일을, 검은 타일의 둘레에는 흰 타일을 붙인다.

(다) [그림 3]과 같이 [그림 2]의 정사각형의 바깥쪽에 타일을 붙여 한 변의 길이가 6인 정사각형이 되도록 한다.
이때, [그림 2]에 있는 흰 타일의 둘레에는 검은 타일을, 검은 타일의 둘레에는 흰 타일을 붙인다.

이와 같은 과정을 계속하여 전체 타일의 개수가 400개가 되었을 때, 검은 타일의 개수와 흰 타일의 개수 사이의 관계를 옳게 나타낸 것은? (4점)

단서 선지를 보니까 개수의 차이를 생각하면 되는 거네. 그림을 가지고 추가되는 각 타일의 개수를 고려하여 전체 개수를 따져 보자.

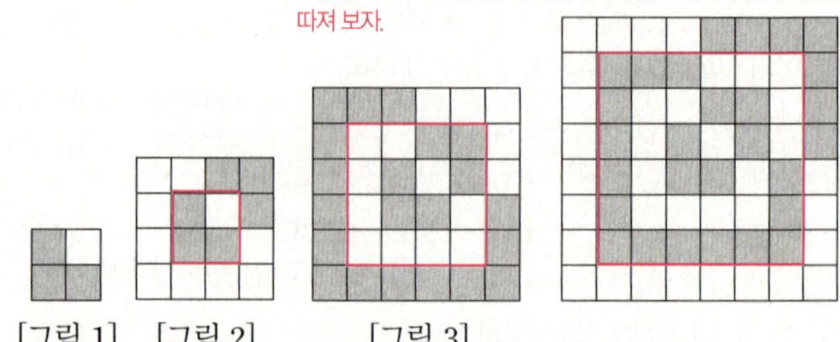

[그림 1] [그림 2] [그림 3]

① 검은 타일과 흰 타일의 개수가 같다.
② 검은 타일의 개수가 흰 타일의 개수보다 18개 많다.
③ 검은 타일의 개수가 흰 타일의 개수보다 20개 많다.
④ 흰 타일의 개수가 검은 타일의 개수보다 18개 많다.
⑤흰 타일의 개수가 검은 타일의 개수보다 20개 많다.

1st 주어진 조건을 가지고 어떤 규칙이 있는지 추론해.

주어진 그림에서 검은 타일과 흰 타일의 추가되는 타일의 개수를 고려하여 각 타일의 개수를 정리하자.

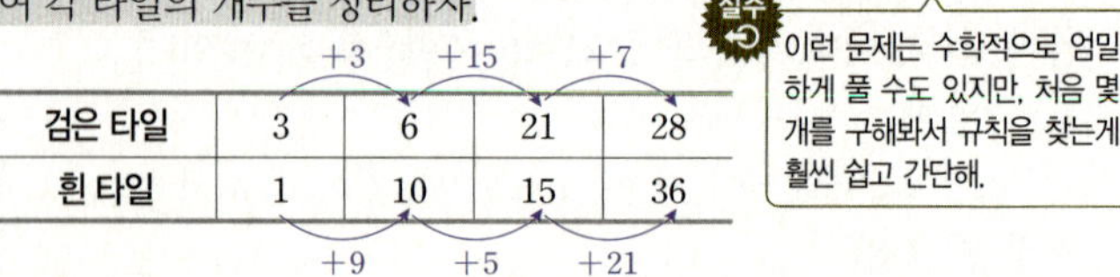

		+3	+15	+7
검은 타일	3	6	21	28
흰 타일	1	10	15	36
		+9	+5	+21

실수 이런 문제는 수학적으로 엄밀하게 풀 수도 있지만, 처음 몇 개를 구해봐서 규칙을 찾는게 훨씬 쉽고 간단해.

각 정사각형에서 검은 타일의 개수와 흰 타일의 개수의 차이를 구해 보면

한 변의 길이가 2일 때 : 검은 타일의 개수가 2개 많다. ($=|3-1|$)

한 변의 길이가 4일 때 : 흰 타일의 개수가 4개 많다. ($=|6-10|$)

한 변의 길이가 6일 때 : 검은 타일의 개수가 6개 많다. ($=|21-15|$)

⋮

한 변의 길이가 $2n$일 때 : n이 홀수이면 검은 타일의 개수가 $2n$개, n이 짝수이면 흰 타일의 개수가 $2n$개 많다.

2nd 규칙성을 찾은 후 주어진 선택지에서 옳은 것을 찾아.

따라서 전체 타일의 개수가 400, 즉 한 변의 길이가 20($=2 \times 10$)일 때, 흰 타일의 개수가 검은 타일의 개수보다 20개 많다.

C 29 정답 ② *시그마의 활용 [정답률 63%]

(정답 공식: $\frac{1}{\sqrt{a}+\sqrt{b}}=\frac{\sqrt{a}-\sqrt{b}}{(\sqrt{a}+\sqrt{b})(\sqrt{a}-\sqrt{b})}=\frac{\sqrt{a}-\sqrt{b}}{a-b}$)

양의 실수로 이루어진 수열 $\{a_n\}$이

$a_1^2+a_2^2+\cdots+a_n^2=n^2$ 단서 수열의 합의 식이 주어졌으니까 수열의 합과 일반항 사이의 관계를 떠올려야 해.

을 만족시킬 때, $\sum_{k=1}^{40}\frac{1}{a_k+a_{k+1}}$의 값은? (3점)

① 2 ② 4 ③ 6 ④ 8 ⑤ 10

1st 주어진 수열의 합의 식을 이용해 일반항 a_n을 구하자.

$n\ge2$일 때,

$$\begin{aligned} &a_1^2+a_2^2+\cdots+a_{n-1}^2+a_n^2=n^2 \\ -)\ &a_1^2+a_2^2+\cdots+a_{n-1}^2 \quad =(n-1)^2 \\ \hline &a_n^2=2n-1 \end{aligned}$$

$n^2-(n-1)^2=n^2-(n^2-2n+1)=2n-1$

그런데 $n=1$일 때, $a_1^2=1^2=1$이므로

$a_n^2=2n-1\ (n\ge1)$ 또한, $a_n^2=2n-1$에서 $a_1^2=2\times1-1=1$

이때, $a_n>0$이므로

$a_n=\sqrt{2n-1}$

2nd 분모에 무리식이 있는 수열의 합은 우선 유리화부터 해야 해.

$$\therefore \sum_{k=1}^{40}\frac{1}{a_k+a_{k+1}}=\sum_{k=1}^{40}\frac{1}{\sqrt{2k-1}+\sqrt{2k+1}}$$

$$=\frac{1}{2}\sum_{k=1}^{40}(\sqrt{2k+1}-\sqrt{2k-1})$$

분모를 유리화하면

$\frac{\sqrt{2k-1}-\sqrt{2k+1}}{(\sqrt{2k-1}+\sqrt{2k+1})(\sqrt{2k-1}-\sqrt{2k+1})}$

$=-\frac{1}{2}(\sqrt{2k-1}-\sqrt{2k+1})$

$=\frac{1}{2}(\sqrt{2k+1}-\sqrt{2k-1})$

$$=\frac{1}{2}\{(\sqrt{3}-\sqrt{1})+(\sqrt{5}-\sqrt{3})+\cdots+(\sqrt{81}-\sqrt{79})\}$$

$$=\frac{1}{2}\times(9-1)=4$$

실수 맨앞에서 두 번째 항이 남았으니까 맨뒤에도 두 번째 항이 남는 거야.

수능 핵강

$a_n^2=b_n$으로 생각하면 b_n의 첫 번째항부터 제 n번째 항까지의 합을 S_n이라 두고 $b_n=S_n-S_{n-1}$임을 이용하여 $b_n=2n-1$임을 구할 수 있을 거야. a_n은 양수이므로 $a_n=\sqrt{2n-1}$이라는 결론이 나오지? 그러면 쉽게 계산할 수 있지. 혹시 홀수의 합, 즉 $1+3+5+7+\cdots+(2n-1)=n^2$임을 외우고 있다면 수열 $\{b_n\}$의 일반항을 바로 구할 수 있어. 참고로 짝수의 합도 외우고 있으면 편리할 때가 많아. 같이 알아 두자.

$2+4+6+\cdots+2n=2(1+2+3+\cdots+n)=n(n+1)$

Σ의 활용 – 유리식과 무리식 개념·공식

(1) 부분분수를 이용한 수열의 합

$$\sum_{k=1}^{n}\frac{1}{k(k+1)}=\sum_{k=1}^{n}\left(\frac{1}{k}-\frac{1}{k+1}\right)$$

(2) 근호를 포함한 식으로 나타내어지는 수열의 합

(i) 일반항의 분모를 유리화한다.

(ii) 합의 기호 Σ를 풀어 계산한다.

C 30 정답 ④ *시그마의 활용 [정답률 73%]

(정답 공식: x에 대한 이차방정식에서 근과 계수의 관계를 이용하여 $\frac{1}{\alpha_n}+\frac{1}{\beta_n}=\frac{\alpha_n+\beta_n}{\alpha_n\beta_n}$을 n에 대해서 나타낸다.)

x에 대한 이차방정식 $x^2+6x-(3n-2)(3n+1)=0$의 두 근 α_n, β_n에 대하여 $\sum_{n=1}^{10}\left(\frac{1}{\alpha_n}+\frac{1}{\beta_n}\right)$의 값은? (4점)

단서 이차방정식의 근과 계수의 관계를 이용해.

① $\frac{30}{31}$ ② $\frac{40}{31}$ ③ $\frac{50}{31}$ ④ $\frac{60}{31}$ ⑤ $\frac{70}{31}$

1st '이차방정식의 두 근~'에서 근과 계수의 관계를 떠올려야지?

이차방정식 $x^2+6x-(3n-2)(3n+1)=0$에 근과 계수의 관계를 적용하면

$ax^2+bx+c=0\ (a\ne0)$의 두 근을 α, β라 하면 $\alpha+\beta=-\frac{b}{a}$, $\alpha\beta=\frac{c}{a}$

$\alpha_n+\beta_n=-6$, $\alpha_n\beta_n=-(3n-2)(3n+1)$

주의 근과 계수의 관계에서는 항상 부호에 주의해야 해.

$$\therefore \frac{1}{\alpha_n}+\frac{1}{\beta_n}=\frac{\alpha_n+\beta_n}{\alpha_n\beta_n}=\frac{6}{(3n-2)(3n+1)}$$

2nd 부분분수 $\frac{1}{AB}=\frac{1}{B-A}\left(\frac{1}{A}-\frac{1}{B}\right)$로 나눠서 풀자.

$$\therefore \sum_{n=1}^{10}\left(\frac{1}{\alpha_n}+\frac{1}{\beta_n}\right)=\sum_{n=1}^{10}\frac{6}{(3n-2)(3n+1)}$$

$$=6\sum_{n=1}^{10}\frac{1}{3}\left(\frac{1}{3n-2}-\frac{1}{3n+1}\right)$$

$(3n+1)-(3n-2)=3$

$$=2\left\{\left(1-\frac{1}{4}\right)+\left(\frac{1}{4}-\frac{1}{7}\right)+\cdots+\left(\frac{1}{28}-\frac{1}{31}\right)\right\}$$

맨 앞에서 한 항이 남으니까 맨 뒤에서도 한 항이 남아.

$$=2\left(1-\frac{1}{31}\right)=\frac{60}{31}$$

C 31 정답 11 *시그마의 활용 [정답률 52%]

(정답 공식: 등차수열이므로 주어진 조건을 이용해서 첫째항과 공차의 관계식을 구한다.)

등차수열 $\{a_n\}$이 다음 조건을 만족시킨다.

단서1 등차수열 $\{a_n\}$의 일반항 $a_n=a_1+(n-1)d$임을 이용해.

(가) $a_1+a_2+a_3+a_4=180$

(나) $a_{m-3}+a_{m-2}+a_{m-1}+a_m=84$인 자연수 m에 대하여 $\sum_{k=1}^{m}a_k=330$ (단, $m>4$)

단서2 $\sum_{k=1}^{m}a_k$는 등차수열 $\{a_n\}$의 첫째항부터 제m항까지의 합이므로 등차수열의 합 공식을 이용해.

a_{11}의 값을 구하시오. (4점)

1st 조건 (가)에서 등차수열 $\{a_n\}$의 첫째항과 공차의 관계식을 구해.

등차수열 $\{a_n\}$의 공차를 d라 하면 $a_n=a_1+(n-1)d$이다.

조건 (가)에서

$a_1+(a_1+d)+(a_1+2d)+(a_1+3d)=180$이므로

$a_n=a_1+(n-1)d$에서 $a_2=a_1+d$, $a_3=a_1+2d$, $a_4=a_1+3d$

$4a_1+6d=180$

$\therefore 2a_1+3d=90 \cdots ㉠$

2nd 조건 (나)에서 등차수열 $\{a_n\}$의 첫째항과 제m항의 관계식을 구해.

조건 (나)에서

$(a_m-3d)+(a_m-2d)+(a_m-d)+a_m=84$이므로

$4a_m-6d=84$

$\therefore 2a_m-3d=42 \cdots ㉡$

$a_{m-3}+3d=a_m$에서 $a_{m-3}=a_m-3d$, $a_{m-2}+2d=a_m$에서 $a_{m-2}=a_m-2d$, $a_{m-1}+d=a_m$에서 $a_{m-1}=a_m-d$

3rd 등차수열의 합 공식을 이용하여 일반항 a_n을 구해.

㉠+㉡을 하면 $2(a_1+a_m)=132$이므로 $a_1+a_m=66$이고

첫째항과 끝항의 합을 이용하면 등차수열의 합 공식을 적용할 수 있어.

$\sum_{k=1}^{m} a_k=\frac{m}{2}(a_1+a_m)=\frac{m}{2}\times 66=330$

등차수열 $\{a_n\}$의 첫째항부터 제n항까지의 합 S_n은 $S_n=\frac{n(a_1+a_n)}{2}$이야.

$\therefore m=10$

또한, ㉠, ㉡에서 $a_1=51$, $d=-4$이므로

$2a_{10}-3d=2(a_1+9d)-3d=2a_1+15d=42$

$\begin{cases}2a_1+3d=90\\2a_1+15d=42\end{cases}$ $\therefore a_1=51, d=-4$

$a_n=-4n+55$

$\therefore a_{11}=-4\times 11+55=11$

C 32 정답 ④ *시그마의 활용 [정답률 56%]

정답 공식: 첫째항이 a, 공차가 d인 등차수열의 첫째항부터 제n항까지의 합을 S_n이라 하면 $S_n=\frac{n\{2a+(n-1)d\}}{2}$이다.

등차수열 $\{a_n\}$에 대하여

$$S_n=\sum_{k=1}^{n} a_k,\ T_n=\sum_{k=1}^{n} |a_k|$$

단서1 절댓값이 있으니까 각 항의 부호를 유추해 봐야 해.

라 할 때, 수열 $\{a_n\}$이 다음 조건을 만족시킨다.

(가) $a_7=a_6+a_8$ 단서2 등차중항을 이용하여 a_7의 값을 구하면 돼.

(나) 6 이상의 모든 자연수 n에 대하여 $S_n+T_n=84$이다.

단서3 $n\ge 7$일 때, $a_n+|a_n|=0$이라는 거야.

T_{15}의 값은? (4점)

① 96 ② 102 ③ 108 ④ 114 ⑤ 120

1st a_7의 값을 구하자.

a_7은 a_6, a_8의 등차중항이므로 $2a_7=a_6+a_8$

세 수 a, b, c가 이 순서대로 등차수열을 이루면 $2b=a+c$가 성립하고 b를 a, c의 등차중항이라 해.

그런데 조건 (가)에서 $a_7=a_6+a_8$이므로

$2a_7=a_7$ $\therefore a_7=0$

2nd 등차수열 $\{a_n\}$의 첫째항과 공차를 구하자.

조건 (나)에 의하여

$S_8+T_8=(S_7+a_8)+(T_7+|a_8|)=(S_7+T_7)+a_8+|a_8|$

$=84+a_8+|a_8|=84$

$S_8=\sum_{k=1}^{8} a_k=\sum_{k=1}^{7} a_k+a_8=S_7+a_8$

$\therefore a_8=-|a_8| \Rightarrow a_8=0$ 또는 $a_8<0$

$T_8=\sum_{k=1}^{8} |a_k|=\sum_{k=1}^{7} |a_k|+|a_8|=T_7+|a_8|$

$|a_8|\ge 0$이므로 $-|a_8|=0$ 또는 $-|a_8|<0$이야.

이때, $a_8=0$이면 $a_7=0$이라 했으므로 등차수열 $\{a_n\}$의 모든 항이 0이다. 즉, $S_n=0$, $T_n=0$이므로 조건 (나)를 만족시키지 않는다.

따라서 등차수열 $\{a_n\}$의 공차를 d라 할 때, $a_8<0$, $a_7=0$에서 $d<0$이고, $a_7=0$이므로 7 이하의 자연수 n에 대하여 $a_n\ge 0$이다.

즉, $S_7=T_7$이므로 조건 (나)의 $S_7+T_7=84$에서 $2S_7=84$

$\therefore S_7=42$ ⋯ ㉠

6 이하의 자연수 n에 대하여 $a_n>0$이므로 $S_6=T_6$이야. 그런데 $a_7=0$이므로 $S_7=T_7$도 성립해.

따라서 등차수열 $\{a_n\}$의 첫째항을 a라 하면 ㉠에 의하여 등차수열 $\{a_n\}$의 첫째항부터 제7항까지의 합이 42이므로 $\frac{7(a+0)}{2}=42$, $7a=84$

첫째항이 a이고 제n항이 l인 등차수열의 첫째항부터 제n항까지의 합을 S_n이라 하면 $S_n=\frac{n(a+l)}{2}$

$\therefore a=12$

또, $a_7=0$에서 $12+6d=0$, $6d=-12$ $\therefore d=-2$

첫째항이 a이고 공차가 d인 등차수열 $\{a_n\}$의 일반항은 $a_n=a+(n-1)d$야.

3rd T_{15}의 값을 구하자.

$S_{15}=\sum_{k=1}^{15} a_k=\frac{15\{2\times 12+14\times(-2)\}}{2}=-30$이고

조건 (나)에 의하여 $S_{15}+T_{15}=84$이므로 $-30+T_{15}=84$

$\therefore T_{15}=114$

첫째항이 a이고 공차가 d인 등차수열의 첫째항부터 제n항까지의 합을 S_n이라 하면 $S_n=\frac{n\{2a+(n-1)d\}}{2}$

[다른 풀이]

등차수열 $\{a_n\}$의 첫째항을 a, 공차를 d라 하면 조건 (가)에 의하여 $a_7=0$이므로 $a+6d=0$ ⋯ ㉡

(i) $d>0$일 때, $n\ge 7$인 자연수 n에 대하여 $S_n+T_n<S_{n+1}+T_{n+1}$이므로 조건 (나)를 만족시키지 않아.

$a_7=0$이고 $d>0$이므로 7 이상의 자연수 n에 대하여 $a_{n+1}>a_n\ge 0$, $|a_{n+1}|>|a_n|\ge 0$이야. 즉, $S_n+T_n<S_{n+1}+T_{n+1}$이 성립해.

(ii) $d=0$일 때, 모든 자연수 n에 대하여 $a_n=0$이므로 $S_n+T_n=0$이므로 조건 (나)를 만족시키지 않아.

(i), (ii)에 의하여 $d<0$이고 ㉡에 의하여 $a=-6d>0$이므로 7 이하의 자연수 n에 대하여 $a_n\ge 0$이야.

즉, $S_7=T_7$이므로 조건 (나)의 $S_7+T_7=84$에서 $2S_7=84$

7 이하의 자연수 n에 대하여 $a_n=|a_n|$이지?

$\therefore S_7=42$

또, $S_7=42$이니까 등차수열의 합의 공식에 의해

$\frac{7(2a+6d)}{2}=42$, $2a+6d=12$

$\therefore a+3d=6$ ⋯ ㉢

㉡, ㉢을 연립하여 풀면 $d=-2$, $a=12$

따라서 등차수열 $\{a_n\}$의 일반항은

$a_n=12+(n-1)\times(-2)=-2n+14$

$\therefore T_{15}=\sum_{k=1}^{15}|a_k|=\sum_{k=1}^{7}a_k+\sum_{k=8}^{15}|a_k|=\sum_{k=1}^{7}a_k-\sum_{k=8}^{15}a_k$

$n\le 7$일 때, $a_n\ge 0$, $n\ge 8$일 때, $a_n<0$이지?

$=\sum_{k=1}^{7}a_k-\left(\sum_{k=1}^{15}a_k-\sum_{k=1}^{7}a_k\right)=2\sum_{k=1}^{7}a_k-\sum_{k=1}^{15}a_k$

수열 $\{a_n\}$에 대하여 $\sum_{k=p}^{n}a_k=\sum_{k=1}^{n}a_k-\sum_{k=1}^{p-1}a_k$

$=2\sum_{k=1}^{7}(-2k+14)-\sum_{k=1}^{15}(-2k+14)$

상수 c에 대하여 $\sum_{k=1}^{n}ca_k=c\sum_{k=1}^{n}a_k$, $\sum_{k=1}^{n}c=cn$이고 $\sum_{k=1}^{n}k=\frac{n(n+1)}{2}$이야.

$=2\left\{(-2)\times\frac{7\times 8}{2}+14\times 7\right\}-\left\{(-2)\times\frac{15\times 16}{2}+14\times 15\right\}$

$=84-(-30)=114$

합의 기호 Σ의 성질 개념·공식

① $\sum_{k=1}^{n}(a_k+b_k)=\sum_{k=1}^{n}a_k+\sum_{k=1}^{n}b_k$

② $\sum_{k=1}^{n}(a_k-b_k)=\sum_{k=1}^{n}a_k-\sum_{k=1}^{n}b_k$

③ $\sum_{k=1}^{n}ca_k=c\sum_{k=1}^{n}a_k$ (단, c는 상수이다.)

C 33 정답 169 *시그마의 활용 [정답률 47%]

정답 공식: 어떤 구간에서 부등식 $\cos x\le k$ (k는 상수)의 해는 그 구간에서 함수 $y=\cos x$의 그래프가 직선 $y=k$의 아래쪽에 위치하는 x의 값의 범위이다.

자연수 n에 대하여 $0\le x<2^{n+1}$일 때, 부등식

$$\cos\left(\frac{\pi}{2^n}x\right)\le -\frac{1}{2}$$

단서 함수 $y=\cos\left(\frac{\pi}{2^n}x\right)$의 주기는 $\frac{2\pi}{\frac{\pi}{2^n}}=2^{n+1}$이므로 주어진 부등식은 cos함수의 한 주기에서 풀면 돼.

을 만족시키는 서로 다른 모든 자연수 x의 개수를 a_n이라 하자.

$\sum_{n=1}^{7}a_n$의 값을 구하시오. (4점)

1st 주어진 부등식의 해를 구해.

$\frac{\pi}{2^n}x=t$라 하면 $\cos\left(\frac{\pi}{2^n}x\right)\le -\frac{1}{2}$에서

$\cos t\le -\frac{1}{2}$ $(0\le t<2\pi)$ ⋯ ㉠

$0\le x<2^{n+1}$에서 $0\le\frac{\pi}{2^n}x=t<2\pi$

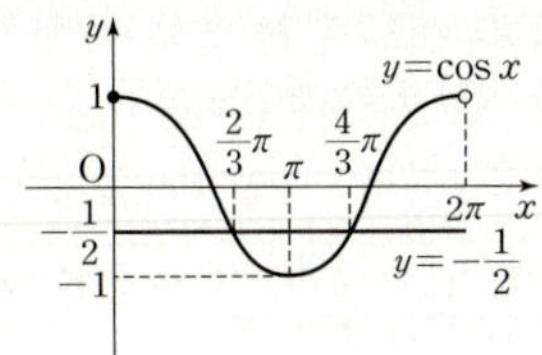

이때, 함수 $y=\cos t$의 그래프와 직선 $y=-\frac{1}{2}$은 그림과 같으므로

부등식 ㉠의 해는 $\frac{2}{3}\pi\le t\le\frac{4}{3}\pi$에서 $\frac{2}{3}\pi\le\frac{\pi}{2^n}x\le\frac{4}{3}\pi$

$\therefore \frac{2^{n+1}}{3}\le x\le\frac{2^{n+2}}{3}$ 구하는 것은 x의 값의 범위니까 치환한 것을 원래의 x로 다시 바꿔주어야 해.

2nd $\sum_{n=1}^{7} a^n$의 값을 구하자.

조건에 의하여 a_n은 부등식 $\frac{2^{n+1}}{3}\le x\le\frac{2^{n+2}}{3}$을 만족시키는 자연수 x의 개수이고 $\frac{2^{n+2}}{3}$은 자연수가 아니므로 $\sum_{n=1}^{7}a_n$의 값은 부등식 $\frac{2^2}{3}\le x\le\frac{2^9}{3}$을 만족시키는 자연수 x의 개수이다.

→ $2^{n+2}=2\times2\times2\times\cdots\times2$이므로 2^{n+2}은 3을 인수로 갖지 않아. 따라서 3으로 약분할 수 없으므로 자연수가 아니야.

이때, $\frac{2^2}{3}=\frac{4}{3}=1.333\cdots$, $\frac{2^9}{3}=\frac{512}{3}=170.666\cdots$이므로

$\sum_{n=1}^{7}a_n=170-1=169$

→ $a_1, a_2, \cdots, a_7$은 각각 부등식 $\frac{2^2}{3}\le x\le\frac{2^3}{3}$, $\frac{2^3}{3}\le x\le\frac{2^4}{3}$, $\cdots$, $\frac{2^8}{3}\le x\le\frac{2^9}{3}$을 만족시키는 자연수 x의 개수야. 그런데 $\frac{2^3}{3}$, $\frac{2^4}{3}$, $\cdots$은 자연수가 아니므로 $\sum_{n=1}^{7}a_n$의 값은 부등식 $\frac{2^2}{3}\le x\le\frac{2^9}{3}$을 만족시키는 자연수 x의 개수와 같아.

[다른 풀이]

(ⅰ) $n=1$일 때, 부등식 $\frac{2^2}{3}\le x\le\frac{2^3}{3}$을 만족시키는 자연수 x는 2의 1개이므로 $a_1=1$

(ⅱ) $n=2$일 때, 부등식 $\frac{2^3}{3}\le x\le\frac{2^4}{3}$을 만족시키는 자연수 x는 3, 4, 5의 3개이므로 $a_2=3$

(ⅲ) $n=3$일 때, 부등식 $\frac{2^4}{3}\le x\le\frac{2^5}{3}$을 만족시키는 자연수 x는 6, 7, 8, 9, 10의 5개이므로 $a_3=5$

(ⅳ) $n=4$일 때, 부등식 $\frac{2^5}{3}\le x\le\frac{2^6}{3}$을 만족시키는 자연수 x는 11, 12, $\cdots$, 21의 11개이므로 $a_4=11$ → $21-11+1=11$(개)

(ⅴ) $n=5$일 때, 부등식 $\frac{2^6}{3}\le x\le\frac{2^7}{3}$을 만족시키는 자연수 x는 22, 23, $\cdots$, 42의 21개이므로 $a_5=21$ → $42-22+1=21$(개)

(ⅵ) $n=6$일 때, 부등식 $\frac{2^7}{3}\le x\le\frac{2^8}{3}$을 만족시키는 자연수 x는 43, 44, $\cdots$, 85의 43개이므로 $a_6=43$ → $85-43+1=43$(개)

(ⅶ) $n=7$일 때, 부등식 $\frac{2^8}{3}\le x\le\frac{2^9}{3}$을 만족시키는 자연수 x는 86, 87, $\cdots$, 170의 85개이므로 $a_7=85$ → $170-86+1=85$(개)

(ⅰ)~(ⅶ)에 의하여

$\sum_{n=1}^{7}a_n=1+3+5+11+21+43+85=169$

C 34 정답 ④ *시그마의 활용 [정답률 47%]

(정답 공식: k, p의 값에 특정 값을 대입해보면서 규칙성을 찾는다.)

$p\ge2$인 자연수 p에 대하여 수열 $\{a_n\}$이 다음 세 조건을 만족시킨다.

단서 조건으로 a_1에서 a_p까지 수열 $\{a_n\}$의 일반항을 구할 수 있지? 이것으로 보기의 진위를 판단해.

(가) $a_1=0$
(나) $a_{k+1}=a_k+1$ $(1\le k\le p-1)$ ⇒ 공차 1
(다) $a_{k+p}=a_k$ $(k=1, 2, 3, \cdots)$ ⇒ 주기 p

[보기]에서 옳은 것을 모두 고른 것은? (4점)

[보기]

ㄱ. $a_{2k}=2a_k$
ㄴ. $a_1+a_2+\cdots+a_p=\frac{p(p-1)}{2}$
ㄷ. $a_p+a_{2p}+\cdots+a_{kp}=k(p-1)$

① ㄱ ② ㄴ ③ ㄷ
④ ㄴ, ㄷ ⑤ ㄱ, ㄴ, ㄷ

1st 주어진 조건을 분석하여 a_1부터 a_p까지 구해 볼까?

조건 (가), (나)에서 $a_1=0$, $a_{k+1}=a_k+1(1\le k\le p-1)$이므로
$k=p-1$까지이니까 a_p까지 구할 수 있겠지?

$a_1=0$
$a_2=a_1+1=1$ (+1)
$a_3=a_2+1=2$ (+1)
⇐ $a_{n+1}-a_n=1$에서 수열 $\{a_n\}$은 공차 1인 등차수열이야.
$a_4=a_3+1=3$
$\vdots$
$\therefore a_p=p-1$

그런데 조건 (다)에서 $a_{k+p}=a_k(k=1, 2, 3, \cdots)$이므로
($a_{1+p}=a_1$, $a_{2+p}=a_2$, $\vdots$, $a_{2p}=a_p$)

수열 $\{a_n\}$은 0, 1, 2, $\cdots$, $p-1$이 이 순서대로 반복되는 수열이다.

실수 주어진 수열을 이해하는 것이 이런 문제의 핵심이야. 주어진 조건대로 a_1, a_2, $\cdots$를 구해서 어떤 수열인지 알아봐.

2nd 이를 바탕으로 ㄱ~ㄷ의 참 · 거짓을 알아 봐.

ㄱ. 【반례】 조건 (나)에서 $a_2=1$이지만 $k=1$이라 하면
$\therefore a_2\ne2a_1$ (거짓)

ㄴ. $a_1+a_2+a_3+\cdots+a_p=0+1+2+\cdots+(p-1)$ [연속된 수의 합]
$=\frac{p(p-1)}{2}$ (참)
$\sum_{k=1}^{n}k=\frac{n(n+1)}{2}$에서 $\sum_{k=1}^{p-1}k=\frac{p(p-1)}{2}$

ㄷ. $a_p=a_{2p}=a_{3p}=\cdots=a_{kp}=p-1$이므로
조건 (다)에서 $a_p=a_{p+p}=a_{p+p+p}=\cdots$
$a_p+a_{2p}+a_{3p}+\cdots+a_{kp}=\underbrace{(p-1)+(p-1)+(p-1)+\cdots+(p-1)}_{k개야.}$
$=k(p-1)$ (참)

따라서 옳은 것은 ㄴ, ㄷ이다.

[다른 풀이]

ㄱ. 【반례】 $p=2$이면 $a_1=0$, $a_2=1$, $a_3=0$, $a_4=1$, $\cdots$
$\therefore a_4\ne2a_2$ (거짓)

C 35 정답 199 *시그마의 활용 [정답률 47%]

(**정답 공식:** 집합 A의 모든 원소의 제곱의 합은 $\sum_{i=1}^{20} a_i^2$, 집합 A^C의 모든 원소의 제곱의 합은 $\sum_{i=1}^{20} (61-a_i)^2$이다.)

집합 $U=\{x|x$는 11 이상 50 이하의 자연수$\}$의 부분집합 $A=\{a_1,\ a_2,\ a_3,\ \cdots,\ a_{20}\}$이 다음 조건을 만족시킨다.

(가) 집합 A의 임의의 두 원소 $a_i,\ a_j\ (i \neq j)$에 대하여
$a_i+a_j \neq 61$
단서 $a_i+a_j \neq 61$이니까 a_i에 대해 a_j는 $61-a_i$의 값이 될 수 없어.
(나) $\sum_{i=1}^{20} a_i=643$

$\frac{1}{117}\sum_{i=1}^{20} a_i^2$의 값을 구하시오. (4점)

1st 조건 (가)를 만족하는 집합을 생각해서 관계식을 세우자.

조건 (가)에서 두 원소의 합이 61이 아니므로 집합 A에 속하지 않는 원소는 $61-a_i\ (1 \le i \le 20)$이다. 집합 A에 속하지 않는 원소는 A^C에 속하는 원소라고 할 수 있어.

즉, $\sum_{i=1}^{20} a_i^2$과 $\sum_{i=1}^{20} (20-a_i)^2$ 의 합은 전체집합 U의 모든 원소의 제곱의 합과 같다. $a_i \in A$이면 $(61-a_i) \in A^C$이고 전체집합 U의 모든 원소의 제곱의 합은 A의 원소의 제곱의 합과 A^C의 원소의 제곱의 합의 합과 같기 때문에 전체집합 U의 모든 원소의 제곱의 합은 $\sum_{i=1}^{20} a_i$과 $\sum_{i=1}^{20} (61-a_i)^2$의 합과 같아.

$$\sum_{i=1}^{20} a_i^2+\sum_{i=1}^{20} (61-a_i)^2=\sum_{i=11}^{50} i^2$$

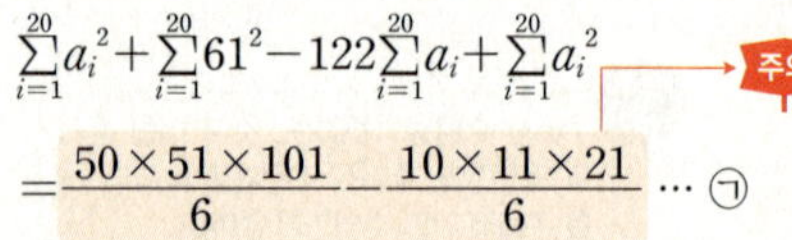

$$\sum_{i=1}^{20} a_i^2+\sum_{i=1}^{20} 61^2-122\sum_{i=1}^{20} a_i+\sum_{i=1}^{20} a_i^2$$
$$=\frac{50\times51\times101}{6}-\frac{10\times11\times21}{6}\ \cdots\ ㉠$$

주의 11^2부터 50^2까지의 합이니까 1^2부터 50^2까지의 합에서 1^2부터 10^2까지의 합을 빼줘야 해!

2nd ㉠의 식과 조건 (나)를 이용해서 $\frac{1}{117}\sum_{i=1}^{20} a_i^2$의 값을 구하자.

조건 (나)에 의해

$$2\sum_{i=1}^{20} a_i^2+20\times61^2-122\times643=42925-385$$

$$\sum_{i=1}^{20} a_i^2=23283 \qquad \therefore \frac{1}{117}\sum_{i=1}^{20} a_i^2=199$$

C 36 정답 ⑤ *시그마의 활용 [정답률 54%]

(**정답 공식:** 격자판의 가로, 세로의 개수는 같으므로 12부터 60까지의 개수의 제곱근이 가로 또는 세로의 개수이다.)

1부터 9까지 번호가 적힌 9개의 공이 있다. 그림과 같이 가로, 세로, 대각선 방향에 놓여 있는 공에 적힌 수들의 합이 각각 15가 되도록 3×3 격자판 위에 빈칸 없이 공을 배열하였다. 이와 같은 방법으로 12부터 60까지 번호가 적힌 공을 가로, 세로, 대각선 방향에 놓여 있는 공에 적힌 수들의 합이 각각 m이 되도록 $n\times n$ 격자판 위에 빈칸 없이 모두 배열할 때, $m+n$의 값은? (4점)

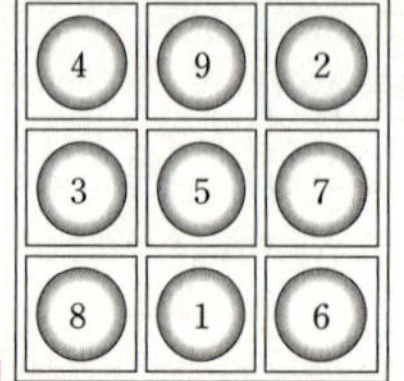

단서1 공의 개수를 구할 수 있지?
단서2 가로 또는 세로 각각의 줄에 적힌 수들의 합은 모두 같음을 이용해.

① 251 ② 253 ③ 255 ④ 257 ⑤ 259

1st 공을 모두 격자판에 넣으려면 칸의 개수는 몇 개여야 할까?

12부터 60까지 번호가 적힌 공의 개수는 모두
$60-12+1=49$(개)

실수 자연수 $a,\ b\ (a<b)$에 대해서 a부터 b까지의 자연수의 개수는 $b-a+1$이야. $b-a$만 하고 1을 안 더해서 틀리는 경우가 많아.

이 공들을 $n\times n$ 격자판 위에 빈칸 없이 모두 배열하면
$n\times n=n^2=49$
$\therefore n=7\ (\because n$은 자연수$)$

2nd 가로 또는 세로 7줄에 들어 있는 공에 적힌 숫자들의 총합은 얼마일까?

공에 적힌 숫자들을 모두 더하면

$$\sum_{k=12}^{60} k=\sum_{k=1}^{60} k-\sum_{k=1}^{11} k$$
$$=\frac{60\times(1+60)}{2}-\frac{11\times(1+11)}{2}$$
$$=1830-66=1764$$

따라서 7×7 격자판의 한 가로 줄의 숫자의 합이 m이고, 격자판에 가로줄이 7개 있으므로

$$m=\frac{1764}{7}=252 \qquad \therefore m+n=252+7=259$$

C 37 정답 ③ *시그마의 활용 [정답률 37%]

(**정답 공식:** 한 변의 길이가 1, 2, 3, …일 때의 정삼각형의 개수의 규칙을 찾는다.)

그림과 같이 한 변의 길이가 1인 정삼각형을 맨 위에 1개, 두 번째 줄에 3개, …, n번째 줄에 $(2n-1)$개를 쌓으면 가장 큰 정삼각형의 한 변의 길이는 n이다. 한 변의 길이가 n 이하인 모든 정삼각형의 개수를 a_n이라 할 때, a_{30}의 값은? (단, 삼각형의 개수에서 역삼각형은 제외한다.) (4점)

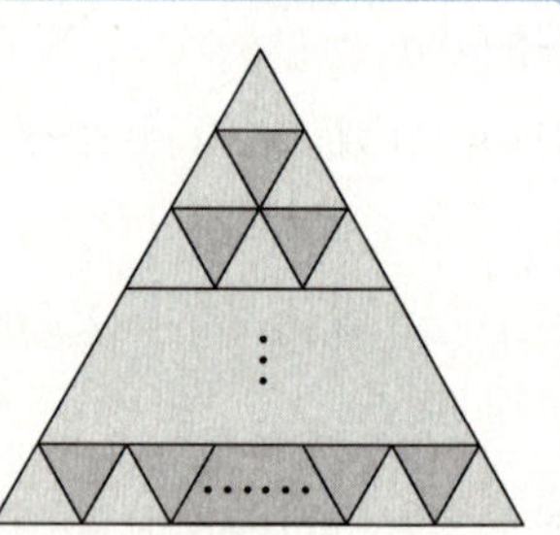

단서 한 변의 길이가 1, 2, 3, …인 정삼각형의 개수를 구해 그 규칙을 찾은 후 그 개수를 모두 더한 식이 a_n이 되는 거야.

① 4900 ② 4930 ③ 4960 ④ 4990 ⑤ 5020

1st 한 변의 길이가 1, 2, 3, …인 정삼각형의 개수의 규칙을 찾자.

한 변의 길이가 1인 정삼각형의 개수는
$1+2+3+\cdots+n$(개)

한 변의 길이가 2인 정삼각형의 개수는
$1+2+\cdots+(n-1)$(개)

1단까지 0개
2단까지 1개
3단까지 1+2(개)
4단까지 1+2+3(개)
…
n단까지 $1+2+\cdots+(n-1)$(개)

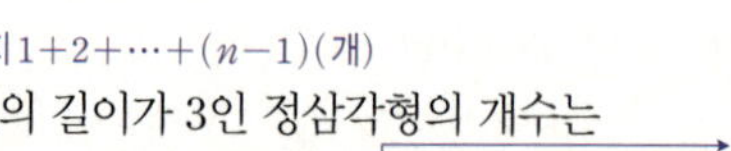

한 변의 길이가 3인 정삼각형의 개수는
$1+2+\cdots+(n-2)$(개)

1단까지 0개
2단까지 0개
3단까지 1개
4단까지 1+2(개)
…
n단까지 $1+2+\cdots+(n-2)$(개)

따라서 한 변의 길이가 k인 정삼각형의 개수는
$1+2+\cdots+(n+1-k)$(개)임을 알 수 있다. …

$$1+2+\cdots+(n+1-k)=\frac{1}{2}(n+1-k)(n+2-k)$$

첫째항이 1, 끝항이 $(n+1-k)$인 등차수열의 $(n+1-k)$개의 항의 합이므로 $\frac{(n+1-k)\{1+(n+1-k)\}}{2}=\frac{1}{2}(n+1-k)(n+2-k)$

2nd a_n을 구하자.

한 변의 길이가 n 이하인 모든 정삼각형 개수가 a_n이므로

$$a_n=\sum_{k=1}^{n}\frac{1}{2}(n+1-k)(n+2-k)$$
$$=\frac{1}{2}\sum_{k=1}^{n}\{(n+1)(n+2)-(2n+3)k+k^2\}$$
$$=\frac{1}{2}\left\{(n+1)(n+2)\sum_{k=1}^{n}1-(2n+3)\sum_{k=1}^{n}k+\sum_{k=1}^{n}k^2\right\}$$
$$=\frac{1}{2}\left\{n(n+1)(n+2)-(2n+3)\cdot\frac{n(n+1)}{2}+\frac{n(n+1)(2n+1)}{6}\right\}$$
$$=\frac{n(n+1)}{12}\{6(n+2)-3(2n+3)+(2n+1)\}$$
$$=\frac{n(n+1)(2n+4)}{12}$$ 위의 { } 안의 식에서 $\frac{n(n+1)}{6}$을 공통인수로 묶어낸 거야.
$$=\frac{n(n+1)(n+2)}{6}$$

실수: 복잡한 계산이라 실수가 나오기 쉬워. 여기처럼 공통인수로 묶는다면 계산이 간단해지겠지?

$$\therefore a_{30}=\frac{30\times31\times32}{6}=4960$$

수능 핵강

이 문제에선 정삼각형의 길이가 1씩 증가할 때마다 정삼각형의 개수는 어떻게 변화하는지 파악해야 수열 $\{a_n\}$의 일반항을 구할 수 있지.
그리고 풀이 과정 중에 다소 복잡한 $\sum$ 계산식이 나온다 하더라도
$\sum_{k=1}^{n}g(n)f(k)=g(n)\sum_{k=1}^{n}f(k)$인 성질을 이용해서 차근차근 정리해 나가면 어렵지 않게 계산할 수 있을 거야.

C 38 정답 ① *시그마의 활용 [정답률 58%]

(정답 공식: 자연수 N이 $N=p^a\times q^b$로 소인수분해될 때, N의 약수의 개수는 $(a+1)(b+1)$개이다.)

자연수 n의 양의 약수의 개수를 $f(n)$이라 하고, 36의 모든 양의 약수를 $a_1, a_2, a_3, \cdots, a_9$라 하자.
단서1 36의 양의 약수를 직접 구할 수 있지.

$\sum_{k=1}^{9}\{(-1)^{f(a_k)}\times\log a_k\}$의 값은? (4점)
단서2 $f(n)$이 -1의 지수니까 짝수이면 1, 홀수이면 -1이 나와. 즉, n의 약수의 개수가 홀수인지 짝수인지 구해야 해.

① $\log 2+\log 3$ ② $2\log 2+\log 3$ ③ $\log 2+2\log 3$
④ $2\log 2+2\log 3$ ⑤ $3\log 2+2\log 3$

1st 36의 양의 약수를 모두 구하고, 함수 $f(a_k)$의 값이 짝수인지 홀수인지 체크하자.

36의 양의 약수를 모두 구하면 1, 2, 3, 4, 6, 9, 12, 18, 36
이때, $f(1), f(4), f(9), f(36)$은 홀수이고, $f(2), f(3), f(6), f(12), f(18)$은 짝수이다.
$f(1)=1, f(4)=f(2^2)=3, f(9)=f(3^2)=3, f(36)=f(2^2\times3^2)=9$
$f(2)=2, f(3)=2, f(6)=f(2\times3)=4, f(12)=f(3\times2^2)=6, f(18)=f(2\times3^2)=6$

2nd $k=1, 2, 3, \cdots, 9$일 때, $(-1)^{f(a_k)}\times\log a_k$의 값을 구하여 더하자.

a_k	$(-1)^{f(a_k)}$	$(-1)^{f(a_k)}\times\log a_k$
1	-1	$-\log 1$
2	1	$\log 2$
3	1	$\log 3$
4	-1	$-\log 4$
6	1	$\log 6$
9	-1	$-\log 9$
12	1	$\log 12$
18	1	$\log 18$
36	-1	$-\log 36$

$$\sum_{k=1}^{9}\{(-1)^{f(a_k)}\times\log a_k\}$$
$$=-\log 1+\log 2+\log 3-\log 4+\log 6-\log 9+\log 12+\log 18-\log 36$$
$$=\log 2+\log 3+\log 6+\log 12+\log 18-(\log 1+\log 4+\log 9+\log 36)$$
$$=\log(2\times3\times6\times12\times18)-\log(1\times4\times9\times36)$$
$$=\log\frac{2\times3\times6\times12\times18}{1\times4\times9\times36}$$ $\log_a MN=\log_a M+\log_a N$, $\log_a\frac{M}{N}=\log_a M-\log_a N$
$$=\log 6$$
$$=\log 2+\log 3$$

수능 핵강

a가 제곱 수, 즉 $a=(p_1^{n_1}\times p_2^{n_2}\times\cdots\times p_k^{n_k})^2$ 꼴일 때,
(단, $p_1, \cdots, p_k$는 각각 서로 다른 소수이고 $n_1, \cdots, n_k$는 각각 1 이상의 자연수)
a의 양의 약수의 개수 $f(a)$를 구하면
$f(a)=(2n_1+1)\times(2n_2+1)\times\cdots\times(2n_k+1)$
$=2\times\square+1$
이므로 홀수가 됨을 알 수 있지.

로그의 성질 개념·공식

a, b, c, x, y가 양수이고, $a\neq1, b\neq1, c\neq1$일 때,

① $\log_a a=1$ ② $\log_a 1=0$
③ $\log_a x+\log_a y=\log_a xy$ ④ $\log_a x-\log_a y=\log_a\frac{x}{y}$
⑤ $\log_a b=\frac{\log_c b}{\log_c a}$ ⑥ $\log_a b=\frac{1}{\log_b a}$
⑦ $\log_a b\times\log_b c\times\log_c a=1$ ⑧ $\log_{a^m}b^n=\frac{n}{m}\log_a b\ (m\neq0)$

C 39 정답 ④ *시그마의 활용 [정답률 45%]

(정답 공식: $\log_a m+\log_a n=\log_a mn$)

수열 $\{a_n\}$의 일반항은
$$a_n=\log_2\sqrt{\frac{2(n+1)}{n+2}}$$
이다. $\sum_{k=1}^{m}a_k$의 값이 100 이하의 자연수가 되도록 하는 모든 자연수 m의 값의 합은? (4점)
단서 밑이 같은 두 로그의 합은 진수끼리의 곱으로 나타낼 수 있지? 이를 이용하여 $\sum_{k=1}^{m}a_k$를 m에 대한 식으로 간단히 나타낼 수 있어.

① 150 ② 154 ③ 158
④ 162 ⑤ 166

1st 로그의 성질을 이용하여 $\sum_{k=1}^{m}a_k$를 m에 관한 식으로 나타내.

$$\sum_{k=1}^{m}a_k=\sum_{k=1}^{m}\log_2\sqrt{\frac{2(k+1)}{k+2}}=\frac{1}{2}\sum_{k=1}^{m}\log_2\frac{2(k+1)}{k+2}$$ $\log_a m^k=k\log_a m$
$$=\frac{1}{2}\left\{\log_2\frac{2\times2}{3}+\log_2\frac{2\times3}{4}+\log_2\frac{2\times4}{5}+\cdots+\log_2\frac{2(m+1)}{m+2}\right\}$$
$\log_a m+\log_a n=\log_a mn$
$$=\frac{1}{2}\log_2\left\{\frac{2\times2}{3}\times\frac{2\times3}{4}\times\frac{2\times4}{5}\times\cdots\times\frac{2(m+1)}{m+2}\right\}$$
$$=\frac{1}{2}\log_2\frac{2^{m+1}}{m+2}$$

2nd 조건을 만족시키는 모든 자연수 m의 값을 구해.

$\sum_{k=1}^{m} a_k = N$ (N은 100 이하의 자연수)라 하면

$\frac{1}{2}\log_2 \frac{2^{m+1}}{m+2} = N$에서

$\log_2 \frac{2^{m+1}}{m+2} = 2N$, $\frac{2^{m+1}}{m+2} = 2^{2N}$

$2^{m+1} = 2^{2N}(m+2)$ **주의**

$\therefore 2^{m+1-2N} = m+2$

$m+2$가 2의 거듭제곱이라 할지라도 N이 자연수가 아닐 수도 있어.

따라서 $m+2$는 2의 거듭제곱이어야 한다.

(i) $m+2=2^2$, 즉 $m=2$일 때

$m+2=2$이면 $m=0$인데 m은 자연수이므로 조건을 만족시키지 않아. 즉, $m+2=2^2$인 경우부터 따져주면 돼.

$2^{3-2N}=2^2$에서 $3-2N=2$, $2N=1$

$a^{f(x)}=a^{g(x)}$ $(a>0, a\neq1)$이면 $f(x)=g(x)$

$\therefore N=\frac{1}{2}$

그런데 N은 100 이하의 자연수이므로 $m\neq2$

(ii) $m+2=2^3$, 즉 $m=6$일 때

$2^{7-2N}=2^3$에서 $7-2N=3$, $2N=4$

$\therefore N=2$

따라서 $m=6$은 조건을 만족시킨다.

(iii) $m+2=2^4$, 즉 $m=14$일 때

$2^{15-2N}=2^4$에서 $15-2N=4$, $2N=11$

$\therefore N=\frac{11}{2}$

그런데 N은 100 이하의 자연수이므로 $m\neq14$

(iv) $m+2=2^5$, 즉 $m=30$일 때

$2^{31-2N}=2^5$에서 $31-2N=5$, $2N=26$

$\therefore N=13$

따라서 $m=30$은 조건을 만족시킨다.

(v) $m+2=2^6$, 즉 $m=62$일 때

$2^{63-2N}=2^6$에서 $63-2N=6$, $2N=57$

$\therefore N=\frac{57}{2}$

그런데 N은 100 이하의 자연수이므로 $m\neq62$

(vi) $m+2=2^7$, 즉 $m=126$일 때

$2^{127-2N}=2^7$에서 $127-2N=7$, $2N=120$

$\therefore N=60$

따라서 $m=126$은 조건을 만족시킨다.

(vii) $m+2\geq2^8$, 즉, $m\geq254$일 때 $N>100$

$m+2=2^8$, 즉 $m=254$이면

$2^{255-2N}=2^8$에서 $255-2N=8$, $2N=247$ $\therefore N=\frac{247}{2}$

따라서 $N>100$이므로 조건을 만족시키지 않아. 또, m의 값이 커질수록 N의 값도 커지므로 $m+2\geq2^8$일 때 $N>100$이야.

(i)~(vii)에 의하여 조건을 만족시키는 m의 값은 6, 30, 126이므로

(구하는 합)$=6+30+126=162$

로그의 성질 개념·공식

a, b, c, x, y가 양수이고, $a\neq1$, $b\neq1$, $c\neq1$일 때,

① $\log_a a=1$ ② $\log_a 1=0$

③ $\log_a x+\log_a y=\log_a xy$ ④ $\log_a x-\log_a y=\log_a \frac{x}{y}$

⑤ $\log_a b=\frac{\log_c b}{\log_c a}$ ⑥ $\log_a b=\frac{1}{\log_b a}$

⑦ $\log_a b\times\log_b c\times\log_c a=1$ ⑧ $\log_{a^m} b^n=\frac{n}{m}\log_a b$ $(m\neq0)$

C 40 정답 282 *시그마의 활용 [정답률 42%]

정답 공식: $\sum_{k=1}^{n} a_k=S_n$일 때, $a_1=S_1$, $a_n=\sum_{k=1}^{n}a_k-\sum_{k=1}^{n-1}a_k=S_n-S_{n-1}(n\geq2)$이다.

수열 $\{a_n\}$이 모든 자연수 n에 대하여

$$\sum_{k=1}^{n} a_k=n^2+cn\ (c\text{는 자연수})$$

단서1 $\sum_{k=1}^{n} a_k$와 a_n 사이의 관계를 이용하여 수열 $\{a_n\}$의 일반항을 구할 수 있어.

를 만족시킨다. 수열 $\{a_n\}$의 각 항 중에서 3의 배수가 아닌 수를 작은 것부터 크기순으로 모두 나열하여 얻은 수열을 $\{b_n\}$이라 하자. $b_{20}=199$가 되도록 하는 모든 c의 값의 합을 구하시오. (4점)

단서2 c의 값에 따라서 b_{20}이 되는 수열 $\{a_n\}$의 항이 결정되니까 c의 값을 적당히 나누어 $b_{20}=199$를 만족시키는 c의 값을 구해야 해.

1st 수열 $\{a_n\}$의 일반항을 구해.

$n\geq2$일 때,

$a_n=\sum_{k=1}^{n}a_k-\sum_{k=1}^{n-1}a_k=(n^2+cn)-\{(n-1)^2+c(n-1)\}=2n+c-1$

한편, $n=1$일 때, $a_1=\sum_{k=1}^{1}a_k=1^2+c\times1=1+c$이므로

$a_n=2n+c-1(n\geq1)$

$n\geq2$일 때의 수열 $\{a_n\}$의 일반항 $a_n=2n+c-1$에 $n=1$을 대입하면 $a_1=2\times1+c-1=1+c$이고 이 값은 $n=1$일 때의 값과 같으므로 $n\geq1$부터 성립하는 거야.

2nd 조건을 만족시키는 c의 값을 구해.

자연수 k에 대하여

c의 값이 3의 배수일 때와 3의 배수가 아닐 때로 나누어 조건을 만족시키는 c의 값을 구하면 돼.

(i) $c=3k-2$일 때, $a_n=2n+3k-2-1=2n+3(k-1)$이므로

수열 $\{a_n\}$이 3의 배수가 되는 항은 n의 값이 3의 배수인 항이다.

즉, 수열 $\{a_n\}$의 3의 배수인 항은 a_3, a_6, a_9, $\cdots$이므로

$b_1=a_1$, $b_2=a_2$, $b_3=a_4$, $b_4=a_5$, $\cdots$, $b_{20}=a_{29}$이다.

따라서 $b_{20}=a_{29}=2\times29+c-1=57+c=199$에서 $c=142$

(ii) $c=3k-1$일 때, $a_n=2n+3k-1-1=2n+1+3(k-1)$이므로

수열 $\{a_n\}$이 3의 배수가 되는 항은 $2n+1$의 값이 3의 배수인 항이다.

즉, 수열 $\{a_n\}$의 3의 배수인 항은 a_1, a_4, a_7, $\cdots$이므로

$b_1=a_2$, $b_2=a_3$, $b_3=a_5$, $b_4=a_6$, $\cdots$, $b_{20}=a_{30}$이다.

따라서 $b_{20}=a_{30}=2\times30+c-1=59+c=199$에서 $c=140$

(iii) $c=3k$일 때, $a_n=2n+3k-1=2n-1+3k$이므로

수열 $\{a_n\}$이 3의 배수가 되는 항은 $2n-1$의 값이 3의 배수인 항이다.

즉, 수열 $\{a_n\}$의 3의 배수인 항은 a_2, a_5, a_8, $\cdots$이므로

$b_1=a_1$, $b_2=a_3$, $b_3=a_4$, $b_4=a_6$, $\cdots$, $b_{20}=a_{30}$이다.

따라서 $b_{20}=a_{30}=2\times30+c-1=59+c=199$에서 $c=140$

(i)~(iii)에 의하여 조건을 만족시키는 c의 값은 142 또는 140이므로

(구하는 합)$=142+140=282$

$\sum_{k=1}^{n} a_k$와 a_n 사이의 관계 개념·공식

$S_n=\sum_{k=1}^{n}a_k$가 주어지면

(i) $a_1=\sum_{k=1}^{1}a_k$

(ii) $a_n=\sum_{k=1}^{n}a_k-\sum_{k=1}^{n-1}a_k(n\geq2)$

임을 이용하여 수열 $\{a_n\}$의 일반항을 구한다.

C 41 정답 ③ *시그마와 도형, 그래프 ········ [정답률 48%]

(**정답 공식**: 점 E에서 선분 CD에 수선의 발을 내리고, 점 H에서 선분 BC에 수선의 발을 내려서 생기는 각각의 직각삼각형이 서로 합동임을 이용한다.)

그림과 같이 자연수 n에 대하여 한 변의 길이가 $2n$인 정사각형 ABCD가 있고, 네 점 E, F, G, H가 각각 네 변 AB, BC, CD, DA 위에 있다. 선분 HF의 길이는 $\sqrt{4n^2+1}$이고 선분 HF와 선분 EG가 서로 수직일 때, 사각형 EFGH의 넓이를 S_n이라 하자. $\sum_{n=1}^{10} S_n$의 값은? (4점)

단서 2 S_n은 n에 관한 식이므로 사각형 EFGH의 넓이를 n에 관한 식으로 만들어 봐.

단서 1 정사각형 내부에서 수직으로 만나는 두 선분의 길이의 특징을 파악하자.

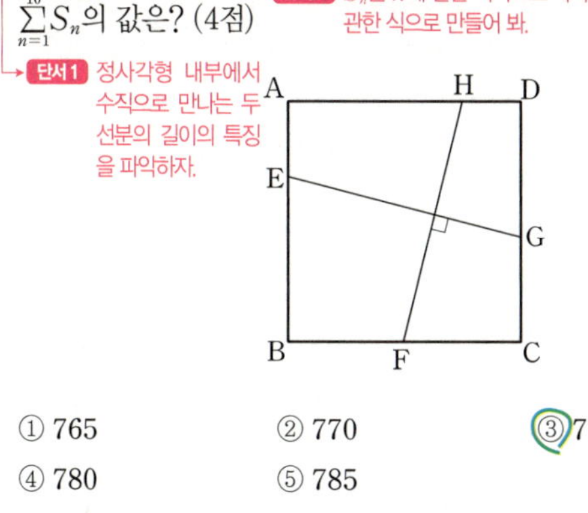

① 765 ② 770 ③ 775 ④ 780 ⑤ 785

1st 보조선을 그어 삼각형을 만들고 삼각형의 합동을 이용하여 선분 HF와 선분 EG의 길이가 같음을 보이자.

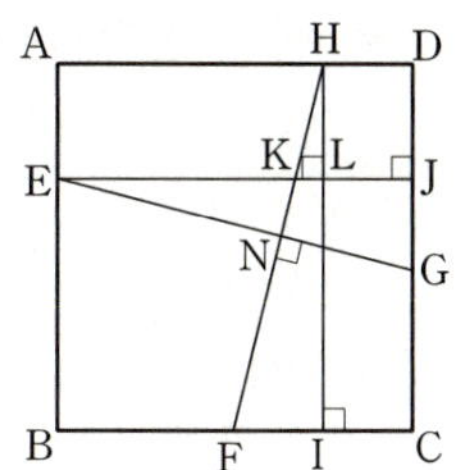

점 H에서 선분 BC에 내린 수선의 발을 I라 하고 점 E에서 선분 CD에 내린 수선의 발을 J라 하자.

두 선분 HF, HI와 선분 EJ가 만나는 점을 각각 K, L이라 하고, 선분 EG와 선분 HF가 만나는 점을 N이라 하면

$\angle HKL = \angle NKE$이고, → $\angle HKL$와 $\angle NKE$은 맞꼭지각으로 같아.

$\angle KLH = \angle ENK = 90°$이므로

$\angle KEN = \angle KHL$

또한 $\overline{HI} = \overline{EJ}$이고 $\angle FIH = \angle GJE = 90°$이므로

두 삼각형 HFI, EGJ는 합동이다. → 두 직각삼각형의 한 변과 직각이 아닌 다른 한 각의 크기가 같으므로 RHA합동이다.

따라서 $\overline{EG} = \overline{HF} = \sqrt{4n^2+1}$

2nd 사각형 EFGH의 넓이를 구하자.

$S_n = \frac{1}{2} \times \sqrt{4n^2+1} \times \sqrt{4n^2+1}$

$= \frac{4n^2+1}{2} = 2n^2 + \frac{1}{2}$ → 사각형의 대각선이 서로 수직이면 사각형의 넓이는 $\frac{1}{2}\times$(두 대각선의 길이의 곱)이야.

3rd $\sum_{n=1}^{10} S_n$의 값을 구하자.

$\therefore \sum_{n=1}^{10} S_n = \sum_{n=1}^{10}\left(2n^2 + \frac{1}{2}\right)$

$= 2\sum_{n=1}^{10} n^2 + \sum_{n=1}^{10}\frac{1}{2}$ → $\sum_{k=1}^{n}(a_k+b_k) = \sum_{k=1}^{n}a_k + \sum_{k=1}^{n}b_k$

$= 2 \times \frac{10\times11\times21}{6} + \frac{1}{2}\times 10$

$= 770 + 5 = 775$ → $\sum_{k=1}^{n}k^2 = \frac{n(n+1)(2n+1)}{6}$

C 42 정답 8 *시그마와 도형, 그래프 ········ [정답률 48%]

(**정답 공식**: 점 A_0에서 점 A_n까지 점 P가 이동한 거리를 구하고, 거리에 따라 점 A_n이 직선 $y=x$ 위에 있게 되는 규칙을 찾는다.)

좌표평면에서 그림과 같이 길이가 1인 선분이 수직으로 만나도록 연결된 경로가 있다. 이 경로를 따라 원점에서 멀어지도록 움직이는 점 P의 위치를 나타내는 점 A_n을 다음과 같은 규칙으로 정한다.

(i) A_0은 원점이다.

(ii) n이 자연수일 때, A_n은 점 A_{n-1}에서 점 P가 경로를 따라 $\frac{2n-1}{25}$만큼 이동한 위치에 있는 점이다.

단서 1 점 P가 n번 이동한 거리는 $\sum_{k=1}^{n}\frac{2k-1}{25}$이야. 이때, 이동거리의 정수부분으로부터 점 P가 오른쪽, 또는 위쪽으로 움직였는지를 알 수 있어.

예를 들어, 점 A_2와 A_6의 좌표는 각각 $\left(\frac{4}{25}, 0\right)$, $\left(1, \frac{11}{25}\right)$이다.

단서 2 원점에서 시작하여 오른쪽으로 $\frac{1}{25}+\frac{3}{25}$만큼 이동한 점이야.

자연수 n에 대하여 점 A_n 중 직선 $y=x$ 위에 있는 점을 원점에서 가까운 순서대로 나열할 때, 두 번째 점의 x좌표를 a라 하자. a의 값을 구하시오. (4점) 단서 3 점 A_n 중에서 $y=x$ 위에 있는 점의 특징을 알아야 해.

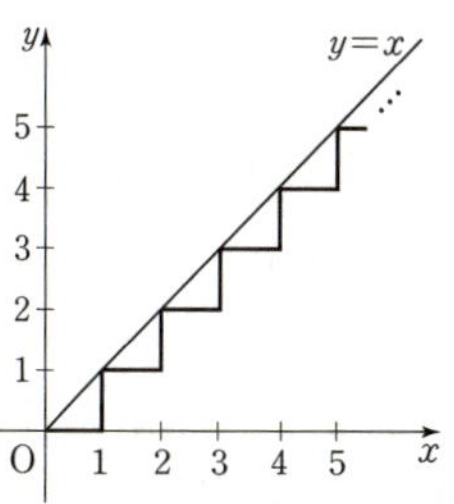

1st 점 A_n이 직선 $y=x$ 위에 있을 조건을 생각해봐.

점 A_n이 직선 $y=x$ 위에 있기 위해서는 점 A_0에서 점 A_n까지 점 P가 경로를 따라 이동한 거리가 짝수이어야 한다. → $y=x$ 위의 점의 좌표는 (k, k)야. 즉, 점 P가 움직인 거리는 오른쪽으로 k만큼, 위쪽으로 k만큼 이니까 총 $2k$만큼 움직인 거야. (단, k는 자연수)

2nd 점 P가 이동한 거리를 구해.

점 A_0에서 점 A_n까지 점 P가 경로를 따라 이동한 거리는

$\sum_{k=1}^{n}\frac{2k-1}{25} = \frac{1}{25}\left\{2\times\frac{n(n+1)}{2} - n\right\} = \frac{n^2}{25} = \left(\frac{n}{5}\right)^2 \cdots ㉠$

$\sum_{k=1}^{n}\frac{2k-1}{25} = \frac{1}{25}\sum_{k=1}^{n}(2k-1) = \frac{1}{25}\left(2\sum_{k=1}^{n}k - \sum_{k=1}^{n}1\right) = \frac{1}{25}\left(2\times\frac{n(n+1)}{2} - n\right) = \frac{n^2}{25}$

3rd 직선 $y=x$ 위의 점 A_n 중 원점에서 두 번째로 가까운 점의 x좌표를 구하자.

이때, $\left(\frac{n}{5}\right)^2$이 짝수이면 $\frac{n}{5}$도 짝수이므로 → 자연수 n에 대하여 • n^2이 짝수이면 n도 짝수 • n^2이 홀수이면 n도 홀수

$\frac{n}{5} = 2m$ (단, m은 자연수)에서 $n = 10m$이다.

즉, 점 A_n 중 직선 $y=x$ 위에 있는 두 번째 점은 $m=2$, 즉 $n=20$일 때이므로 점 A_{20}이다.

실수 ⑤ m은 자연수니까 두 번째면 $m=2$가 되지.

점 A_0에서 점 A_{20}까지 점 P가 경로를 따라 이동한 거리가

$\left(\frac{20}{5}\right)^2 = 4^2 = 16$ ($\because$ ㉠)이므로 점 A_{20}의 x좌표는 8이다. $\therefore a = 8$

이동한 거리가 $2k$ (k는 자연수)이면 점 P의 좌표는 (k, k)지?

수능 핵강

어떤 정수 N에 대하여 $N=2k+1$ (k는 정수)이면 $N^2=(2k+1)^2=2(2k^2+2k)+1$이므로 홀수야. 즉, N^2이 홀수이면 N도 홀수야. 같은 방법으로, $N=2k$이면 $N^2=2\times2k^2$이므로 짝수이므로 N^2이 짝수이면 N도 짝수임을 알 수 있어.

C 43 정답 ④ *시그마와 도형, 그래프 [정답률 52%]

(정답 공식: 점의 좌표 중 y좌표가 k일 때, 가능한 x좌표를 그래프를 이용하여 알아본다.)

다음은 자연수 n에 대하여 함수 $y=\sqrt{x}$의 그래프와 x축 및 직선 $x=n^2$으로 둘러싸인 도형의 내부와 경계에 있는 점 중에서 x좌표와 y좌표가 모두 정수인 점의 개수 a_n을 구하는 과정이다.

단서 x좌표와 y좌표가 모두 정수인 점의 개수를 찾는 과정의 빈칸을 구하려면 앞뒤 상황을 정확히 파악해야 해.

$n=1$일 때, 곡선 $y=\sqrt{x}$, x축 및 직선 $x=1$로 둘러싸인 도형의 내부와 경계에 있는 점 중에서 x좌표와 y좌표가 모두 정수인 점은 $(0, 0)$, $(1, 0)$, $(1, 1)$이므로

$a_1=$ (가)

이다.

2 이상의 자연수 n에 대하여 a_n을 구하여 보자.

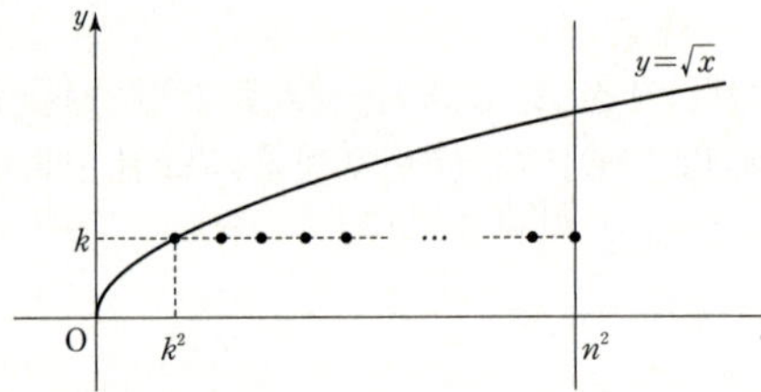

위의 그림과 같이 $0\le k\le n-1$인 정수 k에 대하여 주어진 도형의 내부와 경계에 있는 점 중에서 x좌표가 정수이고, y좌표가 k인 점은

(k^2, k), (k^2+1, k), $\cdots$, ((나) , k)

이므로 이 점의 개수를 b_k라 하면

$b_k=$ (나) $-k^2+1$

이다. 따라서

$a_n=\sum_{k=0}^{n} b_k=$ (다)

이다.

위의 (가)에 알맞은 수를 p라 하고, (나), (다)에 알맞은 식을 각각 $f(n)$, $g(n)$이라 할 때, $f(p)+g(2p)$의 값은? (4점)

① 174 ② 175 ③ 176 ④ 177 ⑤ 178

1st $n=1$일 때, x좌표와 y좌표가 모두 정수인 점의 개수 a_1을 구해보자.

곡선 $y=\sqrt{x}$, x축 및 직선 $x=1$로 둘러싸인 도형의 내부와 경계에 있는 점 중에서 x좌표와 y좌표가 모두 정수인 점은 $(0, 0)$, $(1, 0)$, $(1, 1)$이므로

$a_1=3$ ←(가)

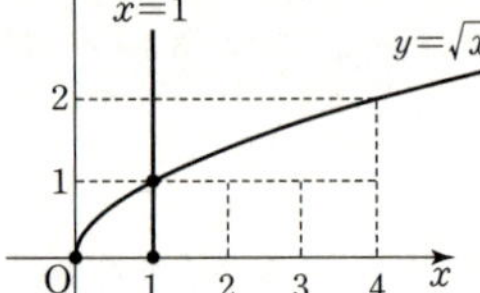

2nd $n\ge2$일 때의 a_n을 구해보자.

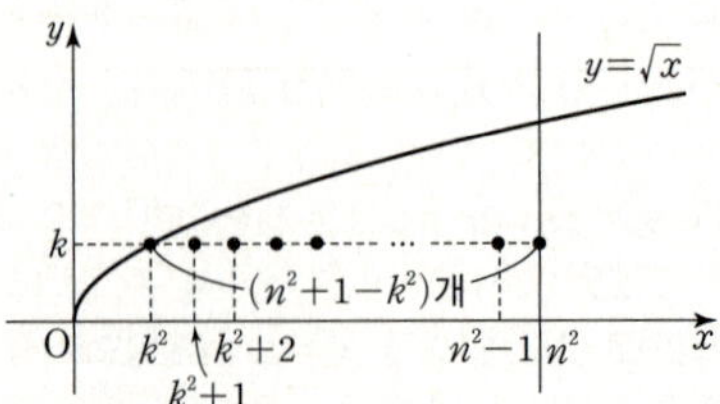

$n\ge2$일 때, $0\le k\le n$인 정수 k에 대하여

주어진 도형의 내부와 경계에 있는 점 중 y좌표가 k인 점은

(k^2, k), (k^2+1, k), $\cdots$, (n^2, k) ←(나)

이므로 이 점의 개수를 b_k라 하면 → y좌표는 k로 일정하고 x좌표는 1씩 증가해.

$b_k=n^2-k^2+1$ $\cdots$ ㉠

→ a, b가 자연수일 때, $a\le x\le b$를 만족시키는 자연수 x의 개수는 $b-a+1$이야.

$a_n=\sum_{k=0}^{n} b_k=\sum_{k=0}^{n}(n^2-k^2+1)$ ($\because$ ㉠)

$=(n^2+1)(n+1)-\sum_{k=0}^{n}k^2$

$=(n^2+1)(n+1)-\frac{n(2n+1)(n+1)}{6}$

$=\frac{(n+1)(4n^2-n+6)}{6}$ ←(다)

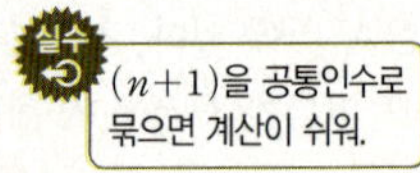

실수
$(n+1)$을 공통인수로 묶으면 계산이 쉬워.

따라서 $p=3$, $f(n)=n^2$, $g(n)=\frac{(n+1)(4n^2-n+6)}{6}$이므로

$f(p)+g(2p)=f(3)+g(6)=9+168=177$

C 44 정답 ④ *시그마와 도형, 그래프 [정답률 53%]

(정답 공식: $k=1, 2, 3, \cdots$일 때 $\overline{AB}$의 경우의 수와 $\overline{AD}$의 경우의 수를 구한다.)

자연수 n과 $0\le p<r\le n+1$, $0\le q<s\le n$을 만족시키는 네 정수 p, q, r, s에 대하여 좌표평면에서 네 점 $A(p, q)$, $B(r, q)$, $C(r, s)$, $D(p, s)$를 꼭짓점으로 하고 넓이가 k^2인 정사각형의 개수를 a_k라고 하자. 다음은 $\sum_{k=1}^{n}a_k$의 값을 구하는 과정이다. (단, k는 n 이하의 자연수이다.)

단서1 정사각형의 변의 길이는 자연수이지? 이때, $1\le k\le n$이니까 정사각형의 경우 모두 따져 ❶, ❷를 구해 보자.

그림과 같이 넓이가 k^2인 정사각형 ABCD를 만들 때, 두 점 A, B의 y좌표가 주어지면 ❶ x좌표의 차가 $r-p=k$인 변 AB를 택하는 경우의 수는 (가) 이다. 또 두 점 A, D의 x좌표가 주어지면 ❷ y좌표의 차가 $s-q=k$인 변 AD를 택하는 경우의 수는 (나) 이다. 따라서

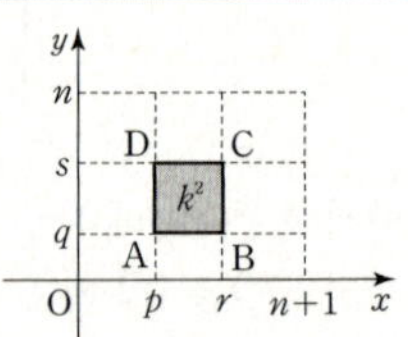

$a_k=(n+1)(n+2)-(2n+3)k+k^2$

이다. 그러므로

단서2 k의 식이 아닌 경우는 상수로 취급하여 시그마의 성질을 이용하여 정리해.

$\sum_{k=1}^{n}a_k=\sum_{k=1}^{n}\{(n+1)(n+2)-(2n+3)k+k^2\}$

$=$ (다)

(가), (나), (다)에 들어갈 식으로 알맞은 것은? (3점)

	(가)	(나)	(다)
①	$n-k+1$	$n-k+2$	$\frac{n(n+1)(n+2)}{6}$
②	$n-k+2$	$n-k+1$	$\frac{n(n+1)(n+2)}{6}$
③	$n-k+1$	$n-k+2$	$\frac{n(n+1)(n+2)}{3}$
④	$n-k+2$	$n-k+1$	$\frac{n(n+1)(n+2)}{3}$
⑤	$n-k+1$	$n-k+2$	$\frac{n(n+1)(n+2)}{2}$

1st $r-p=k$, $s-q=k$가 취할 수 있는 변의 길이를 각각 구해 봐.

$r-p=k$가 취할 수 있는 변의 길이는 1부터 $n+1$까지이고, $s-q=k$가 취할 수 있는 변의 길이는 1부터 n까지이므로 k의 값에 따라 변 AB, 변 AD를 택하는 경우를 표로 나타내자.

k	변 AB의 경우의 수	변 AD의 경우의 수
1	$0\le p<r\le n+1$ $n+1$ -1	$0\le q<s\le n$ n -1
2	n -1	$n-1$ -1
3	$n-1$	$n-2$
⋮	⋮ $-(k-1)$	⋮ $-(k-1)$
k	$n-k+2$ ←(가)	$n-k+1$ ←(나)

2nd a_k를 구하여 $\sum_{k=1}^{n} a_k$의 값을 구해.

$a_k=(n-k+2)(n-k+1)$
$=\{(n+2)-k\}\{(n+1)-k\}$
$=(n+1)(n+2)-(2n+3)k+k^2$

$\therefore \sum_{k=1}^{n} a_k$

$=\sum_{k=1}^{n}\{(n+1)(n+2)-(2n+3)k+k^2\}$ (상수, k의 식)

$=n(n+1)(n+2)-\frac{n(n+1)(2n+3)}{2}+\frac{n(n+1)(2n+1)}{6}$

$=\frac{n(n+1)(n+2)}{3}$ ←(다)

[Σ의 성질]
① $\sum_{k=1}^{n} ca_k=c\sum_{k=1}^{n} a_k$
② $\sum_{k=1}^{n} c=cn$

C 45 정답 330 *시그마와 도형, 그래프 [정답률 57%]

(정답 공식: 곡선과 직선이 만나기 위한 $2n$의 값의 범위를 구한다.)

자연수 n에 대하여 좌표평면 위에 두 점 $P_n(n, 2n)$, $Q_n(2n, 2n)$이 있다. 선분 P_nQ_n과 곡선 $y=\frac{1}{k}x^2$이 만나도록 하는 자연수 k의 개수를 a_n이라 할 때, $\sum_{n=1}^{20} a_n$의 값을 구하시오. (4점)

단서 함수 $f(x)=\frac{1}{k}x^2$에 대해 $f(n)\le 2n\le f(2n)$이어야 해.

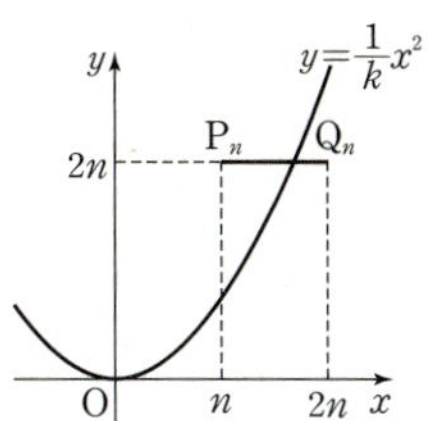

1st 선분 P_nQ_n과 곡선 $y=\frac{1}{k}x^2$이 만나는 조건을 찾아야 해.

선분과 곡선이 만나려면
($x=n$일 때 함숫값)$\le 2n\le$($x=2n$일 때 함숫값)

$\therefore \frac{n^2}{k}\le 2n\le\frac{4n^2}{k}$

n은 자연수이므로

$\frac{n^2}{k}\le 2n$에서 $\frac{n}{2}\le k$ ⋯ ㉠

또한 $2n\le\frac{4n^2}{k}$에서 $k\le 2n$ ⋯ ㉡

㉠, ㉡에 의해 $\frac{n}{2}\le k\le 2n$

2nd n이 짝수인 경우와 홀수인 경우로 나누어 자연수 k의 개수를 구해보자.

자연수 m에 대해

(i) $n=2m-1$ (홀수)이면

실수 $\frac{n}{2}\le k$이기 때문에 n을 짝수와 홀수일 때로 경우를 나누는 거야.

$\frac{2m-1}{2}\le k\le 2(2m-1)$에서 $m-\frac{1}{2}\le k\le 4m-2$

따라서 자연수 k의 개수는

$a_n=a_{2m-1}=3m-1$ → 자연수 m에 대하여 $m\le k\le 4m-2$를 만족하는 자연수 k의 개수는 $(4m-2)-m+1$로 계산할 수 있어.

(ii) $n=2m$ (짝수)이면

$m\le k\le 4m$

따라서 자연수 k의 개수는

$a_n=a_{2m}=3m+1$ → m부터 $4m$까지의 자연수의 개수는 $4m-m+1$로 계산할 수 있어.

$\therefore \sum_{n=1}^{20} a_n=(a_1+a_3+a_5+\cdots+a_{19})+(a_2+a_4+a_6+\cdots+a_{20})$

$=\sum_{m=1}^{10} a_{2m-1}+\sum_{m=1}^{10} a_{2m}$

$=\sum_{m=1}^{10}(3m-1)+\sum_{m=1}^{10}(3m+1)=155+175=330$

[다른 풀이]

1st에서 k의 값의 범위를 다른 방법으로 구해보자.

$y=2n$, $y=\frac{1}{k}x^2$을 연립하면

$2n=\frac{1}{k}x^2$에서 $x^2=2nk$ $\therefore x=\sqrt{2nk}$ ($\because x>0$)

이때, 교점의 x좌푯값이 다음과 같아야 해.

$n\le\sqrt{2nk}\le 2n$

각 변을 제곱하면 $n^2\le 2nk\le 4n^2$ ($\because n$은 자연수)

$\frac{n}{2}\le k\le 2n$

(이하 동일)

C 46 정답 195 *시그마와 도형, 그래프 [정답률 49%]

(정답 공식: 주어진 원과 곡선은 원점에 대하여 대칭이고, 직선 $y=x$에 대하여 대칭이다.)

단서1 원 $x^2+y^2=n^2$과 $y=\frac{k}{x}$는 모두 원점에 대하여 대칭이고 직선 $y=x$에 대하여 대칭이야. 교점도 마찬가지야. 즉, 한 교점을 $\left(a, \frac{k}{a}\right)$라 하면 대칭을 이용하여 나머지 교점의 좌표도 a, k로 나타낼 수 있어.

자연수 n에 대하여 원 $x^2+y^2=n^2$과 곡선 $y=\frac{k}{x}$ $(k>0)$이 서로 다른 네 점에서 만날 때, 이 네 점을 꼭짓점으로 하는 직사각형을 만든다. 이 직사각형에서 긴 변의 길이가 짧은 변의 길이의 2배가 되도록 하는 k의 값을 $f(n)$이라 하자. $\sum_{n=1}^{12} f(n)$의 값을 구하시오. (4점)

단서2 두 점 사이의 거리 공식을 이용하여 식을 세워봐.

1st 주어진 원과 유리함수의 대칭성을 이용하여 교점의 좌표를 구해보자.

원 $x^2+y^2=n^2$과 함수 $y=\frac{k}{x}$는 모두 원점에 대하여 대칭이고 직선 $y=x$에 대하여 대칭이다.

제1사분면에서 직선 $y=x$의 위쪽에 있는 교점의 좌표를 점 A라 하고, 점 A의 좌표를 $\left(a, \frac{k}{a}\right)$ (단, $a<\frac{k}{a}$)라 하면

→ 점 A는 $y=\frac{k}{x}$ 위의 점이야.

각 교점들이 원점과 직선 $y=x$에 대하여 대칭이므로

$B\left(\frac{k}{a}, a\right), C\left(-a, -\frac{k}{a}\right), D\left(-\frac{k}{a}, -a\right)$

점 B는 점 A와 직선 $y=x$에 대하여 대칭, 점 C는 점 A와 원점에 대하여 대칭, 점 D는 점 B와 원점에 대하여 대칭

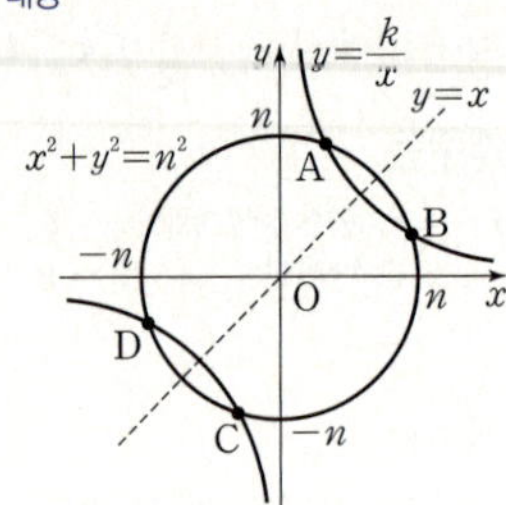

2nd 조건을 이용하여 a와 k의 관계식을 찾자.

점 A는 원 위의 점이므로 $a^2+\left(\frac{k}{a}\right)^2=n^2$에서

$a^4-n^2a^2+k^2=0$ … ㉠

한편, 긴 변의 길이는 짧은 변의 길이의 2배이므로 $2\overline{AB}=\overline{BC}$에서

$2\sqrt{\left(a-\frac{k}{a}\right)^2+\left(\frac{k}{a}-a\right)^2}=\sqrt{\left(\frac{k}{a}+a\right)^2+\left(a+\frac{k}{a}\right)^2}$

두 점 (x_1, y_1), (x_2, y_2) 사이의 거리는 $\sqrt{(x_1-x_2)^2+(y_1-y_2)^2}$

양변을 제곱하면

$4\times 2\left(a-\frac{k}{a}\right)^2=2\left(a+\frac{k}{a}\right)^2$

$3a^2-10k+\frac{3k^2}{a^2}=0$

$\therefore 3a^4-10ka^2+3k^2=0$ … ㉡

$3\times$㉠$-$㉡에서

$k=\frac{3}{10}n^2 \quad \therefore f(n)=\frac{3}{10}n^2$

3rd $\sum_{n=1}^{12} f(n)$의 값을 구하자.

$\therefore \sum_{n=1}^{12} f(n)=\sum_{n=1}^{12}\frac{3}{10}n^2$ $\quad \sum_{k=1}^{n}k^2=\frac{n(n+1)(2n+1)}{6}$

$=\frac{3}{10}\times\frac{12\times 13\times 25}{6}=195$

C 47 정답 ① *수열의 귀납적 정의 [정답률 64%]

(**정답 공식**: 수열 $\{a_n\}$에 대하여 $a_{2n}-a_{2n-1}$을 a_2-a_1로 유도될 때까지 하나씩 구해 본다.)

수열 $\{a_n\}$을 단서 주어진 식에 의해 $n\geq 2$이면 $a_{n+1}-a_n=\frac{1}{a_n-a_{n-1}}$임을 이용해 봐.

$a_1=7$, $a_2=8$, $a_{n+2}-a_{n+1}=\frac{1}{a_{n+1}-a_n}$

과 같이 정의할 때, $\sum_{k=1}^{100}(a_{2k}-a_{2k-1})$의 값은? (4점)

① 100 ② 150 ③ 200
④ 250 ⑤ 300

1st 주어진 등식에 n 대신에 $n-1$을 넣어 식을 정리해 봐.

$n\geq 2$일 때, (주어진 등식에 의해 $a_{n+1}-a_n=\frac{1}{a_n-a_{n-1}}$이야.)

$a_{n+2}-a_{n+1}=\frac{1}{a_{n+1}-a_n}=\frac{1}{\frac{1}{a_n-a_{n-1}}}=a_n-a_{n-1}$ … ㉠

이때, $b_n=a_{2n}-a_{2n-1}$이라 놓으면 ㉠에 의해

$a_{2n}-a_{2n-1}=a_{2n-2}-a_{2n-3}$

㉠에서 n 대신 $2n-2$를 대입하면 $a_{2n-2+2}-a_{2n-2+1}=a_{2n-2}-a_{2n-2-1}$ 즉, $a_{2n}-a_{2n-1}=a_{2n-2}-a_{2n-3}$이 성립해.

$=a_{2n-4}-a_{2n-5}$

$\vdots$

$=a_2-a_1$

$=8-7=2$

따라서 n의 값에 관계없이 $b_n=1$이므로

$\sum_{k=1}^{100}(a_{2k}-a_{2k-1})=\sum_{k=1}^{100}b_k$

$=\sum_{k=1}^{100}1=100\times 1=100$

쉬운 풀이

주어진 식에 $n=1, 2, 3, \cdots$을 대입하면

$a_3-a_2=\frac{1}{a_2-a_1}=\frac{1}{8-7}=1$

$a_4-a_3=\frac{1}{a_3-a_2}=\frac{1}{1}=1$

$a_5-a_4=\frac{1}{a_4-a_3}=1$

$a_6-a_5=\frac{1}{a_5-a_4}=\frac{1}{1}=1$

…

즉, $a_2-a_1=a_4-a_3=a_6-a_5=\cdots=1$임을 알 수 있어.

$\therefore \sum_{k=1}^{100}(a_{2k}-a_{2k-1})=(a_2-a_1)+(a_4-a_3)+\cdots+(a_{200}-a_{199})$

$=1+1+\cdots+1$ (100개)

$=1\times 100=100$

C 48 정답 ② *수열의 귀납적 정의 [정답률 62%]

(**정답 공식**: 이차방정식 $ax^2+bx+c=0$이 중근을 가질 조건은 $b^2-4ac=0$이다.)

$a_1=2$, $a_2=4$인 수열 $\{a_n\}$에 대하여 x에 대한 이차방정식

$a_nx^2-2a_{n+1}x+a_{n+2}=0$ (단, $a_n\neq 0$)

이 중근을 갖고, 그 중근을 $x=\alpha_n$이라 할 때, $\sum_{k=1}^{100}\alpha_k$의 값은? (4점)

단서 이차방정식이 중근을 가지려면 판별식 $D=0$이어야 하지?

① 100 ② 200 ③ 400
④ 2^{100} ⑤ $2^{101}-2$

1st 이차방정식이 중근을 가질 조건을 이용하여 식을 세우자.

주어진 이차방정식의 판별식을 D라 하면

$\frac{D}{4}=a_{n+1}{}^2-a_na_{n+2}=0 \quad \therefore a_{n+1}{}^2=a_na_{n+2}$

이것은 등비수열의 귀납적 정의이므로 수열 $\{a_n\}$은 첫째항이 2, 공비가 2인 등비수열이다. ($\frac{a_2}{a_1}=\frac{4}{2}=2$)

① $a_{n+1}=ra_n$: 공비가 r인 등비수열
② $a_{n+1}{}^2=a_na_{n+2}$: 등비수열

2nd α_n을 구하자.

이때, 주어진 이차방정식의 중근을 $x=\alpha_n$이라 하면 근과 계수의 관계에서

$\alpha_n+\alpha_n=\frac{2a_{n+1}}{a_n}$

주의 중근을 가질 때 근과 계수의 관계를 헷갈려 하는 경우가 꽤 있어.

이차방정식 $ax^2+bx+c=0$의 두 근을 α, β라 하면 $\alpha+\beta=-\frac{b}{a}$, $\alpha\beta=\frac{c}{a}$

$\therefore \alpha_n=\frac{a_{n+1}}{a_n}$

그런데 등비수열 $\{a_n\}$의 공비가 2이므로

$\alpha_n=\frac{a_{n+1}}{a_n}=2$

$\therefore \sum_{k=1}^{100}\alpha_k=\sum_{k=1}^{100}2=100\times 2=200$

[다른 풀이]

$a_n=2^n$이므로 주어진 방정식에 대입하면

$2^n x^2-2\times 2^{n+1}x+2^{n+2}=0$

$x^2-4x+4=0$ ($\because 2^n>0$)

$(x-2)^2=0 \qquad \therefore x=a_n=2$

(이하 동일)

C 49 정답 297 *수열의 귀납적 정의 …………… [정답률 61%]

정답 공식: $\frac{1}{a_n+1}=\frac{a_n+1}{a_n}=1+\frac{1}{a_n}$로 고치고 수열 $\left\{\frac{1}{a_n}\right\}$에 대한 일반항을 구한다.

> 수열 $\{a_n\}$이 **단서** 양변의 역수를 취하고, 수열 $\left\{\frac{1}{a_n}\right\}$을 새로운 수열로 치환해보자.
>
> $$a_1=1,\ a_{n+1}=\frac{a_n}{a_n+1}\ (n\geq 1)$$
>
> 을 만족시킬 때, $A=\sum_{k=1}^{9}a_k a_{k+1}$, $B=\sum_{k=1}^{9}\frac{1}{a_k a_{k+1}}$이라 하자.
>
> AB의 값을 구하시오. (4점)

1st 주어진 조건에 역수를 취한 후 관계식을 살펴봐.

주어진 조건에 역수를 취하면

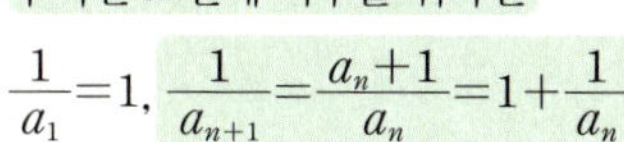

$\frac{1}{a_1}=1,\ \frac{1}{a_{n+1}}=\frac{a_n+1}{a_n}=1+\frac{1}{a_n}$

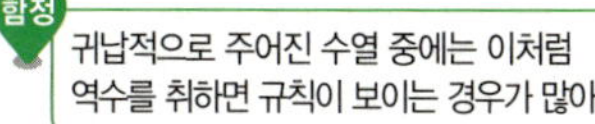

함정 귀납적으로 주어진 수열 중에는 이처럼 역수를 취하면 규칙이 보이는 경우가 많아.

이때 $\frac{1}{a_n}=b_n$으로 놓으면 $b_{n+1}=1+b_n$이므로 수열 $\{b_n\}$은 첫째항이 1, 공차가 1인 등차수열이다. ($b_1=\frac{1}{a_1}=1$)

즉, $b_n=n$이므로

$\frac{1}{a_n}=n \qquad \therefore a_n=\frac{1}{n}$

2nd a_n을 이용하여 A, B의 값을 각각 구하자.

$A=\sum_{k=1}^{9}a_k a_{k+1}=\sum_{k=1}^{9}\frac{1}{k(k+1)}$ → 부분분수 $\frac{1}{AB}=\frac{1}{B-A}\left(\frac{1}{A}-\frac{1}{B}\right)$ (단, $A\neq B$)

$=\sum_{k=1}^{9}\left(\frac{1}{k}-\frac{1}{k+1}\right)$

$=\left(\frac{1}{1}-\frac{1}{2}\right)+\left(\frac{1}{2}-\frac{1}{3}\right)+\cdots+\left(\frac{1}{9}-\frac{1}{10}\right)=1-\frac{1}{10}=\frac{9}{10}$

$B=\sum_{k=1}^{9}\frac{1}{a_k a_{k+1}}=\sum_{k=1}^{9}k(k+1)=\sum_{k=1}^{9}k^2+\sum_{k=1}^{9}k$

$\left(\sum_{k=1}^{n}k=\frac{n(n+1)}{2},\ \sum_{k=1}^{n}k^2=\frac{n(n+1)(2n+1)}{2}\right)$

$=\frac{9\times 10\times 19}{6}+\frac{9\times 10}{2}$

$=285+45=330$

$\therefore AB=\frac{9}{10}\times 330=297$

C 50 정답 ⑤ *수열의 귀납적 정의 - 하나의 식 …… [정답률 57%]

정답 공식: 주어진 식이 음이 아닌 모든 정수 k와 모든 자연수 m에 대하여 성립하므로 주어진 식에 간단한 수를 대입해 본다.

> 함수 $g(x)$와 수열 $\{a_n\}$이 음이 아닌 모든 정수 k와 모든 자연수 m에 대하여
>
> $$a_1=1,\ a_2=3,\ a_{2k+1}+2a_m=g(m+k)$$
>
> **단서** $m=1$을 대입한 식과 $m=2$를 대입한 식을 연립하면 k에 대한 식으로 만들 수 있어.
>
> 를 만족시킬 때, $\sum_{k=1}^{10}g(k)$의 값은? (4점)
>
> ① 170 ② 180 ③ 190 ④ 200 ⑤ 210

1st 함수 $g(x)$의 식을 구해.

모든 자연수 m에 대하여 $a_{2k+1}+2a_m=g(m+k)$ … ㉠를 만족하므로

$m=1$을 대입하면

$g(1+k)=a_{2k+1}+2a_1=a_{2k+1}+2\times 1=a_{2k+1}+2$ … ㉡

$m=2$를 대입하면

$g(2+k)=a_{2k+1}+2a_2=a_{2k+1}+2\times 3=a_{2k+1}+6$ … ㉢

㉢-㉡을 하면 $g(2+k)-g(1+k)=4$ … ㉣이고 음이 아닌 모든 정수 k에 대하여 주어진 등식이 성립하므로 ㉣에 $k=0$을 대입하면

$g(2)-g(1)=4$

즉, 함수 $g(k)$는 첫째항부터 공차가 4인 등차수열이다. (수열 $\{a_n\}$에 대하여 $a_{n+1}-a_n=d$이면 수열 $\{a_n\}$은 공차가 d인 등차수열이야.)

$\therefore g(k)=g(1)+(k-1)\times 4=4k+g(1)-4$

한편, ㉠에 $k=0$, $m=1$을 대입하면 $a_1+2a_1=g(1+0)$에서

$g(1)=3a_1=3\times 1=3$이므로 $g(k)=4k+3-4=4k-1$

2nd $\sum_{k=1}^{10}g(k)$의 값을 구해.

$\therefore \sum_{k=1}^{10}g(k)=\sum_{k=1}^{10}(4k-1)=4\sum_{k=1}^{10}k-\sum_{k=1}^{10}1=4\times\frac{10\times 11}{2}-1\times 10$

$=220-10=210$

C 51 정답 301 *수열의 귀납적 정의 …………… [정답률 57%]

정답 공식: 조건 (다)의 n대신에 2, 3, …, n을 대입하여 각 변을 곱하면 일반항을 구할 수 있다.

> 수직선 위에 점 $\mathrm{P}_n(n=1, 2, 3, \cdots)$을 다음 규칙에 따라 정한다.
>
> (가) 점 P_1의 좌표는 $\mathrm{P}_1(0)$이다.
> (나) $\overline{\mathrm{P}_1\mathrm{P}_2}=1$이다.
> (다) $\overline{\mathrm{P}_n\mathrm{P}_{n+1}}=\frac{n-1}{n+1}\times\overline{\mathrm{P}_{n-1}\mathrm{P}_n}$ ($n=2, 3, 4, \cdots$)
>
> 선분 $\mathrm{P}_n\mathrm{P}_{n+1}$을 밑변으로 하고 높이가 2인 직각삼각형의 넓이를 S_n이라 하자. $S_1+S_2+S_3+\cdots+S_{100}=\frac{q}{p}$일 때, $p+q$의 값을 구하시오. (단, p, q는 서로소인 자연수이다.) (4점)
>
> 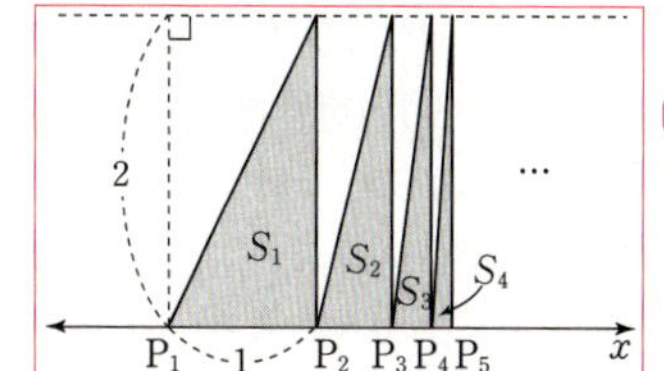
>
>
> **단서** 높이는 같고, 삼각형의 밑변의 길이가 (다)에 의하여 축소되지.

1st 주어진 조건을 이용하여 선분 $\mathrm{P}_n\mathrm{P}_{n+1}$의 길이를 구해 보자.

$\overline{\mathrm{P}_1\mathrm{P}_2}=1$ ⇒ 조건 (나)

$\overline{\mathrm{P}_2\mathrm{P}_3}=\frac{1}{3}\overline{\mathrm{P}_1\mathrm{P}_2}=\frac{1}{3}$ ⇒ $\overline{\mathrm{P}_n\mathrm{P}_{n+1}}=\frac{n-1}{n+1}\times\overline{\mathrm{P}_{n-1}\mathrm{P}_n}$

$\overline{\mathrm{P}_3\mathrm{P}_4}=\frac{2}{4}\overline{\mathrm{P}_2\mathrm{P}_3}=\frac{1}{3}\times\frac{2}{4}=\frac{1\times 2}{3\times 4}$

$\overline{\mathrm{P}_4\mathrm{P}_5}=\frac{3}{5}\overline{\mathrm{P}_3\mathrm{P}_4}=\frac{1\times 2}{3\times 4}\times\frac{3}{5}=\frac{1\times 2}{4\times 5}$

$\overline{\mathrm{P}_5\mathrm{P}_6}=\frac{4}{6}\overline{\mathrm{P}_4\mathrm{P}_5}=\frac{1\times 2}{4\times 5}\times\frac{4}{6}=\frac{1\times 2}{5\times 6}$

$\vdots$

$\overline{\mathrm{P}_n\mathrm{P}_{n+1}}=\frac{n-1}{n+1}\overline{\mathrm{P}_{n-1}\mathrm{P}_n}=\frac{2}{n(n+1)}$

2nd 밑변이 선분 P_nP_{n+1}이고 높이가 2인 직각삼각형의 넓이의 합을 구하자.

$$S_n=\frac{1}{2}\times 2\times \overline{P_nP_{n+1}}=\frac{2}{n(n+1)}$$

$$\therefore\ S_1+S_2+S_3+\cdots+S_{100}=\sum_{n=1}^{100}S_n$$

$$=\sum_{n=1}^{100}\frac{2}{n(n+1)}$$

[부분분수]

$$=2\sum_{n=1}^{100}\left(\frac{1}{n}-\frac{1}{n+1}\right)\quad \frac{1}{AB}=\frac{1}{B-A}\left(\frac{1}{A}-\frac{1}{B}\right)$$

$$=2\left\{\left(1-\frac{1}{2}\right)+\left(\frac{1}{2}-\frac{1}{3}\right)+\cdots+\left(\frac{1}{100}-\frac{1}{101}\right)\right\}$$

$$=2\left(1-\frac{1}{101}\right)=\frac{200}{101}=\frac{q}{p}$$

$\therefore\ p+q=101+200=301$

$\sum$의 활용 – 유리식과 무리식 개념·공식

(1) 부분분수를 이용한 수열의 합

$$\sum_{k=1}^{n}\frac{1}{k(k+1)}=\sum_{k=1}^{n}\left(\frac{1}{k}-\frac{1}{k+1}\right)$$

(2) 근호를 포함한 식으로 나타내어지는 수열의 합

(i) 일반항의 분모를 유리화한다.

(ii) 합의 기호 $\sum$를 풀어 계산한다.

C 52 정답 ② *수열의 귀납법 정의 [정답률 59%]

(정답 공식: $p_n=p-1-2-\cdots-n$)

다음은 19세기 초 조선의 유학자 홍길주가 소개한 제곱근을 구하는 계산법의 일부를 재구성한 것이다.

> 1보다 큰 자연수 p에서 1을 뺀 수를 p_1이라 한다. $\Rightarrow p_1=p-1$
>
> p_1이 2보다 크면 p_1에서 2를 뺀 수를 p_2라 한다. $\Rightarrow p_2=p_1-2=(p-1)-2$
>
> p_2가 3보다 크면 p_2에서 3을 뺀 수를 p_3이라 한다.
>
> ⋮
>
> p_{k-1}이 k보다 크면 p_{k-1}에서 k를 뺀 수를 p_k라 한다.
>
> 이와 같은 과정을 계속하여 n번째 얻은 수 p_n이 $(n+1)$보다 작으면 이 과정을 멈춘다.
>
> 이때, $2p_n$이 $(n+1)$과 같으면 p는 (가) 이다.
>
> 단서 일반항 p_n을 구하여 $2p_n=n+1$을 이용하여 p의 식을 구해.

(가)에 들어갈 식으로 알맞은 것은? (4점)

① $n+1$ ② $\frac{(n+1)^2}{2}$ ③ $\left\{\frac{(n+1)}{2}\right\}^2$

④ 2^{n+1} ⑤ $(n+1)!$

1st 주어진 과정을 식으로 표현해 보자.

함정 문장으로 주어진 긴 조건들을 식으로 표현하면 쉽게 풀리는 경우가 많아.

1보다 큰 자연수 p에서 1을 뺀 수를 p_1이라 하므로 $p-1=p_1$

p_1이 2보다 크면 p_1에서 2를 뺀 수를 p_2라 하므로 $p_1-2=p_2$

p_2가 3보다 크면 p_2에서 3을 뺀 수를 p_3이라 하므로 $p_2-3=p_3$

⋮

p_{n-1}이 n보다 크면 p_{n-1}에서 n을 뺀 수를 p_n이라 하므로 $p_{n-1}-n=p_n$

2nd 구한 식을 변변끼리 더하자.

$$p-1=p_1$$
$$p_1-2=p_2$$
$$p_2-3=p_3$$
$$\vdots$$
$$+)\ p_{n-1}-n=p_n$$
$$p-(1+2+3+\cdots+n)=p_n$$

[연속한 자연수의 합] $\sum_{k=1}^{n}k=\frac{n(n+1)}{2}$을 이용해.

$$p-\frac{n(n+1)}{2}=p_n,\ 2p-n(n+1)=2p_n$$

그런데 $2p_n=n+1$이라 하므로 $2p-n(n+1)=n+1$

$2p=n(n+1)+(n+1)=(n+1)^2$

$\therefore\ p=\frac{(n+1)^2}{2}$ ←(가)

자연수의 거듭제곱의 합 개념·공식

① $\sum_{k=1}^{n}k=\frac{n(n+1)}{2}$

② $\sum_{k=1}^{n}k^2=\frac{n(n+1)(2n+1)}{6}$

③ $\sum_{k=1}^{n}k^3=\left\{\frac{n(n+1)}{2}\right\}^2$

C 53 정답 ④ *수열의 귀납적 정의 [정답률 51%]

(정답 공식: $a_{n+1}=S_{n+1}-S_n$을 이용하여 주어진 식에서 a_{n+1}을 제거하고 S_n의 일반항을 구한다.)

모든 항이 양수인 수열 $\{a_n\}$은 $a_1=a_2=1$이고, $S_n=\sum_{k=1}^{n}a_k$라 할 때,

$$a_{n+1}=\frac{S_n^{\ 2}}{S_{n-1}}+(2n-1)S_n\ (n\geq 2)$$

를 만족시킨다. 다음은 일반항 a_n을 구하는 과정이다.

> $a_{n+1}=S_{n+1}-S_n$이므로 주어진 식으로부터
>
> $$S_{n+1}=\frac{S_n^{\ 2}}{S_{n-1}}+2nS_n\ (n\geq 2)$$
>
> 이다. 양변을 S_n으로 나누면
>
> $$\frac{S_{n+1}}{S_n}=\frac{S_n}{S_{n-1}}+2n$$
>
> 이다. $b_n=\frac{S_{n+1}}{S_n}$이라 하면 $b_1=2$이고
>
> $b_n=b_{n-1}+2n\ (n\geq 2)$ 단서1 일반항 b_n을 구하기 위해서 $b_{n+1}-b_n=f(n)$의 양변에 $n=1, 2, 3, \cdots, n-1$을 대입하여 각 변을 더해 주면 되겠네.
>
> 이다. 수열 $\{b_n\}$의 일반항을 구하면
>
> $b_n=$ (가) $\times(n+1)\ (n\geq 1)$
>
> 이므로
>
> $S_n=$ (가) $\times\{(n-1)!\}^2\ (n\geq 1)$ ⋯ ⓐ
>
> 이다. 따라서 $a_1=1$이고, $n\geq 2$일 때
>
> $a_n=S_n-S_{n-1}=$ (나) $\times\{(n-2)!\}^2$ 단서2 ⓐ의 식에 의하여 S_n-S_{n-1}을 정리해.
>
> 이다.

위의 (가)와 (나)에 알맞은 식을 각각 $f(n)$, $g(n)$이라 할 때, $f(10)+g(6)$의 값은? (4점)

① 110 ② 125 ③ 140

④ 155 ⑤ 170

1st 주어진 과정을 따라가면서 빈칸에 알맞은 식을 구해.

$\frac{S_{n+1}}{S_n}=\frac{S_n}{S_{n-1}}+2n\ (n\ge2)$에서

$b_n=\frac{S_{n+1}}{S_n}$이라 하면

$b_1=\frac{S_2}{S_1}=\frac{a_1+a_2}{a_1}=\frac{1+1}{1}=2$이고

$b_n=b_{n-1}+2n\ (n\ge2)$ → $a_{n+1}-a_n=f(n)$ 꼴에서는 $n=1, 2, \cdots, n-1$을 대입하여 각 변을 더해줘.

n 대신 2, 3, 4, $\cdots$, n을 차례로 대입하면

$b_2=b_1+2\times2$

$b_3=b_2+2\times3$

$b_4=b_3+2\times4$

$\vdots$

$+)\ b_n=b_{n-1}+2\times n$

$b_n=b_1+2(2+3+4+\cdots+n)$

$=2(1+2+3+\cdots+n)(\because b_1=2)$

$=2\times\frac{n(n+1)}{2}$ [연속한 자연수의 합] $\sum_{k=1}^{n}k=1+2+\cdots+n=\frac{n(n+1)}{2}$을 이용해.

$=n\times(n+1)\ (n\ge2)$

한편, 이 식에 $n=1$을 대입한 값이 $b_1=2$와 같으므로 $\Rightarrow 1\times2=2$

$b_n=n\times(n+1)\ (n\ge1)$ (가)

또, $b_n=\frac{S_{n+1}}{S_n}$에 n 대신 1, 2, 3, $\cdots$, $n-1$을 대입하면 → $\frac{a_{n+1}}{a_n}=f(n)$ 꼴에서는 $n=1, 2, 3, \cdots, n-1$을 대입하여 각 변을 곱해줘.

$b_1=\frac{S_2}{S_1}$

$b_2=\frac{S_3}{S_2}$

$\vdots$

$b_{n-2}=\frac{S_{n-1}}{S_{n-2}}$

$\times)\ b_{n-1}=\frac{S_n}{S_{n-1}}$

$b_1b_2\times\cdots\times b_{n-1}=\frac{S_2}{S_1}\times\frac{S_3}{S_2}\times\cdots\times\frac{S_{n-1}}{S_{n-2}}\times\frac{S_n}{S_{n-1}}$

$=\frac{S_n}{S_1}$

$\therefore S_n=S_1\times b_1b_2\times\cdots\times b_{n-1}$

$=1\times(1\times2)\times(2\times3)\times(3\times4)\times\cdots\times\{(n-2)(n-1)\}\times\{(n-1)n\}$

$=\{1\times2\times3\times\cdots\times(n-1)\}^2n$

$=n\{(n-1)!\}^2(n\ge2)$

한편, 이 식에 $n=1$을 대입한 값이 $S_1=1\times(0!)^2=1$이 a_1과 같으므로

$S_n=n\{(n-1)!\}^2(n\ge1)$

실수 항상 S_n으로 구한 일반항은 $n=1$일 때도 성립하는지 확인해야 해.

따라서 $a_1=1$이고, $n\ge2$일 때,

$a_n=S_n-S_{n-1}=n\{(n-1)!\}^2-(n-1)\{(n-2)!\}^2$

$=n\{(n-1)(n-2)!\}^2-(n-1)\{(n-2)!\}^2$

$=n(n-1)^2\{(n-2)!\}^2-(n-1)\{(n-2)!\}^2$

$=(n-1)\{n(n-1)-1\}\times\{(n-2)!\}^2$ (나)

2nd $f(10)+g(6)$의 값을 구하자.

따라서 $f(n)=n$, $g(n)=(n-1)\{n(n-1)-1\}$이므로

$f(10)=10$, $g(6)=5\times(6\times5-1)=145$

$\therefore f(10)+g(6)=10+145=155$

수능 핵강

논리적 흐름을 알고 있으면 좋으니까 구하는 과정의 도입을 좀 더 알아볼까?

즉, $a_{n+1}=S_{n+1}-S_n$을 $a_{n+1}=\frac{S_n^2}{S_{n+1}}+(2n-1)S_n$에 대입하면

$S_{n+1}-S_n=\frac{S_n^2}{S_{n-1}}+(2n-1)S_n$에서

$S_{n+1}=\frac{S_n^2}{S_{n-1}}+2nS_n$이고 양변을 S_n으로 나누면

$\frac{S_{n+1}}{S_n}=\frac{S_n}{S_{n-1}}+2n\ (n\ge2)$

C 54 정답 ③ *수열의 귀납적 정의 [정답률 37%]

(정답 공식: $a_{2n+1}-a_{2n-1}=f(n)$에 n 대신 1, 2, $\cdots$, $n-1$을 차례로 대입하여 나온 식들을 더하면 a_{2n-1}을 n에 대한 식으로 나타낸다.)

수열 $\{a_n\}$은 $a_1=1$, $a_2=7$이고, 모든 자연수 n에 대하여

$$a_{n+2}=\begin{cases}a_{n+1}-3a_n & (n\text{이 홀수})\\ 8a_{n+1}-a_n & (n\text{이 짝수})\end{cases}$$

를 만족시킨다. 다음은 일반항 a_n을 구하는 과정이다.

> 주어진 식에서 모든 자연수 n에 대하여
>
> $a_{2n+1}=a_{2n}-3a_{2n-1}$ $\cdots$ ㉠
>
> $a_{2n+2}=8a_{2n+1}-a_{2n}$ $\cdots$ ㉡
>
> $a_{2n+3}=a_{2n+2}-3a_{2n+1}$ $\cdots$ ㉢
>
> 이므로 ㉠, ㉡, ㉢을 연립하여 정리하면
>
> ❶ $a_{2n+3}-a_{2n+1}=3(a_{2n+1}-a_{2n-1})$
>
> 이고, ㉠에서 $n=1$일 때 $a_3=4$이므로
>
> $a_{2n+1}-a_{2n-1}=$ (가) $(n\ge1)$
>
> 이다. 따라서
>
> $a_{2n-1}=$ (나) $(n\ge1)$
>
> 이고, ㉠으로부터
>
> ❷ $a_{2n}=a_{2n+1}+3a_{2n-1}$
>
> 이므로
>
> $a_{2n}=$ (다) $(n\ge1)$
>
> 이다. 그러므로 모든 자연수 n에 대하여
>
> $a_{2n-1}=$ (나), $a_{2n}=$ (다)
>
> 이다.

단서1 ❶에서 $a_{2n+1}-a_{2n-1}=b_n$이라 하면 수열 $\{b_n\}$은 공비가 3인 등비수열이야.

단서2 일반항 a_{2n-1}을 구하기 위해서 $a_{2n+1}-a_{2n-1}=f(n)$의 양변에 $n=1, 2, 3, \cdots, n-1$을 대입하여 각 변을 더해 주면 되겠네.

단서3 a_{2n+1}을 유추하여 ❷에 대입하여 일반항 a_{2n}을 찾자.

위의 (가)에 알맞은 식을 $f(n)$, (나)에 알맞은 식을 $g(n)$, (다)에 알맞은 식을 $h(n)$이라 할 때, $\frac{2f(4)g(10)}{h(10)-1}$의 값은? (4점)

① 9 ② 18 ③ 27 ④ 36 ⑤ 45

1st 수열 $\{a_{2n+1}-a_{2n-1}\}$의 일반항을 구해.

㉠, ㉡, ㉢을 연립하여 정리하면

$a_{2n+3}-a_{2n+1}=3(a_{2n+1}-a_{2n-1})$ $\cdots$ (*)

이때, $b_n=a_{2n+1}-a_{2n-1}$이라 하면 $b_{n+1}=3b_n$으로 수열 $\{b_n\}$은 공비가 3인 등비수열이다. $\frac{b_{n+1}}{b_n}=3$으로 연속한 두 수가 일정한 비를 가지고 증가하므로 등비수열이지?

$a_1=1$, $a_2=7$이고, ㉠에서 $a_3=a_2-3a_1=7-3\times1=4$이므로

$b_1=a_3-a_1=4-1=3$

즉, 수열 $\{b_n\}$은 첫째항이 3, 공비가 3인 등비수열이므로

$b_n=a_{2n+1}-a_{2n-1}=3\times3^{n-1}=3^n$ (가) $(n\geq1)$

2nd 수열 $\{a_{2n+1}-a_{2n-1}\}$의 일반항을 이용하여 a_{2n-1}과 a_{2n}을 구해야 해.

$a_{2n+1}-a_{2n-1}=3^n$에 n 대신에 $1, 2, \cdots, n-1$을 차례로 대입하면

$a_3-a_1=3$

$a_5-a_3=3^2$

⋮

$+)\ a_{2n-1}-a_{2n-3}=3^{n-1}$

$a_{2n-1}-a_1=3+3^2+\cdots+3^{n-1}=\dfrac{3(3^{n-1}-1)}{3-1}=\dfrac{1}{2}(3^n-3)$

→ 첫째항이 2, 공비가 2인 등비수열의 첫째항부터 제$(n-1)$항까지의 합이야.

$a_{2n-1}=\dfrac{1}{2}(3^n-3)+a_1$

$=\dfrac{1}{2}(3^n-1)\ (n\geq2)$

그런데 이 식에 $n=1$을 대입한 값 1이 $a_1=1$과 같으므로

$a_{2n-1}=\dfrac{1}{2}(3^n-1)$ (나) $(n\geq1)$

이때, n 대신에 $n+1$을 대입하면 $a_{2n+1}=\dfrac{1}{2}(3^{n+1}-1)$이고, ㉠으로부터

$a_{2n}=a_{2n+1}+3a_{2n-1}$이므로

$a_{2n}=\dfrac{1}{2}(3^{n+1}-1)+3\times\dfrac{1}{2}(3^n-1)=3^{n+1}-2$ (다) $(n\geq1)$

(이하 생략)

3rd (가), (나), (다)의 식을 이용하여 $\dfrac{2f(4)g(10)}{h(10)-1}$의 값을 구하자.

따라서 $f(n)=3^n$, $g(n)=\dfrac{1}{2}(3^n-1)$, $h(n)=3^{n+1}-2$이므로

$$\frac{2f(4)g(10)}{h(10)-1}=\frac{2\times3^4\times\frac{1}{2}(3^{10}-1)}{3^{11}-2-1}=\frac{3^4(3^{10}-1)}{3(3^{10}-1)}=27$$

함정: 3^{10}을 계산해야 할 것 같지만 분모를 $3(3^{10}-1)$로 정리하면 분모, 분자가 $3^{10}-1$로 약분되지.

수능 핵강

$a_{n+2}=\begin{cases}a_{n+1}-3a_n\ (n\text{이 홀수})\\8a_{n+1}-a_n\ (n\text{이 짝수})\end{cases}$에서

(i) n 대신에 $2n-1$을 대입하면 $2n-1$은 홀수이므로

$a_{(2n-1)+2}=a_{(2n-1)+1}-3a_{2n-1}$ $\therefore a_{2n+1}=a_{2n}-3a_{2n-1}$ ⋯ ㉠

(ii) n 대신에 $2n$을 대입하면 $2n$은 짝수이므로

$a_{2n+2}=8a_{2n+1}-a_{2n}$ ⋯ ㉡

(iii) n 대신에 $2n+1$을 대입하면 $2n+1$은 홀수이므로

$a_{(2n+1)+2}=a_{(2n+1)+1}-3a_{2n+1}$ $\therefore a_{2n+3}=a_{2n+2}-3a_{2n+1}$ ⋯ ㉢

(*)과 같이 ㉠, ㉡, ㉢을 연립하여 정리하면

왜 $a_{2n+3}-a_{2n+1}=3(a_{2n+1}-a_{2n-1})$이 되냐구?

㉠+㉡+㉢을 하면

$a_{2n+1}+a_{2n+2}+a_{2n+3}=(a_{2n}-3a_{2n-1})+(8a_{2n+1}-a_{2n})+(a_{2n+2}-3a_{2n+1})$

$=a_{2n+2}+5a_{2n+1}-3a_{2n-1}$

즉, $a_{2n+3}+a_{2n+1}=5a_{2n+1}-3a_{2n-1}$에서

$a_{2n+3}-a_{2n+1}=3a_{2n+1}-3a_{2n-1}$이므로

$a_{2n+3}-a_{2n+1}=3(a_{2n+1}-a_{2n-1})$이 되는 거야.

C 55 정답 ④ *수열의 귀납적 정의 [정답률 52%]

(정답 공식: 주어진 풀이 과정의 앞뒤를 보면서 빈칸에 채울 숫자나 식을 유추한다.)

수열 $\{a_n\}$은 $a_1=-\dfrac{5}{3}$이고

$$a_{n+1}=-\frac{3a_n+2}{a_n}\ (n\geq1)\ \cdots\cdots(*)$$

다음은 일반항 a_n을 구하는 과정이다.

(*)에서

$a_{n+1}+2=-\dfrac{a_n+\boxed{(가)}}{a_n}\ (n\geq1)$

단서1 (*)의 양변에 2를 더하고 정리해 봐.

이다. 여기서

$b_n=\dfrac{1}{a_n+2}\ (n\geq1)$

이라 하면 $b_1=3$이고

$b_{n+1}=2b_n-\boxed{(나)}\ (n\geq1)$

단서2 b_n의 정의와 수열 $\{a_n\}$의 점화식을 이용하여 수열 $\{b_n\}$의 점화식을 찾아보자.

이다. 수열 $\{b_n\}$의 일반항을 구하면

$b_n=\boxed{(다)}\ (n\geq1)$

이므로

$a_n=\dfrac{1}{\boxed{(다)}}-2\ (n\geq1)$

이다.

위의 (가)와 (나)에 알맞은 수를 각각 p, q라 하고, (다)에 알맞은 식을 $f(n)$이라 할 때, $p\times q\times f(5)$의 값은? (4점)

① 54 ② 58 ③ 62 ④ 66 ⑤ 70

1st (*)에서 양변에 2를 더하고 식을 정리하자.

(*)에서

$a_{n+1}+2=-\dfrac{3a_n+2}{a_n}+2=-\dfrac{3a_n+2-2a_n}{a_n}$

$=-\dfrac{a_n+2}{a_n}$ (가: 2) $(n\geq1)$ ⋯ ㉠

2nd 수열 $\{b_n\}$의 점화식을 찾아야해.

$b_n=\dfrac{1}{a_n+2}\ (n\geq1)$이라 하면

$a_1=-\dfrac{5}{3}$이므로 $b_1=\dfrac{1}{a_1+2}=\dfrac{1}{-\frac{5}{3}+2}=3$

$b_{n+1}=\dfrac{1}{a_{n+1}+2}=-\dfrac{a_n}{a_n+2}\ (\because ㉠)=-\dfrac{(a_n+2)-2}{a_n+2}=\dfrac{2}{a_n+2}-1$

$=2b_n-1$ (나: 1) $(n\geq1)$

3rd 식을 정리하여 수열 $\{b_n\}$의 일반항을 구해.

$b_{n+1}-1=2b_n-2=2(b_n-1)$ → $b_n-1=c_n$이라 놓으면 $c_{n+1}=2c_n$에서 수열 $\{c_n\}$이 등비수열인 것을 알 수 있어.

이므로 수열 $\{b_n-1\}$은 첫째항이 $b_1-1=2$이고 공비가 2인 등비수열이다. ($b_1=3$)

$\therefore b_n-1=2^n$

즉, 수열 $\{b_n\}$의 일반항은 $b_n=2^n+1$ (다) $(n\geq1)$

따라서 $a_n=\dfrac{1}{2^n+1}-2\ (n\geq1)$ → $b_n=\dfrac{1}{a_n+2}$에서 $a_n+2=\dfrac{1}{b_n}$, 즉 $a_n=\dfrac{1}{b_n}-2$야.

$p=2$, $q=1$, $f(n)=2^n+1$이므로

$p\times q\times f(5)=2\times1\times(2^5+1)=66$

C 56 정답 ④ *수열의 귀납적 정의 [정답률 53%]

(**정답 공식**: 빈칸의 앞뒤를 채울 수 있는 수를 구한다.)

수열 $\{a_n\}$은 $a_1=1$이고

$$a_{n+1}=\sum_{k=1}^{n}2^{n-k}a_k\ (n\geq1)\ \cdots ⓐ$$

를 만족시킨다. 다음은 일반항 a_n을 구하는 과정이다.

> 주어진 식으로부터 $a_2=$ (가) 이다.
> 자연수 n에 대하여 **단서1** ⓐ에 $n=1$을 대입해.
>
> $$a_{n+2}=\sum_{k=1}^{n+1}2^{n+1-k}a_k=\sum_{k=1}^{n}2^{n+1-k}a_k+a_{n+1}$$ ❶
>
> **단서2** ❶과 ❷를 비교해. 2^{n-k}이 공통임이 보이지?
>
> $$=(나)\sum_{k=1}^{n}2^{n-k}a_k+a_{n+1}=(다)a_{n+1}$$ ❷
>
> 이다. **단서3** ❷를 이용하여 앞의 식은 a_{n+1}로 정리해야겠네.
> 따라서 $a_1=1$이고, $n\geq2$일 때, $a_n=($(다)$)^{n-2}$이다.

위의 (가), (나), (다)에 알맞은 수를 각각 p, q, r라 할 때, $p+q+r$의 값은? (3점)

① 3 ② 4 ③ 5 ④ 6 ⑤ 7

1st 주어진 식에 $n=1$을 대입하여 (가)를 추론해.

수열 $\{a_n\}$에서 $a_1=1$이고, $a_{n+1}=\sum_{k=1}^{n}2^{n-k}a_k\ \cdots$ ㉠

㉠에 $n=1$을 대입하면 → ㉠의 n의 자리에 1을 대입해야 해.

$a_2=\sum_{k=1}^{1}2^{1-k}a_k=2^0a_1=1$ 이다. ← (가)

$k=1$에서 $k=1$까지의 합이니까 결국 $k=1$의 값을 구하면 돼.

2nd 식의 전개에서 빈칸은 앞, 뒤 식을 확인하여 (나), (다)를 추론해.

자연수 n에 대하여

$\sum_{k=1}^{n+1}b_k=\sum_{k=1}^{n}b_k+b_{n+1}$임을 이용하자.

$$a_{n+2}=\sum_{k=1}^{n+1}2^{n+1-k}a_k=\sum_{k=1}^{n}2^{n+1-k}a_k+2^{n+1-(n+1)}a_{n+1}$$

$$=\sum_{k=1}^{n}2^{n+1-k}a_k+a_{n+1}=\sum_{k=1}^{n}2\times2^{n-k}a_k+a_{n+1}$$

→ $2^n\times2\times2^{-k}$이니까 $2\times2^n\times2^{-k}=2\cdot2^{n-k}$으로 정리해.

(나) $$=2\sum_{k=1}^{n}2^{n-k}a_k+a_{n+1}$$

$$=2a_{n+1}+a_{n+1}\ (\because ㉠)=3a_{n+1}$$ ← (다)

따라서 $a_1=1$이고, $n\geq2$일 때, $a_n=3^{n-2}$이다.

$\therefore p=1,\ q=2,\ r=3 \Rightarrow p+q+r=6$

수능 핵강

일반항에 따라 시그마가 있는 문제는 대부분 다음 방법을 이용해.

(1) 공식을 이용하여 풀기

① $\sum_{k=1}^{n}c=cn$ (단, c는 상수) ② $\sum_{k=1}^{n}k=\frac{n(n+1)}{2}$

③ $\sum_{k=1}^{n}k^2=\frac{n(n+1)(2n+1)}{6}$ ④ $\sum_{k=1}^{n}k^3=\left\{\frac{n(n+1)}{2}\right\}^2$

(2) 등비수열의 합의 공식으로 풀기

$\sum_{k=1}^{n}ar^{n-1}=\frac{a(1-r^n)}{1-r}=\frac{a(r^n-1)}{r-1}\ (r\neq1)$

(3) 부분분수로 변형해서 풀기

$\frac{1}{AB}=\frac{1}{B-A}\left(\frac{1}{A}-\frac{1}{B}\right)$

(4) 주어진 일반항의 규칙성 이용해서 풀기

n 대신 1, 2, 3, …을 대입하여 일반항 a_n의 규칙성을 이용

C 57 정답 ③ *수열의 귀납적 정의 [정답률 47%]

(**정답 공식**: 두 조건 (가), (나)에 적당한 자연수 n을 대입해보며 a_{25}의 값을 구하기 위해 필요한 값을 찾는다.)

수열 $\{a_n\}$은 $0<a_1<1$이고, 모든 자연수 n에 대하여 다음 조건을 만족시킨다. **단서1** 주어진 조건을 만족시키는 a_1의 값이 여러 개 나올 수 있다는 것을 추측할 수 있을 거야. 그 중 $0<a_1<1$을 만족시키는 a_1의 값을 찾아야 해.

> (가) $a_{2n}=a_2\times a_n+1$
> (나) $a_{2n+1}=a_2\times a_n-2$
>
> **단서2** 두 식의 우변에 같은 값인 $a_2\times a_n$이 있으니까 두 식을 변변 빼서 a_{2n}, a_{2n+1}에 대한 식으로 나타내 봐.

$a_7=2$일 때, a_{25}의 값은? (4점)

단서3 구하는 값이 a_{25}이므로 a_{25}의 값을 구하기 위해 필요한 값이 무엇인지 먼저 찾아 봐.

① 78 ② 80 ③ 82 ④ 84 ⑤ 86

1st a_{25}의 값을 구하기 위해 필요한 값이 무엇인지 찾아.

$a_7=2$이므로 조건 (나)에 의하여 → a_7의 값이 주어졌으므로 이 값을 먼저 조건식을 이용해서 정리할 생각을 해야 해.

$a_7=a_{2\times3+1}=a_2\times a_3-2=2$

$\therefore a_2\times a_3=4\ \cdots$ ㉠

조건 (가)에 의하여

$a_6=a_{2\times3}=a_2\times a_3+1$

$=4+1\ (\because ㉠)$

$=5\ \cdots$ ㉡

한편, 조건 (나)에 의하여

$a_{25}=a_{2\times12+1}=a_2\times a_{12}-2\ \cdots$ ㉢

조건 (가)에 의하여

$a_{12}=a_{2\times6}=a_2\times a_6+1$

$=a_2\times5+1\ (\because ㉡)$

$=5a_2+1$

이것을 ㉢에 대입하면 $a_{25}=a_2(5a_2+1)-2\ \cdots$ ㉣

2nd a_2의 값을 구해.

조건 (나)의 식 $a_{2n+1}=a_2\times a_n-2$에서 조건 (가)의 식 $a_{2n}=a_2\times a_n+1$을 변변 빼면

주의 귀납적으로 정의된 수열에서 주어진 두 조건식에 같은 것이 있다면 두 식을 더하거나 빼서 하나의 식으로 만들어 봐야 해.

$a_{2n+1}-a_{2n}=-3$

$\therefore a_{2n+1}=a_{2n}-3$

이 식의 양변에 $n=1$을 대입하면 $a_3=a_2-3$이고 이것을 ㉠에 대입하면

$a_2(a_2-3)=4$에서

$a_2^2-3a_2-4=0$

$(a_2+1)(a_2-4)=0$

$\therefore a_2=-1$ 또는 $a_2=4$

(i) $a_2=-1$일 때, 조건 (가)에 의하여 $a_2=a_{2\times1}=a_2\times a_1+1$이므로

$-1=-a_1+1$

$\therefore a_1=2$

그런데 $0<a_1<1$이므로 조건을 만족시키지 않는다.

(ii) $a_2=4$일 때, 조건 (가)에 의하여 $a_2=a_{2\times1}=a_2\times a_1+1$이므로

$4=4a_1+1,\ 4a_1=3$

$\therefore a_1=\frac{3}{4}$

이것은 $0<a_1<1$을 만족시킨다.

(i), (ii)에 의하여 $a_1=\frac{3}{4}$, $a_2=4$이므로 ㉣에 의하여

$a_{25}=4(5\times4+1)-2=84-2=82$

C 58 정답 ③ *수열의 귀납적 정의 [정답률 45%]

(정답 공식: 관계식이 주어졌으므로 n의 값을 차례로 대입하여 수열 $\{a_n\}$을 유추한다.)

다음 조건을 만족시키는 모든 수열 $\{a_n\}$에 대하여 $\sum_{k=1}^{100} a_k$의 최댓값과 최솟값을 각각 M, m이라 할 때, $M-m$의 값은? (4점)

(가) $a_5=5$

(나) 모든 자연수 n에 대하여

$$a_{n+1}=\begin{cases} a_n-6 & (a_n \geq 0) \\ -2a_n+3 & (a_n<0) \end{cases}$$

이다.

단서 a_5의 값과 수열 $\{a_n\}$의 관계식을 이용하여 a_6, a_7, $\cdots$, a_{100}을 먼저 구할 수 있어. 그럼 n이 5 이상인 경우의 수열 $\{a_n\}$의 각 항은 결정되어 있으니까 a_1, a_2, a_3, a_4에 따라 $\sum_{k=1}^{100} a_k$의 값을 구하면 돼.

① 64 ② 68 ③ 72 ④ 76 ⑤ 80

1st a_6, a_7, $\cdots$의 값을 먼저 구해.

$a_5=5>0$이므로 $a_6=a_5-6=5-6=-1<0$

$a_7=-2a_6+3=-2\times(-1)+3=5>0$

$a_8=a_7-6=5-6=-1<0$

$\vdots$

따라서 n이 5 이상의 자연수일 때,

$$a_n=\begin{cases} 5 & (n\text{이 홀수일 때}) \\ -1 & (n\text{이 짝수일 때}) \end{cases}$$

n이 5 이상일 때 수열 $\{a_n\}$의 각 항이 결정되어 있으므로 $\sum_{k=1}^{100} a_k$의 최댓값과 최솟값은 a_1, a_2, a_3, a_4의 값에 따라 결정되겠지?

2nd $\sum_{k=1}^{100} a_k$의 최댓값 M과 최솟값 m을 각각 구해.

a_1, a_2, a_3, a_4의 값 중 음수는 최대 2개가 나올 수 있으므로 다음과 같이 음수의 개수에 따라 경우를 나누자. 즉, $a_5=5$이므로

$a_n<0$이면 $a_{n+1}=-2a_n+3>0$이므로 수열 $\{a_n\}$의 항이 연속하여 음수인 경우는 없어. 즉, a_1, a_2, a_3, a_4의 값 중 음수는 최대 2개 나올 수 있어.

(i) 음수의 개수가 2일 때,

i) $a_4\geq 0$, $a_3<0$, $a_2\geq 0$, $a_1<0$이면

$a_5=a_4-6$에서 $5=a_4-6$ $\therefore a_4=11$

$a_4=-2a_3+3$에서 $11=-2a_3+3$, $-2a_3=8$ $\therefore a_3=-4$

$a_3=a_2-6$에서 $-4=a_2-6$ $\therefore a_2=2$

$a_2=-2a_1+3$에서 $2=-2a_1+3$, $-2a_1=-1$ $\therefore a_1=\frac{1}{2}$

그런데 $a_1<0$이어야 하므로 모순이다.

ii) $a_4<0$, $a_3\geq 0$, $a_2<0$, $a_1\geq 0$이면

$a_5=-2a_4+3$에서 $5=-2a_4+3$, $-2a_4=2$ $\therefore a_4=-1$

$a_4=a_3-6$에서 $-1=a_3-6$ $\therefore a_3=5$

$a_3=-2a_2+3$에서 $5=-2a_2+3$, $-2a_2=2$ $\therefore a_2=-1$

$a_2=a_1-6$에서 $-1=a_1-6$ $\therefore a_1=5$

$\therefore \sum_{k=1}^{100} a_k=5+(-1)+5+(-1)+\sum_{k=5}^{100} a_k=8+\sum_{k=5}^{100} a_k$

(ii) 음수의 개수가 1일 때,

i) $a_4\geq 0$, $a_3\geq 0$, $a_2\geq 0$, $a_1<0$이면

$a_5=a_4-6$에서 $5=a_4-6$ $\therefore a_4=11$

$a_4=a_3-6$에서 $11=a_3-6$ $\therefore a_3=17$

$a_3=a_2-6$에서 $17=a_2-6$ $\therefore a_2=23$

$a_2=-2a_1+3$에서 $23=-2a_1+3$, $-2a_1=20$ $\therefore a_1=-10$

$\therefore \sum_{k=1}^{100} a_k=-10+23+17+11+\sum_{k=5}^{100} a_k=41+\sum_{k=5}^{100} a_k$

ii) $a_4\geq 0$, $a_3\geq 0$, $a_2<0$, $a_1\geq 0$이면

$a_5=a_4-6$에서 $5=a_4-6$ $\therefore a_4=11$

$a_4=a_3-6$에서 $11=a_3-6$ $\therefore a_3=17$

$a_3=-2a_2+3$에서 $17=-2a_2+3$, $-2a_2=14$ $\therefore a_2=-7$

$a_2=a_1-6$에서 $-7=a_1-6$ $\therefore a_1=-1$

그런데 $a_1\geq 0$이어야 하므로 모순이다.

iii) $a_4\geq 0$, $a_3<0$, $a_2\geq 0$, $a_1\geq 0$이면

$a_5=a_4-6$에서 $5=a_4-6$ $\therefore a_4=11$

$a_4=-2a_3+3$에서 $11=-2a_3+3$, $-2a_3=8$ $\therefore a_3=-4$

$a_3=a_2-6$에서 $-4=a_2-6$ $\therefore a_2=2$

$a_2=a_1-6$에서 $2=a_1-6$ $\therefore a_1=8$

$\therefore \sum_{k=1}^{100} a_k=8+2+(-4)+11+\sum_{k=5}^{100} a_k=17+\sum_{k=5}^{100} a_k$

iv) $a_4<0$, $a_3\geq 0$, $a_2\geq 0$, $a_1\geq 0$이면

$a_5=-2a_4+3$에서 $5=-2a_4+3$, $-2a_4=2$ $\therefore a_4=-1$

$a_4=a_3-6$에서 $-1=a_3-6$ $\therefore a_3=5$

$a_3=a_2-6$에서 $5=a_2-6$ $\therefore a_2=11$

$a_2=a_1-6$에서 $11=a_1-6$ $\therefore a_1=17$

$\therefore \sum_{k=1}^{100} a_k=17+11+5+(-1)+\sum_{k=5}^{100} a_k=32+\sum_{k=5}^{100} a_k$

(iii) 음수의 개수가 0일 때, 즉 $a_4\geq 0$, $a_3\geq 0$, $a_2\geq 0$, $a_1\geq 0$이면

$a_5=a_4-6$에서 $5=a_4-6$ $\therefore a_4=11$

$a_4=a_3-6$에서 $11=a_3-6$ $\therefore a_3=17$

$a_3=a_2-6$에서 $17=a_2-6$ $\therefore a_2=23$

$a_2=a_1-6$에서 $23=a_1-6$ $\therefore a_1=29$

$\therefore \sum_{k=1}^{100} a_k=29+23+17+11+\sum_{k=5}^{100} a_k=80+\sum_{k=5}^{100} a_k$

(i)~(iii)에 의하여 $\sum_{k=1}^{100} a_k$의 최댓값 M과 최솟값 m은 각각

$M=80+\sum_{k=5}^{100} a_k$, $m=8+\sum_{k=5}^{100} a_k$

3rd $M-m$의 값을 구하자.

$\therefore M-m=\left(80+\sum_{k=5}^{100} a_k\right)-\left(8+\sum_{k=5}^{100} a_k\right)=72$

수능 핵강

사실 이 문제는 수형도를 그려가며 따져주는 것이 간단해.
a_5의 값을 시작으로 a_4의 값이 양수일 때와 음수일 때를 나누어 a_4의 값을 각각 구하고 다시 a_4의 값에 따라 a_3의 값이 양수일 때와 음수일 때로 나누어 a_3의 값을 각각 구하면 돼. 이와 같은 방법으로 a_2, a_1의 값을 구해서 그 중 $\sum_{k=1}^{100} a_k$의 값이 최대가 되는 경우와 최소가 되는 경우를 찾아주면 돼.

C 59 정답 ③ *수학적 귀납법 [정답률 47%]

정답 공식: $n=k$일 때, 주어진 식이 성립한다고 가정하고, $n=k+1$일 때 성립하도록 유도한다.

다음은 모든 자연수 n에 대하여

$$\frac{1}{2}\times\frac{3}{4}\times\frac{5}{6}\times\cdots\times\frac{2n-1}{2n}\le\frac{1}{\sqrt{3n+1}}\quad\cdots(*)$$

이 성립함을 증명하는 과정이다.

[증명]

(i) $n=1$일 때,

$\frac{1}{2}\le\frac{1}{\sqrt{4}}$이므로 $(*)$이 성립한다.

(ii) $n=k$일 때, $(*)$이 성립한다고 가정하면

$$\frac{1}{2}\times\frac{3}{4}\times\frac{5}{6}\times\cdots\times\frac{2k-1}{2k}\times\frac{2k+1}{2k+2}$$

$$\le\frac{1}{\sqrt{3k+1}}\times❶\frac{2k+1}{2k+2}=\frac{1}{\sqrt{3k+1}}\times❷\frac{1}{1+\boxed{(가)}}$$

$$=\frac{1}{\sqrt{3k+1}}\times\frac{1}{\sqrt{(1+\boxed{(가)})^2}}$$

단서1 ❶과 ❷의 식을 비교하면, ❷에서 분자가 1로 바뀌었으니까 ❶을 $2k+1$로 나누어 줄까?

$$=\frac{1}{\sqrt{3k+1+2(3k+1)\times(\boxed{(가)})+(3k+1)\times(\boxed{(가)})^2}}$$

$$<❸\frac{1}{\sqrt{3k+1+2(3k+1)\times(\boxed{(가)})+(\boxed{(나)})\times(\boxed{(가)})^2}}$$

$$=❹\frac{1}{\sqrt{3(k+1)+1}}$$

단서2 ❸과 ❹를 비교하여 (나)의 식을 유추해.

따라서 $n=k+1$일 때도 $(*)$이 성립한다.

그러므로 (i), (ii)에 의하여 모든 자연수 n에 대하여 $(*)$이 성립한다.

위의 증명에서 (가), (나)에 알맞은 식을 각각 $f(k)$, $g(k)$라 할 때, $f(4)\times g(13)$의 값은? (4점)

① 1 ② 2 ③ 3 ④ 4 ⑤ 5

1st $n=k$일 때 성립한다고 가정하고, $n=k+1$일 때, 식 $(*)$을 유도해.

$$\frac{1}{2}\times\frac{3}{4}\times\frac{5}{6}\times\cdots\times\frac{2n-1}{2n}\le\frac{1}{\sqrt{3n+1}}\quad\cdots(*)\text{에서}$$

(i) $n=1$일 때,

$\frac{1}{2}\le\frac{1}{\sqrt{3\times1+1}}=\frac{1}{\sqrt{4}}=\frac{1}{2}$이므로 $(*)$이 성립한다.

(ii) $n=k$일 때, $(*)$이 성립한다고 가정하면

$$\frac{1}{2}\times\frac{3}{4}\times\frac{5}{6}\times\cdots\times\frac{2k-1}{2k}\le\frac{1}{\sqrt{3k+1}}\quad\cdots ㉠$$

㉠의 양변에 $\frac{2k+1}{2k+2}$을 곱하면

($*$)에서 $n=k+1$일 때, 성립함을 보이기 위해서야.

$$\frac{1}{2}\times\frac{3}{4}\times\frac{5}{6}\times\cdots\times\frac{2k-1}{2k}\times\frac{2k+1}{2k+2}$$

$$\le\frac{1}{\sqrt{3k+1}}\times\frac{2k+1}{2k+2}=\frac{1}{\sqrt{3k+1}}\times\frac{1}{\frac{2k+2}{2k+1}}$$

① → 단서2 처럼 분자를 1로 만들기

$\frac{2k+2}{2k+1}=\frac{2k+1+1}{2k+1}=1+\frac{1}{2k+1}$

$$=\frac{1}{\sqrt{3k+1}}\times\frac{1}{1+\frac{1}{2k+1}}\leftarrow(가)$$

$$=\frac{1}{\sqrt{3k+1}}\times\frac{1}{\sqrt{\left(1+\frac{1}{2k+1}\right)^2}}$$

$(a+b)^2=a^2+2ab+b^2$

$$=\frac{1}{\sqrt{3k+1}}\times\frac{1}{\sqrt{1+\frac{2}{2k+1}+\left(\frac{1}{2k+1}\right)^2}}$$

$$=\frac{1}{\sqrt{3k+1+2(3k+1)\times\frac{1}{2k+1}+(3k+1)\left(\frac{1}{2k+1}\right)^2}}$$

$$<\frac{1}{\sqrt{3k+1+2(3k+1)\times\frac{1}{2k+1}+(2k+1)\times\left(\frac{1}{2k+1}\right)^2}}$$

$(2k+1)\leftarrow$(나)

밑줄 친 부분이 3이면 $\frac{1}{\sqrt{(식)}}$의 (식)$=3k+1+3=3k+4=3(k+1)+1$로 정리할 수 있어.

즉, $2(3k+1)\times\frac{1}{2k+1}+\boxed{(나)}\times\left(\frac{1}{2k+1}\right)^2=3$에서 양변에 $(2k+1)^2$을 곱하여 정리하면

$\boxed{(나)}=3(2k+1)^2-2(3k+1)(2k+1)=(2k+1)(6k+3-6k-2)=2k+1$

$$=\frac{1}{\sqrt{(3k+1)+\frac{6k+2}{2k+1}+\frac{1}{2k+1}}}$$

$$=\frac{1}{\sqrt{(3k+1)+3}}$$

$$=\frac{1}{\sqrt{3(k+1)+1}}$$

따라서 $n=k+1$일 때도 $(*)$이 성립한다.

(i), (ii)에 의하여 모든 자연수 n에 대하여 $(*)$이 성립한다.

2nd $f(4)\times g(13)$의 값을 구하자.

따라서 $f(k)=\frac{1}{2k+1}$, $g(k)=2k+1$이므로

$$f(4)\times g(13)=\frac{1}{2\times4+1}\times(2\times13+1)$$

$$=\frac{1}{9}\times27=3$$

수능 핵강

수학적 귀납법의 증명 과정을 완성하는 빈칸 채우기 문제는 늘 출제되고 있고 푸는 데 많이 애를 먹는 부분이야. 그런데 사실 이러한 문제를 제대로 풀어내려고 욕심 부릴 필요는 없을 것 같아. 앞뒤의 식을 가지고 빈칸에 들어갈 숫자나 식을 맞히기만 하면 돼. (가)를 구해서 1, 2번을 지우고, 나머지 (나), (다)는 앞뒤의 식을 가지고 들어갈 식을 찾으면 쉽게 구할 수 있어.

수학적 귀납법 개념·공식

자연수 n에 대한 명제 $p(n)$이 모든 자연수에 대하여 성립함을 증명하려면

(i) $n=1$일 때 명제 $p(n)$이 성립

(ii) $n=k$일 때 명제 $p(n)$이 성립한다고 가정하면, $n=k+1$일 때도 명제 $p(n)$이 성립

함을 보이면 된다.

C 60 정답 ④ *수학적 귀납법 [정답률 51%]

(정답 공식: 빈칸 (가), (나)에 들어갈 식들은 앞뒤의 식을 더하거나 빼서 구한다.)

수열 $\{a_n\}$이

$$a_1=\frac{1}{2},\ (n+1)(n+2)a_{n+1}=n^2a_n\ (n=1,\ 2,\ 3,\ \cdots)\ \cdots ⓐ$$

일 때, 다음은 모든 자연수 n에 대하여

$$\sum_{k=1}^{n}a_k=\sum_{k=1}^{n}\frac{1}{k^2}-\frac{n}{n+1}\ \cdots (*)$$

이 성립함을 수학적 귀납법으로 증명한 것이다.

[증명]

(1) $n=1$일 때, (좌변)$=\frac{1}{2}$, (우변)$=1-\frac{1}{2}=\frac{1}{2}$이므로 $(*)$이 성립한다.

(2) $n=m$일 때, $(*)$이 성립한다고 가정하면

$$\sum_{k=1}^{m}a_k=\sum_{k=1}^{m}\frac{1}{k^2}-\frac{m}{m+1}$$

이다. $n=m+1$일 때, $(*)$이 성립함을 보이자.

$$\sum_{k=1}^{m+1}a_k=❶\ \sum_{k=1}^{m}\frac{1}{k^2}-\frac{m}{m+1}+a_{m+1}$$

단서1 ⓐ에서 a_{m+1}을 a_m으로 나타내.

$$=\sum_{k=1}^{m}\frac{1}{k^2}-\frac{m}{m+1}+\boxed{(가)}\,a_m$$

$$=\sum_{k=1}^{m}\frac{1}{k^2}-\frac{m}{m+1}+\frac{m^2}{(m+1)(m+2)}\cdot\frac{(m-1)^2}{m(m+1)}\cdot\cdots\cdot\frac{1^2}{2\times3}a_1$$

단서2 ❶과 ❷의 식은 계속 공통이니까 이 식을 정리하면 (나)를 알 수 있겠네. 또한 (나)를 정리하면 (다)를 알 수 있어.

$$=❷\ \sum_{k=1}^{m}\frac{1}{k^2}-\frac{m}{m+1}+\boxed{(나)}$$

$$=\sum_{k=1}^{m}\frac{1}{k^2}-\frac{m}{m+1}+\frac{1}{(m+1)^2}-\boxed{(다)}$$

$$=\sum_{k=1}^{m+1}\frac{1}{k^2}-\frac{m+1}{m+2}$$

그러므로 $n=m+1$일 때도 $(*)$이 성립한다.

따라서 모든 자연수 n에 대하여 $(*)$이 성립한다.

위 증명에서 (가), (나), (다)에 들어갈 식으로 알맞은 것은? (3점)

	(가)	(나)	(다)
①	$\frac{m}{(m+1)(m+2)}$	$\frac{1}{(m+1)^2(m+2)}$	$\frac{1}{(m+1)(m+2)^2}$
②	$\frac{m}{(m+1)(m+2)}$	$\frac{m}{(m+1)^2(m+2)}$	$\frac{1}{(m+1)(m+2)}$
③	$\frac{m^2}{(m+1)(m+2)}$	$\frac{1}{(m+1)^2(m+2)}$	$\frac{1}{(m+1)(m+2)^2}$
④	$\frac{m^2}{(m+1)(m+2)}$	$\frac{1}{(m+1)^2(m+2)}$	$\frac{1}{(m+1)(m+2)}$
⑤	$\frac{m^2}{(m+1)(m+2)}$	$\frac{m}{(m+1)^2(m+2)}$	$\frac{1}{(m+1)(m+2)^2}$

1st 주어진 과정의 앞뒤 변화에 주의하여 빈칸을 채워 나가자.

$\sum_{k=1}^{n}a_k=\sum_{k=1}^{n}\frac{1}{k^2}-\frac{n}{n+1}\ \cdots (*)$에서

(1) $n=1$일 때,

(좌변)$=\sum_{k=1}^{1}a_k=a_1=\frac{1}{2}$, (우변)$=1-\frac{1}{2}=\frac{1}{2}$

이므로 $(*)$이 성립한다.

(2) $n=m$일 때,

$(*)$이 성립한다고 가정하면

$$\sum_{k=1}^{m}a_k=\sum_{k=1}^{m}\frac{1}{k^2}-\frac{m}{m+1}$$

$n=m+1$일 때, $(*)$이 성립함을 보이자.

$$\sum_{k=1}^{m+1}a_k=\sum_{k=1}^{m}a_k+a_{m+1}$$

$$=\sum_{k=1}^{m}\frac{1}{k^2}-\frac{m}{m+1}+a_{m+1}\ \cdots ㉠$$

한편, $(n+1)(n+2)a_{n+1}=n^2a_n$에서

$$a_{n+1}=\frac{n^2a_n}{(n+1)(n+2)}$$

$$\therefore a_{m+1}=\frac{m^2a_m}{(m+1)(m+2)}\ \cdots ㉡$$

이를 ㉠에 대입하면

$$\sum_{k=1}^{m+1}a_k=\sum_{k=1}^{m}\frac{1}{k^2}-\frac{m}{m+1}+\frac{m^2}{(m+1)(m+2)}a_m\ \cdots ㉢ \quad \leftarrow(가)$$

2nd ㉡을 이용하여 a_m, a_{m-1}, …에 순차적으로 적용해.

㉡에서 $a_m=\frac{(m-1)^2}{m(m+1)}a_{m-1}$, $a_{m-1}=\frac{(m-2)^2}{(m-1)m}a_{m-2}$, …,

$a_2=\frac{1^2}{2\cdot3}a_1$이므로 이를 ㉢에 대입하면

$$\sum_{k=1}^{m+1}a_k=\sum_{k=1}^{m}\frac{1}{k^2}-\frac{m}{m+1}+\frac{m^2}{(m+1)(m+2)}\cdot\frac{(m-1)^2}{m(m+1)}\cdot\frac{(m-2)^2}{(m-1)m}\cdot\frac{(m-3)^2}{(m-2)(m-1)}\cdot\cdots\cdot\frac{4^2}{5\cdot6}\cdot\frac{3^2}{4\cdot5}\cdot\frac{2^2}{3\cdot4}\cdot\frac{1^2}{2\cdot3}a_1$$

규칙적인 소거로 $\frac{1}{(m+1)(m+2)}\cdot\frac{1}{(m+1)}\cdot2\times a_1=\frac{1}{(m+1)^2(m+2)}\ \left(\because a_1=\frac{1}{2}\right)$

$$=\sum_{k=1}^{m}\frac{1}{k^2}-\frac{m}{m+1}+\frac{1}{(m+1)^2(m+2)} \quad \leftarrow(나)$$

3rd 맨 마지막 식으로부터 (다)를 유추해.

함정 모든 과정을 이해할 필요는 없어. 빈칸 앞뒤를 잘 보고 빈칸을 유추하는 것도 좋은 방법이야.

(나)$=\frac{1}{(m+1)^2}-$(다)이므로

(다)$=\frac{1}{(m+1)^2}-\frac{1}{(m+1)^2(m+2)}=\frac{m+2-1}{(m+1)^2(m+2)}$ ($\Rightarrow$ (나))

$$=\frac{m+1}{(m+1)^2(m+2)}=\frac{1}{(m+1)(m+2)} \quad \leftarrow(다)$$

[다른 풀이]

$$\sum_{k=1}^{m}\frac{1}{k^2}-\frac{m}{m+1}+\frac{1}{(m+1)^2}-\boxed{(다)}$$

$$=\sum_{k=1}^{m}\frac{1}{k^2}+\frac{1}{(m+1)^2}-\frac{m}{m+1}-\boxed{(다)}$$

분모를 $m+1$로 통분하자.

$$=\sum_{k=1}^{m+1}\frac{1}{k^2}-\frac{m}{m+1}-\boxed{(다)}$$

$$=\sum_{k=1}^{m+1}\frac{1}{k^2}-\frac{m+1}{m+2}$$

두 식을 비교해.

$\sum_{k=1}^{m}\frac{1}{k^2}+\frac{1}{(m+1)^2}$ $\sum_{k=1}^{m+1}\frac{1}{k^2}$으로 Σ 안으로 들어갈 수 있어.

즉, $-\frac{m}{m+1}-\boxed{(다)}=-\frac{m+1}{m+2}$에서

$$\boxed{(다)}=\frac{m+1}{m+2}-\frac{m}{m+1}$$

$$=\frac{(m+1)^2-m(m+2)}{(m+1)(m+2)}$$

$$=\frac{1}{(m+1)(m+2)} \quad \leftarrow(다)$$

(이하 생략)

C 61 정답 ④ *수학적 귀납법 [정답률 45%]

(정답 공식: $n=m$일 때, 주어진 식이 성립한다고 가정하고, $T_{m+1}-T_m$의 값을 유도해본다.)

수열 $\{a_n\}$이

$$T_n=2a_1+3a_2+\cdots+(n+1)a_n=\frac{n}{2n+4} \text{ (단, } n=1, 2, 3, \cdots) \quad \cdots ⓐ$$

을 만족할 때, 다음은 모든 자연수 n에 대하여

$$\sum_{k=1}^{n}a_k=\sum_{k=1}^{n}\frac{1}{(k+1)^2}-T_n \cdots (*)$$

이 성립함을 수학적 귀납법으로 증명한 것이다.

[증명]

(i) $n=1$일 때,

(좌변)$=a_1=$ (가)

단서1 $(*)$의 좌변에 $n=1$의 값을 알기 위해서 ⓐ에 $n=1$을 대입해야겠지?

(우변)$=\dfrac{1}{(1+1)^2}-T_1=$ (가)

이므로 $(*)$이 성립한다.

(ii) $n=m$일 때, $(*)$이 성립한다고 가정하면

$$\sum_{k=1}^{m}a_k=\sum_{k=1}^{m}\frac{1}{(k+1)^2}-T_m$$

이다. $n=m+1$일 때, $(*)$이 성립함을 보이자.

단서2 ⓐ를 이용하여 $T_{m+1}-T_m$으로 a_{m+1}을 나타내어 (나)를 유추하자.

$$\sum_{k=1}^{m+1}a_k=\sum_{k=1}^{m}\frac{1}{(k+1)^2}-T_m+a_{m+1}$$

$$=\sum_{k=1}^{m}\frac{1}{(k+1)^2}-T_m+\text{(나)}(T_{m+1}-T_m)$$

$$=\sum_{k=1}^{m}\frac{1}{(k+1)^2}-T_{m+1}+\frac{m+3}{m+2}(T_{m+1}-T_m)$$

$$=\sum_{k=1}^{m}\frac{1}{(k+1)^2}-T_{m+1}+\frac{1}{(m+1)^2}$$

$$=\sum_{k=1}^{m+1}\frac{1}{(k+1)^2}-T_{m+1}$$

그러므로 $n=m+1$일 때도 $(*)$이 성립한다.

따라서 모든 자연수 n에 대하여 $(*)$이 성립한다.

위의 (가)에 알맞은 수를 a, (나)에 알맞은 식을 $f(m)$이라 할 때, $\dfrac{a}{f(2)}$의 값은? (3점)

① $\frac{1}{12}$ ② $\frac{1}{6}$ ③ $\frac{1}{4}$ ④ $\frac{1}{3}$ ⑤ $\frac{1}{2}$

1st 먼저 주어진 T_n의 식을 이용하여 a_1부터 찾아.

수열 $\{a_n\}$이 $T_n=2a_1+3a_2+\cdots+(n+1)a_n=\dfrac{n}{2n+4}$ ⋯ ㉠을 만족할 때, 모든 자연수 n에 대하여

$$\sum_{k=1}^{n}a_k=\sum_{k=1}^{n}\frac{1}{(k+1)^2}-T_n \cdots (*)$$

이 성립함을 수학적 귀납법으로 증명해 보자.

(i) $n=1$일 때, ㉠에 $n=1$을 대입하면 $T_1=2a_1=\dfrac{1}{6}$ $\quad \therefore a_1=\dfrac{1}{12}$

→ $(*)$의 좌변에서 $\sum_{k=1}^{1}a_k=a_1$의 값을 알아야 해.

$\therefore$ ($(*)$의 좌변)$=a_1=\dfrac{1}{12}$ ← (가)

또, $(*)$의 우변에 $n=1$을 대입하면

$$((*)\text{의 우변})=\frac{1}{(1+1)^2}-T_1=\frac{1}{4}-\frac{1}{6}=\frac{1}{12}$$

이므로 $(*)$이 성립한다.

2nd 빈칸의 앞뒤 식의 변화를 보면서 어떤 식이 들어가야 등호가 성립할지 결정하자.

(ii) $n=m$일 때, $(*)$이 성립한다고 가정하면

$$\sum_{k=1}^{m}a_k=\sum_{k=1}^{m}\frac{1}{(k+1)^2}-T_m$$

이제 $(*)$이 $n=m+1$일 때, 성립함을 보이자.

위의 식의 양변에 a_{m+1}을 더해 주자.

$$\sum_{k=1}^{m+1}a_k=\sum_{k=1}^{m}\frac{1}{(k+1)^2}-T_m+a_{m+1} \cdots ㉡$$

㉠에서 T_{m+1}, T_m을 각각 구하면

$T_{m+1}=2a_1+3a_2+\cdots+(m+1)a_m+(m+2)a_{m+1}$ ⋯ ㉢

$T_m=2a_1+3a_2+\cdots+(m+1)a_m$ ⋯ ㉣

㉢$-$㉣을 하면

$T_{m+1}-T_m=(m+2)a_{m+1}$

a_{m+1}의 식을 찾아야 하니까 $T_{m+1}-T_m=\{2a_1+\cdots+(m+1)a_m+(m+2)a_{m+1}\}-\{2a_1+\cdots+(m+1)a_m\}$을 이용해.

$\therefore a_{m+1}=\dfrac{1}{m+2}(T_{m+1}-T_m)$

㉡에서 $\displaystyle\sum_{k=1}^{m+1}a_k=\sum_{k=1}^{m}\frac{1}{(k+1)^2}-T_m+\frac{1}{m+2}(T_{m+1}-T_m)$ ← (나)

(생략)

3rd a, $f(m)$을 찾아 $\dfrac{a}{f(2)}$의 값을 구해.

$a=\dfrac{1}{12}$, $f(m)=\dfrac{1}{m+2}$이므로 $\dfrac{a}{f(2)}=\dfrac{\frac{1}{12}}{\frac{1}{4}}=\dfrac{1}{3}$

수능 핵강

(생략) 부분의 내용을 정리해 볼까?

$$\sum_{k=1}^{m+1}a_k=\sum_{k=1}^{m}\frac{1}{(k+1)^2}-T_m+\frac{1}{m+2}T_{m+1}-\frac{1}{m+2}T_m$$

$$=\sum_{k=1}^{m}\frac{1}{(k+1)^2}+\frac{1}{m+2}T_{m+1}-\frac{m+3}{m+2}T_m$$

$$=\sum_{k=1}^{m}\frac{1}{(k+1)^2}-T_{m+1}+T_{m+1}+\frac{1}{m+2}T_{m+1}-\frac{m+3}{m+2}T_m$$

$$=\sum_{k=1}^{m}\frac{1}{(k+1)^2}-T_{m+1}+\frac{m+3}{m+2}T_{m+1}-\frac{m+3}{m+2}T_m$$

$$=\sum_{k=1}^{m}\frac{1}{(k+1)^2}-T_{m+1}+\frac{m+3}{m+2}(T_{m+1}-T_m)$$

$$=\sum_{k=1}^{m}\frac{1}{(k+1)^2}-T_{m+1}+\frac{m+3}{m+2}\left\{\frac{m+1}{2(m+3)}-\frac{m}{2(m+2)}\right\} \ (\because ㉠)$$

$$=\sum_{k=1}^{m}\frac{1}{(k+1)^2}-T_{m+1}+\frac{m+1}{2(m+2)}-\frac{m(m+3)}{2(m+2)^2}$$

$$=\sum_{k=1}^{m}\frac{1}{(k+1)^2}-T_{m+1}+\frac{(m+1)(m+2)-m(m+3)}{2(m+2)^2}$$

$$=\sum_{k=1}^{m}\frac{1}{(k+1)^2}-T_{m+1}+\frac{1}{(m+2)^2}$$

$$=\sum_{k=1}^{m}\frac{1}{(k+1)^2}+\frac{1}{(m+2)^2}-T_{m+1}$$

$$=\sum_{k=1}^{m+1}\frac{1}{(k+1)^2}-T_{m+1}$$

그러므로 $n=m+1$일 때도 $(*)$이 성립해.

따라서 모든 자연수 n에 대하여 $(*)$이 성립해.

2등급 킬러+1등급 킬러 문제

C 62 정답 ④ *등차수열의 합의 활용 [정답률 36%]

(정답 공식: 주어진 조건 (나)를 이용하여 S_1-T_1의 값을 유도한다.)

단서2 등차수열의 합 S_n과 T_n은 모두 n에 대한 이차식이므로 ❶의 식과 두 등차수열의 공차 사이의 관계를 이용하여 등차수열 $\{a_n\}$, $\{b_n\}$의 공차를 각각 구할 수 있어.

공차가 양수인 등차수열 $\{a_n\}$과 공차가 음수인 등차수열 $\{b_n\}$의 첫째항부터 제n항까지의 합을 각각 S_n과 T_n이라 하자. 다음이 성립할 때, a_{20}과 b_{20}의 곱 $a_{20}b_{20}$의 값은? (4점)

단서1 등차수열의 특정한 항의 값을 알려면 일반항의 식을 알아야 하고, 이때 필요한 것이 첫째항과 공차야. 먼저 주어진 조건에서 $S_1=a_1$, $T_1=b_1$임을 이용하여 a_1과 b_1의 값을 구하자.

$$\begin{cases} a_1=b_1+1 \\ S_n^2-T_n^2=n^2(n+1)^{❶}\ (n=1,\ 2,\ 3,\ \cdots) \end{cases}$$

① -108 ② -105 ③ -102 ④ -99 ⑤ -96

1st $S_1=a_1$, $T_1=b_1$을 주어진 조건에 대입해 봐.

$S_n^2-T_n^2=n^2(n+1)$에 $n=1$을 대입하면

$S_1^2-T_1^2=1^2\times(1+1)=2 \cdots ㉠$

이때, $S_1=a_1$, $T_1=b_1$이므로 ㉠에 대입하면

$S_1^2-T_1^2=a_1^2-b_1^2=(a_1+b_1)(a_1-b_1)=a_1+b_1=2$

즉, $a_1=b_1+1$과 $a_1+b_1=2$를 연립하여 풀면

→ $a_1=b_1+1$에서 $a_1-b_1=1$이므로 $(a_1+b_1)(a_1-b_1)=(a_1+b_1)\times1=a_1+b_1$

$a_1=\frac{3}{2}$, $b_1=\frac{1}{2}$

2nd 등차수열의 합은 n에 대한 이차식임을 이용하여 두 등차수열 $\{a_n\}$, $\{b_n\}$의 공차 사이의 관계를 찾아내야 해.

두 등차수열 $\{a_n\}$, $\{b_n\}$의 첫째항부터 제n항까지의 합인 S_n과 T_n의 식은 각각 n에 대한 이차식이므로 S_n^2과 T_n^2의 식은 각각 n에 대한 사차식이어야 한다.

실수 등차수열의 합은 n에 대한 이차식이란 것을 알아두면좋아. 문제 풀 때 가끔씩 이용되기도 해. 이걸 몰랐다면 굉장히 복잡하게 풀었어야 할거야.

그런데 주어진 조건에서 $S_n^2-T_n^2=n^2(n+1)$은 n에 대한 삼차식이므로 S_n^2과 T_n^2의 사차항의 계수가 같다.

즉, S_n과 T_n의 이차항의 계수의 절댓값이 같아야 하므로 두 등차수열 $\{a_n\}$과 $\{b_n\}$의 공차의 절댓값이 같다.

따라서 등차수열 $\{a_n\}$의 공차는 양수, 등차수열 $\{b_n\}$의 공차는 음수이므로 등차수열 $\{a_n\}$의 공차를 $d(d>0)$라 하면 등차수열 $\{b_n\}$의 공차는 $-d$이다.

→ 등차수열 $\{a_n\}$과 $\{b_n\}$의 공차를 각각 p, q라 하면

$S_n=\frac{n\left\{2\times\frac{3}{2}+(n-1)p\right\}}{2}=\frac{n(n-1)p+3n}{2}$, $T_n=\frac{n\left\{2\times\frac{1}{2}+(n-1)q\right\}}{2}=\frac{n(n-1)q+n}{2}$

이때, S_n과 T_n의 이차항의 계수는 p, q로 두 등차수열의 공차와 각각 같지? 따라서 S_n과 T_n의 이차항의 계수의 절댓값이 같으면 두 등차수열 $\{a_n\}$과 $\{b_n\}$의 공차의 절댓값도 같아.

3rd d의 값을 구해 두 등차수열의 일반항을 구해.

$S_2=a_1+a_2=\frac{3}{2}+\left(\frac{3}{2}+d\right)=3+d$,

$T_2=b_1+b_2=\frac{1}{2}+\left(\frac{1}{2}-d\right)=1-d$이고

→ 등차수열 $\{a_n\}$의 첫째항이 $\frac{3}{2}$, 공차가 d이고 등차수열 $\{b_n\}$의 첫째항이 $\frac{1}{2}$, 공차가 $-d$이므로 이를 이용하여 S_n과 T_n의 식을 n, d에 대한 식으로 각각 나타낸 후 $S_n^2-T_n^2=n^2(n+1)$을 이용하여 d의 값을 구할 수도 있지. 하지만 이 방법은 식도 복잡해지고 시간이 오래 걸리게 돼. 따라서 풀이처럼 등차수열의 합의 정의를 이용하여 d의 값을 간단하게 구한 거야.

$S_2^2-T_2^2=2^2\times(2+1)=12$이므로

$(3+d)^2-(1-d)^2=12$

$(9+6d+d^2)-(1-2d+d^2)=12$

$8d+8=12$ $\therefore d=\frac{1}{2}$

따라서 $a_{20}=a_1+19d=\frac{3}{2}+19\times\frac{1}{2}=11$이고

→ 공차가 d인 등차수열 $\{a_n\}$의 일반항은 $a_n=a_1+(n-1)d$

$b_{20}=b_1+19\times(-d)=\frac{1}{2}-19\times\frac{1}{2}=-9$이므로

$a_{20}b_{20}=11\times(-9)=-99$

C 63 정답 17 ✪2등급 킬러 [정답률 27%]

두 수열 $\{a_n\}$, $\{b_n\}$이 다음 조건을 만족시킨다.

단서1 첫째항과 공차, 공비가 각각 주어졌으니까 일반항을 세우자.

(가) $a_1=b_1=10$

(나) 수열 $\{a_n\}$은 공차가 p인 등차수열이고, 수열 $\{b_n\}$은 공비가 p인 등비수열이다.

수열 $\{b_n\}$의 모든 항이 수열 $\{a_n\}$의 항이 되도록 하는 1보다 큰 모든 자연수 p의 합을 구하시오. (4점)

단서2 수열 $\{b_n\}$이 수열 $\{a_n\}$에 속하도록 하는 p의 값을 찾자.

✪ 이 문제는 수열 $\{b_n\}$의 모든 항이 수열 $\{a_n\}$의 항이 되도록 하는 자연수 p의 값을 구하는 문제이다.

이를 위해서는 등차수열 $\{a_n\}$과 등비수열 $\{b_n\}$의 일반항을 세우고 수열 $\{b_n\}$의 모든 항에 대해서 a_m과 같은 값을 갖는 자연수 m이 존재하도록 하는 자연수 p의 값을 따져보는 것이 이 문제의 키포인트이다.

[풀이 단서 체크]

❶ 첫째항이 10이고 공차가 p인 등차수열 $\{a_n\}$의 일반항은 $a_n=10+(n-1)p$이고 첫째항이 10이고 공비가 p인 등비수열 $\{b_n\}$의 일반항은 $b_n=10p^{n-1}$이다. ⇒ 단서1

❷ 수열 $\{b_n\}$의 모든 항이 수열 $\{a_n\}$의 항이 되도록 해야 하므로 수열 $\{b_n\}$에서 n에 어떠한 값이 들어가도 그 값과 동일한 값이 수열 $\{a_n\}$에 존재해야 한다. 따라서 그 값을 a_k라 하고 모든 자연수 n에 대하여 방정식 $a_k=b_n$을 만족시키는 자연수 k가 존재하게 하는 자연수 p를 찾아야 한다. ⇒ 단서2

주의 수열 $\{b_n\}$의 모든 항이 수열 $\{a_n\}$의 항이 되지만 수열 $\{a_n\}$의 모든 항이 수열 $\{b_n\}$에 속하는 것은 아니다.

(핵심 정답 공식: 두 수열 $\{a_n\}$, $\{b_n\}$의 일반항을 구하고 수열 $\{b_n\}$의 특정항이 수열 $\{a_n\}$의 특정항과 같다고 미지수를 세워서 등식을 만든다. n, p가 자연수라는 조건을 이용하여 p의 값을 구한다.)

[문제 풀이 순서]

*등차수열과 등비수열을 이용하여 부정방정식 풀기

1st 두 수열 $\{a_n\}$, $\{b_n\}$의 일반항을 구해.

두 조건 (가), (나)에 의하여 두 수열 $\{a_n\}$, $\{b_n\}$의 일반항은 각각

$a_n=10+(n-1)p$, $b_n=10p^{n-1}$

① 등차수열: 공차가 d일 때 $a_n=a_1+(n-1)d$
② 등비수열: 공비가 r일 때 $b_n=b_1r^{n-1}$

2nd 단서2를 만족시키는 p의 값을 구하기 위해 수열 $\{b_n\}$의 n번째 항이 수열 $\{a_n\}$의 k번째 항과 같다고 가정하고 식을 세우자.

이때, $a_1=b_1=10$이므로 1보다 큰 자연수 n에 대하여 수열 $\{b_n\}$의 n번째 항이 수열 $\{a_n\}$의 k번째 항과 같다고 하면 $10p^{n-1}=10+(k-1)p$인 자연수 k가 존재해야 한다. 즉, $(k-1)p=10p^{n-1}-10$이므로

$k-1=10p^{n-2}-\frac{10}{p}$ $\therefore k=10p^{n-2}-\frac{10}{p}+1$

→ $10p^{n-2}+1$이 자연수이니까 k가 자연수이기 위해서 $\frac{10}{p}$도 자연수이어야 해.

여기서 $p^{n-2}(n\geq2)$과 k가 모두 자연수이므로 $\frac{10}{p}$도 자연수이어야 한다.

따라서 p는 10의 약수가 되어야 하므로 $p>1$인 자연수 p는 2, 5, 10이다.

→ 어떤 수를 나누어떨어지게 하는 수야.

$\therefore$ (구하는 합)$=2+5+10=17$

1등급 풀이 Tip

부정방정식을 풀 때 방정식에 미지수가 여러 개 등장해도 풀 수 있다는 것을 기억한다. 그 이유는 방정식의 해가 자연수라는 조건이 더 주어진 것이기 때문이다. 따라서 문제에서도 미지수가 여러 개 등장하지만 단순하게 p가 10의 약수이어야 함을 파악하면 쉽게 풀 수 있다.

등차수열과 등비수열의 일반항 개념·공식

① 첫째항이 a_1이고 공차가 d인 등차수열의 $\{a_n\}$의 일반항은
$a_n=a_1+(n-1)d$

② 첫째항이 a_1이고 공차가 r인 등비수열의 $\{a_n\}$의 일반항은
$a_n=a_1r^{n-1}$

C 64 정답 ③ *수열의 규칙 찾기 [정답률 38%]

(정답 공식: 각 점들은 직선 $y=-x+k$ 위에 있다.)

그림과 같이 좌표평면 위에

$a_1=(1, 1)$, $a_2=(2, 1)$, $a_3=(1, 2)$,
$a_4=(1, 3)$, $a_5=(2, 2)$, $a_6=(3, 1)$,
$a_7=(4, 1)$, $\cdots$, a_k, $\cdots$

의 순서로 화살표 방향으로 점을 잡아 나갈 때, $a_n=(20, 20)$을 만족하는 자연수 n의 값은? (4점) 단서 점 a_n이 그림처럼 기울기가 -1인 인 직선 위를 움직이고 있어. 즉, $a_n=(20, 20)$이 어느 직선 위에 있느냐를 구하는 것이 중요해.

① 759 ② 760 ③ 761
④ 762 ⑤ 763

1st 주어진 점들이 규칙이 일정한 직선 위에 놓임을 이해해.

이런 문제는 빠르게 규칙을 파악하는게 중요해.

주어진 그림에서 점 $a_1=(1, 1)$은 직선 $y=-x+2$ 위에 있고, 점 $a_2=(2, 1)$, $a_3=(1, 2)$는 직선 $y=-x+3$ 위에 있음을 알 수 있다.

즉, 점 $a_k=(i, j)$는 직선 $y=-x+(i+j)$ 위에 있으므로 점 $a_n=(20, 20)$은 직선 $y=-x+40$ 위에 있다.

이때, 직선 $y=-x+t$ 위에 $(t-1)$개의 점이 있으므로 직선 $y=-x+2$부터 직선 $y=-x+39$까지 모두

($y=-x+2$ 위에 1개, $y=-x+3$ 위에 2개, $y=-x+4$ 위에 3개, …)

$1+2+\cdots+38=\sum_{k=1}^{38}k=\frac{38\times39}{2}=741$(개)

의 점이 있다. 한편, 직선 $y=-x+t$에 대하여 y절편인 t가 짝수일 때는 ↘ 방향으로, t가 홀수일 때는 ↖ 방향으로 점을 잡아 나가고, 직선 $y=-x+40$의 y절편이 짝수이므로 a_{742}부터 ↘의 방향으로 점이 찍힌다.

(두 수의 합이 40이어야 해.)

따라서 $a_{742}=(1, 39)$이고 $20=1+19$이므로, $a_n=(20, 20)$을 만족시키는 n의 값은 $742+19=761$이다.

자연수의 거듭제곱의 합 개념·공식

① $\sum_{k=1}^{n}k=\frac{n(n+1)}{2}$

② $\sum_{k=1}^{n}k^2=\frac{n(n+1)(2n+1)}{6}$

③ $\sum_{k=1}^{n}k^3=\left\{\frac{n(n+1)}{2}\right\}^2$

C 65 정답 142 ✪2등급 킬러 [정답률 28%]

그림과 같이 정삼각형을 붙여서 만든 도형 위에 흰색과 검은색의 바둑돌을 정삼각형의 각 꼭짓점 위에 나열하는데, 제 n행에는 $(n+1)$개의 돌을 다음과 같은 규칙으로 나열한다.

$(n=1, 2, 3, \cdots)$

(가) 제 1행에는 모두 흰색의 바둑돌을 나열한다.
(나) 제 $(3n-1)$행에는 맨 왼쪽부터 흰색, 검은색, 흰색의 바둑돌 3개를 n회 반복하여 나열한다.
(다) 제 $3n$행에는 맨 왼쪽에 검은색의 바둑돌을 1개 놓은 다음 그 오른쪽으로 흰색, 흰색, 검은색의 바둑돌 3개를 n회 반복하여 나열한다.
(라) 제 $(3n+1)$행에는 맨 왼쪽에 흰색의 바둑돌을 2개 나열한 다음 그 오른쪽으로 검은색, 흰색, 흰색의 바둑돌 3개를 n회 반복하여 나열한다.

단서2 198이 적힌 흰색 바둑돌은 제198행에만 있겠지?

위의 규칙대로 바둑돌을 나열한 다음 제 n행에 놓인 흰색의 바둑돌에는 n을 적고, 각 행에 놓인 검은색의 바둑돌에는 그 돌과 가장 가까운 4개 또는 6개의 흰색의 바둑돌에 적힌 숫자의 합을 적는다. 이때, 198이 적힌 바둑돌의 개수를 구하시오. (4점)

단서1 198이 적힌 흰색 바둑돌과 검은색 바둑돌을 나눠서 구해.

단서3 검은색 바둑돌에 적힌 숫자가 흰색 바둑돌 4개의 합일 때와 6개의 합일 때로 나눠야 해.

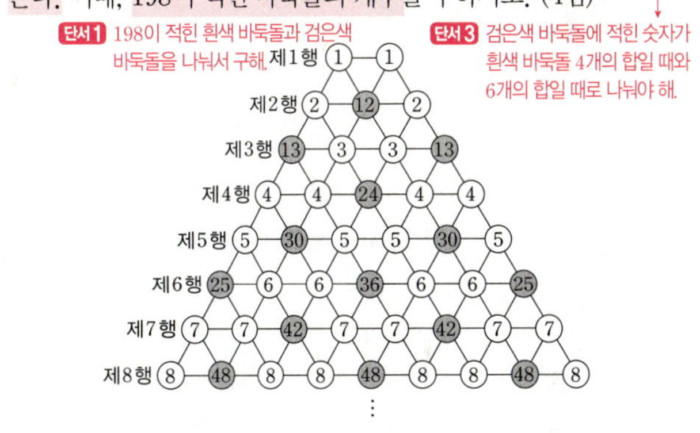

✪ 이 문제는 조건에 맞는 수열의 규칙을 찾는 문제이다.
이를 위해서는 특정 숫자가 조건에 맞게 나올 수 있는 여러 가지 상황을 예측하는 것이 포인트이다.

[풀이 단서 체크]

❶ 문제에서 198이 적힌 바둑돌의 개수를 구하라고 요구하고 있고 문제에서 흰색 바둑돌과 검은색 바둑돌이 등장하고 각각 숫자가 적히는 규칙이 다르게 적용되므로 각각 구분해서 개수를 세어야 한다. ⇒ 단서1

❷ 제n행의 놓인 흰색 바둑돌에는 n을 적는다 했으므로 198이 적힌 흰색 바둑돌은 198행에만 존재한다. 따라서 문제에 조건에 따라 198행에 흰색 바둑돌이 몇 개 존재하는지 확인해야 한다. ⇒ 단서2

❸ 문제의 조건에 따르면 검은색 바둑돌은 흰색 바둑돌 4개 또는 6개에 의해 둘러싸이게 된다. 따라서 4개의 흰색 바둑돌의 합이 198인 경우와 6개의 흰색 바둑돌의 합이 198인 경우를 나눠서 생각해야 한다. 각각의 상황에서 문자 n을 사용해 식을 세워서 어떠한 상황에서 198이 나올 수 있는지와 그 행이 정확히 몇 행인지를 파악한다. ⇒ 단서3

주의 198이 적혀있는 모든 바둑돌의 개수를 구해야 하므로 흰색 바둑돌 또는 검은색 바둑돌 만을 구하면 안 된다.

(핵심 정답 공식: 각 행에 놓이는 흰색 바둑돌과 검은색 바둑돌의 개수를 구한다.)

[문제 풀이 순서]

*수열의 규칙에 따라 상황을 구분하여 개수 구하기

1st 198이 적힌 흰색 바둑돌의 개수부터 구해.

제198행의 흰색 바둑돌에는 198이 적혀있으므로 제198행에 놓인 흰색 바둑돌의 개수를 구하면 된다.

이때, $198=3\times66$이고 제$3n$행에는 흰색 바둑돌이 $2n$개 놓이므로 제198행에 놓인 흰색 바둑돌의 개수는 $2\times66=132$(개)이다.

2nd 198이 적혀 있는 검은색 바둑돌의 개수를 구하자.

제n행의 검은색 바둑돌에 198이 적혀있다면 주변의 4개 또는 6개의 흰색 바둑돌에 적힌 숫자의 합이 198이다.

(i) 4개 숫자의 합인 경우

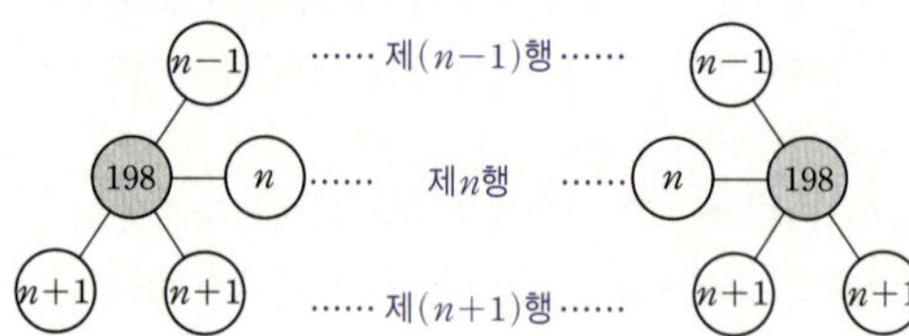

$n-1+n+2(n+1)=198$, 즉 $4n=198$에서 이를 만족하는 자연수 n은 존재하지 않는다. ($n=49.5$)

(ii) 6개 숫자의 합인 경우

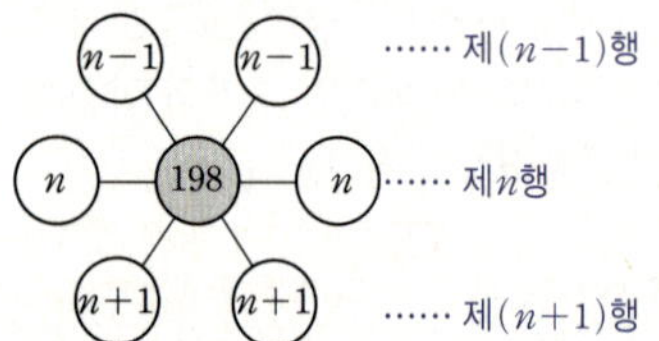

$2(n-1)+2n+2(n+1)=198$에서

$6n=198 \quad \therefore n=33$

(다)에서 제$3n$행에 놓인 검은색 바둑돌의 개수는 $(1+n)$개이므로 제33행에 놓인 검은 바둑돌의 개수는 $1+11=12$(개)가 돼.

그런데 $33=3\times11$이므로 제33행에는 검은색 바둑돌이 12개가 있다.

이때, 양 끝에 놓은 검은색 바둑돌에 적힌 수는 (i)의 경우처럼 4개의 흰색 바둑돌에 적힌 숫자의 합과 같으므로 이를 제외하면 198이 적힌 검은색 바둑돌의 개수는 10(개)이다.

함정 이걸 생각하지 못하고 12개로 세는 경우가 많아.

따라서 198이 적혀있는 바둑돌의 개수는 $132+10=142$(개)이다.

1등급 풀이 Tip

상황이 일관적이지 않고 복잡할 때는 상황을 여러 가지로 나누어서 문제를 풀어야 하는 경우가 많다. 이럴 때 상황을 나누는 힌트를 문제의 조건에서 얻을 수 있다. 문제가 복잡해지는 이유는 조건이 상황에 따라 다르기 때문인데 바로 이 조건에 따라 상황을 구분하고 문제를 풀어나가야 한다.

이 문제에서는 흰색 바둑돌과 검은색 바둑돌에 적히는 수의 규칙이 다르게 적용되므로 상황을 구분해야 하고 검은색 바둑돌에 적히는 숫자는 4개의 흰색 바둑돌에 의해 둘러싸이느냐 또는 6개의 흰색 바둑돌에 의해 둘러싸이느냐에 따라 합하는 숫자의 개수가 달라지기 때문에 상황을 구분해서 풀어야 하는 것이다.

C 66 정답 ① *시그마의 활용 [정답률 33%]

(정답 공식: 절댓값 안이 0이 되는 값 중 중앙값을 대입하여 최솟값을 구한다.)

첫째항이 1이고 공비가 $r(r>0)$인 등비수열 $\{a_n\}$에 대하여 함수 $f(x)=\sum_{n=1}^{17}|x-a_n|$은 $x=16$에서 최솟값을 갖는다.

단서 $\sum_{n=1}^{17}|x-a_n|=|x-a_1|+|x-a_2|+\cdots+|x-a_{17}|$은 x가 $a_1, a_2, \cdots, a_{17}$을 크기 순서대로 나열했을 때의 가운데 값과 같을 때 최솟값이 돼.

그 최솟값을 m이라 할 때, rm의 값은? (5점)

① $15(30+31\sqrt{2})$ ② $15(31+30\sqrt{2})$
③ $15(31-15\sqrt{2})$ ④ $30(31-15\sqrt{2})$
⑤ $30(31+15\sqrt{2})$

1st $\sum_{n=1}^{17}|x-a_n|$이 최소가 되는 경우를 생각해봐.

등비수열 $\{a_n\}$은 첫째항이 1이고 공비가 $r(r>0)$이므로 ($a_n=r^{n-1}$)

$a_1<a_2<\cdots<a_{17}$이거나 $a_{17}<a_{16}<\cdots<a_1$
($r>1$인 경우) ($0<r<1$인 경우)

따라서 $f(x)=\sum_{n=1}^{17}|x-a_n|$은 x가 $a_1, a_2, \cdots, a_{17}$의 중앙값인 $a_9=r^8$일 때, 최소이다. 즉, $r^8=16=2^4$

$\therefore r=\sqrt{2}\ (\because r>0)$

2nd 절댓값에 유의하여 합을 계산한다.

이때, $a_1<a_2<\cdots<a_9(=16)<\cdots<a_{17}$이므로 최솟값 m은 $f(16)$이다.
($r=\sqrt{2}>1$이므로 성립해.)

$f(16)=\sum_{n=1}^{17}|16-a_n|$

$=\sum_{n=1}^{8}|16-a_n|+|16-a_9|+\sum_{n=10}^{17}|16-a_n|$

($1\le n\le8$일 때, $a_n<16$이므로 $|16-a_n|=16-a_n$)

$=\sum_{n=1}^{8}(16-a_n)+\sum_{n=10}^{17}(a_n-16)$

($n\ge10$일 때, $a_n\ge16$이므로 $|16-a_n|=a_n-16$)

$=16\times8-\sum_{n=1}^{8}a_n+\sum_{n=10}^{17}a_n-16\times8=-\sum_{n=1}^{8}a_n+\sum_{n=10}^{17}a_n$

여기서 $\sum_{n=1}^{8}a_n=\sum_{n=1}^{8}r^{n-1}=\frac{r^8-1}{r-1}=\frac{16-1}{\sqrt{2}-1}=15(\sqrt{2}+1)$이고,

$\sum_{n=10}^{17}a_n=r^9\sum_{n=1}^{8}a_n=16\sqrt{2}\times15(\sqrt{2}+1)$

$\sum_{n=10}^{17}a_n=a_{10}+a_{11}+\cdots+a_{17}=r^9\times a_1+r^9\times a_2+\cdots+r^9\times a_8$
$=r^9(a_1+a_2+\cdots+a_8)=r^9\sum_{n=1}^{8}a_n$

이므로 $m=f(16)=-15(\sqrt{2}+1)+16\sqrt{2}\times15(\sqrt{2}+1)$
$=15(\sqrt{2}+1)(16\sqrt{2}-1)$

$\therefore rm=\sqrt{2}\times15(\sqrt{2}+1)(16\sqrt{2}-1)=15(30+31\sqrt{2})$

$15(2+\sqrt{2})(16\sqrt{2}-1)=15(32\sqrt{2}-2+32-\sqrt{2})=15(30+31\sqrt{2})$

수능 핵강

$f(x)=|x-a_1|+|x-a_2|+\cdots+|x-a_{17}|$의 그래프는 $a_1<a_2<\cdots<a_{17}$일 때, $f(x)$는 $x=a_9$를 기준으로 $x<a_9$이면 감소하고, $x>a_9$이면 증가하는 모양이 나와.

즉, x가 $a_1, a_2, \cdots, a_{17}$의 중앙값(숫자를 크기 순으로 나열했을 때 중앙에 있는 값)인 $x=a_9$일 때 $f(x)$가 최솟값을 가지는 거야.

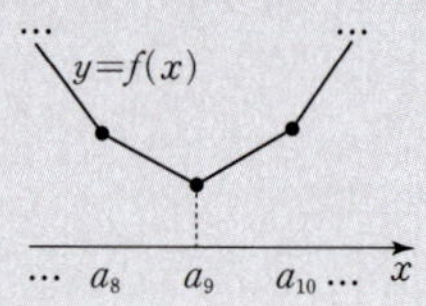

C 67 정답 117 ✪ 2등급 킬러 [정답률 27%]

첫째항이 자연수이고 공차가 음의 정수인 등차수열 $\{a_n\}$과 첫째
단서1 양수에서 시작하여 점점 값이 작아지는 수열이야. 값이 작아져도 절댓값은 커질 수 있으니 유의해야 해.

항이 자연수이고 공비가 음의 정수인 등비수열 $\{b_n\}$이 다음 조건을
단서2 양수에서 시작하여 각 항들의 부호가 교차로 나타나는 수열이야.

만족시킬 때, a_7+b_7의 값을 구하시오. (4점)

(가) $\sum_{n=1}^{5}(a_n+b_n)=27$

(나) $\sum_{n=1}^{5}(a_n+|b_n|)=67$

(다) $\sum_{n=1}^{5}(|a_n|+|b_n|)=81$

단서3 절댓값이 포함된 항의 값은 항상 0 또는 양수이므로 음수가 되는 항에 주의하자.

✪ 이 문제는 주어진 조건을 만족시키고 첫째항이 자연수, 공차가 음의 정수인 등차수열과 첫째항이 자연수, 공비가 음수인 등비수열의 특정항을 구하는 문제이다.
이때, 공차가 음수인 등차수열은 점점 감소하는 수열이고 공비가 음수인 수열은 양수, 음수가 번갈아 나오는 수열임을 파악하여 조건을 만족시키는 등차수열의 첫째항과 공차, 등비수열의 첫째항과 공비를 구하는 문제이다.

[풀이 단서 체크]

❶ 등차수열의 공차가 음수이므로 이 수열의 각 항은 점점 감소한다. 이때, 주어진 조건에서 $|a_n|$의 첫째항부터 제5항까지의 합이 주어진 것을 보면 $1<n\le5$인 자연수 n에 대하여 $a_n<0$인 항이 존재함을 파악할 수 있다. ⇒ 단서1, 단서3

❷ 두 조건 (가), (나)의 식을 빼면 두 수열 $\{b_n\}$, $\{|b_n|\}$의 차로 정의된 수열의 첫째항부터 제5항까지의 합으로 표현할 수 있는데 수열 $\{b_n\}$은 첫째항부터 양수, 음수가 번갈아 가며 나타나므로 두 수열 $\{b_n\}$, $\{|b_n|\}$의 차로 정의된 수열의 첫째항부터 제5항까지의 합을 수열 $\{b_n\}$의 두 항 b_2, b_4를 이용하여 나타낼 수 있다. 이것을 수열 $\{b_n\}$의 첫째항과 공비를 이용하여 나타내고 두 수열 $\{b_n\}$, $\{|b_n|\}$의 차로 정의된 수열의 첫째항부터 제5항까지의 합과 수열 $\{b_n\}$의 첫째항이 자연수이고 공비가 음수임을 이용하여 첫째항과 공비를 결정해야 한다. ⇒ 단서2, 단서3

❸ 이제 수열 $\{|b_n|\}$의 첫째항부터 제5항까지의 합과 조건 (다)를 이용하여 조건을 만족시키는 수열 $\{a_n\}$의 첫째항과 공차를 결정하면 된다. ⇒ 단서3

(주의) 등차수열의 첫째항이 자연수이고 공차가 음의 정수이므로 이 수열의 모든 항은 정수이고 등비수열의 첫째항이 자연수이고 공비가 음의 정수이므로 이 수열의 모든 항도 정수임을 파악해야 한다.

핵심 정답 공식: 절댓값들의 합을 이용해야 하므로 수열의 각 항의 부호의 변화에 유의하여 합의 관계를 이용한다.

[문제 풀이 순서]

*모든 항이 정수인 등차수열과 등비수열이 조건을 만족시키도록 일반항 결정하기

1st 조건 (가), (나)를 이용하여 등비수열 $\{b_n\}$에 관한 식으로 나타내.

등차수열 $\{a_n\}$의 첫째항을 a, 공차를 d라 하고, 등비수열 $\{b_n\}$의 첫째항을 b, 공비를 r라 하자.
조건 (나)의 식에서 조건 (가)의 식을 빼면

$\sum_{n=1}^{5}(a_n+|b_n|)-\sum_{n=1}^{5}(a_n+b_n)$

$=\sum_{n=1}^{5}(|b_n|-b_n)$

$=(b_1-b_1)+(-b_2-b_2)+(b_3-b_3)+(-b_4-b_4)+(b_5-b_5)$

$=-2(b_2+b_4)=67-27=40$

등비수열 $\{b_n\}$은 첫째항이 자연수이므로 $b_1>0$이고, 공비가 음의 정수이므로 $b_2<0$, $b_3>0$, $b_4<0$, $b_5>0$, 즉 $|b_2|=-b_2$, $|b_3|=b_3$, $|b_4|=-b_4$, $|b_5|=b_5$가 되는 거야.

$\therefore b_2+b_4=-20$

여기서 $b_2+b_4=br+br^3=br(1+r^2)=-20$

한편 b는 자연수이고 r는 음의 정수이므로 위 식을 만족하려면 $b=10$, $r=-1$ 또는 $b=2$, $r=-2$이다.

자연수와 음의 정수인 조건을 이용해야만 b, r의 값을 구할 수 있어. $br(1+r^2)=-20$이므로 br는 음의 정수이고 $1+r^2$은 2 이상의 양수이면서 둘 다 20의 약수이어야 해.

(i) $b=10$, $r=-1$인 경우

$\sum_{n=1}^{5}b_n=10-10+10-10+10=10$이므로

조건 (가)에서 $\sum_{n=1}^{5}a_n=17$

$\sum_{n=1}^{5}a_n=(a_3-2d)+(a_3-d)+a_3+(a_3+d)+(a_3+2d)$

$=5a_3=17$

이때 a_3는 정수가 아니므로 조건에 모순된다.

등차수열 $\{a_n\}$은 첫째항이 자연수이고 공차가 음의 정수이므로 모든 항이 정수야.

(ii) $b=2$, $r=-2$인 경우

$\sum_{n=1}^{5}b_n=2-4+8-16+32=22$이므로

조건 (가)에서 $\sum_{n=1}^{5}a_n=5$

한편 $\sum_{n=1}^{5}a_n=5a_3$이므로 $a_3=1$

$\sum_{n=1}^{5}|b_n|=2+4+8+16+32=62$이므로

조건 (다)에서 $\sum_{n=1}^{5}|a_n|=19$

$a_3=1$이고 공차 d는 음의 정수이므로 다음과 같이 3가지 경우로 나누어 볼 수 있다.

주어진 조건의 수열의 합은 항들의 부호에 따라 값이 달라지므로 a_4, a_5의 부호가 바뀌는 것에 유의하여 경우를 나누어야 해.

i) $a_4\ge0$, $a_5\ge0$인 경우

$\sum_{n=1}^{5}a_n=\sum_{n=1}^{5}|a_n|$이므로 모순이다.

$a>0$, $d<0$이므로 $\sum_{n=1}^{5}a_n<\sum_{n=1}^{5}|a_n|$이 성립해야 해.

ii) $a_4\ge0$, $a_5<0$인 경우

$\sum_{n=1}^{5}a_n=a_1+a_2+a_3+a_4+a_5=5$ … ㉠

$\sum_{n=1}^{5}|a_n|=a_1+a_2+a_3+a_4-a_5=19$ … ㉡

$a_5<0$이므로 실제로 $-a_5>0$이야.

㉡－㉠에서

$-2a_5=14$ $\quad\therefore a_5=-7$

한편 $a_5=a_3+2d=1+2d=-7$이므로

$d=-4$

이때 $a_4=a_3+d=1+(-4)=-3$으로

$a_4\ge0$에 모순된다.

iii) $a_4<0$, $a_5<0$인 경우

$\sum_{n=1}^{5}a_n=a_1+a_2+a_3+a_4+a_5=5$ … ㉢

$\sum_{n=1}^{5}|a_n|=a_1+a_2+a_3-a_4-a_5=19$ … ㉣

㉣－㉢에서

$-2(a_4+a_5)=14$

$\therefore a_4+a_5=-7$

$a_4+a_5=(a_3+d)+(a_3+2d)=2+3d=-7$

이므로 $d=-3$ ⟶ d가 음의 정수니까 모순이 없어.

따라서 $a_7=a_3+4d=1+4\times(-3)=-11$,

$b_7=br^6=2\times(-2)^6=128$이므로

$a_7+b_7=-11+128=117$

[1등급 심화 특강]

〈등차수열의 합 간단하게 나타내기〉

모든 등차수열 $\{a_n\}$에 대하여 $a_1+a_{2n-1}=a_2+a_{2n-2}=\cdots=2a_n$이므로

$\sum_{k=1}^{2n-1} a_k=(2n-1)a_n$이 성립해.

또한, $a_1+a_{2n}=a_2+a_{2n-1}=a_3+a_{2n-2}=\cdots=a_n+a_{n+1}$이므로

$\sum_{k=1}^{2n} a_k=n(a_n+a_{n+1})$이 성립해.

이를 활용하면 문제에서 $\sum_{n=1}^{5} a_n=5a_3$으로 나타내어 a_3이 정수인 조건을 바로 적용할 수 있어.

C 68 정답 ④ *시그마와 도형, 그래프 [정답률 32%]

정답 공식: 원과 직선만 만나는 경우, 원과 곡선만 만나는 경우, 원이 둘 다 만나는 경우로 나누어 각각 계산해본다.

좌표평면에서 함수

단서1 함수 $f(x)$의 그래프는 직선과 곡선으로 이루어져 있으므로 원 O_n의 내부를 직선만 지나는 경우, 직선과 곡선이 모두 지나는 경우, 곡선만 지나는 경우로 나누어 생각해 봐.

$$f(x)=\begin{cases}-x+10 & (x<10)\\ (x-10)^2 & (x\geq 10)\end{cases}$$

과 자연수 n에 대하여 점 $(n, f(n))$을 중심으로 하고 반지름의 길이가 3인 원 O_n이 있다. x좌표와 y좌표가 모두 정수인 점 중에서 원 O_n의 내부에 있고 함수 ❶ $y=f(x)$의 그래프의 아랫부분에 있는 모든 점의 개수를 A_n, 원 O_n의 내부에 있고 함수 ❷ $y=f(x)$의 그래프의 윗부분에 있는 모든 점의 개수를 B_n이라 하자.

$\sum_{n=1}^{20}(A_n-B_n)$의 값은? (4점)

단서2 원 O_n의 중심이 $f(x)$ 위에 있고, 원은 지름에 대하여 대칭이므로 지름에 의해 나누어지는 두 반원의 내부에 있는 x좌표와 y좌표가 모두 정수인 점의 개수(❶=❷)는 같아.

① 19 ② 21 ③ 23 ④ 25 ⑤ 27

1st 직선 $y=-x+10$만 원 O_n의 내부를 지나는 경우, A_n-B_n의 값을 구해.

$1\leq n\leq 7$일 때, 직선 $y=-x+10$만 원 O_n의 내부를 지나게 된다.

원의 반지름의 길이가 3이니까 중심의 x좌표가 $x=8$이면 곡선인 $y=(x-10)^2$과 만나.

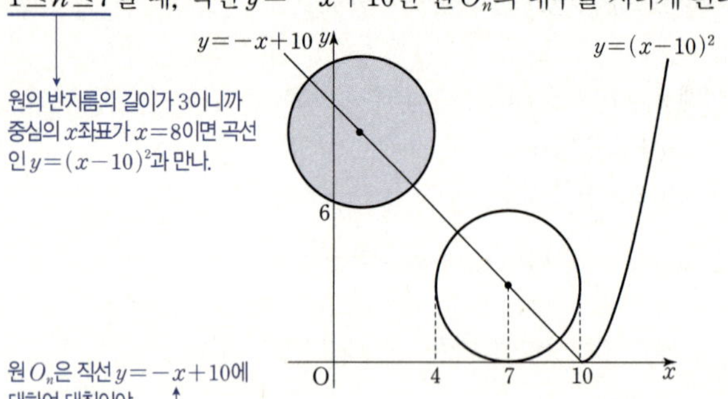

원 O_n은 직선 $y=-x+10$에 대하여 대칭이야.

이 경우에는 대칭성을 이용하여 조사하면 원 O_n의 내부에 있고 곡선 $y=f(x)$의 아랫부분에 있는 점의 개수와 원 O_n의 내부에 있고 곡선 $y=f(x)$의 윗부분에 있는 점의 개수가 같으므로 $A_n-B_n=0$이다.

2nd 직선 $y=-x+10$과 곡선 $y=(x-10)^2$이 동시에 원 O_n의 내부를 지나는 경우, A_n-B_n의 값을 구해.

$8\leq n\leq 11$일 때, 직선 $y=-x+10$과 곡선 $y=(x-10)^2$이 동시에 원 O_n의 내부를 지나게 된다.

원의 중심 $(12, f(12))=(12, 4)$에서 직선 $x+y-10=0$까지의 거리가 $\frac{|12+4-10|}{\sqrt{1^2+1^2}}=\frac{6}{\sqrt{2}}>3$으로 원과 직선이 만나지 않아.

(i) $n=8$일 때,

[그림 1]에서 대칭성을 이용하여 조사하면

$A_8=B_8$이므로

$A_8-B_8=0$이다.

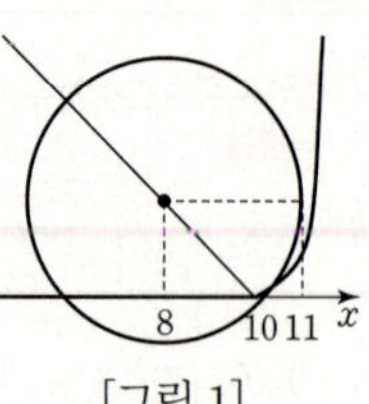

[그림 1]

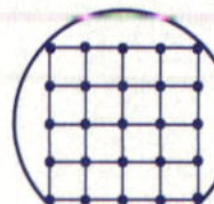

지름의 길이가 6이니까 6×6 격자검판에서 원의 내부의 점을 생각해야 해.

한편, 반지름의 길이가 3인 원 O_n의 내부에 있는 점 중에서 x좌표와 y좌표가 모두 정수인 점은 25개이다.

(ii) $n=9$일 때,

[그림 2]에서 원 O_n의 내부에 있는 점 중에서 함수 $y=f(x)$의 그래프 위의 점의 개수는 5이고, $B_9=8$이므로

$A_9=25-5-8=12$

$\therefore A_9-B_9=12-8=4$

[그림 2]

(iii) $n=10$일 때,

[그림 3]에서 원 O_n의 내부에 있는 점 중에서 함수 $f(x)$의 그래프 위에 있는 점의 개수는 4이고, $B_{10}=4$이므로

$A_{10}=25-4-4=17$

$\therefore A_{10}-B_{10}=17-4=13$

[그림 3]

마찬가지로

(iv) $n=11$일 때,

[그림 4]에서 원 O_n의 내부에 있는 점 중에서 함수 $f(x)$의 그래프 위에 있는 점의 개수는 3이고, $B_{11}=7$이므로

$A_{11}=25-3-7=15$

$\therefore A_{11}-B_{11}=15-7=8$

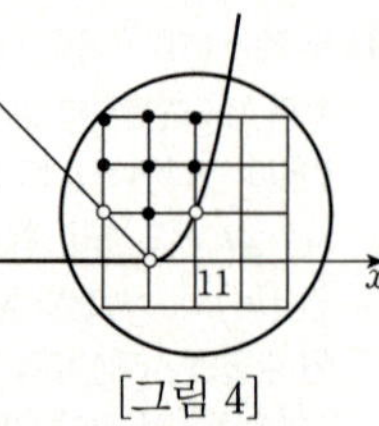

[그림 4]

3rd 곡선 $y=(x-10)^2$만 원 O_n의 내부를 지나는 경우, A_n-B_n의 값을 구해.

$12\leq n\leq 20$일 때, 곡선 $y=(x-10)^2$만 원 O_n의 내부를 지나게 된다.

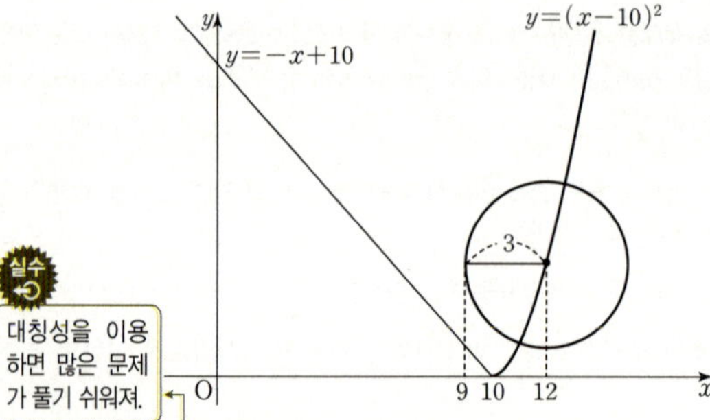

실수 대칭성을 이용하면 많은 문제가 풀기 쉬워져.

이 경우에 대칭성을 이용하여 조사하면 원 O_n의 내부에 있고 곡선 $y=f(x)$의 아랫부분에 있는 점의 개수와 원 O_n의 내부에 있고 곡선 $y=f(x)$의 윗부분에 있는 점의 개수가 같으므로 $A_n-B_n=0$이다.

4th $\sum_{n=1}^{20}(A_n-B_n)$의 값을 구해.

[시그마의 의미] $\sum_{n=■}^{▲} a_n$은 $a_■$부터 $a_▲$까지 합이야. n자리에 ■, ■+1, ⋯, ▲까지 차례로 대입하여 더해 줘.

$\sum_{n=1}^{20}(A_n-B_n)$

$=(A_1-B_1)+\cdots+(A_8-B_8)$ → $1\leq n\leq 8$일 때 $A_n=B_n$

$+(A_9-B_9)+(A_{10}-B_{10})+(A_{11}-B_{11})$

$+(A_{12}-B_{12})+\cdots+(A_{20}-B_{20})$ → $12\leq n\leq 20$일 때 $A_n=B_n$

$=(A_9-B_9)+(A_{10}-B_{10})+(A_{11}-B_{11})$

$=4+13+8=25$

C 69 정답 ④ *시그마와 도형, 그래프 [정답률 37%]

정답 공식: 정사각형과 함수의 그래프가 만날 때, k의 최솟값은 $(4n^2, n^2)$을 지날 때이고, 최댓값은 $(n^2, 4n^2)$을 지날 때이다.

좌표평면에서 자연수 n에 대하여 A_n을 4개의 점

(n^2, n^2), $(4n^2, n^2)$, $(4n^2, 4n^2)$, $(n^2, 4n^2)$

을 꼭짓점으로 하는 정사각형이라 하자.

정사각형 A_n과 함수 $y=k\sqrt{x}$의 그래프가 만나도록 하는 자연수 k의 개수를 a_n이라 할 때, [보기]에서 옳은 것을 모두 고른 것은? (4점)

단서1 k에 따라 $y=k\sqrt{x}$의 정사각형과 만나는 범위를 생각하여 k의 범위를 구해야겠네. 그 다음, a_n을 일반화해야 하는 지 판단하자.

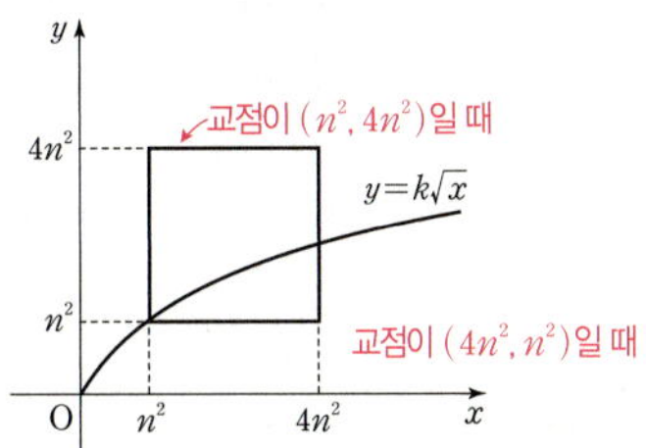

[보기]

ㄱ. $a_5=15$

ㄴ. $a_{n+2}-a_n=7$

ㄷ. $\sum_{k=1}^{10} a_k=200$

단서2 구한 k의 범위로 $a_3-a_1=7$, $a_4-a_2=7$이면 모든 자연수에 대해 성립하기 위해 일반화를 해야 해. 그럼 n을 짝수와 홀수로 나누어 볼까?

① ㄴ ② ㄷ ③ ㄱ, ㄴ ④ ㄴ, ㄷ ⑤ ㄱ, ㄴ, ㄷ

1st 정사각형 A_n과 무리함수 $y=k\sqrt{x}$가 만날 때를 생각해.

그림과 같이 함수 $y=k\sqrt{x}$의 그래프가 점 $(4n^2, n^2)$과 점 $(n^2, 4n^2)$ 사이에 존재하면 정사각형 A_n과 함수 $y=k\sqrt{x}$의 그래프는 만난다.

(k의 값에 따라 그래프와 정사각형의 위치 관계가 바뀔 수가 있으니까.)

2nd 각 경우의 k의 값을 구한 후 k의 범위를 정해.

(i) $y=k\sqrt{x}$가 점 $(4n^2, n^2)$을 지날 때,

$n^2=k\sqrt{4n^2}$ ($\sqrt{4n^2}=2n$)

$\therefore k=\frac{1}{2}n$

(ii) $y=k\sqrt{x}$가 점 $(n^2, 4n^2)$을 지날 때,

$4n^2=k\sqrt{n^2}$ ($\sqrt{n^2}=n$)

$\therefore k=4n$

따라서 함수 $y=k\sqrt{x}$의 그래프가 정사각형 A_n과 만나기 위한 k의 범위는

$\frac{1}{2}n\le k\le 4n$ … ㉠

3rd n에 숫자를 대입하여 ㄱ을 확인하고, ㄴ과 ㄷ은 n이 짝수, 홀수일 때로 나누어서 해결해.

주의: $\frac{1}{2}n\le k$이기 때문에 n을 짝수일 때와 홀수일 때로 나누어 푸는 거야. k의 범위가 (정수)$\le k\le$(정수)였다면 나눌 필요가 없어.

ㄱ. $n=5$일 때, ㉠에서 $\frac{5}{2}\le k\le 20$인데 k는 자연수이므로 $3\le k\le 20$ ($2.5\le k\le 20$)

[자연수의 개수] 두 자연수 a, b에 대하여 $a\le k\le b$일 때 자연수 k의 개수는 $b-a+1$이야.

$\therefore a_5=20-3+1=18$ (거짓)

ㄴ. (i) n이 홀수일 때, ㉠에서

$a_n=4n-\frac{1}{2}(n+1)+1=\frac{7}{2}n+\frac{1}{2}$

$a_{n+2}=4(n+2)-\frac{1}{2}(n+3)+1=\frac{7}{2}n+\frac{15}{2}$

$\therefore a_{n+2}-a_n=7$

(㉠에서 $\frac{1}{2}n\le k\le 4n$일 때 n이 홀수이면 $\frac{1}{2}n$은 자연수가 아니지. 자연수로 만들어 k의 개수를 구해. 즉, $n+1$은 짝수이고 $\frac{1}{2}(n+1)$은 자연수야.)

(ii) n이 짝수일 때, ㉠에서

$a_n=4n-\frac{1}{2}n+1=\frac{7}{2}n+1$

$a_{n+2}=4(n+2)-\frac{1}{2}(n+2)+1=\frac{7}{2}n+8$

$\therefore a_{n+2}-a_n=7$

따라서 n이 홀수, 짝수일 때 모두 $a_{n+2}-a_n=7$이 성립한다. (참)

ㄷ. $\sum_{k=1}^{10}a_k=\sum_{k=1}^{5}a_{2k-1}+\sum_{k=1}^{5}a_{2k}$

(ㄴ. (i)에서 $a_n=\frac{7}{2}n+\frac{1}{2}$, ㄴ. (ii)에서 $a_n=\frac{7}{2}n+1$)

$=\sum_{k=1}^{5}\left\{\frac{7}{2}(2k-1)+\frac{1}{2}\right\}+\sum_{k=1}^{5}\left\{\frac{7}{2}\times 2k+1\right\}$

$=\sum_{k=1}^{5}(14k-2)=14\times\frac{5\times 6}{2}-2\times 5$

$=210-10=200$ (참)

따라서 옳은 것은 ㄴ, ㄷ이다.

[다른 풀이]

$\frac{1}{2}n\le k\le 4n$에서

ㄴ. (i) $n=2m-1$일 때, $m-\frac{1}{2}\le k\le 8m-4$이므로 이를 만족시키는 자연수 k는 m, $m+1$, $\cdots$, $8m-4$로 개수는 ($m\le k\le 8m-4$)

$a_n=a_{2m-1}=(8m-4)-m+1=7m-3$

이때, $n+2=2m+1=2(m+1)-1$에서 ($n+2=(2m-1)+2$)

$a_{n+2}=a_{2m+1}=7(m+1)-3=7m+4$이므로

$a_{n+2}-a_n=(7m+4)-(7m-3)=7$

(ii) $n=2m$일 때, $m\le k\le 8m$이므로 이를 만족시키는 자연수 k는 m, $m+1$, $\cdots$, $8m$으로 개수는

$a_n=a_{2m}=8m-m+1=7m+1$

이때, $n+2=2m+2=2(m+1)$에서

$a_{n+2}=a_{2m+2}=7(m+1)+1=7m+8$이므로

$a_{n+2}-a_n=(7m+8)-(7m+1)=7$

(i), (ii)에 의하여 자연수 n에 대하여 $a_{n+2}-a_n=7$이 성립해. (참)

ㄷ. $\sum_{k=1}^{10}a_k=\sum_{m=1}^{5}a_{2m-1}+\sum_{m=1}^{5}a_{2m}=\sum_{m=1}^{5}(7m-3)+\sum_{m=1}^{5}(7m+1)$

($a_1+a_2+a_3+\cdots+a_{10}=(a_1+a_3+\cdots+a_9)+(a_2+a_4+\cdots+a_{10})$)

$=\sum_{m=1}^{5}(14m-2)=14\times\frac{5\times 6}{2}-5\times 2=200$ (참)

C 70 정답 164 *시그마와 도형, 그래프 [정답률 33%]

(정답 공식: $\sum_{k=1}^{n} k=\frac{n(n+1)}{2}$, $\sum_{k=1}^{n} k^2=\frac{n(n+1)(2n+1)}{6}$)

자연수 n에 대하여 두 점 $\mathrm{A}(0, n+5)$, $\mathrm{B}(n+4, 0)$과 원점 O를 꼭짓점으로 하는 삼각형 AOB가 있다. 삼각형 AOB의 내부에 포함된 정사각형 중 한 변의 길이가 1이고 꼭짓점의 x좌표와 y좌표가 모두 자연수인 정사각형의 개수를 a_n이라 하자. $\sum_{n=1}^{8} a_n$의 값을 구하시오. (4점)

단서 먼저 삼각형 AOB의 내부에 x좌표와 y좌표가 모두 자연수인 점의 개수를 먼저 생각해봐야 해.

1st 정사각형의 꼭짓점의 x좌표와 y좌표가 자연수인 경우를 생각해.

함정 정사각형의 꼭짓점의 x좌표와 y좌표가 자연수야. 따라서 삼각형 AOB의 내부에 포함된 정사각형의 개수를 구할 때, 꼭짓점의 x좌표 또는 y좌표가 0일 때는 따져주면 안 돼.

직선 AB의 x절편과 y절편이 각각 $n+4$, $n+5$이므로 직선 AB의 방정식은 $\frac{x}{n+4}+\frac{y}{n+5}=1$, 즉 $y=-\frac{n+5}{n+4}x+n+5$이다.

x절편과 y절편이 각각 a, b인 직선의 방정식은 $\frac{x}{a}+\frac{y}{b}=1$이야.

한편, 자연수 a에 대하여 $x=a$일 때 직선 AB 위의 점의 y좌표는

$$y=-\frac{n+5}{n+4}a+n+5=n+5-\left(1+\frac{1}{n+4}\right)a=n+5-a-\frac{a}{n+4}$$

이고 $0<a<n+4$이면 $0<\frac{a}{n+4}<1$이므로 삼각형 AOB의 내부에 포함된 점 중 $x=a$일 때 y좌표가 자연수인 점의 개수는 $n+4-a$이다.

n, a는 자연수이고 $0<\frac{a}{n+4}<1$이므로 $n+5-a-\frac{a}{n+4}$보다 작은 자연수 중 가장 큰 자연수는 $n+5-a-1=n+4-a$야. 따라서 $x=a$일 때 y좌표가 자연수인 점의 개수는 $n+4-a$가 되는 거야.

2nd x좌표가 1부터 차례대로 변화할 때 정사각형의 개수를 추론하여 a_n을 구하자.

이때, 삼각형 AOB의 내부에 포함된 정사각형 중 한 변의 길이가 1이고 각 꼭짓점의 좌표가 자연수인 정사각형의 네 꼭짓점의 좌표를 자연수 a, b에 대하여 각각

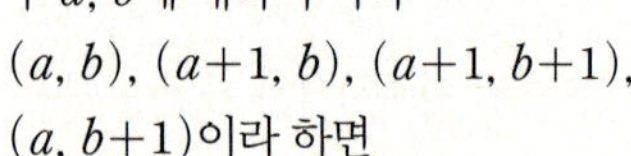

(a, b), $(a+1, b)$, $(a+1, b+1)$, $(a, b+1)$이라 하면

(i) $a=1$일 때, 가능한 b의 값은 $1, 2, \cdots, n+1$이므로 구하는 정사각형의 개수는 $n+1$이다.

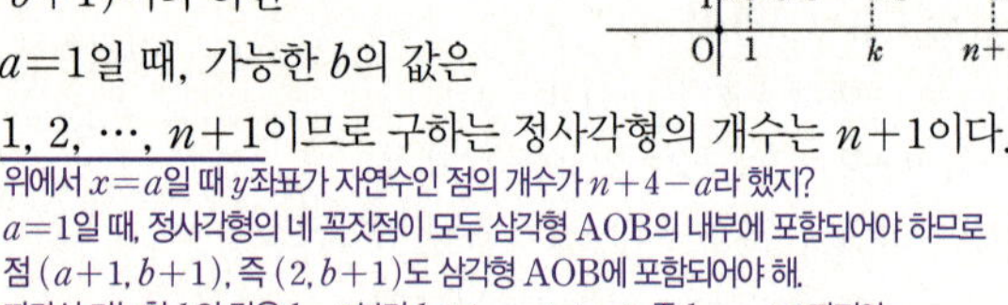

위에서 $x=a$일 때 y좌표가 자연수인 점의 개수가 $n+4-a$라 했지? $a=1$일 때, 정사각형의 네 꼭짓점이 모두 삼각형 AOB의 내부에 포함되어야 하므로 점 $(a+1, b+1)$, 즉 $(2, b+1)$도 삼각형 AOB에 포함되어야 해. 따라서 가능한 b의 값은 $b=1$부터 $b+1=n+4-2$, 즉 $b=n+1$까지야.

(ii) $a=2$일 때, 가능한 b의 값은 $1, 2, \cdots, n$이므로 구하는 정사각형의 개수는 n이다.

(iii) $a=3$일 때, 가능한 b의 값은 $1, 2, \cdots, n-1$이므로 구하는 정사각형의 개수는 $n-1$이다.

⋮

(iv) $a=n+1$일 때, 가능한 b의 값은 1이므로 구하는 정사각형의 개수는 1이다.

(i)~(iv)에 의하여

정사각형의 꼭짓점의 좌표가 자연수이므로 $a=0$일 때는 따져줄 필요가 없어. 또, $a\geq n+2$일 때는 정사각형이 만들어지지 않으므로 따져주지 않는 거야.

$$a_n=(n+1)+n+(n-1)+\cdots+3+2+1=\sum_{k=1}^{n+1}k$$
$$=\frac{(n+1)(n+2)}{2}$$
$$=\frac{1}{2}(n^2+3n+2)$$

3rd $\sum_{n=1}^{8} a_n$의 값을 구해.

$\sum_{k=1}^{n} ca_k=c\sum_{k=1}^{n} a_k$ (단, c는 상수)

$$\therefore \sum_{n=1}^{8} a_n=\sum_{n=1}^{8}\frac{1}{2}(n^2+3n+2)=\frac{1}{2}\sum_{n=1}^{8}(n^2+3n+2)$$
$$=\frac{1}{2}\times\left(\frac{8\times9\times17}{6}+3\times\frac{8\times9}{2}+2\times8\right)$$
$$=164$$

C 71 정답 ④ *수열의 귀납적 정의 [정답률 36%]

(정답 공식: 귀납적으로 정의된 수열 문제는 주어진 관계식에 $n=1$부터 차례로 대입을 해가며 규칙성을 찾아야 한다.)

수열 $\{a_n\}$이 모든 자연수 n에 대하여 다음 조건을 만족시킨다.

(가) $a_{2n}=a_n-1$

(나) $a_{2n+1}=2a_n+1$

단서1 조건 (가)와 (나)에서 주어진 두 관계식을 더하면 연속된 두 항 a_{2n}, a_{2n+1}의 합을 구할 수 있는 새로운 관계식을 얻을 수 있지.

$a_{20}=1$일 때, $\sum_{n=1}^{63} a_n$의 값은? (4점)

단서2 $a_{20}=1$이 이미 주어져 있으니까 주어진 조건 (가), (나)를 적절히 이용해서 항의 값을 구하자.

① 704 ② 712 ③ 720 ④ 728 ⑤ 736

1st 주어진 $a_{20}=1$과 조건 (가)와 (나)를 이용하여 항의 값을 구해보자.

조건 (가)에 $n=10$을 대입하면

$a_{20}=a_{10}-1$에서

a_{20}의 값이 주어져 있으니까 조건 (가), (나) 중 (가)에 $n=10$을 대입하여 a_{20} 이외 항의 값을 구할 수 있어.

$1=a_{10}-1$ ($\because a_{20}=1$) $\therefore a_{10}=2$ ⋯ ㉠

조건 (가)에 $n=5$를 대입하면

$a_{10}=a_5-1$에서 $2=a_5-1$ ($\because$ ㉠) $\therefore a_5=3$ ⋯ ㉡

조건 (나)에 $n=2$를 대입하면

$a_5=2a_2+1$에서 $3=2a_2+1$ ($\because$ ㉡)

$2a_2=2$ $\therefore a_2=1$ ⋯ ㉢

조건 (가)에 $n=1$을 대입하면

$a_2=a_1-1$에서 $1=a_1-1$ ($\because$ ㉢) $\therefore a_1=2$

2nd 조건 (가)와 (나)를 연립하여 a_n과 a_{2n}, a_{2n+1}의 새로운 관계식을 구하자.

조건 (가), (나)의 $a_{2n}=a_n-1$과 $a_{2n+1}=2a_n+1$을 변변 더하면

$a_{2n}+a_{2n+1}=3a_n$ ⋯ (★)

(i) $n=1$일 때, $a_2+a_3=3a_1$ ⋯ ㉣

(ii) $n=2$일 때, $a_4+a_5=3a_2$

(iii) $n=3$일 때, $a_6+a_7=3a_3$

(ii), (iii)의 식을 변변 더하면

$a_4+a_5+a_6+a_7=3(a_2+a_3)=3^2a_1$ ($\because$ ㉣) ⋯ ㉤

(★)에 $n=4, 5, 6, 7$을 대입하여 변변끼리 더하면

$$a_8+a_9+\cdots+a_{14}+a_{15}=3(a_4+a_5+a_6+a_7)=3\times3^2a_1\ (\because ㉤)$$
$$=3^3a_1$$

(★)에 $n=8, 9, \cdots, 15$를 대입하여 변변 더하면

$a_{16}+a_{17}+\cdots+a_{31}=3(a_8+a_9+\cdots+a_{15})=3^4a_1$

(★)에 $n=16, 17, \cdots, 31$을 대입하여 변변 더하면

$a_{32}+a_{33}+\cdots+a_{63}=3(a_{16}+a_{17}+\cdots+a_{31})=3^5a_1$

$a_{2n}+a_{2n+1}=3a_n$이므로

$a_{2n+2}+a_{2n+3}=3a_{n+1}$, $\cdots$, $a_{4n-2}+a_{4n-1}=3a_{2n-1}$에서

$3a_n$부터 $3a_{2n-1}$까지의 n개의 식을 변변 더하면

$(a_{2n}+a_{2n+1})+\cdots+(a_{4n-2}+a_{4n-1})=3(a_n+\cdots+a_{2n-1})$이 되므로

a_{2n}부터 a_{4n-1}까지의 $2n$개의 수열의 합을 구할 수 있어.

즉, a_1으로 a_2+a_3의 2개의 항의 합, a_2+a_3으로 $a_4+a_5+a_6+a_7$의 4개의 항의 합, 계속해서 연속된 8개, 16개, 32개의 합을 구할 수 있지.

3rd $\sum_{n=1}^{63} a_n$의 규칙성을 찾아서 값을 구하자.

$$\sum_{n=1}^{63} a_n = a_1 + (a_2+a_3) + (a_4+\cdots+a_7) + (a_8+\cdots+a_{15}) + (a_{16}+\cdots+a_{31}) + (a_{32}+\cdots+a_{63})$$

$= a_1 \times (1+3+3^2+3^3+3^4+3^5)$

$= 2 \times \frac{3^6-1}{3-1}$ 첫째항이 a, 공비가 r인 등비수열의 첫째항부터 제n항까지의 합을 S_n이라 하면

$= 2 \times 364 = 728$ $S_n = \frac{a(r^n-1)}{r-1} = \frac{a(1-r^n)}{1-r}$ $(r \neq 1)$

C 72 정답 725 *수열의 귀납적 정의 ······ [정답률 33%]

(정답 공식: 세 점 A_n, B_n, C_n의 좌표를 구하고 n 대신 1, 2, 3, …을 대입하여 규칙성을 찾는다.)

그림과 같이 자연수 n에 대하여 ❶기울기가 1이고 y절편이 양수인 직선이 원 $x^2+y^2=\frac{n^2}{2}$에 접할 때, 이 직선이 x축, y축과 만나는 점을 각각 A_n, B_n이라 하자. ❷점 A_n을 지나고 기울기가 -2인 직선이 y축과 만나는 점을 C_n이라 할 때, 삼각형 $A_nC_nB_n$과 그 내부

단서1 우선 ❶, ❷를 이용하여 두 직선의 방정식을 세워 세 점 A_n, B_n, C_n의 좌표를 찾아야 해.

의 점들 중 x좌표와 y좌표가 모두 정수인 점의 개수를 a_n이라 하자. $\sum_{n=1}^{10} a_n$의 값을 구하시오. (4점)

단서2 이런 형태로 주어진다는 것은 수열의 규칙이 반드시 존재한다는 뜻임을 염두에 두고 규칙을 찾기 위해 $n=1$부터 대입해 보자.

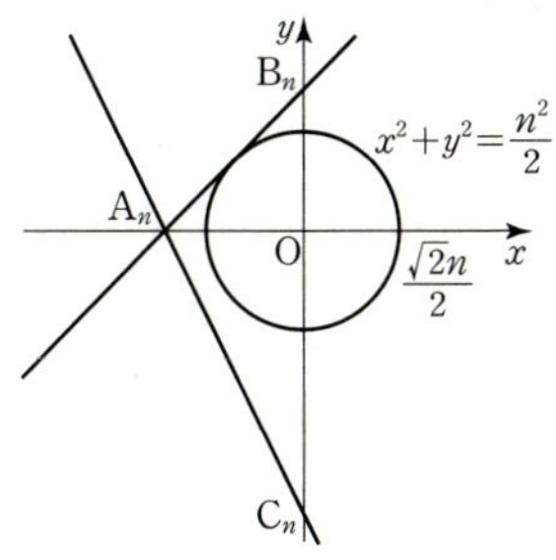

1st 조건 ❶, ❷에 맞게 직선의 방정식을 구해서 각 점의 좌표부터 구하자.

기울기가 1이고 y절편이 양수인 원 $x^2+y^2=\frac{n^2}{2}$의 접선의 방정식은

$y = x + \frac{n}{\sqrt{2}}\sqrt{1+1^2}$

기울기가 m이고, 원 $x^2+y^2=r^2$에 접하는 직선의 방정식은 $y=mx \pm r\sqrt{1+m^2}$ 이때, y절편이 양수이면 $y=mx+r\sqrt{1+m^2}$

$\therefore y = x+n$

직선 $y=x+n$이 x축, y축과 만나는 점은 각각 $A_n(-n, 0)$, $B_n(0, n)$

한편, 점 A_n을 지나고 기울기가 -2인 직선의 방정식은 $y=-2x-2n$ 이므로 y축과의 교점인 점 C_n의 좌표는 $C_n(0, -2n)$ $y=-2(x+n)+0$

2nd $n=1, 2, 3, \cdots$을 대입하여 조건을 만족하는 점의 개수를 찾자.

삼각형 $A_nC_nB_n$과 그 내부의 점들 중 x좌표와 y좌표가 모두 정수인 점의 개수가 a_n이므로

실수 $n=1, 2, 3, \cdots$일 때 a_n을 구해 규칙을 찾으려는 것이기 때문에 정확히, 일관성 있게 구해야 해.

(i) $n=1$일 때,

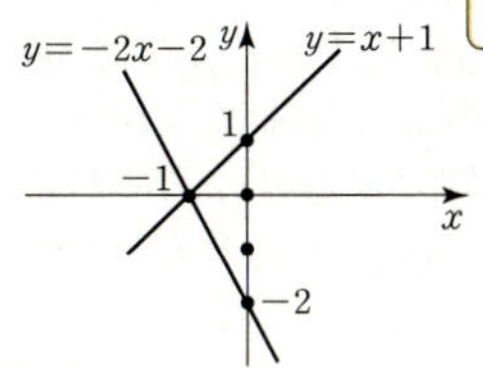

그림과 같이 x좌표가 0인 점의 개수는 4이고, x좌표가 -1인 점의 개수는 1이므로

$a_1 = 1+4 = 5$

(ii) $n=2$일 때, ⇒ $A_2(-2, 0)$, $B_2(0, 2)$, $C_2(0, -4)$

x좌표가 0인 점의 개수는 7, ⇒ (점 B_2, C_2의 y좌표의 차)+1

x좌표가 -1인 점의 개수는 4, ⇒ (직선 A_2B_2과 직선 A_2C_2의 교점의 $x=-1$일 때의 y좌표의 차)+1

x좌표가 -2인 점의 개수는 1이므로

$a_2 = 1+4+7 = 12$

$n=2$일 때

(iii) $n=3$일 때, ⇒ $A_3(-3, 0)$, $B_3(0, 3)$, $C_3(0, -6)$

x좌표가 0인 점의 개수는 10,

x좌표가 -1인 점의 개수는 7,

x좌표가 -2인 점의 개수는 4,

x좌표가 -3인 점의 개수는 1이므로

$a_3 = 1+4+7+10 = 22$

$n=3$일 때

∴ 3씩 일정하게 증가하고, $10=3\times3+1$이니까 a_n의 끝에 더해지는 수는 $3\times n+1$이겠지?

3rd a_n을 추론한 후에 $\sum$를 실수없이 계산해.

$a_n = 1+4+7+10+\cdots+(3n+1)$ ⇒ 첫째항이 1, 공차가 3인 등차수열이니까 일반항은 $3n-2$야. 그리고 제1항부터 제$n+1$항까지의 합임을 확인해야 해.

$= \sum_{k=1}^{n+1}(3k-2)$

$= 3\sum_{k=1}^{n+1}k - 2(n+1) = \frac{3(n+1)(n+2)}{2} - 2(n+1) = \frac{3}{2}n^2 + \frac{5}{2}n + 1$

$\therefore \sum_{n=1}^{10} a_n = \sum_{n=1}^{10}\left(\frac{3}{2}n^2+\frac{5}{2}n+1\right)$ [$\sum$의 성질] $\sum_{k=1}^{n}(a_k+b_k) = \sum_{k=1}^{n}a_k + \sum_{k=1}^{n}b_k$

$= \frac{3}{2} \times \frac{10\times11\times21}{6} + \frac{5}{2} \times \frac{10\times11}{2} + 1\times10 = 725$

[다른 풀이]

기울기가 1이고 y절편이 양수인 직선을 $y=x+b$ $(b>0)$이라 하면

직선 $x-y+1=0$과 원 $x^2+y^2=\frac{n^2}{2}$의 중심 $(0, 0)$ 사이의 거리가

$\sqrt{\frac{n^2}{2}}$이므로 $\frac{|0-0+b|}{\sqrt{1^2+1^2}} = \sqrt{\frac{n^2}{2}}$ 직선 $ax+by+c=0$과 원점 $(0, 0)$ 사이의 거리는 $\frac{|c|}{\sqrt{a^2+b^2}}$

$\therefore b=n$

(이하 동일)

수능 핵강

$4+7+\cdots+(3n+1)$은 첫째항이 4이고, 공차가 3인 등차수열의 제n항까지의 합이야. 그래서 $\sum$를 안 쓰고 등차수열의 합의 공식을 써도 돼.

즉, $\frac{n\{4+3n+1\}}{2} = \frac{3}{2}n^2+\frac{5}{2}n$이 되는 거지.

반면, $a_n = 1+4+7+10+\cdots+(3n+1)$로 보면 첫째항을 1, 공차를 3인 등차수열의 첫째항부터 제$n+1$항까지의 합이라 할 수 있어.

이때, 일반항은 $1+(n-1)\times3 = 3n-2$이므로

$a_n = \sum_{k=1}^{n+1}(3k-2)$

$= 3\times\frac{(n+1)(n+2)}{2} - 2(n+1)$

$= \frac{3}{2}n^2+\frac{5}{2}n+1$

등차수열에서 첫째항을 무엇으로 생각하는지에 따라서 방법이 다르니까 다양하게 연습하자.

C 73 정답 ② ✪ 2등급 킬러 [정답률 23%]

수열 $\{a_n\}$은 모든 자연수 n에 대하여

$$a_{n+2}=\begin{cases}2a_n+a_{n+1} & (a_n\le a_{n+1})\\ a_n+a_{n+1} & (a_n>a_{n+1})\end{cases}$$

단서1 a_{n+2}는 연속한 두 항 a_n, a_{n+1}의 대소에 따라 결정돼.

을 만족시킨다. $a_3=2$, $a_6=19$가 되도록 하는 모든 a_1의 값의 합은? (4점)

단서2 수열 $\{a_n\}$의 귀납적으로 정의된 식에 $n=1$을 대입하면 a_3을 구할 수 있어.

① $-\frac{1}{2}$ ② $-\frac{1}{4}$ ③ 0 ④ $\frac{1}{4}$ ⑤ $\frac{1}{2}$

✪ 이 문제는 귀납적으로 정의된 수열 $\{a_n\}$이 특정항의 조건을 만족시키도록 하는 모든 첫째항 a_1의 값을 구하는 문제이다.
a_{n+2}가 a_n, a_{n+1}의 대소에 의하여 결정되므로 $a_n\le a_{n+1}$인 경우와 $a_n>a_{n+1}$인 경우로 나누어 모든 경우를 따져보아야 한다.

[풀이 단서 체크]

❶ 먼저, $a_n\le a_{n+1}$일 때 $a_{n+2}=2a_n+a_{n+1}$이고, $a_n>a_{n+1}$일 때 $a_{n+2}=a_n+a_{n+1}$이므로 a_n과 a_{n+1}의 대소에 따라 경우를 나누어 주어진 조건을 만족시키는 a_1의 값을 구해야 한다. ⇒ 단서1

❷ 이제, $a_3=2$임을 활용하기 위해 주어진 식에 $n=1$을 대입하면 a_1과 a_2의 대소에 따라 $a_3=2a_1+a_2$이거나 $a_3=a_1+a_2$인 것을 알 수 있다. 따라서 $a_3=2$임을 이용하여 a_1, a_2의 대소에 따라 경우를 나누어 a_4, a_5, a_6을 각각 구하고 a_1을 구한다. ⇒ 단서2

주의 연속된 두 항 a_n, a_{n+1}의 대소에 따라 a_{n+2}의 값이 결정되므로 $a_n\le a_{n+1}$일 때와 $a_n>a_{n+1}$일 때의 모든 경우를 놓치지 말고 따져 주어야 한다.

핵심 정답 공식: n 대신에 1, 2, 3, 4를 차례로 대입해보고 a_n, a_{n+1}의 대소를 비교하여 $a_3=2$, $a_6=19$를 만족시키는 a_1의 값을 구한다.

[문제 풀이 순서]

*귀납적으로 정의된 수열의 첫째항 구하기

1st 귀납적으로 정의된 식에 $n=1$을 대입하자.

주어진 식에 $n=1$을 대입하면

$$a_3=\begin{cases}2a_1+a_2 & (a_1\le a_2)\\ a_1+a_2 & (a_1>a_2)\end{cases}$$

2nd a_1, a_2의 대소에 따라 경우를 나누어 a_1의 값을 구하자.

(i) $a_1\le a_2$일 때,

$a_3=2a_1+a_2=2$ … ㉠이므로 $a_2>0$

($a_1\le a_2$이므로 $a_2\le 0$이면 $a_1\le 0$이야. 그럼 $a_3=2a_1+a_2\le 0$이므로 $a_3=2$를 만족시키지 않아. 따라서 $a_2>0$이어야 해.)

이제, $a_1\ge 0$일 때와 $a_1<0$일 때로 경우를 나누어 $a_6=19$를 만족시키는 a_1의 값을 구하자.

i) $a_1\ge 0$일 때, ($a_1\ge 0$이고 $a_2>0$이므로 $a_3=2a_1+a_2\ge a_2$)

$a_2\le a_3$이므로 $a_4=2a_2+a_3=2a_2+2$

$a_3<a_4$이므로 ($a_3\ge a_2>0$이므로 $a_4=2a_2+a_3>a_3$)

$a_5=2a_3+a_4=2\times2+(2a_2+2)=2a_2+6$

$a_4<a_5$이므로 ($a_4>a_3>0$이므로 $a_5=2a_3+a_4>a_4$)

$a_6=2a_4+a_5=2(2a_2+2)+(2a_2+6)=6a_2+10$

이때, $a_6=19$이므로 $6a_2+10=19$에서 $6a_2=9$ $\therefore a_2=\frac{3}{2}$

이것을 ㉠에 대입하면 $a_3=2a_1+\frac{3}{2}=2$에서 $2a_1=\frac{1}{2}$

$\therefore a_1=\frac{1}{4}$

ii) $a_1<0$일 때, ($a_1<0$이고 $a_2>0$이므로 $a_3=2a_1+a_2<a_2$)

$a_2>a_3$이므로 $a_4=a_2+a_3=a_2+2$

$a_3<a_4$이므로 ($a_2>0$이므로 $a_4=a_2+a_3>a_3$)

$a_5=2a_3+a_4=2\times2+(a_2+2)=a_2+6$

$a_4<a_5$이므로 ($a_3=2$이므로 $a_5=2a_3+a_4>a_4$)

$a_6=2a_4+a_5=2(a_2+2)+(a_2+6)=3a_2+10$

이때, $a_6=19$이므로 $3a_2+10=19$에서 $3a_2=9$ $\therefore a_2=3$

이것을 ㉠에 대입하면 $a_3=2a_1+3=2$에서 $2a_1=-1$

$\therefore a_1=-\frac{1}{2}$

(ii) $a_1>a_2$일 때,

$a_3=a_1+a_2=2$ … ㉡이므로 $a_1>0$

($a_1>a_2$이므로 $a_1\le 0$이면 $a_2<0$이야. 그럼 $a_3=a_1+a_2<0$이므로 $a_3=2$를 만족시키지 않아. 따라서 $a_1>0$이어야 해.)

$a_2<a_3$이므로 ($a_1>0$이므로 $a_3=a_1+a_2>a_2$)

$a_4=2a_2+a_3=2a_2+2$

이제, $a_2\ge 0$일 때와 $a_2<0$일 때로 경우를 나누어 $a_6=19$를 만족시키는 a_1의 값을 구하자.

i) $a_2\ge 0$일 때

$a_3\le a_4$이므로 ($a_2\ge 0$이므로 $a_4=2a_2+a_3\ge a_3$)

$a_5=2a_3+a_4=2\times2+(2a_2+2)=2a_2+6$

$a_4<a_5$이므로 ($a_3=2$이므로 $a_5=2a_3+a_4>a_4$)

$a_6=2a_4+a_5=2(2a_2+2)+(2a_2+6)=6a_2+10$

이때, $a_6=19$이므로 $6a_2+10=19$에서 $6a_2=9$ $\therefore a_2=\frac{3}{2}$

이것을 ㉡에 대입하면 $a_3=a_1+\frac{3}{2}=2$

$\therefore a_1=\frac{1}{2}$

그런데 $a_1>a_2$이어야 하므로 주어진 조건을 만족시키는 a_1의 값은 존재하지 않는다.

ii) $a_2<0$일 때

$a_3>a_4$이므로 ($a_2<0$이므로 $a_4=2a_2+a_3<a_3$)

$a_5=a_3+a_4=2+(2a_2+2)=2a_2+4$

$a_4<a_5$이므로 ($a_3=2$이므로 $a_5=a_3+a_4>a_4$)

$a_6=2a_4+a_5=2(2a_2+2)+(2a_2+4)=6a_2+8$

이때, $a_6=19$이므로 $6a_2+8=19$에서 $6a_2=11$

$\therefore a_2=\frac{11}{6}$

그런데 $a_2<0$이어야 하므로 주어진 조건을 만족시키는 a_2와 a_1의 값은 존재하지 않는다.

(i), (ii)에 의하여 조건을 만족시키는 모든 a_1의 값은 $\frac{1}{4}$, $-\frac{1}{2}$이므로

(구하는 합)$=\frac{1}{4}+\left(-\frac{1}{2}\right)=-\frac{1}{4}$

1등급 풀이 Tip

조건에서 a_3과 a_6의 값이 주어져 있으므로 a_3을 기준으로 잡던지, a_6을 기준으로 잡아서 a_1의 값을 구해야 한다. 그런데 a_3의 값이 a_6의 값보다 따져주기 쉽게 때문에 a_3의 값을 기준으로 a_1, a_2의 대소, 즉 $a_1\le a_2$ 또는 $a_1>a_2$로 경우를 나누어 접근해야 한다. 그 다음 a_4의 값을 구하기 위해 a_2, a_3의 대소를 비교하고 a_5의 값을 구하기 위해 a_3, a_4의 대소를 비교하고 a_6의 값을 구하기 위해 a_4, a_5의 대소를 비교해야 한다.

C 74 정답 616

✪ 1등급 킬러 [정답률 15%]

그림과 같이 한 변의 길이가 1인 정육면체 모양의 블록 5개를 사용하여 입체도형 T_1을 만들고, T_1의 겉넓이를 a_1이라 하자. 입체도형 T_1에 9개의 블록을 더 쌓아서 입체도형 T_2를 만들고, T_2의 겉넓이를 a_2라 하자. 입체도형 T_2에 16개의 블록을 더 쌓아서 입체도형 T_3을 만들고, T_3의 겉넓이를 a_3이라 하자. 이와 같은 방법으로 n번째 얻은 입체도형 T_n에 $(n+2)^2$개의 블록을 더 쌓아서 도형 T_{n+1}을 만들고, T_{n+1}의 겉넓이를 a_{n+1}이라 하자. 예를 들어, $a_1=22$, $a_2=48$이다. 이때, a_{10}의 값을 구하시오. (4점)

단서 T_n에서 T_{n+1}까지 추가되는 도형의 겉넓이를 따져볼까? 이때, 위, 아래, 뒤, 앞 순으로 차근차근 확인하자.

T_1 T_2 T_3 …

✪ 이 문제는 입체도형과 관련하여 정의된 수열에서 규칙성을 찾는 문제이다. 이를 위해서는 단계에 따라서 입체도형이 어떠한 규칙으로 변하는지를 파악하고 그 변화를 수식으로 옮기는 것이 중요하다.

[풀이 단서 체크]

❶ 먼저, T_n에서 T_{n+1}이 될 때, T_n의 모양이 그대로 유지된 채 뒤에 $(n+2)$층의 블록이 $(n+2)$개 더 추가된다는 규칙을 발견할 수 있다. 이 추가되는 블록이 T_n의 겉넓이에 어떠한 변화를 주는지 살펴봐야 한다. ⇒ 단서

❷ 추가되는 겉넓이는 앞, 뒤, 위, 아래에서 바라봤을 때로 상황을 나누어 생각해볼 수 있다. 위, 아래에서 바라봤을 때는 블록이 $(n+2)$개 더 추가되었으므로 위에서 봤을 때 $1\times(n+2)$, 아래에서 봤을 때 $1\times(n+2)$가 추가된다.
그리고 앞에서 바라봤을 때는 맨 윗줄에 $(n+2)$개의 블록이 보이는데 2개의 면이 보이므로 $2\times(n+2)$가 추가되고 양옆에 $(n+1)$개의 블록이 각각 1개의 면이 보이게 된다. 따라서 $2\times(n+1)$가 추가되고 뒤에서 바라봤을 때도 앞에서 바라봤을 때와 동일한 구조이다.
따라서 총 추가되는 겉넓이는 다음과 같이 표현된다.
$1\times(n+2)+1\times(n+2)+2\{2\times(n+2)+2\times(n+1)\}=10n+16$

주의 두 항 a_{n+1}, a_n 사이의 관계식에서 a_{10}과 a_1 사이의 관계를 찾을 수 있어야 한다.

(핵심 정답 공식: 도형 T_1, T_2, T_3, …을 살펴보고 추가되는 도형을 구한다.)

[문제 풀이 순서]

∗수열에서 규칙성을 찾고 일반항 세우기

1st 두 도형 T_n과 T_{n+1} 사이에 증가된 도형의 개수로 a_n과 a_{n+1}의 관계를 유추하자.

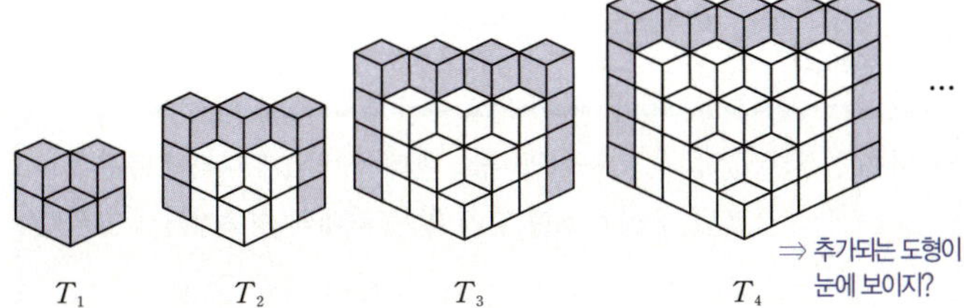

쌓여진 정육면체의 블록은 한 변의 길이가 1이므로 블록의 한 면의 넓이는 1이다. 즉, 겉넓이를 구하기 위해서 위, 아래, 뒤, 앞에서 보이는 면의 개수만 따지면 된다.
그림과 같이 도형 T_1의 위, 아래, 뒤, 앞에 보이는 면의 개수가 각각 3, 3, 8, 8이므로 $a_1=3+3+8+8=22$이다. 이때, 두 도형 T_n과 T_{n+1} 사이에 증가된 면의 개수의 합이 겉넓이의 차인 $a_{n+1}-a_n$이므로 위, 아래, 뒤, 앞의 순서로 표로 정리하면

$a_{n+1}-a_n$	위	아래	뒤	앞
a_2-a_1	3	3	$2\times3+2\times2$	$2\times3+2\times2$
a_3-a_2	4	4	$2\times4+2\times3$	$2\times4+2\times3$
a_4-a_3	5	5	$2\times5+2\times4$	$2\times5+2\times4$
⋮	⋮	⋮	⋮	⋮

$\therefore a_{n+1}-a_n$
$=(n+2)+(n+2)+\{2(n+2)+2(n+1)\}+\{2(n+2)+2(n+1)\}$
$=10n+16$

2nd 수열 $\{a_n\}$의 일반항을 구하여 a_{10}의 값을 구해.

$a_{n+1}-a_n=10n+16$에서 n 대신에 1, 2, 3, …, 9를 차례로 대입하면

$a_2-a_1=10\times1+16$
$a_3-a_2=10\times2+16$
$a_4-a_3=10\times3+16$
⋮
$+)\ a_{10}-a_9=10\times9+16$

$a_{10}-a_1=10(1+2+3+\cdots+9)+16\times9$ → [연속한 자연수의 합] $\sum_{k=1}^{n}k=\frac{n(n+1)}{2}$을 이용해.

$=10\times\frac{9\times10}{2}+144=450+144=594$

$\therefore a_{10}=a_1+594=22+594=616$

톡톡 풀이

도형 T_n에서 위와 아래에서 바라본 넓이는 각각

$1+2+\cdots+n+(n+1)=\frac{(n+1)(n+2)}{2}$ ($=\sum_{k=1}^{n+1}k$)

정면에서 바라볼 때, 왼쪽과 오른쪽 측면이 각각 한 변의 길이가 $(n+1)$인 정사각형과 동일하므로
$(n+1)^2+(n+1)^2=2(n+1)^2$
뒷면에서 바라본 넓이도 정면과 마찬가지로 $2(n+1)^2$

$a_n=2\times\frac{(n+1)(n+2)}{2}+2\times2(n+1)^2$ (위+아래, 앞면+뒷면)
$=(n+1)(n+2)+4(n+1)^2$
$=(n+1)(5n+6)$
$\therefore a_{10}=11\times56=616$

1등급 풀이 Tip

톡톡 풀이와 같이 문제를 푸는 방식을 익혀두어야 한다. 어떠한 입체도형의 겉넓이를 구할 때 입체도형이 복잡하게 보여도 특정 방향에서 바라보았을 때 간단하게 보이는 경우가 많다. 즉, 3차원 입체도형을 특정 방향에서 바라봄으로 인해 2차원 평면도형으로 전환시켜 문제를 쉽게 풀 수 있다.
이 문제에서도 위, 아래 또는 왼쪽, 오른쪽 측면에서 바라보았을 때 각각 계단 모양 또는 정사각형 모양으로 보이게 됨으로써 간단하게 일반항을 세울 수 있다.

자연수의 거듭제곱의 합 (개념·공식)

① $\sum_{k=1}^{n}k=1+2+3+\cdots+n=\frac{n(n+1)}{2}$

② $\sum_{k=1}^{n}k^2=1^2+2^2+3^2+\cdots+n^2=\frac{n(n+1)(2n+1)}{6}$

③ $\sum_{k=1}^{n}k^3=1^3+2^3+3^3+\cdots+n^3=\left\{\frac{n(n+1)}{2}\right\}^2$

D 함수의 극한과 연속

4점 같은 3점+4점 문제

D 01 정답 ⑤ *절댓값, 가우스 기호를 포함한 함수의 극한 [정답률 70%]

(정답 공식: $\lim_{x\to a} f(x)$의 값이 존재하려면 $\lim_{x\to a-} f(x)=\lim_{x\to a+} f(x)$이어야 한다.)

극한값이 존재하는 것만을 [보기]에서 있는 대로 고른 것은? (단, $[x]$는 x보다 크지 않은 최대의 정수이다.) (3점)

단서 우극한과 좌극한이 각각 존재하고 그 값이 서로 같은지만 확인해주면 돼.

[보기]

ㄱ. $\lim_{x\to 1}|x+1|$

ㄴ. $\lim_{x\to 2}(|x-2|+|x+2|)$

ㄷ. $\lim_{x\to 3}([x]+[-x])$

① ㄱ ② ㄴ ③ ㄷ ④ ㄱ, ㄴ ⑤ ㄱ, ㄴ, ㄷ

1st 각각의 극한값이 존재하는지 판단하자.

ㄱ. $|x+1|=\begin{cases} x+1 & (x\geq -1) \\ -x-1 & (x<-1)\end{cases}$에서

$\lim_{x\to 1+}|x+1|=\lim_{x\to 1+}(x+1)=2$, $\lim_{x\to 1-}|x+1|=\lim_{x\to 1-}(x+1)=2$

이때, $\lim_{x\to 1+}|x+1|=\lim_{x\to 1-}|x+1|=2$이므로 $\lim_{x\to 1}|x+1|=2$이다.

즉, 주어진 극한의 극한값은 존재한다. 우극한과 좌극한이 모두 존재하고 그 값이 2로 같으니까 $\lim_{x\to 1}|x+1|=2$야.

ㄴ. $|x-2|+|x+2|=\begin{cases} 2x & (x\geq 2) \\ 4 & (-2\leq x<2) \\ -2x & (x<-2)\end{cases}$에서

$\lim_{x\to 2+}(|x-2|+|x+2|)=\lim_{x\to 2+}2x=4$

$\lim_{x\to 2-}(|x-2|+|x+2|)=\lim_{x\to 2-}4=4$

즉, 좌극한과 우극한이 존재하고 두 값이 같으므로 극한값이 존재한다.

ㄷ. $\lim_{x\to 3+}([x]+[-x])=3+(-4)=-1$

$x\to 3+$이면 $-x$는 왼쪽에서 -3으로 가까이 다가가니까 $-x$의 값의 범위는 $-4<x<-3$이야. 즉, $\lim_{x\to 3+}[-x]=-4$야.

$\lim_{x\to 3-}([x]+[-x])=2+(-3)=-1$

즉, 좌극한과 우극한이 존재하고 두 값이 같으므로 극한값이 존재한다.

따라서 극한값이 존재하는 것은 ㄱ, ㄴ, ㄷ이다.

$x\to 3-$이면 $-x$는 오른쪽에서 -3으로 가까이 다가가니까 $-x$의 값의 범위는 $-3<x<-2$야. 즉, $\lim_{x\to 3-}[-x]=-3$이야.

가우스 기호를 포함한 함수의 극한 개념·공식

$[x]$를 x보다 크지 않은 최대의 정수라 하면

(1) 정수 n에 대하여

① $x\to n+$일 때 $n\leq x<n+1$이므로 $\lim_{x\to n+}[x]=n$

② $x\to n-$일 때 $n-1\leq x<n$이므로 $\lim_{x\to n-}[x]=n-1$

(2) $[x]\leq x<[x]+1 \Longleftrightarrow x-1<[x]\leq x$

(3) $0\leq \alpha<1$인 실수 α에 대하여

$x=[x]+\alpha$, $[x]=x-\alpha$

D 02 정답 ② *절댓값, 가우스 기호를 포함한 함수의 극한 [정답률 60%]

(정답 공식: $\frac{0}{0}$ 꼴일 때는 분모, 분자의 공통인수를 약분하고 극한값을 계산한다.)

$\lim_{x\to 0}\frac{f(x^2)}{\{f(x)\}^2}=2$를 만족시키는 함수 $f(x)$를 [보기]에서 있는 대로 고른 것은? (3점)

[보기]

ㄱ. $f(x)=x^2-2x$

ㄴ. $f(x)=\frac{|x|}{2}$

ㄷ. $f(x)=x+\frac{2}{x}$

단서 [보기]에 주어진 함수 $f(x)$의 식을 대입하여 $\lim_{x\to 0}\frac{f(x^2)}{\{f(x)\}^2}$의 값을 구해 봐.

① ㄱ ② ㄴ ③ ㄷ ④ ㄴ, ㄷ ⑤ ㄱ, ㄴ, ㄷ

1st [보기]의 각 함수에 대하여 $\lim_{x\to 0}\frac{f(x^2)}{\{f(x)\}^2}$의 값을 구하자.

ㄱ. $f(x)=x^2-2x$일 때,

$$\lim_{x\to 0}\frac{f(x^2)}{\{f(x)\}^2}=\lim_{x\to 0}\frac{(x^2)^2-2x^2}{(x^2-2x)^2}=\lim_{x\to 0}\frac{x^4-2x^2}{x^4-4x^3+4x^2}$$

$$=\lim_{x\to 0}\frac{x^2-2}{x^2-4x+4}=\frac{-2}{4}=-\frac{1}{2}$$

$\frac{x^4-2x^2}{x^4-4x^3+4x^2}=\frac{x^2(x^2-2)}{x^2(x^2-4x+4)}$이고 $x\to 0$인 것은 $x\neq 0$이면서 0에 한없이 접근한다는 뜻이니까 분모, 분자를 x^2으로 나눠주면 $\frac{x^2-2}{x^2-4x+4}$가 돼.

ㄴ. $$\lim_{x\to 0}\frac{f(x^2)}{\{f(x)\}^2}=\lim_{x\to 0}\frac{\frac{|x^2|}{2}}{\left(\frac{|x|}{2}\right)^2}=\lim_{x\to 0}\frac{\frac{x^2}{2}}{\frac{x^2}{4}}$$

$$=\lim_{x\to 0}\frac{4x^2}{2x^2}=\frac{4}{2}=2$$

임의의 실수 x에 대하여 $x^2\geq 0$이므로 $|x^2|=x^2$이야. 또한, $|x|^2=x^2$이지.

ㄷ. $$\lim_{x\to 0}\frac{f(x^2)}{\{f(x)\}^2}=\lim_{x\to 0}\frac{x^2+\frac{2}{x^2}}{\left(x+\frac{2}{x}\right)^2}=\lim_{x\to 0}\frac{x^2+\frac{2}{x^2}}{x^2+4+\frac{4}{x^2}}$$

$$=\lim_{x\to 0}\frac{x^4+2}{x^4+4x^2+4}=\frac{2}{4}=\frac{1}{2}$$

따라서 조건을 만족시키는 함수는 ㄴ이다.

D 03 정답 ① *절댓값, 가우스 기호를 포함한 함수의 극한 [정답률 71%]

(정답 공식: 정수 n에 대하여 $x\to n-$이면 $[x]=n-1$이고, $x\to n+$이면 $[x]=n$이다.)

다음 중 극한값 a, b, c 사이의 대소 관계를 바르게 나타낸 것은? (단, $[x]$는 x를 넘지 않는 최대의 정수이다.) (3점)

$$\lim_{x\to 0-}\frac{x}{[x]}=a,\quad \lim_{x\to 0-}\frac{[x+2]}{x+2}=b,\quad \lim_{x\to 0+}\frac{[x-1]}{x-1}=c$$

단서 $[x]$는 x가 정수인 점 좌우에서 극한값이 달라짐에 유의하여 a, b, c의 값을 구해 봐.

① $a<b<c$ ② $a<c<b$ ③ $b<a<c$ ④ $b<c<a$ ⑤ $c<a<b$

1st $x \to 0-$일 때의 극한값을 구하자.

(i) $\lim_{x\to0-}[x]=-1$이므로 $\lim_{x\to0-}\frac{x}{[x]}=\frac{0}{-1}=0$

$\therefore a=0$

(ii) $\lim_{x\to0-}[x+2]=1$이므로 $\lim_{x\to0-}\frac{[x+2]}{x+2}=\frac{1}{2}$

$\therefore b=\frac{1}{2}$

2nd $x \to 0+$일 때의 극한값을 구하자.

(iii) $\lim_{x\to0+}[x-1]=-1$이므로 $\lim_{x\to0+}\frac{[x-1]}{x-1}=\frac{-1}{-1}=1$

$\therefore c=1$

(i), (ii), (iii)에 의하여 $a<b<c$이다.

$y=[x]$, $y=[x+2]$, $y=[x-1]$

수능 핵강

$\lim_{x\to0-}[x]$는 과연 얼마일까? x가 0보다 작은 쪽(수직선 상 왼쪽)에서 0에 한없이 가까이 가고 있는 상태의 $[x]$는 과연 어떤 값을 가질지 생각해야겠지. x가 0보다 '작은' 쪽에서 0에 가까이 다가가는 것이기 때문에 $\lim_{x\to0-}[x]=-1$이야. 혹시 헷갈린다면 $y=[x]$의 그래프를 그려봐도 좋아. 그렇다면 $\left[\lim_{x\to0-}x\right]$는 과연 얼마일까? 이건 가우스 기호 안에 있는 극한을 먼저 계산해 준 다음에 가우스 기호를 적용해야 하기 때문에 $\left[\lim_{x\to0-}x\right]=[0]=0$이야.

D 04 정답 ① *합성함수의 극한 [정답률 68%]

(정답 공식: 0이 아닌 극한값이 존재하고 (분자)→0이면 (분모)→0이어야 한다.)

다항함수 $f(x)$가

$$\lim_{x\to0}\frac{x}{f(x)}=1,\ \lim_{x\to1}\frac{x-1}{f(x)}=2$$

를 만족시킬 때, $\lim_{x\to1}\frac{f(f(x))}{2x^2-x-1}$의 값은? (3점)

단서1 $x\to1$일 때 (분자)→0이고 극한값이 0이 아니므로 $\lim_{x\to1}f(x)=0$, 즉 $f(1)=0$임을 알 수 있어.

단서2 $\frac{f(f(x))}{f(x)}\times\frac{f(x)}{x-1}\times\frac{1}{2x+1}$로 변형할 수 있어.

① $\frac{1}{6}$ ② $\frac{1}{3}$ ③ $\frac{1}{2}$ ④ $\frac{2}{3}$ ⑤ $\frac{5}{6}$

1st $\lim_{x\to a}\frac{f(x)}{g(x)}=\alpha$(단, $\alpha\neq0$인 상수)일 때, $\lim_{x\to a}f(x)=0$이면 $\lim_{x\to a}g(x)=0$이지?

주의 (분자)→0일 때는 극한값이 0이 아님을 확인해야 해!

$\lim_{x\to1}\frac{x-1}{f(x)}=2$에서 $x\to1$일 때, (분자)→0이고 극한값이 2이므로 (분모)→0이어야 한다.

$f(x)$가 다항함수이므로 $\lim_{x\to1}f(x)=0$ $\quad\therefore f(1)=0\cdots$ ㉠

2nd $f(x)=t$라 치환하자.

$f(x)=t$라 하면 $x\to1$일 때 $t\to0$ ($\because$ ㉠)이므로

$$\lim_{x\to1}\frac{f(f(x))}{2x^2-x-1}=\lim_{x\to1}\left\{\frac{f(f(x))}{f(x)}\times\frac{f(x)}{(x-1)(2x+1)}\right\}$$

$$=\lim_{x\to1}\frac{f(f(x))}{f(x)}\times\lim_{x\to1}\frac{f(x)}{x-1}\times\lim_{x\to1}\frac{1}{2x+1}$$

$$=\lim_{t\to0}\frac{f(t)}{t}\times\lim_{x\to1}\frac{f(x)}{x-1}\times\lim_{x\to1}\frac{1}{2x+1}$$

분자, 분모를 $f(t)$로 각각 나눠. 분자, 분모를 $f(x)$로 각각 나눠.

$$=\lim_{t\to0}\frac{1}{\frac{t}{f(t)}}\times\lim_{x\to1}\frac{1}{\frac{x-1}{f(x)}}\times\lim_{x\to1}\frac{1}{2x+1}$$

$$=1\times\frac{1}{2}\times\frac{1}{3}=\frac{1}{6}$$

[다른 풀이]

$\lim_{x\to0}\frac{x}{f(x)}=1$에서 $x\to0$일 때, (분자)→0이므로 (분모)→0이어야 해.

$\therefore f(0)=0\cdots$ ㉡

$$\lim_{x\to0}\frac{x}{f(x)}=\lim_{x\to0}\frac{x}{f(x)-f(0)}\ (\because ㉡)$$

$$=\lim_{x\to0}\frac{1}{\frac{f(x)-f(0)}{x}}$$

$$=\frac{1}{f'(0)}=1$$

$\therefore f'(0)=1$

또, $\lim_{x\to1}\frac{x-1}{f(x)}=2$에서 $x\to1$일 때, (분자)→0이므로 (분모)→0이어야 해.

$\therefore f(1)=0\cdots$ ㉢

㉡, ㉢에서 $f(f(1))=f(0)=0\cdots$ ㉣

$$\lim_{x\to1}\frac{x-1}{f(x)}=\lim_{x\to1}\frac{x-1}{f(x)-f(1)}\ (\because ㉢)$$

$$=\lim_{x\to1}\frac{1}{\frac{f(x)-f(1)}{x-1}}$$

$$=\frac{1}{f'(1)}=2$$

$\therefore f'(1)=\frac{1}{2}$

$$\therefore \lim_{x\to1}\frac{f(f(x))}{2x^2-x-1}$$

$$=\lim_{x\to1}\frac{f(f(x))-f(f(1))}{f(x)-f(1)}\times\frac{f(x)-f(1)}{x-1}\times\frac{1}{2x+1}\ (\because ㉣)$$

$$=f'(f(1))\times f'(1)\times\frac{1}{3}=f'(0)\times\frac{1}{2}\times\frac{1}{3}$$

$$=1\times\frac{1}{2}\times\frac{1}{3}=\frac{1}{6}$$

D 05 정답 ② *합성함수의 극한 [정답률 65%]

(정답 공식: $f(x)=t$라 할 때, 실수 a에 대하여 $x\to a+$ 또는 $x\to a-$이면 t의 값이 어떤 값으로 수렴하는지 파악한다.)

$-2\leq x\leq2$에서 정의된 함수 $f(x)$의 그래프가 그림과 같다.

$y=f(x)$

$$\lim_{x\to-1-}f(f(x))+\lim_{x\to0+}f(f(x))$$의 값은? (3점)

단서 그래프를 통해 $\lim_{x\to-1-}f(x)$, $\lim_{x\to0+}f(x)$의 극한값을 먼저 조사해야 해.

① -2 ② -1 ③ 0 ④ 1 ⑤ 2

1st 먼저 $\lim_{x\to -1-} f(f(x))$의 값을 구해.

$\lim_{x\to -1-} f(f(x))$에서 $f(x)=t$로 놓으면 → 합성함수의 극한은 치환을 이용하자.

$x \to -1-$일 때, $t \to 0+$이므로

$\lim_{x\to -1-} f(f(x))=\lim_{t\to 0+} f(t)=1$

→ $x=-1$의 왼쪽에서 $y=f(x)$의 그래프를 따라가면 $f(x)$의 값은 0보다 큰 값을 가지며 0에 접근해.

→ $\lim_{x\to 0+} f(x)$의 값과 같아.

2nd 이번엔 $\lim_{x\to 0+} f(f(x))$의 값을 구해.

$\lim_{x\to 0+} f(f(x))$에서 $f(x)=s$로 놓으면

$x \to 0+$일 때, $s \to 1-$이므로

$\lim_{x\to 0+} f(f(x))=\lim_{s\to 1-} f(s)=-2$ → $\lim_{x\to 1-} f(x)$의 값과 같지.

$\therefore \lim_{x\to -1-} f(f(x))+\lim_{x\to 0+} f(f(x))=1+(-2)=-1$

→ $x=0$의 오른쪽에서 $y=f(x)$의 그래프를 따라가면 $f(x)$의 값은 1보다 작은 값을 가지며 1에 접근해.

합성함수의 극한 개념·공식

합성함수 $(f\circ g)(x)$의 극한값, 즉 $\lim_{x\to a}(f\circ g)(x)=\lim_{x\to a}f(g(x))$의 값은 $g(x)=t$라 하고 다음을 이용하여 구한다.

① $x\to a$일 때, $t\to b+$이면
$\lim_{x\to a}(f\circ g)(x)=\lim_{x\to a}f(g(x))=\lim_{t\to b+}f(t)$

② $x\to a$일 때, $t\to b-$이면
$\lim_{x\to a}(f\circ g)(x)=\lim_{x\to a}f(g(x))=\lim_{t\to b-}f(t)$

③ $x\to a$일 때, $t=b$이면 $\lim_{x\to a}(f\circ g)(x)=\lim_{x\to a}f(g(x))=f(b)$

D 06 정답 ③ *합성함수의 극한 [정답률 57%]

정답 공식: 함수 $f(x)$에 대하여 $\lim_{x\to a+}f(x)=\lim_{x\to a-}f(x)$일 때, $\lim_{x\to a}f(x)$의 값이 존재한다고 한다.

두 함수 $f(x)=\begin{cases}\dfrac{|x|}{x} & (x\neq 0)\\ 0 & (x=0)\end{cases}$, $g(x)=[x^2]$에 대하여 다음 [보기] 중에서 극한값이 존재하는 것만을 있는 대로 고른 것은? (단, $[x]$는 x를 넘지 않는 최대의 정수이다.) (4점)

[보기]

ㄱ. $\lim_{x\to 0}f(g(x))$　　ㄴ. $\lim_{x\to 0}g(f(x))$

ㄷ. $f\left(\lim_{x\to 0}g(x)\right)$　　ㄹ. $g\left(\lim_{x\to 0}f(x)\right)$

단서 $x=0$에서의 좌극한과 우극한이 같아야 극한값이 존재한다고 하지? 두 함수 $f(x)$, $g(x)$의 $x=0$에서의 좌극한값과 우극한값을 구한 후 [보기]의 극한값을 차례로 계산해 봐.

① ㄱ, ㄴ　② ㄴ, ㄷ　③ ㄱ, ㄴ, ㄷ
④ ㄱ, ㄷ, ㄹ　⑤ ㄱ, ㄴ, ㄷ, ㄹ

1st 두 함수 $f(x)$, $g(x)$의 $x=0$에서의 좌극한과 우극한을 각각 구해.

$f(x)=\begin{cases}1 & (x>0)\\ 0 & (x=0)\\ -1 & (x<0)\end{cases}$이므로

→ $x>0$이면 $\frac{|x|}{x}=\frac{x}{x}=1$
$x<0$이면 $\frac{|x|}{x}=\frac{-x}{x}=-1$

ㄱ. (i) $x\to 0-$일 때, $g(x)=0$이므로

$x<0$이면 $x^2>0$이므로 $x\to 0-$일 때, $x^2\to 0+$에서 $g(x)=[x^2]=0$이지.

$\lim_{x\to 0-}f(g(x))=f(0)=0$

실수 $[x^2]$의 값이 헷갈리면 직접 수를 대입해봐. 예를 들어 $\lim_{x\to 0-}[x^2]$ 같은 경우 0보다는 작고 0에 가까운 -0.1을 대입해보면 $[(-0.1)^2]=[0.01]=0$이니까 $\lim_{x\to 0-}[x^2]=0$이란 걸 쉽게 확인할 수 있어.

(ii) $x\to 0+$일 때, $g(x)=0$이므로

$x>0$이면 $x^2>0$이므로 $x\to 0+$일 때, $x^2\to 0+$에서 $g(x)=[x^2]=0$이야.

$\lim_{x\to 0+}f(g(x))=f(0)=0$

$\therefore \lim_{x\to 0}f(g(x))=0$ ← 존재!

ㄴ. (i) $x\to 0-$일 때, $f(x)=-1$이므로

$\lim_{x\to 0-}g(f(x))=g(-1)=[(-1)^2]=1$

(ii) $x\to 0+$일 때, $f(x)=1$이므로

$\lim_{x\to 0+}g(f(x))=g(1)=[1^2]=1$

$\therefore \lim_{x\to 0}g(f(x))=1$ ← 존재!

ㄷ. ㄱ에 의해 $\lim_{x\to 0}g(x)=0$이므로 → $\lim_{x\to 0-}g(x)=0$, $\lim_{x\to 0+}g(x)=0$

$f\left(\lim_{x\to 0}g(x)\right)=f(0)=0$ ← 존재!

ㄹ. ㄴ에서 $\lim_{x\to 0-}f(x)=-1$, $\lim_{x\to 0+}f(x)=1$이므로 $\lim_{x\to 0}f(x)$의 값이 존재하지 않는다.

즉, $g\left(\lim_{x\to 0}f(x)\right)$의 값도 존재하지 않는다.

따라서 극한값이 존재하는 것은 ㄱ, ㄴ, ㄷ이다.

함수의 극한 개념·공식

① 함수의 좌극한
$\lim_{x\to a-}f(x)$의 값이 존재하면 $x=a$에서의 함수 $f(x)$의 좌극한이 존재한다고 한다.

② 함수의 우극한
$\lim_{x\to a+}f(x)$의 값이 존재하면 $x=a$에서의 함수 $f(x)$의 우극한이 존재한다고 한다.

③ $\lim_{x\to a-}f(x)=\lim_{x\to a+}f(x)$이면 $\lim_{x\to a}f(x)$의 값이 존재한다고 한다.

D 07 정답 10 *함수의 극한을 이용한 다항함수의 결정 [정답률 56%]

정답 공식: 첫 번째 등식에서 $f(x)$의 차수와 삼차항, 이차항의 계수를 알고, 다른 등식에서 나머지 항의 계수를 안다.

다항함수 $f(x)$가 단서1 $f(x)-x^3$은 이차항의 계수가 -11인 이차함수야.

$\lim_{x\to\infty}\dfrac{f(x)-x^3}{x^2}=-11$, $\lim_{x\to 1}\dfrac{f(x)}{x-1}=-9$

를 만족시킬 때, $\lim_{x\to\infty}xf\left(\dfrac{1}{x}\right)$의 값을 구하시오. (4점)

단서2 $\frac{1}{x}=h$로 치환해. 그러면 $x\to\infty$일 때 $h\to 0$이야.

1st $f(x)$의 함수식을 구하자.

$\lim_{x\to\infty}\dfrac{f(x)-x^3}{x^2}=-11$이므로 $f(x)$는 삼차항의 계수가 1, 이차항의 계수가 -11인 삼차함수이다.

즉, $f(x)=x^3-11x^2+ax+b$ (단, a, b는 상수) ··· ㉠

이때, $\lim_{x\to 1}\dfrac{f(x)}{x-1}=-9$에서 $x\to 1$일 때 (분모)$\to 0$이므로 (분자)$\to 0$이 되어야 한다. 즉, 다항함수 $f(x)$에 대하여 $\lim_{x\to 1}f(x)=0$에서 $f(1)=0$이므로 $f(1)=1-11+a+b=0$에서

$b=-a+10$ ··· ㉡

㉡을 ㉠에 대입하면

$f(x)=x^3-11x^2+ax-a+10$

$=(x-1)(x^2-10x+a-10)$ ⋯ ㉢

$$\begin{array}{c|cccc} 1 & 1 & -11 & a & -a+10 \\ & & 1 & -10 & a-10 \\ \hline & 1 & -10 & a-10 & 0 \end{array}$$

이므로 $f(x)=(x-1)(x^2-10x+a-10)$이야.

$\lim\limits_{x\to1}\dfrac{f(x)}{x-1}=-9$에 ㉢을 대입하면

$\lim\limits_{x\to1}\dfrac{(x-1)(x^2-10x+a-10)}{x-1}$ → $x-1$이 분자, 분모의 공통인수이므로 약분해.

$=1-10+a-10$

$=a-19=-9$

따라서 $a=10$, $b=0$(∵ ㉡)이므로

$f(x)=x^3-11x^2+10x$

2nd $\dfrac{0}{0}$ 꼴의 극한이 되도록 치환하자.

$x=\dfrac{1}{h}$이라 하면 $x\to\infty$일 때 $h\to0+$이므로

실수: $x\to\infty$일 때 그냥 $h\to0$이 아니라 $h\to0+$로 0에서의 우극한이야.

$\lim\limits_{x\to\infty}xf\left(\dfrac{1}{x}\right)=\lim\limits_{h\to0+}\dfrac{1}{h}f(h)$

$=\lim\limits_{h\to0+}\dfrac{h^3-11h^2+10h}{h}$ → $=h(h^2-11h+10)$

$=\lim\limits_{h\to0+}(h^2-11h+10)$

$=10$

[다른 풀이]

$f(x)=x^3-11x^2+10x$에서

$f'(x)=3x^2-22x+10$이므로

$\lim\limits_{x\to\infty}xf\left(\dfrac{1}{x}\right)=\lim\limits_{h\to0+}\dfrac{1}{h}f(h)$

$=\lim\limits_{h\to0+}\dfrac{f(h)-f(0)}{h-0}$ (∵ $f(0)=0$)

$=f'(0)=10$

다항함수의 결정 개념·공식

두 다항함수 $f(x)$, $g(x)$에 대하여

$\lim\limits_{x\to\infty}\dfrac{f(x)}{g(x)}=\alpha$($\alpha$는 0이 아닌 실수)이면

⇒ $f(x)$와 $g(x)$의 차수가 같다.

D 08 정답 ④ *함수의 극한을 이용한 다항함수의 결정 ⋯ [정답률 61%]

(정답 공식: $f(x)$의 식을 세워 $f\left(\dfrac{1}{x}\right)$을 전개하고 각 항의 계수를 찾는다.)

단서1 $f(x)$는 최고차항의 계수가 1인 이차함수이므로 $f(x)=x^2+px+q$ (단, p, q는 상수)라 놓자.

최고차항의 계수가 1인 이차함수 $f(x)$가

$\lim\limits_{x\to0}|x|\left\{f\left(\dfrac{1}{x}\right)-f\left(-\dfrac{1}{x}\right)\right\}=a$, $\lim\limits_{x\to\infty}f\left(\dfrac{1}{x}\right)=3$

을 만족시킬 때, $f(2)$의 값은? (단, a는 상수이다.) (4점)

① 1 ② 3 ③ 5

④ 7 ⑤ 9

단서2 주어진 함수가 $x=0$에서 수렴한다는 뜻이므로 $x=0$에서의 좌극한값과 우극한값이 같아야 해.

단서3 이차함수 $f(x)$에서 x 대신에 $\dfrac{1}{x}$을 대입하여 $\lim\limits_{x\to\infty}f\left(\dfrac{1}{x}\right)$의 값이 3임을 이용하자.

1st 최고차항의 계수가 1인 이차함수 $f(x)$를 정하고 $\lim\limits_{x\to0}|x|\left\{f\left(\dfrac{1}{x}\right)-f\left(-\dfrac{1}{x}\right)\right\}$이 수렴함을 이용하여 이차함수의 계수를 구하자.

$f(x)$는 최고차항의 계수가 1인 이차함수이므로

$f(x)=x^2+px+q$ (단, p, q는 상수)라 하자.

$\lim\limits_{x\to0}|x|\left\{f\left(\dfrac{1}{x}\right)-f\left(-\dfrac{1}{x}\right)\right\}=a$이므로 → $x\to0$일 때, 주어진 식이 극한값 a를 가지므로 $x=0$에서의 좌극한값과 우극한값이 같아야 해.

$\lim\limits_{x\to0+}x\left\{f\left(\dfrac{1}{x}\right)-f\left(-\dfrac{1}{x}\right)\right\}=\lim\limits_{x\to0-}(-x)\left\{f\left(\dfrac{1}{x}\right)-f\left(-\dfrac{1}{x}\right)\right\}=a$

이어야 한다. → $|x|=\begin{cases}x & (x\ge0)\\ -x & (x<0)\end{cases}$

$\dfrac{1}{x}=t$로 치환하면 $x\to0+$일 때, $t\to\infty$이고, $x\to0-$일 때, $t\to-\infty$이므로

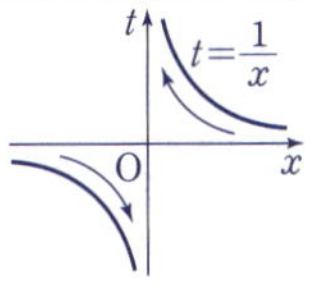

(i) $\lim\limits_{x\to0+}x\left\{f\left(\dfrac{1}{x}\right)-f\left(-\dfrac{1}{x}\right)\right\}$

$=\lim\limits_{t\to\infty}\dfrac{f(t)-f(-t)}{t}$

$=\lim\limits_{t\to\infty}\dfrac{t^2+pt+q-\{(-t)^2-pt+q\}}{t}$ → $f(x)=x^2+px+q$에서 x 대신에 t, $-t$를 각각 대입한 거야.

$=\lim\limits_{t\to\infty}\dfrac{2pt}{t}$

$=2p$

(ii) $\lim\limits_{x\to0-}(-x)\left\{f\left(\dfrac{1}{x}\right)-f\left(-\dfrac{1}{x}\right)\right\}$

$=\lim\limits_{t\to-\infty}\dfrac{f(t)-f(-t)}{-t}$

$=\lim\limits_{t\to-\infty}\dfrac{t^2+pt+q-\{(-t)^2-pt+q\}}{-t}$

$=\lim\limits_{t\to-\infty}\left(-\dfrac{2pt}{t}\right)$

$=-2p$

(i), (ii)에서

$2p=-2p=a$ $\therefore p=0$

즉, $f(x)=x^2+q$이다.

2nd $\lim\limits_{x\to\infty}f\left(\dfrac{1}{x}\right)=3$을 이용하여 이차함수의 식을 완성하자.

따라서 $\lim\limits_{x\to\infty}f\left(\dfrac{1}{x}\right)=\lim\limits_{x\to\infty}\left(\dfrac{1}{x^2}+q\right)=q=3$이므로 → $\lim\limits_{x\to\infty}\dfrac{1}{x^2}=0$

$f(x)=x^2+3$

$\therefore f(2)=2^2+3=7$

[다른 풀이]

$f(x)=x^2+px+q$ (단, p, q는 상수)라 할 때,

$\lim\limits_{x\to\infty}f\left(\dfrac{1}{x}\right)=\lim\limits_{x\to\infty}\left(\dfrac{1}{x^2}+\dfrac{p}{x}+q\right)=q=3$

한편,

$\lim\limits_{x\to0}|x|\left\{f\left(\dfrac{1}{x}\right)-f\left(-\dfrac{1}{x}\right)\right\}$

$=\lim\limits_{x\to0}|x|\left\{\left(\dfrac{1}{x^2}+\dfrac{p}{x}+q\right)-\left(\dfrac{1}{x^2}-\dfrac{p}{x}+q\right)\right\}$

$=\lim\limits_{x\to0}\dfrac{2p|x|}{x}=a$

이므로 $\lim\limits_{x\to0}\dfrac{2p|x|}{x}$의 값이 존재해야 하지?

즉, $\lim\limits_{x\to0+}\dfrac{2p|x|}{x}=\lim\limits_{x\to0+}\dfrac{2px}{x}=2p$,

$\lim\limits_{x\to0-}\dfrac{2p|x|}{x}=\lim\limits_{x\to0-}\dfrac{-2px}{x}=-2p$에서

$2p=-2p$ $\therefore p=0$

따라서 $f(x)=x^2+3$이므로 $f(2)=2^2+3=7$이야.

D 09 정답 24 *함수의 극한을 이용한 다항함수의 결정 ····· [정답률 41%]

[정답 공식: $\frac{1}{x}=t$로 치환하여 $f(x)$의 차수를 구할 수 있다.]

단서1 $\frac{1}{x}=t$로 치환하여 변형한 식의 분자의 최고차항의 계수가 3임을 알 수 있어.

다항함수 $f(x)$가

단서2 $\lim_{x\to2}(x^2-3x+2)=0$이고 극한값이 존재하므로 $\lim_{x\to2}f(x)=0$이야.

$$\lim_{x\to0+}\frac{x^3f\left(\frac{1}{x}\right)-2}{3x^3-x}=3,\ \lim_{x\to2}\frac{f(x)}{x^2-3x+2}=13$$

을 만족시킬 때, $f(3)$의 값을 구하시오. (3점)

1st $f\left(\frac{1}{x}\right)$의 극한은 생각하기 힘들지? 그럼, $\frac{1}{x}=t$로 치환하자.

$$\lim_{x\to0+}\frac{x^3f\left(\frac{1}{x}\right)-2}{3x^3-x}=3\ \cdots\ ㉠,\ \lim_{x\to2}\frac{f(x)}{x^2-3x+2}=13\ \cdots\ ㉡$$

㉠에서 $\frac{1}{x}=t$라 치환하면 $x\to0+$일 때, $t\to\infty$이므로

$$\lim_{x\to0+}\frac{x^3f\left(\frac{1}{x}\right)-2}{3x^3-x}=\lim_{t\to\infty}\frac{\frac{1}{t^3}f(t)-2}{\frac{3}{t^3}-\frac{1}{t}}$$

$$=\lim_{t\to\infty}\frac{f(t)-2t^3}{3-t^2}=3$$

2nd $\frac{\infty}{\infty}$ 꼴의 극한이 수렴하려면 분모와 분자의 차수가 같아야 해.

$\lim_{t\to\infty}\frac{f(t)-2t^3}{3-t^2}=3$에서 분자인 $f(t)-2t^3$은 이차항의 계수가 -3인 이차함수이어야 한다.

실수 이 부분이 이 문제 풀이의 핵심이야. $\frac{\infty}{\infty}$ 꼴의 극한에서 0이 아닌 극한값이 언제 존재하는지, 또 그 극한값이 분모와 분자의 최고차항의 계수의 비라는 것을 알고 있어야겠지?

즉, $f(t)-2t^3=-3t^2+at+b$ (단, a, b는 상수)로 놓을 수 있으므로

$f(t)=2t^3-3t^2+at+b$에서

$f(x)=2x^3-3x^2+ax+b\ \cdots\ ㉢$

3rd $\frac{0}{0}$ 꼴의 극한은 분모, 분자를 인수분해하고 공통인수를 약분하면 구할 수 있지?

㉡에서 $x\to2$일 때 (분모)$\to0$이고 극한값이 존재하므로 (분자)$\to0$ 이어야 한다.

즉, $f(2)=4+2a+b=0$ ($\because$ ㉢)이므로 $b=-(2a+4)$

이것을 ㉢에 대입하면

$f(x)=2x^3-3x^2+ax-(2a+4)=(x-2)(2x^2+x+a+2)$

다시 ㉡에서 극한값을 계산하면

$$\begin{array}{r|rrrr} 2 & 2 & -3 & a & -2a-4 \\ & & 4 & 2 & 2a+4 \\ \hline & 2 & 1 & a+2 & 0 \end{array}$$

이므로 $2x^3-3x^2+ax-(2a+4)=(x-2)(2x^2+x+a+2)$야.

$$\lim_{x\to2}\frac{(x-2)(2x^2+x+a+2)}{(x-2)(x-1)}=12+a=13$$

$x-2$는 분자, 분모의 공통인수이므로 약분해.

$\therefore a=1,\ b=-6$

따라서 $f(x)=2x^3-3x^2+x-6$ ($\because$ ㉢)이므로

$f(3)=54-27+3-6=24$

미정계수의 결정 (개념·공식)

두 함수 $f(x)$, $g(x)$에 대하여

① $\lim_{x\to a}\frac{f(x)}{g(x)}=\alpha$ (단, α는 상수)일 때,

$\lim_{x\to a}g(x)=0$이면 $\lim_{x\to a}f(x)=0$

② $\lim_{x\to a}\frac{f(x)}{g(x)}=\alpha$ (단, $\alpha\neq0$인 상수)일 때,

$\lim_{x\to a}f(x)=0$이면 $\lim_{x\to a}g(x)=0$

D 10 정답 ③ *함수의 극한을 이용한 다항함수의 결정 ····· [정답률 45%]

[정답 공식: $\frac{\infty}{\infty}$ 꼴의 극한값이 존재하면 분모와 분자의 차수가 같아야 하고, $\frac{0}{0}$ 꼴의 극한값이 존재하면 분모와 분자를 0으로 만드는 공통인수가 존재한다.]

다음 조건을 만족시키는 모든 다항함수 $f(x)$에 대하여 $f(1)$의 최댓값은? (4점)

단서1 $\frac{\infty}{\infty}$ 꼴의 극한값이 존재하므로 분모와 분자의 차수가 같고, 최고차항의 계수의 비가 6이어야 해.

$$\lim_{x\to\infty}\frac{f(x)-4x^3+3x^2}{x^{n+1}+1}=6,\ \lim_{x\to0}\frac{f(x)}{x^n}=4$$인 자연수 n이 존재한다.

단서2 $\frac{0}{0}$ 꼴의 극한값이 존재하므로 분자는 x^n을 인수로 가져야 해.

① 12　② 13　③ 14　④ 15　⑤ 16

1st 함수 $f(x)$가 다항함수이고 n이 자연수이므로 먼저 $n=1$일 때의 $f(1)$의 값을 구해봐.

함정 $\lim_{x\to\infty}\frac{f(x)-4x^3+3x^2}{x^{n+1}+1}=6$에서 분자가 $f(x)$가 아닌 $f(x)-4x^3+3x^2$이기 때문에 $n=1$, $n=2$, $n\geq3$인 경우로 각각 나눠서 생각해야 해.

(i) $n=1$일 때,

$\lim_{x\to\infty}\frac{f(x)-4x^3+3x^2}{x^2+1}=6$이므로

$\frac{\infty}{\infty}$ 꼴이므로 분모, 분자의 차수가 같아야 극한값이 존재해. 따라서 분모의 차수가 2이므로 분자의 차수도 2이고 극한값이 6이므로 x^2의 계수가 6이어야 하지.

$f(x)-4x^3+3x^2=6x^2+\cdots$이어야 한다.

즉, $f(x)=4x^3+3x^2+ax+b$ (a, b는 상수)라 하면

$\lim_{x\to0}\frac{f(x)}{x}=4$이므로

$$\lim_{x\to0}\frac{4x^3+3x^2+ax+b}{x}=\lim_{x\to0}\left(4x^2+3x+a+\frac{b}{x}\right)=4$$

$\therefore a=4,\ b=0$

$\lim_{x\to0+}\frac{1}{x}=\infty$, $\lim_{x\to0-}\frac{1}{x}=-\infty$이므로 b가 0이 아닌 상수이면 주어진 극한값이 존재하지 않아. 따라서 $b=0$이고, $\lim_{x\to0}(4x^2+3x+a)=a=4$야.

따라서 $f(x)=4x^3+3x^2+4x$이므로

$f(1)=4+3+4=11$

2nd $n=2$일 때, $f(1)$의 값을 구하자.

(ii) $n=2$일 때,

$\lim_{x\to\infty}\frac{f(x)-4x^3+3x^2}{x^3+1}=6$이므로

$\frac{\infty}{\infty}$ 꼴이므로 분모, 분자의 차수가 같아야 극한값이 존재해. 따라서 분모의 차수가 3이므로 분자의 차수도 3이고 극한값이 6이므로 x^3의 계수가 6이어야 해.

$f(x)-4x^3+3x^2=6x^3+\cdots$이어야 한다.

즉, $f(x)=10x^3+ax^2+bx+c$ (a, b, c는 상수)라 하면

$\lim_{x\to0}\frac{f(x)}{x^2}=4$이므로

$$\lim_{x\to0}\frac{10x^3+ax^2+bx+c}{x^2}=\lim_{x\to0}\left(10x+a+\frac{b}{x}+\frac{c}{x^2}\right)=4$$

$\therefore a=4,\ b=0,\ c=0$

$\lim_{x\to0+}\frac{1}{x}=\infty$, $\lim_{x\to0-}\frac{1}{x}=-\infty$, $\lim_{x\to0}\frac{1}{x^2}=\infty$이므로 b와 c가 0이 아닌 상수이면 주어진 극한값이 존재하지 않지? 따라서 $b=0$, $c=0$이고, $\lim_{x\to0}(10x+a)=a=4$야.

따라서 $f(x)=10x^3+4x^2$이므로

$f(1)=10+4=14$

3rd $n\geq3$일 때, $f(1)$의 값을 구하자.

(iii) $n\geq3$일 때,

$\lim_{x\to\infty}\frac{f(x)-4x^3+3x^2}{x^{n+1}+1}=6$이므로

$f(x)-4x^3+3x^2=6x^{n+1}+\cdots$이어야 한다.

$\frac{\infty}{\infty}$ 꼴이므로 분모, 분자의 차수가 같아야 극한값이 존재해. 따라서 분모의 차수가 $n+1$이므로 분자의 차수도 $n+1$이고 극한값이 6이므로 x^{n+1}의 계수가 6이어야 해.

즉, $f(x)=6x^{n+1}+a_nx^n+a_{n-1}x^{n-1}+\cdots+a_1x+a_0$($a_n$, a_{n-1}, $\cdots$, a_1, a_0은 상수)라 하면 $\lim_{x\to 0}\frac{f(x)}{x^n}=4$이므로

$$\lim_{x\to 0}\frac{6x^{n+1}+a_nx^n+a_{n-1}x^{n-1}+\cdots+a_0}{x^n}$$

$$=\lim_{x\to 0}\left(6x+a_n+\frac{a_{n-1}}{x}+\cdots+\frac{a_0}{x^n}\right)$$

$$=4$$

$\therefore a_n=4$, $a_{n-1}=\cdots=a_0=0$

따라서 $f(x)=6x^{n+1}+4x^n$이므로

$f(1)=6+4=10$

(i)~(iii)에 의하여 $f(1)$의 최댓값은 14이다.

D 11 정답 ② *함수의 극한의 활용 [정답률 52%]

정답 공식: 삼각형 POQ에서 높이는 점 P의 y좌표이고, 밑변의 길이는 점 P의 x좌표의 2배이다. $\overline{OP}$의 중점을 지나고, $\overline{OP}$에 수직인 직선의 방정식을 구할 수 있다. 그 직선의 y절편이 점 R의 y좌표이고, 삼각형 OPR에서 밑변의 길이를 선분 OR의 길이라고 두면, 높이는 점 P의 x좌표이다.

그림과 같이 곡선 $y=x^2$ 위의 점 $P(t, t^2)(t>0)$에 대하여 x축 위의 점 Q, y축 위의 점 R가 다음 조건을 만족시킨다.

단서1 이등변삼각형 POQ의 점 P에서 변 OQ에 수선의 발 H를 내리면 점 H는 선분 OQ의 길이를 이등분해.

(가) 삼각형 POQ는 $\overline{PO}=\overline{PQ}$인 이등변삼각형이다.

(나) 삼각형 PRO는 $\overline{RO}=\overline{RP}$인 이등변삼각형이다.

단서2 삼각형 PRO에서 $\overline{RO}$를 밑변으로 생각하면 점 P의 x좌표의 값이 높이가 돼. 즉, 점 R의 y좌표를 구하는 게 중요해.

삼각형 POQ와 삼각형 PRO의 넓이를 각각 $S(t)$, $T(t)$라 할 때, $\lim_{t\to 0+}\frac{T(t)-S(t)}{t}$의 값은? (단, O는 원점이다.) (4점)

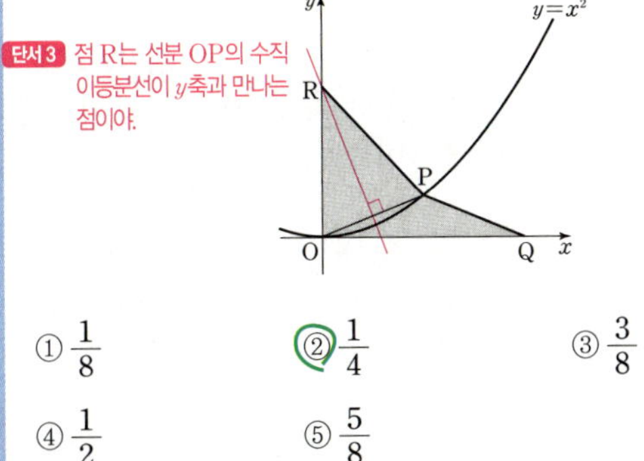

① $\frac{1}{8}$ ② $\frac{1}{4}$ ③ $\frac{3}{8}$

④ $\frac{1}{2}$ ⑤ $\frac{5}{8}$

1st 삼각형 POQ의 넓이를 구하자.

삼각형 POQ가 이등변삼각형이므로 [그림 1]과 같이 점 P에서 선분 OQ에 내린 수선의 발을 H라 하면 점 H는 선분 OQ의 길이를 이등분한다.

이때, 점 H의 좌표는 $(t, 0)$이므로 점 Q의 좌표는 $(2t, 0)$이다.

즉, 삼각형 POQ의 넓이 $S(t)$는

$S(t)=\frac{1}{2}\times 2t\times t^2=t^3$ → 밑변의 길이는 $\overline{OQ}=2t$, 높이는 |(점 P의 y좌표)| $=t^2$

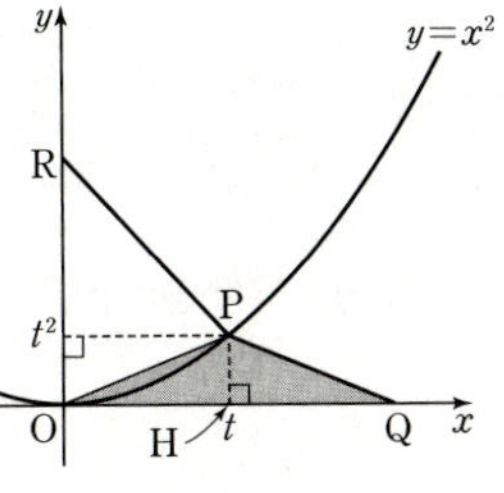

[그림 1]

2nd 삼각형 PRO의 넓이를 구하자.

삼각형 PRO는 이등변삼각형이므로 선분 OP의 수직이등분선이 y축과 만나는 점이 R이다.

[그림 2]와 같이 선분 OP의 중점을 M이라 하면 $M\left(\frac{t}{2}, \frac{t^2}{2}\right)$이고 직선 MR의 기울기는 $-\frac{1}{t}$이므로 직선 MR의 방정식은

두 점 (x_1, y_1), (x_2, y_2)의 중점의 좌표는 $\left(\frac{x_1+x_2}{2}, \frac{y_1+y_2}{2}\right)$

[그림 2]

→ 직선 OP의 기울기는 $\frac{t^2-0}{t-0}=t$이고, 수직인 두 직선의 기울기의 곱은 -1이므로 직선 MR의 기울기는 $-\frac{1}{t}$이야.

$y-\frac{t^2}{2}=-\frac{1}{t}\left(x-\frac{t}{2}\right)$

$\therefore y=-\frac{1}{t}x+\frac{t^2}{2}+\frac{1}{2}$ → 기울기가 m이고, 점 (a, b)를 지나는 직선의 방정식은 $y-b=m(x-a)$

즉, 직선 MR가 y축과 만나는 점 R의 좌표는 $R\left(0, \frac{t^2}{2}+\frac{1}{2}\right)$이므로

삼각형 PRO의 넓이 $T(t)$는

$T(t)=\frac{1}{2}\times\left(\frac{t^2}{2}+\frac{1}{2}\right)\times t=\frac{1}{4}(t^3+t)$ → 밑변의 길이는 $\overline{OR}=\frac{t^2}{2}+\frac{1}{2}$, 높이는 |(점 P의 x좌표)| $=t$

3rd 주어진 극한값을 구하자.

$$\therefore \lim_{t\to 0+}\frac{T(t)-S(t)}{t}=\lim_{t\to 0+}\frac{\frac{1}{4}(t^3+t)-t^3}{t}$$

$$=\lim_{t\to 0+}\left(-\frac{3}{4}t^2+\frac{1}{4}\right)$$

$$=\frac{1}{4}$$

→ $t\to 0+$는 t의 값이 0보다 큰 값에서 0으로 한없이 가까워진다는 뜻이므로 t는 0보다 큰 수야. 즉, 분모, 분자를 t로 나눌 수 있어.

쉬운 풀이

삼각형 PRO의 넓이를 구하기 위해 y축 위의 점 R의 좌표를 $(0, a)$(단, $a>0$)라 하면

$\overline{RP}=\sqrt{(t-0)^2+(t^2-a)^2}=\sqrt{t^2+(t^2-a)^2}$

이때, $\overline{RO}=\overline{RP}$이므로 $a=\sqrt{t^2+(t^2-a)^2}$에서 양변을 제곱하면

$a^2=t^2+t^4-2at^2+a^2$

$2at^2=t^2(t^2+1)$

$\therefore a=\frac{t^2}{2}+\frac{1}{2}$

$t^2\neq 0$이므로 양변을 t^2으로 나누었어.

즉, 점 R의 좌표는 $R\left(0, \frac{t^2}{2}+\frac{1}{2}\right)$이야.

(이하 동일)

함수의 극한에 관한 기본 성질 (개념·공식)

두 실수 α, β에 대하여 $\lim_{x\to a}f(x)=\alpha$, $\lim_{x\to a}g(x)=\beta$일 때,

① $\lim_{x\to a}kf(x)=k\lim_{x\to a}f(x)=k\alpha$ (단, k는 상수)

② $\lim_{x\to a}\{f(x)\pm g(x)\}=\lim_{x\to a}f(x)\pm\lim_{x\to a}g(x)=\alpha\pm\beta$ (복호동순)

③ $\lim_{x\to a}f(x)\cdot g(x)=\lim_{x\to a}f(x)\cdot\lim_{x\to a}g(x)=\alpha\beta$

④ $\lim_{x\to a}\frac{f(x)}{g(x)}=\frac{\lim_{x\to a}f(x)}{\lim_{x\to a}g(x)}=\frac{\alpha}{\beta}$ (단, $g(x)\neq 0$, $\beta\neq 0$)

D 12 정답 ② *함수의 극한의 활용 ·························· [정답률 45%]

정답 공식: 어떤 직선이 정사각형의 넓이를 이등분하려면 정사각형의 대각선의 교점을 지나야 한다.

그림과 같이 좌표평면 위의 네 점 O(0, 0), A(0, 2), B(−2, 2), C(−2, 0)과 점 P(t, 0)($t>0$)에 대하여 직선 l이 정사각형 OABC의 넓이와 직각삼각형 AOP의 넓이를 각각 이등분한다. 양의 실수 t에 대하여 직선 l의 y절편을 $f(t)$라 할 때, $\lim_{t\to0+}f(t)$의 값은? (4점)

단서 직선 l이 정사각형 OABC의 넓이를 이등분하기 위해서는 정사각형 OABC의 대각선의 교점을 지나야 해. 이를 이용하여 직선 l의 방정식을 세운 후, 이 직선이 직각삼각형 AOP의 넓이를 이등분한다는 조건을 이용하자.

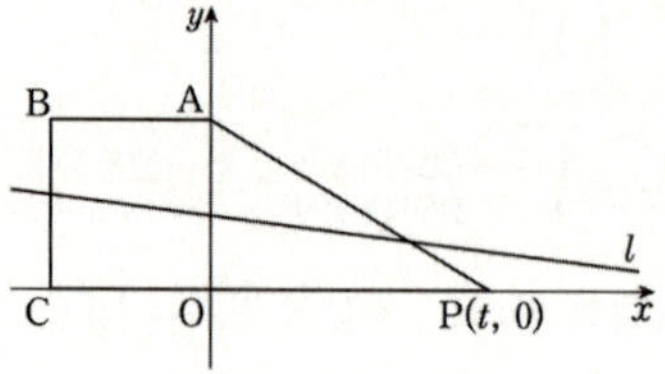

① $\frac{2-\sqrt{2}}{2}$ ② $2-\sqrt{2}$ ③ $\frac{2+\sqrt{2}}{4}$

④ 1 ⑤ $\frac{2+\sqrt{2}}{3}$

1st 정사각형 OABC의 넓이를 이등분하는 직선 l의 방정식을 세우자.

직선 l이 정사각형 OABC의 넓이를 이등분하므로 직선 l은 정사각형 OABC의 대각선의 교점인 점 $(-1, 1)$을 지난다.

정사각형 OABC의 대각선의 교점은 선분 OB의 중점의 좌표와 같으므로 $\left(\frac{0+(-2)}{2}, \frac{0+2}{2}\right)=(-1, 1)$이야.

직선 l의 기울기를 m이라 하면 점 $(-1, 1)$을 지나는 직선 l의 방정식은 $y-1=m(x+1)$에서 $y=mx+m+1$이고 직선 l과 y축이 만나는 점을 D라 하면 점 D의 좌표는 $(0, m+1)$이다.

기울기가 m이고, 한 점 (x_1, y_1)을 지나는 직선의 방정식은 $y-y_1=m(x-x_1)$

2nd 직선 l이 직각삼각형 AOP의 넓이를 이등분함을 이용하여 직선 l의 y절편을 찾자.

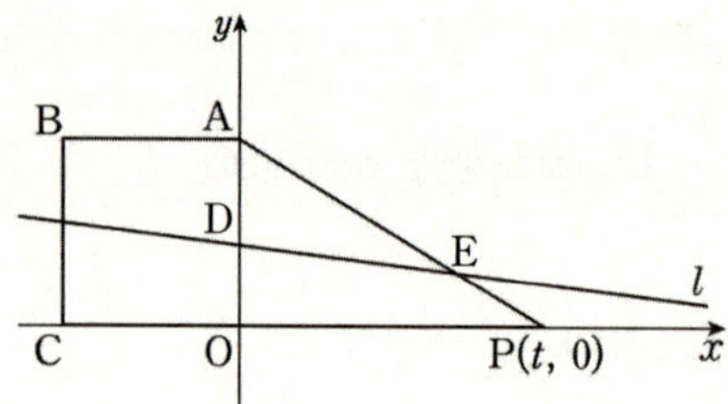

두 점 A(0, 2), P(t, 0)을 지나는 직선의 기울기는 $\frac{0-2}{t-0}=-\frac{2}{t}$이고, 이 직선의 y절편은 2이므로 직선 AP의 방정식은 $y=-\frac{2}{t}x+2$이다.

기울기가 a이고, y절편이 b인 직선의 방정식은 $y=ax+b$

이때, 그림과 같이 직선 l과 선분 AP가 만나는 점을 E라 하고 직선 l과 직선 AP의 교점 E의 x좌표를 구하기 위해 두 직선의 방정식을 연립하면 $mx+m+1=-\frac{2}{t}x+2$에서

$\left(m+\frac{2}{t}\right)x=1-m$

$(mt+2)x=(1-m)t$

$\therefore x=\frac{(1-m)t}{mt+2}$

즉, 점 E의 x좌표는 $\frac{(1-m)t}{mt+2}$이고, 삼각형 ADE의 넓이가 삼각형 AOP의 넓이의 $\frac{1}{2}$이므로

삼각형 ADE는 밑변을 $\overline{AD}$, 높이를 점 E의 x좌표로 하여 넓이를 구할 수 있고, 삼각형 AOP는 밑변을 $\overline{OA}$, 높이를 $\overline{OP}$로 하여 넓이를 구할 수 있어.

$\triangle ADE=\frac{1}{2}\triangle AOP$에서

$\frac{1}{2}\times(1-m)\times\frac{(1-m)t}{mt+2}=\frac{1}{2}\times\left(\frac{1}{2}\times2\times t\right)$

$\overline{AD}=\overline{OA}-\overline{OD}=2-(m+1)=1-m$

$\frac{(1-m)^2t}{mt+2}=t$

$(1-m)^2=mt+2$ ($\because t>0$)

$m^2-(t+2)m-1=0$

이차방정식의 근의 공식을 이용하여 m의 값을 구하면

$m=\frac{(t+2)\pm\sqrt{(t+2)^2-4\times1\times(-1)}}{2}$

$=\frac{(t+2)\pm\sqrt{t^2+4t+8}}{2}$

이때, 직선 l의 y절편이 $m+1$이고, $0<m+1<2$이므로

$-1<m<1$

주의 직선 l의 y절편은 정사각형의 한 변 OA 위에 있어야 하므로 $0<m+1<2$야.

$\therefore m=\frac{(t+2)-\sqrt{t^2+4t+8}}{2}$

$\frac{(t+2)+\sqrt{t^2+4t+8}}{2}>\frac{(t+2)+\sqrt{t^2+4t+4}}{2}=\frac{(t+2)+\sqrt{(t+2)^2}}{2}=t+2>2$ ($\because t>0$)가 되어 $m=\frac{(t+2)-\sqrt{t^2+4t+8}}{2}$이 되는 거야.

3rd $\lim_{t\to0+}f(t)$의 값을 구하자.

따라서

$f(t)=m+1$

$=\frac{(t+2)-\sqrt{t^2+4t+8}}{2}+1$

$=\frac{(t+4)-\sqrt{t^2+4t+8}}{2}$

이므로

$\lim_{t\to0+}f(t)=\lim_{t\to0+}\frac{(t+4)-\sqrt{t^2+4t+8}}{2}$

$=\frac{4-2\sqrt{2}}{2}=2-\sqrt{2}$

수능 핵강

직선이 도형의 넓이를 이등분하는 문제가 많이 나와. 직선이 어떤 점을 지날 때 도형의 넓이가 이등분되는지 다음 그림을 잘 기억해 둬.

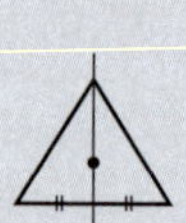

(삼각형은 한 꼭짓점과 무게중심)

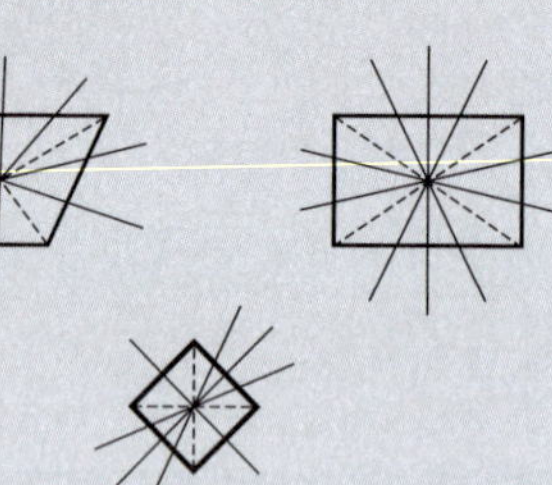

(평행사변형, 직사각형, 마름모는 대각선의 교점)

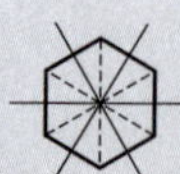

(정육각형은 대각선의 교점)

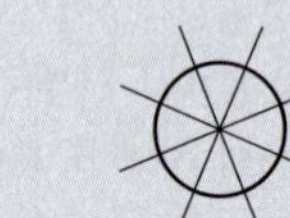

(원은 중심)

D 13 정답 1 *함수의 극한의 활용 [정답률 61%]

(정답 공식: 두 직선이 서로 수직이면 기울기의 곱은 -1이다. 직선 l의 방정식을 구하고 $f(t)$, $g(t)$의 값을 구한다.)

그림과 같이 곡선 $y=\sqrt{2(x-1)}$ 위의 점 $P(t, \sqrt{2(t-1)})$을 지나고 선분 OP에 수직인 직선 l의 x절편과 y절편을 각각 $f(t)$, $g(t)$라 할 때, $\lim_{t\to\infty}\frac{g(t)}{\sqrt{t}f(t)}=p$라고 한다. $2p^2$의 값을 구하시오. (단, O는 원점, $t>1$) (4점)

단서2 분모의 최고차항으로 분자, 분모를 각각 나누어 극한값을 구하자.

단서1 (선분 OP의 기울기)$=\frac{\sqrt{2(t-1)}}{t}$

1st 두 직선이 수직이면 기울기의 곱은 -1임을 이용하여 l의 방정식을 구해.

두 점 O, P를 지나는 직선의 기울기는 $\frac{\sqrt{2(t-1)}}{t}$이므로 이 직선에 수직

수직인 두 직선의 기울기의 곱은 -1이므로
(구하는 직선의 기울기)$=-\frac{1}{\frac{\sqrt{2(t-1)}}{t}}=-\frac{t}{\sqrt{2(t-1)}}$

인 직선의 기울기는 $-\frac{t}{\sqrt{2(t-1)}}$이다. 즉, l은 기울기가 $-\frac{t}{\sqrt{2(t-1)}}$이고, 점 $P(t, \sqrt{2(t-1)})$을 지나는 직선이므로 직선 l의 방정식은

함정: 어차피 x절편과 y절편을 구할 거니까 이 이상 정리할 필요는 없어.

$$y-\sqrt{2(t-1)}=-\frac{t}{\sqrt{2(t-1)}}(x-t)$$

기울기가 m이고 점 (a, b)를 지나는 직선의 방정식은 $y-b=m(x-a)$

2nd 직선의 x절편은 $y=0$일 때 x값이고, y절편은 $x=0$일 때 y값이야.

이 직선의 x절편과 y절편이 각각 $f(t)$, $g(t)$이므로

$y=0$일 때 $-\sqrt{2(t-1)}=-\frac{t}{\sqrt{2(t-1)}}(x-t)$이므로 $f(t)=\frac{2(t-1)}{t}+t$야.

$$f(t)=\frac{2(t-1)}{t}+t,\ g(t)=\sqrt{2(t-1)}\left\{1+\frac{t^2}{2(t-1)}\right\}$$

$x=0$일 때 $y-\sqrt{2(t-1)}=\frac{t^2}{\sqrt{2(t-1)}}$이므로
$g(t)=\sqrt{2(t-1)}+\frac{t^2}{\sqrt{2(t-1)}}=\sqrt{2(t-1)}\left\{1+\frac{t^2}{2(t-1)}\right\}$이야.

$$\therefore \lim_{t\to\infty}\frac{g(t)}{\sqrt{t}f(t)}=\lim_{t\to\infty}\frac{\sqrt{2(t-1)}\left\{1+\frac{t^2}{2(t-1)}\right\}}{\sqrt{t}\left\{\frac{2(t-1)}{t}+t\right\}}$$

$$=\lim_{t\to\infty}\frac{\sqrt{2(t-1)}}{\sqrt{t}}\cdot\frac{\frac{t^2+2t-2}{2(t-1)}}{\frac{t^2+2t-2}{t}}$$

$$=\lim_{t\to\infty}\sqrt{\frac{2t-2}{t}}\cdot\frac{t}{2t-2}=\frac{\sqrt{2}}{2}=p$$

$$\therefore 2p^2=2\times\left(\frac{\sqrt{2}}{2}\right)^2=1$$

두 직선의 위치 관계 (개념·공식)

위치 관계	$ax+by+c=0$, $a'x+b'y+c'=0$	$y=mx+n$, $y=m'x+n'$
평행	$\frac{a}{a'}=\frac{b}{b'}\neq\frac{c}{c'}$	$m=m'$, $n\neq n'$
일치	$\frac{a}{a'}=\frac{b}{b'}=\frac{c}{c'}$	$m=m'$, $n=n'$
수직	$aa'+bb'=0$	$mm'=-1$
한 점에서 만남	$\frac{a}{a'}\neq\frac{b}{b'}$	$m\neq m'$

D 14 정답 ⑤ *함수의 극한의 활용 [정답률 55%]

(정답 공식: 원의 중심과 직선 사이의 거리를 구하는 공식으로 l의 방정식을 세우고, $f(r)$를 구한다.)

그림과 같이 중심이 $C(2, 0)$이고 반지름의 길이가 $r(r<\sqrt{5})$인 원 C가 있다. 기울기가 -2이고 원 C에 접하는 직선을 l이라 하자. 직선 l에 접하고 중심이 $C'(3, 3)$인 원 C'의 반지름을 $f(r)$라 할 때, $\lim_{r\to0+}f(r)$의 값은? (4점)

단서1 직선 l의 방정식은 $y=-2x+a$라 놓을 수 있어.

단서2 점과 직선 사이의 거리를 이용하여 r, $f(r)$를 나타내.

① 1 ② $\sqrt{2}$ ③ $\sqrt{3}$
④ 2 ⑤ $\sqrt{5}$

1st 점과 직선 사이의 거리를 이용하여 원 C'의 반지름의 길이를 r에 대한 식으로 표현해.

기울기가 -2인 직선 l의 y절편을 a라 하면 직선 l의 방정식은

$y=-2x+a$

$\therefore 2x+y-a=0$

이때, 직선 l이 중심이 $C(2, 0)$이고 반지름의 길이가 r인 원 C에 접하므로 r는 점 $C(2, 0)$과 직선 $l: 2x+y-a=0$ 사이의 거리와 같다.

즉, $r=\frac{|2\cdot2-a|}{\sqrt{2^2+1^2}}=\frac{|4-a|}{\sqrt{5}}$에서

점 (x_1, y_1)과 직선 $ax+by+c=0$ 사이의 거리를 d라 할 때 $d=\frac{|ax_1+by_1+c|}{\sqrt{a^2+b^2}}$

$|4-a|=\sqrt{5}r$

$a-4=\pm\sqrt{5}r$

$\therefore a=4\pm\sqrt{5}r$ ⋯ ㉠

마찬가지로 직선 l이 중심이 $C'(3, 3)$이고 반지름의 길이가 $f(r)$인 원 C'에 접하므로 $f(r)$는 점 $C'(3, 3)$과 직선 $l: 2x+y-a=0$ 사이의 거리와 같아.

$f(r)=\frac{|2\cdot3+3-a|}{\sqrt{2^2+1^2}}=\frac{|9-a|}{\sqrt{5}}$ ⋯ ㉡

㉠을 ㉡에 대입하면

$f(r)=\frac{|9-(4\pm\sqrt{5}r)|}{\sqrt{5}}=\frac{|5\pm\sqrt{5}r|}{\sqrt{5}}$

2nd $\lim_{r\to0+}f(r)$의 값을 구하자.

$\therefore \lim_{r\to0+}f(r)=\lim_{r\to0+}\frac{|5\pm\sqrt{5}r|}{\sqrt{5}}=\sqrt{5}$

원의 성질 (개념·공식)

① 원의 중심에서 현에 내린 수선은 그 현을 수직이등분한다.
② 한 원에서 중심으로부터 같은 거리에 있는 두 현의 길이는 같다.
③ 원 밖의 한 점에서 원에 그은 두 접선의 접점까지의 거리는 서로 같다.
④ 한 원에서 원주각의 크기는 그 호에 대한 중심각의 크기의 $\frac{1}{2}$이다.
⑤ 원의 중심에서 접선의 접점까지의 거리는 반지름의 길이와 같다.

D 15 정답 4 *함수의 극한의 활용 [정답률 52%]

(**정답 공식**: 두 점 A, P 사이의 거리가 두 원의 반지름의 길이의 차와 같다는 것을 이용해 y를 x에 대하여 나타내고 극한값을 구한다.)

단서1 (원의 반지름의 길이)=|원의 중심의 y좌표|

그림과 같이 중심이 A(0, 4)이고 반지름의 길이가 2인 원이 x축에 접하고 원의 중심이 P(x, y)인 원에 내접한다. 점 P에서 y축에 내린 수선의 발을 H라 할 때, $\lim_{x\to\infty}\frac{\overline{\mathrm{PH}}^2}{\overline{\mathrm{PA}}}$의 값을 구하시오. (4점)

단서2 $\overline{\mathrm{PA}}$를 x에 관한 식으로 변형해.

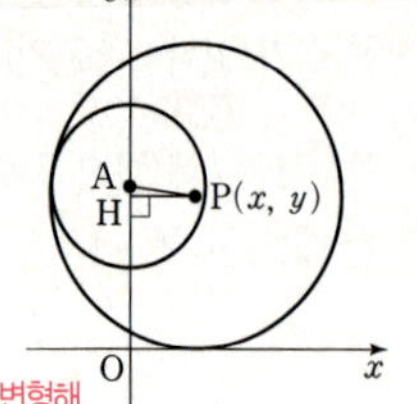

1st 직각삼각형 AHP의 세 변인 $\overline{\mathrm{PA}}$, $\overline{\mathrm{PH}}$, $\overline{\mathrm{AH}}$의 길이를 각각 x, y로 나타내.

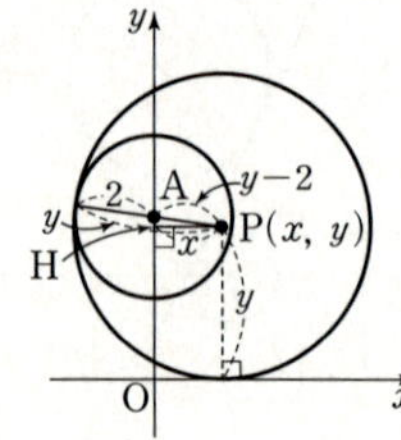

중심이 P인 원이 x축에 접하므로 반지름의 길이는 점 P의 y좌표와 같다.

이때, 중심이 A인 원의 반지름의 길이가 2이고 두 원이 내접하므로

$\overline{\mathrm{PA}}=y-2$

또, 두 점 A(0, 4), P(x, y)에 의해

$\overline{\mathrm{PH}}=x$이고, $\overline{\mathrm{OH}}=y$이므로 $\overline{\mathrm{AH}}=4-y$

이때, 삼각형 AHP는 직각삼각형이므로

피타고라스 정리를 이용할 수 있어. $\angle\mathrm{H}=90°$이므로 $\overline{\mathrm{AH}}^2+\overline{\mathrm{PH}}^2=\overline{\mathrm{AP}}^2$

실수 이렇게 두 원이 내접하거나 외접하는 경우는 두 원의 중심을 이은 선분을 빗변으로 하는 직각삼각형을 찾을 수 있어. 이후에는 피타고라스 정리를 쓰면 되지.

$(y-2)^2=x^2+(4-y)^2$

$\therefore x^2=4y-12 \cdots ㉠$

2nd $\lim_{x\to\infty}\frac{\overline{\mathrm{PH}}^2}{\overline{\mathrm{PA}}}$의 값을 구해.

㉠에서 $y=\frac{x^2+12}{4}$이므로

$$\lim_{x\to\infty}\frac{\overline{\mathrm{PH}}^2}{\overline{\mathrm{PA}}}=\lim_{x\to\infty}\frac{x^2}{y-2}$$

$$=\lim_{x\to\infty}\frac{x^2}{\frac{x^2+12}{4}-2}$$

$$=\lim_{x\to\infty}\frac{4x^2}{x^2+4}=4$$

$\lim_{x\to\infty}\frac{4}{1+\frac{4}{x^2}}=4$

[다른 풀이]

㉠에서 $x\to\infty$이면 $y\to\infty$이므로

$$\lim_{x\to\infty}\frac{\overline{\mathrm{PH}}^2}{\overline{\mathrm{PA}}}=\lim_{x\to\infty}\frac{x^2}{y-2}$$

$$=\lim_{y\to\infty}\frac{4y-12}{y-2}\ (\because ㉠)$$

$$=4$$

D 16 정답 ④ *함수의 극한의 활용 [정답률 47%]

(**정답 공식**: 피타고라스 정리를 이용해 $\overline{\mathrm{QD}}$, $\overline{\mathrm{PB}}$를 x에 대한 식으로 나타내어 넓이 $S(x)$, $T(x)$를 구한다.)

그림과 같이 반지름의 길이가 1이고 중심이 O인 반원의 호를 이등분하는 점을 M이라 하고, 선분 OM 위의 점 P를 지나고 선분 OM에 수직인 직선과 반원이 만나는 점을 각각 A, B라 하자. 또, 선분 PM의 중점 Q를 지나고 선분 OM에 수직인 직선과 반원이 만나는 점을 각각 C, D라 하고, 점 C, D에서 선분 AB에 내린 수선의 발을 각각 E, F라 하자. $\overline{\mathrm{PM}}=2x$일 때, 사다리꼴 ABDC와 직사각형 EFDC의 넓이를 각각 $S(x)$, $T(x)$라 하자. $\lim_{x\to0+}\frac{T(x)}{S(x)}$의 값은? (4점)

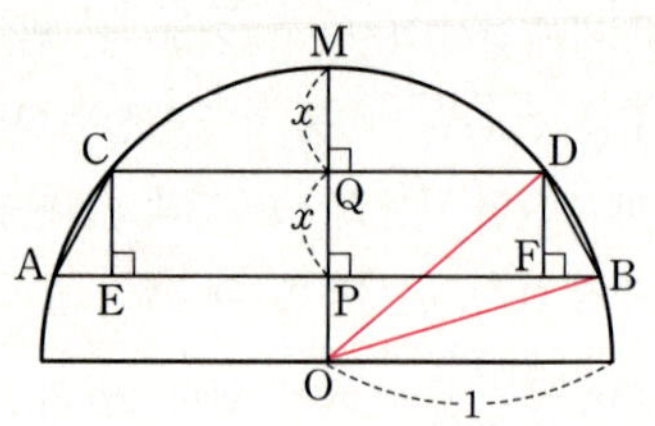

① $\sqrt{2}-1$ ② $2-\sqrt{2}$ ③ $\sqrt{3}-1$
④ $2(\sqrt{2}-1)$ ⑤ $2(2-\sqrt{3})$

단서 사다리꼴 ABDC와 직사각형 EFDC의 넓이를 구하려면 $\overline{\mathrm{QD}}$의 길이와 $\overline{\mathrm{PB}}$의 길이를 알아야겠지?

1st 사다리꼴과 직사각형의 각 변의 길이를 x로 나타내보자.

점 M이 반원의 호를 이등분하므로

사다리꼴 ABDC와 직사각형 EFDC는 $\overline{\mathrm{OM}}$에 대하여 대칭이다.

그림에서 $\overline{\mathrm{OD}}=1$, $\overline{\mathrm{OQ}}=1-x$이므로 직각삼각형 OQD에서

$\overline{\mathrm{QD}}=\sqrt{1^2-(1-x)^2}$ → $\overline{\mathrm{OD}}$, $\overline{\mathrm{OM}}$은 반원의 반지름이므로 그 길이는 1이야.

$=\sqrt{2x-x^2}$ → $\overline{\mathrm{QD}}=\sqrt{\overline{\mathrm{OD}}^2-\overline{\mathrm{OQ}}^2}$

또한, 그림에서 $\overline{\mathrm{OB}}=1$, $\overline{\mathrm{OP}}=1-2x$이므로 → $\overline{\mathrm{OB}}$도 반원의 반지름이야.

직각삼각형 OPB에서

$\overline{\mathrm{PB}}=\sqrt{1^2-(1-2x)^2}$

$=2\sqrt{x-x^2}$ → $\overline{\mathrm{PB}}=\sqrt{\overline{\mathrm{OB}}^2-\overline{\mathrm{OP}}^2}$

따라서 사다리꼴 ABDC의 넓이는

$$S(x)=\frac{1}{2}\times(\overline{\mathrm{CD}}+\overline{\mathrm{AB}})\times\overline{\mathrm{QP}}$$

$$=\frac{1}{2}\times(2\overline{\mathrm{QD}}+2\overline{\mathrm{PB}})\times x$$

$$=\frac{1}{2}\times(2\sqrt{2x-x^2}+4\sqrt{x-x^2})\times x$$

$$=x(\sqrt{2x-x^2}+2\sqrt{x-x^2})$$

이고, 직사각형 EFDC의 넓이는

$$T(x)=\overline{\mathrm{CD}}\times\overline{\mathrm{CE}}=2\overline{\mathrm{QD}}\times x=2x\sqrt{2x-x^2}$$

2nd $\lim_{x\to0+}\frac{T(x)}{S(x)}$를 계산하자.

$$\therefore \lim_{x\to0+}\frac{T(x)}{S(x)}=\lim_{x\to0+}\frac{2x\sqrt{2x-x^2}}{x(\sqrt{2x-x^2}+2\sqrt{x-x^2})}$$

$$=\lim_{x\to0+}\frac{2\sqrt{2x-x^2}}{\sqrt{2x-x^2}+2\sqrt{x-x^2}}$$

$$=\lim_{x\to0+}\frac{2\sqrt{2-x}}{\sqrt{2-x}+2\sqrt{1-x}}$$

$$=\frac{2\sqrt{2}}{\sqrt{2}+2}$$

→ $\frac{2\sqrt{2x-x^2}}{\sqrt{2x-x^2}+2\sqrt{x-x^2}}$의 분모, 분자를 각각 $\sqrt{x}$로 나눈 거야.

$$=2(\sqrt{2}-1)$$

D 17 정답 ⑤ *절댓값, 가우스 기호를 포함한 함수의 연속 [정답률 53%]

(정답 공식: 함수 $f(x)$가 $x=k$에서 연속이면 $\lim_{x\to k}f(x)=f(k)$가 성립한다.)

두 함수 $f(x)$, $g(x)$에 대하여 [보기]에서 옳지 않은 것을 모두 고른 것은? (3점)

[보기]

단서1 $\lim_{x\to0}\{f(x)+g(x)\}$가 존재하는데 $\lim_{x\to0}f(x)$ 또는 $\lim_{x\to0}g(x)$가 발산하는 경우를 생각해.

ㄱ. $\lim_{x\to0}\{f(x)+g(x)\}$가 존재하면 $\lim_{x\to0}f(x)$와 $\lim_{x\to0}g(x)$가 모두 존재한다.

ㄴ. $y=f(|x|)$가 $x=0$에서 연속이면 $y=f(x)$도 $x=0$에서 연속이다. 단서2 $x=0$에서의 극한값과 함숫값이 같아.

ㄷ. $y=f(x)$가 $x=0$에서 불연속이면 $y=\{f(x)\}^2$도 $x=0$에서 불연속이다.

① ㄱ ② ㄷ ③ ㄱ, ㄴ
④ ㄱ, ㄷ ⑤ ㄱ, ㄴ, ㄷ

1st 거짓인 명제는 반례를 찾아봐.

ㄱ. 【반례】 $f(x)=\frac{1}{x^2}$, $g(x)=-\frac{1}{x^2}$이라 하자.

그러면 $\lim_{x\to0}\left(\frac{1}{x^2}-\frac{1}{x^2}\right)=\lim_{x\to0}0=0$이지만

$\lim_{x\to0}\frac{1}{x^2}=\infty$, $\lim_{x\to0}\left(-\frac{1}{x^2}\right)=-\infty$이다. (거짓)

ㄴ. 【반례】 $f(x)=\begin{cases}x+1 & (x\ge0)\\ x & (x<0)\end{cases}$이면

$y=f(|x|)$는 $x=0$에서 연속이지만 $y=f(x)$는 $x=0$에서 불연속이다. (거짓)

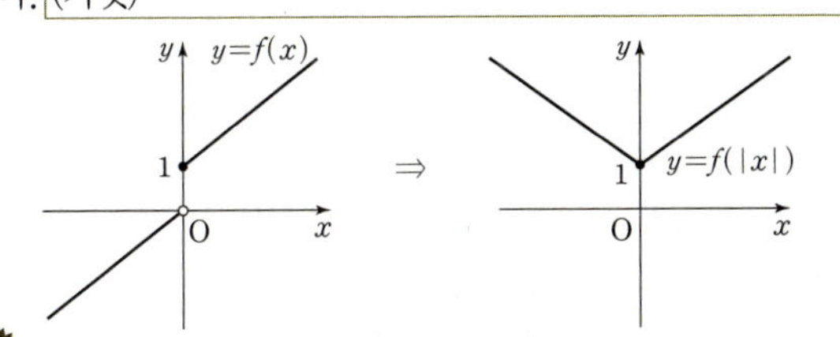

실수 $y=f(|x|)$의 그래프는 $x<0$일 때, $x\ge0$에서의 $y=f(x)$의 그래프를 y축 대칭시킨 모양이지? 즉, $x=0$에서의 우극한이 존재하고 함숫값과 같다면 $y=f(|x|)$는 무조건 $x=0$에서 연속이야.

ㄷ. 【반례】 $f(x)=\begin{cases}1 & (x\ge0)\\ -1 & (x<0)\end{cases}$이면 $y=f(x)$는 $x=0$에서 불연속이지만 $y=\{f(x)\}^2$은 $x=0$에서 연속이다. (거짓)

$\lim_{x\to0+}f(x)=1$, $\lim_{x\to0-}f(x)=-1$이므로 $\lim_{x\to0}f(x)$가 존재하지 않으니까 $f(x)$는 $x=0$에서 불연속이야.

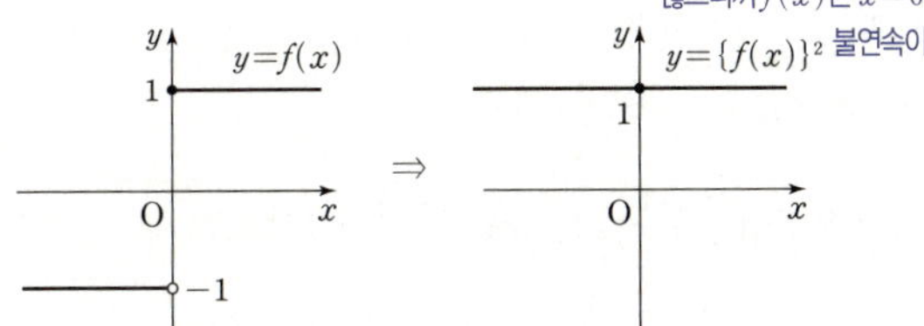

따라서 옳지 않은 것은 ㄱ, ㄴ, ㄷ이다.

D 18 정답 ② *절댓값, 가우스 기호를 포함한 함수의 연속 [정답률 39%]

(정답 공식: 함수 $y=[f(x)]$는 $f(x)$가 정수가 되는 점에서 불연속이 될 수 있다.)

함수 $f(x)=[4x]-[6x]+\left[\frac{x}{2}\right]-\left[\frac{x}{4}\right]$가 $x=a$에서 불연속이 되는 실수 $a(0<a<5)$의 개수는? (단, $[x]$는 x보다 크지 않은 최대의 정수이다.) (5점) 단서 가우스 함수 $y=[x]$는 $[x]=n$(n은 정수)에서 불연속이 됨을 이용해.

① 30 ② 31 ③ 32
④ 33 ⑤ 34

1st 불연속이 될 수 있는 점의 개수를 구하자.

주어진 함수 $f(x)=[4x]-[6x]+\left[\frac{x}{2}\right]-\left[\frac{x}{4}\right]$는 각각의 항의 가우스 함수 $y=[4x]$, $y=[6x]$, $y=\left[\frac{x}{2}\right]$, $y=\left[\frac{x}{4}\right]$가 불연속이 되는 점에서 불연속이 될 수 있다.

따라서 각각의 항의 가우스 함수가 불연속이 되는 x의 값을 먼저 구해보자.

가우스 함수는 함숫값이 정수가 되는 곳에서 불연속이 되므로 $0<x<5$일 때,

$y=[4x]$가 정수가 되는 x의 값은 $\frac{1}{4}, \frac{2}{4}, \frac{3}{4}, \cdots, \frac{19}{4}$로 19개이다.

$x=a$에서 불연속이 되는 a의 값을 찾아야 하는데 a의 값의 범위가 $0<a<5$이므로 $0<4a<20$이 되지. 즉, $4a$의 값이 정수인 경우는 1, 2, 3, ⋯, 19로 19개가 있어.

$y=[6x]$가 정수가 되는 x의 값은 $\frac{1}{6}, \frac{2}{6}, \frac{3}{6}, \cdots, \frac{29}{6}$로 29개이다. ($0<6x<30$)

$y=\left[\frac{x}{2}\right]$가 정수가 되는 x의 값은 2, 4로 2개이다. ($0<\frac{x}{2}<\frac{5}{2}$)

$y=\left[\frac{x}{4}\right]$가 정수가 되는 x의 값은 4뿐이다. ($0<\frac{x}{4}<\frac{5}{4}$)

이 값들 중 $\frac{1}{2}$, 1, $\frac{3}{2}$, 2, $\frac{5}{2}$, 3, $\frac{7}{2}$, 4, $\frac{9}{2}$의 9개가 중복해서 나오므로

자연수 a, b $(1\le a\le19, 1\le b\le29)$에 대하여 $\frac{a}{4}=\frac{b}{6}$이면 $3a=2b$ 즉, a는 2의 배수, b는 3의 배수여야 하므로 순서쌍 (a, b)는 $(2, 3), (4, 6), \cdots, (18, 27)$이 돼.

각각의 항의 가우스 함수가 불연속이 되는 서로 다른 점은 모두 39개이다.

불연속이 될 수 있는 서로 다른 x의 개수는 $19+29-9=39$(개)

이때, 이 중 하나의 가우스 함수만 불연속으로 만드는 점에서는 함수 $f(x)$가 불연속이다.

주의 위에서 찾은 39개의 점에서 함수 $f(x)$가 모두 불연속일 것이라고 생각하면 안 돼! 한 개의 가우스 함수만 불연속이 되도록 하는 점에서는 $f(x)$가 확실히 불연속이지만, 두 개 이상의 가우스 함수를 불연속이 되도록 하는 점에서는 $f(x)$가 불연속이라고 말할 수 없어.

2nd 두 개 이상의 가우스 함수에서 공통으로 불연속인 점에 대해 함수 $f(x)$의 연속성을 조사하자.

이제 두 개 이상의 가우스 함수가 공통으로 불연속인 점 $\frac{1}{2}$, 1, $\frac{3}{2}$, 2, $\frac{5}{2}$, 3, $\frac{7}{2}$, 4, $\frac{9}{2}$에 대하여 연속성을 조사하자.

(i) $x=\frac{1}{2}$일 때

$x\to\frac{1}{2}-$이면 $4x\to2-$야. 즉, $4x$의 값은 2보다 작으면서 2에 한없이 가까이 가는 값이 되니까 이때의 $[4x]$의 값은 1이 돼. 같은 방법으로 나머지 극한값을 계산해봐.

$$\lim_{x\to\frac{1}{2}-}f(x)=\lim_{x\to\frac{1}{2}-}\left\{[4x]-[6x]+\left[\frac{x}{2}\right]-\left[\frac{x}{4}\right]\right\}=1-2+0-0=-1$$

$$\lim_{x\to\frac{1}{2}+}f(x)=\lim_{x\to\frac{1}{2}+}\left\{[4x]-[6x]+\left[\frac{x}{2}\right]-\left[\frac{x}{4}\right]\right\}=2-3+0-0=-1$$

$$f\left(\frac{1}{2}\right)=2-3+0-0=-1$$

즉, $x=\frac{1}{2}$에서 함수 $f(x)$는 연속이고, 마찬가지 방법으로 하면

→ $\lim_{x\to a} f(x)=f(a)$일 때, $x=a$에서 함수 $f(x)$는 연속이야.

$x=\frac{3}{2}$, $x=\frac{5}{2}$, $x=\frac{7}{2}$, $x=\frac{9}{2}$에서도 함수 $f(x)$가 연속임을 알 수 있다.

(ii) $x=1$일 때

$$\lim_{x\to1-} f(x)=\lim_{x\to1-}\left\{[4x]-[6x]+\left[\frac{x}{2}\right]-\left[\frac{x}{4}\right]\right\}=3-5+0-0=-2$$

$$\lim_{x\to1+} f(x)=\lim_{x\to1+}\left\{[4x]-[6x]+\left[\frac{x}{2}\right]-\left[\frac{x}{4}\right]\right\}=4-6+0-0=-2$$

$f(1)=4-6+0-0=-2$

즉, $x=1$에서 함수 $f(x)$는 연속이다.

(iii) $x=2$일 때

$$\lim_{x\to2-} f(x)=\lim_{x\to2-}\left\{[4x]-[6x]+\left[\frac{x}{2}\right]-\left[\frac{x}{4}\right]\right\}=7-11+0-0=-4$$

$$\lim_{x\to2+} f(x)=\lim_{x\to2+}\left\{[4x]-[6x]+\left[\frac{x}{2}\right]-\left[\frac{x}{4}\right]\right\}=8-12+1-0=-3$$

에서 $\lim_{x\to2-} f(x)\neq\lim_{x\to2+} f(x)$이므로 $x=2$에서 함수 $f(x)$는 불연속이다.

→ $\lim_{x\to2-} f(x)\neq\lim_{x\to2+} f(x)$이므로 $x=2$에서 극한값이 존재하지 않아.

(iv) $x=3$일 때

$$\lim_{x\to3-} f(x)=\lim_{x\to3-}\left\{[4x]-[6x]+\left[\frac{x}{2}\right]-\left[\frac{x}{4}\right]\right\}=11-17+1-0=-5$$

$$\lim_{x\to3+} f(x)=\lim_{x\to3+}\left\{[4x]-[6x]+\left[\frac{x}{2}\right]-\left[\frac{x}{4}\right]\right\}=12-18+1-0=-5$$

$f(3)=12-18+1-0=-5$

이므로 $x=3$에서 함수 $f(x)$는 연속이다.

(v) $x=4$일 때

$$\lim_{x\to4-} f(x)=\lim_{x\to4-}\left\{[4x]-[6x]+\left[\frac{x}{2}\right]-\left[\frac{x}{4}\right]\right\}=15-23+1-0=-7$$

$$\lim_{x\to4+} f(x)=\lim_{x\to4+}\left\{[4x]-[6x]+\left[\frac{x}{2}\right]-\left[\frac{x}{4}\right]\right\}=16-24+2-1=-7$$

$f(4)=16-24+2-1=-7$

이므로 $x=4$에서 함수 $f(x)$는 연속이다.

따라서 (i) ~ (v)에서 x의 값이 $\frac{1}{2}$, 1, $\frac{3}{2}$, $\frac{5}{2}$, 3, $\frac{7}{2}$, 4, $\frac{9}{2}$인 8개의 점에서 함수 $f(x)$가 연속이므로 함수 $f(x)$가 불연속인 점은 $39-8=31$(개)

가우스 기호를 포함한 함수의 연속 (개념·공식)

$[x]$를 x보다 크지 않은 최대의 정수라 하고 정수 n에 대하여

(1) $x\to a$일 때

① $f(x)\to n+$이면 $\lim_{x\to a}[f(x)]=n$

② $f(x)\to n-$이면 $\lim_{x\to a}[f(x)]=n-1$

(2) 함수 $[f(x)]$의 연속 또는 불연속을 판단하려면 $f(x)=n$을 만족시키는 x의 값에서 연속성을 조사한다.

D 19 정답 ④ *절댓값, 가우스 기호를 포함한 함수의 연속 [정답률 41%]

정답 공식: 함수 $f(x)$가 $x=a$에서 연속이면 $\lim_{x\to a} f(x)=f(a)$가 성립한다.

양의 실수 x에 대하여 $f(x)=\frac{|x-1|}{[x]+1}$일 때, [보기]에서 옳은 것만을 있는 대로 고른 것은? (단, $[x]$는 x보다 크지 않은 최대 정수이다.) (4점)

[보기]

ㄱ. $f(x)$는 $x=1$에서 연속이다. → 단서1 연속이려면 함숫값과 극한값이 같아야 해.

ㄴ. $\lim_{x\to2} f(x)=\frac{1}{2}$ → 단서2 $x=2$에서의 좌극한과 우극한을 조사하자.

ㄷ. $\lim_{x\to\infty} f(x)=1$ → 단서3 $[x]$와 $|x|$는 x의 값의 범위에 따라 값이 달라져. 따라서 x의 값의 범위에 따른 $f(x)$의 범위를 구해 극한값을 따져 봐.

① ㄴ ② ㄷ ③ ㄱ, ㄴ ④ ㄱ, ㄷ ⑤ ㄱ, ㄴ, ㄷ

1st 연속의 정의를 생각해 봐.

ㄱ. $f(1)=\frac{|1-1|}{[1]+1}=0$

→ x가 1보다 작은 쪽에서 $x=1$로 한없이 접근하면 $0<[x]<1$이므로 $\lim_{x\to1-}[x]=0$이야.

$$\lim_{x\to1-}\frac{|x-1|}{[x]+1}=\lim_{x\to1-}\frac{-(x-1)}{[x]+1}=\frac{-(1-1)}{0+1}=0$$

$$\lim_{x\to1+}\frac{|x-1|}{[x]+1}=\lim_{x\to1+}\frac{x-1}{[x]+1}=\frac{1-1}{1+1}=0$$

$\therefore \lim_{x\to1} f(x)=0$

→ x가 1보다 큰 쪽에서 $x=1$로 한없이 접근하면 $1<x<2$이므로 $\lim_{x\to1+}[x]=1$이지.

즉, $x=1$에서의 함숫값과 극한값이 같으므로 $f(x)$는 $x=1$에서 연속이다. (참)

ㄴ. $\lim_{x\to2-} f(x)=\lim_{x\to2-}\frac{|x-1|}{[x]+1}=\frac{1}{2}$ → $\lim_{x\to2-}|x-1|=|2-1|=1$이고 $\lim_{x\to2-}([x]+1)=1+1=2$야.

$\lim_{x\to2+} f(x)=\lim_{x\to2+}\frac{|x-1|}{[x]+1}=\frac{1}{3}$ → $\lim_{x\to2+}|x-1|=|2-1|=1$이고 $\lim_{x\to2+}([x]+1)=2+1=3$이야.

즉, $x=2$에서의 좌극한값과 우극한값이 다르므로 $\lim_{x\to2} f(x)$는 존재하지 않는다. (거짓)

2nd 극한의 대소 관계를 이용해보자.

ㄷ. $x-1<[x]\le x$이므로 $x<[x]+1\le x+1$에서

실수 $[x]$에 관련해서 꼭 알고 있어야 할 부등식이야. 변형한 것으로는 $[x]\le x<[x]+1$이 있어.

$$\frac{1}{x+1}\le\frac{1}{[x]+1}<\frac{1}{x}$$

$$\frac{|x-1|}{x+1}\le\frac{|x-1|}{[x]+1}<\frac{|x-1|}{x}$$

→ $|x-1|\ge0$이므로 부등식 $\frac{1}{x+1}\le\frac{1}{[x]+1}<\frac{1}{x}$의 각 변에 $|x-1|$을 곱해도 부등호의 방향은 바뀌지 않아.

$\therefore \frac{|x-1|}{x+1}\le f(x)<\frac{|x-1|}{x}$ … ㉠

이때, $x\to\infty$이면 $x-1>0$이라 할 수 있으므로 ㉠에서

$\frac{x-1}{x+1}\le f(x)<\frac{x-1}{x}$이다.

그런데 $\lim_{x\to\infty}\frac{x-1}{x+1}=1$, $\lim_{x\to\infty}\frac{x-1}{x}=1$이므로

극한의 성질에 의해 $\lim_{x\to\infty} f(x)=1$이다. (참)

→ 함수 $h(x)$에 대하여 $f(x)\le h(x)\le g(x)$이고 $\lim_{x\to a} f(x)=\alpha$, $\lim_{x\to a} g(x)=\alpha$ (α는 실수)이면 $\lim_{x\to a} h(x)=\alpha$야.

따라서 옳은 것은 ㄱ, ㄷ이다.

D 20 정답 ② *함수의 연속과 미정계수의 결정 …… [정답률 69%]

(정답 공식: $x=2$에서 연속이 되어야 하고 $f(0)=f(5)$이어야 한다.)

모든 실수 x에 대하여 연속인 함수 $f(x)$는 $f(x+5)=f(x)$를 만족시키고, 닫힌구간 $[0, 5]$에서 다음과 같이 정의된다.

$$f(x)=\begin{cases} ax^2+b & (0\le x<2) \\ -x+6 & (2\le x\le 5)\end{cases}$$

단서2 $f(x+5)=f(x)$의 양변에 $x=0$을 대입하면 $f(0)=f(5)$가 성립해야 해.

이때, $f(11)$의 값은? (3점)

단서1 함수 $f(x)$가 모든 실수에서 연속이니까 $x=2$에서도 연속이어야겠지?

① $\frac{3}{2}$　② $\frac{7}{4}$　③ 2　④ $\frac{9}{4}$　⑤ $\frac{5}{2}$

1st 함수 $f(x)$가 모든 실수에서 연속이면 $x=2$에서도 연속이야.

함수 $f(x)=\begin{cases} ax^2+b & (0\le x<2) \\ -x+6 & (2\le x\le 5)\end{cases}$ 이 $x=2$에서 연속이어야 하므로

$\lim_{x\to 2-} f(x)=\lim_{x\to 2+} f(x)=f(2)$가 성립해야 한다. 즉,

$\lim_{x\to 2-}(ax^2+b)=\lim_{x\to 2+}(-x+6)$

→ 함수 $f(x)$가 $x=a$에서 연속이면 (i) $f(a)$가 정의되고 (ii) $\lim_{x\to a} f(x)$가 존재하며 (iii) $f(a)=\lim_{x\to a} f(x)$가 성립해.

∴ $4a+b=4$ … ㉠

2nd 함수 $f(x)$가 주기함수임을 이용하여 함수식을 완성해.

또, 함수 $f(x)$는 $f(x+5)=f(x)$를 만족하므로 주기가 5인 주기함수이다.

→ $f(x+a)=f(x)$를 만족하면 함수 $f(x)$는 주기가 a인 주기함수야.

따라서 $f(0)=f(5)$가 성립하고

$f(0)=b$, $f(5)=-5+6=1$이므로

$b=1$ … ㉡

㉡을 ㉠에 대입하면 $a=\frac{3}{4}$

∴ $f(x)=\frac{3}{4}x^2+1$ $(0\le x<2)$

이때, $11=2\times5+1$이므로

$f(11)=f(1)$

$=\frac{3}{4}\cdot1^2+1=\frac{7}{4}$

D 21 정답 ⑤ *함수의 연속과 미정계수의 결정 …… [정답률 60%]

(정답 공식: 함수 $f(x)$가 $x=n$에서 연속이려면 $\lim_{x\to n-} f(x)=\lim_{x\to n+} f(x)=f(n)$이어야 한다.)

함수 $f(x)=[x]^2-(ax-b)[x]$가 모든 실수 x에 대하여 연속일 때, $\lim_{x\to a}\left|\frac{x^2-4b}{x-a}\right|$의 값은? (단, a, b는 상수이고, $[x]$는 x를 넘지 않는 최대의 정수이다.) (3점)

단서 $[x]$는 x가 정수인 점 좌우에서 값이 달라져. 즉, 함수 $f(x)$가 모든 실수 x에 대하여 연속이려면 $x=n$ (n인 정수)인 점에서 연속임을 보여야 해.

① -4　② -1　③ 0　④ 1　⑤ 4

1st 함수 $f(x)$는 가우스 기호가 포함된 함수이고 모든 실수 x에 대하여 연속이므로 $x=n$ (n은 정수)에서도 연속임을 이용하자.

$x=n$ (n은 정수)일 때 연속이려면

$\lim_{x\to n+}[x]=n$, $\lim_{x\to n-}[x]=n-1$이므로

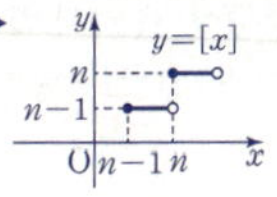

$\lim_{x\to n+} f(x)=n^2-(an-b)\cdot n$

$=(1-a)n^2+bn$

$\lim_{x\to n-} f(x)=(n-1)^2-(an-b)(n-1)$

$=(1-a)n^2+(a+b-2)n-b+1$

$f(n)=(1-a)n^2+bn$

이때, $\lim_{x\to n} f(x)=f(n)$이어야 하므로 → $\lim_{x\to n-} f(x)=\lim_{x\to n+} f(x)$

$(1-a)n^2+(a+b-2)n-b+1=(1-a)n^2+bn$

∴ $(a-2)n-b+1=0$ … ㉠

→ 이 식은 n에 대한 항등식이지? 즉, $a-2=0$, $-b+1=0$이어야 해.

㉠은 모든 n에 대하여 성립하므로 $a=2$, $b=1$

2nd $a=2$, $b=1$을 대입하여 주어진 함수의 극한값을 구해.

∴ $\lim_{x\to a}\left|\frac{x^2-4b}{x-a}\right|=\lim_{x\to 2}\left|\frac{x^2-4}{x-2}\right|$

$=\lim_{x\to 2}\left|\frac{(x-2)(x+2)}{x-2}\right|$

$=\lim_{x\to 2}|x+2|=4$

쉬운 풀이

함수 $f(x)$가 실수 전체의 집합에서 연속이므로 $x=0$에서 함수 $f(x)$는 연속이야.

→ $f(x)$가 실수 전체의 집합에서 연속이므로 어떤 x에 대해서도 $f(x)$가 연속이지.

즉, $\lim_{x\to 0-} f(x)=f(0)$이어야 해.

이때, $f(0)=0$이고 $-1<x<0$일 때, $[x]=-1$이므로

$f(x)=1+ax-b$

∴ $\lim_{x\to 0-} f(x)=\lim_{x\to 0-}\{1+(ax-b)\}=1-b$

즉, $1-b=0$이므로 $b=1$이야.

또한, 함수 $f(x)$는 $x=1$에서 연속이므로 $\lim_{x\to 1-} f(x)=f(1)$이어야 해.

이때, $f(1)=1-(a-1)$이고

$0<x<1$일 때, $[x]=0$이므로 $f(x)=0$

∴ $\lim_{x\to 1-} f(x)=0$

즉, $1-(a-1)=0$이므로 $a=2$야.

(이하 동일)

수능 핵강

가우스 기호가 포함된 함수가 나왔군. 이 문제는 함수 $f(x)$가 연속이 되도록 a, b의 값을 잘 정해주어야 하는 문제인데, 사실 가우스 함수가 나오면 항상 가우스 기호 안에 있는 식이 정수가 되는 점들에서 불연속이 되기 마련이지.

따라서 x가 정수일 경우에만 집중해서 함수 $f(x)$가 연속이 되도록 a, b를 구하면 돼. 그냥 아무 정수나 골라서 x가 그 정수일 때 연속이 되도록 문제를 풀어주면 되겠지. 어떤 정수를 고르든 답은 변하지 않아.

D 22 정답 20 *함수의 연속과 미정계수의 결정 ······ [정답률 46%]

(정답 공식: $f(x)$가 역함수를 가지려면 증가함수이거나 감소함수여야 한다.)

함수 단서1 함수 $f(x)$는 실수 전체의 집합에서 연속이므로 $x=1$에서도 연속이어야 해. 또, 역함수를 가져야하므로 증가함수이거나 감소함수이어야 하지.

$$f(x)=\begin{cases} ax+b & (x<1) \\ cx^2+\frac{5}{2}x & (x\ge1) \end{cases}$$

이 실수 전체의 집합에서 연속이고 역함수를 갖는다. 함수 $y=f(x)$의 그래프와 역함수 $y=f^{-1}(x)$의 그래프의 교점의 개수가 3이고, 그 교점의 x좌표가 각각 -1, 1, 2일 때, $2a+4b-10c$의 값을 구하시오. (단, a, b, c는 상수이다.) (4점)

단서2 함수 $y=f(x)$와 그 함수의 역함수 $y=f^{-1}(x)$의 그래프가 만난다면 함수 $y=f(x)$의 그래프는 직선 $y=x$와 적어도 한 점에서 만남을 생각해.

1st 함수 $f(x)$가 실수 전체의 집합에서 연속이려면 $x=1$에서 연속이어야 해.

함수 $f(x)$가 실수 전체의 집합에서 연속이므로 $x=1$에서 연속이다.

즉, $\lim_{x\to1-}f(x)=\lim_{x\to1+}f(x)=f(1)$이어야 한다. 이때,

$\lim_{x\to1-}f(x)=\lim_{x\to1-}(ax+b)=a+b$,

$\lim_{x\to1+}f(x)=\lim_{x\to1+}\left(cx^2+\frac{5}{2}x\right)=c+\frac{5}{2}=f(1)$

이므로 $a+b=c+\frac{5}{2}$ ··· ㉠

2nd 함수 $f(x)$가 증가함수인 경우 조건을 만족시키는지 확인해.

함수 $f(x)$의 역함수 $f^{-1}(x)$가 존재하므로 $f(x)$는 증가함수이거나 감소함수이다. 함수 $f(x)$의 역함수가 존재하려면 $f(x)$는 일대일 대응이어야 해.

$f(x)$가 증가함수일 때, 즉 $a>0$, $c>0$일 때

함수 $y=f(x)$의 그래프가 증가하므로 두 함수 $y=f(x)$와 $y=f^{-1}(x)$의 그래프의 교점은 직선 $y=x$ 위에만 존재한다.

실수 $y=f(x)$와 $y=f^{-1}(x)$의 그래프의 교점은 항상 직선 $y=x$ 위에 있다고 생각하는 경우가 많아. 하지만 그건 $y=f(x)$가 증가함수일때만 성립해. $y=f(x)$가 감소함수라면 $y=x$ 위에 있지 않은 교점이 있을 수 있어.

즉, $f(-1)=-1$, $f(1)=1$, $f(2)=2$가 성립해야 한다.

그런데 $f(1)=c+\frac{5}{2}=1$에서 $c=-\frac{3}{2}$이므로 $c>0$이라는 조건에 모순이다.

따라서 함수 $f(x)$는 증가함수가 아니다.

3rd 함수 $f(x)$가 감소함수임을 확인하고, 상수 a, b, c의 값을 구하자.

$f(x)$가 감소함수일 때, 즉 $a<0$, $c<0$일 때

함수 $y=f(x)$의 그래프가 감소하므로 함수 $y=f(x)$의 그래프와 직선 $y=x$는 한 점에서 만나고, 함수 $y=f(x)$의 그래프와 함수 $y=f^{-1}(x)$의 그래프는 $x\ne y$일 때 두 점에서 만난다.

이때, 두 함수 $y=f(x)$와 $y=f^{-1}(x)$의 그래프의 두 교점은 직선 $y=x$에 대하여 대칭이고, $y=f(x)$와 $y=f^{-1}(x)$의 그래프의 교점의 x좌표가 -1, 1, 2이므로 두 함수의 그래프의 세 교점의 좌표는

$(-1, 2)$, $(1, 1)$, $(2, -1)$ $y=f(x)$의 그래프가 직선 $y=x$와 $x\ne1$인 점에서 만나는 경우에는 감소함수 $f(x)$가 존재하지 않아.

이 된다. 이를 주어진 조건에 대입하면

$f(-1)=-a+b=2$ ··· ㉡, $f(2)=4c+5=-1$ ··· ㉢

㉢에서 $c=-\frac{3}{2}$이고, ㉠, ㉡을 연립하여 풀면

㉠에 $c=-\frac{3}{2}$을 대입하면 $a+b=1$이고 ㉡에서 $-a+b=2$이므로 이 두식을 연립하여 풀면 돼.

$a=-\frac{1}{2}$, $b=\frac{3}{2}$

$\therefore 2a+4b-10c=2\times\left(-\frac{1}{2}\right)+4\times\frac{3}{2}-10\times\left(-\frac{3}{2}\right)$

$=-1+6+15=20$

수능 핵강

감소함수 $f(x)$와 그 역함수 $f^{-1}(x)$와의 교점의 x좌표가 -1, 1, 2로 3개라는 것으로부터 $y=f(x)$의 그래프와 직선 $y=x$와의 교점은 그 중 단 하나 뿐이라는 것을 알 수 있어. 그 점이 $x\ne1$인 경우를 생각해보자.

(i) $y=f(x)$의 그래프와 직선 $y=x$의 교점이 $(-1, -1)$인 경우,
나머지 두 점은 $y=f(x)$와 $y=f^{-1}(x)$의 그래프의 교점이므로 직선 $y=x$에 대하여 대칭이야.
즉, $(1, 2)$, $(2, 1)$이지.
하지만 이 세 점을 지나는 감소함수 $f(x)$는 존재하지 않아.

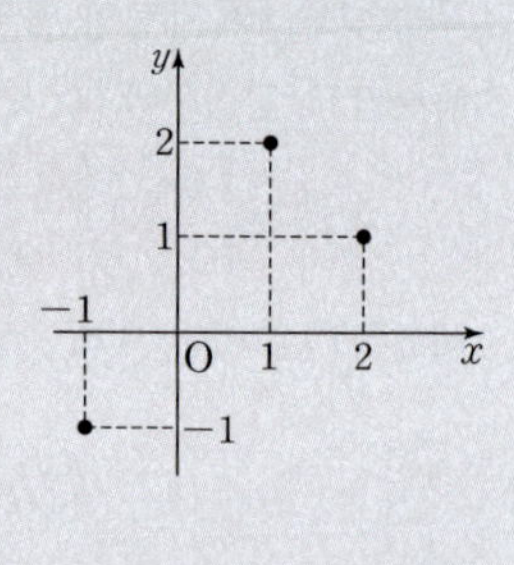

(ii) $y=f(x)$의 그래프와 직선 $y=x$의 교점이 $(2, 2)$인 경우,
나머지 두 점은 $y=f(x)$와 $y=f^{-1}(x)$의 그래프의 교점이므로 직선 $y=x$에 대하여 대칭이야.
즉, $(-1, 1)$, $(1, -1)$이야.
하지만 이 경우에도 세 점을 지나는 감소함수 $f(x)$는 존재하지 않아.

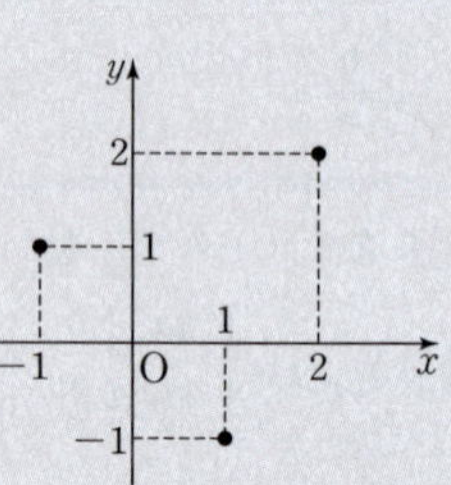

따라서 위의 문제를 풀 때에는 $y=f(x)$와 그 역함수 $y=f^{-1}(x)$의 그래프의 교점을 $(-1, 2)$, $(1, 1)$, $(2, -1)$로 놓을 수 있었던 거야.

D 23 정답 ③ *그래프를 이용한 함수의 연속성 ······ [정답률 61%]

(정답 공식: 함수 $y=f(-x)$의 그래프는 $y=f(x)$의 그래프를 y축에 대하여 대칭이동한 것이다.)

함수 $y=f(x)$의 그래프가 그림과 같다.

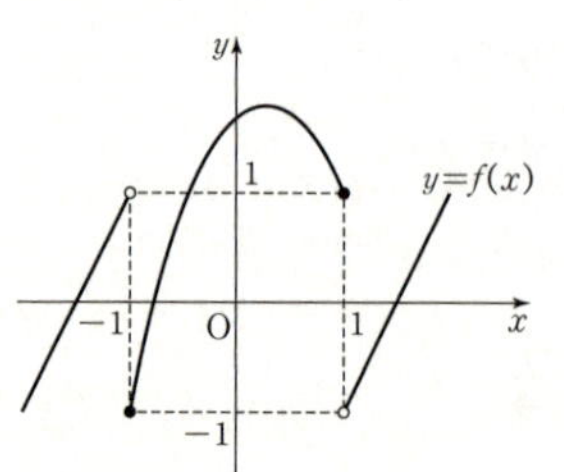

[보기]에서 옳은 것만을 있는 대로 고른 것은? (4점)

[보기]

ㄱ. $\lim_{x\to-1-}f(x)+\lim_{x\to1+}f(x)=0$

ㄴ. $\lim_{x\to1}f(-x)$는 존재한다. 단서1 $-x=t$로 치환하면 $x\to1+$일 때 $t\to-1-$이고, $x\to1-$일 때 $t\to-1+$야.

ㄷ. 함수 $f(x)f(-x)$는 $x=1$에서 연속이다.

단서2 $\lim_{x\to1+}f(x)f(-x)=\lim_{x\to1-}f(x)f(-x)=f(1)f(-1)$인지 확인해야 해.

① ㄱ ② ㄴ ③ ㄱ, ㄷ
④ ㄴ, ㄷ ⑤ ㄱ, ㄴ, ㄷ

1st 주어진 그래프에서 극한값을 구하자.

ㄱ. $\lim_{x\to-1-}f(x)+\lim_{x\to1+}f(x)=1+(-1)=0$ (참)

ㄴ. $\lim_{x\to1}f(-x)$에서 $-x=t$로 치환하면 $\lim_{t\to-1}f(t)$이다.

이때, $x=1$에서 좌극한값을 구하면 → $-x=t$라 하면 $x\to1-$일 때 $t\to-1+$이고 $x\to1+$일 때 $t\to-1-$야.

$\lim_{x\to1-}f(-x)=\lim_{t\to-1+}f(t)=-1$

우극한값을 구하면

$\lim_{x\to1+} f(-x)=\lim_{t\to-1-} f(t)=1$

따라서 $\lim_{x\to1-} f(-x)\neq\lim_{x\to1+} f(-x)$이므로

함수 $f(-x)$는 $x=1$에서의 극한값이 존재하지 않는다. (거짓)

2nd 연속의 정의를 이용하여 $x=1$에서 함수 $f(x)f(-x)$의 연속성을 판단하자.

ㄷ. $f(1)f(-1)=1\times(-1)=-1$이고,

ㄴ과 같이 $f(-x)$에서 $-x=t$로 치환하면

$$\lim_{x\to1-} f(x)f(-x)=\lim_{x\to1-} f(x)\times\lim_{t\to-1+} f(t)=1\times(-1)=-1$$

$$\lim_{x\to1+} f(x)f(-x)=\lim_{x\to1+} f(x)\times\lim_{t\to-1-} f(t)=(-1)\times1=-1$$

$\therefore \lim_{x\to1} f(x)f(-x)=-1$

따라서 $f(1)f(-1)=\lim_{x\to1} f(x)f(-x)$이므로

함수 $f(x)f(-x)$는 $x=1$에서 연속이다. (참) → $f(a)=\lim_{x\to a} f(x)$를 만족하면 $f(x)$는 $x=a$에서 연속이야.

따라서 옳은 것은 ㄱ, ㄷ이다.

수능 핵강

$\lim_{x\to1} f(-x)$의 값을 구할 때, $-x=t$로 치환하여 구하자.
이처럼 f 속에 $-x$가 있다면 거의 대부분 t로 치환하여 극한값을 구해.
만약 t로 치환하지 않고 바로 풀려면 주어진 $y=f(x)$의 그래프를 $y=f(-x)$로 바꾸어야 해.
즉, y축을 기준으로 좌우가 바뀌게 그래프를 그리면 되지만 쉽지 않아. 치환이 훨씬 편하지?

D 24 정답 ③ *그래프를 이용한 함수의 연속성 [정답률 65%]

정답 공식: $x=1$, $x=-1$에서 두 함수 $f(x)$, $g(x)$의 좌극한, 우극한을 구한 후 새롭게 정의된 함수에 적용한다.

다음은 두 함수 $y=f(x)$와 $y=g(x)$의 그래프이다.

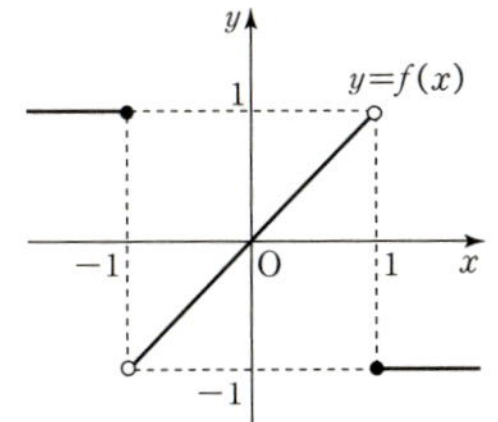

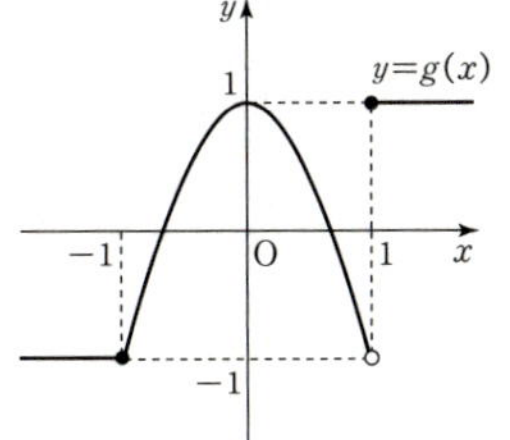

[보기]에서 항상 옳은 것을 모두 고르면? (4점)

[보기]

ㄱ. $\lim_{x\to1}\{f(x)\}^2=1$

ㄴ. 함수 $\dfrac{g(x)}{f(x)}$는 $x=-1$에서 연속이다.

ㄷ. 함수 $|f(x)|+|g(x)|$는 모든 실수에서 연속이다.

단서1 $\lim_{x\to-1+}\dfrac{g(x)}{f(x)}=\lim_{x\to-1-}\dfrac{g(x)}{f(x)}=\dfrac{g(-1)}{f(-1)}$인지 확인하자!

단서2 두 함수 $f(x)$, $g(x)$가 불연속인 점에 대하여 $|f(x)|+|g(x)|$의 연속성을 확인해.

① ㄱ ② ㄴ ③ ㄱ, ㄷ
④ ㄴ, ㄷ ⑤ ㄱ, ㄴ, ㄷ

1st 각 점에서의 좌 · 우극한값이 같으면 극한값이 존재하지?

ㄱ. $\lim_{x\to1+}\{f(x)\}^2=(-1)^2=1$

$\lim_{x\to1-}\{f(x)\}^2=1^2=1$

$\therefore \lim_{x\to1}\{f(x)\}^2=1$ (참)

2nd 좌 · 우극한값과 함숫값이 같으면 연속이지?

ㄴ. $\lim_{x\to-1+}\dfrac{g(x)}{f(x)}=\dfrac{-1}{-1}=1$

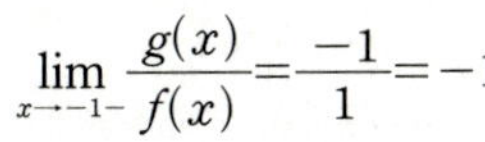

$\lim_{x\to-1-}\dfrac{g(x)}{f(x)}=\dfrac{-1}{1}=-1$

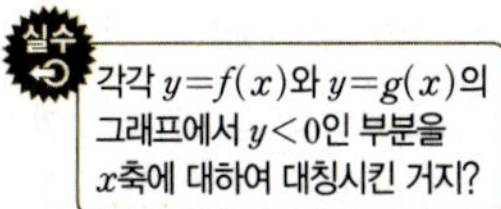

실수
각각 $y=f(x)$와 $y=g(x)$의 그래프에서 $y<0$인 부분을 x축에 대하여 대칭시킨 거지?

즉, $\lim_{x\to-1}\dfrac{g(x)}{f(x)}$의 값이 존재하지 않으므로 함수 $\dfrac{g(x)}{f(x)}$는

$x=-1$에서 연속이 아니다. (거짓) → 극한값이 존재하지 않으니까 함숫값을 구할 필요도 없이 $x=-1$에서 불연속임을 알 수 있어.

ㄷ. 함수 $y=|f(x)|$와 $y=|g(x)|$의 그래프를 그리면 다음과 같다.

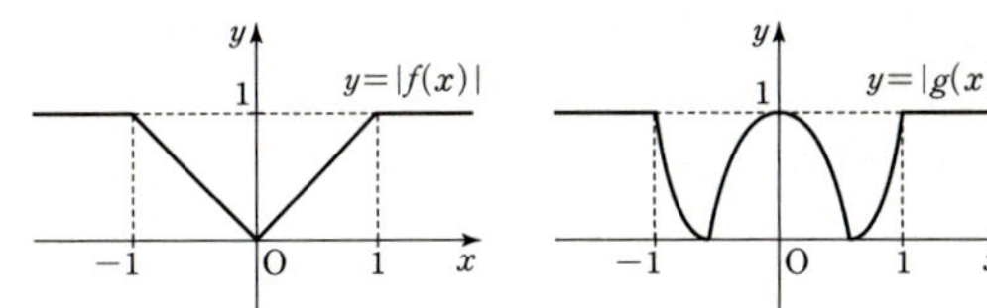

두 함수 모두 실수 전체에서 연속이므로 두 함수의 합인

$|f(x)|+|g(x)|$도 모든 실수에서 연속이다. (참)

따라서 옳은 것은 ㄱ, ㄷ이다.

D 25 정답 ④ *그래프를 이용한 함수의 연속성 [정답률 52%]

정답 공식: 두 함수의 곱으로 이루어진 함수의 연속성은 각 함수가 불연속인 점에서 확인한다.

함수의 그래프가 다음과 같이 주어져 있다.

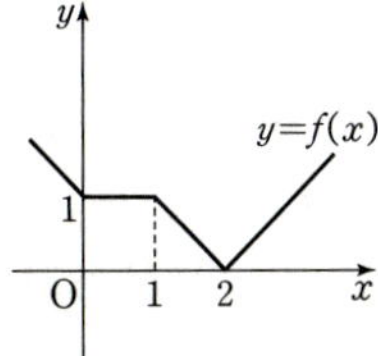

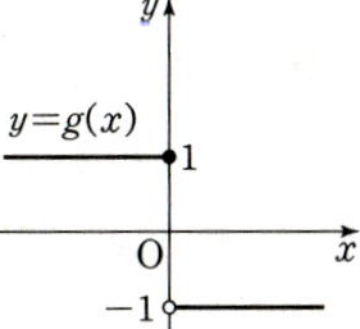

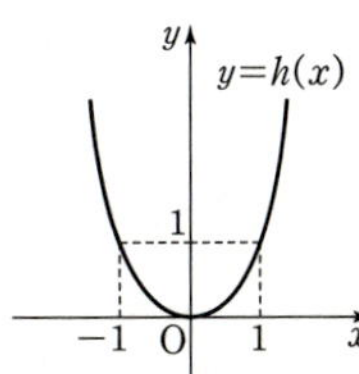

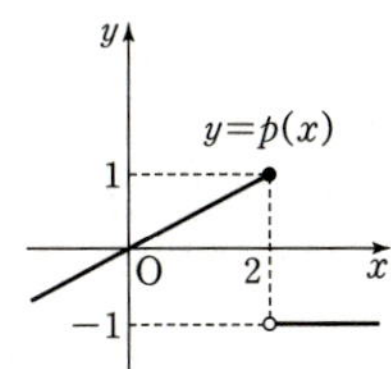

다음 [보기] 중에서 모든 실수 x에 대하여 연속인 함수만을 있는 대로 고른 것은? (4점)

[보기]

ㄱ. $f(x)h(x)$

ㄴ. $f(x)g(x)$

ㄷ. $f(x)p(x)$

단서 주어진 네 함수 $f(x)$, $g(x)$, $h(x)$, $p(x)$가 각각 불연속인 점에 대하여 [보기]의 함수의 연속성을 판단하면 돼.

① ㄱ ② ㄴ ③ ㄱ, ㄴ ④ ㄱ, ㄷ ⑤ ㄴ, ㄷ

1st 네 함수가 불연속인 점에 대해서 [보기]의 함수들의 연속을 판단하자.

ㄱ. $y=f(x)$, $y=h(x)$는 연속함수이므로

$y=f(x)h(x)$도 연속함수이다. ← Yes!

→ $y=f(x)$, $y=h(x)$는 모든 실수 x에 대하여 각각 연속이야.

ㄴ. $y=f(x)$는 연속함수이지만 $y=g(x)$는 $x=0$에서만 불연속이므로 $x=0$에서 $y=f(x)g(x)$의 연속성을 살펴보자.

$\lim_{x\to 0+} f(x)g(x)=1\cdot(-1)=-1$

$\lim_{x\to 0-} f(x)g(x)=1\cdot 1=1$

실수 두 함수식의 곱으로 정의된 함수는 각 함수가 불연속인 점에서의 연속성만 확인하면 되지?

즉, $y=f(x)g(x)$는 $x=0$에서 연속이 아니다. ← No!

ㄷ. $y=f(x)$는 연속함수이지만 $y=p(x)$는 $x=2$에서만 불연속이므로 $x=2$에서 $y=f(x)p(x)$의 연속성을 살펴보자.

$\lim_{x\to 2+} f(x)p(x)=0\cdot(-1)=0$

$\lim_{x\to 2-} f(x)p(x)=0\cdot 1=0$

$f(2)p(2)=0\cdot 1=0$

→ 함수 $f(x)$가 실수 a에 대하여 다음 세 가지 조건을 만족할 때, 함수 $f(x)$는 $x=a$에서 연속이라고 한다.
(i) $f(a)$가 정의되었고, (ii) $\lim_{x\to a} f(x)$가 존재하며, (iii) $f(a)=\lim_{x\to a} f(x)$

즉, $y=f(x)p(x)$는 $x=2$에서 연속이므로 $y=f(x)p(x)$는 연속함수이다. ← Yes!

따라서 연속인 함수는 ㄱ, ㄷ이다.

D 26 정답 ③ *그래프를 이용한 함수의 연속성 [정답률 48%]

정답 공식: 그래프에서 좌극한과 우극한, 함숫값을 구하여 새롭게 정의된 함수에 대한 참, 거짓을 판단한다.

닫힌구간 $[-1, 1]$에서 정의된 함수 $y=f(x)$의 그래프가 그림과 같다.

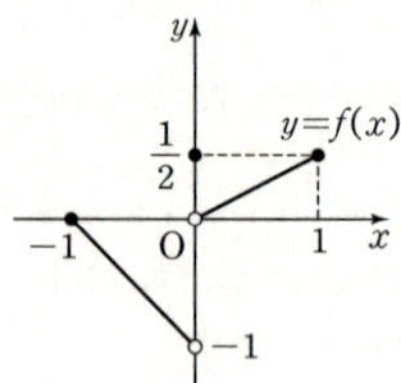

닫힌구간 $[-1, 1]$에서 두 함수 $g(x)$, $h(x)$가

$g(x)=f(x)+|f(x)|$, $h(x)=f(x)+f(-x)$

일 때, [보기]에서 옳은 것만을 있는 대로 고른 것은? (4점)

[보기]

ㄱ. $\lim_{x\to 0} g(x)=0$ **단서1** 함수 $g(x)$의 $x=0$에서의 좌극한값과 우극한값을 이용하여 극한값을 구해.

ㄴ. 함수 $|h(x)|$는 $x=0$에서 연속이다.
단서2 $\lim_{x\to 0}|h(x)|=|h(0)|$인지 확인해.

ㄷ. 함수 $g(x)|h(x)|$는 $x=0$에서 연속이다.
단서3 $\lim_{x\to 0} g(x)|h(x)|=g(0)|h(0)|$인지 확인해.

① ㄱ ② ㄷ ③ ㄱ, ㄴ ④ ㄴ, ㄷ ⑤ ㄱ, ㄴ, ㄷ

1st 함수 $g(x)$의 $x=0$에서의 극한값이 존재하는지 확인해.

ㄱ. $\lim_{x\to 0+} g(x)=\lim_{x\to 0+}\{f(x)+|f(x)|\}$

$=\lim_{x\to 0+} f(x)+\lim_{x\to 0+}|f(x)|=0+0=0$

$\lim_{x\to 0-} g(x)=\lim_{x\to 0-}\{f(x)+|f(x)|\}$

$=\lim_{x\to 0-} f(x)+\lim_{x\to 0-}|f(x)|$

$=-1+|-1|=-1+1=0$

→ $\lim_{x\to 0-}|f(x)|=|\lim_{x\to 0-} f(x)|=|-1|=1$

즉, $\lim_{x\to 0+} g(x)=\lim_{x\to 0-} g(x)=0$이므로 $\lim_{x\to 0} g(x)=0$이다. (참)

→ 함수 $g(x)$가 $x=0$에서의 좌극한값과 우극한값이 같으므로 극한값이 존재해.

2nd 함수 $|h(x)|$의 $x=0$에서의 극한값과 함숫값을 구하여 연속인지 확인하자.

ㄴ. $\lim_{x\to 0+} h(x)=\lim_{x\to 0+}\{f(x)+f(-x)\}$

$=\lim_{x\to 0+} f(x)+\lim_{x\to 0+} f(-x)$

$=\lim_{x\to 0+} f(x)+\lim_{x\to 0-} f(x)$

$=0+(-1)=-1$

→ $-x=t$라 하면 $x\to 0+$일 때 $t\to 0-$야.
$\therefore \lim_{x\to 0+} f(-x)=\lim_{t\to 0-} f(t)=\lim_{x\to 0-} f(x)$

$\lim_{x\to 0-} h(x)=\lim_{x\to 0-}\{f(x)+f(-x)\}$

$=\lim_{x\to 0-} f(x)+\lim_{x\to 0-} f(-x)$

$=\lim_{x\to 0-} f(x)+\lim_{x\to 0+} f(x)$

$=(-1)+0=-1$

즉, $\lim_{x\to 0+} h(x)=\lim_{x\to 0-} h(x)=-1$이므로

$\lim_{x\to 0} h(x)=-1$에서 $\lim_{x\to 0}|h(x)|=|-1|=1$이다.

한편, $h(0)=f(0)+f(0)=2f(0)=2\times\frac{1}{2}=1$이므로

$|h(0)|=1$

따라서 $\lim_{x\to 0}|h(x)|=|h(0)|$이므로 함수 $|h(x)|$는 $x=0$에서 연속이다. (참)

→ $\lim_{x\to a} f(x)=f(a)$이면 $x=a$에서 함수 $f(x)$는 연속이야.

3rd 함수 $g(x)|h(x)|$의 $x=0$에서의 극한값과 함숫값을 구하여 연속인지 확인하자.

ㄷ. $\lim_{x\to 0} g(x)|h(x)|=\lim_{x\to 0} g(x)\times\lim_{x\to 0}|h(x)|=0\times 1=0$ ($\because$ ㄱ, ㄴ)

그런데 $g(0)=f(0)+|f(0)|=\frac{1}{2}+\left|\frac{1}{2}\right|=1$이고

$|h(0)|=1$이므로 $g(0)|h(0)|=1\times 1=1$

즉, $\lim_{x\to 0} g(x)|h(x)|\neq g(0)|h(0)|$이므로

함수 $g(x)|h(x)|$는 $x=0$에서 불연속이다. (거짓)

따라서 옳은 것은 ㄱ, ㄴ이다.

[다른 풀이]

함수 $f(x)$를 식으로 나타내면

$$f(x)=\begin{cases}-x-1 & (-1\le x<0)\\ \frac{1}{2} & (x=0)\\ \frac{1}{2}x & (0<x\le 1)\end{cases}$$ 이므로

$$|f(x)|=\begin{cases}x+1 & (-1\le x<0)\\ \frac{1}{2} & (x=0)\\ \frac{1}{2}x & (0<x\le 1)\end{cases}$$ 이고,

$$f(-x)=\begin{cases}-\frac{1}{2}x & (-1\le x<0)\\ \frac{1}{2} & (x=0)\\ x-1 & (0<x\le 1)\end{cases}$$ 이야.

→ 함수 $f(-x)$는 함수 $f(x)$를 y축에 대하여 대칭이동시킨 함수야.

$$\therefore g(x)=f(x)+|f(x)|=\begin{cases}0 & (-1\le x<0)\\ 1 & (x=0)\\ x & (0<x\le 1)\end{cases}$$

$$h(x)=f(x)+f(-x)=\begin{cases}-\frac{3}{2}x-1 & (-1\le x<0)\\ 1 & (x=0)\\ \frac{3}{2}x-1 & (0<x\le 1)\end{cases}$$

따라서 두 함수 $g(x)=f(x)+|f(x)|$, $h(x)=f(x)+f(-x)$의 그래프를 그리면 다음과 같아.

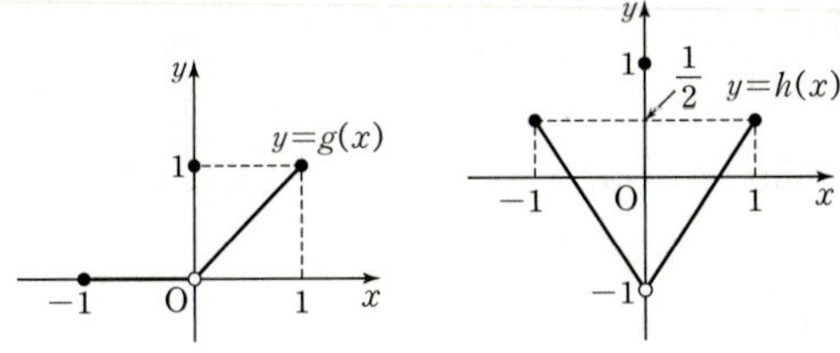

ㄱ. $\lim_{x\to0+}g(x)=0$, $\lim_{x\to0-}g(x)=0$이므로 $\lim_{x\to0}g(x)=0$이야. (참)

ㄴ. $\lim_{x\to0+}|h(x)|=|-1|=1$, $\lim_{x\to0-}|h(x)|=|-1|=1$

$|h(0)|=1$

즉, $\lim_{x\to0}|h(x)|=|h(0)|$이므로 함수 $|h(x)|$는 $x=0$에서 연속이야. (참)

ㄷ. $\lim_{x\to0}g(x)|h(x)|=\lim_{x\to0}g(x)\times\lim_{x\to0}|h(x)|=0\times1=0$

그런데 $g(0)|h(0)|=1\times1=1$이야.

즉, $\lim_{x\to0}g(x)|h(x)|\neq g(0)|h(0)|$이므로 함수 $g(x)|h(x)|$는 $x=0$에서 불연속이지. (거짓)

따라서 옳은 것은 ㄱ, ㄴ이야.

D 27 정답 ③ *합성함수의 연속 [정답률 51%]

정답 공식: 합성함수 $f(g(x))$가 $x=a$에서 연속이면 $f(g(a))=\lim_{x\to a}f(g(x))$가 성립한다.

함수 $y=f(x)$의 그래프가 그림과 같다.

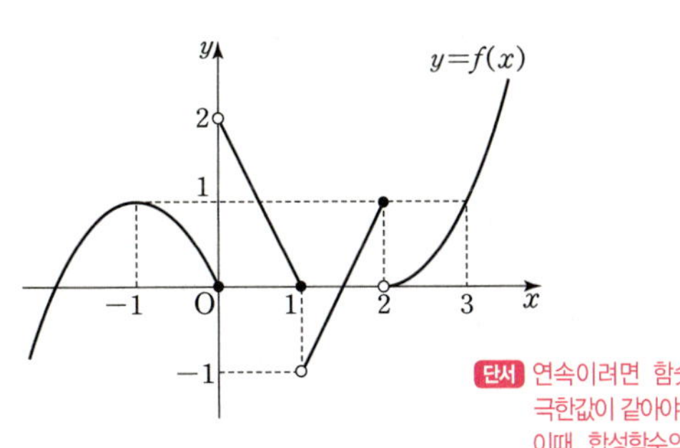

단서 연속이려면 함숫값과 극한값이 같아야 해. 이때, 합성함수의 극한값을 구할 때에는 치환을 이용하는 것이 좋아.

옳은 것만을 [보기]에서 있는 대로 고른 것은? (4점)

[보기]

ㄱ. 함수 $f(x-1)$은 $x=0$에서 연속이다.

ㄴ. 함수 $f(x)f(-x)$는 $x=1$에서 연속이다.

ㄷ. 함수 $f(f(x))$는 $x=3$에서 불연속이다.

① ㄱ ② ㄱ, ㄴ ③ ㄱ, ㄷ
④ ㄴ, ㄷ ⑤ ㄱ, ㄴ, ㄷ

1st $x=a$에서 연속이면 $\lim_{x\to a}f(x)=f(a)$여야 해.

ㄱ. 함수 $f(x-1)$에서 $x-1=t$라 치환하면 $x\longrightarrow0$일 때, $t\longrightarrow-1$이므로

$\lim_{x\to0}f(x-1)=\lim_{t\to-1}f(t)=1$

($x\to0+$일 때, $t\to-1+$이므로 $\lim_{x\to0+}f(x-1)=\lim_{t\to-1+}f(t)=1$ 또한, $x\to0-$일 때, $t\to-1-$이므로 $\lim_{x\to0-}f(x-1)=\lim_{t\to-1-}f(t)=1$)

즉, $f(0-1)=f(-1)=1$이므로 함수 $f(x-1)$은 $x=0$에서 연속이다. (참)

ㄴ. $\lim_{x\to1+}f(x)f(-x)=\lim_{x\to1+}f(x)\times\lim_{x\to1+}f(-x)$

주의 각각의 극한값이 존재하니까 이렇게 나타낼 수 있는 거야.

$=(-1)\times\lim_{s\to-1-}f(s)$

$=(-1)\times1=-1$

$\lim_{x\to1-}f(x)f(-x)=\lim_{x\to1-}f(x)\times\lim_{x\to1-}f(-x)$

$=0\times\lim_{s\to-1+}f(s)$

$=0\times1=0$

($-x=s$로 치환하면 $x\to1+$일 때, $s\to-1-$야.)

즉, 극한값이 존재하지 않으므로 함수 $f(x)f(-x)$는 $x=1$에서 불연속이다. (거짓)

ㄷ. $\lim_{x\to3+}f(f(x))=\lim_{r\to1+}f(r)=-1$

$\lim_{x\to3-}f(f(x))=\lim_{r\to1-}f(r)=0$

($f(x)=r$라 하면 $x\to3+$일 때, $r\to1+$ $x\to3-$일 때, $r\to1-$)

즉, 극한값이 존재하지 않으므로 함수 $f(f(x))$는 $x=3$에서 불연속이다. (참)

따라서 옳은 것은 ㄱ, ㄷ이다.

D 28 정답 ② *합성함수의 연속 [정답률 78%]

정답 공식: 두 함수 $f(x)$, $g(x)$에 대하여 합성함수 $(f\circ g)(x)$가 $x=a$에서 연속이려면 $\lim_{x\to a+}(f\circ g)(x)=\lim_{x\to a-}(f\circ g)(x)=(f\circ g)(a)$가 성립해야 한다.

실수 전체의 집합에서 정의된 두 함수

$$f(x)=\begin{cases}0 & (x<2)\\1 & (x=2)\\2 & (x>2)\end{cases},\quad g(x)=\begin{cases}-1 & (x<2)\\0 & (x=2)\\1 & (x>2)\end{cases}$$

에 대하여 옳은 것만을 [보기]에서 있는 대로 고른 것은? (3점)

단서1 우극한값과 좌극한값이 존재하고 그 값이 서로 같아야 해.

[보기]

ㄱ. $\lim_{x\to2}(f\circ f)(x)$의 값이 존재한다.

단서2 $\lim_{x\to2}(f\circ g)(x)=(f\circ g)(2)$가 성립해야 해.

ㄴ. 합성함수 $(f\circ g)(x)$는 $x=2$에서 연속이다.

ㄷ. 합성함수 $(g\circ f)(x)$는 $x=2$에서 연속이다.

단서3 $\lim_{x\to2}(g\circ f)(x)=(g\circ f)(2)$가 성립해야 해.

① ㄱ ② ㄴ ③ ㄷ
④ ㄱ, ㄴ ⑤ ㄴ, ㄷ

1st 함수 $f(x)$에 대하여 극한값이 존재하려면 $\lim_{x\to a+}f(x)=\lim_{x\to a-}f(x)$이어야 해.

합성함수 $(f\circ f)(x)$의 $x=2$에서의 우극한값과 좌극한값이 각각 존재하지만 그 값이 서로 다르므로 $\lim_{x\to2}(f\circ f)(x)$의 값은 존재하지 않아.

ㄱ. $\lim_{x\to2+}(f\circ f)(x)=\lim_{x\to2+}f(f(x))=f(2)=1$

$\lim_{x\to2-}(f\circ f)(x)=\lim_{x\to2-}f(f(x))=f(0)=0$

즉, $\lim_{x\to2}(f\circ f)(x)$의 값은 존재하지 않는다. (거짓)

2nd 두 함수 $(f\circ g)(x)$, $(g\circ f)(x)$가 $x=2$에서 연속인지를 확인하자.

함수 $f(x)$가 $x=a$에서 연속이면 (i) $x=a$에서 함수 $f(x)$가 정의되어 있고 (ii) $\lim_{x\to a}f(x)$의 값이 존재하며 (iii) $f(a)=\lim_{x\to a}f(x)$가 성립해야 해.

ㄴ. $\lim_{x\to2+}(f\circ g)(x)=\lim_{x\to2+}f(g(x))=f(1)=0$,

$\lim_{x\to2-}(f\circ g)(x)=\lim_{x\to2-}f(g(x))=f(-1)=0$이고

$(f\circ g)(2)=f(g(2))=f(0)=0$이므로

$\lim_{x\to2+}(f\circ g)(x)=\lim_{x\to2-}(f\circ g)(x)=(f\circ g)(2)$

따라서 합성함수 $(f\circ g)(x)$는 $x=2$에서 연속이다. (참)

ㄷ. $\lim_{x\to2+}(g\circ f)(x)=\lim_{x\to2+}g(f(x))=g(2)=0$,

$\lim_{x\to2-}(g\circ f)(x)=\lim_{x\to2-}g(f(x))=g(0)=-1$이므로

$\lim_{x\to2+}(g\circ f)(x)\neq\lim_{x\to2-}(g\circ f)(x)$

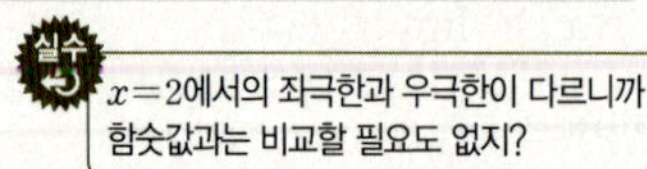

실수
$x=2$에서의 좌극한과 우극한이 다르니까
함숫값과는 비교할 필요도 없지?

따라서 합성함수 $(g\circ f)(x)$는 $x=2$에서 불연속이다. (거짓)
$x=2$에서의 극한값이 존재하지 않아.

따라서 옳은 것은 ㄴ이다.

D 29 정답 ③ *합성함수의 연속 [정답률 57%]

정답 공식: 두 함수 $f(x)$, $g(x)$에 대하여 합성함수 $(f\circ g)(x)$가 $x=a$에서 연속이려면 $\lim_{x\to a+}(f\circ g)(x)=\lim_{x\to a-}(f\circ g)(x)=(f\circ g)(a)$가 성립해야 한다.

두 함수 $y=f(x)$와 $y=g(x)$의 그래프가 그림과 같다.

옳은 것만을 [보기]에서 있는 대로 고른 것은? (4점)

[보기]

ㄱ. $\lim_{x\to-1}f(f(x))=1$

ㄴ. $\lim_{x\to1}f(g(x))=-1$

ㄷ. 함수 $y=g(g(x))$의 불연속점의 개수는 1이다.

단서1 함수 $f(f(x))$, $f(g(x))$의 $x=-1$, $x=1$에서의 좌극한과 우극한이 같은지 확인해야 해.

단서2 함수 $g(x)$가 $x=1$, $x=-1$을 제외한 모든 점에서 연속이므로 $g(g(x))$의 불연속점은 $x=1$, $x=-1$에서만 확인하면 돼.

① ㄱ ② ㄴ ③ ㄷ ④ ㄱ, ㄷ ⑤ ㄴ, ㄷ

1st $x=-1$에서의 좌극한과 우극한을 구해 비교해 봐.

ㄱ. 극한값의 존재여부를 확인하려면 좌극한과 우극한을 비교하면 된다.
$\lim_{x\to a}f(x)=L \Longleftrightarrow \lim_{x\to a+}f(x)=\lim_{x\to a-}f(x)=L$

$\lim_{x\to-1-}f(f(x))=f(-1)=1$

$\lim_{x\to-1+}f(f(x))=\lim_{t\to-1+}f(t)=-1$

$f(x)=t$로 놓으면 $x\to-1+$일 때, $t\to-1+$이므로 $\lim_{x\to-1+}f(f(x))=\lim_{t\to-1+}f(t)=-1$

즉, (좌극한)$\neq$(우극한)이므로 $\lim_{x\to-1}f(f(x))$는 존재하지 않는다. (거짓)

ㄴ. $\lim_{x\to1-}f(g(x))=\lim_{s\to-1+}f(s)=-1$

$\lim_{x\to1+}f(g(x))=\lim_{s\to1+}f(s)=1$

$g(x)=s$로 놓으면 $x\to1-$일 때, $s\to-1+$
$x\to1+$일 때, $s\to1+$

즉, (좌극한)$\neq$(우극한)이므로 $\lim_{x\to1}f(g(x))$는 존재하지 않는다. (거짓)

2nd $x=1$, $x=-1$에서의 연속성을 확인하자.

ㄷ. 함수 $g(x)$가 $x=1$, $x=-1$을 제외한 모든 점에서 연속이므로 $x=1$, $x=-1$에서의 연속성을 확인하면 된다.

(i) $x=-1$에서의 연속성부터 확인하자.

함수 $f(x)$가 실수 a에 대하여 다음 조건을 모두 만족시킬 때, $f(x)$는 $x=a$에서 연속이라고 한다.
(i) $x=a$에서 정의되어 있다.
(ii) 극한값 $\lim_{x\to a}f(x)$가 존재한다.
(iii) $\lim_{x\to a}f(x)=f(a)$

$\lim_{x\to-1-}g(g(x))=\lim_{r\to-1-}g(r)=-1$

$\lim_{x\to-1+}g(g(x))=\lim_{r\to1-}g(r)=-1$

$g(g(-1))=g(-1)=-1$

즉, $\lim_{x\to-1}g(g(x))=g(g(-1))=-1$이므로 함수 $g(g(x))$는 $x=-1$에서 연속이다.

(ii) $x=1$에서의 연속성을 확인하자.

$\lim_{x\to1-}g(g(x))=\lim_{r\to-1+}g(r)=1$

$\lim_{x\to1+}g(g(x))=\lim_{r\to1+}g(r)=1$

$g(g(1))=g(-1)=-1$

즉, $\lim_{x\to1}g(g(x))\neq g(g(1))$이므로 함수 $g(g(x))$는 $x=1$에서 연속이 아니다.

(i), (ii)에 의하여 함수 $g(g(x))$의 불연속점의 개수는 1이다. (참)

따라서 옳은 것은 ㄷ이다.

D 30 정답 ⑤ *합성함수의 연속 [정답률 55%]

정답 공식: 합성함수 $f(g(x))$가 $x=a$에서 연속이면 $f(g(a))=\lim_{x\to a}f(g(x))$가 성립한다.

두 함수

$$f(x)=\begin{cases}x^2-x+2a & (x\geq1)\\ 3x+a & (x<1)\end{cases},\ g(x)=x^2+ax+3$$

에 대하여 합성함수 $(g\circ f)(x)$가 실수 전체의 집합에서 연속이 되도록 하는 모든 상수 a의 값의 합은? (4점)

단서1 함수 $f(x)$는 모든 실수에서 연속일 수도 있고, $x=1$에서 불연속일 수도 있어.

단서2 함수 $f(x)$의 불연속점이 있으면 그 점에서 $g(f(x))$가 연속이 되어야 해.

① $\frac{7}{4}$ ② $\frac{15}{8}$ ③ 2 ④ $\frac{17}{8}$ ⑤ $\frac{9}{4}$

1st 두 함수 $f(x)$, $g(x)$가 모든 실수에서 연속이면 합성함수 $(g\circ f)(x)$는 모든 실수에서 연속이야.

함수 $g(x)$가 모든 실수에서 연속이므로 함수 $f(x)$를 다음과 같이 나누어서 생각하자.

(i) 함수 $f(x)$가 모든 실수에서 연속인 경우

$\lim_{x\to1+}f(x)=1-1+2a=2a$,

$\lim_{x\to1-}f(x)=3+a$이고

$f(1)=1-1+2a=2a$이므로

$\lim_{x\to1}f(x)=f(1)$에서

$2a=3+a \quad \therefore a=3$

(ii) 함수 $f(x)$가 $x=1$에서 불연속인 경우, 즉 $a\neq3$인 경우

$\lim_{x\to1+}(g\circ f)(x)=(2a)^2+a\times2a+3=6a^2+3$

$\lim_{x\to1+}f(x)=\lim_{x\to1+}(x^2-x+2a)=2a$이고 $g(x)$는 연속함수이므로 $g(x)$에 x 대신 $2a$를 대입할 수 있어.

$\lim_{x\to1-}(g\circ f)(x)=(3+a)^2+a\times(3+a)+3=2a^2+9a+12$

마찬가지로 $\lim_{x\to1-}f(x)=\lim_{x\to1-}(3x+a)=3+a$이므로 $g(x)$에 x 대신 $3+a$를 대입하면 돼.

$(g\circ f)(1)=g(f(1))=g(2a)=6a^2+3$이므로

$\lim_{x\to1+}(g\circ f)(x)=\lim_{x\to1-}(g\circ f)(x)=(g\circ f)(1)$에서

$6a^2+3=2a^2+9a+12$

$4a^2-9a-9=0$, $(a-3)(4a+3)=0$

$\therefore a=-\frac{3}{4}$ $(\because a\neq3)$

(i), (ii)에 의하여 주어진 조건을 만족하는 모든 상수 a의 값의 합은

$3+\left(-\frac{3}{4}\right)=\frac{9}{4}$

쉬운 풀이

단순하게 생각해 볼까? $f(x)$가 $x=1$에서 불연속이 될 수 있으므로 $x=1$에서 합성함수 $g(f(x))$의 연속성을 따져주자.

$\lim_{x\to1+}g(f(x))=\lim_{x\to1-}g(f(x))=g(f(1))$이 성립해야 하므로 $g(2a)=g(a+3)$으로 (ii)에서 구한 이차방정식 $4a^2-9a-9=0$이 나와.

따라서 이차방정식의 근과 계수의 관계에 의해 a의 값의 합은 $\frac{9}{4}$야.

수능 핵강

합성함수의 극한값 $\lim_{x\to a}(f\circ g)(x)$는 우선 x값이 a에 가까워지면 $g(x)$의 값이 b로 가까이 간다고 하자. 이때 $g(x)=b$, $g(x)\to b+$, $g(x)\to b-$ 중 무엇인지는 그래프를 보면 알 수 있을 거야. 즉, $f(b)$, $\lim_{x\to b-}f(x)$, $\lim_{x\to b+}f(x)$ 중 무엇을 구해야 하는지 판단하여 극한값을 구해야하는 것을 명심해.

D 31 정답 ⑤ *합성함수의 연속성 [정답률 60%]

정답 공식: 합성함수 $f(g(x))$가 $x=a$에서 연속이려면 (i) $f(g(x))$가 $x=a$에서 정의되고 (ii) $\lim_{x\to a}f(g(x))$의 값이 존재하며 (iii) $f(g(a))=\lim_{x\to a}f(g(x))$를 모두 만족시켜야 한다.

실수 전체의 집합에서 정의된 함수 $y=f(x)$의 그래프는 그림과 같고, 삼차함수 $g(x)$는 최고차항의 계수가 1이고, $g(0)=3$이다. 합성함수 $(g\circ f)(x)$가 실수 전체의 집합에서 연속일 때, $g(3)$의 값은? (4점)

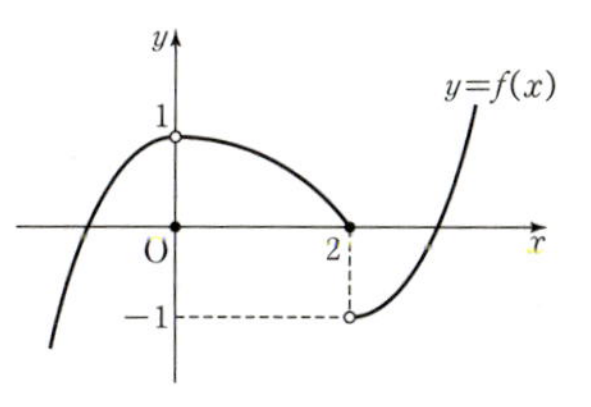

단서 함수 $f(x)$가 $x=0$, $x=2$에서 불연속이므로 $(g\circ f)(x)$가 $x=0$, $x=2$에서 연속이 되게 해야 해.

① 31 ② 30 ③ 29 ④ 28 ⑤ 27

1st 합성함수 $(g\circ f)(x)$가 실수 전체의 집합에서 연속일 조건을 생각해.

삼차함수 $g(x)$는 최고차항의 계수가 1이고 $g(0)=3$이므로 $g(x)=x^3+ax^2+bx+3$이라 하자.

이때, 삼차함수 $g(x)$는 실수 전체의 집합에서 연속이고 함수 $f(x)$는 $x=0$과 $x=2$에서 불연속인 함수이므로 합성함수 $(g\circ f)(x)$가 실수 전체의 집합에서 연속이 되려면 $x=0$과 $x=2$에서 연속이면 된다.

(i) $x=0$에서 연속이어야 하므로

$\lim_{x\to0}g(f(x))=\lim_{t\to1-}g(t)=1+a+b+3=a+b+4$

$y=f(x)$의 그래프에서 $x=0$일 때의 좌극한값과 우극한값이 같은 것이 보이니까 $x\to0+$, $x\to0-$를 확인할 필요는 없어. 또 $x\to0$일 때 $f(x)\to1-$이므로 $\lim_{x\to0}g(f(x))=\lim_{f(x)\to1-}g(f(x))$가 되는 거야.

$g(f(0))=g(0)=3$

$\therefore a+b+4=3 \Rightarrow a+b=-1$ ⋯ ㉠

(ii) $x=2$에서 연속이어야 하므로

$\lim_{x\to2-}g(f(x))=\lim_{t\to0+}g(t)=3$ ← $f(x)=t$라 하면 $x\to2-$일 때 $t\to0+$이므로 $\lim_{x\to2-}g(f(x))=\lim_{t\to0+}g(t)$

$\lim_{x\to2+}g(f(x))=\lim_{t\to-1+}g(t)=-1+a-b+3=a-b+2$ ← $f(x)=t$라 하면 $x\to2+$일 때 $t\to-1+$이므로 $\lim_{x\to2+}g(f(x))=\lim_{t\to-1+}g(t)$야.

$g(f(2))=g(0)=3$

$\therefore a-b+2=3 \Rightarrow a-b=1$ ⋯ ㉡

㉠, ㉡을 연립하면 $a=0$, $b=-1$이므로 $g(x)=x^3-x+3$

$\therefore g(3)=3^3-3+3=27$

D 32 정답 ② *사잇값의 정리 [정답률 55%]

정답 공식: 닫힌구간 $[a, b]$에서 연속인 함수 $f(x)$에 대하여 $f(a)f(b)<0$이면 방정식 $f(x)=0$은 열린구간 (a, b)에서 적어도 하나의 실근을 갖는다.

어떤 실수 α의 네제곱에서 1을 뺀 값이 2α와 같을 때, 다음 중 α가 존재하는 구간은? (3점)

단서 방정식 $\alpha^4-1=2\alpha$의 근이 존재하는 구간을 찾으란 뜻이네. 어떤 구간에서 방정식이 실근을 가짐을 보이려면 사잇값의 정리를 이용하면 돼.

① (0, 1) ② (1, 2) ③ (2, 3) ④ (3, 4) ⑤ (4, 5)

1st 주어진 조건을 식으로 나타내자.

$\alpha^4-1=2\alpha$에서 $\alpha^4-2\alpha-1=0$

실수 사잇값의 정리는 함수가 연속이면 사용할 수 있지.

즉, 방정식 $\alpha^4-2\alpha-1=0$의 실근이 존재하는 구간을 찾으면 된다.

2nd 사잇값의 정리를 활용하여 방정식의 실근이 존재하는 구간을 찾자.

이때, $f(\alpha)=\alpha^4-2\alpha-1$이라 하면 함수 $f(\alpha)$는 모든 실수 α에 대하여 연속이므로 $f(a)f(b)<0$일 때, 사잇값의 정리에 의하여 $f(\alpha)=0$인 α가 열린구간 (a, b)에 적어도 하나 존재한다.

다항함수는 실수 전체의 집합에서 연속이야.

[사잇값의 정리의 활용]
함수 $f(x)$가 닫힌구간 $[a, b]$에서 연속이고, $f(a)f(b)<0$이면 방정식 $f(x)=0$은 열린구간 (a, b)에서 적어도 하나의 실근을 갖는다.

즉, α에 따른 $f(\alpha)$의 부호를 조사하면 다음 표와 같다.

α	0	1	2	3	4	5
$f(\alpha)$	−	−	+	+	+	+

따라서 방정식 $f(\alpha)=0$은 열린구간 (1, 2)에서 적어도 하나의 실근을 가지므로 $\alpha^4-1=2\alpha$를 만족시키는 α는 열린구간 (1, 2)에 적어도 하나 존재한다.

D 33 정답 ③ *사잇값의 정리 [정답률 65%]

정답 공식: 구간 $[a, b]$에서 연속인 함수 $f(x)$에 대하여 $f(a)f(b)<0$이면 방정식 $f(x)=0$은 구간 (a, b)에서 적어도 하나의 실근을 갖는다.

$\lim_{x\to2}\frac{f(x)}{x-2}=4$, $\lim_{x\to4}\frac{f(x)}{x-4}=2$를 만족시키는 다항함수 $f(x)$에 대하여 방정식 $f(x)=0$이 구간 $[2, 4]$에서 적어도 m개의 서로 다른 실근을 갖는다. m의 값은? (3점)

단서2 다항함수는 실수 전체의 집합에서 연속이야.

단서3 '적어도 m개의'라는 표현이 있으니까 우선 사잇값의 정리를 떠올려봐.

① 1 ② 2 ③ 3 ④ 4 ⑤ 5

단서1 극한값이 존재하고 (분모) → 0이므로 (분자) → 0이어야 해. 이를 이용하면 다항식 $f(x)$의 인수를 찾을 수 있어.

1st 극한의 성질을 이용하여 다항식 $f(x)$의 인수를 찾자.

$\lim_{x \to 2} \frac{f(x)}{x-2}=4$에서 $x \to 2$일 때, (분모)$\to 0$이고 극한값이 존재하므로 (분자)$\to 0$이어야 한다.

→ $f(2)=0$이므로 $f(x)$는 일차식 $x-2$로 나누어떨어지지? 즉, $f(x)$는 $x-2$를 인수로 가져.

즉, $f(2)=0$이므로 $f(x)$는 $x-2$를 인수로 가지는 다항함수이다.

마찬가지로 $\lim_{x \to 4} \frac{f(x)}{x-4}=2$에서 $x \to 4$일 때, (분모)$\to 0$이고 극한값이 존재하므로 (분자)$\to 0$이어야 한다.

즉, $f(4)=0$이므로 $f(x)$는 $x-4$를 인수로 가지는 다항함수이다.

따라서 $f(x)$는 $x-2$, $x-4$를 인수로 갖는 다항함수이므로 다항식 $g(x)$에 대하여 $f(x)=(x-2)(x-4)g(x)$로 놓을 수 있다.

2nd 사잇값의 정리를 이용하여 구간 $[2, 4]$에서 방정식 $g(x)=0$의 실근의 개수를 유추해.

문제에 x에 대한 특정 구간 내에서 '적어도 m개의 실근을 가진다.'라는 조건이 있을 때에는 우선 '사잇값의 정리'를 떠올리자. 이때, 사잇값의 정리를 적용할 수 있는 조건을 꼭 확인해보는 것이 중요해. 함정

$\lim_{x \to 2} \frac{f(x)}{x-2}=4$에서 $\lim_{x \to 2} \frac{(x-2)(x-4)g(x)}{x-2}=4$이므로

$-2g(2)=4 \qquad \therefore g(2)=-2$

$\lim_{x \to 2} \frac{(x-2)(x-4)g(x)}{x-2}=4$에서 $\lim_{x \to 2}(x-4)g(x)=4$이므로 $(2-4)\times g(2)=4$야.

또, $\lim_{x \to 4} \frac{f(x)}{x-4}=2$에서 $\lim_{x \to 4} \frac{(x-2)(x-4)g(x)}{x-4}=2$이므로

$2g(4)=2 \qquad \therefore g(4)=1$

$\lim_{x \to 4} \frac{(x-2)(x-4)g(x)}{x-4}=2$에서 $\lim_{x \to 4}(x-2)g(x)=2$이므로 $(4-2)\times g(4)=2$야.

즉, 다항함수 $g(x)$에 대하여 구간 $[2, 4]$에서 $g(2)g(4)<0$이므로 방정식 $g(x)=0$은 적어도 한 개의 실근을 갖는다.

[사잇값의 정리의 활용] 닫힌구간 $[a, b]$에서 연속인 함수 $F(x)$에 대하여 $F(a)F(b)<0$이면 방정식 $F(x)=0$은 열린구간 (a, b)에서 적어도 하나의 실근을 갖는다.

3rd 방정식 $f(x)=0$이 적어도 m개의 실근을 가질 때, m의 값을 구하자.

따라서 방정식 $f(x)=0$, 즉 $(x-2)(x-4)g(x)=0$은 $x=2$, $x=4$를 실근으로 갖고, 구간 $[2, 4]$에서 $g(x)=0$은 적어도 한 개의 실근을 가지므로 방정식 $f(x)=0$은 구간 $[2, 4]$에서 적어도 3개의 실근을 갖는다.

$\therefore m=3$

톡톡 풀이

1st에서 $f(x)=(x-2)(x-4)g(x)$로 놓을 수 있다고 했지?

이때, 다항함수 $f(x)$에 대하여 방정식 $f(x)=0$이 구간 $[2, 4]$에서 '적어도' m개의 서로 다른 실근을 가질 때의 m의 값을 구하라고 했으니까 m의 최솟값을 구해도 돼.

즉, 다항식 $f(x)$의 차수를 최소로 하기 위해

$g(x)=ax+b$ (a, b는 상수)라 놓으면 **2nd**에서 $g(2)=-2$, $g(4)=1$이라 했으므로 $2a+b=-2$, $4a+b=1$이야.

위의 두 식을 연립하여 풀면

$a=\frac{3}{2}$, $b=-5$

$\therefore f(x)=(x-2)(x-4)\left(\frac{3}{2}x-5\right)$

즉, 방정식 $f(x)=0$의 실근은 $x=2$, $x=\frac{10}{3}$, $x=4$의 3개이므로 적어도 3개의 서로 다른 실근을 가지게 돼.

$\frac{3}{2}x-5=0$에서 $x=\frac{10}{3}$이지.

따라서 구하는 m의 값은 3이야.

D 34 정답 ③ *사잇값의 정리 [정답률 60%]

정답 공식: 구간 $[a, b]$에서 연속인 함수 $f(x)$에 대하여 $f(a)f(b)<0$이면 방정식 $f(x)=0$은 구간 (a, b)에서 적어도 하나의 실근을 갖는다.

단서1 다항함수는 실수 전체의 집합에서 연속이야.

다항함수 $g(x)$에 대하여 다음과 같이 함수 $f(x)$를 정의하였다.

$$f(x)=\begin{cases} \frac{g(x)-1}{x} & (-2\le x<0,\ 0<x\le 2) \\ 1 & (x=0) \end{cases}$$

닫힌구간 $[-2, 2]$에서 함수 $f(x)$가 연속일 때, 다음 [보기] 중에서 옳은 것만을 있는 대로 고른 것은? (3점)

단서2 닫힌구간 $[-2, 2]$에서 연속이면 $f(x)$는 $x=0$에서도 연속이겠지?

[보기]

ㄱ. $g(0)=1$

ㄴ. $\lim_{x \to 1} g(x)$의 값은 존재하지 않는다.

ㄷ. $f(-2)<0$, $f(2)<0$이면 방정식 $f(x)=0$은 서로 다른 두 개 이상의 실근을 갖는다.

① ㄱ ② ㄴ ③ ㄱ, ㄷ ④ ㄴ, ㄷ ⑤ ㄱ, ㄴ, ㄷ

1st $f(x)$가 $x=0$에서 연속임을 이용해.

ㄱ. 함수 $f(x)$가 $x=0$에서 연속이므로 $\lim_{x \to 0} f(x)=f(0)=1$

$\therefore \lim_{x \to 0} \frac{g(x)-1}{x}=1$

그런데 $x \to 0$일 때, 극한값이 존재하고 (분모)$\to 0$이면 (분자)$\to 0$이어야 하므로

$\lim_{x \to 0} \{g(x)-1\}=0$

$\therefore g(0)=1$ (참)

다항함수 $g(x)$는 모든 실수에서 연속이므로 $\lim_{x \to 0} g(x)$가 존재해. 따라서 $\lim_{x \to 0}\{g(x)-1\}$에서 $\lim_{x \to 0} g(x)-\lim_{x \to 0} 1=0$이므로 $\lim_{x \to 0} g(x)=1$이야.

ㄴ. 함수 $g(x)$가 다항함수이므로 $g(x)$는 실수 전체의 집합에서 연속이다. 즉, $\lim_{x \to 1} g(x)$의 값은 존재한다. (거짓)

ㄷ. 함수 $f(x)$는 닫힌구간 $[-2, 2]$에서 연속이고 $f(-2)<0$, $f(0)=1>0$, $f(2)<0$이므로 사잇값의 정리에 의해 방정식 $f(x)=0$은 열린구간 $(-2, 0)$에서 적어도 한 개, 열린구간 $(0, 2)$에서 적어도 한 개의 실근을 갖는다.

즉, 방정식 $f(x)=0$은 서로 다른 두 개 이상의 실근을 갖는다. (참)

따라서 옳은 것은 ㄱ, ㄷ이다.

사잇값의 정리 개념·공식

(1) 사잇값의 정리

함수 $f(x)$가 닫힌구간 $[a, b]$에서 연속이고 $f(a)\ne f(b)$일 때, $f(a)$와 $f(b)$ 사이의 임의의 값 k에 대하여 $f(c)=k$인 실수 c가 열린구간 (a, b) 안에 적어도 하나 존재한다.

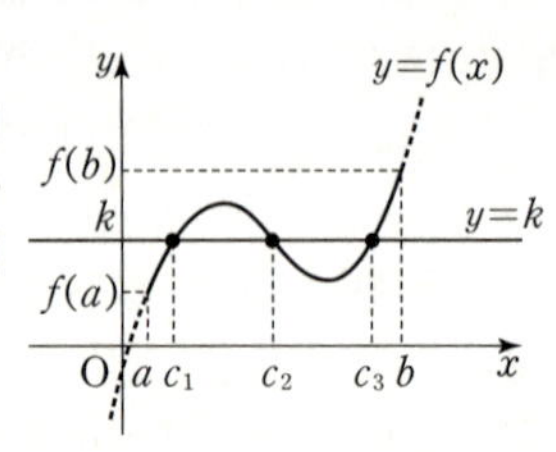

(2) 사잇값의 정리의 활용

함수 $f(x)$가 닫힌구간 $[a, b]$에서 연속이고 $f(a)$와 $f(b)$의 부호가 서로 다를 때, 즉 $f(a)f(b)<0$일 때 $f(c)=0$인 c가 열린구간 (a, b)에 적어도 하나 존재한다.

즉, 방정식 $f(x)=0$은 열린구간 (a, b)에서 적어도 하나의 실근을 갖는다.

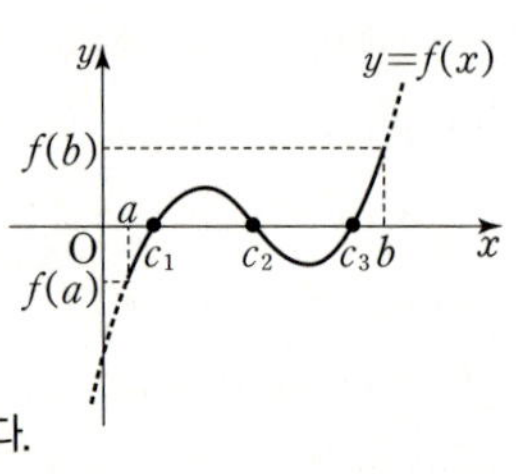

D 35 정답 ① * 사잇값의 정리 ·················· [정답률 45%]

(정답 공식: 구간 $[a, b]$에서 연속인 함수 $f(x)$에 대하여 $f(a)f(b)<0$이면 방정식 $f(x)=0$은 구간 (a, b)에서 적어도 하나의 실근을 갖는다.)

2가 아닌 양수 a에 대하여 함수

단서1 $x>a$일 때 $f(x)=(x-2)(x-a)$이므로 a가 2보다 큰지, 작은지 알 수가 없어. 따라서 a의 값의 범위를 나눠서 구해야 해.

$$f(x)=\begin{cases}(x-a)^2 & (x\le a)\\(x-2)(x-a) & (x>a)\end{cases}$$

가 다음 조건을 만족시킬 때, $f(3a)$의 값은? (4점)

단서2 사잇값의 정리를 이용할 수 있는지 묻는 거야.

(가) $f(c)=0$인 c가 0과 $1+\frac{a}{2}$ 사이에 적어도 하나 존재한다.

(나) 세 점 $(2, f(2))$, $(a, f(a))$, $\left(1+\frac{a}{2}, f\left(1+\frac{a}{2}\right)\right)$를 꼭짓점으로 하는 삼각형의 넓이는 $\frac{1}{8}$이다.

①2 ② 4 ③ 8
④ 16 ⑤ 32

1st 함수 $f(x)$에서 $a>2$일 때와 $0<a<2$일 때로 나누어 생각해 봐.

$f(x)=(x-2)(x-a)$ $(x>a)$의 그래프의 꼭짓점의 x좌표는 $x=\frac{2+a}{2}=1+\frac{a}{2}$이다.

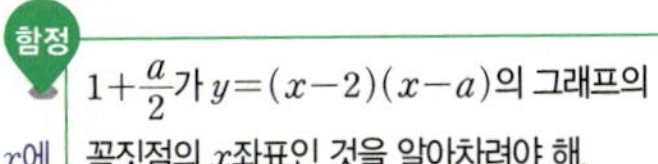

함정
$1+\frac{a}{2}$가 $y=(x-2)(x-a)$의 그래프의 꼭짓점의 x좌표인 것을 알아차려야 해.

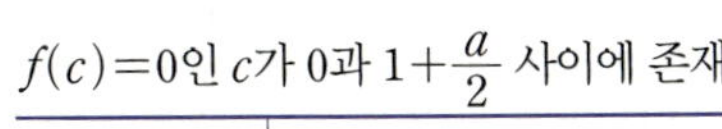

함수 $f(x)$는 $0<x<1+\frac{a}{2}$인 모든 실수 x에 대하여 $f(x)>0$이기 때문이야.

(i) $a>2$일 때, 함수 $y=f(x)$의 그래프를 그려 보면 오른쪽 그림과 같고, $f(c)=0$인 c가 0과 $1+\frac{a}{2}$ 사이에 존재하지 않는다.

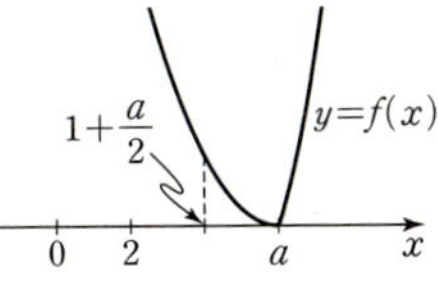

(ii) $0<a<2$일 때, 함수 $y=f(x)$의 그래프를 그려 보면 오른쪽 그림과 같고 함수 $f(x)$는 닫힌구간 $\left[0, 1+\frac{a}{2}\right]$에서 연속이고, $f(0)>0$, $f\left(1+\frac{a}{2}\right)<0$이므로 사잇값의 정리에 의해 0과 $1+\frac{a}{2}$ 사이에 $f(c)=0$인 c가 적어도 하나 존재한다.

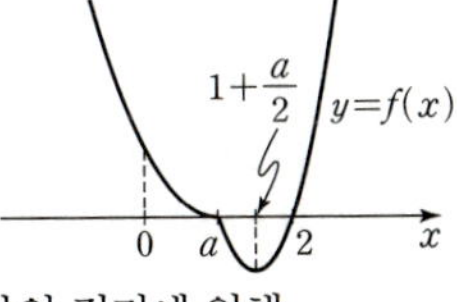

(i), (ii)에 의해 $0<a<2$이다.

2nd 삼각형의 넓이 $\frac{1}{8}$을 이용하여 a의 값을 구하자.

$f(2)=f(a)=0$이고

$$f\left(1+\frac{a}{2}\right)=\left(1+\frac{a}{2}-2\right)\left(1+\frac{a}{2}-a\right)=\left(\frac{a}{2}-1\right)\left(1-\frac{a}{2}\right)$$

따라서 세 점 $\underset{(2,\,0)}{\underline{(2, f(2))}}$, $\underset{(a,\,0)}{\underline{(a, f(a))}}$, $\left(1+\frac{a}{2}, f\left(1+\frac{a}{2}\right)\right)$를 꼭짓점으로 하는 삼각형의 넓이는 $\frac{1}{8}$이므로

$$\frac{1}{2}\times(2-a)\times\left|\left(\frac{a}{2}-1\right)\left(1-\frac{a}{2}\right)\right|=\frac{1}{8}$$

→ $0<a<2$이고 두 점 $(2, f(2))$, $(a, f(a))$는 x축 위의 점이므로 이 두 점 사이의 거리는 $2-a$야.

$\frac{1}{8}(2-a)^3=\frac{1}{8}$, $(2-a)^3=1$

$\therefore a=1$ ($\because 0<a<2$)

3rd $f(3a)$의 값을 구하자.

$\therefore f(3a)=f(3)=(3-2)\times(3-1)=2$

D 36 정답 ④ * 새롭게 정의된 함수의 연속 ·················· [정답률 60%]

(정답 공식: 함수 $f(x)g(x)$는 $x=0$, $x=a$에서만 연속이면 모든 실수 x에서 연속이다.)

두 함수

단서1 함수 $f(x)$는 $x=0$에서 불연속이야.

$$f(x)=\begin{cases}-2x+3 & (x<0)\\-2x+2 & (x\ge0)\end{cases},\quad g(x)=\begin{cases}2x & (x<a)\\2x-1 & (x\ge a)\end{cases}$$

단서2 함수 $g(x)$는 $x=a$에서 불연속이야.

가 있다. 함수 $f(x)g(x)$가 실수 전체의 집합에서 연속이 되도록 하는 상수 a의 값은? (4점)

단서3 함수 $f(x)g(x)$가 모든 실수 x에서 연속이려면 $x=0$, $x=a$에서 연속이어야 해.

① -2 ② -1 ③ 0
④1 ⑤ 2

1st $a<0$ 또는 $a=0$인 경우 함수 $f(x)g(x)$가 $x=0$에서 연속이 되는지 따져 봐.

함수 $f(x)g(x)$가 모든 실수 x에서 연속이려면 $x=0$, $x=a$에서 연속이어야 한다.

→ $a<0$일 때, 함수 $y=g(x)$의 그래프는 그림과 같으므로 $\lim_{x\to0-}g(x)=\lim_{x\to0+}g(x)=\lim_{x\to0}(2x-1)$이야.

(i) $a<0$인 경우

$x=0$에서의 연속성을 조사하자.

$$\lim_{x\to0-}f(x)g(x)=\lim_{x\to0-}f(x)\times\lim_{x\to0-}g(x)$$
$$=\lim_{x\to0-}(-2x+3)\times\lim_{x\to0-}(2x-1)$$
$$=3\times(-1)=-3$$

주의 $\lim_{x\to0}f(x)$와 $\lim_{x\to0}g(x)$가 각각 존재하기 때문에 이렇게 쓸 수 있는 거야.

$$\lim_{x\to0+}f(x)g(x)=\lim_{x\to0+}f(x)\times\lim_{x\to0+}g(x)$$
$$=\lim_{x\to0+}(-2x+2)\times\lim_{x\to0+}(2x-1)$$
$$=2\times(-1)=-2$$

$f(0)g(0)=2\times(-1)=-2$

이때, $\lim_{x\to0-}f(x)g(x)\ne\lim_{x\to0+}f(x)g(x)$에서 함수 $f(x)g(x)$는 $x=0$에서 불연속이므로 조건을 만족시키지 않는다.

(ii) $a=0$인 경우 $a=0$일 때, $g(x)=\begin{cases}2x & (x<0)\\2x-1 & (x\ge0)\end{cases}$

$x=0$에서의 연속성을 조사하자.

$$\lim_{x\to0-}f(x)g(x)=\lim_{x\to0-}f(x)\times\lim_{x\to0-}g(x)$$
$$=\lim_{x\to0-}(-2x+3)\times\lim_{x\to0-}2x$$
$$=3\times0=0$$

$$\lim_{x\to0+}f(x)g(x)=\lim_{x\to0+}f(x)\times\lim_{x\to0+}g(x)$$
$$=\lim_{x\to0+}(-2x+2)\times\lim_{x\to0+}(2x-1)$$
$$=2\times(-1)=-2$$

$f(0)g(0)=2\times(-1)=-2$

이때, $\lim_{x\to0-}f(x)g(x)\ne\lim_{x\to0+}f(x)g(x)$에서 함수 $f(x)g(x)$는 $x=0$에서 불연속이므로 조건을 만족시키지 않는다.

2nd $a>0$인 경우 함수 $f(x)g(x)$가 $x=0$, $x=a$에서 연속이 되도록 하는 a의 값을 구하자.

→ $a>0$일 때, 함수 $y=g(x)$의 그래프는 그림과 같으므로 $\lim_{x\to0-}g(x)=\lim_{x\to0+}g(x)=\lim_{x\to0}2x$야.

(iii) $a>0$인 경우

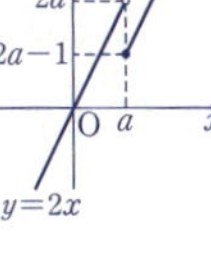

$x=0$에서의 연속성을 조사하자.

$$\lim_{x\to0-}f(x)g(x)=\lim_{x\to0-}f(x)\times\lim_{x\to0-}g(x)$$
$$=\lim_{x\to0-}(-2x+3)\times\lim_{x\to0-}2x$$
$$=3\times0=0$$

$$\lim_{x\to0+}f(x)g(x)=\lim_{x\to0+}f(x)\times\lim_{x\to0+}g(x)$$
$$=\lim_{x\to0+}(-2x+2)\times\lim_{x\to0+}2x$$
$$=2\times0=0$$
$f(0)g(0)=2\times0=0$

즉, 함수 $f(x)g(x)$는 $x=0$에서 연속이다.

또, $x=a$에서의 연속성을 조사하면

함수 $y=f(x)$의 그래프는 그림과 같으므로 $a>0$일 때, $\lim_{x\to a-}f(x)=\lim_{x\to a+}f(x)=\lim_{x\to a}(-2x+2)$야.

$y=-2x+3$, y, 3, 2, a, O, x, $-2a+2$, $y=-2x+2$

$$\lim_{x\to a-}f(x)g(x)=\lim_{x\to a-}f(x)\times\lim_{x\to a-}g(x)$$
$$=\lim_{x\to a-}(-2x+2)\times\lim_{x\to a-}2x$$
$$=(-2a+2)\times2a$$
$$=2a(-2a+2)$$
$$\lim_{x\to a+}f(x)g(x)=\lim_{x\to a+}f(x)\times\lim_{x\to a+}g(x)$$
$$=\lim_{x\to a+}(-2x+2)\times\lim_{x\to a+}(2x-1)$$
$$=(-2a+2)(2a-1)$$
$f(a)g(a)=(-2a+2)(2a-1)$

이때, 함수 $f(x)g(x)$가 $x=a$에서 연속이어야 하므로

$2a(-2a+2)=(-2a+2)(2a-1)$

$(-2a+2)(2a-2a+1)=0$

$\therefore a=1$

따라서 구하는 a의 값은 1이다.

실수 $a>0$인 경우를 가정하고 풀었으니까 최종적으로 얻은 a의 값이 0보다 큰지 꼭 확인해야 해.

[다른 풀이]

함수 $f(x)g(x)$가 실수 전체의 집합에서 연속이 되려면 $x=0$, $x=a$에서 연속이어야 해.

이때,

$\lim_{x\to0-}f(x)=\lim_{x\to0-}(-2x+3)=3$, $\lim_{x\to0+}f(x)=\lim_{x\to0+}(-2x+2)=2$,

$f(0)=2$

에서 $f(x)$가 $x=0$에서 불연속이므로 함수 $f(x)g(x)$가 $x=0$에서 연속이 되려면 $\lim_{x\to0}g(x)=g(0)=0$이어야 해.

그런데 $a<0$이면

$\lim_{x\to0-}g(x)=\lim_{x\to0-}(2x-1)=-1$, $\lim_{x\to0+}g(x)=\lim_{x\to0+}(2x-1)=-1$,

$g(0)=-1$

이므로 $\lim_{x\to0}g(x)=g(0)=-1$이고,

$a=0$이면

$\lim_{x\to0-}g(x)=\lim_{x\to0-}2x=0$, $\lim_{x\to0+}g(x)=\lim_{x\to0+}(2x-1)=-1$에서

$\lim_{x\to0}g(x)$의 값이 존재하지 않아.

즉, $a>0$이어야 해.

한편, 함수 $f(x)g(x)$가 $x=a$에서 연속이어야 하고,

$\lim_{x\to a-}g(x)=\lim_{x\to a-}2x=2a$, $\lim_{x\to a+}g(x)=\lim_{x\to a+}(2x-1)=2a-1$,

$g(a)=2a-1$

에서 $g(x)$가 $x=a$에서 불연속이므로 함수 $f(x)g(x)$가 $x=a$에서 연속이 되려면 $\lim_{x\to a}f(x)=f(a)=0$이어야 해.

따라서 $a>0$일 때, $f(a)=0$이어야 하므로

$f(a)=-2a+2=0$

$\therefore a=1$

D 37 정답 16 *새롭게 정의된 함수의 연속 [정답률 71%]

(정답 공식: 함수 $f(x)$가 $x=k$에서 연속이면 $\lim_{x\to k}f(x)=f(k)$가 성립한다.)

단서1 극한값을 구할 때, $-x=t$로 치환하면 계산이 조금 더 쉬울 거야.

함수

$$f(x)=\begin{cases}x^2+1 & (|x|\le2)\\ -2x+3 & (|x|>2)\end{cases}$$

에 대하여 함수 $f(-x)\{f(x)+k\}$가 $x=2$에서 연속이 되도록 하는 상수 k의 값을 구하시오. (4점)

단서2 $\lim_{x\to2+}f(-x)\{f(x)+k\}=\lim_{x\to2-}f(-x)\{f(x)+k\}=f(-2)\{f(2)+k\}$이어야 해.

1st 함수 $f(-x)\{f(x)+k\}$에 대해 $x=2$에서의 좌극한값과 우극한값을 각각 구해.

$f(x)=\begin{cases}x^2+1 & (|x|\le2)\\ -2x+3 & (|x|>2)\end{cases}$에 대하여 $-x=t$라 하면

$x\to2-$일 때 $t\to-2+$, $x\to2+$일 때 $t\to-2-$이므로

$\lim_{x\to2-}f(-x)=\lim_{t\to-2+}f(t)=\lim_{t\to-2+}(t^2+1)=5$,

$\lim_{x\to2+}f(-x)=\lim_{t\to-2-}f(t)=\lim_{t\to-2-}(-2t+3)=7$

또한, $\lim_{x\to2-}f(x)=\lim_{x\to2-}(x^2+1)=5$,

$\lim_{x\to2+}f(x)=\lim_{x\to2+}(-2x+3)=-1$이므로

함수 $f(-x)\{f(x)+k\}$의 $x=2$에서의 좌극한값과 우극한값은 다음과 같다.

주의 각각의 극한값이 존재하기 때문에 이렇게 쓸 수 있는 거야.

$\lim_{x\to2-}f(-x)\{f(x)+k\}$

$=\lim_{x\to2-}f(-x)\times\lim_{x\to2-}\{f(x)+k\}=5(5+k)$

$\lim_{x\to2+}f(-x)\{f(x)+k\}$

$=\lim_{x\to2+}f(-x)\times\lim_{x\to2+}\{f(x)+k\}=7(-1+k)$

2nd 함수 $f(-x)\{f(x)+k\}$가 $x=2$에서 연속이 되도록 상수 k의 값을 정해.

한편, 함수 $f(-x)\{f(x)+k\}$의 $x=2$에서의 함숫값은

$f(-2)\{f(2)+k\}=5(5+k)$

이므로 함수 $f(-x)\{f(x)+k\}$가 $x=2$에서 연속이 되기 위해서는

$5(5+k)=7(-1+k)$이어야 한다. 즉,

$25+5k=-7+7k$, $2k=32$

$\therefore k=16$

$\lim_{x\to2-}f(-x)\{f(x)+k\}=\lim_{x\to2+}f(-x)\{f(x)+k\}=f(-2)\{f(2)+k\}$를 만족해야 하므로 $5(5+k)=7(-1+k)=5(5+k)$에서 $5(5+k)=7(-1+k)$

D 38 정답 ② *새롭게 정의된 함수의 연속 [정답률 66%]

(정답 공식: 함수 $\{g(x)\}^2$의 $x=0$에서의 좌극한과 우극한, 함숫값이 같아야 한다.)

함수 $f(x)=ax^2+3x-8$에 대하여 함수 $g(x)$를

$$g(x)=\begin{cases}f(x+2) & (x\le0)\\ f(x-2) & (x>0)\end{cases}$$

이라 하자. 함수 $\{g(x)\}^2$이 $x=0$에서 연속일 때, 상수 a의 값은?

단서 $\lim_{x\to0+}\{g(x)\}^2=\lim_{x\to0-}\{g(x)\}^2=\{g(0)\}^2$이어야 해. (4점)

① 1 ② 2 ③ 3
④ 4 ⑤ 5

1st 함수 $f(x)$가 $x=a$에서 연속이면 $\lim_{x\to a}f(x)=f(a)$가 성립하지?

함수 $\{g(x)\}^2$이 $x=0$에서 연속이므로 $\lim_{x\to 0}\{g(x)\}^2=\{g(0)\}^2$이 성립해야 한다.

함수 $f(x)=ax^2+3x-8$에 대하여 함수 $\{g(x)\}^2$의 $x=0$에서의 극한값과 함숫값을 각각 구하면

(좌극한값)

$=\lim_{x\to 0-}\{g(x)\}^2=\lim_{x\to 0-}\{f(x+2)\}^2=\{f(2)\}^2=(4a-2)^2$ … ㉠

(우극한값)

$=\lim_{x\to 0+}\{g(x)\}^2=\lim_{x\to 0+}\{f(x-2)\}^2=\{f(-2)\}^2=(4a-14)^2$ … ㉡

이고, $\{g(0)\}^2=\{f(2)\}^2=(4a-2)^2$ … ㉢

함수 $f(x)$가 이차함수이므로 두 함수 $\{f(x+2)\}^2$, $\{f(x-2)\}^2$은 사차함수로 다항함수야. 즉, 이 두 함수는 연속함수이므로 $x=0$에서의 극한값을 구할 때 바로 $x=0$을 대입할 수 있어.

㉠=㉡=㉢에 의해

$\lim_{x\to 0}\{g(x)\}^2=\{g(0)\}^2$이 성립해야 하지?

$(4a-2)^2=(4a-14)^2$

$4(2a-1)^2=4(2a-7)^2$

$4a^2-4a+1=4a^2-28a+49$

$24a=48 \quad \therefore a=2$

D 39 정답 56 *새롭게 정의된 함수의 연속 [정답률 48%]

정답 공식: $f(x)$의 그래프의 개형을 생각했을 때, 조건 (가)에 따라 $f(0)>0$, $f(2)<0$이다. 함수 $f(x)g(x)$가 $x=a$에서 연속이려면 $f(a)=0$이거나 $g(x)$가 $x=a$에서 연속이어야 한다.

함수 $f(x)=x^2-8x+a$에 대하여 함수 $g(x)$를

$$g(x)=\begin{cases}2x+5a & (x\ge a)\\ f(x+4) & (x<a)\end{cases}$$

라 할 때, 다음 조건을 만족시키는 모든 실수 a의 값의 곱을 구하시오. (4점)

단서1 열린구간 $(0, 2)$에서 함수 $y=f(x)$의 그래프가 x축과 적어도 한 점에서 만난다는 의미야.

(가) 방정식 $f(x)=0$은 열린구간 $(0, 2)$에서 적어도 하나의 실근을 갖는다.

(나) 함수 $f(x)g(x)$는 $x=a$에서 연속이다.

단서2 함수 $f(x)g(x)$가 $x=a$에서 연속이면 $f(a)g(a)=\lim_{x\to a}f(x)g(x)$가 성립함을 이용하면 돼.

1st 조건 (가)를 이용해서 a의 범위부터 찾자.

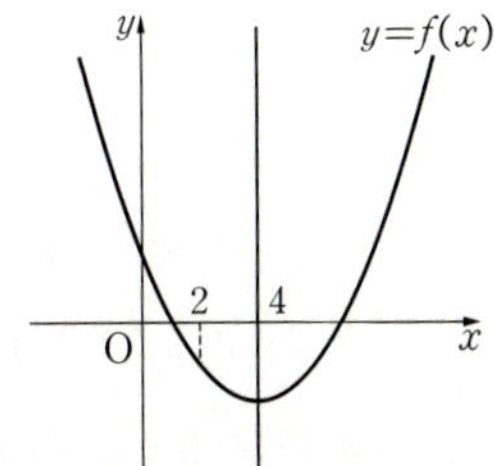

$f(x)=x^2-8x+a=(x-4)^2+a-16$이므로 함수 $y=f(x)$의 그래프는 직선 $x=4$에 대하여 대칭이다. 이차함수 $f(x)=a(x-b)^2+c$의 그래프의 축의 방정식은 $x=b$이지?

이때, 조건 (가)에 의해 방정식 $f(x)=0$이 열린구간 $(0, 2)$에서 적어도 하나의 실근을 가지므로 함수 $y=f(x)$의 그래프는 위의 그림과 같아야 한다. 즉, $f(0)>0$, $f(2)<0$이어야 하므로

$f(0)=a>0$, $f(2)=a-12<0$

$\therefore 0<a<12$

2nd 함수 $f(x)g(x)$가 $x=a$에서 연속임을 이용하여 a의 값을 구하자.

조건 (나)에서 함수 $f(x)g(x)$가 $x=a$에서 연속이므로

$f(a)g(a)=\lim_{x\to a+}f(x)g(x)=\lim_{x\to a-}f(x)g(x)$ … ㉠가 성립해야 한다.

(함숫값)=(우극한값)=(좌극한값)이어야 해.

이때, $f(a)g(a)=(a^2-8a+a)(2a+5a)=7a^2(a-7)$이고

$\lim_{x\to a+}f(x)g(x)=\lim_{x\to a+}(x^2-8x+a)(2x+5a)=7a^2(a-7)$,

$\lim_{x\to a-}f(x)g(x)=\lim_{x\to a-}(x^2-8x+a)f(x+4)$

$x\to a-$이면 $x<a$인 거야. 그러니까 $g(x)=f(x+4)$를 대입해.

$=(a^2-8a+a)\{(a+4)^2-8(a+4)+a\}$

$=a(a-7)(a^2+a-16)$

$f(x+4)$는 $f(x)$에 x 대신 $x+4$를 대입하면 돼. 즉, $f(x+4)=(x+4)^2-8(x+4)+a$ $\therefore \lim_{x\to a-}f(x+4)=(a+4)^2-8(a+4)+a$

따라서 ㉠에 의하여

$7a^2(a-7)=a(a-7)(a^2+a-16)$에서

$7a^2(a-7)-a(a-7)(a^2+a-16)=0$

$a(a-7)(a-8)(a+2)=0 \qquad \therefore a=7$ 또는 $a=8$ ($\because 0<a<12$)

따라서 주어진 조건을 모두 만족시키는 실수 a의 값의 곱은 $7\times 8=56$이다.

수능 핵강

함수 $y=f(x)$의 그래프와 x축의 교점의 x좌표는 방정식 $f(x)=0$의 실근이니까 구간 $(0, 2)$에서 방정식 $f(x)=0$이 적어도 하나의 실근을 가지려면 구간 $(0, 2)$에서 함수 $y=f(x)$의 그래프와 x축은 적어도 한 번 만나야 해. 그런데 함수 $f(x)$는 대칭축이 $x=4$인 이차함수이므로 구간 $(0, 2)$에서 함수 $y=f(x)$의 그래프는 x축과 두 점에서 만날 수 없어.
따라서 구간 $(0, 2)$에서 x축과 한 점에서 만나도록 $y=f(x)$의 그래프를 그려주면 돼.

함수의 극한 개념·공식

① 함수의 좌극한
$\lim_{x\to a-}f(x)$의 값이 존재하면 $x=a$에서의 함수 $f(x)$의 좌극한이 존재한다고 한다.

② 함수의 우극한
$\lim_{x\to a+}f(x)$의 값이 존재하면 $x=a$에서의 함수 $f(x)$의 우극한이 존재한다고 한다.

③ $\lim_{x\to a-}f(x)=\lim_{x\to a+}f(x)$이면 $\lim_{x\to a}f(x)$의 값이 존재한다고 한다.

D 40 정답 13 *새롭게 정의된 함수의 연속 [정답률 42%]

정답 공식: 함수 $f(x)$가 $x=0$에서 불연속이므로 함수 $f(x-a)$는 $x=a$에서 불연속이다.

함수 $f(x)=\begin{cases}x+1 & (x\le 0)\\ -\frac{1}{2}x+7 & (x>0)\end{cases}$에 대하여

함수 $f(x)f(x-a)$가 $x=a$에서 연속이 되도록 하는 모든 실수 a의 값의 합을 구하시오. (4점)

단서 $\lim_{x\to a}f(x)f(x-a)=f(a)f(0)$을 만족하도록 하는 a의 값을 구하면 돼.

1st 함수 $f(x)$의 그래프의 개형을 알아보자.

함수 $f(x)=\begin{cases}x+1 & (x\le 0)\\ -\frac{1}{2}x+7 & (x>0)\end{cases}$

은 $x=0$에서 불연속이고, 그래프는 그림과 같다.

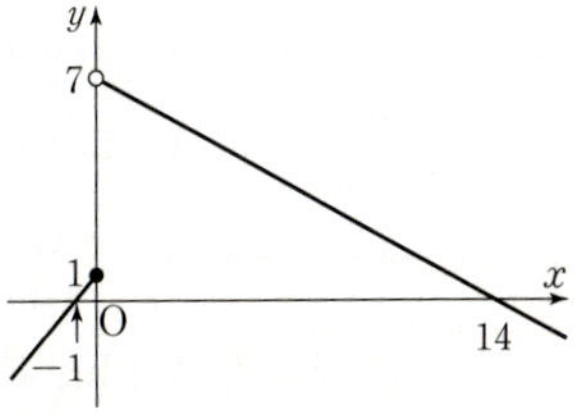

2nd 구한 그래프를 가지고 새롭게 정의된 함수 $f(x)f(x-a)$의 연속을 판단하자.

한편, 함수 $f(x)f(x-a)$가 $x=a$에서 연속이 되려면

$\lim_{x\to a} f(x)f(x-a)=f(a)f(0)$ ⋯ ㉠을 만족해야 한다.

$x\neq0$에서 함수 $f(x)$는 연속이므로 $\lim_{x\to a} f(x)=f(a)$ $(a\neq0)$이고

$x-a=t$라 하면 (→ $x-a=t$라 하면 $x\to a+$일 때 $t\to0+$ / → $x-a=t$라 하면 $x\to a-$일 때 $t\to0-$)

$\lim_{x\to a+} f(x-a)=\lim_{t\to0+} f(t)=7$, $\lim_{x\to a-} f(x-a)=\lim_{t\to0-} f(t)=1$에서

$\lim_{x\to a+} f(x)f(x-a)=7f(a)$, $\lim_{x\to a-} f(x)f(x-a)=f(a)$

각각 수렴하는 두 함수의 곱으로 표현된 함수의 극한값은 각각의 함수의 극한값의 곱과 같아.

즉, 함수 $f(x)f(x-a)$가 $x=a$에서 연속이 되려면 ㉠에 의해

$f(a)f(0)=7f(a)=f(a)$가 성립해야 하므로 $f(a)=0$

(i) $a<0$일 때,

$a+1=0$ $\qquad\therefore a=-1$

(ii) $a>0$일 때,

$-\frac{1}{2}a+7=0$ $\qquad\therefore a=14$

따라서 모든 실수 a의 값의 합은 $(-1)+14=13$이다.

수능 핵강

함수 $f(x)$가 $x=a$에서 불연속인 함수이고 좌극한값과 우극한값이 유한한 값일 때, $\lim_{x\to a} g(x)=0$을 만족하는 연속함수 $g(x)$에 대하여 함수 $f(x)g(x)$는 $x=a$에서 연속이 돼.

쉬운 예로, $x=2$에서 불연속인 함수 $f(x)=\begin{cases}1 & (x\geq2)\\ -1 & (x<2)\end{cases}$에 대하여 함수 $g(x)$를 $g(x)=(x-2)h(x)$(단, $h(x)$는 다항함수)라 하면 함수 $f(x)g(x)$가 $x=2$에서 연속이 되는 거야.

비슷한 기출 유형이 많이 있으니 꼼꼼히 정리해 두자.

D 41 정답 ⑤ *새롭게 정의된 함수의 연속 ············ [정답률 35%]

정답 공식: $\lim_{x\to0}\frac{g_i(x)}{x^k}=0$이 되려면 x^k의 차수가 $g_i(x)$의 차수보다 작아야 한다.

모든 실수에서 정의된 함수 $y=f(x)$에 대하여 함수

$$F(x)=\begin{cases}\frac{f(x)}{x^k} & (x\neq0)\\ 0 & (x=0)\end{cases}$$

(**단서1** 함수 $F(x)$가 $x=0$에서 연속이면 $\lim_{x\to0}F(x)=0$이어야 해.)

이 $x=0$에서 연속이 되도록 하는 가장 큰 자연수 k를 $N(f)$로 나타내자. 예를 들어, $f(x)=x^2$이면 $N(f)=1$이다.

다음 함수 g_i에 대하여 $N(g_i)=a_i$라 할 때, a_i의 대소 관계를 옳게 나타낸 것은? (단, $i=1, 2, 3$) (4점)

(가) $g_1(x)=x^4+x^3$

(나) $g_2(x)=|x^3|$

(다) $g_3(x)=\sqrt{x^8+x^4}$

(**단서2** $\lim_{x\to0}\frac{g_i(x)}{x^k}=0$이 되도록 하는 최대의 자연수 k의 값을 각각 구해 봐.)

① $a_1=a_2<a_3$ ② $a_1<a_2=a_3$ ③ $a_1=a_2=a_3$
④ $a_2=a_3<a_1$ ⑤ $a_3<a_1=a_2$

1st $\lim_{x\to0}\frac{g_i(x)}{x^k}=0$이 되도록 하는 자연수 k의 값을 찾자.

(실수: $g_i(x)$가 다항식일 때 k는 $g_i(x)$의 차수보다는 작아야겠지?)

$F(0)=0$인 함수 $F(x)=\frac{g_i(x)}{x^k}$ $(i=1, 2, 3)$가

$x=0$에서 연속이 되려면 $\lim_{x\to0}F(x)=F(0)=0$이 되어야 한다.

(가) $g_1(x)=x^4+x^3$에서

(i) $k=4$일 때,

$\lim_{x\to0}\frac{x^4+x^3}{x^4}=\lim_{x\to0}\left(1+\frac{1}{x}\right)=\infty$ 또는 $-\infty$

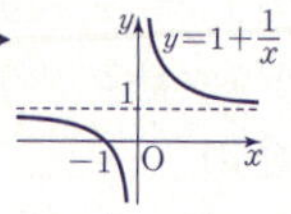

$\lim_{x\to0+}\left(1+\frac{1}{x}\right)=\infty$

$\lim_{x\to0-}\left(1+\frac{1}{x}\right)=-\infty$

(ii) $k=3$일 때,

$\lim_{x\to0}\frac{x^4+x^3}{x^3}=\lim_{x\to0}(x+1)=1$

(iii) $k=2$일 때,

$\lim_{x\to0}\frac{x^4+x^3}{x^2}=\lim_{x\to0}(x^2+x)=0+0=0$

즉, 조건을 만족시키는 k의 최댓값은 2이므로 $a_1=2$

(나) $g_2(x)=|x^3|$에서

(i) $k=4$일 때,

$\lim_{x\to0+}\frac{|x^3|}{x^4}=\lim_{x\to0+}\frac{x^3}{x^4}=\lim_{x\to0+}\frac{1}{x}=\infty$

$\lim_{x\to0-}\frac{|x^3|}{x^4}=\lim_{x\to0-}\frac{-x^3}{x^4}=\lim_{x\to0-}\left(-\frac{1}{x}\right)=\infty$

(ii) $k=3$일 때,

$\lim_{x\to0+}\frac{|x^3|}{x^3}=\lim_{x\to0+}\frac{x^3}{x^3}=1$

$\lim_{x\to0-}\frac{|x^3|}{x^3}=\lim_{x\to0-}\frac{-x^3}{x^3}=-1$

(iii) $k=2$일 때,

$\lim_{x\to0+}\frac{|x^3|}{x^2}=\lim_{x\to0+}\frac{x^3}{x^2}=\lim_{x\to0+}x=0$

$\lim_{x\to0-}\frac{|x^3|}{x^2}=\lim_{x\to0-}\frac{-x^3}{x^2}=\lim_{x\to0-}(-x)=0$

즉, 조건을 만족시키는 k의 최댓값은 2이므로 $a_2=2$

(다) $g_3(x)=\sqrt{x^8+x^4}$에서 $\frac{\sqrt{x^8+x^4}}{x^k}=\sqrt{\frac{x^8+x^4}{x^{2k}}}$

(i) $k=3$일 때,

$\lim_{x\to0}\sqrt{\frac{x^8+x^4}{x^6}}=\infty$

(→ $\lim_{x\to0}\sqrt{\frac{x^8+x^4}{x^6}}=\lim_{x\to0}\sqrt{x^2+\frac{1}{x^2}}$
이때, $\frac{1}{x^2}=t$로 치환하면
$x\to0$일 때, $t\to\infty$이므로
(주어진 식)$=\lim_{t\to\infty}\sqrt{\frac{1}{t}+t}=\lim_{t\to\infty}\sqrt{\frac{t^2+1}{t}}$
즉, $t\to\infty$일 때, 분수식의 분자의 차수가 분모의 차수보다 크므로 $\lim_{t\to\infty}\sqrt{\frac{t^2+1}{t}}=\infty$야.)

(ii) $k=2$일 때,

$\lim_{x\to0}\sqrt{\frac{x^8+x^4}{x^4}}$

$=\lim_{x\to0}\sqrt{x^4+1}=1$

(iii) $k=1$일 때,

$\lim_{x\to0}\sqrt{\frac{x^8+x^4}{x^2}}$

$=\lim_{x\to0}\sqrt{x^6+x^2}=0$

즉, 조건을 만족시키는 k의 최댓값은 1이므로 $a_3=1$

따라서 (가), (나), (다)에 의해 $a_3<a_1=a_2$이다.

수능 핵강

이 문제에서는 $g_1(0)=g_2(0)=g_3(0)=0$이므로 $F(x)=\frac{g_i(x)}{x^k}$가 $x=0$에 서 연속이려면 $\lim_{x\to0}F(x)=F(0)=0$임을 알아야 해.

즉, $\lim_{x\to0}F(x)=\lim_{x\to0}\frac{g_i(x)}{x^k}=0$이 되려면 $g_i(x)$의 차수가 x^k의 차수보다 최소 하나 이상 더 높아야 됨을 알 수 있지.

D 42 정답 8 *함수의 연속의 활용 [정답률 62%]

정답 공식: $t=0$, $t=1$에서 함수 $f(t)$가 불연속이므로 함수 $f(t)g(t)$가 연속이기 위해서는 $g(t)=0$의 근이 0, 1이다.

단서1 범위를 나누어 함수 $f(t)$의 식을 구하자.

실수 t에 대하여 직선 $y=t$가 곡선 $y=|x^2-2x|$와 만나는 점의 개수를 $f(t)$라 하자. 최고차항의 계수가 1인 이차함수 $g(t)$에 대하여 함수 $f(t)g(t)$가 모든 실수 t에서 연속일 때, $f(3)+g(3)$의 값을 구하시오. (4점)

단서2 함수 $g(t)$는 모든 실수 t에서 연속이므로 함수 $f(t)$의 불연속점에서만 연속이 되도록 하면 돼.

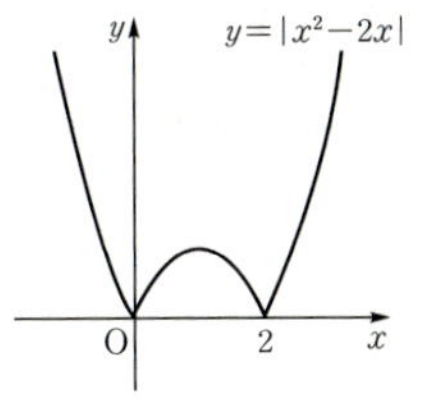

1st 함수 $f(t)$의 불연속인 점부터 찾아!

$y=x^2-2x=(x-1)^2-1$이므로 함수 $y=|x^2-2x|$의 $x=1$에서의 함숫값은 1이다.

이때, 직선 $y=t$가 곡선 $y=|x^2-2x|$와 만나는 점의 개수가 $f(t)$이므로 함수 $f(t)$의 식과 그래프는 다음과 같다.

$$f(t)=\begin{cases}0 & (t<0)\\ 2 & (t=0)\\ 4 & (0<t<1)\\ 3 & (t=1)\\ 2 & (t>1)\end{cases} \Rightarrow$$

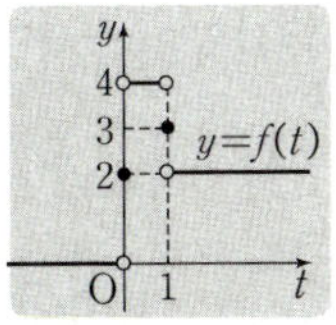

실수 식으로만 나타내는 것보다는 그래프로 표현해야 나중에 문제를 풀 때 더 편리하고 시간은 덜 걸려.

따라서 함수 $f(t)$는 $t\neq0$, $t\neq1$인 실수 t에서 연속이고 이차함수 $g(t)$는 모든 실수 t에서 연속이므로 함수 $f(t)g(t)$가 모든 실수 t에서 연속이려면 $t=0$, $t=1$에서 연속이어야 한다.

연속인 함수 $g(x)$와 $x=a$에서만 불연속인 함수 $f(x)$에 대하여 함수 $f(x)g(x)$는 함수 $f(x)$가 불연속인 점 $x=a$에서만 불연속이 될 수 있어.

2nd $t=0$, $t=1$에서 함수 $f(t)g(t)$가 연속이 되도록 하는 $g(t)$의 조건을 찾아.

이제 $t=0$, $t=1$에서 함수 $f(t)g(t)$가 연속일 조건을 찾자.

(i) $t=0$일 때,

$\lim_{t\to0-}f(t)g(t)=\lim_{t\to0-}f(t)\times\lim_{t\to0-}g(t)=0\times g(0)=0$

$\lim_{t\to0+}f(t)g(t)=\lim_{t\to0+}f(t)\times\lim_{t\to0+}g(t)=4\times g(0)=4g(0)$

$f(0)g(0)=2g(0)$

즉, $t=0$에서 연속이려면 $0=4g(0)=2g(0)$이 성립해야 하므로

$g(0)=0$

(ii) $t=1$일 때,

$\lim_{t\to1-}f(t)g(t)=\lim_{t\to1-}f(t)\times\lim_{t\to1-}g(t)=4\times g(1)=4g(1)$

$\lim_{t\to1+}f(t)g(t)=\lim_{t\to1+}f(t)\times\lim_{t\to1+}g(t)=2\times g(1)=2g(1)$

$f(1)g(1)=3g(1)$

즉, $t=1$에서 연속이려면 $4g(1)=2g(1)=3g(1)$이 성립해야 하므로

$g(1)=0$

방정식 $g(x)=0$의 해가 $x=0$, $x=1$이라는 거야. 즉, 다항식 $g(x)$는 x와 $(x-1)$을 인수로 가져.

(i), (ii)에서 $g(0)=g(1)=0$이므로 최고차항의 계수가 1인 이차함수 $g(t)$는 $g(t)=t(t-1)$

$\therefore g(3)=3\times2=6$

$\therefore f(3)+g(3)=2+6=8$

D 43 정답 ③ *함수의 연속의 활용 [정답률 32%]

정답 공식: $f(x)=(x-t)^2-1$에 대하여 곡선 $y=f(x)$는 꼭짓점의 좌표가 $(t, -1)$인 이차함수의 그래프이다. 즉, t의 값에 따라서 곡선 $y=f(x)$의 꼭짓점이 직선 $y=-1$ 위를 움직인다.

실수 t에 대하여 두 함수

$$f(x)=(x-t)^2-1,\ g(x)=\begin{cases}-x & (x\le1)\\ x+2 & (x>1)\end{cases}$$

의 그래프가 만나는 서로 다른 점의 개수를 $h(t)$라 할 때, [보기]에서 옳은 것만을 있는 대로 고른 것은? (4점)

단서 두 함수 $f(x)$와 $g(x)$의 그래프를 그려보자. $f(x)$에서 t의 값이 정해져 있지 않으므로 t의 값에 따라 움직이면서 $g(x)$의 그래프와 만나는 서로 다른 점의 개수가 몇 개인지 살펴보아야 해. 여기서 주의해야 할 점은 함수 $f(x)$가 움직이면서 접할 수도 있고 함수 $g(x)$의 불연속이 되는 점을 지날 수도 있다는 거야.

[보기]

ㄱ. $\lim_{t\to-1+}h(t)=3$

ㄴ. 함수 $h(t)$는 $t=1$에서 연속이다.

ㄷ. 함수 $h(t)$가 $t=a$에서 불연속이 되는 모든 a의 값의 합은 $\frac{15}{4}$이다.

① ㄱ ② ㄷ ③ ㄱ, ㄴ

④ ㄴ, ㄷ ⑤ ㄱ, ㄴ, ㄷ

1st $y=f(x)$와 $y=g(x)$의 그래프를 그려 봐.

두 함수 $f(x)=(x-t)^2-1$, $g(x)=\begin{cases}-x & (x\le1)\\ x+2 & (x>1)\end{cases}$의 그래프는 다음 그림과 같다.

함수 $f(x)$의 꼭짓점이 직선 $y=-1$ 위에 있으므로 $f(x)$의 그래프는 직선 $y=-1$의 위에서만 좌우로 움직일 수 있어.

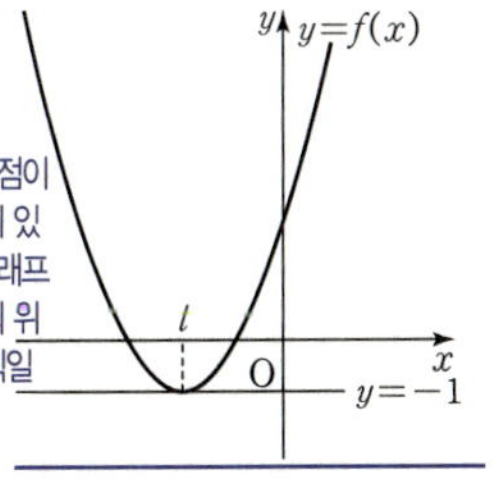

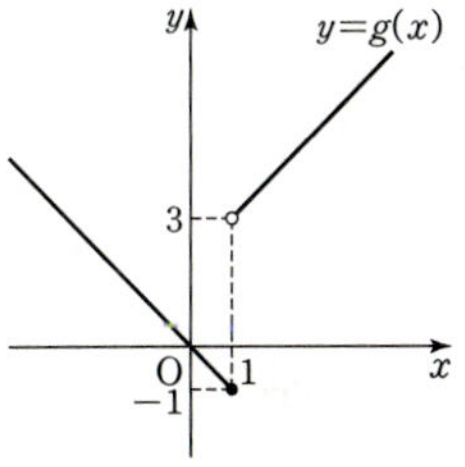

2nd t의 값에 따라 $y=f(x)$의 그래프를 움직이면서 $y=g(x)$와 만나는 점을 살펴야 해.

두 함수 $y=f(x)$와 $y=g(x)$의 그래프가 접할 때는 직선 $y=-x$와 곡선 $y=(x-t)^2-1$이 접할 때이므로

$-x=(x-t)^2-1$에서

$x^2-(2t-1)x-1+t^2=0$

이 이차방정식의 판별식을 D라 하면

$D=(2t-1)^2+4-4t^2=0$이므로

$-4t+5=0 \quad \therefore t=\frac{5}{4}$

즉, $t=\frac{5}{4}$일 때, 직선 $y=-x$와 곡선 $y=(x-t)^2-1$이 접하고 두 함수 $y=f(x)$와 $y=g(x)$의 그래프는 서로 다른 두 점에서 만나게 된다.

$\therefore h\left(\frac{5}{4}\right)=2$

한편, 함수 $y=f(x)$의 그래프가 점 $(1, 3)$을 지날 때는

$3=f(1)=(1-t)^2-1$이므로

$t^2-2t-3=0$, $(t-3)(t+1)=0$

$\therefore t=3$ 또는 $t=-1$

이때, 두 함수 $y=f(x)$와 $y=g(x)$의 그래프는

$t\le -1$, $t>3$일 때, 서로 다른 두 점에서 만나고

$-1<t<\frac{5}{4}$일 때, 서로 다른 세 점에서 만나고

$\frac{5}{4}<t\le 3$일 때, 한 점에서 만난다.

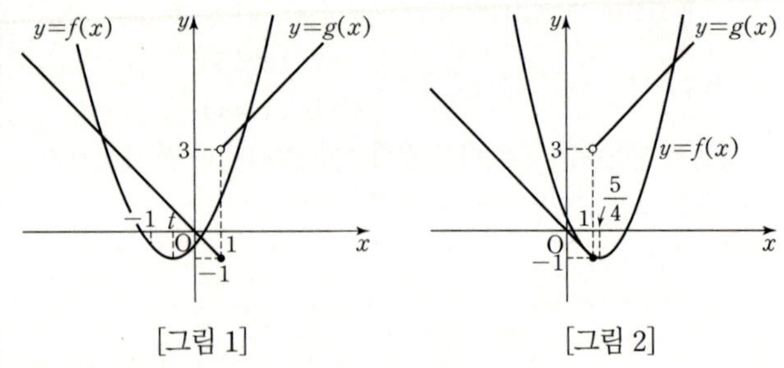

[그림 1] [그림 2]

즉, 함수 $y=h(t)$와 그 그래프는 다음과 같다.

$$h(t)=\begin{cases} 2 & (t\le -1) \\ 3 & \left(-1<t<\frac{5}{4}\right) \\ 2 & \left(t=\frac{5}{4}\right) \\ 1 & \left(\frac{5}{4}<t\le 3\right) \\ 2 & (t>3) \end{cases}$$

3rd 함수 $y=h(t)$를 이용하여 ㄱ, ㄴ, ㄷ의 진위를 판단해.

ㄱ. $t\to -1+$일 때, 두 함수 $y=f(x)$와 $y=g(x)$의 그래프는 [그림 1]과 같이 서로 다른 세 점에서 만나므로 $\lim_{t\to -1+} h(t)=3$ (참)

ㄴ. $\lim_{t\to 1+} h(t)=3$, $\lim_{t\to 1-} h(t)=3$, $h(1)=3$이므로 함수 $h(t)$는 $t=1$에서 연속이다. (참) $t=1$에서 좌극한값과 우극한값, 함숫값이 모두 같으므로 연속이야.

ㄷ. 함수 $y=h(t)$는 $t=-1$, $t=\frac{5}{4}$, $t=3$에서 불연속이므로

불연속인 모든 a의 값의 합은 $-1+\frac{5}{4}+3=\frac{13}{4}$ (거짓)

따라서 옳은 것은 ㄱ, ㄴ이다.

D 44 정답 19 *함수의 연속의 활용 [정답률 35%]

정답 공식: 원 O가 삼각형 ABC의 각 변과 접할 때의 x의 값을 기준으로 원 O와 삼각형 ABC의 서로 다른 교점의 개수를 구한다.

그림과 같이 $\overline{AB}=4$, $\overline{BC}=3$, $\angle B=90°$인 삼각형 ABC의 변 AB 위를 움직이는 점 P를 중심으로 하고 반지름의 길이가 2인 원 O가 있다. $\overline{AP}=x(0<x<4)$라 할 때, 원 O가 삼각형 ABC와 만나는 서로 다른 점의 개수를 $f(x)$라 하자. 함수 $f(x)$가 $x=a$에서 불연속이 되는 모든 실수 a의 값의 합은 $\frac{q}{p}$이다. $p+q$의 값을 구하시오. (단, p와 q는 서로소인 자연수이다.) (4점)

단서 2 $x=a$에서의 극한값이 없거나, 극한값과 함숫값이 다른 경우를 찾아보자.

단서 1 점 P를 움직이면서 원 O가 삼각형 ABC와 만나는 경우를 확인해 봐. 특히, 원이 삼각형의 한 변에 접하는 경우를 중심으로 생각해.

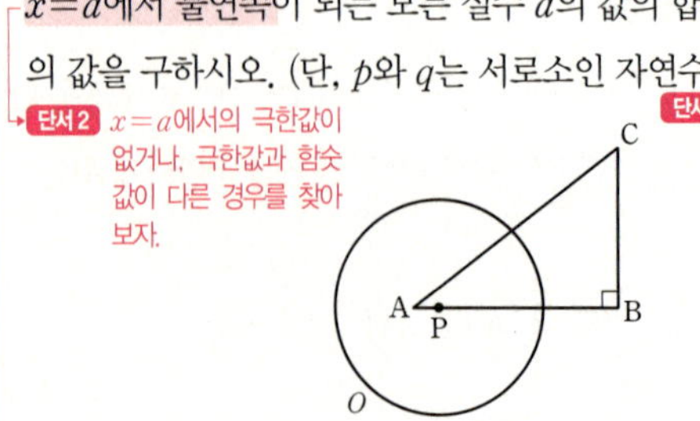

1st 점 P를 점 A부터 점 B까지 움직이면서 원과 삼각형이 만나는 점의 개수 $f(x)$를 구해보자.

(i) [그림 1]과 같이 $x=2$일 때, 원 O가 삼각형 ABC와 만나는 서로 다른 점의 개수는 3이다.

$\therefore f(2)=3$ 지름의 양 끝점 A, B와 변 AC 위의 한 점으로 모두 3개야.

즉, $0<x<2$일 때, 원 O가 삼각형 ABC와 만나는 서로 다른 점의 개수는 2이다. 변 AB 위의 한 점과 변 AC 위의 한 점으로 모두 2개야.

$\therefore f(x)=2(0<x<2)$

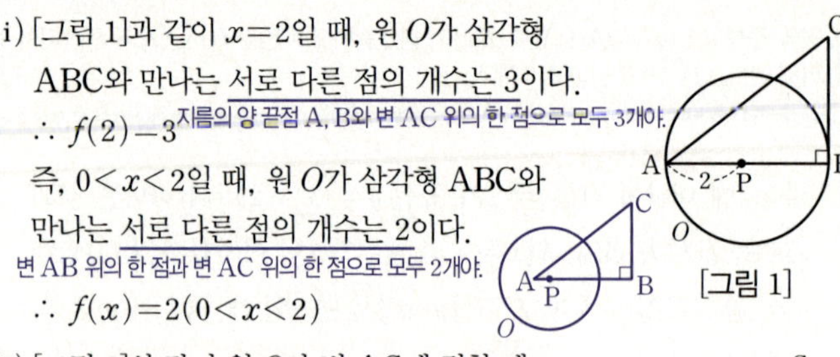

[그림 1]

(ii) [그림 2]와 같이 원 O가 변 AC에 접할 때, 접점을 H라 하면 삼각형 AHP와 삼각형 ABC는 닮음이므로 $\angle A$는 공통, $\angle AHP=\angle ABC=90°$이므로 AA 닮음이야.

$\overline{AP}:\overline{AC}=\overline{HP}:\overline{BC}$

$x:5=2:3$ $\overline{AC}=\sqrt{\overline{AB}^2+\overline{BC}^2}=\sqrt{4^2+3^2}=\sqrt{25}=5$

$\therefore x=\frac{10}{3}$

[그림 2]

즉, $x=\frac{10}{3}$일 때, 원 O가 삼각형 ABC와 만나는 서로 다른 점의 개수는 3이므로 $f\left(\frac{10}{3}\right)=3$이고, 변 AB 위의 한 점과 점 H, 변 BC 위의 한 점으로 모두 3개야.

$2<x<\frac{10}{3}$일 때, 원 O가 삼각형 ABC와 만나는 서로 다른 점의 개수는 4이다. 변 AB 위의 한 점, 변 AC 위의 두 점, 변 BC 위의 한 점으로 모두 4개야.

$\therefore f(x)=4\left(2<x<\frac{10}{3}\right)$

(iii) [그림 3]과 같이 $\frac{10}{3}<x<4$일 때, 원 O가 삼각형 ABC와 만나는 서로 다른 점의 개수는 2이다. 변 AB 위의 한 점과 변 BC 위의 한 점으로 모두 2개야.

$\therefore f(x)=2\left(\frac{10}{3}<x<4\right)$

[그림 3]

2nd 함수 $f(x)$의 그래프를 그려서 불연속이 되는 점의 x좌표의 값을 찾자.

(i)~(iii)에서

$$f(x)=\begin{cases} 2 & (0<x<2) \\ 3 & (x=2) \\ 4 & \left(2<x<\frac{10}{3}\right) \\ 3 & \left(x=\frac{10}{3}\right) \\ 2 & \left(\frac{10}{3}<x<4\right) \end{cases}$$

함수 $y=f(x)$의 그래프를 나타내면 다음과 같다.

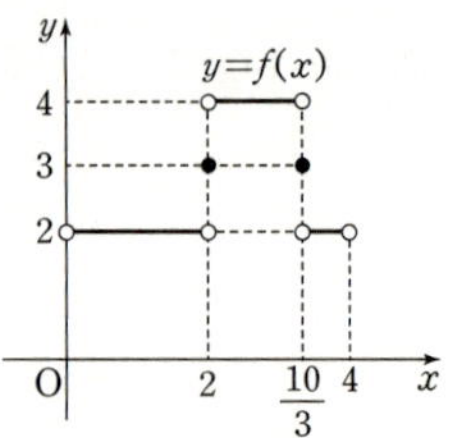

즉, 함수 $f(x)$는 $x=2$, $x=\frac{10}{3}$에서 불연속이므로

구하는 모든 실수 a의 값의 합은 $2+\frac{10}{3}=\frac{16}{3}$이다.

따라서 $p=3$, $q=16$이므로

$p+q=3+16=19$

2등급 킬러+1등급 킬러 문제

D 45 정답 2 *극한을 이용한 다항함수의 결정 ·········· [정답률 32%]

정답 공식: $\lim_{x\to a}\frac{g(x)}{f(x)}=\alpha$($\alpha$는 실수)일 때 $\lim_{x\to a}g(x)=0$이면 $\lim_{x\to a}f(x)=0$이다.

최고차항의 계수가 1인 삼차함수 $f(x)$가 $f(x)>0$인 x에 대하여 $\lim_{x\to0}\frac{10^{f(x)-1}-1}{x}$과 $\lim_{x\to1}\frac{\log f(x)}{\log x}$의 극한값이 모두 존재하고, $\lim_{x\to1}\frac{f(x)-1}{x-1}=0$이다. 방정식 $f(x)=\frac{9}{8}$의 서로 다른 실근들의 총합을 구하시오. (4점)

단서 두 극한식에서 모두 (분모) → 0이지? 즉, 극한값이 존재할 때 (분모) → 0이면 (분자) → 0이므로 이를 이용해 $f(x)$의 식을 세울 수 있어.

1st $\lim_{x\to a}\frac{f(x)}{g(x)}$의 극한값이 존재할 때, $g(x)\longrightarrow0$이면 $f(x)\longrightarrow0$이야.

$\lim_{x\to0}\frac{10^{f(x)-1}-1}{x}$의 값이 존재하고 $x\longrightarrow0$일 때 (분모) $\longrightarrow0$이므로

$\lim_{x\to0}10^{f(x)-1}-1=0$, $10^{f(0)-1}-1=0$, $10^{f(0)-1}=1$ ← $1=10^0$

$f(0)-1=0$ $\therefore f(0)=1$ ⋯ ㉠

또한, $\lim_{x\to1}\frac{\log f(x)}{\log x}$의 값이 존재하고 $x\longrightarrow1$일 때 (분모) $\longrightarrow0$이므로

$\lim_{x\to1}\log f(x)=0$, $\log f(1)=0$ ← $0=\log 1$

$\therefore f(1)=1$ ⋯ ㉡

즉, ㉠, ㉡에서 $f(0)=f(1)=1$이므로 삼차방정식 $f(x)-1=0$은 0, 1을 두 근으로 가진다.

[인수정리] 다항식 $h(x)$에 대하여 $h(x)=0$이 $x=a$를 근으로 가진다면 $h(x)=(x-a)g(x)$ 꼴로 표현할 수 있어.

2nd 삼차함수 $f(x)$의 식을 구하자.

$f(x)=x(x-1)(x-a)+1$이라 하면

실수 $f(x)=x^3+ax^2+bx+c$ (단, a, b, c는 상수)고 하고 $f(0)=1$, $f(1)=1$을 연립해서 a, b, c를 구하는 것보다 이렇게 한번에 쓸 수 있으면 훨씬 간편하지?

$$\lim_{x\to1}\frac{f(x)-1}{x-1}=\lim_{x\to1}\frac{x(x-1)(x-a)}{x-1}=\lim_{x\to1}x(x-a)=1-a=0$$

삼차방정식 $f(x)-1=0$이 두 근 $x=0$, $x=1$을 가지고 $f(x)$의 최고차항의 계수가 1이라 했으므로 $f(x)-1=x(x-1)(x-a)$ (a는 상수)라 놓을 수 있어.

$\therefore a=1$

$\therefore f(x)=x(x-1)^2+1$

3rd 삼차방정식 $f(x)=\frac{9}{8}$를 풀어 실근을 구하자.

방정식 $f(x)=\frac{9}{8}$의 해를 구하면

$x(x-1)^2+1=\frac{9}{8}$

$x(x^2-2x+1)-\frac{1}{8}=0$

$8x^3-16x^2+8x-1=0$

삼차방정식의 근과 계수의 관계에 의해 (세 근의 합)$=-\frac{-16}{8}=2$ 하지만 세 근 중 허근이 존재하면 이 방법은 답이 틀릴 수 있으니 원래 풀이처럼 푸는 것이 더 정확해.

$(2x-1)(4x^2-6x+1)=0$

$\therefore x=\frac{1}{2}$ 또는 $x=\frac{3\pm\sqrt{5}}{4}$ ← $4x^2-6x+1=0$의 해를 근의 공식을 이용해 구한 거야.

따라서 구하는 모든 실근의 합은 $\frac{1}{2}+\frac{3+\sqrt{5}}{4}+\frac{3-\sqrt{5}}{4}=2$이다.

D 46 정답 ⑤ ⭘ 1등급 킬러 [정답률 18%]

최고차항의 계수가 1인 두 삼차함수 $f(x)$, $g(x)$가 다음 조건을 만족시킨다. 단서2 $f(1)=0$, $g(1)=0$이므로 $f(x)=(x-1)(x-a)(x-b)$, $g(x)=(x-1)(x-c)(x-d)$로 놓을 수 있어.

(가) $g(1)=0$

(나) $\lim_{x\to n}\frac{f(x)}{g(x)}=(n-1)(n-2)$ ($n=1, 2, 3, 4$)

단서1 $\lim_{x\to1}\frac{f(x)}{g(x)}=0$이고 $g(1)=0$이므로 $f(1)=0$이어야 해.

$g(5)$의 값은? (4점)

① 4 ② 6 ③ 8 ④ 10 ⑤ 12

이 문제는 함수의 극한의 성질을 이용하여 주어진 조건을 만족시키는 다항함수를 추론하는 문제이다.

즉, 이 문제를 해결하기 위해서는 $x\to a$일 때 분수 형태의 함수의 극한값이 존재하고 $x\to a$일 때 (분모)→ 0이면 (분자) → 0임을 적용해야 한다.

[풀이 단서 체크]

❶ 먼저, 조건 (나)의 식에 $n=1$, $n=2$를 차례로 대입하고 $g(1)=0$과 분수 꼴의 극한의 성질에 의하여 다항함수 $f(x)$가 갖는 인수를 찾아 함수 $f(x)$의 식을 완성한다. ⇒ 단서1

❷ 이제, 함수 $f(x)$와 $n=3$, $n=4$를 조건 (나)의 식에 차례로 대입하여 다항함수 $g(x)$가 갖는 인수를 찾아 함수 $g(x)$의 식을 완성하고 $g(5)$의 값을 구한다. ⇒ 단서2

주의 $\lim_{x\to a}\frac{f(x)}{g(x)}=0$일 때, $\lim_{x\to a}g(x)=0$이면 $\lim_{x\to a}f(x)=0$이지만 $\lim_{x\to a}f(x)=0$이어도 꼭 $\lim_{x\to a}g(x)=0$인 것은 아니다.

핵심 정답 공식: 분수 꼴의 극한의 극한값이 존재하고 $x\to a$일 때, (분모)→ 0이면 (분자)→ 0이어야 한다.

[문제 풀이 순서]

*함수의 극한을 이용한 다항함수의 결정

1st $n=1$, 2일 때, 극한값이 존재하는 조건을 가지고 $f(x)$를 구해.

조건 (나)에 $n=1$, 2를 차례로 대입하면

$\lim_{x\to1}\frac{f(x)}{g(x)}=0$ ⋯ ㉠

$\lim_{x\to2}\frac{f(x)}{g(x)}=0$ ⋯ ㉡

이때, 조건 (가)의 $g(1)=0$에서 $g(x)$는 $(x-1)$을 인수로 가지므로 ㉠이 성립하려면 $f(x)$도 $(x-1)$을 인수로 가져야 한다.

즉, 두 함수 $f(x)$, $g(x)$를

$f(x)=(x-1)(x-a)(x-b)$,

$g(x)=(x-1)(x-c)(x-d)$ (단, a, b, c, d는 상수)

라 두고 ㉠에 각각 대입하면

$$\lim_{x\to1}\frac{(x-1)(x-a)(x-b)}{(x-1)(x-c)(x-d)}=\lim_{x\to1}\frac{(x-a)(x-b)}{(x-c)(x-d)}=0$$

극한값이 0이 되려면 a 또는 b가 1이 되어야 한다.

$a=1$이라 하면 $f(x)=(x-1)^2(x-b)$

마찬가지로 ㉡에 대입하면 $f(x)$는 $(x-2)$를 인수로 가져야 하므로

$f(x)=(x-1)^2(x-2)$

함정 $f(x)$가 삼차함수이고, 이미 $(x-1)^2$과 $(x-2)$를 인수로 가지므로 조건 (나)를 만족시키기 위해서 $g(x)$는 $(x-2)$를 인수로 가질 수 없어.

2nd $n=3,\ 4$일 때, 주어진 극한값을 이용하여 $g(x)$를 구해.

이번엔 조건 (나)에 $n=3,\ 4$를 차례로 대입하면

$\lim_{x\to 3}\frac{f(x)}{g(x)}=2,\ \lim_{x\to 4}\frac{f(x)}{g(x)}=6$이므로

$\lim_{x\to 3}\frac{(x-1)^2(x-2)}{(x-1)(x-c)(x-d)}=\frac{2}{(3-c)(3-d)}=2$에서

$\lim_{x\to 3}\frac{(x-1)^2(x-2)}{(x-1)(x-c)(x-d)}=\lim_{x\to 3}\frac{(x-1)(x-2)}{(x-c)(x-d)}$
$=\frac{2\times 1}{(3-c)(3-d)}=\frac{2}{(3-c)(3-d)}$

$(3-c)(3-d)=1,\ 9-3(c+d)+cd=1$

$\therefore 3(c+d)-cd=8 \cdots$ ㉢

$\lim_{x\to 4}\frac{(x-1)^2(x-2)}{(x-1)(x-c)(x-d)}=\frac{6}{(4-c)(4-d)}=6$에서

$\lim_{x\to 4}\frac{(x-1)^2(x-2)}{(x-1)(x-c)(x-d)}=\lim_{x\to 4}\frac{(x-1)(x-2)}{(x-c)(x-d)}$
$=\frac{3\times 2}{(4-c)(4-d)}=\frac{6}{(4-c)(4-d)}$

$(4-c)(4-d)=1,\ 16-4(c+d)+cd=1$

$\therefore 4(c+d)-cd=15 \cdots$ ㉣

㉢, ㉣을 연립하면 $c+d=7,\ cd=13$

㉣−㉢을 하면 $c+d=7$이고, $c+d$를 ㉢에 대입하면 $3\times 7-cd=8$이므로 $cd=13$이야.

따라서 $g(x)=(x-1)(x-c)(x-d)$에 $x=5$를 대입하면

$g(5)=4(5-c)(5-d)=4\{25-5(c+d)+cd\}$
$=4(25-5\cdot 7+13)=12$

1등급 풀이 Tip

$\lim_{x\to 0}\frac{x^2}{x}=\lim_{x\to 0}x=0$에서 분모를 0으로 만드는 인자, 즉 x를 분모가 인수로 가지고 있으므로 극한값이 존재하려면 분자도 x를 인수로 가져야 한다. 그런데 극한값이 0이므로 분모는 최소 x^2을 인수로 가져야 한다. 따라서 자연수 $m,\ n$에 대하여

$\lim_{x\to 0}\frac{x^m}{x^n}=0$이면 $m>n$이어야 한다.

이것을 이용하면 자연수 k와 다항함수 $f(x),\ g(x)$에 대하여 $\lim_{x\to n}\frac{f(x)}{g(x)}=0$이고 $g(x)$를 0으로 만드는 인자, 즉 $(x-n)^k$을 $g(x)$가 인수로 가질 때, 극한값이 0이려면 $f(x)$는 최소 $(x-n)^{k+1}$을 인수로 가져야 한다. 따라서 이 문제의 조건 (가)에서 $g(x)$가 $x-1$을 인수로 갖고 조건 (나)에서 $\lim_{x\to 1}\frac{f(x)}{g(x)}=0$이므로 $f(x)$는 $(x-1)^2$을 인수로 가져야 한다.

My Top Secret

이 문제는 함수의 극한이 수렴하는 조건을 묻는 문항이야. 분모가 0으로 가면 분자가 0으로 가야하고, 분자가 0으로 가는데 극한값이 0이 아니면 분모가 0으로 가는 것을 잘 알아 두어야 해. 분자가 0으로 가는데, 극한값이 0이면, 분모가 0으로 가는지는 알 수 없어.

미정계수의 결정 (개념·공식)

두 함수 $f(x),\ g(x)$에 대하여

① $\lim_{x\to a}\frac{f(x)}{g(x)}=\alpha$ (단, α는 상수)일 때,
$\lim_{x\to a}g(x)=0$이면 $\lim_{x\to a}f(x)=0$

② $\lim_{x\to a}\frac{f(x)}{g(x)}=\alpha$ (단, $\alpha\neq 0$인 상수)일 때,
$\lim_{x\to a}f(x)=0$이면 $\lim_{x\to a}g(x)=0$

D 47 정답 141

✪ 2등급 킬러 [정답률 21%]

이차함수 $f(x)=x^2+2x+2$와 실수 t에 대하여 함수 $g(x)$는

$$g(x)=\begin{cases} f(x) & (x<0) \\ |f(-x)-t| & (x\geq 0)\end{cases}$$

단서1 함수 $g(x)$는 $x<0$일 때와 $x\geq 0$일 때, 각각 함수가 다르므로 $x<0$일 때와 $x\geq 0$일 때로 나누어 함수 $y=g(x)$의 그래프를 그려야 해.

이다. 함수 $y=g(x)$의 그래프와 직선 $y=\frac{t}{3}$가 만나는 서로 다른 모든 점의 개수를 $h(t)$라 하자.

$$\lim_{t\to a-}h(t)\neq\lim_{t\to a+}h(t)$$

인 모든 실수 a를 작은 수부터 크기순으로 나열한 것을 $a_1,\ a_2,\ \cdots,\ a_m$ (m은 자연수)라 할 때, $\sum_{k=1}^{m}\{4a_k\times h(a_k)\}$의 값을 구하시오. (4점)

단서2 함수 $h(t)$의 좌극한값과 우극한값이 서로 다른 점의 모든 x좌표와 그 때의 함숫값의 곱을 구해서 그 값들의 합을 계산하라는 거지?

✪ 실수 t에 대하여 $x<0,\ x\geq 0$에서 각각 다른 함수로 정의된 함수의 그래프와 x축에 평행한 직선이 만나는 서로 다른 점의 개수로 정의된 함수 $h(t)$의 좌극한값과 우극한값이 서로 다른 t의 값을 찾는 문제이다.

이때, $x\geq 0$에서 함수 $y=g(t)$의 그래프의 꼭짓점의 y좌표가 $|1-t|$이고 직선의 방정식은 $y=\frac{t}{3}$이므로 t의 값에 따라 직선 $y=\frac{t}{3}$보다 꼭짓점의 y좌표의 변화가 더 크다는 것을 파악해야 한다.

[풀이 단서 체크]

❶ 함수 $y=g(x)$의 그래프의 개형을 파악해야 한다.
$x<0$일 때 함수 $y=g(x)$의 그래프는 함수 $y=f(x)(x<0)$의 그래프이고 $x\geq 0$일 때 $g(x)=|f(-x)-t|$이므로 $x\geq 0$일 때 함수 $y=g(x)$의 그래프는 함수 $y=f(x)$의 그래프를 y축에 대하여 대칭이동한 후 y축의 방향으로 $-t$만큼 평행이동시킨 그래프에서 $y<0$인 부분을 x축에 대하여 대칭이동한 그래프이다. ⇒ 단서1

❷ $x<0$일 때는 함수 $y=g(x)$의 그래프가 고정되어 있으므로 t의 값에 따라 직선을 움직이면서 서로 다른 교점의 개수를 찾는다.
$x\geq 0$일 때는 t의 값에 따라 함수 $y=g(x)$의 그래프가 변하므로 가능한 함수 $y=g(x)$의 그래프를 빠짐없이 그려 직선 $y=\frac{t}{3}$과의 서로 다른 교점의 개수를 찾는다. ⇒ 단서2

주의 $x\geq 0$에서 t의 값에 따라 함수 $y=g(x)$의 그래프의 개형이 바뀌므로 가능한 그래프의 개형을 모두 그리고 직선 $y=\frac{t}{3}$과의 교점의 개수를 구해야 한다.

핵심 정답 공식: $x<0$일 때의 함수 $y=g(x)$의 그래프와 직선 $y=\frac{t}{3}$의 서로 다른 교점의 개수와 $x\geq 0$일 때의 함수 $y=g(x)$의 그래프와 직선 $y=\frac{t}{3}$의 서로 다른 교점의 개수를 더하여 함수 $h(x)$를 구한다.

[문제 풀이 순서]

* 복잡하게 정의된 함수의 그래프와 x축에 평행한 직선이 만나는 서로 다른 점의 개수로 정의된 함수 파악하기

1st $x\geq 0$일 때 함수 $y=g(x)$의 그래프와 직선 $y=\frac{t}{3}$가 만나는 서로 다른 모든 점의 개수를 구해.

$f(x)=x^2+2x+2=(x+1)^2+1$이므로 $x<0$일 때 함수 $y=g(x)$의 그래프는 꼭짓점의 좌표가 $(-1,\ 1)$이고 y축과 만나는 점의 y좌표가 2인 아래로 볼록한 포물선이다. 따라서 $x<0$에서 함수 $y=g(x)$의 그래프는 그림과 같다.

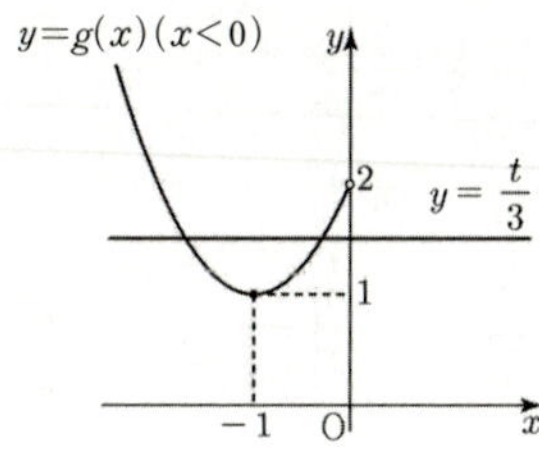

이때, 함수 $y=g(x)(x<0)$의 그래프와 직선 $y=\frac{t}{3}$가 만나는 서로 다른 점의 개수를 $r(t)$라 하면

(i) $\frac{t}{3}<1$, 즉 $t<3$일 때, $r(t)=0$

(ii) $\frac{t}{3}=1$, 즉 $t=3$일 때, $r(t)=1$

(iii) $1<\frac{t}{3}<2$, 즉 $3<t<6$일 때, $r(t)=2$

(iv) $\frac{t}{3}\geq 2$, 즉 $t\geq 6$일 때, $r(t)=1$

주의 $x<0$에서의 함수 $y=g(x)$의 그래프와 직선 $y=\frac{t}{3}$가 만나는 서로 다른 점의 개수를 구해야 해. 이때, 직선 $y=\frac{t}{3}=2$일 때는 $x<-1$인 점에서만 한 번 만나. $x=0$일 때도 만난다고 착각하면 안 돼.

(i)~(iv)에 의하여 $r(t)=\begin{cases} 0 & (t<3) \\ 1 & (t=3) \\ 2 & (3<t<6) \\ 1 & (t\geq 6) \end{cases}$ … ㉠

2nd $x\geq 0$일 때 t의 값에 따라 경우를 나누고 함수 $y=g(x)$의 그래프와 직선 $y=\frac{t}{3}$가 만나는 서로 다른 모든 점의 개수를 구해.

실수 t의 값이 변함에 따라 함수 $y=|f(-x)-t|$의 그래프와 직선 $y=\frac{t}{3}$의 위치가 동시에 변하므로 t의 값으로 인해 나타나는 모든 그래프의 개형을 빠짐없이 찾아야 해.

$|f(-x)-t|=|(-x+1)^2+1-t|=|(x-1)^2+1-t|$이므로

함수 $y=f(-x)-t$의 그래프는 꼭짓점의 좌표가 $(1, 1-t)$이고 y축과 만나는 점의 y좌표가 $1-t$인 아래로 볼록한 포물선이야. 이때, 함수 $y=f(-x)-t$의 꼭짓점을 A, y축과 만나는 점을 B라 하면 t의 값에 따라, 즉 두 점 A, B가 모두 x축 위쪽에 있을 때, 점 A는 x축 아래쪽에 있고 점 B는 x축 위쪽에 있을 때, 두 점 A, B가 모두 x축 아래쪽에 있을 때의 함수 $y=|f(-x)-t|(x\geq 0)$의 그래프의 개형이 달라져.

$x\geq 0$일 때 함수 $y=g(x)$의 그래프는 함수 $y=(x-1)^2+1-t(x\geq 0)$의 그래프에서 $y<0$인 부분을 x축에 대하여 대칭이동하여 그린 그래프와 같다. 이때, 함수 $y=g(x)(x\geq 0)$의 그래프와 직선 $y=\frac{t}{3}$가 만나는 서로 다른 점의 개수를 $s(t)$라 하면

(i) $1-t>0$이고 $1-t>\frac{t}{3}$일 때, 즉 $t<\frac{3}{4}$일 때, 함수 $y=g(x)(x\geq 0)$의 그래프와 직선 $y=\frac{t}{3}$는 그림과 같으므로 $s(t)=0$

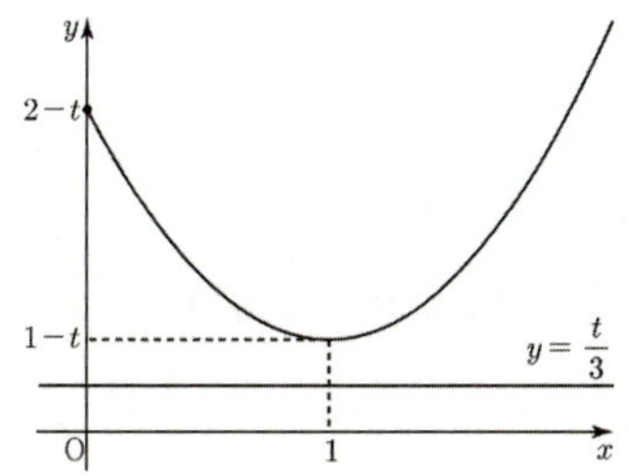

(ii) $1-t=\frac{t}{3}$, 즉 $t=\frac{3}{4}$일 때, 함수 $y=g(x)(x\geq 0)$의 그래프와 직선 $y=\frac{t}{3}$는 그림과 같으므로 $s(t)=1$

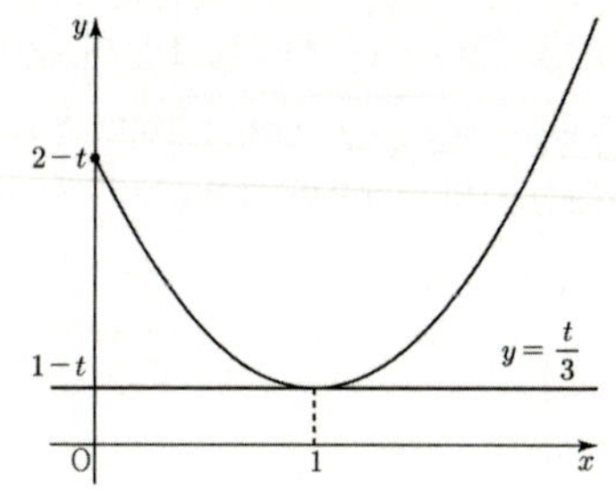

(iii) $1-t\geq 0$이고 $1-t<\frac{t}{3}<2-t$일 때, 즉 $\frac{3}{4}<t\leq 1$일 때,

$1-t<\frac{t}{3}$에서 $t>\frac{3}{4}$이고 $\frac{t}{3}<2-t$에서 $t<\frac{3}{2}$이므로 $\frac{3}{4}<t<\frac{3}{2}$이야.

함수 $y=g(x)(x\geq 0)$의 그래프와 직선 $y=\frac{t}{3}$는 그림과 같으므로 $s(t)=2$

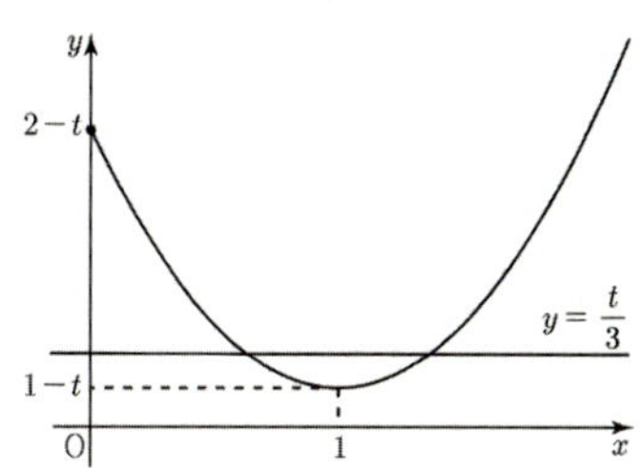

(iv) $1-t<0$, $2-t>0$이고 $t-1<\frac{t}{3}<2-t$일 때, 즉 $1<t<\frac{3}{2}$일 때,

$t-1<\frac{t}{3}$에서 $t<\frac{3}{2}$이고 $\frac{t}{3}<2-t$에서 $t<\frac{3}{2}$이므로 $t<\frac{3}{2}$이야.

함수 $y=g(x)(x\geq 0)$의 그래프와 직선 $y=\frac{t}{3}$는 그림과 같으므로 $s(t)=2$

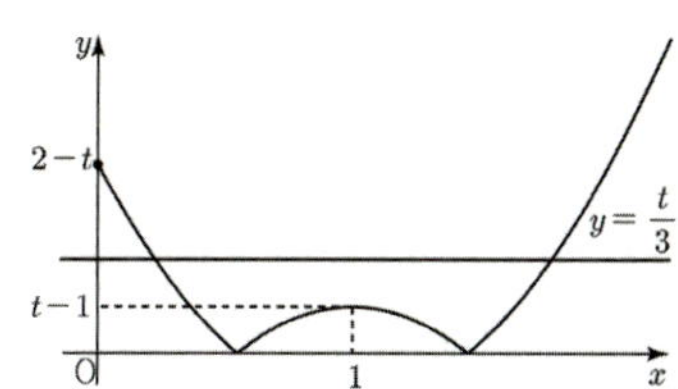

(v) $1-t<0$, $2-t>0$이고 $t-1=\frac{t}{3}$일 때, 즉 $t=\frac{3}{2}$일 때,

함수 $y=g(x)(x\geq 0)$의 그래프와 직선 $y=\frac{t}{3}$는 그림과 같으므로 $s(t)=3$

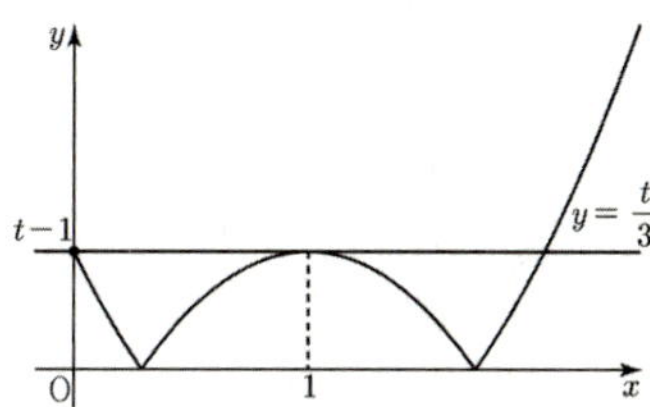

(vi) $1-t<0$, $2-t>0$이고 $2-t<\frac{t}{3}<t-1$일 때, 즉 $\frac{3}{2}<t<2$일 때,

$2-t<\frac{t}{3}$에서 $t>\frac{3}{2}$이고 $\frac{t}{3}<t-1$에서 $t>\frac{3}{2}$이므로 $t>\frac{3}{2}$이야.

함수 $y=g(x)(x\geq 0)$의 그래프와 직선 $y=\frac{t}{3}$는 그림과 같으므로 $s(t)=3$

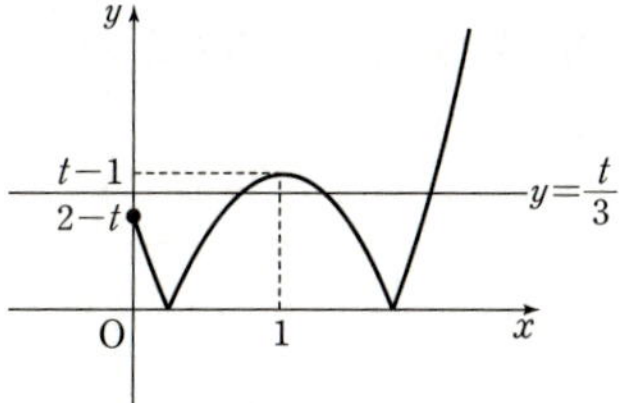

(vii) $2-t\le0$, $1-t<0$이고 $t-2<\frac{t}{3}<t-1$일 때, 즉 $2\le t<3$일 때,

$t-2<\frac{t}{3}$에서 $t<3$이고 $\frac{t}{3}<t-1$에서 $t>\frac{3}{2}$이므로 $\frac{3}{2}<t<3$이야.

함수 $y=g(x)(x\ge0)$의 그래프와 직선 $y=\frac{t}{3}$는 그림과 같으므로

$s(t)=3$

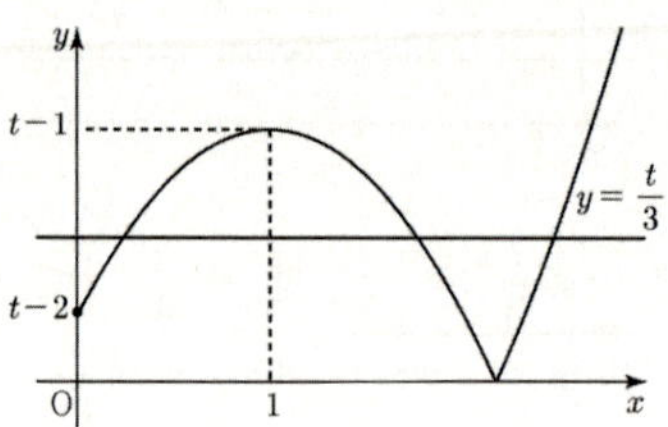

(viii) $2-t<0$, $1-t<0$이고 $t-2=\frac{t}{3}$일 때, 즉 $t=3$일 때,

함수 $y=g(x)(x\ge0)$의 그래프와 직선 $y=\frac{t}{3}$는 그림과 같으므로

$s(t)=3$

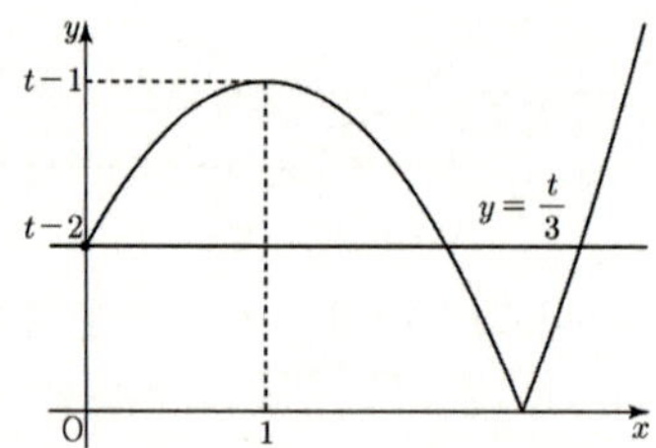

(ix) $2-t<0$, $1-t<0$이고 $0<\frac{t}{3}<t-2$일 때, 즉 $t>3$일 때,

함수 $y=g(x)(x\ge0)$의 그래프와 직선 $y=\frac{t}{3}$는 그림과 같으므로

$s(t)=2$

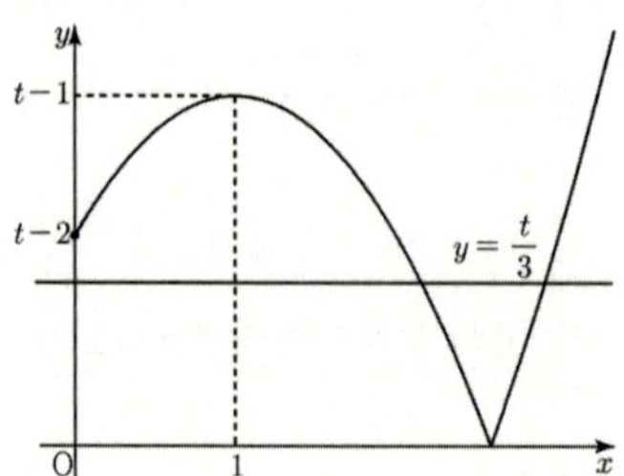

(i)~(ix)에 의하여 $s(t)=\begin{cases} 0 & \left(t<\frac{3}{4}\right) \\ 1 & \left(t=\frac{3}{4}\right) \\ 2 & \left(\frac{3}{4}<t<\frac{3}{2}\right) \\ 3 & \left(\frac{3}{2}\le t\le3\right) \\ 2 & (t>3) \end{cases}$ … ㉡

3rd 조건을 만족시키는 α의 값을 모두 구하고 $\sum_{k=1}^{m}\{4\alpha_k\times h(\alpha_k)\}$의 값을 구해.

$h(t)=r(t)+s(t)$이므로 ㉠, ㉡에 의하여 $h(t)$와 함수 $y=h(t)$의 그래프는 다음과 같다.

$h(t)=\begin{cases} 0 & \left(t<\frac{3}{4}\right) \\ 1 & \left(t=\frac{3}{4}\right) \\ 2 & \left(\frac{3}{4}<t<\frac{3}{2}\right) \\ 3 & \left(\frac{3}{2}\le t<3\right) \\ 4 & (3\le t<6) \\ 3 & (t\ge6) \end{cases}$

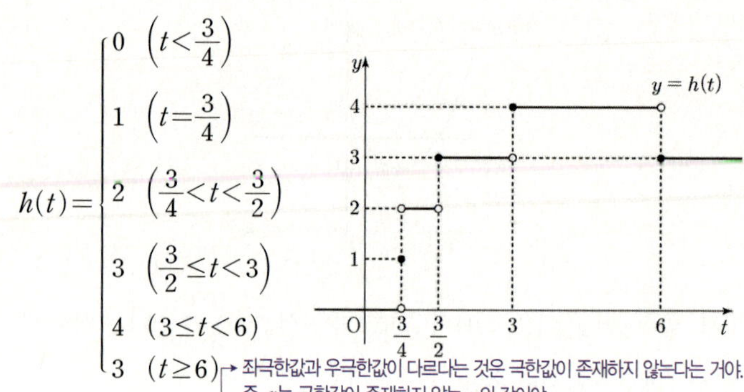

좌극한값과 우극한값이 다르다는 것은 극한값이 존재하지 않는다는 거야. 즉, α는 극한값이 존재하지 않는 x의 값이야.

이때, $\lim_{t\to\alpha-}h(t)\ne\lim_{t\to\alpha+}h(t)$인 모든 실수 α를 작은 수부터 크기순으로 나열하면 $\alpha_1=\frac{3}{4}$, $\alpha_2=\frac{3}{2}$, $\alpha_3=3$, $\alpha_4=6$이고,

$h(\alpha_1)=1$, $h(\alpha_2)=3$, $h(\alpha_3)=4$, $h(\alpha_4)=3$이므로

$$\begin{aligned}\sum_{k=1}^{m}\{4\alpha_k\times h(\alpha_k)\}&=\sum_{k=1}^{4}\{4\alpha_k\times h(\alpha_k)\}\\&=4\alpha_1\times h(\alpha_1)+4\alpha_2\times h(\alpha_2)+4\alpha_3\times h(\alpha_3)+4\alpha_4\times h(\alpha_4)\\&=4\times\frac{3}{4}\times1+4\times\frac{3}{2}\times3+4\times3\times4+4\times6\times3\\&=3+18+48+72=141\end{aligned}$$

톡톡 풀이

$s(t)$를 함수 $y=g(x)(x\ge0)$의 그래프와 직선 $y=\frac{t}{3}$가 만나는 서로 다른 점의 개수라 하면 $s(t)$는 함수 $y=|f(-x)-t|(x\ge0)$의 그래프와 직선 $y=\frac{t}{3}$가 만나는 서로 다른 점의 개수야.

즉, $s(t)$를 방정식 $|f(-x)-t|=\frac{t}{3}(x\ge0)$의 서로 다른 실근의 개수로 생각할 수도 있어.

두 함수 $y=f(x)$, $y=g(x)$의 그래프의 서로 다른 교점의 개수는 방정식 $f(x)=g(x)$의 서로 다른 실근의 개수와 같아.

이때, $|f(-x)-t|=\frac{t}{3}$에서

$f(-x)-t=\frac{t}{3}$ 또는 $f(-x)-t=-\frac{t}{3}$이므로

$f(-x)=\frac{4}{3}t$ 또는 $f(-x)=\frac{2}{3}t$

따라서 $s(t)$는 $x\ge0$일 때 함수 $y=f(-x)$의 그래프와 직선 $y=\frac{4}{3}t$가 만나는 서로 다른 점의 개수와 함수 $y=f(-x)$의 그래프와 직선 $y=\frac{2}{3}t$가 만나는 서로 다른 점의 개수의 합이야.

이때, $f(-x)=(-x)^2+2\times(-x)+2$
$=x^2-2x+2=(x-1)^2+1$

이므로 함수 $y=f(-x)(x\ge0)$의 그래프는 그림과 같아.

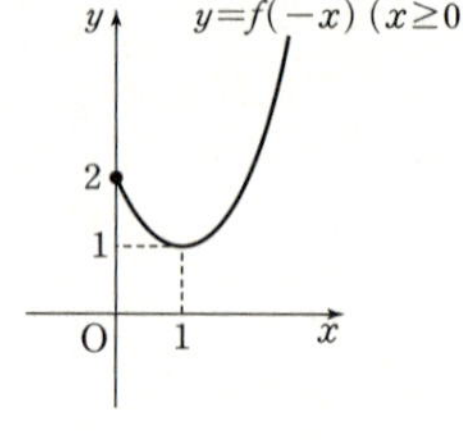

따라서 함수 $y=f(-x)(x\ge0)$의 그래프와 직선 $y=\frac{4}{3}t$가 만나는 서로 다른 점의 개수를 $m(t)$라 하면

(i) $\frac{4}{3}t<1$, 즉 $t<\frac{3}{4}$일 때, $m(t)=0$

(ii) $\frac{4}{3}t=1$, 즉 $t=\frac{3}{4}$일 때, $m(t)=1$

(iii) $1<\frac{4}{3}t\le2$, 즉 $\frac{3}{4}<t\le\frac{3}{2}$일 때, $m(t)=2$

(iv) $\frac{4}{3}t>2$, 즉 $t>\frac{3}{2}$일 때, $m(t)=1$

(i)~(iv)에 의하여 $m(t)=\begin{cases} 0 & \left(t<\frac{3}{4}\right) \\ 1 & \left(t=\frac{3}{4}\right) \\ 2 & \left(\frac{3}{4}<t\le\frac{3}{2}\right) \\ 1 & \left(t>\frac{3}{2}\right) \end{cases}$ … ㉠

또, 함수 $y=f(-x)(x\ge0)$의 그래프와 직선 $y=\frac{2}{3}t$가 만나는 서로 다른 점의 개수를 $n(t)$라 하면

(i) $\frac{2}{3}t<1$, 즉 $t<\frac{3}{2}$일 때, $n(t)=0$

(ii) $\frac{2}{3}t=1$, 즉 $t=\frac{3}{2}$일 때, $n(t)=1$

(iii) $1<\frac{2}{3}t\le2$, 즉 $\frac{3}{2}<t\le3$일 때, $n(t)=2$

(iv) $\frac{2}{3}t>2$, 즉 $t>3$일 때, $n(t)=1$

(i)~(iv)에 의하여 $n(t)=\begin{cases} 0 & \left(t<\frac{3}{2}\right) \\ 1 & \left(t=\frac{3}{2}\right) \\ 2 & \left(\frac{3}{2}<t\le3\right) \\ 1 & (t>3) \end{cases}$ … ㉡

따라서 $s(t)=m(t)+n(t)$이므로 ㉠, ㉡에 의하여

$$s(t)=\begin{cases} 0 & \left(t<\frac{3}{4}\right) \\ 1 & \left(t=\frac{3}{4}\right) \\ 2 & \left(\frac{3}{4}<t<\frac{3}{2}\right) \\ 3 & \left(\frac{3}{2}\le t\le3\right) \\ 2 & (t>3) \end{cases}$$

(이하 동일)

1등급 풀이 Tip

$x<0$에서 함수 $y=g(x)$의 그래프는 고정되어 있으므로 $x<0$일 때 함수 $y=g(x)$의 그래프와 직선 $y=\frac{t}{3}$가 만나는 서로 다른 점의 개수는 구하기 쉽다.
그러나 $x\ge0$에서는 함수 $y=g(x)$의 그래프가 t의 값에 따라 변화하므로 서로 다른 교점의 개수를 구하기 어렵다. 따라서 고정할 수 있는 것은 고정하여 최대한 간단하게 만들면 쉽게 해결할 수 있다. 즉, $x\ge0$에서 함수 $y=g(x)$의 그래프와 직선 $y=\frac{t}{3}$가 만나는 서로 다른 점의 개수는 함수 $y=|f(-x)-t|(x\ge0)$와 직선 $y=\frac{t}{3}$가 만나는 서로 다른 점의 개수이므로 방정식 $|f(-x)-t|=\frac{t}{3}$ $(x\ge0)$의 서로 다른 실근의 개수와 같다. 따라서 방정식의 절댓값을 없애 $f(-x)=\frac{2t}{3}$ 또는 $f(-x)=\frac{4t}{3}$로 나타내어 서로 다른 실근의 개수를 계산하면 쉽게 접근할 수 있다.

D 48 정답 4

1등급 킬러 [정답률 15%]

실수 k와 함수

$$f(x)=\begin{cases} 2^{x-2} & (x<2) \\ 2^{-x+2} & (x\ge2) \end{cases}$$

에 대하여 함수 $g(x)$를 $g(x)=|f(x)-k|+k$라 하자.
직선 $y=2k$와 함수 $y=g(x)$의 그래프가 만나는 점의 개수를 $h(k)$라 할 때, $\lim_{k\to\frac{1}{4}-}\left\{h(k)h\left(k+\frac{1}{4}\right)\right\}$의 값을 구하시오. (4점)

단서1 $g(x)=\begin{cases} f(x) & (f(x)\ge k) \\ -f(x)+2k & (f(x)<k) \end{cases}$야. 이때, 함수 $y=-f(x)+2k$의 그래프는 함수 $y=f(x)$의 그래프를 직선 $y=k$에 대하여 대칭이동한 것임을 알아야 해.

단서2 함수 $y=f(x)$의 그래프를 이용하여 함수 $y=g(x)$의 그래프를 유추한 후 실수 k의 값의 범위를 나누어 $h(k)$를 구해.

단서3 $\lim_{k\to\frac{1}{4}-}h(k)$, $\lim_{k\to\frac{1}{4}-}h\left(k+\frac{1}{4}\right)$의 값을 각각 구해 곱하면 돼.

함수 $y=g(x)$의 그래프와 직선 $y=2k$의 교점의 개수를 새로운 함수 $h(k)$로 정의하여 함수 $h(k)$에 대한 극한값을 구하는 문제이다.
이 문제의 핵심은 구간에 따라 다르게 정의된 함수 $f(x)$에 대하여 함수 $f(x)$와 절댓값을 이용하여 정의된 함수 $y=g(x)$의 그래프를 좌표평면에 나타낼 수 있어야 하고 적절히 k의 값의 범위를 나누어 함수 $h(k)$를 구할 수 있어야 한다.

[풀이 단서 체크]

❶ 먼저, 절댓값 안의 부호가 0보다 크거나 같을 때와 0보다 작을 때로 나누어 함수 $g(x)$의 식을 $f(x)$를 이용하여 나타낸다. 이때, 임의의 k에 대하여 함수 $y=g(x)$의 그래프를 그려보며 절댓값 안의 부호가 0보다 작을 때의 함수 $y=g(x)$의 그래프는 $f(x)<k$인 부분을 직선 $y=k$에 대하여 대칭이동한 것임을 파악한다. ⇒ 단서1

❷ 이제, 적당히 k의 값의 범위를 나누고 함수 $y=g(x)$의 그래프와 직선 $y=2k$를 좌표평면에 나타낸 후 함수 $h(k)$를 구한다. ⇒ 단서2

❸ 마지막으로, 각각의 극한값이 존재하는 두 함수의 곱으로 정의된 함수의 극한값은 각각의 극한값의 곱을 이용하여 구할 수 있음을 알고 각각의 함수의 극한값을 구하여 $\lim_{k\to\frac{1}{4}-}\left\{h(k)h\left(k+\frac{1}{4}\right)\right\}$의 값을 구한다. ⇒ 단서3

주의 절댓값이 포함된 함수의 그래프를 그릴 때는 절댓값 안의 부호가 0보다 크거나 같을 때와 0보다 작을 때로 나누어 생각한다.

핵심 정답 공식: $|f(x)-k|+k=\begin{cases} f(x) & (f(x)\ge k) \\ -f(x)+2k & (f(x)<k) \end{cases}$이다.
또한, 함수 $y=F(x)$의 그래프를 직선 $y=k$에 대하여 대칭이동시킨 그래프의 식은 $2k-y=F(x)$, 즉 $y=-F(x)+2k$이다.

[문제 풀이 순서]

* 새롭게 정의된 함수의 그래프를 이용하여 함수의 극한값 구하기

1st 함수 $y=f(x)$의 그래프를 그려보자.

$f(x)=\begin{cases} 2^{x-2} & (x<2) \\ 2^{-x+2} & (x\ge2) \end{cases}$에서 함수 $y=2^{x-2}$의 그래프는 $y=2^x$의 그래프를 x축의 방향으로 2만큼 평행이동한 것이고, 함수 $y=2^{-x+2}$의 그래프는 $y=2^{-x}$의 그래프를 x축의 방향으로 2만큼 평행이동한 것이므로 함수 $y=f(x)$의 그래프는 [그림 1]과 같다.

$y=2^{-x}$의 그래프를 x축의 방향으로 2만큼 평행이동한 그래프의 식은 $y=2^{-(x-2)}$에서 $y=2^{-x+2}$야.

함수 $y=f(x)$의 그래프는 $x=2$에 대하여 대칭이고, x축이 점근선이 돼.

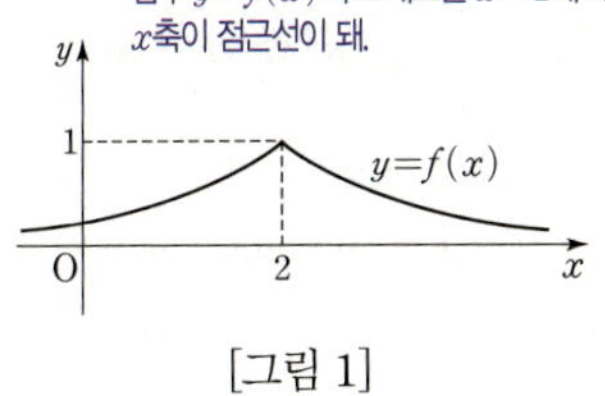

[그림 1]

2nd k의 값의 범위를 나누어 $h(k)$를 구하자.

$g(x)=|f(x)-k|+k$

$$=\begin{cases} f(x) & (f(x)\geq k) \\ -f(x)+2k & (f(x)<k) \end{cases}$$

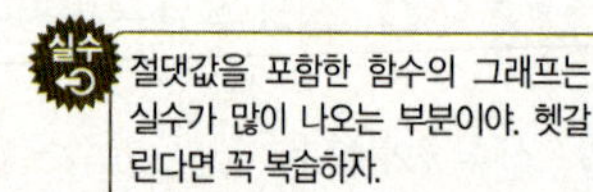

실수
절댓값을 포함한 함수의 그래프는 실수가 많이 나오는 부분이야. 헷갈린다면 꼭 복습하자.

이므로 함수 $y=g(x)$의 그래프는 함수 $y=f(x)$의 그래프에서 직선 $y=k$의 윗부분은 그대로 두고, 직선 $y=k$의 아랫부분은 직선 $y=k$에 대하여 대칭이동시킨 것이다.

따라서 k의 값 또는 범위에 따라 함수 $y=g(x)$의 그래프는 다음과 같다.

(i) $k\leq 0$일 때,

모든 실수 x에 대하여 $f(x)>k$이므로

$g(x)=f(x)>0\geq 2k$

즉, 함수 $y=g(x)$의 그래프는 [그림 2]와 같으므로 직선 $y=2k$와 $y=g(x)$의 그래프가 만나는 점은 없다.

$\therefore h(k)=0$

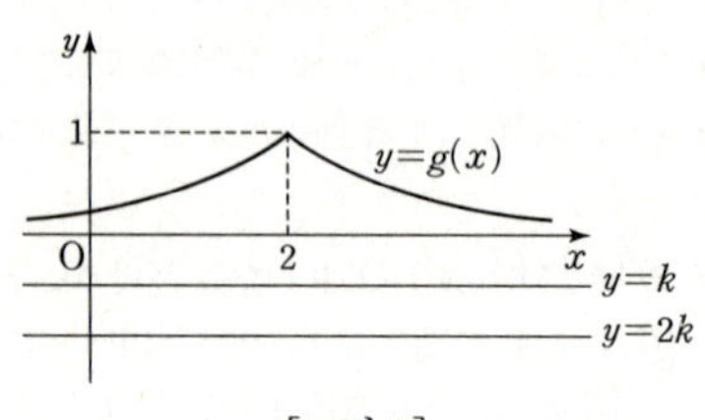

[그림 2]

(ii) $0<k<\frac{1}{2}$일 때, → $2k<1$이 돼.

함수 $y=f(x)$의 그래프와 직선 $y=k$가 만나는 두 점을 각각 A, B라 하면, 함수 $y=g(x)$의 그래프는 [그림 3]과 같다.

즉, 직선 $y=2k$와 함수 $y=g(x)$의 그래프가 만나는 점은 2개이다.

함수 $y=g(x)$의 점근선이 $y=2k$이므로 $y=2k<1$인 범위에서 함수 $y=g(x)$의 그래프와 직선 $y=2k$가 만나는 점의 개수는 2야.

$\therefore h(k)=2$

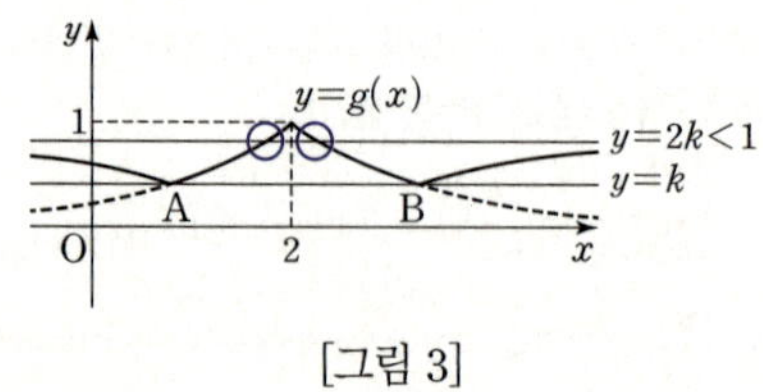

[그림 3]

(iii) $k=\frac{1}{2}$일 때, → $2k=1$이야.

함수 $y=f(x)$의 그래프와 직선 $y=k$가 만나는 두 점을 각각 A, B라 하면, 함수 $y=g(x)$의 그래프는 [그림 4]와 같다.

즉, 직선 $y=2k$와 함수 $y=g(x)$의 그래프가 만나는 점은 1개이다.

$\therefore h(k)=1$

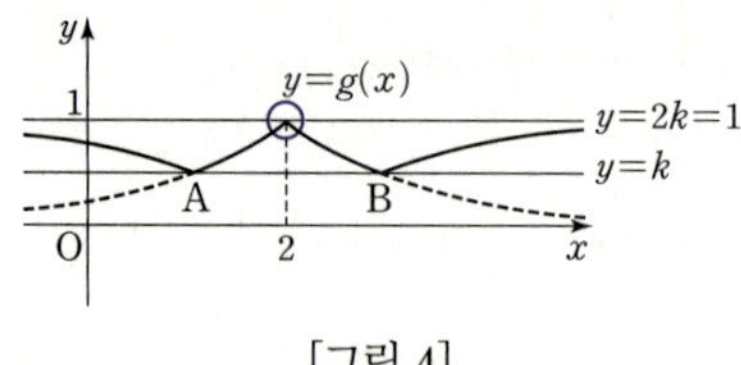

[그림 4]

(iv) $\frac{1}{2}<k<1$일 때, → $2k>1$이 돼.

함수 $y=f(x)$의 그래프와 직선 $y=k$가 만나는 두 점을 각각 A, B라 하면, 함수 $y=g(x)$의 그래프는 [그림 5]와 같다.

즉, 직선 $y=2k$와 함수 $y=g(x)$의 그래프가 만나는 점은 없다.

$\therefore h(k)=0$

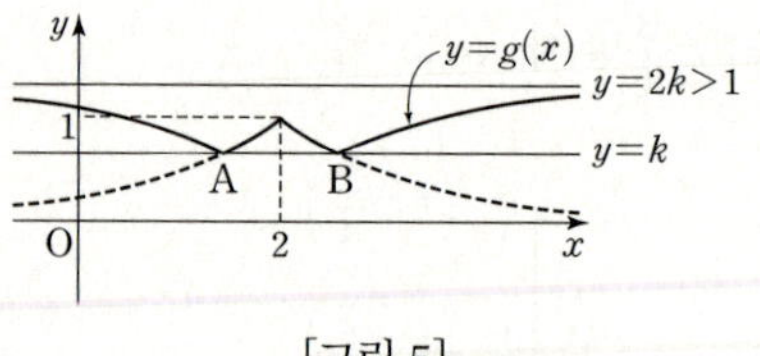

[그림 5]

(v) $k\geq 1$일 때,

모든 실수 x에 대하여 $g(x)=-f(x)+2k<2k$

즉, 함수 $y=g(x)$의 그래프는 [그림 6]과 같으므로 직선 $y=2k$와 함수 $y=g(x)$의 그래프가 만나는 점은 없다.

$\therefore h(k)=0$

i) $k=1$인 경우

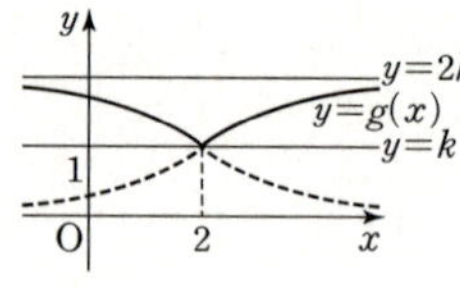

ii) $k>1$인 경우

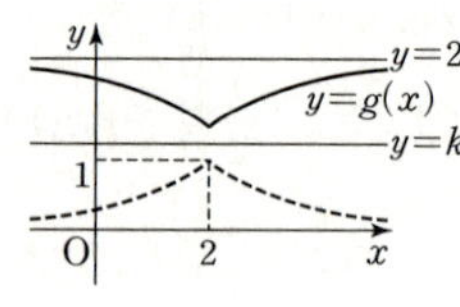

[그림 6]

3rd 함수 $y=h(k)$의 그래프를 이용하여 주어진 극한값을 구하자.

함수 $y=h(k)$와 그 그래프는 다음과 같다.

$$h(k)=\begin{cases} 0 & \left(k\leq 0 \text{ 또는 } k>\frac{1}{2}\right) \\ 1 & \left(k=\frac{1}{2}\right) \\ 2 & \left(0<k<\frac{1}{2}\right) \end{cases}$$

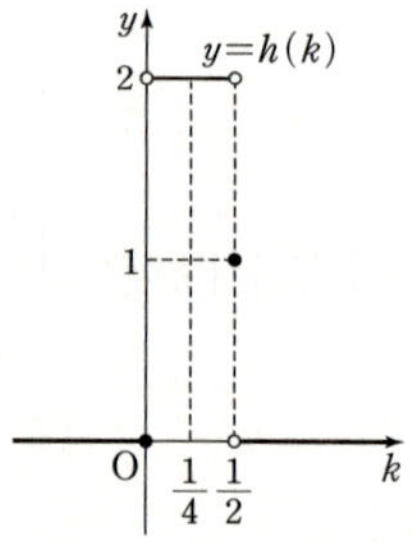

(그래프: $y=h(k)$, 세로축 2, 1, 가로축 O, $\frac{1}{4}$, $\frac{1}{2}$, k)

따라서 $\lim_{k\to\frac{1}{4}-}h(k)=2$, $\lim_{k\to\frac{1}{4}-}h\left(k+\frac{1}{4}\right)=2$이므로 → $=\lim_{k\to\frac{1}{2}-}h(k)$

$$\lim_{k\to\frac{1}{4}-}\left\{h(k)h\left(k+\frac{1}{4}\right)\right\}=\lim_{k\to\frac{1}{4}-}h(k)\times\lim_{k\to\frac{1}{4}-}h\left(k+\frac{1}{4}\right)$$

$$=2\times 2=4$$

→ $\lim_{k\to\frac{1}{4}-}h(k)$, $\lim_{k\to\frac{1}{4}-}h\left(k+\frac{1}{4}\right)$의 극한값이 각각 존재하므로 $\lim_{k\to\frac{1}{4}-}\left\{h(k)h\left(k+\frac{1}{4}\right)\right\}=\lim_{k\to\frac{1}{4}-}h(k)\times\lim_{k\to\frac{1}{4}-}h\left(k+\frac{1}{4}\right)$로 계산할 수 있어.

1등급 풀이 Tip

함수 $y=g(x)$의 그래프와 직선 $y=2k$가 만나는 점의 개수는 x에 대한 방정식 $g(x)=2k$, 즉 $|f(x)-k|=k$의 서로 다른 실근의 개수이다. 즉, $f(x)=0$ 또는 $f(x)=2k$를 만족시키는 서로 다른 실근의 개수인데 모든 실수 x에 대해서 $f(x)>0$이므로 $f(x)=2k$를 만족시키는 서로 다른 실근의 개수만 생각해주면 된다. 따라서 구하는 실근의 개수는 $2k\leq 0$일 때 0개, $0<2k<1$일 때 2개, $2k=1$일 때 1개, $2k>1$일 때 0개임을 쉽게 파악할 수 있다.

My Top Secret

절댓값이 포함된 함수를 이용한 문제는 그래프를 접어 올려서 푸는 방법이 있고, 절댓값을 없애 식으로 푸는 방법도 있어. 이는 상황에 맞게 사용하면 돼. 이 문제처럼 단순히 서로 다른 실근의 개수를 묻는다면 절댓값을 없애고 풀어도 되고, 그래프의 개형을 알아야 한다면 원래 함수의 그래프를 좌표평면에 나타낸 다음에 절댓값 안이 0보다 작은 부분을 접어올리면 쉽게 풀 수 있을 거야.

D 49 정답 ③ ✪ 2등급 킬러 [정답률 21%]

좌표평면에서 원 $x^2+y^2=1$과 직선 $y=-\frac{1}{2}$이 만나는 점을 A, B라 하자. 점 $\mathrm{P}(0, t)\left(t\neq-\frac{1}{2}\right)$에 대하여 다음 조건을 만족시키는 점 C의 개수를 $f(t)$라 하자. 단서1

(가) C는 A나 B가 아닌 원 위의 점이다.
(나) A, B, C를 꼭짓점으로 하는 삼각형의 넓이는 A, B, P를 꼭짓점으로 하는 삼각형의 넓이와 같다.

$f(a)+\lim_{t\to a-}f(t)=5$이고 $\lim_{t\to 0-}f(t)=b$일 때, $a+b$의 값은?
단서2 $t=a$일 때의 함숫값과 $t\to a-$일 때의 극한값의 합이 5인 t의 값을 찾아야 해. (4점)

① 1 ② 2 ③ 3 ④ 4 ⑤ 5

✪ 주어진 조건을 만족시키는 점의 개수로 정의된 함수에 대하여 특정한 점에서의 함숫값과 극한값을 구하는 문제이다. 조건 해석의 핵심은 삼각형의 넓이와 밑변의 길이가 같으면 높이도 같음을 이용하는 것이다. 즉, 주어진 문제에서 점 C와 직선 AB 사이의 거리를 따져보는 것이 문제 해결의 키포인트이다.

[풀이 단서 체크]

❶ 삼각형 ABC와 삼각형 ABP는 모두 선분 AB를 한 변으로 하는 삼각형인데, 두 삼각형의 넓이가 같으므로 선분 AB를 밑변으로 하면 두 삼각형의 높이가 서로 같아야 한다.
따라서 점 C와 직선 AB 사이의 거리는 점 P와 직선 AB 사이의 거리와 같다.
즉, 점 P를 지나고 직선 AB와 평행한 직선이 원과 만나는 점 위에 점 C가 있거나 또는 점 P를 직선 $y=-\frac{1}{2}$에 대하여 대칭이동한 점을 지나고 직선 AB와 평행한 직선이 원과 만나는 점 위에 점 C가 있어야 한다. ⇒ 단서1

❷ 함수 $f(t)$를 구한 후, $f(a)$와 $\lim_{t\to a-}f(t)$가 의미하는 것이 무엇인지 이해한 후 이들의 합이 5인 a의 값을 찾자. 즉, $f(a)$는 함수 $f(t)$에서 $t=a$일 때의 함숫값으로, 점 P의 좌표가 $(0, a)$일 때의 점 C의 개수이고, $\lim_{t\to a-}f(t)$는 t가 a보다 작은 값을 가지면서 a에 가까워질 때의 점 C의 개수이다. ⇒ 단서2

주의 점 P를 직선 $y=-\frac{1}{2}$에 대하여 대칭이동시킨 점을 지나고 직선 AB에 평행한 직선이 원과 접하는 경우 $f(t)=3$이고 만나지 않는 경우에는 $f(t)=2$이다.

핵심 정답 공식: A, B는 고정된 점이므로, 밑변의 길이와 높이가 같은 삼각형들은 넓이가 같음을 이용해 t의 범위에 따라 $f(t)$의 그래프를 그려 a, b의 값을 구한다.

[문제 풀이 순서]

* 새롭게 정의된 함수 $f(t)$의 그래프를 그려, 주어진 함숫값과 극한값의 조건을 만족시키는 미지수 구하기

1st t의 값에 따라 $f(t)$가 어떻게 변하는지 살펴봐.
주어진 조건을 그림으로 나타내면 다음과 같다.

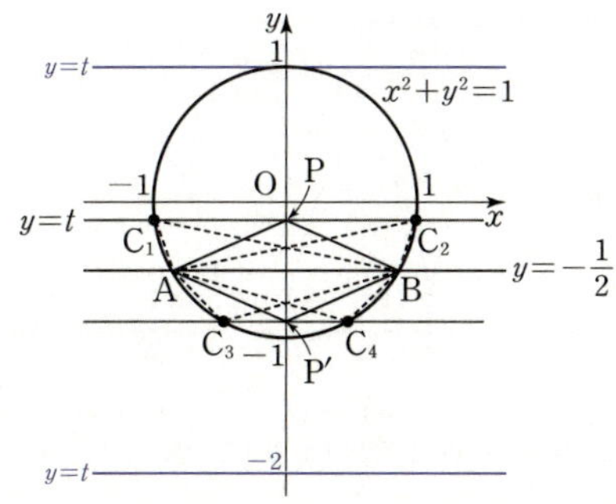

즉, △ABP의 넓이와 △ABC의 넓이가 같으므로
(직선 AB와 점 P 사이의 거리)=(직선 AB와 점 C 사이의 거리)여야 한다.
점 C는 원 위의 점이므로 직선 AB와 점 C 사이의 최대 거리는 $1+\frac{1}{2}=\frac{3}{2}$이야. 즉, 조건을 만족시키는 점 C가 존재하기 위한 t의 최댓값은 $-\frac{1}{2}+\frac{3}{2}=1$이고 최솟값은 $-\frac{1}{2}+\left(-\frac{3}{2}\right)=-2$가 돼.

따라서 그림과 같이 $f(t)$는 직선 $y=t$와 직선 $y=t$를 직선 $y=-\frac{1}{2}$에 대하여 대칭이동시킨 직선이 원과 만나는 점의 개수와 같다.

$$\therefore f(t)=\begin{cases}0 & (t<-2)\\ 1 & (t=-2)\\ 2 & (-2<t<-1)\\ 3 & (t=-1)\\ 4 & \left(-1<t<-\frac{1}{2},\ -\frac{1}{2}<t<0\right)\\ 3 & (t=0)\\ 2 & (0<t<1)\\ 1 & (t=1)\\ 0 & (t>1)\end{cases}$$

t의 값의 범위를 나눈 후 직선 $y=t$를 그리고, 직선 $y=t$와 직선 AB 사이의 거리와 같은 직선을 하나 더 그려봐. 이때, 이 두 직선과 원이 만나는 교점이 C가 되므로 이 교점의 개수가 $f(t)$야.

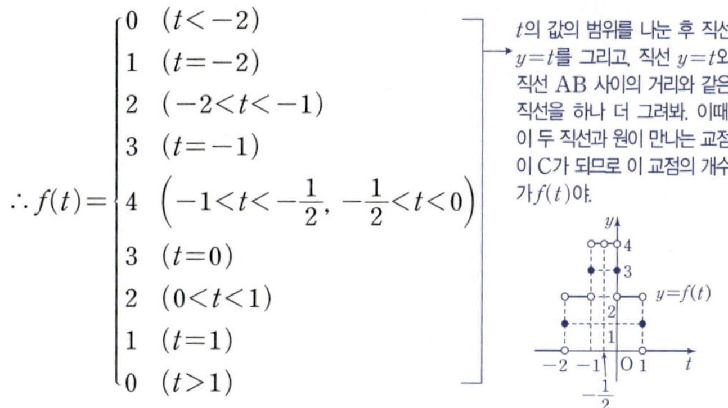

2nd $f(t)$의 함수를 통해 만족하는 a, b의 값을 찾아야 해.
따라서 $f(a)+\lim_{t\to a-}f(t)=5$이려면 $a=-1$이어야 하고,
$\lim_{t\to 0-}f(t)=b=4$이므로
$a+b=-1+4=3$

(i) $a=-2$일 때, $f(-2)=1$, $\lim_{t\to -2-}f(t)=0$
(ii) $a=-1$일 때, $f(-1)=3$, $\lim_{t\to -1-}f(t)=2$
(iii) $a=0$일 때, $f(0)=3$, $\lim_{t\to 0-}f(t)=4$
(iv) $a=1$일 때, $f(1)=1$, $\lim_{t\to 1-}f(t)=2$

1등급 풀이 Tip

'함수의 연속' 단원에서 배우겠지만 $t=a$에서 함수 $f(t)$가 연속이면 $f(a)=\lim_{t\to a-}f(t)$이므로 $f(a)+\lim_{t\to a-}f(t)$의 값은 항상 짝수이다.
따라서 $f(a)+\lim_{t\to a-}f(t)=5$, 즉 $f(a)+\lim_{t\to a-}f(t)$의 값이 홀수이므로 $f(t)$가 $t=a$에서 불연속임을 알 수 있다.
이 사실을 파악했다면 함수 $f(t)$를 구한 후, $f(t)$가 불연속이 되는 t의 값 중에서 조건을 만족시키는 a를 구할 수 있다.

D 50 정답 ① *새롭게 정의된 함수의 연속성 [정답률 31%]

정답 공식: 삼차함수 $f(x)$를 미정계수를 이용하여 정의한 후 함수의 연속성을 이용하여 미정계수를 찾고, 연속함수 $g(x)$의 함수 형태를 유추한다.

최고차항의 계수가 1인 삼차함수 $f(x)$에 대하여 실수 전체의 집합에서 연속인 함수 $g(x)$가 다음 조건을 만족시킨다.
단서2 함수 $g(x)$가 모든 실수 x에 대하여 연속이니까 $\lim_{x\to 0}g(x)=g(0)$이야.

(가) 모든 실수 x에 대하여 $f(x)g(x)=x(x+3)$이다.
(나) $g(0)=1$ 단서1 두 조건을 이용하여 삼차함수 $f(x)$의 식을 세워보자.

$f(1)$이 자연수일 때, $g(2)$의 최솟값은? (4점)
단서3 $f(1)$의 값이 자연수가 되어야 하는 조건에 의해 $f(x)$의 식의 미정계수의 범위가 결정돼.

① $\frac{5}{13}$ ② $\frac{5}{14}$ ③ $\frac{1}{3}$ ④ $\frac{5}{16}$ ⑤ $\frac{5}{17}$

1st 조건을 이용하여 연속함수 $g(x)$를 유추하자.

조건 (가)의 $f(x)g(x)=x(x+3)$의 양변에 $x=0$을 대입하면

$f(0)\times 1=0 \quad \therefore f(0)=0$

조건 (나)에서 $g(0)=1$이라 했지?

따라서 최고차항의 계수가 1인 삼차함수 $f(x)$를

$f(x)=x(x^2+ax+b)$ (a, b는 상수) … ㉠라 놓자.

$f(0)=0$이므로 $f(x)$는 x를 인수로 가져.

조건 (가)의 $f(x)g(x)=x(x+3)$에 ㉠을 대입하면

$x(x^2+ax+b)g(x)=x(x+3)$ … ㉡

(i) $x=0$인 경우 ㉡이 성립한다.

(ii) $x\neq0$인 경우 ㉡의 양변을 x로 나누면

$(x^2+ax+b)g(x)=x+3$ … ㉢

이고, ㉢은 0이 아닌 모든 실수 x에 대하여 성립해야 한다.

한편, $g(x)$는 실수 전체의 집합에서 연속이므로 $x=0$에서도 연속이다.

즉, $g(0)=\lim_{x\to0}g(x)=1$이고, ㉢의 양변에 $\lim_{x\to0}$을 취하면

$\lim_{x\to0}(x^2+ax+b)g(x)=\lim_{x\to0}(x+3)$에서

$\lim_{x\to0}(x^2+ax+b)\times\lim_{x\to0}g(x)=\lim_{x\to0}(x+3)$

함수 $y=x^2+ax+b$는 다항함수이므로 $x=0$에서의 극한값이 존재하고, 함수 $g(x)$도 실수 전체의 집합에서 연속이므로 $x=0$에서의 극한값이 존재해. 즉, $x=0$에서 두 함수의 극한값이 존재하므로 $\lim_{x\to0}(x^2+ax+b)g(x)=\lim_{x\to0}(x^2+ax+b)\times\lim_{x\to0}g(x)$가 성립하는 거야.

$b\times g(0)=3 \quad \therefore b=3$

$g(0)=1$이야.

$b=3$을 ㉢에 대입하면 $(x^2+ax+3)g(x)=x+3$이고, 이 등식이 0이 아닌 모든 실수 x에 대하여 성립하려면 $x^2+ax+3=0$을 만족시키는 실수 x의 값이 존재하지 않아야 한다. …… (★)

즉, 모든 실수 x에 대하여 $x^2+ax+3\neq0$이므로

$x=0$일 때도 $x^2+ax+3=3\neq0$이니까 모든 실수 x에 대하여 $x^2+ax+3\neq0$이야.

$g(x)=\dfrac{x+3}{x^2+ax+3}$이다.

2nd a의 값의 범위를 찾자.

한편, 모든 실수 x에 대하여 $x^2+ax+3\neq0$이기 위해서는 이차방정식 $x^2+ax+3=0$의 판별식을 D라 할 때, $D<0$이어야 하므로

모든 실수 x에 대하여 $x^2+ax+3\neq0$이므로 방정식 $x^2+ax+3=0$은 허근을 가져.

$D=a^2-12<0$

$(a+2\sqrt{3})(a-2\sqrt{3})<0$

$\therefore -2\sqrt{3}<a<2\sqrt{3}$

그런데 $f(x)=x(x^2+ax+3)$에서

$f(1)=1\times(1^2+a+3)=a+4$는 자연수라 했으므로

a는 $a\geq-3$인 정수이다.

즉, $-3\leq a<2\sqrt{3}$을 만족시키는 정수 a의 값은 -3, -2, -1, 0, 1, 2, 3이다.

$2\sqrt{3}=3.4\times\times\times$

3rd $g(2)$의 최솟값을 구하자.

이때, $g(2)=\dfrac{2+3}{4+2a+3}=\dfrac{5}{2a+7}$이므로

분모 $2a+7$의 값이 최대일 때, 즉 $a=3$일 때 $g(2)$의 값이 최소이다.

따라서 $g(2)$의 최솟값은 $\dfrac{5}{2\times3+7}=\dfrac{5}{13}$이다.

수능 핵강

(★)에서 $x^2+ax+3=0$을 만족시키는 실수 x의 값이 존재하지 않아야 하는 이유를 살펴보자.

만약 방정식 $x^2+ax+3=0$이 실근을 갖는다면 -3을 중근으로 가질 수 없으므로 -3 이외의 한 실근을 갖게 돼.

이때, 이 한 실근을 $x=\alpha$ $(\alpha\neq0)$라 하고 $(x^2+ax+3)g(x)=x+3$에 $x=\alpha$를 대입하면 $0\times g(\alpha)=\alpha+3\neq0$이 되어 모순이야.

따라서 0이 아닌 모든 실수 x에 대하여 $(x^2+ax+3)g(x)=x+3$이 성립하려면 $x^2+ax+3=0$을 만족시키는 실수 x의 값이 존재하지 않아야 돼.

D 51 정답 35 ✪ 2등급 킬러 [정답률 26%]

다음 세 조건을 모두 만족시키는 실수 전체의 집합에서 정의된 함수 $f(x)$가 있다.

단서1 조건 (나)에서 $f(x)$는 $x=2$에 대하여 대칭이고 조건 (다)에 의하여 $f(x)$는 y축에 대하여 대칭이야.

(가) $-2\leq x\leq2$일 때, $f(x)=-x^2+5$

(나) 모든 실수 x에 대하여 $f(4-x)=f(x)$

(다) 모든 실수 x에 대하여 $f(-x)=f(x)$

이때, $0\leq x<20$에서 함수 $y=[f(x)]$의 불연속점의 개수를 구하시오. (단, $[x]$는 x보다 크지 않은 최대의 정수이다.) (4점)

단서2 함수 $y=[x]$는 x가 정수인 점에서 불연속이지? 따라서 함수 $y=[f(x)]$는 $f(x)$가 정수인 점에서 불연속이 돼.

✪ 주어진 조건으로 함수의 대칭성과 주기성을 판단하고 가우스 기호의 정의를 활용하여 가우스 기호 안에 있는 값이 정수가 되도록 하는 점의 개수를 파악해야 하는 문제이다.

이를 위해서는 주어진 조건식을 보고 함수 $f(x)$의 특징을 빠르게 파악할 수 있어야 한다.

[풀이 단서 체크]

❶ 먼저, 함수 $g(x)$에 대하여 $g(2a-x)=g(x)$이면 $g(x)$는 $x=a$에 대하여 대칭이라는 것을 이용하자.

즉, 조건 (나)에서 $f(4-x)=f(x)$임을 통해 함수 $f(x)$가 $x=2$를 기준으로 대칭인 함수임을 알 수 있다.

또한, 조건 (다)에서 $f(-x)=f(x)$임을 통해 함수 $f(x)$가 y축에 대하여 대칭이라는 사실을 알 수 있다.

따라서 조건 (가)와 위의 두 사실을 바탕으로 함수 $f(x)$의 그래프를 그릴 수 있다. ⇒ 단서1

❷ $[x]$는 x보다 작지 않은 최대의 정수를 나타내므로 $[f(x)]$는 $f(x)$보다 작지 않은 최대의 정수를 나타낸다.

따라서 함수 $y=[f(x)]$가 불연속이 되는 점은 $y=f(x)$의 함숫값이 정수가 되는 점이다. ⇒ 단서2

주의 구하는 것이 조건을 만족시키는 점의 개수인 문제에서는 특히 변수의 범위를 잘 기억하고 있어야 한다.

즉, 이 문제에서는 $0\leq x<20$에서 $x=20$이 포함되지 않음을 주의해야 한다.

(핵심 정답 공식: $f(x)$가 정수인 점에서 $y=[f(x)]$가 불연속이 된다.)

[문제 풀이 순서]

* 가우스 기호의 정의를 활용해서 함숫값이 정수가 되는 점의 개수 파악하기

1st 주어진 조건을 이용하여 함수 $y=f(x)$의 그래프를 그리자.

함수 $f(x)$는 조건 (나)에 의해 $x=2$에 대하여 대칭이고, 조건 (다)에 의해 y축에 대하여 대칭이므로 구간 $0\leq x<20$에서 함수 $f(x)$의 그래프는 그림과 같다.

모든 실수 x에 대하여 $f(x)=f(-x)$이면 $f(x)$는 y축에 대하여 대칭 : 우함수

$f(x)=-f(-x)$이면 $f(x)$는 원점에 대하여 대칭 : 기함수

실수 함수의 대칭성, 주기 등과 관련된 관계식들은 꼭 알고 있어야 해. 관계식만 보고서도 이 함수가 어디에 대칭인지, 주기가 몇인지 알아차릴 수 있어야 해.

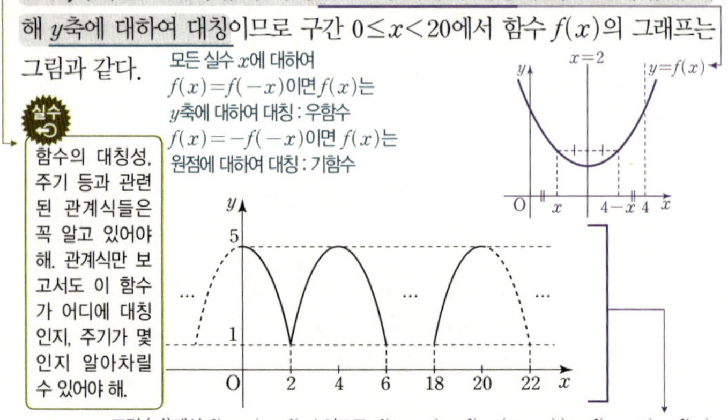

조건 (다)에서 $f(-x)=f(x)$이므로 $f(4-x)=f(-(4-x))=f(x-4)=f(x)$이므로 $f(x)$는 주기가 4인 주기함수임을 알 수도 있어.

2nd 함수 $y=[f(x)]$가 불연속이 되는 점의 조건을 파악해야겠지?

$y=[x]$는 x가 정수인 점에서 불연속이므로

$y=[f(x)]$도 $f(x)$의 값이 정수인 점에서 불연속이다.

이때, $f(x)=1$일 때에는 연속이므로 $f(x)=2,\ 3,\ 4,\ 5$에서 불연속인 점을 체크하면

($f(x)$의 최댓값이 5야.)

$f(x)=2$일 때, x의 값은 10개

$f(x)=3$일 때, x의 값은 10개

$f(x)=4$일 때, x의 값은 10개

$f(x)=5$일 때, x의 값은 5개

따라서 불연속점의 개수는 35개이다.

($x=0, 4, 8, 12, 16$)

함정 $f(x)$가 정수일 때 불연속인 이유는 정수 n에 대하여 $f(x)\to n+$일 때와 $f(x)\to n-$일 때 $[f(x)]$의 값이 다르기 때문이야. 그런데 모든 실수 x에 대하여 $f(x)\geq 1$이므로 $f(x)\to 1-$인 구간은 존재하지 않아. 따라서 $f(x)=1$일 때는 연속이야.

[다른 풀이]

$f(a)=4$, $f(b)=3$, $f(c)=2\ (0<a<b<c<2)$라 하고 그래프를 그려보면 그림과 같아.

즉, $0\leq x<4$인 범위에서 $y=[f(x)]$가 불연속인 점이 7개인데 $0\leq x<20$ 범위에서 그림과 같은 그래프가 5번 반복되므로 $0\leq x<20$에서 불연속인 점의 개수는 $7\times5=35$(개)야.

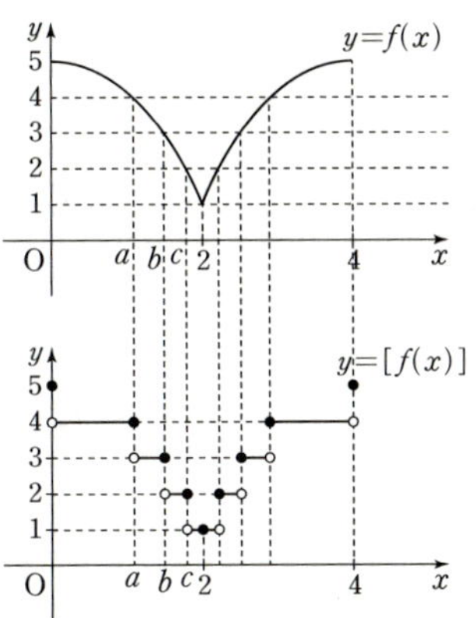

[1등급 심화 특강]

불연속점의 개수, 교점의 개수 등의 문제는 그래프를 그려서 풀어야 마땅하지! 그래프를 그리기 위해 조건 (나), (다)를 사용해야 하겠지? $f(4-x)=f(x)$를 어떻게 해석해야 할까? $x=2$를 기준으로 좌우가 똑같다는 거야. $f(-x)=f(x)$도 같은 원리로 $x=0$, 즉 y축에 대하여 대칭인 거지. 그러면 그래프를 쉽게 그릴 수 있겠지?

그런데 이번에 그릴 그래프는 $y=[f(x)]$네. 주어진 그래프를 이용해서 가우스 함수의 그래프를 그려낼 줄 알아야 돼. $[f(x)]$는 항상 정수이니까 y값은 항상 정수! 원래 그래프가 그려진 좌표평면에 y가 정수인 선을 그어보자. 그러면 그 선들과 원래 그래프가 만나는 점을 일단 새까맣게 칠하는 거야. 그리고 나머지 부분은 자신의 아래에 있는 선으로 떨어트려 주기만 하면 가우스 그래프 완성! 가우스 그래프 그리는 법은 어렵지 않으니깐 잊기 전에 $y=[x]$, $y=[x^2]$ 등에 위의 방법을 적용시켜서 그려 보길!

대칭함수 개념·공식

함수 $f(x)$가 다음을 만족하는 경우

① $f(x)=f(-x)$: y축에 대하여 대칭인 함수

② $f(x)=-f(-x)$: 원점에 대하여 대칭인 함수

③ $f(a-x)=f(a+x)$: 직선 $x=a$를 기준으로 좌우대칭인 함수

D 52 정답 ③ ＊새롭게 정의된 함수의 연속성 [정답률 38%]

정답 공식: 함수 $f(x)$가 $x=\pm1$에서 불연속이므로 $x=\pm1$에서 $f(x-a)=0$인 a를 찾아본다.

함수

$$f(x)=\begin{cases}-x+2 & (x<-1)\\ 0 & (x=-1)\\ x^2 & (-1<x\leq1)\\ 0 & (x>1)\end{cases}$$

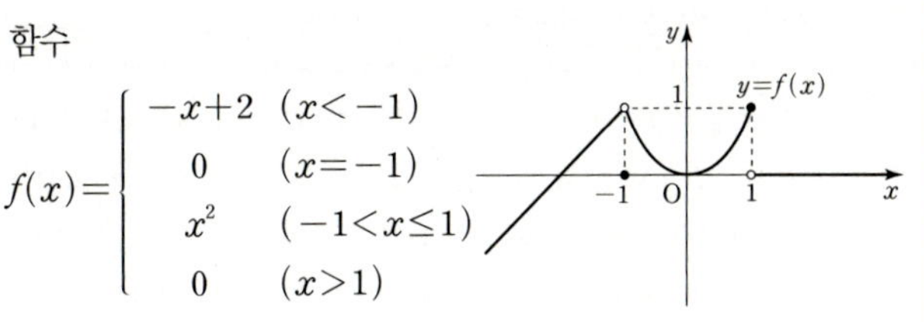

에 대하여 옳은 것만을 [보기]에서 있는 대로 고른 것은? (4점)

단서1 $x=1$에서의 좌극한, 우극한, 함숫값을 비교해보자.

[보기]

ㄱ. $\lim_{x\to1}\{f(x)+f(-x)\}$가 존재하지 않는다.

ㄴ. 함수 $(f\circ f)(x)$는 $x=1$에서 연속이다.

ㄷ. 함수 $f(x)f(x-a)$가 실수 전체의 집합에서 연속이 되는 상수 a가 존재한다.

단서2 각 함수가 불연속인 점에서 연속인지 생각하면 돼.

① ㄱ ② ㄱ, ㄴ ③ ㄱ, ㄷ

④ ㄴ, ㄷ ⑤ ㄱ, ㄴ, ㄷ

1st 좌극한과 우극한, 함숫값을 따져보자.

ㄱ. $\lim_{x\to1+}\{f(x)+f(-x)\}=\lim_{x\to1+}f(x)+\lim_{x\to1+}f(-x)$

$=0+\lim_{t\to-1-}f(t)=0+1=1$

($-x=t$로 치환한 거야.)

$\lim_{x\to1-}\{f(x)+f(-x)\}=\lim_{x\to1-}f(x)+\lim_{x\to1-}f(-x)$

$=1+\lim_{t\to-1+}f(t)=1+1=2$

즉, (좌극한)$\neq$(우극한)이므로 $\lim_{x\to1}\{f(x)+f(-x)\}$는 존재하지 않는다. (참)

ㄴ. $\lim_{x\to1-}f(f(x))=\lim_{x\to1-}f(t)=1$

$\lim_{x\to1+}f(f(x))=f(0)=0$

실수 좌극한과 우극한이 다르니까 함숫값은 비교할 필요도 없지?

(좌극한)$\neq$(우극한)이므로 $x=1$에서 연속이 아니다. (거짓)

2nd ㄷ의 경우를 만족시키는 a를 찾아보자.

ㄷ.

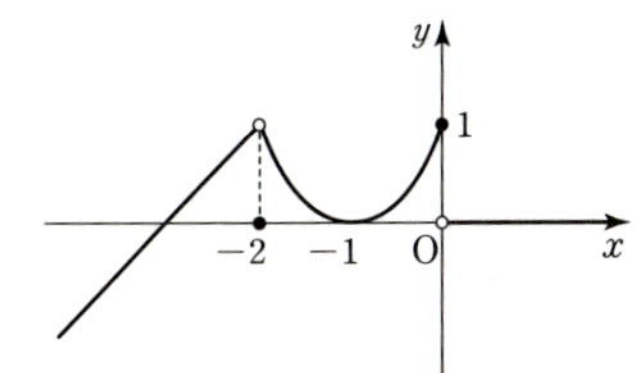

$a=-1$일 때 함수 $f(x+1)$은 그림과 같이 함수 $f(x)$를 x축의 방향으로 -1만큼 평행이동한 것이므로 함수 $f(x+1)$은 $x=-1$, $x=1$에서 모두 함숫값이 0이고, 함수 $f(x)$는 $x=-2$, $x=0$에서 함숫값이 0이므로 함수 $f(x)f(x+1)$은 실수 전체에서 연속이다. (참)

따라서 옳은 것은 ㄱ, ㄷ이다.

(두 함수 $f(x)$와 $f(x+1)$이 불연속인 점, 즉 $x=-2$, $x=-1$, $x=1$, $x=2$에서만 함수 $f(x)f(x+1)$이 불연속이 될 수 있어. 따라서 이 네 점에서 함수 $f(x)f(x+1)$이 연속이면 실수 전체의 집합에서 연속이야.)

D 53 정답 ⑤ *함수의 연속의 활용 [정답률 36%]

정답 공식: 좌표평면 위에 두 점 A, B를 잇는 직선 l을 그린 후 직선 l에 평행하면서 두 직선 사이의 거리가 자연수가 되도록 직선을 그려본다. 점 O를 중심으로 하는 원 C의 반지름의 길이를 변화시키면서 직선 l과 평행한 여러 개의 직선과 원 C가 만나는 점의 개수를 이용하여 함수 $f(t)$를 구한다.

좌표평면에 세 점 O(0, 0), A($\sqrt{2}$, 0), B(0, $\sqrt{2}$)가 있다. 점 O를 중심으로 하는 원 C의 반지름의 길이가 t일 때, 삼각형 ABP의 넓이가 자연수인 원 C 위의 점 P의 개수를 함수 $f(t)$라 하자. [보기]에서 옳은 것만을 있는 대로 고른 것은? (단, 점 P는 직선 AB 위에 있지 않다.) (4점)

단서2 함수 $f(t)$의 함숫값이 삼각형 ABP의 넓이가 자연수가 되는 점 P의 개수이니까 함수 $f(t)$는 t의 값이 자연수일 때 불연속이 될 수 있어.

[보기]

단서1 선분 AB의 길이는 고정되어 있으므로 선분 AB를 밑변으로 하여 삼각형 ABP의 넓이를 구하자.

ㄱ. $f\left(\frac{1}{2}\right)=2$

ㄴ. $\lim_{t\to1+}f(t)\neq f(1)$

ㄷ. $0<a<4$인 실수 a에 대하여 함수 $f(t)$가 $t=a$에서 불연속인 a의 개수는 3이다.

① ㄱ ② ㄴ ③ ㄱ, ㄴ ④ ㄴ, ㄷ ⑤ ㄱ, ㄴ, ㄷ

1st 삼각형 ABP의 넓이가 자연수가 되기 위한 조건을 구하자.

두 점 A($\sqrt{2}$, 0), B(0, $\sqrt{2}$)를 지나는 직선을 l이라 할 때,

직선 l의 방정식은 $\frac{x}{\sqrt{2}}+\frac{y}{\sqrt{2}}=1$, 즉 $x+y-\sqrt{2}=0$이다.

두 점 $(a, 0)$, $(0, b)$를 지나는 직선의 방정식은 $\frac{x}{a}+\frac{y}{b}=1$

이때, 원 C의 중심 O와 직선 l 사이의 거리는

$\frac{|0+0-\sqrt{2}|}{\sqrt{1^2+1^2}}=\frac{\sqrt{2}}{\sqrt{2}}=1$

직선 $ax+by+c=0$과 점 (x_1, y_1) 사이의 거리는 $\frac{|ax_1+by_1+c|}{\sqrt{a^2+b^2}}$

한편, 두 점 A($\sqrt{2}$, 0), B(0, $\sqrt{2}$) 사이의 거리는

$\overline{AB}=\sqrt{(0-\sqrt{2})^2+(\sqrt{2}-0)^2}=2$이므로 원 C 위의 한 점 P와 직선 l 사이의 거리를 h라 하면 삼각형 ABP의 넓이는

$\triangle ABP=\frac{1}{2}\times\overline{AB}\times h=\frac{1}{2}\times2\times h=h$

따라서 삼각형 ABP의 넓이가 자연수가 되도록 하는 점 P의 개수는 h가 자연수가 되도록 하는 점 P의 개수와 같다.

2nd $f\left(\frac{1}{2}\right)$의 값을 구하자.

ㄱ. $t=\frac{1}{2}$일 때,

중심이 원점이고 반지름의 길이가 $\frac{1}{2}$인 원 위의 점 중 h가 자연수가 되는 경우는 [그림 1]과 같이 $h=1$인 경우뿐이다.

$t=\frac{1}{2}$일 때, h의 값의 범위는 $\frac{1}{2}\leq h\leq\frac{3}{2}$이므로 이 중 자연수는 $h=1$뿐이야.

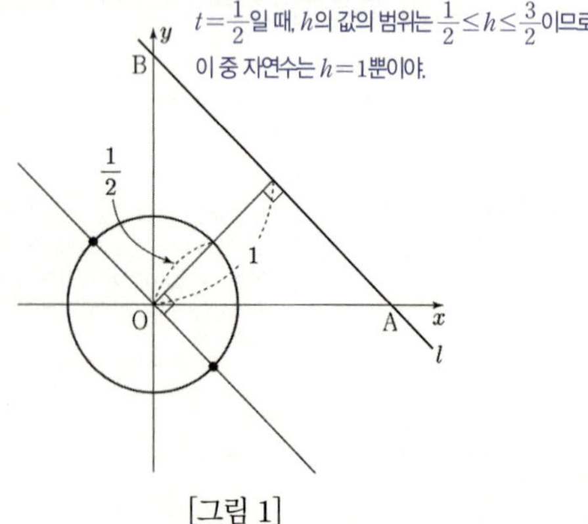

[그림 1]

즉, $h=1$이 되는 원 C 위의 점의 개수는 2이므로

$f\left(\frac{1}{2}\right)=2$ (참)

직선 l에 평행하면서 원점을 지나는 직선이 중심이 원점이고 반지름의 길이가 $\frac{1}{2}$인 원과 만나는 점의 개수는 2야.

3rd 함수 $f(t)$의 $t=1$에서의 우극한값과 $f(1)$의 값을 비교하자.

ㄴ. $t=1$일 때,

중심이 원점이고 반지름의 길이가 1인 원 위의 점 중 h가 자연수가 되는 경우는 [그림 2]와 같이 $h=1$인 경우와 $h=2$인 경우이다.

$h=1$이 되는 원 C 위의 점의 개수는 2이고

$h=2$가 되는 원 C 위의 점의 개수는 1이므로

$f(1)=3$

직선 l에 평행하면서 직선 l과의 거리가 2인 직선은 중심이 원점이고 반지름의 길이가 1인 원과 접해.

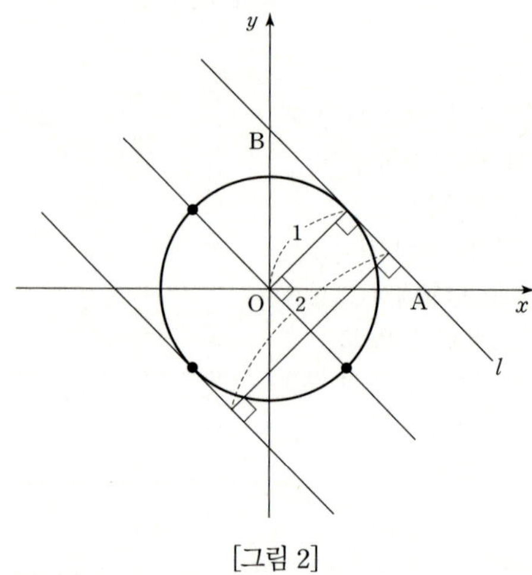

[그림 2]

$1<t<2$일 때,

중심이 원점이고 반지름의 길이가 t인 원 C 위의 점 중 h가 자연수가 되는 경우는 [그림 3]과 같이 $h=1$인 경우와 $h=2$인 경우이다.

$h=1$이 되는 원 C 위의 점의 개수는 2이고

$h=2$가 되는 원 C 위의 점의 개수도 2이므로

$\lim_{t\to1+}f(t)=4$

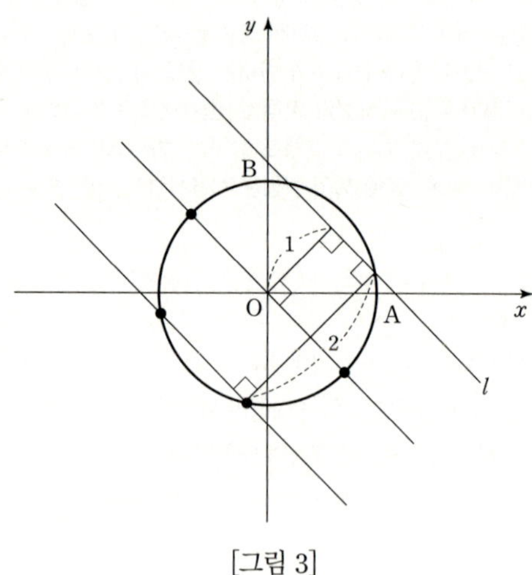

[그림 3]

$\therefore \lim_{t\to1+}f(t)\neq f(1)$ (참)

4th 열린구간 (0, 4)에서 함수 $y=f(t)$의 그래프를 이용하여 함수 $f(t)$의 불연속점의 개수를 구하자.

ㄷ. ㄴ과 같은 방법으로 열린구간 (0, 4)에서 함수 $f(t)$와 그 그래프를 구하면 다음과 같다.

직선 l은 고정시키고, 직선 l과 평행하면서 간격을 1만큼씩 커지도록 직선을 그어봐. 중심이 원점인 원의 반지름의 길이 t를 변화하면서 원과 만나는 점의 개수를 구하면 돼.

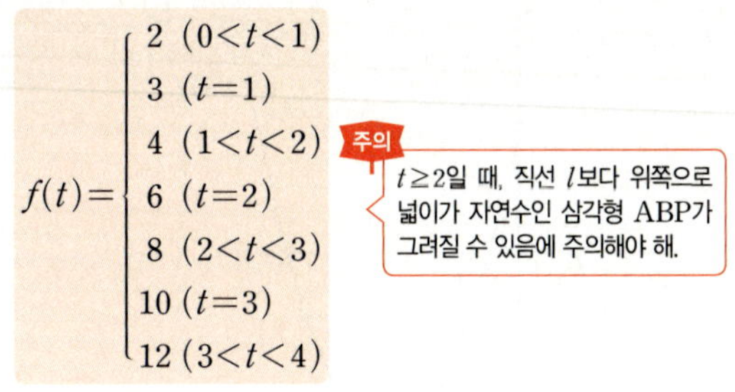

$$f(t)=\begin{cases}2 & (0<t<1)\\ 3 & (t=1)\\ 4 & (1<t<2)\\ 6 & (t=2)\\ 8 & (2<t<3)\\ 10 & (t=3)\\ 12 & (3<t<4)\end{cases}$$

주의 $t\geq2$일 때, 직선 l보다 위쪽으로 넓이가 자연수인 삼각형 ABP가 그려질 수 있음에 주의해야 해.

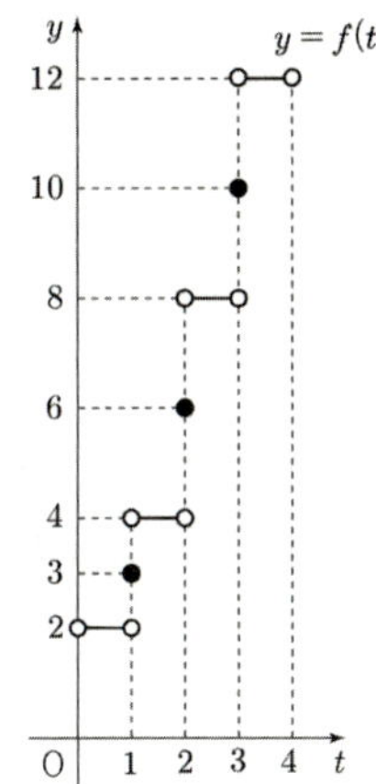

즉, $0<a<4$인 실수 a에 대하여 함수 $f(t)$가 $t=a$에서 불연속인 a의 값은 1, 2, 3이므로 a의 개수는 3이다. (참)

따라서 옳은 것은 ㄱ, ㄴ, ㄷ이다.

D 54 정답 ①

✪ 2등급 킬러 [정답률 28%]

세 실수 a, b, c에 대하여 함수 $f(x)$는 단서1

$$f(x)=\begin{cases}-|2x+a| & (x<0)\\ x^2+bx+c & (x\geq0)\end{cases}$$

이고, 함수 $|f(x)|$는 실수 전체의 집합에서 연속이다.

(단서1: $x<0$인 경우와 $x>0$인 경우는 함수 $f(x)$와 함수 $|f(x)|$ 모두 연속이므로, $x=0$인 경우에 연속이 되도록 하는 세 실수 a, b, c의 값을 구하면 돼.)

실수 t에 대하여 직선 $y=t$가 두 함수 $y=f(x)$, $y=|f(x)|$의 그래프와 만나는 점의 개수를 각각 $g(t)$, $h(t)$라 할 때, 두 함수 $g(t)$, $h(t)$가 다음 조건을 만족시킨다.

(가) 함수 $g(t)$의 치역은 $\{1, 2, 3, 4\}$이다.

단서2 $x<0$일 때 $-|2x+a|\leq0$이므로 함수 $g(t)$의 치역에 4가 포함되기 위해서는 $x\geq0$에서 $x^2+bx+c<0$인 부분이 있어야 해.

(나) $\lim\limits_{t\to2-}h(t)\times\lim\limits_{t\to2+}h(t)=12$

단서3 함수 $h(t)$에 대하여 $t=2$에서의 좌극한값과 우극한값의 곱이 12가 된다는 뜻이야.

$f(-2)+f(6)$의 값은? (4점)

① 12 ② 14 ③ 16 ④ 18 ⑤ 20

✪ 주어진 조건을 만족시키도록 경우를 나누어 함수의 그래프를 그려서 직선과 만나는 점의 개수로 정의된 함수를 찾는 문제이다.

이때, 주어진 함수 $f(x)$의 미정계수가 a, b, c로 세 개이므로 함수 $y=f(x)$의 그래프는 여러 가지로 그려질 수 있다. 그 중 조건 (가)를 만족시키는 함수 $y=f(x)$의 그래프의 개형을 찾을 수 있어야 한다.

[풀이 단서 체크]

❶ 함수 $|f(x)|$가 실수 전체의 집합에서 연속임을 이용하여 두 상수 a, c에 대한 관계식을 찾아야 한다.

이때, 어떤 함수가 구간별로 서로 다른 함수로 정의되어 있고 그 서로 다른 함수가 연속함수이면 어떤 함수가 실수 전체의 집합에서 연속이 되기 위해서는 구간의 끝 점에서 연속이 되어야 함을 적용해야 한다. ⇒ 단서1

❷ 이제, 조건 (가)를 이용하여 함수 $y=f(x)$의 그래프의 개형을 결정해야 한다.

이때, 일차함수에 절댓값을 씌운 함수의 그래프는 절댓값 안이 0이 되는 x에서 아래로 뾰족한 V 꼴이고 최고차항의 계수가 양수인 이차함수의 그래프는 아래로 볼록한 포물선임을 알아야 한다. 이를 이용하여 함수 $y=f(x)$의 그래프의 개형이 될 수 있는 것 중 함수 $g(t)$의 치역이 $\{1, 2, 3, 4\}$가 되는 함수 $y=f(x)$의 그래프를 결정해야 한다. ⇒ 단서2

❸ 마지막으로, $x\geq0$일 때의 함수 $y=f(x)$의 그래프의 꼭짓점의 y좌표의 범위에 따라 함수 $y=|f(x)|$의 그래프를 그리고 조건 (나), 즉 $t=2$에서의 함수 $h(t)$의 우극한값과 좌극한값의 곱이 12가 되는 함수 $y=|f(x)|$의 그래프를 결정하면 된다. ⇒ 단서3

주의 함수 $f(x)$의 미정계수가 세 개이기 때문에 함수 $y=f(x)$의 그래프의 개형은 여러 가지가 존재한다. 조건 (가)를 이용하여 함수 $y=f(x)$의 그래프의 개형을 먼저 파악해야 한다.

핵심 정답 공식: $\lim\limits_{t\to2-}h(t)$는 t의 값이 2보다 작은 값을 가지면서 2에 가까이 다가갈 때 함수 $h(t)$의 값이 가까워지는 일정한 값이고, $\lim\limits_{t\to2+}h(t)$는 t의 값이 2보다 큰 값을 가지면서 2에 가까이 다가갈 때 함수 $h(t)$의 값이 가까워지는 일정한 값이다.

[문제 풀이 순서]

∗ 조건을 만족시키는 연속함수 $y=f(x)$의 그래프 그리기

1st 함수 $|f(x)|$가 실수 전체의 집합에서 연속이고 조건 (가)를 만족시키기 위한 세 실수 a, b, c의 값의 부호를 구하자.

$x<0$인 경우와 $x>0$인 경우, 함수 $f(x)$와 함수 $|f(x)|$는 각각 연속이다.

즉, 함수 $|f(x)|$가 실수 전체의 집합에서 연속이라 했으므로 $x=0$에서 연속이어야 한다.

(함수 $g(x)$와 $h(x)$가 각각 연속함수일 때, 함수 $f(x)=\begin{cases}g(x) & (x<k)\\ h(x) & (x\geq k)\end{cases}$가 연속이기 위해서는 $g(k)=h(k)$가 성립해야 하지.)

$\lim\limits_{x\to0-}|f(x)|=\lim\limits_{x\to0-}|-|2x+a||=|a|$

$\lim\limits_{x\to0+}|f(x)|=\lim\limits_{x\to0+}|x^2+bx+c|=|c|=|f(0)|$

$\therefore c=a$ 또는 $c=-a$ ($|c|=|a|$이므로 $c=\pm a$)

한편, 조건 (가)에서 4가 함수 $g(t)$의 치역의 원소 중 하나이므로 함수 $y=f(x)$의 그래프와 직선 $y=t$가 서로 다른 네 점에서 만나도록 하는 실수 t가 존재해야 한다.

즉, [그림 1]과 같이 직선 $y=t$가 $x<0$에서 함수 $y=f(x)$의 그래프와 서로 다른 두 점에서 만나도록 하고, $x\geq0$에서 함수 $y=f(x)$의 그래프와 서로 다른 두 점에서 만나도록 하는 실수 t가 존재해야 한다.

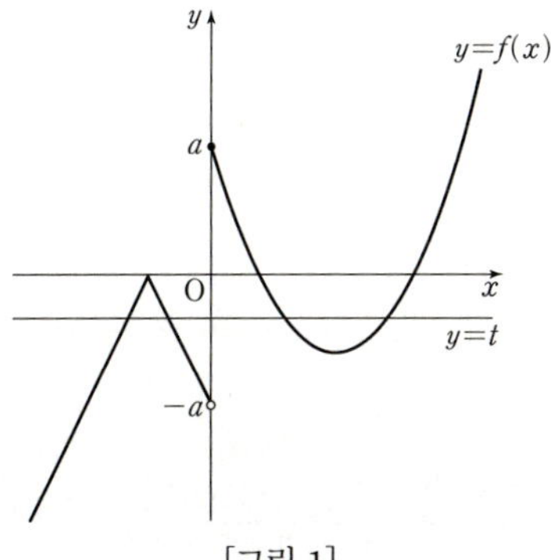

[그림 1]

따라서 $x<0$일 때 $-|2x+a|\leq0$이므로 x축과 만나는 점의 x좌표인 $-\frac{a}{2}$는 음수, 즉 $-\frac{a}{2}<0$에서 $a>0$이다.

또한, $x\geq0$일 때 $x^2+bx+c<0$을 만족시키는 x의 값이 존재해야 하므로 이차함수 $y=x^2+bx+c$의 그래프의 꼭짓점의 x좌표인 $-\frac{b}{2}$는 양수,
$y=x^2+bx+c=\left(x+\frac{b}{2}\right)^2-\frac{b^2}{4}+c$
즉 $-\frac{b}{2}>0$에서 $b<0$이다.

그리고 함수 $g(t)$의 치역에 4가 포함되기 위해서는 $c=a$이어야 하고,

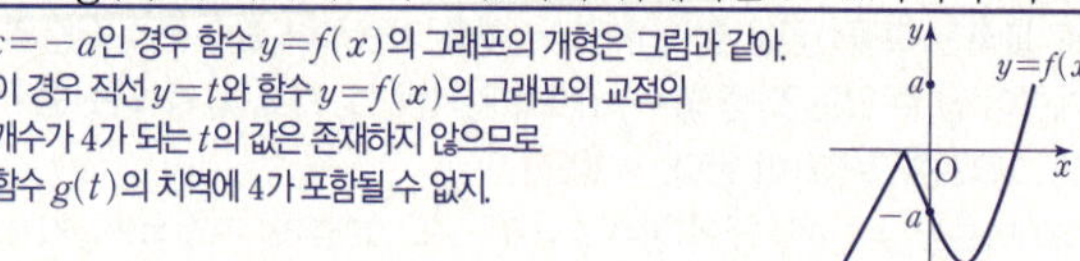

이차함수 $y=x^2+bx+c\,(x\geq0)$의 최솟값이 0보다 작아야 한다.

2nd 함수 $y=x^2+bx+c\,(x\geq0)$의 최솟값을 k라 두고 k의 값의 범위에 따라 함수 $h(t)$의 그래프의 개형을 그린 뒤 조건 (나)를 만족시키는 경우를 구하자.

이차함수 $y=x^2+bx+c\,(x\geq0)$의 최솟값을 $k\,(k<0)$라 하자.

(i) $-a<k<0$일 때

함수 $y=f(x)$의 그래프의 개형은 [그림 2]와 같으므로 함수 $g(t)$의 치역은 $\{1, 2, 3, 4\}$이다.

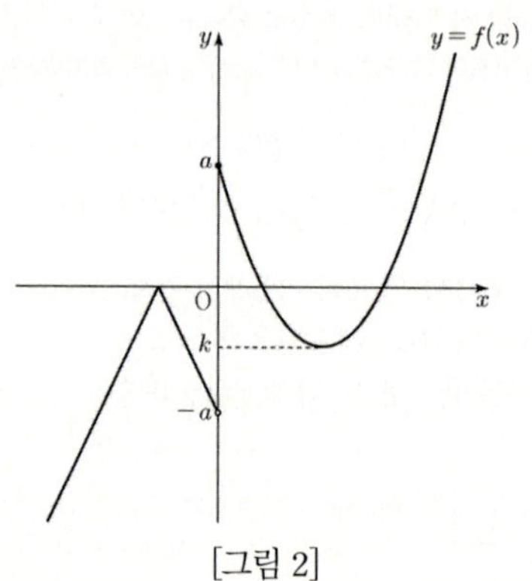

[그림 2]

이때, 함수 $y=|f(x)|$의 그래프의 개형과 함수 $y=h(t)$의 그래프는 [그림 3]과 같다.

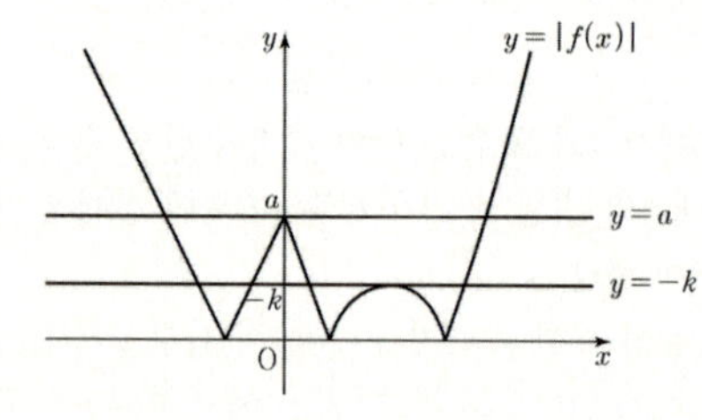

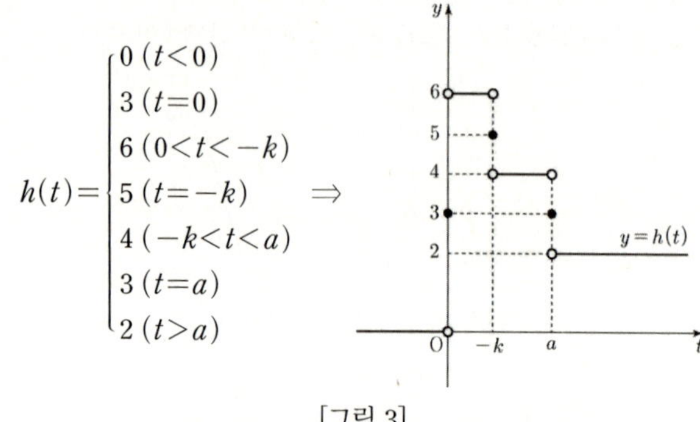

[그림 3]

이 경우 조건 (나)를 만족시키는 t의 값이 존재하지 않는다.
(좌극한 값)×(우극한 값)=12가 되는 값

(ii) $k<-a$일 때

함수 $y=f(x)$의 그래프의 개형은 [그림 4]와 같으므로 함수 $g(t)$의 치역은 $\{1, 2, 3, 4\}$이다.

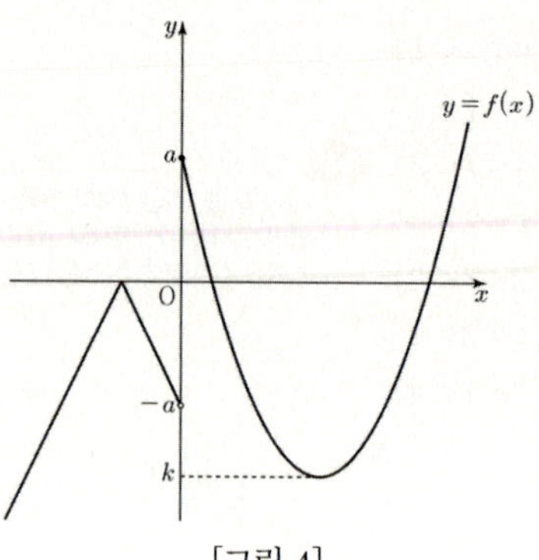

[그림 4]

이때, 함수 $y=|f(x)|$의 그래프의 개형과 함수 $y=h(t)$의 그래프는 [그림 5]와 같다.

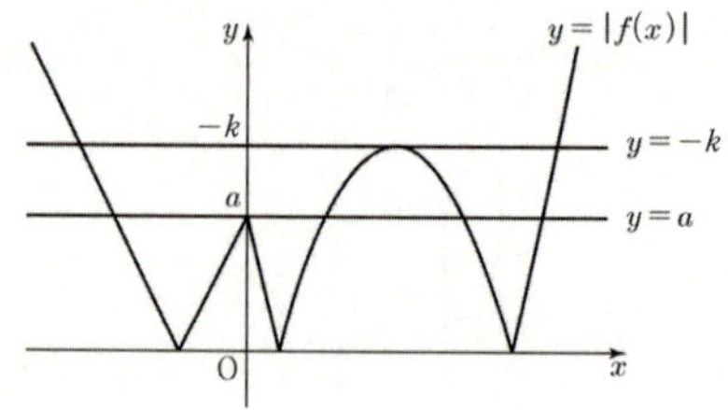

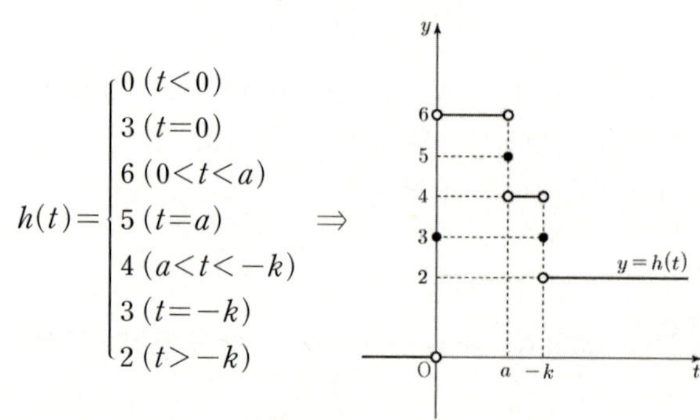

[그림 5]

이 경우도 조건 (나)를 만족시키는 t의 값이 존재하지 않는다.

(iii) $k=-a$일 때

함수 $y=f(x)$의 그래프의 개형은 [그림 6]과 같으므로 함수 $g(t)$의 치역은 $\{1, 2, 3, 4\}$이다.

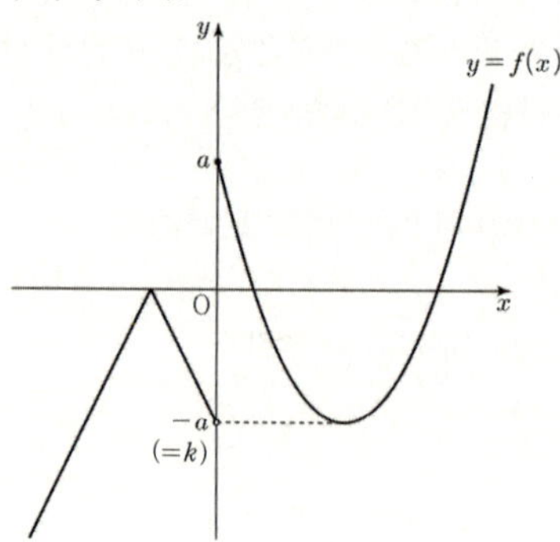

[그림 6]

이때, 함수 $y=|f(x)|$의 그래프의 개형과 함수 $y=h(t)$의 그래프는 [그림 7]과 같다.

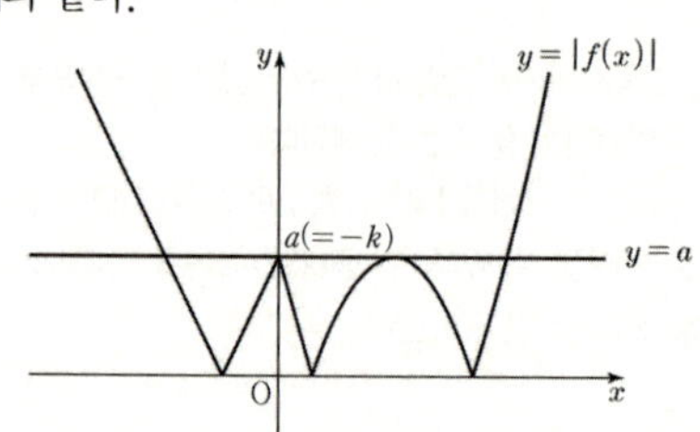

$$h(t)=\begin{cases} 0\ (t<0) \\ 3\ (t=0) \\ 6\ (0<t<a) \\ 4\ (t=a) \\ 2\ (t>a) \end{cases} \Rightarrow$$

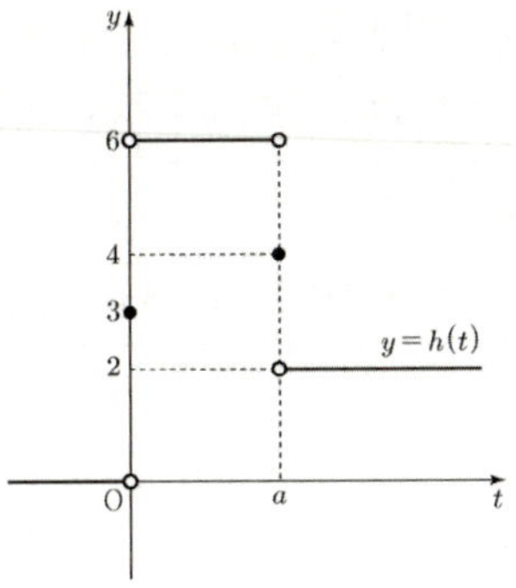

[그림 7]

이 경우는 조건 (나)를 만족시키는 t의 값이 존재한다.
$\lim_{t\to a-}h(t)\times\lim_{t\to a+}h(t)=6\times2=12$

3rd 함수 $y=h(t)$의 그래프를 이용하여 세 실수 a, b, c의 값을 구하자.

$k=-a$일 때, 함수 $h(t)$가 조건 (나)를 만족시키므로 $a=2$이다.

즉, $k=-2$이고, $c=a$이므로 $c=2$이다.

[그림 7]의 함수 $y=h(t)$의 그래프에서 $\lim_{t\to a-}h(t)=6$, $\lim_{t\to a+}h(t)=2$이므로 조건 (나)의 $\lim_{t\to 2-}h(t)\times\lim_{t\to a+}h(t)=12$를 만족시키는 a의 값은 2임을 알 수 있어.

또한, 함수 $f(x)$는 $x\geq0$에서

$y=x^2+bx+2=\left(x+\dfrac{b}{2}\right)^2+2-\dfrac{b^2}{4}$이고

최솟값이 -2이므로

$k=2-\dfrac{b^2}{4}=-2$에서 $b^2=16$

$\therefore b=-4(\because b<0)$

따라서 함수 $f(x)$는 $f(x)=\begin{cases} -|2x+2|\ (x<0) \\ x^2-4x+2\ (x\geq0) \end{cases}$이므로

$f(-2)+f(6)=-|-4+2|+(36-24+2)$
$=-2+14=12$

1등급 풀이 Tip

$g(t)=4$가 되는 t가 존재함을 이용하여 함수 $f(x)$의 미정계수인 a, b, c 사이의 관계와 함수 $y=f(x)$의 그래프의 개형을 구할 수 있다. 그 다음 해설과 같이 $x\geq0$에서의 함수 $y=f(x)$의 그래프의 꼭짓점의 위치에 따라 함수 $f(x)$의 최솟값과 $f(0)$의 합의 부호에 따라 세 경우로 나눈 뒤 각각의 경우에서 조건 (나)를 만족시킬 수 있는지 따져보면서 a, b, c의 값을 결정하는 것이 정석적인 풀이이다.

그런데 $g(t)=4$가 되는 t가 존재함을 이용하여 함수 $y=f(x)$의 그래프와 함수 $y=|f(x)|$의 그래프를 그려보면 직선 $y=t$가 함수 $y=|f(x)|$의 그래프의 극점을 지나지 않을 때 함수 $h(t)$의 함숫값은 짝수이므로 함수 $h(t)$의 임의의 점에서의 좌극한값과 우극한값은 모두 짝수이다. 또, $t>0$에서 임의의 t에 대하여 함수 $h(t)$의 좌극한값이 우극한값보다 크거나 같고 곱해서 12가 되는 두 짝수는 6, 2이므로 조건 (나)에서 $\lim_{t\to2-}h(t)=6$, $\lim_{t\to2+}h(t)=2$이다.

이를 이용하면 $x\geq0$에서의 $f(x)$의 최솟값과 $f(0)$의 합이 0이 됨을 바로 알 수 있다.

My Top Secret

함수 $f(x)$가 실수 전체의 집합에서 연속이고
$x\to\infty$일 때 $f(x)\to\infty$, $x\to-\infty$일 때 $f(x)\to\infty$라 하면 함수 $y=f(x)$의 그래프와 직선 $y=t$의 교점의 개수는 직선 $y=t$가 함수 $y=f(x)$의 그래프의 극점을 지날 때와 극점을 지나지 않을 때를 나누어 생각할 수 있어.
즉, 직선 $y=t$가 함수 $y=f(x)$의 그래프의 극점을 지나면 교점의 개수는 홀수개 또는 짝수개이고 직선 $y=t$가 함수 $y=f(x)$의 그래프의 극점을 지나지 않으면 교점의 개수는 짝수개야.

D 55 정답 48 ✪ 1등급 킬러 [정답률 10%]

좌표평면에서 실수 m에 대하여 함수

$$f(x)=\begin{cases} x^2+ax+b\ (x<m) \\ \dfrac{1}{4}(x-3)^2\ (x\geq m) \end{cases}$$

단서1 이차함수의 그래프와 직선의 교점의 개수는 2개 또는 1개 또는 0개가 나올 수 있어.

의 그래프가 직선 $y=mx$와 만나는 점의 개수를 $g(m)$이라 하자.
$m\leq0$에서 함수 $g(m)$이 연속이 되도록 하는 상수 a, b에 대하여 $a+b$의 값을 구하시오. (4점)

단서2 함수 $y=f(x)$의 그래프와 직선 $y=mx$가 만나는 점의 개수를 나타내는 함수 $g(m)$이 연속이 된다는 것은 함수 $g(m)$이 상수함수임을 의미해. 즉, $m\leq0$일 때, 만나는 점의 개수가 일정하다는 뜻이야.

✪ 구간에 따라 서로 다른 이차함수로 정의된 함수의 그래프와 기울기가 m인 직선이 만나는 점의 개수로 정의된 함수가 연속이 되도록 미정계수를 구하는 문제이다. 우선, 두 함수의 그래프가 만나는 점의 개수로 정의된 함수의 함숫값은 항상 음이 아닌 정수이므로 이 함수가 연속이려면 만나는 점의 개수가 바뀌면 안 된다는 사실을 고려해야 한다. 즉, 이 함수는 상수함수이어야 함을 파악하는 것이 문제 해결의 키포인트이다.

[풀이 단서 체크]

❶ 이차방정식의 서로 다른 실근의 개수는 0 또는 1 또는 2이다. 따라서 이차함수의 그래프와 직선의 교점의 개수는 0, 1, 2 중 하나이다. 이를 이용하여 $x<m$일 때의 교점의 개수와 $x\geq m$일 때의 교점의 개수를 나누어 함수 $g(m)$을 파악해야 한다. ⇒ **단서1**

❷ $g(m)$은 곡선과 직선의 교점의 개수로 함수 $g(m)$이 가질 수 있는 값은 음이 아닌 정수이다. 즉, $m\leq0$일 때 $g(m)$이 가질 수 있는 값이 2개 이상이면 $m\leq0$에서 함수 $g(m)$은 연속이 아닌 점이 존재하게 된다. 따라서 $g(m)$은 하나의 음이 아닌 정수의 값을 가져야 하므로 상수함수이다. ⇒ **단서2**

주의 실수 전체의 집합에서 함숫값이 모두 정수인 함수가 실수 전체의 집합에서 연속이면 이 함수는 상수함수임을 알아야 한다.

(**핵심 정답 공식**: 함수 $f(x)$가 $x=a$에서 연속이면 $\lim_{x\to a}f(x)=f(a)$가 성립한다.)

[문제 풀이 순서]

* 교점의 개수로 정의된 함수가 특정 구간에서 연속이 되도록 하는 미정계수 구하기

1st $m=0$에서 함수 $g(m)$의 연속성을 이용하여 함수 $f(x)=x^2+ax+b\ (x<m)$의 그래프의 개형을 찾자.

먼저, $m=0$에서 함수 $g(m)$이 연속이 되도록 하는 상수 a, b의 조건을 찾아보자.

정의역이 $\{x|x\geq m\}$인 함수 $y=\dfrac{1}{4}(x-3)^2$의 그래프가 직선 $y=mx$와 만나는 점의 개수를 $g_1(m)$이라 하고 정의역이 $\{x|x<m\}$인 함수 $y=x^2+ax+b$의 그래프가 직선 $y=mx$와 만나는 점의 개수를 $g_2(m)$이라 하면 $g(m)=g_1(m)+g_2(m)$이다.

이때, 함수 $g(m)$이 $m=0$에서 연속이므로

$g(0)=\lim_{m\to0+}g(m)=\lim_{m\to0-}g(m)$이고

함수 $y=\dfrac{1}{4}(x-3)^2$의 그래프는 $x=3$에서 x축에 접하므로

$\lim_{m\to0+}g_1(m)=2$, $\lim_{m\to0-}g_1(m)=0$, $g_1(0)=1$에서

$\lim_{m\to0+}g(m)=\lim_{m\to0+}\{g_1(m)+g_2(m)\}$
$=2+\lim_{m\to0+}g_2(m)$

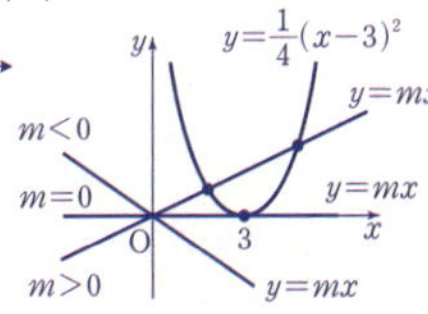

$\lim_{m\to 0-} g(m) = \lim_{m\to 0-}\{g_1(m)+g_2(m)\}$

$= 0 + \lim_{m\to 0-} g_2(m)$

$g(0) = g_1(0)+g_2(0) = 1+g_2(0)$

따라서

$2+\lim_{m\to 0+} g_2(m) = 0+\lim_{m\to 0-} g_2(m) = 1+g_2(0)$이어야 한다.

함수 $g(m)$이 $m=0$에서 연속이므로 $\lim_{m\to 0+} g(m) = \lim_{m\to 0-} g(m) = g(0)$이 성립해야 해.

한편, $g_2(m)=0$ 또는 $g_2(m)=1$ 또는 $g_2(m)=2$이다.

이차함수의 그래프와 직선 $y=mx$의 교점의 개수이므로 0개, 1개, 2개 중 하나지.

$g_2(0)=0$이면

$2+\lim_{m\to 0+} g_2(m) = 1+g_2(0) = 1$에서

$\lim_{m\to 0+} g_2(m) = -1$이므로 성립하지 않는다.

$g_2(0)=2$이면

$0+\lim_{m\to 0-} g_2(m) = 1+g_2(0) = 3$에서

$\lim_{m\to 0-} g_2(m) = 3$이므로 성립하지 않는다.

함수 $g(m)$의 함숫값은 0, 1, 2 중 하나이므로 $\lim_{m\to 0+} g(m)$, $\lim_{m\to 0-} g(m)$의 값도 0, 1, 2 중 하나여야 해.

따라서 $g_2(0)=1$이어야 하고,

$2+\lim_{m\to 0+} g_2(m) = 1+g_2(0) = 1+1 = 2$에서 $\lim_{m\to 0+} g_2(m) = 0$,

$0+\lim_{m\to 0-} g_2(m) = 1+g_2(0) = 1+1 = 2$에서 $\lim_{m\to 0-} g_2(m) = 2$

이므로 함수 $y=x^2+ax+b$의 그래프는 $x<0$에서 x축에 접한다.

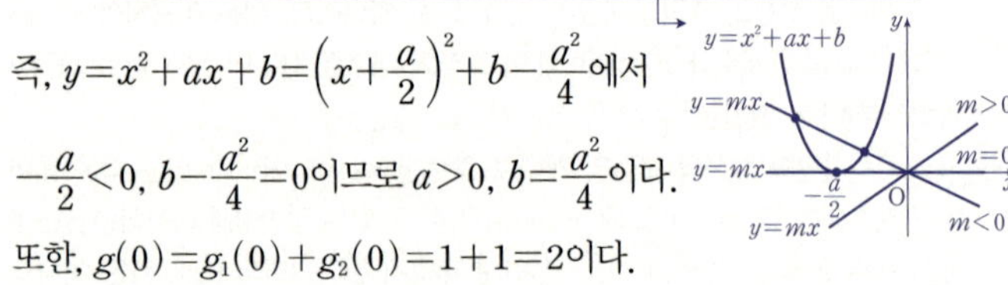

즉, $y=x^2+ax+b = \left(x+\frac{a}{2}\right)^2+b-\frac{a^2}{4}$에서

$-\frac{a}{2}<0$, $b-\frac{a^2}{4}=0$이므로 $a>0$, $b=\frac{a^2}{4}$이다.

또한, $g(0) = g_1(0)+g_2(0) = 1+1 = 2$이다.

2nd 함수 $y=\frac{1}{4}(x-3)^2$의 그래프와 직선 $y=mx$의 위치 관계를 확인하고 m의 값에 따른 교점의 개수를 구하자.

함수 $y=\frac{1}{4}(x-3)^2$의 그래프와 직선 $y=mx$의 위치 관계를 판별하기 위해 두 식을 연립하면 $mx=\frac{1}{4}(x-3)^2$에서

$x^2-2(2m+3)x+9=0$ … ㉠

x에 대한 이차방정식 ㉠의 판별식을 D라 하면

$\frac{D}{4} = (2m+3)^2-9 = 4m(m+3)$

즉, 함수 $y=\frac{1}{4}(x-3)^2$의 그래프와 직선 $y=mx$는

$-3<m<0$이면 만나지 않고,

$m=0$ 또는 $m=-3$이면 한 점에서 만나고,

$m<-3$ 또는 $m>0$이면 두 점에서 만난다.

① $\frac{D}{4}=4m(m+3)<0$, 즉 $-3<m<0$이면 교점의 개수는 0개

② $\frac{D}{4}=4m(m+3)=0$, 즉 $m=-3$ 또는 $m=0$이면 교점의 개수는 1개

③ $\frac{D}{4}=4m(m+3)>0$, 즉 $m<-3$ 또는 $m>0$이면 교점의 개수는 2개

이때, $x=m$일 때 직선 $y=mx$와 곡선 $y=\frac{1}{4}(x-3)^2$의 y좌표의 대소 관계를 확인하기 위해 두 y좌표의 차를 구하면

$\frac{1}{4}(m-3)^2-m^2 = \frac{1}{4}(m^2-6m+9-4m^2) = -\frac{3}{4}(m^2+2m-3)$

$= -\frac{3}{4}(m+3)(m-1)$

즉, $m<0$에서

$-3<m<0$이면 곡선 $y=\frac{1}{4}(x-3)^2$의 y좌표가 직선 $y=mx$의 y좌표보다 더 크고

$m<-3$이면 직선 $y=mx$의 y좌표가 곡선 $y=\frac{1}{4}(x-3)^2$의 y좌표보다 더 크다.

$-3<m<0$이면 $\frac{1}{4}(m-3)^2-m^2=-\frac{3}{4}(m+3)(m-1)>0$

$m<-3$이면 $\frac{1}{4}(m-3)^2-m^2=-\frac{3}{4}(m+3)(m-1)<0$

따라서 직선 $y=mx$와 함수 $y=\frac{1}{4}(x-3)^2$의 그래프의 교점의 개수는 다음과 같다.

(i) $m<-3$일 때

$x\geq m$에서 교점의 개수 $g_1(m)=1$

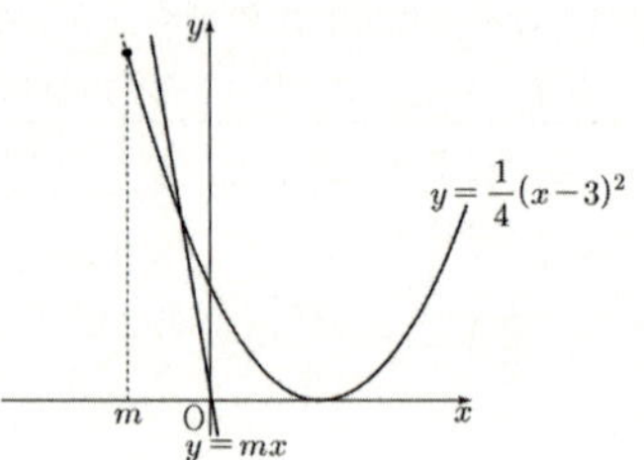

(ii) $m=-3$일 때

$x\geq m$에서 교점의 개수 $g_1(m)=1$

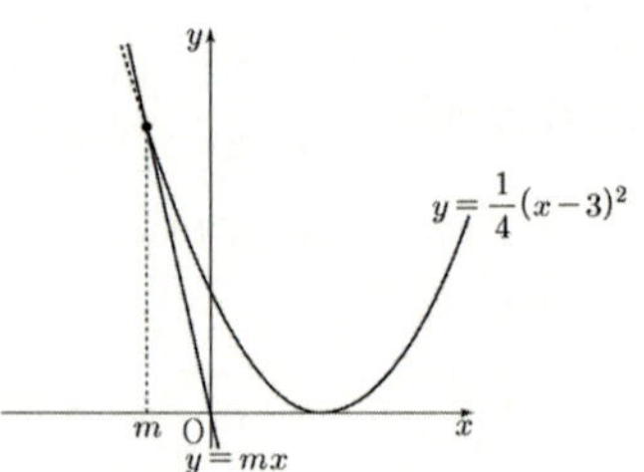

(iii) $-3<m<0$일 때

$x\geq m$에서 교점의 개수 $g_1(m)=0$

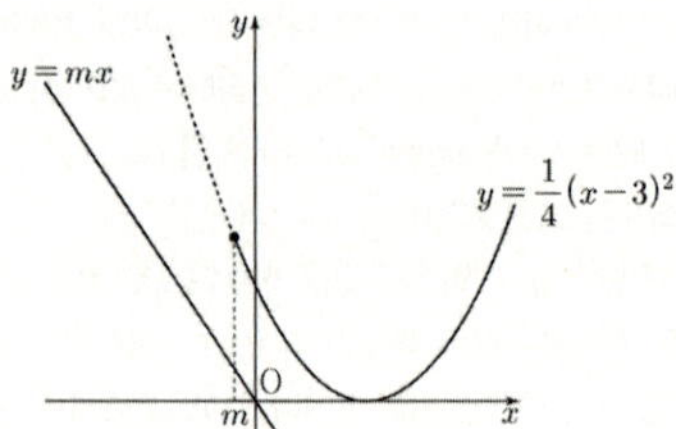

이때, 함수 $g(m)$은 $m\leq 0$에서 연속이고 $g(0)=2$이므로 $m\leq 0$인 모든 m에 대하여 $g(m)=2$이다.

즉, (i)~(iii)에서 $g(m)=g_1(m)+g_2(m)=2$를 만족시키려면

$m<-3$일 때 $g_2(m)=1$

$m=-3$일 때 $g_2(m)=1$ (I)

$-3<m<0$일 때 $g_2(m)=2$

이어야 한다.

3rd 위에서 구한 조건들을 만족시키는 함수 $y=x^2+ax+b\,(x<m)$를 구하자.

이제, $x=m$일 때 직선 $y=mx$와 곡선 $y=x^2+ax+\frac{a^2}{4}$의 y좌표의 대소 관계를 확인하기 위해 두 y좌표의 차를 구하면

$b=\frac{a^2}{4}$

$m^2+am+\frac{a^2}{4}-m^2 = a\left(m+\frac{a}{4}\right)$

즉, $m<-\frac{a}{4}$이면 직선 $y=mx$의 y좌표가 곡선 $y=x^2+ax+\frac{a^2}{4}$의 y좌표보다 더 크고

$m>-\frac{a}{4}$이면 곡선 $y=x^2+ax+\frac{a^2}{4}$의 y좌표가 직선 $y=mx$의 y좌표보다 더 크다.

$a>0$이므로
$m<-\frac{a}{4}$이면 $m^2+am+\frac{a^2}{4}-m^2=a\left(m+\frac{a}{4}\right)<0$
$m>-\frac{a}{4}$이면 $m^2+am+\frac{a^2}{4}-m^2=a\left(m+\frac{a}{4}\right)>0$

(iv) $m<-\frac{a}{4}$일 때

$x<m$에서 교점의 개수 $g_2(m)=1$

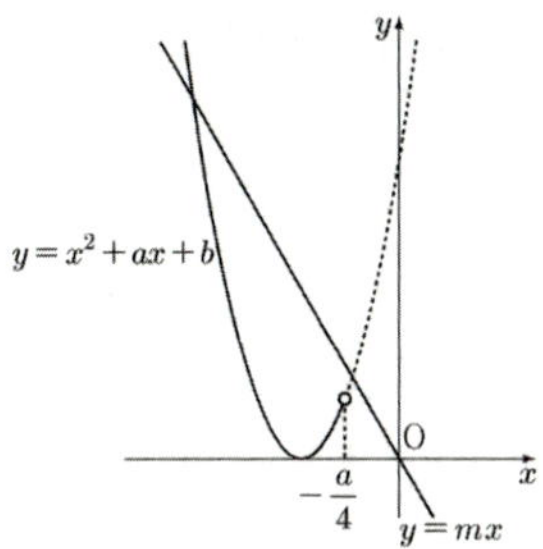

(v) $m=-\frac{a}{4}$일 때

$x<m$에서 교점의 개수 $g_2(m)=1$

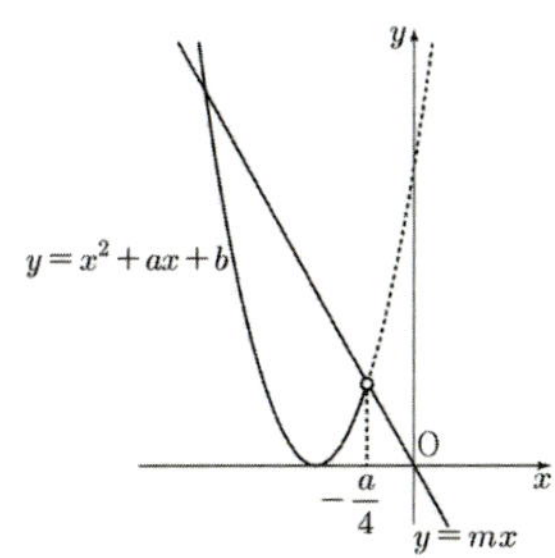

(vi) $-\frac{a}{4}<m<0$일 때

$x<m$에서 교점의 개수 $g_2(m)=2$

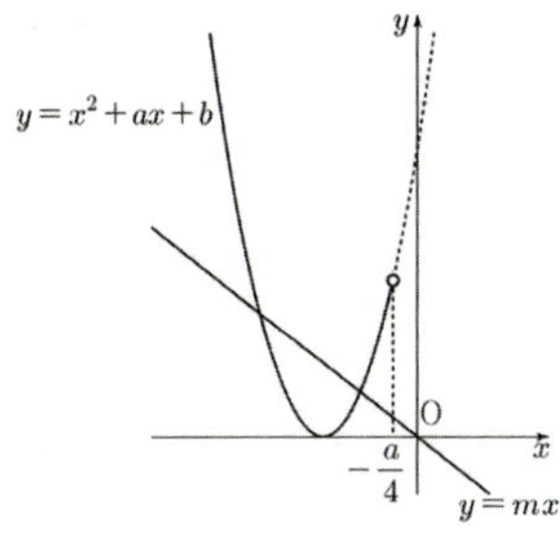

(iv)~(vi)에서

$m<-\frac{a}{4}$일 때, $g_2(m)=1$
$m=-\frac{a}{4}$일 때, $g_2(m)=1$ (Ⅱ)
$-\frac{a}{4}<m<0$일 때, $g_2(m)=2$

4th $m\leq 0$에서 함수 $g(m)$이 연속이 될 조건을 만족시키는 a, b의 값을 구하자.

(Ⅰ)과 (Ⅱ)를 표로 정리하면 다음과 같다.

$g_2(m)$	1	1	2
(Ⅰ)	$m<-3$	$m=-3$	$-3<m<0$
(Ⅱ)	$m<-\frac{a}{4}$	$m=-\frac{a}{4}$	$-\frac{a}{4}<m<0$

따라서 $m\leq 0$에서 함수 $g(m)$이 연속이 되려면

$-\frac{a}{4}=-3$이어야 하므로 $a=12$

또한, $b=\frac{a^2}{4}$이므로 $b=\frac{12^2}{4}=\frac{144}{4}=36$

$\therefore a+b=12+36=48$

1등급 풀이 Tip

$g(m)$을 $x\geq m$에서 교점의 개수인 $g_1(m)$과 $x<m$에서 교점의 개수인 $g_2(m)$으로 나누어 $g_1(m)$과 $g_2(m)$을 합한 함수가 연속임을 이용해야 한다. 이때, $x\geq m$에서 $f(x)$를 알고 있으므로 $g_1(m)$은 m의 값의 범위에 따라 나누어 그 값을 구할 수 있다. 즉, $y=f(m)$과 $y=mx$에 $x=m$을 대입한 후 이차함수의 그래프와 직선의 위치 관계를 이용하여 $x\geq m$에서의 교점의 개수를 구할 수 있다. 또한, $g(m)$이 상수함수이므로 $g_2(m)$도 m의 값의 범위에 따라 구할 수 있으며 이를 만족시키는 a, b를 구할 수 있다.

함수의 연속을 이용한 미정계수의 결정 개념·공식

구간에 따라 나누어진 함수의 연속성 조사는 경계점을 주목한다.

① $x\neq a$에서 연속인 함수 $g(x)$에 대하여

$f(x)=\begin{cases} g(x) & (x\neq a) \\ b & (x=a) \end{cases}$일 때, 함수 $f(x)$가 $x=a$에서 연속이려면

⇨ $\lim_{x\to a} g(x)=b$

② $x<a$에서 연속인 함수 $f(x)$와 $x\geq a$에서 연속인 함수 $g(x)$에 대하여 함수 $y=\begin{cases} f(x) & (x<a) \\ g(x) & (x\geq a) \end{cases}$가 모든 실수 x에서 연속이려면

⇨ $\lim_{x\to a-} f(x)=g(a)$

D 56 정답 19

1등급 킬러 [정답률 11%]

두 실수 a, b에 대하여 정의역이 $\{x\,|\,x\geq 0\}$인 함수

$$f(x)=\frac{-ax-b+1}{ax+b}\ (ab>0)$$

단서1 유리함수 $f(x)$의 점근선의 방정식을 구하여 그래프의 형태를 유추하자.

이 있다. 실수 k에 대하여 정의역이 $\{x\,|\,x\geq 0\}$인 함수

$$g(x)=\begin{cases} 2k-f(x) & (f(x)<k) \\ f(x) & (f(x)\geq k) \end{cases}$$

단서2 $y=g(x)$의 그래프는 함수 $y=f(x)$의 그래프를 평행이동 또는 대칭이동한 것에서 유추해야 해.

가 다음 조건을 만족시킨다.

(가) $\lim_{x\to\infty}|g(x)|=\frac{1}{2}$

(나) $|g(0)|=1$

(다) 함수 $y=|g(x)|$의 그래프와 직선 $y=-k$는 두 점 $\left(\frac{1}{28}, -k\right)$, $(\alpha, -k)$에서만 만난다. $\left(\text{단, } \alpha>\frac{1}{28}\right)$

단서3 함수 $y=|g(x)|$의 그래프와 직선 $y=-k$가 두 점에서만 만나도록 하는 조건을 찾아야 해.

직선 $y=m(x-4\alpha)+\frac{3}{4}$이 함수 $y=|g(x)|$의 그래프와 만나는 서로 다른 점의 개수를 $h(m)$이라 할 때, 함수 $h(m)$이 불연속이 되는 모든 실수 m의 값의 합은 M이다. $252M$의 값을 구하시오.

단서4 직선 $y=m(x-4\alpha)+\frac{3}{4}$은 m의 값에 관계없이 점 $\left(4\alpha, \frac{3}{4}\right)$을 지나므로 이 점을 기준으로 직선을 회전시키면서 기울기 m의 값에 따라 직선이 함수 $y=|g(x)|$의 그래프와 만나는 점의 개수가 변하는 경우를 살펴봐.

(4점)

★ 이 문제는 함수 $y=|g(x)|$의 그래프와 직선 $y=m(x-4a)+\frac{3}{4}$의 교점의 개수로 정의된 함수 $h(m)$이 불연속이 되는 점을 찾는 문제이다.
특히, 이 문제 해결의 키포인트는 함수 $h(m)$을 찾기 전에 유리함수 $y=f(x)$의 그래프를 평행이동, 대칭이동하여 조건을 만족시키는 함수 $y=|g(x)|$의 그래프를 찾는 것이다.

[풀이 단서 체크]

❶ 유리함수의 그래프를 그리기 위해서는 점근선을 먼저 찾는 것이 중요하므로 주어진 함수 $f(x)$를 유리함수의 표준형으로 고친 후, 점근선을 찾을 수 있어야 한다. 또한, 함수 $f(x)$의 분모의 일차항의 계수가 양수일 때와 음수일 때 그래프의 개형이 달라지기 때문에 경우를 나누어 그래프를 그려 보아야 한다. ⇒ 단서1

❷ 함수 $y=g(x)$의 그래프는 함수 $y=f(x)$의 그래프에서 $f(x)<k$인 부분을 직선 $y=k$에 대하여 대칭이동한 그래프이다. 이때, $x\to\infty$일 때 $g(x)=f(x)$이면 $\lim_{x\to\infty}|g(x)|=1$이므로 조건 (가)를 만족시키기 위해서는 $x\to\infty$일 때 $g(x)=2k-f(x)$이어야 함을 이용하여 실수 k의 값을 구해야 한다. ⇒ 단서2

❸ 이제 실수 k의 값과 a가 양수일 때, 음수일 때로 경우를 나누어 함수 $y=|g(x)|$의 그래프를 그려보고 그 중 조건 (다)를 만족시키는 그래프를 찾아야 한다. ⇒ 단서3

❹ 직선 $y=m(x-4a)+\frac{3}{4}$은 기울기가 m이고 점 $\left(4a, \frac{3}{4}\right)$을 지나므로 기울기 m의 값을 변화시켜가면서 함수 $h(m)$을 구한 후, $h(m)$이 불연속이 되는 실수 m의 값을 구한다. ⇒ 단서4

주의 함수 $f(x)$가 $x\ge0$에서 정의되므로 함수 $f(x)$를 이용하여 정의된 함수 $g(x)$도 $x\ge0$에서 정의되어 있음을 알고 함수 $y=|g(x)|$의 그래프와 직선 $y=-k$, 직선 $y=m(x-4a)+\frac{3}{4}$의 교점의 개수를 구할 때도 $x\ge0$에서 따져주어야 한다.

핵심 정답 공식: 조건에 맞는 함수 $y=|g(x)|$의 그래프를 그리고 점 $\left(4a, \frac{3}{4}\right)$을 지나고 기울기가 m인 직선과의 교점의 개수 $h(m)$을 구한다.

[문제 풀이 순서]

* 절댓값이 포함된 함수의 그래프와 직선의 교점의 개수로 정의된 함수의 불연속이 되는 점 찾기

1st 조건 (가)를 만족시키는 가능한 k의 값을 찾자.

$f(x)=\frac{-ax-b+1}{ax+b}=\frac{1}{ax+b}-1\ (ab>0)\ \cdots$ ㉠

$x\ge0$일 때, $a>0$, $b>0$이면 $f(x)$는 감소, $a<0$, $b<0$이면 $f(x)$는 증가

이므로 함수 $f(x)$의 그래프의 두 점근선의 방정식은

$x=-\frac{b}{a}$, $y=-1$이다.

유리함수 $y=\frac{1}{px+q}+r$의 점근선의 방정식은 $x=-\frac{q}{p}$, $y=r$

실수 복잡한 함수 문제를 풀 때에는 그래프를 이용해야 편리해. 특히, 유리함수의 그래프의 개형을 그릴 때에는 점근선의 위치가 매우 중요하므로 점근선부터 먼저 구해야겠지.

한편, $g(x)=\begin{cases}2k-f(x) & (f(x)<k)\\ f(x) & (f(x)\ge k)\end{cases}$이므로

함수 $y=g(x)$의 그래프는 $f(x)<k$일 때에는 함수 $y=f(x)$의 그래프를 x축에 대하여 대칭이동한 후 y축의 방향으로 $2k$만큼 평행이동한 그래프

$y=f(x)$의 그래프를 x축에 대하여 대칭이동 : $y=-f(x)$
$y=-f(x)$의 그래프를 y축의 방향으로 $2k$만큼 평행이동 : $y-2k=-f(x)$ $\quad\therefore y=2k-f(x)$

와 같고, $f(x)\ge k$일 때에는 함수 $y=f(x)$의 그래프와 같다.

이때, $g(x)=\begin{cases}2k-f(x) & (f(x)<k)\\ f(x) & (f(x)\ge k)\end{cases}$에서

$\lim_{x\to\infty}|g(x)|=\lim_{x\to\infty}|2k-f(x)|$ 또는 $\lim_{x\to\infty}|g(x)|=\lim_{x\to\infty}|f(x)|$

그런데 조건 (가)에서 $\lim_{x\to\infty}|g(x)|=\frac{1}{2}$이라 했으므로 이 조건을 만족시키는 k의 값을 찾자.

먼저 $\lim_{x\to\infty}|g(x)|=\lim_{x\to\infty}|f(x)|=\frac{1}{2}$인 경우 ㉠에 의해

$\lim_{x\to\infty}|g(x)|=\lim_{x\to\infty}\left|\frac{1}{ax+b}-1\right|=1\ne\frac{1}{2}$이므로 조건 (가)를 만족시키지 않는다.

$\lim_{x\to\infty}\frac{1}{ax+b}=0$이지?

즉, $\lim_{x\to\infty}|g(x)|=\lim_{x\to\infty}|2k-f(x)|$이므로 ㉠에 의해

$\lim_{x\to\infty}|g(x)|=\lim_{x\to\infty}\left|2k-\frac{1}{ax+b}+1\right|=|2k+1|=\frac{1}{2}$에서

$2k+1=\frac{1}{2}$ 또는 $2k+1=-\frac{1}{2}$ $\qquad\therefore k=-\frac{1}{4}$ 또는 $k=-\frac{3}{4}$

2nd 조건 (나), (다)를 이용하여 k의 값을 구한 후 a, b의 값을 찾자.

조건 (나)에서 $|g(0)|=1$이고, 함수 $y=f(x)$의 그래프의 점근선 $x=-\frac{b}{a}$에서 $ab>0$이므로 $-\frac{b}{a}<0$이다.

또한, $g(x)=\begin{cases}2k-f(x) & (f(x)<k)\\ f(x) & (f(x)\ge k)\end{cases}$에서

$g(x)-k=\begin{cases}k-f(x) & (f(x)<k)\\ f(x)-k & (f(x)\ge k)\end{cases}=|f(x)-k|$이므로

$g(x)=|f(x)-k|+k$로 생각한 후 $y=|g(x)|$의 그래프를 그려보자.

$y=f(x)$의 그래프를 y축의 방향으로 $-k$만큼 평행이동
→ $y=f(x)-k$의 그래프의 x축 아래에 있는 그래프를 x축에 대하여 대칭이동
→ $y=|f(x)-k|$의 그래프를 y축의 방향으로 k만큼 평행이동
→ $y=|f(x)-k|+k$

함정 $a>0$인지, $a<0$인지에 따라 $y=f(x)$의 그래프의 개형이 다르기 때문에 그래프 그리기가 더 쉬운 함수 표현을 생각해보자.

(i) $k=-\frac{1}{4}$이고 $a>0$일 때,

$x\ge0$에서 $y=|g(x)|$의 그래프를 그리는 과정은 다음과 같다.

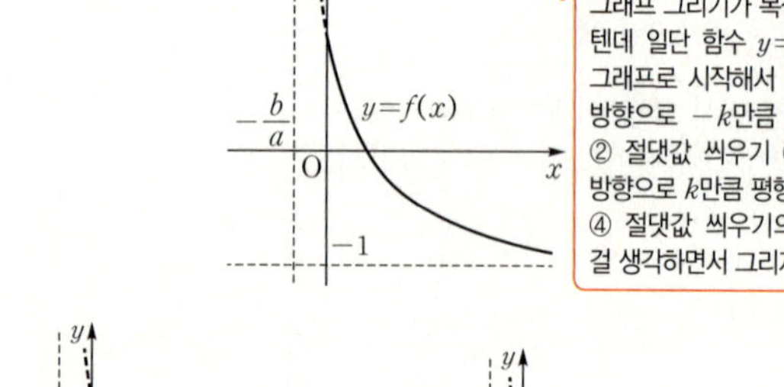

주의 그래프 그리기가 복잡해 보일 텐데 일단 함수 $y=f(x)$의 그래프로 시작해서 ① y축의 방향으로 $-k$만큼 평행이동 ② 절댓값 씌우기 ③ y축의 방향으로 k만큼 평행이동 ④ 절댓값 씌우기의 과정인 걸 생각하면서 그리자.

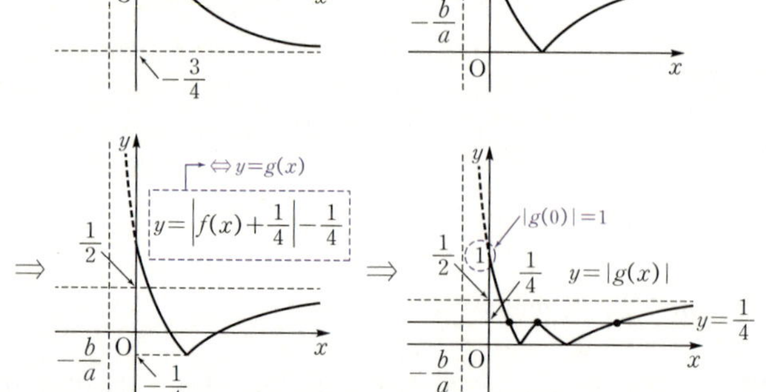

이 경우 함수 $y=|g(x)|$의 그래프와 직선 $y=-k$, 즉 $y=\frac{1}{4}$은 서로 다른 세 점에서 만나므로 조건 (다)를 만족시키지 않는다.

(ii) $k=-\frac{1}{4}$이고 $a<0$일 때,

$x\ge0$에서 함수 $y=|g(x)|$의 그래프를 그리면 다음과 같다.

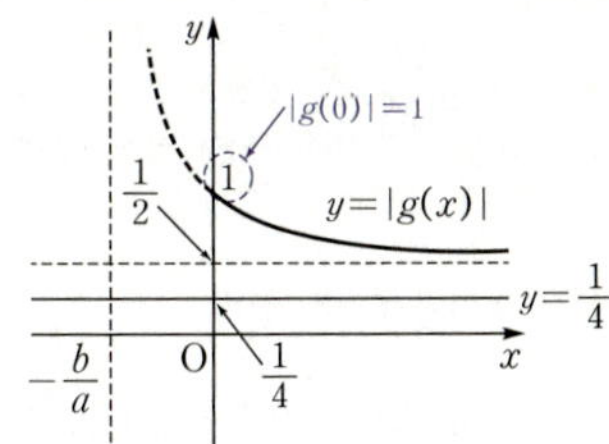

이 경우 함수 $y=|g(x)|$의 그래프와 직선 $y=-k$, 즉 $y=\frac{1}{4}$은 만나지 않으므로 조건 (다)를 만족시키지 않는다.

(iii) $k=-\frac{3}{4}$이고 $a>0$일 때,

$x\ge0$에서 $y=|g(x)|$의 그래프를 그리는 과정은 다음과 같다.

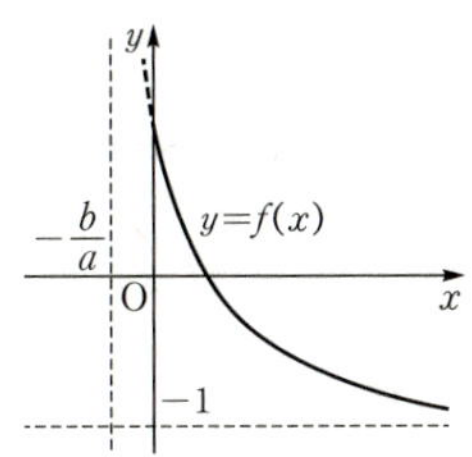

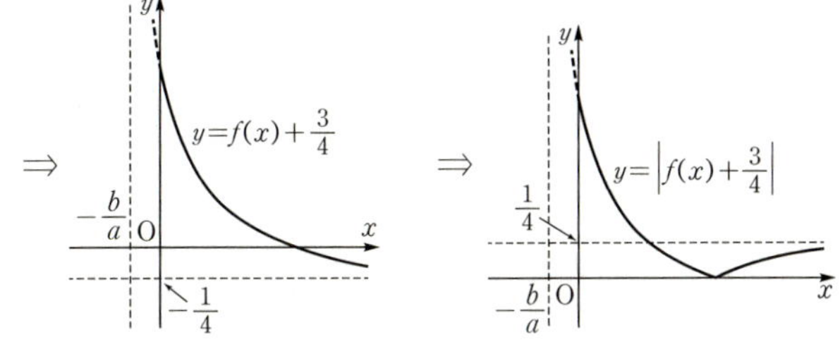

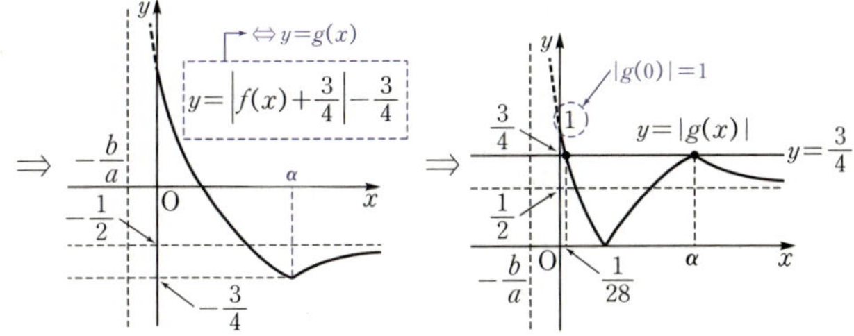

이 경우 함수 $y=|g(x)|$의 그래프와 직선 $y=-k$, 즉 $y=\frac{3}{4}$은 서로 다른 두 점에서만 만나므로 조건 (다)를 만족시킨다.

(iv) $k=-\frac{3}{4}$이고 $a<0$일 때,

$x\ge0$에서 함수 $y=|g(x)|$의 그래프를 그리면 다음과 같다.

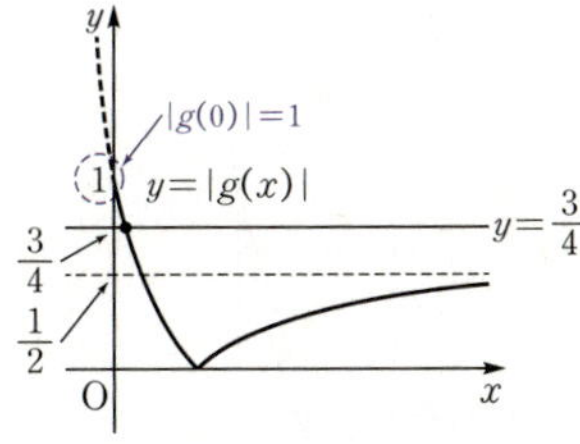

이 경우 함수 $y=|g(x)|$의 그래프와 직선 $y=-k$, 즉 $y=\frac{3}{4}$은 한 점에서 만나므로 조건 (다)를 만족시키지 않는다.

따라서 (i)~(iv)에 의하여 $k=-\frac{3}{4}$이고 $a>0$이다.

이때, (iii)의 $y=|g(x)|$의 그래프에서 $|g(0)|=f(0)=1$이어야 하므로

$f(0)=\frac{1}{b}-1=1 \qquad \therefore b=\frac{1}{2}$

또, $\left|g\left(\frac{1}{28}\right)\right|=f\left(\frac{1}{28}\right)=\frac{3}{4}$이어야 하므로

$f\left(\frac{1}{28}\right)=\dfrac{1}{\frac{a}{28}+\frac{1}{2}}-1=\frac{3}{4}$

$\dfrac{1}{\frac{a}{28}+\frac{1}{2}}=\frac{7}{4}$

$\frac{a}{28}+\frac{1}{2}=\frac{4}{7} \qquad \therefore a=\left(\frac{4}{7}-\frac{1}{2}\right)\times28=16-14=2$

$\therefore f(x)=\dfrac{1}{2x+\frac{1}{2}}-1$

3rd α의 값을 찾아 직선 $y=m(x-4\alpha)+\frac{3}{4}$을 그려보면서 함수 $h(m)$를 구해야 해.

(iii)의 그래프에서 함수 $y=|g(x)|$의 그래프가 x축과 만나는 점의 x좌표를 구해보자.

→ $\left|f(x)+\frac{3}{4}\right|-\frac{3}{4}=0$을 만족시키는 x의 값과 같아.

$\left|f(x)+\frac{3}{4}\right|=\frac{3}{4}$에서

$f(x)+\frac{3}{4}=\frac{3}{4}$, 즉 $f(x)=0$일 때,

$\dfrac{1}{2x+\frac{1}{2}}-1=0$, $\dfrac{1}{2x+\frac{1}{2}}=1$

$2x+\frac{1}{2}=1 \qquad \therefore x=\frac{1}{4}$

$f(x)+\frac{3}{4}=-\frac{3}{4}$, 즉 $f(x)=-\frac{3}{2}$일 때,

$\dfrac{1}{2x+\frac{1}{2}}-1=-\frac{3}{2}$, $\dfrac{1}{2x+\frac{1}{2}}=-\frac{1}{2}$

$2x+\frac{1}{2}=-2 \qquad \therefore x=-\frac{5}{4}$

그런데 $x\ge0$이므로 구하는 점의 x좌표는 $\frac{1}{4}$이다.

한편, $|g(\alpha)|=\frac{3}{4}$을 만족시키는 $\alpha\left(\alpha>\frac{1}{28}\right)$의 값을 구해보자.

$\left|f(\alpha)+\frac{3}{4}\right|-\frac{3}{4}=-\frac{3}{4}$, 즉 $f(\alpha)=-\frac{3}{4}$이므로

→ (iii)의 그래프에서 $g(\alpha)<0$이야.

$\dfrac{1}{2\alpha+\frac{1}{2}}-1=-\frac{3}{4}$, $\dfrac{1}{2\alpha+\frac{1}{2}}=\frac{1}{4}$

$2\alpha+\frac{1}{2}=4 \qquad \therefore \alpha=\frac{7}{4}$

→ 직선 $y=m(x-7)+\frac{3}{4}$은 점 A를 항상 지나면서 기울기 m의 값에 따라 변하는 직선임을 이용하자.

따라서 직선 $y=m(x-4\alpha)+\frac{3}{4}$, 즉 $y=m(x-7)+\frac{3}{4}$은 m의 값에 관계 없이 점 $\left(7, \frac{3}{4}\right)$을 지나므로 이 점을 A라 하고, $B(0, 1)$, $C\left(\frac{1}{4}, 0\right)$이라 하면 두 직선 AB, AC와 함수 $y=|g(x)|$의 그래프는 그림과 같다.

D

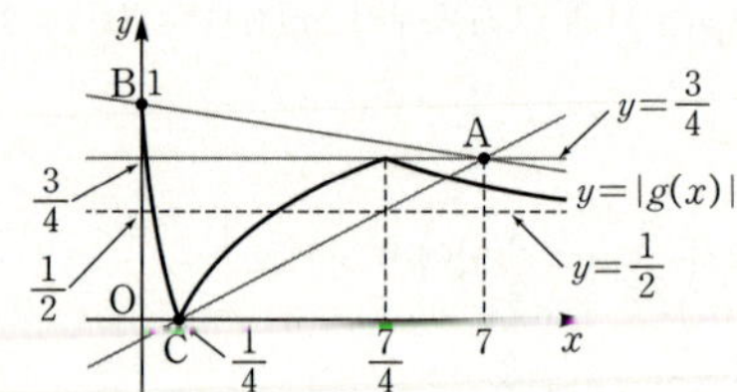

이때, 두 직선 AB, AC의 기울기는 각각 $-\frac{1}{28}$, $\frac{1}{9}$이므로

직선 AB의 기울기는 $\frac{1-\frac{3}{4}}{0-7}=\frac{\frac{1}{4}}{-7}=-\frac{1}{28}$, 직선 AC의 기울기는 $\frac{0-\frac{3}{4}}{\frac{1}{4}-7}=\frac{-\frac{3}{4}}{-\frac{27}{4}}=\frac{1}{9}$

직선 $y=m(x-7)+\frac{3}{4}$과 함수 $y=|g(x)|$의 그래프가 만나는 서로 다른 점의 개수인 함수 $h(m)$은 다음과 같다.

$$h(m)=\begin{cases} 1 & \left(m<-\frac{1}{28}\right) \\ 2 & \left(-\frac{1}{28}\le m\le 0\right) \\ 3 & \left(0<m<\frac{1}{9}\right) \\ 2 & \left(m=\frac{1}{9}\right) \\ 1 & \left(m>\frac{1}{9}\right) \end{cases}$$

따라서 함수 $h(m)$이 불연속이 되는 실수 m의 값은 $-\frac{1}{28}$, 0, $\frac{1}{9}$이므로

(y축에 평행한 경우 / 점 B(0, 1)을 지나는 경우 / 점 C$\left(\frac{1}{4}, 0\right)$을 지나는 경우)

모든 실수 m의 값의 합은

$M=-\frac{1}{28}+0+\frac{1}{9}=\frac{19}{252}$

$\therefore 252M=252\times\frac{19}{252}=19$

함수의 연속의 활용 개념·공식

두 함수의 그래프의 교점의 개수에 대한 함수에서 연속의 활용 문제는 다음의 순서로 해결한다.

(i) 조건을 만족하는 고정된 그래프와 움직이는 그래프를 그린다.

(ii) 그래프를 움직이면서 범위에 따른 교점의 개수를 파악하여 교점의 개수에 대한 함수식을 작성하고 필요시 그래프를 그린다.

(iii) 연속의 정의와 기하학적 접근으로 문제에서 요구하는 결과를 얻는다.

E 미분

4점 같은 3점+4점 문제

E 01 정답 ① *미분계수의 정의 [정답률 50%]

(정답 공식: $f(-x)=-f(x)$를 이용해 주어진 식을 변형하여 $f'(-1)$을 구한다.)

모든 실수 x에 대하여 $f(-x)=-f(x)$인 다항함수 $f(x)$가 $f(-1)=2$, $\lim_{x\to-1}\frac{f(1)-f(-x)}{x^2-1}=3$을 만족시킬 때, $\lim_{x\to-1}\frac{\{f(x)\}^2-4}{x+1}$의 값은? (4점)

단서1 $f(-1)$의 값을 알면 $f(1)$의 값도 구할 수 있겠지?

단서2 $f(-x)=-f(x)$를 이용해 주어진 식을 변형하여 미분계수의 정의를 사용할 수 있게 만들어야 해.

① -24 ② -12 ③ 0 ④ 12 ⑤ 24

1st $f(-x)=-f(x)$를 이용해서 미분계수의 정의 형태로 식을 바꿔보자.

다항함수 $f(x)$에 대하여 $f(-x)=-f(x)$이므로

(모든 실수 x에 대하여 $f(-x)=-f(x)$를 만족하는 함수를 기함수라 하고, 기함수의 그래프는 원점에 대하여 대칭이야.)

$\lim_{x\to-1}\frac{f(1)-f(-x)}{x^2-1}=\lim_{x\to-1}\frac{-f(-1)+f(x)}{x^2-1}$

($f(-x)=-f(x)$이므로 $f(x)=-f(-x)$에서 $f(1)=-f(-1)$이야.)

$=\lim_{x\to-1}\frac{f(x)-f(-1)}{(x-1)\{x-(-1)\}}$

$=\lim_{x\to-1}\frac{f(x)-f(-1)}{x-(-1)}\cdot\lim_{x\to-1}\frac{1}{x-1}$

$=f'(-1)\cdot\frac{1}{-1-1}=-\frac{1}{2}f'(-1)$

즉, $-\frac{1}{2}f'(-1)=3$이므로 $f'(-1)=-6$이다.

2nd $\lim_{x\to-1}\frac{\{f(x)\}^2-4}{x+1}$의 값을 구하자.

$\therefore \lim_{x\to-1}\frac{\{f(x)\}^2-4}{x+1}=\lim_{x\to-1}\frac{\{f(x)+2\}\{f(x)-2\}}{x-(-1)}$

$=\lim_{x\to-1}\frac{\{f(x)+2\}\{f(x)-f(-1)\}}{x-(-1)}$

($\lim_{x\to-1}\frac{\{f(x)+2\}\{f(x)-f(-1)\}}{x-(-1)}=\lim_{x\to-1}\{f(x)+2\}\cdot\lim_{x\to-1}\frac{f(x)-f(-1)}{x-(-1)}$)

$=\{f(-1)+2\}\cdot f'(-1)$

$=(2+2)\cdot(-6)=-24$

E 02 정답 ⑤ *미분계수의 정의 [정답률 43%]

(정답 공식: 두 점 사이의 거리 공식을 이용하여 식을 세운다.)

양의 실수 전체의 집합에서 증가하는 함수 $f(x)$가 $x=1$에서 미분가능하다. 1보다 큰 모든 실수 a에 대하여 점 $(1, f(1))$과 점 $(a, f(a))$ 사이의 거리가 a^2-1일 때, $f'(1)$의 값은? (4점)

단서 두 점 사이의 거리 $\sqrt{(a-1)^2+\{f(a)-f(1)\}^2}$을 이용하여 $\lim_{a\to1}\frac{f(a)-f(1)}{a-1}$의 값을 구하면 돼.

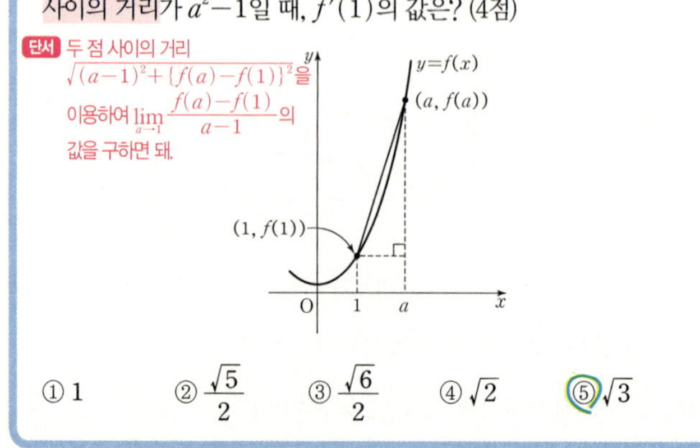

① 1 ② $\frac{\sqrt{5}}{2}$ ③ $\frac{\sqrt{6}}{2}$ ④ $\sqrt{2}$ ⑤ $\sqrt{3}$

1st 곡선 위의 두 점 사이의 거리를 구하자.

두 점 $(1, f(1))$, $(a, f(a))$ $(a>1)$ 사이의 거리가 a^2-1이므로

$\sqrt{(a-1)^2+\{f(a)-f(1)\}^2}=a^2-1$

[두 점 사이의 거리] 좌표평면 위의 두 점 $A(a, b)$, $B(c, d)$ 사이의 거리는 $\overline{AB}=\sqrt{(a-c)^2+(b-d)^2}$

양변을 제곱하면

$(a-1)^2+\{f(a)-f(1)\}^2=(a^2-1)^2$

양변을 $(a-1)^2$으로 나누면 ($a>1$이므로 $a-1\neq0$이야.)

$$1+\left\{\frac{f(a)-f(1)}{a-1}\right\}^2=\frac{(a^2-1)^2}{(a-1)^2}=\frac{(a+1)^2(a-1)^2}{(a-1)^2}$$

$$\left\{\frac{f(a)-f(1)}{a-1}\right\}^2=(a+1)^2-1=a^2+2a$$

$$\therefore \frac{f(a)-f(1)}{a-1}=\sqrt{a^2+2a}\ (\because a>1)$$

실수 $f'(1)$을 구하라고 했으니까 미분계수의 정의를 생각해서 $\frac{f(a)-f(1)}{a-1}$을 만들려고 한 거야.

2nd 미분계수의 정의를 떠올리자.

함수 $f(x)$는 $x=1$에서 미분가능하므로 $f'(1)$이 존재한다.

$$\therefore f'(1)=\lim_{a\to1}\frac{f(a)-f(1)}{a-1}=\lim_{a\to1}\sqrt{a^2+2a}=\sqrt{3}$$

[다른 풀이]

$\left\{\frac{f(a)-f(1)}{a-1}\right\}^2=(a+1)^2-1=a^2+2a$에서 양변에 $\lim_{a\to1}$을 취하하면

$$\lim_{a\to1}\left\{\frac{f(a)-f(1)}{a-1}\right\}^2=\lim_{a\to1}(a^2+2a)$$

$\{f'(1)\}^2=3$

$\therefore f'(1)=\sqrt{3}$ ($\because f'(1)\geq0$) ($f(x)$는 양의 실수 전체에서 증가하므로 $f'(x)\geq0$)

미분계수 (또는 순간변화율) 개념·공식

함수 $y=f(x)$의 $x=a$에서의 미분계수 $f'(a)$는

$$f'(a)=\lim_{h\to0}\frac{f(a+h)-f(a)}{h}=\lim_{x\to a}\frac{f(x)-f(a)}{x-a}$$

이고, $f'(a)$는 곡선 $y=f(x)$ 위의 점 $(a, f(a))$에서의 접선의 기울기를 의미한다.

E 03 정답 385 *미분계수의 정의 [정답률 45%]

정답 공식: 미분가능한 함수 $f(x)$에 대하여 $f'(a)=\lim_{h\to0}\frac{f(a+h)-f(a)}{h}$이다.

모든 실수 x, y에 대하여 다항함수 $f(x)$가

$$f(x+y)=f(x)+f(y)+(x+y)xy$$

를 만족시킬 때, $\sum_{k=1}^{10}\{f'(k)-f'(0)\}$의 값을 구하시오. (4점)

단서2 임의의 실수 x, y에 대하여 성립하는 식이니까 x, y에 적당한 값을 대입하여 $f'(k)$, $f'(0)$의 값을 구할 수 있도록 식을 변형해 봐.

단서1 $\sum_{k=1}^{10}\{f'(k)-f'(0)\}$의 값을 구하려면 $f'(k)$와 $f'(0)$의 값 또는 식을 알아야겠지?

1st 주어진 등식에 x, y 대신에 적당한 값을 대입한 후 미분계수의 정의를 이용해.

$f(x+y)=f(x)+f(y)+(x+y)xy$에서 양변에 $x=y=0$을 대입하면

(주어진 등식은 x, y에 대한 항등식이야. 즉, x, y 대신에 어떤 실수를 대입하더라도 등식은 항상 성립해.)

$f(0)=f(0)+f(0)$

$\therefore f(0)=0$

$$f'(0)=\lim_{h\to0}\frac{f(0+h)-f(0)}{h}$$

$$=\lim_{h\to0}\frac{f(0)+f(h)-f(0)}{h}$$

($f(x+y)=f(x)+f(y)+(x+y)xy$에 $x=0$, $y=h$를 대입한 거야.)

$$=\lim_{h\to0}\frac{f(h)}{h}\ \cdots ㉠$$

$$f'(k)=\lim_{h\to0}\frac{f(k+h)-f(k)}{h}$$

$$=\lim_{h\to0}\frac{f(k)+f(h)+(k+h)kh-f(k)}{h}$$

$$=\lim_{h\to0}\frac{f(h)}{h}+\lim_{h\to0}\frac{(k+h)kh}{h}$$

($=\lim_{h\to0}k(k+h)$)

$$=\lim_{h\to0}\frac{f(h)}{h}+k^2$$

$=f'(0)+k^2$ ($\because$ ㉠)

$\therefore f'(k)-f'(0)=k^2$

2nd $\sum_{k=1}^{10}\{f'(k)-f'(0)\}$의 값을 구하자.

$$\therefore \sum_{k=1}^{10}\{f'(k)-f'(0)\}=\sum_{k=1}^{10}k^2=\frac{10\cdot11\cdot21}{6}=385$$

($\sum_{k=1}^{n}k^2=\frac{n(n+1)(2n+1)}{6}$)

E 04 정답 ③ *다항함수의 도함수 [정답률 49%]

정답 공식: x의 값의 범위를 $x<1$, $1\leq x<2$, $x\geq2$로 나눠서 절댓값을 풀어 $f(x)$의 식을 정리하고, $f'(x)$를 구한다.

단서 x의 값의 범위를 나눠서 절댓값 기호를 없애자.

함수 $f(x)=x|x-1|+|x^3-8|$에 대하여 $f'(-2)+f'(3)$의 값은? (4점)

① 19 ② 22 ③ 25

④ 28 ⑤ 31

1st $f(x)$를 x의 범위에 따라 나누어 생각해.

$f(x)=x|x-1|+|x^3-8|$

$=x|x-1|+(x^2+2x+4)|x-2|$

함정 x^3-8을 보자마자 인수분해해야 하고 $x^2+2x+4>0$임을 알아차려야 해. 또 이로부터 $x=1$과 $x=2$를 기준으로 구간을 나눌 생각까지 이어져야 해.

이므로 $x<1$, $1\leq x<2$, $x\geq2$ 세 구간으로 나누자.

$$f(x)=\begin{cases}x-x^2+8-x^3 & (x<1)\\ x^2-x+8-x^3 & (1\leq x<2)\\ x^2-x+x^3-8 & (x\geq2)\end{cases}$$이고

($x^3-8=(x-2)(x^2+2x+4)$에서 $x^2+2x+4=(x+1)^2+3>0$이기 때문이야.)

$$f'(x)=\begin{cases}1-2x-3x^2 & (x<1)\\ 2x-1-3x^2 & (1<x<2)\\ 2x-1+3x^2 & (x>2)\end{cases}$$

$f'(-2)=1+4-12=-7$

$f'(3)=6-1+27=32$

$\therefore f'(-2)+f'(3)=-7+32=25$

E 05 정답 ④ *다항함수의 도함수 [정답률 46%]

정답 공식: 함수 $y=x^n$(n은 자연수)의 도함수는 $y'=nx^{n-1}$이고 $y=c$(c는 상수)의 도함수는 $y'=0$이다.

단서 $(x^n)'=nx^{n-1}$을 이용해.

함수 $f(x)=\sum_{n=1}^{2020}\frac{x^n}{n(n+1)(n+2)}$에 대하여 $f'(1)=\frac{q}{p}$일 때, $p-q$의 값은? (단, p와 q는 서로소인 자연수이다.) (3점)

① 503 ② 504 ③ 505

④ 506 ⑤ 507

1st 함수 $f(x)$를 미분해서 $f'(x)$를 구하자.

$$f'(x)=\sum_{n=1}^{2020}\left(\frac{x^n}{n(n+1)(n+2)}\right)'=\sum_{n=1}^{2020}\frac{nx^{n-1}}{n(n+1)(n+2)}$$

$$=\sum_{n=1}^{2020}\frac{x^{n-1}}{(n+1)(n+2)}$$

실수 x에 대한 미분이니까 n은 상수 취급하면 돼.

2nd 부분분수를 이용하자.

$$f'(1)=\sum_{n=1}^{2020}\frac{1}{(n+1)(n+2)}$$

$$=\sum_{n=1}^{2020}\left(\frac{1}{n+1}-\frac{1}{n+2}\right)$$

$$=\left(\frac{1}{2}-\frac{1}{3}\right)+\left(\frac{1}{3}-\frac{1}{4}\right)+\cdots+\left(\frac{1}{2021}-\frac{1}{2022}\right)$$

$$=\frac{1}{2}-\frac{1}{2022}$$

$$=\frac{505}{1011}=\frac{q}{p}$$

따라서 $p=1011$, $q=505$이므로

$p-q=1011-505=506$

E 06 정답 ③ *다항함수의 도함수 [정답률 58%]

정답 공식: 미분가능한 함수 $f(x)$에 대하여 $f'(a)=\lim_{h\to0}\frac{f(a+h)-f(a)}{h}$이다. 또, $\{f(x)g(x)\}'=f'(x)g(x)+f(x)g'(x)$이다.

이차함수 $f(x)$와 연속함수 $g(x)$가 모든 실수 x에 대하여

$$(x-2)g(x)=f(x)-f(2)$$

를 만족시킬 때, [보기]에서 옳은 것만을 있는 대로 고른 것은? (4점)

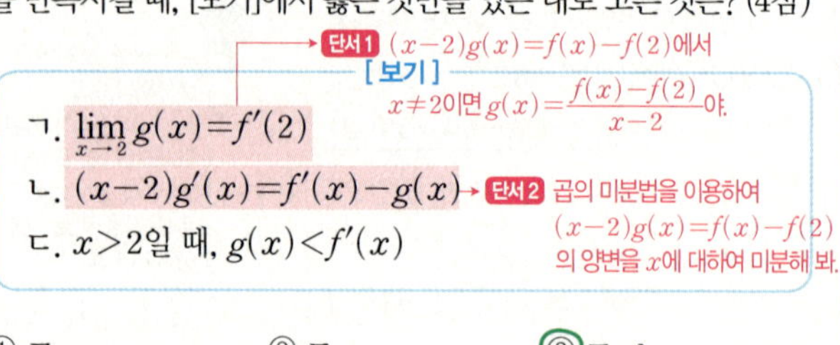

[보기]

ㄱ. $\lim_{x\to2}g(x)=f'(2)$

ㄴ. $(x-2)g'(x)=f'(x)-g(x)$

ㄷ. $x>2$일 때, $g(x)<f'(x)$

단서1 $(x-2)g(x)=f(x)-f(2)$에서 $x\neq2$이면 $g(x)=\frac{f(x)-f(2)}{x-2}$야.

단서2 곱의 미분법을 이용하여 $(x-2)g(x)=f(x)-f(2)$의 양변을 x에 대하여 미분해 봐.

① ㄱ ② ㄷ ③ ㄱ, ㄴ

④ ㄴ, ㄷ ⑤ ㄱ, ㄴ, ㄷ

1st 주어진 조건을 이용하여 ㄱ, ㄴ의 참, 거짓을 따지자.

ㄱ. $(x-2)g(x)=f(x)-f(2)$에서

$x\neq2$일 때, $g(x)=\frac{f(x)-f(2)}{x-2}$

($f(x)$는 이차함수라 했지? 다항함수는 실수 전체의 집합에서 연속이고 미분가능해.)

이때, $f(x)$는 미분가능한 함수이므로

$\lim_{x\to2}g(x)=\lim_{x\to2}\frac{f(x)-f(2)}{x-2}=f'(2)$ (참)

함수 $f(x)$의 $x=a$에서의 미분계수는 $f'(a)=\lim_{h\to0}\frac{f(a+h)-f(a)}{h}=\lim_{x\to a}\frac{f(x)-f(a)}{x-a}$

ㄴ. $(x-2)g(x)=f(x)-f(2)$에서 $f(x)-f(2)$는 이차함수이고

$x=2$일 때 $f(x)-f(2)=f(2)-f(2)=0$이므로

$f(x)-f(2)$는 $x-2$라는 인수를 갖는다.

즉, $(x-2)g(x)$는 이차함수이면서 $x-2$를 인수로 가져야 하므로

$g(x)$는 일차함수이다.

따라서 함수 $g(x)$는 모든 실수 x에 대하여 미분가능하므로

$(x-2)g(x)=f(x)-f(2)$의 양변을 x에 대하여 미분하면

$g(x)+(x-2)g'(x)=f'(x)$

(두 함수 $f(x)$, $g(x)$가 미분가능할 때, $\{f(x)g(x)\}'=f'(x)g(x)+f(x)g'(x)$)

$\therefore (x-2)g'(x)=f'(x)-g(x)$ (참)

2nd $g'(x)$의 값의 범위를 나눠 ㄷ의 참, 거짓을 따져 봐.

ㄷ. ㄴ에서 $g(x)$가 일차함수라 했으므로 $g'(x)$는 0이 아닌 상수이다.

이때, $x>2$일 때

($x>2$, 즉 $x-2>0$이고 $g'(x)>0$이므로 $(x-2)g'(x)=f'(x)-g(x)>0$ $\therefore g(x)<f'(x)$)

$g'(x)>0$이면 ㄴ에서 $g(x)<f'(x)$이지만

$g'(x)<0$이면 ㄴ에서 $g(x)>f'(x)$이다.

($x>2$, 즉 $x-2>0$이고 $g'(x)<0$이므로 $(x-2)g'(x)=f'(x)-g(x)<0$ $\therefore g(x)>f'(x)$)

즉, $g'(x)$의 부호를 판단할 수 없으므로 $x>2$일 때, $g(x)<f'(x)$인지 $g(x)>f'(x)$인지 알 수 없다. (거짓)

따라서 옳은 것은 ㄱ, ㄴ이다.

톡톡 풀이

ㄷ. $(x-2)g(x)=f(x)-f(2)$에서 $x\neq2$일 때 $g(x)=\frac{f(x)-f(2)}{x-2}$

라 했지? 이때, $x>2$인 곡선 $y=f(x)$ 위의 두 점 $(2, f(2))$,

$(x, f(x))$를 잡으면 $g(x)=\frac{f(x)-f(2)}{x-2}$는 두 점 $(2, f(2))$,

$(x, f(x))$를 잇는 선분의 기울기와 같아.

또한, $f'(x)$는 점 $(x, f(x))$에서의 접선의 기울기와 같지?

그런데 이차함수 $y=f(x)$의 최고차항의 계수가 양수, 즉 $y=f(x)$의 그래프가 아래로 볼록한 경우 [그림 1]과 같이 $g(x)<f'(x)$이지만 이차함수 $y=f(x)$의 최고차항의 계수가 음수, 즉 $y=f(x)$의 그래프가 위로 볼록한 경우 [그림 2]와 같이 $g(x)>f'(x)$가 됨을 알 수 있어.

따라서 $x>2$에서 $g(x)$와 $f'(x)$의 크기를 비교할 수 없어. (거짓)

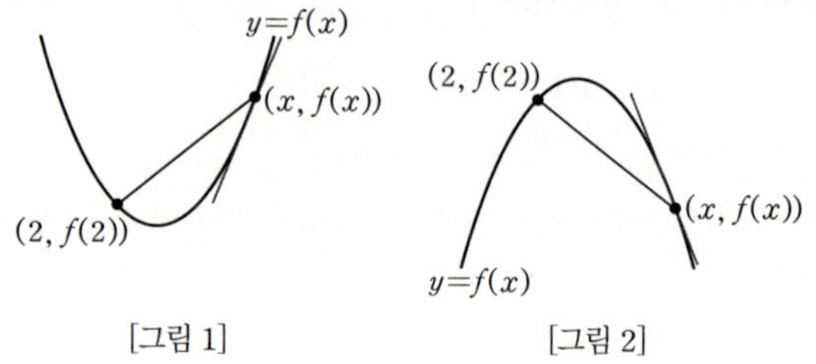

[그림 1] [그림 2]

E 07 정답 16 *다항함수의 도함수 [정답률 48%]

정답 공식: $f(x)$가 n차식이면 $f'(x)$는 $(n-1)$차식이다. 두 식을 곱한 식이 삼차식이 되려면 $f(x)$는 이차식이다.

최고차항의 계수가 1인 다항함수 $f(x)$가

$$f(x)f'(x)=2x^3-9x^2+5x+6$$

을 만족할 때, $f(-3)$의 값을 구하시오. (3점)

단서 $f(x)f'(x)$의 최고차항이 3차이려면 $f(x)$가 몇 차 함수이어야 할까? $f'(x)$는 $f(x)$보다 차수가 1만큼 작음을 이용해.

1st 다항함수 $f(x)$가 n차 함수이면 $f'(x)$는 $(n-1)$차겠지?

함수 $f(x)$를 n차인 다항함수라 하면 $f'(x)$는 $(n-1)$차 다항함수이다.

$f(x)f'(x)=2x^3-9x^2+5x+6$의 차수가 3차이므로

$n+(n-1)=3$ $\therefore n=2$ ($x^n\times x^{n-1}=x^{2n-1}$)

즉, 함수 $f(x)$는 이차함수이고, 최고차항의 계수가 1이므로

$f(x)=x^2+bx+c$ (b, c는 상수)라 놓으면 $f'(x)=2x+b$이다.

2nd x에 대한 항등식은 같은 차수끼리의 계수가 같아.

$f(x)f'(x)=(x^2+bx+c)(2x+b)=2x^3+3bx^2+(b^2+2c)x+bc$

$=2x^3-9x^2+5x+6$

위 식은 모든 실수 x에 대하여 성립하므로 계수를 비교하면

$3b=-9$, $b^2+2c=5$, $bc=6$

$\therefore b=-3$, $c=-2$ ($bc=6$에 $b=-3$을 대입해서 구하면 돼.)

따라서 $f(x)=x^2-3x-2$이므로 $f(-3)=9+9-2=16$

E 08 정답 ① *미분계수와 도함수 [정답률 69%]

정답 공식: $x \to a$일 때, 극한값이 존재하고 (분모)→0이면 (분자)→0이어야 한다. 또한, 다항함수 $f(x)$에 대하여 $\lim_{x \to a}\frac{f(x)-f(a)}{x-a}=f'(a)$이다.

두 다항함수 $f(x)$, $g(x)$가

$$\lim_{x \to 0}\frac{f(x)+g(x)}{x}=3,\ \lim_{x \to 0}\frac{f(x)+3}{xg(x)}=2$$

단서1 $x \to 0$일 때, 극한값이 존재하고 (분모)→0이므로 (분자)→0이어야 하지? 이를 이용해 주어진 식을 미분계수를 구하는 식으로 나타내봐.

를 만족시킨다. 함수 $h(x)=f(x)g(x)$에 대하여 $h'(0)$의 값은? (4점)

단서2 함수 $h(x)$가 두 미분가능한 함수의 곱으로 표현되었으므로 곱의 미분법을 이용하여 $h'(x)$를 구하자.

① 27 ② 30 ③ 33 ④ 36 ⑤ 39

1st 함수의 극한의 성질을 이용하여 $f(0)$, $f'(0)$, $g(0)$, $g'(0)$의 값을 각각 구하자.

$\lim_{x \to 0}\frac{f(x)+g(x)}{x}=3$에서 극한값이 존재하고 $x \to 0$일 때,

(분모)→0이므로 (분자)→0이어야 한다.

즉, $f(x)$, $g(x)$가 모두 다항함수이므로

$\lim_{x \to 0}\{f(x)+g(x)\}=f(0)+g(0)=0$ ⋯ ㉠

$\therefore \lim_{x \to 0}\frac{f(x)+g(x)}{x}$

→ $\lim_{x \to 0}\frac{f(x)+g(x)}{x}$를 이용하여 $f'(0)+g'(0)$의 값을 유도하기 위해, $f(0)+g(0)=0$이므로 분자에서 $f(0)+g(0)$을 뺀 거야.

$=\lim_{x \to 0}\frac{f(x)-f(0)+g(x)-g(0)}{x}$

$=\lim_{x \to 0}\left\{\frac{f(x)-f(0)}{x}+\frac{g(x)-g(0)}{x}\right\}$

$=\lim_{x \to 0}\frac{f(x)-f(0)}{x}+\lim_{x \to 0}\frac{g(x)-g(0)}{x}$

$=f'(0)+g'(0)=3$ ⋯ ㉡

$\lim_{x \to 0}\frac{f(x)-f(0)}{x}=\lim_{x \to 0}\frac{f(x)-f(0)}{x-0}=f'(0)$

$\lim_{x \to 0}\frac{g(x)-g(0)}{x}=\lim_{x \to 0}\frac{g(x)-g(0)}{x-0}=g'(0)$

또한, $\lim_{x \to 0}\frac{f(x)+3}{xg(x)}=2$에서 극한값이 존재하고 $x \to 0$일 때,

(분모)→0이므로 (분자)→0이어야 한다.

즉, $\lim_{x \to 0}\{f(x)+3\}=f(0)+3=0$이므로 $f(0)=-3$이고,

㉠에서 $f(0)+g(0)=0$이므로

$-3+g(0)=0$ $\quad\therefore g(0)=3$

$\therefore \lim_{x \to 0}\frac{f(x)+3}{xg(x)}$

$=\lim_{x \to 0}\left\{\frac{f(x)+3}{x}\times\frac{1}{g(x)}\right\}$

→ $\lim_{x \to a}F(x)$, $\lim_{x \to a}G(x)$의 값이 존재하면 $\lim_{x \to a}\{F(x)\times G(x)\}=\lim_{x \to a}F(x)\times\lim_{x \to a}G(x)$

$=\lim_{x \to 0}\left\{\frac{f(x)-f(0)}{x}\times\frac{1}{g(x)}\right\}$

$=\lim_{x \to 0}\frac{f(x)-f(0)}{x}\times\lim_{x \to 0}\frac{1}{g(x)}$

$=f'(0)\times\frac{1}{g(0)}$

$=\frac{1}{3}f'(0)$

즉, $\frac{1}{3}f'(0)=2$이므로 $f'(0)=6$이고,

㉡에서 $f'(0)+g'(0)=3$이므로

$6+g'(0)=3$

$\therefore g'(0)=-3$

2nd 곱의 미분법을 이용하여 함수 $h(x)$의 도함수를 구하자.

따라서 $h(x)=f(x)g(x)$의 양변을 x에 대하여 미분하면

$h'(x)=f'(x)g(x)+f(x)g'(x)$이므로

미분가능한 두 함수 $f(x)$, $g(x)$에 대하여 $\{f(x)g(x)\}'=f'(x)g(x)+f(x)g'(x)$

$h'(0)=f'(0)g(0)+f(0)g'(0)$

$=6\times3+(-3)\times(-3)$

$=27$

곱의 미분법 개념·공식

세 함수 $f(x)$, $g(x)$, $h(x)$가 미분가능할 때,

(1) $\{f(x)g(x)\}'=f'(x)g(x)+f(x)g'(x)$

(2) $\{f(x)g(x)h(x)\}'$
$=f'(x)g(x)h(x)+f(x)g'(x)h(x)+f(x)g(x)h'(x)$

E 09 정답 360 *미분계수와 도함수 [정답률 51%]

정답 공식: $f'(a)=\lim_{h \to 0}\frac{f(a+h)-f(a)}{h}$

함수 $f(x)=\frac{1}{3}x^3+\frac{1}{2}x^2+x$에 대하여

$$g(n)=\lim_{h \to 0}\frac{\sum_{k=1}^{n}f(1+kh)-nf(1)}{h}$$

로 정의할 때, $g(15)$의 값을 구하시오. (4점)

단서 구해야 하는 값이 $g(15)$이므로 주어진 등식에 $n=15$를 대입한 후, 시그마의 정의를 이용해 $\sum_{k=1}^{15}f(1+kh)$를 풀어 정리해 봐.

1st 주어진 등식에 $n=15$를 대입한 후 식을 정리하자.

$g(15)=\lim_{h \to 0}\frac{\sum_{k=1}^{15}f(1+kh)-15f(1)}{h}$에서

$\sum_{k=1}^{15}f(1+kh)-15f(1)$

$=\{f(1+h)+f(1+2h)+\cdots+f(1+15h)\}-15f(1)$

$=\{f(1+h)-f(1)\}+\{f(1+2h)-f(1)\}+\cdots+\{f(1+15h)-f(1)\}$

→ $\sum_{k=1}^{15}f(1+kh)-15f(1)$과 $\sum_{k=1}^{15}\{f(1+kh)-15f(1)\}$이 같지 않음을 꼭 이해해야 해.
$\sum_{k=1}^{15}\{f(1+kh)-15f(1)\}=\{f(1+h)-15f(1)\}+\{f(1+2h)-15f(1)\}+\cdots+\{f(1+15h)-15f(1)\}$이야.

이므로

$g(15)=\lim_{h \to 0}\frac{f(1+h)-f(1)}{h}+\lim_{h \to 0}\frac{f(1+2h)-f(1)}{2h}\cdot2+\cdots+\lim_{h \to 0}\frac{f(1+15h)-f(1)}{15h}\cdot15$

$\lim_{h \to 0}\frac{f(a+nh)-f(a)}{h}=nf'(a)$

$=f'(1)+2f'(1)+\cdots+15f'(1)$

$=(1+2+\cdots+15)f'(1)$

$=\frac{15\cdot16}{2}\cdot f'(1)=120f'(1)$

→ $\sum_{k=1}^{n}k=\frac{n(n+1)}{2}$

2nd 도함수를 이용하여 $g(15)$의 값을 구하자.

따라서 함수 $f(x)=\frac{1}{3}x^3+\frac{1}{2}x^2+x$에서

$f'(x)=x^2+x+1$이므로 $f'(1)=3$

$\therefore g(15)=120f'(1)=120\cdot3=360$

E 10 정답 ⑤ *미분계수와 도함수 [정답률 49%]

(정답 공식: 함수 $g(x)$가 $x=2$에서 연속이려면 $x=2$에서의 극한값과 함숫값이 같아야 한다.)

다항함수 $f(x)$에 대하여 함수 $g(x)$를 다음과 같이 정의하자.

$$g(x)=\begin{cases}\dfrac{2f(x)-xf(2)}{x-2} & (x\neq2)\\ f(2) & (x=2)\end{cases}$$

→ 단서1 $g(2)=f(2)$야.

이때, 함수 $g(x)$가 $x=2$에서 연속이 되도록 하는 함수 $f(x)$를 [보기]에서 모두 고른 것은? (3점) 단서2 $x=2$에서의 $g(x)$의 함숫값과 $x\to2$일 때의 $g(x)$의 극한값이 같아야 해. 즉, $f(2)$와 $f'(2)$가 같다는 뜻이지.

[보기]

ㄱ. $f(x)=2x-1$

ㄴ. $f(x)=x^3-3x^2+4$

ㄷ. $f(x)=(x-3)^{20}-21x$

① ㄱ ② ㄴ ③ ㄷ ④ ㄱ, ㄴ ⑤ ㄴ, ㄷ

1st 함수 $g(x)$가 $x=2$에서 연속이 되는 조건을 연속의 정의를 이용하여 알아보자.

함수 $g(x)$가 $x=2$에서 연속이기 위한 조건은 $\lim\limits_{x\to2}g(x)=g(2)$이다. 이때,

→ 함수 $f(x)$가 실수 a에 대하여 (i) $x=a$에서 정의되어 있고 (ii) 극한값 $\lim\limits_{x\to a}f(x)$가 존재하며 (iii) $\lim\limits_{x\to a}f(x)=f(a)$ 이 세 조건을 만족시키면 $f(x)$는 $x=a$에서 연속이야.

$$\lim_{x\to2}g(x)=\lim_{x\to2}\frac{2f(x)-xf(2)}{x-2}$$
$$=\lim_{x\to2}\frac{2\{f(x)-f(2)\}+(2-x)f(2)}{x-2}$$
$$=\lim_{x\to2}\left[\frac{2\{f(x)-f(2)\}}{x-2}-f(2)\right]$$
$$=2f'(2)-f(2)$$

$2f'(2)-f(2)=g(2)=f(2)$에서

$2f'(2)=2f(2)$ $\quad\therefore f'(2)=f(2)$

함정 연속의 정의로부터 이를 알아내는 것이 이 문제의 핵심이야.

즉, [보기]의 함수 중 $f'(2)=f(2)$인 것을 고르면 된다.

2nd [보기]의 함수 중 $f'(2)=f(2)$를 만족하는 것을 찾자.

ㄱ. 함수 $f(x)=2x-1$에서 $f'(x)=2$, $f(2)=3$이므로 ($f'(2)=2$야.)

$f'(2)\neq f(2)$

즉, 함수 $g(x)$는 $x=2$에서 불연속이다.

ㄴ. 함수 $f(x)=x^3-3x^2+4$에서 $f'(x)=3x^2-6x$이므로

$f'(2)=12-12=0$, $f(2)=8-12+4=0$

즉, 함수 $g(x)$는 $x=2$에서 연속이다.

ㄷ. 함수 $f(x)=(x-3)^{20}-21x$에서 $f'(x)=20(x-3)^{19}-21$이므로

$f'(2)=20\times(-1)^{19}-21=-20-21=-41$

$f(2)=(-1)^{20}-42=1-42=-41$

즉, 함수 $g(x)$는 $x=2$에서 연속이다.

따라서 함수 $g(x)$가 $x=2$에서 연속인 것은 ㄴ, ㄷ이다.

E 11 정답 ② *미분계수와 도함수 [정답률 43%]

(정답 공식: 함수 $y=f(x)$가 모든 x에 대해 $f(x)+f(-x)=0$이면 $y=f(x)$는 원점에 대하여 대칭이다. ㄷ에서 양변을 $|x|$로 나누고 $\lim\limits_{x\to0}$을 취하면 $h'(2)$를 구할 수 있다.)

세 다항함수 $f(x)$, $g(x)$, $h(x)$에 대하여 [보기]에서 항상 옳은 것을 모두 고른 것은? (3점)

단서1 상수함수, 일차함수, 이차함수, …

[보기]

ㄱ. $f'(0)=0$이면 $f(0)=0$이다. 단서2 $x=0$에서 접선의 기울기가 0인 함수야.

ㄴ. 모든 실수 x에 대하여 $g(x)+g(-x)=0$이면 $g'(x)=g'(-x)$이다. 단서3 그래프가 원점 대칭이야.

ㄷ. 모든 실수 x에 대하여 $|h(2+x)-h(2-x)|\le2x^2$이면 $h'(2)=1$이다.

단서4 부등식의 양변을 $|x|$로 나눈 후 정리해 봐.

① ㄱ ② ㄴ ③ ㄷ ④ ㄱ, ㄴ ⑤ ㄴ, ㄷ

1st ㄱ은 반례를 통해 거짓임을 나타내고, ㄴ, ㄷ은 증명을 통해 참·거짓을 판단해.

ㄱ. 【반례】 $f(x)=x^2+1$이라 하면 $f'(x)=2x$에서

$f'(0)=0$이지만 $f(0)=1$이다. (거짓)

ㄴ. $g(x)+g(-x)=0$에서 $g(x)=-g(-x)$이므로

$y=g(x)$의 그래프는 원점에 대하여 대칭이다.

즉, $g(x)=-g(-x)$의 양변을 x에 대해 미분하면

$g'(x)=-g'(-x)\cdot(-1)=g'(-x)$ (참)

실수 다항함수 $y=f(x)$의 그래프가 원점에 대하여 대칭이면 $y=f'(x)$의 그래프는 y축에 대하여 대칭이야. 그래프를 그려보면 직관적으로 알 수도 있어.

ㄷ. 모든 실수 x에 대하여 $0\le|h(2+x)-h(2-x)|\le2x^2$이므로

양변을 $|x|$로 나누면

$$0\le\left|\frac{h(2+x)-h(2-x)}{x}\right|\le\frac{2x^2}{|x|}$$
$$0\le\left|\frac{h(2+x)-h(2)+h(2)-h(2-x)}{x}\right|\le\frac{2x^2}{|x|}$$
$$0\le\left|\frac{h(2+x)-h(2)}{x}+\frac{h(2)-h(2-x)}{x}\right|\le\frac{2x^2}{|x|}$$
$$0\le\lim_{x\to0}\left|\frac{h(2+x)-h(2)}{(2+x)-2}+\frac{h(2)-h(2-x)}{2-(2-x)}\right|\le\lim_{x\to0}\frac{2x^2}{|x|}$$

$0\le|h'(2)+h'(2)|\le0$

$0\le|2h'(2)|\le0$

$\therefore h'(2)=0$ (거짓)

[함수의 극한의 대소 관계] $\lim\limits_{x\to a}f(x)=\alpha$이고 $\lim\limits_{x\to a}g(x)=\beta$ (α, β는 상수)일 때 상수 a에 가까운 모든 x에 대하여 $f(x)\le h(x)\le g(x)$이고 $\alpha=\beta$이면 $\lim\limits_{x\to a}h(x)=\alpha$이다.

따라서 옳은 것은 ㄴ이다.

함수의 극한의 대소 관계 (개념·공식)

두 함수 $f(x)$, $g(x)$에 대하여

$\lim\limits_{x\to a}f(x)=\alpha$, $\lim\limits_{x\to a}g(x)=\beta$ (α, β는 실수)일 때

(1) $f(x)\le g(x)$이면 $\alpha\le\beta$

(2) 함수 $h(x)$에 대하여 $f(x)\le h(x)\le g(x)$이고 $\alpha=\beta$이면

$\lim\limits_{x\to a}h(x)=\alpha$

E 12 정답 186 *미분가능과 연속 ····· [정답률 40%]

(정답 공식: $x<1$, $x\ge1$일 때로 구간을 나누어 $g(x)$를 구한다.)

함수 $f(x)$는

$$f(x)=\begin{cases} x+1 & (x<1) \\ -2x+4 & (x\ge1) \end{cases}$$

단서1 점 $(x, f(x))$를 점 P라 두고 $\overline{AP}^2$, $\overline{BP}^2$을 각각 구해 봐. 이때, $\overline{AP}^2$, $\overline{BP}^2$ 중 크지 않은 값이 $g(x)$라는 거야.

이고, 좌표평면 위에 두 점 A$(-1, -1)$, B$(1, 2)$가 있다. 실수 x에 대하여 점 $(x, f(x))$에서 점 A까지의 거리의 제곱과 점 B까지의 거리의 제곱 중 크지 않은 값을 $g(x)$라 하자. 함수 $g(x)$가 $x=a$에서 미분가능하지 않은 모든 a의 값의 합이 p일 때, $80p$의 값을 구하시오. (4점)

단서2 미분가능하지 않은 점은 불연속 점이거나 뾰족점, 즉 좌미분계수와 우미분계수가 다른 점이야.

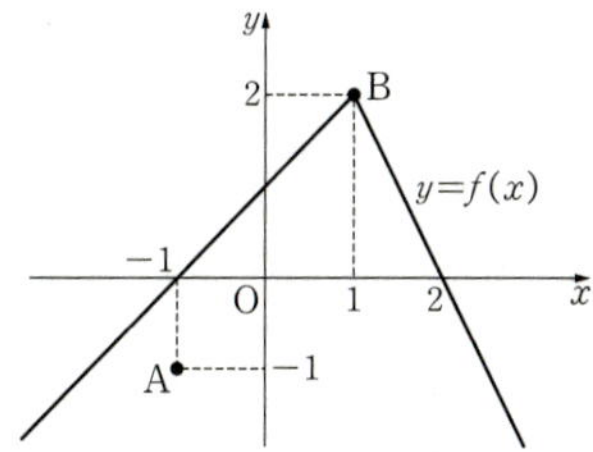

1st 점 $(x, f(x))$를 점 P라 하고 $x<1$에서 함수 $g(x)$를 구해 보자.

점 $(x, f(x))$를 점 P라 하면 A$(-1, -1)$, B$(1, 2)$이므로

(i) $x<1$일 때

→ 두 점 (x_1, y_1), (x_2, y_2) 사이의 거리를 d라 하면 $d=\sqrt{(x_2-x_1)^2+(y_2-y_1)^2}$이야.

$\overline{AP}^2=\{x-(-1)\}^2+\{(x+1)-(-1)\}^2=2x^2+6x+5$

$\overline{BP}^2=(x-1)^2+\{(x+1)-2\}^2=2x^2-4x+2$

이때, $\overline{AP}^2$, $\overline{BP}^2$ 중 크지 않은 값이 $g(x)$이므로 부등식

$\overline{AP}^2\ge\overline{BP}^2$을 풀면

→ 크지 않은 값은 결국 작거나 같은 값이라는 거니까 어느 지점을 경계로 하는지 알아보기 위해서 이 부등식을 풀어 보는 거야. 물론 부등식 $\overline{AP}^2<\overline{BP}^2$을 풀어서 확인해 봐도 돼.

$2x^2+6x+5\ge2x^2-4x+2$에서

$10x\ge-3 \qquad \therefore x\ge-\frac{3}{10}$

따라서 $x\ge-\frac{3}{10}$일 때, $\overline{AP}^2\ge\overline{BP}^2$이므로

$g(x)=\overline{BP}^2=2x^2-4x+2$

$x<-\frac{3}{10}$일 때, $\overline{AP}^2<\overline{BP}^2$이므로 $g(x)=\overline{AP}^2=2x^2+6x+5$

$$\therefore g(x)=\begin{cases} 2x^2+6x+5 & \left(x<-\frac{3}{10}\right) \\ 2x^2-4x+2 & \left(-\frac{3}{10}\le x<1\right) \end{cases}$$

2nd 같은 방법으로 $x\ge1$일 때, 함수 $g(x)$를 구해 보자.

(ii) $x\ge1$일 때

$\overline{AP}^2=\{x-(-1)\}^2+\{(-2x+4)-(-1)\}^2=5x^2-18x+26$

$\overline{BP}^2=(x-1)^2+\{(-2x+4)-2\}^2=5x^2-10x+5$

이때, $\overline{AP}^2$, $\overline{BP}^2$ 중 크지 않은 값이 $g(x)$이므로 부등식

$\overline{AP}^2\ge\overline{BP}^2$을 풀면 $5x^2-18x+26\ge5x^2-10x+5$에서

$8x\le21 \qquad \therefore x\le\frac{21}{8}$

따라서 $x\le\frac{21}{8}$일 때, $\overline{AP}^2\ge\overline{BP}^2$이므로 $g(x)=\overline{BP}^2=5x^2-10x+5$

$x>\frac{21}{8}$일 때, $\overline{AP}^2<\overline{BP}^2$이므로 $g(x)=\overline{AP}^2=5x^2-18x+26$

$$\therefore g(x)=\begin{cases} 5x^2-10x+5 & \left(1\le x\le\frac{21}{8}\right) \\ 5x^2-18x+26 & \left(x>\frac{21}{8}\right) \end{cases}$$

(i), (ii)에 의하여

$$g(x)=\begin{cases} 2x^2+6x+5 & \left(x<-\frac{3}{10}\right) \\ 2x^2-4x+2 & \left(-\frac{3}{10}\le x<1\right) \\ 5x^2-10x+5 & \left(1\le x\le\frac{21}{8}\right) \\ 5x^2-18x+26 & \left(x>\frac{21}{8}\right) \end{cases}$$

3rd 함수 $g(x)$를 미분하여 좌미분계수와 우미분계수가 다른 점을 찾자.

$$g'(x)=\begin{cases} 4x+6 & \left(x<-\frac{3}{10}\right) \\ 4x-4 & \left(-\frac{3}{10}<x<1\right) \\ 10x-10 & \left(1<x<\frac{21}{8}\right) \\ 10x-18 & \left(x>\frac{21}{8}\right) \end{cases}$$

→ 함수 $g(x)$는 각 구간에서 다항함수니까 각 구간에서는 미분가능해. 즉, 각 구간의 경계값에서만 미분가능한지 확인해 보면 돼.

i) $x=-\frac{3}{10}$에서의 좌미분계수와 우미분계수는 각각

$\lim_{x\to-\frac{3}{10}-}g'(x)=\lim_{x\to-\frac{3}{10}-}(4x+6)=\frac{24}{5}$

$\lim_{x\to-\frac{3}{10}+}g'(x)=\lim_{x\to-\frac{3}{10}+}(4x-4)=-\frac{26}{5}$

따라서 $\lim_{x\to-\frac{3}{10}-}g'(x)\neq\lim_{x\to-\frac{3}{10}+}g'(x)$이므로 함수 $g(x)$는 $x=-\frac{3}{10}$에서 미분가능하지 않다.

ii) $x=1$에서의 좌미분계수와 우미분계수는 각각

$\lim_{x\to1-}g'(x)=\lim_{x\to1-}(4x-4)=0$, $\lim_{x\to1+}g'(x)=\lim_{x\to1+}(10x-10)=0$

따라서 $\lim_{x\to1-}g'(x)=\lim_{x\to1+}g'(x)$이므로 함수 $g(x)$는 $x=1$에서 미분가능하다.

iii) $x=\frac{21}{8}$에서의 좌미분계수와 우미분계수는 각각

$\lim_{x\to\frac{21}{8}-}g'(x)=\lim_{x\to\frac{21}{8}-}(10x-10)=\frac{65}{4}$

$\lim_{x\to\frac{21}{8}+}g'(x)=\lim_{x\to\frac{21}{8}+}(10x-18)=\frac{33}{4}$

따라서 $\lim_{x\to\frac{21}{8}-}g'(x)\neq\lim_{x\to\frac{21}{8}+}g'(x)$이므로 함수 $g(x)$는 $\frac{21}{8}$에서 미분가능하지 않다.

i)~ iii)에 의하여 함수 $g(x)$가 미분가능하지 않은 점은

$x=-\frac{3}{10}$ 또는 $x=\frac{21}{8}$이므로 모든 a의 값은 $-\frac{3}{10}$, $\frac{21}{8}$이다.

$\therefore 80p=80\left(-\frac{3}{10}+\frac{21}{8}\right)=186$

수능 핵강

미분계수란 접선의 기울기이므로 미분가능이란 접선이 있는 것이고, 미분불가능이란 접선이 없는 것이지. 미분불가능은 다음 두 가지 상황에서 발생해. 두 경우 모두 $x=a$에서 접선이 확정되지 않으므로 $x=a$에서 미분가능하지 않아.

(1) 불연속점

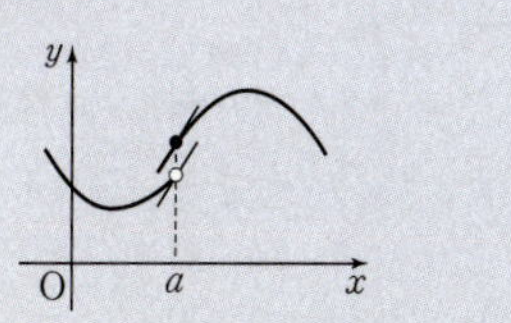

(2) 뾰족점

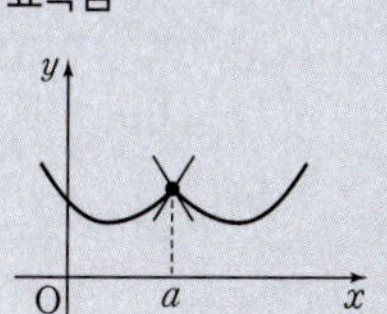

E 13 정답 ③ *미분가능과 연속 [정답률 65%]

정답 공식: $\lim_{h\to0+}\frac{f(a+h)-f(a)}{h}=\lim_{h\to0-}\frac{f(a+h)-f(a)}{h}$가 성립하는지 확인한다.

함수 $f(x)$가

$$f(x)=\begin{cases}x+1 & (x<0)\\ x^3-1 & (0\le x<1)\\ -\frac{3}{2}(x-2)^2+\frac{3}{2} & (x\ge1)\end{cases}$$

단서 $x\neq0$, $x\neq1$일 때는 $f(x)$가 모두 다항함수이므로 연속이고 미분가능해.

일 때, [보기]에서 옳은 것을 모두 고른 것은? (3점)

[보기]

ㄱ. $f(x)$는 $x=1$에서 미분가능하다.
ㄴ. $\{f(x)\}^2$은 $x=0$에서 미분가능하다.
ㄷ. $x^kf(x)$가 $x=0$에서 미분가능하도록 하는 최소의 자연수 k는 2이다.

① ㄱ ② ㄴ ③ ㄱ, ㄷ ④ ㄴ, ㄷ ⑤ ㄱ, ㄴ, ㄷ

1st 주어진 점에서의 좌미분계수와 우미분계수를 각각 구해 보자.

ㄱ. (좌미분계수)$=\lim_{h\to0-}\frac{f(1+h)-f(1)}{h}$

$=\lim_{h\to0-}\frac{(1+h)^3-1-0}{h}$

$=\lim_{h\to0-}\frac{h^3+3h^2+3h}{h}$

$=\lim_{h\to0-}(h^2+3h+3)=3$

$h\to0-$이면 h는 0보다 작으므로 $1+h<1$이야. 때문에 $0\le x<1$일 때의 $f(x)=x^3-1$을 사용해서 $f(1+h)=(1+h)^3-1$이 돼. 또한, $f(1)=-\frac{3}{2}(1-2)^2+\frac{3}{2}=0$이야.

(우미분계수)$=\lim_{h\to0+}\frac{f(1+h)-f(1)}{h}$

$=\lim_{h\to0+}\frac{-\frac{3}{2}(1+h-2)^2+\frac{3}{2}-0}{h}$

$=\lim_{h\to0+}\frac{-\frac{3}{2}h^2+3h}{h}$

$=\lim_{h\to0+}\left(-\frac{3}{2}h+3\right)=3$

즉, $f(x)$는 $x=1$에서 미분가능하다. (참)

ㄴ. (좌미분계수)$=\lim_{h\to0-}\frac{\{f(h)\}^2-\{f(0)\}^2}{h}$

$=\lim_{h\to0-}\frac{(h+1)^2-(-1)^2}{h}$

$=\lim_{h\to0-}\frac{h^2+2h}{h}$

$=\lim_{h\to0-}(h+2)=2$

$h\to0-$이면 h는 0보다 작으므로 $x<0$일 때의 $f(x)=x+1$을 사용해. 즉, $f(h)=h+1$이 돼.

(우미분계수)$=\lim_{h\to0+}\frac{\{f(h)\}^2-\{f(0)\}^2}{h}$

$=\lim_{h\to0+}\frac{(h^3-1)^2-(-1)^2}{h}$

$=\lim_{h\to0+}\frac{h^6-2h^3}{h}$

$=\lim_{h\to0+}(h^5-2h^2)=0$

$h\to0+$이면 h는 0보다 크므로 $0\le x<1$일 때의 $f(x)=x^3-1$을 사용해. 즉, $f(h)=h^3-1$이 돼.

즉, $\{f(x)\}^2$은 $x=0$에서 미분가능하지 않다. (거짓)

ㄷ. (좌미분계수)$=\lim_{h\to0-}\frac{h^kf(h)}{h}=\lim_{h\to0-}h^{k-1}(h+1)$

(우미분계수)$=\lim_{h\to0+}\frac{h^kf(h)}{h}=\lim_{h\to0+}h^{k-1}(h^3-1)$

$x=0$에서 미분가능하므로 $\lim_{h\to0-}h^{k-1}(h+1)=\lim_{h\to0+}h^{k-1}(h^3-1)$

그런데 $\lim_{h\to0-}(h+1)=1$, $\lim_{h\to0+}(h^3-1)=-1$이므로 $\lim_{h\to0}h^{k-1}=0$이어야 한다. 즉, $k=1$일 때, $\lim_{h\to0}h^0=1$이므로 $k\ge2$이다. (참)

따라서 옳은 것은 ㄱ, ㄷ이다.

실수 5: 2보다 작은 자연수 1을 대입했을 때 미분가능하지 않고, 2를 대입했을 때 미분가능하니까 최소의 자연수 k는 2인 거야.

E 14 정답 ② *미분가능과 연속 [정답률 47%]

정답 공식: $\lim_{h\to0+}\frac{f(a+h)-f(a)}{h}=\lim_{h\to0-}\frac{f(a+h)-f(a)}{h}$가 성립하는지 확인한다.

단서 함수 $f(x)$가 $x=a$에서 미분가능하기 위한 필요충분조건은 $x=a$에서의 미분계수가 존재해야 해. 즉, $f'(a)=\lim_{h\to0+}\frac{f(a+h)-f(a)}{h}=\lim_{h\to0-}\frac{f(a+h)-f(a)}{h}$가 존재해야 하지.

모든 실수 x에서 정의된 함수 $f(x)$가 $x=a$에서 미분가능하기 위한 필요충분조건인 것만을 [보기]에서 있는 대로 고른 것은? (4점)

[보기]

ㄱ. $\lim_{h\to0}\frac{f(a+h^2)-f(a)}{h^2}$의 값이 존재한다.
ㄴ. $\lim_{h\to0}\frac{f(a+h^3)-f(a)}{h^3}$의 값이 존재한다.
ㄷ. $\lim_{h\to0}\frac{f(a+h)-f(a-h)}{2h}$의 값이 존재한다.

① ㄱ ② ㄴ ③ ㄷ ④ ㄱ, ㄷ ⑤ ㄴ, ㄷ

1st h^2, h^3을 치환한 후 주어진 식을 변형해 봐.

함수 $f(x)$가 $x=a$에서 미분가능하기 위한 필요충분조건은 $x=a$에서의 미분계수 $f'(a)$가 존재해야 한다. 두 조건 p, q에 대하여 명제 $p\to q$가 참이고 $q\to p$도 참일 때, p는 q이기 위한 필요충분조건이라고 해.

따라서 [보기]의 각 조건을 이용해서 $f'(a)$가 존재하는지를 확인하면 된다.

주의 단순히 $\lim_{h\to0}\frac{f(a+h^2)-f(a)}{h^2}$가 $f'(a)$라고 생각해선 안 돼!

ㄱ. $\lim_{h\to0}\frac{f(a+h^2)-f(a)}{h^2}$에서 $h^2=t$라 하면 $h\to0$일 때, $t\to0+$이므로 $\lim_{h\to0}\frac{f(a+h^2)-f(a)}{h^2}=\lim_{t\to0+}\frac{f(a+t)-f(a)}{t}$이다.

($t=h^2$ 그래프: O, t, h)

즉, $\lim_{h\to0}\frac{f(a+h^2)-f(a)}{h^2}$의 값이 존재하므로 $x=a$에서의 우미분계수인 $\lim_{h\to0+}\frac{f(a+h)-f(a)}{h}$의 값이 존재한다.

하지만 이 조건만으로는 $x=a$에서의 좌미분계수인 $\lim_{h\to0-}\frac{f(a+h)-f(a)}{h}$의 존재여부는 알 수 없으므로 $\lim_{h\to0}\frac{f(a+h)-f(a)}{h}$가 존재한다고 할 수 없다. ← No!!

ㄴ. $h^3=t$라 하면 $h\to0+$일 때 $t\to0+$, $h\to0-$일 때 $t\to0-$이므로

($t=h^3$ 그래프: O, t, h)

$\lim_{h\to0+}\frac{f(a+h^3)-f(a)}{h^3}=\lim_{t\to0+}\frac{f(a+t)-f(a)}{t}$

$\lim_{h\to0-}\frac{f(a+h^3)-f(a)}{h^3}=\lim_{t\to0-}\frac{f(a+t)-f(a)}{t}$

이때, $\lim_{h\to 0}\frac{f(a+h^3)-f(a)}{h^3}$의 값이 존재하므로

$\lim_{h\to 0+}\frac{f(a+h^3)-f(a)}{h^3}=\lim_{h\to 0-}\frac{f(a+h^3)-f(a)}{h^3}$에서

$\lim_{t\to 0+}\frac{f(a+t)-f(a)}{t}=\lim_{t\to 0-}\frac{f(a+t)-f(a)}{t}$이다.

즉, $x=a$에서의 좌미분계수와 우미분계수가 같으므로

$\lim_{h\to 0}\frac{f(a+h)-f(a)}{h}$가 존재한다. ← Yes!!

2nd 반례를 들어보자.

ㄷ. 【반례】$f(x)=|x-a|$라 하면

$h>0$이면 $h-\{-(-h)\}=h-h=0$
$h<0$이면 $-h-(-h)=-h+h=0$

$\lim_{h\to 0}\frac{f(a+h)-f(a-h)}{2h}=\lim_{h\to 0}\frac{|h|-|-h|}{2h}=0$

즉, $x=a$에서의 $\lim_{h\to 0}\frac{f(a+h)-f(a-h)}{2h}$의 값이 존재하지만

함수 $f(x)=|x-a|$는 $x=a$에서 미분가능하지 않다. ← No!!

함수 $f(x)=|x-a|$에 대하여

$\lim_{x\to a+}\frac{f(x)-f(a)}{x-a}=\lim_{x\to a+}\frac{|x-a|}{x-a}=\lim_{x\to a+}\frac{x-a}{x-a}=1$

$\lim_{x\to a-}\frac{f(x)-f(a)}{x-a}=\lim_{x\to a-}\frac{|x-a|}{x-a}=\lim_{x\to a-}\frac{-(x-a)}{x-a}=-1$

이므로 $f'(a)$가 존재하지 않지?
즉, 함수 $f(x)=|x-a|$는 $x=a$에서 미분가능하지 않아.

따라서 함수 $f(x)$가 $x=a$에서 미분가능하기 위한 필요충분조건인 것은 ㄴ이다.

[다른 풀이]

함수 $f(x)$가 $x=a$에서 미분가능하면

$f'(a)=\lim_{h\to 0+}\frac{f(a+h)-f(a)}{h}=\lim_{h\to 0-}\frac{f(a+h)-f(a)}{h}$가 존재하지?

즉, 함수 $f(x)$가 $x=a$에서 미분가능하면

ㄱ. $\lim_{h\to 0}\frac{f(a+h^2)-f(a)}{h^2}=\lim_{t\to 0+}\frac{f(a+t)-f(a)}{t}=f'(a)$

$f(x)$가 $x=a$에서 미분가능하므로
$\lim_{t\to 0+}\frac{f(a+t)-f(a)}{t}=\lim_{t\to 0-}\frac{f(a+t)-f(a)}{t}=f'(a)$

이므로 $\lim_{h\to 0}\frac{f(a+h^2)-f(a)}{h^2}$의 값이 존재해.

ㄴ. $\lim_{h\to 0}\frac{f(a+h^3)-f(a)}{h^3}=\lim_{t\to 0}\frac{f(a+t)-f(a)}{t}=f'(a)$

이므로 $\lim_{h\to 0}\frac{f(a+h^3)-f(a)}{h^3}$의 값이 존재해.

ㄷ. $\lim_{h\to 0}\frac{f(a+h)-f(a-h)}{2h}$

$\lim_{h\to 0}\frac{f(a+h)-f(a)+f(a)-f(a-h)}{h}$
$=\lim_{h\to 0}\frac{f(a+h)-f(a)}{h}-\lim_{h\to 0}\frac{f(a-h)-f(a)}{h}$
$=\lim_{h\to 0}\frac{f(a+h)-f(a)}{h}+\lim_{h\to 0}\frac{f(a-h)-f(a)}{-h}$

$=\lim_{h\to 0}\frac{1}{2}\left\{\frac{f(a+h)-f(a)}{h}+\frac{f(a-h)-f(a)}{-h}\right\}$

$=\frac{1}{2}\{f'(a)+f'(a)\}=f'(a)$

이므로 $\lim_{h\to 0}\frac{f(a+h)-f(a-h)}{2h}$가 존재해.

즉, $f'(a)$가 존재하면 ㄱ, ㄴ, ㄷ은 모두 성립해.

그런데 $f(x)=|x-a|$인 경우 $x=a$에서 미분가능하지 않지만

ㄱ. $\lim_{h\to 0}\frac{f(a+h^2)-f(a)}{h^2}=\lim_{h\to 0}\frac{|h^2|}{h^2}=\lim_{h\to 0}\frac{h^2}{h^2}=1$

$h\neq 0$인 모든 실수 h에 대하여 $h^2>0$이야.

이므로 $\lim_{h\to 0}\frac{f(a+h^2)-f(a)}{h^2}$의 값이 존재하고,

ㄷ. $\lim_{h\to 0}\frac{f(a+h)-f(a-h)}{2h}=\lim_{h\to 0}\frac{|h|-|-h|}{2h}=0$

이므로 $\lim_{h\to 0}\frac{f(a+h)-f(a-h)}{2h}$의 값도 존재해.

따라서 ㄱ, ㄷ은 함수 $f(x)$가 $x=a$에서 미분가능하기 위한 필요조건이야.

'$x=a$에서 미분가능하다.'를 조건 p라 하면
ㄱ → p는 거짓, p → ㄱ은 참, ㄷ → p는 거짓, p → ㄷ은 참
즉, ㄱ, ㄷ은 p이기 위한 필요조건이야.

한편, $h^3=t$라 하면 $h\to 0+$일 때, $t\to 0+$이고 $h\to 0-$일 때, $t\to 0-$이므로

$\lim_{h\to 0}\frac{f(a+h^3)-f(a)}{h^3}=\lim_{t\to 0}\frac{f(a+t)-f(a)}{t}$에서

$\lim_{h\to 0}\frac{f(a+h^3)-f(a)}{h^3}$의 값이 존재하면 $x=a$에서의 미분계수가 존재해.

따라서 ㄴ은 $f(x)$가 $x=a$에서 미분가능하기 위한 필요충분조건이야.

E 15 정답 ③ *미분가능과 연속 [정답률 43%]

정답 공식: $\lim_{x\to a-}\frac{f(x)-f(a)}{x-a}=\lim_{x\to a+}\frac{f(x)-f(a)}{x-a}$이면 함수 $f(x)$는 $x=a$에서 미분가능하다고 한다.

함수 $f(x)$는

$$f(x)=\begin{cases}x^2 & (x<0)\\ x & (x\geq 0)\end{cases}$$

이고, 좌표평면 위에 세 점 A$(-1, 3)$, B$(1, 3)$, C$(1, 5)$가 있다. 실수 x에 대하여 점 P$(x, f(x))$와 삼각형 ABC의 세 변 위의 임의의 점 Q에 대하여 $\overline{\text{PQ}}^2$의 최댓값을 $g(x)$라 하자. 함수 $g(x)$에 대하여 [보기]에서 옳은 것만을 있는 대로 고른 것은? (4점)

단서1 함수 $g(x)$에서 x의 값이 정해지면 점 P$(x, f(x))$의 위치도 정해지니까 $\overline{\text{PQ}}^2$의 최댓값을 구할 수 있어.

[보기]

ㄱ. $g(0)=26$
ㄴ. 닫힌구간 $[0, 3]$에서 함수 $g(x)$의 최솟값은 10이다.
ㄷ. 함수 $g(x)$가 $x=a$에서 미분가능하지 않은 모든 a의 값의 합은 2이다.

단서2 함수 $g(x)$가 x의 값에 따라 정의역의 구간이 나뉘면 그 경계에서 미분이 가능하지 않을 수 있어.

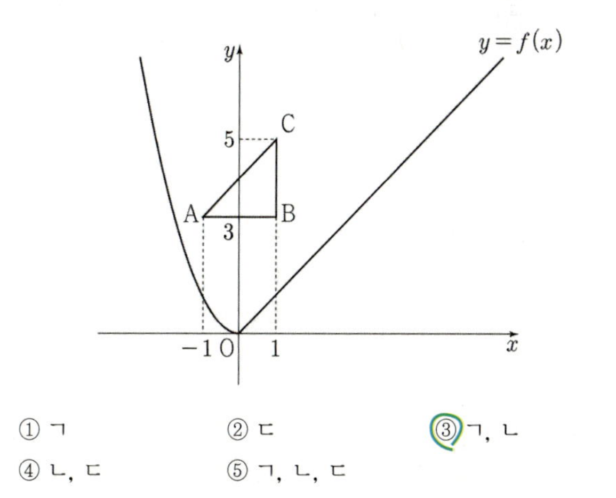

① ㄱ ② ㄷ ③ ㄱ, ㄴ
④ ㄴ, ㄷ ⑤ ㄱ, ㄴ, ㄷ

1st 점 P$(0, f(0))$과 삼각형 ABC의 세 변 위의 점 Q에 대하여 $\overline{\text{PQ}}^2$의 최댓값을 구해.

$x=0$일 때, $f(0)=0$이지?

ㄱ. $x=0$일 때, 즉 점 P$(0, 0)$에 대하여 $\overline{\text{PQ}}^2$의 값이 최대일 때는 점 Q가 점 C$(1, 5)$일 때이다.

$\overline{\text{PQ}}\leq\overline{\text{PC}}=\sqrt{1+25}=\sqrt{26}$

$\therefore g(0)=(\sqrt{26})^2=26$ (참)

2nd x의 값의 범위를 나누고 $\overline{PQ}^2$의 최댓값 $g(x)$가 각각 어떻게 되는지 구하자.

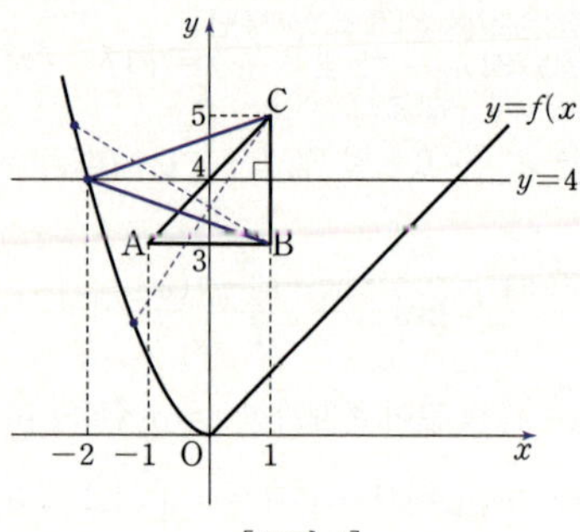

[그림 1]

먼저, [그림 1]과 같이 선분 BC의 수직이등분선 $y=4$는

두 점 B$(1, 3)$, C$(1, 5)$를 지나는 직선의 방정식은 $x=1$이고, 두 점의 중점의 좌표가 $(1, 4)$이므로 선분 BC의 수직이등분선의 방정식은 $y=4$야.

함수 $y=f(x)(x<0)$의 그래프와 점 $(-2, 4)$에서 만난다.

$y=x^2(x<0)$과 $y=4$를 연립하여 풀면 $x=-2, y=4$

이때, $x<0$에서

$x<-2$인 경우 $\overline{PB}>\overline{PC}$,

$x=-2$인 경우 $\overline{PB}=\overline{PC}$,

$x>-2$인 경우 $\overline{PB}<\overline{PC}$

임을 알 수 있다.

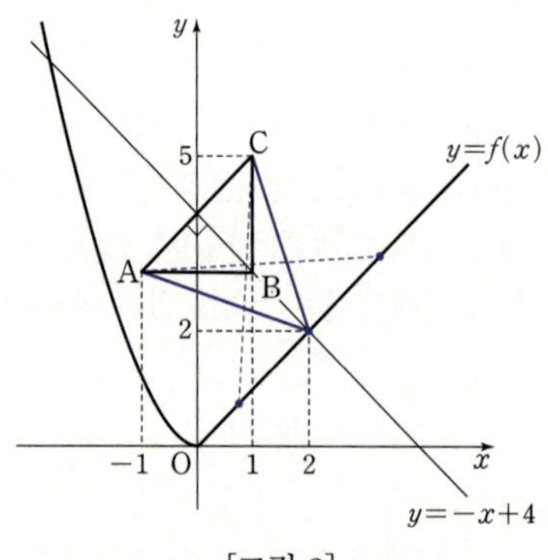

[그림 2]

또한, [그림 2]와 같이 선분 AC의 수직이등분선 $y=-x+4$는

두 점 A$(-1, 3)$, C$(1, 5)$를 지나는 직선의 방정식은 $y-5=\frac{5-3}{1-(-1)}(x-1)$에서 $y=x+4$이고, 두 점 A, C의 중점의 좌표가 $(0, 4)$이므로 선분 AC의 수직이등분선, 즉 직선 $y=x+4$에 수직이고 점 $(0, 4)$를 지나는 직선의 방정식은 $y=-x+4$야.

함수 $y=f(x)(x\geq 0)$의 그래프와 점 $(2, 2)$에서 만난다.

$y=x(x\geq 0)$와 $y=-x+4$를 연립하여 풀면 $x=2, y=2$

이때, $x\geq 0$에서

$x<2$인 경우 $\overline{PA}<\overline{PC}$,

$x=2$인 경우 $\overline{PA}=\overline{PC}$,

$x>2$인 경우 $\overline{PA}>\overline{PC}$

임을 알 수 있다.

따라서 점 P$(x, f(x))$에 대하여 $\overline{PQ}^2$의 값이 최대가 되도록 하는 점 Q는

$x\leq -2$일 때 점 B$(1, 3)$,

$-2\leq x\leq 2$일 때 점 C$(1, 5)$,

$x\geq 2$일 때 점 A$(-1, 3)$

이다.

(i) $x\leq -2$일 때

점 P(x, x^2)에 대하여 $g(x)=\overline{PB}^2$이므로

$g(x)=(x-1)^2+(x^2-3)^2$
$=x^2-2x+1+x^4-6x^2+9$
$=x^4-5x^2-2x+10$

(ii) $-2\leq x<0$일 때

점 P(x, x^2)에 대하여 $g(x)=\overline{PC}^2$이므로

$g(x)=(x-1)^2+(x^2-5)^2$
$=x^2-2x+1+x^4-10x^2+25$
$=x^4-9x^2-2x+26$

(iii) $0\leq x\leq 2$일 때

점 P(x, x)에 대하여 $g(x)=\overline{PC}^2$이므로

$g(x)=(x-1)^2+(x-5)^2$
$=x^2-2x+1+x^2-10x+25=2x^2-12x+26$

(iv) $x\geq 2$일 때

점 P(x, x)에 대하여 $g(x)=\overline{PA}^2$이므로

$g(x)=(x+1)^2+(x-3)^2$
$=x^2+2x+1+x^2-6x+9=2x^2-4x+10$

(i)~(iv)에 의하여

$$g(x)=\begin{cases} x^4-5x^2-2x+10 & (x\leq -2) \\ x^4-9x^2-2x+26 & (-2\leq x<0) \\ 2x^2-12x+26 & (0\leq x\leq 2) \\ 2x^2-4x+10 & (x\geq 2) \end{cases}$$

ㄴ. 닫힌구간 $[0, 3]$에서 함수 $g(x)$의 최솟값은 x의 값의 범위를 $0\leq x\leq 2$와 $2\leq x\leq 3$으로 나누어서 구하자.

닫힌구간 $[0, 3]$에서 $0\leq x\leq 2$인 경우와 $2\leq x\leq 3$인 경우 함수 $g(x)$의 식이 다르기 때문에 구간에 따라 최솟값을 각각 조사하고 비교해야 해.

$0\leq x\leq 2$일 때, 함수 $y=2x^2-12x+26=2(x-3)^2+8$은 $x=2$에서 최솟값 10을 갖고,

$2\leq x\leq 3$일 때, 함수 $y=2x^2-4x+10=2(x-1)^2+8$은 $x=2$에서 최솟값 10을 가지므로 닫힌구간 $[0, 3]$에서 함수 $g(x)$의 최솟값은 10이다. (참)

3rd 함수 $g(x)$에서 $x=-2, 0, 2$에서의 미분가능성을 각각 조사하자.

함수 $g(x)$의 정의역을 나눈 구간의 경계인 $x=-2, 0, 2$를 제외한 x의 값에서는 $g(x)$가 각각 다항함수이므로 연속이고 미분가능해.

ㄷ. 함수 $g(x)$는 $x=-2, 0, 2$를 제외한 모든 실수 x에서 미분가능하므로 $x=-2, 0, 2$에서의 미분가능성을 조사하자.

주의

일반적으로는 미분가능성을 조사하기 전에 다음과 같이 연속성을 먼저 조사해야 해.

(i) $\lim_{x\to -2-} g(x)=16-20+4+10=10$

$\lim_{x\to -2+} g(x)=16-36+4+26=10=g(-2)$

(ii) $\lim_{x\to 0-} g(x)=g(0)=\lim_{x\to 0+} g(x)=26$

(iii) $\lim_{x\to 2-} g(x)=8-24+26=10$

$\lim_{x\to 2+} g(x)=8-8+10=10=g(2)$

이처럼 함수 $g(x)$는 모든 실수 x에서 연속인 함수이므로 구간이 나뉜 경계에서의 미분가능성을 바로 조사한 거야.

(i) $x=-2$일 때,

$\lim_{x\to -2-}\frac{g(x)-g(-2)}{x-(-2)}$

$=\lim_{x\to -2-}\frac{x^4-5x^2-2x+10-10}{x+2}$ ($g(-2)=16-20+4+10=10$)

$=\lim_{x\to -2-}\frac{x(x+2)(x^2-2x-1)}{x+2}$

$=\lim_{x\to -2-} x(x^2-2x-1)=(-2)\times 7=-14$

$\lim_{x\to -2+}\frac{g(x)-g(-2)}{x-(-2)}$

$=\lim_{x\to -2+}\frac{x^4-9x^2-2x+26-10}{x+2}$

$=\lim_{x\to -2+}\frac{(x+2)(x^3-2x^2-5x+8)}{x+2}$

$=\lim_{x\to -2+}(x^3-2x^2-5x+8)=2$

즉, $\lim_{x\to-2-}\frac{g(x)-g(-2)}{x-(-2)}\neq\lim_{x\to-2+}\frac{g(x)-g(-2)}{x-(-2)}$이므로

함수 $g(x)$는 $x=-2$에서 미분가능하지 않다.

(ii) $x=0$일 때,

$\lim_{x\to0-}\frac{g(x)-g(0)}{x}$

$=\lim_{x\to0-}\frac{x^4-9x^2-2x+26-26}{x}=\lim_{x\to0-}\frac{x(x^3-9x-2)}{x}$ ($g(0)=26$)

$=\lim_{x\to0-}(x^3-9x-2)=-2$

$\lim_{x\to0+}\frac{g(x)-g(0)}{x}$

$=\lim_{x\to0+}\frac{2x^2-12x+26-26}{x}=\lim_{x\to0+}\frac{x(2x-12)}{x}$

$=\lim_{x\to0+}(2x-12)=-12$

즉, $\lim_{x\to0-}\frac{g(x)-g(0)}{x}\neq\lim_{x\to0+}\frac{g(x)-g(0)}{x}$이므로

함수 $g(x)$는 $x=0$에서 미분가능하지 않다.

(iii) $x=2$일 때,

$\lim_{x\to2-}\frac{g(x)-g(2)}{x-2}$

$=\lim_{x\to2-}\frac{2x^2-12x+26-10}{x-2}$ ($g(2)=8-24+26=10$)

$=\lim_{x\to2-}\frac{2(x-2)(x-4)}{x-2}$

$=\lim_{x\to2-}2(x-4)=2\times(-2)=-4$

$\lim_{x\to2+}\frac{g(x)-g(2)}{x-2}$

$=\lim_{x\to2+}\frac{2x^2-4x+10-10}{x-2}$

$=\lim_{x\to2+}\frac{2x(x-2)}{x-2}$

$=\lim_{x\to2+}2x=2\times2=4$

즉, $\lim_{x\to2-}\frac{g(x)-g(2)}{x-2}\neq\lim_{x\to2+}\frac{g(x)-g(2)}{x-2}$이므로

함수 $g(x)$는 $x=2$에서 미분가능하지 않다.

(i)~(iii)에 의하여 함수 $g(x)$가 미분가능하지 않은 모든 a의 값은 -2, 0, 2이므로

(구하는 합)$=-2+0+2=0$ (거짓)

따라서 옳은 것은 ㄱ, ㄴ이다.

쉬운 풀이

ㄷ. $g'(x)=\begin{cases}4x^3-10x-2 & (x<-2)\\ 4x^3-18x-2 & (-2<x<0)\\ 4x-12 & (0<x<2)\\ 4x-4 & (x>2)\end{cases}$

(i) $x=-2$일 때,

$\lim_{x\to-2-}g'(x)=\lim_{x\to-2-}(4x^3-10x-2)=-32+20-2=-14$

$\lim_{x\to-2+}g'(x)=\lim_{x\to-2+}(4x^3-18x-2)=-32+36-2=2$

따라서 $\lim_{x\to-2-}g'(x)\neq\lim_{x\to-2+}g'(x)$이므로 함수 $g(x)$는 $x=-2$에서 미분가능하지 않아.

(ii) $x=0$일 때,

$\lim_{x\to0-}g'(x)=\lim_{x\to0-}(4x^3-18x-2)=-2$

$\lim_{x\to0+}g'(x)=\lim_{x\to0+}(4x-12)=-12$

따라서 $\lim_{x\to0-}g'(x)\neq\lim_{x\to0+}g'(x)$이므로 함수 $g(x)$는 $x=-2$에서 미분가능하지 않아.

(iii) $x=2$일 때,

$\lim_{x\to2-}g'(x)=\lim_{x\to2-}(4x-12)=8-12=-4$

$\lim_{x\to2+}g'(x)=\lim_{x\to2+}(4x-4)=8-4=4$

따라서 $\lim_{x\to2-}g'(x)\neq\lim_{x\to2+}g'(x)$이므로 함수 $g(x)$는 $x=2$에서 미분가능하지 않아.

(이하 동일)

E 16 정답 ② *미분을 이용한 함수의 결정 [정답률 70%]

정답 공식: 삼차함수 $f(x)$에 대하여 $f(\alpha)=k$, $f(\beta)=k$, $f(\gamma)=k$이면 $f(x)=(x-\alpha)(x-\beta)(x-\gamma)+k$라 할 수 있다.

최고차항의 계수가 1인 삼차함수 $f(x)$가 다음 조건을 만족시킨다.

단서1 삼차함수 $f(x)$에 대하여 $f(\alpha)=9$, $f(\beta)=9$, $f(\gamma)=9$이면 $f(x)=(x-\alpha)(x-\beta)(x-\gamma)+9$라 할 수 있어.

> 방정식 $f(x)=9$는 서로 다른 세 실근을 갖고, 이 세 실근은 크기 순서대로 등비수열을 이룬다.

단서2 세 실근이 크기 순서대로 등비수열을 이루니까 세 실근을 a, ar, ar^2으로 놓자.

$f(0)=1$, $f'(2)=-2$일 때, $f(3)$의 값은? (4점)

① 6 ② 7 ③ 8 ④ 9 ⑤ 10

1st 방정식 $f(x)=9$의 서로 다른 세 실근의 조건을 이용하여 삼차함수 $f(x)$를 유추하자.

방정식 $f(x)=9$의 세 실근이 크기순으로 등비수열을 이루므로 세 실근을 a, ar, ar^2 (a, r는 실수)이라 하면 ($a \xrightarrow{\times r} ar \xrightarrow{\times r} ar^2$)

$f(a)=9$, $f(ar)=9$, $f(ar^2)=9$이므로

$f(x)=(x-a)(x-ar)(x-ar^2)+9$

$=x^3-a(1+r+r^2)x^2+a^2r(1+r+r^2)x-(ar)^3+9$

라 할 수 있다.

2nd $f(0)=1$, $f'(2)=-2$를 이용하여 $f(x)$의 식을 완성해.

이때, $f(0)=1$에서 $f(0)=-(ar)^3+9=1$

$(ar)^3=8$ $\quad\therefore ar=2$ ($\because ar$는 실수)

또한, $f(x)$를 x에 대하여 미분하면

$f'(x)=3x^2-2a(1+r+r^2)x+a^2r(1+r+r^2)$이므로

$f'(2)=-2$에서

$f'(2)=12-4a(1+r+r^2)+a^2r(1+r+r^2)=-2$

이때, $ar=2$이므로

$12-4a(1+r+r^2)+2a(1+r+r^2)=-2$

$2a(1+r+r^2)=14$ $\quad\therefore a(1+r+r^2)=7$

따라서

$f(x)=x^3-a(1+r+r^2)x^2+ar\times a(1+r+r^2)x-(ar)^3+9$

$=x^3-7x^2+14x+1$

이므로

$f(3)=27-63+42+1=7$

함정: $ar=2$, $a(1+r+r^2)=7$이므로 두 식을 연립하여 a, r의 값을 구할 수 있으나 삼차함수 $f(x)$의 식이 $f(x)=x^3-a(1+r+r^2)x^2+a^2r(1+r+r^2)x-(ar)^3+9$이므로 두 식을 적절히 대입하면 삼차함수 $f(x)$의 식을 구할 수 있어.

E 17 정답 ④ *미분을 이용한 함수의 결정 .... [정답률 72%]

(정답 공식: 극한값이 존재하고 (분모) → 0이므로 (분자) → 0이다. $f(x)$의 함수식을 만들어 주어진 극한식에 대입해본다.)

최고차항의 계수가 1이고 $f(1)=0$인 삼차함수 $f(x)$가

$$\lim_{x\to2}\frac{f(x)}{(x-2)\{f'(x)\}^2}=\frac{1}{4}$$

단서 $x\to 2$일 때 극한값이 존재하고 (분모) → 0이므로 $\lim_{x\to2}f(x)=0$, 즉 $f(2)=0$이야. 이를 이용해 삼차함수 $f(x)$의 식을 세워봐.

을 만족시킬 때, $f(3)$의 값은? (4점)

① 4 ② 6 ③ 8 ④ 10 ⑤ 12

1st $\lim_{x\to a}\frac{f(x)}{g(x)}=\alpha$ (단, α는 상수)일 때, $\lim_{x\to a}g(x)=0$이면 $\lim_{x\to a}f(x)=0$이지?

$\lim_{x\to2}\frac{f(x)}{(x-2)\{f'(x)\}^2}=\frac{1}{4}$에서 극한값이 존재하고 $x\to 2$일 때 (분모) → 0이므로 (분자) → 0이어야 한다.

즉, $\lim_{x\to2}f(x)=0$이고 $f(x)$는 삼차함수이므로 $f(2)=0$이다.

$f(x)$는 삼차함수이므로 연속함수야. 따라서 $\lim_{x\to2}f(x)=0$이면 $\lim_{x\to2}f(x)=f(2)=0$이 돼.

2nd 주어진 조건을 이용하여 삼차함수 $f(x)$의 식을 유추하자.

삼차함수 $f(x)$의 최고차항의 계수가 1이고 $f(1)=0$, $f(2)=0$이므로

$f(x)=(x-1)(x-2)(x-a)$ (단, a는 상수)로 놓을 수 있다.

$f'(x)=(x-2)(x-a)+(x-1)(x-a)+(x-1)(x-2)$이므로

세 함수 $f(x)$, $g(x)$, $h(x)$가 미분가능할 때, $\{f(x)g(x)h(x)\}'=f'(x)g(x)h(x)+f(x)g'(x)h(x)+f(x)g(x)h'(x)$

$$\lim_{x\to2}\frac{f(x)}{(x-2)\{f'(x)\}^2}=\lim_{x\to2}\frac{(x-1)(x-2)(x-a)}{(x-2)\{f'(x)\}^2}$$
$$=\lim_{x\to2}\frac{(x-1)(x-a)}{\{f'(x)\}^2}$$
$$=\frac{(2-1)\times(2-a)}{\{f'(2)\}^2}$$
$$=\frac{2-a}{(2-a)^2}=\frac{1}{2-a}\cdots(\star)$$

$x\to 2$이므로 x는 2에 가까워지는 수야. 즉, $x-2$는 0은 아니고 0에 가까운 수가 되지. 따라서 분모, 분자를 $x-2$로 나눌 수 있어.

$\{f'(x)\}^2=\{(x-2)(x-a)+(x-1)(x-a)+(x-1)(x-2)\}^2$에서
$\{f'(2)\}^2=\{(2-2)(2-a)+(2-1)(2-a)+(2-1)(2-2)\}^2$
$=(2-a)^2$

따라서 $\frac{1}{2-a}=\frac{1}{4}$에서 $a=-2$이므로

$f(x)=(x-1)(x-2)(x+2)$

$\therefore f(3)=2\times1\times5=10$

수능 핵강

($\star$)에서 $a=2$이면

$f'(x)=(x-2)(x-a)+(x-1)(x-a)+(x-1)(x-2)$
$=(x-2)^2+2(x-1)(x-2)$
$=(x-2)(3x-4)$

에서

$$\lim_{x\to2}\frac{(x-1)(x-2)}{\{f'(x)\}^2}=\lim_{x\to2}\frac{(x-1)(x-2)}{(x-2)^2(3x-4)^2}=\lim_{x\to2}\frac{x-1}{(x-2)(3x-4)^2}$$

즉, 이 값은 ∞ 또는 $-\infty$로 발산하므로 $\frac{1}{4}$로 수렴한다는 조건에 맞지 않아.

따라서 $a\neq2$이므로 $\frac{2-a}{(2-a)^2}$에서 분모, 분자의 $2-a$를 약분할 수 있어.

E 18 정답 27 *미분을 이용한 함수의 결정 .... [정답률 41%]

(정답 공식: $f(x)$를 n차식이라고 가정할 때, 조건 (나)에서 $n\neq1$임을 안다. 조건 (가)에서 극한값이 0이 아닌 값으로 존재하므로 분자와 분모의 차수가 같아야 한다.)

최고차항의 계수가 2보다 큰 다항함수 $f(x)$가 다음 조건을 만족시킬 때, $f'(2)$의 값을 구하시오. (4점)

(가) $\lim_{x\to\infty}\frac{\{f(x)\}^3-4f(x^3)}{x^3\{f(x)\}^2}=3$ 단서1 $\frac{\infty}{\infty}$ 꼴의 극한의 수렴 조건을 이용해.

(나) $\lim_{x\to1}\frac{f'(x)-3}{x-1}=12$ 단서2 $x\to1$일 때 분모→0이므로 분자→0이어야 수렴하겠지.

1st 유리함수의 극한이 0이 아닌 값으로 수렴하기 위한 필요충분조건은 분모와 분자의 차수가 같을 때야.

조건 (가)에서 $\lim_{x\to\infty}\frac{\{f(x)\}^3-4f(x^3)}{x^3\{f(x)\}^2}=3$이므로 분모와 분자의 차수가 같아야 한다.

(분모): $x^3\times(x^n)^2=x^{2n+3}$
(분자): $(x^n)^3=x^{3n}$

함수 $f(x)$의 차수를 n이라 하면 (분모의 차수)$=2n+3$이고, $f(x)$의 최고차항의 계수가 1이 아니므로 (분자의 차수)$=3n$이다.

즉, $2n+3=3n$에서 $n=3$이다.

실수 '다항함수 $f(x)$' 같은 표현이 나오는 문제는 일반적으로 차수를 먼저 구해야 해.

따라서 함수 $f(x)$는 삼차함수이다.

함수 $f(x)$의 최고차항의 계수를 $a(a>2)$라 하고, 조건 (가)에 의해 분모, 분자의 최고차항의 계수의 비를 구하면 (3차항)

$\frac{a^3-4a}{a^2}=3$

$\lim_{x\to\infty}\frac{\{f(x)\}^3-4f(x^3)}{x^3\{f(x)\}^2}$의 값은 분모, 분자의 최고차항인 9차항의 계수의 비야.

$a^3-3a^2-4a=0$

$a(a+1)(a-4)=0$

$\therefore a=4$ ($\because a>2$)

2nd 조건 (나)의 극한값으로 $f'(x)$를 구하자.

삼차함수 $f(x)=4x^3+bx^2+cx+d$ (단, b, c, d는 상수)라 하면

$f'(x)=12x^2+2bx+c$

조건 (나)에서

$$\lim_{x\to1}\frac{f'(x)-3}{x-1}=\lim_{x\to1}\frac{12x^2+2bx+c-3}{x-1}\cdots㉠$$

$x\to1$일 때 극한값이 존재하고 (분모)→ 0이므로 (분자)→ 0이어야 한다.

즉, $\lim_{x\to1}(12x^2+2bx+c-3)=0$에서

$c=-2b-9$

$c=-2b-9$를 ㉠에 대입하면

$$\lim_{x\to1}\frac{12x^2+2bx-2b-12}{x-1}=\lim_{x\to1}\frac{12(x+1)(x-1)+2b(x-1)}{x-1}$$
$$=\lim_{x\to1}(12x+12+2b)$$
$$=24+2b=12$$

$\therefore b=-6$

$c=-2b-9=12-9=3$

따라서 $f'(x)=12x^2-12x+3$이므로

$f'(2)=48-24+3=27$

$\frac{\infty}{\infty}$ 꼴의 극한값의 계산 개념·공식

① (분자의 차수)>(분모의 차수) ⇒ ∞ 또는 $-\infty$로 발산
② (분자의 차수)=(분모의 차수) ⇒ 최고차항의 계수의 비
③ (분자의 차수)<(분모의 차수) ⇒ 0으로 수렴

E 19 정답 3 *미분을 이용한 함수의 결정 ·········· [정답률 41%]

정답 공식: 구간별로 정의된 함수가 모든 실수에 대하여 미분가능하려면 $f(x)$가 정의된 각 구간의 경계에서 함숫값과 미분계수가 각각 같아야 한다.

다항함수 $g(x)$와 자연수 k에 대하여 함수 $f(x)$가 다음과 같다.

$$f(x)=\begin{cases} x+1 & (x\le 0) \\ g(x) & (0<x<2) \\ k(x-2)+1 & (x\ge 2)\end{cases}$$

단서1 구간별로 정의된 주어진 함수 $f(x)$가 미분가능하려면 각 구간의 경계에서 미분가능하면 돼.

함수 $f(x)$가 모든 실수 x에 대하여 미분가능하도록 하는 가장 낮은 차수의 다항함수 $g(x)$에 대하여 $\frac{1}{4}<g(1)<\frac{3}{4}$일 때, k의 값을 구하시오. (4점)

단서2 일차함수부터 차수를 늘려가며 주어진 조건을 만족시키는 함수 $g(x)$를 찾아봐.

1st $f(x)$가 모든 실수 x에 대하여 미분가능할 조건을 찾자.

함수 $f(x)$가 모든 실수 x에 대하여 미분가능하므로 연속이다.
함수 $f(x)$가 $x=a$에서 미분가능하면 $x=a$에서 연속이지만 $x=a$에서 연속이라 해서 반드시 미분가능한 것은 아님에 주의해.
즉, $f(0)=1$, $\lim_{x\to 0-}f(x)=\lim_{x\to 0-}(x+1)=1$에서

$\lim_{x\to 0+}f(x)=\lim_{x\to 0+}g(x)=1$이고,

$f(2)=1$, $\lim_{x\to 2+}f(x)=\lim_{x\to 2+}\{k(x-2)+1\}=1$에서

$\lim_{x\to 2-}f(x)=\lim_{x\to 2-}g(x)=1$이므로

다항함수 $g(x)$에 대하여 $g(0)=1$, $g(2)=1$이다.

또한, 함수 $f(x)$가 모든 실수 x에 대하여 미분가능하므로

$\lim_{x\to 0-}f'(x)=\lim_{x\to 0+}f'(x)$에서 $\lim_{x\to 0+}g'(x)=1$이고,
어떤 점에서 미분가능하다는 것은 그 점에서의 미분계수가 존재한다는 뜻이므로 좌미분계수와 우미분계수가 같아야 해.

$\lim_{x\to 2+}f'(x)=\lim_{x\to 2-}f'(x)$에서 $\lim_{x\to 2-}g'(x)=k$이므로

$g'(0)=1$, $g'(2)=k$이다.

2nd 다항함수 $g(x)$가 일차함수, 이차함수인 경우 조건을 만족시키는지 확인해 봐.

(i) 함수 $g(x)$가 일차함수 $g(x)=ax+b$ (단, a, b는 상수, $a\neq 0$)라면
$g(0)=g(2)=1$에서 $g(x)=1$
즉, $a=0$이 되어 일차함수라는 가정에 모순이므로 함수 $g(x)$는 일차함수가 아니다.

실수 $g(x)$를 ax^2+bx+c라 두고 $g(0)=1$, $g(2)=1$을 대입해서 연립한다면 복잡하고 시간도 오래 걸리겠지? $g(x)$를 이렇게 바로 미지수 하나로 나타낼 수 있어야 해.

(ii) 함수 $g(x)$가 이차함수라면
$g(0)=1$, $g(2)=1$에서 $g(x)-1=cx(x-2)$ (단, c는 상수, $c\neq 0$)
$g(0)=1$, $g(2)=1$에서 $g(0)-1=0$, $g(2)-1=0$이므로 $h(x)=g(x)-1$이라 하면 $h(0)=0$, $h(2)=0$이므로 $h(x)$는 x, $x-2$를 각각 인수로 가져.
라 하자.
즉, $g(x)=cx(x-2)+1$에서 $g'(x)=2cx-2c$이므로

$g'(0)=-2c=1 \quad \therefore c=-\frac{1}{2}$

$\therefore g'(x)=-x+1$
이때, $g'(2)=-2+1=-1$인데 $g'(2)=k$에서 k의 값이 자연수라는 조건에 모순이므로 함수 $g(x)$는 이차함수가 아니다.

3rd 삼차함수 $g(x)$를 이용하여 자연수 k의 값을 구하자.

함수 $g(x)$가 삼차함수라면 $g(0)=1$, $g(2)=1$에서
$g(x)-1=x(x-2)(dx+e)$ (단, d, e는 상수, $d\neq 0$)라 하자.
즉, $g(x)=x(x-2)(dx+e)+1$에서

$g'(x)=(x-2)(dx+e)+x(dx+e)+dx(x-2)$이므로
미분가능한 함수 $f(x)$, $g(x)$, $h(x)$에 대하여 $y=f(x)g(x)h(x)$이면 $y'=f'(x)g(x)h(x)+f(x)g'(x)h(x)+f(x)g(x)h'(x)$

$g'(0)=-2e=1 \quad \therefore e=-\frac{1}{2}$

또, $g(1)=-(d+e)+1=-d+\frac{3}{2}$이고, 주어진 조건에서
$-d-e+1$에 $e=-\frac{1}{2}$을 대입했어.

$\frac{1}{4}<g(1)<\frac{3}{4}$이므로

$\frac{1}{4}<-d+\frac{3}{2}<\frac{3}{4} \quad \therefore \frac{3}{4}<d<\frac{5}{4}$ ⋯ ㉠

이때, $g'(2)=2\left(2d-\frac{1}{2}\right)=4d-1=k$이므로 ㉠에 의해

$2<4d-1<4$

따라서 $2<k<4$이므로 자연수 k의 값은 3이다.

연속성과 미분가능성 개념·공식

① 함수 $f(x)$가 $x=a$에서 미분가능하면 $f(x)$는 $x=a$에서 연속이지만 $f(x)$가 $x=a$에서 연속이라고 해서 $f(x)$가 $x=a$에서 미분가능한 것은 아니다.
② 함수 $f(x)$가 $x=a$에서 미분가능하려면 다음 두 가지를 만족해야 한다.
(i) 함수 $f(x)$가 $x=a$에서 연속
(ii) 함수 $f(x)$의 $x=a$에서의 미분계수가 존재

E 20 정답 ② *미분을 이용한 함수의 결정 ·········· [정답률 45%]

정답 공식: 사차함수가 실근을 3개 가진다는 것은 한 실근이 중근이라는 뜻이므로 각각에 대해 $f(x)$의 함수식을 만든다. $x=0$, 2, 3에서 주어진 삼차함수와 사차함수의 미분계수 값을 비교한다.

다음 조건을 만족시키며 최고차항의 계수가 음수인 모든 사차함수 $f(x)$에 대하여 $f(1)$의 최댓값은? (4점)

(가) 방정식 $f(x)=0$의 실근은 0, 2, 3뿐이다.
(나) 실수 x에 대하여 $f(x)$와 $|x(x-2)(x-3)|$ 중 크지 않은 값을 $g(x)$라 할 때, 함수 $g(x)$는 실수 전체의 집합에서 미분가능하다.

단서 $f(x)$는 사차함수이므로 방정식 $f(x)=0$의 실근은 중근을 포함하여 4개를 가질 수 있는데 실근이 0, 2, 3뿐이므로 방정식 $f(x)=0$은 $x=0$, $x=2$, $x=3$ 중에 하나만을 중근으로 가져야 해.

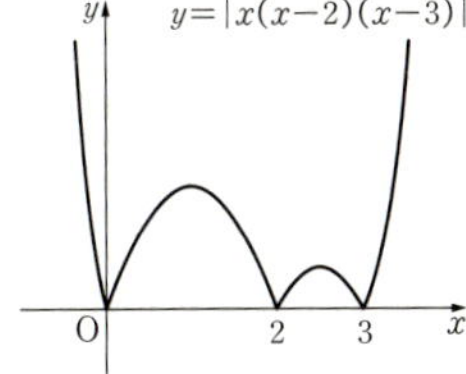

① $\frac{7}{6}$ ② $\frac{4}{3}$ ③ $\frac{3}{2}$
④ $\frac{5}{3}$ ⑤ $\frac{11}{6}$

1st 조건 (가)를 만족시키는 사차함수를 모두 구하자.

최고차항의 계수가 음수인 사차함수 $f(x)$에 대하여 $f(x)=0$의 실근이 0, 2, 3뿐이므로 양수 k에 대하여 가능한 $f(x)$는 다음과 같이 세 가지이다.

주의 사차방정식의 실근은 최대 4개이고 허근은 쌍으로 존재하므로 조건 (가)에서 서로 다른 실근이 3개뿐이라면 셋 중 하나는 반드시 중근이 되겠지.

$f(x)=-kx^2(x-2)(x-3)$ → 방정식 $f(x)=0$이 $x=0$을 중근으로 가질 때야.

$f(x)=-kx(x-2)^2(x-3)$ → 방정식 $f(x)=0$이 $x=2$를 중근으로 가질 때야.

$f(x)=-kx(x-2)(x-3)^2$ → 방정식 $f(x)=0$이 $x=3$을 중근으로 가질 때야.

이때, 위의 세 가지 경우에 대하여 함숫값 $f(1)$을 구하면

$f(1)=-k\times1^2\times(-1)\times(-2)=-2k<0$

$f(1)=-k\times1\times(-1)^2\times(-2)=2k>0$

$f(1)=-k\times1\times(-1)\times(-2)^2=4k>0$

즉, 구하는 $f(1)$의 최댓값은 $2k$ 또는 $4k$이므로 $f(x)$가 될 수 있는 위의 세 가지 경우 중에서

$f(x)=-kx(x-2)^2(x-3)$과 $f(x)=-kx(x-2)(x-3)^2$인 경우만 고려하면 된다.

2nd 각 사차함수 $f(x)$가 조건 (나)를 만족시킬 때의 $f(1)$의 값을 구하자.

$$h(x)=|x(x-2)(x-3)| =\begin{cases} x(x-2)(x-3) & (0\le x\le2 \text{ 또는 } x\ge3) \\ -x(x-2)(x-3) & (x<0 \text{ 또는 } 2<x<3)\end{cases}$$

이라 하면

$h'(x)$ → [곱의 미분법] $y=fgh$ 이면 $y'=f'gh+fg'h+fgh'$

$$=\begin{cases} (x-2)(x-3)+x(x-3)+x(x-2) & (0<x<2 \text{ 또는 } x>3) \\ -(x-2)(x-3)-x(x-3)-x(x-2) & (x<0 \text{ 또는 } 2<x<3)\end{cases}$$

이고 각 $f(x)$에 대하여 함수 $g(x)$가 실수 전체의 집합에서 미분가능할 때, $f(1)$의 값을 구하자.

(i) $f(x)=-kx(x-2)^2(x-3)$일 때

$f'(x)=-k(x-2)^2(x-3)-2kx(x-2)(x-3)-kx(x-2)^2$

이고 함수 $g(x)$가 실수 전체의 집합에서 미분가능하려면 $x=0$에서 미분가능해야 한다.

즉, $\lim_{x\to0-}f'(x)\le\lim_{x\to0+}h'(x)$가 성립해야 하므로

$12k\le6$

$\therefore 0<k\le\frac{1}{2}$ ($\because k>0$)

이때, $f(1)=2k$이므로 $0<f(1)=2k\le1$이다.

(ii) $f(x)=-kx(x-2)(x-3)^2$일 때

$f'(x)=-k(x-2)(x-3)^2-kx(x-3)^2-2kx(x-2)(x-3)$

이고 $x\le0$, $x\ge2$에서 $f(x)\le0$이므로 함수 $g(x)$는 $x<0$, $x>2$에서 미분가능하다.

한편, $0<x<2$에서 $f(x)>0$이고 함수 $g(x)$가 실수 전체의 집합에서 미분가능하려면 $x=0$, $x=2$에서 미분가능해야 한다.

즉, $\lim_{x\to0-}f'(x)\le\lim_{x\to0+}h'(x)$, $\lim_{x\to2-}f'(x)\le\lim_{x\to2+}h'(x)$가 성립해야 하므로

$18k\le6$, $-2k\le2$

$\therefore 0<k\le\frac{1}{3}$

이때, $f(1)=4k$이므로

$0<f(1)=4k\le\frac{4}{3}$

(i), (ii)에 의하여 $f(1)$의 최댓값은 $\frac{4}{3}$이다.

수능 핵강

함수 $g(x)$가 실수 전체의 집합에서 미분가능하려면 함수 $f(x)$의 그래프는 각각 그림과 같아야 해.

(i) $f(x)=-kx^2(x-2)(x-3)$일 때,

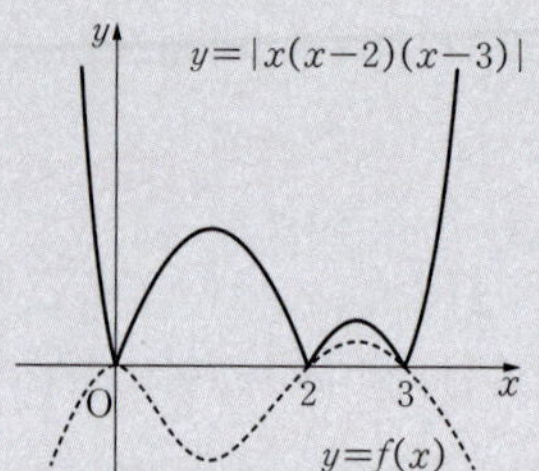

(ii) $f(x)=-kx(x-2)^2(x-3)$일 때,

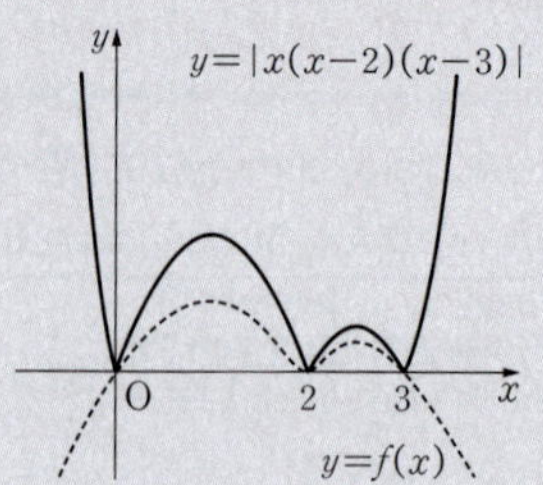

(iii) $f(x)=-kx(x-2)(x-3)^2$일 때,

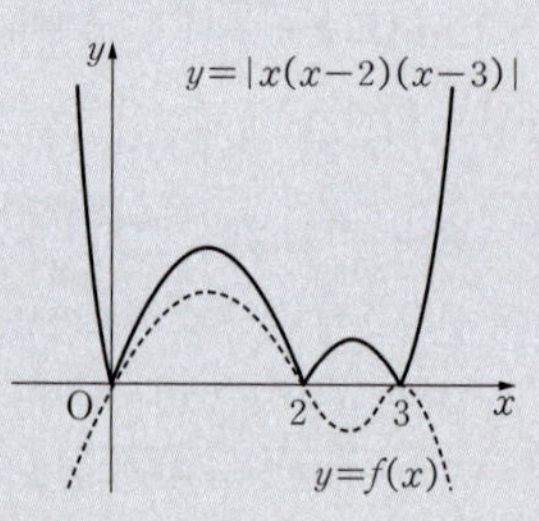

미분가능성과 미정계수의 결정 개념·공식

두 다항함수 $g(x)$, $h(x)$에 대하여

함수 $f(x)=\begin{cases} g(x) & (x\ge a) \\ h(x) & (x<a)\end{cases}$가 $x=a$에서 미분가능하면

① 함수 $f(x)$가 $x=a$에서 연속이다. ➡ $g(a)=h(a)$

② 함수 $f(x)$가 $x=a$에서 미분가능하다. ➡ $g'(a)=h'(a)$

E 21 정답 13 * 미분을 이용한 함수의 결정 [정답률 40%]

정답 공식: 주어진 함수 $g(x)$는 $x=k$에 대해 대칭이다. 함수 $g(x)$가 $x=k$에서 미분가능하려면 $x=k$에서의 좌미분계수와 우미분계수가 같아야 한다.

삼차함수 $f(x)=x^3-x^2-9x+1$에 대하여 함수 $g(x)$를

$$g(x)=\begin{cases} f(x) & (x\ge k) \\ f(2k-x) & (x<k)\end{cases}$$

단서1 $y=f(x)$를 직선 $x=k$에 대하여 대칭이동한 거야.

라 하자. 함수 $g(x)$가 실수 전체의 집합에서 미분가능하도록 하는 모든 실수 k의 값의 합을 $\frac{q}{p}$라 할 때, p^2+q^2의 값을 구하시오.

단서2 그래프에 뾰족한 점이 없어야 해.

(단, p와 q는 서로소인 자연수이다.) (4점)

1st $x=k$에서 함수 $g(x)$의 좌미분계수를 구해 보자.

함수 $g(x)=\begin{cases} f(x) & (x\ge k) \\ f(2k-x) & (x<k)\end{cases}$는

직선 $x=k$에 대하여 대칭이고,

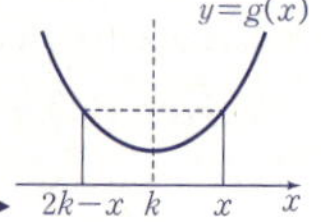

다항함수 $f(x)=x^3-x^2-9x+1$은 실수 전체의 집합에서 미분가능하므로 함수 $g(x)$가 실수 전체의 집합에서 미분가능하려면 $x=k$에서 미분가능하면 된다.

즉, $x=k$에서 함수 $g(x)$의 좌미분계수와 우미분계수가 같으면 함수 $g(x)$는 실수 전체의 집합에서 미분가능하게 된다.

먼저, 좌미분계수를 구해 보면 $x<k$에서

$$\lim_{x\to k-}\frac{g(x)-g(k)}{x-k}$$

→ $f(x)=x^3-x^2-9x+1$에서 x 대신에 $2k-x$를 대입하면 돼.

$$=\lim_{x\to k-}\frac{f(2k-x)-f(k)}{x-k}$$

$$=\lim_{x\to k-}\frac{\{(2k-x)^3-(2k-x)^2-9(2k-x)+1\}-(k^3-k^2-9k+1)}{x-k}$$

$$=\lim_{x\to k-}\frac{\{(2k-x)^3-k^3\}-\{(2k-x)^2-k^2\}-9\{(2k-x)-k\}}{x-k}$$

→ $a^3-b^3=(a-b)(a^2+ab+b^2)$

$$=\lim_{x\to k-}\left[\frac{(2k-x-k)\{(2k-x)^2+(2k-x)k+k^2\}}{x-k}-\frac{(2k-x-k)(2k-x+k)+9(2k-x-k)}{x-k}\right]$$

$$=\lim_{x\to k-}\{-(2k-x)^2-(2k-x)k-k^2+(3k-x)+9\}$$

$$=-(2k-k)^2-(2k-k)k-k^2+(3k-k)+9$$

$$=-3k^2+2k+9$$

실수 계산이 복잡해서 실수가 나오기 쉬워. 전부 다 전개한 다음 정리하는 것보다는 위의 풀이처럼 공통인수로 묶는 방법을 통해 계산하면 훨씬 간단하지?

2nd $x=k$에서 함수 $g(x)$의 우미분계수를 구해 보자.

또한, 우미분계수를 구해 보면 $x\ge k$에서

$$\lim_{x\to k+}\frac{g(x)-g(k)}{x-k}$$

$$=\lim_{x\to k+}\frac{f(x)-f(k)}{x-k}$$

$$=\lim_{x\to k+}\frac{(x^3-x^2-9x+1)-(k^3-k^2-9k+1)}{x-k}$$

$$=\lim_{x\to k+}\frac{(x^3-k^3)-(x^2-k^2)-9(x-k)}{x-k}$$

$$=\lim_{x\to k+}\frac{(x-k)(x^2+kx+k^2)-(x-k)(x+k)-9(x-k)}{x-k}$$

$$=\lim_{x\to k+}\{x^2+kx+k^2-(x+k)-9\}$$

$$=k^2+k^2+k^2-2k-9$$

$$=3k^2-2k-9$$

3rd $x=k$에서 미분가능하려면 좌미분계수와 우미분계수가 같아야 하지?

함수 $g(x)$의 $x=k$에서의 좌미분계수와 우미분계수가 같아야 함수 $g(x)$가 실수 전체의 집합에서 미분가능하므로

$$\lim_{x\to k-}\frac{g(x)-g(k)}{x-k}=\lim_{x\to k+}\frac{g(x)-g(k)}{x-k}$$에서

$-3k^2+2k+9=3k^2-2k-9$

$\therefore 3k^2-2k-9=0 \cdots$ ㉠

이차방정식 ㉠의 판별식을 D라 하면

$\frac{D}{4}=1+27=28>0$

이므로 이차방정식 ㉠은 서로 다른 두 실근을 갖는다.

즉, 이차방정식의 근과 계수의 관계에 의해 ㉠을 만족시키는 모든 실수 k의 값의 합은 $\frac{2}{3}$이다.

→ 이차방정식 $ax^2+bx+c=0$의 두 근을 α, β라 하면 $\alpha+\beta=-\frac{b}{a}, \alpha\beta=\frac{c}{a}$

따라서 $p=3,\ q=2$이므로

$p^2+q^2=3^2+2^2=13$

수능 핵강

$g(x)=\begin{cases} f(x) & (x\ge k) \\ f(2k-x) & (x<k)\end{cases}$에서 $2k-x=t$라 하면 $k=\frac{x+t}{2}$이므로

$f(2k-x)=f(t)=h(x)$라 하면 두 함수 $y=f(x)$와 $y=h(x)$의 그래프는 직선 $x=k$에 대하여 서로 대칭이야.

즉, 함수 $g(x)$의 그래프는 직선 $x=k$에 대하여 대칭이고, 함수 $g(x)$가 실수 전체의 집합에서 미분가능하기 위해서는 $x=k$에서 미분가능해야 하므로 $f'(k)=0$이어야 해.

$f(x)=x^3-x^2-9x+1$에서 $f'(x)=3x^2-2x-9$이므로

$f'(k)=3k^2-2k-9=0$

따라서 이차방정식의 근과 계수의 관계에 의해 모든 실수 k의 값의 합은 $\frac{2}{3}$라는 것을 알 수 있어.

E 22 정답 35 *접점이 주어진 접선의 방정식 [정답률 52%]

정답 공식: 곡선 $y=f(x)$ 위의 점 $(a, f(a))$에서의 접선의 방정식은 $y-f(a)=f'(a)(x-a)$이다.

그림과 같이 곡선 $y=x^3-nx^2$ 위의 한 점 $(1, 1-n)$에서 접선을 그어 다시 이 곡선과 만나는 다른 점의 x좌표를 a_n이라 할 때, $\sum_{n=4}^{10}a_n$의 값을 구하시오. (4점)

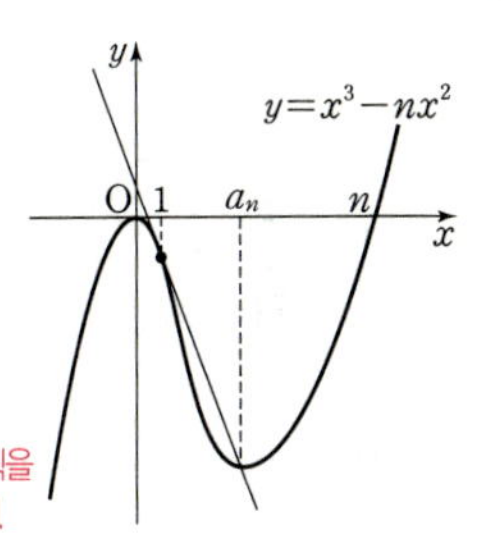

단서 곡선 위의 점에서의 접선의 방정식을 구한 후 두 식을 연립하여 곡선과 접선의 교점의 x좌표를 구하면 돼.

1st 점 $(1, 1-n)$에서의 접선의 방정식을 구하자.

$y=x^3-nx^2$에서 $y'=3x^2-2nx$이므로 $x=1$에서의 접선의 기울기는 $3-2n$이다.

즉, 곡선 위의 점 $(1, 1-n)$에서의 접선의 방정식은

$y-(1-n)=(3-2n)(x-1)$

$\therefore y=(3-2n)x+n-2$

2nd 곡선과 접선의 식을 연립하여 교점의 x좌표를 구하자.

$y=x^3-nx^2$과 $y=(3-2n)x+n-2$를 연립하면

$x^3-nx^2=(3-2n)x+n-2$

$x^3-nx^2-(3-2n)x-n+2=0$

$(x-1)^2(x-n+2)=0$

$\therefore x=n-2$ 또는 $x=1$

따라서 $a_n=n-2$이다.

실수 어떻게 인수분해해야 할지 고민할 필요 없이 $x=1$에서 접하니까 $(x-1)^2$을 인수로 가진다는 것을 통해 쉽게 인수분해할 수 있어.

→ $f(x)=x^3-nx^2-(3-2n)x-n+2$라 하면 곡선과 접선이 $x=1$에서 접하므로 $f(x)$는 $(x-1)^2$이라는 인수를 가지게 돼. 즉, 조립제법을 이용하면 다음과 같아.

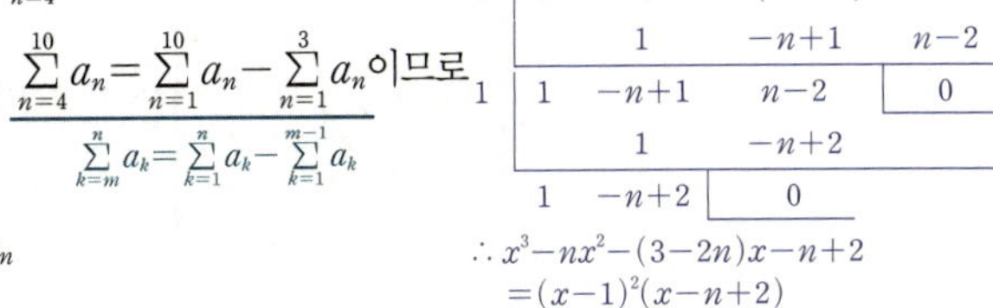

1	1	$-n$	$-(3-2n)$	$-n+2$
		1	$-n+1$	$n-2$
1	1	$-n+1$	$n-2$	0
		1	$-n+2$	
	1	$-n+2$	0	

$\therefore x^3-nx^2-(3-2n)x-n+2=(x-1)^2(x-n+2)$

3rd $\sum_{n=4}^{10}a_n$의 값을 구하자.

이때, $\sum_{n=4}^{10}a_n=\sum_{n=1}^{10}a_n-\sum_{n=1}^{3}a_n$이므로

→ $\sum_{k=m}^{n}a_k=\sum_{k=1}^{n}a_k-\sum_{k=1}^{m-1}a_k$

$$\sum_{n=4}^{10}a_n$$

$$=\sum_{n=1}^{10}(n-2)-\sum_{n=1}^{3}(n-2)$$

$$=\left(\frac{10\times11}{2}-20\right)-\left(\frac{3\times4}{2}-6\right)$$

$$=35$$

E 23 정답 ③ *접점이 주어진 접선의 방정식 [정답률 52%]

정답 공식: x축에 평행한 접선의 기울기는 0이다. 접선의 기울기가 주어져 있을 때 접점의 좌표를 구할 수 있고 접선의 방정식도 구할 수 있다.

함수

$$f(x)=\frac{1}{3}x^3-kx^2+1\ (k>0\text{인 상수})$$

단서1 두 접선 l, m의 기울기를 이용하여 두 점 A, B의 좌표를 k에 관한 식으로 나타낼 수 있어.

의 그래프 위의 서로 다른 두 점 A, B에서의 접선 l, m의 기울기가 모두 $3k^2$이다. 곡선 $y=f(x)$에 접하고 x축에 평행한 두 직선과 접선 l, m으로 둘러싸인 도형의 넓이가 24일 때, k의 값은?

단서2 x축과 평행한 두 직선과 서로 평행한 두 직선 l, m으로 둘러싸인 도형은 평행사변형이지? (4점)

① $\frac{1}{2}$ ② 1 ③ $\frac{3}{2}$ ④ 2 ⑤ $\frac{5}{2}$

1st 함수를 미분하여 그래프의 개형을 그려 도형을 찾자.

$f(x)=\frac{1}{3}x^3-kx^2+1$에서 $f'(x)=x^2-2kx=x(x-2k)$

$f'(x)=0$에서 $x=0$ 또는 $x=2k$이고 $k>0$이므로 함수 $f(x)$는 $x=0$에서 극댓값, $x=2k$에서 극솟값을 갖는다.

함수 $f(x)$는 최고차항의 계수가 양수인 삼차함수이므로 그래프의 개형은 ∕∖∕이야. 즉, $f'(x)=0$을 만족시키는 x의 값 중 작은 값 0에서 극대, 큰 값 $2k$에서 극소가 돼.

이때, $f(0)=1$, $f(2k)=\frac{8k^3}{3}-4k^3+1=1-\frac{4}{3}k^3$이므로

함수 $y=f(x)$의 그래프에 접하고 x축에 평행한 두 직선은 각각 $y=1$, $y=1-\frac{4}{3}k^3$이다.

x축과 평행한 직선은 기울기가 0이니까 $y=f(x)$의 그래프에 접하고 x축에 평행한 직선은 극점에서 접해.

또한, 함수 $y=f(x)$의 그래프 위의 두 점 A, B에서의 두 접선 l, m의 기울기가 모두 $3k^2$이므로 $f'(x)=3k^2$에서

$x^2-2kx=3k^2$, $x^2-2kx-3k^2=0$

$(x+k)(x-3k)=0 \qquad \therefore x=-k$ 또는 $x=3k$

즉, 두 접선 l, m은 $x=-k$, $x=3k$에서 각각 $y=f(x)$의 그래프에 접한다.

이때, $f(-k)=-\frac{1}{3}k^3-k^3+1=1-\frac{4}{3}k^3$이고

$f(3k)=\frac{1}{3}\cdot 27k^3-k\cdot 9k^2+1=1$이므로

네 접선 $y=1$, $y=1-\frac{4}{3}k^3$, l, m으로 둘러싸인 도형은 그림과 같이 평행사변형이다.

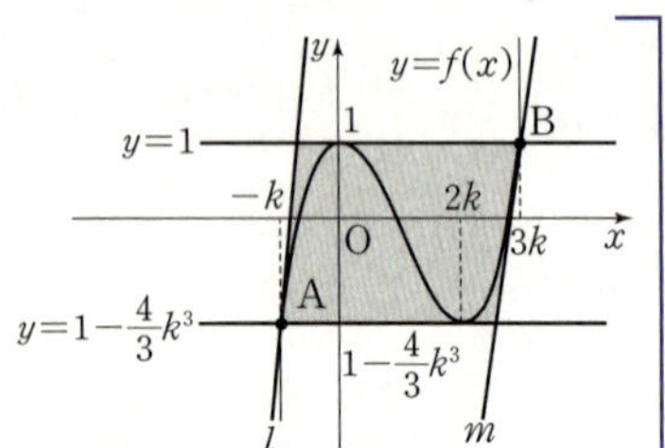

두 점 A, B의 위치는 편의상 그림처럼 잡았지만 반대가 되어도 상관없어.

2nd 평행사변형의 밑변의 길이와 높이를 각각 구하자.

평행사변형의 높이는 극값을 갖는 두 점의 y좌표의 차와 같으므로

$f(0)-f(2k)=1-\left(1-\frac{4}{3}k^3\right)=\frac{4}{3}k^3$

또한, 밑변의 길이는 두 접선 l, m의 x절편의 차와 같으므로 접선의 방정식을 구해서 x절편을 구하자.

두 점 A, B의 좌표를 각각 $\left(-k,\ 1-\frac{4}{3}k^3\right)$, $(3k,\ 1)$이라 하면

접선 l의 방정식은

$y=3k^2(x+k)+1-\frac{4}{3}k^3=3k^2x+\frac{5}{3}k^3+1$

곡선 $y=f(x)$ 위의 한 점 $(t, f(t))$에서의 접선의 방정식은 $y-f(t)=f'(t)(x-t)$

접선 m의 방정식은

$y=3k^2(x-3k)+1=3k^2x-9k^3+1$

따라서 접선 l의 x절편은 $-\frac{5}{9}k-\frac{1}{3k^2}$, 접선 m의 x절편은 $3k-\frac{1}{3k^2}$

이므로 평행사변형의 밑변의 길이는

$\left(3k-\frac{1}{3k^2}\right)-\left(-\frac{5}{9}k-\frac{1}{3k^2}\right)=\frac{32}{9}k$

3rd 평행사변형의 넓이를 이용하여 k의 값을 구하자.

이때, 평행사변형의 넓이가 24이므로

평행사변형의 넓이는 (밑변의 길이)×(높이)야.

$\frac{32}{9}k\times\frac{4}{3}k^3=\frac{128}{27}k^4=24$

$k^4=\frac{81}{16} \qquad \therefore k=\frac{3}{2}\ (\because k>0)$

$\frac{81}{16}=\left(\pm\frac{3}{2}\right)^4$

E 24 정답 97 *접점이 주어진 접선의 방정식 [정답률 55%]

정답 공식: 극한값이 존재하고 (분모)→0이므로 (분자)→0이다. 즉, $f(2)=g(2)$에서 $g(2)$의 값을 구하고 $f'(2)$, $g'(2)$의 값을 구한다.

두 다항함수 $f(x)$, $g(x)$가 다음 조건을 만족시킨다.

(가) $g(x)=x^3f(x)-7$ 단서1 양변에 $x=2$를 대입하면 $g(2)$의 값을 알 수 있어.

(나) $\lim_{x\to 2}\frac{f(x)-g(x)}{x-2}=2$ 단서2 $x\to 2$일 때, (분모)→0이고 극한값이 존재해. 그러면 (분자)→0이겠지.

곡선 $y=g(x)$ 위의 점 $(2,\ g(2))$에서의 접선의 방정식이 $y=ax+b$일 때, a^2+b^2의 값을 구하시오. (단, a, b는 상수이다.) (4점)

1st 곡선 $y=g(x)$ 위의 점 $(2,\ g(2))$에서의 접선의 방정식을 구하려면 $g(2)$와 $g'(2)$의 값을 구해야 해. $g(2)$의 값부터 구해 볼까?

조건 (가)에서 양변에 $x=2$를 대입하면 $g(2)=8f(2)-7$ ⋯ ㉠

조건 (나)에서 $x\to 2$일 때, (분모)→0이고 극한값이 존재하므로 (분자)→0이다.

$\lim_{x\to a}\frac{f(x)}{g(x)}=\alpha$일 때, $\lim_{x\to a}g(x)=0$이면 $\lim_{x\to a}f(x)=0$

즉, $\lim_{x\to 2}\{f(x)-g(x)\}=f(2)-g(2)=0$, $f(2)=g(2)$

㉠에서 $g(2)=8g(2)-7$

$7g(2)=7 \qquad \therefore g(2)=1$

또한, 조건 (나)에서

$$\lim_{x\to 2}\frac{f(x)-g(x)}{x-2}=\lim_{x\to 2}\frac{f(x)-f(2)+g(2)-g(x)}{x-2}\ (\because f(2)=g(2))$$

$$=\lim_{x\to 2}\frac{f(x)-f(2)}{x-2}-\lim_{x\to 2}\frac{g(x)-g(2)}{x-2}$$

$$=f'(2)-g'(2)=2\ \cdots ㉡$$

2nd $g'(2)$의 값을 알아야 접선의 기울기를 알 수 있어.

조건 (가)의 양변을 x에 대하여 미분하면

$g'(x)=3x^2f(x)+x^3f'(x)$

위 식의 양변에 $x=2$를 대입하면

$g'(2)=12f(2)+8f'(2)=12\cdot1+8f'(2)$ ($\because f(2)=g(2)=1$)

$=12+8f'(2)$ ⋯ ㉢

㉡, ㉢을 연립하여 풀면 $f'(2)=-2$, $g'(2)=-4$

곡선 $y=g(x)$ 위의 점 $(2, g(2))$, 즉 점 $(2, 1)$에서의 접선의 기울기는 $g'(2)=-4$이므로 접선의 방정식은 → $y=g'(2)(x-2)+g(2)$

$y=-4(x-2)+1=-4x+9=ax+b$

따라서 $a=-4$, $b=9$이므로

$a^2+b^2=16+81=97$

E 25 정답 6 *접점이 주어진 접선의 방정식 [정답률 68%]

정답 공식: 곡선 $y=f(x)$ 위의 점 $(a, f(a))$에서의 접선의 방정식은 $y-f(a)=f'(a)(x-a)$이다.

단서1 점 Q는 점 P에서의 접선의 y절편이네.

곡선 $y=x^3-x$ 위의 점 중에서 제4사분면에 있는 한 점을 $P(a, b)$라 하자. 점 P에서의 접선이 y축과 만나는 점을 Q라 하고, 점 P를 지나고 x축에 평행한 직선이 y축과 만나는 점을 R라 하자. $\overline{OQ}:\overline{OR}=2:3$일 때, $|32ab|$의 값을 구하시오. (단, O는 원점이다.) (4점)

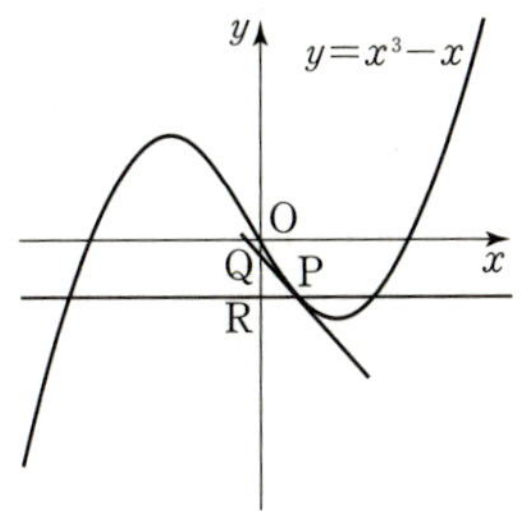

1st 접선의 방정식을 구해 점 Q의 좌표를 찾자.

$f(x)=x^3-x$라 하면 $f'(x)=3x^2-1$

점 P의 좌표가 $P(a, b)$ $(a>0, b<0)$이고 $f(a)=b$이므로

$b=a^3-a$이고, $f'(a)=3a^2-1$이다. → 곡선 $y=f(x)$ 위의 점 $(a, f(a))$에서의 접선의 방정식은 $y-f(a)=f'(a)(x-a)$

이때, 점 P에서의 접선의 방정식을 구하면

$y=(3a^2-1)(x-a)+a^3-a$

이 접선이 y축과 만나는 점이 Q이므로 접선의 방정식에 $x=0$을 대입하면 $y=-3a^3+a+a^3-a=-2a^3$ ← 접선의 방정식 $y=f'(a)(x-a)+b$에 $f'(a)=3a^2-1$, $b=a^3-a$를 대입한 거야.

즉, 점 Q의 좌표는 $(0, -2a^3)$이다.

2nd $\overline{OQ}:\overline{OR}=2:3$임을 이용해 a, b의 값을 구하자.

한편, 점 $R(0, b)$, 즉 $R(0, a^3-a)$이므로

$\overline{OR}=a-a^3$, $\overline{OQ}=2a^3$ → $a>0$이므로 $\overline{OQ}=|-2a^3|=2a^3$

$a^3-a<0$이므로 ($\because$ 제4사분면) $|a^3-a|=a-a^3$

이때, $\overline{OQ}:\overline{OR}=2:3$, 즉 $2\overline{OR}=3\overline{OQ}$이므로

$2(a-a^3)=3\cdot2a^3$

주의 $3\overline{OR}=2\overline{OQ}$로 실수하는 경우가 꽤 있어.

$2a-2a^3=6a^3$

$8a^3-2a=0$

$a(4a^2-1)=0$

$a(2a+1)(2a-1)=0$

$\therefore a=0$ 또는 $a=-\frac{1}{2}$ 또는 $a=\frac{1}{2}$

따라서 $a>0$에서 $a=\frac{1}{2}$이고

$b=a^3-a=\frac{1}{8}-\frac{1}{2}=-\frac{3}{8}$이므로

$|32ab|=\left|32\times\frac{1}{2}\times\left(-\frac{3}{8}\right)\right|=6$

접선의 방정식 개념·공식

함수 $y=f(x)$ 위의 점 $(a, f(a))$에서의 접선의 방정식은

$y-f(a)=f'(a)(x-a)$

E 26 정답 ④ *접점이 주어진 접선의 방정식 [정답률 43%]

정답 공식: 점 P의 좌표를 구한다. $g(t)$는 거리이므로 점 P의 y좌표의 절댓값이다. 실수 전체의 집합에서 미분가능하려면 $g(t)=0$을 만족하는 t에 대해 $g'(t)=0$이어야 한다.

좌표평면에서 삼차함수 $f(x)=x^3+ax^2+bx$와 실수 t에 대하여 곡선 $y=f(x)$ 위의 점 $(t, f(t))$에서의 접선이 y축과 만나는 점을 P라 할 때, 원점에서 점 P까지의 거리를 $g(t)$라 하자. 함수 $f(x)$와 함수 $g(t)$는 다음 조건을 만족시킨다.

단서1 접선의 y절편이 점 P의 y좌표니까 접선의 방정식부터 구해야 해.

단서2 두 점의 y좌표의 차와 같겠지?

(가) $f(1)=2$

(나) 함수 $g(t)$는 실수 전체의 집합에서 미분가능하다.

$f(3)$의 값은? (단, a, b는 상수이다.) (4점)

① 21 ② 24 ③ 27 ④ 30 ⑤ 33

1st 접선의 방정식부터 구하여 점 P의 좌표를 구하자.

곡선 $f(x)=x^3+ax^2+bx$에서 $f'(x)=3x^2+2ax+b$이므로 곡선 위의 점 (t, t^3+at^2+bt)에서의 접선의 방정식은

$y=(3t^2+2at+b)(x-t)+t^3+at^2+bt$

이때, 접선의 y축과의 교점은 $x=0$일 때이므로 → 접선의 방정식에 $x=0$을 대입하자.

$y=(3t^2+2at+b)(0-t)+t^3+at^2+bt$

$=-3t^3-2at^2-bt+t^3+at^2+bt$

$=-2t^3-at^2$

$\therefore P(0, -2t^3-at^2)$

2nd 두 점 사이의 거리 공식으로 $g(t)$를 구한 후 $\sqrt{\ }$를 잘 처리해야 해.

원점 $(0, 0)$에서 점 $P(0, -2t^3-at^2)$까지의 거리가 $g(t)$이므로

$g(t)=|2t^3+at^2|$ → 두 점 모두 y축 위의 점이므로 두 점 사이의 거리는 y좌표의 차로 구해.

$$=\begin{cases}2t^3+at^2 & (2t^3+at^2\ge0)\\ -2t^3-at^2 & (2t^3+at^2<0)\end{cases}$$

→ $t^2(2t+a)\ge0$, $2t+a\ge0$ ($\because t^2\ge0$) $\therefore t\ge-\frac{a}{2}$

$$=\begin{cases}2t^3+at^2 & \left(t\ge-\frac{a}{2}\right)\\ -2t^3-at^2 & \left(t<-\frac{a}{2}\right)\end{cases}$$

3rd 함수 $g(t)$가 실수 전체에서 미분가능하려면 경곗값에서의 미분계수가 같음을 이용하면 돼.

$t=-\frac{a}{2}$를 기준으로 함수 $g(t)$가 달라지지만, 둘 다 삼차함수이므로 각각 미분가능하다.

$t=-\frac{a}{2}$에서의 미분계수가 존재해야 하니까 좌, 우미분계수가 같아야 해.

따라서 $t=-\frac{a}{2}$에서 미분가능하면 실수 전체에서 미분가능하게 된다.

함수 $f(x)$가 $x=a$에서 미분가능하면
(i) $x=a$에서 연속
(ii) $x=a$에서 미분계수가 존재

즉,

$$g'(t)=\begin{cases} 6t^2+2at & \left(t>-\frac{a}{2}\right) \\ -6t^2-2at & \left(t<-\frac{a}{2}\right) \end{cases}$$

에서 $\lim_{t\to -\frac{a}{2}+} g'(t)=\lim_{t\to -\frac{a}{2}-} g'(t)$이어야 하므로

$6\left(-\frac{a}{2}\right)^2+2a\left(-\frac{a}{2}\right)=-6\left(-\frac{a}{2}\right)^2-2a\left(-\frac{a}{2}\right)$

$3a^2-2a^2=0 \qquad \therefore a=0$

즉, $f(x)=x^3+bx$이고, 조건 (가)에서 $f(1)=2$이므로

$f(1)=1+b=2 \qquad \therefore b=1$

따라서 $f(x)=x^3+x$이므로

$f(3)=27+3=30$

E 27 정답 ② *기울기가 주어진 접선의 방정식 ······ [정답률 47%]

정답 공식: 직선 l, m의 기울기를 알고 점 Q의 좌표를 구할 수 있다. 직선 PQ의 방정식을 구한다.

단서 직선 l의 기울기는 알 수 있으므로 l에 수직인 직선의 기울기를 갖는 접선과의 접점을 구해야 해.

곡선 $y=\frac{1}{4}x^2+1$ 위의 점 $\mathrm{P}\left(a, \frac{1}{4}a^2+1\right)$에서 접하는 직선을 l이라 하자. 직선 l과 수직인 직선 중 곡선 $y=\frac{1}{4}x^2+1$에 접하는 직선을 m이라 하고, 직선 m과 곡선 $y=\frac{1}{4}x^2+1$의 접점을 Q라 하자. y축과 직선 PQ가 점 R에서 만날 때, 점 R의 y좌표는? (단, $a\neq0$) (4점)

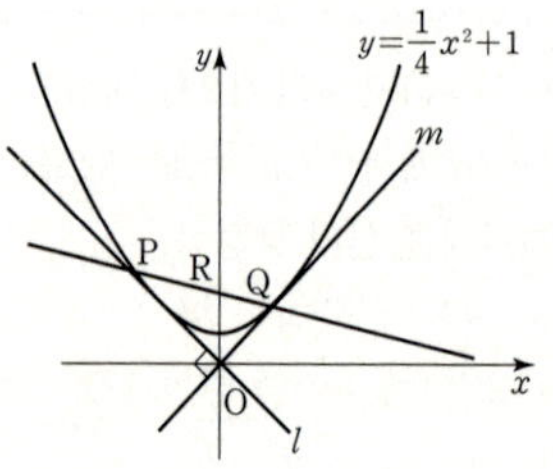

① $\frac{3}{2}$ ② 2 ③ $\frac{5}{2}$
④ 3 ⑤ $\frac{7}{2}$

1st 기울기가 각각 m, m'인 두 직선이 서로 수직이면 $mm'=-1$이지?

$f(x)=\frac{1}{4}x^2+1$이라 하면 $f'(x)=\frac{x}{2}$ ··· ㉠

곡선 위의 점 $\mathrm{P}\left(a, \frac{1}{4}a^2+1\right)$에서의 접선 l의 기울기는 $f'(a)=\frac{a}{2}$

$f(x)$의 $x=a$에서의 미분계수야.

직선 l에 수직이고 곡선 $y=\frac{1}{4}x^2+1$과 점 Q에서 접하는 직선 m의 기울기는 $-\frac{2}{a}$이므로 접점 Q의 좌표를 $(x_1, f(x_1))$이라 하면

$f'(x_1)=-\frac{2}{a}$이고 ㉠에 의하여 $x_1=-\frac{4}{a}$이다.

즉, 점 Q의 좌표는 $\left(-\frac{4}{a}, \frac{4}{a^2}+1\right)$이다.

실수 보통, 접선에 대한 문제에서는 접점의 좌표를 미지수로 두면 편해.

2nd 두 점 $\mathrm{P}\left(a, \frac{1}{4}a^2+1\right)$, $\mathrm{Q}\left(-\frac{4}{a}, \frac{4}{a^2}+1\right)$을 지나는 직선의 방정식을 구하여 y절편을 찾자.

이때, 두 점 P, Q를 지나는 직선 PQ의 방정식은

$$y=\frac{\frac{1}{4}a^2+1-\left(\frac{4}{a^2}+1\right)}{a-\left(-\frac{4}{a}\right)}(x-a)+\frac{1}{4}a^2+1$$

$$=\frac{a^2-4}{4a}x+2$$

$\frac{\frac{1}{4}a^2-\frac{4}{a^2}}{a+\frac{4}{a}}=\frac{\frac{a^4-16}{4a^2}}{\frac{a^2+4}{a}}=\frac{\frac{(a^2+4)(a^2-4)}{4a^2}}{\frac{a^2+4}{a}}=\frac{a^2-4}{4a}$

따라서 점 R의 y좌표는 직선 PQ의 y절편이므로

(점 R의 y좌표)$=2$

E 28 정답 ① *기울기가 주어진 접선의 방정식 ······ [정답률 59%]

정답 공식: 서로 다른 두 점에서 만나는 경우는 두 그래프가 접할 때라는 사실을 안다. 미분계수가 5인 점의 좌표를 구한다.

함수 $f(x)=x(x+1)(x-4)$에 대하여 직선 $y=5x+k$와 함수 $y=f(x)$의 그래프가 서로 다른 두 점에서 만날 때, 양수 k의 값은? (4점)

단서 $y=f(x)$는 삼차함수이므로 직선 $y=5x+k$와 서로 다른 두 점에서 만나려면 한 점에서는 접해야겠지?

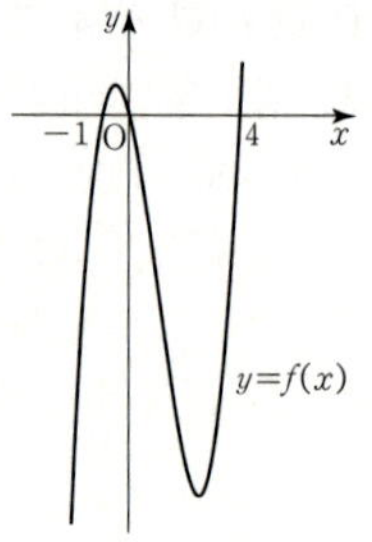

① 5 ② $\frac{11}{2}$ ③ 6
④ $\frac{13}{2}$ ⑤ 7

1st 직선 $y=5x+k$가 $y=f(x)$의 그래프와 두 점에서 만나는 경우를 생각해.

직선 $y=5x+k$와 함수 $f(x)=x(x+1)(x-4)$의 그래프의 교점의 개수를 구하기 위해 연립하면 $x(x+1)(x-4)=5x+k$에서

[두 함수의 그래프의 교점의 개수]
두 함수 $y=f(x)$, $y=g(x)$의 그래프의 교점의 개수는 연립방정식 $f(x)=g(x)$의 해의 개수와 같아.

$x^3-3x^2-9x-k=0$ ··· ㉠

이때, 삼차방정식 ㉠이 중근과 한 실근을 갖게 되면 직선 $y=5x+k$와 $y=f(x)$의 그래프는 서로 다른 두 점에서 만난다. 즉, 직선 $y=5x+k$는 $y=f(x)$의 그래프에 접한다.

곡선 $y=f(x)$의 접선이 $y=5x+k$가 되는 거야.

2nd $y=f(x)$의 그래프에 접하고 기울기가 5인 접선의 방정식을 구해.

$f(x)=x(x+1)(x-4)=x^3-3x^2-4x$에서

$f'(x)=3x^2-6x-4$

직선 $y=5x+k$와 $y=f(x)$의 그래프의 접점의 좌표를 $(a, f(a))$라 하면 $f'(a)=5$이므로

$f'(a)=3a^2-6a-4=5$

$a^2-2a-3=0$

$(a+1)(a-3)=0$

$\therefore a=-1$ 또는 $a=3$

(i) $a=-1$일 때,

$f(-1)=-1\cdot0\cdot(-5)=0$에서 접점의 좌표는 $(-1, 0)$이므로

접선의 방정식은 $y=5(x+1)=5x+5$

$\therefore k=5$

(ii) $a=3$일 때,

$f(3)=3\cdot4\cdot(-1)=-12$에서 접점의 좌표는 $(3, -12)$이므로

접선의 방정식은 $y=5(x-3)-12=5x-27$

$\therefore k=-27$

(i), (ii)에 의하여 양수 k의 값은 5이다.

E 29 정답 32 *기울기가 주어진 접선의 방정식 [정답률 52%]

정답 공식: 직선 AB, 직선 CD의 기울기가 1이다. 미분계수가 1인 점의 좌표를 구해서 직선 AB의 방정식을 구할 수 있다.

그림과 같이 정사각형 ABCD의 두 꼭짓점 A, C는 y축 위에 있고, 두 꼭짓점 B, D는 x축 위에 있다. 변 AB와 변 CD가 각각 삼차함수 $y=\frac{1}{8}x^3-2x$의 그래프에 접할 때, 정사각형 ABCD의 둘레의 길이를 구하시오. (4점)

단서 직선 AB와 직선 CD의 기울기는 1이지. 결국 곡선 $y=\frac{1}{8}x^3-2x$의 접선 중에 기울기가 1인 것을 구하면 돼.

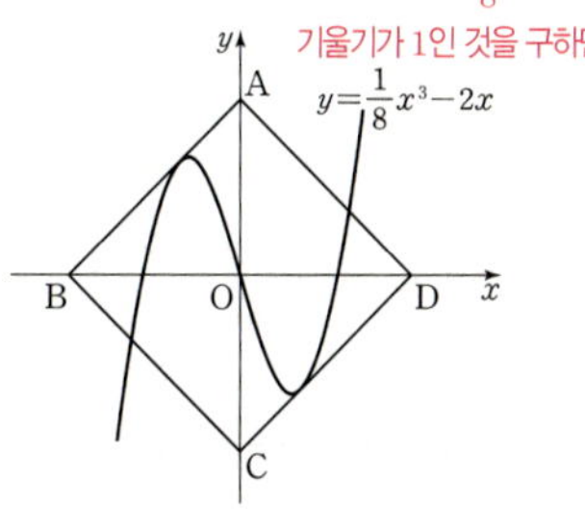

1st 직선 AB의 기울기를 이용하여 직선 AB와 $y=\frac{1}{8}x^3-2x$의 교점의 좌표를 구하자.

직선 AB와 삼차함수 $y=\frac{1}{8}x^3-2x$의 그래프의 제2사분면에서의 접점의 좌표를 $P\left(a, \frac{1}{8}a^3-2a\right)$라 하자.

→ 홀수차항 $\frac{1}{8}x^3$, $2x$만으로 이루어진 다항함수이므로 그래프가 원점에 대하여 대칭이야.

이때, 정사각형 ABCD에서 $\angle ABO=45°$이므로 직선 AB의 기울기는 $\tan 45°=1$

→ $\overline{OA}=\overline{OB}$이므로 직선 AB의 기울기는 1이라고 할 수도 있어.

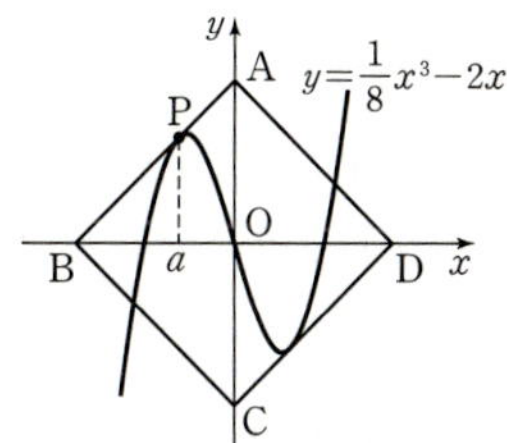

즉, 삼차함수 $y=\frac{1}{8}x^3-2x$ 위의 점 $P\left(a, \frac{1}{8}a^3-2a\right)$에서의 접선의 기울기가 1이다.

함정 이것을 찾아내는 것이 핵심이야. 이렇게 되면 미분을 이용하여 쉽게 풀 수 있지.

이때, $y'=\frac{3}{8}x^2-2$이므로

$\frac{3}{8}a^2-2=1$

$3a^2-16=8$, $3a^2=24$

$\therefore a=-2\sqrt{2}$ ($\because a<0$)

2nd 직선 AB의 방정식을 구해서 선분 AB의 길이를 구해.

접선 AB는 점 $P(-2\sqrt{2}, 2\sqrt{2})$를 지나고 기울기가 1이므로

$y=(x+2\sqrt{2})+2\sqrt{2}=x+4\sqrt{2}$

즉, $\overline{OA}=4\sqrt{2}$, $\overline{OB}=4\sqrt{2}$이므로

$\overline{AB}=4\sqrt{2}\times\sqrt{2}=8$

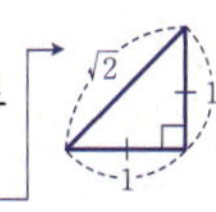

따라서 정사각형 ABCD의 둘레의 길이는

$4\overline{AB}=4\times 8=32$

직선의 기울기 (개념·공식)

① 서로 다른 두 점 (x_1, y_1), (x_2, y_2)를 지나는 직선의 기울기는

$\Rightarrow \frac{y_2-y_1}{x_2-x_1}$ 또는 $\frac{y_1-y_2}{x_1-x_2}$

② 직선이 x축의 양의 방향과 이루는 각의 크기가 θ일 때, 직선의 기울기는

$\Rightarrow \tan\theta$

③ x축에 평행한 직선의 기울기는 0이다.

E 30 정답 ② *접선의 방정식의 활용 [정답률 50%]

정답 공식: 함수 $y=f(x)$ 위의 점 $(a, f(a))$에서의 접선의 방정식은 $y=f'(a)(x-a)+f(a)$이다. 또한, 이차함수 $f(x)$를 미분하면 일차함수 $f'(x)$가 되고, 일차함수 $f'(x)$에 대하여 $y=|f'(x)|$의 그래프는 ∨자(또는 ∧자) 모양이다.

최고차항의 계수가 a인 이차함수 $f(x)$가 모든 실수 x에 대하여

$|f'(x)|\le 4x^2+5$

단서2 주어진 부등식이 나타내는 바가 무엇인지 알기 위해 함수 $y=|f'(x)|$의 그래프와 함수 $y=4x^2+5$의 그래프를 그려봐.

를 만족시킨다. 함수 $y=f(x)$의 그래프의 대칭축이 직선 $x=1$일 때, 실수 a의 최댓값은? (4점)

단서1 이차함수 $y=f(x)$는 최고차항의 계수가 a이고, 그래프의 대칭축이 직선 $x=1$이므로 이를 이용해 $f(x)$의 식을 나타낼 수 있어.

① $\frac{3}{2}$ ② 2 ③ $\frac{5}{2}$

④ 3 ⑤ $\frac{7}{2}$

1st 주어진 조건을 이용하여 함수 $f(x)$의 식을 문자를 이용하여 세우자.

이차함수 $y=f(x)$는 최고차항의 계수가 a이고, 그래프의 대칭축이 직선 $x=1$이므로 상수 b에 대하여 $f(x)=a(x-1)^2+b$로 놓을 수 있다.

2nd 주어진 부등식을 만족시키도록 두 함수 $y=|f'(x)|$의 그래프와 $y=4x^2+5$의 그래프를 그려봐.

$f'(x)=2a(x-1)$이므로 $|f'(x)|\le 4x^2+5$에서

$|2a(x-1)|\le 4x^2+5$ ⋯ ㉠

이때, 부등식 ㉠이 모든 실수 x에 대하여 성립해야 하므로 함수 $y=|2a(x-1)|=|2a||x-1|$의 그래프와 함수 $y=4x^2+5$의 그래프

$y=|2a||x-1|$은 직선 $y=2a(x-1)$을 그린 후 x축 아래 부분을 x축에 대하여 대칭이동하여 그리면 돼. 이때, 직선 $y=2a(x-1)$은 a의 값에 관계없이 점 $(1, 0)$을 지남을 이용해.

를 좌표평면 위에 나타내면 그림과 같다.

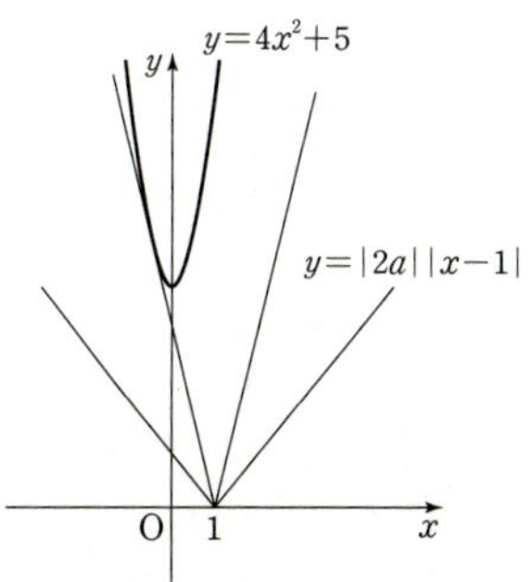

3rd 두 함수 $y=|f'(x)|$, $y=4x^2+5$의 그래프를 이용하여 실수 a의 최댓값을 구하자.

위의 그림에서와 같이 실수 a의 최댓값은 점 $(1, 0)$에서 곡선 $y=4x^2+5$에 그은 접선이 $y=-|2a|(x-1)$일 때이다.

그림에서 보면 점 $(1, 0)$에서 곡선 $y=4x^2+5$에 그은 접선의 기울기는 음수여야 하지? 즉, a의 부호는 알 수 없고, $|2a|>0$이므로 접선의 방정식을 $y=-|2a|(x-1)$로 놓아야 하는 거야.

즉, 접점의 x좌표를 구하기 위해 접점의 좌표를 $(k,\ 4k^2+5)$ $(k<0)$이라 하자.

함정 곡선 $y=4x^2+5$의 그래프와 접선 $y=-|2a|(x-1)$의 그래프가 만나는 곳이 제 2사분면이므로 k의 값의 부호를 $k<0$이라 정할 수 있어.

$y=4x^2+5$에서 $y'=8x$이므로 곡선 위의 점 $(k,\ 4k^2+5)$에서의 접선의 방정식은 $y-(4k^2+5)=8k(x-k)$

→ 함수 $y=f(x)$ 위의 점 $(a, f(a))$에서의 접선의 방정식은 $y=f'(a)(x-a)+f(a)$

이 접선이 점 $(1,\ 0)$을 지나므로

$-4k^2-5=8k-8k^2$, $4k^2-8k-5=0$

$(2k-5)(2k+1)=0$

$\therefore k=-\frac{1}{2}$ ($\because k<0$)

즉, 접선의 기울기는 $8\times\left(-\frac{1}{2}\right)=-4$이므로

$-|2a|=-4$, $|a|=2$

$\therefore a=-2$ 또는 $a=2$

따라서 실수 a의 최댓값은 2이다.

[다른 풀이]

3rd 에서 구하는 a의 최댓값이 곡선 $y=4x^2+5$와 직선 $y=-|2a|(x-1)$이 접할 때의 a의 값이라 했지?

즉, $4x^2+5=-|2a|(x-1)$에서

$4x^2+|2a|x-|2a|+5=0$

이고, 이 이차방정식의 판별식 $D=0$이어야 하므로

곡선 $y=4x^2+5$와 직선 $y=-|2a|(x-1)$이 접하므로 두 식을 연립한 이차방정식 $4x^2+|2a|x-|2a|+5=0$은 중근을 가져야 해.

$\frac{D}{4}=|a|^2-4(-|2a|+5)=0$

$|a|^2+8|a|-20=0$

$(|a|+10)(|a|-2)=0$

$\therefore |a|=2$ ($\because |a|>0$)

따라서 $a=\pm2$이므로 실수 a의 최댓값은 2야.

E 31 정답 ② *접선의 방정식의 활용 [정답률 47%]

정답 공식: 점 P에서의 접선의 기울기가 직선 $y=x$의 기울기와 같을 때 삼각형의 높이가 최소가 된다.

닫힌구간 $[0,\ 2]$에서 정의된 함수 $f(x)=ax(x-2)^2$ $\left(a>\frac{1}{2}\right)$에 대하여 곡선 $y=f(x)$와 직선 $y=x$의 교점 중 원점 O가 아닌 점을 A라 하자. 점 P가 원점으로부터 점 A까지 곡선 $y=f(x)$ 위를 움직일 때, 삼각형 OAP의 넓이가 최대가 되는 점 P의 x좌표가 $\frac{1}{2}$이다. 상수 a의 값은? (4점)

단서 점 P가 접점임을 뜻해. $\overline{\text{OA}}$의 길이가 변하더라도 △OAP의 넓이가 최대가 되려면 점 P가 접점이어야 해.

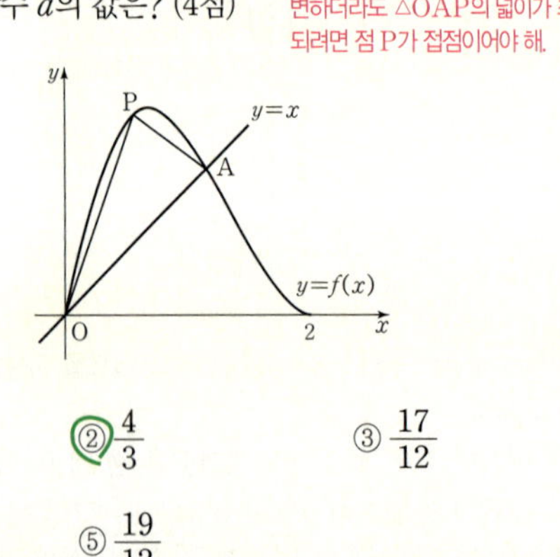

① $\frac{5}{4}$ ② $\frac{4}{3}$ ③ $\frac{17}{12}$ ④ $\frac{3}{2}$ ⑤ $\frac{19}{12}$

1st 삼각형 OAP의 넓이가 어떤 경우에 최대가 되는지 생각해 보자.

삼각형 OAP의 밑변을 $\overline{\text{OA}}$라 할 때, 삼각형 OAP의 넓이가 최대가 되려면 점 P에서 직선 $y=x$까지의 거리가 최대가 되어야 한다.

△OAP의 높이

즉, 함수 $y=f(x)$의 그래프에 직선 OA와 기울기가 같은 접선을 긋고 그 접점을 P로 잡으면 점 P에서 직선 OA까지의 거리가 최대가 되므로 삼각형 OAP의 넓이가 최대가 된다.

→ 높이가 최대일 때는 직선 OA와 평행한 접선이어야 해.

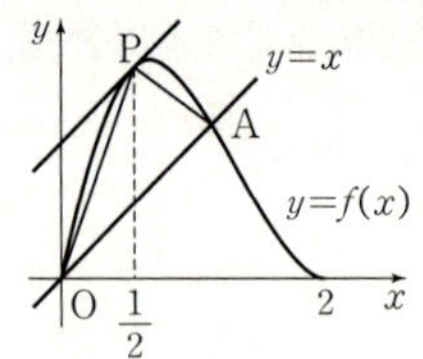

이때, 점 P의 x좌표가 $\frac{1}{2}$이고, 직선 $y=x$의 기울기는 1이므로

$f'\left(\frac{1}{2}\right)=1$이다.

2nd $f'(x)$를 이용하여 상수 a의 값을 구하자.

$f(x)=ax(x-2)^2$에서

$f'(x)=a(x-2)^2+2ax(x-2)=a(x-2)(3x-2)$

$f'\left(\frac{1}{2}\right)=a\cdot\left(-\frac{3}{2}\right)\cdot\left(-\frac{1}{2}\right)=\frac{3}{4}a=1$

$\therefore a=\frac{4}{3}$

E 32 정답 ③ *접선의 방정식의 활용 [정답률 46%]

정답 공식: 두 점 P, Q의 x좌표는 방정식 $y'=m$을 만족시키는 서로 다른 두 근이다. 접선 사이의 거리와 $\overline{\text{PQ}}$가 같아지기 위해서는 직선 PQ와 접선이 수직 관계를 이루어야 한다.

단서 곡선 위의 점에서의 접선의 기울기가 m이 되는 접점의 x좌표를 구해봐.

곡선 $y=x^3+6x^2+14x-3$에 기울기가 m인 접선을 두 개 그었을 때, 두 접점을 P, Q라 하자. 옳은 것만을 [보기]에서 있는 대로 고른 것은? (단, P, Q는 서로 다른 점이다.) (4점)

[보기]

ㄱ. 두 점 P, Q의 x좌표의 합은 -4이다.

ㄴ. $m>2$

ㄷ. 두 접선 사이의 거리와 $\overline{\text{PQ}}$가 같아지는 실수 m이 존재한다.

① ㄱ ② ㄷ ③ ㄱ, ㄴ ④ ㄴ, ㄷ ⑤ ㄱ, ㄴ, ㄷ

1st 두 접점 P, Q의 x좌표를 각각 a, b라 하자.

함정 여기도 접점의 좌표를 미지수로 놨지? 곡선 밖의 점에서 그은 접선도 접점을 미지수로 두는 거야.

ㄱ. 두 접점 P, Q의 x좌표를 각각 a, $b(a\neq b)$라 하자.

$y=x^3+6x^2+14x-3$에서

$y'=3x^2+12x+14$이고 접선의 기울기가 m이므로

a, b는 $3x^2+12x+14=m$, 즉 $3x^2+12x+14-m=0$의 서로 다른 두 근이다.

이차방정식 $3x^2+12x+14-m=0$의 근과 계수의 관계에 의하여

[이차방정식의 근과 계수의 관계] 이차방정식 $ax^2+bx+c=0$의 두 근이 α, β일 때, $\alpha+\beta=-\frac{b}{a}$, $\alpha\beta=\frac{c}{a}$

$a+b=-4$ ⋯ ㉠

$ab=\frac{14-m}{3}$ ⋯ ㉡

따라서 ㉠에 의하여 두 점 P, Q의 x좌표의 합은 -4이다. (참)

2nd 이차방정식이 서로 다른 실근을 가지는 조건을 이용하자.

ㄴ. 이차방정식 $3x^2+12x+14-m=0$은 서로 다른 두 실근을 가지므로 판별식 D에 대하여

$\frac{D}{4}=6^2-3(14-m)>0$

$\therefore m>2$ (참)

3rd 수직인 두 직선의 기울기의 곱은 -1임을 이용하자.

ㄷ. 기울기가 m으로 같은 두 접선은 평행하므로 두 접선 사이의 거리가 $\overline{PQ}$의 길이가 되기 위해서는 두 접점 P, Q를 지나는 직선과 접선이 서로 수직이어야 한다.

즉, 접선의 기울기 m과 선분 PQ의 기울기의 곱은 -1이다. … ㉢

두 접점의 좌표를 $P(a, a^3+6a^2+14a-3)$, $Q(b, b^3+6b^2+14b-3)$이라 하고 $\overline{PQ}$의 기울기를 구하면

평행

$\frac{(a^3+6a^2+14a-3)-(b^3+6b^2+14b-3)}{a-b}$

$=\frac{(a^3-b^3)+6(a^2-b^2)+14(a-b)}{a-b}$

$=\frac{(a-b)(a^2+ab+b^2)+6(a-b)(a+b)+14(a-b)}{a-b}$

$=a^2+ab+b^2+6(a+b)+14$

$=(a+b)^2-ab+6(a+b)+14$

$=(-4)^2-\frac{14-m}{3}+6\times(-4)+14$ ($\because$ ㉠, ㉡)

$=\frac{m+4}{3}$

㉢에 의하여 $m\left(\frac{m+4}{3}\right)=-1$이므로

$m^2+4m+3=0$, $(m+1)(m+3)=0$

$\therefore m=-1$ 또는 $m=-3$

그런데 ㄴ에 의해 $m>2$이므로 조건을 만족시키는 실수 m은 존재하지 않는다. (거짓)

따라서 옳은 것은 ㄱ, ㄴ이다.

[다른 풀이]

ㄱ. 두 접점 P, Q의 x좌표를 각각 a, $b(a\neq b)$라 하자.

$f(x)=x^3+6x^2+14x-3$이라 하면

$f'(x)=3x^2+12x+14$이므로

$f'(a)=3a^2+12a+14$, $f'(b)=3b^2+12b+14$

이때, 두 접점에서 접선의 기울기는 m으로 같으므로

$3a^2+12a+14=3b^2+12b+14$

$3(a^2-b^2)+12(a-b)=0$

$(a+b)(a-b)+4(a-b)=0$

$(a+b+4)(a-b)=0$

$\therefore a+b=-4$ ($\because a\neq b$) (참)

(이하 동일)

수능 핵강

㉢에서 두 점 P, Q를 지나는 직선과 접선이 서로 수직이어야 하는 이유가 잘 이해되지 않는다면 그림을 그려서 생각해 볼까?

두 점 P, Q에서 그은 접선을 각각 l_1, l_2라 하자. 이때, 두 직선 l_1, l_2 사이의 거리는 점 P에서 직선 l_2까지의 최단거리이지? 즉, 점 P에서 직선 l_2에 내린 수선의 발을 H라 하면 $\overline{PH}$의 길이가 두 직선 사이의 거리가 돼. 그런데 이 거리가 $\overline{PQ}$의 길이와 같아지려면 점 Q는 점 H와 같아야 하므로 두 점 P, Q를 지나는 직선은 접선과 수직이 되어야 해.

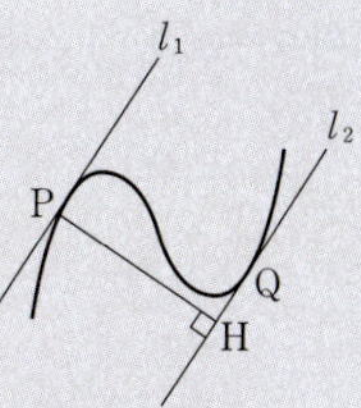

기울기가 주어진 접선의 방정식 개념·공식

곡선 $y=f(x)$에 접하고 기울기가 m인 접선의 방정식은 다음과 같은 순서로 구한다.

(i) 접점의 좌표를 $(t, f(t))$라 한다.

(ii) $f'(t)=m$임을 이용하여 t의 값을 구한다.

(iii) t의 값을 $y-f(t)=m(x-t)$에 대입한다.

이때, 기울기가 m인 접선은 두 개 이상 존재할 수 있음에 주의한다.

E 33 정답 80 *접선의 방정식의 활용 [정답률 42%]

정답 공식: 우선 좌표평면에 그래프를 그린 뒤, 정해진 x의 범위에서 접선이 사차함수의 그래프 아래에 존재해야 한다는 점을 생각한다.

단서1 다항함수이므로 모든 x의 구간에서 미분가능하고 연속이야.

함수 $f(x)=-(x-2)^2(x-4)^2$이 있다. $2\leq x\leq 4$인 모든 실수 x에 대하여 $f(x)\geq f'(t)(x-t)+f(t)$를 만족시키는 실수 t의 집합은 $\{t\mid p\leq t\leq q\}$이다. $9pq$의 값을 구하시오. (4점)

단서2 떠오르는 식! 접선의 방정식! 곡선 $y=f(x)$ 위의 점 $(t, f(t))$에서의 접선의 방정식은 어떻게 되지? $y=f'(t)(x-t)+f(t)$

1st 함수 $f(x)$에 대하여 $y=f'(t)(x-t)+f(t)$는 $y=f(x)$의 그래프 위의 점 $P(t, f(t))$에서의 접선이야.

$f(x)\geq f'(t)(x-t)+f(t)$를 만족하려면

직선 $y=f'(t)(x-t)+f(t)$는 곡선 $y=f(x)$ 위의 점 $P(t, f(t))$에서의 접선이므로 접선이 주어진 곡선의 아래쪽에 있어야 하고, 이때 접점은 곡선의 아래로 볼록한 부분의 점이어야 한다.

$\underset{\text{접선}}{f'(t)(x-t)+f(t)}\leq\underset{\text{곡선}}{f(x)}$

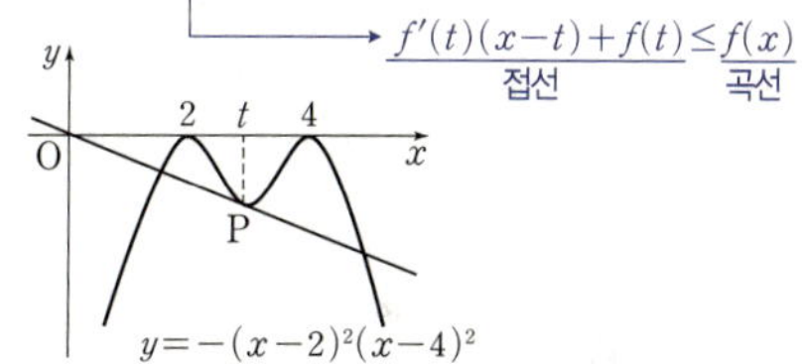

2nd 주어진 곡선 $y=f(x)$는 직선 $x=3$에 대하여 대칭이므로 구간 $[2, 3]$에서 주어진 부등식을 만족하는 t의 범위를 구해.

그런데 아래로 볼록한 부분에 있는 점에서의 접선 중에는 $y=f(x)$의 그래프 위쪽을 지나는 직선이 생길 수 있기 때문에 $2\leq t\leq 3$에서 접선의 방정식의 $x=2$일 때의 함숫값이 0 이하인 t의 범위를 구해야 한다.

$x=3$에서 극소이고 곡선이 좌우 대칭이 돼.

$y=-(x-2)^2(x-4)^2$에서

$y'=-2(x-2)(x-4)^2-2(x-2)^2(x-4)$

$=-2(x-2)(x-4)(2x-6)$

점 $(t, f(t))$에서의 접선의 방정식은

$y+(t-2)^2(t-4)^2=-2(t-2)(t-4)(2t-6)(x-t)$

이므로 $x=2$를 대입하여 함숫값을 구하면

$-(t-2)^2(t-4)^2+2(t-2)^2(t-4)(2t-6)$

$2\leq t\leq 3$에서 $x=2$일 때의 함숫값이 0 이하인 t의 범위를 구해야 하므로

$-(t-2)^2(t-4)^2+2(t-2)^2(t-4)(2t-6)\leq 0$

$(t-2)^2(t-4)(3t-8)\leq 0$, $(t-4)(3t-8)\leq 0$

$(t-2)^2\geq 0$이므로 $(t-4)(3t-8)\leq 0$이면 돼.

$\therefore \frac{8}{3}\leq t\leq 4$

그런데 $2\leq t\leq 3$이므로 $\frac{8}{3}\leq t\leq 3$

주의 $2\leq t\leq 3$인 경우의 t의 범위를 구했다는 것을 잊으면 안 돼.

즉, $\frac{8}{3}\leq t\leq 3$에서 $f(x)\geq f'(t)(x-t)+f(t)$를 만족한다.

마찬가지로 $y=f(x)$가 $x=3$에 대하여 대칭이므로 $3\le t\le \frac{10}{3}$에서도 주어진 부등식을 만족한다.

3rd p, q의 값을 구하여 $9pq$를 계산해.

따라서 주어진 부등식을 만족시키는 실수 t의 값의 범위는

$\frac{8}{3}\le t\le\frac{10}{3}$이므로 $p=\frac{8}{3}$, $q=\frac{10}{3}$

$\therefore 9pq=9\cdot\frac{8}{3}\cdot\frac{10}{3}=80$

> **접선의 방정식** 개념·공식
>
> 함수 $y=f(x)$ 위의 점 $(a, f(a))$에서의 접선의 방정식은
> $y-f(a)=f'(a)(x-a)$

E 34 정답 32 *접선의 방정식의 활용 [정답률 41%]

정답 공식: 함수 $f(x)$가 실수 전체의 집합에서 미분가능하려면 $f'(a)=0$이고 $x=a$에서 연속이고 $x=a$에서 미분가능해야 한다. 좌표평면에 $f(x)$, $g(x)$의 그래프를 그려보면 $f(x)$, $g(x)$가 접할 때 k가 최솟값을 가진다는 것을 알 수 있다.

두 실수 a와 k에 대하여 두 함수 $f(x)$와 $g(x)$는

$$f(x)=\begin{cases}0 & (x\le a)\\ (x-1)^2(2x+1) & (x>a)\end{cases},$$

$$g(x)=\begin{cases}0 & (x\le k)\\ 12(x-k) & (x>k)\end{cases}$$

이고, 다음 조건을 만족시킨다.

> 단서1 함수 $f(x)$는 $x<a$ 또는 $x>a$에서 미분가능하므로 $x=a$에서의 미분가능성을 조사하면 돼.
>
> (가) 함수 $f(x)$는 실수 전체의 집합에서 미분가능하다.
>
> (나) 모든 실수 x에 대하여 $f(x)\ge g(x)$이다.
>
> 단서2 모든 실수 x에 대하여 $f(x)\ge g(x)$이어야 하므로 함수 $y=f(x)$의 그래프는 함수 $y=g(x)$의 그래프보다 위쪽에 있거나 접해야 해.

k의 최솟값이 $\frac{q}{p}$일 때, $a+p+q$의 값을 구하시오.

(단, p와 q는 서로소인 자연수이다.) (4점)

1st 함수의 미분가능성을 이용하여 실수 a의 값을 구하자.

함수 $f(x)$는 $x<a$, $x>a$일 때, 미분가능하다.

이때, 조건 (가)에서 함수 $f(x)$가 실수 전체의 집합에서 미분가능하다고 했으므로 함수 $f(x)$는 $x=a$에서 미분가능해야 한다.

먼저 $x=a$에서 연속이어야 하므로

$\lim_{x\to a-}f(x)=\lim_{x\to a-}0=0$

$\lim_{x\to a+}f(x)=\lim_{x\to a+}(x-1)^2(2x+1)=(a-1)^2(2a+1)$

$f(a)=0$

즉, $(a-1)^2(2a+1)=0$이어야 하므로 $a=-\frac{1}{2}$ 또는 $a=1$ ⋯ ㉠

또한, $x=a$에서 미분가능하려면 미분계수가 존재해야 한다. → $\lim_{x\to a-}\frac{f(x)-f(a)}{x-a}=\lim_{x\to a+}\frac{f(x)-f(a)}{x-a}$여야 해.

$\lim_{x\to a-}\frac{f(x)-f(a)}{x-a}=\lim_{x\to a-}\frac{0-0}{x-a}=0$ ⋯ ㉡

$\lim_{x\to a+}\frac{f(x)-f(a)}{x-a}=\lim_{x\to a+}\frac{(x-1)^2(2x+1)}{x-a}$ $(\because f(a)=0)$

(i) ㉠에 의해 $a=-\frac{1}{2}$일 때

$$\lim_{x\to a+}\frac{f(x)-f(a)}{x-a}=\lim_{x\to -\frac{1}{2}+}\frac{(x-1)^2(2x+1)}{x-\left(-\frac{1}{2}\right)}=\lim_{x\to -\frac{1}{2}+}\frac{(x-1)^2(2x+1)}{\frac{1}{2}(2x+1)}=\lim_{x\to -\frac{1}{2}+}2(x-1)^2=\frac{9}{2}\ \cdots\ ㉢$$

그런데 ㉢의 값이 ㉡의 값과 다르므로 $a=-\frac{1}{2}$일 때 함수 $f(x)$는 $x=a$에서 미분가능하지 않다.

(ii) ㉠에 의해 $a=1$일 때

$$\lim_{x\to a+}\frac{f(x)-f(a)}{x-a}=\lim_{x\to 1+}\frac{(x-1)^2(2x+1)}{x-1}=\lim_{x\to 1+}(x-1)(2x+1)=0\ \cdots\ ㉣$$

즉, ㉣의 값이 ㉡의 값과 같으므로 $a=1$일 때 함수 $f(x)$는 $x=a$에서 미분가능하다.

따라서 (i), (ii)에서 $a=1$이다.

2nd 두 함수 $f(x)$와 $g(x)$의 그래프를 이용하여 조건 (나)의 부등식을 만족시키는 경우를 찾자.

조건 (나)에서 모든 실수 x에 대하여 $f(x)\ge g(x)$이어야 하므로 함수 $y=f(x)$의 그래프는 함수 $y=g(x)$의 그래프보다 위쪽에 있거나 접해야 한다. 먼저 $x>1$일 때, $y=f(x)$의 그래프를 그려보자.

$h(x)=(x-1)^2(2x+1)$이라 하면

$h'(x)=2(x-1)(2x+1)+(x-1)^2\cdot2=6x(x-1)$ ⋯ ㉤

이므로 $h'(x)=0$에서 $x=0$ 또는 $x=1$이다.

함수 $h(x)$의 증가와 감소를 표로 나타내면 다음과 같다.

x	⋯	0	⋯	1	⋯
$h'(x)$	+	0	−	0	+
$h(x)$	↗	1	↘	0	↗

즉, 함수 $y=h(x)$의 그래프는 [그림 1]과 같다.

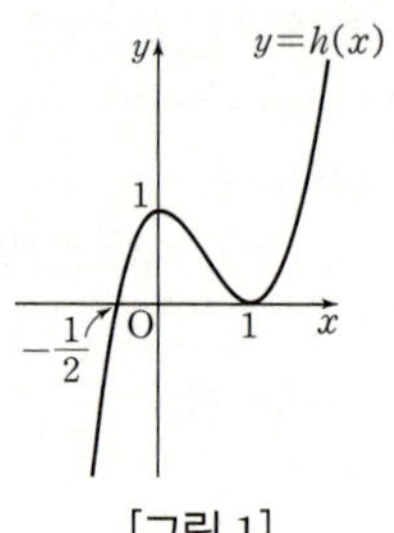

[그림 1]

따라서 조건 (나)에서 두 함수

$$f(x)=\begin{cases}0 & (x\le1)\\ h(x) & (x>1)\end{cases},\quad g(x)=\begin{cases}0 & (x\le k)\\ 12(x-k) & (x>k)\end{cases}$$

에 대하여 모든 실수 x에 대하여 $f(x)\ge g(x)$이려면 $y=f(x)$의 그래프와 $y=g(x)$의 그래프는 [그림 2]와 같아야 한다.

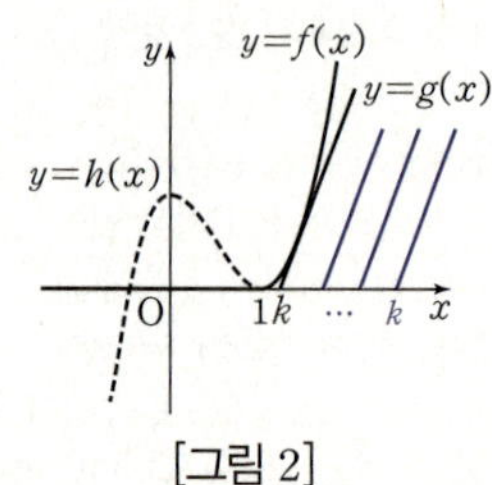

[그림 2]

$x>1$일 때 함수 $f(x)=(x-1)^2(2x+1)$의 그래프에 접하고 기울기가 12인 접선의 접점을 $(t, f(t))$ $(t>1)$라 하자.

$x>k$일 때, $g(x)=12(x-k)$이므로 함수 $g(x)$의 그래프는 기울기가 12인 직선이 돼.

$f'(x)=6x(x-1)$($\because$ ㉤)에서 접선의 기울기가 12이므로

$6t(t-1)=12$

$t^2-t-2=0$

$(t+1)(t-2)=0$

$\therefore t=-1$ 또는 $t=2$

이때, $t>1$이므로 $t=2$이다.

3rd k의 최솟값을 구하자.

$f(2)=(2-1)^2\times(4+1)=5$이므로 점 $(2, 5)$에서의 접선의 방정식은

곡선 $y=f(x)$ 위의 점 $(t, f(t))$에서의 접선의 방정식은 $y-f(t)=f'(t)(x-t)$

$y-5=12(x-2)$ $\qquad \therefore y=12x-19$

이때, $0=12x-19$에서 $x=\frac{19}{12}$이므로 이 접선의 x절편은 $\frac{19}{12}$이다.

즉, 조건 (나)의 부등식을 만족시키려면 $k\geq\frac{19}{12}$이므로

k의 최솟값은 $\frac{19}{12}$이다.

따라서 $p=12$, $q=19$이므로

$a+p+q=1+12+19=32$

E 35 정답 ② *접선의 방정식의 활용 [정답률 47%]

(정답 공식: 두 그래프를 그린 후, 교점이 세 개가 되도록 하는 k의 조건을 구한다.)

방정식 $|x^2-2x-6|=|x-k|+2$가 서로 다른 세 실근을 갖도록 하는 모든 실수 k의 값의 합은? (4점)

단서 방정식 $|x^2-2x-6|=|x-k|+2$가 서로 다른 세 실근을 가지려면 두 함수 $y=|x^2-2x-6|$, $y=|x-k|+2$의 그래프가 서로 다른 세 점에서 만나야 해.

① 1 ② 2 ③ 3
④ 4 ⑤ 5

1st 두 함수 $y=|x^2-2x-6|$, $y=|x-k|+2$의 그래프를 이용하여 세 점에서 만나도록 하는 경우를 생각해보자.

방정식 $|x^2-2x-6|=|x-k|+2$가 서로 다른 세 실근을 가지려면 두 함수 $y=|x^2-2x-6|$, $y=|x-k|+2$의 그래프가 서로 다른 세 점에서 만나야 한다.

먼저 함수 $y=|x^2-2x-6|$의 그래프를 그려보자.

$y=|x^2-2x-6|$의 그래프는 $y=x^2-2x-6=(x-1)^2-7$의 그래프에서 x축의 아랫부분을 x축에 대하여 대칭이동한 것이므로 그 그래프는 [그림 1]과 같다.

실수 각 함수의 의미를 이해하고 그릴 수 있어야 해.

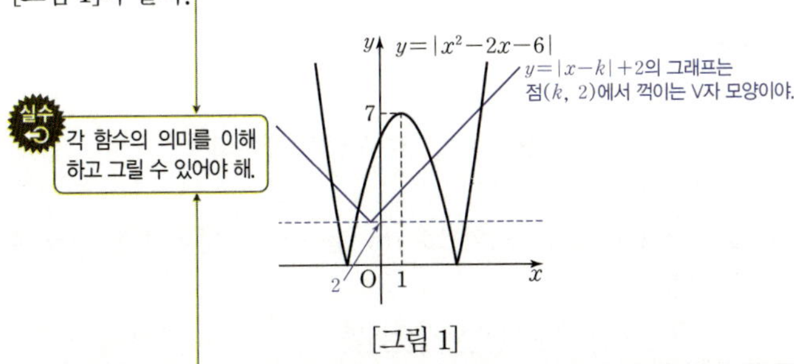

[그림 1]

이때, $y=|x-k|+2$의 그래프는 $y=|x|$의 그래프를 x축의 방향으로 k만큼, y축의 방향으로 2만큼 평행이동시킨 것이므로

두 함수 $y=|x^2-2x-6|$, $y=|x-k|+2$의 그래프가 서로 다른 세 점에서 만나려면 $y=|x-k|+2$의 그래프가 $y=|x^2-2x-6|$의 그래프에 접해야 한다.

2nd $k<1$인 경우 두 함수의 그래프가 접하도록 하는 k의 값을 구해.

함수 $y=|x^2-2x-6|=|(x-1)^2-7|$의 그래프의 축이 $x=1$이지? 즉, $y=|x-k|+2$의 그래프가 꺾이는 점 $(k, 2)$의 x좌표인 k의 값을 1을 기준으로 나눈 거야.

$k<1$일 때

$y=|x-k|+2$의 그래프가 $y=|x^2-2x-6|$의 그래프에 접하는 경우는 [그림 2]와 같다.

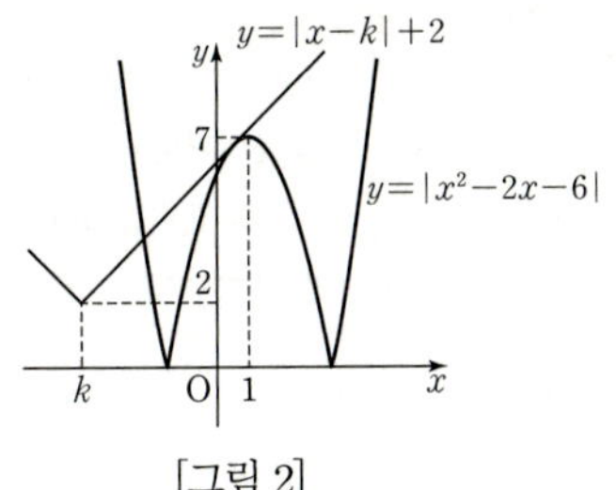

[그림 2]

즉, 곡선 $y=-x^2+2x+6$과 기울기가 양수인 직선 $y=x-k+2$가 접해야 한다.

그림에서 보면 곡선과 직선이 접하는 부분은 $y=|x^2-2x-6|$의 그래프에서 위로 볼록한 부분이야. 즉, $y=x^2-2x-6$의 그래프를 x축에 대하여 대칭이동한 $y=-x^2+2x+6$의 그래프와 직선이 접하게 돼.

접점의 좌표를 $(a, -a^2+2a+6)$이라 하면 $y=-x^2+2x+6$에서

$y'=-2x+2$이므로 접선의 기울기는 $-2a+2$이다.

$-2a+2=1$ (직선 $y=x-k+2$의 기울기야.) $\qquad \therefore a=\frac{1}{2}$

이때, 접점의 좌표는 $\left(\frac{1}{2}, \frac{27}{4}\right)$이고,

$a=\frac{1}{2}$일 때, $-a^2+2a+6=-\left(\frac{1}{2}\right)^2+2\times\frac{1}{2}+6=\frac{27}{4}$

이 접점이 직선 $y=x-k+2$ 위의 점이므로

$\frac{27}{4}=\frac{1}{2}-k+2$ $\qquad \therefore k=-\frac{17}{4}$

3rd $k>1$인 경우 두 함수의 그래프가 접하도록 하는 k의 값을 구해.

$k>1$일 때

$y=|x-k|+2$의 그래프가 $y=|x^2-2x-6|$의 그래프에 접하는 경우는 [그림 3]과 같다.

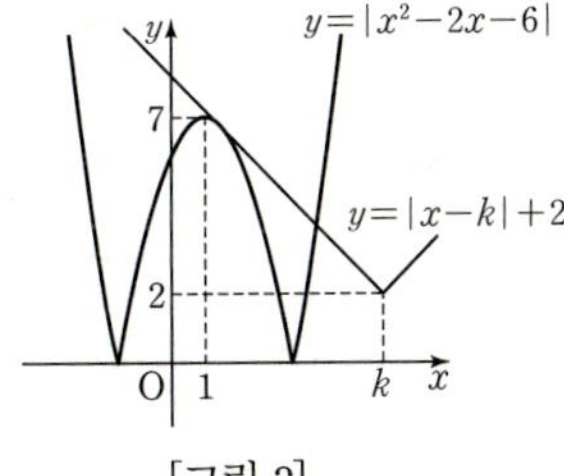

[그림 3]

즉, 곡선 $y=-x^2+2x+6$과 기울기가 음수인 직선 $y=-x+k+2$가 접해야 한다.

접점의 좌표를 $(b, -b^2+2b+6)$이라 하면 접선의 기울기는 $-2b+2$이므로

$y'=-2x+2$에 $x=b$를 대입!

$-2b+2=-1$ (직선 $y=-x+k+2$의 기울기야.) $\qquad \therefore b=\frac{3}{2}$

이때, 접점의 좌표는 $\left(\frac{3}{2}, \frac{27}{4}\right)$이고,

$b=\frac{3}{2}$일 때, $-b^2+2b+6=-\left(\frac{3}{2}\right)^2+2\times\frac{3}{2}+6=\frac{27}{4}$

이 접점이 직선 $y=-x+k+2$ 위의 점이므로

$\frac{27}{4}=-\frac{3}{2}+k+2$ $\qquad \therefore k=\frac{25}{4}$

따라서 구하는 모든 k의 값의 합은 $-\frac{17}{4}+\frac{25}{4}=2$

E 36 정답 ③ *미분을 이용한 함수의 증가, 감소의 결정 … [정답률 69%]

(**정답 공식**: $x<0$에서 $f'(x)\le 0$, $x>2$에서 $f'(x)\ge 0$, 즉 $f'(0)\le 0$, $f'(2)\ge 0$이다. 이때, $f'(-1)=0$이기 때문에 조건을 만족시키기 위해서는 $f'(x)$는 $x=-1$에서 x축에 접해야 한다. 구한 a, b에 대한 조건을 좌표평면 위에 나타낸다.)

단서1 $x<0$에서 $f'(x)\le 0$이고 $x>2$에서 $f'(x)\ge 0$이 성립해.

사차함수 $f(x)$의 도함수 $f'(x)$가 $f'(x)=(x+1)(x^2+ax+b)$이다. 함수 $y=f(x)$가 구간 $(-\infty, 0)$에서 감소하고 구간 $(2, \infty)$에서 증가하도록 하는 실수 a, b의 순서쌍 (a, b)에 대하여 a^2+b^2의 최댓값을 M, 최솟값을 m이라 하자. $M+m$의 값은? (4점)

단서2 $a^2+b^2=k^2$이라 하고 좌표평면에 나타내면 원이 돼.

① $\frac{21}{4}$ ② $\frac{43}{8}$ ③ $\frac{11}{2}$ ④ $\frac{45}{8}$ ⑤ $\frac{23}{4}$

1st 삼차함수 $y=f'(x)$의 그래프의 개형을 그려.

사차함수 $f(x)$의 도함수 $f'(x)=(x+1)(x^2+ax+b)$에 대하여 구간 $(-\infty, 0)$에서 감소하려면 $x<0$에서는 $f'(x)\le 0$이고, 구간 $(2, \infty)$에서 증가하려면 $x>2$에서는 $f'(x)\ge 0$이어야 하므로 삼차함수 $y=f'(x)$의 그래프의 개형은 그림과 같다.

즉, $f'(x)$는 $(x+1)^2$을 인수로 가져야 하므로 x^2+ax+b는 $x+1$을 인수로 가진다.

실수 조건으로부터 $y=f'(x)$의 그래프의 개형을 그릴 수 있어야 하고, $x=-1$에서 x축에 접하는 것으로부터 $f'(x)$가 $(x+1)^2$을 인수로 가진다는 것을 알아야 해.

즉, $(-1)^2-a+b=0$

[인수정리] 다항식 $f(x)$가 $x-a$를 인수로 가지면 $f(a)=0$

$\therefore b=a-1$ ⋯ ㉠

또, $f'(0)\le 0$, $f'(2)\ge 0$이므로

$f'(0)=b\le 0$ ⋯ ㉡

$f'(2)=3(4+2a+b)\ge 0$ $\quad\therefore b\ge -2a-4$ ⋯ ㉢

2nd a^2+b^2의 최댓값과 최솟값을 구해.

㉠을 ㉡, ㉢에 각각 대입하면

$a-1\le 0$ $\quad\therefore a\le 1$

$a-1\ge -2a-4$ $\quad\therefore a\ge -1$

$\therefore -1\le a\le 1$

$a^2+b^2=a^2+(a-1)^2=2a^2-2a+1$

$=2\left(a-\frac{1}{2}\right)^2+\frac{1}{2}$ (단, $-1\le a\le 1$)

따라서 a^2+b^2은 $a=\frac{1}{2}$일 때 최솟값 $\frac{1}{2}$, $a=-1$일 때 최댓값 5를 가지므로 $M+m=5+\frac{1}{2}=\frac{11}{2}$

함수의 증가와 감소의 판정 (개념·공식)

함수 $f(x)$가 어떤 구간에서 미분가능하고 이 구간의 모든 x에 대하여
① $f'(x)>0$이면 $f(x)$는 이 구간에서 증가한다.
② $f'(x)<0$이면 $f(x)$는 이 구간에서 감소한다.
그런데 일반적으로 위의 역은 성립하지 않는다. 즉,
③ 다항함수 $f(x)$가 어떤 구간에서 증가하면 이 구간의 모든 x에 대하여 $f'(x)\ge 0$이다.
④ 다항함수 $f(x)$가 어떤 구간에서 감소하면 이 구간의 모든 x에 대하여 $f'(x)\le 0$이다.
예를 들어 함수 $f(x)=x^3$은 구간 $(-\infty, \infty)$에서 임의의 두 실수 x_1, x_2에 대하여 $x_1<x_2$일 때, $x_1^3<x_2^3$이므로 증가한다. 그러나 $f'(0)=0$이므로 이 구간의 모든 x에 대하여 $f'(x)>0$인 것은 아니다.

E 37 정답 ② *미분을 이용한 함수의 증가, 감소의 결정 … [정답률 62%]

(**정답 공식**: 도함수 $f'(x)$가 x의 값에 관계없이 항상 0 이상이어야 한다.)

단서1 $|x-a|$가 포함되었으므로 $x\ge a$일 때와 $x<a$일 때 함수를 각각 구해 봐.

함수 $f(x)=x^3-9x^2+48|x-a|+5$가 실수 전체의 집합에서 증가하도록 하는 실수 a의 최댓값은? (3점)

단서2 극대, 극소가 없어야 해.

① $-\frac{5}{2}$ ② -2 ③ $-\frac{3}{2}$ ④ -1 ⑤ $-\frac{1}{2}$

1st $x=a$를 기준으로 $f'(x)\ge 0$이 되는 a의 범위를 생각하자.

함수 $f(x)$가 실수 전체의 집합에서 증가함수가 되기 위한 조건은 모든 실수 x에 대하여 $f'(x)\ge 0$이다. → 다시 말하면 극대, 극소가 안 생겨야 해. 함숫값이 계속 증가해야 하니까~.

(i) $x>a$일 때,

$f(x)=x^3-9x^2+48x-48a+5$이므로

$f'(x)=3x^2-18x+48$

$=3(x^2-6x+9)+48-27$

$=3(x-3)^2+21>0$

따라서 $x>a$일 때, 함수 $f(x)$는 증가함수이다.

(ii) $x=a$일 때,

$f(x)=x^3-9x^2+5$이므로

$f'(x)=3x^2-18x=3x(x-6)$

이때, $f'(x)\ge 0$이어야 하므로

$3x(x-6)\ge 0$

$\therefore x\le 0$ 또는 $x\ge 6$ ⋯ ㉠

(iii) $x<a$일 때,

$f(x)=x^3-9x^2-48x+48a+5$이므로

$f'(x)=3x^2-18x-48$

$=3(x^2-6x-16)$

$=3(x+2)(x-8)$

이때, $f'(x)\ge 0$이어야 하므로

$3(x+2)(x-8)\ge 0$

$\therefore x\le -2$ 또는 $x\ge 8$ ⋯ ㉡

㉠, ㉡의 공통 범위를 구하면 $x\le -2$ 또는 $x\ge 8$

따라서 $x\le a$일 때, $x\le -2$ 또는 $x\ge 8$이 성립하여야 함수 $f(x)$가 증가 함수가 되므로

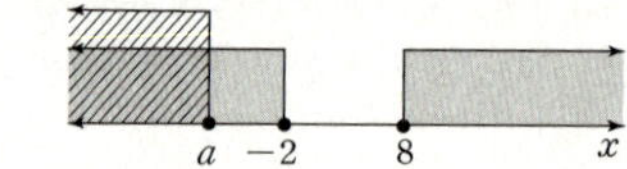

$a\le -2$

$\therefore$ (실수 a의 최댓값)$=-2$

[다른 풀이]

(i) $x>a$일 때,

$f'(x)=3(x-3)^2+21>0$이므로 $f(x)$는 증가해.

(ii) $x<a$일 때,

$f'(x)=3(x+2)(x-8)$이므로 $f(x)$는 $x=-2$에서 극대, $x=8$에서 극소야.

함수 $f(x)$가 모든 실수 x에서 증가하려면 오른쪽 그림과 같이 $a\le -2$이어야 해.

→ $x<a$일 때, 극대, 극소가 되는 $x=-2$, $x=8$이 그래프에 나타나지 않아야 해.

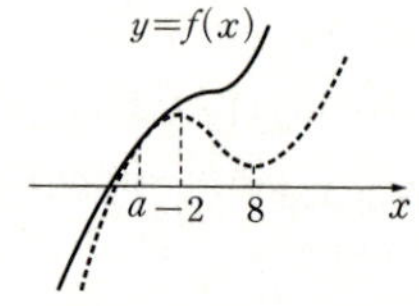

$\therefore a\le -2$

따라서 a의 최댓값은 -2야.

E 38 정답 17 ＊미분을 이용한 함수의 증가, 감소의 결정 ····· [정답률 43%]

(정답 공식: $f'(x)=0$의 근을 구해 극값을 가지는 x의 값을 구한다.)

> 함수 $f(x)=x^4-16x^2$에 대하여 다음 조건을 만족시키는 모든 정수 k값의 제곱의 합을 구하시오. (4점)
>
> 단서1 길이가 1인 구간을 뜻해.
>
> (가) 구간 $(k,\ k+1)$에서 $f'(x)<0$이다. 단서2 $f(x)$의 그래프가 감소해.
>
> (나) $f'(k)f'(k+2)<0$
>
> 단서3 $f'(k)$와 $f'(k+2)$의 부호가 달라야 해.

1st 조건 (가)를 만족시키는 정수 k의 범위를 구하자.

함수 $f(x)$의 도함수 $f'(x)$의 그래프를 그려 보자.

$f(x)=x^4-16x^2$에서 $f'(x)=4x^3-32x=4x(x+2\sqrt{2})(x-2\sqrt{2})$

이므로 $y=f'(x)$의 그래프는 그림과 같다.

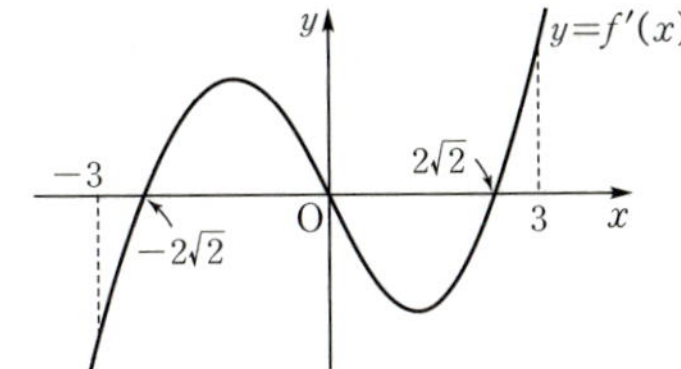

조건 (가)에서 $f'(x)<0$을 만족시키는 x의 값의 범위는

$x<-2\sqrt{2}$ 또는 $0<x<2\sqrt{2}$이다. → $y=f'(x)$의 그래프가 x축의 아랫부분에 있는 x의 값의 범위야.

이때, 구간 $(k,\ k+1)$에서

$f'(x)<0$이기 위한 정수 k의 값의 범위를 구하면

$k+1\le-2\sqrt{2}$에서 → 구간 $(k,\ k+1)$이 $x<-2\sqrt{2}$의 범위에 포함되려면 구간의 오른쪽 끝값이 $-2\sqrt{2}$ 이하이어야 해.

$k\le-2\sqrt{2}-1=-3.8\times\times\times$ $\quad\therefore k\le-4$ ⋯ ㉠

또는 $k\ge0$이고 $k+1\le2\sqrt{2}$에서 → 구간 $(k,\ k+1)$이 $0<x<2\sqrt{2}$에 포함되려면 구간의 왼쪽 끝값은 0 이상, 오른쪽 끝값은 $2\sqrt{2}$ 이하이어야 해.

$0\le k\le2\sqrt{2}-1=1.8\times\times\times$

$\therefore 0\le k\le1$ ⋯ ㉡

2nd ㉠, ㉡에서 조건 (나)를 만족시키는 정수 k의 값을 찾자.

그러면, $f'(k)$, $f'(k+2)$에 ㉠, ㉡을 만족시키는 정수 k의 값을 대입해 보자.

(i) $k=0$이면 $f'(0)=0$이므로 조건 (나)를 만족시키지 못한다.

(ii) $k=1$이면 $f'(1)<0$, $f'(3)>0$이므로 조건 (나)를 만족시킨다.

(iii) $k=-4$이면 $f'(-4)<0$, $f'(-2)>0$이므로 조건 (나)를 만족시킨다.

(iv) $k\le-5$이면 $k+2\le-3$에서 $f'(k)<0$, $f'(k+2)<0$이므로 조건 (나)를 만족시키지 못한다.

따라서 (i)~(iv)에 의하여 주어진 조건을 만족시키는 모든 정수 k의 값은 1, -4이므로 구하는 합은 $1^2+(-4)^2=1+16=17$

[다른 풀이]

$f'(x)=4x^3-32x=4x(x+2\sqrt{2})(x-2\sqrt{2})$이므로

$f'(x)=0$에서 $x=-2\sqrt{2}$ 또는 $x=0$ 또는 $x=2\sqrt{2}$

즉, 함수 $f(x)$의 증가와 감소를 표로 나타내면 다음과 같아.

x	⋯	$-2\sqrt{2}$	⋯	0	⋯	$2\sqrt{2}$	⋯
$f'(x)$	$-$	0	$+$	0	$-$	0	$+$
$f(x)$	↘	-64	↗	0	↘	-64	↗

조건 (가)에 의하여 함수 $f(x)$는 구간 $(k,\ k+1)$에서 감소해.

그런데 그래프가 감소하는 구간은 $(-\infty,\ -2\sqrt{2})$, $(0,\ 2\sqrt{2})$이고,

k는 정수이어야 하니까 $k=0,\ 1$ 또는 $k=-4,\ -5,\ \cdots$

(이하 동일)

E 39 정답 5 ＊미분을 이용한 극대, 극소 ····· [정답률 40%]

(정답 공식: 함수 $f(x)$의 극댓값이 존재하도록 하는 a의 조건을 찾는다.)

> 함수 $f(x)=\begin{cases}x^3-3ax & (x<0)\\ a(12x-x^3) & (x\ge0)\end{cases}$의 극댓값이 16일 때, 가능한 상수 a의 값의 합을 구하시오. (4점)
>
> 단서 $x<0$일 때, 극대가 될 지 $x\ge0$일 때, 극대가 될 지 판단해봐.

1st 상수 a의 범위에 따른 함수 $f(x)$의 그래프의 개형을 각각 그려봐.

함수 $f(x)=\begin{cases}x^3-3ax=x(x^2-3a) & (x<0)\\ a(12x-x^3)=ax(2\sqrt{3}+x)(2\sqrt{3}-x) & (x\ge0)\end{cases}$에 대하여 a의 범위에 따라 경우를 나누어 보자.

(i) $a>0$일 때, a의 부호에 따라서 $f(x)$의 그래프가 달라지므로 각각 판단해야 해.

$f(x)=\begin{cases}x(x^2-3a)=x(x+\sqrt{3a})(x-\sqrt{3a}) & (x<0)\\ ax(2\sqrt{3}+x)(2\sqrt{3}-x) & (x\ge0)\end{cases}$

이므로 함수 $y=f(x)$의 그래프의 개형은 그림과 같다.

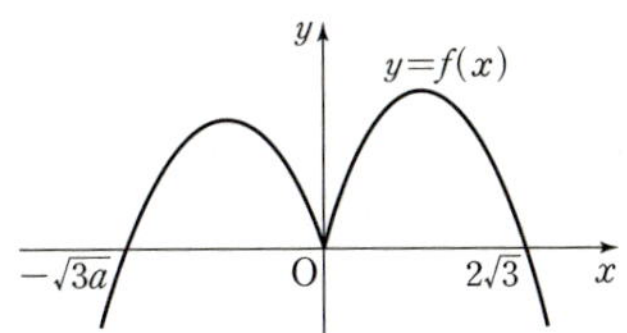

즉, $a>0$일 때, 함수 $f(x)$는 $-\sqrt{3a}<x<0$, $0<x<2\sqrt{3}$인 범위에서 극댓값을 가진다.

(ii) $a=0$일 때,

$f(x)=\begin{cases}x^3 & (x<0)\\ 0 & (x\ge0)\end{cases}$

이므로 함수 $y=f(x)$의 그래프의 개형은 그림과 같다.

즉, $a=0$일 때 함수 $f(x)$의 극댓값은 존재하지 않는다.

(iii) $a<0$일 때,

$f(x)=\begin{cases}x(x^2-3a) & (x<0)\\ ax(2\sqrt{3}+x)(2\sqrt{3}-x) & (x\ge0)\end{cases}$

이므로 함수 $y=f(x)$의 그래프의 개형은 그림과 같다.

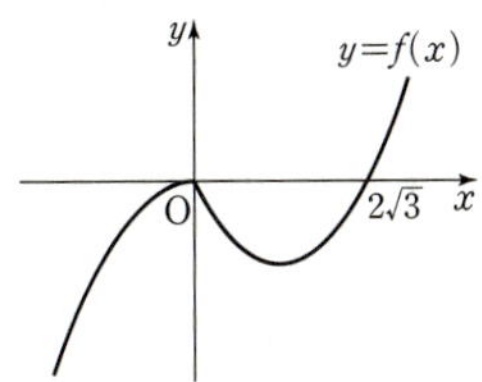

즉, $a<0$일 때, 함수 $f(x)$의 극댓값은 0으로 극댓값이 16이라는 조건에 모순이다.

2nd 함수 $f(x)$의 극댓값을 이용하여 a를 구하자.

(i)~(iii)에 의하여 $a>0$일 때, 함수 $f(x)$는 극댓값 16을 가진다.

$f'(x)=\begin{cases}3x^2-3a=3(x+\sqrt{a})(x-\sqrt{a}) & (x<0)\\ a(12-3x^2)=3a(2+x)(2-x) & (x>0)\end{cases}$

즉, $f(-\sqrt{a})=16$ 또는 $f(2)=16$이 가능하다.

$f(-\sqrt{a})=2a\sqrt{a}=16$에서 $a=4$

$f(2)=16a=16$에서 $a=1$

둘 다 $a>0$ 조건을 만족하므로 가능한 a의 값의 합은

$4+1=5$이다.

주의 $a>0$을 가정하고 구했으니까 $a>0$인 a만 가능하지. 꼭 확인해줘야 해.

E 40 정답 ③ *미분을 이용한 극대, 극소 [정답률 40%]

정답 공식: $h(-1)=h(3)=0$, $h'(-1)=h'(3)=0$이므로 $h(x)$의 함수식을 구할 수 있다.

그림과 같이 일차함수 $y=f(x)$의 그래프와 최고차항의 계수가 -1인 사차함수 $y=g(x)$의 그래프는 x좌표가 -1, 3인 두 점에서 접한다. 함수 $h(x)=f(x)-g(x)$라 할 때, 함수 $h(x)$의 극댓값은? (4점)

단서 방정식 $f(x)-g(x)=0$은 최고차항의 계수가 1인 사차방정식이고 이 방정식은 두 중근 -1, 3을 갖는다는 거니까 함수 $h(x)=f(x)-g(x)$의 식을 세울 수 있지?

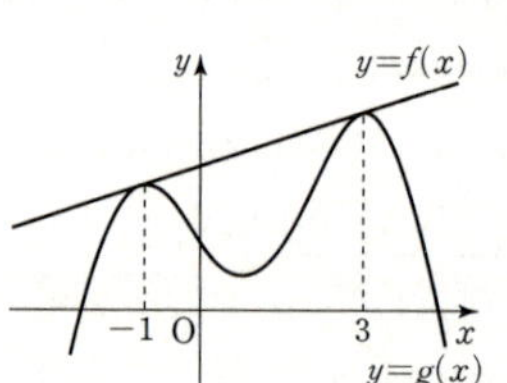

① $\frac{31}{2}$ ② $\frac{63}{4}$ ③ 16 ④ $\frac{65}{4}$ ⑤ $\frac{33}{2}$

1st 함수 $h(x)=f(x)-g(x)$의 식을 세워 봐.

사차함수 $g(x)$와 일차함수 $f(x)$의 그래프가 $x=-1$과 $x=3$에서 각각 접하므로 사차방정식 $f(x)=g(x)$, 즉 $f(x)-g(x)=0$은 $x=-1$과 $x=3$을 각각 중근으로 가진다.

따라서 $h(x)=f(x)-g(x)=a(x+1)^2(x-3)^2$ (단, a는 상수)이라 놓을 수 있다. 그런데 $g(x)$의 최고차항의 계수가 -1이므로 $a=1$이다.

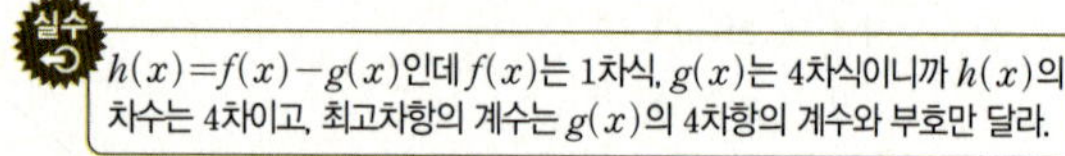
실수 $h(x)=f(x)-g(x)$인데 $f(x)$는 1차식, $g(x)$는 4차식이니까 $h(x)$의 차수는 4차이고, 최고차항의 계수는 $g(x)$의 4차항의 계수와 부호만 달라.

$\therefore h(x)=(x+1)^2(x-3)^2$

2nd 함수 $h(x)$의 증가와 감소를 표로 나타내어 극댓값을 구하자.

$h'(x)=2(x+1)(x-3)^2+2(x+1)^2(x-3)$
$=2(x+1)(x-3)(x-3+x+1)$
$=2(x+1)(x-3)(2x-2)$
$=4(x+1)(x-1)(x-3)$

[함수의 곱의 미분법] $\{f(x)g(x)\}'=f'(x)g(x)+f(x)g'(x)$

이므로 함수 $h(x)$의 증가와 감소를 표로 나타내면 다음과 같다.

x	…	-1	…	1	…	3	…
$h'(x)$	$-$	0	$+$	0	$-$	0	$+$
$h(x)$	↘	극소	↗	극대	↘	극소	↗

따라서 함수 $h(x)$는 $x=1$일 때, 극댓값을 가지므로 함수 $h(x)$의 극댓값은

$h'(1)=0$이고 $h'(x)$의 부호가 $x=1$의 좌우에서 양에서 음으로 바뀌므로 $h(x)$는 $x=1$에서 극댓값을 가지지.

$h(1)=(1+1)^2\times(1-3)^2=16$

함수의 증가와 감소의 판정 (개념·공식)

함수 $f(x)$가 어떤 구간에서 미분가능하고 이 구간의 모든 x에 대하여
① $f'(x)>0$이면 $f(x)$는 이 구간에서 증가한다.
② $f'(x)<0$이면 $f(x)$는 이 구간에서 감소한다.
그런데 일반적으로 위의 역은 성립하지 않는다. 즉,
③ 다항함수 $f(x)$가 어떤 구간에서 증가하면 이 구간의 모든 x에 대하여 $f'(x)\geq 0$이다.
④ 다항함수 $f(x)$가 어떤 구간에서 감소하면 이 구간의 모든 x에 대하여 $f'(x)\leq 0$이다.

E 41 정답 ② *미분을 이용한 극대, 극소 [정답률 65%]

정답 공식: $y'=f'(x)g(x)+f(x)g'(x)$의 값의 부호를 x의 범위를 나눠서 구해 본다.

삼차함수 $y=f(x)$와 일차함수 $y=g(x)$의 그래프가 그림과 같고, $f'(b)=f'(d)=0$이다.

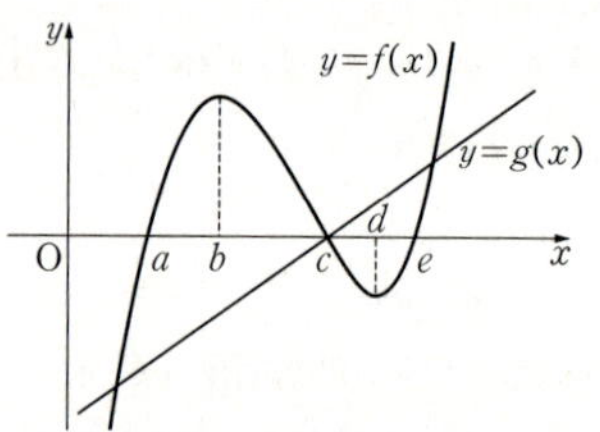

함수 $y=f(x)g(x)$는 $x=p$와 $x=q$에서 극소이다. 다음 중 옳은 것은? (단, $p<q$) (4점)

단서 미분가능한 함수는 도함수를 이용하여 극대, 극소를 찾을 수 있어. 즉, $y'=0$이고 y'의 부호가 음$(-)$에서 양$(+)$으로 바뀌는 점을 찾으면 돼.

① $a<p<b$이고 $c<q<d$ ② $a<p<b$이고 $d<q<e$
③ $b<p<c$이고 $c<q<d$ ④ $b<p<c$이고 $d<q<e$
⑤ $c<p<d$이고 $d<q<e$

1st 함수 $y=f(x)g(x)$의 도함수를 구하자.

두 함수 $f(x)$, $g(x)$가 각각 삼차함수, 일차함수이므로 함수 $f(x)g(x)$는 사차함수이다. 즉, 함수 $f(x)g(x)$는 실수 전체에서 미분가능한 함수이다.

(삼차항의 계수는 양수야. / 일차항의 계수가 양수야. / 최고차항의 계수가 양수이겠지.)

따라서 함수 $y=f(x)g(x)$의 양변을 x에 대하여 미분하면

$y'=f'(x)g(x)+f(x)g'(x)$

[곱의 미분법] $\{f(x)g(x)\}'=f'(x)g(x)+f(x)g'(x)$

2nd 함수 $y=f(x)g(x)$가 극소가 되는 두 점 $x=p$, $x=q$에 대하여 p, q가 속하는 구간을 찾자.

선택지를 보면 p, q가 a, b, c, d, e 사이의 어딘가 존재하는 거잖아. 그러니까 이 값들을 경계로 하여 도함수의 부호를 따져 봐야 해.

$x=a$, $x=b$, $x=c$, $x=d$, $x=e$를 기준으로 함수 $y=f(x)g(x)$의 도함수 $y'=f'(x)g(x)+f(x)g'(x)$의 부호를 판단하면 다음과 같다.

x	$f'(x)g(x)$	$f(x)g'(x)$	y'
$x<a$ …(★)	$-$	$-$	$-$
$x=a$	$-$	0	$-$
$a<x<b$	$-$	$+$	
$x=b$	0	$+$	$+$
$b<x<c$	$+$	$+$	$+$
$x=c$	0	0	0
$c<x<d$	$-$	$-$	$-$
$x=d$	0	$-$	$-$
$d<x<e$	$+$	$-$	
$x=e$	$+$	0	$+$
$x>e$	$+$	$+$	$+$

따라서 함수 $y=f(x)g(x)$의 증가와 감소를 표로 나타내면 다음과 같다.

x	…	a	…	b	…	c	…	d	…	e	…
y'	$-$	$-$		$+$	$+$	0	$-$	$-$		$+$	$+$
y	↘	↘		↗	↗	극대	↘	↘		↗	↗

즉, 함수 $y=f(x)g(x)$는 $x=c$에서 극대이고 $a<x<b$ …(★★), $d<x<e$에서 극소인 점이 존재한다.

이때, 문제의 조건에서 함수 $y=f(x)g(x)$가 $x=p$, $x=q(p<q)$에서 극소이므로 $a<p<b$, $d<q<e$이다.

수능 핵강

(★), 즉 $x<a$일 때의 도함수 $y'=f'(x)g(x)+f(x)g'(x)$의 부호를 따져 보자.

(i) 함수 $y=f(x)$의 그래프의 접선의 기울기가 양이므로 $f'(x)>0$

(ii) 함수 $g(x)$의 함숫값이 음이므로 $g(x)<0$

(iii) $f(x)$의 함숫값이 음이므로 $f(x)<0$

(iv) 직선 $y=g(x)$는 기울기가 양수인 일차함수이므로 $g'(x)$는 양의 상수야. 즉, $g'(x)>0$이야.

(i), (ii)에서 $f'(x)g(x)<0$이고

(iii), (iv)에서 $f(x)g'(x)<0$이므로

$y'=f'(x)g(x)+f(x)g'(x)=(-)+(-)=(-)$

나머지도 같은 방법으로 따져보면 돼.

또, (★★), 즉 $a<x<b$에서 극소인 점이 존재하는 이유는?

증가와 감소를 나타낸 표를 보면 b보다 작은 부분에서 y'의 부호가 $(-)\to(+)$이 되고 함수 $y=f(x)g(x)$는 다항함수니까 미분가능해.

따라서 b보다 작은 어떤 점에서 반드시 $y'=0$인 점이 존재하게 되는 거지.

즉, $a<x<b$에서 극소점이 존재하는 거야.

$d<x<e$에서도 마찬가지이고.

E 42 정답 ⑤ *미분을 이용한 극대, 극소 [정답률 45%]

정답 공식: $f(x)-x=g(x)$로 두고, $\{f(x)\}^2-x^2f(x)$를 $g(x)$에 대한 식으로 정리한 뒤 $g(x)$로 묶어 $r(x)$의 식을 구한다.

함수 $f(x)=x+(x-1)(x-2)(x-3)(x-4)$에 대하여 $\{f(x)\}^2-x^2f(x)$를 $f(x)-x$로 나눈 나머지를 $r(x)$라 하자. 함수 $r(x)$의 극댓값과 극솟값의 합은? (4점)

단서 다항식 A를 다항식 $B(B\neq0)$로 나누었을 때의 몫을 Q, 나머지를 R라고 하면 $A=BQ+R$ (단, (R의 차수)$<$(B의 차수)) 꼴로 표현할 수 있어.

① $\frac{3}{8}$ ② $\frac{4}{9}$ ③ $\frac{5}{12}$

④ $\frac{3}{16}$ ⑤ $\frac{4}{27}$

1st $\{f(x)\}^2-x^2f(x)$를 $f(x)-x$로 나누었을 때의 몫을 $Q(x)$라 놓고 식을 세워 봐.

$\{f(x)\}^2-x^2f(x)$를 $f(x)-x$로 나누었을 때의 몫을 $Q(x)$라 하면

$\{f(x)\}^2-x^2f(x)=\{f(x)-x\}Q(x)+r(x)$

(단, $r(x)$는 3차 이하의 다항식) ⋯ ㉠

($f(x)-x$가 사차식이므로 나머지 $r(x)$는 삼차 이하의 다항식이어야 해.)

이때, $g(x)=f(x)-x$라 하면

실수 치환을 하니까 어떻게 해야 할지 보이지? 식이 복잡할 때는 치환을 해봐.

$f(x)=g(x)+x$이므로 ㉠에서

$\{g(x)+x\}^2-x^2\{g(x)+x\}=g(x)Q(x)+r(x)$

$\{g(x)\}^2+2xg(x)+x^2-x^2g(x)-x^3=g(x)Q(x)+r(x)$

$g(x)\{g(x)+2x-x^2\}-x^3+x^2=g(x)Q(x)+r(x)$

$\therefore r(x)=-x^3+x^2$

2nd 함수 $r(x)$의 극댓값, 극솟값을 구해.

즉, $r(x)=-x^3+x^2$에서 $r'(x)=-3x^2+2x=-x(3x-2)$이므로

$r'(x)=0$에서 $x=0$ 또는 $x=\frac{2}{3}$

함수 $r(x)$의 증가와 감소를 표로 나타내면 다음과 같다.

x	⋯	0	⋯	$\frac{2}{3}$	⋯
$r'(x)$	$-$	0	$+$	0	$-$
$r(x)$	↘	0	↗	$\frac{4}{27}$	↘

따라서 함수 $r(x)$는 $x=0$에서 극솟값 0, $x=\frac{2}{3}$에서 극댓값 $\frac{4}{27}$를 가지므로 극댓값과 극솟값의 합은 $\frac{4}{27}$이다.

$x=\frac{2}{3}$일 때, $r\left(\frac{2}{3}\right)=-\left(\frac{2}{3}\right)^3+\left(\frac{2}{3}\right)^2=-\frac{8}{27}+\frac{4}{9}=\frac{4}{27}$

[다른 풀이]

$f(x)=x+(x-1)(x-2)(x-3)(x-4)$에서

$h(x)=(x-1)(x-2)(x-3)(x-4)$라 하면 $f(x)=x+h(x)$이므로

$\{f(x)\}^2-x^2f(x)=\{x+h(x)\}^2-x^2\{x+h(x)\}$

$=x^2+2xh(x)+\{h(x)\}^2-x^3-x^2h(x)$

$=h(x)\{h(x)-x^2+2x\}-x^3+x^2$ ⋯ ㉠

($h(x)=(x-1)(x-2)(x-3)(x-4)$이므로 사차함수지?)

즉, $f(x)-x=h(x)$이고 $h(x)$가 사차함수이므로 $\{f(x)\}^2-x^2f(x)$를 $h(x)$로 나누었을 때의 나머지 $r(x)$는 삼차 이하의 함수가 돼.

따라서 $\{f(x)\}^2-x^2f(x)$를 $f(x)-x$, 즉 $h(x)$로 나눈 나머지는 ㉠에 의해 $r(x)=-x^3+x^2$이야.

(이하 동일)

E 43 정답 6 *미분을 이용한 극대, 극소 [정답률 48%]

정답 공식: 미분가능한 함수 $f(x)$에 대하여 $f'(a)=0$이고 $x=a$의 좌우에서 $f'(x)$의 부호가 음에서 양으로 바뀌면 함수 $f(x)$는 $x=a$에서 극솟값을 갖는다.

함수 $f(x)=x^3-6x^2+ax+10$에 대하여 함수

$$g(x)=\begin{cases} b-f(x) & (x<3) \\ f(x) & (x\geq3) \end{cases}$$

이 실수 전체의 집합에서 미분가능할 때, 함수 $g(x)$의 극솟값을 구하시오. (단, a, b는 상수이다.) (4점)

단서 함수 $g(x)$가 $x<3$과 $x\geq3$에서 각각 미분가능하므로 함수 $g(x)$가 실수 전체의 집합에서 미분가능하기 위해서는 $x=3$에서 미분가능하면 돼.

1st $x=3$에서 미분가능함을 이용하여 a, b의 값을 각각 구하자.

함수 $g(x)$가 실수 전체의 집합에서 미분가능하므로 함수 $g(x)$는 $x=3$에서 연속이고 미분가능하다.

함정 이 문제에서 함수 $g(x)$가 실수 전체의 집합에서 미분가능하다는 정보를 통해 $x=3$에서 연속임을 이끌어내야 상수 a, b의 값을 모두 구할 수 있어.

먼저, 함수 $g(x)$가 $x=3$에서 연속이므로

$\lim_{x\to3-}g(x)=\lim_{x\to3+}g(x)=g(3)$이어야 한다.

함수 $f(x)$가 $x=a$에서 연속이면 $\lim_{x\to a-}f(x)=\lim_{x\to a+}f(x)=f(a)$

즉, $b-f(3)=f(3)$ ⋯ ㉠이고

$f(3)=27-54+3a+10=3a-17$이므로

㉠에 대입하면

$b-(3a-17)=3a-17$

$\therefore b=6a-34$ ⋯ ㉡

또한, 함수 $g(x)$가 $x=3$에서 미분가능하므로

$\lim_{x\to3-}\frac{g(x)-g(3)}{x-3}=\lim_{x\to3+}\frac{g(x)-g(3)}{x-3}$이어야 한다.

함수 $f(x)$가 $x=a$에서 미분가능하면 $\lim_{x\to a-}\frac{f(x)-f(a)}{x-a}=\lim_{x\to a+}\frac{f(x)-f(a)}{x-a}$

이때,

$\lim_{x\to3-}\frac{g(x)-g(3)}{x-3}=\lim_{x\to3-}\frac{b-f(x)-f(3)}{x-3}$

$=\lim_{x\to3-}\frac{-f(x)+\{b-f(3)\}}{x-3}$

$=\lim_{x\to3-}\frac{-f(x)+f(3)}{x-3}$

(함수 $g(x)$가 $x=3$에서 연속이므로 $b-f(3)=f(3)$이야.)

$=-\lim_{x\to3-}\frac{f(x)-f(3)}{x-3}$

$=-f'(3)$

$\lim_{x\to3+}\frac{g(x)-g(3)}{x-3}=\lim_{x\to3+}\frac{f(x)-f(3)}{x-3}=f'(3)$

이므로

$-f'(3)=f'(3)$

$\therefore f'(3)=0$

이때, $f(x)=x^3-6x^2+ax+10$에서

$f'(x)=3x^2-12x+a$이므로

$f'(3)=27-36+a=0$

$\therefore a=9$

$a=9$를 ㉡에 대입하면 $b=54-34=20$

2nd 함수 $g(x)$의 극솟값을 찾자.

$f(x)=x^3-6x^2+9x+10$, $b=20$을

$g(x)=\begin{cases}b-f(x) & (x<3)\\ f(x) & (x\ge3)\end{cases}$에 대입하여 정리하면

$g(x)=\begin{cases}-x^3+6x^2-9x+10 & (x<3)\\ x^3-6x^2+9x+10 & (x\ge3)\end{cases}$

(i) $x<3$일 때

$g'(x)=-3x^2+12x-9=-3(x-1)(x-3)$이므로

$g'(x)=0$에서 $x=1$ ($\because x<3$)

(ii) $x\ge3$일 때

$g'(x)=3x^2-12x+9=3(x-1)(x-3)$이므로

$g'(x)=0$에서 $x=3$ ($\because x\ge3$)

(i), (ii)에 의하여 함수 $g(x)$의 증가와 감소를 표로 나타내면 다음과 같다.

x	$\cdots$	1	$\cdots$	3	$\cdots$
$g'(x)$	$-$	0	$+$	0	$+$
$g(x)$	↘	극소	↗		↗

따라서 함수 $g(x)$는 $x=1$에서 극솟값을 가지므로 구하는 극솟값은 $g(1)=-1+6-9+10=6$이다.

$g(x)$의 $x<3$일 때의 함수식에 $x=1$을 대입한 거야.

쉬운 풀이

$g(x)=\begin{cases}-x^3+6x^2-ax+b-10 & (x<3)\\ x^3-6x^2+ax+10 & (x\ge3)\end{cases}$에서

$g'(x)=\begin{cases}-3x^2+12x-a & (x<3)\\ 3x^2-12x+a & (x>3)\end{cases}$

이때, 함수 $g(x)$가 $x=3$에서 미분가능하므로

$\lim_{x\to3-}g'(x)=\lim_{x\to3+}g'(x)$가 성립해야 해.

즉, $\lim_{x\to3-}g'(x)=\lim_{x\to3-}(-3x^2+12x-a)=-27+36-a=-a+9$

$\lim_{x\to3+}g'(x)=\lim_{x\to3+}(3x^2-12x+a)=27-36+a=a-9$이므로

$-a+9=a-9$에서 $2a=18$

$\therefore a=9$

(이하 동일)

미분가능한 함수의 극대·극소의 판정 개념·공식

미분가능한 함수 $f(x)$에 대하여 $f'(a)=0$이고 $x=a$의 좌우에서

① $f'(x)$의 부호가 양(+)에서 음(−)으로 바뀌면 $f(x)$는 $x=a$에서 극대이고 극댓값은 $f(a)$이다.

② $f'(x)$의 부호가 음(−)에서 양(+)으로 바뀌면 $f(x)$는 $x=a$에서 극소이고 극솟값은 $f(a)$이다.

E 44 정답 ④ *미분을 이용한 극대, 극소 [정답률 40%]

(정답 공식: $0\le t\le1$, $1\le t\le\frac{3}{2}$으로 t의 범위를 나누어 $f(t)$를 구해야 한다.)

단서1 t초 후에 점 P가 움직인 거리는 t, 점 Q가 움직인 거리는 $\frac{2}{3}t$이므로 t에 따라 점 P, Q의 위치가 어느 선분 위에 있을지 생각해봐야 해.

한 변의 길이가 1인 정사각형 ABCD가 있다. 점 P는 B를 출발하여 매초 1의 속력으로 정사각형 ABCD의 변을 따라 B → C → D → A의 방향으로 움직이고, 점 Q는 C를 출발하여 매초 $\frac{2}{3}$의 속력으로 정사각형 ABCD의 변을 따라 C → D → A → B의 방향으로 움직인다. 두 점 P, Q가 각각 B, C에서 동시에 출발한 후 시각 t초일 때 삼각형 APQ의 넓이를 $f(t)$라 하자. [보기]에서 옳은 것만을 있는 대로 고른 것은? $\left(\text{단, } 0\le t\le\frac{3}{2}\right)$ (5점)

단서2 삼각형 APQ가 만들어지려면 두 점 P, Q는 선분 BC 또는 선분 CD 위에 존재해야 함을 꼭 기억해.

[보기]

ㄱ. $f(t)$는 구간 $\left(0, \frac{3}{2}\right)$에서 미분가능하다.

ㄴ. $f(t)$는 $t=\frac{3}{4}$에서 극솟값을 갖는다.

ㄷ. $f(t)$는 $t=1$에서 극댓값을 갖는다.

① ㄱ ② ㄴ ③ ㄱ, ㄷ
④ ㄴ, ㄷ ⑤ ㄱ, ㄴ, ㄷ

1st 시각 t에 따라 점 P, Q의 위치를 조사하고, 각 경우의 $f(t)$를 구해.

t초 후에 점 P가 움직인 거리는 t, 점 Q가 움직인 거리는 $\frac{2}{3}t$이다.

따라서 $t=1$의 값을 기준으로 나누어 $f(t)$를 구해보자.

정사각형의 한 변의 길이가 1이고 점 P가 매초 1의 속력으로 움직이므로 $t=1$의 값을 기준으로 점 P가 위치한 변이 달라져.

[그림 1]

(i) $0\le t\le1$일 때, [그림 1]과 같이 점 P는 선분 BC, 점 Q는 선분 CD 위에 있다.

즉, $\overline{BP}=t$, $\overline{CQ}=\frac{2}{3}t$이고

$\triangle APQ=$(정사각형 ABCD의 넓이) $-(\triangle ABP+\triangle PCQ+\triangle ADQ)$

이므로

$f(t)=1-\left\{\frac{1}{2}\cdot1\cdot t+\frac{1}{2}\cdot\frac{2}{3}t\cdot(1-t)+\frac{1}{2}\cdot1\cdot\left(1-\frac{2}{3}t\right)\right\}$

$=\frac{t^2}{3}-\frac{t}{2}+\frac{1}{2}$

(ii) $1<t\le\frac{3}{2}$일 때, [그림 2]와 같이 두 점 P와 Q는 모두 선분 CD 위에 있다.

점 Q가 매초 $\frac{2}{3}$의 속력으로 움직이므로 점 D에 위치할 때까지의 시간은 $\frac{2}{3}t=1$에서 $t=\frac{3}{2}$이야.

즉, $\triangle APQ=\frac{1}{2}\cdot\overline{PQ}\cdot\overline{AD}$이므로

$f(t)=\frac{1}{2}\cdot\left(1-\frac{t}{3}\right)\cdot1=\frac{1}{2}-\frac{t}{6}$

$\overline{PQ}=\overline{CQ}-\overline{PC}=\frac{2}{3}t-(t-1)=1-\frac{t}{3}$

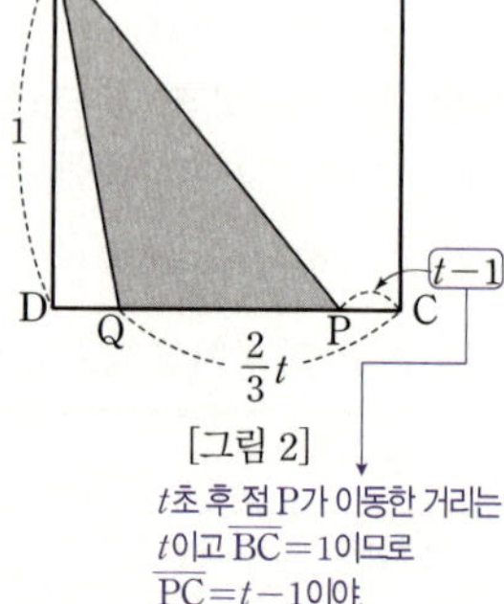

[그림 2]

t초 후 점 P가 이동한 거리는 t이고 $\overline{BC}=1$이므로 $\overline{PC}=t-1$이야.

$$\therefore f(t)=\begin{cases}\dfrac{t^2}{3}-\dfrac{t}{2}+\dfrac{1}{2} & (0\le t\le 1)\\ \dfrac{1}{2}-\dfrac{t}{6} & \left(1<t\le \dfrac{3}{2}\right)\end{cases}$$

2nd 주어진 구간에서 미분가능하려면 구간의 모든 점에 대한 미분계수가 존재해야 해.

$0\le t\le 1$, $1<t\le \frac{3}{2}$에서의 $f(t)$가 각각 다항함수이므로 각 구간에서는 모든 실수 t에 대하여 미분가능해.

ㄱ. $f(t)$는 구간 $\left(0, \frac{3}{2}\right)$에서 $t=1$을 제외한 모든 점에서 미분가능하므로 $t=1$에서의 좌미분계수와 우미분계수를 비교하자.

$$\lim_{t\to 1-}\frac{f(t)-f(1)}{t-1}=\lim_{t\to 1-}\frac{\frac{t^2}{3}-\frac{t}{2}+\frac{1}{2}-\left(\frac{1}{3}-\frac{1}{2}+\frac{1}{2}\right)}{t-1}$$
$$=\lim_{t\to 1-}\frac{\frac{t^2}{3}-\frac{t}{2}+\frac{1}{6}}{t-1}$$
$$=\frac{1}{6}\lim_{t\to 1-}\frac{2t^2-3t+1}{t-1}$$
$$=\frac{1}{6}\lim_{t\to 1-}\frac{(2t-1)(t-1)}{t-1}$$
$$=\frac{1}{6}\lim_{t\to 1-}(2t-1)=\frac{1}{6}$$

$$\lim_{t\to 1+}\frac{f(t)-f(1)}{t-1}=\lim_{t\to 1+}\frac{\frac{1}{2}-\frac{t}{6}-\left(\frac{1}{3}-\frac{1}{2}+\frac{1}{2}\right)}{t-1}$$
$$=\lim_{t\to 1+}\frac{\frac{1}{6}-\frac{t}{6}}{t-1}$$
$$=-\frac{1}{6}\lim_{t\to 1+}\frac{t-1}{t-1}=-\frac{1}{6}$$

즉, $t=1$에서의 좌미분계수와 우미분계수가 다르므로 함수 $f(t)$는 $t=1$에서 미분가능하지 않다. (거짓)

3rd 극대, 극소 정의를 통해 참, 거짓을 판단해.

ㄴ. $0<t<1$일 때, $f'(t)=\frac{2}{3}t-\frac{1}{2}$

$f'(t)=0$에서 $t=\frac{3}{4}$이므로 함수 $f'(t)$의 증가와 감소를 표로 나타내면 다음과 같다.

t	(0)	$\cdots$	$\frac{3}{4}$	$\cdots$	(1)
$f'(t)$		$-$	0	$+$	
$f(t)$		↘	극소	↗	

즉, $t=\frac{3}{4}$에서 함수 $f(t)$는 극솟값을 갖는다. (참)

$f'(a)=0$이고 $x=a$의 좌우에서 $f'(x)$의 부호가 음$(-)$에서 양$(+)$으로 바뀌면 $f(x)$는 $x=a$에서 극솟값을 가져.

ㄷ. 함수 $y=f(t)$의 그래프는 그림과 같다.

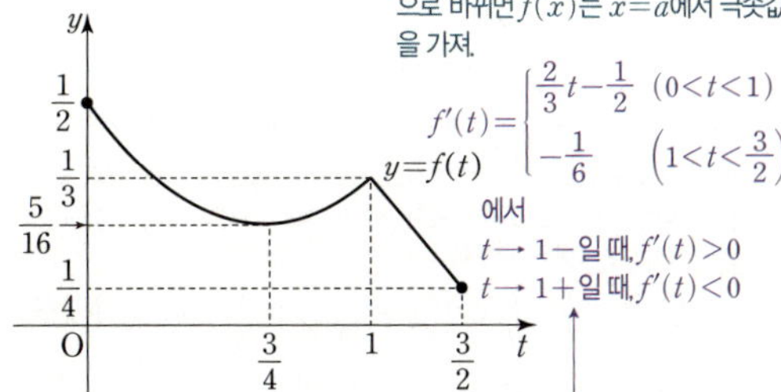

$f'(t)=\begin{cases}\frac{2}{3}t-\frac{1}{2} & (0<t<1)\\ -\frac{1}{6} & \left(1<t<\frac{3}{2}\right)\end{cases}$에서
$t\to 1-$일 때, $f'(t)>0$
$t\to 1+$일 때, $f'(t)<0$

즉, 함수 $f(t)$가 $t=1$에서 연속이고 $t=1$을 기준으로 $f'(t)$의 부호가 양에서 음으로 바뀌므로 $f(t)$는 $t=1$에서 극댓값을 갖는다. (참)

따라서 옳은 것은 ㄴ, ㄷ이다.

함수 $f(x)$에서 $x=a$를 포함하는 어떤 열린구간에 속하는 모든 x에 대하여 $f(x)\le f(a)$일 때, 함수 $f(x)$는 $x=a$에서 극대라 하고, $f(a)$를 극댓값이라고 해.

E 45 정답 14 *함수의 극대와 극소의 활용 [정답률 47%]

(정답 공식: $f'(x)=0$의 두 근 사이에 a가 있으므로 $f'(a)<0$이다.)

직선 $x=a$가 곡선 $f(x)=x^3-ax^2-(a+56)x+5$의 극대가 되는 점과 극소가 되는 점 사이를 지날 때, 정수 a의 개수를 구하시오. (3점)

단서 이 구간에서 $f(x)$는 감소할까? 증가할까?

1st 직선 $x=a$가 극대 · 극소점 사이를 지나는 조건을 생각해 보자.

직선 $x=a$가 곡선 $y=f(x)$의 극대점과 극소점 사이를 지나도록 그래프를 그려 보자.

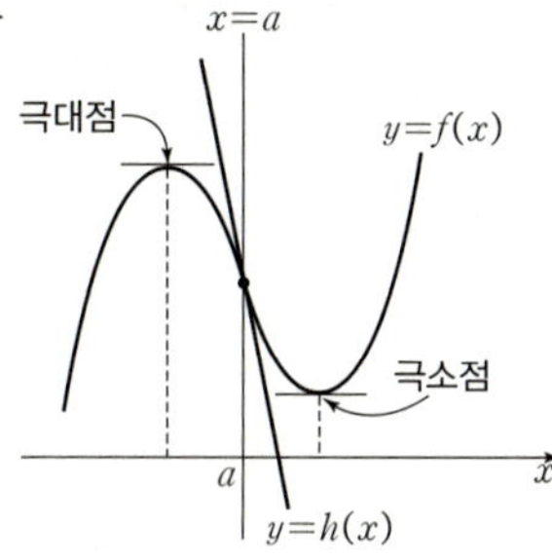

이때, $x=a$에서 곡선 $y=f(x)$의 접선의 방정식을 $y=h(x)$라 하면 접선 $h(x)$의 기울기는 $f'(a)$이므로 그림과 같이 극대점과 극소점 사이를 직선 $x=a$가 지나는 조건은 $f'(a)<0$이다.

삼차항의 계수가 양수인 삼차함수의 극대점에서 극소점까지는 함수가 감소하므로 그 구간 안의 x의 값에 대하여 미분계수는 음수겠지.

2nd a가 정수라는 것에 주의하여 정수 a의 개수를 구하자.

$f(x)=x^3-ax^2-(a+56)x+5$에서
$f'(x)=3x^2-2ax-(a+56)$
즉, $f'(a)=3a^2-2a^2-(a+56)=a^2-a-56<0$이므로
$a^2-a-56<0$, $(a-8)(a+7)<0$
$\therefore -7<a<8$
따라서 조건을 만족하는 정수 a의 개수는 $-6, -5, \cdots, -1, 0, 1, \cdots, 6, 7$로 14개이다.

[다른 풀이]

극대점과 극소점이 되는 x좌표의 값을 각각 α, β라 하고, 함수 $f(x)$의 도함수 $f'(x)$의 그래프를 그려보자.

$f'(x)$는 이차함수야.

$y=f'(x)$, α, a, β, x

이때, 직선 $x=a$는 극대 · 극소가 되는 점 사이를 지나야 하므로 $\alpha<a<\beta$를 만족해야겠지?

이차방정식 $f'(x)=0$의 두 근 사이에 a가 있을 조건을 구해야 해.

$\therefore f'(a)<0$
(이하 동일)

E 46 정답 ③ *함수의 극대와 극소의 활용 [정답률 56%]

(정답 공식: $g(x)=(x+n)f(x)$로 두면 $g(n)=g(-n)=0$이다. 또한 모든 실수 x에 대하여 $g(x)\ge 0$이어야 하므로 조건을 만족시키는 $g(x)$는 $x=\pm n$에서 x축에 접해야 한다.)

자연수 n에 대하여 최고차항의 계수가 1이고 다음 조건을 만족시키는 삼차함수 $f(x)$의 극댓값을 a_n이라 하자.

(가) $f(n)=0$ 단서 인수정리에 의하여 $f(x)$는 $x-n$을 인수로 가져.
(나) 모든 실수 x에 대하여 $(x+n)f(x)\ge 0$이다.

a_n이 자연수가 되도록 하는 n의 최솟값은? (4점)

① 1 ② 2 ③ 3
④ 4 ⑤ 5

1st 주어진 조건을 이용하여 삼차함수 $f(x)$의 식을 유추해.

조건 (가)에서 $f(n)=0$이고 삼차함수 $f(x)$의 최고차항의 계수가 1이므로 두 상수 a, b에 대하여 $f(x)=(x-n)(x^2+ax+b)$라 하자.

→ $x=n$이 삼차방정식 $f(x)=0$의 근이라는 거야.

한편, $g(x)=(x+n)f(x)=(x+n)(x-n)(x^2+ax+b)$ ⋯ ㉠라 하면

$g(n)=g(-n)=0$ → $x=n$과 $x=-n$에서 $y=g(x)$의 그래프가 x축과 만나야겠지.

조건 (나)에서 모든 실수 x에 대하여

$(x+n)f(x)=g(x)\geq 0$이므로

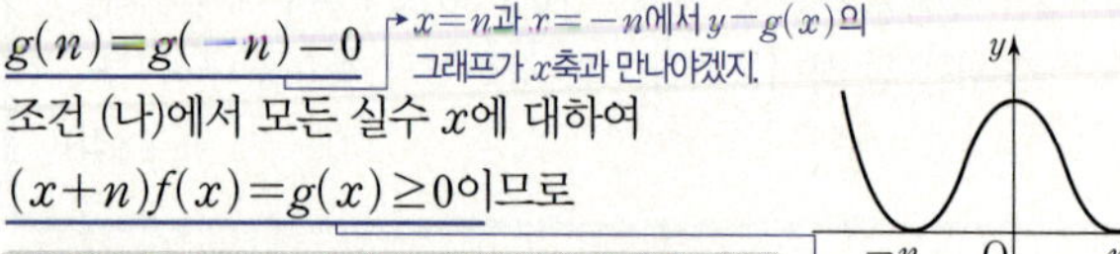

사차함수 $y=g(x)$의 그래프는 그림과 같이 $x=-n$, $x=n$에서 x축에 접해야 한다.

→ $y=g(x)$의 그래프가 x축 아래에 있는 부분이 없어.

$\therefore g(x)=(x-n)^2(x+n)^2$

따라서 ㉠에 의하여

$f(x)=(x-n)^2(x+n)$ ⋯ ㉡

실수: 주어진 조건으로부터 $y=g(x)$의 그래프의 개형을 추론할 수 있어야 해.

2nd 함수 $f(x)$의 극댓값 a_n을 구하자.

$f'(x)=2(x-n)(x+n)+(x-n)^2$

$\quad=(x-n)(3x+n)$

$f'(x)=0$에서 $x=n$ 또는 $x=-\frac{n}{3}$이므로 자연수 n에 대하여 함수 $f(x)$의 증가와 감소를 표로 나타내면 다음과 같다.

→ n이 자연수이므로 $n>-\frac{n}{3}$이야.

x	⋯	$-\frac{n}{3}$	⋯	n	⋯
$f'(x)$	+	0	−	0	+
$f(x)$	↗	극대	↘	극소	↗

따라서 함수 $f(x)$는 $x=-\frac{n}{3}$에서 극댓값을 가지므로 ㉡에 의하여

$a_n=f\left(-\frac{n}{3}\right)=\left(-\frac{n}{3}-n\right)^2\left(-\frac{n}{3}+n\right)=\frac{32}{27}n^3$

3rd a_n이 자연수가 되도록 하는 자연수 n의 최솟값을 구해.

$a_n=\frac{32}{27}n^3$이 자연수가 되려면 n^3은 27의 배수가 되어야 한다.

따라서 자연수 k에 대하여 $n^3=27k=3^3k$이어야 하므로

$k=1$일 때, 자연수 n의 최솟값은 3이다.

E 47 정답 ② *함수의 극대와 극소의 활용 ············ [정답률 45%]

정답 공식: $g(x)$의 정의를 이용해 ㄱ을 판단하고, $g'(x)$를 구해 ㄴ, ㄷ의 진위 여부를 판정한다.

자연수 n에 대하여 함수 $f(x)$를 $f(x)=x^2+\frac{1}{n}$이라 하고 함수 $g(x)$를

$$g(x)=\begin{cases}(x-1)f(x) & (x\geq 1)\\(x-1)^2f(x) & (x<1)\end{cases}$$

이라 할 때, [보기]에서 옳은 것만을 있는 대로 고른 것은? (4점)

[보기]

ㄱ. $\lim_{x\to 1-}\frac{g(x)}{x-1}=0$ 단서1 $x\to 1-$, 즉 $x<1$이므로 $g(x)=(x-1)^2f(x)$가 돼.

ㄴ. $n=1$일 때, 함수 $g(x)$는 $x=1$에서 극솟값을 갖는다.

단서2 $x=a$를 포함하는 어떤 구간에 속하는 모든 x에 대하여 $g(x)\geq g(a)$이면 함수 $g(x)$는 $x=a$에서 극소라 해.

ㄷ. 함수 $g(x)$가 극대 또는 극소가 되는 x의 개수가 1인 n의 개수는 5이다. 단서3 ㄴ과 같은 방법으로 자연수 n에 대하여 함수 $g(x)$가 $x=1$에서 극소인지 확인해봐. $x=1$에서 극값을 갖는다면 $x\neq 1$인 곳에서는 극값이 존재하지 않아야 해.

① ㄱ ② ㄱ, ㄴ ③ ㄱ, ㄷ
④ ㄴ, ㄷ ⑤ ㄱ, ㄴ, ㄷ

1st $x<1$일 때의 함수 $g(x)$의 식을 대입하여 $\lim_{x\to 1-}\frac{g(x)}{x-1}$의 값을 구해봐.

→ $x\to 1-$이면 $x<1$이지.

ㄱ. $x<1$에서 $g(x)=(x-1)^2f(x)$이므로

$\lim_{x\to 1-}\frac{g(x)}{x-1}=\lim_{x\to 1-}\frac{(x-1)^2f(x)}{x-1}$

$=\lim_{x\to 1-}(x-1)\left(x^2+\frac{1}{n}\right)=0$ (참)

→ $0\times$(상수) 꼴이야.

2nd $n=1$일 때, 함수 $g(x)$가 $x=1$에서 극솟값을 갖는지 확인하자.

ㄴ. $n=1$이면 $f(x)=x^2+1$이므로

$g(x)=\begin{cases}(x-1)(x^2+1) & (x\geq 1)\\(x-1)^2(x^2+1) & (x<1)\end{cases}$이고

$x\geq 1$일 때, $g(x)=(x-1)(x^2+1)\geq 0$

$x<1$일 때, $g(x)=(x-1)^2(x^2+1)>0$

즉, 모든 실수 x에 대하여 $g(x)\geq 0=g(1)$이므로

함수 $g(x)$는 $x=1$에서 극솟값을 갖는다. (참)

→ 함수 $f(x)$가 $x=a$를 포함하는 어떤 열린구간에 속하는 모든 x에 대하여 $f(x)\geq f(a)$이면 함수 $f(x)$는 $x=a$에서 극소라 하고, 그때의 함숫값 $f(a)$를 극솟값이라 해.

3rd 미분을 이용하여 함수 $g(x)$가 극값을 1개 갖도록 하는 n의 개수를 구해봐.

ㄷ. 자연수 n에 대하여

$$g(x)=\begin{cases}(x-1)\left(x^2+\frac{1}{n}\right) & (x\geq 1)\\(x-1)^2\left(x^2+\frac{1}{n}\right) & (x<1)\end{cases}$$ 이므로

ㄴ에서와 같은 방법으로 하면 자연수 n의 값에 관계없이 함수 $g(x)$는 $x=1$에서 극솟값을 갖는다.

즉, 함수 $g(x)$가 극값을 갖는 x의 개수가 1이려면 $x>1$, $x<1$에서 더 이상의 극값을 갖지 않아야 한다.

(i) $x>1$일 때, $g(x)=(x-1)\left(x^2+\frac{1}{n}\right)$이므로

$g'(x)=\left(x^2+\frac{1}{n}\right)+2x(x-1)=3x^2-2x+\frac{1}{n}$

$=3\left(x-\frac{1}{3}\right)^2+\frac{1}{n}-\frac{1}{3}$

그런데 $x>1$에서 자연수 n의 값에 관계없이 $g'(x)>0$이므로 함수 $g(x)$는 증가함수가 되어 더 이상의 극값을 가질 수 없다.

$g'(x)=3\left(x-\frac{1}{3}\right)^2+\frac{1}{n}-\frac{1}{3}$이므로 함수 $g'(x)$는 점 $\left(\frac{1}{3}, \frac{1}{n}-\frac{1}{3}\right)$을 꼭짓점으로 하는 이차함수야. 즉, $x>1$에서 $g'(x)=1+\frac{1}{n}>1$이므로 $g'(x)>0$이지.

(ii) $x<1$일 때, $g(x)=(x-1)^2\left(x^2+\frac{1}{n}\right)$이므로

$g'(x)=2(x-1)\left(x^2+\frac{1}{n}\right)+2x(x-1)^2$

$=2(x-1)\left(2x^2-x+\frac{1}{n}\right)$

즉, $x<1$인 모든 x에 대하여 $2x^2-x+\frac{1}{n}\geq 0$이면 함수 $g(x)$는 더 이상의 극값을 가질 수 없으므로

$h(x)=2x^2-x+\frac{1}{n}$이라 할 때, 최고차항의 계수가 양수인 이차함수 $y=h(x)$의 그래프가 x축과 서로 다른 두 점에서 만나면 그 교점의 x좌표가 함수 $g(x)$가 극값을 갖는 x의 값이 되잖아? 즉, 이차함수 $y=h(x)$의 그래프가 x축과 접하거나 만나지 않아야 하니까 $x<1$인 모든 실수 x에 대하여 $h(x)\geq 0$이 되어야 해.

$2x^2-x+\frac{1}{n}=2\left(x-\frac{1}{4}\right)^2+\frac{1}{n}-\frac{1}{8}\geq 0$에서

$\frac{1}{n}-\frac{1}{8}\geq 0$, $\frac{1}{n}\geq\frac{1}{8}$ $\quad\therefore n\leq 8$

(i), (ii)에서 함수 $g(x)$가 극값을 갖는 x의 개수가 1이 되도록 하는 n의 값의 범위는 $n\leq 8$이므로 자연수 n의 개수는 8이다. (거짓)

따라서 옳은 것은 ㄱ, ㄴ이다.

E 54 정답 ⑤ *방정식의 실근의 개수 [정답률 60%]

정답 공식: 함수 $y=f(x)$의 그래프의 개형을 그린다. ㄴ에서 $f(0)f(2)\ge 0$이면 x축이 $f(0)$보다 위에 있거나 $f(2)$보다 아래에 있다.

삼차함수 $f(x)$의 도함수 $y=f'(x)$의 그래프가 그림과 같을 때, [보기]에서 옳은 것만을 있는 대로 고른 것은? (4점)

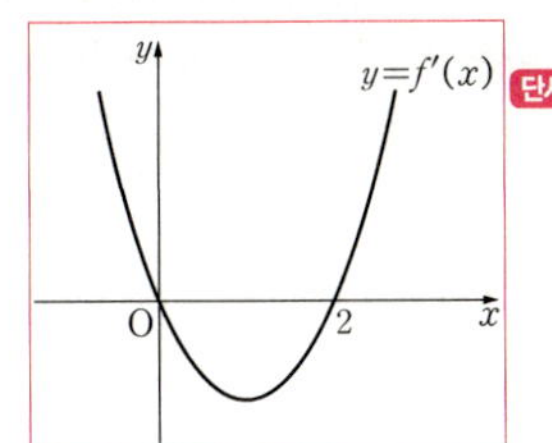

단서1 도함수 $y=f'(x)$의 그래프에서 각 구간에서의 도함수 $f'(x)$의 부호를 파악하여 함수 $y=f(x)$의 그래프의 개형을 그려 봐.

[보기]

ㄱ. $f(0)<0$이면 $|f(0)|<|f(2)|$이다.

ㄴ. $f(0)f(2)\ge 0$이면 함수 $|f(x)|$가 $x=a$에서 극소인 a의 값의 개수는 2이다.

ㄷ. $f(0)+f(2)=0$이면 방정식 $|f(x)|=f(0)$의 서로 다른 실근의 개수는 4이다.

단서2 방정식 $|f(x)|=f(0)$의 서로 다른 실근의 개수는 두 함수 $y=|f(x)|$, $y=f(0)$의 그래프의 교점의 개수와 같음을 이용하면 돼.

① ㄱ ② ㄱ, ㄴ ③ ㄱ, ㄷ
④ ㄴ, ㄷ ⑤ ㄱ, ㄴ, ㄷ

1st 주어진 도함수 $y=f'(x)$의 그래프를 이용하여 함수 $y=f(x)$의 그래프의 개형을 파악해.

도함수 $y=f'(x)$의 그래프에서 함수 $f(x)$의 증가와 감소를 표로 나타내면 다음과 같다. ($y=f'(x)$의 그래프가 $x=0$, $x=2$에서 x축과 만나. 즉, $f'(0)=0$, $f'(2)=0$이야.)

x	$\cdots$	0	$\cdots$	2	$\cdots$
$f'(x)$	+	0	−	0	+
$f(x)$	↗	극대	↘	극소	↗

즉, 함수 $f(x)$는 $x=0$에서 극대, $x=2$에서 극소이므로 함수 $y=f(x)$의 그래프의 개형은 다음과 같다.

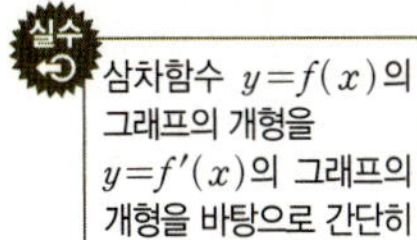

실수
삼차함수 $y=f(x)$의 그래프의 개형을 $y=f'(x)$의 그래프의 개형을 바탕으로 간단히 그릴 수 있어야 해.

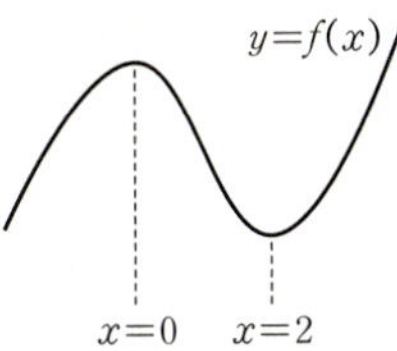

2nd ㄱ, ㄴ, ㄷ의 명제의 가정에 맞도록 함수 $y=f(x)$의 그래프의 개형을 그리고 ㄱ, ㄴ, ㄷ의 참, 거짓을 따져 봐.

ㄱ. $f(0)<0$이면 함수 $y=f(x)$의 그래프의 개형은 그림과 같으므로

$f(2)<f(0)<0$

$\therefore |f(2)|>|f(0)|$ (참)

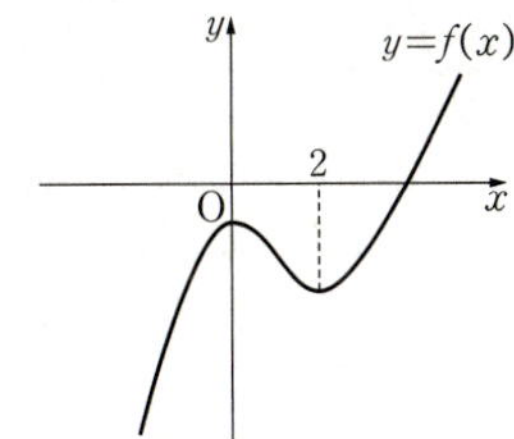

ㄴ. $f(0)f(2)\ge 0$이면 $f(0)$, $f(2)$는 같은 부호이거나 적어도 둘 중 하나의 값이 0이라는 의미이다.

(i) $f(0)>f(2)\ge 0$일 때, 두 함수 $y=f(x)$와 $y=|f(x)|$의 그래프 개형은 다음과 같다. (삼차함수의 극댓값은 항상 극솟값보다 커. 즉, $f(0)>f(2)$가 돼.) (x축의 아랫부분을 꺾어 올리면 돼.)

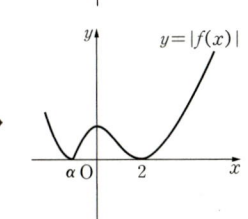

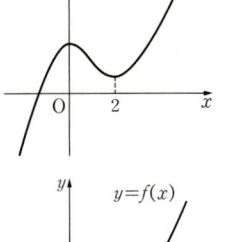

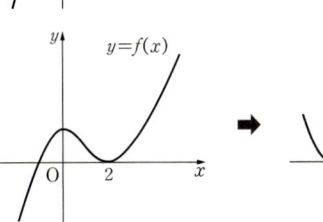

따라서 함수 $|f(x)|$가 극소인 a의 값은 $x=\alpha$ 또는 $x=2$로 2개이다.

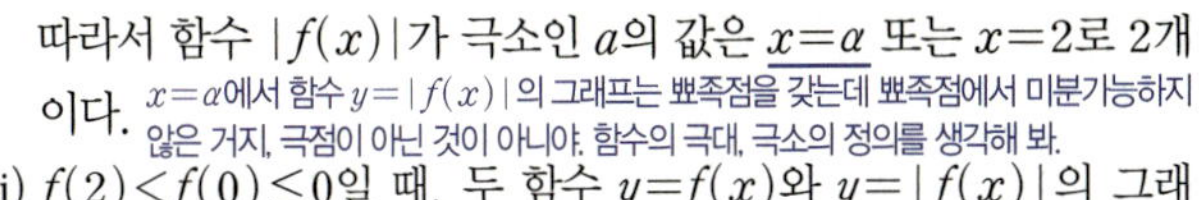

$x=\alpha$에서 함수 $y=|f(x)|$의 그래프는 뾰족점을 갖는데 뾰족점에서 미분가능하지 않은 거지, 극점이 아닌 것이 아니야. 함수의 극대, 극소의 정의를 생각해 봐.

(ii) $f(2)<f(0)\le 0$일 때, 두 함수 $y=f(x)$와 $y=|f(x)|$의 그래프의 개형은 다음과 같다.

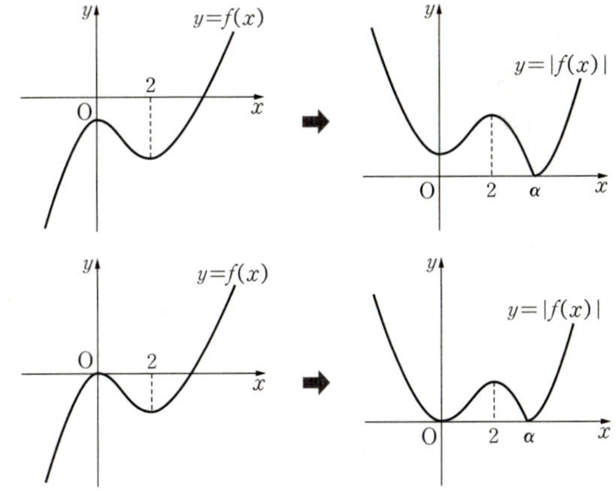

따라서 함수 $|f(x)|$가 극소인 a의 값은 $x=0$ 또는 $x=\alpha$로 2개이다.

(i), (ii)에 의하여 $f(0)f(2)\ge 0$이면 함수 $|f(x)|$가 $x=a$에서 극소인 a의 값의 개수는 2이다. (참)

ㄷ. $f(0)+f(2)=0$에서 $f(0)=-f(2)$이므로 두 함수 $y=f(x)$와 $y=|f(x)|$의 그래프의 개형은 다음과 같다.

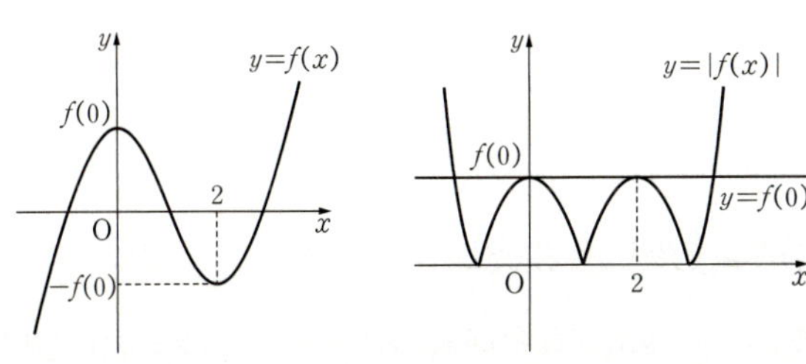

따라서 방정식 $|f(x)|=f(0)$의 서로 다른 실근은 함수 $y=|f(x)|$의 그래프와 직선 $y=f(0)$에서 4개가 존재함을 알 수 있다. (참)

따라서 옳은 것은 ㄱ, ㄴ, ㄷ이다. (함수 $y=|f(x)|$의 그래프와 직선 $y=f(0)$이 서로 다른 네 점에서 만나니까 구하는 방정식의 실근은 4개 존재하는 거지.)

E 55 정답 ④ *방정식의 실근의 개수 [정답률 67%]

(정답 공식: $h'(x)=f'(x)-g'(x)$를 주어진 그래프를 이용해 파악할 수 있다.)

삼차함수 $f(x)$의 도함수의 그래프와 이차함수 $g(x)$의 도함수의 그래프가 그림과 같다.
함수 $h(x)$를 $h(x)=f(x)-g(x)$라 하자. $f(0)=g(0)$일 때, 옳은 것만을 [보기]에서 있는 대로 고른 것은? (4점)

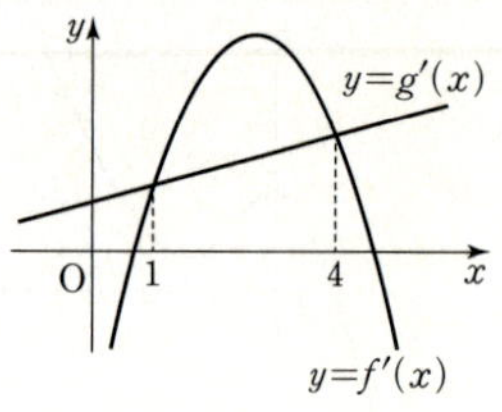

[보기]

ㄱ. $1<x<4$에서 $h(x)$는 증가한다. 단서 $1<x<4$에서 $h'(x)$의 부호가 양수인지를 확인해.
ㄴ. $h(x)$는 $x=4$에서 극솟값을 갖는다.
ㄷ. $h(4)>0$이면 방정식 $h(x)=0$은 서로 다른 세 실근을 갖는다.

① ㄱ ② ㄴ ③ ㄱ, ㄴ
④ ㄱ, ㄷ ⑤ ㄱ, ㄴ, ㄷ

1st $h'(x)$의 부호를 확인하자. → $y=g'(x)$의 그래프가 $y=f'(x)$의 그래프보다 아래에 있어.

ㄱ. $1<x<4$일 때, $g'(x)<f'(x)$이므로
$h'(x)=f'(x)-g'(x)>0$
즉, $h(x)$는 이 구간에서 증가한다. (참)

ㄴ. $x>4$일 때, $f'(x)<g'(x)$이므로
$h'(x)<0$ $y=f'(x)$의 그래프가 $y=g'(x)$의 그래프보다 아래에 있어.
즉, $x=4$를 기준으로 $h(x)$는 증가상태에서 감소상태로 바뀌므로 $x=4$에서 극댓값을 갖는다. (거짓)

2nd 삼차함수 $h(x)$의 그래프의 개형을 그려봐.

ㄷ. 함수 $h(x)$는 삼차함수이고 $x=1$에서 극소, $x=4$에서 극대이다.
또 $f(0)=g(0)$이므로 $h(0)=0$이다.
$h(0)=0$이면서 $x=1$에서 극소, $x=4$에서 극대이고, $h(4)>0$인 $y=h(x)$의 그래프의 개형은 다음과 같다.

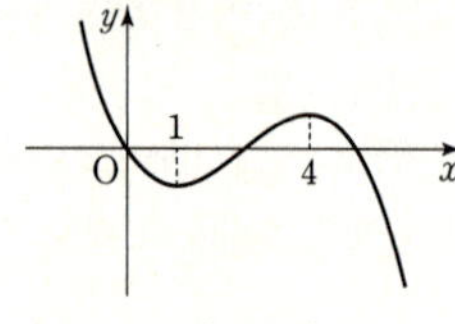

실근 3개

즉, 방정식 $h(x)=0$은 서로 다른 세 실근을 갖는다. (참)
따라서 옳은 것은 ㄱ, ㄷ이다.

함수의 증가와 감소의 판정 (개념·공식)

함수 $f(x)$가 어떤 구간에서 미분가능하고 이 구간의 모든 x에 대하여
① $f'(x)>0$이면 $f(x)$는 이 구간에서 증가한다.
② $f'(x)<0$이면 $f(x)$는 이 구간에서 감소한다.
그런데 일반적으로 위의 역은 성립하지 않는다.
예를 들어 함수 $f(x)=x^3$은 구간 $(-\infty, \infty)$에서 임의의 두 실수 x_1, x_2에 대하여 $x_1<x_2$일 때, $x_1^3<x_2^3$이므로 증가한다.
그러나 $f'(0)=0$이므로 이 구간의 모든 x에 대하여 $f'(x)>0$인 것은 아니다.

E 56 정답 ① *방정식의 실근의 개수 [정답률 51%]

(정답 공식: 방정식 $f(x)=k$의 실근은 함수 $y=f(x)$의 그래프와 직선 $y=k$의 교점의 x좌표와 같다.)

최고차항의 계수가 양수인 사차함수 $y=f(x)$의 도함수 $y=f'(x)$의 그래프가 x축과 서로 다른 세 점 $\mathrm{A}(\alpha, 0)$, $\mathrm{B}(\beta, 0)$, $\mathrm{C}(\gamma, 0)$ $(\alpha<\beta<\gamma)$에서 만난다. 옳은 것만을 [보기]에서 있는 대로 고른 것은? (4점) 단서 사차함수 $f(x)$의 도함수 $f'(x)$에 대하여 방정식 $f'(x)=0$이 세 실근 α, β, γ를 가지므로 $y=f(x)$의 그래프의 개형은 그림과 같아.

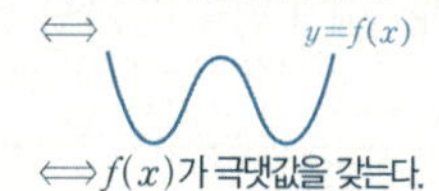

[보기]

ㄱ. 방정식 $f(x)=k$ (k는 실수)가 서로 다른 세 실근을 가지면 함수 $f(x)$의 극댓값은 k이다.
ㄴ. $f(\alpha)f(\beta)f(\gamma)<0$이면 방정식 $f(x)=0$은 서로 다른 두 실근을 가진다.
ㄷ. 방정식 $f(x)=0$이 서로 다른 네 실근을 갖기 위한 필요충분조건은 $f(\alpha)<0$, $f(\gamma)<0$이다.

① ㄴ ② ㄷ ③ ㄱ, ㄴ ④ ㄱ, ㄷ ⑤ ㄴ, ㄷ

1st 주어진 조건을 이용해 사차함수 $f(x)$의 그래프의 개형을 판단해.

사차함수 $y=f(x)$는 최고차항의 계수가 양수이므로 $y=f(x)$의 도함수 $y=f'(x)$의 최고차항의 계수도 양수이다.
따라서 $\alpha<\beta<\gamma$이므로 $y=f(x)$는 $x=\alpha$, γ에서 극소점을 갖고 $x=\beta$에서 극대점을 갖는다. 최고차항의 계수가 양수인 사차함수 $f(x)$에 대하여 $f'(x)=0$이 서로 다른 세 실근을 갖는다.
⟺ (그래프) $y=f(x)$
⟺ $f(x)$가 극댓값을 갖는다.

이때, $f(\beta)$가 극댓값이므로 $f(\beta)>f(\alpha)$, $f(\beta)>f(\gamma)$가 성립해야 한다.

2nd [보기]의 조건을 만족시키는 $y=f(x)$의 그래프를 그려보면서 ㄱ, ㄴ, ㄷ의 참, 거짓을 따져봐.

ㄱ. 방정식 $f(x)=k$가 서로 다른 세 실근을 갖는 경우는 다음 그림과 같다.

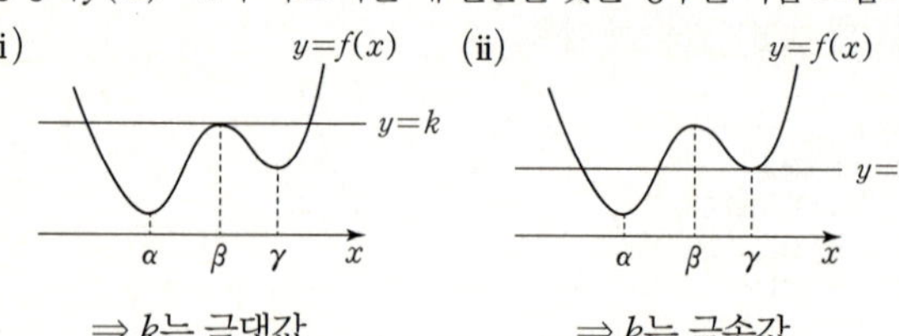

(i)의 경우는 k가 극댓값이고 (ii)의 경우는 k가 극솟값이다. (거짓)

ㄴ. $f(\alpha)f(\beta)f(\gamma)<0$인 경우는 다음 그림과 같이 세 가지로 생각할 수 있다.

실수 모든 경우를 빠짐없이 않고 고려할 수 있어야 해.

→ 세 수 A, B, C의 곱 ABC가 음수인 경우는 다음의 두 가지야.
(i) A, B, C가 모두 음수
(ii) A, B, C 중 하나만 음수, 나머지는 양수

(i) $f(\alpha)<0$, $f(\beta)<0$, $f(\gamma)<0$인 경우

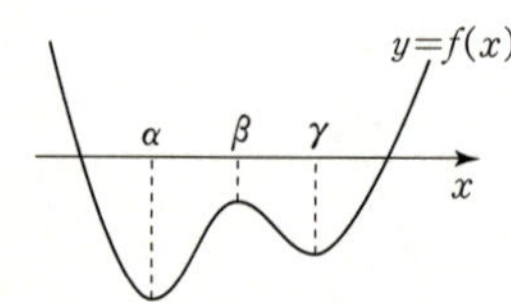

(ii) $f(\alpha)<0$, $f(\beta)>0$, $f(\gamma)>0$인 경우

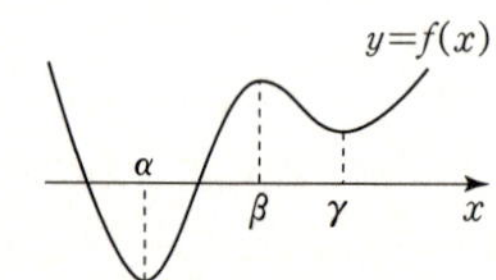

(iii) $f(\alpha)>0$, $f(\beta)>0$, $f(\gamma)<0$인 경우

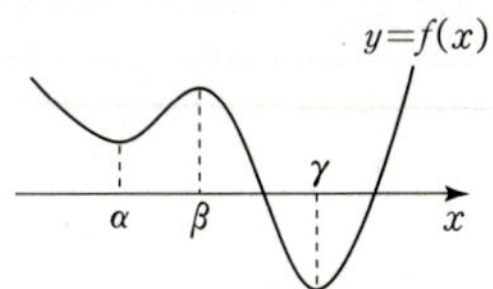

→ $y=f(x)$의 그래프가 x축과 서로 다른 두 점에서 만남을 알 수 있어.

(i), (ii), (iii)의 경우 모두 방정식 $f(x)=0$은 서로 다른 두 실근을 갖는다. (참)

ㄷ. $f(\alpha)<0$, $f(\gamma)<0$인 경우는 ㄴ의 (i)의 그림과 다음 그림의 두 가지이다.
(극댓값)<0

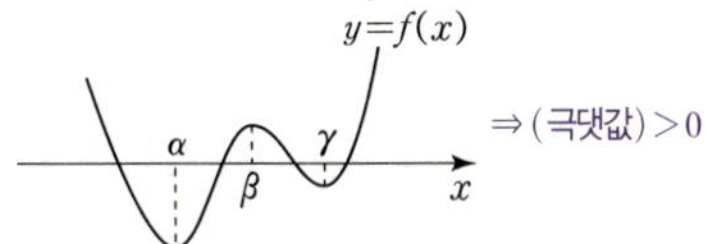

⇒ (극댓값)>0

그런데 ㄴ의 (i)의 경우 방정식 $f(x)=0$은 서로 다른 두 실근을 가지므로 방정식 $f(x)=0$이 서로 다른 네 실근을 가질 필요충분조건은 위의 그림과 같이 $f(\alpha)<0$, $f(\beta)>0$, $f(\gamma)<0$이다. (거짓)

따라서 옳은 것은 ㄴ이다.

E 57 정답 ③ *방정식의 실근의 개수 [정답률 45%]

정답 공식: 조건 (가), (나)를 이용해 a, b에 관한 정보를 얻고, $f'(x)$를 구해 a, b의 조건으로부터 ㄱ, ㄴ을 해결한다. $f(x)-f'(k)x=0$을 직접 전개해 방정식이 서로 다른 두 실근을 가질 k의 조건을 구한다. 또는 $y=f'(k)x$가 원점을 지나고 기울기가 $f'(k)$인 직선이므로 두 그래프가 서로 다른 두 교점을 가질 조건을 구한다.

상수 a, b에 대하여 삼차함수 $f(x)=x^3+ax^2+bx$가 다음 조건을 만족시킨다.

(가) $f(-1)>-1$
(나) $f(1)-f(-1)>8$

단서2 이차함수 $y=f'(x)$의 그래프의 축이 어디에 있는지 찾은 후 $-1<x<1$에 속하는 모든 실수 x에 대하여 $f'(x)\geq 0$이 성립하는지 확인해봐.

[보기]에서 옳은 것만을 있는 대로 고른 것은? (4점)

단서1 이차방정식 $f'(x)=0$은 판별식을 이용하면 실근의 개수를 구할 수 있어.

[보기]

ㄱ. 방정식 $f'(x)=0$은 서로 다른 두 실근을 갖는다.
ㄴ. $-1<x<1$일 때, $f'(x)\geq 0$이다.
ㄷ. 방정식 $f(x)-f'(k)x=0$의 서로 다른 실근의 개수가 2가 되도록 하는 모든 실수 k의 개수는 4이다.

단서3 삼차방정식 $f(x)-f'(k)x=0$을 정리하면 $xQ(x)=0$ 꼴이 나와. 삼차방정식의 한 근이 $x=0$임을 알 수 있으니까 삼차방정식이 서로 다른 두 근을 갖기 위한 이차방정식 $Q(x)=0$의 조건을 생각해.

① ㄱ ② ㄱ, ㄴ ③ ㄱ, ㄷ
④ ㄴ, ㄷ ⑤ ㄱ, ㄴ, ㄷ

1st 조건 (가), (나)를 이용하여 a, b의 값의 범위를 구하자.

조건 (가)에 의해
$f(-1)=-1+a-b>-1$
$\therefore a>b$ ⋯ ㉠

조건 (나)에 의해
$f(1)-f(-1)=1+a+b-(-1+a-b)=2+2b>8$
$\therefore b>3$ ⋯ ㉡

2nd 이차방정식 $f'(x)=0$의 해의 개수를 구하자.

ㄱ. $f(x)=x^3+ax^2+bx$에서
$f'(x)=3x^2+2ax+b$
방정식 $f'(x)=0$, 즉 $3x^2+2ax+b=0$의 판별식을 D_1이라 하면
$\frac{D_1}{4}=a^2-3b$
이때, ㉠, ㉡에 의해 $a>b>3$이므로 이 부등식의 각 변에 a를 곱하면
$a^2>ab>3b$ → a는 양수니까 각 변에 a를 곱해도 부등호의 방향은 변하지 않아.
즉, $a^2>3b$에서 $\frac{D_1}{4}=a^2-3b>0$이므로 이차방정식 $f'(x)=0$은 서로 다른 두 실근을 갖는다. (참)

→ 이차방정식 $ax^2+bx+c=0$의 판별식 $D=b^2-4ac$에 대하여
① $D>0 \Leftrightarrow$ 서로 다른 두 실근
② $D=0 \Leftrightarrow$ 중근
③ $D<0 \Leftrightarrow$ 서로 다른 두 허근

3rd $-1<x<1$일 때, 이차함수 $y=f'(x)$의 그래프의 모양과 a, b의 값의 조건을 따져서 항상 $f'(x)\geq 0$이 되는지 따져봐.

ㄴ. $f'(x)=3x^2+2ax+b=3\left(x+\frac{a}{3}\right)^2-\frac{a^2}{3}+b$
이므로 이차함수 $f'(x)$는 $x=-\frac{a}{3}$일 때, 최솟값 $-\frac{a^2}{3}+b$를 갖는다.
이때, $a>3$에서 $-\frac{a}{3}<-1$이므로
$-1<x<1$에서 $f'(-1)<f'(x)<f'(1)$이다.
$-\frac{a}{3}<-1$에서 이차함수 $f'(x)$의 그래프의 축인 $x=-\frac{a}{3}$가 -1보다 왼쪽에 있으므로 $-1<x<1$에서 함수 $f'(x)$는 증가함수야.
그런데 $f'(-1)=3-2a+b=(3-a)+(b-a)$이고
$3-a<0$, $b-a<0$이므로 $f'(-1)<0$
$a>b>3$이야.
따라서 $-1<x<1$에서 반드시 $f'(x)\geq 0$라고 할 수는 없다. (거짓)
[반례] $f'(x)=3x^2+2ax+b$에 $a=5$, $b=4$를 대입하면 $f'(x)=3x^2+10x+4$이고, $f'\left(-\frac{1}{2}\right)=3\times\left(-\frac{1}{2}\right)^2+10\times\left(-\frac{1}{2}\right)+4=-\frac{1}{4}<0$이므로 $-1<x<1$에서 $f'(x)<0$인 x가 존재해.

4th 방정식 $f(x)-f'(k)x=0$의 서로 다른 실근의 개수가 2가 되도록 하는 실수 k의 값을 모두 구하자.

ㄷ. $f(x)-f'(k)x=0$에서
$(x^3+ax^2+bx)-(3k^2+2ak+b)x=0$
$x^3+ax^2-(3k^2+2ak)x=0$
$\therefore x(x^2+ax-3k^2-2ak)=0$ ⋯ ㉢
즉, 삼차방정식 ㉢의 한 근은 $x=0$이므로 삼차방정식 ㉢의 서로 다른 실근의 개수가 2가 될 수 있는 경우는 다음의 두 가지이다.
(i) 이차방정식 $x^2+ax-3k^2-2ak=0$이 $x=0$이 아닌 중근을 갖는 경우 :
이차방정식 $x^2+ax-3k^2-2ak=0$의 판별식을 D_2라 하면
$D_2=a^2-4(-3k^2-2ak)=0$
$12k^2+8ak+a^2=0$, $(2k+a)(6k+a)=0$
$\therefore k=-\frac{a}{2}$ 또는 $k=-\frac{a}{6}$
$k=-\frac{a}{2}$ 또는 $k=-\frac{a}{6}$일 때, 방정식 $f(x)-f'(k)x=0$, 즉 ㉢에서 $x\left(x+\frac{a}{2}\right)^2=0$이므로 해는 $x=0$ 또는 $x=-\frac{a}{2}$로 2개야.
이때, $a\neq 0$이므로 $k=-\frac{a}{2}$ 또는 $k=-\frac{a}{6}$는 모두 0이 아니다.
즉, $k=-\frac{a}{2}$ 또는 $k=-\frac{a}{6}$일 때, 방정식 $x^2+ax-3k^2-2ak=0$은 0이 아닌 중근을 갖는다.

(ii) 이차방정식 $x^2+ax-3k^2-2ak=0$의 서로 다른 두 근 중 한 근이 $x=0$인 경우 :

$x=0$을 $x^2+ax-3k^2-2ak=0$에 대입하면

$-3k^2-2ak=0$, $-k(3k+2a)=0$

$\therefore k=0$ 또는 $k=-\frac{2a}{3}$

$k=0$ 또는 $k=-\frac{2a}{3}$일 때, 방정식 $f(x)-f'(k)x=0$, 즉 ⓒ에서 $x^2(x+a)=0$이므로 해는 $x=0$ 또는 $x=-a$로 2개야.

이때, $a\neq0$이므로 $k=-\frac{2a}{3}\neq0$이다.

즉, $k=0$ 또는 $k=-\frac{2a}{3}$일 때, 방정식 $x^2+ax-3k^2-2ak=0$의 서로 다른 두 근 중 한 근이 $x=0$이다.

(i), (ii)에서 방정식 $f(x)-f'(k)x=0$의 서로 다른 실근의 개수가 2가 되도록 하는 실수 k는 $k=0$ 또는 $k=-\frac{2a}{3}$ 또는 $k=-\frac{a}{2}$ 또는 $k=-\frac{a}{6}$로 4개이다. (참)

따라서 옳은 것은 ㄱ, ㄷ이다.

[다른 풀이]

ㄴ. 함수 $f'(x)$는 구간 $[-1, 1]$에서 연속이지?

이때, $f'(-1)=3-2a+b=(3-a)+(b-a)$에서

$3-a<0$, $b-a<0$이므로 $f'(-1)<0$이고,

$f'(1)=3+2a+b>0$이야.

즉, 사잇값의 정리에 의해 방정식 $f'(x)=0$은

[사잇값의 정리의 활용] 함수 $f(x)$가 닫힌구간 $[a, b]$에서 연속이고 $f(a)$와 $f(b)$가 서로 다른 부호를 가질 때, 방정식 $f(x)=0$은 열린구간 (a, b)에서 적어도 하나의 실근을 가져.

구간 $(-1, 1)$에서 적어도 하나의 실근을 가져.

따라서 $f'(\alpha)=0$ $(-1<\alpha<1)$이라 하면 구간 $(-1, \alpha)$에서 $f'(x)<0$이야. (거짓)

ㄷ. $f(x)-f'(k)x=0$에서 $f(x)=f'(k)x$라 하면 $y=f'(k)x$는 원점을 지나는 직선이야.

삼차함수 $y=f(x)$와 직선 $y=g(x)$의 교점의 개수가 2개이기 위해서는 접점과 접점이 아닌 다른 한 점에서 만나면 돼.

삼차함수 $y=f(x)$의 그래프와 직선 $y=f'(k)x$가 서로 다른 2개의 교점을 가지려면 직선 $y=f'(k)x$는 삼차함수 $y=f(x)$의 접선이어야 해.

즉, 다음 그림과 같이 원점에서 $y=f(x)$의 그래프에 그은 접선은 l_1, l_2의 두 개야.

ㄱ에 의해 방정식 $f'(x)=0$는 두 근을 가지므로 함수 $f(x)$는 극값을 2개 가져. 또, $f'(x)=3x^2+2ax+b=0$의 (두 근의 합)$=-\frac{2a}{3}<0$, (두 근의 곱)$=\frac{b}{3}>0$이므로 x좌표가 음수인 두 점에서 극값을 갖게 돼.

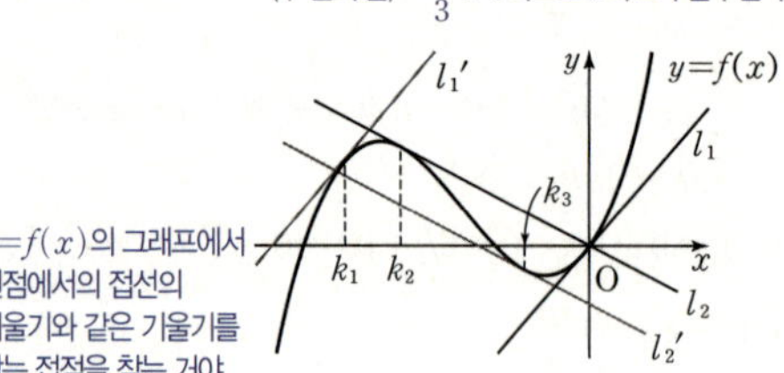

$y=f(x)$의 그래프에서 원점에서의 접선의 기울기와 같은 기울기를 갖는 접점을 찾는 거야.

(i) 접선이 l_1인 경우, 즉 원점에서 접하고 다른 한 점에서 만나는 경우

$f'(k)=f'(0)$이므로 위의 그림에서 $k=0$ 또는 $k=k_1$이야.

원점에서의 접선 l_1과 같은 기울기를 가지는 접선은 l_1'으로 하나 더 찾아지는데, 그때의 x의 값을 k_1이라 한 거야.

(ii) 접선이 l_2인 경우, 즉 원점에서 만나고 다른 한 점에서 접하는 경우

원점에서 $y=f(x)$의 그래프에 그은 접선 l_2와의 접점을 k_2라 할 때, $f'(k)=f'(k_2)$이므로 위의 그림에서 $k=k_2$ 또는 $k=k_3$이야.

$x=k_2$에서 접선 l_2와 같은 기울기를 가지는 접선은 l_2'으로 하나 더 찾아지는데, 그 때의 x의 값을 k_3이라 한 거야.

따라서 구하는 k의 개수는 4야. (참)

$y=f(x)$의 그래프에서 $x=k_2$에서의 접선의 기울기와 같은 기울기를 가지는 접점을 찾는 거야.

사잇값의 정리 (개념·공식)

(1) 사잇값의 정리

함수 $f(x)$가 닫힌구간 $[a, b]$에서 연속이고 $f(a)\neq f(b)$일 때, $f(a)$와 $f(b)$ 사이의 임의의 값 k에 대하여 $f(c)=k$인 실수 c가 열린구간 (a, b) 안에 적어도 하나 존재한다.

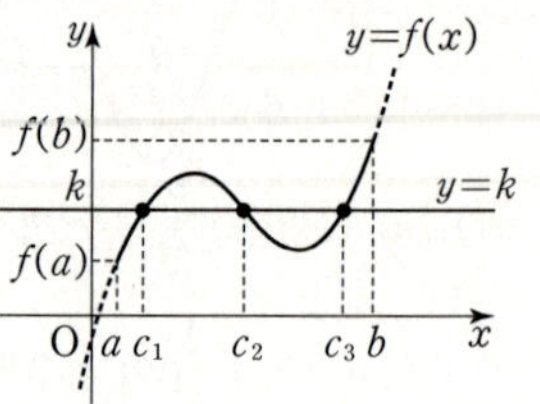

(2) 사잇값의 정리의 활용

함수 $f(x)$가 닫힌구간 $[a, b]$에서 연속이고 $f(a)$와 $f(b)$의 부호가 서로 다를 때, 즉 $f(a)f(b)<0$일 때 $f(c)=0$인 c가 열린구간 (a, b)에 적어도 하나 존재한다.

즉, 방정식 $f(x)=0$은 열린구간 (a, b)에서 적어도 하나의 실근을 갖는다.

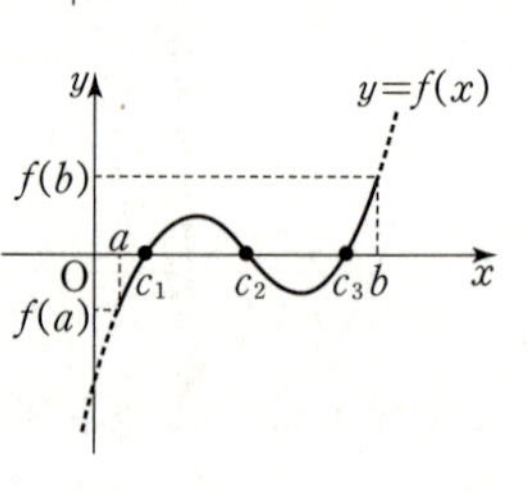

E 58 정답 ⑤ *방정식의 실근의 개수 [정답률 56%]

(정답 공식: $h'(x)=f'(x)-g'(x)$를 주어진 그래프를 이용해 파악할 수 있다.)

그림과 같이 두 삼차함수 $f(x)$, $g(x)$의 도함수 $y=f'(x)$, $y=g'(x)$의 그래프가 만나는 서로 다른 두 점의 x좌표는 a, b $(0<a<b)$이다. 함수 $h(x)$를

$$h(x)=f(x)-g(x)$$

라 할 때, [보기]에서 옳은 것만을 있는 대로 고른 것은?

(단, $f'(0)=8$, $g'(0)=4$) (4점)

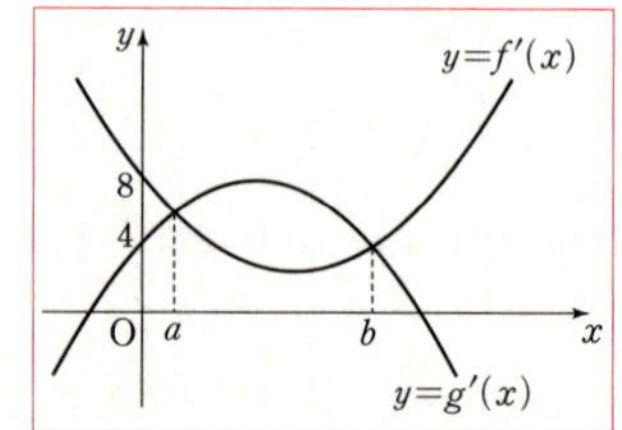

단서1 주어진 그래프로 각 구간에서의 $h'(x)$의 부호를 파악할 수 있어. 그럼 함수 $h(x)$의 극점을 구할 수 있고, 그래프의 개형도 알 수 있지.

[보기]

ㄱ. 함수 $h(x)$는 $x=b$에서 극솟값을 갖는다.

ㄴ. $h(a)<0$이면 방정식 $h(x)=0$의 실근의 개수는 1이다.

ㄷ. $0<\alpha<\beta<b$인 두 실수 α, β에 대하여 $h(\beta)-h(\alpha)<5(\beta-\alpha)$이다.

단서2 주어진 부등식은 평균변화율, 즉 직선의 기울기를 의미하는 식이니까 접선의 기울기와 두 점을 지나는 직선의 기울기가 연관이 있음을 알아야 해.

① ㄱ ② ㄷ ③ ㄱ, ㄴ ④ ㄴ, ㄷ ⑤ ㄱ, ㄴ, ㄷ

1st $x<a$, $a<x<b$, $x>b$에서의 함수 $h'(x)$의 부호를 조사하여 ㄱ, ㄴ을 해결해.

$x<a$에서 $f'(x)>g'(x)$이므로

$h'(x)=f'(x)-g'(x)>0$

$a<x<b$에서 $f'(x)<g'(x)$이므로

$h'(x)=f'(x)-g'(x)<0$

$x>b$에서 $f'(x)>g'(x)$이므로
$h'(x)=f'(x)-g'(x)>0$

실수 $y=h(x)$의 그래프의 개형을 파악할 수 있어야 해.

따라서 함수 $h(x)$의 증가와 감소를 표로 나타내면 다음과 같다.

x	$\cdots$	a	$\cdots$	b	$\cdots$
$h'(x)$	+	0	−	0	+
$h(x)$	↗	극대	↘	극소	↗

ㄱ. 함수 $h(x)$는 $x=b$에서 극솟값을 갖는다. (참)

ㄴ. $h(a)<0$일 때, 함수 $y=h(x)$의 그래프는 다음과 같다.

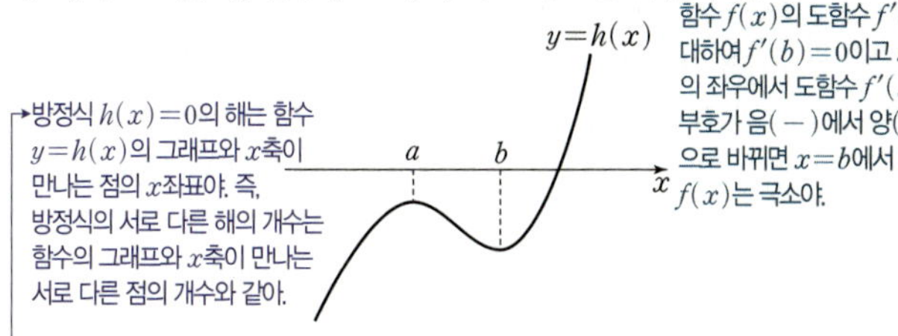

방정식 $h(x)=0$의 해는 함수 $y=h(x)$의 그래프와 x축이 만나는 점의 x좌표야. 즉, 방정식의 서로 다른 해의 개수는 함수의 그래프와 x축이 만나는 서로 다른 점의 개수와 같아.

함수 $f(x)$의 도함수 $f'(x)$에 대하여 $f'(b)=0$이고 $x=b$의 좌우에서 도함수 $f'(x)$의 부호가 음(−)에서 양(+)으로 바뀌면 $x=b$에서 함수 $f(x)$는 극소야.

즉, 함수 $y=h(x)$의 그래프는 x축과 한 점에서 만나므로 방정식 $h(x)=0$의 근의 개수는 1이다. (참)

2nd 평균값 정리로 ㄷ을 판단해.

ㄷ. 함수 $h(x)$는 닫힌구간 $[\alpha, \beta]$에서 연속이고 열린구간 (α, β)에서 미분가능하므로 평균값 정리에 의하여 $\dfrac{h(\beta)-h(\alpha)}{\beta-\alpha}=h'(\gamma)$를 만족시키는 γ가 열린구간 (α, β)에 존재한다.

이때, 열린구간 $(0, b)$의 모든 실수 x에 대하여 $h'(x)<4$이므로

$\dfrac{h(\beta)-h(\alpha)}{\beta-\alpha}=h'(\gamma)<4<5$

$\therefore h(\beta)-h(\alpha)<5(\beta-\alpha)$ (참)

$f'(0)=8$, $g'(0)=4$이므로 $h'(0)=f'(0)-g'(0)=4$
$h'(x)$는 $0<x<a$에서 감소하므로 $h'(x)<h'(0)=4$이고 $a<x<b$에서는 $h'(x)<0$이지. 그러면 $0<x<b$에서 $h'(x)<h'(0)=4$가 성립해

따라서 옳은 것은 ㄱ, ㄴ, ㄷ이다.

톡톡 풀이

ㄷ. 접선의 기울기와 두 점을 연결한 직선의 기울기로 해결해 보자.

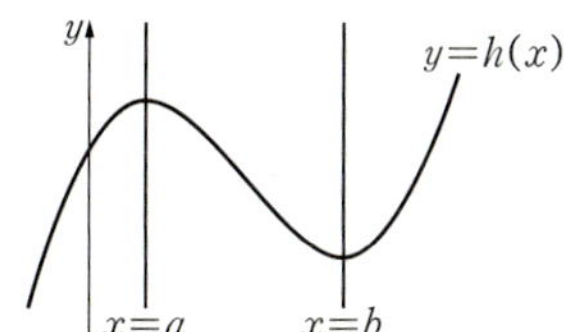

$\dfrac{h(\beta)-h(\alpha)}{\beta-\alpha}$는 두 점 $(\alpha, h(\alpha))$, $(\beta, h(\beta))$를 지나는 직선의 기울기이고 $f'(0)=8$, $g'(0)=4$이므로 $h'(0)=4$야.

그런데 함수 $h(x)$의 그래프의 개형이 그림과 같으므로 $0<\alpha<\beta<b$인 두 실수 α, β에 대하여 두 점 $(\alpha, h(\alpha))$, $(\beta, h(\beta))$를 지나는 직선의 기울기는 $x=0$에서의 접선의 기울기보다 항상 작아.

즉, $\dfrac{h(\beta)-h(\alpha)}{\beta-\alpha}<4<5$에서 $h(\beta)-h(\alpha)<5(\beta-\alpha)$야. (참)

방정식의 실근의 개수 개념·공식

(1) 방정식 $f(x)=0$의 서로 다른 실근의 개수는 함수 $y=f(x)$의 그래프와 x축과의 서로 다른 교점의 개수와 같다.
(2) 방정식 $f(x)=g(x)$의 서로 다른 실근의 개수는 두 함수 $y=f(x)$와 $y=g(x)$의 그래프의 서로 다른 교점의 개수와 같다.

E 59 정답 ⑤ *방정식의 실근의 개수 [정답률 39%]

정답 공식: 함수 $y=x^2(x-3)$의 그래프와 직선 $y=t$를 그려서 $f(t)$를 구한다. 조건 (가)에서 $g(x)$의 차수가 삼차 이하임을 안다. $f(t)g(t)$가 연속이기 위해서는 $f(t)$의 불연속점에서의 t의 값이 $g(x)=0$의 근이 되어야 한다.

실수 t에 대하여 x에 대한 사차방정식

$$(x-1)\{x^2(x-3)-t\}=0$$

의 서로 다른 실근의 개수를 $f(t)$라 하자. 다항함수 $g(x)$가 다음 조건을 만족시킨다.

단서1 방정식 $(x-1)\{x^2(x-3)-t\}=0$의 서로 다른 실근의 개수가 $f(t)$이므로 함수 $f(t)$는 t의 값의 범위에 따라 다른 값을 가지는 상수함수가 돼. 즉, 불연속이 되는 점이 존재함을 알 수 있지.

(가) $\displaystyle\lim_{x\to\infty}\frac{g(x)}{x^4}=0$

단서2 다항함수 $g(x)$의 차수는 4보다 작아야 해.

(나) $g(-3)=6$

함수 $f(t)g(t)$가 실수 전체의 집합에서 연속일 때, $g(1)$의 값은? (4점)

단서3 다항함수 $g(t)$는 연속함수이므로 함수 $f(t)$가 불연속이 되는 t의 값에 대하여 $g(t)=0$이 되어야 함수 $f(t)g(t)$가 연속이 돼.

① 22 ② 24 ③ 26 ④ 28 ⑤ 30

1st 조건을 만족하는 함수 $f(t)$의 그래프를 그려봐.

사차방정식 $(x-1)\{x^2(x-3)-t\}=0$에서
$x=1$ 또는 $x^2(x-3)-t=0$이다.

이때, 방정식 $x^2(x-3)-t=0$, 즉 $x^2(x-3)=t$의 서로 다른 실근의 개수는 함수 $y=x^2(x-3)$의 그래프와 직선 $y=t$의 교점의 개수와 같으므로 먼저, $y=x^2(x-3)$의 그래프를 그려보자.

함수 $y=x^2(x-3)$의 그래프는 $x=0$, $x=3$에서 x축과 만나고,
$y'=2x(x-3)+x^2=3x(x-2)=0$
에서 $x=0$ 또는 $x=2$일 때 $y'=0$이므로 함수 $y=x^2(x-3)$은 $x=0$ 또는 $x=2$에서 극값을 가진다.

x	$\cdots$	0	$\cdots$	2	$\cdots$
y'	+	0	−	0	+
y	↗	극대	↘	극소	↗

즉, $x=0$에서 극대, $x=2$에서 극소가 돼.

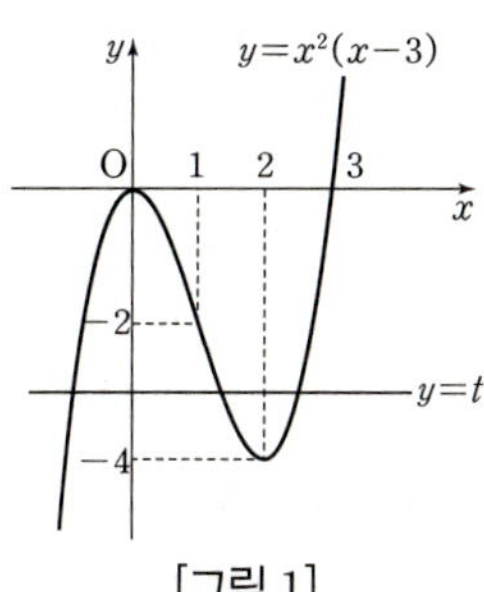

[그림 1]

즉, 함수 $y=x^2(x-3)$의 그래프는 [그림 1]과 같으므로 직선 $y=t$를 움직이면서 교점의 개수를 확인하면 된다.

그런데 사차방정식 $(x-1)\{x^2(x-3)-t\}=0$은 실근 $x=1$을 반드시 가지므로 방정식 $x^2(x-3)-t=0$의 실근의 개수에 1을 더해줘야 $f(t)$의 값이 된다.

이때, 방정식 $x^2(x-3)-t=0$이 $x=1$을 실근으로 가질 때, 즉 $1^2\cdot(1-3)-t=0$에서 $t=-2$일 때는 먼저 구한 실근 $x=1$과 근의 개수가 중복이 되므로 구간을 나누어서 $f(t)$를 구하면 다음과 같다.

$$f(t)=\begin{cases} 2\ (t<-4) \\ 3\ (t=-4) \\ 4\ (-4<t<-2) \\ 3\ (t=-2) \\ 4\ (-2<t<0) \\ 3\ (t=0) \\ 2\ (t>0) \end{cases}$$

→ $t=-2$일 때,
$(x-1)\{x^2(x-3)+2\}=0$
$(x-1)(x^3-3x^2+2)=0$
$(x-1)\{(x-1)(x^2-2x-2)\}=0$
$(x-1)^2(x^2-2x-2)=0$
즉, 실근은 $x=1$과 $x^2-2x-2=0$의 두 근인 $x=1\pm\sqrt{3}$의 3개야.

따라서 $y=f(t)$의 그래프는 [그림 2]와 같으므로 함수 $f(t)$는 $t=-4$, $t=-2$, $t=0$에서 불연속이다.

$t=-4$, $t=0$에서는 극한값이 존재하지 않고, $t=-2$에서는 극한값과 함숫값이 같지 않아.

[그림 2]

2nd $t=-4$, $t=-2$, $t=0$에서 함수 $f(t)g(t)$가 연속이 되도록 하는 $g(t)$의 조건을 찾아.

함수 $f(t)g(t)$가 실수 전체의 집합에서 연속이려면 $t=-4$, $t=-2$, $t=0$에서 연속이어야 한다.

실수 전체의 집합에서 연속인 다항함수 $g(t)$와 $t=a$에서만 불연속인 함수 $f(t)$에 대하여 함수 $f(t)g(t)$는 함수 $f(t)$가 불연속인 점 $t=a$에서만 불연속이 될 수 있어.

(i) $t=-4$일 때,

$\lim_{t\to-4-}f(t)g(t)=\lim_{t\to-4-}f(t)\times\lim_{t\to-4-}g(t)=2g(-4)$

$\lim_{t\to-4+}f(t)g(t)=\lim_{t\to-4+}f(t)\times\lim_{t\to-4+}g(t)=4g(-4)$

$f(-4)g(-4)=3g(-4)$

$x=a$에서 함수 $f(t)g(t)$가 연속이므로 $\lim_{x\to a}f(t)g(t)=f(a)g(a)$

$2g(-4)=4g(-4)=3g(-4)\qquad\therefore g(-4)=0$

(ii) $t=-2$일 때,

$\lim_{t\to-2-}f(t)g(t)=\lim_{t\to-2-}f(t)\times\lim_{t\to-2-}g(t)=4g(-2)$

$\lim_{t\to-2+}f(t)g(t)=\lim_{t\to-2+}f(t)\times\lim_{t\to-2+}g(t)=4g(-2)$

$f(-2)g(-2)=3g(-2)$

$4g(-2)=3g(-2)\qquad\therefore g(-2)=0$

(iii) $t=0$일 때,

$\lim_{t\to0-}f(t)g(t)=\lim_{t\to0-}f(t)\times\lim_{t\to0-}g(t)=4g(0)$

$\lim_{t\to0+}f(t)g(t)=\lim_{t\to0+}f(t)\times\lim_{t\to0+}g(t)=2g(0)$

$f(0)g(0)=3g(0)$

$4g(0)=2g(0)=3g(0)\qquad\therefore g(0)=0$

→ 방정식 $g(x)=0$의 해가 $x=-4$, $x=-2$, $x=0$이라는 거야. 즉, 다항식 $g(x)$는 $\{x-(-4)\}$, $\{x-(-2)\}$, $(x-0)$을 인수로 가져.

(i)~(iii)에 의해 $g(-4)=g(-2)=g(0)=0$이다.

또한, 조건 (가)에서 $\lim_{x\to\infty}\frac{g(x)}{x^4}=0$이므로 $g(x)$의 차수는 4보다 작다.

즉, $g(x)$는 삼차함수이므로

$g(x)=ax(x+2)(x+4)\,(a\neq0)$ ⋯ ㉠라 놓을 수 있다.

3rd $g(x)$의 식을 찾고, $g(1)$의 값을 구하자.

조건 (나)에서 $g(-3)=6$이므로 ㉠에 대입하면

$-3a\times(-3+2)\times(-3+4)=6\qquad\therefore a=2$

따라서 $g(x)=2x(x+2)(x+4)$이므로

$g(1)=2\times1\times3\times5=30$

E 60 정답 83 *방정식의 실근의 개수 [정답률 45%]

(정답 공식: 조건을 만족하는 사차함수 $f(x)$의 그래프의 개형을 그린다.)

> 최고차항의 계수가 1이고 $f(0)<f(3)$인 사차함수 $f(x)$가 모든 실수 x에 대하여 $f(3+x)=f(3-x)$를 만족시킨다.
> 방정식 $f(|x|)=2$의 서로 다른 실근의 개수가 3일 때, 함수 $f(x)$의 극댓값을 구하시오. (4점)
> 단서 $f(x)$의 함숫값은 $x=3$을 기준으로 그 좌우에서 항상 같다고? 바로 그래프가 대칭성이 있다는 거야.

1st 주어진 조건을 이용하여 함수 $f(x)$의 그래프의 개형을 유추해.

사차함수 $f(x)$는 최고차항의 계수가 1이고 모든 실수 x에 대하여 $f(3+x)=f(3-x)$를 만족하므로 함수 $f(x)$의 그래프는 직선 $x=3$에 대하여 대칭이다.

즉, 함수 $f(x)$는 $x=3$에서 극댓값 또는 극솟값을 갖는다.

사차함수가 직선에 대한 대칭이 되려면 $x=3$에서 극대 또는 극소가 되면서 대칭이 되어야 해.

그런데 $f(0)<f(3)$이므로 $x=3$에서 극댓값을 갖는다.

따라서 $f(x)=(x-3)^4+a(x-3)^2+b$ (a, b는 상수) ⋯ ㉠로 놓을 수 있다.

또한, $y=f(|x|)$는 $y=f(x)\,(x>0)$의 그래프를 y축에 대하여 대칭이동한 함수이므로 방정식 $f(|x|)=2$의 서로 다른 실근이 3개이려면 그림과 같이 $x=0$과 $x=6$에서 극솟값 2를 가져야 한다.

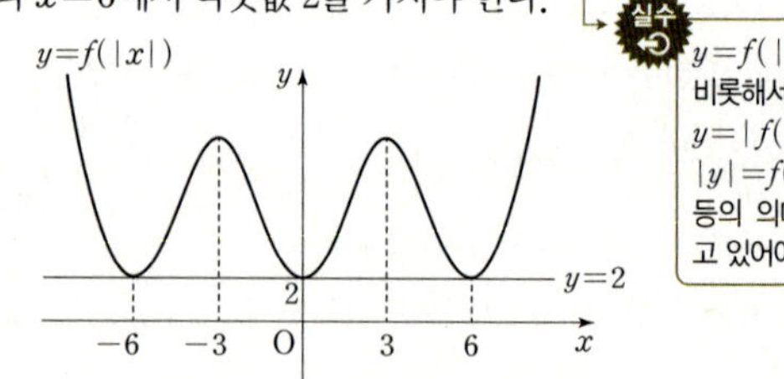

실수 $y=f(|x|)$를 비롯해서 $y=|f(x)|$, $|y|=f(x)$ 등의 의미를 알고 있어야 해.

2nd 그래프에서 $f'(0)=f'(6)=0$, $f(0)=2$임을 이용하여 상수 a, b의 값을 구해.

㉠에서 $f'(x)=4(x-3)^3+2a(x-3)$이고

$f'(0)=f'(6)=0$이므로

$108+6a=0\qquad\therefore a=-18$

$f(0)=2$에서

$81-18\times9+b=2\qquad\therefore b=83$

따라서 $f(x)=(x-3)^4-18(x-3)^2+83$이므로

극댓값은 $f(3)=83$

[다른 풀이]

최고차항의 계수가 1인 사차함수 $f(x)$가 $x=0$, $x=6$에서 극솟값을 갖고 $x=3$에서 극댓값을 가지므로

$f'(x)=4x(x-3)(x-6)=4x^3-36x^2+72x$

$f'(x)$를 적분하면

$f(x)=x^4-12x^3+36x^2+C$ (C는 적분상수)이지?

이때, $f(0)=2$이므로 $C=2$

$\therefore f(x)=x^4-12x^3+36x^2+2$

따라서 극댓값은 $f(3)=81-324+324+2=83$

대칭함수와 주기함수 개념·공식

함수 $f(x)$가 다음을 만족하는 경우

① $f(x)=f(-x)$: y축에 대하여 대칭인 함수
② $f(x)=-f(-x)$: 원점에 대하여 대칭인 함수
③ $f(a-x)=f(a+x)$: 직선 $x=a$를 기준으로 좌우대칭인 함수
④ $f(x)=f(x+p)$: 주기가 p인 함수

E 61 정답 ③ *부등식에의 활용 [정답률 60%]

정답 공식: a만 남기고 나머지를 모두 좌변으로 이항한 뒤 함수 $y=x^4-4x^3-2x^2+12x$의 그래프의 개형을 그려 a의 범위를 구한다.

> 모든 실수 x에 대하여 부등식
>
> $x^4-4x^3+12x\ge 2x^2+a$
>
> 가 성립할 때, 실수 a의 최댓값은? (3점)
>
> 단서 $f(x)=x^4-4x^3-2x^2+12x$라 할 때, 주어진 부등식이 모든 실수 x에 대하여 성립하려면 함수 $f(x)$의 최솟값이 a 이상이면 돼.
>
> ① -11 ② -10 ③ -9 ④ -8 ⑤ -7

1st 주어진 부등식에서 a를 제외한 나머지 항을 좌변으로 이항한 후 모든 실수 x에 대하여 부등식이 성립할 조건을 파악해.

$x^4-4x^3+12x\ge 2x^2+a$에서

$x^4-4x^3-2x^2+12x\ge a$

$4x^3-12x^2-4x+12=0$에서
$4x^2(x-3)-4(x-3)=0$
$4(x-3)(x^2-1)=0$
$4(x+1)(x-1)(x-3)=0$

실수 이렇게 한 쪽은 상수만 남도록 부등식 혹은 등식을 변형하는 게 편리해.

이때, $f(x)=x^4-4x^3-2x^2+12x$라 하면

$f'(x)=4x^3-12x^2-4x+12=4(x+1)(x-1)(x-3)$

$f'(x)=0$에서 $x=-1$ 또는 $x=1$ 또는 $x=3$이므로 함수 $f(x)$의 증가와 감소를 표로 나타내면 다음과 같다.

x	…	-1	…	1	…	3	…
$f'(x)$	$-$	0	$+$	0	$-$	0	$+$
$f(x)$	↘	-9	↗	7	↘	-9	↗

$f(-1)=(-1)^4-4\cdot(-1)^3-2\cdot(-1)^2+12\cdot(-1)=-9$
$f(1)=1^4-4\cdot1^3-2\cdot1^2+12\cdot1=7$
$f(3)=3^4-4\cdot3^3-2\cdot3^2+12\cdot3=-9$

즉, 함수 $f(x)$는
$x=-1$에서 극솟값 -9,
$x=1$에서 극댓값 7,
$x=3$에서 극솟값 -9
를 가지므로 함수 $y=f(x)$의 그래프는 그림과 같다.

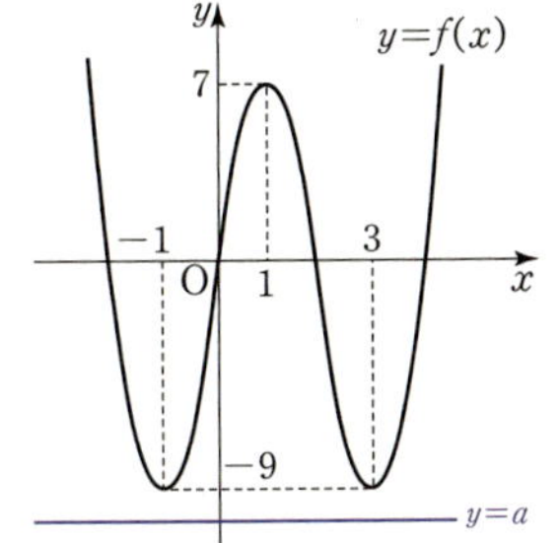

2nd 그래프를 이용해 a의 최댓값을 구해.

이때, 부등식 $f(x)\ge a$가 모든 실수 x에 대하여 성립하려면

(함수 $f(x)$의 최솟값)$\ge a$이어야 하고 $f(x)$의 최솟값이 -9이므로

$a\le -9$

따라서 a의 최댓값은 -9이다.

E 62 정답 ④ *부등식에의 활용 [정답률 61%]

정답 공식: 어떤 구간에서 부등식 $f(x)\ge a$가 항상 성립하려면 이 구간에서 $f(x)$의 최솟값이 a보다 크거나 같아야 하고 어떤 구간에서 부등식 $f(x)\le b$가 성립하려면 이 구간에서 $f(x)$의 최댓값이 b보다 작거나 같아야 한다.

> 함수 $f(x)=x^3-5x+1$에 대하여 닫힌구간 $[-2, 3]$에서 부등식
>
> $x+a\le f(x)\le x+b$
>
> 가 성립하도록 하는 a의 최댓값과 b의 최솟값의 합은? (단, a, b는 상수이다.) (4점)
>
> 단서 부등식을 $a\le f(x)-x\le b$로 변형하고 $g(x)=f(x)-x$라 하고 함수 $g(x)$의 최댓값과 최솟값을 구해 봐.
>
> ① $8-5\sqrt{2}$ ② $9-4\sqrt{2}$ ③ $10-3\sqrt{2}$
> ④ $11-4\sqrt{2}$ ⑤ $12-\sqrt{2}$

1st $g(x)=f(x)-x$라 하고 함수 $g(x)$의 최댓값과 최솟값을 각각 구하자.

$x+a\le f(x)\le x+b$에서 $a\le f(x)-x\le b$

이때, $g(x)=f(x)-x=x^3-5x+1-x=x^3-6x+1$이라 하면

$g'(x)=3x^2-6=3(x+\sqrt{2})(x-\sqrt{2})$

$g'(x)=0$에서 $x=-\sqrt{2}$ 또는 $x=\sqrt{2}$이므로 닫힌구간 $[-2, 3]$에서 함수 $g(x)$의 증가와 감소를 표로 나타내면 다음과 같다.

x	-2	…	$-\sqrt{2}$	…	$\sqrt{2}$	…	3
$g'(x)$		$+$	0	$-$	0	$+$	
$g(x)$		↗	극대	↘	극소	↗	

따라서 함수 $g(x)$는 $x=-\sqrt{2}$에서 극대, $x=\sqrt{2}$에서 극소이고

$g(-2)=5$, $g(-\sqrt{2})=4\sqrt{2}+1$,

$g(\sqrt{2})=-4\sqrt{2}+1$, $g(3)=10$이므로

닫힌구간 $[-2, 3]$에서 함수 $g(x)$의 최댓값은 10, 최솟값은 $-4\sqrt{2}+1$이다.

2nd a의 최댓값과 b의 최솟값을 각각 구하자.

즉, 부등식 $a\le g(x)=f(x)-x\le b$를 만족시키는 a의 값의 범위는 $a\le -4\sqrt{2}+1$이고 b의 값의 범위는 $b\ge 10$이다.

닫힌구간 $[-2, 3]$에서 함수 $g(x)$의 최댓값은 경곗값인 $f(-2)$, $f(3)$과 극댓값인 $f(-\sqrt{2})$ 중에 가장 큰 값이야.

따라서 a의 최댓값과 b의 최솟값은 각각 $-4\sqrt{2}+1$, 10이므로

(구하는 합)$=(-4\sqrt{2}+1)+10=11-4\sqrt{2}$

닫힌구간 $[-2, 3]$에서 함수 $g(x)$의 최솟값은 경곗값인 $f(-2)$, $f(3)$과 극솟값인 $f(\sqrt{2})$ 중에 가장 작은 값이야.

E 63 정답 ⑤ *부등식에의 활용 [정답률 45%]

정답 공식: 함수 $y=f(x)$의 그래프를 그린 후 이 그래프가 직선 $y=k(x-1)+1$의 위쪽에 있도록 하는 직선의 기울기를 찾는다.

> 함수 $f(x)$를 다음과 같이 정의한다.
>
> $f(x)=\begin{cases} -x+2 & (x\le 1) \\ x^3 & (x>1) \end{cases}$
>
> 단서1 함수 $y=f(x)$의 그래프를 그려봐.
>
> 이때, 모든 실수 x에 대하여 부등식 $f(x)\ge k(x-1)+1$이 성립하도록 하는 실수 k의 최댓값과 최솟값의 합은? (4점)
>
> ① -2 ② -1 ③ 0
> ④ 1 ⑤ 2
>
> 단서2 주어진 부등식이 항상 성립하려면 함수 $y=f(x)$의 그래프가 직선 $y=k(x-1)+1$보다 항상 위쪽에 존재하면 돼.

1st 함수 $y=f(x)$의 그래프와 직선 $y=k(x-1)+1$을 그려 주어진 부등식이 항상 성립할 조건을 생각해 봐.

함수 $f(x)=\begin{cases} -x+2 & (x\le 1) \\ x^3 & (x>1) \end{cases}$이고,

직선 $y=k(x-1)+1$은 k의 값에 관계없이 점 $(1, 1)$을 지나는 직선이므로 좌표평면에 나타내면 그림과 같다.

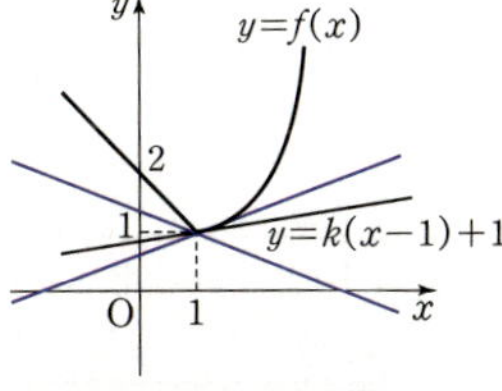

실수 $y=k(x-1)+1$을 보고 점 $(1, 1)$을 지나는 직선이 떠오르도록 익숙해져야 해.

부등식 $f(x)\ge k(x-1)+1$이 성립하기 위해서 $x\le 1$에서는 $y=-x+2$와 $y=k(x-1)+1$이 일치할 때 실수 k는 최솟값을 갖고, $x>1$에서는 곡선 $y=x^3$과 직선 $y=k(x-1)+1$이 접할 때 최댓값을 갖는다.

직선 $y=k(x-1)+1$이 직선 $y=-x+2$와 일치하거나 또는 아래쪽에 위치해야 하므로 기울기 k가 -1 이상이어야 해. 즉, $k\ge -1$이야.

직선 $y=k(x-1)+1$이 점 $(1, 1)$에서 접하는 것이 아니라 점 $(1, 1)$을 지나게 되면 곡선 $y=x^3$이 직선 $y=k(x-1)+1$보다 아래쪽에 위치하는 부분이 생기게 돼.

그럼, 실수 k의 최솟값은 -1이고, $x=1$에서 곡선 $y=x^3$에 그은 접선의 기울기는 3이므로 최댓값은 3이다. $y=x^3$에서 $y'=3x^2$ 즉, $x=1$인 점에서의 접선의 기울기는 $3\cdot 1^2=3$이야.
따라서 실수 k의 최댓값과 최솟값의 합은 $-1+3=2$이다.

톡톡 풀이

$f(1)=1,\ h(1-1)+1=1$
$x=1$이면 주어진 부등식이 항상 성립하므로 $x\neq1$인 경우만 생각해 보자.

(i) $x>1$이면 주어진 부등식은 $\dfrac{f(x)-1}{x-1}\geq k$이고, $f'(x)=3x^2\ (x>1)$은 증가함수이므로 $\dfrac{f(x)-1}{x-1}\geq 3\geq k$
점 (1, 1)에서의 접선의 기울기 / 두 점 $(1, 1)$, $(x, f(x))$를 잇는 선분의 기울기

(ii) $x<1$이면 주어진 부등식은 $\dfrac{f(x)-1}{x-1}\leq k$이고, $f'(x)=-1$이므로 $k\geq -1=\dfrac{f(x)-1}{x-1}$

(i), (ii)에서 $-1\leq k\leq 3$이므로 (구하는 값)$=-1+3=2$

E 64 정답 34 *부등식에의 활용 [정답률 40%]

정답 공식: 어떤 구간에서 부등식 $f(x)\geq k$가 항상 성립하려면 이 구간에서 $f(x)$의 최솟값이 k보다 크거나 같아야 하고, 어떤 구간에서 부등식 $f(x)\leq k$가 성립하려면 이 구간에서 $f(x)$의 최댓값이 k보다 작거나 같아야 한다.

단서3 $g(x)$는 이차함수이므로 $g(x)-12x$도 이차함수야. 즉, $g(x)-12x\geq k$를 만족시키는 k의 값의 범위를 구해.

자연수 a에 대하여 두 함수

$f(x)=-x^4-2x^3-x^2$, $g(x)=3x^2+a$

단서2 $f(x)$는 사차함수이므로 $f(x)-12x$도 사차함수야. 즉, $f(x)-12x\leq k$를 만족시키는 k의 값의 범위를 구해.

가 있다. 다음을 만족시키는 a의 값을 구하시오. (4점)

> 모든 실수 x에 대하여 부등식
> $f(x)\leq 12x+k\leq g(x)$
> 를 만족시키는 자연수 k의 개수는 3이다.

단서1 주어진 부등식을 $f(x)\leq 12x+k$, $g(x)\geq 12x+k$로 나눠서 각각의 k의 값의 범위를 찾아봐.

1st 부등식 $f(x)\leq 12x+k$를 만족시키는 k의 값의 범위를 구하자.

(i) 모든 실수 x에 대하여 부등식 $f(x)\leq 12x+k$를 만족시키는 k의 값의 범위를 구해 보자.

$f(x)\leq 12x+k$에서 $f(x)-12x\leq k$
이때, $h(x)=f(x)-12x$라 하면 ($h(x)\leq k$를 만족시키는 k의 값의 범위를 구하는 거지.)
$h(x)=-x^4-2x^3-x^2-12x$에서
$h'(x)=-4x^3-6x^2-2x-12$
$=-2(2x^3+3x^2+x+6)$
$=-2(x+2)(2x^2-x+3)$
$h'(x)=0$에서 $x=-2$이므로

$h'(x)=-2(x+2)(2x^2-x+3)$에서 $2x^2-x+3=2\left(x-\frac{1}{4}\right)^2+\frac{23}{8}>0$이므로 $h'(x)=0$을 만족시키는 실수 x의 값은 $x=-2$뿐이야.

함수 $h(x)$의 증가와 감소를 표로 나타내면 다음과 같다.

x	$\cdots$	-2	$\cdots$
$h'(x)$	+	0	−
$h(x)$	↗	극대	↘

즉, 함수 $h(x)$는 $x=-2$에서 극대이면서 최대이므로 최댓값은
$h(-2)=-(-2)^4-2\times(-2)^3-(-2)^2-12\times(-2)=20$
모든 실수 x에 대하여 $h(x)\leq 20$이야.
따라서 모든 실수 x에 대하여 부등식 $h(x)\leq k$를 만족시키기 위해서 k는 함수 $h(x)$의 최댓값보다 크거나 같아야 하므로 모든 실수 x에 대하여 부등식 $f(x)\leq 12x+k$를 만족시키는 k의 값의 범위는 $k\geq 20$이다.

2nd 부등식 $g(x)\geq 12x+k$를 만족시키는 k의 값의 범위를 구하자.

(ii) 모든 실수 x에 대하여 부등식 $g(x)\geq 12x+k$를 만족시키는 k의 값의 범위를 구해 보자.

$g(x)\geq 12x+k$에서 $g(x)-12x-k\geq 0$, 즉 $3x^2-12x+a-k\geq 0$이 모든 실수 x에 대하여 성립해야 하므로 이차방정식 $3x^2-12x+a-k=0$의 판별식을 D라 하면 $D\leq 0$이어야 한다.

$\dfrac{D}{4}=(-6)^2-3(a-k)\leq 0$
$\therefore k\leq a-12$

이차부등식 $ax^2+bx+c\geq 0\ (a>0)$이 모든 실수 x에 대하여 항상 성립하기 위한 조건은 이차방정식 $ax^2+bx+c=0$의 판별식을 D라 할 때 $D\leq 0$이야.

즉, 모든 실수 x에 대하여 부등식 $g(x)\geq 12x+k$를 만족시키는 k의 값의 범위는 $k\leq a-12$이다.

3rd 조건을 만족시키는 자연수 k의 개수가 3이 되도록 하는 a의 값을 구하자.

(i), (ii)를 모두 만족시키는 k의 값의 범위는 $20\leq k\leq a-12$이고
자연수 k가 3개 존재해야 하므로 $22\leq a-12<23$에서 $34\leq a<35$
자연수 k의 값은 20, 21, 22가 되겠네.
따라서 자연수 a의 값은 34이다.

톡톡 풀이

$f(x)=-x^4-2x^3-x^2=-x^2(x^2+2x+1)$
$=-x^2(x+1)^2$
$x=-1$, $x=0$에서 x축에 접하고 최고차항의 계수가 음수인 사차함수의 그래프의 개형을 떠올려봐.
이므로 사차함수 $y=f(x)$의 그래프와 이차함수 $y=g(x)$의 그래프, 직선 $y=12x+k$의 위치 관계는 그림과 같아.

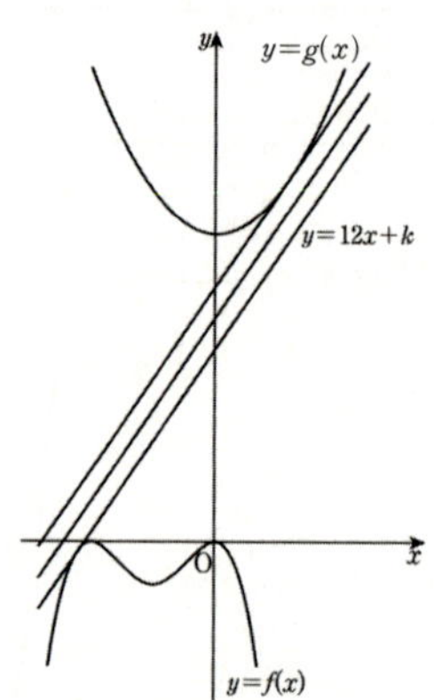

이때, 모든 실수 x에 대하여 부등식 $f(x)\leq 12x+k\leq g(x)$를 만족시킨다는 것은 직선 $y=12x+k$가 두 함수 $y=f(x)$, $y=g(x)$의 그래프 사이에 있거나 접하면 되는 거니까 직선이 두 곡선에 접하는 경우를 따져 보자.

(i) 직선 $y=12x+k$가 곡선 $y=f(x)$에 접하는 경우의 k의 값을 구해 보자.

직선 $y=12x+k$가 점 $(t,\ -t^4-2t^3-t^2)$에서 곡선 $y=f(x)$에 접한다고 하면 $f'(x)=-4x^3-6x^2-2x$이고, $f'(t)=12$이므로
$-4t^3-6t^2-2t=12$에서 $4t^3+6t^2+2t+12=0$
$2(2t^3+3t^2+t+6)=0$, $2(t+2)(2t^2-t+3)=0$
$\therefore t=-2$ ($\because t$는 실수)
즉, $f(-2)=-(-2)^4-2\times(-2)^3-(-2)^2=-4$에서
직선 $y=12x+k$가 점 $(-2,\ -4)$를 지나므로
$-4=-24+k\quad \therefore k=20$
위의 그림에서 주어진 부등식을 만족시키기 위해서는 k는 20 이상이어야겠지?

(ii) 직선 $y=12x+k$가 곡선 $y=g(x)$에 접하는 경우의 k의 값을 구해 보자.

이차방정식 $3x^2+a=12x+k$, 즉 $3x^2-12x+a-k=0$이 중근을 가지므로 판별식을 D라 하면 $D=0$이어야 한다.

$\dfrac{D}{4}=(-6)^2-3(a-k)=0\quad \therefore k=a-12$
위의 그림에서 주어진 부등식을 만족시키기 위해서는 k는 $a-12$ 이하이어야 해.

(i), (ii)에 의하여 주어진 부등식을 만족시키는 k의 값의 범위는

$20 \le k \le a-12$

이고 이를 만족시키는 자연수 k의 개수가 3이므로

$(a-12)-20+1=3 \qquad \therefore a=34$

정수 α, β에 대하여 $\alpha \le x \le \beta$를 만족시키는 정수 x의 개수는 $\beta-\alpha+1$이야.

따라서 자연수 a의 값은 34야.

E 65 정답 ① *부등식에의 활용 [정답률 53%]

정답 공식: 함수 $x^{2n+1}+(2n+1)x^n-(2n+1)x^{n+1}$이 $x>0$에서 증가 (또는 감소)함을 도함수를 이용해 증명한다.

다음은 자연수 n에 대하여 $x>0$인 범위에서 두 다항식

$$x^{2n+1}+(2n+1)x^n,\ (2n+1)x^{n+1}$$

의 대소 관계를 구하는 과정이다. 단서1 이 식을 공통인수인 $(2n+1)x^{n-1}$으로 묶어내면 (가)의 식을 구할 수 있어.

> $f(x)=x^{2n+1}+(2n+1)x^n-(2n+1)x^{n+1}$으로 놓으면
>
> $f'(x)=(2n+1)x^{2n}+(2n+1)nx^{n-1}-(2n+1)(n+1)x^n$
>
> $\qquad =(2n+1)x^{n-1}($ (가) $)$ ⋯ ㉠
>
> $g(x)=$ (가) 으로 놓으면 $x>1$일 때, 함수 $g(x)$는 (나) 함수이다.
>
> 즉, ㉠에서 $x>0$인 실수 x에 대하여
>
> $f'(x)=(2n+1)x^{n-1}\cdot g(x)$이고
>
> $g(x)\ge 0$이므로 함수 $f(x)$는 (다) 함수이다.
>
> 따라서 $f(0)=0$이므로 $x>0$인 범위에서
>
> $x^{2n+1}+(2n+1)x^n$ (라) $(2n+1)x^{n+1}$

단서2 함수의 증가, 감소는 그 도함수의 부호로 판정할 수 있어.

위의 과정에서 (가)~(라)에 알맞은 것은? (4점)

	(가)	(나)	(다)	(라)
①	$x^{n+1}-(n+1)x+n$	증가	증가	$>$
②	$x^{n+1}-(n+1)x+n$	증가	감소	$<$
③	$x^{n+1}-(n+1)x+n$	감소	감소	$<$
④	$x^{n+1}-nx+n$	증가	증가	$>$
⑤	$x^{n+1}-nx+n$	감소	감소	$<$

1st 주어진 과정을 따라가면 (가)~(라)에 들어갈 것을 찾자.

$f(x)=x^{2n+1}+(2n+1)x^n-(2n+1)x^{n+1}$으로 놓으면

$f'(x)=(2n+1)x^{2n}+(2n+1)nx^{n-1}-(2n+1)(n+1)x^n$

$\qquad =(2n+1)x^{n-1}\{x^{n+1}-(n+1)x+n\}$ ⋯ ㉠ ← (가)

$g(x)=x^{n+1}-(n+1)x+n$으로 놓으면

$g'(x)=(n+1)x^n-(n+1)$

$\qquad =(n+1)(x^n-1)$

$g'(x)=0$일 때, $x=1$이므로 $g(x)$의 증가와 감소를 표로 나타내면 다음과 같다.

x	(0)	⋯	1	⋯
$g'(x)$		$-$	0	$+$
$g(x)$	(n)	↘	0	↗

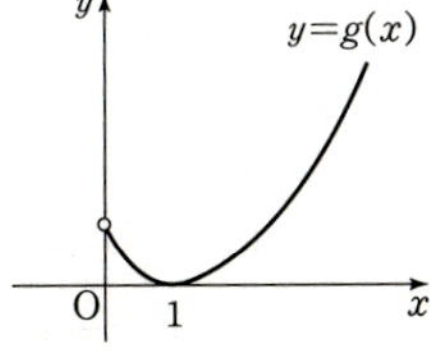

$y=g(x)$의 그래프에 의해 $x>1$일 때, 함수 $g(x)$는 증가함수이다. ← (나)

또한, $g(0)=n>0$이고

$g(1)=0$에서 $0<x\le 1$일 때, $g(x)\ge 0$이다.

즉, ㉠에서 $x>0$인 실수 x에 대하여 $g(x)\ge g(1)=0$에서

$f'(x)=(2n+1)x^{n-1}\cdot g(x)\ge 0$이므로

함수 $f(x)$는 증가함수이다. ← (다)

함수 $F(x)$가 어떤 구간에서 미분가능하고 이 구간에서
(1) $F'(x)>0$이면 $F(x)$는 이 구간에서 증가
(2) $F'(x)<0$이면 $F(x)$는 이 구간에서 감소

따라서 $f(0)=0$이므로

$x>0$에서 $f(x)>0$

$\therefore x^{2n+1}+(2n+1)x^n>(2n+1)x^{n+1}$ ← (라)

E 66 정답 10 *삼차함수의 유추 [정답률 40%]

정답 공식: $g(x)$가 $x=2$에서 극값을 가지기 위해서는 $(x-2)^2$을 인수로 가져야 한다.

단서1 $f(x)$와 $g(x)$가 모두 삼차함수이므로 $f(x)g(x)=(x-1)^2(x-2)^2(x-3)^2$에서 $g(x)$의 식의 꼴을 유추할 수 있어.

두 삼차함수 $f(x)$와 $g(x)$가 모든 실수 x에 대하여

$$f(x)g(x)=(x-1)^2(x-2)^2(x-3)^2$$

을 만족시킨다. $g(x)$의 최고차항의 계수가 3이고, $g(x)$가 $x=2$에서 극댓값을 가질 때, $f'(0)=\frac{q}{p}$이다. $p+q$의 값을 구하시오.

(단, p와 q는 서로소인 자연수이다.) (4점)

단서2 함수 $g(x)$의 그래프를 이용해 $x=2$에서 극댓값을 갖는 $g(x)$의 식을 찾아.

1st 삼차함수 $g(x)$의 꼴을 유추하자.

$f(x)$와 $g(x)$가 모두 삼차함수이고

$f(x)g(x)=(x-1)^2(x-2)^2(x-3)^2$

이므로 최고차항의 계수가 3인 삼차함수 $g(x)$의 식은

$g(x)=3(x-1)(x-2)(x-3)$ 또는 $g(x)=3(x-a)(x-b)^2$

또는 $g(x)=3(x-a)^2(x-b)$ (단, $a<b$, $a=1, 2, 3$, $b=1, 2, 3$)

이어야 한다.

2nd 주어진 조건을 만족하는 삼차함수 $g(x)$를 찾자.

(i) $g(x)=3(x-1)(x-2)(x-3)$일 때, 함수 $g(x)$의 그래프의 개형은 [그림 1]과 같다.

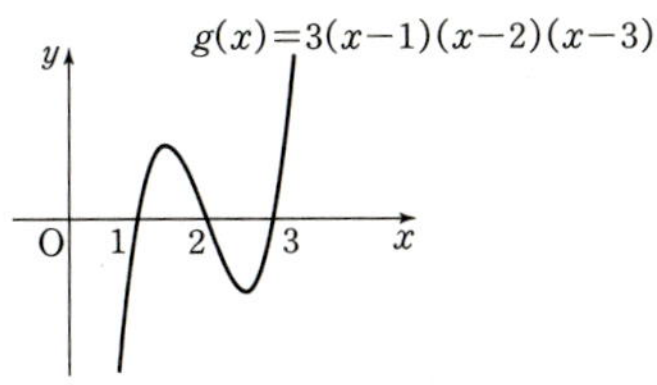

[그림 1]

이때, 함수 $g(x)$는 $x=2$에서 극값을 갖지 않으므로 주어진 조건을 만족시키지 않는다.

(ii) $g(x)=3(x-a)(x-b)^2$ (단, $a<b$, $a=1, 2, 3$, $b=1, 2, 3$)일 때, 함수 $g(x)$의 그래프의 개형은 [그림 2]와 같다.

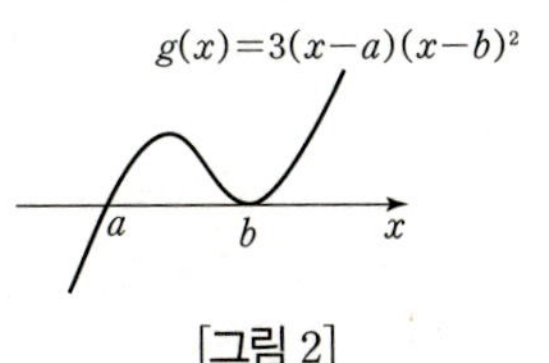

[그림 2]

이때, 함수 $g(x)$가 $x=2$에서 극댓값을 가지려면 $a=1$, $b=3$이어야 한다.

즉, $g(x)=3(x-1)(x-3)^2$이므로

$g'(x)=3(x-3)^2+3(x-1)\cdot2(x-3)$ → $y=p(x)q(x)$에 대하여 $y'=p'(x)q(x)+p(x)q'(x)$

$=3(x-3)^2+6(x-1)(x-3)$

그런데 $g'(2)=3\cdot1+6\cdot1\cdot(-1)=-3\neq0$이므로 함수 $g(x)$는 $x=2$에서 극댓값을 갖지 않는다.

(iii) $g(x)=3(x-a)^2(x-b)$ (단, $a<b$, $a=1, 2, 3$, $b=1, 2, 3$)일 때, 함수 $g(x)$의 그래프의 개형은 [그림 3]과 같다.

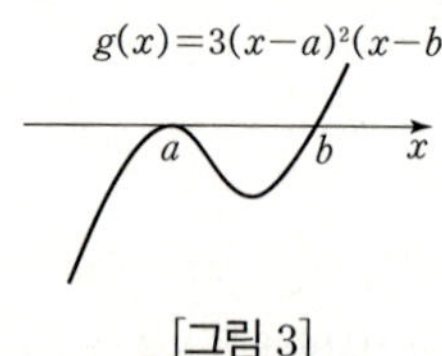

[그림 3]

이때, 함수 $g(x)$가 $x=2$에서 극댓값을 가지려면 $a=2$, $b=3$이어야 한다.

$\therefore g(x)=3(x-2)^2(x-3)$ → 함수 $g(x)=3(x-2)^2(x-3)$의 그래프는 다음과 같아.

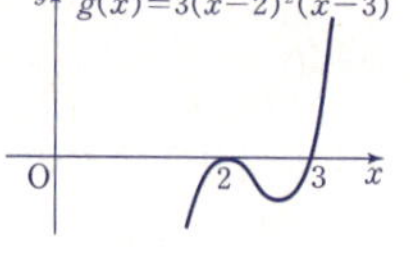

3rd 삼차함수 $f(x)$를 찾고, $f'(0)$의 값을 구하자.

즉, $f(x)g(x)=(x-1)^2(x-2)^2(x-3)^2$에서

$g(x)=3(x-2)^2(x-3)$이므로

$f(x)=\frac{1}{3}(x-1)^2(x-3)$이다.

$f'(x)=\frac{2}{3}(x-1)(x-3)+\frac{1}{3}(x-1)^2$에서

$f'(0)=\frac{2}{3}\cdot(-1)\cdot(-3)+\frac{1}{3}\cdot(-1)^2=\frac{7}{3}$

따라서 $p=3$, $q=7$이므로 $p+q=3+7=10$

[다른 풀이]

함수 $g(x)$의 식이 $(x-2)^2$이 아닌 $x-2$만을 인수로 갖는다면 $y=g(x)$의 그래프는 $x=2$의 좌우에서 $g(x)$의 부호가 바뀌므로 $x=2$에서 극값을 갖지 않겠지?

또한, $g(x)$의 식이 $x-2$를 인수로 갖지 않는다면 → $x-2$를 인수로 갖지 않으면 당연히 $(x-2)^2$도 인수로 가질 수 없어.

$f(x)g(x)=(x-1)^2(x-2)^2(x-3)^2$이고 $g(x)$의 최고차항의 계수가 3이니까 $g(x)=3(x-1)^2(x-3)$ 또는 $g(x)=3(x-1)(x-3)^2$이 돼.

그런데 $g(x)=3(x-1)^2(x-3)$의 그래프는 [그림 4]와 같으므로

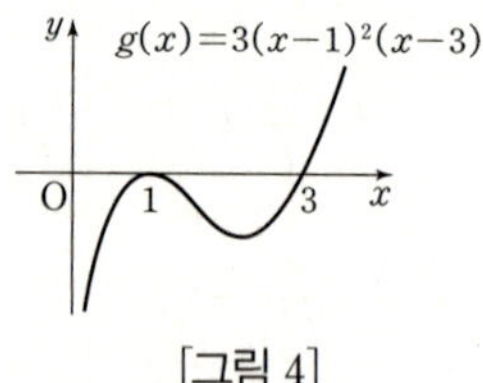

[그림 4]

$x=2$에서 극댓값을 가질 수 없어.

그리고 $g(x)=3(x-1)(x-3)^2$일 때,

$g'(x)=3(x-3)^2+3(x-1)\cdot2(x-3)$

$=3(x-3)^2+6(x-1)(x-3)$

에서 $g'(2)=3\cdot1+6\cdot1\cdot(-1)=-3\neq0$이므로 함수 $g(x)$는 $x=2$에서 극값을 갖지 않아.

따라서 함수 $g(x)$가 $x=2$에서 극댓값을 가지려면 $g(x)$의 식은 $(x-2)^2$을 인수로 가져야 해.

즉, $g(x)=3(x-1)(x-2)^2$ 또는 $g(x)=3(x-2)^2(x-3)$이어야 하는데 $g(x)=3(x-1)(x-2)^2$의 그래프는 [그림 5]와 같으므로 $x=2$에서 극솟값을 가져.

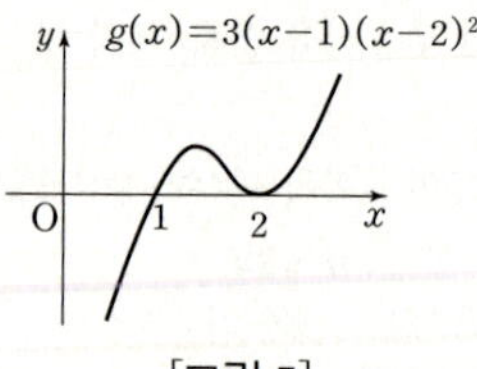

[그림 5]

따라서 $g(x)=3(x-2)^2(x-3)$이야.

(이하 동일)

E 67 정답 ② *삼차함수의 유추 [정답률 50%]

정답 공식: 삼차함수 $f(x)$에 대하여 방정식 $f(x)=0$의 서로 다른 실근이 2개이면 함수 $y=f(x)$의 그래프는 x축에 접한다.

최고차항의 계수가 1인 삼차함수 $f(x)$가 다음 조건을 만족시킨다.

(가) 방정식 $f(x)=0$의 실근은 α, β $(\alpha<\beta)$뿐이다.

단서1 삼차방정식 $f(x)=0$은 $x=\alpha$ 또는 $x=\beta$에서 중근을 갖는다는 의미야. 즉, 함수 $y=f(x)$의 그래프는 x축에 접함을 알 수 있어.

(나) 함수 $f(x)$의 극솟값은 -4이다.

단서2 x축에 접하면서 극솟값이 -4인 삼차함수 $y=f(x)$의 그래프의 개형을 그려보면 $f(x)$의 식을 세울 수 있을 거야.

[보기]에서 옳은 것만을 있는 대로 고른 것은? (4점)

[보기]

ㄱ. $f'(\alpha)=0$

ㄴ. $\beta=\alpha+3$

ㄷ. $f(0)=16$이면 $\alpha^2+\beta^2=18$이다.

① ㄱ ② ㄱ, ㄴ ③ ㄱ, ㄷ

④ ㄴ, ㄷ ⑤ ㄱ, ㄴ, ㄷ

1st 주어진 조건을 이용하여 삼차함수 $f(x)$의 식을 α, β를 이용하여 나타내.

조건 (가)에 의해 최고차항의 계수가 1, 즉 양수인 삼차함수 $y=f(x)$의 그래프의 개형은 [그림 1] 또는 [그림 2]와 같다.

삼차방정식은 최대 세 개의 서로 다른 실근을 갖게 되는데, 서로 다른 실근을 2개만 갖는다고 했으므로 둘 중 하나는 중근이 된다는 뜻이야. 즉, 삼차함수의 그래프로 해석하면 $x=\alpha$ 또는 $x=\beta$에서 삼차함수의 그래프가 x축에 접한다는 거야.

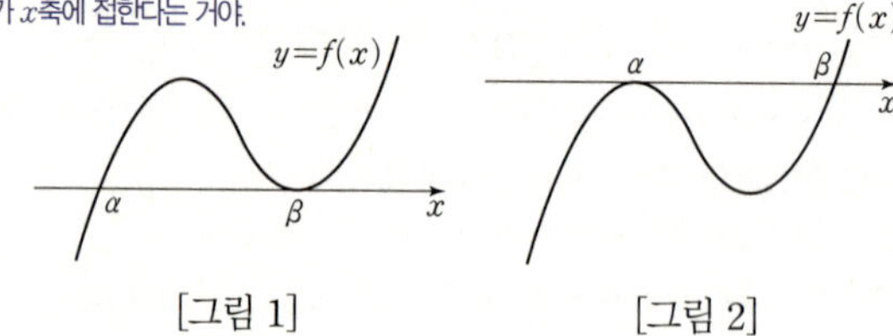

[그림 1] [그림 2]

그런데 조건 (나)에서 극솟값이 -4로 음수이므로 삼차함수 $y=f(x)$의 그래프의 개형은 [그림 2]와 같다.

즉, 삼차함수 $f(x)$의 최고차항의 계수가 1이고 방정식 $f(x)=0$이 중근 $x=\alpha$와 한 실근 $x=\beta$를 가지므로

$f(x)=(x-\alpha)^2(x-\beta)$

2nd 함수 $f(x)$의 식을 이용하여 ㄱ, ㄴ, ㄷ의 참, 거짓을 파악하자.

ㄱ. [그림 2]의 삼차함수 $y=f(x)$의 그래프 개형에서 알 수 있듯이 함수 $f(x)$는 $x=\alpha$에서 극댓값을 가지므로 $f'(\alpha)=0$이다. (참)

ㄴ. $f(x)=(x-\alpha)^2(x-\beta)$에서

$f'(x)=2(x-\alpha)(x-\beta)+(x-\alpha)^2$

$=(x-\alpha)(3x-\alpha-2\beta)$

즉, 함수 $f(x)$가 $x=\frac{\alpha+2\beta}{3}$에서 극솟값 -4를 가지므로

$f'(x)=0$에서 $x=\alpha$, $x=\frac{\alpha+2\beta}{3}$이므로 위의 [그림 2]에 의해 $f(x)$는 $x=\alpha$에서 극댓값을, $x=\frac{\alpha+2\beta}{3}$에서 극솟값을 갖게 돼.

$$f\left(\frac{\alpha+2\beta}{3}\right)=\left(\frac{\alpha+2\beta}{3}-\alpha\right)^2\times\left(\frac{\alpha+2\beta}{3}-\beta\right)=-4$$

$$\frac{4}{9}(\beta-\alpha)^2\times\frac{1}{3}(\alpha-\beta)=-4$$

$(\beta-\alpha)^3=27$

$\therefore \beta-\alpha=3$($\because$ α, β는 실수)

즉, $\beta=\alpha+3$이다. (참)

ㄷ. $f(x)=(x-\alpha)^2(x-\beta)$에서 $f(0)=-\alpha^2\beta=16$이면 ㄴ에 의해

$\beta=\alpha+3$이므로

$\alpha^2(\alpha+3)=-16$

$\alpha^3+3\alpha^2+16=0$, $(\alpha+4)(\alpha^2-\alpha+4)=0$

-4	1	3	0	16
		-4	4	-16
	1	-1	4	0

$\therefore \alpha=-4$($\because$ α는 실수)

이차방정식 $\alpha^2-\alpha+4=0$의 판별식을 D라 할 때 $D=(-1)^2-4\times1\times4=-15<0$이므로 이차방정식 $\alpha^2-\alpha+4=0$은 실근을 갖지 않아.

즉, $\beta=\alpha+3=-4+3=-1$이므로

$\alpha^2+\beta^2=(-4)^2+(-1)^2=17$ (거짓)

따라서 옳은 것은 ㄱ, ㄴ이다.

실수 이런 문제는 각 보기를 따로따로 풀려고 하기 보다는, 전의 보기에서 구한 것을 이용해서 다음 보기를 풀려고 해야 해. ㄴ에서 구한 것을 이용하지 않으면 ㄷ의 참, 거짓을 따지는 게 쉽지 않아.

E 68 정답 14 *삼차함수의 유추 [정답률 44%]

정답 공식: 삼차함수 $f(x)$에 대하여 함수 $|f(x)|$의 극점의 개수가 5가 되기 위해서는 방정식 $f(x)=0$이 서로 다른 세 실근을 가져야 한다.

함수 $f(x)=x^3-3px^2+q$가 다음 조건을 만족시키도록 하는 25 이하의 두 자연수 p, q의 모든 순서쌍 (p, q)의 개수를 구하시오. (4점)

(가) 함수 $|f(x)|$가 $x=a$에서 극대 또는 극소가 되도록 하는 모든 실수 a의 개수는 5이다.

단서1 함수 $|f(x)|$의 극점의 개수를 이용하여 삼차함수 $f(x)$의 그래프의 개형을 먼저 찾아.

(나) 닫힌구간 $[-1, 1]$에서 함수 $|f(x)|$의 최댓값과 닫힌구간 $[-2, 2]$에서 함수 $|f(x)|$의 최댓값은 같다.

단서2 닫힌구간의 양 끝값과 닫힌구간 내에 있는 극값을 비교하여 최댓값을 찾아내야 하는데 두 구간에서의 최댓값이 같게 되는 조건을 생각해봐.

1st 조건 (가)를 만족시키는 자연수 p, q의 조건을 찾자.

조건 (가)를 만족하려면 함수 $y=|f(x)|$의 그래프의 극점의 개수가 5가 되어야 한다.

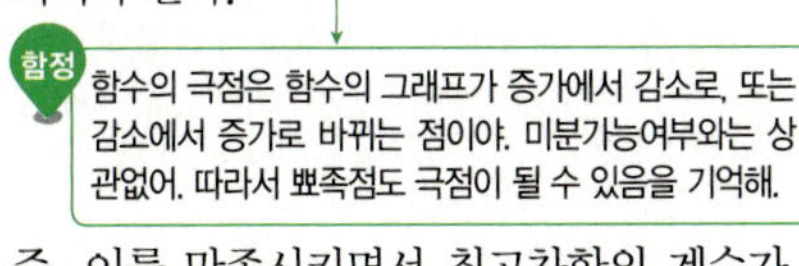

함정
함수의 극점은 함수의 그래프가 증가에서 감소로, 또는 감소에서 증가로 바뀌는 점이야. 미분가능여부와는 상관없어. 따라서 뾰족점도 극점이 될 수 있음을 기억해.

$y=|f(x)|$, $y=f(x)$, O, x, y

즉, 이를 만족시키면서 최고차항의 계수가 양수인 삼차함수 $y=f(x)$의 그래프는 오른쪽 그림과 같아야 한다.

따라서 삼차방정식 $f(x)=0$이 서로 다른 세 실근을 가져야 하므로 삼차함수 $f(x)$의 극댓값은 양수, 극솟값은 음수가 되어야 한다.

$f(x)=x^3-3px^2+q$에서

$f'(x)=3x^2-6px=3x(x-2p)$이므로

$f'(x)=0$에서 $x=0$ 또는 $x=2p$

즉, 함수 $f(x)$는 $x=0$에서 극대, $x=2p$($\because$ $p>0$)에서 극소이므로

최고차항의 계수가 양수인 삼차함수에 대하여 x의 값이 x_1, x_2 $(x_1<x_2)$인 점에서 극값을 가지면 이 삼차함수는 $x=x_1$에서 극대, $x=x_2$에서 극소야.

$f(0)=q>0$

$f(2p)=8p^3-12p^3+q=-4p^3+q<0$

$\therefore 4p^3>q$

$\therefore 0<q<4p^3$ ⋯ ㉠

2nd 조건 (나)를 만족시키는 자연수 p, q의 조건을 찾자.

조건 (나)에서 닫힌구간 $[-1, 1]$에서의 함수 $|f(x)|$의 최댓값과 닫힌구간 $[-2, 2]$에서의 함수 $|f(x)|$의 최댓값이 같으므로 두 구간에서의 최댓값은 $|f(0)|=q$이어야 한다.

닫힌구간 $[-1, 1]$에서 함수 $|f(x)|$의 최댓값은 $|f(-1)|$, $|f(1)|$, 극댓값인 $|f(0)|$ 중 하나야.

닫힌구간 $[-2, 2]$에서 함수 $|f(x)|$의 최댓값은 $|f(-2)|$, $|f(2)|$, 극댓값인 $|f(0)|$ 중 하나야.

즉, $|f(-1)|\le q$, $|f(1)|\le q$, $|f(-2)|\le q$, $|f(2)|\le q$를 모두 만족시켜야 한다.

(i) $|f(-1)|\le q$에서 $-q\le f(-1)\le q$, $-q\le -1-3p+q\le q$

$-2q\le -1-3p\le 0$, $-2q+1\le -3p\le 1$

$\therefore -\frac{1}{3}\le p\le \frac{2}{3}q-\frac{1}{3}$

(ii) $|f(1)|\le q$에서 $-q\le f(1)\le q$, $-q\le 1-3p+q\le q$

$-2q\le 1-3p\le 0$, $-2q-1\le -3p\le -1$

$\therefore \frac{1}{3}\le p\le \frac{2}{3}q+\frac{1}{3}$

(iii) $|f(-2)|\le q$에서 $-q\le f(-2)\le q$, $-q\le -8-12p+q\le q$

$-2q\le -8-12p\le 0$, $-2q+8\le -12p\le 8$

$\therefore -\frac{2}{3}\le p\le \frac{1}{6}q-\frac{2}{3}$

(iv) $|f(2)|\le q$에서 $-q\le f(2)\le q$, $-q\le 8-12p+q\le q$

$-2q\le 8-12p\le 0$, $-2q-8\le -12p\le -8$

$\therefore \frac{2}{3}\le p\le \frac{1}{6}q+\frac{2}{3}$

(i)~(iv)의 부등식에서 p의 좌변에 있는 값 중 가장 큰 값이야.

(i)~(iv)를 모두 만족시키는 p, q의 값의 범위는 $\frac{2}{3}\le p\le \frac{1}{6}q-\frac{2}{3}$에서

(i)~(iv)의 부등식에서 p의 우변에 있는 값 중 가장 작은 값이야.

$4\le 6p\le q-4$

$\therefore 6p+4\le q$ ⋯ ㉡

p는 자연수이므로 $4\le 6p$는 당연히 만족해.

㉠, ㉡에 의하여 $6p+4\le q<4p^3$

3rd 25 이하의 두 자연수 p, q의 모든 순서쌍 (p, q)의 개수를 구하자.

$6p+4\le q<4p^3$을 만족시키는 25 이하의 두 자연수 p, q는

이 식을 만족하는 두 자연수 p, q를 구하기 위해 p에 1, 2, 3, ⋯을 차례로 대입하면서 q의 값의 범위를 찾으면 돼.

$p=1$일 때,

$10\le q<4$ ⇒ 자연수 q는 존재하지 않는다.

$p=2$일 때,

$16\le q\le 25$ ⇒ $25-16+1=10$(개)

$p=2$일 때, $16\le q<32$인데 q가 25 이하의 자연수이므로 $16\le q\le 25$라 나타낸 거야. $p=3$인 경우도 마찬가지야.

$p=3$일 때,

$22\le q\le 25$ ⇒ $25-22+1=4$(개)

$p\ge 4$일 때,

q는 25보다 큰 자연수이어야 하므로 조건을 만족시키지 않는다.

따라서 두 자연수 p, q의 모든 순서쌍 (p, q)의 개수는 $10+4=14$이다.

E 69 정답 ⑤ *삼차함수의 유추 [정답률 52%]

(정답 공식: 조건 (가), (나)를 이용해 $f(x)$의 식을 구하고 $g(x)=f(x)-f'(x)$를 좌표평면에 나타내본다.)

다음 조건을 만족시키는 모든 삼차함수 $f(x)$에 대하여 $f(2)$의 최솟값은? (4점)

(가) $f(x)$의 최고차항의 계수는 1이다.
(나) $f(0)=f'(0)$ 단서 $g(x)=f(x)-f'(x)$라고 놓을 때, $g(0)=0$, $x\geq-1$에서 $g(x)\geq0$이 돼.
(다) $x\geq-1$인 모든 실수 x에 대하여 $f(x)\geq f'(x)$이다.

① 28 ② 33 ③ 38
④ 43 ⑤ 48

1st 주어진 조건을 이용하여 함수 $f(x)$를 구해.

조건 (가)에 의하여 $f(x)=x^3+ax^2+bx+c$라 하면
$f'(x)=3x^2+2ax+b$
$f(0)=c$, $f'(0)=b$이고 조건 (나)에 의하여 $c=b$이므로
$f(x)=x^3+ax^2+bx+b$
한편, $g(x)=f(x)-f'(x)$라 하면
$g(x)=x^3+ax^2+bx+b-(3x^2+2ax+b)$
$=x^3+(a-3)x^2+(b-2a)x$ ⋯ ㉠
이므로 $g(0)=0$
삼차함수 $y=g(x)$의 그래프는 점 $(0, 0)$을 지나고 조건 (다)에 의하여 $x\geq-1$에서 $g(x)\geq0$이어야 하므로 함수 $g(x)$는 $x=0$에서 극솟값 0을 가진다.
($g(0)=0$인데 $x\geq-1$에서 $g(x)\geq0$이니까 $x=0$의 좌우에서 $g(x)$는 음수의 값을 가질 수 없어. 즉, $x\to0-$, $x\to0+$일 때 $g(x)\to0+$이므로 그림과 같이 함수 $g(x)$는 $x=0$에서 극소가 돼.)
즉, 함수 $y=g(x)$의 그래프의 개형은 그림과 같다.

실수 $y=g(x)$의 그래프의 개형을 그려내는 게 이 문제의 핵심이야.

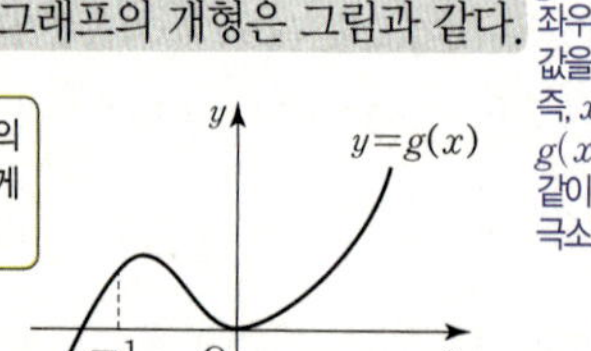

따라서 $g'(0)=0$이고 ㉠에서 $g'(x)=3x^2+2(a-3)x+b-2a$이므로
$g'(0)=b-2a=0$ $\therefore b=2a$ ⋯ ㉡
㉡을 ㉠에 대입하면 $g(x)=x^3+(a-3)x^2$이고 조건 (다)에 의하여
$g(-1)\geq0$이므로
$g(-1)=-1+a-3\geq0$ $\therefore a\geq4$ ⋯ ㉢
이때, ㉡에 의하여 $f(x)=x^3+ax^2+2ax+2a$이고
$f(2)=8+4a+4a+2a=10a+8$이므로
㉢에 의하여 $f(2)=10a+8\geq10\cdot4+8=48$
따라서 $f(2)$의 최솟값은 48이다.

[다른 풀이]

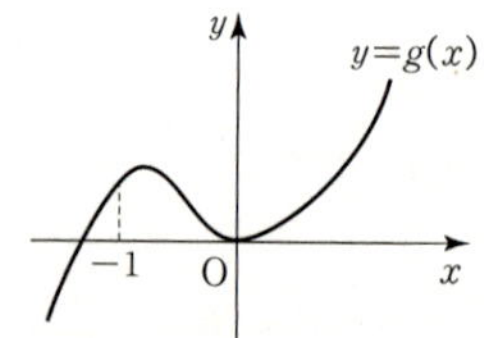

$g(x)=x^3+ax^2+bx+b-(3x^2+2ax+b)$
$=x^3+(a-3)x^2+(b-2a)x=x\{x^2+(a-3)x+b-2a\}$

이고 함수 $y=g(x)$의 그래프는 그림과 같으므로 방정식 $g(x)=0$은 중근 $x=0$을 갖겠지? 그럼 $x^2+(a-3)x+b-2a$는 x를 인수로 가져야 해.
$\therefore b-2a=0$
(이하 동일)

E 70 정답 12 *사차함수의 유추 [정답률 38%]

(정답 공식: 주어진 조건을 통해 $y=f'(x)$의 그래프의 개형을 유추한 후 $f(x)$의 증가와 감소 등을 판단하여 사차함수 $y=f(x)$의 그래프의 개형을 찾는다.)

단서1 $f(x)$가 사차함수이니까 $f'(x)$는 삼차함수야. 주어진 조건을 이용하여 $y=f'(x)$의 그래프의 개형을 파악해야 해.

최고차항의 계수가 양수인 사차함수 $f(x)$의 도함수 $f'(x)$가
$f'(-1)f'(0)<0$, $f'(0)f'(1)>0$, $f'(-1)f'(3)<0$, $f'(2)=0$
을 만족시킨다. $f(0)<0$일 때, 방정식 $f(x)=0$은 적어도 서로 다른 α개의 실근을 가지고, $-10\leq n\leq10$에서 $f'(-2)f'(n)<0$을 만족시키는 정수 n의 개수는 β개이다. $\alpha+\beta$의 값을 구하시오. (4점)

단서2 도함수 $y=f'(x)$의 그래프를 이용해 $y=f(x)$의 그래프를 그릴 수 있어야 해. 이때 중요한 것은 $f'(x)$의 부호는 $f(x)$의 증가, 감소와 관계가 있다는 거야.

1st 주어진 조건을 이용하여 삼차함수 $y=f'(x)$의 그래프를 그려 봐.

사차함수 $f(x)$의 최고차항의 계수가 양수이므로 삼차함수 $f'(x)$의 최고차항의 계수도 양수가 된다.
또, $f'(-1)f'(0)<0$에서 도함수 $f'(x)$는 $x=-1$과 $x=0$에서 서로 다른 부호를 가지므로 사잇값의 정리에 의하여 $f'(c)=0$이 되는 c가 $-1<c<0$에 적어도 하나 존재한다.
([사잇값의 정리의 활용] 함수 $f(x)$가 구간 $[a, b]$에서 연속이고 $f(a)f(b)<0$이면 방정식 $f(x)=0$은 열린구간 (a, b)에서 적어도 하나의 실근을 갖는다.)

따라서 삼차항의 계수가 양수이고, $f'(-1)f'(0)<0$, $f'(0)f'(1)>0$, $f'(-1)f'(3)<0$, $f'(2)=f'(c)=0$을 만족시키는 함수 $f'(x)$의 그래프의 개형은 다음과 같이 세 가지가 나올 수 있다.
(단, $-1<c<0$)

(i)

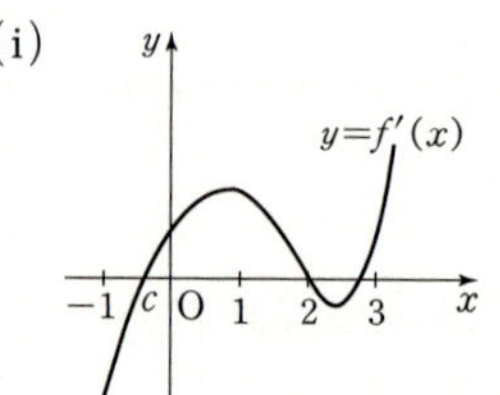

(ii)

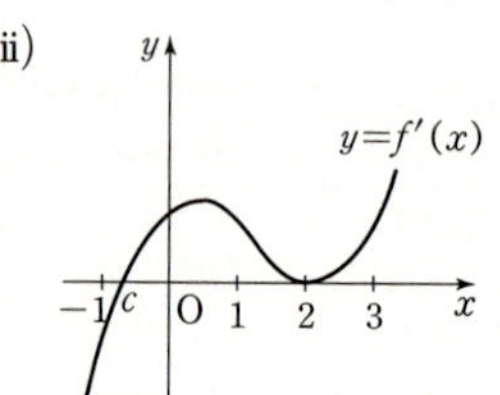

(iii)

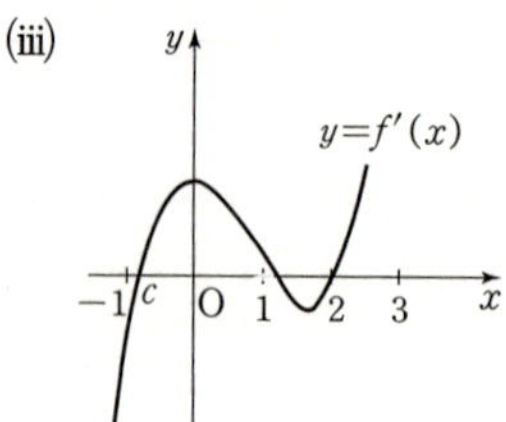

2nd 도함수 $y=f'(x)$의 그래프를 분석해 $y=f(x)$의 그래프의 개형을 찾자.

위 세 그래프를 이용하여 가능한 사차함수 $f(x)$의 그래프를 그려보면 각각 다음과 같다.
($f'(c)=0$이고 $x=c$의 좌우에서 $f'(x)$의 부호가 음$(-)$에서 양$(+)$으로 바뀌므로 $f(x)$는 $x=c$에서 극솟값을 가져. 또한, $f'(2)=0$이므로 $x=2$의 좌우에서의 $f'(x)$의 부호의 변화에 따라 $x=2$에서 $f(x)$가 극값을 가질 수도 있어.)

(iv) (i)의 경우

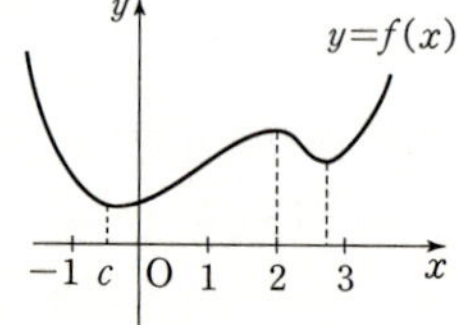

(v) (ii)의 경우

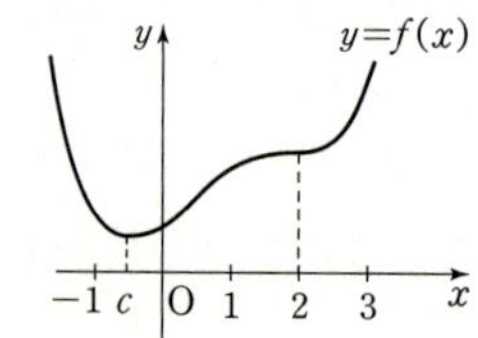

(vi) (iii)의 경우

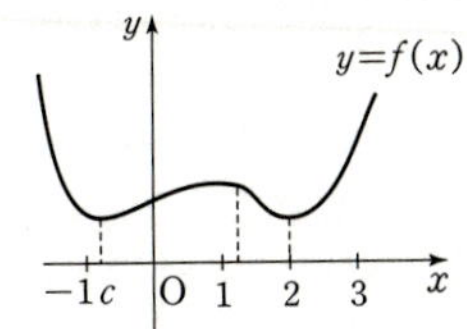

즉, $f(0)<0$이면 $f(x)$의 극솟값인 $f(c)<0$이므로 사차함수 $y=f(x)$의 그래프는 x축과 적어도 두 점에서 만난다.

따라서 방정식 $f(x)=0$은 적어도 서로 다른 2개의 실근을 가지므로 $\alpha=2$이다.

→ $-1<c<0$인 c에 대하여 $x<c$일 때 $f'(x)<0$이야.

한편, 도함수 $f'(x)$의 그래프를 보면 $f'(-2)<0$이고, $f'(-2)f'(n)<0$을 만족시키므로 $f'(n)>0$이어야 한다.

이때, n은 정수이므로

i) $n\le -1$일 때, $f'(n)<0$

ii) $n=0,\ 1,\ 3,\ 4,\ 5,\ 6,\ 7,\ 8,\ 9,\ 10$일 때, $f'(n)>0$

iii) $n=2$일 때, $f'(n)=0$

따라서 $-10\le n\le 10$일 때, $f'(-2)f'(n)<0$을 만족시키는 정수 n은 0, 1, 3, 4, $\cdots$, 10의 10개이므로 $\beta=10$이다.

$\therefore\ \alpha+\beta=2+10=12$

즉, 이 점들의 좌우에서 $f(x)$의 부호가 바뀌어 함수 $g(x)=|f(x)|$의 그래프를 그릴 때 이 점들에서 그래프가 꺾어짐을 알 수 있다.

따라서 $y=g(x)$의 그래프의 개형은 다음과 같다.

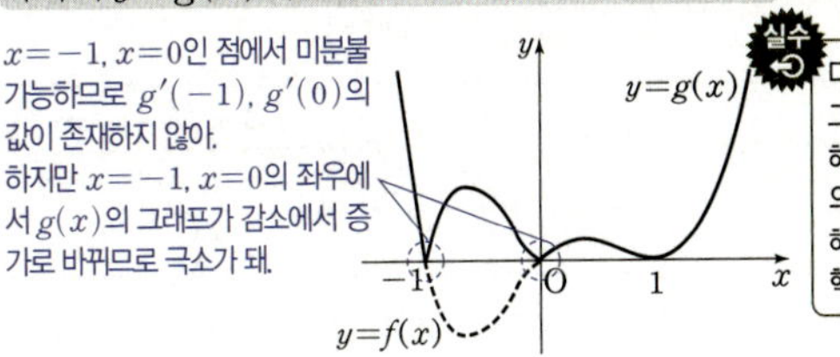

$x=-1$, $x=0$인 점에서 미분불가능하므로 $g'(-1)$, $g'(0)$의 값이 존재하지 않아. 하지만 $x=-1$, $x=0$의 좌우에서 $g(x)$의 그래프가 감소에서 증가로 바뀌므로 극소가 돼.

실수: 다양한 조건들과 함수의 그래프, 미분에 대한 이해를 바탕으로 $y=g(x)$의 그래프의 개형을 유추해내는 것이 이 문제의 핵심이야.

2nd 함수 $g(x)$의 식을 찾아 $g(2)$의 값을 구하자.

사차함수 $f(x)$의 최고차항의 계수가 1이므로 $f(x)=x(x+1)(x-1)^2$

→ $x=-1$, $x=0$인 점에서 x축과 만나므로 $f(x)$의 식은 $x+1$, x를 인수로 가지고, $x=1$에서 접하므로 $(x-1)^2$을 인수로 가져. 즉, 최고차항의 계수가 1이므로 사차함수 $f(x)$는 $f(x)=x(x+1)(x-1)^2$이야.

따라서 $g(x)=|x(x+1)(x-1)^2|$이므로

$g(2)=|2\times 3\times 1^2|=6$

수능 핵강

절댓값이 포함된 함수의 그래프는 바로 그리기가 쉽지 않으므로 절댓값 기호 안의 함수의 그래프의 모양을 유추할 수 있어야 해. 이때, 그래프의 모양을 유추해서 해결해야 하는 삼차함수 또는 사차함수에 관한 문제는 삼차함수와 사차함수의 그래프의 유형을 정확히 파악하고 있어야 하지. 각각의 그래프의 모양과 도함수, 극대와 극소 등의 관계를 꼭 비교하여 조사할 필요가 있어. 수식으로 풀기에는 어려운 문제이므로 그래프의 특징을 살펴보고 유형을 파악해두자.

E 71 정답 ③ * 사차함수의 유추 [정답률 54%]

정답 공식: 함수 $g(x)$가 $x=1$에서 미분가능하고 극솟값을 가지므로 $g(1)=g'(1)=f(1)=f'(1)=0$이다. 또한 $g(x)$가 극솟값을 가지는 x의 값이 3개이므로 그래프의 개형을 생각했을 때 $x=-1$, $x=0$이 방정식 $g(x)=0$의 근임을 알 수 있다.

최고차항의 계수가 1인 사차함수 $f(x)$에 대하여 함수 $g(x)=|f(x)|$가 다음 조건을 만족시킨다.

> 단서1 조건 (가), (나)에 의해서 $g(1)=g'(1)=0$이므로 $y=g(x)$의 그래프는 $x=1$인 점에서 x축에 접함을 알 수 있어.
>
> (가) $g(x)$는 $x=1$에서 미분가능하고 $g(1)=g'(1)$이다.
>
> (나) $g(x)$는 $x=-1$, $x=0$, $x=1$에서 극솟값을 갖는다.
>
> 단서2 함수 $g(x)=|f(x)|$의 그래프는 $y=f(x)$의 x축 아랫부분에 있는 그래프를 x축 위로 꺾어올린 거니까 함수 $g(x)$의 극솟값이 3개가 되기 위한 $g(x)$의 그래프의 개형을 파악해 봐.

$g(2)$의 값은? (4점)

① 2 ② 4 ③ 6 ④ 8 ⑤ 10

1st 주어진 조건을 이용하여 $y=g(x)$의 그래프의 개형을 그려보자.

조건 (가)에서 $g'(1)$의 값이 존재하고, 조건 (나)에서 함수 $g(x)$는 $x=1$에서 극솟값을 가지므로 $g'(1)=0$이다. → $g(x)$가 $x=1$에서 미분가능하다 했지?

그런데 조건 (가)에서 $g(1)=g'(1)$이므로

$g(1)=g'(1)=0$ $\cdots$ ㉠

$f(a)=0$, $f'(a)=0$이면 $y=f(x)$의 그래프는 $x=a$인 점에서 접해.

이때, $g(x)=|f(x)|$이므로 ㉠에 의하여 $f(1)=f'(1)=0$이다.

즉, $y=f(x)$의 그래프는 $x=1$인 점에서 x축에 접한다.

또한, 최고차항의 계수가 양수인 사차함수의 그래프는 극솟값을 최대 2개 갖는데, 조건 (나)에서 함수 $g(x)$가 $x=-1$, $x=0$, $x=1$에서 극솟값을 가지므로 $f(x)$의 그래프는 $x=-1$, $x=0$인 점에서 x축과 만난다.

E 72 정답 ④ * 사차함수의 유추 [정답률 41%]

정답 공식: $f(t)$의 함수식을 t에 대해 정리할 수 있다. 좌표평면에 $y=f(t)$의 그래프를 그린다.

실수 t에 대하여 직선 $x=t$가 두 함수

$y=x^4-4x^3+10x-30$, $y=2x+2$

의 그래프와 만나는 점을 각각 A, B라 할 때, 점 A와 점 B 사이의 거리를 $f(t)$라 하자.

단서 함수 $f(t)$의 임의의 점에서의 (좌미분계수)×(우미분계수)≤0인 것을 뜻해.

$$\lim_{h\to 0+}\frac{f(t+h)-f(t)}{h}\times\lim_{h\to 0-}\frac{f(t+h)-f(t)}{h}\le 0$$

을 만족시키는 모든 실수 t의 값의 합은? (4점)

① −7 ② −3 ③ 1 ④ 5 ⑤ 9

1st 먼저 $f(t)$를 구해야겠지?

두 점 A, B는 각각 두 함수 $y=x^4-4x^3+10x-30$, $y=2x+2$의 그래프가 직선 $x=t$와 만나는 점이므로 점 A의 y좌표는 $t^4-4t^3+10t-30$이고, 점 B의 y좌표는 $2t+2$이다.

두 점 A, B의 x좌표는 t로 같으므로 점 A와 점 B 사이의 거리 $f(t)$는

$f(t)=|t^4-4t^3+10t-30-(2t+2)|$ ← y좌표의 차와 같아.

$=|t^4-4t^3+8t-32|$

2nd 이제, $y=|g(t)|$의 그래프를 그려보자. 이때, $y=|g(t)|$의 그래프는 $y=g(t)$의 그래프에서 t축의 윗부분은 그대로 두고 t축의 아랫부분만 t축에 대하여 대칭이동하여 그리면 돼.

$y=|t^4-4t^3+8t-32|$의 그래프를 그리기 위하여

$g(t)=t^4-4t^3+8t-32$라 하면

$g(t)=t^4-4t^3+8t-32=0$에서 $(t-4)(t^3+8)=0$

$(t-4)(t+2)(t^2-2t+4)=0$

즉, $y=g(t)$의 그래프는 $t=-2$, $t=4$인 점에서 t축과 만난다.

또한, $g'(t)=4t^3-12t^2+8=4(t-1)(t^2-2t-2)$이고 $g'(t)=0$에서 $t=1$ 또는 $t=1\pm\sqrt{3}$이므로 함수 $g(t)$의 증가와 감소를 표로 나타내면 다음과 같다.

t	$\cdots$	$1-\sqrt{3}$	$\cdots$	1	$\cdots$	$1+\sqrt{3}$	$\cdots$
$g'(t)$	$-$	0	$+$	0	$-$	0	$+$
$g(t)$	↘	극소	↗	극대	↘	극소	↗

함수 $y=g(t)$는 $t=1\pm\sqrt{3}$에서 극솟값을 갖고, $t=1$에서 극댓값을 가진다. 또한, $g(1)=1-4+8-32=-27$이므로 $y=g(t)$의 그래프는 [그림 1]과 같다.

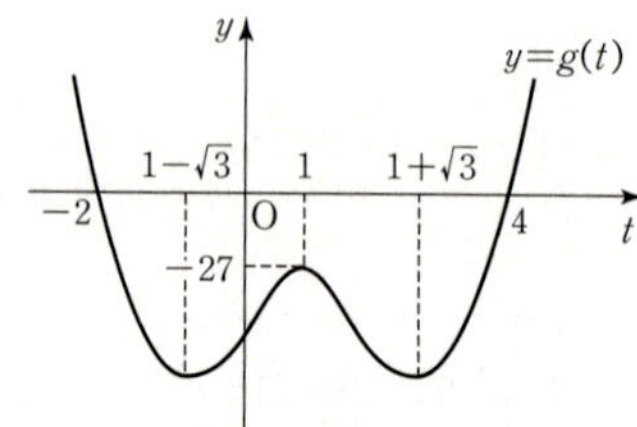

[그림 1]

따라서 함수 $y=f(t)=|g(t)|$의 그래프는 [그림 2]와 같다.

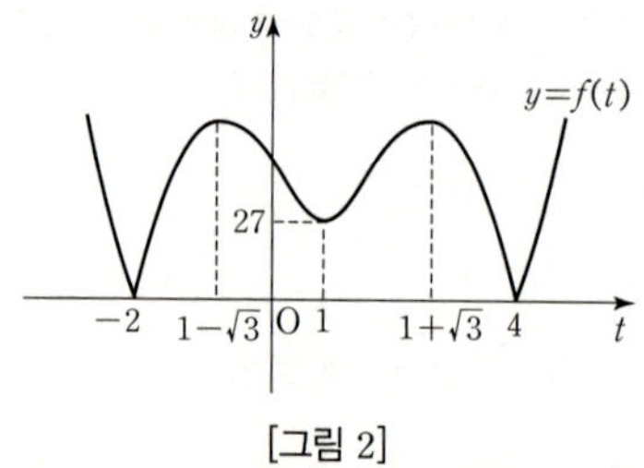

[그림 2]

3rd 주어진 부등식을 만족시키는 실수 t의 조건을 생각해야 해.

한편, $f'(t)$는 함수 $f(t)$의 그래프 위의 임의의 점에서의 접선의 기울기를 의미하므로

$\lim_{h\to0+}\frac{f(t+h)-f(t)}{h}\times\lim_{h\to0-}\frac{f(t+h)-f(t)}{h}\le0$을 만족시키려면 임의의 점의 좌우에서 접선의 기울기의 부호가 바뀌거나 또는 접선의 기울기가 0이어야 한다. $f(t)$의 극점이 되는 t의 값을 의미해.

따라서 $y=f(t)$의 그래프에서 주어진 조건을 만족시키는 실수 t의 값은 -2, $1-\sqrt{3}$, 1, $1+\sqrt{3}$, 4이다.

$\therefore$ (구하는 합)$=-2+(1-\sqrt{3})+1+(1+\sqrt{3})+4=5$

E 73 정답 243 ＊삼차함수의 유추 [정답률 35%]

(정답 공식: $h(x)=f(x)-g(x)$로 두고 조건을 만족시키는 함수식을 구한다.)

최고차항의 계수가 1인 삼차함수 $f(x)$와 최고차항의 계수가 2인 이차함수 $g(x)$가 다음 조건을 만족시킨다.

(가) $f(\alpha)=g(\alpha)$이고 $f'(\alpha)=g'(\alpha)=-16$인 실수 α가 존재한다.

단서1 $h(x)=f(x)-g(x)$라 하면 조건 (가), (나)에 의하여 $h(x)$의 식을 실수 α, β를 이용하여 나타낼 수 있어.

(나) $f'(\beta)=g'(\beta)=16$인 실수 β가 존재한다.

단서2 $g(x)$는 최고차항의 계수가 2인 이차함수야. 조건 (가)의 $g'(\alpha)=-16$과 조건 (나)의 $g'(\beta)=16$을 이용하여 α, β 사이의 관계식을 찾아내.

$g(\beta+1)-f(\beta+1)$의 값을 구하시오. (4점)

1st $h(x)=f(x)-g(x)$라 하고 조건 (가)를 이용하여 $h(x)$의 식을 유추하자.

$h(x)=f(x)-g(x)$라 하면 조건 (가)에서 $f(\alpha)=g(\alpha)$이고 $f'(\alpha)=g'(\alpha)$이므로 $h(\alpha)=h'(\alpha)=0$

이때, $h(x)$는 최고차항의 계수가 1인 삼차함수이므로 상수 p에 대하여 $h(x)=(x-\alpha)^2(x-p)$ … ㉠이다.

→ $f(x)$는 삼차함수, $g(x)$는 이차함수이고 $h(x)=f(x)-g(x)$이므로 $h(x)$는 최고차항의 계수가 $f(x)$의 최고차항의 계수와 같은 삼차함수야.

$f(\alpha)=g(\alpha)$, $f'(\alpha)=g'(\alpha)$이므로 두 함수 $y=f(x)$, $y=g(x)$의 그래프는 $x=\alpha$에서 접하지? 즉, 삼차방정식 $f(x)-g(x)=0$은 중근 $x=\alpha$를 가지니까 $f(x)-g(x)=(x-\alpha)^2(x-p)$라 할 수 있는 거지.

2nd 조건 (나)를 이용하여 $h(x)$의 식을 완성하자.

→ $y=f(x)g(x)$의 도함수는 $y'=f'(x)g(x)+f(x)g'(x)$

$h'(x)=2(x-\alpha)(x-p)+(x-\alpha)^2=(x-\alpha)(3x-2p-\alpha)$이고

조건 (나)의 $f'(\beta)=g'(\beta)$에서 $h'(\beta)=f'(\beta)-g'(\beta)=0$이므로

$(\beta-\alpha)(3\beta-2p-\alpha)=0$이고, $\alpha\ne\beta$이므로 $3\beta-2p-\alpha=0$

이차함수 $g(x)$의 도함수 $g'(x)$는 일차함수지? 즉, 일대일대응이야. 따라서 $\alpha=\beta$이면 $g'(\alpha)=g'(\beta)$이어야 하는데 문제의 조건에서 $g'(\alpha)=-16$, $g'(\beta)=16$이므로 $\alpha\ne\beta$여야 해.

$\therefore p=\frac{3\beta-\alpha}{2}\Rightarrow h(x)=(x-\alpha)^2\left(x-\frac{3\beta-\alpha}{2}\right)$ ($\because$ ㉠)

3rd 이차함수 $g(x)$의 최고차항의 계수가 2임을 이용하여 α, β의 관계식을 찾자.

한편, $g(x)$의 최고차항의 계수는 2이므로 상수 a, b에 대하여 $g(x)=2x^2+ax+b$라 하면 $g'(x)=4x+a$이고 두 조건 (가), (나)에서 $g'(\alpha)=-16$, $g'(\beta)=16$이므로

$4\alpha+a=-16$ … ㉡, $4\beta+a=16$ … ㉢

㉡−㉢을 하면 $4\alpha-4\beta=-32$ $\therefore \alpha-\beta=-8$ … ㉣

$\therefore g(\beta+1)-f(\beta+1)$

$=-h(\beta+1)=-(\beta+1-\alpha)^2\left(\beta+1-\frac{3\beta-\alpha}{2}\right)$

$=-(\alpha-\beta-1)^2\left(\frac{\alpha-\beta}{2}+1\right)=-(-8-1)^2\left(\frac{-8}{2}+1\right)$ ($\because$ ㉣)

$=243$

E 74 정답 ③ ＊사차함수의 유추 [정답률 45%]

(정답 공식: 조건을 만족하는 함수 $y=f'(x)$의 그래프는 $x=0$에서 x축에 접한다.)

최고차항의 계수가 1인 사차함수 $f(x)$가 다음 조건을 만족시킨다.

단서1 최고차항의 계수가 1인 사차함수 $f(x)$에 대하여 도함수 $f'(x)$의 최고차항의 계수는 4이고 $f'(0)=0$이므로 $f'(x)=4x(x-p)(x-q)$ (p, q는 상수)라 놓을 수 있어.

(가) $f'(0)=0$, $f'(2)=16$

(나) 어떤 양수 k에 대하여 두 열린구간 $(-\infty, 0)$, $(0, k)$에서 $f'(x)<0$이다.

단서2 $f'(0)=0$인데 $x=0$의 좌우에서 $f'(x)$의 부호가 $f'(x)<0$이므로 $f'(x)$의 그래프는 $x=0$인 점에서 x축에 접해. 이를 이용하여 삼차함수 $f'(x)$의 그래프의 개형을 그려봐.

[보기]에서 옳은 것만을 있는 대로 고른 것은? (4점)

[보기]

ㄱ. 방정식 $f'(x)=0$은 열린구간 $(0, 2)$에서 한 개의 실근을 갖는다.

단서3 사차함수 $y=f(x)$의 그래프의 개형을 살펴봐.

ㄴ. 함수 $f(x)$는 극댓값을 갖는다.

ㄷ. $f(0)=0$이면, 모든 실수 x에 대하여 $f(x)\ge-\frac{1}{3}$이다.

단서4 사차함수 $y=f(x)$가 모든 실수 x에 대하여 특정한 값보다 크거나 같으려면 최솟값을 구해봐. 아마 극솟값과 관련이 있겠지?

① ㄱ ② ㄴ ③ ㄱ, ㄷ ④ ㄴ, ㄷ ⑤ ㄱ, ㄴ, ㄷ

1st 주어진 조건을 이용하여 도함수 $f'(x)$를 구하자.

최고차항의 계수가 1인 사차함수 $f(x)$에 대하여 도함수 $f'(x)$는 최고차항의 계수가 4인 삼차함수이고, 조건 (가)에서 $f'(0)=0$이므로 $f'(x)=4x(x-p)(x-q)$ (단, p, q는 상수) 라 놓을 수 있다.

$f'(0)=0$이니까 삼차식 $f'(x)$는 $x-0$, 즉 x를 인수로 가져.

한편, 조건 (가)에서 $f'(0)=0$인데 조건 (나)에서 어떤 양수 k에 대하여 두 열린구간 $(-\infty, 0)$, $(0, k)$에서 $f'(x)<0$이므로 삼차함수 $y=f'(x)$의 그래프의 개형은 [그림 1]과 같다.

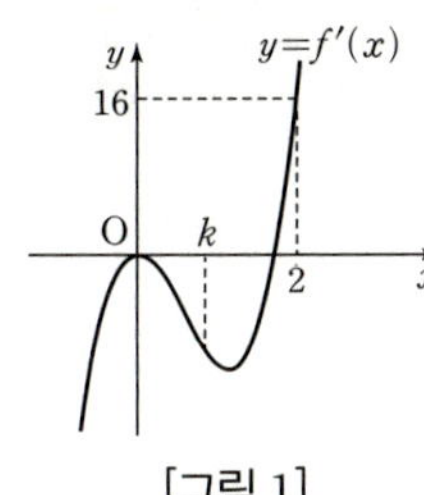

[그림 1]

즉, $y=f'(x)$의 그래프는 $x=0$인 점에서 x축에 접하므로 삼차식 $f'(x)$는 x^2을 인수로 가져야 한다.

따라서 $f'(x)=4x^2(x-p)$라 할 수 있다.

$f'(x)=4x(x-p)(x-q)$에서 q의 값을 0으로 한 거야.

이때, 조건 (가)에서 $f'(2)=16$이므로

$f'(2)=4\times2^2\times(2-p)=16$

$2-p=1 \quad \therefore p=1$

$\therefore f'(x)=4x^2(x-1) \cdots$ ㉠

2nd 함수 $y=f'(x)$의 식을 이용하여 ㄱ의 참, 거짓을 판별하자.

ㄱ. ㉠에 의해 삼차함수 $y=f'(x)$의 그래프는 $x=0$, $x=1$인 점에서 x축과 만난다.

즉, 방정식 $f'(x)=0$은 열린구간 $(0, 2)$에서 한 개의 실근을 갖는다. (참)

함수 $f'(x)=4x^2(x-1)$의 그래프는 오른쪽 그림과 같아. 즉, 열린구간 $(0, 2)$에서 방정식 $f'(x)=0$은 실근 $x=1$을 가져.

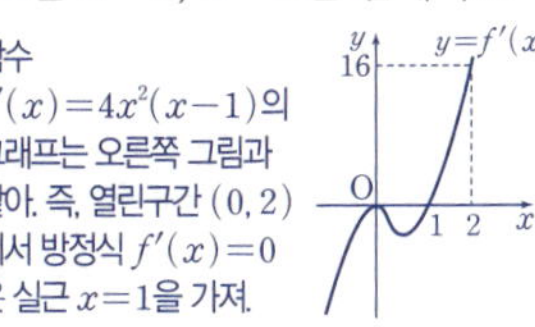

3rd 함수 $y=f(x)$의 그래프를 유추하여 ㄴ, ㄷ의 참, 거짓을 판별하자.

ㄴ. $f'(x)=0$에서 $4x^2(x-1)=0 \quad \therefore x=0$ 또는 $x=1$

함수 $f(x)$의 증가와 감소를 표로 나타내면 다음과 같다.

x	$\cdots$	0	$\cdots$	1	$\cdots$
$f'(x)$	$-$	0	$-$	0	$+$
$f(x)$	↘		↘	극소	↗

즉, $y=f(x)$의 그래프의 개형은 [그림 2]와 같으므로 함수 $f(x)$는 극댓값은 가지지 않고 $x=1$에서 극솟값을 갖는다. (거짓)

어떤 양수 k에 대하여 두 열린구간 $(-\infty, 0)$, $(0, k)$에서 $f'(x)<0$이므로 사차함수 $y=f(x)$의 그래프는 이 구간에서는 감소하고, $x=1$에서 극소이며 $f'(2)=16>0$이므로 $x=2$에서 증가하고 있음을 알 수 있어.

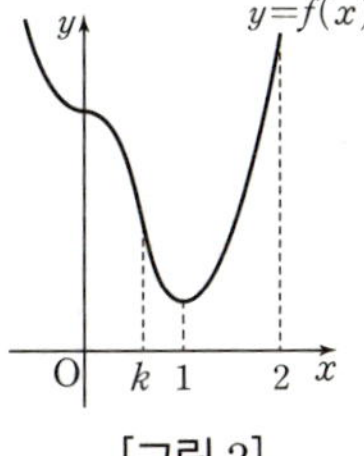

[그림 2]

ㄷ. $f(0)=0$이므로

$f(x)=x^4+ax^3+bx^2+cx$ (a, b, c는 상수)라 하면

$f'(x)=4x^3+3ax^2+2bx+c$

이때, ㉠에서 $f'(x)=4x^3-4x^2$이므로 계수끼리 비교하면

$3a=-4$에서 $a=-\frac{4}{3}$이고 $b=0$, $c=0$이다.

$\therefore f(x)=x^4-\frac{4}{3}x^3$

주어진 사차함수 $f(x)$는 극솟값만 가지므로 극솟값이 최솟값이 돼.

이때, 함수 $f(x)$는 $x=1$에서 극소이면서 최솟값을 가지므로

$f(x)$의 최솟값은 $f(1)=1-\frac{4}{3}=-\frac{1}{3}$이다. 즉, $y=f(x)$의 그래프는 [그림 3]과 같으므로 모든 실수 x에 대하여 $f(x)\geq-\frac{1}{3}$이다. (참)

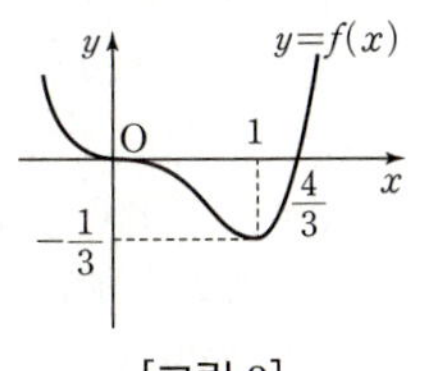

[그림 3]

따라서 옳은 것은 ㄱ, ㄷ이다.

[다른 풀이]

ㄷ. ㉠의 $f'(x)=4x^2(x-1)=4x^3-4x^2$에서

$f(x)=\int f'(x)dx=\int(4x^3-4x^2)dx$

$=x^4-\frac{4}{3}x^3+C$ (단, C는 적분상수)

$\int x^n dx=\frac{1}{n+1}x^{n+1}+C$ (단, C는 적분상수)

이때, $f(0)=0$이므로 $C=0$에서

$f(x)=x^4-\frac{4}{3}x^3$이야.

(이하 동일)

E 75 정답 ② *사차함수의 유추 [정답률 40%]

정답 공식: 함수 $y=f(x)$의 그래프를 직선 $y=a$에 대하여 대칭이동시킨 그래프의 식은 $y=2a-f(x)$이다. 또한, 사차함수 $f(x)$에 대하여 $f'(k)=0$이지만 $x=k$에서 극값을 갖지 않으면 삼차방정식 $f'(x)=0$은 중근 $x=k$를 갖는다.

최고차항의 계수가 1인 사차함수 $f(x)$에 대하여 함수 $g(x)$를

$$g(x)=\begin{cases} f(x) & (f(x)\geq a) \\ 2a-f(x) & (f(x)<a) \end{cases}$$ (a는 상수)라 하자.

단서1 함수 $y=2a-f(x)$의 그래프는 함수 $y=f(x)$의 그래프를 직선 $y=a$에 대하여 대칭이동한 거야.

두 함수 $f(x)$, $g(x)$가 다음 조건을 만족시킨다.

단서2 함수 $g(x)$의 그래프는 $f(x)$의 그래프에 대한 대칭이동과 관련 있지? 즉, $x=4$에서만 미분가능하지 않다는 뜻은 그래프가 꺾이는 부분이 $x=4$ 이외에는 없다는 뜻이야.

(가) 함수 $g(x)$는 $x=4$에서만 미분가능하지 않다.

(나) 함수 $g(x)-f(x)$는 $x=\frac{7}{2}$에서 최댓값 $2a$를 가진다.

단서3 그래프의 개형을 이용해 함수 $g(x)-f(x)$가 최댓값을 갖는 경우를 유추해보자.

$f\left(\frac{5}{2}\right)$의 값은? (4점)

① $\frac{5}{4}$ ② $\frac{3}{2}$ ③ $\frac{7}{4}$ ④ 2 ⑤ $\frac{9}{4}$

1st 조건 (가)를 만족시키는 사차함수 $f(x)$와 함수 $g(x)$의 그래프의 개형을 찾자.

$g(x)=\begin{cases} f(x) & (f(x)\geq a) \\ 2a-f(x) & (f(x)<a) \end{cases}$에서

함수 $y=2a-f(x)$의 그래프는 함수 $y=f(x)$의 그래프를 직선 $y=a$에 대하여 대칭이동한 것이다.

직선 $x=a$에 대한 대칭이동 : x 대신에 $2a-x$를 대입
직선 $y=a$에 대한 대칭이동 : y 대신에 $2a-y$를 대입

즉, 함수 $y=g(x)$의 그래프는 함수 $y=f(x)$의 그래프에 대하여 직선 $y=a$의 윗부분은 그대로 두고 직선 $y=a$의 아랫부분은 직선 $y=a$에 대하여 대칭이동하여 그린 것이다.

그런데 최고차항의 계수가 양수인 사차함수 $f(x)$가 극댓값과 극솟값을 모두 가지면 [그림 1]과 같이 함수 $g(x)$의 그래프가 꺾이는 점, 즉 미분가능하지 않은 점은 0개 또는 2개 또는 4개가 된다.

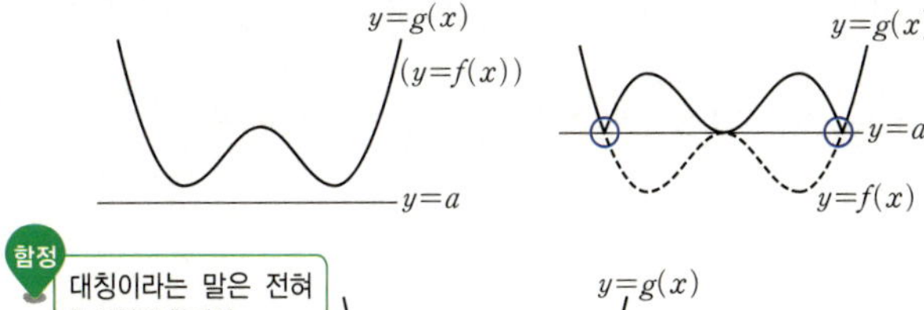

함정 대칭이라는 말은 전혀 들어있지 않지만 $2a-f(x)$가 무슨 의미인지 파악할 수 있어야 해. 대칭에 관련된 관계식들은 꼭 기억해두자.

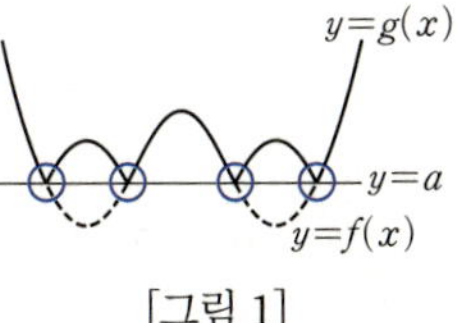

[그림 1]

따라서 조건 (가)에서 함수 $g(x)$가 $x=4$인 한 점에서만 미분가능하지 않으려면 사차함수 $f(x)$는 극댓값은 없고 극솟값을 1개만 가져야 하고, 함수 $y=f(x)$의 그래프와 직선 $y=a$가 접하며, $f(4)=a$여야 하므로 함수 $f(x)$와 $g(x)$의 그래프의 개형은 [그림 2]와 같다. … (∗)

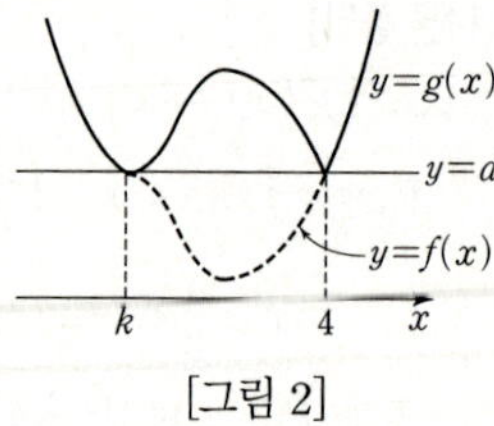

[그림 2]

2nd 조건 (나)를 이용해 $f(x)$의 식을 구하자.

[그림 2]와 같이 함수 $y=f(x)$의 그래프와 직선 $y=a$가 $x=k$인 점에서 접하고 $x=4$인 점에서 만난다고 하면 방정식 $f(x)=a$는 삼중근 $x=k$와 실근 $x=4$를 갖는다.

즉, $f(x)=(x-k)^3(x-4)+a$라 놓을 수 있다.

→ 최고차항의 계수가 1인 사차함수 $y=f(x)$의 그래프와 직선 $y=a$가 $x=k$인 점에서 접하고 $x=4$인 점에서 만나므로 사차방정식 $f(x)=a$, 즉 $f(x)-a=0$의 서로 다른 두 실근은 $x=k$와 $x=4$뿐이야. 따라서 $f(x)-a=(x-k)^3(x-4)$에서 $f(x)=(x-k)^3(x-4)+a$가 되는 거야.

한편, $g(x)-f(x)=h(x)$라 하면

$$h(x)=\begin{cases} 0 & (f(x)\ge a) \\ 2a-2f(x) & (f(x)<a) \end{cases}$$

$f(x)\ge a$일 때, $g(x)=f(x)$이므로 $h(x)=g(x)-f(x)=f(x)-f(x)=0$
$f(x)<a$일 때, $g(x)=2a-f(x)$이므로 $h(x)=g(x)-f(x)=2a-f(x)-f(x)=2a-2f(x)$

이므로 함수 $y=h(x)$의 그래프의 개형은 [그림 3]과 같다.

[그림 3]

이때, 조건 (나)에서 함수 $h(x)$가 $x=\frac{7}{2}$에서 최댓값을 갖는다고 했으므로 그림에서 확인하면 함수 $f(x)$는 $x=\frac{7}{2}$에서 극솟값을 가짐을 알 수 있다.

또, $x=\frac{7}{2}$에서 함수 $h(x)$의 최댓값이 $2a$이므로

$2a-2f\left(\frac{7}{2}\right)=2a \qquad \therefore f\left(\frac{7}{2}\right)=0$

따라서 주어진 조건을 만족시키는 사차함수 $y=f(x)$의 그래프의 개형은 [그림 4]와 같다.

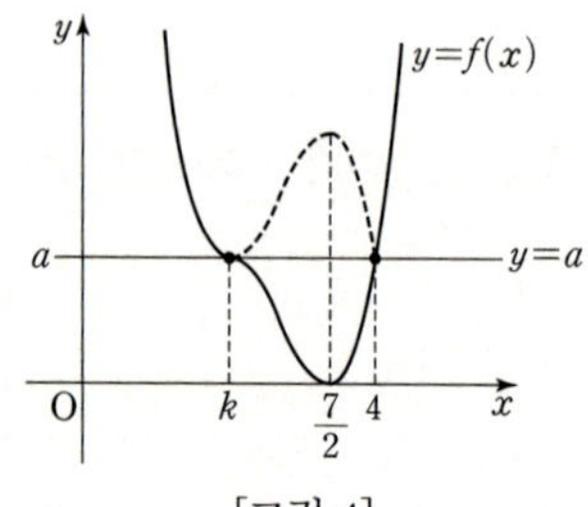

[그림 4]

$f(x)=(x-k)^3(x-4)+a$에서

$f'(x)=3(x-k)^2(x-4)+(x-k)^3$
$=(x-k)^2(4x-k-12)$

함수 $f(x)$가 $x=\frac{7}{2}$에서 극솟값을 가지므로

$4\times\frac{7}{2}-k-12=0 \qquad \therefore k=2$

→ $f'(x)=(x-k)^2(4x-k-12)=0$에서 $4x-k-12=0$을 만족시키는 x의 값에서 극솟값을 갖지?

$\therefore f(x)=(x-2)^3(x-4)+a$

3rd $f\left(\frac{7}{2}\right)=0$을 이용하여 a의 값을 구하자.

$f\left(\frac{7}{2}\right)=0$이므로 $f(x)=(x-2)^3(x-4)+a$에 $x=\frac{7}{2}$을 대입하면

$$f\left(\frac{7}{2}\right)=\left(\frac{7}{2}-2\right)^3\times\left(\frac{7}{2}-4\right)+a=\frac{27}{8}\times\left(-\frac{1}{2}\right)+a=0$$

$\therefore a=\frac{27}{16}$

따라서 $f(x)=(x-2)^3(x-4)+\frac{27}{16}$이므로

$$f\left(\frac{5}{2}\right)=\left(\frac{5}{2}-2\right)^3\times\left(\frac{5}{2}-4\right)+\frac{27}{16}=\frac{1}{8}\times\left(-\frac{3}{2}\right)+\frac{27}{16}=\frac{3}{2}$$

수능 핵강

(∗)에서 왜 $a>0$인 경우로 그렸는지 확인해보자.

2nd에서 $h(x)=\begin{cases} 0 & (f(x)\ge a) \\ 2a-2f(x) & (f(x)<a) \end{cases}$라 했지?

그런데 $f(x)\ge a$일 때 $h(x)=0$이고, $f(x)<a$, 즉 $f(x)-a<0$일 때 $h(x)=2a-2f(x)>0$이므로 $h(x)$는 항상 0 이상이야.

따라서 조건 (나)에서 함수 $g(x)-f(x)$, 즉 $h(x)$가 최댓값 $2a$를 가진다고 했으므로 a는 음수일 수 없어.

E 76 정답 40 ∗삼차함수의 유추 [정답률 36%]

정답 공식: 방정식 $f(f(x))=x$의 해는 함수 $y=f(x)$의 그래프와 직선 $y=x$의 교점의 x좌표이거나, 직선 $y=x$에 대하여 대칭인 $y=f(x)$ 위의 두 점의 x좌표이다.

최고차항의 계수가 양수인 삼차함수 $f(x)$에 대하여 방정식 $(f\circ f)(x)=x$의 모든 실근이 0, 1, a, 2, b이다.

단서1 방정식 $(f\circ f)(x)=x$의 실근이 0, 1, a, 2, b라는 것은 함수 $y=f(x)$와 직선 $y=x$에 대칭인 그래프와 $y=f(x)$의 그래프의 교점의 x좌표가 0, 1, a, 2, b임을 의미해.

$f'(1)<0,\ f'(2)<0,\ f'(0)-f'(1)=6$

일 때, $f(5)$의 값을 구하시오. (단, $1<a<2<b$) (4점)

단서2 삼차함수의 그래프의 개형 중 조건을 만족시키는 것을 찾아봐.

1st 방정식 $(f\circ f)(x)=x$의 해를 만족시키기 위한 $f(x)$의 조건을 찾아내자.

$f(x)=x$를 만족시키는 x는 $(f\circ f)(x)=x$를 만족시킨다.

한편, 서로 다른 두 실수 α, β에 대하여 방정식 $(f\circ f)(x)=x$의 한 실근을 $x=\alpha$라 하고, $f(\alpha)=\beta$라 하면 $f(f(\alpha))=\alpha$이므로 $f(\beta)=\alpha$이다.

즉, $x=\alpha$가 방정식 $(f\circ f)(x)=x$의 한 실근이고 $f(\alpha)=\beta$이면 $x=\beta$ 또한 이 방정식의 실근이 된다.

→ $f(f(\beta))=f(\alpha)=\beta$니까 $x=\beta$는 $f(f(x))=x$의 실근이야.

이를 종합하면 함수 $f(x)$에 대하여 $f(\alpha)=\beta$, $f(\beta)=\alpha$이면 α, β는 주어진 방정식 $(f\circ f)(x)=x$의 해가 된다.

따라서 방정식 $(f\circ f)(x)=x$를 만족하기 위해서는

(i) $f(x)=x$의 해이거나

(ii) $f(\alpha)=\beta$, $f(\beta)=\alpha\ (\alpha\ne\beta)$가 되어야 한다.

$f(\alpha)=\beta$이고, $f(\beta)=\alpha$이면 함수 $y=f(x)$의 그래프 위의 두 점 (α, β), (β, α)는 직선 $y=x$에 대하여 서로 대칭인 점임을 알 수 있어.

또한, 최고차항의 계수가 양수인 삼차함수의 그래프의 개형은 다음의 세 가지 중 하나인데, $f'(1)<0$, $f'(2)<0$이므로 삼차함수 $y=f(x)$의 그래프의 개형은 첫 번째와 같다.

→ $f'(1)<0$, $f'(2)<0$이므로 $x=1$, $x=2$인 점에서 $y=f(x)$는 감소해. 즉, 감소하는 구간이 존재하는 삼차함수의 그래프는 첫 번째 모양일 수 밖에 없지.

2nd 주어진 조건을 만족시키는 삼차함수 $y=f(x)$의 그래프를 유추하자.

방정식 $(f\circ f)(x)=x$의 5개의 근 중 일부는 $f(x)=x$의 근이고, 일부는 $f(\alpha)=\beta$, $f(\beta)=\alpha\ (\alpha\ne\beta)$를 만족시켜야 한다.

따라서 방정식 $(f\circ f)(x)=x$의 실근 0, 1, a, 2, b에 대하여 $1<a<2<b$이고, $f'(1)<0$, $f'(2)<0$이므로 위의 첫 번째의 삼차함수의 그래프의 개형을 바탕으로 (i), (ii)를 종합하여 함수 $y=f(x)$의 그래프를 그리면 다음과 같다.

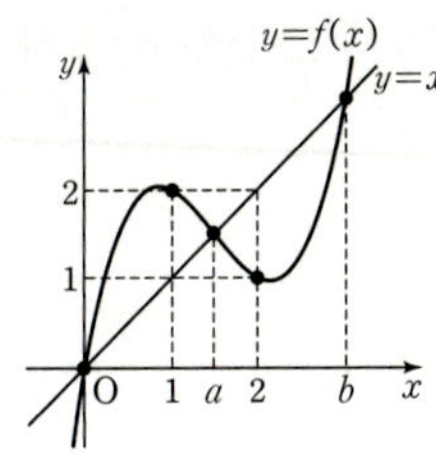

3rd 위에서 유추한 그래프를 바탕으로 주어진 조건을 만족시키는 삼차함수 $f(x)$의 식을 구하자.

$f(x)=px^3+qx^2+rx+s$(p, q, r, s는 상수, $p>0$)라 하면 위에서 구한 조건에 의해 $f(0)=s=0$이고,

$f(1)=p+q+r+s=p+q+r=2$ ⋯ ㉠

$f(2)=8p+4q+2r+s=8p+4q+2r=1$ ⋯ ㉡

한편, $f'(x)=3px^2+2qx+r$이고, $f'(0)-f'(1)=6$이므로

$f'(0)-f'(1)=r-(3p+2q+r)=6$

$\therefore 3p+2q=-6$ ⋯ ㉢

㉠~㉢을 연립하여 풀면

㉡−㉠×2에서 $6p+2q=-3$이고, 이 식과 ㉢을 연립하면 돼.

$p=1$, $q=-\frac{9}{2}$, $r=\frac{11}{2}$

따라서 $f(x)=x^3-\frac{9}{2}x^2+\frac{11}{2}x$이므로

$f(5)=125-\frac{225}{2}+\frac{55}{2}=40$

[다른 풀이]

위의 그림에서 삼차함수 $y=f(x)$의 그래프와 직선 $y=x$가 $x=0$, $x=a$, $x=b$인 점에서 만나므로

$f(x)-x=kx(x-a)(x-b)$(단, $k>0$)에서

$f(x)=kx(x-a)(x-b)+x$로 놓을 수 있어.

$f(0)=0$, $f(a)=a$, $f(b)=b$에서 $f(0)-0=0$, $f(a)-a=0$, $f(b)-b=0$이므로 $x=0$, $x=a$, $x=b$는 방정식 $f(x)-x=0$의 근이야.

이때, $f(1)=2$이므로

실수 삼차함수 $y=f(x)$의 함수 식을 미지수 하나로 바로 나타낼 수 있지?

$k(1-a)(1-b)+1=2$

$k\{1-(a+b)+ab\}=1$

$\therefore ab-(a+b)=\frac{1}{k}-1$ ⋯ ㉣

또, $f(2)=1$이므로

$2k(2-a)(2-b)+2=1$

$2k\{4-2(a+b)+ab\}=-1$

$\therefore ab-2(a+b)=-\frac{1}{2k}-4$ ⋯ ㉤

한편, $f'(x)=k(x-a)(x-b)+kx(x-b)+kx(x-a)+1$이고,

→ 미분가능한 세 함수 $f(x)$, $g(x)$, $h(x)$에 대하여 $y=f(x)g(x)h(x)$이면 $y'=f'(x)g(x)h(x)+f(x)g'(x)h(x)+f(x)g(x)h'(x)$

$f'(0)=kab+1$,

$f'(1)=k(1-a)(1-b)+k(1-b)+k(1-a)+1$이므로

$f'(0)-f'(1)=6$에서

$kab+1-\{k(1-a)(1-b)+2k-k(a+b)+1\}=6$

$kab-k\{ab+3-2(a+b)\}=6$

$-3k+2k(a+b)=6$

$\therefore a+b=\frac{3}{k}+\frac{3}{2}$ ⋯ ㉥

㉣−㉤을 하면 $a+b=\frac{3}{2k}+3$이므로 이것을 ㉥에 대입하면

$\frac{3}{2k}+3=\frac{3}{k}+\frac{3}{2}$

양변에 $2k$를 곱하면

$3+6k=6+3k$, $3k=3$

$\therefore k=1$

$k=1$을 ㉣, ㉥에 각각 대입하면

$a+b=ab=\frac{9}{2}$

따라서

$f(x)=kx(x-a)(x-b)+x$ ← $k=1$ 대입

$=x\{x^2-(a+b)x+ab\}+x$

$=x\left(x^2-\frac{9}{2}x+\frac{9}{2}\right)+x$ ← $a+b=ab=\frac{9}{2}$ 대입

$=x^3-\frac{9}{2}x^2+\frac{11}{2}x$

(이하 동일)

수능 핵강

만약 함수 $f(x)$의 역함수가 존재한다면 $(f\circ f)(x)=x$에서 $f(x)=f^{-1}(x)$가 돼. 즉, 방정식 $(f\circ f)(x)=x$의 실근은 함수 $y=f(x)$와 역함수 $y=f^{-1}(x)$의 그래프의 교점의 x좌표가 되는 거지.

방정식 $(f\circ f)(x)=x$의 실근이 5개이니까 함수 $y=f(x)$의 그래프와 역함수 $y=f^{-1}(x)$의 그래프가 만나는 점의 개수가 5가 된다고 생각하는 학생들이 있을 수 있어.

그런데 최고차항의 계수가 양수인 삼차함수 $f(x)$의 역함수가 존재하려면 일대일대응, 즉 증가함수여야 하고, 이때 함수 $y=f(x)$와 그 역함수의 그래프는 많아야 3개의 점에서 만날 수 밖에 없다는 것을 알아야 해.

즉, $f'(1)<0$, $f'(2)<0$이므로 삼차함수 $f(x)$의 역함수는 존재하지 않지만 함수 $y=f(x)$의 그래프를 직선 $y=x$에 대칭이동시킨 그래프를 그려서 두 그래프의 교점의 개수가 5가 되도록 삼차함수 $y=f(x)$의 그래프의 개형을 유추하면 다음과 같게 돼.

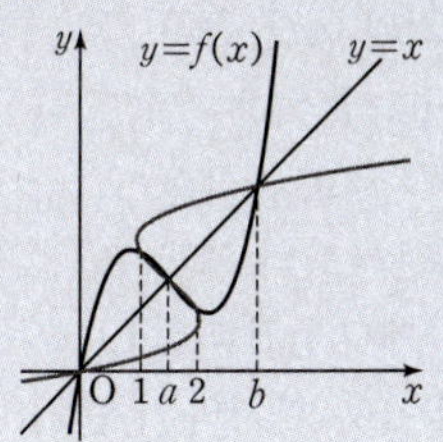

E 77 정답 ① *위치에 대한 변화율(속도) [정답률 38%]

정답 공식: 공의 속도 $v(t)=h'(t)$이다. 공이 경사면과 충돌했을 때, 공의 중심의 높이를 구한다.

그림과 같이 편평한 바닥에 60°로 기울어진 경사면과 반지름의 길이가 0.5 m인 공이 있다. 이 공의 중심은 경사면과 바닥이 만나는 점에서 바닥에 수직으로 높이가 21 m인 위치에 있다. 이 공을 자유 낙하시킬 때, t초 후 공의 중심의 높이 $h(t)$는

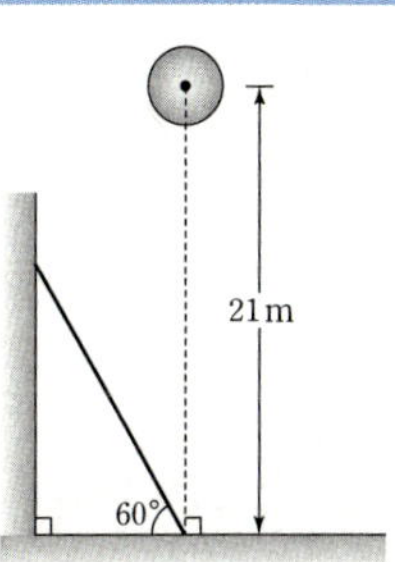

$h(t)=21-5t^2$(m)

라고 한다. 공이 경사면과 처음으로 충돌하는 순간, 공의 속도는? (단, 경사면의 두께와 공기의 저항은 무시한다.) (4점)

단서 공의 중심과 경사면 사이의 거리가 0.5 m가 되는 순간을 말해.

① −20 m/초 ② −17 m/초 ③ −15 m/초 ④ −12 m/초 ⑤ −10 m/초

1st 우선 공이 경사면과 처음으로 충돌하는 순간의 공의 중심의 높이를 구하자.

그림과 같이 공이 경사면과 처음으로 충돌하는 순간의 공의 중심의 높이를 s m라 하면 직각삼각형 OAB에서

주의 공의 높이가 반지름인 0.5 m일 때가 아니야!

$\sin(\angle OBA)=\dfrac{\overline{OA}}{\overline{OB}}$

$\frac{1}{2}$이야.

$\sin 30^\circ=\dfrac{0.5}{s}=\dfrac{1}{2}$ $\quad\therefore s=1$

2nd 이제 공이 경사면과 처음으로 충돌하는 순간의 시간 t를 구하자.

$1=21-5t^2$ → $h(t)=1$인 순간의 t의 값을 구하자.

$t^2=4$ $\quad\therefore t=2\ (\because t>0)$

$h(t)=21-5t^2$에서

$h'(t)=-10t$

따라서 $t=2$(초)일 때의 공의 속도는 $h'(2)$이므로

$h'(2)=(-10)\times 2=-20$(m/초)

E 78 정답 ② *위치에 대한 변화율(가속도) [정답률 46%]

정답 공식: 가속도 $a=\dfrac{d}{dt}v(t)$이다. $v'(1)=0$이므로 $a(t)=v'(t)>k$일 때가 존재한다.

오른쪽 그림은 수직선 위를 움직이는 점 P의 시각 t에서의 속도 $v(t)$를 나타내는 그래프이다. $v(t)$는 $t=2$를 제외한 열린구간 $(0,\ 3)$에서 미분가능한 함수이고, $v(t)$의 그래프는 열린구간 $(0,\ 1)$에서 원점과 점 $(1,\ k)$를 잇는 직선과 한 점에서 만난다. 점 P의 시각 t에서의 가속도 $a(t)$를 나타내는 그래프의 개형으로 가장 알맞은 것은? (3점)

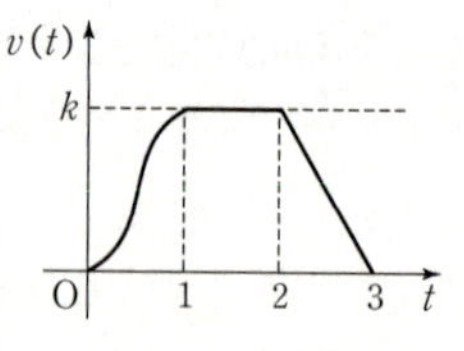

단서 속도의 변화량이야. 즉, 속도가 점점 빨라지면 $a(t)>0$, 속도가 점점 느려지면 $a(t)<0$, 속도가 일정하면 $a(t)=0$이야.

①
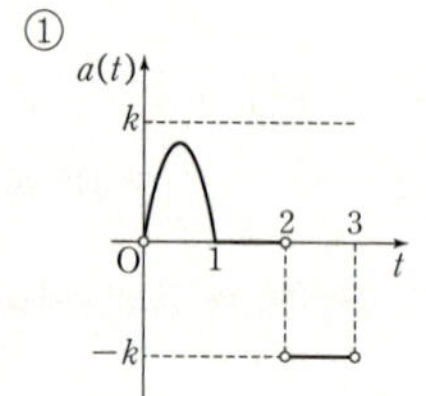

②
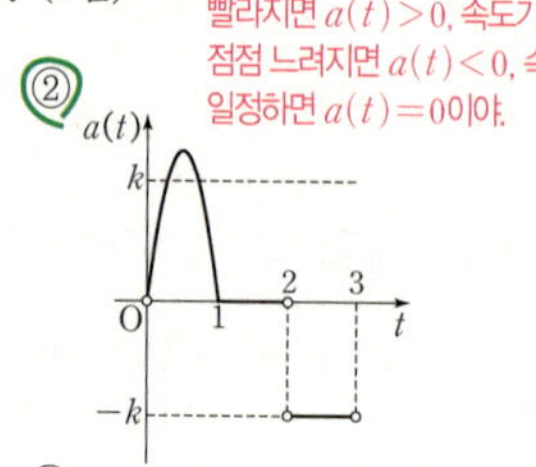

③
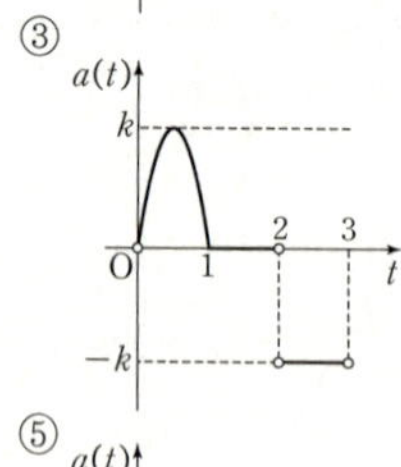

④
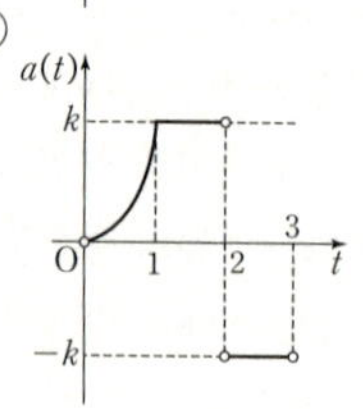

⑤
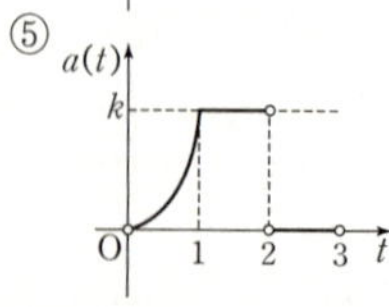

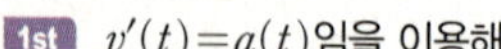

1st $v'(t)=a(t)$임을 이용해.

$v'(t)=a(t)$이므로 $a(t)$의 그래프는 주어진 그래프의 도함수의 그래프이다.

2nd 적당한 구간으로 나눈 후 v'의 부호를 조사해.

$0<t\le 1$에서 $v'(t)$는 증가하다가 감소한다. → $a(t)$의 그래프는 극대가 되는 점이 적어도 1개 있는 거야.

$t=\alpha\ (0<\alpha<1)$에서 $v'(t)$의 값이 최대라고 하면 주어진 그림에서

$v'(\alpha)>k\ \cdots\ (*)$

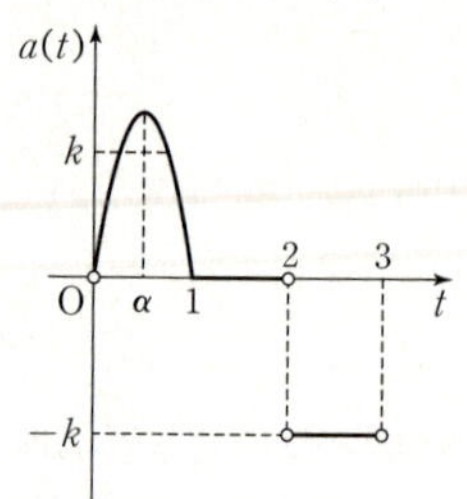

$1\le t<2$에서

$v(t)=k$이므로 $v'(t)=0$

$2<t<3$에서

$v(t)=-kt+3k$이므로

$v'(t)=-k$

따라서 $a(t)$를 나타내는 그래프의 개형은 ②이다.

수능 핵강

(*)에서 $v'(\alpha)>k$를 만족하는 α가 존재하는지 자세히 알아볼까?

$v(t)$의 그래프가 원점과 점 $(1,\ k)$를 잇는 직선과 열린구간 $(0,\ 1)$에서 한 점에서 만난다고 했으므로 기울기가 k인 접선은 그림과 같이 l_1, l_2로 2개야.

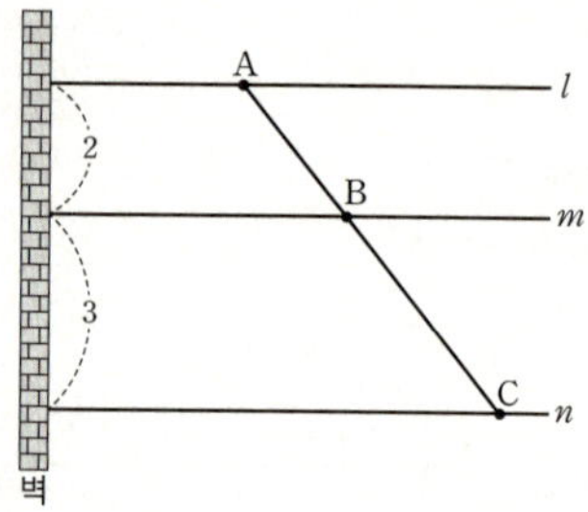

이때, l_1, l_2의 접점의 x좌표를 각각 a, b라 하면 $a<t<b$에서 $v'(t)>k$임을 알 수 있어. 따라서 $t=\alpha(0<\alpha<1)$에서 $v'(t)$의 값이 최대라 하면 $v'(\alpha)>k$인 α가 존재하겠지.

E 79 정답 ③ *위치에 대한 변화율(속도와 가속도) [정답률 38%]

정답 공식: 속도 $v=\dfrac{dx}{dt}$, 가속도 $a=\dfrac{dv}{dt}$이다. A, C 사이의 거리가 5이면 벽으로부터의 거리가 동일하다.

그림과 같이 케이블 l, m, n은 모두 벽면과 수직이고, 케이블 사이의 거리가 각각 2, 3이다. l 위의 광원 A에서 m 위의 물체 B에 빛을 비추면 n 위에 그림자 C가 나타난다.

광원 A와 물체 B의 시각 $t(0\le t\le 8)$에서 벽으로부터의 거리를 각각 $x=8-t$, $y=t^2-2t+2$라 할 때, 옳은 것만을 [보기]에서 있는 대로 고른 것은? (단, 광원, 물체, 그림자의 크기는 무시한다.) (4점)

단서 광원 A는 벽면으로부터의 거리가 점점 줄어들어서 벽에 도착하고 물체 B는 벽면으로부터의 거리가 점점 줄어들다가 다시 벽면으로부터 멀어지지?

[보기]

ㄱ. $t=\dfrac{1}{2}$에서 광원과 물체의 속도가 같아진다.

ㄴ. A와 C 사이의 거리가 5인 순간은 두 번이다.

ㄷ. $4<t<6$에서 그림자 C의 가속도는 5이다.

① ㄱ ② ㄱ, ㄴ ③ ㄱ, ㄷ
④ ㄴ, ㄷ ⑤ ㄱ, ㄴ, ㄷ

1st 거리를 시간에 대해 미분하면 속도를 나타내.

ㄱ. 광원 A와 물체 B의 벽으로부터의 각각의 거리인

$x=8-t$, $y=t^2-2t+2$에서

광원의 속도는 $\frac{dx}{dt}=-1$, 물체의 속도는 $\frac{dy}{dt}=2t-2$이므로

$-1=2t-2$ $\quad\therefore t=\frac{1}{2}$ (참)

ㄴ. 케이블 l, m, n 사이의 거리가 각각 2, 3이므로 광원 A와 그림자 C의 거리가 5인 순간은 $x=y$일 때이다. 즉,

세 점 A, B, C와 케이블 l, m, n 사이의 거리가 같도록 위치할 때, 가능해.

$8-t=t^2-2t+2$

$t^2-t-6=0$, $(t+2)(t-3)=0$

$\therefore t=-2$ 또는 $t=3$

따라서 $0\le t\le 8$인 시각 t에 대하여 $\overline{AC}=5$인 순간은 $t=3$일 때의 한 번이다. (거짓)

2nd 가속도는 속도를 시간에 대해 미분하면 알 수 있어.

ㄷ. $x-y=(8-t)-(t^2-2t+2)$

$=-t^2+t+6$

$=-(t+2)(t-3)$

이때, $4<t<6$에서 $x-y<0$이므로 광원 A와 물체 B의 배치는 그림과 같다.

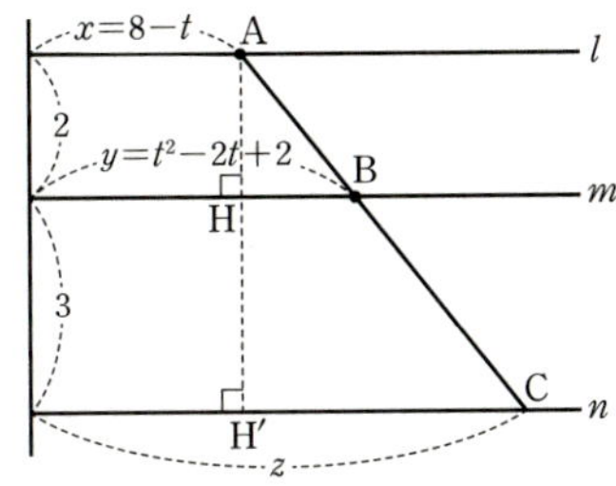

점 A에서 직선 m, n에 내린 수선의 발을 각각 H, H′이라 하면

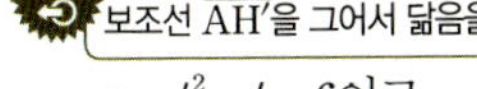

보조선 $\overline{AH'}$을 그어서 닮음을 이용하는 게 핵심이야.

$\overline{BH}=y-x=t^2-t-6$이고

$\overline{BH}:\overline{CH'}=2:5$이므로

$\overline{CH'}=\frac{5}{2}\overline{BH}$

$=\frac{5}{2}(t^2-t-6)$

따라서 그림자 C의 벽으로부터의 거리를 z라 하면

$z=x+\overline{CH'}$

$=8-t+\frac{5}{2}(t^2-t-6)$

$=\frac{5}{2}t^2-\frac{7}{2}t-7$

즉, 그림자 C의 속도 $v=\frac{dz}{dt}=5t-\frac{7}{2}$이므로 그림자 C의 가속도

$a=\frac{dv}{dt}=5$ (참)

따라서 옳은 것은 ㄱ, ㄷ이다.

2등급 킬러+1등급 킬러 문제

E 80 정답 65 ✪ 1등급 킬러 [정답률 15%]

사차함수 $f(x)$가 다음 조건을 만족시킨다.

(가) 5 이하의 모든 자연수 n에 대하여

$\sum_{k=1}^{n} f(k)=f(n)f(n+1)$이다.

(나) $n=3$, 4일 때, 함수 $f(x)$에서 x의 값이 n에서 $n+2$까지 변할 때의 평균변화율은 양수가 아니다.

$128\times f\left(\frac{5}{2}\right)$의 값을 구하시오. (4점)

단서1 $\sum_{k=1}^{n} f(k)$의 정의를 생각해봐. $\sum_{k=1}^{n+1} f(k)-\sum_{k=1}^{n} f(k)=f(n+1)$이야.

단서2 함수 $f(x)$에서 x의 값이 n에서 $n+2$까지 변할 때의 평균변화율은 $\frac{f(n+2)-f(n)}{n+2-n}=\frac{f(n+2)-f(n)}{2}$이므로 $f(n+2)-f(n)$의 값이 양수가 아니면 되지? 즉, $f(n+2)-f(n)\le 0$이어야 해.

✪ 평균변화율에 대한 조건을 이용하여 사차함수를 구하는 문제이다.
문제 해결을 위해서는 조건을 이용하여 5 이하의 자연수 n에 대해 $f(n)$의 관계식을 구하고, 이를 통해 경우의 수를 나누어서 사차함수 $f(x)$를 구해야 한다.

[풀이 단서 체크]

❶ 먼저, 주어진 시그마의 정의를 이해해야 한다.

즉, $\sum_{k=1}^{n} f(k)$는 항이 많아 계산하기 까다로우므로 이를 간단하게 나타내기 위해 수열의 합과 일반항의 관계를 이용하여 $\sum_{k=1}^{n+1} f(k)-\sum_{k=1}^{n} f(k)=f(n+1)$임을 생각해내는 것이 중요하다. ⇒ 단서1

❷ x의 값이 n에서 $n+2$까지 변할 때, 함수 $f(x)$의 평균변화율을 식으로 나타내면 $\frac{f(n+2)-f(n)}{(n+2)-n}=\frac{f(n+2)-f(n)}{2}$이다.

그런데 $n=3$, $n=4$일 때, 위의 식이 양수가 아니므로 0 이하이다.

따라서 $f(5)-f(3)\le 0$, $f(6)-f(4)\le 0$임을 알 수 있다. ⇒ 단서2

주의 $\sum_{k=1}^{n+1} f(k)-\sum_{k=1}^{n} f(k)=f(n+1)$에 의해

$f(n+1)=f(n+1)\{f(n+2)-f(n)\}$을 유도한 다음, 이 식에서 $n=1$일 때부터 4일 때까지 모든 경우를 나누어 따져 보는 것보다는 $f(5)-f(3)\le 0$과 $f(6)-f(4)\le 0$을 이용하여 일부 경우를 제외해야 풀이 시간을 줄일 수 있다.

핵심 정답 공식: $n=1$, 2, 3, 4에 대해서 $f(n+1)=\sum_{k=1}^{n+1} f(k)-\sum_{k=1}^{n} f(k)$임을 이용해 $f(x)$에 관한 식을 얻고, 조건 (나)를 만족하기 위해 $n=3$, 4일 때 위 식을 분석해 함숫값에 관한 정보를 얻는다. 이후 나머지 함숫값들에 대해서 경우를 나누어 조건을 만족하는 $f(x)$의 식을 구한다.

[문제 풀이 순서]

＊평균변화율을 활용하여 주어진 조건을 만족시키는 함수 구하기

1st 조건 (가), (나)를 이용하여 $f(2)$, $f(3)$, $f(4)$, $f(5)$의 값을 구해봐.

조건 (가)에서 4 이하의 자연수 n에 대하여

$f(n+1)=\sum_{k=1}^{n+1} f(k)-\sum_{k=1}^{n} f(k)$

$\sum_{k=1}^{n+1} f(k)=f(1)+f(2)+\cdots+f(n)+f(n+1)$
$-)\sum_{k=1}^{n} f(k)=f(1)+f(2)+\cdots+f(n)$
$\sum_{k=1}^{n+1} f(k)-\sum_{k=1}^{n} f(k)=f(n+1)$

$=f(n+1)f(n+2)-f(n)f(n+1)$

$=f(n+1)\{f(n+2)-f(n)\}$

$\therefore f(n+1)=0$ 또는 $f(n+2)-f(n)=1$ ⋯ ㉠

$f(n+1)=f(n+1)\{f(n+2)-f(n)\}$에서 $f(n+1)\{f(n+2)-f(n)-1\}=0$이므로 $f(n+1)=0$ 또는 $f(n+2)-f(n)=1$이야.

한편, 조건 (나)에서 $n=3$, 4일 때, 함수 $f(x)$에서 x의 값이 n에서 $n+2$까지 변할 때의 평균변화율은

$$\frac{f(n+2)-f(n)}{n+2-n}=\frac{f(n+2)-f(n)}{2}$$

→ 함수 $f(x)$에 대하여 $x=a$에서 $x=b$까지 변할 때의 평균변화율은 $\frac{f(b)-f(a)}{b-a}$야.

이고, 이 값이 양수가 아니므로

→ 실수 a가 양수가 아니면 $a \le 0$이지?

$f(n+2)-f(n) \le 0$ (단, $n=3$ 또는 $n=4$) ⋯ ㉡

그런데 ㉠에서 $n=3$일 때, $f(4)=0$ 또는 $f(5)-f(3)=1$을 만족시켜야 하는데 ㉡에서 $f(5)-f(3) \le 0$이어야 하므로 $f(4)=0$이다.

또, ㉠에서 $n=4$일 때, $f(5)=0$ 또는 $f(6)-f(4)=1$을 만족시켜야 하는데 ㉡에서 $f(6)-f(4) \le 0$이므로 $f(5)=0$이다.

한편, ㉠의 식에 $n=2$를 대입하면 $f(3)=0$ 또는 $f(4)-f(2)=1$이므로 $f(3)=0$ 또는 $f(2)=-1$ ($\because f(4)=0$)이다.

조건 (나)에서 구한 식 ㉡은 $n=3$, 4일 때만 해당하므로 $n=2$인 경우는 적용할 수 없어. 따라서 $n=2$를 ㉠에 대입한 결과로 나온 $f(3)=0$ 또는 $f(2)=-1$은 경우를 나누어 문제의 조건에 모순이 없는지 확인해야 해.

2nd $f(3)=0$일 때, 조건을 만족시키는 사차함수 $f(x)$의 식을 구하자.

(i) $f(3)=0$일 때

㉠의 식에 $n=1$을 대입하면

$f(2)=0$ 또는 $f(3)-f(1)=1$이므로

$f(2)=0$ 또는 $f(1)=-1$ ($\because f(3)=0$)

i) $f(2)=0$인 경우

조건 (가)의 식에 $n=1$을 대입하면

$f(1)=f(1)f(2)$ $\quad\therefore f(1)=0$ → $\sum_{k=1}^{1} f(k)=f(1)$이지?

즉, $f(1)=f(2)=f(3)=f(4)=f(5)=0$이 되는데

이는 함수 $f(x)$가 사차함수임에 모순이다.

→ 사차방정식의 실근은 4개 이하인데 $f(1)=f(2)=f(3)=f(4)=f(5)=0$이면 방정식 $f(x)=0$의 실근은 적어도 5개 이상이야. 그래서 모순이야.

ii) $f(1)=-1$인 경우

조건 (가)의 식에 $n=1$을 대입하면

$f(1)=f(1)f(2)$ $\quad\therefore f(2)=1$

따라서 $f(3)=f(4)=f(5)=0$에서 사차함수 $f(x)$를

$f(x)=(x-3)(x-4)(x-5)(ax+b)$ (a, b는 상수, $a \ne 0$)

로 놓으면

→ $f(3)=f(4)=f(5)=0$이므로 함수 $f(x)$는 $x-3$, $x-4$, $x-5$를 인수로 갖지?

$f(1)=-1$에서

$-2\times(-3)\times(-4)\times(a+b)=-1$

$\therefore a+b=\frac{1}{24}$ ⋯ ㉢

$f(2)=1$에서

$-1\times(-2)\times(-3)\times(2a+b)=1$

$\therefore 2a+b=-\frac{1}{6}$ ⋯ ㉣

㉢, ㉣을 연립하여 풀면 $a=-\frac{5}{24}$, $b=\frac{1}{4}$

$$\therefore f(x)=(x-3)(x-4)(x-5)\left(-\frac{5}{24}x+\frac{1}{4}\right)$$
$$=-\frac{1}{24}(x-3)(x-4)(x-5)(5x-6)$$

3rd $f(2)=-1$일 때, 조건을 만족시키는 사차함수 $f(x)$의 식을 구하자.

(ii) $f(2)=-1$일 때

㉠의 식에 $n=1$을 대입하면

$f(2)=0$ 또는 $f(3)-f(1)=1$인데

$f(2)=-1$이므로 $f(3)-f(1)=1$ ⋯ ㉤

이때, 조건 (가)의 식에 $n=3$을 대입하면

$f(1)+f(2)+f(3)=f(3)f(4)$ → $\sum_{k=1}^{3} f(k)=f(1)+f(2)+f(3)$

$f(1)-1+f(3)=0$ ($\because f(4)=0$)

$\therefore f(1)+f(3)=1$ ⋯ ㉥

㉤, ㉥을 연립하여 풀면 $f(3)=1$, $f(1)=0$

따라서 $f(1)=f(4)=f(5)=0$에서 사차함수 $f(x)$를

$f(x)=(x-1)(x-4)(x-5)(cx+d)$ (c, d는 상수, $c \ne 0$)

로 놓으면

$f(2)=-1$에서

$1\times(-2)\times(-3)\times(2c+d)=-1$

$\therefore 2c+d=-\frac{1}{6}$ ⋯ ㉦

$f(3)=1$에서

$2\times(-1)\times(-2)\times(3c+d)=1$

$\therefore 3c+d=\frac{1}{4}$ ⋯ ㉧

㉦, ㉧을 연립하여 풀면 $c=\frac{5}{12}$, $d=-1$

$$\therefore f(x)=(x-1)(x-4)(x-5)\left(\frac{5}{12}x-1\right)$$
$$=\frac{1}{12}(x-1)(x-4)(x-5)(5x-12)$$

그런데 $f(4)=0$이고, $f(6)=\frac{1}{12}\times5\times2\times1\times18=15$이므로

이 경우는 ㉡을 만족시키지 않는다.

→ 조건 (나)에서 $n=4$일 때 $f(n+2)-f(n) \le 0$, 즉 $f(6)-f(4) \le 0$이라 했는데 $f(4)=0$이고, $f(6)=15$이면 이 부등식을 만족시키지 않아.

4th $128\times f\left(\frac{5}{2}\right)$의 값을 구하자.

따라서 (i), (ii)에서

$f(x)=-\frac{1}{24}(x-3)(x-4)(x-5)(5x-6)$이므로

$$f\left(\frac{5}{2}\right)=-\frac{1}{24}\times\left(-\frac{1}{2}\right)\times\left(-\frac{3}{2}\right)\times\left(-\frac{5}{2}\right)\times\frac{13}{2}=\frac{65}{128}$$

$$\therefore 128\times f\left(\frac{5}{2}\right)=128\times\frac{65}{128}=65$$

1등급 풀이 Tip

$\sum_{k=1}^{n} f(k)=f(1)+f(2)+\cdots+f(n)$은 n개의 항으로 이루어져 있으므로 계산하기 복잡하다. 따라서 수열의 합과 일반항 사이의 관계를 적용해 $f(n+1)=f(n+1)\{f(n+2)-f(n)\}$이란 식을 찾아내야 한다.

여기서 $f(n+1)=0$ 또는 $f(n+2)-f(n)=1$임을 알 수 있는데, 이때 이 조건과 조건 (나)를 연결해서 생각하지 않고, $n=1$부터 $n=4$일 때까지 $f(n+1)=0$ 또는 $f(n+2)-f(n)=1$인 경우로 나누어 계산하면 시간이 오래 걸린다.

즉, 조건 (나)에서 얻은 $f(n+2)-f(n) \le 0$을 이용하여 $n=3$과 $n=4$일 때는 경우를 나누어 볼 필요가 없다는 것을 알아낸 다음, 좀 더 편하게 함수 $f(x)$를 구하도록 하자.

평균변화율

개념·공식

(1) 함수 $y=f(x)$에서 x의 값이 a에서 b까지 변할 때의 평균변화율

$$\Rightarrow \frac{\Delta y}{\Delta x}=\frac{f(b)-f(a)}{b-a}=\frac{f(a+\Delta x)-f(a)}{\Delta x}$$

(2) 함수 $y=f(x)$에서 x의 값이 a에서 b까지 변할 때의 평균변화율은 그래프 위의 두 점 $\mathrm{A}(a, f(a))$, $\mathrm{B}(b, f(b))$를 지나는 직선 AB의 기울기와 같다.

E 81 정답 61 *미분을 이용한 함수의 결정 ·········· [정답률 30%]

[정답 공식: 극한값 $\lim_{x\to a}\frac{f(x)}{g(x)}$가 존재할 때, (분모) → 0이면 (분자) → 0이다.]

상수 a와 최고차항의 계수가 1인 이차함수 $f(x)$에 대하여 함수 $g(x)$를 $g(x)=(x^2-x+a)f(x)$라 할 때, 두 함수 $f(x)$, $g(x)$는 다음 조건을 만족시킨다. **단서1** 함수 $f(x)=x^2+bx+c$(b, c는 상수)라 둘 수 있지.

(가) $\lim_{x\to1}\frac{g(x)-f(x)}{x-1}=0$ **단서2** 극한값이 존재하고 (분모) → 0이므로 (분자) → 0이어야 해.

(나) $g'(1)\neq0$ **단서3** $f(x)$가 다항함수이니까 $g(x)$를 두 다항함수의 곱으로 생각하여 미분한 후 $g'(1)\neq0$임을 이용하면 새로운 조건을 찾아낼 수 있어.

(다) $f(\alpha)=f'(\alpha)$이고 $g'(\alpha)=2f'(\alpha)$인 실수 α가 존재한다.

$g(a+4)=\frac{q}{p}$일 때, $p+q$의 값을 구하시오. (단, p와 q는 서로소인 자연수이다.) (4점)

1st 두 조건 (가)와 (나)를 이용하여 상수 a와 $f(1)$의 값을 구하자.

$f(x)$가 최고차항의 계수가 1인 이차함수이므로

$f(x)=x^2+bx+c$(b, c는 상수)라 하자.

조건 (가)에서

$$\lim_{x\to1}\frac{g(x)-f(x)}{x-1}=\lim_{x\to1}\frac{(x^2-x+a)f(x)-f(x)}{x-1}=\lim_{x\to1}\frac{(x^2-x+a-1)f(x)}{x-1}=0$$

이고, $\lim_{x\to1}(x-1)=0$이므로

$\lim_{x\to1}(x^2-x+a-1)f(x)=(a-1)f(1)=0$

따라서 $a=1$ 또는 $f(1)=0$이다.

→ 두 함수 $F(x)$, $G(x)$에 대하여 $\lim_{x\to a}\frac{F(x)}{G(x)}=\alpha$($\alpha$는 실수)이고 $\lim_{x\to a}G(x)=0$이면 $\lim_{x\to a}F(x)=0$이야.

주의 $AB=0$인 경우 $A=0$, $B\neq0$인 경우나 $A\neq0$, $B=0$인 경우만 생각하는 것이 일반적이지만 $A=0$, $B=0$인 경우도 있음에 주의해야 해.

(i) $a\neq1$, $f(1)=0$인 경우

$f(1)=1+b+c=0$에서 $c=-b-1$이므로

$f(x)=x^2+bx+c$에 $c=-b-1$을 대입하여 정리하면

$f(x)=x^2+bx-b-1=(x-1)(x+b+1)$

→ $f(x)=x^2+bx-b-1=(x^2-1)+b(x-1)$
$=(x+1)(x-1)+b(x-1)$
$=(x-1)(x+b+1)$

즉, 조건 (가)에서

$$\lim_{x\to1}\frac{g(x)-f(x)}{x-1}$$
$$=\lim_{x\to1}\frac{(x^2-x+a)f(x)-f(x)}{x-1}$$
$$=\lim_{x\to1}\frac{(x^2-x+a-1)f(x)}{x-1}$$
$$=\lim_{x\to1}\frac{(x^2-x+a-1)(x-1)(x+b+1)}{x-1}$$
$$=\lim_{x\to1}(x^2-x+a-1)(x+b+1)$$
$$=(a-1)(b+2)$$
$$=0$$

이때, $a\neq1$이므로 $b=-2$

$\therefore f(x)=(x-1)^2$

→ $f(x)=(x-1)(x-2+1)=(x-1)(x-1)$
$=(x-1)^2$

그런데 이 경우 $g(x)=(x^2-x+a)(x-1)^2$에서

$g'(x)=(2x-1)(x-1)^2+2(x^2-x+a)(x-1)$이므로

→ 두 함수 $f(x)$, $g(x)$가 미분가능할 때 $\{f(x)g(x)\}'=f'(x)g(x)+f(x)g'(x)$

$g'(1)=0$이다. 따라서 조건 (나)를 만족시키지 않는다.

(ii) $a=1$, $f(1)\neq0$인 경우

$g(x)=(x^2-x+1)f(x)$이므로 조건 (가)에서

$$\lim_{x\to1}\frac{g(x)-f(x)}{x-1}=\lim_{x\to1}\frac{(x^2-x+1)f(x)-f(x)}{x-1}$$
$$=\lim_{x\to1}\frac{x(x-1)f(x)}{x-1}$$
$$=\lim_{x\to1}xf(x)$$
$$=f(1)=0$$

이 경우 $f(1)\neq0$임에 모순이다.

(i), (ii)에 의하여 $a=1$이고 $f(1)=0$이다.

2nd 조건 (다)를 이용하여 α의 값을 구해.

$a=1$이므로 $g(x)=(x^2-x+1)f(x)$

$f(1)=0$이므로

$f(x)=x^2+bx-b-1=(x-1)(x+b+1)$

→ $f(1)=1+b+c=0$에서 $c=-b-1$이므로 c 대신에 $-b-1$을 대입하여 정리한 거야.

한편, $f(x)$, $g(x)$를 x에 대하여 미분하면

$f'(x)=2x+b$

$g'(x)=(2x-1)f(x)+(x^2-x+1)f'(x)$

이때, 조건 (나)에서 $g'(1)\neq0$이므로

$g'(1)=f(1)+f'(1)=2+b\neq0$

$\therefore b\neq-2$

또한, 조건 (다)에서 $f(\alpha)=f'(\alpha)$이므로

$(\alpha-1)(\alpha+b+1)=2\alpha+b$ ··· ㉠이고

$g'(\alpha)=2f'(\alpha)$이므로

$(2\alpha-1)f(\alpha)+(\alpha^2-\alpha+1)f'(\alpha)=2f'(\alpha)$에서

$(2\alpha-1)f'(\alpha)+(\alpha^2-\alpha+1)f'(\alpha)=2f'(\alpha)$ ($\because f(\alpha)=f'(\alpha)$)

$(\alpha^2+\alpha-2)f'(\alpha)=0$, $(\alpha-1)(\alpha+2)(2\alpha+b)=0$

$\therefore \alpha=1$ 또는 $\alpha=-2$ 또는 $\alpha=-\frac{b}{2}$

(i) $\alpha=1$인 경우

㉠에 대입하면 $0=2+b$에서 $b=-2$이므로 모순이다.

(ii) $\alpha=-\frac{b}{2}$인 경우

㉠에 대입하면

$\left(-\frac{b}{2}-1\right)\left(\frac{b}{2}+1\right)=-b+b=0$에서 $b=-2$이므로 모순이다.

따라서 $\alpha=-2$이므로 ㉠에 대입하면

$-3(b-1)=-4+b$, $4b=7$ $\therefore b=\frac{7}{4}$

$\therefore g(x)=(x^2-x+1)(x-1)\left(x+\frac{11}{4}\right)$

→ $g(x)=(x^2-x+1)f(x)$, $f(x)=(x-1)(x+b+1)$이므로 $b=\frac{7}{4}$을 대입하면 $g(x)=(x^2-x+1)(x-1)\left(x+\frac{11}{4}\right)$이야.

3rd $g(a+4)$의 값을 계산하자.

$a=-2$이고, $g(x)=(x^2-x+1)(x-1)\left(x+\frac{11}{4}\right)$이므로

$g(a+4)=g(2)=3\times1\times\frac{19}{4}=\frac{57}{4}$

따라서 $p=4$, $q=57$이므로

$p+q=4+57=61$

E 82 정답 ② ✪ 2등급 킬러 [정답률 29%]

함수

$$f(x)=\begin{cases}-x & (x\le 0)\\ x-1 & (0<x\le 2)\\ 2x-3 & (x>2)\end{cases}$$

단서1 $\lim_{x\to 0-}f(x)\ne\lim_{x\to 0+}f(x)$이고, $\lim_{x\to 2-}f(x)=\lim_{x\to 2+}f(x)=f(2)$이므로 함수 $f(x)$는 $x=0$에서는 불연속이고, $x=2$에서는 연속이야. 즉, 함수 $f(x)$는 $x=0$을 제외한 모든 실수의 집합에서 연속임을 알 수 있어.

와 상수가 아닌 다항식 $p(x)$에 대하여 [보기]에서 옳은 것만을 있는 대로 고른 것은? (4점)

[보기]

ㄱ. 함수 $p(x)f(x)$가 실수 전체의 집합에서 연속이면
단서2 함수 $p(x)$는 실수 전체의 집합에서 연속이니까 함수 $p(x)f(x)$가 실수 전체의 집합에서 연속이려면 $x=0$에서 연속이면 돼.
$p(0)=0$이다.

ㄴ. 함수 $p(x)f(x)$가 실수 전체의 집합에서 미분가능하면
단서3 함수 $p(x)f(x)$가 실수 전체의 집합에서 미분가능하면 우선 $x=0$에서 연속이어야 하고, $x=0$, $x=2$에서 좌미분계수와 우미분계수가 같아야 해.
$p(2)=0$이다.

ㄷ. 함수 $p(x)\{f(x)\}^2$이 실수 전체의 집합에서 미분가능하
단서4 ㄴ과 마찬가지 방법으로 함수 $p(x)\{f(x)\}^2$의 $x=0$, $x=2$에서의 미분가능성을 조사해봐.
면 $p(x)$는 $x^2(x-2)^2$으로 나누어떨어진다.

① ㄱ ② ㄱ, ㄴ ③ ㄱ, ㄷ
④ ㄴ, ㄷ ⑤ ㄱ, ㄴ, ㄷ

✪ 불연속인 점과 미분가능하지 않은 점을 포함한 함수와 실수 전체의 집합에서 미분가능한 함수의 곱으로 정의된 함수의 연속성과 미분가능성을 판단하는 문제이다. 이를 위해서는 연속과 미분가능성의 정의를 정확하게 알고, 불연속인 점과 미분가능하지 않은 점을 포함한 함수와 실수 전체의 집합에서 미분가능한 함수의 곱으로 정의된 함수가 실수 전체에서 연속이거나 미분가능하기 위한 조건을 구할 수 있어야 한다.

[풀이 단서 체크]

❶ 함수 $f(x)$가 $x=0$과 $x=2$를 기준으로 세 구간에서 서로 다르게 정의되어 있으므로 구간의 경계에서의 연속성을 파악하자.
먼저, $\lim_{x\to 0-}f(x)=0$, $\lim_{x\to 0+}f(x)=-1$이므로 함수 $f(x)$는 $x=0$에서 불연속이다. 또, $\lim_{x\to 2-}f(x)=\lim_{x\to 2+}f(x)=1$이므로 함수 $f(x)$는 $x=2$에서 연속이다. ⇒ 단서1

❷ $p(x)$는 다항식이므로 실수 전체의 집합에서 연속이고 미분가능한 함수이다. 그런데 함수 $f(x)$가 $x=0$에서만 불연속인 함수이므로, 함수 $p(x)f(x)$가 실수 전체의 집합에서 연속이려면 $x=0$에서 연속이면 된다.
따라서 $\lim_{x\to 0+}p(x)f(x)=\lim_{x\to 0-}p(x)f(x)=p(0)f(0)$을 만족시키는 $p(0)$의 값을 구할 수 있다. ⇒ 단서2

❸, ❹ 함수 $f(x)$가 $x=0$과 $x=2$에서만 미분불가능하므로 함수 $p(x)f(x)$가 실수 전체의 집합에서 미분가능하려면 $x=0$과 $x=2$에서 미분가능하면 된다.
마찬가지로 함수 $p(x)\{f(x)\}^2$도 $x=0$과 $x=2$에서 미분가능성을 조사하면 된다.
여기서 미분계수의 정의를 이용하여 좌미분계수와 우미분계수가 같도록 하는 $p(x)$를 구하면 된다. ⇒ 단서3, 단서4

주의 미분가능성을 따지기 전에 연속성을 먼저 확인해야 한다.

핵심 정답 공식: 함수 $F(x)$가 $x=a$에서 연속이려면 $\lim_{x\to a+}F(x)=\lim_{x\to a-}F(x)=F(a)$를 만족해야 한다. 또한, 함수 $F(x)$가 $x=a$에서 미분가능하려면 $x=a$에서 연속이고, $x=a$에서 좌미분계수와 우미분계수가 같아야 한다.

[문제 풀이 순서]

＊두 함수의 곱으로 이루어진 함수의 연속성과 미분가능성 판단하기

1st 연속의 정의를 이용하여 ㄱ의 참, 거짓을 판단하자.

$p(x)$가 다항식이므로 다항함수 $p(x)$는 실수 전체의 집합에서 연속이다.
($\lim_{x\to 0-}p(x)=\lim_{x\to 0+}p(x)=p(0)$, $\lim_{x\to 2-}p(x)=\lim_{x\to 2+}p(x)=p(2)$)

또한, 함수 $f(x)=\begin{cases}-x & (x\le 0)\\ x-1 & (0<x\le 2)\\ 2x-3 & (x>2)\end{cases}$에서

$\lim_{x\to 0-}f(x)=\lim_{x\to 0-}(-x)=0$, $\lim_{x\to 0+}f(x)=\lim_{x\to 0+}(x-1)=-1$이고,
$\lim_{x\to 2-}f(x)=\lim_{x\to 2-}(x-1)=1$, $\lim_{x\to 2+}f(x)=\lim_{x\to 2+}(2x-3)=1$,
$f(2)=1$

즉, $\lim_{x\to 0-}f(x)\ne\lim_{x\to 0+}f(x)$이고, $\lim_{x\to 2-}f(x)=\lim_{x\to 2+}f(x)=f(2)$이므로 함수 $f(x)$는 $x=0$에서 불연속이고 $x=0$을 제외한 모든 실수의 집합에서 연속이다.

ㄱ. 다항함수 $p(x)$는 실수 전체의 집합에서 연속이고, 함수 $f(x)$는 $x=0$에서만 불연속이므로 함수 $p(x)f(x)$가 실수 전체의 집합에서 연속이려면 $x=0$에서 연속이어야 한다.

$\lim_{x\to 0-}p(x)f(x)=\lim_{x\to 0-}p(x)\times\lim_{x\to 0-}f(x)=p(0)\times 0=0$

$\lim_{x\to 0+}p(x)f(x)=\lim_{x\to 0+}p(x)\times\lim_{x\to 0+}f(x)=p(0)\times(-1)=-p(0)$

$p(0)f(0)=p(0)\times 0=0$

즉, 함수 $p(x)f(x)$가 $x=0$에서 연속이어야 하므로 $p(0)=0$이다. (참)
($\lim_{x\to 0-}p(x)f(x)=\lim_{x\to 0+}p(x)f(x)=p(0)f(0)$이어야 하므로 $0=-p(0)$에서 $p(0)=0$이야.)

2nd 미분가능의 정의를 이용하여 ㄴ의 참, 거짓을 판단하자.

ㄴ. 함수 $p(x)f(x)$가 실수 전체의 집합에서 미분가능하면 $x=2$에서도 미분가능하다. (함수 $p(x)f(x)$가 $x=2$에서 연속이어야 하고 미분계수가 존재해야 해.)

이때, 함수 $p(x)f(x)$는 $x=2$에서 연속이므로
(두 함수 $p(x)$, $f(x)$가 $x=2$에서 연속이므로 연속함수의 성질에 의해 함수 $p(x)f(x)$도 $x=2$에서 연속이야.)
$x=2$에서 미분계수가 존재하는지 확인하자.
($x=a$에서 함수의 좌미분계수와 우미분계수가 같으면 $x=a$에서 미분계수가 존재한다고 해.)

함정 $x=0$에서의 연속성, $x=0$, $x=2$에서의 미분가능성 총 3가지를 순서대로 확인해볼 수도 있지만, ㄴ에서 $p(2)$에 대해 말하고 있으니까 $x=2$에서의 미분가능성을 먼저 따져보는 것이 좋겠지?

$\lim_{x\to 2-}\dfrac{p(x)f(x)-p(2)f(2)}{x-2}$

$=\lim_{x\to 2-}\dfrac{p(x)(x-1)-p(2)\times 1}{x-2}$

실수 미분계수의 정의를 이용하기 위해 같은 값을 더해주고 빼주는 거야. 자주 쓰이는 방법이니까 꼭 익혀두자.

$=\lim_{x\to 2-}\dfrac{p(x)(x-1)-(x-1)p(2)+(x-1)p(2)-p(2)}{x-2}$

$=\lim_{x\to 2-}\left\{\dfrac{p(x)-p(2)}{x-2}\times(x-1)\right\}+\lim_{x\to 2-}\left\{\dfrac{(x-1)-1}{x-2}\times p(2)\right\}$

$=p'(2)\times 1+1\times p(2)$ ($F'(a)=\lim_{x\to a}\dfrac{F(x)-F(a)}{x-a}$)

$=p'(2)+p(2)$

$\lim_{x\to 2+}\dfrac{p(x)f(x)-p(2)f(2)}{x-2}$

$=\lim_{x\to 2+}\dfrac{p(x)(2x-3)-p(2)\times 1}{x-2}$

$=\lim_{x\to 2+}\dfrac{p(x)(2x-3)-(2x-3)p(2)+(2x-3)p(2)-p(2)}{x-2}$

$=\lim_{x\to 2+}\left\{\dfrac{p(x)-p(2)}{x-2}\times(2x-3)\right\}+\lim_{x\to 2+}\left\{\dfrac{(2x-3)-1}{x-2}\times p(2)\right\}$
($=\lim_{x\to 2+}\dfrac{2x-4}{x-2}=\lim_{x\to 2+}\dfrac{2(x-2)}{x-2}$)

$=p'(2)\times 1+2\times p(2)$

$=p'(2)+2p(2)$

즉, $p'(2)+p(2)=p'(2)+2p(2)$이어야 하므로
$p(2)=0$이다. (참)

3rd ㄴ과 같은 방법으로 ㄷ의 참, 거짓을 판단하자.

ㄷ. 함수 $p(x)\{f(x)\}^2$이 실수 전체의 집합에서 미분가능하면 $x=0$, $x=2$에서도 미분가능하다.

(i) $x=0$에서 연속이어야 함을 이용하자.

$$\lim_{x\to0-}p(x)\{f(x)\}^2=\lim_{x\to0-}p(x)\times\lim_{x\to0-}\{f(x)\}^2=p(0)\times0^2=0$$

$$\lim_{x\to0+}p(x)\{f(x)\}^2=\lim_{x\to0+}p(x)\times\lim_{x\to0+}\{f(x)\}^2=p(0)\times(-1)^2=p(0)$$

$p(0)\{f(0)\}^2=p(0)\times0^2=0$

즉, 함수 $p(x)\{f(x)\}^2$이 $x=0$에서 연속이어야 하므로 $p(0)=0$이다. ⋯ ㉠

또, $x=0$에서 미분가능해야 함을 이용하자.

$$\lim_{x\to0-}\frac{p(x)\{f(x)\}^2-p(0)\{f(0)\}^2}{x}=\lim_{x\to0-}\frac{p(x)(-x)^2-p(0)\times0^2}{x}=\lim_{x\to0-}\{xp(x)\}=0$$

$$\lim_{x\to0+}\frac{p(x)\{f(x)\}^2-p(0)\{f(0)\}^2}{x}=\lim_{x\to0+}\frac{p(x)(x-1)^2-p(0)\times0^2}{x}$$

$$=\lim_{x\to0+}\frac{p(x)(x-1)^2-p(0)(x-1)^2}{x}\ (\because p(0)=0)$$

$$=\lim_{x\to0+}\left\{\frac{p(x)-p(0)}{x}\times(x-1)^2\right\}=p'(0)\times(-1)^2=p'(0)$$

즉, 함수 $p(x)\{f(x)\}^2$이 $x=0$에서 미분가능해야 하므로 $p'(0)=0$이다. ⋯ ㉡

→ 다항함수 $F(x)$에 대하여 $F(a)=0$이고 $F'(a)=0$이면 $F(x)$는 $(x-a)^2$을 인수로 가져.

따라서 ㉠, ㉡에 의해 다항식 $p(x)$는 x^2을 인수로 갖는다.

(ii) 함수 $p(x)\{f(x)\}^2$은 $x=2$에서 연속이므로 $x=2$에서 미분가능해야 함을 이용하자.

→ 두 함수 $p(x)$, $f(x)$가 $x=2$에서 연속이므로 연속함수의 성질에 의해 함수 $p(x)\{f(x)\}^2$, 즉 $p(x)f(x)f(x)$도 $x=2$에서 연속이야.

$$\lim_{x\to2-}\frac{p(x)\{f(x)\}^2-p(2)\{f(2)\}^2}{x-2}=\lim_{x\to2-}\frac{p(x)(x-1)^2-p(2)\times1^2}{x-2}$$

$$=\lim_{x\to2-}\frac{p(x)(x-1)^2-p(2)(x-1)^2+p(2)(x-1)^2-p(2)}{x-2}$$

$$=\lim_{x\to2-}\left\{\frac{p(x)-p(2)}{x-2}\times(x-1)^2\right\}+\lim_{x\to2-}\left\{\frac{(x-1)^2-1}{x-2}\times p(2)\right\}$$

$$\left(\lim_{x\to2-}\frac{(x-1+1)(x-1-1)}{x-2}=\lim_{x\to2-}\frac{x(x-2)}{x-2}\right)$$

$$=p'(2)\times1^2+2\times p(2)=p'(2)+2p(2)$$

$$\lim_{x\to2+}\frac{p(x)\{f(x)\}^2-p(2)\{f(2)\}^2}{x-2}=\lim_{x\to2+}\frac{p(x)(2x-3)^2-p(2)\times1^2}{x-2}$$

$$=\lim_{x\to2+}\frac{p(x)(2x-3)^2-p(2)(2x-3)^2+p(2)(2x-3)^2-p(2)}{x-2}$$

$$=\lim_{x\to2+}\left\{\frac{p(x)-p(2)}{x-2}\times(2x-3)^2\right\}+\lim_{x\to2+}\left\{\frac{(2x-3)^2-1}{x-2}\times p(2)\right\}$$

$$\left(=\lim_{x\to2+}\left\{\frac{(2x-3+1)(2x-3-1)}{x-2}\times p(2)\right\}=\lim_{x\to2+}\left\{\frac{(2x-2)(2x-4)}{x-2}\times p(2)\right\}=\lim_{x\to2+}\left\{\frac{4(x-1)(x-2)}{x-2}\times p(2)\right\}\right)$$

$$=p'(2)\times1^2+4\times p(2)=p'(2)+4p(2)$$

즉, 함수 $p(x)\{f(x)\}^2$이 $x=2$에서 미분가능해야 하므로
$p'(2)+2p(2)=p'(2)+4p(2)$
$\therefore p(2)=0$
따라서 다항식 $p(x)$는 $x-2$를 인수로 갖는다.

(i), (ii)에 의해 다항식 $p(x)$는 $x^2(x-2)$를 인수로 갖지만 $x^2(x-2)^2$을 인수로 갖는지는 알 수 없으므로 $p(x)$가 $x^2(x-2)^2$으로 나누어떨어지는지도 알 수 없다. (거짓)

따라서 옳은 것은 ㄱ, ㄴ이다.

[다른 풀이]

ㄷ에서 함수 $p(x)\{f(x)\}^2$이 $x=0$에서 미분계수가 존재해야 하는 조건을 다른 방법을 이용하여 구해보자.

$$f(x)=\begin{cases}-x & (x\le0)\\ x-1 & (0<x\le2)\\ 2x-3 & (x>2)\end{cases}$$ 에서

$$f'(x)=\begin{cases}-1 & (x<0)\\ 1 & (0<x<2)\\ 2 & (x>2)\end{cases}$$ 이고,

$[p(x)\{f(x)\}^2]'=p'(x)\{f(x)\}^2+2p(x)f(x)f'(x)$이므로

미분가능한 두 함수 $F(x)$, $G(x)$에 대하여
(1) $\{F(x)G(x)\}'=F'(x)G(x)+F(x)G'(x)$
(2) n이 2 이상의 자연수일 때, $\{F(x)\}^n=n\{F(x)\}^{n-1}F'(x)$

$$\lim_{x\to0-}[p(x)\{f(x)\}^2]'=\lim_{x\to0-}[p'(x)\{f(x)\}^2+2p(x)f(x)f'(x)]=p'(0)\times0^2+2p(0)\times0\times(-1)=0$$

$$\lim_{x\to0+}[p(x)\{f(x)\}^2]'=\lim_{x\to0+}[p'(x)\{f(x)\}^2+2p(x)f(x)f'(x)]=p'(0)\times(-1)^2+2p(0)\times(-1)\times1=p'(0)\ (\because p(0)=0)$$

즉, $x=0$에서 미분계수가 존재해야 하므로 $p'(0)=0$이야.
또한, 마찬가지 방법으로 하면 $p(2)=0$임을 알 수 있어.
(이하 동일)

1등급 풀이 Tip

연속함수 $p(x)$와 불연속인 점을 포함하는 함수 $f(x)$를 곱해 만든 함수 $p(x)f(x)$가 연속함수이려면, $f(x)$가 불연속인 점에서 $p(x)$의 함숫값이 0이 된다는 것을 이용하면 $p(x)$에 대한 힌트를 얻을 수 있다.
또한, $p(x)f(x)$가 어떤 점에서 미분가능하려면, 일반적으로 그 점에서 $p'(x)f(x)+p(x)f'(x)$가 연속이어야 함을 이용하여 $p'(x)$에 대한 힌트를 얻을 수 있다.

My Top Secret

실수 전체의 집합에서 연속인 함수와 불연속인 점을 포함하는 함수를 곱하여 만든 함수가 실수 전체에서 연속이면 불연속인 점에서의 연속함수의 함숫값이 0이 되어야 한다는 것은 정말 많이 다루는 내용이니 꼭 이해하고 있어야 해.
또, 이를 활용하여 미분가능성도 판단할 수 있어. 미분가능성은 일반적으로 도함수의 연속으로 바꾸어 따져보면 돼.

E 83 정답 ③ *미분계수의 정의 [정답률 38%]

(정답 공식: 미분가능한 함수 $f(x)$에 대하여 도함수 $f'(x)$는 $f'(x)=\lim_{h\to0}\frac{f(x+h)-f(x)}{h}$이다.)

단서1 '임의의 x, y에 대하여' 라는 말은 x, y에 대한 항등식이라는 뜻이야. 즉, 등식의 x, y에 어떠한 값을 대입해도 성립해.

두 다항함수 $f(x)$, $g(x)$가 임의의 두 실수 x, y에 대하여
$x\{f(x+y)-f(x-y)\}=2y\{f(x)+g(y)\}$를 만족시킨다.
$f(1)=5$, $g(0)=-3$일 때, $f(5)$의 값은? (4점)

단서2 $f'(x)$의 식이 나오도록 주어진 등식을 변형한 후 극한을 취해 봐.

① 11 ② 12 ③ 13 ④ 14 ⑤ 15

1st 항등식의 성질과 극한을 이용해 $f(x)$에 대한 식을 구해.

$x\{f(x+y)-f(x-y)\}=2y\{f(x)+g(y)\}$에서
$y=h$를 대입하면 → $f'(x)=\lim_{h\to0}\frac{f(x+h)-f(x)}{h}$이므로 이 식을 이용하기 위해
$x\{f(x+h)-f(x-h)\}=2h\{f(x)+g(h)\}$ ← y 대신에 h를 대입한 거야.

$h\neq0$일 때, $x\cdot\frac{f(x+h)-f(x-h)}{h}=2\{f(x)+g(h)\}$

양변에 $\lim_{h\to0}$인 극한을 취하면

$$\lim_{h\to0}x\cdot\frac{f(x+h)-f(x-h)}{h}=\lim_{h\to0}2\{f(x)+g(h)\}\cdots ㉠$$

이때, ㉠의 좌변을 정리하면

$$\lim_{h\to0}x\cdot\frac{f(x+h)-f(x-h)}{h}$$
$$=x\lim_{h\to0}\frac{f(x+h)-f(x-h)}{h}$$
$$=x\lim_{h\to0}\frac{f(x+h)-f(x)-f(x-h)+f(x)}{h}$$
$$=x\left\{\lim_{h\to0}\frac{f(x+h)-f(x)}{h}+\lim_{h\to0}\frac{f(x-h)-f(x)}{-h}\right\}$$
$$=x\{f'(x)+f'(x)\}=2xf'(x)$$

$$\lim_{h\to0}\frac{f(x+h)-f(x)-f(x-h)+f(x)}{h}=\lim_{h\to0}\frac{f(x+h)-f(x)}{h}-\lim_{h\to0}\frac{f(x-h)-f(x)}{h}=\lim_{h\to0}\frac{f(x+h)-f(x)}{h}+\lim_{h\to0}\frac{f(x-h)-f(x)}{-h}$$

㉠의 우변을 정리하면

$$\lim_{h\to0}2\{f(x)+g(h)\}=2\{f(x)+g(0)\}$$
$$=2\{f(x)-3\}\ (\because g(0)=-3)$$

따라서 ㉠에서 $2xf'(x)=2\{f(x)-3\}$이므로
$xf'(x)=f(x)-3\cdots ㉡$

2nd 다항함수임을 이용해 $f(x)$의 차수를 구해.

한편, $f(x)$가 다항함수라 했으므로 $f(x)$가 최고차항의 계수가 $a\ (a\neq0)$인 n차함수라 하면

주의 '다항함수 $f(x)$, $g(x)$' 같은 중요한 조건을 놓쳐서는 안 돼. 이렇게 다항함수 조건이 주어질 때는 차수를 알아내는 것이 일반적이야.

$f(x)=ax^n+\cdots$ (n은 자연수)
이때, $f'(x)=nax^{n-1}+\cdots$이므로 ← $y=x^n$ (n은 음이 아닌 정수)일 때, $y'=nx^{n-1}$
㉡에 대입하면
$x(nax^{n-1}+\cdots)=ax^n+\cdots$에서 $anx^n+\cdots=ax^n+\cdots$
즉, $an=a$이고 $a\neq0$이므로 $n=1$이 되어 $f(x)$는 일차함수임을 알 수 있다.

3rd **1st**에서 구한 식을 통해 $f(x)$와 $f(5)$를 구해.

$f(x)=ax+b$ (a, b는 상수, $a\neq0$)라 하면
$f'(x)=a$이므로 ㉡에서
$x\cdot a=ax+b-3 \quad \therefore b=3$
또한, $f(1)=a+b=a+3=5$에서 $a=2$이다.
따라서 $f(x)=2x+3$이므로
$f(5)=10+3=13$

E 84 정답 105 ✪ 2등급 킬러 [정답률 20%]

삼차함수 $f(x)$가 다음 조건을 만족시킨다.

(가) $f(1)=f(3)=0$

단서1 삼차함수 $y=f(x)$의 그래프가 x축과 $x=1$, $x=3$에서 만난다는 뜻이야. 이것을 만족시키는 삼차함수의 그래프의 개형을 그려봐.

(나) 집합 $\{x\mid x\geq1$이고 $f'(x)=0\}$의 원소의 개수는 1이다.

단서2 $x\geq1$인 범위에서 함수 $f(x)$의 극값이 1개만 있어야 한다는 거야. 단서1에서 그린 그래프들 중에서 해당되는 그래프를 찾아내면 이를 이용하여 삼차함수 $f(x)$의 식을 세울 수 있을 거야.

상수 a에 대하여 함수 $g(x)=|f(x)f(a-x)|$가 실수 전체의 집합에서 미분가능할 때, $\frac{g(4a)}{f(0)\times f(4a)}$의 값을 구하시오. (4점)

단서3 함수 $|F(x)|$와 같이 절댓값을 씌운 함수는 뾰족점이 생겨 미분불가능할 수 있어. 그런데 함수 $g(x)=|f(x)f(a-x)|$가 실수 전체의 집합에서 미분가능하다고 했으니까 뾰족점이 생기면 안 되겠지? 즉, $f(x)f(a-x)$는 어떤 식의 제곱 이상인 식을 인수로 가져야 해.

✪ 삼차함수 $f(x)$와 $f(x)$를 평행이동, 대칭이동한 함수를 이용하여 새롭게 정의된 함수가 실수 전체의 집합에서 미분가능하도록 하는 삼차함수 $f(x)$를 구하는 문제이다. 문제 해결을 위해서는 먼저 삼차함수 $y=f(x)$의 그래프가 x축과 만나는 점을 바탕으로 $f(x)$의 식을 유추해야 한다. 그런 다음, 절댓값 기호를 사용한 함수가 실수 전체의 집합에서 미분가능하기 위해서는 함수 $f(x)$를 어떻게 평행이동, 대칭이동을 해야 하는지 따져봐야 한다.

[풀이 단서 체크]

❶ 조건 (가)에서 $f(1)=0$, $f(3)=0$이므로 함수 $y=f(x)$의 그래프는 x축과 $x=1$, $x=3$인 점에서 만난다. 이를 만족시키는 삼차함수 $y=f(x)$의 그래프의 개형을 그려보자. ⇒ 단서1

❷ 함수 $y=f(x)$의 그래프가 x축과 적어도 2개의 점에서 만나므로 삼차함수 $f(x)$는 2개의 극값을 갖는다. 즉, $f(x)$의 도함수 $f'(x)$에 대하여 방정식 $f'(x)=0$은 서로 다른 두 실근을 갖는다.
이때, $x\geq1$이면서 $f'(x)=0$인 x가 1개여야 하므로 $x\geq1$에서 함수 $f(x)$는 하나의 극값만을 갖는다.
따라서 조건들을 종합하여 위에서 그린 삼차함수 $y=f(x)$의 그래프의 개형을 좀 더 구체적으로 나타낼 수 있다. ⇒ 단서2

❸ 미분가능한 함수 $F(x)$에 대하여 $y=|F(x)|$의 그래프는 $y=F(x)$의 그래프를 x축을 기준으로 x축 위로 꺾어 올린 그래프이다. 따라서 함수 $|F(x)|$가 미분불가능한 점은 $y=F(x)$의 그래프가 x축과 만나지만 접하지는 않는 점이다.
이를 함수 $g(x)=|f(x)f(a-x)|$에 적용하자. 즉, 함수 $g(x)$가 실수 전체의 집합에서 미분가능하므로 함수 $y=f(x)f(a-x)$의 그래프는 x축과 접함을 알 수 있다. 따라서 방정식 $f(x)f(a-x)=0$의 실근을 k라 하면 $f(x)f(a-x)$는 $(x-k)^2$으로 나누어떨어진다. ⇒ 단서3

주의 방정식 $f(x)=0$의 두 실근이 주어졌으므로 나머지 한 실근을 q라 했을 때 $q<1$, $q=1$, $1<q<3$, $q=3$, $q>3$인 경우로 나눈 후 그래프의 개형을 통해 조건 (나)를 만족시키는 q의 값 또는 범위를 구할 수 있다.

(핵심 정답 공식: 다항함수 $F(x)$에 대하여 $F(a)=0$일 때, 함수 $|F(x)|$가 $x=a$에서 미분가능하려면 $F(x)$는 $x-a$의 제곱 이상인 식을 인수로 가져야 한다.)

[문제 풀이 순서]

* 삼차함수 $f(x)$를 이용해 절댓값 기호를 사용하여 새롭게 정의된 함수가 실수 전체에서 미분가능하도록 하는 함수 $f(x)$ 구하기

1st 주어진 조건을 만족시키는 함수 $f(x)$의 식을 세워봐.

조건 (가)에 의해 함수 $y=f(x)$의 그래프는 x축과 $x=1$, $x=3$에서 만난다.
또, 조건 (나)에 의해 $x\geq1$인 범위에서 함수 $f(x)$의 극값이 1개만 존재한다.

이를 종합하여 삼차함수 $y=f(x)$의 그래프의 개형을 그리면 최고차항의 계수의 부호에 따라 다음의 두 경우가 가능하다.

$x=1$ 또는 $x=3$에서 삼차함수 $y=f(x)$의 그래프가 접하는 경우도 $x\ge1$에서 $f'(x)=0$인 점이 2개가 생기게 되어 조건 (나)를 만족시키지 않아.

(1) 최고차항의 계수가 양수인 경우 (2) 최고차항의 계수가 음수인 경우

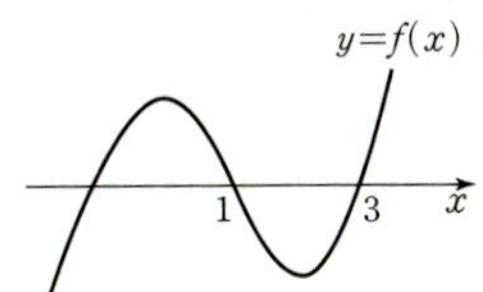

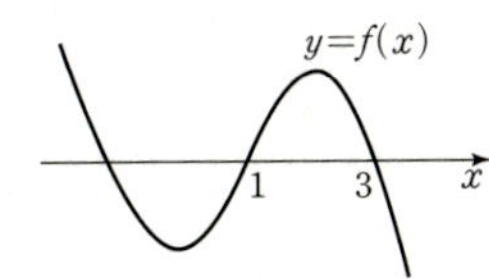

따라서 위의 그림에 의해 삼차함수 $y=f(x)$의 그래프는 x의 값이 1보다 작은 점에서 x축과 만나므로

$f(x)=p(x-1)(x-3)(x-q)$ (p, q는 상수, $p\neq0$, $q<1$)로 놓을 수 있다.

2nd 함수 $g(x)$가 미분가능하기 위한 조건을 찾아내야 해.

$f(a-x)$ → $f(a-x)$는 $f(x)$의 식에 x 대신에 $a-x$를 대입하면 돼.

$=p(a-x-1)(a-x-3)(a-x-q)$

$=-p(x-a+1)(x-a+3)(x-a+q)$

즉, $f(x)$의 최고차항의 계수가 양수일 때,

두 함수 $y=f(x)$, $y=f(a-x)$의 그래프의 개형은 다음과 같다.

$f(x) \xrightarrow[\text{대칭이동}]{y\text{축에 대하여}} f(-x) \xrightarrow[a\text{만큼 평행이동}]{x\text{축의 방향으로}} f(-(x-a))=f(a-x)$

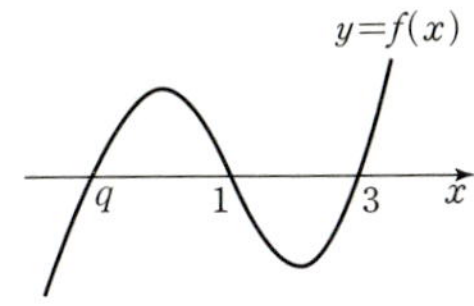

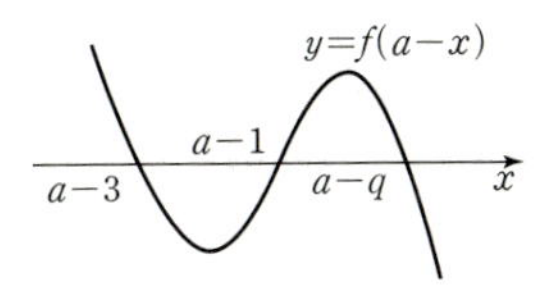

한편,

$f(x)f(a-x)$

$=-p^2(x-1)(x-3)(x-q)(x-a+1)(x-a+3)(x-a+q)$

이므로

$g(x)$

$=|f(x)f(a-x)|$

$=p^2|(x-1)(x-3)(x-q)(x-a+1)(x-a+3)(x-a+q)|$

이고, 함수 $g(x)$가 실수 전체의 집합에서 미분가능하려면

$g(x)=p^2|(x-\alpha)^2(x-\beta)^2(x-\gamma)^2|$ 꼴이어야 하므로

함수 $g(x)$가 실수 전체의 집합에서 미분가능하려면 $g(t)=0$인 모든 실수 t에 대하여 $g'(t)=0$이어야 해.
즉, $g(x)$의 인수인 $x-q$, $x-1$, $x-3$의 차수가 제곱 이상이 되어야 해.

즉, 위의 그림에서

$q<1<3$이고 $a-3<a-1<a-q$이므로

$a-3=q$, $a-1=1$, $a-q=3$

$\therefore a=2, q=-1$ → $a-1=1$에서 $a=2$, $a-3=q$에서 $q=2-3=-1$

3rd $\dfrac{g(4a)}{f(0)\times f(4a)}$의 값을 구하자.

따라서 $f(x)=p(x+1)(x-1)(x-3)$이고,

$f(a-x)=-p(x+1)(x-1)(x-3)=-f(x)$에서

$f(a-x)=-p(x-a+1)(x-a+3)(x-a+q)$에서 $a=2$, $q=-1$을 대입한 거야.

$g(x)=|f(x)f(a-x)|=|f(x)\times\{-f(x)\}|=\{f(x)\}^2$이므로

$\dfrac{g(4a)}{f(0)\times f(4a)}=\dfrac{\{f(8)\}^2}{f(0)\times f(8)}=\dfrac{f(8)}{f(0)}$

$=\dfrac{p\times9\times7\times5}{p\times1\times(-1)\times(-3)}=105$

1등급 풀이 Tip

삼차함수 $f(x)$에 대하여 $f(1)=0$, $f(3)=0$이므로 인수정리에 의해 $f(x)=p(x-1)(x-3)(x-q)$ (p, q는 상수, $p\neq0$)라 할 수 있다. 그러면 $f(a-x)=p(a-x-1)(a-x-3)(a-x-q)$라 할 수 있고, 함수 $g(x)=|f(x)f(a-x)|$가 실수 전체의 집합에서 미분가능하려면 $f(x)f(a-x)$는 $(x-1)^2$, $(x-3)^2$, $(x-q)^2$을 인수로 가져야 한다.

My Top Secret

다항함수에 대하여 절댓값 기호를 사용한 함수가 절댓값 기호 안을 0으로 만드는 점에서 미분가능하면 절댓값 기호를 사용하기 전의 원래의 함수의 그래프는 그 점에서 x축에 접해.

그리고 함수의 그래프가 $x=a$인 점에서 x축에 접하면 이 함수는 반드시 $(x-a)^2$을 인수로 가져.

이와 같은 내용은 미분가능에 관한 고난도 문제에 자주 사용되는 개념이므로 꼭 기억하도록 해.

E 85 정답 39

✪ 2등급 킬러 [정답률 21%]

함수 $f(x)$는 최고차항의 계수가 1인 삼차함수이고, 함수 $g(x)$는 일차함수이다. 함수 $h(x)$를

$$h(x)=\begin{cases}|f(x)-g(x)| & (x<1)\\ f(x)+g(x) & (x\ge1)\end{cases}$$

이라 하자. 함수 $h(x)$가 실수 전체의 집합에서 미분가능하고, $h(0)=0$, $h(2)=5$일 때, $h(4)$의 값을 구하시오. (4점)

단서2 $x=1$을 기준으로 다르게 정의된 함수 $h(x)$가 실수 전체의 집합에서 미분가능하다고 했으니까 $x=1$에서도 미분가능해야 해. 즉, $x=1$에서 연속이고 미분계수가 존재함을 이용하자.

단서1 $x<1$일 때, $h(x)=|f(x)-g(x)|$이므로 $h(0)=0$에서 $f(0)-g(0)=0$이야. 이때, $h(x)$가 실수 전체의 집합에서 미분가능 하다고 했으니까 $x=0$에서도 미분가능 해야겠지? 즉, 절댓값 기호를 포함한 함수에서 미분가능할 조건을 생각해내야 해.

✪ 이 문제는 절댓값 기호가 포함된 함수의 미분가능성과 구간에 따라 다르게 정의된 함수의 미분가능성을 이용해서 삼차함수 $f(x)$와 일차함수 $g(x)$를 추론해야 한다.

문제 해결을 위해서는 절댓값 기호가 포함된 함수의 미분가능 조건을 알고 있어야 하며, 구간의 경계에서의 연속, 미분가능 조건을 활용할 수 있어야 한다.

[풀이 단서 체크]

❶ 먼저, $x=0$은 $x<1$인 범위에 포함되므로 $h(0)=|f(0)-g(0)|=0$이다.
이 식을 통해 절댓값 기호를 포함한 함수 $h(x)$의 그래프가 x축과 교점을 가진다고 해석하는 것이 중요하다.
이때, $y=f(x)-g(x)$의 그래프가 $x=0$인 점에서 x축을 관통한다면 $h(x)=|f(x)-g(x)|$의 그래프는 $y=f(x)-g(x)$의 그래프의 x축 아랫부분에 있는 곡선을 x축 위로 꺾어 올려야 하기 때문에 이 점에서 미분이 불가능하다.
따라서 함수 $h(x)$가 모든 실수에 대하여 미분가능하려면 x축과의 교점인 $x=0$에서의 미분계수가 0이 되어야 한다. 즉, $h'(0)=0$이다. ⇒ 단서1

❷ 이제, 구간별로 다르게 정의된 함수 $h(x)$가 실수 전체의 집합에서 미분가능하려면 구간의 경계에서 연속이고, 미분계수가 같다는 사실을 이용하면 된다.
즉, $x=1$을 기준으로 다르게 정의된 함수 $h(x)$가 연속이므로 $|f(1)-g(1)|=f(1)+g(1)$이다.
또, $x=1$에서 미분가능하므로 함수 $f(x)$와 $g(x)$의 대소 관계에 따라 경우를 나누어 $f'(1)-g'(1)=f'(1)+g'(1)$ 또는 $-f'(1)+g'(1)=f'(1)+g'(1)$인 경우로 나누어 생각해볼 수 있다. ⇒ 단서2

주의 일차함수 $g(x)=mx+n$에서 $m\neq0$이다. 즉, 일차함수 $g'(x)$의 미분계수는 m이므로 0이 될 수 없다.

(핵심 정답 공식: 다항함수 $h(x)$에 대하여 $h(a)=0$일 때, 함수 $|h(x)|$가 $x=a$에서 미분가능하려면 $h'(a)=0$이다.)

------------------- [문제 풀이 순서] -------------------

* 절댓값 기호가 포함된 함수와 구간별로 다르게 정의된 함수의 연속성과 미분가능성을 판단하여 함수 구하기

1st 함수 $h(x)$가 $x=0$에서 미분가능할 조건을 찾자.

$h(0)=0$이므로 $h(0)=|f(0)-g(0)|=0$에서 $f(0)-g(0)=0$이다.
이때, 함수 $h(x)$가 실수 전체의 집합에서 미분가능하므로 $x=0$에서도 미분가능해야 한다.
즉, $h'(0)=0$이어야 하므로 $f'(0)-g'(0)=0$이다.

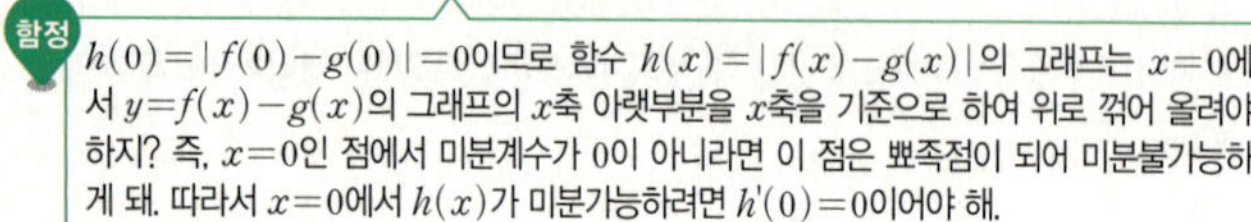
함정 $h(0)=|f(0)-g(0)|=0$이므로 함수 $h(x)=|f(x)-g(x)|$의 그래프는 $x=0$에서 $y=f(x)-g(x)$의 그래프의 x축 아랫부분을 x축을 기준으로 하여 위로 꺾어 올려야 하지? 즉, $x=0$인 점에서 미분계수가 0이 아니라면 이 점은 뾰족점이 되어 미분불가능하게 돼. 따라서 $x=0$에서 $h(x)$가 미분가능하려면 $h'(0)=0$이어야 해.

2nd 함수 $h(x)$가 $x=1$에서 미분가능함을 이용해 $f(1)$, $f'(1)$의 값을 찾자.

한편, 함수 $h(x)$가 실수 전체의 집합에서 미분가능하므로 $x=1$에서도 미분가능해야 한다.
먼저, 함수 $h(x)$가 $x=1$에서 연속이어야 하므로
$\lim_{x\to1-}h(x)=\lim_{x\to1+}h(x)$에서

$$\lim_{x\to1-}|f(x)-g(x)|=\lim_{x\to1+}\{f(x)+g(x)\}=f(1)+g(1)\ \cdots\ ㉠$$

이제, $x=1$에서의 미분가능성을 확인하자.
함수 $h(x)$가 $x=1$에서 미분가능해야 하므로

$$\lim_{x\to1-}\frac{h(x)-h(1)}{x-1}=\lim_{x\to1+}\frac{h(x)-h(1)}{x-1}\ \cdots\ ㉡$$

이어야 한다.

(i) $f(x)>g(x)$인 경우

$x<1$에서
$h(x)=|f(x)-g(x)|=f(x)-g(x)$
이므로 충분히 작은 양수 k에 대하여
$1-k<x<1$일 때

$\lim_{x\to1-}\frac{h(x)-h(1)}{x-1}=f'(1)-g'(1)$이고,

$\lim_{x\to1+}\frac{h(x)-h(1)}{x-1}=f'(1)+g'(1)$

즉, ㉡에 의해
$f'(1)-g'(1)=f'(1)+g'(1)$ $\quad\therefore g'(1)=0$
그런데 $g(x)$는 일차함수이므로 이 경우는 모순이다.
$g(x)$는 일차함수이므로 $g(x)=mx+n\,(m\neq0)$ 꼴이야. 즉, $g'(x)=m\neq0$이어야 해.

(ii) $f(x)<g(x)$인 경우

$x<1$에서
$h(x)=|f(x)-g(x)|=-\{f(x)-g(x)\}=g(x)-f(x)$
이므로 충분히 작은 양수 k에 대하여
$1-k<x<1$일 때

$\lim_{x\to1-}\frac{h(x)-h(1)}{x-1}=g'(1)-f'(1)$이고,

$\lim_{x\to1+}\frac{h(x)-h(1)}{x-1}=f'(1)+g'(1)$

즉, ㉡에 의해
$g'(1)-f'(1)=f'(1)+g'(1)$ $\quad\therefore f'(1)=0$
또한,

$$\lim_{x\to1-}|f(x)-g(x)|=\lim_{x\to1-}\{g(x)-f(x)\}=g(1)-f(1)$$

이므로 ㉠에 의해
$g(1)-f(1)=f(1)+g(1)$ $\quad\therefore f(1)=0$

3rd $f(x)$, $g(x)$의 식을 구하자.

$f(1)=0$, $f'(1)=0$에서 최고차항의 계수가 1인 삼차함수 $f(x)$는 $(x-1)^2$을 인수로 가지므로
다항함수 $F(x)$에 대하여 $F(\alpha)=0$, $F'(\alpha)=0$이면 함수 $F(x)$는 $(x-\alpha)^2$을 인수로 가져.
$f(x)=(x-1)^2(x-a)$ (a는 상수)
라 놓을 수 있다.
이때, 일차함수 $g(x)$를
$g(x)=mx+n$(m, n은 상수, $m\neq0$)
이라 하면
$f'(x)=2(x-1)(x-a)+(x-1)^2$,
$g'(x)=m$
이므로 **1st**에서 구한 $f(0)=g(0)$, $f'(0)=g'(0)$에 의해
$-a=n$, $2a+1=m\ \cdots\ ㉢$
또한, $h(2)=5$라 했으므로
$h(2)=f(2)+g(2)=2-a+2m+n=5$
위의 식에 ㉢을 대입하면

$2-a+2(2a+1)-a=5$ $\quad\therefore a=\frac{1}{2}$

$a=\frac{1}{2}$을 ㉢에 대입하면

$n=-\frac{1}{2}$, $m=2$

따라서 $f(x)=(x-1)^2\left(x-\frac{1}{2}\right)$, $g(x)=2x-\frac{1}{2}$이므로

$$h(4)=f(4)+g(4)=9\times\frac{7}{2}+8-\frac{1}{2}=39$$

[다른 풀이]

1st에서 $f(0)-g(0)=0$이고, $f'(0)-g'(0)=0$이라 했지?
따라서 함수 $f(x)-g(x)$는 최고차항의 계수가 1인 삼차함수이고, x^2을 인수로 가지므로
$f(x)$가 최고차항의 계수가 1인 삼차함수이고 $g(x)$는 일차함수이므로 함수 $f(x)-g(x)$는 삼차함수이고, 최고차항의 계수는 $f(x)$의 최고차항의 계수와 같은 1이 돼.
$f(x)-g(x)=x^2(x-b)$ (b는 상수)와 같이 나타낼 수 있어.
즉, 삼차함수 $y=f(x)-g(x)$의 그래프는 $x=0$인 점에서 x축에 접하므로 그래프의 개형은 다음 두 가지 중 하나가 돼.

(1) $x=0$에서 극대일 때

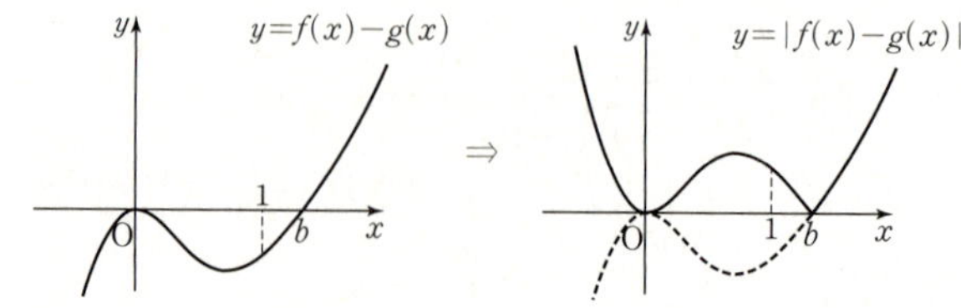

(2) $x=0$에서 극소일 때

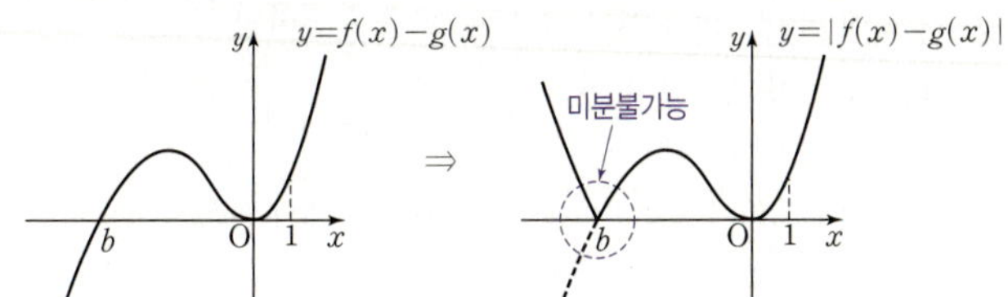

그런데 함수 $h(x)=|f(x)-g(x)|$가 $x<1$에서 미분가능해야 하므로 $y=f(x)-g(x)$의 그래프로 가능한 것은 (1)이야.
따라서 (1)에서의 $y=f(x)-g(x)$의 그래프에 의해
$x<1$일 때 $f(x)-g(x)\le 0$이어야 하므로

$h(x)=\begin{cases} -f(x)+g(x) & (x<1) \\ f(x)+g(x) & (x\ge 1) \end{cases}$이야.

(이하 동일)

1등급 풀이 Tip

$x<1$에서 두 함수 $f(x)$와 $g(x)$의 대소 비교를 할 때 두 가지 가정을 통해 $g(x)$가 일차함수라는 조건에 모순임을 밝혀서 대소 관계를 찾아낼 수도 있지만 그래프를 통한 기하학적 추론을 통해서도 가능하다.
즉, $h(0)=0$과 $h'(0)=0$에서 함수 $f(x)-g(x)$가 $x=0$에서 극값을 가진다는 사실을 통해 그래프를 그려보면 어렵지 않게 대소 비교를 할 수 있다.
이러한 기하학적 추론은 번거로운 식을 세우지 않아도 되기 때문에 시간을 절약할 수 있고 눈으로 보기에 직관적으로 판단할 수 있다는 장점이 있다.

My Top Secret

다항함수 $f(x)$가 $f(a)=0$을 만족한다면 $f(x)$는 $x-a$를 인수로 가지고, $f(a)=0$, $f'(a)=0$을 모두 만족한다면 $f(x)$는 $(x-a)^2$을 인수로 가져. 이러한 사실을 이용해 함수식을 빠르게 세울 수 있어야 해.
또한, 함수 $f(x)$가 $(x-a)^2$을 인수로 가지면 $y=|f(x)|$의 그래프는 $x=a$인 점에서 뾰족점(x축 아랫부분에 있는 그래프를 x축 위로 꺾어 올린 부분)이 아니므로, 이 점에서 미분가능해.
다항함수에 대해 절댓값 기호를 사용하여 정의된 새로운 함수에서 미분가능 조건이 나오면 위의 두 가지 사실이 매우 자주 쓰이니까 그래프를 그려가며 개념을 잘 정리해 두자.

E 86 정답 64

1등급 킬러 [정답률 18%]

함수 $f(x)=|3x-9|$에 대하여 함수 $g(x)$는

$$g(x)=\begin{cases} \frac{3}{2}f(x+k) & (x<0) \\ f(x) & (x\ge 0) \end{cases}$$

단서1 함수 $g(x)$는 $x=0$을 기준으로 함수식이 나누어져 있으므로 $x=0$에서 연속인 경우와 불연속인 경우를 나누어 생각하자.

이다. 최고차항의 계수가 1인 삼차함수 $h(x)$가 다음 조건을 만족시킬 때, 모든 $h(k)$의 값의 합을 구하시오. (단, $k>0$) (4점)

(가) 함수 $g(x)h(x)$는 실수 전체의 집합에서 미분가능하다.
(나) $h'(3)=15$

단서2 함수 $g(x)$가 미분불가능한 점이 존재하니까 그 점에서 $g(x)h(x)$가 미분가능하도록 하는 $h(x)$의 조건을 따져야 해.

절댓값이 포함된 함수와 다항함수의 곱으로 정의된 새로운 함수가 절댓값이 포함된 함수의 미분가능하지 않은 점과 불연속인 점에서 미분가능하도록 하는 모든 다항함수를 구하는 문제이다. 이를 위해서는 절댓값이 포함된 함수의 미분가능하지 않은 점과 연속이 되지 않는 점을 찾아내는 것이 우선 되어야 한다. 또, 절댓값이 포함된 함수가 연속일 때는 이 함수의 미분가능하지 않은 점에서 두 함수의 곱으로 정의된 함수가 미분가능하도록 하는 다항함수를 구하면 되고, 절댓값이 포함된 함수가 불연속일 때는 이 함수가 불연속인 점과 미분가능하지 않은 점에서 두 함수의 곱으로 정의된 함수가 미분가능하도록 하는 다항함수를 구하는 것이 이 문제의 키포인트이다.

[풀이 단서 체크]

❶ 함수 $g(x)$가 $x=0$을 기준으로 나누어 정의되어 있으므로 $x=0$에서 함수 $g(x)$가 연속인 경우와 연속이 아닌 경우로 나누어 생각하자. 즉, 함수 $g(x)$가 연속일 때의 k의 값과 연속이 아닐 때의 k의 값을 구한 후 각 k의 값에 따라 함수 $g(x)h(x)$가 실수 전체의 집합에서 미분가능하도록 하는 다항함수 $h(x)$를 구하면 된다. ⇒ 단서1

❷ 함수 $g(x)$가 실수 전체의 집합에서 연속일 때는 함수 $g(x)$가 미분가능하지 않은 점에서 함수 $g(x)h(x)$가 미분가능하도록 다항함수 $h(x)$를 결정하면 되고 함수 $g(x)$가 연속이 아닌 점이 존재할 때는 함수 $g(x)$가 불연속인 점과 미분가능하지 않은 점에서 함수 $g(x)h(x)$가 미분가능하도록 다항함수 $h(x)$를 결정하면 된다. ⇒ 단서2

주의 함수 $g(x)$는 $x=0$에서 연속일 수도 있고, 연속이 아닐 수도 있기 때문에 함수 $g(x)$가 미분가능하지 않는 점에서만 함수 $g(x)h(x)$가 미분가능하도록 하는 다항함수 $h(x)$를 구하는 실수를 하지 않도록 주의해야 한다.

핵심 정답 공식: 함수 $g(x)$가 $x=0$에서 연속인 경우와 불연속인 경우로 나누어 삼차함수 $h(x)$를 구한다.

[문제 풀이 순서]

* 미분가능하지 않거나 불연속인 함수와 다항함수의 곱으로 정의된 함수가 미분가능하도록 하는 다항함수 구하기

1st 먼저 함수 $g(x)$가 $x=0$에서 연속인 경우의 k의 값을 찾자.

함수 $g(x)$가 $x=0$에서 연속이면

함수 $g(x)$가 $x=0$에서 연속이면 $\lim_{x\to 0}g(x)=g(0)$
즉, $\lim_{x\to 0+}g(x)=\lim_{x\to 0-}g(x)=g(0)$이어야 해.

$$\lim_{x\to 0+}g(x)=\lim_{x\to 0+}f(x)=\lim_{x\to 0+}|3x-9|=9,$$

$$\lim_{x\to 0-}g(x)=\lim_{x\to 0-}\frac{3}{2}f(x+k)=\lim_{x\to 0-}\frac{3}{2}|3x+3k-9|$$
$$=\frac{3}{2}|3k-9|$$

에서 $9=\frac{3}{2}|3k-9|$

$|k-3|=2$ $\quad\therefore k=1$ 또는 $k=5$

2nd **1st**에서 구한 k의 값에 대하여 함수 $g(x)h(x)$가 실수 전체의 집합에서 미분가능하도록 하는 $h(x)$의 조건을 찾아.

(i) $k=1$인 경우

$$g(x)=\begin{cases} \frac{3}{2}f(x+1) & (x<0) \\ f(x) & (x\ge 0) \end{cases}$$

$\rightarrow =\frac{3}{2}|3(x+1)-9|$

$$=\begin{cases} \frac{3}{2}|3x-6| & (x<0) \\ |3x-9| & (x\ge 0) \end{cases}$$

[그림 1]

이므로 $y=g(x)$의 그래프는 [그림 1]과 같다.
즉, 실수 전체의 집합에서 미분가능한 함수 $h(x)$에 대하여 함수 $g(x)h(x)$가 실수 전체의 집합에서 미분가능하므로
$x=0$과 $x=3$에서 미분가능함을 확인하면 된다.

[그림 1]을 보면 $x=0$과 $x=3$에서만 함수 $g(x)$가 미분가능하지 않음을 알 수 있어.

ⅰ) 함수 $g(x)h(x)$가 $x=0$에서 미분가능해야 하므로

$$\lim_{x\to0+}\frac{g(x)h(x)-g(0)h(0)}{x-0}$$

$$=\lim_{x\to0+}\frac{(9-3x)h(x)-9h(0)}{x}$$

→ $x\to0+$이면 $3x-9<0$이므로 $|3x-9|=-(3x-9)=9-3x$

$$=\lim_{x\to0+}\frac{9\{h(x)-h(0)\}}{x-0}-\lim_{x\to0+}\frac{3xh(x)}{x}$$

$$=9h'(0)-3h(0)$$

→ $\lim_{x\to a}\frac{h(x)-h(a)}{x-a}=h'(a)$

$$\lim_{x\to0-}\frac{g(x)h(x)-g(0)h(0)}{x-0}$$

$$=\lim_{x\to0-}\frac{\frac{3}{2}(6-3x)h(x)-9h(0)}{x}$$

→ $x\to0-$이면 $3x-6<0$이므로 $\frac{3}{2}|3x-6|=-\frac{3}{2}(3x-6)=\frac{3}{2}(6-3x)$

$$=\lim_{x\to0-}\frac{9\{h(x)-h(0)\}}{x-0}-\lim_{x\to0-}\frac{\frac{9}{2}xh(x)}{x}$$

$$=9h'(0)-\frac{9}{2}h(0)$$

실수 미분계수의 정의를 나타내는 식의 형태를 잘 파악하고 복잡한 식을 계산하는 과정에서 활용할 수 있어야 해.

이때, $9h'(0)-3h(0)=9h'(0)-\frac{9}{2}h(0)$이므로

$h(0)=0$ ⋯ ㉠

ⅱ) 함수 $g(x)h(x)$가 $x=3$에서 미분가능해야 하므로

$$\lim_{x\to3+}\frac{g(x)h(x)-g(3)h(3)}{x-3}$$

→ $g(3)=|3\cdot3-9|=0$

$$=\lim_{x\to3+}\frac{(3x-9)h(x)}{x-3}$$

$$=\lim_{x\to3+}\frac{3(x-3)h(x)}{x-3}$$

$$=\lim_{x\to3+}3h(x)=3h(3)$$

$$\lim_{x\to3-}\frac{g(x)h(x)-g(3)h(3)}{x-3}$$

$$=\lim_{x\to3-}\frac{(9-3x)h(x)}{x-3}$$

$$=\lim_{x\to3-}\frac{-3(x-3)h(x)}{x-3}$$

$$=\lim_{x\to3-}\{-3h(x)\}=-3h(3)$$

이때, $3h(3)=-3h(3)$이므로

$h(3)=0$ ⋯ ㉡

㉠, ㉡에서 $h(0)=0$, $h(3)=0$이므로 삼차함수 $h(x)$는

$h(x)=x(x-3)(x+a)$ (단, a는 상수)

라 놓을 수 있다. $h(x)$의 최고차항의 계수는 1이라 했어.

즉, $h(x)=x^3-(3-a)x^2-3ax$에서

$h'(x)=3x^2-2(3-a)x-3a$이므로

조건 (나)에 의해 $h'(3)=27-6(3-a)-3a=15$

$3a=6$ $\quad\therefore a=2$

$\therefore h(x)=x^3-x^2-6x$

따라서 $k=1$일 때,

$h(1)=1-1-6=-6$

(ⅱ) $k=5$인 경우

$$g(x)=\begin{cases}\frac{3}{2}f(x+5) & (x<0)\\ f(x) & (x\ge0)\end{cases}$$

→ $=\frac{3}{2}|3(x+5)-9|$

$$=\begin{cases}\frac{3}{2}|3x+6| & (x<0)\\ |3x-9| & (x\ge0)\end{cases}$$

이므로 $y=g(x)$의 그래프는 [그림 2]와 같다.

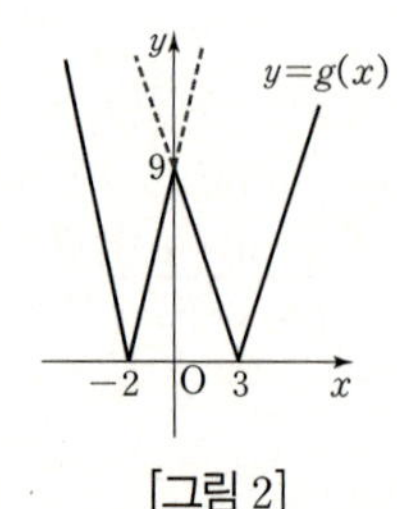

[그림 2]

즉, 함수 $g(x)h(x)$가 실수 전체의 집합에서 미분가능하므로

$x=-2$와 $x=0$, $x=3$에서 미분가능함을 확인하면 된다.

→ [그림 2]에서 함수 $g(x)$는 $x=-2$, $x=0$, $x=3$에서 미분가능하지 않아.

ⅰ) (ⅰ)과 같은 방법으로 하면

$h(0)=0$, $h(3)=0$ ⋯ ㉢

ⅱ) 함수 $g(x)h(x)$가 $x=-2$에서 미분가능해야 하므로

$$\lim_{x\to-2+}\frac{g(x)h(x)-g(-2)h(-2)}{x-(-2)}$$

→ $g(-2)=\frac{3}{2}|3\cdot(-2)+6|=0$

$$=\lim_{x\to-2+}\frac{\frac{3}{2}(3x+6)h(x)}{x+2}$$

$$=\lim_{x\to-2+}\frac{\frac{9}{2}(x+2)h(x)}{x+2}$$

$$=\frac{9}{2}h(-2)$$

$$\lim_{x\to-2-}\frac{g(x)h(x)-g(-2)h(-2)}{x-(-2)}$$

$$=\lim_{x\to-2-}\frac{-\frac{3}{2}(3x+6)h(x)}{x+2}$$

$$=\lim_{x\to-2-}\frac{-\frac{9}{2}(x+2)h(x)}{x+2}$$

$$=-\frac{9}{2}h(-2)$$

이때, $\frac{9}{2}h(-2)=-\frac{9}{2}h(-2)$이므로 $h(-2)=0$ ⋯ ㉣

㉢, ㉣에서 $h(0)=0$, $h(3)=0$, $h(-2)=0$이므로 삼차함수 $h(x)$는

$h(x)=x(x-3)(x+2)=x^3-x^2-6x$

(ⅰ)의 경우에서 구한 $h(x)$의 식과 같지? 따라서 조건 (나)를 만족시킴을 알 수 있어.

따라서 $k=5$일 때,

$h(5)=125-25-30=70$

3rd 함수 $g(x)$가 $x=0$에서 불연속인 경우에 대하여 함수 $g(x)h(x)$가 실수 전체의 집합에서 미분가능하도록 하는 $h(x)$의 조건을 찾자.

(ⅲ) $k\ne1$, $k\ne5$인 경우

함수 $g(x)$는 $x=0$에서 연속이 아니지만 함수 $g(x)h(x)$가 $x=0$에서 연속이므로

함수 $g(x)h(x)$가 실수 전체의 집합에서 미분가능하니까 실수 전체의 집합에서 연속이어야 해.

$\lim_{x\to0-}g(x)h(x)=\lim_{x\to0+}g(x)h(x)=g(0)h(0)$이어야 한다.

즉, $g(x)=\begin{cases}\frac{3}{2}|3x+3k-9| & (x<0)\\ |3x-9| & (x\ge0)\end{cases}$에서

$\frac{3}{2}|3k-9|\times h(0)=9h(0)$이므로 $h(0)=0$ ⋯ ㉤

$\frac{3}{2}|3k-9|\times h(0)-9h(0)=0$에서 $h(0)\left(\frac{3}{2}|3k-9|-9\right)=0$인데 $\frac{3}{2}|3k-9|-9=0$이면 $|3k-9|=6$, $|k-3|=2$에서 $k=1$ 또는 $k=5$가 되어 조건에 맞지 않아.

또한, 함수 $g(x)h(x)$가 $x=0$에서 미분가능해야 하므로

$$\lim_{x\to0-}\frac{g(x)h(x)-g(0)h(0)}{x-0}$$

㉤에서 $h(0)=0$이므로 미분계수를 구하는 식의 형태로 나타낼 수 있도록 식을 변형했어.

$$=\lim_{x\to0-}\frac{\frac{3}{2}|3x+3k-9|\times h(x)-\frac{3}{2}|3x+3k-9|\times h(0)}{x}$$

$$=\lim_{x\to0-}\left\{\frac{3}{2}|3x+3k-9|\times\frac{h(x)-h(0)}{x-0}\right\}$$

$$=\frac{3}{2}|3k-9|\times h'(0)$$

$$\lim_{x\to0+}\frac{g(x)h(x)-g(0)h(0)}{x-0}$$
$$=\lim_{x\to0+}\frac{|3x-9|\times h(x)}{x}$$
$$=\lim_{x\to0+}\left\{|3x-9|\times\frac{h(x)-h(0)}{x-0}\right\}(\because ㉤)$$
$$=9h'(0)$$
$$\frac{3}{2}|3k-9|\times h'(0)=9h'(0)$$ → $x=0$에서의 좌미분계수와 우미분계수가 같아야 미분계수가 존재하여 $x=0$에서 미분가능하게 돼.

$\therefore h'(0)=0$ ⋯ ㉥ → ㉤과 같은 방법으로 구한 거야.

따라서 ㉤, ㉥에서 $h(x)$는 x^2을 인수로 갖고, (i)의 ii)에서 $h(3)=0$이므로 삼차함수 $h(x)$는
$h(x)=x^2(x-3)=x^3-3x^2$이다.

($h(3)=0$은 k의 값에 관계없이 함수 $g(x)h(x)$가 $x=3$에서 미분가능하기 위한 조건이야.)

그런데 $h'(x)=3x^2-6x$에서
$h'(3)=27-18=9\neq15$
즉, 조건 (나)를 만족시키지 않으므로 이 경우의 함수 $h(x)$는 존재하지 않는다.

따라서 (i)~(iii)에 의해 모든 $h(k)$의 값의 합은
$(-6)+70=64$

1등급 풀이 Tip

함수 $g(x)$가 $x=a$에서 불연속이고 $g(x)h(x)$가 미분가능할 때는 $\lim_{x\to a}g(x)$의 값이 존재하는 경우와 존재하지 않는 경우로 나누어 생각할 수 있다. $\lim_{x\to a}g(x)$의 값이 존재하는 경우 그 값을 k라 하면, $\lim_{x\to a-}\frac{g(x)-k}{x-a}$의 값과 $\lim_{x\to a+}\frac{g(x)-k}{x-a}$의 값이 서로 같은지, 다른지와 무관하게 $h(a)=0$임을 알 수 있고, $\lim_{x\to a}g(x)$의 값이 존재하지 않으면 $h'(a)=0$이어야 함을 알 수 있다.

My Top Secret

함수 $f(x)g(x)$가 $x=a$에서 미분가능한데, 함수 $g(x)$는 $x=a$에서 연속이지만 미분가능하지 않다면 $f(a)=0$이어야 하는 내용은 자주 쓰여. 다만, 함수 $g(x)$가 $x=a$에서 불연속이고 좌극한값과 우극한값이 모두 존재할 때, $f'(a)=0$이면 미분가능하지만, $f'(a)=0$이 아니어도 미분가능할 수 있으니 조심해야 해.

연속성과 미분가능성 개념·공식

① 함수 $f(x)$가 $x=a$에서 미분가능하면 $f(x)$는 $x=a$에서 연속이지만 $f(x)$가 $x=a$에서 연속이라고 해서 $f(x)$가 $x=a$에서 미분가능한 것은 아니다.
② 함수 $f(x)$가 $x=a$에서 미분가능하려면 다음 두 가지를 만족해야 한다.
(i) 함수 $f(x)$가 $x=a$에서 연속
(ii) 함수 $f(x)$의 $x=a$에서의 미분계수가 존재

E 87 정답 ③

2등급 킬러 [정답률 23%]

최고차항의 계수가 1인 사차함수 $f(x)$에 대하여 함수 $g(x)$가 다음 조건을 만족시킨다.

(가) $-2\le x<2$일 때, $g(x)=f(x)$이다.
(나) 모든 실수 x에 대하여 $g(x+4)=g(x)$이다.
단서1 $g(x)$는 주기가 4라는 것을 뜻하지?

옳은 것만을 [보기]에서 있는 대로 고른 것은? (4점)

[보기]
단서2 $x=-2,\ 2$에서 연속이 될 수 있는 조건이야.
ㄱ. $f(-2)=f(2)$이고 $f'(-2)=f'(2)$이면, $g(x)$는 실수 전체의 집합에서 미분가능하다. 단서3 $x=-2,\ 2$에서 미분계수가 존재할 수 있는 조건이야.
ㄴ. $g(x)$가 실수 전체의 집합에서 미분가능하면, $f'(0)f'(2)\neq0$이다. 단서4 $f'(0)\neq0,\ f'(2)\neq0$이어야 해.
ㄷ. $g(x)$가 실수 전체의 집합에서 미분가능하고 $f'(2)=-3$이면, 구간 $(-2,\ 2)$에 $f'(c)=-2$인 c가 적어도 2개 존재한다.

① ㄱ ② ㄴ ③ ㄱ, ㄷ ④ ㄴ, ㄷ ⑤ ㄱ, ㄴ, ㄷ

특정 구간에서 정의된 함수가 주기를 가질 때 구간의 경계에서 미분가능한 조건을 판단하는 문제이다.
이를 위해서는 구간의 경계에서 연속성과 미분가능성 두 가지를 모두 확인해야 한다.

[풀이 단서 체크]

❶ $g(x+4)=g(x)$라는 것은 $g(x)$의 주기가 4라는 것을 뜻하고 조건 (가)에서 구간 $-2\le x<2$의 길이도 4이므로, $g(x)$는 $-2\le x<2$에서의 함수 $f(x)$가 반복되는 함수임을 파악할 수 있다. ⇒ 단서1

❷ 함수 $g(x)$가 미분가능하려면 우선 구간의 경계에서 연속이어야 한다.
즉, $\lim_{x\to2-}g(x)=g(2)$가 성립해야 하므로 $\lim_{x\to2-}g(x)=\lim_{x\to2-}f(x)=f(2)$이고, $g(2)=g(4+(-2))=g(-2)=f(-2)$이다.
따라서 $f(2)=f(-2)$가 성립하면 $x=2$에서 연속이다. ⇒ 단서2

❸ 함수 $g(x)$가 미분가능하려면 구간의 경계에서 좌미분계수와 우미분계수가 같아야 한다. 즉, $\lim_{x\to2-}g'(x)=\lim_{x\to2+}g'(x)$가 성립해야 실수 전체의 집합에서 미분가능하다.
한편, $\lim_{x\to2-}g'(x)=\lim_{x\to2-}f'(x)=f'(2)$이고, 조건 (나)에서 $g(x+4)=g(x)$의 양변을 x에 대해 미분하면 $g'(x+4)=g'(x)$가 성립하기 때문에
$\lim_{x\to2+}g'(x)=\lim_{x\to2+}g'(x+4)=\lim_{x\to-2+}g'(x)=\lim_{x\to-2+}f'(x)=f'(-2)$이다.
따라서 $f'(2)=f'(-2)$가 성립하면 $x=2$에서 미분가능하다. ⇒ 단서3

❹ $f'(0)f'(2)\neq0$이라는 것은 $f'(0)\neq0$이고, $f'(2)\neq0$이라는 뜻이다.
이는 $f'(0)\neq0,\ f'(2)\neq0$ 중 하나라도 성립하지 않으면 ㄴ 보기는 거짓이 됨을 의미한다.
따라서 $f'(0)=0$이 성립하거나 $f'(2)=0$이 성립하는 $f(x)$를 찾아서 반례로 들도록 하자. ⇒ 단서4

주의 보기 ㄴ은 단 하나라도 성립하지 않게 되면 거짓이 되므로 반례를 찾는 전략으로 문제를 풀어야 한다. 즉, 이와 같이 모든 문제가 반드시 참임을 증명해야 하는 것은 아님을 알고 상황에 따라 유연히 대처할 수 있도록 연습해야 한다.

핵심 정답 공식: 함수 $f(x)$가 $x=a$에서 미분가능하기 위해서는 $x=a$에서 연속이고 $x=a$에서의 좌미분계수와 우미분계수의 값이 같아야 한다.

[문제 풀이 순서]

* 특정 구간이 반복되는 함수에서 구간의 경계에서의 미분가능성 판단하기

1st 조건 (가), (나)를 이용해 $g(x)$가 어떤 함수인지부터 따져야 해.

(가)에서 $-2\le x<2$일 때 $g(x)$는 사차함수이고, (나)에서 $g(x+4)=g(x)$이므로 $g(x)$는 주기가 4인 주기함수임을 알 수 있다.

2nd $-2\le x<2$에서 $g(x)=f(x)$이니까 $g(x)$의 $x=-2$, $x=2$에서의 미분가능성만 따져.

ㄱ. $g(x)$는 $-2<x<2$에서 미분가능하고, $g(x)$는 주기함수이므로 $x=-2$와 $x=2$에서 미분가능성만 확인하면 된다.

이 구간에서 $g(x)=f(x)$이고 $f(x)$는 사차함수이므로 $-2<x<2$에서 $g(x)$는 미분가능해.

(i) $x=-2$일 때

$$\lim_{h\to0+}\frac{g(-2+h)-g(-2)}{h}=\lim_{h\to0+}\frac{f(-2+h)-f(-2)}{h}=f'(-2)$$

$$\lim_{h\to0-}\frac{g(-2+h)-g(-2)}{h}=\lim_{h\to0-}\frac{f(2+h)-f(2)}{h}=f'(2)$$

$g(x)$는 주기가 4인 주기함수이므로
$$\lim_{h\to0-}\frac{g(-2+h+4)-g(-2)}{h}=\lim_{h\to0-}\frac{g(2+h)-g(-2)}{h}=\lim_{h\to0-}\frac{f(2+h)-f(-2)}{h}=\lim_{h\to0-}\frac{f(2+h)-f(2)}{h}$$
$(\because f(-2)=f(2))$

이때, $f'(-2)=f'(2)$이므로 $g'(-2)$는 존재한다.

(ii) $x=2$일 때

(i)과 마찬가지로 하면 $g'(2)$가 존재한다.

따라서 $g(x)$는 모든 실수 x에 대하여 미분가능하다. (참)

ㄴ. 【반례】 $f(x)=x^4-8x^2+16$이라 하면 $g(x)$는 실수 전체의 집합에서 미분가능하다.

$f(2)=f(-2)=0$, $f'(2)=f'(-2)=0$이므로 ㄱ에 의해 $g(x)$는 실수 전체의 집합에서 미분가능해.

그러나 $f'(x)=4x^3-16x$에서 $f'(0)\cdot f'(2)=0$이다. (거짓)

3rd $g(x)$가 미분가능하려면 $f(-2)$, $f(2)$, $f'(-2)$, $f'(2)$의 관계가 어떻게 되어야 할지 생각해.

ㄷ. $g(x)$가 실수 전체에서 미분가능하므로 조건 (가), (나)에 의하여

$\begin{cases} f(-2)=f(2) \\ f'(-2)=f'(2)\end{cases}$ … ㉠가 성립한다.

이때, $f'(2)=-3$이므로 $f'(-2)=f'(2)=-3<0$이다. … ㉡

또, $-2\le x\le2$인 구간에서 $f'(x)<0$이면 $f(-2)>f(2)$가 되기 때문에 $f(-2)=f(2)$라는 조건을 만족시킬 수 없으므로 $f'(x)>0$인 구간이 존재해야 한다. 즉, ㉠, ㉡을 만족하는 $y=f'(x)$의 그래프의 개형은 다음과 같을 수 있다.

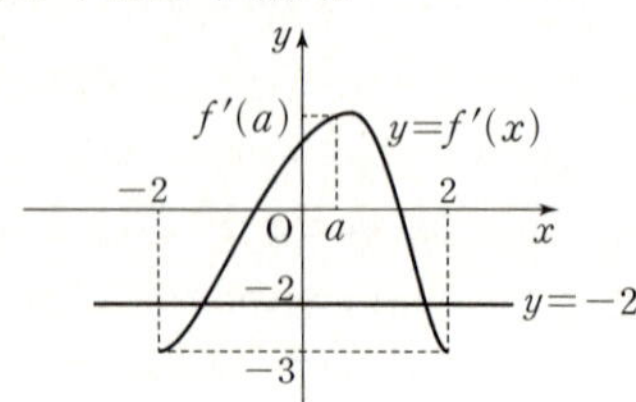

따라서 $-2<a<2$인 어떤 a에 대해 $f'(a)>0$이다.

사차함수의 도함수인 $f'(x)$는 $-2\le x\le2$에서 연속이고 $f'(-2)=-3$, $f'(a)>0$, $f'(2)=-3$에서 사잇값의 정리에 의해 $f'(c)=-2$인 c가 열린구간 $(-2, a)$, $(a, 2)$에 각각 적어도 하나씩 존재하므로 구간 $(-2, 2)$에 조건을 만족시키는 c가 적어도 2개 존재한다. (참)

$-3<-2<0$이기 때문이야.

따라서 옳은 것은 ㄱ, ㄷ이다.

1등급 풀이 Tip

보기 ㄷ과 같이 어떤 구간에서의 방정식의 해의 존재나 개수를 판단하는 문제는 정확한 값을 구하는 것이 아니라 개수나 존재성만 판단하면 되므로 그래프를 활용하여 추론하도록 한다.

위의 해설에서는 $y=f'(x)$의 그래프를 그려서 판단했지만 $y=f(x)$의 그래프를 그려서 판단할 수도 있다. $f(-2)=f(2)$이고 $f'(-2)=f'(2)=-3$이 성립하도록 $y=f(x)$의 그래프를 그려 보면 $f(x)$가 최고차항의 계수가 1인 사차함수임을 고려할 때 ∨∨ 모양으로 그려져야 하며 $f'(\alpha)=0$이 되는 α값이 구간 $(-2, 2)$에서 2개 존재해야 한다. 이를 크기가 작은 값부터 α_1, α_2라 하면 구간 $(-2, \alpha_1)$에서 $f'(c)=-2$를 만족시키는 c가 한 개 존재하고, 구간 $(\alpha_2, 2)$에서 $f'(c)=-2$를 만족시키는 c가 한 개 존재한다.

따라서 조건을 만족시키는 c가 구간 $(-2, 2)$에서 적어도 2개 존재한다.

E 88 정답 82

✪ 1등급 킬러 [정답률 9%]

함수 $f(x)=x^3-12x$와 실수 t에 대하여 점 $(a, f(a))$를 지나고 기울기가 t인 직선이 함수 $y=|f(x)|$의 그래프와 만나는 점의 개수를 $g(t)$라 하자. 함수 $g(t)$가 다음 조건을 만족시킨다.

단서1 함수 $y=f(x)$의 그래프에서 x축의 아랫부분을 x축에 대하여 대칭이동시킨 그래프야.

> 함수 $g(t)$가 $t=k$에서 불연속이 되는 k의 값 중에서 가장 작은 값은 0이다.

단서2 함수 $g(t)$는 $t=0$에서 불연속이고, 음수인 t에 대해서는 항상 연속임을 알 수 있어.

$\sum_{n=1}^{36} g(n)$의 값을 구하시오. (4점)

✪ 삼차함수 $f(x)$에 대하여 $y=|f(x)|$의 그래프와 기울기가 변하는 직선의 교점의 개수로 정의된 함수에 대하여 조건을 만족시키는 경우를 그래프를 그려 유추하는 문제이다.

이를 위해서는 그래프를 통해 t의 값을 변화시켜가면서 직선과 곡선 사이의 교점의 개수가 변하는 점들을 찾을 수 있어야 한다.

[풀이 단서 체크]

❶ 함수 $y=|f(x)|$의 그래프는 함수 $y=f(x)$의 그래프에서 x축의 아랫부분을 x축에 대하여 대칭이동한 그래프이므로 우선 삼차함수 $y=f(x)$의 그래프를 그려 $y=|f(x)|$의 그래프를 그려본다. ⇒ 단서1

❷ 조건을 해석해보자. $t<0$일 때 $g(t)$가 불연속인 점이 있다면 $g(t)$가 $t=k$에서 불연속이 되는 값 중 가장 작은 k의 값은 음수일 것이다. 그런데 k의 최솟값이 0이라 했으므로 $t<0$에서 $g(t)$는 항상 연속이고, $t=0$에서 불연속임을 알 수 있다. ⇒ 단서2

주의 $g(t)$가 불연속이 되도록 하는 t의 최솟값이 0이라는 것은 $t=0$에서 불연속일 뿐만 아니라 $t<0$에서는 함수 $g(t)$가 연속임을 의미한다.

핵심 정답 공식: 함수 $f(x)$와 $|f(x)|$의 그래프를 그리고, $g(t)$에 관한 조건을 만족시키는 a의 값을 결정한다.

[문제 풀이 순서]

* 주어진 조건을 만족시키는 상수 a와 새롭게 정의된 함수 $g(t)$의 불연속점 구하기

1st 함수 $y=|f(x)|$의 그래프를 그리자.

$f(x)=x^3-12x$에서

$f'(x)=3x^2-12$
$=3(x+2)(x-2)$

x	…	-2	…	2	…
$f'(x)$	$+$	0	$-$	0	$+$
$f(x)$	↗		↘		↗

즉, 함수 $f(x)$는 $x=-2$에서 극댓값 $f(-2)=16$을 갖고, $x=2$에서 극솟값 $f(2)=-16$을 갖는다.

이때, 함수 $y=|f(x)|$의 그래프는 함수 $f(x)=x^3-12x$의 그래프에서 x축의 아랫부분을 x축에 대하여 대칭이동시키면 되므로 함수 $y=|f(x)|$의 그래프의 개형은 [그림 1]과 같다.

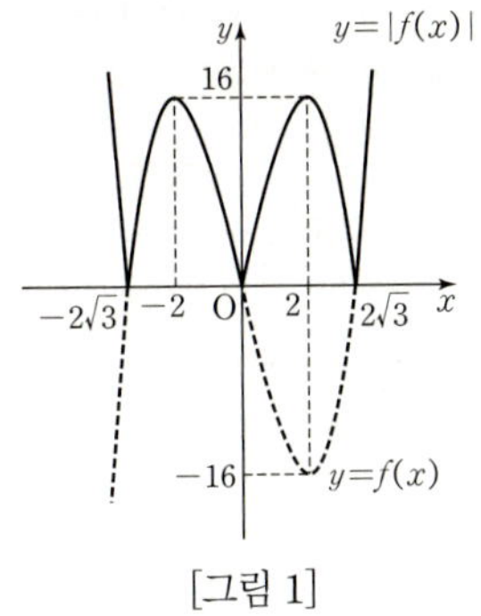

[그림 1]

2nd 주어진 조건을 만족시키는 a의 값을 먼저 구해야 해.

점 $(a,\ f(a))$를 지나고 기울기가 t인 직선의 방정식은

$y=t(x-a)+f(a)$ ⋯ ㉠

즉, 함수 $g(t)$는 함수 $y=|f(x)|$의 그래프와 직선 ㉠이 만나는 서로 다른 점의 개수이다.

이때, 조건에서 함수 $g(t)$가 $t=k$에서 불연속이 되는 k의 값 중에서 가장 작은 값이 0이라 했으므로 함수 $g(t)$는 $t=0$일 때, 불연속이다.

그런데 함수 $g(t)$가 $t=0$에서 불연속이 되는 경우, 즉 함수 $y=|f(x)|$의 그래프와 직선 $y=f(a)$가 만나는 점의 개수가 달라지는 경우는

직선 ㉠에 $t=0$을 대입한 경우야.

$f(a)=0$ 또는 $f(a)=16$일 때이다.

$f(a)$의 값이 0 또는 16이 아닌 점에서는 $t\to0+$이거나 $t\to0-$일 때 $g(t)$의 값이 변하지 않으므로 함수 $g(t)$는 연속이야.

주의 조건을 만족시키는 함수 $y=f(x)$의 그래프 위의 점 $(a,\ f(a))$의 위치를 찾기 위해서 $f(a)=0,\ f(a)=16$을 만족시키는 a의 값들을 각각 식에 대입하여 체크해봐야 해.

(i) $f(a)=0$일 때,

$f(a)=a^3-12a$

$\quad =a(a^2-12)=0$

$\therefore a=0$ 또는 $a=-2\sqrt{3}$ 또는 $a=2\sqrt{3}$

i) $a=0$인 경우

㉠에 $a=0,\ f(a)=0$을 대입하면 $y=tx$
즉, 함수 $y=|f(x)|$의 그래프와 원점을 지나는 직선 $y=tx$의 교점을 생각해봐.

$-2\sqrt{3}<x<0$인 범위에서

$|f(x)|=f(x)$이므로

$f'(x)=3x^2-12$

$\therefore \lim_{x\to0-}(3x^2-12)=-12$

따라서 [그림 2]와 같이 $t=-12$일 때 함수 $g(t)$가 불연속이 되어

$g(t)=\begin{cases}3 & (-12<t<0)\\ 2 & (t\le-12)\end{cases}$

불연속이 되는 t의 값 중 가장 작은 값이 0이라는 조건에 맞지 않는다.

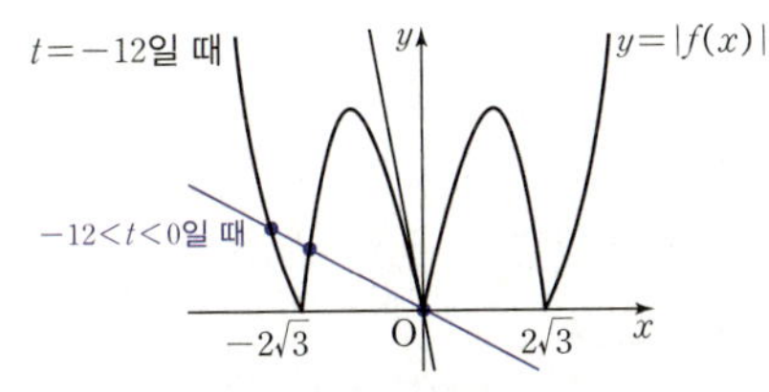

[그림 2]

ii) $a=-2\sqrt{3}$인 경우

㉠에 $a=-2\sqrt{3},\ f(a)=0$을 대입하면 $y=t(x+2\sqrt{3})$
즉, 함수 $y=|f(x)|$의 그래프와 점 $(-2\sqrt{3},0)$을 지나는 직선 $y=t(x+2\sqrt{3})$의 교점을 생각해봐.

$x<-2\sqrt{3}$인 범위에서

$|f(x)|=-f(x)$이므로

$-f'(x)=-3x^2+12$

$\therefore \lim_{x\to-2\sqrt{3}-}(-3x^2+12)=-24$

따라서 [그림 3]과 같이 $t=-24$일 때 함수 $g(t)$가 불연속이 되어

$g(t)=\begin{cases}1 & (-24\le t<0)\\ 2 & (t<-24)\end{cases}$

불연속이 되는 t의 값 중 가장 작은 값이 0이라는 조건에 맞지 않는다.

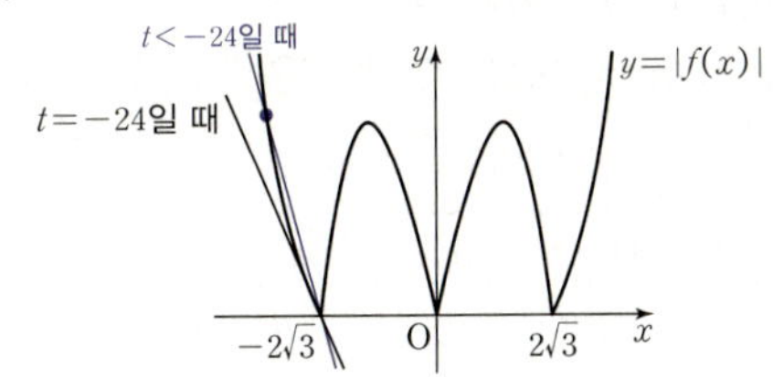

[그림 3]

iii) $a=2\sqrt{3}$인 경우

㉠에 $a=2\sqrt{3},\ f(a)=0$을 대입하면 $y=t(x-2\sqrt{3})$
즉, 함수 $y=|f(x)|$의 그래프와 점 $(2\sqrt{3},0)$을 지나는 직선 $y=t(x-2\sqrt{3})$의 교점을 생각해봐.

[그림 4]와 같이 점 $(2\sqrt{3},\ 0)$을 지나는 직선이 $-2<x<0$에서 함수 $y=|f(x)|$의 그래프와 접할 때의 직선의 기울기 t의 값을 $t=\alpha(\alpha<0)$라 하면 $t=\alpha$에서 함수 $g(t)$가 불연속이므로 불연속이 되는 t의 값 중 가장 작은 값이 0이라는 조건에 맞지 않는다.

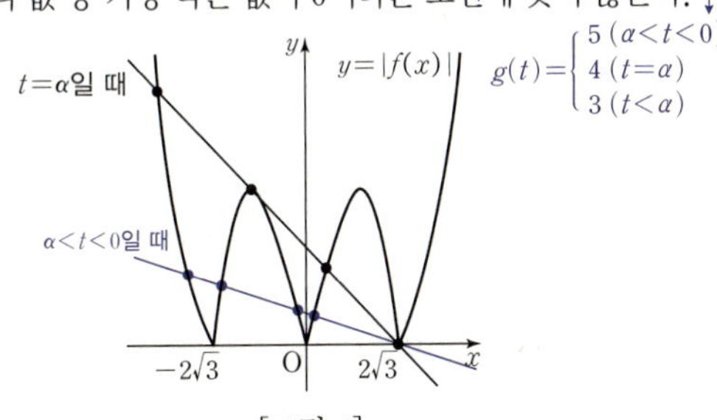

[그림 4]

따라서 $f(a)=0$인 경우 조건을 만족시키지 않는다.

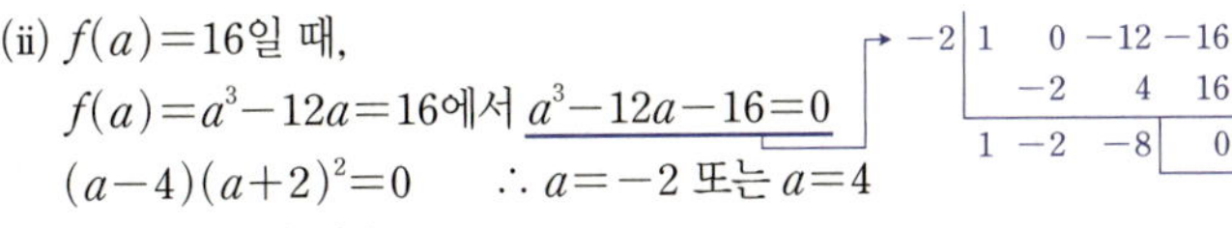

(ii) $f(a)=16$일 때,

$f(a)=a^3-12a=16$에서 $a^3-12a-16=0$

−2	1	0	−12	−16
		−2	4	16
	1	−2	−8	0

$(a-4)(a+2)^2=0 \qquad \therefore a=-2$ 또는 $a=4$

i) $a=-2$인 경우

[그림 5]와 같이 두 점 $(-2,\ 16),\ (2\sqrt{3},\ 0)$을 지나는 직선의 기울기를 $t=\beta(\beta<0)$라 하면 $t=\beta$에서 함수 $g(t)$가 불연속이므로 불연속이 되는 t의 값 중 가장 작은 값이 0이라는 조건에 맞지 않는다.

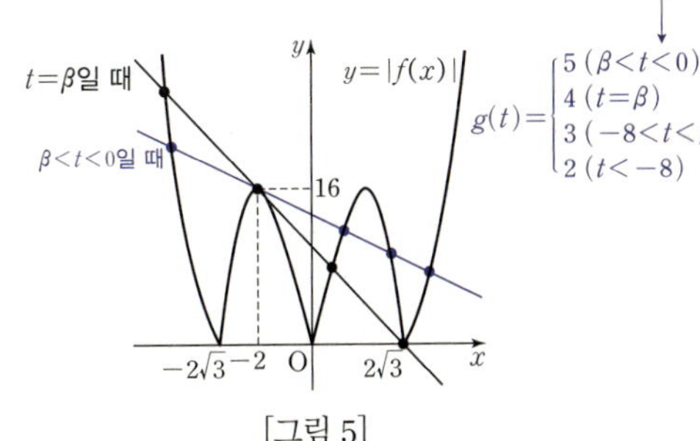

[그림 5]

ii) $a=4$인 경우

점 $(4,\ 16)$을 지나고, 기울기가 t인 직선과 함수 $y=|f(x)|$의 그래프는 [그림 6]과 같다.

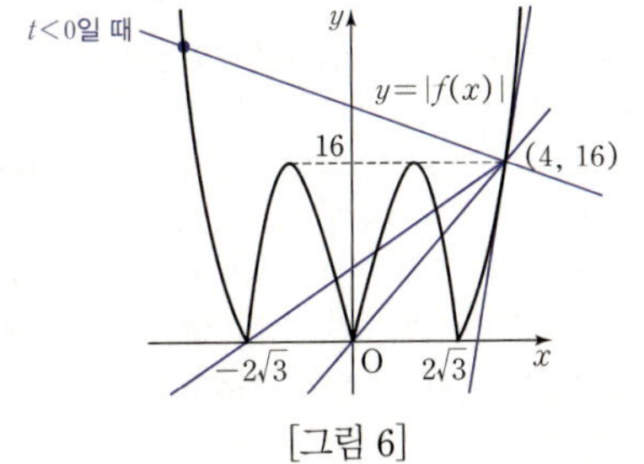

[그림 6]

이 경우 $t<0$일 때, $g(t)=2$이므로 함수 $g(t)$가 불연속이 되는 t의 값 중에서 가장 작은 값이 0이라는 조건을 만족시킨다.

따라서 $a=4$이다.

3rd t의 범위에 따른 $g(t)$의 식을 구하자.

점 $(a, f(a))$, 즉 점 $(4, 16)$을 지나고 기울기가 $t(t\neq0)$인 직선 $y=t(x-4)+16$의 x절편은 $4-\frac{16}{t}$이다.

→ $t(x-4)+16=0$, $t(x-4)=-16$, $x-4=-\frac{16}{t}$, $\therefore x=4-\frac{16}{t}$

[그림 6]에서 $g(t)$가 불연속이 되는 경우는 기울기가 t인 직선의 x절편이 $-2\sqrt{3}$ 또는 0일 때이다.

$4-\frac{16}{t}=-2\sqrt{3}$일 때, $t=8(2-\sqrt{3})=2.1\cdots$

$4-\frac{16}{t}=0$일 때, $t=4$

또, 함수 $f(x)=x^3-12x$의 그래프 위의 점 $(4, 16)$에서의 접선의 기울기가 36이고, 이 경우에도 $g(t)$는 불연속이다.

→ $f'(x)=3x^2-12$이므로 $f'(4)=3\times16-12=36$

즉, t의 값의 범위에 따라 함수 $g(t)$의 식과 그래프는 다음과 같다.

$$g(t)=\begin{cases}2 & (t<0)\\ 4 & (t=0)\\ 6 & (0<t<8(2-\sqrt{3})=2.1\cdots)\\ 5 & (t=8(2-\sqrt{3}))\\ 4 & (8(2-\sqrt{3})=2.1\cdots<t<4)\\ 3 & (t=4)\\ 2 & (4<t<36)\\ 1 & (t=36)\\ 2 & (t>36)\end{cases}$$

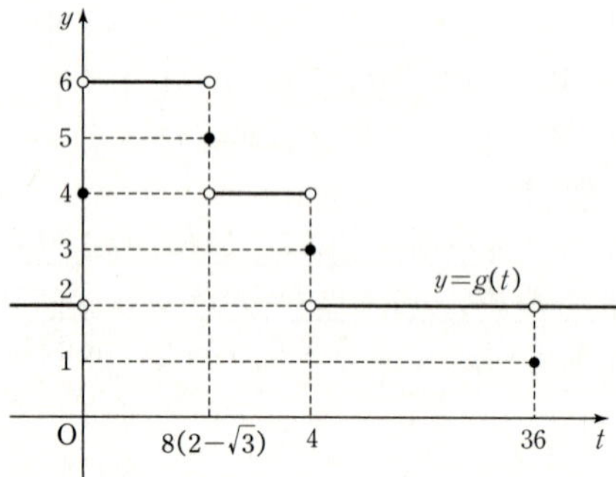

4th $\sum_{n=1}^{36} g(n)$의 값을 구해.

따라서 $t=1, 2$일 때, $g(t)=6$

$t=3$일 때, $g(t)=4$

$t=4$일 때, $g(t)=3$

$t=5, 6, \cdots, 35$일 때, $g(t)=2$

$t=36$일 때, $g(t)=1$이므로 → $35-5+1=31$(개)

$\sum_{n=1}^{36} g(n)=6\times2+4+3+2\times31+1=82$

1등급 풀이 Tip

기울기가 t이고 점 $(a, f(a))$를 지나는 직선에 대하여 $t=0$이면 주어진 직선은 $y=f(a)$로 상수함수이다. 또, $y=|f(x)|$의 그래프에 의해 $f(a)\neq0$, $f(a)\neq16$이면 위의 직선이 함수 $y=|f(x)|$의 그래프와 만나는 점의 개수는 $t\to0-$, $t\to0+$일 때 그대로이므로 $t=0$에서 함수 $g(t)$는 연속이 된다.

따라서 $t=0$일 때 불연속이기 위해서는 $f(a)=0$ 또는 $f(a)=16$이어야 한다.

여기서 $f(a)=0$ 또는 $f(a)=16$이 되는 서로 다른 실수 a는 5개이므로 각각의 경우에 대하여 $t<0$에서 함수 $g(t)$가 연속이 되도록 하는 a의 값을 구하면 된다.

E 89 정답 ⑤ *접선의 방정식의 활용 [정답률 40%]

(정답 공식: 함수의 그래프에서 불연속점 또는 뾰족점에서는 미분가능하지 않다.)

0이 아닌 실수 m에 대하여 두 함수

$$f(x)=2x^3-8x,$$

$$g(x)=\begin{cases}-\frac{47}{m}x+\frac{4}{m^3} & (x<0)\\ 2mx+\frac{4}{m^3} & (x\geq0)\end{cases}$$

이 있다. 실수 x에 대하여 $f(x)$와 $g(x)$ 중 크지 않은 값을 $h(x)$라 할 때, [보기]에서 옳은 것만을 있는 대로 고른 것은? (4점)

단서 1 $h(x)=\begin{cases}f(x) & (f(x)\leq g(x))\\ g(x) & (f(x)\geq g(x))\end{cases}$ 즉, 두 함수 $f(x)$, $g(x)$의 그래프 중 아래쪽에 있는 것이 $h(x)$의 그래프가 돼.

[보기]

ㄱ. $m=-1$일 때, $h\left(\frac{1}{2}\right)=-5$이다.

단서 2 $m=-1$을 대입하여 $f\left(\frac{1}{2}\right)$, $g\left(\frac{1}{2}\right)$의 값을 직접 비교해.

ㄴ. $m=-1$일 때, 함수 $h(x)$가 미분가능하지 않은 x의 개수는 2이다.

단서 3 $m=-1$일 때, 두 함수 $f(x)$, $g(x)$의 그래프를 그려보고, 함수의 식이 바뀌어 뾰족점이 생기는 경우가 몇 개인지 찾아봐.

ㄷ. 함수 $h(x)$가 미분가능하지 않은 x의 개수가 1인 양수 m의 최댓값은 6이다.

단서 4 $m>0$일 때, 함수 $g(x)$의 그래프의 개형을 이용하여 함수 $h(x)$가 미분가능하지 않은 점이 1개가 되는 경우를 찾아내야 해.

① ㄱ　② ㄱ, ㄴ　③ ㄱ, ㄷ　④ ㄴ, ㄷ　⑤ ㄱ, ㄴ, ㄷ

1st $m=-1$을 대입하여 $h\left(\frac{1}{2}\right)$의 값을 구하자.

ㄱ. $m=-1$일 때,

$$g(x)=\begin{cases}47x-4 & (x<0)\\ -2x-4 & (x\geq0)\end{cases}$$

이때, $f\left(\frac{1}{2}\right)=2\times\left(\frac{1}{2}\right)^3-8\times\frac{1}{2}=\frac{1}{4}-4=-\frac{15}{4}$이고,

$g\left(\frac{1}{2}\right)=-2\times\frac{1}{2}-4=-1-4=-5$

$g\left(\frac{1}{2}\right)$은 $g(x)=-2x-4\,(x\geq0)$에 $x=\frac{1}{2}$을 대입하면 돼.

즉, $g\left(\frac{1}{2}\right)<f\left(\frac{1}{2}\right)$이므로

$h\left(\frac{1}{2}\right)=g\left(\frac{1}{2}\right)=-5$ (참)

2nd $m=-1$을 대입하여 함수 $h(x)$가 미분가능하지 않은 점의 개수를 구하자.

ㄴ. $m=-1$일 때,

$$g(x)=\begin{cases}47x-4 & (x<0)\\ -2x-4 & (x\geq0)\end{cases}$$이고

$f(x)=2x^3-8x=2x(x+2)(x-2)$이므로 두 함수 $y=f(x)$, $y=g(x)$의 그래프의 개형은 다음과 같다.

삼차함수 $y=f(x)$의 그래프는 x축과 $x=-2, 0, 2$에서 만나고 $f(-x)=2(-x)^3-8(-x)=-2x^3+8x=-f(x)$이므로 그림과 같이 함수 $y=f(x)$의 그래프는 원점에 대하여 대칭이야.

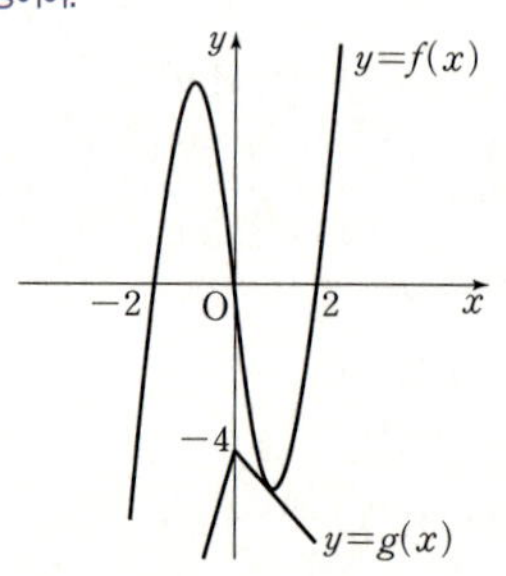

(i) $x<0$일 때,

함수 $y=g(x)$의 그래프는 기울기가 양수이고 y절편이 음수인 직선의 일부이므로 두 함수 $y=f(x)$, $y=g(x)$의 그래프는 단 하나의 교점을 갖는다.

그 교점의 x좌표를 $x_1(x_1<0)$이라 하면 $x<0$에서 함수 $h(x)$는 $x=x_1$에서만 미분가능하지 않다.

$h(x)=\begin{cases} f(x) & (x<x_1) \\ g(x) & (x\ge x_1)\end{cases}$이므로 함수 $h(x)$는 $x=x_1$에서 미분가능하지 않아.

(ii) $x=0$일 때,

$g(0)=-4$, $f(0)=0$에서

$g(0)<f(0)$이므로

$h(0)=g(0)$이다.

이때, $x=0$에서 함수 $h(x)$의 미분가능성은 함수 $g(x)$의 미분가능성과 같으므로 함수 $h(x)$는 $x=0$에서 미분가능하지 않다.

함수 $g(x)$의 $x=0$에서의 좌미분계수는 $\lim_{x\to 0-} g'(x)=47$, 우미분계수는 $\lim_{x\to 0+} g'(x)=-2$이므로 $x=0$에서 함수 $g(x)$는 미분가능하지 않아.

(iii) $x>0$일 때,

$$\begin{aligned} f(x)-g(x)&=2x^3-8x-(-2x-4) \\ &=2x^3-6x+4 \\ &=2(x-1)^2(x+2)\ge 0 \end{aligned}$$

이므로 $f(x)\ge g(x)$에서 $h(x)=g(x)$이다.

$x>0$인 모든 실수 x에 대하여 $f(x)\ge g(x)$야.

즉, $x>0$에서 함수 $h(x)$의 미분가능성은 함수 $g(x)$의 미분가능성과 같으므로 $x>0$인 모든 실수 x에서 함수 $h(x)$는 미분가능하다.

$x>0$에서 함수 $g(x)=-2x-4$로 다항함수이므로 모든 실수에서 미분가능해.

(i), (ii), (iii)에 의하여 함수 $h(x)$가 미분가능하지 않은 x의 개수는 2이다. (참)

3rd 양수 m에 대하여 $x<0$, $x=0$, $x>0$에서 미분가능하지 않은 점이 1개 존재하도록 하는 경우를 생각해.

ㄷ. 양수 m에 대하여 두 함수 $y=f(x)$, $y=g(x)$의 그래프의 개형은 다음과 같다.

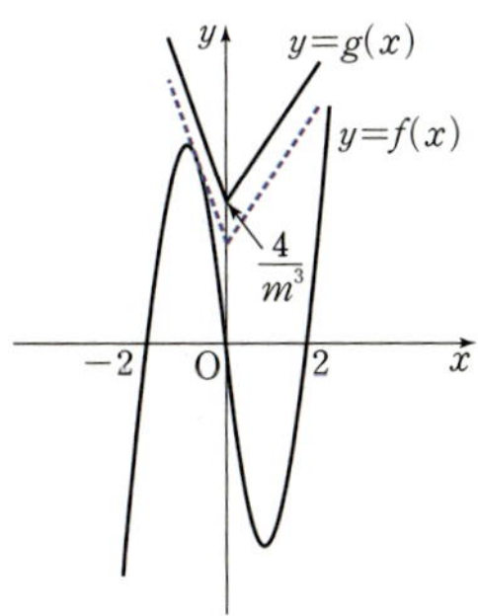

$x=0$일 때, $g(0)=\dfrac{4}{m^3}$, $f(0)=0$이고 $m>0$이면 $\dfrac{4}{m^3}>0$이므로

$g(0)>f(0)$에서 $h(0)=f(0)$이다.

즉, $x=0$에서 함수 $h(x)$의 미분가능성은 함수 $f(x)$의 미분가능성과 같으므로 함수 $h(x)$는 $x=0$에서 미분가능하다.

함정 양수 m에 대하여 함수 $h(x)$는 $x=0$에서 함수 $f(x)$와 같으므로 $x=0$에서 $h(x)$는 미분가능해. $g(x)$가 $x=0$에서 미분가능하지 않음을 착각하여 $h(x)$가 $x=0$에서 미분가능하지 않다고 판단하면 안 돼.

$x>0$일 때, 함수 $y=g(x)$의 그래프는 기울기가 양수이고 y절편도 양수인 직선의 일부이므로 두 함수 $y=f(x)$, $y=g(x)$의 그래프는 단 하나의 교점을 갖는다.

그 교점의 x좌표를 $x_2(x_2>0)$라 하면 $x>0$에서 함수 $h(x)$는 $x=x_2$에서만 미분가능하지 않다.

양수 m에 대하여 $x>0$에서 함수 $h(x)$는 $h(x)=\begin{cases} f(x) & (0<x\le x_2) \\ g(x) & (x>x_2)\end{cases}$이므로 $x=x_2$인 점에서 미분가능하지 않아.

따라서 함수 $h(x)$가 미분가능하지 않은 x의 개수가 1이려면 $x<0$인 모든 실수 x에서 $h(x)$는 미분가능해야 하므로 $x<0$인 부분에서 $f(x)$와 $g(x)$의 대소가 바뀌면 안 된다.

즉, 위의 그림에서 보듯이 $x<0$일 때, 항상 $g(x)\ge f(x)$이어야 한다.

한편, $x<0$에서 두 함수 $y=f(x)$, $y=g(x)$의 그래프가 접한다고 할 때, 접점의 x좌표를 t라 하면

$f(t)=g(t)$에서

$2t^3-8t=-\dfrac{47}{m}t+\dfrac{4}{m^3}$ … ㉠이고

$f'(t)=g'(t)$에서

$f(x)=2x^3-8x$에서 $f'(x)=6x^2-8$

$g(x)=-\dfrac{47}{m}x+\dfrac{4}{m^3}$에서 $g'(x)=-\dfrac{47}{m}$

$6t^2-8=-\dfrac{47}{m}$ … ㉡이다.

㉡$\times t-$㉠을 하면

$4t^3=-\dfrac{4}{m^3}$, $t^3=\left(-\dfrac{1}{m}\right)^3$

$\therefore t=-\dfrac{1}{m}$ ($\because t$, m은 실수) … ㉢

㉢을 ㉡에 대입하면

$\dfrac{6}{m^2}-8=-\dfrac{47}{m}$, $8m^2-47m-6=0$

$(8m+1)(m-6)=0 \qquad \therefore m=6\ (\because m>0)$

즉, $m=6$일 때, 두 함수 $y=f(x)$, $y=g(x)$의 그래프는 $x=-\dfrac{1}{6}$인 점에서 접한다.

(i) $m=6$일 때,

$x<0$인 모든 실수 x에 대하여 $g(x)\ge f(x)$이므로 $h(x)=f(x)$이다.

즉, $x<0$인 모든 실수 x에 대하여 함수 $h(x)$는 미분가능하다.

(ii) $0<m<6$일 때,

$x<0$에서 m의 값이 작아질수록 직선 $y=g(x)$는 $m=6$일 때보다 기울기의 절댓값과 y절편이 커지므로 $x<0$에서 두 함수 $y=f(x)$, $y=g(x)$의 그래프는 만나지 않는다.

$x<0$에서 함수 $y=g(x)$의 그래프가 함수 $y=f(x)$의 그래프 위쪽에 위치해.

즉, $x<0$인 모든 실수 x에 대하여 $g(x)>f(x)$에서 $h(x)=f(x)$이므로 함수 $h(x)$는 미분가능하다.

(iii) $m>6$일 때,

$x<0$에서 m의 값이 커질수록 직선 $y=g(x)$는 $m=6$일 때보다 기울기의 절댓값과 y절편이 작아지므로 $x<0$에서 두 함수 $y=f(x)$, $y=g(x)$의 그래프는 서로 다른 두 점에서 만난다.

이때, 두 점의 x좌표를 각각 x_3, x_4라 하면 함수 $h(x)$는 $x=x_3$, $x=x_4$에서 미분가능하지 않다.

$x_3<x_4$라 하면 $h(x)=\begin{cases} f(x) & (x<x_3 \text{ 또는 } x>x_4) \\ g(x) & (x_3\le x\le x_4)\end{cases}$이므로 함수 $h(x)$는 $x=x_3$, $x=x_4$에서 미분가능하지 않아.

(i), (ii), (iii)에 의하여 함수 $h(x)$가 미분가능하지 않은 x의 개수가 1인 양수 m의 최댓값은 6이다. (참)

따라서 옳은 것은 ㄱ, ㄴ, ㄷ이다.

E

E 90 정답 42 *접선의 방정식의 활용 [정답률 31%]

정답 공식: 네 수 A, B, C, D가 이 순서대로 등차수열을 이루면 $B-A=C-B=D-C$이다. 또한, 곡선 $y=f(x)$ 위의 점 $(t, f(t))$에서의 접선의 방정식은 $y-f(t)=f'(t)(x-t)$이다.

최고차항의 계수가 1인 사차함수 $f(x)$에 대하여 네 개의 수 $f(-1), f(0), f(1), f(2)$가 이 순서대로 등차수열을 이루고,

단서1 $-1, 0, 1, 2$가 이 순서대로 등차수열을 이루고, $f(-1), f(0), f(1), f(2)$도 이 순서대로 등차수열을 이루므로 좌표평면에서 네 점 $(-1, f(-1)), (0, f(0)), (1, f(1)), (2, f(2))$는 한 직선 위에 있음을 알 수 있어.

곡선 $y=f(x)$ 위의 점 $(-1, f(-1))$에서의 접선과 점 $(2, f(2))$에서의 접선이 점 $(k, 0)$에서 만난다. $f(2k)=20$일 때, $f(4k)$의 값을 구하시오. (단, k는 상수이다.) (4점)

단서2 점 $(-1, f(-1))$에서의 접선과 점 $(2, f(2))$에서의 접선이 모두 점 $(k, 0)$을 지난다는 거야.

1st 등차수열의 성질을 이용하여 사차함수 $f(x)$의 식을 유추해.

네 개의 수 -1, 0, 1, 2가 이 순서대로 등차수열을 이루고, 네 개의 수 $f(-1), f(0), f(1), f(2)$도 이 순서대로 등차수열을 이루므로 좌표평면에서 네 점 $(-1, f(-1)), (0, f(0)), (1, f(1)), (2, f(2))$는 한 직선 위에 있다.

$f(-1), f(0), f(1), f(2)$가 이 순서대로 등차수열을 이루므로 $f(0)-f(-1)=f(1)-f(0)=f(2)-f(1)=$(공차)야. 즉, $\frac{f(0)-f(-1)}{0-(-1)}=\frac{f(1)-f(0)}{1-0}=\frac{f(2)-f(1)}{2-1}$에서 두 점을 지나는 직선의 기울기가 모두 같으므로 네 점 $(-1, f(-1)), (0, f(0)), (1, f(1)), (2, f(2))$는 한 직선 위에 있음을 알 수 있어.

함정 이렇게 $f(x)$에 대한 식을 세우는 것이 이 문제의 핵심이야. 이런 식으로 함수식을 세우는 문제는 자주 나오니까 잘 익혀두자.

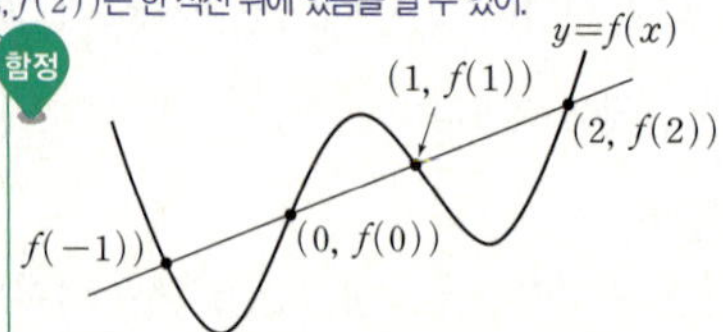

이 네 점을 지나는 직선의 방정식을 $y=mx+n$ (단, m, n은 상수)이라 하면 그림과 같이 사차함수 $y=f(x)$의 그래프와 직선 $y=mx+n$의 교점의 x좌표가 -1, 0, 1, 2이고, 사차함수 $f(x)$의 최고차항의 계수가 1이므로 $f(x)-(mx+n)=x(x+1)(x-1)(x-2)$라 놓을 수 있다.

사차함수 $y=f(x)$의 그래프와 직선 $y=mx+n$의 교점의 x좌표가 $-1, 0, 1, 2$이므로 사차방정식 $f(x)=mx+n$, 즉 $f(x)-(mx+n)=0$은 $x=-1$ 또는 $x=0$ 또는 $x=1$ 또는 $x=2$를 네 실근으로 가져. 따라서 인수정리에 의해 $f(x)-(mx+n)=x(x+1)(x-1)(x-2)$로 나타낼 수 있는 거야.

2nd 점 $(-1, f(-1))$에서의 접선과 점 $(2, f(2))$에서의 접선이 모두 점 $(k, 0)$을 지남을 이용하여 k의 값을 구하자.

$f(x)=x(x+1)(x-1)(x-2)+mx+n$에서

$f(-1)=-m+n$, $f(2)=2m+n$이고,

$f'(x)=(x+1)(x-1)(x-2)+x(x-1)(x-2)$
$+x(x+1)(x-2)+x(x+1)(x-1)+m$

미분가능한 함수 $f(x), g(x), h(x), i(x)$에 대하여 $y=f(x)g(x)h(x)i(x)$이면
$y'=f'(x)g(x)h(x)i(x)+f(x)g'(x)h(x)i(x)+f(x)g(x)h'(x)i(x)+f(x)g(x)h(x)i'(x)$

이므로 $f'(-1)=m-6$, $f'(2)=m+6$

이때, 점 $(-1, f(-1))$에서의 접선의 방정식은

$y-(-m+n)=(m-6)(x+1)$

이 접선이 점 $(k, 0)$을 지나므로

$m-n=(m-6)(k+1)$, $m-n=mk+m-6(k+1)$

$\therefore mk+n=6(k+1)$ ⋯ ㉠

또, 점 $(2, f(2))$에서의 접선의 방정식은

$y-(2m+n)=(m+6)(x-2)$

이 접선이 점 $(k, 0)$을 지나므로

$-2m-n=(m+6)(k-2)$, $-2m-n=mk-2m+6(k-2)$

$\therefore mk+n=6(2-k)$ ⋯ ㉡

㉠, ㉡에서 $6(k+1)=6(2-k)$이므로

$6k+6=12-6k$, $12k=6$

$\therefore k=\frac{1}{2}$

3rd $f(2k)=20$임을 이용해 m, n의 값을 구하고 $f(x)$의 식을 완성하자.

㉠에 $k=\frac{1}{2}$을 대입하면

$\frac{1}{2}m+n=9$ ⋯ ㉢

이때, $f(2k)=20$에서

$f(2k)=f(1)=m+n=20$ ⋯ ㉣

$k=\frac{1}{2}$이므로 $f(2k)=f\left(2\times\frac{1}{2}\right)=f(1)$이고 $f(x)=x(x+1)(x-1)(x-2)+mx+n$이므로 $f(1)=m+n$이야.

㉣$-$㉢을 하면

$\frac{1}{2}m=11$ $\therefore m=22$

$m=22$를 ㉣에 대입하면

$22+n=20$ $\therefore n=-2$

따라서 $f(x)=x(x+1)(x-1)(x-2)+22x-2$이므로

$f(4k)=f\left(4\times\frac{1}{2}\right)=f(2)=22\times2-2=42$

[다른 풀이]

최고차항의 계수가 1인 사차함수 $f(x)$를

$f(x)=x^4+ax^3+bx^2+cx+d$ (a, b, c, d는 상수)라 하면

$f(-1)=1-a+b-c+d$

$f(0)=d$

$f(1)=1+a+b+c+d$

$f(2)=16+8a+4b+2c+d$

위의 네 수가 등차수열을 이루므로

$f(0)-f(-1)=f(1)-f(0)=f(2)-f(1)$에서

$-1+a-b+c=1+a+b+c=15+7a+3b+c$

$-1+a-b+c=1+a+b+c$에서

$2b=-2$ $\therefore b=-1$

$1+a+b+c=15+7a+3b+c$에서

$6a+2b=-14$, $6a-2=-14$ ($b=-1$을 대입한 거야.)

$6a=-12$ $\therefore a=-2$

즉, $f(x)=x^4-2x^3-x^2+cx+d$이고

$f'(x)=4x^3-6x^2-2x+c$이므로

$f(-1)=2-c+d$, $f(2)=-4+2c+d$

$f'(-1)=c-8$, $f'(2)=c+4$

따라서 점 $(-1, f(-1))$에서의 접선의 방정식은

$y-(2-c+d)=(c-8)(x+1)$

이고, 이 접선이 점 $(k, 0)$을 지나므로

$-2+c-d=(c-8)(k+1)$

$-2+c-d=(c-8)k+c-8$

$\therefore 6-d=ck-8k$ ⋯ ㉤

또, 점 $(2, f(2))$에서의 접선의 방정식은

$y-(-4+2c+d)=(c+4)(x-2)$

이고, 이 접선이 점 $(k, 0)$을 지나므로

$4-2c-d=(c+4)(k-2)$

$4-2c-d=(c+4)k-2c-8$

$\therefore 12-d=ck+4k$ ⋯ ㉥

㉥$-$㉤을 하면

$6=12k$ $\therefore k=\frac{1}{2}$

$k=\frac{1}{2}$을 ㉢에 대입하면

$6-d=\frac{1}{2}c-4 \quad \therefore c=20-2d$

즉, $f(x)=x^4-2x^3-x^2+(20-2d)x+d$이고

$f(2k)=f(1)=1-2-1+20-2d+d=20$이므로

$18-d=20 \quad \therefore d=-2$

따라서 $f(x)=x^4-2x^3-x^2+24x-2$이므로

$f(4k)=f(2)=16-16-4+48-2=42$

접선의 방정식 개념·공식

함수 $y=f(x)$가 $x=a$에서 미분가능할 때, 곡선 $y=f(x)$ 위의 점 $(a, f(a))$에서의 접선의 방정식은

$y-f(a)=f'(a)(x-a)$

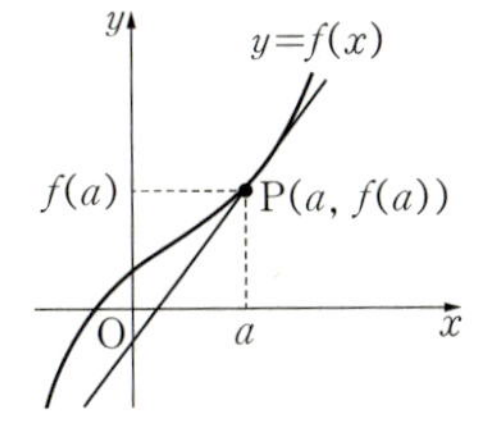

E 91 정답 35

1등급 킬러 [정답률 14%]

양의 실수 t와 최고차항의 계수가 1인 삼차함수 $f(x)$에 대하여 함수

$$g(t)=\frac{f(t)-f(0)}{t}$$

단서1 $g(t)=\frac{f(t)-f(0)}{t}=\frac{f(t)-f(0)}{t-0}$이므로 함수 $g(t)$는 곡선 $y=f(x)$ 위의 두 점 $(0, f(0))$, $(t, f(t))$를 잇는 직선의 기울기임을 알 수 있어.

이라 하자. 두 함수 $f(x)$와 $g(t)$가 다음 조건을 만족시킨다.

(가) 함수 $g(t)$의 최솟값은 0이다.

단서2 $g(k)=0$인 양수 k에 대하여 함수 $y=f(x)$의 그래프가 점 $(k, f(k))$에서 직선 $y=f(0)$과 접함을 알 수 있어야 해.

(나) x에 대한 방정식 $f'(x)=g(a)$를 만족시키는 x의 값은 a와 $\frac{5}{3}$이다. (단, $a>\frac{5}{3}$인 상수이다.)

단서3 방정식 $f'(x)=g(a)$의 만족시키는 x의 값이 a와 $\frac{5}{3}$이니까 $f'(a)=g(a)$이고, $f'\left(\frac{5}{3}\right)=g(a)$야.

자연수 m에 대하여 집합 A_m을

$A_m=\{x \mid f'(x)=g(m), 0<x\le m\}$

이라 할 때, $n(A_m)=2$를 만족시키는 모든 자연수 m의 값의 합을 구하시오. (4점)

새롭게 정의된 함수의 의미를 파악한 후 조건을 만족시키는 삼차함수의 도함수를 구하고, 이 도함수를 활용한 방정식에 대한 조건을 해석하는 문제이다.
이를 위해서는 $g(t)$가 삼차함수 $y=f(x)$의 그래프 위의 두 점을 잇는 직선의 기울기임을 이해하고, 이를 이용하여 접선을 그어 방정식 $f'(x)=g(a)$를 만족시키는 a의 값을 따져보아야 한다.

[풀이 단서 체크]

❶ 먼저, 함수 $g(t)$의 식을 파악해보자.
$g(t)=\frac{f(t)-f(0)}{t}=\frac{f(t)-f(0)}{t-0}$이므로 직선의 기울기의 정의를 적용하면 $g(t)$는 두 점 $(0, f(0))$, $(t, f(t))$를 잇는 직선의 기울기를 뜻한다.
따라서 곡선 위의 두 점의 직선의 기울기를 이용하기 위해 삼차함수의 그래프의 개형을 그려본다. ⇒ 단서1

❷ 함수 $g(t)$의 최솟값이 0이므로 $g(t)\ge0$이고, $g(t)=0$이 되는 양수 t가 존재한다. 즉, $\frac{f(t)-f(0)}{t}\ge0$이므로 $f(t)\ge f(0)$이고 $f(t)=f(0)$이 되는 t가 존재한다는 뜻이다. 이러한 t의 값을 k라 할 때, 모든 양수 x에 대해 $f(x)\ge f(k)$이므로 $x=k$에서 함수 $f(x)$는 극솟값을 갖는다.
따라서 $f(k)-f(0)=0$, $f'(k)=0$이므로 $f(x)-f(0)$은 $(x-k)^2$을 인수로 가진다. ⇒ 단서2

❸ 조건 (나)에 주어진 등식에 $x=a$, $x=\frac{5}{3}$를 대입하면 $f'(a)=f'\left(\frac{5}{3}\right)=g(a)$임을 알 수 있다. 이를 $f(x)-f(0)=x(x-k)^2$에 대입하여 a와 k의 값을 각각 구할 수 있다. ⇒ 단서3

주의 $g(m)$의 값은 m의 값에 따라 변하지만, $f'(x)$는 x의 값에 따라 변하므로 x와 y의 관계를 나타내는 함수에서는 직선 $y=g(m)$은 x축과 평행하다.

핵심 정답 공식: $g(t)=\frac{f(t)-f(0)}{t}=\frac{f(t)-f(0)}{t-0}$이므로 함수 $g(t)$는 곡선 $y=f(x)$ 위의 두 점 $(0, f(0))$, $(t, f(t))$를 잇는 직선의 기울기이다.

[문제 풀이 순서]

* 삼차함수의 그래프 위의 두 점을 잇는 직선의 기울기와 접선을 활용하여 삼차함수의 도함수 구하기

1st 조건 (가), (나)를 이용하여 두 함수 $f'(x)$, $g(t)$를 구하자.

조건 (가)에서 함수 $g(t)=\frac{f(t)-f(0)}{t}$의 최솟값이 0이므로

$g(k)=0$인 양수 k가 존재한다. → 함수 $g(t)$가 양의 실수 t에 대하여 정의되어 있어.

이때, $g(k)=\frac{f(k)-f(0)}{k}=0$이므로 $f(k)=f(0)$이다.

즉, 조건 (가)에 의하여 함수 $y=f(x)$의 그래프는 [그림 1]과 같이 점 $(k, f(k))$에서 직선 $y=f(0)$과 접한다.
함수 $g(t)$가 곡선 $y=f(x)$ 위의 두 점 $(0, f(0))$, $(t, f(t))$를 잇는 직선의 기울기이므로 양수 t에 대하여 $g(t)$의 최솟값이 0이 되려면 $f(t)$의 값은 $f(0)$의 값보다 작으면 안 돼.

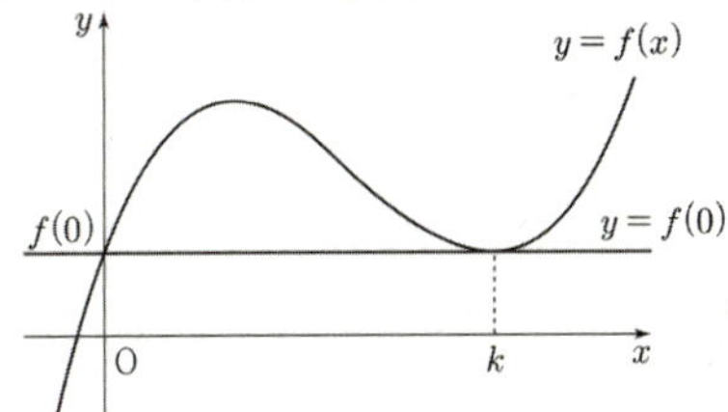

[그림 1]

따라서 삼차함수 $y=f(x)-f(0)$에 대하여 $f(k)-f(0)=0$, $f'(k)=0$을 만족시키므로 $f(x)-f(0)$은 $(x-k)^2$을 인수로 가지고, $f(0)-f(0)=0$에서 $f(x)-f(0)$은 x도 인수로 가진다.

즉, $f(x)-f(0)=x(x-k)^2$이므로

$f(x)=x(x-k)^2+f(0)$ → $f(x)$는 최고차항의 계수가 1인 삼차함수이므로 $f(x)-f(0)$도 최고차항의 계수가 1인 삼차함수가 돼.

위의 함수를 x에 대하여 미분하면

$f'(x)=(x-k)^2+2x(x-k)=(3x-k)(x-k)$ ⋯ ㉠

한편, $g(t)=\frac{f(t)-f(0)}{t}$에 $f(t)=t(t-k)^2+f(0)$을 대입하면

$g(t)=\frac{t(t-k)^2}{t}=(t-k)^2$ ⋯ ㉡

이때, 조건 (나)에서 $f'(a)=g(a)$이므로 ㉠, ㉡에 의하여 → $f'(a)=g(a)$, $f'\left(\frac{5}{3}\right)=g(a)$

$(3a-k)(a-k)=(a-k)^2$

$2a(a-k)=0 \quad \therefore a=k\left(\because a>\frac{5}{3}>0\right)$

또, ㉠에서 $f'(k)=0$이므로 $g(a)=0$ ⋯ ㉢

그런데 조건 (나)에서 $f'\left(\frac{5}{3}\right)=g(a)$이고

㉢에서 $g(a)=0$이므로 $f'\left(\frac{5}{3}\right)=0$

즉, ㉠의 $f'(x)=0$에서 $x=\frac{k}{3}$ 또는 $x=k$이므로

$\frac{k}{3}=\frac{5}{3}$ 또는 $k=\frac{5}{3}$, 즉 $k=5$ 또는 $k=\frac{5}{3}$

그런데 조건 (나)에서 $a>\frac{5}{3}$이므로

$k>\frac{5}{3}$ $\quad\therefore k=5$

$\therefore f'(x)=(3x-5)(x-5)$

$g(t)=(t-5)^2$

2nd 이차방정식 $f'(x)=g(m)$이 서로 다른 두 양의 실근을 갖게 하는 m의 값의 범위를 찾자.

이차방정식 $f'(x)=g(m)$을 정리하면

$(3x-5)(x-5)=(m-5)^2$

$\therefore 3x^2-20x-m^2+10m=0$

위의 x에 대한 이차방정식의 판별식을 D라 하면

$$\frac{D}{4}=(-10)^2-3(-m^2+10m)$$
$$=3m^2-30m+100$$
$$=3(m-5)^2+25>0$$

이므로 이차방정식 $f'(x)=g(m)$은 m의 값에 관계없이 서로 다른 두 실근을 갖는다. 이차방정식 $f'(x)=g(m)$은 판별식 D가 $\frac{D}{4}>0$이므로 서로 다른 두 실근을 가져.

이때, 이 서로 다른 두 실근을 c_1, c_2 $(c_1<c_2)$라 하자.

$n(A_m)=2$이려면 $0<c_1<c_2\le m$이어야 하므로

이차방정식의 근과 계수의 관계에 의하여

$c_1c_2=\frac{-m^2+10m}{3}>0$

$m^2-10m<0$

$m(m-10)<0$

$\therefore 0<m<10$

함정 이 문제에서 m의 값의 범위를 구하는 것이 중요한 단서인데, 이차방정식 $f'(x)=g(m)$, 즉 $3x^2-20x-m^2+10m=0$의 서로 다른 두 근이 모두 양수여야 하므로 두 근의 곱도 양수임을 이용하여 m의 값의 범위를 구할 수 있어.

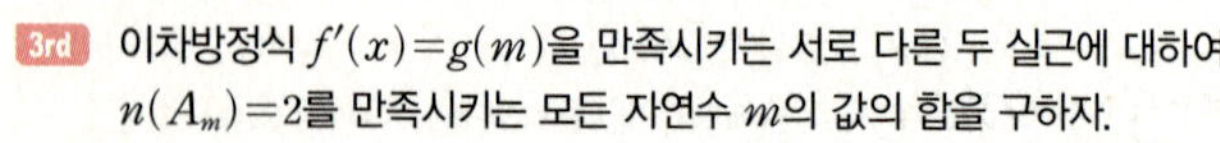

3rd 이차방정식 $f'(x)=g(m)$을 만족시키는 서로 다른 두 실근에 대하여 $n(A_m)=2$를 만족시키는 모든 자연수 m의 값의 합을 구하자.

두 함수 $y=f'(x)$, $y=g(x)$의 그래프는 [그림 2]와 같다.

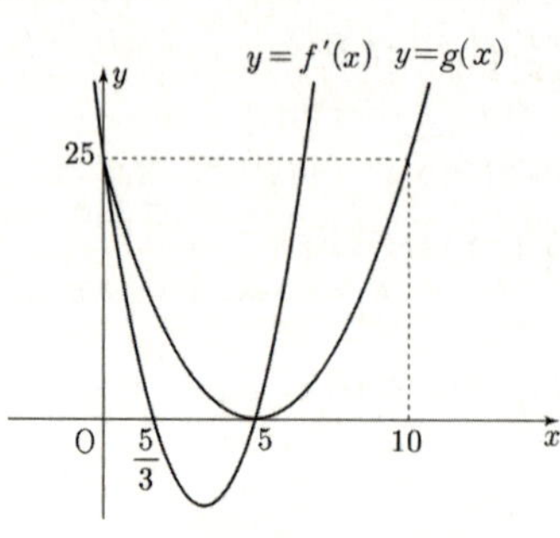

[그림 2]

한편, $g(m)=(m-5)^2\ge 0$이므로 $f'(x)=g(m)$에서

$f'(x)=(3x-5)(x-5)\ge 0$이어야 한다.

$\therefore x\le\frac{5}{3}$ 또는 $x\ge 5$

따라서 조건을 만족시키는 자연수 m의 값의 범위를 다음과 같이 나눠 보자.

(i) $0<m<5$인 경우

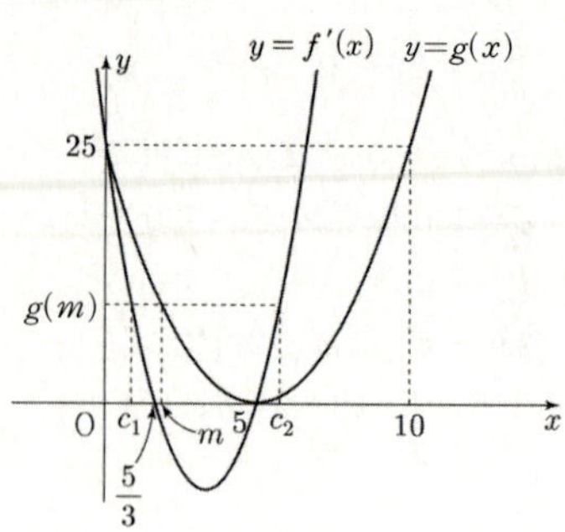

[그림 3]

[그림 3]에 의해 $0<c_1<m<5<c_2$이므로

$A_m=\{c_1\}$에서 $n(A_m)=1$

$0<x\le m$에서 함수 $y=f'(x)$의 그래프와 직선 $y=g(m)$의 교점의 x좌표가 c_1 하나뿐이야.

이 경우는 조건을 만족시키지 않는다.

(ii) $m=5$인 경우

$g(5)=0$이므로

$f'(x)=g(5)=0$

$(3x-5)(x-5)=0$

$\therefore x=\frac{5}{3}$ 또는 $x=5$

즉, $A_5=\left\{\frac{5}{3}, 5\right\}$에서 $n(A_5)=2$

이 경우는 조건을 만족시킨다.

(iii) $5<m<10$인 경우

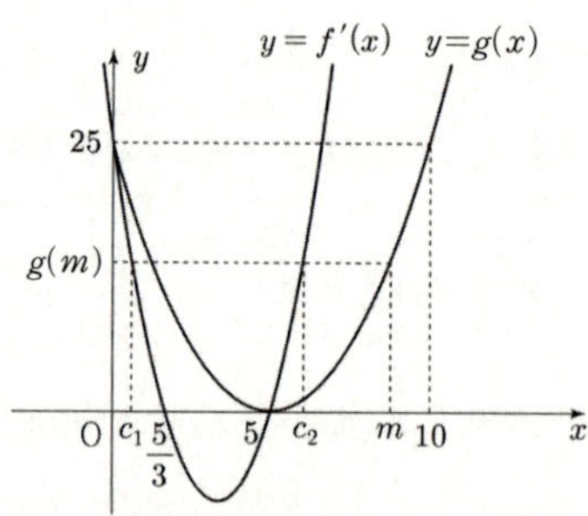

[그림 4]

[그림 4]에 의해 $0<c_1<c_2<m$이므로

$A_m=\{c_1, c_2\}$에서 $n(A_m)=2$

$0<x\le m$에서 함수 $y=f'(x)$의 그래프와 직선 $y=g(m)$의 교점의 x좌표가 c_1, c_2야.

이 경우는 조건을 만족시킨다.

(i)~(iii)에 의하여 $n(A_m)=2$를 만족시키는 자연수 m은 5, 6, 7, 8, 9이다.

따라서 구하는 m의 값의 합은

$5+6+7+8+9=35$

1등급 풀이 Tip

$g(t)$가 두 점 $(0, f(0))$, $(t, f(t))$를 잇는 직선의 기울기임을 활용하여 이 기울기의 최솟값이 0이기 위한 $f(x)$를 찾을 수 있다.

그리고 $g(a)$와 $f'(a)$의 값이 같음을 파악하여 곡선 $y=f(x)$ 위의 점 $(a, f(a))$에서의 접선이 점 $(0, f(0))$을 지남을 알 수 있으므로 이를 이용하여 a의 값을 구하자.

E 92 정답 36 ✪ 2등급 킬러 [정답률 27%]

양수 a에 대하여 함수 $f(x)$는

$$f(x)=\begin{cases} x(x+a)^2\ (x<0) \\ x(x-a)^2\ (x\ge 0) \end{cases}$$

단서1 $f_1(x)=x(x+a)^2(x<0)$, $f_2(x)=x(x-a)^2(x\ge 0)$ 이라 하면 $f_1(-x)=-x(-x+a)^2$ $=-x(x-a)^2=-f_2(x)$지? 즉, 함수 $y=f(x)$의 그래프를 그려보면 원점에 대하여 대칭이 된다는 것을 알 수 있어.

이다. 실수 t에 대하여 곡선 $y=f(x)$와 직선 $y=4x+t$의 서로 다른 교점의 개수를 $g(t)$라 할 때, 함수 $g(t)$가 다음 조건을 만족시킨다.

단서2 직선 $y=4x+t$에서 기울기는 4로 고정이니까 직선을 평행이동시키며 곡선 $y=f(x)$와 만나는 점의 개수를 통해 함수 $g(t)$를 유추해봐.

(가) 함수 $g(t)$의 최댓값은 5이다.

단서3 함수 $g(t)$의 최댓값이 5이고, 불연속점이 2개가 되기 위해서 직선 $y=4x+t$와 곡선 $y=f(x)$의 위치 관계가 어떻게 되어야 할지 판단할 수 있어야 해. 이에 따른 a의 값을 찾아내야 하는 거야.

(나) 함수 $g(t)$가 $t=\alpha$에서 불연속인 α의 개수는 2이다.

$f'(0)$의 값을 구하시오. (4점)

✪ 원점에 대하여 대칭인 함수의 그래프와 직선이 만나는 점의 개수를 새로운 함수로 정할 때, 새로 정의된 함수가 주어진 조건을 만족시키도록 하는 미정계수를 구하는 문제이다.
이를 위해서는 먼저 주어진 함수가 원점에 대하여 대칭임을 파악한 후 좌표평면 위에 그래프를 그리고, 곡선과 직선의 교점의 개수가 변하는 경우가 직선이 곡선에 접할 때임을 적용해야 한다. 즉, 접선을 기준으로 직선을 평행이동하며 교점의 개수의 변화를 따져보면 된다.

[풀이 단서 체크]

❶ 함수 $y=x(x+a)^2$을 원점에 대하여 대칭이동하면
$-y=-x(-x+a)^2$에서 $y=x(x-a)^2$이다.
또한, 함수 $y=x(x-a)^2$을 원점에 대하여 대칭이동하면
$-y=-x(-x-a)^2$에서 $y=x(x+a)^2$이다.
즉, 함수 $f(x)$의 그래프를 그리면 $x<0$인 부분과 $x\ge 0$인 부분이 서로 원점에 대하여 대칭이 된다. ⇒ 단서1

❷ 직선 $y=4x+t$는 직선 $y=4x$를 y축의 방향으로 t만큼 평행이동한 것이다.
따라서 직선 $y=4x$를 평행이동시키며 곡선 $y=f(x)$와 만나는 점의 개수가 주어진 조건을 만족시키는 경우를 찾아보자. ⇒ 단서2

❸ 함수 $g(t)$의 최댓값이 5이므로 직선 $y=4x$를 평행이동한 직선이 곡선 $y=f(x)$와 서로 다른 5개의 점에서 만나는 경우가 존재한다는 것을 알 수 있다.
또한, 함수 $g(t)$가 불연속이 되는 경우는 직선 $y=4x$를 평행이동한 직선이 곡선 $y=f(x)$와 서로 접할 때이므로 $g(t)$가 불연속인 점이 2개임을 이용하여 접선과 접점의 좌표의 조건을 파악하자. ⇒ 단서3

주의 곡선 $y=x(x-a)^2$과 곡선 $y=x(x+a)^2$이 서로 원점에 대하여 대칭이므로 기울기가 4이면서 두 곡선에 동시에 접하는 두 접선의 접점의 x좌표도 대칭성이 존재함을 적용해야 풀이가 가능하다.

핵심 정답 공식: 곡선 $y=f(x)$의 그래프를 그린 후, 직선 $y=4x+t$를 평행이동시키면서 곡선과 직선이 만나는 점의 개수를 구하여 함수 $g(t)$의 불연속인 점의 개수를 구한다. 이때, 직선이 곡선에 접하는 부분에서의 변화에 초점을 맞춘다.

[문제 풀이 순서]

* 원점에 대하여 대칭인 함수의 그래프와 기울기가 일정한 직선이 만나는 점의 개수의 변화를 파악하여 조건을 만족시키는 미정계수의 값 구하기

1st 양수 a에 대하여 함수 $y=f(x)$의 그래프의 개형을 그려보자.

양수 a에 대하여

$$f(x)=\begin{cases} x(x+a)^2\ (x<0) \\ x(x-a)^2\ (x\ge 0) \end{cases}$$에서

$f_1(x)=x(x+a)^2\ (x<0)$, $f_2(x)=x(x-a)^2\ (x\ge 0)$이라 하자.

이때, $f_1(x)=x(x+a)^2\ (x<0)$에 대하여
$x(x+a)^2=0$에서 $x=0$ 또는 $x=-a$이므로 함수 $y=f_1(x)$의 그래프는 원점을 지나고 $x=-a$에서 x축에 접한다.
또한, $f_1'(x)=(x+a)^2+2x(x+a)=(x+a)(3x+a)$이고
$(x+a)(3x+a)=0$에서 $x=-a$ 또는 $x=-\frac{a}{3}$이므로
함수 $f_1(x)$는 $x=-a$에서 극댓값, $x=-\frac{a}{3}$에서 극솟값을 갖는다.

최고차항의 계수가 양수인 삼차함수 $f(x)$에 대하여 $f'(x)=0$의 두 근을 $\alpha, \beta(\alpha<\beta)$라 하면 함수 $f(x)$는 $x=\alpha$에서 극댓값을 갖고, $x=\beta$에서 극솟값을 가져.

마찬가지 방법으로 $f_2(x)=x(x-a)^2\ (x\ge 0)$에 대해서도 구해보면
$y=f_2(x)$의 그래프는 원점을 지나고 $x=a$에서 x축에 접하며
함수 $f_2(x)$는 $x=\frac{a}{3}$에서 극댓값, $x=a$에서 극솟값을 갖는다.
따라서 함수 $y=f(x)$의 그래프의 개형은 [그림 1]과 같다.

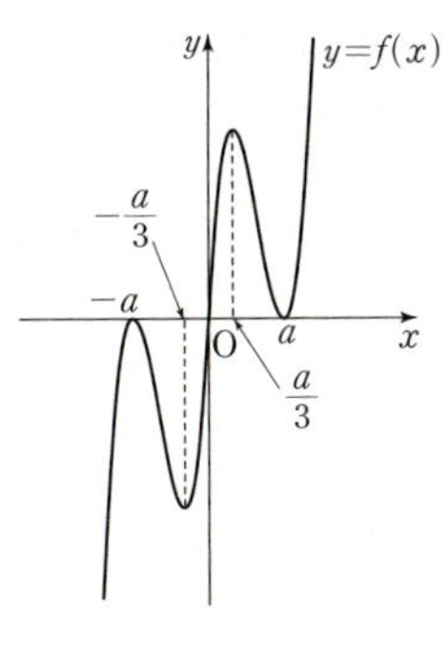

[그림 1]

한편, $f_1(-x)=(-x)(-x+a)^2=-x(x-a)^2=-f_2(x)$이므로
두 함수 $f_1(x)$, $f_2(x)$는 원점에 대하여 대칭이다.

함수 $f(x)$에 대하여
① $f(-x)=-f(x)$를 만족시키면 원점에 대하여 대칭
② $f(-x)=f(x)$를 만족시키면 y축에 대하여 대칭

2nd 조건 (가), (나)를 이용하여 함수 $y=f(x)$의 그래프를 완성하자.

직선 $y=4x+t$의 기울기가 4로 주어졌으므로 직선을 평행이동시키며 곡선 $y=f(x)$와 만나는 점의 개수를 통해 함수 $g(t)$를 유추해보자.
조건 (가)에서 함수 $g(t)$의 최댓값이 5가 되기 위해서는 닫힌구간 $[-a, a]$에서 직선 $y=4x+t$가 곡선 $y=f(x)$와 접하는 경우가 반드시 생겨야 한다.

닫힌구간 $[-a, a]$에서 곡선 $y=f(x)$와 직선 $y=4x+t$가 접하지 않으면 다음 그림과 같이 함수 $g(t)$의 최댓값이 3이 될 수 있어.

또한, 조건 (나)에서 함수 $g(t)$가 $t=\alpha$에서 불연속인 α의 개수가 2이기 위해서는 직선 $y=4x+t$가 두 함수 $y=f_1(x)$, $y=f_2(x)$의 그래프에 동시에 접해야 한다.

직선 $y=4x+t$가 두 함수 $y=f_1(x)$, $y=f_2(x)$의 그래프에 동시에 접하지 않는 경우 직선 $y=4x+t$를 평행이동시키면서 불연속인 점의 개수를 구해보면 2개가 넘어.

즉, 직선 $y=4x+t$가 두 함수 $y=f_1(x)$, $y=f_2(x)$의 그래프에 동시에 접할 때의 t의 값을 t_1, $t_2(t_1<t_2)$라 하면 함수 $g(t)$는

$$g(t)=\begin{cases} 1\ (t>t_2) \\ 3\ (t=t_2) \\ 5\ (t_1<t<t_2) \\ 3\ (t=t_1) \\ 1\ (t<t_1) \end{cases}$$

과 같으므로 불연속인 t의 값은 t_1, t_2로 2개이다.
따라서 [그림 2]와 같이 직선 $y=4x+t$가 두 함수 $y=f_1(x)$, $y=f_2(x)$의 그래프에 동시에 접할 때, 주어진 조건을 만족시키는 함수 $y=f(x)$의 그래프가 된다.

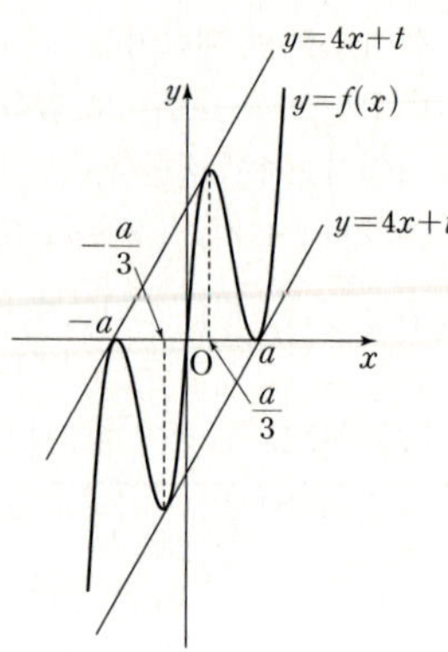

[그림 2]

3rd 직선 $y=4x+t$가 두 함수 $y=f_1(x)$, $y=f_2(x)$의 그래프에 동시에 접함을 이용하여 $f'(0)$의 값을 구해.

$x>0$일 때, 함수 $y=f(x)$의 그래프와 직선 $y=4x+t$가 $x=b$ 또는 $x=c(b<c)$인 점에서 접한다고 하자. $f(x)=x(x-a)^2$에서

$f'(x)=(x-a)^2+2x(x-a)=3x^2-4ax+a^2$이고,

이차방정식 $3x^2-4ax+a^2=4$의 두 근이 b, c이므로

$x>0$일 때, $x=b$ 또는 $x=c$인 점에서 함수 $y=f(x)$의 그래프와 직선 $y=4x+t$가 접하고, 접선의 기울기는 접점의 x좌표에서의 미분계수와 같으므로 b, c는 $f'(x)=4$의 두 근이 되는 거야.

$b+c=\frac{4a}{3}$, $bc=\frac{a^2-4}{3}$ … ㉠

이차방정식 $3x^2-4ax+a^2-4=0$의 근과 계수의 관계를 이용한 거야.

$y=f(x)$의 그래프는 원점에 대하여 대칭이라 했지?

한편, 함수 $y=f(x)$의 그래프가 점 $(b,\ b(b-a)^2)$을 지나면 점 $(-b,\ -b(-b+a)^2)$을 지나고, 위의 [그림 2]에서 보듯이 두 점 $(-b,\ -b(-b+a)^2)$, $(c,\ c(c-a)^2)$을 지나는 직선의 기울기가 4이므로

함정 기울기가 4인 직선이 함수 $y=f_2(x)$의 그래프와 $x=b$ 또는 $x=c$인 점에서 접하면 함수 $y=f_1(x)$의 그래프와 $x=-b$ 또는 $x=-c$인 점에서 접해. 또, $x=b$, $x=-c$인 두 점이 한 직선 위에 있고, $x=-b$, $x=c$인 두 점이 한 직선 위에 있어.

$$\frac{c(c-a)^2-\{-b(-b+a)^2\}}{c-(-b)}=4$$

$c(c-a)^2+b(-b+a)^2=4(c+b)$

$c(c^2-2ac+a^2)+b(b^2-2ab+a^2)=4(c+b)$

$\therefore c^3+b^3-2a(c^2+b^2)+a^2(c+b)=4(c+b)$ … ㉡

그런데 ㉠에 의해

$c^2+b^2=(c+b)^2-2bc$

$=\left(\frac{4a}{3}\right)^2-2\times\frac{a^2-4}{3}=\frac{10}{9}a^2+\frac{8}{3}$ … ㉢

$c^3+b^3=(c+b)^3-3bc(c+b)$

$=\left(\frac{4a}{3}\right)^3-3\times\frac{a^2-4}{3}\times\frac{4a}{3}=\frac{28}{27}a^3+\frac{16}{3}a$ … ㉣

이므로 ㉡에 ㉠, ㉢, ㉣을 대입하면

$$\left(\frac{28}{27}a^3+\frac{16}{3}a\right)-2a\left(\frac{10}{9}a^2+\frac{8}{3}\right)+a^2\times\frac{4a}{3}=4\times\frac{4a}{3}$$

$$\frac{28}{27}a^3-\frac{20}{9}a^3+\frac{16}{3}a-\frac{16}{3}a+\frac{4}{3}a^3=\frac{16}{3}a$$

$$\frac{4}{27}a^3-\frac{16}{3}a=0,\ \frac{4}{27}a(a^2-36)=0$$

$\therefore a^2=36$

여기에서 양수 a의 값인 6을 대입하여 $f(x)$의 식을 완전히 구해도 돼. 그런데 아래 풀이를 보면 $f'(0)=a^2$이여서 $a^2=36$에서 계산을 멈춘 거야.

따라서 $f(x)=\begin{cases}x(x+a)^2 & (x<0)\\ x(x-a)^2 & (x\geq 0)\end{cases}$에서

$f'(x)=\begin{cases}(x+a)^2+2x(x+a) & (x<0)\\ (x-a)^2+2x(x-a) & (x>0)\end{cases}$이므로

$f'(0)=\lim_{x\to 0-}f'(x)=\lim_{x\to 0+}f'(x)=a^2=36$

1등급 풀이 Tip

두 함수 $f(x)$와 $y=4x$는 모두 실수 전체의 집합에서 미분가능하고, 원점에 대하여 대칭이므로 함수 $f(x)-4x$도 실수 전체의 집합에서 미분가능하고 원점에 대하여 대칭이다.

따라서 함수 $y=f(x)$의 그래프와 직선 $y=4x+t$의 교점의 개수는 함수 $y=f(x)-4x$의 그래프와 직선 $y=t$의 교점의 개수와 같으므로 함수 $g(t)$는 $y=f(x)-4x$의 그래프와 직선 $y=t$의 교점의 개수로 구해도 된다.

E 93 정답 ② *함수의 최댓값과 최솟값 [정답률 36%]

정답 공식: $f'(x)$의 식을 통해 함수 $f(x)$의 그래프의 개형을 그린다. 함수 $g(t)$의 그래프를 그려보면 극솟값 $f(a)$가 극솟값 $f(2)$보다 클 때 미분가능하지 않음을 알 수 있다.

함수 $f(x)=3x^4-4(a+2)x^3+12ax^2+1\ (a<0)$과 실수 t에 대하여, $x\leq t$에서 $f(x)$의 최솟값을 $g(t)$라 하자. 함수 $g(t)$가 실수 전체의 집합에서 미분가능하도록 하는 a의 최댓값은? (4점)

단서 최솟값을 구하려면 $f(x)$의 그래프부터 그려봐.

① -1 ② -2 ③ -3
④ -4 ⑤ -5

1st 우선 함수 $f(x)$를 미분하여 극점을 구하자.

$f'(x)=12x^3-12(a+2)x^2+24ax$

$=12x(x-a)(x-2)$

따라서 함수 $f(x)$는 $x=a$, 0, 2에서 각각 극값을 가진다.

그런데 a가 음수이고 사차항의 계수가 양수이므로 함수 $f(x)$는 각각 $x=a$와 $x=2$에서 극솟값, $x=0$에서 극댓값을 가진다.

2nd 두 극솟값을 비교하여 최솟값 $g(t)$를 구하자.

실수 극값을 3개 가지는 사차함수의 그래프의 개형은 쉽게 추론할 수 있어야 해.

(i) $f(a)\leq f(2)$인 경우

x가 모든 실수일 때는 $f(a)$의 값이 최솟값이 돼. 하지만 x의 범위를 어떻게 잡느냐에 따라서 달라져.

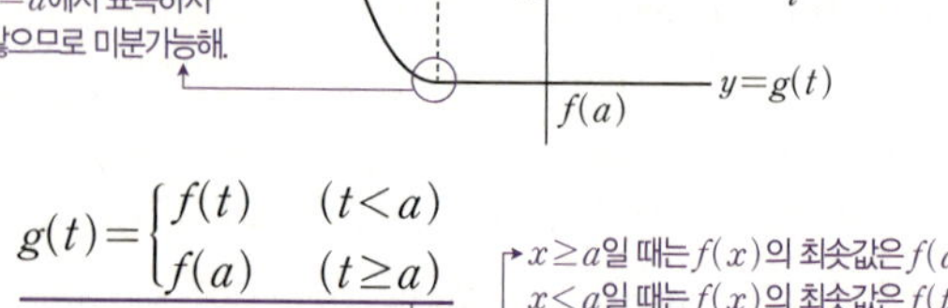

극소점에서 연결되면 $t=a$에서 뾰족하지 않으므로 미분가능해.

$g(t)=\begin{cases}f(t) & (t<a)\\ f(a) & (t\geq a)\end{cases}$

$x\geq a$일 때는 $f(x)$의 최솟값은 $f(a)$
$x<a$일 때는 $f(x)$의 최솟값은 $f(t)$

이때, $f(t)$, $f(a)$는 다항함수이므로 함수 $g(t)$는 $t=a$를 제외한 모든 실수에서 미분가능하다.

따라서 $t=a$에서 미분가능성을 조사해 보자.

극소점에서 연결되면 $t=a$에서 뾰족하지 않으므로 미분가능해.

$\lim_{t\to a-}g'(t)=\lim_{t\to a-}f'(t)=0$

$\lim_{t\to a+}g'(t)=\{f(a)\}'=0$

따라서 함수 $g(t)$는 $t=a$에서 미분가능하므로 모든 실수에서 미분가능하다.

(ii) $f(a)>f(2)$인 경우

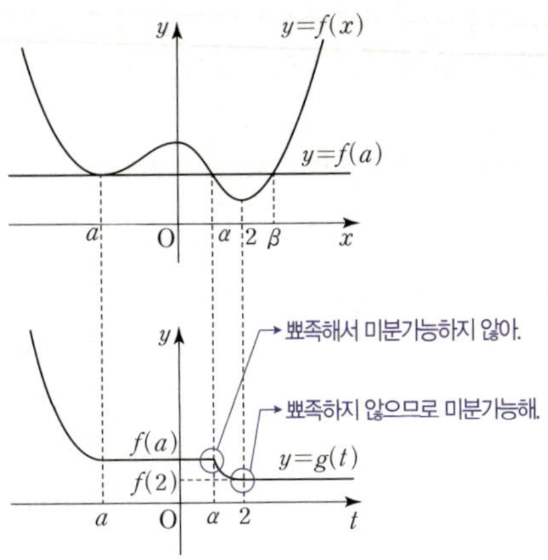

방정식 $f(x)=f(a)$의 세 근을 a, α, β라 하고 범위에 따라 $g(t)$를 구하면

$$g(t)=\begin{cases} f(t) & (t<a) \\ f(a) & (a\le t<\alpha) \\ f(t) & (\alpha\le t<2) \\ f(2) & (t\ge 2) \end{cases}$$

이때, $\lim_{t\to\alpha-} g'(t)=\{f(a)\}'=0$, $\lim_{t\to\alpha+} g'(t)=\lim_{t\to\alpha+} f'(t)\ne 0$

이므로 $x=\alpha$에서 함수 $g(t)$는 미분가능하지 않다.

(i), (ii)에 의하여 함수 $g(t)$가 모든 실수에서 미분가능하려면 $f(a)\le f(2)$이어야 한다.

3rd $f(a)\le f(2)$를 만족하는 a의 최댓값을 구해.

$f(a)\le f(2)$에서

$3a^4-4(a+2)a^3+12a^3+1\le 3\cdot 2^4-4(a+2)\cdot 2^3+12a\cdot 2^2+1$

$a^4-4a^3+16a-16\ge 0$, $(a+2)(a-2)^3\ge 0$

$\therefore a\le -2$ ($\because a<0$)

따라서 a의 최댓값은 -2이다.

E 94 정답 ① *삼차함수의 유추 [정답률 35%]

정답 공식: 삼차함수 $y=f(x)$의 그래프와 직선 $y=k$(k는 상수)의 교점의 개수가 2가 되기 위해서는 직선 $y=k$가 함수 $y=f(x)$의 그래프의 극점을 지나야 한다.

이차함수 $g(x)=x^2-6x+10$에 대하여 삼차함수 $f(x)$가 다음 조건을 만족시킨다. 단서1 이차함수 $g(x)=x^2-6x+10=(x-3)^2+1$의 최솟값을 구할 수 있어.

(가) 방정식 $f(x)=0$은 서로 다른 세 실근을 갖는다.
단서2 방정식 $f(x)=0$이 서로 다른 세 개의 실근을 갖도록 하기 위한 함수 $y=f(x)$의 그래프의 개형을 생각해 봐.

(나) 함수 $(g\circ f)(x)$의 최솟값을 m이라 할 때, 방정식 $g(f(x))=m$의 서로 다른 실근의 개수는 2이다.
단서3 함수 $(g\circ f)(x)$의 정의역이 되는 함수 $f(x)$의 치역이 실수 전체의 집합이므로 $g(f(x))=\{f(x)-3\}^2+1$의 최솟값을 구할 수 있어.

(다) 방정식 $g(f(x))=17$은 서로 다른 세 실근을 갖는다.
단서4 $g(x)$의 x 대신에 $f(x)$를 대입해서 방정식 $g(f(x))=17$을 직접 풀어보자.

함수 $f(x)$의 극댓값과 극솟값의 합은? (4점)

① 2 ② 4 ③ 6
④ 8 ⑤ 10

1st 조건 (가)를 만족시키는 삼차함수 $y=f(x)$의 그래프의 개형을 찾자.

삼차함수 $f(x)$의 최고차항의 계수를 $a(a\ne 0)$라 하면 조건 (가)에 의하여 함수 $y=f(x)$의 그래프가 x축과 서로 다른 세 점에서 만나므로 함수 $y=f(x)$의 그래프의 개형은 [그림 1]과 같다.

방정식 $f(x)=0$이 서로 다른 세 실근을 가지므로 $y=f(x)$의 그래프가 x축과 서로 다른 세 점에서 만남을 알 수 있어. 즉, 삼차함수의 그래프가 x축과 서로 다른 세 점에서 만나려면 삼차함수의 (극댓값)×(극솟값)<0이어야 해.

$a>0$일 때 $a<0$일 때

[그림 1]

2nd 조건 (나)를 이용하여 함수 $f(x)$의 극댓값을 찾자.

함수 $f(x)$는 삼차함수이므로 실수 전체의 집합을 치역으로 갖고,

합성함수 $(g\circ f)(x)$에서 함수 $f(x)$의 치역이 함수 $(g\circ f)(x)$의 정의역이 돼.

이차함수 $g(x)=x^2-6x+10=(x-3)^2+1$은 $x=3$에서 최솟값 1을 갖는다.

이차함수 $y=a(x-p)^2+q$에 대하여 $a>0$이면 $x=p$일 때, 최솟값 q를 가져.

그러므로 조건 (나)에서 함수 $g(f(x))=\{f(x)-3\}^2+1$은 $f(x)=3$을 만족시키는 x에서 최솟값 1을 가지므로 함수 $(g\circ f)(x)$의 최솟값은 $m=1$이다.

함정 삼차함수 $f(x)$를 $f(x)=ax^3+bx^2+cx+d$로 놓고 합성함수 $(g\circ f)(x)$를 구하려고 하면 식이 엄청 복잡해져. 삼차함수 $f(x)$를 $f(x)=t$와 같이 상수 취급하는 게 포인트야.

한편, 방정식 $g(f(x))=m$, 즉 $g(f(x))=1$의 서로 다른 실근의 개수가 2이므로 방정식 $f(x)=3$을 만족시키는 서로 다른 실근의 개수가 2이다.

방정식 $f(x)=3$을 만족시키는 서로 다른 실근의 개수가 2가 되기 위해서는 직선 $y=3$이 함수 $y=f(x)$의 그래프의 극대 또는 극소가 되는 점에서 접해야 해.

즉, 직선 $y=3$은 함수 $y=f(x)$의 그래프와 극점에서 접해야 하는데 [그림 1]에 의하여 함수 $f(x)$의 극댓값이 양수, 극솟값이 음수이어야 하므로 직선 $y=3$과 함수 $y=f(x)$의 그래프의 개형은 [그림 2]와 같고, 함수 $f(x)$의 극댓값은 3이다.

$a>0$일 때 $a<0$일 때

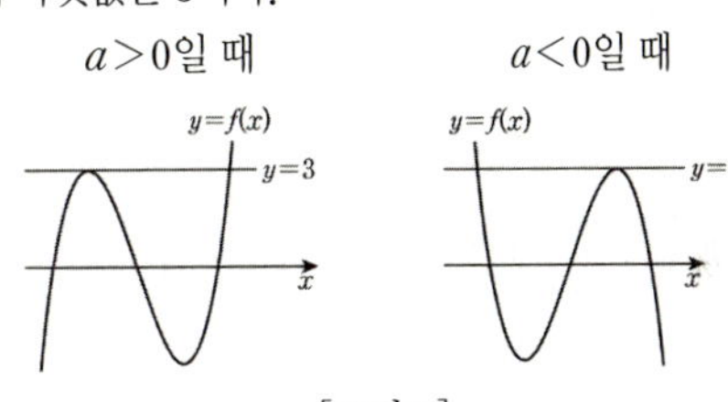

[그림 2]

3rd 조건 (다)를 이용하여 함수 $f(x)$의 극솟값을 찾자.

조건 (다)의 방정식 $g(f(x))=17$을 풀면

$g(x)=(x-3)^2+1$의 x 대신에 $f(x)$를 대입하여 풀자.

$\{f(x)-3\}^2+1=17$

$\{f(x)-3\}^2=16$

$f(x)-3=\pm 4$

$\therefore f(x)=-1$ 또는 $f(x)=7$

이때, 조건 (다)에서 방정식 $g(f(x))=17$은 서로 다른 세 실근을 갖고 위의 [그림 2]의 함수 $y=f(x)$의 그래프에서 방정식 $f(x)=7$의 실근의 개수는 1이므로 방정식 $f(x)=-1$의 서로 다른 실근의 개수는 2이다.

직선 $y=-1$이 함수 $y=f(x)$의 그래프의 극소가 되는 점에서 접해야 해.

즉, 세 직선 $y=-1$, $y=3$, $y=7$과 함수 $y=f(x)$의 그래프의 개형은 [그림 3]과 같으므로 함수 $f(x)$의 극솟값은 -1이다.

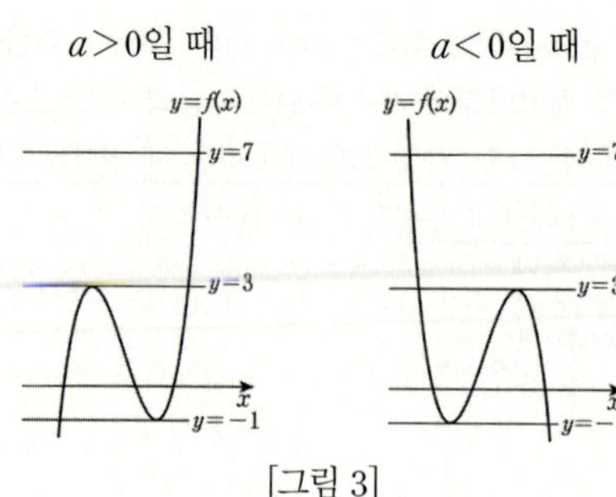

[그림 3]

따라서 함수 $f(x)$의 극댓값은 3, 극솟값은 -1이므로 구하는 합은
$3+(-1)=2$

E 95 정답 5

✪ 1등급 킬러 [정답률 13%]

최고차항의 계수가 1인 삼차함수 $f(x)$와 최고차항의 계수가 -1인 이차함수 $g(x)$가 다음 조건을 만족시킨다.

(가) 곡선 $y=f(x)$ 위의 점 $(0, 0)$에서의 접선과 곡선 $y=g(x)$ 위의 점 $(2, 0)$에서의 접선은 모두 x축이다.
단서1 이차함수 $g(x)$의 식과 삼차함수 $f(x)$의 식의 형태를 찾아내봐.
(나) 점 $(2, 0)$에서 곡선 $y=f(x)$에 그은 접선의 개수는 2이다.
(다) 방정식 $f(x)=g(x)$는 오직 하나의 실근을 가진다.
단서2 두 함수 $y=f(x)$, $y=g(x)$의 그래프의 교점의 개수가 1이 되도록 하는 $f(x)$의 식을 구해.

$x>0$인 모든 실수 x에 대하여

$$g(x)\le kx-2\le f(x)$$

단서3 직선 $y=kx-2$는 점 $(0, -2)$를 지나고 기울기가 k인 직선이지? 주어진 부등식을 만족시키려면 직선과 두 곡선이 어떻게 위치해야 하고, 그에 따라 직선의 기울기 k의 최댓값 또는 최솟값이 어떻게 나올지 유추할 수 있어야 해.

를 만족시키는 실수 k의 최댓값과 최솟값을 각각 α, β라 할 때, $\alpha-\beta=a+b\sqrt{2}$이다. a^2+b^2의 값을 구하시오. (단, a, b는 유리수이다.) (4점)

✪ 이 문제는 세 조건을 만족시키는 두 함수 $f(x)$, $g(x)$의 식을 구하고 주어진 부등식을 만족시키는 직선 $y=kx-2$의 기울기 k의 값의 범위를 구하는 문제이다. 함수 $g(x)$는 조건 (가)를 이용하여 쉽게 구할 수 있지만 함수 $f(x)$는 세 조건 (가), (나), (다)를 모두 이용하여야 한다. 이때, 곡선 밖의 한 점에서 곡선에 그은 접선의 개수는 접점의 좌표를 임의로 잡아 접선의 방정식을 구한 후 접선이 지나는 한 점의 좌표를 대입하여 만들어진 방정식의 실근의 개수와 같음을 아는 것이 $f(x)$를 구하는 핵심 개념이다.

[풀이 단서 체크]

❶ 먼저, 두 함수 $f(x)$, $g(x)$의 식을 구해야 한다.
다항함수 $y=h(x)$의 그래프가 $x=a$에서 x축과 접하면 방정식 $h(x)=0$은 $x=a$에서 중근을 가지므로 함수 $h(x)$는 $(x-a)^2$을 인수로 가짐을 알아야 한다. 이를 이용하여 $g(x)$를 구하고 $f(x)$는 나머지 조건을 이용하여 결정해야 한다. ⇒ 단서1

❷ 방정식 $f(x)=g(x)$의 실근은 두 함수 $y=f(x)$, $y=g(x)$의 그래프가 만나는 점의 x좌표이므로 만나는 점이 1개가 되어야 이 방정식이 오직 하나의 실근을 갖는다. 즉, 조건 (가), (나)를 만족시키는 두 함수 $y=f(x)$, $y=g(x)$의 그래프를 모두 그려 그 중 조건 (다)를 만족시키는 그래프를 찾아야 한다. ⇒ 단서2

❸ 마지막으로, 주어진 부등식에서 각 변의 식을 함수의 그래프로 나타내어 접근해야 한다. 이때, 두 함수 $f(x)$, $g(x)$는 결정되어 있으므로 함수 $y=kx-2$의 그래프가 항상 지나는 점을 찾아 기울기를 변화시키며 주어진 부등식을 만족시키는 상수 k의 값의 범위를 구하면 된다. ⇒ 단서3

주의 조건 (나)에서 접선의 개수가 2가 됨을 이용할 때, 삼차방정식이 나오게 되는데 이 삼차방정식의 실근의 개수가 2이어야 하므로 삼차방정식은 한 중근과 또 다른 한 근을 가짐을 파악하고 문제에 접근해야 한다.

핵심 정답 공식: 조건을 만족하는 삼차함수 $f(x)$와 이차함수 $g(x)$를 먼저 구한다. 접선의 방정식을 이용하여 실수 k의 값의 범위를 구한다.

[문제 풀이 순서]

* 접선의 방정식을 이용하여 주어진 조건을 만족시키는 직선의 기울기 k의 값의 범위 구하기

1st 조건 (가)를 이용하여 이차함수 $g(x)$의 식을 찾고, 삼차함수 $f(x)$의 식을 유추하자.

조건 (가)에서 곡선 $y=g(x)$ 위의 점 $(2, 0)$에서의 접선이 x축이라 했으므로 이차함수 $y=g(x)$의 그래프는 점 $(2, 0)$에서 x축에 접한다.
즉, $g(x)$는 점 $(2, 0)$을 꼭짓점으로 하고, 최고차항의 계수가 -1인 이차함수이므로 $g(x)=-(x-2)^2$이다.
$g(2)=0$, $g'(2)=0$이므로 $g(x)$는 $(x-2)^2$을 인수로 가져.
또, 조건 (가)에서 곡선 $y=f(x)$ 위의 점 $(0, 0)$에서의 접선이 x축이라 했으므로 함수 $f(x)$의 그래프는 점 $(0, 0)$에서 x축에 접한다.
즉, $f(x)$는 최고차항의 계수가 1인 삼차함수이므로
$f(x)=x^2(x+p)=x^3+px^2$ (p는 상수) ⋯ ㉠이라 놓을 수 있다.
$f(0)=0$, $f'(0)=0$이므로 $f(x)$는 x^2을 인수로 가져.

함정 삼차함수 $y=f(x)$의 그래프가 원점에서 x축에 접하면 $f(x)$는 x를 인수로 갖고, 그 도함수도 x를 인수로 가져야 해. 즉, 함수 $f(x)$는 x^2을 인수로 갖고, 방정식 $f(x)=0$에서 0은 중근임을 의미해.

2nd 조건 (나)를 이용하여 삼차함수 $f(x)$의 식을 찾자.

㉠에서 $f'(x)=3x^2+2px$이고,
곡선 $y=f(x)$ 위의 점 (t, t^3+pt^2)에서의 접선의 방정식은
$y=(3t^2+2pt)(x-t)+(t^3+pt^2)$ ⋯ ㉡
곡선 $y=f(x)$ 위의 점 $(k, f(k))$에서의 접선의 방정식은 $y-f(k)=f'(k)(x-k)$
이때, 접선 ㉡이 점 $(2, 0)$을 지나면
$0=(3t^2+2pt)(2-t)+(t^3+pt^2)$이므로
$0=6t^2-3t^3+4pt-2pt^2+t^3+pt^2$
$-2t^3+(6-p)t^2+4pt=0$
$\therefore t\{-2t^2+(6-p)t+4p\}=0$ ⋯ ㉢
즉, 조건 (나)에 의해 t에 대한 삼차방정식 ㉢의 서로 다른 실근의 개수가 2이어야 한다.
곡선 $y=f(x)$의 접선 중 점 $(2, 0)$을 지나는 접선의 개수가 2이므로 접점의 x좌표인 t의 개수가 2라는 뜻이야.

(i) 이차방정식 $-2t^2+(6-p)t+4p=0$의 한 근이 $t=0$인 경우 $p=0$
$-2t^2+(6-p)t+4p=0$에 $t=0$을 대입했어.
즉, $p=0$을 ㉠에 대입하면 $f(x)=x^3$이므로 두 함수 $y=f(x)$, $y=g(x)$의 그래프를 그리면 [그림 1]과 같다.
따라서 두 그래프의 교점의 개수가 1에서 방정식 $f(x)=g(x)$는 오직 하나의 실근을 가지므로 조건 (다)를 만족시킨다.
방정식 $f(x)=g(x)$의 실근의 개수 ⇔ 두 함수 $y=f(x)$, $y=g(x)$의 그래프의 서로 다른 교점의 개수

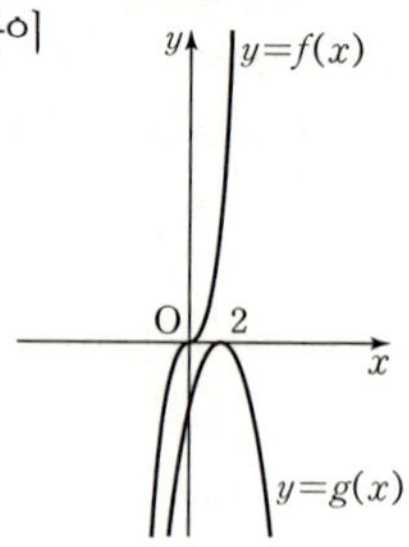

[그림 1]

(ii) 이차방정식 $-2t^2+(6-p)t+4p=0$이 0이 아닌 중근을 갖는 경우
이차방정식 $-2t^2+(6-p)t+4p=0$의 판별식을 D라 하면
$D=(6-p)^2+32p=0$
$p^2+20p+36=0$
$(p+2)(p+18)=0$
$\therefore p=-2$ 또는 $p=-18$

i) $p=-2$일 때,

$p=-2$를 ㉠에 대입하면

$f(x)=x^2(x-2)$이므로

두 함수 $y=f(x)$, $y=g(x)$의 그래프를 그리면 [그림 2]와 같다.

즉, 방정식 $f(x)=g(x)$가 서로 다른 세 실근을 가지므로 조건 (다)를 만족시키지 않는다.

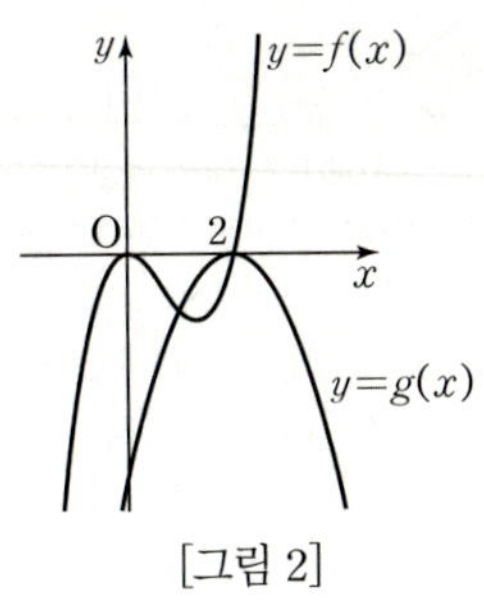

[그림 2]

ii) $p=-18$일 때,

$p=-18$을 ㉠에 대입하면

$f(x)=x^2(x-18)$이므로

두 함수 $y=f(x)$, $y=g(x)$의 그래프를 그리면 [그림 3]과 같다.

즉, 방정식 $f(x)=g(x)$가 서로 다른 세 실근을 가지므로 조건 (다)를 만족시키지 않는다.

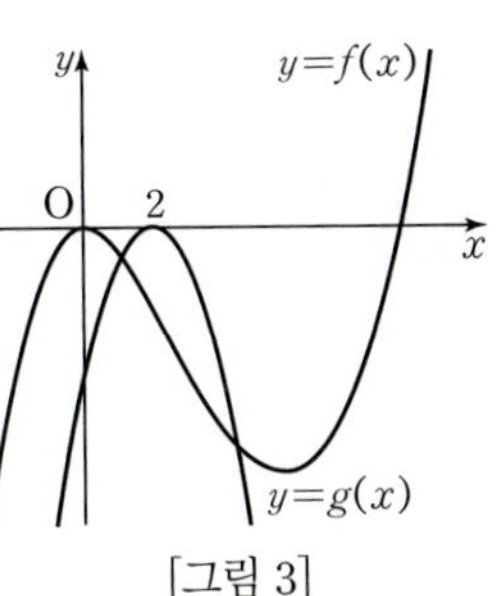

[그림 3]

(i), (ii)에 의해 $f(x)=x^3$이다.

3rd 접선의 방정식을 이용하여 실수 k의 값의 범위를 구하자.

직선 $y=kx-2$는 점 $(0,\ -2)$를 지나고 기울기가 k이므로 함수 $y=f(x)$, $y=g(x)$의 그래프와 직선 $y=kx-2$를 그리면 [그림 4]와 같다.

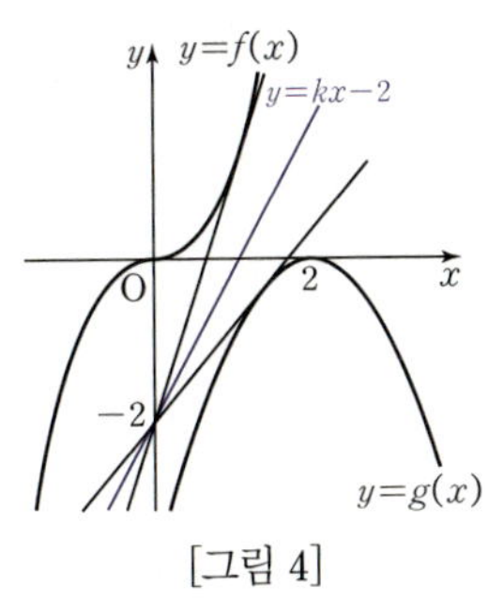

[그림 4]

즉, $x>0$인 모든 실수 x에 대하여 $g(x)\le kx-2\le f(x)$를 만족시키려면 곡선 $y=g(x)$는 직선 $y=kx-2$와 만나거나 아래쪽에 있어야 하고, 곡선 $y=f(x)$는 직선 $y=kx-2$와 만나거나 위쪽에 있어야 한다.

따라서 k의 최댓값은 점 $(0,\ -2)$를 지나고 곡선 $y=f(x)$에 접하는 직선의 기울기이고, k의 최솟값은 점 $(0,\ -2)$를 지나고 곡선 $y=g(x)$에 접하는 직선의 기울기이다.

(Ⅰ) 함수 $f(x)=x^3$에 대하여 점 $(0,\ -2)$를 지나고 곡선 $y=f(x)$에 접하는 접선의 접점의 좌표를 $(t,\ t^3)$이라고 하면 이 점에서의 접선의 방정식은 $y=3t^2(x-t)+t^3\ (t>0)$
($f'(x)=3x^2$)

이 접선이 점 $(0,\ -2)$를 지나므로

$-2=-2t^3$, $t^3=1$ $\qquad\therefore t=1$

이때의 접선의 기울기는 $3t^2=3\times1^2=3$

(Ⅱ) 함수 $g(x)=-(x-2)^2$에 대하여 점 $(0,\ -2)$를 지나고 곡선 $y=g(x)$에 접하는 접선의 접점의 좌표를 $(s,\ -(s-2)^2)$이라고 하면 이 점에서의 접선의 방정식은
($g'(x)=-2(x-2)$)

$y=-2(s-2)(x-s)-(s-2)^2\ (s>0)$

이 접선이 점 $(0,\ -2)$를 지나므로

$-2=2s(s-2)-(s-2)^2$

$-2=2s^2-4s-s^2+4s-4$

$s^2=2$ $\qquad\therefore s=\sqrt{2}\ (\because s>0)$

이때의 접선의 기울기는 $-2(s-2)=-2(\sqrt{2}-2)=4-2\sqrt{2}$

(Ⅰ), (Ⅱ)에 의하여 $4-2\sqrt{2}\le k\le3$이다.

따라서 $\alpha=3$, $\beta=4-2\sqrt{2}$이고

$\alpha-\beta=3-(4-2\sqrt{2})=-1+2\sqrt{2}$이므로 $a=-1$, $b=2$

$\therefore a^2+b^2=(-1)^2+2^2=5$

[1등급 심화 특강]

〈곡선 밖의 점에서 곡선에 그은 접선의 개수〉

곡선 $y=f(x)$ 밖의 한 점 $(a,\ b)$에서 그은 접선의 접점을 $(t,\ f(t))$라 하면 접선의 방정식은 $y=f'(t)(x-t)+f(t)$이지?

이때, 점 $(a,\ b)$에서 곡선에 그은 접선의 방정식이 $y=f'(t)(x-t)+f(t)$이니까 이 식에 $x=a$, $y=b$를 대입해도 식이 성립해.

대입하면 $b=f'(t)(a-t)+f(t)$이고 이것은 t에 대한 방정식이므로 이것의 실근이 접점의 x좌표가 돼. 즉, 실근의 개수가 접점의 개수이고 접점의 개수가 접선의 개수와 같아. 따라서 곡선 밖의 점에서 곡선에 그은 접선의 개수는 t에 대한 방정식의 실근의 개수와 같아.

My Top Secret

주어진 부등식이 $g(x)\le kx-2\le f(x)$이므로 $g(x)\le kx-2$에서 $g(x)-kx+2\le0$이고 $f(x)\ge kx-2$에서 $f(x)-kx+2\ge0$이야.

이때, $h(x)=g(x)-kx+2$, $i(x)=f(x)-kx+2$라 하면 $x>0$에서 함수 $h(x)$의 최댓값이 0보다 작거나 같고 함수 $i(x)$의 최솟값이 0보다 크거나 같음을 이용해서 문제를 풀어도 돼. 그런데 문제의 해설과 같이 그래프를 그려 $x>0$에서 두 함수 $y=f(x)$, $y=g(x)$의 그래프 사이에 직선 $y=kx-2$가 있어야 함을 직관적으로 판단해서 문제에 접근하는 것이 더 좋은 풀이야.

E 96 정답 65

✪ 1등급 킬러 [정답률 12%]

단서2 $g(x)$가 $f(x)$의 역함수임을 이용하여 구간 $[0,\ 1]$에서 실근을 갖도록 k의 값의 범위를 결정해.

실수 k에 대하여 함수 $f(x)=x^3-3x^2+6x+k$의 역함수를 $g(x)$라 하자. 방정식 $4f'(x)+12x-18=(f'\circ g)(x)$가 닫힌구간 $[0,\ 1]$에서 실근을 갖기 위한 k의 최솟값을 m, 최댓값을 M이라 할 때, m^2+M^2의 값을 구하시오. (4점)

단서1 $f'(x)$를 구하여 주어진 방정식에 대입해서 방정식을 간단히 정리하는 것부터 해야 해.

✪ 이 문제는 역함수와 합성함수로 나타내어진 복잡한 방정식을 정리하여 특정 구간에서 실근을 갖도록 하는 상수의 값을 구하는 문제이다. 이때, $f(x)$의 식이 주어졌으므로 $f'(x)$를 구할 수 있고 이를 주어진 방정식에 대입하여 $g(x)$를 하나의 문자로 보고 주어진 식을 정리하는 것이 이 문제의 키포인트이다.

[풀이 단서 체크]

❶ $g(x)$는 삼차함수 $f(x)$의 역함수이므로 수식으로 나타내기 힘들기 때문에 주어진 방정식을 x로만 나타낼 수 없다. 따라서 $f'(x)$를 구한 후 주어진 방정식에 대입하고 $g(x)$를 하나의 문자처럼 취급하여 $g(x)$에 대한 방정식을 만들어 생각하여야 한다. ⇒ 단서1

❷ 함수 $y=f(x)$의 그래프와 그 역함수 $y=f^{-1}(x)$의 그래프는 직선 $y=x$에 대하여 대칭이므로 $f^{-1}(a)=b$이면 $f(b)=a$가 성립한다. 즉, $g(x)$에 대한 방정식에서 이를 이용하여 $f(x)$의 방정식으로 나타낸 후 문제를 해결한다. ⇒ 단서2

주의 $g(x)$가 삼차함수 $f(x)$의 역함수이므로 $f(x)$의 식을 직접 구하려 하면 문제를 풀기 어렵다. 따라서 주어진 방정식에 $f'(x)$를 대입하여 $g(x)$에 대한 방정식으로 바꾸어 해결한다.

핵심 정답 공식: $f'(x)$를 구해서 주어진 방정식에 대입하여 $g(x)$를 x에 대한 식으로 정리한다. 정리한 식을 $f(x)$에 대입하여 구간 $[0,\ 1]$에서 실근을 갖기 위한 k의 값을 찾는다.

[문제 풀이 순서]

* 역함수와 합성함수의 식을 포함한 방정식이 주어진 구간에서 실근을 갖도록 하는 실수 k의 값의 범위 구하기

1st 주어진 방정식부터 정리하자.

$f(x)=x^3-3x^2+6x+k$에서 $f'(x)=3x^2-6x+6$

이것을 주어진 방정식 $4f'(x)+12x-18=(f'\circ g)(x)$, 즉 $4f'(x)+12x-18=f'(g(x))$에 대입하여 정리하면

$4(3x^2-6x+6)+12x-18=3\{g(x)\}^2-6g(x)+6$에서

$\{g(x)\}^2-2g(x)-4x^2+4x=0$

$\{g(x)+2x\}\{g(x)-2x\}-2\{g(x)-2x\}=0$

$\{g(x)-2x\}\{g(x)+2x-2\}=0$

$\therefore g(x)=2x$ 또는 $g(x)=-2x+2$

함정 $g(x)$를 $f'(x)$에 대입하여 $g(x)$에 대한 식으로 정리할 수 있다는 생각을 해야 해.

즉, 주어진 방정식이 닫힌구간 $[0, 1]$에서 실근을 갖는다는 것은 방정식 $g(x)=2x$ 또는 방정식 $g(x)=-2x+2$가 닫힌구간 $[0, 1]$에서 실근을 갖는다는 것과 같은 의미이다.

2nd 두 방정식이 닫힌구간 $[0, 1]$에서 실근을 갖기 위한 k의 범위를 구하자.

(i) $g(x)=2x$에서 $f(2x)=x$이므로

→ 두 함수 $f(x)$, $g(x)$가 서로 역함수이므로 두 함수는 $y=x$에 대하여 대칭이야. 즉, $f(a)=b$이면 $g(b)=a$가 성립한다는 거지.

$(2x)^3-3(2x)^2+6\cdot 2x+k=x$

$\therefore 8x^3-12x^2+11x=-k$ ⋯ ㉠

즉, ㉠이 닫힌구간 $[0, 1]$에서 실근을 가져야 하므로 $h_1(x)=8x^3-12x^2+11x$라 하면 함수 $y=h_1(x)$의 그래프와 직선 $y=-k$가 닫힌구간 $[0, 1]$에서 교점을 가져야 한다.

방정식 $f(x)=g(x)$의 실근은 두 함수 $f(x)$, $g(x)$의 그래프의 교점의 x좌표와 같아.

이때, $h_1'(x)=24x^2-24x+11=24\left(x-\frac{1}{2}\right)^2+5>0$이므로 함수 $h_1(x)$는 증가함수이고 $h_1(0)=0$, $h_1(1)=8-12+11=7$이므로

$h_1(x)$의 도함수 $h_1'(x)$가 실수 전체의 집합에서 $h_1'(x)>0$이므로 $h_1(x)$는 증가함수야.

닫힌구간 $[0, 1]$에서 실근을 가지기 위한 실수 k의 값의 범위는 $0\le -k\le 7$에서 $-7\le k\le 0$이다.

→ 함수 $h_1(x)$는 연속함수이면서 증가함수이므로 $h_1(0)$, $h_1(1)$의 값 사이에 $-k$가 존재하면 닫힌구간 $[0, 1]$에서 실근을 갖게 돼.

(ii) $g(x)=-2x+2$에서 $f(-2x+2)=x$이므로

$(-2x+2)^3-3(-2x+2)^2+6(-2x+2)+k=x$

$\therefore 8x^3-12x^2+13x-8=k$ ⋯ ㉡

즉, ㉡이 닫힌구간 $[0, 1]$에서 실근을 가져야 하므로 $h_2(x)=8x^3-12x^2+13x-8=0$이라 하면 함수 $y=h_2(x)$의 그래프와 직선 $y=k$가 닫힌구간 $[0, 1]$에서 교점을 가져야 한다.

이때, $h_2'(x)=24x^2-24x+13=24\left(x-\frac{1}{2}\right)^2+7>0$이므로 함수 $h_2(x)$는 증가함수이고 $h_2(0)=-8$, $h_2(1)=8-12+13-8=1$이므로 닫힌구간 $[0, 1]$에서 실근을 가지기 위한 실수 k의 값의 범위는 $-8\le k\le 1$이다.

마찬가지로 실수 전체의 집합에서 $h_2'(x)>0$이므로 $h_2(x)$는 증가함수야.

→ 함수 $h_2(x)$는 연속함수이면서 증가함수이므로 $h_2(0)$, $h_2(1)$의 값 사이에 k가 존재하면 닫힌구간 $[0, 1]$에서 실근을 가져.

(i), (ii)에 의하여 주어진 방정식이 닫힌구간 $[0, 1]$에서 실근을 갖기 위한 실수 k의 값의 범위는 $-8\le k\le 1$이므로 $m=-8$, $M=1$이다.

$\therefore m^2+M^2=(-8)^2+1^2=65$

[1등급 심화 특강]

〈방정식 $f(x)=k$의 실근의 개수 구하기〉

상수 k에 대하여 방정식 $f(x)=k$의 실근의 개수는 함수 $y=f(x)$의 그래프와 직선 $y=k$의 교점의 개수와 같아. 즉, $f(x)=k$ 꼴의 방정식의 실근의 개수를 구할 때는 함수 $y=f(x)$의 그래프를 그려 직선 $y=k$와 교점의 개수를 구하면 돼. 다만, 함수 $y=f(x)$의 그래프를 그릴 때는 정확하게 그려야 하니까 미분을 이용하여 극값, 최댓값, 최솟값, 절편 등을 파악하여 그래프를 그리는 것이 중요해.

1등급 풀이 Tip

삼차함수 $f(x)$의 역함수인 $g(x)$의 식을 직접 구하는 것은 매우 힘든 일이다. 따라서 주어진 식을 최대한 정리하거나 $g(x)$를 없애서 주어진 방정식을 풀어야 한다. 주어진 식을 정리하는 경우 $f'(x)$를 구해 대입하여 $g(x)$를 x에 대한 식으로 나타내고, $g(x)$를 없애는 경우 x 대신 $f(t)$를 대입하여 $g(f(t))=t$임을 이용하여 주어진 식을 정리할 수 있다. 이때는 $0\le f(t)\le 1$일 때 실근을 갖도록 하는 k의 값을 구하면 된다.

E 97 정답 38

✪ 2등급 킬러 [정답률 28%]

이차함수 $f(x)$는 $x=-1$에서 극대이고, 삼차함수 $g(x)$는 이차항의 계수가 0이다. 함수

단서1 이차함수 $f(x)$가 $x=-1$에서 극대이므로 $x=-1$에서 꼭짓점을 갖고, 직선 $x=-1$에 대하여 대칭인 위로 볼록한 포물선이야.

$$h(x)=\begin{cases} f(x) & (x\le 0) \\ g(x) & (x>0) \end{cases}$$

이 실수 전체의 집합에서 미분가능하고 다음 조건을 만족시킬 때, $h'(-3)+h'(4)$의 값을 구하시오. (4점)

단서2 실수 전체에서 미분가능하려면 $x=0$에서 미분가능해야 해. 즉, $y=f(x)$가 위로 볼록한 포물선이니까 $x=0$에서 곡선 $y=g(x)$에 접하는 접선의 기울기는 음수여야 해.

(가) 방정식 $h(x)=h(0)$의 모든 실근의 합은 1이다.

단서3 함수 $y=h(x)$의 그래프와 직선 $y=h(0)$의 교점의 x좌표의 합이 1이 되도록 삼차함수 $y=g(x)$의 그래프의 개형을 유추해낼 수 있어야 해.

(나) 닫힌구간 $[-2, 3]$에서 함수 $h(x)$의 최댓값과 최솟값의 차는 $3+4\sqrt{3}$이다.

✪ 이차함수와 삼차함수의 일부로 이루어진 함수 $h(x)$가 조건을 만족시킬 때, 이차함수와 삼차함수의 식을 유추하는 문제이다.

이를 위해서는 기본적인 이차함수와 삼차함수의 그래프의 개형을 이해한 후, 구간에 따라 다르게 정의된 함수의 미분가능 조건과 그래프를 이용한 방정식의 실근 조건, 최댓값, 최솟값의 성질 등을 종합하여 다항함수의 식을 구할 수 있어야 한다.

[풀이 단서 체크]

❶ 먼저, 이차함수는 극값을 하나만 갖는데, 최고차항의 계수가 양수이면 극솟값을, 최고차항의 계수가 음수이면 극댓값을 갖는다. 즉, 이차함수 $f(x)$가 $x=-1$에서 극대라 했으므로 최고차항의 계수는 음수이고, $x=-1$을 축으로 가짐을 알 수 있다. ⇒ 단서1

❷ 함수 $h(x)$는 $x<0$에서 이차함수의 일부이고, $x>0$에서 삼차함수의 일부이므로 $x=0$이 아닌 모든 실수에 대하여 미분가능하다.

따라서 함수 $h(x)$가 실수 전체에서 미분가능하려면 $x=0$에서 미분가능해야 하므로 $x=0$에서의 좌우미분계수가 같아야 한다. 즉, $f'(0)=g'(0)$인데 최고차항의 계수가 음수인 이차함수의 그래프에서 $f'(0)<0$이므로 $g'(0)<0$이어야 한다. ⇒ 단서2

❸ 이차함수 $f(x)$는 $x=-1$에 대하여 대칭이므로 $f(0)=f(-2)$이다.

즉, $h(0)=f(0)=f(-2)$이므로 $x<0$에서 방정식 $h(x)=h(0)$의 실근은 -2, 0이다.

따라서 방정식 $h(x)=h(0)$의 모든 실근의 합이 1이 되려면 $x>0$에서 $g(x)=g(0)(=f(0))$의 실근의 합은 3이어야 한다. ⇒ 단서3

주의 삼차함수 $g(x)$의 이차항의 계수가 0임을 활용하여 $g(x)$의 그래프의 개형을 파악하면 계산 과정을 줄일 수 있다.

핵심 정답 공식: 함수 $h(x)$가 실수 전체의 집합에서 미분가능하기 위해서는 $x=0$에서의 곡선 $y=f(x)$의 접선의 기울기와 곡선 $y=g(x)$의 접선의 기울기가 같아야 한다.

[문제 풀이 순서]

* 이차함수와 삼차함수의 그래프를 이용하여 미분가능과 방정식에 대한 조건을 만족시키는 함수 구하기

1st 조건을 만족시키는 이차함수 $f(x)$를 유추하자.

함수 $h(x)$가 $x=0$에서 미분가능하고, 두 다항함수 $f(x)$, $g(x)$는 실수 전체에서 미분가능하므로 $\lim_{x\to 0}h(x)=h(0)$에서 $f(0)=g(0)$이고,
$x=0$에서 함수 $h(x)$는 연속이어야 해.

$\lim_{x\to 0-}\frac{h(x)-h(0)}{x}=\lim_{x\to 0+}\frac{h(x)-h(0)}{x}$에서 $f'(0)=g'(0)$이다.
$x=0$에서 함수 $h(x)$는 미분계수가 존재해야 해.

이때, 이차함수 $f(x)$가 $x=-1$에서 극대이므로 함수 $y=f(x)$의 그래프는 직선 $x=-1$에 대하여 대칭이다.
즉, $f(-2)=f(0)$이고, $f(0)=h(0)$이므로
$f(-2)=f(0)=h(0)$이다.
따라서 $h(0)=k$(k는 상수)라 하면 함수 $f(x)$는

$f(x)=ax(x+2)+k$
$\quad=ax^2+2ax+k\ (a<0)$

로 놓을 수 있다.

→ $f(-2)=f(0)=k$이므로 $f(x)-k$는 x, $x+2$를 인수로 가져. 즉, $f(x)-k=ax(x+2)$ (단, a는 상수)로 놓을 수 있지.
→ 이차함수 $f(x)$가 $x=-1$에서 극대라 했으므로 $y=f(x)$는 위로 볼록한 포물선이야. 즉, 이차함수 $f(x)$의 최고차항의 계수는 음수여야 해.

2nd 삼차함수 $g(x)$의 최고차항의 계수가 양수인 경우에 대하여 조건을 만족시키는 함수 $h(x)$를 구하자.

한편, $g(x)$가 삼차함수이므로 함수 $h(x)$가 실수 전체의 집합에서 미분가능하기 위해서는 $x=0$에서의 곡선 $y=g(x)$의 접선의 기울기는 음수이어야 한다.
$x\le 0$인 범위에서 위로 볼록한 포물선인 이차함수 $y=f(x)$의 그래프의 $x=0$에서의 접선의 기울기가 음수이므로 함수 $h(x)$가 실수 전체의 집합에서 미분가능하기 위해서는 $x=0$에서의 곡선 $y=g(x)$의 접선의 기울기는 음수이어야 해.

또한, 조건 (가)에서 방정식 $h(x)=h(0)$의 모든 실근의 합이 1이어야 하므로 다음 두 가지 경우로 나눌 수 있다.

(i) 삼차함수 $g(x)$의 최고차항의 계수가 양수인 경우

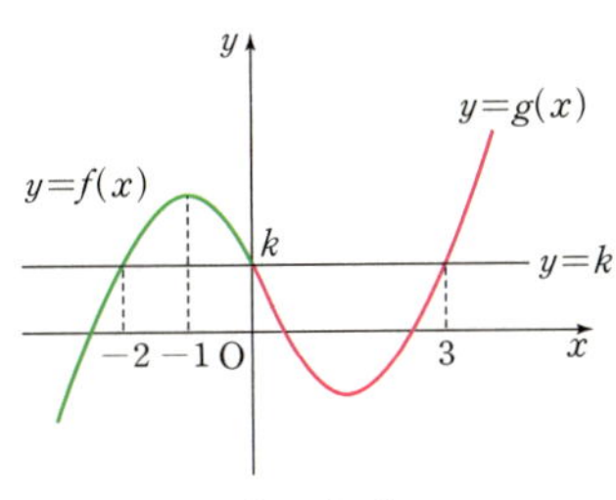

[그림 1]

방정식 $h(x)=h(0)$의 모든 실근의 합이 1이고 [그림 1]과 같이 $x\le 0$에서 $f(-2)=f(0)=k$이므로 $x>0$에서 $g(3)=k$가 되어야 한다.
$-2+0+3=1$이어야 하지?

즉, $g(0)=k$, $g(3)=k$이고, [그림 1]의 $x<0$인 부분에서 함수 $y=g(x)$의 그래프를 연장하여 그려보면 $g(q)=k$인 음수 q가 존재하게 된다.

따라서 $g(x)-k$는 x, $x-3$, $x-q$(q는 0, 3이 아닌 실수)를 인수로 가지므로 양수 p에 대하여
$g(0)=g(3)=g(q)=k$야.

$g(x)=px(x-3)(x-q)+k=p\{x^3-(q+3)x^2+3qx\}+k$
라 놓을 수 있다.

그런데 $g(x)$의 이차항의 계수가 0이므로
$q+3=0$에서 $q=-3$
$\therefore g(x)=p(x^3-9x)+k$

이때, $g'(x)=p(3x^2-9)$이므로 $g'(x)=0$에서
$x=\sqrt{3}$ 또는 $x=-\sqrt{3}$
즉, 함수 $g(x)$는 $x=\sqrt{3}$에서 극소이다.
→ 최고차항의 계수가 양수인 삼차함수에 대하여 두 점 x_1, x_2 $(x_1<x_2)$에서 극값을 가지면 x_1에서 극대, x_2에서 극소야.

한편, $x=0$에서의 곡선 $y=f(x)$의 접선의 기울기와 $x=0$에서의 곡선 $y=g(x)$의 접선의 기울기가 같아야 하고,
함수 $h(x)$가 실수 전체의 집합에서 미분가능하기 위해서는 $x=0$에서 미분가능해야 해.

$f'(x)=2ax+2a$, $g'(x)=p(3x^2-9)$이므로
$f'(0)=2a$, $g'(0)=-9p$에서

$2a=-9p \qquad \therefore a=-\frac{9}{2}p \cdots$ ㉠

또한, [그림 1]에 의하여 닫힌구간 $[-2, 3]$에서 함수 $h(x)$의 최댓값은 $f(-1)$, 최솟값은 $g(\sqrt{3})$이고 조건 (나)에서 두 값의 차가 $3+4\sqrt{3}$이므로 ㉠을 이용하면
함수 $h(x)$의 그래프를 보면 닫힌구간 $[-2, 3]$에서 함수 $h(x)$의 최댓값은 $f(x)$의 극댓값과 같고, 함수 $h(x)$의 최솟값은 함수 $g(x)$의 극솟값과 같아.

$f(-1)-g(\sqrt{3})=(-a+k)-(-6\sqrt{3}p+k)=-a+6\sqrt{3}p$
$\qquad=\frac{9}{2}p+6\sqrt{3}p=\frac{9+12\sqrt{3}}{2}p=3+4\sqrt{3}$

$\therefore p=(3+4\sqrt{3})\times\frac{2}{3(3+4\sqrt{3})}=\frac{2}{3}$

$p=\frac{2}{3}$를 ㉠에 대입하면 $a=-\frac{9}{2}p=-\frac{9}{2}\times\frac{2}{3}=-3$

따라서 $f'(x)=-6x-6$, $g'(x)=2x^2-6$이므로

$$h'(x)=\begin{cases}-6x-6 & (x<0)\\ 2x^2-6 & (x>0)\end{cases}$$

$\therefore h'(-3)+h'(4)=\{-6\times(-3)-6\}+(2\times 4^2-6)$
$\qquad=12+26=38$

3rd 삼차함수 $g(x)$의 최고차항의 계수가 음수인 경우에 대하여 조건을 만족시키는 함수 $h(x)$를 구하자.

(ii) 삼차함수 $g(x)$의 최고차항의 계수가 음수인 경우

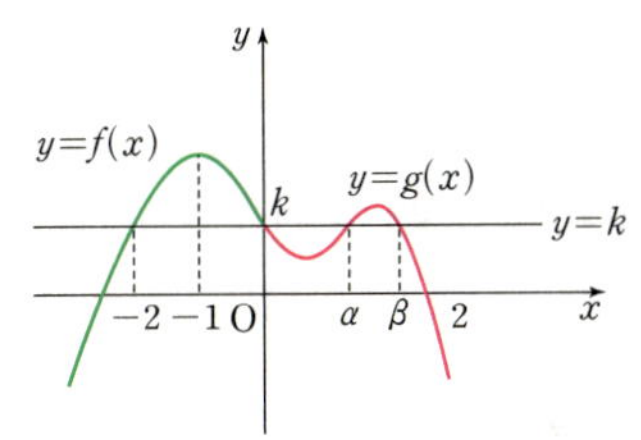

[그림 2]

방정식 $h(x)=h(0)$의 모든 실근의 합이 1이고 [그림 2]와 같이 $x\le 0$에서 $f(-2)=f(0)=k$이므로 $x>0$에서 $g(\alpha)=g(\beta)=k$ (단, $\alpha+\beta=3$)가 되어야 한다.
$-2+0+\alpha+\beta=1$이어야 해.

즉, $g(0)=k$, $g(\alpha)=k$, $g(\beta)=k$이다.
따라서 $g(x)-k$는 x, $x-\alpha$, $x-\beta$ (α, β는 서로 다른 실수, $\alpha+\beta=3$)를 인수로 가지므로 음수 p에 대하여 $g(x)=px(x-\alpha)(x-\beta)+k$로 놓으면

$g(x)=p\{x^3-(\alpha+\beta)x^2+\alpha\beta x\}+k$
$\qquad=p(x^3-3x^2+\alpha\beta x)+k$ ($\because \alpha+\beta=3$)

그런데 이때의 함수 $g(x)$의 이차항의 계수는 0이 아니므로 조건을 만족시키지 않는다.

함정 삼차함수 $g(x)$의 이차항의 계수가 0이므로 $g(x)=ax^3+bx+g(0)$ (a, b는 상수, $a\ne 0$)으로 놓으면 $g(x)-g(0)=ax^3+bx$가 돼.
이때, $G(x)=g(x)-g(0)$이라 하면
$G(-x)=a(-x)^3+b(-x)=-ax^3-bx=-(ax^3+bx)=-G(x)$
이므로 함수 $G(x)$는 원점에 대하여 대칭인 함수야. 즉, 함수 $g(x)-g(0)$은 원점에 대하여 대칭인 함수이므로 함수 $g(x)$는 점 $(0, g(0))$에 대하여 대칭인 함수가 돼. 따라서 함수 $g(x)$는 $x>0$에서 최대 1개의 극값을 가질 수 있으니까 조건을 만족시키면서 함수 $g(x)$의 최고차항의 계수가 음수인 경우는 나올 수 없어.

(i), (ii)에 의하여 구하는 $h'(-3)+h'(-4)$의 값은 38이다.

[1등급 심화 특강]

〈조건을 만족시키는 삼차함수의 그래프의 개형〉

최고차항의 계수가 양수인 삼차함수의 그래프는 ∧∨ 또는 ╱ 꼴이야.
그런데 최고차항의 계수가 양수일 때 해설에서는 ∧∨ 꼴인 경우만 따져줬지? 그 이유는 ╱ 꼴이면 함수 $y=g(x)$의 그래프의 $x=0$에서의 접선의 기울기가 양수이기 때문에 따져주지 않은 거야.
또, 최고차항의 계수가 음수인 삼차함수의 그래프는 ∨∧ 또는 ╲ 꼴이야.
그런데 최고차항의 계수가 음수일 때 해설에서는 ∨∧ 꼴인 경우만 따져준 이유는 ╲ 꼴이면 $x>0$에서 방정식 $h(x)=h(0)$의 실근이 존재하지 않기 때문에 이 방정식의 모든 실근의 합은 $-2+0=-2$가 돼. 즉, 조건 (나)를 만족시키지 않기 때문이야.
그리고 최고차항의 계수가 음수일 때 $x>0$에서 함수 $y=g(x)$의 그래프는 ╲ 꼴이 될 수도 있지만 이 경우도 ╲ 꼴인 경우와 마찬가지로 $x>0$에서 방정식 $h(x)=h(0)$의 실근이 존재하지 않기 때문에 조건 (나)를 만족시키지 않아.

1등급 풀이 Tip

삼차함수 $g(x)$의 그래프의 개형을 추론하지 않고, 조건 (가), (나)를 만족시키도록 하는 $g(x)$의 식을 세운 후 $g(x)$의 이차항의 계수를 따져주려고 하면 계산이 복잡해진다. 삼차함수의 그래프의 개형을 기본으로 하여 이차항의 계수가 의미하는 바를 바탕으로 개형을 추려 나가면 해결에 접근하기가 수월해진다.

My Top Secret

삼차함수에서 이차항의 계수가 0이라는 조건은 단순한 숫자만을 제시한 것이 아니야. 삼차함수 $g(x)$를 y축의 방향으로 $-g(0)$만큼 평행이동한 $g(x)-g(0)$이 원점에 대하여 대칭이므로 이를 활용하면 함수 $g(x)$는 점 $(0, g(0))$에 대하여 대칭이라는 거야.
이와 같은 사실을 이해하여 $g(x)$의 그래프로 가능한 경우의 수를 줄인 다음, 그래프를 그리면 풀이 과정을 빠르게 진행할 수 있어.

E 98 정답 147

✪ 2등급 킬러 [정답률 21%]

최고차항의 계수가 1이고, $f(0)=3$, $f'(3)<0$인 사차함수 $f(x)$가 있다. 실수 t에 대하여 집합 S를 단서2 $x=a$에서 그래프가 뾰족한지를 파악해.

$$S=\{a \mid \text{함수 } |f(x)-t| \text{가 } x=a\text{에서 미분가능하지 않다.}\}$$

라 하고, 집합 S의 원소의 개수를 $g(t)$라 하자. 함수 $g(t)$가 $t=3$과 $t=19$에서만 불연속일 때, $f(-2)$의 값을 구하시오. (4점)

단서1 함수 $f(x)$의 그래프를 직선 $y=t$를 기준으로 그 아랫부분에 있는 그래프를 직선 위로 꺾어올린 것이야.

✪ 절댓값 기호를 사용한 함수에서의 미분불가능한 점의 성질을 통해 사차함수의 그래프와 식을 구하는 문제이다.
이를 위해서 절댓값 기호를 사용한 함수의 특징과 미분불가능한 점의 성질을 이해하고, 사차함수가 두 점에서만 불연속이려면 그 그래프는 어떤 형태를 가져야 하는지 따져보는 것이 중요하다.

[풀이 단서 체크]

❶ 함수 $y=|f(x)-t|$의 그래프는 $y=f(x)$의 그래프를 x축에 평행한 직선 $y=t$를 기준으로 위로 접어 올린 모양이다.
한편, 함수 $|f(x)-t|$에서 $f(x)<t$인 부분은 $2t-f(x)$가 되므로 이 부분에서 도함수는 $-f'(x)$가 된다. ⇒ 단서1

❷ 함수 $f(x)-t$는 항상 미분가능하므로 함수 $|f(x)-t|$의 미분가능하지 않은 점은 위로 접어 올리는 부분에서만 고려하면 된다.
즉, $f(x)=t$를 만족시키는 점에서 미분계수가 0이 아니면 그 점에서 증가하거나 감소하게 되어 접어 올렸을 때 뾰족한 점이 생기므로 미분불가능하다. 그런데 미분계수가 0이면 접어 올렸을 때 뾰족한 점이 생기지 않고, 접어 올리지 않을 수도 있다.
따라서 함수 $|f(x)-t|$의 미분가능하지 않은 점은 $f(x)=t$이고 $f'(x)\neq 0$인 점이다. 즉 $f(x)=t$인 x 중 $f'(x)=0$인 x를 제외한 나머지의 개수가 $g(t)$이다. ⇒ 단서2

주의 $f'(3)<0$을 통해 방정식 $f(x)=19$가 삼중근을 가지는 경우와 방정식 $f(x)=3$이 음수인 중근을 갖는 경우를 모두 걸러낼 수 있다.

핵심 정답 공식: 사차함수의 그래프의 개형을 이용하여 t의 값에 따라 $y=|f(x)-t|$의 그래프에서 미분가능하지 않은 점의 개수를 파악해본다. 조건을 만족하는 그래프의 개형이 무엇인지 파악한다.

[문제 풀이 순서]

* 사차함수의 그래프의 개형을 그리고, 절댓값 기호가 쓰인 함수의 미분불가능한 점의 성질을 통해 조건을 만족시키는 함수 구하기

1st 사차함수의 그래프 개형이 여러 개가 있으므로 어느 한 경우에 대하여 구체적으로 생각해 보자.

주의 그래프의 개형을 미리 파악하고 문제를 접근하면 쉽게 풀 수 있어.

최고차항의 계수가 양수인 사차함수의 그래프의 개형은 (i)~(iv)와 같이 4가지이다.
이때, 임의의 실수 a, b, c를 양수라 하자.

(i)의 경우 :

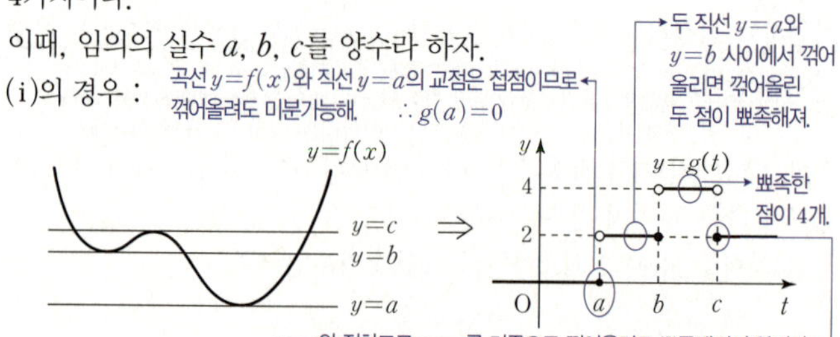

두 직선 y=a와 y=b 사이에서 꺾어 올리면 꺾어올린 두 점이 뾰족해져.
곡선 y=f(x)와 직선 y=a의 교점은 접점이므로 꺾어올려도 미분가능해. ∴ g(a)=0
y=f(x)
y=c
y=b
y=a
⇒
y=g(t)
뾰족한 점이 4개.
4
2
O
a
b
c
t
y=c와 접하므로 y=c를 기준으로 꺾어올려도 뾰족해지지 않지만 그 좌우의 곡선과 직선 y=c와의 교점 2개가 뾰족한 점이 돼.

이므로 사차함수의 각각의 극점에서 함수 $g(t)$는 불연속인 점을 가진다.
즉, $t=a$, b, c일 때 함수 $g(t)$는 불연속이므로 (i)의 경우에서 불연속점은 3개이다.

2nd 마찬가지 방법으로 (ii)~(iv)의 그래프 개형 중 불연속인 점이 2개이고 조건을 만족하는 경우를 골라내자.

(ii)의 경우 :

y=f(x)
y=b
y=a
불연속점 1개

(함수 $g(t)$는 불연속인 점 1개)

(iii)의 경우 :

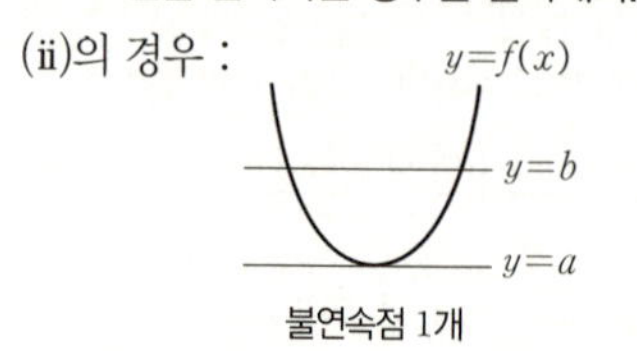

y=f(x)
y=b
y=a
불연속점 2개

실수 주의 불연속인 점이 2개인 것만 확인하고 넘기면 안 돼!

(함수 $g(t)$는 불연속인 점이 2개이지만 $f'(3)>0$)

(iv)의 경우 :

$f(0)=3$이면 $x=0$에서 극소이므로 $x=3$에서 증가상태에 있어.

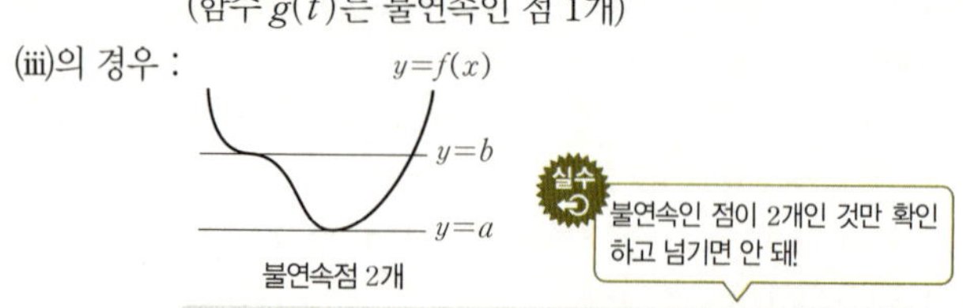

y=f(x)
y=b
y=a
⇒
y=g(t)
4
2
O
a
b
t

따라서 $t=a$, b일 때 함수 $g(t)$는 불연속이고 $f(0)=3$, $f'(3)<0$을 만족하는 것은 (iv)의 경우이다.
$x=0$에서 극소점이고 $x=3$에서 감소상태에 있을 수 있으므로 가능해.

3rd $t=3$, $t=19$에서 극소, 극대임을 이용해.

이때, $t=3$, $t=19$에서 불연속이므로 (iv)의 그래프에서 $a=3$, $b=19$이다.

즉, 극솟값이 3, 극댓값이 19이고, $f(0)=3$, $f'(3)<0$이므로 함수 $f(x)$의 그래프는 그림과 같다.

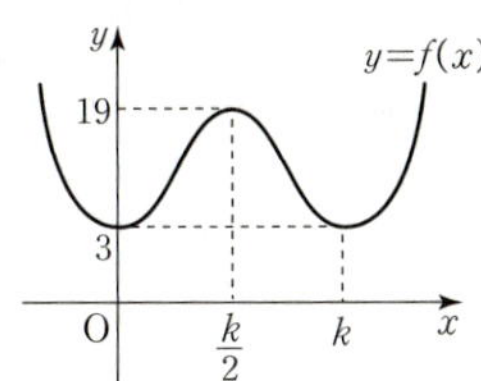

$\therefore f(x)=x^2(x-k)^2+3$

이때, $f\left(\frac{k}{2}\right)=19$이므로

$f\left(\frac{k}{2}\right)=\frac{k^2}{4}\cdot\frac{k^2}{4}+3=19$

$\therefore k=4$

따라서 함수 $f(x)=x^2(x-4)^2+3$이므로

$f(-2)=(-2)^2(-2-4)^2+3=147$

[1등급 심화 특강]

〈그래프의 개형을 통해 함수의 식 유추하기〉

최고차항의 계수가 1인 사차함수라고 했지? 그러면 그래프 개형을 그려보는 거야. 그리고 x축에 평행한 선을 그어보면서 불연속인 점이 몇 개인지를 찾아보는 거지. 문제에서 $t=3$, $t=19$ 두 점에서만 불연속이라고 했으니까 함수 $f(x)$는 극솟값이 둘 다 3을 가지고 극댓값이 19인, 극대인 점을 지나고 y축에 대하여 평행인 직선에 대하여 대칭인 그래프인 것을 알 수 있어. 그런데 $f(0)=3$이고, $f'(3)<0$이니까 첫 번째 극소인 점은 점 $(0, 3)$이란 걸 알 수 있지. 대칭성에 의해 두 번째 극소인 점의 x좌표를 $2a$라 두면 $y=x^2(x-2a)^2+3$이 나와. 여기에 극대인 점 $(a, 19)$의 좌푯값을 대입해 보면 $a=2$가 나오겠지? 그러면 $f(-2)=147$이 나오게 돼. 문제에 주어진 집합을 잘 해석하는 게 중요해.

1등급 풀이 Tip

다항함수의 그래프의 개형은 그리 많지 않으므로 정확히 이해하고 암기해 둘 필요가 있다.

먼저, 이차함수는 극값을 하나만 갖는 간단한 형태이다. 또, 삼차함수의 경우 점대칭임을 이용하여 극값을 가질 때와 갖지 않을 때로 나누어 그래프를 그릴 수 있고, 사차함수는 미분계수가 0이 되는 점의 개수를 바탕으로 그래프를 그릴 수 있다.

이때, 사차함수 $f(x)$에서 미분계수가 0이 되는 점이 1개이면 하나의 극값을 갖고, 미분계수가 0이 되는 점이 2개이면 방정식 $f(x)=t$가 삼중근을 갖도록 하는 t가 존재한다.

또한, 사차함수 $f(x)$에서 미분계수가 0이 되는 점이 3개이면 극값이 3개이고, 이 경우는 극대 또는 극소가 되는 두 점의 함숫값이 같거나 다른 경우로 나누어 볼 수 있다.

E 99 정답 51

✪ 1등급 킬러 [정답률 15%]

최고차항의 계수가 양수인 삼차함수 $f(x)$가 다음 조건을 만족시킨다.

(가) 방정식 $f(x)-x=0$의 서로 다른 실근의 개수는 2이다.

(나) 방정식 $f(x)+x=0$의 서로 다른 실근의 개수는 2이다.

단서2 방정식 $f(x)-x=0$과 $f(x)+x=0$, 즉 $f(x)=x$와 $f(x)=-x$의 서로 다른 실근의 개수가 2이면 함수 $y=f(x)$의 그래프와 직선 $y=x$, 함수 $y=f(x)$의 그래프와 직선 $y=-x$가 각각 서로 다른 두 점에서 만난다는 거야. 이를 이용해 함수 $y=f(x)$의 그래프의 개형을 유추해.

$f(0)=0$, $f'(1)=1$일 때, $f(3)$의 값을 구하시오. (4점)

단서1 $f(0)=0$, $f'(1)=1$을 이용하여 삼차함수 $f(x)$의 식을 문자를 사용하여 나타내.

✪ 이 문제는 두 삼차방정식이 각각 서로 다른 실근을 2개 갖도록 하는 삼차함수를 구하는 것이다.

이를 위해서는 조건을 만족시키는 삼차함수 $y=f(x)$의 그래프의 개형을 좌표평면 위에 나타낸 후, 두 직선 $y=-x$, $y=x$를 그려 곡선과 직선의 교점의 개수가 2개가 되는 경우를 따져보아야 한다.

[풀이 단서 체크]

❶ 삼차함수 $f(x)$를 $f(x)=ax^3+bx^2+cx+d$라 한 뒤 $f(0)=0$, $f'(1)=1$을 대입하여 a, b, c, d에 대한 식을 얻을 수 있다. ⇒ 단서1

❷ 이제, 주어진 조건을 직관적으로 이해하기 위하여 두 방정식의 서로 다른 실근의 개수를 함수 $y=f(x)$의 그래프가 두 직선 $y=x$, $y=-x$와 만나는 점의 개수로 바꾸어 이해해보자.
즉, 삼차함수의 그래프와 직선이 서로 다른 두 점에서 만나면 어느 한 점에서는 접한다는 것을 이용해 함수 $y=f(x)$의 개형을 유추해보도록 한다. ⇒ 단서2

주의 두 직선 $y=x$, $y=-x$가 삼차함수 $y=f(x)$의 그래프에 접함을 이용해서 함수 $f(x)$의 미정계수를 구해야 하는데, 계산이 복잡하여 실수가 나오기 쉽다.

핵심 정답 공식: 삼차함수 $y=f(x)$의 그래프와 직선 $y=g(x)$가 서로 다른 두 점에서 만나면 함수 $y=f(x)$의 그래프와 직선 $y=g(x)$는 접한다.

[문제 풀이 순서]

* 주어진 조건을 만족시키는 삼차함수를 유추하고 함숫값 구하기

1st 문제의 조건을 이용하여 삼차함수 $f(x)$의 식을 나타내 보자.

$f(x)$는 삼차함수이고 조건에서 $f(0)=0$이므로

$f(x)=ax^3+bx^2+cx$ (a, b, c는 상수, $a>0$)
($f(x)$의 최고차항의 계수가 양수라 했어.)

라 놓으면 $f'(x)=3ax^2+2bx+c$이고, 조건에서 $f'(1)=1$이라 했으므로

$3a+2b+c=1$ ⋯ ㉠

2nd 방정식의 실근과 함수의 그래프의 교점의 관계를 생각하며 조건 (가)와 (나)를 해석해 보자.

한편, 조건 (가)에서 방정식 $f(x)-x=0$, 즉 $f(x)=x$의 서로 다른 실근의 개수가 2이므로 함수 $y=f(x)$의 그래프와 직선 $y=x$는 서로 다른 두 점에서 만난다.

또한, 조건 (나)에서 방정식 $f(x)+x=0$, 즉 $f(x)=-x$의 서로 다른 실근의 개수가 2이므로 함수 $y=f(x)$의 그래프와 직선 $y=-x$도 서로 다른 두 점에서 만난다.

함정 삼차함수의 그래프와 직선이 서로 다른 두 점에서 만나려면 직선이 삼차함수의 그래프에 접해야 한다는 것을 아는 것이 이 문제의 핵심이야. 자주 이용되는 성질이니까 꼭 기억해두자.

즉, 함수 $y=f(x)$의 그래프는 두 직선 $y=x$, $y=-x$와 각각 접한다.
삼차함수의 그래프와 직선이 서로 다른 두 점에서 만나려면 직선이 삼차함수의 그래프에 접해야 해.

이때, 최고차항의 계수가 양수인 삼차함수 $f(x)$에 대하여

$f(0)=0$, $f'(1)=1$이므로 $y=f(x)$의 그래프는 직선 $y=x$와 원점에서 접하고, 직선 $y=-x$와 x좌표가 양수인 점에서 접해야 한다.

$f(0)=0$이므로 $y=f(x)$의 그래프는 원점을 지나지? 즉, 원점을 지나면서 두 직선 $y=x$, $y=-x$와 각각 한 점에서는 접하고 또 다른 한 점에서는 만나는 삼차함수 $y=f(x)$의 그래프의 개형은 그림의 두 가지 경우가 나와. 그런데 (1)의 경우는 $f'(1)$이 $y=x$의 기울기보다 크니까 $f'(1)>1$이 되서 $f'(1)=1$을 만족할 수 없어. 따라서 조건을 만족시키는 것은 (2)가 돼.

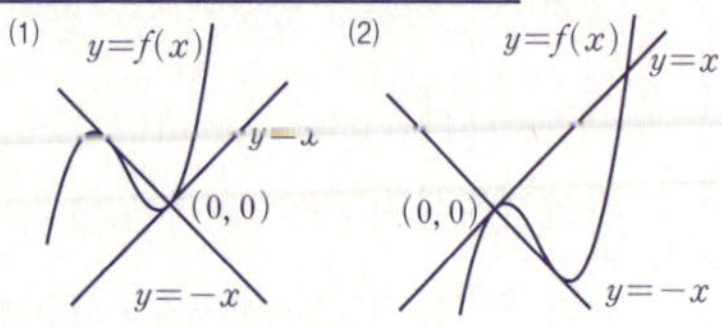

따라서 함수 $y=f(x)$의 그래프의 개형은 그림과 같다.

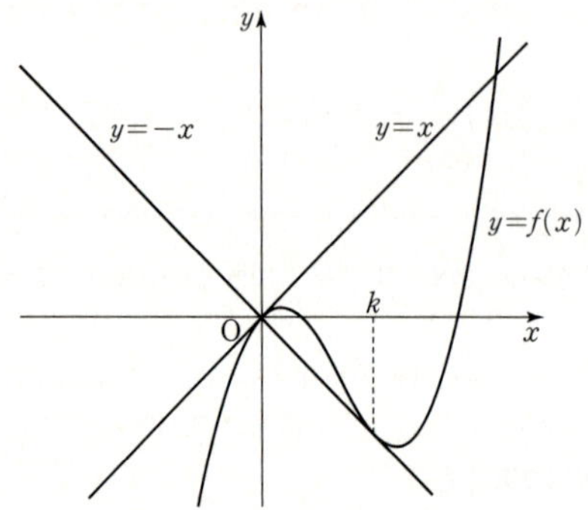

3rd 함수 $y=f(x)$의 그래프가 직선 $y=x$, $y=-x$와 각각 접함을 이용해서 a, b의 값을 찾자.

함수 $y=f(x)$의 그래프가 직선 $y=x$와 원점에서 접하므로 $f'(0)=1$이다.

함수 $f(x)$의 $x=0$일 때의 미분계수 $f'(0)$의 값은 곡선 $y=f(x)$ 위의 점 $(0, 0)$에서의 접선의 기울기, 즉 직선 $y=x$의 기울기인 1이야.

$\therefore c=1$

$f'(x)=3ax^2+2bx+c$이므로 $f'(0)=c=1$

$c=1$을 ㉠에 대입하면

$3a+2b+1=1 \qquad \therefore b=-\frac{3}{2}a$

$\therefore f(x)=ax^3-\frac{3}{2}ax^2+x$

또한, 함수 $y=f(x)$의 그래프가 직선 $y=-x$와 점 $(k, f(k))$ (단, $k>0$)에서 접한다고 하면

$f(k)=-k$이고 $f'(k)=-1$

점 $(k, f(k))$가 직선 $y=-x$ 위의 점이므로 $f(k)=-k$

또, 점 $(k, f(k))$에서의 접선 $y=-x$의 기울기가 -1이므로 $f'(k)=-1$

먼저 $f(k)=-k$이므로

$ak^3-\frac{3}{2}ak^2+k=-k$, $2ak^3-3ak^2+4k=0$

$k(2ak^2-3ak+4)=0 \qquad \therefore 2ak^2-3ak+4=0\ (\because k>0)$ … ㉡

또, $f'(k)=-1$이므로 $f'(x)=3ax^2-3ax+1$에서

$3ak^2-3ak+1=-1 \qquad \therefore 3ak^2-3ak+2=0$ … ㉢

㉡$-$㉢을 하면

$-ak^2+2=0 \qquad \therefore a=\frac{2}{k^2}$

$a=\frac{2}{k^2}$를 ㉡에 대입하면

$4-\frac{6}{k}+4=0 \qquad \therefore k=\frac{3}{4}$

$\therefore a=2\times\left(\frac{4}{3}\right)^2=\frac{32}{9}$

따라서 $f(x)=\frac{32}{9}x^3-\frac{16}{3}x^2+x$이므로

$f(3)=\frac{32}{9}\times27-\frac{16}{3}\times9+3=51$

[다른 풀이]

$f(x)$는 삼차함수이고 조건에서 $f(0)=0$이므로

$f(x)=ax^3+bx^2+cx$ (a, b, c는 상수, $a>0$)라 하면

$f(x)-x=ax^3+bx^2+(c-1)x=x(ax^2+bx+c-1)$

$f(x)+x=ax^3+bx^2+(c+1)x=x(ax^2+bx+c+1)$

이므로 두 방정식 $f(x)-x=0$, $f(x)+x=0$은 모두 $x=0$을 근으로 가짐을 알 수 있어.

그런데 조건 (가), (나)에 의해 두 방정식 $f(x)-x=0$, $f(x)+x=0$은 각각 서로 다른 2개의 실근을 가지므로 두 이차방정식

실수: 여기서 각 이차방정식이 $x=0$을 근으로 갖는 경우, 0이 아닌 중근을 갖는 경우 4가지로 일일이 경우를 나눠서 문제를 풀 수도 있지만, 이런 식으로 판별식의 대소와 부호를 바탕으로 쭉 풀어나갈 수도 있어. 이렇게 하면 풀이가 훨씬 간단해지겠지.

$ax^2+bx+c-1=0$ … ㉣

$ax^2+bx+c+1=0$ … ㉤

은 각각 $x=0$을 근으로 갖거나 0이 아닌 중근을 가져야 해.

삼차방정식의 서로 다른 실근의 개수가 2라는 것은 실수인 중근과 그와 다른 한 실근을 갖는다는 거야. 즉, 두 방정식 모두 이미 $x=0$을 근으로 가지니까 두 방정식의 나머지 근은 0과 0이 아닌 한 실근 또는 0이 아닌 중근이어야 해.

이차방정식 ㉣, ㉤의 판별식을 각각 D_1, D_2라 하면

$D_1=b^2-4a(c-1)$, $D_2=b^2-4a(c+1)$

이때, $a>0$이므로 $D_1>D_2$임을 알 수 있어.

$D_1-D_2=b^2-4a(c-1)-\{b^2-4a(c+1)\}=b^2-4ac+4a-b^2+4ac+4a$
$=8a>0\ (\because a>0)$

또한, 이차방정식 ㉤이 $x=0$을 근으로 갖거나 0이 아닌 중근을 가지므로 $D_2\geq0$이지.

즉, $D_1>D_2\geq0$에서 $D_1>0$이므로 이차방정식 ㉣은 서로 다른 두 실근을 가져야 하고, 두 실근 중 하나는 0이어야 해.

㉣에 $x=0$을 대입하면

$c-1=0 \qquad \therefore c=1$

$c=1$을 ㉤에 대입하면 이차방정식 ㉤, 즉 $ax^2+bx+2=0$은 $x=0$을 근으로 가질 수 없으므로 0이 아닌 중근을 가져야 해.

$ax^2+bx+2=0$에 $x=0$을 대입하면 $2\neq0$이므로 등식을 만족시키지 않아.

따라서 $D_2=0$에서 $b^2-8a=0$ … ㉥이야.

한편, $f(x)=ax^3+bx^2+x$에서 $f'(x)=3ax^2+2bx+1$이고, 조건에서 $f'(1)=1$이라 했으므로

$3a+2b+1=1 \qquad \therefore b=-\frac{3}{2}a$

$b=-\frac{3}{2}a$를 ㉥에 대입하면

$\frac{9}{4}a^2-8a=0$, $9a^2-32a=0$

$a(9a-32)=0 \qquad \therefore a=\frac{32}{9}\ (\because a>0)$

$\therefore b=-\frac{3}{2}\times\frac{32}{9}=-\frac{16}{3}$

따라서 $f(x)=\frac{32}{9}x^3-\frac{16}{3}x^2+x$이므로

$f(3)=\frac{32}{9}\times27-\frac{16}{3}\times9+3=51$

1등급 풀이 Tip

$f(0)$이고, 두 직선 $y=x$, $y=-x$도 원점을 지나므로 조건에 제시된 두 방정식의 실근 중 하나는 $x=0$임을 알 수 있다.
이를 바탕으로 주어진 방정식들이 $x=0$에서 중근을 갖는 경우와 아닌 경우로 나누어 함수 $y=f(x)$의 그래프를 따져보면 그 개형을 어느 정도 유추할 수 있다.
그런 다음 $f'(1)=1$임을 이용하여 $x=1$에서의 접선이 직선 $y=x$와 평행함을 알 수 있고 이를 통해 함수 $y=f(x)$의 그래프를 완성하면 된다.

My Top Secret

방정식의 서로 다른 실근의 개수에 대한 풀이를 두 함수의 그래프로 나타내어 교점의 개수로 파악하는 방법은 많이 사용되는 아이디어이니까 잊지 말고 꾸준히 연습하도록 해.
그리고 n차 방정식의 서로 다른 실근의 개수가 $n-1$이면 이 방정식의 실근 중 하나는 중근이어야 해. 이를 적용하면, 삼차방정식이 서로 다른 두 실근을 가질 때 주어진 방정식을 변형한 다음 삼차함수의 그래프와 직선이 접한다는 힌트를 얻을 수 있어.

방정식의 실근의 개수 개념·공식

(1) 방정식 $f(x)=0$의 서로 다른 실근의 개수는 함수 $y=f(x)$의 그래프와 x축과의 서로 다른 교점의 개수와 같다.
(2) 방정식 $f(x)=g(x)$의 서로 다른 실근의 개수는 두 함수 $y=f(x)$와 $y=g(x)$의 그래프의 서로 다른 교점의 개수와 같다.

E 100 정답 36 1등급 킬러 [정답률 10%]

$a\le 35$인 자연수 a와 함수 $f(x)=-3x^4+4x^3+12x^2+4$에 대하여 함수 $g(x)$를

$$g(x)=|f(x)-a|$$

라 할 때, $g(x)$가 다음 조건을 만족시킨다.

단서1 함수 $y=f(x)$의 그래프에서 직선 $y=a$보다 아래에 있는 부분을 접어 올린 다음, y축의 방향으로 $-a$만큼 평행이동한 그래프가 함수 $y=g(x)$의 그래프야.

(가) 함수 $y=g(x)$의 그래프와 직선 $y=b(b>0)$가 서로 다른 4개의 점에서 만난다.
(나) 함수 $|g(x)-b|$가 미분가능하지 않은 실수 x의 개수는 4이다.

단서2 함수 $g(x)$의 미분불가능한 점의 개수는 2 또는 4이고, 함수 $|g(x)-b|$는 함수 $g(x)$가 미분불가능한 점에서 당연히 미분불가능해. 이를 이용하여 함수 $|g(x)-b|$가 미분불가능한 점이 4개가 되면서 $y=g(x)$의 그래프와 직선 $y=b$가 서로 다른 4개의 점에서 만나는 경우를 생각해봐.

두 상수 a, b에 대하여 $a+b$의 값을 구하시오. (4점)

주어진 사차함수를 이용해 절댓값 기호를 여러 번 사용한 함수의 그래프를 이해하고, 그래프와 직선 사이의 교점의 개수, 함수의 미분가능하지 않은 점의 개수를 이용해 미정계수를 구해야 하는 문제이다.
문제 해결을 위해서는 절댓값 기호가 두 번 포함된 함수의 그래프의 개형을 여러 가지 경우로 나누어 그려보고 그 중 주어진 조건을 만족시키는 그래프의 개형을 찾을 수 있어야 한다. 그런 다음, 그래프를 확인하며 미분불가능한 점을 직관적으로 따져봐야 한다.

[풀이 단서 체크]

❶ 먼저, 함수 $y=g(x)$의 그래프는 $y=f(x)$의 그래프를 y축의 방향으로 $-a$만큼 평행이동한 다음 x축 아래에 있는 부분을 접어 올린 것이다. $a\le 35$임을 이용하여 $g(x)$가 미분불가능한 점의 개수를 구할 수 있다. ⇒ 단서1

❷ 함수 $g(x)$가 미분불가능한 점은 $g(x)=0$인 점 중 일부이다. 이때, 함수 $y=|g(x)-b|$의 그래프는 $y=g(x)$의 그래프를 y축의 방향으로 $-b$만큼 평행이동한 다음 x축 아래에 있는 부분을 접어 올린 것이므로 함수 $|g(x)-b|$는 함수 $g(x)$가 미분불가능한 점에서 미분불가능하다.
즉, $y=g(x)$의 그래프가 직선 $y=b$와 네 점에서 만나고 함수 $|g(x)-b|$가 네 점에서 미분불가능하다 했는데, 미분불가능한 점 중 일부는 함수 $g(x)$가 미분가능한 점이므로 $y=g(x)$의 그래프가 직선 $y=b$와 접하는 점이 존재함을 알 수 있다. ⇒ 단서2

주의 $y=g(x)$의 그래프와 직선 $y=b$가 만나는 점의 개수가 함수 $|g(x)-b|$가 미분불가능한 점의 개수와 같으므로 $y=g(x)$의 그래프와 직선 $y=b$가 접하는 점이 존재한다.

핵심 정답 공식: 함수 $y=f(x)$의 그래프의 개형을 그린 후, a값의 범위에 따라 함수 $y=g(x)$의 그래프를 그린다. 조건 (가)를 만족하는 b값이 존재할 범위를 $g(x)$에서 찾고, a가 자연수이면서 조건 (나)를 만족하는 a, b의 값을 찾는다.

[문제 풀이 순서]

* 절댓값 기호를 여러 번 사용한 함수의 미분불가능한 점의 개수를 이용하여 미정계수의 값 구하기

1st 함수 $f(x)=-3x^4+4x^3+12x^2+4$의 그래프를 그려봐.

$f(x)=-3x^4+4x^3+12x^2+4$에서
$f'(x)=-12x^3+12x^2+24x=-12x(x+1)(x-2)$
$f'(x)=0$에서 $x=-1$ 또는 $x=0$ 또는 $x=2$이므로 함수 $f(x)$의 증가와 감소를 표로 나타내면 다음과 같다.

x	$\cdots$	-1	$\cdots$	0	$\cdots$	2	$\cdots$
$f'(x)$	$+$	0	$-$	0	$+$	0	$-$
$f(x)$	↗	9	↘	4	↗	36	↘

즉, 함수 $y=f(x)$는 $x=-1$ 또는 $x=2$에서 극댓값을 갖고, $x=0$에서 극솟값을 가지므로 $y=f(x)$의 그래프를 나타내면 [그림 1]과 같다.

$f(-1)=-3-4+12+4=9$
$f(2)=-48+32+48+4=36$

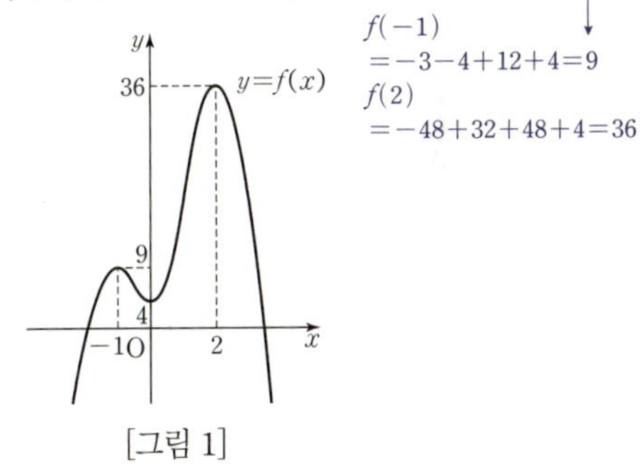

[그림 1]

2nd 그래프를 그리면서 주어진 조건에 맞는 상황을 찾자.

이제 $y=f(x)$의 그래프를 이용하여 함수 $y=g(x)$의 그래프를 그려보자.
함수 $g(x)=|f(x)-a|$의 그래프는 $y=f(x)$의 그래프를 y축의 방향

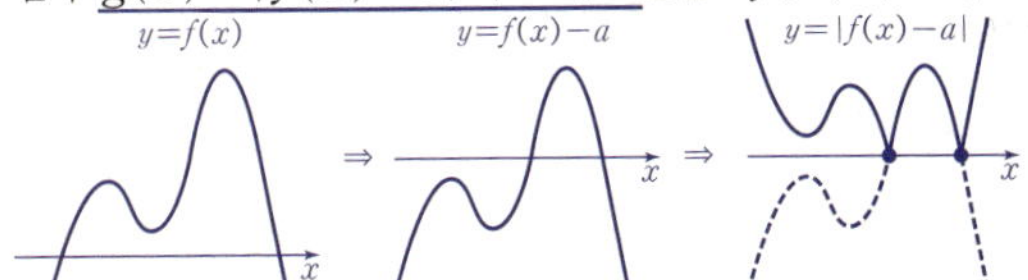

으로 $-a$만큼 평행이동하고, x축 아래에 있는 부분을 접어 올린 그래프와 같다. 이때, $a\le 36$이므로 $g(x)=|f(x)-a|$의 미분불가능한 점의 개수는 2 또는 4이다.

위의 첨삭의 그래프인 경우와 다음의 그래프인 경우를 생각해봐.

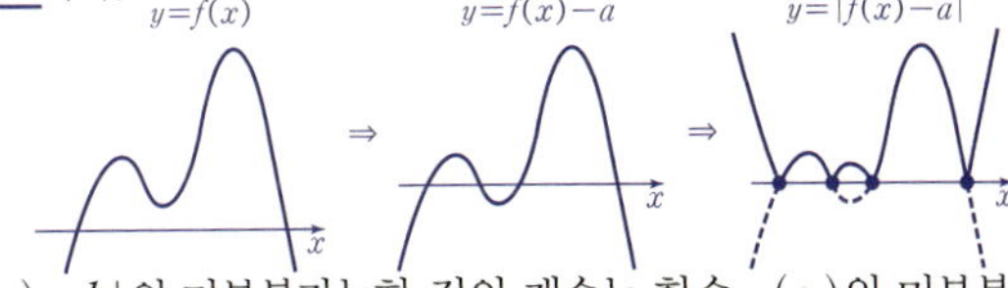

즉, 함수 $|g(x)-b|$의 미분불가능한 점의 개수는 함수 $g(x)$의 미분불가능한 점의 개수와 함수 $y=g(x)$의 그래프를 y축의 방향으로 $-b$만큼 평행이동하고, x축 아래에 있는 부분을 접어 올릴 때의 꺾이는 점의 개수의 합과 같다.
그런데 조건 (나)에서 함수 $|g(x)-b|$의 미분불가능한 점의 개수는 4라 했고, $y=g(x)-b$의 그래프를 x축을 기준으로 접어 올릴 때의 꺾이는 점의 개수는 항상 2 이상이므로 함수 $g(x)=|f(x)-a|$의 미분불가능한 점의 개수는 2이어야 한다.
따라서 함수 $g(x)=|f(x)-a|$의 그래프로 가능한 경우는 다음의 2가지이다.

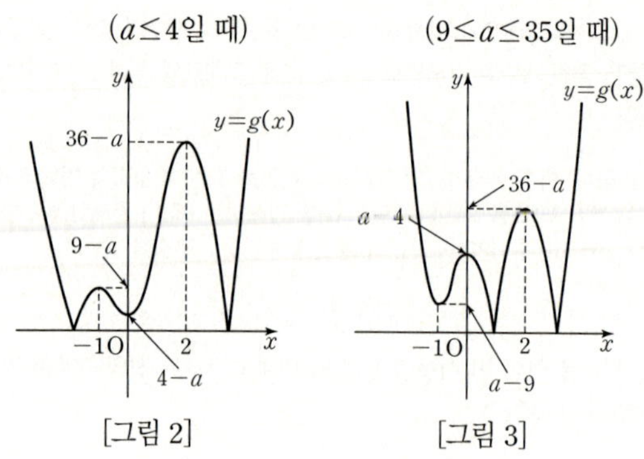

[그림 2] [그림 3]

이때, 함수 $g(x)$의 미분불가능한 점의 개수가 2이므로 조건 (나)에 의해 이 2개의 점을 제외한 함수 $|g(x)-b|$의 미분불가능한 점의 개수는 2이어야 한다.

즉, 조건 (가)에서 함수 $y=g(x)$의 그래프와 직선 $y=b$가 서로 다른 4개의 점에서 만나고, 함수 $|g(x)-b|$의 그래프를 그릴 때 직선 $y=b$에 의해 $y=g(x)$의 그래프가 꺾이게 되는 점의 개수가 2이므로 $y=g(x)$의 그래프와 직선 $y=b$가 만나는 서로 다른 4개의 점 중 2개의 점에서 접해야 한다.

따라서 함수 $y=g(x)$의 그래프의 개형은 [그림 3]과 같아야 하므로

[그림 2]의 경우 함수 $y=g(x)$의 그래프에서 $4-a<9-a<36-a$이므로 $y=g(x)$의 그래프와 직선 $y=b$가 2개의 점에서 접하도록 그릴 수 없어.

$y=g(x)$의 그래프와 직선 $y=b$를 그리면 다음의 2가지 경우가 가능하다.

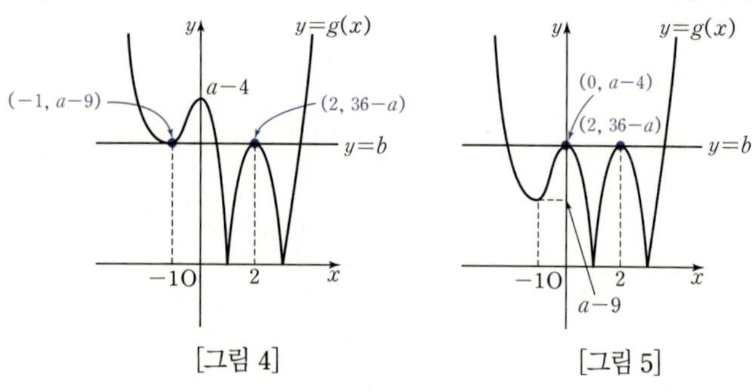

[그림 4] [그림 5]

3rd a, b의 값을 찾자.

(i) [그림 4]의 경우

$a-9=36-a$에서

$2a=45 \quad \therefore a=\frac{45}{2}$

그런데 a는 자연수이므로 이 경우는 조건을 만족시키지 않는다.

(ii) [그림 5]의 경우

$a-4=36-a$에서

$2a=40 \quad \therefore a=20$

이때, $a-4=b$이므로 $b=16$

따라서 (i), (ii)에 의해

$a+b=20+16=36$

[1등급 심화 특강]

〈미지수의 값 정확히 구하기〉

위의 풀이에서

[그림 4]의 경우 $a-9=36-a$, $36-a=b$

[그림 5]의 경우 $a-4=36-a$, $36-a=b$

로 놓고 풀면 두 경우 모두 $a+b=36$이므로 a, b의 값을 각각 구하지 않아도 $a+b$의 값을 바로 알 수 있어. 하지만 a가 자연수라는 조건이 있으므로 풀이에서처럼 a, b의 값을 정확히 구할 수도 있어야 해.

1등급 풀이 Tip

함수 $g(x)$나 $|g(x)-b|$의 미분가능성을 함수식과 미분의 정의를 이용하여 판단하기 어려우므로 그래프를 그려 따져봐야 한다.
따라서 $y=f(x)$의 그래프를 그려놓고, $y=|f(x)-a|$와 $y=|g(x)-b|$의 그래프를 그려 미분가능성을 판단하자. 이때, 뾰족점은 미분가능한 점임을 직관적으로 알아내도록 한다.

My Top Secret

절댓값 기호를 사용해 특정한 점에서 미분불가능한 함수에 대하여 이 함수를 y축의 방향으로 평행이동한 후 또 다시 절댓값을 씌운 함수는 이 함수를 0으로 만드는 점뿐만 아니라 원래의 함수를 0으로 만드는 점에서도 미분불가능할 수 있어.
즉, 절댓값을 두 번 사용한 함수에서는 함숫값이 0이 아닌 점에서 미분불가능할 수도 있다는 점을 알고 있어야 해.

절댓값을 포함한 함수의 미분가능 개념·공식

실수 전체의 집합에서 미분가능한 함수 $f(x)$에 대하여 함수 $g(x)=|f(x)|$라 할 때, 함수 $g(x)$가 $x=a$에서 미분가능한 조건은
(1) $f(a)\ne 0$($f(a)>0$ 또는 $f(a)<0$)인 경우
(2) $f(a)=0$인 경우 $\Rightarrow f'(a)=0$

E 101 정답 19 ✪ 1등급 킬러 [정답률 8%]

최고차항의 계수가 1이고 $f(2)=3$인 삼차함수 $f(x)$에 대하여 함수

$$g(x)=\begin{cases}\dfrac{ax-9}{x-1} & (x<1)\\ f(x) & (x\ge 1)\end{cases}$$

단서1 유리함수 $y=\frac{ax-9}{x-1}$의 점근선의 방정식은 $x=1$, $y=a$야.

이 다음 조건을 만족시킨다.

> 함수 $y=g(x)$의 그래프와 직선 $y=t$가 서로 다른 두 점에서만 만나도록 하는 모든 실수 t의 값의 집합은 $\{t\,|\,t=-1$ 또는 $t\ge 3\}$이다.

단서2 $t=-1$, $t\ge 3$일 때, 함수 $g(x)$의 그래프와 직선 $y=t$의 교점의 개수가 2이므로 이를 이용해 유리함수의 식에서의 a의 값을 먼저 구한 후 삼차함수 $f(x)$의 그래프를 유추해서 $f(x)$의 식을 찾아야 해.

$(g\circ g)(-1)$의 값을 구하시오. (단, a는 상수이다.) (4점)

✪ 유리함수와 다항함수의 일부분으로 정의된 함수 $g(x)$에 대하여 함수 $y=g(x)$의 그래프와 직선 $y=t$의 서로 다른 교점이 2개이도록 하는 t의 값의 범위를 통해 $g(x)$를 완성하는 문제이다.
이를 위해서는 유리함수, 삼차함수의 성질 및 개형에 대한 이해를 바탕으로, 주어진 조건과 t의 값의 집합으로부터 유일하게 결정되는 함수 $y=g(x)$의 그래프의 개형을 정확하게 그릴 수 있어야 한다.

[풀이 단서 체크]

❶ 먼저, 유리함수 $y=\frac{ax-9}{x-1}$는 $y=\frac{ax-a+a-9}{x-1}=\frac{a-9}{x-1}+a$이므로 $x=1$, $y=a$를 점근선으로 갖는다. 따라서 $a-9$의 부호에 따라 유리함수의 그래프의 개형이 달라진다. ⇒ 단서1

❷ a의 값을 $a>9$일 때, $a=9$일 때, $a<9$일 때로 나누어 유리함수 $y=\frac{ax-9}{x-1}$의 그래프를 그린 후 $y=g(x)$의 그래프와 직선 $y=t$의 서로 다른 교점이 2개이도록 하는 삼차함수 $y=f(x)$의 그래프의 개형을 유추해야 한다.

이때, 삼차함수 $f(x)$의 최고차항의 계수는 1이므로 t가 $f(x)$의 극댓값보다 크다면 $x\geq1$에서 $g(x)=t$의 실근의 개수가 1이다. 이를 이용하여 $x<1$에서의 $y=g(x)$의 그래프 개형을 하나로 확정할 수 있다. ⇒ 단서2

(주의) $g(x)$에 $x=0$을 대입하면 $g(0)=9$이므로 $y=g(x)$의 그래프가 a의 값에 관계없이 점 $(0, 9)$를 지난다.

핵심 정답 공식: 유리함수의 점근선 $x=1$, $y=a$와 삼차함수 $f(x)$의 극값을 이용해서 함수 $y=g(x)$의 그래프와 직선 $y=t(t=-1, t\geq3)$의 교점이 2개가 되도록 함수 $g(x)$의 그래프를 유추한다.

[문제 풀이 순서]

* 복잡하게 주어진 조건으로부터 그래프의 개형을 그려내고, 삼차함수의 식 구하기

1st 유리함수 $y=\dfrac{ax-9}{x-1}$의 점근선을 찾고, 그래프를 이용해 조건을 만족시키는 a의 값을 구하자.

$$y=\frac{ax-9}{x-1}=\frac{a(x-1)+a-9}{x-1}=\frac{a-9}{x-1}+a$$

→ 유리함수 $y=\dfrac{a-9}{x}$의 그래프를 x축의 방향으로 1만큼, y축의 방향으로 a만큼 평행이동시킨 거야.

에서 점근선의 방정식은 $x=1$, $y=a$이므로

유리함수 $y=\dfrac{k}{x-m}+n$의 그래프의 점근선의 방정식은 $x=m$, $y=n$

$a-9$의 부호에 따라 다음과 같이 나누어서 생각하자.

실수 유리함수의 그래프가 a의 값에 관계없이 점 $(0, 9)$를 지난다는 성질도 이용하자.

(i) $a-9>0$, 즉 $a>9$일 때, $y=g(x)$의 그래프의 개형은 [그림 1]과 같다.

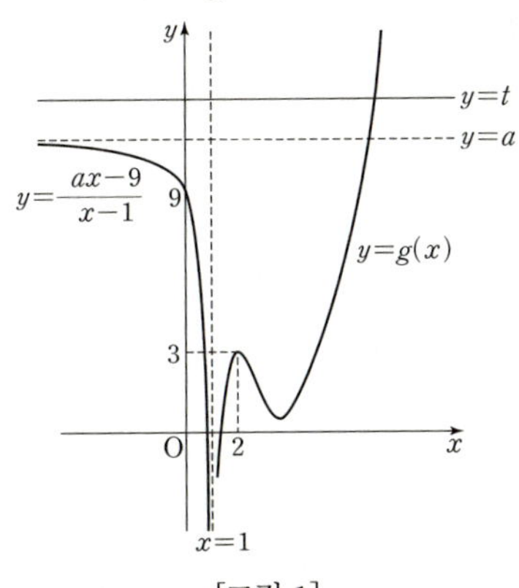

[그림 1]

이때, $t>a>9$이고 t가 충분히 커질 때, $y=g(x)$의 그래프와 직선 $y=t$는 한 점에서 만난다.

즉, 이 경우는 주어진 조건을 만족시키지 않는다.

(ii) $a-9=0$, 즉 $a=9$일 때,

$y=\dfrac{a-9}{x-1}+a=9$이므로

$t\geq3$인 모든 t에 대하여 함수 $y=g(x)$의 그래프와 직선 $y=t$가 서로 다른 두 점에서 만나야 하는데 $t>9$이고 t가 충분히 커지면 함수 $y=g(x)$의 그래프와 직선 $y=t$가 한 점에서 만나게 되어 조건에 맞지 않아.

$t=9$이면 함수 $y=g(x)$의 그래프와 직선 $y=t$는 무수히 많은 점에서 만난다.

또, $t>9$이고 t의 값이 충분히 커지면 $y=g(x)$의 그래프와 직선 $y=t$는 한 점에서 만난다.

즉, 주어진 조건을 만족시키지 않는다.

(iii) $a-9<0$, 즉 $a<9$일 때,

i) $3<a<9$인 경우 $t=3$일 때 함수 $y=g(x)$의 그래프와 직선 $y=t$가 서로 다른 두 점에서 만나도록 삼차함수 $f(x)$의 그래프를 그려보면 [그림 2]와 같이 $3<t<a$에서 $y=g(x)$의 그래프와 직선 $y=t$가 서로 다른 세 점 또는 한 점에서 만나게 되어 조건에 맞지 않는다.

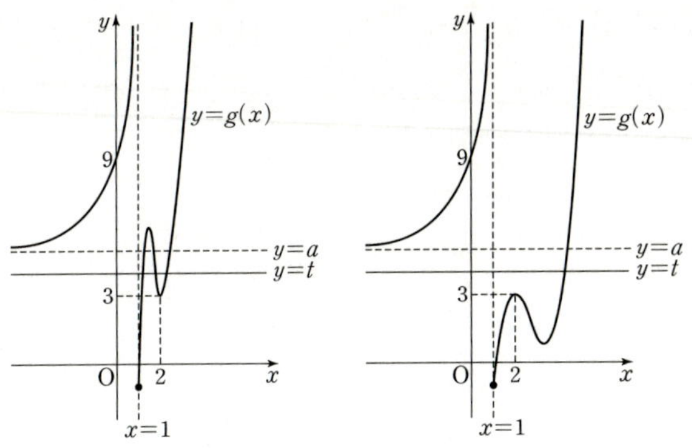

[그림 2]

ii) $a<3$인 경우 $t=3$일 때 함수 $y=g(x)$의 그래프와 직선 $y=t$가 만나는 서로 다른 점의 개수는 3 이상이므로 조건을 만족시키지 않는다.

즉, 조건을 만족시키려면 $a=3$이어야 한다.

$$\therefore g(x)=\begin{cases}\dfrac{3x-9}{x-1} & (x<1)\\ f(x) & (x\geq1)\end{cases}$$

2nd 조건을 만족시키는 삼차함수 $f(x)$의 그래프를 유추하여 $f(x)$의 식을 구하자.

주어진 조건을 만족시키기 위해서는 [그림 3]과 같이 삼차함수 $y=f(x)$의 그래프가 두 직선 $y=3$, $y=-1$에 접하고 $f(1)\leq-1$이어야 한다.

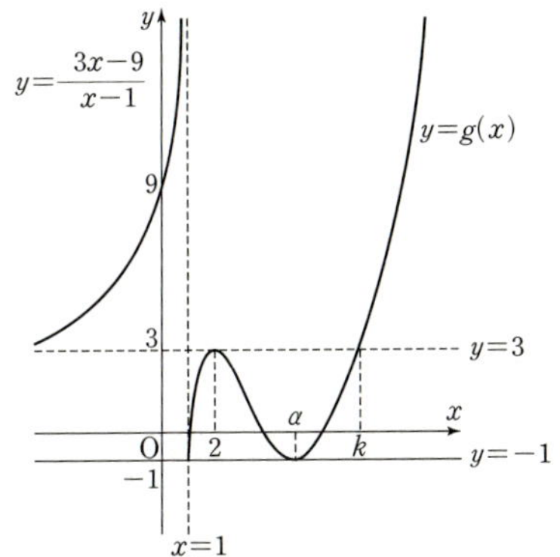

[그림 3]

이때, $f(2)=3$이므로 삼차함수 $f(x)$는 $x=2$에서 극댓값 3을 갖는다.

따라서 최고차항의 계수가 1인 삼차함수 $f(x)$는

$f(x)=(x-2)^2(x-k)+3$ (k는 상수)이라 놓을 수 있다.

삼차함수 $f(x)$가 $x=2$에서 극값 3을 갖는다는 것은 삼차함수 $y=f(x)$의 그래프와 직선 $y=3$이 $x=2$에서 접한다는 뜻과 같아. 따라서 삼차방정식 $f(x)=3$, 즉 $f(x)-3=0$은 중근 $x=2$를 갖고, $f(x)$의 최고차항의 계수가 1이므로 $f(x)-3=(x-2)^2(x-k)$에서 $f(x)=(x-2)^2(x-k)+3$으로 놓을 수 있는 거야.

$f'(x)=2(x-2)(x-k)+(x-2)^2$

이때, 함수 $f(x)$가 $x=\alpha$ $(\alpha>2)$에서 극솟값을 갖는다고 하면

$f'(\alpha)=0$, $f(\alpha)=-1$이다.

$f'(\alpha)=2(\alpha-2)(\alpha-k)+(\alpha-2)^2=0$에서

$(\alpha-2)\{2(\alpha-k)+(\alpha-2)\}=0$

$(\alpha-2)(3\alpha-2k-2)=0$

$\therefore \alpha=\dfrac{2k+2}{3}$ $(\because \alpha>2)$ ⋯ ㉠

또, $f(\alpha)=(\alpha-2)^2(\alpha-k)+3=-1$이므로 이 식에 ㉠을 대입하면

$$\left(\frac{2k+2}{3}-2\right)^2\left(\frac{2k+2}{3}-k\right)=-4$$

$$\left(\frac{2k-4}{3}\right)^2\left(\frac{-k+2}{3}\right)=-4$$

$-\frac{4}{27}(k-2)^3=-4$, $(k-2)^3=27$

$k-2=3$ ($\because$ k는 실수) $\therefore k=5$

$\therefore f(x)=(x-2)^2(x-5)+3$

3rd $(g\circ g)(-1)$의 값을 구하자.

따라서 $g(x)=\begin{cases}\frac{3x-9}{x-1} & (x<1)\\ (x-2)^2(x-5)+3 & (x\ge1)\end{cases}$이므로

$(g\circ g)(-1)=g(g(-1))$

$=g\left(\frac{-3-9}{-1-1}\right)$ ← $x<1$에서 $g(x)=\frac{3x-9}{x-1}$이므로 $g(-1)$의 값은 $\frac{3x-9}{x-1}$에 $x=-1$을 대입한 값이야.

$=g(6)$

$=(6-2)^2\times(6-5)+3$ ← $x\ge1$에서 $g(x)=(x-2)^2(x-5)+3$이므로 $g(6)$의 값은 $(x-2)^2(x-5)+3$에 $x=6$을 대입한 값이지.

$=19$

[다른 풀이]

2nd 에서 $f'(x)$를 이용해 $f(x)$를 구해보자.

최고차항의 계수가 1인 삼차함수 $f(x)$가 $x=2$에서 극댓값 3을 갖고 $x=\alpha(\alpha>2)$에서 극솟값 -1을 가지므로

$f'(x)=3(x-2)(x-\alpha)=3x^2-3(\alpha+2)x+6\alpha$라 놓을 수 있어.

부정적분을 이용하여 $f(x)$를 구하면

$f(x)=x^3-\frac{3}{2}(\alpha+2)x^2+6\alpha x+C$ (C는 적분상수)

이때, $f(2)=3$, $f(\alpha)=-1$이므로

$f(2)=8-6(\alpha+2)+12\alpha+C=3$

$\therefore C=7-6\alpha$ ⋯ ㉡

$f(\alpha)=\alpha^3-\frac{3}{2}(\alpha+2)\alpha^2+6\alpha^2+C=-1$

$\therefore -\frac{1}{2}\alpha^3+3\alpha^2+C=-1$ ⋯ ㉢

㉡을 ㉢에 대입하면

$-\frac{1}{2}\alpha^3+3\alpha^2+7-6\alpha=-1$, $\alpha^3-6\alpha^2+12\alpha-16=0$

4	1	−6	12	−16
		4	−8	16
	1	−2	4	0

$(\alpha-4)(\alpha^2-2\alpha+4)=0$ $\therefore \alpha=4$ ($\because$ α는 실수)

즉, $C=7-6\times4=-17$이므로

$f(x)=x^3-9x^2+24x-17$

$\therefore (g\circ g)(-1)=g(g(-1))=g(6)$

$=216-324+144-17=19$

1등급 풀이 Tip

함수 $g(x)$가 $x<1$일 때와 $x\ge1$일 때로 나누어 정의되는데 $x<1$에서 $g(x)$는 점근선이 $x=1$, $y=a$인 유리함수이므로 그래프의 개형을 그리기 쉽다.
따라서 이를 바탕으로 주어진 집합에 $t\ge3$인 모든 실수 t가 들어가도록 하는 a의 값의 범위를 구할 수 있고, $t=-1$도 원소로 갖도록 하는 a와 $f(x)$를 구할 수 있다.

F 적분

시험 같은 3점+4점 문제

F 01 정답 ① *함수의 부정적분 [정답률 61%]

(정답 공식: $f'(x)$의 함수식을 세운 후 부정적분하여 $f(x)$의 함수식을 구한다.)

사차함수 $f(x)$의 도함수 $y=f'(x)$의 그래프가 그림과 같고, $f'(-\sqrt{2})=f'(0)=f'(\sqrt{2})=0$이다.

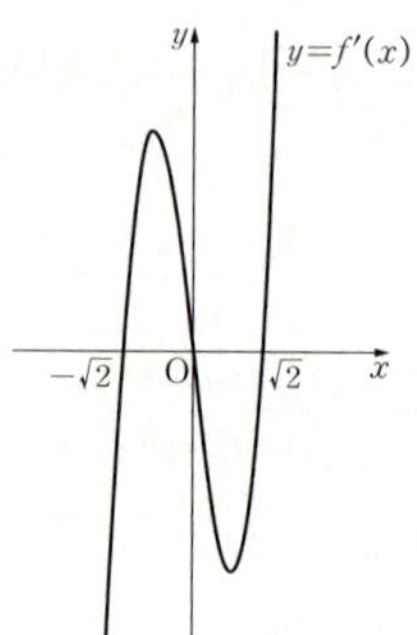

$f(0)=1$, $f(\sqrt{2})=-3$일 때, $f(m)f(m+1)<0$을 만족시키는 모든 정수 m의 값의 합은? (4점)

단서 $f(m)$의 값과 $f(m+1)$의 값의 부호가 반대라는 의미야. 즉, 함수 $f(x)$의 그래프를 그려 보고 x의 값이 m, $m+1$일 때 두 함숫값의 부호가 다른 m의 값을 찾아 봐.

① -2 ② -1 ③ 0
④ 1 ⑤ 2

1st 함수 $f(x)$의 식을 구하자.

함수 $f'(x)$는 삼차함수이고 $f'(0)=f'(\sqrt{2})=f'(-\sqrt{2})=0$이므로

$f'(x)=kx(x+\sqrt{2})(x-\sqrt{2})$ ← $f'(x)$는 x, $x-\sqrt{2}$, $x+\sqrt{2}$를 인수로 가져.

$=kx(x^2-2)$

$=kx^3-2kx$ (단, k는 $k>0$인 상수) ← $f(x)$가 사차함수이므로 도함수 $f'(x)$는 삼차함수이고 $y=f'(x)$의 그래프가 증가하다가 감소, 다시 증가하고 있으니까 $f'(x)$의 최고차항의 계수는 양수야.

$\therefore f(x)=\int(kx^3-2kx)dx$

$=\frac{k}{4}x^4-kx^2+C$ (단, C는 적분상수)

이때, $f(0)=1$이므로 $f(0)=C=1$

또, $f(\sqrt{2})=-3$이므로

$f(\sqrt{2})=k-2k+C=-k+1=-3$ $\therefore k=4$

$\therefore f(x)=x^4-4x^2+1$ ← 짝수 차수의 항으로만 이루어져 있으므로 그래프가 y축에 대하여 대칭이야.

2nd 그래프를 통해 $f(m)f(m+1)<0$을 만족시키는 정수 m의 값을 구하자.

함수 $y=f(x)$의 그래프는 그림과 같고

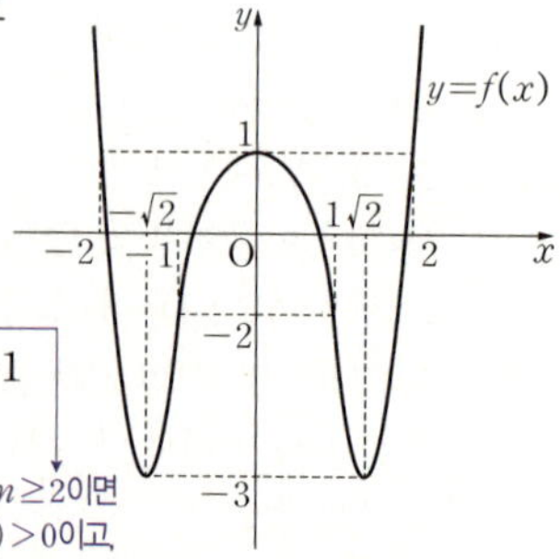

$f(-2)=f(2)=1>0$,

$f(-1)=f(1)=-2<0$이므로

$f(m)f(m+1)<0$을 만족시키는 정수 m은 -2, -1, 0, 1이다. ← 1 차이 나는 정수에서 함숫값의 부호가 달라지는 것을 뜻해.

$\therefore$ (구하는 합)$=(-2)+(-1)+0+1$

$=-2$

$m<-2$ 또는 $m\ge2$이면 $f(m)f(m+1)>0$이고,
$m=-2$이면 $f(-2)f(-1)=-2<0$
$m=-1$이면 $f(-1)f(0)=-2<0$
$m=0$이면 $f(0)f(1)=-2<0$
$m=1$이면 $f(1)f(2)=-2<0$이야.

F 02 정답 ② *함수의 부정적분 [정답률 39%]

(정답 공식: 두 번째 식에서 $g(x)$도 이차식임을 알 수 있다. 적분식에서 이차항이 소거되어야 하므로 $f(x)$의 이차항의 계수는 -1임을 이용하여 가능한 $f(x)$를 찾는다.)

단서1 이차함수 $f(x)$를 임의로 잡고 부정적분을 이용하여 $g(x)$를 나타내.

이차함수 $f(x)$에 대하여 함수 $g(x)$가

$$g(x)=\int\{x^2+f(x)\}dx,\ f(x)g(x)=-2x^4+8x^3$$

단서2 $f(x)g(x)$가 사차함수임을 이용하여 $g(x)$의 최고차항의 차수를 결정해.

을 만족시킬 때, $g(1)$의 값은? (4점)

① 1 ② 2 ③ 3
④ 4 ⑤ 5

1st 주어진 조건을 이용하여 함수 $g(x)$를 찾자.

$f(x)$는 이차함수이므로 $f(x)=ax^2+bx+c\ (a\neq0)$라 하자.

$$g(x)=\int\{x^2+f(x)\}dx=\int(x^2+ax^2+bx+c)dx$$

$$=\int\{(a+1)x^2+bx+c\}dx$$

$$=\frac{1}{3}(a+1)x^3+\frac{b}{2}x^2+cx+d\ (\text{단, }d\text{는 적분상수})\ \cdots ㉠$$

$f(x)g(x)$의 최고차항은 두 함수 $f(x)$, $g(x)$의 최고차항의 곱과 같아. 즉, 이차함수 $f(x)$에 대하여 $f(x)g(x)$가 사차함수가 되려면 $g(x)$는 이차함수가 되어야 해.

이때, $f(x)$는 이차함수이고 $f(x)g(x)=-2x^4+8x^3$으로 사차함수이므로 **함수 $g(x)$도 이차함수이어야 한다.**

즉, ㉠에서 $a=-1$이므로

$f(x)=-x^2+bx+c$

$g(x)=\frac{b}{2}x^2+cx+d\ \cdots ㉡$

실수 다항함수가 주어졌을 때, 보통 몇차 함수인지 구하면 문제가 풀려.

$$f(x)g(x)=(-x^2+bx+c)\left(\frac{b}{2}x^2+cx+d\right)$$

$$=-\frac{b}{2}x^4+\left(\frac{b^2}{2}-c\right)x^3+\left(\frac{3}{2}bc-d\right)x^2+(bd+c^2)x+cd$$

$$=-2x^4+8x^3$$

계수비교법을 이용하여 b, c, d의 값을 결정해야 해.

즉, $-\frac{b}{2}=-2$에서 $b=4$

$\frac{b^2}{2}-c=8$에서 $c=0$

$\frac{3}{2}bc-d=0$에서 $d=0$

따라서 ㉡에서 $g(x)=2x^2$이므로 $g(1)=2\cdot1^2=2$

톡톡 풀이

우선 두 함수의 곱이 사차식이므로 이차함수 $f(x)$에 대하여 $g(x)$는 이차함수이지?

$g(x)=\int\{x^2+f(x)\}dx$에서 $g'(x)=x^2+f(x)\ \cdots$ ㉠이고, 이차함수 $g(x)$에서 $g'(x)$는 일차식이므로 함수 $f(x)$는 이차항의 계수가 -1이야.

$x^2+f(x)$가 일차식이 되어야 하니까 이차함수 $f(x)$의 이차항의 계수는 -1이어야 해.

즉, $f(x)g(x)=-2x^4+8x^3=-2x^3(x-4)$에서

(i) $f(x)=-x^2$일 때,
㉠에서 $g'(x)=x^2+f(x)=x^2-x^2=0$이므로 모순!

(ii) $f(x)=-x(x-4)$일 때,
주어진 조건을 만족하므로 $g(x)=2x^2$

$\therefore g(1)=2$

부정적분 공식 (개념·공식)

① k가 상수일 때, $\int kdx=kx+C$(C는 적분상수)

② n이 양의 정수일 때, $\int x^n dx=\frac{1}{n+1}x^{n+1}+C$($C$는 적분상수)

③ n이 양의 정수일 때,
$\int(ax+b)^n dx=\frac{1}{a}\times\frac{1}{n+1}(ax+b)^{n+1}+C$($C$는 적분상수)

F 03 정답 ① *함수의 부정적분 [정답률 35%]

(정답 공식: $f'(x)$를 부정적분하여 함수 $y=f(x)$의 그래프의 개형을 안다.)

함수 $y=f(x)$가 모든 실수에서 연속이고, $|x|\neq2$인 모든 x의 값에 대하여 미분계수 $f'(x)$가

$$f'(x)=\begin{cases}9x^2-16 & (|x|<2)\\ -1 & (|x|>2)\end{cases}$$

단서 도함수 $f'(x)$가 주어졌으니까 부정적분을 이용하여 $f(x)$를 대략적으로 파악해서 [보기]의 참, 거짓을 따지면 돼.

일 때, [보기]에서 옳은 것을 모두 고른 것은? (3점)

[보기]

ㄱ. 함수 $y=f(x)$는 $x=2$에서 극값을 갖는다.
ㄴ. 모든 실수 x에 대하여 $f(x)+f(-x)=0$이다.
ㄷ. $f(0)=0$이면 $f(-2)<0$이다.

① ㄱ ② ㄴ ③ ㄷ
④ ㄱ, ㄷ ⑤ ㄱ, ㄴ, ㄷ

1st $f'(x)$로부터 $f(x)$를 구해 봐.

$f'(x)=\begin{cases}9x^2-16 & (|x|<2)\\ -1 & (|x|>2)\end{cases}$이므로

$$f(x)=\begin{cases}3x^3-16x+C_1 & (-2\le x<2)\\ -x+C_2 & (x<-2)\\ -x+C_3 & (x\ge2)\end{cases}\quad(\text{단, }C_1,\ C_2,\ C_3\text{은 적분상수})$$

2nd ㄱ은 $x=2$에서의 $f'(x)$의 부호 변화로 참·거짓을 알 수 있지?

ㄱ. $\lim_{x\to2-}f'(x)=20>0$, $\lim_{x\to2+}f'(x)=-1<0$이므로 $f(x)$는 $x=2$에서 증가상태에서 감소상태로 바뀐다.
따라서 $f(x)$는 $x=2$에서 극댓값을 가진다. (참)

미분가능한 함수가 $x=a$에서 극값을 가지려면 $x=a$의 좌우에서 도함수의 부호가 바뀌어야 해.

3rd ㄴ은 '모든 실수 x'에 주목! ㄷ은 $f(x)$가 모든 실수에서 연속임에 집중!

ㄴ. $-2\le x<2$일 때, $f(x)=3x^3-16x+C_1$인데 $C_1\neq0$이면
$f(x)+f(-x)\neq0$이다. (거짓)

$f(x)+f(-x)=(3x^3-16x+C_1)+(-3x^3+16x+C_1)=2C_1$

함정 $y=f(x)$가 원점 대칭인 함수인지 묻는 거지? $f'(x)$가 y축 대칭이지만 그렇다고 해서 $f(x)$가 꼭 원점 대칭인 것은 아니야.

ㄷ. $f(0)=0$이므로 $C_1=0$
그런데 $f(x)$가 모든 실수에서 연속이므로 $x=-2$에서도 연속이다.

$\therefore f(-2)=\lim_{x\to-2}f(x)=\lim_{x\to-2+}(3x^3-16x)=8>0$ (거짓)

따라서 옳은 것은 ㄱ이다.

함수 $f(x)$가 연속함수이므로 $x=-2$에서 극한값이 존재하지? 즉, $\lim_{x\to-2+}f(x)=\lim_{x\to-2-}f(x)$가 성립해.

[다른 풀이]

$y=f(x)$의 그래프의 개형을 그리면 그림과 같아.

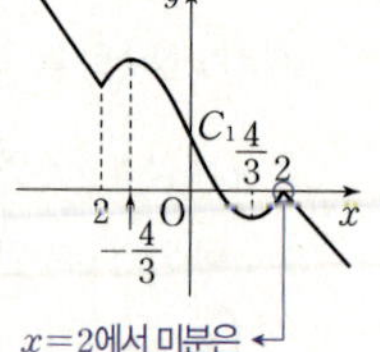

ㄱ. 그래프에서 $y=f(x)$는 $x=2$에서 극댓값을 가져. (참)

ㄴ. 함수 $f(x)$의 그래프는 원점에 대하여 대칭이 아니므로 $f(x)+f(-x)=0$이 성립하지 않아. (거짓)

ㄷ. $y=f(x)$의 그래프에서 $f(-2)>f(0)$이므로 $f(0)=0$이면 $f(-2)>0$이야. (거짓)

수능 핵강

ㄴ에서 $f(x)+f(-x)=0$은 $f(x)=-f(-x)$니까 원점 대칭이라는 의미지? 즉, 도함수가 y축 대칭일 때 원래 함수는 원점 대칭인지 묻는 보기야. 맞는 말일까? 쉬운 반례로 $f(x)=x+1$이면 $f'(x)=1$로 y축 대칭이지만 $f(x)$는 원점 대칭이 아니지.
도함수와 원래 함수의 대칭성을 정리해보면 다음과 같아.

$f(x)$가 y축 대칭 ⟶ $f'(x)$는 원점 대칭

$f(x)$가 원점 대칭 ⟶ $f'(x)$는 y축 대칭

그 역은 성립하지 않아. 증명은 쉽게 할 수 있어.
$f(x)$가 y축 대칭이면 $f(x)=f(-x)$이고 양변을 x에 대하여 미분하면 $f'(x)=-f'(-x)$니까 $f'(x)$는 원점 대칭이지.
또, $f(x)$가 원점 대칭이면 $f(x)=-f(-x)$이고 양변을 x에 대하여 미분하면 $f'(x)=f'(-x)$니까 $f'(x)$는 y축 대칭이지.
반면 $f'(x)$가 y축 대칭인 경우 $f'(x)=f'(-x)$인데 양변을 적분하면 $f(x)+C_1=-f(-x)+C_2$(C_1, C_2는 적분상수)에서 $C_1=C_2$인 특수한 경우가 아니면 $f(x)$는 원점 대칭이라 할 수 없어. $f'(x)$가 원점 대칭인 경우도 마찬가지야.

F 04 정답 ④ *함수의 부정적분 [정답률 41%]

정답 공식: 함수 $F(x)$의 역함수가 존재하려면 함수 $F(x)$는 일대일대응이어야 하므로 증가함수이거나 감소함수이어야 한다.

0이 아닌 실수 k에 대하여 다항함수 $f(x)$의 도함수 $f'(x)$가

$f'(x)=3(x-k)(x-2k)$

이다. 함수 (단서3 함수 $f(x)$는 $f'(x)=0$인 $x=k$ 또는 $x=2k$에서 극값을 갖겠지?)

$$g(x)=\begin{cases} f(x) & (x\le 1 \text{ 또는 } x\ge 4) \\ \dfrac{f(4)-f(1)}{3}(x-1)+f(1) & (1<x<4) \end{cases}$$

단서2 함수 $g(x)$가 증가함수 또는 감소함수가 되기 위한 그래프의 모양을 유추해야 해. 특히, $1<x<4$에서 정의된 $g(x)=\frac{f(4)-f(1)}{3}(x-1)+f(1)$의 식을 봐. 두 점 $(1, f(1))$, $(4, f(4))$를 지나는 직선의 방정식이지?

의 역함수가 존재하도록 하는 모든 실수 k의 값의 범위가
단서1 함수 $g(x)$의 역함수가 존재하려면 $g(x)$는 증가함수이거나 감소함수여야 해.
$\alpha\le k<\beta$일 때, $\beta-\alpha$의 값은? (4점)

① $\frac{3}{8}$ ② $\frac{1}{2}$ ③ $\frac{5}{8}$ ④ $\frac{3}{4}$ ⑤ $\frac{7}{8}$

1st 역함수가 존재하도록 하는 함수 $g(x)$의 그래프의 모양을 추론하자.

함수 $y=g(x)$의 그래프는 $x\le 1$ 또는 $x\ge 4$인 범위에서는 함수 $y=f(x)$의 그래프이고, $1<x<4$인 범위에서는 두 점 $(1, f(1))$, $(4, f(4))$를 잇는 직선이다.
두 점 $(1, f(1))$, $(4, f(4))$를 지나는 직선의 방정식은 $y=\frac{f(4)-f(1)}{4-1}(x-1)+f(1)$, 즉 $y=\frac{f(4)-f(1)}{3}(x-1)+f(1)$이야.

한편, 다항함수 $f(x)$의 도함수가 $f'(x)=3(x-k)(x-2k)$이므로 다항함수 $f(x)$는 최고차항의 계수가 1인 삼차함수이다.
$f'(x)$가 최고차항의 계수가 3인 이차함수이므로 $f(x)$는 최고차항의 계수가 1인 삼차함수가 돼.
이때, 함수 $g(x)$의 역함수가 존재하기 위해서는 함수 $g(x)$가 실수 전체의 집합에서 증가함수이거나 감소함수가 되어야 하는데, $f(x)$의 최고차항의 계수가 양수이므로 함수 $g(x)$는 실수 전체의 집합에서 증가함수여야 한다. 따라서 $x\le 1$ 또는 $x\ge 4$일 때 $g(x)=f(x)$이므로
함수 $g(x)$의 역함수가 존재하기 위해서는 함수 $f(x)$가 극값을 갖는 x의 값이 모두 닫힌구간 $[1, 4]$에 존재해야 한다.

함정 극값이 존재하면 증가와 감소가 바뀌는 점이 생기게 되어 증가함수 또는 감소함수가 될 수 없어. 즉, 함수 $f(x)$의 모든 극값이 $1\le x\le 4$인 범위에서 존재하면 $x\le 1$ 또는 $x\ge 4$일 때는 함수 $f(x)$는 항상 증가하거나 항상 감소하게 돼.

따라서 조건을 만족시키는 함수 $y=g(x)$의 그래프의 개형은 그림과 같다.

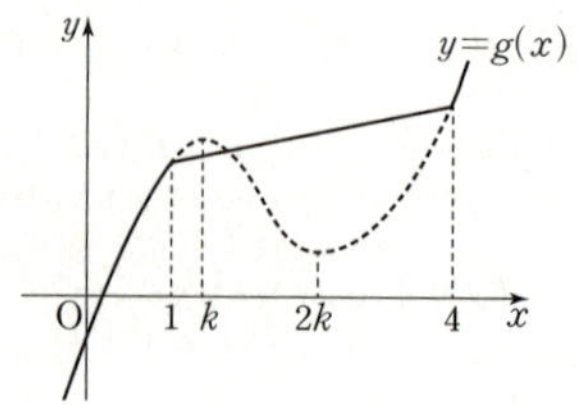

2nd 닫힌구간 $[1, 4]$에서 함수 $f(x)$의 극값이 모두 존재하기 위한 k의 값의 범위를 구하자.

$f'(x)=3(x-k)(x-2k)$이므로 $f'(x)=0$에서 $x=k$ 또는 $x=2k$
즉, 함수 $f(x)$는 $x=k$ 또는 $x=2k$일 때, 극값을 갖는다.
그런데 함수 $f(x)$의 모든 극값이 닫힌구간 $[1, 4]$에 존재해야 하므로 $k>0$이다.
따라서 함수 $f(x)$는 $x=k$에서 극대, $x=2k$에서 극소가 되므로
최고차항의 계수가 양수인 삼차함수 $f(x)$에 대하여 $f'(x)=0$의 두 근을 α, $\beta(\alpha<\beta)$라 하면 함수 $f(x)$는 $x=\alpha$에서 극댓값을 갖고, $x=\beta$에서 극솟값을 가져.
닫힌구간 $[1, 4]$에서 극대, 극소를 모두 포함하기 위해서는 $1\le k$이고, $2k\le 4$이어야 한다.
$\therefore 1\le k\le 2$ ⋯ ㉠

3rd 닫힌구간 $[1, 4]$에서 함수 $g(x)$가 증가함수가 되기 위한 k의 값의 범위를 구하자.

닫힌구간 $[1, 4]$에서 함수 $y=g(x)$의 그래프는 직선이므로 이 직선이 증가하는 직선이 되기 위해서는
함수 $g(x)$는 증가함수이므로 닫힌구간 $[1, 4]$에서의 직선도 증가해야 해.
$f(4)-f(1)>0$이어야 한다.
이때, 증가하는 직선이려면 기울기가 양수여야 하겠지?

$$f(x)=\int f'(x)dx=\int 3(x-k)(x-2k)dx$$
$$=\int(3x^2-9kx+6k^2)dx$$
$$=x^3-\frac{9}{2}kx^2+6k^2x+C \text{ (단, } C\text{는 적분상수)}$$

이므로

$f(4)-f(1)$
$$=(64-72k+24k^2+C)-\left(1-\frac{9}{2}k+6k^2+C\right)$$
$$=18k^2-\frac{135}{2}k+63=\frac{9}{2}(4k^2-15k+14)$$
$$=\frac{9}{2}(4k-7)(k-2)>0$$
$\therefore k<\frac{7}{4}$ 또는 $k>2$ ⋯ ㉡

㉠, ㉡에서 k의 값의 공통범위를 구하면

$\therefore 1 \le k < \frac{7}{4}$

따라서 $\alpha=1$, $\beta=\frac{7}{4}$이므로

$\beta-\alpha=\frac{7}{4}-1=\frac{3}{4}$

도함수가 주어질 때 함수 구하기 개념·공식

함수 $f(x)$의 도함수 $f'(x)$가 주어지면 다음과 같은 순서로 함수 $f(x)$를 구한다.

① $f(x)=\int f'(x)dx$임을 이용하여 $f(x)$를 적분상수 C를 포함한 식으로 나타낸다.

② 주어진 함숫값을 이용하여 적분상수 C를 구한다.

③ ②에서 구한 적분상수 C를 ①에서 구한 식에 대입하여 함수 $f(x)$를 구한다.

F 05 정답 ⑤ *함수의 부정적분 [정답률 59%]

(정답 공식: 두 등식에서 $f(x)$를 소거해서 $g(x)$에 대한 식으로 정리한다.)

두 다항함수 $f(x)$, $g(x)$가

$$f(x)=\int xg(x)dx,\ \frac{d}{dx}\{f(x)-g(x)\}=4x^3+2x$$

를 만족시킬 때, $g(1)$의 값은? (4점)

단서 주어진 두 번째 등식에서 $f'(x)$가 나오지? 즉, 첫 번째 등식의 양변을 x에 대하여 미분하여 두 번째 등식에 대입한 후 생각해.

① 10 ② 11 ③ 12
④ 13 ⑤ 14

1st 첫 번째 등식의 양변을 x에 대하여 미분하여 두 번째 등식에 대입해 봐.

$f(x)=\int xg(x)dx$의 양변을 x에 대하여 미분하면

$f'(x)=xg(x)$ ⋯ ㉠

→ $f(x)=\int xg(x)dx$에서 $f'(x)=\frac{d}{dx}\int xg(x)dx$
이때, $\frac{d}{dx}\int f(x)dx=f(x)$이므로 우변은 $xg(x)$가 된 거야.

이때, $\frac{d}{dx}\{f(x)-g(x)\}=4x^3+2x$에서

$f'(x)-g'(x)=4x^3+2x$이므로 ㉠을 대입하면

$\therefore xg(x)-g'(x)=4x^3+2x$ ⋯ ㉡

실수 '다항함수'라는 조건이 주어지면 차수를 먼저 구하려고 해봐.

2nd 다항함수 $g(x)$의 함수식을 구해.

이때, 다항함수 $g(x)$의 차수를 n이라 하면 $xg(x)$는 $(n+1)$차이고 $g'(x)$는 $(n-1)$차이므로 ㉡의 좌변은 $(n+1)$차식이다.

그런데 ㉡의 우변이 3차식이므로 $n+1=3$에서 $n=2$이다.

따라서 함수 $g(x)$는 최고차항의 계수가 4인 이차함수이므로

$g(x)=4x^2+ax+b$라 하면

$g'(x)=8x+a$

함수 $g(x)$의 이차항의 계수를 k라 하면 함수 $xg(x)$의 최고차항, 즉 삼차항의 계수는 k로 변함이 없지? 따라서 이차함수 $g(x)$의 최고차항의 계수는 4야.

이것을 ㉡에 대입하면

$x(4x^2+ax+b)-(8x+a)=4x^3+2x$에서

$4x^3+ax^2+(b-8)x-a=4x^3+2x$이므로

$a=0$, $b-8=2$

$\therefore a=0$, $b=10$

따라서 $g(x)=4x^2+10$이므로

$g(1)=4\cdot1^2+10=14$

F 06 정답 ⑤ *함수의 부정적분 [정답률 40%]

(정답 공식: $\{xf(x)\}'=f(x)+xf'(x)$이다. $f(x)$의 함수식을 세운다.)

최고차항의 계수가 1인 삼차함수 $f(x)$가 $f(0)=0$, $f'(0)=0$, $f(\alpha)=0$이고 함수 $g(x)$가 다음 두 조건을 만족시킬 때, $g'(\alpha)$의 값은? (단, α는 양수이다.) (4점)

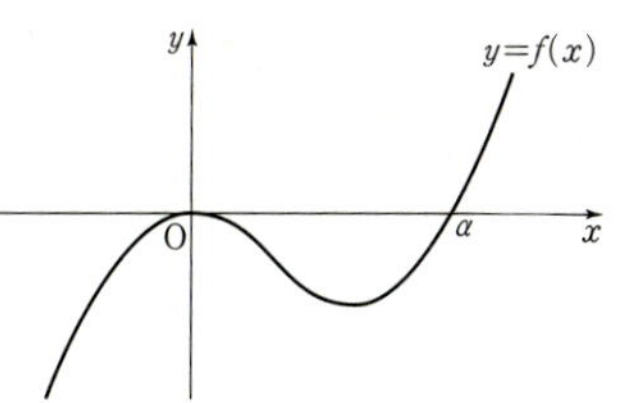

(가) $g'(x)=f(x)+xf'(x)$

단서 이 문제는 $\{f(x)g(x)\}'=f'(x)g(x)+f(x)g'(x)$임을 이용하여 $g(x)=xf(x)$임을 파악하는 것이 핵심이야. 이것을 파악했다면 주어진 그래프에서 $f(x)$의 식을 구하고 조건 (나)를 이용하여 $g(x)$의 식을 결정할 수 있어.

(나) $g(x)$의 극솟값은 -27이고, $g(0)=0$이다.

① 56 ② 58 ③ 60
④ 62 ⑤ 64

1st 함수 $g(x)$의 극대, 극소점을 찾아.

함수 $f(x)$에 대하여 방정식 $f(x)=0$의 실근은 $x=0$(중근), $x=\alpha$이고 함수 $f(x)$의 최고차항의 계수가 1이므로

$f(x)=x^2(x-\alpha)$ ⋯ ㉠

한편, 조건 (가)에서 $g'(x)=f(x)+xf'(x)=\{xf(x)\}'$이므로

$\{f(x)g(x)\}'=f'(x)g(x)+f(x)g'(x)$

$g(x)=xf(x)+C$ (단, C는 적분상수) ⋯ ㉡

→ $g'(x)=\{xf(x)\}'$의 양변을 x에 대하여 부정적분하면 $g(x)+C_1=xf(x)+C_2$ (단, C_1, C_2는 적분상수)이지만 C_2-C_1도 상수이므로 $C_2-C_1=C$, 즉 두 적분상수를 하나의 적분상수로 나타낼 수 있어.

㉠을 ㉡에 대입하면

$g(x)=x^3(x-\alpha)+C$ ⋯ ㉢

$g'(x)=3x^2(x-\alpha)+x^3=x^2(4x-3\alpha)$

$g'(x)=0$에서 $x=0$ 또는 $x=\frac{3}{4}\alpha$

따라서 양수 α에 대하여 함수 $g(x)$의 증가와 감소를 표로 나타내면 다음과 같다.

x	⋯	0	⋯	$\frac{3}{4}\alpha$	⋯
$g'(x)$	−	0	−	0	+
$g(x)$	↘		↘	극소	↗

즉, 함수 $g(x)$는 $x=\frac{3}{4}\alpha$에서 극솟값을 가진다.

2nd 조건 (나)를 이용하여 α의 값을 구해.

조건 (나)에 의해 함수 $g(x)$는 $x=\frac{3}{4}\alpha$에서 극솟값 -27을 가지고, $g(0)=0$이므로 ㉢에서 각각을 이용하면

$g(0)=C=0$이고 $g\left(\frac{3}{4}\alpha\right)=-\frac{27}{256}\alpha^4=-27$에서

$\alpha=4$ ($\because \alpha>0$)

따라서 $g'(\alpha)=\alpha^2(4\alpha-3\alpha)=\alpha^3$이고 $\alpha=4$이므로

$g'(\alpha)=g'(4)=4^3=64$

F 07 정답 ③ *함수의 부정적분 [정답률 43%]

정답 공식: 함수 $y=F(x)$가 $x=a$에서 미분가능하려면 $x=a$에서 연속이고 미분계수가 존재해야 한다. 즉, $x=a$에서의 좌미분계수와 우미분계수가 같아야 한다.

두 실수 a, b와 최고차항의 계수가 1인 삼차함수 $f(x)$에 대하여 함수 $g(x)$를

$$g(x)=\begin{cases} a & (x<-1) \\ |f(x)| & (-1\le x\le 5) \\ b & (x>5) \end{cases}$$

단서2 $g(x)$가 $x<-1$에서와 $x>5$에서는 상수함수이므로 $x<-1$에서와 $x>5$에서의 함수 $g(x)$의 미분계수는 0이야.

라 하자. $g(x)$가 $x=-1$, $x=5$에서 미분가능할 때, [보기]에서 옳은 것만을 있는 대로 고른 것은? (4점)

단서1 $x=-1$, $x=5$에서 미분가능하려면 $x=-1$, $x=5$에서 연속이고 미분계수가 존재해야 해. 이때, $g(x)$가 구간에 따라 다르게 정의되었으니까 미분계수가 존재하려면 좌미분계수와 우미분계수가 같아야 해.

[보기]

ㄱ. $f(x)$는 $x=-1$에서 극댓값을 갖는다.
ㄴ. $f(9)=0$이면 $a>b$이다.
ㄷ. $a=b$이면 $f(0)=46$이다.

① ㄱ ② ㄴ ③ ㄱ, ㄷ
④ ㄴ, ㄷ ⑤ ㄱ, ㄴ, ㄷ

1st $x=-1$, $x=5$에서 미분가능함을 이용해 $f(x)$에 대한 조건을 찾아내자.

함수 $g(x)$가 $x=-1$, $x=5$에서 미분가능하려면 연속이어야 하므로

$|f(-1)|=a$, $|f(5)|=b$ … ㉠

절댓값은 0 이상이므로 $a\ge 0$, $b\ge 0$임을 알 수 있어.

또, $x=-1$, $x=5$에서 미분계수가 존재해야 하므로

$g'(-1)=0$, $g'(5)=0$

미분가능하려면 좌미분계수와 우미분계수가 같아야 하는데 함수 $g(x)$가 $x<-1$, $x>5$에서 모두 상수함수이므로 $x=-1$, $x=5$에서의 미분계수가 0인 거야.

즉, $f'(-1)=0$, $f'(5)=0$이고

$x\to-1-$일 때, $g(x)=a$에서 $g'(x)=0$이므로 $x\to-1+$일 때의 미분계수도 0이어야 해. 즉, $f'(-1)=0$이야. 마찬가지로 $x\to5+$일 때, $g(x)=b$에서 $g'(x)=0$이므로 $x\to5-$일 때의 미분계수도 0이어야 하지? 그래서 $f'(5)=0$이야.

삼차함수 $f(x)$의 최고차항의 계수가 1이므로

$f'(x)=3(x+1)(x-5)$

실수 $f'(x)=a(x+1)(x-5)$ (단, a는 상수)라고 놓은 후에 적분해서 $f(x)$의 최고차항의 계수가 1인 것을 이용하여 a를 구해도 돼. 하지만 이렇게 바로 $a=3$인 것을 알면 나중에 해야 할 계산이 훨씬 간단해지지. $f(x)$의 최고차항인 x^3을 미분하면 $3x^2$이 되니까 도함수 $f'(x)$의 최고차항의 계수는 3이 되지.

ㄱ. $f'(-1)=0$이고 $x=-1$의 좌우에서 $f'(x)$의 부호가 양에서 음으로 바뀌므로 함수 $f(x)$는 $x=-1$에서 극댓값을 갖는다. (참)

2nd $f'(x)$의 부정적분을 구하고 $f(9)=0$일 때의 a, b의 값을 구해.

ㄴ. $f'(x)=3(x+1)(x-5)=3x^2-12x-15$이므로

$f(x)=x^3-6x^2-15x+C$ (단, C는 적분상수)

$\int(3x^2-12x-15)dx$

이때, $f(9)=0$이므로

$f(9)=729-486-135+C=0$ $\therefore C=-108$

즉, $f(x)=x^3-6x^2-15x-108$에서

$f(-1)=-1-6+15-108=-100$,

$f(5)=125-150-75-108=-208$

이고 ㉠에 의해 $a=|f(-1)|=100$, $b=|f(5)|=208$

이므로 $a<b$이다. (거짓)

3rd $f(x)$의 부정적분에서 $a=b$를 만족시키는 적분상수 C를 구해.

ㄷ. $f(x)=x^3-6x^2-15x+C$ (단, C는 적분상수)에서 ㉠에 의해

$a=|f(-1)|=|-1-6+15+C|=|8+C|$

$b=|f(5)|=|125-150-75+C|=|-100+C|$

이때, $a=b$이면 … (*)

$|8+C|=|-100+C|$에서 $8+C=100-C$이므로

$2C=92$ $\therefore C=46$

$|8+C|=|-100+C|$에서 $8+C=-100+C$ 또는 $8+C=100-C$인데 $8+C=-100+C$를 만족시키는 C의 값은 존재하지 않아. 따라서 $8+C=100-C$가 되는 거야.

즉, $f(0)=C=46$이다. (참)

따라서 옳은 것은 ㄱ, ㄷ이다.

수능 핵강

(*)에서 $a=b$인 경우의 함수 $y=f(x)$의 그래프를 생각해보자.
$f'(-1)=f'(5)=0$이고 $f(x)$는 최고차항의 계수가 1인 삼차함수이므로 $x=-1$에서 극댓값을, $x=5$에서 극솟값을 가져.
이때, 함수 $g(x)$가 $x=-1$, $x=5$에서 미분가능하므로 $a=b$이면 $|f(-1)|=|f(5)|$가 성립해야 하는데 삼차함수의 그래프에서 극댓값과 극솟값이 같을 수는 없겠지? 따라서 삼차함수 $y=f(x)$의 그래프는 그림과 같으므로 $f(-1)=-f(5)$가 성립하는 거야.

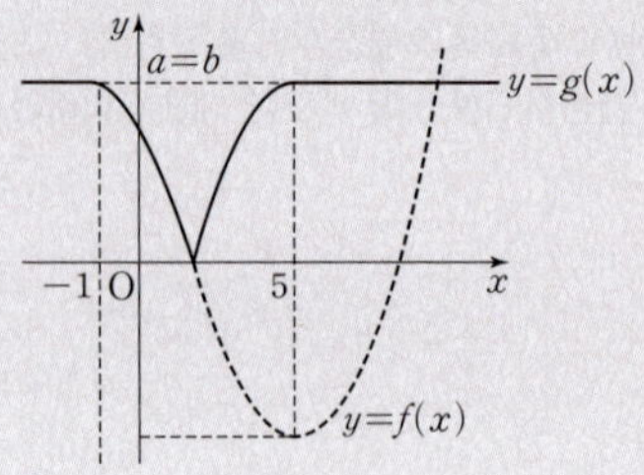

F 08 정답 289 *함수의 부정적분 [정답률 45%]

정답 공식: 두 함수 $y=f(x)$, $y=g(x)$의 그래프가 두 점에서 만나면 방정식 $f(x)=g(x)$는 서로 다른 두 실근을 갖는다.

단서1 부정적분을 통해 $f(x)$, $g(x)$의 식을 구할 수 있어.

두 다항함수 $f(x)$와 $g(x)$에 대하여 $f'(x)=6x^2+2x$이고, $g'(x)=x+2$이다. $y=f(x)$와 $y=g(x)$의 그래프가 두 점에서 만날 때, $g(0)-f(0)$의 값들의 합은 $\frac{q}{p}$이다. $p+q$의 값을 구하시오. (단, p, q는 서로소인 자연수이다.) (4점)

단서2 방정식 $f(x)=g(x)$의 서로 다른 실근의 개수가 2라는 거야.

1st 두 함수 $y=f(x)$, $y=g(x)$의 그래프가 두 점에서 만날 조건을 찾아.

$f'(x)=6x^2+2x$, $g'(x)=x+2$에서

$f(x)=\int f'(x)dx$

$\int x^n dx=\frac{1}{n+1}x^{n+1}+C$ (단, C는 적분상수, n은 음이 아닌 정수)

$=\int(6x^2+2x)dx=2x^3+x^2+a$ (단, a는 적분상수)

$g(x)=\int g'(x)dx$

$=\int(x+2)dx=\frac{1}{2}x^2+2x+b$ (단, b는 적분상수)

이때, 두 함수 $y=f(x)$와 $y=g(x)$의 그래프가 두 점에서 만나므로

방정식 $2x^3+x^2+a=\frac{1}{2}x^2+2x+b$는 서로 다른 두 실근을 갖는다.

2nd 삼차함수의 그래프를 이용하여 삼차방정식이 서로 다른 두 실근을 갖는 조건을 파악해야 해.

이때, $2x^3+\frac{1}{2}x^2-2x=-a+b$에서 $h(x)=2x^3+\frac{1}{2}x^2-2x$라 하면

실수 주어진 방정식을 (x에 대한 식)=(상수) 꼴로 고치는 게 편리해.

방정식 $2x^3+\frac{1}{2}x^2-2x=-a+b$의 실근은 함수 $y=h(x)$의 그래프와 직선 $y=-a+b$의 교점의 개수와 같다.

즉, 방정식 $2x^3+\frac{1}{2}x^2-2x=-a+b$가 서로 다른 두 실근을 가지면 함수 $y=h(x)$의 그래프와 직선 $y=-a+b$는 서로 다른 두 점에서 만난다.

$h(x)=2x^3+\frac{1}{2}x^2-2x$에서 $h'(x)=6x^2+x-2=(3x+2)(2x-1)$

$h'(x)=0$에서 $x=-\frac{2}{3}$ 또는 $x=\frac{1}{2}$이므로 함수 $h(x)$의 증가와 감소를 표로 나타내면 다음과 같다.

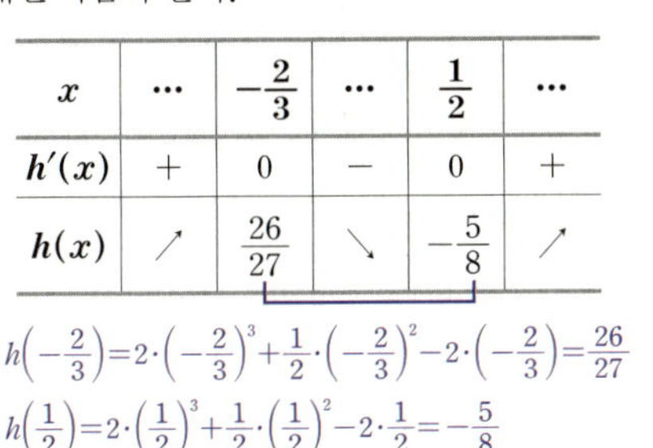

x	$\cdots$	$-\frac{2}{3}$	$\cdots$	$\frac{1}{2}$	$\cdots$
$h'(x)$	+	0	−	0	+
$h(x)$	↗	$\frac{26}{27}$	↘	$-\frac{5}{8}$	↗

$h\left(-\frac{2}{3}\right)=2\cdot\left(-\frac{2}{3}\right)^3+\frac{1}{2}\cdot\left(-\frac{2}{3}\right)^2-2\cdot\left(-\frac{2}{3}\right)=\frac{26}{27}$

$h\left(\frac{1}{2}\right)=2\cdot\left(\frac{1}{2}\right)^3+\frac{1}{2}\cdot\left(\frac{1}{2}\right)^2-2\cdot\frac{1}{2}=-\frac{5}{8}$

즉, 함수 $h(x)$는 $x=-\frac{2}{3}$에서 극댓값 $\frac{26}{27}$, $x=\frac{1}{2}$에서 극솟값 $-\frac{5}{8}$를 가지므로 함수 $y=h(x)$의 그래프는 그림과 같다.

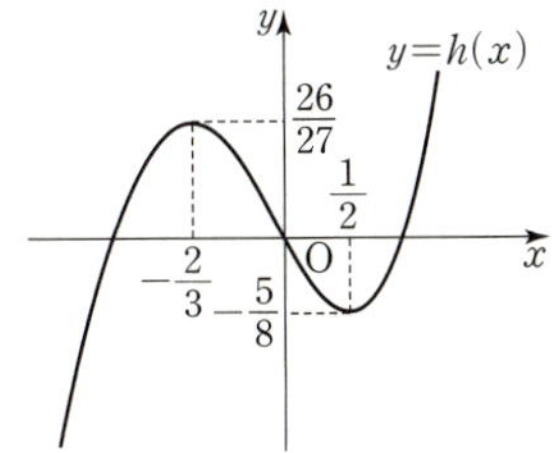

따라서 함수 $y=h(x)$의 그래프와 직선 $y=-a+b$가 서로 다른 두 점에서 만나려면 직선이 함수 $h(x)$의 극소점 또는 극대점에서 접해야 한다.

3rd 접하는 경우를 나눠 $g(0)-f(0)$을 각각 구해.

(i) 직선 $y=-a+b$가 점 $\left(-\frac{2}{3}, \frac{26}{27}\right)$에서 접할 때
함수 $h(x)$가 극대가 되는 점이야.

$-a+b=\frac{26}{27}$

(ii) 직선 $y=-a+b$가 점 $\left(\frac{1}{2}, -\frac{5}{8}\right)$에서 접할 때
함수 $h(x)$가 극소가 되는 점이지.

$-a+b=-\frac{5}{8}$

$g(0)-f(0)=b-a$이므로 $g(0)-f(0)$의 값들의 합은

$\frac{26}{27}+\left(-\frac{5}{8}\right)=\frac{73}{216}=\frac{q}{p}$

$\therefore\ p+q=216+73=289$

F 09 정답 ① *구간에 따라 다르게 정의된 함수의 정적분 ··· [정답률 69%]

(정답 공식: $\int_k^2 f(x)dx$를 구간에 따라 나누어 두 정적분의 합으로 나타낸다.)

함수 $f(x)=\begin{cases} -x^2+1 & (x\le1) \\ 2x-2 & (x>1)\end{cases}$에 대하여 $\int_k^2 f(x)dx=1$을 만족시키는 상수 k의 값은? (단, $k<1$) (4점)

① -2 ② $-\frac{3}{2}$ ③ -1 ④ $-\frac{1}{2}$ ⑤ 0

단서 $k<1$이므로 $\int_k^2 f(x)dx=\int_k^1 f(x)dx+\int_1^2 f(x)dx$로 놓고 계산하면 돼.

1st $k<1$이라 했으므로 적분구간을 나누어 정적분하자.

$$\int_k^2 f(x)dx=\int_k^1 f(x)dx+\int_1^2 f(x)dx$$

$x=1$을 기준으로 $f(x)$의 식이 바뀌고, $k<1$이므로 적분구간을 나누어 정적분 해야 해.

$$=\int_k^1(-x^2+1)dx+\int_1^2(2x-2)dx$$

$$=\left[-\frac{1}{3}x^3+x\right]_k^1+\left[x^2-2x\right]_1^2$$

$$=-\frac{1}{3}+1+\frac{1}{3}k^3-k+4-4-1+2$$

$$=\frac{1}{3}k^3-k+\frac{5}{3}=1$$

즉, $\frac{1}{3}k^3-k+\frac{2}{3}=0$에서 $k^3-3k+2=0$

$(k-1)^2(k+2)=0 \quad \therefore\ k=-2$ 또는 $k=1$

따라서 $k<1$이므로 구하는 k의 값은 -2이다.

F 10 정답 4 *구간에 따라 다르게 정의된 함수의 정적분 ··· [정답률 55%]

(정답 공식: 합성함수에 대한 정적분을 계산할 때는 적분구간이 변함에 주의한다.)

닫힌구간 $[0, 3]$에서 정의된 함수 $y=f(x)$의 그래프가 그림과 같을 때, $\int_0^3 f(f(x))dx$의 값을 구하시오. (4점)

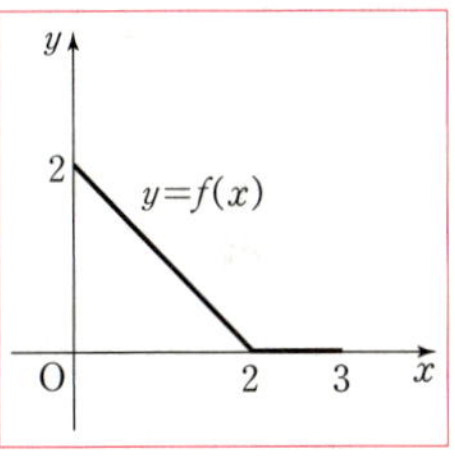

(그래프: $y=f(x)$, 2, O, 2, 3, x, y)

단서 $f(x)=\begin{cases} -x+2 & (0\le x\le2) \\ 0 & (2<x\le3)\end{cases}$이지? 이를 이용해 $f(f(x))$의 식을 구해야 해.

1st 그래프를 이용하여 $f(x)$의 식부터 구해 봐.

함수 $f(x)$의 그래프에서
→ 두 점 $(0, 2)$, $(2, 0)$을 지나는 직선이야.

$f(x)=\begin{cases} -x+2 & (0\le x\le2) \\ 0 & (2<x\le3)\end{cases}$

2nd $f(x)$의 값의 범위에 주의하면서 $f(f(x))$의 식을 구해.

$f(f(x))$를 구해 보면

(i) $0\le x\le2$일 때,

$f(x)=-x+2$이고 $0\le f(x)\le2$이므로

$f(f(x))=-f(x)+2=-(-x+2)+2=x$

(ii) $2<x\le3$일 때,

$f(x)=0$이므로

$f(f(x))=f(0)=2$

$x=0$은 $0\le x\le2$에 속하므로 $f(0)$의 값은 $f(x)=-x+2$에 x 대신에 0을 대입하면 돼.

(i), (ii)에 의해

$f(f(x))=\begin{cases} x & (0\le x\le2) \\ 2 & (2<x\le3)\end{cases}$

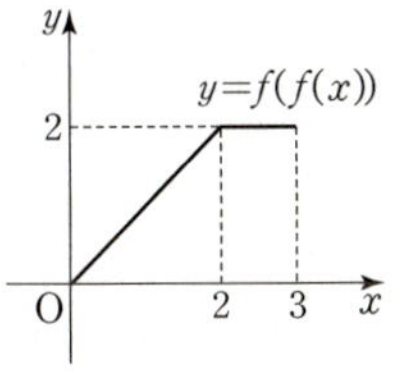

(그래프: $y=f(f(x))$, 2, O, 2, 3, x, y)

3rd $\int_0^3 f(f(x))dx$를 구하자.

$$\therefore\ \int_0^3 f(f(x))dx=\int_0^2 xdx+\int_2^3 2dx$$

$$=\left[\frac{1}{2}x^2\right]_0^2+\left[2x\right]_2^3$$

$$=2+(6-4)=4$$

수능 핵강

합성함수가 나왔네. 합성함수가 나오면 적분구간 사이에서 함수가 어떻게 변해가는지 하나씩 합성해 가면서 구간을 나눠서 적분하면 어렵지 않게 해결할 수 있을 거야.

F 11 정답 43 *구간에 따라 다르게 정의된 함수의 정적분 ···· [정답률 45%]

(정답 공식: $0<a<4$, $a=0$, $a=4$로 나누어 적분값을 구한다.)

구간 $[0, 8]$에서 정의된 함수 $f(x)$는

$$f(x)=\begin{cases} -x(x-4) & (0\le x<4) \\ x-4 & (4\le x\le 8) \end{cases}$$

단서 $f(x)$가 $x=4$를 기준으로 함수식이 달라지니까 적분 구간 $[a, a+4]$에 $x=4$가 포함된다면 적분 구간을 $[a, 4]$, $[4, a+4]$로 나누어 정적분을 계산해야 해.

이다. 실수 $a(0\le a\le 4)$에 대하여 $\int_a^{a+4} f(x)dx$의 최솟값은 $\frac{q}{p}$이다. $p+q$의 값을 구하시오. (단, p와 q는 서로소인 자연수이다.) (4점)

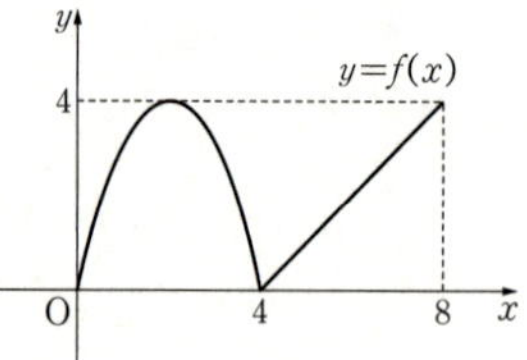

1st $a=0$, $a=4$일 때, $\int_a^{a+4} f(x)dx$의 값을 구해.

(i) $a=0$일 때 → $a=0$이면 적분 구간은 $[0, 4]$지? 이 구간에서 함수 $f(x)=-x(x-4)$야.

$$\int_a^{a+4} f(x)dx=\int_0^4 f(x)dx=\int_0^4\{-x(x-4)\}dx$$
$$=\int_0^4(-x^2+4x)dx=\left[-\frac{1}{3}x^3+2x^2\right]_0^4$$
$$=-\frac{64}{3}+32=\frac{32}{3}$$

(ii) $a=4$일 때 → $a=4$이면 적분 구간은 $[4, 8]$이고 이 구간에서 함수 $f(x)=x-4$야.

$$\int_a^{a+4} f(x)dx=\int_4^8 f(x)dx=\int_4^8(x-4)dx$$
$$=\left[\frac{1}{2}x^2-4x\right]_4^8$$
$$=(32-32)-(8-16)=8$$

2nd $0<a<4$에서 $\int_a^{a+4} f(x)dx$의 최솟값을 구해.

(iii) $0<a<4$일 때 → $0<a<4$이면 적분 구간 $[a, a+4]$에 $x=4$가 포함되니까 구간 $[a, 4]$에서의 적분하는 함수는 $f(x)=-x(x-4)$이고 구간 $[4, a+4]$에서의 적분하는 함수는 $f(x)=x-4$야.

$$\int_a^{a+4} f(x)dx=\int_a^4 f(x)dx+\int_4^{a+4} f(x)dx$$
$$=\int_a^4(-x^2+4x)dx+\int_4^{a+4}(x-4)dx$$
$$=\left[-\frac{1}{3}x^3+2x^2\right]_a^4+\left[\frac{1}{2}x^2-4x\right]_4^{a+4}$$
$$=\frac{32}{3}+\frac{1}{3}a^3-2a^2+\frac{1}{2}(a+4)^2-4(a+4)+8$$
$$=\frac{1}{3}a^3-\frac{3}{2}a^2+\frac{32}{3}$$

실수 (−)부호, 분수가 섞인 정적분 계산에서는 실수가 나오기 쉬워. 꼼꼼히 계산하자.

이때, $g(a)=\frac{1}{3}a^3-\frac{3}{2}a^2+\frac{32}{3}$라 하면

$g'(a)=a^2-3a=a(a-3)$

$g'(a)=0$에서 $a=0$ 또는 $a=3$이므로 함수 $g(a)$의 증가와 감소를 표로 나타내면 다음과 같다.

a	(0)		3		(4)
$g'(a)$		−	0	+	
$g(a)$		↘	극소	↗	

따라서 $0<a<4$일 때, 함수 $g(a)$는 $a=3$에서 극소이면서 최솟값을 갖는다. 즉, $g(a)$의 최솟값은

$$g(3)=\frac{1}{3}\times27-\frac{3}{2}\times9+\frac{32}{3}=\frac{37}{6}$$

(i)~(iii)에 의하여 $\int_a^{a+4} f(x)dx$의 최솟값은 $a=3$일 때, $\frac{37}{6}$이므로

$p=6$, $q=37$

$\therefore p+q=6+37=43$

[다른 풀이]

$h(a)=\int_a^{a+4} f(x)dx$라 하고 양변을 a에 대하여 미분하면

$h'(a)=f(a+4)-f(a)$

이때, $0\le a\le 4$에서 $4\le a+4\le 8$이므로

$h'(a)=\{(a+4)-4\}-\{-a(a-4)\}$

$=a+a^2-4a=a^2-3a=a(a-3)$

→ $f(x)=\begin{cases} -x(x-4) & (0\le x<4) \\ x-4 & (4\le x\le 8)\end{cases}$에서 $4\le a+4\le 8$이므로 $f(a+4)=(a+4)-4$이고, $0\le a\le 4$이므로 $f(a)=-a(a-4)$야.

$h'(a)=0$에서 $a=0$ 또는 $a=3$이므로 함수 $h(a)$의 증가와 감소를 표로 나타내면 다음과 같아.

a	0	…	3	…	4
$h'(a)$	0	−	0	+	
$h(a)$		↘	극소	↗	

따라서 함수 $h(a)$는 $a=3$일 때 극소이면서 최소이므로 구하는 최솟값은

$$h(3)=\int_3^7 f(x)dx$$
$$=\int_3^4 f(x)dx+\int_4^7 f(x)dx$$
$$=\int_3^4\{-x(x-4)\}dx+\int_4^7(x-4)dx$$
$$=\left[-\frac{1}{3}x^3+2x^2\right]_3^4+\left[\frac{1}{2}x^2-4x\right]_4^7$$
$$=-\frac{64}{3}+32+9-18+\frac{49}{2}-28-8+16$$
$$=\frac{37}{6}$$

(이하 동일)

구간에 따라 다르게 정의된 함수의 정적분 개념·공식

닫힌구간 $[a, b]$에서 연속인 함수 $f(x)=\begin{cases} g(x) & (x\ge c) \\ h(x) & (x<c)\end{cases}$에 대하여 $a<c<b$일 때,

$$\int_a^b f(x)dx=\int_a^c h(x)dx+\int_c^b g(x)dx$$

F 12 정답 72 *절댓값 기호를 포함한 함수의 정적분 ···· [정답률 43%]

(정답 공식: x의 값의 범위를 2를 기준으로 나눠서 각각의 경우에 대하여 정적분을 계산한다.)

x에 대한 방정식 $\int_0^x\left|\frac{1}{2}t-1\right|dt=x$의 양수인 실근이 $m+n\sqrt{2}$일 때, m^3+n^3의 값을 구하시오. (단, m, n은 유리수이다.) (4점)

단서 절댓값이 포함된 함수의 정적분에 관한 문제지? $\frac{1}{2}t-1$의 값이 음일 때와 양일 때의 구간을 각각 찾아서 $\int_0^x\left|\frac{1}{2}t-1\right|dt$를 x에 대한 식으로 나타내.

1st $0\le x<2$와 $x\ge2$일 때 주어진 방정식을 풀자.

구하는 것은 주어진 방정식의 양의 실근이니까 굳이 $x<0$일 때의 방정식을 풀 필요는 없어.

(i) $0\le x<2$일 때, → 적분구간 $[0, x]$에서 $\frac{1}{2}t-1<0$이야.

$$\int_0^x\left|\frac{1}{2}t-1\right|dt=\int_0^x\left(-\frac{1}{2}t+1\right)dt$$
$$=\left[-\frac{1}{4}t^2+t\right]_0^x$$
$$=-\frac{1}{4}x^2+x=x$$

$x^2=0\quad\therefore x=0$

(ii) $x\ge2$일 때,

$0\le t<2$일 때 $\frac{1}{2}t-1<0$이고
$2\le t\le x$일 때 $\frac{1}{2}t-1\ge0$이야.

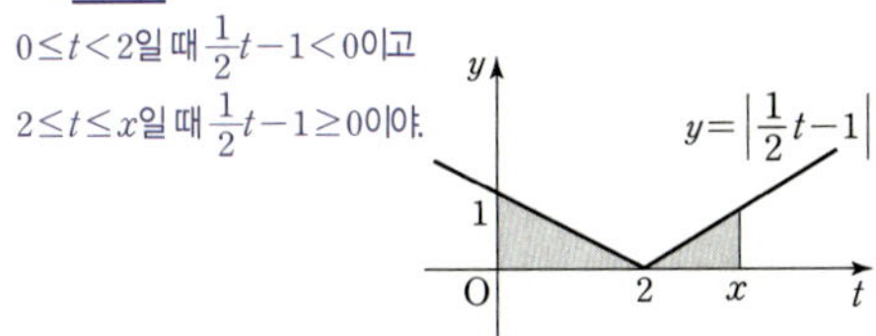

$$\int_0^x\left|\frac{1}{2}t-1\right|dt=\int_0^2\left(-\frac{1}{2}t+1\right)dt+\int_2^x\left(\frac{1}{2}t-1\right)dt$$
$$=\left[-\frac{1}{4}t^2+t\right]_0^2+\left[\frac{1}{4}t^2-t\right]_2^x$$
$$=1+\left(\frac{1}{4}x^2-x+1\right)=x$$

$x^2-8x+8=0\quad\therefore x=4+2\sqrt{2}\ (\because x\ge2)$

2nd 양수인 실근을 찾자.

(i), (ii)에 의해 양수인 실근은 $x=4+2\sqrt{2}$이므로 $m=4$, $n=2$이다.

$\therefore m^3+n^3=4^3+2^3=72$

F 13 정답 ⑤ *절댓값 기호를 포함한 함수의 정적분 ···· [정답률 51%]

정답 공식: 이차방정식의 근과 계수의 관계를 이용하여 $\int_\alpha^\beta|x-p|dx$를 p에 대한 식으로 나타낸다.

실수 p에 대하여 이차방정식 $x^2-2px+p-1=0$의 두 실근을 α, β $(\alpha<\beta)$라 할 때, $\int_\alpha^\beta|x-p|dx$의 최솟값은? (4점)

단서 2 구간 $[\alpha, \beta]$에서 함수 $y=|x-p|$의 그래프와 x축 사이의 넓이로 생각해봐.

① $\frac{1}{4}$ ② $\frac{1}{3}$ ③ $\frac{1}{2}$
④ $\frac{2}{3}$ ⑤ $\frac{3}{4}$

단서 1 이차함수 $y=x^2-2px+p-1$의 그래프와 x축이 만나는 점의 x좌표가 α, β야.

1st 이차함수 $y=x^2-2px+p-1$의 그래프와 함수 $y=|x-p|$의 그래프를 그려봐.

실수 p에 대하여 이차방정식 $x^2-2px+p-1=0$의 두 실근이 α, β이므로 이차함수 $y=x^2-2px+p-1$의 그래프와 x축이 만나는 점의 x좌표가 α, β이다.

이때, $y=x^2-2px+p-1=(x-p)^2-p^2+p-1$이므로

이차함수 $y=x^2-2px+p-1$의 그래프의 축의 방정식은 $x=p$이고, 꼭짓점의 좌표는 $(p,\ -p^2+p-1)$이다.

또, 이 이차함수의 그래프의 꼭짓점의 y좌표는

$-p^2+p-1=-\left(p-\frac{1}{2}\right)^2-\frac{3}{4}<0$이다.

이차방정식 $x^2-2px+p-1=0$이 서로 다른 두 실근 α, β를 가지므로 이차함수 $y=x^2-2px+p-1$의 그래프는 반드시 x축과 두 점에서 만나야 해.
따라서 아래로 볼록인 이차함수의 그래프의 꼭짓점의 y좌표는 음수여야 하지.

한편, $y=|x-p|$의 그래프는 $y=|x|$의 그래프를 x축의 방향으로 p만큼 평행이동한 것이므로 두 함수 $y=x^2-2px+p-1$, $y=|x-p|$의 그래프의 개형을 그리면 다음과 같다.

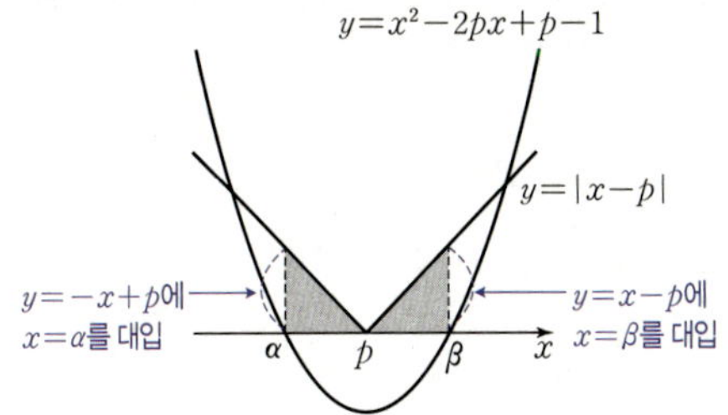

2nd 이차방정식의 근과 계수의 관계를 이용하여 주어진 정적분의 최솟값을 구하자.

주어진 정적분의 값 $\int_\alpha^\beta|x-p|dx$는 그림의 어두운 부분의 넓이와 같으므로

실수 정적분으로 계산해도 되지만 여기서는 삼각형의 넓이니까 그냥 삼각형의 넓이 공식을 사용했어. 그때그때 더 간단한 것을 사용하면 돼.

$$\int_\alpha^\beta|x-p|dx$$
$$=\frac{1}{2}\times|p-\alpha|\times|\alpha-p|+\frac{1}{2}\times|\beta-p|\times|\beta-p|$$
$$=\frac{1}{2}(p-\alpha)^2+\frac{1}{2}(\beta-p)^2$$
$$=\frac{1}{2}(p^2-2p\alpha+\alpha^2+\beta^2-2p\beta+p^2)$$

$=\frac{1}{2}\{2p^2-2p(\alpha+\beta)+\alpha^2+\beta^2\}$
$=p^2-p(\alpha+\beta)+\frac{1}{2}(\alpha^2+\beta^2)$
$=p^2-p(\alpha+\beta)+\frac{1}{2}\{(\alpha+\beta)^2-2\alpha\beta\}$

$$=p^2-p(\alpha+\beta)+\frac{1}{2}(\alpha+\beta)^2-\alpha\beta\ \cdots\ ㉠$$

이때, 이차방정식 $x^2-2px+p-1=0$의 두 실근이 α, β이므로 근과 계수의 관계에 의해

$\alpha+\beta=2p$, $\alpha\beta=p-1\ \cdots\ ㉡$

즉, ㉡을 ㉠에 대입하여 정리하면

$$\int_\alpha^\beta|x-p|dx=p^2-p(\alpha+\beta)+\frac{1}{2}(\alpha+\beta)^2-\alpha\beta$$
$$=p^2-2p^2+2p^2-p+1$$
$$=p^2-p+1$$
$$=\left(p-\frac{1}{2}\right)^2+\frac{3}{4}$$

따라서 $\int_\alpha^\beta|x-p|dx$는 $p=\frac{1}{2}$일 때 최솟값 $\frac{3}{4}$을 갖는다.

[다른 풀이]

2nd에서 어두운 부분의 넓이를 구하는 식에 대해 생각해보자.

직선 $y=x-p$의 기울기가 1이므로 $\tan 45°=1$에서 이 직선과 x축이 이루는 예각의 크기는 45°임을 알 수 있어.

즉, 이차함수 $y=x^2-2px+p-1$의 그래프의 축 $x=p$의 오른쪽 부분은 직각이등변삼각형이므로 밑변의 길이와 높이가 같겠지?

따라서 밑변의 길이가 $\beta-p$이므로 이 부분의 넓이는

$\frac{1}{2}\times(\beta-p)\times(\beta-p)=\frac{1}{2}(\beta-p)^2$이야.

그리고 그림의 어두운 두 부분은 축 $x=p$에 대하여 대칭이니까 왼쪽 부분도 위와 같은 방법으로 구하면 돼.

(이하 동일)

F 14 정답 ① *절댓값 기호를 포함한 함수의 정적분 ····· [정답률 46%]

정답 공식: $x=a$를 기준으로 $f(x)$를 나누고, 각 구간에서 $f'(x)$를 구한 후 $f(x)$가 극댓값을 가지고 그 값이 1일 조건을 이용하여 a의 값을 구한다.

함수

$$f(x)=(x-1)|x-a|$$

단서1 $f(x)=\begin{cases}(x-1)(x-a) & (x\ge a)\\ -(x-1)(x-a) & (x<a)\end{cases}$ 야.

의 극댓값이 1일 때, $\int_0^4 f(x)dx$의 값은? (단, a는 상수이다.) (4점)

단서2 $y=f(x)$의 그래프의 개형을 그려보면서 극댓값이 생기는 경우를 판단해.

① $\frac{4}{3}$ ② $\frac{3}{2}$ ③ $\frac{5}{3}$

④ $\frac{11}{6}$ ⑤ 2

1st a의 값의 범위에 따른 함수 $f(x)$의 그래프를 그려보면서 극댓값 1을 갖는 함수 $f(x)$의 그래프를 찾아봐.

$f(x)=(x-1)|x-a|$에서

$f(x)=\begin{cases}(x-1)(x-a) & (x\ge a)\\ -(x-1)(x-a) & (x<a)\end{cases}$

즉, 함수 $y=f(x)$의 그래프는 $x=1$, $x=a$에서 x축과 만나므로 $a>1$, $a=1$, $a<1$에 따라 나타낸 함수 $y=f(x)$의 그래프의 개형은 그림과 같다.

(i) $a<1$일 때 (ii) $a=1$일 때

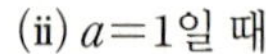

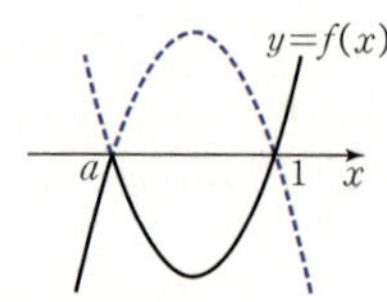

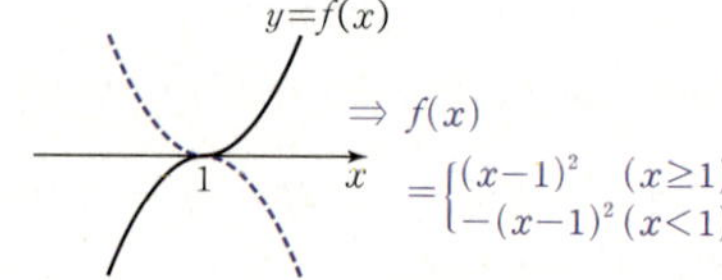

(iii) $a>1$일 때

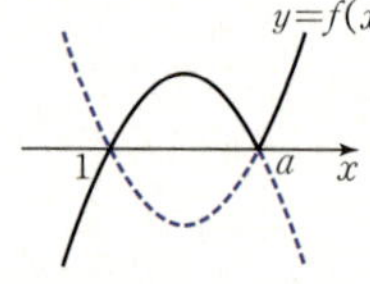

(i)에서 극댓값은 $f(a)=0$이고, (ii)에서 극댓값은 존재하지 않으므로 극댓값이 1이라는 조건을 만족하지 않지?

따라서 극댓값 1을 갖는 함수 $y=f(x)$의 그래프의 개형은 (iii)과 같다.

2nd 함수 $f(x)$의 극댓값이 1임을 이용하여 a의 값을 구해.

$a>1$일 때, (iii)의 그림에 의해 $1<x<a$에서 $f(x)$가 극댓값을 가지므로

$f(x)=-(x-1)(x-a)$에서

$f'(x)=-(x-a)-(x-1)$

$\quad=-2x+a+1$

$f'(x)=0$에서

$-2x+a+1=0 \quad \therefore x=\frac{a+1}{2}$

최고차항의 계수가 음수인 이차함수는 그래프의 꼭짓점에서 극댓값을 가져.

즉, $x=\frac{a+1}{2}$에서 $f(x)$가 극댓값 1을 가지므로

$f\left(\frac{a+1}{2}\right)=-\left(\frac{a+1}{2}-1\right)\left(\frac{a+1}{2}-a\right)=1$

$\frac{(a-1)^2}{4}=1$, $a^2-2a+1=4$

$a^2-2a-3=0$, $(a+1)(a-3)=0$

$\therefore a=3$ ($\because a>1$)

3rd $\int_0^4 f(x)dx$의 값을 x의 값의 범위에 주의하여 구해.

함수 $y=f(x)$의 그래프는 그림과 같으므로

구하는 값은

$f(x)=\begin{cases}(x-1)(x-3) & (x\ge3)\\ -(x-1)(x-3) & (x<3)\end{cases}$이므로

$0\le x<3$에서 $f(x)=-(x-1)(x-3)$이고

$3\le x\le4$에서 $f(x)=(x-1)(x-3)$이야.

$\int_0^4 f(x)dx$

$=\int_0^3\{-(x-1)(x-3)\}dx$

$\quad+\int_3^4(x-1)(x-3)dx$

$=\int_0^3(-x^2+4x-3)dx+\int_3^4(x^2-4x+3)dx$

$=\left[-\frac{1}{3}x^3+2x^2-3x\right]_0^3+\left[\frac{1}{3}x^3-2x^2+3x\right]_3^4$

$=(-9+18-9)+\left\{\left(\frac{64}{3}-32+12\right)-(9-18+9)\right\}$

$=\frac{4}{3}$

[다른 풀이]

$-\int_0^1 f(x)dx=\int_3^4 f(x)dx$이므로 $\int_0^1 f(x)dx+\int_3^4 f(x)dx=0$

그림에서 영역 S_1의 넓이와 영역 S_2의 넓이가 같으므로

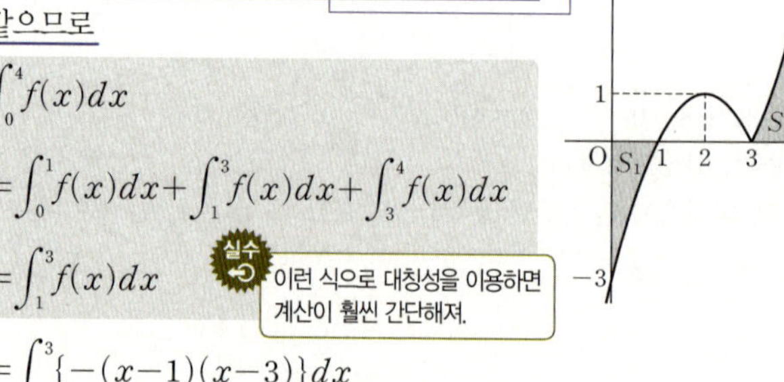

$\int_0^4 f(x)dx$

$=\int_0^1 f(x)dx+\int_1^3 f(x)dx+\int_3^4 f(x)dx$

$=\int_1^3 f(x)dx$

실수 이런 식으로 대칭성을 이용하면 계산이 훨씬 간단해져.

$=\int_1^3\{-(x-1)(x-3)\}dx$

$=\int_1^3(-x^2+4x-3)dx$

$=\left[-\frac{1}{3}x^3+2x^2-3x\right]_1^3$

$=(-9+18-9)-\left(-\frac{1}{3}+2-3\right)=\frac{4}{3}$

F 15 정답 ③ *대칭인 함수의 정적분 ····· [정답률 62%]

정답 공식: $\int_0^6 f(x)dx=\int_{-6}^0 f(x)dx=0$이므로 이차함수 $f(x)$의 축은 $x=0$이다.

이차함수 $f(x)$는 $f(0)=-4$이고,

$$\int_{-6}^6 f(x)dx=\int_0^6 f(x)dx=\int_{-6}^0 f(x)dx$$

를 만족시킨다. $f(9)$의 값은? (4점)

단서 정적분의 성질 $\int_a^b f(x)dx=\int_a^c f(x)dx+\int_c^b f(x)dx$임을 이용하면 주어진 조건에 의하여 $\int_{-6}^6 f(x)dx$, $\int_0^6 f(x)dx$, $\int_{-6}^0 f(x)dx$의 값을 구할 수 있어. 이때, $f(x)=ax^2+bx+c$라 두고 각 정적분 식에 대입하여 방정식을 만들면 돼.

① 21 ② 22 ③ 23

④ 24 ⑤ 25

1st 정적분의 성질을 이용하여 $\int_{-6}^{6}f(x)dx=\int_{-6}^{0}f(x)dx=\int_{0}^{6}f(x)dx$의 값을 구해.

$\int_{a}^{b}f(x)dx=\int_{a}^{c}f(x)dx+\int_{c}^{b}f(x)dx$

정적분의 성질에 의해 $\int_{-6}^{6}f(x)dx=\int_{-6}^{0}f(x)dx+\int_{0}^{6}f(x)dx$이므로

주어진 조건 $\int_{-6}^{6}f(x)dx=\int_{0}^{6}f(x)dx=\int_{-6}^{0}f(x)dx$를 대입하면

$\int_{-6}^{6}f(x)dx=\int_{-6}^{6}f(x)dx+\int_{-6}^{6}f(x)dx$에서 $\int_{-6}^{6}f(x)dx=0$

$\therefore \int_{-6}^{6}f(x)dx=\int_{0}^{6}f(x)dx=\int_{-6}^{0}f(x)dx=0$ ⋯ ㉠

2nd 이차함수 $f(x)=ax^2+bx+c$라 하고 a, b, c를 구하자.

함수 $f(x)$가 이차함수이므로 $f(x)=ax^2+bx+c$라 하면

$f(0)=-4$이므로 $f(x)=ax^2+bx-4$

이때, $\int_{-6}^{6}f(x)dx=0$이므로

$$\int_{-6}^{6}f(x)dx=\int_{-6}^{6}(ax^2+bx-4)dx=2\int_{0}^{6}(ax^2-4)dx$$
$$=2\left[\frac{a}{3}x^3-4x\right]_0^6=2(72a-24) \cdots ㉡$$
$$=0$$

y축에 대하여 대칭인 함수 $f(x)$에 대하여 $\int_{-a}^{a}F(x)dx=2\int_{0}^{a}F(x)dx$이고 원점에 대하여 대칭인 함수 $F(x)$에 대하여 $\int_{-a}^{a}F(x)dx=0$

$\therefore a=\frac{1}{3}$

또한, ㉠에서 $\int_{0}^{6}f(x)dx=0$이므로

$$\int_{0}^{6}\left(\frac{1}{3}x^2+bx-4\right)dx=\left[\frac{1}{9}x^3+\frac{b}{2}x^2-4x\right]_0^6$$
$$=24+18b-24=0$$

$\therefore b=0$

따라서 $f(x)=\frac{1}{3}x^2-4$이므로

$f(9)=\frac{1}{3}\times81-4=23$

[다른 풀이]

$$\int_{0}^{6}f(x)dx=\int_{0}^{6}(ax^2+bx-4)dx$$
$$=\left[\frac{a}{3}x^3+\frac{b}{2}x^2-4x\right]_0^6=72a+18b-24 \cdots ㉢$$

$$\int_{-6}^{0}f(x)dx=\int_{-6}^{0}(ax^2+bx-4)dx$$
$$=\left[\frac{a}{3}x^3+\frac{b}{2}x^2-4x\right]_{-6}^0=72a-18b-24 \cdots ㉣$$

이때, ㉠에 의해 ㉡=㉢=㉣이야.

즉, ㉢=㉣이므로

$72a+18b-24=72a-18b-24$

$\therefore b=0$

㉡=㉢이므로

$2(72a-24)=72a-24$

$72a-24=0 \qquad \therefore a=\frac{1}{3}$

따라서 $f(x)=\frac{1}{3}x^2-4$이므로

$f(9)=\frac{1}{3}\times81-4=23$

F 16 정답 ① *대칭인 함수의 정적분 [정답률 49%]

정답 공식: $h(-x)=f(-x)g(-x)=-f(x)g(x)=-h(x)$이므로 $h(x)$는 원점에 대하여 대칭인 함수이다. 즉, $h'(x)$는 y축에 대하여 대칭인 함수이다.

두 다항함수 $f(x)$, $g(x)$가 모든 실수 x에 대하여

$f(-x)=-f(x)$, $g(-x)=g(x)$

를 만족시킨다. 함수 $h(x)=f(x)g(x)$에 대하여

$$\int_{-3}^{3}(x+5)h'(x)dx=10$$

일 때, $h(3)$의 값은? (4점)

① 1 ② 2 ③ 3 ④ 4 ⑤ 5

단서 주어진 적분식에서 적분 구간의 위끝과 아래끝이 부호만 다르고 절댓값은 같으니까 y축에 대하여 대칭인 함수와 원점에 대하여 대칭인 함수의 성질을 이용해야 함을 파악하고 문제 풀이에 들어가야 해.

1st 주어진 조건을 이용하여 다항함수 $h(x)$의 꼴을 유추해 봐.

$f(-x)=-f(x)$, $g(-x)=g(x)$이므로 함수 $h(x)=f(x)g(x)$에 x 대신 $-x$를 대입하면

(원점에 대하여 대칭인 함수임을 나타내는 식이야. / y축에 대하여 대칭인 함수임을 나타내는 식이야.)

$h(-x)=f(-x)g(-x)=-f(x)g(x)=-h(x)$

에서 함수 $h(x)$는 원점에 대하여 대칭인 함수이다.

실수 기함수와 우함수의 곱은 기함수가 돼.

그런데 함수 $h(x)$는 두 다항함수 $f(x)$, $g(x)$의 곱으로 이루어진 다항함수이므로 함수 $h(x)$가 원점에 대하여 대칭이 되려면

$h(x)=a_1x+a_3x^3+\cdots$

과 같이 홀수 차수의 항들의 합으로만 나타나야 한다.

즉, $h'(x)=a_1+3a_3x^2+\cdots$이고, $xh'(x)=a_1x+3a_3x^3+\cdots$이므로 함수 $h'(x)$는 y축에 대하여 대칭인 함수이고 함수 $xh'(x)$는 원점에 대하여 대칭인 함수이다.

$\therefore \int_{-a}^{a}h'(x)dx=2\int_{0}^{a}h'(x)dx$, $\int_{-a}^{a}xh'(x)dx=0$ (단, a는 상수)

2nd 주어진 정적분의 값을 이용하여 $h(3)$의 값을 구하자.

한편, 모든 실수 x에 대하여 함수 $h(x)$가 $h(-x)=-h(x)$를 만족시키므로 함수 $h(x)$의 그래프는 원점을 지난다.

따라서 $h(0)=0$이므로

($h(x)$가 다항함수이니까 연속함수지? 그런데 $h(x)$가 원점에 대하여 대칭이므로 $h(x)$의 그래프는 원점을 지날 수 밖에 없어.)

$$\int_{-3}^{3}(x+5)h'(x)dx=\int_{-3}^{3}xh'(x)dx+\int_{-3}^{3}5h'(x)dx$$
$$=0+2\int_{0}^{3}5h'(x)dx$$
$$=10\int_{0}^{3}h'(x)dx$$
$$=10\Big[h(x)\Big]_0^3$$
$$=10\{h(3)-h(0)\}$$
$$=10h(3)=10$$

$\therefore h(3)=1$

수능 핵강

다항함수가 원점에 대하여 대칭인 함수이면 홀수 차수의 항들의 합으로만 표현됨을 알아야 해.

예를 들어 삼차함수 $f(x)=ax^3+bx^2+cx+d$가 원점에 대하여 대칭인 함수이면 $f(-x)=-f(x)$에서

$-ax^3+bx^2-cx+d=-(ax^3+bx^2+cx+d)$

이므로 $b=0$, $d=0$이야.

F 17 정답 ① *대칭인 함수의 정적분 [정답률 35%]

정답 공식: $f(x)=f(-x)$이면 $f(x)$는 y축에 대하여 대칭, $f(x)=-f(-x)$이면 $f(x)$는 원점에 대하여 대칭이다.

함수 $f(x)=2x(1-|x|)$에 대하여 정적분 $\int_{-1}^{1}\{f(x)-ax\}^2dx$의 값이 최소가 될 때, 상수 a의 값은? (4점)

단서2 단서1을 확인하기 위해 $f(x)$와 $f(-x)$ 사이의 관계를 찾아내어 $f(x)$가 우함수인지 기함수인지 판단하자.

단서1 $\int_{-k}^{k}F(x)dx$ 꼴의 정적분은 우선 $F(x)$가 우함수 또는 기함수가 아닌지 확인해 보는 것이 필요해.

① $\frac{1}{2}$ ② $\frac{1}{3}$ ③ $\frac{1}{4}$ ④ $\frac{1}{5}$ ⑤ $\frac{1}{6}$

1st $\int_{-1}^{1}\{f(x)-ax\}^2dx$를 간단히 하자.

$f(x)=2x(1-|x|)$에 대하여

$$f(-x)=-2x(1-|-x|)=-2x(1-|x|)=-f(x)$$

즉, $f(x)$는 원점에 대하여 대칭이다.

→ $f(x)=2x(1-|x|)$에서 $2x$는 기함수, $1-|x|$는 우함수지? 다음을 알고 있으면 편해.
(기함수)×(우함수)=(기함수)
(기함수)×(기함수)=(우함수)
(우함수)×(우함수)=(우함수)

또한, 함수 $h(x)=\{f(x)-ax\}^2$이라 하면

$$h(-x)=\{f(-x)+ax\}^2=\{-f(x)+ax\}^2=\{f(x)-ax\}^2=h(x)$$

주의 $f(x)-ax$에서 $f(x)$의 x 말고 $-ax$의 x에도 $-x$를 대입해야 해. 빼먹는 경우가 많아!

즉, $h(x)=h(-x)$에서 함수 $h(x)$는 y축에 대하여 대칭이므로 $\int_{-1}^{1}h(x)dx=2\int_{0}^{1}h(x)dx$이다.

$$\therefore \int_{-1}^{1}\{f(x)-ax\}^2dx=2\int_{0}^{1}\left[\{f(x)\}^2-2axf(x)+a^2x^2\right]dx$$
$$=2\int_{0}^{1}\{f(x)\}^2dx-4a\int_{0}^{1}xf(x)dx+2a^2\int_{0}^{1}x^2dx \cdots ㉠$$

2nd ㉠의 우변이 a에 대한 이차함수임을 이용하여 정적분의 최솟값을 구하자.

㉠의 우변에서 $2\int_{0}^{1}\{f(x)\}^2dx=C$ (단, C는 상수)라 하고 나머지를 정적분하면

$$\int_{0}^{1}xf(x)dx=\int_{0}^{1}2x^2(1-|x|)dx=\int_{0}^{1}(2x^2-2x^3)dx=\left[\frac{2}{3}x^3-\frac{1}{2}x^4\right]_0^1=\frac{1}{6}$$

→ 적분구간이 $[0, 1]$이므로 $|x|=x$야.

$$\int_{0}^{1}x^2dx=\left[\frac{1}{3}x^3\right]_0^1=\frac{1}{3}$$

이므로 정적분의 값을 ㉠에 대입하여 a에 대한 이차함수의 식으로 정리하면

$$\int_{-1}^{1}\{f(x)-ax\}^2dx=C-4a\cdot\frac{1}{6}+2a^2\cdot\frac{1}{3}=\frac{2}{3}a^2-\frac{2}{3}a+C=\frac{2}{3}\left(a-\frac{1}{2}\right)^2-\frac{1}{6}+C$$

따라서 $a=\frac{1}{2}$일 때, 정적분 $\int_{-1}^{1}\{f(x)-ax\}^2dx$는 최솟값을 갖는다.

[다른 풀이]

$f(x)=\begin{cases}2x(1-x) & (x\ge 0)\\ 2x(1+x) & (x<0)\end{cases}$ 이므로

$$\int_{-1}^{1}\{f(x)-ax\}^2dx$$
$$=\int_{-1}^{0}\{2x(1+x)-ax\}^2dx+\int_{0}^{1}\{2x(1-x)-ax\}^2dx$$

→ $x<0$일 때의 $f(x)$의 식! → $x\ge 0$일 때의 $f(x)$의 식!

$$=\int_{-1}^{0}\{2x^2+(2-a)x\}^2dx+\int_{0}^{1}\{-2x^2+(2-a)x\}^2dx$$
$$=\int_{-1}^{0}\{4x^4+4(2-a)x^3+(2-a)^2x^2\}dx+\int_{0}^{1}\{4x^4-4(2-a)x^3+(2-a)^2x^2\}dx$$
$$=\left[\frac{4}{5}x^5+(2-a)x^4+\frac{(2-a)^2}{3}x^3\right]_{-1}^{0}+\left[\frac{4}{5}x^5-(2-a)x^4+\frac{(2-a)^2}{3}x^3\right]_{0}^{1}$$
$$=\frac{4}{5}-(2-a)+\frac{(2-a)^2}{3}+\frac{4}{5}-(2-a)+\frac{(2-a)^2}{3}$$
$$=\frac{2}{3}a^2-\frac{2}{3}a+\frac{4}{15}$$
$$=\frac{2}{3}\left(a-\frac{1}{2}\right)^2+\frac{1}{10}$$

따라서 주어진 식은 $a=\frac{1}{2}$일 때 최솟값을 가져.

수능 핵강

절댓값에 당황하지 말자. 절댓값이 있어도 적분하려는 식의 특성상 우함수이기 때문에 절댓값이 무용지물이 되어버리지. 그럼 이제는 a에 관한 이차함수만 잘 풀어주면 원하는 값을 구할 수 있겠지.

F 18 정답 ② *주기함수의 정적분 [정답률 41%]

정답 공식: $g(a+4)-g(a)=\int_{-2}^{a+4}f(t)dt-\int_{-2}^{a}f(t)dt=\int_{a}^{a+4}f(t)dt$

모든 실수 x에 대하여 함수 $f(x)$는 다음 조건을 만족시킨다.

(가) $f(x+2)=f(x)$
(나) $f(x)=|x|\ (-1\le x<1)$

함수 $g(x)=\int_{-2}^{x}f(t)dt$라 할 때, 실수 a에 대하여 $g(a+4)-g(a)$의 값은? (4점)

단서 구하는 것이 $g(a+4)-g(a)$의 값이니까 정적분으로 나타내어진 함수 $g(x)$에서 x 대신 $a+4$, a를 각각 대입하여 $g(a+4)-g(a)$를 정적분으로 나타내 봐.

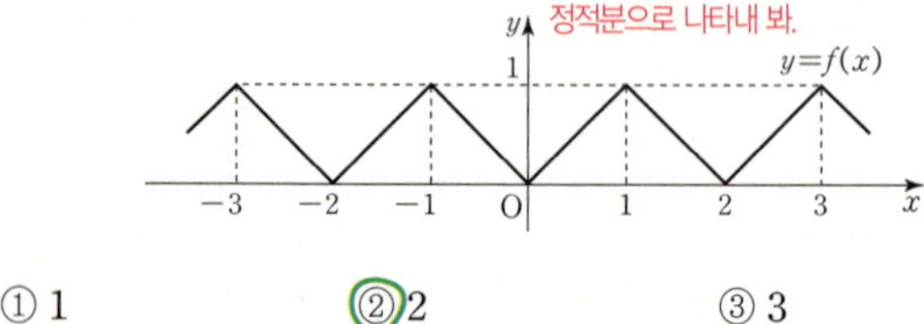

① 1 ② 2 ③ 3 ④ 4 ⑤ 5

1st 정적분의 성질을 이용하여 $g(a+4)-g(a)$를 간단하게 나타내자.

$$g(a+4)=\int_{-2}^{a+4}f(t)dt,$$
$$g(a)=\int_{-2}^{a}f(t)dt=-\int_{a}^{-2}f(t)dt$$

→ $\int_{a}^{b}f(x)dx=-\int_{b}^{a}f(x)dx$

$$\therefore g(a+4)-g(a)=\int_{-2}^{a+4}f(t)dt-\left\{-\int_{a}^{-2}f(t)dt\right\}$$

$$=\int_{-2}^{a+4}f(t)dt+\int_{a}^{-2}f(t)dt$$

$$=\int_{a}^{a+4}f(t)dt$$

$\int_a^b f(x)dx=\int_a^c f(x)dx+\int_c^b f(x)dx$

2nd 함수 $f(x)$의 그래프를 이용하여 $g(a+4)-g(a)$의 값을 구하자.

이때, 조건 (가)에서 함수 $f(x)$는 주기가 2인 함수이므로

$$\int_{a}^{a+4}f(t)dt=\int_{a}^{a+2}f(t)dt+\int_{a+2}^{a+4}f(t)dt$$

$$=\int_{a}^{a+2}f(t)dt+\int_{a}^{a+2}f(t)dt$$

$$=2\int_{a}^{a+2}f(t)dt=2\int_{a-2}^{a}f(t)dt$$

$$=\cdots=2\int_{b}^{b+2}f(t)dt\,(0\le b<2)$$

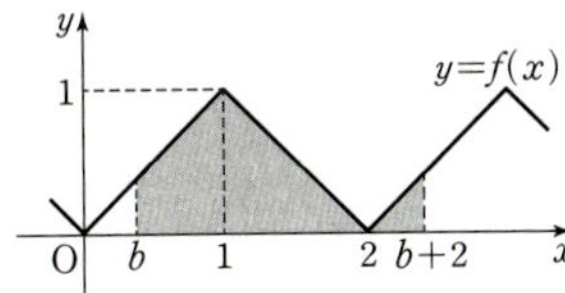

이때 $\int_{2}^{b+2}f(t)dt=\int_{0}^{b}f(t)dt$이므로

$$2\int_{b}^{b+2}f(t)dt=2\left\{\int_{b}^{2}f(t)dt+\int_{2}^{b+2}f(t)dt\right\}$$

$$=2\left\{\int_{b}^{2}f(t)dt+\int_{0}^{b}f(t)dt\right\}=2\int_{0}^{2}f(t)dt$$

따라서 $\int_{0}^{2}f(t)dt$는 밑변의 길이가 2이고 높이가 1인 삼각형의 넓이와 같으므로

$$g(a+4)-g(a)=2\int_{0}^{2}f(t)dt=2\times\left(\frac{1}{2}\times2\times1\right)=2$$

즉, 모든 실수 x에 대하여 $\{f(x)+x^2-1\}^2\ge0$이고,

$f(x)\ge0$이므로 정적분 $\int_{-1}^{2}\{f(x)+x^2-1\}^2dx$의 값이 최소가 되려면

(i) $-1\le x\le1$에서

$-1\le x\le1$에서 $\{f(x)+x^2-1\}^2=0$이 되면 정적분 $\int_{-1}^{1}\{f(x)+x^2-1\}^2dx$의 값은 0이 돼.

$x^2-1\le0$이므로

$f(x)=-(x^2-1)$

$=-x^2+1$

함정 $\{f(x)+x^2-1\}^2$
$=\{f(x)\}^2+x^4+1+2x^2f(x)-2f(x)-2x^2$
이므로 이 함수를 정적분하는 것은 불가능해.
즉, 문제가 요구하는 것은 정적분 $\int_{-1}^{2}\{f(x)+x^2-1\}^2dx$의 값이 최소가 되는 조건을 찾아낼 수 있느냐는 거야.
즉, $\{f(x)+x^2-1\}^2\ge0$이므로 구간에 따라 이 식이 0 또는 최소의 양수가 되도록 하는 함수 $f(x)$를 유추해야 하는 거지.

(ii) $1<x\le2$에서 $x^2-1>0$이므로 $f(x)=0$

2nd 주기함수의 정적분을 이용하여 $\int_{-1}^{26}f(x)dx$의 값을 구하자.

이때, $f(x+3)=f(x)$이므로 (i), (ii)에 의하여 조건을 만족시키는 함수 $y=f(x)$의 그래프는 다음과 같다.

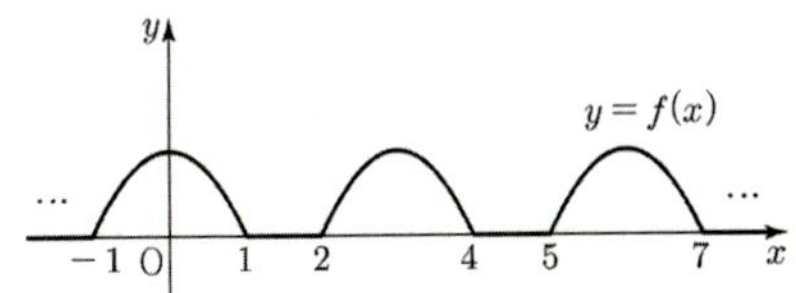

한편, $\int_{-1}^{2}f(x)dx=\int_{2}^{5}f(x)dx=\int_{5}^{8}f(x)dx=\cdots=\int_{23}^{26}f(x)dx$

이므로 정적분의 윗끝을 보면 2, 5, 8, …, 26이고 이 수들은 등차수열 $\{3n-1\}$을 이루고 있음을 알 수 있어. 이때, $3n-1=26$에서 $n=9$이므로 항의 개수는 9개지?

$$\int_{-1}^{26}f(x)dx=9\int_{-1}^{2}f(x)dx$$

즉, $\int_{-1}^{26}f(x)dx$의 값이 9개의 $\int_{-1}^{2}f(x)dx$의 값의 합임을 찾을 수 있지.

$$=9\left\{\int_{-1}^{1}f(x)dx+\int_{1}^{2}f(x)dx\right\}$$

$-1\le x\le1$에서 $f(x)=-x^2+1$, $1<x\le2$에서 $f(x)=0$

$$=9\int_{-1}^{1}(-x^2+1)dx=18\int_{0}^{1}(-x^2+1)dx$$

$y=-x^2+1$은 y축에 대하여 대칭인 함수이므로 $\int_{-1}^{1}(-x^2+1)dx=2\int_{0}^{1}(-x^2+1)dx$야.

$$=18\left[-\frac{1}{3}x^3+x\right]_0^1$$

$$=18\times\left(-\frac{1}{3}+1\right)=12$$

F 19 정답 12 *주기함수의 정적분 [정답률 42%]

정답 공식: 모든 실수 x에 대하여 $f(x+3)=f(x)$이므로 $\int_{-1}^{2}f(x)dx=\int_{2}^{5}f(x)dx=\int_{5}^{8}f(x)dx=\cdots=\int_{23}^{26}f(x)dx$이다.

모든 실수 x에 대하여 $f(x)\ge0$, $f(x+3)=f(x)$이고

$\int_{-1}^{2}\{f(x)+x^2-1\}^2dx$의 값이 최소가 되도록 하는 연속함수

단서1 $\{f(x)+x^2-1\}^2\ge0$이지? 즉, 정적분 $\int_{-1}^{2}\{f(x)+x^2-1\}^2dx$의 값이 최소이려면 $-1\le x\le2$에서 $f(x)+x^2-1$의 값이 0이면 돼. 이를 만족시키는 함수 $f(x)$를 유추해야 해.

$f(x)$에 대하여 $\int_{-1}^{26}f(x)dx$의 값을 구하시오. (4점)

단서2 함수 $f(x)$가 주기함수임을 이용하여 구간을 잘 나누어 반복되는 정적분의 값의 합으로 $\int_{-1}^{26}f(x)dx$의 값을 구하면 돼.

1st 조건을 만족시키는 함수 $f(x)$를 유추하자.

먼저, $g(x)=x^2-1$이라 하면

$-1\le x\le1$일 때, $g(x)\le0$, $x\ge1$일 때 $g(x)\ge0$이다.

따라서 $\int_{-1}^{2}\{f(x)+x^2-1\}^2dx$의 값이 최소가 되려면 $f(x)+x^2-1$의 값이 0이 되거나, 0이 될 수 없다면 가능한한 최소의 양수가 되게 하는 $f(x)$를 찾아야 한다.

F 20 정답 40 *주기함수의 정적분 [정답률 36%]

정답 공식: 두 조건 (가), (나)를 이용해 $\int_{-1}^{1}f(x)dx$의 값을 구할 수 있다.

연속함수 $f(x)$가 모든 실수 x에 대하여 다음 조건을 만족시킨다.

(가) $f(-x)=f(x)$　　(나) $f(x+2)=f(x)$

(다) $\int_{-1}^{1}(2x+3)f(x)dx=15$

단서 조건 (가)에 의해 함수 $f(x)$는 y축에 대하여 대칭이고 조건 (나)에 의해 함수 $f(x)$는 주기가 2인 주기함수야. 이를 이용하여 구하는 정적분의 적분 구간을 변형할 수 있어.

$\int_{-6}^{10}f(x)dx$의 값을 구하시오. (4점)

1st 먼저 주어진 조건의 의미를 파악하고 문제 풀이에 적용해.

조건 (가)의 $f(-x)=f(x)$에 의해 함수 $f(x)$의 그래프는 y축에 대하여 대칭이다. 이때, $g(x)=xf(x)$라 하면

$y=f(x)$가 y축에 대하여 대칭이면 $\int_{-a}^{a}f(x)dx=2\int_{0}^{a}f(x)dx$

$g(-x)=-xf(-x)=-xf(x)=-g(x)$이므로

함수 $g(x)=xf(x)$의 그래프는 원점에 대하여 대칭이다.

$$\therefore \int_{-a}^{0}f(x)dx=\int_{0}^{a}f(x)dx,\ \int_{-a}^{a}xf(x)dx=\int_{-a}^{a}g(x)dx=0$$

$y=f(x)$가 원점에 대하여 대칭이면 $\int_{-a}^{a}f(x)dx=0$

따라서 이것을 조건 (다)에 적용하면

$$\int_{-1}^{1}(2x+3)f(x)dx=2\int_{-1}^{1}xf(x)dx+3\int_{-1}^{1}f(x)dx$$

$$=3\int_{-1}^{1}f(x)dx=15$$

$$\therefore \int_{-1}^{1}f(x)dx=5$$

2nd 조건 (나)를 이용하여 $\int_{-6}^{10}f(x)dx$를 변형해.

한편, 조건 (나)의 $f(x+2)=f(x)$에 의해 함수 $f(x)$는 주기가 2인 함수이므로 구간 $[-5, -3]$, $[-3, -1]$, $[-1, 1]$, $[1, 3]$, $\cdots$, $[2k-1, 2k+1]$의 정적분값은 서로 같다.

$$\therefore \int_{-6}^{10}f(x)dx=\int_{-6}^{-5}f(x)dx+\int_{-5}^{9}f(x)dx+\int_{9}^{10}f(x)dx$$

$$=\int_{-1}^{0}f(x)dx+7\int_{-1}^{1}f(x)dx+\int_{0}^{1}f(x)dx$$

$$=8\int_{-1}^{1}f(x)dx=8\cdot5=40$$

→ 함수 $f(x)$의 주기가 2이므로 $\int_{-6}^{-5}f(x)dx=\int_{-4}^{-3}f(x)dx=\cdots=\int_{0}^{1}f(x)dx$
그런데 함수 $f(x)$는 y축에 대하여 대칭이므로 $\int_{0}^{1}f(x)dx=\int_{-1}^{0}f(x)dx$
나머지도 마찬가지로 정리할 수 있어.

F 21 정답 95 *주기함수의 정적분 [정답률 37%]

정답 공식: 주어진 조건에서 함수 $f(x)$의 대칭성, 주기성을 찾은 후 그래프를 그려 구하는 값을 간단히 한다.

함수 $f(x)$가 다음 조건을 만족시킨다.

(가) $0\le x\le1$에서 $f(x)=x^4-x^2+2$이다.
(나) 모든 실수 x에 대하여 $f(-x)=f(x)$이다.
(다) 모든 실수 x에 대하여 $f(1-x)=f(1+x)$이다.

단서1 조건 (나)에서 $f(-x)=f(x)$, 즉 함수 $f(x)$는 y축에 대칭인 함수이므로 두 조건 (가), (나)를 이용하여 $\int_{-1}^{1}f(x)dx$의 값을 구할 수 있어.

단서2 조건 (다)에 의해서 $f(x)$는 $x=1$에 대하여 대칭인 함수임을 알 수 있어. 이를 이용하면 $\int_{-n}^{n}f(x)dx$를 간단히 정리할 수 있지.

수열 $\{a_n\}$에 대하여 $\sum_{k=1}^{n}k^2a_k^2=\left\{\int_{-n}^{n}f(x)dx\right\}^2$ $(n=1, 2, 3, \cdots)$ 일 때, $a_{13}=\frac{q}{p}$이다. $p+q$의 값을 구하시오.

(단, $a_n>0$이고 p, q는 서로소인 자연수이다.) (4점)

1st 주어진 조건을 이용해서 $\int_{-n}^{n}f(x)dx$를 구하자.

조건 (나)에서 함수 $y=f(x)$의 그래프는 y축에 대하여 대칭이므로

$$\int_{-1}^{1}f(x)dx=2\int_{0}^{1}f(x)dx=2\int_{0}^{1}(x^4-x^2+2)dx$$

$$=2\left[\frac{1}{5}x^5-\frac{1}{3}x^3+2x\right]_0^1=\frac{56}{15}$$

→ 함수 $f(x)$가 y축에 대하여 대칭일 때, $\int_{-k}^{k}f(x)dx=2\int_{0}^{k}f(x)dx$

또한, 조건 (다)에서 함수 $y=f(x)$의 그래프는 직선 $x=1$에 대하여 대칭이므로 $y=f(x)$의 그래프는 다음 그림과 같이 2를 주기로 같은 모양이 반복된다.

$f(1-x)=f(1+x)$이고, $f(-x)=f(x)$이므로 $f(-(1-x))=f(1+x)$, $f(x-1)=f(1+x)$
x 대신에 $x+1$을 대입하면 $f(x+1-1)=f(1+x+1)$
$\therefore f(x)=f(x+2)$
즉, $f(x)$는 주기가 2인 주기함수임을 알 수 있어.

실수 꼭 그래프를 정확히 그릴 필요는 없고 대략의 개형만 그린 후에 $\int_{-n}^{n}f(x)dx=\frac{56}{15}n$만 얻어내면 돼.

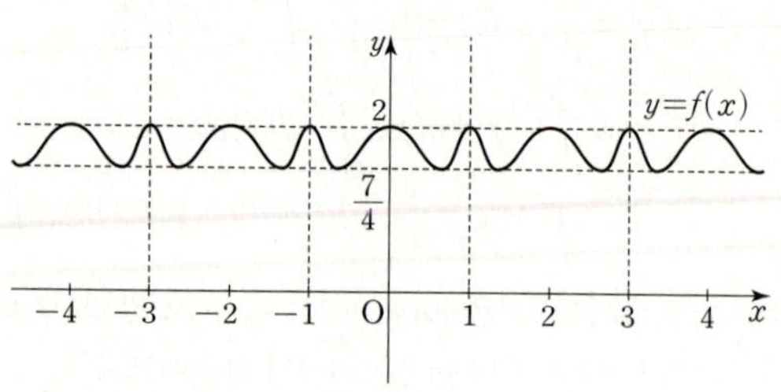

즉, 위의 그래프에서 자연수 n에 대하여

$$\int_{-n}^{n}f(x)dx=n\int_{-1}^{1}f(x)dx=\frac{56}{15}n$$

2nd $n=12$, 13을 대입하여 a_{13}을 구해.

수열 $\{a_n\}$에 대하여

$$\sum_{k=1}^{n}k^2a_k^2=a_1^2+2^2a_2^2+3^2a_3^2+\cdots+n^2a_n^2$$

$$=\left\{\int_{-n}^{n}f(x)dx\right\}^2=\left(\frac{56}{15}n\right)^2$$

이므로 위의 식에 $n=12$와 $n=13$을 각각 대입하면

$$a_1^2+2^2a_2^2+3^2a_3^2+\cdots+12^2a_{12}^2=\left(\frac{56}{15}\right)^2\cdot12^2 \cdots ㉠$$

$$a_1^2+2^2a_2^2+3^2a_3^2+\cdots+12^2a_{12}^2+13^2a_{13}^2=\left(\frac{56}{15}\right)^2\cdot13^2 \cdots ㉡$$

㉡$-$㉠을 하면

$$13^2a_{13}^2=\left(\frac{56}{15}\right)^2\cdot(13^2-12^2)$$

→ $=(13-12)\times(13+12)$

$$a_{13}^2=\frac{1}{13^2}\times\frac{56\times56}{15\times15}\times25=\left(\frac{56}{39}\right)^2 \qquad \therefore a_{13}=\frac{56}{39}\ (\because a_n>0)$$

$$\therefore p+q=39+56=95$$

주기함수의 정적분 개념·공식

정의역에 속하는 모든 실수 x에 대하여 $f(x+p)=f(x)$일 때

① $\int_{a}^{b}f(x)dx=\int_{a+np}^{b+np}f(x)dx$ (단, n은 정수)

② $\int_{a}^{a+p}f(x)dx=\int_{b}^{b+p}f(x)dx$

F 22 정답 19 *정적분의 활용 [정답률 38%]

정답 공식: t의 범위에 따라 $f(x)$를 구하고 이에 따라 t의 값에 따른 $g(t)$를 구해 구간별로 적분한다.

실수 t에 대하여 함수 $f(x)=x^2-2|x-t|$ $(-1\le x\le1)$의 최댓값을 $g(t)$라 하자. $\int_{0}^{\frac{3}{2}}g(t)dt=\frac{q}{p}$일 때, $p+q$의 값을 구하시오.

단서 t의 값의 범위를 나누어 $f(x)$의 식을 정리한 후 $f(x)$의 그래프를 그려보면 최댓값 $g(t)$를 구할 수 있을 거야.

(단, p, q는 서로소인 자연수이다.) (4점)

1st 함수 $f(x)$의 식을 정리해야겠지?

$f(x)=x^2-2|x-t|$에서

$x<t$이면 $|x-t|=-(x-t)=-x+t$

$x\ge t$이면 $|x-t|=x-t$

이므로 $f(x)=\begin{cases}x^2-2(-x+t) & (x<t)\\x^2-2(x-t) & (x\ge t)\end{cases}$에서

$$f(x)=\begin{cases}x^2+2x-2t & (x<t)\\x^2-2x+2t & (x\ge t)\end{cases}$$

$\therefore f(x)=\begin{cases}(x+1)^2-2t-1 & (x<t) \\ (x-1)^2+2t-1 & (x\ge t)\end{cases}$ → 축의 방정식 : $x=-1$ / → 축의 방정식 : $x=1$

2nd 축의 위치에 따른 최댓값 $g(t)$를 구해.

이때, 함수 $f(x)$가 이차함수 꼴이므로 이차함수의 축의 위치에 따라 최댓값이 달라진다. 함수 $f(x)$는 t의 값이 변해도 축의 위치는 변하지 않으므로 구간의 끝값에서 최댓값이 생기지.

(i) $t<-1$일 때,

$-1\le x\le 1$에서 $f(x)$의 그래프는 [그림 1]과 같으므로 $g(t)$는 $f(-1)$의 값이 된다.

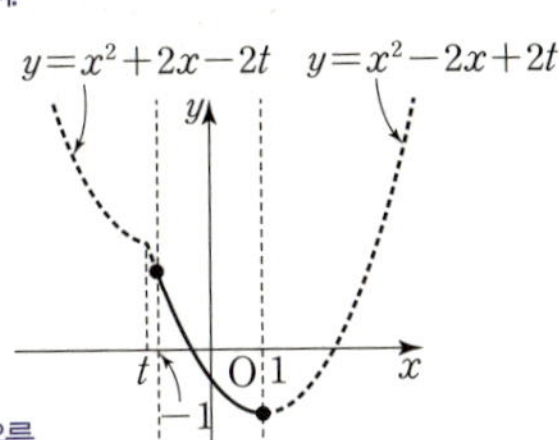

[그림 1]

이때, $f(x)=x^2-2x+2t$이므로

$g(t)=f(-1)=2t+3$이다.

→ 임의의 실수 t에 대하여 $g(t)$를 구하기 위해 이 경우를 따져보았어. 하지만 구해야 하는 적분식에서는 $0\le t\le \frac{3}{2}$일 때만 필요하니까, 빠르게 문제를 풀 때에는 이 경우는 생략해도 괜찮아.

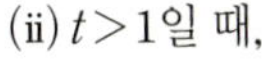

(ii) $t>1$일 때,

$-1\le x\le 1$에서 $f(x)$의 그래프는 [그림 2]와 같으므로 $g(t)$는 $f(1)$의 값이 된다.

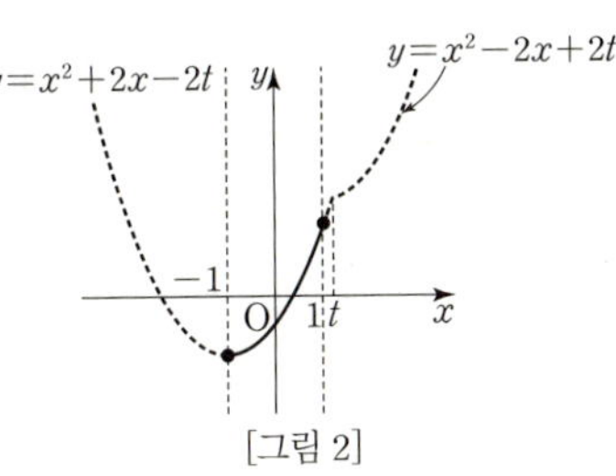

[그림 2]

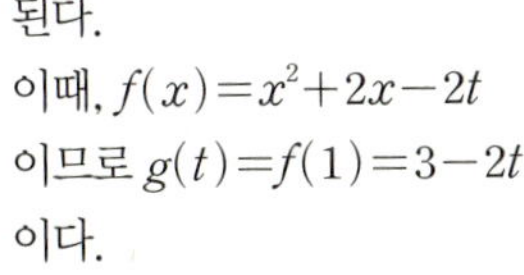

이때, $f(x)=x^2+2x-2t$

이므로 $g(t)=f(1)=3-2t$

이다.

(iii) $-1\le t\le 1$일 때,

$-1\le x\le 1$에서 $f(x)$의 그래프는 [그림 3]과 같으므로 $g(t)$는 $f(t)$의 값이 된다.

즉,

$g(t)=f(t)=t^2-2|t-t|=t^2$

이다.

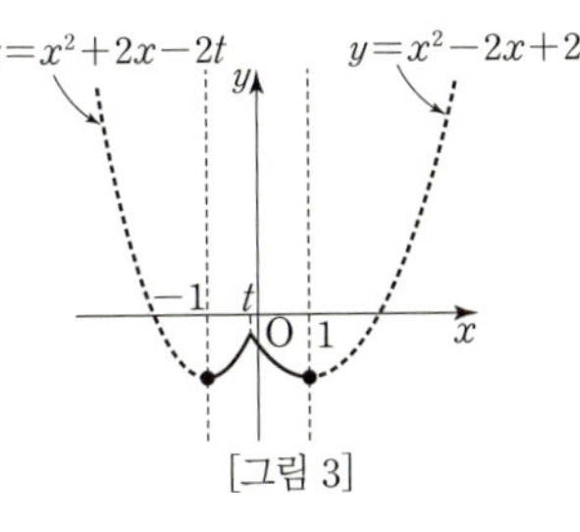

[그림 3]

따라서 (i)~(iii)에 의해

$$g(t)=\begin{cases}2t+3 & (t<-1) \\ t^2 & (-1\le t\le 1) \\ 3-2t & (t>1)\end{cases}$$

3rd $\int_0^{\frac{3}{2}} g(t)dt$의 값을 구간별로 나누어서 계산하자.

$$\therefore \int_0^{\frac{3}{2}} g(t)dt=\int_0^1 g(t)dt+\int_1^{\frac{3}{2}} g(t)dt$$

$$=\int_0^1 t^2dt+\int_1^{\frac{3}{2}}(3-2t)dt$$

$$=\left[\frac{1}{3}t^3\right]_0^1+\left[3t-t^2\right]_1^{\frac{3}{2}}$$

$$=\frac{1}{3}+\frac{1}{4}=\frac{7}{12}$$

따라서 $p=12$, $q=7$이므로

$p+q=12+7=19$

F 23 정답 27 *정적분의 활용 [정답률 32%]

정답 공식: 주어진 조건을 이용해 $f'(x)$의 함수식을 세운 후 부정적분하여 $f(x)$를 구한다.

> 최고차항의 계수가 1이고 다음 조건을 만족시키는 모든 삼차함수 $f(x)$에 대하여 $\int_0^3 f(x)dx$의 최솟값을 m이라 할 때, $4m$의 값을 구하시오. (4점)
>
> **단서** 함수 $f(x)$가 삼차함수이므로 $f'(x)$는 이차함수지? 그런데 $f'(x)$는 직선 $x=2$에 대하여 대칭이니까 $f'(x)$의 식을 임의로 잡을 수 있어. 그럼 부정적분을 이용하면 $f(x)$도 구할 수 있지.
>
> (가) $f(0)=0$
> (나) 모든 실수 x에 대하여 $f'(2-x)=f'(2+x)$이다.
> (다) 모든 실수 x에 대하여 $f'(x)\ge -3$이다.

1st 주어진 조건을 만족시키는 삼차함수 $f(x)$의 식을 찾아야 해.

$f(x)$가 최고차항의 계수가 1인 삼차함수이므로 $f'(x)$는 최고차항의 계수가 3인 이차함수이다.

또, 조건 (나)에 의하여 이차함수 $f'(x)$는 $x=2$에 대하여 대칭이므로

$f'(x)=3(x-2)^2+a=3x^2-12x+12+a$ (a는 상수) ⋯ ㉠라 하면

→ 이차함수 $y=f(x)$의 축이 $x=\alpha$이면 두 상수 a, b에 대하여 $f(x)=a(x-\alpha)^2+b$로 나타낼 수 있어. (단, $a\ne 0$)

$$f(x)=\int f'(x)dx$$

$$=\int(3x^2-12x+12+a)dx$$

$=x^3-6x^2+(12+a)x+C$ (단, C는 적분상수)

이때, 조건 (가)에 의하여 $f(0)=C=0$이므로

$f(x)=x^3-6x^2+(12+a)x$

2nd $\int_0^3 f(x)dx$의 최솟값을 구하자.

한편, ㉠에서 $f'(x)$의 최솟값은 a이므로 조건 (다)에 의하여 $a\ge -3$이다.

$$\therefore \int_0^3 f(x)dx=\int_0^3\{x^3-6x^2+(12+a)x\}dx$$

→ $f'(x)$의 최고차항의 계수가 3이므로 $x<2$에서 함수 $f'(x)$는 감소하고 $x>2$에서 함수 $f'(x)$는 증가해. 따라서 함수 $f'(x)$는 $x=2$일 때 최솟값 $f'(2)=a$를 가져.

$$=\left[\frac{1}{4}x^4-2x^3+\frac{12+a}{2}x^2\right]_0^3$$

$$=\frac{81}{4}-54+\frac{108+9a}{2}$$

$$=\frac{81}{4}+\frac{9}{2}a$$

$$\ge\frac{81}{4}+\frac{9}{2}\times(-3)=\frac{27}{4}$$

따라서 $\int_0^3 f(x)dx$의 최솟값은 $m=\frac{27}{4}$이므로

$4m=4\times\frac{27}{4}=27$

F 24 정답 61 *정적분의 활용 [정답률 48%]

정답 공식: $y=f(x)$의 그래프를 좌표평면 위에 나타낸다. $-2\le t\le 2$에서 $g(t)$의 함수식을 구하고, 구간을 나누어서 적분값을 계산한다.

> 사차함수 $f(x)=x^4-9x^2-4x+17$이 있다. 실수 $t(t\ge -2)$에 대하여 $-2\le x\le t$에서 $f(x)$의 최솟값을 $g(t)$라고 하자.
>
> $\int_{-2}^2 g(t)dt=\frac{q}{p}$일 때, $p+q$의 값을 구하시오. (단, p, q는 서로소인 자연수이다.) (4점)
>
> **단서** 최솟값 $g(t)$를 구하기 위해서는 먼저 함수 $y=f(x)$의 그래프를 그려 봐. 그다음 구간을 나누어서 그 구간 안에서 t의 값을 변화시키며 $f(t)$의 값을 읽어서 최솟값 $g(t)$를 찾아내야 해.

1st $y=f(x)$의 그래프를 그린 후 $g(t)$를 구해.

$f(x)=x^4-9x^2-4x+17$에서

$f'(x)=4x^3-18x-4=2(x+2)(2x^2-4x-1)$이고

$f'(x)=0$에서 $x=-2$ 또는 $x=1\pm\frac{\sqrt{6}}{2}$이므로 → 근의 공식에 대입한 거야.

함수 $f(x)$의 증가와 감소를 나타내는 표와 그래프는 다음과 같다.

함정 $f\left(1\pm\frac{\sqrt{6}}{2}\right)$의 값을 정확히 구하지 않아도 돼. 어디까지 정확히 구해야 할지 잘 판단해서 필요한 부분까지만 계산하는 것이 가장 좋지.

x	$\cdots$	-2	$\cdots$	$1-\frac{\sqrt{6}}{2}$	$\cdots$	$1+\frac{\sqrt{6}}{2}$	$\cdots$
$f'(x)$	$-$	0	$+$	0	$-$	0	$+$
$f(x)$	↘	극소(5)	↗	극대	↘	극소	↗

극댓값을 구할 필요는 없어. $f(-2)$보다 크다는 것을 아니까 개형을 그리는 건 문제 없지.

$f\left(1+\frac{\sqrt{6}}{2}\right)$을 직접 계산하는 것은 어렵지. $1+\frac{\sqrt{6}}{2}=2.\times\times$라는 것은 아니까 $1+\frac{\sqrt{6}}{2}$보다 작은 2를 대입해 보면 $f(2)=-11<0$인데 $f\left(1+\frac{\sqrt{6}}{2}\right)<f(2)$이니까 $f\left(1+\frac{\sqrt{6}}{2}\right)<0$임을 알 수 있고 그래프의 개형을 그리는 데는 함숫값은 정확히 몰라도 상관없어.

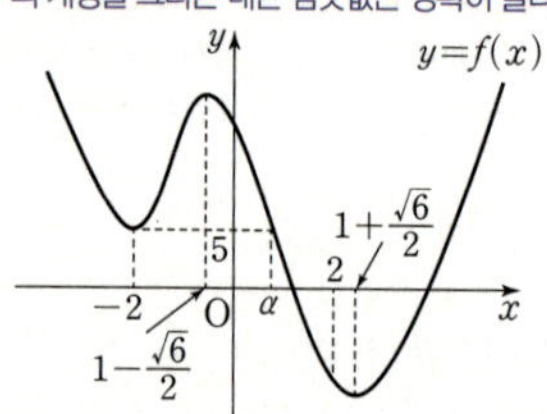

$t\geq-2$일 때, $-2\leq x\leq t$에서 $f(x)$의 최솟값이 $g(t)$이므로 구간을 나누어 $g(t)$를 구하자.

$y=f(x)$의 그래프에 의해 $0<x<2$에서 $f(x)=5$인 x의 값을 α라 하면

(i) $-2\leq t<\alpha$일 때

$f(\alpha)=5$를 만족하는 α의 값을 구하자.

$\alpha^4-9\alpha^2-4\alpha+17=5$

$\alpha^4-9\alpha^2-4\alpha+12=0$

$(\alpha+2)^2(\alpha-1)(\alpha-3)=0$

$\therefore \alpha=-2$ 또는 $\alpha=1$ 또는 $\alpha=3$

이때, $0<\alpha<2$이므로 $\alpha=1$

즉, $-2\leq t<1$일 때, $g(t)=f(-2)=5$

(ii) $1\leq t\leq 2$일 때

$1+\frac{\sqrt{6}}{2}=2.\times\times>2$이다. → $1<\frac{\sqrt{6}}{2}<1.5$이므로 $2<1+\frac{\sqrt{6}}{2}<2.5$

이때, 함숫값은 $f(-2)$보다 작거나 같고, $f\left(1+\frac{\sqrt{6}}{2}\right)$보다는 크므로

$g(t)=f(t)$가 된다.

2nd 구간을 나누어서 $\int_{-2}^{2}g(t)dt$를 구해.

$$\int_{-2}^{2}g(t)dt=\int_{-2}^{1}g(t)dt+\int_{1}^{2}g(t)dt$$

$$=\int_{-2}^{1}5dt+\int_{1}^{2}(t^4-9t^2-4t+17)dt$$

$$=5\times3+\left[\frac{1}{5}t^5-3t^3-2t^2+17t\right]_1^2$$

$$=15-\frac{19}{5}=\frac{56}{5}=\frac{q}{p}$$

y, 5, −2, O, 1, 2, t, y=g(t)

$\therefore p+q=5+56=61$

F 25 정답 ② *정적분의 활용 [정답률 47%]

정답 공식: $\int_1^{11}f(x)dx$를 구간에 따라 나누고, 넓이의 합을 이용하여 정적분의 값을 구한다.

첫째항이 1이고 공차가 2인 등차수열 $\{a_n\}$이 있다. 자연수 n에 대하여 좌표평면 위의 점 P_n을 다음 규칙에 따라 정한다.

단서1 첫째항과 공차를 알면 등차수열의 일반항을 구할 수 있어.

(가) 점 P_1의 좌표는 $(1,\ 1)$이다.

(나) 점 P_n의 x좌표는 a_n이다.

(다) 직선 P_nP_{n+1}의 기울기는 $\frac{1}{2}a_{n+1}$이다.

단서3 이 두 조건을 이용하여 점 P_n의 y좌표의 규칙을 찾아내야 해.

$x\geq1$에서 정의된 함수 $y=f(x)$의 그래프가 모든 자연수 n에 대하여 닫힌구간 $[a_n,\ a_{n+1}]$에서 선분 P_nP_{n+1}과 일치할 때, $\int_1^{11}f(x)dx$의 값은? (4점)

단서2 각 구간에 따른 정적분의 값은 선분 P_nP_{n+1}과 직선 $x=a_n$, 직선 $x=a_{n+1}$ 및 x축으로 둘러싸인 도형의 넓이와 같아.

① 140 ② 145 ③ 150 ④ 155 ⑤ 160

1st 등차수열 $\{a_n\}$의 일반항을 구하자.

조건 (가)에서 점 P_1의 좌표는 $(1,\ 1)$이고, 조건 (나)에서 점 P_n의 x좌표가 a_n이므로 점 P_n의 좌표를 $(a_n,\ b_n)$이라 하자.

이때, 등차수열 $\{a_n\}$의 첫째항이 1이고 공차가 2이므로

$a_n=1+(n-1)\times2=2n-1$

첫째항이 a, 공차가 d인 등차수열 $\{a_n\}$의 일반항은 $a_n=a+(n-1)d$

2nd 선분 P_nP_{n+1}과 두 직선 $x=a_n$, $x=a_{n+1}$ 및 x축으로 둘러싸인 도형의 넓이를 수열 $\{b_n\}$을 이용하여 나타내 봐.

한편, 함수 $y=f(x)$의 그래프가 모든 자연수 n에 대하여 닫힌구간 $[a_n,\ a_{n+1}]$에서 선분 P_nP_{n+1}과 일치하므로 선분 P_nP_{n+1}과 직선 $x=a_n$, 직선 $x=a_{n+1}$ 및 x축으로 둘러싸인 도형의 넓이를 S_n이라 하면

$$S_n=\int_{a_n}^{a_{n+1}}f(x)dx$$

→ 선분 P_nP_{n+1}과 직선 $x=a_n$, 직선 $x=a_{n+1}$ 및 x축으로 둘러싸인 도형은 윗변의 길이가 b_n, 아랫변의 길이가 b_{n+1}이고, 높이가 $a_{n+1}-a_n=2$인 사다리꼴이야.

$$=(b_n+b_{n+1})\times(a_{n+1}-a_n)\times\frac{1}{2}$$

$$=(b_n+b_{n+1})\times2\times\frac{1}{2}$$

→ $a_{n+1}-a_n$은 등차수열 $\{a_n\}$의 공차이므로 2야.

$$=b_n+b_{n+1}$$

함정 정적분의 값을 구해야 하는데, 구간마다 나타낸 함수의 그래프가 x축의 위쪽에서 그려지는 직선이므로 각 구간에서 함수의 그래프와 x축으로 둘러싸인 도형의 넓이가 정적분의 값과 같음을 이용해야 해. 이때, 각 구간에서 함수의 그래프와 x축으로 둘러싸인 도형이 사다리꼴임을 파악하고 사다리꼴의 넓이로 정적분의 값을 구하면 돼.

3rd $\int_1^{11}f(x)dx$의 값을 구하자.

이때, $a_1=1$, $a_6=2\times6-1=11$이므로

$$\int_1^{11}f(x)dx=\int_{a_1}^{a_6}f(x)dx$$

$$=\int_{a_1}^{a_2}f(x)dx+\int_{a_2}^{a_3}f(x)dx+\int_{a_3}^{a_4}f(x)dx+\int_{a_4}^{a_5}f(x)dx+\int_{a_5}^{a_6}f(x)dx$$

$$=S_1+S_2+S_3+S_4+S_5$$

$$=(b_1+b_2)+(b_2+b_3)+(b_3+b_4)+(b_4+b_5)+(b_5+b_6)$$

그런데 조건 (다)에 의하여 직선 P_nP_{n+1}의 기울기가

$$\frac{b_{n+1}-b_n}{a_{n+1}-a_n}=\frac{1}{2}a_{n+1}$$

→ (직선의 기울기)$=\frac{(y\text{의 값의 증가량})}{(x\text{의 값의 증가량})}$

이고, $a_{n+1}-a_n=2$이므로

$b_{n+1}-b_n=a_{n+1}$ $\quad\therefore b_{n+1}=b_n+a_{n+1}$ $\cdots$ ㉠

이때, $b_1=1$이므로 ㉠에 의하여
점 P_1의 좌표가 $(1, 1)$이라 했지?

$b_2=b_1+a_2=1+(2\times2-1)=4$
$b_3=b_2+a_3=4+(2\times3-1)=9$
$b_4=b_3+a_4=9+(2\times4-1)=16$
$b_5=b_4+a_5=16+(2\times5-1)=25$
$b_6=b_5+a_6=25+(2\times6-1)=36$

$b_2=b_1+a_2=a_1+a_2$
$b_3=b_2+a_3=a_1+a_2+a_3$
$b_4=b_3+a_4=a_1+a_2+a_3+a_4$
⋮
$b_n=a_1+a_2+\cdots+a_n$이므로
$b_n=\sum_{k=1}^{n}a_k=\sum_{k=1}^{n}(2k-1)$
$=2\times\frac{n(n+1)}{2}-n=n^2$
으로 수열 $\{b_n\}$의 일반항을 구할 수도 있어.

$\therefore \int_1^{11}f(x)dx$
$=(b_1+b_2)+(b_2+b_3)+(b_3+b_4)+(b_4+b_5)+(b_5+b_6)$
$=(1+4)+(4+9)+(9+16)+(16+25)+(25+36)$
$=145$

정적분의 성질 개념·공식

세 실수 a, b, c를 포함하는 닫힌구간에서 두 함수 $f(x)$, $g(x)$가 연속일 때,
(1) $\int_a^b kf(x)dx=k\int_a^b f(x)dx$ (단, k는 상수)
(2) $\int_a^b \{f(x)\pm g(x)\}dx=\int_a^b f(x)dx\pm\int_a^b g(x)dx$ (복호동순)
(3) $\int_a^b f(x)dx=\int_a^c f(x)dx+\int_c^b f(x)dx$

F 26 정답 ② *정적분과 미분의 관계 [정답률 46%]

(정답 공식: $g'(x)=|f(x)-2x|$가 실수 전체의 집합에서 미분가능하려면 $f(x)-2x=0$의 판별식 $D\le0$이어야 하므로, 이차함수의 개형으로부터 $f(1)$의 최솟값을 구한다.)

최고차항의 계수가 양수인 이차함수 $f(x)$에 대하여 함수 $g(x)$를
$g(x)=\int_0^x|f(t)-2t|dt$로 정의하자. 다음 조건을 만족시키는 이차함수 $f(x)$ 중에서 $f(1)$의 최솟값은? (4점)

단서1 적분구간이 변수 x로 주어진 경우는 양변을 x에 대하여 미분해 봐.

$g'(x)$는 실수 전체의 집합에서 미분가능하다.

단서2 $g'(x)$가 실수 전체의 집합에서 미분가능하므로 $g'(x)$의 그래프의 형태를 파악할 수 있어.

① 1 ② 2 ③ 3 ④ 4 ⑤ 5

1st 절댓값이 포함되어 있는 함수의 특징을 통해 $g'(x)$의 식의 형태를 찾아.

$g(x)=\int_0^x|f(t)-2t|dt$의 양변을 x에 대하여 미분하면
$g'(x)=|f(x)-2x|$이다.
함수 $f(x)$가 닫힌구간 $[a, b]$에서 연속일 때 $\frac{d}{dx}\int_a^x f(t)dt=f(x)$ (단, $a<x<b$)

이때, $g'(x)$가 실수 전체의 집합에서 미분가능하려면 $y=g'(x)$, 즉 $y=|f(x)-2x|$의 그래프에서 뾰족한 점이 존재하지 않아야 한다.

실수 $|f(x)-2x|$를 보면 x축 아래로 내려간 부분을 x축에 대하여 대칭시킨 그래프가 떠올라야 해.

즉, $f(x)-2x$가 이차함수이므로 $y=f(x)-2x$의 그래프가 x축과 접하거나 또는 만나지 않아야 한다.

함수 $f(x)-2x$가 x축과 두 점에서 만난다면 $y=|f(x)-2x|$의 그래프는 그림과 같으므로 미분불가능한 점이 생기게 돼.

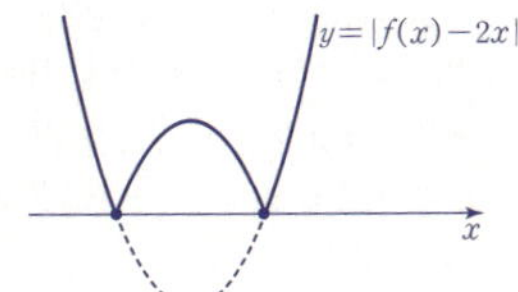

따라서 $f(x)-2x$는 $a(x-p)^2$ 꼴 또는 $a(x-p)^2+q$ 꼴이어야 한다.
x축과 접할 때야. / x축과 만나지 않을 때야.
$(a>0, q>0, p$는 실수$)$

2nd $f(1)$의 값의 범위를 구하자.

(i) $f(x)-2x$가 $a(x-p)^2$ 꼴일 때,
$f(x)=a(x-p)^2+2x$이므로
$f(1)=a(1-p)^2+2\ge2$
$a>0$이므로 모든 실수 p에 대하여 $a(1-p)^2\ge0$이야. 즉, $a(1-p)^2+2\ge2$가 돼.

(ii) $f(x)-2x$가 $a(x-p)^2+q$ 꼴일 때,
$f(x)=a(x-p)^2+q+2x$이므로
$f(1)=a(1-p)^2+q+2\ge q+2>2$ ($\because q>0$)

(i), (ii)에서 $f(1)$의 최솟값은 2이다.

F 27 정답 ② *정적분과 미분의 관계 [정답률 38%]

(정답 공식: 주어진 등식을 미분하면 $f'(x)=(x-a)(x-b)$이다.)

양수 a, b에 대하여 함수 $f(x)=\int_0^x(t-a)(t-b)dt$가 다음 조건을 만족시킬 때, $a+b$의 값은? (4점)

(가) 함수 $f(x)$는 $x=\frac{1}{2}$에서 극값을 갖는다.
(나) $f(a)-f(b)=\frac{1}{6}$

단서 미분가능한 함수 $f(x)$에 대하여 $x=a$에서 극값을 갖는다면 $x=a$에서의 미분계수는 0임을 이용해.

① 1 ② 2 ③ 3 ④ 4 ⑤ 5

미분가능한 함수 $f(x)$가 $x=a$에서 극값을 가지면 $f'(a)=0$이고 $x=a$의 좌우에서 $f'(x)$의 부호가 바뀌지?

1st 조건 (가)에서 $x=\frac{1}{2}$에서 극값을 가지므로 $f'\left(\frac{1}{2}\right)=0$을 만족해.

$f(x)=\int_0^x(t-a)(t-b)dt$에서 양변을 x에 대하여 미분하면
$f'(x)=(x-a)(x-b)$
$\frac{d}{dx}\int_a^x f(t)dt=f(x)$

조건 (가)에 의해 $f'\left(\frac{1}{2}\right)=0$이므로
$f'\left(\frac{1}{2}\right)=\left(\frac{1}{2}-a\right)\left(\frac{1}{2}-b\right)=0$에서
$a=\frac{1}{2}$ 또는 $b=\frac{1}{2}$ ⋯ ㉠

2nd 조건 (나)를 이용하여 a, b 사이의 관계식을 찾아.

조건 (나)에서
$f(a)-f(b)=\int_0^a(t-a)(t-b)dt-\int_0^b(t-a)(t-b)dt$
$=\int_0^a(t-a)(t-b)dt+\int_b^0(t-a)(t-b)dt$
$=\int_b^a(t-a)(t-b)dt$
$=-\frac{(a-b)^3}{6}=\frac{1}{6}$

[정적분의 성질]
$\int_a^b f(x)dx=-\int_b^a f(x)dx$,
$\int_a^b f(x)dx=\int_a^c f(x)dx+\int_c^b f(x)dx$

$\therefore b-a=1$ ⋯ ㉡

$\alpha<\beta$일 때, $\int_\alpha^\beta a(x-\alpha)(x-\beta)dx=-\frac{a(\alpha-\beta)^3}{6}$

㉠에 의해
(i) $a=\frac{1}{2}$일 때, ㉡에 대입하면
$b-\frac{1}{2}=1$에서 $b=\frac{3}{2}$

(ii) $b=\frac{1}{2}$일 때, ㉡에 대입하면

$\frac{1}{2}-a=1$에서 $a=-\frac{1}{2}$

그런데 a, b는 양수이므로 모순이다.

(i), (ii)에 의하여 $a=\frac{1}{2}$, $b=\frac{3}{2}$

$\therefore a+b=\frac{1}{2}+\frac{3}{2}=2$

F 28 정답 ⑤ *정적분과 미분의 관계 [정답률 44%]

정답 공식: 함수 $f(x)$가 닫힌구간 $[a, b]$에서 연속이고, 열린구간 (a, b)에서 미분가능하면 $\frac{f(b)-f(a)}{b-a}=f'(c)$인 c가 열린구간 (a, b)에 적어도 하나 존재한다.

함수 $f(x)=x^3+x^2+ax+b$에 대하여 함수 $g(x)$를

$g(x)=f(x)+(x-1)f'(x)$

라 하자. [보기]에서 옳은 것만을 있는 대로 고른 것은? (단, a, b는 상수이다.) (4점)

[보기]

ㄱ. 함수 $h(x)$가 $h(x)=(x-1)f(x)$이면 $h'(x)=g(x)$이다.

단서1 함수 $h(x)$가 두 다항함수의 곱으로 표현되어 있으므로 곱의 미분법을 이용하여 $h'(x)$를 구해봐.

ㄴ. 함수 $f(x)$가 $x=-1$에서 극값 0을 가지면 $\int_0^1 g(x)dx=-1$이다.

단서2 $x=-1$에서 극값 0을 가지므로 $f'(-1)=0$, $f(-1)=0$이야.

단서3 [보기] ㄱ이 참임을 이용해야 해. 즉, $g(x)=h'(x)$이므로 $\int_0^1 h'(x)dx=-1$에서 정적분과 미분의 관계를 떠올려봐.

ㄷ. $f(0)=0$이면 방정식 $g(x)=0$은 열린구간 $(0, 1)$에서 적어도 하나의 실근을 갖는다.

단서4 대부분 사잇값의 정리를 떠올릴 거야. 그런데 사잇값의 정리를 적용하려면 $g(0)$과 $g(1)$의 부호를 알아야 하는데 미지수가 a, b의 2개이므로 조건만으로는 부호를 알아내기 힘들어. 여기에서도 주어진 [보기] ㄱ이 참임을 이용해야 해. 즉, $g(x)=h'(x)$이므로 미분계수에 대한 정리, 즉 평균값 정리를 적용해봐.

① ㄱ ② ㄴ ③ ㄱ, ㄴ ④ ㄱ, ㄷ ⑤ ㄱ, ㄴ, ㄷ

1st ㄱ에서 곱의 미분법을 이용하여 $h'(x)$를 구하자.

ㄱ. $h(x)=(x-1)f(x)$에서 $h'(x)=f(x)+(x-1)f'(x)$

즉, $h'(x)=g(x)$이다. (참)

2nd 함수 $f(x)$가 $x=-1$에서 극값 0을 가지면 $f(-1)=0$, $f'(-1)=0$임을 이용하여 함수 $f(x)$의 식을 구하자.

ㄴ. 함수 $f(x)$가 $x=-1$에서 극값 0을 가지므로

$f(-1)=0$, $f'(-1)=0$ → 다항함수 $f(x)$가 $x=k$에서 극값 M을 가지면 $f(k)=M$, $f'(k)=0$

$f(x)=x^3+x^2+ax+b$에서

$f(-1)=-1+1-a+b=0$이므로 $a=b$

또, $f'(x)=3x^2+2x+a$에서

$f'(-1)=3-2+a=0$이므로 $a=-1$

즉, $a=-1$, $b=-1$이므로 $f(x)=x^3+x^2-x-1$

이때, ㄱ에서 함수 $h(x)=(x-1)f(x)$에 대하여

$g(x)=h'(x)$라 했으므로

$\int_0^1 g(x)dx=\int_0^1 h'(x)dx=\Big[h(x)\Big]_0^1$

함수 $F(x)$의 도함수 $F'(x)$에 대하여 $\int_p^q F'(x)dx=\Big[F(x)\Big]_p^q=F(q)-F(p)$

$=\Big[(x-1)f(x)\Big]_0^1$

$=0-\{-f(0)\}$

$=f(0)=-1$ (참)

3rd 평균값 정리를 이용하여 ㄷ의 진위를 판단해.

ㄷ. 함수 $h(x)=(x-1)f(x)$가 닫힌구간 $[0, 1]$에서 연속이고, 열린구간 $(0, 1)$에서 미분가능하므로 평균값 정리에 의해

[평균값 정리] 함수 $F(x)$가 닫힌구간 $[a, b]$에서 연속이고, 열린구간 (a, b)에서 미분가능하면 $\frac{F(b)-F(a)}{b-a}=F'(c)$인 c가 열린구간 (a, b)에 적어도 하나 존재한다.

> 함정: 사잇값의 정리를 먼저 사용해 봤을텐데 안 되는 걸 알았을 거야. ㄱ에서 $g(x)=h'(x)$임을 알았으니까 당황할 필요 없이 평균값 정리를 사용해보면 되지.

$\frac{h(1)-h(0)}{1-0}=h'(c)$ ⋯ ㉠

를 만족시키는 c가 열린구간 $(0, 1)$에 적어도 하나 존재한다.

이때, $h(x)=(x-1)f(x)$에 대하여 $h'(x)=g(x)$이고,

㉠에 의해

$h'(c)=h(1)-h(0)=0-\{-f(0)\}=f(0)=0$

이므로 $h'(c)=g(c)=0$

즉, 방정식 $g(x)=0$은 열린구간 $(0, 1)$에서 적어도 하나의 실근을 갖는다. (참)

$g(c)=0$, 즉 방정식 $g(x)=0$의 해 $x=c$가 열린구간 (a, b)에 적어도 하나 존재해.

따라서 옳은 것은 ㄱ, ㄴ, ㄷ이다.

[다른 풀이]

ㄴ. 함수 $f(x)$가 $x=-1$에서 극값 0을 가지므로

$f(-1)=0$, $f'(-1)=0$이야.

즉, $f(x)$는 $(x+1)^2$을 인수로 가지므로

$f(x)=(x+1)^2(x+k)$ (k는 상수)라 놓을 수 있어.

그런데 (주어진 $f(x)$의 최고차항의 계수는 1이지?)

$f(x)=x^3+(2+k)x^2+(1+2k)x+k$

$=x^3+x^2+ax+b$

이어야 하므로

$2+k=1$ $\therefore k=-1$

→ $f(x)=x^3+(2+k)x^2+(1+2k)x+k=x^3+x^2+ax+b$는 x에 대한 항등식이야.

즉, $f(x)=(x+1)^2(x-1)$이고, ㄱ에서

함수 $h(x)=(x-1)f(x)$에 대하여 $g(x)=h'(x)$라 했으므로

$\int_0^1 g(x)dx=\int_0^1 h'(x)dx=\Big[h(x)\Big]_0^1$

$=\Big[(x-1)f(x)\Big]_0^1=0-\{-f(0)\}$

$=f(0)=1\times(-1)=-1$ (참)

(이하 동일)

수능 핵강

ㄷ에서 '방정식 $g(x)=0$은 열린구간 $(0, 1)$에서 적어도 하나의 실근을 갖는다.'라는 문장만 보면 사잇값의 정리의 응용을 떠올리기 쉬울 거야.

사잇값의 정리의 응용에서

『함수 $f(x)$가 닫힌구간 $[a, b]$에서 연속이고, $f(a)f(b)<0$이면 $f(c)=0$인 c가 열린구간 (a, b)에 적어도 하나 존재한다.』

고 했지?

자, 그럼 ㄷ의 조건을 따라 정리해보자.

$f(0)=0$에 의해 $f(x)=x^3+x^2+ax$이고, $f'(x)=3x^2+2x+a$이므로

$g(x)=f(x)+(x-1)f'(x)$에서

$g(0)=f(0)-f'(0)=-f'(0)=-a$

$g(1)=f(1)=1+1+a=a+2$

그런데 상수 a에 대한 조건이 없으므로

$g(0)g(1)=-a(a+2)$의 부호를 판정할 수 없어.

따라서 ㄷ은 사잇값의 정리를 적용해서는 참, 거짓을 따질 수 없게 돼.

이 문제는 보기 ㄱ이 참임을 이용하여 나머지 ㄴ, ㄷ의 진위를 판정해야 하는 문제였어. 이러한 진위 판정 유형에서는 이 문제처럼 보기 ㄱ, ㄴ, ㄷ이 밀접하게 연관되는 경우가 많으니 문제를 풀 때 꼭 참고하도록 해.

정적분과 미분, 극한

개념·공식

(1) 정적분의 정의의 활용

⇒ $f(x)$의 한 부정적분을 $F(x)$라 하면 $\int_a^x f(x)dx = F(x) - F(a)$

로 바꿔 쓸 수 있다.

(2) 미분계수의 정의의 활용

⇒ 주어진 극한을 $\lim_{\square \to a} \frac{f(\square)-f(a)}{\square - a}$의 꼴을 포함한 식으로 고치면

$\lim_{\square \to a} \frac{f(\square)-f(a)}{\square - a} = f'(a)$이다.

F 29 정답 ③ *정적분과 미분의 관계 [정답률 39%]

정답 공식: $f_n(2) - f_n(0) = 3n^3$이다. $f_n(x)$의 함수식을 대입해서 $\sum_{k=1}^{n} a_k$의 값을 구한다. 이때, $f_n(x)$는 x에 대한 이차함수임을 안다.

함수 $f_n(x) = \left(\frac{n}{2}x + \sum_{k=1}^{n} a_k\right)^2$이 $\int_0^2 f_n'(x)dx = 3n^3$을 만족할 때, [보기] 중 옳은 것을 모두 고른 것은? (단, $a_1, a_2, a_3, \cdots, a_n$은 상수) (4점)

단서 주어진 조건을 이용하여 함수 $f_n(x)$의 식을 구한 후 [보기]의 진위를 판단해.

[보기]

ㄱ. $\sum_{k=1}^{n} a_k = \frac{n(3n-1)}{2}$

ㄴ. $f_2(2) = 49$

ㄷ. $\int_0^{6n-2} f_n(x)dx = 2\int_0^{3n-1} f_n(x)dx$

① ㄱ ② ㄴ ③ ㄱ, ㄴ ④ ㄱ, ㄷ ⑤ ㄱ, ㄴ, ㄷ

1st $\sum_{k=1}^{n} a_k = S_n$이라 두고 주어진 조건을 이용하여 ㄱ, ㄴ의 참, 거짓을 판별해.

$\sum_{k=1}^{n} a_k = S_n$이라 두면 $f_n(x) = \left(\frac{n}{2}x + S_n\right)^2$이고,

$\int_0^2 f_n'(x)dx = \left[f_n(x)\right]_0^2 = f_n(2) - f_n(0) = 3n^3$

함정 $f_n(x)$의 도함수 $f_n'(x)$의 정적분인 것을 알아채고 바로 정적분해야 해.

ㄱ. $f_n(x) = \left(\frac{n}{2}x + S_n\right)^2$이므로

$f_n(2) - f_n(0) = (n + S_n)^2 - S_n^2 = 3n^3$

$n^2 + 2nS_n + S_n^2 - S_n^2 = 3n^3$

$2nS_n = 3n^3 - n^2$ $\quad \therefore S_n = \frac{n(3n-1)}{2}$ (참)

→ $F'(x) = f(x)$일 때, $\int_a^b f(x)dx = \left[F(x)\right]_a^b = F(b) - F(a)$

ㄴ. $n=2$일 때, $S_2 = \frac{2 \times 5}{2} = 5$이므로 $f_2(x) = (x+5)^2$

$\therefore f_2(2) = (2+5)^2 = 49$ (참)

2nd 함수 $f_n(x)$를 잘 관찰하여 ㄷ의 진위를 판단해.

ㄷ. $f_n(x) = \left\{\frac{n}{2}x + \frac{n(3n-1)}{2}\right\}^2$

$= \frac{n^2}{4}(x + 3n - 1)^2$

이므로 이차함수 $f_n(x)$의 그래프는 직선 $x = 1 - 3n$에 대하여 대칭이다.

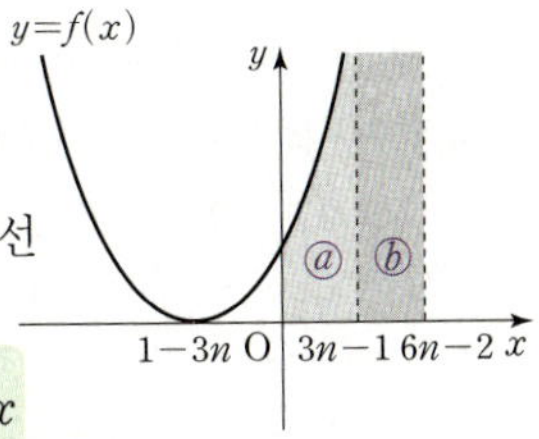

$\therefore \int_0^{6n-2} f_n(x)dx \neq 2\int_0^{3n-1} f_n(x)dx$

→ 등식이 성립하기 위해서는 ⓐ=ⓑ여야 하는데 그래프의 개형 상 그럴 수 없어.

함정 굳이 계산을 해볼 필요가 없지?

따라서 옳은 것은 ㄱ, ㄴ이다.

F 30 정답 ⑤ *정적분으로 정의된 함수 [정답률 62%]

정답 공식: $f(x)$가 $(x-1)^2$으로 나누어떨어지면 $f(x)$는 $(x-1)^2$을 인수로 갖는다.

다항식 $g(x)$에 대하여 함수 $f(x)$를 다음과 같이 정의한다.

$$f(x) = x^2 - ax + \int_1^x g(t)dt$$

단서1 $\int_1^1 g(t)dt = 0$이므로 $f(1)$의 값을 알 수 있고, 주어진 등식의 양변을 미분하면 $f'(x)$의 식을 구할 수 있어.

$f(x)$가 $(x-1)^2$으로 나누어떨어질 때, $g(x)$를 $x-1$로 나눈 나머지는? (단, a는 상수) (3점)

단서2 나머지정리에 의해 $f(1) = 0$이지?

① 3 ② 2 ③ 1 ④ 0 ⑤ −1

1st 상수 a의 값부터 구하자.

→ 아래끝과 위끝이 같으면 정적분의 값은 0이야. 즉, $\int_k^k f(x)dx = 0$

$f(x) = x^2 - ax + \int_1^x g(t)dt$에서 $f(1) = 1 - a$

그런데 함수 $f(x)$가 $(x-1)^2$으로 나누어떨어지므로

$f(x) = (x-1)^2 Q(x)$ (단, $Q(x)$는 다항식) $\cdots$ ㉠이고 $f(1) = 0$이므로

$1 - a = 0$ $\quad \therefore a = 1$

→ 다항식 $f(x)$를 일차식 $x - \alpha$로 나눈 나머지는 $f(\alpha)$야.

2nd $g(x)$를 $x-1$로 나눈 나머지는 $g(1)$이야.

한편, 다항식 $g(x)$를 $x-1$로 나눈 나머지는 나머지정리에 의해 $g(1)$이다.

$f(x) = x^2 - x + \int_1^x g(t)dt$의 양변을 x에 대하여 미분하면

$f'(x) = 2x - 1 + g(x)$이므로 $g(x) = f'(x) - 2x + 1$

$\therefore g(1) = f'(1) - 1 \cdots$ ㉡

→ 함수 $g(x)$의 한 부정적분을 $G(x)$라 하면 $\int_1^x g(t)dt = \left[G(t)\right]_1^x = G(x) - G(1)$

$\therefore \frac{d}{dx}\int_1^x g(t)dt = \frac{d}{dx}\{G(x) - G(1)\} = G'(x) = g(x)$

또한, ㉠의 양변을 x에 대하여 미분하면

$f'(x) = 2(x-1)Q(x) + (x-1)^2 Q'(x) \cdots$ ㉢

㉢에 $x=1$을 대입하면 $f'(1) = 0$이므로 ㉡에 의하여

$g(1) = -1$

함정 다항식 $f(x)$가 $(x-a)^2$으로 나누어떨어지면 $f(a) = f'(a) = 0$이야. 유용한 성질이니까 외워둬.

따라서 다항식 $g(x)$를 $x-1$로 나눈 나머지는 -1이다.

수능 핵강

함수 $f(x)$가 $(x-1)^2$으로 나누어떨어진다는 사실로 나머지정리에 의해 $f(1) = f'(1) = 0$임을 알 수 있겠지. $f(1) = 0$에서 a를 구할 수 있고, $f'(x)$의 식에서 $g(x)$가 나오는데 구하고자 하는 것은 다항식 $g(x)$를 $x-1$로 나눈 나머지, 즉 $g(1)$이 되니까 $x=1$을 대입해서 풀면 쉽게 답을 구할 수 있어.

F 31 정답 ② *정적분으로 정의된 함수 [정답률 45%]

정답 공식: 극한값이 존재하고 (분모)→0이므로 (분자)→0이어야 한다.

다항함수 $f(x)$가 $\lim_{x \to 1} \frac{\int_1^x tf(t)dt - f(x)}{x^3 - 1} = 1$을 만족할 때, $f'(1)$의 값은? (4점)

단서 미분계수의 정의를 이용할 수 있도록 주어진 식을 변형해 봐. 이때, 극한값이 존재하는 분수식의 극한에서 (분모)→0이면 (분자)→0이야.

① −4 ② −3 ③ −2 ④ −1 ⑤ 0

1st $f(1)$의 값부터 구하자.

$\lim_{x\to a}\frac{f(x)}{g(x)}=\alpha$($\alpha$는 실수)일 때, $\lim_{x\to a}g(x)=0$이면 $\lim_{x\to a}f(x)=0$이어야 해.

$\lim_{x\to 1}\frac{\int_1^x tf(t)dt-f(x)}{x^3-1}=1$에서 $\lim_{x\to 1}(x^3-1)=0$이므로

$\lim_{x\to 1}\left\{\int_1^x tf(t)dt-f(x)\right\}=0$, $\int_1^1 tf(t)dt-f(1)=0$

$\int_a^a f(x)dx=0$

$\therefore f(1)=0$ ⋯ ㉠

2nd $xf(x)$의 한 부정적분을 $F(x)$라 하고 식을 정리해 봐.

이때, $xf(x)$의 한 부정적분을 $F(x)$라 하면 $F'(x)=xf(x)$이다.

$$\lim_{x\to 1}\frac{\int_1^x tf(t)dt-f(x)}{x^3-1}$$

$$=\lim_{x\to 1}\left\{\frac{F(x)-F(1)}{x^3-1}-\frac{f(x)-f(1)}{x^3-1}\right\}\ (\because ㉠)$$

[미분계수의 정의] $f'(a)=\lim_{x\to a}\frac{f(x)-f(a)}{x-a}$

$$=\lim_{x\to 1}\left\{\frac{1}{x^2+x+1}\cdot\frac{F(x)-F(1)}{x-1}-\frac{1}{x^2+x+1}\cdot\frac{f(x)-f(1)}{x-1}\right\}$$

$$=\frac{1}{3}F'(1)-\frac{1}{3}f'(1)=\frac{1}{3}\cdot 1\cdot f(1)-\frac{1}{3}f'(1)=1$$

$\therefore f(1)-f'(1)=3$

따라서 ㉠에 의해 $f(1)=0$이므로 $f'(1)=-3$

F 32 정답 4 *정적분으로 정의된 함수 [정답률 66%]

정답 공식: 함수 $f(x)$의 한 부정적분을 $F(x)$라 할 때 $\lim_{x\to 0}\frac{\int_a^{x+a}f(t)dt}{x}=\lim_{x\to 0}\frac{F(x+a)-F(a)}{x}=F'(a)=f(a)$이다.

함수 $f(x)=\int_1^x(3t^2-2t+1)dt$에 대하여

$$\lim_{h\to 0+}\frac{1}{h}\int_{1-h}^{1+h}f'(t)dt$$

의 값을 구하시오. (3점)

단서 $f(x)$의 도함수가 $f'(x)$이므로 $\int_{1-h}^{1+h}f'(t)dt=\left[f(t)\right]_{1-h}^{1+h}=f(1+h)-f(1-h)$임을 이용해.

1st 정적분의 정의를 이용해 주어진 극한식을 정리해.

$\int_{1-h}^{1+h}f'(t)dt=f(1+h)-f(1-h)$이므로

$\int_{1-h}^{1+h}f'(t)dt=\left[f(t)\right]_{1-h}^{1+h}=f(1+h)-(1-h)$

$$\lim_{h\to 0+}\frac{1}{h}\int_{1-h}^{1+h}f'(t)dt=\lim_{h\to 0+}\frac{f(1+h)-f(1-h)}{h}$$

이때, 함수 $f(x)$가 미분가능한 함수이므로 $h\to 0+$는 $h\to 0$과 같은 의미이다.

$f(x)=\int_1^x(3t^2-2t+1)dt$는 다항함수야. 즉, $f(x)$는 모든 실수에 대하여 연속이고 미분가능하므로 $f(x)$에 대한 $h\to 0+$, $h\to 0-$일 때의 극한값은 $h\to 0$일 때의 극한값과 같아.

$$\lim_{h\to 0+}\frac{f(1+h)-f(1-h)}{h}$$

$$=\lim_{h\to 0}\frac{f(1+h)-f(1)-f(1-h)+f(1)}{h}$$

$$=\lim_{h\to 0}\left\{\frac{f(1+h)-f(1)}{h}-\frac{f(1-h)-f(1)}{h}\right\}$$

$$=\lim_{h\to 0}\left\{\frac{f(1+h)-f(1)}{h}+\frac{f(1-h)-f(1)}{-h}\right\}$$

$$=f'(1)+f'(1)=2f'(1)$$

$f'(a)=\lim_{h\to 0}\frac{f(a+h)-f(a)}{h}=\lim_{x\to a}\frac{f(x)-f(a)}{x-a}$

이때, $f(x)=\int_1^x(3t^2-2t+1)dt$에서

$f'(x)=3x^2-2x+1$이므로 $f'(1)=3-2+1=2$

$\therefore \lim_{h\to 0+}\frac{1}{h}\int_{1-h}^{1+h}f'(t)dt=2f'(1)=2\cdot 2=4$

F 33 정답 57 *정적분으로 정의된 함수 [정답률 45%]

정답 공식: 적분기호 안의 식을 전개해 x에 관한 식은 적분 기호 바깥으로 뺀 후, 세 번 미분하여 $f(x)$와 $h(x)$의 관계를 구한다.

함수 $f(x)=(x-1)^4(x+1)$에 대하여 이차함수 $g(x)$, $h(x)$가

$$f(x)=g(x)+\int_0^x(x-t)^2h(t)dt$$

단서 $\int_0^x(x-t)^2h(t)dt=\int_0^x\{(x^2-2tx+t^2)h(t)\}dt=x^2\int_0^x h(t)dt-2x\int_0^x th(t)dt+\int_0^x t^2h(t)dt$이므로 미분과 적분의 관계를 이용해.

를 만족시킬 때, $g(2)+h(2)$의 값을 구하시오. (5점)

1st $\int_0^x(x-t)^2h(t)dt$를 전개하고, 미분과 적분 사이의 관계를 이용하여 이차함수 $g(x)$를 구하자.

이차함수 $g(x)=ax^2+bx+c$ (a, b, c는 상수, $a\neq 0$)라 하자.

$f(x)=g(x)+\int_0^x(x-t)^2h(t)dt$ → 함수 $y=(x-t)^2h(t)$를 t에 대해 적분하는 것이므로 x는 상수 취급하면 돼.

$$=g(x)+\int_0^x\{(x^2-2tx+t^2)h(t)\}dt$$

$$=g(x)+x^2\int_0^x h(t)dt-2x\int_0^x th(t)dt+\int_0^x t^2h(t)dt\ \cdots ㉠$$

㉠의 양변에 $x=0$을 대입하면

$f(0)=g(0)$이고, $f(0)=(0-1)^4(0+1)=1$이므로

$g(0)=c=1$ → $\int_0^0 \square dt=0$

한편, ㉠에 $f(x)=(x-1)^4(x+1)$, $g(x)=ax^2+bx+1$을 대입하고 양변을 x에 대하여 미분하면

주의 곱의 미분법을 써야 해!

$4(x-1)^3(x+1)+(x-1)^4$ → $=(x-1)^3(4x+4+x-1)=(x-1)^3(5x+3)$

$$=2ax+b+2x\int_0^x h(t)dt+x^2h(x)-2\int_0^x th(t)dt-2x^2h(x)+x^2h(x)$$

$\frac{d}{dx}\left\{x^2\int_0^x h(t)dt\right\}=2x\int_0^x h(t)dt+x^2h(x)$

$\frac{d}{dx}\left\{2x\int_0^x th(t)dt\right\}=2\int_0^x th(t)dt+2x\times xh(x)$

$\frac{d}{dx}\int_0^x t^2h(t)dt=x^2h(x)$

$$(x-1)^3(5x+3)=2ax+b+2x\int_0^x h(t)dt-2\int_0^x th(t)dt\ \cdots ㉡$$

㉡의 양변에 $x=0$을 대입하면 $b=-3$

또, ㉡의 양변을 x에 대하여 미분하면

$$3(x-1)^2(5x+3)+5(x-1)^3=2a+2\int_0^x h(t)dt+2xh(x)-2xh(x)$$

$=(x-1)^2(15x+9+5x-5)=(x-1)^2(20x+4)$

$$(x-1)^2(20x+4)=2a+2\int_0^x h(t)dt\ \cdots ㉢$$

㉢의 양변에 $x=0$을 대입하면

$4=2a \quad \therefore a=2$

$\therefore g(x)=2x^2-3x+1$

2nd 미분과 적분의 관계를 이용하여 함수 $h(x)$를 구하자.

㉢의 양변을 x에 대하여 미분하면

$2(x-1)(20x+4)+20(x-1)^2=2h(x)$

$\therefore h(x)=(x-1)(20x+4)+10(x-1)^2$

$=(x-1)(20x+4+10x-10)$

$=(x-1)(30x-6)$

$=6(x-1)(5x-1)$

따라서 $g(2)=8-6+1=3$, $h(2)=6\times 1\times 9=54$이므로

$g(2)+h(2)=3+54=57$

F 34 정답 ⑤ *정적분으로 정의된 함수 [정답률 49%]

정답 공식: 구간 $[a, b]$에서 $f(x)>0$이면 $\int_a^b f(x)dx>0$이고, 구간 $[a, b]$에서 $f(x)<0$이면 $\int_a^b f(x)dx<0$이다.

모든 실수 x에 대하여 $f(-x)=-f(x)$를 만족시키는 함수 $f(x)$의 그래프가 오른쪽 그림과 같을 때, 다음 중 함수 $y=\int_{-1}^{x} f(t)dt$의 그래프의 개형으로 가장 적당한 것은? (4점)

①
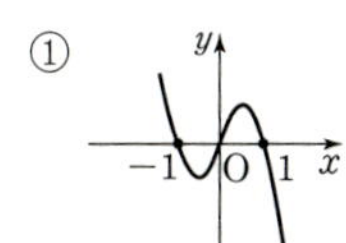

②
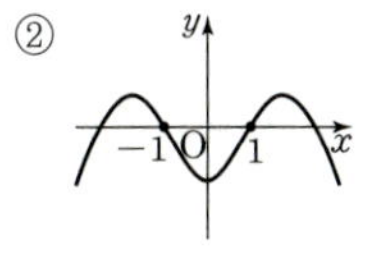

③
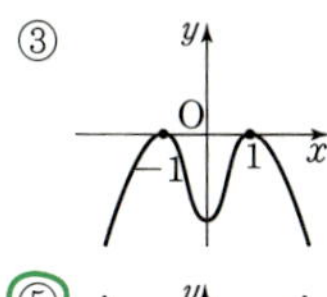

④
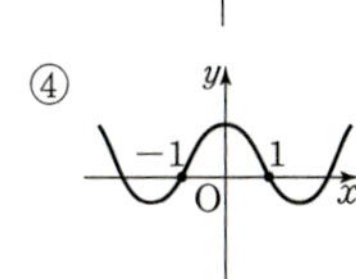

⑤
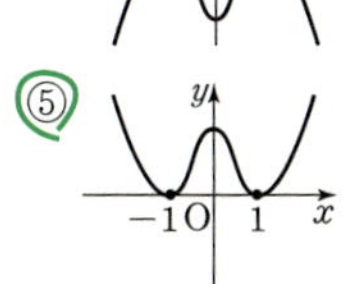

단서 x의 값의 범위를 $x<-1$, $-1<x<0$, $0<x<1$, $x>1$로 나누어 $f(x)$의 증가, 감소를 확인한 후 $y=\int_{-1}^{x} f(t)dt$의 그래프를 그려 봐.

1st x의 범위를 나누어 $f(x)$의 증가, 감소, 부호를 조사해 봐.

함수 $g(x)=\int_{-1}^{x} f(t)dt$라 하자.

(i) $x<-1$일 때,

$f(x)<0$이므로

$g(x)=\int_{-1}^{x} f(t)dt=-\int_{x}^{-1} f(t)dt>0$

→ $x<-1$에서 $f(x)<0$이므로 $\int_x^{-1} f(t)dt<0$이야. 즉, $-\int_x^{-1} f(t)dt>0$이지.

(ii) $-1<x<1$일 때,

$\int_0^1 f(t)dt<\int_0^x f(t)dt<0$, $\int_0^1 f(t)dt=-\int_{-1}^{0} f(t)dt$이므로

$g(x)=\int_{-1}^{x} f(t)dt=\int_{-1}^{0} f(t)dt+\int_0^x f(t)dt>0$

→ $\int_0^x f(t)dt>\int_0^1 f(t)dt$에서 $\int_0^x f(t)dt>-\int_{-1}^{0} f(t)dt$ $\therefore \int_0^x f(t)dt+\int_{-1}^{0} f(t)dt>0$

(iii) $x>1$일 때, $f(x)>0$이므로

$g(x)=\int_{-1}^{x} f(t)dt=\int_{-1}^{1} f(t)dt+\int_1^x f(t)dt>0$ (→ $\int_{-1}^{1} f(t)dt=0$)

즉, 함수 $g(x)$의 함숫값은 $x<-1$, $-1<x<1$, $x>1$인 범위에서는 항상 0보다 크다. 또한, 함수 $f(x)$는 원점에 대하여 대칭이므로 $x=-1$, $x=1$에서의 함숫값은 0이다.

따라서 $y=g(x)$의 그래프는 $x=-1$, $x=1$에서만 x축과 만나고 그 이외의 구간에서는 x축보다 위에 있어야 한다.

함수 $g(x)=\int_{-1}^{x} f(t)dt$에서 $g'(x)=f(x)=0$인 $x=-1$, $x=1$을 지날 때마다 함수 $f(x)$의 부호는 $-$, $+$가 반복되므로

함수 $g(x)=\int_{-1}^{x} f(t)dt$의 그래프는 $x=-1$과 $x=1$을 지날 때마다 감소와 증가를 반복한다.

따라서 $y=g(x)=\int_{-1}^{x} f(t)dt$의 그래프의 개형으로 적당한 것은 ⑤이다.

쉬운 풀이

$g(x)=\int_{-1}^{x} f(t)dt$이므로 $g'(x)=f(x)$가 되어 주어진 함수 $f(x)$의 그래프로 함수 $g(x)$의 증가와 감소를 표로 나타내면 다음과 같아.

x	$\cdots$	-1	$\cdots$	0	$\cdots$	1	$\cdots$
$g'(x)$	$-$	0	$+$	0	$-$	0	$+$
$g(x)$	↘	극소	↗	극대	↘	극소	↗

(이하 동일)

대칭함수와 주기함수 (개념·공식)

함수 $f(x)$가 다음을 만족하는 경우

① $f(x)=f(-x)$: y축에 대하여 대칭인 함수

② $f(x)=-f(-x)$: 원점에 대하여 대칭인 함수

③ $f(a-x)=f(a+x)$: 직선 $x=a$를 기준으로 좌우대칭인 함수

④ $f(x)=f(x+p)$: 주기가 p인 함수

F 35 정답 ③ *정적분으로 정의된 함수 [정답률 40%]

정답 공식: $f(x)$가 n차식일 때, $f(f(x))$는 n^2차 다항식이고, $\int_0^x f(t)dt$는 $(n+1)$차 다항식이다.

다음 식을 만족하는 다항식 $f(x)$의 모든 계수와 상수항의 합은? (3점)

$$f(f(x))=\int_0^x f(t)dt-2x^2+16x$$

단서 $f(x)$가 다항식이므로 $f(x)$를 n차 다항식이라 하고 좌변과 우변이 몇 차 다항식이 되는지를 따져보자.

① 2 ② 3 ③ 4 ④ 5 ⑤ 6

1st $f(x)$의 차수를 결정한 후 $f(x)$를 미지수로 표시하여 주어진 식에 대입해.

실수 '다항식'이라는 조건이 주어지면 차수부터 구하려고 하면 돼.

$f(x)$를 n차 다항식이라 하면 $f(f(x))$는 n^2차 다항식, $\int_0^x f(t)dt$는 $(n+1)$차 다항식이므로 $f(f(x))=\int_0^x f(t)dt-2x^2+16x$ ⋯ ㉠에서 좌변은 n^2차, 우변은 $(n+1)$차 다항식이 된다.

이때, 좌변과 우변의 차수가 같아야 하는데 $n^2=n+1$을 만족하는 자연수 n은 없다.

하지만 $f(x)$가 일차식이면 $\int_0^x f(t)dt$가 이차식이 되고 ㉠의 우변에서 $2x^2$을 소거할 수 있으므로 좌변도 일차식이 나올 수 있다.

즉, $f(x)=ax+b$ (a, b는 상수) ⋯ ㉡라 하고 ㉠에 대입하면

$a(ax+b)+b=\int_0^x (at+b)dt-2x^2+16x$

양변을 x에 대하여 미분하면

$a^2=ax+b-4x+16$에서 $a^2=(a-4)x+b+16$

이것은 x에 대한 항등식이므로 → 임의의 실수 x에 대하여 $ax+b=0$이 항상 성립하려면 $a=0$이고 $b=0$이어야 해.

$a-4=0$, $b+16=a^2$ $\therefore a=4$, $b=0$

따라서 $f(x)=4x$ ($\because$ ㉡)이므로

모든 계수와 상수항의 합은 $4+0=4$이다.

F 36 정답 ⑤ *정적분을 이용한 함수의 추론 [정답률 32%]

정답 공식: 삼차함수 $f(x)$의 그래프의 개형을 그리고, t의 범위에 따라 구간을 나눠서 적분값을 계산한다.

최고차항의 계수가 양수인 삼차함수 $f(x)$가 다음 조건을 만족시킨다.

(가) 함수 $f(x)$는 $x=0$에서 극댓값, $x=k$에서 극솟값을 가진다. (단, k는 상수이다.)
(나) 1보다 큰 모든 실수 t에 대하여
$$\int_0^t |f'(x)|dx=f(t)+f(0)$$이다.

단서 $f(x)$는 최고차항의 계수가 양수인 삼차함수이므로 $f'(x)$는 최고차항의 계수가 양수인 이차함수야. 이때, $x=0$, $x=k$에서 각각 극대, 극소이므로 $k>0$이고 $0<x<k$에서 $f'(x)<0$이지.

[보기]에서 옳은 것만을 있는 대로 고른 것은? (4점)

[보기]

ㄱ. $\int_0^k f'(x)dx<0$
ㄴ. $0<k\le1$
ㄷ. 함수 $f(x)$의 극솟값은 0이다.

① ㄱ ② ㄷ ③ ㄱ, ㄴ
④ ㄴ, ㄷ ⑤ ㄱ, ㄴ, ㄷ

1st 조건 (가)에 의해 $0<x<k$에서 $f'(x)$의 부호를 결정할 수 있어.

ㄱ. 삼차함수 $f(x)$의 최고차항의 계수가 양수이고 $x=0$에서 극댓값, $x=k$에서 극솟값을 가지므로 함수 $y=f(x)$의 그래프의 개형은 그림과 같다.

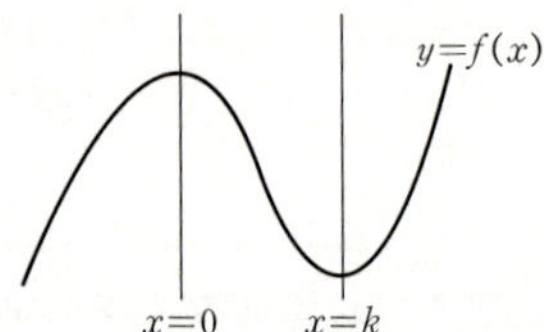

즉, $0<x<k$에서 함수 $f(x)$는 감소하므로 $0<x<k$에서 $f'(x)<0$이다.

$\therefore \int_0^k f'(x)dx<0$ (참) → $f'(x)<0$에서 $\int_0^k f'(x)dx<\int_0^k 0dx=0$이지?

2nd 조건 (나)를 이용하여 ㄴ, ㄷ의 참, 거짓을 따져.

ㄴ. $1<t\le k$이면 구간 $[0, t]$에서 함수 $f(x)$는 감소하므로 $f'(x)\le0$이다. 즉,
$$\int_0^t|f'(x)|dx=\int_0^t\{-f'(x)\}dx=\Big[-f(x)\Big]_0^t=-f(t)+f(0)$$
이고 이것을 조건 (나)에 대입하면
$-f(t)+f(0)=f(t)+f(0)$에서 $f(t)=0$이다.
그런데 함수 $f(x)$는 삼차함수이므로 1보다 큰 모든 실수 t에 대하여 $f(t)=0$이 될 수는 없다. → $t>1$인 어떤 t에 대하여 $f(t)=0$이 성립할 수는 있지만 모든 실수 t에 대하여 $f(t)=0$이 될 수는 없어.
즉, $0<k<t$이고 t는 1보다 큰 실수이므로 $0<k\le1$이 성립한다. (참)

ㄷ. ㄴ에서 $0<k<t$이므로 $0\le x\le k$에서 $f'(x)\le0$, $k<x\le t$에서 $f'(x)>0$이다.
$$\int_0^t|f'(x)|dx=\int_0^k\{-f'(x)\}dx+\int_k^t f'(x)dx=\Big[-f(x)\Big]_0^k+\Big[f(x)\Big]_k^t$$
$$=-f(k)+f(0)+f(t)-f(k)=f(t)+f(0)-2f(k)$$
이것을 조건 (나)에 대입하면
$f(t)+f(0)-2f(k)=f(t)+f(0)$에서 $f(k)=0$
이때, 함수 $f(x)$는 $x=k$에서 극솟값을 가지므로 함수 $f(x)$의 극솟값은 0이다. (참)

따라서 옳은 것은 ㄱ, ㄴ, ㄷ이다.

[다른 풀이]

ㄱ. 조건 (가)에 의해 $f(x)$가 $x=0$에서 극댓값, $x=k$에서 극솟값을 가지므로 최고차항의 계수가 양수인 삼차함수 $f(x)$의 도함수 $f'(x)$는
$f'(x)=3ax(x-k)=3a(x^2-kx)\ (a>0,\ k>0)$라 놓을 수 있어.

최고차항의 계수가 a인 삼차함수 $f(x)$의 도함수 $f'(x)$의 최고차항은 2차이고 계수는 $3a$야. 또, $x=0$, $x=k$에서 극값을 가지므로 $f'(0)=f'(k)=0$이야.

최고차항의 계수가 양수인 삼차함수 $f(x)$가 $x=\alpha$에서 극대, $x=\beta$에서 극소이면 $\alpha<\beta$가 성립해.

$$\therefore \int_0^k f'(x)dx=3a\int_0^k(x^2-kx)dx=3a\left[\frac{1}{3}x^3-\frac{k}{2}x^2\right]_0^k=3a\left(\frac{1}{3}k^3-\frac{1}{2}k^3\right)=a\left(-\frac{1}{2}k^3\right)<0 \text{ (참)}$$

$a>0$, $k>0$이므로 $a\left(-\frac{1}{2}k^3\right)<0$이야.

F 37 정답 7 *정적분을 이용한 함수의 추론 [정답률 46%]

정답 공식: 다항함수 $f(x)$에 대하여 $\frac{d}{dx}\int_1^x f(t)dt=f(x)$이다.

다항함수 $f(x)$가 다음 조건을 만족시킨다.

(가) 모든 실수 x에 대하여
$$\int_1^x f(t)dt=\frac{x-1}{2}\{f(x)+f(1)\}$$이다.

단서1 양변을 x에 대하여 미분하여 얻은 $f(x)$와 $f'(x)$에 대한 등식이 모든 실수 x에 대하여 성립하니까 $f(x)$의 최고차항을 ax^n(a는 0이 아닌 상수, n은 음이 아닌 정수)이라 놓고 항등식의 성질을 이용해.

(나) $\int_0^2 f(x)dx=5\int_{-1}^1 xf(x)dx$

단서2 조건 (가)를 통해 $f(x)$의 식을 대략 정리한 후 정적분의 값을 이용하여 $f(x)$의 식을 구해.

$f(0)=1$일 때, $f(4)$의 값을 구하시오. (4점)

1st 조건 (가)의 등식을 미분하여 $f(x)$, $f'(x)$ 사이의 관계식을 구하자.

조건 (가)에서 $\int_1^x f(t)dt=\frac{x-1}{2}\{f(x)+f(1)\}$의 양변을 x에 대하여 미분하면

$\frac{d}{dx}\int_1^x f(t)dt=\left\{\frac{x-1}{2}\right\}'\times\{f(x)+f(1)\}+\frac{x-1}{2}\times\{f(x)+f(1)\}'$

$$f(x)=\frac{1}{2}\{f(x)+f(1)\}+\frac{x-1}{2}\cdot f'(x)$$
$$\frac{1}{2}f(x)=\frac{1}{2}f(1)+\frac{x-1}{2}\cdot f'(x)$$
$$\therefore f(x)=(x-1)f'(x)+f(1) \cdots ㉠$$

2nd $f(x)$가 다항함수임을 이용하여 $f(x)$의 최고차항을 찾자.

이때, 다항함수 $f(x)$의 최고차항을 ax^n (단, a는 0이 아닌 상수, n은 음이 아닌 정수)이라 하면

$f(x)=ax^n+\cdots$이고

$f'(x)=anx^{n-1}+\cdots$ ⋯ ㉡

> **함정** '다항함수 $f(x)$'와 같은 표현이 나오면 일단 주어진 관계식으로부터 최고차항의 차수와 계수를 구하려고 하면 돼.

㉡을 ㉠에 대입하면

$ax^n+\cdots=(x-1)\{anx^{n-1}+\cdots\}+f(1)$

$=anx^n+\cdots$

위의 등식이 모든 실수 x에 대해 성립하므로 항등식의 성질에 의해

$a=an$ $\quad\therefore n=1\ (\because a\neq 0)$

$ax+b=0$이 x에 대한 항등식이면 $a=0, b=0$
$ax+b=cx+d$가 x에 대한 항등식이면 $a=c, b=d$

항등식에서 같은 차수의 항의 계수끼리 같아야 해.

즉, $f(x)$는 일차항의 계수가 a인 일차함수이고, $f(0)=1$이므로

$f(x)=ax+1$ ⋯ ㉢

3rd 조건 (나)를 이용하여 $f(x)$를 구하자.

㉢을 조건 (나)의 정적분의 식에 대입하여 계산하자.

$$\int_0^2 f(x)dx=\int_0^2 (ax+1)dx$$
$$=\left[\frac{a}{2}x^2+x\right]_0^2=2a+2$$

$$5\int_{-1}^1 xf(x)dx=5\int_{-1}^1 x(ax+1)dx$$
$$=5\int_{-1}^1 (ax^2+x)dx$$
$$=10\int_0^1 ax^2dx$$
$$=10\left[\frac{a}{3}x^3\right]_0^1=\frac{10}{3}a$$

> **실수** 정적분에서 적분구간의 처음과 끝이 절댓값은 같고 부호가 다르다면, 적분하려는 함수의 대칭성을 이용하려고 해봐!

$\int_{-1}^1 ax^2dx=2\int_0^1 ax^2dx$이고, $\int_{-1}^1 xdx=0$이야.

$2a+2=\frac{10}{3}a,\ \frac{4}{3}a=2$

$\therefore a=\frac{3}{2}$

따라서 $f(x)=\frac{3}{2}x+1$이므로

$f(4)=\frac{3}{2}\times 4+1=7$

정적분을 포함한 등식의 풀이 　개념·공식

① 적분구간이 상수로 주어진 경우 : $A=B+\int_a^b f(t)dt$ 꼴

$\Rightarrow \int_a^b f(t)dt=k$ (k는 상수)로 놓는다.

② 적분구간이 변수로 주어진 경우 : $A=B+\int_a^x f(t)dt$ 꼴

$\Rightarrow$ 양변에 $x=a$를 대입해서 나온 식과 양변을 x에 대해 미분한 식을 이용한다.

F 38 정답 ⑤ ＊정적분을 이용한 함수의 추론 ········ [정답률 40%]

정답 공식: 삼차함수의 그래프와 이차함수의 그래프가 서로 다른 두 점에서만 만나는 것은 한 점에서 접하고 다른 한 점에서 만나는 경우이다. 또한, $x>k$인 모든 실수 x에 대하여 $\int_k^x h(t)dt\geq 0$이면 $h(x)\geq 0$이어야 한다.

두 다항함수 $f(x)$, $g(x)$가 다음 조건을 만족시킨다.

(가) $f'(x)=x^2-4x$, $g'(x)=-2x$

단서 1 $f'(x)$가 이차함수이므로 $f(x)$는 삼차함수이고, $g'(x)$가 일차함수이므로 $g(x)$는 이차함수임을 알 수 있어. 또, 부정적분을 이용하면 대략적인 두 함수 $f(x)$, $g(x)$의 식을 구할 수 있지.

(나) 함수 $y=f(x)$의 그래프와 함수 $y=g(x)$의 그래프는 서로 다른 두 점에서만 만난다.

단서 2 삼차함수 $y=f(x)$의 그래프와 이차함수 $y=g(x)$의 그래프가 서로 다른 두 점에서만 만나는 경우는 한 점에서는 접하고 다른 한 점에서는 만나는 거야.

[보기]에서 옳은 것만을 있는 대로 고른 것은? (4점)

[보기]

ㄱ. 두 함수 $f(x)$와 $g(x)$는 모두 $x=0$에서 극대이다.

단서 3 $x=0$에서 $f'(x)$, $g'(x)$의 값이 0인지 확인하고, $x=0$의 좌우에서 $f'(x)$, $g'(x)$의 부호가 양에서 음으로 바뀌는지 확인하면 되겠지?

ㄴ. $\{f(0)-g(0)\}\times\{f(2)-g(2)\}=0$

ㄷ. 모든 실수 x에 대하여 $\int_{-1}^x \{f(t)-g(t)\}dt\geq 0$이면

단서 4 $h(x)=f(x)-g(x)$로 놓을 때, 함수 $h(x)$의 그래프를 그려보면서 모든 실수 x에 대하여 $\int_{-1}^x h(t)dt\geq 0$을 만족시키는 함수 $h(x)$를 찾아야 해.

$\int_{-1}^1 \{f(x)-g(x)\}dx=2$이다.

① ㄱ　② ㄱ, ㄴ　③ ㄱ, ㄷ　④ ㄴ, ㄷ　⑤ ㄱ, ㄴ, ㄷ

1st 도함수를 이용하여 두 함수 $f(x)$와 $g(x)$가 $x=0$에서 극대인지 판별하자.

ㄱ. 조건 (가)에 의하여 $f'(x)=x^2-4x=x(x-4)$, $g'(x)=-2x$에서

$f'(0)=g'(0)=0$

이때, $x<0$에서 $f'(x)>0$, $g'(x)>0$이고

$0<x<4$에서 $f'(x)<0$, $g'(x)<0$이므로

두 함수 $f(x)$와 $g(x)$는 모두 $x=0$에서 극대이다. (참)

> **주의** $f'(0)=g'(0)=0$이라고 해서 무조건 $x=0$에서 극값을 갖는다고 생각하면 안 돼. $x=0$의 좌우에서 도함수의 부호가 바뀌는지 반드시 확인해야 해. 두 함수 $f(x)$와 $g(x)$는 모두 $x=0$에서 $f'(x)$와 $g'(x)$의 부호가 $+$에서 $-$로 바뀌므로 극댓값을 가져.

2nd $h(x)=f(x)-g(x)$라 하고 삼차함수 $h(x)$의 그래프의 개형을 통해 ㄴ의 진위를 판정하자.

ㄴ. $f'(x)=x^2-4x$, $g'(x)=-2x$이므로

$f(x)=\frac{1}{3}x^3-2x^2+C_1$, $g(x)=-x^2+C_2$ (단, C_1, C_2는 적분상수)

라 하자.

$h(x)=\frac{1}{3}x^3-2x^2-(-x^2)+C_1-C_2=\frac{1}{3}x^3-x^2+C_1-C_2$

이때, $h(x)=f(x)-g(x)$라 하면

$h'(x)=f'(x)-g'(x)$
$=x^2-4x-(-2x)$
$=x^2-2x=x(x-2)$

이므로 삼차함수 $h(x)$는 $x=0$에서 극댓값을 갖고, $x=2$에서 극솟값을 갖는다.

$h(x)$는 최고차항의 계수가 양수인 삼차함수이므로 $x=0$에서 극대, $x=2$에서 극소야.

그런데, 조건 (나)에 의하여 삼차함수 $y=f(x)$와 이차함수 $y=g(x)$의 그래프가 서로 다른 두 점에서만 만나는 것은 한 점에서 접하고 다른 한 점에서 만나는 경우이고, 이 경우는 삼차함수 $y=h(x)$의 그래프가 x축과 서로 다른 두 점에서만 만나는 경우와 같으므로 삼차함수 $y=h(x)$의 그래프의 개형은 [그림 1]의 $y=h_1(x)$의 그래프 또는 $y=h_2(x)$의 그래프의 두 가지 중 하나이다.

삼차함수의 그래프가 x축과 서로 다른 두 점에서만 만나는 경우는 극대가 되는 점에서 접하거나 극소가 되는 점에서 접하는 경우야.

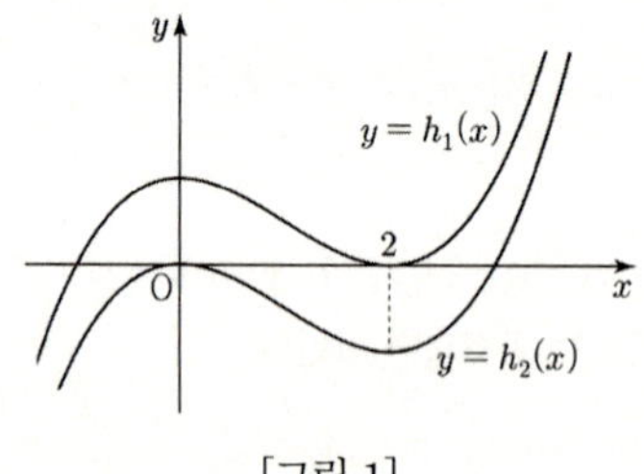

[그림 1]

(i) $h(x)=h_1(x)$일 때,
$h_1(2)=0$이므로 $h_1(0)\times h_1(2)=0$

(ii) $h(x)=h_2(x)$일 때,
$h_2(0)=0$이므로 $h_2(0)\times h_2(2)=0$

(i), (ii)에 의하여
$\{f(0)-g(0)\}\times\{f(2)-g(2)\}=h(0)\times h(2)=0$ (참)

3rd ㄴ에서 구한 $h_1(x)$, $h_2(x)$ 중 조건에 맞는 함수를 찾아 $\int_{-1}^{1}\{f(x)-g(x)\}dx$의 값을 구하자.

ㄷ. ㄴ에서 구한 [그림 1]의 그래프 중 $f(x)-g(x)=h_2(x)$이면 $\int_{-1}^{0}h_2(t)dt<0$이므로 함수 $h_2(x)$는 모든 실수 x에 대하여 $\int_{-1}^{x}\{f(t)-g(t)\}dt\geq0$을 만족시키는 함수 $h(x)$가 아니다.

$f(x)-g(x)=h_2(x)$이면 $-1<x<0$인 모든 실수 x에 대하여 $f(x)-g(x)=h_2(x)<0$이므로 $\int_{-1}^{x}\{f(t)-g(t)\}dt<0$이 돼.

즉, 조건을 만족시키려면 $f(x)-g(x)=h_1(x)$에 대하여 $h_1(2)=0$이므로

$h_1(2)=f(2)-g(2)$
$=\left(\frac{8}{3}-8+C_1\right)-(-4+C_2)$
$=-\frac{4}{3}+C_1-C_2=0$

$\therefore C_1-C_2=\frac{4}{3}$

따라서 함수 $h_1(x)$의 식과 그래프를 구하면 다음과 같다.

$h_1(x)=f(x)-g(x)=\frac{1}{3}x^3-x^2+\frac{4}{3}$
$=\frac{1}{3}(x+1)(x-2)^2$

삼차함수 $y=h_1(x)$의 그래프는 $x=-1$에서 x축을 지나가고 $x=2$에서 x축에 접해.

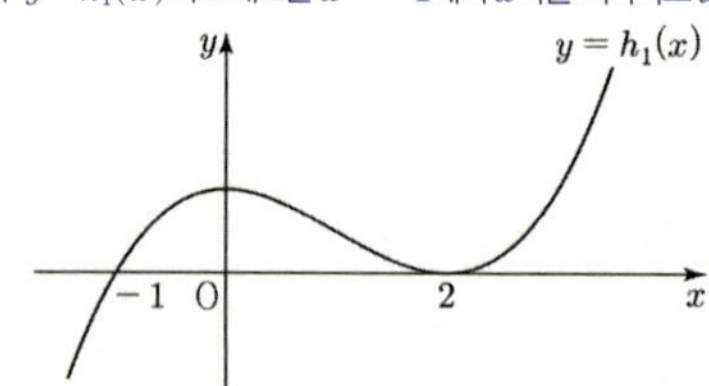

이때, $x<-1$일 때, $h_1(x)<0$이므로
$\int_{-1}^{x}h_1(t)dt=\int_{x}^{-1}\{-h_1(t)\}dt>0$

$x\geq-1$일 때, $h_1(x)\geq0$이므로 $\int_{-1}^{x}h_1(t)dt\geq0$

즉, 모든 실수 x에 대하여 $\int_{-1}^{x}\{f(t)-g(t)\}dt\geq0$을 만족시키는 함수 $h(x)$는 $h_1(x)$이다.

$\therefore \int_{-1}^{1}\{f(x)-g(x)\}dx$
$=\int_{-1}^{1}\left(\frac{1}{3}x^3-x^2+\frac{4}{3}\right)dx$
$=2\int_{0}^{1}\left(-x^2+\frac{4}{3}\right)dx$
$=2\left[-\frac{1}{3}x^3+\frac{4}{3}x\right]_0^1$
$=2\times\left(-\frac{1}{3}+\frac{4}{3}\right)=2$ (참)

$y=\frac{1}{3}x^3$은 원점에 대하여 대칭인 함수이므로 $\int_{-1}^{1}\frac{1}{3}x^3dx=0$
$y=-x^2+\frac{4}{3}$는 y축에 대하여 대칭인 함수이므로 $\int_{-1}^{1}\left(-x^2+\frac{4}{3}\right)dx=2\int_{0}^{1}\left(-x^2+\frac{4}{3}\right)dx$

따라서 옳은 것은 ㄱ, ㄴ, ㄷ이다.

F 39 정답 ② *정적분을 이용한 함수의 추론 ········ [정답률 46%]

정답 공식: 함수 $F(x)$에서 $x=a$를 포함하는 어떤 열린구간에 속하는 모든 x에 대하여 $F(x)\leq F(a)$일 때, 함수 $F(x)$는 $x=a$에서 극대라 하고, $F(a)$를 극댓값이라고 한다.

최고차항의 계수가 4인 삼차함수 $f(x)$에 대하여 함수 $g(x)$를

$$g(x)=\int_0^x f(t)dt-xf(x)$$

단서1 $g(x)=\int_0^x f(t)dt-xf(x)$와 같이 적분구간이 변수인 정적분으로 정의된 함수가 주어지면 우선은 양변을 미분하여 $g'(x)$와 $f(x)$ 사이의 관계식을 찾고, 정적분의 값을 0으로 만드는 x의 값, 즉 $x=0$을 양변에 대입해 $g(0)$의 값에 대한 정보를 얻어.

라 하자. 모든 실수 x에 대하여 $g(x)\leq g(3)$이고 함수 $g(x)$는 오직 1개의 극값만 가진다. $\int_0^1 g'(x)dx$의 값은? (4점)

단서2 사차함수 $g(x)$가 모든 실수 x에 대하여 함숫값이 $g(3)$보다 작거나 같다는 뜻이니까 $g(x)$는 $x=3$에서 극댓값이자 최댓값을 갖는다는 걸 알 수 있어.

① 8 ② 9 ③ 10
④ 11 ⑤ 12

1st 정적분으로 정의된 함수 $g(x)$를 미분하여 $f(x)$, $g(x)$에 대한 조건을 찾자.

$g(x)=\int_0^x f(t)dt-xf(x)$의 양변을 x에 대하여 미분하면
$g'(x)=f(x)-\{f(x)+xf'(x)\}=-xf'(x)$

$\frac{d}{dx}\int_0^x f(t)dt=f(x)$이고, 곱의 미분법에 의해 $\{xf(x)\}'=x'f(x)+xf'(x)$야.

한편, 삼차함수 $f(x)$의 최고차항의 계수가 4이므로 $f'(x)$는 최고차항의 계수가 12인 이차함수이다. $f(x)=4x^3+\cdots$을 미분하면 $f'(x)=12x^2+\cdots$이지?

따라서 $g'(x)=-xf'(x)$에서 $g'(x)$는 최고차항의 계수가 -12인 삼차함수이다.

$f'(x)=12x^2+\cdots$이므로 $g'(x)=-xf'(x)=-x(12x^2+\cdots)=-12x^3+\cdots$

2nd 함수 $g(x)$가 오직 1개의 극값을 가짐을 이용하여 $g'(x)$를 추론해봐.

$g'(x)$가 최고차항의 계수가 음수인 삼차함수이므로 $g(x)$는 최고차항의 계수가 음수인 사차함수이다.
즉, $y=g(x)$의 그래프의 개형은 다음 3가지 중 하나가 된다.

이때, 최고차항의 계수가 음수인 사차함수 $g(x)$가 모든 실수 x에 대하여 $g(x)\leq g(3)$이므로 위의 $y=g(x)$의 그래프의 개형에 의해 함수 $g(x)$는 $x=3$에서 극댓값이자 최댓값을 갖는다.

즉, $g'(3)=0$이므로 $g'(x)=-xf'(x)$에서

$-3f'(3)=0 \qquad \therefore f'(3)=0$

따라서 $g'(x)=-xf'(x)$에서 $f'(3)=0$에 의해 $f'(x)$가 $x-x$을 인수로 가지므로 $g'(x)$도 $x-3$을 인수로 가지고, $g'(x)$는 최고차항의 계수가 -12인 삼차함수이므로

$g'(x)=-12x(x-3)(x-a)$ (a는 상수)라 놓을 수 있다.

$g'(x)=-xf'(x)$에서 $g'(x)$는 x를 인수로 가지고, 위에서 $x-3$도 인수로 가지므로 삼차함수 $g'(x)$를 이렇게 나타낼 수 있는 거야

그런데 사차함수 $g(x)$가 오직 1개의 극값만 가지므로 함수 $g(x)$는 $x=0$에서 극값을 가질 수 없다.

함정 $g'(0)=0$인데 $x=0$에서 극값을 갖지 않아야 하므로 $g'(x)$는 $x=0$의 좌우에서 부호가 바뀌지 않아야 해. 즉, $y=g'(x)$의 그래프가 $x=0$에서 접해야 하니까 $g'(x)$는 x^2을 인수로 갖는다는 걸 알 수 있어.

즉, $g'(x)$는 x^2을 인수로 가져야 하므로 $a=0$

$\therefore g'(x)=-12x^2(x-3)$

$=-12x^3+36x^2$

3rd $\int_0^1 g'(x)dx$의 값을 구하자.

$$\therefore \int_0^1 g'(x)dx=\int_0^1(-12x^3+36x^2)dx$$

$$=\Big[-3x^4+12x^3\Big]_0^1$$

$$=-3+12=9$$

F 40 정답 ⑤ *정적분을 이용한 함수의 추론 ········ [정답률 51%]

(정답 공식: 다항함수가 원점에 대하여 대칭이면, 홀수 차수 항들만을 가진다.)

최고차항의 계수가 1인 사차함수 $f(x)$가 모든 실수 x에 대하여

$f'(-x)=-f'(x)$ 단서1 사차함수의 도함수는 삼차함수인데 이 조건을 만족하려면 $f'(x)$는 x^3항과 x항의 합으로만 된 식이어야 해.

를 만족시킨다. $f'(1)=0$, $f(1)=2$일 때, [보기]에서 옳은 것만을 있는 대로 고른 것은? (4점) 단서2 이 조건들을 이용하여 $f'(x)$와 $f(x)$의 식을 찾아보자.

[보기]

ㄱ. $f'(-1)=0$ 단서3 $f'(-x)=-f'(x)$에 $x=1$을 대입해봐.

ㄴ. 모든 실수 k에 대하여 $\int_{-k}^0 f(x)dx=\int_0^k f(x)dx$

ㄷ. $0<t<1$인 모든 실수 t에 대하여 $\int_{-t}^t f(x)dx<6t$

단서4 모든 실수 k에 대하여 이 식이 성립하기 위해서는 함수 $f(x)$가 y축 대칭, 즉 우함수가 되어야 해.

단서5 정적분이 나타내는 값을 넓이와 연관지어 생각해봐.

① ㄱ ② ㄷ ③ ㄱ, ㄴ
④ ㄴ, ㄷ ⑤ ㄱ, ㄴ, ㄷ

1st 주어진 조건을 이용하여 사차함수 $f(x)$의 식을 구하자.

사차함수 $f(x)$의 최고차항의 계수가 1이므로 도함수인 $f'(x)$는 삼차함수이며 최고차항의 계수는 4이다. ($(x^4)'=4x^3$임을 이용한 거야.)

또한, 모든 실수 x에 대하여 $f'(-x)=-f'(x)$가 성립해야 하므로 삼차함수 $f'(x)$는

함수 $f'(x)$는 원점대칭인 함수, 즉 기함수야. 따라서 다항함수 $f'(x)$는 x의 홀수차수 항들의 합으로 표현돼.

$f'(x)=4x^3+ax$ (단, a는 상수)

로 놓을 수 있다.

이때, $f'(1)=0$이므로

$f'(1)=4+a=0 \qquad \therefore a=-4$

따라서 $f'(x)=4x^3-4x$이므로

$$f(x)=\int f'(x)dx$$

$$=\int(4x^3-4x)dx$$

$$=x^4-2x^2+C \text{ (단, } C\text{는 적분상수)}$$

$f(1)=2$이므로

$f(1)=1-2+C=2 \qquad \therefore C=3$

$\therefore f(x)=x^4-2x^2+3$

2nd 구한 $f(x)$의 식을 이용해 ㄱ, ㄴ의 참, 거짓을 따져봐.

ㄱ. 조건에서 $f'(-x)=-f'(x)$이고 $f'(1)=0$이므로

$f'(-1)=-f'(1)=0$ (참)

ㄴ. $f(x)=x^4-2x^2+3$은 우함수이므로 ($f(-x)=(-x)^4-2(-x)^2+3=x^4-2x^2+3=f(x)$)

함수 $f(x)$는 y축에 대하여 대칭이다.

즉, 모든 실수 k에 대하여 $\int_{-k}^0 f(x)dx=\int_0^k f(x)dx$가 성립한다. (참)

3rd 함수 $f(x)$의 그래프를 통해서 정적분 $\int_{-t}^t f(x)dx$의 값을 넓이와 연관지어 $6t$의 값과 비교해봐.

함정 $\int_{-t}^t f(x)dx$가 넓이를 의미하니까 넓이가 $6t$인 도형을 찾아보는 거야. 이런식으로 정적분을 이용해서 부등식을 증명할 수도 있어.

ㄷ. 함수 $f(x)=x^4-2x^2+3$의 그래프는 그림과 같다.

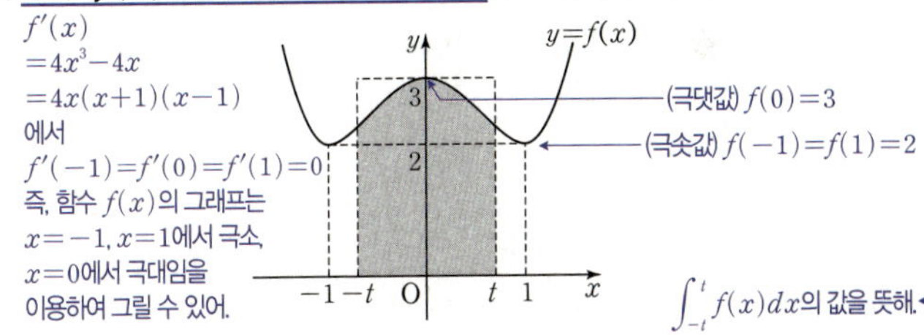

$f'(x)$
$=4x^3-4x$
$=4x(x+1)(x-1)$
에서
$f'(-1)=f'(0)=f'(1)=0$
즉, 함수 $f(x)$의 그래프는 $x=-1$, $x=1$에서 극소, $x=0$에서 극대임을 이용하여 그릴 수 있어.
y
$y=f(x)$
3
2
(극댓값) $f(0)=3$
(극솟값) $f(-1)=f(1)=2$
-1
$-t$
O
t
1
x

이때, 그림과 같이 $0<t<1$인 모든 실수 t에 대하여 함수 $y=f(x)$의 그래프와 두 직선 $x=-t$, $x=t$ 및 x축으로 둘러싸인 부분의 넓이는 네 직선 $x=-t$, $x=t$, $y=0$, $y=3$으로 둘러싸인 직사각형의 넓이보다 작다. ($\int_{-t}^t f(x)dx$의 값을 뜻해. / $2t\times3=6t$)

$\therefore \int_{-t}^t f(x)dx<6t$ (참)

따라서 옳은 것은 ㄱ, ㄴ, ㄷ이다.

[다른 풀이]

$f(x)$를 다른 방법으로 구해보자. 주어진 조건에서

$f'(-1)=f'(1)=0$이고, $f'(0)=0$이므로 ($f'(0)=-f'(0)$에서 $f'(0)=0$이야.)

삼차식 $f'(x)$는 x, $x-1$, $x+1$을 인수로 가져.

즉, 최고차항의 계수가 4인 삼차함수 $f'(x)$는 (사차함수 $f(x)$의 최고차항의 계수가 1이라 했지?)

$f'(x)=4x(x-1)(x+1)=4x^3-4x$가 돼.

$$\therefore f(x)=\int f'(x)dx$$

$$=\int(4x^3-4x)dx$$

$$=x^4-2x^2+C \text{ (단, } C\text{는 적분상수)}$$

이때, $f(1)=2$이므로

$f(1)=1-2+C=2 \qquad \therefore C=3$

$\therefore f(x)=x^4-2x^2+3$

(이하 동일)

F 41 정답 ⑤ *정적분을 이용한 함수의 추론 [정답률 37%]

정답 공식: $F'(x)=f(x)$이므로 함수 $y=f(x)$의 그래프가 x축과 만나는 점의 개수가 3개여야 한다.

삼차함수 $f(x)=2x^3-3x^2-12x+a$에 대하여 함수

$$F(x)=\int_0^x f(t)dt$$

단서 함수 $F(x)$의 도함수가 $f(x)$이니까 함수 $F(x)$가 3개의 극값을 가지려면 도함수 $y=f(x)$의 그래프의 개형이 어때야 하는지 생각해 보거나, 방정식 $f(x)=0$의 실근이 어때야 하는지 생각해 봐.

가 3개의 극값을 갖도록 하는 정수 a의 최댓값은? (4점)

① 15 ② 16 ③ 17
④ 18 ⑤ 19

1st 두 함수 $F(x)$와 $f(x)$의 관계를 따져봐.

$F(x)=\int_0^x f(t)dt$의 양변을 미분하면

$F'(x)=\frac{d}{dx}\int_0^x f(t)dt=f(x)$ … ㉠

한편, 함수 $f(x)$가 삼차함수이므로 ㉠에 의해 함수 $F(x)$는 사차함수이다.
이때, 사차함수 $F(x)$가 3개의 극값을 가지려면 방정식
$F'(x)=f(x)=0$은 3개의 서로 다른 실근을 가져야 한다. … ㉡

2nd 삼차함수 $f(x)$의 극댓값과 극솟값을 이용하여 부등식을 세워봐.

$f(x)=2x^3-3x^2-12x+a$에서
$f'(x)=6x^2-6x-12=6(x+1)(x-2)$이고
$f'(x)=0$에서 $x=-1$ 또는 $x=2$이므로
삼차함수 $f(x)$는
$x=-1$에서 극댓값 $f(-1)=a+7$,
$x=2$에서 극솟값 $f(2)=a-20$을 가진다.
이때, ㉡을 만족하려면 (극댓값)×(극솟값)<0이어야 한다.
즉, $(a+7)(a-20)<0$에서
$-7<a<20$
따라서 정수 a의 최댓값은 19이다.

삼차함수 $f(x)$에 대하여 방정식 $f(x)=0$은 (극댓값)×(극솟값)>0이면 오직 하나의 실근, (극댓값)×(극솟값)=0이면 한 실근과 중근, (극댓값)×(극솟값)<0이면 서로 다른 세 실근을 가져.

F 42 정답 340 *정적분을 이용한 함수의 추론 [정답률 42%]

정답 공식: 다항함수 $f(x)$에 대하여 $\lim_{x\to a}\frac{f(x)}{x-a}=\alpha$ (α는 실수)이면 $f(a)=0$, $f'(a)=\alpha$이다.

양수 a에 대하여 최고차항의 계수가 1인 이차함수 $f(x)$와 최고차항의 계수가 1인 삼차함수 $g(x)$가 다음 조건을 만족시킨다.

(가) $f(0)=g(0)$
(나) $\lim_{x\to0}\frac{f(x)}{x}=0$, $\lim_{x\to a}\frac{g(x)}{x-a}=0$
(다) $\int_0^a\{g(x)-f(x)\}dx=36$

단서1 극한값이 존재할 조건과 미분계수의 정의를 이용하여 주어진 조건을 해석하면 두 함수 $f(x)$와 $g(x)$의 식을 구할 수 있어.
단서2 정적분을 계산하여 양수 a의 값을 구해 봐.

$3\int_0^a|f(x)-g(x)|dx$의 값을 구하시오. (4점)

단서3 구간 $[0, a]$에서 두 함수 $y=f(x)$, $y=g(x)$의 그래프의 교점을 찾아 $f(x)\ge g(x)$인 구간과 $f(x)<g(x)$인 구간으로 나눠 정적분의 값을 구해.

1st 조건 (가), (나)를 만족시키는 이차함수 $f(x)$와 삼차함수 $g(x)$의 식을 구해.

조건 (나)의 $\lim_{x\to0}\frac{f(x)}{x}=0$에서 극한값이 존재하고 $x\to0$일 때,
$\lim_{x\to0}x=0$이므로 $\lim_{x\to0}f(x)=0$이어야 한다.
$\therefore f(0)=0$
또한, $\lim_{x\to0}\frac{f(x)}{x}=\lim_{x\to0}\frac{f(x)-f(0)}{x-0}=f'(0)$이므로 $f'(0)=0$이다.
즉, 최고차항의 계수가 1인 이차함수 $f(x)$에 대하여
$f(0)=0$, $f'(0)=0$이므로
$f(x)=x^2$

이차함수는 꼭짓점에서 극값을 갖지? 즉, $x=0$인 점에서 극값 0을 가지므로 이차함수 $f(x)$의 그래프의 꼭짓점의 좌표가 $(0, 0)$이라는 거야.

한편, 조건 (나)의 $\lim_{x\to a}\frac{g(x)}{x-a}=0$에서 위와 마찬가지 방법으로 구하면
$g(a)=0$, $g'(a)=0$이고, 조건 (가)에서 $g(0)=f(0)=0$이므로 최고차항의 계수가 1인 삼차함수 $g(x)$는
$g(x)=x(x-a)^2=x^3-2ax^2+a^2x$

다항함수 $g(x)$에 대하여 $g(a)=0$, $g'(a)=0$이면 $g(x)$는 $(x-a)^2$을 인수로 가져.

2nd 조건 (다)를 이용하여 양수 a의 값을 구해.

조건 (다)에서 $\int_0^a\{g(x)-f(x)\}dx=36$이므로

$\int_0^a\{g(x)-f(x)\}dx$

$=\int_0^a(x^3-2ax^2+a^2x-x^2)dx$

$=\int_0^a\{x^3-(2a+1)x^2+a^2x\}dx$

$=\left[\frac{1}{4}x^4-\frac{2a+1}{3}x^3+\frac{a^2}{2}x^2\right]_0^a$

$=\frac{1}{4}a^4-\frac{2a^4+a^3}{3}+\frac{1}{2}a^4$

$=\frac{1}{12}a^4-\frac{1}{3}a^3=36$

에서 $a^4-4a^3-432=0$
$(a-6)(a^3+2a^2+12a+72)=0$
$\therefore a=6$ ($\because a>0$) … (*)

6	1	−4	0	0	−432
		6	12	72	432
	1	2	12	72	0

$\therefore a^4-4a^3-432$
$=(a-6)(a^3+2a^2+12a+72)$

주의 양수 a, 정수 a, 자연수 a 등 미지수에 대한 조건은 확실히 체크해서 기억해놔야 해.

3rd $3\int_0^a|f(x)-g(x)|dx$의 값을 구해.

$f(x)=x^2$, $g(x)=x^3-12x^2+36x$에 대하여 두 곡선 $y=f(x)$, $y=g(x)$의 교점의 좌표를 구하기 위해 두 식을 연립하면
$x^3-12x^2+36x=x^2$, $x^3-13x^2+36x=0$
$x(x^2-13x+36)=0$, $x(x-4)(x-9)=0$
$\therefore x=0$ 또는 $x=4$ 또는 $x=9$
즉, 두 곡선 $f(x)=x^2$, $g(x)=x^3-12x^2+36x$의 교점의 좌표는
$(0, 0)$, $(4, 16)$, $(9, 81)$이고, 두 곡선을 좌표평면 위에 나타내면 다음과 같다. $f(x)=x^2$이므로 $f(0)=0$, $f(4)=16$, $f(9)=81$이야.

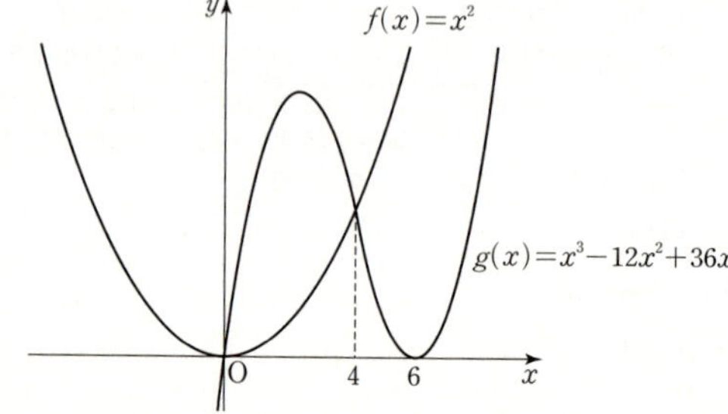

따라서

$\int_0^6 |f(x)-g(x)|dx$ ← $0 \le x \le 4$일 때, $g(x) \ge f(x)$이고, $4 \le x \le 6$일 때, $f(x) \ge g(x)$야.

$=\int_0^4 \{g(x)-f(x)\}dx+\int_4^6 \{f(x)-g(x)\}dx$

$=\int_0^4 (x^3-13x^2+36x)dx+\int_4^6 (-x^3+13x^2-36x)dx$

$=\left[\frac{1}{4}x^4-\frac{13}{3}x^3+18x^2\right]_0^4+\left[-\frac{1}{4}x^4+\frac{13}{3}x^3-18x^2\right]_4^6$

$=\left(\frac{1}{4}\times4^4-\frac{13}{3}\times4^3+18\times4^2\right)+\left(-\frac{1}{4}\times6^4+\frac{13}{3}\times6^3-18\times6^2\right)$
$-\left(-\frac{1}{4}\times4^4+\frac{13}{3}\times4^3-18\times4^2\right)$

$=2\times\left(\frac{1}{4}\times4^4-\frac{13}{3}\times4^3+18\times4^2\right)+\left(-\frac{1}{4}\times6^4+\frac{13}{3}\times6^3-18\times6^2\right)$

$=2\times4^3-\frac{26}{3}\times4^3+6^2\times4^2-9\times6^2+26\times6^2-18\times6^2$

$=\left(2-\frac{26}{3}\right)\times4^3+(16-9+26-18)\times6^2$

$=-\frac{20}{3}\times64+15\times36=-\frac{1280}{3}+\frac{1620}{3}=\frac{340}{3}$

이므로 $3\int_0^a |f(x)-g(x)|dx=3\times\frac{340}{3}=340$

수능 핵강

(*)에서 방정식 $(a-6)(a^3+2a^2+12a+72)=0$을 만족시키는 양수 a의 값이 6 하나인 것을 확인해보자.
$h(a)=a^3+2a^2+12a+72$라 하면 $h'(a)=3a^2+4a+12$
방정식 $h'(a)=0$의 판별식을 D라 하면
$\frac{D}{4}=2^2-3\times12=-32<0$이므로 모든 실수 a에 대하여 $h'(a)>0$이야.
즉, $h(a)$는 증가함수이고, $h(0)=72>0$이므로 $h(a)=0$을 만족하는 실근 a의 값은 음수일 수밖에 없어.
따라서 방정식 $(a-6)(a^3+2a^2+12a+72)=0$을 만족시키는 양수 a의 값은 6 하나야.

F 43 정답 ④ *정적분을 이용한 함수의 추론 ······ [정답률 43%]

정답 공식: $f(t)\ge0$, $f(t)<0$인 경우를 나누고 조건을 만족시키는 $f(x)$의 개형을 구한다. $y=f(x)-|f(x)|$의 그래프를 이용하여 $g(x)$의 조건을 만족시키는 $f(x)$의 식을 구한다.

사차함수 $f(x)=x^4+ax^2+b$에 대하여 $x\ge0$에서 정의된 함수

$$g(x)=\int_{-x}^{2x}\{f(t)-|f(t)|\}dt$$

단서1 $f(t)-|f(t)|$를 $f(t)\ge0$, $f(t)<0$일 때로 나누어 정리하자.

가 다음 조건을 만족시킨다.

(가) $0<x<1$에서 $g(x)=c_1$ (c_1은 상수)
(나) $1<x<5$에서 $g(x)$는 감소한다.
(다) $x>5$에서 $g(x)=c_2$ (c_2는 상수)

단서2 주어진 조건에서 함수 $g(x)$는 상수함수인 구간과 감소함수인 구간으로 나타내어짐을 알 수 있어.

$f(\sqrt{2})$의 값은? (단, a, b는 상수이다.) (4점)

① 40 ② 42 ③ 44 ④ 46 ⑤ 48

1st 사차함수 $y=f(x)$의 그래프의 개형을 유추하자.

$f(x)=x^4+ax^2+b$에서 모든 실수 x에 대하여 $f(-x)=f(x)$이므로 사차함수 $y=f(x)$의 그래프는 y축에 대하여 대칭이다.

$f(-x)=(-x)^4+a(-x)^2+b=x^4+ax^2+b=f(x)$

실수 주어진 함수의 대칭성을 먼저 알아보고 본격적인 풀이를 시작하는 게 좋아.

한편, $f(t)\ge0$인 구간에서는 $f(t)-|f(t)|=0$이고, $f(t)<0$인 구간에서는 $f(t)-|f(t)|=2f(t)<0$이다. $f(t)-|f(t)|=\begin{cases}0 & (f(t)\ge0)\\ 2f(t) & (f(t)<0)\end{cases}$
이때, 주어진 조건에서 적분구간이 변수인 정적분으로 정의된 함수 $g(x)$가 상수함수인 구간이 존재하므로 $f(t)-|f(t)|=0$인 구간이 있어야 한다. 즉, 조건 (가)에 의하여 $-1\le t\le2$일 때 $f(t)\ge0$이어야 한다.
$0<x<1$에서 $-1<-x<0$이고, $0<2x<2$야.

또, 조건 (나)에 의하여 $f(t)<0$인 구간이 있어야 한다.

$f(0)=b\le0$이면 $y=f(x)$와 $y=f(x)-|f(x)|$의 그래프의 개형은 다음과 같아.

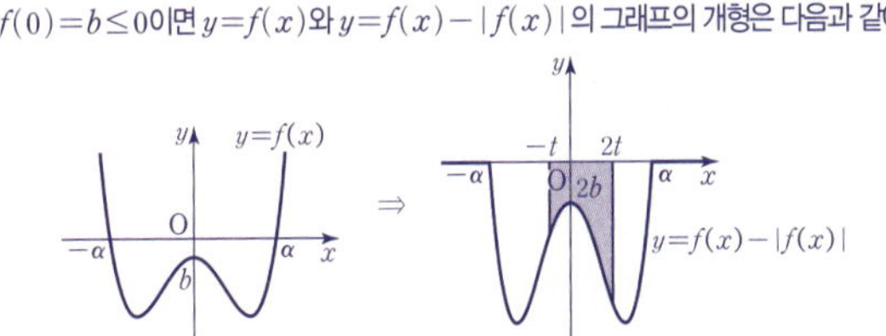

즉, $0<x<1$에서 $g(x)$가 감소함수이므로 조건 (가)를 만족시키지 않아.

따라서 $f(0)=b>0$이고, 함수 $y=f(x)$의 그래프의 개형은 다음과 같아야 한다.

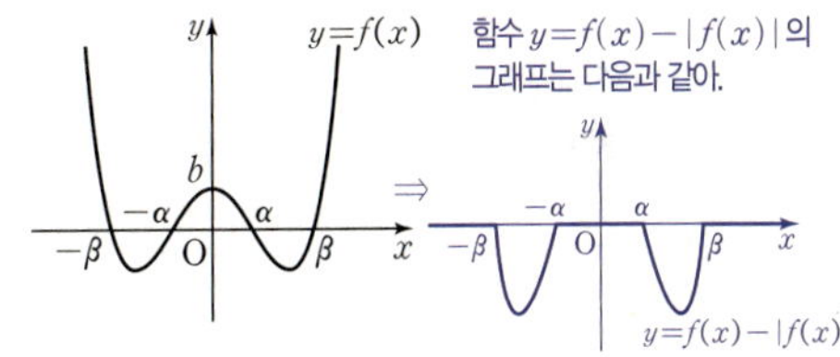

2nd 사차함수 $y=f(x)$의 그래프와 x축과의 교점의 x좌표를 구해야 해.

그림과 같이 함수 $y=f(x)$의 그래프가 x축과 만나는 네 점의 x좌표를 각각 $-\beta$, $-\alpha$, α, β $(0<\alpha<\beta)$라 하자.
$f(x)=x^4+ax^2+b$는 y축에 대하여 대칭인 함수이니까 $y=f(x)$의 그래프가 $x=\alpha$, $x=\beta$인 점에서 x축과 만나면 $x=-\alpha$, $x=-\beta$인 점에서도 x축과 만나야 해.

(i) $0<x<\frac{\alpha}{2}$일 때,
구간 $[-x, 2x]$에서 $f(x)\ge0$이므로 ($y=f(x)-|f(x)|=0$)
$g(x)=\int_{-x}^{2x}0dt=0$
즉, 조건 (가)에 의하여 $0<x<1$일 때 $g(x)=c_1$(c_1은 상수)이므로
$\frac{\alpha}{2}\ge1$ $\therefore \alpha\ge2$

(ii) $\frac{\alpha}{2}<x<\beta$일 때,
구간 $\left[-\frac{\alpha}{2}, \alpha\right]$부터 $[-\beta, 2\beta]$까지 구간을 키우면 함수 $g(x)$는 점점 감소함을 알 수 있어.
구간 $[-x, 2x]$에서 $y=f(x)-|f(x)|$의 값은 0 또는 음수의 값을 가지므로 $g(x)$는 감소한다.
즉, 조건 (나)에 의하여 $1<x<5$일 때 $g(x)$는 감소하므로
$\frac{\alpha}{2}\le1$, $\beta\ge5$ $\therefore \alpha\le2$, $\beta\ge5$

(iii) $x>\beta$일 때,
구간 $[-x, -\beta]$와 구간 $[\beta, 2x]$에서 $f(x)\ge0$이므로 이 두 구간에서 $g(x)=0$이다.
즉, $x>\beta$이면 $g(x)=g(\beta)$이다. ← $g(\beta)$의 값은 일정하니까 $x>\beta$일 때, $g(x)$는 상수함수가 돼.
따라서 조건 (다)에 의하여 $x>5$에서 $g(x)=c_2$(c_2는 상수)이므로
$\beta\le5$

(i), (ii), (iii)에 의하여
$\alpha=2$, $\beta=5$

3rd $f(x)$의 식을 찾아 $f(\sqrt{2})$의 값을 구하자.

따라서 함수 $f(x)=x^4+ax^2+b$의 그래프가 $x=-2$, $x=2$, $x=-5$, $x=5$인 점에서 x축과 만나므로 $f(x)$는 $x+2$, $x-2$, $x+5$, $x-5$를 인수로 가져야 하고, 최고차항의 계수가 1이므로

$f(x)=(x+2)(x-2)(x+5)(x-5)=(x^2-4)(x^2-25)$

$\therefore f(\sqrt{2})=(2-4)\times(2-25)=46$

F 44 정답 ⑤ *정적분을 이용한 함수의 추론 ········ [정답률 46%]

(정답 공식: $g'(x)=xf(x)$, $g(0)=0$, $f(\beta)=g(\beta)=0$이면 $g(x)$는 $(x-\beta)^2$을 인수로 가진다.)

최고차항의 계수가 양수인 이차함수 $f(x)$에 대하여

$$g(x)=\int_0^x tf(t)dt$$

라 할 때, [보기]에서 옳은 것만을 있는 대로 고른 것은? (4점)

[보기]

ㄱ. $g'(0)=0$ 단서1 함수 $g(x)$의 양변을 x에 대해서 미분해봐.

ㄴ. 양수 α에 대하여 $g(\alpha)=0$이면 방정식 $f(x)=0$은 열린구간 $(0, \alpha)$에서 적어도 하나의 실근을 갖는다.

ㄷ. 양수 β에 대하여 $f(\beta)=g(\beta)=0$이면 모든 실수 x에 대하여 $\int_\beta^x tf(t)dt\ge0$이다.

단서2 열린구간 $(0, \alpha)$에서의 방정식의 실근의 존재여부에 대한 내용이므로 롤의 정리를 생각해.

① ㄱ ② ㄷ ③ ㄱ, ㄴ
④ ㄴ, ㄷ ⑤ ㄱ, ㄴ, ㄷ

1st 주어진 조건을 이용하여 [보기]의 ㄱ, ㄴ의 진위 여부를 판정해.

ㄱ. $g(x)=\int_0^x tf(t)dt$의 양변을 x에 대하여 미분하면

$g'(x)=xf(x)$이므로 $g'(0)=0$이다. (참)

($\frac{d}{dx}\int_a^x f(t)dt=f(x)$)

ㄴ. $g(x)=\int_0^x tf(t)dt$의 양변에 $x=0$을 대입하면

$g(0)=\int_0^0 tf(t)dt=0$

[롤의 정리] 함수 $h(x)$가 닫힌구간 $[a, b]$에서 연속이고, 열린구간 (a, b)에서 미분가능할 때, $h(a)=h(b)$이면 $h'(c)=0(a<c<b)$인 c가 적어도 하나 존재해.

즉, 함수 $g(x)$는 닫힌구간 $[0, \alpha]$에서 연속이고, 열린구간 $(0, \alpha)$에서 미분가능하며 $g(0)=g(\alpha)=0$이므로 롤의 정리에 의하여 $g'(c)=cf(c)=0$인 c가 열린구간 $(0, \alpha)$에 적어도 하나 존재한다.

이때, $c\ne0$이므로 $f(c)=0$이다.

따라서 $g(\alpha)=0$이면 방정식 $f(x)=0$은 열린구간 $(0, \alpha)$에서 적어도 하나의 실근을 갖는다. (참)

($f(c)=0$이므로 c가 하나의 실근이지.)

2nd ㄴ을 이용하여 함수 $f(x)$를 유추하고, $y=xf(x)$의 그래프를 이용하여 ㄷ의 진위 여부를 판정하자.

ㄷ. $\beta>0$이고 $g(\beta)=0$이므로 ㄴ에 의하여 방정식 $f(x)=0$은 열린구간 $(0, \beta)$에서 적어도 하나의 실근을 가진다.

즉, $f(\gamma)=0$인 실수 $\gamma(0<\gamma<\beta)$가 존재하므로

$f(\beta)=f(\gamma)=0$에서 이차함수 $f(x)$는

$f(x)=a(x-\gamma)(x-\beta)(a>0)$

라 할 수 있다.

(다항식 $f(x)$는 $(x-\beta)$와 $(x-\gamma)$를 인수로 가져.)

즉, $y=xf(x)$의 그래프는 오른쪽 그림과 같고,

($y=xf(x)=ax(x-\gamma)(x-\beta)$이므로 함수 $y=xf(x)$의 그래프는 최고차항의 계수가 양수이고, $x=0$, $x=\gamma$, $x=\beta$인 점에서 x축과 만나는 곡선이야.)

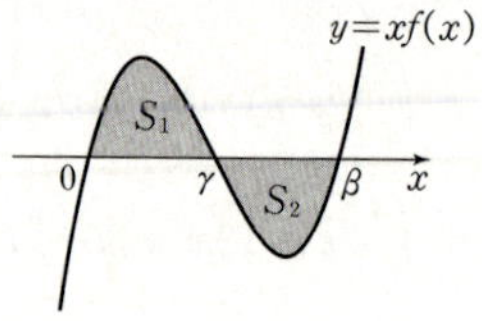

$S_1=\int_0^\gamma |xf(x)|dx$,

$S_2=\int_\gamma^\beta |xf(x)|dx$라 하자.

이때, $g(\beta)=0$에서

$g(\beta)=\int_0^\beta tf(t)dt=S_1+(-S_2)=0$

이므로 $S_1=S_2$이고

($\int_0^\beta tf(t)dt=\int_0^\gamma tf(t)dt+\int_\gamma^\beta tf(t)dt=S_1+(-S_2)(\because S_2>0)$)

$\int_\beta^x tf(t)dt=\int_0^x tf(t)dt-\int_0^\beta tf(t)dt$
$=g(x)-g(\beta)$
$=g(x)=\int_0^x tf(t)dt$

다음과 같이 구간을 나누고 위의 그림의 $y=xf(x)$의 그래프를 이용하여 $\int_0^x tf(t)dt$의 값의 범위를 구하자.

(주의: $\int_0^x tf(t)dt$에서 $x\ge0$인 경우만 생각하고 $x<0$인 경우는 빼먹는 실수가 많이 나와.)

(i) $x<0$일 때, $\int_x^0 tf(t)dt<0$이므로

$\int_0^x tf(t)dt=-\int_x^0 tf(t)dt>0$

($y=xf(x)$의 그래프에서 $x<0$일 때 $xf(x)<0$이야.)

($\int_a^b h(x)dx=-\int_b^a h(x)dx$)

(ii) $0\le x<\gamma$일 때,

$\int_0^x tf(t)dt\ge0$

(iii) $\gamma\le x<\beta$일 때,

$\int_0^x tf(t)dt=\int_0^\gamma tf(t)dt+\int_\gamma^x tf(t)dt$

이때, $\int_0^\gamma tf(t)dt=S_1$이고 $\int_\gamma^x tf(t)dt\ge-S_2$이므로

$\int_0^x tf(t)dt=\int_0^\gamma tf(t)dt+\int_\gamma^x tf(t)dt\ge S_1-S_2=0$

($\int_\gamma^\beta tf(t)dt=-S_2$이지? $\gamma\le x\le\beta$일 때, $\int_\gamma^x tf(t)dt\ge\int_\gamma^\beta tf(t)dt$이므로 $\int_\gamma^x tf(t)dt\ge-S_2$)

(iv) $x\ge\beta$일 때,

$\int_0^x tf(t)dt=\int_0^\beta tf(t)dt+\int_\beta^x tf(t)dt$
$=\int_\beta^x tf(t)dt\ge0$

(i)~(iv)에서 $\int_0^x tf(t)dt\ge0$

즉, 모든 실수 x에 대하여 $\int_\beta^x tf(t)dt=\int_0^x tf(t)dt\ge0$이다. (참)

따라서 옳은 것은 ㄱ, ㄴ, ㄷ이다.

[다른 풀이]

ㄷ. 위의 풀이에서 $f(x)=a(x-\gamma)(x-\beta)(a>0, 0<\gamma<\beta)$라 할 수 있다고 했지?

이때, $g(\beta)=\int_0^\beta tf(t)dt=0$이므로

$\int_0^\beta at(t-\gamma)(t-\beta)dt=0$

$a\int_0^\beta \{t^3-(\gamma+\beta)t^2+\gamma\beta t\}dt=0$

$\left[\frac{1}{4}t^4-\frac{(\gamma+\beta)}{3}t^3+\frac{\gamma\beta}{2}t^2\right]_0^\beta=0\ (\because a\ne0)$

$\frac{1}{4}\beta^4-\frac{(\gamma+\beta)}{3}\beta^3+\frac{\gamma}{2}\beta^3=0$

$\frac{\beta^3}{12}\{3\beta-4(\gamma+\beta)+6\gamma\}=0$

$3\beta-4(\gamma+\beta)+6\gamma=0\ (\because \beta\ne0)$

$\therefore \beta=2\gamma$ ··· ㉠

$$\int_0^x tf(t)dt=a\int_0^x (t^3-3\gamma t^2+2\gamma^2 t)dt\ (\because ㉠)$$
$$=a\left[\frac{1}{4}t^4-\gamma t^3+\gamma^2 t^2\right]_0^x$$
$$=a\left(\frac{1}{4}x^4-\gamma x^3+\gamma^2 x^2\right)=\frac{a}{4}x^2(x-2\gamma)^2$$

즉, $a>0$에서 모든 실수 x에 대하여

$\frac{a}{4}x^2(x-2\gamma)^2\geq 0$이므로 $\int_0^x tf(t)dt\geq 0$이야.

$$\therefore \int_\beta^x tf(t)dt=\int_0^x tf(t)dt-\int_0^\beta tf(t)dt$$
$=g(\beta)=0$
$$=\int_0^x tf(t)dt\geq 0\ (참)$$

F 45 정답 ① *정적분을 이용한 함수의 추론 ········ [정답률 39%]

(정답 공식: 조건 (나)를 이용해 $P_2(x)$, $P_3(x)$의 식을 구한다.)

음이 아닌 정수 n에 대하여 최고차항의 계수가 1인 n차 다항함수 $P_n(x)$는 다음 조건을 만족시킨다.

(가) $P_0(x)=1$, $P_1(x)=x$
(나) 음이 아닌 서로 다른 정수 m, n에 대하여
$$\int_{-1}^1 P_m(x)P_n(x)dx=0$$

단서2 $\int_{-a}^a f(x)dx$를 계산할 때 $f(x)$가 우함수인 경우와 기함수인 경우에서의 성질을 떠올려봐.

$\int_0^1 P_3(x)dx$의 값은? (5점)

단서1 $P_3(x)$를 구하기 위해 먼저 $P_2(x)$를 구해봐.

① $-\frac{1}{20}$ ② $-\frac{1}{10}$ ③ $\frac{1}{5}$ ④ $\frac{1}{10}$ ⑤ $\frac{1}{20}$

1st 먼저 주어진 조건을 이용해 다항함수 $P_2(x)$를 구하자.

→ 조건에서 $P_0(x)$, $P_1(x)$의 식이 주어졌으니까 이를 이용하여 $P_2(x)$, $P_3(x)$를 차례로 유추하는 거야.

$P_2(x)$는 최고차항의 계수가 1인 이차함수이므로

$P_2(x)=x^2+ax+b$(a, b는 상수)라 하면

조건 (나)에 의해 $\int_{-1}^1 P_0(x)P_2(x)dx=0$이므로 ($m=0$, $n=2$인 경우)

$$\int_{-1}^1 P_0(x)P_2(x)dx=\int_{-1}^1 (x^2+ax+b)dx$$
($P_0(x)=1$)
$$=2\int_0^1 (x^2+b)dx$$

→ ① $f(-x)=f(x)$일 때, $\int_{-a}^a f(x)dx=2\int_0^a f(x)dx$
② $f(-x)=-f(x)$일 때, $\int_{-a}^a f(x)dx=0$

$$=2\left[\frac{1}{3}x^3+bx\right]_0^1=2\left(\frac{1}{3}+b\right)$$

$2\left(\frac{1}{3}+b\right)=0 \qquad \therefore b=-\frac{1}{3}$

또, $\int_{-1}^1 P_1(x)P_2(x)dx=0$이므로 ($m=1$, $n=2$인 경우)

$$\int_{-1}^1 P_1(x)P_2(x)dx=\int_{-1}^1 (x^3+ax^2+bx)dx$$
($P_1(x)=x$)
$$=2\int_0^1 ax^2dx$$
$$=2\left[\frac{a}{3}x^3\right]_0^1=\frac{2}{3}a$$

$\frac{2}{3}a=0 \qquad \therefore a=0$

따라서 $P_2(x)=x^2-\frac{1}{3}$이다.

2nd 같은 방법으로 다항함수 $P_3(x)$를 구하자.

$P_3(x)$는 최고차항의 계수가 1인 삼차함수이므로

$P_3(x)=x^3+cx^2+dx+e$(c, d, e는 상수)라 하면

조건 (나)에 의해 $\int_{-1}^1 P_0(x)P_3(x)dx=0$이므로 ($m=0$, $n=3$인 경우)

$$\int_{-1}^1 P_0(x)P_3(x)dx=\int_{-1}^1 (x^3+cx^2+dx+e)dx$$
($P_0(x)=1$)
$$=2\int_0^1 (cx^2+e)dx$$
$$=2\left[\frac{c}{3}x^3+ex\right]_0^1=2\left(\frac{c}{3}+e\right)$$

$2\left(\frac{c}{3}+e\right)=0 \qquad \therefore c=-3e \cdots ㉠$

또, $\int_{-1}^1 P_1(x)P_3(x)dx=0$이므로 ($m=1$, $n=3$인 경우)

$$\int_{-1}^1 P_1(x)P_3(x)dx=\int_{-1}^1 (x^4+cx^3+dx^2+ex)dx$$
($P_1(x)=x$)
$$=2\int_0^1 (x^4+dx^2)dx$$
$$=2\left[\frac{1}{5}x^5+\frac{d}{3}x^3\right]_0^1=2\left(\frac{1}{5}+\frac{d}{3}\right)$$

$2\left(\frac{1}{5}+\frac{d}{3}\right)=0 \qquad \therefore d=-\frac{3}{5}$

마찬가지로 $\int_{-1}^1 P_2(x)P_3(x)dx=0$이므로 ($m=2$, $n=3$인 경우)

$$\int_{-1}^1 P_2(x)P_3(x)dx$$
($P_2(x)=x^2-\frac{1}{3}$)
$$=\int_{-1}^1 \left(x^2-\frac{1}{3}\right)(x^3+cx^2+dx+e)dx$$
$$=\int_{-1}^1 (x^5+cx^4+dx^3+ex^2)dx-\frac{1}{3}\int_{-1}^1 (x^3+cx^2+dx+e)dx$$
$$=2\int_0^1 (cx^4+ex^2)dx$$

$\int_{-1}^1 P_0(x)P_3(x)dx=\int_{-1}^1 (x^3+cx^2+dx+e)dx=0$이야.

$$=2\left[\frac{c}{5}x^5+\frac{e}{3}x^3\right]_0^1=2\left(\frac{c}{5}+\frac{e}{3}\right)$$

$2\left(\frac{c}{5}+\frac{e}{3}\right)=0 \qquad \therefore c=-\frac{5}{3}e \cdots ㉡$

이때, ㉠, ㉡에서 $c=-3e=-\frac{5}{3}e$이므로 $c=e=0$

따라서 $P_3(x)=x^3-\frac{3}{5}x$이다.

3rd $\int_0^1 P_3(x)dx$의 값을 구해.

$$\therefore \int_0^1 P_3(x)dx=\int_0^1 \left(x^3-\frac{3}{5}x\right)dx=\left[\frac{1}{4}x^4-\frac{3}{10}x^2\right]_0^1$$
$$=\frac{1}{4}-\frac{3}{10}=-\frac{1}{20}$$

수능 핵강

이 문제의 조건 (나)에서

'음이 아닌 서로 다른 정수 m, n에 대하여 $\int_{-1}^1 P_m(x)P_n(x)dx=0$이다.'

를 만족시키는 일반적인 $P_n(x)$를 구하기는 쉽지 않아.

그런데 구해야 하는 식이 $P_3(x)$이고 $P_0(x)$와 $P_1(x)$가 주어져 있으므로 조건을 이용해 $P_2(x)$, $P_3(x)$를 차례로 구하면 되는 거야.

특히, 함수 $f(x)$가 우함수 또는 기함수일 때, $\int_{-a}^a f(x)dx$의 값이 간단해지는 성질을 이용하여 계산 과정을 줄일 수 있어야 해.

F 46 정답 64 * 곡선과 x축으로 둘러싸인 부분의 넓이 … [정답률 46%]

(정답 공식: $\int_0^6 f(x)dx=0$을 이용해 $f(x)$의 함수식을 구한다.)

최고차항의 계수가 3인 이차함수 $f(x)$가 $f(6)=0$이고,

$$\int_0^{2020} f(x)dx=\int_6^{2020} f(x)dx$$

를 만족시킨다. 곡선 $y=f(x)$와 x축으로 둘러싸인 부분의 넓이가 S일 때, $2S$의 값을 구하시오. (4점)

단서 S를 구하기 위해서는 이차함수 $f(x)$의 식을 알아야 하는데 최고차항의 계수 3과 인수 $x-6$만 주어졌지? 그럼 나머지 인수는 주어진 정적분식을 변형해서 구해야 하는 거야.

1st 주어진 정적분 식을 변형해.

$\int_0^{2020} f(x)dx=\int_0^6 f(x)dx+\int_6^{2020} f(x)dx$를 $\int_0^{2020} f(x)dx=\int_6^{2020} f(x)dx$에 대입하면

→ $\int_a^c f(x)dx+\int_c^b f(x)dx=\int_a^b f(x)dx$

$\int_0^6 f(x)dx=0$ … ㉠

주의 이차함수 $f(x)$의 그래프의 축이 $x=\frac{0+6}{2}=3$이라고 착각하면 안 돼.

2nd 이차함수 $f(x)=3(x-6)(x-k)$라 하자.

한편, 이차함수 $f(x)$의 최고차항의 계수가 3이고, $f(6)=0$이므로

$f(x)=3(x-6)(x-k)$(단, k는 상수)라 하고 이를 ㉠에 대입하면

$$\int_0^6 3(x-6)(x-k)dx=3\int_0^6 \{x^2-(6+k)x+6k\}dx$$

$$=3\left[\frac{1}{3}x^3-\frac{1}{2}(6+k)x^2+6kx\right]_0^6$$

$$=3(18k-36)=0$$

$\therefore k=2$

즉, $f(x)=3(x-6)(x-2)$이다.

3rd 그래프를 그려 구하는 부분을 찾자.

따라서 함수 $y=f(x)$의 그래프는 그림과 같으므로

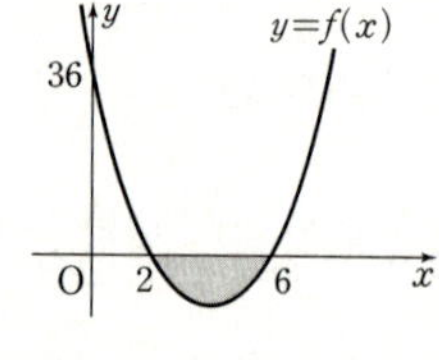

$S=\int_2^6 |3(x-6)(x-2)|dx$

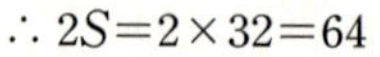

$=\frac{3}{6}(6-2)^3=32$

$\therefore 2S=2\times 32=64$

→ 이차함수 $f(x)=a(x-\alpha)(x-\beta)(\alpha<\beta)$의 그래프와 x축으로 둘러싸인 부분의 넓이 S는 $S=\frac{|a|(\beta-\alpha)^3}{6}$

곡선과 x축으로 둘러싸인 부분의 넓이 (개념·공식)

함수 $f(x)$가 닫힌구간 $[a, b]$에서 연속일 때, 함수 $y=f(x)$의 그래프와 x축 및 두 직선 $x=a$, $x=b$로 둘러싸인 부분의 넓이를 S라 하면

① 구간 $[a, b]$에서 $f(x)\ge 0$일 때,

$S=\int_a^b f(x)dx$

② 구간 $[a, b]$에서 $f(x)\le 0$일 때,

$S=\int_a^b \{-f(x)\}dx$

③ 구간 $[a, b]$에서 $f(x)\ge 0$, $f(x)\le 0$인 구간이 모두 존재할 때,

$S=\int_a^b |f(x)|dx$

F 47 정답 ④ * 곡선과 x축으로 둘러싸인 부분의 넓이 [정답률 48%]

(정답 공식: 곡선 $y=f(x)$와 두 직선 $x=\alpha$, $x=\beta$ 및 x축으로 둘러싸인 부분의 넓이는 $\int_\alpha^\beta |f(x)|dx$이다.
또한, 두 곡선 $y=f(x)$, $y=g(x)$와 두 직선 $x=\alpha$, $x=\beta$로 둘러싸인 부분의 넓이는 $\int_\alpha^\beta |f(x)-g(x)|dx$이다.)

단서1 두 곡선의 방정식을 연립하여 교점의 x좌표를 구해.

두 곡선 $y=x^3+4x^2-6x+5$, $y=x^3+5x^2-9x+6$이 만나는 점의 x좌표를 α, $\beta(\alpha<\beta)$라 할 때, 곡선 $y=6x^5+4x^3+1$과 두 직선 $x=\alpha$, $x=\beta$와 x축으로 둘러싸인 부분의 넓이는 $a\sqrt{5}$이다. 자연수 a의 값은? (4점)

단서2 정적분을 이용하여 넓이를 구하면 돼. 이때, 곡선 $y=6x^5+4x^3+1$과 두 직선 $x=\alpha$, $x=\beta$로 둘러싸인 부분 중 x축 아래에 있는 부분이 있는지 확인해야 해.

① 160 ② 162 ③ 164 ④ 166 ⑤ 168

1st 두 곡선의 방정식을 연립하여 교점의 x좌표를 구하자.

두 곡선 $y=x^3+4x^2-6x+5$, $y=x^3+5x^2-9x+6$이 만나는 점의 x좌표를 구하기 위해 연립하여 풀면

$x^3+4x^2-6x+5=x^3+5x^2-9x+6$

$x^2-3x+1=0$ $\therefore x=\frac{3\pm\sqrt{5}}{2}$ → $\alpha=\frac{3-\sqrt{5}}{2}$, $\beta=\frac{3+\sqrt{5}}{2}$

즉, 두 곡선의 교점의 x좌표인 α, β의 값은 모두 0보다 크다. … ㉠

2nd 정적분을 이용하여 곡선 $y=6x^5+4x^3+1$과 두 직선 $x=\alpha$, $x=\beta$와 x축으로 둘러싸인 부분의 넓이를 구해.

한편, $f(x)=6x^5+4x^3+1$이라 하면 $f'(x)=30x^4+12x^2$

즉, 모든 실수 x에 대하여 $f'(x)\ge 0$이므로 $f(x)$는 증가함수이다.

이때, $f(0)=1$이므로 곡선 $y=f(x)$는 $x>0$에서 항상 x축 위에 그려진다. … ㉡

$f(x)$가 증가함수이고 $f(0)=1$이므로 $x>0$인 모든 x에 대하여 $f(x)\ge 1>0$이야.

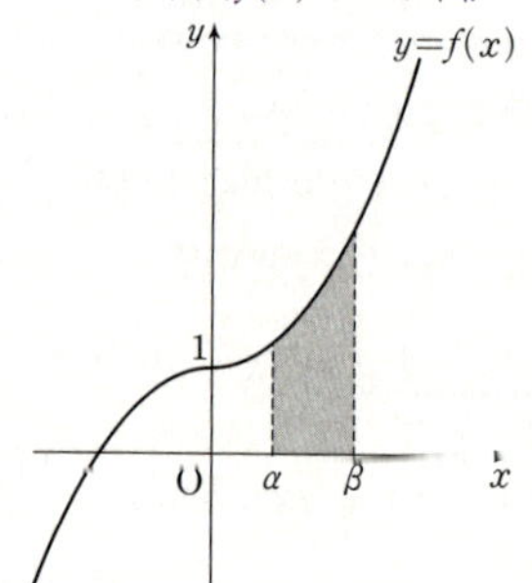

따라서 ㉠, ㉡에 의해 이 곡선과 두 직선 $x=\alpha$, $x=\beta$ 및 x축으로 둘러싸인 부분은 위의 그림의 어두운 부분과 같으므로 구하는 부분의 넓이를 S라 하면

$S=\int_\alpha^\beta (6x^5+4x^3+1)dx$

$=\left[x^6+x^4+x\right]_\alpha^\beta$

$=\beta^6+\beta^4+\beta-(\alpha^6+\alpha^4+\alpha)$

$=(\beta^6-\alpha^6)+(\beta^4-\alpha^4)+(\beta-\alpha)$

$=(\beta^3+\alpha^3)(\beta^3-\alpha^3)+(\beta^2+\alpha^2)(\beta^2-\alpha^2)+(\beta-\alpha)$

$=(\beta+\alpha)(\beta-\alpha)(\beta^2-\alpha\beta+\alpha^2)(\beta^2+\alpha\beta+\alpha^2)$

$+(\beta^2+\alpha^2)(\beta+\alpha)(\beta-\alpha)+(\beta-\alpha)$

→ [인수분해 공식]
$A^2-B^2=(A+B)(A-B)$
$A^3+B^3=(A+B)(A^2-AB+B^2)$
$A^3-B^3=(A-B)(A^2+AB+B^2)$

주의 문제에서 말하는 곡선 $y=6x^5+4x^3+1$과 두 직선 $x=\alpha$, $x=\beta$ 및 x축으로 둘러싸인 부분의 넓이는 $\int_\alpha^\beta |6x^5+4x^3+1|dx$를 의미하는 거야. 그런데 $\alpha\le x\le\beta$에서 $y=6x^5+4x^3+1$이 양수임을 확인했기 때문에 이렇게 쓸 수 있는 거야.

3rd 근과 계수의 관계를 이용해 S의 값을 계산하자.

α, β가 이차방정식 $x^2-3x+1=0$의 근이므로 근과 계수의 관계에 의해

$\alpha+\beta=3$, $\alpha\beta=1$

따라서 $\beta^2+\alpha^2=(\beta+\alpha)^2-2\beta\alpha=9-2=7$이고

$(\beta-\alpha)^2=(\beta+\alpha)^2-4\alpha\beta=9-4=5$에서

$\beta-\alpha=\sqrt{5}$ ($\because$ $\alpha<\beta$)이므로

$$S=(\beta+\alpha)(\beta-\alpha)(\beta^2-\alpha\beta+\alpha^2)(\beta^2+\alpha\beta+\alpha^2)+(\beta^2+\alpha^2)(\beta+\alpha)(\beta-\alpha)+(\beta-\alpha)$$
$$=3\times\sqrt{5}\times6\times8+7\times3\times\sqrt{5}+\sqrt{5}$$
$$=144\sqrt{5}+21\sqrt{5}+\sqrt{5}$$
$$=166\sqrt{5}=a\sqrt{5}$$

$\therefore$ $a=166$

톡톡 풀이

3rd에서 α, β가 이차방정식 $x^2-3x+1=0$의 근이므로 근과 계수의 관계에 의해 $\alpha+\beta=3$, $\alpha\beta=1$

$(\beta-\alpha)^2=(\beta+\alpha)^2-4\alpha\beta=9-4=5$

$\therefore$ $\beta-\alpha=\sqrt{5}$ ($\because$ $\alpha<\beta$)

이때, $\alpha^2=3\alpha-1$, $\beta^2=3\beta-1$이므로

→ α, β가 이차방정식 $x^2-3x+1=0$의 근이므로 $\alpha^2-3\alpha+1=0$에서 $\alpha^2=3\alpha-1$ $\beta^2-3\beta+1=0$에서 $\beta^2=3\beta-1$

$$\alpha^4=(\alpha^2)^2=(3\alpha-1)^2$$
$$=9\alpha^2-6\alpha+1$$
$$=9(3\alpha-1)-6\alpha+1=21\alpha-8$$

이고, 마찬가지 방법으로 하면 $\beta^4=21\beta-8$이야.

또,

$$\alpha^6=\alpha^2\alpha^4=(3\alpha-1)(21\alpha-8)$$
$$=63\alpha^2-45\alpha+8$$
$$=63(3\alpha-1)-45\alpha+8=144\alpha-55$$

이고, 마찬가지 방법으로 하면 $\beta^6=144\beta-55$야.

따라서

$$S=\int_\alpha^\beta(6x^5+4x^3+1)dx$$
$$=(\beta^6-\alpha^6)+(\beta^4-\alpha^4)+(\beta-\alpha)$$
$$=144(\beta-\alpha)+21(\beta-\alpha)+(\beta-\alpha)$$
$$=166(\beta-\alpha)=166\sqrt{5}=a\sqrt{5}$$

이므로 $a=166$이야.

F 48 정답 17 *곡선과 x축으로 둘러싸인 부분의 넓이 ······ [정답률 42%]

정답 공식: 함수 $f(x)$를 x축의 방향으로 -1만큼 평행이동한 함수는 $f(x+1)$이므로 임의의 실수 n에 대하여 $\int_{n+1}^{n+2}f(x)dx=\int_n^{n+1}f(x+1)dx$가 성립한다.

양수 a와 함수 $f(x)$가 다음 조건을 만족시킨다.

(가) $0\le x<1$일 때, $f(x)=2x^2+ax$이다.

(나) 모든 실수 x에 대하여 $f(x+1)=f(x)+a^2$이다.

단서2 $f(x)=f(x-1)+a^2$으로 변형하여 그래프의 평행이동을 이용해봐. 이때, 함수 $f(x)$가 정의되는 구간을 신경써야 해.

함수 $f(x)$가 실수 전체의 집합에서 연속일 때, 곡선 $y=f(x)$와 x축 및 직선 $x=3$으로 둘러싸인 부분의 넓이를 구하시오. (4점)

→ **단서1** 함수 $f(x)=2x^2+ax$는 $0\le x<1$에서만 정의되어 있으므로 $f(1)$의 값은 구할 수 없어. 그런데 함수 $f(x)$가 실수 전체의 집합에서 연속이므로 $x=1$에서도 연속이야. 즉, $f(1)=\lim_{x\to1-}f(x)$임을 이용해.

1st 함수 $f(x)$가 연속일 조건을 이용하여 양수 a의 값을 구하자.

조건 (가)에서 $0\le x<1$일 때, $f(x)=2x^2+ax$이므로

$f(0)=0$

조건 (나)의 $f(x+1)=f(x)+a^2$의 양변에 $x=0$을 대입하면

$f(1)=f(0)+a^2=0+a^2=a^2$

이때, 함수 $f(x)$가 실수 전체의 집합에서 연속이므로 $x=1$에서도 연속이어야 한다.

함수 $f(x)$가 $x=k$에서 연속이면 $\lim_{x\to k-}f(x)=\lim_{x\to k+}f(x)=f(k)$

즉, $\lim_{x\to1-}f(x)=f(1)$에서 $\lim_{x\to1-}(2x^2+ax)=a^2$이어야 하므로

$2+a=a^2$, $a^2-a-2=0$

$(a+1)(a-2)=0$ $\quad\therefore$ $a=2$ ($\because$ $a>0$)

따라서 $0\le x<1$일 때, $f(x)=2x^2+2x$

2nd 조건 (나)를 이용하여 함수 $y=f(x)$의 그래프를 그려봐.

조건 (나)의 $f(x+1)=f(x)+a^2=f(x)+4$에서

→ $a=2$이니까 $a^2=2^2=4$

$f(x)=f(x-1)+4$

$f(x+1)=f(x)+4$에서 x 대신 $x-1$을 대입한 거야.

따라서 $0\le x-1<1$, 즉 $1\le x<2$일 때,

$f(x)=2(x-1)^2+2(x-1)+4$

$f(x)=f(x-1)+4$이고, $f(x-1)$은 $f(x)=2x^2+2x$에 x 대신에 $x-1$을 대입하면 돼.

즉, 함수 $y=2(x-1)^2+2(x-1)+4$ $(1\le x<2)$의 그래프는 함수 $y=2x^2+2x$ $(0\le x<1)$의 그래프를 x축의 방향으로 1만큼, y축의 방향으로 4만큼 평행이동한 것이다.

한편, $f(x)=f(x-1)+4$에서

$f(x-1)=f(x-2)+4$ ··· ㉠

$f(x)=f(x-1)+4$에서 x 대신 $x-1$을 대입한 거야.

또, $f(x-1)=f(x)-4$ ··· ㉡이므로

㉠$-$㉡을 하여 정리하면

$f(x)=f(x-2)+8$

따라서 $0\le x-2<1$, 즉 $2\le x<3$일 때,

$f(x)=2(x-2)^2+2(x-2)+8$

즉, 함수 $y=2(x-2)^2+2(x-2)+8$ $(2\le x<3)$의 그래프는 함수 $y=2x^2+2x$ $(0\le x<1)$의 그래프를 x축의 방향으로 2만큼, y축의 방향으로 8만큼 평행이동한 것이다.

따라서 구간 $0\le x<3$에서 함수 $y=f(x)$의 그래프는 그림과 같다.

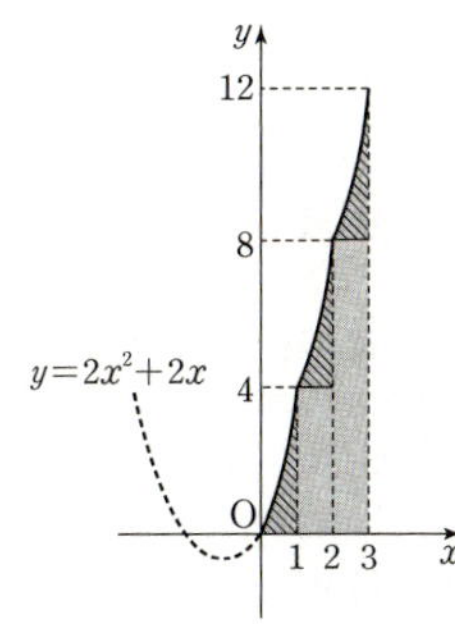

3rd 곡선 $y=f(x)$와 x축 및 직선 $x=3$으로 둘러싸인 부분의 넓이를 구하자.

곡선 $y=f(x)$와 x축 및 직선 $x=3$으로 둘러싸인 부분의 넓이를 S라 하면

$$S=3\int_0^1(2x^2+2x)dx+1\times4+1\times8$$

→ 넓이를 구해야 하는 도형의 모양은 $0\le x<1$에서 곡선 $y=f(x)$와 x축 및 직선 $x=1$로 둘러싸인 부분이 평행이동으로 인해 반복해서 2번 더 그려지고, 이 반복된 도형 아래에는 직사각형이 2개 있어.

$$=3\left[\frac{2}{3}x^3+x^2\right]_0^1+12$$
$$=3\times\left(\frac{2}{3}+1\right)+12$$
$$=5+12=17$$

[다른 풀이]

2nd 에서 $f(x+1)=f(x)+4$라 했으므로 임의의 실수 n에 대하여

$$\int_{n+1}^{n+2} f(x)dx=\int_{n}^{n+1} f(x+1)dx$$

→ 함수 $f(x+1)$의 그래프는 함수 $f(x)$를 x축의 방향으로 -1만큼 평행이동한 것이므로 적분구간이 닫힌구간 $[n+1, n+2]$에서 닫힌구간 $[n, n+1]$로 변하는 거야.

$$=\int_{n}^{n+1}\{f(x)+4\}dx$$

$$=\int_{n}^{n+1} f(x)dx+\int_{n}^{n+1} 4dx$$

$$=\int_{n}^{n+1} f(x)dx+\Big[4x\Big]_{n}^{n+1}$$

$$=\int_{n}^{n+1} f(x)dx+4$$

→ $4(n+1)-4n=4$

가 성립해. 따라서 곡선 $y=f(x)$와 x축 및 직선 $x=3$으로 둘러싸인 부분의 넓이를 S라 하면

$$S=\int_{0}^{3} f(x)dx$$

$$=\int_{0}^{1} f(x)dx+\int_{1}^{2} f(x)dx+\int_{2}^{3} f(x)dx$$

$$=\int_{0}^{1} f(x)dx+\left(\int_{0}^{1} f(x)dx+4\right)+\left(\int_{0}^{1} f(x)dx+8\right)$$

→ $\int_{2}^{3} f(x)dx=\int_{1}^{2} f(x)dx+4=\left(\int_{0}^{1} f(x)dx+4\right)+4$

$$=3\int_{0}^{1} f(x)dx+12$$

$$=3\int_{0}^{1}(2x^2+2x)dx+12$$

$$=3\left[\frac{2}{3}x^3+x^2\right]_{0}^{1}+12$$

$$=3\times\left(\frac{2}{3}+1\right)+12$$

$$=5+12=17$$

✿ 평행이동을 이용한 정적분의 계산 개념·공식

함수 $y=f(x-m)$의 그래프는 함수 $y=f(x)$의 그래프를 x축의 방향으로 m만큼 평행이동한 것이므로 다음이 성립한다.

$$\int_{a+m}^{b+m} f(x-m)dx=\int_{a}^{b} f(x)dx$$

F 49 정답 ④ * 곡선과 x축으로 둘러싸인 부분의 넓이 [정답률 60%]

정답 공식: 함수 $y=f(x)$의 그래프가 x축의 방향으로 3만큼 평행이동한 그래프와 관련이 있으므로 아래끝과 위끝의 차이가 3이 되도록 적분구간을 나누고, 조건을 이용하여 정적분의 값을 구해본다.

실수 전체의 집합에서 증가하는 연속함수 $f(x)$가 다음 조건을 만족시킨다. **단서1** 함수 $y=f(x)$의 그래프와 함수 $y=f(x)$의 그래프를 x축의 방향으로 3만큼, y축의 방향으로 4만큼 평행이동한 그래프가 일치해야 한다는 뜻이야.

(가) 모든 실수 x에 대하여 $f(x)=f(x-3)+4$이다.

(나) $\int_{0}^{6} f(x)dx=0$ **단서2** 구해야 하는 값이 $\int_{6}^{9} f(x)dx$와 관련있으니까 $\int_{0}^{6} f(x)dx=\int_{0}^{3} f(x)dx+\int_{3}^{6} f(x)dx$로 적분구간을 나눠서 생각해보자.

함수 $y=f(x)$의 그래프와 x축 및 두 직선 $x=6$, $x=9$로 둘러싸인 부분의 넓이는? (4점) **단서3** $6<x<9$에서 $f(x)>0$이면 $y=f(x)$의 그래프와 두 직선 $x=6$, $x=9$ 및 x축으로 둘러싸인 부분의 넓이는 $\int_{6}^{9} f(x)dx$의 값과 같아.

① 9 ② 12 ③ 15

④ 18 ⑤ 21

1st 조건 (가), (나)를 이용하여 $\int_{0}^{3} f(x)dx$의 값을 구하자.

조건 (나)의 $\int_{0}^{6} f(x)dx=0$을 이용하여 $\int_{0}^{3} f(x)dx$를 구해보면

$$\int_{0}^{6} f(x)dx$$

$$=\int_{0}^{3} f(x)dx+\int_{3}^{6} f(x)dx$$

$$=\int_{0}^{3} f(x)dx+\int_{3}^{6}\{f(x-3)+4\}dx$$

→ 조건 (가)에서 $f(x)=f(x-3)+4$라 했어.

$$=\int_{0}^{3} f(x)dx+\int_{3}^{6} f(x-3)dx+\int_{3}^{6} 4dx$$

$$=\int_{0}^{3} f(x)dx+\int_{0}^{3} f(x)dx+\Big[4x\Big]_{3}^{6}$$

→ $y=f(x-3)$의 그래프는 $y=f(x)$의 그래프를 x축의 방향으로 3만큼 평행이동한 것이므로 $\int_{3}^{6} f(x-3)dx=\int_{0}^{3} f(x)dx$야.

$$=2\int_{0}^{3} f(x)dx+(24-12)$$

즉, $2\int_{0}^{3} f(x)dx+12=0$이므로

$$\int_{0}^{3} f(x)dx=-6 \cdots ㉠$$

$y=f(x)$ $y=f(x-3)$ 0 3 6 x

2nd 그래프의 평행이동을 이용하여 $\int_{6}^{9} f(x)dx$의 값을 구하자.

$f(x)$는 증가함수이므로 $6<x<9$에서 $f(x)>0$이다.

$6<x<9$에서 $f(x)\le 0$이면 $f(x)$가 증가함수이므로 $x\le 6$일 때, $f(x)<0$이어야 해. 그럼 $\int_{0}^{6} f(x)dx$의 값은 음수가 되므로 $\int_{0}^{6} f(x)dx=0$이라는 조건에 모순이야.

따라서 $y=f(x)$의 그래프와 x축 및 두 직선 $x=6$, $x=9$로 둘러싸인 부분의 넓이는 $\int_{6}^{9} f(x)dx$의 값과 같으므로

→ 구간 $[a, b]$에서 곡선 $y=f(x)$와 x축으로 둘러싸인 부분의 넓이는 $\int_{a}^{b}|f(x)|dx$야.

$$\int_{6}^{9} f(x)dx$$

$$=\int_{6}^{9}\{f(x-3)+4\}dx$$

$$=\int_{6}^{9} f(x-3)dx+\int_{6}^{9} 4dx$$

$$=\int_{3}^{6} f(x)dx+\Big[4x\Big]_{6}^{9}$$

$$=\int_{3}^{6}\{f(x-3)+4\}dx+(36-24)$$

$$=\int_{3}^{6} f(x-3)dx+\int_{3}^{6} 4dx+12$$

$$=\int_{0}^{3} f(x)dx+\Big[4x\Big]_{3}^{6}+12$$

$$=(-6)+(24-12)+12\ (\because ㉠)$$

$$=18$$

✿ 대칭이동 · 평행이동을 이용한 정적분의 계산 개념·공식

(1) 대칭이동한 함수의 정적분

연속함수 $f(x)$에 대하여 함수 $y=f(a-x)$의 그래프와 함수 $y=f(x)$의 그래프는 직선 $x=\frac{a}{2}$에 대하여 대칭이므로 구간 $[0, a]$에서 다음이 성립한다.

$$\int_{0}^{a} f(a-x)dx=\int_{0}^{a} f(x)dx$$

(2) 평행이동한 함수의 정적분

함수 $y=f(x-m)$의 그래프는 함수 $y=f(x)$의 그래프를 x축의 방향으로 m만큼 평행이동한 것이므로 다음이 성립한다.

$$\int_{a+m}^{b+m} f(x-m)dx=\int_{a}^{b} f(x)dx$$

F 50 정답 ③ ＊곡선과 x축으로 둘러싸인 부분의 넓이 ··· [정답률 45%]

정답 공식: 역함수 관계에 있는 두 함수는 직선 $y=x$에 대하여 대칭이다. $f(1)=1$, $f(2)=9$임을 이용하여 함수 $y=g(x)$의 그래프를 그린다.

함수 $f(x)=x^3+x-1$의 역함수를 $g(x)$라 할 때, $\int_1^9 g(x)dx$의 값은? (4점)

단서 이 문제의 함수 $f(x)$의 역함수를 구하기는 쉽지 않으니까 역함수의 그래프의 성질을 이용하여 풀어야 해. 즉, 서로 역함수 관계인 두 함수의 그래프는 직선 $y=x$에 대하여 대칭임을 이용해.

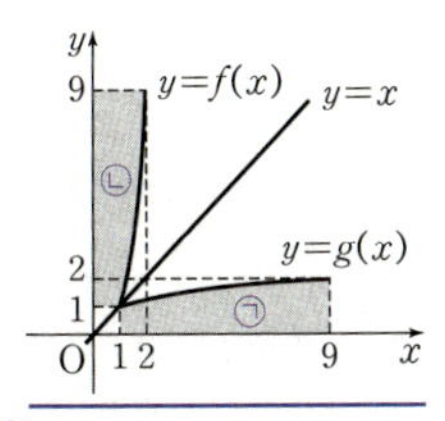

① $\frac{47}{4}$ ② $\frac{49}{4}$ ③ $\frac{51}{4}$ ④ $\frac{53}{4}$ ⑤ $\frac{55}{4}$

1st 함수 $f(x)$의 역함수가 $g(x)$임을 이용하자.

$f(x)=y$일 때, $x=g(y)$이므로 $y=1$, $y=9$일 때, x의 값을 각각 구하면

$x^3+x-1=1$에서 $(x-1)(x^2+x+2)=0$이므로 $x=1$

$x^3+x-1=9$에서 $(x-2)(x^2+2x+5)=0$이므로 $x=2$

즉, 함수 $f(x)$의 그래프는 두 점 $(1, 1)$, $(2, 9)$를 지나므로 함수 $g(x)$의 그래프는 두 점 $(1, 1)$, $(9, 2)$를 지난다.

2nd $f(x)$와 $g(x)$를 좌표평면에 나타내어 $\int_1^9 g(x)dx$의 값을 구하자.

실수 역함수의 정적분은 원래 함수와 직선 $y=x$, 역함수의 그래프를 좌표평면에 그리고 대칭성을 이용하면 쉽게 풀 수 있어.

함수 $f(x)$와 역함수 $g(x)$의 그래프는 직선 $y=x$에 대하여 대칭이므로 그림과 같다.

즉, $\int_1^9 g(x)dx$의 값은 가로, 세로의 길이가 각각 2, 9인 직사각형의 넓이에서 한 변의 길이가 1인 정사각형의 넓이와 $\int_1^2 f(x)dx$의 값을 빼주면 된다.

$\int_1^9 g(x)dx$는 ㉠의 넓이이고 $y=f(x)$와 $y=g(x)$의 그래프는 직선 $y=x$에 대하여 대칭이므로 ㉠과 ㉡의 넓이는 같아.

$$\therefore \int_1^9 g(x)dx=2\times9-1\times1-\int_1^2 f(x)dx$$
$$=2\times9-1\times1-\int_1^2 (x^3+x-1)dx$$
$$=18-1-\left[\frac{1}{4}x^4+\frac{1}{2}x^2-x\right]_1^2$$
$$=17-\left\{\left(\frac{1}{4}\times16+\frac{1}{2}\times4-2\right)-\left(\frac{1}{4}+\frac{1}{2}-1\right)\right\}$$
$$=\frac{51}{4}$$

함수와 그 역함수의 정적분 개념·공식

함수 $f(x)$의 역함수 $g(x)$에 대하여 두 곡선 $y=f(x)$, $y=g(x)$의 교점의 x좌표가 α, β일 때, 두 곡선 $y=f(x)$, $y=g(x)$는 직선 $y=x$에 대하여 대칭이므로 두 곡선 $y=f(x)$, $y=g(x)$로 둘러싸인 부분의 넓이 S는

$$S=\int_\alpha^\beta |f(x)-g(x)|dx$$
$$=2\int_\alpha^\beta |f(x)-x|dx=2\int_\alpha^\beta |g(x)-x|dx$$

F 51 정답 32 ＊곡선과 x축으로 둘러싸인 부분의 넓이 ··· [정답률 52%]

정답 공식: $f(-x)=-f(x)$이면 $f(x)$는 원점에 대하여 대칭이다. 즉, 원점에 대하여 대칭인 함수가 $x=1$에서 극솟값을 가지면 극댓값을 가지는 x의 값을 찾을 수 있다.

단서1 조건 (가), (나)에서 함수 $f(x)$가 원점에 대하여 대칭이고, $x=1$에서 극솟값을 가지므로 삼차함수 $y=f(x)$의 그래프의 개형은 그림과 같아.

삼차함수 $f(x)$가 다음 세 조건을 만족시킨다.

(가) $f(-x)=-f(x)$

(나) 함수 $f(x)$는 $x=1$에서 극솟값을 갖는다.

(다) 함수 $y=f(x)$의 그래프와 x축으로 둘러싸인 부분의 넓이는 72이다.

단서2 단서1 을 이용해 $f(x)$의 식을 세운 후 $y=f(x)$의 그래프와 x축으로 둘러싸인 부분의 넓이를 구해 봐.

이때, 함수 $f(x)$의 극댓값을 구하시오. (4점)

1st 조건을 이용해 $f(x)$의 식을 세워야 해.

조건 (가)에서 함수 $f(x)$는 원점에 대하여 대칭이고 조건 (나)에서 $x=1$에서 극솟값을 가지므로 함수 $f(x)$는 $x=-1$에서 극댓값을 가진다.

따라서 조건 (가), (나)를 만족시키는 삼차함수 $f(x)$에 대하여

$f'(x)=k(x+1)(x-1)\ (k>0)$, $f(0)=0$

삼차함수 $f(x)$가 $x=-1$, 1에서 극값을 가지므로 이차방정식 $f'(x)=0$의 두 실근은 $x=-1$ 또는 $x=1$이야.

$f(x)$가 원점에 대하여 대칭인 삼차함수이므로 $y=f(x)$의 그래프는 반드시 원점을 지나야 해.

$$f(x)=\int k(x+1)(x-1)dx$$
$$=k\int(x^2-1)dx$$
$$=\frac{k}{3}x^3-kx+C\ (\text{단, } C\text{는 적분상수})$$

이때, $f(0)=C=0$이므로

$$f(x)=\frac{k}{3}x^3-kx$$

2nd 조건 (다)를 이용하여 k의 값을 구하자.

함수 $y=f(x)$의 그래프와 x축으로 둘러싸인 부분의 넓이를 구하기 위해 그래프와 x축의 교점의 x좌표를 구하면 $f(x)=0$에서

$$\frac{k}{3}x^3-kx=0$$
$$\frac{k}{3}x(x^2-3)=0$$
$$\frac{k}{3}x(x+\sqrt{3})(x-\sqrt{3})=0$$

$\therefore x=-\sqrt{3}$ 또는 $x=0$ 또는 $x=\sqrt{3}$

조건 (다)에서 $\int_{-\sqrt{3}}^{\sqrt{3}} |f(x)|dx=72$이므로 $\int_0^{\sqrt{3}}|f(x)|dx=36$이다.

$f(x)$가 원점에 대하여 대칭이므로 $\int_{-\sqrt{3}}^0 f(x)dx=-\int_0^{\sqrt{3}} f(x)dx=\frac{1}{2}\cdot72=36$

$$\int_0^{\sqrt{3}}|f(x)|dx=\int_0^{\sqrt{3}}\left(kx-\frac{k}{3}x^3\right)dx$$
$$=\left[\frac{k}{2}x^2-\frac{k}{12}x^4\right]_0^{\sqrt{3}}=\frac{3}{4}k$$

$\frac{3}{4}k=36$ $\quad\therefore k=48$

따라서 함수 $f(x)=16x^3-48x$의 극댓값은

$f(-1)=16\cdot(-1)^3-48\cdot(-1)=32$

F 52 정답 14 *곡선과 직선으로 둘러싸인 부분의 넓이 … [정답률 50%]

정답 공식: 닫힌구간 $[a, b]$에서 두 함수 $y=f(x)$와 $y=g(x)$의 그래프로 둘러싸인 부분의 넓이는 $\int_a^b |f(x)-g(x)|dx$이다.

두 함수

단서1 함수 $g(x)$의 식을 $x\geq1$, $x<1$인 경우로 나눠서 정리해.

$$f(x)=\frac{1}{3}x(4-x),\ g(x)=|x-1|-1$$

의 그래프로 둘러싸인 부분의 넓이를 S라 할 때, $4S$의 값을 구하시오. (4점) 단서2 두 함수의 그래프로 둘러싸인 부분의 넓이를 구하기 위해 두 함수의 그래프가 만나는 점의 x좌표를 먼저 구하여 적분구간을 찾아야 해.

1st 두 함수의 그래프의 교점을 구하고 좌표평면 위에 나타내자.

두 함수 $f(x)$, $g(x)$의 식을 각각 정리하면

$$f(x)=-\frac{1}{3}x^2+\frac{4}{3}x$$

$$g(x)=\begin{cases}-x & (x<1)\\ x-2 & (x\geq1)\end{cases}$$

→ $x<1$일 때, $g(x)=-(x-1)-1=-x$
$x\geq1$일 때, $g(x)=(x-1)-1=x-2$

곡선과 직선의 교점의 x좌표를 구하면

$x<1$일 때, $-\frac{1}{3}x^2+\frac{4}{3}x=-x$에서

$\frac{1}{3}x^2-\frac{7}{3}x=0$, $\frac{1}{3}x(x-7)=0$ $\quad\therefore x=0\ (\because x<1)$

$x\geq1$일 때, $-\frac{1}{3}x^2+\frac{4}{3}x=x-2$에서

$\frac{1}{3}x^2-\frac{1}{3}x-2=0$, $\frac{1}{3}(x^2-x-6)=0$

$\frac{1}{3}(x+2)(x-3)=0$ $\quad\therefore x=3\ (\because x\geq1)$

주의 항상 해의 범위에 주의해서 해가 그 범위 안에 들어가는지 꼭 확인해야 해.

즉, 두 함수의 그래프를 좌표평면 위에 나타내면 다음과 같다.

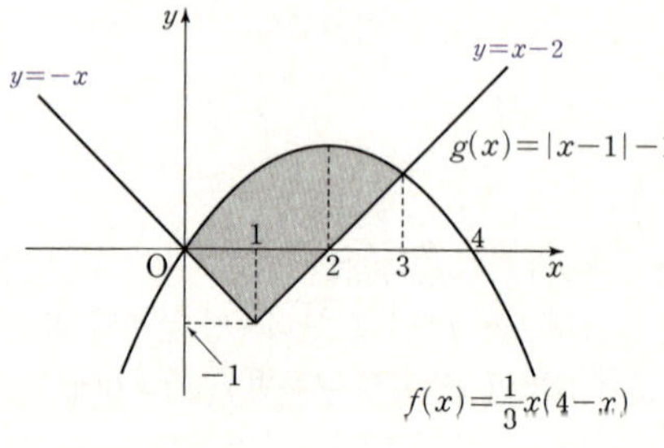

2nd 구간 $[0, 3]$에서 곡선과 직선으로 둘러싸인 부분의 넓이를 구하자.

구간 $[0, 3]$에서 곡선과 직선으로 둘러싸인 부분의 넓이 S는

$S=\int_0^3|f(x)-g(x)|dx$ 두 함수의 그래프를 보면 구간 $[0, 3]$에서 $f(x)\geq g(x)$이지만, 함수 $g(x)$의 식이 $x=1$을 기준으로 바뀌므로 적분구간을 나누어 적분해야 해.

$$=\int_0^1\{f(x)-g(x)\}dx+\int_1^3\{f(x)-g(x)\}dx$$

$$=\int_0^1\left\{-\frac{1}{3}x^2+\frac{4}{3}x-(-x)\right\}dx+\int_1^3\left\{-\frac{1}{3}x^2+\frac{4}{3}x-(x-2)\right\}dx$$

$$=\int_0^1\left(-\frac{1}{3}x^2+\frac{7}{3}x\right)dx+\int_1^3\left(-\frac{1}{3}x^2+\frac{1}{3}x+2\right)dx$$

$$=\left[-\frac{1}{9}x^3+\frac{7}{6}x^2\right]_0^1+\left[-\frac{1}{9}x^3+\frac{1}{6}x^2+2x\right]_1^3$$

$$=\left(-\frac{1}{9}+\frac{7}{6}\right)+\left(-3+\frac{3}{2}+6\right)-\left(-\frac{1}{9}+\frac{1}{6}+2\right)$$

$$=\frac{7}{2}$$

$\therefore 4S=4\times\frac{7}{2}=14$

F 53 정답 ③ *곡선과 직선으로 둘러싸인 부분의 넓이 … [정답률 49%]

정답 공식: 곡선 $y=x^3$ 위의 점 A에서의 접선의 방정식을 구한 후, 두 식을 연립하여 점 B의 좌표를 구한다.

단서1 점 A에서의 접선의 방정식을 구해 두 점 B, C의 좌표를 구해야겠네.

곡선 $y=x^3$에 있는 점 $A(a, a^3)$에서의 접선이 이 곡선과 점 B에서 만나고, 점 B에서의 접선은 이 곡선과 점 C에서 만난다고 하자. 선분 BC와 이 곡선 사이의 넓이를 선분 AB와 이 곡선 사이의 넓이로 나눈 값은? (단, $a\neq0$이다.) (4점) 단서2 두 곡선 사이의 넓이를 정적분을 통해 구해.

① 4 ② 8 ③ 16 ④ 32 ⑤ 64

1st 접선의 방정식을 구한 후 두 점 B, C의 좌표를 찾아야겠지?

함수 $f(x)=x^3$의 그래프 위의 점 $A(a, a^3)$에서의 접선의 방정식은

$y=f'(a)(x-a)+a^3=3a^2x-2a^3$ → $f(x)=x^3$에서 $f'(x)=3x^2$이므로 곡선 $y=f(x)$ 위의 점 $A(a, a^3)$에서의 접선의 방정식은 $y=3a^2(x-a)+a^3=3a^2x-2a^3$

이 접선이 곡선 $y=x^3$과 만나는 점의 x좌표를 구하기 위해 연립하여 풀면

$x^3=3a^2x-2a^3$, $x^3-3a^2x+2a^3=0$

$(x-a)^2(x+2a)=0$ →

a	1	0	$-3a^2$	$2a^3$
		a	a^2	$-2a^3$
	1	a	$-2a^2$	0

$(x-a)(x^2+ax-2a^2)=0$, $(x-a)(x-a)(x+2a)=0$ $\therefore (x-a)^2(x+2a)=0$

$\therefore x=a$ 또는 $x=-2a$

따라서 점 B의 좌표는 $B(-2a, -8a^3)$이다.

또한, 함수 $f(x)=x^3$의 그래프 위의 점 B에서의 접선의 방정식은

$y=f'(-2a)(x+2a)-8a^3=12a^2x+16a^3$

$f(x)=x^3$에서 $f'(x)=3x^2$이므로 곡선 $y=f(x)$ 위의 점 $B(-2a, -8a^3)$에서의 접선의 방정식은 $y=12a^2(x+2a)-8a^3=12a^2x+16a^3$

이 접선이 곡선 $y=x^3$과 만나는 점의 x좌표를 구하기 위해 연립하여 풀면

$x^3=12a^2x+16a^3$, $x^3-12a^2x-16a^3=0$

$(x+2a)^2(x-4a)=0$ →

$-2a$	1	0	$-12a^2$	$-16a^3$
		$-2a$	$4a^2$	$16a^3$
	1	$-2a$	$-8a^2$	0

$\therefore x=-2a$ 또는 $x=4a$ $\quad(x+2a)(x^2-2ax-8a^2)=0$, $(x+2a)(x+2a)(x-4a)=0$ $\therefore (x+2a)^2(x-4a)=0$

따라서 점 C의 좌표는 $C(4a, 64a^3)$이다.

2nd 각 선분과 곡선으로 둘러싸인 넓이를 구하자.

선분 BC와 곡선 $y=x^3$ 사이의 넓이는

두 함수 $f(x)$, $g(x)$가 닫힌구간 $[a, b]$에서 연속일 때, 두 곡선 $y=f(x)$, $y=g(x)$ 및 두 직선 $x=a$, $x=b$로 둘러싸인 도형의 넓이 S는 $S=\int_a^b|f(x)-g(x)|dx$

$$\int_{-2a}^{4a}(12a^2x+16a^3-x^3)dx$$

$$=\left[6a^2x^2+16a^3x-\frac{1}{4}x^4\right]_{-2a}^{4a}$$

$$=(96a^4+64a^4-64a^4)-(24a^4-32a^4-4a^4)$$

$$=108a^4$$

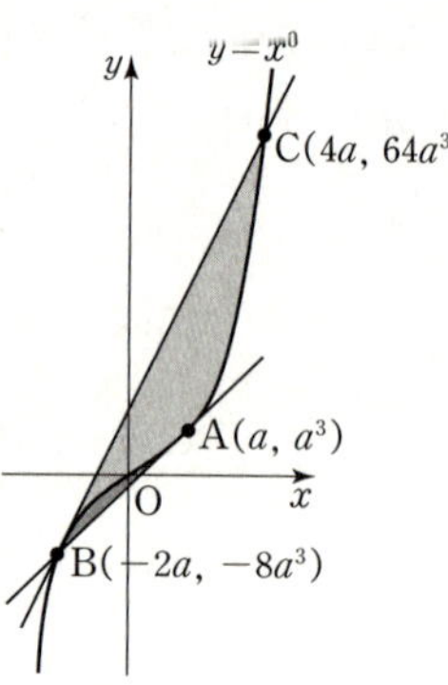

선분 AB와 곡선 $y=x^3$ 사이의 넓이는

$$\int_{-2a}^{a}(x^3-3a^2x+2a^3)dx=\left[\frac{1}{4}x^4-\frac{3}{2}a^2x^2+2a^3x\right]_{-2a}^{a}$$

$$=\left(\frac{1}{4}a^4-\frac{3}{2}a^4+2a^4\right)-(4a^4-6a^4-4a^4)$$

$$=\frac{27}{4}a^4$$

따라서 구하는 값은 $\dfrac{108a^4}{\frac{27}{4}a^4}=108\times\frac{4}{27}=16$이다.

F 54 정답 ② *곡선과 직선으로 둘러싸인 부분의 넓이 ···· [정답률 63%]

(**정답 공식**: 점 P_1을 지나는 직선의 방정식을 이용해 점 P_2의 좌표를 구한다.)

자연수 n에 대하여 곡선 $y=ax^2(a>0)$ 위의 점 P_n을 다음 규칙에 따라 정한다.

(가) 점 P_1의 좌표는 $(x_1,\ ax_1^2)$이다.
(나) 점 P_{n+1}은 점 $P_n(x_n,\ ax_n^2)$을 지나는 직선 $y=-ax_nx+2ax_n^2$과 곡선 $y=ax^2$이 만나는 점 중에서 점 P_n이 아닌 점이다.

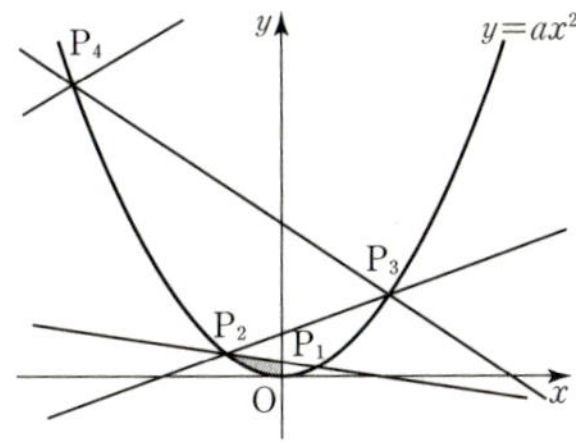

점 P_1의 좌표가 $\left(1,\ \frac{1}{3}\right)$일 때, 곡선 $y=ax^2$과 직선 P_1P_2로 둘러싸인 부분 중에서 제 2사분면에 있는 부분의 넓이는? (4점)

단서 점 P_1의 좌표가 주어졌으니까 점 P_2의 좌표도 구할 수 있어. 그럼 구하는 부분의 적분 구간을 설정하고 직선의 방정식에서 곡선의 방정식을 빼서 정적분을 이용하여 넓이를 구해.

① $\frac{4}{3}$ ② $\frac{10}{9}$ ③ $\frac{8}{9}$ ④ $\frac{2}{3}$ ⑤ $\frac{4}{9}$

1st 조건 (나)를 이용하여 점 P_2의 좌표를 구하자.

점 $P_1\left(1,\ \frac{1}{3}\right)$은 곡선 $y=ax^2$ 위의 점이므로 $a=\frac{1}{3}$이다.

즉, 곡선의 방정식은 $y=\frac{1}{3}x^2$이다.

이때, 조건 (나)에 의해 직선 P_1P_2의 방정식은

$y=-\frac{1}{3}\times1\times x+2\times\frac{1}{3}\times1^2 \qquad \therefore y=-\frac{1}{3}x+\frac{2}{3}$

직선 P_1P_2와 곡선 $y=\frac{1}{3}x^2$의 교점의 x좌표를 구하기 위해 연립하면

$\frac{1}{3}x^2=-\frac{1}{3}x+\frac{2}{3}$에서 → 곡선과 직선의 교점의 x좌표는 곡선과 직선의 방정식을 연립한 방정식의 근이야.

$x^2+x-2=0,\ (x+2)(x-1)=0$
$\therefore x=-2$ 또는 $x=1$

실수 직선 P_1P_2와 곡선 $y=\frac{1}{3}x^2$의 교점 중에 점 P_1이 있기 때문에 점 P_1의 x좌표인 1을 근으로 가지지 않으면 어디선가 실수한 거야.

따라서 점 P_1의 x좌표가 1이므로 점 P_2의 x좌표는 -2이다.

2nd 구하는 부분의 넓이를 계산해.

구하는 부분의 넓이는 직선 $y=-\frac{1}{3}x+\frac{2}{3}$와 곡선 $y=\frac{1}{3}x^2$으로 둘러싸인 부분 중 제2사분면에 있는 부분의 넓이이므로 적분 구간은 $[-2,\ 0]$이다. 따라서 이 구간에서 직선이 곡선보다 위에 있으므로

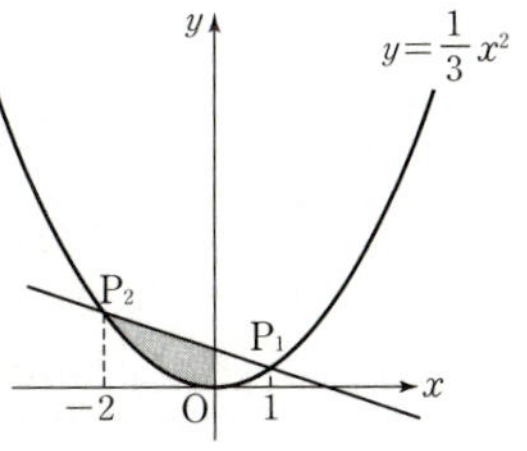

$\int_{-2}^{0}\left\{\left(-\frac{1}{3}x+\frac{2}{3}\right)-\frac{1}{3}x^2\right\}dx$ → 구간 $[a,b]$에서 두 함수 $y=f(x)$, $y=g(x)$가 $f(x)\ge g(x)$일 때, 이 구간에서 두 함수의 그래프로 둘러싸인 부분의 넓이는 $\int_a^b\{f(x)-g(x)\}dx$야.

$=\int_{-2}^{0}\left(-\frac{1}{3}x+\frac{2}{3}-\frac{1}{3}x^2\right)dx$

$=\left[-\frac{1}{6}x^2+\frac{2}{3}x-\frac{1}{9}x^3\right]_{-2}^{0}=\frac{2}{3}+\frac{4}{3}-\frac{8}{9}=\frac{10}{9}$

F 55 정답 ② *두 곡선으로 둘러싸인 부분의 넓이 · [정답률 61%]

(**정답 공식**: 구간 $[a,\ b]$에서 두 곡선 $y=f(x)$, $y=g(x)$로 둘러싸인 부분의 넓이는 $\int_a^b|f(x)-g(x)|dx$이다.)

단서2 $f(2)=g(2)$

그림과 같이 최고차항의 계수가 1인 삼차함수 $y=f(x)$의 그래프와 최고차항의 계수가 양수인 이차함수 $y=g(x)$의 그래프가 $x=0$에서 접하고, $x=2$에서 만난다. 두 곡선 $y=f(x)$, $y=g(x)$로 둘러싸인 부분의 넓이는? (단, 함수 $y=f(x)$의 그래프는 점 $(-1,\ 0)$을 지나고 점 $(1,\ 0)$에서 x축에 접한다.) (4점)

단서1 두 곡선 $y=f(x)$, $y=g(x)$가 $x=0$에서 접하므로 두 함수 $f(x)$, $g(x)$의 $x=0$에서의 미분계수는 서로 같아. 또, $f(0)=g(0)$이지?

① $\frac{2}{3}$ ② $\frac{4}{3}$ ③ 2 ④ $\frac{8}{3}$ ⑤ $\frac{10}{3}$

1st 두 함수 $f(x)$, $g(x)$의 식을 구하자.

최고차항의 계수가 1인 삼차함수 $y=f(x)$의 그래프가 점 $(-1,\ 0)$을 지나고 점 $(1,\ 0)$에서 x축에 접하므로

$f(x)=(x+1)(x-1)^2=x^3-x^2-x+1$ → 다항함수 $f(x)$에 대하여 곡선 $y=f(x)$가 $x=a$에서 x축과 접하면 함수 $f(x)$는 $(x-a)^2$을 인수로 가져.

한편, 이차함수 $g(x)=ax^2+bx+c$(단, a, b, c는 상수, $a>0$)라 하면 두 곡선 $y=f(x)$와 $y=g(x)$가 $x=0$에서 접하므로 $f(0)=g(0)$에서

$c=1$

또, $x=0$에서 두 곡선 $y=f(x)$, $y=g(x)$의 접선의 기울기가 같고

$f'(x)=3x^2-2x-1$, $g'(x)=2ax+b$이므로

$f'(0)=g'(0)$에서 $b=-1 \qquad \therefore g(x)=ax^2-x+1$

마지막으로 $x=2$에서도 두 곡선이 만나므로 $f(2)=g(2)$에서

$8-4-2+1=4a-2+1,\ 4a=4 \qquad \therefore a=1$

$\therefore g(x)=x^2-x+1$

2nd 두 곡선으로 둘러싸인 부분의 넓이를 구하자.

두 곡선 $y=f(x)$, $y=g(x)$로 둘러싸인 부분의 넓이를 S라 하면

$S=\int_0^2\{g(x)-f(x)\}dx$ → 주어진 그래프에서 $0\le x\le2$일 때, $f(x)\le g(x)$이지?

$=\int_0^2\{(x^2-x+1)-(x^3-x^2-x+1)\}dx$

$=\int_0^2(-x^3+2x^2)dx=\left[-\frac{1}{4}x^4+\frac{2}{3}x^3\right]_0^2=-4+\frac{16}{3}=\frac{4}{3}$

쉬운 풀이

$h(x)=f(x)-g(x)$라 하면 $h(x)=x^2(x-2)$ → 두 곡선 $y=f(x)$, $y=g(x)$가 $x=0$에서 접하고 $x=2$에서 만나므로 함수 $h(x)$는 x^2, $x-2$를 인수로 가져.

두 함수 $f(x)$, $g(x)$가 각각 삼차함수, 이차함수이므로 함수 $h(x)=f(x)-g(x)$는 삼차함수이고 삼차항의 계수는 함수 $f(x)$의 삼차항의 계수와 같아.

따라서 구하는 넓이를 S라 하면

$S=\int_0^2|h(x)|dx=\int_0^2|x^2(x-2)|dx=\int_0^2\{-x^2(x-2)\}dx$

$=\int_0^2(-x^3+2x^2)dx=\left[-\frac{1}{4}x^4+\frac{2}{3}x^3\right]_0^2=\frac{4}{3}$

함수 $y=h(x)$의 그래프는 그림과 같으므로 구간 $[0,\ 2]$에서 $h(x)\le0$이야.

F 56 정답 ⑤ *곡선과 직선으로 둘러싸인 부분의 넓이 [정답률 58%]

정답 공식: 도함수 $f'(x)$를 부정적분하여 $f(x)$의 식을 구한 후 $y=f(x)$와 직선 $y=k$를 좌표평면에 그려 넓이를 구해야 하는 부분을 확인한다.

단서1 도함수가 주어졌으니 $f(x)$가 극소가 되는 x의 값을 찾은 후 부정적분을 통해 함수 $f(x)$의 식을 구하자.

함수 $f(x)$의 도함수가 $f'(x)=-2x^3+4x$이고, $f(x)$의 극솟값이 k일 때, 직선 $y=k$와 곡선 $y=f(x)$로 둘러싸인 부분의 넓이는? (4점)

① $\frac{32}{15}$ ② $\frac{8}{3}$ ③ $\frac{16}{5}$

④ $\frac{56}{15}$ ⑤ $\frac{64}{15}$

단서2 정적분을 이용해 직선과 곡선으로 둘러싸인 부분의 넓이를 구하면 돼.

1st $f(x)$의 도함수와 극솟값을 통해 함수 $f(x)$의 식을 구해.

$f'(x)=-2x^3+4x=-2x(x^2-2)$이고

$f'(x)=0$에서 $x=\pm\sqrt{2}$ 또는 $x=0$이므로

함수 $f(x)$의 증가와 감소를 표로 나타내면 다음과 같다.

x	$\cdots$	$-\sqrt{2}$	$\cdots$	0	$\cdots$	$\sqrt{2}$	$\cdots$
$f'(x)$	$+$	0	$-$	0	$+$	0	$-$
$f(x)$	↗	극대	↘	극소	↗	극대	↘

즉, 함수 $f(x)$는 $x=0$에서 극솟값 k를 갖는다.

$f(0)=k$란 뜻이야.

$f(x)=\int f'(x)dx$

$=\int(-2x^3+4x)dx=-\frac{1}{2}x^4+2x^2+C$ (단, C는 적분상수)

$\int x^n dx=\frac{1}{n+1}x^{n+1}+C$ (단, n은 음이 아닌 정수, C는 적분상수)

이고, $f(0)=k$이므로 $C=k$

$\therefore f(x)=-\frac{1}{2}x^4+2x^2+k$

2nd 직선 $y=k$와 곡선 $y=f(x)$로 둘러싸인 부분의 넓이는 정적분을 통해 구하자.

직선 $y=k$와 곡선 $y=f(x)$의 교점의 x좌표를 구하기 위해 연립하여 풀면

$-\frac{1}{2}x^4+2x^2+k=k,\ x^4-4x^2=0$

$x^2(x+2)(x-2)=0 \qquad \therefore x=-2$ 또는 $x=0$ 또는 $x=2$

즉, 직선 $y=k$와 곡선 $y=f(x)$로 둘러싸인 부분은 그림의 어두운 부분과 같다.

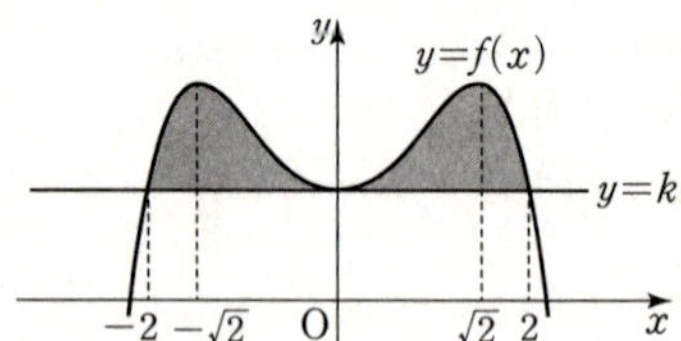

따라서 구하는 부분의 넓이는

$\int_{-2}^{2}\{f(x)-k\}dx$

곡선이 직선보다 위쪽에 있어.

$=2\int_0^2\{f(x)-k\}dx$

실수 대칭성을 이용한 거지? 부정적분 결과에 $x=2$와 $x=-2$를 각각 대입해서 빼는 것보다 $x=2$와 $x=0$을 대입한 후 빼는 게 훨씬 간단하지.

$=2\int_0^2\left(-\frac{1}{2}x^4+2x^2\right)dx$

$=2\left[-\frac{1}{10}x^5+\frac{2}{3}x^3\right]_0^2$

$=2\times\left(-\frac{32}{10}+\frac{16}{3}\right)$

$=\frac{64}{15}$

F 57 정답 32 *곡선과 직선으로 둘러싸인 부분의 넓이 [정답률 45%]

정답 공식: 곡선 $y=f(x)$와 직선 $y=g(x)$가 $x=\alpha$에서 접하면 $f(x)-g(x)$는 $(x-\alpha)^2$을 인수로 갖는다.

단서2 직선 l이 함수 $y=f(x)$의 그래프와 서로 다른 두 점에서 접하면 직선 l의 방정식과 함수 $f(x)$의 식을 연립한 방정식은 서로 다른 두 중근을 가지게 돼. 이를 이용해 $f(x)-$(직선 l의 방정식)의 식을 구해야 해.

직선 l이 함수 $f(x)=x^4-2x^2-2x+3$의 그래프와 서로 다른 두 점에서 접할 때, 직선 l과 곡선 $y=f(x)$로 둘러싸인 영역의 넓이가 A이다. $30A$의 값을 구하시오. (5점)

단서1 직선 l과 곡선 $y=f(x)$의 교점의 x좌표를 α, β라 하면 직선 l과 곡선 $y=f(x)$로 둘러싸인 부분의 넓이는 $\int_\alpha^\beta|f(x)-(\text{직선 } l\text{의 방정식})|dx$야.

1st 직선 l과 곡선 $y=f(x)$가 서로 다른 두 점에서 접할 조건을 이용해 식을 세워.

직선 l의 방정식을 $y=g(x)$라 하자.

직선 l과 곡선 $y=f(x)$가 서로 다른 두 점에서 접하므로 이 두 점의 x좌표를 $\alpha,\ \beta\ (\alpha<\beta)$라 하면

방정식 $f(x)=g(x)$, 즉 $f(x)-g(x)=0$은 두 중근 $x=\alpha$, $x=\beta$를 가져.

$f(x)-g(x)=(x-\alpha)^2(x-\beta)^2 \cdots$ ㉠

즉, $f(x)=x^4-2x^2-2x+3$에서 ㉠에 의해

$x^4-2x^2-2x+3-g(x)=(x-\alpha)^2(x-\beta)^2$

$=(x^2-2\alpha x+\alpha^2)(x^2-2\beta x+\beta^2)$

이 식은 항등식이고 등식의 좌변에서 x^3의 계수가 0이므로

$0=-2(\alpha+\beta),\ \alpha+\beta=0$

$\therefore \beta=-\alpha \cdots$ ㉡

$(x^2-2\alpha x+\alpha^2)(x^2-2\beta x+\beta^2)$에서 x^3이 나오는 항만 분배법칙을 이용해 전개하면 $x^2\cdot(-2\beta x)+(-2\alpha x)\cdot x^2=-2\beta x^3-2\alpha x^3=-2(\alpha+\beta)x^3$

따라서 ㉠에 ㉡을 대입하면

$f(x)-g(x)=(x-\alpha)^2(x+\alpha)^2=(x^2-\alpha^2)^2=x^4-2\alpha^2x^2+\alpha^4 \cdots$ ㉢

이때, $g(x)$는 1차 이하의 다항함수이고, $f(x)$는 사차함수이므로 다항식 $f(x)-g(x)$의 이차항의 계수는 $f(x)$의 이차항의 계수와 같다.

즉, $f(x)-g(x)$의 x^2의 계수는 -2이므로 ㉢에서

$-2\alpha^2=-2,\ \alpha^2=1 \qquad \therefore \alpha=\pm1$

그런데 ㉡에서 $\alpha=1$이면 $\beta=-1$이 되어 $\alpha<\beta$라는 조건에 모순이므로 $\alpha=-1,\ \beta=1$이다.

$\therefore f(x)-g(x)=x^4-2x^2+1 \cdots$ ㉣

2nd 직선 l과 곡선 $y=f(x)$로 둘러싸인 부분의 넓이를 정적분을 통해 구하자.

사차함수 $y=f(x)$의 최고차항의 계수가 양수이고 직선 l과 곡선 $y=f(x)$가 x좌표가 각각 -1, 1인 점에서 접하므로 직선 l과 곡선 $y=f(x)$의 개형을 나타내면 그림과 같다.

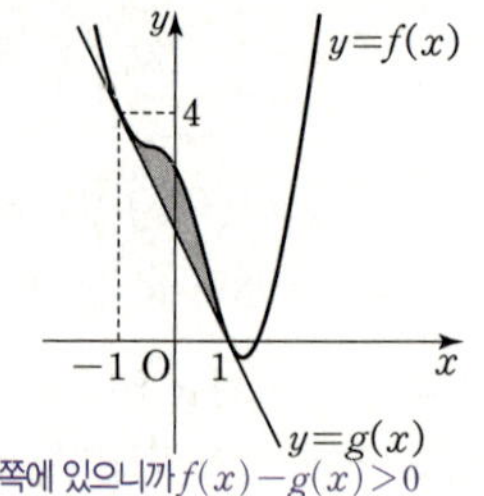

따라서 구하는 영역의 넓이 A는

곡선 $y=f(x)$와 직선 $y=g(x)$로 둘러싸인 부분의 넓이는 $\int_{-1}^1|f(x)-g(x)|dx$야. 그런데 그림에서 곡선이 직선보다 위쪽에 있으니까 $f(x)-g(x)>0$이지? 따라서 절댓값을 사용하지 않고 바로 $\int_{-1}^1\{f(x)-g(x)\}dx$라 나타낸 거야.

$A=\int_{-1}^1\{f(x)-g(x)\}dx$

$=\int_{-1}^1(x^4-2x^2+1)dx$

$=2\int_0^1(x^4-2x^2+1)dx$

$f(x)$가 우함수, 즉 $f(-x)=f(x)$이면 $\int_{-a}^a f(x)dx=2\int_0^a f(x)dx$가 성립해.

$=2\left[\frac{1}{5}x^5-\frac{2}{3}x^3+x\right]_0^1$

$=2\left(\frac{1}{5}-\frac{2}{3}+1\right)=\frac{16}{15}$

일반적으로 다항함수에서 짝수 차수의 항과 상수항만의 합으로 이루어져 있으면 우함수이므로 x^4-2x^2+1은 우함수야. 즉, $\int_{-1}^1(x^4-2x^2+1)dx=2\int_0^1(x^4-2x^2+1)dx$가 성립해.

$\therefore 30A=30\cdot\frac{16}{15}=32$

F 58 정답 ② *주어진 조건을 만족시키는 도형의 넓이 ···· [정답률 42%]

정답 공식: S_1+S_2의 값을 이용해 S_1, S_2의 값을 구한 후 적분을 이용해 S_1, S_2를 나타낼 수 있고, 이를 이용해 교점의 좌표를 구한다.

그림과 같이 좌표평면 위의 두 점 A(2, 0), B(0, 3)을 지나는 직선과 곡선 $y=ax^2(a>0)$ 및 y축으로 둘러싸인 부분 중에서 제1사분면에 있는 부분의 넓이를 S_1이라 하자. 또, 직선 AB와 곡선 $y=ax^2$ 및 x축으로 둘러싸인 부분의 넓이를 S_2라 하자.

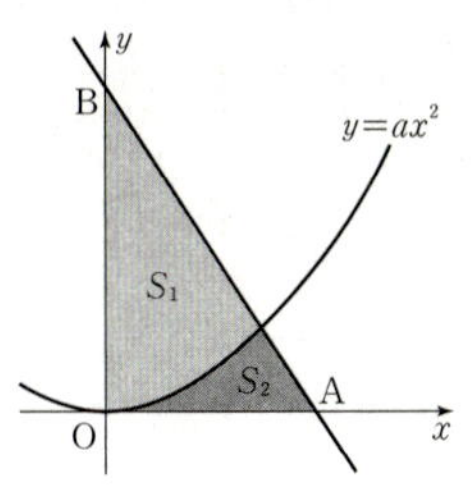

$S_1 : S_2=13 : 3$일 때, 상수 a의 값은? (4점)

단서 두 넓이 S_1, S_2의 합은 삼각형 OAB의 넓이와 같아. 그런데 두 넓이 S_1, S_2의 넓이의 비가 주어져 있으니까 S_1, S_2의 값을 구할 수 있어. 그다음, 정적분을 이용하여 a의 값을 결정하면 돼.

① $\frac{2}{9}$  ② $\frac{1}{3}$ ③ $\frac{4}{9}$ ④ $\frac{5}{9}$ ⑤ $\frac{2}{3}$

1st 넓이 S_1, S_2를 비례식을 이용하여 구하자.

직각삼각형 OAB에 대하여 $\triangle OAB=\frac{1}{2}\overline{OA}\cdot\overline{OB}=\frac{1}{2}\cdot2\cdot3=3$이고,

$S_1 : S_2=13 : 3$, $\triangle OAB=S_1+S_2$이므로

$S_1=3\cdot\frac{13}{16}=\frac{39}{16}$ ··· ㉠, $S_2=3\cdot\frac{3}{16}=\frac{9}{16}$

2nd 정적분을 이용하여 넓이 S_1을 나타내자.

두 점 A(2, 0), B(0, 3)을 지나는 직선의 방정식은 $\frac{x}{2}+\frac{y}{3}=1$, 즉 $y=-\frac{3}{2}x+3$이다.

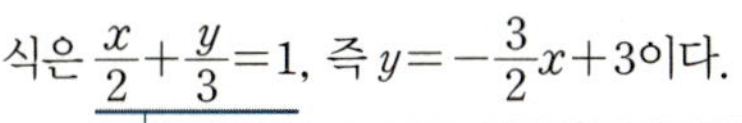

→ x절편이 a, y절편이 b인 직선의 방정식은 $\frac{x}{a}+\frac{y}{b}=1$

이때, 직선 $y=-\frac{3}{2}x+3$과 곡선 $y=ax^2$의 그래프의 교점의 x좌표를 $p(0<p<2)$라 하면

$ap^2=-\frac{3}{2}p+3$ ··· ㉡ → 방정식 $-\frac{3}{2}x+3=ax^2$의 해가 $x=p$라는 거야.

넓이 S_1은 구간 $[0, p]$에서 직선 $y=-\frac{3}{2}x+3$과 곡선 $y=ax^2$으로 둘러싸인 부분이므로

→ 구간 $[0, p]$에서 직선이 곡선보다 위에 있으므로 피적분함수는 직선의 방정식에서 곡선의 방정식을 빼서 나타내야 해.

$S_1=\int_0^p\left\{\left(-\frac{3}{2}x+3\right)-ax^2\right\}dx=\left[-\frac{3}{4}x^2+3x-\frac{1}{3}ax^3\right]_0^p$

$=-\frac{3}{4}p^2+3p-\frac{1}{3}ap^3=-\frac{3}{4}p^2+3p-\frac{1}{3}p\left(-\frac{3}{2}p+3\right)$ ($\because$ ㉡)

$=-\frac{1}{4}p^2+2p$

㉠에서 $-\frac{1}{4}p^2+2p=\frac{39}{16}$

$4p^2-32p+39=0$, $(2p-3)(2p-13)=0$

$\therefore p=\frac{3}{2}$ ($\because 0<p<2$)

이것을 ㉡에 대입하면

$\frac{9}{4}a=-\frac{9}{4}+3=\frac{3}{4}$ $\quad\therefore a=\frac{1}{3}$

[다른 풀이]

위의 $S_2=\frac{9}{16}$임을 이용하여 넓이 S_2를 정적분으로 나타내자.

직선과 곡선의 교점의 x좌표를 $p(0<p<2)$라 하면 구간 $[p, 2]$에서 직선 $y=-\frac{3}{2}x+3$과 x축으로 둘러싸인 부분인 삼각형의 넓이는

$\frac{1}{2}\cdot ap^2\cdot(2-p)$야.

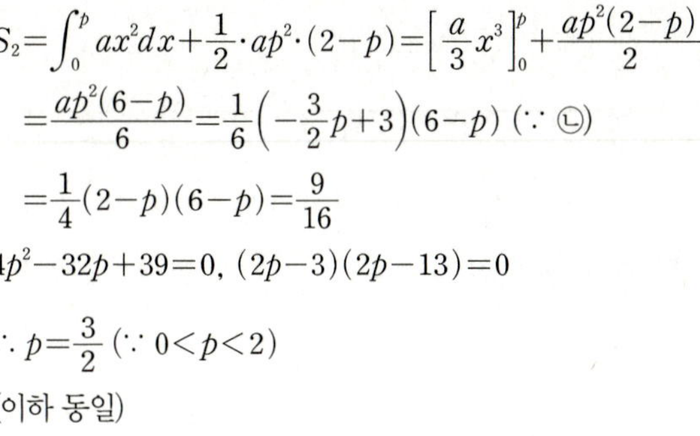

$S_2=\int_0^p ax^2dx+\frac{1}{2}\cdot ap^2\cdot(2-p)=\left[\frac{a}{3}x^3\right]_0^p+\frac{ap^2(2-p)}{2}$

$=\frac{ap^2(6-p)}{6}=\frac{1}{6}\left(-\frac{3}{2}p+3\right)(6-p)$ ($\because$ ㉡)

$=\frac{1}{4}(2-p)(6-p)=\frac{9}{16}$

$4p^2-32p+39=0$, $(2p-3)(2p-13)=0$

$\therefore p=\frac{3}{2}$ ($\because 0<p<2$)

(이하 동일)

F 59 정답 ④ *주어진 조건을 만족시키는 도형의 넓이 ·· [정답률 50%]

정답 공식: x의 짝수차수의 항과 상수항의 합으로 이루어진 다항함수 $f(x)$는 y축에 대하여 대칭이다.

함수 $f(x)=x^4-2x^2$에 대하여 $y=f(x)$의 그래프와 직선 $y=k$는 서로 다른 네 점에서 만난다. 그림과 같이 $y=f(x)$의 그래프와 직선 $y=k$가 만나서 생기는 세 부분의 넓이를 각각 S_1, S_2, S_3이라 하자.

단서1 함수 $f(x)$는 y축에 대하여 대칭이므로 $S_1=S_3$이고 $S_2'=S_2''$이야.

이때, $S_1+S_3=S_2$가 성립하도록 하는 상수 k의 값은? (4점)

단서2 단서1 에서 구한 조건을 대입하여 곡선과 직선으로 둘러싸인 부분의 넓이의 특징을 찾아내.

① -2 ② $-\frac{5}{4}$ ③ -1 ④ $-\frac{5}{9}$ ⑤ $-\frac{5}{16}$

1st 함수 $f(x)$가 y축에 대하여 대칭임을 이용하여 S_1, S_2, S_3 사이의 관계를 찾아.

함수 $f(x)$는 y축에 대하여 대칭인 함수이므로

$S_1=S_3$이고 $S_1+S_3=S_2$에서

$\frac{1}{2}S_2=S_3$이다.

→ $f(x)=x^4-2x^2$에서 $f(-x)=(-x)^4-2(-x)^2=x^4-2x^2=f(x)$이므로 $f(x)$는 y축에 대하여 대칭이야.

따라서 그림과 같이 $y=f(x)$의 그래프와 직선 $y=k$의 교점의 x좌표를 α, $\beta(0<\alpha<\beta)$라 하면

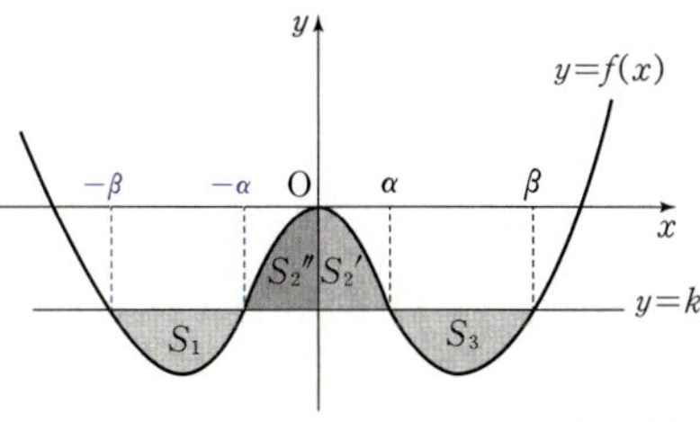

$k=\alpha^4-2\alpha^2$

$=\beta^4-2\beta^2$ ··· ㉠

이고 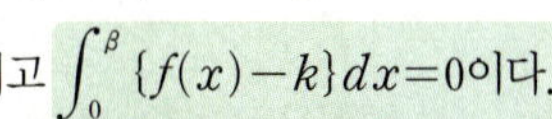 $\int_0^\beta\{f(x)-k\}dx=0$이다.

→ $\int_0^\beta\{f(x)-k\}dx$

$=\int_0^\alpha\{f(x)-k\}dx+\int_\alpha^\beta\{f(x)-k\}dx$

이때, $f(x)$는 y축에 대하여 대칭이므로

$\int_0^\alpha\{f(x)-k\}dx=\frac{1}{2}S_2$이고,

$\int_\alpha^\beta\{f(x)-k\}dx<0$이므로

$\int_\alpha^\beta\{f(x)-k\}dx=-S_3$

즉, $\int_0^\beta\{f(x)-k\}dx=\frac{1}{2}S_2-S_3=0$이야.

함정 $S_1+S_3=S_2$를 정적분의 식이 간단하도록 이렇게 고치는 것이 이 문제의 핵심이야. 문제에서 주어진 관계식대로 S_1, S_2, S_3을 각각 정적분한다면 복잡하겠지?

$$\int_0^\beta \{f(x)-k\}dx=\int_0^\beta (x^4-2x^2-k)dx$$
$$=\left[\frac{1}{5}x^5-\frac{2}{3}x^3-kx\right]_0^\beta$$
$$=\frac{1}{5}\beta^5-\frac{2}{3}\beta^3-k\beta=0$$

$\therefore k=\frac{1}{5}\beta^4-\frac{2}{3}\beta^2$ ($\because \beta\neq 0$) ⋯ ㉡

2nd 조건을 만족시키는 k의 값을 구하자.

㉠, ㉡에 의해

$k=\beta^4-2\beta^2=\frac{1}{5}\beta^4-\frac{2}{3}\beta^2$에서

$\frac{4}{5}\beta^4-\frac{4}{3}\beta^2=0$, $\frac{4}{5}\beta^2\left(\beta^2-\frac{5}{3}\right)=0$

$\therefore \beta^2=\frac{5}{3}$ ($\because \beta\neq 0$)

따라서 ㉠에 의해

$k=\beta^4-2\beta^2=\frac{25}{9}-\frac{10}{3}=-\frac{5}{9}$

F 60 정답 ④ *주어진 조건을 만족시키는 도형의 넓이 [정답률 44%]

(정답 공식: $S_1+S_2+S_3=\int_{-1}^2 f(x)dx$의 값을 구한다. $2S_2=S_1+S_3$을 이용해 원하고자 하는 값을 얻는다.)

함수 $f(x)=-x^2+x+2$에 대하여 그림과 같이 곡선 $y=f(x)$와 x축으로 둘러싸인 부분을 y축과 직선 $x=k(0<k<2)$로 나눈 세 부분의 넓이를 각각 S_1, S_2, S_3이라 하자. S_1, S_2, S_3이 이 순서대로 등차수열을 이룰 때, S_2의 값은? (4점)

단서 세 넓이 S_1, S_2, S_3이 이 순서대로 등차수열을 이루니까 먼저 등차중항, 즉 $2S_2=S_1+S_3$이 떠올라야 해. 이를 이용하여 S_2의 넓이를 구해 봐.

① 1 ② $\frac{5}{4}$ ③ $\frac{4}{3}$ ④ $\frac{3}{2}$ ⑤ 2

1st 등차중항의 정의를 이용하여 S_2의 값을 구해.

S_1, S_2, S_3이 이 순서대로 등차수열을 이루므로 $2S_2=S_1+S_3$이 성립한다.

(a_1, a_2, a_3이 이 순서대로 등차수열을 이루면 $2a_2=a_1+a_3$이 성립해.)

이때, 양변에 S_2를 더하면 $3S_2=S_1+S_2+S_3$이므로

$3S_2=S_1+S_2+S_3$
$$=\int_{-1}^2 f(x)dx$$
$$=\int_{-1}^2 (-x^2+x+2)dx$$
$$=\left[-\frac{1}{3}x^3+\frac{1}{2}x^2+2x\right]_{-1}^2=\frac{9}{2}$$

$\therefore S_2=\frac{3}{2}$

실수 이차함수 $y=ax^2+bx+c$의 그래프와 x축의 교점의 x좌표를 α, β라 할 때, 이차함수와 x축으로 둘러싸인 부분의 넓이는 $\frac{|a|}{6}(\beta-\alpha)^3$이지? 이걸 외워두면 $\frac{|-1|}{6}\{2-(-1)\}^3=\frac{9}{2}$로 빠르게 계산할 수 있어.

[다른 풀이]

세 부분의 넓이 S_1, S_2, S_3을 직접 구하자.

$$S_1=\int_{-1}^0 (-x^2+x+2)dx$$
$$=\left[-\frac{1}{3}x^3+\frac{1}{2}x^2+2x\right]_{-1}^0=\frac{7}{6}$$
$$S_2=\int_0^k (-x^2+x+2)dx$$
$$=\left[-\frac{1}{3}x^3+\frac{1}{2}x^2+2x\right]_0^k$$
$$=-\frac{1}{3}k^3+\frac{1}{2}k^2+2k \cdots ㉠$$
$$S_3=\int_k^2 (-x^2+x+2)dx$$
$$=\left[-\frac{1}{3}x^3+\frac{1}{2}x^2+2x\right]_k^2$$
$$=\frac{10}{3}-\left(-\frac{1}{3}k^3+\frac{1}{2}k^2+2k\right)=\frac{10}{3}-S_2 (\because ㉠)$$

이때, $2S_2=S_1+S_3$이 성립하므로

$2S_2=\frac{7}{6}+\frac{10}{3}-S_2$, $3S_2=\frac{9}{2}$

$\therefore S_2=\frac{3}{2}$

F 61 정답 ④ *주어진 조건을 만족시키는 도형의 넓이 [정답률 49%]

(정답 공식: 이등분된 두 영역을 각각 적분을 이용하여 구한다.)

두 곡선 $y=x^4-4x^2$, $y=-x^4+8x$로 둘러싸인 도형의 넓이가 곡선 $y=ax(2-x)$에 의하여 이등분될 때, 상수 a의 값은? (3점)

단서 문제에 주어진 대로 식을 세우면 돼. 즉, 두 곡선 $y=x^4-4x^2$, $y=-x^4+8x$로 둘러싸인 부분의 넓이의 $\frac{1}{2}$이 두 곡선 $y=-x^4+8x$, $y=ax(2-x)$로 둘러싸인 부분의 넓이야.

① $\frac{5}{4}$ ② $\frac{3}{2}$ ③ $\frac{7}{4}$ ④ 2 ⑤ $\frac{9}{4}$

1st 두 곡선 $y=x^4-4x^2$, $y=-x^4+8x$로 둘러싸인 도형의 넓이부터 구하자.

두 곡선 $y=x^4-4x^2$, $y=-x^4+8x$로 둘러싸인 도형의 넓이는

$$\int_0^2 \{-x^4+8x-(x^4-4x^2)\}dx=\int_0^2 (-2x^4+4x^2+8x)dx$$

(주어진 그래프에서 $0\le x\le 2$일 때 $-x^4+8x\ge x^4-4x^2$이야.)

$$=\left[-\frac{2}{5}x^5+\frac{4}{3}x^3+4x^2\right]_0^2$$
$$=\frac{208}{15} \cdots ㉠$$

2nd 두 곡선 $y=ax(2-x)$와 $y=-x^4+8x$로 둘러싸인 도형의 넓이를 구하자.

곡선 $y=ax(2-x)$가 두 곡선 $y=x^4-4x^2$, $y=-x^4+8x$로 둘러싸인 부분의 넓이를 이등분하므로 두 곡선 $y=ax(2-x)$, $y=-x^4+8x$로 둘러싸인 도형의 넓이가 ㉠의 $\frac{1}{2}$, 즉 $\frac{1}{2}\times\frac{208}{15}=\frac{104}{15}$이다.

따라서 $\int_0^2 \{-x^4+8x-ax(2-x)\}dx=\frac{104}{15}$이므로

$\int_0^2 \{-x^4+ax^2+(8-2a)x\}dx=\left[-\frac{1}{5}x^5+\frac{a}{3}x^3+\frac{8-2a}{2}x^2\right]_0^2$

→ 주어진 그래프에서 $0\le x\le 2$일 때 $-x^4+8x\ge ax(2-x)$지?

$=\frac{48}{5}-\frac{4}{3}a=\frac{104}{15}$

$\frac{4}{3}a=\frac{8}{3}\qquad \therefore a=2$

쉬운 풀이

$f(x)=-x^4+8x$, $g(x)=ax(2-x)$, $h(x)=x^4-4x^2$이라 하자.

두 곡선 $y=f(x)$와 $y=h(x)$로 둘러싸인 도형의 넓이가 곡선 $y=g(x)$에 의하여 이등분되므로 두 곡선 $y=f(x)$, $y=g(x)$로 둘러싸인 도형의 넓이와 두 곡선 $y=h(x)$, $y=g(x)$로 둘러싸인 도형의 넓이는 같아.

즉, $\int_0^2 \{f(x)-g(x)\}dx=\int_0^2 \{g(x)-h(x)\}dx$이므로

$2\int_0^2 g(x)dx=\int_0^2 f(x)dx+\int_0^2 h(x)dx=\int_0^2 \{f(x)+h(x)\}dx$

정적분의 성질에 의해 $\int_0^2\{f(x)-g(x)\}dx=\int_0^2 f(x)dx-\int_0^2 g(x)dx$이고 $\int_0^2\{g(x)-h(x)\}dx=\int_0^2 g(x)dx-\int_0^2 h(x)dx$

$2\int_0^2 (2ax-ax^2)dx=\int_0^2 (-4x^2+8x)dx$

$2\left[ax^2-\frac{a}{3}x^3\right]_0^2=\left[-\frac{4}{3}x^3+4x^2\right]_0^2$

$2\left(4a-\frac{8}{3}a\right)=-\frac{32}{3}+16$

$\frac{8}{3}a=\frac{16}{3}$

$\therefore a=2$

F 62 정답 17 *주어진 조건을 만족시키는 도형의 넓이 ··· [정답률 42%]

정답 공식: 점 A의 x좌표를 찾는다. 그 x좌표를 t라고 하면 $\int_0^t \{f(x)-k\}dx=0$이다.

그림과 같이 삼차함수 $f(x)=-(x+1)^3+8$의 그래프가 x축과 만나는 점을 A라 하고, 점 A를 지나고 x축에 수직인 직선을 l이라 하자. 또, 곡선 $y=f(x)$와 y축 및 직선 $y=k(0<k<7)$로 둘러싸인 부분의 넓이를 S_1이라 하고, 곡선 $y=f(x)$와 직선 l 및 직선 $y=k$로 둘러싸인 부분의 넓이를 S_2라 하자. 이때, $S_1=S_2$가 되도록 하는 상수 k에 대하여 $4k$의 값을 구하시오. (4점)

단서 곡선과 직선의 교점의 x좌표를 a라 하면 $\int_0^a\{f(x)-k\}dx=S_1$, $\int_a^1\{k-f(x)\}dx=S_2$이고 $S_1=S_2$이므로 $\int_0^a\{f(x)-k\}dx=\int_a^1\{k-f(x)\}dx$가 성립해.

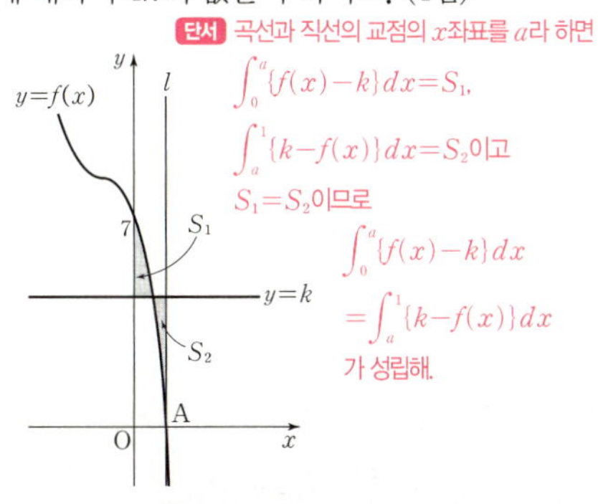

1st 우선 점 A의 좌표를 구하자.

삼차함수 $f(x)=-(x+1)^3+8$의 그래프가 x축과 만나는 점 A의 x좌표는 $f(x)=0$일 때 x의 값이므로

$-(x+1)^3+8=0$, $(x+1)^3=8=2^3$

$x+1=2\qquad \therefore x=1$

따라서 점 A의 좌표는 $(1, 0)$이고 직선 l의 방정식은 $x=1$이다.

2nd $S_1=S_2$임을 이용하여 정적분의 식을 구하자.

구간 $[0, 1]$에서 곡선 $f(x)$가 직선 $y=k(0<k<7)$에 의해 위 · 아래로 나누어지는 부분의 넓이인 S_1, S_2가 같으므로 $\int_0^1\{f(x)-k\}dx=0$을 만족한다. ··· (*)

$\int_0^1 \{-(x+1)^3+8-k\}dx=\left[-\frac{1}{4}(x+1)^4+(8-k)x\right]_0^1$

$=-\frac{1}{4}\times 16+(8-k)+\frac{1}{4}$

$=-4+8+\frac{1}{4}-k$

$=\frac{17}{4}-k=0$

곡선 $y=f(x)$와 직선 $y=k$의 교점의 x좌표 a에 대하여 $\int_0^1\{f(x)-k\}dx=\int_0^a\{f(x)-k\}dx+\int_a^1\{f(x)-k\}dx$ 이때, $0\le x\le a$에서 $f(x)\ge k$이고, $a\le x\le 1$에서 $f(x)\le k$이므로 $\int_0^1\{f(x)-k\}dx=S_1-S_2$야.

따라서 $k=\frac{17}{4}$이므로 $4k=17$이다.

수능 핵강

위의 풀이에서 (*)가 성립하는 이유를 좀 더 자세히 알아볼까?

주어진 삼차함수 $f(x)$와 직선 $y=k$의 교점의 x좌표를 a라 하면 정적분과 넓이의 관계에 의해

$S_1=\int_0^a |f(x)-k|dx=\int_0^a \{f(x)-k\}dx$,

$S_2=\int_a^1 |f(x)-k|dx=\int_a^1 \{k-f(x)\}dx$

이때, $S_1=S_2$이므로

$\int_0^a \{f(x)-k\}dx=\int_a^1 \{k-f(x)\}dx$

$\int_0^a \{f(x)-k\}dx-\int_a^1 \{k-f(x)\}dx=0$

$\therefore \int_0^a \{f(x)-k\}dx+\int_a^1 \{f(x)-k\}dx=\int_0^1 \{f(x)-k\}=0$

따라서 구간 $[a, b]$에서 어떤 함수 $g(x)$에 의해 함수 $f(x)$가 위 · 아래로 나뉘었을 때, 위 · 아래의 넓이가 각각 같다면 $\int_a^b \{f(x)-g(x)\}dx=0$임을 기억하고 있자.

F 63 정답 ⑤ *주어진 조건을 만족시키는 도형의 넓이 ··· [정답률 44%]

정답 공식: 곡선 $y=f(x)$ 위의 점 $(a, f(a))$를 지나고 점 $(a, f(a))$에서의 접선에 수직인 직선의 방정식은 $y=-\frac{1}{f'(a)}(x-a)+f(a)$이다.

단서1 점 $P(a, a^2)$에서의 접선에 수직인 직선의 방정식부터 구하자.

곡선 $y=x^2$ 위의 제1사분면의 점 $P(a, a^2)$에 대하여 점 P를 지나고 점 P에서의 접선에 수직인 직선과 곡선 $y=x^2$으로 둘러싸인 부분의 넓이를 $S(a)$라 할 때, $S(a)$의 최솟값은? (4점)

단서2 $S(a)$를 구하려면 직선과 곡선의 교점의 x좌표를 알아야 해.

① $\frac{2\sqrt{2}}{3}$ ② $\frac{\sqrt{5}}{2}$ ③ $\frac{5}{4}$ ④ $\frac{3\sqrt{3}}{4}$ ⑤ $\frac{4}{3}$

1st 점 $P(a, a^2)$에서의 접선에 수직인 직선과 곡선 $y=x^2$의 교점의 좌표를 구하자.

곡선 $y=x^2$ 위의 점 $P(a, a^2)$을 지나고 점 P에서의 접선에 수직인 직선의 방정식은

$y=-\frac{1}{2a}(x-a)+a^2$ ··· ㉠

→ $y=x^2$에서 $y'=2x$이므로 점 $P(a, a^2)$에서의 접선의 기울기는 $2a$야. 즉, 이 접선에 수직인 직선의 기울기 m은 $m\times 2a=-1$에서 $m=-\frac{1}{2a}$이지.

곡선 $y=x^2$과 ㉠을 연립하여 교점의 x좌표를 구하자.

$x^2=-\frac{1}{2a}(x-a)+a^2$

$x^2+\frac{1}{2a}x-a^2-\frac{1}{2}=0$

$(x-a)\left(x+a+\frac{1}{2a}\right)=0$

$\therefore x=a$ 또는 $x=-a-\frac{1}{2a}$

실수 곡선과 직선의 교점이 점 $P(a, a^2)$이기 때문에 방정식의 해 중 $x=a$가 무조건 있어야 해. 나오지 않는다면 어디선가 실수한 것이니까 다시 해보자.

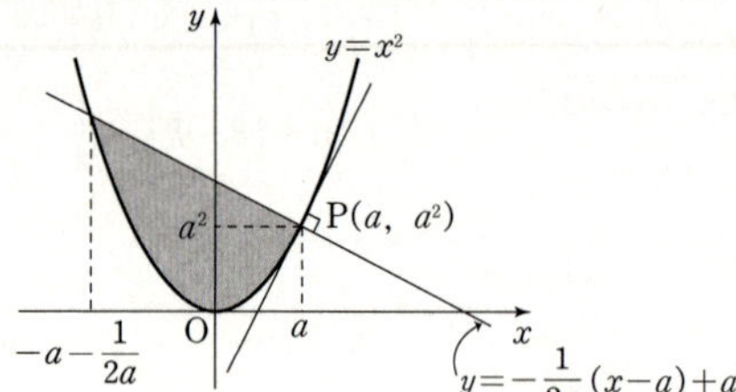

2nd $S(a)$를 구하자.

$\therefore S(a)=\int_{-a-\frac{1}{2a}}^{a}\left\{-\frac{1}{2a}(x-a)+a^2-x^2\right\}dx$

$=\int_{-a-\frac{1}{2a}}^{a}\left\{-(x-a)\left(x+a+\frac{1}{2a}\right)\right\}dx$

$=\frac{|-1|}{6}\left\{a-\left(-a-\frac{1}{2a}\right)\right\}^3$

$=\frac{1}{6}\left(2a+\frac{1}{2a}\right)^3$

함정 일일이 전개해서 정적분한다면 굉장히 복잡했을 거야. 이차함수의 그래프와 직선으로 둘러싸인 부분의 넓이는 교점의 x좌표만 알면 공식을 이용해서 쉽게 계산할 수 있으니까 이런 식으로 계산하는 것을 꼭 익혀서 언제든 사용할 수 있도록 해.

이때, $a>0$이므로 산술평균과 기하평균의 관계에 의해

→ $a>0, b>0$일 때, $\frac{a+b}{2}\geq\sqrt{ab}$ (단, 등호는 $a=b$일 때 성립)

$2a+\frac{1}{2a}\geq2\sqrt{2a\cdot\frac{1}{2a}}=2$ $\left(\text{단, 등호는 } 2a=\frac{1}{2a}\text{일 때 성립}\right)$

$\therefore S(a)\geq\frac{1}{6}\cdot2^3=\frac{4}{3}$

따라서 넓이 $S(a)$의 최솟값은 $\frac{4}{3}$이다.

두 곡선 사이의 넓이 (개념·공식)

닫힌구간 $[a, b]$에서 두 함수 $y=f(x)$, $y=g(x)$가 연속일 때, 두 곡선 $y=f(x)$, $y=g(x)$와 두 직선 $x=a$, $x=b(a<b)$로 둘러싸인 도형의 넓이 S는

$S=\int_a^b|f(x)-g(x)|dx$

F 64 정답 ② *주어진 조건을 만족시키는 도형의 넓이 …… [정답률 42%]

정답 공식: 곡선 $y=f(x)$와 x축 및 두 직선 $x=a$, $x=b$로 둘러싸인 부분의 넓이는 $\int_a^b|f(x)|dx$이다.

두 함수 $f(x)=x^4(x-a)$, $g(x)=k(x-1)(x-b)$의 그래프가 직선 $y=x-1$에 접한다. 함수 $f(x)$의 그래프와 x축으로 둘러싸인 부분의 넓이가 함수 $g(x)$의 그래프와 x축으로 둘러싸인 부분의 넓이와 같을 때, 세 상수 a, b, k에 대하여 abk의 값은? (단, $b>1$) (5점)

단서2 두 함수의 그래프를 그린 후, 정적분을 이용하여 각 함수의 그래프와 x축으로 둘러싸인 부분의 넓이를 구해야 해.

① $-2-\sqrt{5}$ ② $-1-\sqrt{5}$ ③ $-\sqrt{5}$
④ $1-\sqrt{5}$ ⑤ $2-\sqrt{5}$

단서1 함수 $y=f(x)$의 그래프와 직선 $y=x-1$이 $x=t$인 점에서 접하면 $x=t$에서의 함숫값과 미분계수가 각각 같음을 이용하여 접점의 좌표를 구해. 또, 이차함수 $y=g(x)$의 그래프와 직선 $y=x-1$의 위치 관계를 따져서 접점의 좌표를 찾아봐.

1st 함수 $f(x)=x^4(x-a)$의 그래프와 직선 $y=x-1$이 접함을 이용하여 함수 $f(x)$의 식을 구하자.

함수 $f(x)=x^4(x-a)$와 직선 $y=x-1$의 접점의 좌표를 $(t, t-1)$이라 하면

→ 함수 $y=f(x)$의 그래프와 직선 $y=x-1$이 점 $(t, t-1)$을 지나므로 $t^4(t-a)=t-1$에서 $t^5-at^4=t-1$

$t^5-at^4=t-1$ … ㉠

또한, $f(x)=x^4(x-a)$에서

$f'(x)=4x^3(x-a)+x^4=5x^4-4ax^3$이므로

$f'(t)=5t^4-4at^3=1$ … ㉡

함수 $y=f(x)$의 그래프와 직선 $y=x-1$이 점 $(t, t-1)$에서 접하면 $x=t$에서의 미분계수가 직선의 기울기와 같아.

㉠에서 $a=\frac{t^5-t+1}{t^4}$이고, ㉡에서 $a=\frac{5t^4-1}{4t^3}$이므로

$\frac{t^5-t+1}{t^4}=\frac{5t^4-1}{4t^3}$, $4t^8-4t^4+4t^3=5t^8-t^4$

$t^8+3t^4-4t^3=0$, $t^3(t^5+3t-4)=0$

$t^3(t-1)(t^4+t^3+t^2+t+4)=0$

이때, $t\neq0$이어야 하고, $t^4+t^3+t^2+t+4=0$을 만족시키는 실수 t는 존재하지 않으므로 … (*)

→ $t=0$이면 접점의 좌표가 $(0, -1)$이어야 해. 그런데 $f(0)=0$이지? 따라서 $t\neq0$이야.

$t=1$

따라서 $t=1$을 ㉠에 대입하면 $a=1$이므로

$f(x)=x^4(x-1)=x^5-x^4$

2nd 함수 $g(x)=k(x-1)(x-b)$의 그래프와 직선 $y=x-1$이 접함을 이용하여 $g'(1)$의 값의 조건을 찾아내자.

한편, 이차함수 $g(x)=k(x-1)(x-b)$의 그래프와 직선 $y=x-1$은 모두 점 $(1, 0)$을 지나므로 $k>0$이면 이차함수 $y=g(x)$의 그래프와 직선 $y=x-1$은 접할 수 없다.

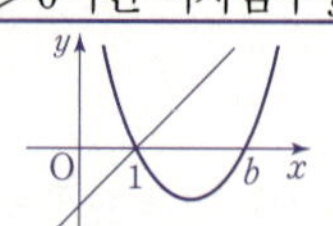

즉, $k<0$이어야 한다.

또한, 함수 $y=g(x)$의 그래프와 직선 $y=x-1$의 접점의 좌표는 $(1, 0)$이고, $g(x)=k(x-1)(x-b)$에서

$g'(x)=k(x-b)+k(x-1)$이므로

$g'(1)=k(1-b)=1$

→ 함수 $g(x)$의 $x=1$에서의 미분계수가 직선 $y=x-1$의 기울기인 1이 되어야 해.

$\therefore k=\frac{1}{1-b}$ ($\because b\neq1$) … ㉢

3rd 두 함수의 그래프와 x축으로 둘러싸인 부분의 넓이가 서로 같음을 이용하여 상수 b, k의 값을 구하자.

두 함수 $y=f(x)$, $y=g(x)$의 그래프와 직선 $y=x-1$을 좌표평면 위에 그리면 다음과 같다.

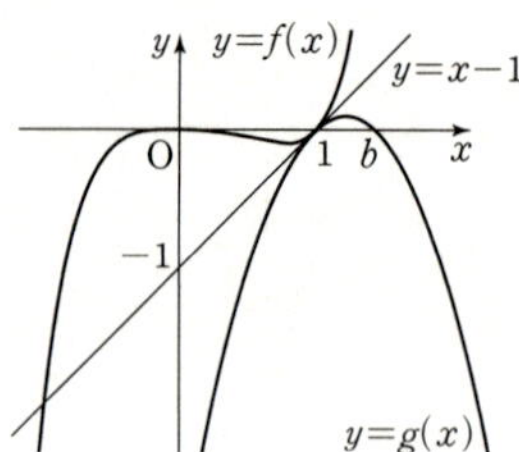

함수 $y=f(x)$의 그래프와 x축으로 둘러싸인 부분의 넓이는

$\int_0^1|x^5-x^4|dx=\int_0^1(-x^5+x^4)dx$

$=\left[-\frac{1}{6}x^6+\frac{1}{5}x^5\right]_0^1$

$=-\frac{1}{6}+\frac{1}{5}$

$=\frac{1}{30}$ … ㉣

실수 곡선 $y=f(x)$와 x축 및 두 직선 $x=0$, $x=1$로 둘러싸인 부분의 넓이는 양수가 나와야 하므로 $\int_0^1|f(x)|dx$로 계산해야 해. 닫힌구간 $[0, 1]$에서 곡선 $y=f(x)$가 x축 아래에 있으므로 $\int_0^1|f(x)|dx=\int_0^1\{-f(x)\}dx$야.

또한, 함수 $y=g(x)$의 그래프와 x축으로 둘러싸인 부분의 넓이는

$$\int_1^b k(x-1)(x-b)dx$$

$$=k\int_1^b \{x^2-(1+b)x+b\}dx$$

$$=k\left[\frac{1}{3}x^3-\frac{1+b}{2}x^2+bx\right]_1^b$$

$$=k\left\{\frac{b^3}{3}-\frac{b^2(1+b)}{2}+b^2-\left(\frac{1}{3}-\frac{1+b}{2}+b\right)\right\}$$

$$=-\frac{k}{6}(b^3-3b^2+3b-1)=\frac{-k(b-1)^3}{6} \cdots ㉤$$

→ 포물선 $y=a(x-\alpha)(x-\beta)$ $(a\neq0, \alpha<\beta)$와 x축으로 둘러싸인 부분의 넓이를 S라 하면 $S=\frac{|a|(\beta-\alpha)^3}{6}$

㉣과 ㉤의 값이 같으므로

$\frac{1}{30}=\frac{-k(b-1)^3}{6}$에서 $k(b-1)^3=-\frac{1}{5}$

$\frac{1}{1-b}\times(b-1)^3=-\frac{1}{5}$ ($\because$ ㉢)

$(b-1)^2=\frac{1}{5}$, $b-1=\pm\frac{1}{\sqrt{5}}$

$\therefore b=1+\frac{1}{\sqrt{5}}$ ($\because b>1$)

$b=1+\frac{1}{\sqrt{5}}$을 ㉢에 대입하면

$$k=\frac{1}{1-\left(1+\frac{1}{\sqrt{5}}\right)}=-\sqrt{5}$$

$$\therefore abk=1\times\left(1+\frac{1}{\sqrt{5}}\right)\times(-\sqrt{5})=-1-\sqrt{5}$$

수능 핵강

(*)에 대해 좀 더 자세히 알아보자.
$t^4+t^3+t^2+t+4=0$을 $t^4+t^3+t+4=-t^2$으로 변형하면 이 방정식의 실근은 두 곡선 $y=t^4+t^3+t+4$와 $y=-t^2$의 교점의 t좌표와 같아.
$h(t)=t^4+t^3+t+4$라 하면 $h'(t)=4t^3+3t^2+1$이고
$h'(t)=0$에서 $4t^3+3t^2+1=0$
$(t+1)(4t^2-t+1)=0$
$\therefore t=-1$ ($\because 4t^2-t+1>0$)

t	$\cdots$	-1	$\cdots$
$h'(t)$	$-$	0	$+$
$h(t)$	↘	극소	↗

즉, 함수 $h(t)$는 $t=-1$에서 극솟값 $h(-1)=1-1-1+4=3$을 가지므로
두 곡선 $y=t^4+t^3+t+4$와 $y=-t^2$을 좌표평면 위에 나타내면 다음과 같아.

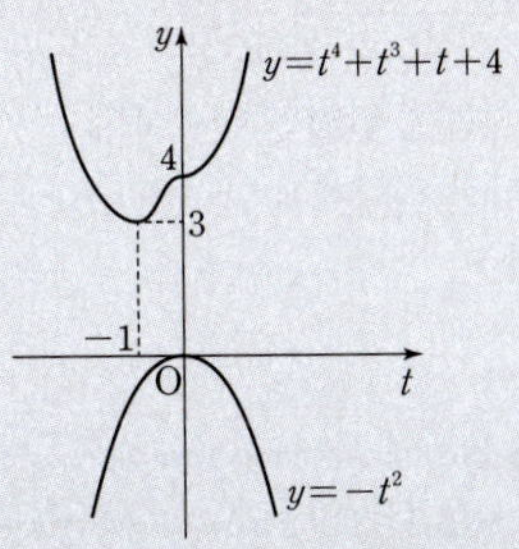

따라서 위의 그림에서와 같이 두 곡선의 교점은 없으므로 방정식 $t^4+t^3+t^2+t+4=0$을 만족시키는 t의 값은 존재하지 않아.

F 65 정답 16 *적분을 이용한 점의 위치 [정답률 33%]

정답 공식: $h(x)=\int_0^x\{f(t)-g(t)\}dt$라 할 때, 도함수를 이용하여 $|h(x)|$의 최댓값을 구한다.

원점을 동시에 출발하여 수직선 위를 움직이는 두 점 P, Q의 시각 $t(0\le t\le4)$에서의 속도가 각각 t^3-2t^2, $7t^2-14t$이다. 두 점 P, Q 사이의 거리의 최댓값을 구하시오. (4점)

단서 시각 $t=x$에서의 두 점 P, Q의 위치는 각각 $\int_0^x(t^3-2t^2)dt$, $\int_0^x(7t^2-14t)dt$야.
즉, 두 점 P, Q 사이의 거리는 $\left|\int_0^x(t^3-2t^2)dt-\int_0^x(7t^2-14t)dt\right|$이므로 이것의 최댓값을 구하면 돼.

1st x초 후의 두 점 P, Q 사이의 거리를 구해.

$f(t)=t^3-2t^2$, $g(t)=7t^2-14t$라 하면 두 점 P, Q가 원점을 출발하여 x초 후의 두 점 사이의 거리는

$$\left|\int_0^x f(t)dt-\int_0^x g(t)dt\right|=\left|\int_0^x\{f(t)-g(t)\}dt\right|$$

→ 시각 $t=x$에서의 점 P의 위치
→ 시각 $t=x$에서의 점 Q의 위치

2nd $h(x)=\int_0^x\{f(t)-g(t)\}dt$라 하고 $h(x)$의 극값을 구해.

함수 $h(x)$를 $h(x)=\int_0^x\{f(t)-g(t)\}dt$라 하자.

$h'(x)=f(x)-g(x)=(x^3-2x^2)-(7x^2-14x)$
$=x^3-9x^2+14x=x(x-2)(x-7)$

즉, $x=0, 2, 7$에서 $h'(x)=0$이므로 구간 $[0, 4]$에서 $h(x)$의 증가와 감소를 표로 나타내면 다음과 같다.

x	0	$\cdots$	2	$\cdots$	4
$h'(x)$	0	$+$	0	$-$	$-$
$h(x)$	0	↗	$h(2)$	↘	$h(4)$

3rd $|h(x)|$의 최댓값을 구해.

함수 $|h(x)|$의 최댓값은 구간 $[0, 4]$에서 함수 $h(x)$의 경곗값과 극값 중에 존재하므로 각각 따져 주자.

주의 구하려고 하는 것이 $h(x)$의 최댓값이 아니고 $|h(x)|$의 최댓값이야. 즉, $|h(2)|$만 구하면 안 되고 $|h(4)|$도 구해봐야 해.

$$h(x)=\int_0^x\{(t^3-2t^2)-(7t^2-14t)\}dt$$

$$=\int_0^x(t^3-9t^2+14t)dt$$

$$=\frac{1}{4}x^4-3x^3+7x^2$$

→ 구간 $[0, 4]$에서의 함수 $y=h(x)$의 그래프는 그림과 같으므로 $|h(x)|$의 최댓값은 $|h(2)|$ 또는 $|h(4)|$야.

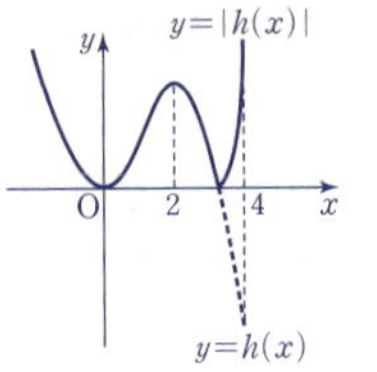

$x=2$일 때,

$$|h(2)|=\left|\frac{1}{4}\cdot2^4-3\cdot2^3+7\cdot2^2\right|=8$$

$x=4$일 때,

$$|h(4)|=\left|\frac{1}{4}\cdot4^4-3\cdot4^3+7\cdot4^2\right|=16$$

따라서 구간 $[0, 4]$에서 $|h(x)|$는 $x=4$에서 최댓값이 16이므로 두 점 P, Q 사이의 거리의 최댓값은 16이다.

위치와 거리 개념·공식

원점에서 출발하여 수직선 위를 움직이는 점 P의 시각 t에서의 속도가 $v(t)$일 때,

① 시각 x에서의 점 P의 위치는 $\int_0^x v(t)dt$

② 시각 a부터 시각 b까지 점 P의 위치의 변화량은 $\int_a^b v(t)dt$

③ 시각 a부터 시각 b까지 점 P가 움직인 거리는 $\int_a^b |v(t)|dt$

F 66 정답 ⑤ *적분을 이용한 점의 위치 [정답률 45%]

(정답 공식: $\left|\int_0^t \{f(t)-g(t)\}dt\right|$가 시각 t에서의 두 물체 A, B의 높이의 차이다.)

같은 높이의 지면에서 동시에 출발하여 지면과 수직인 방향으로 올라가는 두 물체 A, B가 있다. 그림은 시각 $t(0\le t\le c)$에서 물체 A의 속도 $f(t)$와 물체 B의 속도 $g(t)$를 나타낸 것이다.

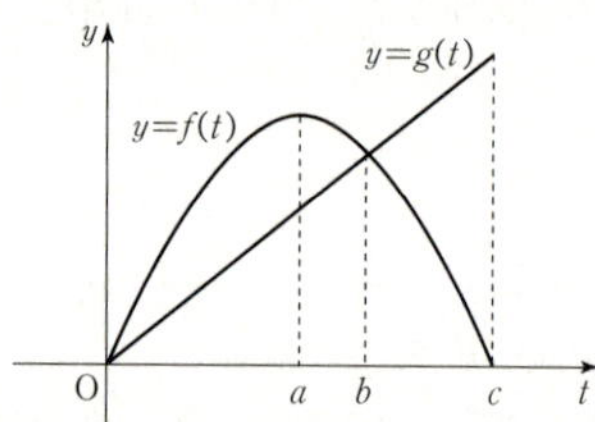

$\int_0^c f(t)dt=\int_0^c g(t)dt$이고 $0\le t\le c$일 때, 옳은 것만을 [보기]에서 있는 대로 고른 것은? (4점)

[보기]

ㄱ. $t=a$일 때, 물체 A는 물체 B보다 높은 위치에 있다.
ㄴ. $t=b$일 때, 물체 A와 물체 B의 높이의 차가 최대이다.
ㄷ. $t=c$일 때, 물체 A와 물체 B는 같은 높이에 있다.

① ㄴ ② ㄷ ③ ㄱ, ㄴ
④ ㄱ, ㄷ ⑤ ㄱ, ㄴ, ㄷ

단서 [보기]는 전부 물체의 어떤 시각에서의 위치를 비교하고 있지? 이때, 속도가 $v(t)$인 어떤 물체의 출발한지 t초 후의 위치는 $\int_0^t v(t)dt$임을 이용하면 돼.

물체의 시각 t에서의 속도가 $v(t)$일 때, 시각 x에서의 물체의 위치는 $\int_0^x v(t)dt$야.

1st t초 후의 물체의 위치를 정적분의 값으로 비교해.

ㄱ. $t=a$일 때, 물체 A의 높이는 $\int_0^a f(t)dt$이고, 물체 B의 높이는 $\int_0^a g(t)dt$이다.

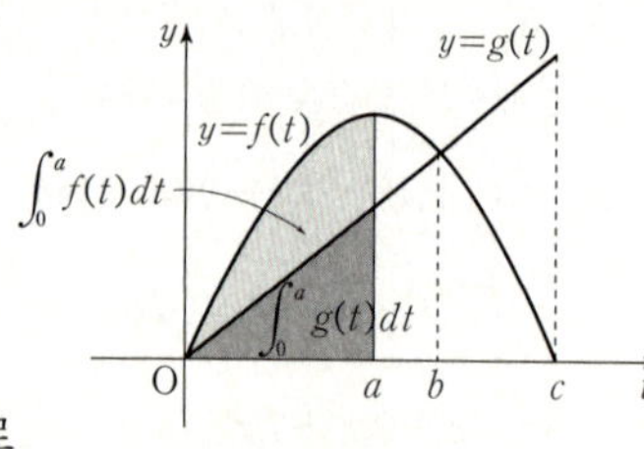

그런데 주어진 그림에서

$\int_0^a f(t)dt>\int_0^a g(t)dt$이므로

(A가 올라간 거리) > (B가 올라간 거리)

따라서 $t=a$일 때, 물체 A가 물체 B보다 높은 위치에 있다. (참)

2nd 어떤 구간에서 극댓값을 찾아 최댓값을 구하자.

ㄴ. 시각 x에서 두 물체 A, B의 높이의 차를 $h(x)$라 하면

$h(x)=\int_0^x \{f(t)-g(t)\}dt$

(i) $0\le x\le b$일 때,

$h'(x)=f(x)-g(x)\ge 0$이고

(ii) $b<x\le c$일 때,

$h'(x)=f(x)-g(x)<0$이므로

$h(x)$는 $x=b$에서 극댓값을 가지고 최댓값을 가진다. (참)

ㄷ. 문제의 조건에서 $\int_0^c f(t)dt=\int_0^c g(t)dt$이므로 $t=c$일 때, 물체 A와 물체 B는 같은 높이에 있다. (참)

따라서 옳은 것은 ㄱ, ㄴ, ㄷ이다.

F 67 정답 144 *적분을 이용한 점의 위치 [정답률 49%]

(정답 공식: 두 물체가 만난다는 것은 두 물체의 위치가 같아진다는 뜻이다. 정적분을 이용하여 두 물체의 위치를 먼저 구한다.)

단서1 물체 Q의 처음 위치를 0으로 하면 t초 후의 물체 P의 위치는 $72+\int_0^t 4t\,dt$이고, 물체 Q의 속도는 v_Q로 일정하므로 t초 후의 물체 Q의 위치는 $v_Q\cdot t$야.

일직선 운동을 하는 두 물체 P, Q의 t초 후의 속도를 각각 v_P, v_Q라 하자. 물체 P는 물체 Q보다 72 m 앞에서 출발하여 $v_P=4t$ (m/초)의 속도로 움직이고, 물체 Q는 일정한 속도 v_Q(m/초) $(v_Q>0)$로 움직인다. 두 물체가 만나게 되는 v_Q의 값 중에서 최소인 것을 a라 하자. $v_Q=a$일 때, 두 물체는 Q가 처음에 있었던 위치보다 a m만큼 떨어진 위치에서 만나게 된다. a의 값을 구하시오. (4점)

단서2 두 물체가 만난다는 것은 만나는 시각에서의 두 물체의 위치가 같다는 의미야.

1st 두 물체 P, Q의 위치를 각각 시각 t에 대한 식으로 나타내자.

물체 Q의 처음 위치를 0이라 놓고 t초 후의 물체 P, Q의 위치를 각각 x_P, x_Q라 하면

$x_P=72+\int_0^t 4t\,dt=2t^2+72$ ⋯ ㉠

수직선 위를 움직이는 점 P의 시각 t에서의 속도를 $v(t)$, 위치를 $x(t)$라 하면 $t=a$에서 점 P의 위치는 $x(a)=x(0)+\int_0^a v(t)dt$

$x_Q=v_Qt$ ⋯ ㉡

2nd 두 물체가 만날 때의 v_Q의 값을 t에 대한 식으로 나타내 봐.

두 물체가 만나려면 $x_P=x_Q$이므로 ㉠, ㉡에서

$2t^2+72=v_Qt$

$\therefore v_Q=2t+\frac{72}{t}$

실수 $2t^2+72=v_Qt$까지 식을 세운 후에 어떻게 해야할지 고민할 필요없어. v_Q의 최솟값을 구할 거니까 v_Q에 대해 풀면 되지.

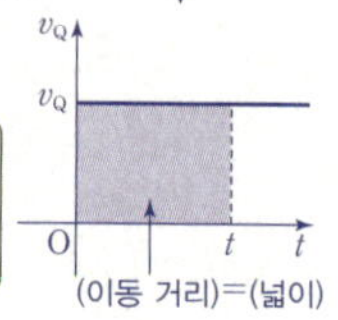

(이동 거리)=(넓이)

물체 Q의 처음 위치를 k라 하면

$x_P=k+72+\int_0^t 4t\,dt=2t^2+k+72$, $x_Q=k+v_Qt$야.

이때, 두 물체가 만나면 $x_P=x_Q$이므로

$2t^2+k+72=k+v_Qt$에서 $v_Q=2t+\frac{72}{t}$가 되지?

즉, 물체 Q의 처음 위치를 무엇으로 놓더라도 그 결과는 같아지므로 편의상 0이라 하여 식을 간단히 놓고 시작하게 한 거야.

3rd $2t+\frac{72}{t}$의 최솟값을 구하자.

$x>0$, $y>0$일 때, $\frac{x+y}{2}\ge\sqrt{xy}$ (단, 등호는 $x=y$일 때 성립)

이때, $t>0$이므로 산술평균과 기하평균의 관계에 의하여

$v_Q=2t+\frac{72}{t}\ge 2\sqrt{2t\cdot\frac{72}{t}}=24$ $\left(\text{단, 등호는 } 2t=\frac{72}{t}\text{일 때 성립}\right)$

즉, $2t=\frac{72}{t}$에서 $t=6$일 때 v_Q는 최솟값 $a=24$를 갖는다.

따라서 $t=6$일 때 $v_Q=24$이고, 물체 Q의 처음 위치를 0이라 했으므로 두 물체 P, Q는 Q가 처음에 있었던 위치보다 $24\times 6=144$(m) 떨어진 위치에서 만나게 된다.

$\therefore a=144$

$2t=\frac{72}{t}$에서 $2t^2=72$
$t^2=36$ $\therefore t=\pm 6$
이때, $t>0$이므로 $t=6$이야.

수능 핵강

수직선 위를 움직이는 물체의 시각 t에서의 속도 $v(t)$와 $t=a$에서의 위치 x_0을 알 때, 이 물체의 시각 t에서의 위치 $x(t)$와 위치의 변화량을 구해 보자.

즉, 시각 t에 대한 위치 $x(t)$의 변화량은 $x'(t)=\frac{dx(t)}{dt}=v(t)$이고

시각 a에서 t까지 위치는 $\int_a^t x'(t)dt=x(t)-x(a)=\int_a^t v(t)dt$ ⋯ ㉠

이때, 시각 $t=a$에서의 위치가 x_0이면 $x(a)=x_0$이므로 시각 t에서 위치를 구하면 $x(t)=x_0+\int_a^t v(t)dt$

또한, 시각 $t=a$에서 $t=b$까지 물체의 위치의 변화량은 $x(b)-x(a)$이므로 ㉠에 의하여 $x(b)-x(a)=\int_a^b v(t)dt$임도 알고 있자.

F 68 정답 ① *적분을 이용한 점이 움직인 거리 …… [정답률 38%]

정답 공식: 속도 $v(t)$의 그래프를 좌표평면 위에 나타낸다. $t<1$일 때, $t=0$에서 $t=x$까지 움직인 거리가 최소이고, $1<t<2$일 때, $t=x+2$에서 $t=5$까지 움직인 거리가 최소이다.

원점을 출발하여 수직선 위를 움직이는 점 P의 시각 $t(0\le t\le 5)$에서의 속도 $v(t)$가 다음과 같다.

$$v(t)=\begin{cases} 4t & (0\le t<1) \\ -2t+6 & (1\le t<3) \\ t-3 & (3\le t\le 5)\end{cases}$$

$0<x<3$인 실수 x에 대하여 점 P가

시각 $t=0$에서 $t=x$까지 움직인 거리,

시각 $t=x$에서 $t=x+2$까지 움직인 거리,

시각 $t=x+2$에서 $t=5$까지 움직인 거리

중에서 최소인 값을 $f(x)$라 할 때, 옳은 것만을 [보기]에서 있는 대로 고른 것은? (4점)

단서 각 구간에서 점 P가 움직인 거리는 각각 $\int_0^x v(t)dt$, $\int_x^{x+2} v(t)dt$, $\int_{x+2}^5 v(t)dt$야.

[보기]

ㄱ. $f(1)=2$

ㄴ. $f(2)-f(1)=\int_1^2 v(t)dt$

ㄷ. 함수 $f(x)$는 $x=1$에서 미분가능하다.

① ㄱ ② ㄴ ③ ㄱ, ㄴ ④ ㄱ, ㄷ ⑤ ㄴ, ㄷ

1st 속도 $v(t)$의 그래프부터 그리자.

문제의 주어진 조건을 이용하여 $v(t)$의 그래프를 그리면 다음과 같다.

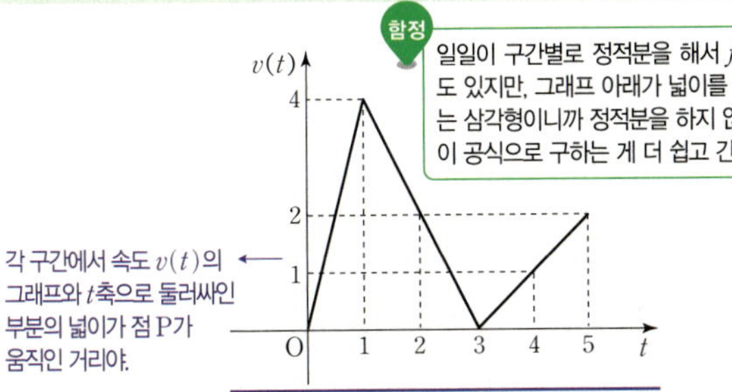

각 구간에서 속도 $v(t)$의 그래프와 t축으로 둘러싸인 부분의 넓이가 점 P가 움직인 거리야.

함정 일일이 구간별로 정적분을 해서 $f(x)$를 구할 수도 있지만, 그래프 아래가 넓이를 쉽게 구할 수 있는 삼각형이니까 정적분을 하지 않고 삼각형의 넓이 공식으로 구하는 게 더 쉽고 간편해.

2nd $x=1$, $x=2$일 때 각각 움직인 거리들을 구해.

ㄱ. $x=1$일 때,

$t=0$에서 $t=1$까지 움직인 거리는 $\frac{1}{2}\times1\times4=2$ → $\int_0^1 v(t)dt$

$t=1$에서 $t=3$까지 움직인 거리는 $\frac{1}{2}\times2\times4=4$ → $\int_1^3 v(t)dt$

$t=3$에서 $t=5$까지 움직인 거리는 $\frac{1}{2}\times2\times2=2$ → $\int_3^5 v(t)dt$

$\therefore f(1)=2$ (참)

ㄴ. $x=2$일 때,

$t=0$에서 $t=2$까지 움직인 거리는

$\frac{1}{2}\times3\times4-\frac{1}{2}\times1\times2=5$ → $\int_0^2 v(t)dt$

$t=2$에서 $t=4$까지 움직인 거리는

$\frac{1}{2}\times1\times2+\frac{1}{2}\times1\times1=\frac{3}{2}$ → $\int_2^4 v(t)dt$

$t=4$에서 $t=5$까지 움직인 거리는

$\frac{1}{2}\times(1+2)\times1=\frac{3}{2}$ → $\int_4^5 v(t)dt$

따라서 $f(2)=\frac{3}{2}$이므로

$f(2)-f(1)=\frac{3}{2}-2(\because ㄱ)$

$=-\frac{1}{2}$

그런데 $\int_1^2 v(t)dt=\frac{1}{2}\times(4+2)\times1=3$이므로

$f(2)-f(1)\ne\int_1^2 v(t)dt$ (거짓)

3rd $0<x<1$, $1\le x<3$일 때로 나누어 함수 $f(x)$를 구해.

ㄷ. (i) $0<x<1$일 때,

함수 $f(x)$는 $t=0$에서 $t=x$까지 움직인 거리이므로

$f(x)=\frac{1}{2}\times x\times4x=2x^2$

(ii) $1\le x<3$일 때,

함수 $f(x)$는 $t=x+2$에서 $t=5$까지 움직인 거리이므로

$f(x)=2\times2\times\frac{1}{2}-\frac{1}{2}\times(x-1)^2$

$=2-\frac{1}{2}(x-1)^2$

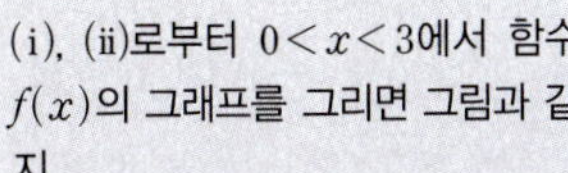

(i), (ii)에서 좌미분계수와 우미분계수를 구하면

$\lim_{x\to1-} f'(x)=\lim_{x\to1-} 4x=4$

$\lim_{x\to1+} f'(x)=\lim_{x\to1+} \{-(x-1)\}=0$

따라서 함수 $f(x)$는 $x=1$에서 (좌미분계수)≠(우미분계수)이므로 미분계수가 존재하지 않는다. (거짓)

따라서 옳은 것은 ㄱ이다.

수능 핵강

(i), (ii)로부터 $0<x<3$에서 함수 $f(x)$의 그래프를 그리면 그림과 같지.

이때, 뾰족점에서 미분불가능함을 기억하자.

따라서 함수 $f(x)$는 $x=1$에서 뾰족점을 가지므로 미분불가능이야.

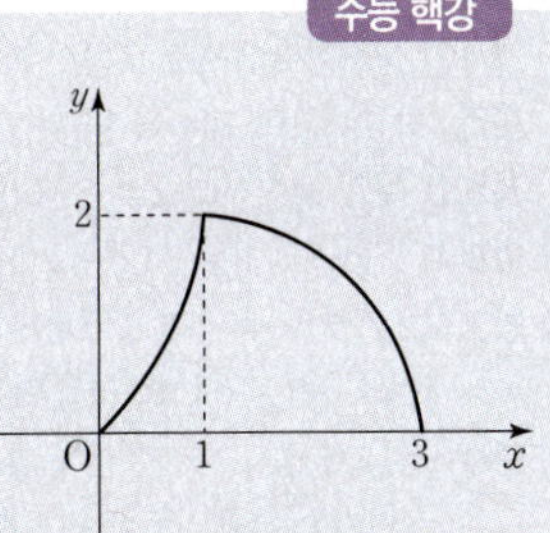

위치와 거리 개념·공식

원점에서 출발하여 수직선 위를 움직이는 점 P의 시각 t에서의 속도가 $v(t)$일 때,

① 시각 x에서의 점 P의 위치는 $\int_0^x v(t)dx$

② 시각 a부터 시각 b까지 점 P의 위치의 변화량은 $\int_a^b v(t)dx$

③ 시각 a부터 시각 b까지 점 P가 움직인 거리는 $\int_a^b |v(t)|dx$

2등급 킬러+1등급 킬러 문제

F 69 정답 ④ ✪ 1등급 킬러 [정답률 18%]

최고차항의 계수가 1인 삼차함수 $f(x)$의 도함수 $f'(x)$는 $x=-1$에서 최솟값을 갖는다. 방정식

단서1 최고차항의 계수가 1인 삼차함수 $f(x)$의 도함수 $f'(x)$는 최고차항의 계수가 3인 이차함수이고, $x=-1$에서 최솟값을 가지므로 함수 $f'(x)$의 대략적인 식을 세울 수 있을 거야.

$$|f(x)-f(-3)|=k$$

단서2 방정식 $|f(x)-f(-3)|=k$의 해는 함수 $y=|f(x)-f(-3)|$의 그래프와 직선 $y=k$의 교점의 수로 구할 수 있어. 이때, 함수 $y=|f(x)-f(-3)|$의 그래프는 함수 $y=f(x)$의 그래프에서 직선 $y=f(-3)$의 아랫부분을 직선 $y=f(-3)$을 기준으로 꺾어 올린 거야.

가 서로 다른 네 실근을 갖도록 하는 실수 k의 값의 범위는 $0<k<m$이다. 실수 m의 최댓값은? (5점)

① 8 ② 16 ③ 24 ④ 32 ⑤ 40

✪ 삼차함수에 대하여 절댓값 기호를 포함한 방정식이 서로 다른 네 실근을 갖도록 하는 상수 k의 값의 범위를 구하는 문제이다.
기본적인 삼차함수의 그래프의 개형을 이용하여 절댓값 기호를 포함한 함수의 그래프의 특징을 파악해야 한다. 또한, $f(-3)$의 값과 함수 $f(x)$의 극댓값, 극솟값을 비교하며 함수 $y=|f(x)-f(-3)|$의 그래프의 개형을 따져보는 것이 문제 해결의 포인트이다.

[풀이 단서 체크]

❶ 함수 $y=x^3$을 x에 대하여 미분하면 $y'=3x^2$이다. 즉, $f(x)$가 최고차항의 계수가 1인 삼차함수이므로 도함수 $f'(x)$는 최고차항의 계수가 3인 이차함수이다. 또한, 최고차항의 계수가 양수인 이차함수 $f'(x)$가 $x=-1$에서 최솟값을 가지므로 축의 방정식이 $x=-1$이다.
따라서 $f'(x)=3(x+1)^2+a$ (a는 상수) 라 할 수 있다. ⇒ 단서1

❷ 방정식 $|f(x)-f(-3)|=k$의 서로 다른 실근의 개수는 함수 $y=|f(x)-f(-3)|$의 그래프와 직선 $y=k$가 만나는 점의 개수이다. 이때, 함수 $y=|f(x)-f(-3)|$의 그래프는 $y=f(x)$의 그래프를 y축의 방향으로 $-f(-3)$만큼 평행이동한 뒤 x축 아랫부분을 x축을 기준으로 꺾어 올린 것이므로 $f(-3)$의 값이 가질 수 있는 범위를 나누어 그래프를 그린 후 직선 $y=k$와의 교점의 개수를 따져본다. ⇒ 단서2

주의 이 문제에서는 $f(-3)$이 극댓값이 되지만, 일반적인 경우 $f(-3)$의 값이 극값과 같다는 사실에서 $x=-3$에서 극값을 갖는다고 단정 지으면 안 된다.

핵심 정답 공식: 방정식 $|f(x)-f(-3)|=k$의 해는 함수 $y=|f(x)-f(-3)|$의 그래프와 직선 $y=k$의 교점의 수와 같다.

[문제 풀이 순서]

* 절댓값 기호를 사용한 방정식이 서로 다른 네 실근을 갖도록 하는 상수의 값의 범위를 그래프를 이용하여 구하기

1st 함수 $y=|f(x)-f(-3)|$의 그래프와 직선 $y=f(-3)$의 그래프를 이용하여 $f(-3)$의 값을 유추하자.

방정식 $|f(x)-f(-3)|=k$의 해는 함수 $y=|f(x)-f(-3)|$의 그래프와 직선 $y=k$의 교점의 수로 구할 수 있다.
이때, 함수 $y=|f(x)-f(-3)|$의 그래프는 삼차함수 $y=f(x)$의 그래프에 대하여 직선 $y=f(-3)$의 아랫부분을 직선 $y=f(-3)$을 기준으로 꺾어 올린 것이다.
따라서 다음과 같이 $f(-3)$의 값을 삼차함수 $f(x)$의 극값과 비교하여 경우를 나눈 후, 최고차항의 계수가 1, 즉 양수인 삼차함수의 그래프의 개형을 고려하여 함수 $y=|f(x)-f(-3)|$의 그래프를 그려보자.

(i) $f(-3)<$(함수 $f(x)$의 극솟값)인 경우
함수 $y=|f(x)-f(-3)|$의 그래프와 직선 $y=f(-3)$을 그리면 [그림 1]과 같다.

삼차함수 $y=f(x)$의 그래프의 개형이 ╱ 또는 ╱일 때는 $y=|f(x)-f(-3)|$의 그래프와 직선 $y=k$의 교점이 4개가 나올 수 없어. 따라서 $y=f(x)$의 그래프의 개형을 극댓값, 극솟값을 모두 갖는 형태로 그릴 거야.

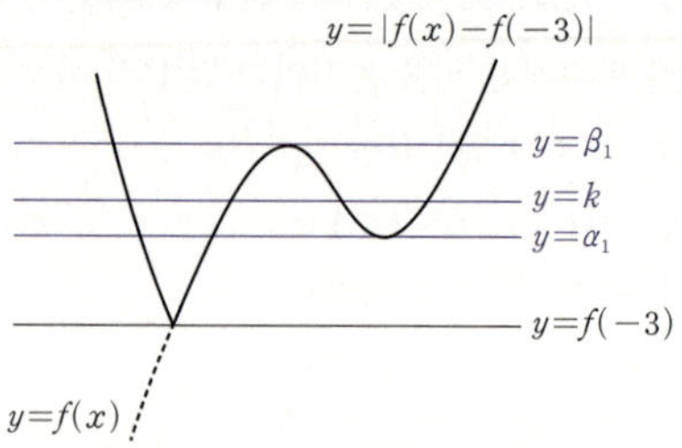

[그림 1]

이 경우 방정식 $|f(x)-f(-3)|=k$가 서로 다른 네 실근을 갖도록 하는 실수 k의 값의 범위를 $\alpha_1<k<\beta_1$ (단, α_1, β_1은 상수)이라 하자.
그런데 $\alpha_1=\{$(함수 $f(x)$의 극솟값)$-f(-3)\}>0$이므로 $0<k<m$이라는 조건을 만족시키지 않는다.

$f(-3)<$(함수 $f(x)$의 극솟값)이라 했으므로 $\alpha_1=\{$(함수 $f(x)$의 극솟값)$-f(-3)\}>0$이야. 즉, $0<k<m$에서 $\alpha_1=0$이어야 하는데 $\alpha_1>0$이므로 조건을 만족시키지 않지.

(ii) $f(-3)=$(함수 $f(x)$의 극솟값)인 경우
함수 $y=|f(x)-f(-3)|$의 그래프와 직선 $y=f(-3)$을 그리면 [그림 2]와 같다.

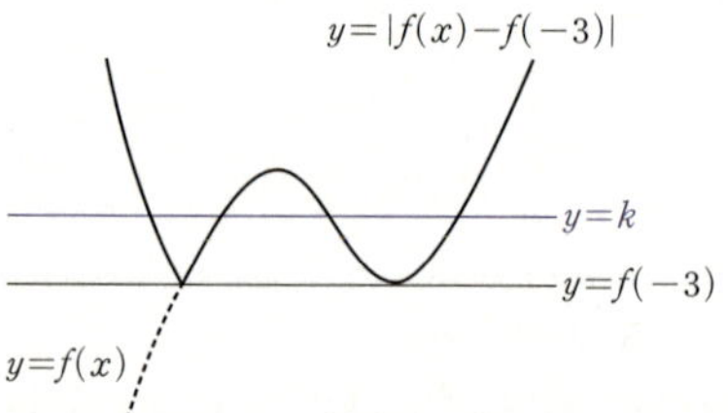

[그림 2]

이 경우 방정식 $|f(x)-f(-3)|=k$가 서로 다른 네 실근을 갖도록 하는 실수 k의 값의 범위는
$0<k<\{$(함수 $f(x)$의 극댓값)$-$(함수 $f(x)$의 극솟값)$\}$이 되므로 문제의 조건을 만족시킨다.

(iii) (함수 $f(x)$의 극솟값)$<f(-3)<$(함수 $f(x)$의 극댓값)인 경우
함수 $y=|f(x)-f(-3)|$의 그래프와 직선 $y=f(-3)$을 그리면 [그림 3]과 같다.

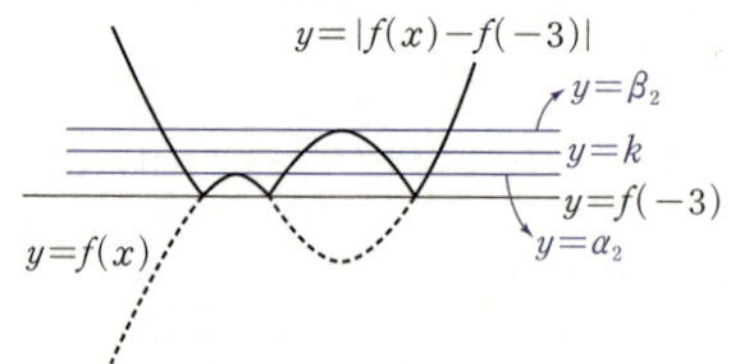

[그림 3]

이 경우 방정식 $|f(x)-f(-3)|=k$가 서로 다른 네 실근을 갖도록 하는 실수 k의 값의 범위를 $\alpha_2<k<\beta_2$ (단, α_2, β_2는 상수)라 하자.
이 경우도 $\alpha_2>0$이므로 $0<k<m$이라는 조건을 만족시키지 않는다.

(iv) $f(-3)=$(함수 $f(x)$의 극댓값)인 경우
함수 $y=|f(x)-f(-3)|$의 그래프와 직선 $y=f(-3)$을 그리면 [그림 4]와 같다.

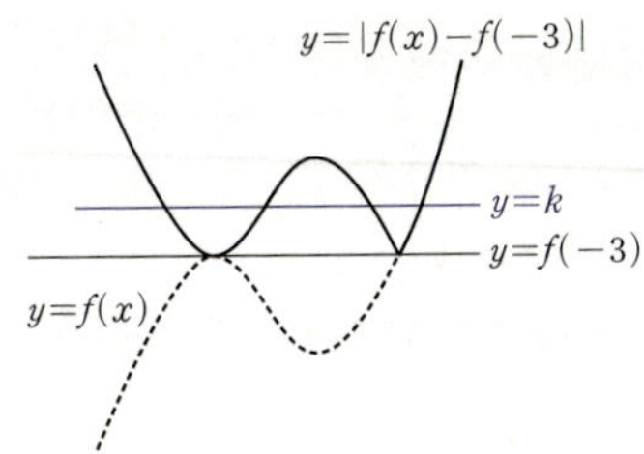

[그림 4]

이 경우 방정식 $|f(x)-f(-3)|=k$가 서로 다른 네 실근을 갖도록 하는 실수 k의 값의 범위는

$0<k<\{$(함수 $f(x)$의 극댓값)$-$(함수 $f(x)$의 극솟값)$\}$

이므로 문제의 조건을 만족시킨다.

(v) $f(-3)>$(함수 $f(x)$의 극댓값)인 경우

함수 $y=|f(x)-f(-3)|$의 그래프와 직선 $y=f(-3)$을 그리면 [그림 5]와 같다.

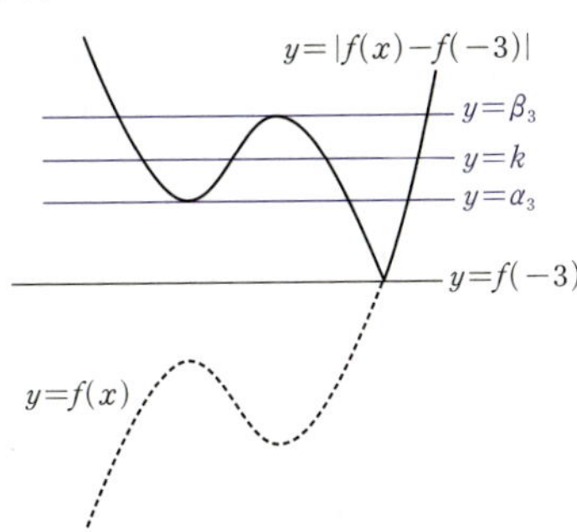

[그림 5]

이 경우 방정식 $|f(x)-f(-3)|=k$가 서로 다른 네 실근을 갖도록 하는 실수 k의 값의 범위를 $\alpha_3<k<\beta_3$ (단, α_3, β_3은 상수)이라 하자.

그런데 $\alpha_3=\{f(-3)-$(함수 $f(x)$의 극댓값)$\}>0$이므로

$0<k<m$이라는 조건을 만족시키지 않는다.

$f(-3)>$(함수 $f(x)$의 극댓값)이라 했으므로 $\alpha_3=\{f(-3)-$(함수 $f(x)$의 극댓값)$\}>0$이야.
즉, $0<k<m$에서 $\alpha_3=0$이어야 하는데 $\alpha_3>0$이므로 조건을 만족시키지 않지.

(i)~(v)에 의해 $f(-3)$의 값은 극솟값 또는 극댓값과 같음을 알 수 있다.

2nd 경우를 나누어 조건을 만족시키는 k의 값의 범위를 찾자.

최고차항의 계수가 1인 삼차함수 $f(x)$의 도함수 $f'(x)$가 $x=-1$에서 최솟값을 갖는다고 했고, $f(-3)$의 값이 극값과 같아야 하므로 $y=f(x)$의 그래프의 개형은 다음의 두 가지 경우가 될 수 있다.

(1) $f(-3)$과 $f(x)$의 극솟값이 같을 경우

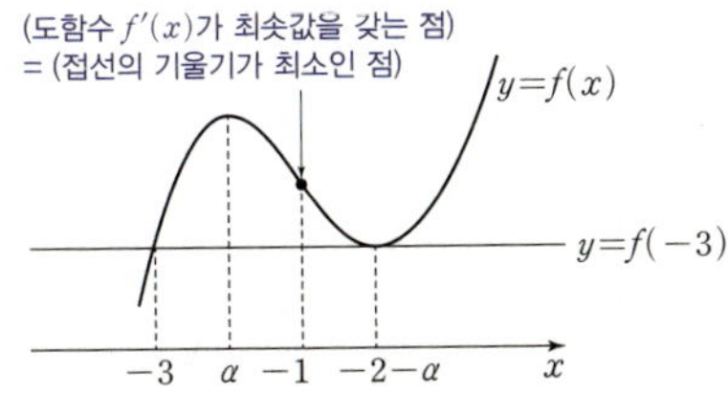

(2) $x=-3$에서 $f(x)$가 극댓값을 갖는 경우

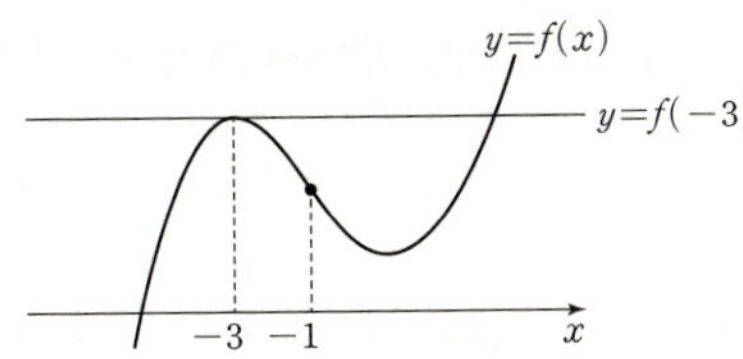

(1)의 경우

최고차항의 계수가 1인 삼차함수 $f(x)$의 도함수 $f'(x)$가 $x=-1$에서 최솟값을 갖는다고 했으므로

$f'(x)=3(x+1)^2+a=3x^2+6x+3+a$ (단, a는 상수)로 놓자.

위의 (1)의 그림과 같이 함수 $f(x)$가

$x=\alpha$, $x=-2-\alpha\,(-3<\alpha<-1)$에서 극값을 갖는다고 하면

$x=\alpha$에서 $f(x)$가 극값을 가지면 $f'(\alpha)=0$이고, $f'(x)$가 $x=-1$에 대하여 대칭이므로 $f'(-2-\alpha)=0$이 돼.

이차방정식의 근과 계수의 관계에 의해

$\alpha(-2-\alpha)=\dfrac{3+a}{3}$ $\quad\therefore 3+a=-3\alpha(2+\alpha)\cdots$ ㉠

또한,

$$f(x)=\int f'(x)dx$$
$$=\int(3x^2+6x+3+a)dx$$
$$=x^3+3x^2+(3+a)x+C_1 \text{ (단, } C_1\text{은 적분상수)}$$

이고, $f(-3)=f(-2-\alpha)$이므로

$-27+27-3(3+a)+C_1$

$=(-2-\alpha)^3+3(-2-\alpha)^2+(3+a)(-2-\alpha)+C_1$

에서

$9\alpha(2+\alpha)+(2+\alpha)^3-3(2+\alpha)^2-3\alpha(2+\alpha)^2=0$ ($\because$ ㉠)

$(2+\alpha)(9\alpha+4+4\alpha+\alpha^2-6-3\alpha-6\alpha-3\alpha^2)=0$

$-2(2+\alpha)(\alpha-1)^2=0$ $\quad\therefore \alpha=-2$ ($\because -3<\alpha<-1$)

$\alpha=-2$를 ㉠에 대입하면

$3+a=0$ $\quad\therefore a=-3$

따라서 $f(x)=x^3+3x^2+C_1$ (단, C_1은 적분상수)이고, **1st**에서 k의 값의 범위가 $0<k<\{$(함수 $f(x)$의 극댓값)$-$(함수 $f(x)$의 극솟값)$\}$이라 했으므로

$f(-2)=-8+12+C_1=4+C_1$, $f(0)=C_1$

$\alpha=-2$이므로 $-2-\alpha=-2-(-2)=0$이야.

에서 $0<k<4$

$(4+C_1)-C_1=4$

$\therefore m=4$

(2)의 경우

함수 $f(x)$가 $x=-3$에서 극댓값을 가지므로 $f'(-3)=0$

$f'(x)=3(x+1)^2+a$ (단, a는 상수)에 $x=-3$을 대입하면

$3\times(-3+1)^2+a=0$ $\quad\therefore a=-12$

즉, $f'(x)=3(x+1)^2-12$에서

$f'(x)=3x^2+6x-9=3(x+3)(x-1)$

$f'(x)=0$에서 $x=-3$ 또는 $x=1$이므로

(2)의 그림에 의해

함수 $f(x)$는 $x=1$에서 극솟값을 갖는다.

$$f(x)=\int f'(x)dx$$
$$=\int(3x^2+6x-9)dx$$
$$=x^3+3x^2-9x+C_2 \text{ (단, } C_2\text{는 적분상수)}$$

(1)과 마찬가지로 k의 값의 범위는

$0<k<\{(f(x)$의 극댓값$)-(f(x)$의 극솟값$)\}$이고

$f(-3)=-27+27+27+C_2=27+C_2$,

$f(1)=1+3-9+C_2=-5+C_2$

에서 $0<k<32$

$(27+C_2)-(-5+C_2)=32$

$\therefore m=32$

3rd 실수 m의 최댓값을 구하자.

따라서 (1), (2)에 의해 m의 최댓값은 32이다.

[1등급 심화 특강]

〈삼차함수의 그래프의 특징〉

삼차함수의 그래프에는 다음과 같은 대칭성과 등분의 법칙이 있어. 그림에서 '변곡점'이라는 용어가 나오는데 이 점은 곡선의 볼록과 오목이 바뀌는 점으로 삼차함수 $f(x)$의 도함수인 이차함수 $f'(x)$의 꼭짓점이 돼. 변곡점에 대한 것은 [미적분] 과목에서 더 자세히 다루고 있지만, [수학Ⅱ]를 배우는 학생들은 위의 내용 정도만 알아두어도 큰 무리는 없어.

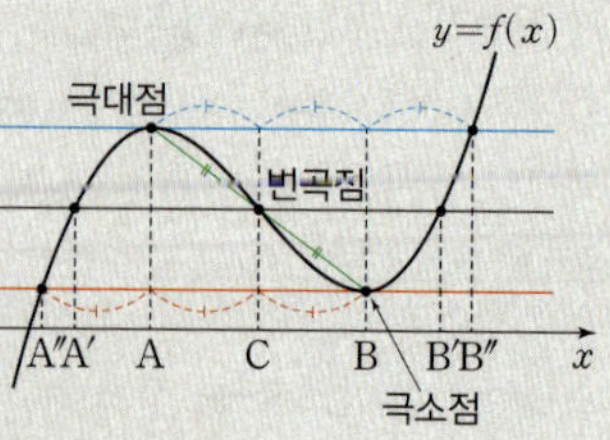

즉, 위의 그림에 대하여 다음이 성립해.

(1) $\overline{AC}=\overline{BC}$

(2) $\overline{AC}=\overline{CB}=\overline{BB''}$, $\overline{A''A}=\overline{AC}=\overline{CB}$

(3) $\overline{A'C}=\sqrt{3}\,\overline{AC}$, $\overline{B'C}=\sqrt{3}\,\overline{BC}$

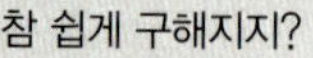

이제, 여기에서 다룬 삼차함수의 성질을 이용하여 위의 문제 풀이에서의 a의 값을 쉽게 구해보자.

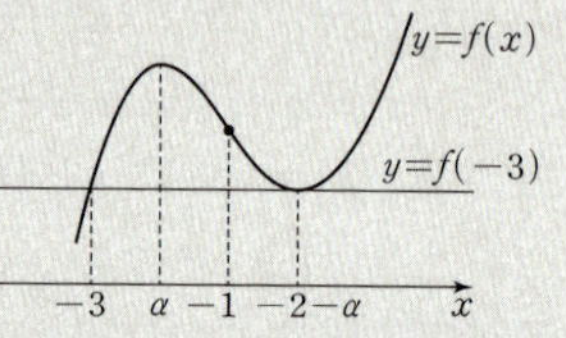

위의 (2)의 성질에 의해

$a-(-3)=-1-a$이므로

$2a=-4 \quad \therefore a=-2$

참 쉽게 구해지지?

여기에서 다룬 삼차함수의 그래프의 대칭성과 등분의 법칙에 대한 내용은 앞으로 고난도 문제를 다룰 때 요긴하게 쓸 수 있는 스킬이니까 꼭 알아두었으면 좋겠어!!

1등급 풀이 Tip

주어진 조건을 만족시키는 k의 값의 범위는 $0<k<m$이므로 아주 작은 양수 k에 대해서 방정식 $|f(x)-f(-3)|=k$가 서로 다른 네 실근을 갖는다.

그런데 방정식 $f(x)=f(-3)$의 서로 다른 실근의 개수가 1 또는 3이면 아주 작은 양수 k에 대해 방정식 $|f(x)-f(-3)|=k$의 서로 다른 실근의 개수는 2 또는 6임을 알 수 있다.

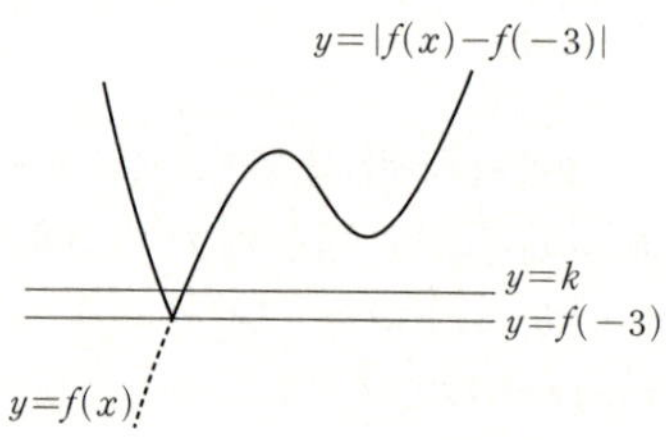

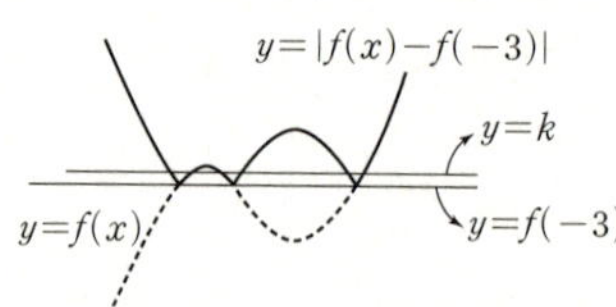

따라서 아주 작은 양수 k에 대해 방정식 $|f(x)-f(-3)|=k$가 서로 다른 4개의 실근을 가지려면 방정식 $f(x)=f(-3)$의 서로 다른 실근의 개수가 2임을 알 수 있다.

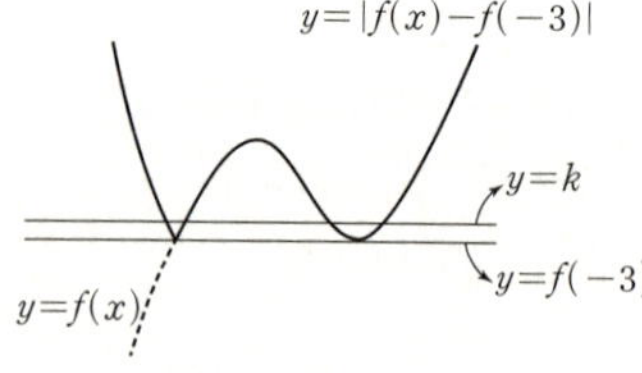

도함수가 주어질 때 함수 구하기 개념·공식

함수 $f(x)$의 도함수 $f'(x)$가 주어지면 다음과 같은 순서로 함수 $f(x)$를 구한다.

① $f(x)=\int f'(x)dx$임을 이용하여 $f(x)$를 적분상수 C를 포함한 식으로 나타낸다.

② 주어진 함숫값을 이용하여 적분상수 C를 구한다.

③ ②에서 구한 적분상수 C를 ①에서 구한 식에 대입하여 함수 $f(x)$를 구한다.

F 70 정답 137

1등급 킬러 [정답률 19%]

다항함수 $f(x)$가 다음 조건을 만족시킨다.

(가) $\lim_{x\to\infty}\frac{f(x)}{x^4}=1$

(나) $f(1)=f'(1)=1$

단서1 $-1\le x<5$에서 함수 $g(x)$는 $x=0$, $x=1$, $x=2$, $x=3$, $x=4$를 기준으로 함수식이 변하니까 열린구간 $(-1, 5)$에서 미분가능하려면 함수식이 변하는 점에서 연속이고 좌미분계수와 우미분계수가 같아야 해.

$-1\le n\le 4$인 정수 n에 대하여 함수 $g(x)$를

$g(x)=f(x-n)+n \ (n\le x<n+1)$

이라 하자. 함수 $g(x)$가 열린구간 $(-1, 5)$에서 미분가능할 때, $\int_0^4 g(x)dx=\frac{q}{p}$이다. $p+q$의 값을 구하시오. (단, p, q는 서로소인 자연수이다.) (4점)

단서2 함수 $g(x)$가 $f(x)$를 어떻게 평행이동한 것인지 파악하여 구간을 나눠 정적분해야 해.

어떤 함수가 어떤 구간에서 미분가능하면 그 함수는 그 구간에서 연속이고 미분계수가 존재해야 함을 이용하여 다항함수를 구하고 그 함수의 정적분의 값을 구하는 문제이다.

특히, 이 문제는 정적분의 값을 계산할 때 x축의 방향으로 평행이동한 함수의 정적분의 값이 모두 같음을 이용하여 적분 구간을 일치시켜 계산하는 것이 핵심이다.

[풀이 단서 체크]

❶ 먼저, 미분가능성을 이용하여 함수 $f(x)$를 구해야 한다.

주어진 함수 $g(x)$는 구간별로 서로 다른 다항함수이다. 이때, 다항함수는 실수 전체의 집합에서 연속이고 미분가능하므로 함수가 바뀌는 지점의 x에서 미분가능성을 따져주어야 한다.

즉, $x=0$, $x=1$, $x=2$, $x=3$, $x=4$에서 함수 $g(x)$의 연속성과 미분계수가 존재함을 이용하여 함수 $f(x)$의 조건을 찾아 함수 $f(x)$의 식을 완성해야 한다. ⇒ 단서1

❷ 이제, 각 구간에서의 함수 $g(x)$의 특징을 파악하여 함수 $g(x)$의 정적분의 값을 구하면 된다.

함수 $f(x-n)$은 함수 $f(x)$를 x축의 방향으로 n만큼 평행이동한 함수이므로 $\int_n^{n+1} f(x-n)dx=\int_0^1 f(x)dx$임을 파악하여 정적분의 값을 구한다. ⇒ 단서2

주의 $x=1$에서 미분가능하면 실수 전체에서 미분가능하므로 $x=1$만 고려해도 된다.

핵심 정답 공식: 함수 $f(x)$가 $x=a$에서 미분가능하려면 $x=a$에서 연속이고 미분계수가 존재해야 한다.

[문제 풀이 순서]

* 함수 $g(x)$가 미분가능하도록 함수 $f(x)$를 결정하여 $g(x)$의 정적분의 값 구하기

1st 정수 $n(-1\le n\le 4)$에 대하여 함수 $g(x)$가 열린구간 $(-1, 5)$에서 미분가능함을 이용하여 함수 $f(x)$를 구하자.

$-1\le x<5$에서 함수 $g(x)$는

$g(x)=f(x-n)+n(n<x<n+1)$에

$$g(x)=\begin{cases} f(x+1)-1 & (-1\le x<0) \leftarrow n=-1\text{을 대입한 식이야.} \\ f(x) & (0\le x<1) \leftarrow n=0\text{을 대입한 식이야.} \\ f(x-1)+1 & (1\le x<2) \leftarrow n=1\text{을 대입한 식이야.} \\ \vdots & \\ f(x-4)+4 & (4\le x<5) \leftarrow n=4\text{를 대입한 식이야.} \end{cases}$$

이고 함수 $g(x)$가 열린구간 $(-1, 5)$에서 미분가능하므로 함수 $g(x)$는 $x=1$에서 연속이다.

$x=0, x=2, x=3, x=4$에서 연속임을 이용해도 $x=1$에서의 연속성을 따졌을 때와 같은 결과인 $f(1)=f(0)+1$을 얻게 돼.

실수: 미분가능한 함수는 연속이지만 그 역이 항상 성립하지는 않아.

이때, $g(1)=f(1-1)+1=f(0)+1$이고 ($x=1$에서의 함숫값이야.)

$\lim_{x\to 1+} g(x)=\lim_{x\to 1+}\{f(x-1)+1\}=f(0)+1$ ($x=1$에서의 우극한값이야.)

$\lim_{x\to 1-} g(x)=\lim_{x\to 1-} f(x)=f(1)$이므로

$g(1)=\lim_{x\to 1+} g(x)=\lim_{x\to 1-} g(x)$에서

$g(1)=f(0)+1=f(1)$ ($\to x=1$에서의 좌극한값이야.)

이때, 조건 (나)에 의해 $f(1)=1$이므로

$g(1)=f(0)+1=1 \quad \therefore f(0)=0 \cdots$ ㉠

또, 함수 $g(x)$의 $x=1$에서의 좌미분계수와 우미분계수가 같아야 한다.

이때,

$$\lim_{x\to 1+}\frac{g(x)-g(1)}{x-1}=\lim_{x\to 1+}\frac{f(x-1)+1-g(1)}{x-1}$$
$$=\lim_{x\to 1+}\frac{f(x-1)}{x-1}\ (\because g(1)=1)$$
$$=\lim_{x\to 0+}\frac{f(x)}{x}$$
$$=f'(0)$$

$\lim_{x\to 1+}\frac{f(x-1)}{x-1}$에서 $x-1=t$라 하면 $x\to 1+$일 때 $t\to 0+$이므로 $\lim_{x\to 1+}\frac{f(x-1)}{x-1}=\lim_{t\to 0+}\frac{f(t)}{t}$야.

이고

$$\lim_{x\to 1-}\frac{g(x)-g(1)}{x-1}=\lim_{x\to 1-}\frac{f(x)-f(1)}{x-1}$$
$$=f'(1)=1(\text{조건 (나)})$$

이므로

$\lim_{x\to 1+}\frac{g(x)-g(1)}{x-1}=\lim_{x\to 1-}\frac{g(x)-g(1)}{x-1}$에서 $f'(0)=1 \cdots$ ㉡

한편, 조건 (가)에 의해 함수 $f(x)$는 최고차항의 계수가 1인 사차함수이

조건 (가)의 $\lim_{x\to\infty}\frac{f(x)}{x^4}$에서 분모가 ∞인데, 극한값이 1로 존재하니까 다항함수인 $f(x)$의 차수가 분모의 차수랑 같아야 해. 이때, 분모의 차수가 4이니까 $f(x)$의 차수도 4이고 극한값이 1이니까 $f(x)$의 최고차항의 계수도 1이 되어야 해.

므로 $f(x)=x^4+ax^3+bx^2+cx+d$라 하면 ㉠에 의해 $d=0$이고

$f'(x)=4x^3+3ax^2+2bx+c$이므로 ㉡에 의해 $c=1$이다.

따라서 $f(x)=x^4+ax^3+bx^2+x$이고

$f'(x)=4x^3+3ax^2+2bx+1$이므로

조건 (나)에 의하여

$f(1)=1+a+b+1=1$에서 $a+b=-1 \cdots$ ㉢

$f'(1)=4+3a+2b+1=1$에서 $3a+2b=-4 \cdots$ ㉣

㉢, ㉣을 연립하여 풀면 $a=-2, b=1$

$\therefore f(x)=x^4-2x^3+x^2+x$

2nd $\int_0^4 g(x)dx$의 값을 구하자.

$$\therefore \int_0^4 g(x)dx$$
$$=\int_0^1 g(x)dx+\int_1^2 g(x)dx+\int_2^3 g(x)dx+\int_3^4 g(x)dx$$
$$=\int_0^1 f(x)dx+\int_1^2\{f(x-1)+1\}dx+\int_2^3\{f(x-2)+2\}dx+\int_3^4\{f(x-3)+3\}dx$$
$$=\int_0^1 f(x)dx+\int_0^1\{f(x)+1\}dx+\int_0^1\{f(x)+2\}dx+\int_0^1\{f(x)+3\}dx$$

$f(x-n)$은 함수 $f(x)$를 x축의 방향으로 n만큼 평행이동한 함수니까 $\int_0^1 f(x)dx$의 값과 $\int_n^{n+1} f(x-n)dx$의 값은 같아. 좌표평면에 그래프와 평행이동한 그래프를 함께 그려 보면 이해하기가 좀 더 쉬울 거야.

$$=\int_0^1\{4f(x)+6\}dx$$
$$=4\int_0^1 f(x)dx+\int_0^1 6dx$$
$$=4\int_0^1 (x^4-2x^3+x^2+x)dx+\int_0^1 6dx$$
$$=4\left[\frac{1}{5}x^5-\frac{1}{2}x^4+\frac{1}{3}x^3+\frac{1}{2}x^2\right]_0^1+\Big[6x\Big]_0^1$$
$$=\frac{122}{15}$$

따라서 $p=15, q=122$이므로

$p+q=15+122=137$

[1등급 심화 특강]

⟨$\int_n^{n+1} f(x-n)dx=\int_0^1 f(x)dx$를 그래프로 이해하기⟩

함수 $y=f(x-n)$의 그래프는 함수 $y=f(x)$의 그래프를 x축의 방향으로 n만큼 평행이동시킨 거야.

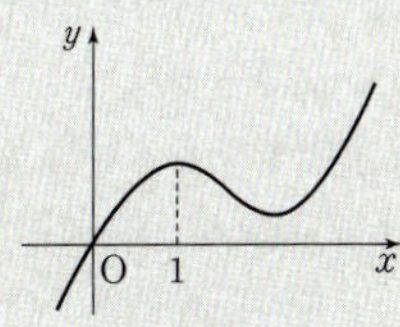

[그림 1]

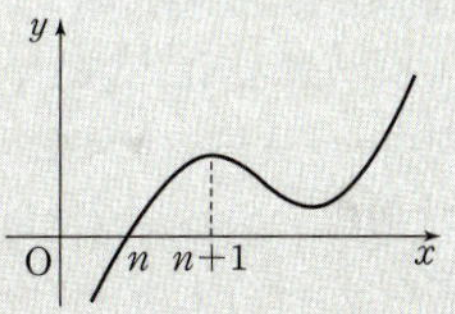

[그림 2]

즉, 함수 $y=f(x)$의 그래프가 [그림 1]과 같다면 함수 $y=f(x-n)$의 그래프는 [그림 2]와 같아. 즉, 구간 $[0, 1]$에서 함수 $y=f(x)$의 그래프와 구간 $[n, n+1]$에서 함수 $y=f(x-n)$의 그래프가 같으므로

$\int_n^{n+1} f(x-n)dx=\int_0^1 f(x)dx$가 성립해.

연속성과 미분가능성 개념·공식

① 함수 $f(x)$가 $x=a$에서 미분가능하면 $f(x)$는 $x=a$에서 연속이지만 $f(x)$가 $x=a$에서 연속이라고 해서 $f(x)$가 $x=a$에서 미분가능한 것은 아니다.

② 함수 $f(x)$가 $x=a$에서 미분가능하려면 다음 두 가지를 만족해야 한다.
(i) 함수 $f(x)$가 $x=a$에서 연속
(ii) 함수 $f(x)$의 $x=a$에서의 미분계수가 존재

F 71 정답 ③ *구간에 다라 다르게 정의된 함수의 정적분 ······ [정답률 40%]

(**정답 공식:** 구간에 따라 다르게 정의된 함수도 연속함수가 될 수 있다.)

실수 전체의 집합에서 연속인 두 함수 $f(x)$와 $g(x)$가 모든 실수

단서3 두 함수 $f(x)$와 $g(x)$가 실수 전체의 집합에서 연속이라고 했지, 꼭 하나의 식으로만 된 함수라고 하지는 않았어. 이점을 기억해. 구간에 따라 다르게 정의된 함수도 연속함수가 될 수 있어!!

x에 대하여 다음 조건을 만족시킨다.

(가) $f(x)\ge g(x)$

단서2 $f(x)\ge g(x)$를 만족시키는지는 두 함수 $y=x^2+1$, $y=3x-1$의 그래프를 그려보면 알 수 있겠지?

(나) $f(x)+g(x)=x^2+3x$

(다) $f(x)g(x)=(x^2+1)(3x-1)$

단서1 두 함수를 $y=x^2+1$, $y=3x-1$이라 할 때, 이 두 함수를 더하면 $y=x^2+3x$가 되니까 $f(x)$와 $g(x)$는 x^2+1, $3x-1$과 관련된 함수임을 알 수 있어.

$\int_0^2 f(x)dx$의 값은? (4점)

① $\frac{23}{6}$ ② $\frac{13}{3}$ ③ $\frac{29}{6}$ ④ $\frac{16}{3}$ ⑤ $\frac{35}{6}$

1st 먼저 주어진 조건 (나), (다)를 만족시키는 두 함수를 추론하자.

조건 (다)에서 두 함수 $f(x)g(x)$의 곱이 $(x^2+1)(3x-1)$이고 $f(x)$, $g(x)$는 무리함수, 분수함수 등은 될 수 없으므로 두 함수는 0이 아닌 실수 a에 대하여 $a(x^2+1)$, $\frac{1}{a}(3x-1)$과 같이 나타낼 수 있다.

두 함수 $f(x)$와 $g(x)$가 실수 전체의 집합에서 연속이라 했지? 특수한 경우를 제외하면, 무리함수는 근호 안이 음수가 되는 값에서 불연속이고, 분수함수는 분모를 0으로 만드는 값에서 불연속이야.

$2(x^2+1)$과 $\frac{1}{2}(3x-1)$, $-\frac{3}{5}(x^2+1)$과 $-\frac{5}{3}(3x-1)$, … 등

이때, 조건 (나)에서 $f(x)+g(x)=x^2+3x$라 했는데 $x^2+3x=(x^2+1)+(3x-1)$이므로 $a=1$임을 알 수 있다.

즉, $f(x)$, $g(x)$는 x^2+1과 $3x-1$에 대한 함수로 나타낼 수 있다.

2nd 조건 (가)를 만족시키는 연속함수 $f(x)$, $g(x)$를 구하자.

한편, 두 함수 $y=x^2+1$, $y=3x-1$에 대하여 조건 (가)를 만족시키는지 알아보기 위해 $y=x^2+1$, $y=3x-1$의 그래프를 그려보자.

우선, 두 함수 $y=x^2+1$, $y=3x-1$의 그래프의 교점의 x좌표를 구하기 위해 연립하면 $x^2+1=3x-1$

$x^2-3x+2=0$, $(x-1)(x-2)=0$ $\therefore x=1$ 또는 $x=2$

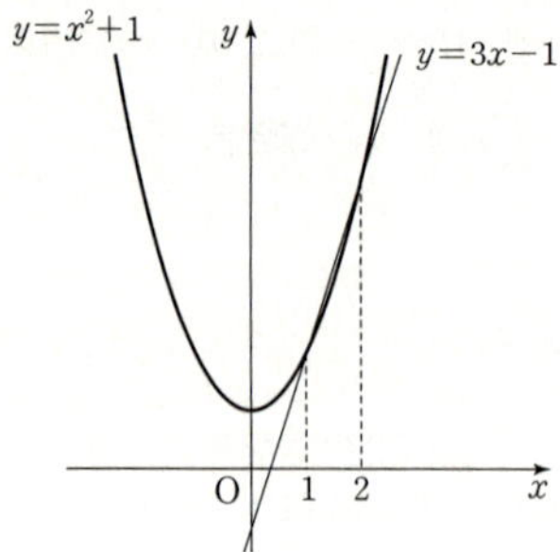

두 함수 $y=x^2+1$, $y=3x-1$의 그래프는 위의 그림과 같으므로 두 함수 $f(x)$와 $g(x)$는 $f(x)=x^2+1$, $g(x)=3x-1$처럼 각각 하나의 다항함수로 나타낼 수 없음을 알 수 있다.

$x=1$, $x=2$를 기준으로 두 함수 $y=x^2+1$과 $y=3x-1$의 대소 관계가 바뀌므로 $f(x)$와 $g(x)$를 x^2+1 또는 $3x-1$ 중 하나의 식만으로 나타내면 조건 (가)를 만족시킬 수 없어.

따라서 문제에서 두 함수 $f(x)$, $g(x)$는 실수 전체의 집합에서 연속이라 했으므로, $f(x)$와 $g(x)$는 각각 두 함수 $y=x^2+1$, $y=3x-1$에 대하여 조건 (가)를 만족시키면서 연속함수인, 구간에 따라 다르게 정의된 함수이면 된다.

즉, $x\le1$ 또는 $x\ge2$일 때, $x^2+1\ge3x-1$

$1<x<2$일 때, $x^2+1<3x-1$

이므로 조건 (가)를 만족시키는 함수 $f(x)$, $g(x)$는 각각 다음과 같다.

$$f(x)=\begin{cases} x^2+1 & (x\le1) \\ 3x-1 & (1<x<2) \\ x^2+1 & (x\ge2)\end{cases}$$

$$g(x)=\begin{cases} 3x-1 & (x\le1) \\ x^2+1 & (1<x<2) \\ 3x-1 & (x\ge2)\end{cases}$$

함정 '실수 전체의 집합에서 연속인'이라는 문제 첫 부분만 읽고 바로 두 함수 $f(x)$, $g(x)$가 다항함수라 생각해버리면 안 돼. 주어진 조건을 파악한 후, 구간에 따라 다르게 정의된 함수도 연속함수가 될 수 있다는 것을 캐치하여 $f(x)$, $g(x)$의 식을 파악해 내는 것이 이 문제의 핵심이야.

3rd 함수 $f(x)$를 구간을 나누어 정적분해.

$$\therefore \int_0^2 f(x)dx=\int_0^1(x^2+1)dx+\int_1^2(3x-1)dx$$

$$=\left[\frac{1}{3}x^3+x\right]_0^1+\left[\frac{3}{2}x^2-x\right]_1^2$$

$$=\frac{1}{3}+1+6-2-\left(\frac{3}{2}-1\right)$$

$$=\frac{29}{6}$$

연속함수 $f(x)$에 대하여 $\int_a^b f(x)dx=\int_a^c f(x)dx+\int_c^b f(x)dx$

톡톡 풀이

조건 (나)의 $f(x)+g(x)=x^2+3x$ … ㉠에서

$\{f(x)+g(x)\}^2=(x^2+3x)^2=x^4+6x^3+9x^2$

이고, 조건 (다)에서 $f(x)g(x)=(x^2+1)(3x-1)$이므로

$\{f(x)-g(x)\}^2=\{f(x)+g(x)\}^2-4f(x)g(x)$

$(A-B)^2=(A+B)^2-4AB$

$=x^4+6x^3+9x^2-4(x^2+1)(3x-1)$

$=x^4+6x^3+9x^2-4(3x^3-x^2+3x-1)$

$=x^4+6x^3+9x^2-12x^3+4x^2-12x+4$

$=x^4-6x^3+13x^2-12x+4$

$=(x-1)^2(x-2)^2$

$=\{(x-1)(x-2)\}^2$

1	1	−6	13	−12	4
		1	−5	8	−4
1	1	−5	8	−4	0
		1	−4	4	
2	1	−4	4	0	
		2	−4		
	1	−2	0		

이때, 조건 (가)에서 모든 실수 x에 대하여 $f(x)\ge g(x)$, 즉 $f(x)-g(x)\ge0$이므로

$f(x)-g(x)=|(x-1)(x-2)|$ … ㉡

따라서

$f(x)=\frac{1}{2}[\{f(x)+g(x)\}+\{f(x)-g(x)\}]$

이므로 ㉠, ㉡에 의해

$f(x)=\frac{1}{2}(x^2+3x+|(x-1)(x-2)|)$

그런데,

$$|(x-1)(x-2)|=\begin{cases} (x-1)(x-2) & (x\le1 \text{ 또는 } x\ge2) \\ -(x-1)(x-2) & (1<x<2)\end{cases}$$

$$=\begin{cases} x^2-3x+2 & (x\le1 \text{ 또는 } x\ge2) \\ -x^2+3x-2 & (1<x<2)\end{cases}$$

이므로

$$f(x)=\begin{cases} \frac{1}{2}(x^2+3x+x^2-3x+2) & (x\le1 \text{ 또는 } x\ge2) \\ \frac{1}{2}(x^2+3x-x^2+3x-2) & (1<x<2)\end{cases}$$

$$=\begin{cases} x^2+1 & (x\le1 \text{ 또는 } x\ge2) \\ 3x-1 & (1<x<2)\end{cases}$$

(이하 동일)

F 72 정답 37 ✪ 1등급 킬러 [정답률 9%]

$t\geq 6-3\sqrt{2}$인 실수 t에 대하여 실수 전체의 집합에서 정의된 함수 $f(x)$가

$$f(x)=\begin{cases} 3x^2+tx & (x<0) \\ -3x^2+tx & (x\geq 0) \end{cases}$$

단서1 함수 $f(x)$는 원점에 대하여 대칭인 함수이네? 그래프를 그려보자.

일 때, 다음 조건을 만족시키는 실수 k의 최솟값을 $g(t)$라 하자.

(가) 닫힌구간 $[k-1, k]$에서 함수 $f(x)$는 $x=k$에서 최댓값을 갖는다.

단서2 닫힌구간 $[k-1, k]$와 $[k, k+1]$ 모두 k의 값에 관계없이 구간의 길이가 항상 1로 일정함을 기억해.

(나) 닫힌구간 $[k, k+1]$에서 함수 $f(x)$는 $x=k+1$에서 최솟값을 갖는다.

$3\int_2^4 \{6g(t)-3\}^2 dt$의 값을 구하시오. (4점)

단서3 함수 $g(t)$가 t의 값의 범위에 따라 그래프가 달라지므로 닫힌구간 $[2, 4]$에서 함수 $\{6g(t)-3\}^2$의 범위를 나눠서 정적분해야 해.

✪ 이 문제는 원점에 대하여 대칭인 두 이차함수의 일부로 정의된 함수가 주어진 구간의 끝에서 최댓값 또는 최솟값을 갖도록 하는 함수의 미정계수를 구하는 것이다. 이를 위해서는 원점에 대하여 대칭인 함수 $y=f(x)$의 그래프를 그린 후, k의 값에 관계없이 길이가 항상 1인 구간을 이동시키며 조건을 만족시키는 k의 값의 범위를 찾아야 한다.

[풀이 단서 체크]

❶ 먼저, $f(0)=0$이고, $x<0$일 때, $-x>0$이므로

$f(x)+f(-x)=(3x^2+tx)+\{-3(-x)^2+t(-x)\}=0$이다.

또, $x>0$일 때, $-x<0$이므로

$f(x)+f(-x)=(-3x^2+tx)+\{3(-x)^2+t(-x)\}=0$이다.

따라서 모든 실수 x에 대하여 $f(x)+f(-x)=0$이므로 $f(x)$는 원점에 대해 대칭인 함수이다. 대칭축이 존재하는 이차함수의 그래프의 특징과 원점에 대하여 대칭인 그래프의 성질을 종합하여 $y=f(x)$의 그래프를 그려보자. ⇒ 단서1

❷ 두 닫힌구간 $[k-1, k]$와 $[k, k+1]$은 모두 k의 값에 관계없이 구간의 길이가 1이다.

$x\geq 0$ 또는 $x<0$에서 함수 $y=f(x)$의 그래프가 x축과 만나는 점과 원점 사이의 거리가 $\frac{t}{3}$이므로 이 거리가 주어진 구간의 길이인 1보다 크거나 같을 때와 작을 때로 경우를 나누어 두 조건 (가), (나)를 만족시키는 k의 값의 범위를 찾아 $g(t)$를 구한다. ⇒ 단서2

❸ 연속함수 $h(x)$에 대하여 $\int_a^b h(x)dx=\int_a^c h(x)dx+\int_c^b h(x)dx$이므로 정적분을 계산할 때, 적분해야 할 함수가 범위에 따라 식이 달라진다면, 적분 구간을 나누어 정적분을 구해야 한다. ⇒ 단서3

주의 최고차항의 계수가 양수인 이차함수에서 닫힌구간 $[a, b]$에서의 최댓값은 $f(a)$와 $f(b)$ 중 큰 값이고, 최고차항의 계수가 음수인 경우, 최솟값은 $f(a)$와 $f(b)$ 중 작은 값이다. 이를 바탕으로 이차함수의 그래프의 축의 위치에 주의하여 k의 값의 범위를 구해야 한다.

핵심 정답 공식: 닫힌구간 $[k-1, k]$와 닫힌구간 $[k, k+1]$의 구간의 길이가 각각 1이므로 길이가 1이고 x축에 평행한 두 선을 $y=f(x)$의 그래프 위에 그려서 함수 $f(x)$가 $x=k$에서 최댓값, $x=k+1$에서 최솟값을 가지게 되는 경우를 찾는다.

[문제 풀이 순서]

* 원점에 대하여 대칭인 함수가 길이가 일정한 특정 구간에서 최대 또는 최소가 되도록 하는 구간의 끝값 구하기

1st 함수 $y=f(x)$의 그래프의 개형을 그리기 위한 여러 기본 조건들을 찾자.

$f(x)=\begin{cases} 3x^2+tx & (x<0) \\ -3x^2+tx & (x\geq 0) \end{cases}$에서

함수 $y=f(x)$의 그래프는 원점에 대하여 대칭이고,

$x<0$일 때, $f'(x)=6x+t$,

$x>0$일 때, $f'(x)=-6x+t$

($x<0$에서 $f(x)=3x^2+tx$이므로 $f(-x)=3x^2-tx$이고, $-f(-x)=-3x^2+tx$이므로 $x\geq 0$에서의 함수와 일치하지? 따라서 함수 $y=f(x)$의 그래프는 원점에 대하여 대칭이야.)

이므로 함수 $f(x)$는 $x=-\frac{t}{6}$에서 극소, $x=\frac{t}{6}$에서 극대이다.

x	$\cdots$	$-\frac{t}{6}$	$\cdots$	$\frac{t}{6}$	$\cdots$
$f'(x)$	$-$	0	$+$	0	$-$
$f(x)$	↘	극소	↗	극대	↘

또한, $f(x)=0$을 만족시키는 x의 값은

$3x^2+tx=0$에서 $x=0$ 또는 $x=-\frac{t}{3}$

$-3x^2+tx=0$에서 $x=0$ 또는 $x=\frac{t}{3}$

즉, 함수 $y=f(x)$의 그래프는 x축과 $x=-\frac{t}{3}$ 또는 $x=0$ 또는 $x=\frac{t}{3}$인 점에서 만난다.

2nd 주어진 조건에서 구간 $[k-1, k]$, $[k, k+1]$의 길이가 1임을 이용하여 $\frac{t}{3}\geq 1$일 때의 함수 $g(t)$를 구하자.

이제, $f_1(x)=3x^2+tx$, $f_2(x)=-3x^2+tx$라 하자.

(i) $\frac{t}{3}\geq 1$, 즉 $t\geq 3$일 때,

함정: 조건 (가), (나)에서 닫힌구간 $[k-1, k]$, $[k, k+1]$ 모두 간격이 1이지? 따라서 함수 $y=f(x)$의 그래프가 x축과 만나는 점의 간격 $\frac{t}{3}$가 1보다 큰 경우와 작은 경우로 나눠서 생각해보도록 하자.

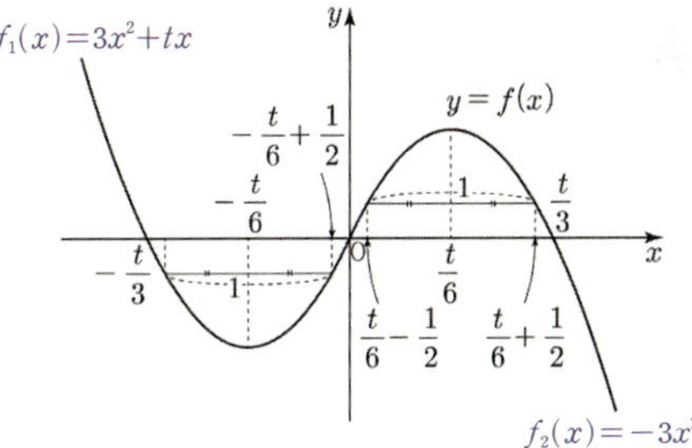

조건 (가)에서 닫힌구간 $[k-1, k]$의 길이는 k의 값에 관계없이 항상 1로 일정하다. 함수 $y=f_1(x)$의 그래프는 직선 $x=-\frac{t}{6}$에 대하여 대칭이므로 방정식 $f_1(k-1)=f_1(k)$를 만족시키는 k의 값은

$\frac{(k-1)+k}{2}=-\frac{t}{6}$에서 $k=-\frac{t}{6}+\frac{1}{2}$

($x=k-1$과 $x=k$의 중점이 $x=-\frac{t}{6}$가 되어야 해.)

또, 함수 $y=f_2(x)$의 그래프는 직선 $x=\frac{t}{6}$에 대하여 대칭이므로 방정식 $f_2(k-1)=f_2(k)$를 만족시키는 k의 값은

$\frac{(k-1)+k}{2}=\frac{t}{6}$에서 $k=\frac{t}{6}+\frac{1}{2}$

($x=k-1$과 $x=k$의 중점이 $x=\frac{t}{6}$가 되어야 해.)

이때, 함수 $f(x)$는 $x=\frac{t}{6}$에서 극대이므로

조건 (가)를 만족시키는 k의 값의 범위는

$-\frac{t}{6}+\frac{1}{2}\leq k\leq \frac{t}{6}$ … ㉠

(k의 값은 극댓값을 갖는 x의 값보다는 작거나 같아야 하고, $f(k-1)\leq f(k)$를 만족시키는 k의 값보다는 크거나 같아야 해.)

그리고, 조건 (나)에서 닫힌구간 $[k, k+1]$의 길이는 k의 값에 관계없이 항상 1로 일정하고 함수 $f(x)$는 $x=-\frac{t}{6}$에서 극소이므로 조건 (나)를 만족시키는 $k+1$의 값의 범위는

$k+1\leq -\frac{t}{6}$ 또는 $k+1\geq \frac{t}{6}+\frac{1}{2}$에서

($k+1$의 값은 극솟값을 갖는 x의 값보다는 작거나 같거나 또는 $f(k)\geq f(k+1)$을 만족시키는 $k+1$의 값보다 크거나 같아야 해.)

$k\leq -\frac{t}{6}-1$ 또는 $k\geq \frac{t}{6}-\frac{1}{2}$ … ㉡

㉠, ㉡에 의하여 $t\ge3$에서 조건 (가), (나)를 모두 만족시키는 k의 값의 범위는 $\frac{t}{6}-\frac{1}{2}\le k\le\frac{t}{6}$이고, 실수 k의 최솟값이 $g(t)$이므로

$g(t)=\frac{t}{6}-\frac{1}{2}=\frac{t-3}{6}$

3rd $\frac{t}{3}<1$일 때의 함수 $g(t)$를 구하자.

(ii) $\frac{t}{3}<1$, 즉 $6-3\sqrt{2}\le t<3$일 때

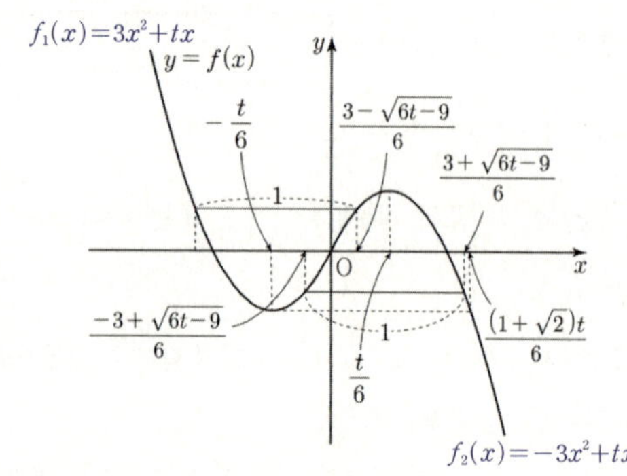

$f_1\left(-\frac{t}{6}\right)=3\times\left(-\frac{t}{6}\right)^2+t\left(-\frac{t}{6}\right)=-\frac{t^2}{12}$이므로

$f_2(x)=-\frac{t^2}{12}$을 만족시키는 양수 x의 값은 x에 대한 이차방정식

$-3x^2+tx=-\frac{t^2}{12}$의 양의 실근인 $x=\frac{(1+\sqrt{2})t}{6}$이다.

이차방정식 $-3x^2+tx=-\frac{t^2}{12}$, 즉 $36x^2-12tx-t^2=0$에서 근의 공식을 이용하여 해를 구하면 $x=\frac{6t\pm\sqrt{(-6t)^2+36t^2}}{36}=\frac{t\pm\sqrt{2}t}{6}=\frac{(1\pm\sqrt{2})t}{6}$

이때, $t\ge6-3\sqrt{2}$이므로

$\frac{(1+\sqrt{2})t}{6}-\left(-\frac{t}{6}\right)$

$=\frac{(2+\sqrt{2})t}{6}$

$\ge\frac{(2+\sqrt{2})(6-3\sqrt{2})}{6}=1$

조건 (가)에서 닫힌구간 $[k-1, k]$의 길이는 k의 값에 관계없이 항상 1로 일정하다.

$6-3\sqrt{2}\le t<3$에서 방정식 $f_1(k-1)=f_2(k)$를 만족시키는 k의 값은 k에 대한 방정식 $3(k-1)^2+t(k-1)=-3k^2+tk$의 실근인

$k=\frac{3-\sqrt{6t-9}}{6}$ 또는 $k=\frac{3+\sqrt{6t-9}}{6}$

이차방정식 $3(k-1)^2+t(k-1)=-3k^2+tk$에서
$3k^2-6k+3+tk-t+3k^2-tk=0$
$6k^2-6k+3-t=0$
$\therefore k=\frac{3\pm\sqrt{9-6(3-t)}}{6}=\frac{3\pm\sqrt{6t-9}}{6}$

이때, 함수 $f(x)$는 $x=\frac{t}{6}$에서 극대이므로 조건 (가)를 만족시키는 k의 값의 범위는

$\frac{3-\sqrt{6t-9}}{6}\le k\le\frac{t}{6}$ ⋯ ㉢

또한, 조건 (나)에서 닫힌구간 $[k, k+1]$의 길이는 k의 값에 관계없이 항상 1로 일정하고 함수 $f(x)$는 $x=-\frac{t}{6}$에서 극소이므로 조건 (나)를 만족시키는 $k+1$의 값의 범위는

$k+1\le-\frac{t}{6}$ 또는 $k+1\ge\frac{3+\sqrt{6t-9}}{6}$에서

$k\le-\frac{t}{6}-1$ 또는 $k\ge\frac{-3+\sqrt{6t-9}}{6}$ ⋯ ㉣

㉢, ㉣에 의하여 $6-3\sqrt{2}\le t<3$에서 조건 (가), (나)를 모두 만족시키는 k의 값의 범위는 $\frac{3-\sqrt{6t-9}}{6}\le k\le\frac{t}{6}$이고, 실수 k의 최솟값이 $g(t)$이므로

$g(t)=\frac{3-\sqrt{6t-9}}{6}$

(i), (ii)에 의하여

$$g(t)=\begin{cases}\frac{3-\sqrt{6t-9}}{6} & (6-3\sqrt{2}\le t<3)\\ \frac{t-3}{6} & (t\ge3)\end{cases}$$

4th 정적분 $3\int_2^4\{6g(t)-3\}^2dt$의 값을 구하자.

$\therefore 3\int_2^4\{6g(t)-3\}^2dt$

$=3\int_2^3\{6g(t)-3\}^2dt+3\int_3^4\{6g(t)-3\}^2dt$

$=3\int_2^3\left\{6\times\frac{3-\sqrt{6t-9}}{6}-3\right\}^2dt+3\int_3^4\left(6\times\frac{t-3}{6}-3\right)^2dt$

$=3\int_2^3(6t-9)dt+3\int_3^4(t-6)^2dt$

$=3\int_2^3(6t-9)dt+3\int_3^4(t^2-12t+36)dt$

$=3\left[3t^2-9t\right]_2^3+3\left[\frac{1}{3}t^3-6t^2+36t\right]_3^4$

$=3\times(27-27-12+18)+3\times\left(\frac{64}{3}-96+144-9+54-108\right)$

$=18+19=37$

쉬운 풀이

2nd 에서 $f_1(x)=3x^2+tx$, $f_2(x)=-3x^2+tx$라 하자.

(i) $\frac{t}{3}\ge1$, 즉 $t\ge3$일 때

[그림 1]과 같이 $f_2(k)=f_2(k+1)$이고, 구간의 길이가 각각 1이 되도록 두 구간 $[k-1, k]$, $[k, k+1]$을 잡으면 두 조건 (가), (나)를 모두 만족시켜.

닫힌구간 $[k-1, k]$에서 함수 $f(x)$는 $x=k$에서 최댓값을 갖고, 닫힌구간 $[k, k+1]$에서 함수 $f(x)$는 $x=k+1$에서 최솟값을 가져.

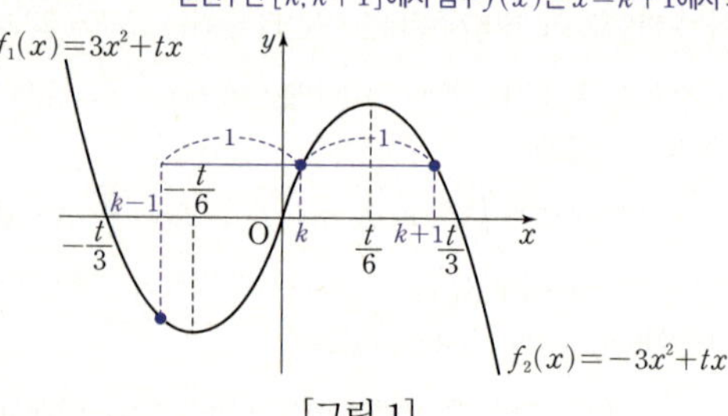

[그림 1]

이때, 구해야 하는 것이 k의 최솟값이니까 두 구간을 각각 왼쪽으로 약간씩 이동시켜보면 [그림 2]와 같게 되는데, 이 경우 조건 (가)는 만족시키지만 조건 (나)는 만족시키지 않아.

닫힌구간 $[k, k+1]$에서 함수 $f(x)$는 $x=k$에서 최솟값을 가져.

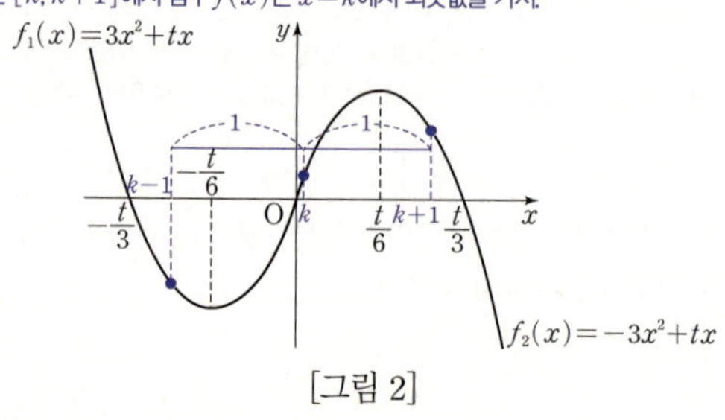

[그림 2]

즉, $t\geq3$일 때는 $f_2(k)=f_2(k+1)$을 만족시키는 k의 값이 k의 최솟값이므로

$\dfrac{k+(k+1)}{2}=\dfrac{t}{6}$에서 $k=\dfrac{t}{6}-\dfrac{1}{2}$

$\therefore g(t)=\dfrac{t}{6}-\dfrac{1}{2}\ (t\geq3)$

(ii) $\dfrac{t}{3}<1$, 즉 $6-3\sqrt{2}\leq t<3$일 때

[그림 3]과 같이 $f_1(k-1)=f_2(k)$이고, 구간의 길이가 각각 1이 되도록 두 구간 $[k-1, k]$, $[k, k+1]$을 잡으면 두 조건 (가), (나)를 모두 만족시켜.

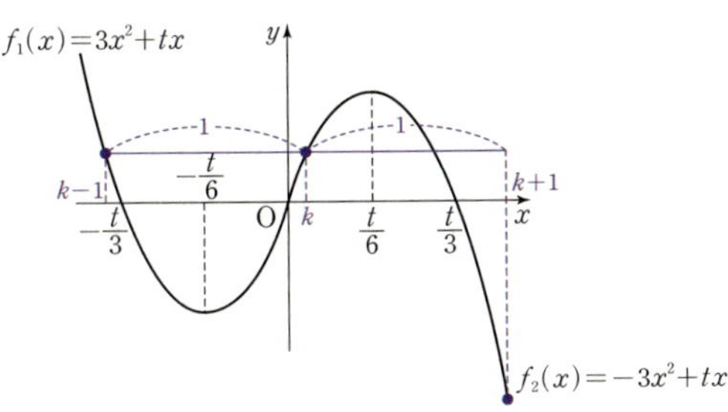

[그림 3]

이때, 구해야 하는 것이 k의 최솟값이니까 두 구간을 각각 왼쪽으로 약간씩 이동시켜보면 [그림 4]와 같게 되는데, 이 경우 조건 (나)는 만족시키지만 조건 (가)는 만족시키지 않아.
닫힌구간 $[k-1, k]$에서 함수 $f(x)$는 $x=k-1$에서 최댓값을 가져.

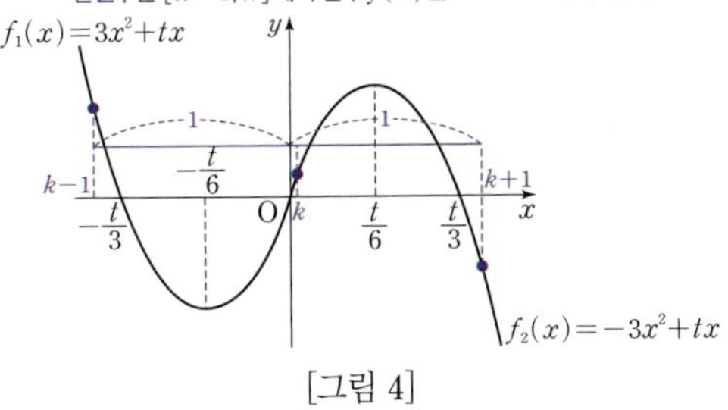

[그림 4]

즉, $6-3\sqrt{2}\leq t<3$일 때는 $f_1(k-1)=f_2(k)$를 만족시키는 k의 값이 k의 최솟값이므로

이차방정식 $3(k-1)^2+t(k-1)=-3k^2+tk$를 풀면

$k=\dfrac{3\pm\sqrt{6t-9}}{6}\ \cdots\ (\alpha)$

그런데 [그림 3]에서 $k<\dfrac{t}{6}\ \cdots\ (\beta)$이어야 하지?

$6-3\sqrt{2}\leq t<3$이니까 대략 $t=2$를 α, β의 k의 값에 대입해보면
$=1.7\times\times\times$

$k=\dfrac{3\pm\sqrt{12-9}}{6}=\dfrac{3\pm\sqrt{3}}{6}\ \cdots\ (\alpha')$

$k<\dfrac{2}{6}=\dfrac{1}{3}\ \cdots\ (\beta')$

β'을 만족시키는 α'의 값은 $k=\dfrac{3-\sqrt{3}}{6}$이므로

α에서 k의 최솟값은 $k=\dfrac{3-\sqrt{6t-9}}{6}$야.

$\therefore g(t)=\dfrac{3-\sqrt{6t-9}}{6}\ (6-3\sqrt{2}\leq t<3)$

(i), (ii)에 의하여

$$g(t)=\begin{cases}\dfrac{3-\sqrt{6t-9}}{6} & (6-3\sqrt{2}\leq t<3)\\ \dfrac{t}{6}-\dfrac{1}{2} & (t\geq3)\end{cases}$$

(이하 동일)

1등급 풀이 Tip

주어진 두 구간의 길이가 1이므로 $\frac{t}{3}$의 값이 1, 즉 $t=3$을 기준으로 t의 범위를 나누어야 한다. 그런 다음 최고차항의 계수가 양수인 이차함수에서 닫힌구간 $[a, b]$에서의 최댓값은 $f(a)$와 $f(b)$ 중 큰 값이고, 최고차항의 계수가 음수인 이차함수의 최솟값은 $f(a)$와 $f(b)$ 중 작은 값임을 활용하자. 즉, $f(k)$와 $f(k-1)$이 같거나, $f(k)$와 $f(k+1)$이 같을 때의 k를 t로 나타내어 이 값들을 기준으로 두 조건을 모두 만족시키는 k의 값의 범위를 잡은 후 k의 최솟값을 찾으면 이 값이 $g(t)$가 된다.

F 73 정답 167

1등급 킬러 [정답률 12%]

실수 전체의 집합에서 미분가능한 함수 $f(x)$가 다음 조건을 만족시킨다. **단서1** 미분가능하니까 $f(x)$는 연속함수야. 미분가능성과 ❶을 연관지어 생각해봐.

(가) 모든 실수 x에 대하여 $1\leq f'(x)\leq3$이다. ❶
(나) 모든 정수 n에 대하여 함수 $y=f(x)$의 그래프는 점 $(4n, 8n)$, 점 $(4n+1, 8n+2)$, 점 $(4n+2, 8n+5)$, 점 $(4n+3, 8n+7)$을 모두 지난다.
(다) 모든 정수 k에 대하여 닫힌구간 $[2k, 2k+1]$에서 함수 $y=f(x)$의 그래프는 각각 이차함수의 그래프의 일부이다.

단서2 구하는 것이 $\int_3^6 f(x)dx$의 값이니까 구간 $[3, 6]$에서의 함수 $f(x)$의 식을 구하면 돼.

$\int_3^6 f(x)dx=a$라 할 때, $6a$의 값을 구하시오. (4점)

이 문제는 조건을 만족시키는 함수 $f(x)$의 식을 구간을 나누어 구하고 구간에 따라 다르게 정의된 함수인 $f(x)$의 정적분의 값을 구하는 문제이다.
구간 $[2k, 2k+1]$에서의 함수 $f(x)$는 이차함수이지만 이 구간을 제외한 구간에서의 함수 $f(x)$가 어떤 함수인지 주어지지 않았기 때문에 함수의 모양이 바뀌는 점에서의 미분가능성과 함수 $f(x)$의 미분계수의 범위를 이용하여 구간 $[2k, 2k+1]$을 제외한 구간에서의 함수 $f(x)$를 구하는 것이 문제 해결의 키포인트이다.

[풀이 단서 체크]

❶ 먼저, 함수 $f(x)$가 어떤 함수인지 알 수 없기 때문에 구하는 것이 무엇인지 확인하자.
구하는 것은 구간 $[3, 6]$에서의 함수 $f(x)$의 정적분의 값이므로 이 구간에서의 함수 $f(x)$의 식만 찾으면 된다. 따라서 조건 (가), (나)를 이용하여 구간 $[3, 4]$, 구간 $[5, 6]$에서의 함수 $f(x)$의 식을 먼저 구하고 함수 $f(x)$가 미분가능한 함수임을 이용하여 구간 $[4, 5]$에서의 함수 $f(x)$의 식을 구한다. ⇒ **단서1**

❷ 이제, 구간별로 다르게 정의된 함수의 정적분의 값을 구하면 되는데 함수 $g(x)=\begin{cases}h(x) & (a\leq x\leq b)\\ i(x) & (b\leq x\leq c)\end{cases}$에 대하여 구간 $[a, c]$에서의 함수 $g(x)$의 정적분의 값은 $\int_a^c g(x)dx=\int_a^b h(x)dx+\int_b^c i(x)dx$임을 이용하여 정적분의 값을 구하면 된다. ⇒ **단서2**

주의 구하는 것이 구간 $[3, 6]$에서의 함수 $f(x)$의 정적분의 값이므로 이 구간에서의 함수 $f(x)$의 식에 집중해야 한다.

핵심 정답 공식: 구간 $[4k+1, 4k+2]$에서의 평균변화율이 3이고, 구간 $[4k+3, 4k+4]$에서의 평균변화율이 1이므로 두 구간에서는 $f(x)$가 직선이어야 한다. 따라서 $x=4k+1$, $x=4k+2$에서의 미분계수가 3, $x=4k+3$, $x=4k+4$에서의 미분계수가 1이다. 이를 이용해 구간 $[4k+2, 4k+3]$, 구간 $[4k, 4k+1]$에서의 이차함수의 식을 정할 수 있다.

[문제 풀이 순서]

* 미분가능하고 각 구간별로 다르게 정의된 함수의 정적분의 값 구하기

1st 미분가능한 함수 $f(x)$의 그래프가 지나는 점과 이차함수로 나타나는 구간을 찾아.

조건 (나)에 $n=0, 1, 2, \cdots$를 차례로 대입하면 함수 $y=f(x)$의 그래프가 지나는 점은 $(0, 0)$, $(1, 2)$, $(2, 5)$, $(3, 7)$, $(4, 8)$, $(5, 10)$, $(6, 13)$, $(7, 15)$, $\cdots$이다.

또, 조건 (다)에 $k=1, 2, 3, 4, \cdots$를 차례로 대입하면 함수 $y=f(x)$의 그래프는 닫힌구간 $[2, 3]$, $[4, 5]$, $[6, 7]$, $[8, 9]$, $\cdots$ $[2k, 2k+1]$에서 각각 이차함수의 그래프의 일부를 나타낸다.

(구간 $[3, 4]$, $[5, 6]$, $\cdots$에서 연속이고 미분가능해야 해.)

2nd 구하는 정적분의 적분 구간인 $3\le x\le 6$에서 함수 $f(x)$를 구해 보자.

($\int_3^6 f(x)dx$를 구해야 하니까 구간 $[3, 6]$에서의 $f(x)$만 찾으면 돼.)

구간 $[4, 5]$에서 함수 $f(x)$의 그래프는 이차함수의 그래프의 일부이므로 $f(x)=ax^2+bx+c$ $(4\le x\le 5)$라 하면 $f(4)=8$, $f(5)=10$을 만족한다.

($f(x)$의 그래프가 두 점 $(4, 8)$, $(5, 10)$을 지나니까!)

$\therefore$ $16a+4b+c=8$ $\cdots$ ㉠

$25a+5b+c=10$ $\cdots$ ㉡

한편, $y=f(x)$의 그래프는 두 점 $(3, 7)$과 $(4, 8)$을 지나는데 두 점을 잇는 직선의 기울기는 1이다. 그런데 조건 (가)에서 $1\le f'(x)\le 3$이고 $f(x)$가 실수 전체에서 미분가능하므로 $y=f(x)$의 그래프는 닫힌구간 $[3, 4]$에서 곡선이 될 수 없다. $\cdots$ (*)

($\frac{8-7}{4-3}=1$)

즉, $3\le x\le 4$에서 $f(x)=(x-3)+7=x+4$이다.

이때, 구간 $[4, 5]$에서 $f(x)=ax^2+bx+c$이므로

$f'(x)=2ax+b$이고

$f'(4)=1$을 만족해야 $x=4$에서 미분가능하므로

$f'(4)=8a+b=1$ $\cdots$ ㉢

(구간 $[3, 4]$에서 $f'(x)=1$이므로 $f(x)$의 $x=4$에서의 좌미분계수는 1이야. 이때, $f(x)$가 $x=4$에서 미분가능해야 하니까 $x=4$에서의 우미분계수 $f'(4)=8a+b$는 1이 되어야 해.)

함정 미분가능하다는 건 그래프가 꺾인 곳 없이 매끄럽게 이어진 걸 의미하니까 꼭 곡선일 거라고 단정하지는 말아야 해!

㉠, ㉡, ㉢을 연립하면

$a=1$, $b=-7$, $c=20$

즉, $4\le x\le 5$에서 $f(x)=x^2-7x+20$

마찬가지로, 함수 $f(x)$의 그래프는 두 점 $(5, 10)$, $(6, 13)$을 지나고, 두 점을 잇는 직선의 기울기는 3이므로 조건 (가)에 의해 함수 $f(x)$의 그래프는 닫힌구간 $[5, 6]$에서 직선이 되어야 한다.

($\frac{13-10}{6-5}=3$)

즉, $5\le x\le 6$에서 $f(x)=3(x-5)+10=3x-5$이다.

$$\therefore f(x)=\begin{cases} x+4 & (3\le x<4) \\ x^2-7x+20 & (4\le x<5) \\ 3x-5 & (5\le x<6) \end{cases}$$

3rd 정적분의 값을 계산하자.

$$\begin{aligned} a&=\int_3^6 f(x)dx \\ &=\int_3^4 (x+4)dx+\int_4^5 (x^2-7x+20)dx+\int_5^6 (3x-5)dx \\ &=\left[\frac{1}{2}x^2+4x\right]_3^4+\left[\frac{1}{3}x^3-\frac{7}{2}x^2+20x\right]_4^5+\left[\frac{3}{2}x^2-5x\right]_5^6 \\ &=\frac{15}{2}+\frac{53}{6}+\frac{23}{2} \\ &=\frac{167}{6} \end{aligned}$$

$$\therefore 6a=6\times\frac{167}{6}=167$$

[1등급 심화 특강]

〈닫힌구간 $[3, 4]$에서의 함수 $y=f(x)$의 그래프의 모양〉

(*)와 같이 닫힌구간 $[3, 4]$에서 곡선이 될 수 없는 이유를 알아보자. 아래 그림과 같이 함수 $y=f(x)$의 그래프가 열린구간 (a, b)에서 직선이 아닌 미분가능한 곡선이라 하자. 두 점 $(a, f(a))$, $(b, f(b))$를 잇는 식선의 기울기를 m이라 하면, 곡선 $y=f(x)$에서 $f'(c)>m$ 혹은 $f'(c)<m$인 적당한 c가 구간 (a, b)에 반드시 존재해.

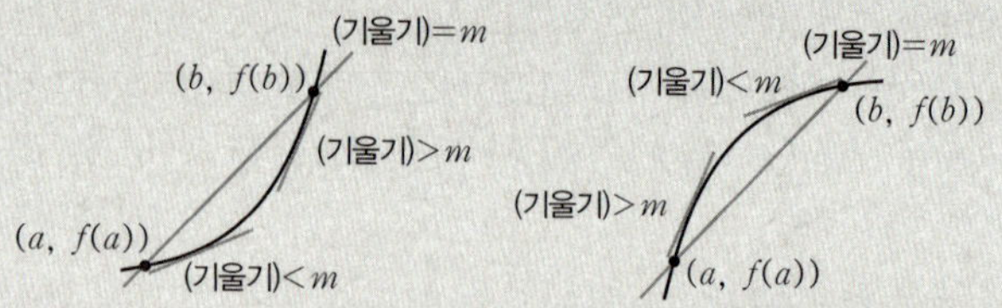

따라서 두 점 $(3, 7)$, $(4, 8)$을 지나는 함수 $y=f(x)$의 그래프가 곡선이라면 구간 $[3, 4]$에서 $f'(x)>1$, $f'(x)=1$, $f'(x)<1$인 x가 존재하겠지? 하지만 조건 (가)에서 $1\le f'(x)\le 3$이므로 함수 $y=f(x)$의 그래프는 곡선이 아니라 직선이야.

구간에 따라 다르게 정의된 함수의 정적분 개념·공식

닫힌구간 $[a, b]$에서 연속인 함수 $f(x)=\begin{cases} g(x) & (x\ge c) \\ h(x) & (x<c) \end{cases}$에 대하여 $a<c<b$일 때, $\int_a^b f(x)dx=\int_a^c h(x)dx+\int_c^b g(x)dx$

F 74 정답 200

1등급 킬러 [정답률 15%]

두 함수 $f(x)$와 $g(x)$가

$$f(x)=\begin{cases} 0 & (x\le 0) \\ x & (x>0) \end{cases},\ g(x)=\begin{cases} x(2-x) & (|x-1|\le 1) \\ 0 & (|x-1|>1) \end{cases}$$

이다. 양의 실수 k, a, b $(a<b<2)$에 대하여, 함수 $h(x)$를

$$h(x)=k\{f(x)-f(x-a)-f(x-b)+f(x-2)\}$$

라 정의하자. 모든 실수 x에 대하여 $0\le h(x)\le g(x)$일 때, $\int_0^2 \{g(x)-h(x)\}dx$의 값이 최소가 되게 하는 k, a, b에 대하여 $60(k+a+b)$의 값을 구하시오. (4점)

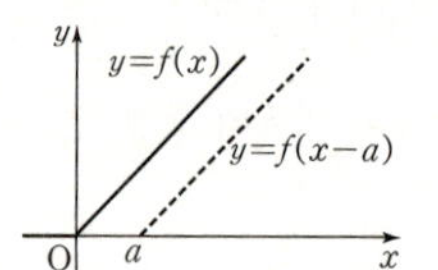

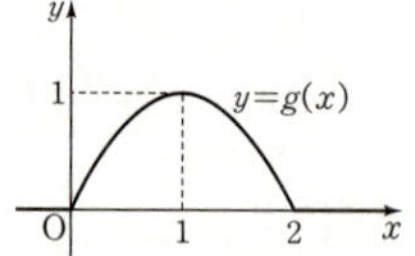

단서1 $f(x-a)$, $f(x-b)$, $f(x-2)$는 모두 함수 $f(x)$의 그래프를 평행이동한 거야. 범위를 나누어서 함수 $h(x)$를 찾아봐.

단서2 $\int_0^2 \{g(x)-h(x)\}dx$에서 $\int_0^2 g(x)dx$의 값은 이미 정해져 있어. 즉, $\int_0^2 \{g(x)-h(x)\}dx$의 값이 최소가 되려면 $\int_0^2 h(x)dx$의 값이 최대가 되어야 하겠지?

함수 $f(x)$가 어떤 구간에서 $f(x)\ge 0$일 때, 이 구간에서의 정적분의 값은 이 구간에서 함수 $y=f(x)$의 그래프와 x축으로 둘러싸인 부분의 넓이와 같음을 이용하여 주어진 정적분의 값이 최소가 될 때의 상수를 구하는 문제이다.

이 문제는 함수 $g(x)$가 결정되어 있기 때문에 $\int_0^2 g(x)dx$의 값도 결정되어 있으므로 주어진 정적분의 값이 최소가 되려면 $\int_0^2 h(x)dx$의 값이 최대가 되어야 함을 아는 것이 해결의 키포인트이다.

[풀이 단서 체크]

❶ 먼저, 함수 $h(x)$는 함수 $f(x)$를 이용하여 정의된 것이므로 함수 $h(x)$를 함수 $f(x)$의 식으로 간단히 나타내야 한다.

이때, 함수 $y=f(x-a)$의 그래프는 함수 $y=f(x)$의 그래프를 x축의 방향으로 a만큼 평행이동한 것이므로 $x\le a$일 때와 $x>a$일 때 서로 다르게 정의된다. $f(x-b)$와 $f(x-2)$도 마찬가지이다. 따라서 함수 $h(x)$는 $x\le 0$일 때, $0<x\le a$일 때, $a<x\le b$일 때, $b<x\le 2$일 때, $x>2$일 때로 나누어 정의된다. ⇒ 단서1

❷ 이제, 정적분의 값이 최소가 될 때를 파악해야 한다.

모든 실수 x에 대하여 $0\le h(x)\le g(x)$이므로 함수 $y=h(x)$의 그래프는 x축의 아래쪽으로 내려가면 안 되고 함수 $y=g(x)$의 그래프의 위쪽으로 올라가면 안 된다.

또, 주어진 정적분의 식을 $\int_0^2 g(x)dx-\int_0^2 h(x)dx$로 변형하면 함수 $g(x)$는 결정되어 있으므로 주어진 정적분의 값이 최소이려면 $\int_0^2 h(x)dx$가 최대가 되어야 함을 알고 그때의 함수 $y=h(x)$의 그래프를 그려야 한다. ⇒ 단서2

주의 k의 값의 범위를 설정하지 않으면 최댓값을 구할 수 없으므로 $0<a<1<b<2$임을 이용하여 k의 값의 범위를 나눈다.

핵심 정답 공식: 주어진 함수 $g(x)$에 대하여 $\int_0^2 g(x)dx$의 값은 일정하다.
즉, $\int_0^2 \{g(x)-h(x)\}dx$의 값이 최소이려면 $\int_0^2 h(x)dx$의 값이 최대가 되어야 한다.

[문제 풀이 순서]

* 주어진 정적분의 값이 최소가 되도록 하는 상수 구하기

1st $f(x-a)$, $f(x-b)$, $f(x-2)$의 식을 구해 함수 $h(x)$의 그래프의 개형을 유추하자.

$f(x)=\begin{cases}0 & (x\le 0)\\ x & (x>0)\end{cases}$이므로

$f(x-a)=\begin{cases}0 & (x\le a)\\ x-a & (x>a)\end{cases}$

$f(x)=\begin{cases}0 & (x\le 0)\\ x & (x>0)\end{cases}$에서 x 대신에 $x-a$를 대입하면 $f(x-a)=\begin{cases}0 & (x-a\le 0)\\ x-a & (x-a>0)\end{cases}$ $\therefore f(x-a)=\begin{cases}0 & (x\le a)\\ x-a & (x>a)\end{cases}$

$f(x-b)=\begin{cases}0 & (x\le b)\\ x-b & (x>b)\end{cases}$ ← $f(x)$에서 x 대신에 $x-b$를 대입해.

$f(x-2)=\begin{cases}0 & (x\le 2)\\ x-2 & (x>2)\end{cases}$ ← $f(x)$에서 x 대신에 $x-2$를 대입해.

이때, $0<a<b<2$이므로 다음과 같이 구간을 나누어 $h(x)$를 찾자.

(i) $x\le 0$일 때,
$h(x)=k\{f(x)-f(x-a)-f(x-b)+f(x-2)\}$
$=k(0-0-0+0)=0$

(ii) $0<x\le a$일 때,
$h(x)=k\{f(x)-f(x-a)-f(x-b)+f(x-2)\}$
$=k(x-0-0+0)=kx$

(iii) $a<x\le b$일 때,
$h(x)=k\{f(x)-f(x-a)-f(x-b)+f(x-2)\}$
$=k\{x-(x-a)-0+0\}=ka$

(iv) $b<x\le 2$일 때,
$h(x)=k\{f(x)-f(x-a)-f(x-b)+f(x-2)\}$
$=k\{x-(x-a)-(x-b)+0\}=k(a+b-x)$

(v) $x>2$일 때,
$h(x)=k\{f(x)-f(x-a)-f(x-b)+f(x-2)\}$
$=k\{x-(x-a)-(x-b)+(x-2)\}$
$=k(a+b-2)$

(i)~(v)에서 $h(x)=\begin{cases}0 & (x\le 0)\\ kx & (0<x\le a)\\ ka & (a<x\le b)\\ k(a+b-x) & (b<x\le 2)\\ k(a+b-2) & (x>2)\end{cases}$

그런데 $g(2)=0$이고, 모든 실수 x에 대하여 $0\le h(x)\le g(x)$이므로 $h(2)=0$이어야 한다.

($g(2)=2\times(2-2)=0$)

($0\le h(x)\le g(x)$이고 $g(2)=0$이므로 $0\le h(2)\le g(2)$ $0\le h(2)\le 0$ $\therefore h(2)=0$)

즉, $h(2)=k(a+b-2)=0$이고 $k>0$이므로 $a+b=2$이다.
따라서 함수 $h(x)$의 그래프의 개형은 [그림 1]과 같다.

함정 $a+b=2$인 걸 통해 함수 $h(x)$의 그래프가 등변사다리꼴 모양으로 나오는 걸 알아내는 게 중요해.

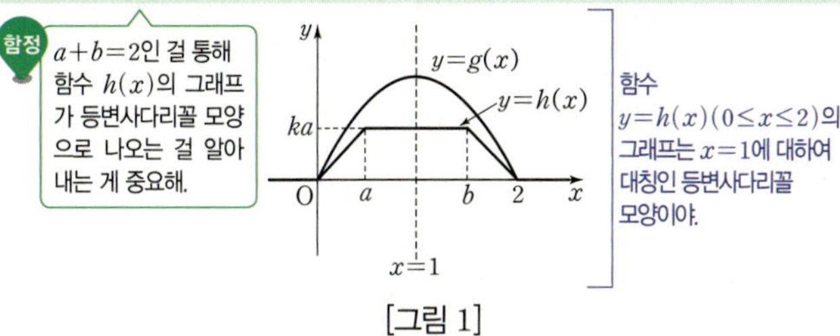

[그림 1]

2nd $\int_0^2 \{g(x)-h(x)\}dx$의 값이 최소가 되기 위한 조건을 생각해.

이때, $\int_0^2 g(x)dx$의 값은 일정하므로 $\int_0^2 \{g(x)-h(x)\}dx$의 값이 최소가 되려면 $\int_0^2 h(x)dx$의 값이 최대가 되어야 한다.

($\int_0^2 g(x)dx=\int_0^2 x(2-x)dx=\left[x^2-\frac{1}{3}x^3\right]_0^2=\frac{4}{3}$)

따라서 모든 실수 x에 대하여 $0\le h(x)\le g(x)$이므로 [그림 2]와 같이 사다리꼴 모양의 $h(x)$의 그래프가 $g(x)$의 그래프에 내접할 때 $\int_0^2 h(x)dx$의 값이 최대가 된다.

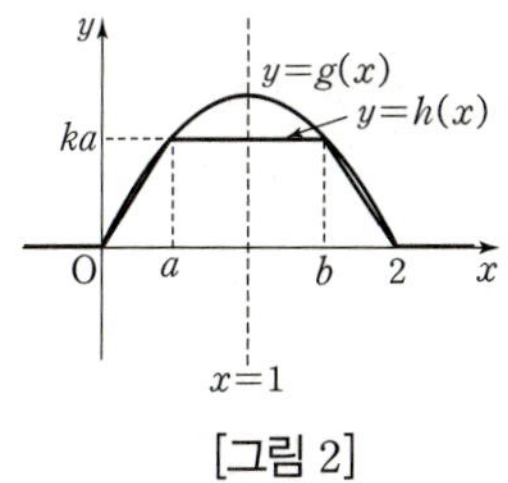

[그림 2]

즉, 사다리꼴의 두 꼭짓점 (a, ka)와 (b, ka)가 $y=g(x)$의 그래프 위의 점이어야 하므로

($g(a)=ka$, $g(b)=ka$여야 해.)

$ka=a(2-a)$, $k=2-a$ ($a>0$이므로 양변을 a로 나누었어.)

$\therefore a=2-k\,(0<a<1)$ ⋯ ㉠

이때, $a+b=2$이므로 ㉠을 대입하면

$(2-k)+b=2$ $\quad\therefore b=k$ ⋯ ㉡

$\int_0^2 h(x)dx$의 값은 사다리꼴의 넓이와 같으므로

((사다리꼴의 넓이)$=\frac{1}{2}\times$ {(윗변의 길이)+(아랫변의 길이)} $\times$ (높이))

$\int_0^2 h(x)dx=\frac{1}{2}\times\{(b-a)+2\}\times ka$ (윗변의 길이: $b-a$, 아랫변의 길이: 2)

$=\frac{1}{2}\times\{(k-2+k)+2\}\times k(2-k)$ ($\because$ ㉠, ㉡)

$=k^2(2-k)=-k^3+2k^2$

3rd $\int_0^2 h(x)dx$의 최댓값을 구하자.

$S(k)=-k^3+2k^2\,(1<k<2)$로 놓으면

($a=2-k\,(0<a<1)$이므로 $0<2-k<1$ $\quad\therefore 1<k<2$)

$S'(k)=-3k^2+4k$에서

$-3k^2+4k=0$, $-k(3k-4)=0$

$\therefore k=\frac{4}{3}$ ($\because 1<k<2$)

$S(k)$의 증가와 감소를 표로 나타내면 다음과 같다.

k	(1)	$\cdots$	$\frac{4}{3}$	$\cdots$	(2)
$S'(k)$		$+$	0	$-$	
$S(k)$		↗	극대	↘	

즉, 함수 $S(k)$는 $k=\frac{4}{3}$에서 극대이자 최대이므로 $k=\frac{4}{3}$일 때

$\int_0^2 h(x)dx$의 값은 최대가 되고,

$\int_0^2 \{g(x)-h(x)\}dx$의 값은 최소가 된다.

$\therefore 60(\underline{k+a+b})=60\times\left(\frac{4}{3}+2\right)=200$
$k=\frac{4}{3}, a+b=2$

[다른 풀이]

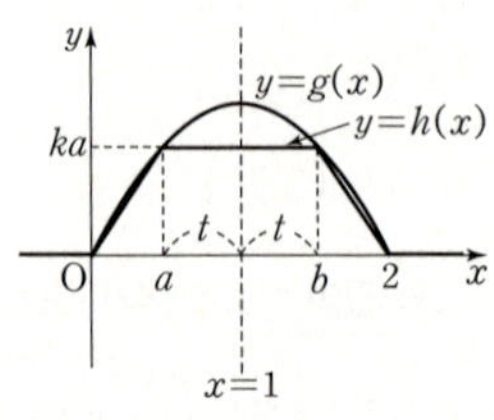

[그림 3]

$x=a$, $x=b$는 $x=1$에 대하여 서로 대칭이므로 [그림 3]과 같이
$a=1-t$, $b=1+t\,(0<t<1)$라 하자.
$g(x)=x(2-x)$에 $x=1-t$를 대입하면
$g(1-t)=(1-t)(2-1+t)=(1-t)(1+t)$
이므로 사다리꼴 넓이 공식에 의해 → 윗변의 길이 : $2t$ 아랫변의 길이 : 2

$$\int_0^2 h(x)dx=\frac{1}{2}\times\underline{(2t+2)}\times\underline{(1-t)(1+t)}$$
→ 높이
$$=(1+t)^2(1-t)\ (0<t<1)$$

$R(t)=(1+t)^2(1-t)\,(0<t<1)$라 하면
$R'(t)=2(1+t)(1-t)-(1+t)^2$
$=(1+t)(1-3t)$
$R'(t)=0$에서 $(1+t)(1-3t)=0$
$\therefore t=\frac{1}{3}\ (\because 0<t<1)$
$R(t)$의 증가와 감소를 표로 나타내면 다음과 같아.

t	(0)	$\cdots$	$\frac{1}{3}$	$\cdots$	(1)
$R'(t)$		$+$	0	$-$	
$R(t)$		↗	극대	↘	

즉, 함수 $R(t)$는 $t=\frac{1}{3}$에서 극대이자 최대이므로 $t=\frac{1}{3}$에서

$\int_0^2 h(x)dx$의 값은 최대가 되고,

$\int_0^2 \{g(x)-h(x)\}dx$의 값은 최소가 돼.

따라서

$a=1-t=1-\frac{1}{3}=\frac{2}{3}$, $b=1+t=1+\frac{1}{3}=\frac{4}{3}$이고

$\underline{ka}=(1-t)(1+t)$에서 $k=\dfrac{\frac{2}{3}\times\frac{4}{3}}{\frac{2}{3}}=\frac{4}{3}$이므로
→ $g(1-t)=ka$지?

$60(k+a+b)=60\times\left(\frac{4}{3}+\frac{2}{3}+\frac{4}{3}\right)=200$

1등급 풀이 Tip

어떤 구간에서의 함수 $f(x)$의 정적분의 값은 이 구간에서 $f(x)\ge 0$이면 양수이고 이 구간에서 $f(x)<0$이면 음수이다.
또, 정적분의 기하학적 의미는 그래프와 x축으로 둘러싸인 부분의 넓이이므로 정적분을 구해야 하는 구간에서의 함수의 그래프가 곡선이 아닌 직선이라면 정적분의 값을 정적분의 정의를 이용하여 구하는 것보다는 도형의 넓이로 구하는 것이 더 간단하다.
이때, 함수 $f(x)$가 구간 $[a, b]$에서 $f(x)\ge 0$이고 구간 $[b, c]$에서 $f(x)\le 0$이라면 $\int_a^c f(x)dx$의 값은 함수 $y=f(x)$의 그래프와 두 직선 $x=a$, $x=b$ 및 x축으로 둘러싸인 부분의 넓이에서 함수 $y=f(x)$의 그래프와 두 직선 $x=b$, $x=c$ 및 x축으로 둘러싸인 부분의 넓이를 빼서 구해야 함에 주의한다.

F 75 정답 21 ✪ 1등급 킬러 [정답률 11%]

두 이차함수 $f(x)$, $g(x)$에 대하여 실수 전체의 집합에서 정의된 함수 $h(x)$가 $0\le x<4$에서

$$h(x)=\begin{cases} x & (0\le x<2) \\ f(x) & (2\le x<3) \\ g(x) & (3\le x<4) \end{cases}$$

이고, 다음 조건을 만족시킨다.

단서1 $0\le x<4$에서의 $y=h(x)$의 그래프가 평행이동하여 계속 반복되는 그래프라는 것을 알 수 있어.

(가) 모든 실수 x에 대하여 $h(x)=h(x-4)+k$ (k는 상수)이다.

단서2 함수 $h(x)$가 실수 전체에서 미분가능하기 위해서는 구간의 경계, 즉 $x=2$, $x=3$에서 연속이고, $x=2$, $x=3$의 좌, 우미분계수가 같아야 하지. 또, 조건 (가)를 통해 $x=4$에서의 연속성과 미분가능성을 이용하여 힌트를 또 얻어낼 수 있어.

(나) 함수 $h(x)$는 실수 전체의 집합에서 미분가능하다.

(다) $\int_0^4 h(x)dx=6$

단서3 $\int_0^4 h(x)dx=\int_0^2 xdx+\int_2^3 f(x)dx+\int_3^4 g(x)dx=6$이지?
그런데 $\int_0^2 xdx$의 값은 알 수 있으니까 나머지 식이 무엇을 의미하는지 찾아내야 해.

$h\left(\frac{13}{2}\right)=\frac{q}{p}$일 때, $p+q$의 값을 구하시오. (단, p와 q는 서로소인 자연수이다.) (4점)

단서4 조건 (가)에 의해 $h\left(\frac{13}{2}\right)=h\left(\frac{13}{2}-4\right)+k=h\left(\frac{5}{2}\right)+k=f\left(\frac{5}{2}\right)+k$임을 알 수 있어. 즉, 이차함수 $f(x)$의 식과 k의 값을 알아내는 데 집중하면 돼.

✪ 구간별로 다르게 정의된 함수 $h(x)$가 미분가능하도록 $h(x)$를 구성하는 두 함수 $f(x)$, $g(x)$를 구하는 문제이다.
먼저, 조건에 주어진 함수 $h(x)$의 평행이동 규칙을 이해해야 하고, $h(x)$에 대한 정적분 값과 두 함수 $f(x)$, $g(x)$가 이차함수임을 종합하여 구간의 경계에서 연속이고 미분가능한 함수 $h(x)$의 그래프를 그려보는 것이 문제 해결의 키포인트이다.

[풀이 단서 체크]

❶ 먼저, 함수 $y=h(x-4)+k$의 그래프는 $y=h(x)$의 그래프를 x축의 방향으로 4만큼, y축의 방향으로 k만큼 평행이동한 그래프이므로 $0\le x<4$에서의 $y=h(x)$의 그래프가 평행이동을 통해 $4\le x<8$, $8\le x<12$에서 같은 패턴으로 나타나는 것을 알 수 있다. ⇒ 단서1

❷ 함수 $h(x)$가 구간별로 정의되어 있는데, 각 구간 내에서는 당연히 미분가능하므로 실수 전체 집합에서 미분가능하려면 구간의 경계에서 미분가능하면 된다. 즉, 구간의 경계인 $x=2$, $x=3$, $x=4$에서 연속이고, 좌, 우미분계수가 같아야 한다. ⇒ 단서2

❸ 함수 $h(x)$가 $0\le x\le 4$에서 구간 별로 정의되어 있으므로 $\int_0^4 h(x)dx$은 구간별로 나누어 정적분을 계산한 뒤 더하면 된다.

그런데 $\int_0^4 h(x)dx=\int_0^2 xdx+\int_2^3 f(x)dx+\int_3^4 g(x)dx=6$으로 정적분 값이 고정되어 있으므로 이를 만족시키는 이차함수 $f(x)$, $g(x)$를 찾아낼 수 있다. ⇒ 단서3

❹ 마지막으로, 구하고자 하는 값이 $h\left(\frac{13}{2}\right)$의 값인데, $h(x)=h(x-4)+k$를 활용하면 $h\left(\frac{13}{2}-4\right)+k$의 값으로 바꾸어 구할 수 있다.

이때, $\frac{13}{2}-4=\frac{5}{2}$이고, $2\le\frac{5}{2}\le3$이므로 $f(x)$의 식과 k의 값을 알아내면 된다. ⇒ 단서4

주의 $h(x)$가 실수 전체에서 미분가능하려면 $x=4$에서도 미분가능해야 하고, $h'(x)=h'(x-4)$를 이용해 $x=4$에서 좌, 우미분계수를 비교할 수 있다.

핵심 정답 공식: 구간에 따라 다르게 정의된 함수가 실수 전체의 집합에서 미분가능하려면 구간의 경계에서의 좌우 정의된 함수에 대하여 함숫값과 미분계수가 각각 같아야 한다.

[문제 풀이 순서]

＊ 구간별로 정의된 미분가능한 함수의 함숫값 구하기

1st 조건 (가), (나)를 통해 이차함수 $f(x)$와 $g(x)$에 대한 힌트를 얻자.

조건 (나)에서 함수 $h(x)$가 실수 전체의 집합에서 미분가능하다 했으므로 먼저 구간의 경계에서의 함숫값이 같음을 이용하면

$f(2)=2$

$f(3)=g(3)$

(실수 전체의 집합에서 미분가능하므로 실수 전체의 집합에서 연속이어야 해.)

또, 구간의 경계에서의 미분계수가 존재해야 하므로

($x=2$, $x=3$에서의 좌미분계수와 우미분계수가 같아야 한다는 뜻이야.)

$f'(2)=1$

$f'(3)=g'(3)$

($x\to2-$인 경우 $h(x)=x$이므로 $h'(2)=1$이지. 따라서 함수 $h(x)$는 $x=2$에서 미분가능하므로 $x\to2+$인 경우 $h'(2)$, 즉 $f'(2)$의 값도 1이어야 해.)

한편, 조건 (가)에서 함수 $y=h(x-4)+k$는 함수 $y=h(x)$를 x축의 방향으로 4만큼, y축의 방향으로 k만큼 평행이동한 것이므로

$$h(x)=\begin{cases} x & (0\le x<2) \\ f(x) & (2\le x<3) \\ g(x) & (3\le x<4) \end{cases}$$에서

$$h(x-4)+k=\begin{cases} x-4+k & (4\le x<6) \\ f(x-4)+k & (6\le x<7) \\ g(x-4)+k & (7\le x<8) \end{cases}$$

이때, 함수 $h(x)$가 실수 전체의 집합에서 미분가능하다 했으므로

$g(4)=k$

$g'(4)=1$

($x\to4-$일 때, $h(x)=g(x)$ / $x\to4+$일 때, $h(x)=x-4+k$)

2nd 조건 (다)를 이용해 함수 $h(x)$의 그래프의 개형을 찾아 $f(x)$의 식을 구하자.

조건 (다)의 $\int_0^4 h(x)dx=6$에서

$\int_0^2 xdx+\int_2^3 f(x)dx+\int_3^4 g(x)dx=6$

($\int_0^2 xdx$의 값은 밑변의 길이가 2, 높이가 2인 직각삼각형의 넓이와 같아. 즉, $\int_0^2 xdx=\frac{1}{2}\times2\times2=2$야.)

$2+\int_2^3 f(x)dx+\int_3^4 g(x)dx=6$

$\therefore \int_2^3 f(x)dx+\int_3^4 g(x)dx=4$

함정 여기까지 구하고서 무슨 의미인지 몰라서 그냥 넘어가는 경우가 많아. 이것이 각 꼭짓점이 점 $(2, 0)$, $(4, 0)$, $(4, 2)$, $(2, 2)$인 사각형의 넓이와 같은 것을 눈치 채고 함수 $y=h(x)$의 그래프의 개형을 그릴 수 있어야 해.

즉, $f(3)=g(3)$, $f'(3)=g'(3)$에 의해 $x=3$에서 두 함수 $f(x)$, $g(x)$의 그래프가 접해야 하므로 위의 정적분 값에 대한 조건까지 종합하여 모든 조건을 만족시키는 함수 $y=h(x)$의 그래프의 개형은 다음 그림과 같아야 한다.

($\int_2^3 f(x)dx+\int_3^4 g(x)dx=4$여야 하는데 그림에서 빗금친 사각형의 넓이가 4지? 즉, $S_1=S_2$가 되어야 하므로 이차함수 $f(x)$와 $g(x)$의 최고차항의 부호는 반대이고 절댓값은 같아야 해.)

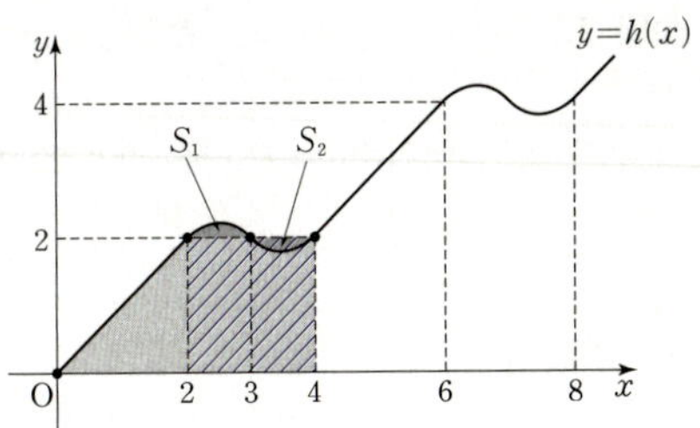

위의 그래프에 의해 $f(3)=2$임을 알 수 있고 $f(2)=2$이므로 이차함수 $f(x)$의 그래프의 축의 방정식은

$x=\frac{2+3}{2}=\frac{5}{2}$

즉, $f(x)=a\left(x-\frac{5}{2}\right)^2+b$ (a, b는 상수, $a\ne0$)라 하면 $f(2)=2$이므로

$a\times\left(2-\frac{5}{2}\right)^2+b=2 \qquad \therefore \frac{a}{4}+b=2 \cdots ㉠$

$f'(x)=2a\left(x-\frac{5}{2}\right)$이고, $f'(2)=1$이므로

$2a\times\left(2-\frac{5}{2}\right)=1 \qquad \therefore a=-1$

$a=-1$을 ㉠에 대입하면 $b=\frac{9}{4}$

$\therefore f(x)=-\left(x-\frac{5}{2}\right)^2+\frac{9}{4}$

($g(x)$의 식도 구해보자. $f(x)$의 최고차항의 계수가 -1이므로 $g(x)$의 최고차항의 계수는 1이야. 또, 이차함수 $g(x)$의 그래프의 축의 방정식은 $x=\frac{3+4}{2}=\frac{7}{2}$이지. 즉, $g(x)=\left(x-\frac{7}{2}\right)^2+c$ (c는 상수)라 하면 $g(3)=2$이므로 $\left(3-\frac{7}{2}\right)^2+c=2 \quad \therefore c=\frac{7}{4}$ $\therefore g(x)=\left(x-\frac{7}{2}\right)^2+\frac{7}{4}$)

3rd k의 값을 구하고 조건 (가)를 이용하여 $h\left(\frac{13}{2}\right)$의 값을 구해.

위의 그래프에 의해 $g(4)=2$임을 알 수 있으므로 조건 (가), (나)에 의해

$k=g(4)=2$

즉, 조건 (가)에 의해 $h(x)=h(x-4)+2$이므로

$$h\left(\frac{13}{2}\right)=h\left(\frac{13}{2}-4\right)+2$$
$$=h\left(\frac{5}{2}\right)+2=f\left(\frac{5}{2}\right)+2$$
$$=\frac{9}{4}+2=\frac{17}{4}=\frac{q}{p}$$

($2\le x<3$일 때, $h(x)=f(x)$야.)

따라서 $p=4$, $q=17$이므로

$p+q=4+17=21$

1등급 풀이 Tip

$h(x)$가 실수 전체의 집합에서 미분가능하므로 $f'(2)=1$, $f(2)=2$, $g'(4)=1$, $g(4)=k$이고, $g(3)=f(3)$, $g'(3)=f'(3)$이다.

이때, $g(3)=f(3)$, $g'(3)=f'(3)$을 통해 $y=g(x)$와 $y=f(x)$의 그래프는 서로 접함을 알 수 있고, $f'(2)=1$, $g'(4)=1$을 통해 두 함수 $f(x)$와 $g(x)$는 최고차항의 절댓값이 같고 부호가 반대임을 알 수 있다.

즉, 위의 사실들을 종합하면 세 점 $(2, h(2))$, $(3, h(3))$, $(4, h(4))$가 한 직선 위에 있음을 알 수 있고, 이를 통해 $\int_2^4 h(x)dx$를 계산할 수 있다.

My Top Secret

그래프가 특정 구간에서 어느 점에 대하여 대칭이면, 그 구간에서의 정적분 값은 그래프를 이용하여 만들어진 부분의 일부를 오려 다른 부분에 붙이는 방법을 통해 쉽게 구할 수 있어.

F

F 76 정답 72 ✪ 2등급 킬러 [정답률 20%]

최고차항의 계수가 2인 삼차함수 $y=f(x)$는 다음 조건을 만족시킨다. 단서2 조건 (나)에서 주어진 정적분의 값이 k의 값에 관계없이 성립하므로 우선 간단하게 $k=0$이라 두고 함수 $f(x)$의 식을 구해 봐.

(가) $f(0)=f(8)=0$

(나) 함수 $y=f(x)$의 그래프와 함수 $y=-f(x-k)$의 그래프가 서로 다른 세 점 $(\alpha, f(\alpha))$, $(\beta, f(\beta))$, $(\gamma, f(\gamma))$ (단, $\alpha<\beta<\gamma$)에서 만나면 k의 값에 관계없이 $\int_{\alpha}^{\gamma}\{f(x)+f(x-k)\}dx=0$이다.

단서1 주어진 $y=f(x)$의 그래프가 x축과 세 점에서 만나므로 이를 이용해 $f(x)$의 식을 세울 수 있어.

함수 $y=f(x)$의 그래프와 함수 $y=-f(x-k)$의 그래프가 그림과 같이 서로 다른 세 점에서 만나고 가운데 교점의 x좌표의 값이 5일 때, $\int_0^k f(x)dx$의 값을 구하시오. (4점)

단서3 두 그래프가 $x=5$에 대하여 대칭이야.

✪ 이 문제는 평행이동한 삼차함수와 원래 삼차함수에 대한 정적분 조건을 이용하여 삼차함수식을 구하는 문제이다. 이를 위해서는 삼차함수 그래프의 특징을 파악하고 있어야 하며 함수의 그래프와 x축으로 둘러싸인 부분의 넓이와 정적분 값과의 관련성을 알고 있어야 한다.

[풀이 단서 체크]

❶ 먼저, 주어진 함수의 그래프가 x축과 서로 다른 세 점에서 만남을 알 수 있다. 즉, 삼차방정식 $f(x)=0$이 서로 다른 세 실근을 가지고, $f(x)$의 최고차항의 계수가 2이므로 $f(x)=2x(x-p)(x-8)$ $(0<p<8)$이라 할 수 있다. ⇒ 단서1

❷ $0<p<8$이고, 조건 (나)에 의해 $k=0$일 때 두 함수 $y=f(x)$와 $y=-f(x)$의 그래프가 서로 다른 세 점에서 만나므로 $\int_0^8 2f(x)dx=0$이다.
그런데 $y=f(x)$의 그래프와 x축으로 둘러싸인 부분 중 x축 위에 있는 부분의 넓이와 x축 아래에 있는 부분의 넓이가 서로 같으므로 $p=4$이다.
따라서 $f(x)=2x(x-4)(x-8)$이다. ⇒ 단서2

❸ 방정식 $f(x)=-f(x-k)$의 실근 중 $x=5$가 가운데에 있다.
따라서 $y=f(x)$의 그래프와 $y=-f(x-k)$의 그래프는 $x=5$에 대하여 대칭이므로 $f(10-x)=-f(x-k)$임을 이용하자. ⇒ 단서3

주의 $y=f(x)$의 함수식을 구할 때, $y=ax^3+bx^2+cx+d$와 같이 세우면 미정계수가 많아져 식을 구하기 어렵다.

핵심 정답 공식: $f(x)$의 함수식을 구한다. 조건 (나)에 따르면 $\int_0^8 f(x)dx=0$이어야 하므로 교점의 x좌표가 5라는 점을 이용해 k의 값을 구한다.

[문제 풀이 순서]

* 정적분 조건과 삼차함수의 그래프의 성질을 이용하여 삼차함수의 식을 세우고 정적분 값 구하기

1st 삼차함수 $f(x)$의 식을 구하자.

$f(x)$는 최고차항의 계수가 2인 삼차함수이고 조건 (가)에서 $f(0)=f(8)=0$이므로

$f(x)=2x(x-p)(x-8)\,(0<p<8)$ … ㉠으로 놓을 수 있다.

→ 주어진 그래프에서 $y=f(x)$의 그래프는 $x=0$, $x=8$과 0과 8 사이의 한 점에서 만나고 있지?

2nd 조건 (나)를 이용해서 $f(x)$의 식의 미지수 p의 값을 구해.

조건 (나)에서 k의 값에 관계없이 성립하므로 $k=0$일 때를 생각해 보면

조건 (나)와 같이 'k의 값에 관계없이' 같은 표현이 나오면 k에 0 같은 특수한 수를 대입해봐.

두 함수 $y=f(x)$, $y=-f(x)$의 그래프의 교점의 좌표는 ㉠에서 $(0, 0)$, $(p, 0)$, $(8, 0)$이므로 $f(x)=-f(x)$에서 $2f(x)=0$, 즉 $f(x)=0$이므로 두 함수 $y=f(x)$, $y=-f(x)$의 그래프의 교점의 x좌표는 방정식 $f(x)=0$의 해와 같아.

$$\int_{\alpha}^{\gamma}\{f(x)+f(x)\}dx=2\int_0^8 f(x)dx=0$$

즉, $y=2x(x-p)(x-8)$의 그래프는 점 $(p, 0)$에 대하여 대칭이므로

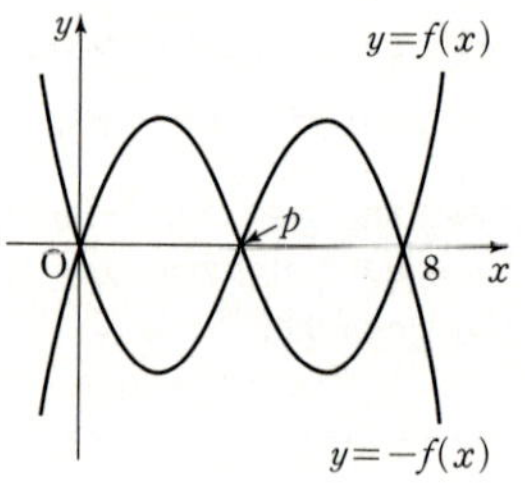

$f(x)=-f(2p-x)$에서

점 (a, b)에 대하여 대칭인 함수 $f(x)$는 $f(x)+f(2a-x)=2b$로 표현 가능해.

$2x(x-p)(x-8)$
$=-2(2p-x)(2p-x-p)(2p-x-8)$
$=2(x-2p+8)(x-p)(x-2p)$

이때, $-2p+8=0$, $2p=8$이므로 $p=4$

$\therefore f(x)=2x(x-4)(x-8)\,(\because$ ㉠$)$

3rd 가운데 교점의 x좌표가 5임을 이용하면 k의 값을 구할 수 있어.

그런데 함수 $y=f(x)$의 그래프와 함수 $y=-f(x-k)$의 그래프의 가운데 교점의 x좌표의 값이 5이므로 $f(5)=-f(5-k)$

$2\times5\times(5-4)\times(5-8)=-2(5-k)(5-k-4)(5-k-8)$

$(k-5)(k-1)(k+3)=-15$, $k^3-3k^2-13k+30=0$

$(k-2)(k^2-k-15)=0$ $\quad\therefore k=2\,(\because 0<k<4)$

$$\therefore \int_0^2 f(x)dx=\int_0^2 2x(x-4)(x-8)dx=2\int_0^2(x^3-12x^2+32x)dx$$

$$=2\left[\frac{x^4}{4}-4x^3+16x^2\right]_0^2=72$$

$\int_a^b x^n dx=\left[\frac{1}{n+1}x^{n+1}\right]_a^b$

1등급 풀이 Tip

극댓값, 극솟값을 모두 갖는 삼차함수의 그래프는 곡선의 오목, 볼록이 바뀌는 점(이를 '변곡점'이라 하는데, 미적분 과목에서 더 자세히 다루게 됨)에 대하여 대칭이다. 이 성질을 이용하면 삼차함수에 대하여 정적분의 값을 계산하거나 그래프와 x축으로 둘러싸인 부분의 넓이를 구하는 경우 또는 삼차방정식의 근을 구하는 경우 등에서 문제를 더 쉽게 풀 수 있다.

F 77 정답 ④ *정적분으로 정의된 함수의 극대, 극소 [정답률 32%]

정답 공식: 적분과 미분의 관계에 의해 $\frac{d}{dx}\int_a^x f(t)dt=f(x)$이다. 또한, 함수 $g(x)$에 대하여 $g'(a)=0$이고 $x=a$에서 $g'(x)$의 부호가 바뀌면 $g(x)$는 $x=a$에서 극값을 가진다.

실수 $a\,(a>1)$에 대하여 함수 $f(x)$를

$$f(x)=(x+1)(x-1)(x-a)$$

라 하자. 함수

$$g(x)=x^2\int_0^x f(t)dt-\int_0^x t^2f(t)dt$$

단서1 $g(x)$가 정적분으로 정의된 함수이므로 $g(x)$를 x에 대하여 미분하여 $g'(x)$를 구해봐.

가 오직 하나의 극값을 갖도록 하는 a의 최댓값은? (4점)

단서2 $g'(x)=0$을 만족시키는 x의 값의 좌우에서 $g'(x)$의 부호가 바뀔 때 극값을 갖는다고 하지? 이런 x의 값이 오직 하나만 존재한다고 하니까 이 조건을 만족시키도록 하는 $g'(x)$의 조건을 찾아야 해.

① $\frac{9\sqrt{2}}{8}$ ② $\frac{3\sqrt{6}}{4}$ ③ $\frac{3\sqrt{2}}{2}$ ④ $\sqrt{6}$ ⑤ $2\sqrt{2}$

1st 정적분으로 정의된 함수 $g(x)$를 미분해보자.

함수 $g(x)$가 오직 하나의 극값을 가지려면 $g'(k)=0$이면서 $x=k$의 좌우에서 $g'(x)$의 부호가 바뀌는 k의 값이 하나만 존재해야 한다.

이때, $g(x)=x^2\int_0^x f(t)dt-\int_0^x t^2f(t)dt$의 양변을 x에 대해 미분하면

$$g'(x)=2x\int_0^x f(t)dt+x^2f(x)-x^2f(x)$$

곱의 미분법에 의해 $g'(x)=\left(\frac{d}{dx}x^2\right)\times\int_0^x f(t)dt+x^2\times\left\{\frac{d}{dx}\int_0^x f(t)dt\right\}-\frac{d}{dx}\int_0^x t^2f(t)dt$ 이고, $\frac{d}{dx}\int_0^x f(t)dt=f(x)$야.

$$=2x\int_0^x f(t)dt$$

이므로 $g'(x)=0$을 만족시키는 x의 값은 $x=0$ 또는 $\int_0^x f(t)dt=0$을 만족시키는 x의 값이다.

2nd $x=0$에서 $g(x)$가 극값을 갖는지 확인해보자.

먼저, 함수 $y=f(x)$의 그래프의 개형을 그리면 [그림 1]과 같다.

$f(x)=(x+1)(x-1)(x-a)$이므로 $y=f(x)$의 그래프는 x축과 $x=-1,\ 1,\ a$인 서로 다른 세 점에서 만나고, $f(0)=a(a>1)$이므로 y축의 양인 부분에서 y축과 만나.

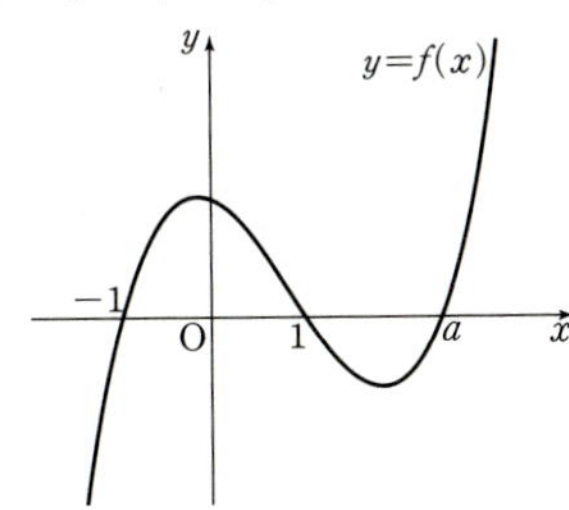

[그림 1]

이때, $g'(0)=0$이므로 함수 $g(x)$가 $x=0$에서 극값을 갖는지 확인하기 위해 $x=0$의 좌우에서의 $g'(x)$의 부호를 확인하자.

$g'(x)=2x\int_0^x f(t)dt$에서

(i) $-1\le x<0$일 때

$2x<0$이고,

[그림 1]의 $y=f(x)$의 그래프에서 $\int_x^0 f(t)dt>0$, 즉

$\int_0^x f(t)dt=-\int_x^0 f(t)dt<0$이므로

$g'(x)=2x\int_0^x f(t)dt>0$ → (음수)×(음수)=(양수)

(ii) $0<x\le1$일 때

$2x>0$이고,

[그림 1]의 $y=f(x)$의 그래프에서 $\int_0^x f(t)dt>0$이므로

$g'(x)=2x\int_0^x f(t)dt>0$ → (양수)×(양수)=(양수)

따라서 $x=0$의 좌우에서 $g'(x)>0$이므로 함수 $g(x)$는 $x=0$에서 극값을 갖지 않는다.

3rd $g(x)$가 극값을 하나만 갖도록 하는 a의 조건을 찾아 a의 최댓값을 구하자.

한편, $x<-1$일 때,

$$\int_0^x f(t)dt=-\int_x^0 f(t)dt=-\left\{\int_x^{-1}f(t)dt+\int_{-1}^0 f(t)dt\right\}$$

인데, [그림 1]의 $y=f(x)$의 그래프에서

$\int_x^{-1}f(t)dt<0,\ \int_{-1}^0 f(t)dt>0$이므로

$\int_0^x f(t)dt=0$을 만족시키는 실수 $\alpha(\alpha<-1)$가 반드시 존재한다.

즉, $x=\alpha$에서 $g'(x)=0$이고 $x=\alpha$의 좌우에서 $g'(x)$의 부호가 음에서 양으로 바뀌므로 함수 $g(x)$는 $x=\alpha$에서 극솟값을 갖는다.

$x<\alpha$일 때, $2x<0,\ \int_0^x f(t)dt>0$

$\alpha<x<-1$일 때, $2x<0,\ \int_0^x f(t)dt<0$

또한, (i), (ii)에 의해 $-1\le x\le1$에서 $g'(x)\ge0$이다.

따라서 함수 $g(x)$가 오직 하나의 극값을 가지려면

$x>1$에서 $\int_0^x f(t)dt\ge0$이어야 하므로 이를 만족시키기 위해서는

$x>1$일 때, $g'(x)=2x\int_0^x f(t)dt$에서 $2x$는 항상 양수이므로 $\int_0^x f(t)dt\ge0$이면 $g'(x)$의 부호가 항상 0 이상이 돼. 즉, $x>1$에서는 $g(x)$가 극값을 갖지 않아.

[그림 2]에 의해 $\int_0^1 f(t)dt\ge-\int_1^a f(t)dt$, 즉 $\int_0^a f(t)dt\ge0$이어야 한다. $x>a$일 때 $\int_a^x f(t)dt>0$이지? 즉, $\int_0^a f(t)dt\ge0$이면 $x>1$에서 $\int_0^x f(t)dt\ge0$이 돼.

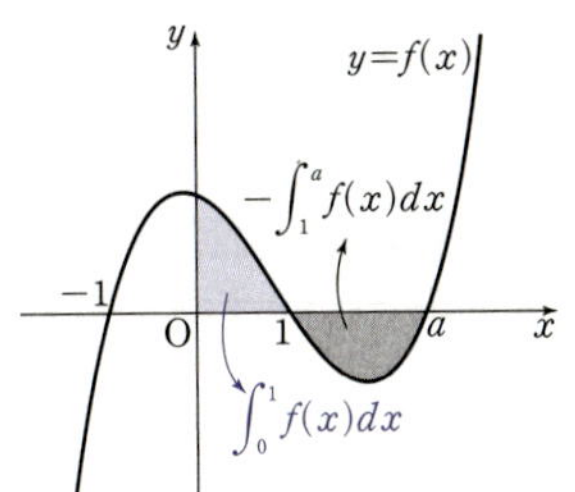

[그림 2]

이때, $f(x)=(x+1)(x-1)(x-a)=x^3-ax^2-x+a$이므로

$$\int_0^a f(t)dt=\int_0^a(t^3-at^2-t+a)dt$$
$$=\left[\frac{1}{4}t^4-\frac{1}{3}at^3-\frac{1}{2}t^2+at\right]_0^a$$
$$=\frac{1}{4}a^4-\frac{1}{3}a^4-\frac{1}{2}a^2+a^2$$
$$=-\frac{1}{12}a^4+\frac{1}{2}a^2=-\frac{1}{12}a^2(a^2-6)$$

$-\frac{1}{12}a^2(a^2-6)\ge0,\ a^2-6\le0$ 모든 실수 a에 대하여 $a^2\ge0$이므로 $-a^2\le0$이야.

$\therefore -\sqrt{6}\le a\le\sqrt{6}$

따라서 $a>1$에서 $1<a\le\sqrt{6}$이므로 구하는 a의 최댓값은 $\sqrt{6}$이다.

[다른 풀이]

1st 에서 $g'(x)=2x\int_0^x f(t)dt$라 했으므로

$F(x)=\int_0^x f(t)dt$라 하면

$F'(x)=f(x)=(x+1)(x-1)(x-a)$

$F'(x)=0$에서 $x=-1$ 또는 $x=1$ 또는 $x=a$이므로 함수 $F(x)$의 증가와 감소를 표로 나타내면 다음과 같아.

x	…	-1	…	1	…	a	…
$F'(x)$	−	0	+	0	−	0	+
$F(x)$	↘	극소	↗	극대	↘	극소	↗

즉, 함수 $F(x)$는 $x=-1,\ x=a$에서 극솟값을 갖고, $x=1$에서 극댓값을 가져. → $F(0)=\int_0^0 f(t)dt=0$

그런데 $F(0)=0$이므로, 조건을 만족시키는 함수 $y=F(x)$의 그래프의 개형을 그리면 다음과 같아.

$F(a)$의 값을 양수로 나타내어 $y=F(x)$의 그래프의 개형을 그린 것은 방정식 $g'(x)=2xF(x)$에서 0이 아닌 근을 한 개로 만들기 위한 거야.

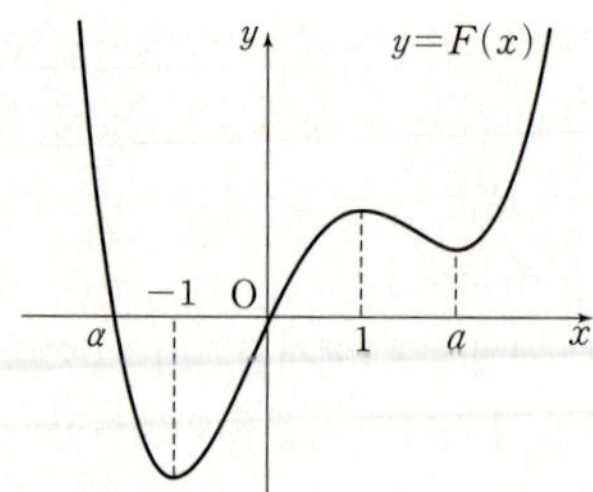

위의 그림에 의해 방정식 $F(x)=0$은 서로 다른 두 실근 $x=\alpha(\alpha<-1)$와 $x=0$을 갖게 돼.

먼저, $g'(x)=2xF(x)$는 x^2을 인수로 가지므로 $x=0$의 좌우에서 $g'(x)$의 부호가 바뀌지 않아. $F(0)=0$에서 $F(x)$가 x를 인수로 가지므로 다항식 $g'(x)=2xF(x)$는 x^2을 인수로 가져.

또한, $x=\alpha$의 좌우에서 $g'(x)$의 부호가 변하므로 함수 $g(x)$는 $x=\alpha$에서 극값을 가져.

따라서 함수 $g(x)$가 오직 하나의 극값을 가지려면 $x=\alpha$ 이외의 점에서는 $g'(x)$의 부호가 바뀌지 않아야 하므로 위의 그림과 같이 $F(a)\geq0$, 즉 $\int_0^a f(t)dt\geq0$이어야 해.

(이하 동일)

F 78 정답 80

✪ 2등급 킬러 [정답률 24%]

함수 $f(x)=\begin{cases}-3x^2 & (x<1)\\ 2(x-3) & (x\geq1)\end{cases}$에 대하여 함수 $g(x)$를

$$g(x)=\int_0^x (t-1)f(t)dt$$

단서1 $g(x)$가 적분구간이 변수 x로 주어진 정적분으로 정의되었으니까 양변을 x에 대하여 미분하면 $g'(x)$를 $f(x)$에 대한 식으로 나타낼 수 있어. 이때, $f(x)$의 식이 $x=1$을 기준으로 다르므로 이에 주의해야 해.

라 할 때, 실수 t에 대하여 직선 $y=t$와 곡선 $y=g(x)$가 만나는 서로 다른 점의 개수를 $h(t)$라 하자.

단서2 함수 $y=g(x)$의 그래프를 그리고 직선 $y=t$를 t의 값에 따라 평행이동하면서 두 곡선이 만나는 점의 개수를 구해봐.

$\left|\lim_{t\to a+}h(t)-\lim_{t\to a-}h(t)\right|=2$를 만족시키는 모든 실수 a에 대하여 $|a|$의 값의 합을 S라 할 때, $30S$의 값을 구하시오. (4점)

단서3 곡선 $y=g(x)$와 직선 $y=t$의 교점의 개수가 바뀌는 점 중에서 좌우극한값의 차이가 2가 되는 t를 찾으면 돼.

✪ 정적분으로 정의된 함수 $g(x)$의 그래프와 직선 $y=t$의 교점의 개수로 정의된 함수 $h(t)$에 대하여 함수 $h(t)$가 불연속이 되는 점을 찾는 문제이다.
문제 해결의 포인트는 정적분과 미분의 관계를 이해하고, 구간별로 다르게 정의된 함수에 대한 조건을 찾아 도함수를 이용하여 함수 $y=g(x)$의 그래프를 정확히 그리는 것이다.

[풀이 단서 체크]

❶ $g(x)$가 정적분으로 정의된 함수이므로 적분 구간의 위끝과 아래끝이 같도록 하는 x의 값을 대입하고, $g(x)$의 양변을 x에 대해 미분하여 함숫값과 도함수에 대한 조건을 찾아내자.
즉, $g(0)=0$이고 $g'(x)=(x-1)f(x)$인데, $f(x)$가 구간별로 다르게 정의된 함수이므로 $g'(x)$도 구간별로 나누어 따져줄 수 있다. ⇒ 단서1

❷ 함수 $h(t)$는 곡선 $y=g(x)$와 직선 $y=t$를 그린 후 곡선과 직선이 만나는 점의 개수를 구하면 된다.
즉, 도함수 $g'(x)$의 특징을 적용하고, $g'(x)$를 부정적분하여 $g(x)$를 구해 곡선 $y=g(x)$를 그릴 수 있으므로 이 위에 직선 $y=t$를 t의 값에 따라 평행이동하면서 곡선과 직선의 교점의 개수를 구하도록 한다. ⇒ 단서2

❸ 마지막으로, 함수 $h(t)$에서 우극한과 좌극한의 차가 2가 되는 점을 구하면 된다.
우극한과 좌극한의 차가 2가 되는 점에서는 곡선 $y=g(x)$와 직선 $y=t$의 교점의 개수가 달라진다. 따라서 곡선과 직선의 교점의 개수가 달라지는 점을 파악한 뒤 그 중에서 좌, 우극한의 차가 2가 되는 점을 찾으면 된다. ⇒ 단서3

주의 $g'(x)$가 구간에 따라 나른 함수이므로 $g'(x)$에서 $g(x)$를 구하기 위해 부정적분할 때, 적분 상수에 주의해야 한다.

핵심 정답 공식: 곡선과 직선의 교점의 개수로 정의된 함수의 좌우극한값이 달라지는 경우를 찾을 때, 먼저 곡선과 직선이 접하는 때를 생각해본다.

[문제 풀이 순서]

* 정적분으로 정의된 함수의 그래프를 그려 그래프와 직선이 만나는 점의 개수 구하기

1st 적분과 미분의 관계를 이용해 함수 $g(x)$를 구하자.

$g(x)=\int_0^x (t-1)f(t)dt$의 양변을 x에 대하여 미분하면

$g'(x)=(x-1)f(x)$ 상수 a에 대하여 $\frac{d}{dx}\int_a^x f(t)dt=f(x)$야.

$$=\begin{cases}-3x^2(x-1) & (x<1)\\ 2(x-1)(x-3) & (x\geq1)\end{cases}$$

$$=\begin{cases}-3x^3+3x^2 & (x<1)\\ 2x^2-8x+6 & (x\geq1)\end{cases}\cdots ㉠$$

$g(x)=\int g'(x)dx$야.

$g(x)$를 구하기 위해 $g'(x)$를 부정적분하면

$$g(x)=\begin{cases}-\frac{3}{4}x^4+x^3+C_1 & (x<1)\\ \frac{2}{3}x^3-4x^2+6x+C_2 & (x\geq1)\end{cases}\ (C_1,\ C_2\text{는 적분상수})\cdots ㉡$$

주의 부정적분 했으므로 적분 상수를 빠트리면 안 돼.

이때, $g(x)=\int_0^x (t-1)f(t)dt$의 양변에 $x=0$을 대입하면

$g(0)=0$이므로 ㉡에서 $C_1=0$이다.

한편, ㉠에서

$\lim_{x\to1-}g'(x)=\lim_{x\to1-}(-3x^3+3x^2)=-3+3=0$,

$\lim_{x\to1+}g'(x)=\lim_{x\to1+}(2x^2-8x+6)=2-8+6=0$

이므로 $g'(1)=0$이다.

즉, $g(x)$는 $x=1$에서 미분계수가 존재하므로 미분가능하고, $x=1$에서 연속이다.

함수 $F(x)$가 $x=k$에서 미분가능하면 항상 $x=k$에서 연속이지만 $x=k$에서 연속이라고 해서 $x=k$에서 반드시 미분가능한 것은 아니야.

따라서 ㉡에서

$-\frac{3}{4}+1=\frac{2}{3}-4+6+C_2\ (\because C_1=0)$

$g(x)$가 $x=1$에서 연속이므로 $\lim_{x\to1-}g(x)=\lim_{x\to1+}g(x)=g(1)$이어야 해.

$\therefore C_2=-\frac{29}{12}$

$$\therefore g(x)=\begin{cases}-\frac{3}{4}x^4+x^3 & (x<1)\\ \frac{2}{3}x^3-4x^2+6x-\frac{29}{12} & (x\geq1)\end{cases}$$

2nd 함수 $y=g(x)$의 그래프를 그려봐.

(i) $x<1$일 때,

㉠에서 $g'(x)=-3x^3+3x^2=-3x^2(x-1)$

$g'(x)=0$에서 $x=0$ 또는 $x=1$이므로 함수 $g(x)$의 증가와 감소를 표로 나타내면 다음과 같다.

x	$\cdots$	0	$\cdots$	(1)
$g'(x)$	+	0	+	
$g(x)$	↗		↗	

(ii) $x\ge1$일 때,

㉠에서 $g'(x)=2x^2-8x+6=2(x-1)(x-3)$

$g'(x)=0$에서 $x=1$ 또는 $x=3$이므로 함수 $g(x)$의 증가와 감소를 표로 나타내면 다음과 같다.

x	1	…	3	…
$g'(x)$	0	$-$	0	$+$
$g(x)$		↘	극소	↗

(i), (ii)에 의해 함수 $g(x)$는 $x=1$에서 극댓값

$g(1)=\frac{2}{3}-4+6-\frac{29}{12}=\frac{1}{4}$,

$x=3$에서 극솟값

$g(3)=\frac{2}{3}\times3^3-4\times3^2+6\times3-\frac{29}{12}=-\frac{29}{12}$를 가지므로

함수 $y=g(x)$의 그래프는 다음과 같다.

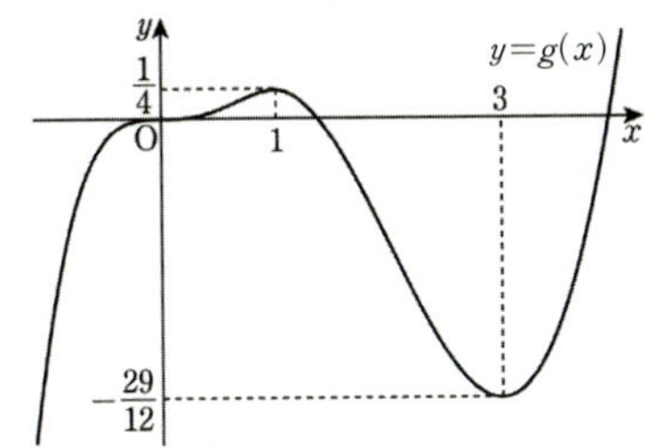

3rd 함수 $h(t)$를 구하자.

함수 $y=g(x)$의 그래프와 x축에 평행한 직선 $y=t$의 교점의 개수 $h(t)$를 위의 그래프를 이용하여 구하면

$$h(t)=\begin{cases}1 & \left(t<-\frac{29}{12}\right)\\ 2 & \left(t=-\frac{29}{12}\right)\\ 3 & \left(-\frac{29}{12}<t<\frac{1}{4}\right)\\ 2 & \left(t=\frac{1}{4}\right)\\ 1 & \left(t>\frac{1}{4}\right)\end{cases}$$

이므로 $\left|\lim_{t\to a+}h(t)-\lim_{t\to a-}h(t)\right|=2$를 만족시키는 실수 a의 값은 $\frac{1}{4}$과 $-\frac{29}{12}$뿐이다.

$\lim_{t\to\frac{1}{4}+}h(t)=1$, $\lim_{t\to\frac{1}{4}-}h(t)=3$

$\lim_{t\to-\frac{29}{12}+}h(t)=3$, $\lim_{t\to-\frac{29}{12}-}h(t)=1$

따라서 $S=\left|\frac{1}{4}\right|+\left|-\frac{29}{12}\right|=\frac{1}{4}+\frac{29}{12}=\frac{8}{3}$이므로

$30S=30\times\frac{8}{3}=80$

[다른 풀이]

$g(x)=\int_0^x(t-1)f(t)dt$이고, $f(x)=\begin{cases}-3x^2 & (x<1)\\ 2(x-3) & (x\ge1)\end{cases}$이므로

$g(x)$를 다음과 같이 구할 수도 있어.

(i) $x<1$일 때,

$$g(x)=\int_0^x(t-1)(-3t^2)dt$$
$$=\int_0^x(-3t^3+3t^2)dt$$
$$=-\frac{3}{4}x^4+x^3$$

(ii) $x\ge1$일 때,

$$g(x)=\int_0^1(t-1)(-3t^2)dt+\int_1^x2(t-1)(t-3)dt$$
$$=\left[-\frac{3}{4}t^4+t^3\right]_0^1+\int_1^x(2t^2-8t+6)dt$$
$$=-\frac{3}{4}+1+\frac{2}{3}x^3-4x^2+6x-\left(\frac{2}{3}-4+6\right)$$
$$=\frac{2}{3}x^3-4x^2+6x-\frac{29}{12}$$

$x=1$을 기준으로 $f(x)$의 식이 바뀌므로 정적분을 나누어서 구해야 해.

(i), (ii)에 의해

$$g(x)=\begin{cases}-\frac{3}{4}x^4+x^3 & (x<1)\\ \frac{2}{3}x^3-4x^2+6x-\frac{29}{12} & (x\ge1)\end{cases}$$

(이하 동일)

1등급 풀이 Tip

곡선 $y=g(x)$와 직선 $y=t$의 교점의 개수는 t의 값이 함수 $g(x)$의 극댓값 또는 극솟값이 될 때 달라진다.

따라서 함수 $g(x)$의 극댓값과 극솟값을 파악하여 함수 $h(t)$가 어떻게 변하는지 관찰하면 주어진 조건을 만족시키는 a를 파악할 수 있다.

My Top Secret

임의의 미분가능한 함수 $y=f(x)$의 그래프와 직선 $y=t$가 만나는 점의 개수는 t의 값이 함수 $f(x)$의 극댓값 또는 극솟값일 때, 즉 직선 $y=t$가 $y=f(x)$의 그래프에 접할 때 변해.

즉, 직선과 곡선의 교점의 개수에 대한 새로운 함수가 주어지면, 이 함수는 구간에 따라 다르게 정의되는 경우가 대부분이고, 곡선과 직선이 접하는 점에서 불연속이 될 가능성이 많아.

이 문제와 유사한 고난도 문제들이 자주 출제되므로 위의 내용을 그래프를 그려가며 꼼꼼히 정리해두어야 해.

F 79 정답 432 — 1등급 킬러 [정답률 15%]

최고차항의 계수가 4인 삼차함수 $f(x)$와 실수 t에 대하여 함수 $g(x)$를

$$g(x)=\int_t^x f(s)ds$$

라 하자. 상수 a에 대하여 두 함수 $f(x)$와 $g(x)$가 다음 조건을 만족시킨다.

단서1 $f(x)$가 삼차함수이므로 $g(x)$는 사차함수이고, $g(x)=\int_t^x f(s)ds$의 양변을 x에 대하여 미분하면 $g'(x)=f(x)$야.

단서2 함수 $y=|g(x)-g(a)|$의 그래프는 사차함수 $y=g(x)$의 그래프에서 직선 $y=g(a)$의 아랫부분을 꺾어 올린 거야. 이 그래프에 대하여 미분가능하지 않은 x의 개수가 1인 경우를 생각해보자.

(가) $f'(a)=0$

(나) 함수 $|g(x)-g(a)|$가 미분가능하지 않은 x의 개수는 1이다.

실수 t에 대하여 $g(a)$의 값을 $h(t)$라 할 때, $h(3)=0$이고 함수 $h(t)$는 $t=2$에서 최댓값 27을 가진다. $f(5)$의 값을 구하시오. (4점)

이 문제는 정적분으로 정의된 사차함수 $g(x)$의 그래프의 특징을 파악한 후, 절댓값 기호가 포함된 함수의 미분가능하지 않은 점의 개수를 통해 $g(x)$의 그래프의 개형을 추론해야 한다.

이를 위해서는 사차함수의 그래프의 개형을 파악하고 있어야 하며 각각의 개형에 따른 함수를 수식으로 표현할 수 있어야 한다. 또한, 절댓값 기호를 사용한 함수의 미분가능과 불가능에 대한 특징을 제대로 이해하고 적용해야 한다.

[풀이 단서 체크]

❶ 먼저, 함수 $y=4x^3$을 적분하면 $y=x^4$이 되므로 최고차항의 계수가 4인 삼차함수 $f(x)$를 정적분한 함수로 정의된 $g(x)$는 최고차항의 계수가 1인 사차함수임을 알 수 있다.
한편, $g(x)$를 x에 대하여 미분하면 $f(x)$이므로 도함수 $f(x)$를 통해 $g(x)$를 파악할 수 있다. 이때, 정적분의 아래끝인 t의 값이 고정된 값이 아니라는 점도 기억하고 있어야 한다. ⇒ 단서1

❷ $g(a)$는 상수이므로 함수 $y=|g(x)-g(a)|$의 그래프는 $y=g(x)-g(a)$의 그래프에서 직선 $y=g(a)$를 기준으로 $y=g(a)$의 아랫부분을 대칭시켜 위로 꺾어 올린 형태이다. 이때, $g(x)$는 사차함수로 미분가능한 함수이기 때문에 꺾어 올리는 지점에서 미분가능하지 않은 점이 생긴다. 그런데 만약 꺾어 올리는 점에서의 미분계수가 0이면 그 점은 미분가능한 점이 된다.
즉, $g(k)-g(a)=0$이고, $g'(k)=0$이면 함수 $|g(x)-g(a)|$는 $x=k$에서 미분가능하다.
따라서 이러한 개념을 고려하여 함수 $|g(x)-g(a)|$가 미분가능하지 않은 점이 1개만 생기도록 하는 사차함수 $y=g(x)$의 개형을 파악해야 한다. ⇒ 단서2

주의 $g'(x)=0$을 만족시키는 서로 다른 2개의 x의 값 α, β 중에서 $g(x)-g(a)=0$을 만족시키는 x의 값을 α라 하면, 사차함수 $y=g(x)$의 그래프의 개형을 유추할 때 $\alpha<\beta$인 경우와 $\beta<\alpha$인 경우로 나누어서 따져봐야 한다.

핵심 정답 공식: 삼차함수 $f(x)$에 대하여 함수 $g(x)=\int_t^x f(s)ds$는 사차함수이다.
이때, 함수 $|g(x)-g(a)|$가 미분가능하지 않은 x의 개수가 1이려면 함수 $y=g(x)$의 그래프를 직선 $y=g(a)$를 기준으로 꺾어 올렸을 때 뾰족점이 1개만 나와야 한다.

[문제 풀이 순서]

* 절댓값으로 정의된 함수에서 미분가능하지 않은 점의 개수에 대한 조건을 만족시키는 사차함수의 그래프의 개형 파악하기

1st 사차함수 $y=g(x)$의 그래프의 개형을 찾자.

$f(x)$가 최고차항의 계수가 4인 삼차함수이므로

$g(x)=\int_t^x f(s)ds$는 최고차항의 계수가 1인 사차함수이다.

또한, $g(x)=\int_t^x f(s)ds$의 양변을 x에 대하여 미분하면 $g'(x)=f(x)$이므로 최고차항의 계수가 양수인 사차함수 $y=g(x)$의 그래프의 개형은 방정식 $f(x)=0$의 근의 형태에 따라 다음 4가지 중 하나가 될 수 있다.
이때, 조건 (나)에서 함수 $|g(x)-g(a)|$가 미분가능하지 않은 x의 개수가 1이므로 다음의 4가지 경우 중에서 조건 (나)를 만족시키는 함수 $y=g(x)$의 그래프가 될 수 있는 것은 (ii)이다.

(i) $f(x)=0$이 서로 다른 세 실근을 갖는 경우

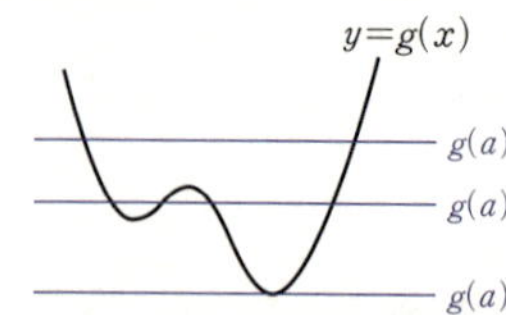

(ii) $f(x)=0$이 한 실근과 중근을 갖는 경우

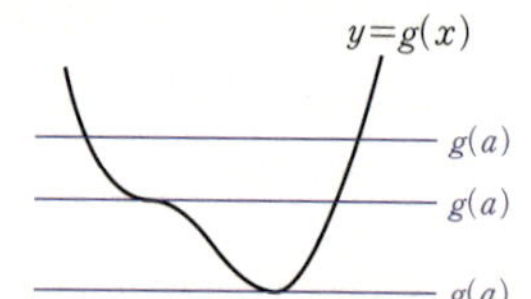

(iii) $f(x)=0$이 삼중근을 갖는 경우

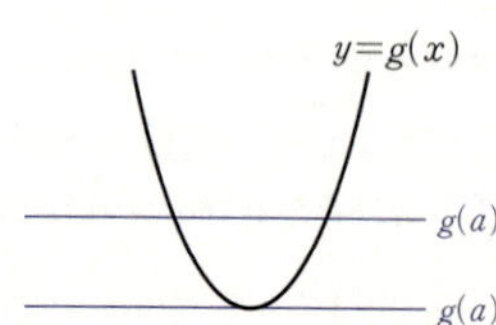

(iv) $f(x)=0$이 한 실근과 서로 다른 두 허근을 갖는 경우

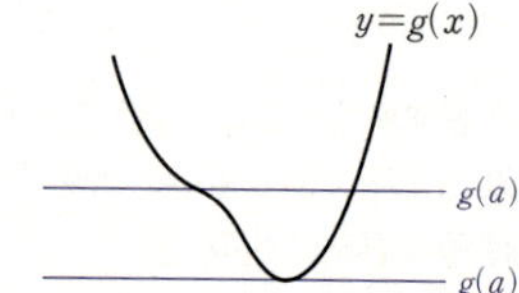

따라서 사차함수 $g(x)$는 단 하나의 극솟값을 갖는다.
또한, 함수 $y=g(x)$의 그래프와 직선 $y=g(a)$는 서로 다른 두 점에서 만나는데 그 두 점 중 한 점에서는 접하고 나머지 한 점에서 만난다는 것을 알 수 있다.

2nd 사차함수 $y=g(x)$의 그래프의 개형을 이용하여 함수 $f(x)$를 유추하자.

$g'(x)=0$이면서 방정식 $g(x)-g(a)=0$을 만족시키는 x의 값을 α라 하고, 함수 $g(x)$가 극솟값을 가질 때의 x의 값을 β라 하면 α, β의 대소 관계에 따라 다음과 같이 두 경우로 나눌 수 있다.

(i) $\alpha<\beta$인 경우 (단, $g(\gamma)=g(\alpha)$, $\beta<\gamma$)

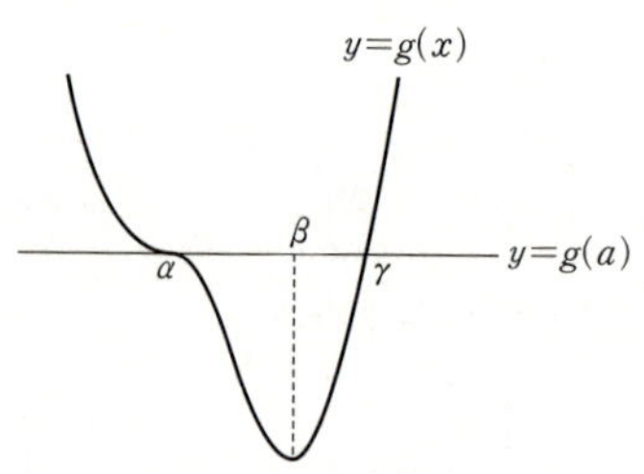

함수 $y=g(x)$의 그래프와 직선 $y=g(a)$는 위의 그림과 같고 이를 이용하여 함수 $y=g(x)$의 도함수 $y=f(x)$의 그래프를 그려 보면 다음과 같다.

$g'(\alpha)=0$이지만 $x=\alpha$의 좌우에서 $g(x)$가 감소하므로 $f(x)$의 그래프는 $x=\alpha$에서 x축에 접해. 또, $x=\beta$에서 $g(x)$가 극솟값을 가지므로 $f(\beta)=0$이야. 즉, $x=\alpha$에서 x축에 접하고 $x=\beta$에서 x축과 만나는 최고차항의 계수가 양수인 삼차함수의 그래프를 그리면 돼.

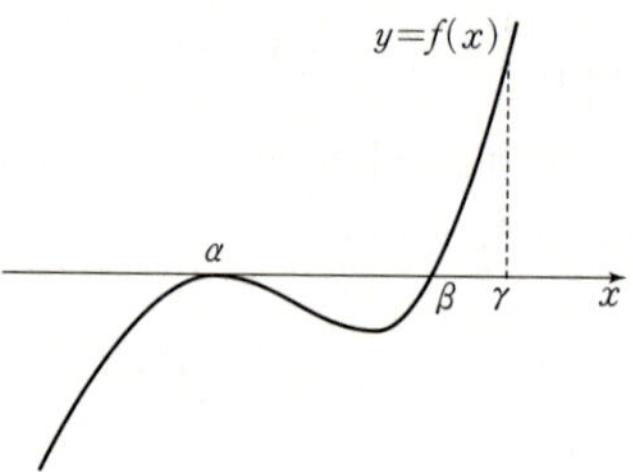

이때, $g(\alpha)=g(\gamma)=g(a)$이므로
$\alpha=a$ 또는 $\gamma=a$
그런데 조건 (가)에서 $f'(a)=0$이므로 $\alpha=a$이다.
따라서 $x=a$에서 x축에 접하고 $x=\beta$에서 x축과 만나는 최고차항의 계수가 4인 삼차함수 $f(x)$의 식은
$f(x)=4(x-a)^2(x-\beta)$ … ㉡이다.
한편, 실수 t에 대하여

$h(t)=g(a)=\int_t^a f(s)ds=-\int_a^t f(s)ds$

에서 $h'(t)=-f(t)$이고,
함수 $h(t)$가 $t=2$에서 최댓값, 즉 극댓값을 가지므로

실수 함수 $h(t)$는 최고차항의 계수가 음수인 사차함수가 되므로 최댓값이 존재하고, 그 최댓값은 극댓값임을 알 수 있어. 문제에서 함수 $h(t)$는 $t=2$에서 최댓값 27을 가진다고 하였지만 결국 그 최댓값이 극댓값임을 이용해야 문제를 해결할 수 있어.

$h'(2)=-f(2)=0$ $\therefore f(2)=0$
즉, ㉡에 의하여 $a=2$ 또는 $\beta=2$이다.
이때, $h(2)=27$인데
$a=2$이면

$h(2)=\int_2^2 f(s)ds=0\neq 27$

이므로 $a\neq 2$이다.
$\therefore \beta=2$

한편, $h(3)=0$에서 $h(3)=\int_3^a f(s)ds=0$이고

$h(2)=\int_2^a f(s)ds=27$이므로

$\underline{h(2)-h(3)}=\int_2^a f(s)ds-\int_3^a f(s)ds$

$=27-0$
$=27$

$=\int_2^a f(s)ds+\int_a^3 f(s)ds=\int_2^3 f(s)ds=27$

이때, $f(x)=4(x-a)^2(x-2)$이므로

$$\int_2^3 f(s)ds=\int_2^3 4(s-a)^2(s-2)ds$$

$$=\int_2^3 \{4s^3-8(a+1)s^2+4(a^2+4a)s-8a^2\}ds$$

$$=\left[s^4-\frac{8}{3}(a+1)s^3+2(a^2+4a)s^2-8a^2s\right]_2^3$$

$$=\{81-72(a+1)+18(a^2+4a)-24a^2\}-\left\{16-\frac{64}{3}(a+1)+8(a^2+4a)-16a^2\right\}$$

$$=65-\frac{152}{3}(a+1)+10(a^2+4a)-8a^2$$

$$=2a^2-\frac{32}{3}a+\frac{43}{3}=27$$

에서 $3a^2-16a-19=0$

$(a+1)(3a-19)=0$ $\quad\therefore a=-1$ 또는 $a=\frac{19}{3}$

이때, $a<\beta=2$이므로 $a=-1$이다.

$\therefore f(x)=4(x+1)^2(x-2)$

(ii) $\alpha>\beta$인 경우 (단, $g(\gamma)=g(\alpha)$, $\gamma<\beta$)

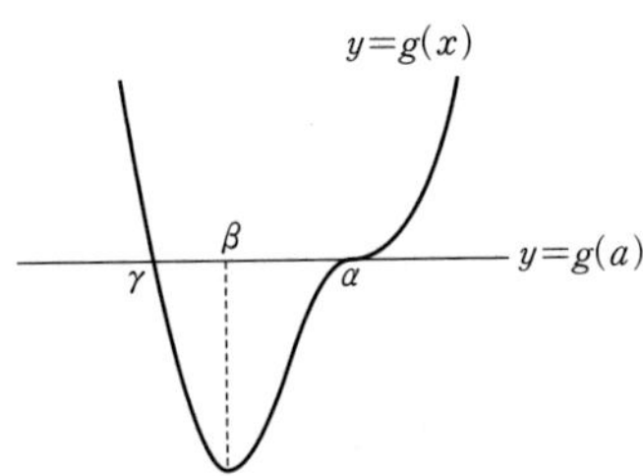

함수 $y=g(x)$의 그래프와 직선 $y=g(a)$는 위의 그림과 같고 이를 이용하여 함수 $y=g(x)$의 도함수 $y=f(x)$의 그래프를 그려 보면 다음과 같다.

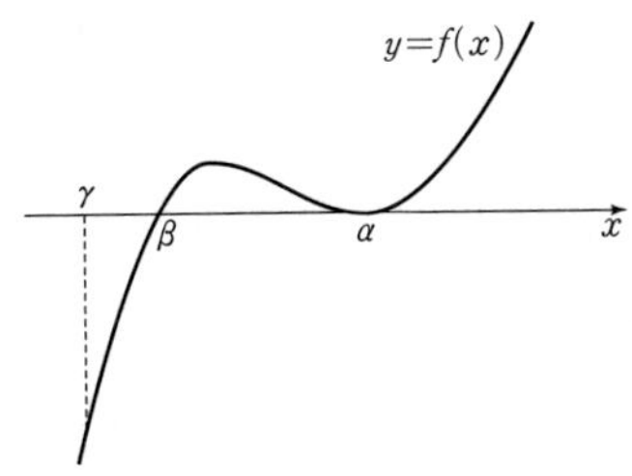

이때, $g(\alpha)=g(\gamma)=g(a)$이므로

$\alpha=a$ 또는 $\gamma=a$

그런데 조건 (가)에서 $f'(a)=0$이므로 $\alpha=a$이다.

따라서 $f(x)=4(x-a)^2(x-\beta)$로 놓을 수 있고

(i)에서와 마찬가지 방법으로 구하면 $\beta=2$이다.

$\therefore f(x)=4(x-a)^2(x-2)$

한편, $h(3)=0$인데,

$a\neq3$이면 $h(3)=\int_3^a f(s)ds\neq0$이므로 $a=3$이다.

즉, $f(x)=4(x-3)^2(x-2)$이므로

$$h(2)=\int_2^a f(s)ds=\int_2^3 4(s-3)^2(s-2)ds$$

$$=\int_2^3 (4s^3-32s^2+84s-72)ds$$

$$=\left[s^4-\frac{32}{3}s^3+42s^2-72s\right]_2^3$$

$$=(81-288+378-216)-\left(16-\frac{256}{3}+168-144\right)$$

$$=\frac{1}{3}$$

그런데 (i)에서 $h(2)=27$이므로 이 경우는 주어진 조건을 만족시키지 않는다.

따라서 (i), (ii)에 의하여 $f(x)=4(x+1)^2(x-2)$이므로

$f(5)=4\times36\times3=432$

[다른 풀이]

$f(x)$가 최고차항의 계수가 4인 삼차함수이므로

$\underline{g(x)=\int_t^x f(s)ds\text{는 최고차항의 계수가 1인 사차함수이고}}$

$\int(4x^3+\cdots)dx=x^4+\cdots$

<u>실수 전체의 집합에서 함수 $g(x)-g(a)$는 미분가능해.</u>

함수 $g(x)-g(a)$은 사차함수 $g(x)$와 상수함수 $g(a)$의 차이므로 두 미분가능한 함수의 차는 미분가능한 함수가 돼.

이때,

$g(x)\geq g(a)$이면 $|g(x)-g(a)|=g(x)-g(a)$

$g(x)<g(a)$이면 $|g(x)-g(a)|=-\{g(x)-g(a)\}$

이므로 함수 $|g(x)-g(a)|$는 $g(x)-g(a)\neq0$인 모든 x에서 미분가능하지.

이제, 사차함수 $g(x)$의 특징을 파악하기 위해 $g(x)-g(a)=0$을 만족시키는 x의 값을 k라 하자.

$g(k)=g(a)$이므로

$$\frac{|g(x)-g(a)|-|g(k)-g(a)|}{x-k}=\frac{|g(x)-g(k)|}{x-k}$$

한편, $g(x)=\int_t^x f(s)ds$의 양변을 x에 대하여 미분하면

$g'(x)=f(x)$ ⋯ ㉠

(i) $x=k$의 좌우에서 $g(x)-g(a)$의 부호가 같을 때

$\lim\limits_{x\to k-}\frac{|g(x)-g(k)|}{x-k}=\lim\limits_{x\to k+}\frac{|g(x)-g(k)|}{x-k}$이므로

함수 $|g(x)-g(a)|$는 <u>$x=k$에서 미분가능해.</u>

좌미분계수와 우미분계수의 값이 같으면 미분계수가 존재하는 것이고, 미분가능하다고 해.

(ii) $x=k$의 좌우에서 $g(x)-g(a)$의 부호가 다르고 $f(k)=0$일 때,

예를 들어 $x<k$에서 $g(x)-g(a)<0$이고

$x>k$에서 $g(x)-g(a)>0$이면

$$\lim_{x\to k-}\frac{|g(x)-g(k)|}{x-k}=-\lim_{x\to k-}\frac{g(x)-g(k)}{x-k}$$
$$=-g'(k)=-f(k)\ (\because ㉠)$$
$$=0$$

$$\lim_{x\to k+}\frac{|g(x)-g(k)|}{x-k}=\lim_{x\to k+}\frac{g(x)-g(k)}{x-k}$$
$$=g'(k)=f(k)\ (\because ㉠)$$
$$=0$$

즉, $\lim\limits_{x\to k-}\frac{|g(x)-g(k)|}{x-k}=\lim\limits_{x\to k+}\frac{|g(x)-g(k)|}{x-k}$이므로

함수 $|g(x)-g(a)|$는 $x=k$에서 미분가능해.

(iii) $x=k$의 좌우에서 $g(x)-g(a)$의 부호가 다르고

$f(k)\neq 0$일 때,

$$\lim_{x\to k-}\frac{|g(x)-g(a)|}{x-k}\neq\lim_{x\to k+}\frac{|g(x)-g(a)|}{x-k}$$

위의 (ii)의 예와 같이 풀면

$\lim_{x\to k-}\frac{|g(x)-g(k)|}{x-k}=-g'(k)=-f(k)$, $\lim_{x\to k+}\frac{|g(x)-g(k)|}{x-k}=g'(k)=f(k)$이고

$-f(k)\neq f(k)$이므로

$\lim_{x\to k-}\frac{|g(x)-g(k)|}{x-k}\neq\lim_{x\to k+}\frac{|g(x)-g(k)|}{x-k}$가 되는 거야.

이므로 함수 $|g(x)-g(a)|$는 $x=k$에서 미분가능하지 않아.

이때, 조건 (나)에서 함수 $|g(x)-g(a)|$가 미분가능하지 않은 x의 개수가 1이므로 $g(x)-g(a)=0$이고, $g'(x)=f(x)\neq 0$인 x가 단 하나 존재한다는 것을 알 수 있어.

사차함수 $y=g(x)$의 그래프와 직선 $y=g(a)$의 교점에서의 $g(x)$의 미분계수가 0이 아닌 점이 1개만 있어야 한다는 거야.

따라서 사차함수 $g(x)$는 단 하나의 극값, 즉 극솟값 하나만을 갖고 극댓값은 없으며 함수 $y=g(x)$의 그래프와 직선 $y=g(a)$는 서로 다른 두 점에서 만난다는 것을 알 수 있어.

(이하 동일)

1등급 풀이 Tip

$h(3)=0$인 조건과 함수 $h(t)$가 $t=2$에서 최댓값 27을 가진다는 조건을 활용하여 $y=g(x)$의 그래프의 개형과 a, α, β, γ 값들을 추론할 때, 함수식을 통해 추론하는 것도 방법이지만 $y=g(x)$의 그래프를 먼저 그려놓고 그래프의 개형에 기하학적으로 맞는 값을 하나씩 대응시키는 것이 문제를 푸는 시간을 절약시킬 수 있는 방법 중 하나이다.

My Top Secret

다항함수는 일차함수, 이차함수, 삼차함수, 사차함수까지 그래프의 개형의 종류 및 그래프에 따라 함수를 식으로 나타내는 방법까지 유기적으로 알고 있어야 해.
특히, 고난도 유형일수록 함수와 그에 대응되는 도함수의 성질까지 묶어서 생각해야 하니까 제대로 정리해 놓을 필요가 있어.
또한, 다항함수를 단순히 $y=ax^3+bx^2+cx+d$처럼 나열해서 나타내는 방법도 있지만, 함수의 그래프와 x축의 교점을 이용해 인수정리를 적용하여 $y=a(x-\alpha)(x-\beta)(x-\gamma)$와 같이 항으로 묶어서 나타내는 방식도 자주 쓰이니까 문제를 풀어나갈 때 어느 방식이 더 수월할지 빠르게 판단하고 풀이 계획을 정하는 연습을 많이 하도록 해.

정적분의 성질 개념·공식

세 실수 a, b, c를 포함하는 닫힌구간에서
두 함수 $f(x)$, $g(x)$가 연속일 때,

(1) $\int_a^b kf(x)dx=k\int_a^b f(x)dx$ (단, k는 상수)

(2) $\int_a^b \{f(x)\pm g(x)\}dx=\int_a^b f(x)dx\pm\int_a^b g(x)dx$ (복호동순)

(3) $\int_a^b f(x)dx=\int_a^c f(x)dx+\int_c^b f(x)dx$

F 80 정답 ⑤ 2등급 킬러 [정답률 25%]

삼차함수 $f(x)$는 $f(0)>0$을 만족시킨다. 함수 $g(x)$를

$$g(x)=\left|\int_0^x f(t)dt\right|$$

라 할 때, 함수 $y=g(x)$의 그래프가 그림과 같다.

단서 그래프에서 $g(2)=g(5)=g(8)=0$이므로 $\int_0^2 f(t)dt=\int_0^5 f(t)dt=\int_0^8 f(t)dt=0$ 이지? 이때, 정적분의 값을 기하학적 의미로 생각하면 $y=f(x)$의 그래프의 개형을 파악할 수 있어. 이를 이용하여 ㄱ, ㄴ, ㄷ의 참, 거짓을 따지면 돼.

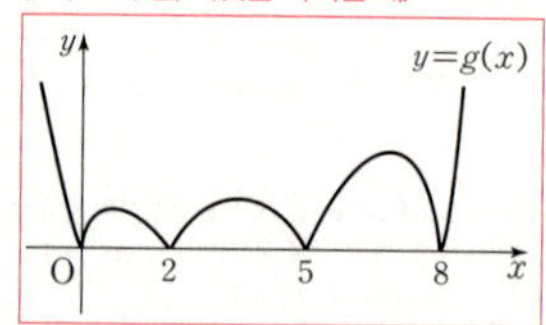

[보기]에서 옳은 것만을 있는 대로 고른 것은? (4점)

[보기]

ㄱ. 방정식 $f(x)=0$은 서로 다른 3개의 실근을 갖는다.

ㄴ. $f'(0)<0$

ㄷ. $\int_m^{m+2} f(x)dx>0$을 만족시키는 자연수 m의 개수는 3이다.

① ㄴ ② ㄷ ③ ㄱ, ㄴ ④ ㄱ, ㄷ ⑤ ㄱ, ㄴ, ㄷ

이 문제는 정적분으로 정의된 함수의 그래프의 개형을 이용하여 함수의 그래프를 추론하는 문제이다. 특히, 함수 $g(x)$가 절댓값을 포함한 함수이므로 그 그래프는 사차함수 $y=\int_0^x f(t)dt$의 그래프에서 $y<0$인 부분을 x축에 대하여 대칭이동한 것이 된다. 이때, 사차함수 $y=\int_0^x f(t)dt$의 최고차항의 계수를 $f(0)$의 부호를 이용하여 결정하는 것이 이 문제의 키포인트이다.

[풀이 단서 체크]

함수 $y=g(x)$의 그래프를 이용하여 함수 $y=\int_0^x f(t)dt$의 그래프의 개형을 찾아야 한다.

즉, 함수 $y=g(x)$의 그래프에 의하여 함수 $y=\int_0^x f(t)dt$의 그래프의 개형은

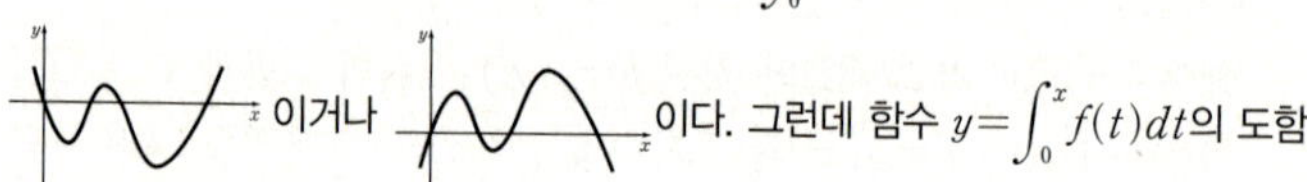

수는 $y'=f(x)$이고 $f(0)>0$이므로 함수 $y=\int_0^x f(t)dt$의 그래프의 개형을 결정할 수 있다. ⇒ 단서

주의 함수 $g(x)$는 함수 $y=\int_0^x f(t)dt$에 절댓값을 씌운 함수이므로 함수 $y=\int_0^x f(t)dt$의 그래프는 두 가지로 나타낼 수 있는데, $f(0)>0$임을 이용하여 하나로 결정해야 한다.

핵심 정답 공식: $h(x)=\int_0^x f(t)dt$로 두면, $f(0)>0$이므로 $h(x)$는 $x=0$에서 증가 상태여야 한다. 이를 통해 $h(x)$의 그래프의 개형을 알고 $f(x)$의 그래프의 개형도 그릴 수 있다.

[문제 풀이 순서]

* 정적분으로 정의된 함수의 그래프로 함수 $y=f(x)$의 그래프의 개형 구하기

1st 함수 $g(x)$를 이용하여 함수 $f(x)$가 어떤 함수인지부터 파악하자.

함수 $g(x)$는 함수 $f(t)$를 $t=0$부터 $t=x$까지 적분하여 값을 구한 후 절댓값을 씌운 함수이다.

이때, 주어진 함수 $g(x)$의 그래프에서 $g(2)=0$이므로

$\int_0^2 f(t)dt=0$이고 $f(0)>0$이므로 $f(2)<0$

또 $g(5)=0$이므로 $\int_2^5 f(t)dt=0$이고 $f(2)<0$이므로 $f(5)>0$

$g(5)=0$에서 $\int_0^5 f(t)dt=0$인데 $\int_0^5 f(t)dt=\int_0^2 f(t)dt+\int_2^5 f(t)dt$
이고 $\int_0^2 f(t)dt=0$이므로 $\int_2^5 f(t)dt=0$이야.

마찬가지 방법으로 하면 $f(8)<0$이므로 함수 $y=f(x)$의 그래프의 대략적인 개형은 그림과 같다.

함정 적분을 이용한 보기 ㄱ, ㄴ, ㄷ의 참, 거짓을 판단하는 문제는 주어진 함수의 그래프의 개형을 파악하는 것이 가장 중요해.

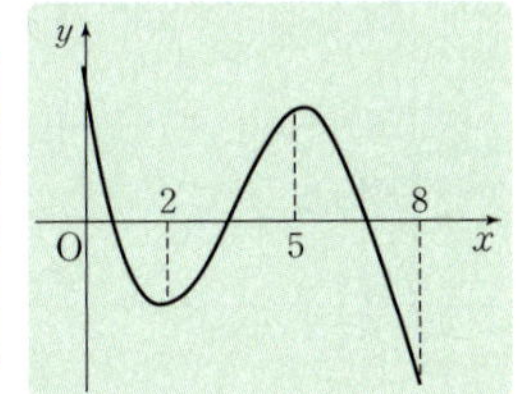

2nd 함수 $f(x)$의 그래프를 이용하여 [보기]의 옳고 그름을 판단해.

ㄱ. 방정식 $f(x)=0$의 해는 구간 $(0, 2)$, $(2, 5)$, $(5, 8)$에서 각각 하나씩 존재한다. (참)
방정식 $f(x)=0$의 해는 $y=f(x)$의 그래프와 x축의 교점의 x좌표와 같아.

ㄴ. 함수 $f(x)$는 $x=0$에서 감소하므로 $f'(0)<0$ (참)

ㄷ. 그래프에서 $\int_0^2 f(t)dt=\int_2^5 f(t)dt=\int_5^8 f(t)dt=0$이므로

$\int_m^{m+2} f(x)dx>0$을 만족하는 자연수 m은 3, 4, 5로 3개이다. (참)

따라서 옳은 것은 ㄱ, ㄴ, ㄷ이다.

[다른 풀이]

함수 $g(x)$의 그래프는 삼차함수 $f(x)$에 대하여 사차함수

$h(x)=\int_0^x f(t)dt$의 그래프를 x축 위로 접어 올린 그래프이다.
$y=|f(x)|$의 그래프는 $y=f(x)$의 그래프에서 $y<0$인 부분을 x축에 대하여 대칭이 되도록 그리면 돼.

즉, $h(x)=\int_0^x f(t)dt$의 그래프는 최고차항의 계수가 양수인 경우와 음수인 경우에 따라 다음과 같이 2가지야.

[그림 1]

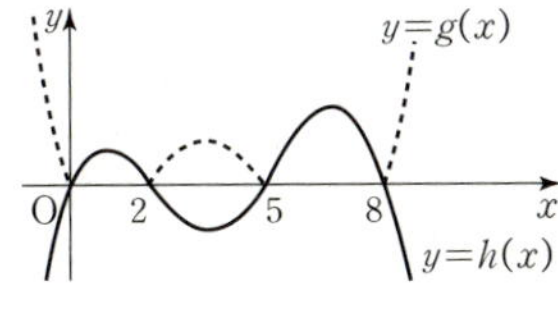

[그림 2]

$\frac{d}{dx}\int_a^x f(t)dt=f(x)$

이때, $h'(x)=f(x)$이므로 $h'(0)=f(0)$이고 문제에서 $f(0)>0$이라 했으므로 $h'(0)>0$이지? 즉, $h(x)$는 $x=0$에서 증가상태에 있으므로 $h(x)$의 그래프는 [그림 2]와 같아.

ㄱ. 방정식 $h'(x)=f(x)=0$을 만족하는 x의 개수는 함수 $h(x)$의 극값의 개수를 찾으면 되니까 3개야. (참)
극값에서의 미분계수는 0이지?

ㄴ. $f'(x)=\frac{d}{dx}h'(x)$이고, 이것은 함수 $h'(x)$의 증가 · 감소를 생각하면 함수 $h'(x)$는 $x=0$에서 감소하므로 $\frac{d}{dx}h'(0)<0$이야. (참)
$x=0$을 포함하는 아주 작은 구간에서 $y=h(x)$의 그래프는 위로 볼록해. 즉, $h(x)$는 이 구간에서 증가하고는 있지만 증가하는 크기는 점점 작아져. 따라서 $h'(x)$는 이 구간에서 감소해.

ㄷ. $h(x)=\int_0^x f(t)dt$의 그래프를 알고 있으므로

$\int_m^{m+2} f(x)dx=\int_0^{m+2} f(x)dx-\int_0^m f(x)dx$로 적분 구간을 나누어서 생각하면 $\int_m^{m+2} f(x)dx>0$, 즉 $h(m+2)-h(m)>0$ … ㉠ 을 만족하는 자연수 m을 찾자.

$m=1$일 때,
$h(3)<0$, $h(1)>0$이므로 ㉠에서 $h(3)-h(1)<0$
마찬가지로
$m=2$일 때,
$h(4)<0$, $h(2)=0$이므로 $h(4)-h(2)<0$
$m=3$일 때,
$h(5)=0$, $h(3)<0$이므로 $h(5)-h(3)>0$
$m=4$일 때,
$h(6)>0$, $h(4)<0$이므로 $h(6)-h(4)>0$
$m=5$일 때,
$h(7)>0$, $h(5)=0$이므로 $h(7)-h(5)>0$
$m=6$일 때,
$h(8)=0$, $h(6)>0$이므로 $h(8)-h(6)<0$
$m=7$일 때,
$h(9)<0$, $h(7)>0$이므로 $h(9)-h(7)<0$
$m\ge8$일 때,
$h(m+2)-h(m)<0$
따라서 만족하는 자연수 m은 3, 4, 5로 3개야. (참)

1등급 풀이 Tip

n차 다항함수 $f(x)$에 대하여 $g(x)=\int_0^x f(t)dt$라 하면 $g(x)$는 $(n+1)$차 다항함수이다. 이때, $g'(x)=f(x)$이므로 함수 $y=g(x)$의 그래프는 도함수인 $f(x)$를 이용하여 구할 수 있다. 즉, 문제의 조건에서 $f(0)>0$이므로 함수 $y=\int_0^x f(t)dt$의 그래프는 $x=0$에서 증가해야 함을 알 수 있다.

F

F 81 정답 ⑤ 2등급 킬러 [정답률 23%]

양수 t에 대하여 함수 $f(x)$를

$$f(x)=\int_{3t}^{x}(s^2-4ts+3t^2)ds$$

라 할 때, 닫힌구간 $[0, 2]$에서 함수 $f(x)$의 최댓값을 $g(t)$라 하자.

[보기]에서 옳은 것만을 있는 대로 고른 것은? (4점)

단서1 정적분으로 정의된 함수가 주어지면 이용할 수 있는 정보가 많아.
① $x=3t$를 대입해 보면 $f(3t)=0$
② 양변을 미분하면 $f'(x)=x^2-4tx+3t^2$이고, $x=t$를 대입하면 $f'(t)=t^2-4t^2+3t^2=0$

단서2 $f(x)$가 연속함수이므로 닫힌구간 $[0, 2]$에서의 최댓값은 $f(0)$, $f(2)$와 극값 중에서 가장 큰 값을 비교하여 구하면 돼.

[보기]

ㄱ. $f'(x)=(x-t)(x-3t)$

ㄴ. $t>2$일 때, $g(t)=\frac{2}{3}(3t-2)^2$이다.

ㄷ. $t>0$에서 정의된 함수 $g(t)$는 $t=\frac{1}{2}$에서만 미분가능하지 않다.

단서3 닫힌구간 $[0, 2]$에서 함수 $f(x)$의 최댓값 $g(t)$를 범위에 맞게 구하고 $t=\frac{1}{2}$에서 좌미분계수와 우미분계수를 각각 구해서 미분가능을 판단하자.

① ㄱ ② ㄷ ③ ㄱ, ㄴ ④ ㄴ, ㄷ ⑤ ㄱ, ㄴ, ㄷ

정적분으로 정의된 함수의 특정한 구간에서의 최댓값을 나타내는 함수를 유추하여 [보기]의 참, 거짓을 판단하는 문제이다.
정적분으로 정의된 함수가 주어지면 적분과 미분의 관계를 적용하는 것이 기본이다. 즉, 정적분으로 정의된 함수를 미분하여 함수가 극대, 극소가 되는 점을 구해 그래프를 그려보는 것이 중요하다.

[풀이 단서 체크]

❶ 정적분으로 정의된 함수에서는 정적분의 위끝과 아래끝이 같도록 하는 x의 값을 대입하여 특정 함숫값을 찾아내야 한다. 또한, x에 대해 미분하여 도함수를 구하면 정적분의 피적분함수가 됨을 이용하여 함수에 대해 정보를 얻을 수 있다. 따라서 주어진 함수에서 $x=3t$를 대입하여 함숫값을 찾고, 양변을 x에 대해 미분해 $f'(x)=x^2-4tx+3t^2$임을 알아내자. ⇒ 단서1

❷ 어떤 닫힌구간에서 연속인 함수의 최댓값은 구간의 양 끝점과 그 구간에서의 극댓값을 비교한 것 중 가장 큰 값이다.
이차함수 $f'(x)$에서 $f(x)$는 삼차함수가 되므로 $f(x)$는 연속이다. 따라서 $g(t)$는 주어진 구간의 양 끝점인 $f(0)$, $f(2)$와 열린구간 $(0, 2)$에서의 극댓값을 비교하여 가장 큰 값을 구하면 된다. ⇒ 단서2

❸ 마지막으로, $g(t)$가 미분불가능한 t의 값이 $t=\frac{1}{2}$뿐이려면 $t=\frac{1}{2}$에서만 미분불가능하고 다른 점에서는 모두 미분가능해야 한다. 따라서 t의 값의 범위를 나누어 $g(t)$를 구한 뒤, 미분가능성을 판단하도록 하자. ⇒ 단서3

주의 ㄷ에서는 $t=\frac{1}{2}$에서 $g(t)$가 미분불가능한지를 묻고 있는 동시에 $t\neq\frac{1}{2}$인 모든 t에서 미분가능한지를 묻고 있음에 유의하여 함수 $g(t)$를 구해야 한다.

핵심 정답 공식: $a\leq x\leq b$에서 함수 $f(x)$의 최대, 최소는 주어진 구간에서 $f(x)$의 극값과 양 끝점의 함숫값을 비교하여 구한다.

[문제 풀이 순서]

* 정적분으로 정의된 함수의 특정한 구간에서의 최댓값을 나타내는 함수를 이해하여 [보기]의 진위 판정하기

1st 정적분으로 정의된 함수에 대하여 미분을 이용하여 함수 $f(x)$의 특징을 파악해.

ㄱ. $f(x)=\int_{3t}^{x}(s^2-4ts+3t^2)ds$의 양변을 x에 대하여 미분하면
$f'(x)=x^2-4tx+3t^2=(x-t)(x-3t)$ (참)

주의 s에 대한 식에서 s 대신 x를 대입하면 $f'(x)$를 구할 수 있지. 여기서 실수하면 그 다음 보기들은 전부 못 푸는 거니까 꼭 정확히 구했는지 확인하자.

2nd 함수 $y=f(x)$의 그래프의 개형을 이용하여 $t>0$에서의 함수 $g(t)$를 유추해.

ㄴ. $f'(x)=(x-t)(x-3t)$이므로
$f'(x)=0$에서
$x=t$ 또는 $x=3t$
즉, 함수 $f(x)$는 $x=t$에서 극댓값을 갖고, $x=3t$에서 극솟값을 갖는다.

$$f(x)=\int_{3t}^{x}(s^2-4ts+3t^2)ds$$
$$=\left[\frac{1}{3}s^3-2ts^2+3t^2s\right]_{3t}^{x}$$
$$=\frac{1}{3}x(x-3t)^2$$

→ $f(x)$
$=\left[\frac{1}{3}s^3-2ts^2+3t^2s\right]_{3t}^{x}$
$=\frac{1}{3}x^3-2tx^2+3t^2x-\left\{\frac{1}{3}(3t)^3-2t(3t)^2+3t^2(3t)\right\}$
$=\frac{1}{3}x^3-2tx^2+3t^2x-(9t^3-18t^3+9t^3)$
$=\frac{1}{3}x(x^2-6tx+9t^2)=\frac{1}{3}x(x-3t)^2$

$f(x)$에 $x=t$를 대입하면

$f(t)=\frac{1}{3}t(t-3t)^2=\frac{4}{3}t^3$이므로

$$f(x)-\frac{4}{3}t^3=\frac{1}{3}x(x-3t)^2-\frac{4}{3}t^3$$
$$=\frac{1}{3}(x^3-6tx^2+9t^2x-4t^3)$$
$$=\frac{1}{3}(x-t)^2(x-4t)$$

→ 조립제법을 이용하면

	1	$-6t$	$9t^2$	$-4t^3$
t		t	$-5t^2$	$4t^3$
t	1	$-5t$	$4t^2$	0
		t	$-4t^2$	
	1	$-4t$	0	

즉, $f(t)-\frac{4}{3}t^3=0$이고

$f(4t)-\frac{4}{3}t^3=0$이므로

$f(t)=f(4t)=\frac{4}{3}t^3$ → 함수 $y=f(x)$의 그래프는 $x=t$, $x=4t$에서의 함숫값이 $\frac{4}{3}t^3$으로 같아.

이제, (i) $t>2$ 또는 (ii) $t\leq2<4t$ 또는 (iii) $4t\leq2$일 때의 함수 $g(t)$를 파악하자.

(i) $t>2$일 때,

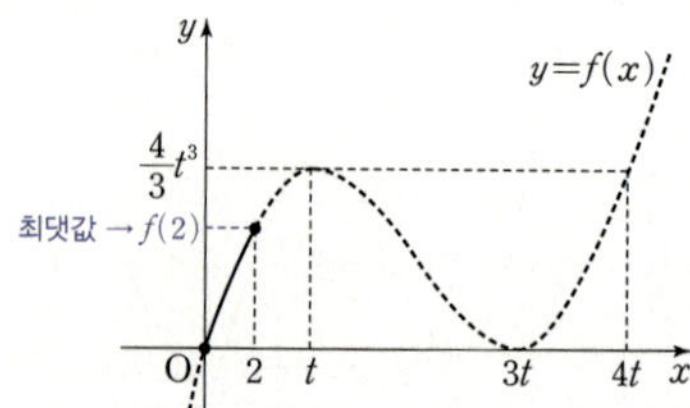

닫힌구간 $[0, 2]$에서 함수 $f(x)$는 $x=2$에서 최댓값을 가지므로

$g(t)=f(2)=\frac{2}{3}(3t-2)^2$ (참)

ㄷ. (ii) $t\leq2<4t$, 즉 $\frac{1}{2}<t\leq2$일 때,

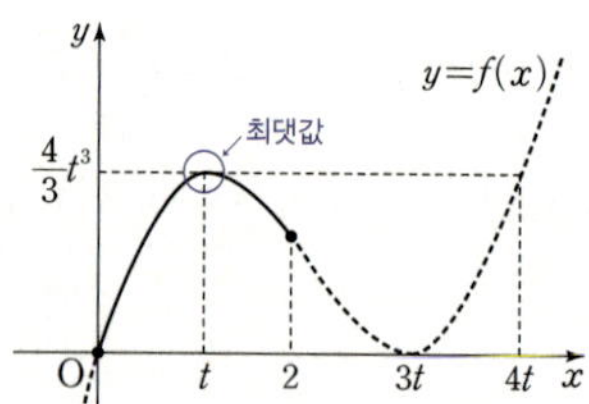

닫힌구간 $[0, 2]$에서 함수 $f(x)$는 $x=t$에서 최댓값을 가지므로

$g(t)=f(t)=\frac{4}{3}t^3$

(iii) $4t\leq2$일 때, 즉 $t\leq\frac{1}{2}$일 때,

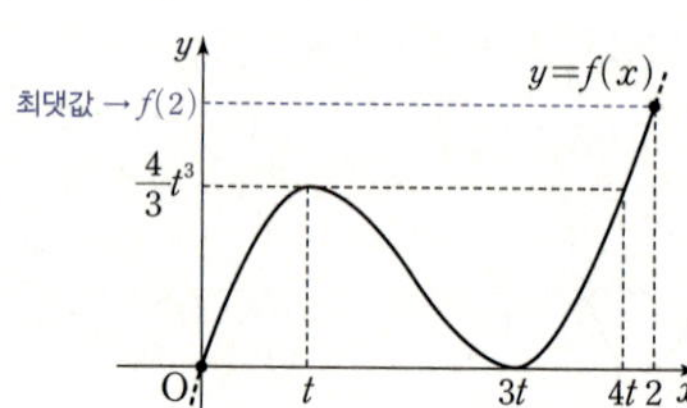

닫힌구간 $[0, 2]$에서 함수 $f(x)$는 $x=2$에서 최댓값을 가지므로

$g(t)=f(2)=\frac{2}{3}(3t-2)^2$

(i) ~ (iii)에 의하여

$$g(t)=\begin{cases}\frac{2}{3}(3t-2)^2 & \left(0<t\leq\frac{1}{2}\right)\\ \frac{4}{3}t^3 & \left(\frac{1}{2}<t\leq2\right)\\ \frac{2}{3}(3t-2)^2 & (t>2)\end{cases}$$

→ $t=\frac{1}{2}$, $t=2$에서 함수 $g(t)$는 연속이야.

이므로 함수 $g(t)$가 $t=\frac{1}{2}$, $t=2$에서 좌미분계수와 우미분계수의 값이 같은지 확인하여 미분가능한지 판단하자.

Ⅰ. $t=\frac{1}{2}$에서 좌미분계수와 우미분계수를 구하면

$$\lim_{t\to\frac{1}{2}-}\frac{g(t)-g\left(\frac{1}{2}\right)}{t-\frac{1}{2}}=\lim_{t\to\frac{1}{2}-}\frac{\frac{2}{3}(3t-2)^2-\frac{2}{3}\times\left(\frac{1}{2}\right)^2}{t-\frac{1}{2}}$$

$$=\lim_{t\to\frac{1}{2}-}\frac{2\left(3t-\frac{5}{2}\right)\left(t-\frac{1}{2}\right)}{t-\frac{1}{2}}$$

$$=\lim_{t\to\frac{1}{2}-}2\left(3t-\frac{5}{2}\right)=-2$$

$$\lim_{t\to\frac{1}{2}+}\frac{g(t)-g\left(\frac{1}{2}\right)}{t-\frac{1}{2}}=\lim_{t\to\frac{1}{2}+}\frac{\frac{4}{3}t^3-\frac{2}{3}\times\left(\frac{1}{2}\right)^2}{t-\frac{1}{2}}$$

$$=\lim_{t\to\frac{1}{2}+}\frac{\frac{4}{3}\left(t-\frac{1}{2}\right)\left(t^2+\frac{1}{2}t+\frac{1}{4}\right)}{t-\frac{1}{2}}$$

$$=\lim_{t\to\frac{1}{2}+}\frac{4}{3}\left(t^2+\frac{1}{2}t+\frac{1}{4}\right)=1$$

이므로 $t=\frac{1}{2}$에서 미분가능하지 않다. → 좌미분계수와 우미분계수가 같지 않아.

Ⅱ. $t=2$에서 좌미분계수와 우미분계수를 구하면

$$\lim_{t\to2-}\frac{g(t)-g(2)}{t-2}=\lim_{t\to2-}\frac{\frac{4}{3}t^3-\frac{4}{3}\times2^3}{t-2}$$

$$=\lim_{t\to2-}\frac{\frac{4}{3}(t-2)(t^2+2t+4)}{t-2}$$

$$=\lim_{t\to2-}\frac{4}{3}(t^2+2t+4)=16$$

$$\lim_{t\to2+}\frac{g(t)-g(2)}{t-2}=\lim_{t\to2+}\frac{\frac{2}{3}(3t-2)^2-\frac{4}{3}\times2^3}{t-2}$$

$$=\lim_{t\to2+}\frac{2(3t+2)(t-2)}{t-2}$$

$$=\lim_{t\to2+}2(3t+2)=16$$

이 되어 $t=2$에서 미분가능하다. → 좌미분계수와 우미분계수가 같아.

Ⅰ, Ⅱ에 의하여 $t>0$에서 함수 $g(t)$는 $t=\frac{1}{2}$에서만 미분가능하지 않다. (참)

따라서 옳은 것은 ㄱ, ㄴ, ㄷ이다.

1등급 풀이 Tip

정적분으로 정의된 함수는 보통 미분을 통해 그 함수를 파악한다.
즉, 주어진 함수를 미분하여 $f'(x)$를 구하면 이 식이 $x-3t$를 인수로 가지는 것을 알 수 있는데, $f(3t)=0$이므로 $f(x)$는 $(x-3t)^2$을 인수로 갖는다.
이를 통해 t의 값의 범위를 나누어 닫힌구간 $[0, 2]$에서 $f(x)$의 최댓값을 t에 대한 함수로 나타낼 수 있다.

F 82 정답 ② ✪ 1등급 킬러 [정답률 14%]

삼차함수 $f(x)=4x^3-24x^2+36x-8k$(k는 정수)에 대하여 실수 전체의 집합에서 연속인 함수 $g(x)$를 **단서1** $a<x<b$에서 함수 $g(x)$의 그래프는 x축에 평행한 직선이야. 또, $x=a$와 $x=b$에서의 좌극한과 우극한이 각각 같아야 함수 $g(x)$가 연속일 수 있지?

$$g(x)=\begin{cases}\int_0^x f(t)dt & (x\le a \text{ 또는 } x\ge b)\\ c & (a<x<b)\end{cases}$$

라 하자. 어떤 정수 k에 대하여 함수 $g(x)$가 오직 한 점에서만 미분가능하지 않도록 세 실수 a, b, c를 정할 때, $k+a+b+c$의 최솟값은? (4점) **단서2** 오직 한 점에서 미분가능하지 않다는 것은 그 점에서 그래프가 꺾인 경우라는 뜻이야.

① 1 ② 3 ③ 5
④ 7 ⑤ 9

✪ 정수 k의 값에 따른 함수 $f(x)$를 이용하여 함수 $y=g(x)$의 그래프를 그려서 조건을 만족시키는 상수를 구하는 문제이다.
함수 $g(x)$의 $x<a$ 또는 $x>b$에서의 도함수가 $f(x)$이므로 함수 $y=f(x)$의 그래프를 이용하여 함수 $y=g(x)$의 그래프의 개형을 파악해야 한다. 이때, k가 정수임을 이용하여 함수 $y=g(x)$의 그래프의 개형이 바뀌게 되는 k의 값을 차례로 대입하여 상수를 구하는 것이 이 문제의 키포인트이다.

[풀이 단서 체크]

❶ 먼저 함수 $g(x)$가 연속이어야 함을 파악하자.

함수 $y=\int_0^x f(t)dt$의 그래프는 이 함수의 도함수인 $y=f(x)$의 그래프를 이용하여 그리면 된다. 이때, 함수 $g(x)$가 실수 전체의 집합에서 연속이 되어야 하므로 $a<x<b$에서 직선 $y=c$는

$\lim_{x\to a-}\int_0^x f(t)dt=\lim_{x\to a+}\int_0^x f(t)dt=c$가 되도록 그려야 한다. ⇒ **단서1**

❷ 함수 $g(x)$가 $x\ne a$, $x\ne b$ 이외의 점에서는 미분가능함을 파악해야 한다. $f(x)$가 삼차함수이므로 $\int_0^x f(t)dt$는 사차함수이고, 다항함수는 미분가능하므로 $x<a$ 또는 $x>b$에서 함수 $g(x)$는 미분가능하다. 또, 상수함수 $y=c$의 도함수는 $y'=0$이므로 $a<x<b$에서 미분가능하다. 즉, 함수 $g(x)$가 한 점에서만 미분가능하지 않으려면 $x=a$에서만 미분가능하지 않거나, $x=b$에서만 미분가능하지 않아야 한다. 이때, 함수 $g(x)$의 $a<x<b$에서의 미분계수가 0이므로 함수 $g(x)$가 $x=a$에서 미분가능하지 않다면 $\lim_{x\to b+}g'(x)=0$이어야 하고 $x=b$에서 미분가능하지 않다면 $\lim_{x\to a-}g(x)=0$이어야 한다. ⇒ **단서2**

주의 이 문제는 $x\le a$ 또는 $x\ge b$에서 함수 $y=\int_0^x f(t)dt$의 그래프를 그리고 $a<x<b$에서 직선 $y=c$를 그려서 해결하는 문제가 아니다. 먼저, 실수 전체의 집합에서 함수 $y=\int_0^x f(t)dt$의 그래프를 그리고 조건을 만족시키도록 상수 c의 값을 결정하고 그에 따른 a, b의 값을 구해야 한다.

핵심 정답 공식: 함수 $f(x)$가 $x=a$에서 불연속이거나 함수 $y=f(x)$의 그래프가 꺾인 경우에는 함수 $f(x)$는 $x=a$에서 미분가능하지 않음을 이용하여 함수 $g(x)$가 오직 한 점에서만 미분가능하지 않도록 하는 $y=g(x)$의 그래프 개형을 찾는다.

[문제 풀이 순서]

＊ 정적분으로 정의된 함수가 조건을 만족시키도록 하는 함수식 구하기

1st $k\le0$일 때, k의 값에 따른 함수 $y=f(x)$와 $y=g(x)$의 그래프를 살펴보자.
함수 $f(x)=4x^3-24x^2+36x-8k$에 대하여
$f'(x)=12x^2-48x+36$
$=12(x-1)(x-3)$

$f'(x)=0$에서 $x=1$ 또는 $x=3$이므로

함수 $f(x)$는 $x=1$에서 극댓값 $f(1)=4-24+36-8k=16-8k$를 갖고 $x=3$에서 극솟값 $f(3)=108-216+108-8k=-8k$를 가진다.

(i) $k<0$일 때

$f(0)=-8k>0$이고, $x=1$에서 극댓값, $x=3$에서 극솟값을 가지므로 함수 $y=f(x)$의 그래프의 개형과 $h(x)=\int_0^x f(t)dt$라 할 때, 함수 $y=h(x)$의 그래프의 개형은 [그림 1] 같다.

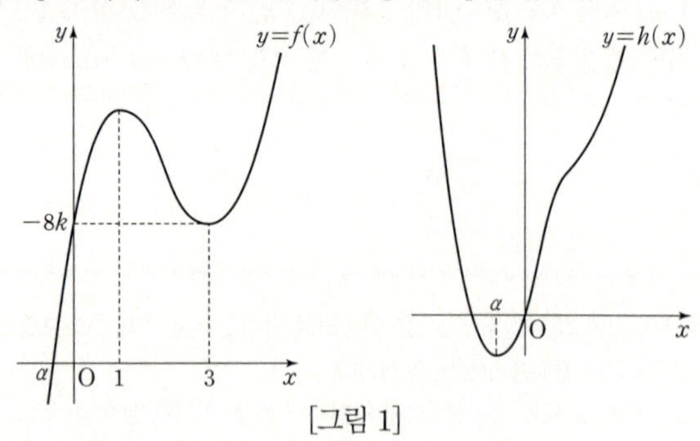

[그림 1]

즉, 함수 $h(x)$는 $x>\alpha$인 x에 대하여 증가함수이므로 함수 $y=g(x)$의 그래프의 개형은 [그림 2]와 같다.

함수 $g(x)$는 실수 전체의 집합에서 연속이어야 해.

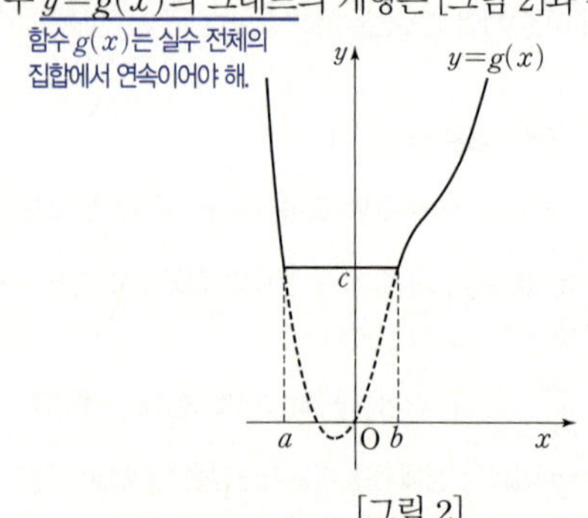

[그림 2]

그러나 이러한 개형의 그래프는 $x=a$, $x=b$인 두 점에서 미분불가능하므로 조건을 만족시키지 않는다. 즉,

$$g(x)=\begin{cases}\int_0^x f(t)dt\,(x\le a \text{ 또는 } x\ge b)\\ c \qquad (a<x<b)\end{cases}$$

를 만족시키는 서로 다른 a, b의 값은 존재하지 않는다.

(ii) $k=0$일 때

$f(0)=-8k=0$이고, $f(x)$는 $x=1$에서 극댓값 $f(1)=16$, $x=3$에서 극솟값 $f(3)=0$을 가진다.

$h(x)=\int_0^x f(t)dt$라 하면 $f(x)=4x^3-24x^2+36x=4x(x-3)^2$

이므로 $h(x)=\int_0^x f(t)dt=x^4-8x^3+18x^2$

$\int_0^x (4t^3-24t^2+36t)dt = \left[t^4-8t^3+18t^2\right]_0^x = x^4-8x^3+18x^2$

이때, $h(3)=81-216+162=27$이므로

두 함수 $y=f(x)$, $y=h(x)$의 그래프의 개형은 [그림 3]과 같다.

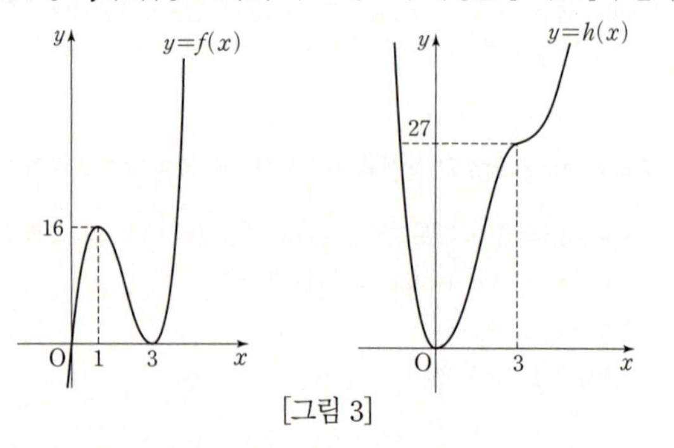

[그림 3]

즉, 조건을 만족시키는 함수 $y=g(x)$의 그래프의 개형은 [그림 4]와 같아야 한다. $x=a$에서는 미분불가능 $x=b$에서는 미분가능

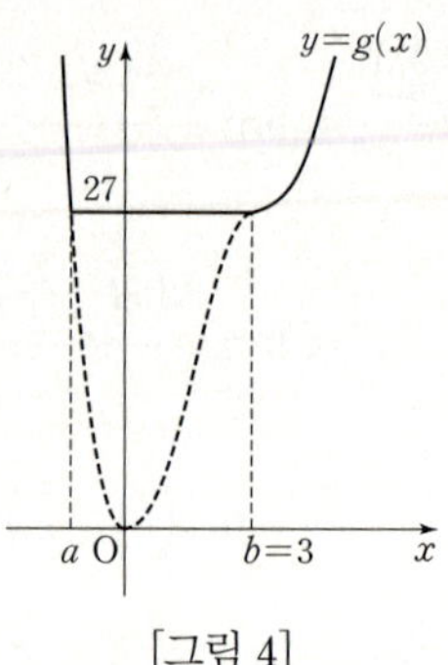

[그림 4]

그림과 같이 $b=3$이어야 하고

$g(3)=h(3)=27 \quad \therefore c=27$

이때, $g(a)=h(a)=27$에서 $a^4-8a^3+18a^2=27$

$a^4-8a^3+18a^2-27=0$

$(a+1)(a-3)^3=0$

$\therefore a=-1\ (\because a\neq 3)$

$\therefore k+a+b+c=0+(-1)+3+27=29$

조립제법을 이용하면

-1	1	-8	18	0	-27
		-1	9	-27	27
	1	-9	27	-27	0

주의 여기서 $k+a+b+c$의 값을 구했다고 끝내면 안 돼. 구하려고 하는 것은 $k+a+b+c$의 최솟값이야!

2nd k가 자연수일 때, k의 값에 따른 함수 $y=f(x)$와 $y=g(x)$의 그래프를 살펴보자.

(iii) $k=1$일 때

$f(0)=-8k=-8$이고,

$f(x)=4x^3-24x^2+36x-8$이므로

$f(x)=4(x-2)(x^2-4x+1)$

방정식 $x^2-4x+1=0$의 근은 $x=2\pm\sqrt{3}$이야.

$=4(x-2)(x-2+\sqrt{3})(x-2-\sqrt{3})$

조립제법을 이용하면

2	4	-24	36	-8
		8	-32	8
	4	-16	4	0

$h(x)=\int_0^x f(t)dt$라 하면

$h(x)=\int_0^x f(t)dt=x^4-8x^3+18x^2-8x$이고,

$h'(x)=0$, 즉 $f(x)=0$에서 $x=2-\sqrt{3}$ 또는 $x=2$ 또는 $x=2+\sqrt{3}$이므로 함수 $h(x)$의 증가와 감소를 표로 나타내면 다음과 같다.

x	$\cdots$	$2-\sqrt{3}$	$\cdots$	2	$\cdots$	$2+\sqrt{3}$	$\cdots$
$h'(x)$	$-$	0	$+$	0	$-$	0	$+$
$h(x)$	↘	극소	↗	극대	↘	극소	↗

즉, 함수 $h(x)$는 $x=2-\sqrt{3}$, $x=2+\sqrt{3}$에서 각각 극솟값을 갖고, $x=2$에서 극댓값 $h(2)=16-64+72-16=8$을 가지므로 함수 $y=f(x)$와 $y=h(x)$의 그래프는 [그림 5]와 같다.

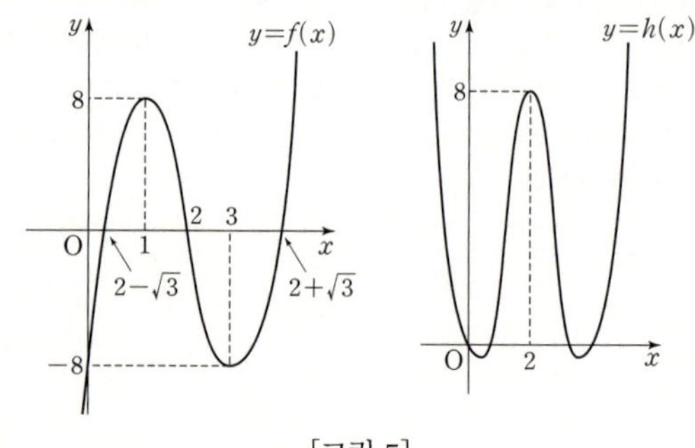

[그림 5]

이때, 조건을 만족시키는 함수 $y=g(x)$의 그래프는 다음의 2가지를 생각해볼 수 있다.

i) 그림과 같이 $b=2$일 때

$g(2)=h(2)=8$

$\therefore c=8$

$g(a)=8$에서

$a^4-8a^3+18a^2-8a=8$

$a^4-8a^3+18a^2-8a-8=0$

$(a-2)^2(a^2-4a-2)=0$

방정식 $a^2-4a-2=0$의 근은 $a=2\pm\sqrt{6}$

$(a-2)^2(a-2+\sqrt{6})(a-2-\sqrt{6})=0$

→ 조립제법을 이용하면

2	1	-8	18	-8	-8
		2	-12	12	8
2	1	-6	6	4	0
		2	-8	-4	
	1	-4	-2	0	

$\therefore a=2-\sqrt{6}$ ($\because a<2$)

$\therefore k+a+b+c$

$=1+(2-\sqrt{6})+2+8$

$=13-\sqrt{6}$

ii) 그림과 같이 $a=2$일 때

i)과 같은 방법으로 하면 $c=8$이고,

$b=2+\sqrt{6}$

$\therefore k+a+b+c$

$=1+2+(2+\sqrt{6})+8=13+\sqrt{6}$

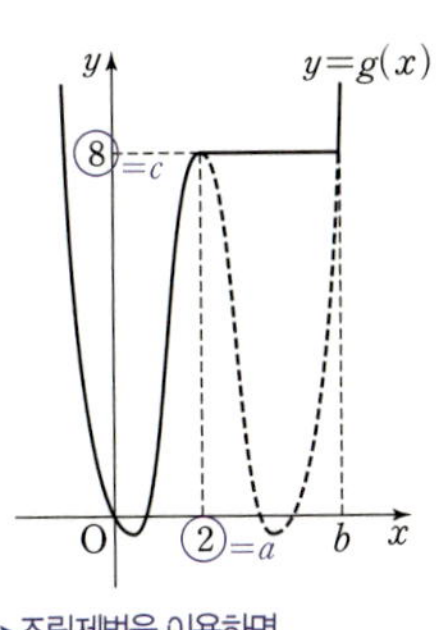

(iv) $k=2$일 때

$f(0)=-8k=-16$이고,

$f(x)=4x^3-24x^2+36x-16$

이므로 $f(x)=4(x-1)^2(x-4)$

→ 조립제법을 이용하면

1	4	-24	36	-16
		4	-20	16
1	4	-20	16	0
		4	-16	
4	4	-16	0	
		16		
	4	0		

$h(x)=\int_0^x f(t)dt$라 하면

$h(x)=\int_0^x f(t)dt$

$=x^4-8x^3+18x^2-16x$이고,

$h'(x)=0$, 즉 $f(x)=0$에서 $x=1$ 또는 $x=4$이므로

함수 $h(x)$의 증가와 감소를 표로 나타내면 다음과 같다.

x	$\cdots$	1	$\cdots$	4	$\cdots$
$h'(x)$	$-$	0	$-$	0	$+$
$h(x)$	↘		↘	극소	↗

즉, 함수 $h(x)$는 $x=4$에서 극솟값을 가지고

$h(1)=1-8+18-16=-5$

$h(4)=256-512+288-64=-32$

이므로 함수 $y=f(x)$와 $y=h(x)$의 그래프는 [그림 6]과 같다.

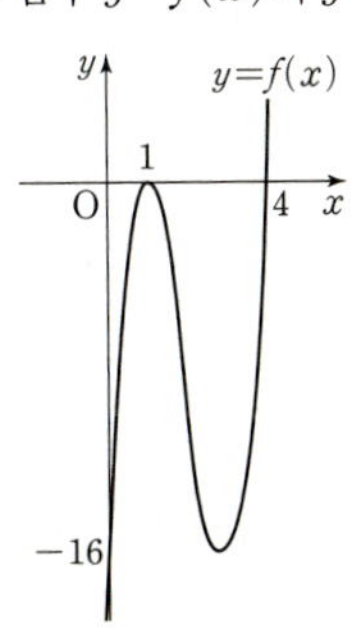

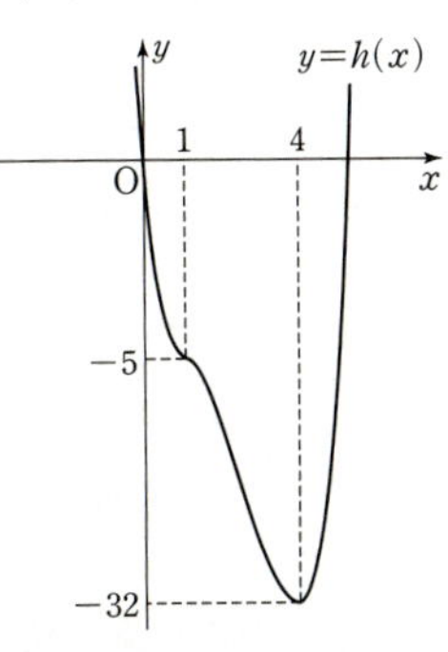

[그림 6]

즉, 조건을 만족시키는 함수 $y=g(x)$의 그래프의 개형은 [그림 7]과 같아야 한다.

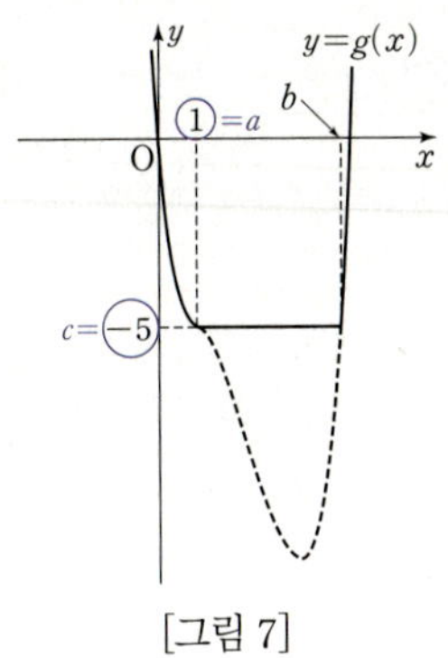

[그림 7]

그림과 같이 $a=1$이어야 하고

$g(1)=h(1)=-5$

$\therefore c=-5$

$g(b)=-5$에서

$b^4-8b^3+18b^2-16b=-5$

$b^4-8b^3+18b^2-16b+5=0$

$(b-1)^3(b-5)=0$

$\therefore b=5$ ($\because b>1$)

$\therefore k+a+b+c=2+1+5+(-5)=3$

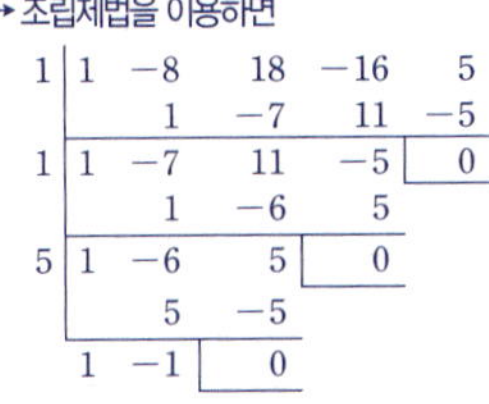
→ 조립제법을 이용하면

1	1	-8	18	-16	5
		1	-7	11	-5
1	1	-7	11	-5	0
		1	-6	5	
5	1	-6	5	0	
		5	-5		
	1	-1	0		

(v) $k\geq3$일 때

$k<0$인 경우와 마찬가지 방법으로 하여 $y=g(x)$의 그래프의 개형을 그리면 [그림 8]과 같으므로 함수 $g(x)$가 한 점에서만 미분가능하지 않도록 하는 서로 다른 실수 a, b는 존재하지 않는다.

따라서 (i)~(v)에 의하여 조건을 만족시키는 $k+a+b+c$의 최솟값은 (iv)의 경우에서 구한 3이다.

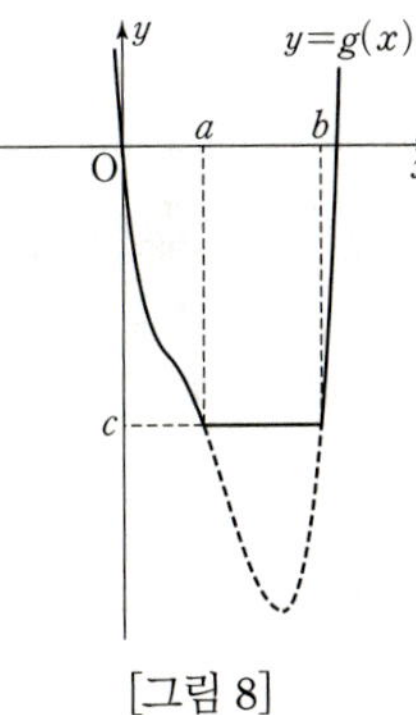

[그림 8]

1등급 풀이 Tip

삼차함수 $f(x)$의 정적분으로 정의된 함수는 사차함수이므로 삼차함수 $y=f(x)$의 그래프의 개형을 이용하여 그 그래프를 그릴 수 있다. 이때, 함수 $y=\int_0^x f(t)dt$의 그래프의 극점이 하나인 경우 오직 한 점에서만 미분가능하지 않으려면 $\int_0^x f(t)dt=c$가 삼중근을 가져야 한다. 또, 함수 $y=\int_0^x f(t)dt$의 그래프의 극점이 세 개인 경우 오직 한 점에서만 미분가능하지 않으려면 함수 $y=\int_0^x f(t)dt$의 그래프의 극대점의 x좌표가 a 또는 b가 되어야 한다.

My Top Secret

이 문제는 정수 k를 어떻게 나누어서 생각해야 하는지를 파악하기가 힘들어. 근데 함수 $y=f(x)$의 그래프의 개형을 이용하여 함수 $y=\int_0^x f(t)dt$의 그래프의 개형을 그릴 수 있으니까 방정식 $f(x)=0$의 실근의 개수에 따라 정수 k를 나누어 구하면 돼. 즉, $f(x)=0$의 근이 한 개일 때는 k의 값이 음수이거나 $k\geq3$이고 근이 두 개일 때는 k의 값이 0 또는 2, 근이 세 개일 때는 k의 값이 1이므로 이를 기준으로 k의 값을 대입해보면서 조건을 만족시키도록 a, b, c의 값을 결정하면 돼.

F 83 정답 80 ✪ 1등급 킬러 [정답률 16%]

$x=-3$과 $x=a(a>-3)$에서 극값을 갖는 삼차함수 $f(x)$에 대하여 실수 전체의 집합에서 정의된 함수

단서1 삼차함수 $f(x)$의 최고차항의 계수가 양수인지 음수인지 아직은 알 수 없어. 주어진 조건들을 이용하여 삼차함수 $f(x)$의 최고차항의 계수의 부호를 파악해 봐.

$$g(x)=\begin{cases} f(x) & (x<-3) \\ \int_0^x |f'(t)|dt & (x\geq -3) \end{cases}$$

단서2 $x\geq -3$일 때, $g(x)=\int_0^x |f'(t)|dt$이므로 $f'(t)\geq 0$일 때의 t의 범위와 $f'(t)<0$일 때의 t의 범위를 파악해야 함수 $g(x)$를 좀 더 간단히 나타낼 수 있겠지? 즉, $y=f'(t)$의 그래프의 개형을 알아야 해.

이 다음 조건을 만족시킨다.

(가) $g(-3)=-16$, $g(a)=-8$
(나) 함수 $g(x)$는 실수 전체의 집합에서 연속이다.
(다) 함수 $g(x)$는 극솟값을 갖는다.

단서3 함수 $g(x)$가 $x=-3$에서 연속이면 실수 전체의 집합에서 연속이 돼.

$\left|\int_a^4 \{f(x)+g(x)\}dx\right|$의 값을 구하시오. (4점)

✪ 이 문제는 조건을 만족시키는 함수 $f(x)$, $g(x)$를 구하는 문제이다.

한편, $\int_0^x |f'(t)|dt$에서 $|f'(t)|\geq 0$이므로 정적분의 기하학적 의미에 의하여 $x>0$일 때 x의 값이 증가하면 $\int_0^x |f'(t)|dt$는 양수이고 그 값은 증가, $x<0$일 때 x의 값이 감소하면 $\int_0^x |f'(t)|dt$는 음수이고 그 값은 감소한다. 즉, 절댓값을 포함한 함수의 정적분으로 정의된 함수는 실수 전체의 집합에서 증가함을 이용하여 그래프의 개형을 따져보는 것이 이 문제의 키포인트이다.

[풀이 단서 체크]

❶ 함수 $f(x)$가 $x=-3$과 $x=a>-3$에서 극값을 가지므로 $f'(x)$의 부호는 $x=-3$과 $x=a$일 때 바뀐다. 즉, 삼차함수 $f(x)$의 최고차항의 계수의 부호에 따라 두 경우로 나눌 수 있다. ⇒ 단서1

❷ $x>-3$일 때, $g'(x)=|f'(x)|\geq 0$이므로 $g(x)$는 $x>-3$에서 증가하는 함수이다. 즉, 함수 $g(x)$가 극솟값을 가지려면 $x<-3$에서 감소해야 한다. 따라서 $f(x)$의 최고차항의 계수는 음수이므로 즉, $x<-3$에서 $f'(x)<0$, $-3<x<a$에서 $f'(x)>0$, $x>a$에서 $f'(x)<0$이다. ⇒ 단서2

❸ 함수 $g(x)$가 실수 전체의 집합에서 연속이므로 $x=-3$에서 연속이다. 즉, $\lim_{x\to -3+} g(x)=\lim_{x\to -3-} g(x)=g(-3)$임을 이용하여 a의 값을 구한다. ⇒ 단서3

핵심 정답 공식: 조건 (다)를 이용하여 삼차함수 $f(x)$의 도함수 $f'(x)$의 그래프의 개형을 파악한 후, 조건 (가), (나)를 이용하여 함수 $g(x)$를 함수 $f(x)$를 이용하여 나타낸다.

[문제 풀이 순서]

* 정적분으로 정의된 함수를 이해하고 주어진 조건을 이용하여 함수식 구하기

1st 삼차함수 $f(x)$의 도함수 $f'(x)$의 그래프의 개형을 파악해야 해.

삼차함수 $f(x)$는 $x=-3$과 $x=a(a>-3)$에서 극값을 가지므로 삼차함수 $f(x)$의 그래프의 개형과 그 도함수 $f'(x)$의 그래프의 개형은 삼차함수 $f(x)$의 최고차항의 계수의 부호에 따라 다음과 같이 나뉜다.

$f'(-3)=0$, $f'(a)=0$

삼차함수 $f(x)$의 도함수 $f'(x)$는 이차함수야.

주의 $f(x)$의 최고차항의 계수가 양수인지 음수인지 꼭 경우를 나눠서 생각해야 해.

(1) 최고차항의 계수의 부호가 양수일 때,

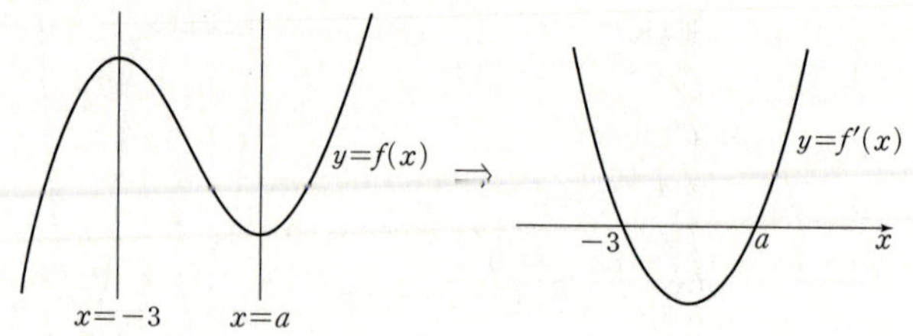

(2) 최고차항의 계수의 부호가 음수일 때,

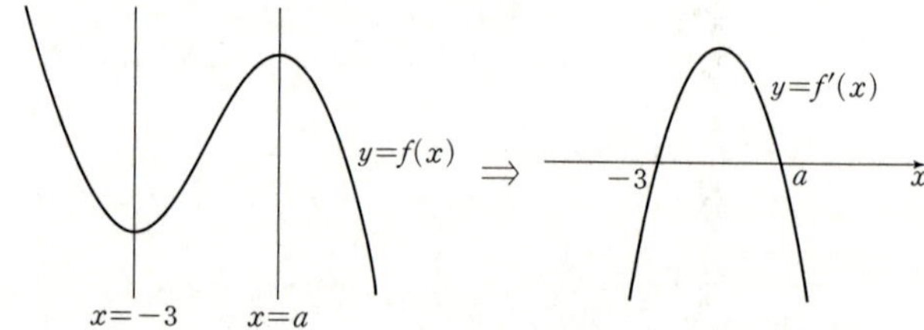

(1), (2)에 의해 $y=|f'(x)|$의 그래프의 개형은 다음과 같다.

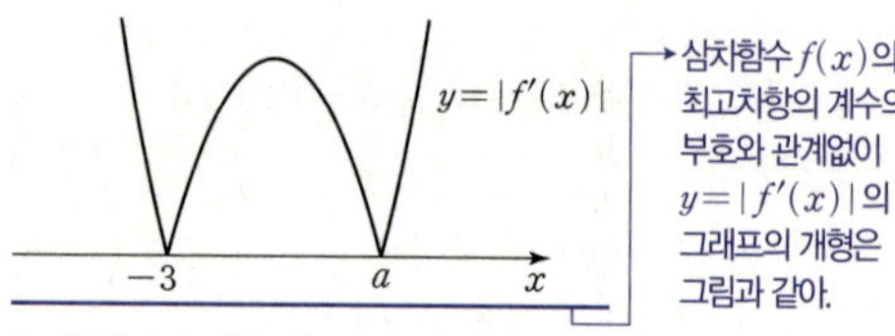

삼차함수 $f(x)$의 최고차항의 계수의 부호와 관계없이 $y=|f'(x)|$의 그래프의 개형은 그림과 같아.

이때, 모든 실수 x에 대해서 $|f'(x)|\geq 0$인데 조건 (가)에서 $g(a)=\int_0^a |f'(t)|dt=-8<0$이므로 $a<0$이다.

만약 $a>0$이면 $\int_0^a |f'(t)|dt>0$이야. 즉, $a<0$이면 $\int_a^0 |f'(t)|dt>0$이므로 $\int_0^a |f'(t)|dt=-\int_a^0 |f'(t)|dt<0$이지.

한편, $x\geq -3$에서 $|f'(x)|\geq 0$이므로 $x\geq -3$일 때, 함수 $g(x)=\int_0^x |f'(t)|dt$는 증가한다. … ㉠

$-3\leq x\leq 0$일 때, $\int_x^0 |f'(t)|dt$는 함수 $y=|f'(t)|$의 그래프와 t축 및 두 직선 $t=x$, $t=0$으로 둘러싸인 부분의 넓이이므로 $\int_x^0 |f'(t)|dt$의 값은 x의 값이 증가할수록 감소해.

즉, $\int_0^x |f'(t)|dt=-\int_x^0 |f'(t)|dt$ 이므로 $\int_0^x |f'(t)|dt$는 x의 값이 증가할수록 증가해. 또, $x>0$일 때, $|f'(x)|\geq 0$이면서 $|f'(x)|$는 증가함수이므로 $\int_0^x |f'(t)|dt$는 x의 값이 증가할수록 증가해.

따라서 $x\geq -3$일 때, 함수 $g(x)=\int_0^x |f'(t)|dt$는 증가함수야.

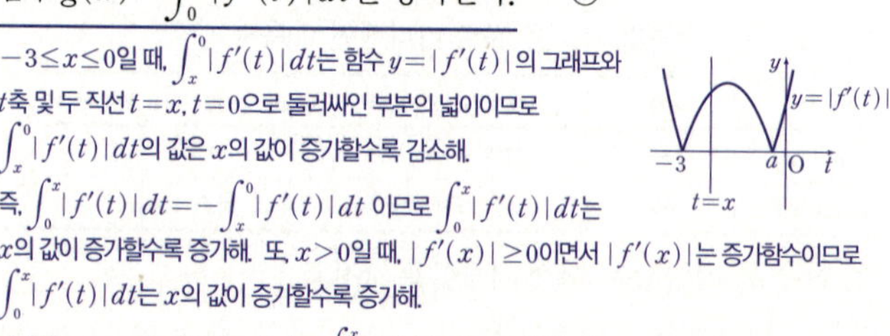

또, 삼차함수 $f(x)$는 $x=-3$과 $x=a(-3<a<0)$에서 극값을 가지는데 $f(x)$의 최고차항의 계수가 양수이면 $x<-3$에서 $f(x)$는 증가하므로 함수 $g(x)$는 $x<-3$에서 증가한다. … ㉡

㉠, ㉡에 의해 $f(x)$의 최고차항의 계수가 양수이면 함수 $g(x)$는 실수 전체의 집합에서 증가하므로 극솟값을 갖지 않는다. 즉, 조건 (다)를 만족시키지 않는다.

따라서 삼차함수 $f(x)$의 최고차항의 계수는 음수이고, $f'(x)$의 그래프의 개형은 다음과 같다.

삼차함수 $f(x)$의 최고차항의 계수가 음수이면 $x<-3$일 때, 함수 $g(x)=f(x)$는 감소하고, $x\geq -3$일 때, 함수 $g(x)$는 증가하므로 $x=-3$에서 함수 $g(x)$는 극솟값을 가지게 되어 조건 (다)를 만족시키지.

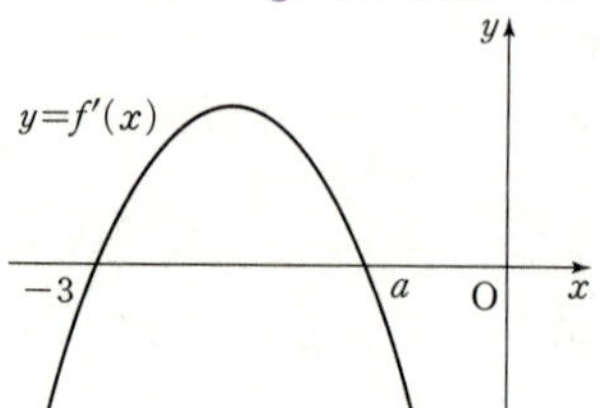

2nd 조건을 만족시키는 함수 $g(x)$를 구해.

(i) $x<-3$일 때, $g(x)=f(x)$

(ii) $-3\le x<a$일 때,

$$g(x)=\int_0^x|f'(t)|dt=\int_0^a\{-f'(t)\}dt+\int_a^x f'(t)dt$$

$x\le t\le a$일 때, $f'(t)\ge0$이고, $a\le t\le 0$일 때, $f'(t)\le0$이야.

$$=\Big[-f(t)\Big]_0^a+\Big[f(t)\Big]_a^x$$

$$=-f(a)+f(0)+f(x)-f(a)=f(x)+f(0)-2f(a)$$

(iii) $x\ge a$일 때,

$$g(x)=\int_0^x|f'(t)|dt=\int_0^x\{-f'(t)\}dt$$

$t\ge a$일 때, $f'(t)\le0$이야.

$$=\Big[-f(t)\Big]_a^x=-f(x)+f(0)$$

이때, 조건 (나)에 의해 함수 $g(x)$는 $x=-3$에서 연속이므로

$$\lim_{x\to-3-}g(x)=\lim_{x\to-3-}f(x)=f(-3),$$

$$\lim_{x\to-3+}g(x)=\lim_{x\to-3+}\{f(x)+f(0)-2f(a)\}$$

$$=f(-3)+f(0)-2f(a)$$

에서 $f(-3)=f(-3)+f(0)-2f(a)$

$\therefore f(0)=2f(a)$ ⋯ ㉢

또, 조건 (가)에서 $g(a)=-f(a)+f(0)=-8$ ⋯ ㉣

$x\ge a$일 때, $g(x)=-f(x)+f(0)$이라 했지? 이 식에 $x=a$를 대입한 거야.

㉢, ㉣을 연립하면

$f(0)=-16,\ f(a)=-8$

$$\therefore g(x)=\begin{cases}f(x) & (x<a)\\ -f(x)-16 & (x\ge a)\end{cases}$$

$g(x)=\begin{cases}f(x) & (x<-3)\\ f(x)+f(0)-2f(a) & (-3\le x<a)\\ -f(x)+f(0) & (x\ge a)\end{cases}$에서 $f(0)=-16,\ f(a)=-8$ 을 대입하면

$g(x)=\begin{cases}f(x) & (x<-3)\\ f(x) & (-3\le x<a)\\ -f(x)-16 & (x\ge a)\end{cases}$이므로 $g(x)=\begin{cases}f(x) & (x<a)\\ -f(x)-16 & (x\ge a)\end{cases}$이야.

3rd a의 값을 구해.

삼차함수 $f(x)$가 $x=-3$과 $x=a(-3<a<0)$에서 극값을 가지므로

$f'(x)=k(x+3)(x-a)=k\{x^2+(3-a)x-3a\}$ $(k<0)$이라 하면

$$f(x)=k\left(\frac{1}{3}x^3+\frac{3-a}{2}x^2-3ax\right)-16$$

$f(x)=\int f'(x)dx=\int k\{x^2+(3-a)x-3a\}dx$

$=k\left(\frac{1}{3}x^3+\frac{3-a}{2}x^2-3ax\right)+C$ (단, C는 적분상수)

이때, $f(0)=-16$이므로 위 식의 양변에 $x=0$을 대입하면 $C=-16$이야.

또한, 함수 $g(x)$는 $x=-3$에서 연속이므로

$$f(-3)=\lim_{x\to-3-}g(x)=g(-3)=-16\text{에서}$$

$$k\left\{\frac{1}{3}\times(-27)+\frac{9}{2}(3-a)+9a\right\}-16=-16$$

$$\frac{9}{2}k(a+1)=0 \qquad \therefore a=-1\ (\because k\ne0)$$

$$\therefore g(x)=\begin{cases}f(x) & (x<-1)\\ -f(x)-16 & (x\ge-1)\end{cases}$$

4th $\int_a^4\{f(x)+g(x)\}dx$의 값을 구하자.

$$\int_a^4\{f(x)+g(x)\}dx=\int_{-1}^4[f(x)+\{-f(x)-16\}]dx$$

$x\ge-1$일 때, $g(x)=-f(x)-16$이야.

$$=\int_{-1}^4(-16)dx=\Big[-16x\Big]_{-1}^4$$

$$=-64-16=-80$$

$$\therefore \left|\int_a^4\{f(x)+g(x)\}dx\right|=80$$

[1등급 심화 특강]

〈함수 $y=g(x)$의 그래프〉

$a=-1$이므로

$f(x)=k\left(\frac{1}{3}x^3+\frac{3-a}{2}x^2-3ax\right)-16$

$=k\left(\frac{1}{3}x^3+2x^2+3x\right)-16$

그런데 $f(a)=f(-1)=-8$이므로

$f(-1)=k\times\left(-\frac{4}{3}\right)-16=-8 \qquad \therefore k=-6$

즉, $f(x)=-6\left(\frac{1}{3}x^3+2x^2+3x\right)-16=-2x^3-12x^2-18x-16$이므로

$g(x)=\begin{cases}-2x^3-12x^2-18x-16 & (x<-1)\\ 2x^3+12x^2+18x & (x\ge-1)\end{cases}$

따라서 함수 $y=g(x)$의 그래프는 다음과 같아.

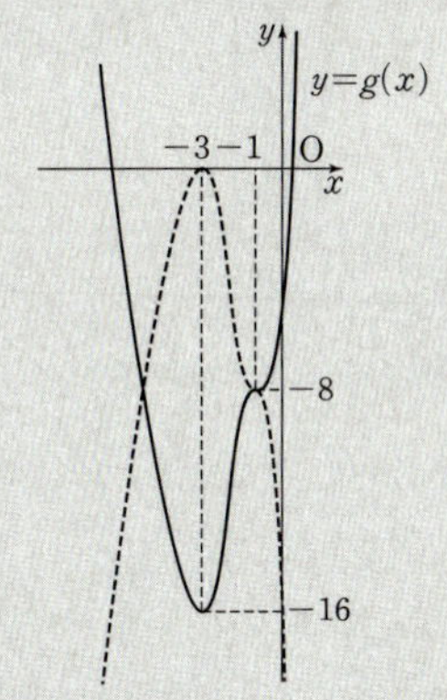

미분과 적분의 관계 개념·공식

① $\int\left\{\frac{d}{dx}f(x)\right\}dx=f(x)+C$ (단, C는 적분상수)

② $\frac{d}{dx}\left\{\int f(x)dx\right\}=f(x)$

F 84 정답 41 *넓이를 이용한 정적분의 활용 [정답률 31%]

정답 공식: 평행이동을 이용하여 정의된 함수의 그래프를 그리고, 함수의 그래프와 x축 사이의 넓이를 이용해 정적분의 값을 구한다.

닫힌구간 $[-1,\ 1]$에서 정의된 연속함수 $f(x)$는 정의역에서 증가하고 모든 실수 x에 대하여 $f(-x)=-f(x)$가 성립할 때, 함수 $g(x)$가 다음 조건을 만족시킨다.

단서1 모든 실수 x에 대하여 $f(-x)=-f(x)$이면 연속함수 $f(x)$는 원점에 대하여 대칭인 함수야.

(가) 닫힌구간 $[-1,\ 1]$에서 $g(x)=f(x)$이다.

(나) 닫힌구간 $[2n-1,\ 2n+1]$에서 함수 $y=g(x)$의 그래프는 함수 $y=f(x)$의 그래프를 x축의 방향으로 $2n$만큼, y축의 방향으로 $6n$만큼 평행이동한 그래프이다. (단, n은 자연수이다.)

단서2 함수 $y=g(x)$의 그래프는 함수 $y=f(x)$의 그래프를 평행이동하면서 구간마다 끝나는 지점에서 닫힌구간 $[-1,\ 1]$에서 정의된 그래프를 반복해서 이어나가면 돼.

$f(1)=3$이고 $\int_0^1 f(x)dx=1$일 때, $\int_3^6 g(x)dx$의 값을 구하시오. (4점)

단서3 함수 $y=g(x)$의 그래프를 그려서 함수 $y=g(x)$의 그래프와 x축 및 두 직선 $x=3,\ x=6$으로 둘러싸인 도형의 넓이를 이용하여 정적분의 값을 구해.

1st 함수 $y=f(x)$의 그래프가 원점에 대하여 대칭인 그래프임을 이용하여 함수 $y=f(x)$의 그래프와 y축 및 직선 $y=-3$으로 둘러싸인 부분의 넓이를 구하자.

문제의 조건에서 $\int_0^1 f(x)dx=1$이고, 함수 $y=f(x)$가 모든 실수 x에 대하여 $f(-x)=-f(x)$가 성립하므로 함수 $y=f(x)$의 그래프는 원점에 대하여 대칭이다.

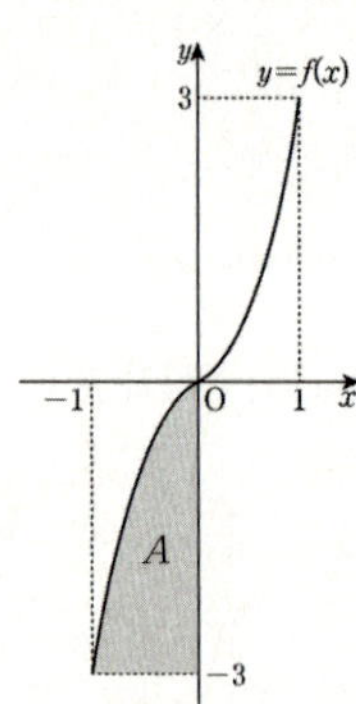

즉, 함수 $y=f(x)$의 그래프와 y축 및 직선 $y=-3$으로 둘러싸인 부분을 A라 하면 그림에서 색칠된 부분 A의 넓이는

$$1\times3-\int_{-1}^0 |f(x)|dx=3-\int_0^1 f(x)dx=3-1=2$$

2nd 조건을 이용하여 닫힌구간 $[3, 6]$에서 함수 $y=g(x)$의 그래프를 그리고, $\int_3^5 g(x)dx$의 값을 구하자.

함수 $f(x)$는 구간 $[0, 1]$에서 $f(x)\geq0$이고 증가함수이다.
또한, 함수 $y=g(x)$의 그래프는 함수 $y=f(x)$의 그래프를 자연수 n에 대하여 구간 $[2n-1, 2n+1]$에서 x축의 방향으로 $2n$만큼, y축의 방향으로 $6n$만큼 평행이동한 것이므로 구간 $[3, 6]$에서 $g(x)>0$이다.

즉, 닫힌구간 $[3, 6]$에서 $\int_3^6 g(x)dx=\int_3^6 |g(x)|dx$는 곡선 $y=g(x)$와 x축 및 두 직선 $x=3$, $x=6$으로 둘러싸인 부분의 넓이이다.

따라서 함수 $y=g(x)$의 그래프와 구하는 부분을 그림으로 나타내면 다음과 같다.

$n=1$일 때, 닫힌구간 $[1, 3]$에서 $y=g(x)$의 그래프는 주어진 $y=f(x)$의 그래프를 x축의 방향으로 2만큼, y축의 방향으로 6만큼 평행이동하여 그려.
$n=2$일 때, 닫힌구간 $[3, 5]$에서 $y=g(x)$의 그래프는 주어진 $y=f(x)$의 그래프를 x축의 방향으로 4만큼, y축의 방향으로 12만큼 평행이동하여 그려.
$n=3$일 때, 닫힌구간 $[5, 7]$에서 $y=g(x)$의 그래프는 주어진 $y=f(x)$의 그래프를 x축의 방향으로 6만큼, y축의 방향으로 18만큼 평행이동하여 그려.

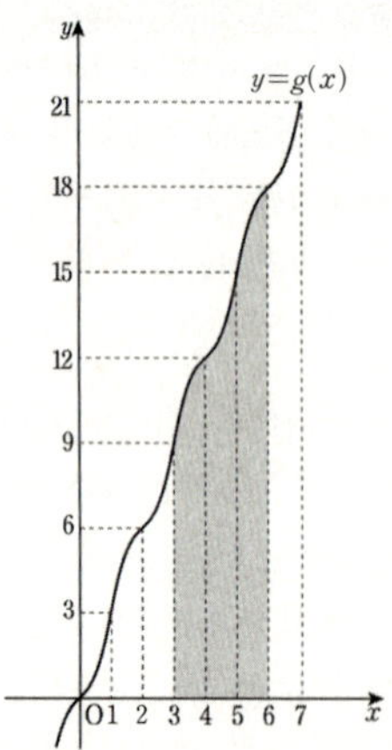

먼저, 닫힌구간 $[3, 5]$에서 함수 $y=g(x)$의 그래프는 함수 $y=f(x)$의 그래프를 x축의 방향으로 4만큼, y축의 방향으로 12만큼 평행이동한 것이므로

$$\int_3^5 g(x)dx=2\times12$$
$$=24$$

→ 함수 $y=g(x)$의 그래프와 직선 $x=5$, $y=12$로 둘러싸인 부분을 함수 $y=g(x)$의 그래프와 직선 $x=3$, $y=12$로 둘러싸인 부분에 붙이면 구하는 부분은 가로의 길이가 2, 세로의 길이가 12인 직사각형 모양이 돼.

또한, 닫힌구간 $[5, 7]$에서 함수 $y=g(x)$의 그래프는 함수 $y=f(x)$의 그래프를 x축의 방향으로 6만큼, y축의 방향으로 18만큼 평행이동한 것이므로

$$\int_5^6 g(x)dx=1\times15+2$$
$$=17$$

→ 가로의 길이가 1, 세로의 길이가 15인 직사각형의 넓이와 함수 $y=f(x)$의 그래프와 y축 및 직선 $y=-3$으로 둘러싸인 부분 A의 넓이의 합과 같아.

$$\therefore \int_3^6 g(x)dx=\int_3^5 g(x)dx+\int_5^6 g(x)dx$$
$$=24+17$$
$$=41$$

F 85 정답 35

✪ 1등급 킬러 [정답률 12%]

실수 전체의 집합에서 정의된 함수 $f(x)$가 다음 조건을 만족시킨다.

단서1 $f(-x)+f(x)=0$에서 $f(-x)=-f(x)$이므로 $f(x)$는 원점에 대하여 대칭인 함수야. 즉, 조건 (가), (나)를 이용해 함수 $y=f(x)$의 그래프를 그려 봐.

(가) $x\geq0$일 때, $f(x)=x^2-2x$이다.
(나) 모든 실수 x에 대하여 $f(-x)+f(x)=0$이다.

실수 t에 대하여 닫힌구간 $[t, t+1]$에서 함수 $f(x)$의 최솟값을 $g(t)$라 하자. 좌표평면에서 두 곡선 $y=f(x)$와 $y=g(x)$로 둘러싸인 부분의 넓이는 $\frac{q}{p}$이다. $p+q$의 값을 구하시오. (단, p와 q는 서로소인 자연수이다.) (4점)

단서2 함수 $y=f(x)$의 그래프를 따라가면서 t의 값에 따라 $f(x)$의 최솟값이 어디서 나타나는지 찾아야 해.

✪ 조건을 만족시키는 함수 $f(x)$에 대하여 길이가 일정한 닫힌구간에서의 함수 $f(x)$의 최솟값을 새로운 함수로 나타낸 후 두 함수의 그래프로 둘러싸인 부분의 넓이를 구하는 문제이다.
이를 위해서는 함수 $y=f(x)$의 그래프에서 $g(t)$를 t의 범위에 따라 $f(t)$의 평행이동 꼴로 나타낸 후, 두 함수 $y=f(x)$, $y=g(x)$의 그래프로 둘러싸인 부분을 좌표평면 위에 나타낼 수 있어야 한다.

[풀이 단서 체크]

❶ 조건 (나)의 $f(-x)+f(x)=0$에서 $f(-x)=-f(x)$이므로 $f(x)$는 원점에 대하여 대칭인 함수이다.
따라서 $x\geq0$일 때의 $f(x)$의 식을 알고 있으므로 이를 원점에 대하여 대칭이동시켜 $x<0$에서의 $f(x)$를 구할 수 있다. ⇒ 단서1

❷ 닫힌구간 $[t, t+1]$에서 함수 $f(x)$의 최솟값은 구간 양 끝점에서의 함숫값인 $f(t)$와 $f(t+1)$, 열린구간 $(t, t+1)$에서의 극솟값을 비교했을 때 이 중 가장 작은 값이다.
따라서 닫힌구간 $[t, t+1]$에서 $f(t)$가 $f(t+1)$보다 클 때와 작을 때로 나누어보고 열린구간 $(t, t+1)$에서 극값을 가질 때와 갖지 않을 때로 나누어 함수 $f(x)$의 최솟값 $g(t)$를 구할 수 있다. ⇒ 단서2

주의 함수 $y=f(x)$의 그래프를 그려 $f(x)$의 증가와 감소를 따져보면 $f(t)$ 또는 $f(t+1)$이 최솟값이 아닌 경우가 존재한다.

핵심 정답 공식: 주어진 조건을 이용해 $f(x)$의 그래프를 그리고, t의 범위에 따라 $y=g(t)$의 그래프를 그린다. 이후 두 곡선의 교점의 좌표를 구한 뒤 적분을 이용해 넓이를 구한다.

[문제 풀이 순서]

* 함수의 그래프를 이용해 길이가 일정한 닫힌구간에서의 함수의 최솟값 구하기

1st t의 값을 변화시키면서 함수 $f(x)$의 최솟값이 어디서 형성되는지 찾자.

조건 (나)에서 $f(-x)+f(x)=0$, 즉 $f(-x)=-f(x)$이므로 함수 $f(x)$는 원점에 대하여 대칭인 함수이다.

$\therefore f(x)=\begin{cases} x^2-2x & (x\ge 0) \\ -x^2-2x & (x<0) \end{cases}$

→ $x<0$에서의 함수 $f(x)$의 식은 $y=x^2-2x$를 원점에 대하여 대칭이동한 식이므로 $-y=(-x)^2-2(-x)$ $\therefore y=-x^2-2x$

닫힌구간 $[t, t+1]$에서 함수 $f(x)$의 최솟값을 $g(t)$라 하였으므로 길이가 1인 구간을 움직이면서 그 구간 안에서 $f(x)$의 최솟값을 찾아야 한다.

→ 구간 $[t, t+1]$의 길이는 항상 $(t+1)-t=1$이지?

(i) $t\le -\frac{3}{2}$인 경우 [그림 1]과 같이 $x=t$일 때 함수 $f(x)$가 최솟값을 가지므로 $g(t)=f(t)$이다.

→ 닫힌구간 $[t, t+1]$의 중점인 $x=\frac{2t+1}{2}$이 -1보다 작거나 같은 범위야. 이 경우에는 $f(t)$에서 최솟값을 가져.

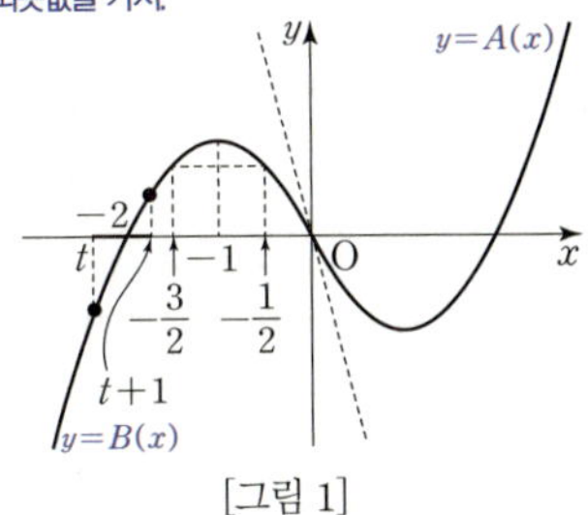

[그림 1]

(ii) $-\frac{3}{2}<t\le 0$인 경우 [그림 2]와 같이 $x=t+1$일 때 함수 $f(x)$가 최솟값을 가지므로 $g(t)=f(t+1)$이다.

→ $y=f(x+1)$의 그래프는 $y=f(x)$의 그래프를 x축의 방향으로 -1만큼 평행이동한 것임을 알 수 있어.

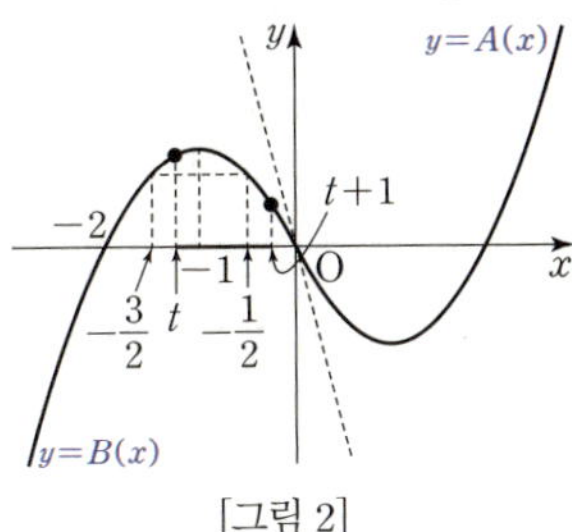

[그림 2]

(iii) $0<t\le 1$인 경우 [그림 3]과 같이 $f(x)$의 최솟값은 -1이므로 $g(t)=-1$이다.

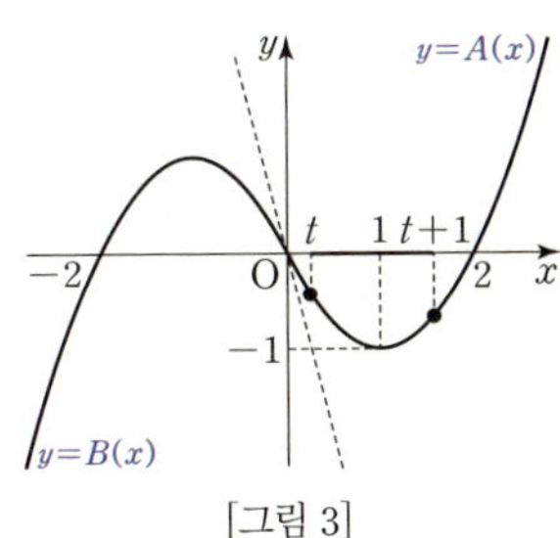

[그림 3]

(iv) $t>1$인 경우 [그림 4]와 같이 $x=t$일 때 함수 $f(x)$가 최솟값을 가지므로 $g(t)=f(t)$이다.

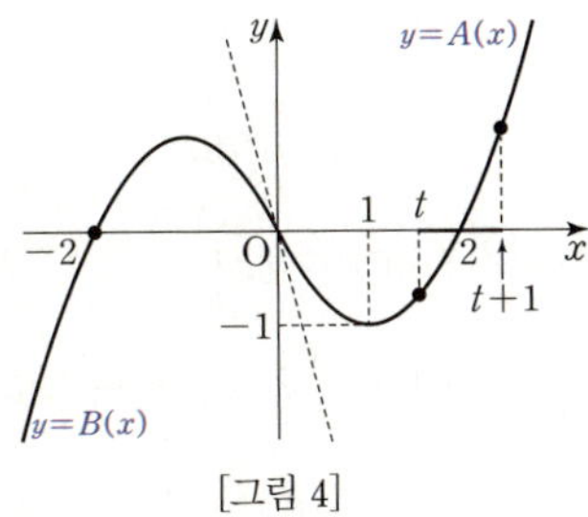

[그림 4]

즉, $f(x)=\begin{cases} x^2-2x & (x\ge 0) \\ -x^2-2x & (x<0) \end{cases}$에서

$A(x)=x^2-2x$, $B(x)=-x^2-2x$라 하면 $g(t)$는 다음과 같다.

$$g(t)=\begin{cases} B(t) & \left(t\le -\frac{3}{2}\right) \\ B(t+1) & \left(-\frac{3}{2}<t\le -1\right) \\ A(t+1) & (-1<t\le 0) \\ -1 & (0<t\le 1) \\ A(t) & (t>1) \end{cases}$$

→ (ii)의 경우 $t+1\le 0$, 즉 $t\le -1$이면 $f(t)=B(t)$이므로 $f(t+1)=B(t+1)$이고 $t+1>0$, 즉 $t>-1$이면 $t+1>0$이므로 $f(t+1)=A(t+1)$이야.

2nd 두 곡선 $y=f(x)$와 $y=g(x)$로 둘러싸인 부분의 넓이를 구하자.

두 곡선 $y=f(x)$와 $y=g(x)$로 둘러싸인 부분은 [그림 5]와 같다.

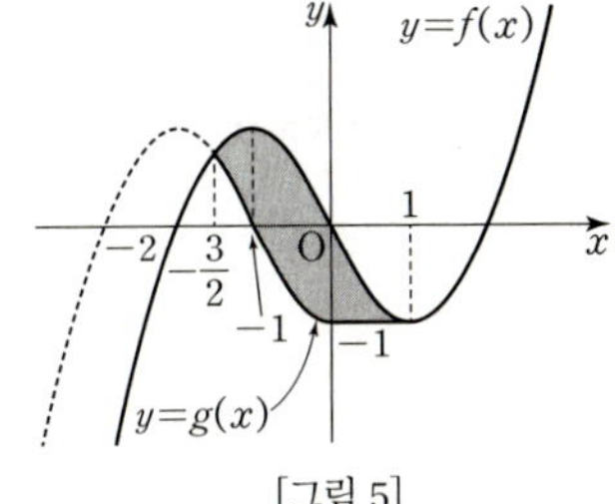

[그림 5]

구하는 부분의 넓이는

$$\int_{-\frac{3}{2}}^{-1}\{B(x)-B(x+1)\}dx+\int_{-1}^{0}\{B(x)-A(x+1)\}dx$$
$$+\int_{0}^{1}\{A(x)-(-1)\}dx$$
$$=\int_{-\frac{3}{2}}^{-1}[-x^2-2x-\{-(x+1)^2-2(x+1)\}]dx$$
$$+\int_{-1}^{0}[-x^2-2x-\{(x+1)^2-2(x+1)\}]dx+\int_{0}^{1}(x^2-2x+1)dx$$
$$=\int_{-\frac{3}{2}}^{-1}(2x+3)dx+\int_{-1}^{0}(-2x^2-2x+1)dx+\int_{0}^{1}(x^2-2x+1)dx$$
$$=\Big[x^2+3x\Big]_{-\frac{3}{2}}^{-1}+\Big[-\frac{2}{3}x^3-x^2+x\Big]_{-1}^{0}+\Big[\frac{1}{3}x^3-x^2+x\Big]_{0}^{1}=\frac{23}{12}=\frac{q}{p}$$

$\therefore p+q=12+23=35$

톡톡 풀이

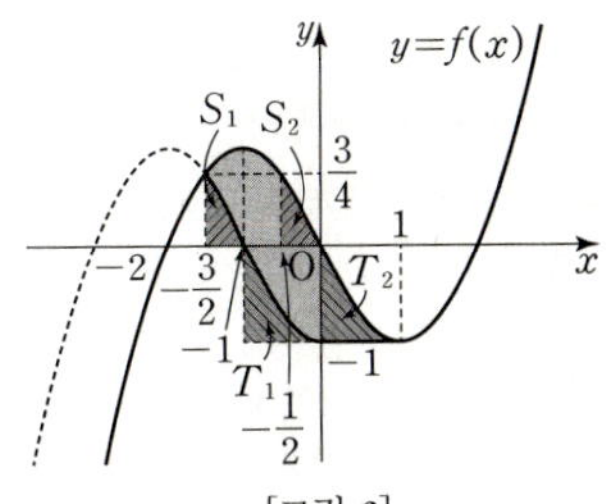

[그림 6]

[그림 6]에서 $S_1=S_2$, $T_1=T_2$이므로 어두운 부분의 넓이는

(한 변의 길이가 1인 정사각형의 넓이)

$+\left(\text{가로, 세로의 길이가 각각 } 1, \frac{3}{4}\text{인 직사각형의 넓이}\right)$

$+\left(\text{곡선 } y=-x^2-2x\text{와 직선 } y=\frac{3}{4}\text{으로 둘러싸인 부분의 넓이}\right)$

와 같아. 따라서 구하는 부분의 넓이는

$$1^2+1\cdot\frac{3}{4}+\int_{-\frac{3}{2}}^{-\frac{1}{2}}\left(-x^2-2x-\frac{3}{4}\right)dx$$
$$=1+\frac{3}{4}+\Big[-\frac{1}{3}x^3-x^2-\frac{3}{4}x\Big]_{-\frac{3}{2}}^{-\frac{1}{2}}=\frac{23}{12}=\frac{q}{p}$$

$\therefore p+q=12+23=35$

1등급 풀이 Tip

함수 $y=f(t+a)$의 그래프는 $y=f(t)$의 그래프를 t축의 방향으로 $-a$만큼 평행이동한 것이므로 닫힌구간 $[t, t+1]$에서 $f(x)$의 최솟값은 $f(t)$를 t축의 방향으로 $-a$ $(0\le a\le 1)$만큼 평행이동한 함수의 함숫값 중 가장 작은 값이다.

My Top Secret

구간의 길이가 일정한 닫힌구간에서의 최댓값이나 최솟값은 평행이동을 이용하여 구하면 쉽게 구할 수 있어. 양수 a에 대하여 닫힌구간 $[t, t+a]$에서 함수 $f(x)$의 최솟값을 $g(t)$라 할 때, 먼저 함수 $y=f(x)$의 그래프와 함수 $y=f(x+a)$의 그래프를 그린 뒤, 두 점 $(t, f(t))$와 $(t-a, f(t))$를 연결한 선분을 모든 실수 t에 대하여 그려봐.
여기서 나타낸 영역의 경계를 기준으로 했을 때 아랫부분이 $g(t)$가 돼. 마찬가지 방법으로 하면 함수 $f(x)$의 최댓값을 $h(t)$라 할 때 위에서 만들어진 영역의 경계를 기준으로 했을 때 윗부분이 $h(t)$가 되는 거야.

F 86 정답 ⑤

✪ 1등급 킬러 [정답률 14%]

함수 $f(x)=x^4-6x^3+12x^2-8x+1$과 이차함수 $g(x)$는 어떤 실수 a에 대하여 다음 조건을 만족시킨다.

단서1 두 함수 $f(x)$와 $g(x)$가 $x=a$인 점과 $x=a+1$인 점에서 함숫값과 미분계수가 같다는 것은 $x=a$인 점과 $x=a+1$인 점에서 두 곡선 $y=f(x)$와 $y=g(x)$가 접한다는 의미야.

(가) $f(a)=g(a)$, $f'(a)=g'(a)$
(나) $f(a+1)=g(a+1)$, $f'(a+1)=g'(a+1)$

두 곡선 $y=f(x)$와 $y=g(x)$로 둘러싸인 영역의 넓이를 S_1, 곡선 $y=g(x)$와 x축으로 둘러싸인 영역의 넓이를 S_2라 할 때, $\dfrac{S_2}{S_1}$의 값은? (5점)

단서2 두 곡선 $y=f(x)$와 $y=g(x)$로 둘러싸인 영역의 넓이를 구할 때에는 곡선 중 어느 것이 위쪽에 있는지 그래프를 그려 확인해봐야 해.

① 20 ② 25 ③ 30
④ 35 ⑤ 40

✪ 식이 주어진 사차함수 $f(x)$와 식이 주어지지 않은 이차함수 $g(x)$가 주어진 조건을 만족시킬 때, 두 함수 $y=f(x)$, $y=g(x)$의 그래프로 둘러싸인 부분의 넓이를 구하는 문제이다.
이 문제의 해결 포인트는 조건을 해석하여 두 함수의 그래프가 서로 다른 두 점에서 접한다는 것을 찾아내는 것이다. 그런 다음, 두 함수의 접점의 x좌표를 통해 이차함수 $g(x)$의 식을 따져보아야 한다.

[풀이 단서 체크]

❶ 먼저, 두 함수 $f(x)$와 $g(x)$에 대하여 $x=a$, $x=a+1$에서의 함숫값과 미분계수가 각각 같으므로 두 함수 $y=f(x)$, $y=g(x)$의 그래프에서 $x=a$, $x=a+1$에서의 접선이 서로 같다.
따라서 두 함수는 $x=a$, $x=a+1$에서 같은 직선에 접하므로 두 함수의 그래프는 $x=a$, $x=a+1$에서 서로 접한다. ⇒ 단서1

❷ 두 곡선 $y=f(x)$와 $y=g(x)$가 만나는 점의 x좌표가 α, $\beta(\alpha<\beta)$일 때 두 곡선 $y=f(x)$와 $y=g(x)$로 둘러싸인 영역의 넓이는 $\int_\alpha^\beta |f(x)-g(x)|dx$이다.
이때, 정적분을 계산하기 위해 절댓값 기호를 풀어주어야 하므로 $f(x)-g(x)$의 부호를 판단해야 한다. 따라서 곡선 $y=f(x)$와 $y=g(x)$ 중 어느 곡선이 위쪽에 있는지를 판단하여 정적분을 계산해야 한다. ⇒ 단서2

주의 두 함수 $y=f(x)$와 $y=g(x)$의 그래프가 $x=a$, $x=a+1$에서 접하므로 방정식 $f(x)-g(x)=0$이 $x=a$, $x=a+1$에서 중근을 가진다는 것을 이용하여 a의 값과 $g(x)$를 구할 수 있어야 한다.

핵심 정답 공식: $h(x)=f(x)-g(x)$라 하면 조건 (가), (나)에서 $h(a)=h(a+1)=0$, $h'(a)=h'(a+1)=0$이므로 $h(x)=(x-a)^2\{x-(a+1)\}^2$이다.

[문제 풀이 순서]

* 서로 다른 두 점에서 접하는 두 함수의 그래프로 둘러싸인 영역의 넓이와 함수의 그래프와 x축으로 둘러싸인 영역의 넓이 구하기

1st 두 조건 (가), (나)를 이용해 $f(x)-g(x)$의 식을 세운 후 $g(x)$의 식을 구하자.

두 조건 (가), (나)에 의해 $x=a$인 점과 $x=a+1$인 점에서 두 곡선 $y=f(x)$와 $y=g(x)$가 접하므로 방정식 $f(x)=g(x)$, 즉 $f(x)-g(x)=0$은 두 중근 $x=a$와 $x=a+1$을 갖는다.

두 곡선 $y=f(x)$, $y=g(x)$가 $x=k$에서 접한다.
⇔ 두 곡선 $y=f(x)$, $y=g(x)$가 $x=k$인 점에서 공통접선을 갖는다.
⇔ 방정식 $f(x)-g(x)=0$이 중근 $x=k$를 갖는다.
⇔ 다항식 $f(x)-g(x)$가 $(x-k)^2$ 꼴의 인수를 갖는다.

이때, $f(x)$는 사차함수이고, $g(x)$는 이차함수이므로 $f(x)-g(x)$의 최고차항의 계수는 $f(x)$의 최고차항의 계수와 같다.

$f(x)=x^4-6x^3+12x^2-8x+1$이므로 $f(x)-g(x)$의 최고차항의 계수는 1이겠지?

$\therefore f(x)-g(x)=(x-a)^2\{x-(a+1)\}^2$
$=(x^2-2ax+a^2)\{x^2-2(a+1)x+(a+1)^2\}$ ⋯ ㉠

이때, $f(x)-g(x)$의 x^3의 계수가 -6이므로 ㉠의 우변에서 x^3의 계수를 구하면

$f(x)$는 사차함수이고, $g(x)$는 이차함수이므로 $f(x)-g(x)$의 x^3의 계수는 $f(x)$의 x^3의 계수인 -6이 돼.

$-6=-2(a+1)-2a$
$4a=4$ $\quad\therefore a=1$

따라서 $f(x)-g(x)=(x-1)^2(x-2)^2$ ⋯ ㉡이고
$f(x)=x^4-6x^3+12x^2-8x+1$이므로
$x^4-6x^3+12x^2-8x+1-g(x)=(x-1)^2(x-2)^2$
$\therefore g(x)=x^4-6x^3+12x^2-8x+1-(x^2-3x+2)^2$
$=x^4-6x^3+12x^2-8x+1-(x^4-6x^3+13x^2-12x+4)$
$=-x^2+4x-3$

$(a+b+c)^2=a^2+b^2+c^2+2ab+2bc+2ca$

2nd 두 곡선 $y=f(x)$, $y=g(x)$의 위치 관계를 파악한 후 S_1, S_2를 정적분을 이용해 구하자.

사차함수 $f(x)$의 최고차항의 계수가 양수, 이차함수 $g(x)$의 최고차항의 계수가 음수이고 두 곡선 $y=f(x)$, $y=g(x)$는 x좌표가 각각 1, 2인 점에서 접하므로 그래프의 개형은 그림과 같다.

$S_1=\int_1^2 \{f(x)-g(x)\}dx$
$=\int_1^2 (x-1)^2(x-2)^2dx$ ($\because$ ㉡)
$=\int_1^2 (x^4-6x^3+13x^2-12x+4)dx$
$=\left[\frac{1}{5}x^5-\frac{3}{2}x^4+\frac{13}{3}x^3-6x^2+4x\right]_1^2$
$=\frac{32}{5}-24+\frac{104}{3}-24+8-\left(\frac{1}{5}-\frac{3}{2}+\frac{13}{3}-6+4\right)$
$=\frac{1}{30}$

한편, 함수 $g(x)=-x^2+4x-3=-(x-1)(x-3)$이 x축과 만나는 교점의 x좌표는 1, 3이므로

$$S_2=\int_1^3 g(x)dx$$

→ $g(x)=-(x-1)(x-3)$이므로 포물선과 x축 사이의 넓이 공식을 사용하면 $\int_1^3 g(x)dx=\frac{|-1|}{6}(3-1)^3=\frac{1}{6}\cdot 8=\frac{4}{3}$로 계산할 수도 있어.

$$=\int_1^3 (-x^2+4x-3)dx$$
$$=\left[-\frac{1}{3}x^3+2x^2-3x\right]_1^3$$
$$=-9+18-9-\left(-\frac{1}{3}+2-3\right)$$
$$=\frac{4}{3}$$

$$\therefore \frac{S_2}{S_1}=\frac{4}{3}\div\frac{1}{30}=\frac{4}{3}\times 30=40$$

쉬운 풀이

$S_1=\int_1^2 \{f(x)-g(x)\}dx$는 함수 $y=f(x)-g(x)$의 그래프와 두 직선 $x=1$, $x=2$로 둘러싸인 부분의 넓이와 같아.

그런데 이 넓이는 함수 $y=f(x)-g(x)$의 그래프를 x축의 방향으로 -1만큼 평행이동시킨 그래프와 두 직선 $x=1-1=0$, $x=2-1=1$로 둘러싸인 부분의 넓이와 같으므로

$y=(x-1)^2(x-2)^2$ —(x축의 방향으로 -1만큼 평행이동)→ $y=(x+1-1)^2(x+1-2)^2=x^2(x-1)^2$

$$S_1=\int_1^2 \{f(x)-g(x)\}dx$$
$$=\int_1^2 (x-1)^2(x-2)^2dx$$
$$=\int_0^1 x^2(x-1)^2dx$$
$$=\int_0^1 (x^4-2x^3+x^2)dx$$
$$=\left[\frac{1}{5}x^5-\frac{1}{2}x^4+\frac{1}{3}x^3\right]_0^1$$
$$=\frac{1}{5}-\frac{1}{2}+\frac{1}{3}=\frac{1}{30}$$

(이하 동일)

1등급 풀이 Tip

$h(x)=f(x)-g(x)$라 하면, 주어진 조건에 의해 $h(\alpha)=0$, $h'(\alpha)=0$, $h(\alpha+1)=0$, $h'(\alpha+1)=0$이므로 $h(x)$의 그래프는 $x=\alpha$, $x=\alpha+1$인 점에서 x축에 접한다.
즉, $h(x)$는 $(x-\alpha)^2$과 $\{x-(\alpha+1)\}^2$을 인수로 가지고,
$h(x)=f(x)-g(x)$는 최고차항의 계수가 1인 사차함수이므로
$h(x)=(x-\alpha)^2(x-\alpha-1)^2$이라 할 수 있다.

My Top Secret

미분가능한 두 함수 $y=f(x)$, $y=g(x)$의 그래프가 접한다는 것은 두 함수의 식을 연립한 방정식 $f(x)-g(x)=0$이 중근을 갖는다는 것과 같은 의미야. 이때, 이 중근을 α라 하면 $f(x)-g(x)$는 $(x-\alpha)^2$으로 나누어떨어져.
즉, 두 함수 $y=f(x)$, $y=g(x)$의 그래프가 $x=\alpha$, $x=\beta$인 서로 다른 두 점에서 접하면 방정식 $f(x)-g(x)=0$이 서로 다른 두 중근 α, β를 가지니까
$f(x)-g(x)=k(x-\alpha)^2(x-\beta)^2$($k$는 0이 아닌 상수)의 형태가 돼.

F 87 정답 15

★ 1등급 킬러 [정답률 17%]

[그림 1]은 무대 디자이너 길섭이가 야외공연 무대디자인 공모전에 출품한 작품이다. [그림 1]의 중앙 무대를 확대하면 [그림 2]와 같고, 중앙 무대를 디자인하는 과정은 다음과 같다.

(1) 한 변의 길이가 2인 정사각형 ABCD를 그리고 각 변의 중점을 각각 E, F, G, H라 한다.
(2) 변 BC를 좌표평면 위의 x축과 평행하게 놓고 두 점 B, C를 지나며 점 H를 꼭짓점으로 하는 이차함수의 그래프와 두 점 A, D를 지나며 점 F를 꼭짓점으로 하는 이차함수의 그래프를 그린다.
(3) 변 AB를 좌표평면 위의 x축과 평행하게 놓고 (2)와 같은 방법으로 세 점 A, B, G를 지나는 이차함수와 세 점 C, D, E를 지나는 이차함수의 그래프를 추가로 그린다.

단서1 구해야 하는 도형이 많이 복잡하지? 그림과 같이 합동인 8개의 부분으로 나눠서 넓이를 구해 봐.

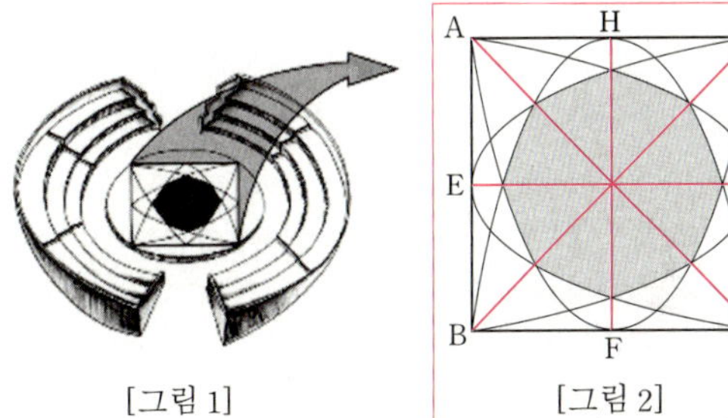

[그림 1] [그림 2]

단서2 위에서 나누어진 8개의 부분은 서로 합동이므로 한 부분의 넓이를 정적분을 이용하여 구하면 어두운 부분 전체의 넓이를 구할 수 있어.

[그림 2]의 어두운 부분의 넓이를 $\frac{p\sqrt{2}+q}{3}$라 할 때, $p-q$의 값을 구하시오. (단, p, q는 정수이다.) (4점)

★ 복잡한 도형을 좌표평면에 나타내어 도형의 방정식을 구한 후 정적분을 이용하여 도형의 넓이를 구하는 문제이다.
넓이를 구하는 부분을 적당히 나누어 합동인 도형으로 나타내고 한 도형의 넓이를 정적분을 이용하여 구한 후 전체 넓이를 구해야 하는 고난도 문제이다.

[풀이 단서 체크]

❶ 먼저, 넓이를 구하는 부분의 모양을 파악해야 한다.
그림의 네 개의 이차함수의 그래프는 정사각형 ABCD의 두 대각선의 교점을 중심으로 회전시켜 모두 겹쳐질 수 있다. 따라서 정사각형 ABCD의 두 대각선과 마주 보는 두 변의 중심을 연결한 선분, 즉 $\overline{EG}$, $\overline{HF}$로 나누어진 8개의 도형은 모두 합동이다. ⇒ 단서1

❷ 나누어진 8개의 도형에서 한 도형의 넓이를 구한 후 전체 넓이를 구해야 한다.
이때, 구하는 한 도형의 넓이는 직선, x축으로 둘러싸인 도형의 넓이와 이차함수의 그래프, x축으로 둘러싸인 도형의 넓이의 합으로 구할 수 있다. 따라서 직선의 방정식과 이차함수의 그래프가 나타내는 식을 구해 정적분을 이용하여 넓이를 구한다. ⇒ 단서2

주의 복잡한 도형의 넓이를 구할 때는 간단한 도형으로 나누어 넓이를 구한다.

핵심 정답 공식: 정사각형의 두 대각선의 교점을 원점으로 하는 좌표평면으로 옮기고 합동인 8개의 부분으로 나누어 넓이를 구한다.

[문제 풀이 순서]

* 복잡한 도형을 좌표평면 위에 나타내어 정적분을 이용하여 넓이 구하기

1st 세 점을 지나는 이차곡선의 방정식을 구하자.

주어진 정사각형의 대각선의 교점을 원점으로 하고, 변 AD를 x축에 평행하게 좌표평면에 나타내자.

y축에 대하여 대칭이므로 일차항은 존재하지 않아.

세 점 H, B, C를 지나는 이차함수의 그래프를 $f(x)=ax^2+b$라 하면

정사각형 ABCD의 한 변의 길이가 2이므로

$f(0)=1$, $f(1)=-1$에서 $b=1$, $a+b=-1$

$\therefore a=-2$

$\therefore f(x)=-2x^2+1$

주의 그림이 복잡해보이지만 모양이 같은 도형 8개로 이루어져 있어. 이 중에서 넓이를 구하기 쉬운 도형을 골라서 적분한 후 8배 하면 되겠지.

2nd 어두운 부분은 8개의 합동인 도형이므로 1개의 도형의 넓이를 구하자.

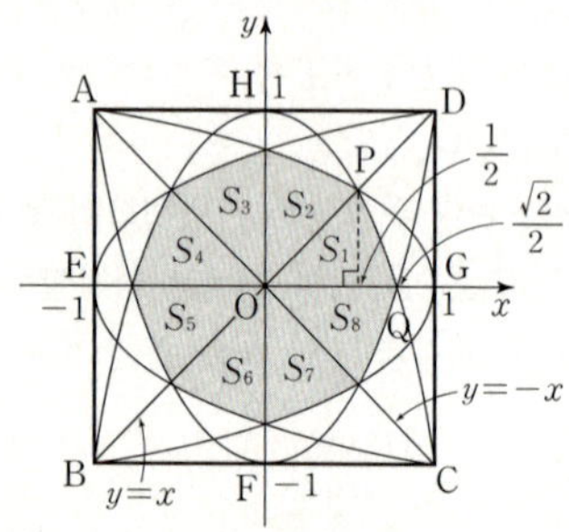

그림과 같이 두 직선 $y=x$, $y=-x$에 의해 8개로 나눠지는 도형은 모두 합동이다. 이때, x축, 직선 $y=x$와 곡선 $y=f(x)$에 의해 둘러싸인 부분의 넓이를 S_1이라 하자.

그림과 같이 $x>0$인 부분에서 직선 $y=x$와 곡선 $y=f(x)$의 교점을 P, 곡선 $y=f(x)$와 x축의 교점을 Q라 하자.

점 P의 x좌표를 구하면 $x=-2x^2+1$에서

$(2x-1)(x+1)=0 \qquad \therefore x=\frac{1}{2}\ (\because x>0)$

$\therefore \mathrm{P}\left(\frac{1}{2}, \frac{1}{2}\right)$

이제 $f(x)=0$인 x의 값을 이용하여 점 Q의 좌표를 구하면

$-2x^2+1=0$에서 $x=\frac{1}{\sqrt{2}}=\frac{\sqrt{2}}{2}\ (\because x>0)$

$\therefore \mathrm{Q}\left(\frac{\sqrt{2}}{2}, 0\right)$

구간 $\left[0, \frac{1}{2}\right]$에서 직선 $y=x$와 x축으로 둘러싸인 부분의 넓이와 구간 $\left[\frac{1}{2}, \frac{\sqrt{2}}{2}\right]$에서 곡선 $y=-2x^2+1$과 x축으로 둘러싸인 부분의 넓이의 합이야.

$$\therefore S_1=\int_0^{\frac{1}{2}} x\,dx+\int_{\frac{1}{2}}^{\frac{\sqrt{2}}{2}}(-2x^2+1)dx$$

$$=\left[\frac{x^2}{2}\right]_0^{\frac{1}{2}}+\left[-\frac{2}{3}x^3+x\right]_{\frac{1}{2}}^{\frac{\sqrt{2}}{2}}$$

$$=\frac{1}{8}+\left(-\frac{\sqrt{2}}{6}+\frac{\sqrt{2}}{2}\right)-\left(-\frac{1}{12}+\frac{1}{2}\right)$$

$$=\frac{\sqrt{2}}{3}+\frac{1}{8}-\frac{5}{12}=\frac{\sqrt{2}}{3}-\frac{7}{24}$$

$$\therefore (\text{구하는 넓이})=8S_1=8\left(\frac{\sqrt{2}}{3}-\frac{7}{24}\right)=\frac{8\sqrt{2}-7}{3}=\frac{p\sqrt{2}+q}{3}$$

따라서 $p=8$, $q=-7$이므로 $p-q=8-(-7)=15$

1등급 풀이 Tip

구하는 부분의 넓이가 여러 개의 이차함수의 그래프로 둘러싸인 부분의 넓이이므로 이차함수의 정적분을 활용해야 한다. 이때, 정사각형 ABCD의 한 변에 평행한 직선을 x축으로 하고 네 개의 그래프가 나타내는 도형의 방정식을 구하면 두 그래프가 나타내는 도형의 방정식은 x에 대한 이차식으로 표현이 가능하지만 나머지 두 그래프가 나타내는 도형의 방정식은 y에 대한 이차식으로 표현되므로 문제의 어두운 부분의 넓이를 한 번에 구하기는 어렵다. 따라서 넓이를 구하는 도형을 여러 개의 합동인 도형으로 나누어 도형의 넓이를 구해야 한다.

G 경우의 수

4점 같은 3점+4점 문제

G 01 정답 ② *원순열의 활용 [정답률 50%]

정답 공식: 각각의 여학생 사이에 앉은 남학생의 수는 각각 1, 2, 3명이다. 여학생을 먼저 배열하고 사이에 앉을 남학생의 수를 정한다.

여학생 3명과 남학생 6명이 원탁에 같은 간격으로 둘러앉으려고 한다. 각각의 여학생 사이에는 ❶1명 이상의 남학생이 앉고 각각의 여학생 사이에 앉은 ❷남학생의 수는 모두 다르다. 9명의 학생이 모두 앉는 경우의 수가 $n\times6!$일 때, 자연수 n의 값은? (단, 회전하여 일치하는 것들은 같은 것으로 본다.) (4점)

단서 조건 ❶, ❷를 만족시키도록 원순열을 구해야겠지?

① 10 ② 12 ③ 14 ④ 16 ⑤ 18

1st 우선 여학생 3명이 원탁에 둘러앉는 원순열의 수를 구하자.

여학생 3명이 원탁에 둘러앉는 경우의 수는

$(3-1)!=2!$ ⋯ ㉠ (원순열의 수)$=\frac{(\text{직순열의 수})}{(\text{배열하는 것의 개수})}$

즉, n개를 원형으로 나열하는 경우 $\frac{{}_nP_n}{n}$ 또는 $1\times(n-1)!$

2nd 여학생과 여학생 사이 세 곳에 남학생이 각각 1명 이상씩 앉는 경우의 수를 구하여 자연수 n의 값을 구해.

여학생 3명이 원탁에 둘러앉는 각각의 경우에 대하여 여학생과 여학생 사이 세 곳에 앉는 남학생의 수는 모두 달라야 하므로 남학생 6명을 3명, 2명, 1명으로 나누어 여학생과 여학생 사이에 앉아야 한다.

조건 ❷를 만족시키도록 해.

(여 ① 여 ③ 여 ②)

즉, 남학생 6명을 배열하는 경우의 수는

${}_6P_3\times{}_3P_2\times{}_1P_1=6!$ ⋯ ㉡

즉, 고정된 여학생의 사이에 남학생 6명을 일렬로 배열하는 경우와 같아.

이때, 남학생 3그룹을 여학생과 여학생 사이 세 곳에 배열하는 경우의 수는 $3!$ ⋯ ㉢ ①, ②, ③ 세 곳에 3명, 2명, 1명의 그룹을 배열하는 경우

㉠~㉢에 의하여 9명의 학생이 모두 앉는 경우의 수는

$2!\times6!\times3!=12\times6! \qquad \therefore n=12$

주의 이걸 원순열로 계산하면 안 돼!

[다른 풀이]

남학생을 세 그룹으로 나누는 경우의 수를 조합의 수로 생각해 보자.

$${}_6C_3\times{}_3C_2\times{}_1C_1=\frac{6!}{3!(6-3)!}\times\frac{3!}{2!(3-2)!}\times\frac{1!}{1!(1-1)!}$$

$$=\frac{6!}{3!2!}\ \cdots ㉣$$

[조합공식] ${}_nC_r=\frac{{}_nP_r}{r!}=\frac{n!}{r!(n-r)!}\left(\because {}_nP_r=\frac{n!}{(n-r)!}\right)$

또, 각각의 경우에 대하여 이 세 그룹을 여학생과 여학생 사이의 세 곳에 배열하는 경우의 수는 $3!$ ⋯ ㉤

n명을 일렬로 배열하는 경우의 수는 ${}_nP_n=n!$

이때, 각각의 경우에 대하여 남학생이 같은 그룹 내에서 남학생끼리 각각 자리를 바꾸는 경우의 수는 $3!\times2!\times1!$ ⋯ ㉥

각 그룹에 3명, 2명, 1명씩 나누어지니까

따라서 ㉠, ㉣, ㉤, ㉥에 의하여 경우의 수는

동시에 일어나는 사건으로 곱의 법칙을 사용!!

$2!\times\frac{6!}{3!2!}\times3!\times(3!\times2!\times1!)=12\times6!$ $\therefore n=12$

G 02 정답 ④ *원순열의 활용 [정답률 91%]

정답 공식: 서로 다른 대상 n개를 원형으로 배열하는 방법의 수는 $\frac{n!}{n}=(n-1)!$이다.

서로 다른 6개의 접시를 원 모양의 식탁에 일정한 간격을 두고 ❶원형으로 놓는 경우의 수는? (단, ❷회전하여 일치하는 것은 같은 것으로 본다.) (3점) 단서 조건 ❶, ❷와 같이 원형이고 회전하여 일치하는 것은 원순열의 키워드야.

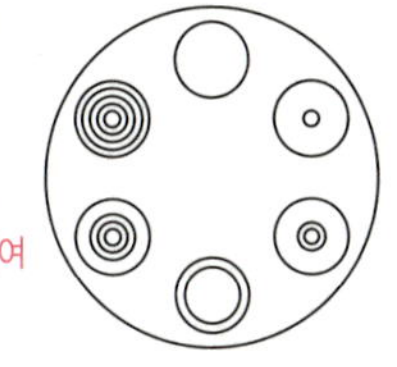

① 2 ② 6 ③ 24 ④ 120 ⑤ 720

1st 6개의 접시를 원탁에 나열하는 원순열의 수를 구하자.

6개를 일렬로 나열한 후 6으로 나누거나, 1개를 고정한 후 나머지를 일렬로 나열하는 경우의 수이지?

$\frac{{}_6P_6}{6}=(6-1)!=5!=120$ 즉, $\frac{6!}{6}$ 또는 $1\times(6-1)!$

[원순열] n개를 원형으로 나열하는 경우의 수 $\frac{{}_nP_n}{n}$ 또는 $1\times(n-1)!$

수능 핵강

원순열이란? 원형으로 나열하는 순열이야.

원순열에서는 회전하여 일치하면 같은 경우로 취급해.

A, B, C의 순열, 즉 직순열의 수는 ${}_3P_3=3!=6$

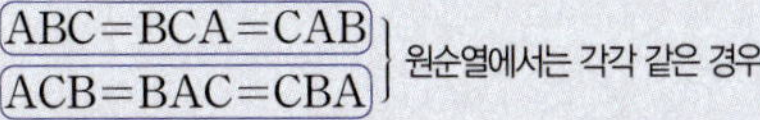

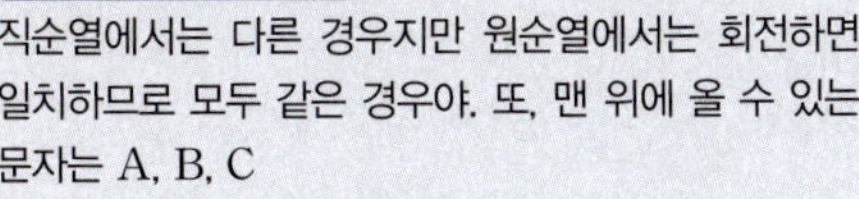

ABC=BCA=CAB
ACB=BAC=CBA } 원순열에서는 각각 같은 경우

직순열에서는 다른 경우지만 원순열에서는 회전하면 일치하므로 모두 같은 경우야. 또, 맨 위에 올 수 있는 문자는 A, B, C

3개니까, 회전하여 같은 경우는 3개씩 발생해.

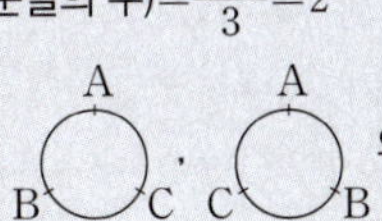

∴ (원순열의 수)$=\frac{{}_3P_3}{3}=2$

실제로 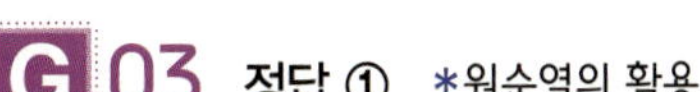 의 2가지뿐이야.

G 03 정답 ① *원순열의 활용 [정답률 45%]

정답 공식: 90도 회전하면 일치하는 것에 유의하여 9개의 색을 배열하는 방법의 수를 구한다.

단서2 칠하는 순서와 색깔을 선택하는 방법을 모두 생각해야 해.

그림과 같이 서로 접하고 크기가 같은 원 4개와 이 네 원의 중심을 꼭짓점으로 하는 정사각형이 있다. 원의 내부 또는 정사각형의 내부에 만들어지는 9개의 영역에 서로 다른 9가지 색을 모두 사용하여 칠하려고 한다. 한 영역에 한 가지 색만을 칠할 때, 색칠한 결과로 나올 수 있는 경우의 수는? (단, 회전하여 일치하는 것은 같은 것으로 본다.) (4점) 단서1 회전할 때, 구심점이 되도록 기준을 먼저 잡자.

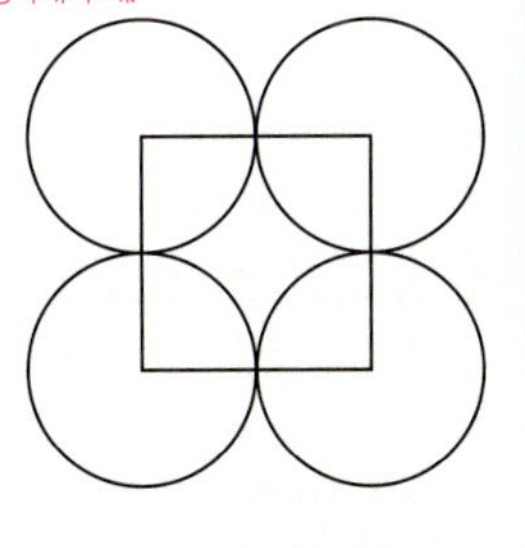

① 90720 ② 90730 ③ 90740 ④ 90750 ⑤ 90760

1st 9개 영역을 9가지의 색으로 색칠해야 하므로 각각의 영역의 중앙에서부터 따져보자.

그림의 가운데 어두운 부분에 색을 칠하는 방법의 수는 9가지이다. 실수 가장 많은 부분과 만나는 부분부터 색칠해야 편해.

a, b, c, d에 칠하는 방법의 수는 가운데 칠한 색을 제외한 8가지 색에서 4가지 색을 선택하여 a, b, c, d에 칠하는 경우의 수와 같으므로 원순열에 의하여

${}_8C_4\times(4-1)!$ (색선택)×(배치)

서로 다른 n개를 원형으로 배열하는 원순열의 수는 $\frac{n!}{n}=(n-1)!$

a, b, c, d가 결정되어서 나머지 4가지 색을 e, f, g, h에 칠하는 방법의 수는 $4!$

a, b, c, d에서 회전하여 일치하는 것은 배제시켰으므로 가장 바깥쪽인 e, f, g, h를 일렬로 배치하는 경우를 생각할 수 있어.

$\therefore 9\times{}_8C_4\times(4-1)!\times4!=90720$

[다른 풀이]

위의 그림과 같이 가운데 어두운 부분을 시작으로 a, b, c, d, e, f, g, h의 9개의 영역에 서로 다른 9가지의 색을 모두 사용하여 차례로 칠하는 방법의 수는 $9!$

a, b, c, d영역에 색칠을 할 때 네 가지 색을 $a-b-c-d$, $b-c-d-a$, $c-d-a-b$, $d-a-b-c$의 순서로 칠하는 경우의 네 가지는 서로 구분이 되지 않지만, a, b, c, d 네 영역에 색을 칠한 후 e, f, g, h 네 영역에 색을 칠할 때는 네 가지 색을 $e-f-g-h$, $f-g-h-e$, $g-h-e-f$, $h-e-f-g$의 순서로 그리는 경우는 구분되므로

a, b, c, d에서 회전시키는 경우를 이미 배제

(구하는 경우의 수)$=\frac{9!}{4}=90720$

수능 핵강

색칠 문제는 다음과 같은 순서로 접근하자.

(i) 이웃하는 영역과 가장 많이 인접한 영역부터 고려해.

(ii) 특정한 영역을 기준점으로 삼고 한 가지 색을 칠했다고 가정한 다음 다른 칸에 칠할 수 있는 경우의 수를 따져 봐.

(iii) 사용가능한 색의 개수를 확인해. 만일 색을 중복해서 사용할 수 있다면 한 색으로 칠할 수 있는 영역이 어디인지를 고려해 경우에 따라 나누어야 해.

G 04 정답 ③ *원순열의 활용 [정답률 35%]

정답 공식: 한 면을 먼저 칠하고 맞은편 면을 칠한 후, 옆면을 칠하는 과정으로 경우의 수를 계산한다. 직육면체는 두 변의 길이가 1, 1인 면을 먼저 칠하는 경우와 두 변의 길이가 1, 2인 면을 먼저 칠하는 두 가지 경우로 나누어서 계산한다.

그림과 같이 가로, 세로, 높이가 각각 1, 1, 1인 정육면체 A와 가로, 세로, 높이가 각각 2, 1, 1인 직육면체 B가 있다.

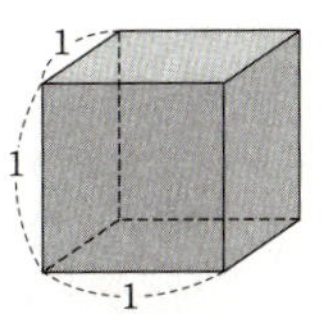

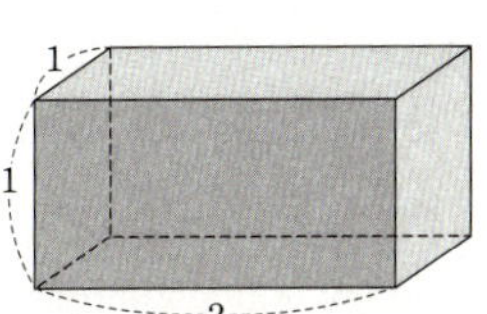

단서 여섯 가지 색을 모두 사용해야 해. 정육면체나 직육면체를 돌리면 같아지는 것에 주의해.

서로 다른 여섯 가지 모두 색을 사용하여 각각의 정육면체와 직육면체의 겉면을 색칠하는 방법의 수를 각각 $n(A)$, $n(B)$라 할 때, $n(A)+n(B)$의 값은? (4점)

① 60 ② 90 ③ 120 ④ 150 ⑤ 180

1st 정육면체를 서로 다른 여섯 가지 색으로 칠하는 방법의 수를 구해 보자.

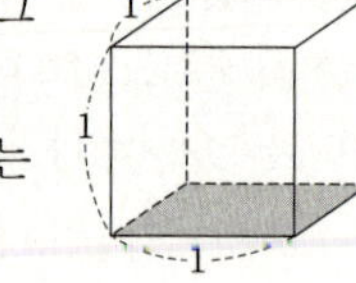

정육면체 A의 한 면에 먼저 한 가지 색을 칠하면, 그 맞은편 면을 색칠하는 방법의 수는 5(가지)

또, 나머지 네 가지 색으로 옆면을 칠하는 방법의 수는

$4!\times\frac{1}{4}=3!=6$(가지) → 4개를 원형 배열하는 원순열의 수야.

그러므로 정육면체 A의 겉면을 여섯 가지 색으로 칠하는 방법의 수는

$n(A)=5\times6=30$(가지)

2nd 직육면체는 모서리의 변의 길이가 다르므로 두 종류의 면에 따라 경우를 나누어서 구해.

직육면체 B는 (가로의 길이, 세로의 길이)가 $(1, 1)$인 면 2개와 $(2, 1)$인 면 4개로 이루어져 있다.

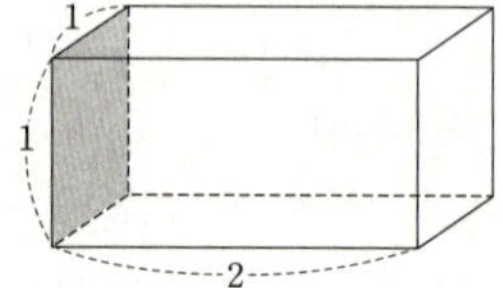

(i) $(1, 1)$인 면에 한 가지 색을 먼저 칠할 때 그 맞은편 면을 색칠하는 방법의 수는 5(가지)

나머지 네 가지 색으로 옆면을 칠하는 방법의 수는

$4!\times\frac{1}{④}=③!=6$(가지) → 나머지 네 면은 모두 같으므로 4개를 원형으로 배열하는 원순열의 수와 같아.

$\therefore 5\times6=30$(가지)

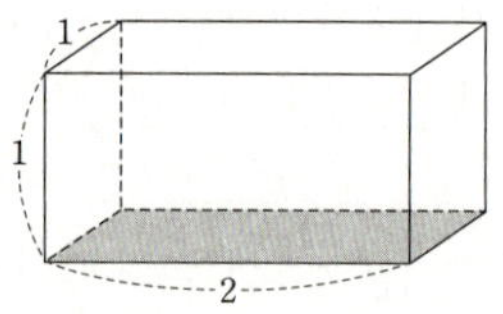

(ii) $(2, 1)$인 면에 한 가지 색을 먼저 칠할 때 그 맞은편 면을 색칠하는 방법의 수는 5(가지)

나머지 네 가지 색으로 옆면을 칠하는 방법의 수는

$4!\times\frac{1}{②}=12$(가지) → 같은 자리가 2개이므로 2로 나눈 거야.

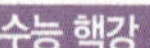

$\therefore 5\times12=60$(가지)

(i), (ii)에서 직육면체 B의 겉면을 여섯 가지 색으로 모두 칠하는 경우의 수는 $n(B)=30+60=90$(가지)

따라서 구하는 경우의 수는

$n(A)+n(B)=30+90=120$

수능 핵강

정육면체를 칠하는 문제는 많이 접해봤을 테지만 직육면체를 칠하는 문제는 접해보지 못해서 당황한 사람이 있을거야. 하지만, 직육면체라고 해서 전혀 어려울 것은 없다는 것! 그저 정육면체보다 조금 더 확장되어 고려할 것이 더 늘었을 뿐이라서, 정육면체를 칠하는 방법처럼 차근차근 접근한다면 그리 어렵지 않게 풀 수 있을 거야.

원순열의 수 개념·공식

(1) 원순열의 뜻

서로 다른 n개를 원형으로 나열하는 것

(2) 원순열의 수

서로 다른 n개를 원형으로 나열하는 원순열의 수는

$\frac{n!}{n}=(n-1)!$

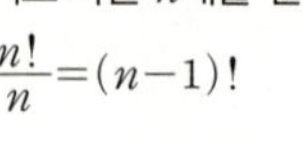

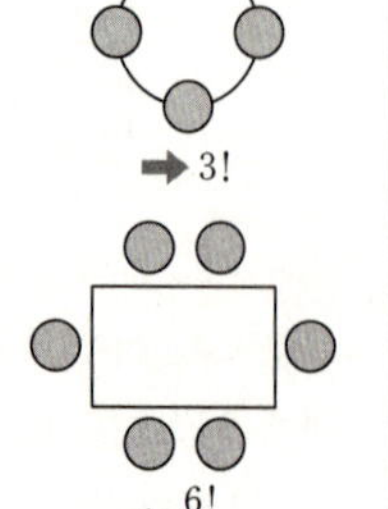

→ $3!$

(3) 직사각형 모양의 순열의 수

회전시키면 같은 자리가 2번 나오는 직사각형 모양의 순열의 수는

$\frac{n!}{2}$

→ $\frac{6!}{2}$

G 05 정답 ⑤ *중복순열의 활용 [정답률 58%]

정답 공식: 5개의 공을 3개의 상자에 넣는 경우의 수를 구한 뒤 한 상자에 넣은 공에 적힌 수의 합이 11보다 큰 경우의 수를 뺀다.

단서1 서로 다른 숫자를 서로 다른 상자에 넣으니까 중복순열을 생각해야 해.

1, 2, 3, 4, 5의 숫자가 각각 적힌 5개의 공을 모두 3개의 상자 A, B, C에 넣으려고 한다. 각 상자에 넣어진 공에 적힌 수의 합이 11 이하가 되도록 공을 상자에 넣는 방법의 수는? (단, 빈 상자의 경우에는 넣어진 공에 적힌 수의 합을 0으로 생각한다.) (4점)

단서2 공에 적힌 수의 합이 11 이하인 방법의 수를 찾는 것보다 여사건인 11보다 큰 방법의 수를 찾는 것이 쉬워.

① 190 ② 195 ③ 200 ④ 205 ⑤ 210

1st 서로 다른 5개의 숫자를 서로 다른 3개의 상자에 넣는 경우의 수는 중복순열의 공식을 이용하여 구해.

1부터 5까지 숫자가 적힌 공을 넣을 수 있는 상자가 A, B, C의 3개이므로 서로 다른 3개에서 중복을 허락하여 5개를 택하여 일렬로 나열하는 경우의 수와 같다. 서로 다른 n개에서 중복을 허락하여 r개를 택하여 일렬로 나열하는 중복순열의 경우의 수는 ${}_n\Pi_r=n^r$

따라서 전체 경우의 수는 ${}_3\Pi_5=243$이다.

2nd 전체 경우의 수에서 한 상자에 넣어진 공에 적힌 수의 합이 12, 13, 14, 15인 경우를 빼면 되지.

실수 많은 경우 여사건을 이용하면 풀이가 간단해져.

(i) 공에 적힌 수의 합이 12인 경우 ($12=3+4+5=1+2+4+5$)

공에 적힌 수의 합이 12가 되는 경우를 3개의 상자에 나누어 넣는 방법은 다음과 같다.

i) 1 / 2 / 3, 4, 5

ii) 0개 / 1, 2 / 3, 4, 5

iii) 0개 / 3 / 1, 2, 4, 5

이때, 각 경우마다 3개의 서로 다른 상자에 넣는 방법은

$3!=6$(가지)

i)~iii)에 의하여

(공에 적힌 수의 합이 12인 경우)$=3\times6=18$

(ii) 공에 적힌 수의 합이 13인 경우 → $13=1+3+4+5$

공에 적힌 수의 합이 13이 되는 경우는 $13=1+3+4+5$뿐이므로 이를 3개의 상자에 나누어 넣는 방법은 0개 / 2 / 1, 3, 4, 5의 1가지이다.

이때, 3개의 서로 다른 상자에 넣는 방법은

$3!=6$(가지)

$\therefore$ (공에 적힌 수의 합이 13인 경우)$=1\times6=6$

(iii) 공에 적힌 수의 합이 14인 경우 → $14=2+3+4+5$

공에 적힌 수의 합이 14가 되는 경우를 3개의 상자에 나누어 넣는 방법은 0개 / 1 / 2, 3, 4, 5의 1가지이다.

이때, 3개의 서로 다른 상자에 넣는 방법은

$3!=6$(가지)

$\therefore$ (공의 수의 합이 14인 경우)$=1\times6=6$

(iv) 공에 적힌 수의 합이 15인 경우 → $15=1+2+3+4+5$

공에 적힌 수의 합이 15가 되는 경우는 1, 2, 3, 4, 5가 적힌 5개의 공을 하나의 상자에 모두 넣어야 한다.

따라서 5개의 공을 한 상자에 넣는 방법은 3가지다.

(i)~(iv)에 의하여 어느 한 상자에 넣어진 공에 적힌 수의 합이 11보다 큰 경우의 수는 $18+6+6+3=33$이다.

따라서 각 상자에 넣어진 공에 적힌 수의 합이 11 이하가 되는 경우의 수는 $243-33=210$

G06 정답 60 *중복순열의 활용 [정답률 70%]

(정답 공식: 전체 경우의 수에서 a가 연속되는 경우를 뺀다.)

단서1 중복을 허용한 문자 배치이므로 중복순열이지?

문자 a, b, c에서 중복을 허용하여 네 개를 택하여 만든 단어를 전송하려고 한다. 단, 전송되는 단어에 a가 연속되면 수신이 불가능하다고 하자. 예를 들면 $aabb$, $aaab$ 등은 수신이 불가능하고, $abba$, $baba$ 등은 수신이 가능하다. 수신 가능한 단어의 개수를 구하시오. (3점) 단서2 aa■를 배치하는 경우를 제외해. 즉, aa가 서로 이웃하고 있어야겠지?

1st a, b, c에서 중복을 허용하여 네 개를 택하여 만들 수 있는 단어의 수를 구해.

a, b, c에서 중복을 허용하여 세 개를 택하여 단어를 만드는 경우의 수는 서로 다른 세 개에서 중복을 허용하여 네 개를 뽑아 일렬로 나열하는 중복순열의 수와 같으므로 ${}_3\Pi_4=3^4=81$

2nd 수신 불가능한 경우를 제외하자.

그런데 $aabb$, $aaab$ 등 전송되는 단어에 a가 연속되면 수신이 불가능하다. [이웃] 한 묶음으로 생각

(i) a가 2개 이웃한 경우

aa□□, □aa□, □□aa, aa□a, a□aa가 가능하고 □에는 b 또는 c가 가능하므로

$3\times2\times2+2\times2=16$

(ii) a가 3개 이웃한 경우

aaa□, □aaa가 가능하고 □에는 b 또는 c가 가능하므로

$2\times2=4$

(iii) a가 4개 이웃한 경우

$aaaa$만 가능하므로 1

실수 (i), (ii), (iii)이 겹치는 경우가 없기 때문에 그냥 더하면 돼.

(i)~(iii)에 의해 수신 불가능한 경우는 $16+4+1=21$(개)이다.

따라서 수신 가능한 단어는 $81-21=60$(개)이다.

G07 정답 ⑤ *중복순열의 활용 [정답률 51%]

(정답 공식: 1의 개수에 따라 만들 수 있는 자연수의 개수를 구한다.)

세 수 0, 1, 2 중에서 중복을 허락하여 다섯 개의 수를 택해 다음 조건을 만족시키도록 일렬로 배열하여 자연수를 만든다.

단서1 수의 배열은 순서가 중요하므로 중복순열이야.

(가) ❶ 다섯 자리의 자연수가 되도록 배열한다.
(나) ❷ 1끼리는 서로 이웃하지 않도록 배열한다.

예를 들어, 20200, 12201은 조건을 만족시키는 자연수이고 11020은 조건을 만족시키지 않는 자연수이다. 만들 수 있는 모든 자연수의 개수는? (4점) 단서2 ❶에서 맨 앞자리의 수가 0이 오면 안 되니까 맨 앞자리의 수와 ❷를 만족시키는 1의 개수에 따라 나누어 생각해 보자.

① 88 ② 92 ③ 96 ④ 100 ⑤ 104

1st 0, 1, 2를 사용하여 만든 다섯 자리의 자연수에서 1의 개수는 최대 3개이므로 1의 개수에 따라 나누어서 구하자.

1을 네 번 이상 사용하면 반드시 1끼리 서로 이웃하게 되므로 1은 세 번 이하로 사용된다. (1□1□1, □1□1□, …) 따라서 다음의 경우와 같이 나누어서 생각하자.

(i) 1이 사용되지 않는 경우 ⇐ 맨 앞자리에 2가 오고 나머지 4개에는 0, 2를 중복하여 나열

${}_2\Pi_4=2^4=16$

[중복순열] 서로 다른 n개를 중복을 허락하여 r개를 선택하여 배열하는 중복순열의 수 ${}_n\Pi_r=n^r$이야.

(ii) 1이 한 번 사용되는 경우

1로 시작되는 경우의 수는 $2^4=16$ ⇐ 나머지 4자리에 0, 2를 중복!

2로 시작되는 경우의 수는 $4\times2^3=32$ ⇐ 나머지 3자리에 0, 2를 중복! (나머지 4자리 중 1의 자리를 선택, 즉 ${}_4C_1$)

(iii) 1이 두 번 사용되는 경우

1로 시작되는 경우의 수는

$3\times2^3=24$ ⇒ 나머지 2자리에 0, 2를 중복! (1 바로 다음 자리는 0 또는 2이고 나머지 3자리 중 1의 자리를 선택, 즉 ${}_3C_1$)

2로 시작되는 경우의 수는

$3\times2^2=12$ ⇒ 나머지 2자리에 0, 2를 중복! (나머지 4자리 중 두 개의 1의 자리는 1□1□, 1□□1, □1□1과 같이 3가지야.)

(iv) 1이 세 번 사용되는 경우

첫 번째, 세 번째, 다섯 번째에는 반드시 1이 사용되므로

$2^2=4$ ⇐ 나머지 2자리에 0, 2를 중복!

따라서 조건을 만족시키는 자연수의 개수는

$16+16+32+24+12+4=104$

톡톡 풀이

1 다음에 오는 수는 0, 2로 두 가지이고 0, 2 다음에 오는 수는 0, 1, 2로 세 가지이므로 경우의 수를 수형도로 생각하면 다음과 같아.

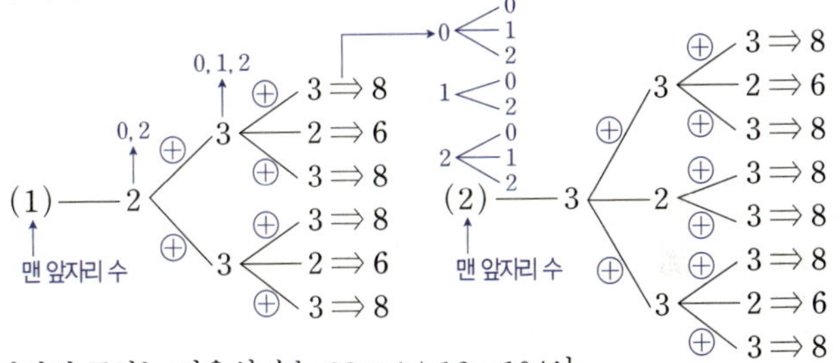

따라서 구하는 경우의 수는 $22\times4+16=104$야.

G08 정답 ② *중복순열의 활용 [정답률 43%]

(정답 공식: 자연수의 자릿수에 따라 작은 값부터 개수를 구한다.)

오른쪽 그림에 나타나는 수를 크기 순으로 나열하여 다음과 같은 수열을 만들었다. 1, 2, 3, 4, 11, 12, 13, 14, 21, 22, 23, 24, 31, 32, 33, 34, 41, 42, 43, 44, 111, … 이 수열의 제 200항은? (2점) 단서 수열의 일반항을 구하기 위해 규칙을 찾자. 나열된 수는 1, 2, 3을 중복하여 자릿수를 증가시키는 거지?

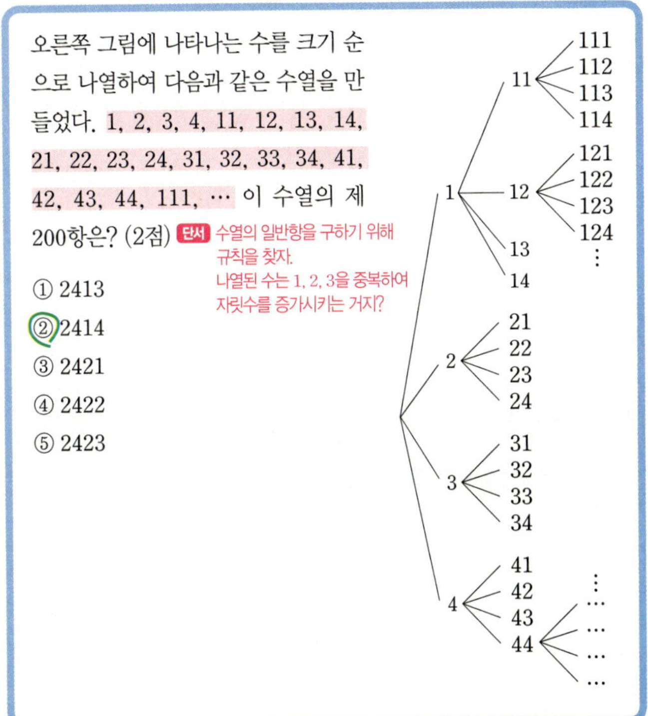

① 2413
② 2414
③ 2421
④ 2422
⑤ 2423

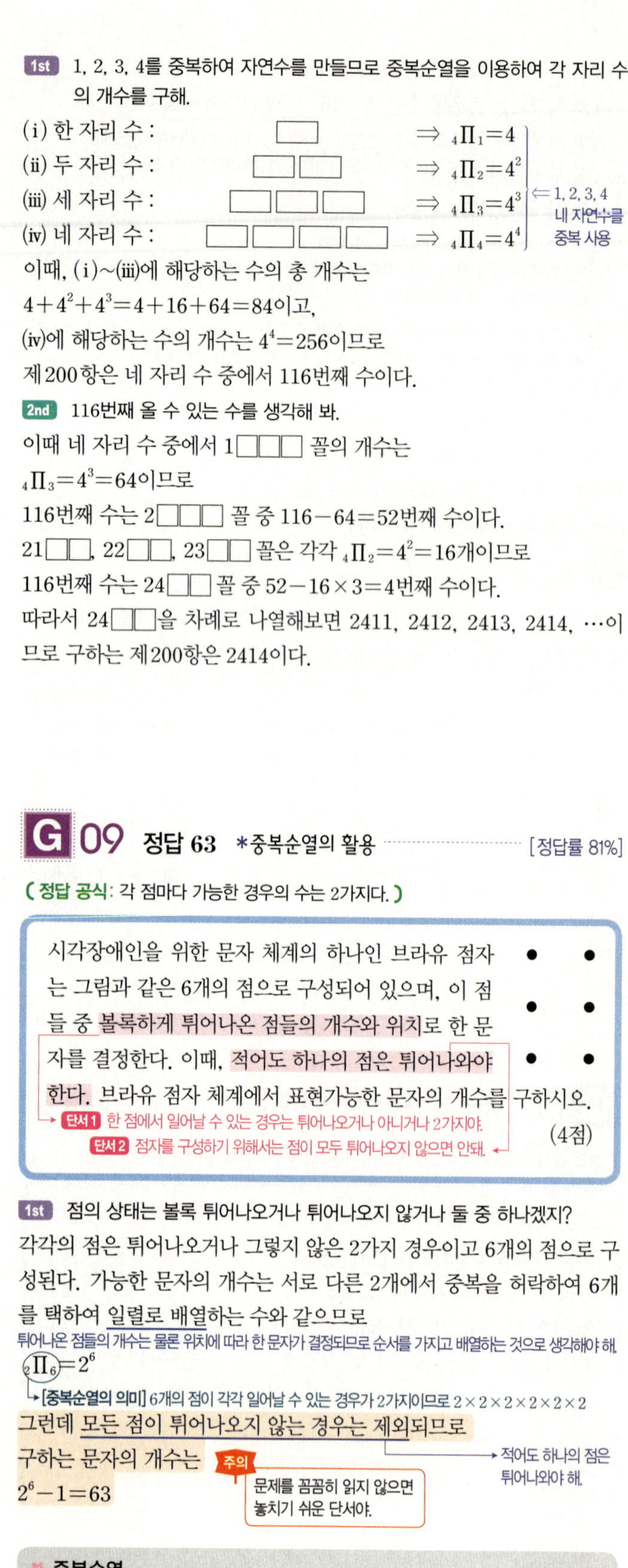

1st 1, 2, 3, 4를 중복하여 자연수를 만들므로 중복순열을 이용하여 각 자리 수의 개수를 구해.

(i) 한 자리 수 : □ ⇒ ${}_4\Pi_1=4$

(ii) 두 자리 수 : □□ ⇒ ${}_4\Pi_2=4^2$

(iii) 세 자리 수 : □□□ ⇒ ${}_4\Pi_3=4^3$

(iv) 네 자리 수 : □□□□ ⇒ ${}_4\Pi_4=4^4$

⇐ 1, 2, 3, 4 네 자연수를 중복 사용

이때, (i)~(iii)에 해당하는 수의 총 개수는

$4+4^2+4^3=4+16+64=84$이고,

(iv)에 해당하는 수의 개수는 $4^4=256$이므로

제200항은 네 자리 수 중에서 116번째 수이다.

2nd 116번째 올 수 있는 수를 생각해 봐.

이때 네 자리 수 중에서 1□□□ 꼴의 개수는

${}_4\Pi_3=4^3=64$이므로

116번째 수는 2□□□ 꼴 중 $116-64=52$번째 수이다.

21□□, 22□□, 23□□ 꼴은 각각 ${}_4\Pi_2=4^2=16$개이므로

116번째 수는 24□□ 꼴 중 $52-16\times3=4$번째 수이다.

따라서 24□□을 차례로 나열해보면 2411, 2412, 2413, 2414, …이므로 구하는 제200항은 2414이다.

G 09 정답 63 *중복순열의 활용 [정답률 81%]

(정답 공식: 각 점마다 가능한 경우의 수는 2가지다.)

시각장애인을 위한 문자 체계의 하나인 브라유 점자는 그림과 같은 6개의 점으로 구성되어 있으며, 이 점들 중 볼록하게 튀어나온 점들의 개수와 위치로 한 문자를 결정한다. 이때, 적어도 하나의 점은 튀어나와야 한다. 브라유 점자 체계에서 표현가능한 문자의 개수를 구하시오. (4점)

단서1 한 점에서 일어날 수 있는 경우는 튀어나오거나 아니거나 2가지야.

단서2 점자를 구성하기 위해서는 점이 모두 튀어나오지 않으면 안돼.

1st 점의 상태는 볼록 튀어나오거나 튀어나오지 않거나 둘 중 하나겠지?

각각의 점은 튀어나오거나 그렇지 않은 2가지 경우이고 6개의 점으로 구성된다. 가능한 문자의 개수는 서로 다른 2개에서 중복을 허락하여 6개를 택하여 일렬로 배열하는 수와 같으므로

튀어나온 점들의 개수는 물론 위치에 따라 한 문자가 결정되므로 순서를 가지고 배열하는 것으로 생각해야 해.

${}_2\Pi_6=2^6$

[중복순열의 의미] 6개의 점이 각각 일어날 수 있는 경우가 2가지이므로 $2\times2\times2\times2\times2\times2$

그런데 모든 점이 튀어나오지 않는 경우는 제외되므로 → 적어도 하나의 점은 튀어나와야 해.

구하는 문자의 개수는

$2^6-1=63$

주의 문제를 꼼꼼히 읽지 않으면 놓치기 쉬운 단서야.

중복순열 개념·공식

서로 다른 n개에서 중복을 허락하여 r개를 택하는 순열의 수는

${}_n\Pi_r=n^r$

G 10 정답 ② *같은 것이 있는 순열 [정답률 65%]

(정답 공식: 각 자릿수가 홀수이므로 m의 값이 0 이상의 정수일 때 $2m+1$의 꼴로 나타낼 수 있다.)

다음 조건을 만족시키는 네 자리 자연수의 개수는? (4점)

(가) 각 자리의 수의 합은 14이다.

(나) 각 자리의 수는 모두 홀수이다.

⇒ 한 자릿수인 네 수의 합이 14이고, 그 수는 1, 3, 5, 7, 9가 중복되어서 사용될 수 있네.

① 51 ② 52 ③ 53 ④ 54 ⑤ 55

단서 조건에서 각 자리의 수에 대한 단서를 제공하므로 각 자리의 수를 미지수로 지정하자.

1st 네 자리 자연수의 각 자리의 수를 a, b, c, d라 하고 두 조건을 만족시키는 순서쌍 (a, b, c, d)의 경우를 나열하자.

네 자리 자연수의 각 자리의 수를 크기순으로 나열할 때, 가장 큰 수부터 차례로 a, b, c, d($a\ge b\ge c\ge d$이고 a, b, c, d는 홀수)라 하자.

큰 수를 기준으로 $a+b+c+d=14$인 방정식의 해를 찾아.

이때, 각 자리의 수의 합이 14인 경우는 (a, b, c, d)가 $(9, 3, 1, 1)$, $(7, 5, 1, 1)$, $(7, 3, 3, 1)$, $(5, 5, 3, 1)$, $(5, 3, 3, 3)$인 5가지이다.

실수 이 순서쌍을 빠뜨리지 않고 정확히 세는 게 중요해.

2nd 각 경우에 대하여 나열하는 경우를 생각하여 네 자리 자연수의 개수를 구하자.

(i) (a, b, c, d) 중 같은 것이 2개인 $(9, 3, ①, ①)$, $(7, 5, ①, ①)$, $(7, ③, ③, 1)$, $(⑤, ⑤, 3, 1)$의 경우 네 자리 자연수의 개수는

$\frac{4!}{2!}\times4=(4\times3)\times4=48$

(ii) (a, b, c, d) 중 같은 것이 3개인 $(5, ③, ③, ③)$의 경우 네 자리 자연수의 개수는

$\frac{4!}{3!}=4$

따라서 (i), (ii)에 의하여 구하는 개수는

$48+4=52$

[다른 풀이]

네 자리 자연수의 각 자리의 수를 각각 x, y, z, w라 하면

$x+y+z+w=14$

그런데 x, y, z, w가 모두 홀수이므로 $x=2a+1$, $y=2b+1$, $z=2c+1$, $w=2d+1$ (단, a, b, c, d는 0 이상 4 이하인 정수)이라 놓으면

$(2a+1)+(2b+1)+(2c+1)+(2d+1)=14$

$x=1, 3, 5, 7, 9$이므로 $a=5$이면 $x=11$이야. 자연수의 자릿수는 한 자릿수야.

$\therefore a+b+c+d=5$

즉, 음이 아닌 정수 a, b, c, d에 대하여 $a+b+c+d=5$를 만족시키는 순서쌍 (a, b, c, d)의 개수는 서로 다른 4개 중 중복을 허락하여 5개를 택하는 조합의 수와 같으므로

이때, $aabbb$라면 이 배열의 순서는 상관없으므로 조합을 생각

${}_4H_5={}_{4+5-1}C_5={}_8C_5={}_8C_3=\frac{8\times7\times6}{3\times2\times1}=56$

이때, a, b, c, d는 0 이상 4 이하의 정수이므로 한 가지만 5번 택하는 경우인 $(5, 0, 0, 0)$, $(0, 5, 0, 0)$, $(0, 0, 5, 0)$, $(0, 0, 0, 5)$의 4가지 경우를 빼야 해. 따라서 조건을 만족시키는 경우의 수는

$56-4=52$

G 15 정답 ④ *같은 것이 있는 순열 [정답률 48%]

(정답 공식: 같은 요일에는 두 종류 이상의 봉사활동을 신청해야 하므로 총 6회를 신청하는 봉사활동 C에 대하여 C를 모두 4번 선택하는 요일이 있는 경우의 수를 구하여 전체 경우의 수에서 제외시킨다.)

매주 월요일부터 수요일까지 총 4주에 걸쳐 서로 다른 세 종류의 봉사활동 A, B, C를 반드시 하루에 한 종류씩 다음 규칙에 따라 신청하려고 한다. 단서1 4주에 걸쳐 3일을 봉사활동하므로 총 12회의 봉사활동을 정해야 해.

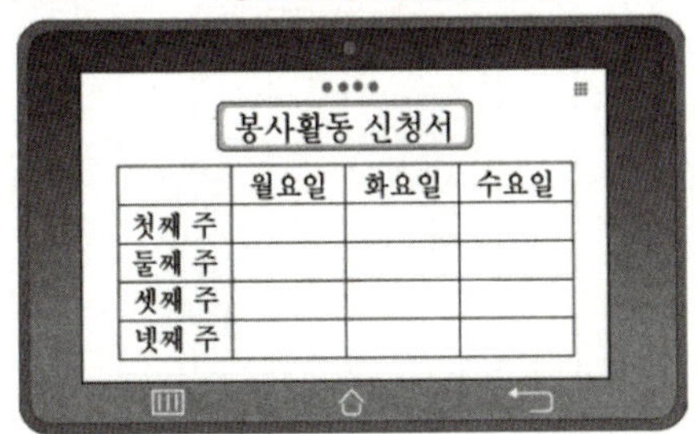

봉사활동 신청서
월요일
화요일
수요일
첫째 주
둘째 주
셋째 주
넷째 주

- 봉사활동 A, B, C를 각각 3회, 3회, 6회 신청한다.
- 첫째 주에는 봉사활동 A, B, C를 모두 신청한다.
- 같은 요일에는 두 종류 이상의 봉사활동을 신청한다.

단서2 하나의 요일에 대한 세로줄을 봉사활동 하나로 모두 채울 수 있을 만큼 횟수가 확보된 것은 봉사활동 C야. 숫자가 큰 경우를 기준으로 경우를 나눠.

다음은 봉사활동을 신청하는 경우의 수를 구하는 과정이다.

> 규칙에 따라 봉사활동을 신청하는 경우는 첫째 주에 봉사활동 A, B, C를 모두 신청한 후
> '(i) 첫째 주를 제외한 3주간의 봉사활동을 신청하는 경우'에서 '(ii) 첫째 주에 봉사활동 C를 신청한 요일과 같은 요일에 모두 봉사활동 C를 신청하는 경우'를 제외하면 된다.
> 첫째 주에 봉사활동 A, B, C를 모두 신청하는 경우의 수는 3!이다. 단서3 봉사활동 C의 경우 6회를 선택해야 해. 이때, 조건에는 같은 요일에는 두 종류 이상의 봉사활동을 신청해야 한다고 하므로 한 요일에 봉사활동 C로 4번이 가득차 있는 경우를 찾아서 그 경우의 수를 제외시키면 돼.
> (i)의 경우 :
> 봉사활동 A, B, C를 각각 2회, 2회, 5회 신청하는 경우의 수는 (가)이다.
> (ii)의 경우 :
> 첫째 주에 봉사활동 C를 신청한 요일과 같은 요일에 모두 봉사활동 C를 신청하는 경우의 수는 (나)이다.
> (i), (ii)에 의해
> 구하는 경우의 수는 3! × ((가) − (나))이다.

위의 (가), (나)에 알맞은 수를 각각 p, q라 할 때, $p+q$의 값은? (4점)

① 825 ② 832 ③ 839 ④ 846 ⑤ 853

1st 문제에서 제시된 풀이 과정을 보기 전에 상황을 이해하자.

제시된 그림에서 빈칸은 총 12개이고, 봉사활동의 신청도 12회이므로 신청 후에는 빈칸이 없어야 한다.
또한, 첫 번째 가로 줄에는 A, B, C가 모두 1번씩 들어가야 한다.
따라서 두 번째 줄부터 경우를 나누어서 생각하면 된다.
총 12개의 빈칸 중에서 3개의 칸을 채웠으니 남은 빈칸 9개를 어떻게 채워야 하는지 생각하면 돼.

2nd 빈칸 (가), (나)를 찾고, $p+q$의 값을 구하자.

규칙에 따라 봉사활동을 신청하는 경우는 첫째 주에 봉사활동 A, B, C를 모두 신청한 후 '(i) 첫째 주를 제외한 3주간의 봉사활동을 신청하는 경우'에서 '(ii) 첫째 주에 봉사활동 C를 신청한 요일과 같은 요일에 모두 봉사활동 C를 신청하는 경우'를 제외하면 된다.
하나의 요일에 대한 세로줄을 봉사활동 하나로 모두 채울 수 있을 만큼 횟수가 확보된 것은 봉사활동 C야.
첫째 주에 봉사활동 A, B, C를 모두 신청하는 경우의 수는 3!이다.

(i)의 경우: 봉사활동 A, B, C를 각각 2회, 2회, 5회 신청하는 경우
봉사활동 A, B, C를 각각 2회, 2회, 5회 신청하는 경우는 총 9개의 빈칸에 A, A, B, B, C, C, C, C, C를 채워넣는 경우이므로 같은 것이 있는 순열을 이용하면 구하는 경우의 수는

$\frac{9!}{2!2!5!}=756$이다. (가)

(ii)의 경우: 같은 요일에 한 종류의 봉사활동만 신청한 경우
첫째 주에 봉사활동 C를 신청한 요일과 같은 요일에 모두 봉사활동 C를 신청하면 4회를 신청하게 되고, 봉사활동 C에 대하여 남은 2회를 더 신청해야 한다.
즉, 첫째 주에 봉사활동 C를 신청한 요일과 같은 요일에 모두 봉사활동 C를 신청하는 경우는 첫째 주에 C를 선택한 요일의 세로줄을 모두 C로 채워 넣은 뒤, 남은 6개의 칸에 A, A, B, B, C, C를 채워넣는 경우와 같으므로 구하는 경우의 수는

$\frac{6!}{2!2!2!}=90$이다. (나)

(i), (ii)에 의하여 구하는 경우의 수는 $3!\times(756-90)$이다.
따라서 $p=756$, $q=90$이므로 $p+q=846$이다.

G 16 정답 ② *도로망에서 최단 경로 [정답률 65%]

(정답 공식: 반드시 지나야 하는 점을 기준으로 경우를 나눠 경우의 수를 구한다.)

오른쪽 그림과 같이 정사각형 모양으로 연결된 도로망이 있다.
이 도로망을 따라 A지점에서 출발하여 B지점까지 최단거리로 가는 경우의 수는? (3점) 단서 최단거리로 가야 하므로 진행 방향은 → 또는 ↓만 가능하겠지.

A, B

① 40 ② 42 ③ 44 ④ 46 ⑤ 48

1st 반드시 지나야 하는 점을 구해서 그에 따라 경우의 수를 나누어 구하자.

오른쪽 그림과 같이 C, D, E, F지점을 이용하여 A지점에서 출발하여 B지점까지 최단거리로 가는 경우는

A, C, D, E, F, B

(i) A → C → B일 때
$1\times\frac{6!}{1!5!}=6$

[최단 경로의 길잡이의 수] 가로 방향으로 a칸, 세로 방향으로 b칸 가는 길잡이의 수로 생각하면 $\frac{(a+b)!}{a!b!}$

(ii) A → D → E → B일 때
$\frac{4!}{3!1!}\times\frac{2!}{1!1!}\times\frac{4!}{1!3!}=32$

(iii) A → D → F → B일 때
$\frac{4!}{3!1!}\times1\times1=4$

실수 이런 최단 경로 문제에서는 모든 경우를 빠먹지 않고 나누는 게 중요해. 비슷한 문제들을 풀어보면서 꼭 연습해!

(i), (ii), (iii)에서 구하는 경우의 수는
$6+32+4=42$

쉬운 풀이

경로의 합을 이용하여 구할 수도 있지.

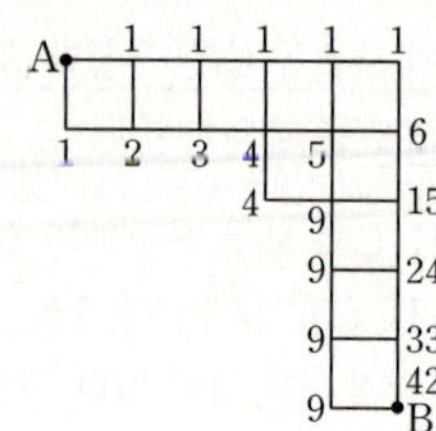

따라서 A지점에서 B지점으로 이르는 최단경로는 42가지야.

G 17 정답 ④ *도로망에서 최단 경로 [정답률 51%]

(정답 공식: 전체 경우의 수에서 불가능한 경우의 수를 뺀다.)

아래 그림은 어느 도시의 도로를 선으로 나타낸 것이다. 교차로 P에서는 우회전을 할 수 없고, 교차로 Q는 공사 중이어서 지나갈 수 없다고 한다. A를 출발하여 B에 도달하는 최단 경로의 개수는? (4점)

단서 교차로 P에서의 우회전은 두 가지가 있겠지. ┌ 방향과 ┐ 방향이지. 이렇게는 진행하지 못하는 거야.

① 735 ② 737 ③ 739 ④ 741 ⑤ 743

1st 전체 경로의 수를 구하자.

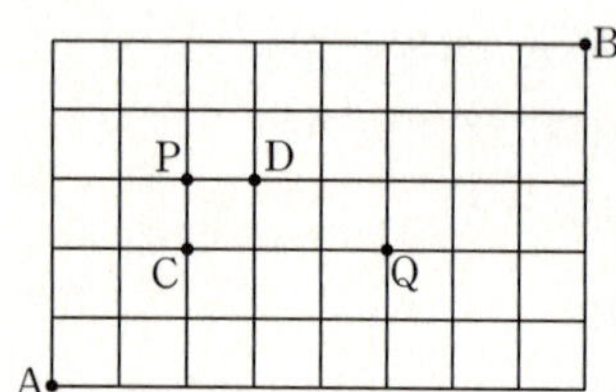

전체 경로의 수는 $\frac{13!}{8!5!}=1287$ (가로 8칸, 세로 5칸)

2nd 전체 경로 중 불가능한 경로를 찾아 제외시키자.

불가능한 경로는 A−Q−B, A−C−P−D−B이고 그 각각에 대한 경우의 수는
(가로 5칸, 세로 2칸)×(가로 3칸, 세로 3칸) / (가로 2칸, 세로 2칸)×(1가지)×(1가지)×(가로 5칸, 세로 2칸)

$\frac{7!}{5!2!}\times\frac{6!}{3!3!}=420$,

$\frac{4!}{2!2!}\times1\times1\times\frac{7!}{5!2!}=126$

[최단 경로] 가로 방향으로 a칸, 세로 방향으로 b칸 가는 최단 경로의 수는 $\frac{(a+b)!}{a!b!}$

이므로 구하는 경로의 수는

$1287-420-126=741$

실수 각 경로의 수를 구할 때는 곱하고, 불가능한 전체 경로의 수를 구할 때는 더하는 거야. 헷갈린다면 합의 법칙과 곱의 법칙을 복습하자.

G 18 정답 49 *도로망에서 최단 경로 [정답률 66%]

(정답 공식: 불가능한 경로를 지우고, 반드시 지나야 하는 지점을 기준으로 경로를 구분한다.)

어느 부대가 그림과 같은 바둑판 모양의 도로망에서 장애물(어두운 부분)을 피해 A 지점에서 B 지점으로 도로를 따라 이동하려고 한다. A 지점에서 출발하여 B 지점까지 최단거리로 가는 경우의 수를 구하시오. (3점)

단서 장애물을 지나지 않을 때, 꼭 지나야 하는 곳을 그림에 표시하면 네 점 P, Q, R, S야.

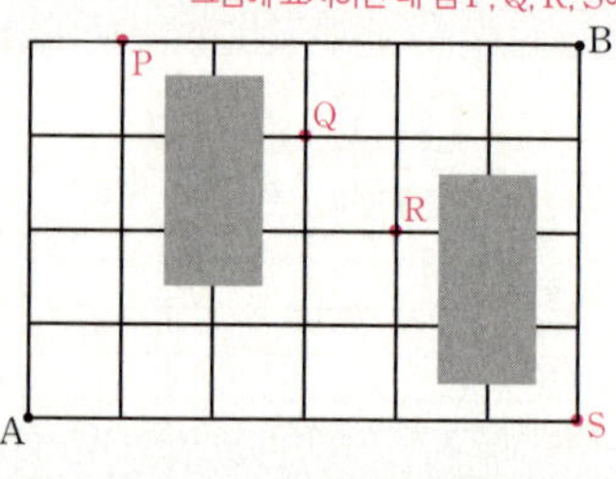

1st 장애물을 피해 A 지점에서 B 지점으로 도로를 따라 최단거리로 이동하려면 반드시 지나야 하는 점을 생각해 보자.

장애물을 피해 A 지점에서 B 지점으로 이동할 때, 그림과 같이 4개의 점 P, Q, R, S를 지나는 경우 각각의 경로가 겹치지 않는다.

그림과 같이 4개의 점 P, Q, R, S에 대하여 최단거리로 이동하는 모든 경로는 서로 겹치지 않고 반드시 네 점 중에서 하나의 점을 지나게 돼.

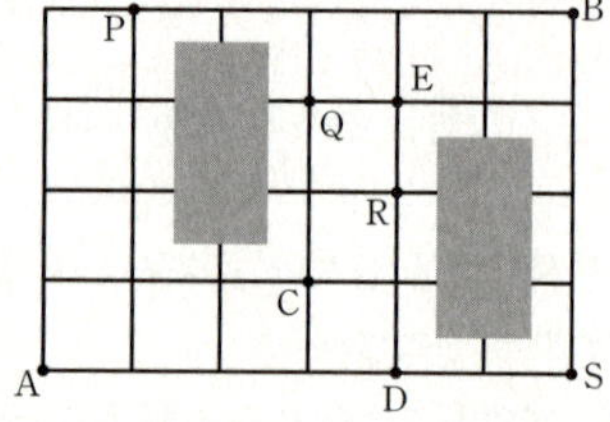

(i) 점 P를 지나는 경우

A→P의 경로는 $\frac{5!}{4!1!}=5$(가지), P→B의 경로는 1가지

따라서 A→P→B의 경로는 $5\times1=5$(가지)

(ii) 점 Q를 지나는 경우 (이 경우 반드시 점 C를 지난다.)

A→C의 경로는 $\frac{4!}{3!1!}=4$(가지)

C→Q의 경로는 1가지

Q→B의 경로는 $\frac{4!}{3!1!}=4$(가지)

따라서 A→Q→B의 경로는 $4\times1\times4=16$(가지)

(iii) 점 R를 지나는 경우 (이 경우 반드시 점 E를 지난다.)

A→R의 경로는 A→C→R 또는 A→D→R이다.

A→C→R의 경로는 $\frac{4!}{3!1!}\times\frac{2!}{1!1!}=8$(가지)

A→D→R의 경로는 $1\times1=1$(가지)이므로

A→R의 경로는 $8+1=9$(가지)

R→E의 경로는 1가지

E→B의 경로는 $\frac{3!}{1!2!}=3$(가지)

따라서 A→R→B의 경로는 $9\times1\times3=27$(가지)

(iv) 점 S를 지나는 경우

A→S의 경로는 1가지, S→B의 경로는 1가지

따라서 A→S→B의 경로는 $1\times1=1$(가지)

(i)~(iv)에 의하여 구하는 전체 경우의 수는

$5+16+27+1=49$

G 19 정답 40 *도로망에서 최단 경로 [정답률 37%]

(**정답 공식**: 최단 경로의 개수는 가로의 개수가 p, 세로의 개수가 q일 때, $\frac{n!}{p!q!}$이다. (단, $p+q=n$))

그림과 같이 인접한 교차로 사이의 거리가 모두 1인 바둑판 모양의 도로가 있다. A지점에서 B지점까지의 최단 경로 중에서 가로 또는 세로의 길이가 3 이상인 직선 구간을 포함하는 경로의 개수를 구하시오. (5점)

단서1 최단 경로는 가로 (—) 5개와 세로 (|) 3개를 일렬로 나열하는 경우이므로 같은 것이 있는 순열이야. 따라서 전체 경로의 수는 $\frac{8!}{5!3!}=56$

단서2 세로 3개가 연달아 있든가 가로 3개 또는 4개, 5개가 연달아 있는 경우의 수를 구하는 것과 같아.

B

A

1st 문제를 간단히 풀기 위한 접근법을 생각하자.

A에서 B로 가는 최단 경로 중 가로 또는 세로의 길이가 3 이상인 직선 구간을 포함하는 경로는 가로의 길이가 3, 4, 5, 세로의 길이가 3인 경우를 각각 구하면 되지만 복잡하므로 여사건으로 간단히 구하자.

합정 문제에서 주어진 경우의 수를 직접 구하면 굉장히 복잡해. 경우의 수 문제는 꼭 여사건을 고려해보고 더 간단한 것으로 계산해.

이때, 여사건은 가로 또는 세로의 길이가 최대 2가 되는 경우이다.

2nd 가로나 세로의 길이가 3 이상이 되지 않도록 경우를 나누어 여사건의 경우의 수를 구하자.

세로의 길이를 a, 가로의 길이를 b라 하면 A에서 B로 가는 최단 경로 중에서 a가 1번 또는 2번, b가 1번 또는 2번인 경우를 구하자.

가로 또는 세로의 길이가 3 이상이 나오면 안되므로 가로 또는 세로의 길이가 1 또는 2가 나와야 하지?

(i) $\vee a\vee a\vee a\vee$인 경우

서로 다른 $\vee$ 네 곳에 bb, b, b, b를 넣는 방법은

서로 다른 $\vee$ 네 곳 중에서 bb의 위치를 정하면, 나머지 자리에는 b를 넣으면 돼. 즉, bb가 들어갈 위치에 따라 결정되므로 4가지야.

$\frac{4!}{3!}=4$

(ii) $a\vee a\vee a\vee$인 경우

서로 다른 $\vee$ 세 곳에 bb, bb, b를 넣는 방법은

bb가 2개, b가 1개로 3개 중 2개가 같은 것이 있는 순열로 풀면 돼.

$\frac{3!}{2!}=3$

$\vee a\vee a\vee a$인 경우도 마찬가지이므로

$3\times2=6$

(iii) $\vee aa\vee a\vee$인 경우

서로 다른 $\vee$ 세 곳에 bb, bb, b를 넣는 방법은

$\frac{3!}{2!}=3$

$\vee a\vee aa\vee$인 경우도 마찬가지이므로

$3\times2=6$

전체 경우의 수는 a를 3개, b를 5개 나열하는 경우의 수로

$\frac{8!}{3!5!}=56$

(i)~(iii)에 의하여 구하는 경우의 수는

$56-(4+6+6)=40$

G 20 정답 90 *도로망에서 최단 경로 [정답률 67%]

(**정답 공식**: 상, 하, 좌, 우 각 방향을 조합하는 방법의 수를 구한다.)

좌표평면 위에서 상하 또는 좌우방향으로 한 번에 1만큼씩 움직이는 점 P가 있다. 이때, 원점을 출발한 점 P가 6번 움직여서 최종 위치가 점 A(1, 3)이 되는 경우의 수를 구하시오. (4점)

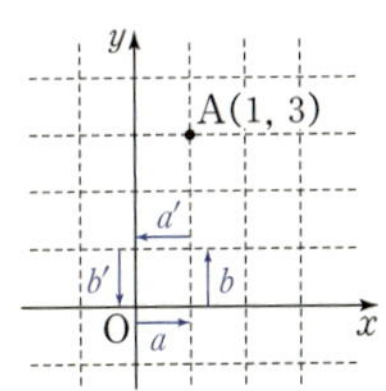

단서 원점에서 점 A까지 가는 최단 경로를 생각하면 오른쪽 1칸, 위쪽 3칸이므로 4번 움직이는거지? 그럼 2번 더 움직이는 방법을 생각해야겠네.

1st 각각의 경우를 모두 생각해.

y A(1, 3) a′ b′ b O a x

원점에서 점 A(1, 3)까지 최단거리로 움직이는 경우는 위쪽 방향으로 3칸, 오른쪽 방향으로 1칸 움직여야 한다. ⇐ 점 P가 원점을 출발한 후 4번 이동

그런데 6번 움직여야 하므로 왼쪽으로 1칸 또는 아래쪽으로 1칸을 반드시 움직인 후 오른쪽 또는 위쪽으로 옮겨가야 한다. 점 O에서 점 A로 향하는 방향과 반대가 되도록

이때, 오른쪽, 왼쪽으로 1칸 움직이는 경우를 각각 a, a', 위쪽, 아래쪽으로 1칸 움직이는 경우를 각각 b, b'이라 하자.

2nd 같은 것을 포함하는 순열을 이용해.

점 P가 원점에서 점 A(1, 3)으로 움직이는 경우는 다음과 같이 나눠서 구할 수 있다.

(i) a를 2개, a'을 1개, b를 3개 나열하는 경우

$$(\text{경우의 수})=\frac{6!}{2!1!3!}=\frac{6\times5\times4}{2\times1}=60$$

(ii) a를 1개, b'을 1개, b를 4개 나열하는 경우

$$(\text{경우의 수})=\frac{6!}{1!1!4!}=6\times5=30$$

(i), (ii)에 의하여 구하는 경우의 수는 $60+30=90$

[합의 법칙] 동시에 일어나지 않는 두 사건

G 21 정답 84 *도로망에서 최단 경로 [정답률 61%]

(**정답 공식**: 지나지 않는 지점과 연결된 도로망을 지운다. A에 가까운 교차점부터 최단거리의 경우의 수를 구해본다.)

그림과 같은 직선 도로망이 있다. 5개의 지점 P, Q, R, S, T 중 어느 한 지점도 지나지 않고 A 지점에서 B 지점까지 최단거리로 갈 수 있는 모든 경로의 수를 구하시오. (4점)

단서 다섯 지점을 지나지 않고, 꼭 지나야 하는 곳을 그림에 표시하자.

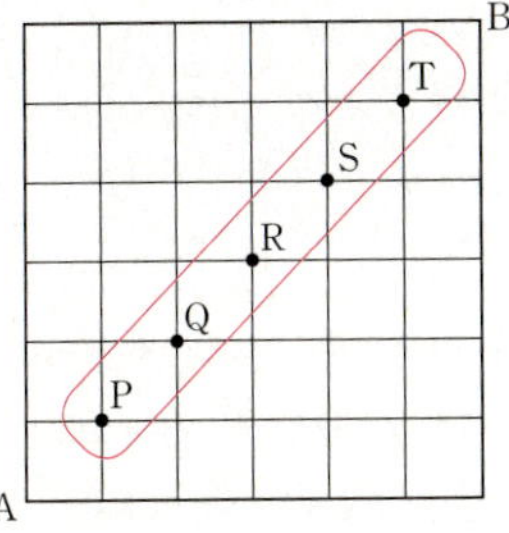

1st 지점 P, Q, R, S, T 중 어느 한 지점도 지나지 않고 A 지점에서 B 지점까지 가려면 어떻게 가야하는지 생각해 보자.

조건을 만족하면서 A에서 B까지 최단거리로 가려면 그림에서 어두운 부분을 지나면 돼.

꼭 지나야 하는 지점을 X, Y, Z라 하고 각각의 경우를 생각해 주자.

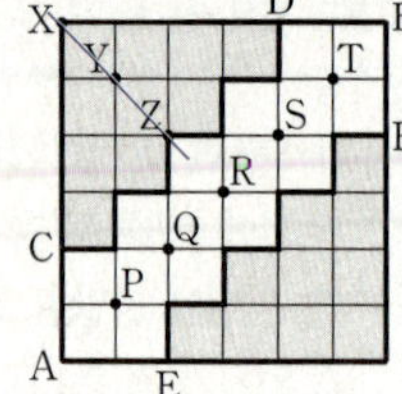

2nd 각 경우에 맞게 최단 경로의 수를 구하자.

그림에서 C에서 D까지 최단거리의 경로의 수는

(i) $A \to C \to X \to D \to B$: 1

(ii) $A \to C \to Y \to D \to B$:

$1 \times \frac{4!}{3!} \times \frac{4!}{3!} \times 1 = 16$

(iii) $A \to C \to Z \to D \to B$:

$C \to Q \to Z$, $Z \to S \to D$인 경우를 제외해야 하므로

$1 \times \left(\frac{4!}{2!2!} - 1\right) \times \left(\frac{4!}{2!2!} - 1\right) \times 1 = 25$

(i)~(iii)에 의하여 C에서 D까지 최단거리로 갈 수 있는 경로의 수는

$1 + 16 + 25 = 42$

마찬가지로 E에서 F까지 최단거리로 가는 경로의 수도 42이다.
대칭되므로 같은 경우의 수를 가지지.

따라서 구하는 최단거리로 가는 경로의 수는 $42 + 42 = 84$

쉬운 풀이

경로의 합을 이용하여 구할 수 있어.

따라서 구하는 최단거리로 가는 경로의 수는

$42 \times 2 = 84$야.

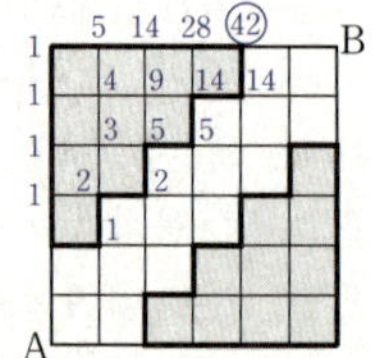

최단 경로의 개수

개념·공식

A에서 B까지 가로 방향의 칸의 수가 m개, 세로 방향의 칸의 수가 n개일 때, 같은 것이 m개, n개 있는 순열의 수로

$\frac{(m+n)!}{m!n!}$

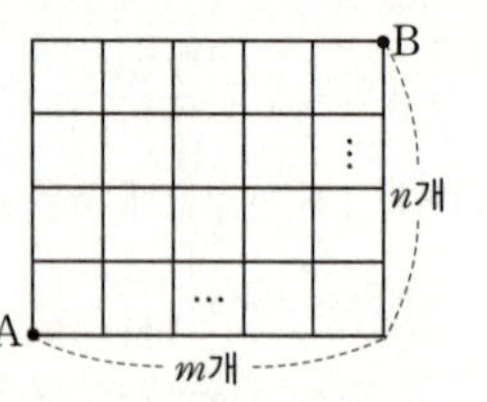

G 22 정답 100 *도로망에서 최단 경로 [정답률 35%]

(정답 공식: 각 점들을 이어 익숙한 최단 경로 문제로 바꾼다.)

직사각형 모양의 잔디밭에 산책로가 만들어져 있다. 이 산책로는 그림과 같이 반지름의 길이가 같은 원 15개가 서로 외접하고 있는 형태이다. **단서1** 직선 도로가 아니라 좀 당황했지? 하지만 마름모 모양의 도로를 생각할 수 있을 거야.

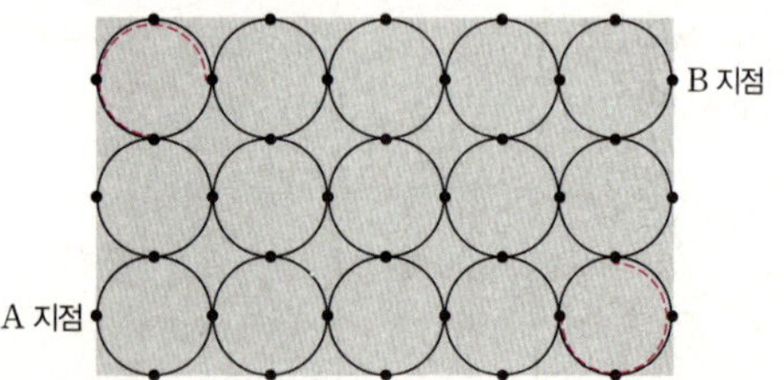

단서2 A에서 B로 가는 최단 경로이므로 그림의 빨간 부분은 제외시킬 수 있겠지?

A지점에서 출발하여 산책로를 따라 최단거리로 B지점에 도착하는 경우의 수를 구하시오. (단, 원 위에 표시된 점은 원과 직사각형 또는 원과 원의 접점을 나타낸다.) (4점)

1st 원을 이용하여 현혹시킨 문제이므로 마름모가 연결된 모습을 그려 보자.

함정 평소 풀던 문제와 다르다고 당황할 필요 없어. 익숙한 형태로 바꿔보자.

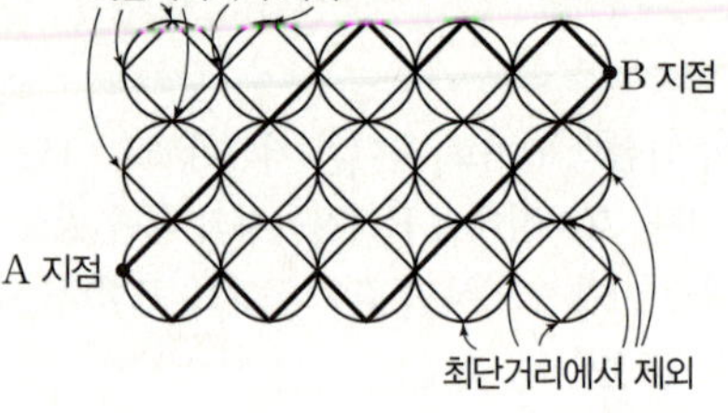

최단거리에서 제외된 부분은 빼고 연결한 도형을 살짝 회전하면 아래와 같이 익숙한 경로 문제로 바뀌게 된다.

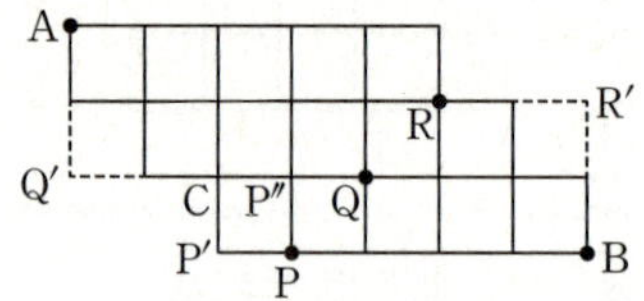

2nd 같은 것이 있는 순열을 이용하여 경우의 수를 구하자.

A에서 B로 가기 위해서는 점 P, Q, R를 반드시 지나야 한다.

(i) $A \to R \to B$의 경로

$\frac{6!}{5!} \times \left(\frac{4!}{2!2!} - 1\right) = 6 \times 5 = 30$

→ $R \to B$의 경로 중에서 $R \to R' \to B$의 경로를 빼.

(ii) $A \to Q \to B$의 경로

$\left(\frac{6!}{4!2!} - 1\right) \times \frac{4!}{3!1!} = 14 \times 4 = 56$

→ $A \to Q$의 경로 중에서 $A \to Q' \to Q$의 경로를 빼.

(iii) $A \to P \to B$의 경로

$A \to P$ 경로는 $A \to P'' \to P$와 $A \to P' \to P$가 가능하다.

이때 $A \to P' \to P$는 점 C를 지나야 하므로 $A \to C \to P' \to P$이다.

$A \to P'' \to P$는 $\left(\frac{5!}{3!2!} - 1\right) \times 1 = 9$이고

→ $A \to P''$ 중 $A \to Q' \to P''$를 빼.

$A \to C \to P' \to P$는 $\left(\frac{4!}{2!2!} - 1\right) \times 1 = 5$이므로

→ $A \to C$ 중 $A \to Q' \to C$를 빼.

$A \to P$는 $9 + 5 = 14$이고 $P \to B$는 1가지이므로

$A \to P \to B$는 $14 \times 1 = 14$

(i)~(iii)에 의하여

$30 + 56 + 14 = 100$

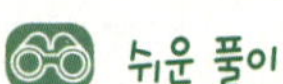
쉬운 풀이

점들을 각각 연결하여 익숙한 사각형의 최단거리 문제로 바꾸어 보자.

원의 각 점들을 연결하여 산책로를 그리면 다음 그림과 같아.

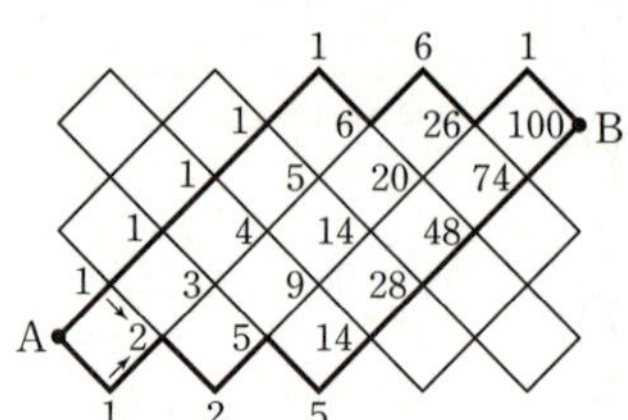

위 그림에서 교차점의 숫자는 ↘와 ↗의 숫자를 더한 값이야.

목적지까지 숫자를 더하여 나온 값이 구하는 최단거리에 도달하는 경우의 수야. 교차점에서 각 경우를 일일이 세면 그림과 같게 돼.

따라서 구하는 경우의 수는 100이야.

G 23 정답 ④ *도로망에서 최단 경로 [정답률 35%]

정답 공식: $\overline{PQ}$를 기준으로 아래 부분을 대칭시킨다. C의 대칭점을 C′이라 하면 구하려는 경우의 수는 A에서 C′으로 가는 최단 경로의 수와 같다.

철수가 자동차로 그림과 같은 바둑판 모양의 도로를 따라 A지점에서 약속 장소인 B지점까지 최단거리로 가는 도중에, 도로 PQ 위에서 약속 장소가 C지점으로 변경되었다는 연락을 받고 곧바로 C지점을 향하여 도로를 따라 최단거리로 이동하였다. 이때, 철수가 A지점에서 출발하여 C지점까지 최단거리로 이동하는 경로의 수는? (단, 연락 받은 위치가 달라도 이동 경로가 같으면 동일한 경우로 간주한다.) (4점)

단서 A에서 B방향으로 가다가 도로 PQ 위의 한 점에서 다시 C로 가야 해.

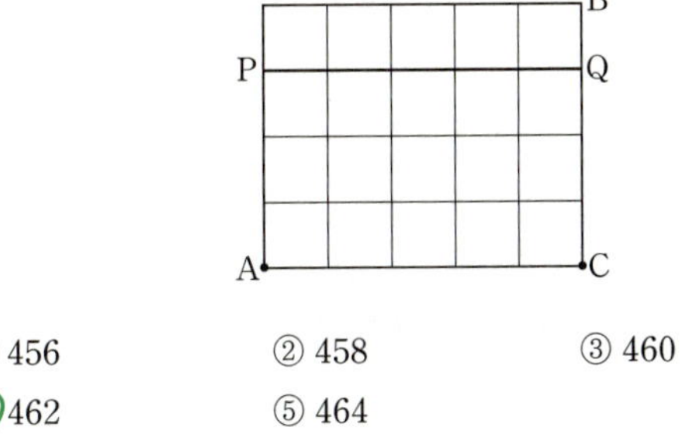

① 456 ② 458 ③ 460 ④ 462 ⑤ 464

1st C지점의 도로 PQ에 대한 대칭점 C′을 생각하여 A에서 C′으로 가는 최단 경로의 수를 구하자.

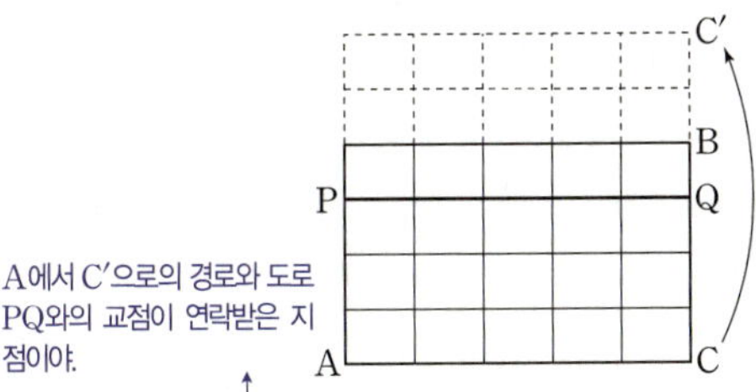

주어진 도형을 $\overline{PQ}$를 기준으로 A를 포함하는 부분을 대칭시키면 구하는 경우의 수는 그림에서 A에서 C′으로 가는 경우의 수와 같다.

$\therefore \dfrac{11!}{5!6!}=462$(가지)

[다른 풀이]

연락받은 위치를 그림과 같이 $P_1(=P)$, P_2, P_3, P_4, P_5, $P_6(=Q)$라고 하면 중복되지 않게 각 점에서 C로 가는 최단거리로 이동하는 경로의 수를 각각 구하여 더하자.

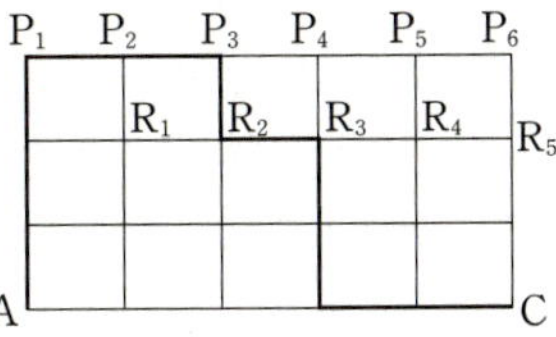

(i) $A \to P_1 \to C$: $1\times\dfrac{8!}{5!3!}=56$(가지)

(ii) $A \to P_2 \to C$: 여기서 $A \to P_1 \to P_2 \to C$인 경우가 (i)에서 구한 경로와 겹치므로

$A \to R_1 \to P_2 \to C$: $\dfrac{3!}{2!1!}\times1\times\dfrac{7!}{3!4!}=105$(가지)

(iii) $A \to P_3 \to C$: 겹치는 경우를 제외해야 하므로

$A \to R_2 \to P_3 \to C$: $\dfrac{4!}{2!2!}\times1\times\dfrac{6!}{3!3!}=120$(가지)

(iv) $A \to P_4 \to C$: 겹치는 경우를 제외해야 하므로

$A \to R_3 \to P_4 \to C$: $\dfrac{5!}{2!3!}\times1\times\dfrac{5!}{2!3!}=100$(가지)

(v) $A \to P_5 \to C$: 겹치는 경우를 제외해야 하므로

$A \to R_4 \to P_5 \to C$: $\dfrac{6!}{4!2!}\times1\times\dfrac{4!}{3!1!}=60$(가지)

(vi) $A \to P_6 \to C$: 겹치는 경우를 제외해야 하므로

$A \to R_5 \to P_6 \to C$: $\dfrac{7!}{5!2!}\times1\times1=21$(가지)

따라서 (i)~(vi)의 경우를 모두 더하면

$56+105+120+100+60+21=462$

G 24 정답 ③ *도로망에서 최단 경로 [정답률 27%]

정답 공식: 맨 처음 4가지 방향으로 출발할 수 있다. 이후, 매번 이동할 때마다 직진/좌회전/우회전 3가지의 선택지가 존재한다. 이때, 원점으로 돌아가는 경우를 빼야 한다.

그림과 같이 이웃한 두 교차로 사이의 거리가 모두 1인 바둑판 모양의 도로망이 있다. 로봇이 한 번 움직일 때마다 길을 따라 거리 ❶1만큼씩 이동한다. 로봇은 길을 따라 어느 방향으로도 움직일 수 있지만, ❷한 번 통과한 지점을 다시 지나지는 않는다. 이 로봇이 ❸지점 O에서 출발하여 4번 움직일 때, 가능한 모든 경로의 수는? (단, 출발점과 도착점은 일치하지 않는다.) (4점)

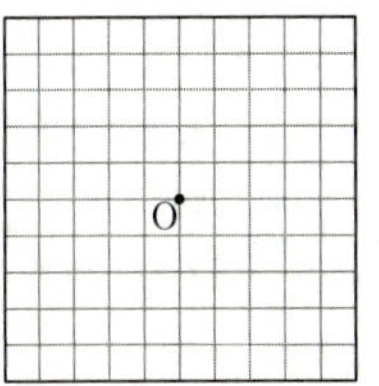

① 88 ② 96 ③ 100 ④ 104 ⑤ 112

단서 좌우, 상하로 움직일 수 있지? ❶, ❷로 각각이 진행될 수 있는 점을 지정하여 제1사분면 위에서 생각해보고 다른 곳으로 확장시켜보자.
이때, ❸에 의하여 좌우, 상하가 반복하여 이동할 수 없다는 것을 주의하자.

1st x축의 양의 방향과 제1사분면 위에서 로봇이 4번만에 갈 수 있는 곳을 정해서 경우를 따져주자.

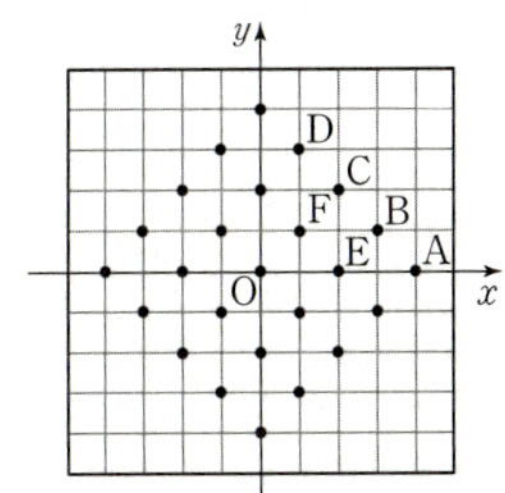

그림과 같이 점 O를 원점으로 하는 좌표평면 위에 길을 옮겨 놓고, A, B, C, D, E, F를 도착점으로 하는 경우의 수를 구한 후에 대칭성을 이용하자.

(i) $O \to A$: 1(가지)

(ii) $O \to B$: $\dfrac{4!}{3!}=4$(가지) ⇐ 가로 3칸, 세로 1칸

(iii) $O \to C$: $\dfrac{4!}{2!2!}=6$(가지) ⇐ 가로 2칸, 세로 2칸

(iv) $O \to D$: $\dfrac{4!}{3!}=4$(가지) ⇐ 가로 1칸, 세로 3칸

(v) $O \to E$: [그림 1]과 같이 OabcE, OdbcE, OabdE, OfghE, OdghE, OfgdE의 6가지

(vi) $O \to F$: [그림 2]와 같이 4가지

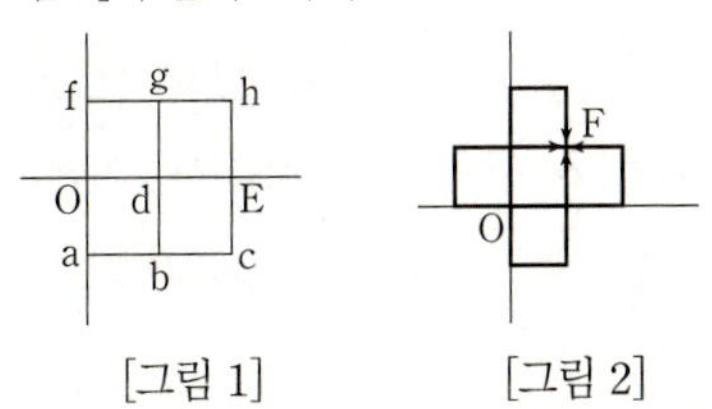

[그림 1] [그림 2]

2nd 도착점이 다른 사분면과 축 위에서 생길 수 있는 경우를 생각하자.

따라서 구하는 경우의 수는

④×(1+4+6+4+6+4)=100

대칭성에 의하여 x축의 양의 방향과 제1사분면 위의 도착점이라는 개념이 y축의 양의 방향과 제2사분면, x축의 음의 방향과 제3사분면, y축의 음의 방향과 제4사분면 위에서도 적용돼.

[다른 풀이]

한 번 통과한 길은 지나지 않으므로 →와 ←, ↑와 ↓가 연속되어 오면 안 돼. 처음 움직일 때, →, ←, ↓, ↑ 방향 모두 선택할 수 있으므로 4가지이고, 두 번째 움직일 때는 방금 왔던 길을 되돌아 가지 않도록 처음 선택한 것과 반대 방향인 것만 제외하면 되므로 3가지야. 좌⇄우, 상⇄하

세 번째, 네 번째 모두 두 번째와 같으므로 각각 3가지야.

따라서 4번의 선택에서 나오는 경우의 수는

$4\times3\times3\times3=108$이야.

108가지 중 →, ↑, ←, ↓ 또는 ←, ↑, →, ↓의 경우는 출발점, 도착점이 같고 바둑판 모양 한 칸에서 2가지씩 존재해. (각각의 사분면 위에서 발생하지.) (출발점)=(도착점)이면 경로가 아니야.

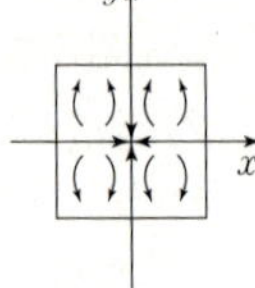

즉, 2×④=8(가지)은 원점으로 돌아오게 돼.

따라서 가능한 모든 경로의 수는

$108-8=100$

G 25 정답 ④ *중복조합의 활용 [정답률 60%]

(정답 공식: 볼펜, 연필, 지우개의 개수를 각각 x, y, z라고 하면 $x+y+z=9$이고, $0\le x, y, z\le7$이다. 방정식을 만족하는 음이 아닌 정수해의 순서쌍의 개수에서 8이나 9를 해로 갖는 순서쌍의 개수를 뺀다.)

같은 종류의 볼펜 7개, 같은 종류의 연필 7개, 같은 종류의 지우개 7 개가 필통에 들어있다. 이 필통에서 9개를 동시에 꺼내는 경우의 수는? (단, 같은 종류끼리는 서로 구별하지 않는다.) (3점)

① 34 ② 38 ③ 42 ④ 46 ⑤ 50

단서 볼펜, 연필, 지우개 중에서 같은 종류가 여러 개 포함되도 되고 하나도 포함이 안 되더라도 그 합이 9개이면 돼.

1st 같은 종류이므로 같은 문자라고 바꾸어 생각해 보자.

볼펜의 개수를 x, 연필의 개수를 y, 지우개의 개수를 z개라 하면

볼펜을 x, 연필을 y, 지우개를 z라 하면 $xxxxxxx$, $yyyyyyy$, $zzzzzzz$가 있고 이중에서 9개의 문자를 택한다고 생각할 수 있겠지.

$x+y+z=9$

(단, $0\le x\le7$, $0\le y\le7$, $0\le z\le7$)

를 만족하는 음이 아닌 정수해의 순서쌍 (x, y, z)의 개수를 구하면 된다.

먼저, 방정식 $x+y+z=9$를 만족하는 음이 아닌 정수해의 순서쌍 (x, y, z)의 개수는

$${}_3\mathrm{H}_9={}_{3+9-1}\mathrm{C}_9={}_{11}\mathrm{C}_9={}_{11}\mathrm{C}_2=\frac{11\times10}{2}=55$$

이 중에서 8, 9를 해로 갖는 순서쌍은

(8, 1, 0), (8, 0, 1), (1, 8, 0), (1, 0, 8), (0, 1, 8), (0, 8, 1), (9, 0, 0), (0, 9, 0), (0, 0, 9)

이므로 그 개수는 9개이다.

따라서 구하는 경우의 수는 8, 9가 해가 아닌 경우의 수를 구하여야 하므로 $55-9=46$

${}_3\mathrm{H}_9$ 중에는 (9, 0, 0)같은 경우가 섞여 있고 볼펜, 연필, 지우개는 최대 7개이기 때문에 8, 9가 포함되어 있는 순서쌍은 제외시켜야 해.

주의 정수해의 개수를 구할 때 중복조합을 이용하는 경우 해의 조건을 잘 살펴봐야 해.

G 26 정답 84 *중복조합의 활용 [정답률 55%]

(정답 공식: 7개의 원판을 중복을 허용하여 3개를 뽑으면, 쌓는 방법은 한 가지다.)

반지름의 길이가 서로 다른 일곱 종류의 원판이 각각 3개씩 21개가 있다. 원판을 다음과 같은 규칙으로 쌓으려고 한다. (한 종류를 최대 3개까지 선택 가능)

(가) 원판 3개를 택하여 원판의 중심이 일치하도록 쌓는다.
(나) 반지름의 길이가 작은 원판은 반지름의 길이가 큰 원판 위에 쌓는다.
(다) 반지름의 길이가 같은 원판은 구별하지 않으면서 쌓는다.

그림은 반지름의 길이가 같은 두 개의 원판과 반지름의 길이가 작은 한 개의 원판을 규칙에 따라 쌓은 예이다.

단서 이런 유형의 문제는 조건을 보고 조건의 의미를 파악해야 해. 즉, (나), (다)에서는 원판을 쌓는 순서를 말하고 있네. 문제에서 순서가 정해지면 우리는 쌓는 순서에 상관없이 3개의 원판을 선택하면 되겠네.

이와 같이 3개의 원판을 선택하면 쌓는 순서는 정해지지?

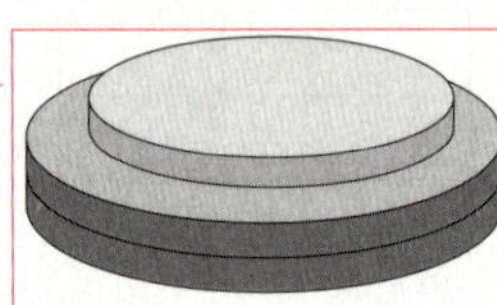

이와 같이 쌓는 방법의 수를 구하시오. (4점)

1st 같은 것이 3개씩 있고 그림과 같이 그 중에서 3개를 택하는 것이므로 중복을 생각해야 해.

쌓는 순서가 정해져 있으므로 21개의 원판 중 3개의 원판을 택하면 그 3개의 원판을 쌓는 방법은 자동으로 정해지므로 1가지밖에 없다. (조건 (나), (다)에서 제시)

따라서 구하는 방법의 수는 서로 다른 7개에서 중복을 허락하여 3개를 택하는 중복조합의 수와 같다.

$$\therefore {}_7\mathrm{H}_3={}_{7+3-1}\mathrm{C}_3={}_9\mathrm{C}_3=\frac{9\times8\times7}{3\times2\times1}=84(\text{가지})$$

실수 복잡한 것 같지만 중복조합을 이용하면 쉽게 풀려. 중복조합을 사용할 수 있는지 판단할 수 있도록 연습해야 해.

[다른 풀이]

뽑은 3개의 원판 중 크기가 같은 원판이 있는 경우와 없는 경우로 나누어 풀어 보자. 이때, 여섯 종류의 원판의 반지름의 길이를 1, 2, 3, 4, 5, 6, 7이라 하자.

(i) 선택된 3개의 원판의 크기가 모두 다른 경우

서로 다른 여섯 종류의 원판 중 3종류의 원판을 각각 1개씩 선택하고 선택된 3개의 원판을 쌓는 방법은 1가지이므로

${}_7\mathrm{C}_3\times$①$=35$(가지) (①: 쌓는 방법의 수)

(ii) 선택된 3개의 원판 중 2개는 같은 종류, 1개는 다른 종류의 원판인 경우 같은 종류의 원판 2개를 선택하는 경우는 (1, 1), (2, 2), (3, 3), …, (6, 6), (7, 7)로 7가지이고 (반지름의 길이로 같은 경우를 표현) 이 각각에 크기가 다른 원판 1개를 선택하는 경우는 6가지가 (7 종류 중 1 종류 제외) 있으므로 같은 종류의 원판 2개와 다른 종류의 원판 1개를 선택하는 방법은 $7\times6=42$(가지)

물론 이때도 쌓는 방법은 1가지이므로 $42\times1=42$(가지)

(iii) 3개가 모두 같은 종류의 원판인 경우

(1, 1, 1), (2, 2, 2), (3, 3, 3), …, (6, 6, 6), (7, 7, 7)로 7가지 (반지름의 길이로 같은 경우를 표현)

이고 각 경우마다 쌓는 방법은 1가지이므로

$7\times1=7$(가지)

(i)~(iii)에 의하여 구하는 방법의 수는

$35+42+7=84$

G 27 정답 ② *중복조합의 활용 [정답률 55%]

(정답 공식: 탁구공 7개를 서로 다른 상자 A, B, C에 남김없이 넣기 위한 경우를 구하고, 중복조합 $_{n}H_{r}={}_{n+r-1}C_{r}$를 이용한다.)

흰색 탁구공 3개와 주황색 탁구공 4개를 서로 다른 3개의 비어 있는 상자 A, B, C에 남김없이 넣으려고 할 때, 다음 조건을 만족시키도록 넣는 경우의 수는? (단, 탁구공을 하나도 넣지 않은 상자가 있을 수 있다.) (4점)

단서1 상자 A에 들어갈 수 있는 흰 공의 개수는 1 또는 2 또는 3이므로 각각의 경우로 나눌 수 있어.

(가) 상자 A에는 흰색 탁구공을 1개 이상 넣는다.

(나) 흰색 탁구공만 들어 있는 상자는 없도록 넣는다.

단서2 흰색 공이 있는 상자는 적어도 한 개의 주황색 공이 있어야 해.

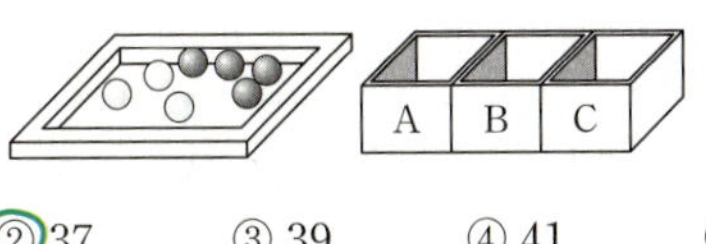

① 35 ② 37 ③ 39 ④ 41 ⑤ 43

1st 흰색 탁구공을 상자에 넣은 후 중복조합을 이용하여 주황색 공을 넣는 방법을 각 경우별로 구하자.

상자 A, B, C에 흰색 탁구공을 넣는 방법을 다음과 같이 생각할 수 있다.

(i) 상자 A, B, C에 각각 흰색 탁구공 1개씩 넣는 경우

조건 (나)에 의하여 주황색 탁구공 3개를 상자 A, B, C에 하나씩 넣고

흰색 탁구공만 들어 있는 상자가 없어야 하므로 흰색 탁구공이 들어 있는 상자는 적어도 한 개의 주황색 공이 있어야 하지? 그래서 주황색 공을 1개씩 먼저 넣은 후에, 경우의 수를 따져주는 거야.

나머지 1개의 주황색 탁구공을 넣을 수 있는 경우의 수는 $_{3}C_{1}=3$

(ii) 상자 A에 1개의 흰색 탁구공을 넣고, 상자 B 또는 C에 나머지 흰색 탁구공 2개를 모두 넣는 경우

조건 (나)에 의하여 주황색 탁구공 2개를 흰색 탁구공이 있는 상자에 각각 1개씩 넣고 나머지 2개는 중복조합에 의하여

서로 다른 n개에서 중복을 허락하여 r개를 택하는 조합의 수는 $_{n}H_{r}={}_{n+r-1}C_{r}$

상자 A, B, C 중에서 주황색 공 2개를 넣을 경우의 수이므로 $_{3}H_{2}$

$2\times{}_{3}H_{2}=2\times{}_{4}C_{2}=2\times6=12$

상자 B 또는 C에 2개의 흰색 탁구공을 넣을 경우 각각의 경우의 수가 $_{3}H_{2}$이므로 2를 곱해.

(iii) 상자 A에 2개의 흰색 탁구공을 넣고, 상자 B 또는 C에 나머지 흰색 탁구공 1개를 넣는 경우

조건 (나)에 의하여 주황색 탁구공 2개를 흰 공이 있는 상자에 각각 1개씩 넣고 나머지 2개는 중복조합에 의하여

$2\times{}_{3}H_{2}=2\times{}_{4}C_{2}=2\times6=12$

상자 A, B, C 중에서 주황색 공 2개를 넣을 경우의 수이므로 $_{3}H_{2}$

(iv) 상자 A에 3개의 흰색 탁구공을 넣는 경우

조건 (나)에 의하여 주황색 탁구공 1개를 상자 A에 넣고 나머지 3개의 공은 중복조합에 의하여

상자 A, B, C 중에서 주황색 공 3개를 넣을 경우의 수이므로 $_{3}H_{3}$

$_{3}H_{3}={}_{5}C_{3}=10$

$_{3}H_{3}={}_{3+3-1}C_{3}={}_{5}C_{3}={}_{5}C_{2}=\frac{5\times4}{2\times1}=10$

(i)~(iv)에 의하여 구하는 경우의 수는 $3+12+12+10=37$

G 28 정답 168 *중복조합의 활용 [정답률 42%]

(정답 공식: 서로 다른 n개에서 중복을 허용하여 r개를 택하는 중복조합의 수는 $_{n}H_{r}={}_{n+r-1}C_{r}$)

단서1 단서2에 의하여 흰 공의 수가 적기 때문에 경우를 나누게 되면 흰 공을 기준으로 해.

흰 공 4개와 검은 공 6개를 세 상자 A, B, C에 남김없이 나누어 넣을 때, 각 상자에 공이 2개 이상씩 들어가도록 나누어 넣는 경우의 수를 구하시오. (단, 같은 색 공끼리는 서로 구별하지 않는다.) (4점)

단서2 각 상자마다 2개의 공이 담겨있지 않는 상자에 먼저 공을 넣은 후 나머지는 중복조합을 이용하면 경우의 수를 구할 수 있어.

1st 상황을 확인하자.

서로 구별되지 않는 흰 공 4개와 서로 구별되지 않는 검은 공 6개를 서로 다른 세 상자 A, B, C에 남김없이 나누어 넣을 때, 각 상자에 공이 2개 이상씩 들어가도록 하기 위해 그 개수가 적은 흰 공 4개를 먼저 나누어 주는 각 경우를 생각하자.

2nd 경우의 수를 구하자.

(i) 흰 공 4개를 한 상자에 전부 넣는 경우

흰 공을 넣을 상자를 정하는 경우의 수는 $_{3}C_{1}=3$이다.

흰 공을 넣지 못한 나머지 두 상자에 검은 공을 2개씩 넣으면 되므로

검은 공끼리 서로 구별이 되지 않기 때문에 이렇게 먼저 일부 검은 공을 넣어준 뒤 나머지 검은 공을 넣어줘도 중복되는 경우가 발생하지 않아. 이제 조건을 만족시키도록 표로 나타내면 다음과 같겠지? 이제 검은색 공 2개를 세 상자에 나누어 넣는 경우의 수를 구하면 돼.

A	B	C
○○○○	×	×
	●●	●●
4	2	2

서로 다른 세 상자에 나머지 검은 공 2개를 넣는 경우의 수는

$_{3}H_{2}={}_{3+2-1}C_{2}={}_{4}C_{2}=\frac{4\times3}{2\times1}=6$이다.

따라서 구하는 경우의 수 $3\times6=18$이다.

(ii) 흰 공을 3개, 1개로 나누어 두 상자에 넣는 경우

흰 공을 넣을 상자를 정하는 경우의 수는 $_{3}C_{1}\times{}_{2}C_{1}=6$이다.

흰 공을 2개 이상 넣지 못한 나머지 두 상자에 검은 공을 1개, 2개 넣으면 되므로

세 상자에 검은색 공 3개를 나누어 넣는 경우의 수를 구하면 돼.

A	B	C
○○○	○	×
	●	●●
3	2	2

서로 다른 세 상자에 나머지 검은 공 3개를 넣는 경우의 수는

$_{3}H_{3}={}_{3+3-1}C_{3}={}_{5}C_{3}={}_{5}C_{2}=\frac{5\times4}{2\times1}=10$

따라서 구하는 경우의 수는 $6\times10=60$이다.

(iii) 흰 공을 2개, 1개, 1개로 나누어 세 상자에 넣는 경우

흰 공을 넣을 상자를 정하는 경우의 수는 $_{3}C_{1}=3$이다.

세 상자 중 흰 공을 2개 넣을 상자만 선택하면 나머지 상자에는 흰 공을 각각 1개씩 넣으면 돼.

흰 공을 1개씩 넣은 두 상자에 검은 공을 1개씩 넣으면 되므로

세 상자에 검은색 공 4개를 나누어 넣는 경우의 수를 구하면 돼.

A	B	C
○○	○	○
	●	●
2	2	2

서로 다른 세 상자에 나머지 검은 공 4개를 넣는 경우의 수는

$_{3}H_{4}={}_{3+4-1}C_{4}={}_{6}C_{4}={}_{6}C_{2}=\frac{6\times5}{2\times1}=15$이다.

따라서 구하는 경우의 수는 $3\times15=45$이다.

(iv) 흰 공을 2개, 2개로 나누어 두 상자에 넣는 경우

흰 공을 넣을 상자를 정하는 경우의 수는 $_{3}C_{2}={}_{3}C_{1}=3$이다.

흰 공을 넣지 못한 나머지 상자에 검은 공을 2개 넣으면 되므로

세 상자에 검은색 공 4개를 나누어 넣는 경우의 수를 구하면 돼.

A	B	C
○○	○○	×
		●●
2	2	2

서로 다른 세 상자에 나머지 검은 공 4개를 넣는 경우의 수는

$_{3}H_{4}={}_{3+4-1}C_{4}={}_{6}C_{4}={}_{6}C_{2}=\frac{6\times5}{2\times1}=15$이다.

따라서 구하는 경우의 수는 $3\times15=45$이다.

3rd 위에서 구한 경우들을 합해 문제에서 묻는 답을 구하자.

(i)~(iv)에 의하여 구하는 경우의 수는

$18+60+45+45=168$이다.

중복조합의 정의와 수 (개념·공식)

① 중복조합 : 서로 다른 n개의 원소 중에서 중복을 허락하여 r개를 뽑는 경우의 수

② 중복조합의 수 : $_{n}H_{r}={}_{n+r-1}C_{r}$

G 29 정답 ① *중복조합의 활용 [정답률 55%]

(**정답 공식**: 서로 다른 n개에서 r개를 택하는 중복조합의 수는 ${}_nH_r={}_{n+r-1}C_r$)

다음 조건을 만족시키는 음이 아닌 정수 x_1, x_2, x_3, x_4의 모든 순서쌍 (x_1, x_2, x_3, x_4)의 개수는? (4점)

(가) $n=1, 2, 3$일 때, $x_{n+1}-x_n \ge 2$이다.
(나) $x_4 \le 12$ 단서 $n=1, 2, 3$을 각각 대입하여 주어진 조건을 더 확실하게 파악하자. 이를 이용하여 조건 (가), (나)를 이용해서 식을 정리해봐.

① 210 ② 220 ③ 230
④ 240 ⑤ 250

1st 조건 (가)와 (나)를 이용하여 식을 정리해 보자.

조건 (가)의 $x_{n+1}-x_n \ge 2$에서
$x_n \le x_{n+1}-2$
$n=1$일 때, $x_1 \le x_2-2$
$n=2$일 때, $x_2 \le x_3-2$ — $x_2 \le x_3-2$이므로 각 변에서 2를 빼면 $x_2-2 \le x_3-4$
$n=3$일 때, $x_3 \le x_4-2$ — $x_3 \le x_4-2$이므로 각 변에서 4를 빼면 $x_3-4 \le x_4-6$
$\therefore x_1 \le x_2-2 \le x_3-4 \le x_4-6$
한편, 조건 (나)의 $x_4 \le 12$에서 $x_4-6 \le 6$
$\therefore 0 \le x_1 \le x_2-2 \le x_3-4 \le x_4-6 \le 6$
이때, $x_2-2=x_2'$, $x_3-4=x_3'$, $x_4-4=x_4'$이라 하면
$0 \le x_1 \le x_2' \le x_3' \le x_4' \le 6$ … ㉠
등호가 있는 부등식이니까 중복되는 숫자가 나와도 된다는 거겠지? 중복조합의 수를 이용하자.

2nd 음이 아닌 정수 x_1, x_2', x_3', x_4'의 모든 순서쌍의 개수를 구해보자.

㉠을 만족시키는 순서쌍 (x_1, x_2', x_3', x_4')의 개수는 0, 1, 2, 3, 4, 5, 6의 7개 중에서 중복을 허락하여 4개를 택하는 중복조합의 수와 같으므로

${}_7H_4={}_{7+4-1}C_4$

$={}_{10}C_4=\dfrac{10\times9\times8\times7}{4\times3\times2\times1}=210$ — ${}_nC_r=\dfrac{n!}{(n-r)!r!}$

따라서 ㉠을 만족시키는 음이 아닌 정수 x_1, x_2', x_3', x_4'의 모든 순서쌍 (x_1, x_2', x_3', x_4')의 개수와 주어진 조건을 만족시키는 음이 아닌 정수 x_1, x_2, x_3, x_4의 모든 순서쌍 (x_1, x_2, x_3, x_4)의 개수가 같으므로 구하는 순서쌍의 개수는 210이다.

[다른 풀이]

$x_{n+1}-x_n=a_n\,(n=1, 2, 3)$이라 하고 식을 정리해 보자.
조건 (가)에서 $a_n \ge 2$이고
$(x_4-x_3)+(x_3-x_2)+(x_2-x_1)=x_4-x_1$이므로
$a_3+a_2+a_1=x_4-x_1$
$\therefore a_1+a_2+a_3=x_4-x_1$
이때, $x_1+a_1+a_2+a_3=x_4 \le 12$이므로 $12-x_4=a_4\,(a_4 \ge 0)$라 하면
$x_1+a_1+a_2+a_3+a_4=12$ … ㉡
(단, $a_1 \ge 2$, $a_2 \ge 2$, $a_3 \ge 2$, x_1, a_4는 음이 아닌 정수)
$a_1'=a_1-2 \ge 0$, $a_2'=a_2-2 \ge 0$, $a_3'=a_3-2 \ge 0$으로 치환하면 $x_1+(a_1'+2)+(a_2'+2)+(a_3'+2)+a_4=12$이므로 ㉡의 해와 방정식 $x_1+a_1'+a_2'+a_3'+a_4=6$의 음이 아닌 정수해의 개수 ${}_5H_6={}_{10}C_6={}_{10}C_4=210$과 같아. 즉, 순서쌍 $(x_1, a_1, a_2, a_3, a_4)$의 개수와 순서쌍 $(x_1, a_1', a_2', a_3', a_4)$의 개수가 같아.

㉡을 만족시키는 모든 순서쌍 $(x_1, a_1, a_2, a_3, a_4)$의 개수는
${}_5H_6={}_{5+6-1}C_6={}_{10}C_4$
$=\dfrac{10\times9\times8\times7}{4\times3\times2\times1}=210$

G 30 정답 285 *중복조합의 활용 [정답률 53%]

(**정답 공식**: 서로 다른 n개에서 중복을 허락하여 r개를 택하는 중복조합의 수는 ${}_nH_r={}_{n+r-1}C_r$)

세 명의 학생 A, B, C에게 같은 종류의 사탕 6개와 같은 종류의 초콜릿 5개를 다음 규칙에 따라 남김없이 나누어 주는 경우의 수를 구하시오. (4점)

단서 1 학생 A가 받은 사탕의 개수를 a라 하면 $a \ge 1$이야.

(가) 학생 A가 받는 사탕의 개수는 1 이상이다.
(나) 학생 B가 받는 초콜릿의 개수는 1 이상이다.
(다) 학생 C가 받는 사탕의 개수와 초콜릿의 개수의 합은 1 이상이다. 단서 3 학생 C가 받은 사탕과 초콜릿의 개수를 각각 c, z라 하면 전체 경우에서 $c=0$, $z=0$인 경우를 제외하면 돼.

단서 2 학생 B가 받은 초콜릿 개수를 y라 하면 $y \ge 1$이야.

1st 중복조합의 수를 이용하여 학생 A가 받는 사탕 개수가 1개 이상인 경우의 수를 구해.

세 학생이 받는 사탕의 개수를 각각 a, b, c라 하면
(i) $a \ge 1$인 경우 $a=a'+1$이라 하면
$a'+b+c=5\,(a' \ge 0,\ b \ge 0,\ c \ge 0)$ … ㉠
$a+b+c=6$에서 $a'+1+b+c=6$이므로 $a'+b+c=5$
이므로 중복조합에 의하여
${}_3H_5={}_7C_2=21\,(a' \ge 0,\ b \ge 0,\ c \ge 0)$
${}_3H_5={}_{3+5-1}C_5={}_7C_5=\dfrac{7!}{5!2!}=\dfrac{7\times6}{2}=21$

2nd 중복조합의 수를 이용하여 학생 B가 받는 초콜릿 개수가 1개 이상인 경우의 수를 구해.

세 학생이 받는 초콜릿 개수를 각각 x, y, z라 하면
(ii) $y \ge 1$인 경우 $y=y'+1$이라 하면
$x+y'+z=4\,(x \ge 0,\ y' \ge 0,\ z \ge 0)$ … ㉡
$x+y+z=5$에서 $x+y'+1+z=5$이므로 $x+y'+z=4$
이므로 중복조합의 수에 의하여
${}_3H_4={}_6C_4=15\,(x \ge 0,\ y' \ge 0,\ z \ge 0)$
${}_3H_4={}_{3+4-1}C_4={}_6C_4=\dfrac{6!}{4!2!}=\dfrac{6\times5}{2}=15$

3rd 학생 C가 사탕과 초콜릿을 하나도 받지 못하는 경우의 수를 구해.

(iii) (i)의 경우 중에서 $c=0$이고, (ii)의 경우 중에서 $z=0$인 경우
${}_2H_5\times{}_2H_4={}_6C_5\times{}_5C_4=30$ … ㉢
㉡에서 $z=0$인 경우 $x+y'=4$이므로 ${}_2H_4={}_5C_4={}_5C_1=5$
㉠에서 $c=0$인 경우 $a'+b=5$이므로 ${}_2H_5={}_6C_5={}_6C_1=6$

4th 구하고자 하는 경우의 수를 구해.

따라서 구하는 경우의 수는 (i)~(iii)에 의하여
(조건 (가), (나)를 만족시키는 경우) − (조건 (다)를 만족시키지 않는 경우)
$=((\text{i})\times(\text{ii})$의 경우의 수$)-((\text{iii})$의 경우의 수$)$
$=21\times15-30$
$=315-30=285$
조건 (가)와 조건 (나)를 동시에 만족시키는 경우의 수는 곱의 법칙을 이용하여 구해.
(가)∩(나), (다) — (가)와 (나)를 동시에 만족시키면서 (다)를 만족시키지 않는 경우는 제외하자.

방정식 $x_1+x_2+\cdots+x_n=r$의 정수해의 개수 개념·공식

① 음이 아닌 정수해의 개수 : ${}_nH_r$
② 양의 정수해의 개수 : ${}_nH_{r-n}$

G 31 정답 ③ *중복조합의 활용 [정답률 27%]

(정답 공식: 중복조합을 이용해 전체 경우의 수를 구하고, $n(A\cup B)=n(A)+n(B)-n(A\cap B)$와 여사건을 이용한다.)

다음 조건을 만족시키는 자연수 a, b, c, d의 모든 순서쌍 (a, b, c, d)의 개수는? (4점)

단서 여사건을 이용해! 즉, (가)를 만족시키는 전체 순서쌍의 개수에서 두 점이 서로 같은 경우와 $y=x^3$ 위에 있는 경우를 빼 주면 돼. 이때, 중복되는 경우는 모두 빼지 말고, 한 번만 빼야함에 특히 주의해야 해.

(가) $a+b+c+d=20$
(나) 좌표평면에서 두 점 (a, b), (c, d)는 서로 다른 점이며 두 점 중 어떠한 점도 $y=x^3$ 위에 있지 않다.

① 908 ② 909 ③ 910 ④ 911 ⑤ 912

1st 전체 경우의 수를 구하기 위하여 중복조합을 이용하여 조건 (가)를 만족시키는 경우의 수를 구하자.

자연수 a, b, c, d에 대하여 조건 (가)의 $a+b+c+d=20$을 만족시키는 전체 순서쌍의 개수는

$a=a'+1$, $b=b'+1$, $c=c'+1$, $d=d'+1$(a', b', c', d'은 음이 아닌 정수)라 하면

(a, b, c, d는 자연수이므로 중복조합을 이용하기 위해서는 음이 아닌 정수로 만들어야겠지?)

$(a'+1)+(b'+1)+(c'+1)+(d'+1)=20$에서

$a'+b'+c'+d'=16$을 만족시키는 음이 아닌 정수해의 개수와 같으므로

(방정식 $x_1+x_2+\cdots+x_n=r$에 대하여 음이 아닌 정수해 개수는 ${}_nH_r$)

${}_4H_{16}={}_{4+16-1}C_{16}={}_{19}C_{16}$

$={}_{19}C_3=969$ ⋯ ㉠

2nd 조건 (나)의 여사건의 경우의 수를 구하자.

주의 여사건의 경우의 수를 구하는 과정이 까다로워서 실수가 정말 나오기 쉬워. 조건 (나)의 여사건은 '두 점 (a, b), (c, d)가 같은 점이거나 두 점 중 하나라도 $y=x^3$ 위에 있는 경우'야. 그러니까 각각의 경우의 수와 동시에 만족시키는 경우의 수를 구하면 되지.

(i) 두 점 (a, b), (c, d)가 같은 경우

$a=c$, $b=d$이므로 조건 (가)에서

$a+b+c+d=a+b+a+b=20$

$2a+2b=20$

$\therefore a+b=10$

이 방정식의 자연수의 해의 개수는

(음이 아닌 정수 a', b'에 대하여 방정식 $a'+b'=10-2=8$의 해의 개수와 같아.)

${}_2H_8={}_{2+8-1}C_8={}_9C_8={}_9C_1=9$ (${}_nC_r={}_nC_{n-r}$)

(ii) 점 (a, b)가 직선 $y=x^3$ 위에 있는 경우

$b=a^3$을 만족한다.

i) $a=1$일 때,

$c+d=18$의 자연수의 해의 개수는

(음이 아닌 정수 c', d'에 대하여 방정식 $c'+d'=18-2=16$의 해의 개수와 같아.)

${}_2H_{16}={}_{2+16-1}C_{16}={}_{17}C_{16}={}_{17}C_1=17$ (${}_nC_1=n$)

ii) $a=2$일 때,

$c+d=10$의 자연수의 해의 개수는

(음이 아닌 정수 c', d'에 대하여 방정식 $c'+d'=10-2=8$의 해의 개수와 같아.)

${}_2H_8={}_{2+8-1}C_8={}_9C_8={}_9C_1=9$

i)~ii)에 의하여 순서쌍의 개수는 $17+9=26$ ⋯ ㉡

(iii) 점 (c, d)가 직선 $y=x^3$ 위에 있는 경우

(ii)와 마찬가지로 순서쌍의 개수는 26

($y=x^3$ 위에 있는 점만 (a, b)에서 (c, d)로 바뀌었을 뿐이니까 경우의 수는 똑같겠지?)

(iv) 두 점 (a, b), (c, d)가 모두 직선 $y=x^3$ 위에 있는 경우

$a^3=b$, $c^3=d$면서 $a+b+c+d=20$이려면

$a=2$, $b=8$, $c=2$, $d=8$밖에 없다.

따라서 두 점 중 하나라도 $y=x^3$ 위에 있는 경우의 수는 (ii)~(iv)에 의해 $26+26-1=51$이다. ⋯ ㉢

(i) 또는 ㉢의 경우의 수는 (a, b)와 (c, d)가 같은 점이면서 하나라도 $y=x^3$ 위의 점인 경우는 $a=2$, $b=8$, $c=2$, $d=8$뿐이므로

$9+51-1=59$

3rd 조건 (가), (나)를 만족시키는 순서쌍 (a, b, c, d)의 개수를 구하자.

따라서 순서쌍 (a, b, c, d)의 개수는

$969-59=910$

G 32 정답 84 *중복조합의 활용 [정답률 31%]

(정답 공식: 서로 다른 n개에서 r개를 택하는 중복조합의 수 ${}_nH_r={}_{n+r-1}C_r$를 이용한다.)

다음 조건을 만족시키는 음이 아닌 정수 x_1, x_2, x_3의 모든 순서쌍 (x_1, x_2, x_3)의 개수를 구하시오. (4점)

(가) $n=1$, 2일 때, $x_{n+1}-x_n\geq 2$이다.
(나) $x_3\leq 10$

단서 $n=1$, 2를 각각 대입하여 주어진 조건을 더 확실하게 파악하자. 이를 이용하여 조건 (가), (나)를 이용해서 식을 정리해봐.

1st 조건 (가)와 (나)를 이용하여 식을 정리해 보자.

조건 (가)의 $x_{n+1}-x_n\geq 2$에서 $x_n\leq x_{n+1}-2$

$n=1$일 때, $x_1\leq x_2-2$

$n=2$일 때, $x_2\leq x_3-2$ ($x_2\leq x_3-2$이므로 각 변에서 2를 빼면 $x_2-2\leq x_3-4$)

$\therefore x_1\leq x_2-2\leq x_3-4$

한편, 조건 (나)의 $x_3\leq 10$에서 $x_3-4\leq 6$

$\therefore 0\leq x_1\leq x_2-2\leq x_3-4\leq 6$

이때, $x_2-2=x_2'$, $x_3-4=x_3'$이라 하면

$0\leq x_1\leq x_2'\leq x_3'\leq 6$ ⋯ ㉠

(등호가 있는 부등식이니까 중복되는 숫자가 나와도 된다는 거겠지? 중복조합의 수를 이용하자.)

2nd 음이 아닌 정수 x_1, x_2', x_3'의 모든 순서쌍의 개수를 구해보자.

㉠을 만족시키는 순서쌍 (x_1, x_2', x_3')의 개수는 0, 1, 2, 3, 4, 5, 6의 7개 중에서 중복을 허락하여 3개를 택하는 중복조합의 수와 같으므로

${}_7H_3={}_{7+3-1}C_3={}_9C_3=\dfrac{9\times8\times7}{3\times2\times1}=84$ (${}_nC_r=\dfrac{n!}{(n-r)!r!}$)

따라서 ㉠을 만족시키는 음이 아닌 정수 x_1, x_2', x_3'의 모든 순서쌍 (x_1, x_2', x_3')의 개수와 주어진 조건을 만족시키는 음이 아닌 정수 x_1, x_2, x_3의 모든 순서쌍 (x_1, x_2, x_3)의 개수가 같으므로 구하는 순서쌍의 개수는 84이다.

[다른 풀이]

$x_{n+1}-x_n=a_n$($n=1$, 2)이라 하고 식을 정리해 보자.

조건 (가)에서 $a_n\geq 2$이고 $(x_3-x_2)+(x_2-x_1)=x_3-x_1$이므로

$a_2+a_1=x_3-x_1$ $\quad\therefore a_1+a_2=x_3-x_1$

이때, $x_1+a_1+a_2=x_3\leq 10$이므로 $10-x_3=a_3$이라($a_3\geq 0$)하면

$x_1+a_1+a_2+a_3=10$ ⋯ ㉡

(단, $a_1\geq 2$, $a_2\geq 2$, x_1, a_3은 음이 아닌 정수)

실수 a_3은 10과 x_3의 차라는 의미로 둔 변수일 뿐 처음 나온 식과 관계없기 때문에 a_1, a_2처럼 치환하면 안 돼!

($a_1'=a_1-2\geq 0$, $a_2'=a_2-2\geq 0$으로 치환하면 $x_1+(a_1'+2)+(a_2'+2)+a_3=10$이므로 ㉡의 해와 방정식 $x_1+a_1'+a_2'+a_3=6$의 음이 아닌 정수해의 개수 ${}_4H_6={}_9C_6={}_9C_3=84$와 같아. 즉, 순서쌍 (x_1, a_1, a_2, a_3)의 개수와 순서쌍 (x_1, a_1', a_2', a_3)의 개수가 같아.)

㉡을 만족시키는 모든 순서쌍 (x_1, a_1, a_2, a_3)의 개수는

${}_4H_6={}_{4+6-1}C_6={}_9C_6={}_9C_3$

$=\dfrac{9\times8\times7}{3\times2\times1}=84$

G 33 정답 332 *중복조합의 활용 [정답률 58%]

(정답 공식: 방정식 $x_1+x_2+\cdots+x_m=n(m,\ n$은 자연수)을 만족시키는 해에 대하여 음이 아닌 정수해의 개수는 ${}_mH_n$, 자연수인 해의 개수는 ${}_mH_{n-m}$ (단, $n\ge m$)이다.)

다음 조건을 만족시키는 음이 아닌 정수 $a,\ b,\ c,\ d$의 모든 순서쌍 $(a,\ b,\ c,\ d)$의 개수를 구하시오. (4점) 단서1 방정식을 만족시키는 음이 아닌 정수해의 개수를 구하는 거야. 음이 아닌 정수 $a,\ b,\ c,\ d$니까 0 이상인 정수겠지?

(가) $a+b+c+d=12$

(나) $a\ne2$이고 $a+b+c\ne10$이다.

단서2 이 조건의 부정은 $a=2$이거나 $a+b+c=10$이야.

1st 조건 (가)를 만족시키는 경우의 수를 구하자.

조건 (가)에 대하여 방정식 $a+b+c+d=12$를 만족시키는 음이 아닌 정수 $a,\ b,\ c,\ d$의 순서쌍 $(a,\ b,\ c,\ d)$의 개수는

${}_4H_{12}={}_{15}C_{12}={}_{15}C_3=\dfrac{15\times14\times13}{3\times2\times1}=455$이다.

[중복조합] 서로 다른 n개에서 중복을 허용하여 r개를 택하는 중복조합의 수는 ${}_nH_r={}_{n+r-1}C_r$

$a,\ b,\ c,\ d$의 조건에 따르면 서로 다른 4개의 문자를 중복을 허용하여 12개를 선택하는 경우의 수야.

2nd 조건 (나)를 만족시키지 않는 경우를 생각하자.

조건 (나)를 만족시키지 않고 방정식 $a+b+c+d=12$를 만족시키는 음이 아닌 정수 $a,\ b,\ c,\ d$의 순서쌍 $(a,\ b,\ c,\ d)$의 개수는

(ⅰ) $a=2$인 경우

방정식 $a+b+c+d=12$에 대하여

$a=2$일 때의 순서쌍 $(a,\ b,\ c,\ d)$의 개수는 방정식 $b+c+d=10$을 만족시키는 순서쌍 $(b,\ c,\ d)$의 개수와 같으므로

${}_3H_{10}={}_{12}C_{10}={}_{12}C_2=\dfrac{12\times11}{2\times1}=66$

(ⅱ) $a+b+c=10$인 경우

방정식 $a+b+c+d=12$에 대하여

$d=2$일 때의 순서쌍 $(a,\ b,\ c,\ d)$의 개수는 방정식 $a+b+c=10$을 만족시키는 순서쌍 $(a,\ b,\ c)$의 개수와 같으므로

${}_3H_{10}={}_{12}C_{10}={}_{12}C_2=\dfrac{12\times11}{2\times1}=66$

(ⅲ) $a=2$이고 $a+b+c=10$인 경우

방정식 $a+b+c+d=12$에 대하여

$a=d=2$일 때의 순서쌍 $(a,\ b,\ c,\ d)$의 개수는

방정식 $b+c=8$을 만족시키는 순서쌍 $(b,\ c)$의 개수와 같으므로

${}_2H_8={}_9C_8={}_9C_1=9$

(ⅰ)~(ⅲ)에 의하여 조건 (나)를 만족시키지 않는 경우의 수는

$66+66-9=123$

3rd 여사건의 경우의 수를 이용하자.

따라서 구하는 경우의 수는 $455-123=332$이다.

방정식의 정수해의 순서쌍의 개수 (개념·공식)

서로 다른 n개에서 중복을 허락하여 r개를 택하는 중복조합의 수는 ${}_nH_r={}_{n+r-1}C_r$

① 방정식 $x_1+x_2+\cdots+x_n=r$를 만족시키는 $x_1,\ x_2,\ \cdots,\ x_n$의 음이 아닌 정수해의 순서쌍의 개수는 ${}_nH_r$

② 방정식 $x_1+x_2+\cdots+x_n=r\ (n\le r)$를 만족시키는 $x_1,\ x_2,\ \cdots,\ x_n$의 양의 정수해의 순서쌍의 개수는 ${}_nH_{r-n}$

G 34 정답 715 *중복조합의 활용 [정답률 43%]

(정답 공식: 선택되지 않은 좌석의 수를 미지수로 두고 방정식을 세운다.)

단서 선택된 4개의 좌석 사이사이에 1개 이상의 다른 좌석이 있어야 해.

어느 공연장에 16개의 좌석이 일렬로 배치되어 있다. 이 좌석 중에서 서로 이웃하지 않도록 4개의 좌석을 선택하려고 한다. 예를 들면, 아래 그림의 색칠한 부분과 같이 좌석을 선택한다.

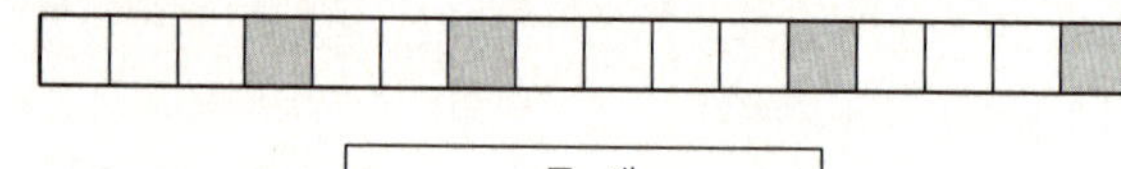

무 대

이와 같이 좌석을 선택하는 경우의 수를 구하시오. (단, 좌석을 선택하는 순서는 고려하지 않는다.) (4점)

1st 선택된 4개 좌석 사이사이에 오는 좌석의 수는 정해지지 않으므로 일단 하나로 표현해 보자.

다음과 같이 선택된 4개의 좌석을 ○로 표현하고 나머지 좌석을 일단 A, B, C, D, E로 표현하자.

A○B○C○D○E

조건을 만족시키려면 A, E 자리에는 각각 0개 이상의 좌석이 놓이면 되고, B, C, D 자리에는 각각 1개 이상의 좌석이 놓이면 된다.

→ 얼마든지 좌석이 놓여도 된다는 뜻이야. → 반드시 1개는 놓여야 해.

2nd 좌석의 수를 가지고 방정식을 만들어 보자.

A, B, C, D, E 자리에 놓이는 좌석의 수를 각각 $a,\ b,\ c,\ d,\ e$라 하면

$a+b+c+d+e=12$ → $16-4=12$

이때, $b=b'+1,\ c=c'+1,\ d=d'+1$이라 하면

→ $b,\ c,\ d$는 1 이상의 정수이므로 $b',\ c',\ d'$은 0 이상의 정수여야 해.

$a+b'+c'+d'+e=9$

구하는 경우의 수는 위의 등식을 만족시키는 음이 아닌 정수 $a,\ b',\ c',\ d',\ e$의 순서쌍 $(a,\ b',\ c',\ d',\ e)$의 개수와 같다.

따라서 구하는 경우의 수는

${}_5H_9={}_{5+9-1}C_9={}_{13}C_4$ (${}_nC_r=\dfrac{n!}{r!(n-r)!}$)

$=\dfrac{13\times12\times11\times10}{4\times3\times2\times1}=715$

함정 중복조합과 전혀 관련 없어보이지만 중복조합 문제야. 중복조합을 이용하지 않는다면 계산하기 쉽지 않았을거야. '이런 것도 중복조합 문제야?' 싶은 문제들이 많으니까 중복조합 문제를 많이 풀어봐야 해.

G 35 정답 ② *중복조합의 활용 [정답률 48%]

(정답 공식: 각 구역에 배치되는 순경의 수를 $x,\ y,\ z$라고 할 때, $x+y+z=10$이고 $1\le x,\ y,\ z\le5$인 순서쌍의 개수를 구한다.)

10명의 순경이 세 구역을 순찰하려고 한다. 각 구역에는 적어도 한 명이 순찰하고 각 구역의 순찰 인원은 5명 이하가 되도록 인원수를 정하는 경우의 수는? (단, 한 명의 순경은 하나의 구역만 순찰하고, 순경은 서로 구분하지 않는다.) (4점)

단서 각 인원의 수의 합이 10이 되는 방정식의 해의 개수와 같다는 것을 이해해야 해.

① 16 ② 18 ③ 20 ④ 22 ⑤ 24

1st 세 구역에 배치되는 순경의 수의 합이 10이므로 이것을 방정식으로 세워 보자.

각 구역에 배치되는 순경의 수를 $x,\ y,\ z$라 하면 $x+y+z=10$

각 구역에는 적어도 한 명 이상의 순경이 배치되므로

$x'=x-1,\ y'=y-1,\ z'=z-1$

→ 적어도 1명 이상이 배치되려면 순경의 수는 1 이상의 정수가 되므로 1을 빼어주면 0 이상의 정수, 즉 음이 아닌 정수가 될 수 있어.

이라 하면

$x'+y'+z'=7$

그리고 각 구역의 순찰 인원은 5명 이하이므로 $x'\le4,\ y'\le4,\ z'\le4$

2nd 여사건의 경우의 수를 세는 것이 편리해.

이것을 만족하지 않는 순서쌍 (x', y', z')을 구하면

$(5, 1, 1), (5, 2, 0), (6, 1, 0), (7, 0, 0)$ → x', y', z'의 순서는 바뀌어도 돼.

위의 순서쌍을 배열하는 경우의 수는 각각 3, 6, 6, 3이다. ($\frac{3!}{2!}$, $3!$, $3!$, $\frac{3!}{2!}$)

따라서 구하는 경우의 수는

$_3H_7-(3+6+6+3)={}_{3+7-1}C_7-18$

$={}_9C_7-18={}_9C_2-18$

$=\frac{9\cdot8}{2}-18=36-18=18$

($_3H_7$: $x'+y'+z'=7$을 만족하는 음이 아닌 정수해의 순서쌍 (x', y', z')의 개수야.)

G 36 정답 364 *중복조합의 활용 [정답률 42%]

(정답 공식: 12개의 점 중 중복을 허용하여 3개를 택하면 P, Q, R와 연결할 수 있는 방법은 한 가지이다.)

평면 위에 평행한 두 직선 l, m과 직선 l 위의 서로 다른 세 점 P, Q, R가 있다. 직선 l 위의 세 점 P, Q, R에서 각각 하나의 선분으로 직선 m 위의 점을 연결할 때, 세 선분이 교차하지 않는 경우의 수를 구하려고 한다. 예를 들어, 그림과 같이 직선 m 위에 두 점이 있을 때, 구하는 모든 경우의 수는 4가지이다.

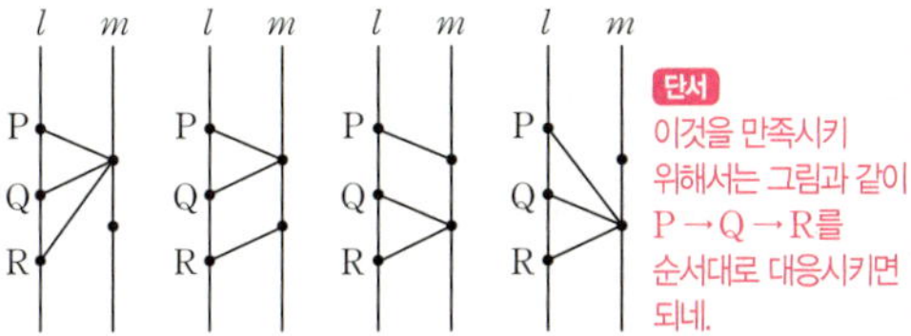

단서 이것을 만족시키기 위해서는 그림과 같이 P → Q → R를 순서대로 대응시키면 되네.

직선 m 위에 12개의 점이 있을 때, 위와 같이 세 선분이 교차하지 않는 모든 경우의 수를 구하시오. (4점)

1st 세 선분이 교차하지 않도록 하기 위해서는 m에서 선택되어지는 점의 순서는 이미 정해져야 하지?

실수 각 점을 중복으로 선택할 수 있어!

단서에서와 같이 직선 m 위의 12개의 점 중 중복으로 세 개의 점을 선택하여 택해진 순서에 따라 세 점 P, Q, R를 대응시키면 된다.

예를 들어, 직선 m 위의 점 중 위에서부터 두 번째, 네 번째, 일곱 번째 점을 선택했다고 하면 선이 겹쳐지지 않기 위해서는 세 점 P, Q, R를 그 순서에 맞게 대응시키면 된다.

따라서 서로 다른 12개에서 3개를 중복해서 택하는 중복조합의 수와 같으므로 구하는 모든 경우의 수는 $_{12}H_3={}_{12+3-1}C_3={}_{14}C_3=364$

G 37 정답 525 *중복조합의 활용 [정답률 34%]

(정답 공식: 서로 다른 n개에서 r개를 택하는 중복조합의 수는 $_nH_r={}_{n+r-1}C_r$이다.)

집합 $X=\{1, 2, 3, 4, 5, 6, 7\}$에 대하여 다음 조건을 만족시키는 함수 $f: X \to X$의 개수를 구하시오. (4점)

단서1 집합 X의 원소는 7개니까 치역의 원소의 개수가 3이 되는 경우의 수를 생각해야 해.

(가) 함수 f의 치역의 원소의 개수는 3이다.

(나) 집합 X의 임의의 두 원소 x_1, x_2에 대하여 $x_1<x_2$이면 $f(x_1)\le f(x_2)$이다.

단서2 정의역의 원소가 증가할수록 치역의 원소는 같거나 증가하지? 즉, 치역의 원소의 순서가 정해져 있다는 것과 등호(=)가 있다는 것을 놓치지 말자.

1st 함수 f의 치역의 개수를 구하자.

조건 (가)에서 함수 f의 치역의 개수는 함수 f의 치역이 속하는 집합 X에서 원소 3개를 택하는 경우의 수와 같으므로 (→ 함수 f가 취하는 값 전체의 집합)

$_7C_3=\frac{7\times6\times5}{3\times2\times1}=35$ ⋯ ㉠

2nd 조건 (나)를 만족시키는 경우를 찾아 함수 f의 개수를 구하자.

치역에 속하는 3개의 수에 각각 대응하는 집합 X의 원소의 개수를 각각 a, b, c라 하면 조건 (나)에 의하여

$a+b+c=7$ (a, b, c는 $a\ge1$, $b\ge1$, $c\ge1$인 자연수)

치역의 원소가 꼭 3개가 되어야 하니까 각각에 대응되는 집합 X의 원소의 개수는 1이상이야.

이때, $a'+1=a$, $b'+1=b$, $c'+1=c$라 하면

$a'+b'+c'=4$ (a', b', c'은 음이 아닌 정수)이므로

이 방정식에서의 해는 서로 다른 3개에서 중복하여 4개를 택하는 중복조합의 수와 같아.

순서쌍 (a', b', c')의 개수는 $_3H_4={}_6C_4={}_6C_2=\frac{6\times5}{2\times1}=15$ ⋯ ㉡

따라서 ㉠, ㉡에 의하여 구하는 함수 f의 개수는 $35\times15=525$

각각의 ㉠에 대해서 ㉡이 일어나므로 곱의 법칙 이용!

G 38 정답 ① *중복조합의 활용 [정답률 33%]

(정답 공식: $_nC_r=\frac{n!}{n!(n-r)!}$, $_nH_r={}_{n+r-1}C_r$를 이용하여 식을 정리한다.)

A : 다음은 명제 $P(r)$: $_nH_1+{}_nH_2+{}_nH_3+\cdots+{}_nH_r={}_{n+1}H_r-1$ 임을 수학적 귀납법으로 증명한 것이다.

(단, n과 r는 자연수이고 $_nH_r={}_{n+r-1}C_r$이다.)

[증명]

(i) $r=1$일 때,

명제 $P(r)$의 좌변은 $_nH_1={}_nC_1=n$이고 우변은 $_{n+1}H_1-1={}_{n+1}C_1-1=n$이므로 명제 $P(r)$는 성립한다.

(ii) $r=k(k\ge1)$일 때,

명제 $P(r)$가 성립한다면

$P(k)$: $_nH_1+{}_nH_2+{}_nH_3+\cdots+{}_nH_k={}_{n+1}H_k-1$이고,

양변에 $_nH_{k+1}$을 더하여 정리하면

$_nH_1+{}_nH_2+{}_nH_3+\cdots+{}_nH_k+{}_nH_{k+1}={}_{n+1}H_k-1+{}_nH_{k+1}$

단서1 중복조합을 조합의 식으로 고쳐서 정리해 보면 돼. $=$ (가) $=$ (나)

따라서 주어진 명제는 $r=k+1$일 때도 성립한다.

(i), (ii)에 의해 모든 자연수 r에 대하여 명제 $P(r)$는 성립한다.

단서2 2명의 후보자에서 중복을 허용하여 k명의 유권자가 고르는 거야.

B : 2명의 후보가 출마한 선거에서 k명의 유권자가 무기명으로 1명의 후보에게 투표할 때, 두 명의 후보가 얻을 수 있는 서로 다른 득표의 수를 $S(k)$라 하자. $\sum_{k=1}^{20}S(k)$의 값은 (다)이다.

위의 (가), (나), (다)에 알맞은 것은? (4점)

	(가)	(나)	(다)
①	$_{n+k}C_k+{}_{n+k}C_{k+1}-1$	$\frac{(n+k+1)!}{(k+1)!n!}-1$	230
②	$_{n+k}C_{k-1}+{}_{n+k}C_{k+1}-1$	$\frac{(n+k+1)!}{(k+1)!n!}-1$	200
③	$_{n+k}C_k+{}_{n+k}C_{k+1}-1$	$\frac{(n+k)!}{(k+1)!n!}-1$	230
④	$_{n+k}C_{k-1}+{}_{n+k}C_{k+1}-1$	$\frac{(n+k)!}{(k+1)!n!}-1$	210
⑤	$_{n+k}C_k+{}_{n+k}C_{k+1}-1$	$\frac{(n+k+1)!}{(k+1)!n!}-1$	210

1st ${}_{n+r-1}C_r={}_nH_r$를 이용하여 식을 변형하여 보자.

${}_nH_1+{}_nH_2+{}_nH_3+\cdots+{}_nH_k+{}_nH_{k+1}$
$={}_{n+1}H_k-1+{}_nH_{k+1}$
$={}_{n+1+k-1}C_k+{}_{n+k+1-1}C_{k+1}-1$
$={}_{n+k}C_k+{}_{n+k}C_{k+1}-1$ ←(가) ${}_nC_r=\dfrac{n!}{r!(n-r)!}$
$=\dfrac{(n+k)!}{k!n!}+\dfrac{(n+k)!}{(k+1)!(n-1)!}-1$
$=\dfrac{(n+k+1)!}{(k+1)!n!}-1$ ←(나)
$={}_{n+k+1}C_{k+1}-1$
$={}_{(n+1)+(k+1)-1}C_{k+1}-1$
$={}_{n+1}H_{k+1}-1$ ($\because$ ${}_{n+r-1}C_r={}_nH_r$)

2nd 후보는 단 2명이지? 유권자들이 2명 후보 중에서 중복을 허용하여 골라야 함은 당연하므로 ${}_2H_k$임을 이용해 보자.

k명의 유권자가 2명의 후보에게 무기명으로 투표하는 것은 2개 중에서 중복을 허락하여 k개 선택하는 중복조합이므로 두 명의 후보가 얻을 수 있는 서로 다른 득표의 수는 ${}_2H_k$(개)가 있다. 즉, $S(k)={}_2H_k$이다.

$\therefore \sum_{k=1}^{20}S(k)=\sum_{k=1}^{20}{}_2H_k$
$={}_2H_1+{}_2H_2+{}_2H_3+\cdots+{}_2H_{20}$
$={}_3H_{20}-1={}_{22}C_2-1=\dfrac{22\times21}{2}-1$
$=230$ ←(다)

${}_{3+20-1}C_{20}={}_{22}C_{20}={}_{22}C_2$

실수: A에서 구한 결과를 B에서 이용한 거지? 이런 문제는 연결된 경우가 많아.

[다른 풀이]

조합의 성질 ${}_nC_{r-1}+{}_nC_r={}_{n+1}C_r$를 이용하면 (가)에서
${}_{n+k}C_k+{}_{n+k}C_{k+1}-1={}_{n+k+1}C_{k+1}-1$이야.
또한, $S(k)={}_2H_k={}_{2+k-1}C_k={}_{k+1}C_k={}_{k+1}C_1=k+1$이므로
$\sum_{k=1}^{20}S(k)=\sum_{k=1}^{20}(k+1)=\dfrac{20\times21}{2}+20=230$

중복조합의 정의와 수 (개념·공식)

① 중복조합 : 서로 다른 n개의 원소 중에서 중복을 허락하여 r개를 뽑는 경우의 수
② 중복조합의 수 : ${}_nH_r={}_{n+r-1}C_r$

G 39 정답 ① *이항정리의 활용 [정답률 77%]

(정답 공식: 전개식의 일반항은 ${}_4C_rx^{4r-12}$이다. r에 원하는 수를 대입한다.)

$\left(x+\dfrac{1}{x^3}\right)^4$의 전개식에서 상수항은? (4점)

① 4 ② 6 ③ 8 ④ 10 ⑤ 12

단서 x와 $\dfrac{1}{x^3}$이라는 두 개의 항이 있지? 근데 $\dfrac{1}{x^3}=x^{-3}$이니까 생각보다 간단하게 전개식을 x에 대한 식으로 만들 수 있겠네.

1st $(a+b)^n$의 전개식의 일반항은 ${}_nC_ra^rb^{n-r}$이므로 $a=x$, $b=\dfrac{1}{x^3}$을 대입하여 간단히 정리하자.

$\left(x+\dfrac{1}{x^3}\right)^4$의 전개식에서 일반항은 다음과 같다.

${}_4C_rx^r\left(\dfrac{1}{x^3}\right)^{4-r}={}_4C_rx^r\cdot x^{-12+3r}={}_4C_rx^{4r-12}$ $(r=0, 1, 2, 3, 4)$
$(x^{-3})^{4-r}$
[지수법칙] ① $(a^m)^n=a^{mn}$ ② $a^m\cdot a^n=a^{m+n}$

이때, 상수항은 $4r-12=0$일 때이므로
$4r=12$
$\therefore r=3$
따라서 상수항은 ${}_4C_3=4$

톡톡 풀이

$\left(x+\dfrac{1}{x^3}\right)^4$의 전개식에서 상수항은 x가 3번, $\dfrac{1}{x^3}$이 1번 택해지는 것과 같으므로 계수는 $\dfrac{4!}{3!1!}=4$
$x^3\times x^{-3}=1$

항이 3개인 경우의 전개식에서의 일반항 구하기 (개념·공식)

n이 자연수일 때 $(a+b+c)^n$의 전개식의 일반항은
$\dfrac{n!}{p!q!r!}a^pb^qc^r$ (단, $p+q+r=n$, $p\ge0$, $q\ge0$, $r\ge0$)

G 40 정답 ④ *이항정리의 활용 [정답률 37%]

(정답 공식: $\left(2x+\dfrac{1}{x}\right)^n$의 전개식의 일반항은 ${}_nC_r2^{n-r}x^{n-2r}$이다. $n=2, 3, \cdots 6$을 각각 대입해서 상수항을 구한다.)

$\left(2x+\dfrac{1}{x}\right)^2+\left(2x+\dfrac{1}{x}\right)^3+\left(2x+\dfrac{1}{x}\right)^4+\left(2x+\dfrac{1}{x}\right)^5+\left(2x+\dfrac{1}{x}\right)^6$
을 전개한 식에서 상수항은? (4점)

① 182 ② 184 ③ 186 ④ 188 ⑤ 190

단서 $\left(x+\dfrac{1}{x}\right)^n$이 규칙적으로 더해져 있네. $n=2, 3, 4, 5, 6$일 때, 다항식에서 상수항이 나오는 경우를 각각 더해 주면 되겠네.

1st $\left(2x+\dfrac{1}{x}\right)^n$을 이항정리로 정리해 보자.

$\left(2x+\dfrac{1}{x}\right)^n=\sum_{r=0}^{n}{}_nC_r(2x)^{n-r}\left(\dfrac{1}{x}\right)^r$
$=\sum_{r=0}^{n}{}_nC_r2^{n-r}\cdot x^{n-2r}$

실수: 상수항은 x의 차수가 0이 될 때지?

2nd $n=2, 3, 4, 5, 6$일 때 x^0이 되게 하는 r의 값을 각각 구하자.

이때, x^0항의 계수 $n-2r=0$을 만족시키는 r의 값을 찾으면
$n=2$일 때, $r=1$ ⇐ $2-2r=0$
$n=4$일 때, $r=2$ ⇐ $4-2r=0$
$n=6$일 때, $r=3$ ⇐ $6-2r=0$
$3-2r=0\Rightarrow r=\dfrac{3}{2}$ NO!
$5-2r=2\Rightarrow r=\dfrac{5}{2}$ NO!
그런데 $n=3$, 5일 때, $n-2r=0$을 만족시키는 정수 r의 값이 존재하지 않는다. 따라서 x^0항의 계수, 즉 상수항은
${}_2C_1\times2^{2-1}+{}_4C_2\times2^{4-2}+{}_6C_3\times2^{6-3}$
$=2\times2+6\times4+20\times8=188$

지수법칙 (개념·공식)

$a\ne0$, $b\ne0$이고, m, n이 정수일 때
① $a^ma^n=a^{m+n}$ ② $a^m\div a^n=a^{m-n}$
③ $(a^m)^n=a^{mn}$ ④ $(ab)^n=a^nb^n$

G 41 정답 ③ *이항정리의 활용 [정답률 65%]

정답 공식: $\left(x+\frac{1}{x}\right)^{2n}$의 전개식에서 일반항은 ${}_{2n}C_r x^{2(n-r)}$이다. x^2, x^4, x^6의 계수가 이 순서대로 등차수열을 이루므로 등차중항을 이용한다.

$\left(x+\frac{1}{x}\right)^{2n}$의 전개식에서 x^2, x^4, x^6의 계수가 이 순서로 등차수열을 이룰 때, 자연수 n의 값은? (3점)

단서 x^4의 계수가 등차중항이 되겠지.

① 5 ② 6 ③ 7
④ 8 ⑤ 9

1st $\left(x+\frac{1}{x}\right)^{2n}$의 전개식의 일반항을 구해 보자.

$\left(x+\frac{1}{x}\right)^{2n}$의 전개식에서 일반항은 → [$(a+b)^n$의 전개식에서 일반항] ${}_nC_r a^{n-r}b^r$

$${}_{2n}C_r x^{2n-r}\left(\frac{1}{x}\right)^r={}_{2n}C_r x^{2n-r}x^{-r}={}_{2n}C_r x^{2(n-r)} \quad (\text{단, } r=0,\ 1,\ 2,\ \cdots,\ n)$$

x^2, x^4, x^6의 계수는 각각

$r=n-1$, $r=n-2$, $r=n-3$

일 때이므로

${}_{2n}C_{n-1}$, ${}_{2n}C_{n-2}$, ${}_{2n}C_{n-3}$

2nd 세 계수에 대하여 등차중항을 적용해 보자.

또한, x^2, x^4, x^6의 계수는 이 순서로 등차수열을 이루므로 등차중항을 이용하면

세 수 a, b, c가 이 순서로 등차수열을 이루면 b는 a와 c의 등차중항이라 하고 $b=\frac{a+c}{2}$, 즉 $2b=a+c$가 성립해.

$$2\times{}_{2n}C_{n-2}={}_{2n}C_{n-1}+{}_{2n}C_{n-3}$$

$$2\times\frac{(2n)!}{(n-2)!(n+2)!}=\frac{(2n)!}{(n-1)!(n+1)!}+\frac{(2n)!}{(n-3)!(n+3)!}$$

이 식의 양변에 $\frac{(n+3)!(n-1)!}{(2n)!}$을 곱하면

$$2(n+3)(n-1)=(n+3)(n+2)+(n-1)(n-2)$$

$$2n^2+4n-6=2n^2+2n+8$$

$$2n=14 \quad \therefore n=7$$

수능 핵강

이항정리를 이용하여 x^2, x^4, x^6의 계수가 무엇인지를 파악하고, 등차중항을 사용해서 각 계수 사이의 관계식을 파악해야 해. 그래서 결국 n에 대한 방정식을 풀어야 하는 문제야. 식을 세우고 나면 계산을 틀리지 않도록 유의해야 해.

이항정리와 이항계수 개념·공식

(1) 이항정리

$$(a+b)^n={}_nC_0a^n+{}_nC_1a^{n-1}b+{}_nC_2a^{n-2}b^2+\cdots+{}_nC_ra^{n-r}b^r+\cdots+{}_nC_nb^n=\sum_{r=0}^{n}{}_nC_ra^{n-r}b^r$$

이와 같이 다항식 $(a+b)^n$을 전개하는 것을 이항정리라고 한다.

(2) 이항계수

이항정리의 전개식에서 각 항의 계수 ${}_nC_0$, ${}_nC_1$, ${}_nC_2$, ${}_nC_3$, $\cdots$, ${}_nC_r$, $\cdots$, ${}_nC_n$을 이항계수라 하고 ${}_nC_ra^{n-r}b^r$을 다항식 $(a+b)^n$의 전개식의 일반항이라 한다.

G 42 정답 64 *이항정리의 활용 [정답률 30%]

정답 공식: 나무토막에 각 부분의 길이가 이 되도록 눈금을 매기면 눈금 6개가 생긴다. 구하려는 방법의 수는 6개의 눈금 중 0, 1, 2, 3, 4, 5, 6개의 눈금을 고르는 경우의 수의 합과 같다.

한 변의 길이가 1인 정사각형을 밑면으로 하고 높이가 1, 2, 3, 4, 5, 6, 7인 나무토막이 충분히 있다. 이 나무토막을 쌓아 전체 높이가 3이 되도록 하는 방법은 다음과 같이 4가지이다.

단서 한 종류의 나무토막을 여러개 쌓아도 됨을 이용해.

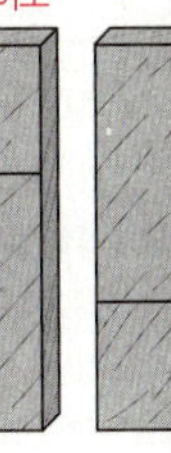
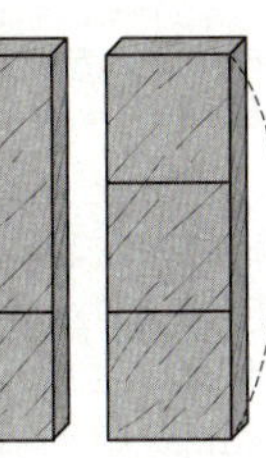

이와 같이 쌓을 때, 전체 길이가 7이 되도록 나무토막을 쌓는 방법의 수를 구하시오. (3점)

1st 그림과 같이 길이가 7인 막대에 각각의 길이가 1이 되도록 눈금을 매기고 그 후에 자른다고 생각해 보자.

(i) 나무토막 1개로 전체 길이가 7이 되도록 쌓는 경우는 길이가 7인 나무토막을 자르지 않는 것과 같으므로, 이와 같은 경우의 수는 1가지

(ii) 나무토막 2개로 전체 길이가 7이 되도록 쌓는 경우는 길이가 7인 나무토막을 1번 자르는 것과 같으므로 눈금 6개 중에서 하나를 선택하는 것과 같다. 즉, 이와 같은 경우의 수는

${}_6C_1$가지 → 6+1, 5+2, 4+3, 3+4, 2+5, 1+6

(iii) 나무토막 3개로 전체 길이가 7이 되도록 쌓는 경우는 길이가 7인 나무토막을 2번 자르는 것과 같으므로 눈금 6개 중에서 2개를 선택하는 것과 같다.

즉, 이와 같은 경우의 수는

${}_6C_2$가지

(iv) 나무토막 4개로 전체 길이가 7이 되도록 쌓는 경우는 길이가 7인 나무토막을 3번 자르는 것과 같으므로 눈금 6개 중에서 3개를 선택하는 것과 같다.

즉, 이와 같은 경우의 수는

${}_6C_3$가지

(v) 나무토막 5개로 전체 길이가 7이 되도록 쌓는 경우는 길이가 7인 나무토막을 4번 자르는 것과 같으므로 눈금 6개 중에서 4개를 선택하는 것과 같다.

즉, 이와 같은 경우의 수는

${}_6C_4$가지

(vi) 나무토막 6개로 전체 길이가 7이 되도록 쌓는 경우는 길이가 7인 나무토막을 5번 자르는 것과 같으므로 눈금 6개 중에서 5개를 선택하는 것과 같다.

즉, 이와 같은 경우의 수는

${}_6C_5$가지

(vii) 나무토막 7개로 전체 길이가 7이 되도록 쌓는 경우는 길이가 7인 나무토막을 6번 자르는 것과 같으므로 눈금 6개 중에서 6개를 선택하는 것과 같다.

즉, 이와 같은 경우의 수는

${}_6C_6$가지

(i)~(vii)에서 구하는 모든 경우의 수는

$1+{}_6C_1+{}_6C_2+{}_6C_3+{}_6C_4+{}_6C_5+{}_6C_6$

$={}_6C_0+{}_6C_1+{}_6C_2+\cdots+{}_6C_6$

$=(1+1)^6$

$=2^6=64$(가지)

[이항계수의 응용]
$(1+x)^n={}_nC_0+{}_nC_1x+{}_nC_2x^2+{}_nC_3x^3+\cdots+{}_nC_nx^n$에서
양변에 $x=1$을 대입하면 $2^n={}_nC_0+{}_nC_1+{}_nC_2+{}_nC_3+\cdots+{}_nC_n$
양변에 $x=-1$을 대입하면 $0={}_nC_0-{}_nC_1+{}_nC_2-{}_nC_3+\cdots+(-1)^n{}_nC_n$

수능 핵강

높이가 1~7인 나무토막을 쌓아서 전체 길이가 7인 나무토막을 만드는 문제지만, 반대로 전체 길이가 7인 나무토막을 높이가 1~7인 나무토막들로 나누는 것으로 생각할 수도 있어. 그러면 전체 길이가 7인 나무토막에 1의 간격으로 눈금을 그리고 각 눈금을 선택해서 나누는 경우의 수를 세면 쉽게 풀 수 있지. 이때 이항정리를 알고 있으면 일일이 조합을 계산해 더하지 않아도 쉽게 구할 수 있어.

G 43 정답 ② *이항정리의 활용 [정답률 20%]

정답 공식: $x(x+1)^{23}$에서 x^{23}의 계수는 $(x+1)^{23}$에서 x^{22}의 계수와 같다. 나머지 항에서도 비슷하게 적용하여 x^{23}의 계수를 구하고 다 더해 다항식에서 x^{23}의 계수를 구한다.

단서 다항식을 이루는 모든 항 중의 x^{23}의 계수의 합을 구해야 해.

다음 다항식에서 x^{23}의 계수는? (3점)

$$(x+1)^{24}+x(x+1)^{23}+x^2(x+1)^{22}+\cdots+x^{22}(x+1)^2$$

① 298 ② 299 ③ 300 ④ 301 ⑤ 302

1st $(x+1)^{24}$부터 x^{23}의 계수를 구해 보자.

$(x+1)^{24}$의 전개식에서 x^{23}의 계수는 ${}_{24}C_{23}$

$x(x+1)^{23}$의 전개식에서 x^{23}의 계수는 $(x+1)^{23}$의 전개식에서 x^{22}의 계수와 같으므로 ${}_{23}C_{22}$

$x\times(x^{22}$항$)\Rightarrow x^{23}$항이 돼.

$(a+b)^n$의 전개식에서 $a^{n-r}b^r$의 계수는 ${}_nC_r$잖아. 그리고 $(x+1)^n$의 전개식에서 x^r항은 $x^{n-(n-r)}$항과 같으므로 그 계수는 ${}_nC_{n-r}={}_nC_r$가 되는 거야. 그래서 x^{23}의 계수는 $n=24$, $r=23$인 경우의 ${}_{24}C_{23}$이 돼.

$x^2(x+1)^{22}$의 전개식에서 x^{23}의 계수는 $(x+1)^{22}$의 전개식에서 x^{21}의 계수와 같으므로 ${}_{22}C_{21}$

⋮

$x^{22}(x+1)^2$의 전개식에서 x^{23}의 계수는 $(x+1)^2$의 전개식에서 x의 계수와 같으므로 ${}_2C_1$

2nd 다항식에서 x^{23}의 계수들의 합을 구해 보자.

따라서 $(x+1)^{24}+x(x+1)^{23}+\cdots+x^{22}(x+1)^2$에서 x^{23}의 계수는

${}_{24}C_{23}+{}_{23}C_{22}+{}_{22}C_{21}+\cdots+{}_2C_1$

$={}_{24}C_1+{}_{23}C_1+{}_{22}C_1+\cdots+{}_2C_1$

$=24+23+22+\cdots+2$

$=\dfrac{23\times(24+2)}{2}$

주의 등차수열의 합을 이용한거야. 개수는 $24-2+1=23$이지?

$=299$

따라서 주어진 다항식에서 x^{23}의 계수는 299이다.

G 44 정답 ⑤ *이항정리의 활용 [정답률 33%]

정답 공식: 이항정리 $(a+b)^n={}_nC_0a^n+{}_nC_1a^{n-1}b+\cdots+{}_nC_nb^n$에서 $a=1$, $b=-\frac{1}{3}$을 대입해 a_n을 간단히 한다.

$a_n={}_nC_0-\dfrac{{}_nC_1}{3}+\dfrac{{}_nC_2}{3^2}-\dfrac{{}_nC_3}{3^3}+\cdots+(-1)^n\cdot\dfrac{{}_nC_n}{3^n}$에 대하여

$\left|\dfrac{1}{2}\sum_{n=1}^{m}a_n-1\right|\le 0.0001$을 만족하는 자연수 m의 최솟값은? (3점)

단서 모든 항의 부호가 교대로 바뀌는 것을 보면 $(a-b)^n$ 꼴의 전개식이야.

(단, $\log 2=0.3$, $\log 3=0.47$로 계산한다.)

① 20 ② 21 ③ 22 ④ 23 ⑤ 24

1st $(a+b)^n$의 이항정리를 이용해 보자.

$(a+b)^n={}_nC_0a^n+{}_nC_1a^{n-1}b+{}_nC_2a^{n-2}b^2+\cdots+{}_nC_ra^{n-r}b^r+\cdots+{}_nC_nb^n$

이 식에 $a=1$, $b=-\frac{1}{3}$을 대입하면

$$\left(1-\frac{1}{3}\right)^n={}_nC_0+{}_nC_1\cdot\left(-\frac{1}{3}\right)+{}_nC_2\cdot\left(-\frac{1}{3}\right)^2+\cdots+{}_nC_n\cdot\left(-\frac{1}{3}\right)^n$$

$$={}_nC_0-\frac{{}_nC_1}{3}+\frac{{}_nC_2}{3^2}-\cdots+(-1)^n\cdot\frac{{}_nC_n}{3^n}$$

$\therefore a_n=\left(1-\dfrac{1}{3}\right)^n=\left(\dfrac{2}{3}\right)^n$

$\left(\frac{2}{3}\right)\left(\frac{2}{3}\right)^{n-1}$이므로 첫째항은 $\frac{2}{3}$, 공비도 $\frac{2}{3}$

즉, 수열 $\{a_n\}$은 첫째항이 $\frac{2}{3}$, 공비가 $\frac{2}{3}$인 등비수열이므로

$$\sum_{n=1}^{m}a_n=\frac{2}{3}+\left(\frac{2}{3}\right)^2+\cdots+\left(\frac{2}{3}\right)^m=\frac{\frac{2}{3}\left\{1-\left(\frac{2}{3}\right)^m\right\}}{1-\frac{2}{3}}=2\left\{1-\left(\frac{2}{3}\right)^m\right\}$$

2nd $\sum_{n=1}^{m}a_n$을 주어진 부등식에 대입하여 m의 값의 범위를 구해 보자.

주어진 방정식 $\left|\dfrac{1}{2}\sum_{n=1}^{m}a_n-1\right|\le 0.0001$에서

$\left|\left\{1-\left(\dfrac{2}{3}\right)^m\right\}-1\right|\le 0.0001$

$\left(\dfrac{2}{3}\right)^m\le\dfrac{1}{10^4}$

$\therefore\left(\dfrac{3}{2}\right)^m\ge 10^4$

주의 부등식 양변을 역수로 바꾸면 부등호의 방향이 바뀌지?

이 식의 양변에 상용로그를 취하면

$m(\log 3-\log 2)\ge 4$

$\therefore m\ge\dfrac{4}{\log 3-\log 2}=\dfrac{4}{0.17}=23.\times\times$

따라서 자연수 m의 최솟값은 24이다.

이항정리와 이항계수 (개념·공식)

(1) 이항정리

$$(a+b)^n={}_nC_0a^n+{}_nC_1a^{n-1}b+{}_nC_2a^{n-2}b^2+\cdots+{}_nC_ra^{n-r}b^r+\cdots+{}_nC_nb^n$$
$$=\sum_{r=0}^{n}{}_nC_ra^{n-r}b^r$$

이와 같이 다항식 $(a+b)^n$을 전개하는 것을 이항정리라고 한다.

(2) 이항계수

이항정리의 전개식에서 각 항의 계수 ${}_nC_0$, ${}_nC_1$, ${}_nC_2$, ${}_nC_3$, $\cdots$, ${}_nC_r$, $\cdots$, ${}_nC_n$을 이항계수라 하고 ${}_nC_ra^{n-r}b^r$을 다항식 $(a+b)^n$의 전개식의 일반항이라 한다.

G 45 정답 93 *이항정리의 활용 [정답률 32%]

(**정답 공식:** 집합의 포함 관계 $S_1 \subset S_2 \subset S_3 \subset U$임을 이용해 집합 S_1에 포함되지 않는 원소를 배열하는 경우를 생각한 후, 얻어진 식을 이항정리 $(a+b)^n=\sum_{r=0}^{n}{}_nC_r a^{n-r}b^r$을 이용해 계산한다.)

전체집합 $U=\{x \mid x$는 10 이하의 자연수$\}$의 세 부분집합 S_1, S_2, S_3이

$n(S_1) \geq 3$, $S_1 \subset S_2 \subset S_3$

단서1 부분집합 사이의 관계들이 주어져 있으니 수식보다는 벤다이어그램을 그려 놓고 아래 풀이 과정을 읽어 보면 이해가 더 쉬울 거야.

을 만족시킨다. 다음은 집합 S_1, S_2, S_3의 모든 순서쌍 (S_1, S_2, S_3)의 개수를 구하는 과정이다.

> $n(S_1)=k(3 \leq k \leq 10$, k는 자연수$)$인 집합 S_1의 개수는 전체집합 U의 원소 10개 중 서로 다른 k개를 선택하는 조합의 수와 같으므로 ${}_{10}C_k$이다.
> 또한, $S_1 \subset S_2 \subset S_3$이므로 집합 S_1에 속하지 않는 원소는 세 집합 S_2-S_1, S_3-S_2, $U-S_3$ 중 어느 한 집합에 속해야 한다.
> **단서2** 집합 S_1에 속하지 않는 원소 $(10-k)$개를 세 집합 중 한 곳에 배치하는 경우를 생각해.
> 그러므로 $n(S_1)=k$일 때 집합 S_1, S_2, S_3의 순서쌍 (S_1, S_2, S_3)의 개수는 ${}_{10}C_k \times$ (가) 이다.
> 따라서 $n(S_1) \geq 3$, $S_1 \subset S_2 \subset S_3$을 만족시키는 순서쌍 (S_1, S_2, S_3)의 개수는 이항정리에 의하여
> $\sum_{k=3}^{10}({}_{10}C_k \times \text{(가)})=4^{10}-\text{(나)} \times 3^8$
> **단서3** $(a+b)^n=\sum_{r=0}^{n}{}_nC_r a^r b^{n-r}$을 이용하여 다음 식을 정리하자.

위의 (가)에 알맞은 식을 $f(k)$, (나)에 알맞은 수를 a라 할 때, $a+f(8)$의 값을 구하시오. (4점)

1st 벤다이어그램을 그려 가며 (가)에 들어갈 식을 추론하자.

$n(S_1)=k(3 \leq k \leq 10$, k는 자연수$)$인 집합 S_1의 개수는 전체집합 U의 원소 10개 중 서로 다른 k개를 선택하는 조합의 수와 같으므로 ${}_{10}C_k$이다.
또한, $S_1 \subset S_2 \subset S_3$이므로 집합 S_1에 속하지 않는 원소는 세 집합 S_2-S_1, S_3-S_2, $U-S_3$ 중 어느 한 집합에 속해야 한다.
집합 S_1에 속하는 원소가 k개이므로 전체집합 U에 대하여 나머지 $(10-k)$개의 원소는 벤다이어그램의 ①, ②, ③ 세 영역 중 하나에는 반드시 들어가야 해.

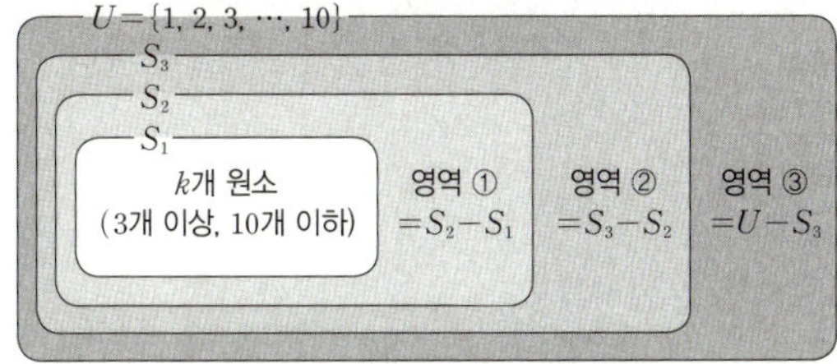

집합 S_1에 속하지 않는 $(10-k)$개의 원소가 세 집합 S_2-S_1(영역 ①), S_3-S_2(영역 ②), $U-S_3$(영역 ③) 중 어느 한 집합의 원소가 되도록 정하는 경우의 수는 $(10-k)$개의 원소에 대하여 세 개의 영역 ①, ②, ③ 중에서 각각의 원소가 들어갈 영역을 중복을 허락하여 선택하고 나열하는 순열의 수와 같다.
원소 1이 영역 ①에 속한다고 하여도 원소 2 또한 영역 ①에 속할 수 있어. 즉, 영역 ①은 $(10-k)$개의 원소들이 중복을 허락하여 선택 가능해. 또한, 원소 3이 영역 ①에 속하고 원소 4가 영역 ②에 속하는 경우는 이와 반대로 원소 4가 영역 ①에 속하고 원소 3이 영역 ②에 속하는 경우와 구별되는 다른 경우이므로 순열이야. 즉, 세 개 영역 ①, ②, ③에서 $(10-k)$개를 뽑는 중복순열이야.
이때, 서로 다른 세 개의 영역 ①, ②, ③에서 중복을 허락하여 $(10-k)$개를 선택하는 중복순열의 수는 ${}_3\Pi_{10-k}=3^{10-k}$이므로
서로 다른 n개에서 중복을 허락하여 r개를 택하고 나열하는 순열 ${}_n\Pi_r=\underbrace{n \times n \times \cdots \times n}_{r\text{개}}=n^r$

$n(S_1)=k$일 때, 집합 S_1, S_2, S_3의 순서쌍 (S_1, S_2, S_3)의 개수는 ${}_{10}C_k \times 3^{10-k}$이다. ← (가)

2nd 이항정리를 이용하여 (나)에 들어갈 값을 구하자.

따라서 $n(S_1) \geq 3$, $S_1 \subset S_2 \subset S_3$을 만족시키는 순서쌍 (S_1, S_2, S_3)의 개수는 이항정리에 의하여

$\sum_{k=3}^{10}({}_{10}C_k \times 3^{10-k})$ [이항정리의 식] $(a+b)^n=\sum_{k=0}^{n}{}_nC_k \times a^k \times b^{n-k}$

$=\sum_{k=3}^{10}{}_{10}C_k \times 1^k \times 3^{10-k}$
[시그마의 기본성질] (첫째항에서 제n항까지의 합) =(첫째항에서 제k항까지의 합)+(제$(k+1)$항에서 제n항까지의 합)

$=\sum_{k=0}^{10}{}_{10}C_k \times 1^k \times 3^{10-k}-\sum_{k=0}^{2}{}_{10}C_k \times 1^k \times 3^{10-k}$

$=(1+3)^{10}-({}_{10}C_0 \times 1^0 \times 3^{10}+{}_{10}C_1 \times 1 \times 3^9+{}_{10}C_2 \times 1^2 \times 3^8)$
이항정리 $(a+b)^n=\sum_{k=0}^{n}{}_nC_k \times a^k \times b^{n-k}$에 의해 $\sum_{k=0}^{n}{}_{10}C_k \times 1^k \times 3^{10-k}=(1+3)^{10}$

$=(1+3)^{10}-(3^{10}+10 \times 3^9+45 \times 3^8)=4^{10}-84 \times 3^8$ ← (나)

3rd $a+f(8)$의 값을 구하자.

따라서 $f(k)=3^{10-k}$이고 $a=84$이므로
$a+f(8)=84+3^{10-8}=84+3^2=84+9=93$

수능 핵강

집합 S_1에 속하지 않는 $(10-k)$개의 원소가 정해지는 경우의 수가 중복순열이 되는 이유를 예를 들어 생각해 보자.
$(10-k)$개의 원소를 $1, 2, 3, \cdots, 10-k$라 하면 원소 1이 들어갈 수 있는 영역은 세 영역 ①, ②, ③의 3가지, 원소 2가 들어갈 수 있는 영역도 세 영역 ①, ②, ③의 3가지, $\cdots$, 원소 $10k$가 들어갈 수 있는 영역은 ①, ②, ③의 3가지이므로 집합 S_1에 속하지 않는 $(10-k)$개의 원소들 각각에 대하여 들어갈 수 있는 영역은 모두 3가지씩이야.
따라서 그 경우의 수는 $3 \times 3 \times \cdots \times 3=3^{10-k}$이고, 이를 중복순열로 표현하면 ${}_3\Pi_{10-k}=3^{10-k}$이야.

G 46 정답 ① *이항정리의 활용 [정답률 55%]

(**정답 공식:** 좌변에서 구한 x^n의 계수와 우변에서 구한 x^n의 계수는 같다.)

다음은 세 자연수 l, m, n에 대하여 $n \leq l$, $n \leq m$일 때,

$\sum_{k=0}^{n}{}_lC_k \cdot {}_mC_{n-k}=$ (나)

가 성립함을 증명한 것이다.

> **[증명]**
> 두 다항식 $(1+x)^l$과 $(1+x)^m$의 전개식의 일반항이 각각 ${}_lC_k x^k$ $(0 \leq k \leq l)$, ${}_mC_r x^r$ $(0 \leq r \leq m)$이므로
> $(1+x)^l(1+x)^m$의 일반항은 **단서** $(1+x)^l$의 일반항과 $(1+x)^m$의 일반항을 곱해야 해.
> ${}_lC_k x^k \cdot {}_mC_r x^r={}_lC_k \cdot {}_mC_r x^{k+r}$
> 이때, $k+r=n$이라 놓으면
> $0 \leq n-k \leq m$
> $\therefore$ (가)
> 즉, $(1+x)^l(1+x)^m$의 전개식에서 x^n의 계수는
> $\sum_{k=0}^{n}{}_lC_k \cdot {}_mC_{n-k}$
> 따라서 $(1+x)^l(1+x)^m=(1+x)^{l+m}$이므로
> $\sum_{k=0}^{n}{}_lC_k \cdot {}_mC_{n-k}=$ (나)

위의 증명에서 (가), (나)에 알맞은 것은? (3점)

	(가)	(나)
①	$0\le k\le n$	${}_{l+m}\mathrm{C}_n$
②	$0\le k\le n$	${}_{lm}\mathrm{C}_n$
③	$n\le k\le l$	${}_{l+m}\mathrm{C}_n$
④	$n\le k\le l$	${}_{lm}\mathrm{C}_n$
⑤	$0\le k\le l$	${}_l\mathrm{C}_n\cdot{}_m\mathrm{C}_n$

1st 두 이항계수 ${}_l\mathrm{C}_k$와 ${}_m\mathrm{C}_{n-k}$의 곱이 어떻게 나올지를 판단해 보자.

두 다항식 $(1+x)^l$과 $(1+x)^m$의 전개식의 일반항이 각각 ${}_l\mathrm{C}_kx^k\ (0\le k\le l)$, ${}_m\mathrm{C}_rx^r\ (0\le r\le m)$이므로 $(1+x)^l(1+x)^m$의 일반항은 ${}_l\mathrm{C}_kx^k\cdot{}_m\mathrm{C}_rx^r={}_l\mathrm{C}_k\cdot{}_m\mathrm{C}_rx^{k+r}$이다.

이때, $k+r=n$이라 놓으면 $r=n-k$이고 $0\le r\le m$에서

$0\le n-k\le m$이므로

$-m\le k-n\le 0 \qquad \therefore n-m\le k\le n$

한편, $n\le m$에서 $n-m\le 0$이고 $k\ge 0$이므로

$0\le k\le n$ ←(가)

즉, $(1+x)^l(1+x)^m$의 전개식에서 x^n의 계수는 (${}_l\mathrm{C}_0\cdot{}_m\mathrm{C}_n+{}_l\mathrm{C}_1\cdot{}_m\mathrm{C}_{n-1}+{}_l\mathrm{C}_2\cdot{}_m\mathrm{C}_{n-2}+\cdots+{}_l\mathrm{C}_n\cdot{}_m\mathrm{C}_0$)

$\sum_{k=0}^{n}{}_l\mathrm{C}_k\cdot{}_m\mathrm{C}_r=\sum_{k=0}^{n}{}_l\mathrm{C}_k\cdot{}_m\mathrm{C}_{n-k}\ (\because r=n-k)$

한편, $(1+x)^l(1+x)^m=(1+x)^{l+m}$의 전개식의 일반항은 ${}_{l+m}\mathrm{C}_nx^n$이고 x^n의 계수는 ${}_{l+m}\mathrm{C}_n$이므로

$\sum_{k=0}^{n}{}_l\mathrm{C}_k\cdot{}_m\mathrm{C}_{n-k}={}_{l+m}\mathrm{C}_n$ ←(나)

수능 핵강

이런 증명 문제는 주어진 조건과 전 후 맥락을 잘 따져 보며 빈칸을 채워 넣으면 돼. 한편, 이 문제에서 증명한 $\sum_{k=0}^{n}{}_l\mathrm{C}_k\cdot{}_m\mathrm{C}_{n-k}={}_{l+m}\mathrm{C}_n$은 다른 문제에 가끔 유용하게 쓰일 데가 있으니 알아 두면 좋아.

G 47 정답 ③ *이항정리의 활용 [정답률 76%]

(**정답 공식**: 전개식의 일반항은 ${}_{19}\mathrm{C}_rx^r2^{19-r}$이다. r에 원하는 수를 대입한다.)

다항식 $(x+2)^{19}$의 전개식에서 x^k의 계수가 x^{k+1}의 계수보다 크게 되는 자연수 k의 최솟값은? (3점)

단서 다항식의 일반항에 의하여 ${}_{19}\mathrm{C}_k2^{19-k}>{}_{19}\mathrm{C}_{k+1}2^{18-k}$의 부등식을 풀면 돼

① 4 ② 5 ③ 6 ④ 7 ⑤ 8

1st $(a+b)^n=\sum_{r=0}^{n}a^rb^{n-r}$임을 이용하여 k의 값을 구하자.

다항식 $(x+2)^{19}$에서 x^k의 계수는 ${}_{19}\mathrm{C}_k2^{19-k}$이고

(다항식 $(x+a)^n$을 전개하면 일반항은 ${}_n\mathrm{C}_rx^ra^{n-r}$)

x^{k+1}의 계수는 ${}_{19}\mathrm{C}_{k+1}2^{19-(k+1)}={}_{19}\mathrm{C}_{k+1}2^{18-k}$

이때, ${}_{19}\mathrm{C}_k2^{19-k}>{}_{19}\mathrm{C}_{k+1}2^{18-k}$이므로

$$\frac{19!}{(19-k)!k!}\times 2>\frac{19!}{(18-k)!(k+1)!}$$

$$\frac{2}{19-k}>\frac{1}{k+1}$$

($(19-k)!=(19-k)\times(18-k)!$, $(k+1)!=(k+1)\times k!$이므로 부등식의 양변을 약분하여 정리해.)

$2(k+1)>19-k,\ 2k+2>19-k$

$3k>17 \qquad \therefore k>\frac{17}{3}=5.6\cdots$

(**주의** $0<k<19$니까 이렇게 할 수 있는 거야.)

따라서 자연수 k의 최솟값은 6이다.

수능 핵강

n이 양의 정수일 때,

$(a+b)^n={}_n\mathrm{C}_0a^n+{}_n\mathrm{C}_1a^{n-1}b+{}_n\mathrm{C}_2a^{n-2}b^2+{}_n\mathrm{C}_3a^{n-3}b^3+\cdots+{}_n\mathrm{C}_nb^n$
$\quad={}_n\mathrm{C}_0b^n+{}_n\mathrm{C}_1ab^{n-1}+{}_n\mathrm{C}_2a^2b^{n-2}+{}_n\mathrm{C}_3a^3b^{n-3}+\cdots+{}_n\mathrm{C}_na^n$

이므로 이항정리를 간단히 $(a+b)^n=\sum_{r=0}^{n}{}_n\mathrm{C}_ra^{n-r}b^r=\sum_{r=0}^{n}{}_n\mathrm{C}_ra^rb^{n-r}$으로 나타내.

이때, ${}_n\mathrm{C}_0$, ${}_n\mathrm{C}_1$, ${}_n\mathrm{C}_2$, ${}_n\mathrm{C}_3$, $\cdots$, ${}_n\mathrm{C}_n$을 이항계수, $(r+1)$번째 항은 ${}_n\mathrm{C}_ra^rb^{n-r}$ 또는 ${}_n\mathrm{C}_ra^{n-r}b^r$이야. 한편, 이항계수 중에서 최대인 것은 중앙항의 계수야. 즉, $(a+b)^n=\sum_{r=0}^{n}{}_n\mathrm{C}_ra^rb^{n-r}$에서

n이 짝수일 때 ⇒ $r=\frac{n}{2}$인 항

n이 홀수일 때 ⇒ $r=\frac{n-1}{2}$ 또는 $r=\frac{n+1}{2}$인 항

G 48 정답 727 *이항계수의 성질 [정답률 47%]

(**정답 공식**: $(1+x)^{2k}=\sum_{i=0}^{2k}{}_{2k}\mathrm{C}_ix^i$에서 $x=1$ 또는 $x=-1$을 대입하면 ${}_{2k}\mathrm{C}_1+{}_{2k}\mathrm{C}_3+\cdots+{}_{2k}\mathrm{C}_{2k-1}={}_{2k}\mathrm{C}_0+{}_{2k}\mathrm{C}_2+\cdots+{}_{2k}\mathrm{C}_{2k}=2^{2k-1}$임을 이용한다.)

자연수 n에 대하여 **단서** 이항계수의 성질을 이용하여 이것을 간단히 나타내자.

$$f(n)=\sum_{k=1}^{n}\sum_{m=1}^{2k}{}_{4k}\mathrm{C}_{2m}$$

일 때, $\frac{f(3)}{3}$의 값을 구하시오. (4점)

1st 이항계수의 성질을 이용하여 $\sum_{m=1}^{2k}{}_{4k}\mathrm{C}_{2m}$을 정리해.

$\sum_{m=1}^{2k}{}_{4k}\mathrm{C}_{2m}={}_{4k}\mathrm{C}_2+{}_{4k}\mathrm{C}_4+\cdots+{}_{4k}\mathrm{C}_{4k}$인데 이항계수의 성질에 의하면

$${}_{4k}\mathrm{C}_0+{}_{4k}\mathrm{C}_2+{}_{4k}\mathrm{C}_4+\cdots+{}_{4k}\mathrm{C}_{4k}={}_{4k}\mathrm{C}_1+{}_{4k}\mathrm{C}_3+\cdots+{}_{4k}\mathrm{C}_{4k-1}$$
$$=\frac{2^{4k}}{2}=2^{4k-1}$$

$\therefore \sum_{m=1}^{2k}{}_{4k}\mathrm{C}_{2m}=2^{4k-1}-{}_{4k}\mathrm{C}_0=2^{4k-1}-1=8\times16^{k-1}-1$

2nd $n=3$일 때 주어진 식의 값을 계산해.

$f(3)=\sum_{k=1}^{3}\left(8\times16^{k-1}-1\right)$

$=\sum_{k=1}^{3}8\times16^{k-1}-\sum_{k=1}^{3}1$

$=\frac{8\times(16^3-1)}{16-1}-1\times3$

$=2181$

(**실수** 등비수열의 합 공식을 이용한거야.)

$\therefore \frac{f(3)}{3}=\frac{2181}{3}=727$

[다른 풀이]

직접 계산해도 똑같을까?

$f(3)=\sum_{k=1}^{3}({}_{4k}\mathrm{C}_2+{}_{4k}\mathrm{C}_4+\cdots+{}_{4k}\mathrm{C}_{4k})$

$=({}_4\mathrm{C}_2+{}_4\mathrm{C}_4)+({}_8\mathrm{C}_2+{}_8\mathrm{C}_4+{}_8\mathrm{C}_6+{}_8\mathrm{C}_8)+({}_{12}\mathrm{C}_2+{}_{12}\mathrm{C}_4+{}_{12}\mathrm{C}_6+{}_{12}\mathrm{C}_8+{}_{12}\mathrm{C}_{10}+{}_{12}\mathrm{C}_{12})$

$=(6+1)+(28+70+28+1)+(66+495+924+495+66+1)$

$=2181$

(이하 동일)

G 49 정답 12 *이항계수의 성질 [정답률 52%]

(정답 공식: $\sum_{k=0}^{n} {}_nC_k=2^n$을 이용한다.)

50 이하의 자연수 n 중에서 $\sum_{k=1}^{n} {}_nC_k$의 값이 5의 배수가 되도록 하는 n의 개수를 구하시오. (4점)

단서 이 식을 전개하면 ${}_nC_1+\cdots+{}_nC_n$이므로 ${}_nC_0+{}_nC_1+\cdots+{}_nC_n=2^n$임을 이용하자.

1st ${}_nC_0+{}_nC_1+{}_nC_2+\cdots+{}_nC_n=2^n$을 먼저 떠올리자.

$\sum_{k=1}^{n} {}_nC_k={}_nC_1+{}_nC_2+{}_nC_3+\cdots+{}_nC_n$ … ㉠

이항계수의 성질에 의하여

${}_nC_0+{}_nC_1+{}_nC_2+\cdots+{}_nC_n=2^n$이므로

㉠을 다시 정리하면

$\sum_{k=1}^{n} {}_nC_k=2^n-{}_nC_0=2^n-1$

따라서 2^n-1은 5의 배수이어야 한다.

2nd 2^n-1에서 n 대신 1, 2, 3, …을 차례로 대입하여 5의 배수가 되는 값을 찾아.

$n=1$일 때, $2^1-1=1$

$n=2$일 때, $2^2-1=3$

$n=3$일 때, $2^3-1=7$

$n=4$일 때, $2^4-1=15$ ⇐ 5의 배수

$n=5$일 때, $2^5-1=31$

$n=6$일 때, $2^6-1=63$

$n=7$일 때, $2^7-1=127$

$n=8$일 때, $2^8-1=255$ ⇐ 5의 배수

⋮

여기서 $n=4, 8, 12, \cdots$, 즉 n이 4의 배수일 때 2^n-1이 5의 배수가 된다.

그러므로 50 이하의 자연수 n 중에서 2^n-1이 5의 배수가 되는 경우의 수는 12이다.

$50\div4=12\cdots2$이기 때문에 12개야.

톡톡 풀이

2^n의 일의 자리 숫자를 생각해보면

$2^1=2$, $2^2=4$, $2^3=8$, $2^4=16$, $2^5=32$, $2^6=64$, …

에서 2, 4, 8, 6이 반복돼.

따라서 2^n-1의 일의 자리 숫자는 1, 3, 7, 5가 반복돼.

5의 배수는 일의 자리 수가 0이거나 5이므로 n이 4의 배수이면 2^n-1은 항상 5의 배수가 돼.

(이하 동일)

수능 핵강

n이 4의 배수일 때, 2^n-1이 5의 배수가 된다는 것을 증명해 보자.

$n=4k$ (k는 자연수)라고 하면

$2^n-1=16^k-1$

$=(16-1)(16^{k-1}+16^{k-2}+\cdots+1)$

$=15(16^{k-1}+16^{k-2}+\cdots+1)$

따라서 $n=4k$ (k는 자연수)인 경우 2^n-1은 5의 배수이지.

G 50 정답 455 *이항계수의 성질 [정답률 56%]

(정답 공식: 중복조합의 합을 구하는 문제다. ${}_nC_{r-1}+{}_nC_r={}_{n+1}C_r$를 이용해서 식을 정리한다.)

빨간색, 파란색, 노란색 색연필이 있다. 각 색의 색연필을 적어도 하나씩 포함하여 15개 이하의 색연필을 선택하는 방법의 수를 구하시오. (단, 각 색의 색연필은 15개 이상씩 있고, 같은 색의 색연필은 서로 구별이 되지 않는다.) (4점)

단서1 미리 하나씩 나누어 주자. 그럼 12개로~

단서2 12개 이하를 나누어주는 경우를 생각해.

1st 조합의 성질을 이용하여 식을 간단히 하자.

빨간색, 파란색, 노란색 색연필을 적어도 하나씩 포함하여 15개 이하의 색연필을 선택하는 방법의 수이므로 먼저 1개씩 색연필을 선택하고, 남은 나머지 12개의 빨간색, 파란색, 노란색 색연필을 중복을 허락하여 12개 이하를 선택하는 방법의 수와 같다.

$\therefore {}_3H_0+{}_3H_1+{}_3H_2+\cdots+{}_3H_{12}$

$={}_3C_0+{}_3C_1+{}_4C_2+\cdots+{}_{14}C_{12}$ $(\because {}_2C_0={}_3C_0)$

$={}_4C_1+{}_4C_2+\cdots+{}_{14}C_{12}$ $(\because {}_nC_r={}_{n-1}C_{r-1}+{}_{n-1}C_r)$

$={}_5C_2+{}_5C_3+\cdots+{}_{14}C_{12}$

⋮

$={}_{14}C_{11}+{}_{14}C_{12}={}_{15}C_{12}$

$={}_{15}C_3=\frac{15\times14\times13}{3\times2\times1}=455$

실수 ${}_nC_{r-1}+{}_nC_r={}_{n+1}C_r$를 이용한거지? 이렇게 가끔씩 쓰이니까 꼭 외워놓자. 갑자기 보면 안 떠오르는 경우가 많아.

[다른 풀이]

3개의 색연필을 중복을 허락하여 k개 선택하는 방법의 수는

${}_3H_k={}_{3+k-1}C_k={}_{k+2}C_k={}_{k+2}C_2$이고 $0\le k\le12$이므로

[조합의 성질] ${}_nC_r={}_nC_{n-r}$

미리 1개씩 나누어 준다고 생각하면 되지.

$\sum_{k=0}^{12} {}_{k+2}C_2={}_2C_2+{}_3C_2+{}_4C_2+\cdots+{}_{14}C_2$

$={}_2C_2+\left(\frac{3\times2}{2}+\frac{4\times3}{2}+\cdots+\frac{14\times13}{2}\right)$

일반항이 $\frac{(k+2)(k+1)}{2}$인 수열의 합

$=1+\sum_{k=1}^{12}\frac{(k+2)(k+1)}{2}$

$=1+\frac{1}{2}\sum_{k=1}^{12}(k^2+3k+2)$

[자연수의 거듭제곱의 합]
① $\sum_{k=1}^{n}k=\frac{n(n+1)}{2}$
② $\sum_{k=1}^{n}k^2=\frac{n(n+1)(2n+1)}{6}$

$=1+\frac{1}{2}\left(\frac{12\times13\times25}{6}+3\times\frac{12\times13}{2}+2\times12\right)$

$=1+325+117+12$

$=455$

이항계수의 성질 개념·공식

① 이항계수는 좌우대칭이다. ⟺ ${}_nC_r={}_nC_{n-r}$

② ${}_nC_{r-1}+{}_nC_r={}_{n+1}C_r$

③ $\sum_{r=0}^{n}{}_nC_r={}_nC_0+{}_nC_1+\cdots+{}_nC_n=2^n$

④ $\sum_{r=0}^{n}(-1)^r{}_nC_r={}_nC_0-{}_nC_1+\cdots+(-1)^n{}_nC_n=0$

(i) n이 짝수일 때,

${}_nC_0+{}_nC_2+{}_nC_4+\cdots+{}_nC_n={}_nC_1+{}_nC_3+{}_nC_5+\cdots+{}_nC_{n-1}=2^{n-1}$

(ii) n이 홀수일 때,

${}_nC_0+{}_nC_2+{}_nC_4+\cdots+{}_nC_{n-1}={}_nC_1+{}_nC_3+{}_nC_5+\cdots+{}_nC_n=2^{n-1}$

G 51 정답 ① ✪ 2등급 킬러 [정답률 13%]

단서1 스티커 A, B, C, D, E를 각각 회전하여 다른 모양이 되는 경우의 수는 1, 4, 4, 2, 1이야.

[그림 1]과 같이 5개의 스티커 A, B, C, D, E는 각각 흰색 또는 회색으로 칠해진 9개의 정사각형으로 이루어져 있다. 이 5개의 스티커를 모두 사용하여 [그림 2]의 45개의 정사각형으로 이루어진 ✚ 모양의 판에 빈틈없이 붙여 문양을 만들려고 한다. [그림 3]은 스티커 B를 ✚ 모양의 판의 중앙에 붙여 만든 문양의 한 예이다.

단서2 예로 제시되는 경우를 눈여겨 봐야 해. 판의 중앙에 붙이면 단서2에서처럼 회전하여 다른 경우가 되는 것을 꼭 확인해.

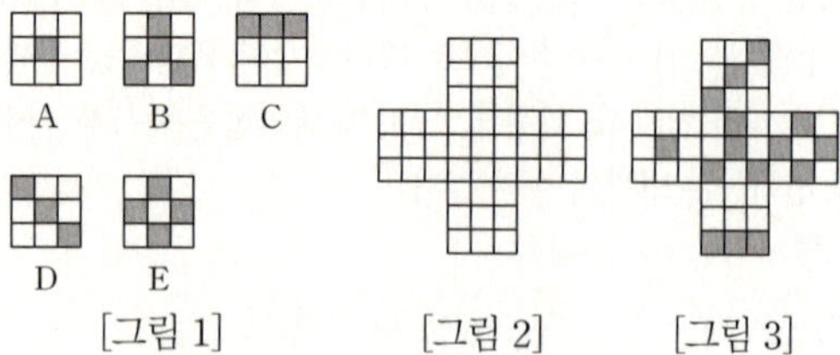

[그림 1] [그림 2] [그림 3]

다음은 5개의 스티커를 모두 사용하여 만들 수 있는 서로 다른 문양의 개수를 구하는 과정의 일부이다. (단, ✚ 모양의 판을 회전하여 일치하는 것은 같은 것으로 본다.)

단서3 회전해서 일치하는 경우는 같은 것으로 보니까 중앙에 붙이는 스티커를 먼저 정하고 나머지 4군데에 붙일 스티커의 경우의 수를 원순열로 따져보자.

> ✚ 모양의 판의 중앙에 붙이는 스티커에 따라 다음과 같이 3가지 경우로 나눌 수 있다.
>
> (i) A 또는 E를 붙이는 경우 ⇒ 회전해도 같은 모양이야.
> 나머지 4개의 스티커를 붙일 위치를 정하는 경우의 수는 $3!$
> 이 각각에 대하여 4개의 스티커를 붙이는 경우의 수는 $1\times2\times4\times4$
> 그러므로 이 경우의 수는 $2\times3!\times32$
>
> (ii) B 또는 C를 붙이는 경우 ⇒ 회전하면 4가지 다른 모양이야.
> 나머지 4개의 스티커를 붙일 위치를 정하는 경우의 수는 (가)
> 이 각각에 대하여 4개의 스티커를 붙이는 경우의 수는 $1\times1\times2\times4$
> 그러므로 이 경우의 수는 $2\times$(가)$\times8$
>
> (iii) D를 붙이는 경우 ⇒ 회전하면 2가지 다른 모양이야.
> 나머지 4개의 스티커를 붙일 위치를 정하는 경우의 수는 (나)
> 이 각각에 대하여 4개의 스티커를 붙이는 경우의 수는 (다)
> 그러므로 이 경우의 수는 (나)$\times$(다)

위의 (가), (나), (다)에 알맞은 수를 각각 a, b, c라 할 때, $a+b+c$의 값은? (4점)

① 52 ② 54 ③ 56
④ 58 ⑤ 60

✪ 이 문제는 다양한 모양의 스티커 A, B, C, D, E를 ✚ 모양 판에 붙여서 다른 모양을 만드는 경우의 수를 구해야 한다.
이를 위해서는 중앙에 붙이는 스티커가 어떤 종류인지(회전하였을 때, 같은 모양이 나오는지 90° 회전할 때마다 다른 모양이 나오는지 180° 회전할 때마다 다른 모양이 나오는지)에 따라 나누고 위, 아래, 옆으로 붙인 스티커가 각각 회전하는 경우에 다른 모양을 갖는지를 따져보는 것이 이 문제의 키포인트이다.

[풀이 단서 체크]

❶ 먼저, 스티커 A, B, C, D, E를 회전하여 다른 모양이 되는 경우의 수는 스티커 A, E는 4면이 동일하여 네 방면으로 회전시켜도 같은 모양이므로 각각 1이고, 스티커 B, C는 네 방면으로 회전할 때 모양이 모두 다르므로 4이다. 스티커 D는 시계방향으로 180° 회전할 때와 처음 모양이 같으므로 가능한 경우의 수는 2이다. ⇒ 단서1

❷ 이제, 예를 살펴보면 중앙에는 스티커 B가 붙어 있고, 그 옆에 스티커 A와 E가, 위 아래로 스티커 D와 C가 붙어 있음을 볼 수 있다. 중앙에 붙어 있는 스티커 B가 90° 회전하고 스티커 A, C, D, E의 위치가 그대로라면 다른 경우가 된다. 스티커 A, C, D, E가 스티커 B와 같이 90° 회전하여 같이 움직인다면 같은 경우가 된다. ⇒ 단서2

❸ 마지막으로, 회전하여 일치하는 것은 같은 것으로 보므로 중앙에 위치한 스티커만 회전하였을 때 중복이 되는 것을 고려해야 한다. 따라서 중앙에 오는 스티커를 회전하였을 때 다른 모양이 되는 경우로 분류하여 계산해야 한다. 만약, 중앙에 스티커 A가 온다면 판 전체를 회전하는 것과 중앙의 스티커를 회전하는 것의 차이는 없다. 중앙에 스티커 C가 온다면 판 전체를 회전하는 것과 중앙의 스티커를 회전하는 것은 각각 다른 경우이다.
예를 들어, 가운데 스티커 C를 놓고, 스티커 A, B, E, D를 나머지 부분에 놓은 다음
① 판 전체를 회전한 경우 ② 가운데 스티커 C만 회전한 경우를 비교하면 다른 경우임을 알 수 있다.

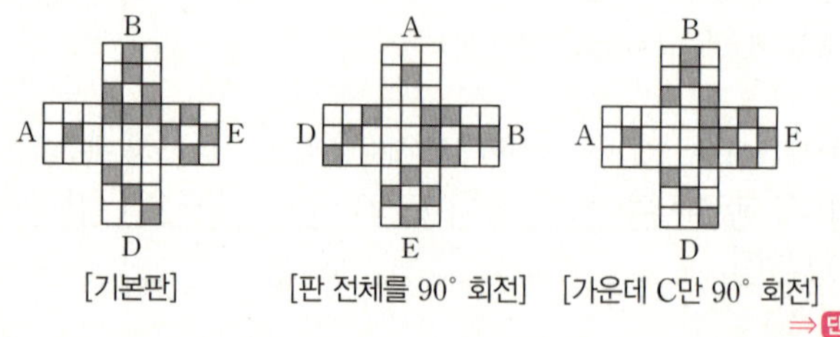

[기본판] [판 전체를 90° 회전] [가운데 C만 90° 회전] ⇒ 단서3

주의 중앙뿐만 아니라 네 방면 각각에서 스티커가 회전하는 경우의 수도 고려해야 한다.

핵심 정답 공식: 원에서 서로 다른 대상 n개를 배열하는 방법의 수는 $(n-1)!$임을 이용한다.

[문제 풀이 순서]

* 원순열을 활용하여 복잡한 스티커를 나열하는 경우의 수 구하기

1st 스티커 A, B, C, D, E에서 회전해서 같은 경우와 4가지 다 다른 경우를 구분하자.

✚ 모양의 판의 중앙에 붙이는 스티커의 특징에 따라 다음과 같이 3가지 경우로 나눌 수 있다.

함정 어떻게 경우를 나눈 건지 의아할 수 있어. 중앙에 붙인 스티커가 회전했을 때 같은 경우가 몇 개 생기는지를 기준으로 나눠서 풀어봐.

(i) A 또는 E를 붙이는 경우
회전해도 같은 모양인 스티커야.
나머지 4개의 스티커를 붙일 위치를 정하는 경우의 수는 원순열이므로 $(4-1)!=3!$ ⋯ ㉠
회전하여 일치하는 것을 같은 것으로 볼 때 적용해.
각각에 대하여 4개의 스티커를 붙이는 경우의 수는
$1\times2\times4\times4$ 중앙에 붙인 스티커를 제외한 A 또는 E는 1, D는 2, B 또는 C는 4
그러므로 이 경우의 수는 $2\times3!\times32$

(ii) B 또는 C를 붙이는 경우
네 방면으로 회전하면 모양이 모두 달라.

나머지 4개의 스티커를 붙일 위치를 정하는 경우의 수는

$4\times(4-1)!=4\times3\times2\times1=$ 24 ←(가)

↳나머지 4개의 스티커를 붙이는 경우의 수는 ㉠의 경우의 수와 동일해.

→중앙에 스티커 B를 붙일 경우 회전하면 다음과 같이 서로 다른 4가지 모양이 생길 수 있으므로 4를 곱해야 해.

이 각각에 대하여 4개의 스티커를 붙이는 경우의 수는

$1\times1\times2\times4$ A 또는 E는 1, 중앙에 붙인 스티커를 제외한 B 또는 C는 4, D는 2

그러므로 이 경우의 수는 $2\times$ 24 $\times8$

2nd 스티커 D는 회전하면 두 가지의 모양이 생긴다는 것을 생각하자.

(iii) D를 붙이는 경우

나머지 4개의 스티커를 붙일 위치를 정하는 경우의 수는

$2\times3!=$ 12 ←(나)

중앙에 스티커 D를 붙일 경우 회전하면 다음과 같이 서로 다른 2가지 모양이 생길 수 있으므로 2를 곱해야 해.

이 각각에 대하여 4개의 스티커를 붙이는 경우의 수는

$1\times4\times4\times1=$ 16 ←(다)

A 또는 E는 1, B 또는 C는 4

그러므로 이 경우의 수는

12 $\times$ 16

따라서 $a=24$, $b=12$, $c=16$이므로

$a+b+c=24+12+16=52$

1등급 풀이 Tip

원순열과 관련된 문제에는 회전하여 일치하는 경우가 얼마나 되는지 따져보아야 한다. 주어진 예시를 최대한 활용하여 정사각형 모양의 스티커를 90°씩 돌려가며 겹치는 경우가 얼마나 되는지 따져볼 수 있다. 이 문제 같은 경우 중앙에 어떤 스티커가 오든 어떤 한 경우는 네 방향으로 회전할 수 있으므로 최대로 일치하는 경우의 수는 4이다.

전체 경우의 수를 간단히 구해 보자.

회전하여 일치하는 것을 고려하지 않을 때, 스티커 A, B, C, D, E를 나열하는 방법의 수는 5!이고, 나열된 각 스티커를 회전하는 방법은 각각 1, 4, 4, 2, 1이므로 경우의 수는 $5!\times32$이다. 회전하여 일치하는 경우는 4이므로 구하는 경우의 수는 $5!\times8$이다.

My Top Secret

원순열과 관련된 문제에서는 회전하여 일치하는 것은 같은 것으로 본다는 조건이 항상 따라 나와. 그래서 이 조건을 보면 원순열을 떠올리고, 특정 상황에서 회전하였을 때 일치하는 경우가 얼마나 되는지 따져보고, 그것이 상황마다 다른지도 따져봐야 해.

G 52 정답 ④

✪ 2등급 킬러 [정답률 15%]

그림과 같이 정팔각형을 8등분하고 있는 합동인 이등변삼각형에 흰색 또는 검은색을 칠하여 정팔각형을 네 부분으로 구분하려고 한다. 이때, 서로 다른 모양으로 색칠하는 방법은 모두 몇 가지인가? (단, 회전에 의하여 겹쳐지는 모양은 같은 것으로 본다.) (4점)

단서
총 8개의 영역이고, 이 영역을 4부분으로 나누기 위해서는 같은색을 중복하거나 이웃하여 칠해지는 경우가 생기지? 한 색을 기준으로 잡아 1칸, 2칸, 3칸, 4칸, 5칸을 칠하는 경우로 나누어 생각해 보자.

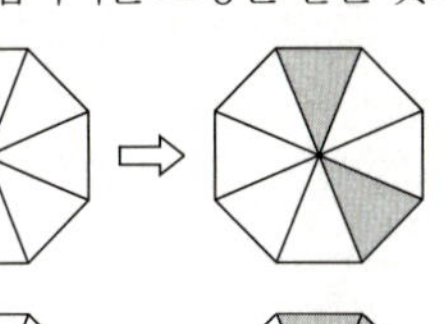

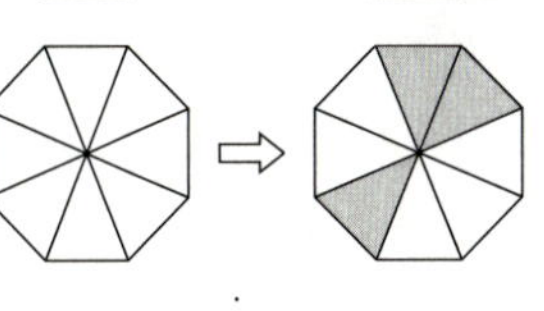

① 16 ② 17 ③ 18 ④ 19 ⑤ 20

✪ 이 문제는 두 가지 종류의 색상으로 영역을 네 부분으로 구분하는 서로 다른 경우의 수를 구해야 한다. 이를 위해서는 회전했을 때 동일한 모양이 나오는 경우의 수를 주의한다.

[풀이 단서 체크]

❶ 먼저, 8개의 영역을 흰색 또는 검은색을 이용하여 4개의 부분으로 구분하려면 같은 색상이 연속으로 칠해져야함을 알 수 있다.

❷ 이제, 두 가지 색상 중 특정 색상을 기준으로 그 색상이 몇 번 연속해서 칠해지는지에 따라 상황을 분류하고 각각의 상황에서 회전했을 때 동일한 경우를 제외해가면서 경우의 수를 따져야 한다. ⇒ 단서2

❸ 마지막으로, 정팔각형의 특징에 따라 회전시키면 같은 경우가 나오는 경우는 제외시킨다.

주의 검은색이 이웃하는 칸의 개수에 따라 분류하고 경우의 수를 따질 때, 연속해서 칠해지는 개수가 같은 부분이 두 개 등장하는 상황을 주의해야 한다. 예를 들어, (i)에서 한 칸 칠해진 검은색 영역이 두 번 등장할 때와 (ii)에서 두 칸 칠해진 검은색 영역이 두 번 등장할 때는 회전시 같은 모양이 나오는 경우가 각각 발생하므로 주의하도록 한다.

핵심 정답 공식: 검은색이 이웃하는 칸 개수에 따라 나눠본다. 0개부터 5개까지 가능하다.

[문제 풀이 순서]

* 회전에 의하여 겹쳐지는 모양을 주의하며 영역 구분하기

1st 검은색이 한 칸 이상 이웃하는 칸이 없도록 그림을 그려보자.

정팔각형을 8등분하는 합동인 이등변삼각형을 네 부분으로 구분하면서 검은색과 흰색을 칠할 때, 우선 한 칸에 검은색을 칠해 보자. 시계 반대 방향으로 한 칸, 두 칸, 세 칸에 흰색을 칠하고 다시 검은색을 한 칸, 두 칸, 세 칸에 칠해 가면서 가능한 모든 방법의 수를 구하면 3가지이다.

(i) 검은색이 이웃하는 칸이 없는 경우

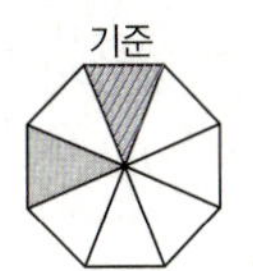

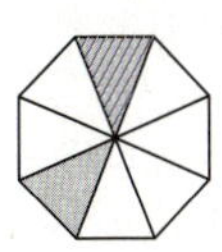

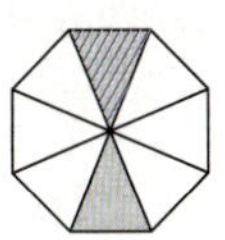

2nd 검은색이 이웃하는 칸이 두 개, 세 개, 네 개, 다섯 개가 되도록 그림을 그려 보자.

실수 각 경우마다 빼먹거나 중복되지 않게 세는게 중요해.

(ii) 검은색이 이웃하는 칸이 두 개인 경우

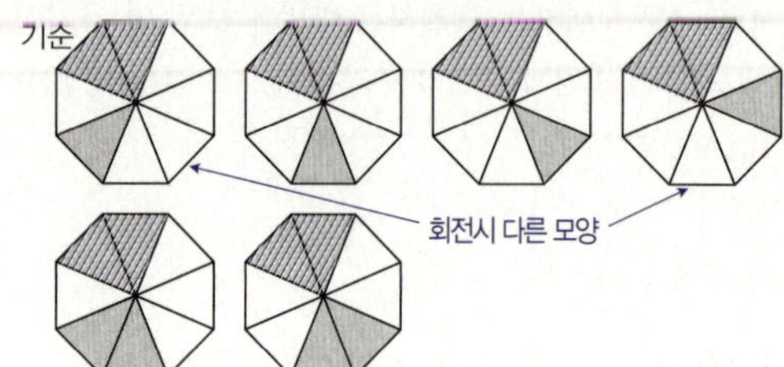

(iii) 검은색이 이웃하는 칸이 세 개인 경우

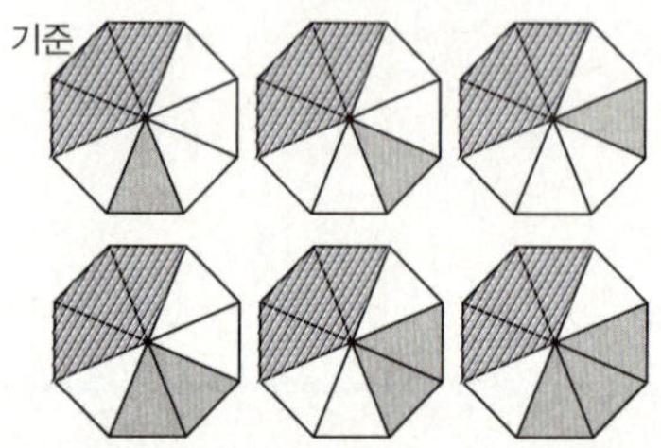

(iv) 검은색이 이웃하는 칸이 네 개인 경우

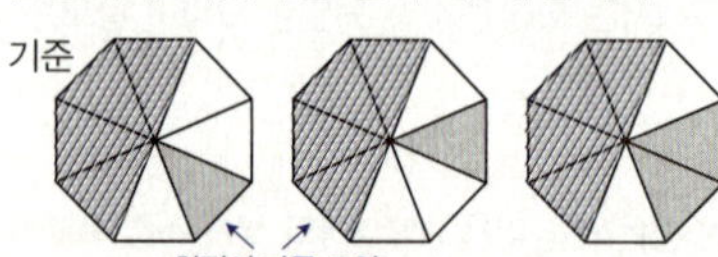

(v) 검은색이 이웃하는 칸이 다섯 개인 경우

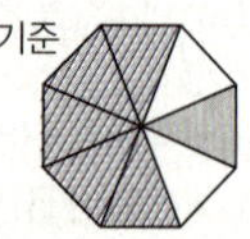

따라서 구하는 방법의 수는 $3+6+6+3+1=19$이다.

톡톡 풀이

같은 색으로 연속하여 칠해지는 개수에 따라 상황을 분류해보자.
8개의 영역을 4개의 부분으로 나누려면
$(1,\ 1,\ 1,\ 5)$, $(1,\ 1,\ 2,\ 4)$, $(1,\ 1,\ 3,\ 3)$, $(1,\ 2,\ 2,\ 3)$,
$(2,\ 2,\ 2,\ 2)$의 5가지 경우가 나와. 개수를 각각의 원소로 생각하고 4개 원소로 원순열을 세우는 경우의 수를 고려한 후 흰색과 검은색이 각 부분들에 번갈아 칠해질 수 있는 경우의 수를 곱해줘야 해. 첫 번째 경우로 원순열을 세우는 경우의 수는 1가지이고 색상을 칠하는 경우의 수는 2가지이므로 첫 번째 상황의 경우의 수는 $1\times2=2$야.
(i)의 첫 번째 경우와 (v)의 경우 2가지를 의미해.
마찬가지로 각각의 상황마다 진행해주면 $(1,\ 1,\ 2,\ 4)$인 경우는 $3\times2=6$, $(1,\ 1,\ 3,\ 3)$인 경우는 $2\times2=4$, $(1,\ 2,\ 2,\ 3)$인 경우는 $3\times2=6$, $(2,\ 2,\ 2,\ 2)$인 경우는 $1\times1=1$이야.
따라서 가능한 경우의 수는 $2+6+4+6+1=19$야.

1등급 풀이 Tip

경우의 수를 구할 때, 기준을 잘 잡아야 빠뜨리거나 중복없이 경우의 수를 파악할 수 있다. 8영역을 각각 A, B, C, D, E, F, G, H라 두고, A영역에 검은색, C영역에 검은색, 나머지는 흰색을 칠하면 4영역으로 나뉘게 됨을 알 수 있다. 그다음 AB영역에 검은색, D영역에 검은색, 나머지는 흰색을 칠하면 또 4영역으로 나뉘게 됨을 알 수 있다. 이처럼, 검은색을 한 칸 이상 이웃하지 않게 칠하는 경우와 이웃하는 칸이 2개 또는 3개 또는 4개 또는 5개인 경우로 각각 나누어서 경우의 수를 구해야 빠뜨리거나 중복없이 셀 수 있다.

G 53 정답 243

1등급 킬러 [정답률 5%]

1부터 9까지의 자연수가 하나씩 적혀 있는 9개의 공이 주머니에 들어 있다. 이 주머니에서 공을 한 개씩 모두 꺼낼 때, i번째$(i=1,\ 2,\ \cdots,\ 9)$ 꺼낸 공에 적혀 있는 수를 a_i라 하자. $1<p<q<9$인 두 자연수 p, q에 대하여 a_i가 다음 조건을 만족시킨다. 단서1 $a_i<a_{i+1}$, $a_i>a_{i+1}$, $a_i<a_{i+1}$은 a_i들의 순서에 대한 정보지? 경우의 수 입장에서 순서가 정해져 있다면 수를 뽑는 경우만 생각해 주면 되겠지?

(가) $1\le i<p$이면 $a_i<a_{i+1}$이다. ⇐ 증가
(나) $p\le i<q$이면 $a_i>a_{i+1}$이다. ⇐ 감소
(다) $q\le i<9$이면 $a_i<a_{i+1}$이다. ⇐ 증가

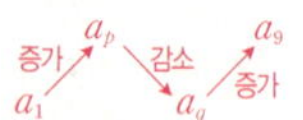

단서2 남은 공 3, 4, 5, 6, 7을 나누는 경우를 생각해야 해.
$a_1=2$, $a_p=8$인 모든 경우의 수를 구하시오. (단, 꺼낸 공은 다시 넣지 않는다.) (4점)

이 문제는 중복순열을 이용하여 공을 세 묶음으로 나누는 방법의 수를 구해야 한다.
이를 위해서는 조건 (가), (나), (다)와 이 주머니에서 공을 한 개씩 모두 꺼낸다는 점을 바탕으로 $a_1=2$와 $a_p=8$이 의미하는 바를 따져보는 것이 이 문제의 키포인트이다.

[풀이 단서 체크]

❶ 먼저, 이 주머니에서 공을 한 개씩 모두 꺼내므로 a_n의 최솟값이 1, 최댓값이 9임을 알 수 있다. a_n에서 $1\le n\le p$일 때 a_1이 가장 작고, $q\le n\le 9$일 때 a_q가 가장 작으므로 a_n의 최솟값은 a_1이거나 a_q임을 알 수 있다.
같은 방법으로 a_n의 최댓값은 a_p이거나 a_9임을 알 수 있다.

❷ 이제, a_n의 최솟값은 a_1이거나 a_q인데, a_n의 최솟값이 1이고 $a_1=2$이므로 $a_q=1$이고 같은 방법으로 $a_9=9$임을 알 수 있다.

❸ 마지막으로, $2=a_1<a_2<\cdots<a_p=8$, $8=a_p>a_{p+1}>\cdots>a_q=1$, $1=a_q<a_{q+1}<\cdots<a_9=9$이고 나열하는 순서가 정해져 있으므로 구하는 경우의 수와 남은 다섯 개의 숫자 3, 4, 5, 6, 7이 적힌 공을 서로 다른 세 주머니에 나누어 넣는 경우와 같다. ⇒ 단서1, 단서2

주의 $p=2$이거나 $q=p+1$일 수 있으며 $q=8$일 수도 있다. 즉, 다섯 개의 숫자가 적힌 공을 서로 다른 세 주머니에 나누어 넣지만 공이 하나도 들어 있지 않은 주머니가 있을 수 있다.

핵심 정답 공식: $a_q=1$, $a_9=9$이므로 나머지 5개의 공을 세 구간 중 한 구간에 배열한다.

[문제 풀이 순서]

* $a_1=2$, $a_p=8$이 의미하는 바를 파악하여 중복순열로 경우의 수 구하기

1st $a_n=1$과 $a_m=9$가 되는 n과 m의 값을 각각 구해.

a_1부터 a_p까지는 커지고 ⇐ (가)에 의하여 $a_1<a_p$
a_p부터 a_q까지는 작아지고 ⇐ (나)에 의하여 $a_p>a_q$
a_q부터 a_9까지는 커지므로 ⇐ (다)에 의하여 $a_q<a_9$
$a_n=1$인 경우는 $a_n<a_1$이므로 $a_n=a_q$뿐이다. $\therefore a_n=a_q=1$
$a_m=9$인 경우는 a_q에서 a_9 중 가장 큰 수이므로 $a_m=a_9=9$

따라서 $a_1=2$이므로 $a_q=1$이고,
2보다 작은 자연수이지? 즉, 1이야!
주의 a_q가 $p\le i<9$에서 최솟값이 되어야해.

$a_p=8$이므로 $a_9=9$이다.
8보다 큰 자연수이지? 즉, 9야!
주의 $1\le i<q$에서 $a_p=8$이 최댓값이기 때문에 이 범위의 a_i에는 9가 없어.

2nd 남은 공이 들어갈 수 있는 경우의 수를 구해.

a_1부터 $a_p=8$까지를 A묶음, $a_p=8$부터 $a_q=1$까지를 B묶음,
$a_q=1$부터 $a_9=9$까지를 C묶음이라 하면
A, B, C의 묶음 안에 있는 수는 순서가 정해져 있으므로
(A는 커지는 순서, B는 작아지는 순서, C는 커지는 순서)이니까 세 묶음에 배정하는 경우만 생각하면 되네.
A, B, C의 묶음에 수를 배정하면 더 이상의 경우의 수가 생기지 않는다.
따라서 남은 공 3, 4, 5, 6, 7의 5개가 각각 A, B, C의 묶음을 선택하는
[중복순열의 수] 서로 다른 n개를 중복을 허락하여 r개 선택하는 순열의 수, 즉 ${}_n\Pi_r=n^r$
경우의 수만 따지면 되므로 $3^5=243$

실수 A, B, C 묶음에 몇 개의 수가 들어가는지는 정해져있지 않기 때문에 중복순열을 사용해야 해.

톡톡 풀이

구하는 경우의 수는 $a_1=2$, $a_p=8$, $a_q=1$, $a_9=9$가 적힌 4개의 공을 제외한 5개의 공을 첫 번째와 p번째 사이, p번째와 q번째 사이, q번째와 9번째 사이로 나누는 경우의 수와 같아.

$$\begin{aligned}&{}_5C_0\times({}_5C_0\times{}_5C_5+{}_5C_1\times{}_4C_4+{}_5C_2\times{}_3C_3+{}_5C_3\times{}_2C_2+{}_5C_4\times{}_1C_1+{}_5C_5\times1)\\&+{}_5C_1\times({}_4C_0\times{}_4C_4+{}_4C_1\times{}_3C_3+{}_4C_2\times{}_2C_2+{}_4C_3\times{}_1C_1+{}_4C_4\times1)\\&+{}_5C_2\times({}_3C_0\times{}_3C_3+{}_3C_1\times{}_2C_2+{}_3C_2\times{}_1C_1+{}_3C_3\times1)\\&+{}_5C_3\times({}_2C_0\times{}_2C_2+{}_2C_1\times{}_1C_1+{}_2C_2\times1)\\&+{}_5C_4\times({}_1C_0\times{}_1C_1+{}_1C_1\times1)\\&+{}_5C_5\times(1\times1)=243\end{aligned}$$

[1등급 심화 특강]

〈특정한 숫자를 제시한 조건에 주목하기〉

마지막에 주어진 $a_1=2$, $a_p=8$이라는 조건이 단순히 계산을 위한 숫자가 아님을 눈치채야 한다. 이것은 특정한 상황에서만 성립하는 조건으로, 이런 조건이 주어진다는 것은 특정한 상황을 주어진 조건들로부터 알아낸 후 문제를 간단하게 만들어낼 수 있는지를 묻고자 한 것이다.
조건이 단순하게 생겼어도 그 의미를 깊게 고민해 보아야 한다.

My Top Secret

이런 문제는 확실히 이해하는 게 중요해. 문제를 읽고 자신만의 방법으로 정리해서 한눈에 들어오게 하는 게 중요하지.
이 문제는 $i=1$에서 $i=p$까지 증가, $i=p$에서 $i=q$까지 감소, $i=q$에서 $i=9$까지 증가이므로 1과 9가 들어갈 곳이 자동으로 정해지지? 이렇게 단순히 정리만 했을 뿐인데 풀이과정이 쉽게 보이는 경우가 많아.

조합의 수 개념·공식

① ${}_nC_r=\dfrac{{}_nP_r}{r!}=\dfrac{n!}{r!(n-r)!}$
② ${}_nC_r={}_nC_{n-r}$
③ ${}_nC_0=1$
④ ${}_nC_n=1$

G 54 정답 296 — 1등급 킬러 [정답률 5%]

오른쪽 그림과 같이 이웃한 두 교차로 사이의 거리가 모두 같은 도로망이 있다. 철수가 집에서 도로를 따라 최단거리로 약속장소인 도서관으로 가다가 어떤 교차로에서 약속장소가 서점으로 바뀌었다는 연락을 받고 곧바로 도로를 따라 최단거리로 서점으로 갔다.❶ 집에서 서점까지 지나 온 길이 같은 경우 하나의 경로로 간주한다. 예를 들어, [그림 1]과 [그림 2]는 연락받은 위치는 다르나, 같은 경로이다.

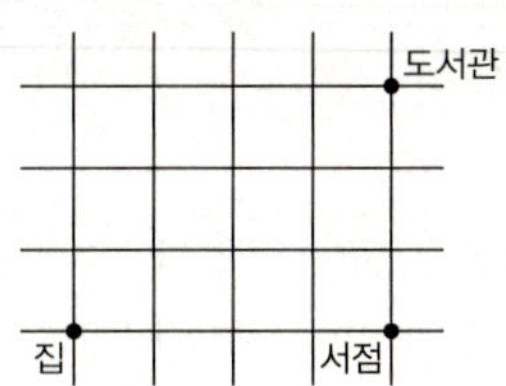

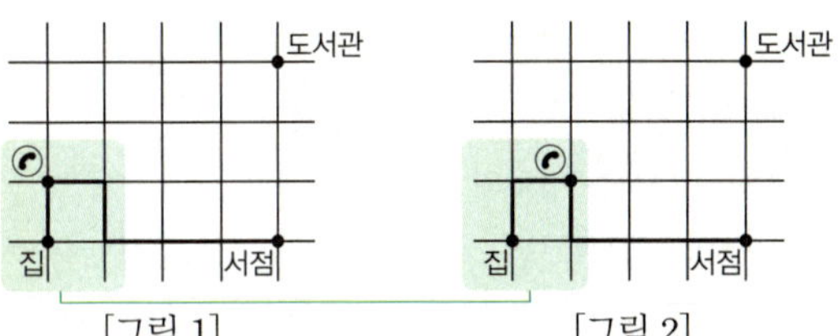

[그림 1] [그림 2]

함정 연락을 받는 시점에 집으로부터 위쪽으로 한 번 올라온 경우, 연락을 받은 이후에는 아래쪽으로 한 번 내려가야 해. 즉, 연락을 받기 전에는 아래쪽으로 이동하지 않으며 연락을 받은 후에는 위쪽으로 이동하지 않아. 결국 위쪽으로 이동하는 것과 아래쪽으로 이동하는 것에는 순서가 정해져 있고, 위쪽으로 올라간 만큼 아래쪽으로 내려가야 함을 확인해야 해.

철수가 집에서 서점까지 갈 수 있는 모든 경로의 수를 구하시오. (단,❷ 철수가 도서관에 도착한 후에 서점으로 가는 경우도 포함한다.) (4점)

단서 예를 가지고, 단서 ❶의 의미를 파악해 봐야 해. 가로 4칸, 세로 2칸인 도로망의 경우의 수가 보이니? 단서 ❷도 주의해서 빠짐없이 구하자.

✪ 이 문제는 최단거리로 이동하는 경로의 수를 구해야 한다.
이를 위해서는 집으로부터 위쪽으로 얼마나 이동하여 연락을 받는지에 따라 경우를 나누어 따져보는 것이 이 문제의 키포인트이다.

[풀이 단서 체크]

❶ 먼저, 서점은 집으로부터 오른쪽으로 4칸, 도서관은 집으로부터 오른쪽으로 4칸, 위쪽으로 3칸 떨어져 있다. 즉, 도서관을 향하여 이동하다가 서점을 향하여 이동하여도 최단거리로 이동하는 경로에서는 왼쪽으로 이동하지 않는다.
❷ 이제, 집과 서점은 가로로 같은 위치에 있으므로 약속 장소가 바뀌었다는 연락을 받는 시점에 집으로부터 위쪽으로 올라간 만큼 다시 아래쪽으로 내려와야 서점으로 갈 수 있으므로 집으로부터 위쪽으로 얼마나 올라가서 연락을 받는지 나누어 따져볼 필요가 있다.
❸ 마지막으로, 원래 서점의 위치가 아니라 연락 받은 교차로를 기준으로 대칭된 서점으로 가는 최단 경로를 구하면 된다. ⇒ 단서

주의 집에서 서점까지 지나 온 길이 같은 경우, 하나의 경로로 간주하므로 연락을 받는 정확한 장소보다 경로 자체만 고려하면 된다.

핵심 정답 공식: 연락을 받았을 때, 몇 번째 가로줄 위에 있었는지에 따라 경우를 나눌 수 있다.

[문제 풀이 순서]

* 경로를 대칭시켜 최단 경로의 수 구하기

1st 여러 번의 시행을 통해 아래 그림에서 규칙을 관찰해.

연락받은 교차로가 각각 l_0, l_1, l_2, l_3의 선 위에 각각 있고, 서점으로 이동할 때 위, 아래 이동한 횟수가 같은 것을 확인할 수 있다.

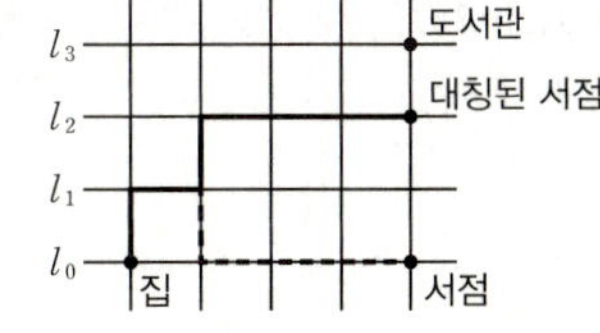

즉, 연락 받은 교차로가 $l_i(i=0, 1, 2, 3)$에 있는 경우 l_i를 기준으로 서점을 대칭시켜 집에서 대칭된 서점까지 최단거리로 가는 경로를 구하면 된다. 다음과 같이 l_1을 기준으로 대칭된 서점까지의 최단거리를 생각해 볼 수 있다.

주의 대칭된 경로라는 표현이 어렵다면 철수가 l_i까지 갔다가 서점으로 오는 경로라고 생각하면 돼.

(i) 연락 받은 교차로가 l_0에 있는 경우 : 1가지

(ii) 연락 받은 교차로가 l_1에 있는 경우 :

l_1을 기준으로 대칭된 서점이 l_2 위에 있으므로

→ 집과 서점이 같은 행에 있고 l_i을 거쳐 가야 할 때, 그림과 같이 대칭된 서점을 잡아 계산해.

$\frac{6!}{4!2!}=15$(가지)

마찬가지로

(iii) 연락 받은 교차로가 l_2에 있는 경우 : $\frac{8!}{4!4!}=70$(가지)

(iv) 연락 받은 교차로가 l_3에 있는 경우 : $\frac{10!}{4!6!}=210$(가지)

(i)~(iv)에 의하여 구하는 경로의 수는

$1+15+70+210=296$

[1등급 심화 특강]

〈최단 경로를 구할 때 대칭 활용하기〉

복잡한 상황에서 두 지점의 최단거리를 구할 때 한 지점을 기준으로 대칭시켜 상황을 간단하게 만들 수 있다. 어느 직선이 있고 같은 편에 두 점이 있을 때 직선 위의 점과 각 두 점 사이의 거리의 합의 최솟값을 구하는 문제에서 비슷한 논리가 사용된 것이 기억날 것이다. 이 문제도 마찬가지로 서점을 직선 $l_i(i=0, 1, 2, 3)$에 대하여 대칭시켜 집에서 새롭게 대칭된 서점으로 가는 최단 경로를 각각 구할 수 있다.

예를 들어, 직선 l_2에서 전화를 받은 경우 [그림 3]의 점 A에서 직선 l을 거쳐 점 B로 가는 최단 경로의 수는 점 A에서 점 B′(점 B′은 점 B를 l에 대하여 대칭시킨 점)까지 최단 경로의 수와 같다. 즉, [그림 4]의 점 C에서 점 D로 가는 최단 경로의 수와 같게 된다.

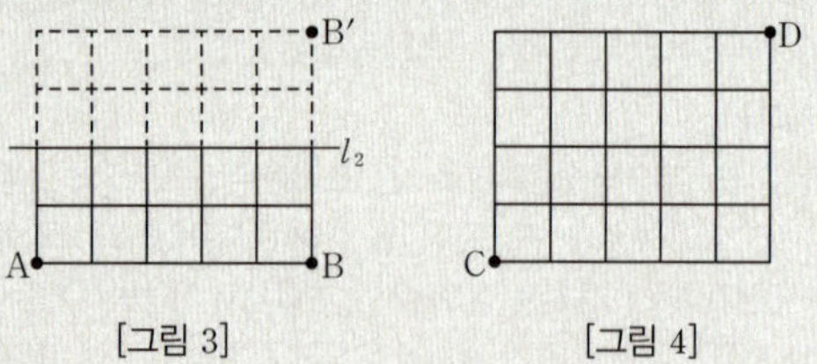

[그림 3] [그림 4]

My Top Secret

사실 최단거리 문제를 푸는 방법은 거의 정해져 있지. 어려운 문제라면 그 문제에 다른 유형을 섞어 놓았을 뿐이야.
그 섞어 놓은 부분을 찾아내기만 하면 푸는 방법은 같은 것이 있는 순열을 이용하는 것으로 정해져 있어.

최단 경로의 개수 개념·공식

A에서 B까지 가로 방향의 칸의 수가 m개, 세로 방향의 칸의 수가 n개일 때, 같은 것이 m개, n개 있는 순열의 수로

$\frac{(m+n)!}{m!n!}$

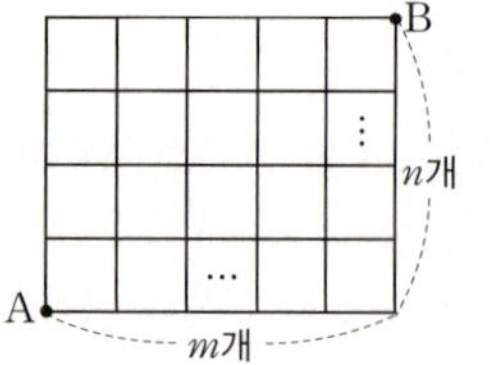

G 55 정답 40

✪ 2등급 킬러 [정답률 15%]

그림과 같이 바둑판 모양의 도로망이 있다. 이 도로망은 정사각형 R와 같이 한 변의 길이가 1인 정사각형 9개로 이루어진 모양이다.

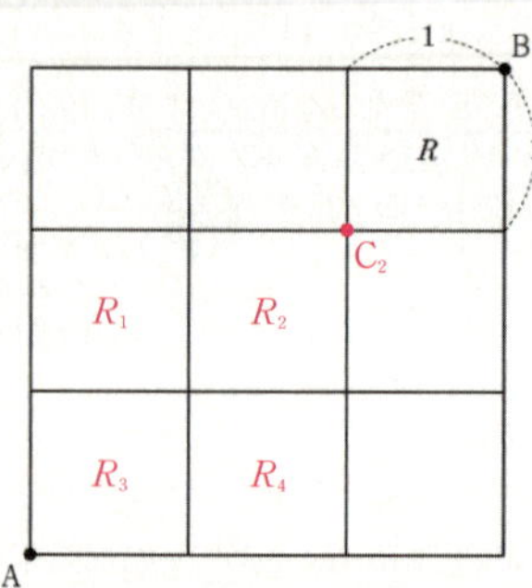

이 도로망을 따라 최단거리로 A 지점에서 출발하여 B 지점을 지나 다시 A 지점까지 돌아올 때, 다음 조건을 만족시키는 경우의 수를 구하시오. (4점)

단서 1 최단거리로 나아갈 때, A → B, B → A에서 각각 어느 방향으로 갈 수 있을까?

(가) 정사각형 R의 네 변을 모두 지나야 한다.
(나) 한 변의 길이가 1인 정사각형 중 네 변을 모두 지나게 되는 정사각형은 오직 정사각형 R뿐이다.

단서 2 R의 네 변을 모두 지날 수 있는 방법은 2가지야. A → B로 갈 때, 사각형 R의 아랫 부분을 택하면 B → A로 돌아올 때는 반드시 윗 부분을 택해야 하고, A → B로 갈 때, 윗 부분을 택하면 돌아올 때는 아랫 부분을 택해야 하기 때문이지.

✪ 이 문제는 정사각형의 네 변을 지나는 최단 경로를 구해야 한다.
이를 위해서는 나머지 정사각형의 네 변에 대하여 지나갔던 길을 또 지나갈 수 있는, 중복하여 지나는 경우를 따져보는 것이 이 문제의 키포인트이다.

[풀이 단서 체크]

❶ 먼저, 최단거리로 A 지점에서 B 지점까지 갈 때, 오른쪽과 위쪽 방향으로만 갈 수 있고, B 지점에서 A 지점까지 갈 때, 왼쪽과 아래쪽 방향으로만 갈 수 있다. ⇒ 단서 1

❷ 이제, A 지점에서 B 지점으로 갈 때 정사각형 R의 변 중 지날 수 있는 변의 개수는 최대 2이다. 따라서 정사각형 R의 네 변을 모두 지나기 위해서는 A 지점에서 B 지점으로 갈 때 2개의 변, B 지점에서 A 지점으로 갈 때 2개의 변을 지나야 한다.

❸ 마지막으로, 단서 1에서 A 지점에서 B 지점까지 갈 때 오른쪽과 위쪽 방향으로만 갈 수 있다고 했으므로 2개의 변을 지나는 방법은 2가지이다. 정사각형 왼쪽 아래 꼭짓점에서 출발하여 위쪽으로 한 번 오른쪽으로 한 번 움직이는 경우와, 오른쪽으로 한 번 위쪽으로 한 번 움직이는 경우이다.

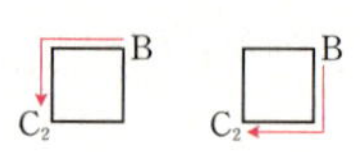

B 지점에서 A 지점으로 갈 때는 A 지점에서 B 지점으로 갈 때 지나온 정사각형 R의 두 변을 거치면 네 변을 다 지날 수 없으므로 지나지 않은 두 변을 지나면 된다. ⇒ 단서 2

주의 $A \to C_2 \to B \to C_2 \to A$의 경로에 대하여 R_1, R_2, R_3, R_4의 네 변을 지나는 경우 중 동시에 두 정사각형의 네 변을 지나는 경우가 있으므로 주의해야 한다.

핵심 정답 공식: A 지점에서 B 지점까지 최단거리로 가는 경우의 직사각형의 좌측 아래에 A, 우측 위에 B가 위치하고, 직사각형 내에 가로 m칸, 세로 n칸인 경로일 때 가로, 세로를 각각 같은 것으로 보면, 같은 것이 각각 m개, n개 있는 것을 일렬로 나열하는 순열의 수와 같다. 즉, $\frac{(m+n)!}{m!n!}$

[문제 풀이 순서]

* 특정한 정사각형의 네 변을 지나는 최단 경로 구하기

1st 공식을 적용하기 위해 중간 지점을 설정하자.

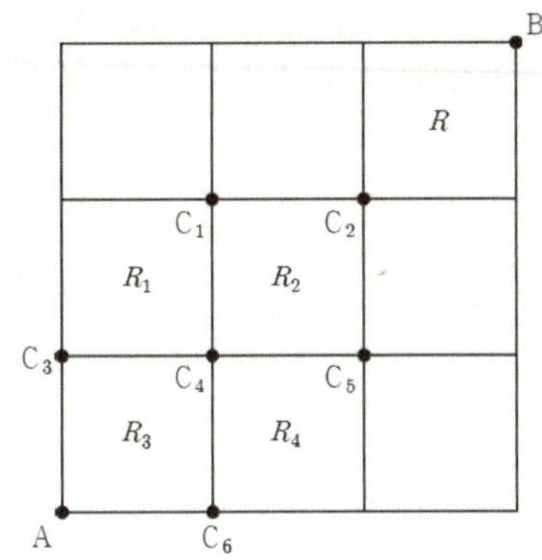

그림과 같이 6개의 점을 C_1, C_2, C_3, C_4, C_5, C_6, 4개의 정사각형 R_1, R_2, R_3, R_4라 하자.

조건에서 정사각형 R의 네 변을 모두 지나야 하기 때문에 점 B와 대각선에 위치한 점 C_2에 대하여 점 A에서 점 C_2를 지나는 경로에 대하여 살펴보자.

2nd 구하는 전체 경로를 세부 경로로 나누어 경우를 생각하자.

문제에서 구하는 경로는 $A \to C_2 \to B \to C_2 \to A$로 가는 최단 경로 중 조건을 만족시키는 경로이다.

(i) 조건 (가)를 만족시키는 $C_2 \to B \to C_2$의 경로

$C_2 \to B$의 경우의 수는 $\frac{2!}{1!1!}=2$이고,

$B \to C_2$의 경우의 수는 조건 (가)에 의하여 1이므로

$C_2 \to B \to C_2$의 경우의 수는 $2\times1=2$이다.

1번째 경우 : C_2 B C_2 B

2번째 경우 : C_2 B C_2 B

(ii) 조건 (나)를 만족시키는 $A \to C_2$와 $C_2 \to A$의 경로

전체 경우의 수는 전체 경우에서 제외되는 경우의 수를 구하여 답을 구하자.

$A \to C_2$, $C_2 \to A$의 경로의 수이므로 $\frac{4!}{2!2!}\times\frac{4!}{2!2!}=36$이다.

전체의 경우를 따질 때에는 왔던 길을 다시 가도 상관이 없지? 따라서 $A \to C_2$를 가는 경우와 $C_2 \to A$를 가는 경우를 각각 구하여 곱해주는 거야.

조건 (나)를 만족시키지 않는 경우를 살펴보자.

(a) 정사각형 R_1의 네 변을 모두 지나는 경우

$A \to C_3 \to C_1 \to C_2$, $C_2 \to C_1 \to C_3 \to A$의 순서로 이동하는 경우의 수는 $(1\times2\times1)\times(1\times1\times1)=2$

(b) 정사각형 R_2의 네 변을 모두 지나는 경우

$A \to C_4 \to C_2$, $C_2 \to C_4 \to A$의 순서로 이동하는 경우의 수는 $(2\times2)\times(1\times2)=8$

(c) 정사각형 R_3의 네 변을 모두 지나는 경우

$A \to C_4 \to C_2$, $C_2 \to C_4 \to A$의 순서로 이동하는 경우의 수는 $(2\times2)\times(2\times1)=8$

(d) 정사각형 R_4의 네 변을 모두 지나는 경우

$A \to C_6 \to C_5 \to C_2$, $C_2 \to C_5 \to C_6 \to A$의 순서로 이동하는 경우의 수는 $(1\times2\times1)\times(1\times1\times1)=2$

(e) 두 정사각형 R_2, R_3의 네 변을 모두 지나는 경우

$A \to C_4 \to C_2$, $C_2 \to C_4 \to A$의 순서로 이동하는 경우의 수는

$(2\times2)\times(1\times1)=4$

실수 경로의 지점을 이용해 경우를 나눌 때, 그 나눈 경우들 사이에 중복되거나 빠지는 경우가 없도록 경우를 나누도록 해야 해.

전체 경우에서 제외되는 경우를 찾는 거지?

(a)~(d)까지는 각 정사각형 R_1, R_2, R_3, R_4에 대하여 네 변을 모두 지나는 경우에 대하여 각각 알아봤어. (e)의 경우는 A 지점에서 출발하여 B 지점을 지나 다시 A 지점까지 돌아오는 방향성 때문에 두 정사각형 R_2, R_3의 네 변을 모두 지나는 경우도 생기기 때문에 제외시키기 위해 구해야 하는 거야. 이 부분을 놓치면 안돼.

즉, $A \to C_4 \to C_2$로 이동하는 경로를 빨간색으로, $C_2 \to C_4 \to A$로 이동하는 경로를 파란색으로 표현하면 다음의 4가지 경우가 있다.

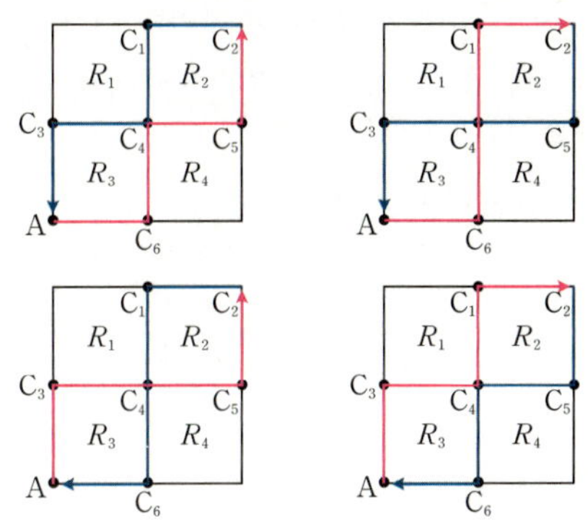

(a)~(e)에 의하여 $A \to C_2$, $C_2 \to A$의 순서로 이동할 때, 정사각형 중 네 변을 모두 지나는 정사각형이 없는 경우의 수는

$36-\{(2+8+8+2)-4\}=20$

(i), (ii)에 의하여 구하는 경우의 수는 곱의 법칙에 의하여

$2\times20=40$

1등급 풀이 Tip

정사각형 R의 네 변을 지나기 위해 항상 지나가야 하는 점의 위치를 찾은 뒤 나머지 작은 정사각형 8개 중 네 변을 모두 지나게 될 수 있는 정사각형을 골라내면, R_1, R_2, R_3, R_4가 나온다.

이들 정사각형의 네 변을 지나는 경로를 구하여 R의 네 변을 지나는 경우의 수에서 제외하면 R의 네 변만 지나는 경우의 수를 구할 수 있다.

G 56 정답 72

1등급 킬러 [정답률 9%]

단서1 그럼 학생 1명이 흰 공을 모두 받으면 남아 있는 빨간 공, 검은 공의 수는 어떻게 될까?

흰 공 2개, 빨간 공 3개, 검은 공 3개를 3명의 학생에게 남김없이 나누어 주려고 한다. 흰 공을 받은 학생은 빨간 공과 검은 공도 반드시 각각 1개 이상 받도록 나누어 주는 경우의 수를 구하시오. (단, 같은 색의 공은 서로 구별하지 않고, 공을 하나도 받지 못하는 학생은 없다.) (4점)

단서2 흰 공을 못 받는 학생은 무슨 색의 공을 받을 수 있을까?

이 문제는 8개의 공을 3명의 학생에게 남김없이 나누어 주되, 복잡한 조건을 만족시키도록 중복조합을 이용하여 구해야 한다.

이를 위해서는 흰 공을 받게 되는 학생 수를 기준으로 경우를 나누어서 빠지는 경우나 중복되는 경우가 없도록 따져보는 것이 이 문제의 키포인트이다.

[풀이 단서 체크]

❶ 먼저, 흰 공이 2개이고 빨간 공이 3개, 검은 공이 3개이고, 흰 공을 받은 학생은 빨간 공와 검은 공도 반드시 각각 1개 이상 받도록 나누어 준다고 하므로 흰 공을 받은 학생 수 1명 또는 2명으로 경우를 나눈다. ⇒ 단서1

❷ 이제, 조건에 맞게 흰 공을 나누어 준 학생에게도 빨간 공, 검은 공을 각각 1개씩은 먼저 나누어 주면 남은 빨간 공과 검은 공을 A, B, C 세 학생에게 나누어 주면 된다.

❸ 마지막으로, 공을 하나도 받지 못하는 학생이 없으므로 그런 경우의 수를 구해서 제외해줘야 한다. ⇒ 단서2

주의 학생 B, C가 공을 하나도 받지 못하는 경우를 따져서 제외시킬 때, B와 C가 동시에 공을 하나도 받지 못하는 경우의 수를 오히려 포함시켜야 하는 것을 주의한다.

핵심 정답 공식: 방정식 $x_1+x_2+\cdots+x_m=n$ (m, n은 자연수)에 대하여
① 음이 아닌 정수해의 개수 : ${}_mH_n$
② 자연수인 해의 개수 : ${}_mH_{n-m}$ (단, $n\geq m$)

[문제 풀이 순서]

* 흰 공 2개, 빨간 공 3개, 검은 공 3개 총 8개의 공을 A, B, C 세 학생에게 나누어 주는 경우의 수 구하기

1st 하나의 기준을 정해 경우를 나누자.

흰 공 2개로 개수가 가장 적고, 주어진 조건이 흰 공을 받은 학생은 빨간 공과 검은 공도 각각 1개 이상 받도록 되어 있으므로 3명의 학생에게 흰 공 2개를 먼저 나누어 주자.

흰 공을 몇 명이 받느냐에 따라 빨간 공과 검은 공 중 미리 나누어 줄 공의 개수의 최솟값이 결정되고 그에 따라 남은 빨간 공과 검은 공을 나눠 줄 수 있는 공의 개수가 달라져.

2nd 각 경우에 따른 경우의 수를 구하자.

3명의 학생을 A, B, C라 하자.

(i) 흰 공을 받는 학생이 1명인 경우

A 학생에게 흰 공 2개를 모두 주었다고 하자. 조건에 의하여 A 학생은 빨간 공과 검은 공도 반드시 1개 이상 받아야 한다. 즉,

A	B	C
○○●●		

이제 남은 공 4개 ●●●●를 A, B, C 학생에게 나누어 줄 수 있는 경우의 수를 구하자.

●●을 A, B, C 학생에게 나누어 줄 수 있는 경우의 수는

$${}_3H_2={}_{3+2-1}C_2={}_4C_2=\frac{4\times3}{2\times1}=6$$

${}_nH_r={}_{n+r-1}C_r$

마찬가지 방법으로 ●●을 A, B, C 학생에게 나누어 줄 수 있는 경우의 수는

$${}_3H_2={}_{3+2-1}C_2={}_4C_2=\frac{4\times3}{2\times1}=6$$

따라서 남은 공 4개 ●●●●를 A, B, C 학생에게 나누어 줄 수 있는 경우의 수 $6\times6=36$

한편, 학생 B, C가 공을 하나도 받지 못하는 경우를 따져서 제외시켜야 한다.

B 학생이 공을 하나도 받지 못하는 경우의 수는 남은 빨간 공 2개와 검은 공 2개를 학생 A, C에게 나누어 주는 경우의 수이므로

${}_2H_2\times{}_2H_2=9$ ⋯ ⓐ

	빨간 공의 개수	검은 공의 개수
A	x	y
C	f	g

방정식 $x+f=2$, $y+g=2$의 음이 아닌 정수해의 개수와 각각 같아.

같은 방법으로 학생 C가 공을 하나도 받지 못하는 경우의 수도

${}_2H_2\times{}_2H_2=9$ ⋯ ⓑ

학생 B와 C가 모두 공을 하나도 받지 못하는 경우의 수는

${}_1H_2\times{}_1H_2=1$

그러므로 1명의 학생이 흰 공 2개를 모두 받도록 나누어 주는 경우의 수는 $3\times(36-2\times9+1)=57$

A, B, C 세 학생 중에서 흰 공을 받은 1명의 학생은 ${}_3C_1=3$

ⓐ, ⓑ에서 A학생에게 흰 공 2개를 모두 준 경우를 둘다 빼주었으므로 흰 공 2개를 모두 준 경우의 수 1을 더해줘야 해.

(ii) 흰 공을 받는 학생이 2명인 경우

A, B 학생에게 흰 공을 각각 1개씩 나누어 주었다고 하자. 조건에 의하여 A, B 학생은 둘 다 빨간 공과 검은 공도 반드시 1개 이상 받아야 한다. 즉,

A	B	C
○●●	○●●	

이제 남은 공 2개 ●●를 A, B, C 학생에게 나누어 줄 수 있는 경우의 수를 구하자.

●을 A, B, C학생에게 나누어 줄 수 있는 경우의 수는

${}_3H_1={}_{3+1-1}C_1={}_3C_1=3$

마찬가지 방법으로 ●을 A, B, C 학생에게 나누어 줄 수 있는 경우의 수는 ${}_3H_1={}_{3+1-1}C_1={}_3C_1=3$

따라서 남은 공 2개 ●●를 A, B, C 학생에게 나누어 줄 수 있는 경우의 수 $3\times3=9$

학생 C가 공을 하나도 받지 못하는 경우의 수는

남은 공 중 검은 색 공 1개를 A, B에게 나눠 주는 경우의 수

${}_2H_1\times{}_2H_1=4$

남은 공 중 빨간공 1개를 A, B에게 나눠 주는 경우의 수

그러므로 2명의 학생이 흰 공을 1개씩 받도록 나누어 주는 경우의 수는 $3\times(9-4)=15$

A, B, C 세 학생 중에서 흰 공을 받은 2명의 학생은 ${}_3C_2={}_3C_1=3$

3rd 경우의 수를 구하자.

(i), (ii)에 의하여 구하는 경우의 수는 $57+15=72$이다.

[1등급 심화 특강]

<두 번 제외시킨 경우가 생기면 한 번은 더해줘야 하는 경우 주의하기>

집합의 원소의 개수를 구할 때,

$$n(A\cup B\cup C)=n(A)+n(B)+n(C)-n(A\cap B)-n(B\cap C)-n(A\cap C)+n(A\cap B\cap C)$$

이때, $n(A\cap B\cap C)$의 값을 더해 준 이유를 이해하고 있다면 풀이에서 (i)의 마지막에 $+1$을 해주는 것을 이해할 수 있을 것이다.

B 학생이 공을 하나도 받지 못하는 경우의 9가지와 C 학생이 공을 하나도 받지 못하는 경우의 9가지에는 B, C학생이 공을 하나도 받지 못하는 경우의 수가 각각 1가지씩 더해져 있었기 때문에 전체 경우에서 공을 하나도 받지 못하는 경우인 9가지와 9가지를 빼버린다면 둘다 공을 하나도 받지 못하는 경우를 2번 빼버린 격이 되버리기 때문에 1번만 빼도록 $+1$을 해준 것이다.

G 57 정답 31

✪ 1등급 킬러 [정답률 7%]

다음 조건을 만족시키는 자연수 a, b, c, d, e의 모든 순서쌍 (a, b, c, d, e)의 개수를 구하시오. (4점)

단서1 a, b, c, d, e의 값이 자연수니까 자연수의 성질과 소인수분해를 이용할 수 있어.

(가) $ab(c+d+e)=12$

(나) a, b, c, d, e 중에서 적어도 2개는 짝수이다.

단서2 세 수의 합이 짝수인 경우를 나눠봐.

✪ 이 문제는 조건을 만족시키는 자연수의 순서쌍의 개수를 구해야 한다. 이를 위해서는 12의 약수를 구하여 세 수의 합이 될 수 있는 값을 골라내고 세 수의 합이 짝수일 때, 세 수 중 짝수의 개수를 따져보는 것이 이 문제의 키포인트이다.

[풀이 단서 체크]

❶ 먼저, a, b, c, d, e가 자연수이므로 ab와 $c+d+e$는 12의 약수이다.

❷ 이제, $c\geq1$, $d\geq1$, $e\geq1$이므로 $c+d+e\geq3$이고 $ab\leq4$이다. 따라서 $ab=1$, $ab=2$, $ab=3$, $ab=4$인 경우로 나누어 볼 수 있다. ⇒ 단서1

❸ 마지막으로, ❷의 각 경우에 대하여 $ab=$(홀수), $c+d+e=$(짝수), 즉, 세 수의 합이 짝수이려면 모두 짝수이거나 짝수가 하나뿐이므로 적어도 두 수가 짝수이려면 모두 짝수이어야 한다. 이 경우, $c=2c''$, $d=2d''$, $e=2e''$이라 하여 $c''+d''+e''=6$을 만족시키는 경우의 수를 중복조합으로 구할 수 있다. ⇒ 단서2

(주의) 자연수는 항상 1 이상이므로 이를 활용하여 ab가 될 수 있는 값을 골라낼 수 있다.

핵심 정답 공식: 방정식 $x+y+z=n$을 만족시키는 자연수 해의 개수는 방정식 $x+y+z=n-3$을 만족시키는 음이 아닌 정수해의 개수와 같다.

[문제 풀이 순서]

* 주어진 조건을 만족시키는 자연수의 순서쌍 개수 구하기

1st 12를 소인수분해하여 a, b, $(c+d+e)$의 값이 될 수 있는 수들을 찾아봐.

$ab(c+d+e)=12=2^2\times3$이므로 ab와 $c+d+e$의 값은 다음과 같다.

ab	1	2	3	4	6	12
$c+d+e$	12	6	4	3	2	1

한편, $c+d+e\geq3$이므로 $c+d+e$의 값이 될 수 있는 수는 3, 4, 6, 12의 4가지이다.
c, d, e가 자연수이므로 $c\geq1$, $d\geq1$, $e\geq1$ $\therefore c+d+e\geq3$

2nd a, b의 값을 각각 구해.

자연수 a, b, c, d, e에 대하여

(i) $c+d+e=3$인 경우

$c+d+e=3$이면 $ab=4$이므로 a, b, c, d, e 중 적어도 두 개의 수가 짝수이어야 하니까 가능한 경우는 $a=2$, $b=2$의 1가지이다.
$c+d+e=3$인데 c, d, e의 값이 모두 자연수여야 하므로 $c=d=e=1$이 될 수 밖에 없어. 따라서 적어도 두 개 이상의 값이 짝수가 되려면 a, b가 모두 짝수가 되어야겠지? $\therefore a=b=2$

(ii) $c+d+e=4$인 경우

$c+d+e=4$이면 $ab=3$이므로 $a=3$, $b=1$ 또는 $a=1$, $b=3$이다. 이때, 주어진 조건을 만족할 수 없으므로 경우는 없다.
$c+d+e=4$이면 c, d, e의 값 중 두 개의 값이 1이어야 하고, 나머지 하나의 값이 2여야 해. 그래서 적어도 2개의 값이 짝수라는 조건을 만족시킬 수 없어.

(iii) $c+d+e=6$인 경우

$c+d+e=6$이면 $ab=2$이므로
가능한 a, b의 값은 $a=1$, $b=2$ 또는 $a=2$, $b=1$의 2가지이다.
한편, 조건 (나)에 의하여 c, d, e 중 적어도 하나의 수가 짝수인 조건도 확인해야 한다.
그런데 자연수 c, d, e에 대하여 $c+d+e=6$이고, c, d, e가 모두 홀수인 경우는 없으므로 모든 경우에 대하여 c, d, e 중 적어도 하나의 수는 짝수가 된다. 즉,
자연수 c, d, e에 대하여 $c+d+e=6$이고, c, d, e가 모두 홀수인 경우는 없어. 즉, c, d, e가 모두 홀수이면 $c+d+e$의 값도 홀수이므로 모순이지? 따라서 적어도 하나의 값이 짝수가 되어야 해.

c	$d+e$	(d, e)	(c, d, e)
1	5	(1, 4), (2, 3), (3, 2), (4, 1)	(1, 1, 4), (1, 2, 3), (1, 3, 2), (1, 4, 1)
2	4	(1, 3), (2, 2), (3, 1)	(2, 1, 3), (2, 2, 2), (2, 3, 1)
3	3	(1, 2), (2, 1)	(3, 1, 2), (3, 2, 1)
4	2	(1, 1)	(4, 1, 1)
5	1	없음.	없음.

자연수 c, d, e에 대하여 방정식 $c+d+e=6$을 만족시키면 조건 (나)를 만족시키는 것이다.

함정 두 집합 A, B에 대하여
집합 $A=\{(c, d, e)\mid$자연수 c, d, e에 대하여 $c+d+e=6\}$
집합 $B=\{(c, d, e)\mid$자연수 c, d, e에 대하여 $c+d+e=6$이고, c, d, e 중 적어도 하나의 수가 짝수이다.$\}$라 하면 $A=B$인 거야. 보통은 조건이 추가된 경우가 경우의 폭이 더 좁아지는데 이 경우는 특이하게 같은 집합을 뜻함을 확인해!

방정식 $c+d+e=6$ … (*)을 만족시키는 자연수의 개수는
$c=c'+1$, $d=d'+1$, $e=e'+1$이라 하면
$c'\geq0$, $d'\geq0$, $e'\geq0$이므로 방정식 $c'+1+d'+1+e'+1=6$,
즉 $c'+d'+e'=3$을 만족시키는 음이 아닌 정수해의 개수와 같아지므로 ${}_3H_3$
따라서 가능한 경우는

$$2\times{}_3H_3=2\times{}_{3+3-1}C_3=2\times{}_5C_3=2\times{}_5C_2=2\times\frac{5\times4}{2\times1}=20(\text{가지})$$

(iv) $c+d+e=12$인 경우

$c+d+e=12$이면 $ab=1$이고 $a=b=1$이다.
그런데 짝수가 2개 이상이어야 하므로 c, d, e는 모두 짝수가 되어야 한다.
2개는 짝수이고 1개는 홀수이면서 세 수의 합이 12인 경우는 없어.
$c=2c''$, $d=2d''$, $e=2e''$ $(c''\geq1, d''\geq1, e''\geq1)$이라 하면
$2c''+2d''+2e''=12$
$\therefore c''+d''+e''=6$
(*)에 의하여 이를 만족시키는 자연수인 순서쌍 (c'', d'', e'')의 개수
자연수 c'', d'', e''에 대하여 $c''+d''+e''=6$을 만족시키는 방정식의 해의 개수는 $c''=c'''+1$, $d''=d'''+1$, $e''=e'''+1$이라 하면 $c'''\geq0$, $d'''\geq0$, $e'''\geq0$이므로 방정식 $c'''+1+d'''+1+e'''+1=6$, 즉 $c'''+d'''+e'''=3$을 만족시키는 음이 아닌 정수해의 개수와 같아지므로 ${}_3H_3$
는 ${}_3H_3={}_5C_3=10$이다.

3rd 경우의 수를 구해.

(i)~(iv)에 의하여
구하는 경우의 수는 $1+0+20+10=31$

[1등급 심화 특강]

〈중복조합을 이용하여 방정식의 해를 구하기〉

방정식 $x+y+z=n$의 자연수의 해의 개수와 방정식 $x+y+z=n$의 음이 아닌 정수해의 개수를 구하는 과정을 구별하여 잘 알아 둬야 한다.
$x+y+z=n$의 자연수 해의 개수는 $x=X+1$, $y=Y+1$, $z=Z+1$ $(X\geq0, Y\geq0, Z\geq0)$이라 하면 방정식 $x+y+z=n$,
$X+1+Y+1+Z+1=n$ $\therefore X+Y+Z=n-3$
따라서 방정식 $X+Y+Z=n-3$을 만족시키는 음이 아닌 정수해의 개수 ${}_3H_{n-3}$의 값을 구하면 $x+y+z=n$의 자연수의 해의 개수를 구할 수 있다.

1등급 풀이 Tip

세 수의 합이 짝수이려면 세 수 모두 짝수이거나 두 수는 홀수, 하나는 짝수이어야 한다. 세 수 중 적어도 하나는 짝수이므로 이를 활용하여 다섯 개의 수 중 적어도 2개의 수가 짝수이기 위한 조건을 파악할 수 있다.

My Top Secret

세 수의 합이 짝수이면 적어도 하나는 짝수이고, 세 수의 합이 홀수이면 적어도 하나는 홀수임을 떠올리면 간편하게 풀 수 있었어.
이런 아이디어가 떠오르지 않아도 직접 조건을 만족시키는 경우를 찾아보면서 경우의 수를 구할 수 있어. 각 경우를 나누어 포기하지 않고 계산하면 정답을 맞출 수 있을 거야.

G 58 정답 96

2등급 킬러 [정답률 13%]

다음 조건을 만족시키는 세 자연수 a, b, c의 모든 순서쌍 (a, b, c)의 개수를 구하시오. (4점)

(가) $abc=300$
단서1 a, b, c는 300의 양의 약수이니까 300을 소인수분해하자.

(나) $(a-b)(b-c)(c-a)\neq0$
단서2 $(a-b)(b-c)(c-a)\neq0$은 어떤 인수도 0이 되면 안 되므로 $a\neq b$, $b\neq c$, $c\neq a$이어야 해.

이 문제는 특정 자연수의 약수의 개수를 중복되지 않도록 중복조합을 활용하여 구해야 한다. 이를 위해서는 중복조합과 음이 아닌 정수해의 개수와의 관련성을 이해하고 있어야 하고 조건에 맞지 않는 경우의 수를 판단할 수 있어야 한다.

[풀이 단서 체크]

❶ 먼저, a, b, c는 모두 자연수이므로 300을 소인수분해한 후 그 소인수를 a, b, c에 분배하는 경우의 수를 구해야 한다. ⇒ 단서1

❷ 이제, $(a-b)(b-c)(c-a)\neq0$을 다시 해석하면 a, b, c는 서로 같은 자연수이면 안 된다. 즉, 조건 (가)와 연결해보면 300의 소인수를 3개로 나누는데 그 중 중복된 수가 단 하나도 존재하지 않아야 한다.

❸ 마지막으로, 300의 소인수를 3개로 나누는 경우의 수에서 중복된 수가 존재하는 경우의 수를 빼는 전략으로 문제를 풀어야 한다. ⇒ 단서2

주의 $x_1+x_2+\cdots+x_n=r$가 방정식의 음이 아닌 정수해의 개수를 구할 때는 중복조합을 활용하면 된다. 하지만 각각의 미지수의 범위를 확인해주는 과정이 필요하다. 각각의 미지수가 모두 0보다 크거나 같다면 중복조합을 바로 사용해도 되지만 만약 $x_1\geq1$이라면 $x_1-1=x'$ (단, $x'\geq0$)으로 0보다 크거나 같게끔 치환한 후 중복조합을 사용해야 한다.

핵심 정답 공식: 전체 경우의 수에서 두 자연수가 같은 값을 가지는 경우의 수를 뺀다. 300을 소인수분해해서 a, b, c의 값을 각각 구해본다.

[문제 풀이 순서]

＊중복조합을 사용하여 순서쌍 개수 구하기

1st 조건 (가)를 만족시키는 순서쌍 (a, b, c)를 찾아보자.

300을 소인수분해하면 $abc=300=2^2\times3\times5^2$이므로

$a=2^{x_1}3^{y_1}5^{z_1}$, $b=2^{x_2}3^{y_2}5^{z_2}$, $c=2^{x_3}3^{y_3}5^{z_3}$ ($i=1$, 2, 3에 대하여 지수 x_i, y_i, z_i는 모두 음이 아닌 정수)라 하자.

예를 들어, $abc=2\times6\times25=300$이라면, $a=2^{x_1}3^{y_1}5^{z_1}=2$에서 $x_1=1$, $y_1=0$, $z_1=0$이고, $b=2^{x_2}3^{y_2}5^{z_2}=6$에서 $x_2=1$, $y_2=1$, $z_2=0$이고, $c=2^{x_3}3^{y_3}5^{z_3}=25$에서 $x_3=0$, $y_3=0$, $z_3=2$

이때, 조건 (가)를 만족시키는 순서쌍 (a, b, c)의 개수는

$abc=2^{x_1+x_2+x_3}\times3^{y_1+y_2+y_3}\times5^{z_1+z_2+z_3}=2^2\times3\times5^2$에서

$a^{f(x)}=a^{g(x)}$으로 밑이 a로 같을 때, $f(x)=g(x)$가 성립한다. (단, $a\neq1$)

$x_1+x_2+x_3=2$, $y_1+y_2+y_3=1$, $z_1+z_2+z_3=2$이므로

[중복조합과 정수해의 개수] $x_1+x_2+\cdots+x_n=r$에 대하여
① 음이 아닌 정수해의 개수 : ${}_nH_r$ ② 계산원리 : ${}_nH_r={}_{n+r-1}C_r$

$${}_3H_2\times{}_3H_1\times{}_3H_2={}_{3+2-1}C_2\times{}_{3+1-1}C_1\times{}_{3+2-1}C_2={}_4C_2\times{}_3C_1\times{}_4C_2$$
$$=6\times3\times6=108\ \cdots\ ㉠$$

2nd 조건 (나)를 만족시키지 않는 순서쌍의 개수를 구해 보자.

㉠에서 구한 순서쌍의 개수 중에서 조건 (나)를 만족시키지 않는 경우도 포함되어 있으므로 조건 (나)를 만족시키지 않는 순서쌍의 개수를 구하여 ㉠에서 빼주자. 예를 들어, $(a, b, c)=(1, 1, 300)$일 때, $a=b=1$이니까

조건 (나)를 만족시키지 않는 경우는 $a=b$ 또는 $a=c$ 또는 $b=c$

$xyz\neq0$이면 $x\neq0$이고, $y\neq0$이고, $z\neq0$이므로 $xyz\neq0$의 부정은 x, y, z 중 한 개만 0이면 되지.

이때는 a, b, c 중 두 수가 같은 경우만 존재하므로

세 수가 모두 같은 $a=b=c$인 경우는 존재하지 않아. 만약 $a=b=c$이면 $a^3=300$인 자연수 a는 존재하지 않기 때문이야.

a, b, c 중 두 수가 같은 순서쌍을 따져 보면, $300=2^2\times3\times5^2$에 대하여

인수 2, 5가 2개씩이니까 다음과 같이 분류할 수 있어. 이때, 1도 300의 약수인거 잊지 말고!!

(1, 1, 300), (1, 300, 1), (300, 1, 1) ⇐ 3개
(2, 2, 75), (2, 75, 2), (75, 2, 2) ⇐ 3개
(5, 5, 12), (5, 12, 5), (12, 5, 5) ⇐ 3개
(10, 10, 3), (10, 3, 10), (3, 10, 10) ⇐ 3개

주의 (1, 1, 300)인 경우를 생각하지 못하는 경우가 많아!

즉, 조건 (가)를 만족시키는 순서쌍 중에서 조건 (나)를 만족시키지 않는 순서쌍의 개수는 모두 12이다. … ㉡

따라서 ㉠, ㉡에 의하여 구하는 순서쌍의 개수는 $108-12=96$
=㉠−㉡

1등급 풀이 Tip

문제 조건에서 "적어도"라는 말이 언급되지 않을 때도 (전체 경우의 수)−(여사건의 경우의 수)를 활용해야 빠르게 문제를 풀 수 있는 상황도 존재한다. 이 문제에서도 300의 소인수를 a, b, c로 분배할 때 중복되지 않게끔 분배하는 경우의 수를 처음부터 고려하기 쉽지 않기에 전체 경우의 수를 먼저 구한 후 여사건의 경우의 수를 나중에 제외한 것이다.

G 59 정답 184 ✪ 1등급 킬러 [정답률 8%]

크기가 같은 정육면체 모양의 블록 16개를 모두 사용하여 쌓은 입체도형을 만들려고 한다. 이 도형을 위에서 내려다 본 모양이 [그림 1], 정면을 기준으로 오른쪽 옆에서 본 모양이 [그림 2]와 같이 되도록 만들 수 있는 방법의 수를 구하시오. (단, 블록은 서로 구별하지 않는다.) (4점) 단서 [그림 1]과 같이 밑을 블럭 8개로 배치하고 나머지 블럭 8개를 [그림 2]와 같이 만든 방법을 생각해 보자.

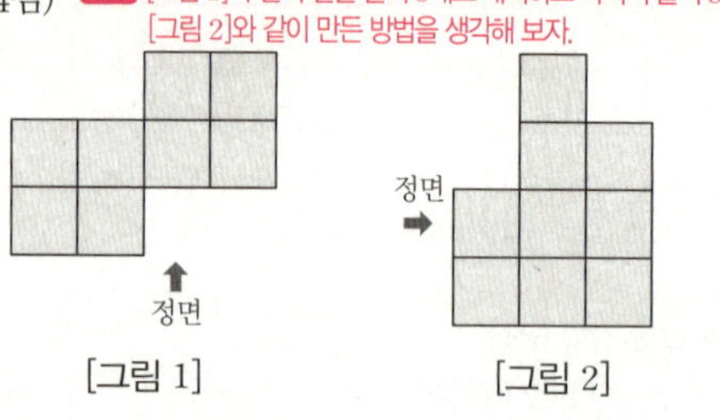

[그림 1] [그림 2]

✪ 이 문제는 중복조합과 조합을 활용하여 그림에 맞는 블록을 배치하는 경우의 수를 구해야 한다. 이를 위해서는 블록의 개수에 따라 상황을 분류하고 그 상황에서는 조합이 적용되는지 중복조합이 적용되는지 판단할 수 있어야 한다.

[풀이 단서 체크]

❶ 먼저, [그림 1]에서의 블록 배치는 8개의 블록이 1층에 배치되어 있다는 의미임을 파악한다.

❷ 이제, [그림 2]에서의 블록 배치는 정면을 기준으로 가장 앞줄에서 2층 블록이 존재하고 2층이 가장 높은 층이라는 것을 알 수 있다.
마찬가지로 가운데 줄에서 4층 블록이 존재하고 4층이 가장 높은 층이라는 것을 의미하고 가장 뒷줄에서는 3층 블록이 존재하고 3층이 가장 높은 층이라는 것을 의미한다. ⇒ 단서

❸ 마지막으로, [그림 1]에 따라 8개의 블록을 1층에 먼저 배치하고 나머지 8개의 블록이 [그림 2]의 배치에 맞도록 쌓아 올리는 경우의 수를 구하는 전략으로 문제를 풀어야 한다.

주의 iii) 뒷줄 두 곳 중 한 곳에만 2개를 쌓는 경우에서 중복조합인 ${}_3H_2$를 사용할 수 있는 이유는 다음과 같다. 이미 (ii)에서 앞줄에 대한 가정을 했고 iii)에서 뒷줄에 대한 가정도 했기 때문에 남은 2개의 블록은 중간 줄에 배치해야 한다. 이때 중간 줄에서 한곳에 두 개를 쌓아도 4층이 아닌 3층이기에 중복되는 경우의 수가 생기지 않고 [그림 2]에도 부합하기 때문이다.

핵심 정답 공식: 16개의 블록을 이용해서 조건을 만족하도록 쌓으려면 1층에는 8개의 블록을 쌓고, 나머지 8개의 블록을 이용하여 2, 3, 4층에 블록을 쌓는 경우를 나누어 구한다.

[문제 풀이 순서]

＊중복조합과 조합을 활용하여 경우의 수 구하기

1st 1층에 쌓을 블럭을 유추해 봐.

[그림 1]은 위에서 내려다 본 모양이므로 1층에는 [그림 1]과 같은 위치에 8개의 블록을 쌓아야 한다.

2nd 2층에서 4층까지 쌓을 블록을 유추해 보자.

전체 블록 16개 중 8개를 사용했으므로 나머지 8개의 블록을 이용하여 [그림 2]와 같이 만들어 주는 방법을 생각하자.

(i) 앞줄 두 곳에 1개씩 2개의 블록을 쌓는 경우 ⇒ 남은 블록 6개

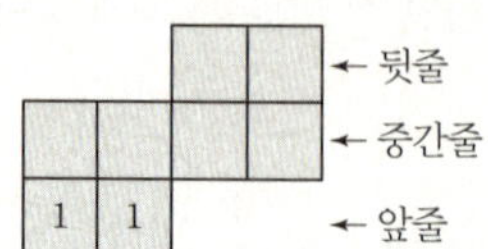

중간 줄 네 곳 중 한 곳을 택하여 블록 3개를 쌓고 뒷줄 두 곳 중 한 곳을 택하여 블록 2개를 쌓은 후, 중간 줄과 뒷줄 남은 곳에 남은 블록 1개를 쌓으면 된다. 즉, ${}_4C_1\times{}_2C_1\times{}_4C_1=4\times2\times4=32$

(ii) 앞줄 두 곳 중 한 곳에만 블록 1개를 쌓는 경우 ⇒ 남은 블록 7개

i) 뒷줄 두 곳에 2개씩 블록을 쌓는 경우 ⇒ 남은 블록 3개

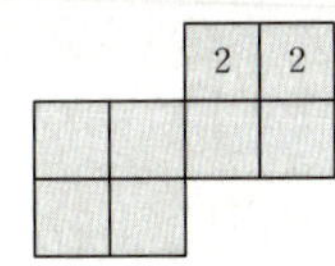

중간 줄에서 블록 3개를 쌓을 곳을 고르면 되므로 ${}_4C_1=4$

ii) 뒷줄 두 곳 중 한 곳은 2개, 한 곳은 1개를 쌓는 경우 ⇒ 남은 블록 4개

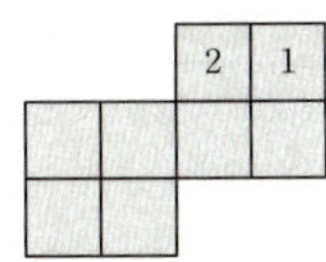

뒷줄에서 2개를 쌓을 곳을 고르고 중간 줄에서 3개 쌓을 곳을 고른 후, 남은 1개의 블록을 중간 줄 남은 곳 아무데나 쌓으면 되므로 ${}_2C_1\times{}_4C_1\times{}_3C_1=24$

iii) 뒷줄 두 곳 중 한 곳에만 2개를 쌓는 경우 ⇒ 남은 블록 5개

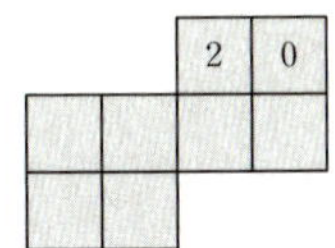

뒷줄에서 2개를 쌓을 곳을 고르고 중간 줄에서 3개 쌓을 곳을 고른 후, 남은 2개의 블록을 중간 줄 남은 곳 아무데나 쌓으면 되므로 ${}_2C_1\times{}_4C_1\times{}_3H_2=48$

한 곳에 두 개를 쌓아도 되니까 중복조합을 쓴거야.

i)~iii)에 대해 앞줄을 쌓는 방법은 2가지가 있으므로

앞줄 두 곳 중 하나를 고르는 거지?

$(4+24+48)\times2=152$

따라서 (i), (ii)에 의해 구하는 경우의 수는

$32+152=184$

1등급 풀이 Tip

문제 풀이처럼 앞줄을 기준으로 케이스를 나눌 수밖에 없었는지를 알아보자. 만약 블록이 총 14개였다면 문제를 푸는 방향은 다음과 같다.

8개를 1층에 배치하면 6개가 남고 앞줄에 추가로 1개를 배치하고 중간 줄에 추가로 3개를 배치하고 뒷줄에 추가로 2개를 배치하면 딱 14개가 된다.

따라서 앞줄에 추가로 블록을 쌓을 곳을 선택하는 경우의 수는 ${}_2C_1=2$

마찬가지로 중간 줄에 추가로 블록을 쌓을 곳을 선택하는 경우의 수는 ${}_4C_1=4$

마지막으로 뒷줄에 추가로 블록을 쌓을 곳을 선택하는 경우의 수는 ${}_3C_1=3$

$\therefore {}_2C_1\times{}_4C_1\times{}_3C_1=2\times4\times3=24$

하지만 문제에서는 2개의 블록이 늘어난 16개의 블록이다.

이는 [그림 1]과 [그림 2]에 부합하도록 최소한으로 블록을 배치하고도 2개의 블록이 여분으로 남는다.

이때, 블록을 추가로 배치해야 하는데 이때 추가로 블록을 배치하면 앞줄에 두 곳이 모두 2층이 되는 경우도 발생하며, 뒷줄에 두 곳이 모두 3층이 되는 경우가 발생한다. 이는 만약 블록이 14개일 때처럼 풀이를 하게 된다면 중복되거나 누락되는 경우의 수가 발생한다는 뜻이다. 따라서 애초에 앞줄과 뒷줄에 블록이 배치되는 상황에 따라 케이스를 나누고 경우의 수를 구하는 것이 바람직한 풀이이다.

G 60 정답 49 — 1등급 킬러 [정답률 7%]

단서1 연필 7자루와 볼펜 4자루를 모두 나눠줘야 해.

연필 7자루와 볼펜 4자루를 다음 조건을 만족시키도록 여학생 3명과 남학생 2명에게 남김없이 나누어 주는 경우의 수를 구하시오. (단, 연필끼리는 서로 구별하지 않고, 볼펜끼리도 서로 구별하지 않는다.) (4점)

단서2 조건 (가)와 연필이 7자루라는 점을 함께 생각할 때 여학생이 받는 연필의 개수는 1개 혹은 2개야.

(가) 여학생이 각각 받는 연필의 개수는 서로 같고, 남학생이 각각 받는 볼펜의 개수도 서로 같다.

(나) 여학생은 연필을 1자루 이상 받고, 볼펜을 받지 못하는 여학생이 있을 수 있다.

(다) 남학생은 볼펜을 1자루 이상 받고, 연필을 받지 못하는 남학생이 있을 수 있다.

단서3 단서2와 같은 방식으로 생각하면 남학생이 받는 볼펜의 개수는 1개 혹은 2개야.

이 문제는 중복조합을 이용하여 연필과 볼펜을 나누어 주는 경우의 수를 구해야 한다.

이를 위해서는 남학생과 여학생이 각각 볼펜과 연필을 몇 개씩 받는지 나누어 따져 보는 것이 이 문제의 키포인트이다.

[풀이 단서 체크]

❶ 먼저, 여학생은 연필을 1자루 이상 받는데, 여학생 3명이 각각 받는 연필의 개수는 서로 같으므로 여학생 전체가 받는 연필의 개수는 3의 배수이다. 연필의 개수는 7이므로 여학생 전체가 받는 연필의 개수는 7 이하의 3의 배수인 3 또는 6이다. 따라서 여학생 1명이 받는 연필의 개수는 1 또는 2이다. (7은 3의 배수가 아니므로 연필을 받지 못하는 남학생이 없다.) ⇒ 단서1

❷ 이제, 같은 방법으로 남학생은 볼펜을 1자루 이상 받고, 남학생 2명이 각각 받는 볼펜의 개수는 서로 같으므로 남학생 전체가 받는 볼펜의 개수는 2의 배수이다. 볼펜의 개수는 4이고 볼펜을 받지 못하는 여학생이 있을 수 있으므로 남학생 전체가 받는 볼펜의 개수는 4 이하의 2의 배수인 2 또는 4이다. 따라서 남학생 1명이 받는 연필의 개수는 1 또는 2이다. ⇒ 단서2

❸ 마지막으로, 여학생 1명이 받는 연필의 개수와 남학생 1명이 받는 볼펜의 개수에 따라 경우를 나눈 뒤 남학생에게 연필을 나누어 주는 경우의 수와 여학생에게 볼펜을 나누어 주는 경우의 수를 곱하여 전체 경우의 수를 구할 수 있다. 여학생 1명이 받는 연필의 개수가 1개라면 남학생 2명이 받는 연필의 개수는 4자루이므로 서로 다른 2개 중 4개를 선택하는 경우의 수와 같다. ⇒ 단서3

주의 볼펜을 받지 못하는 여학생이 있을 수 있으므로 남학생 전체가 볼펜을 4개를 받고 여학생 모두 볼펜을 받지 못하는 경우가 있다.

핵심 정답 공식: 서로 다른 n개에서 r개를 택하는 중복조합의 수는 ${}_nH_r={}_{n+r-1}C_r$이다.

[문제 풀이 순서]

* 중복조합을 활용하여 서로 구별되지 않는 연필과 볼펜을 나누어 주는 경우의 수 구하기

1st 주어진 조건을 정리해보자.

학용품 / 사람	연필 7개, 볼펜 4개	
	연필	볼펜
여학생 3명	① 연필을 1자루 이상씩 받는다. ② 같은 개수를 받아야 한다.	
남학생 2명		① 볼펜을 1자루 이상씩 받는다. ② 같은 개수를 받아야 한다.

조건을 모두 만족시키도록 경우를 생각해보면

(i) 연필은 여학생에게 각각 1자루씩, 2자루씩 나눠주는 경우에 대하여 (남은 연필을 남학생에게 분배)

(ii) 볼펜은 남학생에게 각각 1자루씩, 2자루씩 나눠주는 경우에 대하여 (남은 볼펜을 여학생에게 분배) 생각해볼 수 있겠지?

조건 (나), (다)에 의하여 연필 7자루 중 여학생 3명이 1자루씩 받은 경우와 2자루씩 받은 경우에 대하여 각각 남학생 2명이 볼펜을 1자루씩 받은 경우와 2자루씩 받은 경우를 생각해볼 수 있다.

조건 (나), (다)를 잘 파악해서 분류를 잘해야 놓치는 경우가 없어. 먼저 여학생이 받는 연필의 개수를 x, 남학생이 받는 볼펜의 개수를 y라 할 때, 순서쌍 (x, y)에 대하여 $(1, 1)$, $(1, 2)$, $(2, 1)$, $(2, 2)$인 경우에 대하여 생각해 봐야 해.

2nd 여학생 3명이 연필을 1자루씩 받는 경우에 대하여 경우의 수를 구하자.

(i) 여학생이 연필 1자루씩, 남학생이 볼펜 1자루씩 받는 경우

여학생 3명에게 각각 연필 1자루씩 나눠주고, 남학생 2명에게 각각 볼펜 1자루씩 먼저 나눠주면 조건 (가)에 의하여 남은 연필은 남학생에게만 나눠줄 수 있고, 남은 볼펜은 여학생에게만 나눠줄 수 있다.

남은 연필 4자루를 여학생 3명에게 동일하게 나누어 줄 수 있지만 또 여학생에게 나눠주면 여학생이 연필 1자루씩 받는다는 가정에 모순돼.

남학생 2명에게 남은 연필 4자루를 나눠주는 경우는 서로 다른 2개 중에서 중복하여 4개를 선택하면 ${}_2H_4={}_{2+4-1}C_4={}_5C_4={}_5C_1=5$

또한, 여학생 3명에게 남은 볼펜 2자루를 나눠주는 경우는 서로 다른 3개 중에서 중복하여 2개를 선택하는 중복조합의 수와 같으므로

${}_3H_2={}_{3+2-1}C_2={}_4C_2=\dfrac{4\times3}{2\times1}=6$

따라서 구하는 경우의 수는 $5\times6=30$

(ii) 여학생이 연필 1자루씩, 남학생이 볼펜 2자루씩 받는 경우

여학생 3명에게 각각 연필 1자루씩 나눠주고, 남학생 2명에게 각각 볼펜 2자루씩 먼저 나눠주면 조건 (가)에 의하여 남은 연필은 남학생에게만 나눠줄 수 있고, 남은 볼펜은 여학생에게만 나눠줄 수 있다.

남은 연필 4자루를 여학생 3명에게 동일하게 나누어 줄 수 있지만 또 여학생에게 나눠주면 여학생이 연필 1자루씩 받는다는 가정에 모순돼.

남학생 2명에게 남은 연필 4자루를 나눠주는 경우는 서로 다른 2개 중에서 중복하여 4개를 선택하면 ${}_2H_4={}_{2+4-1}C_4={}_5C_4={}_5C_1=5$

이 경우 남은 볼펜이 없으므로 여학생에게 나눠주는 방법은 1가지이다.

따라서 구하는 경우의 수는 $5\times1=5$

3rd 여학생 3명이 연필을 2자루씩 받는 경우에 대하여 경우의 수를 구하자.

(iii) 여학생이 연필 2자루씩, 남학생이 볼펜 1자루씩 받는 경우

여학생 3명에게 각각 연필 2자루씩 나눠주고, 남학생 2명에게 각각 볼펜 1자루씩 먼저 나눠주면 조건 (가)에 의하여 남은 연필은 남학생에게만 나눠줄 수 있고, 남은 볼펜은 여학생에게만 나눠줄 수 있다.

남은 연필은 1자루이므로 여학생 3명에게 동일하게 나눠줄 수 없어.

남학생 2명에게 남은 연필 1자루를 나눠주는 경우는 서로 다른 2개 중에서 중복하여 1개를 선택하면 ${}_2H_1={}_{2+1-1}C_1={}_2C_1=2$

또한, 여학생 3명에게 남은 볼펜 2자루를 나눠주는 경우는 서로 다른 3개 중에서 중복하여 2개를 선택하는 중복조합의 수와 같으므로

${}_3H_2={}_{3+2-1}C_2={}_4C_2=\dfrac{4\times3}{2\times1}=6$

따라서 구하는 경우의 수는 $2\times6=12$

연필과 볼펜을 나눠주는 경우는 동시에 일어나는 경우이므로 두 경우의 수를 곱해야 해.

(iv) 여학생이 연필 2자루씩, 남학생이 볼펜 2자루씩 받는 경우

여학생 3명에게 각각 연필 2자루씩 나눠주고, 남학생 2명에게 각각 볼펜 1자루씩 먼저 나눠주면 남은 연필은 남학생에게만 나눠줄 수 있고, 남은 볼펜은 여학생에게만 나눠줄 수 있다.

남은 연필은 1자루이므로 여학생 3명에게 동일하게 나눠줄 수 없어.

남학생 2명에게 남은 연필 1자루를 나눠주는 경우는 서로 다른 2개 중에서 중복하여 1개를 선택하면 ${}_2H_1={}_{2+1-1}C_1={}_2C_1=2$

이 경우 남은 볼펜이 없으므로 여학생에게 나눠주는 방법은 1가지이다.

따라서 구하는 경우의 수는 $2\times1=2$

연필과 볼펜을 나눠주는 경우는 동시에 일어나는 경우이므로 두 경우의 수를 곱해야 해.

4th 각 경우의 수를 모두 더하자.

(i)~(iv)에 의하여 구하는 경우의 수는

$30+5+12+2=49$

[다른 풀이]

여학생 3명이 받은 연필이나 볼펜의 수를 각각 순서쌍 (x, y, z), 남학생 2명이 받은 연필이나 볼펜의 수를 각각 순서쌍 (a, b)로 나타내자.

	여학생	남학생
연필 7자루	(1, 1, 1)	(0, 4)
		(1, 3)
		(2, 2)
		(3, 1)
		(4, 0)
	(2, 2, 2)	(1, 0)
		(0, 1)
	7가지	

	남학생	여학생
볼펜 4개	(1, 1)	(1, 1, 0)
		(1, 0, 1)
		(0, 1, 1)
		(2, 0, 0)
		(0, 2, 0)
		(0, 0, 2)
	(2, 2)	(0, 0, 0)
	7가지	

연필을 나눠주는 경우가 7가지이고, 각각에 대하여 볼펜을 나눠주는 경우가 7가지이므로 구하는 경우의 수는

$7\times7=49$

연필을 나눠주는 각각의 경우에 대하여 대하여 볼펜을 나눠주는 경우가 다르게 나오지? 곱의 법칙을 이용하면 두 가지 경우의 수를 곱해주면 돼.

똑똑 풀이

여자, 남자가 받은 연필, 볼펜의 개수를 나눠 표를 그려보자.

		여자가 받은 연필의 개수	
		1	2
남자가 받은 볼펜의 개수	1	(i) 남은 연필 : 4개 남은 볼펜 : 2개	(ii) 남은 연필 : 1개 남은 볼펜 : 2개
	2	(iii) 남은 연필 : 4개 남은 볼펜 : 0개	(iv) 남은 연필 : 1개 남은 볼펜 : 0개

조건 (가)를 만족시키는 경우만 남기고 그에 대하여 중복조합을 이용하여 간단히 계산하면 돼.

(i) 남자 2명에게 남은 연필 4개를 나눠주고,
여자 3명에게 남은 볼펜 2개를 나눠주면
${}_2H_4\times{}_3H_2={}_5C_4\times{}_4C_2=5\times6=30$

(ii) 남자 2명에게 남은 연필 1개를 나눠주고,
여자 3명에게 남은 볼펜 2개를 나눠주면
${}_2H_1\times{}_3H_2={}_2C_1\times{}_4C_2=2\times6=12$

(iii) 남자 2명에게 남은 연필 4개를 나눠주면 ${}_2H_4={}_5C_4=5$

(iv) 남자 2명에게 남은 연필 1개를 나눠주면 ${}_2H_1={}_2C_1=2$

따라서 구하는 경우의 수는 $30+12+5+2=49$

쉬운 풀이

여학생이 받는 연필의 개수는 1 또는 2이고, 남학생이 받는 볼펜의 개수 또한 1 또는 2야.

	연필 7자루	볼펜 4자루
여학생 3명	1개 또는 2개	
남학생 2명		1개 또는 2개

이제, 이 조건을 만족시키려면 남은 연필과 볼펜은 상대방이 가져가야 하겠지? 이때, 남은 연필은 남학생이 가져가고, 남은 볼펜은 여학생이 가져갈 거야. 그리고 가져가는 개수는 같은 개수로 가져갈 필요도 없고, 남김없이만 가져가면 되는 거야.

그렇다면 남학생이 받는 연필의 개수와 여학생이 받는 볼펜의 개수를 파악해서 경우의 수를 구해볼까?

	남은 연필	남은 볼펜
여학생 3명		2개 또는 0개
남학생 2명	4개 또는 1개	

이제 남학생이 가질 수 있는 남은 연필 개수와 여학생이 가질 수 있는 남은 볼펜의 개수를 순서쌍으로 나타내면 (4, 2), (4, 0), (1, 2), (1, 0)이야.
남학생 2명을 x_1, x_2, 여학생 3명을 y_1, y_2, y_3이라 하면
$x_1+x_2=4$, $y_1+y_2+y_3=2$를 만족시키는 각각의 음의 아닌 정수해의 개수와 구하고자 하는 경우의 수와 같으므로

(4, 2)인 경우 : ${}_2H_4\times{}_3H_2={}_5C_4\times{}_4C_2=5\times\frac{4\times3}{2\times1}=30$

같은 방법으로 다음과 같이 경우의 수를 찾을 수 있겠지?

(4, 0)인 경우 : ${}_2H_4\times{}_3H_0={}_5C_4\times1=5\times1=5$

(1, 2)인 경우 : ${}_2H_1\times{}_3H_2={}_2C_1\times{}_4C_2=2\times\frac{4\times3}{2\times1}=12$

(1, 0)인 경우 : ${}_2H_1\times{}_3H_0={}_2C_1\times1=2\times1=2$

따라서 구하는 경우의 수는 $30+5+12+2=49$

1등급 풀이 Tip

여학생 3명이 받는 연필의 수가 같으므로 여학생이 연필을 받는 개수에 따라 분류를 하거나 남학생 2명이 받는 볼펜의 수가 각각 같도록 남학생이 볼펜을 받는 개수에 따라 분류해야 한다.

My Top Secret

이 문제는 여학생이 받는 연필의 개수와 남학생이 받는 볼펜의 개수에 따라 나누어 주는 경우를 분류하여 각각의 경우에서 중복조합을 통해 경우의 수를 구하는 정석적인 풀이가 요구되는 문제야. 경우를 분류할 때 놓치는 경우가 없도록 여학생이 받을 수 있는 연필의 개수와 남학생이 받을 수 있는 볼펜의 개수를 생각해보자.

G 61 정답 201

✪ 2등급 킬러 [정답률 15%]

네 명의 학생 A, B, C, D에게 검은색 모자 6개와 흰색 모자 6개를 다음 규칙에 따라 남김없이 나누어 주는 경우의 수를 구하시오. (단, 같은 색 모자끼리는 서로 구별하지 않는다.) (4점)

단서1 학생 A가 4개 이상의 검은색 모자를 받아야 하므로 학생 A가 받는 검은색 모자의 수를 기준으로 합의 법칙을 사용할 수 있어.

(가) 각 학생은 1개 이상의 모자를 받는다.
(나) 학생 A가 받는 검은색 모자의 개수는 4 이상이다.
(다) 흰색 모자보다 검은색 모자를 더 많이 받는 학생은 A를 포함하여 2명뿐이다.

단서2 학생 A를 포함한 두 명만 검은색 모자를 흰색 모자보다 많이 받을 수 있으므로 학생 A를 포함하여 두 명이 받는 검은색 모자의 수를 결정하면 그에 따른 흰색 모자의 개수도 결정할 수 있어.

✪ 이 문제는 학생 A에게 나눠줄 수 있는 검은색 모자의 개수를 기준으로 나머지 학생들에게 모자를 나누어 줄 수 있는 경우의 수를 구해야 한다.
이를 위해서는 학생 A가 받는 검은색 모자의 개수는 4, 5의 두 가지 경우인 것과 학생 A가 흰색 모자보다 검은색 모자를 더 많이 받게 하는 것이 이 문제의 키포인트이다.

[풀이 단서 체크]

❶ 먼저, 조건 (나)에 의하여 학생 A가 받는 검은색 모자의 개수는 4, 5, 6이지만 학생 A가 검은색 모자 6개를 전부 받게 되면 조건 (다)를 만족시키지 않기 때문에 학생 A가 받는 검은색 모자의 개수는 4, 5이다. ⇒ 단서1

❷ 이제, 조건 (다)에 의하여 학생 A가 받는 검은색 모자가 4개이면 흰색 모자는 3개 이하로 가져야 하고, 학생 A가 받는 검은색 모자가 5개이면 흰색 모자는 4개 이하로 가져야 한다. ⇒ 단서2

주의 학생 A가 검은색 모자를 4개 가질 때, 흰색 모자 4개를 가질 경우를 반드시 제외해 주어야 한다.

핵심 정답 공식: 서로 다른 n명의 사람에게 색깔이 같은 모자 r개를 나누어 주는 방법의 수는 ${}_nH_r={}_{n+r-1}C_r$이다.

[문제 풀이 순서]

* 경우를 나누고, 조건을 만족시키도록 중복조합을 통해 경우의 수 구하기

1st 학생 A가 받는 검은색 모자의 개수는 4, 5의 두 가지 경우임을 이용해.

(나) 조건을 만족시키는 학생 A가 받는 검은색 모자의 개수는 4, 5, 6이다. 만일 학생 A가 6개의 검은색 모자를 받게 되면 학생 B, C, D가 모두 검은색 모자를 받을 수 없어서 (다) 조건을 만족시킬 수 없다.
두 명의 학생이 받는 검은색 모자의 개수가 흰색 모자의 개수보다 더 많아야 하는데 A가 6개의 검은색 모자를 다 받으면 학생 B, C, D는 검은색 모자를 받을 수 없고, 이렇게 되면 학생 A 1명만 검은색 모자를 흰색 모자보다 많이 받게 되어서 조건 (다)를 만족시킬 수 없어.
따라서 학생 A가 받는 검은색 모자의 개수가 4, 5인 경우를 나누어 생각해 보자.

2nd 학생 A가 4개의 검은색 모자를 받는 경우를 표로 나타내어 봐.

학생 A가 4개의 검은색 모자를 받는 경우는 다른 학생 1명이 2개의 검은색 모자를 받는 경우와 다른 학생 2명이 각각 1개씩의 검은색 모자를 받는 경우로 나눌 수 있다. 6개의 검은색 모자를 4명에게 나누어 줄 때, A가 4개를 받으면 남은 2개를 3명에게 나누어 주는 경우를 생각해.

(i) A가 아닌 학생 1명이 남은 2개의 검은색 모자를 모두 받는 경우
6개의 검은색 모자 중 남은 2개를 학생 B에게 모두 나누어 주면 조건 (가)에 의하여 각 학생은 1개 이상의 모자를 받아야 하므로 학생 C, D는 각각 1개의 흰색 모자를 우선 받아야 한다.

학생	A	B	C	D
검은색 모자의 수	4	2	0	0
흰색 모자의 수		0 또는 1	1	1

학생 A, C, D가 추가로 받는 흰색 모자의 개수를 각각 a, c, d라 하고, 가능한 경우를 다음과 같이 나누어 보자.

i) B가 1개의 흰색 모자를 받는 경우
학생 C, D가 검은색 모자를 받지 않으니 흰색 모자보다 검은색 모자를 많이 받는 학생 2명은 A, B가 되어야 해.

학생	A	B	C	D
검은색 모자의 수	4	2	0	0
흰색 모자의 수	a	1	$1+c$	$1+d$

학생 A는 3개 이하의 흰색 모자를 받아야 하므로 $0\le a\le3$이다.
이때, 방정식 $a+c+d=3$을 만족시키는 음이 아닌 정수해 a, c, d의 순서쌍의 개수는 ${}_3H_3={}_{3+3-1}C_3=10$
또한, 6개의 검은색 모자 중 남은 2개를 학생 C 또는 D에게 나누어주는 경우도 같으므로 가능한 경우의 수는
$3\times10=30$

ii) B가 흰색 모자를 받지 않는 경우
이 경우에도 A가 3개 이하의 흰색 모자를 받아야 해.

학생	A	B	C	D
검은색 모자의 수	4	2	0	0
흰색 모자의 수	a	0	$1+c$	$1+d$

학생 A는 3개 이하의 흰색 모자를 받아야 하므로 $0\le a\le3$이다.

이때, 방정식 $a+c+d=4$를 만족시키는 음이 아닌 정수해 a, c, d의 순서쌍의 개수는

${}_3H_4-1={}_{3+4-1}C_4-1=15-1=14$

A, B, C, D가 추가로 받은 흰색 모자의 개수를 a, b, c, d라 하면 순서쌍 (a, b, c, d)에 대하여 $(4, 0, 0, 0)$의 경우는 제외해야 해.

또한, 6개의 검은색 모자 중 남은 2개를 학생 C 또는 D에게 나누어주는 경우도 같으므로 가능한 경우의 수는

$3\times14=42$

i), ii)에 의하여 구하는 경우의 수는 $30+42=72$

함정 복잡한 경우의 수를 구하는 문제에서는 합의 법칙을 잘 사용해야 해. 합의 법칙을 잘 사용하기 위해서는 사건을 분류할 수 있는 기준을 잘 정해야 해. 경우의 수를 중복되지 않고, 빠뜨리지 않도록 하는 기준을 먼저 정해서 문제에 접근하도록 해.

(ii) A가 아닌 학생 중 2명이 각각 1개씩의 검은색 모자를 받게 되는 경우

6개의 검은색 모자 중 남은 2개를 학생 B, C에게 각각 1개씩 나누어 주면 조건 (가)에 의하여 각 학생은 1개 이상의 모자를 받아야 하므로 학생 D는 1개의 흰색 모자를 우선 받아야 한다.

학생	A	B	C	D
검은색 모자의 수	4	1	1	0
흰색 모자의 수		0		1

학생 A, C, D가 추가로 받는 흰색 모자의 개수를 각각 a, c, d라 하고, 가능한 경우를 다음과 같이 나누어 보자.

이때, 받은 검은색 모자의 수가 흰색 모자의 수보다 많은 학생이 A를 포함한 2명뿐이므로 그 학생을 B라 하자.

학생	A	B	C	D
검은색 모자의 수	4	1	1	0
흰색 모자의 수	a	0	$+c$	$1+d$

학생 A는 3개 이하의 흰색 모자를 받아야 하므로 $0\le a\le3$이고, $c\ge1$, $d\ge0$이어야 한다.

$c=0$이면 조건 (다)를 만족시키는 학생이 A를 포함하여 3명이므로 제외해.

이때, $c'=c+1$이라 하면 $c'>0$이므로 방정식 $a+c+d=5$를 만족시키는 음이 아닌 정수해 a, c, d의 순서쌍의 개수는 방정식 $a+c'+d=4$를 만족시키는 음이 아닌 정수해 a, c', d의 순서쌍의 개수와 같으므로 가능한 경우의 수는 ${}_3H_4-1$이다.

A, B, C, D가 추가로 받은 흰색 모자의 개수를 a, b, c', d라 하면 순서쌍 (a, b, c', d)에 대하여 $(4, 0, 0, 0)$의 경우는 제외해야 해.

그런데 검은색 모자를 1개씩 받는 학생을 고르는 방법의 수가 ${}_3C_2=3$이고, 그때마다 흰색 모자를 검은색 모자보다 적게 받는 학생을 고르는 방법의 수가 2가지이므로 경우의 수는

$2\times3\times14=84$

3rd 학생 A가 5개의 검은색 모자를 받는 경우를 표로 나타내어 봐.

(iii) A가 아닌 학생 중 1명이 남은 1개의 검은색 모자를 받게 되는 경우

6개의 검은색 모자 중 남은 1개를 학생 B에게 나누어 주면 조건 (가)에 의하여 각 학생은 1개 이상의 모자를 받아야 하므로 학생 B는 흰색 모자를 받으면 안 되고, 학생 C, D는 각각 1개의 흰색 모자를 우선 받아야 한다.

학생	A	B	C	D
검은색 모자의 수	5	1	0	0
흰색 모자의 수		0	1	1

학생 A, C, D가 추가로 받는 흰색 모자의 개수를 각각 a, c, d라 하고, 가능한 경우를 다음과 같이 나누어 보자.

학생	A	B	C	D
검은색 모자의 수	5	1	0	0
흰색 모자의 수	a	0	$1+c$	$1+d$

학생 A는 4개 이하의 흰색 모자를 받아야 하므로 $0\le a\le4$이다.

이때, 방정식 $a+c+d=4$를 만족시키는 음이 아닌 정수해 a, c, d의 순서쌍의 개수는 ${}_3H_4={}_{3+4-1}C_4=15$

학생 C, D에게 흰색 모자를 1개씩 나누어 주고 남은 4개의 흰색 모자를 학생 A, C, D에게 나누어 주는 경우의 수를 구하면 돼.

또한, 6개의 검은색 모자 중 남은 1개를 학생 C 또는 D에게 나누어 주는 경우도 같으므로

$3\times15=45$

(i)~(iii)에 의하여 구하는 경우의 수는

$72+84+45=201$

[다른 풀이]

조건 (나), (다)에 의하여 학생 A는 검은색 모자를 4개 또는 5개 받아야 하므로 다음과 같이 경우를 나누어 생각해 볼 수 있어.

(i) 학생 A가 검은색 모자를 4개 받는 경우

i) 나머지 세 학생 B, C, D 중 한 명의 학생이 검은색 모자를 2개 받는 경우

검은색 모자를 2개 받는 학생을 택하는 경우의 수는 3

이 각각의 경우에 대하여 다른 두 학생에게 흰색 모자 1개씩을 나누어 주고, 나머지 흰색 모자 4개를 나누어 주는 경우의 수는

㉠ 검은색 모자를 2개 받은 학생이 흰색 모자를 1개 받는 경우 : 나머지 흰색 모자 3개를 세 학생에게 나누어 주면 되므로

${}_3H_3=10$

㉡ 검은색 모자를 2개 받은 학생이 흰색 모자를 받지 않는 경우 : 나머지 흰색 모자 4개를 세 학생에게 나누어 주는 경우의 수에서 학생 A가 4개를 모두 받는 경우의 수를 빼면 되므로

${}_3H_4-1=14$

따라서 이 경우의 수는 $3\times(10+14)=72$

ii) 나머지 세 학생 B, C, D 중 두 명의 학생이 검은색 모자를 1개씩 받는 경우

검은색 모자를 흰색 모자보다 더 많이 받는 학생을 정하는 경우의 수는 3

이 각각의 경우에 대하여 나머지 두 학생 중에 검은색 모자를 받는 학생을 정하는 경우의 수는 2

이 각각의 경우에 대하여 검은색 모자를 흰색 모자보다 더 많이 받는 학생에게는 흰색 모자를 나누어 주면 안 되고, 다른 두 학생에게는 흰색 모자를 1개 이상씩 나누어 주어야 해. 즉, 두 학생에게 흰색 모자를 1개씩 나누어 주고 나머지 흰색 모자 4개를 나누어 주는 경우의 수는 학생 A가 4개를 모두 받는 한 가지 경우를 제외해야 하므로 ${}_3H_4-1=14$

따라서 이 경우의 수는 $3\times2\times14=84$

(ii) 학생 A가 검은색 모자를 5개 받는 경우

다른 세 학생 중 검은색 모자를 1개 받는 학생을 정하는 경우의 수는 3

다른 세 학생 중 흰색 모자를 1개씩 나누어 주고, 검은색 모자를 1개 받은 학생을 제외한 세 명의 학생에게 나머지 흰색 모자 4개를 나누어 주는 경우의 수는 ${}_3H_4={}_{3+4-1}C_4=15$

따라서 이경우의 수는 $3\times15=45$

(i), (ii)에 의하여 구하는 경우의 수는

$72+84+45=201$

1등급 풀이 Tip

학생 A, C, D가 받는 흰색 모자의 개수를 각각 a, c, d라 하면 $0\le a\le 3$이고, 찾아내는 방정식이 $a+c+d=4$일 때는, 순서쌍 (a, c, d)에 대하여 $(4, 0, 0)$인 경우는 제외시켜야 해.
$a+c+d=5$일 때는, $(5, 0, 0)$ 또는 $(4, 1, 0)$ 또는 $(4, 0, 1)$인 경우를 제외시켜야 해.

My Top Secret

조건을 만족시키도록 경우를 쪼개서 생각하는 경우를 많이 봤을 거야. 조건을 만족시키도록 기준을 세우고 미지수를 이용하여 방정식을 세우면 중복조합을 이용하여 간단하게 풀리지?
평소에 경우를 분류하는 것을 표로 연습해두는 것이 굉장히 중요해. 분류 기준도 명확히 적어둬서 빠뜨리거나 중복되는 경우를 배제하는 것도 잊지마!

G 62 정답 114

1등급 킬러 [정답률 7%]

단서1 어떤 색 볼펜을 기준으로 경우를 나누는 게 제일 나누는 경우의 종류가 적을까?

검은색 볼펜 1자루, 파란색 볼펜 4자루, 빨간색 볼펜 4자루가 있다. 이 9자루의 볼펜 중에서 5자루를 선택하여 2명의 학생에게 남김없이 나누어 주는 경우의 수를 구하시오. (단, 같은 색 볼펜끼리는 서로 구별하지 않고, 볼펜을 1자루도 받지 못하는 학생이 있을 수 있다.) (4점)

단서2 나중에 한 명이 전부 받는 경우를 빼야 할까?

이 문제는 볼펜을 나누어 주는 경우의 수를 구해야 한다.
이를 위해서는 1자루뿐인 검은색 볼펜이 선택된 5자루에 포함되는 경우와 그렇지 않은 경우로 나눈 뒤 중복조합을 이용해 파란색과 빨간색 볼펜을 나누는 경우의 수를 따져보는 것이 이 문제의 키포인트이다.

[풀이 단서 체크]

❶ 먼저, 검은색 볼펜이 1자루뿐이므로 검은색 볼펜이 선택된 5자루에 포함되는 경우와 포함되지 않는 경우로 나눈다. 검은색 볼펜을 두 학생 A, B 중 누구에게 줄지 정하고, 나머지 4자루를 두 학생에게 나누어 주는 경우를 구하면 된다.

❷ 이제, 4자루에 포함된 파란색 볼펜과 빨간색 볼펜의 개수를 각각 다음과 같이 나누어 각각의 볼펜을 두 명의 학생에게 나누어 주는 경우의 수를 구할 수 있다. ⇒ 단서1

파란색 볼펜	빨간색 볼펜
0	4
1	3
2	2
3	1
4	0

❸ 마지막으로, 선택된 5자루에 검은색 볼펜이 포함되지 않는 경우도 같은 방법으로 구할 수 있다. 다만, 파란색 볼펜과 빨간색 볼펜은 최대 4자루까지 나누어 줄 수 있으므로 5자루에 포함된 파란색 볼펜과 빨간색 볼펜의 개수를 다음과 같이 나누어 볼 수 있다.

파란색 볼펜	빨간색 볼펜
1	4
2	3
3	2
4	1

또한, 볼펜을 두 명의 학생에게 나누어 줄 때, 1자루도 받지 못하는 학생이 있을 수 있으므로 두 학생이 받는 볼펜의 개수를 x, y라 할 때 x와 y는 음이 아닌 정수이므로 중복조합을 제한없이 쓸 수 있다. ⇒ 단서2

주의 파란색 볼펜과 빨간색 볼펜은 4자루까지만 나누어 줄 수 있으므로 5자루 모두 파란색이거나 빨간색인 경우를 제외해야 한다.

핵심 정답 공식: 2명의 학생에게 나눠준 3가지 색깔의 볼펜의 개수를 x, y, z라 하고 두 학생이 받은 볼펜의 개수를 a, b라 하면 순서쌍 (a, b)에 대하여 주어진 조건을 만족시키는 경우를 나눠서 생각한다.

[문제 풀이 순서]

* 중복조합을 이용하여 3가지 색깔의 볼펜을 두 명의 학생에게 나누어 주는 경우의 수 구하기

1st 검은색 볼펜을 기준으로 경우를 나누자.

두 학생에게 나누어 줄 볼펜 5자루를 선택할 때, 검은색 볼펜을 포함해서 나눠줬는지, 검은색 볼펜을 포함하지 않고 나눠주지 않았는지로 경우를 나누는 것이 가장 간단하다. 다른 색 볼펜으로 경우를 나누면 개수마다 경우를 나누어야 하겠지?
2명의 학생을 각각 A, B라 하고, 이들이 가지게 될 검은색, 파란색, 빨간색 볼펜을 각각 a, b, c, x, y, z라 하면

	검은색 볼펜의 개수	파란색 볼펜의 개수	빨간색 볼펜의 개수
A	a	b	c
B	x	y	z

(i) 검은색 볼펜을 포함시킬 때,
5자루 중 파란색 볼펜을 0자루 포함시키는 경우의 수는
방정식 $a+x=1$, $b+y=0$, $c+z=4$를 각각 만족시키는 음이 아닌 정수해의 개수와 같으므로 ${}_2H_1\times{}_2H_0\times{}_2H_4=10$
같은 방법으로 파란색 볼펜을 1자루 포함시키는 경우의 수는
${}_2H_1\times{}_2H_1\times{}_2H_3=16$ 검은색 볼펜에 대하여 $a+x=1$의 방정식, 파란색 볼펜에 대하여 $b+y=1$의 방정식, 빨간색 볼펜에 대하여 $c+z=3$의 방정식의 음이 아닌 정수해를 구해.
파란색 볼펜을 2자루 포함시키는 경우의 수는
${}_2H_1\times{}_2H_2\times{}_2H_2=18$
파란색 볼펜을 3자루 포함시키는 경우의 수는
${}_2H_1\times{}_2H_3\times{}_2H_1=16$
파란색 볼펜을 4자루 포함시키는 경우의 수는
${}_2H_1\times{}_2H_4\times{}_2H_0=10$

(ii) 검은색 볼펜을 포함시키지 않을 때,
5자루 중 파란색 볼펜을 1자루 포함시키는 경우의 수는
${}_2H_1\times{}_2H_4=10$
파란색 볼펜을 2자루 포함시키는 경우의 수는 ${}_2H_2\times{}_2H_3=12$
파란색 볼펜을 3자루 포함시키는 경우의 수는 ${}_2H_3\times{}_2H_2=12$
파란색 볼펜을 4자루 포함시키는 경우의 수는 ${}_2H_4\times{}_2H_1=10$

(i)~(ii)에 의하여 구하는 경우의 수는
$\{2\times(10+16)+18\}+2\times(10+12)=70+44=114$

톡톡 풀이

2명의 학생을 A, B라 하고 두 학생이 받은 볼펜의 개수를 각각 a, b라 하고 순서쌍 (a, b)로 나타내면
$(5, 0)$, $(4, 1)$, $(3, 2)$, $(2, 3)$, $(1, 4)$, $(0, 5)$의 6가지야.
A, B학생에게 나눠준 검은색 볼펜, 파란색 볼펜, 빨간색 볼펜의 개수를 각각 x, y, z라 하면 $x+y+z=5$ (단, $0\le x\le 1$, $0\le y\le 4$, $0\le z\le 4$)이다. $x=0$ 또는 $x=1$의 2가지 경우로 쉽게 나누어 생각할 수 있어.

(i) $(5, 0)$인 경우
$x=0$이면 $y+z=5$에서 순서쌍 (y, z)의 개수는 검은색 볼펜이 1자루 뿐이므로 x의 값을 기준으로 생각해 보자.
$(4, 1)$, $(3, 2)$, $(2, 3)$, $(1, 4)$의 4이고,
$x=1$이면 $y+z=4$에서 순서쌍 (y, z)의 개수는
$(4, 0)$, $(3, 1)$, $(2, 2)$, $(1, 3)$, $(0, 4)$의 5
따라서 구하는 경우의 수는 $4+5=9$

(ii) (4, 1)인 경우

Ⅰ. B에게 검은색 볼펜을 나눠 준 경우는

검은색 볼펜이 1자루밖에 없으니까 검은색 볼펜을 기준으로 생각하면 상황이 더 간단해져.

$y+z=4$이므로 순서쌍 (y, z)의 개수는

$(4, 0)$, $(3, 1)$, $(2, 2)$, $(1, 3)$, $(0, 4)$의 5

주의 조건이 많아 경우를 나누는 것이 어렵다면, 가장 적은 개수를 차지하는 조건부터 경우를 차례로 나누는 것이 실수를 줄이는 데 도움이 될거야.

Ⅱ. B에게 파란색 볼펜을 나눠 준 경우는

$x+y+z=4$ (단, $0\le x\le 1$, $0\le y\le 3$, $0\le z\le 4$)

B에게 파란색 볼펜을 1자루 나눠 줬으므로 최대로 줄 수 있는 개수는 4가 아니라 $4-1=3$이야.

$x=0$이면 $y+z=4$에서 순서쌍 (y, z)의 개수는

$(3, 1)$, $(2, 2)$, $(1, 3)$, $(0, 4)$의 4이고,

$x=1$이면 $y+z=3$에서 순서쌍 (y, z)의 개수는

$(3, 0)$, $(2, 1)$, $(1, 2)$, $(0, 3)$의 4이므로

경우의 수는 $4+4=8$

Ⅲ. B에게 빨간색 볼펜을 나눠 준 경우는 Ⅱ.의 경우와 같은 방법으로 구하면 경우의 수는 8이야.

따라서 구하는 경우의 수는 $5+8+8=21$

(iii) (3, 2)인 경우

Ⅰ. B에게 검은색, 파란색 볼펜을 각각 1개씩 나눠 준 경우

$y+z=3$ (단, $0\le y\le 3$, $0\le z\le 4$)이므로 순서쌍 (y, z)의 개수

B에게 파란색 볼펜을 1자루 나눠 줬으므로 최대로 줄 수 있는 개수는 4가 아니라 $4-1=3$이야.

는 $(3, 0)$, $(2, 1)$, $(1, 2)$, $(0, 3)$의 4야.

Ⅱ. B에게 검은색, 빨간색 볼펜을 각각 1개씩 나눠 준 경우는 Ⅰ.의 경우와 같은 방법으로 구하면 경우의 수는 4야.

Ⅲ. B에게 파란색, 빨간색 볼펜을 각각 1개씩 나눠 준 경우

$x+y+z=3$ (단, $0\le x\le 1$, $0\le y\le 3$, $0\le z\le 3$)이다.

B에게 파란색, 빨간색 볼펜을 각각 1개씩 나눠 줬으므로 최대로 줄 수 있는 개수는 4가 아니라 $4-1=3$이야.

$x=0$이면 $y+z=3$에서 순서쌍 (y, z)의 개수는

$(3, 0)$, $(2, 1)$, $(1, 2)$, $(0, 3)$의 4이고,

$x=1$이면 $y+z=2$에서 순서쌍 (y, z)의 개수는

$(2, 0)$, $(1, 1)$, $(0, 2)$의 3이므로

경우의 수는 $4+3=7$

Ⅳ. B에게 파란색 볼펜을 2개 나눠 준 경우

$x+y+z=3$ (단, $0\le x\le 1$, $0\le y\le 2$, $0\le z\le 4$)이므로

B에게 파란색 볼펜을 2자루 나눠 줬으므로 최대로 줄 수 있는 개수는 4가 아니라 $4-2=2$야.

$x=0$이면 $y+z=3$에서 순서쌍 (y, z)의 개수는

$(2, 1)$, $(1, 2)$, $(0, 3)$의 3이고,

$x=1$이면 $y+z=2$에서 순서쌍 (y, z)의 개수는

$(2, 0)$, $(1, 1)$, $(0, 2)$의 3이므로 경우의 수는 $3+3=6$

Ⅴ. B에게 빨간색 볼펜을 2개 나눠준 경우는 Ⅳ.의 경우와 같은 방법으로 구하면 경우의 수는 6이야.

따라서 구하는 경우의 수는 $4+4+7+6+6=27$

(iv) (2, 3)인 경우

(3, 2)인 경우와 같은 방법으로 구하면 구하는 경우의 수는 27

(v) (1, 4)인 경우

(4, 1)인 경우와 같은 방법으로 구하면 구하는 경우의 수는 21

(vi) (0, 5)인 경우

(5, 0)인 경우와 같은 방법으로 구하면 구하는 경우의 수는 9

(i)~(vi)에 의하여 구하는 경우의 수는

$2\times(9+21+27)=2\times 57=114$

1등급 풀이 Tip

두 명의 학생에게 볼펜을 나누어 주는데, 같은 색의 볼펜끼리 서로 구별하지 않는다는 조건을 통해 이 문제가 중복조합을 활용하는 문제임을 파악할 수 있다.
이 문제에서 검은색 볼펜이 1자루뿐이므로 검은색 볼펜을 기준으로 경우를 나누는 것이 구하는 경우의 종류가 가장 적을 것임을 알 수 있고, 이를 바탕으로 검은색 볼펜을 나누어 주는 경우와 그렇지 않은 경우로 나누어 경우의 수를 구할 수 있다.

My Top Secret

볼펜 1자루를 나누어 주는 경우의 수가 4자루를 나누어 주는 경우의 수보다 훨씬 적어. 그래서 볼펜 1자루로 나누어 주는 거야. 경우의 수를 구할 때에는 아무래도 구하고자 하는 경우를 분류하여 계산해야 하는데, 분류했을 때의 상황이 간단해야 계산하기 편리할 거야.

G 63 정답 ②

2등급 킬러 [정답률 15%]

두 집합

$X=\{1, 2, 3, 4\}$, $Y=\{n, n+1, n+2, \cdots, n+k, \cdots, 2n\}$

에 대하여 다음 두 조건을 만족하는 함수 $f: X \longrightarrow Y$가 있다.

> (가) $f(3)=n+k$
>
> 단서 x의 값이 커져도 $f(x)$의 값은 같을 수도 있어. 이것은 $f(x)$의 값은 중복이 될 수 있다는 거야.
>
> (나) 집합 X의 임의의 두 원소 x_1, x_2에 대하여
>
> $x_1<x_2$이면 $f(x_1)\le f(x_2)$

집합 Y의 원소의 개수를 알려줘.

주어진 조건을 만족하는 함수 $f(x)$의 개수를 $M(n, k)$라 할 때, [보기]에서 옳은 것만을 있는 대로 고른 것은? (단, n과 k는 자연수이고 $1\le k\le n$이다.) (4점)

$f(3)$의 함숫값을 고정시켜.

[보기]

ㄱ. $M(4, 3)=20$

ㄴ. $M(10, k)={}_{k+2}C_2\times{}_{11-k}C_1$

ㄷ. $\sum_{k=1}^{7} M(7, k)=658$

① ㄱ ② ㄱ, ㄴ ③ ㄱ, ㄷ ④ ㄴ, ㄷ ⑤ ㄱ, ㄴ, ㄷ

이 문제는 중복조합을 이용하여 조건에 맞는 함수의 개수를 찾아야 한다. 이를 위해서는 중복조합이 문제에서 나타나는 다양한 표현 방식들을 보고 중복조합이라고 해석하는 능력이 필요하다.

[풀이 단서 체크]

❶ 먼저, 조건 (나)의 $x_1<x_2$이면 $f(x_1)\le f(x_2)$라는 식에서 부등호에 등호가 포함되어 있기 때문에 치역인 집합 Y에서 중복을 허용하여 원소 2개를 선택한 후 크기 순서대로 나열한 후 차례대로 정의역의 원소 x_1, x_2에 대하여 대응시키는 구조라고 해석할 수 있어야 한다.

❷ 이제, 조건 (가)와 연결해서 생각해보면, $f(3)=n+k$로 정해지므로 정의역의 원소 중 3보다 작은 1, 2의 경우는 치역의 부분집합 $\{n, n+1, n+2, \cdots, n+k\}$에서 중복을 허용하여 2개를 선택한 후 대응시킨다.

❸ 마지막으로, 정의역의 원소 4는 치역의 부분집합 $\{n+k, n+k+1, \cdots, 2n\}$에서 중복을 허용하여 1개를 선택한 후 대응시키는 구조라고 해석해야 한다. ⇒ 단서

주의 $\{10+k, 10+(k+1), \cdots, 20\}$의 원소의 개수를 구할 때, $\{10+k, 10+(k+1), \cdots, 10+10\}$이라고 생각하면 집합 $\{k, k+1, \cdots, 10\}$의 원소의 개수와 같다.

핵심 정답 공식: 조건을 만족하는 함수 $f(x)$의 개수는 X의 원소 1, 2가 Y의 원소 $n, n+1, \cdots, n+k$에 대응되는 경우의 수와 X의 원소 4가 Y의 원소 $n+k, n+k+1, \cdots, 2n$에 대응되는 경우의 수의 곱이다.

[문제 풀이 순서]

＊중복조합을 활용하여 조건에 맞는 함수의 개수 구하기

1st $M(4, 3)$은 $n=4$, $k=3$일 때이므로 집합 Y와 $f(3)$의 값을 구해 보자.

ㄱ. $M(4, 3)$에 대하여 $n=4$이고, $k=3$이므로 (→ $2 \cdot 4$야.)

$X=\{1, 2, 3, 4\}$, $Y=\{4, 5, 6, 7, 8\}$이고 $f(3)=4+3=7$이다.

조건 (나)에 의해 Y의 원소 4, 5, 6, 7 중에서 X의 원소 1, 2에 대응하도록 중복을 허용하여 2개를 선택하여 크기 순서대로 나열하는 경우의 수 ${}_4H_2={}_{4+2-1}C_2={}_5C_2=10$(개) (← $f(3)=7$ 이하가 돼.)

과 Y의 원소 7, 8 중에서 X의 원소 4에 대응하도록 중복을 허용하여 1개를 선택하여 나열하는 경우의 수 (→ $f(3)=7$ 이상이 돼.)

${}_2H_1={}_{2+1-1}C_1={}_2C_1=2$(개)

를 곱하면 되므로 $M(4, 3)=10\times 2=20$(개) (참)

2nd $M(10, k)$는 $n=10$을 Y와 $f(3)$에 대입해 보자.

ㄴ. $M(10, k)$에 대하여 $n=10$이므로

$X=\{1, 2, 3, 4\}$, $Y=\{10, 11, \cdots, 20\}$이고 $f(3)=10+k$이다.

조건 (나)에 의해 Y의 원소 $10, 11, \cdots, 10+k$인 $k+1$개 중에서 X의 원소 1, 2에 대응하도록 중복을 허용하여 2개를 선택하여 크기 순서대로 나열하는 경우의 수 (→ $f(3)=10+k$ 이하가 돼.)

${}_{k+1}H_2={}_{(k+1)+2-1}C_2={}_{k+2}C_2$(개)

와 Y의 원소 $10+k, 10+(k+1), \cdots, 20$인 $11-k$개 중에서 X의 원소 4에 대응하도록 중복을 허용하여 1개를 선택하여 나열하는 경우의 수 (→ $f(3)=10+k$ 이상이 돼.)

${}_{11-k}H_1={}_{(11-k)+1-1}C_1={}_{11-k}C_1$(개)

을 곱하면 되므로 $M(10, k)={}_{k+2}C_2\times{}_{11-k}C_1$(개) (참)

3rd $M(7, k)$는 $n=7$을 Y와 $f(3)$에 대입하여 보자.

ㄷ. $M(7, k)$에 대하여 $n=7$이므로

$X=\{1, 2, 3, 4\}$, $Y=\{7, 8, \cdots, 14\}$이고 $f(3)=7+k$이다.

ㄴ과 동일한 방법으로 조건 (나)에 의해 Y의 $k+1$개의 원소 중에서 X의 원소 1, 2에 대응하도록 중복을 허용하여 2개를 선택하여 크기 순서대로 나열하는 경우의 수 ${}_{k+1}H_2={}_{(k+1)+2-1}C_2={}_{k+2}C_2$(개)

와 Y의 $8-k$개 중에서 X의 원소 4에 대응하도록 중복을 허용하여 1개를 선택하여 나열하는 경우의 수 (→ $f(3)=7+k$ 이상인 수는 $7+k, 8+k, \cdots, 14$이므로 그 개수는 $14-(7+k)+1=8-k$)

${}_{8-k}H_1={}_{(8-k)+1-1}C_1={}_{8-k}C_1$(개)

을 곱하면 되므로

$$M(7, k)={}_{k+2}C_2\times{}_{8-k}C_1=\frac{(k+2)(k+1)}{2}\times(8-k)$$

$$=\frac{1}{2}(-k^3+5k^2+22k+16)$$

[합의 기호 Σ]
① $\sum_{k=1}^{n} k=\frac{n(n+1)}{2}$
② $\sum_{k=1}^{n} k^2=\frac{n(n+1)(2n+1)}{6}$
③ $\sum_{k=1}^{n} k^3=\left\{\frac{n(n+1)}{2}\right\}^2$

$$\therefore \sum_{k=1}^{7} M(7, k)$$

$$=\frac{1}{2}\sum_{k=1}^{7}(-k^3+5k^2+22k+16)$$

$$=\frac{1}{2}\left(-\frac{7^2\times 8^2}{4}+5\times\frac{7\times 8\times 15}{6}+22\times\frac{7\times 8}{2}+16\times 7\right)$$

$=322$ (거짓)

따라서 옳은 것은 ㄱ, ㄴ이다.

[다른 풀이]

ㄴ. $M(10, k)$이므로 $f(3)=10+k$

따라서 $f(2)$는 조건 (나)에 의하여 $10, 11, 12, \cdots, 10+k$의 값을 가질 수 있어. 또한, 각 경우의 $f(1)$이 갖는 값은 $f(2)$의 값에 따라 달라지지.

즉, $f(2)=10$일 경우 $f(1)=10$이고 $f(2)=11$일 경우 $f(1)$은 10 또는 11을 가져. 같은 방법으로 $f(2)=10+k$일 때 $f(1)$은 $10, 11, 12, \cdots, 10+k$의 값을 가지므로 $f(1)$이 가능한 원소의 개수는 $(k+1)$개야.

한편, $f(3)=10+k$이므로 $f(4)$는 $10+k, 10+k+1, \cdots, 20$을 가질 수 있으므로 $f(4)$의 경우의 수는 $11-k$(개)이고 구하는 경우의 수는

$(11-k)\{1+2+\cdots+(k+1)\}$

$=(11-k)\sum_{n=1}^{k+1} n$

$=(11-k)\times\frac{(k+1)(k+2)}{2}$

$={}_{11-k}C_1\times{}_{k+2}C_2$ (참)

쉬운 풀이

이런 유형은 구하고자 하는 $M(n, k)$를 일반화시킬 수 있다면 좀 더 쉽게 계산할 수 있어.

조건 (가)에 의해 X의 원소 3에 대응하는 Y의 원소는 결정되어 있고, 조건 (나)에 의해 3을 기준으로 Y의 원소를 같거나 큰 순으로 나열하여 대응시키자.

즉, X의 원소 1, 2는 Y의 원소 $n, n+1, \cdots, n+k$인 $k+1$개 중에서 중복을 허락하여 2개를 대응시키면 되므로

${}_{k+1}H_2={}_{k+1+2-1}C_2={}_{k+2}C_2$(개)

이고 X의 원소 4는 Y의 원소 $n+k, n+k+1, \cdots, 2n$인 $n-k+1$개 중에서 중복을 허락하여 1개를 대응시키면 되므로

${}_{n-k+1}H_1={}_{n-k+1+1-1}C_1={}_{n-k+1}C_1$(개)

$$\therefore M(n, k)={}_{k+2}C_2\times{}_{n-k+1}C_1=\frac{(k+2)(k+1)(n-k+1)}{2}$$

[1등급 심화 특강]

중복조합 문제는 중복조합이라는 개념을 몰라도 풀 수 있는 경우가 많아.
ㄴ에서 ${}_{k+2}C_2$는 $f(1)$, $f(2)$를 정하는 방법의 수와 같지?
$f(1)=10$일 때, $f(2)$는 $10, 11, \cdots, 10+k$이고, $f(1)=11$일 때, $f(2)$는 $11, 12, \cdots, 10+k$이고, 마찬가지로 $f(1)=10+k$일 때, $f(2)$는 $10+k$이지.
모든 경우의 수를 더하면 $1+2+\cdots+k+(k+1)$이고 계산하면 ${}_{k+2}C_2$와 같음을 알 수 있어.

1등급 풀이 Tip

$x_1+x_2+\cdots+x_n=r$가 방정식에서 음이 아닌 정수해의 개수를 구할 때, $x_1<x_2$일 때, $f(x_1)\le f(x_2)$인 함수의 개수를 구할 때 등 중복조합이 문제에서 나타나는 다양한 표현 방식 중 하나인 등호를 포함한 부등호로 나타내기를 잘 익혀두는 것이 중요하다. 만약 문제에서 $x_1<x_2$일 때, $f(x_1)<f(x_2)$인 함수의 개수를 구하라고 요구한다면 중복조합이 아닌 조합을 써야 한다.

G 64 정답 327 ✪ 2등급 킬러 [정답률 15%]

집합 $X=\{1, 2, 3, 4, 5, 6\}$에 대하여 함수 $f : X \longrightarrow X$ 중에서 다음 조건을 만족시키는 함수 f의 개수를 구하시오. (4점)

단서1 $f(3)$의 값이 3의 배수인 경우와 $f(6)$의 값이 3의 배수인 경우로 나누어서 경우의 수를 각각 구하고, $f(3)$의 값과 $f(6)$의 값이 모두 3의 배수인 경우를 구하여 빼자.

(가) $f(3)\times f(6)$은 3의 배수이다.

(나) 집합 X의 임의의 두 원소 x_1, x_2에 대하여 $x_1 < x_2$이면 $f(x_1) \le f(x_2)$이다.

단서2 함수값을 비교할 때 등호가 포함되어 있으므로 중복조합을 생각해보면 되겠지?

✪ 이 문제는 부등식을 만족시키는 함수의 개수를 구해야 한다.
이를 위해서는 $f(3)$이 3의 배수가 되는 경우와 $f(6)$이 3의 배수가 되는 경우를 나누어 구한 뒤 중복이 되는 경우도 같이 따져보는 것이 이 문제의 키포인트이다.

[풀이 단서 체크]

❶ 먼저, $f(3)\times f(6)$이 3의 배수이면 $f(3)$이 3의 배수이거나 $f(6)$이 3의 배수이다.

❷ 이제, ❶의 경우는 $f(3)$이 3의 배수인 사건과 $f(6)$이 3의 배수인 사건의 합사건이므로 각 사건의 경우의 수를 구한 뒤, 중복이 되는 사건의 경우의 수를 제외해 주어야 한다. ⇒ 단서1

❸ 마지막으로, $x_1 < x_2 < \cdots < x_n$일 때 $1 \le f(x_1) \le f(x_2) \le \cdots \le f(x_n) \le m$인 함수의 개수는 부등식에 등호가 포함되어 있으므로 m개 중 중복을 포함하여 n개를 뽑은 뒤 크기 순서대로 차례대로 x_1부터 x_n까지 대응시켜주는 경우의 수와 같으므로 중복조합을 통해 구할 수 있다. ⇒ 단서2

주의 $f(3)$과 $f(6)$이 모두 3의 배수인 경우를 제외해 주어야 한다.

핵심 정답 공식: 함수 $f : X \longrightarrow Y$에 대하여 $n(X)=a$, $n(Y)=b$일 때, $x_i \in X\,(i<j)$에 대하여 $x_i < x_j$이면 $f(x_i) \le f(x_j)$인 증가함수의 개수는 ${}_b\mathrm{H}_a$

[문제 풀이 순서]

* 중복조합을 통해 부등식을 만족시키는 함수의 개수 구하기

1st 문제 상황을 파악하여 간단히 하자.

조건 (나)를 만족시키면서
$f(3)$의 값이 3의 배수인 경우를 집합 A, $f(6)$의 값이 3의 배수인 경우를 집합 B라 하고, $n(A)$, $n(B)$, $n(A\cap B)$를 각각 구하여
$n(A\cup B)=n(A)+n(B)-n(A\cap B)$의 값을 구한다.

2nd $n(A)$, $n(B)$의 값을 각각 구하자.

(i) $f(3)$의 값이 3의 배수인 경우를 생각하자.

(a) $f(3)=3$인 경우

$f(3)=3$이라 하면 정의역의 원소 1, 2는 공역의 원소 1, 2, 3 중에서 중복을 허용하여 2개를 선택하면 되고, 정의역의 원소 4, 5, 6은 공역의 원소 3, 4, 5, 6 중에서 중복을 허용하여 3개를 선택하면 조건 (나)를 만족시키므로 구하는 함수 f의 개수는

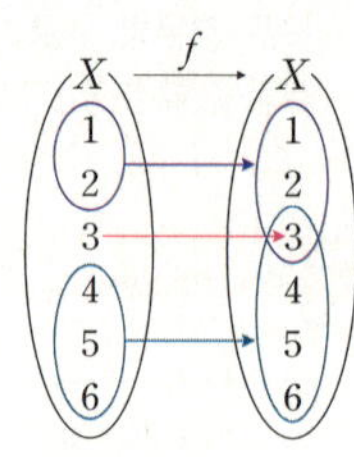

$${}_3\mathrm{H}_2\times{}_4\mathrm{H}_3={}_4\mathrm{C}_2\times{}_6\mathrm{C}_3=\frac{4\times3}{2\times1}\times\frac{6\times5\times4}{3\times2\times1}=120$$

→ $f(3)$의 값이 정해지면, 정의역의 원소 1, 2와 4, 5, 6을 따로 생각해 보면 조건 (나)를 만족시키는 경우를 더 정확하게 생각해볼 수 있어.

(b) $f(3)=6$인 경우

$f(3)=6$이라 하면 정의역의 원소 1, 2는 공역의 원소 1, 2, 3, 4, 5, 6 중에서 중복을 허용하여 2개를 선택하면 되고, 정의역의 원소 4, 5, 6은 공역의 원소 6만 선택하면 조건 (나)를 만족시키므로 구하는 함수 f의 개수는

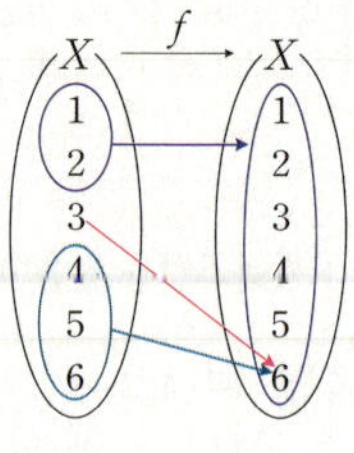

$${}_6\mathrm{H}_2\times{}_1\mathrm{H}_3={}_7\mathrm{C}_2\times{}_3\mathrm{C}_3=\frac{7\times6}{2\times1}\times1=21$$

(a), (b)에 의하여
$n(A)=120+21=141$

(ii) $f(6)$의 값이 3의 배수인 경우를 생각하자.

(a) $f(6)=3$인 경우

$f(6)=3$이라 하면 정의역의 원소 1, 2, 3, 4, 5는 공역의 원소 1, 2, 3 중에서 중복을 허용하여 5개를 선택하면 조건 (나)를 만족시키므로 구하는 함수 f의 개수는

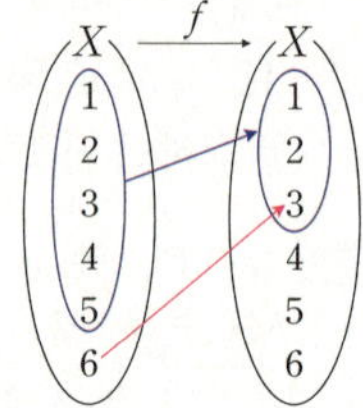

$${}_3\mathrm{H}_5={}_7\mathrm{C}_5={}_7\mathrm{C}_2=\frac{7\times6}{2\times1}=21$$

(b) $f(6)=6$인 경우

$f(6)=6$이라 하면 정의역의 원소 1, 2, 3, 4, 5는 공역의 원소 1, 2, 3, 4, 5, 6 중에서 중복을 허용하여 5개를 선택하면 조건 (나)를 만족시키므로 구하는 함수 f의 개수는

$${}_6\mathrm{H}_5={}_{10}\mathrm{C}_5=\frac{10\times9\times8\times7\times6}{5\times4\times3\times2\times1}=252$$

(a), (b)에 의하여 $n(B)=21+252=273$

3rd $n(A\cap B)$의 값을 구하자.

$f(3)$의 값과 $f(6)$의 값이 모두 3의 배수인 경우를 생각하자.
$f(3)$, $f(6)$의 값을 순서쌍 $(f(3), f(6))$으로 나타내면
$(3, 3)$, $(3, 6)$, $(6, 6)$이므로 구하는 함수 f의 개수는

$${}_3\mathrm{H}_2\times{}_1\mathrm{H}_2+{}_3\mathrm{H}_2\times{}_4\mathrm{H}_2+{}_6\mathrm{H}_2\times{}_1\mathrm{H}_2$$
$$={}_4\mathrm{C}_2\times{}_2\mathrm{C}_2+{}_4\mathrm{C}_2\times{}_5\mathrm{C}_2+{}_7\mathrm{C}_2\times{}_2\mathrm{C}_2$$
$$=6+60+21=87$$
$\therefore n(A\cap B)=87$

4th 함수 f의 개수를 구하자.

따라서 구하는 함수 f의 개수는
$n(A\cup B)=n(A)+n(B)-n(A\cap B)=141+273-87=327$

1등급 풀이 Tip

$A\cup B$로 제시된 조건의 경우 이의 여사건은 $A^C\cap B^C$이 되므로 경우를 나누는 것이 더 적을 수 있다. 이 문제의 경우 $f(3)$이 3의 배수가 아니고, $f(6)$이 3의 배수가 아닌 경우의 수를 구해 전체 경우의 수에서 제외하면 된다.
이때, $f(3)$이 $\{1, 2\}$의 원소이고 $f(6)$이 $\{4, 5\}$의 원소인 경우, $f(3)$과 $f(6)$이 모두 $\{1, 2\}$의 원소인 경우, $f(3)$과 $f(6)$이 모두 $\{4, 5\}$의 원소인 경우로 나누어 각 경우의 수를 구해 더하면 된다.

My Top Secret

중복조합을 이용해 함숫값이 부등식으로 제시된 문제를 많이 보았을 거야. 이 문제는 거기에 특정한 함수값에 제한을 두었어. 이런 문제는 경우를 빠짐없이 분류하는 기준을 세우는 것이 핵심이야. 특히, 중복이 되지 않도록 조심해야 해.

G 65 정답 ④ ✪ 1등급 킬러 [정답률 7%]

집합 $X=\{1, 2, 3, 4, 5\}$에 대하여

함수 $f: X \longrightarrow X$의 치역을 A, 합성함수 $f \circ f$의 치역을 B라 할 때, 두 집합 A, B가 다음 조건을 만족시킨다.

단서1 집합 A와 집합 B의 포함 관계는 어떻게 될까?

- $n(A) \geq 3$
- 집합 A의 모든 원소의 합이 3의 배수이다.
- $n(A) > n(B)$

다음은 함수 f의 개수를 구하는 과정이다.

(i) $n(A)=3$이고 모든 원소의 합이 3의 배수인 집합 A는

$\{1, 2, 3\}$, $\{1, 3, 5\}$, $\{2, 3, 4\}$, $\{3, 4, 5\}$

이다.

$A=\{1, 2, 3\}$인 경우 $n(B)<3$이므로

집합 B는

$\{1\}$, $\{2\}$, $\{3\}$, $\{1, 2\}$, $\{1, 3\}$, $\{2, 3\}$

이다. 단서2 그럼 $f(4)$와 $f(5)$의 값은 어떻게 될까?

$A=\{1, 2, 3\}$, $B=\{1\}$인 경우

함수 f의 개수는 (가)이고,

$A=\{1, 2, 3\}$, $B=\{1, 2\}$인 경우

함수 f의 개수는 (나)이므로

$n(A)=3$, $n(B)<3$이고 집합 A의 모든 원소의 합이 3의 배수가 되도록 하는 함수 f의 개수는

$4\times(3\times$(가)$+3\times$(나)$)$이다.

(ii) $n(A)=4$이고 모든 원소의 합이 3의 배수인 집합 A는 $\{1, 2, 4, 5\}$뿐이므로 이 경우 $n(B)<4$를 만족시키는 함수 f의 개수는 (다)이다.

(iii) $n(A)=5$인 경우 함수 f는 일대일대응이고 $n(B)=5$이므로 $n(A)>n(B)$를 만족시키는 함수 f는 존재하지 않는다.

(i), (ii), (iii)에 의하여 구하는 함수 f의 개수는

$4\times(3\times$(가)$+3\times$(나)$)+$(다)이다.

위의 (가), (나), (다)에 알맞은 수를 각각 p, q, r라 할 때, $p+q+r$의 값은? (4점)

① 164 ② 168 ③ 172 ④ 176 ⑤ 180

✪ 이 문제는 주어진 조건을 만족시키는 함수의 개수를 구해야 한다.

이를 위해서는 함수 f에서 집합 A의 원소는 집합 B에 대응되고, 집합 $A-B$에 대응되는 원소는 집합 $X-A$의 원소임 활용하여 집합 A와 B의 원소를 따져보는 것이 이 문제의 키포인트이다.

[풀이 단서 체크]

❶ 먼저, 함수 $f: X \longrightarrow X$의 치역이 A이므로 합성함수 $f \circ f$의 치역은 함수 $f: A \longrightarrow A$의 치역이 된다.(함수 f의 대응 관계는 같고, 정의역은 집합 X가 아니라 집합 A임에 주의한다. 즉, 합성함수 $f \circ f$의 치역 B는 집합 A의 부분집합이다.) 따라서 $n(A)$의 값을 기준으로 경우를 나누어 집합 B의 원소를 집합 A의 원소 중에서 골라 경우의 수를 구할 수 있다. ⇒ 단서1

❷ 이제, $n(A)=3$일 때, 모든 원소의 합이 3의 배수가 되는 집합 A는 $\{1, 2, 3\}$, $\{1, 3, 5\}$, $\{2, 3, 4\}$, $\{3, 4, 5\}$이다. 이 중 임의로 하나를 골라 집합 B의 원소를 정할 수 있다. 집합 A가 $\{1, 2, 3\}$일 때, 집합 B의 원소의 개수는 1 또는 2이므로 집합 B의 원소는 1, 2, 3 중 한 개를 고르거나 두 개를 고르면 된다. 집합 B의 원소가 1이면, 함수 $f: A \longrightarrow A$의 치역이 $\{1\}$이므로 1, 2, 3은 1에 대응되고, 함수 $f: X \longrightarrow X$에서 2와 3에 대응되는 원소가 존재하므로 4와 5는 2와 3에 대응되어야 한다. 즉, 집합 A의 원소는 집합 B에 대응되고, 집합 $A-B$에 대응되는 원소는 집합 $X-A$의 원소이어야 한다. 같은 방법으로 $n(B)=2$일 때와 집합 A가 다른 경우에도 함수 f의 개수를 구할 수 있다. ⇒ 단서2

❸ 마지막으로, $n(A)=4$일 때, 집합 X의 모든 원소의 합이 15이므로 집합 A의 모든 원소의 합이 3의 배수이려면 집합 $X-A$의 원소는 3의 배수이어야 하므로 3이다. $n(B)\leq 2$이면 $n(A-B)\geq 2$이고, 집합 $A-B$에 대응되는 원소는 집합 $X-A$의 원소인 3뿐이므로 한 원소가 두 개 이상의 원소에 대응될 수 없어 모순이다. 따라서 $2<n(B)<4$이므로 $n(B)=3$이고 ❷와 같은 방법으로 함수 f의 개수를 구할 수 있다.

주의 집합 $A-B$에 대응되는 원소는 집합 $X-A$의 원소이지만 모든 집합 $X-A$의 원소가 집합 $A-B$에 대응되는 것은 아니다.

핵심 정답 공식: 조건에 만족시키면서 순열과 조합을 이용하여 문제에서 제시한 방법에 따라 경우를 나누어 빈칸을 채워나가야 한다.

[문제 풀이 순서]

* 중복순열을 활용하여 함수의 개수 구하기

1st 집합 A의 모든 원소의 합이 3의 배수가 되도록 상황을 이해해 보자.

조건 $n(A)\geq 3$에 의하여 $n(A)=3$ 또는 $n(A)=4$ 또는 $n(A)=5$이다.

$n(A)=5$이면 $A=B=X$가 되어 조건을 만족시키지 않으므로

$A=B=X$이면 $n(A)=n(B)$이므로 주어진 조건을 만족시키지 않아.

$n(A)=3$ 또는 $n(A)=4$이어야 한다.

또한, 집합 A의 모든 원소의 합이 3의 배수이므로

그 합은 6 이상 12 이하이다.

집합 X에 대하여 $n(X)=5$이고, 전체 원소의 합은 $1+2+3+4+5=15$야.
$n(A)=3$일 때, 3의 배수이면서 가장 작은 수는 $1+2+3=6$이고,
$n(A)=4$일 때, 3의 배수이면서 가장 큰 수는 $1+2+4+5=12$야.

2nd 빈칸 (가), (나)를 구하자.

(i) $n(A)=3$이고 모든 원소의 합이 3의 배수인 집합 A는

$\{1, 2, 3\}$, $\{1, 3, 5\}$, $\{2, 3, 4\}$, $\{3, 4, 5\}$이다.

$A=\{1, 2, 3\}$인 경우 $n(B)<3$이므로

집합 B는 $\{1\}$, $\{2\}$, $\{3\}$, $\{1, 2\}$, $\{1, 3\}$, $\{2, 3\}$이다.

Ⅰ. $A=\{1, 2, 3\}$, $B=\{1\}$인 경우

집합 A의 원소인 1, 2, 3이 1에 대응하는 경우의 수는 1이고, ($f(1)=f(2)=f(3)=1$)

4, 5가 2, 3에 하나씩 대응하는 경우의 수는 2이므로

$A=\{1, 2, 3\}$, $B=\{1\}$인 함수 f의 개수는

$1\times 2=2$이다. ← (가)

$\{f(4), f(5)\}=\{2, 3\}$이므로 $f(4)=2$, $f(5)=3$ 또는 $f(4)=3$, $f(5)=2$의 2가지야.

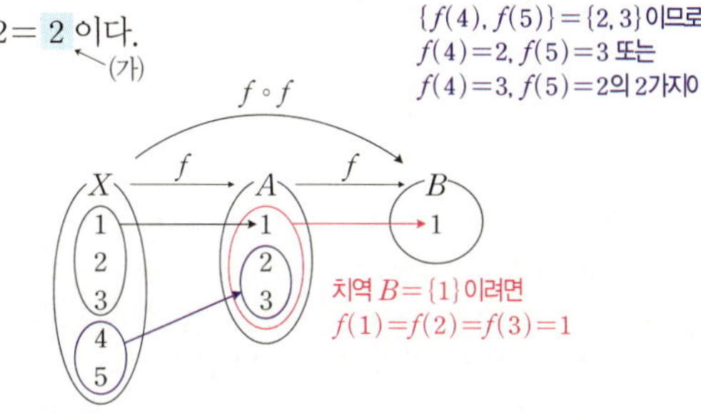

$B=\{2\}$ 또는 $B=\{3\}$인 경우도 같은 경우이므로 3×2

Ⅱ. $A=\{1, 2, 3\}$, $B=\{1, 2\}$인 경우

$\{f(1), f(2), f(3)\}=\{1, 2\}$이고

$\{3\}\subset\{f(4), f(5)\}\subset\{1, 2, 3\}$이므로

4, 5가 1, 2, 3에 대응하고, 적어도 하나가 반드시 3에 대응하는 경우야.

$A=\{1, 2, 3\}$, $B=\{1, 2\}$인 함수 f의 개수는

$({}_2\Pi_3-2)\times({}_3\Pi_2-{}_2\Pi_2)=6\times5=30$ ←(나)

$f(1)=f(2)=f(3)=1$ 인 경우와 $f(1)=f(2)=f(3)=2$ 인 경우를 제외시켜야 해.

$\{f(4), f(5)\}\subset\{1, 2\}$인 경우는 제외시켜야 해.

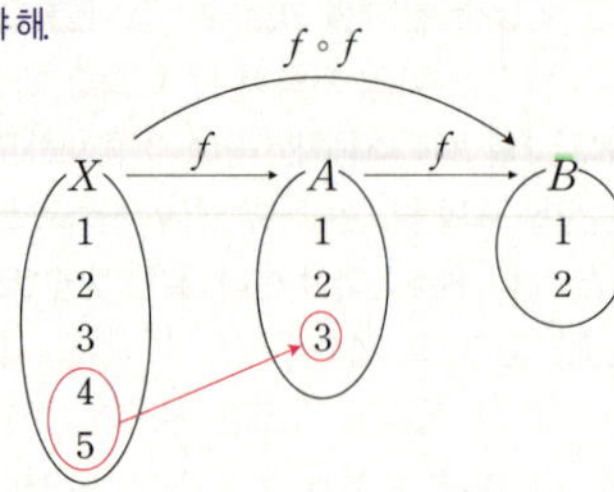

$B=\{1, 3\}$ 또는 $B=\{2, 3\}$인 경우도 같은 경우이므로 3×30

$A=\{1, 3, 5\}$ 또는 $A=\{2, 3, 4\}$ 또는 $A=\{3, 4, 5\}$인 경우도 같은 경우이므로

Ⅰ.~Ⅱ.에 의하여 $n(A)=3$, $n(B)<3$이고 집합 A의 모든 원소의 합이 3의 배수가 되도록 하는 함수 f의 개수는

$4\times(3\times2+3\times30)$이다.

3rd 빈칸 (다)를 구하자.

$\{f(1), f(2), f(3)\}$과 $\{f(4), f(5)\}$를 고려해야 한다는 점에 주의하여 (ii)부분을 구하자.

조건 $n(A)>n(B)$에 따라 $A-B\neq\varnothing$ 이니까 집합 $A-B$와 집합 A를 각각 생각하자.

(ii) $n(A)=4$이고 모든 원소의 합이 3의 배수인 집합 A는 $\{1, 2, 4, 5\}$뿐이다. 이 경우 $n(X-A)=1$이 되어 $n(B)=1$, $n(B)=2$이면 모순이 되어 $n(B)=3$이다.

따라서 집합 B는 $\{1, 2, 4\}$, $\{1, 2, 5\}$, $\{1, 4, 5\}$, $\{2, 4, 5\}$가 될 수 있다.

$A=\{1, 2, 4, 5\}$, $B=\{2, 4, 5\}$인 경우에 대하여

$X-A=\{3\}$, $A-B=\{1\}$이므로 $f(3)=1$이다.

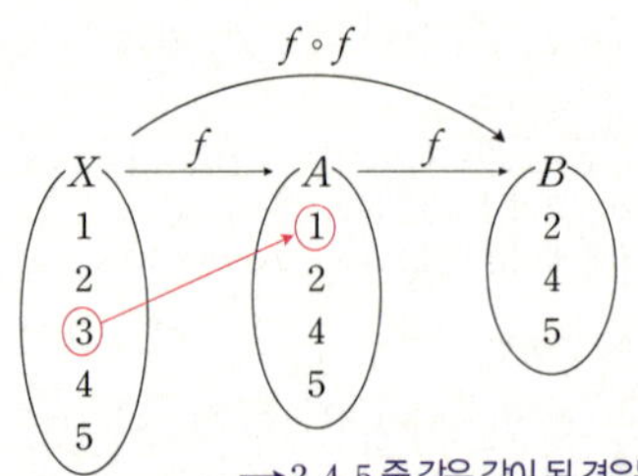

또한, $f(1)$, $f(2)$, $f(4)$, $f(5)$ 중 어떤 두 값만 같고 나머지는 서로 달라야 하므로 경우의 수는 같은 것이 있는 순열에 의하여

→2, 4, 5 중 같은 값이 된 경우는 ${}_3C_1$

→2가 같은 값이라고 하면 2, 2, 4, 5를 일렬로 나열하면 돼.

${}_3C_1\times\dfrac{4!}{2!}=3\times12=36$이다.

$B=\{1, 2, 5\}$ 또는 $B=\{1, 4, 5\}$ 또는 $B=\{2, 4, 5\}$인 경우도 같은 경우이므로

$n(A)=4$, $n(B)<4$이고 집합 A의 모든 원소의 합이 3의 배수가 되도록 하는 함수 f의 개수는 $4\times36=144$이다.
←(다)

따라서 $p=2$, $q=30$, $r=144$이므로 $p+q+r=176$이다.

1등급 풀이 Tip

함수에 대한 이해가 잘 이루어졌다면, 구하고자 하는 집합 A의 원소에 따라 경우를 나누어 구할 수 있음을 한눈에 파악할 수 있다. 집합 A의 모든 원소의 합이 3의 배수이므로 집합 A가 될 수 있는 집합이 한정적임을 알 수 있다.
따라서 각 경우에서 집합 A의 원소는 집합 B에 대응되고, 집합 $A-B$에 대응되는 원소는 집합 $X-A$의 원소임을 활용하여 가능한 집합 B를 구할 수 있다.

My Top Secret

중복순열을 이용한 문제이지만, 본질적으로 함수에 대한 이해가 충분히 이루어져야 풀 수 있는 문제야.
함수 $f: X\longrightarrow X$와 치역 A에 대하여 합성함수 $f\circ f$의 정의역은 X이고 치역은 A의 부분집합이 됨을 알고 있어야 돼. 경우의 수를 구하는 문제에서 함수의 개수를 구하는 문제는 자주 나오니 함수에 대해 공부해두는 것이 좋아.

G 66 정답 396

✪ 1등급 킬러 [정답률 8%]

어느 학교 도서관에서 독서프로그램 운영을 위해 철학, 사회과학, 자연과학, 문학, 역사 분야에 해당하는 책을 각 분야별로 10권씩 총 50권을 준비하였다. 한 학급에서 이 50권의 책 중 24권의 책을 선택하려고 할 때, 다음 조건을 만족시키도록 선택하는 경우의 수를 구하시오. (단, 같은 분야에 해당하는 책은 서로 구별하지 않는다.) (4점) **단서1** 철학, 사회과학, 자연과학 분야에 해당하는 책은 반드시 선택해야 하므로 최소 3개 분야에 해당하는 책을 선택할 수 있어.

(가) 철학, 사회과학, 자연과학 각각의 분야에 해당하는 책은 4권 이상씩 선택한다.
(나) 문학 분야에 해당하는 책은 선택하지 않거나 4권 이상 선택한다. **단서2** 문학이나 역사 분야에 해당하는 책을 선택하지 않거나 4권 이상 선택하므로 최대 5개 분야에 해당하는 책을 선택할 수 있어.
(다) 역사 분야에 해당하는 책은 선택하지 않거나 4권 이상 선택한다.

✪ 이 문제는 분야별로 5종류의 책 50권 중 24권을 조건을 만족시키도록 선택하는 경우의 수를 구해야 한다.
이를 위해서는 각 분야의 책의 권수를 문자와 식으로 나타낸 뒤 주어진 조건을 이들을 활용해 표현하여 정수의 순서쌍의 개수를 따져보는 것이 이 문제의 키포인트이다.

[풀이 단서 체크]

❶ 먼저, 철학, 사회과학, 자연과학 분야에 해당하는 책은 각각 4권 이상씩 선택하므로 이들 분야에서 선택하는 책의 권수를 순서대로 a, b, c라 하면, $a\geq4$, $b\geq4$, $c\geq4$임을 알 수 있다.⇒ **단서1**

❷ 이제, 문학, 역사 분야에 해당하는 책은 각각 선택하지 않거나 4권 이상씩 선택하므로 이들 분야에서 선택하는 책의 권수를 순서대로 d, e라 하면, $d\geq4$ 또는 $d=0$, $e\geq4$ 또는 $e=0$임을 알 수 있다. 총 24권의 책을 선택하므로 $a+b+c+d+e=24$임을 알 수 있고, 각 분야에 해당하는 책은 10권씩 준비되었으므로 $a\leq10$, $b\leq10$, $c\leq10$, $d\leq10$, $e\leq10$이다.⇒ **단서2**

❸ 마지막으로, $d=0$, $e=0$ 또는 $d=0$, $e\neq0$ 또는 $d\neq0$, $e=0$ 또는 $d\neq0$, $e\neq0$인 경우로 나누어 $a+b+c+d+e=24$를 만족시키는 정수 a, b, c, d, e의 순서쌍 (a, b, c, d, e)의 개수를 구할 수 있다. 이때, 다섯 개의 정수 모두 10 이하임을 고려해야 한다.

주의 모든 분야의 책이 최대 10권 선택될 수 있으므로 11권 이상 선택되는 경우를 제외해야 한다.

핵심 정답 공식: 서로 다른 n개에서 중복을 허용하여 r개를 택하는 조합을 n개에서 r개를 택하는 중복조합이라 하며, 이 중복조합의 수를 기호로 ${}_nH_r$와 같이 나타낸다.

[문제 풀이 순서]

＊ 중복조합을 활용하여 책을 선택하는 경우의 수 구하기

1st 책의 종류와 조건을 문자를 이용하여 간단히 나타내자.

철학, 사회과학, 자연과학, 문학, 역사 각각의 분야에서 선택하는 책의 권수를 순서대로 a, b, c, d, e라 하면

$a+b+c+d+e=24$ ⋯ ㉠

조건 (가)에 의하여 $4\le a\le 10$, $4\le b\le 10$, $4\le c\le 10$

조건 (나)에 의하여 $d=0$ 또는 $4\le d\le 10$

조건 (다)에 의하여 $e=0$ 또는 $4\le e\le 10$

주의 문제 상황에서 분야별로 10권씩 개수의 제한을 두었다는 것을 염두하고 풀어야 제외되는 개수를 명확히 알고 제외시킬 수 있어. 즉, 실생활 문제의 경우 복잡한 문장 하나하나를 잘 파악하고 수학적인 표현으로 변환시킬 필요가 있어.

2nd d, e의 조건에 따라 경우를 나누자.

(i) $d=0$, $e=0$인 경우

㉠에 의하여 $d=0$, $e=0$이므로

$a+b+c=24$이다.

$a=4+a'$, $b=4+b'$, $c=4+c'$이라 하면

$a'+b'+c'=12$ (a', b', c'은 0 이상 6 이하의 자연수)이다.

이때, $a'\ge 7$인 경우에 대하여 경우의 수를 구하면

$a'=7$이면 $b'+c'=5$: ${}_2H_5$

$a'=8$이면 $b'+c'=4$: ${}_2H_4$

$a'=9$이면 $b'+c'=3$: ${}_2H_3$

$a'=10$이면 $b'+c'=2$: ${}_2H_2$

$a'=11$이면 $b'+c'=1$: ${}_2H_1$

$a'=12$이면 $b'+c'=0$: ${}_2H_0$

$b'\ge 7$ 또는 $c'\ge 7$인 경우도 같은 경우의 수를 가지므로

$3\times({}_2H_5+{}_2H_4+\cdots+{}_2H_0)=3\times(6+5+4+3+2+1)$

$=63$

따라서 여사건의 경우의 수를 이용하면 이를 만족시키는 경우의 수는

${}_3H_{12}-63={}_{14}C_2-63=\frac{14\times 13}{2\times 1}-63$

$=91-63=28$

(ii) d와 e 중 하나만 0인 경우 4개 분야에 해당하는 책을 선택해야 해.

$d\ne 0$, $e=0$인 경우에 대하여 생각해 보자.

$a+b+c+d=24$에 대하여

$a=4+a'$, $b=4+b'$, $c=4+c'$, $d=4+d'$이라 하면

$a'+b'+c'+d'=8$ (a', b', c', d'은 0 이상 6 이하의 자연수)이다.

$\therefore {}_4H_8$

제외해야 할 $a'\ge 7$인 경우에 대하여 생각해 보면

$a'=7$이면 $b'+c'+d'=1$: ${}_3H_1$

$a'=8$이면 $b'+c'+d'=0$: ${}_3H_0$

$b'\ge 7$ 또는 $c'\ge 7$ 또는 $d'\ge 7$인 경우도 같은 경우의 수를 가지므로

$4\times({}_3H_1+{}_3H_0)=4\times(3+1)$

$=4\times 4=16$

따라서 여사건의 경우의 수를 이용하면 이를 만족시키는 경우의 수는

${}_4H_8-16$

$c\ne 0$, $d=0$인 경우도 같은 경우의 수를 가지므로 ${}_4H_8-16$

$\therefore 2\times({}_4H_8-16)=2\times({}_{4+8-1}C_8-16)$

$c\ne 0$, $d=0$인 경우도 같은 경우의 수를 가지므로 2를 곱해야 해.

$=2\times({}_{11}C_3-16)$

$=2\times\left(\frac{11\times 10\times 9}{3\times 2\times 1}-16\right)$

$=2\times(165-16)$

$=2\times 149$

$=298$

(iii) d와 e가 모두 0이 아닌 경우

5개의 분야에 해당하는 책을 모두 선택해야 한다.

$a+b+c+d+e=24$에 대하여

$a=4+a'$, $b=4+b'$, $c=4+c'$, $d=4+d'$, $e=4+e'$이라 하면

$a'+b'+c'+d'+e'=4$ (a', b', c', d', e'은 0 이상 6 이하의 자연수)

이다. 이 경우에는 $a'\ge 7$인 경우는 없으므로 제외시켜야 할 상황에 대해서는 생각하지 않아도 돼.

따라서 이를 만족시키는 경우의 수는

${}_5H_4={}_{5+4-1}C_4={}_8C_4$

$=\frac{8\times 7\times 6\times 5}{4\times 3\times 2\times 1}=70$

(i)~(iii)에 의하여 구하는 경우의 수는

$28+298+70=396$이다.

1등급 풀이 Tip

주어진 조건을 문자로 나타내어 식을 세우면, 익숙한 형태의 문제가 된다.

예를 들어, $a=4+a'$, $b=4+b'$, $c=4+c'$으로 치환하여 음이 아닌 정수 a', b', c'에 대해 $a'+b'+c'$의 값에 따라 순서쌍 (a', b', c')의 개수를 구할 수 있다.

My Top Secret

이 문제에서 주어진 같은 분야에 해당하는 책은 서로 구별하지 않는다는 조건을 통해 이 문제가 중복조합과 관련된 문제임을 파악할 수 있어.

따라서 각 분야의 책의 권수를 문자로 나타내어 조건을 식으로 나타내면 중복조합의 대표 유형인 음이 아닌 정수해의 개수를 묻는 문항으로 바꿀 수 있어.

G 67 정답 45

✪ 1등급 킬러 [정답률 3%]

검은 바둑돌 ●과 흰 바둑돌 ○을 일렬로 나열하였을 때 이웃한 두 개의 바둑돌의 색이 나타날 수 있는 유형은

●●	●○	○●	○○
〈A형〉	〈B형〉	〈C형〉	〈D형〉

으로 4가지이다. 예를 들어, 6개의 바둑돌을 〈A형〉 2번, 〈B형〉 1번, 〈C형〉 1번, 〈D형〉 1번 나타나도록 일렬로 나열하는 모든 경우의 수는 아래와 같이 5이다.

단서1 〈A형〉 2번이면 ●●, ●●/●●● 두 가지가 생길 수 있네.

단서2 예시를 보면 겹쳐서 생기는 경우도 고려해야 해. B형과 C형으로 우선 경우를 생각해 볼까?

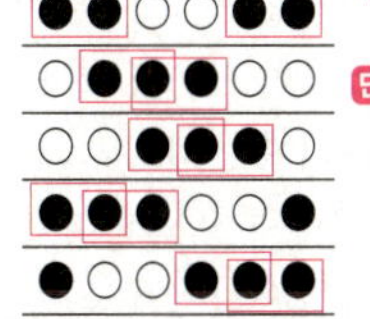

단서3 4개 유형이 1번 이상은 나와야 하고, B형, C형이 2번 나오려면 바둑돌의 색이 네 번 바뀌어야 하지? ○●○● 또는 ●○●○를 기준으로 생각해볼까?

10개의 바둑돌을 〈A형〉 4번, 〈B형〉 2번, 〈C형〉 2번, 〈D형〉 1번 나타나도록 일렬로 나열하는 모든 경우의 수를 구하시오.

(단, 검은 바둑돌과 흰 바둑돌은 각각 10개 이상씩 있다.) (4점)

✪ 이 문제는 중복조합을 이용하여 바둑돌을 조건에 맞춰 나열하는 경우의 수를 구해야 한다. 이를 위해서는 〈B형〉과 〈C형〉이 2번씩 나오는 경우를 기준으로 바둑돌을 나열하는 경우의 수를 따져보는 것이 이 문제의 키포인트이다.

[풀이 단서 체크]

❶ 먼저, 〈B형〉 1번, 〈C형〉 1번이 나타나도록 나열하면 ●○● 또는 ●○○● 등이다. 왼쪽에서 오른쪽 순으로 살펴볼 때 나열된 바둑돌의 색깔이 모두 두 번씩 바뀌는 것을 관찰할 수 있다.

❷ 이제, 이와 마찬가지로 〈B형〉 2번, 〈C형〉 2번이 되도록 하려면 왼쪽에서 오른쪽 순으로 살펴볼 때 나열된 바둑돌의 색깔이 네 번 바뀌어야 함을 알 수 있다. ⇒ 단서1, 단서2

❸ 마지막으로, ●●●처럼 겹쳐서 생기는 경우가 존재하므로 검은 바둑돌 4개를 사용하려면 먼저 ●○●○● 또는 ○●○●○에서 ●의 좌우 어디든지 검은 바둑돌을 하나씩 넣을 때마다 〈A형〉이 1번씩 늘어나는 것을 볼 수 있다.
따라서 ●의 각각의 좌우에 중복을 허용하여 4번 선택하는 경우의 수를 구하면 된다. ⇒ 단서2

주의 〈A형〉, 〈D형〉을 기준으로 하면 까다로울 수 있으니 〈B형〉과 〈C형〉을 기준으로 나열한다.

(핵심 정답 공식: 〈B형〉과 〈C형〉을 기준으로 먼저 나열해본다.)

[문제 풀이 순서]

＊검은 바둑돌과 흰 바둑돌을 조건에 맞게 나열하는 방법

1st 〈B형〉과 〈C형〉을 먼저 나열해 봐. → 주의 B형과 C형은 다른 색의 바둑돌끼리 붙어 있기 때문에 같은 색 바둑돌끼리 붙어 있는 A형, D형보다 더 까다로우니까 먼저 B형, C형을 충족하는 경우부터 생각해봐야 해.

〈B형〉과 〈C형〉이 각각 2번 나타나도록 5개의 바둑돌을 나열하는 경우는 ●○●○●과 ○●○●○이다.

(i) ①∨●②∨○③∨●④∨○⑤∨●⑥∨인 경우

〈A형〉인 ●●이 4번 나오도록 하려면 검은 바둑돌 ● 4개를

●●●●● 〈A형〉 4개
●●●● 〈A형〉 3개
●●● 〈A형〉 2개
에 의하여 〈A형〉이 4개 나오려면 ● 4개는 검은 바둑돌 좌우에 배치해야 해.

●○●○●에서 ●의 좌우 어디든지 넣으면 된다.

그런데 ①과 ②, ③과 ④, ⑤와 ⑥에 넣는 것은 같은 경우이므로 (같은 모양이 나오므로 묶어서 생각해.)
① 또는 ②, ③ 또는 ④, ⑤ 또는 ⑥의 3군데 중 중복을 허용하여 4번 선택하는 경우의 수는 ${}_3H_4={}_{3+4-1}C_4={}_6C_4={}_6C_2=\dfrac{6\times5}{2\times1}=15$

또한, 〈D형〉인 ○○이 1번 나오도록 하려면 흰 바둑돌 ○ 1개를 ●○●○●에서 ○의 좌우 어디든지 넣으면 된다.

마찬가지로 ②와 ③, ④와 ⑤에 넣는 것은 같은 경우이므로 ② 또는 ③, ④ 또는 ⑤의 2군데 중 1번 선택하는 경우의 수는 ${}_2C_1=2$

따라서 이때의 구하는 경우의 수는 $15\times2=30$

(ii) ①∨○②∨●③∨○④∨●⑤∨○⑥∨인 경우

〈A형〉인 ●●이 4번 나오도록 하려면 검은 바둑돌 ● 4개를 ○●○●○에서 ●의 좌우 어디든지 넣으면 된다.

(i)과 같은 방법으로 ② 또는 ③, ④ 또는 ⑤의 2군데 중 중복을 허용하여 4번 선택하는 경우의 수는 ${}_2H_4={}_{2+4-1}C_4={}_5C_4={}_5C_1=5$

또한, 〈D형〉인 ○○이 1번 나오도록 하려면 흰 바둑돌 ○ 1개를 ○●○●○에서 ○의 좌우 어디든지 넣으면 된다.

(i)과 같은 방법으로 ① 또는 ②, ③ 또는 ④, ⑤ 또는 ⑥의 3군데 중 1번 선택하는 경우의 수는 ${}_3C_1=3$

따라서 이때의 구하는 경우의 수는 $5\times3=15$

(i), (ii)에 의하여 구하는 모든 경우의 수는 $30\oplus15=45$

→ [합의 법칙] 두 사건 (i), (ii)가 동시에 일어나지 않았으므로 각 경우를 더해 주자.

[1등급 심화 특강]

〈예시를 더 들여다 보기〉

예시를 자세히 관찰하면 바둑돌을 왼쪽에서 오른쪽 순으로 살펴볼 때 나열된 바둑돌의 색깔이 모두 두 번씩 바뀌는 것을 알 수 있다. 이를 바탕으로 주어진 문제를 어떻게 풀어나갈지 떠올릴 수 있다. 이 문제의 경우는 네 번씩 바뀌어야 함을 알 수 있고, (i) ●○●○●의 경우와 (ii) ○●○●○의 경우가 있음을 알 수 있다.

My Top Secret

이와 같이 한 번에 구할 수 없는 문제는 기준을 잡고 나누어서 풀어야 하는데 이 기준을 잡는 것이 매우 중요해. B형과 C형을 기준으로 잡고 푸는 게 가장 이상적이고 빨리 풀리지만 만약 A형을 기준으로 잡고 풀면 매우 복잡하고 시간도 오래 걸릴 거야.

G 68 정답 400

✪ 1등급 킬러 [정답률 13%]

단서1 자연수이므로 맨 앞 자리에는 0이 오지 않아.

순서대로 읽은 수와 거꾸로 읽은 수가 일치하는 자연수를 대칭수라 한다. 예를 들어, 345543은 대칭수이고, 345567은 대칭수가 아니다. 0과 1만을 이용하여 n자리 대칭수를 만들 때, 사용된 1의 개수가 0의 개수보다 많거나 같은 n자리 대칭수의 개수를 a_n이라 하자.

$\sum_{k=1}^{4} m(a_{4k+2}-a_{4k})=34000$일 때, 상수 m의 값을 구하시오. (4점)

단서2 $n=1$일 때, a_{4n}이므로 4자리 대칭수부터 찾아 일반항을 추론해 볼까? 단, 첫 번째와 맨 마지막 자리에서는 0이 아닌 1이 배치되어야겠네.

✪ 이 문제는 조건에 맞는 경우의 수를 조합들의 합으로 나타낸 후 이항계수의 성질로 간단하게 정리해서 구해야 한다. 이를 위해서는 문제의 조건을 보고 상황을 두 가지로 나눠야 한다고 판단할 수 있어야 하고 이항계수의 성질을 알고 있어야 한다.

[풀이 단서 체크]

❶ 먼저, 자연수이므로 가장 앞자리에는 무조건 1이 배치되어야 한다. ⇒ 단서1

❷ 이제, a_{4k+2}와 a_{4k}는 모두 대칭수의 자릿수가 짝수이므로 정확히 대칭수를 절반으로 나눌 수 있다. 그리고 절반으로 나눈 수의 자릿수는 각각 $(2k+1)$와 $(2k)$이다.
이때, 절반으로 나눈 수에서 사용된 1의 개수가 0의 개수보다 많거나 같으면 원래 자연수에서도 사용된 1의 개수가 0의 개수보다 많다는 것을 알 수 있다.

❸ 마지막으로, a_{4k}의 경우 절반으로 나눈 수에서 앞자리의 1을 제외하면 $(2k-1)$자리인데 여기서 1이 적어도 $(k-1)$개의 자리를 차지해야 한다.
따라서 a_{4k+2}의 경우 절반으로 나눈 수에서 앞자리의 1을 제외하면 $(2k)$자리인데 여기서 1이 적어도 k개의 자리를 차지해야 한다. ⇒ 단서2

주의 자연수에서 가장 앞자리에 0이 오면 모순이므로 앞 자리에는 무조건 1이 배치되어야 한다.

(핵심 정답 공식: $n=1, 2, \cdots$을 대입하여 수열 $\{a_n\}$의 규칙성을 파악한다. 순서대로 읽은 수와 거꾸로 읽은 수가 일치하는 자연수인 대칭수에 대한 문제이므로 절반의 자릿수에 대해서만 결정하면 된다.)

[문제 풀이 순서]

* 조건에 맞는 경우의 수를 조합들의 합으로 표현한 뒤 이항계수의 성질을 이용해서 정리하기

1st a_n에서 a_4, a_8, a_{12}, ⋯와 a_6, a_{10}, a_{14}, ⋯을 생각해 보자.

(i) a_{4n} $(n=1, 2, 3, \cdots)$

i) $n=1$

①□ ⋮ □① → 0이 아닌 1이 배치되어야지.

1의 개수가 0의 개수보다 많거나 같아야 하므로 □에 들어갈 수 있는 수는 0 또는 1이다.

$\therefore a_4=2$

ii) $n=2$

1□□□ ⋮ □□□1

위의 그림과 같이 쌍을 이루면서 같은 숫자가 □에 들어가야 대칭수가 되므로 앞의 3개의 □에 들어갈 수가 각각 정해지면 뒤의 3개의 □에 들어갈 수는 정해진다.

1의 개수가 0의 개수보다 많거나 같아야 하므로 앞의 3개의 □ 중 1이 1개 이상 들어가면 된다.

$\therefore a_8={}_3C_1+{}_3C_2+{}_3C_3$ ⇐ (1을 1개 배치)+(1을 2개 배치)+(1을 3개 배치)

iii) 임의의 n

1□□⋯□□ ⋮ □□⋯□□1 (앞: $(2n-1)$개, 뒤: $(2n)$개)

ii)와 같은 원리로 생각하자.

1의 개수가 0의 개수보다 많거나 같아야 하므로 앞의 $(2n-1)$개의 □ 중 1이 $(n-1)$개 이상 들어가면 된다.

$\therefore a_{4n}={}_{2n-1}C_{n-1}+{}_{2n-1}C_n+\cdots+{}_{2n-1}C_{2n-1}$

(ii) a_{4n+2} $(n=1, 2, 3, \cdots)$

i) $n=1$

1□□ ⋮ □□1

1의 개수가 0의 개수보다 많거나 같아야 하므로 앞의 2개의 □ 중 1이 하나 이상 있어야 한다.

$\therefore a_6={}_2C_1+{}_2C_2$

ii) $n=2$

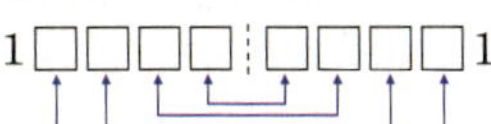

위와 동일하게 앞의 4개의 □ 중 1이 2개 이상 있어야 한다.

$\therefore a_{10}={}_4C_2+{}_4C_3+{}_4C_4$

iii) 임의의 n

1□□⋯□□ ⋮ □□⋯□□1 (앞: $(2n)$개, 뒤: $(2n+1)$개)

앞의 $(2n)$개의 □ 중 1이 n개 이상 있어야 한다.

$\therefore a_{4n+2}={}_{2n}C_n+{}_{2n}C_{n+1}+\cdots+{}_{2n}C_{2n}$

2nd 이항계수의 성질을 이용하여 계산하자.

실수 이항계수의 다양한 성질들을 이용해야 계산할 수 있어. 계산 과정을 쭉 따라가면서 막히는 부분이 있다면 꼭 복습하자.

$a_{4n}={}_{2n-1}C_{n-1}+{}_{2n-1}C_n+\cdots+{}_{2n-1}C_{2n-1}$

$={}_{2n-1}C_{n-1}+\underline{{}_{2n-1}C_{n-1}+\cdots+{}_{2n-1}C_0}$ (${}_nC_r={}_nC_{n-r}$)

$={}_{2n-1}C_{n-1}+\frac{1}{2}({}_{2n-1}C_0+{}_{2n-1}C_1+\cdots+{}_{2n-1}C_{2n-1})$ ($\sum_{k=0}^{2n-1}{}_{2n-1}C_k=2\times\sum_{k=0}^{n-1}{}_{2n-1}C_k$)

$={}_{2n-1}C_{n-1}+\frac{1}{2}\sum_{k=0}^{2n-1}{}_{2n-1}C_k$ → ${}_nC_0+{}_nC_1+\cdots+{}_nC_n=2^n$

$={}_{2n-1}C_{n-1}+\frac{1}{2}\times 2^{2n-1}$

$={}_{2n-1}C_{n-1}+2^{2n-2}$ ⋯ ㉠

$a_{4n+2}={}_{2n}C_n+{}_{2n}C_{n+1}+\cdots+{}_{2n}C_{2n}$인데

$2^{2n}=({}_{2n}C_0+{}_{2n}C_1+{}_{2n}C_2+\cdots+{}_{2n}C_{n-1})+{}_{2n}C_n$
$+({}_{2n}C_{n+1}+\cdots+{}_{2n}C_{2n-1}+{}_{2n}C_{2n})$

$=2({}_{2n}C_{n+1}+{}_{2n}C_{n+2}+\cdots+{}_{2n}C_{2n})+{}_{2n}C_n$

$=2(a_{4n+2}-{}_{2n}C_n)+{}_{2n}C_n$ (${}_nC_r={}_nC_{n-r}$)

$=2a_{4n+2}-{}_{2n}C_n$

$\therefore a_{4n+2}=\frac{1}{2}({}_{2n}C_n+2^{2n})=\frac{1}{2}{}_{2n}C_n+2^{2n-1}$ ⋯ ㉡

$\therefore a_{4n+2}-a_{4n}=\frac{1}{2}{}_{2n}C_n+2^{2n-1}-({}_{2n-1}C_{n-1}+2^{2n-2})$ ($\because$ ㉠, ㉡)

$=\frac{1}{2}{}_{2n}C_n-{}_{2n-1}C_{n-1}+2^{2n-1}-2^{2n-2}$

$=\frac{1}{2}\underline{({}_{2n-1}C_{n-1}+{}_{2n-1}C_n)}-{}_{2n-1}C_{n-1}+2^{2n-2}(2-1)$ (${}_nC_r={}_{n-1}C_{r-1}+{}_{n-1}C_r$)

$=\frac{1}{2}({}_{2n-1}C_{n-1}+\underline{{}_{2n-1}C_{n-1}})-{}_{2n-1}C_{n-1}+2^{2n-2}$ (${}_nC_r={}_nC_{n-r}$)

$=2^{2n-2}=4^{n-1}$

3rd 등비수열의 합을 이용하자.

$\sum_{k=1}^{4}m(a_{4k+2}-a_{4k})=m\sum_{k=1}^{4}4^{k-1}=m\times\frac{4^4-1}{4-1}=85m$

$85m=34000$ $\quad\therefore m=400$

1등급 풀이 Tip

문제 풀이에서 케이스를 왜 나눌 수밖에 없었는지를 알아보자. 자릿수가 $(4k+2)$인 대칭수를 절반으로 나누면 자릿수가 $(2k+1)$이고 자릿수가 $(4k)$인 대칭수를 절반으로 나누면 자릿수가 $(2k)$이다. 이때, 절반으로 나눈 수에서 사용된 1의 개수가 0의 개수보다 많거나 같아야 한다. 자릿수가 $(2k+1)$인 자연수에서 1의 개수가 0의 개수보다 많거나 같으려면 최소한 $(k+1)$개 이상은 있어야 한다. 한편, 자릿수가 $(2k)$인 자연수에서 1의 개수가 0의 개수보다 많거나 같으려면 최소한 (k)개 이상은 있어야 한다. 이렇듯 a_{4k+2}인 경우와 a_{4k}인 경우에서 가짓수를 구할 때 구조가 다른 부분이 존재하므로 케이스를 구분하여 구해야 한다.

My Top Secret

이항계수의 성질은 꼭 기억하도록 하자.

${}_nC_0+{}_nC_1+\cdots+{}_nC_n=2^n$

${}_nC_r={}_nC_{n-r}$

${}_nC_r={}_{n-1}C_{r-1}+{}_{n-1}C_r$

이 문제에서는 ${}_{2n-1}C_{n-1}={}_{2n-1}C_n$을 계속 사용하고 있어!

G 69 정답 16 *이항정리의 활용 [정답률 45%]

정답 공식: $3(x+a)^n$의 일반항은 $3\cdot{}_nC_rx^ra^{n-r}$이다. $r=n-1$을 대입한다. $(x+a)^n$의 x^{n-2}의 계수에서 x^{n-1}의 계수를 빼면 $(x-1)(x+a)^n$의 x^{n-1}의 계수를 구할 수 있다.

❶ 다항식 $3(x+a)^n$의 전개식에서 x^{n-1}의 계수와 다항식 ❷ $(x-1)(x+a)^n$의 전개식에서 x^{n-1}의 계수가 같게 되는 모든 순서쌍 (a, n)에 대하여 an의 최댓값을 구하시오. (단, a는 자연수이고, n은 $n\ge2$인 자연수이다.) (4점)

단서 두 다항식 ❶, ❷에서 x^{n-1}의 계수를 각각 구해야겠네. 이때, 다항식 ❷는 $(x+a)^n$에서 x, -1과 곱해서 x^{n-1}항이 되는 경우를 나누어 생각해야 해.

1st $3(x+a)^n$의 전개식에서 x^{n-1}의 계수를 구해.

$3(x+a)^n=3\sum_{r=0}^{n}{}_nC_rx^ra^{n-r}$에서 x^{n-1}의 계수는 $r=n-1$을 이항계수에 (→ 이항계수는 ${}_nC_ra^{n-r}$)

대입하면 $3{}_nC_{n-1}a=3{}_nC_1a=3na$ ⋯ ㉠

[조합의 성질] ① ${}_nC_r={}_nC_{n-r}$ ② ${}_nC_1=n$

2nd $(x-1)(x+a)^n$의 전개식에서 x^{n-1}의 계수를 구해.

$(x-1)(x+a)^n=x(x+a)^n-(x+a)^n$이므로 x^{n-1}의 계수는

(전개하여 간단히 나타낼 수 있는 경우는 전개를 하는 게 좋아.)

$(x+a)^n=\sum_{r=0}^{n}{}_nC_rx^ra^{n-r}$에서 (→ 이항계수는 ${}_nC_ra^{n-r}$)

(i) x^{n-2}의 계수와 (ii) x^{n-1}의 계수를 구해야 한다.

(i) x^{n-2}의 계수는 $r=n-2$를 이항계수에 대입하면

$${}_nC_{n-2}a^2={}_nC_2a^2=\frac{n(n-1)}{2}a^2$$

(ii) x^{n-1}의 계수는 $r=n-1$을 이항계수에 대입하면 ${}_nC_{n-1}a={}_nC_1a=na$

(i), (ii)에 의하여 $(x-1)(x+a)^n$의 전개식에서 x^{n-1}의 계수는

$$\frac{n(n-1)}{2}a^2-na \cdots ㉡$$

(→ 각각 구한 계수를 빼줘야 해!)

3rd $3(x+a)^n$의 전개식에서 x^{n-1}의 계수와 $(x-1)(x+a)^n$의 전개식에서 x^{n-1}의 계수가 같게 될 때의 식으로부터 순서쌍 (a, n)을 구해.

㉠=㉡에서 $3na=\frac{n(n-1)}{2}a^2-na$이므로

$4an=\frac{n(n-1)}{2}a^2$, $4=\frac{(n-1)}{2}a$ $\quad\therefore a(n-1)=8$

양변에 na가 공통인수이므로 약분! / 두 자연수의 곱이 8이므로 a, $n-1$을 8의 약수로 나누어서 생각하자.

여기서 a는 자연수이고, n은 $n\ge2$인 자연수이므로 위 식을 만족시키는 모든 경우는 오른쪽 표와 같으므로 순서쌍 (a, n)은

a	$n-1$
1	8
2	4
4	2
8	1

(1, 9), (2, 5), (4, 3), (8, 2)이다.

따라서 각각에 대하여 an의 값은 9, 10, 12, 16이므로 an의 최댓값은 16이다.

이항계수의 성질 (개념·공식)

① 이항계수는 좌우대칭이다. $\Longleftrightarrow {}_nC_r={}_nC_{n-r}$

② ${}_nC_{r-1}+{}_nC_r={}_{n+1}C_r$

③ $\sum_{r=0}^{n}{}_nC_r={}_nC_0+{}_nC_1+\cdots+{}_nC_n=2^n$

④ $\sum_{r=0}^{n}(-1)^r{}_nC_r={}_nC_0-{}_nC_1+\cdots+(-1)^n{}_nC_n=0$

(i) n이 짝수일 때,
${}_nC_0+{}_nC_2+{}_nC_4+\cdots+{}_nC_n={}_nC_1+{}_nC_3+{}_nC_5+\cdots+{}_nC_{n-1}=2^{n-1}$

(ii) n이 홀수일 때,
${}_nC_0+{}_nC_2+{}_nC_4+\cdots+{}_nC_{n-1}={}_nC_1+{}_nC_3+{}_nC_5+\cdots+{}_nC_n=2^{n-1}$

G 70 정답 470 ✪ 2등급 킬러 [정답률 14%]

자연수 n에 대하여 0부터 n까지 정수가 하나씩 적힌 ❶ $(n+1)$개의 공이 들어 있는 상자가 있다. 이 상자에서 한 개의 공을 꺼내어 공에 적힌 수를 ❷ 확인하고 다시 넣는 과정을 5번 반복할 때, 확인한 5개의 수가 다음 조건을 만족시키는 경우의 수를 a_n이라 하자.

단서1 ❶, ❷라는 상황에서 조건을 만족시키는 a_n의 식을 세우자.

(가) 꺼낸 공에 적힌 수는 먼저 꺼낸 공에 적힌 수보다 작지 않다. 단서2 꺼낸 공 5개의 숫자에 순서를 부여해! 뒤에 꺼낸 공의 수가 더 커.

(나) 세 번째 꺼낸 공에 적힌 수는 첫 번째 꺼낸 공에 적힌 수보다 1이 더 크다. 단서3 첫 번째 꺼낸 공이 정해지면 세 번째 공은 하나로 결정돼.

$\sum_{n=1}^{20}\frac{3a_n}{7(n+1)}$의 값을 구하시오. (4점)

✪ 이 문제는 중복조합을 이용하여 조건을 만족시키는 경우의 수를 구해야 한다. 이를 위해서는 부등식 $x\le y\le z$를 만족시키는 순서쌍 (x, y, z)의 개수를 구할 때 중복조합이 이용된다는 원리를 이해하고 있어야 한다.

[풀이 단서 체크]

❶ 먼저, $(n+1)$개의 공에서 5개의 공을 중복 허용해서 뽑은 후에 그 크기가 작은 순으로 순서를 부여하는 경우의 수를 구하면 된다. 뽑은 후에 순서를 부여하는 경우의 수는 자동적으로 1가지이다. 따라서 $(n+1)$개의 공에서 5개의 공을 중복 허용해서 뽑는 경우의 수만 고려하면 되는데 이는 중복조합을 이용할 수 있는 구조이다. ⇒ 단서1

❷ 이제, 조건 (가)는 나중에 꺼낸 공이 그 전에 꺼낸 공보다 크거나 같다는 뜻이다. ⇒ 단서2

❸ 마지막으로, 조건 (나)가 의미하는 바는 세 번째 꺼낸 공에 적힌 수가 정해지면 자동적으로 첫 번째 꺼낸 공에 적힌 수도 정해진다는 뜻이다. 그리고 상자 안에 공에 적힌 숫자는 0부터 시작되고 세 번째 꺼낸 공에 적힌 수는 첫 번째 꺼낸 공에 적힌 수보다 1이 더 크므로 세 번째 꺼낸 공에 적힌 수는 1부터 가능하다.
또한, 두 번째 꺼낸 공에 적힌 수는 첫 번째 또는 세 번째 꺼낸 공에 적힌 수 이렇게 2가지가 가능하다.
(가), (나)조건을 종합해 보면 구해야 하는 경우의 수는 1부터 n까지 정수의 공에서 3개를 중복을 허용해서 뽑는 경우의 수에 2를 곱해준 값이다. ⇒ 단서3

주의 세 번째, 네 번째, 다섯 번째 꺼낸 공에 적힌 수를 지정해주면 자동으로 첫 번째 꺼낸 공에 적힌 수가 정해지기 때문에 $f(1)$이 가능한 경우는 1가지이다.

핵심 정답 공식: 두 번째 꺼낸 공에 적힌 수는 첫 번째 꺼낸 공에 적힌 수와 같거나 세 번째 꺼낸 공에 적힌 수와 같다. n개의 공 중 중복을 허용하여 3개를 뽑는 경우의 수를 구한다.

[문제 풀이 순서]

* 중복조합을 이용하여 경우의 수 구하기

1st 두 조건 (가)와 (나)를 이용하여 꺼낸 5개의 공의 순서를 정한 뒤 2번째 꺼낸 공에 적힌 수를 찾아보자.

자연수 n에 대하여 0부터 n까지 정수가 하나씩 적힌 $(n+1)$개의 공이 들어 있는 상자에서 한 개의 공을 꺼내어 공에 적힌 수를 확인할 때, 다시 넣는 5번의 과정 중 m번째 꺼낸 공에 적힌 수를 $f(m)$이라 하자.

조건 (가)에 의하여

$f(1)\le f(2)\le f(3)\le f(4)\le f(5)$

(뽑는 공에 적힌 수가 앞의 수들보다 크거나 같아야 하니까 ≤이야.)

조건 (나)에 의하여 $f(3)=f(1)+1$이므로

$f(1)=a\,(a=0, 1, 2, \cdots, n-1)$라 하면 $f(3)=a+1$

$\therefore a\le f(2)\le a+1\le f(4)\le f(5)$ ⋯ ㉠

㉠에 의하여 $f(2)=a$ 또는 $f(2)=a+1$ ⋯ ㉡ (⇒ 2가지)

2nd $f(1)$, $f(3)$, $f(4)$, $f(5)$를 선택하는 경우를 생각해 봐.
한편, $f(3)$이 결정되면 $f(1)$은 유일하게 결정돼.

$f(3)=a+1\ge1$이므로
$f(3)$, $f(4)$, $f(5)$가 $f(3)\le f(4)\le f(5)$를 만족시키도록 선택하는 경우
부등식 $x\le y\le z$를 만족시키는 순서쌍 (x, y, z)의 개수를 구하는 경우와 같지?
는 n개의 수 중에서 중복을 허락하여 3개를 선택하는 중복조합의 수와 같으므로 이때의 경우의 수는 ${}_nH_3$
→ 0부터 n까지 정수 중에서 $f(3)\ne0$이니까 전체 $(n+1)-1=n$(개)
$f(3)$이 결정되면 조건 (나)에 의하여 $f(1)$의 값은 1가지이다.
$\therefore$ ($f(1)$, $f(3)$, $f(4)$, $f(5)$를 선택하는 경우의 수)$={}_nH_3\times1$
$={}_nH_3$ … ㉢

3rd a_n의 식을 정하여 $\sum_{n=1}^{18}\frac{a_n}{n+2}$의 값을 계산해.

㉡, ㉢에 의하여 → [곱사건] 두 사건 A, B가 동시에 일어나는 경우의 수는 $n(A)\times n(B)$야.

$$a_n=2\times{}_nH_3=2\times{}_{n+3-1}C_3=2\times{}_{n+2}C_3=2\times\frac{(n+2)(n+1)n}{6}$$
[중복조합의 수] ${}_nH_r={}_{n+r-1}C_r$
$$=\frac{n(n+1)(n+2)}{3}$$

$$\therefore \sum_{n=1}^{20}\frac{3a_n}{7(n+1)}=\sum_{n=1}^{20}\frac{n(n+2)}{7}=\frac{1}{7}\sum_{n=1}^{20}n(n+2)=\frac{1}{7}\sum_{n=1}^{20}(n^2+2n)$$
$$=\frac{1}{7}\left(\sum_{n=1}^{20}n^2+\sum_{n=1}^{20}2n\right)$$
→ $\sum_{k=1}^{n}k^2=\frac{n(n+1)(2n+1)}{6}$
$$=\frac{1}{7}\times\left(\frac{20\times21\times41}{6}+2\times\frac{20\times21}{2}\right)=470$$

[다른 풀이]

문제에서 m번째 꺼낸 공에 적힌 수를 $f(m)$이라 하자. $f(3)=k(k\ge1)$라 가정하면 $f(3)\le f(4)\le f(5)$를 만족하는 경우의 수는 k부터 n까지 중복을 허용해서 2가지를 뽑는 경우의 수야. 따라서 ${}_{n-k+1}H_2$이지. 이때, k가 1부터 n까지 가능하고 $f(1)$은 $f(3)$의 값이 정해지면 자동으로 지정되고 $f(2)$는 2가지가 가능하므로

$$a_n=2\sum_{k=1}^{n}{}_{n-k+1}H_2=2\sum_{k=1}^{n}{}_{n-k+2}C_2$$
$$=2({}_{n+1}C_2+{}_nC_2+\cdots+{}_2C_2)$$
$$=2({}_{n+1}C_2+{}_nC_2+\cdots+{}_2C_2)=2{}_{n+2}C_3=2\times\frac{(n+2)(n+1)n}{3\times2\times1}$$
[하키 스틱 패턴] 파스칼의 삼각형에서 바깥쪽 1에서 시작하여 대각선 방향으로 수를 더하면 아래행의 안쪽 하키 스틱 모양에 있는 수가 돼.

$$\therefore a_n=\frac{(n+2)(n+1)n}{3}$$

1등급 풀이 Tip

첫 번째 꺼낸 공에 적힌 수는 1부터 $n-1$까지 가능하고, 세 번째 꺼낸 공에 적힌 수는 0이 아닌 1부터 n까지 가능하다는 것을 주의해야 한다.

중복조합의 정의와 수 개념·공식

① 중복조합 : 서로 다른 n개의 원소 중에서 중복을 허락하여 r개를 뽑는 경우의 수
② 중복조합의 수 : ${}_nH_r={}_{n+r-1}C_r$

H 확률

4점 같은 3점+4점 문제

H 01 정답 ③ *확률의 활용 (1) [정답률 78%]

(정답 공식: 세 수를 a, b, c라 하고 $ab=c$ 만족하는 순서쌍을 찾은 후, 같은 것이 있는 순열의 수로 경우의 수를 구한다.)

세 개의 주사위를 동시에 던질 때, 세 주사위에 나타난 눈의 수가 1, 2, 2 또는 2, 3, 6 또는 2, 2, 4와 같이 두 주사위에 나타난 눈의 수의 곱이 나머지 주사위의 눈의 수와 같을 확률은? (3점)

단서 조건을 만족시키는 경우를 구해 보자.

① $\frac{11}{108}$ ② $\frac{1}{9}$ ③ $\frac{25}{216}$
④ $\frac{13}{108}$ ⑤ $\frac{5}{18}$

1st 세 수를 (a, b, c)로 나타낼 때, $a\times b=c$가 되는 경우를 구해 보자.
문제의 조건을 만족시키는 경우를 구하면
(1, 1, 1), (1, 2, 2), (1, 3, 3), (1, 4, 4), (1, 5, 5), (1, 6, 6), (2, 2, 4), (2, 3, 6)으로 총 8가지이다.

실수: 이걸 빼먹지 않고 구하는 게 중요해.

2nd 같은 것이 있는 순열의 수를 이용하여 경우의 수를 구해 보자.
위 각 경우가 일어날 수 있는 경우의 수를 구하면
(1, 1, 1)은 1가지
(1, 2, 2), (1, 3, 3), (1, 4, 4), (1, 5, 5), (1, 6, 6), (2, 2, 4)는
$\frac{3!}{2!}=3$(가지)
(2, 3, 6)은 $3!=6$(가지)
따라서 모든 경우의 수는
$1+3\times6+6=25$

3rd 세 개의 주사위를 던질 때의 모든 경우의 수를 구하여 확률을 구해 보자.
세 개의 주사위를 던질 때 일어날 수 있는 모든 경우의 수는
$6^3=216$이므로 구하는 확률은 $\frac{25}{216}$

H 02 정답 78 *확률의 활용 (1) [정답률 50%]

(정답 공식: 가능한 시행의 경우를 표로 정리해 각각의 확률을 구한다.)

바닥에 놓여 있는 5개의 동전 중 임의로 2개의 동전을 선택하여 뒤집는 시행을 하기로 한다. 2개의 동전은 앞면이, 3개의 동전은 뒷면이 보이도록 바닥에 놓여 있는 상태에서 이 시행을 3번 반복한 결과 2개의 동전은 앞면이, 3개의 동전은 뒷면이 보이도록 바닥에 놓여 있을 확률을 p라 할 때, $125p$의 값을 구하시오. (단, 동전의 크기와 모양은 모두 같다.) (4점)

단서 처음 2개의 동전은 앞면이, 3개의 동전은 뒷면이 보이도록 놓여있으나 3번의 시행을 거치면서 계속 임의로 2개의 동전을 뒤집는 시행을 하기 때문에 그 경우의 수가 다양해. 이와 같은 상황을 한 눈에 알아볼 수 있도록 표로 나타내 봐.

1st 3번의 시행 후 원래대로 되는 경우를 간단히 나타내봐.

앞면이 보이도록 바닥에 놓여 있는 동전의 개수를 a, 뒷면이 보이도록 바닥에 놓여 있는 동전의 개수를 b에 대하여 순서쌍 (a, b)로 나타내고, 처음 상태인 $(2, 3)$에서 3번의 시행 후 다시 $(2, 3)$이 되는 경우를 살펴보자.

이때, 3번의 시행을 거치면서 가능한 순서쌍 (a, b)의 경우를 표로 나타내면 다음과 같다.

예를 들어, 첫 번째 시행에서 뒷면이 보이는 동전 2개를 뒤집으면 그 결과 앞면이 보이는 동전 4개, 뒷면이 보이는 동전 1개가 되므로 그 다음 시행에서는 뒷면이 보이는 2개의 동전을 뒤집는 시행은 발생할 수 없지. 이와 같은 상황을 한 눈에 알아볼 수 있도록 표로 나타내 봐.

처음	시행 1		시행 2		시행 3	결과	
(2, 3)	앞 1, 뒤 1 ↗	(2, 3)	↗	(2, 3)	→	(2, 3)	(i)
			→	(0, 5)	→		(ii)
			↘	(4, 1)	→		(iii)
	앞 2 →	(0, 5)	→	(2, 3)	→		(iv)
	뒤 2 ↘	(4, 1)	→	(2, 3)	→		(v)
			↘	(4, 1)	→		(vi)

2nd 결과에 따른 확률을 각각 구하여 확률 p를 구하고, $125p$의 값을 계산하자.

(i)~(vi)에 해당되는 각각의 확률을 구해 보면

(i)의 경우

시행 1, 2, 3에서 모두 각각 앞면 1개, 뒷면 1개를 선택해야 하므로

$$((\text{i})\text{의 확률})=\frac{{}_2C_1\times{}_3C_1}{{}_5C_2}\times\frac{{}_2C_1\times{}_3C_1}{{}_5C_2}\times\frac{{}_2C_1\times{}_3C_1}{{}_5C_2}$$

$$=\frac{3}{5}\times\frac{3}{5}\times\frac{3}{5}=\frac{27}{125}$$

→ 각각 동시에 일어나므로 곱의 법칙에 의해 곱해줘야 해.

(ii)의 경우

시행 1에서 앞면 1개, 뒷면 1개를 선택하고,

시행 2에서 앞면 2개를 선택하고,

시행 3에서 뒷면 2개를 선택해야 하므로

$$((\text{ii})\text{의 확률})=\frac{{}_2C_1\times{}_3C_1}{{}_5C_2}\times\frac{{}_2C_2}{{}_5C_2}\times1=\frac{3}{50}$$

시행 1에서 $(2, 3)$이 $(2, 3)$이 되기 위해서는 앞면이 보이는 동전 1개와 뒷면이 보이는 동전 1개를 선택해서 뒤집어야 하지.

이어서 시행 2에서 $(2, 3)$이 $(0, 5)$가 되기 위해서는 앞면이 보이는 동전 2개를 선택해서 뒤집어야 하지. 따라서 확률은 $\frac{{}_2C_2}{{}_5C_2}=\frac{1}{10}$이야.

→ 마지막으로 시행 3에서 $(0, 5)$가 $(2, 3)$이 되기 위해서는 더 이상 앞면이 보이는 동전은 없기 때문에 반드시 뒷면이 보이는 동전만 선택하게 되어 확률은 $\frac{{}_5C_2}{{}_5C_2}=1$이지.

(iii)의 경우

시행 1에서 앞면 1개, 뒷면 1개를 선택하고,

시행 2에서 뒷면 2개를 선택하고,

시행 3에서 앞면 2개를 선택해야 하므로

$$((\text{iii})\text{의 확률})=\frac{{}_2C_1\times{}_3C_1}{{}_5C_2}\times\frac{{}_3C_2}{{}_5C_2}\times\frac{{}_4C_2}{{}_5C_2}$$

→ $=\frac{3}{5}\times\frac{3}{10}\times\frac{6}{10}$

$$=\frac{3}{5}\times\frac{3}{10}\times\frac{3}{5}=\frac{27}{250}$$

마찬가지로 (iv)~(vi)의 경우를 살펴보면

$$((\text{iv})\text{의 확률})=\frac{{}_2C_2}{{}_5C_2}\times1\times\frac{{}_2C_1\times{}_3C_1}{{}_5C_2}$$

시행 1에서 앞면 2개, 시행 2에서 뒷면 2개를 선택하고, 시행 3에서 앞면 1개, 뒷면 1개를 선택해.

$$=\frac{1}{10}\times\frac{3}{5}=\frac{3}{50}$$

$$((\text{v})\text{의 확률})=\frac{{}_3C_2}{{}_5C_2}\times\frac{{}_4C_2}{{}_5C_2}\times\frac{{}_2C_1\times{}_3C_1}{{}_5C_2}$$

시행 1에서 뒷면 2개, 시행 2에서 앞면 2개를 선택하고, 시행 3에서 앞면 1개, 뒷면 1개를 선택해.

$$=\frac{3}{10}\times\frac{3}{5}\times\frac{3}{5}=\frac{27}{250}$$

$$((\text{vi})\text{의 확률})=\frac{{}_3C_2}{{}_5C_2}\times\frac{{}_4C_1\times{}_1C_1}{{}_5C_2}\times\frac{{}_4C_2}{{}_5C_2}$$

시행 1에서 뒷면 2개, 시행 2에서 앞면 1개, 뒷면 1개, 시행 3에서 앞면 2개를 선택해.

$$=\frac{3}{10}\times\frac{2}{5}\times\frac{3}{5}=\frac{18}{250}$$

(i)~(vi)에 의하여

$$p=\frac{27}{125}+\frac{3}{50}+\frac{27}{250}+\frac{3}{50}+\frac{27}{250}+\frac{18}{250}=\frac{78}{125}$$

$$\therefore 125p=125\times\frac{78}{125}=78$$

수능 핵강

앞면이 보이도록 바닥에 놓여 있는 동전의 개수를 a, 뒷면이 보이도록 바닥에 놓여 있는 동전의 개수를 b에 대하여 순서쌍 (a, b)로 나타내면 처음 상태는 $(2, 3)$이고 임의로 2개의 동전을 선택하여 뒤집는 시행을 하면 다음 표와 같이 결과를 정리할 수 있어.

임의로 선택한 동전의 개수 (앞, 뒤)	처음 상태 (2, 3)	뒤집은 결과
(0, 2)	→	(4, 1)
(1, 1)	→	(2, 3)
(2, 0)	→	(0, 5)

임의로 선택한 동전의 개수 (앞, 뒤)	처음 상태 (4, 1)	뒤집은 결과
(1, 1)	→	(4, 1)
(2, 0)	→	(2, 3)

임의로 선택한 동전의 개수 (앞, 뒤)	처음 상태 (0, 5)	뒤집은 결과
(0, 2)	→	(2, 3)

H 03 정답 ① *확률의 활용 (1) ········· [정답률 72%]

(**정답 공식**: 수의 합이 3이 되는 경우는 1, 2인 경우와 2, 1인 경우로 나누어 확률을 구한다.)

각 면에 1, 1, 1, 2, 2, 3의 숫자가 하나씩 적혀있는 정육면체 모양의 상자를 던져 윗면에 적힌 수를 읽기로 한다. ❶ 이 상자를 3번 던질 때, ❷ 첫 번째와 두 번째 나온 수의 합이 3이고 세 번째 나온 수가 짝수일 확률은? (4점)

단서 전체 사건❶과 해당 사건❷의 파악이 Point! 전체 사건이 3개의 사건으로 되어있으니까~ 각각의 확률로 구해 볼까?

① $\frac{1}{9}$ ② $\frac{2}{9}$ ③ $\frac{1}{3}$ ④ $\frac{4}{9}$ ⑤ $\frac{5}{9}$

1st 첫 번째, 두 번째 나온 수의 합이 3일 경우부터 찾아 이때 확률을 구해.

첫 번째와 두 번째 나온 수의 합이 3일 경우를 순서쌍으로 나타내면 $(1, 2)$, $(2, 1)$이다.

(i) $(1, 2)$인 경우의 확률 : $\frac{3}{6}\times\frac{2}{6}=\frac{1}{6}$

→ 1이 나올 경우는 6개 중 3개야.

(ii) $(2, 1)$인 경우의 확률 : $\frac{2}{6}\times\frac{3}{6}=\frac{1}{6}$

→ 2가 나올 경우는 6개 중 2개야.

따라서 첫 번째와 두 번째 나온 수의 합이 3일 확률은

→ [합사건] (i), (ii)인 두 사건은 동시에 일어나지 않으므로 합사건이야. 즉 (i) 또는 (ii)

$$\frac{1}{6}+\frac{1}{6}=\frac{1}{3}$$

2nd 세 번째가 짝수일 확률을 구하여 곱하자.

세 번째에 짝수가 나올 확률은 $\frac{2}{6}=\frac{1}{3}$
→ 6개 중 2개

따라서 구하는 확률은 $\frac{1}{3}\otimes\frac{1}{3}=\frac{1}{9}$
→ [곱사건]

연달아 일어나는 사건이니까 곱의 법칙을 쓰는 거야.

[다른 풀이]

전체 경우는 $6\times6\times6=216$이지?

첫 번째, 두 번째 나온 수의 합이 3인 경우는 다음과 같아.
순서가 정해져 있으니까 $(1, 2)\neq(2, 1)$이야.

(i) $(1, 2)$인 경우 3×2

(ii) $(2, 1)$인 경우 2×3

세 번째 짝수가 나올 경우는 2가지야.
2, 2로 2가지야.

즉, 해당 사건의 경우는 $(3\times2+2\times3)\times2=24$

따라서 구하는 확률은 $\frac{24}{216}=\frac{1}{9}$

H 04 정답 ① *확률의 활용(1) [정답률 56%]

(정답 공식: 동전을 7번 던질 때, 앞면이 3번 이상 나오는 경우에 대하여 뒷면을 먼저 나열하여 앞면이 연속해서 나오는 경우를 구한다.)

한 개의 동전을 7번 던질 때, 다음 조건을 만족시킬 확률은? (4점)

(가) 앞면이 3번 이상 나온다. **단서1** 앞면은 최소 3번, 최대 7번 나올 수 있어.
(나) 앞면이 연속해서 나오는 경우가 있다.

단서2 앞면이 떨어져서 나오는 경우는 제외해야 해.

① $\frac{11}{16}$ ② $\frac{23}{32}$ ③ $\frac{3}{4}$ ④ $\frac{25}{32}$ ⑤ $\frac{13}{16}$

1st 동전의 앞면이 3, 4, 5, 6, 7번 나오는 경우로 나누어 각각의 경우의 수를 구하자.

실수: 여사건을 이용하기에는 전체 경우의 수를 구하는 것이 간단하지가 않아. 결국 풀이 과정이 더 길고 복잡해지니 이 경우에는 여사건을 이용하지 않는 게 좋아.

동전의 앞면을 H, 뒷면을 T라 하고 동전의 앞면의 개수에 따라 확률을 각각 구하자. 이때, 전체 경우의 수는 ${}_2\Pi_7=2^7$이다.

(i) 앞면이 3번 나오는 경우

H 3개와 T 4개를 일렬로 배열하는 경우는 $\frac{7!}{4!3!}=35$
7개 중에서 같은 것이 3개, 4개 있는 조합의 수와 같아.

이때, H 3개가 이웃하지 않은 경우를 제외하면 되므로 T 2개를 H 사이사이에 먼저 배열하자.

∨H∨T H T∨H∨

함정: ∨H∨T∨H∨T∨H∨에 대하여 나머지 T 2개를 6곳 ∨에 배치한다고 접근하면 함정에 빠진거야. ①H②T③H④T⑤H⑥이라고 하면 ②나 ③에서 T를 선택, ④나 ⑤에서 T를 선택하는 경우는 같기 때문이야.
따라서 ② 또는 ③, ④ 또는 ⑤ 한 곳만 체크해서 T를 배치하는 경우를 생각해야 해.
즉, 신경써야 할 전체 ∨의 개수는 4개야.

서로 다른 4곳 ∨에 중복해서 T 2개를 배치하는 중복조합의 수이므로

${}_4H_2={}_5C_2=10$

□HⓉHⓉH□
H사이에 T를 넣어 동전 5개를 배열한 후 서로 다른 □칸 4개에 중복하여 나머지 T 2개를 넣는 중복조합의 수이므로 ${}_4H_2={}_{4+2-1}C_2={}_5C_2$

따라서 구하는 확률은

$\frac{((\text{i})\text{의 경우의 수})}{(\text{전체 경우의 수})}=\frac{35-10}{2^7}=\frac{25}{2^7}$

(ii) 앞면이 4번 나오는 경우

H 4개와 T 3개를 일렬로 배열하는 경우는

$\frac{7!}{4!3!}=35$
7개 중에서 같은 것이 4개, 3개 있는 조합의 수와 같아.

이때, H가 이웃하지 않은 경우를 제외하면 되므로 T 3개를 H 사이사이에 먼저 배열하면

H T H T H T H

인 1가지 뿐이다.

따라서 구하는 확률은

$\frac{((\text{ii})\text{의 경우의 수})}{(\text{전체 경우의 수})}=\frac{35-1}{2^7}=\frac{34}{2^7}$

(iii) 앞면이 5, 6, 7번 나오는 경우

H가 5, 6, 7번 나오는 경우는 조건 (나)를 항상 만족시키므로 제외시킬 경우는 없다.

H가 5개인 경우
□H□H□H□H□H
서로 다른 6개의 □에서 2개를 선택해서 중복하여 T를 넣는 경우 어떤 경우에도 H는 연속으로 나와.
H가 6, 7개인 경우도 마찬가지겠지?

H 5개와 T 2개를 일렬로 배열하는 경우는

$\frac{7!}{5!2!}=21$

H 6개와 T 1개를 일렬로 배열하는 경우는 $\frac{7!}{6!1!}=7$

H 7개를 일렬로 배열하는 경우는 1

따라서 구하는 확률은 $\frac{21+7+1}{2^7}=\frac{29}{2^7}$ … ㉢

2nd 주어진 조건을 만족시키는 확률을 구해.

(i)~(iii)에 의하여 구하는 확률은

$\frac{25}{2^7}+\frac{34}{2^7}+\frac{29}{2^7}=\frac{88}{2^7}=\frac{11}{2^4}$

$=\frac{11}{16}$

H 05 정답 ③ *확률의 활용(1) [정답률 35%]

(정답 공식: 점 P가 주어진 직선과 오직 한 번만 만나는 경우의 수를 직접 구한다.)

좌표평면 위의 원점에 놓인 점 P가 1개의 동전을 던질 때마다 다음과 같이 움직인다고 한다. **단서** 앞면과 뒷면 모두 x축의 방향으로 $+1$만큼 움직이고 y축의 방향으로 $+1$, -1이 달라짐을 이용해 봐.

앞면이 나오면 x축의 방향으로 1만큼, y축의 방향으로 1만큼 평행이동하고, 뒷면이 나오면 x축의 방향으로 1만큼, y축의 방향으로 -1만큼 평행이동한다.

예를 들어, 동전을 3번 던져서 차례로 앞면, 앞면, 뒷면이 나왔을 때 점 P가 지나간 자리는 직선 $y=\frac{3}{2}$과 두 점에서 만난다. 동전을 5번 던질 때, 점 P가 지나간 자리와 직선 $y=\frac{3}{2}$이 오직 한 점에서 만날 확률은? (4점)

① $\frac{3}{32}$ ② $\frac{1}{8}$ ③ $\frac{5}{32}$ ④ $\frac{7}{32}$ ⑤ $\frac{1}{4}$

1st 동전을 5번 던질 때의 전체 경우의 수를 구해 보자.

전체 경우의 수는 $2^5=32$(가지) → 동전을 5번 던지는 전체 경우의 수야.

2nd 직선과 오직 한 번만 만나는 경우를 세어 보자.

앞면을 H, 뒷면을 T라 하면 주어진 직선과 오직 한 번만 만나는 경우는 모두 앞면이거나 앞면 4번과 뒷면 1번이 나올 때이다. 즉,

(H, H, H, H, H),
(H, H, H, H, T),
(H, H, H, T, H),
(T, H, H, H, H),
(H, T, H, H, H)
의 5가지이다.

앞면 4번과 뒷면 1번이 나오는 경우 중 (H, H, T, H, H)는 제외돼. 그 이유는 (H, H, T, H, H)가 되면 그림과 같이 만나는 점이 3개가 생기기 때문이야.

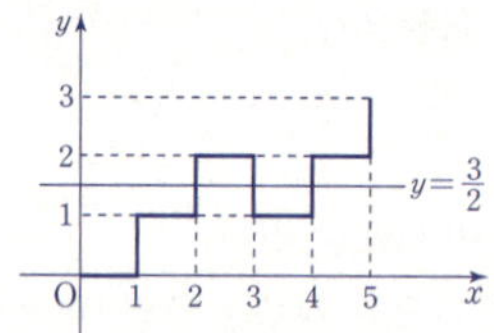

$\therefore$ (구하는 확률)$=\frac{5}{32}$

H 06 정답 ④ *확률의 활용(1) [정답률 67%]

정답 공식: $(n-1)$번까지는 짝수가 나오고, n번에 1의 눈이 나와 시행이 끝날 확률을 구한다.

홀수의 눈이 나올 때까지 주사위를 던지는 시행을 반복한다. 10회 이하에서 1의 눈이 나와 시행을 멈출 확률은? (4점)

단서 n회에서 1의 눈이 나와 시행을 멈추었다면 $(n-1)$회까지는 짝수의 눈이 나와야 해.

① $\frac{325}{1024}$ ② $\frac{337}{1024}$ ③ $\frac{339}{1024}$ ④ $\frac{341}{1024}$ ⑤ $\frac{343}{1024}$

1st n번째 시행에서 멈추는 확률을 구하자.

n번째 시행에서 1의 눈이 나와 시행을 멈출 확률을 P_n이라 하면 $(n-1)$번째까지는 짝수의 눈이 나와야 하고 n번째에는 1이 나와야 하므로

$P_n=\left(\frac{1}{2}\right)^{n-1}\times\frac{1}{6}$이다. … ★

($\frac{1}{6}$: n번째에 1의 눈이 나올 확률, $\left(\frac{1}{2}\right)^{n-1}$: $(n-1)$번째까지 짝수의 눈이 나올 확률)

2nd $\sum_{k=1}^{10}P_k$의 값을 구하자.

따라서 10회 이하에서 1의 눈이 나와 시행을 멈출 확률은

$$\sum_{k=1}^{10}P_n=\sum_{k=1}^{10}\left(\frac{1}{2}\right)^{k-1}\times\frac{1}{6}=\frac{\frac{1}{6}\times\left\{1-\left(\frac{1}{2}\right)^{10}\right\}}{1-\frac{1}{2}}$$

실수 등비수열의 합 공식이 기억이 나지 않는다면 꼭 복습하자.

→ 첫째항이 $\frac{1}{6}$이고, 공비가 $\frac{1}{2}$인 등비수열에서 첫번째항부터 10번째 항까지의 합이야.

$$=\frac{1}{3}\times\left(1-\frac{1}{1024}\right)$$

$$=\frac{1}{3}\times\frac{1023}{1024}=\frac{341}{1024}$$

수능 핵강

★에 대해 알아보자.

n번째에 1의 눈이 나와서 시행을 멈추려면 $(n-1)$번째까지는 시행이 멈추면 안 되므로 짝수의 눈이 나와야하고 그 각각의 확률은 $\frac{1}{2}$이고, n번째 1의 눈이 나올 확률은 $\frac{1}{6}$이므로 $P_n=\left(\frac{1}{2}\right)^{n-1}\times\frac{1}{6}$이야.

H 07 정답 151 *확률의 활용(2) [정답률 55%]

정답 공식: 주사위를 던져서 나온 눈의 수가 3의 배수인 경우와 3의 배수가 아닌 경우로 나누어 확률을 구한다.

단서 주사위를 던져서 나오는 눈의 수가 3의 배수인 경우와 그렇지 않은 경우에 꺼내는 구슬의 수가 다르니까 각각의 확률을 구해 합의 법칙을 이용해야 해.

흰 구슬 3개와 검은 구슬 4개가 들어 있는 상자가 있다. 한 개의 주사위를 던져서 나오는 눈의 수가 3의 배수이면 이 상자에서 임의로 2개의 구슬을 동시에 꺼내고, 나오는 눈의 수가 3의 배수가 아니면 이 상자에서 임의로 3개의 구슬을 동시에 꺼낼 때, 꺼낸 구슬 중 검은 구슬의 개수가 2일 확률은 $\frac{q}{p}$이다. $p+q$의 값을 구하시오. (단, p와 q는 서로소인 자연수이다.) (3점)

1st 한 개의 주사위를 던져 나온 눈의 수가 3의 배수의 눈이 나오는 경우에 대해서 생각해봐.

함정 문제에서 "~~꺼낼 때, 꺼낸 구슬 중 검은 구슬의 개수가 2일 확률"이라고 해서 단순하게 조건부확률로 접근하려고 하면 안 돼.
눈의 수가 3의 배수인 경우와 3의 배수가 아닌 경우는 각각 전체 경우의 수가 달라지기 때문에 둘을 비교해서 조건부확률로는 풀 수 없는 문제거든. 즉, 표본공간이 다른 경우야.

주사위	눈의 수가 3의 배수(3, 6)	눈의 수가 3의 배수가 아니면(1, 2, 4, 5)
○○○ ●●●●	임의로 2개의 구슬을 동시에 꺼낸다. 전체 경우의 수는 ${}_7C_2=21$	임의로 3개의 구슬을 동시에 꺼낸다. 전체 경우의 수는 ${}_7C_3=35$

한 개의 주사위를 던져 3의 배수의 눈이 나오는 경우는 눈의 수가 3, 6의 2가지이므로 확률은

$\frac{2}{6}=\frac{1}{3}$

이 경우에는 상자에서 2개의 구슬을 동시에 꺼내야 하므로 → ●●

꺼낸 구슬 중 검은 구슬이 2개인 경우는

검은 구슬 4개에서 2개의 구슬을 꺼내는 경우이므로 확률은

$$\frac{{}_4C_2}{{}_7C_2}=\frac{\frac{4\times3}{2\times1}}{\frac{7\times6}{2\times1}}=\frac{2}{7}$$

따라서 주사위의 눈의 수가 3의 배수이고 검은 구슬이 2개일 확률은

$\frac{1}{3}\times\frac{2}{7}=\frac{2}{21}$ 주사위의 눈의 수가 3의 배수인 경우와 2개의 구슬이 검은색인 경우는 동시에 일어나는 사건이라 확률의 곱의 법칙을 이용해야 해.

2nd 한 개의 주사위를 던져 나온 눈의 수가 3의 배수가 아닌 경우에 대해 생각해봐.

한 개의 주사위를 던져 3의 배수가 아닌 눈의 수가 나오는 경우는 눈의 수가 1, 2, 4, 5의 4가지이므로 확률은

$\frac{4}{6}=\frac{2}{3}$

이 경우에는 상자에서 3개의 구슬을 동시에 꺼내야 하므로 → ●●○

꺼낸 구슬 중 검은 구슬이 2개인 경우는

검은 구슬 4개에서 2개의 구슬을 꺼내고, 흰 구슬 3개에서 1개의 구슬을 꺼내는 경우이므로 확률은

$$\frac{{}_4C_2\times{}_3C_1}{{}_7C_3}=\frac{\frac{4\times3}{2\times1}\times3}{\frac{7\times6\times5}{3\times2\times1}}=\frac{18}{35}$$

따라서 주사위의 눈의 수가 3의 배수가 아니고 검은 구슬이 2개일 확률은

$\frac{2}{3}\times\frac{18}{35}=\frac{12}{35}$

주사위의 눈의 수가 3의 배수가 아닌 경우와 2개의 구슬이 검은색인 경우는 동시에 일어나는 사건이라 확률의 곱의 법칙을 이용해야 해.

3rd 합의 법칙을 이용해서 구하고자 하는 확률을 구해.

합의 법칙에 의하여 구하고자 하는 확률은

$\frac{q}{p}$=(눈의 수가 3의 배수인 경우의 확률)

+(눈의 수가 3의 배수가 아닌 경우의 확률)

$=\frac{2}{21}+\frac{12}{35}=\frac{10}{105}+\frac{36}{105}=\frac{46}{105}$

$\therefore p+q=105+46=151$

H 08 정답 ② *확률의 활용(2) ······ [정답률 60%]

정답 공식: a, b, c 중 7이 반드시 있어야 한다. a, b, c가 모두 다른 경우, 2개의 수가 같은 경우, 3개의 수가 모두 같은 경우로 나누어 경우의 수를 구한다.

10개의 구슬이 들어있는 주머니가 있다. 10개의 구슬 각각에는 1부터 10까지 서로 다른 자연수가 하나씩 적혀 있다. 이 주머니에서 한 개의 구슬을 꺼내어 숫자를 확인한 후 다시 집어넣는 시행을 세 번 반복하여 첫 번째 나온 수를 a, 두 번째 나온 수를 b, 세 번째 나온 수를 c라 하자. 다음과 같은 규칙으로 X를 정할 때, $X=7$일 확률은? (4점)

> [규칙 1] a, b, c가 모두 다르면 중간 크기의 수를 X라 한다.
> [규칙 2] a, b, c 중에서 두 개 이상이 같으면 같은 수를 X라 한다. **단서** 결국 X는 a, b, c 중의 하나야.

① $\frac{16}{125}$ ② $\frac{17}{125}$ ③ $\frac{18}{125}$ ④ $\frac{19}{125}$ ⑤ $\frac{4}{25}$

1st $X=7$이면 뽑은 세 수 a, b, c 중의 하나가 7이어야 함을 이용해 보자.

(i) a, b, c가 모두 다른 경우

7은 반드시 포함되어야 하기 때문에 1, 2, 3, 4, 5, 6 중 한 개의 수와 8, 9, 10 중 한 개의 수를 뽑아야 한다. 뽑는 경우의 수는 $6\times3=18$(가지)이고 뽑힌 두 수와 7을 a, b, c에 배열하는 경우의 수는 $3!=6$이므로 그 경우의 수는

$18\times6=108$(가지)

(ii) a, b, c 중 2개의 수가 같은 경우

X가 7이어야 하므로 7이 2번 뽑히고 나머지 숫자 중 한 개를 뽑으면 된다. 나머지 숫자 중 1개를 뽑는 경우의 수가 9가지이고 a, b, c 중에 7이 2개이고 나머지 숫자 중 1개를 배열하는 경우의 수는 $\frac{3!}{2!}=3$이므로 그 경우의 수는

$9\times3=27$(가지)

7, 7, $x(x\neq7)$를 배열하는 경우의 수야.

(iii) $a=b=c=7$인 경우는 1가지

(i), (ii), (iii)의 각 사건은 배반사건이므로

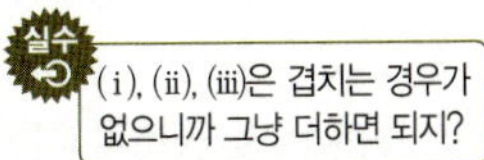

실수
(i), (ii), (iii)은 겹치는 경우가 없으니까 그냥 더하면 되지?

$(\text{구하는 확률})=\frac{108+27+1}{10^3}=\frac{17}{125}$

서로 다른 10개의 수에서 중복을 허용하여 3개의 수를 뽑는 경우의 수인데 첫번째, 두번째, 세번째 뽑는 것을 구분하기 때문에 중복순열의 수야.

$\therefore {}_{10}\Pi_3=10^3$

H 09 정답 ③ *확률의 활용(2) ······ [정답률 25%]

정답 공식: a가 1234인 경우를 가정하고, a와 b에 쓰인 숫자 조합이 같은 경우와 다른 경우를 나눠 경우의 수를 구한다. a가 1234가 아닌 경우에도 경우의 수는 동일하므로 구하려는 확률은 (a가 1234일 때 경우의 수)$\div{}_5P_4$이다.

1부터 5까지의 자연수가 하나씩 적힌 5개의 공이 각각 들어 있는 두 상자 A, B가 있다. A, B에서 임의로 각각 4개의 공을 동시에 뽑아 네 자리 자연수 a, b를 만든다. 이때, a와 b를 서로 같은 자리의 수끼리 비교하였을 때, 어느 자리의 수도 서로 같지 않을 확률은? (4점) **단서** 모든 자리의 수가 달라야 해. 쓰인 숫자 자체가 다른 경우도 있고 쓰인 숫자는 같은데 같은 자리의 수가 다른 경우가 있겠지. 직접 경우를 나열해 보자.

① $\frac{49}{120}$ ② $\frac{17}{40}$ ③ $\frac{53}{120}$ ④ $\frac{11}{24}$ ⑤ $\frac{19}{40}$

1st a와 b에 쓰인 숫자가 같은 경우를 구해 보자.

1, 2, 3, 4, 5 중에 4개의 숫자로 네 자리의 수를 만들므로 그 개수는 $5\times4\times3\times2$야.

a와 b를 정하는 모든 방법의 수는 각각 ${}_5P_4=120$인데 이 중 a와 b의 각 자리의 수를 비교하였을 때, 어느 자리의 수도 서로 같지 않는 경우는 a와 b의 숫자 조합이 같은 경우와 같지 않은 두 가지의 경우가 있다.

우선 $a=1234$일 때를 살펴보자.

(i) a와 b의 숫자 조합이 같은 경우

a의 1이 위치한 자리에 2가 위치한 b는 다음과 같이 3개이다.

a	1	2	3	4
b	2	1	4	3
		3	4	1
		4	1	3

3가지

a의 1이 위치한 자리에 3, 4가 위치한 b도 마찬가지이므로 이 경우를 만족하는 서로 다른 b의 개수는 $3\times3=9$

2nd a와 b에 쓰인 숫자가 다른 경우를 구해 보자.

(ii) a와 b의 숫자 조합이 다른 경우

우선 b에 1이 없고 5가 포함된 경우를 살펴보자.

a의 1이 위치한 자리에 5가 위치한 b는 다음과 같이 2개이다.

a	1	2	3	4
b	5	3	4	2
		4	2	3

2가지

a의 2가 위치한 자리에 5가 위치한 b는 다음과 같이 3개이다.

a	1	2	3	4
b	2	5	4	3
	3		4	2
	4		2	3

3가지

a의 3이 위치한 자리, a의 4가 위치한 자리에 5가 위치한 b도 마찬가지로 3개이다.

따라서 b에 1이 없고 5가 포함된 경우 조건을 만족하는 b의 개수는 $2+3\times3=11$

b에 2가 없고 5가 포함된 경우, 3이 없고 5가 포함된 경우, 4가 없고 5가 포함된 경우도 모두 같으므로 이 경우를 만족하는 서로 다른 b의 개수는 $4\times11=44$

(i), (ii)에서 $a(=1234)$가 결정되었을 때, 모든 b의 개수는 120(개)이고 이 중에서 조건을 만족하는 b의 개수는 $9+44=53$(개)이므로

$(\text{구하는 확률})=\frac{53}{120}$

H 10 정답 ③ *확률의 활용(2) ······ [정답률 55%]

(정답 공식: 같은 공이 나오는 경우의 수는 ${}_aC_2+{}_bC_2$이고, 다른 공이 나오는 경우의 수는 ${}_aC_2\times{}_bC_2$이다.)

주머니 속에 흰 공이 a개, 검은 공이 b개 들어 있고 $a\ge b\ge 2$, $a+b\le 30$이라 한다. 이 주머니에서 두 개의 공을 꺼낼 때, 같은 색의 공이 나올 확률과 다른 색의 공이 나올 확률이 같다고 한다. 이때, 가능한 a, b의 값을 순서쌍 (a, b)로 나타낼 때, 이 순서쌍의 개수는? (4점) 단서 선택한 3장의 카드 중 같은 숫자가 적혀 있는 카드가 2장인 경우와 3장인 경우의 두 가지로 나누어 접근하자.

① 1 ② 2 ③ 3
④ 4 ⑤ 5

1st 같은 색의 공이 나올 확률과 다른 색의 공이 나올 확률을 구해 보자.

같은 색의 공이 나올 확률은 $\dfrac{{}_aC_2+{}_bC_2}{{}_{a+b}C_2}$이고 → 흰 공만 2개 나오거나 검은 공만 2개 나오는 경우야.

다른 색의 공이 나올 확률은 $\dfrac{{}_aC_1\times{}_bC_1}{{}_{a+b}C_2}$이므로 → 흰 공 1개, 검은 공 1개가 나오는 경우야.

$$\frac{{}_aC_2+{}_bC_2}{\cancel{{}_{a+b}C_2}}=\frac{{}_aC_1\times{}_bC_1}{\cancel{{}_{a+b}C_2}}$$

$$\frac{a(a-1)}{2}+\frac{b(b-1)}{2}=ab$$

$\therefore a+b=(a-b)^2$

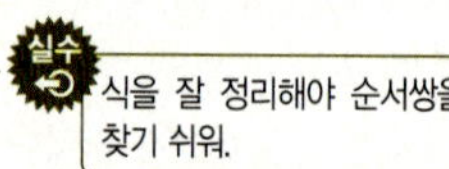

실수
식을 잘 정리해야 순서쌍을 찾기 쉬워.

2nd 조건을 만족하는 a, b의 값을 구해 보자.

즉, $a+b$는 완전제곱수이고 $a\ge b\ge 2$, $a+b\le 30$이므로 가능한 경우는 다음 표와 같다. (4 이상 30 이하의 제곱수야.)

$a+b$	4	9	16	25
$a-b$	2	3	4	5

→ $a=3$, $b=1$은 $a\ge b\ge 2$의 조건을 만족하지 않아.

이 중 $a\ge b\ge 2$를 만족하는 경우의 순서쌍 (a, b)는 $(6, 3)$, $(10, 6)$, $(15, 10)$으로 3가지이다.

수능 핵강

식의 변형을 잘 이용해야 하는 문제야. 같은 색의 공이 나올 확률과 다른 색의 공이 나올 확률이 같다는 조건으로부터 $2ab=a^2+b^2-a-b$라는 식을 얻었지만 어찌해야 할 바를 모른다면 앞의 수고가 말짱 도루묵이 되는 거니까. 얻은 위의 식으로부터 $(a-b)^2=a+b$라는 식을 유도해 내고 조건에 맞는 순서쌍 (a, b)를 찾으면 간단하겠지.

조합의 계산과 성질 개념·공식

서로 다른 n개에서 r개를 택할 때, 순서를 생각하지 않는 경우의 수 : ${}_nC_r$

① ${}_nC_r=\dfrac{{}_nP_r}{r!}=\dfrac{n(n-1)\cdots(n-r+1)}{r!}=\dfrac{n!}{r!(n-r)!}$ (단, $0\le r\le n$)

② ${}_nC_r={}_nC_{n-r}$

③ ${}_nC_0={}_nC_n=1$

④ ${}_nC_1={}_nC_{n-1}=n$

H 11 정답 ⑤ *확률의 활용(2) ······ [정답률 62%]

(정답 공식: 같은 숫자가 적힌 카드가 2장, 3장인 경우로 나눈다.)

그림과 같이 1, 2, 3, 4, 5의 숫자가 하나씩 적혀 있는 카드가 각각 3장씩 15장이 있다. 이 15장의 카드 중에서 임의로 3장의 카드를 선택할 때, 선택한 카드 중에 같은 숫자가 적혀 있는 카드가 2장 이상일 확률은? (4점) 단서 선택한 3장의 카드 중 같은 숫자가 적혀 있는 카드가 2장인 경우와 3장인 경우의 두 가지로 나누어 접근하자.

1 1 1 2 2 2 3 3 3

4 4 4 5 5 5

① $\dfrac{33}{91}$ ② $\dfrac{34}{91}$ ③ $\dfrac{5}{13}$ ④ $\dfrac{36}{91}$ ⑤ $\dfrac{37}{91}$

1st 먼저 전체 경우의 수를 구해.

총 15장의 카드 중에서 임의로 3장의 카드를 선택하는 경우의 수는 (순서에 상관없이 카드를 선택하는 것이니까 조합으로 계산해야 해.)

${}_{15}C_3=\dfrac{15\times14\times13}{3\times2\times1}=455$

2nd 15장의 카드 중에서 3장의 카드를 선택할 때 같은 숫자가 적혀 있는 카드가 2장 이상인 경우는 2장일 경우와 3장일 경우야.

(i) 같은 숫자가 적혀 있는 카드가 2장인 경우

1, 2, 3, 4, 5의 다섯 개의 숫자가 적혀 있는 카드 중에서 같은 숫자가 적혀 있는 카드로 결정될 경우의 수는 ${}_5C_1=5$ ⇐ 같게 될 숫자 결정

결정된 같은 숫자가 적혀 있는 카드 3장 중에서 2장의 카드를 선택하는 경우의 수는 ${}_3C_2={}_3C_1=3$ ⇐ 같은 숫자 3장 중 2장 결정 (${}_nC_r={}_nC_{n-r}$)

나머지 다른 숫자가 적혀 있는 카드 12장 중에서 1장의 카드를 선택하는 경우의 수는 ${}_{12}C_1=12$ ⇐ 나머지 1장 결정

따라서 이때의 경우의 수는 $5\times3\times12=180$이다. → 연이어 일어나는 사건으로 곱의 법칙

(ii) 같은 숫자가 적혀 있는 카드가 3장인 경우

1, 2, 3, 4, 5의 다섯 개의 숫자가 적혀 있는 카드 중에서 같은 숫자가 적혀 있는 카드로 결정될 경우의 수는 ${}_5C_1=5$ ⇐ 같게 될 숫자 결정

결정된 같은 숫자가 적혀 있는 카드 3장 중에서 3장의 카드를 선택하는 경우의 수는 ${}_3C_3=1$ ⇐ 같은 숫자 3장 중 3장 결정

따라서 이때의 경우의 수는 $5\times1=5$이다.

(i), (ii)에 의하여 선택한 3장의 카드 중에서 같은 숫자가 적혀 있는 카드가 2장 이상일 경우의 수는 $180+5=185$이다. ((i) 또는 (ii)로 이 사건은 합의 법칙)

3rd 이제 확률을 구하자.

따라서 선택한 3장의 카드 중에서 같은 숫자가 적혀 있는 카드가 2장 이상일 확률은 $\dfrac{185}{455}=\dfrac{37}{91}$이다.

쉬운 풀이

여사건을 이용해서 풀 수도 있어. → 같은 숫자가 적혀 있는 카드가 2장 이상인 사건의 여사건은 같은 숫자가 1장 이하, 즉 3장 모두 다른 숫자인 사건이야.

같은 숫자가 적혀 있는 카드가 2장 이상일 확률을 구하는 것이니까 전체 확률에서 선택한 3장의 카드가 모두 다를 확률을 빼서 구하자.

1, 2, 3, 4, 5의 다섯 개의 숫자 중에서 선택될 세 숫자를 뽑는 경우의 수는 ${}_5C_3={}_5C_2=10$

이때, 선택된 세 숫자가 적혀 있는 카드가 3장씩 있으니까 세 숫자가 적혀 있는 카드가 각각 1장씩 선택되는 경우의 수는 각각 ${}_3C_1=3$이야.

따라서 선택된 3장의 카드에 적혀 있는 숫자가 모두 다를 경우의 수는 $10\times3\times3\times3=270$이고 전체 경우의 수는 ${}_{15}C_3=455$이므로
15개 중 3개를 선택
선택한 카드 중에서 같은 숫자가 적혀 있는 카드가 2장 이상일 확률은

$1-\frac{270}{455}=\frac{37}{91}$ → $P(A)=1-P(A^C)$

H 12 정답 22 *확률의 활용(2) ······ [정답률 28%]

(정답 공식: n개 중에서 서로 같은 것이 각각 p개, q개, $\cdots$, r개 있을 때, 이들 n개를 모두 일렬로 배열하는 순열의 수는 $\frac{n!}{p!q!\cdots r!}$ (단, $p+q+\cdots+r=n$)이다.)

단서1 꺼낸 공을 다시 넣지 않는다면 주머니 속에 있는 공의 개수는 줄어들겠지? 즉, 비복원추출이야.

숫자 1, 1, 2, 2, 3, 3이 하나씩 적혀 있는 6개의 공이 들어 있는 주머니가 있다. 이 주머니에서 한 개의 공을 임의로 꺼내어 공에 적힌 수를 확인한 후 다시 넣지 않는다. 이와 같은 시행을 6번 반복할 때, $k(1\le k\le6)$번째 꺼낸 공에 적힌 수를 a_k라 하자.
두 자연수 m, n을
단서2 모든 경우의 수는 같은 것이 있는 순열로 1, 1, 2, 2, 3, 3이 나열되는 개수만큼 나와.

$m=a_1\times100+a_2\times10+a_3$

$n=a_4\times100+a_5\times10+a_6$

이라 할 때, $m>n$일 확률은 $\frac{q}{p}$이다. $p+q$의 값을 구하시오.
단서3 $m>n$인 경우가 해당 사건이 일어나는 경우의 수야.
(단, p와 q는 서로소인 자연수이다.) (4점)

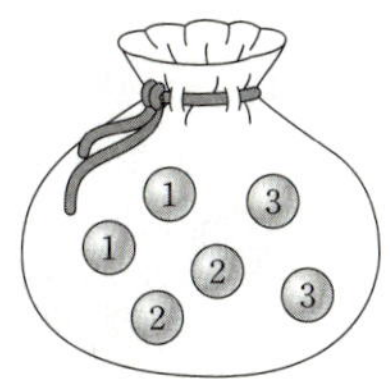

1st 주머니에서 꺼낸 수를 나열할 때 일어날 수 있는 모든 경우의 수를 생각해 봐.

$a_k(1\le k\le6)$를 순서쌍 $(a_1, a_2, a_3, a_4, a_5, a_6)$으로 나타내면 가능한 모든 순서쌍의 개수는
예를 들면 (2, 3, 3, 2, 1, 1), (2, 2, 1, 1, 3, 3), ⋯처럼 나타내니까 같은 것이 있는 순열의 수와 같아지겠지?

$\frac{6!}{2!2!2!}=90$

2nd $m>n$이기 위해서 $a_1>a_4$ 또는 $a_1=a_4$, $a_2>a_5$이겠지?
두 자연수 m과 n의 백의 자리의 숫자가 같다면 m, n의 크기의 대소 관계는 십의 자리의 숫자가 결정할거야.

(i) $a_1>a_4$인 경우

$(2, a_2, a_3, 1, a_5, a_6)$인 경우 순서쌍의 개수는 $\frac{4!}{2!}=12$
a_1, a_4를 제외한 나머지 4개의 숫자 중에는 같은 것이 2개 있어.

$(3, a_2, a_3, 1, a_5, a_6)$ 또는 $(3, a_2, a_3, 2, a_5, a_6)$인 경우도 마찬가지로 가능한 순서쌍의 개수는 각각 12

∴ (가능한 경우의 수)$=12\times3=36$

(ii) $a_1=a_4$, $a_2>a_5$일 때

$(1, 3, a_3, 1, 2, a_6)$인 경우 순서쌍의 개수는 $2!=2$

$(2, 3, a_3, 2, 1, a_6)$ 또는 $(3, 2, a_3, 3, 1, a_6)$인 경우도 마찬가지로 가능한 순서쌍의 개수는 각각 2

∴ (가능한 경우의 수)$=2\times3=6$

(i), (ii)에 의하여 구하는 확률은 $\frac{q}{p}=\frac{36+6}{90}=\frac{7}{15}$이므로
$\frac{q}{p}$는 기약분수라는 걸 잊지마.

$p+q=22$

[다른 풀이]

백의 자리의 수를 기준으로 각 경우를 직접 나열해보며 규칙을 찾아 구해 봐.

	m	n	
(i)	1○○	1○○	2가지
(ii)	2○○	1○○	12가지
(iii)	2○○	2○○	2가지
(iv)	3○○	1○○	12가지
(v)	3○○	2○○	12가지
(vi)	3○○	3○○	2가지

→ $m=132$, $n=123$일 때와 $m=133$, $n=132$일 때의 2가지야.

→ 남은 ○자리에 어떤 수가 들어가도 $m>n$이므로 1, 2, 3, 3을 일렬로 나열하는 경우의 수와 같아. ∴ $\frac{4!}{2!}=12$

즉, 백의 자리의 수가 다를 때의 경우의 수는 12가지, 백의 자리 숫자가 같을 때의 경우의 수는 2가지이므로

$12\times3+2\times3=36+6=42$

따라서 구하는 확률은

$\frac{42}{90}=\frac{7}{15}$이므로

$p+q=15+7=22$

수능 핵강

확률을 구하라는 것은 시행에서 일어나는 모든 경우의 수와 해당 사건이 일어나는 경우의 수를 파악하면 되는 거야. 확률 문제라면 먼저 밑줄을 쳐서 전체 경우와 해당 경우를 구분하고 필요한 조건을 염두해 두고 접근하는 것이 중요해.

H 13 정답 ⑤ *확률의 활용(2) ······ [정답률 54%]

(정답 공식: 사건 A의 여사건 A^C의 확률은 $P(A^C)=1-P(A)$이다.)

1부터 6까지의 자연수가 하나씩 적혀 있는 6장의 카드가 들어 있는 주머니가 있다. 이 주머니에서 임의로 두 장의 카드를 동시에 꺼내어 적혀 있는 수를 확인한 후 다시 넣는 시행을 두 번 반복한다. 첫 번째 시행에서 확인한 두 수 중 작은 수를 a_1, 큰 수를 a_2라 하고, 두 번째 시행에서 확인한 두 수 중 작은 수를 b_1, 큰 수를 b_2라 하자. 두 집합 A, B를
단서2 이미 두 수의 크기를 문제에서 정하고 있으니 두 수를 정하는 데 있어 순열이 아닌 조합을 이용할 수 있어.

$A=\{x|a_1\le x\le a_2\}$, $B=\{x|b_1\le x\le b_2\}$

라 할 때, $A\cap B\ne\varnothing$일 확률은? (4점)
단서1 2번의 복원추출하는 조건 때문에 a_1, a_2를 정하는 경우와 b_1, b_2를 정하는 경우를 별개로 생각해야 해. 즉, 서로 독립인 사건이지.

① $\frac{3}{5}$ ② $\frac{2}{3}$ ③ $\frac{11}{15}$
④ $\frac{4}{5}$ ⑤ $\frac{13}{15}$

H

1st 전체 경우의 수를 구하자.

1부터 6까지의 자연수 중에서

a_1, $a_2(a_1<a_2)$와 b_1, $b_2(b_1<b_2)$를 정하는 경우의 수는

두 장의 카드를 동시에 꺼내므로 $a_1 \neq a_2$이고 $b_1 \neq b_2$야.

$${}_6C_2 \times {}_6C_2 = \frac{6\times5}{2\times1}\times\frac{6\times5}{2\times1}$$
$$=15\times15=225$$

2nd 여사건의 경우의 수를 구하자.

여사건의 확률을 이용하여 구하려면

함정 일반적인 사건을 이용할 것이냐, 여사건을 이용할 것이냐가 헷갈린다면 조건 중에서 $A\cap B\neq\varnothing$의 여사건인 $A\cap B=\varnothing$인 경우를 파악하기가 쉬운지 살펴봐. 그리고 문제의 답 구성에서 확률이 $\frac{1}{2}$보다 큰지 작은지의 여부를 파악하면 힌트를 얻을 수 있어. 대부분 $\frac{1}{2}$보다 크니까 여사건의 확률 p를 구해서 $1-p$의 값을 구해.

두 사건 A, B에 대하여 $A\cap B=\varnothing$이 되는 경우를 다음과 같이 나누어 생각할 수 있다.

A의 큰 수보다 B의 작은 수가 크거나 A의 작은 수보다 B의 큰 수가 작으면 돼.

(i) $a_2-a_1=1$인 경우

a_1, a_2와 b_1, b_2를 각각 순서쌍 (a_1, a_2), (b_1, b_2)로 나타내면

(a_1, a_2)가 $(1, 2)$ 또는 $(5, 6)$이면 $A\cap B=\varnothing$이 되는

(b_1, b_2)의 개수는 각각 ${}_4C_2=6$이므로 $6\times2=12$

(a_1, a_2)가 $(1, 2)$라면 b_1, b_2의 값은 3, 4, 5, 6 중 2개를 선택해서 작은 수를 b_1이라 하면 $A\cap B=\varnothing$일 수 있어. 같은 방법으로 (a_1, a_2)가 $(5, 6)$인 경우도 구할 수 있어.

(a_1, a_2)가 $(2, 3)$ 또는 $(4, 5)$이면 $A\cap B=\varnothing$이 되는

(b_1, b_2)의 개수는 각각 ${}_3C_2={}_3C_1=3$이므로 $3\times2=6$

(a_1, a_2)가 $(3, 4)$이면 $A\cap B=\varnothing$이 되는 (b_1, b_2)의 개수는

$(1, 2)$, $(5, 6)$의 2이다.

따라서 경우의 수는 $12+6+2=20$이다.

(ii) $a_2-a_1=2$인 경우

(a_1, a_2)가 $(1, 3)$ 또는 $(4, 6)$이면 $A\cap B=\varnothing$이 되는

(b_1, b_2)의 개수는 각각 ${}_3C_2={}_3C_1=3$이므로 $3\times2=6$

(a_1, a_2)가 $(2, 4)$ 또는 $(3, 5)$이면 $A\cap B=\varnothing$이 되는

(b_1, b_2)의 개수는 각각 ${}_2C_2=1$이므로 $1\times2=2$

따라서 경우의 수는 $6+2=8$이다.

(iii) $a_2-a_1=3$인 경우

(a_1, a_2)가 $(1, 4)$ 또는 $(3, 6)$이면 $A\cap B=\varnothing$이 되는

(b_1, b_2)의 개수는 ${}_2C_2=1$이므로 $1\times2=2$

(a_1, a_2)가 $(2, 5)$이면 $A\cap B=\varnothing$이 되는 (b_1, b_2)는 존재하지 않는다.

따라서 경우의 수는 2이다.

(iv) $a_2-a_1=4$ 또는 5인 경우

(a_1, a_2)가 어떤 순서쌍이라 하더라도 $A\cap B=\varnothing$이 되게 하는

(b_1, b_2)는 존재하지 않는다.

(i)~(iv)에 의하여 여사건의 경우의 수

$20+8+2+0=30$

3rd 확률을 구하자.

따라서 여사건의 확률은 $\frac{30}{225}=\frac{2}{15}$이므로

구하는 확률은 $1-\frac{2}{15}=\frac{13}{15}$이다.

H 14 정답 244 *확률의 활용 (2) [정답률 75%]

(정답 공식: 두 수의 곱으로 가능한 조합을 구하여 확률을 구한다.)

단서1 각 주머니에 들어 있는 숫자로 만들 수 있는 두 수의 곱을 찾아보자.

두 주머니 A와 B에는 숫자 1, 2, 3, 4, 5, 6이 하나씩 적혀 있는 6장의 카드가 각각 들어 있다. 갑은 주머니 A에서, 을은 주머니 B에서 각자 임의로 두 장의 카드를 꺼내어 가진다. 갑이 가진 두 장의 카드에 적힌 수의 곱과 을이 가진 두 장의 카드에 적힌 수의 곱이 같을 확률은 $\frac{q}{p}$이다. $p+q$의 값을 구하시오. (단, p, q는 서로소인 자연수이다.) (4점)

단서2 두 수의 곱이 서로 같은 경우이니까 곱사건을 생각해야겠네.

1 2 3
4 5 6
A

1 2 3
4 5 6
B

1st 두 주머니에서 나올 수 있는 두 수의 곱은 모두 2, 3, 4, 5, 6, 8, 10, 12, 15, 18, 20, 24, 30의 경우가 있음을 생각하여 확률을 구하자.

갑과 을이 각각의 주머니에서 두 장의 카드를 꺼내는 전체 경우의 수는

각각 ${}_6C_2=\frac{6\times5}{2\times1}=15$이므로

한 주머니에 6개의 카드가 있으니까 6개 중 2개를 선택하는 경우야.

$15\times15=225$

(i) 두 수의 곱이 2, 3, 4, 5, 8, 10, 15, 18, 20, 24, 30인 경우

이 경우 각각은 가능한 두 수의 조합이 1가지 경우씩만 존재하므로

이때의 경우의 수는 11

실수 2, 3, …, 30은 총 11개이고 A, B 모두 한 가지 조합만 가능하니까 $1\times11=11$인 거야.

(ii) 두 수의 곱이 6인 경우

$2\times3=1\times6=6$

A, B 모두 각각 1, 6 또는 2, 3이 뽑히는 2가지 경우씩 존재하므로

이때의 경우의 수는

$2\times2=4$

(iii) 두 수의 곱이 12인 경우

$3\times4=2\times6=12$

A, B 모두 각각 2, 6 또는 3, 4가 뽑히는 2가지 경우씩 존재하므로 이때의 경우의 수는

$2\times2=4$

(i)~(iii)에 의하여 구하는 확률은

$\frac{11+4+4}{225}=\frac{19}{225}=\frac{q}{p}$

$\therefore p+q=225+19=244$

합의 법칙, 곱의 법칙 개념·공식

① 합의 법칙 : 두 사건 A, B가 동시에 일어나지 않을 때, 사건 A가 일어나는 경우의 수가 m, 사건 B가 일어나는 경우의 수가 n이면 사건 A 또는 사건 B가 일어나는 경우의 수는 $m+n$

② 곱의 법칙 : 사건 A가 일어나는 경우의 수가 m이고, 이 각각에 대하여 사건 B가 일어나는 경우의 수가 n이면 두 사건 A, B가 동시에 일어나는 경우의 수는 $m\times n$

H 15 정답 ① *확률의 활용(2) [정답률 60%]

(정답 공식: 1이 적혀 있는 공을 1개 꺼낼 때와 2개 꺼낼 때로 나누어 확률을 구한다.)

주머니에 1, 1, 2, 3, 4의 숫자가 하나씩 적혀 있는 5개의 공이 들어 있다. 이 주머니에서 ❶ 임의로 4개의 공을 동시에 꺼내어 임의로 일렬로 나열하고, 나열된 순서대로 공에 적혀 있는 수를 a, b, c, d라 할 때, ❷ $a \le b \le c \le d$일 확률은? (4점)

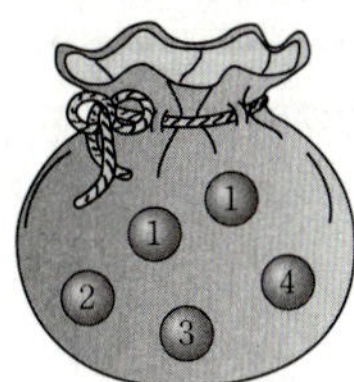

① $\frac{1}{15}$ ② $\frac{1}{12}$ ③ $\frac{1}{9}$
④ $\frac{1}{6}$ ⑤ $\frac{1}{3}$

단서 전체 사건(❶)과 해당 사건(❷)의 파악이 Point! 이때, 공의 숫자 중 같은 1이 2개이니까 숫자 1이 1개 또는 2개일 때, ❶, ❷의 경우에 영향을 주니까 나누어 볼까?

1st 1의 숫자가 적혀 있는 공이 2개이므로 1의 숫자가 적혀 있는 공을 1개 꺼내는 경우와 2개 꺼내는 경우로 나누어 전체 경우의 수를 구하자.

(i) 1의 숫자가 적혀 있는 공을 1개 꺼낼 경우 ⇐ 1, ○, ○, ○이므로 ○에 2, 3, 4를 배치하면 돼.
1, 2, 3, 4의 숫자가 적혀 있는 공을 일렬로 나열하는 경우의 수는
$4! = 4 \times 3 \times 2 \times 1 = 24$(가지) n개를 일렬로 나열하는 경우 ${}_nP_n = n!$

(ii) 1의 숫자가 적혀 있는 공을 2개 꺼낼 경우 ⇐ 1, 1, ○, ○이므로 ○에 2, 3, 4 중 2개를 선택하여 배치
2, 3, 4의 숫자가 적혀 있는 공 중 2개를 택하는 경우의 수는
${}_3C_2 = {}_3C_1 = 3$이고, 이 각각의 경우에 대하여 1의 숫자가 적혀 있는 공 2개와 위에서 택한 2개의 공을 일렬로 나열하는 경우의 수는
$\frac{4!}{2!} = \frac{4 \times 3 \times 2 \times 1}{2 \times 1} = 12$이므로 이때의 경우의 수는 [같은 것이 있는 순열] n개 중 r개가 같은 것일 때 $\frac{n!}{r!}$
$3 \times 12 = 36$

(i), (ii)에 의하여 전체 경우의 수는
$24 + 36 = 60$

2nd (i), (ii)의 경우에서 크기순으로 배열하는 경우를 따져주자.

$a \le b \le c \le d$를 만족시키는 경우는
(i)에서 $(a, b, c, d) = (1, 2, 3, 4)$의 1가지
(ii)에서 $(a, b, c, d) = (1, 1, 2, 3)$, $(1, 1, 2, 4)$, $(1, 1, 3, 4)$의 3가지
따라서 조건을 만족시키는 경우의 수는 $1 + 3 = 4$이므로
구하는 확률은 $\frac{4}{60} = \frac{1}{15}$

톡톡 풀이

1, 1, 2, 3, 4의 숫자가 하나씩 적혀 있는 5개의 공이 들어 있는 주머니에서 임의로 4개의 공을 동시에 꺼내어 임의로 일렬로 나열하는 전체 경우의 수를 두 개의 1을 다르게 보고 구하면 5개 중 4개를 일렬로 나열하는 경우의 수와 같으므로
${}_5P_4 = 5 \times 4 \times 3 \times 2 = 120$

(i) 1의 숫자가 적혀 있는 공을 1개 꺼낼 때, $a \le b \le c \le d$일 확률은
$\frac{{}_2C_1 \times {}_3C_3}{{}_5P_4} = \frac{2 \times 1}{120} = \frac{1}{60}$ ↳ 2개의 1을 다르게 보니까 2개 중 1개를 선택하면 $a=1$이고 나머지 숫자 2, 3, 4를 선택하면 돼.

(ii) 1의 숫자가 적혀 있는 공을 2개 꺼낼 때, $a \le b \le c \le d$일 확률은
${}_nC_r = {}_nC_{n-r}$, ${}_nC_1 = n$
$\frac{{}_2P_2 \times {}_3C_2}{{}_5P_4} = \frac{(2 \times 1) \times 3}{120} = \frac{1}{20}$ ↳ 2개의 1을 다르게 보니까 ①, [1]이라 하면 2개 중 2개를 선택하면 a=①, b=[1] 또는 a=[1], b=①이고 나머지 c, d에 2, 3, 4 중 두 개를 선택하여 큰 것은 d, 작은 것은 c에 배치하면 되므로 ${}_3C_2$야.

(i), (ii)에 의하여 구하는 확률은
$\frac{1}{60} + \frac{1}{20} = \frac{1}{15}$ $a \le b$가 되도록 서로 다른 2개 중 순서를 고려해서 2개를 선택하니까 ${}_2P_2$야.

H 16 정답 ② *확률의 활용(2) [정답률 50%]

(정답 공식: 전사건이 S일 때, 사건 A에 대하여 수학적 확률은 $P(A) = \frac{n(A)}{n(S)}$이다.)

빨간색 공 6개, 파란색 공 3개, 노란색 공 3개가 들어 있는 주머니가 있다. 이 주머니에서 임의로 한 개의 공을 꺼내는 시행을 하여, 다음 규칙에 따라 세 사람 A, B, C가 점수를 얻는다. (단, 한 번 꺼낸 공은 다시 주머니에 넣지 않는다.) 단서1 시행을 할 때마다 주머니에 있는 공의 개수가 줄어들겠지? 비복원시행이야.

- 빨간색 공이 나오면 A는 3점, B는 1점, C는 1점을 얻는다.
- 파란색 공이 나오면 A는 2점, B는 6점, C는 2점을 얻는다.
- 노란색 공이 나오면 A는 2점, B는 2점, C는 6점을 얻는다.

이 시행을 계속하여 얻은 점수의 합이 처음으로 24점 이상인 사람이 나오면 시행을 멈춘다. 다음은 얻은 점수의 합이 24점 이상인 사람이 A뿐일 확률을 구하는 과정이다.
단서2 처음으로 A가 얻은 점수가 24점 이상이면 시행이 멈추니까 멈춘 시행 당시의 A의 점수는 24점 뿐만 아니라 25점 등도 될 수 있는 거야.

꺼낸 빨간색 공의 개수를 x, 파란색 공의 개수를 y, 노란색 공의 개수를 z라 할 때, 얻은 점수의 합이 24점 이상인 사람이 A뿐이기 위해서는 x, y, z가 다음 조건을 만족시켜야 한다.
$x=6$, $0<y<3$, $0<z<3$, $y+z \ge 3$
이 조건을 만족시키는 순서쌍 (x, y, z)는
$(6, 1, 2)$, $(6, 2, 1)$, $(6, 2, 2)$이다.
(i) $(x, y, z) = (6, 1, 2)$인 경우의 확률은 (가)이다.
(ii) $(x, y, z) = (6, 2, 1)$인 경우의 확률은 (가)이다.
(iii) $(x, y, z) = (6, 2, 2)$인 경우는 10번째 시행에서 빨간색 공이 나와야 하므로 그 확률은 (나)이다.
(i), (ii), (iii)에 의하여 구하는 확률은
2×(가)+(나)이다.

단서3 9번째 시행에서 빨간 공이 먼저 나오게 되면 A가 24점 이상이 되니까 (6, 2, 2)인 경우는 빨간 공이 10번째에 나와야 해.

위의 (가), (나)에 알맞은 수를 각각 p, q라 할 때, $p+q$의 값은? (4점)

① $\frac{13}{110}$ ② $\frac{27}{220}$ ③ $\frac{7}{55}$
④ $\frac{29}{220}$ ⑤ $\frac{3}{22}$

1st 조건을 만족시키는 순서쌍 (x, y, z)를 구해봐.

꺼낸 빨간색 공의 개수를 x, 파란색 공의 개수를 y, 노란색 공의 개수를 z라 할 때, 얻은 점수의 합이 24점 이상인 사람이 A뿐이기 위해서는 x, y, z가 다음 방정식을 만족시켜야 한다.
$3x+2y+2z \ge 24$ (단, $x=6$, $0<y<3$, $0<z<3$)
즉, $18+2y+2z \ge 24$ $\therefore y+z \ge 3$
따라서 이 조건을 만족시키는 순서쌍 (x, y, z)는 $(6, 1, 2)$, $(6, 2, 1)$, $(6, 2, 2)$이다.

2nd 순서쌍 $(6, 1, 2)$, $(6, 2, 1)$, $(6, 2, 2)$에 대하여 각각의 경우의 확률을 구해봐.

빨간색 공 6개, 파란색 공 3개, 노란색 공 3개가 들어 있는 주머니에 대하여 시행 횟수가 9번, 10번일 경우에 대하여 살펴보자.

(i) 시행 횟수가 9번일 때,

[점수판]

	A	B	C
빨	3	1	1
파	2	6	2
노	2	2	6

점수 \ 순서쌍	(6, 1, 2)	(6, 2, 1)
A	24	24
B	16	20
C	20	16

A가 먼저 24점이 되는 경우를 꼭 확인해!

Ⅰ. $(x, y, z)=(6, 1, 2)$인 경우

꺼낸 빨간색 공의 개수가 6, 파란색 공의 개수가 1, 노란색 공의 개수가 2이므로 이때의 확률은

$$\frac{{}_6C_6\times{}_3C_1\times{}_3C_2}{{}_{12}C_9}=\frac{{}_6C_6\times{}_3C_1\times{}_3C_1}{{}_{12}C_3}$$

$$=\frac{1\times3\times3}{\frac{12\times11\times10}{3\times2\times1}}=\frac{9}{220}\leftarrow(\text{가})$$

Ⅱ. $(x, y, z)=(6, 2, 1)$인 경우

꺼낸 빨간색 공의 개수가 6, 파란색 공의 개수가 2, 노란색 공의 개수가 1이므로 이때의 확률은

$$\frac{{}_6C_6\times{}_3C_2\times{}_3C_1}{{}_{12}C_9}=\frac{{}_6C_6\times{}_3C_1\times{}_3C_1}{{}_{12}C_3}$$

$$=\frac{1\times3\times3}{\frac{12\times11\times10}{3\times2\times1}}=\frac{9}{220}$$

(ii) 시행 횟수가 10번일 때, $(x, y, z)=(6, 2, 2)$인 경우

9번째 시행까지 빨간색 공이 6번 나왔다고 가정하면 빨간색 공이 9번의 시행 중에서 6번 나오고, 나머지 파란색 공이나 노란색 공의 경우 합해서 3번 나온다고 할 수 있다. 이때, 9번째 시행에서 이미 24점이 되어 조건에 맞지 않는다.

(6, 2, 2)의 경우 9번의 시행 중에서 빨간 공이 6번 또는 5번 나온 경우의 점수를 비교해 보자. 이때, 파란색 공이나 노란색 공의 경우는 2점으로 같은 점수니까 구분하지 않아도 되겠지?

(i) 빨간 공이 6번 나온 경우
$6\times3=18$
$3\times2=6$
24(점)

(ii) 빨간 공이 5번 나온 경우
$5\times3=15$
$4\times2=8$
23(점)

따라서 9번째 시행까지 빨간색 공이 5번 나오고, 나머지 4번은 파란색 공과 노란색 공이 각각 2번씩 나오고, 10번째 시행에서 반드시 빨간색 공이 나와야 하므로

$$\frac{{}_6C_5\times{}_3C_2\times{}_3C_2}{{}_{12}C_9}\times\frac{{}_1C_1}{{}_3C_1}=\frac{{}_6C_1\times{}_3C_1\times{}_3C_1}{{}_{12}C_3}\times\frac{{}_1C_1}{{}_3C_1}$$

$$=\frac{6\times3\times3}{\frac{12\times11\times10}{3\times2\times1}}\times\frac{1}{3}$$

$$=\frac{9}{110}\leftarrow(\text{나})$$

10번째 시행에서 빨간색 공이 나온다는 것은 9번째 시행까지 나온 공은 $(x, y, z)=(5, 2, 2)$야.

이제 남은 3개의 공(빨간색 공, 파란색 공, 노란색 공이 각각 1개씩 남아 있는 상황) 중에서 빨간색 공이 나올 확률이야.

(i), (ii)에 의하여 구하는 확률은

$$2\times\frac{9}{220}+\frac{9}{110}=\frac{18}{220}+\frac{18}{220}=\frac{36}{220}=\frac{9}{55}$$

3rd $p+q$의 값을 구하자.

따라서 $p=\frac{9}{220}$, $q=\frac{9}{110}$이므로 $p+q=\frac{9}{220}+\frac{18}{220}=\frac{27}{220}$

H 17 정답 ④ *확률의 활용(3) ········· [정답률 50%]

정답 공식: e 또는 f를 반드시 포함하는 사건의 여사건은 e와 f를 둘 다 포함하지 않는 사건이다.

7개의 문자 a, b, c, d, e, f, g 중에서 중복을 허락하여 3개를 선택하여 문자열을 만들 때, 문자열이 e 또는 f를 반드시 포함할 확률은? (3점)

① $\frac{215}{343}$ ② $\frac{246}{343}$ ③ $\frac{31}{49}$ ④ $\frac{218}{343}$ ⑤ $\frac{219}{343}$

단서 e 또는 f를 포함하는 경우를 세는 것보다 e와 f를 포함하지 않는 경우, 즉 여사건의 경우의 수를 세는 것이 편리해.

1st 서로 다른 7개의 문자 중에서 중복을 허용하여 세 개의 문자를 택하는 방법의 수를 구해 보자.

전체 문자열의 개수는

${}_7\Pi_3=7^3=7\times7\times7=343$

2nd e와 f를 제외한 5개의 문자로 만드는 문자열의 개수를 구해 보자.

e와 f가 포함되지 않은 문자열의 개수는

${}_5\Pi_3=5^3=5\times5\times5=125$

함정 여사건으로 푸는게 훨씬 간단하지.

3rd 문자열이 e 또는 f를 반드시 포함할 확률을 구해 보자.

문자열이 e 또는 f를 반드시 포함하는 사건은 문자열이 e와 f를 포함하지 않는 사건의 여사건이므로 여사건의 확률에 의하여 구하는 확률은

$$1-\frac{125}{343}=\frac{218}{343}$$

[여사건의 확률] 사건 A와 그 여사건 A^C에 대하여 $P(A^C)=1-P(A)$

$\frac{(e \text{ 또는 } f\text{가 포함되지 않은 문자열의 개수})}{(\text{전체 문자열의 개수})}$

여사건의 확률 (개념·공식)

'적어도 ~일 확률', '~ 이상일 확률', '~ 이하일 확률', '~가 아닐 확률' 등을 구할 때는 여사건의 확률을 이용하면 편리하다.

(1) 여사건의 뜻

사건 A에 대하여 A가 일어나지 않는 사건을 A의 여사건이라 하고 기호로 A^C과 같이 나타낸다.

(2) 여사건의 확률

사건 A와 그 여사건 A^C에 대하여

$P(A^C)=1-P(A)$

(3) 두 사건 A, B와 그 여사건 A^C, B^C에 대하여

① $P(A^C\cap B^C)=1-P(A\cup B)$

⇨ A도 일어나지 않고 B도 일어나지 않을 확률은
$1-(A$ 또는 B가 일어날 확률$)$
$=1-(A$가 일어나거나 B가 일어날 확률$)$

② $P(A^C\cup B^C)=1-P(A\cap B)$

⇨ A가 일어나지 않거나 B가 일어나지 않을 확률은
$1-(A$와 B가 모두 일어날 확률$)$
$=1-(A$도 일어나고 B도 일어날 확률$)$

⇨ (적어도 ~일 확률)=1−(모두 ~가 아닐 확률)
(~ 이상일 확률)=1−(~ 미만일 확률)
(~ 이하일 확률)=1−(~ 초과일 확률)
(~가 아닐 확률)=1−(~일 확률)
(~가 일어날 확률)=1−(~가 일어나지 않을 확률)

H 18 정답 ③ *확률의 활용(3) [정답률 70%]

(정답 공식: 조건을 만족시키는 두 집합 A, B의 원소의 개수의 범위를 각각 구한다.)

집합 $S=\{a, b, c, d\}$의 공집합이 아닌 모든 부분집합 중에서 임의로 한 개씩 두 개의 부분집합을 차례로 택한다. 첫 번째로 택한 집합을 A, 두 번째로 택한 집합을 B라 할 때, $n(A)\times n(B)=2\times n(A\cap B)$가 성립할 확률은?

(단, 한 번 택한 집합은 다시 택하지 않는다.) (4점)

단서2 두 집합 A, B가 서로 같지 않음을 알 수 있어.

① $\frac{2}{35}$ ② $\frac{3}{35}$ ③ $\frac{4}{35}$ ④ $\frac{1}{7}$ ⑤ $\frac{6}{35}$

단서1 집합 A, B는 각각 공집합이 아닌 부분집합이므로 $n(A)\geq 1$, $n(B)\geq 1$이 각각 성립하지. 또한, $n(A\cap B)\leq n(A)$, $n(A\cap B)\leq n(B)$가 성립하고 동시에 $n(A)\times n(B)=2\times n(A\cap B)$가 성립해야 하므로 이를 이용하면 $n(A)$, $n(B)$의 값의 범위를 구할 수 있어.

1st $n(A)\times n(B)=2\times n(A\cap B)$가 성립하기 위해 $n(A)$, $n(B)$의 값을 각각 구하자.

두 집합 A, B에 대하여 집합의 포함 관계에 의하여

$(A\cap B)\subset A$, $(A\cap B)\subset B$이므로

$n(A\cap B)\leq n(A)$, $n(A\cap B)\leq n(B)$이다. 즉,

$n(A)\times n(B)=2\times n(A\cap B)\leq 2\times n(A)$

$\therefore n(B)\leq 2$

$n(A)\times n(B)=2\times n(A\cap B)\leq 2\times n(B)$

$\therefore n(A)\leq 2$

따라서 $n(A)\times n(B)=2\times n(A\cap B)$를 만족시키는 경우는 다음과 같이 두 가지로 나눌 수 있다.

($n(A)=n(B)=2$, $n(A\cap B)=2$인 경우는 두 집합 A, B가 같아야 해. 그러나 단서2에 의하여 같지 않음을 알 수 있지.)

(i) $n(A)=2$, $n(B)=1$, $n(A\cap B)=1$인 경우

$B\subset A$이므로

${}_4C_2\times 2=12$(가지)

집합 S에서 집합 A의 원소 2개를 뽑는 경우가 ${}_4C_2=6$(가지), 2개의 원소 중 집합 B의 원소를 뽑는 경우가 2가지이므로!

(ii) $n(A)=1$, $n(B)=2$, $n(A\cap B)=1$인 경우

$A\subset B$이므로

${}_4C_2\times 2=12$(가지)

집합 S에서 집합 B의 원소 2개를 뽑는 경우가 ${}_4C_2=6$(가지), 2개의 원소 중 집합 A의 원소를 뽑는 경우가 2가지이므로!

(i)~(ii)에 의하여 $n(A)\times n(B)=2\times n(A\cap B)$를 만족시키는 경우는 $12+12=24$

2nd 조건을 만족시키는 확률을 구하자.

공집합이 아닌 두 개의 부분집합을 차례로 택하는 경우는

${}_{15}P_2=15\times 14=210$(가지)

집합 $S=\{a, b, c, d\}$의 모든 부분집합의 개수는 $2^4=16$이야. 이때, 공집합이 아닌 모든 부분집합 중에서 택한다는 문제의 조건에 의하여 전체 경우의 수는 15라 두고 풀어야 하지.

따라서 구하는 확률은

$\frac{24}{210}=\frac{4}{35}$

수능 핵강

$n(A)=n(B)=2$, $n(A\cap B)=2$인 경우도 생각해야 하는 거 아닐까?
$n(A)\leq 2$, $n(B)\leq 2$에서 $n(A)=2$, $n(B)=2$일 때도 $n(A)\times n(B)=2\times n(A\cap B)$은 성립하지. 이때, $n(A\cap B)=2$가 성립해야 하므로 $A=B$, 즉 두 집합 A, B는 서로 같아야 해.
그러나 문제의 단서 조항에서 '한 번 택한 집합은 다시 택하지 않는다'고 했으므로 두 집합은 같을 수 없으니까 이 경우는 생각하지 않아도 되는 거야.

H 19 정답 ② *부분집합과 확률 [정답률 60%]

(정답 공식: 표본공간 S에서 각각의 근원사건이 일어날 가능성이 모두 같은 정도로 기대될 때, 사건 A가 일어날 수학적 확률은 $\mathrm{P}(A)=\frac{n(A)}{n(S)}$)

집합 $X=\{1, 2, 3, 4\}$의 공집합이 아닌 모든 부분집합 15개 중에서 임의로 서로 다른 세 부분집합을 뽑아 임의로 일렬로 나열하고, 나열된 순서대로 A, B, C라 할 때, $A\subset B\subset C$일 확률은? (4점)

단서1 서로 다른 세 부분집합을 뽑는다고 했기 때문에 A, B, C 중 어떤 두 개 이상의 집합이 서로 같아지는 경우는 제외하고 생각해야 해.

① $\frac{1}{91}$ ② $\frac{2}{91}$ ③ $\frac{3}{91}$ ④ $\frac{4}{91}$ ⑤ $\frac{5}{91}$

단서2 경우의 수를 구할 때, 조합이 아닌 순열로 접근해야 해.

1st 전체 경우의 수를 구하자.

공집합이 아닌 모든 부분집합 15개 중에서 순서를 고려하여 3개의 부분집합을 뽑는 경우의 수는

원소 4개의 부분집합의 개수는 $2^4=16$이고, 공집합을 제외하면 $16-1=15$

${}_{15}P_3=15\times 14\times 13$

2nd 해당하는 경우의 수를 구하자.

뽑은 3개의 부분집합을 A, B, C라 하면 3개의 부분집합은 서로 다르고, 조건 $A\subset B\subset C$를 만족시켜야 한다.

A, B, C가 모두 서로 다르기 위해서는 A, $B-A$, $C-B$가 모두 공집합이 아니어야 한다.

세 집합이 $A\subset B\subset C$이므로 포함 관계가 있지? 그래서 큰 집합에서 작은 집합을 제외하고 남은 원소가 있어야 서로 다른 집합이 될 수 있어. 즉, $B-A$, $C-B$에 각각 적어도 하나 이상의 원소가 속해야 해.

이를 만족시키는 경우를 다음과 같이 나눌 수 있다.

즉, 집합 A, $B-A$, $C-B$의 원소의 개수는 적어도 하나 이상이어야 한다.

함정 이 문제에서는 특히, 해당하는 경우의 수를 구할 때, 단순히 4^4의 중복순열로 세는 것이 아니라, 세 사건 A, B, C 중 어떠한 두 개도 서로 같을 수 없다는 점을 알아내야 틀리지 않을 수 있어.

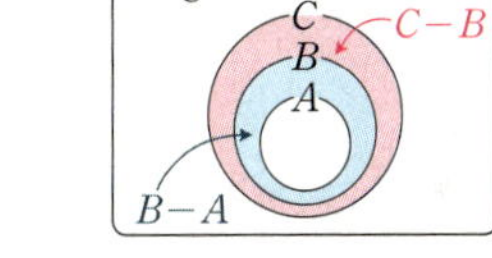

(i) $n(C^C)=1$인 경우

$n(A)=n(B-A)=n(C-B)=1$이므로

이 경우에는 1, 2, 3, 4의 각 원소 중 하나는 C에도 속하지 않아야 하므로, 서로 다른 네 원소를 순서대로 A, $B-A$, $C-B$, C^C에 속하게 만들면 되므로 그 경우의 수는

$4!=24$이다.

(ii) $n(C^C)=0$인 경우

$n(A)$, $n(B-A)$, $n(C-B)$ 중 하나의 값이 2이므로

원소 2개를 선택하고, 그 2개의 원소를 가지는 집합을 정하는 경우의 수는 ${}_4C_2\times{}_3C_1=18$

남은 두 원소를 나머지 집합에 각각 속하도록 하는 경우의 수는

$2!=2$

따라서 구하는 경우의 수는 $18\times 2=36$

3rd 확률을 구하자.

(i), (ii)에 의하여 구하는 확률은

$\frac{24+36}{15\times 14\times 13}=\frac{60}{15\times 14\times 13}=\frac{2}{91}$

H 20 정답 103 *확률의 활용(3) [정답률 45%]

(정답 공식: a_3의 값을 기준으로 경우의 수를 구한다. 가능한 값은 3 또는 4이다.)

❶다섯 개의 숫자 0, 1, 2, 3, 4를 중복 사용하여 만들 수 있는 네 자리의 자연수를 $a_1a_2a_3a_4$라 한다. 예를 들면, 1230인 경우 $a_1=1$, $a_2=2$, $a_3=3$, $a_4=0$이다. 이와 같이 네 자리 자연수 $a_1a_2a_3a_4$가 ❷$a_1<a_2<a_3$, $a_3>a_4$를 만족할 확률은 $\frac{q}{p}$이다. $p+q$의 값을 구하시오. (단, p와 q는 서로소인 자연수이다.) (4점)

단서 전체 사건(❶)은 중복순열이지? 이때, 첫째 자리에 0이 오는 경우는 제외! 해당 사건은 ❷에 의하여 a_3은 가장 큰 수로 정하고, a_1, a_2, a_4를 순서대로 따져주자.

1st 0이 포함되어 있음을 주의하여 전체 경우의 수를 구하자.

0이 포함된 다섯 개의 숫자를 중복하여 네 자리의 자연수를 구하는 경우는 a_1에 0이 오면 안 된다.

a_1에 올 수 있는 수는 0을 제외한 4개, a_2, a_3, a_4에는 5개의 숫자가 중복하여 올 수 있지.

$\therefore 4\times{}_5\Pi_3=4\times5^3=500$

→ [중복순열] 서로 다른 n개에서 중복을 허용하여 r개를 선택하여 나열하는 중복순열의 수는 ${}_n\Pi_r=n^r$

2nd 주어진 조건을 만족시키는 자연수 $a_1a_2a_3a_4$를 구하자.

네 자리 자연수 $a_1a_2a_3a_4$가 $a_1<a_2<a_3$, $a_3>a_4$를 만족해야 하므로

첫째 자릿수로 $a_1\neq0$ / 4개의 수 중 a_3이 제일 커.

자연수 $a_1a_2a_3a_4$에 대하여 a_3이 가장 큰 수임을 알 수 있다.

즉, a_3은 3 또는 4이어야 하므로

→ $a_3=2$이면 $a_1<a_2<a_3$에서 $a_1\neq0$이므로 a_1과 a_2에 올 수 있는 숫자가 없어.

(i) $a_3=3$일 때,

$a_1=1$, $a_2=2$, $a_4\in\{0, 1, 2\}$ ($a_4<3$)

$\therefore 1\times1\times3=3$가지

→ (a_1에 올 숫자 개수)×(a_2에 올 숫자 개수)×(a_4에 올 숫자 개수)

(ii) $a_3=4$일 때,

i) $a_1=1$이면

$a_2\in\{2, 3\}$, $a_4\in\{0, 1, 2, 3\}$ ($a_4<4$)

$\therefore 1\times②\times4=8$

→ a_2가 2가지이니까.

ii) $a_1=2$이면

$a_2=3$, $a_4\in\{0, 1, 2, 3\}$ ($a_4<4$)

$\therefore 1\times1\times4=4$

(i), (ii)에 의하여 주어진 조건을 만족시키는 경우의 수는 $3+8+4=15$

[합의 법칙] 어느 두 사건도 동시에 일어나지 않는 세 가지 이상의 사건에 대해서도 성립해.

이므로

$$(\text{구하는 확률})=\frac{15}{500}=\frac{3}{100}=\frac{q}{p}$$

$\therefore p+q=100+3=103$

[다른 풀이]

중복순열을 이용하여 전체 경우의 수를 계산하면 다섯 개의 숫자 0, 1, 2, 3, 4를 중복하여 4개를 선택하는 경우의 수는

${}_5\Pi_4=5^4$

이때, 0이 a_1에 오는 경우의 수를 빼줘야 하는데 a_1을 제외한 세 자리의 수에 다섯 개의 숫자를 중복하여 선택하는 경우의 수는

${}_5\Pi_3=5^3$이므로 ($a_1=0$으로 이미 선택했지? 나머지 세 자리만 생각해.)

(전체 경우의 수)$=5^4-5^3=500$

(이하 동일)

중복순열 개념·공식

서로 다른 n개에서 중복을 허락하여 r개를 택하는 순열의 수는 ${}_n\Pi_r=n^r$

H 21 정답 ③ *독립사건의 확률의 응용 [정답률 30%]

(정답 공식: $y=3$일 확률과 $z=1$일 확률을 더하고 $y=3$, $z=1$일 확률을 뺀다.)

단서1 출력이 입력 그대로 되는 경우 $\frac{1}{3}$, 교차되는 경우 $\frac{2}{3}$네.

그림은 왼쪽의 입력 신호 a, b를 오른쪽으로 전달하여 신호를 출력하는 장치를 나타낸 것이다. 이 장치가 [그림 1]과 같이 출력할 확률은 $\frac{1}{3}$이고, [그림 2]와 같이 출력할 확률은 $\frac{2}{3}$이다.

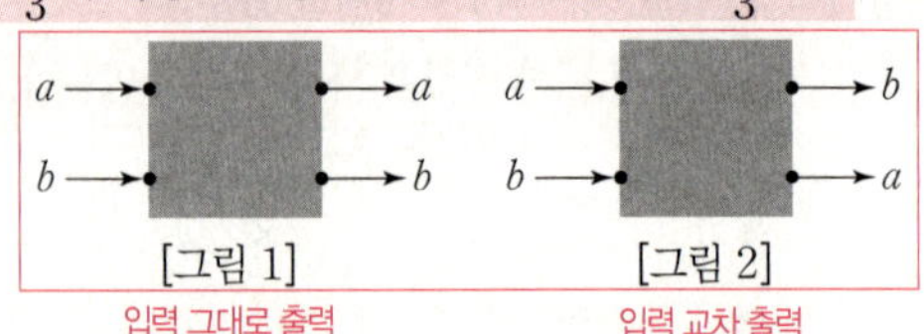

[그림 1] 입력 그대로 출력 [그림 2] 입력 교차 출력

이 장치 4개를 아래 그림과 같이 연결하고, 입력신호를 1, 2, 3, 4로 하였을 때의 출력신호를 x, y, z, w라 하자.

이때, $y=3$ 또는 $z=1$일 확률은? (단, 각 장치들은 독립적으로 작동한다.) (4점) 단서2 $y=3$, $z=1$이 되는 경우를 각각 따져주자. 이때, A 또는 B니까 $\mathrm{P}(A\cup B)$를 구해야 되지?

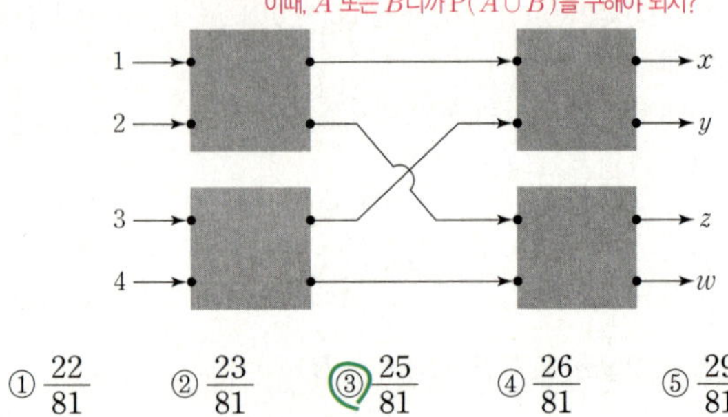

① $\frac{22}{81}$ ② $\frac{23}{81}$ ③ $\frac{25}{81}$ ④ $\frac{26}{81}$ ⑤ $\frac{29}{81}$

1st $y=3$ 또는 $z=1$인 사건의 확률은 $y=3$일 확률과 $z=1$일 확률의 합에서 $y=3$이고 $z=1$일 확률을 빼야지?

$y=3$인 사건을 A, $z=1$인 사건을 B라고 하면

$y=3$ 또는 $z=1$인 사건은 $A\cup B$이다.

$\mathrm{P}(A\cup B)$를 구해야 되니까 A, B의 공통부분, 즉 $A\cap B$를 생각해야 해.

따라서 구하는 확률은 $\mathrm{P}(A\cup B)$이므로

$\mathrm{P}(A\cup B)=\mathrm{P}(A)+\mathrm{P}(B)-\mathrm{P}(A\cap B)$ … ㉠

[확률의 덧셈정리]

2nd $\mathrm{P}(A)$를 구하자.

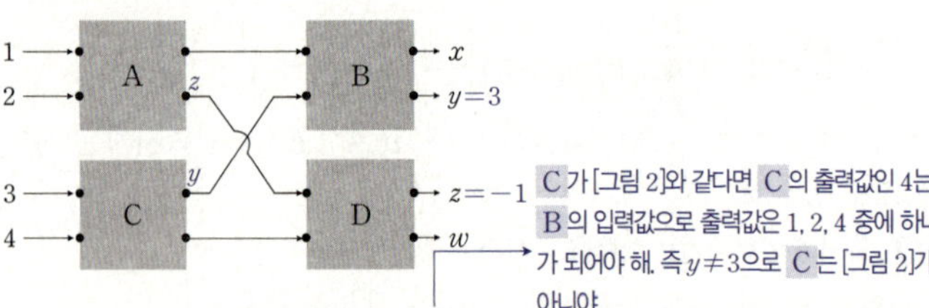

C가 [그림 2]와 같다면 C의 출력값인 4는 B의 입력값으로 출력값은 1, 2, 4 중에 하나가 되어야 해. 즉 $y\neq3$으로 C는 [그림 2]가 아니야.

$y=3$이 출력되려면 C는 [그림 1]과 같이 출력되고, 그 출력값은 B의 입력값이 되어 [그림 1]과 같이 출력되면 되므로

$$\mathrm{P}(A)=\frac{1}{3}\times\frac{1}{3}=\frac{1}{9}$$

A가 [그림 1]과 같다면 A의 출력값인 2는 D의 입력값으로 출력값은 2, 3, 4 중 하나야. 즉 $z\neq1$로 D는 [그림 1]이 아니야.

3rd $\mathrm{P}(B)$를 구하자.

$z=1$이 출력되려면 A는 [그림 2]와 같이 출력되고 그 출력값은 D의 입력값이 되어 [그림 1]과 같이 출력되면 되므로

$$\mathrm{P}(B)=\frac{2}{3}\times\frac{1}{3}=\frac{2}{9}$$

4th 사건 A와 B가 독립사건이므로 $\mathrm{P}(A\cap B)=\mathrm{P}(A)\mathrm{P}(B)$이니까 $y=3$ 또는 $z=1$일 확률을 구해.

$\mathrm{P}(A\cap B)=\mathrm{P}(A)\mathrm{P}(B)=\frac{1}{9}\times\frac{2}{9}=\frac{2}{81}$이므로 ㉠에서

[독립] 각각의 기계 작동은 독립적이니까 두 사건 A, B도 독립이야.

$$\mathrm{P}(A\cup B)=\mathrm{P}(A)+\mathrm{P}(B)-\mathrm{P}(A\cap B)=\frac{1}{9}+\frac{2}{9}-\frac{2}{81}=\frac{25}{81}$$

H 22 정답 15 *확률의 이해 [정답률 43%]

정답 공식: 두 수의 곱이 9 이상인 경우로 나누고 각각에 대하여 함수 f의 치역의 원소의 개수가 3이 되도록 경우를 나눈다.

> 단서1 함수의 개수는 중복순열을 이용해서 구해야 해.
>
> 집합 $A=\{1, 2, 3, 4\}$에 대하여 A에서 A로의 모든 함수 f 중에서 임의로 하나를 선택할 때, 이 함수가 다음 조건을 만족시킬 확률은 p이다. $120p$의 값을 구하시오. (4점)
>
> (가) $f(1)\times f(2)\geq 9$ 단서2 치역의 값은 1, 2, 3, 4이고, 이 중에서 두 수의 곱이 9 이상인 경우는 3, 3 또는 3, 4 또는 4, 4뿐이야.
>
> (나) 함수 f의 치역의 원소의 개수는 3이다.

1st 전체 경우의 수를 구하자.

$n(A)=4$이므로 집합 A에서 집합 A로의 함수의 개수는

${}_4\Pi_4=4^4=256$이다.

2nd 조건을 만족시키는 함수의 개수를 구하자.

조건 (가)를 만족시키고 동시에 조건 (나)를 만족시키는 경우를 다음과 같이 나눠서 생각해 보자.

> 실수 치역의 원소의 개수가 특정 값으로 고정되는 문제가 나올 때, 최대한 경우를 꼼꼼하게 나누어 문제를 해결하는 것이 중요해. 그래야 치역의 개수를 맞추기 위해 추가적으로 필요한 치역의 원소를 실수하지 않고 정할 수 있어.

(i) $f(1)=f(2)=3$인 경우

$f(1)\times f(2)\geq 9$를 만족시키는 경우에 대하여 $f(1)$과 $f(2)$의 값을 정해놓은 뒤에 $f(3)$, $f(4)$의 값을 생각해보면 돼.

$f(1)=f(2)=3$이고,

조건 (나)를 만족시키려면

정의역의 원소 3, 4의 함숫값은 1, 2, 4 중에서 서로 다른 2개를 선택하여 선택한 순서대로 짝지으면 된다.

따라서 이 경우의 수는 ${}_3\mathrm{P}_2=3\times2=6$

(ii) $f(1)=f(2)=4$인 경우

(i)과 마찬가지 방법으로 경우의 수를 구하면 되므로

이 경우의 수는 6

(iii) $f(1)=3$, $f(2)=4$인 경우

$f(1)=3$, $f(2)=4$이고 조건 (나)를 만족시키려면 치역의 원소의 개수가 3이어야 하므로 다음과 같이 경우를 나누자.

Ⅰ. $f(3)$의 값이 3 또는 4인 경우

$f(4)$의 값은 1 또는 2가 되어야 하므로 이 경우의 수는

$2\times2=4$

Ⅱ. $f(4)$의 값이 3 또는 4인 경우

$f(3)$의 값은 1 또는 2가 되어야 하므로 이 경우의 수는

$2\times2=4$

Ⅲ. $f(3)$, $f(4)$의 값이 모두 1 이거나 모두 2인 경우의 수는 2이다.

Ⅰ.~Ⅲ.에 의하여 구하는 경우의 수는

$4+4+2=10$

(iv) $f(1)=4$, $f(2)=3$인 경우

(iii)과 마찬가지 방법으로 경우의 수를 구하면 되므로

이 경우의 수는 10

(i)~(iv)에 의하여 조건을 만족시키는 함수의 개수는

$6+6+10+10=32$

3rd 확률을 구하자.

따라서 $p=\dfrac{32}{256}=\dfrac{1}{8}$이므로

$120p=120\times\dfrac{1}{8}=15$이다.

H 23 정답 ③ *도형과 확률 [정답률 34%]

정답 공식: 원의 중심이 삼각형의 내부나 변 위에 있지 않으려면 삼각형은 둔각삼각형이어야 한다.

> 원 위에 일정한 간격으로 12개의 점이 놓여있다. 이 중 세 개의 점을 연결하여 삼각형을 만들 때, 이 삼각형이 원의 중심을 삼각형 내부에 가지고 있지 않을 확률은? (단, 삼각형의 변 위에 원의 중심이 있는 것도 삼각형 내부에 있는 것으로 생각한다.) (4점)
>
> 단서1 전체 삼각형의 개수는 ${}_{12}\mathrm{C}_3=\dfrac{12\times11\times10}{3\times2\times1}=220$ 단서2 둔각삼각형이라는 의미지?
>
> ① $\dfrac{4}{11}$ ② $\dfrac{5}{11}$ ③ $\dfrac{6}{11}$ ④ $\dfrac{7}{11}$ ⑤ $\dfrac{8}{11}$

1st 조합을 이용하여 삼각형이 되는 경우의 수를 구하자.

원 위의 12개의 점에서 3개를 선택하여 삼각형을 만드는 경우의 수는 조합의 수이므로

${}_{12}\mathrm{C}_3=\dfrac{12\times11\times10}{3\times2\times1}=220$

2nd 둔각삼각형이 되는 경우를 생각하여 구하자.

원의 중심이 삼각형의 내부나 변 위에 있지 않으려면 삼각형은 둔각삼각형이어야 한다.

> 함정 돌려 말했지만 둔각삼각형이라는 것을 알아차려야 해.

둔각삼각형은 다음의 6가지 경우가 있다.

[그림 1] [그림 2]

[그림 3]

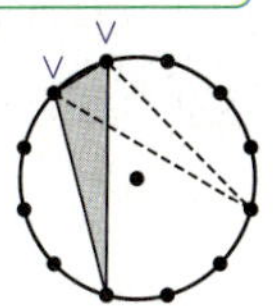

[그림 4]

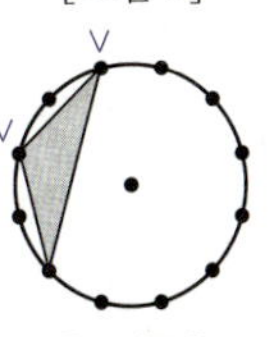

[그림 5] [그림 6]

(i) [그림 1]의 경우

이웃한 두 점을 고를 때마다 삼각형이 하나씩 결정되므로 12(가지)

(ii) [그림 2]~[그림 4]의 경우 ∨ 표시한 곳을 봐봐.

이웃한 두 점을 고를 때마다 삼각형이 두 개씩 결정되므로 각각 $12\times2=24$(가지)이고 $3\times24=72$(가지) ∨ 표시와 점선 표시를 봐봐.

(iii) [그림 5]의 경우

한 점과 그 다음 다음 점을 고를 때마다 삼각형이 하나씩 결정되므로 12가지 ∨ 표시한 곳을 봐봐.

(iv) [그림 6]의 경우

한 점과 그 다음 다음 점을 고를 때마다 삼각형이 두 개씩 결정되므로 $12\times2=24$(가지) ∨ 표시와 점선 표시를 봐봐.

(i)~(iv)에 의하여 둔각삼각형의 개수는

$12+72+12+24=120$

따라서 구하는 확률은

$\dfrac{120}{220}=\dfrac{6}{11}$

H 24 정답 17 *도형과 확률 [정답률 63%]

(정답 공식: 만들 수 있는 삼각형의 종류를 구하고, 각 경우의 확률을 구한다.)

한 변의 길이가 1인 정육각형의 6개의 꼭짓점 중에서 임의로 서로 다른 3개의 점을 택하여 이 3개의 점을 꼭짓점으로 하는 삼각형을 만들 때, 이 삼각형의 넓이가 $\frac{\sqrt{3}}{2}$ 이상일 확률은 $\frac{q}{p}$이다. $p+q$의 값을 구하시오. (단, p와 q는 서로소인 자연수이다.) (4점)

단서 정육각형의 6개의 꼭짓점 중에서 서로 다른 3개의 점을 택하여 삼각형을 만들면 같은 모양이 여러 개 중복해서 나올 수 있지. 이 중에서 모양이 서로 다른 경우의 수는 3종류가 있어.

1st 정육각형의 꼭짓점을 이어 만들 수 있는 서로 다른 삼각형의 개수를 구해.

정육각형의 6개의 꼭짓점 중 서로 다른 3개를 택하여 만들 수 있는 모양이 서로 다른 삼각형은 그림과 같이 3가지 종류이다.

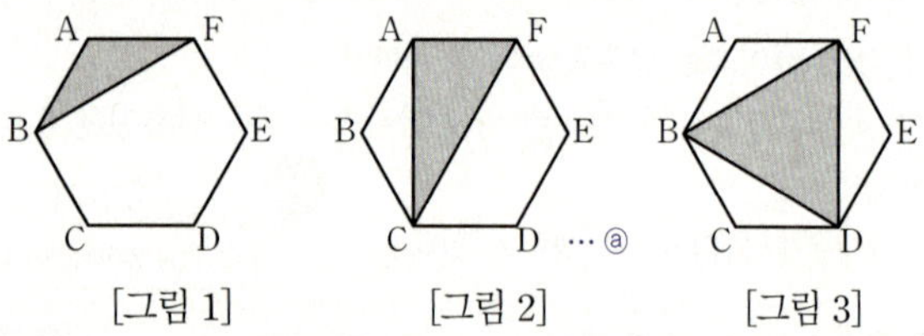

[그림 1] [그림 2] [그림 3]

2nd 각 종류의 삼각형의 넓이를 구해.

[그림 1]의 이등변삼각형의 넓이는 $\angle BAF=\frac{2}{3}\pi$이므로

$\frac{1}{2}\times\overline{AB}\times\overline{AF}\times\sin\frac{2}{3}\pi=\frac{\sqrt{3}}{4}$

정n각형의 한 내각의 크기는 $\frac{180^\circ\times(n-2)}{n}$이므로 정육각형의 한 내각의 크기는 $\frac{180^\circ\times4}{6}=120^\circ=\frac{2}{3}\pi$

두 선분 AB, AF는 정육각형의 한 변이므로 $\overline{AB}=\overline{AF}=1$

이고, 이와 같은 삼각형을 정육각형내에서 만들 수 있는 경우의 수는 6

$\triangle ABC$, $\triangle BCD$, $\triangle CDE$, $\triangle DEF$, $\triangle EFA$, $\triangle FAB$

[그림 2]의 직각삼각형의 넓이는

$\frac{1}{2}\times\overline{AF}\times\overline{CF}\times\sin\frac{\pi}{3}=\frac{\sqrt{3}}{2}$

[그림 2]의 직각삼각형에서 각 AFC의 크기는 $\frac{\pi}{3}$이고 $\overline{AF}=1$, $\overline{CF}=2$이므로 삼각형 ACF의 넓이 S는 $S=\frac{1}{2}\times1\times2\times\sin\frac{\pi}{3}=\frac{\sqrt{3}}{2}$

이고, 이와 같은 삼각형을 정육각형내에서 만들 수 있는 경우의 수는 ⑫

ⓐ에서처럼 한 변에 각각 2가지 경우가 존재하므로 $6\times2=12$

[그림 3]의 정삼각형의 넓이는

$\frac{\sqrt{3}}{4}\times\overline{BD}^2=\frac{3\sqrt{3}}{4}$

[그림 3]의 정삼각형에서 한 변의 길이가 $\sqrt{3}$이므로 넓이 S는 $S=\frac{\sqrt{3}}{4}\times(\sqrt{3})^2=\frac{3\sqrt{3}}{4}$이지.

이고, 이와 같은 삼각형을 정육각형내에서 만들 수 있는 경우의 수는 2

$\triangle ACE$, $\triangle BDF$

3rd 삼각형의 넓이가 $\frac{\sqrt{3}}{2}$ 이상일 확률이 $\frac{q}{p}$일 때, $p+q$의 값을 구해.

삼각형의 넓이가 $\frac{\sqrt{3}}{2}$ 이상인 삼각형은 [그림 2]와 [그림 3]의 삼각형이고 정육각형의 6개의 꼭짓점 중에서 임의로 서로 다른 3개의 점을 택하여 만들 수 있는 삼각형의 개수는

${}_6C_3=\frac{6\times5\times4}{3\times2\times1}=20$

합의 법칙에 의해 [그림 2]와 [그림 3]의 경우의 수를 더해.

구하는 확률은 $\frac{12+2}{20}=\frac{7}{10}$

따라서 $p=10$, $q=7$이므로

$p+q=17$이다.

H 25 정답 ⑤ *도형과 확률 [정답률 67%]

(정답 공식: 면 ABCDEF, GHIJKL에서 각각 꼭짓점을 택하는 방법을 생각한다.)

단서1 서로 다른 12개에서 순서를 생각하지 않고 3개를 택하는 거니까 조합을 이용해야겠네.

밑면이 정육각형인 육각기둥 ABCDEF−GHIJKL의 12개의 꼭짓점 중 임의로 3개를 택하여 삼각형을 만들 때, 이 삼각형의 어떤 변도 육각기둥 ABCDEF−GHIJKL의 모서리가 아닐 확률은? (4점)

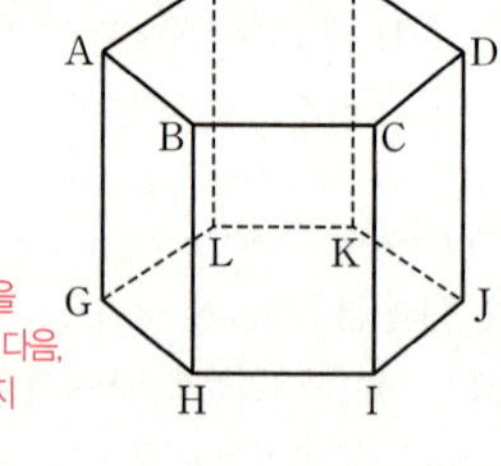

① $\frac{17}{35}$ ② $\frac{7}{22}$ ③ $\frac{18}{55}$ ④ $\frac{37}{110}$ ⑤ $\frac{19}{55}$

단서2 각 면의 대각선만을 이용하여 삼각형을 만들어야 해. 꼭짓점 1개를 먼저 택한 다음, 2개의 꼭짓점을 어떻게 택할 수 있는지 생각해 볼까?

1st 육각기둥의 꼭짓점을 이용하여 만들 수 있는 삼각형의 개수를 구해.

육각기둥의 12개의 꼭짓점 중 임의로 3개를 택하여 삼각형을 만드는 경우의 수는

삼각형은 세 점이 한 직선 위에 있으면 안 돼.

${}_{12}C_3=\frac{12\times11\times10}{3\times2\times1}=220$

서로 다른 n개에서 r개를 택하는 조합의 수는 ${}_nC_r=\frac{{}_nP_r}{r!}=\frac{n!}{r!(n-r)!}$ (단, $0\le r\le n$)

2nd 어떤 변도 육각기둥의 모서리가 아닌 삼각형의 개수를 구해.

(i) 면 ABCDEF에서 3개의 꼭짓점을 택하여 만들 수 있는 삼각형은 $\triangle ACE$, $\triangle BDF$로 2가지이다.

(ii) 면 GHIJKL에서 3개의 꼭짓점을 택하여 만들 수 있는 삼각형은 $\triangle GIK$, $\triangle HJL$로 2가지이다.

(iii) 면 ABCDEF에서 1개, 면 GHIJKL에서 2개의 꼭짓점을 택하여 삼각형을 만드는 경우 실수 얼마나 효율적으로 경우를 나누는지가 이 문제의 핵심이야.

면 GHIJKL에서 이웃하지 않은 두 꼭짓점을 고르면 되므로 이는 육각형의 대각선의 개수와 같고 $\frac{6\times3}{2}=9$이다.

또 면 GHIJKL에서 두 꼭짓점이 결정되면 면 ABCDEF에서 고를 수 있는 꼭짓점은 면 GHIJKL에서 고른 꼭짓점에 바로 연결된 두 꼭짓점을 제외한 4개이므로 $9\times4=36$(개)의 삼각형이 가능하다.

(iv) 면 GHIJKL에서 1개, 면 ABCDEF에서 2개의 꼭짓점을 택하여 삼각형을 만드는 경우

(i)과 동일하므로 36(개)

3rd 확률을 구하자.

(i)~(iv)에서 구하는 경우의 수는 합의 법칙에 의하여

$2+2+36+36=76$이다.

두 사건 A, B가 동시에 일어나지 않을 때, 사건 A, B가 일어나는 경우의 수가 각각 m, n이면 사건 A 또는 사건 B가 일어나는 경우의 수는 $m+n$이야.

따라서 구하는 확률은

$\frac{76}{220}=\frac{19}{55}$

조합의 수 (개념·공식)

① ${}_nC_r=\frac{{}_nP_r}{r!}=\frac{n!}{r!(n-r)!}$

② ${}_nC_r={}_nC_{n-r}$

③ ${}_nC_0=1$

④ ${}_nC_n=1$

H 26 정답 81 *도형과 확률 [정답률 80%]

정답 공식: (기하학적 확률)$=\frac{(\text{사건 }A\text{가 일어나는 영역의 크기})}{(\text{일어날 수 있는 전 영역의 크기})}$을 이용한다.

한 변의 길이가 2인 정삼각형 ABC의 내부에 점 P를 잡을 때, 삼각형 PBC가 둔각삼각형일 확률은 $p+q\sqrt{3}\pi$이다. $\frac{p^2}{q^2}$의 값을 구하시오. (단, p, q는 유리수이다.) (3점)

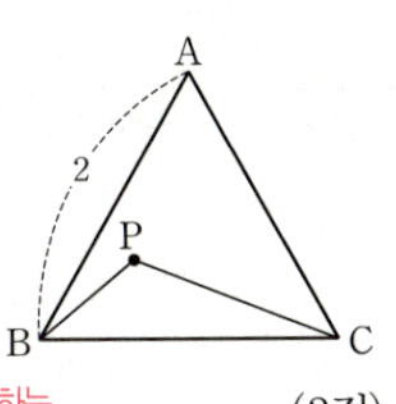

단서 삼각형 PBC가 둔각삼각형이려면 선분 BC를 지름으로 하는 반원의 넓이를 이용해야 해.

1st 둔각삼각형일 조건을 선분 BC를 지름으로 하는 원을 이용하여 구하고, 삼각형 PBC가 둔각삼각형일 확률을 구하자.

$\overline{BC}$를 지름으로 하는 반원을 그릴 때, 점 P가 반 원 밖에 있으면 예각삼각형, 반원의 경계에 있으면 직각삼각형, 반원의 내부에 있으면 둔각삼각형이다.

실수 자주 쓰이는 성질이니까 꼭 기억해둬!

A
B
C
60°

즉, 삼각형 PBC가 둔각삼각형일 확률은

(기하학적 확률)$=\frac{(\text{사건 }A\text{가 일어나는 영역의 크기})}{(\text{일어날 수 있는 전 영역의 크기})}$

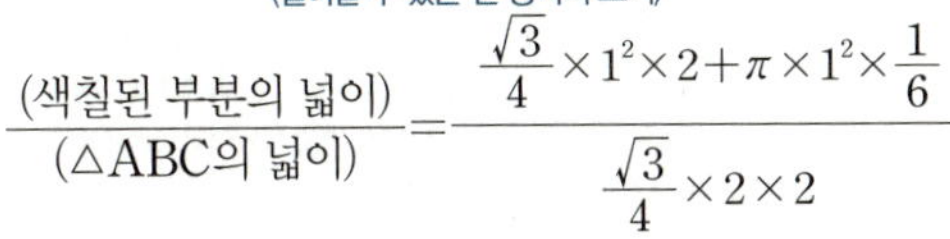

$$\frac{(\text{색칠된 부분의 넓이})}{(\triangle\text{ABC의 넓이})}=\frac{\frac{\sqrt{3}}{4}\times1^2\times2+\pi\times1^2\times\frac{1}{6}}{\frac{\sqrt{3}}{4}\times2\times2}$$

$$=\frac{1}{2}+\frac{\sqrt{3}}{18}\pi=p+q\sqrt{3}\pi$$

따라서 $p=\frac{1}{2}$, $q=\frac{1}{18}$이므로 $\frac{p^2}{q^2}=81$

기하학적 확률 (개념·공식)

연속적인 변량을 크기로 갖는 표본공간의 영역 S 안에서 각각의 점을 잡을 가능성이 같은 정도로 기대될 때, 영역 S에서 임의로 잡은 점이 영역 A에 포함될 확률 $\mathrm{P}(A)$는 $\mathrm{P}(A)=\frac{(\text{영역 }A\text{의 크기})}{(\text{영역 }S\text{의 크기})}$

H 27 정답 ④ *확률의 실생활 응용 [정답률 70%]

정답 공식: 남학생의 수를 x로 두면, 여학생의 수를 x에 대한 식으로 나타낼 수 있다. 또한 수학동아리에 가입한 남학생의 수, 여학생의 수도 각각 구한다.

어느 학교의 전체 학생 320명을 대상으로 ❶수학동아리 가입 여부를 조사한 결과 남학생의 60 %와 여학생의 50 %가 수학동아리에 가입하였다고 한다. 이 학교의 수학동아리에 가입한 학생 중 임의로 1명을 선택할 때 이 학생이 ❷남학생일 확률을 p_1, 이 학교의 수학동아리에 가입한 학생 중 임의로 1명을 선택할 때 이 학생이 ❸여학생일 확률을 p_2라 하자. $p_1=2p_2$일 때, 이 학교의 남학생의 수는? (4점)

단서 ❷, ❸은 전체 집단이 수학동아리 인원이고, ❶은 학교 전체 남학생과 여학생 수이지? 전체 집단이 다르니까 ❶을 이용하기 위해서 이 학교의 학생의 수를 미지수로 놓고 접근해 보자.

① 170 ② 180 ③ 190 ④ 200 ⑤ 210

1st 전체 남학생 수를 x라 하고, 수학동아리에 가입한 남학생 수와 여학생 수를 각각 x로 표현해 보자.

남학생 수를 x라 하면 여학생 수는 $(320-x)$이고, 남학생과 여학생이 수학동아리에 가입한 비율이 각각 60 %, 50 %이므로 수학동아리에 가입한 남학생과 여학생 수는 차례로

(전체 학생이 320명이고 남과 여로 구성되어 있으니까.)
(전체 남학생 중 60 %, 전체 여학생 중 50 %)

$\frac{60}{100}x=0.6x$, $\frac{50}{100}(320-x)=160-0.5x$

따라서 수학동아리에 가입한 전체 학생 수는

$0.6x+(160-0.5x)=0.1x+160$

2nd p_1, p_2를 각각 구하여 x에 대한 방정식으로 해결해.

수학동아리에서 선택한 1명이 남학생과 여학생일 확률이 각각 p_1, p_2이므로

(전체 집합, 즉 표본공간이 수학동아리이므로 전체 경우의 수는 수학동아리에 가입한 전체 학생 수야.)

$p_1=\frac{0.6x}{0.1x+160}$, $p_2=\frac{160-0.5x}{0.1x+160}$

한편, $p_1=2p_2$이므로

$\frac{0.6x}{0.1x+160}=\frac{2(160-0.5x)}{0.1x+160}$

$0.6x=320-x$, $1.6x=320$ $\therefore x=200$

따라서 남학생 수는 200명이다.

H 28 정답 ③ *확률의 실생활 응용 [정답률 45%]

정답 공식: 반의 대표가 구별되지 않으므로 2명의 성별이 다를 경우의 수는 (남학생 중 1명을 뽑는 경우의 수)×(여학생 중 1명을 뽑는 경우의 수)이다.

학생이 모두 25명인 반의 대표 2명을 뽑을 때, 2명의 성별이 다를 확률이 $\frac{1}{2}$이라 한다. 이때, 이 반 학생 중 남학생의 수는?

(단, 남학생의 수가 여학생의 수보다 많다.) (3점)

단서 확률 계산의 합의 법칙을 활용해야겠지.

① 13 ② 14 ③ 15
④ 16 ⑤ 17

1st 남학생 수를 미지수로 놓고 식을 세워 보자.

남학생의 수를 x(명)라 할 때, 여학생의 수는 $25-x$(명)이다.

즉, 대표 2명을 뽑을 때, 2명의 성별이 다를 확률은

$\frac{{}_x\mathrm{C}_1\times{}_{25-x}\mathrm{C}_1}{{}_{25}\mathrm{C}_2}=\frac{1}{2}$

$\frac{x(25-x)}{300}=\frac{1}{2}$

$x(25-x)=150$

$x^2-25x+150=0$

$(x-10)(x-15)=0$

$\therefore x=10$ 또는 $x=15$

2nd 남학생의 수가 여학생의 수보다 많은 것을 이용하여 보자.

그런데 남학생 수가 여학생 수보다 많다고 하므로 구하는 남학생 수는 15명이다.

(여학생 수는 $25-15=10$(명)이야.)

H 29 정답 ④ *확률의 실생활 응용 [정답률 65%]

정답 공식: 전체 확률에서 첫째 날과 다섯째 날 모두 여학생이 봉사 활동을 하게 될 확률을 뺀다.

여학생 6명과 남학생 4명이 어느 요양 시설에서 10명 모두가 하루에 두 명씩 5일 동안 봉사 활동을 하려고 한다.
이 10명의 학생이 봉사 활동 순번을 임의로 정할 때, 첫째 날 또는(A) 다섯째 날에(B) 남학생이 봉사 활동을 하게 될 확률은? (3점)

① $\frac{23}{28}$ ② $\frac{6}{7}$ ③ $\frac{25}{28}$ ④ $\frac{13}{14}$ ⑤ $\frac{55}{56}$

단서 A 또는 B에서 A와 B가 동시에 일어날 수도 있지? 즉, 세 사건 A, B, $A\cap B$인 경우를 따져줘야 해. 이럴 땐 여사건을 생각해 봐.

1st 여사건의 확률을 구해보자.

첫째 날과 다섯째 날에 남학생이 봉사하지 않는 경우가 여사건인데 이는 첫째 날과 다섯째 날은 여학생만 봉사하는 경우이다.
우선 전체 경우의 수는 학생 10명을 2명씩 5일에 분배하는 것이므로 ${}_{10}C_2\times{}_8C_2\times{}_6C_2\times{}_4C_2\times{}_2C_2$이다.

실수 각 날마다 학생 두 명의 순서는 무관하니까 조합을 쓰는거야.

첫째 날과 다섯째 날에 여학생만 봉사하는 경우의 수는 여학생 6명 중 4명을 첫째 날과 다섯째 날에 2명씩 분배하고, 남학생을 포함한 나머지 6명을 2명씩 3일간 분배하는 경우의 수이다.
즉, ${}_6C_2\times{}_4C_2\times{}_6C_2\times{}_4C_2\times{}_2C_2$가 된다.
따라서 여사건의 확률은 $\frac{{}_6C_2\times{}_4C_2\times{}_6C_2\times{}_4C_2\times{}_2C_2}{{}_{10}C_2\times{}_8C_2\times{}_6C_2\times{}_4C_2\times{}_2C_2}=\frac{1}{14}$

2nd 1에서 여사건의 확률을 빼자.

구하고자 하는 확률은 $1-\frac{1}{14}=\frac{13}{14}$이다.

H 30 정답 ① *확률의 실생활 응용 [정답률 46%]

정답 공식: 사건 A가 일어나는 경우의 수가 a, 사건 B가 일어나는 경우의 수가 b일 때, 사건 A와 B가 동시에 또는 차례로 일어나는 경우의 수는 ab이다.

어느 대학은 방문자가 있을 때, 코로나19 발열 검사를 실시하고 그 결과가 정상이면 그날 지정된 색의 종이 밴드를 손목에 채워 들여보낸다. 종이 밴드는 빨간색 밴드, 주황색 밴드, 노란색 밴드, 초록색 밴드, 파란색 밴드가 있고, 그날 사용할 밴드는 전날 사용한 밴드의 색과 다른 한 색을 임의로 선택하여 그 색의 밴드를 사용한다. 첫날 파란색 밴드를 사용하였을 때 다섯째 날 파란색 밴드를 사용할 확률은? (단, 각각의 밴드의 개수는 충분히 많다.) (4점)

단서1 밴드의 색은 5종류야.
단서2 같은 색의 밴드는 연달아 사용할 수 없어.
단서3 (파랑) ② ③ ④ (파랑)에서 ②, ③, ④의 가능한 밴드 색의 개수를 구하면 돼.

① $\frac{13}{64}$ ② $\frac{17}{64}$ ③ $\frac{21}{64}$ ④ $\frac{25}{64}$ ⑤ $\frac{29}{64}$

1st 첫째 날의 밴드가 파란색인 경우의 수를 구해.

첫째 날의 밴드가 파란색인 경우 둘째, 셋째, 넷째, 다섯째는 전날에 선택한 밴드 색만 아니면 되므로 각각 $5-1=4$(가지)씩 있으므로 전체 경우의 수는 4^4이다.

2nd 첫째 날과 다섯째 날의 밴드 색이 파란색인 경우를 구해.

첫째 날과 다섯째 날의 밴드가 파란색일 때, 둘째 날부터 넷째 날까지 밴드의 색은 다음과 같이 나누어 생각할 수 있다.
둘째, 셋째, 넷째 날의 사용할 밴드 색을 각각 ②, ③, ④라고 하자.

	②	③	④
주의할 조건	파란색만 아니면 됨.	5가지 색 다 가능함.	파란색만 아니면 됨.
경우	(i) 둘째, 넷째 날의 밴드 색이 같은 경우		(ii) 둘째, 넷째 날의 밴드 색이 다른 경우

(i) 둘째, 넷째 날의 밴드 색이 같은 경우
②, ④의 색이 같으면 ②의 가능한 밴드 색은 4가지이고 ④는 ②의 색과 같다. 이때, 그 각각의 경우에 대하여 ③의 색은 전체 5종류의 색 중에서 ②의 색만 제외하면 되므로 4가지이다. (파랑을 제외한 4가지 경우야.)
따라서 가능한 경우의 수는 $4\times4=16$

(ii) 둘째, 넷째 날의 밴드 색이 다른 경우
②, ④의 색이 다르면 ②의 색은 파랑을 제외하면 가능한 밴드 색은 4가지, ④의 색은 파랑을 제외하고 ②의 색과 달라야 하므로 3가지이다. $\therefore 4\times3=12$

곱의 법칙에 의하여 두 사건의 경우의 수를 곱해. $4\times3=12$
②, ④를 순서쌍 (②, ④)라고 하면
(빨, 주), (빨, 노), (빨, 초), (주, 빨), (주, 노), (주, 초),
(노, 빨), (노, 주), (노, 초), (초, 빨), (초, 주), (초, 노)의 12가지야.

그 각각의 경우 ③의 색은 전날 사용한 밴드의 색과 먼저 선택한 다음 날 사용할 밴드의 색과 다른 한 색을 임의로 선택하므로 3가지이다.
$\therefore 12\times3=36$

파랑을 제외한 4가지 색 중 ②, ④가 서로 다른색으로 결정되면 ③의 색은 ②, ④의 색을 제외하고 파란색을 포함한 $4-2+1=3$(가지)

(i), (ii)에 의하여 구하는 확률은
$\frac{16+36}{4^4}=\frac{16+36}{256}=\frac{52}{256}=\frac{13}{64}$

[다른 풀이] ❶

둘째부터 다섯째까지 전체 밴드 색의 수는 $4^4=256$이고
둘째가 (빨)인 경우는 다음과 같으므로
(파) — (빨) — (파) — (빨, 주, 노, 초) — (파)
(파) — (빨) — (주) — (빨, 노, 초) — (파)
(파) — (빨) — (노) — (빨, 주, 초) — (파)
(파) — (빨) — (초) — (빨, 주, 노) — (파)
첫째와 다섯째가 파랑인 경우의 수는
$4\times(4+3+3+3)=4\times13=52$
따라서 구하는 확률은 $\frac{52}{4^4}=\frac{13}{64}$

[다른 풀이] ❷

전체 경우의 수는 4^4이고 (파랑) ② ③ ④ (파랑)에서 ③이 파랑인 경우와 파랑이 아닌 경우를 나누면
(i) ③이 파랑인 경우
②, ④에는 각각 파랑이 아닌 4가지 색이 올 수 있으므로
$4\times4=16$
(ii) ③이 파랑이 아닌 경우
Ⅰ. ②, ④의 색이 다른 경우
5가지 색 중 파랑을 제외한 4가지 색에서 서로 다른 3개를 뽑아(②, ③, ④) 나열하는 방법의 수와 같으므로
${}_4P_3=4\times3\times2=24$
Ⅱ. ②, ④의 색이 같은 경우
5가지 색 중 파랑을 제외한 4가지 색에서 서로 다른 2개를 뽑아 나열하는 방법의 수와 같으므로 (②, ④는 같은 색을 칠하고 ③은 다른 색을 칠해.)
${}_4P_2=4\times3=12$

(i)~(ii)에 의하여 구하는 확률은 $\frac{16+24+12}{4^4}=\frac{13}{64}$

H 31 정답 49 *확률의 실생활 응용 [정답률 67%]

(정답 공식: 두 학생 A, B가 각각 1, 2, 3열에 앉는 경우를 나누어 각 경우의 수를 구한다.)

그림과 같이 1열, 2열, 3열에 각각 2개씩 모두 6개의 좌석이 있는 놀이기구가 있다. 이 놀이기구의 6개의 좌석에 6명의 학생 A, B, C, D, E, F가 각각 한 명씩 임의로 앉을 때, 다음 조건을 만족시키도록 앉을 확률은 $\frac{q}{p}$이다. $p+q$의 값을 구하시오. (단, p와 q는 서로소인 자연수이다.) (4점)

단서1 학생 A가 앉은 자리에 따라 학생 B의 자리가 정해지지?

(가) 두 학생 A, B는 같은 열에 앉는다. 단서2 두 학생 A, B의 자리가 결정되면 두 학생 C, D의 자리는 나머지 두 열에 각각 앉으면 돼.

(나) 두 학생 C, D는 서로 다른 열에 앉는다.

(다) 학생 E는 1열에 앉지 않는다.

단서3 학생 E가 앉을 수 있는 열은 2열 또는 3열이야.

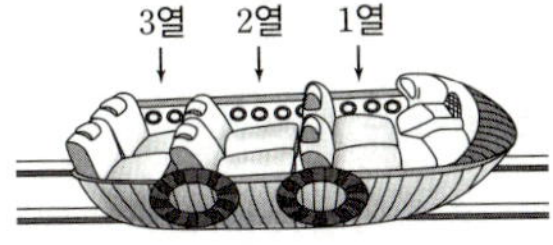

1st 전체 경우의 수를 구하자.

학생 6명이 6개의 의자에 앉는 전체 경우의 수는 → 6명을 일렬로 세우는 것과 같으므로 순열을 이용하면 $6!=6\times5\times4\times3\times2\times1=720$

$6!=720$

2nd 두 학생 A, B가 앉을 열을 결정하고 그 각각의 경우에 대하여 나머지 학생이 앉는 방법을 생각하자.

두 학생 A, B가 1열, 2열, 3열에 앉는 경우를 다음과 같이 나누어서 생각하자.

(i) A, B가 1열에 앉는 경우

두 학생 A, B가 1열에 앉는 방법의 수는 $2!=2$

이때, 두 학생 C, D가 2열 또는 3열에 앉는 경우의 수를 i), ii)로 나누어 구하자.

i) 학생 C가 2열에 앉는 경우의 수는 2

이때, 학생 D는 3열에 반드시 앉아야 하고, 이때의 경우의 수는 2

$\therefore 2\times2=4$

(3열 2열 — D가 선택할 수 있는 자리는 2곳이야.)

ii) 학생 C가 3열에 앉는 경우도 i)과 마찬가지로 4가지

i), ii)에 의하여 $4+4=8$

나머지 E, F가 남은 두 자리에 앉는 경우의 수는 $2!=2$이므로

$2\times8\times2=32$ → [곱의 법칙] 두 사건 A, B의 경우의 수가 각각 $n(A)$, $n(B)$일 때, A, B가 동시에 일어나는 경우의 수는 $n(A\cap B)=n(A)\times n(B)$야.

(ii) A, B가 2열 또는 3열에 앉는 경우

두 학생 A, B가 2열 또는 3열에 앉는 방법의 수는 $2\times2!=4$

두 학생 A, B가 앉을 경우의 수는 (A, B), (B, A)로 2야.

그 각각의 경우 두 학생 C, D가 1열 또는 3열에 배치되는 경우의 수를 i), ii)로 나누어 구하자.

i) 학생 C가 1열에 앉는 경우의 수는 2

이때, 학생 D는 3열에 반드시 앉아야 하고, 이때의 경우의 수는 2

$\therefore 2\times2=4$

ii) 학생 C가 3열에 앉는 경우도 마찬가지로 4가지이다.

i), ii)에 의하여 $4+4=8$

이때, 학생 E는 1열에 앉을 수 없으므로 3열의 빈자리에, 학생 F는 1열의 빈자리에 앉으면 되므로 경우의 수는 1

$\therefore 4\times8\times1=32$

3rd 조건에 알맞은 확률 $\frac{q}{p}$의 값을 구하자.

(i), (ii)에 의하여 구하는 경우의 수는 $32+32=64$이므로

구하는 확률은 $\frac{64}{720}=\frac{8}{90}=\frac{4}{45}$

따라서 $p=45$, $q=4$이므로 $p+q=45+4=49$이다.

[다른 풀이]

학생 6명이 6개 의자에 앉는 전체 경우의 수는 $6!=720$

조건에 맞도록 각 열에 앉을 2명씩 묶어서 순서대로 나타내면 다음과 같은 경우를 생각할 수 있어.

(A, B), (C, E), (D, F) … ⓐ 또는 (A, B), (C, F), (D, E) … ⓑ

(i) (C, E), (D, E)가 앉는 열을 선택하는 경우

(C, E)나 (D, E)는 2열과 3열에만 올 수 있으므로 2가지이고,

그 각각의 경우 자리에 앉는 방법이 2가지

(ii) (A, B)가 앉을 열을 선택하는 경우

(A, B)가 남은 두 열 중 하나를 선택하는 방법 2가지이고,

그 각각의 경우 자리에 앉는 방법이 2가지

(iii) (D, F)나 (C, F)가 선택하는 열은 1가지이고,

그 각각의 경우 자리에 앉는 방법이 2가지야.

(i)~(iii)에서 확률의 곱의 법칙에 의하여 구하는 경우의 수는

$2\times2\times2\times2\times2\times1\times2=2^6=64$

(이하 동일) → ⓐ 또는 ⓑ이니까 2를 곱해.

H 32 정답 75 *확률의 실생활 응용 [정답률 54%]

(정답 공식: A, B가 7인승에 배정될 경우와 10인승에 배정될 경우로 나눈다.)

어느 동호회 회원 22명이 5인승, 7인승, 10인승의 차 3대에 나누어 타고 여행을 떠나려고 한다. 현재 5인승, 7인승, 10인승의 차에 각각 4명, 4명, 7명이 타고 있고, A, B를 포함한 7명이 아직 도착하지 않았다. 이 7명을 차 3대에 임의로 배정할 때, A와 B가 다른 차에 배정될 확률은 $\frac{q}{p}$이다. $10p+q$의 값을 구하시오. (단, p, q는 서로소인 자연수이다.) (4점)

단서 여사건을 이용해 보자.

1st 7명을 1명, 3명, 3명으로 나누어 차에 배치하는 경우의 수를 구하자.

3대의 차에 남은 자리가 각각 1, 3, 3개이므로 7명의 회원을 1명, 3명, 3씩 나누어 배치하는 전체 경우의 수를 구하면 ${}_7C_1\times{}_6C_3\times{}_3C_3=140$

5인승에 4명, 7인승에 4명, 10인승에 7명이 탔지?

2nd 여사건을 생각하자.

A와 B가 다른 차에 탈 때 서로 다른 두 차를 고르는 경우는 ${}_3P_2=6$(가지)이고, 여사건인 A와 B가 같은 차에 타게 되는 경우는 7인승과 10인승 두 가지 뿐이므로 여사건을 구하는 것이 더 편리하다.

실수 이런 식으로 경우의 수를 비교해서 여사건으로 돌아가서 구할지, 직접 구할지 결정하는 거야.

(i) 7인승 차에 A와 B를 배치하는 방법

A, B를 제외한 나머지 5명의 회원을 5인승, 7인승 차에 각각 1명, 1명, 3명을 배정하는 방법의 수이므로 ${}_5C_1\times{}_4C_1\times{}_3C_3=20$

(ii) 10인승 차에 A와 B를 배치하는 방법

A, B를 제외한 나머지 5명의 회원을 5인승, 7인승, 10인승에 각각 1명, 3명, 1명을 배치하면 되므로

A, B 배정 후 남은 자리는 1곳이야.

$\left({}_5C_1\times{}_4C_3\times{}_1C_1\times\frac{1}{2!}\right)\times2!=20$

→ 인원이 같은 조의 수만큼 $\times\frac{1}{(\text{인원이 같은 조의 수})!}$ 인데 각 조가 5인승, 7인승, 10인승으로 구분되므로 $\times2!$도 해야 해.

(i), (ii)에 의하여 A와 B가 같은 차에 배치될 방법은 $20+20=40$(가지)이므로 (구하는 확률)$=1-\frac{40}{140}=\frac{100}{140}=\frac{5}{7}=\frac{q}{p}$

$\therefore 10p+q=10\times7+5=75$

[다른 풀이]

여사건을 이용하지 않고 직접 확률을 구할 수도 있어.

(i) A와 B가 5, 7인승 차에 타는 경우

A와 B가 5, 7인승 차에 나누어 타는 경우는 2가지이고 나머지 5명을 7인승, 10인승 차에 2명, 3명으로 나누는 것이므로

$2\times{}_5C_2\times{}_3C_3=20$

(ii) A와 B가 5, 10인승 차에 타는 경우

(i)과 마찬가지로 A와 B가 나누어 타는 경우 2가지, 나머지 5명은 7인승, 10인승 차에 3명, 2명으로 나누는 것이므로

$2\times{}_5C_3\times{}_2C_2=20$

(iii) A와 B가 7, 10인승 차에 타는 경우

A와 B가 나누어 타는 경우 2가지이고 나머지 5명은 4인승, 7인승, 10인승 차에 1명, 2명, 2명으로 나누는 것이므로

$2\times{}_5C_1\times{}_4C_2\times{}_2C_2=60$

$\therefore$ (구하는 확률)$=\frac{20+20+60}{140}=\frac{5}{7}$

(이하 동일)

H 33 정답 35 *확률의 실생활 응용 [정답률 38%]

정답 공식: A, B, C, D 중 어느 한 곳을 세 번 지나고 나머지는 한 번씩 지나면 된다. 네 번째 공을 넣었을 때, 게임이 끝나게 되는 경우에 유의한다.

오른쪽 그림은 어떤 오락기를 단순화하여 그린 것이다. 이 오락기는 입구에 공을 넣으면 A, B, C, D 중 어느 한 곳을 지나면서 그 위치의 꺼져 있는 전등은 켜지고, 켜져 있는 전등은 꺼지도록 되어 있다. 예를 들어 전구가 모두 꺼진 상태에서 공을 두 번 넣어 두 번 모두 A를 지나면 A위치의 전등은 켜졌다 꺼지고, 각각 A, B를 지나면 A, B 두 위치에 있는 전등은 모두 켜지게 된다. 이와 같이 공이 지날 때마다 전등이 켜지거나 꺼지기를 반복하다가 A, B, C, D 네 곳 모두 전등이 켜지면 게임은 끝난다. 여섯 번째 공을 넣었을 때 이 게임이 끝나게 될 확률을 $\frac{a}{b}$(a, b는 서로소인 자연수)라고 하자. 이때, $a+b$의 값을 구하시오. (단, 처음 상태는 전등이 모두 꺼져 있으며, 갈림길에서 양쪽 방향으로 공이 지나갈 확률은 서로 같다.) (4점)

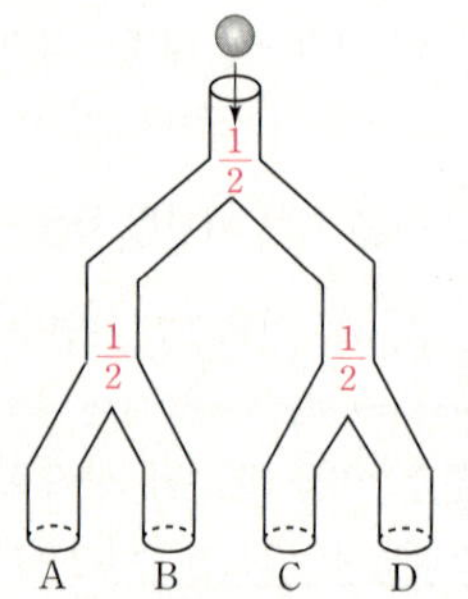

단서 한 곳에 1번 : on, 2번 : off 이지? 6번째에 네 곳이 on이 되기 위한 경우를 생각하자. 4번째에 다 on이 되면 이때 게임 끝이니까 조심해!

1st 공이 각 지점을 짝수 번 지나가면 전구는 꺼지고, 홀수 번 지나가면 전구는 켜지게 되지? 여섯 번 시행 후 4곳 모두 전구가 켜지는 경우를 생각하자.

6번 시행하므로 전체 경우의 수는 4^6이므로 구하는 확률은 입구에 들어간 공은 갈림길에서 같은 확률로 내려가므로 1번의 시행을 거쳐 공이 지나가는 모든 경우의 수는 ${}_4C_1=4$이다.
한 공이 갈 수 있는 곳은 A, B, C, D 네 곳이니까.

전구가 모두 꺼진 상태에서 공이 A, B, C, D 중 한 곳을 두 번 지난 후에는 전등이 다시 꺼지게 되므로 네 곳 모두 전구가 켜지려면 홀수 번 지나가야 한다.

한편, 여섯 번의 시행에서 홀수 번씩 지나가면서 게임이 끝나는 경우는 1곳만 3번 공이 지나가고 나머지 3곳은 1번만 지나가는 경우밖에 없다.

2nd 4회에 A, B, C, D를 한 번씩 통과하게 되면 게임이 끝나게 되므로 구하는 경우의 수에서 제외시켜 구하자.

A를 3번, B, C, D를 1번씩 지나가는 경우의 수는 A, A, A, B, C, D를 일렬로 나열하는 경우의 수와 같으므로 $\frac{6!}{3!}=120$
[같은 것이 있는 순열] n개 중 r개가 같은 것일 때 일렬로 나열하는 경우는 $\frac{n!}{r!}$

이때, 6회째 게임이 끝나야 하므로 4회에서 게임이 끝나는 경우인 $4!=24$(가지)를 제외시켜야 하므로 구하는 경우의 수는 $120-24=96$
A, B, C, D가 연달아 나오는 경우로 공이 나올 4곳을 정하는 경우야.

실수 A, A, A, B, C, D를 나열하면서 A, B, C, D순으로 나열될 수 있으니 이 경우를 제외시켜야 해.

이때, B, C, D 각각을 3번 지나가는 경우도 마찬가지이므로 구하는 경우의 수는 96×4

3rd 전체 경우의 수를 찾아 확률을 구해.

$\frac{96\times4}{4^6}=\frac{3}{32}=\frac{a}{b}$

$\therefore a=3,\ b=32 \Rightarrow a+b=35$

H 34 정답 95 *확률의 실생활 응용 [정답률 50%]

정답 공식: 5개의 과자를 구입하고 나서야 비로소 장난감을 받기 위한 확률은 5개 이상 구매해야 비로소 장난감을 받을 확률에서 6개 이상 구매해야 비로소 장난감을 받기 위한 확률을 뺀 값이다.

어떤 과자를 구입해 먹으면 과자 봉지에는 ♥, ♣, ♠ 세 가지 모양의 카드가 있다고 한다. 세 가지 모양을 모두 최소한 하나씩 모으면 장난감을 선물로 준다고 한다. 5개의 과자를 구입하고 나서야 비로소 장난감을 받을 확률을 구하면 $\frac{q}{p}$이다. 이때, $p+q$의 값을 구하시오. (단, p와 q는 서로소인 자연수이고, 세 가지 모양의 카드가 나올 확률은 각각 $\frac{1}{3}$이다.) (4점)

단서 4개의 과자를 구입할 때까지는 3개 모양이 다 나와서는 안돼.

1st 5개를 구입하고 장난감을 받을 확률을 5개 이상을 구입할 확률과 6개 이상을 구입할 확률의 관계로 이해하자.

장난감을 받을 때까지 구입해야 할 과자의 개수를 X개라 하면

$P(X=5)=P(X>4)-P(X>5)$ → $P(X=5, 6, 7, \cdots)-P(X=6, 7, 8, \cdots)$

확률 $P(X>5)$는 5개의 봉지에서 세 모양의 카드가 모두 나오지는 않을 확률이므로 → 6개 이상일 때 세 모양이 다 나와야 해.

$P(X>5)$

$=$(5개의 봉지에서 2가지 모양만 나올 확률의 합)

$-$(5개의 봉지에서 1가지 모양만 나올 확률의 합)

$={}_3C_2\times\left(\frac{2}{3}\right)^5-{}_3C_1\times\left(\frac{1}{3}\right)^5=\frac{31}{81}$

같은 방법으로

$P(X>4)=3\times\left(\frac{2}{3}\right)^4-3\times\left(\frac{1}{3}\right)^4=\frac{45}{81}$

$\therefore P(X=5)=P(X>4)-P(X>5)=\frac{14}{81}=\frac{q}{p}$

따라서 $p+q=81+14=95$이다.

[다른 풀이]

5개의 과자를 구입하고 나서야 비로소 장난감을 받으려면, 4개의 과자를 구입했을 때까지는 두 가지 모양의 카드를 각각 (1장, 3장), (2장, 2장), (3장, 1장)씩 가져야 해.

그리고 다섯번째는 나머지 모양이 나오면 되므로 경우의 수는

$_3C_2\times(4+6+4)\times1=42$

($4=\frac{4!}{3!}$, $6=\frac{4!}{2!2!}$, $4=\frac{4!}{3!}$)

따라서 전체 경우의 수는 $3^5=243$이므로 구하려는 확률은

$\frac{42}{243}=\frac{14}{81}=\frac{q}{p}$

→ 3가지 모양 중 2가지를 고르는 경우의 수 ($_3C_2$)

$\therefore p+q=81+14=95$

H 35 정답 ⑤ *확률의 실생활 응용 [정답률 43%]

(정답 공식: 1반과 2반이 준결승에서 만날 경우와 결승에서 만날 경우를 구한다.)

3학년에 7개의 반이 있는 어느 고등학교에서 토너먼트 방식으로 축구 시합을 하려고 하는데 이미 1반은 부전승으로 결정되어 있다. 다음과 같은 형태의 대진표를 만들어 시합을 할 때, 1반과 2반이 축구 시합을 할 확률은? (단, 각 반이 시합에서 이길 확률은 모두 $\frac{1}{2}$이고, 기권하는 반은 없다고 한다.) (3점)

단서 1반은 부전승으로 준결승에 나오지? 2반이 ❶ 또는 ❷로 올라오는 경우를 나누어서 생각하자. 즉, 2반의 위치와 이길 확률을 모두 따져줘야 해.

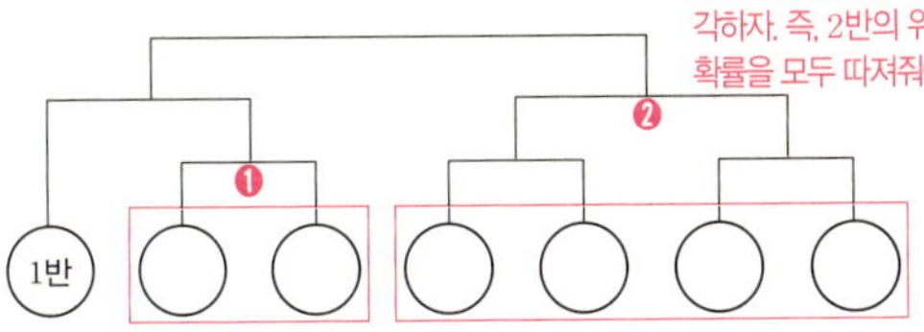

① $\frac{3}{4}$　② $\frac{5}{8}$　③ $\frac{1}{2}$　④ $\frac{3}{8}$　⑤ $\frac{1}{4}$

1st 1반과 2반이 시합을 하는 경우를 먼저 구하자.

1반과 2반이 시합을 하는 경우는 준결승에서 시합을 하는 경우❶와 결승에서 시합을 하는 경우❷로 나눌 수 있다.

2nd 각 경우에 따라 확률을 구하자.

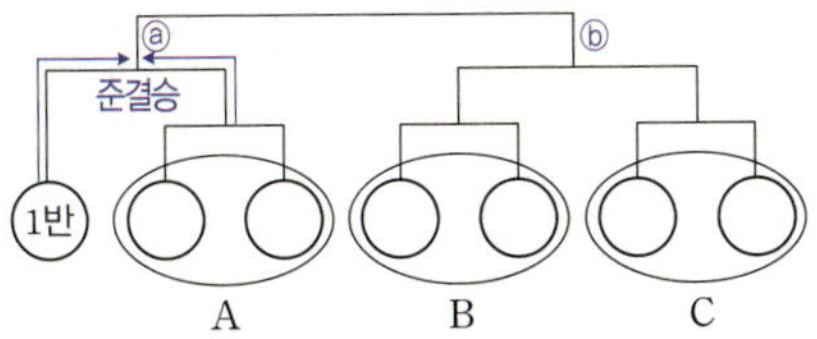

(i) 준결승에서 시합을 하는 경우

→ ⓐ 또는 ⓑ에서 시합을 해야 하지만 1반의 위치에 의하여 ⓐ에서만 1반과 2반이 만나야 해.

그림에서 2반이 A에 위치 해야 하고 2반이 이겨야 부전승으로 올라간 1반과 시합을 할 수 있다.

그럼, 2반이 A의 위치에 있을 확률은 $\frac{1}{3}$이고, 이때 2반이 이겨야 하므로 (이때의 확률)$=\frac{1}{3}\otimes\frac{1}{2}=\frac{1}{6}$

(2반이 위치해야 하는 경우는 세 가지 경우 중 하나이므로 / 이길 확률은 $\frac{1}{2}$)

→ A이고 B일 사건으로 곱사건이야.

→ 1반과 2반이 준결승에서는 만나지 말고 ⓒ에서 만나야 하므로 B 또는 C에 2반이 위치해야 해.

(ii) 결승에서 시합하는 경우

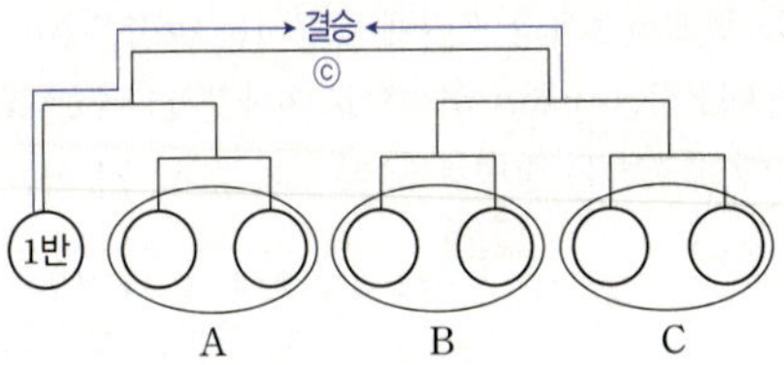

그림과 같이 2반이 B 또는 C에 위치해야 하고 2반이 2번 이겨서 결승에 오르고 1반도 1번 이겨야 시합을 할 수 있다.

2반이 B 또는 C의 위치에 있을 확률은 $\frac{2}{3}$이고, 2반이 2번 연속으로 이기고, 1반도 1번 이겨야 한다.

(확률은 $\frac{1}{2}\times\frac{1}{2}=\frac{1}{4}$ / 확률은 $\frac{1}{2}$)

(이때의 확률)$=\frac{2}{3}\otimes\frac{1}{4}\otimes\frac{1}{2}=\frac{1}{12}$

→ A이고 B이고 C일 사건으로 곱사건이야.

(i), (ii)에 의하여 구하는 확률은 $\frac{1}{6}\oplus\frac{1}{12}=\frac{1}{4}$

→ (i) 또는 (ii)일 사건으로 합사건이야.

H 36 정답 50 *여사건의 확률 [정답률 48%]

(정답 공식: 전체 확률에서 남학생이 이웃하지 않게 배정될 확률을 뺀다.)

다음 좌석표에서 2행 2열 좌석을 제외한 8개의 좌석에 여학생 5명과 남학생 3명을 1명씩 임의로 배정할 때, 적어도 2명의 남학생이 서로 이웃하게 배정될 확률은 p이다. $70p$의 값을 구하시오. (단, 2명이 같은 행의 바로 옆이나 같은 열의 바로 앞뒤에 있을 때 이웃한 것으로 본다.) (4점)

단서 좌우, 상하에 이웃하는 경우를 모두 따져야 해. 근데, '적어도 2명~'이면, 전체 경우에서 한 명도 이웃하지 않은 경우를 빼주면 생각해야 하는 경우의 수가 줄어들지!

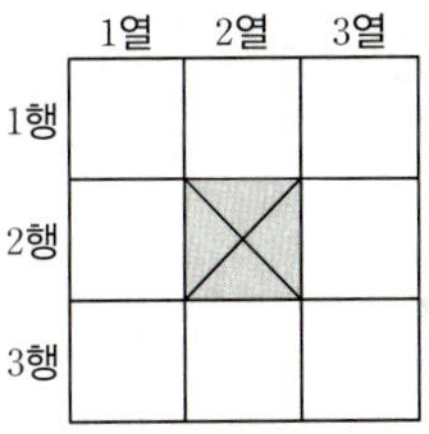

1st 여사건, 즉 어떤 남학생도 이웃하지 않도록 하는 경우를 이용해 확률을 계산해.

어떤 남학생도 이웃하지 않도록 자리를 배치하는 방법은 그림과 같다.

(V 자리에 남학생이 앉음)

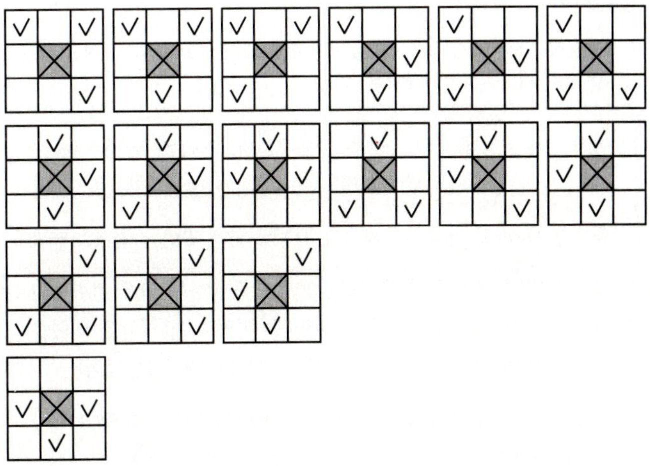

남학생 3명을 정해진 3개의 자리에 배정하는 방법은 $3!$, 남은 5자리에 여학생 5명을 배정하는 방법은 $5!$이므로 여사건의 개수는 $16\times3!\times5!$이다.
8명을 8자리에 배정하는 방법은 $8!$이므로 구하고자 하는 확률은

$1-\frac{16\times3!\times5!}{8!}=\frac{5}{7}=p$

주의 행과 열이 정해져 있으므로 좌석표를 회전시킬 수 없기 때문에 원순열이 아니라 순열로 계산하는 거야.

$\therefore 70p=50$

H 37 정답 12 ＊여사건의 확률 [정답률 62%]

(정답 공식: 사건 A의 여사건의 확률은 $1-\mathrm{P}(A)$이다.)

단서1 흰 공과 검은 공에서 같은 숫자는 4야.

숫자 1, 2, 3, 4가 하나씩 적혀 있는 흰 공 4개와 숫자 4, 5, 6이 하나씩 적혀 있는 검은 공 3개가 있다. 이 7개의 공을 임의로 일렬로 나열할 때, 같은 숫자가 적혀 있는 공이 서로 이웃하지 않게 나열될 확률은 $\frac{q}{p}$이다. $p+q$의 값을 구하시오. (단, p와 q는 서로소인 자연수이다.) (4점)

단서2 7개의 공을 나열할 때 숫자 4가 적힌 흰 공과 검은 공이 이웃하지 않는 경우는 전체의 공을 나열한 것에서 숫자 4가 이웃한 경우의 수를 빼면 돼. 즉, 여사건을 생각하자.

1st 흰 공 4개와 검은 공 3개를 나열하는 전체 경우의 수를 구하자.
흰 공 4개와 검은 공 3개를 일렬로 나열하는 경우의 수는 $7!$ … ㉠

2nd 숫자 4가 적힌 흰 공 1개와 검은 공 1개가 이웃할 확률을 구하자.
같은 숫자가 적힌 공이 이웃하는 경우를 사건 A라 하자.
1, 2, 3, 4, 4, 5, 6을 나열할 때, 4를 이웃하게 나열하는 경우의 수는 $6!$이고, 그 각각의 경우에 대하여 숫자 4가 적혀 있는 공이 흰 공, 검은 공으로 구분되므로 2개의 공이 자리를 바꾸는 경우의 수 2를 곱해 주면 사건 A의 경우의 수는 $6!\times2$ … ㉡

→ 흰 공과 검은 공에 같은 숫자는 4가 적혀 있으므로 숫자 4가 적힌 흰 공 1개와 검은 공 1개가 이웃하는 경우의 수를 구해.

$\therefore \mathrm{P}(A)=\frac{6!\times2}{7!}=\frac{2}{7}$

3rd 여사건을 이용하여 같은 숫자 4가 이웃하지 않을 확률을 구하자.
㉠, ㉡에 의하여 같은 숫자 4가 이웃하지 않을 확률은

$\mathrm{P}(A^C)=1-\mathrm{P}(A)=1-\frac{2}{7}=\frac{5}{7}$

$\therefore p=7,\ q=5 \Rightarrow p+q=12$

H 38 정답 ④ ＊여사건의 확률 [정답률 47%]

(정답 공식: 암에 걸리지 않은 사람을 암에 걸렸다고 진단할 확률과 암에 걸린 사람을 암에 걸렸다고 진단할 확률을 더한다.)

단서1 (암 ○, 진단 ○)이 98 %이므로 (암 ○, 진단 ×)는 2 %이지?

어떤 의사가 암에 걸린 사람을 암에 걸렸다고 진단할 확률은 98 %이고, 암에 걸리지 않은 사람을 암에 걸리지 않았다고 진단할 확률은 92 %라고 한다. 이 의사가 실제로 암에 걸린 사람 400명과 실제로 암에 걸리지 않은 사람 600명을 진찰하여 암에 걸렸는지 아닌지를 진단하였다. 이들 1000명 중 임의로 한 사람을 택했을 때, 그 사람이 암에 걸렸다고 진단받은 사람일 확률은? (2점)

단서2 (암 ×, 진단 ×)가 92 %이므로 (암 ×, 진단 ○)은 8 %이지?

단서3 실제의 상태와 진단이 다를 수도 있으므로 진단 ○인 경우를 따져주면 되겠네.

① 39.2 % ② 40.0 % ③ 40.8 % ④ 44.0 % ⑤ 44.8 %

1st 암에 걸렸다고 진단받은 사람은 400명과 600명에서 각각 비율이 다르므로 암에 걸린 사람이 암으로 진단받을 확률과 암에 걸리지 않은 사람이 암으로 진단받을 확률을 구해.

암에 걸린 사람이 암으로 진단받을 확률은 (→ 400명이 (암 ○, 진단 ○)인 경우이지?)

$\frac{400}{1000}\times\frac{98}{100}=\frac{392}{1000}$

($\frac{400}{1000}$: 실제로 암에 걸린 사람일 확률, $\frac{98}{100}$: 의사가 암에 걸린 사람을 암에 걸렸다고 진단할 확률)

암에 걸리지 않은 사람이 암으로 진단받을 확률은 (→ 600명이 (암 ×, 진단 ○)인 경우이지?)

$\frac{600}{1000}\times\frac{8}{100}=\frac{48}{1000}$

($\frac{600}{1000}$: 실제로 암에 걸리지 않은 사람일 확률, $\frac{8}{100}$: 암에 걸리지 않은 사람을 암에 걸렸다고 진단할 확률)

→ (암 ×, 진단 ×)의 여사건이 (암 ×, 진단 ○)이므로 $1-0.92=0.08=8\ \%$야.

2nd 100명 중 한 사람이 암으로 진단받을 확률을 구해.
1000명 중에서 임의로 뽑은 한 사람이 암으로 진단받을 확률은

$\frac{392}{1000}+\frac{48}{1000}=\frac{440}{1000}$

따라서 구하는 확률은 44.0 %가 된다.

→ $1\ \%=\frac{1}{100}$이므로 $\frac{440}{1000}=0.44=44\ \%$

쉬운 풀이

표를 이용하면 쉽지?

진단 \ 암		○ 400명	× 600명
암	○	98 %	
	×		92 %

⇐ 암에 걸렸다고 진단받을 사람 (○ 행)

따라서 $400\times\frac{98}{100}+600\times\left(1-\frac{92}{100}\right)=392+48=440$(명)

$\therefore$ (진단받을 확률)$=\frac{440}{1000}=44.0\ \%$

H 39 정답 19 ＊여사건의 확률 [정답률 37%]

(정답 공식: 전체 확률에서 방정식 $(x-2y)(y-2z)z=0$일 확률을 뺀다. 방정식 $(x-2y)(y-2z)z=0$이면 $x=2y$ 또는 $y=2z$ 또는 $z=0$이므로 각각의 경우의 수를 구한다.)

방정식 $x+y+z=10$을 만족시키는 ❶음이 아닌 정수 $x,\ y,\ z$의 모든 순서쌍 $(x,\ y,\ z)$ 중에서 임의로 한 개를 선택한다. 선택한 순서쌍 $(x,\ y,\ z)$가 ❷$(x-2y)(y-2z)z\neq0$을 만족시킬 확률은 $\frac{q}{p}$이다. $p+q$의 값을 구하시오. (단, p와 q는 서로소인 자연수이다.) (4점)

어떤 인수도 0이 되면 안 되므로 $x\neq2y,\ y\neq2z,\ z\neq x$이어야 해.

단서 ❶은 전체 경우, ❷는 해당 경우이지? 이때, $x,\ y,\ z$가 음이 아닌 정수이므로 중복조합과 정수해의 개수를 이용하자.

1st 중복조합과 정수해의 개수를 이용하여 전체 경우의 수를 구하자.
[중복조합과 정수해의 개수] $x_1+x_2+\cdots+x_n=r$에서
① 음이 아닌 정수해의 개수 : ${}_n\mathrm{H}_r$ ② 계산원리 : ${}_n\mathrm{H}_r={}_{n+r-1}\mathrm{C}_r$

방정식 $x+y+z=10$을 만족시키는 음이 아닌 정수 $x,\ y,\ z$의 모든 순서쌍 $(x,\ y,\ z)$의 개수는 서로 다른 3개 중에서 10개를 중복을 허락하여 선택하는 경우의 수와 같으므로

→ 중복조합과 정수해의 개수를 구하는 키워드이지?

${}_3\mathrm{H}_{10}={}_{3+10-1}\mathrm{C}_{10}={}_{12}\mathrm{C}_{10}={}_{12}\mathrm{C}_2=66$

(${}_n\mathrm{C}_r={}_n\mathrm{C}_{n-r}$)

2nd 해당 사건의 여사건을 생각하여 확률 $\frac{q}{p}$를 구하여 $p+q$의 값을 계산해.

$(x-2y)(y-2z)z\neq0$을 만족시키지 않는 경우는

$x=2y$ 또는 $y=2z$ 또는 $z=0$ 주의 '그리고'가 아닌 '또는' 임에 주의해.

(i) $x=2y$인 경우

$x+y+z=10$에서 $3y+z=10$이고 가능한 (y, z)는 $(0, 10)$, $(1, 7)$, $(2, 4)$, $(3, 1)$ 4가지가 가능하다.

(ii) $x=2z$인 경우

$x+y+z=10$에서 $x+3z=10$이고 가능한 (x, z)는 $(1, 3)$, $(4, 2)$, $(7, 1)$, $(10, 0)$ 4가지가 가능하다.

(iii) $z=0$인 경우

$x+y+z=10$에서 $x+y=10$이고 가능한 (x, y)는

${}_2\mathrm{H}_{10}={}_{11}\mathrm{H}_{10}=11$(가지)가 가능하다.

(iv) $x=2y$이면서 $y=2z$인 경우 → $x+y+z=7z=10$을 만족시키는 정수 z는 존재하지 않아.

조건을 만족하는 (x, y, z)는 없다.

(v) $x=2y$이면서 $z=0$인 경우 → $x+y+z=3y=10$을 만족시키는 정수 y는 존재하지 않아.

조건을 만족하는 (x, y, z)는 없다.

(vi) $y=2z$이면서 $z=0$인 경우 → $x+y+z=x=10$

(x, y, z)는 $(10, 0, 0)$ 1가지가 가능하다.

(vii) $x=2y$이고 $y=2z$이고 $z=0$인 경우 → $x+y+z=0\neq10$

조건을 만족하는 (x, y, z)는 없다.

따라서 여사건의 경우의 수는 $4+4+11-1=18$이고

구하려는 확률은 $1-\frac{18}{66}=\frac{8}{11}=\frac{q}{p}$

$n(A\cup B\cup C)$
$=n(A)+n(B)+n(C)$
$-n(A\cap B)-n(B\cap C)-n(C\cap A)$
$+n(A\cap B\cap C)$

$\therefore p+q=19$

H 40 정답 ① *조건부확률의 활용 [정답률 75%]

정답 공식: $\mathrm{P}(B|A)=\frac{\mathrm{P}(A\cap B)}{\mathrm{P}(A)}$이다.

한 개의 주사위를 던질 때 짝수의 눈이 나오는 사건을 A, 소수의 눈이 나오는 사건을 B라 하자. $\mathrm{P}(B|A)-\mathrm{P}(B|A^C)$의 값은? (단, A^C은 A의 여사건이다.) (3점)

단서 조건부확률 문제라는 것을 알 수 있지? 두 사건에서 뒤의 사건이 분모에 오는 사건이라는 것을 헷갈리지 않으면 쉬운 문제야.

① $-\frac{1}{3}$ ② $-\frac{1}{6}$ ③ 0 ④ $\frac{1}{6}$ ⑤ $\frac{1}{3}$

1st 주어진 조건부확률을 계산하기 편하게 바꾸자.

$$\mathrm{P}(B|A)-\mathrm{P}(B|A^C)=\frac{\mathrm{P}(A\cap B)}{\mathrm{P}(A)}-\frac{\mathrm{P}(A^C\cap B)}{\mathrm{P}(A^C)}$$

[조건부확률]
표본공간 S의 부분집합인 두 사건 A, B에 대하여 확률이 0이 아닌 사건 A가 일어났다고 가정할 때, 사건 B가 일어날 확률을 사건 A가 일어났을 때의 사건 B의 조건부확률이라 하고, 기호로 $\mathrm{P}(B|A)$와 같이 나타내.

2nd 각각의 확률을 계산하여 식을 완성하자.

$\mathrm{P}(A)=\frac{3}{6}=\frac{1}{2}$, $\mathrm{P}(B)=\frac{3}{6}=\frac{1}{2}$이고 $\mathrm{P}(A\cap B)=\frac{1}{6}$, $\mathrm{P}(A^C\cap B)=\frac{1}{3}$

→ 2, 4, 6의 눈이 나올 확률 → 2, 3, 5의 눈이 나올 확률 → 2가 나올 확률 → 3, 5의 눈이 나올 확률

$$\frac{\mathrm{P}(A\cap B)}{\mathrm{P}(A)}-\frac{\mathrm{P}(A^C\cap B)}{\mathrm{P}(A^C)}=\frac{\frac{1}{6}}{\frac{1}{2}}-\frac{\frac{1}{3}}{\frac{1}{2}}=\frac{1}{3}-\frac{2}{3}=-\frac{1}{3}$$

쉬운 풀이

A(짝수의 눈) : 2, 4, 6, B(소수의 눈) : 2, 3, 5, A^C(홀수의 눈) : 1, 3, 5

$$\therefore \mathrm{P}(B|A)-\mathrm{P}(B|A^C)=\frac{n(A\cap B)}{n(A)}-\frac{n(A^C\cap B)}{n(A^C)}$$

($A\cap B$ → 2, $A^C\cap B$ → 3, 5)

주사위와 같이 개수가 명확한 사건의 조건부확률은 $\frac{\mathrm{P}(A\cap B)}{\mathrm{P}(A)}$보다 $\frac{n(A\cap B)}{n(A)}$가 계산하기 편한 경우가 있어.

$$=\frac{1}{3}-\frac{2}{3}=-\frac{1}{3}$$

H 41 정답 ② *조건부확률의 활용 [정답률 53%]

정답 공식: 주머니 A에서 꺼낸 공 3개는 검은 공 3개 또는 검은 공 2개와 흰 공 1개 또는 검은 공 1개와 흰 공 2개가 가능하다.

주머니 A에는 흰 공 2개, 검은 공 4개가 들어 있고, 주머니 B에는 흰 공 4개, 검은 공 2개가 들어 있다. 주머니 A에서 임의로 3개의 공을 꺼내어 주머니 B에 넣고 섞은 다음 주머니 B에서 임의로 3개의 공을 꺼내어 주머니 A에 넣었더니 두 주머니에 있는 검은 공의 개수가 서로 같아졌다. 이때, 주머니 A에서 꺼낸 공이 모두 검은 공이었을 확률은? (3점)

단서 '같아졌다. 이때 ~이었을 확률'이므로 조건부확률임을 이해해. 검은 공을 모두 더하면 $4+2=6$(개)이므로 같아지려면 두 주머니에 3개씩 남아야 해.

① $\frac{1}{9}$ ② $\frac{2}{9}$ ③ $\frac{1}{3}$ ④ $\frac{4}{9}$ ⑤ $\frac{5}{9}$

1st 주머니 A에서 공 3개를 꺼내는 경우를 나눠보자.

(i) 주머니 A에서 검은 공 3개를 꺼내어 주머니 B에 넣는 경우

주머니 B에서 검은 공 2개, 흰 공 1개를 꺼내어 주머니 A에 넣어야 두 주머니에 있는 검은 공의 개수가 서로 같아진다. 이때의 확률은 → 3개로 같아져야 해.

$$\frac{{}_4\mathrm{C}_3}{{}_6\mathrm{C}_3}\times\frac{{}_5\mathrm{C}_2\times{}_4\mathrm{C}_1}{{}_9\mathrm{C}_3}=\frac{2}{21}$$

(ii) 주머니 A에서 검은 공 2개, 흰 공 1개를 꺼내어 주머니 B에 넣는 경우

주머니 B에서 검은 공 1개, 흰 공 2개를 꺼내어 주머니 A에 넣어야 두 주머니에 있는 검은 공의 개수가 서로 같아진다. 이때의 확률은

$$\frac{{}_2\mathrm{C}_1\times{}_4\mathrm{C}_2}{{}_6\mathrm{C}_3}\times\frac{{}_5\mathrm{C}_2\times{}_4\mathrm{C}_1}{{}_9\mathrm{C}_3}=\frac{2}{7}$$ → 3개로 같아져야 해.

(iii) 주머니 A에서 검은 공 1개, 흰 공 2개를 꺼내어 주머니 B에 넣는 경우

주머니 B에서 흰 공 3개를 꺼내어 주머니 A에 넣어야 두 주머니에 있는 검은 공의 개수가 서로 같아진다. 이때의 확률은

$$\frac{{}_2\mathrm{C}_2\times{}_4\mathrm{C}_1}{{}_6\mathrm{C}_3}\times\frac{{}_6\mathrm{C}_3}{{}_9\mathrm{C}_3}=\frac{1}{21}$$

2nd (i), (ii), (iii)의 세 경우가 일어났을 때 (i)의 경우였을 확률이므로 조건부확률의 계산을 해 보자.

(i), (ii), (iii)에서

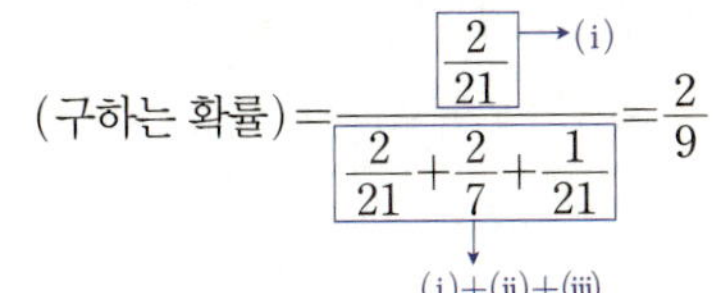

$$(\text{구하는 확률})=\frac{\frac{2}{21}}{\frac{2}{21}+\frac{2}{7}+\frac{1}{21}}=\frac{2}{9}$$

(분자 → (i), 분모 → (i)+(ii)+(iii))

주의 조건부확률을 헷갈려 하는 경우가 많아. 그냥 (i)에서 구한 확률 $\frac{2}{21}$와는 달라.

H 42 정답 ④ *조건부확률의 활용 [정답률 62%]

정답 공식: A에서 꺼낸 두 구슬이 모두 검은색일 확률과 B에서 꺼낸 두 구슬이 모두 검은색일 확률을 구한다.

주머니 A에는 검은 구슬 3개가 들어 있고, 주머니 B에는 검은 구슬 2개와 흰 구슬 2개가 들어 있다. ❶두 주머니 A, B 중 임의로 선택한 하나의 주머니에서 동시에 꺼낸 2개의 구슬이 모두 검은색일 때, ❷선택된 주머니가 B이었을 확률은? (3점)

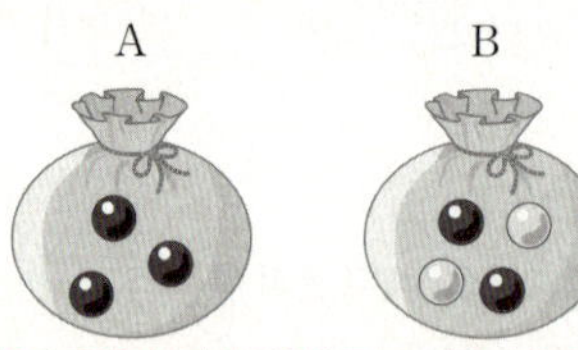

단서 ❶일 때, ❷일 확률로 두 주머니에서 검은색 구슬 2개를 꺼내는 확률을 각각 구하면 되겠네.

① $\frac{5}{14}$ ② $\frac{2}{7}$ ③ $\frac{3}{14}$ ④ $\frac{1}{7}$ ⑤ $\frac{1}{14}$

1st 주머니 A가 선택될 때와 주머니 B가 선택될 때의 확률을 각각 구해야 돼.

주머니 A를 선택하는 사건을 A, 주머니 B를 선택하는 사건을 B, 꺼낸 2개의 구슬이 모두 검은색인 사건을 E라 두자.

실수 각 사건을 문자로 두는 것이 조건부확률을 나타낼 때 편리해.

(i) 선택된 주머니가 A일 때 꺼낸 2개의 구슬이 모두 검은색일 확률
구슬 3개가 모두 검은색이니까 어떤 구슬을 꺼내도 검은색! 즉 확률은 1이겠지?

$$\mathrm{P}(A)\mathrm{P}(E|A)=\frac{1}{2}\times\frac{{}_3\mathrm{C}_2}{{}_3\mathrm{C}_2}=\frac{1}{2}$$

(ii) 선택된 주머니가 B일 때 꺼낸 2개의 구슬이 모두 검은색일 확률
4개 중 검은 구슬이 2개야.

$$\mathrm{P}(B)\mathrm{P}(E|B)=\frac{1}{2}\times\frac{{}_2\mathrm{C}_2}{{}_4\mathrm{C}_2}=\frac{1}{12}$$

2nd 꺼낸 2개의 구슬이 모두 검은색일 때, 선택된 주머니가 B이었을 확률이니까 조건부확률을 구해.

선택한 A 또는 B 주머니 중 꺼낸 두 구슬이 모두 검은색일 사건을 M, ($\mathrm{P}(M)=$(i)+(ii))
선택된 주머니가 B일 사건을 N이라 하면 구하는 확률은 $\mathrm{P}(N|M)$이므로 (M일 때 N일 확률이니까 조건부확률이지?)

$$\mathrm{P}(N|M)=\frac{\mathrm{P}(M\cap N)}{\mathrm{P}(M)}=\frac{\frac{1}{12}}{\frac{1}{2}+\frac{1}{12}}=\frac{1}{7}$$

($\mathrm{P}(M\cap N)=$(ii), $\frac{\mathrm{P}(M\cap N)}{\mathrm{P}(M)}=\frac{\mathrm{P}(B)\mathrm{P}(E|B)}{\mathrm{P}(A)\mathrm{P}(E|A)+\mathrm{P}(B)\mathrm{P}(E|B)}$)

조건부확률의 정의와 계산 개념·공식

① 조건부확률 : 사건 B가 발생했을 때, 사건 A가 발생할 확률이고, $\mathrm{P}(A|B)$로 표현한다.

② 조건부확률의 계산 : $\mathrm{P}(A|B)=\frac{\mathrm{P}(A\cap B)}{\mathrm{P}(B)}$

③ 독립사건인 경우 : 사건 A와 B가 독립사건이라면

$$\mathrm{P}(A|B)=\frac{\mathrm{P}(A\cap B)}{\mathrm{P}(B)}=\frac{\mathrm{P}(A)\mathrm{P}(B)}{\mathrm{P}(B)}=\mathrm{P}(A)$$

H 43 정답 ③ *조건부확률의 활용 [정답률 58%]

정답 공식: 사건 A가 일어났을 때의 사건 B의 조건부확률은 $\mathrm{P}(B|A)=\frac{\mathrm{P}(A\cap B)}{\mathrm{P}(A)}=\frac{n(A\cap B)}{n(A)}$

단서1 중복되어 나타난 수에는 무엇이 있을까?

주머니에 숫자 1, 2, 3, 4가 하나씩 적혀 있는 흰 공 4개와 숫자 3, 4, 5, 6이 하나씩 적혀 있는 검은 공 4개가 들어 있다. 이 주머니에서 임의로 4개의 공을 동시에 꺼내는 시행을 한다. 이 시행에서 꺼낸 공에 적혀 있는 수가 같은 것이 있을 때, 꺼낸 공 중 검은 공이 2개일 확률은? (4점)

단서2 주머니에 숫자가 같은 것은 ③❸, ④❹야.

① $\frac{13}{29}$ ② $\frac{15}{29}$ ③ $\frac{17}{29}$ ④ $\frac{19}{29}$ ⑤ $\frac{21}{29}$

1st 전체 경우의 수를 구하자.

주머니에 있는 8개의 공 중에서 4개의 공을 동시에 꺼내는 경우의 수는

$${}_8\mathrm{C}_4=\frac{8\times7\times6\times5}{4\times3\times2\times1}=70$$

2nd 꺼낸 공에 적혀 있는 수가 같은 확률을 구하자.

꺼낸 공에 적혀 있는 수가 같은 사건을 A, 꺼낸 공 중 검은 공이 2개인 사건을 B라 하자.

꺼낸 공에 적혀 있는 수가 같은 경우는 3이 적힌 공이 두 개 또는 4가 적힌 공이 두 개 또는 3, 3, 4, 4가 적힌 공이 나오는 세 가지 경우이다.

이때, 3이 적힌 공이 두 개 나오는 경우는 나머지 여섯 개의 공 중에서 두 개의 공을 꺼낼 때 4가 적힌 공 두 개가 나오는 경우를 빼면 되므로

$${}_6\mathrm{C}_2-1=\frac{6\times5}{2\times1}-1=15-1=14$$

3이 적힌 공을 두 개 뽑고 나머지를 2개 뽑는 경우와 4가 적힌 공을 두 개 뽑고 나머지를 2개 뽑는 경우에 대하여 중복해서 세는 경우는 어떤 것일까? 3, 3, 4, 4를 뽑는 경우와 4, 4, 3, 3을 뽑는 경우이고, 순서에 상관없으니까 1가지 경우야.

마찬가지로 4가 적힌 공이 두 개 나오는 경우의 수도 14이다.

3, 3, 4, 4가 적힌 공이 나오는 경우는 1가지 뿐이다.

따라서 꺼낸 공에 적혀 있는 수가 같은 경우의 수는

$14\times2+1=29$ $\therefore \mathrm{P}(A)=\frac{29}{70}$

3rd 꺼낸 공 중 검은 공이 2개인 확률을 구하자.

검은 공이 2개이려면 흰 공도 2개 뽑아야 한다. **2nd**에서 꺼낸 공에 적혀 있는 수가 같은 경우에 대하여 검은 공이 2개이려면

(i) 3이 적힌 공이 두 개 또는 (ii) 4가 적힌 공이 두 개 또는 (iii) 3, 3, 4, 4가 적힌 공이 나오는 세 가지 경우에 대하여 생각해 보자.

(i) 3이 적힌 검은 공과 3이 적힌 흰 공을 뽑는 경우
나머지 2개의 공을 뽑는 경우의 수는 ${}_3\mathrm{C}_1\times{}_3\mathrm{C}_1=9$

(ii) 4가 적힌 검은 공과 4가 적힌 흰 공을 뽑는 경우
나머지 2개의 공을 뽑는 경우의 수는 ${}_3\mathrm{C}_1\times{}_3\mathrm{C}_1=9$

(iii) 3, 4가 적힌 검은 공 두 개와 3, 4가 적힌 흰 공 두 개를 뽑는 경우
구하는 경우의 수는 1

(i)~(iii)에 의하여 꺼낸 공에 적혀 있는 수가 같으면서 검은 공이 두 개인 경우의 수는 $9+9-1=17$

$$\therefore \mathrm{P}(A\cap B)=\frac{17}{70}$$

4th 확률을 계산하자.

따라서 구하는 확률은

$$\mathrm{P}(B|A)=\frac{\mathrm{P}(A\cap B)}{\mathrm{P}(A)}=\frac{\frac{17}{70}}{\frac{29}{70}}=\frac{17}{29}$$

H 44 정답 ③ *조건부확률의 활용 [정답률 64%]

(**정답 공식**: 조건부확률 $P(B|A)=\frac{P(A\cap B)}{P(A)}$를 이용한다.)

좌표평면의 원점에 점 A가 있다. 한 개의 동전을 사용하여 다음 시행을 한다. **단서1** 동전 한 개를 던져 앞면이 나올 확률은 $\frac{1}{2}$이야.

> 동전을 한 번 던져
> 앞면이 나오면 점 A를 x축의 양의 방향으로 1만큼,
> 뒷면이 나오면 점 A를 y축의 양의 방향으로 1만큼
> 이동시킨다. **단서2** 동전을 던져 앞면이 나오면 원래 좌표에서 $(1, 0)$만큼 이동하고, 동전을 던져 뒷면이 나오면 원래 좌표에서 $(0, 1)$만큼 이동해.

위의 시행을 반복하여 점 A의 x좌표 또는 y좌표가 처음으로 3이 되면 이 시행을 멈춘다. 점 A의 y좌표가 처음으로 3이 되었을 때, 점 A의 x좌표가 1일 확률은? (4점) **단서3** 점 A의 y좌표가 처음으로 3이 되는 경우는 $(0, 3)$, $(1, 3)$, $(2, 3)$이야.

① $\frac{1}{4}$ ② $\frac{5}{16}$ ③ $\frac{3}{8}$ ④ $\frac{7}{16}$ ⑤ $\frac{1}{2}$

1st y의 좌표가 처음으로 3이 되는 경우의 확률을 구하자.

점 A의 y좌표가 3이 되는 사건을 M, x좌표가 1이 되는 사건을 N이라 하면 구하는 확률은 $P(N|M)=\frac{P(M\cap N)}{P(M)}$

y의 좌표가 처음으로 3이 되는 경우는 다음과 같다.

(i) 점 A가 $(0, 2)$에 있을 때, 동전의 뒷면이 나오는 경우
뒷면이 연속해서 3번 나오면 $A(0, 3)$이 되므로 $(0,0)\to(0,1)\to(0,2)\to(0,3)$

$${}_3C_3\left(\frac{1}{2}\right)^3=\frac{1}{8}$$

→ **[독립시행의 확률]** 사건 A가 일어날 확률이 p일 때, n회의 독립시행에서 사건 A가 r회 일어날 확률은 ${}_nC_rp^r(1-p)^{n-r}$

(ii) 점 A가 $(1, 2)$에 있을 때, 동전의 뒷면이 나오는 경우
원점에서 $(1, 2)$까지 이동한 뒤, 동전의 뒷면이 나오면 $A(1, 3)$이 된다. $(0,0)\Rightarrow(1,2)\to(1,3)$ 점 A가 원점에서 $(1, 2)$까지 가는 방법은 동전을 3번 던졌을 때, 앞면 1번, 뒷면 2번이 나오면 되므로

$${}_3C_2\frac{1}{2}\left(\frac{1}{2}\right)^2=3\times\left(\frac{1}{2}\right)^3$$

그 뒤에 동전의 뒷면이 나오면 되므로 $3\times\left(\frac{1}{2}\right)^3\times\frac{1}{2}=\frac{3}{16}$

3번 던져 앞면이 1회, 뒷면이 2회 나올 확률은 독립시행의 확률에 의하여 ${}_3C_2\left(\frac{1}{2}\right)\left(\frac{1}{2}\right)^2=\frac{3}{8}$이고 그 다음 뒷면이 나와야 하므로 곱사건에 의하여 $\frac{3}{8}\times\frac{1}{2}=\frac{3}{16}$

(iii) 점 A가 $(2, 2)$에 있을 때, 동전의 뒷면이 나오는 경우
원점에서 $(2, 2)$까지 이동한 뒤, 동전의 뒷면이 나오면 $A(2, 3)$이 된다. $(0,0)\Rightarrow(2,2)\to(2,3)$ 점 A가 원점에서 $(2, 2)$까지 가는 방법은 동전을 4번 던졌을 때, 앞면 2번, 뒷면 2번이 나오면 되므로

$${}_4C_2\left(\frac{1}{2}\right)^2\left(\frac{1}{2}\right)^2=6\times\left(\frac{1}{2}\right)^4$$

그 뒤에 동전의 뒷면이 나오면 되므로 $6\times\left(\frac{1}{2}\right)^4\times\frac{1}{2}=\frac{6}{32}$

4번 던져 앞면이 2회, 뒷면이 2회 나올 확률은 독립시행의 확률에 의하여 ${}_4C_2\left(\frac{1}{2}\right)^2\left(\frac{1}{2}\right)^2=\frac{6}{16}$이고 그 다음 뒷면이 나와야 하므로 곱사건에 의하여 $\frac{6}{16}\times\frac{1}{2}=\frac{6}{32}$

2nd y의 좌표가 3일 때, x의 좌표가 1일 확률은 조건부확률을 이용하자.

$$\therefore P(N|M)=\frac{P(M\cap N)}{P(M)}=\frac{\frac{3}{16}}{\frac{1}{8}+\frac{3}{16}+\frac{6}{32}}=\frac{3}{8}$$

→ $\frac{((\text{ii})\text{의 경우의 확률})}{((\text{i})\text{의 경우의 확률})+((\text{ii})\text{의 경우의 확률})+((\text{iii})\text{의 경우의 확률})}$

H 45 정답 ② *조건부확률의 활용 [정답률 62%]

(**정답 공식**: x좌표가 1일 때, 2일 때 등으로 나눈다.)

다음 조건을 만족시키는 좌표평면 위의 점 (a, b) 중에서 임의로 서로 다른 두 점을 선택한다. ❶선택된 두 점의 x좌표가 같을 때, ❷이 두 점의 x좌표가 1일 확률은? (4점)

> (가) a, b는 정수이다. ⇒ 점 (a, b)는 격자점이네.
> (나) $a^2+(b-4)^2<11$ ⇒ 중심이 $(0, 4)$이고 반지름이 $\sqrt{11}$인 원 내부야.

단서 ❶일 때, ❷일 확률로 두 조건이 그림으로 쉽게 주어졌지? x좌표가 같을 때 두 점을 선택하는 경우를 생각하면 되겠네.

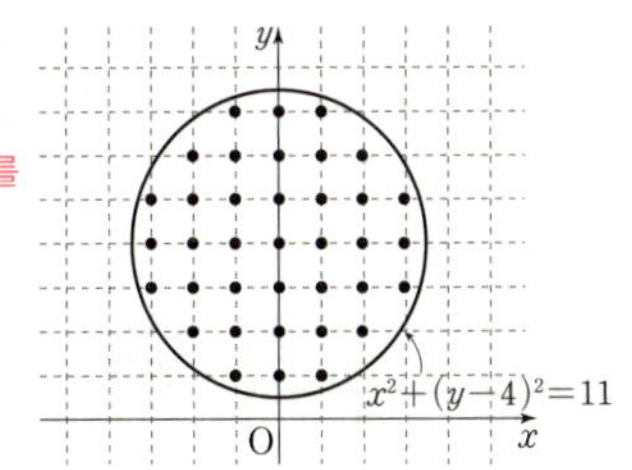

① $\frac{20}{89}$ ② $\frac{21}{89}$ ③ $\frac{22}{89}$ ④ $\frac{23}{89}$ ⑤ $\frac{24}{89}$

1st 그래프를 이용하여 선택된 두 점의 x좌표가 같은 경우의 수를 구하자.

x좌표가 같은 두 점을 택하는 사건을 A라 하면
서로 다른 3개, 5개, 7개, 7개, 7개, 5개, 3개의 점 중 두 개의 점을 선택할 수 있으므로 각각 $x=-3, -2, -1, 0, 1, 2, 3$일 때야.

$n(A)={}_3C_2+{}_5C_2+{}_7C_2+{}_7C_2+{}_7C_2+{}_5C_2+{}_3C_2$

x좌표가 1인 점 중 두 점을 택하는 사건을 B라 하면

$n(A\cap B)={}_7C_2$

2nd 조건부확률을 이용하여 확률을 구하자.

구하는 확률은 $P(B|A)$이므로 A일 때 B일 확률이니까 조건부확률이야.

$$P(B|A)=\frac{n(A\cap B)}{n(A)}=\frac{{}_7C_2}{{}_3C_2+{}_5C_2+{}_7C_2+{}_7C_2+{}_7C_2+{}_5C_2+{}_3C_2}=\frac{21}{89}$$

H 46 정답 ④ *조건부확률의 활용 [정답률 59%]

(**정답 공식**: 한 꼭짓점을 기준으로 했을 때 길이가 3인 선분이 3개, 길이가 $3\sqrt{2}$인 선분이 3개, $3\sqrt{3}$인 선분이 1개다.)

한 변의 길이가 3인 정육면체 ABCD−EFGH가 있다.

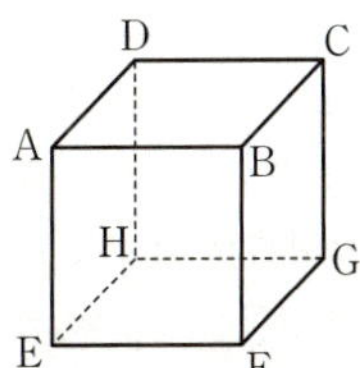

정육면체의 꼭짓점 중에서 임의의 ❶서로 다른 두 점을 연결한 선분의 길이가 5 미만일 때, ❷그 선분의 길이가 $3\sqrt{2}$일 확률은? (4점)

① $\frac{1}{16}$ ② $\frac{1}{8}$ ③ $\frac{3}{16}$
④ $\frac{1}{2}$ ⑤ $\frac{9}{16}$

단서 ❶일 때, ❷일 확률로 선분의 길이가 $3\sqrt{2}$가 되는 경우를 생각해 보자.

1st 정육면체에서 만들 수 있는 선분의 개수를 모두 구해볼까?

정육면체의 꼭짓점 중 서로 다른 두 점을 택하는 모든 경우의 수는

$_8C_2=\frac{8\times7}{2\times1}=28$

2nd 단서를 이용하여 조건부확률을 구해.

두 점 사이의 거리가 5 미만일 사건을 A라 하고 두 점 사이의 거리가 $3\sqrt{2}$일 사건을 B라 하면 구하는 확률은 $P(B|A)$이다.

이때, 선분의 길이가 5 미만인 경우는 각 면의 두 대각선과 정육면체의 모서리이므로

한 변의 길이가 a인 정사각형의 대각선의 길이는 $\sqrt{2}a$야. 30이지?

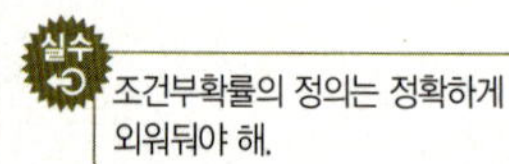

(5 미만인 경우의 수)$=2\times6+12=24$

- 정육면체의 모서리는 12개지?
- 정육면체는 면의 개수가 6이지?
- 길이가 $3\sqrt{2}$ 인 것 2개

$\therefore P(A)=\frac{24}{28}=\frac{6}{7}$

또한, 길이가 $3\sqrt{2}$인 선분은 정육면체 각 면의 대각선이므로

$P(A\cap B)=\frac{12}{28}=\frac{3}{7}$

선분의 길이가 $3\sqrt{2}$인 경우야.

$\therefore P(B|A)=\frac{P(A\cap B)}{P(A)}=\frac{\frac{3}{7}}{\frac{6}{7}}=\frac{1}{2}$

실수 조건부확률의 정의는 정확하게 외워둬야 해.

H 47 정답 ① *조건부확률의 응용 [정답률 75%]

(정답 공식: 기계 A와 B에 의한 P와 Q의 불량률을 각각 구한 후, 조건부확률의 정의를 이용한다.)

어느 공장에서 기계 A, B를 사용하여 제품 P, Q를 만드는데 기계 A, B에서 생산되는 제품들에 대한 생산률과 불량률은 다음 표와 같다.

	생산률	불량률
기계 A	60 %	2 %
기계 B	40 %	3 %

〈제품 P〉

	생산률	불량률
기계 A	50 %	3 %
기계 B	50 %	4 %

〈제품 Q〉

두 제품을 같이 포장하여 한 상자로 판매하는데 두 제품 P, Q가 모두 불량품일 때, 그 상자를 불량품으로 판정한다. 임의로 꺼낸 한 상자가 불량품일 때, 그 상자 속의 두 제품 P, Q가 모두 기계 A에서 만들어졌을 확률은? (3점)

단서 '~일 때, ~졌을 확률'이므로 조건부확률을 이용해.

① $\frac{3}{14}$ ② $\frac{11}{14}$ ③ $\frac{13}{14}$ ④ $\frac{9}{49}$ ⑤ $\frac{13}{49}$

1st P, Q가 모두 불량품일 확률을 구해 보자.

(P제품의 기계 A에 의한 불량률)$=0.6\times0.02=0.012$

(P제품의 기계 B에 의한 불량률)$=0.4\times0.03=0.012$

(Q제품의 기계 A에 의한 불량률)$=0.5\times0.03=0.015$

(Q제품의 기계 B에 의한 불량률)$=0.5\times0.04=0.02$

즉, 제품 P, Q의 불량률을 정리하면 다음 표와 같다.

	제품 P	제품 Q
기계 A	0.012	0.015
기계 B	0.012	0.02

따라서 두 제품 P, Q가 모두 불량품일 때, 기계 A에서 만들어졌을 확률은

(P가 불량품일 확률)×(Q가 불량품일 확률)이므로 기계 A에서 나오는 경우와 기계 B에서 나오는 경우가 있다. 즉, 4가지 경우의 확률이 있어.

$$\frac{0.012\times0.015}{0.012\times0.015+0.012\times0.02+0.012\times0.015+0.012\times0.02}$$

$$=\frac{0.00018}{0.00084}=\frac{3}{14}$$

실수 소수의 계산할 때 0의 개수에 주의해. 계산 실수하기 쉬워.

수능 핵강

조건부확률에 관한 기본적인 문제야. 조건부확률에 대한 기본적 개념만 알고 있다면 쉽게 풀 수 있는 문제지.

H 48 정답 ④ *조건부확률의 응용 [정답률 95%]

(정답 공식: A 대학의 탐방을 희망한 50명 중 3반 여학생의 수를 표에서 찾는다.)

어느 고등학교에서 3학년 학생 90명의 대학 탐방 활동을 계획했다. 아래 표는 해당 대학 A, B에 대한 학생들의 희망을 조사한 결과이다.

(단위 : 명)

반	성별	대학 A ❶	대학 B	합계	
1반	남	9	6	15	30
	여	7	8	15	
2반	남	12	8	20	30
	여	6	4	10	
3반	남	5	5	10	30
	여	❷11	9	20	
합계		50	40	90	

이 90명의 학생 중에서 임의로 선택한 한 학생이 ❶A 대학의 탐방을 희망한 학생일 때, ❷이 학생이 3반 여학생일 확률은? (3점)

① $\frac{3}{25}$ ② $\frac{7}{50}$ ③ $\frac{9}{50}$ ④ $\frac{11}{50}$ ⑤ $\frac{6}{25}$

단서 ❶일 때, ❷일 확률로 3학년 학생 전체가 아니라는 것에 주의하자. 그리고 문장에서 조건부확률인 게 보이지!

1st 조건부확률을 이용해서 해결하자.

~일 때,~일 확률이니까 조건부확률을 생각해. 즉, $P(B|A)=\frac{P(A\cap B)}{P(A)}$

90명 중 선택한 학생이 A 대학을 희망한 학생인 사건을 A, 3반 여학생인 사건을 B라 하면

$P(A)=\frac{50}{90}$, $P(A\cap B)=\frac{11}{90}$

→ A 대학을 희망한 학생 중 3반 여학생을 선택할 확률이니까. 두 사건 A, B의 공통부분을 확인해야 해.

이므로 구하는 확률은

$P(B|A)=\frac{P(A\cap B)}{P(A)}=\frac{11}{50}$

쉬운 풀이

전체 경우의 수를 A 대학 탐방을 희망한 50명으로 보면

A 대학을 희망한 학생 수는 50명이고 이 학생 중 3반 여학생은 11명이므로 구하는 확률은 $\frac{11}{50}$이야.

$P(B|A)=\frac{n(A\cap B)}{n(A)}$

H 49 정답 40 *조건부확률의 응용 [정답률 43%]

정답 공식: 30대 남성과 30대 여성을 합친 값을 안다. 남성 300명 중 30대의 비율과 여성 200명 중 19세 이하 비율이 같다. 이 두 조건을 이용해서 a, b에 대한 등식을 만들 수 있다.

어느 도서관 이용자 500명을 대상으로 각 연령대별, 성별 이용 현황을 조사한 결과는 다음과 같다.

(단위 : 명)

구분	19세 이하	20대	30대	40세 이상	계
남성	$120-a$	40	❷a	140	❶300
여성	$140-b$	❹20	b	40	❸200

이 도서관 이용자 500명 중에서 30대가 차지하는 비율은 32 %이다. 이 도서관 이용자 300명 중에서 임의로 ❶선택한 1명이 남성일 때 ❷이 이용자가 30대일 확률과, 이 도서관 이용자 500명 중에서 임의로 ❸선택한 1명이 여성일 때 ❹이 이용자가 19세 이하일 확률이 서로 같다. $b-a$의 값을 구하시오. (4점)

단서1 500명 중 30대는 $(a+b)$명이지?

단서2 ❶일 때, ❷일 확률을 p_1, ❸일 때, ❹일 확률을 p_2라 하고 값을 구하고 $p_1=p_2$로 식을 세우자. 미지수 2개니까 식도 2개!

1st 30대가 차지하는 비율을 이용하여 a, b의 관계식을 찾자.

30대 이용자의 수는 $a+b$(명)이고

도서관 이용자 500명 중에서 30대가 차지하는 비율이 32 %이므로

$$\frac{a+b}{500}=\frac{32}{100}$$

x 중 y가 차지하는 비율은 $\frac{y}{x}\times 100(\%)$

$a+b=32\times 5$

$\therefore a+b=160 \cdots ㉠$

2nd 두 조건부확률이 같음을 이용하여 a, b의 또 다른 관계식을 세우자.

도서관 이용자 500명 중에서 임의로 선택한 1명이 남성일 사건을 A, 30대일 사건을 B, 19세 이하일 사건을 C라 하자. 여성인 사건은 A^C이 돼.

도서관 이용자 500명 중에서 임의로 선택한 1명이 남성일 때, 이 이용자가 30대일 확률을 p_1이라 하면 ($=\mathrm{P}(A\cap B)$) A일 때 B일 확률로 조건부확률이지?

→ 30대 남성일 경우야.

$$p_1=\mathrm{P}(B|A)=\frac{\mathrm{P}(A\cap B)}{\mathrm{P}(A)}=\frac{\frac{a}{500}}{\frac{300}{500}}=\frac{a}{300}$$

또한, 도서관 이용자 500명 중에서 임의로 선택한 1명이 여성일 때($=A^C$), 이 이용자가 19세 이하일 확률을 p_2라 하면 ($=\mathrm{P}(A^C\cap C)$) A^C일 때 C일 확률로 조건부확률이야!

→ 19세 이하 여성일 경우야.

$$p_2=\mathrm{P}(C|A^C)=\frac{\mathrm{P}(A^C\cap C)}{\mathrm{P}(A^C)}=\frac{\frac{140-b}{500}}{\frac{200}{500}}=\frac{140-b}{200}$$

이때, $p_1=p_2$이므로 $\frac{a}{300}=\frac{140-b}{200}$에서 $2a+3b=420 \cdots ㉡$

3rd 구한 a, b의 관계식을 이용하여 a, b의 값을 각각 구하자.

㉡$-2\times$㉠을 하면

$b=100$

따라서 ㉠에 의하여 $a=60$, $b=100$이므로

$b-a=100-60=40$

쉬운 풀이

표본공간의 근원사건의 개수가 같으니까 해당 경우의 수로 이용할 수 있지?

$$\mathrm{P}(B|A)=\frac{n(A\cap B)}{n(A)}=\frac{a}{300}=\frac{❷}{❶}$$ ← 표에서 바로 확인 가능하지

$$\mathrm{P}(C|A^C)=\frac{n(A^C\cap C)}{n(A^C)}=\frac{140-b}{200}=\frac{❹}{❸}$$ ← 표에서 바로 확인 가능하지

(이하 동일)

조건부확률의 정의와 계산 개념·공식

① 조건부확률 : 사건 B가 발생했을 때, 사건 A가 발생할 확률이고, $\mathrm{P}(A|B)$로 표현한다.

② 조건부확률의 계산 : $\mathrm{P}(A|B)=\frac{\mathrm{P}(A\cap B)}{\mathrm{P}(B)}$

③ 독립사건인 경우 : 사건 A와 B가 독립사건이라면

$$\mathrm{P}(A|B)=\frac{\mathrm{P}(A\cap B)}{\mathrm{P}(B)}=\frac{\mathrm{P}(A)\mathrm{P}(B)}{\mathrm{P}(B)}=\mathrm{P}(A)$$

H

H 50 정답 120 *조건부확률의 응용 [정답률 72%]

정답 공식: 메인 보드 고장 건수는 총 $90+a$건이다. 이 중 품질보증 기간 이내인 비율의 값이 주어져 있으므로 a의 값을 구할 수 있다. $a+b$의 값으로부터 b의 값을 찾을 수 있다.

휴대 전화의 메인 보드 또는 액정 화면 고장으로 서비스센터에 접수된 300건에 대하여 접수 시기를 품질보증 기간 이내, 이후로 구분한 결과는 다음과 같다.

단서 ❶일 때, ❷일 확률로 표에서 액정 화면 고장난 비율과 이 중 품질보증 기간 이내인 비율로 b의 값을 구할 수 있지?

(단위 : 건)

구분	메인 보드 고장	액정 화면 고장	합계
품질보증 기간 이내 ❶	❷ 90	70	160
품질보증 기간 이후	a	b	140

접수된 300건 중에서 ❶임의로 선택한 1건이 메인 보드 고장 건일 때, ❷이 건의 접수 시기가 품질보증 기간 이내일 확률이 $\frac{9}{10}$이다. $|a-b|$의 값을 구하시오. (단, 메인 보드와 액정 화면 둘 다 고장인 경우는 고려하지 않는다.) (3점)

1st '~일 때, ~일 확률'하면 조건부확률을 묻는 거니까 이 확률이 $\frac{9}{10}$임을 이용하여 a의 값을 구해.

접수된 300건 중 휴대 전화 메인 보드 고장으로 서비스센터에 접수되는 사건을 A, 접수 시기가 품질보증 기간 이내일 사건을 B라 하면

표본공간 S에 대하여 $n(S)=300$이야.

구하는 확률은 $\mathrm{P}(B|A)=\frac{9}{10}$이다.

A일 때 B일 확률이니까 조건부확률이야.

필수 각 사건을 적절히 문자로 치환하는 게 중요해.

$\mathrm{P}(A)=\frac{90+a}{300}$, $\mathrm{P}(A\cap B)=\frac{90}{300}$이므로

$=\frac{n(A)}{n(S)}$ / A이고 B일 사건이야. 즉 전체 중에 ❷일 확률

$$\mathrm{P}(B|A)=\frac{\mathrm{P}(A\cap B)}{\mathrm{P}(A)}=\frac{\frac{90}{300}}{\frac{90+a}{300}}=\frac{90}{90+a}=\frac{9}{10}$$

$90\times 10=9\times 90+9a$

$\therefore a=10$

2nd 품질보증 기간 이후 고장 건의 집계를 이용하여 a의 값을 구해.

품질보증 기간 이후의 고장 건의 합계가 $a+b=140$이므로

$b=130$

$\therefore |a-b|=|10-130|=120$

쉬운 풀이

$$P(B|A)=\frac{n(A\cap B)}{n(A)}=\frac{90}{90+a}=\frac{9}{10}$$

(표에서 ❷, 표에서 ❶)

$\therefore a=10$

(이하 동일)

H 51 정답 ④ *조건부확률의 응용 [정답률 65%]

정답 공식: 조건부확률 $P(B|A)=\frac{P(A\cap B)}{P(A)}$를 계산하기 위해 표를 만든다.

어떤 프로파일러가 사람을 면담한 후 범인 여부를 판단할 확률이 다음과 같다.

- 범행을 저지른 사람을 범인으로 판단한 확률은 0.99이다.
- 범행을 저지르지 않은 사람을 범인으로 판단할 확률은 0.04이다.

단서 범행을 저지른 사람을 범인이라고 판단할 확률과 범행을 저지르지 않은 사람을 범인이라고 판단할 확률을 구하자.

이 프로파일러가 범행을 저지른 사람 20명과 범행을 저지르지 않은 사람 80명으로 이루어진 집단에서 임의로 한 명을 선택하여 면담하였을 때, 이 사람을 범인으로 판단할 확률은? (4점)

① 0.2 ② 0.21 ③ 0.22 ④ 0.23 ⑤ 0.24

1st 문제에 주어진 조건을 표로 나타내자.

범행을 저지른 사람일 사건을 A, 범인으로 판단할 사건을 B라 두고, 주어진 조건을 표로 나타내면 다음과 같다.

	범행을 저지른 사람 (사건 A)	범행을 저지르지 않은 사람 (사건 A^C)	
범인이라고 판단 (사건 B)	$P(A)=0.2$ $P(B\|A)=0.99$ … ①	$P(A^C)=0.8$ $P(B\|A^C)=0.04$ … ②	… ⓐ
범인이 아니라고 판단 (사건 B^C)	$P(B^C\|A)$	$P(B^C\|A^C)$	

2nd 조건부확률을 이용하여 구해야 하는 확률의 값을 계산하자.

전체 100명으로 이루어진 표본공간을 C라 하면 $C=A\cup A^C$이므로 임의로 한 명을 선택하여 면담하였을 때, 이 사람을 범인으로 판단할 확률은 $P(C\cap B)$이다.

표에서 ⓐ 부분만 생각하면 돼. 범행을 저지른 사람을 범인이라고 판단할 확률을 ①, 범행을 저지르지 않은 사람을 범인이라고 판단할 확률을 ②라 하면 구하려는 확률은 $P(A)\times①+P(A^C)\times②$

$\therefore P(C\cap B)=P((A\cup A^C)\cap B)$

$=P(A\cap B)+P(A^C\cap B)$

$=P(A)P(B|A)+P(A^C)P(B|A^C)$ (표에서 ①, 표에서 ②)

$=0.2\times0.99+0.8\times0.04$

$=0.198+0.032=0.23$

[확률의 곱셈정리]
두 사건 A, B에 대하여 A, B가 동시에 일어날 확률은 조건부확률로부터
① $P(A\cap B)=P(A)P(B|A)$ (단, $P(A)>0$)
② $P(A\cap B)=P(B)P(A|B)$ (단, $P(B)>0$)

H 52 정답 9 *조건부확률의 응용 [정답률 75%]

정답 공식: 결과가 양성일 확률과 실제로 병에 걸려서 양성일 확률을 각각 구하고, 조건부확률의 정의를 이용한다.

S병원의 어떤 병에 대한 검사의 정확도는 99 %라고 한다. 예를 들어, 그 병에 걸린 사람이 이 검사를 받을 경우 양성으로 나오는 확률이 99 %이고 그 병에 걸리지 않은 사람이 이 검사를 받을 경우 음성으로 나오는 확률이 99 %이다. 또, 실제로 그 병에 걸려 있는 사람의 비율은 0.1 % 정도라고 한다. 어떤 사람이 이 검사를 받았더니 결과가 양성으로 나왔을 때, 이 사람이 실제로 그 병에 걸려 있을 확률(%)을 구하시오. (단, %는 소수점 아래 첫째 자리에서 반올림한다.) (4점)

단서 어떤 사람은 실제로 그 병에 걸려있을 수도 있고 병에 걸려있지 않을 수도 있어.

1st 결과가 양성으로 나오는 경우부터 구해 보자.

그 병에 걸려있는 사람이 검사에서 양성으로 판정받을 확률은 0.99, 그 병에 걸리지 않은 사람이 양성으로 판정받을 확률은 0.01이다. 또, 실제로 그 병에 걸린 사람일 확률은 약 0.001, 그 병에 걸리지 않은 사람일 확률은 약 0.999이다.

어떤 사람이 그 병에 걸린 사람인 사건을 A, 검사에서 양성으로 판정받는 사건을 B라 하면

필수 적절히 문자로 두는 게 편리해.

(i) 검사를 받은 사람이 실제로 그 병에 걸린 사람이고, 그 사람이 양성으로 판정받을 확률은 (비율이 0.1%)

$P(A\cap B)=0.001\times0.99=0.00099$

(ii) 검사를 받은 사람이 그 병에 걸리지 않은 사람인데, 그 사람이 양성으로 판정받을 확률은 (비율이 99.9%)

$P(A^C\cap B)=0.999\times0.01$

$=0.00999$

2nd 조건부확률을 이용하여 $\frac{(\text{실제로 병에 걸려서 양성일 확률})}{(\text{결과가 양성일 확률})}$을 구해 보자.

(i), (ii)에서 $P(A|B)=\frac{P(A\cap B)}{P(B)}$

$=\frac{P(A\cap B)}{P(A\cap B)+P(A^C\cap B)}$

$=\frac{0.00099}{0.00099+0.00999}$

$=0.090\times\times\times$

따라서 구하는 확률은 약 9 %이다.

조건부확률 (개념·공식)

S를 표본공간으로 하는 두 사건 A, B에 대하여, 사건 A를 작은 표본공간으로 정했을 때 사건 B가 일어나는 확률을 사건 A가 일어났을 때의 사건 B의 **조건부확률**이라 하고 $P(B|A)$로 나타낸다.

$P(B|A)=\frac{P(A\cap B)}{P(A)}$ (단, $P(A)>0$)

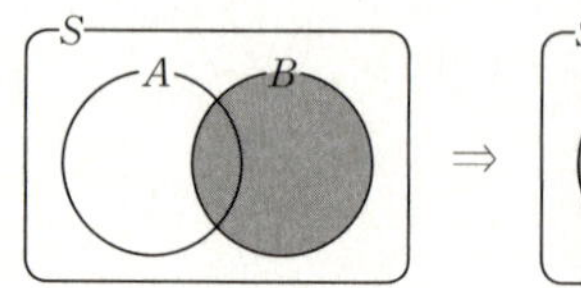

⇒
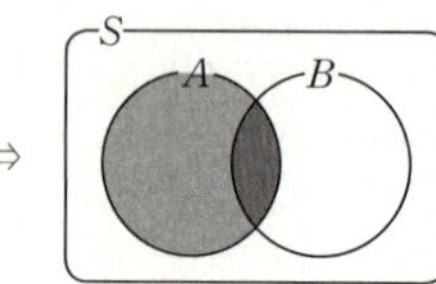

H 53 정답 ① *조건부확률의 응용 [정답률 49%]

정답 공식: 표를 이용해서 전체 학생 중에서 K자격증을 가지고 있지 않은 남학생의 비율과 K자격증을 가지고 있지 않은 여학생의 비율을 구한다.

남학생 수와 여학생 수의 비가 1 : 1인 어느 고등학교에서 전체 학생의 80 %가 K자격증을 가지고 있고, 나머지 20 %는 가지고 있지 않다. ❶이 학교의 학생 중에서 임의로 한 명을 선택할 때, ❷이 학생이 K자격증을 가지고 있는 남학생일 확률이 0.35이다. 이 학교의 학생 중에서 임의로 선택한 학생이 ❸K자격증을 가지고 있지 않을 때, ❹이 학생이 여학생일 확률은? (3점)

단서1 ❶일 때, ❷일 확률로 전체 중 (K자격증○) × (남학생)인 비율이지?

단서2 ❸일 때, ❹일 확률로 (K자격증×)비율 중 여학생이 차지하는 비율을 구해.

① $\frac{1}{4}$ ② $\frac{1}{3}$ ③ $\frac{5}{12}$

④ $\frac{1}{2}$ ⑤ $\frac{7}{12}$

1st 주어진 조건을 표로 간단히 나타내자.

남학생 수와 여학생 수의 비가 1 : 1이므로

각각의 비율은 $\frac{1}{2}=0.5$, $\frac{1}{2}=0.5$이다.

이때, 전체 학생 중 K자격증을 가지고 있는 남학생일 확률은 0.35이고,
(문제가 제시한 기준을 정확히 이해하고 같은지 파악하자.)
전체 학생 중 남학생의 비율이 0.5이므로 K자격증을 가지지 않은 남학생의 수는 0.15이다. (b, $=b-a=0.5-0.35=0.15$, d)
또한, 전체 학생 중 K자격증을 소지하고 있지 않은 비율이 0.2이므로 그 중 여학생의 비율은 0.05이다. ($=c$, $=c-d=0.2-0.15=0.05$)

	K자격증이 있는 비율	K자격증이 없는 비율	합계
남	$a=0.35$ ⊕	0.15 ⇒	$b=0.5$
여		0.05	0.5
합계	0.8	$c=0.2$	1

2nd 표를 이용하여 조건부확률을 구하자.

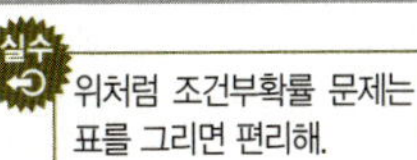

실수
위처럼 조건부확률 문제는 표를 그리면 편리해.

선택한 한 학생이 K자격증을 가지고 있지 않을 사건을 M, 여학생일 사건을 N이라 하면 구하는 확률은 $\mathrm{P}(N|M)$이므로
(M 중에서 N일 경우이니까 조건부확률이지?)

$$\mathrm{P}(N|M)=\frac{\mathrm{P}(M\cap N)}{\mathrm{P}(M)}=\frac{0.05}{0.2}=\frac{1}{4}$$

[다른 풀이]

남학생일 사건을 A, K자격증을 가지고 있는 학생일 사건을 B라 놓자.
한편, 남학생의 수와 여학생의 수의 비가 1 : 1이므로 임의로 한 명을 선택할 때, 남학생일 확률은 $\mathrm{P}(A)=\frac{1}{2}$

또, K자격증을 가지고 있는 학생이 전체의 80 %이니까 임의로 한 명을 선택할 때, K자격증을 가지고 있을 확률은 $\mathrm{P}(B)=\frac{4}{5}$

그리고 K자격증을 가지고 있는 남학생이 뽑힐 확률이 0.35이므로
(A이고 B인 사건 $A\cap B$이니까.)
$\mathrm{P}(A\cap B)=0.35$

구하는 사건은 임의로 선택한 학생이 K자격증을 가지고 있지 않을 때, 이 학생이 여학생일 경우이므로 사건 B^C 조건 하에 사건 $A^C\cap B^C$이 일어날 확률을 구하면 돼.

$$\therefore \mathrm{P}(A^C|B^C)=\frac{\mathrm{P}(A^C\cap B^C)}{\mathrm{P}(B^C)}$$

$\mathrm{P}(A^C\cap B^C)=1-\mathrm{P}(A\cup B)$

$\mathrm{P}(A\cup B)=\mathrm{P}(A)+\mathrm{P}(B)-\mathrm{P}(A\cap B)=\frac{1}{2}+\frac{4}{5}-0.35=\frac{19}{20}$

$$=\frac{1-\mathrm{P}(A\cup B)}{1-\mathrm{P}(B)}=\frac{\frac{1}{20}}{\frac{1}{5}}=\frac{1}{4}$$

조건부확률의 정의와 계산 (개념·공식)

① 조건부확률 : 사건 B가 발생했을 때, 사건 A가 발생할 확률이고, $\mathrm{P}(A|B)$로 표현한다.

② 조건부확률의 계산 : $\mathrm{P}(A|B)=\frac{\mathrm{P}(A\cap B)}{\mathrm{P}(B)}$

③ 독립사건인 경우 : 사건 A와 B가 독립사건이라면

$\mathrm{P}(A|B)=\frac{\mathrm{P}(A\cap B)}{\mathrm{P}(B)}=\frac{\mathrm{P}(A)\mathrm{P}(B)}{\mathrm{P}(B)}=\mathrm{P}(A)$

H 54 정답 ① *조건부확률의 응용 [정답률 58%]

정답 공식: 소형차를 타던 사람의 40 %는 중대형차를 구입하였다. 조사한 사람 전체에서 소형차를 타던 사람이 중대형차를 구입한 비율, 중대형차를 타던 사람이 중대형차를 구입한 비율을 구한다.

승용차를 타던 사람 중에서 2007년에 새 승용차로 바꾸어 구입한 사람을 대상으로 승용차를 소형차와 중대형차로 나누어 구매 실태를 조사하였다. 조사 결과에 따르면 대상자의 60 %가 소형차를 타던 사람이었다. 그리고 소형차를 타던 사람의 60 %는 2007년에도 소형차를 구입하였고, 중대형차를 타던 사람의 80 %는 2007년에도 중대형차를 구입하였다. 대상자 중에서 ❶임의로 한 사람을 택하였더니 2007년에 중대형차를 구입한 사람이었다. ❷이 사람이 소형차를 타던 사람이었을 확률은? (4점)

⇒ 중대형차는 40 %네.

단서1 소형 ⇒ 중대형은 40 %

단서2 중대형 ⇒ 소형은 20 %

단서3 ❶일 때, ❷일 확률로 2007년에 중대형차 구매 비율과 소형차를 탄 비율을 단서1, 2로 정리해 보자.

① $\frac{3}{7}$ ② $\frac{5}{14}$ ③ $\frac{2}{7}$

④ $\frac{3}{14}$ ⑤ $\frac{1}{7}$

1st 주어진 조건을 표로 정리하자.

	대상자 비율	2007년도 소형차 구입 비율	2007년도 중대형차 구입 비율
소형차	0.6⇐a	0.6⇐b	$0.4=1-b$
중대형차	$0.4=1-a$		0.8

2nd 선택한 한 대상자가 중형차를 구입한 사람일 때, 소형차를 타던 사람일 확률을 구해.

즉, (구하는 확률)$=\frac{\text{(중대형차 구입자 중 소형차를 탔던 비율)}}{\text{(2007년 중대형차를 실제 구입한 비율)}}$

소형차를 타던 사람이 중대형차를 구입할 확률은 $0.6\times0.4=0.24$
중대형차를 타던 사람이 중대형차를 구입할 확률은 $0.4\times0.8=0.32$

$$\therefore \text{(구하는 확률)}=\frac{0.24}{0.24+0.32}=\frac{0.24}{0.56}=\frac{3}{7}$$

톡톡 풀이

(단위 : %)

구입 전 \ 구입 후	소형차	중대형차	합계
소형차	x	z	60
중대형차	y	w	40

$x+z=60$, $x:z=60:40$이므로 $x=36$, $z=24$ ($a:b=c:d \Rightarrow ad=bc$ 즉, $x=\frac{3}{2}z$) 단서1

$y+w=40$, $y:w=20:80$이므로 $y=8$, $w=32$ 단서2

중대형차를 구입한 사건을 A, 소형차를 타던 사건을 B라 하면

$$\mathrm{P}(B|A)=\frac{\mathrm{P}(A\cap B)}{\mathrm{P}(A)}=\frac{z}{z+w}=\frac{24}{56}=\frac{3}{7}$$

(소형차에서 중대형차를 구입한 경우)

수능 핵강

2007년에 중대형차를 구입한 사건을 A, 기존에 소형차를 탔었던 사건을 B라고 하면, 사건 A가 일어났을 때, 사건 B가 일어날 조건부확률 $\mathrm{P}(B|A)=\frac{\mathrm{P}(A\cap B)}{\mathrm{P}(A)}$를 구하면 되겠지?

2007년에 중대형차를 구입할 확률 $\mathrm{P}(A)$는 소형차를 타다가 중대형차를 구입할 경우와 중대형차를 타다가 중대형차를 구입하는 두 경우 확률의 합으로 나타낼 수 있지?

$$\therefore \mathrm{P}(B|A)=\frac{\mathrm{P}(A\cap B)}{\mathrm{P}(A)}=\frac{\mathrm{P}(A\cap B)}{\mathrm{P}(A\cap B)+\mathrm{P}(A\cap B^C)}$$

$$=\frac{\frac{60}{100}\times\frac{40}{100}}{\frac{60}{100}\times\frac{40}{100}+\frac{40}{100}\times\frac{80}{100}}=\frac{3}{7}$$

좀 더 명확하게 이해하기 위해서는 이렇게 표현하는 것도 나쁘지 않아.

H 55 정답 50 *조건부확률의 응용 [정답률 29%]

정답 공식: A에서 꺼낸 카드가 3~6일 때 B, C에서 꺼낸 카드의 합보다 큰 경우의 수를 각각 구한다.

그림과 같이 주머니 A에는 1부터 6까지의 자연수가 하나씩 적힌 6장의 카드가 들어 있고 주머니 B와 C에는 1부터 3까지의 자연수가 하나씩 적힌 3장의 카드가 각각 들어 있다. 갑은 주머니 A에서, 을은 주머니 B에서, 병은 주머니 C에서 각자 임의로 1장의 카드를 꺼낸다. 이 시행에서 ❶갑이 꺼낸 카드에 적힌 수가 을이 꺼낸 카드에 적힌 수보다 클 때, ❷갑이 꺼낸 카드에 적힌 수가 을과 병이 꺼낸 카드에 적힌 수의 합보다 클 확률이 k이다. $100k$의 값을 구하시오. (4점)

단서 ❶일 때, ❷일 확률로 조건 ❶ 하에서 ❷가 일어날 경우를 따져주면 돼. 이때, ❶의 경우는 여사건으로 생각해 주자.

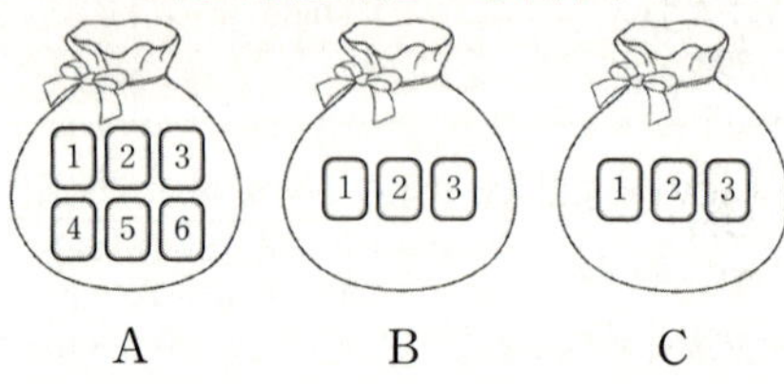

1st 사건 ❶의 여사건을 생각해 보자.

A에는 6장, B에는 3장, C에는 3장씩의 카드가 각각 들어 있으므로 갑, 을, 병이 한 장씩 카드를 꺼내는 전체 경우의 수는 $6\times3\times3=54$

이때, 갑, 을, 병이 꺼낸 카드에 적힌 수를 각각 a, b, c라 하면 $a\le b$인 경우의 순서쌍 (a, b)는 $(1, 1)$, $(1, 2)$, $(1, 3)$, $(2, 2)$, $(2, 3)$, $(3, 3)$

사건 ❶은 $a>b$이니까 $a\le b$는 여사건이지. … ⓐ

따라서 갑이 꺼낸 카드에 적힌 수가 을이 꺼낸 카드에 적힌 수보다 큰 사건을 M이라 하면 (ⓐ에서 $a>b$인 경우야.)

$$\mathrm{P}(M)=1-\frac{6\times③}{54}=1-\frac{1}{3}=\frac{2}{3}$$

(병이 꺼내는 숫자는 1, 2, 3 모두 가능하므로 각각의 경우를 곱해.)

2nd 조건부확률을 이용하여 k의 값을 구해.

갑이 꺼낸 카드에 적힌 수가 을과 병이 꺼낸 카드에 적힌 수의 합보다 큰 사건을 N이라 하자.

$a>b$이고, $a>b+c$인 경우는 ($\mathrm{P}(M\cap N)$)

$a=3$, $b=1$일 때, $c=1$ ⇐ $a=3$에서 $b+c$는 3 미만 ($a=1, 2$는 조건을 만족시키지 못하니까.)

$a=4$, $b=1$일 때, $c=1, 2$

$a=4$, $b=2$일 때, $c=1$ ($a=4$에서 $b+c$는 4 미만)

$a=5$, $b=1$일 때, $c=1, 2, 3$

$a=5$, $b=2$일 때, $c=1, 2$

$a=5$, $b=3$일 때, $c=1$ ($a=5$에서 $b+c$는 5 미만)

$a=6$, $b=1$일 때, $c=1, 2, 3$

$a=6$, $b=2$일 때, $c=1, 2, 3$

$a=6$, $b=3$일 때, $c=1, 2$ ($a=6$에서 $b+c$는 6 미만)

로 18가지이므로 (B에는 3까지 있으니까.)

$$\mathrm{P}(M\cap N)=\frac{18}{54}=\frac{1}{3}$$

따라서 조건부확률의 정의에 의하여 구하고자 하는 확률은

(사건 A가 일어났을 때, 사건 B가 일어날 확률 $\mathrm{P}(B|A)=\frac{\mathrm{P}(A\cap B)}{\mathrm{P}(A)}$)

$$k=\mathrm{P}(N|M)=\frac{\mathrm{P}(M\cap N)}{\mathrm{P}(M)}=\frac{\frac{1}{3}}{\frac{2}{3}}=\frac{1}{2}$$

$$\therefore 100k=100\times\frac{1}{2}=50$$

[다른 풀이]

갑과 을이 꺼낸 카드에 적힌 수를 각각 a, b라 하고, 갑이 꺼낸 카드에 적힌 수가 을이 꺼낸 카드에 적힌 수보다 큰 순서쌍을 (a, b)라 하면 가능한 순서쌍은 다음과 같아.

$(2, 1)$ ⇐ 1가지

$(3, 1)$, $(3, 2)$ ⇐ 2가지

$(4, 1)$, $(4, 2)$, $(4, 3)$ ⇐ 3가지

$(5, 1)$, $(5, 2)$, $(5, 3)$ ⇐ 3가지

$(6, 1)$, $(6, 2)$, $(6, 3)$ ⇐ 3가지

총 12가지가 되지? 그런데 각각의 경우에서 병은 1, 2, 3이 적힌 카드 3가지를 꺼낼 수 있으므로 갑이 꺼낸 카드에 적힌 수가 을이 꺼낸 카드에 적힌 수보다 클 전체 경우의 수는 $12\times3=36$

(전체 경우의 수 ❶은 갑이 을보다 큰 수를 꺼내고, 동시에 병도 한 장의 카드를 꺼내야 완성되므로 곱의 법칙에 의하여 두 경우의 수를 곱해야 해.)

이때, 병이 꺼낸 카드에 적힌 수를 c라 하면, 이번엔 갑이 꺼낸 카드에 적힌 수가 을과 병이 꺼낸 카드에 적힌 수의 합보다 큰 경우는 $b+c<a$이므로 순서쌍 (a, b, c)에서

$(3, 1, 1)$, ⇐ $(a, b, c)=(2, 1, 0)$, $(3, 2, 0)$: 모순

$(4, 1, 1)$, $(4, 1, 2)$, $(4, 2, 1)$, ⇐ $(a, b, c)=(4, 3, 0)$: 모순

$(5, 1, 1)$, $(5, 1, 2)$, $(5, 1, 3)$, $(5, 2, 1)$, $(5, 2, 2)$, $(5, 3, 1)$,

$(6, 1, 1)$, $(6, 1, 2)$, $(6, 1, 3)$, $(6, 2, 1)$, $(6, 2, 2)$, $(6, 2, 3)$,

$(6, 3, 1)$, $(6, 3, 2)$

로 18가지야.

따라서 구하는 확률은 $k=\frac{18}{36}=\frac{1}{2}$이므로 $100k=100\times\frac{1}{2}=50$

(해당 경우의 수)/(전체 경우의 수)

H 56 정답 ③ *독립사건과 배반사건의 활용 [정답률 56%]

(정답 공식: 두 사건 A와 B가 독립이면 $P(A\cap B)=P(A)\times P(B)$이 성립한다.)

단서1 $k=1, 2, 3, 4, 5$일 때를 대입하여 직접 구해 봐야 해.

주머니 안에 1부터 6까지 적힌 6개의 공이 있다. $1\le k\le 5$인 정수 k에 대하여 1부터 k까지는 흰 공, $k+1$부터 6까지는 검은 공이다. 한 개의 공을 꺼냈을 때, 흰 공이 나오는 사건을 A, 짝수의 눈이 나오는 사건을 B라 한다. 이때, 두 사건 A, B가 독립이 되도록 하는 k의 값들의 합은? (3점) 단서2 $P(A)$, $P(B)$를 각각 구하여 $P(A)P(B)$의 값과 비교해 봐야겠지.

① 2 ② 4 ③ 6
④ 8 ⑤ 10

1st $P(A)$는 6개의 공 중에 k개의 흰 공이 나올 확률, $P(B)$는 6개의 공 중에 2, 4, 6의 짝수가 나올 확률이야.

두 사건 A, B에 대하여 각각의 확률을 구하면

$P(A)=\frac{k}{6}$, $P(B)=\frac{1}{2}$, $P(A\cap B)=\frac{(k \text{ 이하의 짝수의 개수})}{6}$

두 사건이 독립이려면 $P(A\cap B)=P(A)\cdot P(B)=\frac{k}{12}$이어야 한다.

$k=1$이면 $P(A\cap B)=0$ → $P(A)P(B)=\frac{1}{12}$이므로 독립 아님.

실수 독립사건의 정의는 꼭 외우고 있어야 해!

$k=2$이면 $P(A\cap B)=\frac{1}{6}=P(A)\cdot P(B)=\frac{2}{6}\cdot\frac{1}{2}$

$k=3$이면 $P(A\cap B)=\frac{1}{6}$ → $P(A)P(B)=\frac{3}{12}=\frac{1}{4}$이므로 독립 아님.

$k=4$이면 $P(A\cap B)=\frac{2}{6}=P(A)\cdot P(B)=\frac{4}{6}\cdot\frac{1}{2}$

$k=5$이면 $P(A\cap B)=\frac{2}{6}$ → $P(A)P(B)=\frac{5}{12}$이므로 독립 아님.

따라서 만족하는 $k=2$ 또는 $k=4$이므로 그 값의 합은 6이다.

H 57 정답 9 *독립사건과 배반사건의 활용 [정답률 58%]

(정답 공식: $P(A)$, $P(B)$, $P(A\cap B)$의 값을 각각 구한다.)

어느 회사의 전체 직원은 기혼남성 20명, 미혼남성 12명, 기혼여성 15명, 미혼여성 x명이다. 이 회사에서 직원 중 한 사람을 선택하여 선물을 주기로 하였다. 선택된 직원이 남성인 경우를 사건 A라 하고, 미혼인 경우를 사건 B라 하자. $P(B|A)=P(B)$일 때, x의 값을 구하시오. (단, 각 직원이 선택될 확률은 같다고 가정한다.) (4점) 단서 사건 A와 B가 독립이란 뜻이지?

1st 두 사건 A, B에 대하여 $P(A)$, $P(B)$, $P(A\cap B)$의 값을 구해.

전체 직원의 수는 $20+12+15+x=47+x$(명)이고, 남성인 직원은 32명, 미혼인 직원은 $(12+x)$명이므로 표로 나타내면 다음과 같다.

전사건을 S라 하면 $n(S)=$(남성 기혼+미혼)+(여성 기혼+미혼) $n(A)=$(남성 기혼+미혼)
$n(B)=$(남성 미혼+여성 미혼)

(단위: 명)

	기혼	미혼 ⇐ B	합계
남 ⇐ A	20	12	32
여	15	x	$15+x$
합계	35	$12+x$	$47+x$

$P(A)=\frac{32}{47+x}$, $P(B)=\frac{12+x}{47+x}$, $P(A\cap B)=\frac{12}{47+x}$

남성인 미혼자 $n(A\cap B)=12$

2nd 두 사건 A, B가 독립임을 이용하여 x의 값을 구해.

두 사건 A, B가 독립이므로 $P(A\cap B)=P(A)P(B)$에서

$\frac{12}{47+x}=\frac{32}{47+x}\times\frac{12+x}{47+x}$

→ $P(B|A)=P(B)$, $\frac{P(A\cap B)}{P(A)}=P(B)$ $\therefore P(A\cap B)=P(A)\cdot P(B)$

양변에 $(47+x)^2$을 곱하면

$47+x$는 양수이니까.

$12(47+x)=32(12+x)$

$20x=180$

$\therefore x=9$

[다른 풀이]

두 사건 A, B가 독립이므로 $P(B|A)=P(B)$에 의하여

남성 중 미혼일 확률이지.

$\frac{12}{32}=\frac{12+x}{47+x}$

$12(47+x)=32(12+x)$

$20x=180$

$\therefore x=9$

독립사건의 확률 개념·공식

두 사건 A, B에 대하여 사건 A가 일어나든 일어나지 않든 사건 B가 일어날 확률이 달라지지 않을 때, 즉, 두 사건 A, B가 서로 독립일 때,

$P(B|A)=P(B|A^C) \Longleftrightarrow P(B|A)=P(B)$
$\Longleftrightarrow P(A\cap B)=P(A)P(B)$

H 58 정답 ① *독립사건과 배반사건의 활용 [정답률 54%]

(정답 공식: 두 사건이 배반일 때 $P(A\cap B)=0$임을 이용하여 $P(A)+P(B)$의 값과 $P(A)P(B)$의 값을 구한다.)

서로 독립인 두 사건 A와 B에 대하여 갑은 두 사건이 서로 독립이라고 생각하여 $P(A\cup B)=0.7$의 값을 얻었고, 을은 두 사건이 서로 배반이라고 잘못 생각하여 $P(A\cup B)=0.9$의 값을 얻었다. $|P(A)-P(B)|$의 값은? (3점)

단서1 $P(A\cap B)=P(A)P(B)$가 성립해.
단서2 $P(A\cap B)=0$이지?
단서3 $P(A\cup B)$의 값이 주어져 있으니까 확률의 덧셈정리를 이용할까?

① 0.1 ② 0.2 ③ 0.3
④ 0.4 ⑤ 0.5

1st 두 사건 A, B가 독립일 때, 배반일 때 나누어 생각하자.

실수 독립사건, 배반사건의 정의를 정확히 알고 헷갈리면 안 돼.

갑은 두 사건이 독립이라고 생각하여 $P(A\cup B)=0.7$을 얻었으므로

$P(A\cup B)=P(A)+P(B)-P(A\cap B)$ ← 두 사건 A, B가 서로 독립이니까
$=P(A)+P(B)-P(A)P(B)=0.7$ ⋯ ㉠

또한, 을은 두 사건이 배반사건이라고 잘못 생각하였으므로

$A\cap B=\varnothing$이니까 $P(A\cap B)=0$

$P(A\cup B)=P(A)+P(B)=0.9$ ⋯ ㉡

㉠, ㉡에서 $P(A)P(B)=0.2$ ⋯ ㉢

이때, $P(A)=x$, $P(B)=y$라 하면

㉡, ㉢에서 $x+y=0.9$, $xy=0.2$이므로

[다항식의 곱셈공식 변형] $a+b$, ab가 주어질 때 $(a-b)^2=(a+b)^2-4ab$

$|x-y|=\sqrt{(x+y)^2-4xy}$

$=\sqrt{0.9^2-4\times0.2}=\sqrt{0.01}$

$=0.1$

$\therefore |\mathrm{P}(A)-\mathrm{P}(B)|=0.1$

[다른 풀이]

$x+y=0.9$이고 $y=\frac{0.2}{x}$이므로

$x+\frac{0.2}{x}=0.9,\ x^2-0.9x+0.2=0$

$10x^2-9x+2=(2x-1)(5x-2)=0$

$\therefore \begin{cases} x=\frac{1}{2} \\ y=\frac{2}{5} \end{cases}$ 또는 $\begin{cases} x=\frac{2}{5} \\ y=\frac{1}{2} \end{cases}$

$\therefore |\mathrm{P}(A)-\mathrm{P}(B)|=|x-y|=\frac{1}{10}=0.1$

H 59 정답 ① *독립시행의 확률의 활용 [정답률 44%]

정답 공식: A가 동전을 던졌을 때 나온 앞면의 개수가 2일 때와 3일 때로 경우의 수를 나눠 구한다.

A가 동전을 3개 던져서 나온 앞면의 개수만큼 B가 동전을 던진다. ❶B가 던져서 나온 뒷면의 개수가 2일 때, ❷A가 던져서 나온 앞면의 개수가 2일 확률은? (3점) 단서 ❶일 때, ❷일 확률로 B가 던질 수 있는 횟수는 A의 앞면의 개수에 따라 결정되니까, A의 앞면이 2개, 3개일 때로 나누어야겠네.

① $\frac{2}{3}$ ② $\frac{1}{2}$ ③ $\frac{2}{5}$ ④ $\frac{1}{3}$ ⑤ $\frac{2}{7}$

1st A가 던진 동전의 앞면의 개수에 따라 B가 던질 횟수가 정해지지? B가 뒷면이 2개 나올 경우를 나누자.

B가 던져서 나온 뒷면의 개수가 2라면 A가 동전을 3개 던졌을 때 앞면이 2개 또는 3개 나왔다는 것이므로 경우를 나누고 확률을 구하면 다음과 같다.
(B가 던지는 기회를 가지려면 A의 동전의 앞면이 적어도 1개 나와야 해.)

(i) A가 3개의 동전을 던졌을 때 앞면이 2개 나오고 B가 2개의 동전을 던져서 뒷면이 2개 나오는 경우 (3회 중 2회가 앞면인 경우)

$${}_3\mathrm{C}_2\left(\frac{1}{2}\right)^2\left(\frac{1}{2}\right)^1\times{}_2\mathrm{C}_2\left(\frac{1}{2}\right)^2\left(\frac{1}{2}\right)^0=\frac{3}{32}$$

필수: 동전던지기는 대표적인 독립시행의 예야. 독립시행의 확률을 이용한거야.

(ii) A가 3개의 동전을 던졌을 때 앞면이 3개 나오고 B가 3개의 동전을 던져서 뒷면이 2개 나오는 경우 (3회 중 3회가 앞면인 경우 / 3회 중 2회가 뒷면인 경우)

$${}_3\mathrm{C}_3\left(\frac{1}{2}\right)^3\left(\frac{1}{2}\right)^0\times{}_3\mathrm{C}_2\left(\frac{1}{2}\right)^2\left(\frac{1}{2}\right)^1=\frac{3}{64}$$

2nd '~일 때, ~일 확률'하면 조건부확률을 떠올려야 해.

B가 던져서 뒷면 2개가 나오는 사건을 M, ($\mathrm{P}(M)=$(i)+(ii))
A가 동전을 3개 던져 앞면 2개가 나오는 사건을 N이라 하면
구하는 확률은 $\mathrm{P}(N|M)$이므로
(B의 동전의 뒷면이 2개일 때, A의 동전의 앞면이 2개인 확률이야.)
(i), (ii)에 의하여 구하는 확률은

$$\mathrm{P}(N|M)=\frac{\mathrm{P}(M\cap N)}{\mathrm{P}(M)}=\frac{\frac{3}{32}}{\frac{3}{32}+\frac{3}{64}}=\frac{2}{3}$$

(→A의 앞면이 2개이고, B의 뒷면이 2개인 경우야.)

H 60 정답 ① *독립시행의 확률의 활용 [정답률 58%]

정답 공식: 2개의 주사위를 던져서 나온 눈의 수가 같을 확률과 다를 확률을 구한다. 동전을 4번 던졌을 때 앞면 2번, 뒷면 2번 나올 확률과 동전을 2번 던졌을 때 앞면 1번, 뒷면 1번 나올 확률을 구한다.

서로 다른 2개의 주사위를 동시에 던져 나온 눈의 수가 ❶같으면 한 개의 동전을 4번 던지고, 나온 눈의 수가 ❷다르면 한 개의 동전을 2번 던진다. 이 시행에서 동전의 앞면이 나온 횟수와 뒷면이 나온 횟수가 같을 때, 동전을 4번 던졌을 확률은? (4점)

단서1 ❶, ❷에 의하여 독립시행이라는 것을 파악해야 해.
단서2 '~일 때, ~일 확률'이니까 조건부확률을 구하는 것을 알 수 있지?

① $\frac{3}{23}$ ② $\frac{5}{23}$ ③ $\frac{7}{23}$ ④ $\frac{9}{23}$ ⑤ $\frac{11}{23}$

1st 주사위 2개를 던져 나온 눈의 수가 같으면 동전을 4번 던질 때와, 눈의 수가 다르면 동전을 2번 던질 때의 두 가지로 경우를 나누어서 확률을 구해.

(i) 한 개의 동전을 4번 던져서 동전의 앞면과 뒷면이 나온 횟수가 같은, 즉 앞면 두 번, 뒷면 두 번이 나온 경우 (H, H, T, T)
한 개의 동전을 4번 던지려면 먼저 서로 다른 2개의 주사위를 던져 나온 눈의 수가 같아야 한다. … ⓐ
즉, 이 경우의 확률은 $\frac{6}{36}$이다.
(서로 다른 2개의 주사위를 던져 나온 눈의 수가 같은 경우의 수는 (1, 1), (2, 2), …, (6, 6)의 6이야. 이때, 전체 경우의 수는 $6\times6=36$이니까 확률은 $\frac{6}{36}$이야.)
또, 한 개의 동전을 4번 던져서 앞면 두 번, 뒷면 두 번이 나오는 확률은 ${}_4\mathrm{C}_2\left(\frac{1}{2}\right)^2\left(\frac{1}{2}\right)^2$
([독립시행의 확률] 확률이 p인 사건이 n번 중에 r번 일어날 확률은 ${}_n\mathrm{C}_rp^r(1-p)^{n-r}$)
따라서 이때의 확률은

$$\frac{6}{36}\otimes{}_4\mathrm{C}_2\left(\frac{1}{2}\right)^2\left(\frac{1}{2}\right)^2=\frac{1}{6}\times6\times\frac{1}{4}\times\frac{1}{4}=\frac{1}{16}$$

([곱사건] A이고 B일 확률로 동시에 일어나는 사건이야!)

(ii) 한 개의 동전을 2번 던져서 동전의 앞면과 뒷면이 나온 횟수가 같은, 즉 앞면 한 번, 뒷면 한 번이 나온 경우 (H, T)
한 개의 동전을 2번 던지려면 먼저 서로 다른 2개의 주사위를 던져 나온 눈의 수가 달라야 한다. (ⓐ의 여사건)
즉, 이 경우의 확률은 $1-\frac{6}{36}=\frac{30}{36}$
(서로 다른 눈의 수가 나오는 확률은 전체 확률에서 같은 눈의 수가 나오는 확률을 빼주면 돼.)
또, 한 개의 동전을 2번 던져서 앞면 한 번, 뒷면 한 번이 나오는 확률은 ${}_2\mathrm{C}_1\left(\frac{1}{2}\right)^1\left(\frac{1}{2}\right)^1$
따라서 이때의 확률은

$$\frac{30}{36}\times{}_2\mathrm{C}_1\left(\frac{1}{2}\right)^1\left(\frac{1}{2}\right)^1=\frac{5}{6}\times2\times\frac{1}{2}\times\frac{1}{2}=\frac{5}{12}$$

2nd 조건부확률을 이용하여 확률을 구하자.

따라서 동전의 앞면이 나온 횟수와 뒷면이 나온 횟수가 같을 때, 동전을 4번 던졌을 확률은

$$\frac{\text{(i)}}{\text{(i)+(ii)}}=\frac{\frac{1}{16}}{\frac{1}{16}+\frac{5}{12}}=\frac{\frac{1}{16}}{\frac{23}{48}}=\frac{3}{23}$$

(→ 사건 B가 일어났을 때, 사건 A가 일어날 조건부확률은 $\mathrm{P}(A|B)=\frac{\mathrm{P}(A\cap B)}{\mathrm{P}(B)}$)

H 61 정답 ④ *독립시행의 확률의 활용 [정답률 51%]

정답 공식: 독립시행의 확률 ${}_nC_r p^r(1-p)^{n-r}$을 이용하면 동전을 10회 던질 때 앞면이 4회 나타날 확률과 뒷면이 6회 나타날 확률이 같음을 이용한다.

다음 [보기] 중 옳은 것을 모두 고르면? (단, 동전의 앞면과 뒷면이 나올 확률은 같다.) (2점)

[보기]

ㄱ. 동전을 10회 던질 때 앞면이 4회 나타날 확률과 앞면이 6회 나타날 확률은 같다. 단서1 독립시행이니까 ${}_nC_r\left(\frac{1}{2}\right)^n$

ㄴ. 동전을 10회 던질 때 앞면이 5회 나타날 확률과 20회 던질 때 앞면이 10회 나타날 확률은 같다.
단서2 $n=10, r=5$일 때, $n=20, r=10$일 독립시행의 확률을 생각!

ㄷ. 동전을 10회 던질 때 앞면이 나타날 횟수가 5회 이하일 확률은 0.5보다 크다. 단서3 $r=0, 1, 2, 3, 4, 5$일 때를 각각 따져주자.

① ㄱ ② ㄷ ③ ㄱ, ㄴ ④ ㄱ, ㄷ ⑤ ㄱ, ㄴ, ㄷ

1st 독립시행을 이용하여 옳고 그름을 판별해.

동전을 10회 던질 때 앞면이 r회 나올 확률을 $\mathrm{P}(X=r)$라 하자.

ㄱ. $\mathrm{P}(X=4)={}_{10}C_4\left(\frac{1}{2}\right)^4\left(\frac{1}{2}\right)^6={}_{10}C_4\left(\frac{1}{2}\right)^{10}$

$\mathrm{P}(X=6)={}_{10}C_6\left(\frac{1}{2}\right)^6\left(\frac{1}{2}\right)^4={}_{10}C_4\left(\frac{1}{2}\right)^{10}$ (참)

조합의 성질이야.

⇐ 동전은 앞이 나올 사건과 뒤가 나올 사건의 확률이 같지. 이때 ${}_nC_r={}_nC_{n-r}$에 의하여 r회, $n-r$회의 확률이 같아.

ㄴ. $\mathrm{P}(X=5)={}_{10}C_5\left(\frac{1}{2}\right)^5\left(\frac{1}{2}\right)^5={}_{10}C_5\left(\frac{1}{2}\right)^{10}$

동전을 20회 던질 때, 앞면이 10회 나타날 확률을 $\mathrm{Q}(X=10)$이라 하면

$\mathrm{Q}(X=10)={}_{20}C_{10}\left(\frac{1}{2}\right)^{10}\left(\frac{1}{2}\right)^{10}={}_{20}C_{10}\left(\frac{1}{2}\right)^{20}$

$\therefore \mathrm{P}(X=5)\neq\mathrm{Q}(X=10)$ (거짓)

ㄷ. $\mathrm{P}(0\le X\le 5)$

앞면이 나올 횟수가 5회 이하일 확률이지?

$=\mathrm{P}(X=0)+\mathrm{P}(X=1)+\cdots+\mathrm{P}(X=4)+\mathrm{P}(X=5)$

$={}_{10}C_0\left(\frac{1}{2}\right)^{10}+{}_{10}C_1\left(\frac{1}{2}\right)^{10}+{}_{10}C_2\left(\frac{1}{2}\right)^{10}+{}_{10}C_3\left(\frac{1}{2}\right)^{10}+{}_{10}C_4\left(\frac{1}{2}\right)^{10}+{}_{10}C_5\left(\frac{1}{2}\right)^{10}$

$=\left(\frac{1}{2}\right)^0\left(\frac{1}{2}\right)^{10}$ $=\left(\frac{1}{2}\right)^1\left(\frac{1}{2}\right)^9$

$=({}_{10}C_0+{}_{10}C_1+{}_{10}C_2+{}_{10}C_3+{}_{10}C_4+{}_{10}C_5)\times\left(\frac{1}{2}\right)^{10}$

$=(1+10+45+120+210+252)\times\left(\frac{1}{2}\right)^{10}$

$=\frac{638}{1024}=\frac{319}{512}>0.5$ (참)

실수 계산 실수에 주의해. 이렇게 $\left(\frac{1}{2}\right)^{10}$으로 묶는게 좀 더 계산이 간단하겠지?

따라서 옳은 것은 ㄱ, ㄷ이다.

[다른 풀이]

ㄷ. $\sum_{k=0}^{10}{}_{10}C_k\left(\frac{1}{2}\right)^r\left(\frac{1}{2}\right)^{10-r}=\frac{1}{2^{10}}({}_{10}C_0+{}_{10}C_1+\cdots+{}_{10}C_4+{}_{10}C_5+{}_{10}C_6+{}_{10}C_7+\cdots+{}_{10}C_{10})$

${}_nC_r={}_nC_{n-r}$에 r회와 $(n-r)$회의 확률이 같아.

$=\frac{1}{2^{10}}\{2({}_{10}C_0+{}_{10}C_1+\cdots+{}_{10}C_4)+{}_{10}C_5\}=1$

${}_{10}C_0+{}_{10}C_1+\cdots+{}_{10}C_4$를 a라 하면

$\frac{1}{2^{10}}(2a+{}_{10}C_5)=1,\ 2a+{}_{10}C_5=2^{10},\ a=\frac{2^{10}-{}_{10}C_5}{2}$

$\therefore$ (구하는 확률) $=\frac{1}{2^{10}}(a+{}_{10}C_5)=\frac{1}{2^{10}}\left(\frac{2^{10}-{}_{10}C_5}{2}+{}_{10}C_5\right)$

$=\frac{2^{10}+{}_{10}C_5}{2^{11}}=\frac{1}{2}+\frac{{}_{10}C_5}{2^{11}}>\frac{1}{2}$ (참)

H 62 정답 ④ *독립시행의 확률의 활용 [정답률 60%]

정답 공식: 조건을 만족시키는 $A_m\cap A_n(m<n)$에 대한 경우를 이해하고 확률을 계산한다.

단서1 8개의 자리에 8개의 숫자를 배열하는 경우의 수는 ${}_8P_8=8!$

1부터 8까지의 자연수가 하나씩 적혀 있는 8장의 카드가 있다. 이 카드를 모두 한 번씩 사용하여 그림과 같은 8개의 자리에 각각 한 장씩 임의로 놓을 때, 8 이하의 자연수 k에 대하여 k번째 자리에 놓인 카드에 적힌 수가 k 이하인 사건을 A_k라 하자.

단서2 k번째에 올 수 있는 자연수는 k 이하인 자연수이므로 가능한 경우의 수는 ${}_kC_1=k$개야. 예를 들면 3번째 자리에 올 수 있는 수는 3 이하이니까 가능한 경우의 수는 ${}_3C_1=3$이야.

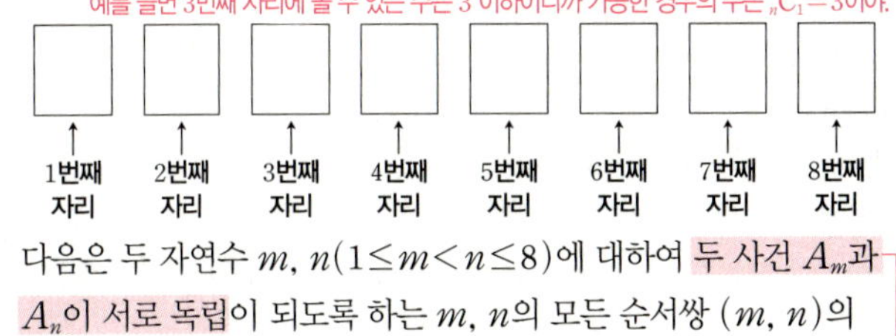

다음은 두 자연수 m, $n(1\le m<n\le 8)$에 대하여 두 사건 A_m과 A_n이 서로 독립이 되도록 하는 m, n의 모든 순서쌍 (m, n)의 개수를 구하는 과정이다. 단서3 $\mathrm{P}(A_m\cap A_n)=\mathrm{P}(A_m)\mathrm{P}(A_n)$

> A_k는 k번째 자리에 k 이하의 자연수 중 하나가 적힌 카드가 놓여 있고, k번째 자리를 제외한 7개의 자리에 나머지 7장의 카드가 놓여 있는 사건이므로
>
> $\mathrm{P}(A_k)=$ (가) 이다. 단서4 $\mathrm{P}(A_m)=\frac{n(A_m)}{n(S)}$
>
> $A_m\cap A_n$ $(m<n)$은 m번째 자리에 m 이하의 자연수 중 하나가 적힌 카드가 놓여 있고, n번째 자리에 n 이하의 자연수 중 m번째 자리에 놓인 카드에 적힌 수가 아닌 자연수가 적힌 카드가 놓여 있고, m번째와 n번째 자리를 제외한 6개의 자리에 나머지 6장의 카드가 놓여 있는 사건이므로
>
> $\mathrm{P}(A_m\cap A_n)=$ (나) 단서5 m번째에 놓인 숫자 1개를 제외하니까 n번째 올 수 있는 경우는 $n-1$(개)
>
> 이다.
>
> 한편, 두 사건 A_m과 A_n이 서로 독립이기 위해서는
>
> $\mathrm{P}(A_m\cap A_n)=\mathrm{P}(A_m)\mathrm{P}(A_n)$
>
> 을 만족시켜야 한다.
>
> 따라서 두 사건 A_m과 A_n이 서로 독립이 되도록 하는 m, n의 모든 순서쌍 (m, n)의 개수는 (다) 이다.

위의 (가)에 알맞은 식에 $k=4$를 대입한 값을 p, (나)에 알맞은 식에 $m=3$, $n=5$를 대입한 값을 q, (다)에 알맞은 수를 r라 할 때, $p\times q\times r$의 값은? (4점)

① $\frac{3}{8}$ ② $\frac{1}{2}$ ③ $\frac{5}{8}$ ④ $\frac{3}{4}$ ⑤ $\frac{7}{8}$

1st 확률 $\mathrm{P}(A)=\frac{n(A)}{n(S)}$의 식을 이용하여 $\mathrm{P}(A_k)$의 식을 구하자.

자연수 k에 대하여 k 이하의 자연수가 k개 있으므로 k번째 자리에 놓인 카드에 적힌 수가 k 이하일 경우의 수는 k이다.

나머지 7개의 자리에 나머지 숫자가 배열되면 되므로 $n(A_k)=k\times 7!$이다.

$\therefore \mathrm{P}(A_k)=\frac{k\times 7!}{8!}=\frac{k}{8}$ ←(가)

전체 경우의 수로 8개의 숫자를 일렬로 나열하는 경우의 수야.

2nd (나)의 식을 구하자.

사건 $A_m\cap A_n(m<n)$을 살펴보자.

m번째 자리에 m 이하의 자연수 중 하나가 적힌 카드가 놓여 있고, n번째 자리에 n 이하의 자연수 중 m번째 자리에 놓인 카드에 적힌 수가 아

닌 자연수가 적힌 카드가 놓여 있고, m번째와 n번째 자리를 제외한 6개의 자리에 나머지 6장의 카드가 놓여 있는 사건이므로

$$P(A_m \cap A_n)=\frac{m(n-1)6!}{8!}=\frac{m(n-1)}{56} \leftarrow (나)$$

$A_m \cap A_n(m<n)$은 A_m과 A_n이 동시에 일어나는 사건이니까 m번째 놓인 카드를 고려하여 n번째 놓인 카드를 예상할 수 있어야 해.

3rd (다)의 값을 구하자.

두 사건 A_m, A_n이 독립이기 위해서는

$P(A_m \cap A_n)=P(A_m)P(A_n)$이어야 하므로

$\frac{m(n-1)}{56}=\frac{m}{8}\times\frac{n}{8}$

$\frac{n-1}{7}=\frac{n}{8}$ $(\because m\ge 1)$

$7n=8(n-1)$

$\therefore n=8$

이때, $m<n$이므로 $n=8$일 때, $m=1, 2, 3, \cdots, 7$이다. 즉, 두 사건 A_m과 A_n이 서로 독립이 되도록 하는 m, n의 모든 순서쌍 (m, n)은 $(1, 8)$, $(2, 8)$, $(3, 8)$, $\cdots$, $(7, 8)$이므로 순서쌍 (m, n)의 개수는 7 (다) 이다.

4th $p\times q\times r$의 값을 구하자.

(가)에 알맞은 식에 $k=4$를 대입하면

$p=\frac{k}{8}=\frac{4}{8}=\frac{1}{2}$

(나)에 알맞은 식에 $m=3$, $n=5$를 대입하면

$q=\frac{m(n-1)}{56}=\frac{3(5-1)}{56}=\frac{3}{14}$

(다)에 알맞은 수는

$r=7$

$\therefore p\times q\times r=\frac{1}{2}\times\frac{3}{14}\times 7=\frac{3}{4}$

독립시행의 확률 개념·공식

1회의 시행에서 사건 A가 일어날 확률이 p이고 일어나지 않을 확률이 $q(q=1-p)$일 때, n회의 독립시행에서 사건 A가 r회 일어날 확률은 ${}_nC_r p^r q^{n-r}$ (단, $r=0, 1, 2, \cdots, n$)

H 63 정답 ② *독립시행의 확률의 활용 [정답률 40%]

정답 공식: 한 번의 시행에서 사건 A가 일어날 확률이 p, 사건 A가 일어나지 않을 확률이 q인 독립시행을 n번 반복할 때, 사건 A가 r번 일어날 확률은 ${}_nC_r p^r(1-p)^{n-r}$ (단, $p+q=1$, $r=0, 1, 2, \cdots, n$)

n쌍의 부부로 구성된 어느 모임의 모든 사람에게 1, 2, 3 중의 한 숫자가 적힌 카드를 한 장씩 임의로 나누어준 후, 카드를 받은 사람들이 1, 2, 3 중의 한 숫자를 임의로 적도록 한다. 남편이 적은 수가 아내가 받은 카드에 적힌 수와 일치하고, 아내가 적은 수가 남편이 받은 카드에 적힌 수와 일치하는 부부에게만 상품을 주기로 한다. 상품을 받는 부부가 2쌍 이하일 확률이 $\frac{57}{32}\left(\frac{8}{9}\right)^n$일 때, 자연수 n의 값은? (4점)

단서 각각의 부부가 상품을 받는 사건은 독립임을 이용해.

① 4 ② 5 ③ 6 ④ 7 ⑤ 8

1st 한 쌍의 부부가 상품을 받을 확률을 구해.

n쌍의 부부, 즉 $2n$명에게 1, 2, 3 중 한 숫자가 적힌 카드를 1장씩 주고, 1, 2, 3 중에서 숫자 1개를 적는다고 하므로 한 쌍의 부부가 상품을 받는 경우는 다음과 같다.

주의 두 사람인 부부가 각각 카드 1장씩 받고, 1개의 수를 적은 것이야. 만약에 부부 중 한 사람은 카드를 받고 한 사람은 수를 적는다고 착각하면 한 쌍의 부부가 상품을 받을 확률을 $\frac{1}{3}$로 잘못 계산할 수가 있어. 따라서 문제에서 모든 사람 $2n$명이 카드를 받는다는 사실에 주의해야해.

남편이 받은 카드	부인이 적은 숫자	부인이 받은 카드	남편이 적은 숫자
1	1	1	1
1	2	1	2
1	3	1	3
2	1	2	1
2	2	2	2
2	3	2	3
3	1	3	1
3	2	3	2
3	3	3	3

남편이 받은 카드에 적힌 숫자와 부인이 적은 숫자가 같을 경우의 확률은 $\frac{3}{9}=\frac{1}{3}$

부인이 받은 카드에 적힌 숫자와 남편이 적은 숫자가 같을 경우의 확률은 $\frac{3}{9}=\frac{1}{3}$

따라서 한 쌍의 부부가 카드에 적힌 수와 적어낸 수가 같을 확률은 $\frac{1}{3}\times\frac{1}{3}=\frac{1}{9}$이다.

남편이 1의 카드를 받고, 부인이 1의 수를 적어낼 확률은 $\frac{1}{3}\times\frac{1}{3}$이야. 그리고, 2, 3의 카드인 경우에도 그럴 확률은 각각 같겠지? 남편이 받은 카드와 부인이 적어낸 수가 같을 확률은 $3\times\frac{1}{3}\times\frac{1}{3}=\frac{1}{3}$이고, 부인이 받은 카드와 남편이 적어낸 수가 같을 확률도 $\frac{1}{3}$이니까 한 쌍의 부부가 카드에 적힌 수와 적어낸 수가 같을 확률은 $\frac{1}{3}\times\frac{1}{3}=\frac{1}{9}$

2nd 독립시행의 확률을 이용하자.

서로 다른 부부가 상품을 받는 사건은 독립이고, n쌍의 부부가 있다는 것은 독립시행을 n번 반복하는 것과 같으므로 이항분포를 이용하여 독립시행의 확률을 이용해.

한 쌍의 부부가 상품을 받을 확률은 $\frac{1}{9}$이니까 상품을 받지 못할 확률은 $1-\frac{1}{9}=\frac{8}{9}$이고, 독립시행의 확률을 이용하여 다음 경우의 확률을 구하자.

여사건의 확률로 사건 A가 일어날 확률이 p이면 그렇지 않을 확률은 $1-p$야.

상품을 받는 부부가 2쌍 이하이면

(i) 상품을 받는 부부가 없거나 (ii) 상품을 받는 부부가 한 쌍이거나

(iii) 상품을 받는 부부가 2쌍인 경우이다.

(i) 어느 부부도 상품을 받지 못하는 경우의 확률 ${}_nC_0\left(\frac{1}{9}\right)^0\left(\frac{8}{9}\right)^n$

(ii) 한 쌍의 부부만 상품을 받을 확률 ${}_nC_1\left(\frac{1}{9}\right)\left(\frac{8}{9}\right)^{n-1}$

(iii) 두 쌍의 부부만 상품을 받을 확률 ${}_nC_2\left(\frac{1}{9}\right)^2\left(\frac{8}{9}\right)^{n-2}$

$${}_nC_2\times\left(\frac{1}{9}\right)^2\times\left(\frac{9}{8}\right)^2\times\left(\frac{8}{9}\right)^2\times\left(\frac{8}{9}\right)^{n-2}=\frac{n(n-1)}{2\times1}\times\frac{1}{8^2}\times\left(\frac{8}{9}\right)^n=\frac{n(n-1)}{128}\left(\frac{8}{9}\right)^n$$

(i)~(iii)에 의하여 구하는 확률은

$${}_nC_0\left(\frac{1}{9}\right)^0\left(\frac{8}{9}\right)^n+{}_nC_1\left(\frac{1}{9}\right)^1\left(\frac{8}{9}\right)^{n-1}+{}_nC_2\left(\frac{1}{9}\right)^2\left(\frac{8}{9}\right)^{n-2}$$

$$=\left\{1+\frac{n}{8}+\frac{n(n-1)}{128}\right\}\left(\frac{8}{9}\right)^n$$

$$n\times\frac{1}{9}\times\frac{9}{8}\times\frac{8}{9}\times\left(\frac{8}{9}\right)^{n-1}=n\times\frac{1}{8}\times\left(\frac{8}{9}\right)^n=\frac{n}{8}\left(\frac{8}{9}\right)^n$$

3rd n의 값을 구해.

주어진 확률 $\frac{57}{32}\left(\frac{8}{9}\right)^n$과 비교하면

$$\left\{1+\frac{n}{8}+\frac{n(n-1)}{128}\right\}\left(\frac{8}{9}\right)^n=\frac{57}{32}\left(\frac{8}{9}\right)^n\left\{1+\frac{n}{8}+\frac{n(n-1)}{128}\right\}=\frac{57}{32}$$

$128+16n+n(n-1)=4\times57$

$n^2+15n+128=228,\ n^2+15n-100=0$

$(n+20)(n-5)=0 \qquad \therefore n=5(\because n>0)$

독립시행과 독립시행의 확률 개념·공식

(1) 독립시행의 뜻
동전이나 주사위를 여러 번 반복하여 던지는 경우와 같이 매번 같은 조건에서 어떤 시행을 반복할 때, 각 시행의 결과가 다른 시행의 결과에 아무런 영향을 주지 않는 경우, 즉 매번 일어나는 사건이 서로 독립인 경우, 이러한 시행을 독립시행이라고 한다.

(2) 독립시행의 확률
한 번의 시행에서 사건 A가 일어날 확률이 p인 독립시행을 n번 반복할 때, 사건 A가 r번 일어날 확률은
${}_nC_rp^r(1-p)^{n-r}$ (단, $r=0, 1, 2, \cdots, n$)

H 64 정답 253 *독립시행의 확률의 활용 [정답률 35%]

(**정답 공식:** 주사위를 6번 던져 3의 배수의 눈과 3의 배수가 아닌 눈이 각각 3번씩 나와야 한다.)

단서1 문제가 길어서 어렵다고 생각이 들지만 주사위를 던져서 나온 눈에 따라 공을 꺼내기만 하면 돼.

주머니 A에는 흰 구슬 3개, 검은 구슬 1개가 들어 있고, 주머니 B에는 흰 구슬 1개, 검은 구슬 3개가 들어 있다. 한 개의 주사위를 던져서 3의 배수의 눈이 나오면 주머니 A에서 임의로 한 개의 구슬을 꺼내고, 3의 배수가 아닌 눈이 나오면 주머니 B에서 임의로 한 개의 구슬을 꺼낸다. 주사위를 6번 던지고 난 후에 주머니 A와, 주머니 B에 흰 구슬이 각각 한 개씩 남아 있을 확률은 $\frac{q}{p}$이다. $p+q$의 값을 구하시오. (단, p와 q는 서로소인 자연수이고, 꺼낸 구슬을 다시 넣지 않는다.) (4점)

단서2 남아 있지 않은 구슬이 꺼내어진 것이므로 주머니 A에서는 흰 구슬 2개 검은 구슬 1개를, 주머니 B에서는 검은 구슬 3개가 꺼내어진 거야.

1st 주머니 A, B에서 꺼내지는 공이 무엇인지 파악해 보자.

주사위를 4번 던지고 난 후에 주머니 A와 주머니 B에 흰 구슬이 각각 한 개씩 남아 있을 확률은 주사위를 6번 던졌을 때, 3의 배수의 눈이 3번 나와서 주머니 A에서 흰 구슬 2개, 검은 구슬 1개, 주머니 B에서 검은 구슬 3개를 꺼내는 확률과 같다.

2nd 주사위의 3의 배수의 눈이 나오는 확률은 $\frac{1}{3}$로 일정하므로 독립시행의 확률을 이용하여 보자.

3과 6이니까 $\frac{2}{6}=\frac{1}{3}$

따라서 구하는 확률은

$${}_6C_3\left(\frac{1}{3}\right)^3\left(\frac{2}{3}\right)^3\times\frac{{}_3C_2\times{}_1C_1}{{}_4C_3}\times\frac{{}_3C_3}{{}_4C_3}=\frac{10}{243}$$

→ 주사위를 6번 던져서 3의 배수의 눈이 3회, 3의 배수가 아닌 눈이 3회 나올 확률이야.
→ 구슬 4개 중 3개를 꺼내는데 흰 구슬 3개 중 2개, 검은 구슬 1개 중 1개를 꺼내는 확률
→ 구슬 4개 중 3개를 꺼내는데 검은 구슬 3개 중 3개를 꺼내는 확률

$\therefore p=243,\ q=10$

따라서 $p+q=243+10=253$이다.

H 65 정답 ④ *독립시행의 확률의 활용 [정답률 30%]

(**정답 공식:** 독립시행과 같은 것이 있는 순열을 활용하여 확률을 계산한다.)

단서1 3개의 수의 합이 가장 작을 때는 $1+1+1=3$, 가장 클 때는 $5+5+5=15$야.

주머니에 1, 2, 3, 4, 5의 숫자가 하나씩 적혀 있는 다섯 개의 구슬이 들어 있다. 주머니에서 임의로 한 개의 구슬을 꺼내어 구슬에 적혀 있는 숫자를 확인한 후 다시 넣는다.
이와 같은 시행을 4회 반복하여 얻은 4개의 수 중에서 3개의 수의 합의 최댓값을 N이라 하자. 다음은 $N\ge14$일 확률을 구하는 과정이다.

단서2 풀이 과정을 따라서 해보면 자연스레 풀 수 있는 문제이지? 문제가 길다고 포기하지 말고 도전해 보자.

(i) $N=15$인 경우
5가 적힌 구슬이 4회 나올 확률은 $\frac{1}{625}$이고, 5가 적힌 구슬이 3회, 4 이하의 수가 적힌 구슬 중 한 개가 1회 나올 확률은 $\frac{(가)}{625}$이다.

(ii) $N=14$인 경우
5가 적힌 구슬이 2회, 4가 적힌 구슬이 2회 나올 확률은 $\frac{6}{625}$이고, 5가 적힌 구슬이 2회, 4가 적힌 구슬이 1회, 3 이하의 수가 적힌 구슬 중 한 개가 1회 나올 확률은 $\frac{(나)}{625}$이다.

(i), (ii)에서 구하는 확률은 $\frac{(다)}{625}$이다.

위의 (가), (나), (다)에 알맞은 수를 각각 p, q, r라 할 때, $p+q+r$의 값은? (4점)

① 96 ② 101 ③ 106
④ 111 ⑤ 116

1st (가)의 값을 구하자.

5가 적힌 구슬이 3회, 4 이하의 수가 적힌 구슬 중 한 개가 1회 나올 확률은 독립시행의 확률로 계산할 수 있다. 5는 반드시 3번 이상 나와야 하지.

5가 적힌 구슬이 나올 확률은 $\frac{1}{5}$이고 4 이하의 수가 적힌 구슬이 나올 확률은 5가 적힌 구슬이 나오지 않을 확률과 같으므로 $\frac{4}{5}$이다.

즉, ${}_4C_1\left(\frac{1}{5}\right)^3\left(\frac{4}{5}\right)^1=\frac{16}{625}$ ← (가)

실수 ${}_nC_r\cdot p^r(1-p)^{n-r}$으로 구해야 하는 데 ${}_nC_r\cdot p^r\cdot p^{n-r}$로 실수하는 경우가 많아.

2nd (나)의 값을 구하자.

5가 적힌 구슬이 2회, 4가 적힌 구슬이 1회, 3 이하의 수가 적힌 구슬 중 한 개가 1회 나올 확률은 독립시행의 확률로 계산할 수 없으니까 경우의 수를 구해 보자.
네 개의 구슬 중 같은 것(5가 적힌 구슬)이 2개 있는 것을 나열하는 경우의 수를 구하면 $\frac{4!}{2!}=12$(가지)이다. 3 이하의 수가 적힌 구슬은 1, 2, 3 중 하나인 3가지이므로 그 확률은 $\frac{12\times3}{625}=\frac{36}{625}$이다. ← (나)

→ 전체 경우의 수는 $5^4=625$야.

3rd (다)의 값을 구하고 답을 구해 보자.

(i)과 (ii)의 확률을 모두 더하면

$$\frac{1}{625}+\frac{16}{625}+\frac{6}{625}+\frac{36}{625}=\frac{59}{625}$$ ← (다)

$\therefore p+q+r=16+36+59=111$

H 66 정답 587 *독립사건의 확률의 응용 [정답률 75%]

(정답 공식: 숫자 3이 나왔을 때의 세 눈의 수의 합이 10인 경우와 숫자 4가 나왔을 때의 네 눈의 수의 합이 10인 경우를 나누어 생각한다.)

숫자 3, 3, 4, 4, 4가 하나씩 적힌 5개의 공이 들어 있는 주머니가 있다. 이 주머니와 한 개의 주사위를 사용하여 다음 규칙에 따라 점수를 얻는 시행을 한다. 단서1 3이 적힌 공이 나올 확률은 $\frac{2}{5}$

> 주머니에서 임의로 한 개의 공을 꺼내어 꺼낸 공에 적힌 수가 3이면 주사위를 3번 던져서 나오는 세 눈의 수의 합을 점수로 하고, 꺼낸 공에 적힌 수가 4이면 주사위를 4번 던져서 나오는 네 눈의 수의 합을 점수로 한다. 단서2 4가 적힌 공이 나올 확률은 $\frac{3}{5}$

이 시행을 한 번 하여 얻은 점수가 10점일 확률은 $\frac{q}{p}$이다. $p+q$의 값을 구하시오. (단, p와 q는 서로소인 자연수이다.) (4점)

단서3 이 시행은 3이 나오는 경우에 따라서 다르고 4가 나오는 경우에 따라서 다르기 때문에 주사위 세 번 던져서 나온 눈의 합이 10인 경우와 주사위를 네 번 던져서 나온 눈의 합이 10인 경우로 나눠서 확률을 각각 구하고 더해서 구해야 해.

1st 숫자가 적힌 공을 꺼낼 때, 3이나 4가 나오는 경우를 나누어서 생각해.

주머니에서 3이 적힌 공이 나올 확률은 $\frac{2}{5}$이고 4가 적힌 공이 나올 확률은 $\frac{3}{5}$이므로 각 경우를 나누어서 생각하자.

(i) 주머니에서 3이 적힌 공이 나와서 세 눈의 수의 합이 10인 경우
세 번의 주사위를 던져 나오는 눈의 수를 각각 a, b, c라 하면
$a+b+c=10$
가능한 경우는 1, 3, 6 또는 1, 4, 5 또는 2, 2, 6 또는 2, 3, 5 또는 2, 4, 4 또는 3, 3, 4이므로 (n개 중에서 서로 같은 것이 각각 $p, q, \cdots, r$개씩 있을 때, 이들 n개를 모두 일렬로 배열하는 순열의 수는 $\frac{n!}{p!q!\cdots r!}$ (단, $p+q+\cdots+r=n$))
이때의 확률은
$$\left(3!+3!+\frac{3!}{2!}+3!+\frac{3!}{2!}+\frac{3!}{2!}\right)\times\frac{1}{6^3}$$
$$=(6+6+3+6+3+3)\times\frac{1}{6^3}$$
$$=\frac{27}{6^3}$$
$$\therefore \frac{2}{5}\times\frac{27}{6^3}$$

(ii) 주머니에서 4가 적힌 공이 나와서 네 눈의 수의 합이 10인 경우
네 번의 주사위를 던져 나오는 눈을 각각 a, b, c, d라 하면
$a+b+c+d=10$
가능한 경우는 1, 1, 2, 6 또는 1, 1, 3, 5 또는 1, 1, 4, 4 또는 1, 2, 2, 5 또는 1, 2, 3, 4 또는 1, 3, 3, 3 또는 2, 2, 2, 4 또는 2, 2, 3, 3이므로 (n개 중에서 서로 같은 것이 각각 $p, q, \cdots, r$개씩 있을 때, 이들 n개를 모두 일렬로 배열하는 순열의 수는 $\frac{n!}{p!q!\cdots r!}$ (단, $p+q+\cdots+r=n$))
이때의 확률은
$$\left(\frac{4!}{2!}+\frac{4!}{2!}+\frac{4!}{2!2!}+\frac{4!}{2!}+4!+\frac{4!}{3!}+\frac{4!}{3!}+\frac{4!}{2!2!}\right)\times\frac{1}{6^4}$$
$$=(12+12+6+12+24+4+4+6)\times\frac{1}{6^4}$$
$$=\frac{80}{6^4}$$
$$\therefore \frac{3}{5}\times\frac{80}{6^4}$$

2nd 확률을 구해.

(i), (ii)에 의하여 구하는 확률은
$$\frac{2}{5}\times\frac{27}{6^3}+\frac{3}{5}\times\frac{80}{6^4}$$
(주머니에서 공을 꺼내고 공에 적힌 수에 따라서 주사위를 던지므로 곱사건의 확률을 이용하여 확률을 각각 구해야 해.)
$$=\frac{2\times3^3}{5\times6^3}+\frac{3\times2^4\times5}{5\times6^4}=\frac{3^2}{5\times6^2}+\frac{2^3}{6^3}$$
$$=\frac{1}{5\times2^2}+\frac{1}{3^3}=\frac{3^3+5\times2^2}{5\times2^2\times3^3}$$
$$=\frac{47}{540}$$
이므로 $p+q=587$

H 67 정답 ④ *독립시행의 확률의 응용 [정답률 71%]

(정답 공식: 행운권 추첨에 5회 참여하여 3번 당첨되고 2번 떨어질 확률을 구한다.)

어느 인터넷 사이트에서 회원을 대상으로 행운권 추첨 행사를 하고 있다. 행운권이 당첨될 확률은 $\frac{1}{5}$이고, 당첨되는 경우에는 회원 점수가 4점 올라가고, 당첨되지 않는 경우에는 1점 내려간다. 행운권 추첨에 5회 참여하여 회원 점수가 10점 올라갈 확률은?
(단, 행운권을 추첨하는 시행은 서로 독립이다.) (3점)

① $\frac{4}{625}$ ② $\frac{8}{625}$ ③ $\frac{16}{625}$
④ $\frac{32}{625}$ ⑤ $\frac{64}{625}$

단서 5회에서 10점이 되기 위해서는 $10=4+4+4-1-1$ 이지? 즉, 당첨 3회, 미당첨 2회네.

1st 5회 추첨하여 회원 점수가 10점 올라갈 경우를 생각해 봐.

5회 추첨하여 회원 점수가 10점이 올라가려면 당첨 횟수를 a, 미당첨 횟수를 b라 하면 $a+b=5$ (5회 추첨), $4a-b=10$ (당첨이 4점, 미당첨이 1점이니까)
즉, 당첨이 3회, 미당첨이 2회가 되어야 한다.

2nd 행운권을 추첨하는 시행은 서로 독립이니까 독립시행의 확률을 구해.

당첨될 확률이 $\frac{1}{5}$이므로 ($\mathrm{P}(A)$) 당첨되지 않을 확률은 $\frac{4}{5}$이므로 ($\mathrm{P}(A^C)=1-\mathrm{P}(A)$)
$$(\text{구하는 확률})={}_5\mathrm{C}_3\left(\frac{1}{5}\right)^3\left(\frac{4}{5}\right)^2=\frac{32}{625}$$
(5회 중 3회가 당첨될 확률이야.)

H 68 정답 ① *독립시행의 확률의 응용 [정답률 75%]

(정답 공식: 0명 또는 1명 취소한 경우 좌석이 부족하다.)

좌석의 수가 50인 어느 식당에서 예약한 사람이 예약을 취소하는 경우가 10명 중 1명 꼴이라고 한다. 52명이 예약했을 때, 좌석이 부족하게 될 확률은 $p\times0.9^{52}$이다. p의 값은? (3점)

① $\frac{61}{9}$ ② 7 ③ $\frac{65}{9}$

④ $\frac{67}{9}$ ⑤ $\frac{23}{3}$

단서 예약을 취소할 확률이 $\frac{1}{10}$로 일정하고 52명은 큰 수이므로 독립시행의 확률인 것을 알아내야 해.

1st 예약한 사람이 예약을 취소할 확률부터 구해 보자.

예약한 사람이 예약을 취소할 확률은 $\frac{1}{10}$이다.

2nd 독립시행의 확률을 이용하여 확률을 구해 보자.

예약한 손님 52명 중 예약을 취소한 사람이 1명 이하이면 좌석이 부족하므로 이때의 확률은

→ 51명이나 52명 → 50개

$${}_{52}C_1\left(\frac{1}{10}\right)\left(\frac{9}{10}\right)^{51}+{}_{52}C_0\left(\frac{9}{10}\right)^{52}=\left(\frac{52}{9}+1\right)\left(\frac{9}{10}\right)^{52}=\frac{61}{9}\cdot0.9^{52}$$

$\therefore p=\frac{61}{9}$

[독립시행의 확률]
한 번의 시행에서 사건 A가 일어날 확률이 p인 독립시행을 n번 반복할 때, 사건 A가 r번 일어날 확률은 ${}_nC_rp^r(1-p)^{n-r}$ (단, $r=0, 1, 2, \cdots, n$)

H 69 정답 ③ *독립시행의 확률의 응용 [정답률 57%]

(정답 공식: 한 명의 환자가 완치된 것으로 판단될 확률을 구하고 독립시행의 확률 공식을 이용한다.)

어느 질병에 대한 치료법으로 1단계 치료를 하고, 1단계 치료에 성공한 환자만 2단계 치료를 하여 2단계 치료까지 성공한 환자는 완치된 것으로 판단한다. 1단계 치료 결과와 2단계 치료 결과는 서로 독립이며, 1단계 치료와 2단계 치료에 성공할 확률은 각각 $\frac{2}{9}$와 $\frac{9}{10}$이다. 5명의 환자를 대상으로 이 치료법을 적용하였을 때, 완치된 것으로 판단될 환자가 4명일 확률은? (4점)

① $\frac{1}{625}$ ② $\frac{2}{625}$ ③ $\frac{4}{625}$

④ $\frac{8}{625}$ ⑤ $\frac{16}{625}$

단서 환자 4명의 완치도 서로 독립이니까, 5명 중 4명이 완치되는 경우는 독립시행이야.

1st 환자가 완치된 것으로 판단될 확률을 구해 보자.

1단계 치료와 2단계 치료를 모두 성공해야 완치되고 1단계 치료와 2단계 치료 결과는 서로 독립이므로 한 명의 환자가 완치된 것으로 판단될 확률은

사건 A가 일어나든, 안 일어나든 사건 B가 일어날 확률에 영향을 주지 않는 경우야.

$$\frac{2}{9}\times\frac{9}{10}=\frac{1}{5}$$

따라서 5명의 환자 중 완치된 것으로 판단될 환자가 4명일 확률은

1명의 완치가 다른 사람의 완치에 영향을 주지 않으니까 이것도 독립이야. 완치되는 것을 사건 A라 하면 사건 A가 5회 반복하는 독립시행에서 사건 A가 4회 일어날 확률과 같아.

$${}_5C_4\left(\frac{1}{5}\right)^4\left(1-\frac{1}{5}\right)^1=\frac{4}{625}$$

[독립시행의 확률]
${}_nC_rp^r(1-p)^{n-r}$

H 70 정답 182 *독립시행의 확률의 응용 [정답률 65%]

(정답 공식: 지호가 사탕을 5개 받으려면 3번 중에서 2번 이기고 1번 지거나 비기는 경우, 4번 중에서 1번 이기고 3번 지거나 비기는 경우, 5번 중에서 한 번도 이기지 못해야 한다.)

지호와 영수는 가위바위보를 한 번 할 때마다 다음과 같은 규칙으로 사탕을 받는 게임을 한다.

단서 두 사람이 하는 가위바위보에서 이기는 확률, 지는 확률, 비기는 확률은 모두 $\frac{1}{3}$로 일정하므로 독립시행의 확률을 이용할 수 있어.

(가) 이긴 사람은 2개의 사탕을 받고, 진 사람은 1개의 사탕을 받는다.

(나) 비긴 경우에는 두 사람 모두 1개의 사탕을 받는다.

게임을 시작하고 나서 지호가 받은 사탕의 총 개수가 5가 되는 확률은 $\frac{k}{243}$이다. 자연수 k의 값을 구하시오. (단, 두 사람이 각각 가위, 바위, 보를 낼 확률은 같다.) (4점)

1st 지호가 받은 사탕의 개수가 5인 경우를 나누어 보자.

(i) 세 번 중에서 2번 이기고, 1번 지거나 비기는 경우

$${}_3C_2\left(\frac{1}{3}\right)^2\left(\frac{2}{3}\right)^1=\frac{2}{9}$$ $2\times2+1=5$(개)의 사탕

(ii) 네 번 중에서 1번 이기고, 3번 지거나 비기는 경우

$${}_4C_1\left(\frac{1}{3}\right)^1\left(\frac{2}{3}\right)^3=\frac{32}{81}$$ $1\times2+3\times1=5$(개)의 사탕

(iii) 다섯 번 중에서 한 번도 못 이긴 경우

$${}_5C_0\left(\frac{1}{3}\right)^0\left(\frac{2}{3}\right)^5=\frac{32}{243}$$ $5\times1=5$(개)의 사탕

(i), (ii), (iii)에서 $\frac{2}{9}+\frac{32}{81}+\frac{32}{243}=\frac{182}{243}$

$\therefore k=182$

H 71 정답 481 *독립시행의 확률의 응용 [정답률 34%]

(정답 공식: 야구공 한 상자에서 경품을 받을 확률을 구한다.)

어느 스포츠 용품 가게에서는 별(★) 모양이 그려져 있는 야구공 두 개를 포함하여 모두 30개의 야구공을 한 상자에 넣어 상자 단위로 판매한다. 한 상자에서 5개의 야구공을 임의추출하여 별(★) 모양이 그려져 있는 야구공이 있으면 축구공 한 개를 경품으로 준다. 어느 고객이 이 가게에서 야구공 2상자를 구입하여 경품 당첨 여부를 모두 확인할 때, 축구공 1개를 경품으로 받을 확률은 $\frac{q}{p}$이다. $p-q$의 값을 구하시오. (단, p, q는 서로소인 자연수이다.) (4점)

단서1 30개 중 경품 당첨은 2개네.

단서2 30개 중 5개의 표본에서 경품 당첨될 확률을 구해.

단서3 2상자 중 1상자에서 경품 당첨될 확률을 구해야 하네. 그럼, 당첨 확률을 단서2에서~!

1st 한 상자에서 5개의 공을 꺼낼 때, 별 모양이 그려져 있는 야구공이 있을 확률, 즉 경품에 당첨될 확률을 구하자.

별 모양의 야구공을 꺼낼 사건의 여사건은 별 모양이 없는 야구공만을 꺼내는 사건이다.

실수 여사건으로 구하는 게 훨씬 간단하지?

별 모양이 없는 야구공만을 꺼낼 확률은

$$\frac{{}_{28}C_5}{{}_{30}C_5}=\frac{\frac{28\times27\times26\times25\times24}{5\times4\times3\times2\times1}}{\frac{30\times29\times28\times27\times26}{5\times4\times3\times2\times1}}=\frac{20}{29}$$

따라서 5개의 야구공을 꺼냈을 때 별 모양이 그려진 야구공이 있을 확률은 $1-\frac{20}{29}=\frac{9}{29}$이다.

2nd 경품으로 축구공 1개를 받으려면 두 상자 중 한 상자에서 별 모양이 그려져 있는 야구공이 나와야 하니까 독립시행의 확률을 이용해.

두 번의 시행에서 별 모양의 야구공을 한 번 꺼낼 확률이므로

$${}_2C_1\left(\frac{9}{29}\right)^1\left(\frac{20}{29}\right)^1=2\times\frac{9}{29}\times\frac{20}{29}$$
$$=\frac{360}{841}=\frac{q}{p}$$

$\therefore p-q=841-360=481$

H 72 정답 121 *독립시행의 확률의 응용 [정답률 45%]

정답 공식: 5 이상의 눈이 x번 나왔을 때 A, B의 위치를 각각 x에 관해 나타내어 본다.

수직선 위의 원점에 있는 두 점 A, B를 다음의 규칙에 따라 이동시킨다.

(가) 주사위를 던져 5 이상의 눈이 나오면 A를 양의 방향으로 2만큼, B를 음의 방향으로 1만큼 이동시킨다.
(나) 주사위를 던져 4 이하의 눈이 나오면 A를 음의 방향으로 2만큼, B를 양의 방향으로 1만큼 이동시킨다.

단서 두 점 A, B 사이의 거리가 3 이하인 확률을 구하기 위해서는 주사위를 5번 던진 후 두 점 A, B의 위치를 각각 알아야 해.

주사위를 5번 던지고 난 후 두 점 A, B 사이의 거리가 3 이하가 될 확률이 $\frac{q}{p}$일 때, $p+q$의 값을 구하시오. (단, p와 q는 서로소인 자연수이다.) (4점)

1st 5 이상의 눈이 나오는 횟수를 구하자.

5 이상의 눈이 나오는 횟수를 x(x는 음이 아닌 정수)라 하면 주사위를 5번 던지므로 4 이하의 눈이 나오는 횟수는 $(5-x)$이다.

이때, 수직선 상에서 점 A의 위치는 $2\times x-2\times(5-x)=4x-10$이고,
양의 방향은 +2, 음의 방향은 −2로 계산해.

점 B의 위치는 $-1\times x+1\times(5-x)=5-2x$이다.
양의 방향은 +1, 음의 방향은 −1로 계산해.

따라서 두 점 A, B 사이의 거리가 3 이하가 되기 위해서는 $\overline{AB}\le3$을 만족시켜야 한다.

즉, $|(4x-10)-(5-2x)|\le3$에서

$|6x-15|\le3$, $-3\le6x-15\le3$, $12\le6x\le18$

$2\le x\le3$
→ 양수 c에 대하여 절댓값을 포함하는 일차부등식 $|ax+b|\le c \Rightarrow -c\le ax+b\le c$

$\therefore x=2,\ x=3$

2nd $x=2$, $x=3$일 때의 확률을 구하여 $p+q$의 값을 구하자.

주사위를 던져 5 이상의 눈이 나올 확률은 $\frac{2}{6}=\frac{1}{3}$이므로

[독립시행의 확률]
한 번의 시행에서 사건 A가 일어날 확률이 p, 사건 A가 일어나지 않을 확률이 q인 독립시행을 n번 반복할 때, 사건 A가 r번 일어날 확률은 ${}_nC_rp^rq^{n-r}$ (단, $p+q=1$)

$x=2$일 때의 확률은 ${}_5C_2\left(\frac{1}{3}\right)^2\left(\frac{2}{3}\right)^3=10\times\frac{2^3}{3^5}=\frac{80}{3^5}$

주사위를 한 번 던지는 시행에서 5 이상의 눈이 나올 확률은 $\frac{1}{3}$이고 4 이하가 나올 확률은 $1-\frac{1}{3}=\frac{2}{3}$가 되니까 $x=2$일 때의 독립시행의 확률은 ${}_5C_2\left(\frac{1}{3}\right)^2\left(\frac{2}{3}\right)^3$

$x=3$일 때의 확률은 ${}_5C_3\left(\frac{1}{3}\right)^3\left(\frac{2}{3}\right)^2=10\times\frac{2^2}{3^5}=\frac{40}{3^5}$

$\therefore$ (구하는 확률) $=\frac{80}{3^5}+\frac{40}{3^5}=\frac{120}{3^5}=\frac{3\times2^3\times5}{3^5}=\frac{40}{81}$

따라서 $p=81$, $q=40$이므로 $p+q=121$

실수 $x=2$ 또는 $x=3$이니까 합의 법칙을 쓰는 거야.

H 73 정답 ② *독립시행의 확률의 응용 [정답률 37%]

정답 공식: $n=m=1, 2, \cdots 6$일 확률을 각각 구해서 더한다. $\sum_{r=0}^{n}{}_nC_r=2^n$을 이용한다.

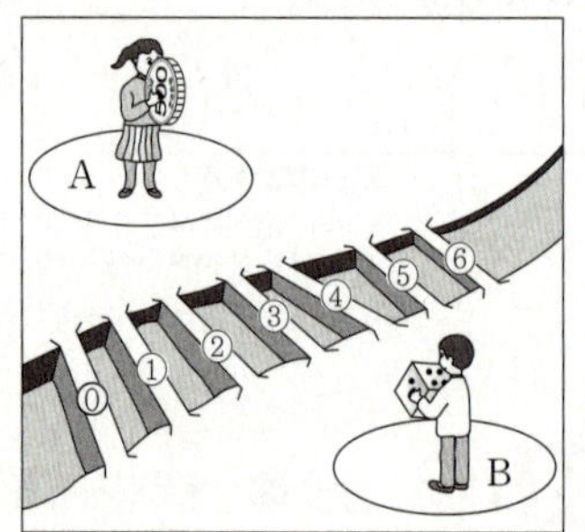

오른쪽 그림과 같이 강을 사이에 두고 있는 두 지역 A, B가 0~6까지의 번호가 붙여져 있는 7개의 다리로 연결되어 있다. 지수는 동전 6개를 던져 나오는 앞면의 개수가 n이면 번호가 ⓝ인 다리를 건너고, 상우는 1부터 6까지 쓰여진 주사위 한 개를 던져 나오는 수가 m이면 번호가 ⓜ인 다리를 건너기로 하였다. 지수는 A에서 B로, 상우는 B에서 A로 가기로 할 때, 지수와 상우가 같은 다리를 건너게 될 확률은? (4점)

단서 0~6인 다리에서 만나는 경우를 각각 나누어 생각해 보자.

① $\frac{1}{7}$ ② $\frac{21}{128}$ ③ $\frac{1}{6}$ ④ $\frac{23}{128}$ ⑤ $\frac{25}{128}$

1st 지수와 상우가 같은 번호의 다리를 건너게 되는 모든 경우를 생각하여 각 확률을 구해.

지수는 동전 6개를 던져 나오는 앞면의 개수가 n이면 번호가 ⓝ인 다리를 건너고, 상우는 1부터 6까지 쓰여진 주사위 한 개를 던져 나오는 수가 m이면 번호가 ⓜ인 다리를 건너기로 하였으므로 지수와 상우가 모두 번호가 ⓝ인 다리를 건너게 될 확률을 P_n이라 하면
(n은 $0\le n\le6$인 정수야. m은 $1\le n\le6$인 자연수야.)

$P_0=0$ ⇐ 상우는 0의 눈이 나올 수 없으니까.

$P_1=\frac{{}_6C_1}{2^6}\times\frac{1}{6}$, $P_2=\frac{{}_6C_2}{2^6}\times\frac{1}{6}$, $P_3=\frac{{}_6C_3}{2^6}\times\frac{1}{6}$
(지수, 상우)

$P_4=\frac{{}_6C_4}{2^6}\times\frac{1}{6}$, $P_5=\frac{{}_6C_5}{2^6}\times\frac{1}{6}$, $P_6=\frac{{}_6C_6}{2^6}\times\frac{1}{6}$

→ $n=k$일 때 n개 중 k개 앞면이 나오는 확률은 ${}_nC_k\left(\frac{1}{2}\right)^k\left(\frac{1}{2}\right)^{n-k}={}_nC_k\left(\frac{1}{2}\right)^n$
눈의 수가 k일 확률은 $\frac{1}{6}$이니까 $P_k={}_nC_k\left(\frac{1}{2}\right)^n\times\frac{1}{6}$

2nd 구하고자 하는 확률을 계산해.

$\therefore$ (구하는 확률) $=P_0+P_1+P_2+\cdots+P_6$

$$=\frac{1}{6}\times\frac{1}{2^6}({}_6C_1+{}_6C_2+{}_6C_3+\cdots+{}_6C_6)$$
$$=\frac{2^6-1}{6\times2^6}=\frac{64-1}{6\times64}$$
$$=\frac{21}{128}$$

${}_nC_0+{}_nC_1+{}_nC_2+\cdots+{}_nC_n=2^n$이니까. ${}_nC_1+{}_nC_2+\cdots+{}_nC_n=2^n-{}_nC_0=2^n-1$

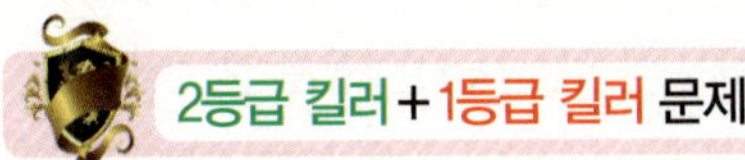

2등급 킬러+1등급 킬러 문제

H 74 정답 259

✪ 1등급 킬러 [정답률 5%]

그림은 여섯 개의 숫자 1, 2, 3, 4, 5, 6이 하나씩 적혀 있는 여섯 장의 카드를 모두 한 번씩 사용하여 일렬로 나열할 때, 이웃한 두 장의 카드 중 왼쪽 카드에 적힌 수가 오른쪽 카드에 적힌 수보다 큰 경우가 한 번만 나타난 예이다.

단서1 2, 3이 이웃하다고 하면 왼쪽 카드에 적힌 수가 더 크므로 순서대로 표현하면 3, 2이고, 나머지 1, 4, 5, 6은 오른쪽으로 갈수록 커지도록 배열하면 된다는 말이지?

1	2	4	3	5	6

단서2 예시를 잘 보면 이웃한 두 장의 카드 한 쌍 4, 3을 제외하고는 1, 2, 5, 6의 수의 배열은 오른쪽으로 갈수록 커지는 형태임을 알 수 있어.

이 여섯 장의 카드를 모두 한 번씩 사용하여 임의로 일렬로 나열할 때, 이웃한 두 장의 카드 중 왼쪽 카드에 적힌 수가 오른쪽 카드에 적힌 수보다 큰 경우가 한 번만 나타날 확률은 $\frac{q}{p}$이다. $p+q$의 값을 구하시오. (단, p와 q는 서로소인 자연수이다.) (4점)

✪ 이 문제는 여섯 장의 카드를 모두 나열하는 데, 이웃한 두 장의 카드 중 왼쪽 카드에 적힌 수가 오른쪽 카드에 적힌 수보다 큰 경우가 1번만 나타나는 경우를 찾아야 한다.
이를 위해서는 여섯 장의 카드에 적힌 수를 a_1, a_2, a_3, a_4, a_5, a_6이라 하고, $a_i>a_{i+1}$ (단, $i=1, 2, 3, 4, 5$)에 대하여 경우를 나누고 각각을 따져보는 것이 이 문제의 키포인트이다.

[풀이 단서 체크]

❶ 먼저, 일렬로 나열한 수를 각각 a_1, a_2, a_3, a_4, a_5, a_6이라 하자.
❷ 이제, 이웃한 두 수를 나타내는 경우를 이웃한 두 수를 각각 나타내면
(i) a_1, a_2 (ii) a_2, a_3 (iii) a_3, a_4 (iv) a_4, a_5 (v) a_5, a_6과 같이 구분한다. ⇒ 단서1
❸ 마지막으로, 각 경우 조건을 만족시키도록 상황을 파악해야 한다.
예를 들어, (i) a_1, a_2인 경우에는 $a_1>a_2$이고, 나머지는 오른쪽 카드에 적힌 수가 더 커야 하므로 $a_2<a_3<a_4<a_5<a_6$을 만족시키는 것이다. ⇒ 단서2

주의 1부터 6까지의 자연수를 나열하는데 특정하게 이웃한 두 수의 경우를 제외하고는 오른쪽으로 갈수록 커지도록 배열하면 된다. 이를 놓치면 문제 상황을 파악하지 못하고 이해하는 데 머릿속만 복잡해지고, 시간만 낭비할 뿐이다.

핵심 정답 공식: ${}_nC_r=\frac{n!}{(n-r)!\times r!}=\frac{{}_nP_r}{r!}$

[문제 풀이 순서]

* 주어진 조건을 만족시키도록 배열 순서를 정하고, 각 경우에 따라 경우의 수 구하기

1st 일렬로 나열한 수를 a_1, a_2, a_3, a_4, a_5, a_6이라 나타낸 후 생각해보자.

일렬로 나열한 수를 각각 a_1, a_2, a_3, a_4, a_5, a_6이라 하자.
이웃한 두 장의 카드 중 왼쪽 카드에 적힌 수가 오른쪽 카드에 적힌 수보다 큰 경우가 한 번만 나타나는 경우를 살펴봐야 하므로 이웃한 두 수를 각각 나타내면

(i) a_1, a_2 (ii) a_2, a_3 (iii) a_3, a_4
(iv) a_4, a_5 (v) a_5, a_6

2nd 위에서 구한 각각의 경우에 나머지 수들은 배열 순서가 정해져 있음을 이용하여 경우의 수를 구해.

실수 상대적인 크기가 결정된 경우에는 순서가 영향을 미치므로 배열을 할 수 있는 방법이 1가지만 존재한다는 사실을 알아야 해. 예를 들어 $a_1<a_2<a_3<a_4<a_5<a_6$이라면 123456의 1가지 방법만 존재하는 거야.

(i) a_1, a_2인 경우
$a_1>a_2$이고, 나머지는 오른쪽 카드에 적힌 수가 더 커야 하므로
$a_2<a_3<a_4<a_5<a_6$, 즉 a_2, a_3, a_4, a_5, a_6 중에서 a_2가 가장 작은 수가 되어야 한다.
(213456과 같이 a_3, a_4, a_5, a_6은 점점 커지는 수이고, $a_1>a_2$이니까 a_1이 가장 작은 수가 되어야 해.)
$a_2=1$이어야 하고, a_1의 값은 2, 3, 4, 5, 6이 될 수 있으므로 5가지이다.
(2, ①, 3, 4, 5, 6 / 3, ①, 2, 4, 5, 6 / 4, ①, 2, 3, 5, 6 / 5, ①, 2, 3, 4, 6 / 6, ①, 2, 3, 4, 5)

(ii) a_2, a_3인 경우
$a_2>a_3$이고, 나머지는 오른쪽 카드에 적힌 수가 더 커야 하므로
a_2보다 a_1, a_3이 작아야 하므로 a_2의 값은 3, 4, 5, 6이 될 수 있다.
($a_1<a_2$이고, $a_2>a_3$를 만족시켜야 하니까 a_2보다 작은 수가 적어도 2개는 존재해야 해서 a_2는 3, 4, 5, 6이 될 수 있는 거야.)
① $a_2=3$인 경우에는 a_1의 값이 1, 2가 될 수 있으므로 가능한 경우는 2가지이다.
② $a_2=4$인 경우에는 a_1의 값이 1, 2, 3이 될 수 있으므로 가능한 경우는 3가지이다.
(예를 들어, 241356과 같이 a_1, a_2의 값이 정해지면 나머지 수들은 크기순으로 배열하는 방법 밖에 없어.)
③ $a_2=5$인 경우에는 a_1의 값이 1, 2, 3, 4가 될 수 있으므로 가능한 경우는 4가지이다.
④ $a_2=6$인 경우에는 a_1의 값이 1, 2, 3, 4, 5가 될 수 있으므로 가능한 경우는 5가지이다.
①~④에 의하여 가능한 경우의 수는
$2+3+4+5=14$

(iii) a_3, a_4인 경우
$a_3>a_4$이고, 나머지는 오른쪽 카드에 적힌 수가 더 커야 하므로
a_3의 값이 a_1, a_2, a_4보다 커야 하므로 a_3의 값은 4, 5, 6이 될 수 있다.
(a_3보다 작은 수가 적어도 3개는 존재해야 해.)
① $a_3=4$이면 a_1, a_2의 값은 1, 2, 3 중에서 2개를 선택하여 작은 것부터 나열하면 되므로 가능한 경우는 ${}_3C_2=3$
② $a_3=5$이면 a_1, a_2의 값이 1, 2, 3, 4 중에서 2개를 선택하여 작은 것부터 나열하면 되므로 가능한 경우는 ${}_4C_2=6$
③ $a_3=6$이면 a_1, a_2의 값이 1, 2, 3, 4, 5 중에서 2개를 선택하면 되므로 가능한 경우는 ${}_5C_2=10$
①~③에 의하여 가능한 경우는 $3+6+10=19$

(iv) a_4, a_5인 경우
(iv)의 배열을 $b_n(n=1, 2, 3, \cdots, 6)$이라 하고,
$b_{7-n}=7-a_n$이라 하면
(ii)의 경우와 같으므로 경우의 수는 14이다.
((ii)의 경우에서 241356의 배열에 대하여 오른쪽 표와 같이 정리하면 (iv)의 경우가 되는 거지.)

	카드의 배열
a_n	2 4 1 3 5 6
$7-a_n$	5 3 6 4 2 1
b_{7-n}	1 2 4 6 3 5

(v) a_5, a_6인 경우
(i)의 경우에 대하여 위와 같은 규칙으로 배열하는 경우와 같으므로 경우의 수는 5이다.

(i)~(v)에 의하여 모든 경우의 수는
$5+14+19+14+5=10+28+19=57$

3rd 확률을 구하자.

6장의 카드를 배열하는 방법은 $6!$이므로
구하는 확률은 $\frac{57}{6!}=\frac{3\times19}{6\times5\times4\times3\times2\times1}=\frac{19}{240}$
따라서 $p=240$, $q=19$이므로
$p+q=259$이다.

[1등급 심화 특강]

〈증가함수와 순증가함수의 개수 구하기〉

(iii)의 경우처럼 순서가 점점 커지는 조건이 있는 경우 증가함수 또는 순증가함수의 개수를 구하는 방법을 알면 쉽다.

두 집합 $X=\{x_1, x_2, x_3, \cdots, x_n\}$, $Y=\{x_1, x_2, x_3, \cdots, x_m\}$에 대하여 $i<j$일 때,

함수의 종류	함수의 개수	m^n
순증가함수	$x_i<x_j \to f(x_i)<f(x_j)$ 함수의 개수	${}_mC_n$
증가함수	$x_i<x_j \to f(x_i)\le f(x_j)$ 함수의 개수	${}_mH_n$

등호가 있으면 증가함수, 등호가 없으면 순증가함수로 구분하면 쉽다.

1등급 풀이 Tip

문제 상황이 복잡하게 제시된 것처럼 보이지만, 주어진 조건을 부등식으로 나타내어 $a_i>a_{i+1}$의 경우를 나누어 각각 따지면 간단해.

$a_1>a_2$인 경우와 $a_5>a_6$인 경우, $a_2>a_3$인 경우와 $a_4>a_5$인 경우는 (iv)의 경우를 $b_{7-n}=7-a_n$에 대입하면 서로 일치하고, $a_5>a_6$의 경우는 (i)의 경우에 대하여 동일하게 적용하면 되므로 (ii)와 (iv), (i)와 (v)의 경우의 수가 동일해.

따라서 세 경우만 따져보면 돼.

H 75 정답 ④

✪ 2등급 킬러 [정답률 15%]

상자 A에는 빨간 공 3개와 검은 공 5개가 들어 있고, 상자 B는 비어 있다. 상자 A에서 임의로 2개의 공을 꺼내어 빨간 공이 나오면 [실행 1]을, 빨간 공이 나오지 않으면 [실행 2]를 할 때, 상자 B에 있는 빨간 공의 개수가 1일 확률은? (4점)

> [실행 1] 꺼낸 공을 상자 B에 넣은 후, 상자 B에서 임의로 1개를 꺼내 상자 A에 넣는다.
>
> [실행 2] 꺼낸 공을 상자 B에 넣고, 상자 A에서 임의로 3개의 공을 더 꺼내어 상자 B에 넣는다.

① $\frac{3}{7}$ ② $\frac{13}{28}$ ③ $\frac{1}{2}$ ④ $\frac{15}{28}$ ⑤ $\frac{4}{7}$

단서 [실행 1], [실행 2]의 조건은 상자 A에서 꺼낸 것이 빨강인지, 아닌지에 따라 다르지? 우선 상자 A에서 2개의 공을 꺼내는 경우부터 나누자.

✪ 이 문제는 첫 번째 사건의 결과에 따라 상황을 분류하고 각 상황에서 조건에 맞는 확률을 계산해야 한다. 이를 위해서는 확률의 곱셈과 확률의 덧셈이 어느 상황에서 쓰이는지 이해하고 있어야 한다.

[풀이 단서 체크]

❶ 먼저, 빨간 공이 나오는 여부에 따라 다음 단계에서 취하는 행동이 다르다. 따라서 각각의 케이스에서 확률을 구한 후 확률의 덧셈을 활용해야 한다.

❷ 이제, 구하는 확률이 상자 B에 있는 빨간 공의 개수가 1일 확률인데 처음에 임의로 상자 A에서 2개의 공을 꺼낼 때 빨간 공이 2개가 나올 경우와 빨간 공이1개가 나올 경우에 따라 [실행 1]에서 곱할 확률이 다르기 때문에 처음에 빨간 공이 나오는 유무에 따라 상황을 분류하지 않고 빨간 공이 나오는 개수 즉, 빨간 공이 0개, 1개, 2개 나오는 경우에 따라서 각각 확률을 계산해야 한다.

주의 꺼내는 순서는 중요하지 않으므로 처음에 빨간 공이 나오고 나중에 검은 공이 나오는 경우와, 처음에 검은 공이 나오고 나중에 빨간 공이 나오는 경우는 구별되지 않고 같은 상황이다. ⇒ 단서

(**핵심 정답 공식**: [실행 1], [실행 2]에서 빨간 공을 1개 뽑을 확률을 각각 구한다.)

----------- [문제 풀이 순서] -----------

＊각각 구별되는 상황에서 확률 계산하기

1st 상자 A에서 2개의 공을 꺼내는 경우를 따져보자.

상자 A의 빨간 공을 R, 검은 공을 K라 하면 상자 A에서 임의로 2개의 공을 꺼낼 때 가능한 경우는 RR, RK, KK이다.

실수 꺼내는 순서는 중요하지 않지? RK와 KR는 같은 거야.

2nd 각 경우의 확률을 계산하자.

(i) RR이 나와 [실행 1]을 하는 경우

상자 B에서 임의로 하나를 꺼내면 무조건 R이므로 [실행 1]을 마치면 상자 B에는 빨간 공 하나만 남는다.

$\therefore$ (이때의 확률)$=\frac{{}_3C_2}{{}_8C_2}=\frac{3}{28}$

(ii) RK가 나와 [실행 1]을 하는 경우

상자 B에서 임의로 하나를 꺼냈을 때 검은색 공이 나와야 한다.

$\therefore$ (이때의 확률)$=\frac{{}_3C_1\times{}_5C_1}{{}_8C_2}\times\frac{1}{2}=\frac{15}{56}$ R, K 중 K가 나와야 하니까 $\frac{1}{2}$

(iii) KK가 나와 [실행 2]를 하는 경우

상자에서 임의로 3개의 공을 더 꺼낼 때 RKK가 나와야 한다.

$\therefore$ (이때의 확률)$=\frac{{}_5C_2}{{}_8C_2}\times\frac{{}_3C_1\times{}_3C_2}{{}_6C_3}=\frac{9}{56}$

따라서 (i)~(iii)에 의하여

(구하는 확률)$=\frac{3}{28}+\frac{15}{56}+\frac{9}{56}=\frac{30}{56}=\frac{15}{28}$

1등급 풀이 Tip

케이스가 여러 개여서 각각의 확률을 구한 후 마지막에 확률의 덧셈을 이용해야 하는 경우에는 먼저 약분하지 않도록 한다. 왜냐하면 힘들게 약분을 해서 확률을 구했는데 나중에 확률을 더하려면 통분을 다시 해야 하는 상황이 오기 때문에 되도록이면 약분하지 않은 채 그대로 둔 다음에 통분 계산을 최소한으로 하는 것이 시간을 절약하는 방법이다.

조합의 계산과 성질

개념·공식

서로 다른 n개에서 r개를 택할 때, 순서를 생각하지 않는 경우의 수 : ${}_nC_r$

① ${}_nC_r=\frac{{}_nP_r}{r!}=\frac{n(n-1)\cdots(n-r+1)}{r!}=\frac{n!}{r!(n-r)!}$ (단, $0\le r\le n$)

② ${}_nC_r={}_nC_{n-r}$

③ ${}_nC_0={}_nC_n=1$

④ ${}_nC_1={}_nC_{n-1}=n$

H 76 정답 ④

✪ 1등급 킬러 [정답률 8%]

A, B, C 세 사람이 가위바위보를 하는데, 지는 사람은 빠지고 남은 사람들은 가위바위보를 계속하여 마지막 한 사람의 승자를 가려내기로 하였다. n번째에 승자가 가려질 확률을 P_n이라고 할 때, [보기] 중에서 옳은 것만을 있는 대로 고른 것은? (4점)

[보기]

ㄱ. 1회 시행에서 세 사람이 모두 비길 확률은 $\frac{1}{3}$이다.

ㄴ. $(n-1)$번째까지 세 사람이 모두 비기고 n번째에 승자 한 사람만 남을 확률은 $\frac{1}{3^n}$이다.

ㄷ. $P_n=\frac{2(n-1)}{3^n}$

단서 세 사람이 하는 가위바위보에서 비기는 것은 두 사람이 할 때와는 달라. 즉, 승자가 생기지 않으면 비긴다고 해.

① ㄱ ② ㄴ ③ ㄷ ④ ㄱ, ㄴ ⑤ ㄱ, ㄴ, ㄷ

✪ 이 문제는 실생활 놀이에서 확률을 응용하여 진위여부를 가려야 한다. 이를 위해서는 두 명이서 가위바위보를 하는 경우에서의 비길 확률과 승자가 가려질 확률, 세 명이서 가위바위보를 하는 경우에서의 비길 확률과 두 명이 이길 확률과 승자가 가려질 확률을 각각 구할 수 있어야 한다.

[풀이 단서 체크]

❶ 먼저, 두 사람이 가위바위보를 하는 상황에서 비기는 경우는 서로 같은 것을 내는 경우밖에 존재하지 않는다.

❷ 이제, 세 사람이 가위바위보를 하는 상황에서 비기는 경우는 첫 번째로 모두 똑같은 것을 내는 경우가 있고 두 번째로 가위, 바위, 보가 모두 나오는 경우가 있다. 즉, 모두 같은 것을 내는 경우와 세 사람 모두 다른 것을 내는 경우이다. ⇒ 단서

주의 두 명이서 가위바위보를 할 때 승자가 가려지는 확률을 단순히 자신이 이기는 경우라고 생각해서 $\frac{1}{3}$이라고 생각하지 않도록 한다. 둘 중에 아무나 이길 확률이므로 $\frac{1}{3}+\frac{1}{3}=\frac{2}{3}$이라고 생각해도 좋고 전체 확률에서 비길 확률을 뺀 $1-\frac{1}{3}=\frac{2}{3}$라고 생각해도 된다.

핵심 정답 공식: 세 사람이 가위바위보를 해서 비기려면 모두 다른 것을 내거나, 모두 같은 것을 내야 한다.

[문제 풀이 순서]

* 일반화된 상황에서 조건에 맞는 확률 표현하기

1st 세 사람이 비기는 것은 세 사람 모두 비기거나 모두 다른 것을 내는 것임을 이용해 보자.

ㄱ. 세 사람이 똑같은 것을 내는 경우가 3가지이고 세 명이 모두 다른 것을 내는 경우가 3!가지이므로 가위바위보를 1회 할 때 두 명이 비길 확률은 $\frac{3+3!}{3\times3\times3}=\frac{1}{3}$ (참)

2nd 승자가 한 명인 것은 두 명이 같은 것을 내고 나머지 한 명이 두 명이 낸 것에 대해 이기는 거야. 즉, 두 명이 낸 것에 대해 승자가 내어야 할 것은 한 가지로 정해져.

ㄴ. ㄱ에 의해 $n-1$번째까지 비길 확률은 $\left(\frac{1}{3}\right)^{n-1}$

n번째 승자가 한 사람일 경우는 두 명은 동일한 것으로 내고 한 명이 가위 또는 바위 또는 보로 이길 경우이므로 그 확률은

$\frac{3\times3}{3\times3\times3}=\frac{1}{3}$ → (가위, 가위, 바위), (바위, 바위, 보), (보, 보, 가위)인데 A, B, C 세 사람 중 승자가 되는지의 경우가 3가지이므로 3×3(가지)야.

$\therefore$ (구하는 확률)$=\left(\frac{1}{3}\right)^{n-1}\cdot\left(\frac{1}{3}\right)=\frac{1}{3^n}$ ⋯ ㉠ (참)

3rd n번째 1명의 승자가 가려질 확률을 구해 보자.

ㄷ. 한 번의 가위바위보로 세 사람 중 두 사람이 이기는 경우가 3가지이고 이들 각각의 경우에 가위로 이기는 경우, 바위로 이기는 경우, 보로 이기는 경우 3가지씩 있으므로 세 명 중 두 명의 승자가 나올 확률은 $\frac{3\times3}{3\times3\times3}=\frac{1}{3}$

한편, 이긴 두 명이 똑같은것을 내는 경우가 3가지이므로 가위바위보를 1회 할 때, 두 명이 비길 확률은 $\frac{3}{3\times3}=\frac{1}{3}$이다.

또한, 이긴 2명 중 한 번의 가위바위보로 한 명의 승자가 나올 확률은 $\frac{3\times2}{3\times3}=\frac{2}{3}$

이므로 비길 확률은 $1-\frac{2}{3}=\frac{1}{3}$이다. ← (가위, 가위), (바위, 바위), (보, 보)이므로 그 확률은 $\frac{3}{3^2}=\frac{1}{3}$

k번째$(1\le k\le n-1)$에서 한 명이 빠지고 남은 두 명이 승부를 비기다가 n번째 승자 한 사람이 남는 경우의 확률은

$$\underbrace{\frac{1}{3}\times\frac{1}{3}\times\cdots\times\frac{1}{3}}_{(k-1)\text{개}}\times\underset{k\text{번째}}{\frac{1}{3}}\times\underbrace{\frac{1}{3}\times\frac{1}{3}\times\cdots\times\frac{1}{3}}_{(n-1-k)\text{개}}\times\underset{n\text{번째}}{\frac{2}{3}}=\frac{2}{3^n}$$

(앞의 $\frac{1}{3}$들: $(n-1)$개)

그런데 $1\le k\le n-1$이므로 가능한 경우는 $(n-1)$가지이다.

따라서 구하는 확률은 $\frac{2}{3^n}(n-1)$ ⋯ ㉡

㉠, ㉡에 의해 $P_n=\frac{1}{3^n}+\frac{2}{3^n}(n-1)=\frac{2n-1}{3^n}$ (거짓)

따라서 옳은 것은 ㄱ, ㄴ이다.

1등급 풀이 Tip

보기 ㄱ, ㄴ, ㄷ 중 옳은 보기를 고르는 유형의 문제에서 ㄷ 보기에 일반적인 상황에 대한 질문을 할 때에는 ㄱ, ㄴ 보기를 푸는 과정에서의 원리나 결과가 중요하게 쓰이는 경우가 많으므로 유용하게 참고하도록 한다.

My Top Secret

가위바위보 문제를 풀 때 시간을 조금이라도 절약하기 위해 다음의 확률 정도는 알아두도록 하자.

자신을 기준으로 생각해보면,

1. 2명이서 가위바위보 하는 경우
   ① 자신이 이길 확률 : $\frac{1}{3}$
   ② 자신이 비길 확률 : $\frac{1}{3}$
   ③ 자신이 질 확률 : $\frac{1}{3}$
2. 3명이서 가위바위보 하는 경우
   ① 자신만 이길 확률 : $\frac{1}{9}$
   ② 자신 포함 2명이 이길 확률 : $\frac{2}{9}$
   ③ 자신만 질 확률 : $\frac{1}{9}$
   ④ 자신 포함 2명이 질 확률 : $\frac{2}{9}$
   ⑤ 비길 확률 : $\frac{3}{9}=\frac{1}{3}$

H 77 정답 ④

✪ 1등급 킬러 [정답률 8%]

두 집합 $A=\{1, 2, 3, 4\}$, $B=\{1, 2, 3\}$에 대하여 A에서 B로의 모든 함수 f 중에서 임의로 하나를 선택할 때, 이 함수가 다음 조건을 만족시킬 확률은? (4점)

단서1 함수 $f: X \longrightarrow Y$에 대하여 $n(X)=a$, $n(Y)=b$일 때, 함수의 개수는 ${}_b\Pi_a=b^a$이야.

$f(1)\geq 2$이거나 함수 f의 치역은 B이다.

단서2 '이거나'는 '또는'의 개념이니까 경우의 수를 셀 때 중복된 경우인 $f(1)\geq 2$이고 치역이 B인 함수 f의 개수는 제외시켜야 해.

① $\frac{16}{27}$ ② $\frac{2}{3}$ ③ $\frac{20}{27}$ ④ $\frac{22}{27}$ ⑤ $\frac{8}{9}$

✪ 이 문제는 주어진 조건을 만족시키는 함수를 선택할 확률을 구해야 한다. 이를 위해서는 확률의 덧셈정리를 활용하여 중복이 되는 경우를 제외시켜 따져보는 것이 이 문제의 키포인트이다.

[풀이 단서 체크]

❶ 먼저, 구하고자 하는 확률이 모든 함수 중 임의로 하나를 선택할 때, 선택한 함수가 주어진 조건을 만족시킬 확률이므로 주어진 조건을 만족시키는 함수의 개수와 모든 함수의 개수를 각각 구해야 한다. A에서 B로의 모든 함수 f의 개수는 A의 원소의 개수가 4이고, B의 원소의 개수가 3이므로 ${}_3\Pi_4=81$이다. ⇒ 단서1

❷ 이제, $f(1)\geq 2$이거나 치역이 B인 함수의 개수는 확률의 덧셈정리를 활용하여 $f(1)\geq 2$인 함수의 개수와 치역이 B인 함수의 개수를 더한 뒤, $f(1)\geq 2$이면서 치역이 B인 함수의 개수를 빼주면 된다. 치역이 B인 함수는 정의역의 원소의 개수가 4, 치역의 원소의 개수가 3이므로 정의역의 원소 중 두 원소는 같은 값에 대응된다.

❸ 마지막으로, 치역이 B인 함수의 개수는 정의역 A를 원소의 개수가 2, 1, 1인 세 개의 집합으로 나눈 후 이 세 개의 집합을 B의 원소와 일대일대응을 이루도록 하는 경우의 수와 같다. $f(1)\geq 2$이고 치역이 B인 함수의 개수는 $f(1)=2$이고 치역이 B인 함수의 개수의 2배이고, 이 함수는 $f(x)=2$인 원소 x가 존재하는 경우와 그렇지 않은 경우로 나눌 수 있다. ⇒ 단서2

주의 확률의 덧셈정리에 의하여 경우의 수를 셀 때 중복된 경우를 제외시켜야 한다.

핵심 정답 공식: $f(1)\geq 2$인 함수일 확률과 함수 f의 치역이 $B=\{1, 2, 3\}$인 함수일 확률을 구하고, $f(1)\geq 2$이고 치역이 B인 함수일 확률을 구한다.

[문제 풀이 순서]

* 확률의 덧셈정리를 활용하여 주어진 조건을 만족시키는 함수를 선택할 확률 구하기

1st 전체 경우의 수를 구하자.

집합 $A=\{1, 2, 3, 4\}$에서 집합 $B=\{1, 2, 3\}$으로의 모든 함수 f의 개수는 ${}_3\Pi_4=3^4=81$이다.

2nd $f(1)\geq 2$인 함수일 확률과 함수 f의 치역이 $B=\{1, 2, 3\}$인 함수일 확률을 각각 구하자.

사건 X를 $f(1)\geq 2$인 함수라 하면 이러한 함수의 개수는 ${}_2C_1\times{}_3\Pi_3=2\times3^3=54$이므로

$P(X)=\frac{54}{81}$

$a\in A$에 대하여 $a=2, 3, 4$는 함숫값으로 1, 2, 3 중 하나를 선택해. ${}_3\Pi_3=3^3$

$a=1$은 함숫값으로 2, 3 중 하나를 선택해. ${}_2C_1=2$

사건 Y를 치역이 B인 함수라 하면 이러한 함수 f의 개수는 정의역 $A=\{1, 2, 3, 4\}$를 원소의 개수가 2, 1, 1인 세 개의 집합으로 나눈 후 이 세 개의 집합과 집합 B의 일대일대응의 개수와 같으므로

${}_4C_2\times{}_2C_1\times{}_1C_1\times\frac{1}{2!}\times3!=36$

└→ n명을 3개의 조로 나누는 데, p명, p명, q명으로 조원을 나누면 ${}_nC_p\times{}_{n-p}C_p\times{}_qC_q\times\frac{1}{2!}$

$\therefore P(Y)=\frac{36}{81}$

3rd $f(1)\geq 2$이고 치역이 B인 함수일 확률을 구하자.

$f(1)=2$이고 치역이 B인 함수 f에 대하여 경우를 나누어 생각해 보자.

(i) $a\neq 1$인 a에 대하여 $f(a)=2$인 a가 존재하는 경우

$f(2)=2$라 하면 집합 A의 원소 3, 4가 집합 B의 원소 1, 3을 빠짐없이 선택해야 하므로 이때의 경우의 수는 2이다.

$f(3)=2$인 경우와 $f(4)=2$인 경우도 동일하므로 경우의 수는

$2+2+2=6$

(ii) $a\neq 1$인 모든 a에 대하여 $f(a)\neq 2$인 경우

집합 A의 원소 2, 3, 4가 집합 B의 원소 1, 3을 빠짐없이 선택해야 하므로 이때의 경우의 수는 $2^3-2=6$

집합 A의 원소 2, 3, 4가 B의 부분집합 중 $\{1\}$을 모두 선택하거나 B의 부분집합 중 $\{3\}$을 모두 선택하는 경우를 제외해.

(i), (ii)에 의하여 $f(1)=2$이고 치역이 B인 함수 f의 개수는

$6+6=12$

같은 방법으로 $f(1)=3$이고 치역이 B인 함수 f의 개수도 12이므로 $f(1)\geq 2$이고 치역이 B인 함수 f의 개수는

$12+12=24$

$\therefore P(X\cap Y)=\frac{24}{81}$

4th 확률을 구하자.

[확률의 덧셈정리] 표본공간 S의 부분집합인 두 사건 X, Y에 대하여 X 또는 Y가 일어날 확률은 $P(X\cup Y)=P(X)+P(Y)-P(X\cap Y)$

$\therefore P(X\cup Y)=P(X)+P(Y)-P(X\cap Y)$

$=\frac{54}{81}+\frac{36}{81}-\frac{24}{81}=\frac{54+36-24}{81}=\frac{66}{81}=\frac{22}{27}$

1등급 풀이 Tip

'이거나'라는 표현은 '또는'과 같은 개념을 나타낸다. 두 사건 X, Y에 대하여 X 또는 Y가 일어날 확률은 $P(X\cup Y)$로 정의되며, 확률의 덧셈정리를 통해 $P(X)+P(Y)-P(X\cap Y)$와 같다. 이때, $P(X\cap Y)$의 값을 빼주는 것이 중요하다.

이 문제의 경우 $f(1)\geq 2$이거나 치역이 B인 함수를 선택할 확률이다.

H 78 정답 ③

✪ 2등급 킬러 [정답률 15%]

각각 5명의 선수로 구성된 A팀과 B팀이 있다. 각 팀 5명의 순번을 1, 2, 3, 4, 5번으로 정하고 다음 규칙에 따라 경기를 한다.

(가) A팀 1번 선수와 B팀 1번 선수가 먼저 대결한다. ⇒ 시작은 1번

(나) 대결에서 승리한 선수는 상대 팀의 다음 순번 선수와 대결한다. 단서1 순서대로 대결하고, 다음 선수에게 기회가 넘어가려면 그 전 선수는 반드시 패배해야 해.

(다) 3번 이긴 선수는 다음 순번 선수로 교체된다.

(라) 어느 팀이든 5명이 모두 패하면 경기가 종료된다.

A팀의 2번 선수가 승리한 횟수가 2일 확률은?

(단, 각 선수가 승리할 확률은 $\frac{1}{2}$이고, 무승부는 없다.) (4점)

① $\frac{7}{64}$ ② $\frac{7}{8}$ ③ $\frac{9}{64}$ ④ $\frac{5}{32}$ ⑤ $\frac{11}{64}$

단서2 1번 선수의 승패에 따라 두 번째 선수로 2번 선수가 투입되는 시점이 다르지? 1번 선수의 승패로 경우를 나누어 볼까?

✪ 이 문제는 이전에 일어난 사건의 결과에 따라 경우를 나눈 후 연속으로 일어나는 각 사건의 시행에 대해 확률의 곱셈을 이용하여 계산한 다음 합의 법칙으로 모든 확률을 더하면 된다. 이를 위해서는 이전의 결과에 따라 상황의 구조가 구별되기 때문에 경우를 나눠야 된다는 것을 이해해야 한다.

[풀이 단서 체크]

❶ 먼저, 조건 (다)에 의하여 한 선수가 4번 이상 연속 경기를 할 수 없으므로 A팀의 2번 선수가 경기를 하려면 A팀의 1번 선수가 3번 연속 이기거나 경기에서 패하는 경우가 반드시 있어야 2번 선수에게 기회가 온다. ⇒ 단서1

❷ 이제, 각 팀이 순번에 따라 경기를 진행하므로 A팀의 2번 선수는 바로 직전 선수인 A팀의 1번 선수의 결과에 따라 영향을 받을 수밖에 없다. 따라서 자연스럽게 1번 선수가 승리한 횟수에 따라 상황을 나누고 확률을 계산해야 한다. ⇒ 단서2

주의 조건 (다)에서 3번 이긴 선수가 다음 순번 선수로 교체되는 것은 무조건 일어나는 확률이기 때문에 패할 확률인 $\frac{1}{2}$을 곱하지 않도록 주의한다. 굳이 따지자면 무조건 일어나는 확률이므로 1을 곱한 것이라고 이해하는 것이 맞다.

(핵심 정답 공식: A팀 1번 선수가 0번, 1번, 2번, 3번 이길 때로 경우를 나눈다.)

[문제 풀이 순서]

＊경우를 나누고 각 상황에 따라 확률 구하기

1st A팀의 1번 선수의 승리 횟수로 경우를 나누어보자.

A팀원을 순번에 따라 A_1, A_2, A_3, A_4, A_5이라 하고 A_1이 승리한 횟수에 따라 경우를 나누면

(3회 승리하면 교체되니까 패할 확률을 곱할 필요가 없어.)

(i) A_1이 3회 승리한 경우, A_2가 2회 승리하면 경기가 종료되므로

(A_2가 승리한 횟수가 2일 확률)$=\left(\frac{1}{2}\right)^3\times\frac{1}{2}\times\frac{1}{2}=\frac{1}{32}$ (승)×(승) A_2

(ii) A_1이 2회 승리한 경우

A_1이 2회 승리 후 패하고 A_2가 2회 승리한 후 패할 때이므로

(A_2가 승리한 횟수가 2일 확률)$=\frac{1}{2}\times\frac{1}{2}\times\frac{1}{2}\times\frac{1}{2}\times\frac{1}{2}\times\frac{1}{2}=\frac{1}{64}$ (승)×(승)×(패) A_1, (승)×(승)×(패) A_2

(iii) A_1이 1회 승리한 경우

A_1이 1회 승리 후 패하고 A_2가 2회 승리 후 패할 때이므로

(A_2가 승리한 횟수가 2일 확률)$=\frac{1}{2}\times\frac{1}{2}\times\frac{1}{2}\times\frac{1}{2}\times\frac{1}{2}=\frac{1}{32}$ (승)×(패) A_1, (승)×(승)×(패) A_2

(iv) A_1이 0회 승리한 경우

A_1이 패하고 A_2가 2회 승리 후 패할 때이므로

(A_2가 승리한 횟수가 2일 확률)$=\frac{1}{2}\times\frac{1}{2}\times\frac{1}{2}\times\frac{1}{2}=\frac{1}{16}$ (패) A_1, (승)×(승)×(패) A_2

∴ (구하는 확률)$=\frac{1}{32}+\frac{1}{64}+\frac{1}{32}+\frac{1}{16}=\frac{9}{64}$ 실수 5

((i) 또는 (ii) 또는 (iii) 또는 (iv)니까 합의 법칙을 이용한 거야.)

1등급 풀이 Tip

(ii), (iii), (iv)의 경우에서 A_2가 2회 승리 후 패한 후에도 남아있는 선수들이 있기 때문에 경기를 끝까지 진행해야 하고 경기가 끝날 때까지 다양한 경우가 발생한다. 하지만 일어날 수 있는 경우의 수를 직접 구하지 않고 A_2가 2회 승리 후 패한 후에 일어날 사건에 대한 확률을 곱하지 않는 것처럼 보이는 이유는 그 확률이 1이기 때문이다.

문제에서 요구하는 조건인 A_2가 승리한 횟수가 2이기만 하면 그 뒤에 다양한 상황에 따른 어떠한 경우가 발생한다 하더라도 각각의 경우의 수를 구하고 합하면 결국에는 전체 경우의 수가 나오므로 확률도 전체 확률인 1이 나오기 때문이다. 즉, 마지막에 전체 경우의 확률인 1을 곱했다고 이해하는 것이 맞다.

H 79 정답 ② ＊독립사건과 배반사건의 활용 [정답률 33%]

정답 공식: $S\left(\frac{1}{2}\right)=1$임을 이용하여 상수 C를 구할 수 있다. 두 사건 A와 B가 독립이므로 $\mathrm{P}(A\cap B)=\mathrm{P}(A)\cdot\mathrm{P}(B)$이다.

일어날 확률이 $p(p\neq0)$인 사건이 일어날 때 놀람의 정도를 $S(p)$라 하면 관계식

$$S(p)=\log_2\frac{1}{p^C}\ (C\text{는 양의 상수})$$

(단서1 문제에 주어진 상황에서 주어진 $S(p)$, p의 값을 주어진 로그함수식에 대입하면 C의 값을 알 수 있겠지. $p=\frac{1}{2}$, $S(p)=1$을 대입해 봐.)

이 성립한다고 한다. 일어날 확률이 $\frac{1}{2}$인 사건이 일어날 때 놀람의 정도는 1이고, 두 사건 A, B는 다음 조건을 만족시킨다.

(가) A는 5개의 동전을 던질 때 앞면이 4개 나오는 사건이다.
(나) B와 A는 서로 독립이다. (단서2 $\mathrm{P}(A\cap B)=\mathrm{P}(A)\mathrm{P}(B)$인 것을 이용해.)

두 사건 A, B가 동시에 일어날 때 놀람의 정도가 7일 때, 사건 B가 일어날 때 놀람의 정도는? (단, $\log 2=0.3$으로 계산한다.) (4점)

① $\frac{11}{3}$ ② $\frac{13}{3}$ ③ 5 ④ $\frac{17}{3}$ ⑤ $\frac{19}{3}$

1st 주어진 $S(p)$를 간단히 정리해 보자.

$S(p)=\log_2\frac{1}{p^C}=-C\log_2 p$ ($\log_2 p^{-C}=-C\log_2 p$)

이고 확률이 $\frac{1}{2}$인 사건이 일어날 때, 놀람의 정도가 1이므로 ($p=\frac{1}{2}$, $S(p)=1$)

$S\left(\frac{1}{2}\right)=-C\log_2\frac{1}{2}=1$

∴ $C=1$, $S(p)=-\log_2 p$ ($\log_2 2^{-1}=-1$이야.)

2nd A는 독립시행임을 이용하여 그 확률을 구해 보자.

조건 (가)에 의하여

$\mathrm{P}(A)={}_5\mathrm{C}_4\left(\frac{1}{2}\right)^4\left(\frac{1}{2}\right)^1=\frac{5}{32}$

3rd $\mathrm{P}(A\cap B)$를 이용하여 $\mathrm{P}(B)$를 구해 보자.

두 사건 A, B가 동시에 일어날 때, 놀람의 정도가 7이고

조건 (나)에 의하여 $\mathrm{P}(A\cap B)=\mathrm{P}(A)\mathrm{P}(B)$이므로

$-\log_2\mathrm{P}(A)\mathrm{P}(B)=7$ ($S(p)$에 $p=\mathrm{P}(A)\mathrm{P}(B)$, $S(p)=7$을 대입한 거야.)

$\frac{5}{32}\cdot\mathrm{P}(B)=2^{-7}$ ($\frac{1}{2^7}=\frac{1}{128}$)

∴ $\mathrm{P}(B)=\frac{1}{20}$

따라서 사건 B가 일어날 때 놀람의 정도는

$$S(\mathrm{P}(B))=S\left(\frac{1}{20}\right)=-\log_2\frac{1}{20}=\log_2 20=\frac{\log 20}{\log 2}=\frac{1+\log 2}{\log 2}=\frac{1.3}{0.3}=\frac{13}{3}$$

H 80 정답 7 ✪ 2등급 킬러 [정답률 13%]

4개의 야구팀 A, B, C, D가 다음과 같은 방법으로 우승팀을 결정하기로 하였다. 단서1 스포츠 경기에서 우승팀을 뽑는 방법 중 하나야.

(가) A팀과 B팀이 경기를 하고, C팀과 D팀이 경기를 한다.
(나) (가)에서 이긴 팀끼리 경기를 한다.
(다) (가)에서 진 팀끼리 경기를 한다.
(라) (나)에서 진 팀과 (다)에서 이긴 팀이 경기를 한다.
(마) (나)에서 이긴 팀과 (라)에서 이긴 팀이 경기를 한다.
(바) (마)에서 이긴 팀이 우승팀이 된다.

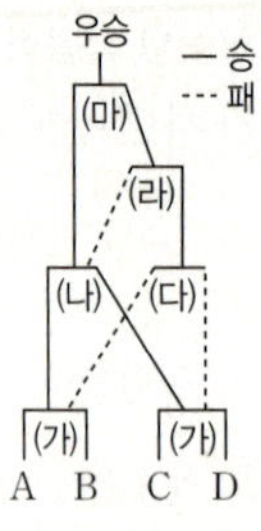

단서2 ❶일 때, ❷일 확률로 ❶에서 (가)에서 우승할 때와 패배할 때로 나누어 구하자.

매 경기에서 각 팀이 이길 확률은 모두 $\frac{1}{2}$로 같다고 하자. ❶A팀이 우승했을 때, ❷A팀이 (가)에서 이겼을 확률은 $\frac{q}{p}$이다. 이때, $p+q$의 값을 구하시오. (단, p와 q는 서로소인 두 자연수이다.) (4점)

✪ 이 문제는 A팀이 우승할 때, (가)에서 이겼을 확률을 구해야 한다.
이를 위해서는 A팀이 (가)에서 이긴 경우와 진 경우를 나누어 따져보는 것이 이 문제의 키포인트이다.

[풀이 단서 체크]

❶ 먼저, 4팀이 경기를 진행하는 방식을 살펴보면 (가)에서 이겨도, (가)에서 져도 다음 경기를 진행한다. ⇒ 단서1

❷ 이제, A팀이 우승한 경우는 (가)에서 이기고 우승한 경우와 (가)에서 지고 우승한 경우로 나눌 수 있다. ⇒ 단서2

❸ 마지막으로, (가)에서 이기고 우승한 경우는 (나)에서 이긴 경우와 (나)에서 진 경우로 나누어 확률을 구할 수 있다. (가)에서 지고 우승한 경우에는 이후 경기에서 모두 이겨야 우승할 수 있다.

주의 (가)에서 지더라도 우승할 수 있고, (나)에서 지더라도 우승할 수 있다.

핵심 정답 공식: A팀이 우승하는 경우는 총 3가지다.
(i) (가), (나), (마) 모두 이기는 경우
(ii) (가)에서 이기고, (나)에서 지고 (라), (마)에서 이기는 경우
(iii) (가)에서 지고 (다), (라), (마)에서 이기는 경우가 있다.

[문제 풀이 순서]

* $\mathrm{P}(M)=\mathrm{P}(M\cap N^C)+\mathrm{P}(M\cap N)$으로 나누어 조건부확률 $\mathrm{P}(N|M)$의 값 구하기

1st A팀이 우승하는 경우는 (가)에서 이겨서 우승하는 경우와 (가)에서는 졌지만 우승하는 경우로 나눌 수 있지? 매 경기마다 이길 확률이 모두 $\frac{1}{2}$로 같다는 것을 이용하여 각 경우에 대한 확률을 구하자.

(i) A팀이 (가)에서 이기고 우승할 확률

(이 경우의 확률) A팀 : 3승 0패

$=\frac{1}{2}\times\frac{1}{2}\times\frac{1}{2}$

$=\frac{1}{8}$

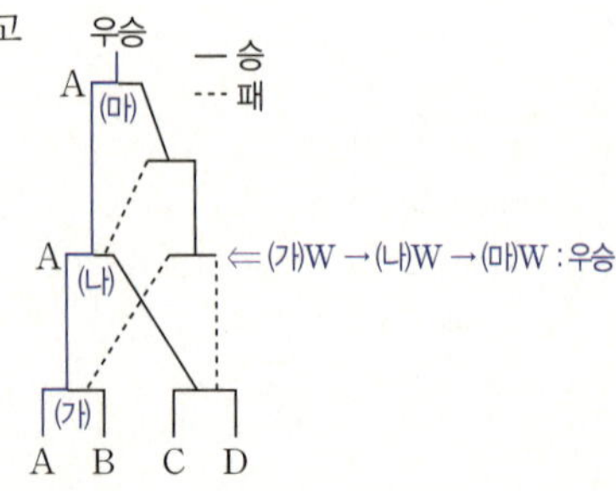

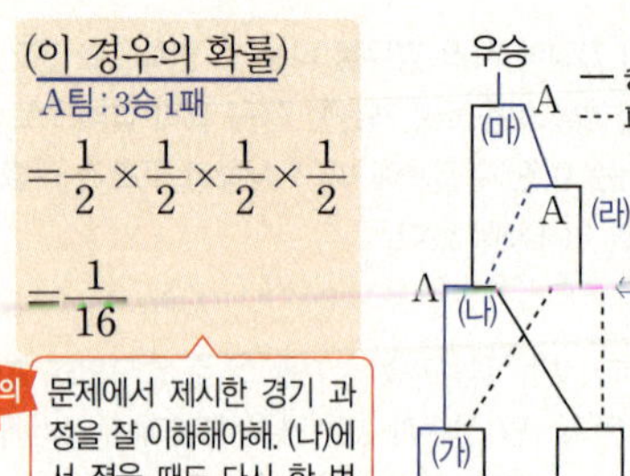

(이 경우의 확률) A팀 : 3승 1패

$=\frac{1}{2}\times\frac{1}{2}\times\frac{1}{2}\times\frac{1}{2}$

$=\frac{1}{16}$

주의 문제에서 제시한 경기 과정을 잘 이해해야해. (나)에서 졌을 때도 다시 한 번 경기 기회가 있지?

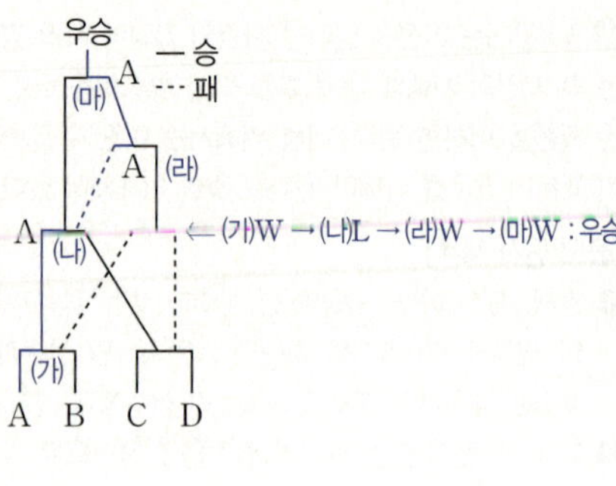

(ii) A팀이 (가)에서 졌지만 우승할 확률

(이 경우의 확률) A팀 : 3승 1패

$=\frac{1}{2}\times\frac{1}{2}\times\frac{1}{2}\times\frac{1}{2}$

$=\frac{1}{16}$

우승 — 승 --- 패
(마) A
(라) A
⇐ (가)L → (다)W → (라)W → (마)W : 우승
A (다)
(가)
A B C D

2nd 구하려는 것은 A팀이 우승했을 때, A팀이 (가)에서 이겼을 확률을 구하는 것이므로 조건부확률을 구하는 거지?

A팀이 우승할 사건을 M, A팀이 (가)에서 우승할 사건을 N이라 할 때, 구하는 확률은 $\mathrm{P}(N|M)$이므로

$$\mathrm{P}(N|M)=\frac{\mathrm{P}(M\cap N)}{\mathrm{P}(M)}$$

$$=\frac{\frac{1}{8}+\frac{1}{16}}{\frac{1}{8}+\frac{1}{16}+\frac{1}{16}}$$

$$=\frac{3}{4}$$
$\frac{(\text{A팀이 (가)에서 이겨서 우승할 확률})}{(\text{A팀이 우승할 확률})}=\frac{(\text{(i)에서 구한 확률})}{(\text{(i)+(ii)에서 구한 확률})}$

$$=\frac{q}{p}$$

$\therefore p=4,\ q=3 \Rightarrow p+q=7$

[1등급 심화 특강]

〈사건 $M\cap N$과 사건 $M\cap N^C$을 이용하여 사건 M 찾기〉

$\mathrm{P}(N|M)$을 구할 때 사건 M이 복잡하다면,
$\mathrm{P}(M)=\mathrm{P}(M\cap N^C)+\mathrm{P}(M\cap N)$이므로 사건 N, M을 이용하여 $M\cap N$과 $M\cap N^C$으로 나누어 보는 경우가 간편하다.
이 문제에서는 A팀이 (가)에 이기고 우승하는 확률을 (가)에서 이기고 우승하는 확률과 (가)에서 지고 우승하는 확률을 더한 값으로 나누어 조건부확률을 구할 수 있다.

My Top Secret

B, C, D 중 누가 올라오느냐가 A의 승리 확률에 영향을 미치지 못하므로 누가 올라오는 지는 고려하지 않아도 돼.

조건부확률 개념·공식

사건 A가 일어났다고 가정할 때 사건 B가 일어날 확률을 사건 A가 일어났을 때의 사건 B의 **조건부확률**이라 하고 $\mathrm{P}(B|A)$로 나타낸다.

$$\mathrm{P}(B|A)=\frac{\mathrm{P}(A\cap B)}{\mathrm{P}(A)}\ (\text{단, } \mathrm{P}(A)>0)$$

H 81 정답 135 — 2등급 킬러 [정답률 13%]

A, B 두 사람이 각각 4개씩 공을 가지고 다음 시행을 한다.

단서1 A, B 모두 4개의 공을 가지고 시행을 시작해서 한 번의 시행마다 A의 공이 1개 늘어나거나, 1개 줄어들거나, 변화없는 결과가 나온다는 사실을 이용할 수 있어.

> A, B 두 사람이 주사위를 한 번씩 던져 나온 눈의 수가 짝수인 사람은 상대방으로부터 공을 한 개 받는다.

각 시행 후 A가 가진 공의 개수를 세었을 때, 4번째 시행 후 센 공의 개수가 처음으로 6이 될 확률은 $\frac{q}{p}$이다. $p+q$의 값을 구하시오. (단, p와 q는 서로소인 자연수이다.) (4점)

단서2 4번의 시행 후 처음으로 A의 공이 6개가 되었으므로 그 이전에는 공의 개수가 5 이하가 되어야 한다는 사실로 문제의 실마리를 찾을 수 있어.

이 문제는 주사위를 던져서 나온 결과에 따라 가지는 공의 개수가 달라질 때, 4번째 시행에서 센 공의 개수가 처음으로 6이 되는 경우의 확률을 구해야 한다.
이를 위해서는 3번째 시행과 4번째 시행을 예상해 보고, A가 던진 주사위의 눈의 수에 따라 어떤 결과가 나오는지 나누어서 각각의 경우를 따져보는 것이 이 문제의 키포인트이다.

[풀이 단서 체크]

❶ 먼저, 주사위를 던져 나온 눈의 수가 짝수이면 상대방으로부터 공을 한 개 받으므로 공의 개수의 변화는 $+1$, 0, -1의 경우가 있다. ⇒ 단서1

❷ 이제, A의 입장에서 경우를 나누어 보고, 회차에 따라서 가능한 각 경우를 따져봐야 한다.

❸ 마지막으로, 4번째 시행 후 센 공의 개수가 처음으로 6이 되므로 이 전에는 공의 개수가 6이어서는 안 된다는 조건을 놓치지 말아야 한다. ⇒ 단서2

주의 4번째 시행 후 센 공의 개수가 처음으로 6이 되려면 3번째 시행에서 가능한 경우는 공이 1개 늘어나거나 변화가 없는 경우임을 반드시 파악해야 한다.

핵심 정답 공식: 사건 A와 사건 B가 독립인 경우에 대하여 사건 A와 사건 B가 동시에 일어나는 경우의 확률은 $\mathrm{P}(A\cap B)=\mathrm{P}(A)\mathrm{P}(B)$이다. 각 회차에서 나올 수 있는 주사위의 눈의 수는 서로 독립이므로 확률을 각각 곱해줄 수 있다.

[문제 풀이 순서]

* 주사위의 눈의 수에 따라 상대방으로부터 공을 받거나 공을 주거나 변화가 없는 경우의 결과를 예측하여 확률 구하기

1st 한 번의 시행으로 나타날 수 있는 사건과 그 확률을 구해봐.

A, B 두 사람이 주사위를 한 번씩 던져 나온 눈의 수가 짝수이면 상대방으로부터 공을 한 개 받는 시행을 하므로 한 번의 시행 결과로 나타나는 사건을 A의 입장에서 경우를 나누고 그 확률을 구해보자.

① A가 가진 공이 1개 늘어나는 경우 :
A가 던진 주사위의 눈의 수가 짝수이고 B가 던진 주사위의 눈의 수가 홀수이므로 확률은 $\frac{1}{2}\times\frac{1}{2}=\frac{1}{4}$

② A가 가진 공의 개수의 변화가 없는 경우 :
A, B가 던진 주사위의 눈의 수가 모두 짝수이거나 모두 홀수이므로 확률은 $\frac{1}{2}\times\frac{1}{2}+\frac{1}{2}\times\frac{1}{2}=\frac{1}{2}$

③ A가 가진 공이 1개 줄어드는 경우 :
A가 던진 주사위의 눈의 수가 홀수이고 B가 던진 주사위의 눈의 수가 짝수이므로 확률은 $\frac{1}{2}\times\frac{1}{2}=\frac{1}{4}$

①, ②, ③의 확률의 합은 $\frac{1}{4}+\frac{1}{2}+\frac{1}{4}=1$이다.

2nd 상황을 정리해보자.

시행 회차	1	2	3	4
가능한 사건	①, ②, ③	①, ②, ③	①, ②	①
A가 가지는 공의 개수	3, 4, 5	4, 5	5	6

4 번째 시행 후 A가 가진 공의 개수가 처음으로 6이 되려면 3 번째 시행 후에 A가 가진 공의 개수가 5가 되어야 해.

실수 다음과 같이 표를 이용하여 공의 개수를 써 넣으면서 사건의 결과들을 정리하면 실수를 피할 수 있어.

이때, 4번째 시행은 무조건 ①이므로 3번째 시행에서 ③의 경우가 나타나면 A가 4번 시행 후에 가지는 공의 개수는 2번째 시행 후에 가지는 공의 개수와 같게 되고, 2번째 시행 후 A가 가지는 공이 6개이면 문제에서 센 공의 개수가 처음으로 6이 된다는 조건에 맞지 않는다.
(4번째 시행: $+1$, 3번째 시행 ③: -1)

따라서 3번째 시행에서 가능한 경우는 ①, ②뿐이다.
3번째 시행 후에 A가 가진 공의 개수가 5이려면 3번째 시행에서 A가 가진 공이 1개 늘어나거나 변화가 없어야 해. 따라서 가능한 사건은 ①, ②야.

(i) 3번째 시행에서 ①이 일어나는 경우

시행 회차	1	2	3	4
가능한 사건	①, ②, ③	①, ②, ③	①	①
공 개수의 변화			$+1$	$+1$

1번째와 2번째 시행에서 변한 공 개수가 $+1$, -1 또는 -1, $+1$ 또는 0, 0이어야 한다. 즉, 1번째, 2번째 시행에서 ①, ③ 또는 ③, ①이 일어나거나 두 시행 모두 ②가 일어나야 하므로

3, 4번째 시행에서 $+1+1=+2$이므로 공의 개수가 처음으로 6이 돼. 따라서 앞의 시행까지의 A가 가진 공의 개수는 4로 변함이 없어야 해.

$$\left\{\left(\frac{1}{4}\right)^2+\left(\frac{1}{4}\right)^2+\left(\frac{1}{2}\right)^2\right\}\times\frac{1}{4}\times\frac{1}{4}=\left(\frac{1}{2^4}+\frac{1}{2^4}+\frac{2^2}{2^4}\right)\times\frac{1}{2^2}\times\frac{1}{2^2}$$

(첫 번째 $\frac{1}{4}$: 3번째 시행에서 A가 가진 공이 1개 늘어나야 하므로! / 두 번째 $\frac{1}{4}$: 4번째 시행에서 A가 가진 공이 1개 늘어나야 하므로!)

$$=\frac{6}{2^4}\times\frac{1}{2^4}=\frac{3}{128}$$

(ii) 3번째 시행에서 ②가 일어나는 경우

시행 회차	1	2	3	4
가능한 사건	①, ②, ③	①, ②, ③	②	①
공 개수의 변화			0	$+1$

1번째와 2번째 시행에서 변한 공 개수가 $+1$, 0 또는 0, $+1$이어야 한다. 즉, 1번째, 2번째 시행에서 ①, ② 또는 ②, ①이 일어나야 하므로

$$\left(\frac{1}{4}\times\frac{1}{2}+\frac{1}{4}\times\frac{1}{2}\right)\times\frac{1}{2}\times\frac{1}{4}$$

($\frac{1}{2}$: 3번째 시행에서 A가 가진 공의 개수는 변화가 없으므로! / $\frac{1}{4}$: 4번째 시행에서 A가 가진 공이 1개 늘어나야 하므로!)

3, 4번째 시행에서 $0+1=+1$이므로 공의 개수가 5야. 따라서 2번째의 시행 후에 A가 가진 공의 개수가 5가 되는 거야.

$$=\left(\frac{1}{8}+\frac{1}{8}\right)\times\frac{1}{2}\times\frac{1}{2^2}=\frac{2}{8}\times\frac{1}{2^3}=\frac{1}{32}$$

(i), (ii)에 의하여 구하는 확률은 $\frac{3}{128}+\frac{1}{32}=\frac{3}{128}+\frac{4}{128}=\frac{7}{128}$

따라서 $p=128$, $q=7$이므로 $p+q=135$

1등급 풀이 Tip

A와 B 두 사람이 나온다고 해서 두 사람이 던지는 주사위의 눈의 수의 결과인 짝수, 홀수를 동시에, 모두 생각하려고 하면 생각이 꼬이게 될 것이다.
A가 가진 공이 1개 늘어나는 경우는 A가 던진 주사위의 눈의 수만 짝수가 나오는 경우이고, A가 가진 공의 개수가 줄어드는 경우는 B가 던진 주사위의 눈의 수만 짝수가 나오는 경우이고, A가 가진 공의 개수가 변함이 없는 것은 두 사람이 던진 주사위의 눈의 수가 모두 짝수이거나 홀수였을 때라는 것을 생각하면 상황이 간단히 파악될 것이다.

H 82 정답 ⑤ *조건부확률의 응용 [정답률 45%]

정답 공식: 정보 x가 송신 신호 0, 1, 2를 거쳐 수신 신호 1이 될 확률을 각각 구하고, 조건부확률의 정의를 이용한다.

그림은 어떤 정보 x를 0과 1, 2의 세 가지 중 한 가지의 송신 신호로 바꾼 다음 이를 전송하여 수신 신호를 얻는 경로를 나타낸 것이다.

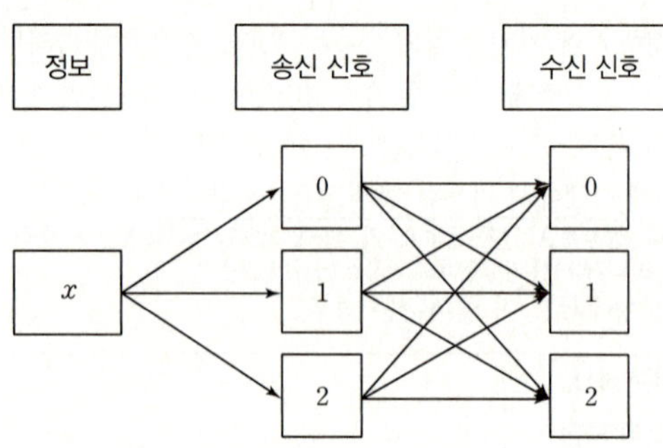

이때, 송신 신호가 전송되는 과정에서 수신 신호가 바뀌는 경우가 생기는데, 각각의 경우에 따른 확률은 다음과 같다.

(가) 정보 x가 0, 1, 2의 송신 신호로 바뀔 확률은 각각 0.2, 0.5, 0.3이다.
(나) 송신 신호 0이 수신 신호 0, 1, 2로 전송될 확률은 각각 0.90, 0.05, 0.05이다.
(다) 송신 신호 1이 수신 신호 0, 1, 2로 전송될 확률은 각각 0.05, 0.90, 0.05이다.
(라) 송신 신호 2가 수신 신호 0, 1, 2로 전송될 확률은 각각 0.05, 0.05, 0.90이다.

정보 x를 전송한 결과 수신 신호가 1이었을 때, 송신 신호가 1이었을 확률은? (4점) **단서** 조건부확률임을 알아야 해.

① $\frac{14}{19}$ ② $\frac{15}{19}$ ③ $\frac{16}{19}$
④ $\frac{17}{19}$ ⑤ $\frac{18}{19}$

1st 각 사건을 문자로 나타내어 보고 그 확률을 나타내어 보자.

정보 x가 1의 송신 신호로 바뀌는 사건을 A라 하고 송신 신호가 수신 신호 1로 전송되는 사건을 B라 할 때, 구하는 확률은 $\mathrm{P}(A|B)$이다.

2nd $\mathrm{P}(A|B)$를 정의에 따라 구하자.

$$\mathrm{P}(A|B)=\frac{\mathrm{P}(A\cap B)}{\mathrm{P}(B)}=\frac{\mathrm{P}(A\cap B)}{\mathrm{P}(A\cap B)+\mathrm{P}(A^C\cap B)}=\frac{0.5\times0.90}{0.5\times0.90+0.2\times0.05+0.3\times0.05}=\frac{90}{95}=\frac{18}{19}$$

(0.5×0.90: 정보 x → 송신신호 1 → 수신신호 1, 0.2×0.05: 정보 x → 송신신호 0 → 수신신호 1, 0.3×0.05: 정보 x → 송신신호 2 → 수신신호 1)

H 83 정답 ③ ✪ 2등급 킬러 [정답률 13%]

여덟 면에 1부터 8까지의 자연수가 각각 하나씩 적혀 있는 정팔면체 모양의 주사위가 있다. 이 주사위를 100번 반복하여 던질 때, 6 이상의 수가 k번 나올 확률을 $\mathrm{P}(k)$라 하자.

$\sum_{k=1}^{50}\{\mathrm{P}(2k-1)-\mathrm{P}(2k)\}$의 값은? (4점)

단서 주어진 경우가 독립시행으로 100회 중 k번 나올 경우로 $\mathrm{P}(k)$에 대한 일반항을 구해.

① $\left(\frac{5}{8}\right)^{100}$ ② $\left(\frac{5}{8}\right)^{100}-\left(\frac{3}{8}\right)^{100}$ ③ $\left(\frac{5}{8}\right)^{100}-\left(\frac{1}{4}\right)^{100}$
④ $\left(\frac{5}{8}\right)^{50}-\left(\frac{3}{8}\right)^{50}$ ⑤ $\left(\frac{3}{8}\right)^{50}-\left(\frac{5}{8}\right)^{50}$

✪ 주어진 함수를 독립시행의 확률로 나타내고 이들을 더한 값을 이항정리를 이용해서 간단하게 나타내야 한다. 이를 위해서는 독립시행의 확률을 연속해서 더한 값은 이항정리와 관련이 있고 간단하게 나타낼 수 있는 방법을 익혀두는 것이 좋다.

[풀이 단서 체크]

❶ 같은 조건에서 어떤 시행을 반복할 때 각 시행의 결과가 다른 시행의 결과에 아무런 영향을 주지 않는 경우이다. 이때, 1부터 8까지 자연수 중에서 6 이상의 수인 6, 7, 8이 나올 확률은 $\frac{3}{8}$으로 매 시행 일정하다.

❷ $\mathrm{P}(k)={}_{100}\mathrm{C}_k\left(\frac{3}{8}\right)^k\left(1-\frac{3}{8}\right)^{100-k}$이다. ⇒ **단서**

주의 특히 이항정리를 이용하는 경우에 k가 1부터 시작되는 $\sum_{k=1}^{100}\mathrm{P}(k)$를 k가 0부터 시작되는 $\sum_{k=0}^{100}\mathrm{P}(k)$로 변환할 때 주의한다. $\sum_{k=1}^{100}\mathrm{P}(k)=\left(\sum_{k=0}^{100}\mathrm{P}(k)\right)-\mathrm{P}(0)$이다.

핵심 정답 공식: $\mathrm{P}(k)={}_{100}\mathrm{C}_k\left(\frac{3}{8}\right)^k\left(\frac{5}{8}\right)^{100-k}$과 $\sum_{k=0}^{n}{}_n\mathrm{C}_k a^k b^{n-k}$을 $(a+b)^n$으로 변형하여 확률을 구한다.

[문제 풀이 순서]

*이항정리를 이용하여 식 간단하게 나타내기

1st n회 중 r회 일어나는 독립시행의 확률 $\mathrm{P}(X=r)={}_n\mathrm{C}_r p^r(1-p)^{n-r}$을 이용하여 6 이상의 수가 k번 나올 확률 $\mathrm{P}(k)$를 구하자.

6 이상의 수가 나올 확률은 $\frac{3}{8}$이고 이때, 100번 반복하여 던질 때, 6 이상의 수가 k번 나올 확률 (6, 7, 8로 8개 중 3개 선택)

$$\mathrm{P}(k)={}_{100}\mathrm{C}_k\left(\frac{3}{8}\right)^k\left(\frac{5}{8}\right)^{100-k}=\frac{{}_{100}\mathrm{C}_k}{8^{100}}\times3^k\times5^{100-k}$$

(6 이상의 수가 아닐 확률로 $1-\frac{3}{8}=\frac{5}{8}$야.)

2nd 주어진 식을 이항정리를 이용하여 간단하게 나타내자.

$$\sum_{k=1}^{50}\{\mathrm{P}(2k-1)-\mathrm{P}(2k)\}$$

$$=\sum_{k=1}^{50}\left(\frac{{}_{100}\mathrm{C}_{2k-1}}{8^{100}}\times3^{2k-1}\times5^{101-2k}-\frac{{}_{100}\mathrm{C}_{2k}}{8^{100}}\times3^{2k}\times5^{100-2k}\right)$$

$$=-\frac{5^{100}}{8^{100}}\sum_{k=1}^{50}(-{}_{100}\mathrm{C}_{2k-1}\times3^{2k-1}\times5^{1-2k}+{}_{100}\mathrm{C}_{2k}\times3^{2k}\times5^{-2k})$$

$$=-\frac{5^{100}}{8^{100}}\sum_{k=1}^{50}({}_{100}\mathrm{C}_{2k}\times3^{2k}\times5^{-2k}-{}_{100}\mathrm{C}_{2k-1}\times3^{2k-1}\times5^{1-2k})$$

$$=-\frac{5^{100}}{8^{100}}\left[\sum_{k=1}^{50}\left\{{}_{100}\mathrm{C}_{2k}\times\left(-\frac{3}{5}\right)^{2k}+{}_{100}\mathrm{C}_{2k-1}\times\left(-\frac{3}{5}\right)^{2k-1}\right\}+{}_{100}\mathrm{C}_0-{}_{100}\mathrm{C}_0\right]$$

$$=-\frac{5^{100}}{8^{100}}\left[\sum_{k=0}^{100}{}_{100}\mathrm{C}_k\left(-\frac{3}{5}\right)^k\right]+\frac{5^{100}}{8^{100}}\times{}_{100}\mathrm{C}_0$$

($\left(\frac{3}{5}\right)^{2k}=\left(-\frac{3}{5}\right)^{2k}$)

$$=-\frac{5^{100}}{8^{100}}\sum_{k=0}^{100}\left\{{}_{100}\mathrm{C}_k\times1^{100-k}\times\left(-\frac{3}{5}\right)^k\right\}+\frac{5^{100}}{8^{100}}\times{}_{100}\mathrm{C}_0$$

$$=-\frac{5^{100}}{8^{100}}\left(1-\frac{3}{5}\right)^{100}+\frac{5^{100}}{8^{100}}=\left(\frac{5}{8}\right)^{100}-\left(\frac{1}{4}\right)^{100}$$

[다른 풀이]

$$\sum_{k=1}^{50}\{P(2k-1)-P(2k)\}=\sum_{k=1}^{100}{}_{100}C_k(-1)^{k+1}\cdot\left(\frac{3}{8}\right)^k\left(\frac{5}{8}\right)^{100-k}$$

이항정리를 이용하면

$$\left(\frac{3}{8}-\frac{5}{8}\right)^{100}=\sum_{k=0}^{100}{}_{100}C_k\left(\frac{3}{8}\right)^k\left(-\frac{5}{8}\right)^{100-k}$$

$$=\left(\frac{5}{8}\right)^{100}+\sum_{k=1}^{100}{}_{100}C_k\left(\frac{3}{8}\right)^k\left(-\frac{5}{8}\right)^{100-k}$$

$$=\left(\frac{5}{8}\right)^{100}-P(1)+P(2)-P(3)+\cdots+P(100)$$

$$\therefore P(1)-P(2)+P(3)-P(4)+\cdots-P(100)=\left(\frac{5}{8}\right)^{100}-\left(\frac{1}{4}\right)^{100}$$

1등급 풀이 Tip

이항정리를 이용할 때 다음과 같은 스킬을 익혀두도록 하자.

$f(k)={}_nC_ka^kb^{n-k}$이라고 했을 때, $\sum_{k=0}^{n}f(k)=(a+b)^n$이다. 이때 a 대신 $-a$를 대입하게 되면 k가 홀수인 경우 부호가 음수로 변하게 된다. 따라서 다음과 같은 식이 된다.

$(-a+b)^n=f(0)-f(1)+f(2)-f(3)+\cdots$

여기서 한 번 더 나아가서 k가 짝수인 항만 남기고 싶다면 $(a+b)^n$과 $(-a+b)^n$을 더한 후 2로 나눠주면 된다. 반대로 k가 홀수인 항만 남기고 싶다면 $(a+b)^n$에서 $(-a+b)^n$을 뺀 후 2로 나눠주면 된다.

문제에서 구하는 값을 살펴보면, $P(2k-1)$와 $P(2k)$가 등장하는데 이는 짝수 항과 홀수 항을 의미한다. 따라서 위와 같은 이항정리를 다루는 스킬을 이용하면 문제를 쉽게 풀 수 있음을 짐작할 수 있다.

독립시행의 확률의 정의와 식 개념·공식

① 독립시행의 정의 : 같은 조건에서 어떤 시행을 반복할 때 각 시행의 결과가 다른 시행의 결과에 아무런 영향을 주지 않는 경우, 즉 매번 일어나는 사건이 서로 독립인 경우이다.

② 독립시행의 확률 : 한 번의 시행에서 사건 A가 일어날 확률이 p로 일정할 때, 이 시행을 n회 반복하는 독립시행에서 사건 A가 r회 일어날 확률은 ${}_nC_rp^r(1-p)^{n-r}$

H 84 정답 21

✪ 2등급 킬러 [정답률 15%]

좌표평면 위의 두 동점 A, B가 다음과 같은 규칙으로 움직인다.

단서3 두 점은 x, y축으로 각각 6만큼 떨어져 있어.

(가) A의 위치는 $(0, 0)$, B의 위치는 $(6, 6)$이다.

(나) 동전을 던져서 앞면이 나오면 A는 (x, y)에서 $(x+1, y)$로 이동하고 B는 (x, y)에서 $(x-1, y)$로 이동한다. 단서1 앞면이 나오는 횟수만큼 점 A는 오른쪽으로, 점 B는 왼쪽으로 움직여.

(다) 동전을 던져서 뒷면이 나오면 A는 (x, y)에서 $(x, y+1)$로 이동하고 B는 (x, y)에서 $(x, y-1)$로 이동한다. 단서2 뒷면의 나오는 횟수만큼 점 A는 위로, 점 B는 아래로 움직여.

두 동점 A, B가 만날 확률을 $\frac{q}{p}$라 할 때, $p+q$의 값을 구하시오.

(단, p와 q는 서로소인 자연수이다.) (4점)

✪ 이 문제는 독립시행을 몇 번 시행하는지 모르는 상황에서 조건을 만족하는 독립시행의 확률을 구해야 한다. 이를 위해서는 미지수를 설정하는 것이 키포인트이고 독립시행의 확률의 정의와 식을 이해하고 알고 있어야 한다.

[풀이 단서 체크]

❶ 먼저, 조건 (나)를 보면 동전이 앞면이 나온다면 점 A의 x좌표가 x축의 양의 방향으로 1만큼 접근하고, 점 B는 x축의 음의 방향으로 1만큼 접근해서 x축 기준으로 총 2만큼 가까워진다. ⇒ 단서1

❷ 이제, 조건 (다)를 보면 동전이 뒷면이 나온다면 점 A의 y좌표가 y축의 양의 방향으로 1만큼 접근하고, 점 B는 y축의 음의 방향으로 1만큼 접근해서 y축 기준으로 총 2만큼 가까워진다. ⇒ 단서2

❸ 마지막으로, 조건 (가)에서 점 A와 점 B의 x좌표, y좌표 모두 6만큼 떨어져 있다는 것을 알 수 있다.
따라서 x좌표, y좌표의 6만큼의 간격을 좁히려면 앞면과 뒷면이 각각 3번씩 나와야 된다.

주의 앞면이나 뒷면이 나오는 횟수가 3번을 초과하게 된다면 두 동점 A, B는 절대 만날 수 없다.

핵심 정답 공식: 동전을 n번 던지고 앞면이 k번 나왔다고 한 후, 두 점 A와 B의 좌표를 n과 k로 표현하고 두 점의 좌표가 같다고 식을 세워 n과 k의 값을 구한다.

[문제 풀이 순서]

* 독립시행의 확률 구하기

1st 동전을 n번 던진다고 가정하고 두 점 A, B의 좌표를 구해 보자.

n번째까지 앞면이 k번, 뒷면이 $n-k$번$(0\le k\le n)$나올 때 두 점 A, B의 좌표는
$A(k, n-k)$, $B(6-k, 6-(n-k))$ 정리해 보면 A(앞면 횟수, 뒷면 횟수), B(6−(앞면 횟수), 6−(뒷면 횟수))가 되는 거야.

실수 이렇게 적절히 문자로 치환하는 것이 쉬운 일은 아니야. 꼭 연습해서 익숙해지자.

2nd 두 점이 만날 때는 x좌표는 x좌표끼리, y좌표는 y좌표끼리 같아야 해.

두 점 A와 B가 만나는 것은 두 점의 x좌표와 y좌표가 각각 같을 때이므로 $k=6-k$, $n-k=6-(n-k)$ → 두 점의 좌표가 같아야 해.

$\therefore n=6, k=3$

3rd 동전을 던지는 시행은 독립시행이므로 그 확률을 구해 보자.

따라서 동전을 6번 던져서 앞면, 뒷면이 각각 3번씩 나와야 하므로 구하는 확률은 → 동전을 1번 던질 때 앞면이 나올 확률은 $\frac{1}{2}$로 일정하므로 독립시행을 따르고 있어.

$${}_6C_3\left(\frac{1}{2}\right)^3\left(\frac{1}{2}\right)^3=\frac{5}{16}=\frac{q}{p}$$

$\therefore p+q=16+5=21$

1등급 풀이 Tip

직관적으로 6번을 시행해야 하고 앞면과 뒷면이 각각 3번씩 나와야함을 깨달을 수도 있지만 미지수를 설정하여 방정식을 세우는 방법이 더욱 정확하게 푸는 방법이다.

H 85 정답 ③ ✪ 1등급 킬러 [정답률 8%]

상자 A에는 빨간 공 1개, 흰 공 2개가 들어 있고, 상자 B에는 빨간 공 2개, 흰 공 1개가 들어 있다. 갑은 을이 모르게 두 상자 A, B 중에서 하나를 선택한 후, 그 상자에서 공을 한 번에 한 개씩 복원추출로 5번 꺼내었다. 을은 갑이 꺼낸 공에서 빨간 공이 나온 횟수를 세어 갑이 어느 상자를 선택하였는지 다음과 같은 방법으로 판단하기로 하였다. 단서 갑이 상자 B를 선택했는데 을의 판단이 틀릴 경우는 갑이 상자 A를 선택하였다고 판단할 경우로 방법 (가)네.

(가) 빨간 공이 3회 이하 나온 경우
'갑이 상자 A를 선택하였다.'라고 판단한다.
(나) 빨간 공이 4회 이상 나온 경우
'갑이 상자 B를 선택하였다.'라고 판단한다.

갑이 상자 B를 선택하였을 때, 을의 판단이 틀릴 확률은? (4점)

① $\frac{232}{3^5}$ ② $\frac{64}{3^4}$ ③ $\frac{131}{3^5}$
④ $\frac{20}{3^4}$ ⑤ $\frac{17}{3^4}$

✪ 이 문제는 갑이 상자 B를 선택할 때 을은 '갑이 상자 A를 선택하였다'고 판단할 확률을 구해야 한다.
이를 위해서는 상자 B에서 공을 5번 꺼낼 때 빨간 공이 3회 이하로 나올 확률을 구해 따져보는 것이 이 문제의 키포인트이다.

[풀이 단서 체크]

❶ 먼저, 갑이 상자 B를 선택할 때 을의 판단이 틀린 경우는 어떤 경우인지 알아보아야 한다.

❷ 이제, 을의 판단이 '갑이 상자 B를 선택하였다.'이면 옳은 판단, '갑이 상자 A를 선택하였다.'이면 틀린 판단이므로 을의 판단은 '갑이 상자 A를 선택하였다.'이고 을이 이렇게 판단하려면 빨간 공이 3회 이하로 나와야 한다. ⇒ 단서

❸ 마지막으로, 상자 B에는 빨간 공 2개, 흰 공 1개가 들어 있으므로 상자 B에서 공을 꺼낼 때 빨간 공을 꺼낼 확률은 $\frac{2}{3}$이다.
공을 꺼낼 때 복원추출로 꺼내므로 앞에서 꺼낸 공의 색깔과 상관없이 빨간 공을 꺼낼 확률은 일정하다. 이를 바탕으로 공을 5번 꺼낼 때 빨간 공이 3회 이하로 나올 확률을 구할 수 있다.

주의 5번 꺼낼 때 빨간 공이 3회 이하로 나올 확률을 구할 때 여사건을 활용하여 구하면 간편하다.

핵심 정답 공식: 상자 B에서 공을 5번 복원추출로 꺼내었을 때, 빨간 공이 3회 이하 나올 확률을 구한다.

[문제 풀이 순서]

* 독립시행의 확률을 이용하여 복원추출의 확률 구하기

1st 갑이 상자 B를 선택했을 때, 을의 판단이 틀린 경우는 어떤 경우일 때인지 생각해 봐.

갑이 상자 B를 선택하였을 때, 을의 판단이 틀리려면 을은 갑이 상자 A를 선택했다고 판단해야 한다. 즉, 빨간 공이 3회 이하 나온 경우이다. ((가)에 의하여~)
그러면 결국 빨간 공 2개, 흰 공 1개가 들어있는 상자 B에서 빨간 공이 3회이하 나올 확률을 구하면 된다. ⇒ 을은 갑이 상자 A를 택하였다고 잘못 판단하지?

2nd 독립시행의 확률을 이용하여 을의 판단이 틀릴 확률, 즉 상자 B에서 빨간 공이 3회 이하 나올 확률을 구하자.

상자 B에서 빨간 공을 꺼낼 확률은 $\frac{2}{3}$이고 (3개 중 빨간 공 2개 선택) 이 사건은 독립시행으로 (동일한 시행을 반복하는 경우에 각 시행에서 일어나는 사건이 독립일 때야.) 빨간 공이 r회 나올 확률은 ${}_5C_r\left(\frac{2}{3}\right)^r\left(\frac{1}{3}\right)^{5-r}$이다.

따라서 이 상자에서 빨간 공이 3회 이하 나올 확률은 ((0회+1회+2회+3회)나올 확률)

$${}_5C_0\left(\frac{2}{3}\right)^0\left(\frac{1}{3}\right)^5+{}_5C_1\left(\frac{2}{3}\right)^1\left(\frac{1}{3}\right)^4+{}_5C_2\left(\frac{2}{3}\right)^2\left(\frac{1}{3}\right)^3+{}_5C_3\left(\frac{2}{3}\right)^3\left(\frac{1}{3}\right)^2$$

(${}_nC_0=1$, ${}_nC_1=n$, ${}_nC_r={}_nC_{n-r}$)

$$=\frac{1}{3^5}+\frac{5\times2}{3^5}+\frac{10\times4}{3^5}+\frac{10\times8}{3^5}$$

$$=\frac{131}{3^5}$$

실수 상자가 B인 게 전제로 빨간 공을 뽑는 독립시행의 확률을 구하는 거기 때문에 상자에 관한 확률은 계산하지 않는 거야.

쉬운 풀이

상자 B에서 빨간 공이 3회 이하 나올 확률은 전체 확률에서 빨간 공이 4회 이상 나올 확률을 빼도 되지? ($\mathrm{P}(A)$라 하면 $\mathrm{P}(A^C)=1-\mathrm{P}(A)$야. 4회 이상은 4, 5회 두 가지로 계산하는 시간을 단축시킬 수 있지.)

이때, 4회 이상 나올 확률은

$${}_5C_4\left(\frac{2}{3}\right)^4\left(\frac{1}{3}\right)+{}_5C_5\left(\frac{2}{3}\right)^5=\frac{5\times16+32}{3^5}$$

(4회, 5회)

$$=\frac{112}{3^5}$$

주의 여사건의 확률이 더 간단할 때는 여사건의 확률을 빼는 걸로 계산을 줄이자.

$$\therefore (\text{구하는 확률})=1-\frac{112}{3^5}=\frac{131}{3^5}$$

[1등급 심화 특강]

〈복원추출과 비복원추출〉

복원추출은 추출에서 뽑힌 개체를 다시 모집단에 넣어 특정 개체가 뽑힐 확률이 일정하다. 이 경우 각 추출에서는 앞의 추출의 결과와 상관없이 특정 개체가 뽑힐 확률이 일정하고, 독립적으로 실행된다.
반면, 비복원추출은 추출에서 뽑힌 개체를 모집단에 넣지 않아 전체 모집단의 수가 줄어들므로 특정 개체가 다시 뽑힐 확률은 줄어든다. 따라서 이 경우 앞의 추출의 결과에 따라 특정 개체가 뽑힐 확률이 변할 수 있다.

독립시행의 확률의 정의와 식 개념·공식

① 독립시행의 정의 : 같은 조건에서 어떤 시행을 반복할 때 각 시행의 결과가 다른 시행의 결과에 아무런 영향을 주지 않는 경우, 즉 매번 일어나는 사건이 서로 독립인 경우이다.
② 독립시행의 확률 : 한 번의 시행에서 사건 A가 일어날 확률이 p로 일정할 때, 이 시행을 n회 반복하는 독립시행에서 사건 A가 r회 일어날 확률은 ${}_nC_rp^r(1-p)^{n-r}$

I 통계

4점 같은 3점+4점 문제

I 01 정답 ⑤ *이산확률변수의 기댓값(평균) ········ [정답률 90%]

정답 공식: $P(0\le X\le 2)$의 값을 통해 a의 값을 구한다. $E(X)=\sum_{i=1}^{n}x_ip_i$임을 이용한다.

확률변수 X의 확률분포표는 다음과 같다.

X	-1	0	1	2	합계
$P(X=x)$	$\frac{3-a}{8}$	$\frac{1}{8}$	$\frac{3+a}{8}$	$\frac{1}{8}$	1

$P(0\le X\le 2)=\frac{7}{8}$일 때, 확률변수 X의 평균 $E(X)$의 값은? (3점)

단서 이것은 0에서 2까지 확률이니까 a의 값을 구해. 확률분포표를 완성!!

① $\frac{1}{4}$ ② $\frac{3}{8}$ ③ $\frac{1}{2}$ ④ $\frac{5}{8}$ ⑤ $\frac{3}{4}$

1st 단서를 이용하여 상수 a의 값부터 구하자.

$P(0\le X\le 2)=P(X=0)+P(X=1)+P(X=2)$

$=\frac{1}{8}+\frac{3+a}{8}+\frac{1}{8}=\frac{7}{8}$

$\frac{5+a}{8}=\frac{7}{8}$, $5+a=7$ $\quad\therefore a=2$

2nd $a=2$를 대입하여 확률분포표를 완성하고 $E(X)$의 값을 구해.

변수 X	-1	0	1	2	합계
확률 $P(X=x)$	$\frac{1}{8}$	$\frac{1}{8}$	$\frac{5}{8}$	$\frac{1}{8}$	1

$\therefore E(X)=(-1)\times\frac{1}{8}+0\times\frac{1}{8}+1\times\frac{5}{8}+2\times\frac{1}{8}=\frac{6}{8}=\frac{3}{4}$

(평균)={(변수)×(확률)}의 합이야.

수능 핵강

확률의 총합이 1이고 $P(0\le X\le 2)=\frac{7}{8}$이므로 $P(X=-1)=\frac{1}{8}$임을 이용하여 상수 a의 값을 구할 수도 있어. 확률분포표를 자유자재로 사용할 수 있도록 연습하자.

I 02 정답 26 *이산확률변수의 기댓값(평균) ········ [정답률 80%]

정답 공식: 확률의 총합은 1이다. 세 수 a, b, c가 순서대로 등비수열을 이루면 $b^2=ac$가 성립한다.

다음은 확률변수 X의 확률분포표이다.

단서1 확률의 총합은 1인 것을 이용해.

X	k	$2k$	$3k$	합계
$P(X=x)$	$\frac{9}{13}$	a	b	1

$\frac{9}{13}$, a, b가 이 순서대로 등비수열을 이루고 X의 평균이 36일 때, 상수 k의 값을 구하시오. (3점)

단서2 a가 등비중항이겠지. $a^2=\frac{9}{13}\cdot b$가 성립하는 걸 이용해.

1st 확률분포표 안에 있는 미지수는 곧 확률이므로 확률의 총합이 1인 것을 이용해서 결정하자.

확률의 총합은 1이므로

$\frac{9}{13}+a+b=1$ $\quad\therefore b=\frac{4}{13}-a$ ⋯ ㉠

2nd a가 등비중항인 것을 이용하여 식을 세우자.

또한, 세 수 $\frac{9}{13}$, a, b가 이 순서대로 등비수열을 이루므로

가운데 수가 등비중항이야.

$a^2=\frac{9}{13}b$ ⋯ ㉡

㉠을 ㉡에 대입하면

$a^2=\frac{9}{13}\left(\frac{4}{13}-a\right)$, $a^2+\frac{9}{13}a-\frac{36}{13^2}=0$, $\left(a+\frac{12}{13}\right)\left(a-\frac{3}{13}\right)=0$

$\therefore a=\frac{3}{13}$($\because a>0$), $b=\frac{1}{13}$($\because$ ㉠)

a는 확률이므로 $0\le a\le 1$이야. 그런데 a는 등비수열의 항도 되므로 $a\ne 0$인 $a>0$이야.

이때, 확률변수 X에 대한 확률분포표는 다음과 같다.

X	k	$2k$	$3k$	합계
$P(X=x)$	$\frac{9}{13}$	$\frac{3}{13}$	$\frac{1}{13}$	1

따라서 확률변수 X의 평균이 36이므로

$E(X)=\sum_{i=1}^{n}x_ip_i$이므로 (확률변수의 값)×(확률)의 총합을 구해.

$k\times\frac{9}{13}+2k\times\frac{3}{13}+3k\times\frac{1}{13}=36$

$\frac{18}{13}k=36$ $\quad\therefore k=26$

[다른 풀이]

세 수 $\frac{9}{13}$, a, b가 이 순서대로 등비수열을 이루므로 이 등비수열의 공비를 r라 하면 $a=\frac{9}{13}r$, $b=\frac{9}{13}r^2$

따라서 $\frac{9}{13}+a+b=\frac{9}{13}+\frac{9}{13}r+\frac{9}{13}r^2=1$에서

$(3r+4)(3r-1)=0$ $\quad\therefore r=\frac{1}{3}$ ($\because r>0$)

$a>0$, $b>0$이므로 $r>0$이겠지.

$\therefore a=\frac{3}{13}$, $b=\frac{1}{13}$

(이하 동일)

수능 핵강

확률분포표에서 가장 기본적으로 알아야 할 것은 바로 모든 확률들을 더했을 때 1이라는 거야. 그 내용을 이용해서 a, b에 관한 방정식 하나를 얻고 $\frac{9}{13}$, a, b가 이 순서대로 등비수열을 이룬다는 것을 이용하여 방정식을 또 하나 얻으면 a, b의 값을 구할 수 있겠지?

이제 확률분포표에서의 평균의 정의 $\sum_{i=1}^{n}x_ip_i$를 이용해서 k의 값을 구하면 돼.

이산확률변수 X의 기댓값과 분산, 표준편차 개념·공식

확률변수 X의 확률질량함수가 $P(X=x_i)=p_i$ $(i=1, 2, 3, \cdots, n)$일 때, X의 확률분포를 표로 나타내면 아래와 같다.

X	x_1	x_2	⋯	x_n	합계
$P(X=x)$	p_1	p_2	⋯	p_n	1

이때,

① $E(X)=\sum_{i=1}^{n}x_ip_i$

② $V(X)=E(X^2)-\{E(X)\}^2$

③ $\sigma(X)=\sqrt{V(X)}$

I 03 정답 ② *이산확률변수의 기댓값(평균) ········ [정답률 75%]

(정답 공식: 확률변수 X에 대한 확률분포표를 그린다. 확률변수 X는 0부터 11까지의 정수를 가질 수 있다.)

주사위를 2번 던져 나온 눈의 수를 차례로 a, b라 할 때, 확률변수 X를 $X=|a-2b|$로 정의한다. 이때, 확률변수 X의 평균은? (3점)

단서 최소 0, 최대 11이겠네.

① $\frac{37}{9}$ ② $\frac{38}{9}$ ③ $\frac{13}{3}$

④ $\frac{40}{9}$ ⑤ $\frac{41}{9}$

1st $|a-2b|$의 값의 분포를 구하기 위해 표로 나타내어 보자.

a, b는 1, 2, 3, 4, 5, 6 중 어느 한 값을 가지므로 $|a-2b|$의 값을 조사해 보면 다음 표와 같다.

a \ b	1	2	3	4	5	6
1	1	3	5	7	9	11
2	0	2	4	6	8	10
3	1	1	3	5	7	9
4	2	0	2	4	6	8
5	3	1	1	3	5	7
6	4	2	0	2	4	6

즉, 확률변수 $X=|a-2b|$는 0, 1, 2, ⋯, 10, 11의 값을 가진다.
→ 각 값이 나오는 경우의 수는 달라.

2nd X의 확률분포표를 구해 보자.

따라서 X의 확률분포표는 다음과 같다.

X	0	1	2	3	4	5	6	7	8	9	10	11	합계
$P(X=x)$	$\frac{3}{36}$	$\frac{5}{36}$	$\frac{5}{36}$	$\frac{4}{36}$	$\frac{4}{36}$	$\frac{3}{36}$	$\frac{3}{36}$	$\frac{3}{36}$	$\frac{2}{36}$	$\frac{2}{36}$	$\frac{1}{36}$	$\frac{1}{36}$	1

확률의 합은 1이니까 이를 이용하면 확률분포표를 제대로 그렸는지 확인할 수 있지?

$\therefore E(X)$

$=0\times\frac{3}{36}+1\times\frac{5}{36}+2\times\frac{5}{36}+3\times\frac{4}{36}+4\times\frac{4}{36}+5\times\frac{3}{36}$

$+6\times\frac{3}{36}+7\times\frac{3}{36}+8\times\frac{2}{36}+9\times\frac{2}{36}+10\times\frac{1}{36}+11\times\frac{1}{36}$

$=\frac{38}{9}$

수능 핵강

확률변수 $X=|a-b|$에서 X가 가질 수 있는 값들은 어떤 값들일까? $X=0, 1, 2, 3, 4, 5$이다. 이를 기본으로 확률분포표를 한번 그려 본다면 X의 평균은 아마 어렵지 않게 구할 수 있을 거야.

이산확률변수의 확률의 총합과 평균 (개념·공식)

X	x_1	x_2	⋯	x_i	⋯	x_n	합계
$P(X=x_i)$	p_1	p_2	⋯	p_i	⋯	p_n	1

확률분포표에서 확률의 총합은 1이다. 즉,

$\sum_{i=1}^{n}p_i=p_1+p_2+\cdots+p_n=1$

확률변수 X의 평균은 $E(X)=\sum_{i=1}^{n}x_ip_i=x_1p_1+x_2p_2+\cdots+x_np_n$

I 04 정답 ④ *이산확률변수의 기댓값(평균) ········ [정답률 70%]

(정답 공식: 임의로 공을 3개 꺼낼 때, 검은 공이 0, 1, 2, 3개일 확률을 각각 구한다.)

주머니 속에 흰 공이 5개, 검은 공 3개, 회색공 1개가 들어 있다. 이 주머니에서 임의로 3개의 공을 동시에 꺼낼 때, 나오는 검은 공의 개수를 확률변수 X라 하자. $E(X)$의 값은? (3점)

단서 확률분포표를 만들어 평균이나 분산 혹은 표준편차를 구하는 문제가 꾸준히 출제되고 있어. 어려운 것은 아니지만 숫자가 많아 실수할 가능성이 있으니까 주의하도록 하자.

① $\frac{1}{4}$ ② $\frac{1}{2}$ ③ $\frac{3}{4}$

④ 1 ⑤ $\frac{5}{4}$

1st 확률분포표를 구하자.

전체 사건의 경우의 수는 ${}_9C_3=84$이고 → 9개의 공에서 3개의 공을 꺼내는 경우의 수

$X=0$일 때의 경우의 수는 (흰 공 2개, 회색 공 1개) 또는 (흰 공 3개, 회색 공 0개)일 때이므로

${}_5C_2\times{}_1C_1+{}_5C_3\times{}_1C_0=20$

$X=1$일 때의 경우의 수는 검은 공을 제외하고 (흰 공 1개, 회색 공 1개) 또는 (흰 공 2개, 회색 공 0개)일 때이므로

${}_3C_1\times({}_5C_1\times{}_1C_1+{}_5C_2\times{}_1C_0)=45$

$X=2$일 때의 경우의 수는 검은 공을 제외하고 (흰 공 1개, 회색 공 0개) 또는 (흰 공 0개, 회색 공 1개)일 때이므로

${}_3C_2\times({}_5C_1\times{}_1C_0+{}_5C_0\times{}_1C_1)=18$

$X=3$일 때의 경우의 수는

${}_3C_3=1$

X	0	1	2	3	합계
$P(X)$	$\frac{20}{84}$	$\frac{45}{84}$	$\frac{18}{84}$	$\frac{1}{84}$	1

2nd 확률분포표로 $E(X)$의 값을 구하자.

$E(X)=0\times\frac{20}{84}+1\times\frac{45}{84}+2\times\frac{18}{84}+3\times\frac{1}{84}=1$

→ [기댓값(평균)]
이산확률변수 X의 확률질량함수가 $P(X=x_i)=p_i$ $(i=1, 2, \cdots, n)$일 때, $x_1p_1+x_2p_2+\cdots+x_np_n=\sum_{i=1}^{n}x_ip_i=m$을 이산확률변수 X의 기댓값(평균)이라 하고 $E(X)$와 같이 나타낸다.

이산확률분포 (개념·공식)

(1) 기댓값(평균)

이산확률변수 X의 확률질량함수가 $P(X=x_i)=p_i$ $(i=1, 2, \cdots, n)$일 때, $x_1p_1+x_2p_2+\cdots+x_np_n=\sum_{i=1}^{n}x_ip_i=m$을 이산확률변수 X의 기댓값(평균)이라 하고 $E(X)$와 같이 나타낸다.

(2) 분산

편차 $X-m$의 제곱의 평균 $E((X-m)^2)$을 확률변수 X의 분산이라 하고 $V(X)$와 같이 나타낸다.

$V(X)=E((X-m)^2)=\sum_{i=1}^{n}(x_i-m)^2p_i$

$=\sum_{i=1}^{n}x_i^2p_i-m^2$

$=E(X^2)-\{E(X)\}^2$

I 05 정답 101 *이산확률변수의 기댓값(평균) ······ [정답률 45%]

(정답 공식: k가 11 이상인 경우와 10 이하인 경우로 나눠 $\mathrm{P}(X=k)$를 구한다.)

단서 작지 않은 수는 크거나 같은 수이므로 결국 최댓값이라는 것을 이해해.

1에서 10까지의 번호가 하나씩 쓰여진 10개의 공이 상자 A, 1에서 15까지의 번호가 하나씩 쓰여진 15개의 공이 상자 B 안에 각각 들어 있다. 두 상자에서 임의로 공을 하나씩 꺼내어 나오는 수 중 작지 않은 수를 확률변수 X라 할 때, X의 기댓값은 $\frac{q}{p}$이다. 이때, $p+q$의 값을 구하시오. (단, p, q는 서로소인 자연수이다.) (4점)

1st 최댓값이 k이려면 최댓값이 k 이하인 경우에서 최댓값이 $k-1$ 이하인 경우를 제외시키면 돼.

두 상자에서 임의의 공을 하나씩 꺼내어 나오는 수 중 작지 않은 수를 k라 하자. k가 11 이상인 경우와 10 이하인 경우로 나누어 생각하자.

(i) $k\geq11$

B에서는 k가 나오고, A에서는 어떤 수가 나와도 상관없으므로

$$\mathrm{P}(X=k)=1\times\frac{1}{15}=\frac{1}{15}$$

(ii) $k\leq10$

$$\mathrm{P}(X=k)=\mathrm{P}(X\leq k)-\mathrm{P}(X\leq k-1)$$
$$=\frac{k}{10}\times\frac{k}{15}-\frac{k-1}{10}\times\frac{k-1}{15}$$
$$=\frac{2k-1}{150}$$

A 상자에서 공 10개 중 k 이하의 값이 나올 확률이 $\frac{k}{10}$, B 상자에서 공 15개 중 k 이하의 값이 나올 확률이 $\frac{k}{15}$

$\therefore \mathrm{P}(X\leq k)=\frac{k}{10}\cdot\frac{k}{15}=\frac{k^2}{150}$

2nd $\mathrm{E}(X)=\sum_{i=1}^{15}x_ip_i$임을 이용하여 평균을 구해 보자.

$$\mathrm{E}(X)=\sum_{k=1}^{15}\{k\times\mathrm{P}(X=k)\}$$
$$=\sum_{k=1}^{10}\left(k\times\frac{2k-1}{150}\right)+\sum_{k=11}^{15}\left(k\times\frac{1}{15}\right)$$

실수 $k\leq10$, $k\geq11$일 때 $\mathrm{P}(X=k)$가 다르니까 각각 더해줘야 해.

$$=\frac{1}{150}\sum_{k=1}^{10}(2k^2-k)+\frac{1}{15}\sum_{k=11}^{15}k$$
$$=\frac{1}{150}\times\left(2\times\frac{10\times11\times21}{6}-\frac{10\times11}{2}\right)+\frac{1}{15}\times\frac{26\times5}{2}$$
$$=\frac{91}{10}=\frac{q}{p}$$

$\therefore p+q=10+91=101$

수능 핵강

위의 풀이처럼 한번에 $\mathrm{P}(X=k)$를 구하기란 어려운 일이야. 그래서 좀 더 접근하기 쉬운 풀이를 알려줄게. 두 상자 A, B에서 뽑은 공에 적힌 수를 순서쌍 (a, b)에 대응시켜 보면 총 경우의 수는 $10\times15=150$(가지)이고, $X=1, 2, 3, \cdots, k, \cdots, 10$에 따라 각각의 경우의 수는 다음과 같아. ($k\leq10$)

$X=1$일 때, $(1, 1)$ → 1개

$X=2$일 때, $(2, 2)$, $(1, 2)$, $(2, 1)$ → 3개

$X=3$일 때, $(3, 3)$, $(2, 3)$, $(3, 2)$, $(1, 3)$, $(3, 1)$ → 5개

⋮

$X=k$일 때, (k, k), $(k-1, k)$, $(k, k-1)$ ⋯ $(1, k)$, $(k, 1)$

즉, $X=k(k\leq10)$일 때의 모든 경우의 수는 $1+2(k-1)=2k-1$(개)임을 알 수 있어.

$\therefore \mathrm{P}(X=k)=\frac{2k-1}{150}(k\leq10)$

I 06 정답 ④ *이산확률변수의 기댓값(평균) ······ [정답률 56%]

(정답 공식: 함수 $F(x)$, $G(x)$의 의미를 각각 파악한다. x에 대하여 $F(x)+G(x)=1$이다.)

단서1 $F(x)+G(x)=\mathrm{P}(0\leq X\leq10)$이지? 이때, $\mathrm{P}(0\leq X\leq10)=1$이니까.

이산확률변수 X의 확률분포표는 다음과 같다.

(단, $p_i>0$이고 $i=0, 1, 2, \cdots, 10$이다.)

X	0	1	2	⋯	10	합계
$\mathrm{P}(X=x)$	p_0	p_1	p_2	⋯	p_{10}	1

집합 $\{x\mid0\leq x\leq10\}$에서 정의된 두 함수 $F(x)$, $G(x)$가

$F(x)=\mathrm{P}(0\leq X\leq x)$, $G(x)=\mathrm{P}(X>x)$

일 때, [보기]에서 옳은 것을 모두 고른 것은? (4점)

[보기]

ㄱ. $G(3)=1-F(3)$

ㄴ. $\mathrm{P}(3\leq X\leq8)=F(8)-F(3)$

ㄷ. $\mathrm{P}(3\leq X\leq8)=G(2)-G(8)$

단서2 x의 값을 적절하게 넣어 참·거짓을 따져. 이때, 연속확률변수와 다르므로 경계값의 포함과 불포함을 주의해!!

① ㄱ ② ㄷ ③ ㄱ, ㄴ ④ ㄱ, ㄷ ⑤ ㄴ, ㄷ

1st [보기]의 x의 값을 대입하여 하나씩 따져주자.

ㄱ. X는 이산확률변수이고, 확률의 총합은 1이므로 $F(x)+G(x)=1$이 된다. ($=\mathrm{P}(0\leq X\leq x)+\mathrm{P}(X>x)$)

$\therefore G(3)=\mathrm{P}(X>3)=1-\mathrm{P}(0\leq X\leq3)=1-F(3)$ (참)

ㄴ. $\mathrm{P}(3\leq X\leq8)=\mathrm{P}(0\leq X\leq8)-\mathrm{P}(0\leq X<3)$ ← ≤3이면 $\mathrm{P}(X=3)$이 포함되지 않게 돼.

$=\mathrm{P}(0\leq X\leq8)-\mathrm{P}(0\leq X\leq2)=F(8)-F(2)$ (거짓)

ㄷ. $\mathrm{P}(3\leq X\leq8)=\mathrm{P}(X\geq3)-\mathrm{P}(X>8)$ ← ≥8이면 $\mathrm{P}(X=8)$이 포함되지 않게 돼.

$=\mathrm{P}(X>2)-\mathrm{P}(X>8)=G(2)-G(8)$ (참)

따라서 옳은 것은 ㄱ, ㄷ이다.

쉬운 풀이

그림으로 이해해 볼까?

수능 핵강

이산확률변수의 경우는 문제와 같은 조건에서 $\mathrm{P}(X\geq3)=\mathrm{P}(X>2)$가 성립하지만, 연속확률변수의 경우는 $\mathrm{P}(X\geq3)\neq\mathrm{P}(X>2)$야.

즉, $\mathrm{P}(X>2)=\mathrm{P}(2<X<3)+\mathrm{P}(X\geq3)$이라구. 문제에서 주어진 확률변수가 이산인지 연속인지 잘 따져보자.

I 07 정답 14 *이산확률변수의 활용 [정답률 43%]

(정답 공식: $a=1$, …6일 때 교점의 개수를 구한다. 확률변수 X에 대한 확률분포표를 만든다.)

함수 $y=f(x)$의 그래프가 그림과 같다. 한 개의 주사위를 한 번 던져서 나온 눈의 수를 a라 할 때, 곡선 $y=f(x)$와 직선 $y=a$의 교점의 개수를 확률변수 X라 하자.

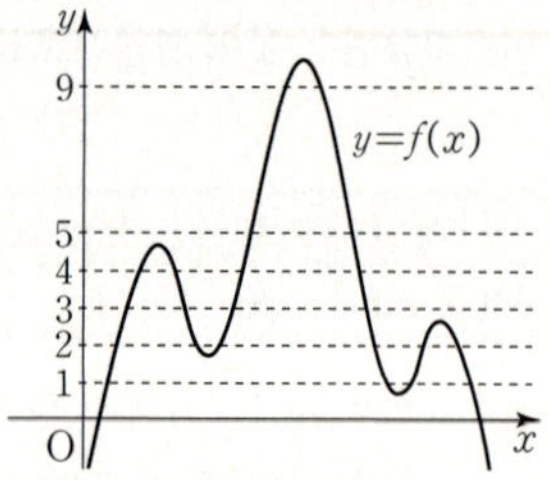

$\mathrm{E}(X)=\frac{q}{p}$라 할 때, $p+q$의 값을 구하시오. (단, p, q는 서로소인 자연수이다.) (4점)

단서 a의 값에 따라 확률변수 X가 될 수 있는 경우를 생각하고, 각 경우의 확률을 구해.

1st 확률변수 X를 찾기 위하여 a에 따른 곡선과 직선의 교점의 개수를 구하자.

a는 $1\le a\le 6$인 자연수이므로 곡선 $y=f(x)$와 직선 $y=a$의 교점의 개수를 표로 나타내면 다음과 같다.

↳ 주사위에서 나올 수 있는 눈의 수!

a	1	2	3	4	5	6
교점의 개수	4	6	4	4	2	2

2nd 확률변수 X에 대한 확률분포표를 나타내어 평균 $\mathrm{E}(X)$의 값을 구해.

곡선과 직선의 교점의 개수를 확률변수 X라 하므로 X가 취할 수 있는 값은 2, 4, 6이다. 따라서 각각의 확률을 확률분포표로 나타내면 다음과 같다.

X	$2\Rightarrow a=5, 6$	$4\Rightarrow a=1, 3, 4$	$6\Rightarrow a=2$	합계
$\mathrm{P}(X=x)$	$\frac{2}{6}=\frac{1}{3}$	$\frac{3}{6}=\frac{1}{2}$	$\frac{1}{6}$	1

(확률) $=\frac{(\text{해당 사건의 경우의 수})}{(\text{전체 경우의 수})}=\frac{(\text{해당 }a\text{의 개수})}{(\text{전체 }a\text{의 개수})}$

따라서 $\mathrm{E}(X)=2\times\frac{1}{3}+4\times\frac{1}{2}+6\times\frac{1}{6}=\frac{11}{3}=\frac{q}{p}$이므로

$p+q=3+11=14$

이산확률변수의 평균과 분산 개념·공식

이산확률변수 X의 확률질량함수가
$\mathrm{P}(X=x_i)=p_i\ (i=1, 2, 3, \cdots, n)$일 때,

X	x_1	x_2	…	x_n	합계
$\mathrm{P}(X=x_i)$	p_1	p_2	…	p_n	1

① $\mathrm{E}(X)=m=\sum_{i=1}^{n}x_ip_i$

② $\mathrm{V}(X)=\mathrm{E}((X-m)^2)=\sum_{i=1}^{n}(x_i-m)^2p_i$

$=\mathrm{E}(X^2)-\{\mathrm{E}(X)\}^2$ (단, $m=\mathrm{E}(X)$)

I 08 정답 ② *이산확률변수의 활용 [정답률 25%]

(정답 공식: 확률변수 X에 대한 확률분포표를 만든다.)

그림과 같이 중심이 O, 반지름의 길이가 1이고 중심각의 크기가 $90°$인 부채꼴 OAB가 있다. 자연수 n에 대하여 호 AB를 $2n$등분한 각 분점(양 끝점도 포함)을 차례로 $\mathrm{P}_0(=\mathrm{A})$, P_1, P_2, …, P_{2n-1}, $\mathrm{P}_{2n}(=\mathrm{B})$라 하자.

단서1 $2n$등분한 부채꼴의 중심각의 크기는 $\frac{90°}{2n}$이지?

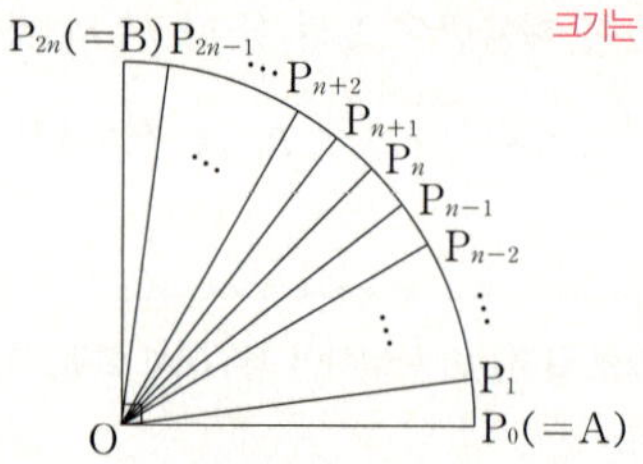

점 P_1, P_2, …, P_{2n-1} 중에서 임의로 선택한 한 개의 점을 P라 하자. 부채꼴 OPA의 넓이와 부채꼴 OPB의 넓이의 차를 확률변수 X라 할 때, $\mathrm{E}(X)$는 $f(n)\pi$로 쓸 수 있다. $f(n)$은? (4점)

① $\frac{n-1}{2(2n-1)}$ ② $\frac{n-1}{4(2n-1)}$ ③ $\frac{3(n-1)}{2(2n-1)}$

④ $\frac{n-1}{2n-1}$ ⑤ $\frac{2(n-1)}{2n-1}$

단서2 부채꼴의 넓이의 차는 중심각의 크기의 차와 같지? 확률변수 X의 값과 그 값이 가질 확률을 구해!!

1st 점 P가 P_k일 때 X가 취할 수 있는 값을 구하자.

$2n$등분된 부채꼴 하나의 중심각의 크기는 $\frac{\pi}{2}\div 2n=\frac{\pi}{4n}$이다.

점 P를 P_k라 하면 부채꼴 OPA의 중심각의 크기는

$\frac{\pi}{4n}\times k=\frac{k}{4n}\pi$이고, 부채꼴 OPB의 중심각의 크기는

$\frac{\pi}{2}-\frac{k}{4n}\pi=\frac{2n-k}{4n}\pi$가 된다.

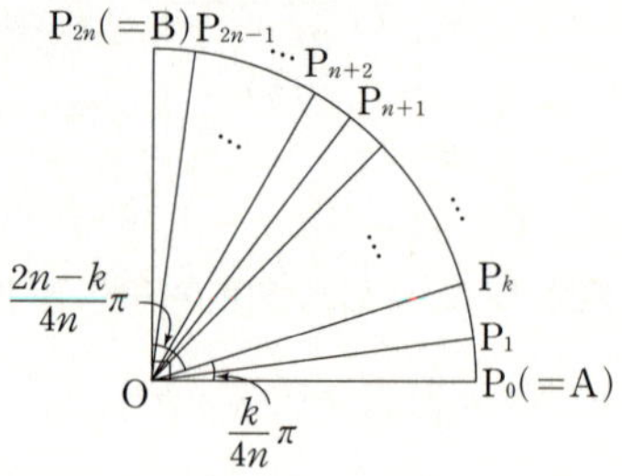

이때, 두 부채꼴의 넓이의 차는

$X=\frac{1}{2}\times 1^2\times\left|\frac{2n-k}{4n}\pi-\frac{k}{4n}\pi\right|=\frac{\pi}{4}\left|1-\frac{k}{n}\right|$

↳ 부채꼴의 넓이는 $\frac{1}{2}r^2\theta$

k는 1, 2, …, $2n-1$이 가능하므로 각각의 수가 선택될 확률은 $\frac{1}{2n-1}$이다.

$k=n$일 때 $X=0$이고, $k=n+m$, $k=n-m$(m은 n 미만의 자연수) 일 때 X는 같은 값을 가진다.

즉, $X=0$일 확률은 $k=n$일 때 뿐이므로 $\frac{1}{2n-1}$ 이고,

$X=\frac{\pi}{4}\left|1-\frac{n+m}{n}\right|=\frac{\pi}{4}\left|1-\frac{n-m}{n}\right|=\frac{\pi}{4}\times\left|\frac{m}{n}\right|$일 확률은 $\frac{2}{2n-1}$가 된다.

2nd 확률분포표를 그리고 $\mathrm{E}(X)$를 구하자.

X	0	$\frac{\pi}{4}\left(1-\frac{1}{n}\right)$	$\frac{\pi}{4}\left(1-\frac{2}{n}\right)$	…	$\frac{\pi}{4}\left(1-\frac{n-1}{n}\right)$	합계
$\mathrm{P}(X=x)$	$\frac{1}{2n-1}$	$\frac{2}{2n-1}$	$\frac{2}{2n-1}$	…	$\frac{2}{2n-1}$	1

$$\therefore E(X)=0\times\frac{1}{2n-1}+\sum_{k=1}^{n-1}\left\{\frac{2}{2n-1}\times\frac{\pi}{4}\left(1-\frac{k}{n}\right)\right\}$$

$$=\frac{\pi}{2(2n-1)}\sum_{k=1}^{n-1}\left(1-\frac{k}{n}\right)$$

주의 k에 대한 덧셈이니까 n을 상수처럼 보면 돼.

$$=\frac{\pi}{2(2n-1)}\times\left\{(n-1)-\frac{1}{n}\times\frac{n(n-1)}{2}\right\}$$

$$=\frac{n-1}{4(2n-1)}\pi=f(n)\pi$$

I 09 정답 ② *이산확률분포의 활용 [정답률 55%]

정답 공식: 이산확률변수 X가 $x_1, x_2, \cdots, x_n$의 값을 가질 수 있을 때 $\sum_{i=1}^{n}P(X=x_i)=1$이고, $1\le i\le j\le n$일 때, $\sum_{k=1}^{i}P(X=x_k)=1$이다.

이산확률변수 X는 $1, 9, 9^2, \cdots, 9^{10}$의 값을 가질 때, 확률변수 X의 확률질량함수는

$P(X=x)=\log_3 x^a$ (단, a는 상수)

이다. 이때, 확률 $P(9^3\le X\le 9^6)$의 값은? (3점)

단서 확률변수 X는 이산확률변수이므로 $X=9^3, 9^4, 9^5, 9^6$일 확률의 합을 구해야 해.

① $\frac{17}{55}$ ② $\frac{18}{55}$ ③ $\frac{19}{55}$ ④ $\frac{4}{11}$ ⑤ $\frac{21}{55}$

1st 모든 확률의 합이 1임을 이용하여 a의 값을 구해 보자.

이산확률변수 X가 $1, 9, 9^2, \cdots, 9^{10}$의 값을 가지므로 확률의 총합은 1을 만족시켜야 한다.

실수 확률질량함수에 미지수가 있으니까 확률의 총합은 1이란 성질을 이용해서 구하는 거야.

(확률의 총합) $=\log_3 1^a+\log_3 9^a+\log_3(9^2)^a+\cdots+\log_3(9^{10})^a$

$=a(\log_3 1+\log_3 9+\log_3 9^2+\cdots+\log_3 9^{10})$

$=a(\log_3 3^0+\log_3 3^2+\log_3 3^4+\cdots+\log_3 3^{20})$

$=a(0+2+4+\cdots+20)$

$=2a(0+1+2+\cdots+10)$

$=2a\times\frac{11\times10}{2}$

$=110a=1$

$\therefore a=\frac{1}{110}$

2nd $X=9^3, 9^4, 9^5, 9^6$일 때의 확률을 직접 구하여 더해 보자.

$\therefore P(9^3\le X\le 9^9)$

$=\frac{1}{110}(\log_3 9^3+\log_3 9^4+\log_3 9^5+\log_3 9^6)$

$=\frac{1}{110}\{\log_3(3^2)^3+\log_3(3^2)^4+\log_3(3^2)^5+\log_3(3^2)^6\}$

$=\frac{1}{110}(\log_3 3^6+\log_3 3^8+\log_3 3^{10}+\log_3 3^{12})$

$=\frac{1}{110}(6+8+10+12)$

$=\frac{36}{110}=\frac{18}{55}$

I 10 정답 19 *이산확률분포의 활용 [정답률 33%]

정답 공식: $X=3$이기 위해서는 동전은 뒷면이 나오고 카드는 1과 2가 나오거나, 동전은 앞면이 나오고 카드는 1만 나와야 한다. $Y=4$이기 위해서는 정사면체에서 2가 나오고 카드는 2만 나오거나, 정사면체에서 3이 나오고 카드는 1이 2장, 2가 1장 나와야 한다.

상자에 1이 적힌 카드가 3장, 2가 적힌 카드가 2장이 들어 있다. 동전을 던져 앞면이 나오면 3장을 뽑고 뒷면이 나오면 2장을 뽑을 때, 나온 카드에 적혀있는 숫자의 합을 X라 하자. 또한, 네 면에 각각 1, 2, 3, 4가 적혀있는 정사면체를 던져 밑면에 적혀있는 숫자만큼의 카드를 뽑아 카드에 적혀있는 숫자의 합을 Y라 하자.

$P(X=3)+P(Y=4)=\frac{n}{m}$이라 할 때, $m-n$의 값을 구하시오. (단, m과 n은 서로소인 자연수이다.) (4점)

단서 $P(X=3)$을 이해해 보자. 카드가 2장이면 적힌 숫자의 합이 3이므로 1, 2가 나와야 하고 카드가 3장이면 1이 세 장 나와야겠지.

1st $X=3$이 되는 경우를 구해 보고 각각의 확률을 구해 보자.

(i) $X=3$인 경우

동전의 뒷면이 나오고 1과 2가 적힌 카드가 나오는 경우(ⓘ)와 동전의 앞면이 나오고 1이 적힌 카드가 3장 나오는 경우(ⓘⓘ)가 있다.

(뒷면 → 2장의 카드를 뽑는다. 앞면 → 3장의 카드를 뽑는다.)

한편 동전의 앞면, 뒷면이 나올 확률은 각각 $\frac{1}{2}$이므로

ⓘ의 경우의 확률 : $\frac{1}{2}\times\frac{{}_3C_1\times{}_2C_1}{{}_5C_2}=\frac{6}{20}$

ⓘⓘ의 경우의 확률 : $\frac{1}{2}\times\frac{{}_3C_3}{{}_5C_3}=\frac{1}{20}$

이때, ⓘ과 ⓘⓘ는 배반사건이므로

→ 동시에 일어나지 않는 사건이야. 그래서 두 확률을 더하면 돼.

$P(X=3)=\frac{6}{20}+\frac{1}{20}$

$=\frac{7}{20}$

2nd $Y=4$가 되는 경우를 구해 보고 각각의 확률을 구해 보자.

(ii) $Y=4$인 경우

정사면체의 밑면의 수가 2이고 2가 적힌 카드 2장이 나오는 경우(ⓘⓘⓘ)와 정사면체의 밑면의 수가 3이고 꺼낸 3장의 카드 중 1이 적힌 카드가 2장 나오고 2가 적힌 카드가 1장 나오는 경우(ⓘⓥ)가 있다.

또한 밑면의 수가 나올 확률이 $\frac{1}{4}$이므로

ⓘⓘⓘ의 경우의 확률 : $\frac{1}{4}\times\frac{{}_2C_2}{{}_5C_2}=\frac{1}{40}$

ⓘⓥ의 경우의 확률 : $\frac{1}{4}\times\frac{{}_3C_2\times{}_2C_1}{{}_5C_3}=\frac{6}{40}$

이때, ⓘⓘⓘ과 ⓘⓥ는 배반사건이므로

$P(Y=4)=\frac{1}{40}+\frac{6}{40}=\frac{7}{40}$

(i), (ii)에 의해

$P(X=3)+P(Y=4)=\frac{7}{20}+\frac{7}{40}=\frac{21}{40}$

따라서 $m=40$, $n=21$이므로

$m-n=40-21=19$

I 11 정답 ③ *이산확률분포의 활용 [정답률 45%]

(**정답 공식:** 모든 확률의 합은 1임과 $\sum_{k=0}^{n} {}_nC_k=2^n$임을 이용해 k의 값을 구한다.)

이산확률변수 X가 값 x를 가질 확률이

$$P(X=x)=\frac{{}_6C_x}{k}\ (\text{단, } x=1,\ 2,\ 3,\ 4,\ 5,\ 6\text{이고 } k\text{는 상수이다.})$$

일 때, 확률변수 X의 기댓값을 m이라 하면 $mk^2=2^a\times3^b\times7^c$이다. 세 자연수 $a,\ b,\ c$의 합 $a+b+c$의 값은? (4점)

① 8 ② 9 ③ 10 ④ 11 ⑤ 12

단서 확률질량함수에 있는 미지수 k의 값을 알아야 확률분포를 이해할 수가 있겠지. 이때, 전사건에 대한 확률의 합이 1임을 이용하자.

1st 확률의 기본 성질에서 전체 확률의 합이 1임을 이용하여 k의 값을 구해 보자.

$\sum_{x=1}^{6}P(X=x)=\frac{1}{k}\sum_{x=1}^{6}{}_6C_x=\frac{1}{k}(2^6-1)=1$이므로

$k=2^6-1=63=3^2\times7$

→ ${}_6C_1+{}_6C_2+\cdots+{}_6C_6=(1+1)^6-{}_6C_0=2^6-1$

함정 $x=1$부터 $x=6$까지니까 2^6-1이 되어야지. 이를 놓치고 2^6으로 계산하는 경우가 많아.

한편, 이항분포 $B\left(6,\ \frac{1}{2}\right)$을 따르는 확률변수의 확률질량함수는

${}_6C_x\left(\frac{1}{2}\right)^6$이고 평균은

→ 총 6회의 시행을 하고 1회 시행시 일어날 확률이 $\frac{1}{2}$로 일정한 독립시행의 확률이야.

$\sum_{x=0}^{6}x\times{}_6C_x\left(\frac{1}{2}\right)^6=6\times\frac{1}{2}=3$

→ 독립시행의 이산확률분포에서 평균 계산식 → 이항분포에서 평균 계산식

2nd 확률변수 X의 기댓값, 즉, $E(X)$의 값을 구해 보자.

$$\begin{aligned}E(X)&=\sum_{x=1}^{6}x\cdot P(X=x)\\&=\frac{1}{k}\sum_{x=1}^{6}x\cdot{}_6C_x\\&=\frac{2^6}{k}\sum_{x=1}^{6}x\cdot{}_6C_x\left(\frac{1}{2}\right)^6\\&=\frac{2^6}{k}\sum_{x=0}^{6}x\cdot{}_6C_x\left(\frac{1}{2}\right)^6\\&=\frac{2^6}{k}\cdot3\end{aligned}$$

→ $x=0$일 때 $x\cdot{}_6C_x\left(\frac{1}{2}\right)^6=0$이므로 $x=0$부터 계산해도 그 값이 같아.

따라서 $m=\frac{2^6}{k}\times3$에서 $k^2m=2^6\times3k=2^6\times3^3\times7$이므로

$a=6,\ b=3,\ c=1$

$\therefore a+b+c=10$

톡톡 풀이

항등식 $(x+1)^n=\sum_{i=0}^{n}{}_nC_ix^i$의 양변을 x에 대하여 미분하면

$n(x+1)^{n-1}=\sum_{i=1}^{n}i\times{}_nC_ix^{i-1}$

위 식의 양변에 $x=1$을 대입하면

$n\times2^{n-1}=\sum_{i=1}^{n}i\times{}_nC_i$

$\therefore \sum_{x=1}^{6}x\times{}_6C_x=6\times2^5=3\times2^6$

(이하 동일)

I 12 정답 71 *이산확률분포의 기댓값-응용 [정답률 55%]

(**정답 공식:** 1에서 5까지의 자연수 중에서 3개의 수의 합이 6인 경우를 찾고, 각각의 경우의 확률을 구한다.)

주머니 A에는 숫자 1, 2가 하나씩 적혀 있는 2개의 공이 들어 있고, 주머니 B에는 숫자 3, 4, 5가 하나씩 적혀 있는 3개의 공이 들어 있다. 다음의 시행을 3번 반복하여 확인한 세 개의 수의 평균을 $\overline{X}$라 하자. (4점)

단서1 두 주머니 중 하나의 주머니를 선택하는 확률은 각각 $\frac{1}{2},\ \frac{1}{2}$이야.

> 두 주머니 A, B 중 임의로 선택한 하나의 주머니에서 임의로 한 개의 공을 꺼내어 공에 적혀 있는 수를 확인한 후 꺼낸 주머니에 다시 넣는다. (복원추출이야.)

$P(\overline{X}=2)=\frac{q}{p}$일 때, $p+q$의 값을 구하시오.

(단, p와 q는 서로소인 자연수이다.) (4점)

단서2 $\overline{X}=2$라는 의미는 1에서 5까지의 수가 적힌 공을 복원추출로 3번 꺼낸 공에 적힌 수의 합이 6이 된다는 거야. 예를 들어, 순서쌍으로 나타내면 (1, 2, 3), (1, 1, 4), (2, 2, 2) 등이야.

A

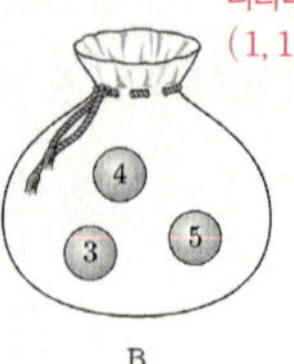

B

1st 확률변수 X에 대한 확률분포표를 구하자.

두 주머니 A, B 중 한 주머니를 택할 확률은 $\frac{1}{2},\ \frac{1}{2}$로 동일하다.

한 번의 시행에서 꺼낸 공에 적힌 수를 확률변수 X라 하면

X의 확률분포는 다음의 표와 같다. 확률변수 X의 확률분포표에서 확률의 합은 1인지 꼭 확인해.

X	1	2	3	4	5	합계
$P(X=x)$	$\frac{1}{4}$	$\frac{1}{4}$	$\frac{1}{6}$	$\frac{1}{6}$	$\frac{1}{6}$	1

$X=1$일 때, 두 주머니 A, B 중 주머니 A를 선택할 확률은 $\frac{1}{2}$이고, 주머니 A에서 1을 선택할 확률은 $\frac{1}{2}$이므로 $\frac{1}{2}\times\frac{1}{2}=\frac{1}{4}$이야. 마찬가지로 $X=2$일 때도 $\frac{1}{4}$이야.

$X=3$일 때, 두 주머니 A, B 중 주머니 B를 선택할 확률은 $\frac{1}{2}$이고, 주머니 B에서 3을 선택할 확률은 $\frac{1}{3}$이므로 $\frac{1}{2}\times\frac{1}{3}=\frac{1}{6}$이야. 마찬가지로 $X=4,\ X=5$일 때도 각각 $\frac{1}{6}$이야.

2nd $\overline{X}=2$인 각 경우마다 확률을 구하자.

주의 $\overline{X}$가 표본평균의 표준화를 이용하여 주어진 확률분포표를 이용하지 않는 경우는 자주 출제되는 유형은 아니야.(대부분 $\overline{X}$라고 문제에서 주어지면 표본평균을 떠올리거든!) 특히, $\overline{X}$가 제시되었을 때, 표본평균과 헷갈려서 무슨 공식을 쓸지 모를 수 있어. 그렇지만 모평균이나 모분산 혹은 표본평균이나 표본분산 등을 묻는 것이 아니라면 표본평균에 관한 문제가 아니니까 문제에서 정의한 $\overline{X}$의 값이 나올 수 있는 경우를 잘 생각해보면서 해결하는 연습을 해야 해. 또, 고난도로 나왔을 때에는 반드시 표를 그려보고 해당하는 확률을 구해야 해.

세 수의 평균이 2이려면 세 수의 합이 6이어야 한다.

(i) 1, 1, 4가 나오는 경우 (복원추출이므로 같은 수를 또 뽑을 수 있어.)

$$\frac{3!}{2!}\times\left(\frac{1}{4}\right)^2\times\frac{1}{6}=3\times\left(\frac{1}{4}\right)^2\times\frac{1}{6}=\frac{1}{32}$$

(ii) 1, 2, 3이 나오는 경우

$$3!\times\frac{1}{4}\times\frac{1}{4}\times\frac{1}{6}=\frac{1}{16}$$

(iii) 2, 2, 2가 나오는 경우

$$\frac{3!}{3!}\times\left(\frac{1}{4}\right)^3=\left(\frac{1}{4}\right)^3=\frac{1}{64}$$

(i)~(iii)에 의하여 구하는 확률은

$\frac{1}{32}+\frac{1}{16}+\frac{1}{64}=\frac{2+4+1}{64}=\frac{7}{64}$

3rd $p+q$의 값을 구하자.

따라서 $p=64$, $q=7$이므로

$p+q=71$이다.

I 13 정답 ① *이산확률변수의 분산과 표준편차 [정답률 90%]

정답 공식: 확률변수 X에 대하여 $\sum_{i=1}^{n}P(X=x_i)=1$과 $E(X)$의 값을 이용하여 a, b의 값을 구한다. $V(X)=E(X^2)-\{E(X)\}^2$이다.

다음은 이산확률변수 X에 대한 확률분포표이다.

X	2	4	a	합계
$P(X=x)$	b	$\frac{1}{4}$	$\frac{1}{4}$	❶ 1

❷ $E(X)=4$일 때, $V(X)$의 값은? (3점)

단서 미지수가 a, b이므로 ❶, ❷를 이용하여 식을 2개 세워야 해.

① 6 ② 7 ③ 8
④ 9 ⑤ 10

1st 이산확률분포표에서 확률의 합은 항상 1인 것을 이용하여 b의 값을 구해.

$b+\frac{1}{4}+\frac{1}{4}=1 \qquad \therefore b=\frac{1}{2}$

2nd 이산확률분포의 평균을 이용하여 a의 값을 구하고 분산을 구하자. ($V(X)=E(X^2)-\{E(X)\}^2$)

$E(X)=2\times\frac{1}{2}+4\times\frac{1}{4}+a\times\frac{1}{4}=4 \qquad \therefore a=8$

$E(X^2)=2^2\times\frac{1}{2}+4^2\times\frac{1}{4}+8^2\times\frac{1}{4}=22$이므로 (→ 확률변수 X^2의 평균)

$V(X)=E(X^2)-\{E(X)\}^2=22-4^2=6$

I 14 정답 ③ *이산확률변수의 분산과 표준편차 [정답률 41%]

정답 공식: 모든 확률의 합이 1임을 이용하여 $P(X=0)$의 값을 구한다.

확률변수 X가

$-n, -n+1, \cdots, -1, 0, 1, 2, \cdots, n-1, n$ (n은 자연수)

을 취하고 확률 (단서 모든 확률의 합이 1임을 이용하면 $P(X=0)$을 구할 수 있겠네.)

$P(X=-n)=P(X=-n+1)=\cdots=P(X=n)$이다.

[보기] 중에서 옳은 것만을 있는 대로 고른 것은? (3점)

[보기]

ㄱ. $P(X=0)=\frac{1}{2n}$

ㄴ. n이 커질수록 X의 평균도 커진다.

ㄷ. n이 커질수록 X^2의 평균도 커진다.

ㄹ. n이 커질수록 X의 표준편차도 커진다.

① ㄱ, ㄴ ② ㄴ, ㄷ ③ ㄷ, ㄹ
④ ㄱ, ㄴ, ㄹ ⑤ ㄱ, ㄴ, ㄷ, ㄹ

1st 확률을 좀 더 간단하게 만들어 보자.

ㄱ. X가 취할 수 있는 값은 $-n$부터 n(n은 자연수)까지의 정수이므로 $(2n+1)$개인데 모든 확률이 동일하고, 합은 1이 되어야 하므로 (주의 $2n$개로 착각하는 경우가 많아.)

$P(X=-n)+\cdots+P(X=n)=(2n+1)P(X=0)=1$

$\therefore P(X=0)=\frac{1}{2n+1}$ (거짓)

ㄴ. $E(X)=\frac{1}{2n+1}\times(-n)+\frac{1}{2n+1}\times(-n+1)+\cdots+\frac{1}{2n+1}\times n$

$=\frac{1}{2n+1}\times\{(-n)+(-n+1)+\cdots+(-1)+0+1+\cdots+n\}$

$=\frac{1}{2n+1}\times 0=0$ (거짓)

ㄷ. $E(X^2)=\frac{1}{2n+1}\times(-n)^2+\cdots+\frac{1}{2n+1}\times n^2$

$=\frac{2}{2n+1}\times(1^2+2^2+\cdots+n^2)$

$=\frac{2}{2n+1}\times\frac{n(n+1)(2n+1)}{6}=\frac{n(n+1)}{3}$

즉, n이 커질수록 X^2의 평균도 커진다. (참)

ㄹ. $\sigma(X)=\sqrt{V(X)}$

$=\sqrt{E(X^2)-\{E(X)\}^2}$

$=\sqrt{\frac{n(n+1)}{3}-0^2}=\sqrt{\frac{n(n+1)}{3}}$

n이 커질수록 표준편차는 커진다. (참)

따라서 옳은 것은 ㄷ, ㄹ이다.

I 15 정답 ⑤ *이산확률변수의 분산과 표준편차 [정답률 55%]

정답 공식: 두 확률변수 X, Y에 대한 확률분포표가 동일하게 그려진다.

두 확률변수 X, Y를 다음과 같이 정의한다.

X : 연속하는 100개의 홀수에서 임의로 뽑은 두 수의 차

Y : 연속하는 100개의 짝수에서 임의로 뽑은 두 수의 차

단서 두 홀수 또는 두 짝수의 차는 모두 짝수이고 최솟값과 최댓값이 같겠지.

[보기] 중에서 옳은 것만을 있는 대로 고른 것은? (4점)

[보기]

ㄱ. $P(X=100)=\frac{1}{100}$

ㄴ. $E(X)=E(Y)$ ㄷ. $V(X)=V(Y)$

① ㄱ ② ㄴ ③ ㄷ ④ ㄱ, ㄷ ⑤ ㄴ, ㄷ

1st 차가 100이 되는 두 홀수를 구해 보자.

ㄱ. 연속하는 100개의 홀수, 예를 들어 1, 3, 5, …, 199에서 임의로 뽑은 두 수의 차는 2, 4, 6, …, 198의 99가지가 존재한다.

이때, $X=100$이 되는 경우를 나열해 보면 $\begin{cases}1\\101\end{cases}$, $\begin{cases}3\\103\end{cases}$, $\begin{cases}5\\105\end{cases}$, …, $\begin{cases}99\\199\end{cases}$로 50가지이다. (→ 두 홀수의 차가 100인 경우야.)

$\therefore P(X=100)=\frac{50}{_{100}C_2}=\frac{50}{\frac{100\times 99}{2}}=\frac{1}{99}$ (거짓)

ㄴ, ㄷ. 이와 같이 확률변수 X의 확률분포표를 구해 보면 다음과 같다.

X	2	4	6	$\cdots$	196	198	합계
$\mathrm{P}(X)$	$\frac{99}{{}_{100}\mathrm{C}_2}$	$\frac{98}{{}_{100}\mathrm{C}_2}$	$\frac{97}{{}_{100}\mathrm{C}_2}$	$\cdots$	$\frac{2}{{}_{100}\mathrm{C}_2}$	$\frac{1}{{}_{100}\mathrm{C}_2}$	1

같은 방법으로 확률변수 Y의 확률분포표는 다음과 같다.

Y	2	4	6	$\cdots$	196	198	합계
$\mathrm{P}(Y)$	$\frac{99}{{}_{100}\mathrm{C}_2}$	$\frac{98}{{}_{100}\mathrm{C}_2}$	$\frac{97}{{}_{100}\mathrm{C}_2}$	$\cdots$	$\frac{2}{{}_{100}\mathrm{C}_2}$	$\frac{1}{{}_{100}\mathrm{C}_2}$	1

그러므로 X, Y의 평균과 분산은 모두 같다. (참)

따라서 옳은 것은 ㄴ, ㄷ이다.

수능 핵강

이 문제에서 가장 핵심적인 것은 X와 Y의 분포가 동일하다는 것이야. 연속하는 100개의 홀수 중 임의로 뽑은 두 수의 차나 연속하는 100개의 짝수에서 임의로 뽑은 두 수의 차의 확률분포표를 그려본다면 2, 4, 6, 8, $\cdots$, 198이 변수이고 이에 따른 확률은 동일하겠지?

I 16 정답 167 *확률변수 $aX+b$의 평균, 분산, 표준편차 [정답률 50%]

(정답 공식: a, b가 상수일 때, $\mathrm{E}(aX+b)=a\mathrm{E}(X)+b$)

두 개의 주사위를 던져 나오는 눈의 수 중 크거나 같은 수를 확률변수 X라 할 때, $\mathrm{E}(6X)=\frac{p}{q}$이다. $p+q$의 값을 구하시오. (단, p, q는 서로소인 자연수)(4점)

단서 X는 두 눈의 수 중 최댓값이므로 1, 2, 3, 4, 5, 6의 값을 갖는 이산확률변수겠지.

1st $X=1, 2, 3, 4, 5, 6$일 때의 확률을 구해 보자.

두 주사위에서 나오는 눈의 수를 각각 a, b라 하자.

(i) $X=1$인 경우의 수는 $(a, b)=(1, 1)$로 한 가지이다.

(ii) $X=k(k=2, 3, \cdots, 6)$인 경우의 수는

a, b 모두 k 이하인 순서쌍 (a, b)의 개수에서 a, b 모두 $k-1$ 이하인 순서쌍 (a, b)의 개수를 뺀 값

$k^2-(k-1)^2=2k-1$

이다.

→ $1\sim k$까지 나오는 경우에서 $1\sim(k-1)$까지 나오는 경우를 제외시키므로 결국 k는 꼭 나오게 돼. 그래서 최댓값이 k가 되는 거야.

(i), (ii)에서 $X=k(k=1, 2, \cdots, 6)$인 경우의 수는 $2k-1$이다.

전체 경우의 수는 $6^2=36$이므로 $\mathrm{P}(X=k)=\frac{2k-1}{36}$이다.

2nd $\mathrm{E}(X)=\sum_{k=1}^{6}k\cdot\mathrm{P}(X=k)$임을 이용하여 평균을 구해 보자.

$$\begin{aligned}\mathrm{E}(X)&=\sum_{k=1}^{6}k\cdot\mathrm{P}(X=k)\\&=\sum_{k=1}^{6}\frac{2k^2-k}{36}\\&=\frac{2}{36}\sum_{k=1}^{6}k^2-\frac{1}{36}\sum_{k=1}^{6}k\\&=\frac{1}{18}\times\frac{6\times7\times13}{6}-\frac{1}{36}\times\frac{6\times7}{2}\\&=\frac{161}{36}\end{aligned}$$

$\therefore \mathrm{E}(6X)=6\mathrm{E}(X)=\frac{161}{6}$

→ [이산확률변수 $aX+b$의 평균] 확률변수 X와 두 상수 a, $b(a\neq0)$에 대하여 확률변수 $aX+b$의 평균은 $\mathrm{E}(aX+b)=a\mathrm{E}(X)+b$

따라서 $p=161$, $q=6$이므로

$p+q=167$

I 17 정답 ③ *확률변수 $aX+b$의 평균, 분산, 표준편차 [정답률 71%]

(정답 공식: 확률변수 X에 대하여 $\sum_{i=1}^{n}\mathrm{P}(X=x_i)=1$에서 a의 값을 구하고, 평균의 성질 $\mathrm{E}(aX+b)=a\mathrm{E}(X)+b$를 이용한다.)

이산확률변수 X의 확률질량함수가

$$\mathrm{P}(X=x)=\frac{ax^2+3}{24}\ (x=-2, -1, 0, 1)$$

일 때, 확률변수 $-12X+2$의 평균 $\mathrm{E}(-12X+2)$의 값은? (단, a는 상수이다.) (3점)

단서1 X가 취할 수 있는 값은 주어졌으니까 확률의 총합을 이용하여 미지수 a를 구해 볼까?

단서2 확률변수 X에 대한 표를 만들어 확률변수 X의 평균을 구하면 되네.

① 11 ② 12 ③ 13 ④ 14 ⑤ 15

1st 확률의 합이 1임을 이용해 a의 값을 구하자.

X가 취할 수 있는 값은 $-2, -1, 0, 1$이므로 각 값을 대입하여 확률을 구해.

$\mathrm{P}(X=-2)+\mathrm{P}(X=-1)+\mathrm{P}(X=0)+\mathrm{P}(X=1)=1$이므로

$$\frac{4a+3}{24}+\frac{a+3}{24}+\frac{3}{24}+\frac{a+3}{24}=1$$

$$\frac{6a+12}{24}=1$$

$\therefore a=2$

즉, X의 확률분포표는 다음과 같다.

X	-2	-1	0	1	합계
$\mathrm{P}(X=x)$	$\frac{11}{24}$	$\frac{5}{24}$	$\frac{3}{24}$	$\frac{5}{24}$	1

2nd $\mathrm{E}(aX+b)=a\mathrm{E}(X)+b$임을 이용할 수 있으니까 $\mathrm{E}(X)$를 구하여 계산해.

$$\begin{aligned}\mathrm{E}(X)&=(-2)\times\frac{11}{24}+(-1)\times\frac{5}{24}+0\times\frac{3}{24}+1\times\frac{5}{24}\\&=-\frac{11}{12}\end{aligned}$$

$\therefore \mathrm{E}(-12X+2)=-12\mathrm{E}(X)+2=13$

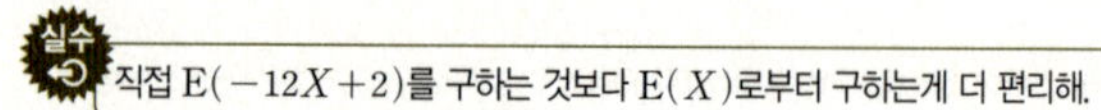
실수 직접 $\mathrm{E}(-12X+2)$를 구하는 것보다 $\mathrm{E}(X)$로부터 구하는게 더 편리해.

I 18 정답 ③ *확률변수 $aX+b$의 평균, 분산, 표준편차 [정답률 69%]

(정답 공식: 각 점에 연결된 도로의 개수를 구한 뒤, 도로의 개수 X에 대한 확률분포표를 만든다.)

그림과 같이 8개의 지점 A, B, C, D, E, F, G, H를 잇는 도로망이 있다. 8개의 지점 중에서 한 지점을 임의로 선택할 때, 선택된 지점에 연결된 도로의 개수를 확률변수 X라 하자. 확률변수 $3X+1$의 평균 $\mathrm{E}(3X+1)$의 값은? (3점)

단서 $\mathrm{E}(3X+1)=3\mathrm{E}(X)+1$이니까 확률변수 X가 의미하는 것을 이해하여 그림에 표시해 볼까? 그 다음, 확률분포표를 작성하자.

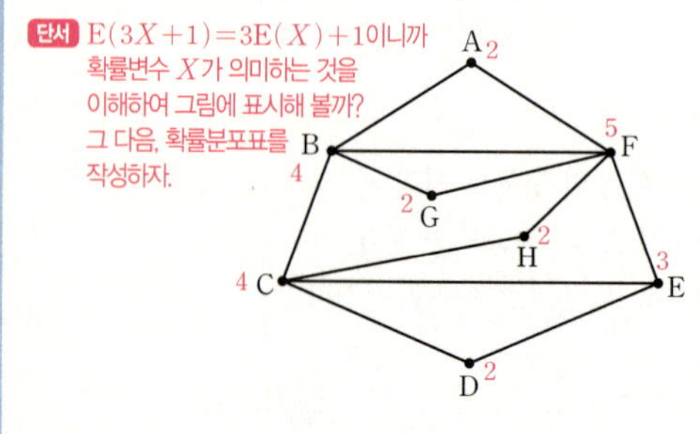

① 8 ② 9 ③ 10 ④ 11 ⑤ 12

1st 확률변수 X는 각 지점에 연결된 도로의 개수이므로 직접 세어서 X의 값을 구해 확률분포표를 작성해.

8개 지점인 A, B, C, D, E, F, G, H에 연결된 각각의 도로의 개수가 2, 4, 4, 2, 3, 5, 2, 2이므로

> **함정** 익숙하지 않은 형태로 확률변수 X가 주어져도 당황할 것 없이 확률분포표를 그리면 돼.

도로의 개수가 2인 것은 4개,
도로의 개수가 3인 것은 1개,
도로의 개수가 4인 것은 2개,
도로의 개수가 5인 것은 1개이다. ⇐ 전체 경우의 수는 $4+1+2+1=8$

확률변수 X는 각 지점에 연결된 도로의 개수이므로 확률분포표는 다음과 같다. X가 취할 수 있는 값은 2, 3, 4, 5

X	2	3	4	5	합계
$P(X=x)$	$\frac{4}{8}=\frac{1}{2}$	$\frac{1}{8}$	$\frac{2}{8}=\frac{1}{4}$	$\frac{1}{8}$	1

(도로가 x개인 확률) $=\frac{(\text{도로가 } x\text{개인 지점의 개수})}{(\text{전체 지점의 개수})}$를 구하면 돼.

$$E(X)=2\times\frac{1}{2}+3\times\frac{1}{8}+4\times\frac{1}{4}+5\times\frac{1}{8}$$
$$=1+\frac{3}{8}+1+\frac{5}{8}$$
$$=3$$
$$\therefore E(3X+1)=3E(X)+1=3\times3+1$$
두 상수 $a, b(a\neq0)$에 대하여 $E(aX+b)=aE(X)+b$야.
$$=10$$

I 19 정답 112 *확률변수 $aX+b$의 평균, 분산, 표준편차 … [정답률 40%]

(정답 공식: $P(X=1)$, $P(X=2)$의 값을 각각 구한다.)

오른쪽 그림과 같이 한 변의 길이가 3인 정사각형을 한 변의 길이가 1인 정사각형 9개로 나누고, 이 중에서 3개를 색칠할 때 나타나는 모양은 다음과 같이 세 가지 유형으로 분류할 수 있다.

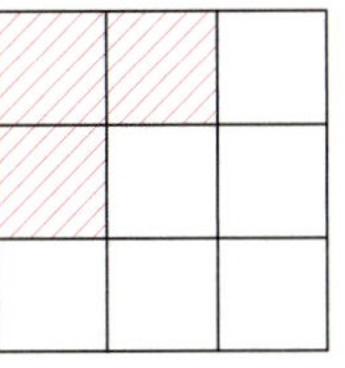

(가) 유형 1 : 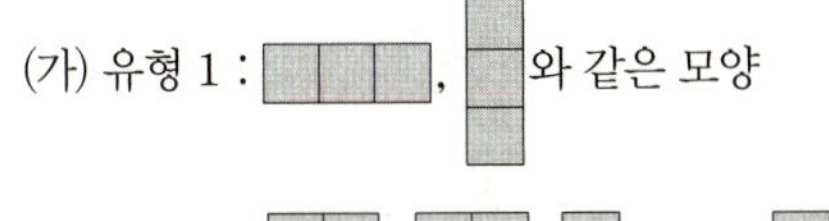 와 같은 모양

(나) 유형 2 : 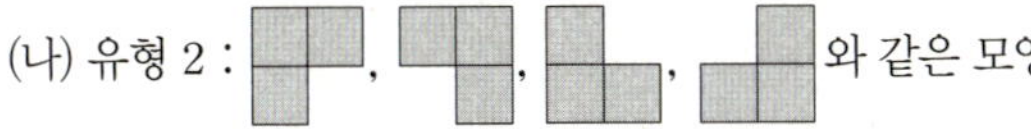 와 같은 모양

(다) 유형 3 : 유형 1도 아니고 유형 2도 아닌 모양

한 변의 길이가 1인 위의 정사각형 9개 중에서 임의로 3개를 색칠하여 얻은 모양의 유형에 따라 확률변수 X는 다음과 같다고 하자.

$$X=\begin{cases}1\ (\text{유형 1인 경우})\\2\ (\text{유형 2인 경우})\\3\ (\text{유형 3인 경우})\end{cases}$$

> **단서** $E(42X)=42E(X)$이고, 확률변수 X의 값이 주어져 있으니까 그 값에 각각 취하는 확률, 즉 경우의 수를 생각해야겠네.

$E(42X)$의 값을 구하시오. (3점)

1st 확률변수 X에 대하여 확률분포표를 만들자.

먼저 9개의 정사각형 중 3개를 택하여 색을 칠하는 경우의 수를 구하면

$${}_9C_3=\frac{9\times8\times7}{3\times2\times1}=84$$

(i) $X=1$인 경우

9개의 정사각형 중 3개를 택하여 유형 1과 같이 나오는 경우는 6

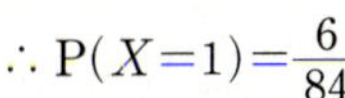

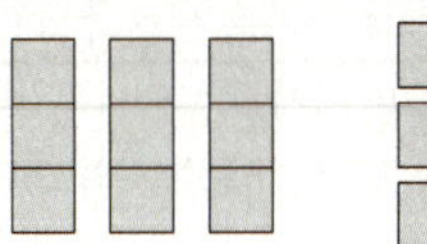

$$\therefore P(X=1)=\frac{6}{84}$$

(ii) $X=2$인 경우

9개의 정사각형 중 3개를 택하여 유형 2와 같이 나오는 경우는

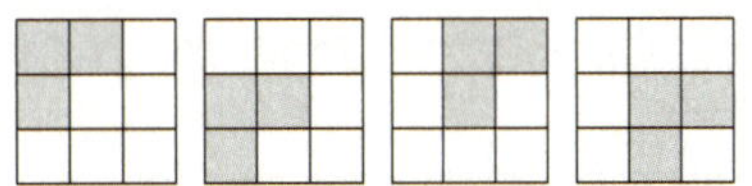

의 각각에 대하여 4가지씩 나오므로 경우는 $4\times4=16$(가지)

$$\therefore P(X=2)=\frac{16}{84}$$

(iii) $X=3$인 경우 유형 1, 2가 아닌 유형이니까 (i), (ii)의 경우를 제외하면 되겠네.

마지막으로 9개의 정사각형 중 3개를 택하여 유형 3과 같이 나오는 경우는 전체 경우의 수에서 유형 1과 유형 2의 경우의 수를 빼면 되므로 $84-6-16=62$(가지)

이것을 확률변수 X의 확률분포표로 나타내면 다음과 같다.

X	1	2	3	합계
$P(X=x)$	$\frac{6}{84}$	$\frac{16}{84}$	$\frac{62}{84}$	1

2nd 평균 $E(X)$를 구한 뒤 $E(42X)$의 값을 구해.

확률분포표에 의하여

$$E(X)=1\times\frac{6}{84}+2\times\frac{16}{84}+3\times\frac{62}{84}=\frac{224}{84} \Leftarrow E(X)=\sum_{x=1}^{3}xP(X=x)$$

$$\therefore E(42X)=42E(X)=42\times\frac{224}{84}=112$$

> **확률변수 X의 평균, 분산, 표준편차의 성질** (개념·공식)
>
> a, b가 상수일 때
> ① $E(aX+b)=aE(X)+b$
> ② $V(aX+b)=a^2V(X)$
> ③ $\sigma(aX+b)=|a|\sigma(X)$
> ④ $V(X)=E(X^2)-\{E(X)\}^2$

I 20 정답 ② *확률변수 $aX+b$의 평균, 분산, 표준편차 … [정답률 55%]

(정답 공식: $P(X=1)=P(X=2)=\cdots=P(X=5040)=\frac{1}{5040}$이다.)

철수는 자신의 집 대문에 0부터 9까지의 숫자 중 네 개의 숫자를 누른 후 *를 누르면 자동으로 열리는 잠금 장치를 설치하였는데 비밀번호를 잊어버렸다. 네 숫자를 누른 후 *를 눌러 비밀번호가 맞는지 확인하는 데 2초의 시간이 걸린다고 할 때, 비밀번호를 알아내는 데 걸리는 시간(초)의 기댓값은? (단, 각 숫자는 한번씩만 사용할 수 있고, 확인할 때 한 번 입력했던 번호는 다시 입력하지 않는다.) (4점)

> **단서** 가능한 비밀번호의 개수를 알아보면 그 중의 하나가 맞는 비밀번호야. 즉, 가능한 비밀번호 개수와 비밀번호를 제대로 맞힐 때까지 입력하는 횟수의 최댓값이랑 같아.

① 5040 ② 5041 ③ 5042 ④ 5043 ⑤ 5044

1st 만들 수 있는 비밀번호의 개수부터 구해 보자.

서로 다른 네 숫자를 누른 후 *를 입력하는 모든 경우의 수는
${}_{10}P_4=5040$(가지)

2nd 비밀번호를 맞히는 횟수의 확률분포를 구해 보자.

비밀번호를 제대로 맞힐 때까지 입력하는 횟수를 확률변수 X라 하면

$P(X=1)=\frac{1}{5040}$ → 첫번째 맞힐 확률

$P(X=2)=\frac{5039}{5040}\times\frac{1}{5039}=\frac{1}{5040}$ → 첫번째는 못 맞히고 두 번째는 맞힐 확률이야.

$P(X=3)=\frac{5039}{5040}\times\frac{5038}{5039}\times\frac{1}{5038}=\frac{1}{5040}$

$\vdots$

$P(X=5040)=\frac{5039}{5040}\times\frac{5038}{5039}\times\frac{5037}{5038}\times\cdots\times\frac{1}{1}=\frac{1}{5040}$ → 모든 번호가 맞는 비밀번호일 확률은 같으므로 모든 횟수에 대한 확률은 같아.

$\therefore E(X)=\frac{1}{5040}(1+2+\cdots+5040)$

$=\frac{1}{5040}\times\frac{5040\times5041}{2}=\frac{5041}{2}$

따라서 비밀번호를 맞히는 데 걸리는 시간은 $2X$이므로
$E(2X)=2E(X)=5041$(초)

I 21 정답 ③ *이항분포의 활용 [정답률 55%]

정답 공식: $E(aX+b)=aE(X)+b$, $V(X)=E(X^2)-\{E(X)\}^2$로 $E(X)$와 $V(X)$를 구해 n과 p를 구한다.

확률변수 X가 이항분포 $B(n, p)$를 따르고 $E(5X^2)=96$, $E(3X+1)=13$일 때, $\frac{P(X=2)}{P(X=3)}$의 값은? (4점)

① $\frac{1}{2}$ ② $\frac{7}{12}$ ③ $\frac{2}{3}$ ④ $\frac{3}{4}$ ⑤ $\frac{5}{6}$

단서 이항분포에서 확률변수 X는 그 사건이 일어날 횟수를 뜻하므로 $\frac{(2회\ 일어날\ 확률)}{(3회\ 일어날\ 확률)}$이야.

1st $E(X)$와 $V(X)$의 값을 각각 구해 보자.

$E(3X+1)=3E(X)+1=13$이므로

$E(X)=4$

$V(X)=E(X^2)-\{E(X)\}^2$

$=\frac{96}{5}-16=\frac{16}{5}$

$E(X^2)=\frac{E(5X^2)}{5}$

[이산확률변수 $aX+b$의 평균, 분산, 표준편차]
확률변수 X와 두 상수 $a, b(a\neq0)$에 대하여 확률변수 $aX+b$의 평균, 분산, 표준편차는 다음과 같다.
(1) $E(aX+b)=aE(X)+b$
(2) $V(aX+b)=a^2V(X)$
(3) $\sigma(aX+b)=|a|\sigma(X)$

2nd n과 p의 값을 구해 보자.

확률변수 X는 이항분포 $B(n, p)$를 따르므로

$np=4,\ np(1-p)=\frac{16}{5}$

$\therefore n=20,\ p=\frac{1}{5}$

3rd 독립시행의 확률을 이용하여 $P(X=2)$, $P(X=3)$의 값을 구해 보자.

$P(X=2)={}_{20}C_2\left(\frac{1}{5}\right)^2\left(\frac{4}{5}\right)^{18}$

$P(X=3)={}_{20}C_3\left(\frac{1}{5}\right)^3\left(\frac{4}{5}\right)^{17}$

[독립시행의 확률]
한 번의 시행에서 사건 A가 일어날 확률이 p인 독립시행을 n번 반복할 때, 사건 A가 r번 일어날 확률은
${}_nC_rp^r(1-p)^{n-r}$ (단, $r=0, 1, 2, \cdots, n$)

$$\therefore \frac{P(X=2)}{P(X=3)}=\frac{{}_{20}C_2\left(\frac{1}{5}\right)^2\left(\frac{4}{5}\right)^{18}}{{}_{20}C_3\left(\frac{1}{5}\right)^3\left(\frac{4}{5}\right)^{17}}=\frac{190\times\frac{4}{5}}{1140\times\frac{1}{5}}=\frac{2}{3}$$

I 22 정답 ③ *이항분포의 활용 [정답률 78%]

정답 공식: 주머니에서 꺼낸 3개의 공에 적힌 수들 중 두 수의 합이 나머지 한 수와 같을 확률을 구한다. 확률변수 X는 이항분포를 따른다.

주머니 속에 1, 2, 3, 4, 5의 수가 각각 하나씩 적힌 5개의 공이 들어 있다. 이 주머니에서 임의로 3개의 공을 동시에 꺼내어 적힌 수를 확인하고 다시 집어넣는 시행을 한다. 이와 같은 시행을 25회 반복할 때, 꺼낸 3개의 공에 적힌 수들 중 두 수의 합이 나머지 한 수와 같은 경우가 나오는 횟수를 확률변수 X라 하자. 확률변수 X^2의 평균 $E(X^2)$의 값은? (3점)

단서 확률변수 X는 횟수이므로 X의 분포는 이항분포를 이루겠지.

① 102 ② 104 ③ 106 ④ 108 ⑤ 110

1st 확률변수 X가 1회 일어날 확률부터 구해 보자.

주머니에서 꺼낸 3개의 공에 적힌 수들 중 두 수의 합이 나머지 한 수와 같은 경우는 (→ 최소 : 3, 최대 : 5)

(1, 2, 3), (1, 3, 4), (1, 4, 5), (2, 3, 5)

인 4가지이므로 그 확률은

$\frac{4}{{}_5C_3}=\frac{2}{5}$

2nd 확률변수 X가 이루는 이항분포를 구해 보자.

실수 확률변수 X가 이항분포라는 것을 알아차려야 해.

따라서 확률변수 X는 이항분포 $B\left(25, \frac{2}{5}\right)$를 따른다.

$E(X)=25\times\frac{2}{5}=10$

$V(X)=25\times\frac{2}{5}\times\frac{3}{5}=6$

확률변수 X가 이항분포 $B(n, p)$를 따를 때,
(1) 평균 : $E(X)=np$
(2) 분산 : $V(X)=npq$ (단, $q=1-p$)
(3) 표준편차 : $\sigma(X)=\sqrt{npq}$

이때, $V(X)=E(X^2)-\{E(X)\}^2$이므로

$E(X^2)=V(X)+\{E(X)\}^2$

$=6+10^2$

$=106$

I 23 정답 ① *이항분포의 활용 [정답률 60%]

정답 공식: 확률변수 X는 이항분포 $B(n, p)$를 따를 때, $E(X)=np$, $V(X)=np(1-p)$임을 이용한다.

이산확률변수 X가 값 x를 가질 확률이

$P(X=x)={}_nC_xp^x(1-p)^{n-x}$ **단서1** 독립시행의 사건에 대한 확률이네.

(단, $x=0, 1, 2, \cdots, n$이고 $0<p<1$)

이다. $E(X)=1$, $V(X)=\frac{9}{10}$일 때, $P(X<2)$의 값은? (4점)

① $\frac{19}{10}\left(\frac{9}{10}\right)^9$ ② $\frac{17}{9}\left(\frac{8}{9}\right)^8$ ③ $\frac{15}{8}\left(\frac{7}{8}\right)^7$ ④ $\frac{13}{7}\left(\frac{6}{7}\right)^6$ ⑤ $\frac{11}{6}\left(\frac{5}{6}\right)^5$

단서2 확률변수 X가 독립시행의 횟수라 하면 이것은 이항분포 $B(n, p)$를 따르지. 그럼 $E(X)$, $V(X)$의 값으로 이항분포를 완성시킬 수 있네.

1st 주어진 확률분포로부터 확률변수 X는 이항분포 $\mathrm{B}(n, p)$를 따르므로 주어진 $\mathrm{E}(X)$와 $\mathrm{V}(X)$의 값으로 n, p의 식을 세우자.

$\mathrm{E}(X)=1$, $\mathrm{V}(X)=\frac{9}{10}$이고 확률변수 X가 이항분포 $\mathrm{B}(n, p)$를 따른다.

$\begin{cases} np=1 \cdots ㉠ \\ np(1-p)=\frac{9}{10} \cdots ㉡ \end{cases}$

함정 이항분포를 따른다는 말 대신 $\mathrm{P}(X=x)$가 주어졌지? 이것만 보고도 이항분포인 것을 알아야 해.

㉠을 ㉡에 대입하면 $1-p=\frac{9}{10}$
np의 값을 ㉡에 대입해

$\therefore p=\frac{1}{10}$

이 값을 ㉠에 대입하면 $n=10$

2nd 이항분포 $\mathrm{B}\left(10, \frac{1}{10}\right)$을 따르는 확률변수 X에 대하여 확률 $\mathrm{P}(X<2)$의 값을 구해.

[독립시행의 확률] 1회 시행에서 사건 A가 일어날 확률이 p일 때 n회 독립시행에서 r회 일어날 확률은 ${}_n\mathrm{C}_r p^r(1-p)^{n-r}$

$\therefore \mathrm{P}(X<2)=\mathrm{P}(X=0)+\mathrm{P}(X=1)$
X는 2보다 작은 음이 아닌 정수이지? $\therefore X=0, 1$

$={}_{10}\mathrm{C}_0\left(\frac{1}{10}\right)^0\left(\frac{9}{10}\right)^{10}+{}_{10}\mathrm{C}_1\left(\frac{1}{10}\right)^1\left(\frac{9}{10}\right)^9$ (${}_{10}\mathrm{C}_0=1$, ${}_{10}\mathrm{C}_1=10$)

$=\left(\frac{9}{10}\right)^9\left(\frac{9}{10}+10\times\frac{1}{10}\right)$

$=\frac{19}{10}\left(\frac{9}{10}\right)^9$

I 24 정답 30 *이항분포의 활용 [정답률 18%]

(정답 공식: 불량품의 개수를 X라 하면 $\mathrm{V}(X)=np(1-p)$에서 n의 값이 주어져 있으므로 p의 값을 구할 수 있다. 애프터서비스 비용의 기댓값은 $a\mathrm{E}(X)$이다.)

단서1 불량품의 개수를 확률변수 X라 할 때, 이것이 이항분포 $\mathrm{B}(50, p)$를 따르니까 불량품 1개의 확률 p와 m까지 구할 수 있지?

어느 공장에서 생산되는 제품은 한 상자에 50개씩 넣어 판매되는데, 상자에 포함된 불량품의 개수는 이항분포를 따르고 평균이 m, 분산이 $\frac{48}{25}$이라 한다. 한 상자를 판매하기 전에 불량품을 찾아내기 위하여 50개의 제품을 모두 검사하는 데 총 ❶60000원의 비용이 발생한다. 검사하지 않고 한 상자를 판매할 경우에는 ❷한 개의 불량품에 a원의 애프터서비스 비용이 필요하다. 한 상자의 제품을 모두 검사하는 비용과 애프터서비스로 인해 필요한 비용의 기댓값이 같다고 할 때, $\frac{a}{1000}$의 값을 구하시오. (단, a는 상수이고, m은 5 이하인 자연수이다.) (4점)

단서2 ❶, ❷를 가지고 확률변수 X가 불량품의 개수이므로 한 상자의 애프터서비스의 비용은 aX임을 이용하여 a의 식을 세우자.

1st 이항분포를 따르는 확률변수 X를 정하여 $\mathrm{E}(X)=m$, $\mathrm{V}(X)=\frac{48}{25}$임을 이용하여 m의 값을 구하자.

한 상자에 들어있는 50개의 제품을 모두 검사할 때, 나오는 불량품의 개수를 확률변수 X, 불량품이 나올 확률을 p라 하면, 확률변수 X는 이항분포 $\mathrm{B}(50, p)$를 따른다. ⇐ 단서1을 통해 알 수 있어.

$\therefore \mathrm{E}(X)=50p=m$, $\mathrm{V}(X)=50p(1-p)=\frac{48}{25}$

⇐ [이항분포와 평균, 분산] 확률변수 X가 이항분포 $\mathrm{B}(n, p)$를 따를 때, $\mathrm{E}(X)=np$, $\mathrm{V}(X)=np(1-p)$

이때, $p(1-p)=\frac{48}{25}\times\frac{1}{50}=\frac{24}{25^2}$에서

$p^2-p+\frac{24}{25^2}=0$

$\left(p-\frac{1}{25}\right)\left(p-\frac{24}{25}\right)=0$

$\therefore p=\frac{1}{25}$ 또는 $p=\frac{24}{25}$

이때, $p=\frac{1}{25}$일 때, $m=2$이고 $p=\frac{24}{25}$일 때, $m=48$이지만

m은 5 이하의 자연수이므로 $p=\frac{1}{25}$

$\therefore \mathrm{E}(X)=m=2 \cdots ㉠$

2nd 한 상자의 제품을 모두 검사하는 비용과 애프터서비스로 인해 필요한 비용의 기댓값이 같으므로 a의 값을 구해. 불량품 한 개에 a원이므로 한 상자의 불량품 X개의 비용은 aX이지?

한 상자의 애프터서비스로 인해 필요한 비용의 기댓값은

$\mathrm{E}(aX)=a\mathrm{E}(X)=2a$($\because$ ㉠)가 되므로
→상수 a에 대하여 aX의 평균은 X의 평균에 a를 곱해. 즉, $\mathrm{E}(aX)=a\mathrm{E}(X)$

$2a=60000$

$a=30000$

$\therefore \frac{a}{1000}=\frac{30000}{1000}=30$

I 25 정답 ③ *연속확률분포의 확률 [정답률 65%]

(정답 공식: 확률밀도함수 $f(x)$는 $x=1$에 대해 대칭이다.)

$-2\le X\le 4$의 모든 값을 취하는 확률변수 X의 확률밀도함수 $f(x)$는 다음을 만족시킨다.

단서 $f(x)$의 그래프가 직선 $x=1$에 대하여 대칭이야. 확률밀도함수의 그래프가 $x=1$에 대칭이면 평균이라고 생각해.

$f(1-x)=f(1+x)$

$\mathrm{P}(1\le X\le 3)=2\mathrm{P}(3\le X\le 4)$이고 $\mathrm{P}(0\le X\le 1)=\frac{1}{4}$일 때, $\mathrm{P}(0\le X\le 3)$의 값은? (4점)

① $\frac{5}{12}$ ② $\frac{1}{2}$ ③ $\frac{7}{12}$ ④ $\frac{2}{3}$ ⑤ $\frac{3}{4}$

1st 확률밀도함수가 직선 $x=1$에 대하여 대칭이면 $x=1$이 평균이라고 생각할 수도 있어.

확률밀도함수 $f(x)$가 $f(1-x)=f(1+x)$를 만족시키므로 함수 $f(x)$의 그래프는 직선 $x=1$에 대하여 대칭이다.

X가 $-2\le x\le 4$의 모든 값을 취하므로 곡선 $y=f(x)$의 모양을 다음과 같다고 해 보자.

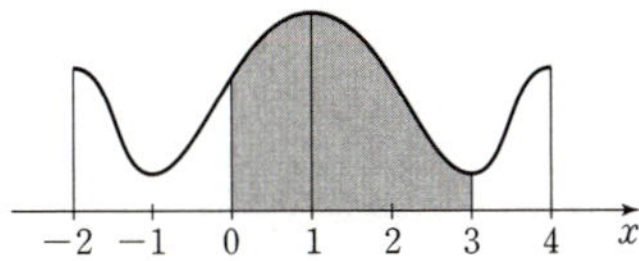

$\mathrm{P}(-2\le X\le 4)=\mathrm{P}(-2\le X\le 1)+\mathrm{P}(1\le X\le 4)$
모든 확률의 합

$=2\mathrm{P}(1\le X\le 4)$

$=1$ → 모든 확률의 합은 1이야.

$\therefore \mathrm{P}(1\le X\le 4)=\frac{1}{2}$

2nd $\mathrm{P}(1\le X\le 3)=2\mathrm{P}(3\le X\le 4)$인 것을 이용하여 $\mathrm{P}(1\le X\le 3)$의 값을 구해 보자.

그런데 $\mathrm{P}(1\le X\le 4)=\mathrm{P}(1\le X\le 3)+\mathrm{P}(3\le X\le 4)$이고

$\mathrm{P}(1\le X\le 3)=2\mathrm{P}(3\le X\le 4)$이므로

$\frac{1}{2}=\mathrm{P}(1\le X\le 3)+\frac{1}{2}\mathrm{P}(1\le X\le 3)$

$\frac{3}{2}\mathrm{P}(1\le X\le 3)=\frac{1}{2}$

$\therefore \mathrm{P}(1\le X\le 3)=\frac{1}{3} \cdots ㉠$

3rd $P(0\le X\le 1)=\frac{1}{4}$인 것을 이용하여 $P(0\le X\le 3)$의 값을 구해 보자.

이때, $P(0\le X\le 1)=\frac{1}{4}$이므로

$$P(0\le X\le 3)=P(0\le X\le 1)+P(1\le X\le 3)$$
$$=\frac{1}{4}+\frac{1}{3}\ (\because ㉠)=\frac{7}{12}$$

수능 핵강

$f(1-x)=f(1+x)$의 의미만 잘 파악한다면 문제를 쉽게 풀 수 있어. 이것은 무엇을 의미할까? $x=1$을 기준으로 해서 같은 거리만큼 떨어진 두 점의 함숫값이 같다는 얘기지? 즉, $x=1$에 대해 함수 $f(x)$는 선대칭이라는 의미야. 이것을 이용해서 임의의 확률밀도함수 $f(x)$를 그리고 위의 풀이처럼 문제를 풀어주면 돼. 보통은 위의 그림처럼 $f(x)$를 그리지 않아도 되고, 모양은 아무렇게나 대칭이 되도록만 그려도 돼. 그런데, 이 문제에서는 각 구간의 넓이의 값이 비교가 되기 때문에 주의해서 그려야 해.

I 26 정답 43 *연속확률분포의 확률 [정답률 52%]

정답 공식: 넓이를 구해 확률을 알아내고, 1회 일어날 경우와 0회 일어날 경우의 확률을 각각 구해 더한다.

연속확률변수 X의 확률밀도함수 $f(x)$가 다음과 같다.

$$f(x)=\frac{2}{9}x\ (0\le x\le 3)$$

단서 독립시행의 확률을 구하기 위해서는 1회의 확률을 알아야겠지? 근데 변수 X는 연속확률변수이고, 그것에 대한 확률밀도함수가 주어져 있으니까 구간 [1, 2]의 넓이로 확률을 구하면 되네.

매회의 시행에서 사건 A가 일어날 확률이 $P(1\le X\le 2)$로 일정할 때, 4회의 독립시행에서 사건 A가 1회 이하 일어날 확률을 $\frac{q}{p}$라 하자. $p+q$의 값을 구하시오. (단, p와 q는 서로소인 자연수이다.) (4점)

1st 독립시행의 확률이므로 $P(A)$부터 구해. 도형의 넓이가 확률이잖아.

$P(A)=P(1\le X\le 2)$라 하면 X는 연속확률변수이므로 그림과 같이 어두운 부분의 넓이가 확률이다.

사건 A의 확률

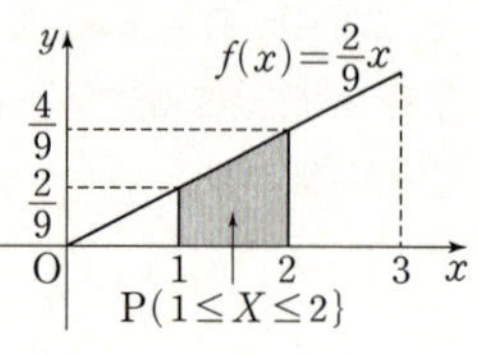

즉, $2\times\frac{4}{9}\times\frac{1}{2}-1\times\frac{2}{9}\times\frac{1}{2}=\frac{1}{3}$

2nd 사건 A가 1회 이하 일어날 확률을 구하자.

4회의 독립시행에서 1회 이하 일어날 확률은 1회 또는 0회가 일어날 경우이므로

[독립시행의 확률] 어떤 시행에서 사건 A가 일어날 확률이 p일 때, 이 시행을 n회 반복하는 독립시행에서 사건 A가 일어날 확률은 ${}_nC_rp^r(1-p)^{n-r}\ (0\le r\le n)$

$${}_4C_1\left(\frac{1}{3}\right)^1\left(\frac{2}{3}\right)^3+{}_4C_0\left(\frac{1}{3}\right)^0\left(\frac{2}{3}\right)^4=\frac{48}{81}=\frac{16}{27}=\frac{q}{p}$$

(1회 확률, 0회 확률)

$\therefore p+q=27+16=43$

[다른 풀이]

닫힌구간 [1, 2]에서 정의된 연속확률변수 X의 확률밀도함수 $f(x)$에 대하여

$$\int_1^2\frac{2}{9}x\,dx=\left[\frac{1}{9}x^2\right]_1^2=\frac{1}{3}$$

(이하 동일)

I 27 정답 ③ *연속확률분포의 확률 [정답률 50%]

정답 공식: 확률밀도함수 $f(x)$의 그래프를 좌표평면 위에 나타내고 확률밀도함수의 그래프와 x축 사이의 넓이를 이용한다.

확률변수 X의 확률밀도함수 $f(x)$가 다음과 같을 때, $P(a\le X\le 3a)$의 값은? (3점)

단서 함수 $f(x)$가 확률밀도함수이므로 구간 $[0, 4a]$에서 $f(x)$와 x축 사이의 넓이는 1이야.

$$f(x)=\begin{cases}\frac{1}{2}x & (0\le x<a)\\ x-\frac{1}{2}a & (a\le x<2a)\\ \frac{3}{2}x-\frac{3}{2}a & (2a\le x<3a)\\ -3x+12a & (3a\le x<4a)\\ 0 & (x<0,\ x\ge 4a)\end{cases}$$

① $\frac{11}{20}$ ② $\frac{3}{5}$ ③ $\frac{13}{20}$ ④ $\frac{7}{10}$ ⑤ $\frac{3}{4}$

1st 우선 주어진 확률밀도함수 $f(x)$를 보고 그래프를 그려 보자.

확률밀도함수 $f(x)$가 주어졌으므로 구간마다 함수의 그래프를 그리면 그림과 같다.

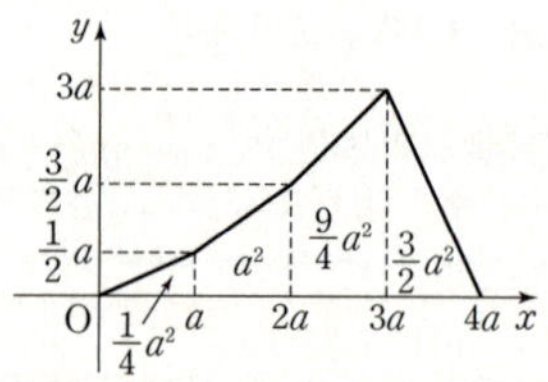

2nd 구간 $[0, 4a]$에서 함수 $f(x)$의 그래프와 x축으로 둘러싸인 부분의 넓이가 1임을 이용하여 a의 값을 구해 보자.

$$\frac{1}{4}a^2+a^2+\frac{9}{4}a^2+\frac{3}{2}a^2=1$$

$5a^2=1$

$\therefore a^2=\frac{1}{5}$

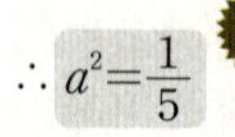

$a=\frac{1}{\sqrt{5}}$까지 계산할 필요는 없어. 나중에 답을 구해야 할 때 계산해도 돼.

이때

$$P(a\le X\le 3a)=a^2+\frac{9}{4}a^2=\frac{13}{4}a^2$$
$$=\frac{13}{4}\times\frac{1}{5}=\frac{13}{20}$$

정규분포의 표준화 개념·공식

확률변수 X가 정규분포 $N(m, \sigma^2)$을 따를 때,

① 확률변수 $Z=\frac{X-m}{\sigma}$은 표준정규분포 $N(0, 1)$을 따른다.

② 표준정규분포표를 이용하기 위한 표준화

$$P(x_1\le X\le x_2)=P\left(\frac{x_1-m}{\sigma}\le Z\le\frac{x_2-m}{\sigma}\right)$$

I 28 정답 ④ *연속확률분포의 확률 [정답률 47%]

정답 공식: 세 확률 p_1, p_2, p_3을 모두 넓이로 나타내고, p_1, p_2, p_3의 합이 1임을 이용한다.

연속확률변수 X가 갖는 값의 범위는 $0 \le X \le 2$이고 확률밀도함수의 그래프는 다음과 같다.

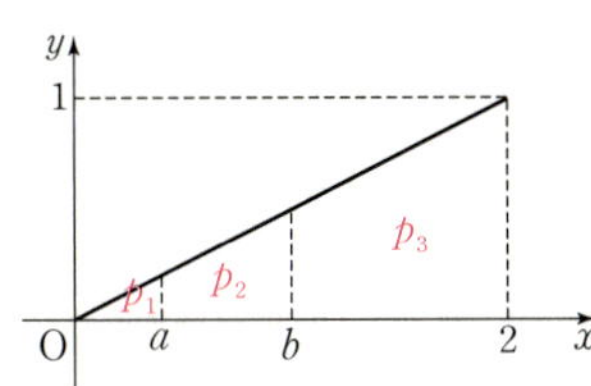

두 양수 a, b에 대하여

단서 그림과 같이 확률은 각각의 넓이를 말하지? ❶, ❷를 이용하여 a, b의 식을 세워.

$p_1 = \mathrm{P}(0 \le X \le a)$, $p_2 = \mathrm{P}(a < X \le b)$, $p_3 = \mathrm{P}(b < X \le 2)$

이다. 세 확률 ❶p_1, p_2, p_3이 이 순서로 등차수열을 이루고 ❷$a+b=\frac{4}{3}$일 때, b의 값은? (단, $a<b$이다.) (4점)

① $\frac{11}{12}$ ② 1 ③ $\frac{13}{12}$ ④ $\frac{7}{6}$ ⑤ $\frac{5}{4}$

1st 세 확률 p_1, p_2, p_3을 a, b에 관한 식으로 나타내자.

확률밀도함수의 그래프는 원점 (0, 0)과 점 (2, 1)을 지나는 직선이므로 $y=\frac{1}{2}x$이다.

원점과 한 점 (a, b)를 지나는 직선의 방정식은 $y=\frac{b}{a}x$야.

$$\begin{cases} p_1 = \frac{1}{2} \times a \times \frac{1}{2}a = \frac{1}{4}a^2 \\ p_2 = \frac{1}{2} \times b \times \frac{1}{2}b - p_1 = \frac{1}{4}(b^2-a^2) \\ p_3 = \frac{1}{2} \times 2 \times 1 - (p_1+p_2) = 1 - \frac{1}{4}b^2 \end{cases}$$

($p_1 = \triangle$AOB, $p_2 = \triangle$COD$-\triangle$AOB, $p_3 = \triangle$EOF$-\triangle$COD)

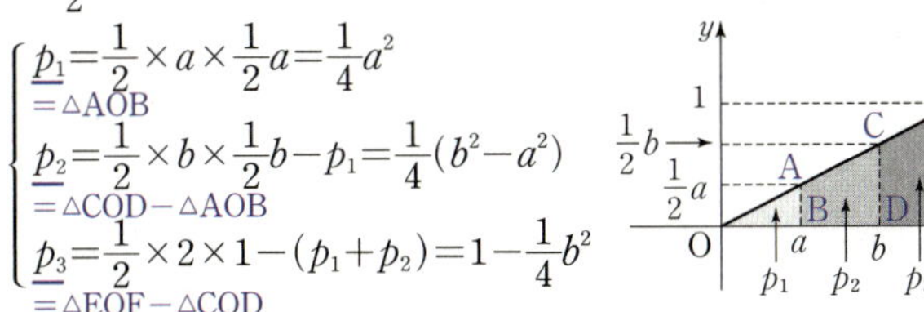

2nd a, b의 값을 구하자.

p_1, p_2, p_3이 이 순서로 등차수열을 이루므로 p_2는 p_1, p_3의 등차중항이다. 즉, $2p_2 = p_1 + p_3$에서

$2 \times \frac{1}{4}(b^2-a^2) = \frac{1}{4}a^2 + \left(1 - \frac{1}{4}b^2\right)$

$3a^2 - 3b^2 = -4$

[인수분해] $x^2-y^2=(x+y)(x-y)$

$(a+b)(a-b) = -\frac{4}{3}$

$\frac{4}{3}(a-b) = -\frac{4}{3}\left(\because a+b=\frac{4}{3}\right)$

$\therefore a-b=-1$

따라서 $a+b=\frac{4}{3}$와 $a-b=-1$을 연립하면 $b=\frac{7}{6}$

[다른 풀이]

확률의 총합은 1이므로 $p_1+p_2+p_3=1$ … ㉠

p_1, p_2, p_3이 이 순서대로 등차수열을 이루므로 $p_1+p_3=2p_2$에서

$1-p_2=2p_2$ ($\because$ ㉠)

$\therefore p_2 = \frac{1}{3}$

$p_2 = \mathrm{P}(a < X \le b) = \frac{1}{4}(b^2-a^2) = \frac{1}{3}$

$(b^2-a^2) = \frac{4}{3}$

$(b^2-a^2) = (b+a)(b-a) = \frac{4}{3}$에서 ($a+b=\frac{4}{3}$)

$b-a = \frac{4}{3} \times \frac{3}{4} = 1$

따라서 $a+b=\frac{4}{3}$와 연립하면 $b=\frac{7}{6}$

I 29 정답 ④ *연속확률분포의 확률 [정답률 69%]

정답 공식: 두 함수 $F(x)$, $G(x)$에 대하여 $F(x)=\mathrm{P}(X \ge x)=1-\mathrm{P}(X \le x)=1-G(x)$임을 이용한다.

확률변수 X가 취하는 전 범위에서 확률은 1이야. 즉 $\mathrm{P}(0 \le X \le 1)=1$

연속확률변수 X가 갖는 값은 구간 [0, 1]의 모든 실수이다. 구간 [0, 1]에서 두 함수 $F(x)$, $G(x)$를

$F(x)=\mathrm{P}(X \ge x)$, $G(x)=\mathrm{P}(X \le x)$

로 정의할 때, [보기]에서 항상 옳은 것만을 있는 대로 고른 것은? (3점)

단서 확률로 정의된 두 함수 $F(x)$, $G(x)$를 제대로 이해하자. 즉, $F(a)+G(a)=1$이네.

[보기]

ㄱ. $G(0.3) \ge G(0.2)$

ㄴ. $F(x)G(x)<0$인 x가 존재한다.

ㄷ. $F(x)+G(x)=1$

① ㄱ ② ㄴ ③ ㄱ, ㄴ ④ ㄱ, ㄷ ⑤ ㄱ, ㄴ, ㄷ

1st 두 함수 $F(x)$와 $G(x)$에 x의 값을 적절히 대입하여 참·거짓을 판단해.

ㄱ. $G(0.3)=\mathrm{P}(X \le 0.3) \ge \mathrm{P}(X \le 0.2)=G(0.2)$ (참)

ㄴ. $F(x)$와 $G(x)$는 확률이므로 음수가 될 수 없고 $F(x)G(x)<0$을 만족시키는 x는 없다. (거짓)

주의 항상 (확률)≥ 0이야.

ㄷ. $F(x)+G(x)=\mathrm{P}(X \ge x)+\mathrm{P}(X \le x)=1$ (참)

따라서 옳은 것은 ㄱ, ㄷ이다.

I 30 정답 ① *정규분포곡선의 성질 [정답률 65%]

정답 공식: 평균 170이므로 직선 $x=170$을 대칭으로 하는 정규분포곡선을 나타내고, 구간들에 대한 넓이를 비교하여 a, b, c의 대소 관계를 파악한다.

어느 고등학교 3학년 학생의 키는 평균이 170 cm이고 표준편차가 5 cm인 정규분포를 따른다고 한다. 길이가 모두 10 cm인 다음의 세 구간 A, B, C에 속하는 학생 수를 차례로 a, b, c라고 할 때, a, b, c 사이의 대소 관계를 옳게 나타낸 것은? (3점)

A=[165, 175]
B=[163, 173]
C=[169, 179]

단서 학생의 키가 정규분포를 따르니까 정규분포곡선이 평균에 대하여 대칭임을 이용하여 x축과의 넓이로 확률을 생각해 보자.

① $a \ge b \ge c$ ② $a \ge c \ge b$ ③ $b \ge c \ge a$ ④ $c \ge a \ge b$ ⑤ $c \ge b \ge a$

1st 그림과 같이 세 구간을 곡선 위에 나타내 봐.

세 구간 A=[165, 175], B=[163, 173], C=[169, 179]를 곡선 위에 나타내면 다음과 같다.

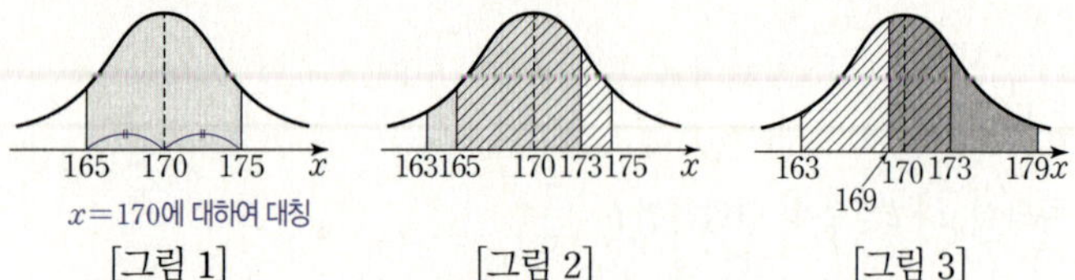

[그림 1] [그림 2] [그림 3]

이때, [그림 1], [그림 2], [그림 3]에서 어두운 부분은 각각 학생 수의 확률을 나타낸다.

[정규분포곡선의 넓이] 그래프와 x축 사이의 넓이는 어느 학생의 키가 그 구간에 속할 확률을 나타내.

2nd 정규분포곡선이 $x=170$에 대하여 대칭이므로 각각의 그림을 비교하여 대소 관계로 나타내.

([165, 170]의 넓이)=([170, 175]의 넓이)이므로 ([163, 165]의 넓이)<([173, 175]의 넓이)

여기서 [그림 2]의 어두운 부분의 넓이는 [그림 1]의 어두운 부분, 즉 [그림 2]의 빗금친 부분의 넓이보다 작으므로 $a\ge b$ … ㉠

또, [그림 3]의 어두운 부분의 넓이는 [그림 2]의 어두운 부분, 즉 [그림 3]의 빗금친 부분의 넓이보다 작으므로 $b\ge c$ … ㉡

([163, 170]의 넓이)=([170, 177]의 넓이)이므로
([169, 170]의 넓이)=([170, 171]의 넓이)이므로
비교를 하기 위해서 B구간에서 [171, 173], C구간에서 [177, 179]의 넓이를 비교해야 해.

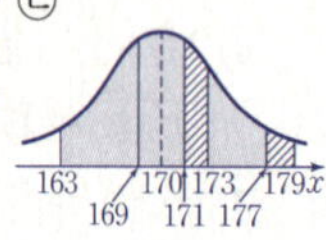

$\therefore a\ge b\ge c$ ($\because$ ㉠, ㉡)

> **정규분포곡선의 성질** 개념·공식
>
> ① 직선 $x=m$에 대하여 대칭이다.
> ② x축을 점근선으로 한다.
> ③ 곡선과 x축 사이의 넓이는 1이다.
> ④ m의 값이 일정할 때, σ의 값이 커지면 곡선의 중앙 부분이 낮아지면서 옆으로 퍼지고, σ의 값이 작아지면 곡선의 중앙 부분이 높아진다.
>
> 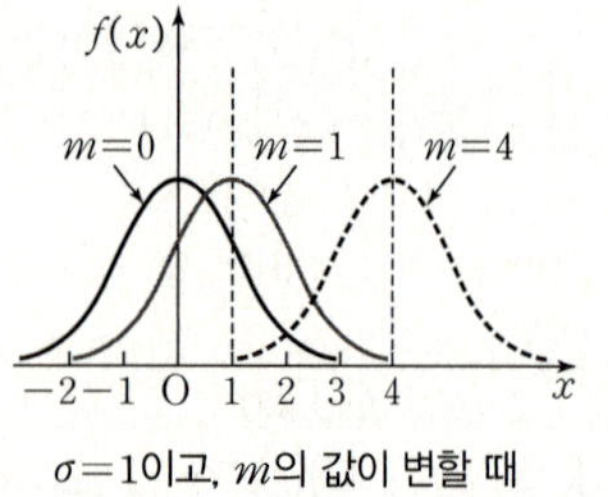
>
>
> $\sigma=1$이고, m의 값이 변할 때
>
> ⑤ σ의 값이 일정할 때, m의 값이 변하면 대칭축의 위치는 변하지만 곡선의 모양은 일정하다.

I 31 정답 ⑤ *정규분포곡선의 성질 [정답률 50%]

(정답 공식: $E(Y)=2E(X)+6=E(2X+6)$이므로 $Y=2X+6$이다.)

정규분포를 따르는 두 연속확률변수 X, Y가 다음 조건을 만족시킨다.

> (가) $E(X)=12$
> (나) $E(Y)=2E(X)+6$ 단서 $Y=2X+6$이라는 의미지?

$P(X\le k)=P(Y\ge k)$를 만족시키는 상수 k의 값은? (3점)

① 14 ② 15 ③ 16
④ 17 ⑤ 18

1st 조건 (나)를 이용하여 Y를 X에 대한 식으로 나타내자.

조건 (나)에서

$E(Y)=2E(X)+6=E(2X+6)$ $\therefore Y=2X+6$ … ㉠

2nd ㉠을 $P(X\le k)=P(Y\ge k)$에 대입하여 미지수 k의 값을 구하자.

$P(X\le k)=P(Y\ge k)$에 ㉠을 대입하면

$P(X\le k)=P(2X+6\ge k)$

$=P\left(X\ge \frac{k-6}{2}\right)$

→ 이것이 성립하려면 정규분포곡선이 $x=m$에 대하여 대칭이어야 해.

확률변수 X의 평균 $E(X)=m$이라 하면

$m-(k-m)=\frac{k-6}{2}$

$2m-k=\frac{k-6}{2}$

조건 (가)에서 $m=12$이므로 $24-k=\frac{k-6}{2}$

$48-2k=k-6$

$3k=54$ $\therefore k=18$

I 32 정답 ① *정규분포곡선의 성질 [정답률 69%]

(정답 공식: 함수 $f(x)$의 그래프가 $x=2$에서 대칭임을 알아내고 확률밀도함수의 그래프를 직접 그려 파악한다.)

연속확률변수 X의 확률밀도함수 $f(x)$가 모든 실수 x에 대하여

$f(2+x)=f(2-x)$ ⇐ 함수 $f(x)$는 $x=2$에서 대칭임을 말하네.

를 만족시킨다. 두 양수 a와 $b(a<b)$에 대하여

$P(2-a\le X\le 2+a)=p_1$,
$P(2+a\le X\le 2+b)=p_2$

단서 함수 $f(x)$의 대칭성과 확률밀도함수와 x축 사이의 넓이와 확률의 관계를 이용해야겠네. 그림을 그리자.

일 때, 확률 $P(X\le 2+b)$를 p_1과 p_2로 나타낸 것은? (단, $p_1>0$, $p_2>0$이다.) (4점)

① $0.5+\frac{1}{2}p_1+p_2$ ② $\frac{1}{2}p_1+p_2$ ③ $0.5+p_1+p_2$
④ $0.5-p_1+p_2$ ⑤ $0.5+p_1+\frac{1}{2}p_2$

1st 함수 $f(x)$가 모든 실수 x에 대하여 $f(a+x)=f(a-x)$(a는 상수)를 만족시킨다면 $f(x)$의 그래프는 직선 $x=a$에 대하여 대칭이야.

연속확률변수 X의 확률밀도함수 $f(x)$가 모든 실수 x에 대하여 $f(2+x)=f(2-x)$를 만족시키므로 함수 $f(x)$는 $x=2$에 대하여 대칭인 함수이다.

즉, 확률변수 X의 평균이 2야. 그러니까 정규분포곡선의 축은 $x=2$야.

이때, $\begin{cases} P(2-a\le X\le 2+a)=p_1 \\ P(2+a\le X\le 2+b)=p_2 \end{cases}$ (단, $a<b$)에서 확률 p_1, p_2는 다음 그림에서 어두운 부분의 넓이와 각각 같다.

→ 두 양수 a, b에 대하여 $2-b<2-a<2<2+a<2+b$

실수 그림으로 표현하는 게 문제 푸는 데 큰 도움이 돼.

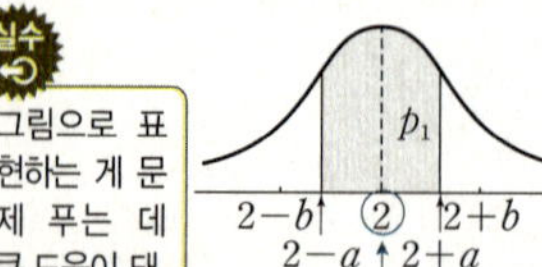

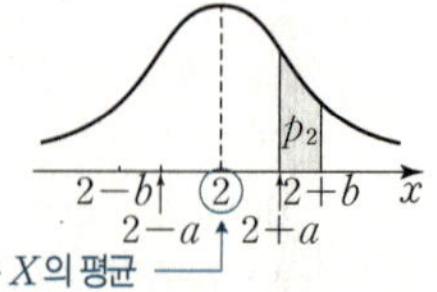

확률변수 X의 평균

확률 $P(X\le 2+b)$는 다음 그림의 어두운 부분의 넓이와 같다.

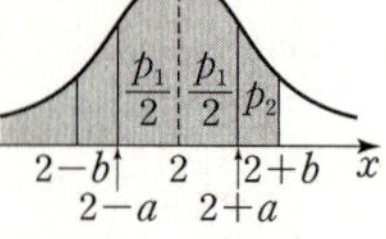

$\therefore P(X\le 2+b)=0.5+\frac{1}{2}p_1+p_2$

I 33 정답 35 *정규분포곡선의 성질 [정답률 45%]

정답 공식: 확률밀도함수 $f(x)$의 그래프는 평균 $x=m$에 대해 대칭임을 이용하여 $f(4+x)=f(4-x)$의 식을 찾아 내고 $\mathrm{P}(X\le a)=1-\mathrm{P}(X\ge a)$를 이용한다.

확률변수 X가 정규분포 $\mathrm{N}(4,\ 3^2)$을 따를 때, $\sum_{n=1}^{7}\mathrm{P}(X\le n)=a$이다. $10a$의 값을 구하시오. (4점)

단서 확률변수 X에 대한 확률밀도함수의 그래프가 정규분포곡선이므로 $x=4$에 대하여 대칭을 이루지? 이것을 이용해.

1st 정규분포 $\mathrm{N}(4,\ 3^2)$을 따르는 연속확률변수 X의 확률밀도함수의 그래프를 그려보고 특징을 찾자.

정규분포 $\mathrm{N}(4,\ 3^2)$을 따르는 연속확률변수 X의 확률밀도함수를 $f(x)$라 하면 그림과 같이 확률밀도함수 $f(x)$는 직선 $x=4$에 대하여 대칭이므로 $f(4+x)=f(4-x)$, 즉 $f(x)=f(8-x)$를 만족시킨다.

[대칭인 함수] $x=a$에 대하여 대칭인 함수 $f(x)$는 $f(a+x)=f(a-x)$ 또는 $f(x)=f(2a-x)$가 성립해.

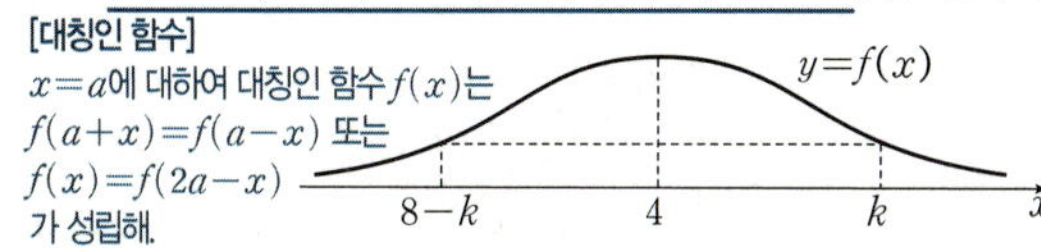

한편, 위의 그림에서 $\mathrm{P}(X\le 8-k)=\mathrm{P}(X\ge k)$이고, $\mathrm{P}(X\le k)+\mathrm{P}(X\ge k)=1$이므로 $\mathrm{P}(X\le k)+\mathrm{P}(X\le 8-k)=1$이다. ($\mathrm{P}(X\le k)$, $\mathrm{P}(X\ge k)$)

2nd 정규분포의 확률밀도함수의 그래프의 성질을 이용하여 $\sum_{n=1}^{7}\mathrm{P}(X\le n)$의 값을 구하자.

$\mathrm{P}(X\le 1)+\mathrm{P}(X\le 7)=1$, $\mathrm{P}(X\le 2)+\mathrm{P}(X\le 6)=1$,
($\mathrm{P}(X\le 7)=\mathrm{P}(X\ge 1)$, $\mathrm{P}(X\le 6)=\mathrm{P}(X\ge 2)$)

$\mathrm{P}(X\le 3)+\mathrm{P}(X\le 5)=1$이고, $\mathrm{P}(X\le 4)=0.5$이므로
($\mathrm{P}(X\le 5)=\mathrm{P}(X\ge 3)$; 확률변수 X의 평균이 m일 때 $\mathrm{P}(X\le m)=\mathrm{P}(X\ge m)=0.5$야.)

$\sum_{n=1}^{7}\mathrm{P}(X\le n)$ ← 확률+수열이라 당황하지 말고 $n=1, 2, \cdots, 7$을 차례로 대입해 더해주면 돼.

$=\mathrm{P}(X\le 1)+\mathrm{P}(X\le 2)+\mathrm{P}(X\le 3)+\mathrm{P}(X\le 4)+\mathrm{P}(X\le 5)+\mathrm{P}(X\le 6)+\mathrm{P}(X\le 7)$

$=\{\mathrm{P}(X\le 1)+\mathrm{P}(X\le 7)\}+\{\mathrm{P}(X\le 2)+\mathrm{P}(X\le 6)\}+\{\mathrm{P}(X\le 3)+\mathrm{P}(X\le 5)\}+\mathrm{P}(X\le 4)$

$=1+1+1+0.5=3.5=a$

$\therefore 10a=10\times 3.5=35$

[다른 풀이]

확률변수 X가 정규분포 $\mathrm{N}(4,\ 3^2)$을 따르므로 $Z=\dfrac{X-4}{3}$라 하면 확률변수 Z는 표준정규분포 $\mathrm{N}(0,\ 1)$을 따르지?

[표준정규분포곡선의 대칭성] 표준정규분포곡선은 평균 $z=0$에 대하여 대칭이므로
① $\mathrm{P}(Z\le -a)=\mathrm{P}(Z\ge a)$
② $\mathrm{P}(Z\le 0)=\mathrm{P}(Z\ge 0)=0.5$
③ $\mathrm{P}(Z\ge a)+\mathrm{P}(Z\le a)=1$

$\therefore \sum_{n=1}^{7}\mathrm{P}(X\le n)$

$=\sum_{n=1}^{7}\mathrm{P}\left(Z\le\dfrac{n-4}{3}\right)$

$=\mathrm{P}(Z\le -1)+\mathrm{P}\left(Z\le -\dfrac{2}{3}\right)+\mathrm{P}\left(Z\le -\dfrac{1}{3}\right)+\mathrm{P}(Z\le 0)+\mathrm{P}\left(Z\le\dfrac{1}{3}\right)+\mathrm{P}\left(Z\le\dfrac{2}{3}\right)+\mathrm{P}(Z\le 1)$

대칭성①
$=\mathrm{P}(Z\ge 1)+\mathrm{P}\left(Z\ge\dfrac{2}{3}\right)+\mathrm{P}\left(Z\ge\dfrac{1}{3}\right)+\mathrm{P}(Z\le 0)+\mathrm{P}\left(Z\le\dfrac{1}{3}\right)+\mathrm{P}\left(Z\le\dfrac{2}{3}\right)+\mathrm{P}(Z\le 1)$

대칭성③
$=\{\mathrm{P}(Z\ge 1)+\mathrm{P}(Z\le 1)\}+\left\{\mathrm{P}\left(Z\ge\dfrac{2}{3}\right)+\mathrm{P}\left(Z\le\dfrac{2}{3}\right)\right\}+\left\{\mathrm{P}\left(Z\ge\dfrac{1}{3}\right)+\mathrm{P}\left(Z\le\dfrac{1}{3}\right)\right\}+\mathrm{P}(Z\le 0)$

($\mathrm{P}(Z\le 1)$, $\mathrm{P}(Z\ge 1)$)

대칭성②, ③
$=1+1+1+0.5=3.5$

따라서 $a=3.5$이므로 $10a=35$야.

I 34 정답 ④ *정규분포곡선의 성질 [정답률 57%]

정답 공식: $\mathrm{P}(X\ge m+x)=\mathrm{P}(X\le m-x)$을 이용하여 m의 값을 알아내고 $\mathrm{V}(X)=\mathrm{E}(X^2)-\{\mathrm{E}(X)\}^2$을 이용하여 σ의 값을 구한다.

확률변수 X가 정규분포 $\mathrm{N}(m,\ \sigma^2)$을 따르고 다음 조건을 만족시킨다. 단서1 정규분포곡선은 직선 $x=m$에 대하여 대칭이므로 64, 56의 평균이 m이겠지?

(가) $\mathrm{P}(X\ge 64)=\mathrm{P}(X\le 56)$
(나) $\mathrm{E}(X^2)=3616$ 단서2 X^2에 대한 평균으로 분산 σ^2을 구할 수 있지?

$\mathrm{P}(X\le 68)$의 값을 오른쪽 표를 이용하여 구한 것은? (3점)

x	$\mathrm{P}(m\le X\le x)$
$m+1.5\sigma$	0.4332
$m+2\sigma$	0.4772
$m+2.5\sigma$	0.4938

① 0.9104 ② 0.9332 ③ 0.9544 ④ 0.9772 ⑤ 0.9938

1st 주어진 조건을 이용하여 평균 $\mathrm{E}(X)$, 분산 $\mathrm{V}(X)$를 구하자. ($=m$, $=\sigma^2$)

조건 (가)에서 $\mathrm{P}(X\ge 64)=\mathrm{P}(X\le 56)$이므로

$\mathrm{E}(X)=\dfrac{64+56}{2}=60$

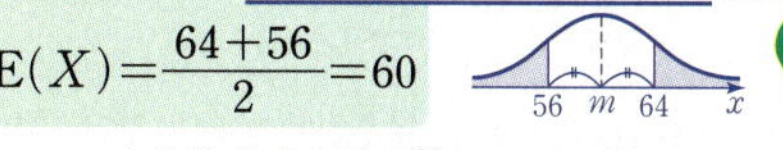

함정 평균에 대한 정보를 준다는 것을 알아차려야 해!

또, 조건 (나)에서 $\mathrm{E}(X^2)=3616$이므로
$\mathrm{V}(X)=\mathrm{E}(X^2)-\{\mathrm{E}(X)\}^2=3616-60^2=16$
즉, 확률변수 X는 정규분포 $\mathrm{N}(60,\ 4^2)$을 따른다.

2nd $\mathrm{P}(X\le 68)$의 값을 알기 위해서 표에 m, σ의 값을 대입해 보자.

$m=60$, $\sigma=4$에 의하여
$m+1.5\sigma=60+1.5\times 4=66$
$m+2\sigma=60+2\times 4=68$
$m+2.5\sigma=60+2.5\times 4=70$
이므로 주어진 표를 정리하면 오른쪽과 같다.

x	$\mathrm{P}(60\le X\le x)$
66	0.4332
68	0.4772
70	0.4938

$\therefore \mathrm{P}(X\le 68)=\mathrm{P}(X\le 60)+\mathrm{P}(60\le X\le 68)$
$=0.5+0.4772$
$=0.9772$

[평균과 확률] 확률변수 X에 대하여 평균이 m일 때 $\mathrm{P}(X\le m)=\mathrm{P}(X\ge m)=0.5$야. 즉, 전체 확률의 절반이야.

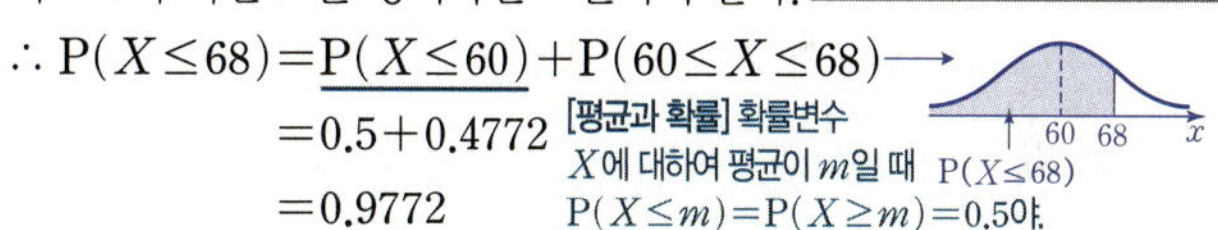

톡톡 풀이

확률변수 $Z=\dfrac{X-m}{\sigma}$을 이용하여 표준화하자.

이때, 주어진 표에서
(i) 양변에서 m을 빼주면 $0\le X-m\le 1.5\sigma$
(ii) 양변을 σ으로 나누면 $0\le\dfrac{X-m}{\sigma}\le 1.5$

$\mathrm{P}(m\le X\le m+1.5\sigma)=\mathrm{P}(0\le Z\le 1.5)$,
$\mathrm{P}(m\le X\le m+2\sigma)=\mathrm{P}(0\le Z\le 2)$,
$\mathrm{P}(m\le X\le m+2.5\sigma)=\mathrm{P}(0\le Z\le 2.5)$지?

$\therefore \mathrm{P}(X\le 68)=\mathrm{P}\left(Z\le\dfrac{68-60}{4}\right)=\mathrm{P}(Z\le 2)$
표의 값을 이용하기 위하여 $\mathrm{P}(0\le Z\le z)$꼴로 표현해. 즉 $\mathrm{P}(Z\le 0)+\mathrm{P}(0\le Z\le 2)$

$=0.5+\mathrm{P}(0\le Z\le 2)$ 표준정규분포곡선은 $z=0$에 대하여 대칭이므로 $\mathrm{P}(Z\le 0)=\mathrm{P}(Z\ge 0)=0.5$야.
$=0.5+0.4772=0.9772$

정규분포의 표준화 (개념·공식)

확률변수 X가 정규분포 $\mathrm{N}(m,\ \sigma^2)$을 따를 때,

① 확률변수 $Z=\dfrac{X-m}{\sigma}$은 표준정규분포 $\mathrm{N}(0,\ 1)$을 따른다.

② 표준정규분포표를 이용하기 위한 표준화

$\mathrm{P}(x_1\le X\le x_2)=\mathrm{P}\left(\dfrac{x_1-m}{\sigma}\le Z\le\dfrac{x_2-m}{\sigma}\right)$

I 35 정답 ① *정규분포의 표준화 [정답률 62%]

(정답 공식: $f(x)=f(2m-x)$을 이용하여 m의 값이 100임을 알아내고 표준화를 통해 표준정규분포를 따르는 확률변수 Z로 바꿔준다.)

정규분포 $N(m, \sigma^2)$을 따르는 확률변수 X에 대하여 확률밀도함수 $f(x)$가 모든 실수 x에 대하여

$f(x)=f(200-x)$

를 만족한다. ❶ 단서1 확률밀도함수 $f(x)$는 $x=100$에 대하여 대칭이야.

$P(m \le X \le m+5)=0.4938$일 때, ❷

표준정규분포표를 이용하여 $P(97 \le X \le 104)$를 구하면? (4점)

z	$P(0 \le Z \le z)$
1.5	0.4332
2.0	0.4772
2.5	0.4938
3.0	0.4987

단서2 확률변수 X에 대하여 표준정규분포표를 이용해야 하니까 ❶, ❷를 표준화해서 유도해 볼까?

① 0.9104 ② 0.9270 ③ 0.9710 ④ 0.9725 ⑤ 0.9759

1st 정규분포를 따르는 확률밀도함수 $f(x)$는 평균인 $x=m$에 대하여 대칭이므로 $f(x)=f(200-x)$로 m의 값을 구해.

함수 $f(x)$가 $f(x)=f(200-x)$이므로 $f(x)$는 $x=100$에 대하여 대칭이다.

[함수의 대칭] 함수 $f(x)$가 $f(x)=f(2a-x)$가 성립하면 $x=a$에 대하여 대칭이야.

정규분포를 따르는 확률밀도함수는 평균이 m이라 할 때, $x=m$에 대하여 대칭이므로 $m=100$이다.

정규분포곡선의 모양을 생각해. 종 모양이고 평균을 기준으로 대칭!

2nd 표준정규분포표를 이용하기 위하여 조건 ❶을 표준화시켜 σ의 값을 구하면 조건 ❷의 값을 구할 수 있어.

정규분포 $N(100, \sigma^2)$을 따르는 확률변수 X에 대하여 ($m=100$)

$Z=\dfrac{X-100}{\sigma}$이라 하면 확률변수 Z는 표준정규분포 $N(0, 1)$을 따르므로

$$P(m \le X \le m+5)=P(100 \le X \le 105)$$
$$=P\left(\frac{100-100}{\sigma} \le Z \le \frac{105-100}{\sigma}\right)$$
$$=P\left(0 \le Z \le \frac{5}{\sigma}\right)=0.4938$$

표에서 이 값을 만족시키는 $Z=z$의 값을 찾아.

$P(0 \le Z \le 2.5)=0.4938$에서 $\dfrac{5}{\sigma}=2.5$이므로 $\sigma=2$

따라서 확률변수 X는 정규분포 $N(100, 2^2)$을 따르므로

$$P(97 \le X \le 104)=P\left(\frac{97-100}{2} \le Z \le \frac{104-100}{2}\right)$$

$\left(Z=\dfrac{X-100}{2}\right)$

$$=P(-1.5 \le Z \le 2)$$

$P(-a \le Z \le b)=P(-a \le Z \le 0)+P(0 \le Z \le b)$

$$=P(-1.5 \le Z \le 0)+P(0 \le Z \le 2)$$
$$=P(0 \le Z \le 1.5)+P(0 \le Z \le 2)$$
$$=0.4332+0.4772=0.9104$$

표를 이용하기 위하여 $P(0 \le Z \le z)$의 꼴로 만들자.

정규분포곡선의 특징 (개념·공식)

함수 $f(x)=\dfrac{1}{\sqrt{2\pi}\sigma}e^{-\frac{(x-m)^2}{2\sigma^2}}$의 그래프는

① 직선 $x=m$에 대하여 대칭이다.

② $x=m$일 때, 최댓값 $\dfrac{1}{\sqrt{2\pi}\sigma}$을 갖는다.

③ x축을 점근선으로 한다.

④ 곡선과 x축 사이의 넓이는 1이다.

$y=f(x)$, m, x

I 36 정답 ② *정규분포의 표준화 [정답률 49%]

(정답 공식: $P(40 \le X \le 50)$과 $P(40 \le Y \le 50)$에서 공통부분이 생긴다. 공통부분의 넓이를 S라 하면 $S_2-S_1=S+S_2-(S+S_1)$을 이용하여 구한다.)

그림은 정규분포 $N(40, 10^2)$, $N(50, 5^2)$을 따르는 두 확률변수 X, Y의 정규분포곡선을 나타낸 것이다. 그림과 같이 $40 \le x \le 50$인 범위에서 두 곡선과 직선 $x=40$으로 둘러싸인 부분의 넓이를 S_1, 두 곡선과 직선 $x=50$으로 둘러싸인 부분의 넓이를 S_2라 할 때, S_2-S_1의 값을 오른쪽 표준정규분포표를 이용하여 구한 것은? (3점)

z	$P(0 \le Z \le z)$
1	0.3413
2	0.4772
3	0.4987

단서 정규분포곡선과 x축 사이의 넓이는 확률을 말하니까 S_1, S_2의 차를 확률로 나타내야겠네.

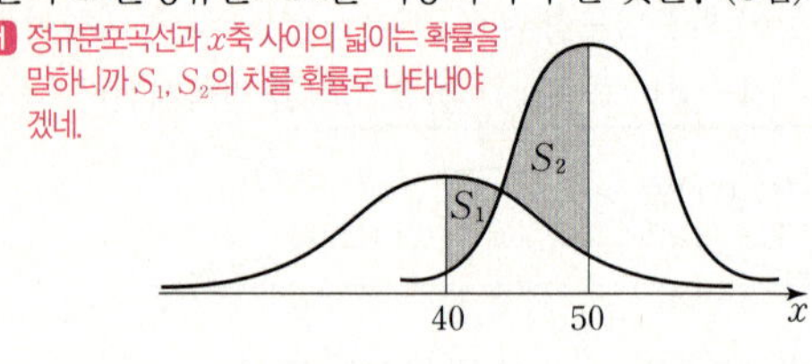

① 0.1248 ② 0.1359 ③ 0.1575
④ 0.1684 ⑤ 0.1839

1st 구간 $[a, b]$에서 정규분포곡선의 넓이는 $P(a \le X \le b)$이므로 S_1, S_2를 확률로 나타내.

그림과 같이 구간 $[40, 50]$에서 두 정규분포곡선의 공통부분의 넓이를 S라 하자.

함정 이렇게 쉽게 넓이를 구할 수 없는 부분에 대한 문제는 공통인 부분을 더해서 쉽게 넓이를 구할 수 있도록 바꿔줘!

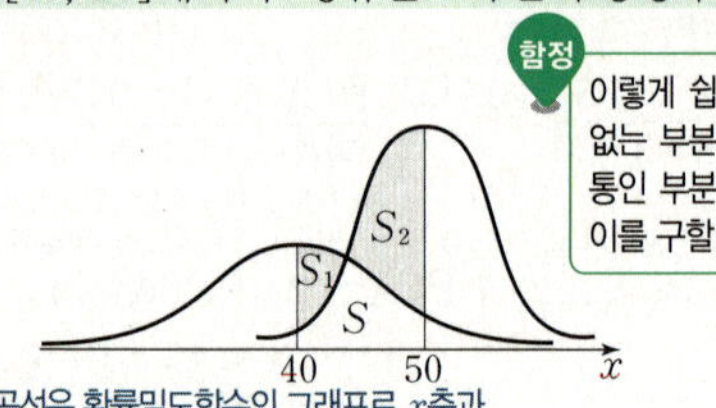

정규분포곡선은 확률밀도함수의 그래프로 x축과 둘러싸인 부분의 넓이가 확률이지.

$P(40 \le X \le 50)=S_1+S$

$P(40 \le Y \le 50)=S_2+S$

$$\therefore S_2-S_1=(S_2+S)-(S_1+S)$$
$$=P(40 \le Y \le 50)-P(40 \le X \le 50) \cdots ㉠$$

2nd 확률변수가 다른 확률의 차는 변수를 통일시켜야 해. 즉 표준화를 시켜서 $P(40 \le Y \le 50)$과 $P(40 \le X \le 50)$을 각각 구하자.

우선 확률변수 X는 정규분포 $N(40, 10^2)$을 따르므로

$$P(40 \le X \le 50)=P\left(\frac{40-40}{10} \le Z \le \frac{50-40}{10}\right)$$

$\left(Z=\dfrac{X-40}{10}\right)$

$$=P(0 \le Z \le 1)$$
$$=0.3413$$

마찬가지로 확률변수 Y는 정규분포 $N(50, 5^2)$을 따르므로

$$P(40 \le Y \le 50)=P\left(\frac{40-50}{5} \le Z \le \frac{50-50}{5}\right)$$

$\left(Z=\dfrac{Y-50}{5}\right)$

$$=P(-2 \le Z \le 0)$$
$$=P(0 \le Z \le 2)$$
$$=0.4772$$

$$\therefore S_2-S_1=0.4772-0.3413 \ (\because ㉠)$$
$$=0.1359$$

I 37 정답 62 *정규분포의 표준화 [정답률 49%]

(정답 공식: 확률밀도함수의 그래프에서 평균에 가까워질수록 확률변수의 함숫값이 커진다. 이 성질을 이용하여 m의 값을 찾고 확률변수 X를 표준화시켜 표준정규분포를 따르는 확률변수 Z로 바꿔준다.)

확률변수 X는 평균이 m, 표준편차가 5인 정규분포를 따르고, 확률변수 X의 확률밀도함수 $f(x)$가 다음 조건을 만족시킨다.

단서1 확률밀도함수는 평균 m에 대하여 대칭이고 함숫값이 클수록 x가 평균 m에 가까워져. 이를 이용하면 m을 기준으로 ❶ 10과 20, ❷ 4와 22가 어느 쪽에 위치하는지를 결정해야 해.

(가) ❶ $f(10)>f(20)$
(나) ❷ $f(4)<f(22)$

m이 자연수일 때, $\mathrm{P}(17\le X\le 18)=a$이다. $1000a$의 값을 오른쪽 표준정규분포표를 이용하여 구하시오. (4점)

단서2 표준정규분포표가 주어지고 확률을 구하는 거니까 표준화를 해야 한다는 것을 명심해.

z	$\mathrm{P}(0\le Z\le z)$
0.6	0.226
0.8	0.288
1.0	0.341
1.2	0.385
1.4	0.419

1st 문제를 풀기 위한 전체적인 방향을 파악하자.

확률변수 X의 평균이 m이고, 표준편차가 5인 정규분포를 따르므로 확률밀도함수의 그래프는 다음과 같다.

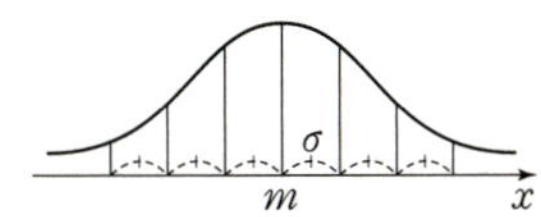

조건 (가)에 의하여 $X=10$, $X=20$은

(i) $X=m$보다 둘 다 오른쪽에 위치하거나

→ 만일 둘 다 왼쪽에 위치하면 $f(10)<f(20)$일 수 밖에 없으므로 조건을 만족시키지 않아.

(ii) $X=m$을 중간값이 아닌 사이에 두고 위치한다.

조건 (나)에 의하여 $X=4$, $x=22$는

(iii) $X=m$보다 둘 다 왼쪽에 위치하거나

(iv) $X=m$을 중간값이 아닌 사이에 두고 위치한다.

조건 (나)에 대하여 (iii)의 경우가 맞다고 하면 조건 (가)의 (i), (ii) 둘다 만족시킬 수 없으므로 (iii)의 경우는 제외된다.

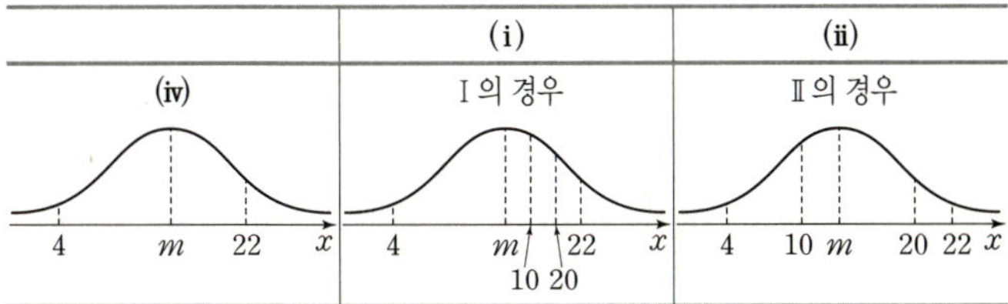

따라서 조건 (나)에서 (iv)의 경우에 대하여 I, II의 경우를 각각 살펴보면 된다.

2nd 확률밀도함수는 평균 m에 대하여 대칭이고 함숫값이 클수록 x가 평균 m에 가깝다는 것을 이용해.

(iv)의 경우에는 조건 (나) $f(4)<f(22)$에서

$X=4$일 때보다 $X=22$일 때의 함숫값이 크므로

거리상으로 $X=22$가 평균 m에 더 가깝게 있어.

$m-4>22-m$

$2m>26$ $\quad\therefore m>13$ … ㉠

I 의 경우

조건 (가) $f(10)>f(20)$에서 평균 m과의 거리가 10보다는 20이 길므로

$10-m<20-m \Rightarrow 10<20$

한편, $x=10$과 $x=20$ 사이의 길이는 2σ이므로 ㉠에서 $x=m$과 $x=22$ 사이의 길이가 2σ보다 작으므로 $x=10$, $x=20$이 평균 m보다 오른쪽에 위치할 수 없다.

$22-m<9<2\sigma(=10)$
$(\because m>13)$

II 의 경우

조건 (가) $f(10)>f(20)$에서 $X=20$일 때보다 $X=10$일 때의 함숫값이 크므로 $m-10<20-m$

거리상으로 $X=10$이 평균 m에 더 가깝게 있어.

$2m<30$

$\therefore m<15$ … ㉡

실수 10과 20 중 10이 더 작은 수이며 ㉠에서 10이 m보다 작기 때문에 거리의 차에 관한 부등식을 $m-10<20-m$라고 표현해야 해.

㉠, ㉡에 의하여 $13<m<15$

따라서 자연수 m의 값은 $m=14$이다.

3rd 확률변수 X의 정규분포를 알았으니까 표준정규분포표를 이용하려면 확률변수 X를 표준화하여 확률 $\mathrm{P}(17\le X\le 18)$의 값을 구해.

확률변수 X는 정규분포 $\mathrm{N}(14,\ 5^2)$을 따르므로 $Z=\dfrac{X-14}{5}$라 하면

확률변수 Z는 표준정규분포 $\mathrm{N}(0,\ 1)$을 따른다. 즉,

$\mathrm{P}(17\le X\le 18)$

$=\mathrm{P}\left(\dfrac{17-14}{5}\le Z\le \dfrac{18-14}{5}\right)$

$=\mathrm{P}(0.6\le Z\le 0.8)$

[$\mathrm{P}(0\le Z\le z)$ 꼴로 나타내기] $\mathrm{P}(a\le Z\le b)=\mathrm{P}(0\le Z\le b)-\mathrm{P}(0\le Z\le a)$ (단, $b>a>0$)

$=\mathrm{P}(0\le Z\le 0.8)-\mathrm{P}(0\le Z\le 0.6)$

$=0.288-0.226=0.062=a$

$\therefore 1000a=62$

수능 핵강

오른쪽 그림의 세 정규분포곡선은 모두 표준편차가 같아. 그러니까 곡선을 평행이동하면 서로 겹쳐. 그럼, 이 중에서 평균이 가장 큰 곡선은? 그래, ③이야. 한편, 왼쪽 그림의 세 정규분포곡선은 평균 m이 모두 같으니까 곡선의 대칭축이 같지. 그럼, 이 중에서 표준편차 σ가 가장 큰 건? 곡선의 폭이 가장 넓은 ⑥이야. 표준편차가 작을수록 곡선은 길고 좁으며, 표준편차가 클수록 곡선은 넓고 통통하거든. 그럼, 이 중에서 자료가 고르게 분포되어 있는 곡선은 ④야.

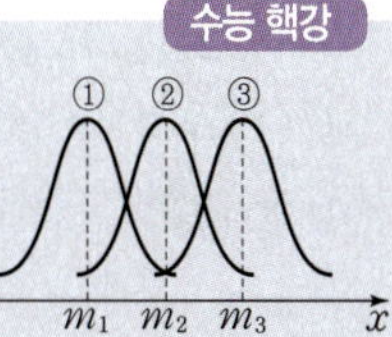

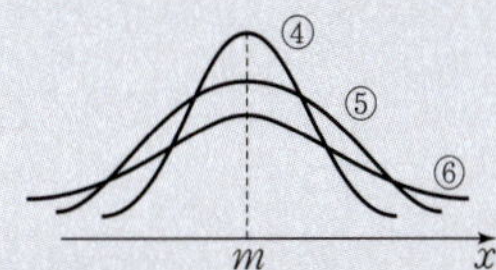

I 38 정답 ① *정규분포의 표준화 [정답률 52%]

(정답 공식: 평균의 값이 달라지므로 각각의 값을 구해주면 된다.)

15 이상의 실수 전체의 집합을 정의역으로 하는 함수 $H(m)$은 평균 m, 표준편차 2인 정규분포를 따르는 확률변수 X에 대하여

❶ $H(m)=\mathrm{P}(X\le 15)$

이다. 옳은 것만을 [보기]에서 있는 대로 고른 것은?

(단, 표준정규분포를 따르는 확률변수 Z에 대하여 $\mathrm{P}(0\le Z\le 1)=0.3413$, $\mathrm{P}(0\le Z\le 2)=0.4772$이다.) (4점)

[보기]

ㄱ. $H(17)=\mathrm{P}(Z\ge 1)$ ⇒ 표준확률변수 Z가 보이지? 표준화시켜 m의 값을 찾자.

ㄴ. $H(16)$ ❷ $<H(18)$

ㄷ. $H(17)$ ❸ $<5H(19)$

⇒ ❷, ❸처럼 비교하기 위해서는 표준화를 해야 해.

단서 이런 유형은 정의된 함수를 이해해야 해. ❶에 의하여 $H(m)$은 평균의 함수이지? 그럼, 평균에 따라 확률 $\mathrm{P}(X\le 15)$의 값이 바뀌네.

① ㄱ ② ㄷ ③ ㄱ, ㄴ ④ ㄴ, ㄷ ⑤ ㄱ, ㄴ, ㄷ

1st $H(m)$을 표준화시켜 ㄱ, ㄴ의 참 · 거짓을 따져주자.

확률변수 X는 평균 m, 표준편차 2인 정규분포를 따르므로 표준정규분포를 따르는 확률변수 Z에 대하여 $Z=\frac{X-m}{2}$이다.

$\therefore H(m)=\mathrm{P}(X\le 15)=\mathrm{P}\left(Z\le\frac{15-m}{2}\right)$

실수 $H(m)$을 Z로 나타내는 것이 이 문제의 핵심이야.

ㄱ. $H(17)=\mathrm{P}(Z\le -1)=\mathrm{P}(Z\ge 1)$ ($\because$ 대칭성) (참)

$\frac{15-17}{2}=-1$

ㄴ. $H(16)=\mathrm{P}(Z\le -0.5)$이고

$H(18)=\mathrm{P}(Z\le -1.5)$이므로

$H(16)>H(18)$ (거짓)

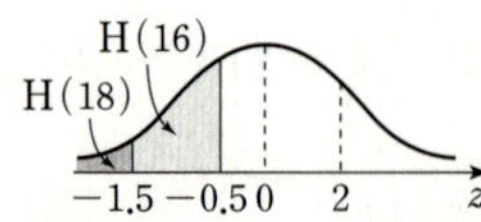

2nd ㄷ의 우변이 $H(19)$의 5배이므로 $H(17)$, $H(19)$의 값을 구하여 비교하자.

$\mathrm{P}(0\le Z\le 1)=0.3413$, $\mathrm{P}(0\le Z\le 2)=0.4772$이 값을 이용하기 위해서 $H(17)$과 $H(19)$를 표준화 하자.

ㄷ. $H(17)=\mathrm{P}(Z\le -1)=0.5-\mathrm{P}(0\le Z\le 1)$

$=0.5-0.3413=0.1587$

$H(19)=\mathrm{P}(Z\le -2)=0.5-\mathrm{P}(0\le Z\le 2)$

$=0.5-0.4772=0.0228$

$5H(19)=5\times 0.0228=0.114<0.1587=H(17)$ (거짓)

따라서 옳은 것은 ㄱ이다.

I 39 정답 ③ *정규분포의 표준화 [정답률 42%]

(**정답 공식**: $\mathrm{P}(a\le X\le b)$가 최댓값이기 위해서는 a와 b의 중점이 평균이여야 한다.)

단서1 함수가 정의된 문제에서는 미지수 k가 의미하는 것이 무엇인지 파악해야 해. 여기서 k는 확률변수 X의 범위를 결정하네.

연속확률변수 X는 평균이 20, 표준편차가 4인 정규분포를 따른다. 함수 $f(k)$를 $f(k)=\mathrm{P}(k-8\le X\le k)$로 정의할 때, $f(k)$에 대한 설명으로 옳은 것만을 [보기]에서 있는 대로 고른 것은? (4점)

[보기]

ㄱ. $f(12)=f(36)$ 단서2 $k=12$, $k=36$, 즉 확률변수의 범위가 다를 때 등호 성립을 보여야 하니까 표준화해야겠네.

ㄴ. 함수 $f(k)$는 $k=24$일 때 최댓값을 갖는다.

단서3 $f(k)$는 확률을 나타내므로 그 값이 최대일 때는 평균쪽으로 밀집할 때!

ㄷ. 임의의 실수 k에 대하여 $f(k)=f(24-k)$이다.

단서4 함수의 대칭을 묻는거야.

① ㄱ ② ㄷ ③ ㄱ, ㄴ
④ ㄴ, ㄷ ⑤ ㄱ, ㄴ, ㄷ

1st $f(k)$가 정의된 것을 잘 살펴봐야겠네. 우선 $k=12$, $k=36$을 대입하여 등호가 성립하는지 보자.

ㄱ. 연속확률변수 X는 정규분포 $\mathrm{N}(20, 4^2)$을 따르므로

$Z=\frac{X-20}{4}$이라 하면 확률변수 Z는 표준정규분포 $\mathrm{N}(0, 1)$을 따른다.

ㄱ의 진위판정을 위하여 $f(k)$를 표준화하면

$f(k)=\mathrm{P}(k-8\le X\le k)$

$=\mathrm{P}\left(\frac{k-8-20}{4}\le Z\le\frac{k-20}{4}\right)$

$=\mathrm{P}\left(\frac{k-28}{4}\le Z\le\frac{k-20}{4}\right)$ ⋯ ㉠

$f(12)=\mathrm{P}\left(\frac{12-28}{4}\le Z\le\frac{12-20}{4}\right)$

$=\mathrm{P}(-4\le Z\le -2)$

$f(36)=\mathrm{P}\left(\frac{36-28}{4}\le Z\le\frac{36-20}{4}\right)$

$=\mathrm{P}(2\le Z\le 4)$

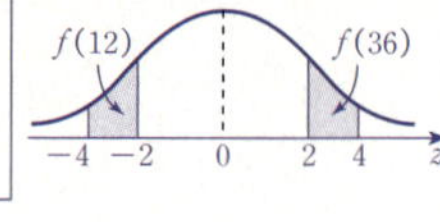

$\therefore f(12)=f(36)$ (참)

2nd $f(k)$의 값이 최대이려면 ㉠에서 $z=0$에 대하여 z의 값이 대칭을 이루고 있어야지.

ㄴ. 함수 $f(k)=\mathrm{P}\left(\frac{k-28}{4}\le Z\le\frac{k-20}{4}\right)$은 표준정규분포곡선에서

$z=\frac{k-28}{4}$과 $z=\frac{k-20}{4}$, z축으로 둘러싸인 부분의 넓이이므로

확률변수 Z에 대한 확률이지?

$z=\frac{k-28}{4}$과 $z=\frac{k-20}{4}$이 $z=0$에 대하여 대칭일 때 최댓값을 갖게 된다.

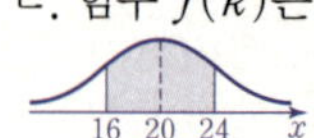

[정규분포와 확률의 최대] 정규분포곡선은 평균 m을 기준으로 좌우로 감소하는 종 모양이야. 즉 평균을 포함할 때 최대가 될 수 있지.

즉, $\frac{k-28}{4}=-\frac{k-20}{4}$에서 $k-28=-k+20$이므로 $k=24$에서 최댓값을 갖는다. (참) $\frac{k-28}{4}$과 $\frac{k-20}{4}$의 중점이 0이야. 즉, $\frac{k-28}{4}+\frac{k-20}{4}=0$

3rd $f(x)=f(2a-x)$가 성립하면 함수 $f(x)$는 $x=a$에 대하여 대칭이니까 함수 $f(x)$의 대칭축을 찾아 볼까?

ㄷ. 함수 $f(k)$는 ㄴ에 의하여 $k=24$에 대하여 대칭인 함수이다.

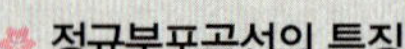

$k=24$일 때 함수 $f(k)$의 값은 색칠한 부분의 넓이이고, 이때 $f(k)$는 대칭이 되지?

[함수의 대칭] 함수 $f(x)$가 $x=a$에 대하여 대칭일 때
① $f(a-x)=f(a+x)$
② $f(x)=f(2a-x)$가 성립해.

$\therefore f(k)=f(2\times 24-k)$

$=f(48-k)$ (거짓)

따라서 옳은 것은 ㄱ, ㄴ이다.

[다른 풀이]

ㄷ. 【반례】 $f(8)=\mathrm{P}\left(\frac{8-28}{4}\le Z\le\frac{8-20}{4}\right)=\mathrm{P}(-5\le Z\le -3)$

$f(16)=\mathrm{P}\left(\frac{16-28}{4}\le Z\le\frac{16-20}{4}\right)$

$=\mathrm{P}(-3\le Z\le -1)$

$\therefore f(8)\ne f(24-8)=f(16)$ (거짓)

정규분포곡선의 특징 개념 · 공식

함수 $f(x)=\frac{1}{\sqrt{2\pi}\sigma}e^{-\frac{(x-m)^2}{2\sigma^2}}$의 그래프는

① 직선 $x=m$에 대하여 대칭이다.

② $x=m$일 때, 최댓값 $\frac{1}{\sqrt{2\pi}\sigma}$을 갖는다.

③ x축을 점근선으로 한다.

④ 곡선과 x축 사이의 넓이는 1이다.

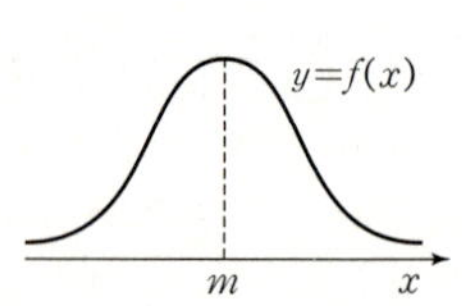

I 40 정답 ③ *정규분포의 표준화의 응용 [정답률 60%]

정답 공식: 1의 눈이 나오는 횟수를 확률변수 X라고 하고, 확률변수 X가 따르는 이항분포를 구한다. 이를 정규분포로 근사하고, 표준화시켜 구하고자 하는 확률을 구한다.

단서 주사위를 던져서 1의 눈이 나오는 확률은 일정하므로 1의 눈이 나오는 횟수는 이항분포를 이뤄.

훈이와 준이는 한 개의 주사위를 던져서 1의 눈이 나오면 상대방에게서 1000원을 받고, 1의 눈이 나오지 않으면 상대방에게 100원을 주는 게임을 하기로 하였다. 훈이가 먼저 주사위를 180번 연속해서 던질 때, 훈이가 게임으로 받은 돈이 4000원 이상일 확률을 오른쪽 표준정규분포표를 이용하여 구한 것은? (3점)

z	$P(0\le Z\le z)$
1.0	0.3413
1.5	0.4332
2.0	0.4772
2.5	0.4938

① 0.8413 ② 0.9332 ③ 0.9772
④ 0.9872 ⑤ 0.9938

1st 1의 눈이 나오는 횟수를 확률변수 X라 두고 확률분포를 구해 보자.

1의 눈이 나오는 횟수를 확률변수 X라 하면 확률변수 X는 이항분포 $B\left(180, \frac{1}{6}\right)$을 따르므로 $E(X)=180\times\frac{1}{6}=30$

$\sigma(X)=\sqrt{180\times\frac{1}{6}\times\frac{5}{6}}=5$

이때, 180은 충분히 크다고 할 수 있으므로 확률변수 X는 근사적으로 정규분포 $N(30, 5^2)$을 따른다.

2nd 게임을 할 때, 딸 수 있는 돈의 기댓값을 구해 보자.

훈이가 한 개의 주사위를 180번 던질 때, 1의 눈이 나오는 횟수를 X, 나오지 않은 횟수를 Y라 하면

$X+Y=180$

$1000X-100Y\ge4000$ → 1의 눈이 나오면 $+1000$원, 1의 눈이 나오지 않으면 -100이지?

$1000X-100(180-X)\ge4000$

$1100X\ge22000$ $\quad\therefore X\ge20$

즉, 훈이가 한 개의 주사위를 던져서 1의 눈이 20번 이상 나오면 4000원 이상 받을 수 있다.

실수 독립시행에서 시행이 몇 번 일어나야 하는지 알아야 정규분포로 확률을 구할 수 있어. 이항분포를 정규분포로 근사했다면 시행횟수를 구하려고 하면 돼.

$\therefore P(X\ge20)=P\left(Z\ge\frac{20-30}{5}\right)$
$=P(Z\ge-2)$
$=0.5+P(0\le Z\le2)$
$=0.5+0.4772$
$=0.9772$

수능 핵강

이항분포 $B(n, p)$를 따르는 확률변수는 n이 충분히 클 경우, 정규분포 $N(np, np(1-p))$를 따른다는 성질을 이용해서 문제를 풀어주면 돼.
이 문제에서 핵심이 되는 것은 어떤 것을 확률변수로 잡을 것인가 하는 문제야. 훈이가 180번 주사위를 연속해서 던져서 받은 돈이 4000원 이상일 확률을 물어보고 있지? 즉, 훈이가 받은 돈을 가지고 식을 세우면 돼. 훈이가 이긴 횟수를 확률변수 X라고 잡는다면
$1000X-100(180-X)\ge4000$이 성립해야겠지? 또한 확률변수 X는 0부터 180까지의 값을 갖고 독립적으로 $\frac{1}{6}$의 확률을 가지므로 이항분포 $B\left(180, \frac{1}{6}\right)$을 따른다는 것도 알 수 있어.

I 41 정답 ③ *정규분포의 표준화의 응용 [정답률 59%]

정답 공식: 반응 시간이 따르는 정규분포를 이용하여 표준화를 시킨다. $0.1003=0.5-0.3997$을 이용한다.

어느 동물의 특정 자극에 대한 반응 시간은 평균이 m, 표준편차가 1인 정규분포를 따른다고 한다. 반응 시간이 2.93 미만일 확률이 0.1003일 때, m의 값을 오른쪽 표준정규분포표를 이용하여 구한 것은? (3점)

확률변수 X라 하자.

z	$P(0\le Z\le z)$
0.91	0.3186
1.28	0.3997
1.65	0.4505
2.02	0.4783

단서 확률이 주어지고, 평균 m을 구해야 하므로 이때 확률이 0.5보다 작으니까 $m<2.93$이겠지.

① 3.47 ② 3.84 ③ 4.21 ④ 4.58 ⑤ 4.95

1st 자극에 대한 반응 시간을 확률변수 X라 하고 표준화하여 m의 값을 구해.

자극에 대한 반응 시간을 확률변수 X라 할 때, X는 정규분포 $N(m, 1^2)$을 따르므로 $Z=X-m$이라 하면 확률변수 Z는 표준정규분포 $N(0, 1)$을 따른다. 이때, 반응 시간이 2.93 미만일 확률이 0.1003이므로 ($X<2.93$)

$P(X<2.93)=P(Z<2.93-m)=0.1003$ ⋯ ㉠

확률이 $P(Z\le0)=0.5$보다 작으므로 $2.93-m<0$이겠지? 이때, $0.5-0.1003=0.3997$은 $P(2.93-m\le Z\le0)$의 값이야.

이때, 표준정규분포표에서

$P(0\le Z\le1.28)=0.3997$이므로

$P(Z<-1.28)=P(Z>1.28)$
$=P(Z\ge0)-P(0\le Z\le1.28)$
$=0.5-P(0\le Z\le1.28)$
$=0.5-0.3997$
$=0.1003$

표준정규분포곡선은 $z=0$에 대하여 대칭이므로 $P(Z<-a)=P(Z>a)$야.

㉠에 의하여

$2.93-m=-1.28$

$\therefore m=4.21$

I 42 정답 ④ *정규분포의 표준화의 응용 [정답률 58%]

정답 공식: 돼지의 무게를 확률변수 X, 최소 무게를 k라 하면 $P(X\ge k)=0.75$임을 이용하여 식을 찾는다.

어느 농장의 생후 7개월된 돼지 200마리의 무게는 평균 110 kg, 표준편차 20 kg인 정규분포를 따른다고 한다. 이 200마리의 돼지 중 무거운 것부터 차례로 순위를 매겼을 때 150번째 돼지의 최소 무게를 오른쪽 표준정규분포표를 이용하여 구한 것은? (3점)

❶ 확률변수 X네.

z	$P(0\le Z\le z)$
0.64	0.24
0.68	0.25
0.71	0.26

단서 이런 유형은 확률이 아니라 확률변수(❶)의 범위를 묻고 있으니까 이것을 미지수로 놓고 표준화를 해야겠지! 즉, 최소 무게를 k라 하면 $X\ge k$인 확률(❷)을 이용하여 k의 값을 찾자.

① 95.8 kg ② 96.0 kg ③ 96.2 kg
④ 96.4 kg ⑤ 96.6 kg

1st 150번째로 무거운 돼지일 확률부터 계산하여 표준화하자.

돼지의 무게를 X라 하면 X는 정규분포 $N(110, 20^2)$을 따른다. 150번째 돼지의 최소 무게를 k(kg)라 하면, 돼지 200마리 중에 150번째일 확률은

(확률) $=\frac{(\text{해당 사건의 경우의 수})}{(\text{전체 경우의 수})}$

$P(X\ge k)=\frac{150}{200}=0.75$

이때, $Z=\frac{X-110}{20}$이라 하면 확률변수 Z는 표준정규분포 $N(0, 1)$을 따른다. 즉,

$P(X \ge k)=P\left(Z \ge \frac{k-110}{20}\right)$

$=0.5+P\left(0 \le Z \le \frac{110-k}{20}\right)=0.75$

주의 $\frac{k-110}{20}<0$인 것을 알아차려야 해!

$0 \le Z \le z$ 꼴로 만들어 표를 이용하자. 즉, 음수 a에 대하여 $P(Z \ge a)=0.5+P(0 \le Z \le -a)$
이때, $\frac{k-110}{10}$이 음수인지 어떻게 알지?
$P(X \ge k)=0.75>0.5=P(X \ge 110)$이므로 $k<110$이야.
$\therefore \frac{k-110}{10}<0$

$\therefore P\left(0 \le Z \le \frac{110-k}{20}\right)=0.25$

2nd 표준정규분포표를 이용하여 k의 값을 구해.

주어진 표준정규분포표에서
$P(0 \le Z \le 0.68)=0.25$이므로
$\frac{110-k}{20}=0.68$
$\therefore k=110-20 \times 0.68=96.4$
따라서 구하는 최소 무게는 96.4 kg이다.

I 43 정답 87 *정규분포의 표준화의 응용 ………… [정답률 52%]

(정답 공식: 연수 점수를 확률변수 X, 최소 점수를 k라 하면 $P(X \ge k)=0.1$이다.)

어느 회사에서는 신입사원에게 연수를 실시하고 연수 점수에 따라 상위 10%를 뽑아 해외 연수의 기회를 제공하고자 한다. ❶신입사원 전체의 ❷연수 점수가 평균 74점, 표준편차 10점인 정규분포를 따른다고 할 때, 해외 연수의 기회를 얻기 위한 최소 점수를 오른쪽 표준정규분포표를 이용하여 구하시오. (단, 연수 점수는 최소 0점에서 최대 100점 사이이다.) (4점)

(연수의 기회를 얻을 확률을 알 수 있네. / 확률변수 X네.)

z	$P(0 \le Z \le z)$
1.0	0.34
1.1	0.36
1.2	0.38
1.3	0.40

단서 이런 유형은 확률이 아니라 확률변수(❷)의 범위를 묻고 있으니까 이것을 미지수로 놓고 표준화를 해야겠지! 즉, 최소 점수를 a라 하면 $X \ge a$인 확률(❶)을 이용하여 a의 값을 찾자.

1st 확률변수 X를 연수 점수라 하고 이 분포를 파악해.

신입사원 전체의 연수 점수가 평균 74점, 표준편차 10점인 정규분포를 따르므로 신입사원의 연수 점수를 확률변수 X라 하면 X는 $N(74, 10^2)$을 따른다.

2nd 해외 연수 기회를 얻기 위한 최소 점수를 a라 놓고 표준화 하자.

해외 연수의 기회를 얻기 위한 최소 점수를 a라 하자.
연수를 받은 신입 사원 중 상위 10 %에게만 해외 연수의 기회가 주어지므로 해외 연수의 기회를 얻을 수 있는 확률은 $\frac{10}{100}=0.1$이다.
즉, 상위 10 % 안에 들 수 있는 최소 점수가 a이므로 $P(X \ge a)=0.1$
$Z=\frac{X-74}{10}$라 하면 확률변수 Z는 표준정규분포 $N(0, 1)$을 따르므로

$P\left(Z \ge \frac{a-74}{10}\right)=0.1$ … ⓐ

표준정규분포표를 이용하기 위하여 Z의 범위를 $0 \le Z \le z$ 꼴로 나타내어야 해.

그런데 $0.1 \le 0.5=P(Z \ge 0)$이므로
$\frac{a-74}{10}>0$이다.

확률변수 Z의 평균 $z=0$이므로 $P(Z \ge 0)=P(Z \le 0)=0.5$야.

ⓐ의 Z의 범위가 $Z \ge \frac{a-74}{10}$이고 그 확률의 값이 0.5보다 작으므로 $\frac{a-74}{10}$은 양수야.

$P\left(Z \ge \frac{a-74}{10}\right)=P(Z \ge 0)-\left(0 \le Z \le \frac{a-74}{10}\right)$

$=0.5-P\left(0 \le Z \le \frac{a-74}{10}\right)$

$\therefore P\left(0 \le Z \le \frac{a-74}{10}\right)=0.5-0.1=0.40$

3rd 확률의 값이 0.40이므로 주어진 표준정규분포표를 보고 a의 값을 구해.

주어진 표에서 $P(0 \le Z \le 1.3)=0.40$이므로 $\frac{a-74}{10}=1.3$
$\therefore a=74+10 \times 1.3=87$
따라서 구하는 최소 점수는 87이다.

정규분포의 표준화 개념·공식

확률변수 X가 정규분포 $N(m, \sigma^2)$을 따를 때,
① 확률변수 $Z=\frac{X-m}{\sigma}$은 표준정규분포 $N(0, 1)$을 따른다.
② 표준정규분포표를 이용하기 위한 표준화
$P(x_1 \le X \le x_2)=P\left(\frac{x_1-m}{\sigma} \le Z \le \frac{x_2-m}{\sigma}\right)$

I 44 정답 ⑤ *정규분포의 표준화의 응용 ………… [정답률 51%]

(정답 공식: A과목 시험점수를 확률변수 X로 놓고 B과목 시험점수를 확률변수 Y라 놓으면 $P(X \ge 80)=0.09$, $P(Y \ge 80)=0.15$이다.)

어느 학교 3학년 학생의 A 과목 시험 점수는 평균이 m, 표준편차가 σ인 정규분포를 따르고, B 과목 시험 점수는 평균이 $m+3$, 표준편차가 σ인 정규분포를 따른다고 한다. 이 학교 3학년 학생 중에서 A 과목 시험 점수가 80점 이상인 학생의 비율이 9 %이고, B 과목시험 점수가 80점 이상인 학생의 비율이 15 %일 때, $m+\sigma$의 값은? (단, Z가 표준정규분포를 따르는 확률변수일 때, ❶$P(0 \le Z \le 1.04)=0.35$, ❷$P(0 \le Z \le 1.34)=0.41$로 계산한다.) (4점)

① 68.6 ② 70.6 ③ 72.6
④ 74.6 ⑤ 76.6

단서 A, B 과목 시험 점수를 확률변수 X, Y라 하고, 각각 비율(즉, 확률)의 값을 ❶, ❷에 맞게 변형하여 두 미지수 m, σ에 대한 두 식을 세우자.

1st A 과목과 B 과목의 시험 점수에 대한 확률변수를 각각 X, Y라 하고 표준화를 이용하여 m, σ의 식을 세워 그 값을 구하자.

A 과목 시험 점수를 확률변수 X, B 과목 시험 점수를 확률변수 Y라 하면 확률변수 X, Y는 각각 $N(m, \sigma^2)$, $N(m+3, \sigma^2)$인 정규분포를 따른다.
이때, A 과목 시험 점수가 80점 이상인 학생의 비율이 9 %이므로
$P(X \ge 80)=0.09$에서 $Z=\frac{X-m}{\sigma}$이라 하면 확률변수 Z는 표준정규분포 $N(0, 1)$을 따른다.

$P(X \ge 80)$의 값이 0.5보다 작으므로 $80>m$

$P\left(Z\ge\frac{80-m}{\sigma}\right)=0.5-P\left(0\le Z\le\frac{80-m}{\sigma}\right)=0.09$

$=P(Z\ge0)$

$\therefore P\left(0\le Z\le\frac{80-m}{\sigma}\right)=0.5-0.09=0.41$

그런데 $P(0\le Z\le1.34)=0.41$이므로

$\frac{80-m}{\sigma}=1.34$

$80-m=1.34\sigma$

$\therefore m=80-1.34\sigma$ … ㉠

또, B 과목 시험 점수가 80점 이상인 학생의 비율이 15 %이므로

$P(Y\ge80)=0.15$에서 $Z=\frac{Y-(m+3)}{\sigma}$이라 하면 확률변수 Z는 표준정규분포 $N(0, 1)$을 따른다.

$P(Y\ge80)$의 값이 0.5보다 작으니까 $80>m+3$이야.

$P\left(Z\ge\frac{80-(m+3)}{\sigma}\right)=0.5-P\left(0\le Z\le\frac{77-m}{\sigma}\right)=0.15$

$=P(Z\ge0)$

$\therefore P\left(0\le Z\le\frac{77-m}{\sigma}\right)=0.5-0.15=0.35$

그런데 $P(0\le Z\le1.04)=0.35$이므로

$\frac{77-m}{\sigma}=1.04$

$77-m=1.04\sigma$

$\therefore m=77-1.04\sigma$ … ㉡

㉠, ㉡을 연립하면

$\sigma=10,\ m=66.6$

$\therefore m+\sigma=66.6+10=76.6$

I 45 정답 ③ *정규분포의 표준화의 응용 [정답률 58%]

정답 공식: 확률변수 X가 정규분포 $N(m, \sigma^2)$을 따를 때, 표준화 $Z=\frac{X-m}{\sigma}$을 이용하는 문제이다. 공정능력지수 $G=\frac{m-40}{3\sigma}$을 적절히 변형해서 $Z=\frac{X-m}{\sigma}$의 꼴로 만들어 준다.

어느 공장에서 생산되는 병의 내압강도는 정규분포 $N(m, \sigma^2)$을 따르고, 내압강도가 40보다 작은 병은 불량품으로 분류한다.

(확률변수 X로 지정! / 단서1 불량품의 기준은 $X<40$이네.)

이 공장의 공정능력을 평가하는 공정능력지수 G는

$G=\frac{m-40}{3\sigma}$

(단서2 미지수가 m, σ로 2개인데 식은 이것뿐이니까 ❶, ❷의 40에서 힌트를 얻을까? 단서1의 범위를 표준화할 때?!)

으로 계산한다. $G=0.7$일 때, 임의로 복원추출한 두 개의 병 중 하나만 불량품일 확률을 오른쪽 표준정규분포표를 이용하여 구한 것은? (소수점 아래 셋째 자리에서 반올림한다.) (4점)

z	$P(0\le Z\le z)$
2.1	0.4821
2.2	0.4861
2.3	0.4893
2.4	0.4918
2.5	0.4938

① 0.0350 ② 0.0351 ③ 0.0352 ④ 0.0353 ⑤ 0.0354

1st 병의 내압강도를 확률변수 X로 놓고 $G=0.7$일 때, m, σ의 식을 표현해.

생산되는 병의 내압강도를 확률변수 X라 하면 X는 정규분포 $N(m, \sigma^2)$을 따른다. 이때, $G=\frac{m-40}{3\sigma}$이고, $G=0.7$이라 하므로

$\frac{m-40}{3\sigma}=0.7$ (양변에 −3을 곱한 거야.)

$\therefore \frac{40-m}{\sigma}=-2.1$ … ㉠

확률변수 X의 표준화 $Z=\frac{X-m}{\sigma}$을 이용하기 위해 변형해 두자.

2nd 확률변수 X의 표준화 $Z=\frac{X-m}{\sigma}$을 이용하여 불량품일 확률을 구해.

내압강도가 40보다 작은 병이 불량품이므로 구하는 확률은 $P(X<40)$이다. ($X<40$)

$Z=\frac{X-m}{\sigma}$이라 하면 확률변수 Z는 표준정규분포 $N(0, 1)$을 따르므로

$P(X<40)=P\left(Z<\frac{40-m}{\sigma}\right)$

$=P(Z<-2.1)$ ($\because$ ㉠)

$=P(Z\le0)-P(-2.1\le Z\le0)$

$=0.5-P(0\le Z\le2.1)$

$=0.5-0.4821$

$=0.0179$

(표를 이용하기 위하여 $P(0\le Z\le z)$ 꼴로 변형 / 표준정규분포곡선은 $z=0$에 대하여 대칭이므로 $P(-a\le Z\le0)=P(0\le Z\le a)$)

3rd 임의로 복원추출한 두 개의 병 중 하나만 불량품일 확률을 구하자.

불량일 확률이 0.0179이므로 불량이 아닐 확률은 $1-0.0179=0.9821$이다.

(실수 불량이 아닐 사건은 불량일 사건의 여사건이지?)

따라서 $2\times0.0179\times0.9821=0.03515\times\times$이고 반올림하면 0.0352이다.

(불량품이 첫 번째 또는 두 번째일 수 있기 때문에 2를 곱해주는 거야.)

정규분포의 표준화 개념·공식

확률변수 X가 정규분포 $N(m, \sigma^2)$을 따를 때,

① 확률변수 $Z=\frac{X-m}{\sigma}$은 표준정규분포 $N(0, 1)$을 따른다.

② 표준정규분포표를 이용하기 위한 표준화

$P(x_1\le X\le x_2)=P\left(\frac{x_1-m}{\sigma}\le Z\le\frac{x_2-m}{\sigma}\right)$

I 46 정답 ④ *정규분포의 표준화의 응용 [정답률 69%]

정답 공식: 확률변수 X가 정규분포 $N(m, \sigma^2)$을 따를 때, 확률변수 $Z=\frac{X-m}{\sigma}$은 표준정규분포 $N(0, 1)$을 따른다.

(단서1 확률변수 X가 정규분포 $N(8, 3^2)$을 따르므로 표준화하면 $Z=\frac{X-8}{3}$)

확률변수 X는 평균이 8, 표준편차가 3인 정규분포를 따르고, 확률변수 Y는 평균이 m, 표준편차가 σ인 정규분포를 따른다. 두 확률변수 X, Y가

(단서2 확률변수 Y가 정규분포 $N(m, \sigma^2)$을 따르므로 표준화하면 $Z=\frac{Y-m}{\sigma}$)

$P(4\le X\le8)+P(Y\ge8)=\frac{1}{2}$

(단서3 부등호의 방향을 주의하고, 서로 다른 두 확률의 값의 합이 $\frac{1}{2}$이라는 것은, 표준화한 후 표준정규분포곡선의 대칭성을 이용해야 해.)

을 만족시킬 때, $P\left(Y\le8+\frac{2\sigma}{3}\right)$의 값을 오른쪽 표준정규분포표를 이용하여 구한 것은? (4점)

z	$P(0\le Z\le z)$
1.0	0.3413
1.5	0.4332
2.0	0.4772
2.5	0.4938

① 0.8351 ② 0.8413 ③ 0.9332 ④ 0.9772 ⑤ 0.9938

1st 확률변수 X, Y를 각각 표준화해.

확률변수 X는 정규분포 $\mathrm{N}(8,\ 3^2)$을 따르고

확률변수 Y는 정규분포 $\mathrm{N}(m,\ \sigma^2)$을 따르므로

$$\mathrm{P}(4\le X\le 8)+\mathrm{P}(Y\ge 8)=\frac{1}{2}$$

$$\mathrm{P}\left(\frac{4-8}{3}\le Z\le\frac{8-8}{3}\right)+\mathrm{P}\left(Z\ge\frac{8-m}{\sigma}\right)=\frac{1}{2}$$

$$\mathrm{P}\left(-\frac{4}{3}\le Z\le 0\right)+\mathrm{P}\left(Z\ge\frac{8-m}{\sigma}\right)=\frac{1}{2}$$

→ 표준정규분포곡선은 직선 $z=0$을 기준으로 대칭이야.

2nd m, σ의 관계식을 구해.

표준정규분포곡선의 대칭성에 의하여

실수 표준정규분포의 그래프를 그려서 넓이를 생각하는 것이 문제에 접근하기 쉬워. 만약 식으로만 한다면 문제가 어렵게 느껴질꺼야!!

주어진 확률의 값의 합이 $\frac{1}{2}$이려면

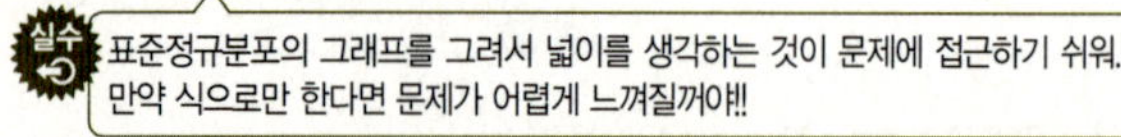

$$\mathrm{P}\left(-\frac{4}{3}\le Z\le 0\right)+\mathrm{P}\left(Z\ge\frac{4}{3}\right)=\frac{1}{2}$$

이어야 한다. 즉,

$\frac{8-m}{\sigma}=\frac{4}{3}$에서 $24-3m=4\sigma$ ⋯ ㉠

표준정규분포곡선은 $z=0$을 기준으로 대칭하므로 $\frac{8-m}{\sigma}=\frac{4}{3}$야.

3rd $\mathrm{P}\left(Y\le 8+\frac{2\sigma}{3}\right)$의 값을 구해.

$$\begin{aligned}\mathrm{P}\left(Y\le 8+\frac{2\sigma}{3}\right)&=\mathrm{P}\left(Z\le\frac{8+\frac{2\sigma}{3}-m}{\sigma}\right)\\&=\mathrm{P}\left(Z\le\frac{24+2\sigma-3m}{3\sigma}\right)\\&=\mathrm{P}\left(Z\le\frac{(24-3m)+2\sigma}{3\sigma}\right)\ (\because ㉠)\\&=\mathrm{P}\left(Z\le\frac{4\sigma+2\sigma}{3\sigma}\right)\\&=\mathrm{P}\left(Z\le\frac{6\sigma}{3\sigma}\right)\\&=\mathrm{P}(Z\le 2)\\&=0.5+\mathrm{P}(0\le Z\le 2)\\&=0.5+0.4772\\&=0.9772\end{aligned}$$

표준정규분포곡선의 성질 개념·공식

$a>0$, $b>0$인 상수 a, b에 대하여

① $\mathrm{P}(-a\le Z\le b)=\mathrm{P}(0\le Z\le a)+\mathrm{P}(0\le Z\le b)$

② $\mathrm{P}(|Z|\le b)=2\mathrm{P}(0\le Z\le b)$

③ $\mathrm{P}(Z\le b)=0.5+\mathrm{P}(0\le Z\le b)$

④ $\mathrm{P}(Z\le -b)=\mathrm{P}(Z\ge b)=0.5-\mathrm{P}(0\le Z\le b)$

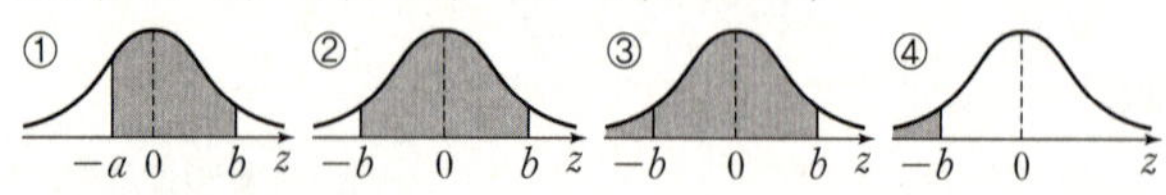

I 47 정답 ② *정규분포의 표준화의 응용 [정답률 59%]

정답 공식: 확률변수 X가 정규분포 $\mathrm{N}(m,\ \sigma^2)$을 따를 때, 확률변수 $Z=\frac{X-m}{\sigma}$은 표준정규분포 $\mathrm{N}(0,\ 1)$을 따르는 확률변수 Z로 바꾸는 것을 확률변수 X를 표준화한다고 한다.

확률변수 X는 정규분포 $\mathrm{N}(m_1,\ \sigma_1^{\,2})$, 확률변수 Y는 정규분포 $\mathrm{N}(m_2,\ \sigma_2^{\,2})$을 따르고, 확률변수 X, Y의 확률밀도함수는 각각 $f(x)$, $g(x)$이다. $\sigma_1=\sigma_2$이고 $f(24)=g(28)$일 때, 확률변수 X, Y는 다음 조건을 만족시킨다.

z	$\mathrm{P}(0\le Z\le z)$
0.5	0.1915
1.0	0.3413
1.5	0.4332
2.0	0.4772

단서1 $x=24$에서의 $f(x)$의 함숫값과 $x=28$에서의 $g(x)$의 함숫값이 같고, $\sigma_1=\sigma_2$이고, $24<28$이므로 두 확률밀도함수의 개형을 대략적으로 유추해볼 수 있어.

(가) $\mathrm{P}(m_1\le X\le 24)+\mathrm{P}(28\le Y\le m_2)=0.9544$

(나) $\mathrm{P}(Y\ge 36)=1-\mathrm{P}(X\le 24)$

단서2 $\sigma_1=\sigma_2$이고, $24<28$이므로 $f(x)$의 그래프와 두 직선 $x=m_1$에서 $x=24$ 사이의 넓이와 $g(x)$의 그래프와 두 직선 $x=m_2$에서 $x=28$ 사이의 넓이는 같아.

그러니까 $\mathrm{P}(m_1\le X\le 24)=\mathrm{P}(28\le Y\le m_2)=\frac{1}{2}\times 0.9544$

$\mathrm{P}(18\le X\le 21)$의 값을 표준정규분포표를 이용하여 구한 것은? (4점)

① 0.3830 ② 0.5328 ③ 0.6247
④ 0.6826 ⑤ 0.7745

1st 두 정규분포곡선의 모양을 파악하자.

표준편차가 같은 정규분포를 따르는 두 확률밀도함수의 그래프는 평행이동을 하면 겹치는 특징을 갖는다.

$\sigma_1=\sigma_2$이므로 이 값을 σ라 하면 두 확률변수 X, Y는 표준편차가 같은 정규분포를 따르고, 표준편차가 같은 두 정규분포곡선의 모양은 같다.

따라서 $f(24)=g(28)$인 확률밀도함수 $f(x)$, $g(x)$에 대하여 조건 (가)에 의하여 $m_1<24<m_2$이므로 그래프의 개형은 다음과 같다.

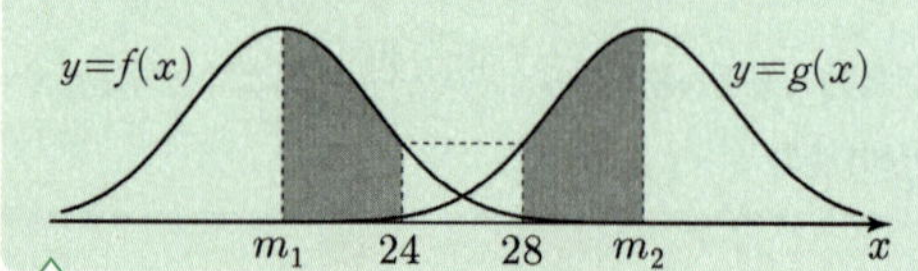

함정 단순히 표준화 식만 외워서는 이런 유형의 문제를 풀 수 없어. 따라서 정규분포곡선의 개형을 항상 그려서 어느 부분에 해당하는 확률값을 조건으로 주었는지, 힌트가 어느 부분인지부터 파악해야 해.

2nd m_1, m_2, σ의 값을 각각 구하자.

확률변수 X는 정규분포 $\mathrm{N}(m_1,\ \sigma^2)$, 확률변수 Y는 정규분포 $\mathrm{N}(m_2,\ \sigma^2)$을 따르므로

$$\begin{aligned}\mathrm{P}(m_1\le X\le 24)=\mathrm{P}(28\le Y\le m_2)&=\frac{1}{2}\times 0.9544\\&=0.4772\end{aligned}$$

확률변수 X, Y는 표준편차가 같은 정규분포를 따르고, 표준편차가 같은 두 정규분포곡선의 모양은 같아. 따라서 확률밀도함수의 그래프와 직선 $x=$(평균)에서 표준편차만큼의 간격만큼 떨어진 곳까지의 넓이는 같아. 즉, $\mathrm{P}(m_1\le X\le 24)=\mathrm{P}(28\le Y\le m_2)$

이를 표준화하면

$\mathrm{P}\left(0\le Z\le\frac{24-m_1}{\sigma}\right)=\mathrm{P}\left(\frac{28-m_2}{\sigma}\le Z\le 0\right)$이고,

$\mathrm{P}(0\le Z\le 2)=\mathrm{P}(-2\le Z\le 0)=0.4772$이므로

$\frac{24-m_1}{\sigma}=2$ ⓐ $\quad\therefore\ 24-m_1=2\sigma$ ⋯ (*)

$\frac{28-m_2}{\sigma}=-2$, $m_2-28=2\sigma$ ⋯ ㉠

$\mathrm{P}(Y\ge 36)=\mathrm{P}\left(Z\ge\frac{36-m_2}{\sigma}\right)$이고,

조건 (나)에 의하여

$P(Y \geq 36) = 1 - P(X \leq 24)$ ← ⓐ에 의하여 성립해.

$= 1 - P(Z \leq 2)$

$= P(Z \geq 2)$

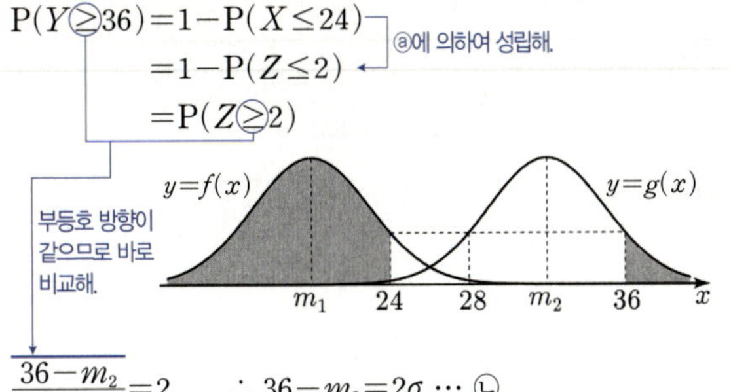

부등호 방향이 같으므로 바로 비교해.

$\frac{36-m_2}{\sigma} = 2 \quad \therefore 36 - m_2 = 2\sigma \cdots ㉡$

㉠, ㉡에 의하여 $m_2 - 28 = 36 - m_2$, $2m_2 = 64$

$\therefore m_2 = 32$

이를 ㉡에 대입하면 $36 - 32 = 2\sigma$, $2\sigma = 4$

$\therefore \sigma = 2$

이를 (*)에 대입하면 $24 - m_1 = 4$

$\therefore m_1 = 20$

3rd $P(18 \leq X \leq 21)$의 값을 구하자.

$\therefore P(18 \leq X \leq 21) = P(-1 \leq Z \leq 0.5)$

$Z = \frac{X-20}{2}$으로 표준화하자.

$= P(-1 \leq Z \leq 0) + P(0 \leq Z \leq 0.5)$

$= P(0 \leq Z \leq 1) + P(0 \leq Z \leq 0.5)$

$= 0.3413 + 0.1915 = 0.5328$

정규분포의 표준화 개념·공식

확률변수 X가 정규분포 $N(m, \sigma^2)$을 따를 때,

① 확률변수 $Z = \frac{X-m}{\sigma}$은 표준정규분포 $N(0, 1)$을 따른다.

② 표준정규분포표를 이용하기 위한 표준화

$P(x_1 \leq X \leq x_2) = P\left(\frac{x_1-m}{\sigma} \leq Z \leq \frac{x_2-m}{\sigma}\right)$

I 48 정답 ④ *정규분포의 표준화의 응용 [정답률 57%]

정답 공식: 확률변수 X가 정규분포 $N(m, \sigma^2)$을 따를 때, 확률변수 $Z = \frac{X-m}{\sigma}$은 표준정규분포 $N(0, 1)$을 따른다.

단서1 확률변수 X가 정규분포 $N(m, 4^2)$을 따르니까 표준화 $Z = \frac{X-m}{4}$을 이용해 확률변수를 나타낼 수 있어.

확률변수 X는 정규분포 $N(m, 4^2)$을 따르고, 확률변수 Y는 정규분포 $N(20, \sigma^2)$을 따른다. 확률변수 X의 확률밀도함수가 $f(x)$일 때, $f(x)$와 두 확률변수 X, Y가 다음 조건을 만족시킨다.

z	$P(0 \leq Z \leq z)$
0.5	0.1915
1.0	0.3413
1.5	0.4332
2.0	0.4772

단서2 확률변수 Y가 정규분포 $N(20, \sigma^2)$을 따르니까 표준화 $Z = \frac{Y-20}{\sigma}$을 이용해 확률변수를 나타낼 수 있어.

(가) 모든 실수 x에 대하여 $f(x+10) = f(20-x)$이다.
(나) $P(X \geq 17) = P(Y \leq 17)$

$P(X \leq m+\sigma)$의 값을 표준정규분포표를 이용하여 구한 것은? (단, $\sigma > 0$) (4점)

① 0.6915 ② 0.7745 ③ 0.9104 ④ 0.9332 ⑤ 0.9772

1st 조건 (가)를 이용해서 확률변수 X의 평균 m을 구해.

모든 실수 x에 대해서 $f(x+10) = f(20-x)$를 만족시키므로

$x = 15$일 때, $f(15+10) = f(20-15)$, $f(25) = f(5)$이므로 $x = 25$와 $x = 5$ 사이의 중앙값 $\frac{25+5}{2} = \frac{30}{2} = 15$가 대칭점이야.

함수 $f(x)$는 $x = 15$에 대해 대칭이다.

실수 x에 대하여 함수 $f(x)$가 $f(a+x) = f(a-x)$를 만족시키면 함수 $f(x)$의 그래프는 $x = a$에 대해 대칭이야.

따라서 확률변수 X의 평균 m의 값은 15이므로

확률변수 X는 정규분포 $N(15, 4^2)$을 따른다. $\therefore m = 15$

2nd 조건 (나)를 이용해서 σ의 값을 구해.

$P(X \geq 17) = P(Y \leq 17)$을 표준화하면

$P\left(Z \geq \frac{17-15}{4}\right) = P\left(Z \leq \frac{17-20}{\sigma}\right)$

$P\left(Z \geq \frac{1}{2}\right) = P\left(Z \leq -\frac{3}{\sigma}\right)$

주의 정규분포와 관련된 문제들은 확률변수의 값을 모두 표준화해서 확률을 계산해야 해. 그리고 정규분포의 확률밀도함수가 대칭이라는 사실을 항상 활용할 수 있어야 해.

표준정규분포의 확률밀도함수의 그래프는 $z = 0$에 대하여 대칭이니까 표준정규분포를 따르는 확률변수 Z에 대해서 $P(Z \leq a) = P(Z \geq b)$이면 a와 b는 서로 $z = 0$에 대칭인 위치에 있어. 따라서 $a + b = 0$이야.

이므로 $\frac{1}{2} + \left(-\frac{3}{\sigma}\right) = 0$, $\frac{3}{\sigma} = \frac{1}{2}$

$\therefore \sigma = 6$

따라서 확률변수 Y는 정규분포 $N(20, 6^2)$을 따른다.

3rd $P(X \leq m+\sigma)$의 값을 구해.

$\therefore P(X \leq m+\sigma) = P(X \leq 15+6) = P(X \leq 21)$

$= P\left(Z \leq \frac{21-15}{4}\right) = P\left(Z \leq \frac{3}{2}\right) = P(Z \leq 1.5)$

$= 0.5 + P(0 \leq Z \leq 1.5)$

$= 0.5 + 0.4332 = 0.9332$

a가 양수일 때, $P(Z \leq a) = P(Z \leq 0) + P(0 \leq Z \leq a)$로 계산할 수 있어.

확률밀도함수의 특징 개념·공식

정규분포 $N(m, \sigma^2)$을 따르는 확률변수 X의 확률밀도함수 $f(x)$의 그래프는 직선 $x = m$에 대해 대칭이다.

I 49 정답 ④ *이항분포와 정규분포 [정답률 28%]

정답 공식: 주어진 식을 확률변수 X가 따르는 이항분포의 확률밀도함수로 해석하여 확률변수 X가 따르는 이항분포 $B(n, p)$를 이용하여 n이 충분히 크므로 정규분포 $N(np, np(1-p))$로 근사시킨다.

단서 독립시행의 확률을 나타내는 식으로 이항분포를 이루어. 이때, $n = 400$으로 충분히 크면 정규분포로 근사적으로 표현가능하지? 그 다음 표준화!

$\sum_{k=351}^{369} {}_{400}C_k \left(\frac{9}{10}\right)^k \left(\frac{1}{10}\right)^{400-k}$의 값을 오른쪽 표준정규분포표를 이용하여 구한 것은? (4점)

z	$P(0 \leq Z \leq z)$
0.5	0.1915
1.0	0.3413
1.5	0.4332
2.0	0.4772

① 0.1587 ② 0.3085 ③ 0.6826 ④ 0.8664 ⑤ 0.9544

1st 독립시행의 확률이므로 이항분포임을 알고 평균과 표준편차를 구하자.

사건 A가 1회 일어날 확률이 p이고 n번 독립시행에서 사건 A가 일어나는 횟수를 X라 하면 $P(X = x) = {}_nC_x p^x (1-p)^{n-x}$

$\sum_{k=351}^{369} {}_{400}C_k \left(\frac{9}{10}\right)^k \left(\frac{1}{10}\right)^{400-k}$의 값은 확률변수 X가 이항분포 $B\left(400, \frac{9}{10}\right)$를 따를 때 확률 $P(351 \leq X \leq 369)$와 같다.

$k = 351$부터 $k = 369$까지의 독립시행의 확률의 합이야.

함정 식의 형태를 보고 이항분포가 떠올라야 해! 그렇지 않다면 아직 익숙하지 않은 것이니까 문제를 더 풀자.

$E(X)=400\times\frac{9}{10}=360,\ \sigma(X)=\sqrt{400\times\frac{9}{10}\times\frac{1}{10}}=\sqrt{36}=6$

이때, 시행횟수 400은 충분히 크므로 확률변수 X는 근사적으로 정규분포 $N(360,\ 6^2)$을 따른다. ⇒ $400\times\frac{9}{10}\ge5,\ 400\times\frac{1}{10}\ge5$

2nd 표준정규분포표를 이용하기 위하여 $Z=\frac{X-m}{\sigma}$을 이용하여 표준화하여 값을 구하자.

$Z=\frac{X-360}{6}$이라 하면 확률변수 Z는 표준정규분포 $N(0,\ 1)$을 따르므로

$P(351\le X\le369)=P\left(\frac{351-360}{6}\le Z\le\frac{369-360}{6}\right)$

$=P(-1.5\le Z\le1.5)$

표준정규분포곡선은 $z=0$에 대하여 대칭이므로 $P(-a\le Z\le a)=2P(0\le Z\le a)$야.

$=2P(0\le Z\le1.5)$

$=2\times0.4332$

$=0.8664$

이항분포와 정규분포 개념·공식

확률변수 X가 이항분포 $B(n,\ p)$를 따를 때, n이 충분히 크면 확률변수 X는 근사적으로 정규분포 $N(np,\ npq)$를 따른다. (단, $q=1-p$)

I 50 정답 23 *이항분포와 정규분포 [정답률 65%]

(정답 공식: 먼저 사건 A가 일어나는 횟수가 따르는 이항분포를 구한다. 이항분포 $B(n,\ p)$에서 정규분포 $N(np,\ np(1-p))$를 도출해낼 수 있다.)

각 면에 1, 2, 3, 4의 숫자가 하나씩 적혀 있는 정사면체 모양의 상자 2개를 동시에 던졌을 때 바닥에 닿은 면에 적혀 있는 두 눈의 수의 곱이 홀수인 사건을 A라 하자. 이 시행을 1200번 하였을 때 ❶사건 A가 일어나는 횟수가 270 이하일 확률을 오른쪽 ❷표준정규분포표를 이용하여 구한 값을 p라 하자. $1000p$의 값을 구하시오. (3점)

z	$P(0\le Z\le z)$
1.0	0.341
1.5	0.433
2.0	0.477
2.5	0.494

단서 이런 유형은 확률변수를 ❶이라 하면 독립시행으로 이항분포를 따르니까 ❷를 이용하기 위해서는 이항분포를 정규분포 ⇒ 표준화를 시켜야겠네.

1st 한 번 시행에서 일어날 확률이 p인 사건 A를 n회 반복적으로 시행할 때, 사건 A가 일어나는 횟수를 X라 하면 X는 이항분포를 따르니까 주어진 사건의 이항분포를 구해.

사건 A가 일어나려면 각 정사면체에서 바닥에 닿은 면이 적혀 있는 눈이 모두 홀수여야 한다. 두 수의 곱이 홀수이려면 어느 한 수도 짝수이면 안돼. 1, 3

즉, $P(A)=\frac{1}{2}\times\frac{1}{2}=\frac{1}{4}$이므로 사건 A가 일어나는 횟수를 확률변수 X라 하면 X는 이항분포 $B\left(1200,\ \frac{1}{4}\right)$을 따른다.
4개 중 1, 3의 수가 나올 확률

[이항분포의 평균과 분산] 이항분포 $B(n,\ p)$를 따르는 확률변수 X에 대하여 ① 평균 $E(X)=np$ ② 분산 $V(X)=np(1-p)$

$\therefore E(X)=1200\times\frac{1}{4}=300,\ V(X)=1200\times\frac{1}{4}\times\frac{3}{4}=225=15^2$

이때, 시행횟수가 충분히 크므로 X는 근사적으로 정규분포 $N(300,\ 15^2)$을 따른다. [기준] 이항분포 $B(n,\ p)$에 대하여 $np\ge5,\ n(1-p)\ge5$야.

2nd 구해야 하는 확률은 표준정규분포표를 이용해야 하니까 확률변수 X를 표준화하여 p의 값을 구해. 확률변수 X가 정규분포 $N(m,\ \sigma^2)$을 따르므로 $Z=\frac{X-m}{\sigma}$으로 표준화해.

$Z=\frac{X-300}{15}$이라 하면 확률변수 Z는 표준정규분포 $N(0,\ 1)$을 따르고, p는 사건 A가 일어나는 횟수가 270 이하일 확률이므로
$X\le270$

$p=P(X\le270)=P\left(Z\le\frac{270-300}{15}\right)$

$=P(Z\le-2)=P(Z\ge2)$

$z=0$에 대하여 대칭이므로 $P(Z\le-a)=P(Z\ge a)$야.

$=0.5-P(0\le Z\le2)=0.5-0.477=0.023$

$=P(Z\ge0)$

$\therefore 1000p=1000\times0.023=23$

I 51 정답 ⑤ *이항분포와 정규분포 [정답률 75%]

(정답 공식: A제품을 선택한 고객의 수가 따르는 이항분포를 구한다. 이항분포 $B(n,\ p)$에서 정규분포 $N(np,\ np(1-p))$를 도출해낼 수 있다.)

다음은 어느 백화점에서 판매하고 있는 등산화에 대한 제조회사별 고객의 선호도를 조사한 표이다.

제조회사	A	B	C	D	합계
선호도 (%)	20	28	25	27	100

225명의 고객이 각각 한 켤레씩 등산화를 산다고 할 때, ❶A회사 제품을 선택할 고객이 39명 이상일 확률을 오른쪽 ❷표준정규분포표를 이용하여 구한 것은? (3점)

z	$P(0\le Z\le z)$
0.5	0.1915
1.0	0.3413
1.5	0.4332
2.0	0.4772

① 0.6915 ② 0.7745 ③ 0.8256 ④ 0.8332 ⑤ 0.8413

단서 이런 유형은 확률변수를 ❶이라 하면 이산확률변수이니까 ❷를 이용하기 위해서는 이항분포를 정규분포 ⇒ 표준화를 차례로 시켜야겠네. 이때, ❶일 확률이 선호도이지?

1st 주어진 선호도를 이용하여 이항분포를 구한 뒤 정규분포를 근사시키자.

A회사 제품을 선택하는 고객의 수를 확률변수 X라 하면 A회사 제품에 대한 선호도가 $0.20=\frac{1}{5}$이고, 225명의 고객이 각각 한 켤레씩 등산화를 산다고 하므로 확률변수 X는 이항분포 $B\left(225,\ \frac{1}{5}\right)$을 따른다.
이산확률변수이지? 이항분포를 생각해야 해. $=20\ \%$

[이항분포의 평균과 분산] 이항분포 $B(n,\ p)$를 따르는 확률변수 X에 대하여 ① 평균 $E(X)=np$ ② 분산 $V(X)=np(1-p)$

실수 ⑤ 이런 확률변수도 이항분포야. 다양한 문제들을 풀어보면서 이항분포인지 아닌지 구별하는 연습을 해야 해.

이때, 225는 충분히 큰 값이고,
n이 충분히 크면 정규화할 수 있지? 즉, $B(n,\ p)\Rightarrow N(np,\ np(1-p))$

$E(X)=225\times\frac{1}{5}=45,$

$V(X)=225\times\frac{1}{5}\times\frac{4}{5}=36$이므로

확률변수 X는 정규분포 $N(45,\ 6^2)$을 따른다.

2nd 표준정규분포표를 이용하기 위하여 표준화하여 39명 이상일 확률을 구해.

$Z=\frac{X-45}{6}$라 하면 확률변수 Z는 표준정규분포 $N(0,\ 1)$을 따르므로

A회사 제품을 선택할 고객이 39명 이상일 확률은
$X\ge39$

$P(X\ge39)=P\left(Z\ge\frac{39-45}{6}\right)$

$=P(Z\ge-1)$ $=P(-1\le Z\le0)+P(Z\ge0)$

$=0.5+P(0\le Z\le1)$

$=P(Z\ge0)+P(-1\le Z\le0)$

[표준정규분포의 확률] ① $P(Z\ge0)=P(Z\le0)=0.5$ ② $P(-a\le Z\le0)=P(0\le Z\le a)$

$=0.5+0.3413=0.8413$

I 52 정답 ② *이항분포와 정규분포 [정답률 52%]

(정답 공식: 무게가 413 g 이상 442 g 미만인 것이 2등급이므로 사과의 무게를 확률변수 X라 놓고 $P(413\le X<442)$를 구한다. 이는 사과가 2등급일 확률이므로 2등급 상품의 개수가 따르는 이항분포에 이용할 수 있다.)

어느 과수원에서 수확한 ❶사과의 무게는 평균 400 g, 표준편차 50 g인 정규분포를 따른다고 한다. 이 사과 중 무게가 413 g 이상 442 g 미만인 것을 2등급 상품으로 정한다. 이 과수원에서 수확한 사과 중 100개를 임의로 선택할 때, ❷2등급 상품이 23개 이상일 확률을 오른쪽 표준정규분포표를 이용하여 구한 것은? (3점)

z	$P(0\le Z\le z)$
0.26	0.10
0.52	0.20
0.75	0.27
0.84	0.30
1.28	0.40

① 0.20 ② 0.23 ③ 0.27
④ 0.30 ⑤ 0.40

단서 이런 유형은 어떤 자료인지 먼저 파악해야 해.
이때, ❶, ❷의 확률변수가 각각 연속이고, 이산이니까 확률분포에 주의해!

1st 사과의 무게를 확률변수 X라 하고 2등급 상품이 될 확률을 구해.

사과의 무게를 확률변수 X라 하면 X는 정규분포 $N(400,\ 50^2)$을 따르므로 $Z=\frac{X-400}{50}$이라 하면 확률변수 Z는 표준정규분포 $N(0,\ 1)$을 따른다. 이때, 2등급 상품이 될 확률은 사과의 무게가 413 g 이상 442 g 미만이어야 하므로
(연속확률변수이니까 정규분포이지.)
($413\le X<442$)

$$P(413\le X<442)=P\left(\frac{413-400}{50}\le Z<\frac{442-400}{50}\right)$$
$$=P(0.26\le Z<0.84)$$
$$=0.30-0.10=0.2$$

2nd 2등급 상품의 개수를 확률변수 Y라 하고 $Y\ge 23$일 확률을 구해.

사과가 2등급일 확률이 0.2이므로 사과 100개 중 2등급 상품의 개수를 확률변수 Y라 하면 확률변수 Y는 이항분포 $B(100,\ 0.2)$를 따른다.
(이산확률변수이니까 이항분포이지.)
이때 평균 $m=100\times 0.2=20$,
분산 $\sigma^2=100\times 0.2\times 0.8=16$이므로
(실수 새로운 확률변수 Y를 도입해야 해.)
확률변수 Y는 정규분포 $N(20,\ 4^2)$을 따르게 된다.

$Z=\frac{Y-20}{4}$이라 하면 확률변수 Z는 표준정규분포 $N(0,\ 1)$을 따르므로 사과 100개 중 2등급 상품의 개수가 23개 이상일 확률은
($Y\ge 23$)

$$P(Y\ge 23)=P\left(Z\ge\frac{23-20}{4}\right)=P(Z\ge 0.75)$$
$$=0.5-P(0\le Z\le 0.75)$$
$$=0.5-0.27=0.23$$

표준정규분포곡선의 성질 (개념·공식)

$a>0,\ b>0$인 상수 $a,\ b$에 대하여
① $P(-a\le Z\le b)=P(0\le Z\le a)+P(0\le Z\le b)$
② $P(|Z|\le b)=2P(0\le Z\le b)$
③ $P(Z\le b)=0.5+P(0\le Z\le b)$
④ $P(Z\le -b)=P(Z\ge b)=0.5-P(0\le Z\le b)$

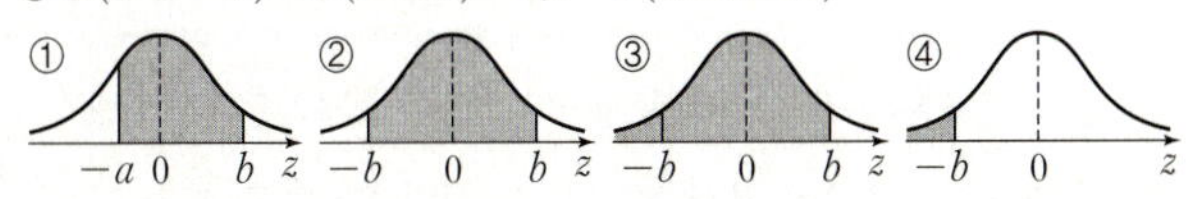

I 53 정답 ④ *이항분포와 정규분포 [정답률 70%]

(정답 공식: 하루에 1000원을 기부하게 될 확률을 표준정규분포표를 이용해서 구한다. 이후 기부횟수 근사적으로 따르는 정규분포를 구해 222일 이상 기부할 확률을 구한다.)

단서1 자영업자의 하루 매출액에 대한 정규분포 $N(m,\ \sigma^2)$에 대해 설명하고 있어.

어느 자영업자의 하루 매출액은 평균이 30만 원이고 표준편차가 4만 원인 정규분포를 따른다고 한다. 이 자영업자는 하루 매출액이 31만 원 이상일 때마다 1000원씩을 자선단체에 기부하고 31만 원 미만일 때는 기부를 하지 않는다고 한다. 이와 같은 추세가 계속된다고 할 때, 600일 동안 영업하여 기부할 총 금액이 222000원 이상이 될 확률을 오른쪽 표준정규분포표를 이용하여 구한 것은? (4점)

z	$P(0\le Z\le z)$
0.25	0.10
0.50	0.19
1.00	0.34
1.50	0.43

단서2 600일 동안 기부금에 대한 이항분포 $B(n,\ p)$에 대한 설명이야.

① 0.69 ② 0.84 ③ 0.90
④ 0.93 ⑤ 0.98

1st 하루에 1000원씩 기부할 확률을 구해 보자.

하루 매출액을 확률변수 X라고 할 때, X는 평균이 30만 원이고 표준편차가 4만 원인 정규분포 $N(30,\ 4^2)$을 따른다. X가 31만 원 이상일 때, 1000원씩 자선단체에 기부하므로 기부를 하게 될 확률 p는 다음과 같이 표준정규분포표를 이용해서 구할 수 있다.

$Z=\frac{X-30}{4}$이므로 → 표준화시켜야 표준정규분포표를 이용할 수 있어.

$$p=P(X\ge 31)=P\left(Z\ge\frac{31-30}{4}\right)=P(Z\ge 0.25)=0.5-0.1=0.4$$
($0.5-(0\le Z\le 0.25)$)

따라서 하루에 기부할 확률 $p=0.4$, 기부하지 않을 확률 $q=0.6$이다.
($1-$(기부할 확률)이야.)

2nd 하루에 1000원씩 기부하는 날 수의 분포를 알아보자.

기부할 때 1000원씩 기부하므로 600일 동안 기부할 총 금액이 222000원 이상이 되기 위해서는 기부횟수 Y는 222일 이상이 되어야 한다. 그런데 600일 동안 기부하는 것은 서로 독립적이므로 확률변수 Y는 이항분포 $B(600,\ 0.4)$를 따르고, 정규분포 $N(240,\ 12^2)$으로 근사할 수 있다.
(Y가 $B(n,\ p)$를 따를 때 $N(np,\ npq)$이므로 $N(600\times 0.4,\ 600\times 0.4\times 0.6)$이야.)

3rd 표준정규분포표를 이용하여 222일 이상 기부할 확률을 구해 보자.

따라서 $Z=\frac{Y-240}{12}$이므로

$$P(Y\ge 222)=P\left(Z\ge\frac{222-240}{12}\right)=P(Z\ge -1.5)$$
$$=0.5+P(0\le Z\le 1.5)=0.93$$
→ 표준정규분포표에서 0.43이야.

확률변수의 표준화 (개념·공식)

① 확률변수 X가 정규분포 $N(m,\ \sigma^2)$을 따를 때, 새로운 확률변수 $Z=\frac{X-m}{\sigma}$의 확률분포는 표준정규분포 $N(0,\ 1)$을 따른다.

② 표본평균 $\overline{X}$가 정규분포 $N\left(m,\ \frac{\sigma^2}{n}\right)$을 따를 때, 새로운 확률변수 $Z=\frac{\overline{X}-m}{\frac{\sigma}{\sqrt{n}}}$의 확률분포는 표준정규분포 $N(0,\ 1)$을 따른다.

I 54 정답 ④ *표본평균의 분포 [정답률 52%]

정답 공식: 도수와 평균을 이용해 확률을 구하고, 표본평균 $\overline{X}$가 20이 될 수 있는 경우의 수를 구한다.

다음은 어떤 모집단의 확률분포표이다.

X	10	20	30	합계
$\mathrm{P}(X=x)$	$\frac{1}{2}$	a	$\frac{1}{2}-a$	1

이 모집단에서 크기가 2인 표본을 복원추출하여 구한 표본평균을 $\overline{X}$라 하자. $\overline{X}$의 평균이 18일 때, $\mathrm{P}(\overline{X}=20)$의 값은? (4점)

단서1 표본평균의 평균과 모평균이 같지? a의 식을 세우자!

단서2 $\overline{X}=\frac{x_1+x_2}{2}$이므로 $\overline{X}$의 값에 따라 x_1, x_2를 모집단에서 찾고 표본평균이 20일 때의 확률을 구하자.

① $\frac{2}{5}$ ② $\frac{19}{50}$ ③ $\frac{9}{25}$ ④ $\frac{17}{50}$ ⑤ $\frac{8}{25}$

1st $\mathrm{E}(\overline{X})=\mathrm{E}(X)=18$을 이용하여 a의 값부터 구하자.

표본평균의 평균 $\mathrm{E}(\overline{X})$와 모평균 $\mathrm{E}(X)$는 같으므로

$$\mathrm{E}(\overline{X})=\underline{\mathrm{E}(X)}=10\times\frac{1}{2}+20\times a+30\left(\frac{1}{2}-a\right)=18$$
($=\sum_{i=1}^{n}x_i\mathrm{P}(X=x_i)$)

$5+20a+15-30a=18$

$\therefore a=\frac{1}{5}$

2nd $\overline{X}=20$이기 위한 경우를 조사해.

한편, $a=\frac{1}{5}$이므로 주어진 모집단의 확률분포표는 다음과 같다.

X	10	20	30	합계
$\mathrm{P}(X=x)$	$\frac{1}{2}$	$\frac{1}{5}$	$\frac{3}{10}$	1

이때, 크기 2인 표본을 복원추출하고 그때의 표본평균이 20이 되는, 즉
($x_1, x_2\in X$일 때 크기 2인 표본평균을 $\overline{X}$라 하면 $\overline{X}=\frac{x_1+x_2}{2}$야. 즉, $x_1+x_2=20\times2=40$인 경우를 생각해.)
$\overline{X}=20$일 때의 순서쌍을 구하면 (10, 30), (20, 20), (30, 10) (합이 40이야.)
따라서 각 경우의 확률을 구하면 된다.

(i) (10, 30)일 때 : 첫 번째에 10을 뽑고, 나중에 30을 뽑은 것이므로 이때의 확률은

$\frac{1}{2}\times\frac{3}{10}=\frac{3}{20}$ ⇐ $\mathrm{P}(X=10)\times\mathrm{P}(X=30)$

(ii) (20, 20)일 때 : 첫 번째에 20을 뽑고, 나중에 20을 뽑은 것이므로 이때의 확률은

$\frac{1}{5}\times\frac{1}{5}=\frac{1}{25}$ ⇐ $\mathrm{P}(X=20)\times\mathrm{P}(X=20)$

(iii) (30, 10)일 때 : 첫 번째에 30을 뽑고, 나중에 10을 뽑은 것이므로 이때의 확률은

$\frac{3}{10}\times\frac{1}{2}=\frac{3}{20}$ ⇐ $\mathrm{P}(X=30)\times\mathrm{P}(X=10)$

$$\therefore \mathrm{P}(\overline{X}=20)=\frac{3}{20}+\frac{1}{25}+\frac{3}{20}=\frac{17}{50}$$

[다른 풀이]

모집단에서 크기 2인 표본을 복원추출할 때, 표본평균 $\overline{X}$의 확률분포표는 다음과 같아.

$\overline{X}$	10	15	20	25	30
	(10, 10)	(10, 20), (20, 10)	(10, 30), (20, 20), (30, 10)	(20, 30), (30, 20)	(30, 30)
도수	1	2	3	2	1
$\mathrm{P}(\overline{X})$	$\frac{1}{4}$	a	$a^2-a+\frac{1}{2}$	$-2a^2+a$	$a^2-a+\frac{1}{4}$
	$\frac{1}{2}\times\frac{1}{2}$	$2\times\frac{1}{2}\times a$	$2\times\frac{1}{2}\times\left(\frac{1}{2}-a\right)+a\times a$	$2\times a\times\left(\frac{1}{2}-a\right)$	$\left(\frac{1}{2}-a\right)\times\left(\frac{1}{2}-a\right)$

$\mathrm{E}(\overline{X})=18$이므로

$$10\times\frac{1}{4}+15\times a+20\times\left(a^2-a+\frac{1}{2}\right)+25\times(-2a^2+a)+30\times\left(a^2-a+\frac{1}{4}\right)=18$$

$$(20-50+30)a^2+(15-20+25-30)a+\frac{10}{4}+10+\frac{30}{4}=18$$

$-10a+20=18 \quad \therefore a=\frac{1}{5}$

$$\therefore \underline{\mathrm{P}(\overline{X}=20)}=\left(\frac{1}{5}\right)^2-\frac{1}{5}+\frac{1}{2}=\frac{17}{50}$$
($=a^2-a+\frac{1}{2}$)

표본평균 $\overline{X}$의 분포 개념·공식

모평균이 m, 모표준편차가 σ인 모집단에서 크기가 n인 표본을 임의추출할 때 표본평균 $\overline{X}$는 정규분포 $\mathrm{N}\left(m, \frac{\sigma^2}{n}\right)$을 따른다.

I 55 정답 ⑤ *표본평균의 분포 [정답률 55%]

정답 공식: $\mathrm{E}(X)$, $\mathrm{V}(X)$로부터 $\mathrm{E}(\overline{X})$와 $\mathrm{V}(\overline{X})$를 구한다.

단서 $\overline{X}$는 $\frac{1+1}{2}=1$부터 $\frac{9+9}{2}=9$까지의 9개의 값을 가질 수 있어.

오른쪽 그림과 같이 주머니 속에 숫자 1, 3, 5, 7, 9가 적힌 공이 각각 2개씩 들어 있다. 이 주머니에서 크기가 2인 표본을 임의추출하였을 때, 공에 적힌 숫자의 평균을 $\overline{X}$라 하자. [보기] 중에서 옳은 것만을 있는 대로 고른 것은? (단, 꺼낸 공은 확인 후 다시 넣는다.) (3점)

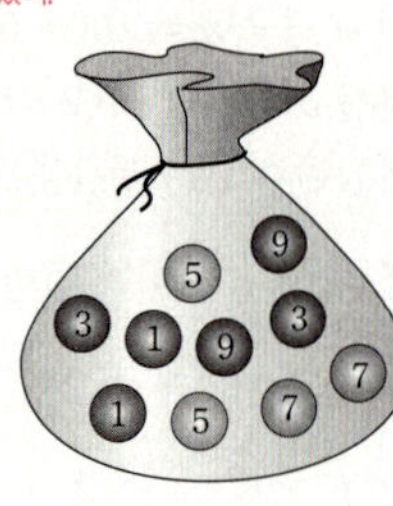

[보기]

ㄱ. 표본평균 $\overline{X}$가 가질 수 있는 값은 5개이다.

ㄴ. $\mathrm{P}(\overline{X}=5)=\frac{1}{5}$

ㄷ. $\mathrm{E}(\overline{X}^2)-\{\mathrm{E}(\overline{X})\}^2=4$

① ㄱ ② ㄴ ③ ㄷ ④ ㄱ, ㄴ ⑤ ㄴ, ㄷ

1st 크기가 2인 표본이므로 그 평균은 주머니 속의 두 숫자의 평균을 뜻해.

ㄱ. 2개의 공에 쓰여진 수를 각각 X_1, X_2라 하면 표본평균 $\overline{X}=\frac{X_1+X_2}{2}$이므로 각 값을 구하면 다음 표와 같다.

X_1 \ X_2	1	3	5	7	9
1	1	2	3	4	5
3	2	3	4	5	6
5	3	4	5	6	7
7	4	5	6	7	8
9	5	6	7	8	9

즉, $\overline{X}$가 가질 수 있는 값은 1, 2, ⋯, 9의 9개이다. (거짓)

2nd 표본평균이 5이면 두 숫자의 합이 10이야.

ㄴ. $\overline{X}$의 25개의 값 중 $\overline{X}=5$인 표본은 5개이므로

$P(\overline{X}=5)=\frac{5}{25}=\frac{1}{5}$ (참)

ㄷ. 모집단의 확률변수를 X라 하면

X	1	3	5	7	9	합계
$P(X=x)$	$\frac{1}{5}$	$\frac{1}{5}$	$\frac{1}{5}$	$\frac{1}{5}$	$\frac{1}{5}$	1

$E(X)=\frac{1+3+5+7+9}{5}=5,$

$V(X)=\frac{1^2+3^2+5^2+7^2+9^2}{5}-5^2=8$ → $E(X^2)-\{E(X)\}^2=V(X)$

$\therefore E(\overline{X}^2)-\{E(\overline{X})\}^2=V(\overline{X})=\frac{V(X)}{2}=\frac{8}{2}=4$ (참)

따라서 옳은 것은 ㄴ, ㄷ이다.

함정 복잡하게 주어졌지만 결국 $V(\overline{X})$를 의미하는 거지?

수능 핵강

이 문제에서 눈여겨 볼 것은 크기가 2인 표본을 임의추출하였을 때, 공에 적힌 숫자의 평균을 $\overline{X}$라고 한다는 것이야. 즉, $\overline{X}$가 의미하는 것은 표본평균이라는 말이지.

그렇다면 $V(\overline{X})$를 구할 때에는 표본평균의 분산을 이용해 $V(\overline{X})=\frac{V(X)}{n}$를 적용하면 복잡하게 구하지 않고도 쉽게 구할 수 있어.

I 56 정답 ④ *표본평균의 분포 [정답률 60%]

(정답 공식: 확률변수 X는 이항분포 $B\left(150, \frac{2}{3}\right)$를 따른다.)

다음 표는 어느 모집단의 확률분포를 나타낸 것이다.

X	0	1	2	⋯	150	합계
$P(X)$	${}_{150}C_0\left(\frac{3}{5}\right)^{150}$	${}_{150}C_1\left(\frac{2}{5}\right)^1\left(\frac{3}{5}\right)^{149}$	${}_{150}C_2\left(\frac{2}{5}\right)^2\left(\frac{3}{5}\right)^{148}$	⋯	${}_{150}C_{150}\left(\frac{2}{5}\right)^{150}$	1

단서 확률이 ${}_{150}C_r\left(\frac{2}{5}\right)^r\left(\frac{3}{5}\right)^{150-r}$ 꼴이므로 X의 확률분포는 이항분포야.

이 모집단에서 크기가 4인 표본을 임의추출하여 구한 표본평균을 $\overline{X}$라 할 때, $E(2\overline{X}-5)+V(2\overline{X}-5)$의 값은? (4점)

① 124 ② 133 ③ 142 ④ 151 ⑤ 160

1st 확률분포표에서 이항분포를 이루는 것을 알아내고 평균과 분산을 구해 보자.

주어진 표에 의하면 확률변수 X가 이항분포 $B\left(150, \frac{2}{5}\right)$를 따르므로 확률변수 X의 평균과 분산을 구하면

$$\begin{cases} E(X)=150\times\frac{2}{5}=60 \\ V(X)=150\times\frac{2}{5}\times\frac{3}{5}=36 \end{cases}$$

2nd 표본의 크기가 4일 때, 표본평균의 평균과 분산을 구해 보자.

이때, 표본의 크기가 4이므로 표본평균 $\overline{X}$의 평균과 분산은

$E(\overline{X})=E(X)=60,\ V(\overline{X})=\frac{V(X)}{4}=9$

3rd $E(\overline{X})$, $V(\overline{X})$를 이용하여 $E(2\overline{X}-5)$, $V(2\overline{X}-5)$의 값을 구해 보자.

$\therefore E(2\overline{X}-5)+V(2\overline{X}-5)=\{2E(\overline{X})-5\}+2^2V(\overline{X})$

$=2\times60-5+2^2\times9$

$=151$

실수 $V(2\overline{X}-5)=2^2V(\overline{X})$지? $\overline{X}$에 곱해진 수에만 영향이 있지. 수를 더하거나 빼는 것은 영향이 없어.

I 57 정답 26 *표본평균의 분포 [정답률 52%]

(정답 공식: 숫자 1을 꺼낼 확률과 숫자 3을 꺼낼 확률을 각각 n에 대한 식으로 나타내고 표본평균의 평균 $P(\overline{X}=1)=\frac{1}{49}$을 이용해 n의 값을 구한다.)

주머니 속에 1의 숫자가 적혀 있는 공 1개, 3의 숫자가 적혀 있는 공 n개가 들어 있다. 이 주머니에서 임의로 1개의 공을 꺼내어 공에 적혀 있는 수를 확인한 후 다시 넣는다. 이와 같은 시행을 2번 반복하여 얻은 두 수의 평균을 $\overline{X}$라 하자. 단서1 $\overline{X}$는 표본 (1, 1), (1, 3), (3, 1), (3, 3)의 평균이지?

$P(\overline{X}=1)=\frac{1}{49}$일 때, $E(\overline{X})=\frac{q}{p}$이다. $p+q$의 값을 구하시오.

(단, p와 q는 서로소인 자연수이다.) (4점)

단서2 $\overline{X}=1$일 때 확률을 구하여 n의 값을 찾자.

1st $P(\overline{X}=1)=\frac{1}{49}$임을 이용하여 n의 값을 구하자.

주머니 속에 1의 숫자가 적혀 있는 공이 1개, 3의 숫자가 적혀 있는 공이 n개가 들어 있으므로 주머니 속에는 총 $(n+1)$개의 공이 들어 있다.

이 주머니에서 1개의 공을 꺼낼 때, 1의 숫자가 적혀 있는 공을 꺼낼 확률은 $\frac{1}{n+1}$, 3의 숫자가 적혀 있는 공을 꺼낼 확률은 $\frac{n}{n+1}$이다.

모집단 주머니 속의 숫자 1, 3을 확률변수 X라 하면 $P(X=1)=\frac{1}{n+1}$, $P(X=3)=\frac{n}{n+1}$

이때, $\overline{X}=1$이 되려면 2번의 시행에서 모두 1의 숫자가 적혀 있는 공을 꺼내야 하므로 크기가 2인 표본평균은 $\overline{X}=\frac{x_1+x_2}{2}$야.

$P(\overline{X}=1)=\frac{1}{n+1}\times\frac{1}{n+1}=\frac{1}{(n+1)^2}=\frac{1}{49}$

$=P(X=1)\times P(X=1)$

$(n+1)^2=49$

$n+1=\pm7$

$\therefore n=6$ 또는 $n=-8$

그런데 n은 자연수이므로 $n=6$이다. $\Rightarrow P(X=1)=\frac{1}{7}, P(X=3)=\frac{6}{7}$

2nd 확률분포표를 작성하여 평균 $E(\overline{X})$를 구하자.

2번 공을 꺼낼 때, 공에 적혀 있는 수를 각각 a, b라 하면 (a, b)의 경우는 (1, 1), (1, 3), (3, 1), (3, 3)이므로 두 수의 평균 $\overline{X}$는

$\frac{1+1}{2}=1,\ \frac{1+3}{2}=\frac{3+1}{2}=2,\ \frac{3+3}{2}=3$

즉, $P(\overline{X}=2)$와 $P(\overline{X}=3)$을 각각 구하면

(1, 3), (3, 1)인 경우 / (3, 3)인 경우

$P(\overline{X}=2)=2\times\left(\frac{1}{7}\times\frac{6}{7}\right)=\frac{12}{49}$

$=P(X=1)\times P(X=3)+P(X=3)\times P(X=1)$

$P(\overline{X}=3)=\frac{6}{7}\times\frac{6}{7}=\frac{36}{49}$

$=P(X=3)\times P(X=3)$

표본평균 $\overline{X}$의 확률분포표는 다음과 같다.

$\overline{X}$	1	2	3	합계
$P(\overline{X}=\overline{x})$	$\frac{1}{49}$	$\frac{12}{49}$	$\frac{36}{49}$	1

$\therefore E(\overline{X})=1\times\frac{1}{49}+2\times\frac{12}{49}+3\times\frac{36}{49}$

$=\frac{133}{49}=\frac{19}{7}=\frac{q}{p}$

→ [표본평균 $\overline{X}$의 평균] (확률변수 X의 평균) $=\sum_{i=1}^{n} x_i P(X=x_i)$ 에서 표본평균 $\overline{X}$의 변수로 바꾸어 주면 돼.

따라서 $p=7$, $q=19$이므로

$p+q=7+19=26$

I 58 정답 ④ ＊표본평균의 표준화의 응용 [정답률 80%]

정답 공식: 버섯 1개의 무게를 확률변수 X라고 하면, 한 상자 속에 있는 버섯 한 개의 무게의 표본평균은 $\overline{X}$가 된다. $\overline{X}$는 정규분포 $N(100, 2^2)$을 따른다.

단서 1 표본의 크기가 25가 되는 거야.

어느 농장에서 생산되는 버섯 하나의 무게는 평균이 100 g, 표준편차가 10 g인 정규분포를 따른다고 한다. 버섯 25개를 한 상자로 만들어 판매하려고 할 때, 포장지를 제외한 버섯 한 상자의 무게가 상위 7%에 해당하는 것을 1등급으로 판매한다. 이때, 1등급으로 판매되는 버섯 한 상자의 무게의 최솟값은? (단, $P(0\le Z\le 1.5)=0.43$이고 상자만의 무게는 무시한다.) (3점)

단서 2 버섯 1개의 무게도 상위 7%가 되어야 해.

① 2500 g ② 2525 g ③ 2550 g
④ 2575 g ⑤ 2600 g

1st 버섯 1개의 무게의 분포부터 구해 보자.

버섯 1개의 무게를 확률변수 X라 하면 X는 정규분포 $N(100, 10^2)$을 따른다.

2nd 크기가 25인 표본의 표본평균의 분포를 구해 보자.

이때, 버섯 25개를 한 상자로 만들었을 때, 그 상자 속 버섯 한 개의 표본평균을 $\overline{X}$라 하면 $\overline{X}$는 정규분포 $N(100, 2^2)$을 따른다. → $N\left(100, \frac{10^2}{25}\right)$이야.

3rd 상위 7%에 속하는 표본평균의 분포를 구해 보자.

1등급으로 판매되는 버섯 한 상자의 무게의 최솟값을 a라 하면

$P\left(\overline{X}\ge\frac{a}{25}\right)=P\left(Z\ge\frac{\frac{a}{25}-100}{2}\right)=0.07$ → $\overline{X}$를 표준화시킨 거야.

그런데 $P(0\le Z\le 1.5)=0.43$에서 $P(Z\ge 1.5)=0.5-0.43=0.07$이므로 $\frac{\frac{a}{25}-100}{2}=1.5$

$\therefore a=2575(g)$

수능 핵강

이 문제를 풀 때 주의해야 할 점은 버섯 25개를 한 상자로 만들어 판매하려고 하는데 한 상자의 무게의 최솟값을 계산하는 것보다 버섯 한 개의 무게의 최솟값을 구해서 25배를 해주면 된다는 거야. 왜냐하면 주어진 조건이 버섯 하나의 무게에 대한 평균과 표준편차가 주어져 있기 때문이야.

I 59 정답 ③ ＊표본평균의 표준화의 응용 [정답률 54%]

정답 공식: 표본평균 $\overline{X}$가 따르는 정규분포를 찾고 표준화한다. $0.0668=0.5-0.4332$임을 이용해 m의 값을 찾는다.

어느 약품 회사가 생산하는 약품 1병의 용량은 평균이 m, 표준편차가 12인 정규분포를 따른다고 한다. (⇒ 모집단의 확률변수 X) 이 회사가 생산한 약품 중에서 임의로 추출한 16병의 용량의 표본평균이 2000.5 이하일 확률이 0.0668일 때, m의 값을 오른쪽 표준정규분포표를 이용하여 구한 것은? (단, 용량의 단위는 mL이다.) (3점)

z	$P(0\le Z\le z)$
1.5	0.4332
2.0	0.4772
2.5	0.4938
3.0	0.4987

① 2003 ② 2004 ③ 2005
④ 2006 ⑤ 2007

단서 표본의 크기가 16인 표본평균의 확률이 0.0668일 때, 표준화로 확률변수 Z의 범위를 찾아 m의 값을 구해. 먼저 표본평균이 따르는 정규분포를 파악해야겠네.

1st 16병의 용량의 표본평균이 따르는 정규분포를 구해.

회사가 생산하는 약품 1병의 용량을 확률변수 X라 하면 확률변수 X는 정규분포 $N(m, 12^2)$을 따르므로 임의로 추출한 16병의 용량의 표본평균을 $\overline{X}$라 하면 표본평균 $\overline{X}$는 정규분포 $N(m, 3^2)$을 따른다. ($E(\overline{X})=m$, $\sigma(\overline{X})=\frac{12}{\sqrt{16}}=3$)

2nd 주어진 확률변수를 표준화하여 m의 값을 구하자.

$Z=\frac{\overline{X}-m}{3}$이라 하면 확률변수 Z는 표준정규분포 $N(0, 1)$을 따르고 (표본평균이 2000.5 이하일 확률)

표본평균 $\overline{X}$가 2000.5 이하일 확률이 0.0668이므로 표준정규분포를 따르는 확률변수 Z에 대하여

$P(\overline{X}\le 2000.5)=0.0668$

$=0.5-0.4332$

$=0.5-P(-1.5\le Z\le 0)$

$=P(Z\le -1.5)$

(실수) 확률이 0.5 미만이므로 2000.5는 평균보다 작아. (0.5 → $P(Z\le 0)$)

즉, $P(\overline{X}\le 2000.5)=P\left(Z\le\frac{2000.5-m}{3}\right)=P(Z\le -1.5)$에서

$\frac{2000.5-m}{3}=-1.5$이므로

$2000.5-m=-4.5$

$\therefore m=2005$

표준정규분포곡선의 성질 개념·공식

$a>0$, $b>0$인 상수 a, b에 대하여

① $P(-a\le Z\le b)=P(0\le Z\le a)+P(0\le Z\le b)$

② $P(|Z|\le b)=2P(0\le Z\le b)$

③ $P(Z\le b)=0.5+P(0\le Z\le b)$

④ $P(Z\le -b)=P(Z\ge b)=0.5-P(0\le Z\le b)$

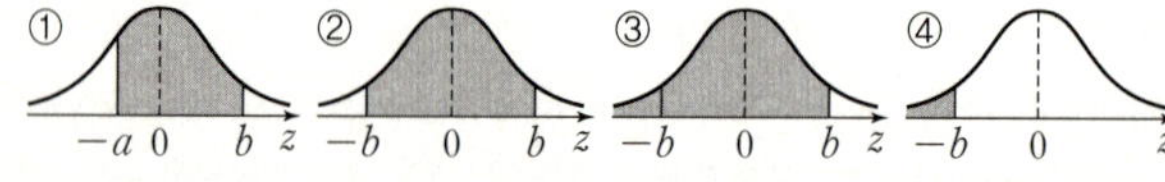

I 60 정답 ② *표본평균의 표준화의 응용 ······ [정답률 44%]

정답 공식: A상자와 B상자의 표본평균이 따르는 정규분포를 각각 구하고 표준화한다. 표준정규분포곡선의 성질을 이용하여 비교한다.

어느 회사에서는 생산되는 제품을 1000개씩 상자에 넣어 판매한다. 이때, 상자에서 임의로 추출한 16개 제품의 무게의 표본평균이 12.7 이상이면 그 상자를 정상 판매하고, 12.7 미만이면 할인 판매한다. A 상자에 들어 있는 제품의 무게는 평균 16, 표준편차 6인 정규분포를 따르고, B 상자에 들어 있는 제품의 무게는 평균 10, 표준편차 6인 정규분포를 따른다고 할 때, ❶A 상자가 할인 판매될 확률이 p, ❷B 상자가 정상 판매될 확률이 q이다. $p+q$의 값을 오른쪽 표준정규분포표를 이용하여 구한 것은? (단, 무게의 단위는 g이다.) (4점)

단서1 정상판매와 할인판매에 대한 기준이지? 근데, 표본집단에 대한 자료야.

⇒ A 모집단의 확률변수 X

⇒ B 모집단의 확률변수 Y

z	$\mathrm{P}(0\le Z\le z)$
1.6	0.4452
1.8	0.4641
2.0	0.4772
2.2	0.4861

① 0.0367 ② 0.0498 ③ 0.0587
④ 0.0687 ⑤ 0.0776

단서2 ❶, ❷ 두 확률을 묻고 있으니까, 단서1을 각각의 정규분포로 표준화해야겠네.

1st A, B 상자에 들어 있는 제품 중 각각 16개 추출한 제품의 무게의 표본평균의 정규분포를 찾자.

A 상자에 들어 있는 제품의 무게를 확률변수 X라 하면, X는 정규분포 $\mathrm{N}(16,\ 6^2)$을 따르고 표본의 크기 16인 표본평균을 $\overline{X}$라 하면 표본평균 $\overline{X}$는 정규분포 $\mathrm{N}\left(16,\ \left(\frac{3}{2}\right)^2\right)$ … ㉠을 따른다.

$\mathrm{E}(\overline{X})=16,\ \sigma(\overline{X})=\frac{6}{\sqrt{16}}=\frac{3}{2}$

같은 방법으로 B 상자에 들어 있는 제품의 무게를 확률변수 Y라 하면, Y는 정규분포 $\mathrm{N}(10,\ 6^2)$을 따르고 표본의 크기가 16인 표본평균을 $\overline{Y}$라 하면 표본평균 $\overline{Y}$는 정규분포 $\mathrm{N}\left(10,\ \left(\frac{3}{2}\right)^2\right)$… ㉡을 따른다.

$\mathrm{E}(\overline{Y})=10,\ \sigma(\overline{Y})=\frac{6}{\sqrt{16}}=\frac{3}{2}$

2nd 정상 판매와 할인 판매의 기준을 정확히 이해하여 표준화로 $p+q$의 값을 구해.

㉠에서 $Z=\dfrac{\overline{X}-16}{\frac{3}{2}}$이라 하면 확률변수 Z는 표준정규분포 $\mathrm{N}(0,\ 1)$을 따르고 A 상자가 할인된 가격으로 판매되려면 상자에 들어 있는 제품의 무게의 표본평균이 12.7 미만이 되어야 한다.

기준: $\overline{X}<12.7$

$$p=\mathrm{P}(\overline{X}<12.7)=\mathrm{P}\left(Z<\frac{12.7-16}{\frac{3}{2}}\right)$$
$$=\mathrm{P}(Z<-2.2)$$
$$=0.5-\mathrm{P}(0\le Z\le 2.2)$$
$$=0.5-0.4861=0.0139$$

음수 a에 대하여 $\mathrm{P}(Z\le a)=\mathrm{P}(Z\le 0)-\mathrm{P}(a\le Z\le 0)=0.5-\mathrm{P}(0\le Z\le -a)$야.

㉡에서 $Z=\dfrac{\overline{Y}-10}{\frac{3}{2}}$이라 하면 확률변수 Z는 표준정규분포 $\mathrm{N}(0,\ 1)$을 따른다. 이때, B 상자가 정상적으로 판매되려면 상자에 들어 있는 제품의 무게의 표본평균이 12.7 이상이 되어야 하므로

기준: $\overline{Y}\ge 12.7$

$$q=\mathrm{P}(\overline{Y}\ge 12.7)=\mathrm{P}\left(Z\ge\frac{12.7-10}{\frac{3}{2}}\right)=\mathrm{P}(Z\ge 1.8)$$
$$=0.5-\mathrm{P}(0\le Z\le 1.8)$$
$$=0.5-0.4641=0.0359$$

양수 a에 대하여 $\mathrm{P}(Z\ge a)=\mathrm{P}(Z\ge 0)-\mathrm{P}(0\le Z\le a)$

$\therefore\ p+q=0.0139+0.0359=0.0498$

I 61 정답 ③ *모평균의 추정 ······ [정답률 55%]

정답 공식: 신뢰도가 일정하고 표본평균의 표준편차가 주어졌으므로 신뢰구간의 길이 $2k\frac{\sigma}{\sqrt{n}}$는 표본의 크기만 고려해주면 된다.

모집단 A는 정규분포 $\mathrm{N}(m_1,\ \sigma^2)$을 따르고, 모집단 B는 정규분포 $\mathrm{N}\left(m_2,\ \left(\frac{\sigma}{2}\right)^2\right)$을 따른다. 모집단 A에서 크기 n_1, 모집단 B에서 크기 n_2인 표본을 각각 임의추출할 때의 표본평균을 각각 $\overline{X_A}$, $\overline{X_B}$라 하자. [보기]에서 옳은 것만을 있는 대로 고른 것은? (단, n_1, n_2는 1보다 큰 자연수이다.) (4점)

단서1 표본평균 $\overline{X}$의 평균 $\mathrm{E}(\overline{X})$와 정규분포의 개념만 알면 되네.

[보기]

ㄱ. $m_1=m_2$이면 $\mathrm{E}(\overline{X_A})=\mathrm{E}(\overline{X_B})$이다.

ㄴ. 표본평균 $\overline{X_B}$는 정규분포 $\mathrm{N}\left(m_2,\ \left(\frac{\sigma}{2}\right)^2\right)$을 따른다.

ㄷ. $n_1=4n_2$일 때, m_1에 대한 신뢰도 95 %의 신뢰구간이 $[a,\ b]$이고, m_2에 대한 신뢰도 95 %의 신뢰구간이 $[c,\ d]$이면, $b-a=d-c$이다.

단서2 신뢰도는 같고, 표본의 크기가 다르지? 이때, 두 모평균 m_1과 m_2의 추정으로 각각의 신뢰구간의 길이를 비교해야겠네.

① ㄱ ② ㄷ ③ ㄱ, ㄷ
④ ㄴ, ㄷ ⑤ ㄱ, ㄴ, ㄷ

1st 표본평균의 정규분포로 ㄱ, ㄴ의 참·거짓을 따져볼까?

ㄱ. 표본평균의 평균은 모집단의 평균과 같으므로

모평균이 m이고, 모집단의 크기가 n인 임의표본을 추출할 때, 표본평균 $\overline{X}$의 평균 $\mathrm{E}(\overline{X})=m$이지?

$\mathrm{E}(\overline{X_A})=m_1$이고 $\mathrm{E}(\overline{X_B})=m_2$에 의하여 $m_1=m_2$이면 $\mathrm{E}(\overline{X_A})=\mathrm{E}(\overline{X_B})$이다. (참)

2nd 정규분포 $\mathrm{N}(m,\ \sigma^2)$을 따르는 확률변수 X에서 크기가 n인 표본을 추출하면 표본평균 $\overline{X}$는 정규분포 $\mathrm{N}\left(m,\ \left(\frac{\sigma}{\sqrt{n}}\right)^2\right)$을 따르지?

ㄴ. 크기가 n_2인 표본평균 $\overline{X_B}$의 표준편차는 $\dfrac{\frac{\sigma}{2}}{\sqrt{n_2}}=\dfrac{\sigma}{2\sqrt{n_2}}$이므로 표본평균 $\overline{X_B}$는 정규분포 $\mathrm{N}\left(m_2,\ \left(\frac{\sigma}{2\sqrt{n_2}}\right)^2\right)$을 따른다. (거짓)

3rd $b-a$, $d-c$는 각각 모집단 A, B의 신뢰구간의 길이를 나타내므로 $n_1=4n$일 때, 관계를 따져 보자.

ㄷ. 신뢰도 95 %의 신뢰계수를 k라 하자.

$n_1=4n_2$일 때, 모평균 m_1에 대한 신뢰도 95 %로 추정한 신뢰구간의 길이는

모집단의 정규분포 $\mathrm{N}(m,\ \sigma^2)$이고, 표본의 크기가 n일 때, $2\times$(신뢰계수)$\times$(표본평균의 표준편차)$=2\times k\times\frac{\sigma}{\sqrt{n}}$

$$b-a=2\times k\times\frac{\sigma}{\sqrt{n_1}}$$
$$=2\times k\times\frac{\sigma}{\sqrt{4n_2}}$$
$$=\frac{k\sigma}{\sqrt{n_2}}$$

모평균 m_2에 대한 신뢰도 95 %로 추정한 신뢰구간의 길이는

$$d-c=2\times k\times\frac{\frac{\sigma}{2}}{\sqrt{n_2}}$$
$$=\frac{k\sigma}{\sqrt{n_2}}$$

주의: 표본평균의 표준편차는 $\sqrt{(\text{표본의 크기})}$로 나눠야 해. (표본의 크기)가 아님을 꼭 기억해.

$\therefore\ b-a=d-c$ (참)

따라서 옳은 것은 ㄱ, ㄷ이다.

수능 핵강

ㄴ에서 n_2가 1이라면 주어진 명제는 성립해. 하지만 조건에서 n_2는 1보다 큰 자연수이므로 성립하지 않아.

ㄷ에서 신뢰도가 95 %로 같으므로 신뢰구간의 길이는 표본평균의 표준편차의 크기와 관련있지? 즉,

m_1의 표본평균의 표준편차는 $\frac{\sigma}{\sqrt{n_1}}=\frac{\sigma}{\sqrt{4n_2}}=\frac{\sigma}{2\sqrt{n_2}}$,

m_2의 표본평균의 표준편차는 $\frac{\frac{\sigma}{2}}{\sqrt{n_2}}=\frac{\sigma}{2\sqrt{n_2}}$로 같아.

I 62 정답 ⑤ *모평균의 추정 [정답률 40%]

정답 공식: 표본평균의 분산은 $\mathrm{V}(\overline{X})=\frac{\sigma^2}{n}$이므로 모표준편차가 같은 분산의 대소 관계는 표본의 크기에 따른다. 신뢰구간의 길이가 $2k\frac{\sigma}{\sqrt{n}}$이므로, 표본의 크기가 n이고 신뢰도와 표준편차가 같으면 표본의 크기만 고려하여 신뢰구간의 길이를 유추한다.

정규분포 $\mathrm{N}(m, 2^2)$을 따르는 모집단에서 임의추출한 크기 7인 표본과 크기 10인 표본의 표본평균을 각각 $\overline{X_A}$, $\overline{X_B}$라 하고, $\overline{X_A}$와 $\overline{X_B}$의 분포를 이용하여 추정한 모평균 m에 대한 신뢰도 95 %의 신뢰구간을 각각 $[a, b]$, $[c, d]$라고 하자. [보기]에서 옳은 것을 모두 고른 것은? (4점)

단서 표본의 크기가 다른 두 확률변수에 대하여 ❶, ❷, ❸으로 참·거짓을 따져주면 되겠지?

[보기]

ㄱ. $\overline{X_A}$의 분산은 $\overline{X_B}$의 분산보다 크다. ⇒ ❶ 표본평균의 분산은 표본의 크기에 반비례해.

ㄴ. $\mathrm{P}(\overline{X_A}\le m+2)<\mathrm{P}(\overline{X_B}\le m+2)$ ⇒ ❷ 서로 다른 두 확률변수에 대한 확률의 크기이니까 표준화!

ㄷ. $d-c<b-a$ ⇒ ❸ $b-a$와 $d-c$는 신뢰구간의 길이이지?

① ㄱ ② ㄷ ③ ㄱ, ㄴ
④ ㄴ, ㄷ ⑤ ㄱ, ㄴ, ㄷ

1st 표본평균의 분산은 표본의 크기에 반비례하니까 ㄱ의 진위를 판단해.

모평균이 m, 모분산이 σ^2인 모집단에서 크기가 n인 임의의 표본평균의 분산은 $\mathrm{V}(\overline{X})=\frac{\sigma^2}{n}$이니까 σ가 일정할 때 $\mathrm{V}(\overline{X})$의 크기는 $\frac{1}{n}$의 크기에 좌우돼.

ㄱ. 두 표본평균 $\overline{X_A}$, $\overline{X_B}$의 표본의 크기가 7, 10이고 $\overline{X_A}$와 $\overline{X_B}$의 분산은 표본의 크기에 반비례하므로 표본의 크기가 더 작은 $\overline{X_A}$의 분산이 $\overline{X_B}$의 분산보다 크다. (참)

2nd 표본집단 A, B를 표준화하여 확률의 크기를 비교하자.

ㄴ. 모집단의 정규분포 $\mathrm{N}(m, 2^2)$에 대하여

두 표본평균 $\overline{X_A}$, $\overline{X_B}$는 각각 정규분포 $\mathrm{N_A}\left(m, \left(\frac{2}{\sqrt{7}}\right)^2\right)$,

$\mathrm{E}(\overline{X_A})=\mathrm{E}(\overline{X_B})=m$, $\sigma(\overline{X_A})=\frac{2}{\sqrt{7}}$, $\sigma(\overline{X_B})=\frac{2}{\sqrt{10}}$

$\mathrm{N_B}\left(m, \left(\frac{2}{\sqrt{10}}\right)^2\right)$을 따르므로 각각을 표준화하여 확률을 구하면

$Z=\frac{\overline{X}-m}{\frac{\sigma}{\sqrt{n}}}$으로 $Z=\frac{\overline{X_A}-m}{\frac{2}{\sqrt{7}}}$, $Z=\frac{\overline{X_B}-m}{\frac{2}{\sqrt{10}}}$으로 표준정규분포 $\mathrm{N}(0, 1)$을 따르는 확률변수 Z로 만들자.

$$\mathrm{P}(\overline{X_A}\le m+2)=\mathrm{P}\left(Z\le\frac{(m+2)-m}{\frac{2}{\sqrt{7}}}\right)=\mathrm{P}(Z\le\sqrt{7})$$

$$\mathrm{P}(\overline{X_B}\le m+2)=\mathrm{P}\left(Z\le\frac{(m+2)-m}{\frac{2}{\sqrt{10}}}\right)=\mathrm{P}(Z\le\sqrt{10})$$

따라서 $\mathrm{P}(Z\le\sqrt{7})<\mathrm{P}(Z\le\sqrt{10})$이므로
$\mathrm{P}(\overline{X_A}\le m+2)<\mathrm{P}(\overline{X_B}\le m+2)$ (참)

$\sqrt{7}<\sqrt{10}$이지? 그림과 같이 $\mathrm{P}(Z\le z)$는 z의 값이 클수록 커.

3rd 신뢰도 95 %의 신뢰계수를 k라 하면 신뢰구간 $[\alpha, \beta]$의 길이는

$\beta-\alpha=2k\frac{\sigma}{\sqrt{n}}$이니까 $\sqrt{n}$에 반비례이지? ㄷ의 진위를 따져보자.

ㄷ. 주어진 $d-c$, $b-a$는 표본의 크기 10, 7인 표본집단에서 신뢰구간의 길이를 의미하므로 $d-c$와 $b-a$의 크기는 각각 $\sqrt{10}$, $\sqrt{7}$에 반비례한다. 즉 표본의 크기가 작은 $b-a$가 $d-c$보다 크므로 $d-c<b-a$이다. (참)

따라서 옳은 것은 ㄱ, ㄴ, ㄷ이다.

I 63 정답 ⑤ *모평균의 추정 [정답률 52%]

정답 공식: 신뢰도 α에 대한 신뢰구간은 $\overline{x}-k\times\frac{\sigma}{\sqrt{n}}\le m\le\overline{x}+k\times\frac{\sigma}{\sqrt{n}}$이므로 $a\le m\le b$와 연립하여 푼다. (단, k는 신뢰도 α의 신뢰계수이다.)

어느 공장에서 생산하는 제품의 무게는 모평균이 m, ❶ 모표준편차가 σ인 정규분포를 따른다고 한다. 이 공장에서 생산한 제품 중에서 ❷ n개를 임의추출하여 신뢰도 99 %로 추정한 모평균 m에 대한 신뢰구간이 $[a, b]$일 때, $\mathrm{P}(|Z|\le c)=0.99$를 만족시키는 c를 a, b, n, σ로 나타낸 것은? (단, 확률변수 Z는 표준정규분포를 따른다.) (4점)

⇒ 모집단의 확률변수 X

단서 신뢰구간을 구하기 위해서는 ❶, ❷뿐만 아니라 표본평균의 값과 신뢰계수가 필요해. 근데, c가 신뢰도 99 %에 해당하는 z의 값으로 신뢰계수를 나타내네. 그럼 신뢰구간을 우선 구해 볼까?

① $\frac{\sqrt{n}}{\sigma}(b+a)$ ② $\frac{\sqrt{n}}{2\sigma}(b+a)$ ③ $\frac{2\sqrt{n}}{\sigma}(b-a)$
④ $\frac{\sqrt{n}}{\sigma}(b-a)$ ⑤ $\frac{\sqrt{n}}{2\sigma}(b-a)$

1st 모평균을 신뢰도 99 %로 추정한 신뢰구간을 구해.

제품의 무게를 확률변수 X라 하면 확률변수 X는 정규분포 $\mathrm{N}(m, \sigma^2)$을 따른다. 크기가 n인 표본평균 $\overline{X}$의 값을 $\overline{x}$라 하면 모평균 m을 신뢰도 99 %로 추정한 신뢰구간은 $\mathrm{P}(|Z|\le c)=0.99$이므로

[신뢰계수] 99 %에 해당하는 z의 값을 신뢰계수 k라 하면 $k=c$야.

$$\overline{x}-c\times\frac{\sigma}{\sqrt{n}}\le m\le\overline{x}+c\times\frac{\sigma}{\sqrt{n}}$$

문자로 되어 있다고 헷갈릴 필요 없어.

2nd $\overline{x}$의 값이 안 주어졌으므로 이것을 소거하기 위해서 신뢰구간의 길이를 이용하여 관계식을 찾자.

이때, 신뢰구간 $[a, b]$에 대하여 신뢰구간의 길이는 $b-a$이므로

$$b-a=\left(\overline{x}+c\times\frac{\sigma}{\sqrt{n}}\right)-\left(\overline{x}-c\times\frac{\sigma}{\sqrt{n}}\right)=2\times\frac{\sigma}{\sqrt{n}}c$$

$\overline{x}$의 값을 소거하기 위해서!!

$$\therefore c=\frac{\sqrt{n}}{2\sigma}(b-a)$$

I 64 정답 1 *모평균의 추정 [정답률 50%]

정답 공식: 신뢰도 α에 따른 신뢰계수를 k, 표본의 크기를 n이라고 하면 신뢰도 α에 대한 신뢰구간의 길이는 $2\times k\times\frac{\sigma}{\sqrt{n}}$ 이다.

어느 임업연구소의 A, B 두 연구원이 소나무 군락지의 소나무들의 생장 상태를 알아보기 위하여 100그루의 소나무들을 각각 36, 64그루로 나누어 키를 조사하였더니 오른쪽 표와 같은 결과를 얻었다. A, B 두 연구원이 각자 95%의 신뢰도로 군락지의 소나무들의 키의 평균을 추정하였더니 신뢰구간의 길이가 같았다. 소나무들의 키의 분포는 정규분포를 따르고, a와 b는 5 미만의 자연수일 때, $|a-b|$의 값을 구하시오. (단, 표준정규분포에서 $\mathrm{P}(0\le Z\le1.96)=0.475$로 계산한다.) (4점)

	표본의 크기	표준편차
A연구원	36그루	$a$cm
B연구원	64그루	$b$cm

단서 신뢰도는 같고 표본의 크기, 평균, 표준편차는 다르지만 신뢰구간의 길이는 같을 수 있지?

1st 신뢰구간의 길이는 $2\times k\times\frac{\sigma}{\sqrt{n}}$ (단, σ는 표준편차, n은 표본의 크기, k는 신뢰도의 상수)야.

95%로 추정한 신뢰구간의 길이가 서로 같으므로

$$2\times1.96\times\frac{a}{\sqrt{36}}=2\times1.96\times\frac{b}{\sqrt{64}}$$

→ A연구원의 결과 → B연구원의 결과

$\therefore 4a=3b$

관계식을 만족시키는 5 미만의 자연수는 $a=3$, $b=4$뿐이다.

$\therefore |a-b|=1$

주의 문제를 읽으면서 주의깊게 봤어야 하는 조건이야.

모평균의 신뢰구간 개념·공식

모집단의 분포가 정규분포 $\mathrm{N}(m, \sigma^2)$을 따를 때, 표본평균 $\overline{X}$의 값이 $\overline{x}$, 표본의 크기 n, 모표준편차 σ에 대하여 모평균 m의 신뢰구간은

① 95 %의 신뢰도인 경우 : $\overline{x}-1.96\times\frac{\sigma}{\sqrt{n}}\le m\le\overline{x}+1.96\times\frac{\sigma}{\sqrt{n}}$

② 99 %의 신뢰도인 경우 : $\overline{x}-2.58\times\frac{\sigma}{\sqrt{n}}\le m\le\overline{x}+2.58\times\frac{\sigma}{\sqrt{n}}$

수능 핵강

문제에서 '신뢰구간'이라는 단어가 나오면 필요한 값인 모표준편차, 임의추출한 자료의 개수, 그들의 평균, 즉 σ, n, $\overline{x}$의 값만 빨리 파악하여 식에 대입하면 되기 때문에 어려운 문제가 아니야. 문제가 길다고 겁먹을 필요가 전혀 없다는 거지.

신뢰구간의 길이와 신뢰도에 대해서 따로 정리해두는 것은 헷갈리지 않고 문제를 풀 수 있고, 또 풀이 시간을 단축시키는데 도움이 될 수 있으니 다시 한 번 더 정리하자.

① 95 % 신뢰구간의 길이

: $2\times1.96\times\frac{\sigma}{\sqrt{n}}$

② 99 % 신뢰구간의 길이

: $2\times2.58\times\frac{\sigma}{\sqrt{n}}$

(단, $\mathrm{P}(|Z|\le1.96)=0.95$, $\mathrm{P}(|Z|\le2.58)=0.99$)이다.)

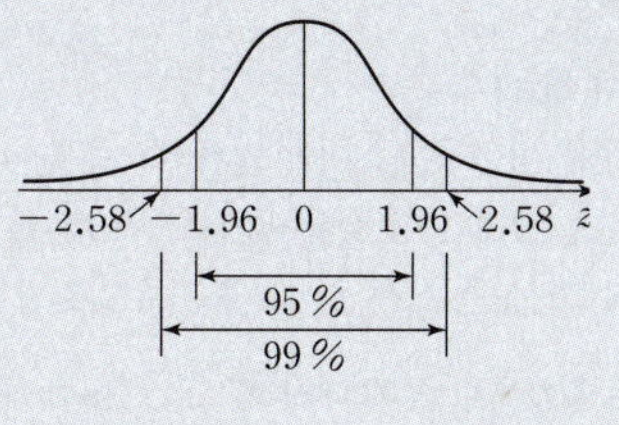

I 65 정답 25 *모평균의 추정 [정답률 68%]

정답 공식: 주어진 조건을 이용해 신뢰도 95 %의 신뢰구간 $\left[\overline{x}-1.96\times\frac{\sigma}{\sqrt{n}}, \overline{x}+1.96\times\frac{\sigma}{\sqrt{n}}\right]$를 이용하여 $\overline{x}-1.96\times\frac{\sigma}{\sqrt{49}}\le m\le\overline{x}+1.96\times\frac{\sigma}{\sqrt{49}}$의 식을 얻어낸다. 이는 $1.73\le m\le1.87$과 같으므로 연립하여 푼다.

어느 회사에서 생산하는 초콜릿 한 개의 무게는 ❶평균이 m, 표준편차가 σ인 정규분포를 따른다고 한다. 이 회사에서 생산하는 초콜릿 중에서 임의추출한 ❷크기가 49인 표본을 조사하였더니 초콜릿 무게의 표본평균의 값이 $\overline{x}$이었다. 이 결과를 이용하여, 이 회사에서 생산하는 초콜릿 한 개의 무게의 평균 m에 대한 신뢰도 95 %의 신뢰구간을 구하면 $1.73\le m\le1.87$이다. $\frac{\sigma}{\overline{x}}=k$일 때, $180k$의 값을 구하시오. (단, 무게의 단위는 g이고, Z가 표준정규분포를 따르는 확률변수일 때, $\mathrm{P}(0\le Z\le1.96)=0.475$로 계산한다.) (4점)

⇒ 모집단의 확률변수 X

단서 ❶, ❷로 신뢰구간을 구하여 주어진 구간과 비교하면 $\overline{x}$, σ의 값을 각각 찾을 수 있겠지?

⇒ 95%의 신뢰계수는 1.96이야.

1st 모평균의 신뢰구간의 공식을 적용하자.

신뢰도 95% : $\overline{x}-1.96\frac{\sigma}{\sqrt{n}}\le m\le\overline{x}+1.96\frac{\sigma}{\sqrt{n}}$

모집단의 표준편차가 σ, 표본의 크기가 49이므로 모평균 m에 대한 신뢰도 95 %의 신뢰구간은

$$\overline{x}-1.96\times\frac{\sigma}{\sqrt{49}}\le m\le\overline{x}+1.96\times\frac{\sigma}{\sqrt{49}}$$

2nd 주어진 신뢰구간으로 $\overline{x}$와 σ의 값을 각각 구하자.

주어진 신뢰구간 $1.73\le m\le1.87$과 양 끝값을 비교하면

$\overline{x}-1.96\times\frac{\sigma}{7}=1.73$ ⋯ ㉠

$\overline{x}+1.96\times\frac{\sigma}{7}=1.87$ ⋯ ㉡

$x+y=☆$, $x-y=★$ 꼴의 연립방정식의 해는 두 식을 더하고 빼면 구할 수 있어.

㉠+㉡을 하면

$2\overline{x}=3.6$

$\therefore \overline{x}=1.8$

㉡−㉠을 하면 $2\times1.96\times\frac{\sigma}{7}=0.14$

$\therefore \sigma=0.25$

따라서 $k=\frac{\sigma}{\overline{x}}=\frac{0.25}{1.8}=\frac{5}{36}$이므로

$180k=180\times\frac{5}{36}=25$

신뢰구간과 신뢰도의 정의 개념·공식

임의추출된 표본으로부터 구한 표본평균 $\overline{x}$를 이용하여 모평균 m이 포함되리라 예상되는 구간을 **신뢰구간**이라 하며, 신뢰구간 속에 모평균 m이 포함될 확률을 백분율로 나타낸 것을 **신뢰도**라 한다. 신뢰도 p %로 추정한 모평균 m의 신뢰구간은 다음과 같이 나타낸다.

신뢰도 α %의 신뢰구간은

$$\overline{x}-k\times\frac{\sigma}{\sqrt{n}}\le m\le\overline{x}+k\times\frac{\sigma}{\sqrt{n}} \text{ 또는 } \left[\overline{x}-k\times\frac{\sigma}{\sqrt{n}}, \overline{x}+kv\frac{\sigma}{\sqrt{n}}\right]$$

(단, σ는 모표준편차, n은 표본의 크기, k는 신뢰도 α %에 대한 신뢰계수)

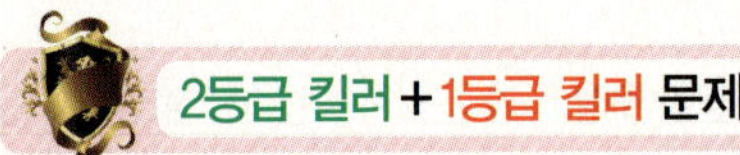

I 66 정답 ② ✪ 2등급 킬러 [정답률 14%]

동전을 100번 던져 앞면이 나올 때마다 원점에 있는 점 P가 다음과 같은 규칙에 따라 움직인다.

> (가) x축의 양의 방향으로는 2만큼 움직인다.
> (나) y축의 양의 방향으로는 순서대로 2, 4, 6, 8, …만큼 움직인다. 단서 점 P의 x좌표는 $2+2+\cdots=2n$의 꼴이 되고 y좌표는 $2+4+6+8+\cdots=n^2+n$의 꼴이 돼.

예를 들면, 앞면이 2번 나오는 경우에 점 P는 점 (4, 6)으로 움직인다. 점 P의 x좌표, y좌표를 각각 확률변수 X, Y로 나타낼 때, $E(X)+E(Y)$의 값은?

① 2650 ② 2675 ③ 2700
④ 2725 ⑤ 2750

✪ 이 문제는 확률변수에 대한 조건이 주어지고 그 확률변수의 기댓값을 구해야 한다. 이를 위해서는 어떤 확률변수를 또 다른 확률변수를 사용해서 나타낼 수 있어야 한다.

[풀이 단서 체크]

❶ 먼저, 조건 (가)에서 동전의 앞면이 나올 때마다 x좌표는 2만큼 증가하므로 앞면이 나오는 횟수를 n이라 두면 x좌표는 $2n$으로 표현할 수 있다.

❷ 이제, 조건 (나)에서 y좌표는 2, 4, 6, 8, …만큼 커지므로 n번째 항까지의 값들을 모두 더한 값이 y좌표가 된다. 따라서 $\sum_{k=1}^{n}k=\frac{(n+1)}{2}$ 공식을 사용해서 나타내면 된다. ⇒ 단서

주의 일반적으로 수열의 합을 이용할 때 익숙한 변수는 k나 n이고, 확률변수의 평균, 분산의 공식을 이용할 때 익숙한 변수는 X, Y, Z 등이다. 이 문제에서는 앞면이 나오는 횟수에 대하여 수열의 합 공식도 사용하고, 확률변수의 평균, 분산의 공식도 사용해야 하는데 변수를 자유자재로 사용할 수 있어야 한다.

(핵심 정답 공식: 앞면이 나온 횟수를 확률변수 Z라고 하면 $X=2Z$, $Y=Z^2+Z$이다.)

[문제 풀이 순서]

＊ 또 다른 확률변수를 사용해서 확률변수 나타내기

1st 앞면이 n번 나왔다고 가정하고 점 P의 좌표를 n의 식으로 나타내어 보자.

앞면이 n번 나오면 점 P의 좌표는 $P(2n,\ 2+4+\cdots+2n)$이다.

$$2+4+\cdots+2n=\sum_{k=1}^{n}2k=2\cdot\frac{n(n+1)}{2}=n^2+n$$

$\therefore P(2n,\ n^2+n)$

이때, 앞면이 나온 횟수를 Z라 할 때, 확률변수 Z에 대하여 점 P의 x좌표, y좌표를 각각 확률변수 X, Y라 하므로 $X=2Z$, $Y=Z^2+Z$이다.

2nd 동전의 앞면이 나올 확률은 $\frac{1}{2}$로 일정하고 100번 던지는 시행은 충분히 큰 시행이므로 앞면이 나오는 횟수는 이항분포를 따름을 알 수 있어.

확률변수 Z는 이항분포 $B\left(100,\ \frac{1}{2}\right)$을 따르므로

$$E(Z)=100\times\frac{1}{2}=50,\ V(Z)=100\times\frac{1}{2}\times\frac{1}{2}=25$$

$\therefore E(X)=E(2Z)=2E(Z)=100$

$\therefore E(Y)=E(Z^2+Z)$

$E(Z^2+Z)=\sum_{i=1}^{n}(z_i^2+z_i)\cdot p_i=\sum_{i=1}^{n}z_i^2\cdot p_i+\sum_{i=1}^{n}z_i\cdot p_i$
$=E(Z^2)+E(Z)$

$=E(Z^2)+E(Z)$
$=V(Z)+\{E(Z)\}^2+E(Z)$
$=25+50^2+50=2575$

주의 $E(Z^2)=E(Z)\times E(Z)$라고 써버리면 안 돼! $V(Z)=E(Z^2)-\{E(Z)\}^2$을 이용해서 구해야 해.

따라서 $E(X)+E(Y)=100+2575=2675$이다.

[1등급 심화 특강]

이 문제에서는 확률변수 X, Y를 직접 구하는 것은 굉장히 어려운 일이다. 이와 연관있는 것 중 구하기 쉬운 것은 확률변수 Z라고 두고 X, Y를 Z에 대한 식으로 표현한 다음 $E(X)$의 성질을 이용해서 문제를 풀면 된다. 동전을 100번 던지는 시행을 하므로 앞면이 나오는 횟수를 확률변수 Z라고 두면 Z는 이항분포 $B\left(100,\ \frac{1}{2}\right)$을 따르므로 $E(Z)=100\times\frac{1}{2}=50$임을 알 수 있다. 그 다음은 X, Y를 Z에 대한 식으로 표현하는 건데, $Z=n$일 때 좌표를 생각해보면 $P\left(2n,\ \sum_{k=1}^{n}2k\right)$ 임을 알 수 있다.
그러므로 $X=2Z$, $Y=Z^2+Z$임을 확인할 수 있다.

1등급 풀이 Tip

점 P의 y좌표를 구하는 방법은 두 가지가 있다. 첫 번째 방법은 $2+4+\cdots+2n=\sum_{k=1}^{n}2k=2\times\frac{n(n+1)}{2}=n^2+n$이고, 두 번째 방법은 등차수열의 합으로 표현하는 것이다. 첫째항이 a, 공차가 d인 수열 a_n은 $a_n=a+(n-1)d$이다. 그리고 등차수열의 합은 다음과 같이 표현된다.

$$S_n=\sum_{k=1}^{n}a_n=\frac{n\{a+a+(n-1)d\}}{2}$$

따라서 $2+4+\cdots+2n$을 등차수열의 n번째 항까지의 합으로 본다면 첫째항이 2, 공차가 2인 등차수열의 n번째 항까지의 합인 것이다. 따라서 다음과 같이 표현된다.

$$S_n=\sum_{k=1}^{n}a_n=\frac{n\{2+2+(n-1)2\}}{2}=\frac{n(2n+2)}{2}=n(n+1)=n^2+n$$

I 67 정답 ⑤ ✪ 2등급 킬러 [정답률 15%]

단서1 배터리의 지속시간은 연속확률변수이므로 정규분포를 따라

어느 회사에서 만든 휴대전화 배터리의 지속 시간은 평균 50시간인 정규분포를 따른다고 한다. 이 회사에서 만든 6개의 배터리 중에서 지속 시간이 50시간 미만인 배터리가 5개 이상일 확률은?

단서2 배터리 개수는 이산확률변수이므로 이항분포를 따라. (4점)

① $\frac{3}{64}$ ② $\frac{1}{16}$ ③ $\frac{5}{64}$ ④ $\frac{3}{32}$ ⑤ $\frac{7}{64}$

✪ 이 문제는 정규분포를 따르는 연속확률변수와 이항분포를 따르는 이산확률변수에 대하여 파악해야 한다. 이를 위해서는 정규분포의 성질을 파악해야 하고 이항분포를 따르는 이산확률변수에서는 독립시행의 확률을 적용할 수 있다는 사실을 알아야 한다.

[풀이 단서 체크]

❶ 먼저, 배터리의 지속시간을 확률변수로 보면 이산확률변수가 아니라 연속확률변수이다. 그리고 이 확률변수는 정규분포를 따른다. 평균을 m이라 하면 정규분포의 그래프는 직선 $x=m$을 기준으로 좌우대칭인 그래프이고 정규분포를 따르는 확률변수 X에 대하여 $P(X\le m)=P(X\ge m)=\frac{1}{2}$이다. ⇒ 단서1

❷ 이제, 6개의 배터리 중에서 지속 시간이 50시간 미만인 배터리가 5개 이상이 되려면 5개 또는 6개가 되어야 한다. 배터리의 개수를 확률변수 X라 두면 X는 이산확률변수이고 이항분포 $B\left(6, \frac{1}{2}\right)$을 따른다. ⇒ 단서2

주의 마지막으로 $P(X=5)$와 $P(X=6)$을 구할 때 독립시행의 확률을 이용해야 한다.
확률변수 X가 이항분포 $B(n, p)$를 따를 때, n이 충분히 크지 않을 경우에는 정규분포로 근사할 수 없다.

핵심 정답 공식: 정규분포곡선은 평균에 대해 대칭임을 이용하여 지속시간이 50시간 미만일 확률을 알아낸다. 이항분포 $B(n, p)$에서 n이 충분히 크지 않을시 정규분포로 근사할 수 없고, 직접 확률을 계산해야 한다.

[문제 풀이 순서]

* 정규분포와 이항분포의 성질을 이용하여 독립시행의 확률 구하기

1st 배터리 지속 시간이 50시간 이상일 확률을 구해.

어느 회사에서 만든 휴대전화 배터리의 지속 시간은 평균 50시간인 정규분포를 따르므로 이 회사에서 만든 한 개의 배터리가 50시간 미만 지속될 확률은 $\frac{1}{2}$이다.

평균 m인 정규분포를 따르는 확률변수 X에 대하여 $P(X \geq m) = 0.5$야.

정규분포곡선이 $x=50$에 대하여 대칭이니까.

2nd 구하려는 배터리의 개수를 확률변수 X로 하고 $5 \leq X$인 확률을 계산해.

이제 이 회사에서 만든 6개의 배터리 중에서 지속 시간이 50시간 미만인 배터리의 개수를 확률변수 X라 하자.

이산확률변수이지!!

그렇다면 6개의 배터리 중에서 지속 시간이 50시간 미만인 배터리가 5개 이상일 확률은

$P(X \geq 5)$

→ 이때 X는 이항분포 $B\left(6, \frac{1}{2}\right)$을 따르지. 근데 n이 충분히 크지 않아.
즉, $np = 6 \times \frac{1}{2} < 5$니까 정규분포로 근사시킬 수 없어.
그럼 독립시행의 확률로 구해야겠지?

$$\therefore P(X \geq 5) = P(X=5) + P(X=6)$$
$$= {}_6C_5\left(\frac{1}{2}\right)^5\left(\frac{1}{2}\right) + {}_6C_6\left(\frac{1}{2}\right)^6\left(\frac{1}{2}\right)^0 = \frac{6}{64} + \frac{1}{64} = \frac{7}{64}$$

1등급 풀이 Tip

정규분포의 그래프는 평균을 기준으로 대칭이고 표준편차가 작을수록 가파르고 표준편차가 클수록 완만한 모양을 가진다. 또한 표준편차의 값이 같은 정규분포들끼리는 평행이동해서 겹쳐질 수 있다는 사실도 기억하도록 하자.

My Top Secret

이산확률변수 X가 이항분포 $B(n, p)$를 따를 때,
확률밀도함수는 $P(X=k) = {}_nC_k p^k (1-p)^{n-k}$
이때, 시행횟수 n이 충분히 크면 정규분포 $N(np, np(1-p))$로 근사시킬 수 있어.
그래서 이산확률변수이지만 연속확률변수가 가지는 특징들을 정규분포를 따른다는 가정하에 사용할 수 있는 거야.
그런데, 시행횟수 n이 크지 않다면 정규분포로 근사시킬 수 없고, 이산확률변수 자체의 특징을 십분 활용하여야 하기 때문에 이항분포와 이를 따르는 확률밀도함수의 정의를 잘 알고 있어야 해.

I 68 정답 ②

✪ 2등급 킬러 [정답률 13%]

한 개의 동전을 한 번 던지는 시행을 5번 반복한다. 각 시행에서 나온 결과에 대하여 다음 규칙에 따라 표를 작성한다.

(가) ❶ 첫 번째 시행에서 앞면이 나오면 △, 뒷면이 나오면 ○를 표시한다.
(나) 두 번째 시행부터
(1) 뒷면이 나오면 ○를 표시하고,
(2) ❷ 앞면이 나왔을 때, 바로 이전 시행의 결과가 앞면이면 ○, 뒷면이면 △를 표시한다.

단서1 △, ○를 표시하는 규칙이 첫 번째 시행과 두 번째 시행이 달라.

예를 들어, 동전을 5번 던져 '앞면, 뒷면, 앞면, 앞면, 뒷면'이 나오면 다음과 같은 표가 작성된다.

❷에 의하여 △임을 추론해.

시행	1	2	3	4	5
표시	△	○	△	○	○

한 개의 동전을 5번 던질 때 작성되는 표에 표시된 △의 개수를 확률변수 X라 하자. $P(X=2)$의 값은? (4점)

단서2 확률변수 X가 취하는 값을 알기 위해서는 ❶, ❷의 경우가 몇 번인지 봐야겠지. 이때, $X=2$인 확률은 ❶, ❷가 한 번씩 또는 ❷가 두 번인 경우네.

① $\frac{13}{32}$ ② $\frac{15}{32}$ ③ $\frac{17}{32}$ ④ $\frac{19}{32}$ ⑤ $\frac{21}{32}$

✪ 이 문제는 △가 2개가 되는 확률을 구해야 한다.
이를 위해서는 첫 번째 시행에서 표시한 도형이 ○인지 △인지 나누어 5개의 표시 중 △가 2개가 되는 경우를 따져보는 것이 이 문제의 키포인트이다.

[풀이 단서 체크]

❶ 먼저, 첫 번째 시행에서 ○와 △을 표시하는 방법은 두 번째 시행부터 ○와 △을 표시하는 방법과 다르므로 첫 번째 시행에서 ○인지 △인지 즉, 뒷면인지 앞면인지 나누어 볼 필요가 있다. ⇒ 단서1
❷ 이제, 두 번째 시행부터는 △가 표시되려면 앞면이 나오고, 그 이전 시행에서 뒷면이 나와야 한다.
❸ 마지막으로, 첫 번째 시행에서 앞면이 나오면 (뒷면 - 앞면) 순으로 나오는 경우가 1번 있고, 첫 번째 시행에서 뒷면이 나오면 (뒷면 - 앞면) 순으로 나오는 경우가 2번 있다. ⇒ 단서2

주의 △가 표시되려면 뒷면이 나오기 전에 적어도 앞에 앞면이 나와야 한다.

핵심 정답 공식: 첫 번째 시행에서 앞면이 나오는 경우와 뒷면이 나오는 경우를 나눈다. 두 번째 시행부터 △의 개수는 (뒷면 - 앞면) 순으로 나오는 구간이 몇 개 있느냐에 따라 결정된다.

[문제 풀이 순서]

* 조건을 만족시키는 경우를 첫 번째 시행에 따라 나누어 나열하여 확률 구하기

1st 어떤 경우에 △가 표시될 수 있는지 생각해.

각 시행에서 앞면 또는 뒷면이 나올 수 있으므로 5번 던져서 나오는 경우의 수는 $2 \times 2 \times 2 \times 2 \times 2 = 2^5 = 32$

한 개의 동전을 던져 △가 표시되려면 첫 번째 시행에서 앞면이 나오거나 혹은 뒷면 → 앞면이 나오면 된다.
단서❶ 단서❷

2nd 처음 시행에서 앞면인 경우와 뒷면인 경우에 따라 가능한 경우의 수를 구하여 표로 나타내 봐.

주의 규칙을 통해 △가 연달아 나올 수 없다는 걸 알아내면 경우의 수를 세기 더 편할 거야.

앞면이 나오는 사건을 H, 뒷면이 나오는 사건을 T라 하고, 동전을 5번 던져 △가 2번 나오는 경우의 수를 세어 보면

(i) 첫 번째 시행에서 앞면이 나올 때, T → H가 한 번만 나와야 하므로 다음 경우와 같다. ❶ : 한 번 시행 ❷ : 한 번 시행

무조건 H ⇓

H → [T → H] → H → H	△ ○ △ ○ ○
H → [T → H] → H → T	△ ○ △ ○ ○
H → [T → H] → T → T	△ ○ △ ○ ○
H → H → [T → H] → H	△ ○ ○ △ ○
H → H → [T → H] → T	△ ○ ○ △ ○
H → T → [T → H] → H	△ ○ ○ △ ○
H → T → [T → H] → T	△ ○ ○ △ ○
H → H → H → [T → H]	△ ○ ○ ○ △
H → H → T → [T → H]	△ ○ ○ ○ △
H → T → T → [T → H]	△ ○ ○ ○ △

∴ 10가지

(ii) 첫 번째 시행에서 뒷면이 나올 때, T → H가 두 번 나와야 하므로 다음 경우와 같다. ❷ : 두 번 시행

무조건 T ⇓

[T → H] → [T → H] → H	○ △ ○ △ ○
[T → H] → [T → H] → T	○ △ ○ △ ○
[T → H] → H → [T → H]	○ △ ○ ○ △
[T → H] → T → [T → H]	○ △ ○ ○ △
T → [T → H] → [T → H]	○ ○ △ ○ △

∴ 5가지

(i), (ii)에 의하여 △의 개수가 2인 경우의 수는 모두 15가지이므로

$P(X=2)=\frac{15}{32}$ ⇐ $\frac{(X=2\text{일 경우의 수})}{(5\text{회 던진 동전의 경우의 수})}$

→ (확률) = $\frac{(\text{해당 사건의 경우의 수})}{(\text{전체 경우의 수})}$

[다른 풀이]

(i) 앞면이 두 번 나오는 경우

① T ② T ③ T ④ H/H

①, ②, ③, ④에 H, H를 중복되지 않게 넣는 경우와 같으므로

$_4C_2=\frac{4\times3}{2\times1}=6$(가지)

(ii) 앞면이 세 번 나오는 경우

① T ② T ③ H/HH

①, ②, ③에 H, HH를 중복되지 않게 넣는 경우와 같으므로

$_3C_2\times2=6$(가지)

H와 HH를 구분하는 방법의 수 → $_nC_{n-1}={}_nC_1=n$

(iii) 앞면이 네 번 나오는 경우

① T ② H/HHH 또는 HH/HH

i) ①, ②에 H, HHH를 중복되지 않게 넣는 경우는

$_2C_2\times2=2$(가지)

$_2P_2$와 같지?

ii) ①, ②에 HH, HH를 중복되지 않게 넣는 경우는 1(가지)

i), ii)에 의하여 3가지

(i)~(iii)에 의하여 △의 개수가 2인 경우의 수는 15야.

(이하 동일)

[1등급 심화 특강]

〈특별한 규칙을 따라 표 작성하기〉

특별한 규칙이 나오면 이를 표로 잘 정리한다.

첫 번째	두 번째 시행부터	
앞 △	앞	이전 시행이 앞이면 ○
		이전 시행이 뒤이면 △
뒤 ○	뒤 ○	

그 규칙에 따라서 문제에서는 5번의 시행을 한다고 했고, 표시한 도형이 변화하는 것은 이전 시행에만 영향을 받으므로 다음과 같이 시행 1, 2, 시행 2, 3, 시행 3, 4, 시행 4, 5의 표를 만들어낼 수 있다.

시행 1, 2의 결과	시행 2, 3의 결과	…
앞앞 → △○	앞앞 → ○○	…
	앞뒤 → ○○	…
앞뒤 → △○	뒤앞 → ○△	…
	뒤뒤 → ○○	…
뒤앞 → ○△	앞앞 → △○	…
	앞뒤 → △○	…
뒤뒤 → ○○	뒤앞 → ○△	…
	뒤뒤 → ○○	…

△가 표시되려면 앞면이 나오고 이전 시행에서는 뒷면 즉, ○가 나와야 하기 때문에 △가 연속으로 표시될 수 없다. 따라서 (뒷면-앞면) 순으로 두 번 나오는 경우는 (뒷면-앞면)과 (뒷면-앞면), 앞면을 나열하는 경우에서 앞면이 첫 번째로 오는 경우를 제외한 $\frac{3!}{2!}-1$(가지), (뒷면-앞면)과 (뒷면-앞면), 뒷면을 나열하는 경우는 $\frac{3!}{2!}$가지가 있다.

(뒷면-앞면)이 한 번 나오는 경우는 첫 번째 시행에서 앞면이 나오고 나머지 두 시행이 뒷면인 경우 $\frac{3!}{2!}$가지, 앞면인 경우 $\frac{3!}{2!}$가지, 앞면 하나 뒷면 하나인 경우 뒷면, 앞면, (뒷면-앞면)과 (뒷면-앞면), 뒷면, 앞면을 제외한 $3!-2$(가지)가 된다.

My Top Secret

동전이나 주사위를 여러 번 던지는 것처럼 매번 같은 조건에서 어떤 시행을 반복할 때, 각 시행의 결과가 다른 시행의 결과에 영향을 주지 않는 시행을 독립시행이라고 해. 근데 여기서는 앞의 표시가 뒤의 표시에 영향을 미치므로 독립시행이 아니야. 하지만 동전을 던져서 앞면과 뒷면이 나오는 것은 독립시행이지. 이 문제를 이해하는 데 도움이 되도록 두 차이점을 알아놓는 것이 좋아.

I 69 정답 31 *이항분포와 정규분포 [정답률 15%]

정답 공식: 이항분포 $B(n, p)$를 따르는 확률변수 X에 대해 $E(X)=np$, $V(X)=np(1-p)$이고, $P(X=r)={}_nC_rp^r(1-p)^{n-r}$이다.

이항분포 $B(n, p)$를 따르는 확률변수 X가 다음 두 조건을 만족시킬 때, 확률변수 X의 평균은 $\frac{b}{a}$이다. 이때, $a+b$의 값을 구하시오. (단, a와 b는 서로소인 자연수이다.)

단서 $E(X)=np$이므로 n과 p의 값을 알아내야 해.

> (가) X의 분산은 $\frac{27}{16}$이다.
>
> (나) X가 $n-1$일 때의 확률은 X가 n일 때의 확률의 3배이다.

1st X의 분산을 가지고 n과 p에 관한 방정식을 구해 보자.

이항분포 $B(n, p)$를 따르는 확률변수 X의 분산은

$np(1-p)=\frac{27}{16}$ ⋯ ㉠ → n은 시행 횟수, p는 확률이야.

2nd $P(X=n-1)=3P(X=n)$을 이용하여 n과 p의 값을 구해 보자.

또, $P(X=n-1)={}_nC_{n-1}p^{n-1}(1-p)=np^{n-1}(1-p)$이고

$P(X=n)={}_nC_np^n(1-p)^0=p^n$이므로 조건 (나)에 의해

$np^{n-1}(1-p)=3p^n$

$\therefore n(1-p)=3p$ ⋯ ㉡

㉡을 ㉠에 대입하면

$3p^2=\frac{27}{16}$, $p^2=\frac{9}{16}$

$\therefore p=\frac{3}{4}$ ($\because 0\le p\le 1$) → p는 확률이므로 0 이상 1 이하여야 해.

이것을 ㉡에 대입하면

$n\times\frac{1}{4}=3\times\frac{3}{4}$

$\therefore n=9$

3rd 평균 $E(X)$의 값을 구해 보자.

따라서 확률변수 X의 평균을 $E(X)$라 할 때,

$E(X)=np=9\times\frac{3}{4}=\frac{27}{4}=\frac{b}{a}$

$\therefore a+b=4+27=31$

수능 핵강

이항분포의 정의에 대해서 기억하고 있니? 이항분포란 어떤 사건 A의 시행을 n회 독립으로 반복할 때, 사건 A가 일어난 횟수를 확률변수 X라 하고 사건 A가 일어날 확률이 p이면 확률변수 X에 대하여

$P(X=r)={}_nC_rp^rq^{n-r}$ (단, $q=1-p$, $r=0, 1, 2, \cdots, n$)

이지? 이때, X의 확률분포를 이항분포라 하고, 기호로는 $B(n, p)$로 나타내잖아.

이항분포 $B(n, p)$에서 $E(X)=np$, $V(X)=npq$ (단, $q=1-p$)가 성립한다는 사실을 잘 기억해 두자.

이항분포 개념·공식

한 번의 시행에서 사건 A가 일어날 확률이 p인 독립시행을 n번 반복할 때, 사건 A가 일어나는 횟수를 확률변수 X, 이 확률변수 X의 확률분포를 이항분포라 하고 기호로 $B(n, p)$로 나타낸다.

① 평균 : $E(X)=np$ ② 분산 : $V(X)=np(1-p)$

③ 표준편차 : $\sigma(X)=\sqrt{np(1-p)}$

I 70 정답 ⑤ *연속확률분포의 확률 [정답률 50%]

정답 공식: 닫힌구간 $[a, b]$에서 정의된 연속확률변수 X의 확률밀도함수가 $f(x)$이면 $\int_a^b f(x)dx=1$이고, $P(B|A)=\frac{P(A\cap B)}{P(A)}$이다.

연속확률변수 X가 취하는 값의 범위가 $-1\le X\le 2$이고 X의 확률밀도함수 $f(x)$가

$$f(x)=\begin{cases}2ax+2a & (-1\le x\le 0)\\ -ax+2a & (0<x\le 2)\end{cases}$$

단서 전체 확률의 합은 1인 것을 이용하여 확률밀도함수에 포함된 미지수를 정해 보자.

이다. 이때, 두 사건 $A=\{X|X^2\le 1\}$, $B=\{X|X\ge 0\}$에 대하여 확률 $P(B|A)$는? (단, $a>0$)

① $\frac{1}{5}$ ② $\frac{3}{10}$ ③ $\frac{2}{5}$ ④ $\frac{1}{2}$ ⑤ $\frac{3}{5}$

1st 전체 확률의 합이 1인데 연속확률분포에서는 그 그래프와 x축 사이의 넓이야. 이것을 이용하여 미지수 a의 값을 구해 보자.

확률밀도함수 $f(x)=\begin{cases}2ax+2a & (-1\le x\le 0)\\ -ax+2a & (0<x\le 2)\end{cases}$

의 그래프가 그림과 같으므로 확률밀도함수의 정의에 의해 어두운 부분의 넓이가 1이므로 → 전체 확률의 합이 1이야.

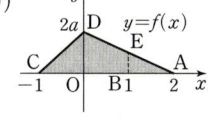

$\frac{1}{2}\times 3\times 2a=1$ $\therefore a=\frac{1}{3}$

2nd 각 구간에서의 확률을 구해 보자.

이때, $-1\le X\le 2$에서 $A=\{X|-1\le X\le 1\}$, $B=\{X|0\le X\le 2\}$

$P(A)=\frac{1}{2}\times 1\times\frac{2}{3}+\frac{1}{2}\times\left(\frac{2}{3}+\frac{1}{3}\right)\times 1=\frac{5}{6}$ → 사각형 BCDE의 넓이야. 삼각형 COD와 사다리꼴 BODE의 넓이의 합과 같아.

$P(A\cap B)=P(0\le X\le 1)$

$=\left(\frac{2}{3}+\frac{1}{3}\right)\times 1\times\frac{1}{2}=\frac{1}{2}$ → $-1\le X\le 1$과 $0\le X$의 공통 부분이야. 그 확률은 사다리꼴 BODE의 넓이와 같아.

$\therefore P(B|A)=\frac{P(A\cap B)}{P(A)}$

$=\frac{\frac{1}{2}}{\frac{5}{6}}=\frac{3}{5}$

실수 조건부확률의 정의를 잊진 않았지? 기억이 잘 안 난다면 꼭 복습해!

I 71 정답 ④ *정규분포의 표준화 [정답률 37%]

정답 공식: 두 확률변수 X, Y를 각각 표준화를 하여 표준정규분포를 따르는 확률변수 Z로 바꿔준다. $P(Z\ge a)<0.5$이면 $a>0$이어야 한다.

확률변수 X는 정규분포 $N(20, 6^2)$, 확률변수 Y는 정규분포 $N(m, 6^2)$을 따르고 확률변수 X와 Y의 확률밀도함수는 각각 $f(x)$와 $g(x)$이다. ❶ $f(26)=g(36)$, ❷ $P(Y\ge 36)\le 0.5$일 때, $P(Y\le 45)$의 값을 오른쪽 표준정규분포표를 이용하여 구한 것은? (4점)

z	$P(0\le Z\le z)$
1.0	0.3413
1.5	0.4332
2.0	0.4772
2.5	0.4938

단서 ❶은 서로 다른 확률변수에 대한 등식이므로 표준화를 하여 변수를 통일하자. 이때, ❷에서 확률이 0.5이므로 평균을 생각해야 해. 즉, $P(Y\ge m)=0.5$이지?

① 0.8413 ② 0.9332 ③ 0.9772 ④ 0.9938 ⑤ 0.9972

1st 평균 m의 값을 구하기 위하여 $f(26)=g(36)$, $\mathrm{P}(Y\geq 36)\leq 0.5$를 표준화해.

표준정규분포 $(0,\ 1)$을 따르는 확률변수 Z의 확률밀도함수를 $h(z)$라 하자.

확률변수 X의 확률밀도함수 $f(x)$에 대하여 $Z=\dfrac{X-20}{6}$이라 하면

$f(26)=h\left(\dfrac{26-20}{6}\right)=h(1)$

확률변수 Y의 확률밀도함수 $g(x)$에 대하여 $Z=\dfrac{Y-m}{6}$이라 하면

$g(36)=h\left(\dfrac{36-m}{6}\right)$

$\mathrm{P}(Z\geq 0)=0.5$이므로 확률이 0.5보다 작기 위해서 $Z=\dfrac{36-m}{6}$은 평균 $z=0$보다 오른쪽에 있어야겠지?

이때, $\mathrm{P}(Y\geq 36)\leq 0.5$도 표준화하면 $\mathrm{P}\left(Z\geq\dfrac{36-m}{6}\right)\leq 0.5$이므로

$\dfrac{36-m}{6}\geq 0$

따라서 $f(26)=g(36)$에서

$1=\left|\dfrac{36-m}{6}\right|$이므로 $1=\dfrac{36-m}{6}$

함정 절댓값을 제대로 풀어내는게 이 문제의 핵심이야. 확률이 0.5보다 작음으로부터 $\dfrac{36-m}{6}$이 양수란 걸 추론할 수 있어야 해.

$\therefore m=30$

→ $1=\dfrac{36-m}{6}$이거나 $1=-\dfrac{36-m}{6}$이어야 하지만 $\mathrm{P}\left(Z\geq\dfrac{36-m}{6}\right)\leq 0.5$이니까 전자겠지?

2nd Y에 대한 정규분포를 알았으니까 표준정규분포표를 이용하여 $\mathrm{P}(Y\leq 45)$의 값을 구하자.

확률변수 Y가 정규분포 $\mathrm{N}(30,\ 6^2)$을 따르므로 확률변수 $Z=\dfrac{Y-30}{6}$은 표준정규분포 $\mathrm{N}(0,\ 1)$을 따른다.

$$\begin{aligned}\therefore \mathrm{P}(Y\leq 45)&=\mathrm{P}\left(Z\leq\dfrac{45-30}{6}\right)\\&=\mathrm{P}(Z\leq 2.5)\\&=0.5+\mathrm{P}(0\leq Z\leq 2.5)\\&=0.5+0.4938=0.9938\end{aligned}$$

I 72 정답 ④

✪ 2등급 킬러 [정답률 14%]

r가 양의 상수일 때, $0\leq x\leq(1+\sqrt{3})r$에서 정의된 연속확률변수 X의 확률밀도함수 $y=f(x)$의 그래프가 그림과 같이 중심의 좌표가 $(0,\ 0)$이고 반지름의 길이가 $2r$인 원의 일부, 중심의 좌표가 $(r,\ 0)$이고 반지름의 길이가 $\sqrt{3}r$인 원의 일부일 때, 확률 $\mathrm{P}(0\leq X\leq r)$의 값은? **단서** x의 전체 범위에서 확률의 합은 1인 것을 이용해.

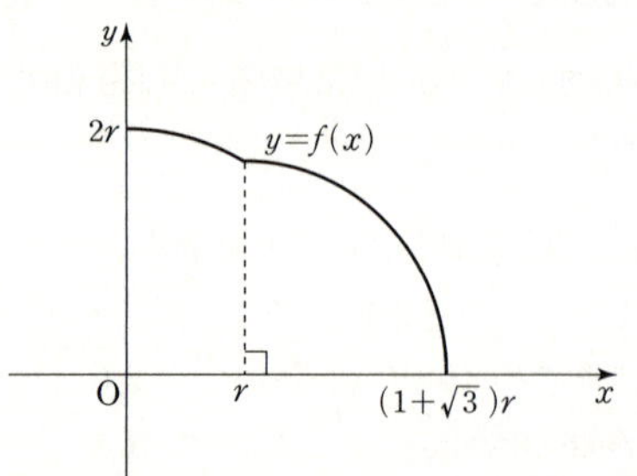

① $\dfrac{\pi+6\sqrt{3}}{13\pi+6\sqrt{3}}$ ② $\dfrac{2\pi+6\sqrt{3}}{13\pi+6\sqrt{3}}$ ③ $\dfrac{3\pi+6\sqrt{3}}{13\pi+6\sqrt{3}}$

④ $\dfrac{4\pi+6\sqrt{3}}{13\pi+6\sqrt{3}}$ ⑤ $\dfrac{5\pi+6\sqrt{3}}{13\pi+6\sqrt{3}}$

✪ 이 문제는 연속확률분포의 성질을 이용하여 미지수를 구하고 원하는 구간의 확률을 구해야 한다. 이를 위해서는 특수각의 성질과 연속확률분포의 성질을 알고 있어야 한다.

[풀이 단서 체크]

❶ 먼저, 연속확률변수 X의 확률밀도함수의 전체 구간에서 적분한 값이 1이라는 성질을 이용해서 r의 값을 구할 수 있다. 확률밀도함수 $y=f(x)$의 그래프는 원의 일부로 이루어져 있으므로 확률밀도함수 $y=f(x)$의 그래프와 x축 및 y축으로 둘러싸인 도형은 2개의 부채꼴과 1개의 삼각형으로 구분해서 넓이를 계산할 수 있다. ⇒ **단서**

주의 최종적으로 구해야 하는 식에 r가 존재하지 않고 r^2만 존재하므로 r^2의 값을 구했을 때, 굳이 r의 값을 구하려고 근의 공식을 이용하여 방정식을 풀 필요는 없다. 시간을 절약하기 위해 그대로 두는 것이 낫다.

핵심 정답 공식: 닫힌구간 $[a,\ b]$에서 정의된 연속확률변수 X의 확률밀도함수가 $f(x)$이면 $\int_a^b f(x)dx=1$이다.

[문제 풀이 순서]

* 연속확률분포의 성질을 이용해서 미지수 구하기

1st 곡선 $f(x)$와 x축으로 둘러싸인 부분의 넓이를 구해 보자.

확률밀도함수의 정의에 의해 곡선 $f(x)$와 x축 사이의 구간 $[0,\ (1+\sqrt{3})r]$에서의 넓이가 1이 되어야 하므로 그림에서 Ⓐ, Ⓑ, Ⓒ의 넓이의 합이 1이 되어야 한다. 이때, 점 A에서 x축과 y축에 내린 수선의 발을 각각 H, H′이라 할 때,

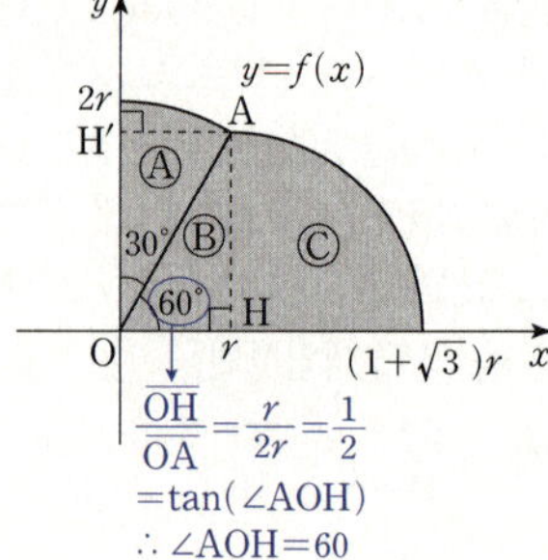

$\dfrac{\overline{\mathrm{OH}}}{\overline{\mathrm{OA}}}=\dfrac{r}{2r}=\dfrac{1}{2}$ $=\tan(\angle\mathrm{AOH})$ $\therefore \angle\mathrm{AOH}=60$

$\overline{\mathrm{OA}}=2r$, $\overline{\mathrm{OH}}=r$이므로

$\overline{\mathrm{OH'}}=\sqrt{3}r$ → $\overline{\mathrm{AH}}$의 길이와 같아.

$$\begin{aligned}Ⓐ+Ⓑ+Ⓒ&=\pi\times(2r)^2\times\dfrac{30}{360}+\dfrac{1}{2}\times r\times\sqrt{3}r+\pi\times(\sqrt{3}r)^2\times\dfrac{90}{360}\\&=\left(\dfrac{13\pi+6\sqrt{3}}{12}\right)r^2=1\end{aligned}$$

→ 반지름의 길이가 $2r$, 중심각의 크기가 $30°$인 부채꼴의 넓이야.

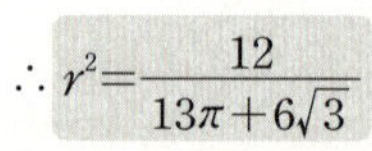

$\therefore r^2=\dfrac{12}{13\pi+6\sqrt{3}}$

실수 r에 대해서까지 풀 필요는 없어. 나중에 필요하면 구해도 돼.

2nd $\mathrm{P}(0\leq X\leq r)$의 값은 $0\leq x\leq r$에서의 $f(x)$의 그래프와 x축, y축, 직선 $x=r$로 둘러싸인 부분의 넓이이다.

확률 $\mathrm{P}(0\leq X\leq r)$는 그림에서 Ⓐ, Ⓑ의 넓이의 합이다.

$$\begin{aligned}\therefore \mathrm{P}(0\leq X\leq r)&=\pi\times(2r)^2\times\dfrac{30}{360}+\dfrac{1}{2}\times r\times\sqrt{3}r\\&=\left(\dfrac{2\pi+3\sqrt{3}}{6}\right)r^2\\&=\left(\dfrac{2\pi+3\sqrt{3}}{6}\right)\times\left(\dfrac{12}{13\pi+6\sqrt{3}}\right)\\&=\dfrac{4\pi+6\sqrt{3}}{13\pi+6\sqrt{3}}\end{aligned}$$

y, 2r, $\sqrt{3}r$, Ⓐ, Ⓑ, 30°, 60°, O, r, 2r, x

$\dfrac{\overline{\mathrm{OH}}}{\overline{\mathrm{OA}}}=\dfrac{r}{2r}=\dfrac{1}{2}$ $=\tan(\angle\mathrm{AOH})$ $\therefore \angle\mathrm{AOH}=60$

1등급 풀이 Tip

문제에서 각도를 노골적으로 알려주지 않고 도형의 변의 길이를 통해 각도를 간접적으로 알려주는 경우가 많다. 이 문제에서도 $\overline{\mathrm{OH}}:\overline{\mathrm{OA}}:\overline{\mathrm{AH}}=1:2:\sqrt{3}$이라는 정보를 통해 $\angle\mathrm{AOH}=\dfrac{\pi}{3}$라는 정보를 간접적으로 알려주고 있다. 따라서 문제에서 특수각이 포함된 삼각형의 길이의 비가 주어지면 각도에 관련된 부분도 확인하도록 한다.

I 73 정답 ② *정규분포의 표준화 [정답률 35%]

(정답 공식: 어두운 영역의 넓이는 $\mathrm{P}(-1.5<Z<1.5)-\mathrm{P}(-1.5<X<1.5)$이다.)

확률변수 X는 정규분포 $\mathrm{N}(0,\ \sigma^2)$을 따르고, 확률변수 Z는 표준정규분포 $\mathrm{N}(0,\ 1)$을 따른다. 두 확률변수 X, Z의 확률밀도함수를 각각 $f(x)$, $g(x)$라 할 때, 다음 조건이 모두 성립한다.

단서 평균은 같고 표준편차가 다른 것을 이용해.

(가) $\sigma>1$

(나) 두 곡선 $y=f(x)$, $y=g(x)$는 $x=-1.5$, $x=1.5$일 때 만난다.

두 곡선 $y=f(x)$, $y=g(x)$로 둘러싸인 부분의 넓이가 0.096일 때, X의 표준편차 σ의 값을 아래 표준정규분포표를 이용하여 구한 것은? (4점)

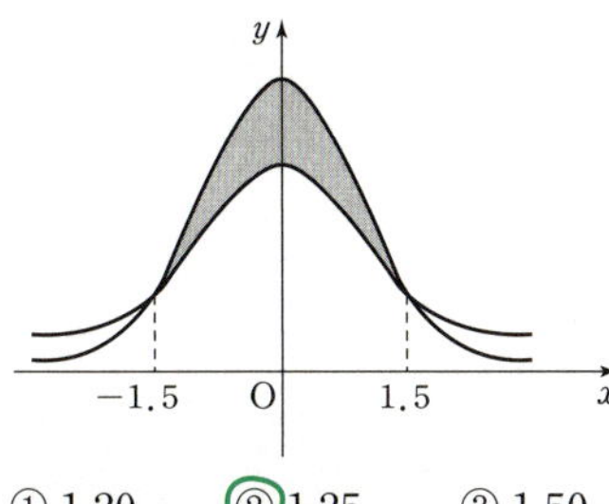

z	$\mathrm{P}(0\le Z\le z)$
1.2	0.385
1.5	0.433
2.0	0.477

① 1.20 ② 1.25 ③ 1.50 ④ 1.75 ⑤ 2.00

1st 두 확률변수 X, Z의 평균이 0으로 같고 곡선의 높낮이가 다른 것을 이용하여 어떤 확률변수가 $f(x)$, $g(x)$의 그래프를 정규분포곡선으로 가지는지 짝지어 보자.

조건 (가)에서 $\sigma>1$이므로 확률밀도함수 $f(x)$의 그래프는 $g(x)$의 그래프보다 퍼져있다.

표준편차가 커지면 평균에 밀집된 정도가 작아지고 평균으로부터 흩어진 정도가 커져.

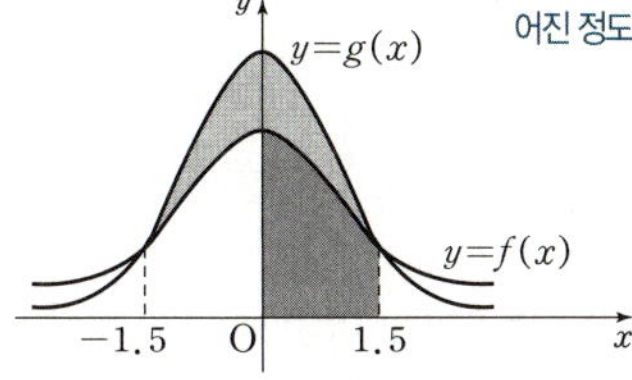

이때, 그림에 의해

$\mathrm{P}(0\le Z\le 1.5)=\mathrm{P}(0\le X\le 1.5)+\frac{1}{2}\times 0.096$

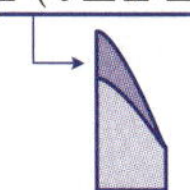 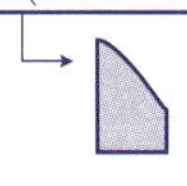

$0.433=\mathrm{P}(0\le X\le 1.5)+0.048$

$\therefore \mathrm{P}(0\le X\le 1.5)=0.433-0.048$

$=0.385$

2nd 곡선 $g(x)$는 표준정규분포곡선이므로 문제에 주어진 어두운 부분의 넓이를 σ를 이용하여 표현해 보자.

이것을 다시 표준화하면

확률변수 X가 정규분포 $\mathrm{N}(m,\ \sigma^2)$을 따를 때 확률변수 $Z=\frac{X-m}{\sigma}$은 표준정규분포 $\mathrm{N}(0,\ 1)$을 따르고 확률변수 X를 확률변수 Z로 변환하는 것을 X를 표준화한다고 해.

$$\mathrm{P}\left(\frac{0-0}{\sigma}\le\frac{X-0}{\sigma}\le\frac{1.5-0}{\sigma}\right)=\mathrm{P}\left(0\le Z\le\frac{1.5}{\sigma}\right)=0.385$$

표준정규분포표에서 $\mathrm{P}(0\le Z\le 1.2)=0.385$이므로

$\frac{1.5}{\sigma}=1.2$ $\quad\therefore \sigma=\frac{1.5}{1.2}=1.25$

1회 고난도 실전 모의고사

1회 01 정답 ② *수열의 규칙 찾기 [정답률 53%]

(정답 공식: n 대신 1, 2, 3, …을 대입하여 $f(n)$, $g(n)$을 구하여 $a_n=f(n)-g(n)$을 구한다.)

자연수 n에 대하여 두 함수 $f(n)$과 $g(n)$을

$f(n)=(9^n$을 10으로 나눈 나머지$)$ 단서 n 대신 1, 2, 3, 4, …를 대입하여 규칙을 발견하자.

$g(n)=(8^n$을 10으로 나눈 나머지$)$

로 정의할 때, 수열 $\{a_n\}$에 대하여 $a_n=f(n)-g(n)$이라 하자.

이때, $\sum_{n=1}^{1004}a_n$의 값은? (3점)

① −2 ② 0 ③ 1 ④ 2 ⑤ 4

1st $n=1,\ 2,\ 3,\ 4,\ \cdots$일 때, 9^n과 8^n을 10으로 나눈 나머지 $f(n)$, $g(n)$을 각각 순서대로 구해 보자.

n의 값에 따라 $f(n)$, $g(n)$, $f(n)-g(n)$의 값을 표로 나타내면 다음과 같다.

n	1	2	3	4	5	6	7	8	9	10	…
$f(n)$	9	1	9	1	9	1	9	1	9	1	…
$g(n)$	8	4	2	6	8	4	2	6	8	4	…
$f(n)-g(n)$	1	−3	7	−5	1	−3	7	−5	1	−3	…

$$\therefore a_n=\begin{cases}1 & (n=4k-3)\\ -3 & (n=4k-2)\\ 7 & (n=4k-1)\\ -5 & (n=4k)\end{cases}\ (\text{단, } k=1,\ 2,\ 3,\ \cdots)$$

수열 $\{a_n\}$은 1, −3, 7, −5가 이 순서대로 반복되고 있어.

2nd 규칙을 찾았으니까 합이 간단한 것을 구하자.

따라서 $a_1+a_2+a_3+a_4=a_5+a_6+a_7+a_8=\cdots=0$이고,

$1+(-3)+7+(-5)=0$

$1004=4\times 251$이므로 $\sum_{n=1}^{1004}a_n=0$

1회 02 정답 ② *함수의 극한의 성질 [정답률 47%]

(정답 공식: $x\to a$일 때, 두 함수 $f(x)$, $g(x)$가 각각 수렴하면 함수 $f(x)\pm g(x)$, $f(x)g(x)$, $\frac{f(x)}{g(x)}$ (단, $g(a)\ne0$)도 수렴한다.)

세 함수 $f(x)$, $g(x)$, $h(x)$에 대하여 다음 [보기] 중에서 옳은 것만을 있는 대로 고른 것은? (단, $f(x)\ne0$, $h(x)\ne0$) (4점)

[보기]

ㄱ. $\lim_{x\to\infty}f(x)$와 $\lim_{x\to\infty}g(x)$가 수렴하면 $\lim_{x\to\infty}g(f(x))$도 수렴한다. 단서1 수렴하는 두 함수의 합성함수도 수렴하는지 묻는 거야. 반례가 있으면 반례를 하나 들자.

ㄴ. $\lim_{x\to\infty}f(x)$와 $\lim_{x\to\infty}f(x)g(x)$가 수렴하면 $\lim_{x\to\infty}g(x)$도 수렴한다.

ㄷ. $\lim_{x\to\infty}f(x)$와 $\lim_{x\to\infty}\frac{g(x)}{f(x)}$가 수렴하면 $\lim_{x\to\infty}g(x)$도 수렴한다. 단서2 수렴하는 두 함수의 극한의 성질을 이용하자.

ㄹ. 모든 실수 x에 대하여 $f(x)<g(x)<h(x)$이고 $\lim_{x\to\infty}\frac{f(x)}{h(x)}=1$이면 $\lim_{x\to\infty}g(x)$는 수렴한다.

① ㄱ  ㄷ ③ ㄴ, ㄹ ④ ㄷ, ㄹ ⑤ ㄱ, ㄷ, ㄹ

1st 거짓인 것은 반례를 하나 잡자.

ㄱ. 【반례】 두 함수 $f(x)=\frac{1}{x}$, $g(x)=\frac{1}{x^2}$이면

반례를 잡을 때, $g(x)=\frac{1}{x^n}$ $(n\geq 2)$이면 어떤 것이든 돼.

$\lim_{x\to\infty}f(x)=0$, $\lim_{x\to\infty}g(x)=0$

그런데 $\lim_{x\to\infty}g(f(x))=\lim_{x\to\infty}g\left(\frac{1}{x}\right)=\lim_{x\to\infty}x^2=\infty$ (거짓)

ㄴ. 【반례】 $f(x)=\frac{1}{x^2}$, $g(x)=x$이면

$\lim_{x\to\infty}f(x)=0$, $\lim_{x\to\infty}f(x)g(x)=\lim_{x\to\infty}\frac{1}{x}=0$

그런데 $\lim_{x\to\infty}g(x)=\lim_{x\to\infty}x=\infty$ (거짓)

2nd 수렴하는 함수의 극한은 극한의 성질을 이용하면 돼.

ㄷ. $\lim_{x\to\infty}f(x)=a$, $\lim_{x\to\infty}\frac{g(x)}{f(x)}=b$ (a, b는 상수)라 하면

$\lim_{x\to\infty}g(x)=\lim_{x\to\infty}\left\{f(x)\cdot\frac{g(x)}{f(x)}\right\}=\lim_{x\to\infty}f(x)\cdot\lim_{x\to\infty}\frac{g(x)}{f(x)}=ab$ (참)

두 함수 $f(x)$, $\frac{g(x)}{f(x)}$가 각각 $x\to\infty$일 때 수렴하기 때문에 가능한 거야.

ㄹ. 【반례】 $f(x)=x^2+1$, $g(x)=x^2+2$, $h(x)=x^2+3$이면

$f(x)<g(x)<h(x)$이고, $\lim_{x\to\infty}\frac{f(x)}{h(x)}=\lim_{x\to\infty}\frac{x^2+1}{x^2+3}=1$

그런데 $\lim_{x\to\infty}g(x)=\lim_{x\to\infty}(x^2+2)=\infty$ (거짓)

따라서 옳은 것은 ㄷ이다.

1회 03 정답 ① *지수함수를 이용한 대소 관계 [정답률 64%]

(정답 공식: $m>n$인 경우와 $n>m$인 경우로 나눠 생각한다.)

부등식 $a^m<a^n<b^n<b^m$을 만족시키는 양수 a, b와 자연수 m, n에 대하여 옳은 것은? (3점)

단서 자연수 m과 n의 대소 관계를 기준으로 각 경우에 맞는 a, b의 값의 범위를 구하자.

① $a<1<b$, $m>n$　② $a<1<b$, $m<n$
③ $a<b<1$, $m<n$　④ $1<a<b$, $m>n$
⑤ $1<a<b$, $m<n$

1st $m>n$인 경우부터 살펴봐.

(i) $m>n$일 때,

m, n은 자연수이고 주어진 부등식에서

$a^m<a^n$이므로 $0<a<1$ ⋯ ㉠

또한, $b^n<b^m$이므로 $b>1$ ⋯ ㉡

㉠, ㉡에서 $0<a<1<b$

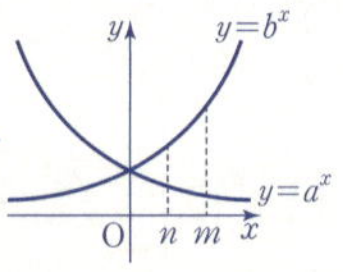

주어진 부등식에서 $a^n<b^n$이라 했지? $a<b$일 때, $a^n<b^n$이 성립해.

2nd 같은 방법으로 $m<n$인 경우도 따져봐야겠지?

(ii) $m<n$일 때,

m, n은 자연수이고 주어진 부등식에서

$a^m<a^n$이므로 $a>1$ ⋯ ㉢

또한, $b^n<b^m$이므로 $0<b<1$ ⋯ ㉣

㉢, ㉣에서 $0<b<1<a$ 　$a>b$이므로 자연수 n에 대하여 $a^n>b^n$

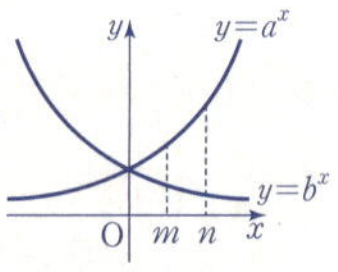

그런데 이 경우 $a^n<b^n$이 될 수 없으므로 모순이다.

따라서 (i), (ii)에서 $a<1<b$이고 $m>n$이다.

1회 04 정답 ② *방정식과 근의 개수 [정답률 63%]

(정답 공식: 방정식 $f(x)=k$의 실근의 개수는 함수 $y=f(x)$의 그래프와 직선 $y=k$의 교점의 개수와 같다.)

실수 x에 대한 방정식 $x^3-3x+10-n=0$이 서로 다른 세 개의 실근을 갖도록 하는 자연수 n의 개수는? (4점)

단서 이런 것은 $x^3-3x+10=n$으로 변형하여 곡선 $y=x^3-3x+10$과 직선 $y=n$의 교점이 세 개가 되도록 하는 자연수 n을 구하면 돼.

① 2　② 3　③ 4　④ 5　⑤ 6

1st 함수 $f(x)=x^3-3x+10$의 그래프를 그리자.

함수 $f(x)=x^3-3x+10$이라 하면 $f'(x)=3x^2-3=3(x+1)(x-1)$

$f'(x)=0$에서 $x=-1$ 또는 $x=1$이므로 $f(x)$의 증가와 감소를 표로 나타내면 다음과 같다.

x	⋯	-1	⋯	1	⋯
$f'(x)$	$+$	0	$-$	0	$+$
$f(x)$	↗	극대	↘	극소	↗

즉, 극댓값 $f(-1)=12$이고 극솟값 $f(1)=8$이다.

2nd 방정식 $f(x)=g(x)$의 근의 개수는 두 함수 $y=f(x)$와 $y=g(x)$의 그래프의 교점의 개수와 같아.

방정식 $f(x)=n$이 서로 다른 세 개의 실근을 가지기 위한 자연수 n의 값의 범위는 $8<n<12$ 그림의 어두운 부분에 $y=n$이 있으면 $y=f(x)$의 그래프와 3개의 교점이 생기지.

따라서 자연수 n의 개수는 3이다.

$n=9, 10, 11$

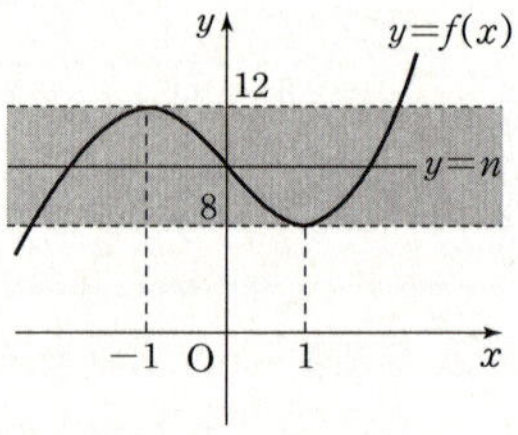

1회 05 정답 ③ *수열의 규칙 찾기 [정답률 35%]

(정답 공식: 산 음료수의 개수를 1, 2, 3, ⋯으로 늘리면서 규칙에 따라 받을 수 있는 음료수의 개수를 구한다.)

어느 음료회사에서는 봄맞이 판촉 활동의 일환으로

「음료수 3병+1병 더!!!」

라는 행사를 벌이고 있다. 예를 들어, 그림과 같이 음료수를 5병 샀다고 하면, 3병으로 1병을 더 받을 수 있고, 이 음료수 1병과 남아 있던 2병으로 1병을 더 받을 수 있다. 즉, 음료수를 5병 사면 모두 7병을 받을 수 있게 된다. 음료수 200병이 필요할 때, 사야하는 병의 최소 개수는? (4점)

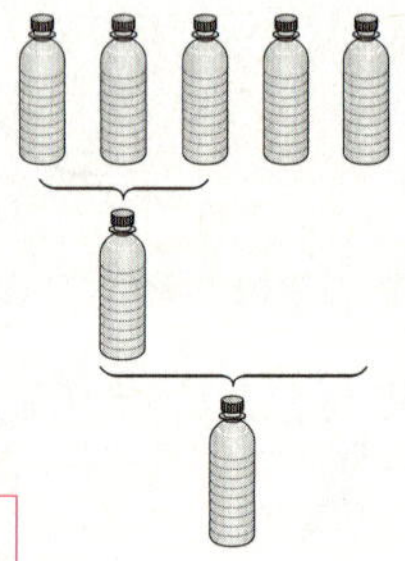

단서 주어진 조건이 이해가 안 되면 예로 든 것을 유심히 살펴보자. 조건을 명확히 이해할 수 있어.

① 132병　② 133병　③ 134병
④ 135병　⑤ 136병

1st 산 음료수의 개수를 1, 2, 3, ⋯으로 늘릴 때 받을 수 있는 음료수를 따지면 규칙이 보이겠지?

산 음료수의 개수에 대하여 받을 수 있는 음료수의 개수를 구해 보자.

음료수 3병으로 1병을 더 받을 수 있으므로 산 음료수의 개수에 대하여 받을 수 있는 음료수의 개수를 구해 보면 다음 표와 같다.

실수 수학적으로 엄밀하게 산 음료수의 개수에 따른 받을 수 있는 음료수의 개수를 구할 수도 있겠지만 이렇게 처음 몇 개의 항을 구해서 규칙을 찾는게 더 빠르고 간편해.

산 음료수(병)	1	2	3	4	5	6	7	8	…
받을 수 있는 음료수(병)	1	2	4	5	7	8	10	11	…

받을 수 있는 음료수의 개수를 2개씩 묶은 군수열을 생각하면

$(1, 2), (4, 5), (7, 8), (10, 11), \cdots$ → 2개씩 묶어서 생각하는 이유는 이웃하는 자연수의 차가 1이 되기 때문에 규칙이 있을 것으로 예측되지?

이때, 각 군의 첫째항 $1, 4, 7, 10, \cdots$으로 이루어진 수열 $\{a_n\}$의 일반항을 구하면 (첫째항이 1, 공차가 3인 등차수열이야.)

$a_n=1+(n-1)\times 3=3n-2$

2nd 이제 몇 병을 사야 받을 수 있는 음료수가 200병이 되는지 따지자.

이때, $a_n\le 200$인 최대의 자연수 n을 구하면

$3n-2\le 200$

$n\le 67.\times\times\times$

$\therefore n=67$ ($\because n$은 자연수) → 각 군의 첫째항으로 수열을 만들었으니까 제67군의 첫째항이 199, 둘째항은 200이야.

즉, $a_{67}=3\times 67-2=199$이므로 200은 제67군의 둘째항이다.

이때, 각 군마다 2개의 항이 존재하므로 제67군까지 항의 개수는

$67\times 2=134$

따라서 음료수를 최소 134병을 사면 200병의 음료수를 받을 수 있다.

1회 06 정답 18 *함수의 정적분 [정답률 39%]

(정답 공식: $f(xy+1)=xg(y)+h(x+y)$가 x, y에 대한 항등식이므로 x, y에 적당한 값을 대입해 $f(x)$, $g(x)$, $h(x)$의 식을 구한다.)

세 다항함수 $f(x)$, $g(x)$, $h(x)$가 다음 조건을 만족시킨다.

(가) $f(1)=1$, $g(1)=2$

(나) 모든 실수 x, y에 대하여 $f(xy+1)=xg(y)+h(x+y)$이다.

단서 조건 (가)를 이용할 수 있게 x, y에 적당한 값들을 대입해서 세 함수 $f(x)$, $g(x)$, $h(x)$의 식을 구해야 해.

이때, $\int_0^3 \{f(x)+g(x)+h(x)\}dx$의 값을 구하시오. (4점)

1st 조건 (나)의 등식에 적당한 x, y를 대입하여 $f(x)$, $g(x)$, $h(x)$의 식을 구하자.

조건 (나)에서 모든 실수 x, y에 대하여

$f(xy+1)=xg(y)+h(x+y)$ ⋯ ㉠라 했으므로

㉠에 $x=0$을 대입하면 $f(1)=h(y)$

조건 (가)에서 $f(1)=1$이므로 $h(y)=1$

즉, 위 식은 모든 실수 x, y에 대하여 성립해야 하므로

$h(x)=1$이고, ㉠에서 → 모든 실수 x에 대하여 $h(x)=1$이므로 x 대신에 $x+y$를 대입한 $h(x+y)=1$이야.

$f(xy+1)=xg(y)+1$ ⋯ ㉡

한편, ㉡에 $y=1$을 대입하면 $f(x+1)=xg(1)+1$

조건 (가)에서 $g(1)=2$이므로 $f(x+1)=2x+1$

따라서 $f(x)=2x-1$ ⋯ ㉢ → $f(x+1)=2x+1$에서 $x+1=t$라 하면 $f(t)=2(t-1)+1=2t-1$ 즉, $f(x)=2x-1$이야.

㉡, ㉢에 의해

$2(xy+1)-1=xg(y)+1$ → $f(x)=2x-1$에서 x 대신에 $xy+1$을 대입한 거야.

$2xy+1-xg(y)-1=0$

$x\{2y-g(y)\}=0$

이때, 모든 실수 x, y에 대하여 위 식이 항상 성립해야 하므로

$g(y)=2y$

즉, 위 식은 모든 실수 x, y에 대하여 성립해야 하므로

$g(x)=2x$

2nd $\int_0^3 \{f(x)+g(x)+h(x)\}dx$를 계산해.

$\therefore \int_0^3 \{f(x)+g(x)+h(x)\}dx$

$=\int_0^3 (2x-1+2x+1)dx$

$=\int_0^3 4xdx=\Big[2x^2\Big]_0^3=18$

1회 07 정답 ⑤ *수학적 귀납법 [정답률 50%]

(정답 공식: $n!=1\times 2\times 3\times\cdots\times(n-1)\times n$)

다음은 0 이상의 정수 m과 자연수 n에 대하여 등식

$$\sum_{k=1}^{n} k(k+1)(k+2)\cdots\cdots(k+m)$$
$$=\frac{1}{m+2}\cdot n(n+1)\cdots\cdots(n+m+1)$$

이 성립함을 증명하는 과정이다.

[증명]

(i) $n=1$일 때,

좌변은 $1\cdot 2\cdot 3\cdot\cdots\cdot(1+m)=$ (가) 이고

우변은 $\frac{1}{m+2}\cdot 1\cdot 2\cdot\cdots\cdot(m+2)=$ (가) 이므로

주어진 등식은 성립한다.

(ii) $n=p\,(p\ge 1)$일 때, 주어진 등식이 성립한다면

$$\sum_{k=1}^{p+1} k(k+1)\cdots\cdots(k+m)$$
$$=\sum_{k=1}^{p} k(k+1)\cdots\cdots(k+m)+\text{(나)}$$
$$=\frac{1}{m+2}(p+1)(p+2)\cdots\cdots(p+m+1)(p+\text{(다)})$$

따라서 주어진 등식은 모든 자연수 n에 대하여 성립한다.

위의 증명에서 (가), (나), (다)에 알맞은 것은? (3점)

	(가)	(나)	(다)
①	$(m+1)!$	$(p+1+m)!-p!$	$m+2$
②	${}_{m+1}C_{m+1}$	$(p+1+m)!-p!$	$m+1$
③	$(m+1)!$	$\frac{(p+1+m)!}{p!}$	$m+1$
④	${}_{m+1}C_{m+1}$	$\frac{(p+1+m)!}{p!}$	$m+1$
⑤	$(m+1)!$	$\frac{(p+1+m)!}{p!}$	$m+2$

1st 주어진 증명 과정을 따라가면서 빈칸에 들어갈 식을 구해.

$1\cdot 2\cdot 3\cdot\cdots\cdot(1+m)$은 1부터 $m+1$까지의 모든 자연수의 곱이므로

$(m+1)!$ ←(가)

또한, $k=p+1$항은 $(p+1)(p+2)\cdots\cdots(p+1+m)$이므로

$\frac{(p+1+m)!}{p!}$ ←(나)

실수 $(p+1)(p+2)\cdots(p+1+m)$
$=\frac{1\cdot 2\cdot 3\cdots p\cdot(p+1)(p+2)\cdots(p+1+m)}{1\cdot 2\cdot 3\cdot\cdots\cdot p}=\frac{(p+1+m)!}{p!}$
와 같이 유도할 수 있어야 해.

$$\sum_{k=1}^{p} k(k+1)\cdots\cdots(k+m)+(p+1)(p+2)\cdots\cdots(p+1+m)$$
$$=\frac{1}{m+2}\cdot p\cdot(p+1)\cdots\cdots(p+m+1)+(p+1)(p+2)\cdots\cdots(p+1+m)$$
$$=\frac{1}{m+2}(p+1)(p+2)\cdots\cdots(p+m+1)\{p+\underbrace{(m+2)}_{(다)}\}$$

수능 핵강

복잡한 함수 $f(x)$를 합성해서 $(f\circ f)(x)$에 대해 묻는 문제로 헷갈릴 수도 있는데 직접 그래프를 그려보면서 이런 문제에 연습해 두는 것도 좋은 방법이야. 특히, 이런 복잡한 함수에 대해서는 좌극한값과 우극한값이 다르므로 잘 살펴보면서 따져줘야 해.

1회 08 정답 ⑤ *그래프를 이용한 합성함수의 연속성 [정답률 49%]

정답 공식: 합성함수 $f(g(x))$가 $x=a$에서 연속이면 $f(g(a))=\lim_{x\to a}f(g(x))$를 만족시킨다.

함수 $y=f(x)$와 $y=g(x)$의 그래프가 다음과 같을 때, [보기]에서 옳은 것을 모두 고른 것은? (4점)

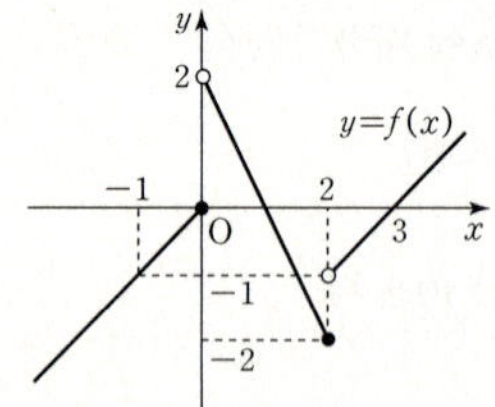

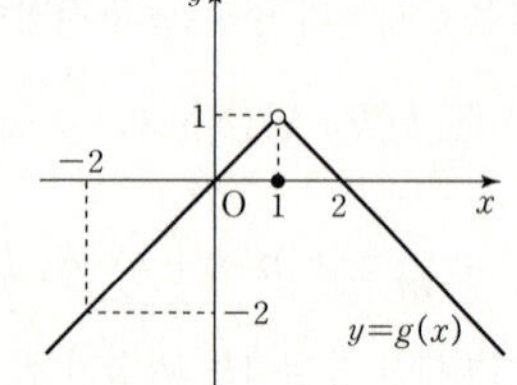

[보기]

ㄱ. $g(f(0))=0$ 단서1 $\lim_{x\to0+}g(f(x))=\lim_{x\to0-}g(f(x))=g(f(0))$인지 확인하자!

ㄴ. $y=g(f(x))$는 $x=0$에서 연속이다.

ㄷ. $-1\le x\le3$에서 $y=g(f(x))$가 불연속인 x의 값은 2개이다.
단서2 두 함수 $f(x)$, $g(x)$가 불연속인 점에서 함수 $g(f(x))$가 불연속인지 확인해야 해!

① ㄱ　② ㄷ　③ ㄱ, ㄴ　④ ㄴ, ㄷ　⑤ ㄱ, ㄴ, ㄷ

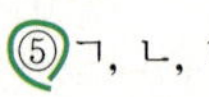

1st 함수 $f(x)$가 $x=a$에서 연속이 될 조건을 따져봐.

ㄱ. $g(f(0))=g(0)=0$ (참) → $f(0)=0$이지?

ㄴ. $\lim_{x\to0+}g(f(x))=\lim_{t\to2-}g(t)=0$, $\lim_{x\to0-}g(f(x))=\lim_{t\to0-}g(t)=0$이고

$f(x)=t$라 하면 $x\to0+$일 때 $t\to2-$야. 즉, $\lim_{x\to0+}g(f(x))=\lim_{t\to2-}g(t)$

$f(x)=t$라 하면 $x\to0-$일 때 $t\to0-$이므로 $\lim_{x\to0-}g(f(x))=\lim_{t\to0-}g(t)$

ㄱ에 의해 $\lim_{x\to0}g(f(x))=0=g(f(0))$이므로 $x=0$에서 연속이다. (참)

ㄷ. $y=g(x)$가 $x=1$에서 불연속이고 $0\le x\le2$에서 $f(x)=-2x+2$이므로 구간 $-1\le x\le3$에서 $y=g(f(x))$는 $f(x)=1$인 $x=\frac{1}{2}$에서 연속성을 따져보면

$x=\frac{1}{2}$에서 극한값이 1로 존재하지만 함숫값 $g\left(f\left(\frac{1}{2}\right)\right)=0$이므로 극한값과 함숫값이 다르지? 즉, 함수 $g(f(x))$는 $x=\frac{1}{2}$에서 불연속이야.

$\lim_{x\to\frac{1}{2}+}g(f(x))=\lim_{t\to1-}g(t)=1$, $\lim_{x\to\frac{1}{2}-}g(f(x))=\lim_{t\to1+}g(t)=1$

이지만 $g\left(f\left(\frac{1}{2}\right)\right)=g(1)=0$이므로 $x=\frac{1}{2}$에서 불연속이다.

또, $y=f(x)$가 $x=0$, $x=2$에서 불연속인데 ㄴ에 의해 $x=0$에서 $(g\circ f)(x)$는 연속이므로 $x=2$에서 연속성을 따져 보면

$\lim_{x\to2+}g(f(x))=\lim_{t\to-1+}g(t)=-1$,

$\lim_{x\to2-}g(f(x))=\lim_{t\to-2+}g(t)=-2$

이므로 $x=2$에서 불연속이다. → $x=2$에서 극한값이 존재하지 않으므로 함수 $g(f(x))$는 $x=2$에서 불연속이야.

따라서 구간 내의 다른 점에서는 $y=f(x)$와 $y=g(x)$가 모두 연속이므로 $y=g(f(x))$가 $-1\le x\le3$에서 불연속인 점은 2개이다. (참)

따라서 옳은 것은 ㄱ, ㄴ, ㄷ이다.

1회 09 정답 ① *지수함수의 그래프의 활용 [정답률 50%]

정답 공식: 모든 실수 x에 대하여 $f(a+x)=f(a-x)$가 성립하면 함수 $f(x)$는 $x=a$에 대하여 대칭인 함수이다.

함수 $f(x)=px^2+qx+r$가 항상 $f(1+x)=f(1-x)$를 만족할 때, 0이 아닌 실수 a에 대하여 다음 중 $f(2^a)$과 $f(3^a)$의 대소 관계로 항상 옳은 것은? (단, p, q, r는 상수이고 $p>0$이다.) (3점)
단서 $f(x)$의 그래프는 직선 $x=1$에 대하여 대칭이야.

① $f(2^a)<f(3^a)$　② $f(2^a)>f(3^a)$　③ $f(2^a)\le f(3^a)$
④ $f(2^a)\ge f(3^a)$　⑤ $f(2^a)=f(3^a)$

1st $x=1$을 기준으로 $f(x)$의 증가·감소가 달라지므로 2^a과 3^a이 1보다 큰지 작은지를 먼저 알아보자.

함수 $f(x)=px^2+qx+r$에서 $p>0$이고

$f(1+x)=f(1-x)$

이므로 이차함수 $y=f(x)$의 그래프는 아래로 볼록하고 직선 $x=1$에 대칭이다.

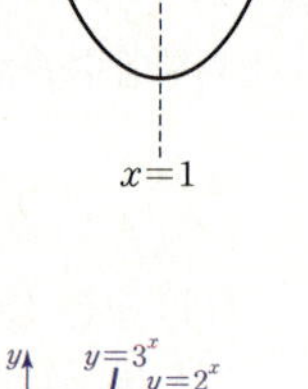

따라서 $y=f(x)$는 $x<1$일 때, 감소함수이고 $x>1$일 때, 증가함수이다.

(i) $a>0$일 때, $1<2^a<3^a$이므로 $f(2^a)<f(3^a)$

(ii) $a<0$일 때, $3^a<2^a<1$이므로 $f(2^a)<f(3^a)$

→ $y=2^x$, $y=3^x$의 그래프를 그려 보면 오른쪽 그림과 같아. 즉, $x>0$일 때, $1<2^x<3^x$이고, $x<0$일 때, $3^x<2^x<1$임을 알 수 있어.

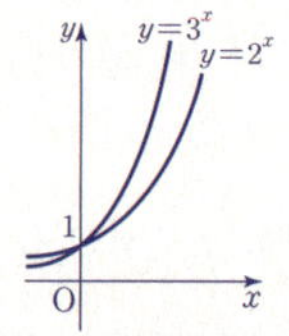

따라서 대소 관계가 항상 옳은 것은 ①이다.

수능 핵강

두 수의 밑은 다르고 지수가 같은 경우의 대소 비교를 정확히 할 수 있어야 하고, 이차함수의 기본적인 특징도 알아야 풀 수 있겠지? 쉽게 2^a과 3^a의 대소 비교를 해보는 방법은 지수함수의 개형을 그려 보는 거야. $y=2^x$의 그래프와 $y=3^x$의 그래프를 그릴 수 없다면 교과서를 얼른 펴고 먼저 공부해 보자. 그리고 참고로 $f(a+x)=f(a-x)$이면 $f(x)$의 그래프는 직선 $x=a$에 대해서 대칭임을 의미해. 그래서 y축 대칭함수(우함수)를 $f(x)=f(-x)$로 나타내지.

함수의 그래프의 대칭성과 증가·감소 개념·공식

(1) 대칭 함수
모든 실수 x와 상수 a에 대하여 $f(a+x)=f(a-x)$를 만족하는 함수 $y=f(x)$의 그래프는 직선 $x=a$에 대하여 대칭이다.

(2) 함수의 증가와 감소
① $y=f(x)$가 증가함수일 때,
임의의 a, b에 대하여 $a<b$이면 $f(a)<f(b)$
② $y=f(x)$가 감소함수일 때,
임의의 a, b에 대하여 $a<b$이면 $f(a)>f(b)$

1회 10 정답 12 *사차함수의 유추 [정답률 43%]

정답 공식: 조건 (나)를 만족하는 사차함수 $f(x)$의 개형을 구해 $f(x)$의 식을 세운 뒤, 조건 (가)에서 $f'(2)=0$임을 이용해 a의 값을 구한다. $f'(x)$를 구해 $x=3$, $x=5$를 대입하여 주어진 식의 값을 구한다.

사차함수 $f(x)$가 다음 조건을 만족시킬 때, $\dfrac{f'(5)}{f'(3)}$의 값을 구하시오. (4점)

(가) 함수 $f(x)$는 $x=2$에서 극값을 갖는다. ↳ 단서2 $a>2$이므로 $a\neq1$이겠지.

(나) 함수 $|f(x)-f(1)|$은 오직 $x=a(a>2)$에서만 미분가능하지 않다. ↳ 단서1 $x=1$이면 함숫값이 0이 돼. 즉, $y=f(x)-f(1)$의 그래프는 $x=1$에서 x축을 지나게 돼.

1st 절댓값이 있는 함수의 미분가능성에 대해 생각해 보자.

일반적으로 함수 $y=g(x)$의 경우 $y=|g(x)|$의 그래프를 그리면 x축과 만나는 점에서 뾰족한 모양이 되면서 미분가능하지 않다.

예를 들면, $y=x^2-1$에 절댓값이 붙은 $y=|x^2-1|$을 그려보면 다음과 같다.

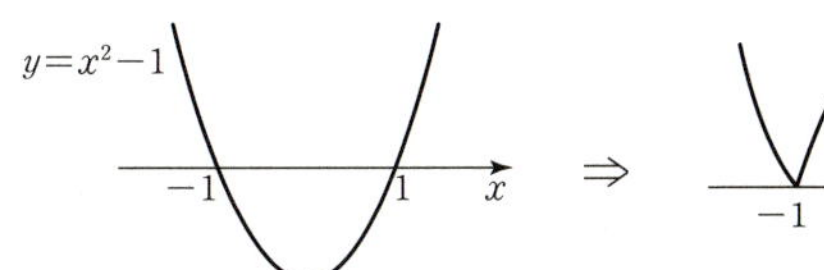

⇒ $y=|x^2-1|$

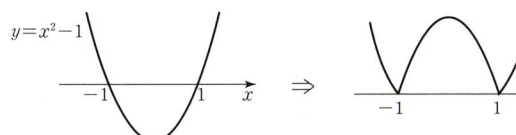

그러나 $h(x)=x^3$과 같이 $x=0$에서 삼중근을 가지는 경우 $y=|h(x)|$의 그래프는 $x=0$에서 부드러운 곡선 모양이다. 즉, 미분가능하다.

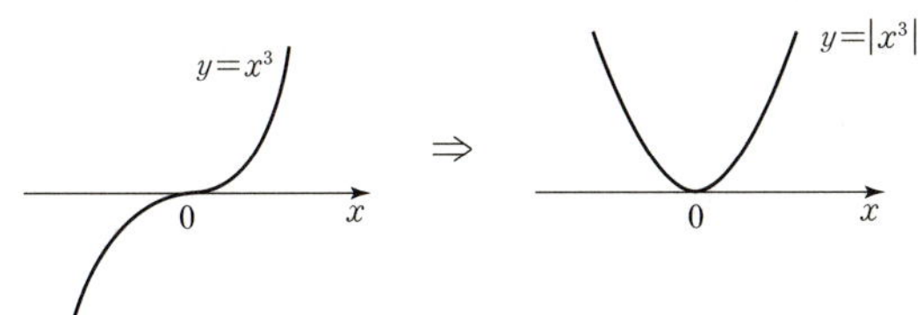

한편, $x=1$에서 이중근을 갖는 함수의 그래프는 다음과 같다.

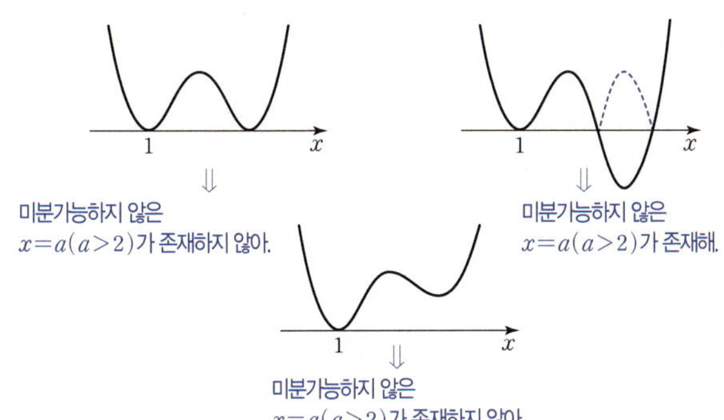

이때, $x=a(x>2)$에서만 미분가능하지 않은 a가 존재하지 않거나 2개 이상이므로 제외시킨다.

2nd 조건을 만족하는 그래프의 개형을 유추해.

$g(x)=f(x)-f(1)$이라 할 때, $g(1)=0$이고 조건 (나)를 만족하기 위해서 $g(x)$는 $x=1$에서 삼중근을 갖고 $x=a(a>2)$에서 나머지 한 근을 가져야 한다. ↳ $g(x)$가 $x=1$에서 미분가능하기 위해서야. x축의 아랫부분에 있는 곡선을 x축 위로 꺾어 올려야 하니까 $x=1$에서는 삼중근을 가져야 꺾어 올렸을 때 뾰족해지지 않아.

또, 조건 (가)에서 $g'(2)=f'(2)=0$이므로 $g(x)$는 $x=2$에서 극값을 가진다.

따라서 $y=g(x)$의 그래프는 다음 두 가지 경우에 해당한다.

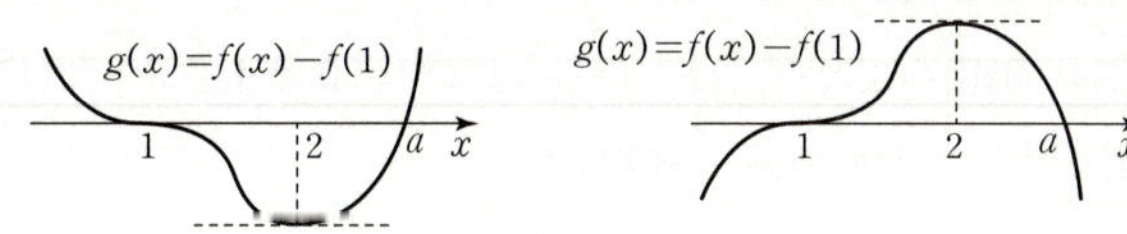

(최고차항의 계수가 양수일 때) (최고차항의 계수가 음수일 때)

따라서 $f'(x)$의 최고차항의 계수를 k라 하면

$$g'(x)=f'(x)$$
$$=k(x-1)^2(x-2)$$
$$\therefore \frac{f'(5)}{f'(3)}=\frac{k\cdot16\cdot3}{k\cdot4\cdot1}=12$$

수능 핵강

그럼, a를 구할 수 있을까? 물론!

$g(x)$는 $x=1$에서 삼중근을 갖고 $x=a$에서 나머지 한 근을 가져야 하므로

$g(x)=k'(x-1)^3(x-a)$(단, k'은 0이 아닌 상수)

$$g'(x)=3k'(x-1)^2(x-a)+k'(x-1)^3$$
$$=k'(x-1)^2\{3(x-a)+x-1\}$$
$$=k'(x-1)^2(4x-3a-1)$$

그런데 조건 (가)에 의해 $f'(2)=0$이므로

$$g'(2)=0$$
$$g'(2)=k'(4\cdot2-3a-1)=0$$
$$\therefore a=\frac{7}{3}$$

1회 11 정답 ③ *조건부확률의 활용 [정답률 62%]

정답 공식: $\mathrm{P}(B|A)$는 정사면체 모양의 주사위를 던져서 짝수의 눈이 나올 때, 소수의 눈이 나올 조건부확률이다.

한 개의 정사면체 모양의 주사위를 던질 때 짝수의 눈이 나오는 사건을 A, 소수의 눈이 나오는 사건을 B라 하자.

$\mathrm{P}(B|A)+\mathrm{P}(B|A^C)$의 값은?

(단, A^C은 A의 여사건이다.) (3점)

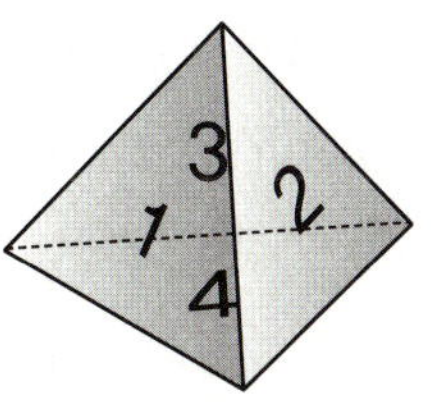

① $\dfrac{1}{3}$ ② $\dfrac{1}{2}$ ③ 1 ④ $\dfrac{4}{3}$ ⑤ $\dfrac{3}{2}$

단서 $\mathrm{P}(B|A)$는 짝수의 눈이 나왔을 때, 소수의 눈이 나올 확률이고 $\mathrm{P}(B|A^C)$은 홀수의 눈이 나왔을 때, 소수의 눈이 나올 확률이야.

1st 주어진 조건부확률을 정의대로 바꾸어 보자.

A(짝수의 눈) : 2, 4
B(소수의 눈) : 2, 3 → $A\cap B=\{2\}$, $A^C\cap B=\{3\}$
A^C(홀수의 눈) : 1, 3

$$\mathrm{P}(B|A)+\mathrm{P}(B|A^C)=\frac{\mathrm{P}(A\cap B)}{\mathrm{P}(A)}+\frac{\mathrm{P}(A^C\cap B)}{\mathrm{P}(A^C)}$$

실수 조건부확률의 정의를 정확히 이해하고 있어야 해.

2nd 각각의 확률을 계산하여 주어진 식의 값을 구하자.

$$\frac{\mathrm{P}(A\cap B)}{\mathrm{P}(A)}+\frac{\mathrm{P}(A^C\cap B)}{\mathrm{P}(A^C)}=\frac{\frac{1}{4}}{\frac{1}{2}}+\frac{\frac{1}{4}}{\frac{1}{2}}$$
$$=\frac{1}{2}+\frac{1}{2}=1$$

1회 12 정답 ② *표본평균의 분포 [정답률 54%]

정답 공식: 확률변수 X가 정규분포 $N(m, \sigma^2)$을 따르면 임의추출한 크기가 n인 표본평균 $\overline{X}$는 정규분포 $N\left(m, \frac{\sigma^2}{n}\right)$을 따른다.

어느 도시에서 운전면허증을 소지한 사람이 지난 10년간 교통법규를 위반한 건수는 평균 5건, 표준편차 1건인 정규분포를 따른다고 한다. 이 도시에서 운전면허증을 소지한 사람 중에서 임의추출한 100명이 지난 10년간 교통법규를 위반한 건수의 평균이 4.85건 이상이고 5.2건 이하일 확률을 표준정규분포표를 이용하여 구하면? (4점)

단서 무엇이 확률변수인지를 확인해야 해. 평균을 구하는 대상이 교통법규를 위반한 건수이므로 이 건수를 확률변수로 놓아야 해.

z	$P(0 \le Z \le z)$
1.5	0.4332
2.0	0.4772
2.5	0.4938

① 0.8664 ② 0.9104 ③ 0.9544
④ 0.9710 ⑤ 0.9876

1st 확률변수 X를 정해보자.

어느 도시에서 운전면허증을 소지한 사람이 지난 10년간 교통법규를 위반한 건수를 확률변수 X라 하면 X는 정규분포 $N(5, 1^2)$을 따른다.

2nd 크기가 100인 표본의 표본평균의 정규분포를 구해보자.

주의 이 도시에서 운전면허증을 소지한 사람이 지난 10년간 교통법규를 위반한 건수가 4.85건 이상 5.2건 이하일 확률과 다른 거야.

임의추출한 100명이 교통법규를 위반한 건수의 평균을 $\overline{X}$라 하면 $\overline{X}$는 (표본의 크기)

$N\left(5, \frac{1}{10^2}\right)$을 따르므로 ($\left(E(X), \frac{1}{100}\right)$과 같아.)

$\overline{X}$가 4.85 이상 5.2 이하일 확률은

$$P(4.85 \le \overline{X} \le 5.2) = P\left(\frac{4.85-5}{0.1} \le Z \le \frac{5.2-5}{0.1}\right)$$

($Z=\frac{\overline{X}-5}{\frac{1}{10}}$로 표준화시켜야 표준정규분포표를 이용할 수 있어.)

$$= P(-1.5 \le Z \le 2)$$
$$= P(-1.5 \le Z \le 0) + P(0 \le Z \le 2)$$
$$= P(0 \le Z \le 1.5) + P(0 \le Z \le 2)$$
$$= 0.4332 + 0.4772$$
$$= 0.9104$$

1회 13 정답 400 *표본평균의 분포 [정답률 56%]

정답 공식: 표본평균 $\overline{X}$가 정규분포 $N\left(m, \frac{\sigma^2}{n}\right)$을 따르면 $Z=\frac{\overline{X}-m}{\frac{\sigma}{\sqrt{n}}}$으로 표준화할 수 있다.

어느 회사에서 생산되는 건전지의 수명은 평균이 2000시간, 표준편차가 100시간인 정규분포를 따른다. 이 회사 제품에서 임의로 추출된 n개의 표본에 대한 표본평균 $\overline{X}$가

$$P(|\overline{X}-2000| \le 10) \ge 0.94$$

를 만족할 때, n의 최솟값을 구하시오.

(단, $P(0 \le Z \le 2) = 0.47$) (4점)

단서 표본평균 $\overline{X}$의 평균은 2000시간이고 표준편차는 $\frac{100}{\sqrt{n}}$이겠네.

1st 표본평균의 분포를 알아보자.

건전지의 수명을 확률변수 X라 할 때, X는 정규분포 $N(2000, 100^2)$을 따르므로 표본의 크기가 n인 표본평균 $\overline{X}$는 평균 $E(\overline{X})=2000$, 표준편차 $\sigma(\overline{X})=\frac{100}{\sqrt{n}}$인 정규분포 $N\left(2000, \frac{100^2}{n}\right)$을 따른다.

이때, 주어진 식을 표준화하면 ($Z=\frac{X-m}{\sigma}$을 해야 해.)

$$P(|\overline{X}-2000| \le 10) = P\left(\left|\frac{\overline{X}-2000}{\frac{100}{\sqrt{n}}}\right| \le \frac{10}{\frac{100}{\sqrt{n}}}\right)$$
$$= P\left(|Z| \le \frac{\sqrt{n}}{10}\right) \ge 0.94 \cdots ㉠$$

그런데 $P(0 \le Z \le 2) = 0.47$에서 $P(|Z| \le 2) = 0.94$이므로 ㉠을 만족하기 위해서

($P(-2 \le Z \le 2) = 0.47 \times 2 = 0.94$)

$\frac{\sqrt{n}}{10} \ge 2$, $\sqrt{n} \ge 20$

$\therefore n \ge 400$

따라서 n의 최솟값은 400이다.

1회 14 정답 6 *이항정리의 활용 [정답률 37%]

정답 공식: $(a+b)^n$의 일반항은 ${}_nC_r a^r b^{n-r}$이다.

다항식 $\sum_{k=1}^{11}(1+ax)^k$의 전개식에서 x^5의 계수가 x^4의 계수의 7배가 될 때, 실수 a의 값을 구하시오. (3점)

단서 등비수열의 합의 공식을 써서 전개식을 구한 후 x^5과 x^4의 계수를 구해야 해.

1st 첫째항이 $1+ax$, 공비가 $1+ax$인 등비수열의 첫째항부터 제 11항까지의 합을 구해 보자.

주의 Σ가 있는 걸 못보고 그냥 일반적인 이항계수 문제로 생각해서 $(1+ax)^k$를 전개하는 실수가 많이 나와!

$$\sum_{k=1}^{11}(1+ax)^k = \frac{(1+ax)\{(1+ax)^{11}-1\}}{(1+ax)-1}$$

(등비수열의 합이야.)

$$= \frac{(1+ax)^{12}-(1+ax)}{ax}$$

2nd 분수식을 보면서 x^5과 x^4항이 나올 수 있는 경우를 판단해 보자.

$(1+ax)^{12}$의 전개식에서 x^6의 계수를 a로 나눈 것이 $\sum_{k=1}^{11}(1+x)^k$의 전개식에서 x^5의 계수가 되며, $(1+ax)^{12}$의 전개식에서 x^5의 계수를 a로 나눈것이 $\sum_{k=1}^{11}(1+ax)^k$의 전개식에서 x^4의 계수가 된다.

뒤에 빠지는 식 $1+ax$는 일차식이므로 x^6, x^5의 계수에는 아무 영향이 없으니까 무시한다.

$(1+ax)^{12}$의 일반항은 ${}_{12}C_r a^r x^r$이므로 x^6의 계수는 ${}_{12}C_6 a^6$이고 이를 a로 나누면 ${}_{12}C_6 a^5$이다. 마찬가지로 x^5의 계수는 ${}_{12}C_5 a^5$이고 이를 a로 나누면 ${}_{12}C_5 a^4$이다.

3rd x^5의 계수가 x^4의 계수의 7배인 것을 이용하여 a의 값을 구해 보자.

x^5의 계수가 x^4의 계수의 7배이므로

${}_{12}C_6 a^5 = {}_{12}C_5 a^4 \times 7$에서

(${}_nC_r = \frac{{}_nP_r}{r!} = \frac{n!}{(n-r)!r!}$)

$$\frac{12!}{6!6!}a^5 = \frac{12!}{5!7!}a^4 \times 7$$

$\therefore a = 6$

수능 핵강

이 문제는 이항정리를 활용한 문제야. 이항정리 기억나?

$(a+b)^n=\sum_{r=0}^{n} {}_n\mathrm{C}_r a^r b^{n-r}$

일단, 주어진 식을 등비수열의 합의 공식을 이용해서 정리를 할 수 있지? 그런 다음에 정리한 식을 보면 x^5의 계수는 $(1+ax)^{12}$의 x^6의 계수를 a로 나눈 것임을 알 수 있고 x^4의 계수는 $(1+ax)^{12}$의 x^5의 계수를 a로 나눈 것임을 알 수 있어. 이항정리를 이용해서 계수를 찾고 x^6의 계수가 x^5의 계수의 7배가 됨을 이용해서 실수 a의 값을 구할 수 있을 거야.

1회 15 정답 ③ *중복조합의 활용 [정답률 29%]

(정답 공식: 순서쌍 $(|a|, |b|, |c|)$의 개수를 구한다.)

세 정수 a, b, c에 대하여 $1\le|a|\le|b|\le|c|\le5$를 만족시키는 모든 순서쌍 (a, b, c)의 개수는? (4점)

① 360 ② 320 ③ 280
④ 240 ⑤ 200

단서 a, b, c에 대한 순서가 정해져 있지? 그런데 $|a|, |b|, |c|$의 범위가 정해져 있으므로 절댓값에 대하여 선택하고, 절댓값 기호 $|A|$가 A 또는 $-A$가 되는 경우를 모두 생각해야 해.

1st $|a|, |b|, |c|$의 값의 범위가 주어져 있으므로 절댓값의 경우를 먼저 구하자.

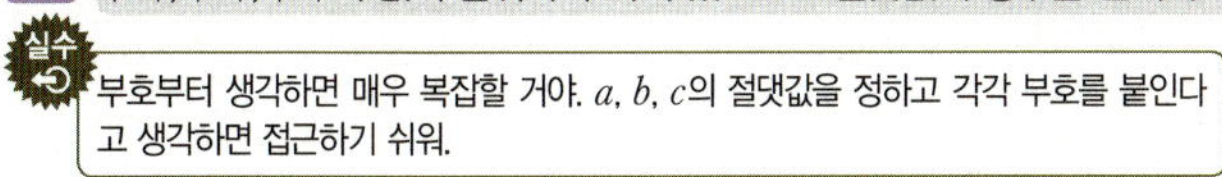
실수 부호부터 생각하면 매우 복잡할 거야. a, b, c의 절댓값을 정하고 각각 부호를 붙인다고 생각하면 접근하기 쉬워.

$1\le|a|\le|b|\le|c|\le5$이므로 $|a|, |b|, |c|$의 값은 각각 1, 2, 3, 4, 5 중에서 하나가 될 수 있다. 즉, 주어진 부등식을 만족시키는 경우의 수는 1, 2, 3, 4, 5의 5개 중에서 중복을 허락하여 3개를 뽑는 중복조합의 수와 같으므로

서로 다른 n개에서 r개를 택하는 중복조합의 수는 ${}_n\mathrm{H}_r={}_{n+r-1}\mathrm{C}_r$

${}_5\mathrm{H}_3={}_{5+3-1}\mathrm{C}_3={}_7\mathrm{C}_3$

$=\frac{7\times6\times5}{3\times2\times1}$

$=35$ ⋯ ㉠

2nd 절댓값 기호 안의 수는 양수 또는 음수가 될 수 있으므로 각각의 경우를 따져 주자.

그런데 순서쌍 $(|a|, |b|, |c|)$에 대하여 a, b, c의 각 값은 양수가 될 수도 있고 음수가 될 수도 있으므로 a, b, c의 값은 각각 2개씩 있다.

[절댓값 기호] $|A|=\begin{cases} A(A\ge0) \\ -A(A<0)\end{cases}$

즉, ㉠의 각 경우에 대하여 $2^3=8$(개)의 순서쌍 (a, b, c)를 생각할 수 있으므로 구하는 순서쌍 (a, b, c)의 개수는

$35\times8=280$

중복조합의 정의와 수 (개념·공식)

① 중복조합 : 서로 다른 n개의 원소 중에서 중복을 허락하여 r개를 뽑는 경우의 수

② 중복조합의 수 : ${}_n\mathrm{H}_r={}_{n+r-1}\mathrm{C}_r$

2회 고난도 실전 모의고사

2회 01 정답 373 *수열의 규칙 찾기 [정답률 41%]

(정답 공식: 2, 3, 5의 배수인 것을 제외하려면 먼저 2, 3, 5의 최소공배수부터 구한다.)

자연수 1, 2, 3, ⋯에서 2의 배수, 3의 배수, 5의 배수를 제외하고 남은 수들을 작은 수부터 차례로 나열하여 얻어진 수열을 수열 $\{a_n\}$이라 하자. 이때, a_{100}의 값을 구하시오. (3점)

단서 어떤 수열인지 알기 위해서는 실제 하나씩 나열해 보는 게 좋아.

1st 2, 3, 5의 배수인 수를 제외하기 위해서 2, 3, 5의 최소공배수를 구하여 범위를 잡자.

2, 3, 5의 최소공배수가 30이므로

30 이하의 자연수 중에서 2의 배수, 3의 배수, 5의 배수를 제외하고 남은 수들을 구해 보면 1, 7, 11, 13, 17, 19, 23, 29로 8개이다.

31부터 60까지의 자연수 중에서 2의 배수, 3의 배수, 5의 배수를 제외하고 남은 수들도 구해 보면 31, 37, 41, 43, 47, 49, 53, 59로 8개이다.

마치 소수를 구하는 것과 비슷하지만 49는 7의 배수이므로 빼먹지 말자.

61에서 90까지의 자연수 중에서 2의 배수, 3의 배수, 5의 배수를 제외하고 남은 수들을 구해보면 61, 67, 71, 73, 77, 79, 83, 89로 8개이다.

마치 소수를 구하는 것과 비슷하지만 77은 7의 배수이므로 빼먹지 말자.

2nd 수열 $\{a_n\}$의 규칙성을 찾자.

즉, 수열 $\{a_n\}$은

(i) 1에서 30까지의 자연수 중 8개

(ii) 31에서 60까지의 자연수 중 8개

(iii) 61에서 90까지의 자연수 중 8개

⋮

로 이루어진 수열임을 알 수 있다.

즉, 361에서 390까지의 2, 3, 5의 배수가 아닌 자연수 중 4번째 수라는 거야.

따라서 $100=8\times12+4$이므로 $30\times12+1=361$에서 4번째 수가 a_{100}이고, (i) 범위의 패턴이 반복되므로 361, 367, 371, 373, ⋯

$\therefore a_{100}=373$

$361=360+1$ / $367=360+7$
$371=360+11$ / $373=360+13$

[다른 풀이]

1 ~ 30 : 1, 7, 11, 13, 17, 19, 23, 29
31 ~ 60 : 31, 37, 41, 43, 47, 49, 53, 59 (+30)
61 ~ 90 : 61, 67, 71, 73, 77, 79, 83, 89 (+30)
⋮
361 ~ 390 : 361, 367, 371, 373, 377, 379, 383, 389 (+30)
(이하 동일)

등차수열 (개념·공식)

① 등차수열의 일반항
첫째항이 a, 공차가 d인 등차수열의 일반항 a_n은
$a_n=a+(n-1)d$ (단, $n=1, 2, 3, \cdots$)

② 등차중항
세 실수 a, b, c가 이 순서대로 등차수열을 이룰 때,
$b=\frac{a+c}{2}$가 성립하고, b를 a와 c의 **등차중항**이라고 한다.

2회 02 정답 ⑤ *정적분과 미분의 관계 [정답률 44%]

(정답 공식: 미분가능한 함수 $F(x)$에 대하여 $F(x)=\int_a^x f(t)dt$이면 $F'(x)=f(x)$이다.)

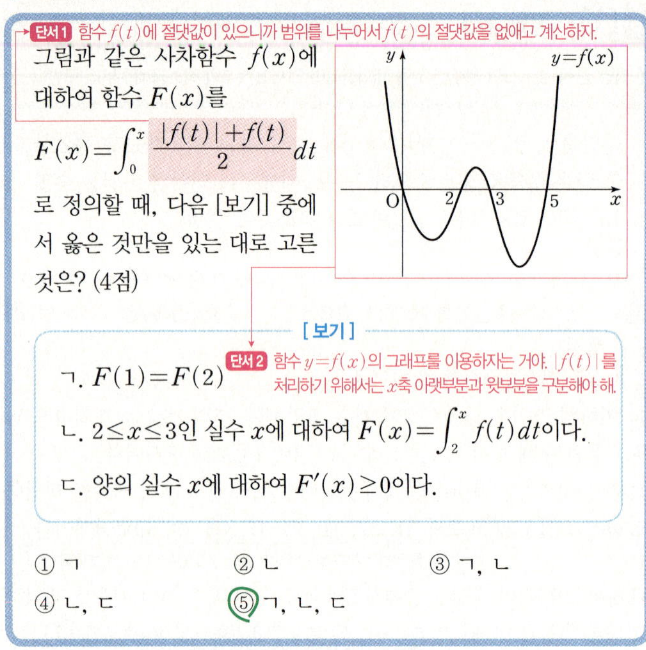

단서1 함수 $f(t)$에 절댓값이 있으니까 범위를 나누어서 $f(t)$의 절댓값을 없애고 계산하자.

그림과 같은 사차함수 $f(x)$에 대하여 함수 $F(x)$를

$$F(x)=\int_0^x \frac{|f(t)|+f(t)}{2}dt$$

로 정의할 때, 다음 [보기] 중에서 옳은 것만을 있는 대로 고른 것은? (4점)

[보기]

단서2 함수 $y=f(x)$의 그래프를 이용하자는 거야. $|f(t)|$를 처리하기 위해서는 x축 아랫부분과 윗부분을 구분해야 해.

ㄱ. $F(1)=F(2)$

ㄴ. $2\le x\le 3$인 실수 x에 대하여 $F(x)=\int_2^x f(t)dt$이다.

ㄷ. 양의 실수 x에 대하여 $F'(x)\ge 0$이다.

① ㄱ ② ㄴ ③ ㄱ, ㄴ
④ ㄴ, ㄷ ⑤ ㄱ, ㄴ, ㄷ

1st 함수 $f(x)$의 절댓값을 처리하기 위해 $f(x)\ge 0$, $f(x)<0$일 때로 나누어서 생각하자.

함수 $h(x)=\frac{|f(x)|+f(x)}{2}$라 하면

(i) $f(x)\ge 0$일 때, $|x|=\begin{cases} x\ (x\ge 0) \\ -x\ (x<0)\end{cases}$

$\frac{|f(x)|+f(x)}{2}=\frac{f(x)+f(x)}{2}=f(x)$

(ii) $f(x)<0$일 때,

$\frac{|f(x)|+f(x)}{2}=\frac{-f(x)+f(x)}{2}=0$

(i), (ii)에 의하여

$h(x)=\begin{cases} f(x)\ (f(x)\ge 0) \\ 0\ \ \ (f(x)<0)\end{cases}$

2nd 구한 함수 $h(x)$를 이용하여 [보기]의 참, 거짓을 구하자.

ㄱ. $0\le x\le 2$에서 $f(x)\le 0$이므로 $h(x)=0$

→ 정확히 하면 $0<x<2$에서 $f(x)<0$
$f(0)=f(2)=0$이므로 $0\le x\le 2$에서 $f(x)\le 0$

∴ $F(1)=F(2)=0$ (참)

→ $F(x)=\int_0^x h(t)dt$에서 $0\le x\le 2$에서 $h(x)=0$이므로 $F(x)=\int_0^x 0dt=0$이야.

ㄴ. $0\le x\le 2$에서 $h(x)=0$이고 $2\le x\le 3$에서 $h(x)=f(x)$이므로

$F(x)=\int_0^2 h(t)dt+\int_2^x h(t)dt=\int_2^x f(t)dt$ (참)

($\int_0^2 h(t)dt=0$)

ㄷ. 양의 실수 x에 대하여 $h(x)\ge 0$이므로

$F'(x)=\frac{d}{dx}\int_0^x \frac{|f(t)|+f(t)}{2}dt$

$=\frac{|f(x)|+f(x)}{2}=h(x)\ge 0$ (참)

따라서 옳은 것은 ㄱ, ㄴ, ㄷ이다. → $\frac{d}{dx}\int_0^x g(t)dt=g(x)$

수능 핵강

ㄱ과 ㄴ은 쉽게 알 수 있을 거야. 조금 문제가 된다면 ㄷ일 텐데, ㄷ도 의미를 생각하면 맞힐 수 있을 거야. $F'(x)=\frac{|f(x)|+f(x)}{2}$인 걸 쉽게 알 수 있는데, 이 함수는 $f(x)$가 음수일 때는 0이고, 양수일 때는 그대로 $f(x)$가 나오니까 항상 0 이상이라는 게 나와서 ㄷ도 맞는 답이 되는 거야.

2회 03 정답 ② *상용로그의 정수 부분과 소수 부분 [정답률 67%]

(정답 공식: 상용로그 $\log N$의 정수 부분이 n이면 N은 $n+1$자리의 수이다.)

단서 양수의 정수 부분의 자리의 수와 상용로그의 관계를 이용해야 해.

양의 실수 x에 대하여 x^{12}의 정수 부분이 20자리의 수일 때, x^5의 정수 부분의 자리의 수는 m 또는 n이다. 이때, $m+n$의 값은? (4점)

① 15 ② 17 ③ 19
④ 21 ⑤ 23

1st 어떤 수 N의 정수 부분이 n자리의 수이면 $n-1\le\log N<n$이 성립하지?

양의 실수 x에 대하여 x^{12}의 정수 부분이 20자리의 수이므로

$19\le\log x^{12}<20$ → $A>1$일 때, A의 정수 부분이 n자리이면 $\log A$의 정수 부분은 $n-1$이야.

$19\le 12\log x<20$

$\therefore \frac{19}{12}\le\log x<\frac{20}{12}$ ⋯ ㉠

2nd x^5의 정수 부분의 자리의 수를 구하기 위해서는 상용로그를 이용하자.

㉠의 각 변에 5를 곱하면

$\frac{19}{12}\times 5\le 5\log x<\frac{20}{12}\times 5$

$7.9\times\times\times\le\log x^5<8.3\times\times\times$

즉, $\log x^5$의 정수 부분은 7 또는 8이므로 x^5은 8자리 또는 9자리이다.
($7+1=8$, $8+1=9$)

$\therefore m+n=8+9=17$

2회 04 정답 ① *극대, 극소의 활용 [정답률 33%]

(정답 공식: $f'(a)=0$이고 $x=a$의 좌우에서 $f'(x)$의 부호가 바뀌면 함수 $f(x)$는 $x=a$에서 극값을 갖는다.)

함수 $f(x)=x^3+3ax^2-9x+2$의 극대점과 극소점을 이은 선분을 $1:2$로 내분하는 점을 P, $2:1$로 내분하는 점을 Q라 하자. 이때, 선분 PQ가 y축과 만나도록 하는 실수 a의 값의 범위는? (4점)

단서 두 점 P, Q를 구하기 위해 $f'(x)=0$의 해를 구하고, 내분점을 구하는 공식을 적용하면 되겠지.

① $|a|\le\frac{\sqrt{6}}{4}$ ② $|a|\le\frac{\sqrt{2}}{2}$ ③ $|a|\le\sqrt{3}$
④ $a\le 0$ ⑤ $a\ge 0$

1st 먼저 함수 $f(x)$의 극대점과 극소점은 $f'(x)=0$의 두 근에서 구해지겠지?

함수 $f(x)=x^3+3ax^2-9x+2$에서

$f'(x)=3x^2+6ax-9$ ⋯ ㉠

이차방정식 $f'(x)=0$의 두 근을 α, β $(\alpha<\beta)$라 하면 극대점과 극소점의 좌표는 각각 $(\alpha, f(\alpha))$, $(\beta, f(\beta))$이다.

이때, 두 점 P와 Q는 극대점과 극소점을 이은 선분을 각각 $1:2$, $2:1$로 내분하는 점이므로

→ 두 점 (x_1, y_1), (x_2, y_2)를 이은 선분을 $m:n$으로 내분하는 점의 좌표는 $\left(\frac{mx_2+nx_1}{m+n}, \frac{my_2+ny_1}{m+n}\right)$

$\mathrm{P}\left(\frac{1\cdot\beta+2\cdot\alpha}{1+2}, \frac{1\cdot f(\beta)+2\cdot f(\alpha)}{1+2}\right)$

$\mathrm{Q}\left(\frac{2\cdot\beta+1\cdot\alpha}{2+1}, \frac{2\cdot f(\beta)+1\cdot f(\alpha)}{2+1}\right)$

$\therefore \mathrm{P}\left(\frac{\beta+2\alpha}{3}, \frac{f(\beta)+2f(\alpha)}{3}\right)$, $\mathrm{Q}\left(\frac{2\beta+\alpha}{3}, \frac{2f(\beta)+f(\alpha)}{3}\right)$

2nd 선분 PQ가 y축과 만나기 위한 조건이 무엇인지 생각해보자.

선분 PQ가 y축과 만나려면 두 점 P, Q의 x좌표 중 하나는 0이거나 양이고, 다른 하나는 음이어야 하므로 그림을 그리면 이해하기 쉬워.

$\frac{\beta+2\alpha}{3}\cdot\frac{2\beta+\alpha}{3}\le 0$

⇨ $\alpha\beta<0$

$(\beta+2\alpha)(2\beta+\alpha)\le 0$
$2(\alpha^2+\beta^2)+5\alpha\beta\le 0$
$2(\alpha+\beta)^2+\alpha\beta\le 0$ ($\because \alpha^2+\beta^2=(\alpha+\beta)^2-2\alpha\beta$)
$8a^2\le 3$ ($\because$ ㉠에서 $\alpha+\beta=-2a$, $\alpha\beta=-3$)
$a^2\le\frac{3}{8}$ $\quad\therefore |a|\le\frac{\sqrt{6}}{4}$ $f'(x)=3x^2+6ax-9=0$에서 근과 계수의 관계를 이용한 거야.

평면좌표에서의 선분의 내분점과 외분점 개념·공식

두 점 $A(x_1, y_1)$, $B(x_2, y_2)$를 이은 선분 AB를 $m:n(m>0, n>0)$으로
① 내분하는 점의 좌표는 $\left(\frac{mx_2+nx_1}{m+n}, \frac{my_2+ny_1}{m+n}\right)$
② 외분하는 점의 좌표는 $\left(\frac{mx_2-nx_1}{m-n}, \frac{my_2-ny_1}{m-n}\right)$ (단, $m\ne n$)

2회 05 정답 ③ *로그함수의 그래프의 활용 [정답률 52%]

(정답 공식: $\log_a X-\log_a Y=\log_a\frac{X}{Y}$)

그래프가 두 점 $(0, 0)$, $(6, -2)$를 지나는 함수 $y=\log_{\frac{1}{2}}(x-a)+b$와 함수 $y=\log_2(-x+p)$가 서로 다른 두 점에서 만나도록 p의 값의 범위를 구하였더니 $p>c+\sqrt{d}$가 되었다고 한다. 이때, 두 정수 c, d에 대하여 $c+d$의 값은? (4점)
단서 서로 다른 두 점에서 만나려면 두 함수 식을 연립한 연립방정식의 해도 서로 다른 2쌍이야.
① 4 ② 5 ③ 6
④ 7 ⑤ 8

1st 두 점을 대입하여 a, b의 값을 구해 보자.
두 점 $(0, 0)$, $(6, -2)$를 $y=\log_{\frac{1}{2}}(x-a)+b$에 각각 대입하면
$0=\log_{\frac{1}{2}}(-a)+b$ $\quad\therefore b=-\log_{\frac{1}{2}}(-a)$ ⋯ ㉠
$-2=\log_{\frac{1}{2}}(6-a)+b$ ⋯ ㉡
㉠을 ㉡에 대입하여 풀면
$-2=\log_{\frac{1}{2}}(6-a)-\log_{\frac{1}{2}}(-a)$
$-2=-\log_2(6-a)+\log_2(-a)$
$\log_2\frac{6-a}{-a}=2$
$\frac{a-6}{a}=4$ $\quad\therefore a=-2, b=1$

2nd 두 함수 $y=\log_{\frac{1}{2}}(x+2)+1$과 $y=\log_2(-x+p)$의 그래프가 서로 다른 두 점에서 만나면 돼.
이때, 진수 조건에 의해 $x>-2$, $x<p$ ⋯ ㉢
$\log_{\frac{1}{2}}(x+2)+1=\log_2(-x+p)$
$1-\log_2(x+2)=\log_2(-x+p)$
$1=\log_2(x+2)+\log_2(-x+p)$
$1=\log_2(x+2)(-x+p)$
$(x+2)(-x+p)=2$
$x^2-(p-2)x-2p+2=0$

주의 로그가 포함된 문제에서는 꼭 진수가 0보다 크다는 조건을 확인해야해!

위 이차방정식은 서로 다른 두 실근을 가져야 하므로
$D=(p-2)^2+8p-8$ → 두 그래프가 서로 다른 두 점에서 만나야 해.
$=p^2+4p-4>0$
$\therefore p<-2-\sqrt{8}$ 또는 $p>-2+\sqrt{8}$
이때, 진수 조건 ㉢을 만족해야 하므로 $p>-2$
따라서 $p>-2+\sqrt{8}=c+\sqrt{d}$이므로 $c+d=-2+8=6$

2회 06 정답 ③ *함수의 연속의 활용 [정답률 48%]

(정답 공식: 원의 반지름의 길이를 r, 원의 중심과 직선 사이의 거리를 d라 할 때, $r<d$이면 원과 직선은 만나지 않고, $r=d$이면 한 점, $r>d$이면 서로 다른 두 점에서 만난다.)

양수 r에 대하여 함수 $y=|x|$의 그래프와 원 $(x-1)^2+(y-2)^2=r^2$이 만나는 점의 개수를 $f(r)$라 하자. 함수 $f(r)$가 불연속인 점의 개수는? (4점)
단서1 원의 중심과 직선 $y=x$, $y=-x$ 사이의 거리와 원의 반지름의 길이 사이의 관계에 따라 원과 직선의 교점의 개수가 달라져. 각각의 경우를 그림으로 그리면서 r의 범위에 따른 교점의 개수를 파악해.

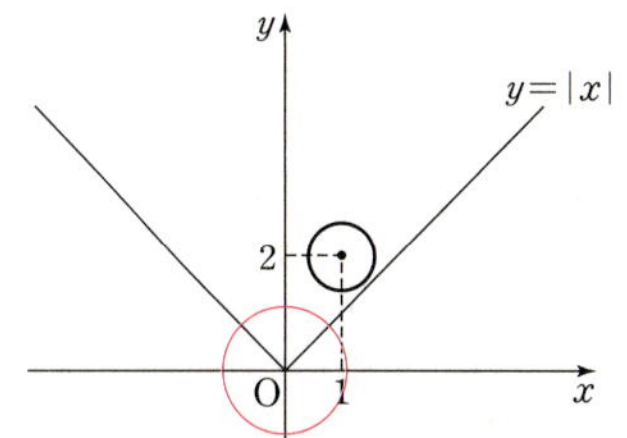

단서2 함수 $y=|x|$의 그래프는 원점에서 꺾어지는 모양이므로 주어진 원이 원점을 지나는 경우도 빠트리면 안 돼!!
① 1 ② 2 ③ 3
④ 4 ⑤ 5

1st 원의 중심과 직선 $y=x$, $y=-x$ 사이의 거리 및 원점과의 거리를 구해.
$y=|x|$에서 $x\ge 0$일 때 $y=x$이고, $x<0$일 때 $y=-x$야.
원의 중심 $(1, 2)$와 직선 $y=x$, 즉 $x-y=0$ 사이의 거리는
$\frac{|1-2|}{\sqrt{1^2+(-1)^2}}=\frac{\sqrt{2}}{2}$ → 점 (x_1, y_1)과 직선 $ax+by+c=0$ 사이의 거리를 d라 하면 $d=\frac{|ax_1+by_1+c|}{\sqrt{a^2+b^2}}$
이고, 원의 중심 $(1, 2)$와 직선 $y=-x$, 즉 $x+y=0$ 사이의 거리는
$\frac{|1+2|}{\sqrt{1^2+1^2}}=\frac{3\sqrt{2}}{2}$이다.
또, 원의 중심 $(1, 2)$와 원점 사이의 거리는 $\sqrt{1^2+2^2}=\sqrt{5}$이다.

실수 원과 직선이 접할 때, 원의 반지름의 길이는 판별식보다는 원의 중심과 직선 사이의 거리로 구하는 것이 훨씬 편리해. 또, 이렇게 접할 때와 특정 점을 지날 때의 원의 반지름의 길이를 미리 구해놓으면 경우를 나누기 편하겠지?

2nd 반지름의 길이 r의 값의 범위를 나누어 교점의 개수를 구하자.
원의 반지름의 길이 r의 값의 범위에 따라 함수 $y=|x|$의 그래프와 원 $(x-1)^2+(y-2)^2=r^2$이 만나는 점의 개수 $f(r)$는 다음의 7가지 경우로 나눌 수 있다.

(i) $0<r<\frac{\sqrt{2}}{2}$일 때, → 주어진 원이 두 직선 $y=x$ $(x\ge 0)$, $y=-x$ $(x<0)$와 모두 만나지 않는 경우
함수 $y=|x|$의 그래프와 원 $(x-1)^2+(y-2)^2=r^2$은 [그림 1]과 같으므로 $f(r)=0$

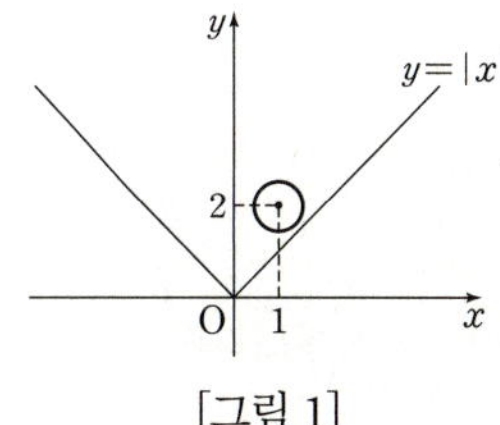

[그림 1]

(ii) $r=\frac{\sqrt{2}}{2}$일 때, → 주어진 원이 직선 $y=x$ $(x\ge 0)$와 접하고 직선 $y=-x$ $(x<0)$와 만나지 않는 경우
함수 $y=|x|$의 그래프와 원 $(x-1)^2+(y-2)^2=r^2$은 [그림 2]와 같으므로 $f(r)=1$

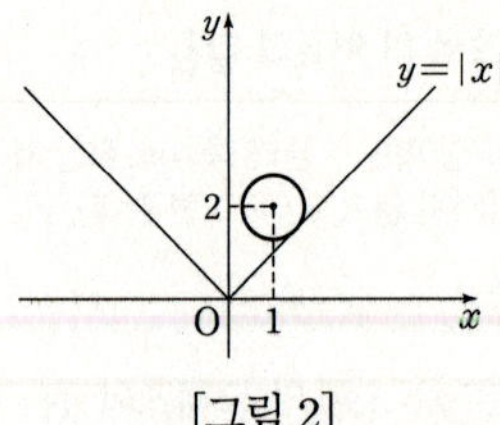

[그림 2]

(iii) $\frac{\sqrt{2}}{2}<r<\frac{3\sqrt{2}}{2}$일 때, → 주어진 원이 직선 $y=x\ (x\geq 0)$와 서로 다른 두 점에서 만나고, 직선 $y=-x\ (x<0)$와 만나지 않는 경우

함수 $y=|x|$의 그래프와 원 $(x-1)^2+(y-2)^2=r^2$은 [그림 3]과 같으므로 $f(r)=2$

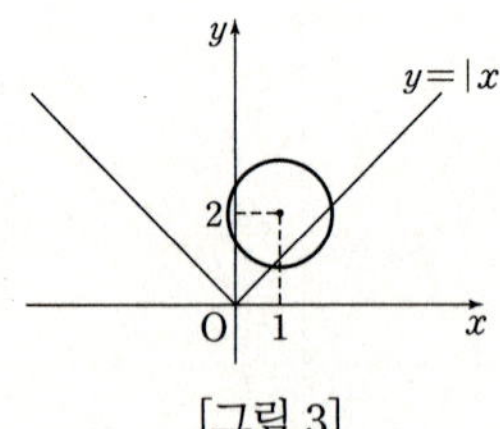

[그림 3]

(iv) $r=\frac{3\sqrt{2}}{2}$일 때, → 주어진 원이 직선 $y=x\ (x\geq 0)$와 서로 다른 두 점에서 만나고, 직선 $y=-x\ (x<0)$와 접하는 경우

함수 $y=|x|$의 그래프와 원 $(x-1)^2+(y-2)^2=r^2$은 [그림 4]와 같으므로 $f(r)=3$

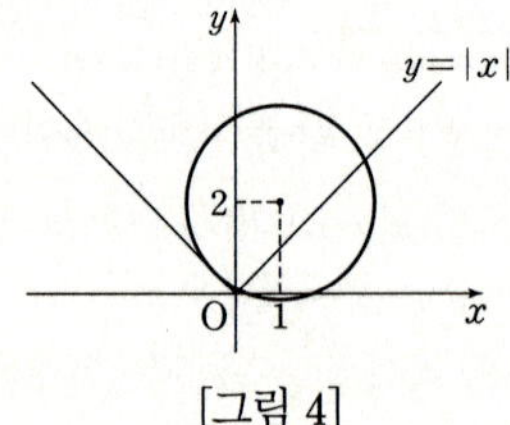

[그림 4]

(v) $\frac{3\sqrt{2}}{2}<r<\sqrt{5}$일 때, → 주어진 원이 두 직선 $y=x\ (x\geq 0)$, $y=-x\ (x<0)$와 모두 서로 다른 두 점에서 만나고 원점을 지나지 않는 경우

함수 $y=|x|$의 그래프와 원 $(x-1)^2+(y-2)^2=r^2$은 [그림 5]와 같으므로 $f(r)=4$

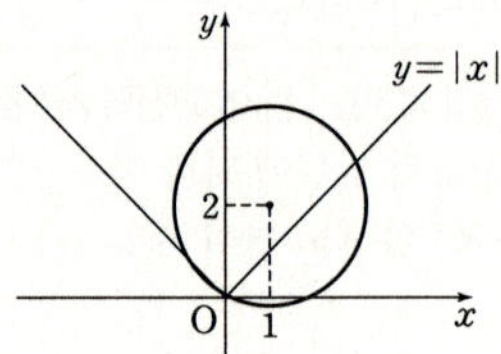

[그림 5]

(vi) $r=\sqrt{5}$일 때, → 주어진 원이 두 직선 $y=x\ (x\geq 0)$, $y=-x\ (x<0)$와 각각 한 점에서 만나고 두 직선의 교점인 원점을 지나는 경우

함수 $y=|x|$의 그래프와 원 $(x-1)^2+(y-2)^2=r^2$은 [그림 6]과 같으므로 $f(r)=3$

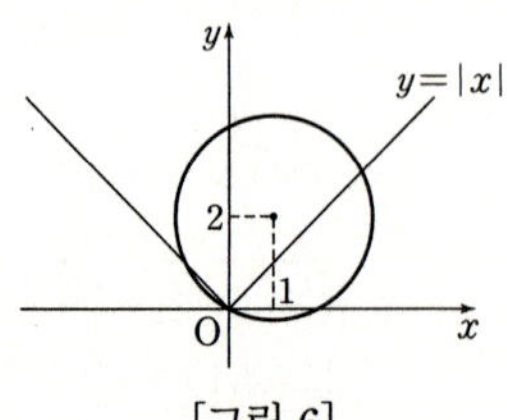

[그림 6]

(vii) $r>\sqrt{5}$일 때, → 주어진 원이 두 직선 $y=x\ (x\geq 0)$, $y=-x\ (x<0)$와 각각 한 점에서만 만나는 경우

함수 $y=|x|$의 그래프와 원 $(x-1)^2+(y-2)^2=r^2$은 [그림 7]과 같으므로 $f(r)=2$

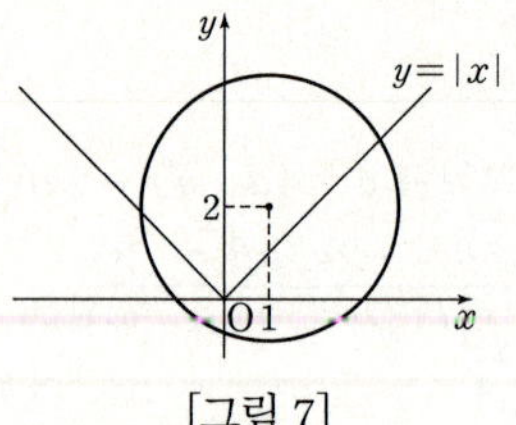

[그림 7]

3rd $f(r)$가 불연속이 되는 점의 개수를 구하자.

(i) ~ (vii)에 의해 함수 $f(r)$의 그래프는 다음과 같다.

$$f(r)=\begin{cases} 0 \left(0<r<\frac{\sqrt{2}}{2}\right) \\ 1 \left(r=\frac{\sqrt{2}}{2}\right) \\ 2 \left(\frac{\sqrt{2}}{2}<r<\frac{3\sqrt{2}}{2}\right) \\ 3 \left(r=\frac{3\sqrt{2}}{2}\right) \\ 4 \left(\frac{3\sqrt{2}}{2}<r<\sqrt{5}\right) \\ 3\ (r=\sqrt{5}) \\ 2\ (r>\sqrt{5}) \end{cases}$$

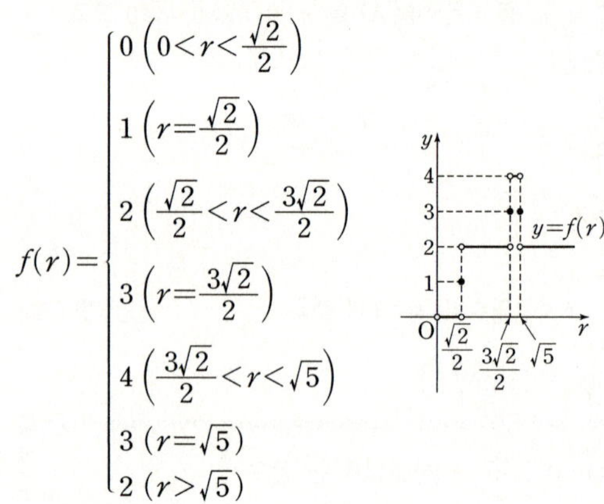

따라서 함수 $f(r)$는 양수 r에 대하여 $r=\frac{\sqrt{2}}{2}$, $r=\frac{3\sqrt{2}}{2}$, $r=\sqrt{5}$에서 불연속이므로 불연속인 점의 개수는 3이다.

함수의 연속 개념·공식

함수 $f(x)$가 $x=a$에서 연속이기 위해서는 다음의 세 가지 조건을 만족해야 한다.

(i) $\lim_{x\to a} f(x)$가 존재

(ii) $f(a)$가 존재

(iii) $\lim_{x\to a} f(x)=f(a)$가 성립

2회 07 정답 ③ *코사인법칙의 활용 [정답률 43%]

[정답 공식: 코사인법칙 $a^2=b^2+c^2-2bc\cos A$를 이용한다.]

그림과 같이 밑면의 반지름의 길이가 2, 모선의 길이가 6, 꼭짓점이 O인 직원뿔에 대하여, 밑면의 지름의 양끝을 A, B라 하고 $\overline{OA}$의 중점을 A′라 하자. 점 P가 점 B에서부터 직원뿔의 옆면을 따라 점 A′까지 움직인 최단거리는? (4점)

단서 최단거리는 직선을 생각할 수 있으므로 직원뿔의 전개도를 생각할 수 있어.

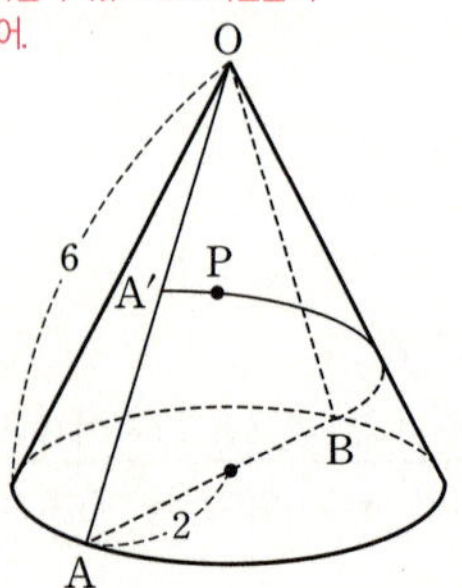

① $\sqrt{3}$ ② $2\sqrt{3}$ ③ $3\sqrt{3}$ ④ $4\sqrt{3}$ ⑤ $5\sqrt{3}$

1st 원뿔의 전개도를 이용해서 $\angle AOB$의 크기를 구하자.

원뿔의 전개도를 그려 두 점 A′과 B를 표시하면 그림과 같다.

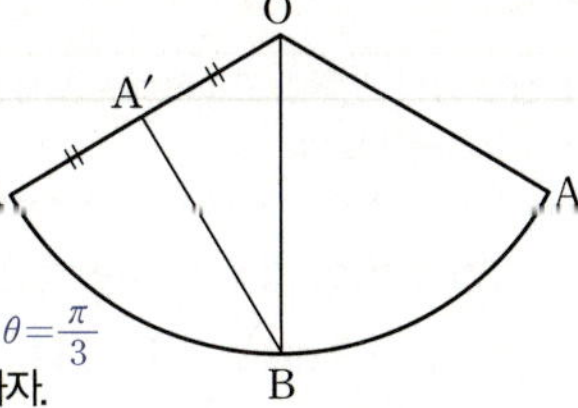

$\widehat{AB}=2\pi$, $\overline{OA}=6$이므로 부채꼴 OAB에서 $\angle AOB=\frac{\pi}{3}$이다.

부채꼴에서 호의 길이 l은 $l=r\theta$이므로 $2\pi=6\theta$이므로 $\theta=\frac{\pi}{3}$

2nd 삼각형 OA′B에서 코사인법칙을 적용하자.

점 P가 움직인 최단거리는 $\overline{A'B}$이므로 삼각형 OA′B에서 코사인법칙을 이용하면

$a^2=b^2+c^2-2bc\cos A$

$\overline{A'B}^2=3^2+6^2-2\times3\times6\times\cos\frac{\pi}{3}=27$

$\therefore \overline{A'B}=3\sqrt{3}$

코사인법칙 개념·공식

삼각형 ABC의 세 변의 길이와 세 각의 크기 사이에는 다음과 같은 관계가 성립한다.

① $a^2=b^2+c^2-2bc\cos A$
② $b^2=c^2+a^2-2ca\cos B$
③ $c^2=a^2+b^2-2ab\cos C$

2회 08 정답 54 *도형에 의해 둘러싸인 부분의 넓이 [정답률 31%]

정답 공식: 직선 l의 방정식을 $y=ax+b$라 놓고 사다리꼴의 넓이가 $f(x)$의 구간 $[0, 6]$에서의 적분 영역의 넓이와 같음을 이용해 a, b의 관계식을 구한 후 이를 직선의 식에 대입해 직선이 항상 지나는 점 D의 좌표를 구한다.

단서1 직선 l의 방정식을 $y=ax+b$라 하고 사다리꼴의 넓이와 곡선 $f(x)$와 x축으로 둘러싸인 부분의 넓이가 같음을 이용하여 식을 세워.

그림과 같이 임의로 그은 직선 l이 y축과 만나는 점을 A, 점 C(6, 0)을 지나고 y축과 평행하게 그은 직선과의 교점을 B라 하자. 사다리꼴 OABC의 넓이가 곡선 $f(x)=x^3-6x^2$과 x축으로 둘러싸인 부분의 넓이와 같을 때, 임의의 직선 l은 항상 일정한 점 D를 지난다. 이때, $\triangle ODC$의 넓이를 구하시오.

(단, $\overline{AB}$는 $\overline{OC}$ 아래에 있다.) (4점)

단서2 직선 l이 항상 일정한 점 D를 지난다고 하니까 항등식을 이용하여 점 D의 좌표를 구해.

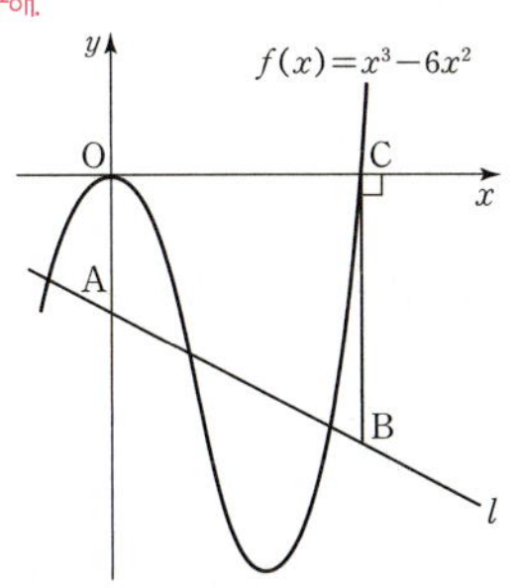

1st 사다리꼴 OABC와 곡선 $y=f(x)$와 x축으로 둘러싸인 부분의 넓이를 각각 구하자.

곡선 $f(x)$와 x축으로 둘러싸인 부분의 넓이를 S_1이라 하면

$S_1=-\int_0^6(x^3-6x^2)dx$

구간 $(0, 6)$에서 $f(x)<0$이므로 $S_1=\int_0^6|f(x)|dx=-\int_0^6 f(x)dx$야.

또한, 직선 l을 $y=ax+b$라 하고 사다리꼴 OABC의 넓이를 S_2라 하면 S_2는 두 직선 l, $x=6$ 및 x축, y축으로 둘러싸인 부분의 넓이므로

$S_2=-\int_0^6(ax+b)dx$이다.

S_1과 마찬가지로 구간 $(0, 6)$에서 직선 l은 x축의 아래쪽에 존재하므로 $S_2=\int_0^6|ax+b|dx=-\int_0^6(ax+b)dx$야.

2nd 임의의 직선 l이 일정한 점을 지나기 위해서는 항등식이 생각나야지?

그런데 $S_1=S_2$라 했으므로

$-\int_0^6(x^3-6x^2)dx=-\int_0^6(ax+b)dx$에서

$\int_0^6(x^3-6x^2-ax-b)dx=0$

$\left[\frac{1}{4}x^4-2x^3-\frac{a}{2}x^2-bx\right]_0^6=0$

$18+3a+b=0$

$\therefore b=-3a-18$

따라서 직선 l의 방정식에 대입하면

$y=ax-3a-18=a(x-3)-18$

$a(x-3)-18-y=0$

a의 값에 관계없이 등식이 성립할 조건은 $x=3$, $y=-18$

즉, 직선 l의 방정식은 $x=3$, $y=-18$일 때, a의 값에 관계없이 등식이 성립하므로 직선 l은 항상 점 $(3, -18)$을 지난다.

따라서 세 점 O(0, 0), C(6, 0), D(3, −18)에 대하여 $\triangle ODC$의 넓이는

$\frac{1}{2}\times6\times18=54$

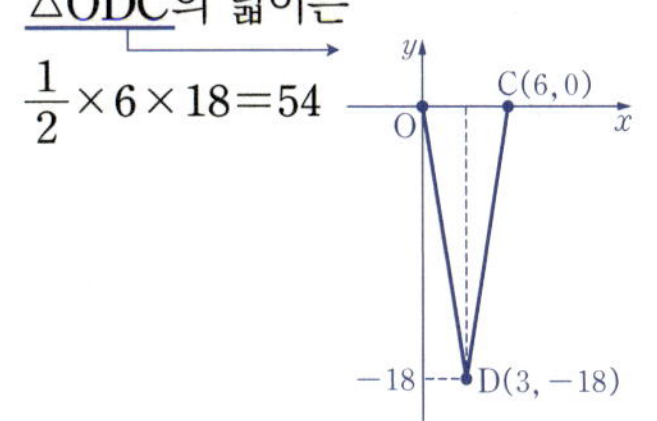

2회 09 정답 ⑤ *수열의 귀납적 정의 [정답률 48%]

정답 공식: 부분분수 $\frac{1}{AB}=\frac{1}{B-A}\left(\frac{1}{A}-\frac{1}{B}\right)$을 이용한다.

$n\geq2$인 자연수 n에 대하여 x^n을 x^2-2x+1로 나눈 나머지를 a_nx+b_n이라 할 때, $\sum_{k=2}^{20}\frac{1}{a_kb_k}=-\frac{n}{m}$이다. 이때, mn의 값은? (단, m과 n은 서로소인 자연수이다.) (3점)

단서 몫과 나머지를 이용한 나눗셈식으로 나타내자.

① 300 ② 320 ③ 340
④ 360 ⑤ 380

1st a_n과 b_n을 수열의 귀납적 정의로 나타낼 수 있도록 식을 변형해보자.

$x^2=(x^2-2x+1)\cdot1+2x-1$이므로 $a_2=2$이고 $b_2=-1$ ⋯ ㉠

$x^n=(x^2-2x+1)f(x)+a_nx+b_n$이라 하면

$x^{n+1}=x(x^2-2x+1)f(x)+a_nx^2+b_nx$ ← x^n에 관한 식의 양변에 x를 곱한 거야.

$=x(x^2-2x+1)f(x)+a_n(x^2-2x+1+2x-1)+b_nx$

$=\{xf(x)+a_n\}(x^2-2x+1)+(2a_n+b_n)x-a_n$

따라서 x^{n+1}을 x^2-2x+1로 나눈 나머지를 $a_{n+1}x+b_{n+1}$이라 하면

$a_{n+1}=2a_n+b_n$이고 $b_{n+1}=-a_n$ ⋯ ㉡

$\therefore a_{n+1}=2a_n-a_{n-1}$ ← $b_{n+1}=-a_n$이므로 $b_n=-a_{n-1}$이고, 이것을 $a_{n+1}=2a_n+b_n$에 대입한 거야.

즉, $2a_n=a_{n-1}+a_{n+1}$이므로 나머지의 일차항의 계수는 등차수열을 이룬다. ← 등차중항을 귀납적 정의로 표현한 거야.

마찬가지로 나머지의 상수항이 이루는 수열도 등차수열이다.

2nd 수열 $\{a_n\}$과 $\{b_n\}$의 일반항을 구하여 구하는 식에 대입하자.

㉠과 ㉡에 의해 $a_3=2a_2+b_2=3$, $b_3=-a_2=-2$가 된다.

두 수열 $\{a_n\}$, $\{b_n\}$은 공차가 각각 $a_3-a_2=1$, $b_3-b_2=-1$인 등차수열이므로 $n\geq2$인 자연수 n에 대하여 ($3-2=1$, $-2-(-1)=-1$)

$a_n=a_2+(n-2)\cdot1=2+(n-2)=n$

$b_n=b_2+(n-2)\cdot(-1)=-1-(n-2)=-(n-1)$

$\therefore \sum_{k=2}^{20}\frac{1}{a_kb_k}=-\sum_{k=2}^{20}\frac{1}{(k-1)k}=-\sum_{k=2}^{20}\left(\frac{1}{k-1}-\frac{1}{k}\right)$

$=-\left\{\left(1-\frac{1}{2}\right)+\left(\frac{1}{2}-\frac{1}{3}\right)+\cdots+\left(\frac{1}{19}-\frac{1}{20}\right)\right\}$

$=-\left(1-\frac{1}{20}\right)=-\frac{19}{20}=-\frac{n}{m}$

따라서 $m=20$, $n=19$이므로 $mn=20\cdot19=380$이다.

2회 10 정답 ④ *함수의 극한의 활용 [정답률 52%]

정답 공식: 평행사변형의 이웃하는 두 변의 길이와 그 끼인각의 크기를 알면 평행사변형의 넓이를 구할 수 있다.

그림과 같이 두 평행선 위의 점 A, B, C와 D, E, F는 서로 합동인 두 정삼각형 ABC와 DEF를 이루는데 삼각형 ABC는 오른쪽으로, 삼각형 DEF는 왼쪽으로 평행선을 따라 서서히 움직이면서 서로 겹치게 된다. 선분 AB의 길이가 3, 선분 AQ의 길이가 t일 때, 겹쳐진 부분인 □APDQ의 넓이를 $f(t)$라 하자.

$\lim_{t\to3}\frac{f(t)}{9-t^2}$의 값은? (4점)

단서 겹쳐진 부분의 도형은 평행사변형 APDQ야. 평행사변형의 넓이를 t에 관한 식으로 표현해보자.

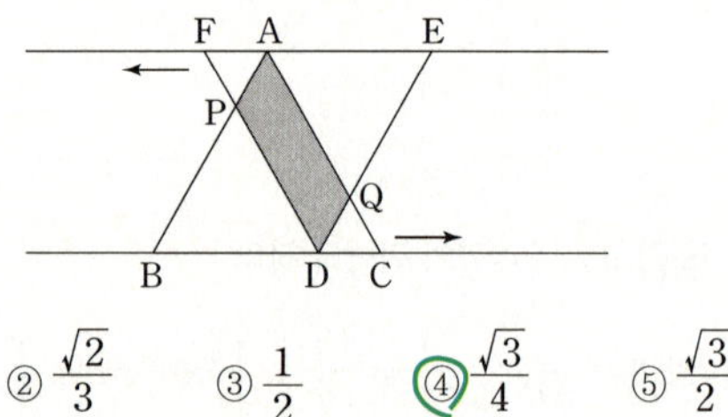

① $\frac{\sqrt{2}}{4}$ ② $\frac{\sqrt{2}}{3}$ ③ $\frac{1}{2}$ ④ $\frac{\sqrt{3}}{4}$ ⑤ $\frac{\sqrt{3}}{2}$

1st □APDQ가 어떤 사각형인지 알아보자.

그림에서 겹쳐진 부분인 □APDQ는 $\angle PAQ=\angle PDQ$ ($=60°$), $\angle APD=\angle DQA$ ($=120°$)이므로 평행사변형이다.

2nd 평행사변형 APDQ의 넓이를 t에 관해 표현하고, 주어진 극한값을 구하면 돼.

$\overline{FD}\,/\!/\,\overline{AQ}$이므로 $\angle AFP=\angle EAQ=60°$

즉, △AFP, △AQE는 정삼각형이고 $\overline{AQ}=t$이므로 $\overline{AE}=t$

그런데 △ABC, △DEF는 합동인 정삼각형이고, $\overline{AB}=3$이므로

$\overline{EF}=3$

$\therefore \overline{AF}=\overline{FE}-\overline{AE}=3-t$

즉, △AFP가 정삼각형이므로 $\overline{AP}=\overline{AF}=3-t$가 된다.

$\angle PDQ=60°$, $\overline{AP}=3-t$이므로

$□APDQ=\overline{AQ}\cdot\overline{AP}\cdot\sin60°=t\times(3-t)\times\sin60°=\frac{\sqrt{3}}{2}t(3-t)$

($□APDQ=2\times\triangle APQ=2\times\frac{1}{2}\times\overline{AQ}\times\overline{AP}\times\sin(\angle PAQ)=\overline{AQ}\times\overline{AP}\times\sin60°$)

$\therefore \lim_{t\to3}\frac{f(t)}{9-t^2}=\lim_{t\to3}\frac{\frac{\sqrt{3}}{2}t(3-t)}{(3-t)(3+t)}=\lim_{t\to3}\frac{\frac{\sqrt{3}}{2}t}{t+3}=\frac{\frac{\sqrt{3}}{2}\cdot3}{6}=\frac{\sqrt{3}}{4}$

함수의 극한값 구하는 방법 개념·공식

① $\frac{\infty}{\infty}$ 꼴 : 분모, 분자를 분모의 최고차항으로 나눈다.

② $\frac{0}{0}$ 꼴 : 분수식은 인수분해한 후 약분하고, 무리식은 유리화한다.

③ $\infty-\infty$ 꼴 : 다항식은 최고차항을 묶어내고, 무리식은 유리화한다.

④ $0\cdot\infty$ 꼴 : $\frac{\infty}{\infty}$, $\frac{0}{0}$ 꼴로 변형한다.

2회 11 정답 17 *이산확률변수와 기댓값(평균) [정답률 35%]

정답 공식: 평균과 표준편차는 $\overline{A_1B_1}$, $\overline{A_2B_2}$, …, $\overline{A_nB_n}$의 길이이므로 확률변수 X로 두고 식을 세운다.

각각 둘레의 길이가 20인 n개의 직사각형

$A_1B_1C_1D_1$, $A_2B_2C_2D_2$, …, $A_nB_nC_nD_n$

이 있다. 변 A_1B_1, A_2B_2, …, A_nB_n의 길이의 평균이 7, 표준편차가 2일 때, 이 직사각형의 넓이의 평균을 구하시오. (3점)

단서 직사각형의 한 변의 길이의 평균이 7이면 한 변의 길이의 제곱의 평균은 얼마일까?

1st 변의 길이의 평균과 표준편차를 이용하여 (변의 길이)^{2}의 평균을 구해 보자.

변 A_1B_1, A_2B_2, …, A_nB_n의 길이를 각각 x_1, x_2, …, x_n이라 하면 변의 길이의 평균은 7이므로

$\frac{x_1+x_2+\cdots+x_n}{n}=7$

$\therefore \frac{1}{n}\sum_{k=1}^{n}x_k=7$

또, 표준편차가 2이므로 (→ 분산은 $2^2=4$가 돼.)

$(분산)=\frac{x_1^2+x_2^2+\cdots+x_n^2}{n}-7^2=2^2$

$\therefore \frac{1}{n}\sum_{k=1}^{n}x_k^2=53$

2nd 직사각형의 둘레의 길이를 이용하여 넓이의 평균을 구해 보자.

각각의 직사각형의 둘레의 길이가 20이고 이 직사각형들의 넓이의 평균을 m이라 하면

(→ 한 변의 길이가 x_n이면 나머지 한 변의 길이는 $10-x_n$이 돼.)

$m=\frac{1}{n}\{x_1(10-x_1)+x_2(10-x_2)+\cdots+x_n(10-x_n)\}$ (→ n개의 직사각형의 넓이야.)

$=\frac{1}{n}\sum_{k=1}^{n}x_k(10-x_k)$

$=10\cdot\frac{1}{n}\sum_{k=1}^{n}x_k-\frac{1}{n}\sum_{k=1}^{n}x_k^2$

$=10\cdot7-53$

$=17$

[다른 풀이]

$\overline{A_nB_n}$의 평균을 $E(X)$, 표준편차를 $\sigma(X)$라고 하면

$E(X)=7$, $\sigma(X)=2$이면 $V(X)=4$ (→ $\{\sigma(X)\}^2$)

$\therefore E(X(10-X))=10E(X)-E(X^2)$

$=10E(X)-[V(X)+\{E(X)\}^2]$

$=17$

이산확률변수 X의 기댓값과 분산, 표준편차 개념·공식

확률변수 X의 확률질량함수가 $P(X=x_i)=p_i$ $(i=1, 2, 3, \cdots, n)$일 때, X의 확률분포를 표로 나타내면 아래와 같다.

X	x_1	x_2	…	x_n	합계
$P(X=x)$	p_1	p_2	…	p_n	1

이때,

① $E(X)=\sum_{i=1}^{n}x_ip_i$

② $V(X)=E(X^2)-\{E(X)\}^2$

③ $\sigma(X)=\sqrt{V(X)}$

2회 12 정답 ① *조건부확률의 활용 [정답률 64%]

정답 공식: $P(B|A)$는 주사위를 던져서 홀수의 눈이 나올 때, 소수의 눈이 나올 조건부확률이다.

한 개의 주사위를 던질 때 홀수의 눈이 나오는 사건을 A, 소수의 눈이 나오는 사건을 B라 하자. $P(B|A)+P(B|A^C)$의 값은? (단, A^C은 A의 여사건이다.) (3점)

단서 $P(B|A)$는 홀수의 눈이 나왔을 때, 소수의 눈이 나올 확률이고 $P(B|A^C)$은 짝수의 눈이 나왔을 때, 소수의 눈이 나올 확률이야.

① 1 ② $\frac{1}{2}$ ③ $\frac{1}{3}$ ④ $\frac{1}{4}$ ⑤ $\frac{1}{6}$

1st 주어진 조건부확률을 계산하기 편하게 바꾸자.

$$P(B|A)+P(B|A^C)=\frac{P(A\cap B)}{P(A)}+\frac{P(A^C\cap B)}{P(A^C)}$$

실수 조건부확률의 정의는 정확히 이해하고 있어야 해.

2nd 각각의 확률을 계산하여 식을 완성하자.

$$\therefore \frac{P(A\cap B)}{P(A)}+\frac{P(A^C\cap B)}{P(A^C)}=\frac{\frac{2}{6}}{\frac{1}{2}}+\frac{\frac{1}{6}}{\frac{1}{2}}=\frac{2}{3}+\frac{1}{3}=1$$

2회 13 정답 ③ *표본평균의 표준화의 응용 [정답률 24%]

정답 공식: 표본평균 $\overline{X}$와 확률변수 Y가 따르는 정규분포를 각각 찾고 표준화하여 비교한다.

어느 공장에서 생산되는 제품의 무게 X는 평균이 60 g, 표준편차가 5 g인 정규분포를 따른다고 한다. 제품의 무게가 50 g 이하인 제품은 불량품으로 판정한다. 이 공장에서 생산된 제품 중에서 2500개를 임의로 추출할 때, ❶2500개 무게의 평균을 $\overline{X}$, ❷불량품의 개수를 Y라고 하자. 위의 표준정규분포표를 이용하여 옳은 것만을 [보기]에서 있는 대로 고른 것은? (4점)

⇒ 모집단의 확률변수 X

z	$P(0\le Z\le z)$
0.5	0.19
1.0	0.34
1.5	0.43
2.0	0.48
2.5	0.49

[보기]

ㄱ. $P(\overline{X}\ge 60)=\frac{1}{2}$ ⇒ 표본평균 $\overline{X}$의 확률 값이니까 표준화!

ㄴ. $P(Y\ge 57)=P(\overline{X}\le 59.9)$ ⇒ 확률변수 Y와 표본평균 $\overline{X}$의 확률 값이니까 표준화!

ㄷ. 임의의 양수 k에 대하여
$P(60-k\le X\le 60+k)>P(60-k\le \overline{X}\le 60+k)$

① ㄱ ② ㄷ ③ ㄱ, ㄴ
④ ㄴ, ㄷ ⑤ ㄱ, ㄴ, ㄷ

단서 연속확률변수 X에 대하여 표본평균(❶)과 이산확률변수(❷)가 주어졌지? [보기]는 각 변수의 확률을 비교하는 거니까 표준화를 해야 해. 그럼, 먼저 각 변수의 정규분포를 생각해야겠네.

1st 표본평균 $\overline{X}$에 대한 정규분포를 구하여 ㄱ의 확률값을 구해.

ㄱ. 제품의 무게를 확률변수 X라 하면 X는 정규분포 $N_X(60, 5^2)$을 따르므로 2500개를 임의로 추출할 때, 표본평균 $\overline{X}$는 정규분포 $N_{\overline{X}}\left(60, \left(\frac{1}{10}\right)^2\right)$을 따른다. $E(\overline{X})=60$, $\sigma(\overline{X})=\frac{5}{\sqrt{2500}}=\frac{1}{10}$

이때, $Z=\frac{\overline{X}-60}{\frac{1}{10}}$ … ㉠이라 하면 확률변수 Z는 표준정규분포 $N(0, 1)$을 따르므로

$$P(\overline{X}\ge 60)=P\left(Z\ge \frac{60-60}{\frac{1}{10}}\right)$$
$$=P(Z\ge 0)=0.5=\frac{1}{2} \text{ (참)}$$

$P(Z\ge 0)=P(Z\le 0)=0.5$

2nd 확률변수 Y는 이산확률변수이니까 제품의 불량률로 이항분포를 구하여 확률변수 Y에 대한 정규분포를 구하자.

ㄴ. 제품의 무게가 50 g 이하인 제품을 불량품으로 판정한다고 하였으므로 정규분포 $N_X(60, 5^2)$에 의해 불량률을 구하면

제품의 무게가 확률변수 X이니까 $X\le 50$ / $=P(X\le 50)$

$$P(X\le 50)=P\left(Z\le \frac{50-60}{5}\right)$$
$$=P(Z\le -2)$$
$$=0.5-P(0\le Z\le 2)$$
$$=0.5-0.48=0.02$$

양수 a에 대하여 $P(Z\le -a)=P(Z\ge a)$
$=P(Z\ge 0)-P(0\le Z\le a)$
$=0.5-P(0\le Z\le a)$

불량품의 개수가 Y이므로 확률변수 Y는 이항분포 $B(2500, 0.02)$를 따르므로 n이 충분히 클 때 확률변수 Y는 정규분포 $N_Y(50, 7^2)$을 따른다. 이때, $Z=\frac{Y-50}{7}$이라 하면 확률변수 Z는 표준정규분포 $N(0, 1)$을 따르므로

이산확률변수 / $np=50\ge 5$, $n(1-p)\ge 5$ / $E(Y)=2500\times 0.02=50$, $\sigma(Y)=\sqrt{2500\times 0.02\times 0.98}=7$

$$P(Y\ge 57)=P\left(Z\ge \frac{57-50}{7}\right)=P(Z\ge 1) \cdots ㉡$$

한편 ㉠에 의하여

$$P(\overline{X}\le 59.9)=P\left(Z\le \frac{59.9-60}{\frac{1}{10}}\right)$$
$$=P(Z\le -1)=P(Z\ge 1) \cdots ㉢$$

실수 표준정규분포곡선은 $z=0$에 대하여 대칭이므로 $P(Z\le -a)=P(Z\ge a)$이야.

㉡, ㉢에 의하여
$P(Y\ge 57)=P(\overline{X}\le 59.9)$(참)

ㄷ. 정규분포 $N_X(60, 5^2)$에 의하여 표준화하면

$$P(60-k\le X\le 60+k)$$
$$=P\left(\frac{(60-k)-60}{5}\le \frac{X-60}{5}\le \frac{(60+k)-60}{5}\right)$$
$$=P\left(-\frac{k}{5}\le Z\le \frac{k}{5}\right)$$

정규분포 $N_{\overline{X}}\left(60, \left(\frac{1}{10}\right)^2\right)$에 의하여 표준화하면

$$P(60-k\le \overline{X}\le 60+k)$$
$$=P\left(\frac{(60-k)-60}{\frac{1}{10}}\le \frac{\overline{X}-60}{\frac{1}{10}}\le \frac{(60+k)-60}{\frac{1}{10}}\right)$$
$$=P(-10k\le Z\le 10k)$$

따라서 임의의 양수 k에 대하여
$P(60-k\le X\le 60+k)<P(60-k\le \overline{X}\le 60+k)$ (거짓)

따라서 옳은 것은 ㄱ, ㄴ이다.

톡톡 풀이

ㄷ. 같은 구간에서 평균이 같은 두 확률변수에 대하여 표준편차가 작은 확률변수의 확률이 더 크지.
따라서 두 확률변수 X, $\overline{X}$의 평균은 같고 표준편차는 $\overline{X}$가 X보다 작으므로 같은 구간에서 $\overline{X}$의 확률이 더 커. (거짓)

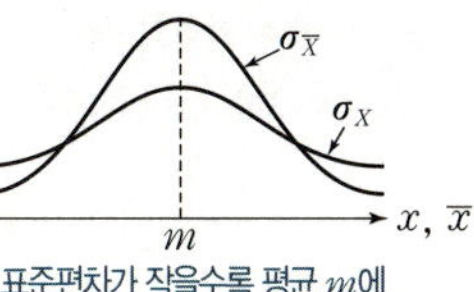

표준편차가 작을수록 평균 m에 더 밀집되어 있으니 넓이가 더 넓겠지?

모의고사 2회

2회 14 정답 ③ *확률의 응용(2) [정답률 45%]

(**정답 공식:** 1번째, 2번째 시행에서 1장씩 뒤집고 3번째 시행에서 2장을 뒤집는 경우, 2번째 시행까지 3장을 뒤집는 경우가 있다.)

그림과 같이 1, 2, 3, 4, 5, 6의 숫자가 한 면에만 각각 적혀 있는 6장의 카드가 일렬로 놓여 있다. ❶주사위 한 개를 던져서 나온 눈의 수가 2 이하이면 가장 작은 숫자가 적혀 있는 카드 1장을 뒤집고, ❷3 이상이면 가장 작은 숫자가 적혀 있는 카드부터 차례로 2장의 카드를 뒤집는 시행을 한다. ❸3번째 시행에서 4가 적혀 있는 카드가 뒤집어질 확률은? (단, 모든 카드는 한 번만 뒤집는다.) (4점)

1	2	3	4	5	6

① $\frac{4}{9}$ ② $\frac{13}{27}$ ③ $\frac{14}{27}$
④ $\frac{5}{9}$ ⑤ $\frac{16}{27}$

단서 ❶, ❷에 의하여 눈의 수가 2 이하, 2 초과되는 경우로 나누어야겠지? 따라서 두 사건 ❶, ❷로 ❸이 되는 경우를 나누어 생각해야겠네.

1st 주사위 한 개를 던져서 나오는 눈의 수가 2 이하일 확률과 3 이상일 확률을 각각 구해 보자.

주사위 한 개를 던져서 나오는 눈의 수가 2 이하일 사건을 A, 3 이상일 사건을 B라 하면 (1, 2와 같이 2가지) (3, 4, 5, 6과 같이 4가지)

$P(A)=\frac{2}{6}=\frac{1}{3}$, $P(B)=\frac{4}{6}=\frac{2}{3}$

2nd 3번째 시행에서 4가 적혀 있는 카드가 뒤집어질 경우를 생각해야 해.

3번째 시행에서 4가 적혀 있는 카드가 뒤집어지는 경우는 다음과 같다.

(i) 3번째에 4가 적힌 카드만 뒤집어지는 경우는

$A \to B \to A$ 또는 $B \to A \to A$이므로 확률은 (합사건이지?)

$\left(\frac{1}{3}\times\frac{2}{3}\times\frac{1}{3}\right)+\left(\frac{2}{3}\times\frac{1}{3}\times\frac{1}{3}\right)=\frac{4}{27}$ (1 2 3 4 … : A B A / 1 2 3 4 … : B A A)

(ii) 3번째에 3이 적힌 카드와 4가 적힌 카드가 동시에 뒤집어지는 경우는 $A \to A \to B$이므로 확률은

$\frac{1}{3}\times\frac{1}{3}\times\frac{2}{3}=\frac{2}{27}$ (1 2 3 4 … : A A B)

(iii) 3번째에 4가 적힌 카드와 5가 적힌 카드가 동시에 뒤집어지는 경우는 $A \to B \to B$ 또는 $B \to A \to B$이므로 확률은 (합사건이야.)

$\left(\frac{1}{3}\times\frac{2}{3}\times\frac{2}{3}\right)+\left(\frac{2}{3}\times\frac{1}{3}\times\frac{2}{3}\right)=\frac{8}{27}$ (1 2 3 4 5 … : A B B / 1 2 3 4 5 … : B A B)

(i), (ii), (iii)에 의하여 구하는 확률은

$\frac{4}{27}+\frac{2}{27}+\frac{8}{27}=\frac{14}{27}$

→ (i) 또는 (ii) 또는 (iii)이 일어나는 경우이므로 각 경우의 확률을 더해 줘.

수능 핵강

특별한 공식보다는 주어진 상황에서 경우를 나누어 확률을 구할 수 있는지 물어보는 것이므로 빠지거나 중복되는 경우 없이 경우를 나누었는지 생각해야 해. 또한, (i)처럼 두 가지의 경우가 있는 확률은 $A \to B \to A$가 나올 수 있는 확률과 $B \to A \to A$가 나올 수 있는 확률을 각각 구해서 확률의 덧셈정리를 이용하면 돼.

2회 15 정답 ③ *확률의 실생활 응용 [정답률 45%]

(**정답 공식:** A, C가 우승할 확률을 경우를 나누어 구해본다.)

A, B, C, D 네 팀이 다음 (가), (나), (다) 중 하나를 추첨하여 토너먼트 전을 한다.

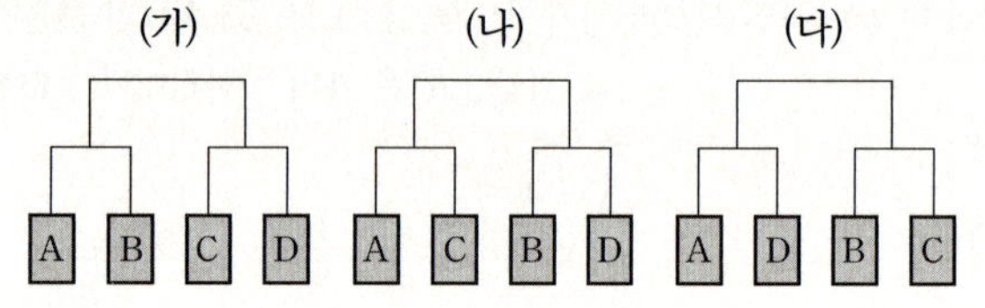

A가 다른 세 팀을 이길 확률은 어느 팀이든 $\frac{2}{3}$, B가 다른 세 팀을 이길 확률은 어느 팀이든 $\frac{1}{3}$, C가 D에 이길 확률은 $\frac{1}{2}$이다. [보기]에서 옳은 것만을 있는 대로 고른 것은? (단, 비기는 경우는 없는 것으로 한다.) (4점)

단서 (가), (나), (다) 모두 두 번만 이기면 우승이야. 한 번 실력순으로 팀을 비교해 보면 A>C=D>B라고 할 수 있겠지?

[보기]

ㄱ. A가 우승할 확률은 어떤 시합에서든 $\frac{4}{9}$이다.

ㄴ. C가 우승할 확률은 (가)일 때 가장 크다.

ㄷ. A와 D가 시합할 확률은 $\frac{16}{27}$이다.

① ㄱ ② ㄱ, ㄴ ③ ㄱ, ㄷ
④ ㄴ, ㄷ ⑤ ㄱ, ㄴ, ㄷ

1st A는 2번만 이기면 우승이지?

ㄱ. A가 다른 세 팀을 이길 확률은 어느 팀이든 $\frac{2}{3}$이고, A가 우승을 하려면 1회전과 결승에서 모두 이겨야 하며 각각 이길 확률은 $\frac{2}{3}$이다.

즉, A가 우승할 확률은 어떤 시합에서든

$\left(\frac{2}{3}\right)^2=\frac{4}{9}$ (참)

2nd (가), (나), (다) 각 경우에 대하여 C가 우승할 확률을 구해.

ㄴ. (가)일 때

C가 우승하는 것은 1회전에서 A 또는 B가, 결승에서 C가 이기는 경우이므로 그 확률은

$\frac{2}{3}\cdot\frac{1}{2}\cdot\frac{1}{3}+\frac{1}{3}\cdot\frac{1}{2}\cdot\frac{2}{3}=\frac{2}{9}$

실수 각 경우에 대하여 곱의 법칙이고, 총 확률을 구할 때는 합의 법칙이야.

(나)일 때

C가 우승하는 것은 1회전에서 B 또는 D가 이기고, 결승에서 C가 이기는 경우이므로 그 확률은

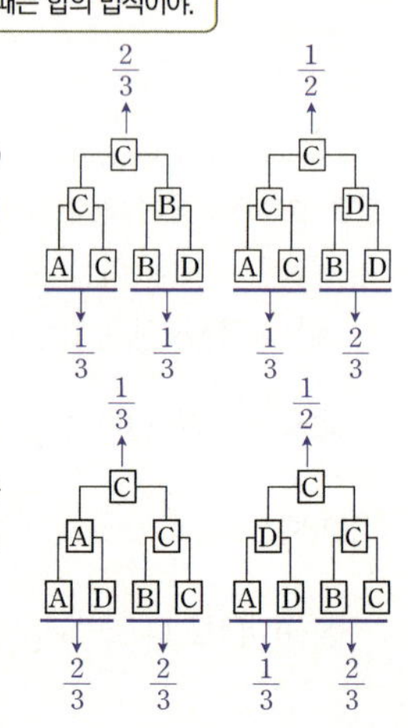

$\frac{1}{3}\cdot\frac{1}{3}\cdot\frac{2}{3}+\frac{1}{3}\cdot\frac{2}{3}\cdot\frac{1}{2}=\frac{5}{27}$

(다)일 때

C가 우승하는 것은 1회전에서 A 또는 D가 이기고, 결승에서 C가 이기는 경우이므로 그 확률은

$\frac{2}{3}\cdot\frac{2}{3}\cdot\frac{1}{3}+\frac{1}{3}\cdot\frac{2}{3}\cdot\frac{1}{2}=\frac{7}{27}$

즉, C가 우승할 확률은 (다)일 때 가장 크다. (거짓)

3rd (가), (나), (다) 각 경우에서 A와 D가 시합할 확률을 각각 계산해봐.

ㄴ. (가)일 때

A와 D는 결승에서 만나야 하므로

$\frac{2}{3}\cdot\frac{1}{2}=\frac{1}{3}$

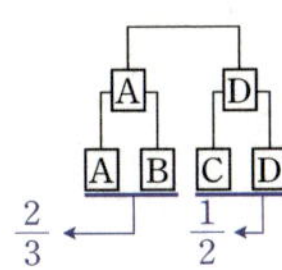

(나)일 때

마찬가지로 A와 D가 결승에서 만나야 하므로

$\frac{2}{3}\cdot\frac{2}{3}=\frac{4}{9}$

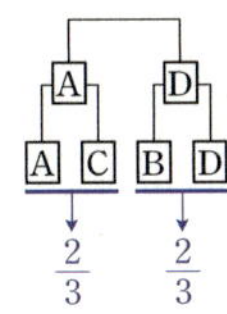

(다)일 때

1회전에서 A와 D가 만나므로 확률은 1이다.

이때, 각 조합이 추첨에 의해 그 조합으로 결정될 확률이 $\frac{1}{3}$씩이므로

→ (가) 또는 (나) 또는 (다)를 말해.

(구하는 확률)$=\frac{1}{3}\cdot\frac{1}{3}+\frac{1}{3}\cdot\frac{4}{9}+\frac{1}{3}\cdot 1=\frac{16}{27}$ (참)

따라서 옳은 것은 ㄱ, ㄷ이다.

수능 핵강

어떤 경우에 보기에서 제시하는 조건을 만족하는지를 파악하여, 각각의 확률을 곱해 주고 더해 주면 돼.

ㄱ의 경우, A가 다른 세 팀을 이기는 확률은 모두 동일하기 때문에, 우승하기 위해선 그냥 두 번의 게임에서 모두 이기는 경우에 대해서 확률을 계산하면 돼.

ㄴ, ㄷ은 좀 더 복잡하긴 하지만 각각의 경우에 따라 우승할 수 있는 확률을 구하고 더해 주면 되겠지.

또는 C가 가장 약팀을 제일 먼저 이기고 나서 강팀들 중에서 이긴 팀과 겨뤄서 이기는 것이 우승할 확률이 가장 높겠지.

합의 법칙, 곱의 법칙 개념·공식

① 합의 법칙 : 두 사건 A, B가 동시에 일어나지 않을 때, 사건 A가 일어나는 경우의 수가 m, 사건 B가 일어나는 경우의 수가 n이면 사건 A 또는 사건 B가 일어나는 경우의 수는 $m+n$

② 곱의 법칙 : 사건 A가 일어나는 경우의 수가 m이고, 이 각각에 대하여 사건 B가 일어나는 경우의 수가 n이면 두 사건 A, B가 동시에 일어나는 경우의 수는 $m\times n$

3회 고난도 실전 모의고사

3회 01 정답 ④ *지수법칙의 활용 [정답률 51%]

(정답 공식: 거듭제곱근이 자연수가 되려면 지수가 자연수가 되어야 한다.)

n이 정수일 때, $\left(\frac{1}{81}\right)^{\frac{1}{n}}$이 나타낼 수 있는 모든 자연수의 합은? (3점)

단서 $\frac{1}{81}=3^{-4}$임을 이용하여 주어진 식이 자연수가 되게 하는 정수 n의 값을 찾자.

① 63 ② 73 ③ 83 ④ 93 ⑤ 103

1st 지수법칙을 이용하여 주어진 식을 밑이 3인 수로 표현해 봐.

$\left(\frac{1}{81}\right)^{\frac{1}{n}}=(3^{-4})^{\frac{1}{n}}=3^{-\frac{4}{n}}$ … ㉠

실수 복잡하게 표현된 식을 간단하게 정리해야 하지? 밑이 '소수'인 거듭제곱으로 표현해야 해!

㉠의 값이 자연수가 되려면 지수인 $-\frac{4}{n}$가 자연수가 되어야 하므로

3^x이 자연수가 되려면 x의 값은 0 또는 자연수여야 해. 그런데 ㉠의 지수 $-\frac{4}{n}$는 0이 될 수 없으므로 $-\frac{4}{n}$는 자연수여야 하는 거야.

조건을 만족시키는 n의 값은 -1, -2, -4이다.

$-\frac{4}{n}$가 자연수가 되려면 n은 음수여야 하고 $|n|$의 값이 4의 약수여야 하지? 즉, n의 값은 -1, -2, -4야.

2nd 구한 n의 값을 ㉠에 각각 대입하면 되겠지?

(i) $n=-1$일 때,

$3^{-\frac{4}{n}}=3^{-\frac{4}{-1}}=3^4=81$

(ii) $n=-2$일 때,

$3^{-\frac{4}{n}}=3^{-\frac{4}{-2}}=3^2=9$

(iii) $n=-4$일 때,

$3^{-\frac{4}{n}}=3^{-\frac{4}{-4}}=3^1=3$

따라서 구하는 모든 자연수의 합은 $81+9+3=93$

3회 02 정답 ③ *사잇값의 정리의 활용 [정답률 40%]

(정답 공식: 함수 $f(x)$가 닫힌구간 $[a, b]$에서 연속이고 $f(a)f(b)<0$이면 방정식 $f(x)=0$은 열린구간 (a, b)에서 적어도 하나의 실근을 갖는다.)

임의의 세 실수 a, b, c가 $a<b<c$를 만족시킬 때, 방정식

$$(x-a)(x-b)(x-c)+(x-a)(x-b)+(x-b)(x-c)+(x-c)(x-a)=0$$

의 근에 대한 다음 [보기]의 설명 중에서 옳은 것만을 있는 대로 고른 것은? (4점)

단서1 특수한 꼴의 방정식이야. $x=a, b, c$를 대입하면 없어지는 항이 생기잖아.

[보기]

ㄱ. 주어진 방정식은 구간 (a, b)에서 적어도 한 개의 실근을 가진다. 단서2 특정 구간에서 실근이 존재한다는 것은 사잇값의 정리를 이용할 수 있는지 생각해보자.

ㄴ. 주어진 방정식은 정확히 3개의 실근을 가진다.

ㄷ. 임의의 실수 a, b, c가 $c<a<b$일 때, 주어진 방정식의 실근은 2개이다.

① ㄱ ② ㄴ ③ ㄱ, ㄴ ④ ㄴ, ㄷ ⑤ ㄱ, ㄴ, ㄷ

1st 주어진 방정식의 좌변을 함수로 놓고 그래프를 그려 보자.

ㄱ. $f(x)=(x-a)(x-b)(x-c)+(x-a)(x-b)+(x-b)(x-c)+(x-c)(x-a)$

모의고사 3회

$a<b<c$에 의해

$f(a)=(a-b)(a-c)>0$ → $a-b<0,\ a-c<0$

$f(b)=(b-c)(b-a)<0$ → $b-c<0,\ b-a>0$

$f(c)=(c-a)(c-b)>0$ → $c-a>0,\ c-b>0$

삼차함수 $f(x)$의 최고차항이 양수이므로 $\lim_{x\to-\infty} f(x)=-\infty$,

$\lim_{x\to\infty} f(x)=\infty$ → 함수 $f(x)$가 닫힌구간 $[a, b]$에서 연속이고 $f(a)\neq f(b)$이면 $f(a)$와 $f(b)$ 사이의 임의의 값 k에 대하여 $f(c)>k(a<c<b)$인 c가 적어도 하나 존재해.

따라서 사잇값의 정리에 의하여 방정식 $f(x)=0$은 구간 $(-\infty, a)$, (a, b), (b, c)에서 각각 적어도 하나의 실근을 갖는다. (참)

ㄴ. 방정식 $f(x)=0$은 삼차방정식이므로 실근의 개수는 3개가 된다. (참)

ㄷ. $c<a<b$일 때, ㄱ에 의해 $f(x)=0$은 적어도 3개의 실근을 가져. 그런데 $f(x)=0$은 삼차방정식이지? 즉, 방정식 $f(x)=0$은 정확히 3개의 실근을 가지지.

$f(c)=(c-a)(c-b)>0$

$f(a)=(a-b)(a-c)<0$

$f(b)=(b-c)(b-a)>0$

ㄱ, ㄴ과 마찬가지 방법으로 구하면 방정식 $f(x)=0$의 실근은 3개가 된다. (거짓)

따라서 옳은 것은 ㄱ, ㄴ이다.

수능 핵강

복잡한 함수식을 주고, 이 함수의 그래프의 모양에 대해 묻는 것, 사잇값의 정리를 이용해서 주어진 구간에서 실수의 개수를 구하는 것 등 보기 중에서 옳은 것만 고르는 문제가 수능에서 자주 출제되는 대표적 유형이야. 차근차근 따져보면서 풀면 어렵지 않게 풀 수 있을 거야.

사잇값의 정리의 활용 개념·공식

함수 $f(x)$가 닫힌구간 $[a, b]$에서 연속이고 $f(a)$와 $f(b)$의 부호가 서로 다를 때, 즉 $f(a)f(b)<0$일 때 $f(c)=0$인 c가 열린구간 (a, b)에 적어도 하나 존재한다. 즉, 방정식 $f(x)=0$은 열린구간 (a, b)에서 적어도 하나의 실근을 갖는다.

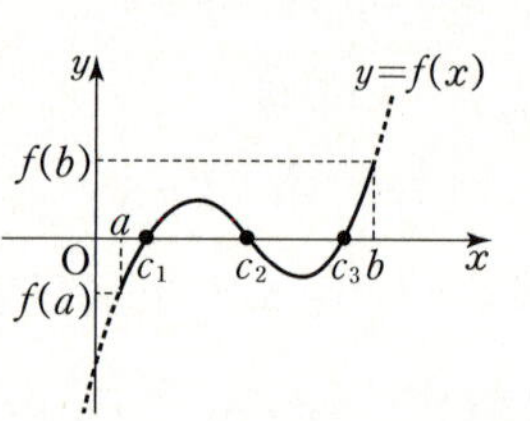

3회 03 정답 ③ *지수함수의 그래프의 활용 [정답률 59%]

정답 공식: 서로 다른 두 자연수 m, n에 대하여 $m\leq x\leq n$인 자연수 x의 개수는 $n-m+1$이다.

두 지수함수 $y=2^x$, $y=3^x$의 그래프와 직선 $x=6$으로 둘러싸인 부분의 x, y좌표가 모두 정수인 점의 개수는? (단, 경계선은 포함된다.) (4점) 단서 격자점이라고 해. 격자점의 개수를 셀 때는 세로로 세야 중복을 하거나 빠먹지 않고 셀 수가 있어.

① 971 ② 972 ③ 973 ④ 974 ⑤ 975

1st 두 지수함수의 그래프와 직선을 그려 보고 격자점을 세어 보자.

두 지수함수 $y=2^x$, $y=3^x$의 그래프와 직선 $x=6$으로 둘러싸인 범위 안에서 임의의 정수 k에 대하여 직선 $x=k$를 생각하면 두 점 $(k, 2^k)$, $(k, 3^k)$과 그 사이의 구하는 점의 개수는 3^k-2^k+1이다. → $2^k, 2^k+1, \cdots, 3^k$의 개수이므로 (3^k-2^k+1)개야.

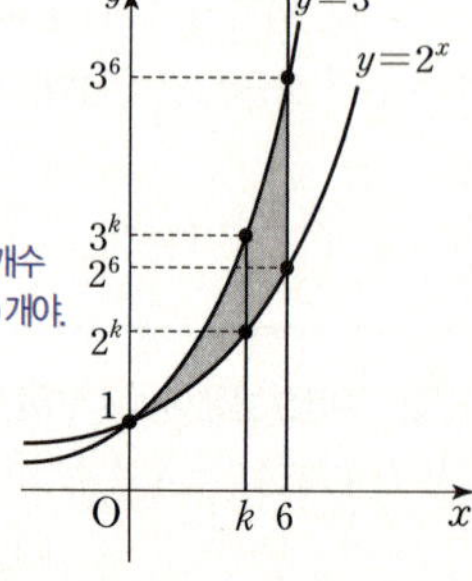

2nd $k=0, 1, 2, 3, 4, 5, 6$일 때, 3^k-2^k+1의 합을 구하여야 하므로 등비수열의 합을 이용하여 보자.

$$\sum_{k=0}^{6}(3^k-2^k+1)=\frac{3^7-1}{3-1}-\frac{2^7-1}{2-1}+7$$

$$=973(\text{개})$$

$\sum_{k=0}^{6}3^k$, $\sum_{k=0}^{6}2^k$, $\sum_{k=0}^{6}1=1+1+1+1+1+1+1=7$ (7개)

주의 $t=0$에서 $k=b$까지니까 $1\times7=7$이 되는 거야. $k=6$만 보고 습관적으로 $1\times6=6$으로 하지 않게 조심해.

지수함수 $y=a^x$의 그래프 개념·공식

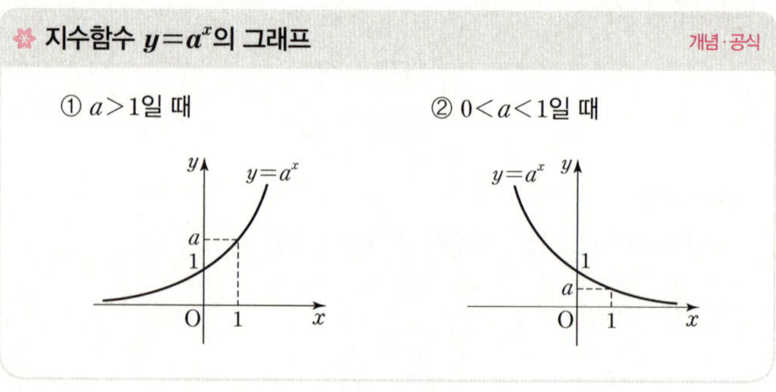

3회 04 정답 ② *합성함수의 연속성 [정답률 44%]

정답 공식: 합성함수 $f(g(x))$가 $x=a$에서 연속이면 $f(g(a))=\lim_{x\to a}f(g(x))$가 성립한다.

두 함수 $f(x)$, $g(x)$의 그래프가 그림과 같을 때, 다음 [보기] 중에서 옳은 것만을 있는 대로 고른 것은? (4점)

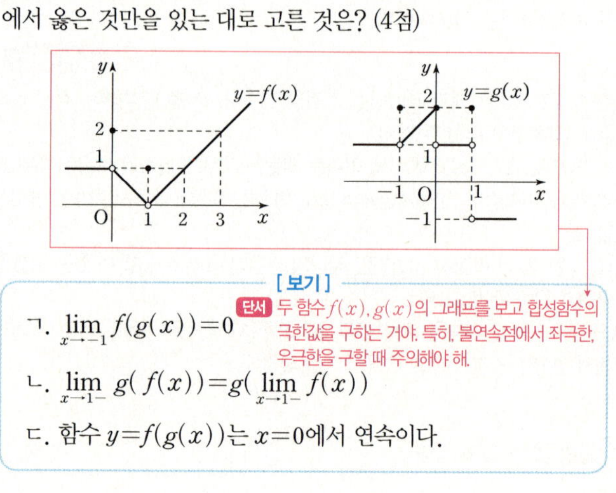

[보기]

ㄱ. $\lim_{x\to-1}f(g(x))=0$

ㄴ. $\lim_{x\to1-}g(f(x))=g(\lim_{x\to1-}f(x))$

ㄷ. 함수 $y=f(g(x))$는 $x=0$에서 연속이다.

단서 두 함수 $f(x)$, $g(x)$의 그래프를 보고 합성함수의 극한값을 구하는 거야. 특히, 불연속점에서 좌극한, 우극한을 구할 때 주의해야 해.

① ㄱ ② ㄷ ③ ㄱ, ㄴ ④ ㄱ, ㄷ ⑤ ㄴ, ㄷ

1st $\lim_{x\to-1}f(g(x))$가 존재하려면 $\lim_{x\to-1-}f(g(x))=\lim_{x\to-1+}f(g(x))=\alpha$ (α는 상수)이어야 해.

ㄱ. $\lim_{x\to-1+}f(g(x))=\lim_{t\to1+}f(t)=0$, $\lim_{x\to-1-}f(g(x))=f(1)=1$이므로

$\lim_{x\to-1+}g(x)$는 1보다 큰 수에서 1에 한 없이 접근하므로 $\lim_{x\to-1+}g(x)=1+0$야. 즉, $g(x)=t$로 놓으면 $x\to-1+$일 때 $t\to1+$이므로 $\lim_{x\to-1+}f(g(x))=\lim_{t\to1+}f(t)$

$\lim_{x\to-1}f(g(x))$는 존재하지 않는다. (거짓)

ㄴ. $\lim_{x\to1-}g(f(x))=\lim_{t\to0+}g(t)=1$

$\lim_{x\to1-}f(x)=0$이므로 $g(\lim_{x\to1-}f(x))=g(0)=2$ → 극한값 자체를 대입한 거야.

$\therefore \lim_{x\to1-}g(f(x))\neq g(\lim_{x\to1-}f(x))$ (거짓)

2nd 함수 $y=f(g(x))$가 $x=0$에서 연속이려면 $\lim_{x\to0}f(g(x))=f(g(0))$이 성립되는지 따지면 돼.

ㄷ. $f(g(0))=f(2)=1$이고

$\lim_{x\to0+}f(g(x))=\lim_{t\to2-}f(t)=1$, $\lim_{x\to0-}f(g(x))=f(1)=1$에서

$\lim_{x\to0}f(g(x))=1$

즉, $\lim_{x\to0}f(g(x))=f(2)=1$이므로 $f(g(x))$는 $x=0$에서 연속이다. (참)

따라서 옳은 것은 ㄷ이다.

수능 핵강

하나씩 해보는 수밖에 없지만 약간의 도움을 주는 기술이라면

$\lim_{x\to-1+}g(x)=1$이 아니라 $\lim_{x\to-1+}g(x)=1+$라고 표시하는 거야.

이런 식으로 생각하면 ㄱ과 같은 경우에는

$\begin{cases}\lim_{x\to-1+}f(g(x))=f(1+0)=0\\ \lim_{x\to-1-}f(g(x))=f(1)=1\end{cases}$

이므로 거짓이라는 것을 알 수 있지.

3회 05 정답 ② *지수함수의 그래프의 활용 [정답률 30%]

정답 공식: 함수 $y=f(x)$를 x축의 방향으로 a만큼, y축의 방향으로 b만큼 평행이동한 것은 $y-b=f(x-a)$이다.

그림과 같이 지수함수 $y=2^x$의 그래프 위에 직각이등변삼각형 ABC의 한 점 A를 놓는다. 또한 이 지수함수의 그래프 위에 직각삼각형 PQR의 한 점 R를 놓는다. 두 점 R와 A가 이 지수함수의 그래프 위를 움직일 때, 두 삼각형의 꼭짓점 C와 P가 각각 이루는 곡선이 만나는 점의 x좌표를 a라 하면 2^a의 값은? (단, $\overline{AB}=\overline{QR}=1$이고 $\angle QPR=30°$)

단서 점 C와 점 P는 점 A와 점 R를 평행이동시킨 점이다.

(4점)

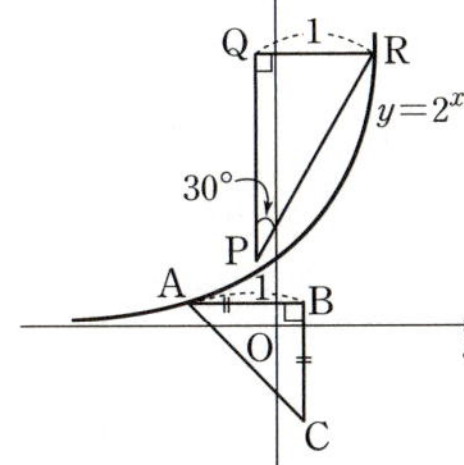

① $\frac{1}{3}(\sqrt{3}-1)$ ② $\frac{2}{3}(\sqrt{3}-1)$ ③ $\sqrt{3}-1$
④ $\frac{4}{3}(\sqrt{3}-1)$ ⑤ $\frac{5}{3}(\sqrt{3}-1)$

함정 문제의 의미를 파악하는게 중요해. 지수함수 $y=2^x$의 그래프를 평행이동시킨다는 거야.

1st 점 P가 이루는 곡선의 식을 구해 보자.

$\overline{QR}=1$, $\overline{QP}=\overline{QR}\tan60°=\sqrt{3}$이므로

점 P가 이루는 곡선은 $y=2^x$을 x축의 음의 방향으로 1만큼, y축의 음의 방향으로 $\sqrt{3}$만큼 평행이동한 것이므로

→ 점 R로부터 평행이동된 점이 P이므로 P가 이루는 곡선도 점 R가 이루는 곡선을 평행이동 시킨거야.

$y=2^{x+1}-\sqrt{3}$ ⋯ ㉠

x 대신 $x+1$, y 대신 $y+\sqrt{3}$을 대입한 식이야.

2nd 점 C가 이루는 곡선의 식을 구해 보자.

$\overline{AB}=\overline{BC}=1$이므로 점 C가 이루는 곡선은 $y=2^x$을 x축의 양의 방향으로 1만큼, y축의 음의 방향으로 1만큼 평행이동한 것이므로

$y=2^{x-1}-1$ ⋯ ㉡

3rd 두 곡선의 교점의 x좌표를 구해 보자.

㉠과 ㉡을 연립하면

$2^{x+1}-\sqrt{3}=2^{x-1}-1$

여기서 $2^x=t$라 하면

$2t-\sqrt{3}=\frac{t}{2}-1$, $t=\frac{2}{3}(\sqrt{3}-1)$

$\therefore 2^a=\frac{2}{3}(\sqrt{3}-1)$

수능 핵강

이 문제의 핵심은 점 P와 점 C가 이루는 곡선이 무엇인지를 찾아내는 거야. 점 P의 경우 점 R를 기준으로 해서, x축 방향으로 -1만큼, y축 방향으로 $-\sqrt{3}$만큼 평행이동한 점이지? 그렇기 때문에 점 P가 이루는 곡선은 점 R가 그리고 있는 곡선 $y=2^x$을 x축 방향으로 -1만큼, y축 방향으로 $-\sqrt{3}$만큼 평행이동한 그래프가 되지. 점 C의 경우도 이와 같이 생각해 주면 어떤 곡선을 그리는지 금방 알 수 있을 거야. 그렇다면 문제는 쉽게 풀리겠지?

3회 06 정답 ③ *조건을 만족시키는 함수의 정적분의 값 [정답률 48%]

정답 공식: 적분구간을 [1, 2], [2, 4], [4, 6], [6, 7]로 나눈 후, $f(x+2)=f(x)+2$를 이용해 적분한다.

실수 전체의 집합에서 연속인 함수 $f(x)$가 다음 조건을 만족시킨다.

단서1 함수 $f(x)=ax^2$은 $0\le x<2$에서만 정의되어 있으니까 $f(2)$의 값은 구할 수 없어. 그런데 함수 $f(x)$는 실수 전체의 집합에서 연속이므로 $f(2)=\lim_{x\to2-}ax^2$임을 이용해.

(가) $f(x)=ax^2$ $(0\le x<2)$

(나) 모든 실수 x에 대하여 $f(x+2)=f(x)+2$이다.

단서2 $f(x)=f(x-2)+2$로 변형한 후, 그래프의 평행이동과 관련지어 생각해봐. 이때, 함수 $f(x)$가 정의되는 구간을 신경써야 해.

$\int_1^7 f(x)dx$의 값은? (단, a는 상수이다.) (4점)

① 20 ② 21 ③ 22
④ 23 ⑤ 24

1st 함수 $f(x)$가 연속일 조건을 이용하여 상수 a의 값을 구해.

조건 (가)에서 $f(0)=0$

조건 (나)의 $f(x+2)=f(x)+2$에 $x=0$을 대입하면

$f(2)=f(0)+2=2$

이때, 함수 $f(x)$가 실수 전체의 집합에서 연속이므로

$x=2$에서도 연속이어야 한다.

→ 함수 $f(x)$는 $x=2$에서 연속이어야 하므로 $\lim_{x\to2-}f(x)=\lim_{x\to2+}f(x)=f(2)$가 성립해야 해.

즉, $\lim_{x\to2-}f(x)=f(2)$에서

$\lim_{x\to2-}ax^2=2$

$4a=2$ $\therefore a=\frac{1}{2}$

즉, $f(x)=\frac{1}{2}x^2$ $(0\le x<2)$이다.

2nd 함수 $f(x)$의 그래프를 그려봐.

조건 (나)의 $f(x+2)=f(x)+2$에 의해

$f(x)=f(x-2)+2$이므로

$f(x+2)=f(x)+2$에서 x 대신 $x-2$를 대입한 거야.

$0\le x-2<2$, 즉 $2\le x<4$일 때,

$f(x)=\frac{1}{2}(x-2)^2+2$

→ $0\le x-2<2$이므로 조건 (가)에 의해 $f(x-2)=\frac{1}{2}(x-2)^2$이야.

이때, 함수 $y=\frac{1}{2}(x-2)^2+2$ $(2\le x<4)$의 그래프는 함수 $y=\frac{1}{2}x^2$ $(0\le x<2)$의 그래프를 x축의 방향으로 2만큼, y축의 방향으로 2만큼 평행이동한 것이다.

따라서 함수 $f(x)$는 연속함수이므로 위와 같은 방법으로 생각하면

같은 방법으로 생각하면 2 이상의 짝수 m에 대하여 $m \le x < m+2$에서의 함수 $f(x)$의 그래프는 $m-2 \le x < m$에서의 함수 $f(x)$의 그래프를 x축의 방향으로 2만큼, y축의 방향으로 2만큼 평행이동하여 그리면 되는 거야.

$x \ge 0$일 때 함수 $y=f(x)$의 그래프는 [그림 1]과 같다.

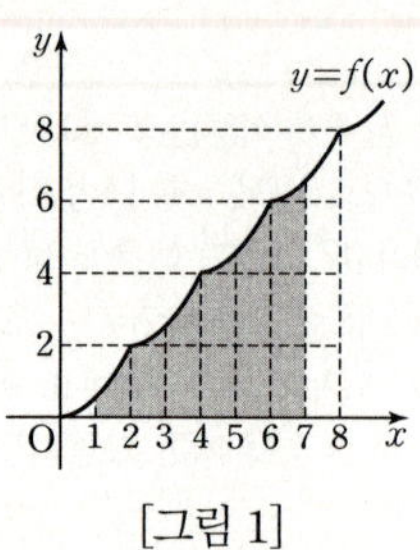

[그림 1]

즉, 임의의 실수 n에 대하여 다음이 성립한다.

$$\int_{n+2}^{n+4} f(x)dx = \int_{n}^{n+2} f(x+2)dx$$

$$= \int_{n}^{n+2} \{f(x)+2\}dx$$

$$= \int_{n}^{n+2} f(x)dx + \int_{n}^{n+2} 2dx$$

$$= \int_{n}^{n+2} f(x)dx + \Big[2x\Big]_{n}^{n+2}$$

$$= \int_{n}^{n+2} f(x)dx + 4$$

함수 $f(x+2)$의 그래프는 함수 $f(x)$를 x축의 방향으로 -2만큼 평행이동한 것이므로 적분구간이 닫힌구간 $[n+2, n+4]$에서 닫힌구간 $[n, n+2]$로 변하는 거야.

$\Big[2x\Big]_{n}^{n+2} = 2(n+2)-2n$

3rd $\int_{1}^{7} f(x)dx$의 값을 구해.

$$\int_{1}^{7} f(x)dx$$

$$= \int_{1}^{3} f(x)dx + \int_{3}^{5} f(x)dx + \int_{5}^{7} f(x)dx$$

$$= \int_{1}^{3} f(x)dx + \left(\int_{1}^{3} f(x)dx + 4\right) + \left(\int_{1}^{3} f(x)dx + 8\right)$$

$$= 3\int_{1}^{3} f(x)dx + 12$$

$\int_{5}^{7} f(x)dx = \int_{3}^{5} f(x)dx + 4 = \int_{1}^{3} f(x)dx + 4 + 4$
$= \int_{1}^{3} f(x)dx + 8$

이때, [그림 2]에서

$$\int_{1}^{3} f(x)dx = \int_{0}^{2} \frac{1}{2}x^2 dx + 1 \times 2$$

$$= \left[\frac{1}{6}x^3\right]_0^2 + 2 = \frac{10}{3}$$

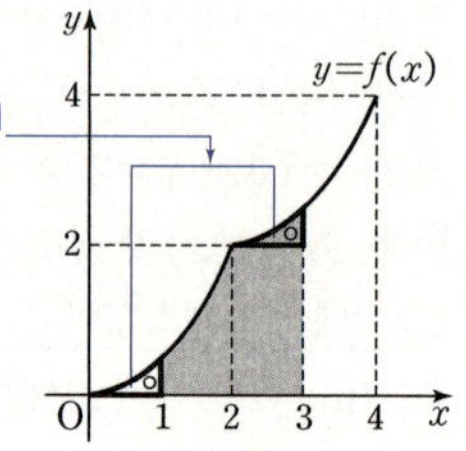

이므로

$$\int_{1}^{7} f(x)dx = 3 \times \frac{10}{3} + 12 = 22$$

이 두 부분의 넓이는 같아.

y
y=f(x)
4
2
O 1 2 3 4 x

[그림 2]

$\int_{1}^{3} f(x)dx$의 값은 다음과 같이 구할 수도 있어.

$\int_{1}^{3} f(x)dx = \int_{1}^{2} f(x)dx + \int_{2}^{3} f(x)dx = \int_{1}^{2} \frac{1}{2}x^2 dx + \int_{2}^{3} \left\{\frac{1}{2}(x-2)^2 + 2\right\}dx$

$= \int_{1}^{2} \frac{1}{2}x^2 dx + \int_{0}^{1} \frac{1}{2}x^2 dx + \int_{2}^{3} 2dx = \int_{0}^{2} \frac{1}{2}x^2 dx + \int_{2}^{3} 2dx$

 **쉬운 풀이**

$$\int_{0}^{2} f(x)dx = \int_{0}^{2} \frac{1}{2}x^2 dx = \left[\frac{1}{6}x^3\right]_0^2 = \frac{4}{3}$$

따라서 [그림 3]에 의해서

$$\int_{1}^{7} f(x)dx$$

$$= 3\int_{0}^{2} f(x)dx + 2 \times 2 + 2 \times 4 + 1 \times 6$$

$$= 3 \times \frac{4}{3} + 4 + 8 + 6 = 22$$

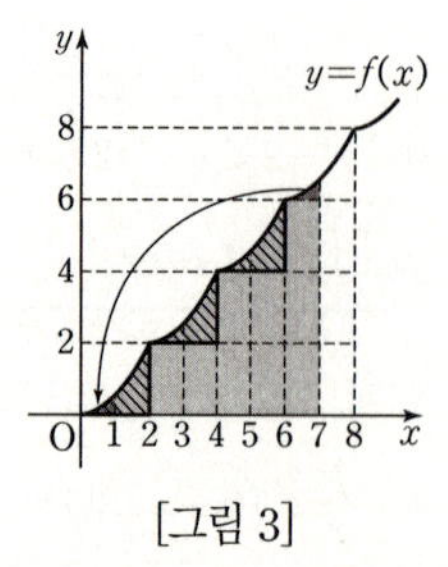

[그림 3]

대칭이동 · 평행이동을 이용한 정적분의 계산 (개념 · 공식)

(1) 대칭이동한 함수의 정적분

연속함수 $f(x)$에 대하여 함수 $y=f(a-x)$의 그래프와 함수 $y=f(x)$의 그래프는 직선 $x=\frac{a}{2}$에 대하여 대칭이므로 구간 $[0, a]$에서 다음이 성립한다.

$$\int_{0}^{a} f(a-x)dx = \int_{0}^{a} f(x)dx$$

(2) 평행이동한 함수의 정적분

함수 $y=f(x-m)$의 그래프는 함수 $y=f(x)$의 그래프를 x축의 방향으로 m만큼 평행이동한 것이므로 다음이 성립한다.

$$\int_{a+m}^{b+m} f(x-m)dx = \int_{a}^{b} f(x)dx$$

3회 07 정답 ④ *상용로그의 실생활 활용 ······ [정답률 61%]

(정답 공식: $\log_a \frac{X}{Y} = \log_a X - \log_a Y$)

어느 액체의 끓는 온도 $T(°C)$와 증기압 $P(\text{mmHg})$ 사이에는 다음 관계식이 성립한다.

$$\log P = k - \frac{1000}{T+250} \text{ (단, } k\text{는 상수)}$$

단서 $T=0$, $T=50$일 때, P의 값을 구해 봐.

이 액체의 끓는 온도가 0°C일 때와 50°C일 때의 증기압을 각각 $P_1(\text{mmHg})$, $P_2(\text{mmHg})$라 할 때, $\frac{P_2}{P_1}$의 값은? (3점)

① $10^{\frac{1}{4}}$ ② $10^{\frac{1}{3}}$ ③ $10^{\frac{1}{2}}$ ④ $10^{\frac{2}{3}}$ ⑤ $10^{\frac{3}{4}}$

1st $T=0$, $T=50$을 대입해 보자.

$$\log P_1 = k - \frac{1000}{0+250} = k-4$$

$$\log P_2 = k - \frac{1000}{50+250} = k - \frac{10}{3}$$

[로그의 계산]
$\log_a xy = \log_a x + \log_a y$
$\log_a \frac{x}{y} = \log_a x - \log_a y$
$\log_a x^n = n\log_a x$

2nd $\log \frac{P_2}{P_1}$의 값을 구해 보자.

$$\log \frac{P_2}{P_1} = \log P_2 - \log P_1 = \left(k - \frac{10}{3}\right) - (k-4) = \frac{2}{3}$$

따라서 $\frac{P_2}{P_1} = 10^{\frac{2}{3}}$이다.

로그 (개념 · 공식)

(1) 로그가 정의될 조건

① $a^x = N \Longleftrightarrow x = \log_a N$

② $\log_a N$에서 a를 로그의 밑 N을 로그의 진수라고 한다.
이때, 로그가 정의되기 위한 조건은 다음과 같다.
(i) 밑의 조건 : $a>0$, $a \ne 1$ (ii) 진수의 조건 : $N>0$

(2) 로그의 중요한 성질

a, b, c, x, y가 양수이고, $a \ne 1$, $b \ne 1$, $c \ne 1$일 때,

① $\log_a a = 1$ ② $\log_a 1 = 0$

③ $\log_a x + \log_a y = \log_a xy$ ④ $\log_a x - \log_a y = \log_a \frac{x}{y}$

⑤ $\log_a b = \frac{\log_c b}{\log_c a}$ ⑥ $\log_a b = \frac{1}{\log_b a}$

⑦ $\log_a b \times \log_b c \times \log_c a = 1$ ⑧ $\log_{a^m} b^n = \frac{n}{m}\log_a b$ $(m \ne 0)$

3회 08 정답 ④ *최대, 최소의 활용 .... [정답률 47%]

정답 공식: 직원뿔의 부피를 직원뿔의 높이에 대한 함수로 나타낸 후 이 함수가 최댓값을 가질 때의 높이를 구한다.

어느 완구회사에서는 다음과 같은 제품을 만들고자 한다.

> 제품 설명 :
> (1) 어린이들의 공간지각력 발달을 위한 모형이 되어야 한다.
> (2) 속이 비어 있는 구 모양의 본체와 그 속에 내접할 수 있는 직원뿔을 하나의 세트로 한다.
> (3) 직원뿔은 무게를 고려하여 속이 비어 있는 형태로 한다.
> (4) 구의 반지름의 길이는 30 cm이며 내접하는 직원뿔은 그 부피가 최대가 되게 한다.

단서 반지름의 길이가 30 cm인 구에 내접하는 직원뿔 중에 부피가 가장 큰 것을 구해야 해. 그림을 그려보고, 미지수를 정하자.

이때, 내접하는 직원뿔의 높이는? (4점)

① 10 cm ② 20 cm ③ 30 cm
④ 40 cm ⑤ 50 cm

1st 그림을 그려보고, 직원뿔의 부피를 식으로 나타내보자.

그림과 같이 직원뿔의 높이를 h $(0<h<60)$,
밑면의 반지름의 길이를 r라 하면
$r^2=900-(h-30)^2=60h-h^2$ → 피타고라스 정리를 이용한 거야.
이때, 직원뿔의 부피를 $V(h)$라 하면

$$V(h)=\frac{1}{3}\pi r^2h=\frac{1}{3}\pi(60h^2-h^3)$$

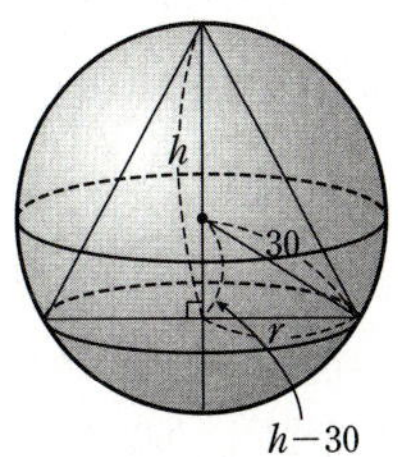

2nd $V(h)$의 최댓값을 구하기 위해 함수의 극댓값을 구하자.

$V'(h)=\frac{1}{3}\pi(120h-3h^2)=\pi h(40-h)$이므로

$V'(h)=0$에서 $h=40$ ($\because$ $0<h<60$)이고, $V(h)$의 증가와 감소를 표로 나타내면 다음과 같다.

h	(0)	…	40	…	(60)
$V'(h)$		+	0	−	
$V(h)$		↗	극대	↘	

부피 $V(h)$는 $h=40$일 때, 극댓값을 가지면서 최댓값을 가진다.
연속인 함수가 어떤 구간에서 극댓값이 하나이면 (극댓값) = (최댓값)이고, 극솟값이 하나이면 (극솟값) = (최솟값)이 성립해.
따라서 높이가 40 cm일 때, 직원뿔의 부피가 최대이다.

함수의 최대, 최소 개념·공식

구간 $[a, b]$에서 연속함수 $f(x)$의 최댓값, 최솟값은
(i) 구간 $[a, b]$에서 극댓값, 극솟값을 구한다.
(ii) 구간 $[a, b]$의 양 끝에서의 함숫값 $f(a)$, $f(b)$를 구한다.
(iii) (i), (ii)에서 구한 값 중 가장 큰 값이 최댓값, 가장 작은 값이 최솟값이다.

3회 09 정답 ④ *그래프를 이용한 점의 위치와 움직인 거리 ..... [정답률 49%]

정답 공식: 주어진 적분식을 정리하면, $\int_0^a|v(t)|dt=-\int_a^c v(t)dt+\int_c^d v(t)dt$이다.

다음은 원점을 출발하여 수직선 위를 움직이는 점 P의 시각 $t(0\le t\le d)$에서의 속도 $v(t)$를 나타내는 그래프이다.

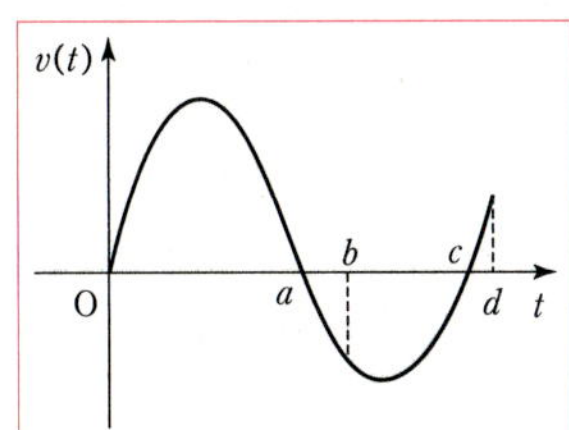

단서 주어진 그래프를 이용하여 각 구간별 움직인 거리와 위치를 파악하면서 [보기]의 참, 거짓을 따져.

$\int_0^a|v(t)|dt=\int_a^d|v(t)|dt$일 때, [보기]에서 옳은 것을 모두 고른 것은? (단, $0<a<b<c<d$이다.) (4점)

[보기]
ㄱ. 점 P는 출발하고 나서 원점을 다시 지난다.
ㄴ. $\int_0^c v(t)dt=\int_c^d v(t)dt$
ㄷ. $\int_0^b v(t)dt=\int_b^d|v(t)|dt$

① ㄴ ② ㄷ ③ ㄱ, ㄴ
④ ㄴ, ㄷ ⑤ ㄱ, ㄴ, ㄷ

1st 네 부분의 넓이를 지정하여 풀어.

그림과 같이 속도 $v(t)$의 그래프와 t축으로 둘러싸인 부분의 각각의 넓이를 S_1, S_2, S_3, S_4라 하면 (네 부분의 넓이는 각 구간에서 점 P가 움직인 거리야.)
$\int_0^a|v(t)|dt=\int_a^d|v(t)|dt$이므로
$S_1=S_2+S_3+S_4$

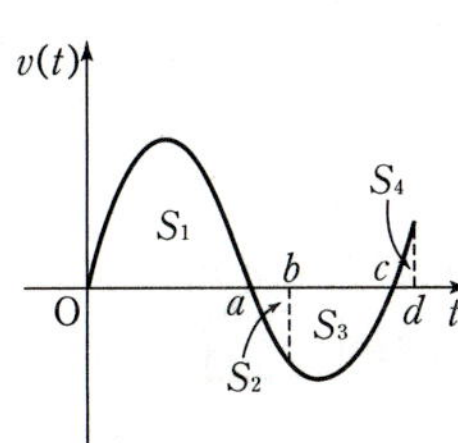

2nd ㄱ, ㄴ, ㄷ의 참, 거짓을 각각 조사해.

ㄱ. 원점을 다시 지나려면 $S_1\le S_2+S_3$이어야 하는데, $S_1=S_2+S_3+S_4$이므로 $S_1>S_2+S_3$이다.
따라서 다시 원점을 지나지 않는다. (거짓)

ㄴ. $\int_0^c v(t)dt=S_1-S_2-S_3$, $\int_c^d v(t)dt=S_4=S_1-S_2-S_3$
(↳ 시각 $t=c$에서의 위치를 의미해. ↳ 시각 $t=c$에서 $t=d$까지 위치의 변화량이야.)
$\therefore \int_0^c v(t)dt=\int_c^d v(t)dt$ (참)

함정: 알아야 하는 정적분 값을 넓이 S_1, S_2, S_3, S_4로 나타내는 것이 이 문제의 핵심이야.

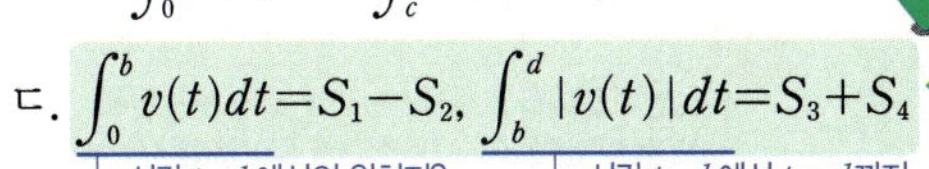
ㄷ. $\int_0^b v(t)dt=S_1-S_2$, $\int_b^d|v(t)|dt=S_3+S_4$
(↳ 시각 $t=b$에서의 위치지? ↳ 시각 $t=b$에서 $t=d$까지 움직인 거리야.)
이때, 조건에서 $S_1=S_2+S_3+S_4$이므로 $S_1-S_2=S_3+S_4$
$\therefore \int_0^b v(t)dt=\int_b^d|v(t)|dt$ (참)

따라서 옳은 것은 ㄴ, ㄷ이다.

모의고사 3회

3회 10 정답 ④ *시그마와 도형, 그래프 [정답률 47%]

(정답 공식: 100번째 찍히는 점의 좌표가 어느 단계에서 찍힌 것인지 파악한다.)

좌표평면 위에 다음 [단계]와 같은 순서로 점을 찍는다.

> [단계 1] (0, 1)에 점을 찍는다.
> [단계 2] (0, 3), (1, 3), (2, 3)에 이 순서대로 3개의 점을 찍는다.
> ⋮
> [단계 k] $(0, 2k-1)$, $(1, 2k-1)$, $(2, 2k-1)$, $\cdots$, $(2k-2, 2k-1)$에 이 순서대로 $(2k-1)$개의 점을 찍는다. (단, k는 자연수이다.)
> ⋮

단서2 [단계 k], 즉 y좌표가 홀수 $2k-1$일 때, $(2k-1)$개의 점이 주어지니까 찍힌 점이 100개일 때의 위치를 유추해 볼까?

이와 같은 과정으로 [단계 1]부터 시작하여 점을 찍어 나갈 때, 100번째 찍히는 점의 좌표는 (p, q)이다. $p+q$의 값은? (4점)

단서1 각 단계에서 찍힌 점의 개수의 합을 알아야 100번째 점의 위치를 알 수 있겠지?

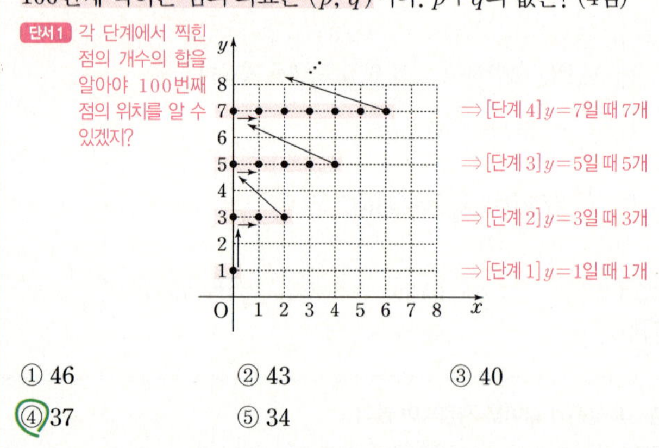

① 46 ② 43 ③ 40 ④ 37 ⑤ 34

1st [단계 k]에서 찍히는 점의 개수가 $2k-1$임을 이용하여 100번째 점의 위치를 찾자.

[단계 k]에서 찍히는 점의 개수가 $2k-1$이므로 [단계 1]에서 [단계 n]까지 찍히는 점의 개수의 합은 ($a_k=2k-1$이라 하면 합은 $\sum_{k=1}^{n} a_k=\sum_{k=1}^{n}(2k-1)$이라 표현할 수 있지?)

$$\sum_{k=1}^{n}(2k-1)=2\times\frac{n(n+1)}{2}-n=n^2$$

($\sum_{k=1}^{n}k=\frac{n(n+1)}{2}$)

따라서 100번째 찍히는 점은 [단계 10]의 마지막 점이다. (100개로 10^2이니까.)

2nd [단계 10]의 첫 번째 점의 좌표로 100번째 찍히는 점 (p, q)를 찾아 $p+q$의 값을 구해.

[단계 k]의 첫 번째 점은 $(0, 2k-1)$이므로 (y좌표가 $2k-1$이니까) [단계 10]의 첫 번째 점은 (0, 19)이고 x축에 평행하여 오른쪽으로 19개의 점을 찍는다.

따라서 [단계 10]의 마지막 점은 (18, 19)이다.

$\therefore p+q=18+19=37$

주의: 19번째 점이라고 해서 (19, 19)라고 하면 안 돼! 0부터 19번째니까 (18, 19)가 되어야 해!

수능 핵강

1, 3, 5, 7, $\cdots$인 홀수로 나열되는 수열의 첫째항부터 마지막 항까지의 합은 항의 개수의 제곱이야.

즉, $1+3+5+7+9$의 값은 항의 개수가 5개이므로 합은 $5^2=25$

$1+3+5+\cdots+(2n-1)$의 값은 항의 개수가 n개이므로 합은 n^2이야.

첫째항이 1이라는 조건에 주의하여 사용하면 좀 더 빠르게 구할 수 있어.

자연수의 거듭제곱의 합 (개념·공식)

① $\sum_{k=1}^{n}k=\frac{n(n+1)}{2}$

② $\sum_{k=1}^{n}k^2=\frac{n(n+1)(2n+1)}{6}$

③ $\sum_{k=1}^{n}k^3=\left\{\frac{n(n+1)}{2}\right\}^2$

3회 11 정답 ⑤ *이산확률변수의 활용 [정답률 50%]

(정답 공식: 전체 확률의 총합은 항상 1이다.)

확률변수 X에 대한 확률분포표가 다음과 같다.

단서1 확률분포표의 미지수는 확률이야. 즉, 확률의 총합은 1인 것을 이용해.

X	1	2	3	4	5	합계
$\mathrm{P}(X=x)$	a	b	0.2	0.3	0.1	1

이때, 확률 $\mathrm{P}(2X^2-11X+12\le 0)$의 최댓값은? (3점)

단서2 인수분해해야 X의 값의 범위로 바뀌겠네.

① 0.5 ② 0.6 ③ 0.7 ④ 0.8 ⑤ 0.9

1st 전체 확률의 합을 이용하여 a, b에 관한 방정식을 세워 보자.

전체 확률의 합은 1이므로

$a+b+0.2+0.3+0.1=1 \qquad \therefore a+b=0.4 \cdots$ ㉠

2nd 부등식 $2X^2-11X+12\le 0$을 풀어서 X의 값의 범위를 구하자.

한편, $2X^2-11X+12\le 0$에서

$(2X-3)(X-4)\le 0 \qquad \therefore \frac{3}{2}\le X\le 4$

3rd $\mathrm{P}(2X^2-11X+12\le 0)$의 최댓값을 구해 보자.

$\mathrm{P}(2X^2-11X+12\le 0)=\mathrm{P}\left(\frac{3}{2}\le X\le 4\right)$ (1, 2, 3, 4, 5 중에 이 범위 안에 있는 수야.)

$=\mathrm{P}(X=2)+\mathrm{P}(X=3)+\mathrm{P}(X=4)$

$=b+0.2+0.3=b+0.5$

이때, 이 값이 최대가 되기 위해서는 b가 최대이어야 한다.

그런데 ㉠에서 $a=0$일 때, b는 최댓값 0.4를 갖는다.

따라서 확률 $\mathrm{P}(2X^2-11X+12\le 0)$의 최댓값은 $0.5+0.4=0.9$이다.

3회 12 정답 ① *확률의 실생활 응용 [정답률 44%]

(정답 공식: 이웃하는 것을 하나로 보고 경우의 수를 구한다. 또, 이웃하는 것끼리 자리를 바꾸는 경우의 수와 곱한다.)

단서 원탁에 둘러앉으니까 원순열을 써야겠지?

부부 동반 모임에 나온 4쌍의 부부가 원탁에 둘러앉아 식사를 하려 한다. 남녀가 교대로 앉을 확률을 p, 참석한 모든 부부의 남편과 아내가 서로 이웃하여 앉을 확률을 q라 할 때, $p+q$의 값은? (단, 회전하여 일치하는 것은 같은 것으로 본다.) (4점)

① $\frac{1}{21}$ ② $\frac{1}{7}$ ③ $\frac{5}{21}$ ④ $\frac{1}{3}$ ⑤ $\frac{3}{7}$

1st 4쌍은 8명이므로 8명이 원탁에 둘러앉을 경우의 수를 구해 보자.

8명이 원탁에 앉는 방법의 수는 $(8-1)!=7!$(가지)

2nd 남녀가 교대로 앉을 때는 남자 또는 여자를 먼저 앉히고 그 사이사이에 남은 사람들을 앉히면 되는 것을 이용해 보자.

(i) 남녀가 교대로 앉을 때

먼저 남자 4명을 앉히고 그 사이 사이의 네 자리에 여자 4명을 앉히면 되므로

$(4-1)!\times 4!=3!4!$(가지) → 실수 나머지 4명을 앉히는 건 더 이상 원순열이 아니야!

$\therefore p=\frac{3!4!}{7!}=\frac{1}{35}$ → 4명이 원탁에 앉는 원순열의 수야.

3rd 부부가 이웃하여 앉으면 먼저 부부를 한 명으로 보고 앉히고 나서 자리를 바꾸어 앉는 경우의 수를 곱하면 되는 것을 이용해 보자.

(ii) 남편과 아내가 이웃하여 앉을 때

각 쌍의 부부를 한 조로 보고 4조를 앉히는 방법의 수는

$(4-1)!=3!$(가지) → 4조가 원탁에 앉은 원순열의 수야.

여기에 부부가 좌석을 바꿔 앉을 수 있으므로 그 각각의 경우가 2^4가지씩 있다. → 4쌍의 부부가 자리를 바꿔 앉으므로 2^4가지

$\therefore q=\frac{3!\times 2^4}{7!}=\frac{2}{105}$

(i), (ii)에서

$p+q=\frac{1}{35}+\frac{2}{105}=\frac{1}{21}$

3회 13 정답 ① *이항정리의 활용 [정답률 39%]

(정답 공식: 이항정리 $(a+b)^n=\sum_{r=0}^{n}{}_nC_r a^{n-r}b^r$과 조합 공식을 이용한다.)

다음은 부등식

$$\sum_{k=1}^{n}\{2k\times({}_nC_k)^2\}\geq 10\times{}_{2n}C_{n+1}$$

을 만족시키는 자연수 n의 최솟값을 구하는 과정이다.

단서1 두 개 항의 전개식에서 x^n의 계수를 묻고 있으므로 이항정리와 관련된 문제이지?

$(1+x)^{2n}$의 전개식에서 x^n의 계수는 (가)이다.

$(1+x)^n(1+x)^n$의 전개식에서 x^n의 계수는

$\sum_{k=0}^{n}({}_nC_k\times{}_nC_{n-k})=\sum_{k=0}^{n}({}_nC_k)^2$이다.

그러므로

$\sum_{k=1}^{n}\{2k\times({}_nC_k)^2\}$

$=\sum_{k=1}^{n}\{k\times({}_nC_k)^2\}+\sum_{k=1}^{n}\{k\times({}_nC_{n-k})^2\}$

❶ $=\{({}_nC_1)^2+2\times({}_nC_2)^2+\cdots+n\times({}_nC_n)^2\}$

$+\{({}_nC_{n-1})^2+2\times({}_nC_{n-2})^2+\cdots+n\times({}_nC_0)^2\}$

❷ $=$ (나) $\times\{({}_nC_0)^2+({}_nC_1)^2+\cdots+({}_nC_n)^2\}$

$=$ (나) $\times$ (가) 단서2 ❶, ❷를 비교하여 빈칸 (나)에 들어갈 식을 추론하자.

이다.

따라서 부등식 $\sum_{k=1}^{n}\{2k\times({}_nC_k)^2\}\geq 10\times{}_{2n}C_{n+1}$을 만족시키는 자연수 n의 최솟값은 (다)이다. 단서3 부등식을 이용하여 자연수 n의 최솟값을 구해.

위의 (가), (나)에 알맞은 식을 각각 $f(n)$, $g(n)$이라 하고, (다)에 알맞은 수를 p라 할 때, $f(3)+g(3)+p$의 값은? (4점)

① 32 ② 34 ③ 36 ④ 38 ⑤ 40

1st 먼저 이항정리를 이용하여 $(1+x)^{2n}$의 전개식에서 x^n의 계수를 구하자.

$(1+x)^{2n}$의 전개식에서 x^n의 계수는 ${}_{2n}C_n$ ⋯ ㉠ ← (가)

다항식 $(a+b)^n$의 전개식의 일반항은 ${}_nC_r a^r b^{n-r}$

$(1+x)^n(1+x)^n$의 전개식에서 x^n의 계수는

$\sum_{k=0}^{n}({}_nC_k\times{}_nC_{n-k})=\sum_{k=0}^{n}({}_nC_k\times{}_nC_k)=\sum_{k=0}^{n}({}_nC_k)^2$ ⋯ ㉡ (${}_nC_{n-r}={}_nC_r$)

2nd 증명하고자 하는 부등식의 좌변을 변형하자.

$\sum_{k=1}^{n}\{2k\times({}_nC_k)^2\}$

$=\sum_{k=1}^{n}\{k\times({}_nC_k)^2\}+\sum_{k=1}^{n}\{k\times({}_nC_k)^2\}$ → $\sum_{k=1}^{n}\{2k\times({}_nC_k)^2\}=2\sum_{k=1}^{n}\{k\times({}_nC_k)^2\}$

$=\sum_{k=1}^{n}\{k\times({}_nC_k)^2\}+\sum_{k=1}^{n}\{k\times({}_nC_{n-k})^2\}$ → ${}_nC_{n-r}={}_nC_r$

$=\{({}_nC_1)^2+2\times({}_nC_2)^2+\cdots+(n-1)\times({}_nC_{n-1})^2+n\times({}_nC_n)^2\}$

$+\{({}_nC_{n-1})^2+2\times({}_nC_{n-2})^2+\cdots+(n-1)\times({}_nC_1)^2+n\times({}_nC_0)^2\}$

$=\{({}_nC_1)^2+2\times({}_nC_2)^2+\cdots+(n-1)\times({}_nC_{n-1})^2+n\times({}_nC_n)^2\}$

$+\{n\times({}_nC_0)^2+(n-1)\times({}_nC_1)^2+\cdots+({}_nC_{n-1})^2\}$

$=n\times({}_nC_0)^2$ 조합공식 ${}_nC_{n-r}={}_nC_r$를 이용하여 $({}_nC_1)^2=({}_nC_{n-1})^2$, ⋯, $n\times({}_nC_n)^2=n\times({}_nC_0)^2$으로 바꾸어 앞, 뒤로 순서를 재배열 한 거야.

$+1\times({}_nC_1)^2+(n-1)\times({}_nC_1)^2$ $=\{1+(n-1)\}({}_nC_1)^2=n\times({}_nC_1)^2$

$+2\times({}_nC_2)^2+(n-2)\times({}_nC_2)^2$ $=\{2+(n-2)\}({}_nC_2)^2=n\times({}_nC_2)^2$

⋮

$+(n-1)\times({}_nC_{n-1})^2+({}_nC_{n-1})^2$ $\{(n-1)+1\}({}_nC_{n-1})^2=n({}_nC_{n-1})^2$

$+n\times({}_nC_n)^2$

$=n\times({}_nC_0)^2+n\times({}_nC_1)^2+\cdots+n\times({}_nC_{n-1})^2+n\times({}_nC_n)^2$

$=n\times\{({}_nC_0)^2+({}_nC_1)^2+\cdots+({}_nC_n)^2\}$ ← (나), $\sum_{k=0}^{n}({}_nC_k)^2$

$=n\times{}_{2n}C_n$ (∵ ㉠=㉡) ⋯ ㉢

3rd 부등식의 양변을 정리하여 n의 최솟값을 구하자.

부등식 $\sum_{k=1}^{n}\{2k\times({}_nC_k)^2\}\geq 10\times{}_{2n}C_{n+1}$은 ㉢에 의하여

$n\times{}_{2n}C_n\geq 10\times{}_{2n}C_{n+1}$이므로

$n\times\frac{(2n)!}{n!\times n!}\geq 10\times\frac{(2n)!}{(n+1)!\times(n-1)!}$

$n\times\frac{1}{n}\geq 10\times\frac{1}{n+1}$, $n+1\geq 10$ (∵ n은 자연수)

$\therefore n\geq 9$

따라서 주어진 부등식을 만족시키는 자연수 n의 최솟값은 9이다. ← (다)

4nd $f(3)+g(3)+p$의 값을 구하자.

$f(n)={}_{2n}C_n$, $g(n)=n$, $p=9$이므로

$f(3)+g(3)+p={}_6C_3+3+9$

$=20+3+9=32$

3회 14 정답 ① *이항분포의 활용 [정답률 18%]

(정답 공식: 추가된 부품 중 S가 0개일 때, 1개일 때, 2개일 때 7개의 부품 중 T 1개를 선택할 확률을 각각 구한다.)

어느 창고에 부품 S가 3개, 부품 T가 2개 있는 상태에서 부품 2개를 추가로 들여왔다. 추가된 부품은 S 또는 T이고, 추가된 부품 중 S의 개수는 이항분포 $B\left(2, \frac{1}{2}\right)$을 따른다. 이 7개의 부품 중 ❶임의로 1개를 선택한 것이 T일 때, ❷추가된 부품이 모두 S였을 확률은? (4점)

단서2 '~일 때, ~일 확률'은 조건부확률이네. 즉, $\frac{P(❶\cap❷)}{P(❶)}$를 구하면 되지.

① $\frac{1}{6}$ ② $\frac{1}{4}$ ③ $\frac{1}{3}$

④ $\frac{1}{2}$ ⑤ $\frac{3}{4}$

단서1 추가된 부품 S의 개수를 확률변수 X라 할 때, X가 취할 수 있는 값은 $X=0, 1, 2$이지? 즉, X는 주어진 이항분포를 따르네.

모의고사 3회

1st 추가된 부품 S의 개수가 이항분포 $B\left(2, \frac{1}{2}\right)$을 따르므로 확률변수 X에 대한 확률은 독립시행의 확률임을 이용하여 각 확률을 구해 보자.

추가된 부품 S의 개수를 확률변수 X라 두면 $X=0, 1, 2$이고, 각각의 확률은 독립시행의 확률로 ($P(X=r)={}_2C_r\left(\frac{1}{2}\right)^r\left(\frac{1}{2}\right)^{2-r}$)

→ 추가된 부품이 S일 경우의 확률은 $\frac{1}{2}$이고, 아닌 경우의 확률은 S 아니면 T이므로 $1-\frac{1}{2}=\frac{1}{2}$이야.

$P(X=0)={}_2C_0\left(\frac{1}{2}\right)^0\left(\frac{1}{2}\right)^2=\frac{1}{4}$: TT 추가

$P(X=1)={}_2C_1\left(\frac{1}{2}\right)^1\left(\frac{1}{2}\right)^1=\frac{1}{2}$: ST 또는 TS 추가

$P(X=2)={}_2C_2\left(\frac{1}{2}\right)^2\left(\frac{1}{2}\right)^0=\frac{1}{4}$: SS 추가

→ 사건 A 하에 사건 B가 일어날 확률 $P(B|A)=\frac{P(A\cap B)}{P(A)}$

2nd 조건부확률을 구해야 하니까 조건 ❶, ❷의 확률을 각각 구해.

사건 A를 7개의 부품 중 임의로 1개를 택한 것이 T인 사건이라 놓고, 사건

B를 추가된 부품이 모두 S인 사건이라 놓자.

확률변수 X에 따라서 부품의 개수가 다르므로 사건 A에 대한 확률은 X에 따라 나타내면 다음과 같다.

X	0	1	2
$P(X=r)$	$\frac{1}{4}$	$\frac{1}{2}$	$\frac{1}{4}$
부품	T만 2개 추가: S 3개, T 4개	T, S가 한 개씩 추가: S 4개, T 3개	S만 2개 추가: S 5개, T 2개
7개 중 T를 택한 확률	$\frac{4}{7}$	$\frac{3}{7}$	$\frac{2}{7}$

$P(A)=\frac{1}{4}\times\frac{4}{7}+\frac{1}{2}\times\frac{3}{7}+\frac{1}{4}\times\frac{2}{7}=\frac{3}{7}$

→ 추가된 부품 S의 개수에 따라 사건 A의 확률이 다르고 각각 동시에 일어나므로 곱의 법칙으로 계산해야 해.

3rd 두 사건 A, B가 동시에 일어나는 경우를 따져서 구해야 하는 확률 $P(B|A)$를 구해. ($A\cap B$인 사건)

$P(A\cap B)=\frac{1}{4}\times\frac{2}{7}=\frac{1}{14}$ ⇐ 추가된 부품이 모두 S인 경우, 즉 $X=2$일 때야.

$\therefore P(B|A)=\frac{P(A\cap B)}{P(A)}$

$=\frac{\frac{1}{14}}{\frac{3}{7}}=\frac{1}{6}$

실수: $P(B|A)$를 정의대로 $\frac{P(A\cap B)}{P(A)}$라 바꿔 놓으면 어떤 확률을 구해야할지 명확해지지? 조건부확률 문제는 이것부터 써넣고 시작하는게 좋아.

→ [조건부확률] 확률이 0이 아닌 두 사건 A, B에 대하여 사건 A가 일어났다는 조건에서 사건 B가 일어날 확률을 사건 A가 일어났을 때의 사건 B의 조건부확률이라 해.

3회 15 정답 ④ *확률의 실생활 활용 [정답률 38%]

(정답 공식: A, B, C가 이길 확률을 각각 구한다.)

그림과 같이 삼등분된 원판에 각각 숫자가 쓰여 있다.

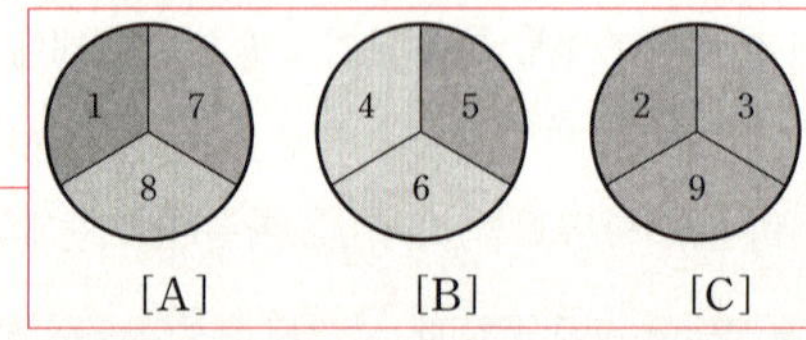

A, B, C 세 사람이 각각 자기 이름의 원판에 화살을 한 번 쏘아 맞힌 원판의 숫자가 큰 사람이 이기는 것으로 할 때, [보기] 중에서 옳은 것만을 있는 대로 고른 것은? (단, 세 사람의 실력은 동등한 것으로 보고, 경계선에 맞는 경우는 없는 것으로 한다.) (4점)

→ 단서1 세 사람의 원판에 쓰여진 숫자는 같은 것이 없으므로 비기는 경우는 없어.

[보기]

ㄱ. A, B 두 사람만의 시합에서 A가 이길 확률이 크다.
ㄴ. B, C 두 사람만의 시합에서 B가 이길 확률이 크다.
ㄷ. A, C 두 사람만의 시합에서 C가 이길 확률이 크다.
ㄹ. A, B, C 세 사람이 함께 시합을 할 때에는 C가 이길 확률이 가장 크다.

→ 단서2 A, B, C가 이길 확률을 각각 구해 봐.

① ㄱ, ㄷ ② ㄴ, ㄷ ③ ㄷ, ㄹ
④ ㄱ, ㄴ, ㄷ ⑤ ㄱ, ㄴ, ㄷ, ㄹ

1st A, B, C가 이기는 경우를 나열해 보고 그 확률을 구해보자.

ㄱ. A와 B 두 사람만의 시합에서 A가 이기는 것은 7이나 8을 쏘아 맞추는 경우이다. 즉, A가 이길 확률이 $\frac{2}{3}$, B가 이길 확률은 A가 1을 맞추는 경우이므로 $\frac{1}{3}$이다. (A가 질 확률이므로 $1-\frac{2}{3}=\frac{1}{3}$)

따라서 A가 이길 확률이 더 크다. (참)

ㄴ. B와 C 두 사람만의 시합에서는 B가 맞추는 값에 관계없이 C가 2 또는 3을 맞추면 B가 이기므로 B가 이길 확률은 $\frac{2}{3}$, C가 이길 확률은 C가 9를 맞추는 경우이므로 $\frac{1}{3}$이다. (B가 질 확률이므로 $1-\frac{2}{3}=\frac{1}{3}$)

따라서 B가 이길 확률이 더 크다. (참)

ㄷ. C와 A 두 사람만의 시합에서는 C가 2 또는 3을 맞추는 경우에는 A가 1을 맞추어야 C가 이기고, C가 9를 맞추는 경우에는 A가 맞추는 것에 관계없이 C가 이기게 된다.

즉, C가 이길 확률은 $\frac{2}{3}\times\frac{1}{3}+\frac{1}{3}\times1=\frac{5}{9}$이고, A가 이길 확률은 A가 8 또는 7을 맞출 때 C가 2 또는 3을 맞추는 경우이므로 $\frac{2}{3}\times\frac{2}{3}=\frac{4}{9}$이다. (C가 질 확률이므로 $1-\frac{5}{9}=\frac{4}{9}$)

따라서 C가 이길 확률이 더 크다. (참)

ㄹ. A, B, C 세 사람이 시합을 하는 경우에 대하여 각각이 이기는 경우의 확률을 구해 보자.

(i) A가 이기는 것은 A가 7, 8을 쏘아 맞추고 B는 4 또는 5 또는 6, C는 2 또는 3을 쏘아 맞추는 경우이므로 A가 이길 확률은 $\frac{2}{3}\times1\times\frac{2}{3}=\frac{4}{9}$

A	B	C
1	−	−
7	4, 5, 6	2, 3
8	4, 5, 6	2, 3

(ii) B가 이기는 것은 B의 모든 값에 대하여 A는 1, C는 2 또는 3을 쏘아 맞추는 경우이므로 B가 이길 확률은 $1\times\frac{1}{3}\times\frac{2}{3}=\frac{2}{9}$

B	A	C
4	1	2, 3
5	1	2, 3
6	1	2, 3

(iii) C가 이기는 것은 A, B의 값에 관계없이 C가 9를 맞추었을 때뿐이므로 C가 이길 확률은 $\frac{1}{3}$이다.

C	A	B
2	1	−
3	1	−
9	1, 7, 8	4, 5, 6

즉, (i), (ii), (iii)에 의해 A, B, C 세 사람이 함께 시합을 할 때에는 A가 이길 확률이 가장 크다.(거짓)

따라서 옳은 것은 ㄱ, ㄴ, ㄷ이다.

단어 외우기 싫어하는 학생들을 위한 수능 VOCA

✳ 고교 기본편
– 핵심 922+파생 809 어휘 · 41일 완성

✳ 수능 실전편
– 핵심 961+파생 1861 어휘 · 41일 완성

수능 절대평가 난이도에 꼭 맞춘 영단어 총정리

자이스토리의 노하우로 선정한 절대평가 수능 출제 0순위 어휘 수록

기출 어휘 중에서도 꼭 외워야 될 어휘만을 자이스토리 16년의 노하우로 선정하였습니다.

주제별, 어원별, 유형 해결의 Key, 1등급, 혼동어, 여러 가지 뜻을 가진 어휘순서로 구성

6개 파트로 차별화된 어휘는 단어를 쉽게 공부하고 반드시 기억하도록 구성하였습니다.

어휘가 자동으로 외워지는 다양한 유형의 연습 문제 수록

단어 뜻 확인 문제부터 절대평가 수능 예상 문제까지 다양한 유형의 단어 연습 문제를 반복해서 풀다보면 어휘가 자동으로 외워집니다.

단어 이해력을 확장시키는 파생어, 동의어, 반의어 정리

핵심 단어를 공부하면서 파생어, 동의어, 반의어까지 같이 익히면 자신도 모르는 사이에 단어 실력이 쌓여가고 있다는 것을 스스로 느낄 수 있습니다.

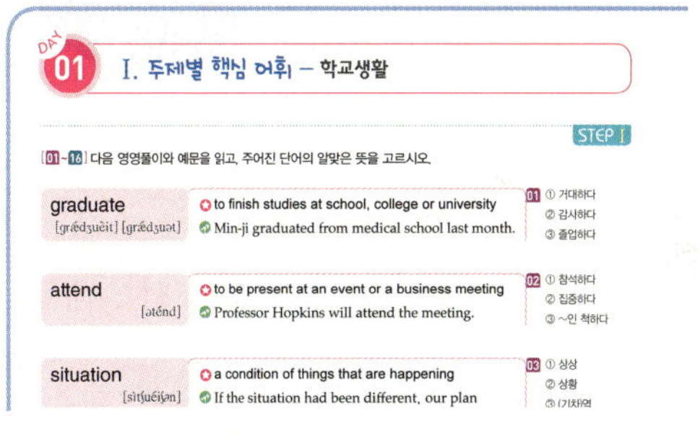
DAY 01 I. 주제별 핵심 어휘 – 학교생활

STEP I

[01~14] 다음 영영풀이와 예문을 읽고, 주어진 단어의 알맞은 뜻을 고르시오.

graduate [grǽdʒuèit] [grǽdʒuət]	to finish studies at school, college or university / Min-ji graduated from medical school last month.	01 ① 기대하다 ② 감사하다 ③ 졸업하다
attend [əténd]	to be present at an event or a business meeting / Professor Hopkins will attend the meeting.	02 ① 참석하다 ② 집중하다 ③ ~인 척하다
situation [sìtʃuéiʃən]	a condition of things that are happening / If the situation had been different, our plan	03 ① 상상 ② 상황 ③ 기대

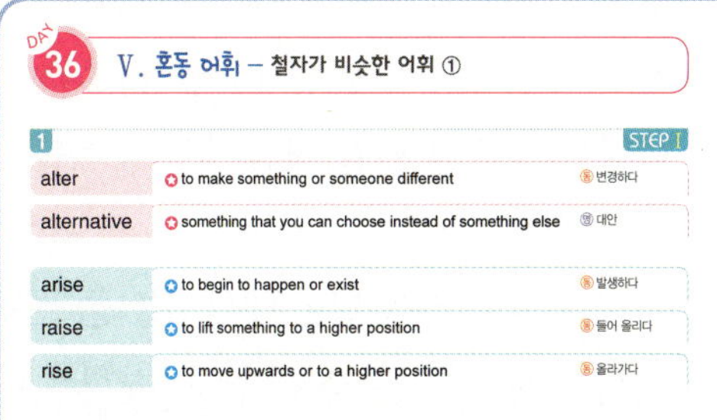
DAY 36 V. 혼동 어휘 – 철자가 비슷한 어휘 ①

1 STEP I

alter	to make something or someone different	변경하다
alternative	something that you can choose instead of something else	대안
arise	to begin to happen or exist	발생하다
raise	to lift something to a higher position	들어 올리다
rise	to move upwards or to a higher position	올라가다

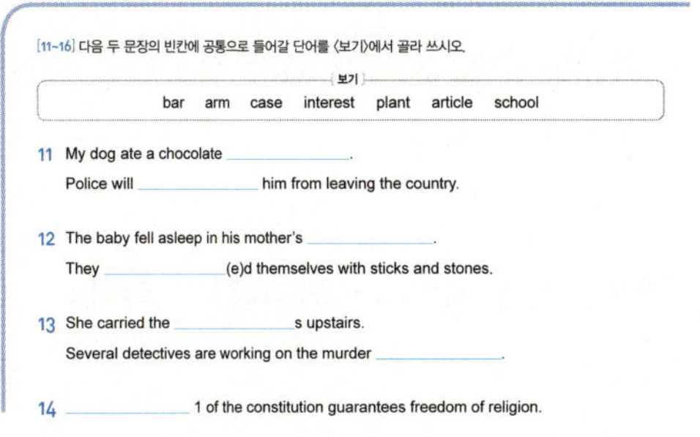
[11~16] 다음 두 문장의 빈칸에 공통으로 들어갈 단어를 <보기>에서 골라 쓰시오.

보기: bar arm case interest plant article school

11 My dog ate a chocolate ________.
Police will ________ him from leaving the country.

12 The baby fell asleep in his mother's ________.
They ________(e)d themselves with sticks and stones.

13 She carried the ________s upstairs.
Several detectives are working on the murder ________.

14 ________ 1 of the constitution guarantees freedom of religion.

과학은 쉽게~ 개념이지!

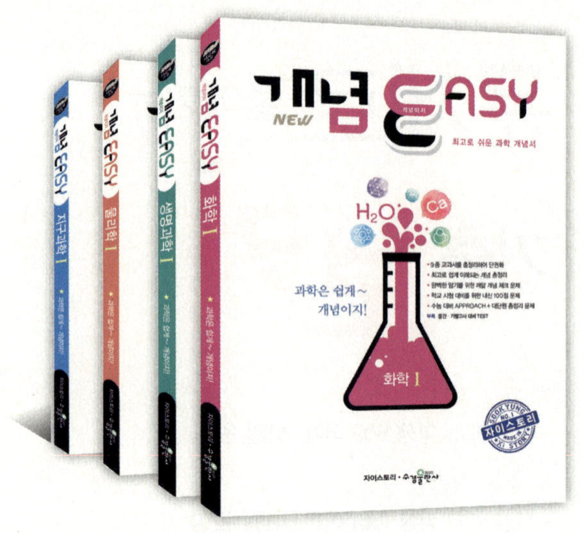

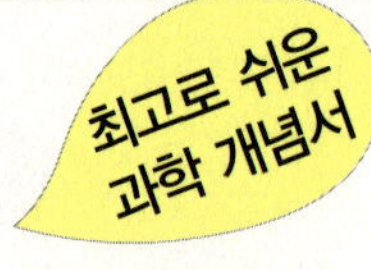

" 최고로 쉽게 개념을 이해하고,
깨알 개념 체크로
개념을 쏙쏙 암기한다! "

○ 교과서를 총정리하여 단권화

교과서를 완벽하게 분석하여 한눈에 알아보기 쉽게 정리했습니다.

○ 최고로 쉽게 이해되는 개념 총정리

개념을 최대한 쉽고 자세하게 설명하고 그림으로 보여줍니다.

○ 완벽한 암기를 위한 깨알 개념 체크 문제

다양한 형태의 깨알 개념 체크 문제를 통해 오랫동안 기억하게 됩니다.

○ 학교 시험 대비를 위한 내신 100점 문제

시험에 잘 나오는 자료, 탐구, 실험은 빠짐없이 집중 학습합니다.

○ 수능 대비 APPROACH + 대단원 총정리 문제

내신과 수능 풀이에 쉽게 접근하는 법을 통해 어떤 문제도 풀 수 있게 됩니다.

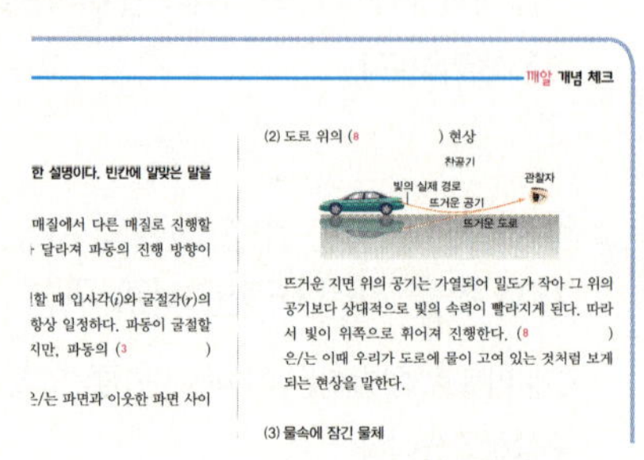

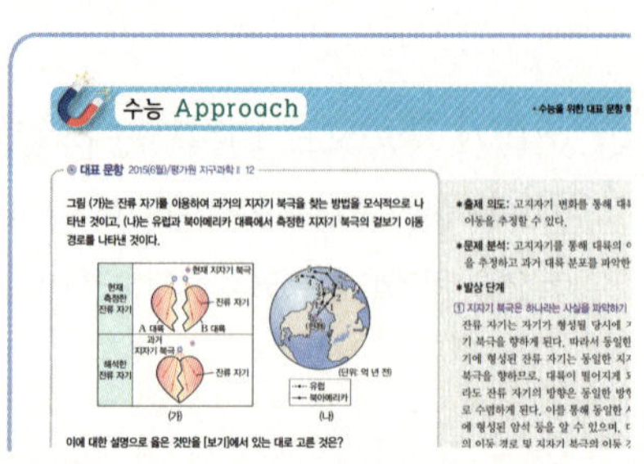

개념 EASY 시리즈 – 물리학 I 화학 I 생명과학 I 지구과학 I